Engelsk ordbok
Engelsk-svensk/svensk-engelsk

Engelsk ordbok
Engelsk-svensk/svensk-engelsk

NATUR OCH KULTUR

© 1992 Bokförlaget Natur och Kultur, Stockholm
Printed in Great Britain by Richard Clay PLC, Bungay, Suffolk
ISBN 91-27-71515-9

INNEHÅLL

Förord	VII
Anvisningar	VIII
Ordbokstecken	X
Förkortningar	XII
Ljudskrift och uttal	XIV
Engelsk-svenska delen	1
Svensk-engelska delen	391
Sifferuttryck	735
Mått	738
Länder	740

FÖRFATTARE
Till den engelsk-svenska delen: Mats Bergström, Torkel Nöjd, Mona Nöjd-Bremberg
Den svensk-engelska delen bygger på förlagets *Svensk-engelsk ordbok* (1992). För bearbetningen svarar i första hand Torkel Nöjd och Mona Nöjd-Bremberg.

GRANSKARE
David Minugh (amerikansk engelska), Mats Mobärg (fonetik), Barrie Selman och Arne Olofsson, som också författat ett antal större artiklar i den svensk-engelska delen

REDAKTION
Karl Erik Hedström, Stella Edström, Anita Jansson

GRAFISK FORM OCH PRODUKTION
TorBjörn Tesch

OMSLAG
Lars E Pettersson

DATAPROGRAM
Compulexis, Ltd

SÄTTNING
Ytterlids (ordbokstext), Berlings (för- och eftertext)

TRYCKNING OCH BINDNING
Richard Clay PLC

Förord

Den engelsk-svenska delen av *Engelsk ordbok* innehåller ca 18 500 uppslagsord och ca 13 000 språkexempel och uttryck. Det täcker vad en användare behöver för att klara medelsvår engelsk text, t ex i en tidning eller en modern roman. Den svensk-engelska delen innehåller ca 19 700 uppslagsord och ca 12 300 språkexempel och uttryck, tillräckligt för översättning av enklare text och för personliga brev.

Ett huvudsyfte har varit att även ovana användare ska kunna hitta och förstå den information de söker. Därför har t ex förkortningar och grammatiska termer använts i mycket liten utsträckning.

Bland nyheterna i den engelsk-svenska delen kan nämnas att fasta uttryck med speciell betydelse, s k idiom (t ex *strike a bargain*), fått en egen avdelning i artiklarna. Dessutom har i båda delarna frasverben (t ex *strike up* och *slå in*) fått en tydlig uppställning.

Så långt det är praktiskt möjligt redovisar *Engelsk ordbok* vad som är regionalt begränsat språkbruk, dvs vad som är brittiskt respektive amerikanskt. Det gäller uttal och stavning (i den engelsk-svenska delen) samt skillnader i betydelser och ordförråd (i båda delarna).

Oxford University Press har ställt ljudskriften i *The Concise Oxford Dictionary* till vårt förfogande. Den har överförts till *Engelsk ordbok* på elektronisk väg och utgör grundvalen för fonetiken i den engelsk-svenska delen.

Stockholm i september 1992

BOKFÖRLAGET NATUR OCH KULTUR

VIII

ANVISNINGAR

Det allra mesta i ordboken går att förstå utan förklaringar. Men det finns vissa saker man behöver veta för att få största möjliga utbyte av boken. Den ger inte bara översättningar. Man får också reda på hur ett ord uttalas, om det böjs oregelbundet, om det är vardagligt, om det används i amerikansk engelska, om det tillhör sportspråket osv.

1 Ordboken har en engelsk-svensk och en svensk-engelsk del. Därigenom är det möjligt att slå upp uttalet av ett engelskt ord som man får som översättning i den svensk-engelska delen. Om man söker tema på ett engelskt verb, hittar man det också i den engelsk-svenska delen.

2 Varje litet stycke som börjar med ett ord i fetstil kallas en *artikel*. Hur en artikel kan vara uppbyggd visas här med **strike¹** i den engelsk-svenska delen som exempel.

strike¹ /straɪk/ ⟨struck /strʌk/, struck⟩ VB
1 slå [till], slå (stöta) emot ⟨the ship struck a rock⟩ 2 drabba, träffa 3 *om blixt* slå ned 4 tända ⟨~ a match⟩ 5 hitta, träffa (stöta) på ⟨~ oil⟩ 6 strejka 7 stryka ⟨~ sail⟩, ta ned ⟨~ a tent⟩, ~ camp bryta läger

★ ~ a balance finna en medelväg ~ a bargain träffa ett avtal, göra upp ~ it rich bli rik ~ while the iron is hot smida medan järnet är varmt

▫ **strike down** bryta ned, knäcka, drabba
▫ **strike off** stryka **be struck off** bli utesluten, mista sin legitimation
▫ **strike out** *a)* stryka ut, ta bort *b)* slå omkring sig *c)* sätta i väg ~ **on one's own** slå sig fram på egen hand

Artikeln börjar med ordets *betydelser*. Här är det sju numrerade betydelser, en del med typiska exempel inom ⟨ ⟩. Svårare exempel är översatta: ~ **camp** bryta läger.

Efter betydelserna kommer ofta ett litet stycke som inleds med ★. Där står en del fasta uttryck med speciell betydelse, s k *idiom*.

Om ordet är ett verb, avslutas artikeln ibland med ett antal *frasverb*. De består av verbet + ett adverb (**down, off** etc) eller en preposition.

3 Om ett ord har oregelbunden *böjning*, får man upplysning om det.

sheep /ʃiːp/ ⟨*lika i pl*⟩ SB får

Oregelbunden pluralbildning, dvs på något annat sätt än med -s eller -es.

see² /siː/ ⟨saw /sɔː/, seen /siːn/⟩ VB 1 se, titta, se efter 2 inse, förstå 3 träffa, möta

se ⟨↔ ses⟩ see*, *titta* look **jag ~r bra utan glasögon** I can see properly without glasses **det återstår att ~** that remains to be seen **Kom och ~ själv!** Come and see (look) for yourself

Oregelbunden verbböjning: i den engelsk-svenska delen ges temat (dvs man får reda på formerna i preteritum och perfekt particip), i den svensk-engelska delen har oregelbundna verb en "varningsprick". Man kan alltså slå upp ett prickat verb i den engelsk-svenska delen.

4 Om ett ord används i *bildlig* betydelse i stället för i bokstavlig betydelse, anges det med *bildl* före ordet.

shudder[1] /'ʃʌdə/ VB darra, rysa, *bildl äv* bäva

shudder betyder 'darra, rysa' (både bokstavligt och bildligt) och dessutom 'bäva' i bildlig betydelse.

surge[1] /sɜːdʒ/ SB 1 *äv bildl* våg ⟨**a ~ of pity**⟩, svallvåg 2 framvällande

surge används för 'våg' i både bildlig och bokstavlig betydelse.

5 Om ett ord tillhör en speciell *stilnivå*, dvs om det används i vardagligt språk eller i mera formellt språk, anges det med *vard* respektive *frml* före ordet, om man inte kan se av översättningen vilken stilnivå ordet tillhör.

stjäla steal*, *vard* pinch

spare tyre /ˌspeə 'taɪə/ SB 1 reservdäck 2 *GB skämts* bilring *runt midjan*

Även förkortningarna *neds* (nedsättande) och *skämts* (skämtsamt) talar om hur ordet används.

6 Om ett ord används inom ett visst *ämnesområde*, anges detta före ordet.

shoot[2] /ʃuːt/ SB 1 *bot* skott 2 jakt

skrivare *data* printer

Många ämnesområden anges med förkortningar (här *bot* = botanik). Gå till förkortningslistan på sidan XII om du är osäker.

7 Om ett ord används i *amerikansk engelska*, eller har avvikande betydelse, stavning eller uttal där, anges det med US.

sidewalk /'saɪdwɔːk/ SB US trottoar

sabre /'seɪbə/ (US **saber**) SB sabel

skruvnyckel spanner, US wrench

sleeve /sliːv/ SB 1 ärm 2 *GB* skivomslag

Om ett ord inte används i amerikansk engelska utan bara i brittisk engelska, eller har en speciell betydelse där, anges detta med GB.

8 Orden står i strikt *alfabetisk ordning*, och varje nytt ord bildar ny artikel. Ett undantag är reflexiva verb, som står på den plats som det enkla verbet skulle ha haft. Det finns ett par saker att observera:

sage[1] /seɪdʒ/ 1 ADJ vis 2 SB vis gammal man
svensk 1 SB Swede 2 ⟨↔ engelsk-⟩ ADJ Swedish

Ord som är både substantiv och adjektiv, eller både substantiv och räkneord, behandlas i en och samma artikel.

scrub¹ /skrʌb/ VB **1** skura, skrubba **2** *vard* spola, skippa ⟨~ **a plan**⟩
scrub² /skrʌb/ SB skurning, skrubbning
scrub³ /skrʌb/ SB busk|snår, -skog

stage¹ /steɪdʒ/ SB **1** scen, skådeplats **2 the stage** teatern **3** stadium, skede **4** etapp, steg ~ **by** ~ steg för steg ⇓

– – –

stage door /ˌsteɪdʒ ˈdɔː/ SB sceningång

Speciellt i engelskan är det vanligt att olika ord har samma stavning. Orden numreras då med små upphöjda siffror. Sådana ord kallas homografer.

Sammansatta ord i engelskan skrivs ofta som två ord utan bindestreck, t ex **stage door** (sceningång). Man hittar **stage door** på dess alfabetiska plats. Sist i artikeln **stage¹** står en pil som anger att det finns sammansättningar med ordet längre ned.

9 Flerordiga uttryck, t ex idiom som **tip the scale, short of breath, göra slag i saken**, står i allmänhet på det första viktiga ordet (innehållsordet), dvs **tip, short, slag**.

scale³ /skeɪl/, **scales** SB våg **a pair of** ~**s** en våg
★ **tip the** ~ → **tip² turn the** ~**s at** → **turn¹**

sack¹ /sæk/ SB säck
★ **get the** ~ få sparken **hit the** ~ → **hit¹**

Om man söker på "fel" ställe finns ofta en hänvisning till artikeln där uttrycket står.

Uttrycket **get the sack** står inte på **get** utan på **sack**. Det finns över 100 uttryck i ordboken som börjar på **get**. De är insatta på nästa innehållsord. Detsamma gäller uttryck med verben **be, bring, come, do, give, go, have, make, put, set, take.**

ORDBOKSTECKEN

( )

Runda parenteser står kring sådant som kan stå i stället för det närmast föregående.

sacka, ~ **efter** lag (drop) behind

⟨ ⟩

Vinkelparenteser står kring någon form av upplysning, t ex vilken preposition som ska användas. I den engelsk-svenska delen står de även kring oöversatta exempel.

I den svensk-engelska delen är en oöversatt del av ett exempel satt inom vinkelparenteser.

samtala talk ⟨**om** about⟩, *diskutera* discuss ⟨**om ngt** sth⟩
sacred /'seɪkrɪd/ ADJ **1** helig **2** helgad ⟨~ **to the memory of ...** ⟩ **3** sakral ⟨~ **music**⟩, andlig ⟨~ **songs**⟩

snedda, ~ **över** ⟨**ett fält**⟩ cut across

XI

[ ]

Hakparenteser står kring sådant som kan utelämnas.

Sahara the Sahara [Desert]

~

Detta tecken (som kallas tilde) ersätter uppslagsordet i exemplen.

sadla saddle ~ av unsaddle ~ på saddle [up]

→

Enkelpil hänvisar till ett annat uppslagsord.

said → say¹

↔

Dubbelpil anger att man bör jämföra med vad som står under ett annat uppslagsord.

sadly /'sædlɪ/ ⟨↔ sad⟩ ADV sorgligt nog

⇑

Uppåtpil hänvisar i den engelsk-svenska delen till en tidigare given amerikansk stavning.

sceptic /'skeptɪk/ (*US* **skeptic**) SB skeptiker, tvivlare
sceptical /'skeptɪkl/ (*US* ⇑) ADJ skeptisk, tvivlande

⇓

Nedåtpil används i den engelsk-svenska delen för att tala om att det finns ett eller flera sammansatta ord längre ned, i det här fallet **smoke screen**.

smoke¹ /sməʊk/ SB **1** rök **2** have a ~ ta en rök ⇓
smoke² /sməʊk/ VB **1** röka **2** ryka [in], osa
smoker /'sməʊkə/ SB **1** rökare **2** rökkupé
smoke screen SB rökridå

≈

Ungefär-tecknet signalerar att ordet eller uttrycket inte har någon direkt motsvarighet i svenskan (respektive i engelskan).

sausage roll /ˌsɒsɪdʒ 'rəʊl/ SB *GB*
≈ korvpirog

·

En prick efter ett verb anger att det är oregelbundet. Den sätts dock inte ut efter de mycket vanliga **be** och **have**.

sova sleep·, be asleep ~ gott sleep well,

⟨*etc*⟩

Anger att ett annat ord kan sättas in, t ex ett annat pronomen eller en annan av de givna översättningarna.

shears /ʃɪəz/ SB trädgårdssax, häcksax, ullsax **a pair of** ~ en trädgårdssax ⟨*etc*⟩

FÖRKORTNINGAR

De förkortningar som avser ämnesområden är utmärkta med ÄO.

ADJ	adjektiv	gm	genom
ADV	adverb	handel	ÄO handel, bokföring, kontor
allm	allmän [betydelse], i allmänhet	hist	ÄO historievetenskap, historisk företeelse
anat	ÄO anatomi	i allm	i allmänhet
arb	ÄO arbetsliv, arbetsmarknad	INTERJ	interjektion
ark	ÄO arkitektur	iron	ironiskt
best art	bestämd artikel	i st f	i stället för
bet	betydelse	jfr	jämför
beton	betonat	jur	ÄO juridik, rättsväsen
betr	beträffande	kemi	ÄO kemi, kemisk industri
bibel	i bibliskt språk, i Bibeln	kok	ÄO kokkonst, livsmedel
bil	ÄO bilteknik, biltrafik	KONJ	konjunktion
bildl	bildligt, figurligt	kstr	konstruktion, konstrueras
biol	ÄO biologi	litt	ÄO litteratur
bl a	bland annat, bland andra	matem	ÄO matematik, geometri
bok	ÄO bokframställning, bokutgivning	medicin	ÄO medicin, sjukvård
		m fl	med flera
bot	ÄO botanik	milit	ÄO militärväsen
bygg	ÄO byggnadsteknik	mkt	mycket
ca	cirka	m m	med mera
data	ÄO databehandling, datorer	motsv	motsvarande, motsvarighet
dvs	det vill säga	neds	nedsättande
e d	eller dylikt	ngn	någon
eg	egentlig, egentligen	ngns	någons
ekon	ÄO ekonomi, börs, bank	ngt	något
el	eller	ngts	någots
eltekn	ÄO elteknik	o	och
enl	enligt	obest art	obestämd artikel
etc	etcetera	obet	obetonat
ex	exempel	obs	observera
film	ÄO filmkonst, filmteknik	o d	och dylikt
flyg	ÄO flygteknik, flygtrafik	omkr	omkring
foto	ÄO fotografering	osv	och så vidare
frml	i formellt språk	pga	på grund av
förk	förkortning	pl	plural
förk f	förkortning för	poet	i poetiskt (litterärt) språk
GB	i brittisk engelska; Storbritannien	polit	ÄO politik
		pred	predikat
geo	ÄO geovetenskap (geografi, geologi, mineralogi)	predf	predikatsfyllnad
		PREP	preposition

XIII

PRON	pronomen	subst	substantivisk, substantiverad
psyk	ÄO psykologi		
radio	ÄO radioteknik, radioprogram	tex	till exempel
		teat	ÄO teater, scenkonst
resp	respektive	tekn	ÄO teknik
RÄKN	räkneord	tele	ÄO telefoni, telegrafi
sb	somebody (i exempel)	tom	till och med
SB	substantiv	tv	ÄO televisionsteknik, televisionsprogram
Sc	i skotsk engelska; Skottland	ung	ungefär
sg	singular	US	i amerikansk engelska; USA
sjö	ÄO sjöfart, båtsport		
sk	så kallad[e]	utb	ÄO utbildning, skola, undervisning
skämts	skämtsamt		
sms	sammansättning	vanl	vanlig, vanligen
soc	ÄO socialt arbete, sociala åtgärder	vard	i vardagligt språk
		VB	verb
spec	speciellt, särskilt	vet	i vetenskapligt språk
sport	ÄO sport, idrott	zool	ÄO zoologi
språk	ÄO språkvetenskap	åld	i ålderdomligt språk
sth	something (i exempel)	äv	även

LJUDSKRIFT OCH UTTAL

1 För en del ljud finns särskilda tecken i ljudskriften.

Konsonantljud

ŋ king
ð this
θ thin
z rose
ʃ rush
ʒ pleasure
tʃ child
dʒ jeans
w wet

Långa vokalljud

iː sea
ɑː father
ɔː ball
uː blue
ɜː girl

Korta vokalljud

ɪ sit
e set
æ sat
ɒ lot
ʌ cut
ʊ foot
ə about

Diftonger

eɪ face
aɪ fine
ɔɪ boy
əʊ show
aʊ now
ɪə here
eə hair
ʊə tour

2 Före den stavelse som är mest betonad står '. Ett lågt betoningstecken ˌ står före en mindre betonad stavelse.

sabotage /ˈsæbəˈtɑːʒ/   **sardine** /sɑːˈdiːn/

3 Amerikanskt uttal ges när det avviker från brittiskt uttal (se dock punkt 4).

sachet /ˈsæʃeɪ, US sæˈʃeɪ/   **salesclerk** /ˈseɪlzklɑːk, US -klɜːrk/

4 En del genomgående skillnader mellan brittiskt och amerikanskt uttal markeras bara undantagsvis.

a) Amerikansk engelska har /æ/ före /f/, /m/, /n/, /s/, /θ/.

Regeln gäller inte i ord som slutar på -lm, -rm, -rn, t ex **calm, charm, darn**.

	GB	US
raft	/rɑːft/	/ræft/
sample	/ˈsɑːmpl/	/ˈsæmpl/
dance	/dɑːns/	/dæns/
pass	/pɑːs/	/pæs/
bath	/bɑːθ/	/bæθ/

b) Amerikansk engelska har i allmänhet /u:/ i stället för /ju:/ efter konsonant.

Regeln gäller inte efter b-, m-, p-, t ex i **beauty, music, pupil**.

	GB	US
duty	/'dju:tɪ/	/'du:tɪ/
nude	/nju:d/	/nu:d/
tune	/tju:n/	/tu:n/

c) I amerikansk engelska uttalas r i alla ställningar.

	GB	US
far	/fɑ:/	/fɑ:r/
further	/'fɜ:ðə/	/'fɜ:rðər/

d) I amerikansk engelska reduceras inte -ary, -ery, -ory som i brittisk engelska.

	GB	US
dictionary	/'dɪkʃənərɪ/	/'dɪkʃənerɪ/
cemetery	/'semətrɪ/	/'seməterɪ/
laboratory	/lə'bɔrətərɪ/	/'læbrətɔ:rɪ/

Engelsk-svenska delen

A

a /ə, *beton* eɪ/ ⟨*framför vokalljud* **an** /ən, *beton* æn/⟩ OBEST ART **1** en, ett **2** per, i, om **two days ~ week** två dagar i veckan **twice ~ day** två gånger om dagen
aback /ə'bæk/ ADV **taken ~** häpen, paff
abandon /ə'bændən/ VB **1** överge, lämna **2** ge upp ⟨**~ hope**⟩, avbryta ⟨**~ a project**⟩ **3 ~ oneself** hänge sig ⟨**to** åt⟩
abase /ə'beɪs/ VB förnedra, förödmjuka
abashed /ə'bæʃt/ ADJ förlägen, generad ⟨**at, by** över⟩
abate /ə'beɪt/ VB **1** avta **2** minska, dämpa
abbey /'æbɪ/ SB **1** kloster **2** [kloster]kyrka
abbreviate /ə'briːvɪeɪt/ VB förkorta
abbreviation /əˌbriːvɪ'eɪʃn/ SB förkortning
abdicate /'æbdɪkeɪt/ VB **1** abdikera **2** avsäga sig
abdomen /'æbdəmən/ SB buk, mage
abduct /əb'dʌkt/ VB föra (röva) bort
aberration /ˌæbə'reɪʃn/ SB **1** abnormitet, avvikelse, förvillelse **2** [sinnes]förvirring
abhor /əb'hɔː/ VB avsky
abhorrence /əb'hɒrəns/ SB avsky ⟨**at** [in]för⟩
abide /ə'baɪd/ VB fördra, tåla
□ **abide by** *a)* stå fast vid *b)* foga sig efter (i)
abiding /ə'baɪdɪŋ/ ADJ varaktig, bestående
ability /ə'bɪlətɪ/ SB **1** förmåga **to the best of one's ~** efter bästa förmåga **2** begåvning, anlag
abject /'æbdʒekt/ ADJ **1** eländig, usel **2** ovärdig, krypande, undergiven
ablaze /ə'bleɪz/ ADJ **1** i lågor **2** starkt upplyst **3** *bildl* blossande, glödande, flammande ⟨**with** av⟩
able /'eɪbl/ ADJ **1 be ~ to** kunna, vara i stånd att **2** skicklig, kunnig
able-bodied /ˌeɪbl'bɒdɪd/ ADJ arbetsför, stark [och frisk]

abnormal /æb'nɔːml/ ADJ onormal, abnorm
aboard¹ /ə'bɔːd/ ADV ombord
aboard² /ə'bɔːd/ PREP ombord på
abode /ə'bəʊd/ SB **1** boning **2** hemvist
abolish /ə'bɒlɪʃ/ VB avskaffa
abolition /ˌæbə'lɪʃn/ SB avskaffande
A-bomb /'eɪbɒm/ ⟨*förk f* atom bomb⟩ SB atombomb
abominable /ə'bɒmɪnəbl/ ADJ avskyvärd
aboriginal /ˌæbə'rɪdʒnəl/ **1** ADJ ursprunglig **2** SB urinvånare
aborigine /ˌæbə'rɪdʒənɪ/ SB urinvånare
abortion /ə'bɔːʃn/ SB abort **have an ~** göra abort
abortive /ə'bɔːtɪv/ ADJ fruktlös, misslyckad
abound /ə'baʊnd/ VB finnas i överflöd
□ **abound in (with)** vara full av, vara rik på
about¹ /ə'baʊt/ PREP **1** om ⟨**a book ~ dogs, dream ~ sth**⟩ **2** för ⟨**be sorry ~ sth, nothing to cry ~**⟩, **worry ~ sth** oroa sig för ngt **3** i ⟨**crazy (mad) ~**⟩ **4** med ⟨**there's something strange ~ her**⟩, **careless ~** vårdslös med **boast ~** skryta med **keep quiet ~** hålla tyst med **5** omkring ⟨**~ ten o'clock**⟩, *spec GB* runt ⟨**the walls ~ the prison**⟩ **6** *spec GB* omkring i (på) ⟨**walk ~ the town**⟩ **7** på ⟨**he has no money ~ him, think ~ sth**⟩, **complain ~** klaga på **curious ~** nyfiken på **8** över ⟨**bitter ~, happy ~, sorry ~**⟩, **be upset ~** bli upprörd över
★ **be ~ it** vara i farten **go ~ sth** bära sig åt med ngt ⟨**How did she go ~ it?**⟩, **How (What) ~ it?** Vad tycker du om det? **How (What) ~ buying it?** Vad säger du om att köpa den?
about² /ə'baʊt/ ADV **1** omkring, runt ⟨**walk ~**⟩ **2** ungefär **3 just ~** → **just¹**
★ **~** *a) om sjukdom* grassera, gå *b)* vara i närheten, vara här (där) ⟨**there was nobody ~**⟩, **be ~ to do sth** stå i begrepp att göra ngt **I was ~ to go out when ...** jag skulle just gå ut när ...
about-turn /əˌbaʊt'tɜːn/ SB helomvändning
above¹ /ə'bʌv/ PREP ovanför ⟨**~ the clouds**⟩, mer än ⟨**cost ~ £10**⟩, över ⟨**~ freezing [point]**⟩
★ **~ all** framför allt **~ oneself** *GB* uppblåst, dumdryg
above² /ə'bʌv/ ADV **1** ovan[för] **from ~**

A abrasive – accomplish

uppifrån see ~ se ovan 2 mer, [där]över ⟨children of five or ~⟩
abrasive /əˈbreɪsɪv/ ADJ 1 slip- ⟨~ paper⟩ 2 skrovlig 3 frånstötande, osympatisk
abreast /əˈbrest/ ADV bredvid varandra, i bredd ~ of *a)* i jämnhöjd med *b)* à jour med, insatt i
abridge /əˈbrɪdʒ/ VB förkorta
abroad /əˈbrɔːd/ ADV 1 utomlands 2 i omlopp
abrupt /əˈbrʌpt/ ADJ 1 abrupt, plötslig 2 brysk
abscess /ˈæbses/ SB böld
abscond /əbˈskɒnd/ VB avvika, rymma
absence /ˈæbsəns/ SB frånvaro
absent /ˈæbsənt/ ADJ frånvarande
absenteeism /ˌæbsənˈtiːɪzəm/ SB frånvaro *utan giltig orsak*
absent-minded /ˌæbsəntˈmaɪndɪd/ ADJ tankspridd
absolute /ˈæbsəluːt/ ADJ 1 absolut, fullständig, total 2 absolut, enväldig, oinskränkt
absolve /əbˈzɒlv/ VB 1 frikänna 2 *religion* förlåta
absorb /əbˈsɔːb, -ˈzɔːb/ VB absorbera ~ed in försjunken i
absorbent /əbˈsɔːbənt, -ˈzɔːbənt/ ADJ absorberande
abstain /əbˈsteɪn/ VB 1 lägga ner sin röst 2 avhålla sig
abstemious /æbˈstiːmɪəs/ ADJ återhållsam
abstention /əbˈstenʃn/ SB 1 avhållsamhet 2 röstnedläggelse
abstinence /ˈæbstɪnəns/ SB abstinens, avhållsamhet
abstract /ˈæbstrækt/ 1 ADJ abstrakt 2 SB sammandrag 3 SB abstrakt konstverk
abstruse /əbˈstruːs/ ADJ svårfattlig, dunkel
absurd /əbˈsɜːd/ ADJ 1 absurd 2 löjlig
abundance /əˈbʌndəns/ SB överflöd, rikedom
abundant /əˈbʌndənt/ ADJ 1 riklig 2 rik ⟨in på⟩
abuse¹ /əˈbjuːz/ VB 1 skymfa, vara ovettig mot 2 missbruka 3 misshandla
abuse² /əˈbjuːs/ SB 1 smädelser, oförskämdheter word of ~ skällsord 2 missbruk 3 misshandel
abusive /əˈbjuːsɪv/ ADJ oförskämd, ovettig, otidig

abyss /əˈbɪs/ SB avgrund
academic /ˌækəˈdemɪk/ 1 ADJ akademisk 2 ADJ teoretisk 3 SB universitetslärare, akademiker
academy /əˈkædəmɪ/ SB akademi ~ of music musikhögskola naval ~ sjökrigsskola
accelerate /əkˈseləreɪt/ VB accelerera
accelerator /əkˈseləreɪtə/ SB 1 gaspedal 2 *tekn* accelerator
accent¹ /ˈæksnt, *spec US* -sent/ SB 1 accent, brytning 2 sätt att tala, uttal ⟨an upper--class ~⟩ 3 accent[tecken] 4 betoning
accent² /ækˈsent/ VB betona
accentuate /ækˈsentʃʊeɪt/ VB accentuera
accept /əkˈsept/ VB acceptera, anta, godta
acceptable /əkˈseptəbl/ ADJ acceptabel
acceptance /əkˈseptəns/ SB accepterande, gillande
access /ˈækses/ SB 1 tillträde 2 ingång 3 tillgång ⟨have ~ to sth⟩ 4 umgängesrätt ⟨to med⟩ 5 *data* åtkomst ⟨~ time⟩ ⇓
accessible /əkˈsesəbl/ ADJ tillgänglig
accessory /əkˈsesərɪ/ SB 1 *jur* medhjälpare [till brott] 2 accessories tillbehör, accessoarer
access road SB tillfartsväg, påfart
accident /ˈæksɪdənt/ SB olycks|händelse, -fall
★ by ~ av en slump
accidental /ˌæksɪˈdentl/ ADJ 1 oavsiktlig 2 tillfällig 3 oväntad
accidentally /ˌæksɪˈdentlɪ/ ADV av en händelse
acclaim¹ /əˈkleɪm/ VB lovorda, hylla
acclaim² /əˈkleɪm/ SB lovord, bifall, hyllning
acclimatize /əˈklaɪmətaɪz/ VB acklimatisera [sig]
accommodate /əˈkɒmədeɪt/ VB 1 [in]hysa, härbärgera 2 tillmötesgå 3 anpassa ⟨to efter⟩
accommodation /əˌkɒməˈdeɪʃn/ SB 1 bostad, logi, [hus]rum 2 anpassning
accompaniment /əˈkʌmpənɪmənt/ SB 1 ackompanjemang 2 komplement, tillbehör
accompany /əˈkʌmpənɪ/ VB 1 följa [med], åtfölja 2 ackompanjera
accomplice /əˈkʌmplɪs, əˈkɒm-/ SB medbrottsling
accomplish /əˈkʌmplɪʃ, əˈkɒm-/ VB

1 uträtta, åstadkomma 2 genomföra, full|följa, -borda
accomplished /əˈkʌmplɪʃt, əˈkɒm-/ ADJ fulländad, [mycket] skicklig
accomplishment /əˈkʌmplɪʃmənt, əˈkɒm-/ SB 1 färdighet, talang 2 genomförande, fullbordande 3 prestation
accord¹ /əˈkɔːd/ VB 1 stämma överens 2 bevilja 3 skänka
accord² /əˈkɔːd/ SB 1 överensstämmelse 2 överenskommelse
★ be in ~ a) vara överens b) stämma överens **of one's own** ~ självmant **with one** ~ enhälligt
accordance /əˈkɔːdəns/ SB överensstämmelse ⟨**in** ~ **with**⟩
accordingly /əˈkɔːdɪŋlɪ/ ADV 1 i enlighet därmed ⟨**we will act** ~⟩ 2 följaktligen, därför
according to /əˈkɔːdɪŋtʊ/ PREP enligt ~ **plan** planenligt
accordion /əˈkɔːdɪən/ SB dragspel
accost /əˈkɒst/ VB 1 [gå fram till och] tilltala 2 antasta
account¹ /əˈkaʊnt/ SB 1 berättelse, redogörelse, beskrivning **give an** ~ **of** redogöra för 2 räkning, kontoutdrag 3 konto ⟨**bank** ~⟩, **current (cheque)** ~ checkkonto 4 accounts räkenskaper **the** ~**s department** ekonomiavdelningen
★ **by all** ~**s** efter vad man säger **bring (call) sb to** ~ ställa ngn till svars **give a good** ~ **of oneself** göra bra ifrån sig **of no** ~ betydelselös **on** ~ handel a) i förskott, som avbetalning b) på kredit **on** ~ **of** på grund av **take** ~ **of, take into** ~ ta med i beräkningen, ta hänsyn till
account² /əˈkaʊnt/ VB betrakta (anse) som
□ **account for** a) redogöra för, förklara b) redovisa ⟨**to sb** för ngn⟩ c) svara för, utgöra ⟨~ **5 % of the cost**⟩, **there's no accounting for tastes** om tycke och smak ska man inte diskutera
accountable /əˈkaʊntəbl/ ADJ ansvarig ⟨**to** inför⟩
accountancy /əˈkaʊntənsɪ/ SB bokföring
accountant /əˈkaʊntənt/ SB 1 revisor 2 kamrer
accounting /əˈkaʊntɪŋ/ SB bokföring
accredited /əˈkredɪtɪd/ ADJ auktoriserad, om ambassadör ackrediterad

accumulate /əˈkjuːmjəleɪt/ VB 1 samla [ihop], ackumulera 2 hopa sig, ackumuleras
accuracy /ˈækjʊrəsɪ/ SB 1 exakthet, precision 2 korrekthet, riktighet
accurate /ˈækjʊrət/ ADJ 1 noggrann 2 exakt 3 korrekt, riktig 4 träffsäker
accusation /ˌækjuːˈzeɪʃn/ SB anklagelse
accuse /əˈkjuːz/ VB anklaga ⟨**of** för⟩
accustom /əˈkʌstəm/ VB vänja ⟨**to** vid⟩
accustomed /əˈkʌstəmd/ ADJ van ⟨**to** vid⟩
ace /eɪs/ SB 1 ess, äss 2 tennis serveäss 3 etta på tärning 4 person stjärna, mästare ⟨**at** på, i⟩
ache¹ /eɪk/ VB 1 värka ~ **all over** ha ont i hela kroppen 2 längta ⟨**for** efter⟩
ache² /eɪk/ SB värk
achieve /əˈtʃiːv/ VB 1 åstadkomma, prestera 2 [upp]nå
achievement /əˈtʃiːvmənt/ SB 1 prestation, insats 2 uppnående, förverkligande
acid /ˈæsɪd/ 1 ADJ sur, syrlig, bitter 2 SB syra 3 SB vard LSD narkotika
★ ~ **test** prövosten
acid rain SB surt regn använt som term för 'försurning'
acknowledge /əkˈnɒlɪdʒ/ VB 1 erkänna 2 visa att man lagt märke till ⟨**she didn't** ~ **me**⟩, ~ **a greeting** besvara en hälsning 3 visa tacksamhet för, tacka för 4 bekräfta [mottagandet av] ⟨~ **[receipt of] a letter**⟩
acknowledgement /əkˈnɒlɪdʒmənt/, **acknowledgment** SB 1 erkännande 2 bekräftelse
★ **in** ~ **of** som erkänsla (tack) för
acne /ˈæknɪ/ SB akne, finnar
acorn /ˈeɪkɔːn/ SB ekollon
acoustic /əˈkuːstɪk/ 1 ADJ akustisk 2 SB **acoustics** akustik
acquaint /əˈkweɪnt/ VB informera ⟨**with** om⟩ **be** ~**ed with** vara bekant med **become (get)** ~**ed** lära känna varann **become (get)** ~**ed with** lära känna ~ **oneself with** bekanta sig med, sätta sig in i
acquaintance /əˈkweɪntəns/ SB 1 bekant **an** ~ **of mine** en bekant till mig 2 bekantskap ⟨**make sb's** ~⟩ 3 kännedom ⟨**with** om⟩
acquiesce /ˌækwɪˈes/ VB 1 samtycka

A acquire – adherent

2 foga sig
acquire /əˈkwaɪə/ VB förvärva, skaffa sig
acquisition /ˌækwɪˈzɪʃn/ SB förvärv[ande]
acquit /əˈkwɪt/ VB **1** frikänna ⟨**of** från⟩
2 ~ **oneself** sköta (klara) sig
acquittal /əˈkwɪtl/ SB frikännande
acre /ˈeɪkə/ SB ≈ tunnland 4 047 m²
acrimonious /ˌækrɪˈməʊnɪəs/ ADJ *bildl* bitter
acrobat /ˈækrəbæt/ SB akrobat
acrobatic /ˌækrəˈbætɪk/ ADJ akrobatisk
across¹ /əˈkrɒs/ ADV **1** [tvärs]över **2** på tvären **3** *i korsord* vågrätt **4** i kors
across² /əˈkrɒs/ PREP [tvärs]över, på andra sidan [av] **from** ~ **the room** från andra ändan av rummet
acrylic /əˈkrɪlɪk/ SB akryl
act¹ /ækt/ VB **1** handla, agera **2** bete sig **3** ha (få) effekt, verka **4** fungera **5** *teat* spela ⟨~ **Romeo**⟩, vara skådespelare **6** spela, låtsas vara
 □ **act for** företräda
 □ **act on** *a)* följa, lyda *b)* handla på grundval av *c)* ha verkan på
 □ **act out** leva (spela) ut
 □ **act up** *vard* krångla, strula
act² /ækt/ SB **1** handling, gärning **2** dåd ⟨**a terrorist** ~⟩ **3** lag ⟨**an A~ of Parliament**⟩ **4** *teat a)* akt *b)* nummer
 ★ **get in on the** ~ haka på **in the** ~ på bar gärning **put on an** ~ spela [teater], göra sig till
acting /ˈæktɪŋ/ **1** ADJ tillförordnad **2** SB agerande, handlande **3** SB skådespelarkonst[en], skådespeleri **4** SB *film, teat* spel[sätt]
action /ˈækʃn/ SB **1** handling **2** agerande, ingripande **take** ~ vidta åtgärder **3** [på]verkan, inverkan **4** strid **see** ~ delta i strid **5** funktion, mekanism ⟨**the** ~ **of a pump**⟩ **6** *jur* process **bring an** ~ **against** öppna process mot
 ★ **out of** ~ *a)* ur funktion *b) milit* ur stridbart skick **put into** ~ sätta i verket (gång)
activate /ˈæktɪveɪt/ VB aktivera
active /ˈæktɪv/ ADJ aktiv
activity /ækˈtɪvətɪ/ SB aktivitet, verksamhet
actor /ˈæktə/ SB skådespelare, aktör
actress /ˈæktrɪs/ SB skådespelerska
actual /ˈæktʃʊəl/ ADJ **1** faktisk, verklig **in** ~ **fact** i själva verket **2** [nu] rådande

actually /ˈæktʃʊəlɪ/ ADV faktiskt, i själva verket
acumen /ˈækjʊmən/, *spec US* əˈkjuːmen/ SB skarpsinne **business** ~ [utpräglat] sinne för affärer
acute /əˈkjuːt/ ADJ **1** akut **2** *bildl* stark, svår **3** skarp **an** ~ **sense of smell** ett väl utvecklat luktsinne **4** skarpsinnig, klarsynt **5** *om vinkel* spetsig
ad /æd/ ⟨*förk f* advertisement⟩ SB *vard* annons
AD /ˌeɪˈdiː/ ⟨*förk f* anno Domini /ˌænəʊ ˈdɒmɪnaɪ/⟩ e. Kr. **in 46** ~ år 46 e. Kr.
adapt /əˈdæpt/ VB **1** anpassa ⟨**to** efter, till⟩ **2** bearbeta, omarbeta
adaptable /əˈdæptəbl/ ADJ anpassbar, flexibel
adapter /əˈdæptə/, **adaptor** SB **1** bearbetare **2** *eltekn* grenuttag **3** adapter
add /æd/ VB **1** tillägga, lägga till (på) **2** *kok* tillsätta **3** addera
 □ **add to** *a)* [ut]öka, förhöja *b)* förvärra **add fuel to the flames, add insult to injury** ≈ göra ont värre, lägga sten på börda
 □ **add up** *a)* addera, lägga ihop *b) vard* stämma, gå ihop ~ **to** uppgå (belöpa sig) till **it all adds up to this** ... summan av kardemumman är ...
adder /ˈædə/ SB huggorm
addict /ˈædɪkt/ SB **1** missbrukare **drug** ~ narkoman **2** fantast **TV** ~ TV-slav
addicted /əˈdɪktɪd/ ADJ **be** ~ **to** vara beroende av, missbruka, vara slav under
addition /əˈdɪʃn/ SB **1** tillägg, tillskott, tillökning **2** addition
 ★ **in** ~ dessutom **in** ~ **to** förutom
additional /əˈdɪʃnəl/ ADJ ytterligare, extra
address¹ /əˈdres, *US* ˈædres/ SB **1** adress **2** anförande, tal
address² /əˈdres/ VB **1** adressera **2** tala till (inför), hålla tal till **3** titulera **4** ~ **oneself** *a)* inrikta sig ⟨**to** på⟩ *b)* vända sig
addressee /ˌædreˈsiː/ SB adressat, mottagare
adept /əˈdept, ˈædept/ ADJ skicklig ⟨**at, in** i⟩
adequate /ˈædɪkwət/ ADJ **1** tillräcklig **2** tillräckligt med ⟨**have** ~ **food**⟩ **3** fullgod, tillfredsställande
adhere /ədˈhɪə/ VB sitta fast ⟨**to** på, vid⟩ ~ **to** *äv* hålla sig till, hålla fast vid
adherent /ədˈhɪərənt/ SB anhängare

adhesive /əd'hi:sɪv/ **1** ADJ självhäftande, gummerad ~ **plaster** *GB* plåster ~ **tape** tejp **2** SB klister
adjacent /ə'dʒeɪsnt/ ADJ angränsande be ~ **to** ligga intill
adjective /'ædʒɪktɪv/ SB adjektiv
adjoin /ə'dʒɔɪn/ VB gränsa till [varandra]
adjourn /ə'dʒɜ:n/ VB **1** ajournera **2** dra sig tillbaka, ajournera sig
adjust /ə'dʒʌst/ VB **1** rätta till, justera **2** anpassa, avpassa ⟨**to** efter⟩ **3** anpassa sig, ställa in sig
adjustable /ə'dʒʌstəbl/ ADJ reglerbar, inställbar ~ **spanner** *GB* skiftnyckel
administer /əd'mɪnɪstə/ VB **1** förvalta, administrera **2** utdela, ge ⟨~ **a kick to sb**⟩, ~ **justice** skipa rättvisa
admirable /'ædmərəbl/ ADJ beundransvärd
admiral /'ædmərəl/ SB amiral
admiration /ˌædmɪ'reɪʃn/ SB beundran
admire /əd'maɪə/ VB beundra
admission /əd'mɪʃn/ SB **1** tillträde, insläppande **2** inträdesavgift **3** medgivande, erkännande
admit /əd'mɪt/ VB **1** medge, erkänna **2** släppa in, anta, ta emot ⟨**[in]to** i⟩ **3** rymma ⟨**the hall ~s 90 people**⟩
□ **admit of** tillåta, medge
admittance /əd'mɪtəns/ SB tillträde, inträde **No ~** Tillträde förbjudet
admonish /əd'mɒnɪʃ/ VB **1** tillrättavisa **2** uppmana
adolescence /ˌædə'lesns/ SB ungdomstid[en], tonårstid[en]
adolescent /ˌædə'lesnt/ **1** ADJ tonårs-, ungdoms- **2** SB tonåring **~s** ungdomar
adopt /ə'dɒpt/ VB **1** adoptera **2** lägga sig till med **3** anta, godta
adoration /ˌædə'reɪʃn/ SB tillbedjan, dyrkan
adore /ə'dɔ:/ VB dyrka, avguda
adorn /ə'dɔ:n/ VB pryda, [ut]smycka
adrift /ə'drɪft/ ADV på drift
adroit /ə'drɔɪt/ ADJ skicklig ⟨**at, in** i⟩, händig, flink
adult /'ædʌlt, *spec US* ə'dʌlt/ **1** ADJ vuxen[-] **2** SB vuxen
adultery /ə'dʌltərɪ/ SB äktenskapsbrott
advance[1] /əd'vɑ:ns/ VB **1** avancera, gå fram[åt] **2** flytta fram, tidigarelägga ⟨~ **a meeting**⟩ **3** främja, stödja **4** föra (lägga) fram ⟨~ **an idea**⟩ **5** *om pris* gå upp **6** förskottera
advance[2] /əd'vɑ:ns/ SB **1** framryckning **2** framsteg **3** förskott **4** *attribut* förhands- ⟨~ **booking**⟩ **5** [pris]höjning
★ **in** ~ i förväg **make ~s** göra närmanden
advanced /əd'vɑ:nst/ ADJ avancerad, framskriden
advantage /əd'vɑ:ntɪdʒ/ SB fördel **take ~ of** utnyttja
advantageous /ˌædvən'teɪdʒəs/ ADJ fördelaktig
advent /'ædvent/ SB ankomst **A~** advent
adventure /əd'ventʃə/ SB äventyr
adventurer /əd'ventʃərə/ SB äventyrare
adventurous /əd'ventʃərəs/ ADJ **1** äventyrslysten **2** äventyrlig
adverb /'ædvɜ:b/ SB adverb
adversary /'ædvəsərɪ/ SB motståndare
adverse /'ædvɜ:s/ ADJ **1** ogynnsam, motig ~ **wind** motvind **2** kritisk, negativ, fientlig
adversity /əd'vɜ:sətɪ/ SB motgång[ar], svårighet[er]
advert /'ædvɜ:t/ ⟨*förk f* advertisement⟩ SB *GB vard* annons
advertise /'ædvətaɪz/ VB [ut]annonsera, göra reklam [för]
advertisement /əd'vɜ:tɪsmənt, *US* ˌædvər'taɪzmənt/ SB **1** annons **2** annonsering **3** reklam ⟨**TV ~s**⟩
advertiser /'ædvətaɪzə/ SB annonsör
advertising /'ædvətaɪzɪŋ/ SB annonsering, reklam
advice /əd'vaɪs/ SB **1** ⟨*endast sg*⟩ råd **a piece of ~** ett råd **2** *handel GB* meddelande, avi
advisable /əd'vaɪzəbl/ ADJ tillrådlig
advise /əd'vaɪz/ VB **1** råda ⟨**on** beträffande⟩ **2** tillråda, rekommendera **3** *handel* meddela, avisera ⟨**of sth** ngt⟩
□ **advise against** avråda från
adviser /əd'vaɪzə/, **advisor** /əd'vaɪzə/ SB rådgivare
advisory /əd'vaɪzərɪ/ ADJ rådgivande
advocate[1] /'ædvəkət/ SB **1** förkämpe ⟨**of** för⟩ **2** advokat
advocate[2] /'ædvəkeɪt/ VB förespråka
aerial /'eərɪəl/ **1** SB antenn **2** ADJ flyg-, luft- ~ **cableway** linbana
aerobatics /ˌeərə'bætɪks/ SB konstflygning
aerobics /eə'rəʊbɪks/ SB gymping
aeroplane /'eərəpleɪn/ SB *GB* flygplan
aesthetic /i:s'θetɪk/ ⟨*US* **esthetic**⟩ ADJ estetisk

affable /'æfəbl/ ADJ älskvärd, vänlig ⟨to mot⟩
affair /ə'feə/ SB **1** affär, historia **2** kärleksaffär **3** sak, angelägenhet **current ~s** aktuella frågor
affect[1] /ə'fekt/ VB påverka, inverka på
affect[2] /ə'fekt/ VB **1** låtsas [ha (vara)] **2** lägga sig till med, uppträda med
affectation /ˌæfek'teɪʃn/ SB tillgjordhet
affected /ə'fektɪd/ ADJ **1** påverkad **2** tillgjord
affection /ə'fekʃn/ SB tillgivenhet
affectionate /ə'fekʃnət/ ADJ tillgiven, kärleksfull
affectionately /ə'fekʃnətlɪ/ ADV **Yours ~** *i brev* Din (Er) tillgivne
affinity /ə'fɪnətɪ/ SB **1** släktskap **2** samhörighet
affirm /ə'fɜːm/ VB **1** försäkra, hävda **2** bekräfta
affirmative /ə'fɜːmətɪv/ **1** ADJ jakande **2** SB jakande svar **answer in the ~** svara jakande
★ **~ action** positiv särbehandling *av diskriminerad grupp vid anställning etc*
affix /ə'fɪks/ VB fästa, sätta fast ⟨to på⟩
afflict /ə'flɪkt/ VB drabba, plåga **be ~ed with** drabbas av
affliction /ə'flɪkʃn/ SB lidande, olycka, plåga
affluence /'æfluəns/ SB välstånd, rikedom, överflöd
affluent /'æfluənt/ ADJ rik, förmögen **the ~ society** överflödssamhället
afford /ə'fɔːd/ VB **1 we can ~ it** vi har råd med det **we can't ~ to go** vi har inte råd att resa **2** ge, erbjuda
affront[1] /ə'frʌnt/ VB förolämpa, skymfa
affront[2] /ə'frʌnt/ SB förolämpning, skymf ⟨to mot⟩
afloat /ə'fləʊt/ ADV **1** flytande, *sjö* flott **2** till sjöss
★ **get (set) sth ~** få i gång (starta) ngt
afoot /ə'fʊt/ ADV på gång, i görningen
afraid /ə'freɪd/ ADJ rädd ⟨of för⟩
★ **I'm ~ not** tyvärr inte **I'm ~ so** tyvärr
afresh /ə'freʃ/ ADV ånyo
Africa /'æfrɪkə/ SB Afrika
African /'æfrɪkən/ **1** ADJ afrikansk **2** SB afrikan
after[1] /'ɑːftə/ PREP efter
★ **~ all** när allt kommer omkring
after[2] /'ɑːftə/ KONJ efter det att, sedan

after[3] /'ɑːftə/ ADV **1** efter, bakom **2** efter[åt]
aftermath /'ɑːftəmæθ/ SB efterverkningar
afternoon /ˌɑːftə'nuːn/ SB eftermiddag
afters /'ɑːftəz/ SB GB *vard* efterrätt
afterthought /'ɑːftəθɔːt/ SB **1** sent påkommen tanke **2** [konstig] tillbyggnad **3** *vard* sladdbarn
afterwards /'ɑːftəwədz/ (*spec US* **afterward**) ADV efteråt
again /ə'gen, ə'geɪn/ ADV igen
★ **~ and ~** gång på gång **as many ~** lika många till
against /ə'genst, ə'geɪnst/ PREP [e]mot
age[1] /eɪdʒ/ SB **1** ålder **What ~ are you?** Hur gammal är du? **be the same ~** vara lika gammal **2 old ~** ålderdom[en] **3** tid, era, [tids]ålder **4 ages** *vard* evigheter ⟨**it's [been] ~s since I saw her**⟩
★ **be (come) of ~** bli myndig **Be (Act) your ~!** Visa att du är vuxen! **under ~** *a)* minderårig *b)* för ung
age[2] /eɪdʒ/ VB åldras
aged /eɪdʒd, *i bet 2 och 3* 'eɪdʒɪd/ **1** ADJ i en ålder av **a boy ~ four** en fyraårig pojke **2** ADJ ålderstigen, åldrig **3** SB **the ~** de gamla, åldringarna
ageism /'eɪdʒɪzəm/, **agism** SB åldersdiskriminering
agency /'eɪdʒənsɪ/ SB **1** förmedling ⟨**employment ~**⟩, byrå ⟨**travel ~**⟩ **2** agentur **3** inverkan, ingripande **through the ~ of sb** tack vare ngn **4** *spec US* [regerings]organ, byrå
agenda /ə'dʒendə/ SB dagordning
agent /'eɪdʒənt/ SB **1** agent **2** medel, verksam kraft
aggravate /'æɡrəveɪt/ VB **1** förvärra **2** *vard* irritera, förarga
aggression /ə'ɡreʃn/ SB aggression **war of ~** anfallskrig
aggressive /ə'ɡresɪv/ ADJ aggressiv
aggressor /ə'ɡresə/ SB angripare
aggrieved /ə'ɡriːvd/ ADJ kränkt, sårad
aghast /ə'ɡɑːst/ ADJ förskräckt, förfärad ⟨at över⟩
agile /'ædʒaɪl, *US* 'ædʒəl/ ADJ kvick, vig **an ~ mind** ett rörligt intellekt
agitate /'ædʒɪteɪt/ VB **1** skaka om **2** oroa, uppröra **3** agitera
agitation /ˌædʒɪ'teɪʃn/ SB **1** oro, upprördhet **2** agitation

ago /əˈgəʊ/ ADV för ... sedan **long ~** för länge sedan

agonize /ˈægənaɪz/ VB våndas, oroa sig

agonizing /ˈægənaɪzɪŋ/ ADJ kvalfull, plågsam

agony /ˈægəni/ SB vånda, kval **death ~** dödsångest **~ aunt (uncle)** GB vard redaktör för frågespalt

agree /əˈgriː/ VB **1** hålla 'med **I couldn't ~ more** jag håller helt och hållet med dig **2** komma överens **3** vara överens **A~d!** Avgjort! **4** hålla sams **5** godkänna ⟨**our budget has been ~d**⟩, gå med på **6** stämma överens
□ **agree on** enas (komma överens) om **be agreed on** vara ense om
□ **agree with** stämma [överens] med **this food doesn't ~ me** jag tål inte den här maten

agreeable /əˈgriːəbl/ ADJ **1** behaglig, angenäm **2 ~ to** villig, redo **Is that ~ to you?** Går du med på det?

agreement /əˈgriːmənt/ SB **1** överenskommelse, uppgörelse, avtal **2** enighet **be in ~ about** vara överens om **3** instämmande ⟨**they nodded ~**⟩ **4** överensstämmelse

agricultural /ˌægrɪˈkʌltʃərəl/ ADJ jordbruks-

agriculture /ˈægrɪˌkʌltʃə/ SB jordbruk

aground /əˈgraʊnd/ ADV på grund

ahead /əˈhed/ ADV **1** före ⟨**walk ~**⟩, **be ~** ligga före, leda **2** i förväg ⟨**send sth ~**⟩ **3** fram ⟨**straight ~**⟩, framåt ⟨**look ~**⟩, **the road ~** vägen framför oss ⟨*etc*⟩
★ **Go ~!** *a)* Sätt i gång! *b)* Fortsätt!

ahead of /əˈhedəv/ PREP **1** före ⟨**be ~ sb**⟩, **move ~** dra ifrån **2** framför ⟨**the lake was ~ them**⟩

aid¹ /eɪd/ VB hjälpa, bistå

aid² /eɪd/ SB **1** hjälp, bistånd **2** hjälpmedel **hearing ~** hörapparat
★ **be in ~ of** *a)* vara till förmån för *b)* GB vard tjäna till, vara bra för ⟨**What's all this in ~ of?**⟩

AIDS /eɪdz/, **Aids** SB aids

ailment /ˈeɪlmənt/ SB krämpa, sjukdom

aim¹ /eɪm/ VB sikta [med] ⟨**at** mot, på⟩ **~ to do** ämna (avse att) göra
□ **aim at** *a)* rikta mot ⟨**aim a gun at**⟩ *b)* rikta till *c)* syfta till, sträva efter **be aimed at** *a)* vara riktad till *b)* syfta till

aim² /eɪm/ SB **1** sikte **2** mål[sättning], syfte **miss one's ~** *a)* missa målet *b)* förfela sitt syfte

aimless /ˈeɪmləs/ ADJ **1** planlös, utan mål **2** meningslös ⟨**~ violence**⟩

air¹ /eə/ SB **1** luft **2 by ~** med flyg **3** *attribut* flyg- ⟨**~ transport**⟩ **4** min, uppsyn, air **5** stämning ⟨**an ~ of mystery**⟩ **6** melodi[stump]
★ **be (come) on the ~** radio, tv sända **give oneself (put on) ~s** spela förnäm **up in the ~** oviss ⇓

air² /eə/ VB **1** vädra, lufta **2** glänsa (briljera) med

air bag SB krockkudde

air bed SB luftmadrass

air conditioning SB luftkonditionering

aircraft /ˈeəkrɑːft/ ⟨*lika i pl*⟩ SB flygplan

aircraft carrier SB hangarfartyg

airfield /ˈeəfiːld/ SB flygfält

air force SB flygvapen

air hostess SB GB flygvärdinna

airing /ˈeərɪŋ/ SB vädring

airlift /ˈeəlɪft/ SB luftbro

airline /ˈeəlaɪn/ SB flygbolag

airliner /ˈeəˌlaɪnə/ SB trafikflygplan

air mail SB flygpost

airplane /ˈeəpleɪn/ SB US flygplan

airport /ˈeəpɔːt/ SB flygplats, flygfält

air raid SB flyg|räd, -anfall

airship /ˈeəʃɪp/ SB luftskepp

air stewardess SB US flygvärdinna

airstrip /ˈeəstrɪp/ SB landningsbana, startbana

airtight /ˈeətaɪt/ ADJ lufttät, *bildl* vattentät

airy /ˈeəri/ ADJ **1** luftig **2** verklighetsfrämmande **3** nonchalant, lättsinnig

aisle /aɪl/ SB **1** [mitt]gång **2** sidoskepp *i kyrka*

ajar /əˈdʒɑː/ ADV på glänt

akimbo /əˈkɪmbəʊ/ ADV **with arms ~** med händerna i sidan

akin /əˈkɪn/ ADJ **1** släkt, besläktad ⟨**to** med⟩ **2** lik **~ to** lik[nande]

alarm¹ /əˈlɑːm/ SB **1** [a]larm, larmsignal **the ~ was sounded** larmet gick **fire ~** brand[a]larm **give (sound) the ~** slå larm **2** oro, ängslan **3 ~ [clock]** väckarklocka

alarm² /əˈlɑːm/ VB alarmera, oroa, skrämma

alas /əˈlæs, əˈlɑːs/ INTERJ ack, tyvärr

Albania /ælˈbeɪniə/ SB Albanien

Albanian /ælˈbeɪniən/ **1** ADJ albansk **2** SB

alban **3** SB albanska [språket]
album /'ælbəm/ SB **1** album **2** LP-skiva
alcohol /'ælkəhɒl/ SB alkohol, sprit
alcoholic /ˌælkə'hɒlɪk/ **1** ADJ alkohol-, alkoholhaltig **2** SB alkoholist
alcoholism /'ælkəhɒlˌɪzəm/ SB alkoholism
alcove /'ælkəʊv/ SB **1** alkov, nisch **2** berså
alert¹ /ə'lɜːt/ **1** ADJ alert, vaken, pigg **~ to** uppmärksam på **2** SB [larm]beredskap **3** SB [a]larm **give (sound) the ~** slå larm
★ **be on the ~** vara vaksam (beredd)
alert² /ə'lɜːt/ VB **1** varna ⟨**to** för⟩ **2** larma ⟨**~ the police**⟩
Algeria /æl'dʒɪərɪə/ SB Algeriet
Algerian /æl'dʒɪərɪən/ **1** ADJ algerisk **2** SB algerier
alias¹ /'eɪlɪəs/ SB falskt (antaget) namn
alias² /'eɪlɪəs/ ADV alias, även kallad
alibi /'ælɪbaɪ/ SB **1** alibi **2** *vard* ursäkt
alien /'eɪlɪən/ **1** SB utlänning, utländsk medborgare **2** ADJ utländsk **3** ADJ främmande ⟨**to** för⟩
alienate /'eɪlɪəneɪt/ VB alienera, stöta bort
alight¹ /ə'laɪt/ VB **1** stiga av **2** *om fågel* landa, sätta sig
alight² /ə'laɪt/ ADJ brinnande, i lågor **be ~** *a)* brinna *b)* vara upplyst, lysa **set sth ~** sätta eld på ngt
align /ə'laɪn/ VB **1** ställa i rät linje **2** rikta [in] **3 ~ oneself with** liera sig med
alike¹ /ə'laɪk/ ADJ lik[a] **be ~** *äv* likna varandra
alike² /ə'laɪk/ ADV lika, i lika mån, på samma sätt
alimony /'ælɪmənɪ, *US* -moʊnɪ/ SB underhåll
alive /ə'laɪv/ ADJ **1** levande **keep sb ~** hålla ngn vid liv **2** pigg, livlig **3 ~ to** medveten om **4 be ~ with** krylla av
★ **~ and kicking** pigg och kry **come ~** få liv **look ~** → **look¹**
all¹ /ɔːl/ PRON **1** all, allt, alla **~ of it** alltihop **wish sb ~ the best** önska ngn allt gott **2** hela ⟨**~ [of] April**, **~ [the] day**⟩
★ **~ in** på det hela taget **~ told** → **tell at ~** alls, överhuvudtaget, det minsta **be ~ in a day's work** ingå i den dagliga rutinen, höra 'till **for ~ I know** så vitt jag vet **in ~** allt som allt
all² /ɔːl/ ADV **1** helt, alldeles ⟨**~ alone**, **~ too soon**⟩ **2** desto ⟨**~ the better**⟩ **3** *sport* lika ⟨**30 ~**⟩
★ **~ along** hela tiden **~ at once** [helt]

plötsligt **~ but** nästan **~ in** slut, dödstrött **~ over** *a)* över hela ⟨**~ over the world**⟩ *b)* i hela kroppen ⟨**be aching ~ over**⟩, **~ right** → **all right¹,²** **~ the same** i alla fall **be ~ ears** vara idel öra **be ~ for sth** vara helt och hållet för ngt **be ~ the same to sb** gå på ett ut (inte spela ngn roll) för ngn **go ~ out** ta ut sig helt
allegation /ˌælə'geɪʃn/ SB påstående, anklagelse
allege /ə'ledʒ/ SB påstå, göra gällande
allegedly /ə'ledʒɪdlɪ/ ADV enligt vad som påstås
allegiance /ə'liːdʒəns/ SB trohet, lojalitet
allergic /ə'lɜːdʒɪk/ ADJ allergisk ⟨**to** mot⟩
allergy /'ælədʒɪ/ SB allergi
alleviate /ə'liːvɪeɪt/ VB lindra, mildra
alley /'ælɪ/ SB **1** gränd **2** gång, allé *i park etc* **3** bowlingbana
★ **be up sb's ~** *vard* passa ngn perfekt
alliance /ə'laɪəns/ SB allians, förbund
allied /'ælaɪd/ ADJ allierad, förbunden
allot /ə'lɒt/ VB anvisa, tilldela, anslå
allow /ə'laʊ/ VB **1** tillåta, låta **be ~ed to do sth** få göra ngt **~ oneself** unna sig **2 be ~ed sth** få (ha rätt till) ngt **3** anslå, avsätta, beräkna ⟨**~ two hours**⟩ **4** godkänna ⟨**the goal was not ~ed**⟩ **5** medge, erkänna
☐ **allow for** ta med i beräkningen, ta hänsyn till
☐ **allow of** medge, tillåta
allowance /ə'laʊəns/ SB **1** ersättning, traktamente **2** underhåll **3** [social]bidrag **4** ranson **luggage ~** tillåten bagagevikt **5** *handel* rabatt **6** *ekon* avdrag ⟨**tax ~**⟩
★ **make ~s for, make [an] ~ for** ta hänsyn till
alloy /'ælɔɪ, ə'lɔɪ/ SB legering **~ wheels** aluminiumfälgar
all right¹ /ˌɔːl'raɪt/, **alright** ADJ **1** oskadad, frisk **Are you ~?** Är allt väl med dig?, Mår du bra? **2** acceptabel, i sin ordning, OK **Is it ~ if I go now?** Kan jag gå nu? **it's ~ with me** det går bra för min del, jag har inget emot det **That's ~** *som svar på ursäkt* Det gör inget
all right² /ˌɔːl'raɪt/, **alright** ADV **1** gärna för mig, kör för det, OK ⟨**A~, I'll try to be there**⟩ **2** jaha, då så ⟨**A~, let's get started**⟩ **3** visst, utan tvivel **he'll turn up ~** visst kommer han, han kommer säkert
all-round /ˌɔːl'raʊnd/ ADJ allround[-],

mångsidig
allude /əˈluːd, əˈljuːd/ vb
□ **allude to** anspela på
alluring /əˈlʊərɪŋ/ adj lockande, frestande
ally¹ /ˈælaɪ/ sb bundsförvant, allierad
ally² /əˈlaɪ/ vb förena ~ **oneself with** alliera sig med
almanac /ˈɔːlmənæk/ sb almanacka
almighty /ɔːlˈmaɪtɪ/ adj **1** allsmäktig **2** *vard* väldig, himla
almond /ˈɑːmənd/ sb mandel
almost /ˈɔːlməʊst/ adv nästan
alms /ɑːmz/ sb allmosa, allmosor
alone¹ /əˈləʊn/ adj **1** ensam **2** på egen hand ⟨**spend some time** ~⟩ **3** i fred ⟨**leave sb** ~⟩
★ **let** ~ → **let¹**
alone² /əˈləʊn/ adv enbart, bara ⟨**he** ~ **believed me**⟩
along¹ /əˈlɒŋ/ adv **1** framåt **2** med **take sb** ~ ta ngn med sig
★ ~ **with** tillsammans med, jämte **Come** ~! Kom nu! **get** ~ *a)* klara sig *b)* göra framsteg *c)* komma överens
along² /əˈlɒŋ/ prep längs [efter], nedåt **walk** ~ **the street** gå gatan fram
alongside /əˌlɒŋˈsaɪd/ prep intill, bredvid
aloof /əˈluːf/ adj otillgänglig, reserverad
aloud /əˈlaʊd/ adv högt, med hög röst
alphabet /ˈælfəbet/ sb alfabet
alphabetical /ˌælfəˈbetɪkl/, **alphabetic** adj alfabetisk
alpine /ˈælpaɪn/ adj alpinsk, alp-, fjäll- **the Alps** /ælps/ sb Alperna
already /ɔːlˈredɪ/ adv redan
alright → **all right**¹,²
Alsatian /ælˈseɪʃn/ sb *spec GB* schäfer
also /ˈɔːlsəʊ/ adv också, även
altar /ˈɔːltə/ sb altare
alter /ˈɔːltə/ vb **1** [för]ändra **2** [för]ändras
alteration /ˌɔːltəˈreɪʃn/ sb [för]ändring
alternate¹ /ɔːlˈtɜːnət, *US* ˈɒltərnət/ adj omväxlande, alternerande **on** ~ **days** varannan dag
alternate² /ˈɔːltəneɪt/ vb växla, alternera
alternately /ɔːlˈtɜːnətlɪ, *US* ˈɒltərnətlɪ/ adv omväxlande
although /ɔːlˈðəʊ/ konj fastän, även om
altitude /ˈæltɪtjuːd/ sb höjd **at an** ~ **of** på en höjd av
altogether /ˌɔːltəˈgeðə/ adv **1** helt [och hållet], alldeles **2** på det hela taget **3** allt som allt
aluminium /ˌæləˈmɪnɪəm/ (*US* **aluminum** /əˈluːmɪnəm/) sb aluminium
always /ˈɔːlweɪz/ adv alltid, jämt, ständigt
am → **be**
a.m. /ˌeɪˈem/ ⟨*förk f* ante meridiem⟩ f.m., på förmiddagen
amalgamate /əˈmælgəmeɪt/ vb **1** gå (smälta) samman **2** slå samman, blanda
amass /əˈmæs/ vb samla [ihop]
amateur /ˈæmətə, *US* ˈæmətʃʊr/ sb amatör
amateurish /ˈæmətərɪʃ/ adj amatörmässig
amaze /əˈmeɪz/ vb förbluffa, göra häpen, förvåna
amazement /əˈmeɪzmənt/ sb [stark] förvåning, häpnad
amazing /əˈmeɪzɪŋ/ adj förbluffande, häpnadsväckande
ambassador /æmˈbæsədə/ sb ambassadör ⟨**to** i⟩
amber /ˈæmbə/ sb **1** bärnsten **2** gult *trafikljus*
ambiguous /æmˈbɪgjʊəs/ adj tvetydig, oklar
ambition /æmˈbɪʃn/ sb **1** ärelystnad **2** ambition
ambitious /æmˈbɪʃəs/ adj **1** ärelysten **2** ambitiös
amble /ˈæmbl/ vb släntra, strosa
ambulance /ˈæmbjʊləns/ sb ambulans
ambush¹ /ˈæmbʊʃ/ sb bakhåll
ambush² /ˈæmbʊʃ/ vb ligga i bakhåll [för]
ameliorate /əˈmiːlɪəreɪt/ vb förbättra[s]
amen /ˌɑːˈmen, ˌeɪ-/ interj amen
amenable /əˈmiːnəbl/ adj **1** medgörlig **2** mottaglig ⟨**to** för⟩
amend /əˈmend/ vb **1** rätta, ändra **2** förbättra **3** bättra sig
amendment /əˈmendmənt/ sb **1** rättelse, ändring **2** förbättring **3** *US* tillägg till författningen
amends /əˈmendz/ sb **make** ~ gottgöra ⟨**for sth** ngt⟩
amenity /əˈmiːnətɪ, əˈmenətɪ/ sb **1** bekvämlighet, facilitet, tillgång **2** behag, charm
America /əˈmerɪkə/ sb Amerika **the ~s** Nord-, Central- och Sydamerika
American /əˈmerɪkən/ **1** adj amerikansk **2** sb amerikan **3** sb amerikanska [språket]

amiable /ˈeɪmɪəbl/ ADJ älskvärd, vänlig
amicable /ˈæmɪkəbl/ ADJ vänskaplig, vänlig
amid /əˈmɪd/, **amidst** PREP **1** mitt i (ibland) **2** [mitt] under
amiss /əˈmɪs/ ADV på tok **take it ~** ta illa upp
ammonia /əˈməʊnɪə/ SB ammoniak
ammunition /ˌæmjʊˈnɪʃn/ SB ammunition
amnesia /æmˈniːzɪə/ SB minnesförlust, amnesi
amnesty /ˈæmnəstɪ/ SB amnesti, benådning
amok /əˈmɒk, əˈmʌk/, **amuck** ADV **run ~** löpa amok
among /əˈmʌŋ/, **amongst** PREP [i]bland, mellan **~ themselves** sinsemellan
amorous /ˈæmərəs/ ADJ **1** amorös, erotisk, kärleks- **2** kärleksfull **3** förälskad ⟨**of** i⟩
amount¹ /əˈmaʊnt/ SB **1** belopp, summa **2** mängd
amount² /əˈmaʊnt/ VB
□ **amount to** *a)* uppgå (belöpa sig) till *b)* innebära **~ the same thing** gå på ett ut
amphibian /æmˈfɪbɪən/ **1** SB amfibie **2** ADJ amfibisk
amphibious /æmˈfɪbɪəs/ ADJ amfibisk, amfibie-
ample /ˈæmpl/ ADJ **1** tillräcklig **2** stor, rymlig **3** fyllig, yppig
amplifier /ˈæmplɪfaɪə/ SB förstärkare
amplify /ˈæmplɪfaɪ/ VB **1** ut|vidga, -öka, närmare utveckla ⟨**~ an idea**⟩ **2** förstärka
amply /ˈæmplɪ/ ⟨↔ **ample**⟩ ADV tillräckligt, rikligen
amputate /ˈæmpjʊteɪt/ VB amputera
amuck → **amok**
amuse /əˈmjuːz/ VB roa ⟨**~ oneself**⟩, underhålla **be ~d at (by)** ha roligt åt, roas av
amusement /əˈmjuːzmənt/ SB nöje, förströelse
★ **for ~** för nöjes skull **in ~** roat
amusement park SB nöjesfält, tivoli
an → **a**
anaemia /əˈniːmɪə/ (*US* **anemia**) SB blodbrist, anemi
anaemic /əˈniːmɪk/ (*US* **anemic**) ADJ anemisk
anaesthesia /ˌænəsˈθiːzɪə/ (*US* **anesthesia** /-ˈθiːʒə/) SB bedövning, anestesi

anaesthetic /ˌænəsˈθetɪk/ (*US* **anesthetic**) SB bedövningsmedel **general ~** narkos
analogy /əˈnælədʒɪ/ SB analogi
analyse /ˈænəlaɪz/ (*US* **analyze**) VB analysera
analysis /əˈnæləsɪs/ ⟨*pl* **analyses** /-iːz/⟩ SB analys
analyst /ˈænəlɪst/ SB analytiker
analytic /ˌænəˈlɪtɪk/, **analytical** ADJ analytisk
anarchy /ˈænəkɪ/ SB anarki
anatomy /əˈnætəmɪ/ SB anatomi
ancestor /ˈænsestə/ SB förfader, stamfader
ancestry /ˈænsestrɪ/ SB **1** börd, anor **2** förfäder
anchor¹ /ˈæŋkə/ SB **1** → **anchor man** **2** ankare **drop (cast) ~** kasta ankar **be (ride) at ~** ligga för ankar **weigh ~** lätta ankar ⇓
anchor² /ˈæŋkə/ VB **1** ankra, kasta ankar **be ~ed** ligga för ankar **2** förankra
anchorage /ˈæŋkərɪdʒ/ SB **1** ankring **2** ankarplats
anchor man, anchor person, anchor woman SB **1** *sport* ankare **2** *tv, radio* programledare
anchovy /ˈæntʃəvɪ, ænˈtʃəʊvɪ/ SB sardell
ancient /ˈeɪnʃnt/ **1** ADJ forntida, mycket gammal **2** SB **the ancients** antikens folk
and /ænd, *obet* ənd/ KONJ **1** och **2** så ⟨**come here ~ I'll show you**⟩ **3** *vard* att ⟨**Try ~ see it my way!**⟩
★ **~ so on (forth)** och så vidare
anemia, anemic → **anaemia, anaemic**
anesthesia, anesthetic → **anaesthesia, anaesthetic**
anew /əˈnjuː/ ADV ånyo, på nytt, om igen
angel /ˈeɪndʒəl/ SB ängel
anger¹ /ˈæŋgə/ SB vrede, ilska
anger² /ˈæŋgə/ VB reta upp, förarga
angle¹ /ˈæŋgl/ SB **1** vinkel **at right ~s** i rät vinkel **2** synvinkel ⟨**from my ~**⟩, vinkling
★ **at an ~** snett
angle² /ˈæŋgl/ VB vinkla
angle³ /ˈæŋgl/ VB fiska, meta
□ **angle for** fika (vara ute) efter
angler /ˈæŋglə/ SB metare, sportfiskare
angry /ˈæŋgrɪ/ ADJ **1** arg, ilsken, ond ⟨**at, about sth** på ngt **with sb** på ngn⟩ **2** hotfull, mörk ⟨**~ clouds**⟩
anguish /ˈæŋgwɪʃ/ SB smärta, pina **be in ~** våndas

angular /ˈæŋgjʊlə/ ADJ **1** vinkel- **2** kantig, knotig
animal /ˈænɪml/ **1** SB djur **the ~ kingdom** djurriket **2** SB *person* odjur **3** ADJ djur-, animal[isk]
animate /ˈænɪmeɪt/ VB ge liv åt, liva upp
animated /ˈænɪmeɪtɪd/ ADJ **1** animerad, livlig **2** *film* tecknad, animerad **~ cartoon** tecknad film
animation /ˌænɪˈmeɪʃn/ SB **1** livlighet **2** *film* animering
animosity /ˌænɪˈmɒsətɪ/ SB animositet, hätskhet
ankle /ˈæŋkl/ SB vrist, fotled, ankel
annexation /ˌænekˈseɪʃn/ SB annektering
annihilate /əˈnaɪəleɪt/ VB tillintetgöra, förinta
anniversary /ˌænɪˈvɜːsərɪ/ SB årsdag
announce /əˈnaʊns/ VB **1** tillkännage, meddela, ropa ut *via högtalare* **2** [på]annonsera
announcement /əˈnaʊnsmənt/ SB tillkännagivande, meddelande
announcer /əˈnaʊnsə/ SB hallåman, hallåa
annoy /əˈnɔɪ/ VB **1** irritera, förarga **2** vara närgången mot, besvära
annoyance /əˈnɔɪəns/ SB **1** irritation, förargelse **2** irritationsmoment, obehag
annual /ˈænjʊəl/ **1** ADJ årlig, års- **2** ADJ ett|årig, -års- **3** SB årsbok **4** SB ettårig växt
annually /ˈænjʊəlɪ/ ADV årligen
annuity /əˈnjuːətɪ/ SB livränta
annul /əˈnʌl/ VB annulera, upphäva
anomalous /əˈnɒmələs/ ADJ onormal, avvikande
anonymity /ˌænəˈnɪmətɪ/ SB anonymitet
anonymous /əˈnɒnɪməs/ ADJ anonym
anorexia /ˌænəˈreksɪə/ SB anorexi
another /əˈnʌðə/ PRON **1** en annan, ett annat **one thing and ~** ett och annat **2** ännu en (ett), en (ett) till ⟨**have ~ drink**⟩, *före plural substantiv* ytterligare ⟨**~ two weeks**⟩ **3** one **~** varandra
answer[1] /ˈɑːnsə/ SB svar **in ~ to** som svar på
answer[2] /ˈɑːnsə/ VB **1** svara [på], besvara **~ the door** gå och öppna **~ the phone** svara i telefon **2** motsvara, stämma med ⟨**~ a description**⟩ **3** uppfylla ⟨**~ sb's needs**⟩
□ **answer back** svara näsvist
□ **answer for** [an]svara för, stå till svars för
□ **answer to** *a)* lystra till *namn b)* lyda ⟨**the boy did not ~ his mother's call**⟩ *c)* stå till svars inför *d)* motsvara ⟨**~ a description**⟩
answerable /ˈɑːnsərəbl/ ADJ ansvarig ⟨**to inför**⟩
answering machine, answerphone /ˈɑːnsəfəʊn/ SB telefonsvarare
ant /ænt/ SB myra
antagonism /ænˈtæɡənɪzəm/ SB antagonism, motsättning, fiendskap
antagonist /ænˈtæɡənɪst/ SB antagonist, motståndare ⟨**of till**⟩
Antarctic /æntˈɑːktɪk/ **1** ADJ antarktisk, sydpols- **the ~ Circle** södra polcirkeln **the ~ Ocean** Södra ishavet **2** SB **the ~** Antarktis
antecedents /ˌæntɪˈsiːdnts/ SB **1** förfäder **2** antecedentia *en persons förflutna*
antelope /ˈæntɪləʊp/ SB antilop
antenna /ænˈtenə/ SB **1** *US tv, radio* antenn **2** ⟨*pl* **antennae** /-niː/⟩ känselspröt, antenn
anthem /ˈænθəm/ SB hymn **national ~** nationalsång
anthology /ænˈθɒlədʒɪ/ SB antologi
anthropologist /ˌænθrəˈpɒlədʒɪst/ SB antropolog
anthropology /ˌænθrəˈpɒlədʒɪ/ SB antropologi
anti-aircraft /ˌæntɪˈeəkrɑːft/ ADJ luftvärns-
antibiotic /ˌæntɪbaɪˈɒtɪk/ **1** SB antibiotikum **~s** antibiotika **2** ADJ antibiotisk
antibody /ˈæntɪbɒdɪ/ SB antikropp
anticipate /ænˈtɪsɪpeɪt/ VB **1** vänta sig, förutse **2** föregripa, förekomma, komma före
anticipation /ænˌtɪsɪˈpeɪʃn/ SB förkänsla, [för]väntan **show good ~** *sport* läsa spelet väl
anticlockwise /ˌæntɪˈklɒkwaɪz/ ADJ mot|sols, -urs
antidote /ˈæntɪdəʊt/ SB motgift
antifreeze /ˈæntɪfriːz/ SB frostskydds-vätska
antipathy /ænˈtɪpəθɪ/ SB motvilja, antipati ⟨**to mot**⟩
antiquarian /ˌæntɪˈkweərɪən/ **1** ADJ forn-, antikvarisk **~ bookshop (bookseller)** antikvariat **2** SB antikvarie, fornforskare

3 SB antikvitetshandlare
antiquated /'æntɪkweɪtɪd/ ADJ föråldrad
antique /æn'tiːk/ **1** ADJ antik **2** SB antikvitet
antiquity /æn'tɪkwətɪ/ SB **1** antiken, forntiden **2 antiquities** forn|minnen, -lämningar
★ **of great ~** antik, mycket gammal
anti-Semitic /ˌæntɪsə'mɪtɪk/ ADJ antisemitisk
antiseptic /ˌæntɪ'septɪk/ **1** ADJ antiseptisk **2** SB antiseptiskt medel
antisocial /ˌæntɪ'səʊʃl/ ADJ **1** asocial **2** osällskaplig
antler /'æntlə/ SB horn *på hjortdjur*
anus /'eɪnəs/ SB anus, analöppning
anvil /'ænvɪl/ SB städ
anxiety /æŋ'zaɪətɪ/ SB **1** ängslan, bekymmer, oro **2** *psyk* ångest **3** [stark] önskan, iver
anxious /'æŋkʃəs/ ADJ **1** ängslig, bekymrad, orolig ⟨**about** för⟩ **2** angelägen ⟨**for** om⟩, ivrig **3** bekymmersam ⟨**an ~ day**⟩
any¹ /'enɪ/ PRON **1** någon, något, några **2** vilken (vilket, vilka) som helst ⟨**Take ~ you like**⟩, **~ answer will do** *äv* varje (alla) svar duger **~ number of times** hur många gånger som helst
★ **~ time** när det passar dig (er) **at ~ rate, in ~ case** i varje fall, i alla händelser
any² /'enɪ/ ADV **1 not ~ longer (more)** inte längre (mer) **Do you feel ~ better?** Känner du dig [något] bättre? **2** *US vard* alls, ett dugg ⟨**it didn't help ~**⟩
anybody → **anyone**
anyhow /'enɪhaʊ/ ADV **1** → **anyway 2** lite hur som helst
anyone /'enɪwʌn/, **anybody** /-bɒdɪ/, *US* -bɑːdɪ/ PRON **1** någon **2** vem som helst ⟨**~ can do it**⟩, **~ who** *äv* var och en som, den som
anything /'enɪθɪŋ/ PRON **1** något, någonting **2** vad som helst ⟨**~ may happen**⟩
★ **~ but** allt annat än **like ~** → **like**³
anyway /'enɪweɪ/ ADV **1** i alla fall, ändå **2** i varje fall, hur som helst
anywhere /'enɪweə/ ADV **1** var[t] som helst **2** någonstans **~ around here** någonstans i närheten **~ else** någon annanstans **3** över huvud taget ⟨**there was no evidence ~ that he had done it**⟩
★ **Did you go ~ nice?** Gick ni till något trevligt ställe? **not ~ near** inte på långt när
apart /ə'pɑːt/ ADV **1** isär, åtskilda ⟨**live ~**⟩ **2** åt sidan *joking* **~** skämt åsido **3** för sig själv, avsides ⟨**keep oneself ~**⟩ **4** isär, itu, sönder ⟨**the cup fell (came) ~**⟩
★ **~ from** *a)* bortsett från *b)* [för]utom **set sb ~ from** skilja ngn från ⟨**What sets him ~ from other actors?**⟩, **take sth ~** göra ner (kritisera) ngt
apartheid /ə'pɑːtheɪt/ SB apartheid
apartment /ə'pɑːtmənt/ SB **1** *spec US* lägenhet **~ building (house)** hyreshus **2** *GB* [parad]rum, gemak
apathetic /ˌæpə'θetɪk/ ADJ apatisk, håglös
apathy /'æpəθɪ/ SB apati, håglöshet
ape¹ /eɪp/ SB apa
ape² /eɪp/ VB apa efter, härma
aperture /'æpətʃə/ SB **1** öppning **2** *foto* bländare
apex /'eɪpeks/ SB spets, topp
apiece /ə'piːs/ ADV per styck, var[dera]
apologetic /əˌpɒlə'dʒetɪk/ ADJ urskuldande
apologize /ə'pɒlədʒaɪz/ VB be om ursäkt
apology /ə'pɒlədʒɪ/ SB **1** ursäkt **2 a poor ~ for a meal** en usel måltid
apostle /ə'pɒsl/ SB apostel
apostrophe /ə'pɒstrəfɪ/ SB apostrof
appal /ə'pɔːl/ VB förskräcka, förfära
apparatus /ˌæpə'reɪtəs/ SB apparat[ur], anordning
apparent /ə'pærənt/ ADJ **1** uppenbar, tydlig, synbar **2** skenbar
apparition /ˌæpə'rɪʃn/ SB **1** spöke **2** uppenbarelse
appeal¹ /ə'piːl/ SB **1** vädjan[de], appell **2** *jur* överklagande **3** attraktion, dragningskraft ⟨**sex ~**⟩
appeal² /ə'piːl/ VB **1** vädja ⟨**for** om⟩ **2** överklaga
□ **appeal against** överklaga
□ **appeal to** *a)* vädja till, [hän]vända sig till *b)* tilltala, falla i smaken
appealing /ə'piːlɪŋ/ ADJ **1** vädjande **2** tilltalande, attraktiv
appear /ə'pɪə/ VB **1** visa sig, dyka upp, bli (vara) synlig **2** uppträda, delta ⟨**~ in a play**⟩ **3** komma ut, publiceras **4** verka, förefalla, tyckas
appearance /ə'pɪərəns/ SB **1** upp|dykande, -trädande, ankomst

make one's ~ dyka upp, visa sig **2** framträdande **3** utseende, yttre **judge by ~s** döma efter utseendet **in ~ till** det yttre **~s are against you** du har skenet emot dig **keep up ~s** hålla skenet uppe ★ **put in an ~** visa sig [ett tag] **to all ~s** av allt att döma
appease /əˈpiːz/ VB stilla, lugna, blidka
appendicitis /əˌpendəˈsaɪtɪs/ SB blindtarmsinflammation, appendicit
appendix /əˈpendɪks/ ⟨pl **-es** el **appendices** /-siːz/⟩ SB **1** bihang, appendix **2** blindtarm
appetite /ˈæpɪtaɪt/ SB aptit ⟨**for** på⟩
appetizer /ˈæpɪtaɪzə/ SB aptitretare
appetizing /ˈæpɪtaɪzɪŋ/ ADJ aptitretande, aptitlig
applaud /əˈplɔːd/ VB applådera
applause /əˈplɔːz/ SB applåd[er]
apple /ˈæpl/ SB **1** äpple **2** äppelträd ★ **be the ~ of sb's eye** vara ngns ögonsten
appliance /əˈplaɪəns/ SB apparat, anordning **domestic ~s** hushållsmaskiner
applicable /əˈplɪkəbl, ˈæplɪkəbl/ ADJ tillämplig
applicant /ˈæplɪkənt/ SB sökande ⟨**for** till⟩
application /ˌæplɪˈkeɪʃn/ SB **1** ansökan ⟨**for** om⟩ **on ~** på begäran **2** anbringande, applicering **3** tillämpning ⟨**to** på⟩
apply /əˈplaɪ/ VB **1** ansöka ⟨**for** om⟩ **2** använda ⟨**~ the brakes**⟩, tillämpa ⟨**~ the rules**⟩ **3** anbringa, stryka 'på, applicera **4 ~ oneself** inrikta (koncentrera) sig ⟨**to** på⟩ **5** vara tillämplig, gälla, vara relevant ⟨**to** för⟩
appoint /əˈpɔɪnt/ VB **1** utnämna [till] **2** bestämma, fastställa, avtala ⟨**at the time ~ed**⟩
appointed /əˈpɔɪntɪd/ ADJ utrustad, inredd
appointment /əˈpɔɪntmənt/ SB **1** [avtalat] möte **have an ~ with** a) ha tid hos b) ha stämt möte med **make an ~ with** a) beställa tid hos b) stämma möte med **2** utnämning **3** tjänst, anställning
appraise /əˈpreɪz/ VB bedöma, värdera
appreciable /əˈpriːʃəbl/ ADJ märkbar, avsevärd
appreciate /əˈpriːʃɪeɪt, -sɪeɪt/ VB **1** uppskatta, sätta värde på **2** [till fullo] inse **3** stiga i värde
appreciation /əˌpriːʃɪˈeɪʃn, əˌpriːs-/ SB **1** uppskattning **in ~ of** som ett tack för **2** bedömning **3** förståelse **4** värdestegring
appreciative /əˈpriːʃɪətɪv/ ADJ uppskattande
apprehend /ˌæprɪˈhend/ VB **1** gripa, anhålla **2** uppfatta, inse
apprehension /ˌæprɪˈhenʃn/ SB **1** fruktan, ängslan, farhåga **2** gripande, anhållande
apprehensive /ˌæprɪˈhensɪv/ ADJ ängslig, orolig
apprentice¹ /əˈprentɪs/ SB lärling, praktikant
apprentice² /əˈprentɪs/ VB sätta i lära ⟨**to** hos⟩
approach¹ /əˈprəʊtʃ/ VB **1** närma sig, nalkas **2** vända sig till, ta kontakt med **3** ta itu med
approach² /əˈprəʊtʃ/ SB **1** närmande, annalkande **make ~es to** a) närma sig, vända sig till b) göra närmanden **2** tillfart, tillfartsväg **3** tillvägagångssätt **4** inställning, hållning ⟨**a professional ~**⟩
approachable /əˈprəʊtʃəbl/ ADJ **1** tillgänglig, åtkomlig **2** lättillgänglig, vänlig
appropriate¹ /əˈprəʊprɪət/ ADJ lämplig, passande, korrekt
appropriate² /əˈprəʊprɪeɪt/ VB **1** lägga beslag på **2** anslå, bevilja
approval /əˈpruːvl/ SB gillande, godkännande **buy on ~** köpa på öppet köp
approve /əˈpruːv/ VB godkänna
▫ **approve of** gilla
approximate¹ /əˈprɒksɪmət/ ADJ ungefärlig, approximativ
approximate² /əˈprɒksɪmeɪt/, **approximate to** VB komma nära, närma sig
approximately /əˈprɒksɪmətlɪ/ ADV ungefär[ligen]
apricot /ˈeɪprɪkɒt/ SB aprikos
April /ˈeɪprəl/ SB april ★ **~ fool!** April, april, din dumma sill!
apron /ˈeɪprən/ SB **1** förkläde **2** platta *på flygplats*
apt /æpt/ ADJ **1** benägen **2** träffande, välfunnen ⟨**an ~ remark**⟩ **3** skicklig, duktig ⟨**at** på, i⟩, begåvad
aptitude /ˈæptɪtjuːd/ SB anlag, talang
aquarium /əˈkweərɪəm/ ⟨pl **-s** el **aquaria** /-ɪə/⟩ SB akvarium
Aquarius /əˈkweərɪəs/ SB *stjärntecken*

Vattumannen
aquatic /əˈkwætɪk/ ADJ vatten- ⟨~ **sports**⟩
Arab /ˈærəb/ **1** ADJ arabisk **2** SB *äv häst* arab
Arabian /əˈreɪbɪən/ ADJ arabisk
★ **the ~ Nights** Tusen och en natt
Arabic /ˈærəbɪk/ **1** ADJ arabisk **2** SB arabiska [språket]
arable /ˈærəbl/ ADJ odlingsbar
arbitrary /ˈɑːbɪtrərɪ/ ADJ **1** godtycklig, slumpmässig **2** despotisk
arbitration /ˌɑːbɪˈtreɪʃn/ SB **1** skiljedom **2** medling
arc /ɑːk/ SB [cirkel]båge
arcade /ɑːˈkeɪd/ SB **1** arkad, pelargång **2** [shopping] ~ passage, galleria, täckt affärsgata
arch /ɑːtʃ/ SB **1** valv[båge] **2** hålfot
archaeologist /ˌɑːkɪˈɒlədʒɪst/ SB arkeolog
archaeology /ˌɑːkɪˈɒlədʒɪ/ SB arkeologi
archaic /ɑːˈkeɪɪk/ ADJ ålderdomlig, gammalmodig
archbishop /ɑːtʃˈbɪʃəp/ SB ärkebiskop
archer /ˈɑːtʃə/ SB bågskytt
archery /ˈɑːtʃərɪ/ SB bågskytte
archipelago /ˌɑːkɪˈpeləɡəʊ/ ⟨*pl* **-[e]s**⟩ SB skärgård, arkipelag
architect /ˈɑːkɪtekt/ SB arkitekt
architecture /ˈɑːkɪtektʃə/ SB arkitektur
archives /ˈɑːkaɪvz/ SB arkiv
Arctic /ˈɑːktɪk/ **1** ADJ arktisk, nordpols- **the ~ Circle** norra polcirkeln **the ~ Ocean** Norra ishavet **2** SB **the ~** Arktis
ardent /ˈɑːdənt/ ADJ ivrig, entusiastisk
ardour /ˈɑːdə/ (*US* **ardor**) SB glöd, entusiasm
arduous /ˈɑːdjʊəs/ ADJ mödosam
are → be
area /ˈeərɪə/ SB **1** yta, areal **2** area **3** område
area code SB riktnummer
aren't /ɑːnt/ **1** = are not **2** *vard* **A~ I?** = Am I not?
Argentina /ˌɑːdʒənˈtiːnə/, **the Argentine** /ˈɑːdʒəntaɪn/ SB Argentina
Argentinian /ˌɑːdʒənˈtɪnɪən/, **Argentine** /ˈɑːdʒəntiːn, -taɪn/ **1** ADJ argentinsk **2** SB argentinare
argue /ˈɑːɡjuː/ VB **1** gräla, tvista **2** argumentera, anföra skäl **3** diskutera ⟨**~ a point**⟩ **4** påstå, hävda
argument /ˈɑːɡjʊmənt/ SB **1** gräl, dispyt **2** argument, skäl **3** argumentering, resonemang
argumentative /ˌɑːɡjʊˈmentətɪv/ ADJ grälsjuk, stridslysten, diskussionslysten
arid /ˈærɪd/ ADJ **1** torr, ofruktbar **2** andefattig
Aries /ˈeəriːz/ SB *stjärntecken* Väduren
arise /əˈraɪz/ ⟨**arose** /əˈrəʊz/, **arisen** /əˈrɪzn/⟩ VB **1** upp|stå, -komma **2** stiga [upp], resa sig
aristocracy /ˌærɪˈstɒkrəsɪ/ SB aristokrati
aristocrat /ˈærɪstəkræt/ SB aristokrat
aristocratic /ˌærɪstəˈkrætɪk/ ADJ aristokratisk
arithmetic /əˈrɪθmətɪk/ SB aritmetik, räkning
arm[1] /ɑːm/ ⟨↔ **arms**⟩ SB **1** arm **2** ärm **3** armstöd **4** avdelning, gren
★ **at ~'s length** på armslängds avstånd
arm[2] /ɑːm/ VB rusta [sig], beväpna **~ed forces** krigsmakt
armament /ˈɑːməmənt/ SB **1** [militär] upprustning **2 armaments** *a)* krigsmateriel *b)* stridskrafter
armchair /ˈɑːmtʃeə/ SB **1** fåtölj, länstol **2** *attribut* skrivbords- ⟨**an ~ revolutionary**⟩
armistice /ˈɑːmɪstɪs/ SB vapen|stillestånd, -vila
armour /ˈɑːmə/ (*US* **armor**) SB **1** pansar **2** pansartrupper **3** [riddar]rustning
armoured /ˈɑːməd/ (*US* ⇑) ADJ pansar- ⟨**~ car**⟩
armpit /ˈɑːmpɪt/ SB armhåla
armrest /ˈɑːmrest/ SB armstöd
arms /ɑːmz/ SB vapen ⟨*pl*⟩ **small ~** handeldvapen **~ race** kapprustning **take up ~** gripa till vapen
★ **be up in ~** vara på krigsstigen, reagera häftigt
army /ˈɑːmɪ/ SB **1** armé **2** *bildl* härskara
aroma /əˈrəʊmə/ SB arom, doft
aromatic /ˌærəˈmætɪk/ ADJ aromatisk, väldoftande
arose → arise
around[1] /əˈraʊnd/ ADV **1** [all] ~ runt om[kring] **2** till hands, tillgänglig, på plats
★ **have been ~** *vard* ha varit med förut
around[2] /əˈraʊnd/ PREP **1** runt [om], omkring ~ **the clock** dygnet runt **2** [runt] omkring i ⟨**travel ~ the world**⟩ **3** ungefär, omkring ⟨**~ two o'clock**⟩
arouse /əˈraʊz/ VB **1** väcka **2** hetsa (egga)

upp
arrange /əˈreɪndʒ/ VB **1** arrangera, [an]ordna ⟨**about** med⟩ **2** komma överens om ⟨**~ to meet**⟩
arrangement /əˈreɪndʒmənt/ SB **1** arrangemang, åtgärd **2** uppgörelse, överenskommelse **3** *musik* arrangemang
array[1] /əˈreɪ/ SB **1** samling, skara **2** [battle] ~ stridsordning
array[2] /əˈreɪ/ VB **1** ställa upp **2** kläda, skruda
arrears /əˈrɪəz/ SB *handel* resterande skuld[er] **be in ~ with** ligga efter med
arrest[1] /əˈrest/ VB **1** anhålla, gripa **2** hejda, stoppa **3** *bildl* dra till sig, fånga ⟨**~ sb's attention**⟩
arrest[2] /əˈrest/ SB **1** anhållande, gripande **be under ~** vara anhållen (häktad) **2** hejdande, avbrott
arrival /əˈraɪvl/ SB **1** ankomst, framkomst **on my ~ at (in)** vid min ankomst till **2** anländ person (sak) **new ~** *a)* nykomling *b) vard* nyfödd baby
arrive /əˈraɪv/ VB **1** komma [fram], anlända ⟨**at, in** till⟩ **2** slå igenom, lyckas
arrogant /ˈærəgənt/ ADJ arrogant
arrow /ˈærəʊ/ SB pil
arrowhead /ˈærəʊhed/ SB pilspets
arse /ɑːs/ (*US* **ass** /æs/) SB arsel
arsenal /ˈɑːsənəl/ SB arsenal
arsenic /ˈɑːsənɪk/ SB arsenik
arson /ˈɑːsn/ SB mordbrand
art /ɑːt/ SB **1** konst **the ~s page** kultursidan **2 the arts** humaniora
artery /ˈɑːtərɪ/ SB **1** artär, pulsåder **2** trafikled
artful /ˈɑːtfʊl/ ADJ listig, förslagen
arthritis /ɑːˈθraɪtɪs/ SB ledinflammation
artichoke /ˈɑːtɪtʃəʊk/ SB **1** [globe] ~ kronärtskocka **2** [Jerusalem] ~ jordärtskocka
article /ˈɑːtɪkl/ SB **1** artikel **2** *jur* paragraf *i avtal etc*
articulate[1] /ɑːˈtɪkjʊlət/ ADJ tydlig, artikulerad
articulate[2] /ɑːˈtɪkjʊleɪt/ VB **1** artikulera, uttala [tydligt] **2** leda **~d lorry** *GB* långtradare med släp
artifice /ˈɑːtɪfɪs/ SB *frml* **1** knep, trick **2** finess[er]
artificial /ˌɑːtɪˈfɪʃl/ ADJ **1** konstgjord **2** konstlad, artificiell
artillery /ɑːˈtɪlərɪ/ SB artilleri
artisan /ˌɑːtɪˈzæn, *US* ˈɑːrtəzən/ SB hantverkare
artist /ˈɑːtɪst/ SB artist, konstnär
artiste /ɑːˈtiːst/ SB scenartist
artistic /ɑːˈtɪstɪk/ ADJ artistisk, konstnärlig
artistry /ˈɑːtɪstrɪ/ SB konstnärskap, artisteri
artless /ˈɑːtləs/ ADJ okonstlad, naturlig, rättfram
as[1] /æz, *obet* əz/ ADV **1** lika, så **~ big as** lika stor som **twice ~ big** dubbelt så stor **2** [lik]som **~ if (though)** som om **~ usual** som vanligt
★ **~ against** gentemot **~ for (to, regards)** vad beträffar **~ from** *handel* från och med **~ well** också **~ yet** hittills
as[2] /æz, *obet* əz/ PREP som ⟨**work ~ a journalist, I tell you this ~ your friend**⟩
as[3] /æz, *obet* əz/ KONJ **1** som ⟨**do ~ you're told**⟩ **2** medan, [just] när [just] **~** just som **3** allteftersom ⟨**~ he grew older he understood better**⟩ **4** eftersom ⟨**~ he has no car, he can't go**⟩ **5** fastän **tired ~ I was, I went** fastän jag var trött, reste jag **6** try **~ I might** hur mycket jag än försökte
★ **~ it were** så att säga, liksom
as[4] /æz, *obet* əz/ PRON som ⟨**the same car ~ last year, such countries ~ Italy**⟩
asbestos /æsˈbestəs, æz-/ SB asbest
ascend /əˈsend/ VB **1** bestiga **2** gå uppåt, stiga
ascent /əˈsent/ SB **1** bestigning, uppstigning **2** stigning, backe
ascertain /ˌæsəˈteɪn/ VB förvissa sig om, ta reda på
ascetic /əˈsetɪk/ **1** ADJ asketisk **2** SB asket
ascribe /əˈskraɪb/ VB tillskriva ⟨**sth to sb** ngn ngt⟩
ash[1] /æʃ/ SB *träd* ask
ash[2] /æʃ/ SB **1** [tobaks]aska ⟨**cigarette ~**⟩ **2 ashes** aska
ashamed /əˈʃeɪmd/ ADJ skamsen **be ~ of** skämmas för
ashore /əˈʃɔː/ ADV i land, på land
ashtray /ˈæʃtreɪ/ SB ask|kopp, -fat
Asia /ˈeɪʃə/ SB Asien
Asian /ˈeɪʃn, -ʒn/ **1** ADJ asiatisk **2** SB asiat
aside[1] /əˈsaɪd/ ADV åt sidan **joking ~** skämt åsido
★ **~ from** *US* bortsett från **set ~** avsätta **take sb ~** ta ngn avsides
aside[2] /əˈsaɪd/ SB avsidesreplik

ask /ɑːsk/ VB 1 fråga **be ~ed** bli tillfrågad **~ sb a question** ställa en fråga till ngn 2 fråga om (efter) ⟨**~ sb's name, ~ the way**⟩, **~ sb the time** fråga ngn vad klockan är 3 be ⟨**for** om⟩ 4 be om **~ sb's advice** be ngn om ett råd, fråga ngn till råds **~ sb a favour** be ngn om en tjänst **~ sb's permission** be ngn om lov 5 be att få ⟨**~ to speak to sb**⟩ 6 begära ⟨**he's ~ing too much**⟩ 7 [in]bjuda ⟨**~ sb to dinner**⟩
★ **~ me another** om jag det visste I **~ you!** Det är ju inte klokt!
☐ **ask after** fråga efter, förhöra sig om
☐ **ask for** be att få tala med **~ trouble** a) sticka ut hakan b) tigga om stryk
☐ **ask sb in** be ngn stiga in, bjuda in ngn
☐ **ask sb out** bjuda ut ngn
askance /əˈskæns/ ADV **look ~ at** titta misstänksamt på, snegla på
askew /əˈskjuː/ ADV snett, skevt, på sned
asleep /əˈsliːp/ ADJ sovande **be ~** sova **fall ~** somna
asparagus /əˈspærəgəs/ SB sparris
aspect /ˈæspekt/ SB 1 aspekt, synvinkel 2 läge 3 utseende, uppsyn
asphalt /ˈæsfælt, spec US -fɔːlt/ SB asfalt
aspiration /ˌæspəˈreɪʃn/ SB ambition, strävan
aspire /əˈspaɪə/ VB längta, sträva
aspirin /ˈæsprɪn/ SB aspirin
ass[1] /æs/ SB åsna
★ **make an ~ of oneself** göra sig löjlig
ass[2] → **arse**
assail /əˈseɪl/ VB angripa, ansätta
assassin /əˈsæsɪn/ SB [lönn]mördare
assassinate /əˈsæsɪneɪt/ VB [lönn]mörda
assault[1] /əˈsɔːlt/ SB 1 [storm]anfall ⟨**on** mot⟩ 2 övervåld, överfall **indecent ~** våldtäktsförsök
assault[2] /əˈsɔːlt/ VB 1 milit anfalla, storma 2 överfalla
assemble /əˈsembl/ VB 1 samla [ihop] 2 [för]samlas 3 sätta ihop, montera
assembly /əˈsemblɪ/ SB 1 samling, sammankomst 2 församling 3 hopsättning, montering
assembly line SB monteringsband, löpande band
assent[1] /əˈsent/ VB samtycka, instämma ⟨**to** i⟩
assent[2] /əˈsent/ SB samtycke, instämmande ⟨**to** i⟩
assert /əˈsɜːt/ VB 1 hävda 2 bedyra

assertion /əˈsɜːʃn/ SB 1 hävdande ⟨**the ~ of human rights**⟩ 2 påstående, försäkran
assess /əˈses/ VB 1 värdera, bedöma 2 taxera, beskatta
assessment /əˈsesmənt/ SB 1 bedömning, [ut]värdering 2 taxering, beskattning
asset /ˈæset/ SB tillgång
assiduous /əˈsɪdjʊəs/ ADJ trägen, ihärdig
assign /əˈsaɪn/ VB 1 tilldela 2 ut|se, -välja
assignment /əˈsaɪnmənt/ SB 1 uppdrag, uppgift 2 utnämning 3 tilldelning
assimilate /əˈsɪmɪleɪt/ VB assimilera[s], uppta[s]
assist /əˈsɪst/ VB hjälpa [till], bistå, assistera ⟨**in** med⟩
☐ **assist at** vara närvarande vid
assistance /əˈsɪstəns/ SB hjälp, bistånd, assistans
assistant /əˈsɪstənt/ SB 1 medhjälpare, assistent 2 [shop] **~** affärsbiträde, expedit
associate[1] /əˈsəʊʃɪeɪt, -sɪeɪt/ VB 1 förbinda, associera **~ oneself with** ansluta sig till 2 umgås
associate[2] /əˈsəʊʃɪət, -sɪət/ 1 SB partner, kompanjon 2 SB bundsförvant 3 ADJ förenad, associerad
association /əˌsəʊsɪˈeɪʃn/ SB 1 sällskap, förening **~ football** GB fotboll 2 umgänge, förbindelse 3 association
assortment /əˈsɔːtmənt/ SB sortering, blandning, sortiment
assume /əˈsjuːm/ VB 1 anta, förmoda 2 lägga sig till med, ta **~d name** antaget namn 3 anlägga min, uppsyn
★ **~ office** tillträda sitt ämbete
assumption /əˈsʌmpʃn/ SB 1 antagande **on the ~ that** under förutsättning att 2 övertagande ⟨**the ~ of power**⟩
assurance /əˈʃɔːrəns, əˈʃʊər-/ SB 1 själv|säkerhet, -förtroende 2 försäkran ⟨**of** om⟩ 3 spec GB livförsäkring
assure /əˈʃɔː, əˈʃʊə/ VB 1 försäkra 2 övertyga 3 säkerställa, säkra 4 spec GB livförsäkra
assured /əˈʃɔːd, əˈʃʊəd/ ADJ 1 säker 2 självsäker 3 spec GB livförsäkrad
astern /əˈstɜːn/ ADV akter ut **~ of** akter om
asthma /ˈæsmə, US ˈæzmə/ SB astma
astonish /əˈstɒnɪʃ/ VB förvåna, överraska
astonishment /əˈstɒnɪʃmənt/ SB förvåning, överraskning
astound /əˈstaʊnd/ VB slå med häpnad, förbluffa

astray /əˈstreɪ/ ADV vilse **go ~** *äv* komma på avvägar
astride /əˈstraɪd/ ADV grensle, bredbent
astrologer /əˈstrɒlədʒə/ SB astrolog
astrology /əˈstrɒlədʒɪ/ SB astrologi
astronaut /ˈæstrənɔːt/ SB astronaut
astronomer /əˈstrɒnəmə/ SB astronom
astronomical /ˌæstrəˈnɒmɪkl/ ADJ astronomisk
astronomy /əˈstrɒnəmɪ/ SB astronomi
astute /əˈstjuːt/ ADJ smart, slug, klipsk
asylum /əˈsaɪləm/ SB **1** asyl, fristad **2** *åld* mentalsjukhus, hospital
at /æt, *obet* ət/ ⟨↔ resp huvudord⟩ PREP
1 *rumspreposition* i, på, hos, vid
~ the baker's i bageriet **~ the conference** på (vid) konferensen **~ court** vid hovet **~ my father's** [hemma] hos min pappa **he is ~ Oxford** han studerar i Oxford **~ your place** [hemma] hos dig (er) **~ the pub** på puben **~ school** i skolan
2 *tidspreposition* i, om, på, vid
~ four (4 o'clock) klockan fyra **~ sixty** vid sextio års ålder **~ Christmas** i (vid) jul, om (på) julen **~ dawn** i gryningen **~ night** på (om) natten (nätterna) **~ noon** klockan tolv på dagen **~ that (the) time** på den tiden
3 *efter verb för att uttrycka riktning, mål, orsak etc* efter, mot, på, till, åt, över
aim ~ sikta på (mot) **arrive ~** anlända till **blush ~ sth** rodna över ngt **grab (grasp) ~** gripa efter **shout ~** skrika åt **smile ~ sb** le mot ngn **wonder ~** förundra sig över
4 *efter adjektiv i uttryck för förmåga* i, på
bad ~ dålig i (på) **clever ~** duktig i (på) **hopeless ~** hopplös (värdelös) på
5 *andra användningar*
drive ~ 60 mph köra med en fart av 100 km/t (i 100 km) **~ half-price** till (för) halva priset **children ~ play** lekande barn **~ war with** i krig med **~ work** *a)* på jobbet *b)* i verksamhet, sysselsatt
★ **be ~ it** vara i farten, hålla på **~ that** till på köpet
ate → **eat**
atheism /ˈeɪθɪˌɪzəm/ SB ateism
Athens /ˈæθɪnz/ SB Aten
athlete /ˈæθliːt/ SB idrotts|man, -kvinna
spec inom friidrott **track ~** löpare
athletic /æθˈletɪk/ ADJ **1** idrotts-, idrottslig **2** muskulös, atletisk
athletics /æθˈletɪks/ SB **1** friidrott **2** *US* idrott
the Atlantic /ətˈlæntɪk/, **the Atlantic Ocean** SB Atlanten
atlas /ˈætləs/ SB atlas, kartbok
atmosphere /ˈætməsfɪə/ SB atmosfär
atom /ˈætəm/ SB **1** atom **2** gnutta, uns
atomic /əˈtɒmɪk/ ADJ atom-
atomizer /ˈætəmaɪzə/ SB sprej[förpackning]
atone /əˈtəʊn/ VB
□ **atone for** sona, gottgöra
atrocious /əˈtrəʊʃəs/ ADJ **1** ohygglig, vidrig, avskyvärd **2** *vard* gräslig, förfärlig
atrocity /əˈtrɒsətɪ/ SB **1** ohygglighet **2** illdåd
attach /əˈtætʃ/ VB **1** fästa, sätta (binda) fast ⟨**to** på, vid, i⟩ **2** bifoga ⟨**~ a cheque**⟩
□ **attach to** vara förknippad med **no blame attaches to her** ingen skuld faller på henne **attach oneself to** ansluta sig till **be attached to** *a)* vara fäst[ad] vid *b)* vara knuten till, *milit* vara placerad vid (i)
attaché /əˈtæʃeɪ, *US* ˌætəˈʃeɪ/ SB attaché
attachment /əˈtætʃmənt/ SB **1** tillgivenhet **2** hängivenhet, lojalitet **3** fäste **4** tillbehör **5** *milit* kommendering, placering
attack¹ /əˈtæk/ SB attack, anfall ⟨**on** mot⟩
attack² /əˈtæk/ VB **1** attackera, anfalla **2** ta itu med
attain /əˈteɪn/ VB [upp]nå
attainment /əˈteɪnmənt/ SB **1** uppnående, förverkligande **2 attainments** kunskap[er], talanger
attempt¹ /əˈtempt/ VB försöka [sig på]
attempt² /əˈtempt/ SB **1** försök **2** attentat ⟨**on** mot⟩
attend /əˈtend/ VB **1** närvara vid, bevista **~ school** gå i skolan **well ~ed** välbesökt **2** vara uppmärksam, lyssna **3** sköta [om] **4** passa upp på **5** beledsaga, åtfölja
□ **attend on** *a)* betjäna, passa upp på *b)* sköta om
□ **attend to** *a)* lyssna noga på *b)* ta hand om, ta itu med **Are you being attended to?** *till kund* Är det redan tillsagt?
attendance /əˈtendəns/ SB **1** närvaro ⟨**at, on** vid⟩ **2** publik[siffra] ⟨**an ~ of 40 people**⟩ **3** vård, tillsyn **4** betjäning, uppassning
attendant /əˈtendənt/ **1** SB vakt[mästare] ⟨**a museum ~**⟩, serviceman **2** SB uppassare, betjänt **3** ADJ beledsagande

attention /əˈtenʃn/ SB **1** uppmärksamhet **A~, please!** Hallå, hallå! **call ~ to** fästa uppmärksamheten på **pay ~ to** beakta, uppmärksamma **2** givakt ⟨**A~!**⟩, **stand at ~** stå i givakt
attentive /əˈtentɪv/ ADJ uppmärksam ⟨**to** på⟩
attest /əˈtest/ VB **1** attestera, bevittna, vidimera **2** intyga **3** vittna om □ **attest to** *a)* vittna om *b)* bekräfta
attic /ˈætɪk/ SB vinds|rum, -våning, vind
attire /əˈtaɪə/ SB dräkt, skrud
attitude /ˈætɪtjuːd/ SB **1** attityd, [in]ställning **2** kroppshållning, pose
attorney /əˈtɜːnɪ/ SB **1** *jur* ombud **2** *US* advokat **3 power of ~** fullmakt
Attorney General SB **1** *GB* kronjurist *med delvis samma uppgifter som den svenska justitiekanslern* **2** *US* justitieminister
attract /əˈtrækt/ VB attrahera, dra till sig
attraction /əˈtrækʃn/ SB attraktion, dragningskraft
attractive /əˈtræktɪv/ ADJ attraktiv, tilldragande
attribute¹ /ˈætrɪbjuːt/ SB **1** egenskap, kännetecken **2** *äv språk* attribut
attribute² /əˈtrɪbjuːt/ VB tillskriva ⟨**sth to sb** ngn ngt⟩
aubergine /ˈəʊbəʒiːn/ SB *GB* aubergine, äggplanta
auburn /ˈɔːbən/ ADJ kastanjebrun
auction¹ /ˈɔːkʃn/ SB auktion
auction² /ˈɔːkʃn/, **auction off** VB auktionera bort
auctioneer /ˌɔːkʃəˈnɪə/ SB auktionsförrättare
audacious /ɔːˈdeɪʃəs/ ADJ **1** djärv **2** fräck
audacity /ɔːˈdæsətɪ/ SB **1** djärvhet **2** fräckhet
audible /ˈɔːdəbl/ ADJ hörbar
audience /ˈɔːdɪəns/ SB **1** publik, åhörare, tittare, läsekrets **2** audiens ⟨**with** hos⟩
audiovisual /ˌɔːdɪəʊˈvɪʒʊəl/ ADJ audivisuell
audit¹ /ˈɔːdɪt/ VB *ekon* granska, revidera
audit² /ˈɔːdɪt/ SB *ekon* granskning, revision
audition /ɔːˈdɪʃn/ SB [antagnings]prov *för artister*
auditor /ˈɔːdɪtə/ SB revisor
auditorium /ˌɔːdɪˈtɔːrɪəm/ ⟨*pl* **-s** *el* **auditoria** /-ɪə/⟩ SB **1** hörsal, aula **2** *teat* salong **3** *US äv* möteslokal
augment /ɔːgˈment/ VB öka

august /ɔːˈgʌst/ ADJ upphöjd, majestätisk
August /ˈɔːgəst/ SB augusti
aunt /ɑːnt/ *vard* **auntie** /ˈɑːntɪ/ SB faster, moster, tant
au pair /əʊˈpeə/ SB au pair ⟨**an ~ girl**⟩
auspices /ˈɔːspɪsɪz/ SB **under the ~ of** under beskydd av
austere /ɔːˈstɪə/ ADJ **1** sträng, allvarlig **2** stram **3** spartansk
austerity /ɔːˈsterətɪ/ SB **1** stränghet, allvar **2** stramhet, stram livsföring **3** åtstramning
Australia /ɒˈstreɪlɪə/ SB Australien
Australian /ɒˈstreɪlɪən/ **1** ADJ australisk **2** SB australier
Austria /ˈɒstrɪə/ SB Österrike
Austrian /ˈɒstrɪən/ **1** ADJ österrikisk **2** SB österrikare
authentic /ɔːˈθentɪk/ ADJ **1** autentisk, äkta **2** tillförlitlig, pålitlig
authenticity /ˌɔːθenˈtɪsətɪ/ SB **1** autenticitet, äkthet **2** tillförlitlighet, pålitlighet
author /ˈɔːθə/ SB **1** författare **2** upphovsman
authoritarian /ɔːˌθɒrɪˈteərɪən/ ADJ auktoritär
authoritative /ɔːˈθɒrɪtətɪv/ ADJ **1** auktoritativ **2** myndig
authority /ɔːˈθɒrətɪ/ SB **1** befogenhet, makt **be in ~** vara vid makten, ha kommandot (befälet) **2** myndighet, nämnd, organ **3** auktoritet, expert **4** pondus **5** [officiellt] tillstånd, fullmakt ★ **on good ~** från säker källa
authorization /ˌɔːθəraɪˈzeɪʃn/ SB bemyndigande, auktorisation
authorize /ˈɔːθəraɪz/ VB **1** bemyndiga, auktorisera **2** godkänna, sanktionera
authorship /ˈɔːθəʃɪp/ SB författarskap
autobiographical /ˌɔːtəʊbaɪəˈgræfɪkl/ ADJ självbiografisk
autobiography /ˌɔːtəʊbaɪˈɒgrəfɪ/ SB självbiografi
autocrat /ˈɔːtəkræt/ SB envåldshärskare
autograph /ˈɔːtəgrɑːf/ SB namnteckning, autograf
automatic /ˌɔːtəˈmætɪk/ **1** ADJ automatisk, automat- **2** SB automatvapen
automation /ˌɔːtəˈmeɪʃn/ SB **1** automation, automatisering **2** automatik

automobile /ˈɔːtəməˌbiːl/ SB *spec US* bil
autonomy /ɔːˈtɒnəmi/ SB självstyre
autopsy /ˈɔːtɒpsi/ SB obduktion
autumn /ˈɔːtəm/ SB höst
autumnal /ɔːˈtʌmnl/ ADJ höst-, höstlig
auxiliary /ɔːgˈzɪljəri/ **1** ADJ hjälp-, reserv- **2** SB assistent, hjälpare **3** SB **auxiliaries** hjälptrupper **4** SB hjälpverb
avail[1] /əˈveɪl/ VB ~ **oneself of** begagna sig av
avail[2] /əˈveɪl/ SB **of (to) no** ~ till ingen nytta, förgäves
available /əˈveɪləbl/ ADJ tillgänglig, disponibel **be** ~ *äv a)* stå till förfogande *b)* finnas [att få]
avalanche /ˈævəlɑːntʃ/ SB lavin
avarice /ˈævərɪs/ SB girighet
avaricious /ˌævəˈrɪʃəs/ ADJ girig
avenge /əˈvendʒ/ VB hämnas ~ **oneself on** hämnas på
avenue /ˈævənjuː/ SB **1** allé **2** aveny, boulevard **3** *bildl* väg, utväg
average /ˈævərɪdʒ/ **1** SB genomsnitt, medeltal **on [an]** ~ i genomsnitt **2** ADJ genomsnittlig, genomsnitts- **3** ADJ ordinär
averse /əˈvɜːs/ ADJ **be** ~ **to** vara ovillig till, ogilla **not be** ~ **to sth** inte ha ngt emot ngt
aversion /əˈvɜːʃn/ SB motvilja, aversion ⟨**to** mot⟩
avert /əˈvɜːt/ VB **1** avstyra **2** avleda **3** vända bort
aviation /ˌeɪviˈeɪʃn/ SB **1** flygning, flygkonst **2** *attribut* flyg- ⟨**the** ~ **industry**⟩
avid /ˈævɪd/ ADJ **1** ivrig **2** glupsk, lysten ⟨**for** på⟩
avoid /əˈvɔɪd/ VB **1** undvika **2** undgå ⟨**you cannot** ~ **seeing it**⟩
★ ~ **sb like the plague** sky ngn som pesten
avoidable /əˈvɔɪdəbl/ ADJ som kan undvikas
avoidance /əˈvɔɪdəns/ SB undvikande
await /əˈweɪt/ VB vänta [på], emotse ⟨~ **sb's reply**⟩
awake[1] /əˈweɪk/ ADJ **1** vaken **2** medveten ⟨**to** om⟩
awake[2] /əˈweɪk/ ⟨**awoke** /əˈwəʊk/, **awoken** /əˈwəʊkən/ *el* **awaked, awaked**⟩ VB **1** väcka **2** vakna
□ **awake to** bli medveten om
awaken /əˈweɪkən/ VB **1** väcka **2** vakna
awakening /əˈweɪkənɪŋ/ SB uppvaknande
award[1] /əˈwɔːd/ VB **1** tilldela, belöna med **2** döma [ut] ⟨~ **a free kick**⟩, **be** ~**ed damages** tilldömas skadestånd
award[2] /əˈwɔːd/ SB **1** pris, belöning **2** *GB* stipendium **3** *jur* tilldömt skadestånd
aware /əˈweə/ ADJ medveten ⟨**of** om⟩
away[1] /əˈweɪ/ ADV **1** bort, i väg, undan **2** borta, ute, frånvarande **3** vidare **work** ~ arbeta 'på
away[2] /əˈweɪ/ ADJ borta- ⟨**an** ~ **match**⟩
awe /ɔː/ SB djup respekt, [skräckfylld] vördnad
★ **be (stand) in** ~ **of** hysa vördnad för, bäva för
awe-inspiring /ˈɔːɪnˌspaɪərɪŋ/ ADJ **1** respektingivande **2** imponerande
awful /ˈɔːfʊl/ ADJ förfärlig, förskräcklig, hemsk
awkward /ˈɔːkwəd/ ADJ **1** klumpig, fumlig **2** obekväm, opraktisk **3** krånglig, svårhanterlig **4** förlägen, generad **5** pinsam, penibel
★ **the** ~ **age** puberteten **be an** ~ **customer** vara besvärlig
awning /ˈɔːnɪŋ/ SB markis *skydd mot sol o regn*
awoke, awoken → **awake**[2]
awry /əˈraɪ/ ADV **1** på sned **2** galet ⟨**go** ~⟩
axe[1] /æks/ ⟨*spec US* **ax**⟩ SB yxa
★ **get the** ~ *a)* få sparken *b)* *om projekt* läggas ner **have an** ~ **to grind** ha egna intressen att bevaka, handla i egenintresse, *US* ha något att klaga på
axe[2] /æks/ ⟨*spec US* **ax**⟩ VB *vard* skära ner **be** ~**d** *äv a)* få sparken *b)* *om projekt* läggas ner
axiomatic /ˌæksɪəˈmætɪk/ ADJ axiomatisk
axis /ˈæksɪs/ ⟨*pl* **axes** /-iːz/⟩ SB *matem, polit* axel
axle /ˈæksl/ SB hjulaxel
azure /ˈæʒə, ˈeɪ-/ ADJ azurblå, himmelsblå

B

BA /ˌbiːˈeɪ/ ⟨*förk f* Bachelor of Arts⟩ SB ≈ fil kand
babble¹ /ˈbæbl/ VB babbla, pladdra
babble² /ˈbæbl/ SB babbel, pladder
babe /beɪb/ SB 1 *åld* spädbarn 2 *spec US* sötnos ⟨**Hi, ~**⟩ 3 *spec US* tjej, brud
baboon /bəˈbuːn/ SB babian
baby /ˈbeɪbɪ/ SB 1 baby, [barn]unge **~ monkey** apunge 2 *spec US* raring, älskling
baby carriage SB *US* barnvagn
baby-sitter /ˈbeɪbɪsɪtə/ SB barnvakt
bachelor /ˈbætʃələ/ SB 1 ungkarl 2 **B~ of Arts (Science)** ≈ filosofie kandidat **B~ of Law** ≈ juris kandidat
back¹ /bæk/ SB 1 rygg 2 baksida, bakre del **~ [of a chair]** stolsrygg **~ of the head** nacke **the ~ of one's hand** handens ovansida **in the ~ [of a car]** i baksätet 3 *sport* back 4 *attribut* bak- ⟨**~ door, ~ streets**⟩, gammal **~ issue** gammalt nummer *av tidning*
★ **at the ~** *a)* långt (längst) bak *b)* på baksidan **at the ~ of beyond** *GB* bortom all ära och redlighet **~ to ~** rygg mot rygg **~ to front** bakfram **get off sb's ~** sluta tjata på ngn **have sth at the ~ of one's mind** ha ngt i bakhuvudet **have one's ~ to the wall** vara hårt trängd **put one's ~ into sth** lägga manken till **put sb's ~ up** reta upp ngn ⇓
back² /bæk/ ADV tillbaka
★ **~ and forth** fram och tillbaka **go ~ on a promise** bryta ett löfte
back³ /bæk/ VB 1 backa 2 backa upp, stödja 3 satsa (spela) på
  □ **back away** rygga tillbaka, gå bakåt
  □ **back down** ge med sig
  □ **back out** backa (dra sig) ur
  □ **back up** *a)* backa upp, stödja *b) data* säkerhetskopiera
backache /ˈbækeɪk/ SB ryggont
backbencher /ˌbækˈbentʃə/ SB *GB* [vanlig] parlamentsledamot
backbiting /ˈbækbaɪtɪŋ/ SB förtal, [elakt] skvaller
backbone /ˈbækbəʊn/ SB ryggrad
backbreaking /ˈbækˌbreɪkɪŋ/ ADJ slitsam
backer /ˈbækə/ SB supporter, finansiär
backfire /ˌbækˈfaɪə/ VB 1 baktända 2 slå slint
background /ˈbækgraʊnd/ SB bakgrund
backing /ˈbækɪŋ/ SB 1 stöd 2 *musik* komp
backlash /ˈbæklæʃ/ SB motreaktion
backpack /ˈbækpæk/ SB *spec US* ryggsäck
back pay /ˌbæk ˈpeɪ/ SB retroaktiv lön
backside /ˈbæksaɪd/ SB ända, bak
backstage /ˌbækˈsteɪdʒ/ ADV bakom kulisserna
backstroke /ˈbækstrəʊk/ SB ryggsim
backtrack /ˈbæktræk/ VB 1 gå tillbaka [igen] 2 backa ur, ändra sig
backup /ˈbækʌp/ SB 1 stöd 2 *data* säkerhetskopia 3 *attribut* reserv-, avbytar- ⟨**a ~ driver**⟩
backward /ˈbækwəd/ ADJ 1 bakåt[riktad] 2 efterbliven
backwards /ˈbækwədz/, **backward** ADV 1 baklänges 2 bak och fram ⟨**put a hat on ~**⟩
★ **~ and forwards** fram och tillbaka **bend over ~** → bend¹ **know ~** → know¹
lean over ~ → lean¹
back yard /ˌbæk ˈjɑːd/ SB 1 *GB* bakgård 2 *US* trädgård *på baksidan*
bacon /ˈbeɪkən/ SB bacon
bacterium /bækˈtɪərɪəm/ ⟨*pl* **bacteria** /-rɪə/⟩ SB bakterie
bad /bæd/ ⟨**worse** /wɜːs/, **worst** /wɜːst/⟩ ADJ 1 dålig ⟨**~ at, ~ på**⟩, rutten ⟨**~ apples**⟩, **give off a ~ smell** lukta illa **go ~** ruttna, surna 2 skadlig ⟨**smoking is ~ for you**⟩ 3 orätt ⟨**it's ~ to steal**⟩ 4 svår ⟨**a ~ accident, a ~ cold**⟩ 5 ogiltig, falsk ⟨**a ~ cheque**⟩
★ **~ language** fula ord **be in a ~ way** vara illa däran **feel ~ about sth** skämmas över ngt **go from ~ to worse** bli allt värre **in ~ faith** svekfullt **not ~** ganska bra, inte så illa
badge /bædʒ/ SB 1 märke 2 kännetecken 3 **[policeman's] ~** polisbricka
badger¹ /ˈbædʒə/ SB grävling
badger² /ˈbædʒə/ VB tjata på, irritera
badly /ˈbædlɪ/ ADV 1 dåligt 2 svårt ⟨**~ wounded**⟩ 3 i hög grad **need sth ~** vara

i trängande behov av ngt **4** grundligt ⟨**be ~ defeated**⟩
★ **be ~ off** ha det dåligt ställt **be ~ off for** ha ont om
baffle /ˈbæfl/ VB **1** göra förvirrad (ställd), förbrylla **2** gäcka, hindra
bag¹ /bæg/ SB **1** påse, säck **2** väska, bag **3** *old* ~ kär[r]ing
★ **~ and baggage** med allt sitt pick och pack **~s of** *GB* massor av **be a ~ of bones** se ut som ett benrangel
bag² /bæg/ VB **1** lägga i en påse (säck *etc*) **2** fånga, skjuta ⟨**~ a rabbit**⟩ **3** *GB vard* lägga beslag på
baggage /ˈbægɪdʒ/ SB bagage
baggy /ˈbægɪ/ ADJ säckig, påsig
bagpipes /ˈbægpaɪps/ SB säckpipa
bail¹ /beɪl/ SB borgen **be released on ~** [fri]släppas mot borgen **go (stand) ~** ställa borgen
bail² /beɪl/ VB
☐ **bail sb out** *a)* få ngn frisläppt mot borgen *b)* hjälpa ngn ur en knipa
bail³ /beɪl/, **bale** VB *sjö* ösa
☐ **bail out** *a)* *sjö* ösa *b)* *flyg* hoppa med fallskärm
bait¹ /beɪt/ SB **1** agn, bete **2** lockbete
bait² /beɪt/ VB **1** agna, sätta ut bete **2** reta, plåga
bake /beɪk/ VB **1** [ugns]baka, grädda **~d beans** [konserverade] vita bönor i tomatsås **2** steka sig ⟨**~ in the sun**⟩
baker /ˈbeɪkə/ SB bagare **~'s** bageri
bakery /ˈbeɪkərɪ/ SB bageri
balance¹ /ˈbæləns/ SB **1** balans, jämvikt **2** våg **3** rest, återstod ⟨**pay the ~**⟩ **4** *ekon* saldo
★ **be in the ~** vara oviss **on ~** på det hela taget
balance² /ˈbæləns/ VB **1** balansera **2** uppväga
balcony /ˈbælkənɪ/ SB **1** balkong **2** *teat* rad, läktare **the ~** *a)* *GB spec* tredje (andra) raden *b)* *US spec* första raden
bald /bɔːld/ ADJ **1** [flint]skallig, kal **2** rättfram **~ facts** kalla fakta
bale¹ /beɪl/ SB bal ⟨**~ of hay**⟩
bale² → bail³
balk /bɔːk/, **baulk** VB rygga ⟨**at** [in]för⟩, stegra sig
the Balkans /ˈbɔːlkənz/ SB Balkan[staterna]
ball¹ /bɔːl/ SB **1** boll, klot, kula **~ of string** snörnystan **2** balls *mkt vard* testiklar, ballar **3 Balls!** Skitsnack!
★ **the ~ is in your** ⟨*etc*⟩ **court** bollen ligger hos dig ⟨*etc*⟩ **on the ~** *vard* på alerten **play ~** ställa upp, samarbeta **set the ~ rolling** sätta i gång det hela
ball² /bɔːl/ SB bal, dans[tillställning]
★ **have a ~** ha [jätte]kul
ballad /ˈbæləd/ SB **1** ballad **2** [folk]visa
ballet /ˈbæleɪ, *US* bæˈleɪ/ SB balett
balloon /bəˈluːn/ SB **1** ballong **2** pratbubbla
ballot /ˈbælət/ SB **1** valsedel **~ box** valurna **2** sluten omröstning
ballpark /ˈbɔːlpɑːk/ SB *US* baseballplan
ballpoint /ˈbɔːlpɔɪnt/, **ballpoint pen** SB kulspetspenna
ballroom /ˈbɔːlruːm/ SB balsal, danslokal
balm /bɑːm/ SB balsam
balmy /ˈbɑːmɪ/ ADJ **1** mild **2** balsamisk **3** *GB* knäpp, tokig
Balt /bɔːlt/ SB balt
Baltic /ˈbɔːltɪk/ **1** ADJ baltisk **2** ADJ östersjö- **3** SB **the Baltic** Östersjön **4** SB **the Baltics** Baltikum
bamboo /bæmˈbuː/ SB bambu
ban¹ /bæn/ VB förbjuda
ban² /bæn/ SB förbud ⟨**on** mot⟩ **put a ~ on** förbjuda
banal /bəˈnɑːl/ ADJ banal
banana /bəˈnɑːnə/ SB banan **~ skin** bananskal
★ **go ~s** *vard* bli galen
band¹ /bænd/ SB band, snodd, rem
band² /bænd/ SB **1** gäng, band **2** orkester, band
band³ /bænd/ VB
☐ **band together** sluta (gadda) sig samman
bandage /ˈbændɪdʒ/ SB bandage
Band-aid /ˈbændeɪd/ *varunamn* SB *US* plåster
bandit /ˈbændɪt/ SB bandit
bandstand /ˈbændstænd/ SB musikestrad
bandy-legged /ˌbændɪˈlegd/ ADJ hjulbent
bang¹ /bæŋ/ VB **1** banka **2** slå (smälla) igen **3** slå i ⟨**~ one's knee against sth**⟩ **4** knulla
★ **~ one's head against a brick wall** köra huvudet i väggen
☐ **bang about** *a)* slamra *b)* hantera hårdhänt *c)* *vard* resa omkring i
bang² /bæŋ/ SB **1** smäll **2** knull **3** *spec US*

[pann]lugg
* **go off with a ~** bli en braksuccé
banger /'bæŋə/ SB GB vard **1** korv **2** smällare **3** bilskrälle
bangle /'bæŋgl/ SB armring, ankelring
banish /'bænɪʃ/ VB jaga bort, landsförvisa
banisters /'bænɪstəz/, **bannisters** SB trappräcke, ledstång
bank¹ /bæŋk/ SB bank **~ account** bankkonto ⇩
bank² /bæŋk/ VB sätta in ⟨**~ one's money**⟩, **Where do you ~?** Vilken bank anlitar du?
- **bank on** lita på, räkna med
- **bank with** ha bankkonto hos (på)
bank³ /bæŋk/ SB **1** [flod]strand **2** jordvall, sandbank **grass ~** grässluttning **3** [moln]bank
banker /'bæŋkə/ SB **1** bankir **2** bankdirektör
bank holiday /ˌbæŋk 'hɒlədɪ/ SB GB allmän helgdag
banknote /'bæŋknəʊt/ SB GB sedel
bankrupt /'bæŋkrʌpt/ ADJ försatt i konkurs, bankrutt, konkursmässig **go ~** gå i konkurs
bankruptcy /'bæŋkrʌptsɪ/ SB konkurs, bankrutt
banner /'bænə/ SB **1** banderoll **2** banér, fana
bannisters → banisters
banns /bænz/ SB lysning
banquet /'bæŋkwɪt/ SB bankett, festmåltid
banter /'bæntə/ SB skämtande, skämtsamt snack
baptism /'bæptɪzəm/ SB dop
baptize /bæp'taɪz, US 'bæptaɪz/ VB döpa [till]
bar¹ /bɑː/ SB **1** stång **~ of chocolate** chokladkaka **a ~ of soap** en tvål **gold ~** guldtacka **2 bars** galler **3** skrankor, barriär **colour ~** rasåtskillnad **4** hinder ⟨**to** för⟩ **5** bar, bardisk **6** musik takt, taktstreck **7** jur skrank **the prisoner at the ~** den anklagade **8** advokatyrke ⟨**train for the ~**⟩, **the Bar** advokatsamfundet ⇩
bar² /bɑː/ VB **1** stänga, stänga (bomma) igen **2** utestänga **3** spärra av **4** förbjuda **5** hindra
bar³ /bɑː/ PREP utom
* **~ none** i särklass ⟨**the richest man ~ none**⟩

barbarian /bɑːˈbeərɪən/ SB barbar
barbaric /bɑːˈbærɪk/ ADJ barbarisk
barbarous /'bɑːbərəs/ ADJ barbarisk
barbecue /'bɑːbɪkjuː/ SB **1** utegrill **2** grillfest
barbed wire /ˌbɑːbd 'waɪə/ SB taggtråd
barber /'bɑːbə/ SB frisör **~'s** frisersalong
bar code SB data streckkod
bare /beə/ ADJ **1** bar, naken, kal **2** knapp ⟨**a ~ majority**⟩ **3** tom ⟨**of** på⟩
* **the ~ necessities of life** livets nödtorft
barefaced /'beəfeɪst/ ADJ skamlös
barefoot /'beəfʊt/ ADJ, ADV barfota
barely /'beəlɪ/ ADV knappt, nätt och jämnt
bargain¹ /'bɑːgɪn/ SB **1** överenskommelse, uppgörelse **2** fynd, klipp, bra köp
* **into the ~** på köpet, dessutom
bargain² /'bɑːgɪn/ VB **1** köpslå, pruta **2** förhandla
- **bargain for** a) förhandla om b) vard räkna med
barge¹ /bɑːdʒ/ SB **1** pråm **2** slup
barge² /bɑːdʒ/ VB **1** rusa **2** stöta ⟨**into** till, ihop med⟩ **3 ~ one's way** tränga (knuffa) sig fram
- **barge in** a) komma inrusande b) lägga sig i
bark¹ /bɑːk/ VB **1** skälla ⟨**at** på⟩ **2** om person ryta
* **~ up the wrong tree** missta sig grundligt
bark² /bɑːk/ SB **1** skall, skällande **2** rytande
bark³ /bɑːk/ SB bark
barley /'bɑːlɪ/ SB korn sädesslag
barmaid /'bɑːmeɪd/ SB kvinnlig bartender
barman /'bɑːmən/ SB bartender
barmy /'bɑːmɪ/ ADJ GB knäpp, tokig
barn /bɑːn/ SB lada, loge
barometer /bəˈrɒmɪtə/ SB barometer
baron /'bærən/ SB **1** baron **2** magnat ⟨**oil ~**⟩
baroque /bəˈrɒk, -ˈrəʊk, US -ˈroʊk/ **1** ADJ barock[-] **2** SB barock
barracks /'bærəks/ SB kasern[er], barack[er]
barrage /'bærɑːʒ/ SB **1** spärreld **2** bildl störtflod
barrel /'bærəl/ SB **1** fat, tunna **2** gevärspipa, eldrör
barrel organ SB positiv
barren /'bærən/ ADJ ofrukt|sam, -bar, steril

barricade¹ /ˌbærɪˈkeɪd, *spec* US ˈbærəkeɪd/ SB barrikad
barricade² /ˌbærɪˈkeɪd, *spec* US ˈbærəkeɪd/ VB barrikadera
barrier /ˈbærɪə/ SB barriär, spärr, *bildl äv* hinder
barrister /ˈbærɪstə/ SB GB advokat *i högre domstol*
barrow /ˈbærəʊ/ SB [drag]kärra, skottkärra
barter /ˈbɑːtə/ VB **1** byta ⟨**for** mot⟩ **2** köpslå
base¹ /beɪs/ SB **1** bas, sockel, fot **2** [militär]bas **3** grund[val]
base² /beɪs/ VB **1** basera **be ~d in Paris** ha sin bas i Paris **2** basera, grunda ⟨**~ a theory on sth**⟩
base³ /beɪs/ ADJ låg, föraktlig, tarvlig
basement /ˈbeɪsmənt/ SB källarvåning, källare
bases → basis
bash¹ /bæʃ/ VB slå, drämma till **~ one's head against the wall** slå huvudet i väggen
□ **bash away (on)** GB knega (jobba) vidare
□ **bash up** GB klå upp
bash² /bæʃ/ SB **1** slag, smäll **2** party
★ **have a ~ at sth** försöka sig på ngt
bashful /ˈbæʃfʊl/ ADJ blyg, försagd
basic /ˈbeɪsɪk/ **1** ADJ grundläggande ⟨**to** för⟩, grund-, bas- **2** SB **basics** elementa, grundläggande fakta **get down to ~s** ta itu med väsentligheterna
basically /ˈbeɪsɪklɪ/ ADV i grund och botten
basin /ˈbeɪsn/ SB **1** skål **2** handfat **3** [dal]sänka
basis /ˈbeɪsɪs/ ⟨*pl* **bases** /-iːz/⟩ SB grund[val], bas[is]
bask /bɑːsk/ VB sola (gassa) sig
basket /ˈbɑːskɪt/ SB **1** korg **2** *basketboll* poäng
basketball /ˈbɑːskɪtbɔːl/ SB basket[boll]
bass /beɪs/ *musik* **1** SB bas **2** ADJ bas-
bassoon /bəˈsuːn/ SB fagott
bastard /ˈbɑːstəd, ˈbæ-/ SB **1** oäkta barn **2** *vard* knöl, jävel
bat¹ /bæt/ SB *sport* slagträ, *bordtennis* racket
bat² /bæt/ VB *kricket etc* slå *med slagträ*, vara inne
bat³ /bæt/ SB fladdermus
★ **[as] blind as a ~** → **blind¹**
bat⁴ /bæt/ VB **without ~ting an eyelid** utan att blinka
batch /bætʃ/ SB omgång, sats, parti *varor*
bath /bɑːθ/ SB **1** badkar **2** bad **run a ~** tappa i badvatten **3 [public]** ~s GB badhus
bathe¹ /beɪð/ VB **1** bada GB *utomhus*, US *i badkar* **2** tvätta, badda **3** *spec* US tvätta sig **4 be ~d in sunlight** bada i solsken
bathe² /beɪð/ SB GB bad *utomhus* **go for a ~** gå och bada
bathing /ˈbeɪðɪŋ/ SB bad[ning] **~ accident** drunkningsolycka
bathrobe /ˈbɑːθrəʊb/ SB badrock
bathroom /ˈbɑːθruːm/ SB **1** badrum **2** *spec* US toalett
bathtub /ˈbɑːθtʌb/ SB badkar
Batman /ˈbætmən/ SB Läderlappen
baton /ˈbætɒn, US bəˈtɑːn/ SB **1** taktpinne **2** batong **3** [kommando]stav **4** stafettpinne
battalion /bəˈtæljən/ SB bataljon
batter¹ /ˈbætə/ VB **1** slå, dunka **2** misshandla **3** illa tilltyga **~ed** *äv* illa medfaren
batter² /ˈbætə/ SB *kok* smet ⟨**pancake ~**⟩, frityrsmet
battery /ˈbætərɪ/ SB batteri **~ charger** batteriladdare
battle /ˈbætl/ SB strid, slag
battle-axe SB **1** stridsyxa **2** ragata
battlefield /ˈbætlfiːld/ SB slagfält
battleship /ˈbætlʃɪp/ SB slagskepp
batty /ˈbætɪ/, **bats** /bæts/ ADJ knäpp, knasig
baulk → **balk**
Bavaria /bəˈveərɪə/ SB Bayern
bawdy /ˈbɔːdɪ/ ADJ oanständig ⟨**~ jokes**⟩
bawl /bɔːl/ VB **1** skrika, vråla **2** storgråta, tjuta
□ **bawl out** *spec* US skälla ut
bay¹ /beɪ/ SB vik, bukt ⟨**Hudson B~**⟩
bay² /beɪ/ SB **1** nisch, utrymme **parking ~** parkeringsplats *med parkeringsrutor* **2** burspråk
bay leaf SB lager[bärs]blad
bayonet /ˈbeɪənɪt/ SB bajonett
bazaar /bəˈzɑː/ SB basar
the BBC /ˌbiːbiːˈsiː/ ⟨*förk f* the British Broadcasting Corporation⟩ SB BBC
BC /ˌbiːˈsiː/ ⟨*förk f* before Christ⟩ f.Kr.
be /biː, *obet* bɪ/ ⟨**was** /wɒz, *obet* wəz/ *el* **were** /wɜː, *obet* wə/, **been** /biːn, *obet* bɪn/⟩ VB
Presens: **I am** jag är **you are** du är **he (she, it)**

is han ⟨*etc*⟩ är **we (you, they) are** vi ⟨*etc*⟩ är, *sammandragna former* **I'm, you're, he's, we're**
Preteritum: **I (he, she, it) was** jag ⟨*etc*⟩ var **you (we, they) were** du ⟨*etc*⟩ var
HJÄLPVERB
1 *med ing-form: uttryckande pågående handling* **I was reading** jag [höll på och] läste
2 *med perfekt particip: passivbildande* **he was killed** han dödades
3 *med infinitiv: uttryckande krav el tvång* **you are to report to me** du ska (måste) rapportera till mig
4 *med infinitiv: uttryckande vad ödet bestämt* **he was never to see her again** han skulle aldrig mer återse henne
5 *med infinitiv: uttryckande något planerat* **they are to be married** de skall gifta sig
6 *med infinitiv: uttryckande omöjlighet i nekande sats* **the key was not to be found** man kunde inte finna nyckeln
HUVUDVERB
7 vara **Have you been to Paris?** Har du varit i Paris?
8 finnas ⟨**there's a pub quite near**⟩, vara belägen, ligga, stå
9 äga rum ⟨**When will the election ~?**⟩
10 bli ⟨**she wants to ~ a pilot, the film was a success**⟩
11 kosta ⟨**How much is it?**⟩
12 dröja ⟨**it was not long before he came back**⟩
13 må, känna sig ⟨**How are you?**⟩
★ **~ wrong, here you are** ⟨*etc*⟩ → **wrong**[1], **here** ⟨*etc*⟩ **as it were** så att säga ~ **that as it may** det må vara hur som helst med den saken
☐ **be about** *a)* handla om ⟨**the film is about a madman**⟩ *b)* finnas (vara) här ⟨**there's nobody about**⟩
☐ **be in for** ha att vänta sig ⟨**~ some bad weather**⟩
☐ **be on at** tjata på
☐ **be on to** *vard a)* vara 'på, försöka få att ⟨**she's been on to me to buy a car**⟩ *b)* känna till, vara på spåren ⟨**~ a good thing**⟩
beach /biːtʃ/ SB [havs]strand, badstrand
beacon /ˈbiːkən/ SB **1** vårdkas[e] **2** fyr, signalboj **3** *GB* blinkande trafikljus *vid övergångsställe*
bead /biːd/ SB pärla *av glas, trä etc* **~ of sweat** svettdroppe

beaker /ˈbiːkə/ SB mugg *utan handtag*, glasbägare
beam[1] /biːm/ SB **1** bjälke, balk **2** [ljus]stråle **3** brett leende
★ **be off ~** *vard* ha fel, vara felaktig
beam[2] /biːm/ VB stråla, le [brett] ⟨**with** av⟩
bean /biːn/ SB böna
★ **full of ~s** → **full**[1] **spill the ~s** → **spill**[1]
bear[1] /beə/ SB björn
bear[2] /beə/ ⟨**bore** /bɔː/, **borne** /bɔːn/, *i bet 'född'* **born**⟩ VB **1** *bildl* bära ⟨**~ a name**⟩, **~ the costs** stå för kostnaderna **2** uthärda, stå ut med ⟨**I can't ~ him**⟩, **~ comparison** tåla jämförelse **3** föda ⟨**she has borne two sons**⟩, **When were you born?** När är du född? **4** vika av (svänga) åt ⟨**~ left**⟩ **5** hysa, känna ⟨**~ hatred against, ~ love for**⟩ **6 ~ oneself** uppföra sig
★ **~ the brunt** få ta emot den värsta stöten **~ in mind** komma ihåg **bring influence (pressure) to ~ on** utöva inflytande (press) på **~ witness** vittna **grin and ~ it** → **grin**[1]
☐ **bear down on** *a)* närma sig *b)* vila tungt på
☐ **bear on** *a)* förhålla sig till, ha samband med *b)* påverka, drabba
☐ **bear out** [be]styrka, bekräfta
☐ **bear up** hålla modet uppe
☐ **bear with** stå ut med, ha tålamod med
beard /bɪəd/ SB skägg
bearer /ˈbeərə/ SB **1** bärare **2** innehavare
bearing /ˈbeərɪŋ/ SB **1** hållning, uppträdande **2** betydelse, relevans ⟨**on** för⟩ **3** *tekn* lager **ball ~s** kullager **4** *sjö* bäring
★ **get (take) one's ~s** *a)* bestämma sin position *b)* se hur landet ligger
beast /biːst/ SB **1** *frml* djur **2** *person* odjur, svin
beastly /ˈbiːstlɪ/ ADJ gräslig, avskyvärd
beat[1] /biːt/ ⟨**beat, beaten** /ˈbiːtn/⟩ VB **1** slå *spec med upprepade slag* **~ a carpet** piska en matta **~ the drums** slå på trumma **the bird ~ its wings** fågeln slog med vingarna **~ eggs** vispa ägg **2** *metall* hamra ⟨**~en silver**⟩ **3** besegra, slå ⟨**at** i⟩ **4** gå upp emot ⟨**nothing ~s French cooking**⟩
★ **~ about the bush** gå som katten kring het gröt **B~ it!** Stick! **[it] ~s me** det övergår mitt förstånd **~ time** slå takten **Can you ~ it?** Jag har då aldrig hört på maken! **off the ~en track** *a)* avsides, dit

inte alla åker b) annorlunda
- **beat sb to it** hinna före ngn
- **beat up** klå upp, misshandla

beat² /biːt/ SB **1** slag **the ~s of a drum** trumslag **2** rytk, takt **3** runda, pass ⟨**a policeman on his ~**⟩

beaten → beat¹

beating /'biːtɪŋ/ SB stryk ⟨**get a ~**⟩
* **take some ~** vara svår att överträffa (slå)

beautiful /'bjuːtəfʊl/ ADJ **1** vacker **2** *vard* underbar, storartad

beauty /'bjuːtɪ/ SB **1** skönhet **2** praktexemplar **the ~ of it** det fina [i kråksången], det som är bra [med det] **that goal was a ~** det där målet var suveränt

beaver /'biːvə/ SB **1** bäver **2** bäverskinn
* **eager ~** → eager

became → become

because /bɪˈkɒz/ KONJ därför att

because of PREP på grund av

beckon /'bekən/ VB vinka (göra tecken) [åt]

become /bɪˈkʌm/ ⟨**became** /-ˈkeɪm/, **become**⟩ VB **1** bli ⟨**the weather became warmer**⟩ **2** passa [bra], klä

becoming /bɪˈkʌmɪŋ/ ADJ klädsam, passande

bed¹ /bed/ SB **1** säng, bädd **go to ~** gå till sängs **2** botten *av hav, flod*
* **~ and breakfast** [övernattnings]rum *med frukost* **a ~ of roses** en dans på rosor **make the ~[s]** bädda

bed² /bed/ VB
- **bed down** a) lägga, natta b) lägga sig att sova
- **bed out** plantera (sätta) ut

bedclothes /'bedkləʊðz/ SB sängkläder

bedding /'bedɪŋ/ SB **1** sängkläder **2** strö, ligghalm

bedridden /'bed,rɪdn/ ADJ säng|liggande, -bunden

bedroom /'bedruːm/ SB sovrum

bedside /'bedsaɪd/ SB sängkant

bedsitter /,bed'sɪtə/, **bedsit** SB enrummare

bedspread /'bedspred/ SB [säng]överkast

bedtime /'bedtaɪm/ SB sängdags, läggdags

bee /biː/ SB bi
* **have a ~ in one's bonnet** ha en fix idé

beech /biːtʃ/ SB *träd* bok

beef /biːf/ SB oxkött, nötkött

beehive /'biːhaɪv/ SB bikupa

beeline /'biːlaɪn/ SB **make a ~ for** gå raka vägen till

been → be

beep /biːp/ SB **1** *data, tele* pip **2** *bil* tut[ande]

beer /bɪə/ SB öl **~ belly (gut)** ölmage

beet /biːt/ SB **1** beta **2** *US äv* rödbeta

beetle /'biːtl/ SB skalbagge

beetroot /'biːtruːt/ SB *spec GB* rödbeta

before¹ /bɪˈfɔː/ PREP **1** före ⟨**~ Christmas**⟩, **~ leaving he kissed her** innan han gick kysste han henne **~ long** inom kort **2** framför ⟨**put quality ~ quantity**⟩ **3** inför

before² /bɪˈfɔː/ ADV **1** förut **2** före, innan ⟨**the day ~**⟩

before³ /bɪˈfɔː/ KONJ innan, förrän

beforehand /bɪˈfɔːhænd/ ADV i förväg, på förhand

beg /beg/ VB **1** tigga ⟨**~ [for] money**⟩ **2** be om **~ a favour** be om en tjänst **~ leave** be om tillstånd **3** *om hund* sitta vackert
* **~ to differ** be att få anmäla en avvikande uppfattning **I ~ your pardon** Förlåt

began → begin

beggar¹ /'begə/ SB **1** tiggare **2** *skämts* rackare
* **~s can't be choosers** ≈ man får ta vad man får

beggar² /'begə/ VB **~ all description** trotsa all beskrivning

begin /bɪˈgɪn/ ⟨**began** /-ˈgæn/, **begun** /-ˈgʌn/⟩ VB börja [med] **to ~ with** *äv* för det första

beginner /bɪˈgɪnə/ SB nybörjare

beginning /bɪˈgɪnɪŋ/ SB början ⟨**at the ~ of the week**⟩, **in the ~** till att börja med

begrudge /bɪˈgrʌdʒ/ VB **1** missunna **2** lida av att ge ifrån sig ⟨**he ~d every penny he paid in tax**⟩

beguile /bɪˈgaɪl/ VB tjusa, locka

begun → begin

behalf /bɪˈhɑːf/ SB **on ~ of sb, on sb's ~** på ngns vägnar

behave /bɪˈheɪv/ VB **1** uppföra sig **2 ~ [oneself]** uppföra sig väl (ordentligt)

behaviour /bɪˈheɪvjə/ (*US* **behavior**) SB uppförande, beteende

behead /bɪˈhed/ VB halshugga

behind¹ /bɪˈhaɪnd/ PREP **1** bakom **2** efter **be ~ schedule** vara försenad **be ~ the times** vara efter sin tid

behind² /bɪˈhaɪnd/ ADV **1** bakom, bak|till,

-på from ~ bakifrån 2 kvar leave ~ lämna kvar, glömma 3 efter be ~ with sth ligga efter med ngt
behind³ /bɪˈhaɪnd/ SB bak, ända
being /ˈbiːɪŋ/ SB 1 existens 2 varelse human ~ människa
★ **bring into ~** skapa **come into ~** bli till, uppstå
belch /beltʃ/ VB 1 rapa 2 spy ut ⟨~ [out] smoke⟩
Belgian /ˈbeldʒən/ 1 ADJ belgisk 2 SB belgare
Belgium /ˈbeldʒəm/ SB Belgien
belief /bɪˈliːf/ SB tro ⟨in på⟩, tilltro ⟨in till⟩
believe /bɪˈliːv/ VB tro [på] ⟨in på⟩
★ **make ~** låtsas **Would you ~ it!** Kan man tänka sig!
believer /bɪˈliːvə/ SB troende **be a ~ in** tro på
belittle /bɪˈlɪtl/ VB förringa
bell /bel/ SB 1 [kyrk]klocka 2 [ring]klocka **there's the ~** det ringer
★ **ring a ~** → ring³
belligerent /bɪˈlɪdʒərənt/ ADJ 1 stridslysten, aggressiv 2 krigförande
bellow /ˈbeləʊ/ VB 1 råma, böla 2 vråla, ryta
bellows /ˈbeləʊz/ SB blåsbälg **a pair of ~** en blåsbälg
belly /ˈbelɪ/ SB vard mage, buk
bellyache /ˈbelɪeɪk/ SB vard mag|knip, -ont
belong /bɪˈlɒŋ/ VB höra hemma, ha sin [rätta] plats **Where do these ~?** Var ska de här stå (ligga)? **I don't feel I ~** jag känner mig utanför
□ **belong among** räknas (höra) till
□ **belong to** tillhöra
□ **belong together** höra ihop
belongings /bɪˈlɒŋɪŋz/ SB tillhörigheter
beloved /bɪˈlʌvɪd/, som predikatsfyllnad bɪˈlʌvd/ ADJ älskad
below¹ /bɪˈləʊ/ PREP nedanför, under
below² /bɪˈləʊ/ ADV nedanför, under **from ~** nerifrån, underifrån **go ~** sjö gå under däck **see ~** se nedan
belt¹ /belt/ SB 1 bälte, skärp 2 rem
★ **tighten one's ~** → tighten
belt² /belt/ VB spänna [fast] bältet [på] ⟨~ one's raincoat⟩
□ **belt along** GB rusa fram längs (på)
□ **belt up** spänna fast sig **B~!** Håll klaffen!
bench /bentʃ/ SB 1 bänk 2 arbetsbord **carpenter's ~** hyvelbänk 3 **the bench** jur rätten
bend¹ /bend/ ⟨**bent** /bent/, **bent**⟩ VB 1 böja, kröka 2 gå att böja 3 böja sig, svänga [av]
★ **~ over backwards** anstränga sig extra **~ the rules** frångå [spel]reglerna
bend² /bend/ SB 1 krök, kurva, böj[ning] 2 **the bends** dykarsjuka
★ **round the ~** → round³
beneath¹ /bɪˈniːθ/ ADV nedanför
beneath² /bɪˈniːθ/ PREP nedanför, under
★ **~ contempt** → contempt **be ~ sb** vara under ngns värdighet
benediction /ˌbenɪˈdɪkʃn/ SB välsignelse
benefactor /ˈbenɪfæktə/ SB välgörare, donator
beneficial /ˌbenɪˈfɪʃl/ ADJ välgörande, gynnsam ⟨to för⟩
benefit¹ /ˈbenɪfɪt/ SB 1 förmån, fördel, nytta 2 bidrag, understöd 3 attribut välgörenhets-
★ **for the ~ of** till gagn (förmån) för **give sb the ~ of the doubt** ≈ hellre tro än tvivla på ngn
benefit² /ˈbenɪfɪt/ VB gagna, vara till nytta för
□ **benefit from (by)** dra (ha) nytta av, vinna (tjäna) på
benevolence /bəˈnevələns/ SB välvilja
benevolent /bəˈnevələnt/ ADJ välvillig, vänlig ⟨to, towards mot⟩
benign /bəˈnaɪn/ ADJ 1 välvillig, vänlig 2 medicin godartad
bent¹ → bend¹
bent² /bent/ SB anlag, begåvning
bent³ /bent/ ADJ 1 **be ~ on doing sth** ha föresatt sig att göra ngt 2 vard korrumperad, ohederlig
bequest /bɪˈkwest/ SB testamentarisk (testamenterad) gåva
bereaved /bɪˈriːvd/ ADJ sörjande, efterlämnad **the ~** den (de) sörjande
bereavement /bɪˈriːvmənt/ SB 1 sorg 2 dödsfall
beret /ˈbereɪ, spec US bəˈreɪ/ SB basker
berry /ˈberɪ/ SB bär
berserk /bəˈzɜːk, -ˈsɜːk/ ADJ **go ~** bli vansinnig av ilska, gå bärsärkagång
berth /bɜːθ/ SB 1 kajplats 2 koj, sovplats
★ **give sb a wide ~** → wide¹

beseech /bɪˈsiːtʃ/ ⟨besought /-ˈsɔːt/, besought *el* beseeched, beseeched⟩ VB bönfalla

beside /bɪˈsaɪd/ PREP bredvid, vid sidan av
★ ~ oneself utom sig ⟨with av⟩

besides¹ /bɪˈsaɪdz/ ADV dessutom, för övrigt

besides² /bɪˈsaɪdz/ PREP [för]utom

besiege /bɪˈsiːdʒ/ VB belägra, *bildl* ansätta be ~d by questions bli överöst (bombarderad) med frågor

besought → beseech

best¹ /best/ ⟨*superlativ av* good⟩ ADJ bäst
★ the ~ part of → part¹

best² /best/ ⟨*superlativ av* well⟩ ADV bäst
★ as ~ one can så gott man kan

best³ /best/ SB the ~ det (den, de) bästa
★ All the ~! Ha det så bra! at ~ i bästa (lyckligaste) fall be at one's ~ vara som bäst get the ~ of it dra det längsta strået make the ~ of a bad job göra det bästa möjliga av situationen to the ~ of my knowledge så vitt jag vet

bestial /ˈbestɪəl, *US* -tʃəl/ ADJ bestialisk, brutal

bestow /bɪˈstəʊ/, bestow on VB skänka, tilldela, ägna

bet¹ /bet/ SB vad make a ~ on slå vad om
★ my ~ is that … *vard* jag tror att … your best ~ is to sell it now du gör bäst i att sälja den nu

bet² /bet/ ⟨bet, bet *el* betted, betted⟩ VB slå vad [om]
★ You ~ Det kan du slå dig i backen på
□ **bet on** spela (satsa) på

betray /bɪˈtreɪ/ VB förråda, röja ~ oneself röja sig ~ one's principles svika sina principer

betrayal /bɪˈtreɪəl/ SB 1 svek, förräderi 2 avslöjande, röjande

better¹ /ˈbetə/ ⟨*komparativ av* good⟩ ADJ bättre
★ ~ half äkta hälft the ~ part of → part¹

better² /ˈbetə/ ⟨*komparativ av* well⟩ ADV bättre ⟨play ~⟩
★ do ~ to do sth göra klokt i att go one ~ than övertrumfa, överträffa you ⟨*etc*⟩ had ~ stay det är bäst att du ⟨*etc*⟩ stannar

better³ /ˈbetə/ SB one's ~s de som är förmer än en själv
★ get the ~ of få överhand över, gå segrande ur

better⁴ /ˈbetə/ VB förbättra ~ oneself komma sig upp

between¹ /bɪˈtwiːn/ PREP [e]mellan
★ ~ ourselves, ~ you and me oss emellan [sagt] ~ us (you, them) tillsammans ⟨we had £50 ~ us⟩

between² /bɪˈtwiːn/, in between ADV däremellan

beverage /ˈbevərɪdʒ/ SB *frml* dryck

beware /bɪˈweə/ ~ of se upp för (med), akta sig för B~ of the dog! Varning för hunden!

bewilder /bɪˈwɪldə/ VB förvirra, förbrylla

bewitch /bɪˈwɪtʃ/ VB förhäxa, förtrolla, *bildl äv* tjusa

beyond¹ /bɪˈjɒnd/ PREP 1 på andra sidan, bortom go ~ sth överskrida ngt 2 utöver, utom, bortom
★ be ~ sb a) vara obegripligt för ngn b) vara alltför svårt för ngn att göra be ~ description trotsa all beskrivning not put it ~ sb gott kunna tro ngt om ngn I wouldn't put it ~ him han kan mycket väl ha gjort det

beyond² /bɪˈjɒnd/ ADV på andra sidan

bias¹ /ˈbaɪəs/ SB 1 snedvridning, vinkling, partiskhet 2 förutfattad mening, negativ inställning 3 böjelse, benägenhet ⟨towards för⟩

bias² /ˈbaɪəs/ VB påverka ~[s]ed partisk be ~[s]ed against vara negativt inställd till ~[s]ed reporting vinklad rapportering

bib /bɪb/ SB haklapp

bible /ˈbaɪbl/ SB bibel

biblical /ˈbɪblɪkl/ ADJ biblisk, bibel-

bibliography /ˌbɪblɪˈɒɡrəfɪ/ SB bibliografi

biceps /ˈbaɪseps/ ⟨*lika i pl*⟩ SB biceps

bicker /ˈbɪkə/ VB gnabbas, kivas

bicycle /ˈbaɪsɪkl/ SB cykel

bid¹ /bɪd/ ⟨bid, bid⟩ VB bjuda, ge ett bud ⟨for på⟩, ⟨he ~ £40 for the painting⟩

bid² /bɪd/ SB bud ⟨a ~ of £50 for the painting⟩, put in a ~ for lämna ett anbud på
★ make a ~ for sth försöka ta (nå) ngt

bidder /ˈbɪdə/ SB spekulant, anbudsgivare the highest ~ den högstbjudande

bide /baɪd/ VB ~ one's time bida sin tid

bier /bɪə/ SB lik|bår, -vagn

big /bɪɡ/ ADJ stor, kraftig a ~ decision *vard* ett viktigt beslut ~ ideas *vard* storvulna planer (tankar)

★ **the Big Apple** US New York City **give sb a ~ hand** ge ngn en varm (stor) applåd **make it ~** *vard* lyckas bra **too ~ for one's boots** stöddig, mallig **B~ deal!** Än sen då? ⇓
bigamy /ˈbɪgəmɪ/ SB bigami, tvegifte
big business SB storfinansen
big gun, big shot SB *vard* pamp, höjdare
bighead /ˈbɪghed/ SB pösmunk, stropp
bigot /ˈbɪgət/ SB bigott (trångsynt) person
big shot → big gun
bigwig /ˈbɪgwɪg/ SB *vard* pamp, höjdare
bike /baɪk/ SB *vard* **1** cykel, hoj **2** motorcykel
biker /ˈbaɪkə/ SB **1** cyklist **2** motorcyklist, skinnknutte
bilberry /ˈbɪlbərɪ/ SB blåbär
bile /baɪl/ SB **1** galla **2** ilska
bilingual /baɪˈlɪŋgwəl/ ADJ tvåspråkig
bill¹ /bɪl/ SB **1** räkning, nota ⟨for på⟩ **2** lagförslag **3** US äv sedel **4** affisch, anslag **5** lista ~ **of fare** matsedel **6** *teat* program[blad] **the top of the ~** programmets stora nummer
★ **foot the ~** → foot²
bill² /bɪl/ VB **1** fakturera, skicka räkning till **2** affischera, annonsera
bill³ /bɪl/ SB näbb
billiards /ˈbɪljədz/ SB biljard
billion /ˈbɪljən/ SB **1** miljard **2** GB åld biljon
billy goat /ˈbɪlɪgəʊt/ SB getabock
bin /bɪn/ SB **1** lår, binge, *spec* GB äv brödburk **2** *spec* GB sop|tunna, -hink, -behållare
bind /baɪnd/ ⟨**bound** /baʊnd/, **bound**⟩ VB **1** binda [fast], binda ihop **2** förbinda, binda om
☐ **be bound over** GB ≈ få villkorlig dom
binding /ˈbaɪndɪŋ/ SB **1** bokband **2** bård, kantband
binge /bɪndʒ/ SB [sup]fest, matfrosseri **go on a ~** ta sig en riktig fylla
binman /ˈbɪnmən/ SB GB *vard* sopåkare
binoculars /bɪˈnɒkjʊləz/ SB kikare **a pair of ~** en kikare
biographical /ˌbaɪəˈgræfɪkl/ ADJ biografisk
biography /baɪˈɒgrəfɪ/ SB biografi, levnadsteckning
biologist /baɪˈɒlədʒɪst/ SB biolog
biology /baɪˈɒlədʒɪ/ SB biologi
birch /bɜːtʃ/ SB **1** björk **2** [björk]ris
bird /bɜːd/ SB **1** fågel **2** GB tjej, brud

★ **be an early ~** → early² **~s of a feather flock together** ≈ lika barn leka bäst **kill two ~s with one stone** → kill¹
bird of prey SB rovfågel
bird's eye view /ˌbɜːdzaɪ ˈvjuː/ SB fågelperspektiv
bird watcher SB fågelskådare
biro /ˈbaɪrəʊ/ *varunamn* SB GB kulspetspenna
birth /bɜːθ/ SB **1** födelse, födsel **~ certificate** födelseattest, personbevis **2** börd, ursprung
★ **give ~ to** *a)* föda *b)* ge upphov till ⇓
birthday /ˈbɜːθdeɪ/ SB födelsedag
birthmark /ˈbɜːθmɑːk/ SB födelsemärke
birth rate SB födelsetal, nativitet
biscuit /ˈbɪskɪt/ SB **1** GB kex, småkaka, skorpa **2** US scone, [osötad] bulle
★ **take the ~** GB ta priset
bishop /ˈbɪʃəp/ SB **1** biskop **2** *schack* löpare
bison /ˈbaɪsn/ ⟨*pl lika el* **-s**⟩ SB **1** bison[oxe] **2** visent
bit¹ → bite¹
bit² /bɪt/ SB bit, stycke
★ **a ~ lite** [grann] ⟨**Wait a ~!**⟩, **a ~ thick** lite väl magstarkt **it was a ~ of a surprise** det blev något av en överraskning **do one's ~** göra sitt, dra sitt strå till stacken **not a (one) ~** inte ett dugg
bit³ /bɪt/ SB **1** bett *på betsel* **2** egg, skär [drill] **~ borr**
bit⁴ /bɪt/ SB *data* bit
bitch /bɪtʃ/ SB **1** hynda, hona **2** satkärring **son of a ~** *spec* US djävel, fähund
bite¹ /baɪt/ ⟨**bit** /bɪt/, **bitten** /ˈbɪtn/⟩ VB **1** bita [i (på)] **2** bitas ⟨**the dog ~s**⟩ **3** nappa ⟨**the fish won't ~ today**⟩
★ **~ the dust** bita i gräset **~ sb's head off** snäsa av ngn **~ off more than one can chew** ≈ ta sig vatten över huvudet **once bitten, twice shy** → once¹
bite² /baɪt/ SB **1** bett, sting, nafs **2** napp, hugg **3** munsbit, tugga **4** skärpa, *bildl äv* sting **there's a ~ in the air** det är riktigt kyligt
bitten → bite¹
bitter /ˈbɪtə/ **1** ADJ besk, bitter, förbittrad **2** ADJ bitande kall, iskall **3** SB *ölsort* bitter ⟨**a pint of ~**⟩
bizarre /bɪˈzɑː/ ADJ bisarr, konstig, knepig
blab /blæb/ VB skvallra, pladdra
black¹ /blæk/ **1** ADJ svart, mörk **2** SB *färg*

svart **3** SB svart person **the ~s** de svarta
★ **be in the ~** stå på plus **~ coffee** kaffe utan mjölk (grädde) **~ eye** blått öga ⇩
black² /blæk/ VB **1** svärta, blanka **2** *GB* svartlista
★ **~ sb's eye** ge ngn ett blått öga
□ **black out** *a)* mörklägga *b)* få en blackout
blackbird /'blækbɜːd/ SB *GB* koltrast
blackboard /'blækbɔːd/ SB *utb* [svart] tavla
blackcurrant /ˌblækˈkʌrənt/, **black currant** SB **1** svart vinbär **2** svartvinbärsbuske
blacken /'blækən/ VB **1** mörkna **2** svärta [ner]
blackhead /'blækhed/ SB pormask
blackmail¹ /'blækmeɪl/ SB utpressning
blackmail² /'blækmeɪl/ VB öva utpressning mot
black market /ˌblæk ˈmɑːkɪt/ SB svart marknad **the ~** *äv* svarta börsen
blackout /'blækaʊt/ SB **1** strömavbrott **2** blackout, medvetslöshet **3** censur ⟨**a news ~**⟩
blacksmith /'blæksmɪθ/ SB smed
bladder /'blædə/ SB blåsa *spec* urinblåsa
blade /bleɪd/ SB blad, [svärds]klinga **~ of grass** grässtrå
blame¹ /bleɪm/ VB **1** skylla på **2** klandra, kritisera
★ **be to ~ for** vara skuld till **have only oneself to ~** få skylla sig själv
blame² /bleɪm/ SB skuld **put the ~ on** lägga skulden på
blameless /'bleɪmləs/ ADJ oskyldig, utan skuld
blameworthy /'bleɪmˌwɜːðɪ/ ADJ klandervärd
bland /blænd/ ADJ **1** mild ⟨**~ cheese**⟩ **2** förbindlig **3** ointressant, menlös
blank /blæŋk/ **1** ADJ tom, blank **a ~ look** en uttryckslös blick **2** SB tomrum, lucka, oskriven rad (ruta) ⟨**fill in the ~s, please**⟩, **my mind was a complete ~** det stod alldeles stilla i huvudet på mig **3** SB lös patron **~s** lös ammunition
blanket /'blæŋkɪt/ SB filt **~ of snow** snötäcke
blare /bleə/ VB skrälla, tjuta, ljuda starkt
blaspheme /blæsˈfiːm/ VB häda
blasphemy /'blæsfəmɪ/ SB hädelse
blast¹ /blɑːst/ SB **1** vindstöt **2** explosion **3** tryckvåg **4** [vissel]signal, trumpetstöt

★ **[at] full ~** → **full¹**
blast² /blɑːst/ VB **1** spränga **2** bomba **3** förstöra, krossa **4** skrälla **5** göra ner ⟨**be ~ed by the critics**⟩
★ **B~ [it]!** Jäklar!
blatant /'bleɪtənt/ ADJ skriande, uppenbar ⟨**a ~ lie**⟩, ohöljd, öppen ⟨**~ discrimination**⟩
blaze¹ /bleɪz/ SB **1** flammande eld **2** eldsvåda
★ **a ~ of anger** uppblossande vrede **a ~ of light** ett starkt ljussken **Go to ~s!** Dra åt skogen! **in a ~** i ljusan låga **like ~s** som bara den (tusan)
blaze² /bleɪz/ VB **1** flamma, brinna, *om ögon äv* blixtra **2** skina (lysa) starkt **3** slå upp ⟨**the news was ~d across the front page**⟩
□ **blaze away** brassa (panga) på
blazer /'bleɪzə/ SB klubbjacka, skolkavaj, sportblazer
bleach¹ /bliːtʃ/ VB **1** bleka **2** blekas
bleach² /bliːtʃ/ SB blekningsmedel
bleak /bliːk/ ADJ ruggig, dyster
bleat /bliːt/ VB **1** bräka, böla **2** kvirra, gnälla
bleed /bliːd/ ⟨**bled** /bled/, **bled**⟩ VB **1** blöda **2** åderlåta
★ **~ sb white** skinna ngn in på bara kroppen
bleeding /'bliːdɪŋ/ ADJ förbannad, djävla
bleep /bliːp/ SB *GB* pip, signal
bleeper /'bliːpə/ SB *GB* personsökare
blemish /'blemɪʃ/ SB fläck ⟨**a ~ on his character**⟩
blend¹ /blend/ VB blanda, blandas, blanda sig
★ **~ well** passa bra ihop
□ **blend in** passa in (ihop), smälta in
blend² /blend/ SB blandning
bless /bles/ VB välsigna **be ~ed with** vara begåvad med
★ **B~ you!** Prosit!
blessed /'blesɪd/ ADJ **1** välsignad, helig, salig **2** förbaskad
blessing /'blesɪŋ/ SB välsignelse
★ **it was a ~ in disguise** ≈ det visade sig tvärtom bli till välsignelse, det kom mina ⟨*etc*⟩ farhågor på skam
blew → **blow¹**
blind¹ /blaɪnd/ **1** ADJ blind ⟨**to** för⟩ **~ in one eye** blind på ett öga **the ~** de blinda **2** SB rullgardin

★ [as] ~ as a bat helt blind ~ corner *trafik* korsning med skymd sikt ⇓
blind² /blaɪnd/ VB **1** blända, göra blind **2** förblinda
blind alley /ˌblaɪnd 'ælɪ/ SB återvändsgränd
blindfold /'blaɪndfəʊld/ VB binda för ögonen på
blind man's buff /ˌblaɪndmənz 'bʌf/ SB blindbock
blind spot /'blaɪndspɒt/ SB **1** *bil* död vinkel **2** blind fläck **3** lucka, total okunnighet
blink /blɪŋk/ VB blinka ~ one's eyes blinka
blinkers /'blɪŋkəz/ SB skygglappar
bliss /blɪs/ SB lycksalighet, sällhet
blister /'blɪstə/ SB blåsa
blistering /'blɪstərɪŋ/ ADJ **1** glödhet **2** *bildl* bitande, svidande
blithe /blaɪð/ ADJ glad, sorglös
blitz /blɪts/ SB blixtanfall the Blitz tyskarnas bombardemang av brittiska städer 1940–41
blizzard /'blɪzəd/ SB snöstorm
bloated /'bləʊtɪd/ ADJ uppsvälld, däst, *bildl* uppblåst
blob /blɒb/ SB klick, plump
block¹ /blɒk/ SB **1** block **2** bygg|kloss, -sten **3** *GB* hyresfastighet ~ of flats hyreshus office ~ kontorshus **4** byggnad **5** kvarter **6** [skriv]block **7** stopp traffic ~ trafikstockning **8** blockering ⟨a mental ~⟩
★ a chip off the old ~ → chip¹ ⇓
block² /blɒk/ VB **1** blockera, täppa till, spärra av ⟨~ a road⟩ **2** [för]hindra ~ the view skymma sikten
block letter /ˌblɒk 'letə/ SB stor bokstav write in ~s texta
bloke /bləʊk/ SB *GB* kille, karl
blond /blɒnd/ ADJ blond *spec om man*
blonde /blɒnd/ **1** ADJ blond **2** SB blondin
blood /blʌd/ SB blod
★ bad ~ fiendskap, osämja be after sb's ~ vara ute efter ngn be in one's ~ ligga i blodet, vara medfött his ⟨etc⟩ ~ is up det kokar i honom ⟨etc⟩ [av ilska] in cold ~ → cold¹
bloodshed /'blʌdʃed/ SB blodsutgjutelse
bloodshot /'blʌdʃɒt/ ADJ blodsprängd
bloodthirsty /'blʌdˌθɜːstɪ/ ADJ blodtörstig
bloody¹ /'blʌdɪ/ ADJ **1** blodig **2** *GB* djävla B~ hell! Fan också!
bloody² /'blʌdɪ/ ADV *GB* djävla ⟨~ hot⟩, it's ~ awful det är för djävligt
★ not ~ likely i helvete heller
bloody-minded /ˌblʌdɪ'maɪndɪd/ ADJ *GB* vrång, elak, djävlig
bloom /bluːm/ SB *frml* **1** blomma **2** blomstring
blossom¹ /'blɒsəm/ SB blomma, blommor *på träd*
★ in [full] ~ i [full] blom
blossom² /'blɒsəm/ VB **1** stå (slå ut) i blom **2** *bildl* blomstra
blot¹ /blɒt/ SB fläck, plump
blot² /blɒt/ VB **1** fläcka, sätta en plump (plumpar) [i] **2** torka med läskpapper
★ ~ one's copybook *GB* göra bort sig
blotch /blɒtʃ/ SB fläck, blemma
blouse /blaʊz, *US* blaʊs/ SB **1** blus **2** vapenrock
blow¹ /bləʊ/ ⟨blew /bluː/, blown /bləʊn/⟩ VB **1** blåsa ~ one's whistle blåsa i visselpipan **2** *om säkring* gå **3** *vard* missa, sumpa ⟨~ a chance⟩, we blew it det gick åt pipan för oss **4** *vard* avslöja, förråda ⟨~ sb's cover⟩ **5** *US* sticka i väg [från] ⟨~ town⟩
★ B~ it! Tusan också! ~ a kiss ge en slängkyss ~ money *vard* slösa bort pengar ~ one's nose snyta sig ~ one's own trumpet slå på trumman för sig själv ~ one's top bli fly förbannad ~ the whistle on *a)* sätta p för *b)* avslöja
☐ blow out *a)* *om storm* bedarra *b)* *om däck* punkteras
☐ blow over gå 'över, dra förbi
☐ blow up *a)* explodera, spricka *b)* spränga, spräcka *c)* överdriva *d)* *foto* förstora
blow² /bləʊ/ SB **1** slag **2** hårt slag, motgång ⟨to för⟩
★ come to ~s råka i slagsmål
blowlamp /'bləʊlæmp/ SB *GB* blåslampa
blown → blow¹
blowout /'bləʊaʊt/ SB **1** punktering **2** explosion **3** brakfest
blowtorch /'bləʊtɔːtʃ/ SB *spec US* blåslampa
blowup /'bləʊʌp/ SB **1** explosion **2** *foto* förstoring
blue /bluː/ **1** ADJ blå **2** ADJ deppig **3** ADJ porr- ⟨~ movie⟩ **4** SB *färg* blått **5** SB blues *musik* blues **6** SB the blues *vard* deppighet have got the ~ vara deppig
★ out of the ~ som en blixt från klar

himmel
bluebottle /ˈbluːˌbɒtl/ SB spyfluga
blue-collar /ˌbluːˈkɒlə/ ADJ arbetar-
~ **worker** [fabriks]arbetare
bluff¹ /blʌf/ VB bluffa
bluff² /blʌf/ SB bluff
blunder¹ /ˈblʌndə/ SB blunder, tabbe
blunder² /ˈblʌndə/ VB dabba sig, göra bort sig
□ **blunder about** drulla (fumla) omkring
blunt /blʌnt/ ADJ **1** slö, trubbig
2 rättfram, uppriktig ⟨with mot⟩
bluntly /ˈblʌntlɪ/ ADV rakt på sak **to put it** ~ för att vara uppriktig
blur /blɜː/ SB suddig form **everything is a** ~ allt är suddigt
blurred /blɜːd/ ADJ suddig, otydlig
blurt /blɜːt/, **blurt out** VB häva ur sig, utbrista
blush /blʌʃ/ VB rodna ⟨with av⟩
board¹ /bɔːd/ SB **1** bräda **2** anslagstavla, [svart] tavla **3** [spel]bräde **4** måltider *på hotell etc* ~ **and lodging** kost och logi **full** ~ helpension **5** styrelse **be on the** ~ sitta i styrelsen ~ **of directors** bolagsstyrelse
★ **go by the** ~ gå om intet, gå upp i rök **on** ~ ombord [på]
board² /bɔːd/ VB gå ombord på
boarder /ˈbɔːdə/ SB **1** *person* inackordering **2** *GB* internatelev
boarding house SB pensionat
boarding school SB internatskola
boardsailing /ˈbɔːdˌseɪlɪŋ/ SB brädsegling
boast /bəʊst/ VB **1** skryta **2** stoltsera med, kunna visa upp
boat /bəʊt/ SB båt
boat train /ˈbəʊttreɪn/ SB *tåg med anslutning till fartygshamn*
bob /bɒb/ VB guppa
□ **bob up** dyka upp
bobby /ˈbɒbɪ/ SB *GB vard* polis[konstapel]
bobsleigh /ˈbɒbsleɪ/, **bobsled** SB bobb, rattkälke
bodily /ˈbɒdɪlɪ/ ADJ kropps-, fysisk, kroppslig
body /ˈbɒdɪ/ SB **1** kropp **2** lik, [död] kropp **3** stomme, kaross[eri] ⟨car~⟩ **4** huvuddel, majoritet **5** grupp, avdelning, kår **6** organ, organisation **legislative** ~ lagstiftande församling
★ ~ **and soul** helhjärtat
bodyguard /ˈbɒdɪɡɑːd/ SB livvakt
bog¹ /bɒɡ/ SB **1** myr, våtmark, mosse **2** *GB* dass
bog² /bɒɡ/ VB
□ **bog down** köra fast **get bogged down** köra fast
bogus /ˈbəʊɡəs/ ADJ fingerad, påhittad, falsk
bohemian /bəʊˈhiːmɪən/ ADJ bohemisk
boil¹ /bɔɪl/ VB koka, sjuda
□ **boil down** korta ner (av), *kok* koka ihop ~ **to** gå ut på, egentligen handla om
boil² /bɔɪl/ SB kokning
★ **bring to the (a)** ~ koka upp **come to the** ~ börja koka
boil³ /bɔɪl/ SB böld
boiler /ˈbɔɪlə/ SB värmepanna, ångpanna
boiler suit SB *GB* overall
boisterous /ˈbɔɪstərəs/ ADJ **1** bullrig **2** stormig
bold /bəʊld/ ADJ **1** djärv **2** *typografi* halvfet
★ **[as]** ~ **as brass** fräck som bara den
bolster /ˈbəʊlstə/ SB lång underkudde
bolt¹ /bəʊlt/ SB **1** bult **2** låskolv, regel **3** blixt
★ **a** ~ **from the blue** en blixt från klar himmel **make a** ~ **for** rusa mot
bolt² /bəʊlt/ VB **1** rusa (sticka) i väg **2** sluka, slänga i sig ⟨~ **[down]** one's **dinner**⟩ **3** regla ⟨~ **a door**⟩
bomb¹ /bɒm/ SB bomb
★ **like a** ~ *GB* kanonbra
bomb² /bɒm/ VB **1** bomba **2** *vard* göra fiasko
bombard /bɒmˈbɑːd/ VB bombardera
bombastic /bɒmˈbæstɪk/ ADJ bombastisk, svulstig
bomber /ˈbɒmə/ SB **1** bombplan **2** bombfällare
bond /bɒnd/ SB **1** [vänskaps]band **2** obligation **government** ~ statsobligation **3 bonds** bojor
bone /bəʊn/ SB ben ⟨**break a** ~ **in one's hand**⟩
★ **bag of** ~**s** → **bag¹** ~ **of contention** tvistefrö, stridsäpple **have a** ~ **to pick with sb** ha en gås oplockad med ngn **make no** ~**s about** *a)* inte dra sig för att *b)* inte sticka under stol med
bone-dry /ˌbəʊnˈdraɪ/ ADJ snustorr
bonfire /ˈbɒnˌfaɪə/ SB bål, brasa
bonnet /ˈbɒnɪt/ SB **1** hätta, huva **2** *GB* motorhuv
★ **have a bee in one's** ~ → **bee**
bonus /ˈbəʊnəs/ SB **1** bonus **2** skänk från

ovan
bony /ˈbəʊnɪ/ ADJ benig
boo /buː/ VB bua [ut]
boob /buːb/ SB GB tabbe, blunder
boobs /buːbz/ SB vard [kvinno]bröst ⟨pl⟩
booby prize /ˈbuːbɪpraɪz/ SB jumbopris
booby trap /ˈbuːbɪtræp/ SB **1** milit dold bomb, minfälla **2** fälla gillrad för att skoja med någon
book¹ /bʊk/ SB **1** bok **2** häfte ⟨~ of stamps⟩ **3** libretto
★ **be in the ~** GB stå i telefonkatalogen **be in sb's good ~s** ligga bra till hos ngn **go by the ~** hålla sig till spelreglerna
book² /bʊk/ VB **1** boka, reservera **2** om polis sätta fast **3** fotboll varna
□ **book in** GB checka (boka) in
□ **book out** GB checka ut
□ **book up** boka **booked up** a) fullbokad b) upptagen
bookcase /ˈbʊkkeɪs/ SB bokhylla som står på golvet
booking /ˈbʊkɪŋ/ SB **1** bokning **2** förköp
booking office SB biljett|kontor, -lucka
book-keeping /ˈbʊkˌkiːpɪŋ/ SB bokföring
booklet /ˈbʊklət/ SB broschyr, häfte
bookseller /ˈbʊkselə/ bokhandlare **~'s** bokhandel
bookshop /ˈbʊkʃɒp/ SB bokhandel
bookstall /ˈbʊkstɔːl/ SB bokstånd, tidningskiosk
bookworm /ˈbʊkwɜːm/ SB bokmal
boom¹ /buːm/ VB **1** dåna, dundra **2** få ett uppsving, blomstra ⟨business is ~ing⟩
boom² /buːm/ SB **1** dån **sonic ~** ljudbang **2** uppsving, högkonjunktur **baby ~** [period av] höga födelsetal
boom³ /buːm/ SB **1** sjö bom **2** stång, arm
boon /buːn/ SB tillgång, välsignelse ⟨to för⟩
boor /ˈbʊə, bɔː/ SB tölp
boorish /ˈbʊərɪʃ, ˈbɔːr-/ ADJ bufflig, tölpaktig
boost¹ /buːst/ VB **1** lyfta [upp], höja **2** öka, höja ⟨~ production⟩ **3** stärka ⟨~ sb's morale⟩ **4** göra reklam för
boost² /buːst/ SB **1** ökning, uppgång ⟨a ~ in exports⟩ **2** puff, draghjälp
★ **give a ~ to** stärka, öka
boot /buːt/ SB **1** stövel **2** känga, pjäxa **3** vard spark **4** GB bagagelucka
★ **get the ~** få sparken **lick sb's ~s** → lick¹
too big for one's ~s → big

booth /buːð, spec US buːθ/ SB **1** [salu]- stånd, bod, US äv [utställnings]monter **2** bås, hytt ⟨telephone ~⟩
bootleg /ˈbuːtleg/ SB **1** smuggelsprit, hembränt **2** piratinspelning **3** attribut smuggel-, hembränd **4** attribut pirat- ⟨~ record⟩
booze¹ /buːz/ VB supa
booze² /buːz/ SB vard sprit
booze-up /ˈbuːzʌp/ SB GB fyllefest
border¹ /ˈbɔːdə/ SB **1** kant, rand **2** rabatt ⟨a ~ of roses⟩ **3** gräns, gräns|land, -område
border² /ˈbɔːdə/ VB **1** kanta, infatta **2** gränsa till
□ **border on (with)** gränsa till
borderline /ˈbɔːdəlaɪn/ SB gräns[linje] **~ case** gränsfall
bore¹ → bear²
bore² /bɔː/ SB tråkmåns **be a ~** vard äv vara tråkig[t] **What a ~!** Usch, så tråkigt!
bore³ /bɔː/ VB tråka ut **be ~d** vara uttråkad
bore⁴ /bɔː/ VB **1** borra **2** tränga (gräva) sig fram
boredom /ˈbɔːdəm/ SB leda, långtråkighet
boring /ˈbɔːrɪŋ/ ADJ [lång]tråkig
born /bɔːn/ ADJ född **be a ~ leader** vara född till ledare
borne → bear²
borough /ˈbʌrə/ SB stad, stadsdel, distrikt
borrow /ˈbɒrəʊ/ VB låna ⟨from av⟩
borstal /ˈbɔːstl/ SB GB ungdomsvårds- skola
bosom /ˈbʊzəm/ SB bröst, barm **~ friend** nära vän **in the ~ of one's family** i familjens sköte
boss¹ /bɒs/ SB vard chef, boss
boss² /bɒs/ VB vara chef [för]
□ **boss sb about (around)** köra med ngn
bossy /ˈbɒsɪ/ ADJ vard dominerande
botanical /bəˈtænɪkl/, **botanic** ADJ botanisk **botanic garden[s]** botanisk trädgård
botany /ˈbɒtənɪ/ SB botanik
botch /bɒtʃ/, **botch up** VB vard **1** laga klantigt (illa), klanta till **2** fuska, göra ett fuskarbete
both¹ /bəʊθ/ PRON båda, bägge **~ of them** båda [två]
both² /bəʊθ/ KONJ **~ ... and** både ... och, såväl ... som
bother¹ /ˈbɒðə/ VB **1** störa, besvära ⟨Don't

~ me!⟩ 2 plåga, bekymra 3 not ~ a) inte göra sig besvär b) inte bry sig om, strunta i 4 not ~ oneself inte bekymra sig ★ B~! Tusan också! Don't ~! Strunt i det! I can't be ~ed to do it jag gitter inte göra det
□ **bother about** bry sig om **be ~ed about** vara bekymrad för
□ **bother with** bry sig om ⟨Don't ~ the washing-up⟩
bother² /'bɒðə/ SB 1 besvär 2 bråk
★ **put sb to a lot of ~** orsaka ngn en massa besvär **What a ~!** Så förargligt!
bothersome /'bɒðəsəm/ ADJ besvärlig
bottle¹ /'bɒtl/ SB flaska, butelj
★ **be on the ~** a) [period]supa b) matas med nappflaska **hit the ~** → hit¹
bottle² /'bɒtl/ VB buteljera, konservera
□ **bottle up** hålla tillbaka, stänga inne
bottleneck /'bɒtlnek/ SB flaskhals
bottom /'bɒtəm/ SB 1 nedre del, botten **at the ~ of** a) på botten av b) nederst på, längst ner i (på) c) i bortre ändan av 2 kroppsdel ända, bak 3 attribut nedersta, understa, lägsta
★ **at ~** i grund och botten, innerst inne **be at the ~ of** a) ligga bakom b) vara sämst i (av) **B~s up!** Botten upp!, Skål! **get to the ~ of sth** gå (tränga) till botten med ngt **in ~** GB bil på lägsta växeln
bough /baʊ/ SB [träd]gren
bought → buy¹
boulder /'bəʊldə/ SB stenblock
bounce /baʊns/ VB studsa
bouncer /'baʊnsə/ SB utkastare, dörrvakt
bound¹ → bind
bound² /baʊnd/ ADJ **be ~ to do sth** a) säkert komma att göra ngt ⟨he's ~ to win⟩ b) vara tvungen att göra ngt **you're ~ to see it** du kan inte undgå att se den
★ **be ~ up in** vara strängt upptagen av **be ~ up with** vara nära förbunden (lierad) med
bound³ /baʊnd/ ADJ destinerad ⟨for till⟩
boundary /'baʊndərɪ/ SB gräns[linje]
bounds /baʊndz/ SB gräns **within the ~ of possibility** inom möjligheternas gräns
★ **out of ~** a) [på] förbjudet område b) sport utanför planen
bouquet /bʊ'keɪ, bəʊ-/ SB 1 bukett 2 bouquet, doft
bourgeois /'bʊəʒwɑː/ 1 ADJ [små]borgerlig 2 SB [små]borgare

bout /baʊt/ SB 1 ryck ⟨a ~ of activity⟩, period, släng ⟨a ~ of flu⟩ 2 kamp, match
bow¹ /baʊ/ VB 1 böja, kröka ⟨her back was ~ed⟩ 2 buga sig ⟨to för⟩ 3 böja sig ⟨to för⟩, underkasta sig
★ **~ and scrape** fjäska
bow² /baʊ/ SB bugning
★ **take a ~** tacka för applåderna
bow³ /bəʊ/ SB 1 pilbåge 2 stråke 3 rosett, knut ⇓
bow⁴ /baʊ/, **bows** SB sjö för, bog
bowels /'baʊəlz/ SB 1 inälvor **empty one's ~** tömma tarmen 2 innandöme, inre
bowl¹ /bəʊl/ ⟨↔ **bowls**⟩ SB skål, bunke **the ~ of a pipe** piphuvud
bowl² /bəʊl/ VB 1 spela bowls 2 spela bowling 3 rulla klot i resp spel 4 kricket kasta
□ **bowl out** i kricket slå ut
□ **bowl over** a) slå (springa) omkull b) överväldiga
bow-legged /ˌbəʊ'legɪd/ ADJ hjulbent
bowler¹ /'bəʊlə/ SB kricket kastare
bowler² /'bəʊlə/ SB GB kubb, plommonstop
bowls /bəʊlz/ SB GB bowls spelas med klot på gräs
bow tie /ˌbəʊ 'taɪ/ SB fluga till skjorta
bow window /ˌbəʊ 'wɪndəʊ/ SB burspråksfönster
box¹ /bɒks/ SB 1 låda, kista, ask **shoe ~** skokartong 2 bås, box, hytt, teat loge 3 ruta på blankett etc 4 **the box** GB vard teve[n] ⇓
box² /bɒks/ VB boxa[s]
★ **~ sb's ears** ge ngn en örfil
boxer /'bɒksə/ SB 1 boxare 2 boxer
boxer shorts SB kalsonger med vida ben
boxing /'bɒksɪŋ/ SB boxning
Boxing Day SB GB annandag jul, ibland tredjedag jul
box office SB biljettkontor **~ hit** kassapjäs
boy¹ /bɔɪ/ SB 1 pojke 2 GB [infödd] tjänare
boy² /bɔɪ/ INTERJ spec US jösses, herre gud
boycott¹ /'bɔɪkɒt/ VB bojkotta
boycott² /'bɔɪkɒt/ SB bojkott
boyfriend /'bɔɪfrend/ SB pojkvän
boyhood /'bɔɪhʊd/ SB pojkår, barndom
bra /brɑː/ SB behå, bh
brace¹ /breɪs/ SB 1 stöd[förband], spjäla 2 tandställning 3 **braces** GB hängslen
brace² /breɪs/ VB 1 förstärka, stödja 2 ~

one's foot against ta spjärn emot ~ oneself ta sig samman, förbereda sig ⟨for på⟩
☐ **brace up** a) stötta upp b) gaska upp sig
bracelet /ˈbreɪslət/ SB armband
bracken /ˈbrækən/ SB ormbunke, ormbunkar
bracket /ˈbrækɪt/ SB 1 konsol, vinkeljärn 2 parentes 3 klass, grupp, skikt ⟨income ~⟩
brag /bræg/ VB skryta, skrävla
Braille /breɪl/ SB blindskrift, punktskrift
brain /breɪn/ SB 1 hjärna 2 intelligens 3 intelligent person 4 **brains** intelligens ⇓
brain drain SB forskarflykt
brainstorming /ˈbreɪnˌstɔːmɪŋ/ SB *spec US* brainstorm[ing], idékläckningsmöte
brainwash /ˈbreɪnwɒʃ/ VB hjärntvätta
brain wave SB snilleblixt
brainy /ˈbreɪnɪ/ ADJ skärpt, intelligent
brake¹ /breɪk/ SB broms
brake² /breɪk/ VB bromsa
bran /bræn/ SB kli
branch /brɑːntʃ/ SB 1 gren, förgrening 2 filial
brand /brænd/ SB märke, fabrikat
brandish /ˈbrændɪʃ/ VB svänga, svinga
brand-new /ˌbrændˈnjuː/ ADJ splitterny
brandy /ˈbrændɪ/ SB konjak
brass /brɑːs/ SB 1 mässing 2 **the brass** mässingsinstrumenten, blecket 3 *GB* stålar 4 *vard* fräckhet 5 **the top brass** *vard* de höga militärerna
brassiere /ˈbræzɪə, *US* brəˈzɪər/ SB behå
brat /bræt/ SB rackarunge
brave /breɪv/ ADJ modig, tapper
bravery /ˈbreɪvərɪ/ SB mod, tapperhet
bravo /brɑːˈvəʊ, ˈbrɑːvəʊ/ INTERJ bravo
brawl /brɔːl/ SB bråk, slagsmål
bray /breɪ/ VB 1 *om åsna* skria 2 smattra, skrälla
brazen /ˈbreɪzn/ ADJ skamlös, fräck
Brazil /brəˈzɪl/ SB Brasilien
Brazilian /brəˈzɪlɪən/ 1 ADJ brasiliansk 2 SB brasilianare
breach /briːtʃ/ SB 1 överträdelse, brott ⟨~ of contract⟩, ~ **of the peace** *jur* störande av allmän ordning 2 avbrytande, avbrott 3 bräsch, öppning
bread /bred/ SB 1 bröd 2 *vard* pengar
bread and butter /ˌbredn ˈbʌtə/ SB 1 smörgås[ar] 2 *vard* levebröd
breadcrumbs /ˈbredkrʌmz/ SB brödsmulor, ströbröd

breadth /bredθ/ SB bredd, vidd
breadwinner /ˈbredˌwɪnə/ SB familjeförsörjare
break¹ /breɪk/ ⟨**broke** /brəʊk/, **broken** /ˈbrəʊkən/⟩ VB 1 bryta [av], ha (slå) sönder ~ **a tooth** bita av en tand 2 bryta, knäcka ⟨~ **the enemy code**, ~ **a promise**⟩ 3 knäcka, bryta ner ⟨~ **sb's will**⟩ 4 avbryta ⟨**let's ~ for lunch**⟩ 5 bryta mot ⟨~ **a law**⟩ 6 slå ⟨~ **a record**⟩ 7 gå (brytas) sönder, gå (brytas) av **his voice is ~ing** han är i målbrottet 8 bryta samman, kollapsa 9 slå om, upphöra ⟨**the fine weather broke**⟩ 10 gry ⟨**the day is ~ing**⟩
★ ~ **an appointment** utebli från ett avtalat möte ~ **one's back** *äv* arbeta ihjäl sig ~ **the back of sth** göra undan det mesta av ngt ~ **the bank** spränga banken ~ **sb's heart** krossa ngns hjärta ~ **a horse** rida in en häst ~ **the news to sb** meddela ngn nyheten ~ **wind** släppa sig
☐ **break away** frigöra sig, slita sig loss
☐ **break down** a) brytas ner ⟨**his resistance broke down**⟩ b) gå sönder, kollapsa, bryta samman c) fördela[s], spalta[s] upp
☐ **break in** a) bryta sig in b) avbryta ⟨**she broke in with a few questions**⟩ c) träna upp, rida in *häst*
☐ **break into** a) bryta sig in (göra inbrott) i b) brista ut i ⟨~ **laughter**⟩ c) börja tära på
☐ **break off** a) bryta ⟨~ **relations**⟩ b) göra ett avbrott [i] ⟨~ **[the discussion] for lunch**⟩ c) avbryta sig d) brytas av ⟨**the branch broke off**⟩, ~ **an engagement** slå upp en förlovning
☐ **break out** a) bryta ut b) bryta sig ut ⟨**of från**⟩ ~ **in a cold sweat** börja kallsvettas ~ **in a rash** få utslag
☐ **break up** a) brytas sönder ⟨**the ship will ~**⟩, upplösas ⟨**their marriage broke up**⟩ b) bryta *sitt förhållande* ⟨**John and Mary have broken up**⟩ c) skingra ⟨**the police broke up the crowd**⟩ d) skingras ⟨**the crowd broke up**⟩ e) *GB utb* sluta för terminen ⟨**we ~ next week**⟩, ~ **into** dela (spalta) upp i
break² /breɪk/ SB 1 öppning, spricka ⟨**a ~ in the clouds**⟩ 2 lucka, avbrott ⟨**a ~ in the traffic**⟩ 3 paus, rast **have a few days' ~** ha ledigt ett par dagar 4 brott ⟨**with mot**⟩, brytning ⟨**a ~ with tradition**⟩, avbrytande

⟨a ~ in diplomatic relations⟩, make a ~ with sb bryta (göra slut) med ngn 5 omslag ⟨a ~ in the weather⟩ 6 genombrott, framgång 7 chans ⟨give sb a ~⟩ 8 a bad ~ otur a lucky ~ tur 9 *tennis* break, servegenombrott ~ point fördelsboll
★ make a ~ for it *vard* försöka fly
breakaway /ˈbreɪkəˌweɪ/ SB 1 utbrytning 2 utbrytare 3 *sport* kontring
breakdown /ˈbreɪkdaʊn/ SB 1 sammanbrott ⟨a nervous ~, a ~ in the talks⟩ 2 motorstopp, maskinhaveri ~ van (truck) *GB* bärgningsbil 3 analys, uppdelning
breaker /ˈbreɪkə/ SB bränning, brottsjö
breakfast /ˈbrekfəst/ SB frukost
break-in /ˈbreɪkɪn/ SB inbrott
breakneck /ˈbreɪknek/ ADJ halsbrytande ⟨at ~ speed⟩
breakthrough /ˈbreɪkθruː/ SB genombrott
break-up /ˈbreɪkʌp/ SB upplösning ⟨the ~ of a marriage⟩
breakwater /ˈbreɪkˌwɔːtə/ SB vågbrytare, pir
breast /brest/ SB bröst
★ make a clean ~ → clean¹
breast-feed /ˈbrestfiːd/ ⟨-fed /-fed/, -fed⟩ VB amma
breaststroke /ˈbreststrəʊk/ SB bröstsim
breath /breθ/ SB 1 anda draw ~ dra (hämta) andan lose one's ~ tappa andan 2 andedräkt ⟨bad ~⟩ 3 andetag
★ catch one's ~ → catch¹ out of ~ andfådd take sb's ~ away göra ngn mållös under one's ~ lågmält, viskande
breathe /briːð/ VB andas
★ ~ down sb's neck jaga på ngn ~ fresh life into blåsa nytt liv i not ~ a word inte säga ett knyst
breathing space SB andrum
breathless /ˈbreθləs/ ADJ 1 andfådd 2 andlös
breathtaking /ˈbreθˌteɪkɪŋ/ ADJ hissnande
bred → breed¹
breeches /ˈbrɪtʃɪz/ SB knäbyxor, ridbyxor
breed¹ /briːd/ ⟨bred /bred/, bred⟩ VB 1 föröka sig, få ungar 2 föda upp, odla 3 skapa, orsaka **violence ~s violence** våld föder våld
breed² /briːd/ SB ras ⟨a ~ of dog⟩, sort ⟨a ~ of rose⟩
breeding /ˈbriːdɪŋ/ SB 1 fortplantning, häckning 2 uppfödning, avel 3 god uppfostran, fint sätt
breeze /briːz/ SB 1 bris 2 *spec US* lätt match
★ shoot the ~ → shoot¹
brethren /ˈbreðrən/ ⟨↔ brother⟩ SB *åld o religion* bröder
brevity /ˈbrevətɪ/ SB 1 korthet 2 [ord]knapphet
brew¹ /bruː/ VB 1 brygga 2 stå och dra ⟨the tea is ~ing⟩
★ be ~ing vara i görningen, vara på gång
brew² /bruː/ SB brygd
brewer /ˈbruːə/ SB bryggare
brewery /ˈbruːərɪ/ SB bryggeri
bribe¹ /braɪb/ VB muta
bribe² /braɪb/ SB muta
bribery /ˈbraɪbərɪ/ SB bestickning, givande (tagande) av mutor
brick /brɪk/ SB 1 tegelsten 2 tegel 3 block ⟨a ~ of ice cream⟩ 4 *GB* byggkloss
★ drop a ~ → drop²
bricklayer /ˈbrɪkˌleɪə/ SB murare
bride /braɪd/ SB brud
bridegroom /ˈbraɪdgruːm/ SB brudgum
bridesmaid /ˈbraɪdzmeɪd/ SB brudtärna
bridge¹ /brɪdʒ/ SB 1 bro 2 kommandobrygga
bridge² /brɪdʒ/ VB *bildl* överbrygga
bridle¹ /ˈbraɪdl/ SB betsel
bridle² /ˈbraɪdl/ VB tygla
brief¹ /briːf/ ⟨↔ briefs⟩ 1 ADJ kort[varig], kortfattad 2 SB *jur* sammandrag 3 SB direktiv, arbetsuppgift[er]
★ be ~ fatta sig kort in ~ kort sagt, i sammandrag
brief² /briːf/ VB informera, orientera, briefa
briefcase /ˈbriːfkeɪs/ SB portfölj
briefs /briːfs/ SB trosor, kortkalsonger
brigade /brɪˈgeɪd/ SB 1 brigad 2 fire ~ *GB* brandkår
bright /braɪt/ ADJ 1 ljus, klar ~ light starkt ljus 2 skinande, blank 3 begåvad, skärpt
brighten /ˈbraɪtn/, **brighten up** VB 1 skina upp, bli ljusare 2 göra ljusare, pigga upp 3 polera
brilliant /ˈbrɪlɪənt/ ADJ 1 strålande, gnistrande, glänsande 2 briljant, lysande, mästerlig
brim¹ /brɪm/ SB 1 kant, rand, brädd 2 [hatt]brätte

brim² /brɪm/ VB flöda, vara full ⟨with av⟩
bring /brɪŋ/ ⟨brought /brɔ:t/, brought⟩ VB
1 komma [hit] med, ha (ta) med sig ~ **me the book** ge mig boken ~ **her with you** ta henne med dig **2** medföra, föra med sig ⟨spring ~s warm weather⟩, inbringa **3** föra, leda ⟨the oil is brought here by pipeline⟩, **What ~s you here?** Vad har du för ärende här? **4** få (komma) att ~ **oneself to do sth** förmå sig att göra ngt ~ **the milk to the boil** låta mjölken koka upp ~ **production to a standstill** orsaka avbrott i produktionen ~ **sb running** få ngn att komma springande [till sig]
☐ **bring about** medföra, åstadkomma
☐ **bring back** väcka [till liv] ⟨~ **memories**⟩
☐ **bring down** a) störta, bringa på fall, fälla *motspelare* b) trycka ner [i skorna] c) skjuta ner d) få (pressa) ner ⟨~ **inflation**⟩, ~ **a plane** äv landa med ett flygplan
☐ **bring forth** a) frambringa b) föda
☐ **bring in** a) tillkalla ⟨~ **experts**⟩ b) skörda ⟨~ **the apples**⟩ c) införa ⟨~ **a new system**⟩ d) inbringa
☐ **bring off** a) utföra b) klara [av]
☐ **bring on** [för]orsaka
☐ **bring out** a) ge (släppa) ut ⟨~ **a new album**⟩ b) frambringa, ta fram
☐ **bring round** a) få att kvickna till b) omvända c) ta med sig ⟨**bring your friend round**⟩
☐ **bring up** a) uppfostra b) föra på tal c) kräkas upp
brink /brɪŋk/ SB rand, kant **on the ~ of** på randen av
brisk /brɪsk/ ADJ **1** rask **2** frisk ⟨**a ~ wind**⟩ **3** livlig ⟨**business is ~**⟩
bristle /ˈbrɪsl/ SB **1** borst **2** skäggstrå
Brit /brɪt/ SB *vard* britt
Britain /ˈbrɪtn/ ⟨↔ Great Britain⟩ SB Storbritannien
British /ˈbrɪtɪʃ/ **1** ADJ brittisk **2** SB **the British** britterna *som nation*
Briton /ˈbrɪtn/ SB britt
Brittany /ˈbrɪtəni/ SB Bretagne
brittle /ˈbrɪtl/ ADJ skör, bräcklig
broach /brəʊtʃ/ VB börja tala om, föra på tal
broad /brɔ:d/ ADJ **1** bred **2** vidsträckt ~ **support** utbrett stöd **3** allmän **in ~ terms** i grova drag **4** vidsynt, tolerant ⟨**a man of ~ views**⟩
★ **a ~ hint** en tydlig vink **in ~ daylight** mitt på ljusa dagen
broadcast¹ /ˈbrɔ:dkɑ:st/ SB radio, tv sändning
broadcast² /ˈbrɔ:dkɑ:st/ ⟨**broadcast, broadcast**⟩ VB **1** radio, tv sända **2** *bildl* sprida, föra vidare
broaden /ˈbrɔ:dn/ VB **1** vidga, bredda **2** bli bredare
broad-minded /ˌbrɔ:dˈmaɪndɪd/ ADJ vidsynt, tolerant
brochure /ˈbrəʊʃə/ SB broschyr
broil /brɔɪl/ VB *US* grilla[s], halstra[s]
broke¹ → **break¹**
broke² /brəʊk/ ADJ pank, barskrapad
broken /ˈbrəʊkən/ ⟨↔ **break¹**⟩ ADJ trasig, sönder
brokenhearted /ˌbrəʊknˈhɑ:tɪd/ ADJ nedbruten
broker /ˈbrəʊkə/ SB mäklare
brolly /ˈbrɒli/ SB *GB vard* paraply
bronchitis /brɒŋˈkaɪtɪs/ SB bronkit, luftrörskatarr
bronze /brɒnz/ SB **1** brons **2** bronsföremål
brooch /brəʊtʃ/ SB brosch
brood¹ /bru:d/ SB kull ⟨**a ~ of chickens**⟩, barnkull
brood² /bru:d/ VB **1** ruva **2** grubbla ⟨**on över**⟩
brook /brʊk/ SB bäck
broom /bru:m/ SB **1** kvast **2** ginst
broth /brɒθ/ SB buljong, [tunn] soppa
★ **too many cooks spoil the ~** → **cook²**
brothel /ˈbrɒθl/ SB bordell
brother /ˈbrʌðə/ ⟨*pl åld o religion äv* **brethren** /ˈbreðrən/⟩ SB bror, broder
brother[s] and sister[s] syskon
brotherhood /ˈbrʌðəhʊd/ SB broderskap, brödraskap
brother-in-law /ˈbrʌðərɪnˌlɔ:/ SB svåger
brought → **bring**
brow /braʊ/ SB **1** panna **2 brows** ögonbryn
browbeat /ˈbraʊbi:t/ ⟨**browbeat, browbeaten** /-bi:tn/⟩ VB vara översittaraktig mot, hunsa
brown¹ /braʊn/ **1** ADJ brun **2** SB *färg* brunt
brown² /braʊn/ VB *kok* bryna[s]
browse /braʊz/ VB **1** bläddra [igenom] **2** beta
bruise¹ /bru:z/ SB blåmärke
bruise² /bru:z/ VB **1** ge blåmärken, stöta *frukt* **2** få blåmärken, *om frukt* bli stött
brunt → **bear²**

brush¹ /brʌʃ/ SB **1** borste, kvast **2** pensel **3** [av]borstning **4** snuddande **5** dust, nappatag **6** rävsvans **7** snårskog **8** ris, kvistar
★ tarred with the same ~ → tar²
brush² /brʌʃ/ VB **1** borsta [av], stryka **2** snudda [vid], vidröra, stryka förbi
☐ **brush aside** *a)* knuffa undan *b)* avfärda, vifta bort
☐ **brush down** borsta ren
☐ **brush off** *a)* [gå att] borsta av *b)* nobba
☐ **brush over** *a)* sopa *b)* hastigt gå förbi, släta över
☐ **brush up** bättra på, friska upp
⟨~ one's French⟩
brusque /brʊsk, *spec US* brʌsk/ ADJ brysk, burdus
Brussels /'brʌslz/ SB Bryssel
brutal /'bru:tl/ ADJ brutal, rå
brute /bru:t/ **1** SB råskinn, odjur **2** SB best ⟨that dog is a real ~⟩ **3** SB oskäligt djur **4** ADJ rå, djurisk
B.Sc. /ˌbi:es'si:/ ⟨*förk f* Bachelor of Science⟩ SB ≈ fil kand *i naturvetenskapliga ämnen*
bubble¹ /'bʌbl/ SB bubbla
bubble² /'bʌbl/ VB bubbla
buck¹ /bʌk/ SB bock, hanne
buck² /bʌk/ SB *US vard* dollar
buck³ /bʌk/ SB pass the ~ → pass¹
bucket /'bʌkɪt/ SB hink
★ kick the ~ → kick¹
buckle¹ /'bʌkl/ SB spänne
buckle² /'bʌkl/ VB **1** spänna, knäppa [ihop] **2** buckla [till], kröka **3** bli tillbucklad, bågna, *bildl* svikta
☐ **buckle up** *a)* spänna, knäppa *b)* sätta på sig säkerhetsbälte
bud /bʌd/ SB knopp **come into ~** börja knoppas
★ nip in the ~ → nip¹
Buddhism /'bʊdɪzəm/ SB buddism
budding /'bʌdɪŋ/ ADJ *bildl* spirande, blivande
buddy /'bʌdɪ/ SB *spec US* kompis, polare
budge /bʌdʒ/ VB **1** röra sig [ur fläcken] **2** rubba
budgerigar /'bʌdʒərɪgɑː/ SB *GB* undulat
budget /'bʌdʒɪt/ SB **1** budget **2** *attribut* lågpris-
budgie /'bʌdʒɪ/ SB *GB vard* undulat
buff¹ /bʌf/ ADJ brungul
buff² /bʌf/ SB *vard* entusiast, expert
buff³ → blind man's buff

buffalo /'bʌfələʊ/ ⟨*pl lika el* -es⟩ SB buffel
buffer /'bʌfə/ SB buffert
buffet /'bʊfeɪ, *US* bə'feɪ/ SB buffé
buffoon /bə'fuːn/ SB pajas
bug¹ /bʌg/ SB **1** *spec GB* vägglus **2** *US* insekt **3 bugs** löss, småkryp **4** *vard* bacill **5** dold mikrofon **6** *bildl* fluga **have got the golf ~** ha fått dille på golf **7** *data* programfel, systemfel
bug² /bʌg/ VB **1** avlyssna, bugga **2** *vard* irritera
bugger¹ /'bʌgə/ SB *GB* djävel ⟨Poor ~!, That stupid ~!⟩
bugger² /'bʌgə/ VB *GB mkt vard* **B~ it!** *a)* Ge fan i det! *b)* Fan också! **I'll be ~ed!** Det var som fan! **I'll be ~ed if I do!** Det tänker jag ta mig fan inte göra!
☐ **bugger off** sticka [åt helvete]
☐ **bugger up** sabba, förstöra
build /bɪld/ ⟨built /bɪlt/, built⟩ VB **1** bygga [upp], *bildl äv* forma, skapa **2** öka ⟨the pressure was ~ing⟩
☐ **build up** *a)* bygga upp, skapa *b)* tillta, öka
builder /'bɪldə/ SB byggare, byggmästare
building /'bɪldɪŋ/ SB byggnad **~ site** byggplats
build-up /'bɪldʌp/ SB uppbyggnad
built → build
built-in /'bɪltɪn/ ADJ inbyggd, *bildl* inneboende
built-up /'bɪltʌp/ ADJ uppbyggd, tättbebyggd
bulb /bʌlb/ SB **1** blomsterlök **2** glödlampa
bulge¹ /bʌldʒ/ SB **1** utbuktning **2** ökning, uppgång
bulge² /bʌldʒ/ VB bukta (svälla) ut
bulk /bʌlk/ SB **1** storlek, volym **2** kroppshydda, gestalt **3 the ~ of** huvudparten (större delen) av
★ in ~ i stora partier
bulky /'bʌlkɪ/ ADJ **1** skrymmande **2** storväxt
bull /bʊl/ SB **1** tjur **2** hanne **~ elephant** elefanthanne **~ elk** älgtjur
bulldoze /'bʊldəʊz/ VB **1** riva med bulldozer **2** schakta **3** *vard* skrämma, tvinga ⟨into till att⟩
bulldozer /'bʊldəʊzə/ SB bandschaktare, vägskrapa
bullet /'bʊlɪt/ SB kula **~ wound** skottsår
bulletin /'bʊlətɪn/ SB bulletin, rapport **~ board** *US* anslagstavla

bulletproof /'bʊlɪtpruːf/ ADJ skottsäker
bullfinch /'bʊlfɪntʃ/ SB domherre
bullion /'bʊlɪən/ SB guld (silver) i form av tackor
bull's-eye /'bʊlzaɪ/ SB **1** prick *på måltavla* **2** fullträff
bullshit /'bʊlʃɪt/ SB skitsnack **talk ~** snacka skit
bully[1] /'bʊlɪ/ SB översittare, mobbare
bully[2] /'bʊlɪ/ VB trakassera, mobba
bum[1] /bʌm/ *vard* **1** SB *GB* rumpa **2** SB *US* luffare **3** SB *US* kräk **4** ADJ värdelös ⟨**a ~ film**⟩
bum[2] /bʌm/ VB *vard* tigga [sig till] ⟨**~ a cigarette**⟩
□ **bum around** driva omkring
bumblebee /'bʌmblbiː/ SB humla
bump[1] /bʌmp/ VB **1** stöta [mot] **2** skumpa fram
□ **bump into** stöta ihop med
bump[2] /bʌmp/ SB **1** stöt, duns **2** bula, svullnad **3** gupp, grop
bumper /'bʌmpə/ SB stötfångare
bumpy /'bʌmpɪ/ ADJ guppig, skumpig **~ flight** gropig flygresa **~ piste (run)** puckelpist
bun /bʌn/ SB **1** bulle **2** hårknut
bunch /bʌntʃ/ SB **1** bukett, knippe, klase **2** skara
bundle /'bʌndl/ SB **1** bunt, knyte, knippe **~ of nerves** nervknippe **2** en massa pengar ⟨**cost a ~**⟩
★ **be a ~ of fun** vara jätterolig
bungalow /'bʌŋɡələʊ/ SB enplansvilla, bungalow
bungle /'bʌŋɡl/ VB misslyckas [totalt] med
bungler /'bʌŋɡlə/ SB klant[skalle], klåpare
bunk /bʌŋk/ SB brits **~ bed** våningssäng
bunny /'bʌnɪ/ SB *barnspråk* kanin
buoy /bɔɪ/ SB *sjö* boj, prick
buoyant /'bɔɪənt/ ADJ **1** glad[lynt], uppåt **2** *ekon* uppåtgående
burden[1] /'bɜːdn/ SB börda
burden[2] /'bɜːdn/ VB belasta, tynga ner
bureau /'bjʊərəʊ, *US* 'bjʊroʊ/ ⟨*pl* **-s** *el* **-x** /-z/⟩ SB **1** byrå, kontor **2** ämbetsverk **3** *GB äv* skrivbord, sekretär **4** *US äv* byrå *möbel*
bureaucracy /bjʊəˈrɒkrəsɪ/ SB byråkrati
bureaucratic /ˌbjʊərəˈkrætɪk/ ADJ byråkratisk

burglar /'bɜːɡlə/ SB inbrottstjuv **~ alarm** tjuvlarm
burglary /'bɜːɡlərɪ/ SB inbrott
burgle /'bɜːɡl/ VB göra inbrott [i] **be ~d** bli utsatt för inbrott
burial /'berɪəl/ SB begravning
burly /'bɜːlɪ/ ADJ kraftig
burn[1] /bɜːn/ ⟨**burnt** /bɜːnt/, **burnt** *el* **burned**, **burned**⟩ VB **1** brinna [upp], *bildl äv* lysa, glöda, brinna av iver **~ with longing** brinna av längtan ⟨**for** efter⟩ **2** bränna (elda) [upp] **3** elda med ⟨**~ oil**⟩ **4** bränna vid **5** bli bränd ⟨**~ to death**⟩, **~ one's hand** bränna sig på handen **6** svida **my ears were ~ing** öronen hettade [på mig] **7** *bildl* sjuda, koka ⟨**~ with anger**⟩
★ **~ one's fingers, get one's fingers ~t** bli bränd **~ the midnight oil** studera (arbeta) till sent på natten
□ **burn out** *a)* brinna ner (ut) *b)* överanstränga
□ **burn up** *a)* brinna upp *b) om eld* ta sig, flamma upp *c) om motor* sluka, förbruka ⟨**~ petrol**⟩
burn[2] /bɜːn/ SB brännsår, brännskada
burner /'bɜːnə/ SB brännare, [gas]låga, spisplatta
burnt → **burn**[1]
burrow /'bʌrəʊ/ SB håla, bo, lya
burst[1] /bɜːst/ ⟨**burst, burst**⟩ VB **1** explodera, brista **~ with pride** vara sprickfärdig av stolthet **2** spränga, spräcka
★ **be ~ing [at the seams]** vara proppmätt **be ~ing to do sth** brinna av iver att göra ngt **~ at the seams** *a)* gå upp i sömmarna *b)* vara fullproppad
□ **burst in** komma instörtande **~ on** avbryta
burst[2] /bɜːst/ SB **1** bristning **2** krevad, explosion **3** salva ⟨**~ of gunfire**⟩ **4** utbrott, anfall ⟨**a ~ of energy**⟩, **~ of laughter** skrattsalva **~ of speed** [snabbt] ryck **in ~s** ryckvis
bury /'berɪ/ VB begrava **buried in thought** försjunken i tankar
bus[1] /bʌs/ SB buss
bus[2] /bʌs/ VB skjutsa (skicka) med buss
bush /bʊʃ/ SB buske
★ **beat about the ~** → **beat**[1]
business /'bɪznəs/ SB **1** affär[er] **~ is slow** affärerna går trögt **I'm here on ~** jag är här i affärer **2** affärsliv[et], näringslivet

3 [affärs]rörelse, firma ⟨many small ~es have started⟩ **4** sak it is none of your ~, it's no ~ of yours det angår dig inte **5** *vard* historia ⟨I'm sick of the whole ~⟩ ★ **get down to** ~ ta itu med jobbet **go into** ~ starta eget, bli affärsman **go out of** ~ lägga ner rörelsen **have no** ~ **to do sth** inte ha rätt att göra ngt **mean** ~ → mean¹

business hours SB öppethållande, kontorstid

businesslike /ˈbɪznəslaɪk/ ADJ affärsmässig

businessman /ˈbɪznəsmən/ SB affärsman

bust¹ /bʌst/ ⟨bust, bust *el* busted, busted⟩ VB *vard* **1** slå (ha) sönder **2** *om polis* gripa ⟨be ~ed for robbery⟩ **3** *om polis* slå till mot, göra razzia i (på) **4** gå i konkurs □ **bust up** *a*) slå sönder, förstöra *b*) störa *möte c*) [stor]gräla *d*) *spec US* separera, flytta isär *e*) *spec US* spricka ⟨their marriage ~⟩

bust² /bʌst/ ADJ *vard* trasig, paj **go** ~ *a*) paja, gå sönder *b*) gå i konkurs

bust³ /bʌst/ SB byst

bustle¹ /ˈbʌsl/ VB jäkta **be bustling with life** vara full av liv och rörelse

bustle² /ˈbʌsl/ SB jäkt, liv och rörelse

busy¹ /ˈbɪzɪ/ ADJ **1** upptagen, sysselsatt ⟨at, with med⟩ **the line is** ~ *tele* det är upptaget **2** flitig, verksam **3** fylld av aktivitet[er], full av liv och rörelse, jäktig **a** ~ **time** en bråd tid ★ [as] ~ **as a bee** flitig som en myra **get** ~ sätta i gång

busy² /ˈbɪzɪ/ VB sysselsätta ⟨~ oneself with⟩

busybody /ˈbɪzɪˌbɒdɪ/ SB beskäftig person, fjant

but¹ /bʌt, *obet* bət/ KONJ **1** men **2** utan ⟨not cream, ~ milk⟩, not only ... ~ also inte bara ... utan också

but² /bʌt, *obet* bət/ PREP utom ⟨nobody ~ him⟩ ★ ~ **for you** ⟨*etc*⟩ om inte du ⟨*etc*⟩ hade varit

but³ /bʌt, *obet* bət/ ADV *frml* bara ⟨she is ~ a child⟩ ★ **I** ⟨*etc*⟩ **cannot** ~ jag ⟨*etc*⟩ kan inte annat än

butcher /ˈbʊtʃə/ SB slaktare ~'s köttaffär

butler /ˈbʌtlə/ SB butler, hovmästare *i privathus*

butt¹ /bʌt/ VB stöta [med huvudet], stånga □ **butt in** blanda (lägga) sig i

butt² /bʌt/ SB **1** fimp **2** gevärskolv **3** *spec US vard* ända, bak

butter¹ /ˈbʌtə/ SB smör

butter² /ˈbʌtə/ VB bre smör på □ **butter sb up, butter up to sb** smöra (fjäska) för ngn

buttercup /ˈbʌtəkʌp/ SB smörblomma

butterfingers /ˈbʌtəˌfɪŋɡəz/ SB *vard* fumlig person

butterfly /ˈbʌtəflaɪ/ SB fjäril

buttock /ˈbʌtək/ SB *kroppsdel* skinka ~s ända, stjärt

button¹ /ˈbʌtn/ SB knapp

button² /ˈbʌtn/ VB **1** knäppa **2** knäppas □ **button up** knäppa igen (ihop, till)

buttress /ˈbʌtrəs/ SB strävpelare, stöd

buxom /ˈbʌksəm/ ADJ fyllig, mullig, frodig

buy¹ /baɪ/ ⟨bought /bɔːt/, bought⟩ VB köpa □ **buy off** muta ⟨~ a witness⟩

buy² /baɪ/ SB köp

buyer /ˈbaɪə/ SB **1** köpare **2** inköpare

buzz¹ /bʌz/ VB **1** surra **2** sorla **3** ringa (kalla) på □ **buzz off** *vard* sticka [i väg]

buzz² /bʌz/ SB **1** surr[ande] **2** sorl **3** liv och rörelse ★ **give sb a** ~ slå ngn en signal

by¹ /baɪ/ ⟨↔ resp huvudord⟩ PREP **1** genom ⟨~ hard work, ~ working hard, ~ this method⟩, as if ~ **magic** som genom ett trollslag **enter** ~ **the window** ta sig in genom fönstret **2** med ⟨divide (multiply) ~ two, pay ~ cheque, send ~ post⟩, ~ **air** med flyg **win ~ a nose** vinna med en noslängd **3** av ⟨a play ~ Ibsen, painted ~ Picasso⟩, ~ **chance** av en slump **profit** ~ dra nytta av, vinna på **4** vid, intill ⟨sit ~ the fire, stand ~ the window, side ~ side⟩, hos **have a knife** ~ **one** ha en kniv på sig (till hands) **5** förbi ⟨he went ~ me⟩ **6** till, senast *i tidsangivelser* ⟨it will be ready ~ tomorrow, you must be back ~ two o'clock⟩ **7** gånger *för att ange dimensioner* ⟨the room is 15 feet ~ 20⟩ **8** per ⟨it is sold ~ the dozen, he was paid ~ the hour⟩

by² /baɪ/ ADV **1** förbi ⟨**walk ~**⟩ **2** nära, intill **live close ~** bo alldeles intill **3** undan, åt sidan ⟨**put money ~**⟩
★ **~ and large** på det hela taget

bye /baɪ/, **bye-bye** /ˌbaɪˈbaɪ/ INTERJ hej då, adjö

by-election /ˈbaɪɪˌlekʃn/, **bye-election** SB *GB* fyllnadsval

bygone /ˈbaɪɡɒn/ SB **let ~s be ~s** låta det skedda vara glömt

bylaw /ˈbaɪlɔː/, **bye-law** SB stadga, förordning

bypass¹ /ˈbaɪpɑːs/ SB förbifartsled
~ operation kranskärlsoperation

bypass² /ˈbaɪpɑːs/ VB gå (leda) förbi, kringgå

bystander /ˈbaɪˌstændə/ SB åskådare

byte /baɪt/ SB *data* byte

c. → cent, century, circa
cab /kæb/ SB **1** taxi **2** förarhytt
cabaret /ˈkæbəreɪ/ SB kabaré
cabbage /ˈkæbɪdʒ/ SB kål, kålhuvud
cabin /ˈkæbɪn/ SB **1** hydda, stuga **2** *sjö* hytt **3** *flyg* kabin
cabinet /ˈkæbɪnət/ SB **1** skåp **2** *polit* kabinett, ministär **~ crisis** regeringskris
cable¹ /ˈkeɪbl/ SB **1** kabel **2** telegram
cable² /ˈkeɪbl/ VB telegrafera [till]
cache /kæʃ/ SB gömställe *för saker*
cackle¹ /ˈkækl/ VB kackla, skrocka
cackle² /ˈkækl/ SB kackel, skrockande
cactus /ˈkæktəs/ ⟨*pl* **-es** *el* **cacti** /-aɪ/⟩ SB kaktus
cadet /kəˈdet/ SB kadett
cadge /kædʒ/ VB snylta till sig
□ **cadge off** snylta på ⟨ngn⟩
café /ˈkæfeɪ, *US* kæˈfeɪ/ SB kafé, servering
cafeteria /ˌkæfəˈtɪərɪə/ SB cafeteria
cage /keɪdʒ/ SB *äv ishockey* bur
cahoots /kəˈhuːts/ SB **be in ~ with** vara i maskopi med
cake /keɪk/ SB **1** tårta, mjuk kaka, bakelse **2 a ~ of soap** en tvål
★ **a piece of ~** → piece¹
calamity /kəˈlæməti/ SB katastrof, olycka
calculate /ˈkælkjʊleɪt/ VB beräkna, kalkylera
calculator /ˈkælkjʊleɪtə/ SB miniräknare
calendar /ˈkæləndə/ SB kalender, almanacka
calf¹ /kɑːf/ ⟨*pl* **calves** /kɑːvz/⟩ SB **1** kalv **2** kalvskinn
calf² /kɑːf/ ⟨*pl* **calves** /kɑːvz/⟩ SB *kroppsdel* vad
calibre /ˈkælɪbə/ (*US* **caliber**) SB kaliber
call¹ /kɔːl/ VB **1** kalla, kalla (ropa) på ⟨**~ a doctor, ~ a taxi**⟩ **2** uppkalla, kalla [för] **be ~ed** heta **3** ringa, ringa till **4** väcka **5** kalla till ⟨**~ a meeting**⟩, utlysa ⟨**~ an election**⟩ **6** ropa ut *via högtalare*

7 hälsa 'på, titta in
★ ~ **in (into) question** ifrågasätta ~ sb
names skälla på ngn ~ **a spade a spade** nämna saker och ting vid deras rätta namn ~ **the tune** ange tonen
☐ **call back** *a)* ringa upp igen *b)* ringa upp ngn som har ringt *c)* göra ett nytt besök
☐ **call by** titta in
☐ **call for** *a)* komma och hämta *b)* kalla på ⟨~ **the waiter**⟩ *c)* kräva ⟨~ **a new election**⟩
☐ **call in** *a)* tillkalla *b)* hälsa 'på, titta in
☐ **call off** inställa
☐ **call on** *a)* hälsa 'på *b)* anmoda ⟨~ **sb to speak**⟩
☐ **call out** *a)* skrika 'till *b)* kommendera ut ~ **on strike** ta ut i strejk
☐ **call round** titta in ⟨**at** hos⟩
☐ **call up** *a)* ringa [till] *b)* *milit* inkalla *c)* återkalla [i minnet]
call² /kɔ:l/ SB **1** rop ⟨**for** på, efter⟩ **2** [upp]maning ⟨~ **for peace**⟩ **3** [telefon]samtal **4** besök, visit **5** skäl, anledning ⟨**there's no ~ for panic**⟩
★ **be on ~** ha jourtjänst **on ~** jourhavande ⇓
call box SB telefonkiosk
caller /'kɔ:lə/ SB **1** besökare **2** person som telefonerar (ringer)
calling /'kɔ:lɪŋ/ SB **1** yrke **2** kall
callous /'kæləs/ ADJ känslolös, okänslig
call unit SB *tele* markering
call-up /'kɔ:lʌp/ SB *milit* inkallelse
calm¹ /kɑ:m/ **1** ADJ lugn **2** SB lugn
calm² /kɑ:m/ VB lugna, lugna sig
☐ **calm down** *a)* lugna ner *b)* lugna [ner] sig
calorie /'kælərɪ/ SB kalori
calves → **calf¹,²**
came → **come**
camel /'kæml/ SB kamel
camera /'kæmərə/ SB kamera
camouflage¹ /'kæməflɑ:ʒ/ SB kamouflage
camouflage² /'kæməflɑ:ʒ/ VB kamouflera
camp¹ /kæmp/ SB läger ⇓
camp² /kæmp/ VB campa
☐ **camp out** ligga i tält
campaign¹ /kæm'peɪn/ SB kampanj, fälttåg
campaign² /kæm'peɪn/ VB föra (driva) en kampanj, delta i kampanj (*milit* fälttåg)
camp bed SB tältsäng
camping car SB husbil

campus /'kæmpəs/ SB universitetsområde
can¹ /kæn, *obet* kən/ ⟨*nekande* **can't**, *frml* **cannot**⟩ VB **1** kan ⟨**he ~ read, he ~ be very funny**⟩ **2** får ⟨**C~ I go now?**⟩
can² /kæn/ SB **1** burk, dunk **2** *spec US* konservburk **3** *US vard* toa, mugg
★ **a ~ of worms** ≈ en hård nöt att knäcka
Canada /'kænədə/ SB Canada
Canadian /kə'neɪdɪən/ **1** ADJ kanadensisk **2** SB kanadensare
canal /kə'næl/ SB kanal
the Canaries /kə'neərɪz/, **the Canary Islands** SB Kanarieöarna
canary /kə'neərɪ/ SB kanariefågel
cancel /'kænsl/ VB **1** inställa **2** avbeställa **3** annullera **4** makulera
cancellation /ˌkænsə'leɪʃn/ SB **1** avbeställning, inställande **2** annullering, uppsägning *av avtal* **3** över|strykning, -korsning
cancer /'kænsə/ SB **1** cancer **2** **Cancer** *stjärntecken* Kräftan
candid /'kændɪd/ ADJ uppriktig
★ **the ~ camera** dolda kameran
candidate /'kændɪdeɪt, -dət/ SB kandidat, *vid prov* tentand, examinand
candle /'kændl/ SB stearinljus, vaxljus
candlelight /'kændllaɪt/ SB levande ljus
by ~ i skenet av levande ljus
candlestick /'kændlstɪk/ SB ljusstake
candour /'kændə/ (*US* **candor**) SB uppriktighet
candy /'kændɪ/ SB *US* godis, snask
cane¹ /keɪn/ SB **1** [bambu]rör, [socker]rör **2** [promenad]käpp **3** spö, käpp **4** *material* rotting
cane² /keɪn/ VB piska, prygla
canine /'keɪnaɪn/ ADJ hund- ~ **tooth** hörntand
canned /kænd/ ADJ **1** konserverad **2** inspelad, burkad
cannibal /'kænɪbl/ SB kannibal
cannon /'kænən/ ⟨*pl lika el* **-s**⟩ SB kanon
cannot /'kænɒt/, **can't** /kɑ:nt/ VB kan (får) inte
canoe¹ /kə'nu:/ SB kanot
canoe² /kə'nu:/ VB paddla [kanot]
canonize /'kænənaɪz/ VB kanonisera, helgonförklara
cant /kænt/ SB **1** floskler, jargong **2** hyckleri
can't → **cannot**
canteen /kæn'ti:n/ SB lunchrum, *milit*

marketenteri
canter /'kæntə/ SB kort galopp
canvas /'kænvəs/ SB **1** tältduk, segelduk **2** [målar]duk
canvass /'kænvəs/ VB *polit* värva röster
canyon /'kænjən/ SB kanjon, floddal
cap¹ /kæp/ SB **1** mössa, keps **2** kapsyl, huv, lock
cap² /kæp/ VB **1** sätta mössa (kapsyl, lock) på **2** bräcka, överträffa
★ **to ~ it all** *a)* till råga på eländet *b)* som kronan på verket
capability /ˌkeɪpə'bɪləti/ SB förmåga
capable /'keɪpəbl/ ADJ **1** duglig **2** kapabel, i stånd
capacity /kə'pæsəti/ SB **1** kapacitet, förmåga **2** utrymme **seating ~** antal sittplatser **filled to ~** fullsatt **3** egenskap ⟨**in my ~ of (as) chairman**⟩
cape¹ /keɪp/ SB udde **Cape Horn** Kap Horn
cape² /keɪp/ SB *plagg* cape
caper /'keɪpə/ SB glädjesprång
capers /'keɪpəz/ SB *krydda* kapris
capital¹ /'kæpɪtl/ SB **1** huvudstad **2** kapital **3** stor bokstav **4** *attribut* **~ letter** stor bokstav
capital² /'kæpɪtl/ ADJ belagd med dödsstraff **~ punishment** dödsstraff
capitalism /'kæpɪtəˌlɪzəm/ SB kapitalism
capitalist /'kæpɪtəlɪst/ SB kapitalist
capitalize /'kæpɪtəlaɪz/ VB
▫ **capitalize on** dra fördel av
capitulate /kə'pɪtjʊleɪt/ VB kapitulera
caprice /kə'priːs/ SB nyck, infall, kapris
capricious /kə'prɪʃəs/ ADJ nyckfull, ombytlig
Capricorn /'kæprɪkɔːn/ SB *stjärntecken* Stenbocken
capsize /kæp'saɪz/ VB kantra, kapsejsa
capsule /'kæpsjuːl/ SB kapsel
captain /'kæptɪn/ SB kapten, *vid flottan* kommendör
caption /'kæpʃn/ SB **1** bildtext **2** rubrik
captivate /'kæptɪveɪt/ VB fängsla, trollbinda
captive /'kæptɪv/ **1** SB fånge **2** ADJ fången **they were taken ~** de togs till fånga
captivity /kæp'tɪvəti/ SB fångenskap
capture¹ /'kæptʃə/ VB **1** tillfångata, *äv bildl* fånga **2** erövra, inta
capture² /'kæptʃə/ SB **1** tillfångatagande **2** erövring **3** byte
car /kɑː/ SB **1** bil **2** *järnväg* vagn

⟨**restaurant ~**⟩ ⇓
carafe /kə'ræf, -rɑːf/ SB karaff
caramel /'kærəmel/ SB **1** *kok* bränt socker, karamell **2** kola
carat /'kærət/ SB karat
caravan /'kærəvæn/ SB **1** *GB* husvagn **2** karavan
caraway /'kærəweɪ/ SB kummin
carbohydrate /ˌkɑːbəʊ'haɪdreɪt/ SB kolhydrat
carbon /'kɑːbən/ SB **1** *kemi* kol **2** karbonpapper
carburettor /ˌkɑːbə'retə/ (*US* **carburetor** /'kɑːrbəreɪtər/) SB förgasare
carcass /'kɑːkəs/, **carcase** SB **1** kadaver **2** kropp *av slaktat djur*
card /kɑːd/ SB kort ⟨**play ~s**⟩
cardboard /'kɑːdbɔːd/ SB papp, kartong
cardigan /'kɑːdɪɡən/ SB kofta, cardigan
cardinal /'kɑːdɪnl/ **1** SB kardinal **2** SB **~ [number]** grundtal **3** ADJ huvud-, väsentlig
cardinal number /ˌkɑːdɪnəl 'nʌmbə/ SB grundtal
care¹ /keə/ SB **1** bekymmer **2** försiktighet **3** noggrannhet **take ~ over** vara noggrann med **4** vård **take a child into ~** omhänderta ett barn **Take ~!** Sköt om dig! **take ~ of** sköta, ta hand om **5** omsorg ⟨**for** om⟩
care² /keə/ VB **1** bry sig om **I couldn't ~ less** det struntar jag blankt i **2** ha lust, vilja ⟨**Would you ~ for a dance?**⟩, **Would you ~ to sit down?** Var så god och sitt!
▫ **care about** bry sig om
▫ **care for** *a)* sköta om, ta hand om *b)* tycka om ⟨**she didn't ~ the play**⟩
career¹ /kə'rɪə/ SB **1** karriär **2** yrke
career² /kə'rɪə/ VB rusa
carefree /'keəfriː/ ADJ bekymmerslös, sorglös
careful /'keəfʊl/ ADJ **1** försiktig, aktsam **2** noggrann, omsorgsfull
careless /'keələs/ ADJ slarvig, vårdslös ⟨**about** med⟩
caress¹ /kə'res/ SB smekning
caress² /kə'res/ VB smeka
caretaker /'keəˌteɪkə/ SB **1** vaktmästare **2** fastighetsskötare, portvakt
cargo /'kɑːɡəʊ/ ⟨*pl* **-[e]s**⟩ SB last
caricature¹ /'kærɪkətʃʊə/ SB karikatyr, parodi
caricature² /'kærɪkətʃʊə/ VB karikera

carnation /kɑːˈneɪʃn/ SB nejlika
carol /ˈkærəl/ SB sång ⟨Christmas ~s⟩
carp¹ /kɑːp/ SB *fisk* karp
carp² /kɑːp/ VB gnata ⟨at på⟩
car park SB bilparkering
carpenter /ˈkɑːpəntə/ SB [byggnads]snickare
carpentry /ˈkɑːpəntrɪ/ SB snickeri
carpet /ˈkɑːpɪt/ SB matta
carport /ˈkɑːpɔːt/ SB öppet garage
carriage /ˈkærɪdʒ/ SB **1** vagn **2** *GB* järnvägsvagn **3** hållning, sätt att gå **4** *handel* frakt[kostnad]
carrier /ˈkærɪə/ SB **1** bärare, bud **by ~** med bud **2** transportföretag, flygbolag **3** smittbärare **4** hangarfartyg **5** pakethållare
carrier bag SB [bär]kasse
carrier pigeon /ˌkærɪə ˈpɪdʒn/ SB brevduva
carrion /ˈkærɪən/ SB as, kadaver
carrot /ˈkærət/ SB morot
carry /ˈkærɪ/ VB **1** bära [på], bära upp, ha (föra) med sig **2** transportera, forsla **3** *om tidning* skriva om, ta upp **4** *om röst* bära **5 be carried** *om förslag, yrkande* antas, gå igenom **6** *handel* föra, ha i lager
★ **~ the day** segra, vinna **~ sth too far** driva ngt för långt
□ **carry away** bära bort **be carried away** ryckas med
□ **carry off** *a)* hemföra, vinna *b)* klara av
□ **carry on** *a)* fortsätta *b) samtal* föra *c)* gå på, vara besvärlig **~ with** ha ett förhållande med
□ **carry out** genomföra, utföra
□ **carry through** *a)* genomföra *b)* hjälpa igenom
cart¹ /kɑːt/ SB kärra, skrinda
★ **put the ~ before the horse** börja i galen ända
cart² /kɑːt/ VB **1** forsla, köra **2** släpa, kånka
cartel /kɑːˈtel/ SB kartell
cartilage /ˈkɑːtɪlɪdʒ/ SB brosk
carton /ˈkɑːtn/ SB **1** kartong, paket **2** cigarettlimpa
cartoon /kɑːˈtuːn/ SB **1** skämtteckning **2** [tecknad] serie **3** tecknad (animerad) film
cartridge /ˈkɑːtrɪdʒ/ SB **1** patron **2** kassett
cartwheel /ˈkɑːtwiːl/ SB hjulning **turn a ~, turn ~s** hjula

carve /kɑːv/ VB **1** skära, snida **2** *kok* skära upp ⟨~ a steak⟩
cascade /kæsˈkeɪd/ SB kaskad
case¹ /keɪs/ SB **1** [res]väska **2** låda, lår **3** skrin, etui, fodral **4** hylsa, huv, hölje **5** monter
case² /keɪs/ SB **1** fall **2** *jur* rättsfall, mål **3** *språk* kasus
★ **a ~ in point** ett typexempel **in any ~** i varje fall **in ~ of fire** i händelse av brand **in that ~** i så fall
cash¹ /kæʃ/ SB kontanter, pengar **pay [in] ~** betala kontant ⇓
cash² /kæʃ/ VB lösa in
□ **cash in on** dra fördel av, slå mynt av
cash card SB bankomatkort
cash desk SB kassa *i affär*
cash dispenser /ˈkæʃdɪˌspensə/ SB bankomat
cashew /ˈkæʃuː, kæˈʃuː/ SB **1** kasjuträd **2** kasjunöt
cashier /kæˈʃɪə/ SB **1** kassör **2** kassörska
cashomat /ˈkæʃəmæt/ SB *US* bankomat
cashpoint /ˈkæʃpɔɪnt/ SB *GB* bankomat
casino /kəˈsiːnəʊ/ SB kasino
cask /kɑːsk/ SB tunna, fat
casket /ˈkɑːskɪt/ SB **1** skrin, schatull **2** *spec US* likkista
casserole /ˈkæsərəʊl/ SB *äv maträtt* gryta
cassette /kəˈset, kæ-/ SB kassett
cast¹ /kɑːst/ ⟨cast, cast⟩ VB **1** *spec bildl* kasta ⟨~ a shadow⟩, **~ a glance at** kasta en blick på **2** gjuta **3** etikettera, klassa **4** *teat* besätta **roll be ~ as** spela
★ **~ one's vote** rösta
□ **cast about for** söka efter, försöka hitta
□ **cast off** *a)* göra sig av med *b) sjö* kasta loss *c) vid stickning* maska av
cast² /kɑːst/ SB **1** kast **2** *film, teat* rollbesättning **the ~** de medverkande **3** avgjutning **4** gjutform **5** gipsförband
castanets /ˌkæstəˈnets/ SB kastanjetter
castaway /ˈkɑːstəˌweɪ/ SB skeppsbruten
caste /kɑːst/ SB kast *samhällsklass*
caster /ˈkɑːstə/, **castor** SB **1** hjul *på möbel* **2** ströare
caster sugar /ˈkɑːstəˌʃʊɡə/ SB fint strösocker
casting vote /ˌkɑːstɪŋ ˈvəʊt/ SB utslagsröst
cast iron /ˌkɑːst ˈaɪən/ SB gjutjärn
castle /ˈkɑːsl/ SB **1** borg, [befäst] slott **2** *schack* torn

cast-off /'kɑ:stɒf/ ADJ avlagd
castor → caster
castor oil /ˌkɑ:stər 'ɔɪl/ SB ricinolja
castrate /kæ'streɪt, US 'kæstreɪt/ VB kastrera
casual /'kæʒʊəl, -zjʊəl/ ADJ 1 tillfällig, slumpartad 2 nonchalant, oberörd 3 förströdd ⟨a ~ remark⟩ 4 ledig ~ **clothes** fritidskläder
casualty /'kæʒʊəltɪ, 'kæzjʊ-/ SB 1 dödsoffer 2 olycksfall 3 ~ **[ward]** GB olycksfallsavdelning
cat /kæt/ SB 1 katt 2 kattdjur
★ **let the ~ out of the bag** → let¹
catalogue /'kætəlɒg/ (US äv **catalog**) SB katalog
catalytic converter /ˌkætə'lɪtɪk kən'vɜ:tə/ SB bil katalysator
catapult /'kætəpʌlt/ SB slangbåge
cataract /'kætərækt/ SB 1 katarakt, vattenfall 2 medicin grå starr
catarrh /kə'tɑ:/ SB katarr
catastrophe /kə'tæstrəfɪ/ SB katastrof
catastrophic /ˌkætə'strɒfɪk/ ADJ katastrofal
catcall /'kætkɔ:l/ SB burop, missnöjesvissling
catch¹ /kætʃ/ ⟨**caught** /kɔ:t/, **caught**⟩ VB 1 fånga ~ **a train** hinna med ett tåg 2 ertappa, komma på ⟨~ **sb stealing**⟩ 3 bli smittad av, få ~ **a cold** bli förkyld 4 fastna ⟨my coat [got] caught in the door⟩ 5 uppfatta, höra
★ ~ **sb's attention (eye)** dra till sig ngns uppmärksamhet ~ **one's breath** a) kippa efter andan b) hämta andan ~ **fire** ta eld ~ **sight of** få syn på
□ **catch on** a) slå, bli populär b) fatta [galoppen]
□ **catch out** ertappa
□ **catch up [with]** hinna ifatt
catch² /kætʃ/ SB 1 fångst 2 om boll lyra 3 äv bildl hake **a ~ question** en kuggfråga ⇓
catching /'kætʃɪŋ/ ADJ smittsam, smittande
catchment area SB upptagningsområde
catch word SB slagord, klyscha
catchy /'kætʃɪ/ ADJ klatschig
categorical /ˌkætə'gɒrɪkl/ ADJ kategorisk
category /'kætəgərɪ/ SB kategori
cater /'keɪtə/ VB leverera mat och dryck
□ **cater for** tillgodose, sörja för
catering /'keɪtərɪŋ/ SB leverans av mat och dryck, catering **the ~ industry** restaurangbranschen
caterpillar /'kætəpɪlə/ SB 1 zool larv 2 bandfordon
cathedral /kə'θi:drəl/ SB katedral, domkyrka
Catholic /'kæθlɪk/ 1 ADJ katolsk 2 SB katolik
Catholicism /kə'θɒlɪsɪzəm/ SB katolicism[en]
cattle /'kætl/ SB [nöt]boskap, nötkreatur
catty /'kætɪ/ ADJ elak, bitsk
caught → catch¹
cauliflower /'kɒlɪˌflaʊə/ SB blomkål
cause¹ /kɔ:z/ SB 1 orsak ⟨of till⟩ 2 anledning, skäl 3 sak ⟨fight for a good ~⟩
cause² /kɔ:z/ VB 1 orsaka, vålla 2 få, komma ⟨the pepper ~d her to sneeze⟩
caustic /'kɔ:stɪk/ ADJ 1 brännande, frätande ⟨~ **soda**⟩ 2 sarkastisk ⟨a ~ remark⟩
caution¹ /'kɔ:ʃən/ SB 1 försiktighet 2 varning, tillrättavisning, prickning
caution² /'kɔ:ʃən/ VB varna ⟨against för⟩
cautious /'kɔ:ʃəs/ ADJ försiktig
cavalcade /ˌkævəl'keɪd, US 'kævəlkeɪd/ SB kavalkad
cavalry /'kævəlrɪ/ SB kavalleri
cave¹ /keɪv/ SB grotta
cave² /keɪv/ VB
□ **cave in** a) störta in, rasa b) om person ge efter
cavern /'kævən/ SB grotta
caviar /'kævɪɑ:/, **caviare** SB kaviar
cavity /'kævɪtɪ/ SB hål, hålighet
caw /'kɔ:/ VB kraxa
CD /ˌsi:'di:/ ⟨förk f compact disc⟩ SB CD, CD-skiva
cease /si:s/ VB 1 upphöra 2 upphöra med
cease-fire /'si:sˌfaɪə/ SB eldupphör, vapenvila
ceaseless /'si:sləs/ ADJ oupphörlig
cedar /'si:də/ SB ceder, cederträ
ceiling /'si:lɪŋ/ SB äv bildl tak i rum
celebrate /'seləbreɪt/ VB fira
celebrated /'seləbreɪtɪd/ ADJ berömd, ryktbar
celebration /seləˈbreɪʃn/ SB firande ~**s** festligheter
celebrity /sə'lebrətɪ/ SB 1 person berömdhet, celebritet 2 ryktbarhet, berömmelse

celery /'selərɪ/ SB [blek]selleri
celibacy /'selɪbəsɪ/ SB **1** celibat **2** avhållsamhet *från sex*
celibate /'selɪbət/ **1** ADJ ogift, som lever i celibat **2** SB ogift person, person som lever i celibat
cell /sel/ SB cell
cellar /'selə/ SB källare
cellist /'tʃelɪst/ SB cellist
cello /'tʃeləʊ/ SB cello
Celt /kelt/ SB kelt
Celtic /'keltɪk/ **1** ADJ keltisk **2** SB *språk* keltiska
cement¹ /sə'ment/ SB **1** cement **2** lim, *bildl* kitt
cement² /sə'ment/ VB *äv bildl* cementera
cemetery /'semətrɪ/ SB begravningsplats *ej vid kyrka*
censor¹ /'sensə/ SB censor
censor² /'sensə/ VB censurera
censorship /'sensəʃɪp/ SB censur
censure /'senʃə/ VB klandra, fördöma
census /'sensəs/ SB folkräkning
cent /sent/ ⟨*förk* c⟩ SB cent
centenary /sen'ti:nərɪ, US sen'tenərɪ/ SB hundraårsdag
centennial /sen'tenɪəl/ **1** ADJ hundraårig, hundraårs- **2** SB US hundraårsjubileum
center → centre¹,²
centigrade /'sentɪgreɪd/ ADJ celsius
centimetre /'sentɪˌmi:tə/ (US **centimeter**) SB centimeter
centipede /'sentɪpi:d/ SB tusenfoting
central /'sentrəl/ ADJ central
centralize /'sentrəlaɪz/ VB centralisera
centre¹ /'sentə/ (US **center**) SB centrum, center
centre² /'sentə/ (US ⇑) VB centrera, koncentrera
century /'sentʃərɪ/ ⟨*förk* c.⟩ SB århundrade **the 20th ~** 1900-talet
ceramics /sə'ræmɪks/ SB keramik
cereal /'sɪərɪəl/ SB **1** sädesslag **2 cereal[s]** flingor
ceremony /'serəmənɪ/ SB ceremoni
certain /'sɜ:tn, -tɪn/ ADJ **1** säker **they are ~ to come** de kommer säkert **2** viss ⟨**for ~ reasons**⟩
★ **for ~** säkert **make ~ that** förvissa sig om att
certainly /'sɜ:tnlɪ/ ADV säkerligen, säkert **C~!** Ja visst! **C~ not!** Absolut (Visst) inte!, Inte alls!

certainty /'sɜ:tntɪ/ SB visshet, säkerhet
certificate /sə'tɪfɪkət/ SB **1** intyg, bevis, certifikat **2** betyg
certified /'sɜ:tɪfaɪd/ ADJ auktoriserad, behörig
certify /'sɜ:tɪfaɪ/ VB intyga **this is to ~** härmed intygas
cf. ⟨*förk f* confer, *utläses* **compare**⟩ jfr, jämför
chafe /tʃeɪf/ VB **1** skava **2** bli irriterad ⟨**at** över⟩
chaff /tʃɑ:f, tʃæf/ SB agnar
chaffinch /'tʃæfɪntʃ/ SB bofink
chagrin /'ʃægrɪn, US ʃə'grɪn/ SB förtret
chain¹ /tʃeɪn/ SB kedja **~s** bojor
chain² /tʃeɪn/ VB kedja fast ⟨**to** vid⟩
chainsaw /'tʃeɪnsɔ:/ SB motorsåg
chair¹ /tʃeə/ SB **1** stol **2** professur **3** ordförandeskap **4** ordförande
chair² /tʃeə/ VB **1** vara ordförande vid (i) ⟨**~ a committee**⟩ **2** bära i gullstol
chairman /'tʃeəmən/ SB ordförande
chairperson /'tʃeəˌpɜ:sn/ SB ordförande
chairwoman /'tʃeəˌwʊmən/ SB ordförande *kvinnlig*
chalk¹ /tʃɔ:k/ SB krita
★ **not by a long ~** GB *vard* inte på långa vägar
chalk² /tʃɔ:k/ VB **1** skriva med krita ⟨**~ slogans on a wall**⟩ **2** bestryka med krita, krita
□ **chalk up** *a)* skriva upp *b)* notera ⟨**~ a win**⟩
challenge¹ /'tʃælɪndʒ/ VB **1** utmana **2** ifrågasätta **3** *om vaktpost* anropa
challenge² /'tʃælɪndʒ/ SB **1** utmaning **2** anrop *från vaktpost*
chamber /'tʃeɪmbə/ SB kammare
chambermaid /'tʃeɪmbəmeɪd/ SB hotellstäderska
chameleon /kə'mi:lɪən/ SB kameleont
champagne /ˌʃæm'peɪn/ SB champagne
champion¹ /'tʃæmpɪən/ SB **1** mästare, champion **2** förkämpe ⟨**of** för⟩
champion² /'tʃæmpɪən/ VB kämpa för, förfäkta
championship /'tʃæmpɪənʃɪp/ SB mästerskap
chance¹ /tʃɑ:ns/ SB **1** slump, tillfällighet **by ~** av en slump, händelsevis **2** chans, tillfälle, möjlighet **3** sannolikhet **the ~s are that** det mesta talar för att **4** chans, risk **5** *attribut* tillfällig, oförutsedd

chance² /tʃɑːns/ VB **1** riskera **2** råka
□ **chance on** råka på
chancellor /ˈtʃɑːnsələ/ SB kansler **the C~ of the Exchequer** finansministern *i GB*
chancy /ˈtʃɑːnsɪ/ ADJ chansartad, osäker
chandelier /ˌʃændəˈlɪə/ SB ljuskrona, takkrona
change¹ /tʃeɪndʒ/ VB **1** byta ⟨**for** mot⟩ **~ for dinner** byta om till middagen **~ sides** byta sida **2** ändra [på], skifta **~ gear[s]** *bil* växla **~ one's opinion** ändra uppfattning **3** [för]ändra sig, förändras **4** förvandla ⟨**into** till⟩ **5** växla *pengar* ★ **~ hands** byta ägare **~ one's mind** ändra sig **~ one's tune** lägga om stil
□ **change down** *GB bil* växla ner
□ **change over to** gå över till
□ **change up** *GB bil* lägga i en högre växel
change² /tʃeɪndʒ/ SB **1** ändring, förändring ⟨**a ~ for the better**⟩, **for a ~** som omväxling **2** [om]byte **~ of government** regeringsskifte **~ of life** klimakterium **3** växel[pengar]
changeable /ˈtʃeɪndʒəbl/ ADJ ombytlig, föränderlig, *om väder* ostadig
changeover /ˈtʃeɪndʒˌəʊvə/ SB **1** övergång, omläggning **2** [stafett]växling
channel¹ /ˈtʃænl/ SB **1** *äv tv o bildl* kanal **2** sund **the Channel** Engelska kanalen **3** strömfåra
channel² /ˈtʃænl/ VB kanalisera
chant /tʃɑːnt/ VB ropa i talkör, skandera
chaos /ˈkeɪɒs/ SB kaos
chaotic /keɪˈɒtɪk/ ADJ kaotisk
chap¹ /tʃæp/ SB *GB* kille
chap² /tʃæp/ VB *om hud* spricka, få sprickor
chapel /ˈtʃæpl/ SB kapell, liten kyrka ★ **be ~** vara frikyrklig
chaperon /ˈʃæpərəʊn/ SB *bildl* förkläde
chaplain /ˈtʃæplɪn/ SB kaplan, pastor, präst
chapter /ˈtʃæptə/ SB kapitel
character /ˈkærəktə/ SB **1** karaktär **2** [diktad] person, gestalt **3** figur, typ ⟨**he's a strange ~**⟩ **4** personlighet ⟨**he's quite a ~**⟩ **5** [skriv]tecken ★ **in ~** typisk, stilenlig
characteristic /ˌkærəktəˈrɪstɪk/ **1** ADJ karakteristisk, kännetecknande **2** SB kännetecken
characterize /ˈkærəktəraɪz/ VB karakterisera

charade /ʃəˈrɑːd, *US* ʃəˈreɪd/ SB ordgåta, charad
charcoal /ˈtʃɑːkəʊl/ SB [trä]kol
charge¹ /tʃɑːdʒ/ VB **1** ta betalt, begära *belopp, pris* **2** *handel* debitera **3** rusa fram **4** anfalla **5** anklaga ⟨**with** för⟩ **6** ladda *batteri*
charge² /tʃɑːdʒ/ SB **1** avgift, pris **free of ~** gratis **2** ansvar **be in ~ of** ha ansvaret för **take ~ of** ta hand om **3** anklagelse ⟨**of** för⟩ **4** anfall, attack **5** laddning *av batteri*
charger /ˈtʃɑːdʒə/ SB batteriladdare
charitable /ˈtʃærɪtəbl/ ADJ **1** välvillig, överseende **2 ~ institution** välgörenhetsinrättning
charity /ˈtʃærətɪ/ SB **1** kärlek [till nästan] **2** barmhärtighet **3** välgörenhet **4** välgörenhetsinrättning
charlady /ˈtʃɑːˌleɪdɪ/ SB *GB* städerska
charm¹ /tʃɑːm/ SB **1** charm, tjusning **2** trollformel, förtrollning **3** berlock
charm² /tʃɑːm/ VB charma, charmera, tjusa
charmer /ˈtʃɑːmə/ SB charmör
charming /ˈtʃɑːmɪŋ/ ADJ charmfull, förtjusande
chart /tʃɑːt/ SB **1** diagram, tabell, karta ⟨**weather ~**⟩ **2** sjökort **3 the charts** topplistan
charter¹ /ˈtʃɑːtə/ SB **1** rättighetsdeklaration, privilegiebrev **2** charter ⟨**~ flight, ~ tour**⟩
charter² /ˈtʃɑːtə/ VB **1** bevilja privilegier **~ed accountant** auktoriserad revisor **2** chartra
charwoman /ˈtʃɑːˌwʊmən/ SB *GB* städerska
chase¹ /tʃeɪs/ VB jaga, förfölja
□ **chase after** springa efter
chase² /tʃeɪs/ SB jakt
chasm /ˈkæzəm/ SB klyfta, avgrund
chassis /ˈʃæsɪ, *pl* -ɪz/ ⟨*lika i pl*⟩ SB chassi
chaste /tʃeɪst/ ADJ kysk
chastise /tʃæˈstaɪz/ VB straffa, tukta
chat¹ /tʃæt/ VB prata, snacka
chat² /tʃæt/ SB pratstund, snack
chatter¹ /ˈtʃætə/ VB **1** pladdra, tjattra **2** *om tänder* skallra
chatter² /ˈtʃætə/ SB pladder, tjatter
chatterbox /ˈtʃætəbɒks/ SB pratkvarn
chatty /ˈtʃætɪ/ ADJ pratsam, *äv om text* pratig
chauffeur /ˈʃəʊfə, -ˈfɜː/ SB

[privat]chaufför
chauvinism /'ʃəʊvəˌnɪzəm/ SB
chauvinism, överdriven nationalism
chauvinist /'ʃəʊvənɪst/ **1** SB chauvinist **2** ADJ chauvinistisk
cheap¹ /tʃi:p/ ADJ *äv bildl* billig
cheap² /tʃi:p/ ADV **get sth ~** få (köpa) ngt billigt
cheapen /'tʃi:pən/ VB göra billig[are]
cheat¹ /tʃi:t/ VB **1** lura ⟨**sb out of sth** ngn på ngt⟩ **2** fuska
cheat² /tʃi:t/ SB **1** bedragare, skojare **2** fusk
check¹ /tʃek/ SB **1** kontroll, koll **keep a ~ on** ha koll på **2** hinder, avbrott, broms **act as a ~ on** verka återhållande på **3** rutigt mönster **4** *attribut* rutig **5** schack *ställning i schack* **6** US *äv* check **7** US *äv* restaurangnota
check² /tʃek/ VB **1** kolla, kontrollera ⟨**~ the spelling**⟩ **2** hejda, hålla tillbaka **3** schacka **4** US *äv* lämna in *till förvaring*
☐ **check in** checka in
☐ **check out** *a)* checka ut *b)* kolla, undersöka
☐ **check up on** *spec* US kolla, kontrollera
checked /tʃekt/ ADJ rutig
checkered → chequered
check-in /'tʃekɪn/ SB incheckning
checkmate /'tʃekmeɪt/ SB [schack]matt
checkout /'tʃekaʊt/, **checkout counter** SB [snabbköps]kassa
checkpoint /'tʃekpɔɪnt/ SB kontroll[station]
checkroom /'tʃekru:m/ SB US **1** kapprum, garderob **2** effektförvaring
checkup /'tʃekʌp/ SB [hälso]kontroll, undersökning
cheek /tʃi:k/ SB **1** kind **2** fräckhet
cheeky /'tʃi:kɪ/ ADJ fräck, uppnosig
cheer¹ /tʃɪə/ ⟨↔ **cheers**⟩ SB hejarop, hurrarop
cheer² /tʃɪə/ VB **1** heja [på], hurra [för] **2** pigga upp
☐ **cheer up** *a)* gaska upp sig, bli gladare (glad igen) *b)* pigga (muntra) upp **C~ up!** Var inte ledsen!
cheerful /'tʃɪəfʊl/ ADJ glad, gladlynt, *om t ex rum* ljus och trevlig
cheerio /ˌtʃɪərɪ'əʊ/ INTERJ *GB* Hej då!
cheerleader /'tʃɪəˌli:də/ SB hejaklacksledare
cheerless /'tʃɪələs/ ADJ dyster
cheers /tʃɪəz/ INTERJ **1** Skål! **2** *GB äv* Hej då!
cheery /'tʃɪərɪ/ ADJ glad, munter
cheese /tʃi:z/ SB ost
cheetah /'tʃi:tə/ SB gepard
chef /ʃef/ SB köksmästare, kock
chemical /'kemɪkl/ **1** ADJ kemisk **2** SB kemikalie
chemist /'kemɪst/ SB **1** kemist **2** *GB* apotekare **~'s** apotek
chemistry /'kemɪstrɪ/ SB kemi
cheque /tʃek/ (*US* **check**) SB check
chequebook /'tʃekbʊk/ (*US* **checkbook**) SB checkhäfte
chequered /'tʃekəd/ (*US* **checkered**) ADJ **1** rutig **2** växlande, skiftande
cherish /'tʃerɪʃ/ VB **1** hysa ⟨**~ hopes**⟩ **2** vårda [sig om], hålla kär
cherry /'tʃerɪ/ SB **1** körsbär **2** körsbärsträd
chess /tʃes/ SB schack
chessboard /'tʃesbɔ:d/ SB schackbräde
chessman /'tʃesmæn/ SB schackpjäs
chest /tʃest/ SB **1** kista, låda **2** bröst[korg] ★ **get sth off one's ~** lätta sitt hjärta ⇓
chestnut /'tʃesnʌt/ **1** SB kastanj **2** SB kastanje[träd] **3** ADJ kastanjebrun
chest of drawers /ˌtʃestəv'drɔ:z/ SB byrå
chew /tʃu:/ VB tugga
☐ **chew on (over)** *vard* tänka över, fundera på
chewing gum SB tuggummi
chic /ʃi:k/ **1** ADJ chic, elegant **2** SB elegans
chick /tʃɪk/ SB **1** [nykläckt] kyckling **2** fågelunge **3** brud, tjej
chicken /'tʃɪkɪn/ **1** SB höna, *spec som rätt* kyckling **2** SB fegis **3** ADJ *vard* feg
chickenpox /'tʃɪkɪnpɒks/ SB vattkoppor
chief /tʃi:f/ **1** ADJ huvud-, chef[s]-, över- **2** SB ledare, chef **3** SB [stam]hövding
Chief Constable SB *GB* polismästare
chiefly /'tʃi:flɪ/ ADV först och främst, huvudsakligen
chieftain /'tʃi:ftən/ SB hövding
child /tʃaɪld/ ⟨*pl* **children** /'tʃɪldrən/⟩ SB barn ⇓
child benefit SB *GB* barnbidrag
childbirth /'tʃaɪldbɜ:θ/ SB förlossning
child care SB **1** barntillsyn **2** barnavård
childhood /'tʃaɪldhʊd/ SB barndom
childish /'tʃaɪldɪʃ/ ADJ *ofta neds* barnslig
child minder SB *spec GB* dagmamma
childproof /'tʃaɪldpru:f/ ADJ barnsäker

children → child
chill¹ /tʃɪl/ VB kyla [ner] **be ~ed to the bone** frysa ända in i märgen
chill² /tʃɪl/ **1** SB kyla, köld **2** SB frossbrytning **3** ADJ kylig
chilly /'tʃɪlɪ/ ADJ *äv bildl* kylig
chime¹ /tʃaɪm/ SB klockspel, [klock]ringning
chime² /tʃaɪm/ VB *om kyrkklockor* ringa, *om klocka* slå
□ **chime in** *a)* stämma in *b)* inflicka
~ with passa ihop med, harmoniera med
chimney /'tʃɪmnɪ/ SB skorsten
chimney sweep SB sotare
chimpanzee /ˌtʃɪmpæn'ziː/ SB schimpans
chin /tʃɪn/ SB haka
china /'tʃaɪnə/ SB porslin
China /'tʃaɪnə/ SB Kina
Chinese /tʃaɪ'niːz/ **1** ADJ kinesisk **2** SB ⟨*lika i pl*⟩ kines **3** SB kinesiska [språket]
chink¹ /tʃɪŋk/ SB springa
chink² /tʃɪŋk/ SB klirr, skrammel
chink³ /tʃɪŋk/ VB klirra, skramla [med]
chip¹ /tʃɪp/ SB **1** skärva, flisa, spån **2** hack **3** [spel]mark, jetong **4** *data* chip[s] **5 chips** *a)* GB pommes frites *b)* US chips
★ **be a ~ off the old block** vara sin far upp i dagen **have a ~ on one's shoulder** *vard* vara snarstucken *pga mindervärdeskänsla*, vända taggarna utåt **when the ~s are down** när det verkligen gäller
chip² /tʃɪp/ VB **1** gå sönder, bli kantstött **2** ha sönder, göra kantstött
□ **chip in** *a)* inflika *b)* ge ett [penning]bidrag
chirp /tʃɜːp/ VB kvittra, sjunga, spela
chisel /'tʃɪzl/ SB mejsel, stämjärn
chivalrous /'ʃɪvlrəs/ ADJ ridderlig
chivalry /'ʃɪvlrɪ/ SB ridderlighet
chives /tʃaɪvz/ SB gräslök
chlorine /'klɔːriːn/ SB klor
chocolate /'tʃɒklət/ **1** SB choklad **2** SB **~ [cream]** chokladpralin **3** ADJ chokladbrun
choice /tʃɔɪs/ **1** SB val, valmöjlighet **2** SB urval, sortiment **3** ADJ utsökt, förstklassig
choir /'kwaɪə/ SB **1** kör **2** kor
choke¹ /tʃəʊk/ VB **1** kvävas **2** kväva, täppa till **3** choka
choke² /tʃəʊk/ SB *bil* choke
cholera /'kɒlərə/ SB kolera
cholesterol /kə'lestərɒl/ SB kolesterol

choose /tʃuːz/ ⟨**chose** /tʃəʊz/, **chosen** /'tʃəʊzn/⟩ VB **1** välja **2** vilja, finna för gott ⟨**do as you ~**⟩
chop¹ /tʃɒp/ VB **1** hugga **2** hacka **3** skära *boll*
chop² /tʃɒp/ SB **1** hugg, slag **2** kotlett
chopper /'tʃɒpə/ SB **1** köttyxa **2** *vard* motorcykel *med högt styre* **3** *vard* helikopter
choppy /'tʃɒpɪ/ ADJ *om sjö* gropig
chopsticks /'tʃɒpstɪks/ SB pinnar *att äta med*
chord /kɔːd/ SB **1** *musik* ackord **2** *geometri* korda
chore /tʃɔː/ SB **1** [rutin]syssla **2** tråkigt jobb
choreographer /ˌkɒrɪ'ɒgrəfə/ SB koreograf
chorus /'kɔːrəs/ SB **1** kör **2** refräng
chorus girl SB balettflicka
chorus line SB *teat* kör, sång- och dansgrupp
chose, chosen → choose
Christ /kraɪst/ SB Kristus **Christ!** Herre Gud!
christen /'krɪsn/ VB **1** döpa [till] **2** *vard* inviga
Christendom /'krɪsndəm/ SB kristenheten
christening /'krɪsnɪŋ/ SB dop
Christian /'krɪstʃn/ **1** SB kristen **2** ADJ kristen
Christianity /ˌkrɪstɪ'ænətɪ, US ˌkrɪstʃɪ-/ SB kristendom[en]
Christian name SB förnamn
Christmas /'krɪsməs/ SB jul[en]
Christmas Eve /ˌkrɪsməs 'iːv/ SB julafton[en]
Christmas pudding /ˌkrɪsməs 'pʊdɪŋ/ SB plumpudding
Christmas tree SB julgran
chrome /krəʊm/ SB krom
chromosome /'krəʊməsəʊm/ SB kromosom
chronic /'krɒnɪk/ ADJ **1** kronisk **2** GB *vard* förskräcklig
chronicle /'krɒnɪkl/ SB krönika
chronological /ˌkrɒnə'lɒdʒɪkl/ ADJ kronologisk
chubby /'tʃʌbɪ/ ADJ knubbig
chuck /tʃʌk/ VB GB *vard* **1** kasta [bort] **2** spola
chuckle¹ /'tʃʌkl/ VB skrocka

chuckle² /'tʃʌkl/ SB skrockande
chum /tʃʌm/ SB kompis
chunk /tʃʌŋk/ SB stort (tjockt) stycke
church /tʃɜːtʃ/ SB kyrka **go to ~** gå i kyrkan
churchyard /'tʃɜːtʃjɑːd/ SB kyrkogård
churlish /'tʃɜːlɪʃ/ ADJ ohyfsad, drumlig
churn¹ /tʃɜːn/ SB smörkärna
churn² /tʃɜːn/ VB **1** kärna **2 ~ [up]** röra upp
 □ **churn out** spotta fram, producera
chute /ʃuːt/ SB **1** rutschkana **2** [fall]ränna **3 [rubbish] ~** sopnedkast **4** *vard* fallskärm
the CIA /ˌsiːaɪˈeɪ/ ⟨*förk f* the Central Intelligence Agency⟩ SB CIA *den federala underrättelsetjänsten i USA*
the CID /ˌsiːaɪˈdiː/ ⟨*förk f* the Criminal Investigation Department⟩ SB *den brittiska kriminalpolisen*
cider /'saɪdə/ SB cider
cigar /sɪˈɡɑː/ SB cigarr
cigarette /ˌsɪɡəˈret, ˈsɪɡəret/ SB cigarett **~ end** fimp
cinder /'sɪndə/ SB **1** slagg **2 cinders** aska
Cinderella /ˌsɪndəˈrelə/ SB Askungen
cine camera /'sɪnɪˌkæmərə/ SB *GB* filmkamera
cinema /'sɪnəmə, -ɪmɑː/ SB **1** *GB* bio[graf] **2 the cinema** filmen, filmindustrin
cinnamon /'sɪnəmən/ SB kanel
cipher /'saɪfə/ SB **1** chiffer **2** *äv person* nolla
circa /'sɜːkə/ ⟨*förk* **c.**⟩ PREP omkring *före årtal*
circle¹ /'sɜːkl/ SB **1** cirkel **2** krets ⟨**a ~ of friends**⟩
circle² /'sɜːkl/ VB **1** cirkla, röra sig (kretsa) runt **2** ringa in, göra en ring runt
circuit /'sɜːkɪt/ SB **1** rundtur, runda, varv **2** *GB* bana **3** serie av tävlingar **4** *eltekn* [ström]krets **short ~** kortslutning
circular /'sɜːkjʊlə/ **1** ADJ cirkelformad, rund- **~ letter** cirkulär **~ road** ringväg **~ tour** rundresa **2** SB cirkulär
circulate /'sɜːkjʊleɪt/ VB **1** cirkulera, gå runt **2** sätta i omlopp
circulation /ˌsɜːkjʊˈleɪʃn/ SB **1** cirkulation, omlopp **2** upplaga *av tidning*
circumcision /ˌsɜːkəmˈsɪʒn/ SB omskärelse
circumference /sɜːˈkʌmfərəns/ SB omkrets

circumstance /'sɜːkəmstəns, *US* -stæns/ SB omständighet, förhållande **in (under) the ~s** under dessa omständigheter
circus /'sɜːkəs/ SB **1** cirkus **2** *GB* runt torg, rund plan *i namn* ⟨**Piccadilly Circus**⟩
cissy → sissy
cistern /'sɪstən/ SB cistern, behållare
cite /saɪt/ VB åberopa, anföra, citera
citizen /'sɪtɪzn/ SB **1** medborgare **2** invånare *i stad*
citizenship /'sɪtɪznʃɪp/ SB medborgarskap
city /'sɪtɪ/ SB stad **~ centre** city, stadskärna, centrum **~ hall** stadshus, rådhus **inner ~** innerstad
civics /'sɪvɪks/ *utb* samhällskunskap
civil /'sɪvl, -ɪl/ ADJ **1** medborgerlig, medborgar- **~ rights** medborgerliga rättigheter **2** civil[-] ⟨**~ defence**⟩ **3** hövlig ⫽
civil engineering SB ≈ väg- och vattenbyggnad
civilian /səˈvɪlɪən/ **1** SB civil[person] **2** ADJ civil
civilize /'sɪvəlaɪz/ VB civilisera
civil servant SB statstjänsteman
civil service SB statstjänst, statsförvaltning
civil war SB inbördeskrig
claim¹ /kleɪm/ VB **1** kräva, göra anspråk på **2** påstå, hävda
claim² /kleɪm/ SB **1** anspråk, krav, yrkande **lay ~ to** göra anspråk på **2** påstående **3** skadeanmälan
claimant /'kleɪmənt/ SB sökande *av bidrag etc*, klient
clam /klæm/ SB mussla
clammy /'klæmɪ/ ADJ klibbig, fuktig
clamour /'klæmə/ (*US* **clamor**) VB **1** skrika [ut] **2** högljutt kräva
 □ **clamour for** ropa efter
clamp /klæmp/ VB
 □ **clamp down on** klämma åt, ta i med hårdhandskarna mot
clan /klæn/ SB **1** klan, familj **2** krets, gäng
clandestine /klænˈdestɪn, ˈklændestaɪn/ ADJ hemlig
clang /klæŋ/ VB klämta, skrälla
clanger /'klæŋə/ SB **drop a ~** trampa i klaveret
clap¹ /klæp/ VB klappa, applådera
 ★ **~ eyes on** *vard* få syn på **~ sb in jail** bura in ngn
clap² /klæp/ SB **1** applåd **2** dunk, klapp

3 [åsk]knall, skräll
claptrap /'klæptræp/ SB klyschor, tomt prat
claret /'klærət/ SB rött bordeauxvin
clarify /'klærəfaɪ/ VB klargöra, förtydliga
clarinet /ˌklærə'net/ SB klarinett
clarity /'klærətɪ/ SB klarhet
clash¹ /klæʃ/ VB **1** drabba samman **2** krocka, kollidera **3** vara djupt oense **4** skära sig, passa illa ihop ⟨**these colours ~**⟩ **5** skrälla, skramla [med]
clash² /klæʃ/ SB **1** sammandrabbning, konflikt **2** kollision **3** oenighet **4** skräll, skrammel
clasp¹ /klɑːsp/ SB **1** spänne **2** fast grepp
clasp² /klɑːsp/ VB **1** häkta ihop, låsa ~ **one's hands** knäppa händerna **2** hålla hårt om, krama
clasp knife SB fällkniv
class¹ /klɑːs/ SB **1** klass **2** lektion
class² /klɑːs/ VB klassa
class-conscious /ˌklɑːs'kɒnʃəs/ ADJ klassmedveten
classic /'klæsɪk/ **1** ADJ klassisk **2** SB klassiker
classical /'klæsɪkl/ ADJ klassisk ⟨**~ music, ~ Latin**⟩
classified /'klæsɪfaɪd/ ADJ hemligstämplad
classify /'klæsɪfaɪ/ VB klassificera
classy /'klɑːsɪ/ ADJ tjusig, elegant
clatter /'klætə/ VB slamra [med], skramla [med]
clause /klɔːz/ SB **1** språk sats **2** klausul, paragraf
claw¹ /klɔː/ SB *zool* klo
claw² /klɔː/ VB klösa
clay /kleɪ/ SB lera
clean¹ /kliːn/ ADJ **1** ren, renlig ~ **copy** renskrift **2** ny, oanvänd ⟨**a ~ piece of paper**⟩ **3** oförvitlig, oskyldig, just ⟨**a ~ fight**⟩, **a ~ record** ett fläckfritt förflutet **4** slät, jämn ⟨**~ edges**⟩
★ **come ~** *vard* bekänna **make a ~ break with** bryta fullständigt med **make a ~ breast** lätta sitt hjärta **make a ~ sweep** göra rent hus, sopa rent
clean² /kliːn/ VB rengöra, städa, putsa, tvätta, borsta, *kok* rensa, ta ur
□ **clean out** *a)* städa [i] *b)* länsa, renraka *på pengar*
□ **clean up** *a)* städa upp [i] *b) bildl* rensa upp [i]

cleaner /'kliːnə/ SB **1** städare **2** rengöringsmedel **3 cleaner's** kemtvätt
cleanly /'klenlɪ/ ADJ renlig
cleanse /klenz/ VB **1** rengöra **2** *bildl* rena ⟨**of från**⟩
clean-shaven /ˌkliːn'ʃeɪvn/ ADJ slätrakad
clean-up /'kliːnʌp/ SB **1** grundlig rengöring **2** *bildl* upprensning **3** *spec US vard* vinst, profit
clear¹ /klɪə/ ADJ **1** klar, tydlig, genomskinlig **make oneself ~** uttrycka sig klart **2** fri ⟨**of** från⟩ **3** ren ~ **profit** nettovinst **4** hel ⟨**six ~ days**⟩
★ **All ~**! Faran över! [as] ~ **as day** solklar **be ~ about** förstå **Is that ~?** Har ni förstått? **get sth ~** bli på det klara med ngt
clear² /klɪə/ ADV **1** klart **loud and ~** högt och tydligt **2 keep (stay) ~ of** hålla sig ifrån, undvika
clear³ /klɪə/ VB **1** klarna, bli klar **2** rensa, röja, tömma ~ **the table** duka av **3** klara [av] **4** klarera ~ **through the customs** förtulla **5** ge klartecken för, godkänna ⟨**~ a cheque**⟩ **6** fria från skuld, rentvå
★ ~ **the air** rensa luften ~ **one's throat** harkla sig ~ **the way** bana väg
□ **clear away** röja undan, duka av
□ **clear off** *a)* sticka [i väg] *b)* betala
□ **clear out** *a)* röja upp i, tömma *b)* kasta bort *c)* sticka, ge sig av
clearance /'klɪərəns/ SB **1** [upp]röjning, sanering **2** tillstånd, klartecken **3** *trafik* fri höjd **4** tullklarering **5** ~ **[sale]** utförsäljning
clear-cut /ˌklɪə'kʌt/ ADJ klar, entydig
clearing /'klɪərɪŋ/ SB **1** glänta **2** hygge
cleave /kliːv/ ⟨**cleaved, cleaved** *el* **cleft** /kleft/, **cleft** *el* **clove** /kləʊv/, **cloven** /'kləʊvn/⟩ VB klyva **cloven hoofs** klövar
clemency /'klemənsɪ/ SB mildhet
clench /klentʃ/ VB bita ihop [om], krama [hårt] ~ **one's fist** knyta näven
clergy /'klɜːdʒɪ/ SB prästerskap, präster
clergyman /'klɜːdʒɪmən/ SB präst
clerical /'klerɪkl/ ADJ **1** prästerlig **2** kontors-, skriv-
clerk /klɑːk, *US* klɜːrk/ SB **1** kontorist, sekreterare, kanslist **2** *jur* notarie **3** *US äv* expedit, receptionist
clever /'klevə/ ADJ **1** intelligent, fyndig **2** skicklig, duktig ⟨**at, in** i, på⟩
click¹ /klɪk/ SB knäpp[ning], smack[ning]

click² /klɪk/ VB **1** knäppa [till] ~ one's heels slå ihop klackarna ~ one's tongue smacka [med tungan] **2** *GB vard* stämma, passa [ihop], klaffa
client /'klaɪənt/ SB klient, kund
cliff /klɪf/ SB [brant] klippa, stup
cliffhanger /'klɪf‿hæŋə/ SB rysare
climate /'klaɪmət/ SB klimat
climax /'klaɪmæks/ SB klimax, kulmen, höjdpunkt
climb¹ /klaɪm/ VB **1** klättra (gå) [uppför] ⟨~ the stairs⟩, klättra upp på (i), bestiga go ~ing ägna sig åt bergsklättring **2** stiga
☐ **climb down** *a)* klättra (kliva) nerför *b)* klättra ner [från] *c)* ge vika (efter), backa
climb² /klaɪm/ SB **1** klättring, [bergs]bestigning **2** stigning
climbdown /'klaɪmdaʊn/ SB *bildl* reträtt
climber /'klaɪmə/ SB **1** klättrare, alpinist **2** klätterväxt **3 [social]** ~ streber
clinch /klɪntʃ/ VB avgöra, avsluta
cling /klɪŋ/ ⟨**clung** /klʌŋ/, **clung**⟩ VB **1** hålla (klänga sig) fast ⟨**[on] to** vid⟩ **2** sitta fast **3** *om kläder* smita åt
☐ **cling together** hålla ihop
cling film /'klɪŋfɪlm/ SB [tunn] plastfolie, gladpack
clinic /'klɪnɪk/ SB klinik
clink¹ /klɪŋk/ VB klirra [med] ~ glasses skåla
clink² /klɪŋk/ SB **1** klirr[ande] **2** *vard* fängelse, kåk
clip¹ /klɪp/ SB klämma, spänne **[paper]**~ gem
clip² /klɪp/ SB **1** klipp *t ex ur film* **2** slag, örfil
clip³ /klɪp/ VB **1** klippa [av] **2** klippa (slå) till
clipping /'klɪpɪŋ/ SB urklipp
clique /kliːk/ SB klick, kotteri
cloak¹ /kləʊk/ SB slängkappa, mantel
★ **under the ~ of** i skydd av
cloak² /kləʊk/ VB svepa in, *bildl* dölja, hemlighålla
cloakroom /'kləʊkruːm/ SB **1** kapprum, garderob **2** *GB* toalett
clock¹ /klɒk/ SB **1** klocka **2** *vard* vägmätare, taxameter
★ **around (round) the ~** dygnet runt **put (turn) the ~ back** vrida utvecklingen tillbaka
clock² /klɒk/ VB **1** ta tid på **2** klockas för

☐ **clock in** stämpla in
☐ **clock off (out)** stämpla ut
clockwise /'klɒkwaɪz/ ADV medsols, medurs
clockwork /'klɒkwɜːk/ SB **1** urverk **2** *attribut* mekanisk, uppdragbar ⟨**a ~ toy**⟩
★ **like ~** som smort
clog¹ /klɒg/ SB träsko
clog² /klɒg/, **clog up** VB **1** täppa till **2** täppas till
clone /kləʊn/ SB **1** *genetik* klon **2** *vard* kopia
close¹ /kləʊz/ VB **1** stänga[s], sluta[s] till ~ one's eyes sluta ögonen **2** avsluta ⟨~ **a bank account**⟩, ~ **a deal with** träffa en överenskommelse med
☐ **close down** *a)* lägga[s] ner *b)* om TV sluta sända
☐ **close in on** närma sig
☐ **close up** stänga till, bomma igen
close² /kləʊz/ SB slut ⟨**at the ~ of the day**⟩, avslutning
close³ /kləʊs/ ADJ **1** nära ⟨~ **friends**⟩, **be ~** stå varandra nära **2** grundlig, noggrann ⟨**a ~ inspection**⟩ **3** instängd, kvav **4** jämn ⟨**a ~ game**⟩
★ **at ~ quarters** på nära håll **be a ~ shave (call, thing)** vara nära ögat **be ~ on** närma sig ⟨**she's ~ on sixty**⟩
close⁴ /kləʊs/ ADV nära, tätt ⟨~ **behind**, ~ **together**⟩
★ ~ **by** alldeles intill
closed-circuit /ˌkləʊzd'sɜːkɪt/ ADJ ~ **television** intern-TV
close-down /'kləʊsdaʊn/ SB **1** nedläggning **2** slut *på TV-sändning*
close-knit /ˌkləʊs'nɪt/ ADJ samman|hållen, -svetsad
closely /'kləʊslɪ/ ADV **1** nära ⟨~ **related**⟩ **2** tätt ⟨~ **packed**⟩ **3** grundligt, noga ⟨**study ~**⟩
closet /'klɒzɪt/ SB **1** *US* skåp, garderob **2** klosett
close-up /'kləʊsʌp/ SB närbild
closure /'kləʊʒə/ SB **1** nedläggning **2** [av]stängning
clot¹ /klɒt/ SB **1** klump **blood ~** levrat blod **2** *GB skämts* dumbom, tokskalle
clot² /klɒt/ VB klimpa (klumpa) sig, levra sig
cloth /klɒθ/ SB **1** tyg **2** trasa **3** duk
clothes /kləʊðz, kləʊz/ SB kläder ~ **line** klädstreck

clothing /'kləʊðɪŋ/ SB kläder **the ~ industry** beklädnadsindustrin
cloud¹ /klaʊd/ SB **1** moln **2** svärm
★ **be under a ~** vara i onåd **every ~ has a silver lining** ≈ inget ont som inte har något gott med sig **on ~ nine** i sjunde himlen
cloud² /klaʊd/ VB **1** grumla **2** fördystra
★ **~ the issue** röra till begreppen
☐ **cloud over** mulna
☐ **cloud up** imma [igen]
cloudberry /'klaʊdbərɪ/ SB hjortron
cloudburst /'klaʊdbɜ:st/ SB skyfall
cloudy /'klaʊdɪ/ ADJ **1** molnig **2** oklar, dunkel
clout /klaʊt/ SB **1** slag, örfil **2** inflytande
clove¹ → cleave
clove² /kləʊv/ SB **1** kryddnejlika **2 ~ of garlic** vitlöksklyfta
cloven → cleave
clover /'kləʊvə/ SB klöver
★ **in ~** vard förmögen, på grön kvist
clown¹ /klaʊn/ SB clown, pajas
clown² /klaʊn/, **clown about (around)** VB spela pajas
club¹ /klʌb/ SB **1** klubb **2** [golf]klubba **3** påk **4** klöver[kort] **5 clubs** kortspel klöver
club² /klʌb/ VB klubba till (ner)
☐ **club together** samla ihop pengar
cluck /klʌk/ VB skrocka
clue /klu:/ SB ledtråd, spår, korsordsfråga
★ **I haven't [got] a ~** det har jag ingen aning om
clump /klʌmp/ SB **1** grupp, klunga, [träd]dunge **2** [jord]klump
clumsy /'klʌmzɪ/ ADJ klumpig
clung → cling
cluster¹ /'klʌstə/ SB klunga, grupp, tät samling
cluster² /'klʌstə/ VB bilda klunga, stå tätt ihop
clutch¹ /klʌtʃ/ VB hålla hårt [i], gripa [tag i], trycka
☐ **clutch at** gripa efter **~ straws** gripa efter ett halmstrå
clutch² /klʌtʃ/ SB **1** grepp **in sb's ~es** i ngns klor (våld) **2** bil koppling **let (put) in the ~** trampa ur
clutter¹ /'klʌtə/, **clutter up** VB stöka (ställa) till [i]
clutter² /'klʌtə/ SB oreda, oordning

Co. ⟨förk f Company, County⟩ **1 John Black & ~** John Black och kompani **2 ~ Durham** grevskapet Durham
c/o /'keərɒv/ ⟨förk f care of⟩ c/o
coach¹ /kəʊtʃ/ SB **1** [landsvägs]buss, turistbuss **2** järnvägsvagn **3** vagn, hist diligens **4** sport tränare, utb privatlärare
coach² /kəʊtʃ/ VB sport träna, utb ge [privat]lektioner
coal /kəʊl/ SB kol
coalition /ˌkəʊə'lɪʃn/ SB koalition
coalmine /'kəʊlmaɪn/ SB kolgruva
coalmining /'kəʊlmaɪnɪŋ/ SB kolbrytning
coarse /kɔ:s/ ADJ **1** grov **2** grovkornig, plump
coast¹ /kəʊst/ SB kust
coast² /kəʊst/ VB rulla (glida) fram på frihjul
coastal /'kəʊstəl/ ADJ kust-
coaster /'kəʊstə/ SB **1** kustfartyg **2** underlägg
coastguard /'kəʊstgɑ:d/ SB **1** kustbevakning **2** kustbevakningsman
coat¹ /kəʊt/ SB **1** rock, kappa **2** päls på djur, fjäderskrud **3** [yttre] skikt, lager ⇓
coat² /kəʊt/ VB täcka, bestryka
coat hanger SB [kläd]galge
coating /'kəʊtɪŋ/ SB skikt, lager, hinna
coat of arms SB vapensköld
coax /kəʊks/ VB **1** övertala genom t ex smicker **2** lirka
cob /kɒb/ ⟨↔ corn¹⟩ SB **1** brödkaka **2** US majskolv
cobbled /'kɒbld/ ADJ kullerstensbelagd
cobblestone /'kɒblstəʊn/, **cobble** SB kullersten
cobra /'kəʊbrə/ SB kobra, glasögonorm
cobweb /'kɒbweb/ SB spindelnät
cocaine /kəʊ'keɪn/ SB kokain
cock¹ /kɒk/ SB **1** tupp, han[n]e om fågel **2** hane på gevär **3** kran, tapp **4** kuk
cock² /kɒk/ VB **1** sätta (ställa) rätt upp **~ one's ears** spetsa öronen **2** sätta på sned ⟨**~ one's hat**⟩ **3** osäkra
★ **~ one's eye at** plira mot **~ a snook at** räcka lång näsa åt
☐ **cock up** GB klanta till, sabba
cockeyed /'kɒkaɪd/ ADJ **1** vindögd **2** sned **3** absurd, idiotisk
cockle /'kɒkl/ SB hjärtmussla
cockney /'kɒknɪ/, **Cockney** SB cockney infödd londonbo, londondialekt
cockpit /'kɒkpɪt/ SB **1** förarkabin, cockpit

2 sittbrunn
cockroach /ˈkɒkrəʊtʃ/ sb kackerlacka
cocksure /ˌkɒkˈʃɔː/ adj tvärsäker, självsäker
cocktail /ˈkɒkteɪl/ sb cocktail
cocky /ˈkɒkɪ/ adj mallig, kaxig
cocoa /ˈkəʊkəʊ/ sb 1 kakao 2 [drick]choklad
coconut /ˈkəʊkənʌt/ sb kokosnöt
cocoon /kəˈkuːn/ sb kokong
cod /kɒd/ sb torsk
COD /ˌsiːəʊˈdiː/ ⟨*förk f* cash on delivery, US collect on delivery⟩ [mot] postförskott
coddle /ˈkɒdl/ vb 1 klema bort, dalta med 2 koka sakta, sjuda ⟨~ eggs⟩
code¹ /kəʊd/ sb 1 kod 2 kodex 3 [dialling] ~ riktnummer
code² /kəʊd/ vb koda
coeducation /ˌkəʊedjʊˈkeɪʃn/ sb samundervisning
coerce /kəʊˈɜːs/ vb *frml* tvinga ⟨into till⟩
coercion /kəʊˈɜːʃn/ sb tvång
coexistence /ˌkəʊɪɡˈzɪstəns/ sb samexistens
coffee /ˈkɒfɪ/ sb kaffe
coffee table sb soffbord
coffin /ˈkɒfɪn/ sb likkista
cog /kɒɡ/ sb kugge
cohabit /kəʊˈhæbɪt/ vb sam[man]bo, sammanleva
coherent /kəʊˈhɪərənt/ adj sammanhängande, följdriktig, konsekvent
cohesion /kəʊˈhiːʒn/ sb sammanhang
cohesive /kəʊˈhiːsɪv/ adj sammanhängande
coil¹ /kɔɪl/ vb 1 ringla (rulla) ihop, linda 2 ringla [ihop] sig
coil² /kɔɪl/ sb 1 rulle, ögla 2 slinga 3 *eltekn* spole 4 spiral *preventivmedel*
coin¹ /kɔɪn/ sb mynt
coin² /kɔɪn/ vb mynta, prägla, hitta på
★ **to ~ a phrase** för att använda en klyscha
coincide /ˌkəʊɪnˈsaɪd/ vb 1 sammanfalla 2 stämma överens
coincidence /kəʊˈɪnsɪdəns/ sb sammanträffande
coke¹ /kəʊk/ sb koks
coke² /kəʊk/ sb *vard* 1 kokain 2 cocacola
colander /ˈkʌləndə/, **cullender** sb durkslag
cold /kəʊld/ 1 adj kall **be ~** frysa 2 sb köld, kyla 3 sb förkylning **catch [a] ~** bli förkyld **I've got a ~** jag är förkyld
★ **get ~ feet** *vard* bli ängslig, ångra sig **give sb the ~ shoulder** behandla ngn kyligt **in ~ blood** med berått mod, kallblodigt
cold cuts /ˈkəʊldkʌts/ sb kallskuret
coleslaw /ˈkəʊlslɔː/ sb vitkålssallad
colic /ˈkɒlɪk/ sb kolik
collaborate /kəˈlæbəreɪt/ vb 1 samarbeta 2 samarbeta med fiende, kollaborera
collaboration /kəˌlæbəˈreɪʃn/ sb samarbete
collaborator /kəˈlæbəreɪtə/ sb 1 medarbetare 2 kollaboratör, samarbetsman
collapse¹ /kəˈlæps/ vb 1 kollapsa, ge vika, *om projekt etc* spricka 2 *om priser etc* rasa 3 [kunna] fällas ihop
collapse² /kəˈlæps/ sb 1 kollaps, ras 2 misslyckande, krasch
collapsible /kəˈlæpsəbl/ adj hopfällbar
collar /ˈkɒlə/ sb 1 krage 2 halsband *för djur*
collarbone /ˈkɒləbəʊn/ sb nyckelben
collate /kəˈleɪt/ vb kollationera
colleague /ˈkɒliːɡ/ sb kollega
collect /kəˈlekt/ vb 1 samla [in], samla ihop 2 inkassera, indriva 3 **~ oneself** samla sig, hämta sig 4 samlas, hopa sig 5 [av]hämta
collect call sb US *tele* Ba-samtal *betalas av mottagaren*
collection /kəˈlekʃn/ sb 1 samling 2 samlande 3 tömning *av brevlåda*, hämtning *av sopor* 4 uppbörd *av skatt* 5 kollekt
collective /kəˈlektɪv/ 1 adj kollektiv[-] 2 sb kollektiv
collector /kəˈlektə/ sb samlare
college /ˈkɒlɪdʒ/ sb 1 [högre] skola, fackskola, institut 2 US *vanl* universitet 3 GB [universitets]college
collide /kəˈlaɪd/ vb 1 kollidera 2 stå i strid med varandra 3 drabba samman
collier /ˈkɒlɪə/ sb GB kolgruvearbetare
collision /kəˈlɪʒn/ sb kollision
colloquial /kəˈləʊkwɪəl/ adj talspråklig, vardaglig
Cologne /kəˈləʊn/ sb Köln
colon /ˈkəʊlən/ sb 1 *språk* kolon 2 grovtarm
colonel /ˈkɜːnl/ sb överste
colonial /kəˈləʊnɪəl/ adj kolonial[-]
colonist /ˈkɒlənɪst/ sb kolonisatör, nybyggare
colonize /ˈkɒlənaɪz/ vb kolonisera

colony /'kɒlənɪ/ SB koloni
color → colour[1,2]
colossal /kə'lɒsl/ SB kolossal
colour[1] /'kʌlə/ (US **color**) SB **1** färg **2** hudfärg ~ **bar** GB rasbarriär ~ **prejudice** rasfördomar **3 colours** flagga, fana
★ **be off** ~ spec GB vara ur form
colour[2] /'kʌlə/ (US ⇑) VB **1** färga **2** färgas, rodna
colour-blind /'kʌləblaɪnd/ (US ⇑) ADJ färgblind
colourful /'kʌləfʊl/ (US ⇑) ADJ färgrik, färgstark
colouring /'kʌlərɪŋ/ (US ⇑) SB **1** färgläggning **2** [ansikts]färg **3** färgämne
column /'kɒləm/ SB **1** kolonn **2** spalt, kolumn
columnist /'kɒləmnɪst/ SB krönikör, kolumnist
comb[1] /kəʊm/ SB kam
comb[2] /kəʊm/ VB **1** kamma **2** bildl finkamma
combat[1] /'kɒmbæt/ SB strid **close** ~ närstrid
combat[2] /'kɒmbæt, US kəm'bæt/ VB kämpa (strida) [mot], bildl äv bekämpa ⟨~ **inflation**⟩
combatant /'kɒmbətənt/ SB stridande
combination /ˌkɒmbɪ'neɪʃn/ SB kombination
combine[1] /kəm'baɪn/ VB **1** kombinera, förena **2** förena sig, samverka
combine[2] /'kɒmbaɪn/ SB **1** sammanslutning, syndikat **2** skördetröska
combustible /kəm'bʌstəbl/ ADJ brännbar, lättantändlig, äv bildl eldfängd
combustion /kəm'bʌstʃən/ SB förbränning
come /kʌm/ ⟨**came** /keɪm/, **come**⟩ VB **1** komma, anlända **2** nå [upp till] ⟨**the water came to his neck**⟩ **3** uttryckande förändring ~ **loose** lossna ~ **right** ordna till sig ~ **to like** börja tycka om ~ **true** förverkligas, besannas **4** vard få orgasm
★ **C~ again!** vard Va? **C~ now!**, **C~, ~!** a) Se så!, Ta det lugnt nu! b) Nej, försök inte!
~ **to pass** hända [sig] ~ **to think of it** vid närmare eftertanke ~ **what may** vad som än må hända **Coming!** Jag kommer! **have** ~ **a long way** ha utvecklats mycket **have it coming to one** få skylla sig själv **How ~?** Hur kommer det sig? **in months to** ~ under kommande månader

☐ **come about** hända, gå till
☐ **come across** a) råka på b) om budskap gå fram c) framstå
☐ **come along** a) komma med b) komma fram, dyka upp **C~ along!** Kom nu!, Skynda på!
☐ **come apart** falla isär, gå sönder
☐ **come at** ge sig på
☐ **come away** lossna
☐ **come back** göra comeback
☐ **come by** komma över, få tag i
☐ **come down** om pris gå ner ~ **to** inskränka sig till, reduceras till ~ **with** få, ådra sig
☐ **come in** komma in i bilden ⟨**Where do I ~?**⟩, ~ **for** få sig, dra på sig ~ **handy (useful)** komma väl till pass
☐ **come into** få ärva ⟨~ **a fortune**⟩, ~ **it** spela [stor] roll, ingå som en [viktig] del
☐ **come off** a) lossna b) om fläck gå bort c) vard äga rum **Come off it!** Lägg av!
☐ **come on** a) gå framåt, göra framsteg ⟨**my French has** ~ **a lot**⟩ b) börja **winter is coming on** det håller på att bli vinter **there's a new film coming on tonight** man ger en ny film i kväll **Come on!** Kom då!, Skynda på!
☐ **come out** a) visa sig b) om fläck gå bort c) om tand lossna ~ **on strike** strejka ~ **well på foto** bli bra
☐ **come over** om t ex tal gå hem
☐ **come round** a) komma över och hälsa på b) återfå medvetandet c) hämta sig d) [förmås att] ändra uppfattning ⟨**he'll** ~ **to our way of thinking**⟩ ~ **to** gå över till
☐ **come through** a) klara sig [igenom] b) tele komma fram
☐ **come to** a) komma 'för ⟨**the idea came to me**⟩ b) kosta c) kvickna till d) hända, drabba ⟨**no harm will ~ her**⟩ **when it comes to doing sth** när det gäller att göra ngt ~ **the same thing** gå på ett ut
☐ **come under** utsättas för ⟨~ **criticism**⟩
☐ **come up** komma fram ⟨**she came up to me**⟩, ~ **against** stöta på ~ **to expectations** motsvara förväntningarna
comeback /'kʌmbæk/ SB come back
comedian /kə'miːdɪən/ SB komiker
comedown /'kʌmdaʊn/ SB **1** steg nedåt, degradering, nedgång **2** vard besvikelse
comedy /'kɒmədɪ/ SB komedi
comet /'kɒmɪt/ SB komet

comfort¹ /'kʌmfət/ SB **1** tröst **cold ~ klen tröst 2** komfort, bekvämlighet
comfort² /'kʌmfət/ VB trösta
comfortable /'kʌmftəbl/ ADJ bekväm, behaglig **be ~** ha det bekvämt (bra) **make oneself ~** göra det bekvämt för sig
comfortably /'kʌmftəbli/ ADV **be ~ off** ha det bra ställt [ekonomiskt]
comforter /'kʌmfətə/ SB **1** tröstare **2** tröst, napp **3** *US äv* täcke
comic /'kɒmɪk/ **1** ADJ komisk, rolig, skämt- **~ strip** tecknad serie **2** ADJ komedi- ⟨**~ actor**⟩ **3** SB *GB* serietidning **4** SB **the comics** *spec US* serierna *i en tidning* **5** SB komiker
coming /'kʌmɪŋ/ **1** SB ankomst **~s and goings** spring (rännande) ut och in **2** ADJ kommande
comma /'kɒmə/ SB komma[tecken]
command¹ /kə'mɑːnd/ VB **1** befalla **2** föra befäl över **3** behärska, dominera ⟨**the castle ~s the village**⟩ **4** förfoga över ⟨**~ great riches**⟩ **5 ~ respect** inge respekt
command² /kə'mɑːnd/ SB **1** befallning, order, *äv data* kommando **2** kontroll, kommando **be in ~ of** ha kontroll (kommando) över **3** *milit* befäl **be in ~** föra befäl[et] **4** behärskning **have a good ~ of French** behärska franska bra
commander /kə'mɑːndə/ SB **1** befälhavare, chef **2** kommendörkapten *av andra graden*
commander in chief SB överbefälhavare
commandment /kə'mɑːndmənt/ SB bud[ord] **the Ten Commandments** tio Guds bud
commando /kə'mɑːndəʊ/ SB **1** jägarförband **2** kommandosoldat, jägare
commemorate /kə'meməreɪt/ VB hedra (fira) minnet av
commence /kə'mens/ VB *frml* [på]börja, inleda[s]
commend /kə'mend/ VB **1** lovorda **2** rekommendera
commendable /kə'mendəbl/ ADJ lovvärd
comment¹ /'kɒment/ SB kommentar ⟨**on** om, till⟩
comment² /'kɒment/ VB kommentera
□ **comment on** kommentera, uttala sig om
commentary /'kɒməntəri/ SB kommentar[er], *radio, tv, sport äv* referat
commentate /'kɒmənteɪt/ VB *radio, tv* vara kommentator
□ **commentate on** referera, kommentera
commentator /'kɒmənteɪtə/ SB kommentator
commerce /'kɒmɜːs/ SB handel
commercial /kə'mɜːʃl/ **1** ADJ kommersiell, affärs-, handels- **2** SB reklam|film, -inslag
commission¹ /kə'mɪʃn/ SB **1** uppdrag, beställning **2** kommitté, kommission **3** *handel* provision **4** *milit* officersfullmakt
commission² /kə'mɪʃn/ VB beställa, ge i uppdrag
commissioner /kə'mɪʃənə/ SB **1** kommittéledamot **2 [high]** ~ *GB* ≈ guvernör *inom brittiska samväldet* **3** chef ⟨**police ~**⟩
commit /kə'mɪt/ VB **1** begå, göra [sig skyldig till] **2 be ~ted to hospital** tas in på sjukhus **be ~ted to prison** sättas i fängelse **3** avsätta, anslå ⟨**~ an hour a day to reading**⟩ **4 ~ oneself to** binda (engagera) sig för, åta sig
★ **~ to memory** lägga på minnet **~ to paper** skriva ner
commitment /kə'mɪtmənt/ SB **1** åtagande, utfästelse **2** hängivenhet ⟨**to** för⟩, engagemang **3** intagning ⟨**~ to hospital**⟩
committed /kə'mɪtɪd/ ADJ engagerad, hängiven
committee /kə'mɪti/ SB kommitté, utskott
commodity /kə'mɒdəti/ SB *handel* vara, artikel
commodore /'kɒmədɔː/ SB kommendör
common /'kɒmən/ **1** ADJ gemensam **2** ADJ allmän, vanlig ⟨**a ~ name**⟩ **3** ADJ enkel, ordinär **a ~ cold** en banal förkylning **a ~ soldier** en menig [soldat] **4** ADJ vulgär ⟨**~ people**⟩ **5** SB allmänning
★ **be ~ knowledge** vara allmänt känt **~ sense** sunt förnuft **have the ~ touch** vara folklig **have sth in ~** ha ngt gemensamt **out of the ~** utöver det vanliga ǁ
commoner /'kɒmənə/ SB icke adlig person
common law SB ≈ sedvanerätt *grundad på domstolsutslag* **common-law husband (wife)** sambo
the Common Market SB gemensamma marknaden, EG
commonplace /'kɒmənpleɪs/ **1** ADJ

alldaglig, banal **2** SB banalitet, plattityd **3** SB vardaglig företeelse
the Commons /ˈkɒmənz/ SB underhuset *i brittiska parlamentet*
commonwealth /ˈkɒmənwelθ/ SB samvälde **the Commonwealth** [brittiska] samväldet **the Commonwealth of Independent States** Oberoende staters samvälde *f d Sovjetunionen*
commotion /kəˈməʊʃn/ SB rabalder, uppståndelse
communal /ˈkɒmjʊnl, *spec US* kəˈmju:nl/ ADJ gemensam, kollektiv[-]
commune /ˈkɒmju:n/ SB kollektiv
communicable /kəˈmju:nɪkəbl/ ADJ överförbar, smittsam
communicate /kəˈmju:nɪkeɪt/ VB **1** kommunicera **2** meddela, förmedla
communication /kəˌmju:nɪˈkeɪʃn/ SB **1** kommunikation **2** meddelande
communication cord SB *GB* nödbroms
communications satellite SB telesatellit
communicative /kəˈmju:nɪkətɪv/ ADJ **1** meddelsam, pratsam **2** kommunikativ
communion /kəˈmju:nɪən/ SB **1** gemenskap **2 Communion** nattvard
communism /ˈkɒmjuˌnɪzəm/, **Communism** SB kommunism[en]
communist /ˈkɒmjʊnɪst/, **Communist 1** SB kommunist **2** ADJ kommunistisk
community /kəˈmju:nətɪ/ SB **1** samhälle **2** samfund ⟨**the world ~**⟩ **3** gemenskap ⟨**the European C~**⟩ **4** [befolknings]grupp ⟨**the Pakistani ~ in London**⟩, **the business ~** affärsvärlden
community centre (*US* **community center**) SB kulturhus, aktivitetshus, samlingslokal
community charge SB *GB* kommunalskatt
community radio SB närradio
community singing SB allsång
commute /kəˈmju:t/ VB **1** *trafik* pendla **2** omvandla
commuter /kəˈmju:tə/ SB pendlare
compact /*adj* kəmˈpækt, *sb* ˈkɒmpækt/ **1** ADJ kompakt **2** SB puderdosa **3** SB pakt, överenskommelse
compact disc /ˌkɒmpækt ˈdɪsk/ (*spec US* **compact disk**) SB kompaktskiva, CD-skiva
companion /kəmˈpænjən/ SB **1** följeslagare, kamrat **2** handbok

companionship /kəmˈpænjənʃɪp/ SB kamratskap, gemenskap, sällskap
company /ˈkʌmpənɪ/ SB **1** sällskap **part ~ with** skiljas från **2** gäster, främmande **3** bolag, firma, företag **4** *milit* kompani
comparable /ˈkɒmpərəbl/ ADJ jämförbar
comparative /kəmˈpærətɪv/ **1** ADJ relativ **live in ~ luxury** leva relativt lyxigt **2** ADJ jämförande ⟨**a ~ study**⟩, *språk* komparativ **3** SB komparativ
comparatively /kəmˈpærətɪvlɪ/ ADV jämförelsevis, relativt
compare¹ /kəmˈpeə/ VB jämföra
□ **compare to** likna vid, jämföra med
□ **compare with** *a)* kunna jämföras med *b)* jämföra med
compare² /kəmˈpeə/ SB **beyond ~** utan jämförelse
comparison /kəmˈpærɪsən/ SB jämförelse **bear (stand) ~ with** tåla jämförelse med **by (in) ~** vid en jämförelse **there's no ~ between them** de går inte att jämföra
compartment /kəmˈpɑ:tmənt/ SB **1** avdelning, fack **2** [tåg]kupé
compass /ˈkʌmpəs/ SB kompass
compasses /ˈkʌmpəsɪz/ SB passare **a pair of ~** en passare
compassion /kəmˈpæʃn/ SB med|lidande, -känsla
compassionate /kəmˈpæʃənət/ ADJ medlidsam
compatible /kəmˈpætəbl/ ADJ **1** förenlig **be ~** *äv* gå (passa) bra ihop **2** *data* kompatibel
compel /kəmˈpel/ VB tvinga, framtvinga
compensate /ˈkɒmpenseɪt/ VB kompensera, ersätta, gottgöra
□ **compensate for** kompensera, ersätta, uppväga
compensation /ˌkɒmpenˈseɪʃn/ SB kompensation, ersättning
compere /ˈkɒmpeə/ SB *GB* programledare, konferencié
compete /kəmˈpi:t/ VB tävla, konkurrera
competence /ˈkɒmpɪtəns/ SB kompetens
competent /ˈkɒmpɪtənt/ ADJ kompetent, duglig
competition /ˌkɒmpəˈtɪʃn/ SB **1** tävlan, konkurrens **2** tävling
competitive /kəmˈpetətɪv/ ADJ **1** tävlings-, tävlingsinriktad **2** konkurrenskraftig
competitor /kəmˈpetɪtə/ SB tävlande,

medtävlare, konkurrent
compile /kəmˈpaɪl/ VB sammanställa
complacent /kəmˈpleɪsnt/ ADJ självbelåten
complain /kəmˈpleɪn/ VB klaga ⟨of över⟩
complaint /kəmˈpleɪnt/ SB **1** klagan, klagomål **2** reklamation **3** sjukdom, åkomma
complement¹ /ˈkɒplɪmənt/ SB komplement
complement² /ˈkɒmplɪment/ VB komplettera
complementary /ˌkɒmplɪˈmentəri/ ADJ kompletterande
complete¹ /kəmˈpliːt/ ADJ komplett, fullständig
complete² /kəmˈpliːt/ VB **1** fullborda, avsluta **2** komplettera **3** fylla i ⟨~ a form⟩
completion /kəmˈpliːʃn/ SB fullbordan
complex /ˈkɒmpleks, US adj kəmˈpleks/ **1** ADJ komplicerad, sammansatt, komplex **2** SB komplex
complexion /kəmˈplekʃn/ SB **1** hy **2** bildl prägel
complexity /kəmˈpleksəti/ SB komplexitet
complicate /ˈkɒmplɪkeɪt/ VB komplicera
complication /ˌkɒmplɪˈkeɪʃn/ SB komplikation
complicity /kəmˈplɪsəti/ SB medbrottslighet
compliment¹ /ˈkɒmplɪmənt/ SB **1** komplimang **2 compliments** hälsningar
compliment² /ˈkɒmplɪment/ VB komplimentera, ge en komplimang ⟨on för⟩, gratulera ⟨on till⟩
complimentary /ˌkɒmplɪˈmentəri/ ADJ **1** smickrande, berömmande ⟨~ words⟩ **2** gratis, gratis-
comply /kəmˈplaɪ/ VB foga sig ⟨with efter⟩, lyda
component /kəmˈpəʊnənt/ SB komponent, del
compose /kəmˈpəʊz/ VB **1** komponera, författa **2** utgöra **be ~d of** bestå av
composed /kəmˈpəʊzd/ ADJ lugn, samlad
composer /kəmˈpəʊzə/ SB kompositör
composite /ˈkɒmpəzɪt/ **1** ADJ sammansatt **2** SB blandning, komposit
composition /ˌkɒmpəˈzɪʃn/ SB **1** komposition **2** sammansättning **3** utb uppsats
composure /kəmˈpəʊʒə/ SB [sinnes]lugn, fattning
compound¹ /ˈkɒmpaʊnd/ **1** ADJ sammansatt **2** SB sammansättning **3** SB kemi förening
compound² /kəmˈpaʊnd/ VB **1** sätta samman, blanda **2** öka, förvärra **3** träffa överenskommelse
compound³ /ˈkɒmpaʊnd/ SB inhägnad
comprehend /ˌkɒmprɪˈhend/ VB frml **1** begripa **2** innefatta
comprehension /ˌkɒmprɪˈhenʃn/ SB **1** fattningsförmåga **2** utb förståelse ⟨reading ~⟩
comprehensive /ˌkɒmprɪˈhensɪv/ **1** ADJ omfattande, grundlig **2** SB → comprehensive school
comprehensive school SB GB sammanhållen skola för elever mellan 11 och 18 år
compress /kəmˈpres/ VB komprimera, pressa ihop
comprise /kəmˈpraɪz/ VB **1** bestå av **2** omfatta
compromise¹ /ˈkɒmprəmaɪz/ SB kompromiss
compromise² /ˈkɒmprəmaɪz/ VB **1** kompromissa ⟨about, on, over om⟩ **2** kompromettera
compulsion /kəmˈpʌlʃn/ SB tvång
compulsive /kəmˈpʌlsɪv/ ADJ tvångsmässig
compulsory /kəmˈpʌlsəri/ ADJ obligatorisk
compute /kəmˈpjuːt/ VB beräkna
computer /kəmˈpjuːtə/ SB dator
computer-aided /kəmˈpjuːtərˌeɪdɪd/, **computer-assisted** /kəmˈpjuːtərəˌsɪstɪd/ ADJ datorstödd
computerize /kəmˈpjuːtəraɪz/ VB datorisera, lägga på data
comrade /ˈkɒmreɪd, US -ræd/ SB kamrat
con¹ /kɒn/ VB vard lura ⟨into till [att], out of sth på ngt⟩
con² /kɒn/ SB vard bedrägeri, bluff ⇓
concave /ˈkɒnkeɪv/ ADJ konkav
conceal /kənˈsiːl/ VB dölja, gömma ⟨from för⟩
concede /kənˈsiːd/ VB **1** medge **~ defeat** erkänna sig besegrad **2** avträda **3** sport **~ a set** släppa ett set **~ a goal** släppa in ett mål **4** ge upp ⟨~ a game⟩
conceit /kənˈsiːt/ SB inbilskhet, självbelåtenhet

conceited /kənˈsiːtɪd/ ADJ inbilsk, självbelåten
conceivable /kənˈsiːvəbl/ ADJ tänkbar, möjlig
conceive /kənˈsiːv/ VB **1** tänka ut, hitta på **2** föreställa sig **3** fatta **4** bli gravid **5 be ~d** *om barn* komma 'till
□ **conceive of** föreställa sig, tänka sig
concentrate /ˈkɒnsəntreɪt/ VB koncentrera [sig]
concept /ˈkɒnsept/ SB begrepp, föreställning
conception /kənˈsepʃn/ SB **1** föreställning, idé, uppfattning **2** befruktning
concern[1] /kənˈsɜːn/ VB **1** angå, [be]röra **for all ~ed** för alla berörda **2** bekymra, oroa **3 ~ oneself with** befatta sig med, intressera sig för
concern[2] /kənˈsɜːn/ SB **1** angelägenhet, sak **it's no ~ of theirs** det angår inte dem **2** intresse, engagemang **3** bekymmer, oro **be of ~ to sb** oroa (bekymra) ngn **4** [stor] firma, företag
concerned /kənˈsɜːnd/ ADJ **1** berörd, inblandad **as far as I'm ~** vad mig beträffar **2** angelägen, engagerad **3** bekymrad, orolig
concerning /kənˈsɜːnɪŋ/ PREP beträffande
concert /ˈkɒnsət/ SB konsert
★ **in ~** *a)* i samförstånd *b)* inför publik, 'live'
concession /kənˈseʃn/ SB medgivande, eftergift
conciliate /kənˈsɪlɪeɪt/ VB **1** blidka **2** medla [mellan]
conciliation /kənˌsɪlɪˈeɪʃn/ SB medling, förlikning
concise /kənˈsaɪs/ ADJ kortfattad, koncis
conclude /kənˈkluːd/ VB **1** [av]sluta **2** *avtal* sluta, träffa **3** sluta sig till, dra slutsatsen
conclusion /kənˈkluːʒn/ SB **1** slut, avslutning **bring to a ~** avsluta **2** slutsats ⟨**come to the ~ that**⟩
conclusive /kənˈkluːsɪv/ ADJ bindande ⟨**~ proof**⟩
concoct /kənˈkɒkt/ VB **1** blanda till **2** *bildl* koka ihop, hitta på
concoction /kənˈkɒkʃn/ SB *äv bildl* hopkok, påhitt
concord /ˈkɒŋkɔːd/ SB sämja, harmoni
concrete /ˈkɒŋkriːt/ **1** ADJ konkret **2** SB betong

concussion /kənˈkʌʃn/ SB **1** hjärnskakning **2** häftig stöt (skakning)
condemn /kənˈdem/ VB **1** fördöma **2** döma ut **3** döma ⟨**~ sb to death**⟩
condemned /kənˈdemd/ ADJ **1** [döds]dömd **2** utdömd **~ house** rivningshus
condense /kənˈdens/ VB **1** komprimera **2** kondensera[s]
condescend /ˌkɒndɪˈsend/ VB nedlåta sig
□ **condescend to sb** vara nedlåtande mot ngn
condition[1] /kənˈdɪʃn/ SB **1** skick, tillstånd **2** villkor **3 conditions** förhållanden **4** sjukdom ⟨**a liver ~**⟩
condition[2] /kənˈdɪʃn/ VB vänja, prägla, *psyk* betinga **2 be ~ed by** bestämmas av, bero på
conditional /kənˈdɪʃnəl/ **1** ADJ villkorlig **2** ADJ *språk* konditional[-], villkors- **3** SB *språk* konditionalis
condo → condominium
condolence /kənˈdəʊləns/ SB kondoleans, deltagande **offer one's ~s** uttrycka sitt deltagande
condom /ˈkɒndəm/ SB kondom
condominium /ˌkɒndəˈmɪnɪəm/ *vard* **condo** /ˈkɒndəʊ/ *US* **1** andelsfastighet, bostadsrättsförening **2** andelslägenhet, bostadsrätt
conduct[1] /kənˈdʌkt/ VB **1** föra, guida **~ed tour** rundtur med guide, visning **2** leda ⟨**~ a meeting**⟩, utföra ⟨**~ a study**⟩, handha, sköta **3** *musik* dirigera **4** *tekn* leda **5 ~ oneself** *frml* uppföra sig
conduct[2] /ˈkɒndʌkt/ SB **1** uppförande **2** ledning, skötsel
conductor /kənˈdʌktə/ SB **1** dirigent **2** konduktör *på buss o spårvagn, US äv på tåg* **3** *fysik* ledare
conduit /ˈkɒndjʊɪt/ SB **1** rör[ledning] **2** *eltekn* ledning
cone /kəʊn/ SB **1** kon **2** kotte **3** strut
confectionery /kənˈfekʃnərɪ/ SB **1** godsaker, sötsaker **2** godsaksaffär, *GB äv* konditori
confederacy /kənˈfedərəsɪ/, **confederation** /kənˌfedəˈreɪʃn/ SB förbund, statsförbund
confer /kənˈfɜː/ VB *frml* konferera, rådslå ⟨**on om**⟩
□ **confer on** tilldela, förläna
conference /ˈkɒnfərəns/ SB konferens

confess /kənˈfes/ VB **1** erkänna, bekänna **2** bikta sig **3** medge, tillstå
□ **confess to** erkänna
confession /kənˈfeʃn/ SB **1** bekännelse, erkännande **2** bikt
confidant /ˈkɒnfɪdænt/ SB förtrogen
confide /kənˈfaɪd/ VB anförtro ⟨sth to sb ngn ngt⟩
□ **confide in** anförtro sig åt
confidence /ˈkɒnfɪdəns/ SB **1** förtroende ⟨in för⟩ **exchange ~** utbyta förtroenden **vote of no ~** misstroendevotum **2** tillförsikt, självförtroende
confident /ˈkɒnfɪdənt/ ADJ **1** självsäker, trygg **2** säker ⟨of om, på⟩
confidential /ˌkɒnfɪˈdenʃl/ ADJ förtrolig, konfidentiell
confine /kənˈfaɪn/ VB **1** begränsa **2** stänga (spärra) in **be ~d to bed** vara sängliggande
confirm /kənˈfɜːm/ VB **1** bekräfta, [be]styrka **2** befästa **3** *religion* konfirmera
confirmation /ˌkɒnfəˈmeɪʃn/ SB **1** bekräftelse **2** befästande **3** *religion* konfirmation
confirmed /kənˈfɜːmd/ ADJ inbiten, oförbätterlig
confiscate /ˈkɒnfɪskeɪt/ VB konfiskera, beslagta
conflict¹ /ˈkɒnflɪkt/ SB konflikt
conflict² /kənˈflɪkt/ VB stå i strid [med varandra]
conflicting /kənˈflɪktɪŋ/ ADJ [mot]stridande
conform /kənˈfɔːm/ VB anpassa sig ⟨to efter⟩
conformity /kənˈfɔːməti/ SB **1** överensstämmelse **2** lik|riktning, -formighet
confront /kənˈfrʌnt/ VB konfrontera **be ~ed with** ställas inför
confrontation /ˌkɒnfrʌnˈteɪʃn/ SB konfrontation
confuse /kənˈfjuːz/ VB **1** förvirra **2** blanda samman, förväxla
confusion /kənˈfjuːʒn/ SB **1** förvirring, oreda **2** förväxling, sammanblandning
congenial /kənˈdʒiːniəl/ ADJ **1** kongenial, själsbesläktad **2** tilltalande, behaglig
congested /kənˈdʒestɪd/ ADJ tilltäppt, igenkorkad *av trafik*
congestion /kənˈdʒestʃn/ SB [trafik]stockning

congratulate /kənˈgrætʃʊleɪt/ VB gratulera ⟨on till⟩
congratulation /kənˌgrætʃʊˈleɪʃn/ SB gratulation, lyckönskan ⟨on till⟩ **C~s!** Grattis!
congregate /ˈkɒŋgrɪgeɪt/ VB samlas
congregation /ˌkɒŋgrɪˈgeɪʃn/ SB *religion* församling
congress /ˈkɒŋgres/ SB kongress **[the] Congress** kongressen *i USA*
Congressman /ˈkɒŋgresmən/, **Congresswoman** /ˈkɒŋgresˌwʊmən/ SB kongressledamot
conifer /ˈkɒnɪfə, ˈkəʊn-/ SB barrträd
conjecture¹ /kənˈdʒektʃə/ VB *frml* **1** spekulera, gissa **2** anta, förmoda
conjecture² /kənˈdʒektʃə/ SB *frml* gissning[ar]
conjugal /ˈkɒndʒʊgl/ ADJ äktenskaplig
conjunction /kənˈdʒʌŋkʃn/ SB **1** konjunktion **2** förening **in ~ with** tillsammans med
conjure /ˈkʌndʒə/ VB trolla
□ **conjure up** *a)* trolla fram *b)* fram|mana, -kalla
conjurer /ˈkʌndʒərə/, **conjuror** SB trollkarl
con man SB lurendrejare, bedragare
connect /kəˈnekt/ VB **1** förbinda, förena, *tekn* koppla ihop, *tele* koppla **be well ~ed** ha försänkningar **~ing flight** anslutningsflyg **2** stå i förbindelse, hänga ihop
connected /kəˈnektɪd/ ADJ **1** sammanhängande **2** besläktad, lierad
connection /kəˈnekʃn/ SB (*GB äv* **connexion**) SB **1** förbindelse, *trafik äv* anslutning, *tekn* koppling **in ~ with** i samband med **2** *person* förbindelse, kontakt
connive /kəˈnaɪv/ VB
□ **connive at** se genom fingrarna med
□ **connive with** konspirera med
connoisseur /ˌkɒnəˈsɜː/ SB kännare
conquer /ˈkɒŋkə/ VB **1** erövra **2** besegra, övervinna
conqueror /ˈkɒŋkərə/ SB erövrare, segrare
conquest /ˈkɒŋkwest/ SB erövring
cons → pro³
conscience /ˈkɒnʃəns/ SB samvete
conscientious /ˌkɒnʃiˈenʃəs/ ADJ samvetsgrann **~ objector** samvetsöm värnpliktig, vapenvägrare
conscious /ˈkɒnʃəs/ ADJ **1** vid medvetande **2** medveten ⟨of om⟩

consciousness /'kɒnʃəsnəs/ SB
1 medvetande[t] ⟨**lose ~**⟩ 2 medvetenhet
conscript /'kɒnskrɪpt/ SB värnpliktig
conscription /kən'skrɪpʃn/ SB allmän värnplikt
consecutive /kən'sekjʊtɪv/ ADJ på varandra följande, i följd ⟨**five ~ days**⟩
consent[1] /kən'sent/ VB samtycka
consent[2] /kən'sent/ SB samtycke **by common ~** enhälligt
consequence /'kɒnsɪkwəns/ SB 1 följd, konsekvens 2 betydelse, vikt
consequent /'kɒnsɪkwənt/ ADJ [åt]följande
consequently /'kɒnsɪkwəntlɪ/ ADV följaktligen
conservation /ˌkɒnsə'veɪʃn/ SB
1 bevarande, konservering *av konst etc*
2 naturvård, miljövård
conservationist /ˌkɒnsə'veɪʃənɪst/ SB naturvårdare, miljövårdare
conservatism /kən'sɜːvətɪzəm/ SB konservatism
conservative /kən'sɜːvətɪv/ 1 ADJ konservativ 2 SB *polit* konservativ [person], högerman
conservatory /kən'sɜːvətrɪ, US -tɔːrɪ/ SB
1 drivhus 2 konservatorium
conserve /kan'sɜːv/ VB 1 bevara, spara på 2 konservera
consider /kən'sɪdə/ VB 1 överväga, tänka (fundera) på ⟨**~ buying a car**⟩ 2 anse, anse (betrakta) som 3 ta hänsyn till
considerable /kən'sɪdərəbl/ ADJ avsevärd
considerate /kən'sɪdərət/ ADJ hänsynsfull
consideration /kənˌsɪdə'reɪʃn/ SB
1 hänsyn, hänsynsfullhet **in ~ of** med hänsyn till **take into ~** ta hänsyn till
2 övervägande **give ~ to** ta under övervägande 3 faktor
considering[1] /kən'sɪdərɪŋ/ PREP med tanke på
considering[2] /kən'sɪdərɪŋ/ KONJ med tanke på att
considering[3] /kən'sɪdərɪŋ/ ADV *vard* trots allt, i alla fall
consignment /kən'saɪnmənt/ SB sändning
consist /kən'sɪst/ VB bestå ⟨**of** av **in** i⟩
consistency /kən'sɪstənsɪ/ SB
1 följdriktighet, konsekvens
2 konsistens
consistent /kən'sɪstənt/ ADJ 1 konsekvent
2 be **~ with** stämma med
consolation /ˌkɒnsə'leɪʃn/ SB tröst
console /kən'səʊl/ VB trösta
consolidate /kən'sɒlɪdeɪt/ VB
1 konsolidera[s], stärka[s] 2 slå samman
consonant /'kɒnsənənt/ SB konsonant
conspicuous /kən'spɪkjʊəs/ ADJ iögonfallande
conspiracy /kən'spɪrəsɪ/ SB sammansvärjning
conspire /kən'spaɪə/ VB konspirera, sammansvärja sig
constable /'kʌnstəbl/ SB *GB* polis[konstapel]
constabulary /kən'stæbjʊlərɪ/ SB *spec GB* polis[kår]
constant /'kɒnstənt/ ADJ 1 ständig, oavbruten 2 fast, ståndaktig 3 trogen, trofast
constantly /'kɒnstəntlɪ/ SB [jämt och] ständigt
constellation /ˌkɒnstə'leɪʃn/ SB konstellation, stjärnbild
consternation /ˌkɒnstə'neɪʃn/ SB bestörtning
constipated /'kɒnstɪpeɪtɪd/ ADJ förstoppad, trög (hård) i magen
constipation /ˌkɒnstɪ'peɪʃn/ SB förstoppning
constituency /kən'stɪtjʊənsɪ/ SB valkrets
constitute /'kɒnstɪtjuːt/ VB utgöra
constitution /ˌkɒnstɪ'tjuːʃn/ SB
1 konstitution, författning
2 kroppskonstitution
constitutional /ˌkɒnstɪ'tjuːʃnəl/ ADJ konstitutionell, författningsenlig, grundlags-
constraint /kən'streɪnt/ SB 1 tvång
2 restriktion
constriction /kən'strɪkʃn/ SB sammandragning
construct /kən'strʌkt/ VB konstruera, uppföra
construction /kən'strʌkʃn/ SB
1 konstruktion, byggande 2 *attribut* byggnads- ⟨**~ worker**⟩ 3 byggnad
4 tolkning **put the wrong ~ on** feltolka
constructive /kən'strʌktɪv/ ADJ konstruktiv
consul /'kɒnsl/ SB konsul
consulate /'kɒnsjʊlət, US 'kɒnsələt/ SB konsulat
consult /kən'sʌlt/ VB konsultera, rådgöra

consultant /kənˈsʌltənt/ SB **1** konsult **2** *spec GB* specialist *med ställning som överläkare*
consume /kənˈsjuːm/ VB konsumera, förtära, förbruka
consumer /kənˈsjuːmə/ SB konsument ~ **durables** kapitalvaror
consumerism /kənˈsjuːməˌrɪzəm/ SB tillvaratagande av konsumenternas intressen
consummate¹ /kənˈsʌmət/ ADJ fulländad
consummate² /ˈkɒnsəmeɪt/ VB fullborda
consumption /kənˈsʌmpʃn/ SB konsumtion, förtäring, förbrukning
contact¹ /ˈkɒntækt/ SB **1** kontakt **make (get into)** ~ **with** få kontakt med **2** kontaktperson **3** ~ **[lens]** kontaktlins
contact² /ˈkɒntækt, kənˈtækt/ VB kontakta
contagious /kənˈteɪdʒəs/ ADJ smittsam
contain /kənˈteɪn/ VB **1** innehålla **2** tygla, behärska, hålla tillbaka ~ **oneself** behärska sig
container /kənˈteɪnə/ SB **1** [frakt]container **2** kärl, behållare
contaminate /kənˈtæmɪneɪt/ VB **1** förorena, smutsa ner **2** *bildl* fördärva, förgifta ⟨~ **sb's mind**⟩
contemplate /ˈkɒntəmpleɪt/ VB *frml* **1** överväga, fundera på **2** fundera [över], begrunda **3** betrakta
contemplation /ˌkɒntəmˈpleɪʃn/ SB kontemplation
contemporary /kənˈtempərərɪ/ **1** ADJ samtida, nutida **2** SB *person* samtida, jämnårig
contempt /kənˈtempt/ SB förakt **hold in** ~ förakta ★ **beneath** ~ under all kritik
contemptible /kənˈtemptəbl/ ADJ föraktlig
contemptuous /kənˈtemptjʊəs/ ADJ föraktfull
contend /kənˈtend/ VB **1** tävla, kämpa ⟨**for** om⟩ **2** strida, tvista ⟨**about, over** om⟩ **3** *frml* hävda, påstå
contender /kənˈtendə/ SB tävlande, konkurrent
content¹ /kənˈtent/ ADJ nöjd, belåten
content² /kənˈtent/ VB tillfredsställa ~ **oneself with** nöja sig med
content³ /ˈkɒntent/ SB **1** ⟨*vanl pl*⟩ innehåll **list (table) of** ~**s** innehållsförteckning **2** halt ⟨**the gold** ~ **of a ring**⟩
contented /kənˈtentɪd/ ADJ förnöjd, belåten
contention /kənˈtenʃn/ SB **1** strid, tvist **bone of** ~ tvistefråga **2** påstående, argument
contest¹ /ˈkɒntest/ SB tävling, kamp ⟨**for** om⟩
contest² /kənˈtest/ VB **1** bestrida **2** kämpa om ~ **an election** ställa upp (kandidera) i ett val
contestant /kənˈtestənt/ SB [med]tävlande, konkurrent
context /ˈkɒntekst/ SB sammanhang
continent /ˈkɒntɪnənt/ SB kontinent **the Continent** *GB* kontinenten *Europas fastland*
continental /ˌkɒntɪˈnentl/ **1** ADJ kontinental **2** ADJ *GB* kontinental, europeisk *avseende det europeiska fastlandet* **3** SB *GB* europé
contingency /kənˈtɪndʒənsɪ/ SB eventualitet ~ **plan** katastrofplan
continual /kənˈtɪnjʊəl/ ADJ ständig
continuation /kənˌtɪnjʊˈeɪʃn/ SB fortsättning
continue /kənˈtɪnjuː/ VB fortsätta
continuity /ˌkɒntɪˈnjuːətɪ/ SB kontinuitet
continuous /kənˈtɪnjʊəs/ ADJ oavbruten, kontinuerlig ~ **form** *språk* pågående form
contort /kənˈtɔːt/ VB förvrida, *bildl* förvränga
contour /ˈkɒntʊə/ SB **1** kontur **2** höjdkurva *på karta*
contraband /ˈkɒntrəbænd/ SB smuggelgods
contraception /ˌkɒntrəˈsepʃn/ SB födelsekontroll
contraceptive /ˌkɒntrəˈseptɪv/ SB preventivmedel
contract¹ /ˈkɒntrækt/ SB kontrakt, avtal
contract² /kənˈtrækt/ VB **1** avtala, ingå avtal **2** ådra sig ⟨~ **an illness**⟩ **3** dra ihop sig, krympa **4** dra samman (ihop)
contraction /kənˈtrækʃn/ SB sammandragning
contractor /kənˈtræktə/ SB entreprenör
contradict /ˌkɒntrəˈdɪkt/ VB **1** säga emot **2** motsäga, stå i strid med
contradiction /ˌkɒntrəˈdɪkʃn/ SB motsägelse ~ **in terms** självmotsägelse
contradictory /ˌkɒntrəˈdɪktərɪ/ ADJ motsägande

contraption /kən'træpʃn/ SB manick, apparat

contrary /'kɒntrərɪ/ **1** SB motsats **proof to the ~** bevis på motsatsen **2** ADJ motsatt **~ to** i strid med **3** ADJ motig, motsträvig ★ **on the ~** tvärtom

contrast[1] /kən'trɑ:st/ VB kontrastera

contrast[2] /'kɒntrɑ:st/ SB kontrast

contribute /kən'trɪbju:t/ VB **1** bidra **2** bidra med **~ articles to a paper** skriva artiklar för en tidning

contribution /ˌkɒntrɪ'bju:ʃn/ SB **1** bidrag **2** inlägg *i diskussion*

contributor /kən'trɪbjʊtə/ SB **1** bidragsgivare **2** medarbetare *i tidning*, skribent

contrivance /kən'traɪvəns/ SB **1** anordning, apparat **2** trick, listig plan

control[1] /kən'trəʊl/ VB kontrollera, behärska, styra

control[2] /kən'trəʊl/ SB **1** kontroll, herravälde, behärskning **2** *tekn* manöverorgan, spak ★ **be in ~ of** *a)* ha [full] kontroll över *b)* leda, ha ansvaret för **get out of ~** inte gå att kontrollera

controller /kən'trəʊlə/ SB **1** kontrollant, kontrollör **2** *ekon* controller

controversial /ˌkɒntrə'vɜ:ʃl/ ADJ **1** omstridd, kontroversiell **2** polemisk, strids-

controversy /'kɒntrəvɜ:sɪ, *GB äv* kən'trɒvəsɪ/ SB tvist, kontrovers, polemik

convalesce /ˌkɒnvə'les/ VB tillfriskna, vara konvalescent

convalescence /ˌkɒnvə'lesəns/ SB konvalescens

convalescent /ˌkɒnvə'lesnt/ SB konvalescent

convene /kən'vi:n/ VB **1** samlas **2** sammankalla

convener /kən'vi:nə/, **convenor** SB sammankallande

convenience /kən'vi:nɪəns/ SB **1** bekvämlighet **for ~** av bekvämlighetsskäl **~ food** snabbmat **2** fördel, förmån **3** *GB* [offentlig] toalett ★ **at your ~** när det passar er bäst

convenient /kən'vi:nɪənt/ ADJ **1** lämplig, passande **2** bekväm, behändig

convenor → convener

convent /'kɒnvənt/ SB nunnekloster

convention /kən'venʃn/ SB **1** vedertaget bruk, konvention **2** avtal **3** [parti]konvent

conventional /kən'venʃnəl/ ADJ konventionell

converge /kən'vɜ:dʒ/ VB löpa (stråla) samman

conversant /kən'vɜ:snt/ ADJ **~ with** förtrogen med, insatt i

conversation /ˌkɒnvə'seɪʃn/ SB samtal, konversation

conversational /ˌkɒnvə'seɪʃnəl/ ADJ samtals-

converse[1] /kən'vɜ:s/ VB konversera, samtala

converse[2] /'kɒnvɜ:s/ **1** ADJ motsatt **2** SB motsats

conversion /kən'vɜ:ʃn/ SB **1** omvandling, förvandling, omläggning **2** ombyggnad **3** omvändelse **4** *ekon* konvertering

convert[1] /kən'vɜ:t/ VB **1** omvandla, förvandla ⟨[in]to till⟩ **2** bygga om ⟨[in]to till⟩ **3** lägga (ställa) om **4** konvertera, omvända sig **5** omvända

convert[2] /'kɒnvɜ:t/ SB konvertit

convertible /kən'vɜ:təbl/ **1** ADJ som kan omvandlas **2** ADJ konvertibel **3** SB cabriolet

convex /'kɒnveks/ ADJ konvex

convey /kən'veɪ/ VB **1** föra, transportera **2** framföra, uttrycka **3** *jur* överlåta

conveyance /kən'veɪəns/ SB **1** befordran, transport **2** fortskaffningsmedel **3** *jur* överlåtelse

conveyor belt /kən'veɪəbelt/ SB transportband, löpande band

convict[1] /kən'vɪkt/ VB fälla, ge fällande dom

convict[2] /'kɒnvɪkt/ SB fånge, intern, *åld* straffånge

conviction /kən'vɪkʃn/ SB **1** *jur* fällande dom **2** övertygelse **carry ~** verka övertygande

convince /kən'vɪns/ VB övertyga ⟨of om⟩

convoy /'kɒnvɔɪ/ SB konvoj

convulsion /kən'vʌlʃn/ SB konvulsion, [kramp]anfall ★ **be in ~s** vrida sig av skratt

coo /ku:/ VB kuttra

cook[1] /kʊk/ VB **1** laga mat **2** tillaga[s], koka[s], steka[s] ★ **~ the books** fiffla med bokföringen **there's something ~ing** något är på gång

(i görningen)
□ **cook up** *bildl* koka ihop ⟨**~ a story**⟩
cook² /kʊk/ SB kock, kokerska
★ **be a good ~** laga god mat **too many ~s spoil the broth** ju flera kockar desto sämre soppa
cookbook /'kʊkbʊk/ SB *US* kokbok
cooker /'kʊkə/ SB *GB* spis
cookery /'kʊkərɪ/ SB matlagning, kokkonst
cookery book SB *spec GB* kokbok
cookie /'kʊkɪ/, **cooky** SB *US* [små]kaka
cooking /'kʊkɪŋ/ SB **1** matlagning **~ apple** matäpple **~ oil** matolja **2** kokkonst **Danish ~** det danska köket
cool¹ /kuːl/ **1** ADJ sval, kylig **2** ADJ lugn, behärskad **3** ADJ tuff, oberörd **4** ADJ toppen, häftig **5** SB svalka **6** SB lugn ⟨**keep one's ~**⟩
cool² /kuːl/ VB **1** svalna **2** kyla ner
★ **C~ it!** Ta det lugnt!
□ **cool down (off)** *a)* svalna *b)* lugna ner sig
co-op /'kəʊɒp/ SB **1** kooperativ **2 the Co-op** konsum
cooperate /kəʊ'ɒpəreɪt/ VB samarbeta
cooperation /kəʊˌɒpə'reɪʃn/ SB samarbete
cooperative /kəʊ'ɒpərətɪv/ **1** ADJ samarbetsvillig **2** SB kooperativ
co-opt /kəʊ'ɒpt/, **coopt** VB välja in ⟨**on to** i⟩
coordinate /kəʊ'ɔːdɪneɪt/ VB koordinera, samordna, samverka
coordination /kəʊˌɔːdɪ'neɪʃn/ SB koordination, samordning, samverkan
cop¹ /kɒp/ SB *vard* polis, snut
cop² /kɒp/ VB **~ it** få sig en omgång
□ **cop out** *vard* hoppa av, smita
cope /kəʊp/ VB klara [av], klara det
□ **cope with** klara av, stå pall för
Copenhagen /ˌkəʊpən'heɪgən/ SB Köpenhamn
copier /'kɒpɪə/ SB kopiator, kopieringsmaskin
copious /'kəʊpɪəs/ ADJ riklig, ymnig
copper¹ /'kɒpə/ SB **1** koppar **2** kopparmynt **3** *attribut* koppar-, kopparröd
copper² /'kɒpə/ SB *vard* polis, snut
copulate /'kɒpjʊleɪt/ VB para sig, kopulera
copy¹ /'kɒpɪ/ SB **1** kopia **2** exemplar **3** text *för annons etc*
★ **make good ~** ha stort nyhetsvärde
copy² /'kɒpɪ/ VB **1** kopiera **2** härma, ta efter
coral /'kɒrəl/ SB korall ⟨**~ reef**⟩
cord /kɔːd/ ⟨↔ **cords**⟩ SB **1** snöre, snodd, lina **2** *spec US* [el]sladd
cordial /'kɔːdɪəl, *US* -dʒəl/ **1** ADJ hjärtlig **2** SB *GB* saft, fruktdryck
cordon¹ /'kɔːdn/ SB polis|spärr, -kedja
cordon² /'kɔːdn/, **cordon off** VB spärra av
cords /kɔːdz/ SB *vard* manchester|byxor, -jeans
corduroy /'kɔːdərɔɪ/ SB **1** manchester **2 corduroys** manchesterbyxor
core /kɔː/ SB **1** *äv bildl* kärna **2** kärnhus
★ **to the ~** helt och hållet, in i märgen
cork¹ /kɔːk/ SB kork
cork² /kɔːk/, **cork up** VB korka igen, *bildl* hålla tillbaka
corn¹ /kɔːn/ SB **1** säd, spannmål, *spec GB* vete, *US äv* majs **~ on the cob** kokta majskolvar **sweet ~** *GB* majs **2** [sädes]korn, [peppar]korn **3** trams, larv
corn² /kɔːn/ SB liktorn
corned beef /ˌkɔːnd 'biːf/ SB salt konserverat kött
corner¹ /'kɔːnə/ SB hörn, hörna
★ **around (round) the ~** nära [förestående] **in a tight ~** → **tight¹ take a ~** *sport* lägga en hörna
corner² /'kɔːnə/ VB **1** få (ta) fast **2** *bildl* göra ställd **3** *bil* ta kurvor[na]
cornet /'kɔːnɪt, *US* kɔːr'net/ SB **1** *musik* kornett **2** *GB* glasstrut
corny /'kɔːnɪ/ ADJ töntig, larvig
coronation /ˌkɒrə'neɪʃn/ SB kröning
coroner /'kɒrənə/ SB undersökningsdomare
corporal¹ /'kɔːprəl/ SB korpral
corporal² /'kɔːprəl/ ADJ kroppslig
corporation /ˌkɔːpə'reɪʃn/ SB **1** bolag **2** styrelse
corps /kɔː/ ⟨*lika i pl*⟩ SB kår
corpse /kɔːps/ SB lik
correct¹ /kə'rekt/ ADJ rätt, riktig, korrekt
correct² /kə'rekt/ VB rätta [till], korrigera
correlation /ˌkɒrə'leɪʃn/ VB samband, korrelation
correspond /ˌkɒrə'spɒnd/ VB **1** överensstämma **2** korrespondera, brevväxla
□ **correspond to** motsvara

correspondence /ˌkɒrəˈspɒndəns/ SB
1 överensstämmelse, motsvarighet
2 korrespondens, brevväxling
correspondent /ˌkɒrəˈspɒndənt/ SB
korrespondent
corridor /ˈkɒrɪdɔː/ SB korridor
corroborate /kəˈrɒbəreɪt/ VB bestyrka, bekräfta
corrode /kəˈrəʊd/ VB korrodera, fräta[s] sönder
corrugated /ˈkɒrəgeɪtɪd/ ADJ korrugerad, veckad ~ **iron** korrugerad plåt
corrupt[1] /kəˈrʌpt/ ADJ 1 fördärvad, förvanskad 2 korrumperad
corrupt[2] /kəˈrʌpt/ VB 1 fördärva[s] 2 korrumpera
cosmetic /kɒzˈmetɪk/ 1 ADJ kosmetisk 2 SB skönhetsmedel 3 SB **cosmetics** kosmetika
cosmic /ˈkɒzmɪk/ ADJ kosmisk
cosmopolitan /ˌkɒzməˈpɒlɪtən/ 1 ADJ kosmopolitisk 2 SB kosmopolit
cost[1] /kɒst/ SB 1 kostnad[er] 2 **costs** rättegångskostnader
★ **at all ~s, at any ~** till varje pris **at ~ [price]** till självkostnadspris **at the ~ of** på bekostnad av, till priset av **to one's ~** av bitter erfarenhet
cost[2] /kɒst/ ⟨cost, cost⟩ VB kosta
★ **~ the earth** kosta skjortan
costly /ˈkɒstlɪ/ ADJ dyrbar, kostsam
costume /ˈkɒstjuːm/ SB [folk]dräkt, *teat* kostym
costume jewellery SB bijouterier, enklare smycken
cosy /ˈkəʊzɪ/ (*US* **cozy**) ADJ mysig, hemtrevlig
cot /kɒt/ SB 1 *GB* barnsäng 2 *spec US* tältsäng
cottage /ˈkɒtɪdʒ/ SB stuga, litet hus
cottage cheese SB keso *färsk ostmassa*
cotton[1] /ˈkɒtn/ SB 1 bomull 2 [bomulls]tråd ⇓
cotton[2] /ˈkɒtn/ VB
  □ **cotton on** fatta [galoppen]
cotton wool /ˌkɒtn ˈwʊl/ SB bomull
couch /kaʊtʃ/ SB soffa, dyscha, [massage]bänk
couchette /kuːˈʃet/ SB liggvagnsplats ~ **car** liggvagn
cough[1] /kɒf/ VB hosta
cough[2] /kɒf/ SB 1 hosta 2 hostning
could /kʊd/ ⟨*preteritum av* **can**, *nekande sammandragen form* **couldn't** /ˈkʊdnt/⟩ VB
1 kunde **I ~ have helped you** jag kunde ha hjälpt dig, jag skulle ha kunnat hjälpa dig 2 *i uttryck för tillåtelse* kunde, fick ⟨**he said we ~ stay**⟩ 3 *i artiga frågor* skulle kunna ⟨**C~ you carry this bag for me?**⟩, får ⟨**C~ I borrow it?**⟩
council /ˈkaʊnsl/ SB råd, rådsförsamling **town (city) ~** stadsfullmäktige, kommunfullmäktige
councillor /ˈkaʊnsələ/ (*US* **councilor**) SB rådsmedlem, fullmäktigeledamot
counsel /ˈkaʊnsl/ ⟨*lika ui pl*⟩ SB advokat
counsellor /ˈkaʊnsələ/ (*US* **counselor**) SB rådgivare
count[1] /kaʊnt/ VB 1 räkna [till] **~ [to] ten** räkna till tio 2 inberäkna **not ~ing** utom, oberäknat 3 anse **~ oneself lucky** skatta sig lycklig 4 räknas, ha betydelse ⟨**what ~s is how you feel**⟩ 5 räknas som, gälla för ⟨**the ace ~s 10**⟩
★ **~ one's blessings** vara glad för det man har **~ one's chickens [before they are hatched]** ≈ sälja skinnet innan björnen är skjuten
  □ **count on** räkna med, lita på ⟨**don't ~ me to do it**⟩
  □ **count out** inte räkna med **you can count me out** räkna inte med mig
  □ **count up** räkna ihop
count[2] /kaʊnt/ SB räkning, sammanräkning
count[3] /kaʊnt/ SB greve *icke brittisk*
countable /ˈkaʊntəbl/ 1 ADJ räknebar 2 SB räknebart substantiv
countdown /ˈkaʊntdaʊn/ SB nedräkning
counter[1] /ˈkaʊntə/ SB 1 disk *i affär etc* 2 [spel]mark
counter[2] /ˈkaʊntə/ VB [be]möta, [be]svara, kontra
counter[3] /ˈkaʊntə/ ADV ~ **to** tvärt emot **run ~ to** strida mot, gå tvärt emot
counteract /ˌkaʊntəˈrækt/ VB motverka
counterattack /ˈkaʊntərəˌtæk/ SB motanfall
counterbalance[1] /ˈkaʊntəˌbæləns/ SB motvikt
counterbalance[2] /ˌkaʊntəˈbæləns/ VB uppväga
counterfeit /ˈkaʊntəfɪt/ 1 ADJ förfalskad 2 SB förfalskning
counterpart /ˈkaʊntəpɑːt/ SB motsvarighet

countess /ˈkaʊntɪs/ SB grevinna
countless /ˈkaʊntləs/ ADJ otalig, oräknelig
country /ˈkʌntrɪ/ SB **1** land, fosterland **2** lands|bygd, -ort ~ **house** a) herrgård b) lantställe **in the ~** på landet **3** attribut lands-, lant- **4** attribut folk- ⟨~ **dancing**⟩
★ **go to the ~** spec GB utlysa nyval
countryman /ˈkʌntrɪmən/ SB **1** landsman **2** lantbo
county /ˈkaʊntɪ/ SB **1** grevskap **~ council** ≈ landsting **2** US ≈ storkommun
county town /ˌkaʊntɪ ˈtaʊn/ (spec US **county seat**) SB centralort
coup /kuː/ SB kupp, statskupp
coup d'état /ˌkuːdeɪˈtɑː/ SB statskupp
couple¹ /ˈkʌpl/ SB **1** par **2 a ~ of** ett par [stycken]
couple² /ˈkʌpl/ VB **1** koppla [ihop], para **2** para sig
coupon /ˈkuːpɒn/ SB kupong
courage /ˈkʌrɪdʒ/ SB mod
★ **have the ~ of one's convictions** [våga] stå för sin övertygelse **take ~** fatta mod
courageous /kəˈreɪdʒəs/ ADJ modig
courgette /kɔːˈʒet/ SB GB squash, zucchini
courier /ˈkʊrɪə/ SB **1** reseledare **2** kurir
course /kɔːs/ SB **1** bana, lopp ⟨**the ~ of the river**⟩ **2** förlopp **in the ~ of** under loppet av **the illness ran its ~** sjukdomen fick ha sin gång **3** kurs, riktning **off ~** ur kurs **4** utb kurs **5** [mat]rätt **the first ~** förrätten **6** utväg, [tillvägagångs]sätt **~ of action** tillvägagångssätt **take one's own ~** gå sin egen väg **7** sport bana ⟨**a golf ~**⟩
★ **of ~** naturligtvis **a matter of ~** en självklarhet
court¹ /kɔːt/ SB **1** domstol, rätt **the ~** äv rättens ledamöter **go to ~** dra saken inför domstol **in ~** inför rätta **take sb to ~** stämma ngn **2** rättssal **3** gård, gårdsplan **4** bana ⟨**tennis ~**⟩ **5** hov **at ~** vid hovet
court² /kɔːt/ VB **1** uppvakta ⟨**~ a woman**⟩ **2** fjäska för **3** utmana **~ disaster** utmana ödet **4** söka vinna ⟨**~ sb's approval**⟩
courteous /ˈkɜːtɪəs/ ADJ hövlig
courtesy /ˈkɜːtəsɪ/ SB hövlighet
★ **by ~ of** med tillstånd av
court-martial /ˌkɔːtˈmɑːʃl/ SB krigsrätt
cousin /ˈkʌzn/ SB kusin
cove /kəʊv/ SB liten vik
cover¹ /ˈkʌvə/ VB **1** täcka [över] **2** dölja **3** omfatta, sträcka sig över **4** behandla, avhandla ⟨**~ a subject thoroughly**⟩ **5** press, radio, tv bevaka, rapportera om **6** tillryggalägga, avverka ⟨**~ ten km**⟩
★ **~ one's tracks** sopa igen spåren efter sig
□ **cover up** dölja, täcka över **~ for sb** skydda ngn **cover oneself up** klä sig varmt
cover² /ˈkʌvə/ SB **1** över|drag, -kast, täcke, hölje, huv **2** [bok]pärm, [tidskrifts]omslag ⟨**~ girl**⟩ **3** skydd ⟨**take ~, under ~ of**⟩ **4** täckmantel ⟨**a ~ for drug dealing**⟩ **5** ekon täckning **6** [bords]kuvert
coverage /ˈkʌvərɪdʒ/ SB täckning **news ~** nyhets|täckning, -bevakning
covet /ˈkʌvɪt/ VB åtrå, trakta efter
cow /kaʊ/ SB **1** ko, kossa **2** hona av elefant, val etc
coward /ˈkaʊəd/ SB feg stackare, ynkrygg
cowardice /ˈkaʊədɪs/ SB feghet
cowardly /ˈkaʊədlɪ/ ADJ feg
cowboy /ˈkaʊbɔɪ/ SB cowboy
cower /ˈkaʊə/ VB krypa ihop, huka sig
cowshed /ˈkaʊʃed/ SB ladugård
cowslip /ˈkaʊslɪp/ SB gullviva
coy /kɔɪ/ ADJ [låtsat] blyg, chosig
cozy → **cosy**
crab /kræb/ SB krabba
crack¹ /kræk/ VB **1** spricka, knäckas **2** bryta samman, kollapsa, falla sönder **3** knaka, braka, smälla **4** om röst skära sig, gå upp i falsett **his voice is ~ing** äv han är i målbrottet **5** spräcka, knäcka ⟨**~ a code**⟩, **~ a safe** spränga ett kassaskåp **6** slå [i] t ex huvudet mot ngt **7** klatscha (snärta) med
★ **~ jokes** skämta **get ~ing** sätta fart
□ **crack down on** a) ta i på skarpen med b) slå ner på
□ **crack up** bryta samman **not be all that one's cracked up to be** vard inte leva upp till sitt rykte
crack² /kræk/ SB **1** spricka **2** springa **3** knakande, smäll, klatsch **4** hårt slag **5** kvickhet, lustighet **make ~s about** göra sig lustig över **make a ~ at** pika **6** attribut mästar- ⟨**a ~ shot**⟩, elit- ⟨**~ troops**⟩
★ **at the ~ of dawn** i gryningen **have a ~ at** försöka
cracker /ˈkrækə/ SB **1** [ost]kex, cracker **2** smällare
crackers /ˈkrækəz/ ADJ vard galen, knäpp

crackle /'krækl/ VB spraka, fräsa, knastra
crackpot /'krækpɒt/ SB knäppskalle
cradle /'kreɪdl/ SB vagga
craft¹ /krɑːft/ SB hantverk, slöjd
craft² /krɑːft/ ⟨lika i pl⟩ SB fartyg, farkost
craftsman /'krɑːftsmən/ SB hantverkare
crafty /'krɑːftɪ/ ADJ listig, slug
craggy /'krægɪ/ ADJ skrovlig, klippig
cram /kræm/ VB **1** proppa [full] **2** utb plugga
cramp¹ /kræmp/ SB **1** kramp **2** krampa
cramp² /kræmp/ VB hämma, hindra
cramped /kræmpt/ ADJ trång, hopträngd
crane /kreɪn/ SB **1** [lyft]kran **2** trana
crank /kræŋk/ SB **1** vev **2** excentriker, original
crap /kræp/ SB **1** smörja, skitsnack **2** skit **3 craps** US tärningsspel
crash¹ /kræʃ/ VB krascha, braka, störta
crash² /kræʃ/ SB **1** krasch, brak **2** krock, kollision **3** attribut snabb-, intensiv- ⟨a ~ course⟩
crash helmet SB störthjälm
crate /kreɪt/ SB **1** spjällåda, [öl]back **2** bilskrälle
crater /'kreɪtə/ SB krater
crave /kreɪv/ VB ha starkt behov av
□ **crave for** längta efter
craving /'kreɪvɪŋ/ SB längtan, begär ⟨for efter⟩
crawl¹ /krɔːl/ VB krypa [fram], kravla
□ **crawl to** krypa (fjäska) för
□ **crawl with** krylla (vimla) av
crawl² /krɔːl/ SB **1** krypande, kravlande **2** crawl
crayfish /'kreɪfɪʃ/ (spec US **crawfish** /'krɔːfɪʃ/) SB kräfta
crayon /'kreɪɒn/ SB [färg]krita
craze /kreɪz/ SB innegrej, fluga, dille ⟨for på⟩
crazy /'kreɪzɪ/ ADJ galen, tokig ⟨about i⟩
creak /kriːk/ VB knarra, gnissla
cream¹ /kriːm/ SB **1** grädde **single ~** kaffegrädde **double ~** tjock grädde **2** attribut gulvit, gräddfärgad **3** kräm **4 chocolate ~** pralin, [fylld] chokladbit **5** redd soppa **6** grädda, elit ⇓
cream² /kriːm/ VB **1** skumma grädden av **2** [grädd]stuva **3** röra ihop till en smet
cream cheese /ˌkriːm 'tʃiːz/ SB fet mjukost
cream tea /ˌkriːm 'tiː/ SB GB eftermiddagste med scones etc

crease¹ /kriːs/ SB [press]veck, rynka, skrynkla
crease² /kriːs/ VB vecka [sig], skrynkla [sig]
create /kriːˈeɪt/ VB **1** skapa, åstadkomma **2** utnämna till
creation /kriːˈeɪʃn/ SB **1** skapande, skapelse **2** kreation
creative /kriːˈeɪtɪv/ ADJ skapande, kreativ
creator /kriːˈeɪtə/ SB skapare, upphovsman
creature /'kriːtʃə/ SB varelse **Poor ~!** Stackars krake!
crèche /kreʃ/ SB **1** GB daghem *för små barn* **2** US julkrubba
credibility /ˌkredəˈbɪlətɪ/ SB trovärdighet
credible /'kredəbl/ ADJ trovärdig
credit¹ /'kredɪt/ SB **1** kredit **2** tilltro **give ~ to** sätta tilltro till **3** ära, heder, beröm **it is to your ~ that** det hedrar dig att **take the ~ for** ta åt sig äran av **4** US utb [kurs]poäng **5 credits** film lista över medverkande
credit² /'kredɪt/ VB **1** tro [på] **2** kreditera
□ **credit sth to sb (sb with sth)** *a)* tro ngn om ngt *b)* tillskriva ngn ngt, ge ngn äran av ngt
creditable /'kredɪtəbl/ ADJ hedrande, aktningsvärd
creditor /'kredɪtə/ SB fordringsägare
credulous /'kredjʊləs/ ADJ godtrogen
creed /kriːd/ SB **1** troslära, tro **2** trosbekännelse
creek /kriːk/ SB **1** spec GB trång vik **2** US bäck, å
★ **up the ~** illa ute
creep¹ /kriːp/ ⟨**crept** /krept/, **crept**⟩ VB **1** krypa, kräla, *om växt* klättra **2** smyga sig
creep² /kriːp/ SB äckel[potta]
★ **give sb the ~s** få ngn att rysa av obehag
creeper /'kriːpə/ SB klängväxt, klätterväxt
cremate /krɪˈmeɪt, US 'kriːmeɪt/ VB kremera
crepe /kreɪp/ SB **1** kräpp **2** kok crêpe
crept → creep¹
crescent /'kreznt, spec US 'kresnt/ SB **1** månskära **2** svängd gata (husrad)
cress /kres/ SB krasse
crest /krest/ SB **1** krön **2** kam **3** heraldik vapen
crestfallen /'krestˌfɔːlən/ ADJ slokörad,

moloken
Crete /kriːt/ SB Kreta
crevice /ˈkrevɪs/ SB spricka, [bergs]skreva
crew /kruː/ SB 1 besättning, manskap
 2 lag, team
crib¹ /krɪb/ SB 1 krubba 2 GB julkrubba
 3 US barnsäng 4 avskrivning, fusk
 5 fusklapp, lathund
crib² /krɪb/ VB skriva av, fuska
cricket¹ /ˈkrɪkɪt/ SB cricket
cricket² /ˈkrɪkɪt/ SB syrsa
crime /kraɪm/ SB 1 brott 2 brottslighet[en]
the Crimea /kraɪˈmɪə/ SB Krim
criminal /ˈkrɪmɪnəl/ 1 ADJ kriminell, brottslig 2 ADJ kriminal-, brott[s]- ~ **case** brottmål ~ **law** straffrätt 3 SB brottsling, förbrytare
crimson /ˈkrɪmzn/ 1 ADJ karmosinröd, friare blodröd 2 SB karmosinrött
cringe /krɪndʒ/ VB 1 huka sig, krypa ihop 2 svansa, fjäska ⟨**to** för⟩
crinkle¹ /ˈkrɪŋkl/ SB veck, skrynkla
crinkle² /ˈkrɪŋkl/ VB vecka [sig], skrynkla [sig]
crinkly /ˈkrɪŋklɪ/ ADJ skrynklig, om hår krullig
cripple¹ /ˈkrɪpl/ SB invalid, krympling
cripple² /ˈkrɪpl/ VB 1 invalidisera, lemlästa 2 skada, lamslå
crisis /ˈkraɪsɪs/ ⟨pl **crises** /-iːz/⟩ SB kris
crisp /krɪsp/ 1 ADJ knaprig, spröd, frasig 2 ADJ frisk, kylig ⟨~ **air**⟩ 3 ADJ kort och koncis, rapp ⟨**a ~ reply**⟩ 4 ADJ ny, fräsch 5 SB **crisps** GB chips
crispbread /ˈkrɪspbred/ SB knäckebröd
criterion /kraɪˈtɪərɪən/ ⟨pl **criteria** /-ɪə/⟩ SB kriterium
critic /ˈkrɪtɪk/ SB kritiker
critical /ˈkrɪtɪkl/ ADJ kritisk ⟨**of** mot⟩
criticism /ˈkrɪtɪˌsɪzəm/ SB kritik
criticize /ˈkrɪtɪsaɪz/ VB kritisera
croak /krəʊk/ VB 1 kraxa 2 kväka
crochet /ˈkrəʊʃeɪ, US krəʊˈʃeɪ/ VB virka
crock /krɒk/ SB GB skrälle
crockery /ˈkrɒkərɪ/ SB porslin tallrikar etc
crocodile /ˈkrɒkədaɪl/ SB krokodil
crocus /ˈkrəʊkəs/ SB krokus
crony /ˈkrəʊnɪ/ SB kompis, kumpan
crook /krʊk/ SB 1 vard skojare, bedragare 2 krök, böj[ning] **the ~ of one's arm** armvecket
crooked /ˈkrʊkɪd/ ADJ 1 krokig, krökt, sned 2 oärlig

croon /kruːn/ VB nynna, sjunga mjukt och lågmält
crop¹ /krɒp/ SB 1 skörd, gröda 2 kull ⟨**a ~ of students**⟩ 3 snaggning
crop² /krɒp/ VB 1 snagga 2 beta av
 □ **crop up** komma fram, uppstå, dyka upp
cropper /ˈkrɒpə/ SB **come a ~** vard a) stå på näsan b) misslyckas kapitalt
croquet /ˈkrəʊkɪ, US krəʊˈkeɪ/ SB krocket
cross¹ /krɒs/ 1 SB kors, kryss 2 SB korsning, mellanting 3 SB krossboll, fotboll äv inlägg 4 ADJ arg, sur ⟨**with** på⟩
cross² /krɒs/ VB 1 korsa **~ a street** gå över en gata **it ~ed my mind that** det slog mig att **~ oneself** göra korstecknet 2 hindra ★ **~ one's fingers** hålla tummarna **C~ my heart!** [Jag lovar] på hedersord!
 □ **cross off** stryka från (på) ⟨**cross one's name off the list**⟩
crossbreed /ˈkrɒsbriːd/ SB korsning, hybrid
cross-check /ˈkrɒstʃek/ VB dubbelkolla
cross-country /ˌkrɒsˈkʌntrɪ/ ADJ terräng- ⟨~ **running**⟩, ~ **skiing** längdskidåkning ~ **walking** vandring
cross-examine /ˌkrɒsɪgˈzæmɪn/ VB korsförhöra
cross-eyed /ˈkrɒsaɪd/ ADJ vindögd
crossing /ˈkrɒsɪŋ/ SB 1 sjöresa, överresa 2 trafik korsning 3 övergångsställe
cross-purposes /ˌkrɒsˈpɜːpəsɪz/ SB **be at ~** tala om helt olika saker, missförstå varann
crossroads /ˈkrɒsrəʊdz/ SB vägkorsning **be at the ~** bildl stå vid skiljevägen
crossword /ˈkrɒswɜːd/, **crossword puzzle** SB korsord
crotch /krɒtʃ/ SB gren, skrev
crouch /kraʊtʃ/, **crouch down** VB huka sig, krypa ihop
crow¹ /krəʊ/ SB kråka
 ★ **as the ~ flies** fågelvägen **~'s feet** rynkor kring ögonen
crow² /krəʊ/ VB 1 gala 2 jollra
 □ **crow about (over)** skryta över, stoltsera med
crowd¹ /kraʊd/ SB folkmassa **a ~ of people** en massa människor 2 sport publik 3 sällskap, gäng, människor
crowd² /kraʊd/ VB 1 trängas, tränga [ihop] sig 2 fylla, proppa full
 □ **crowd in on** tränga sig på

C crowded – cup¹

crowded /'kraʊdɪd/ ADJ 1 full[packad], fullsatt 2 trångbodd
crown¹ /kraʊn/ SB 1 krona 2 the Crown GB staten, kronan 3 hjässa, topp, krön
crown² /kraʊn/ VB kröna
★ **to ~ it all** till råga på allt
crucial /'kru:ʃl/ ADJ kritisk, avgörande
crucifix /'kru:sɪfɪks/ SB krucifix
crucify /'kru:sɪfaɪ/ VB korsfästa
crude /kru:d/ ADJ 1 rå, obearbetad ~ **facts** nakna fakta ~ **oil** råolja 2 grov, plump 3 primitiv
cruel /'kru:əl/ ADJ grym
cruelty /'kru:əltɪ/ SB grymhet
cruise¹ /kru:z/ VB 1 köra omkring, *sjö* gå (segla) fram, kryssa [omkring]
cruise² /kru:z/ SB kryssning ⟨go on a ~⟩
cruise missile /ˌkru:z 'mɪsaɪl, US -səl/ SB kryssningsrobot
cruiser /'kru:zə/ SB kryssare
cruising speed SB marschfart
crumb /krʌm/ SB [bröd]smula
crumble /'krʌmbl/ VB 1 smula [sönder] 2 falla sönder
crumple /'krʌmpl/ VB 1 skrynkla, knyckla till 2 skrynkla sig, knycklas ihop
crunch¹ /krʌntʃ/ VB 1 knapra på 2 knastra, knarra, krasa
crunch² /krʌntʃ/ SB 1 knaprande 2 knastrande, knarrande, krasande
★ **when it comes to the ~** när det kommer till kritan
crusade /kru:'seɪd/ SB 1 korståg 2 kampanj
crush¹ /krʌʃ/ VB 1 krossa, mala (smula) sönder 2 pressa, trycka 3 kuva, undertrycka 4 krossas
crush² /krʌʃ/ SB 1 trängsel, folkmassa 2 *vard* svärmeri **have a ~ on** svärma för 3 GB fruktdryck ⟨lemon ~⟩
crushing /'krʌʃɪŋ/ ADJ förkrossande
crust /krʌst/ SB 1 skorpa 2 skare 3 jordskorpa
crutch /krʌtʃ/ SB 1 krycka 2 *bildl* stöd
crux /krʌks/ SB krux **the ~ of the matter** den avgörande punkten
cry¹ /kraɪ/ VB 1 gråta 2 ropa, skrika
★ ~ **wolf** ropa på hjälp *i onödan*
□ **cry down** a) göra ner b) överrösta
□ **cry for** a) skrika efter b) gråta över ⟨~ **a lost dog**⟩, ~ **the moon** begära det omöjliga
□ **cry off** *vard* lämna återbud

□ **cry out** utropa, skrika 'till ~ **against** högljutt protestera mot ~ **for** skrika (ropa) efter **cry one's eyes out** gråta förtvivlat
cry² /kraɪ/ SB rop, skrik ⟨for på, efter⟩
★ **have a good ~** gråta ut **in full ~** i full fart
crybaby /'kraɪˌbeɪbɪ/ SB lipsill
cryptic /'krɪptɪk/ ADJ kryptisk
crystal /'krɪstl/ SB kristall
crystallize /'krɪstəlaɪz/ VB kristallisera[s], utkristallisera[s], konkretisera[s]
cub /kʌb/ SB unge *av t ex björn, lejon, varg*
cube /kju:b/ SB kub, *kok* tärning
cubic /'kju:bɪk/ ADJ kubik-, kubisk
cubicle /'kju:bɪkl/ SB bås, hytt
cuckoo /'kʊku:/ SB gök
cucumber /'kju:kʌmbə/ SB gurka
cuddle¹ /'kʌdl/ VB krama[s], kela [med]
□ **cuddle up** krypa ihop
cuddle² /'kʌdl/ SB kram, smekning
cuddly /'kʌdlɪ/ ADJ kelig, kramgod
cudgel /'kʌdʒəl/ VB slå, banka
★ ~ **one's brains** bry sin hjärna
cue¹ /kju:/ SB 1 stickreplik 2 vink, signal
★ **on ~** *vard* exakt på sekunden, som på beställning
cue² /kju:/ SB [biljard]kö
cuff /kʌf/ SB 1 manschett 2 *spec US* [byx]uppslag 3 **cuffs** *vard* handbojor
★ **off the ~** på rak arm, improviserat
cuff link SB manschettknapp
cuisine /kwɪ'zi:n/ SB kokkonst, kök
cul-de-sac /'kʌldəsæk/ SB återvänds|gränd, -gata
culinary /'kʌlɪnərɪ/ ADJ matlagnings-, kulinarisk
cullender → colander
culminate /'kʌlmɪneɪt/ VB kulminera
culprit /'kʌlprɪt/ SB brottsling **the ~** *äv* den skyldige
cult /kʌlt/ SB kult
cultivate /'kʌltɪveɪt/ VB odla, kultivera
cultural /'kʌltʃərəl/ ADJ kulturell
culture /'kʌltʃə/ SB 1 kultur 2 *äv biol* odling
cultured /'kʌltʃəd/ ADJ 1 kultiverad 2 odlad
cumbersome /'kʌmbəsəm/ ADJ ohanterlig
cunning /'kʌnɪŋ/ 1 ADJ slug, listig 2 SB list
cunt /kʌnt/ SB fitta
cup¹ /kʌp/ SB 1 kopp 2 *pris* pokal 3 cup[tävling] ~ **tie** GB cupmatch

4 US golf hål
★ **it's not my ~ of tea** det är inte i min smak
cup² /kʌp/ VB kupa ⟨**~ one's hands**⟩
cupboard /'kʌbəd/ SB skåp
curate /'kjʊərət/ SB kyrkoadjunkt
curb¹ /kɜ:b/ SB kontroll, stävjande ⟨**on** av⟩ **put a ~ on** hålla i schack
curb² /kɜ:b/ VB tygla, hålla tillbaka
curb³ → kerb
cure¹ /'kjʊə/ VB **1** kurera, bota ⟨**of** för, från⟩ **2** kok torka, salta in, röka
cure² /'kjʊə/ SB **1** botemedel ⟨**for** mot⟩ **2** bot, kur
curfew /'kɜ:fju:/ SB utegångsförbud
curiosity /ˌkjʊərɪ'ɒsətɪ/ SB **1** nyfikenhet **2** kuriositet
curious /'kjʊərɪəs/ ADJ **1** nyfiken **2** egendomlig
curl¹ /kɜ:l/ SB **1** [hår]lock **2** [rök]slinga
curl² /kɜ:l/ VB **1** locka [sig], krulla [sig] **2** ringla
□ **curl up** a) krypa ihop b) rulla ihop sig
curler /'kɜ:lə/ SB papiljott
curly /'kɜ:lɪ/ ADJ lockig, krullig
currant /'kʌrənt/ SB **1** vinbär **2** korint
currency /'kʌrənsɪ/ SB **1** valuta **2** spridning
current /'kʌrənt/ **1** ADJ [nu] gällande, aktuell ⟨**~ affairs**⟩ **2** ADJ gängse, allmänt spridd **3** SB ström
curriculum /kə'rɪkjʊləm/ ⟨pl **-s** el **curricula** /-lə/⟩ SB kursplan, läroplan
curriculum vitae /kə'rɪkjʊləm 'vi:taɪ/ ⟨förk **CV, cv** /ˌsi:'vi:/⟩ SB spec GB [kort] levnadsbeskrivning, meritförteckning
curry¹ /'kʌrɪ/ SB **1** curry **2** curryrätt
curry² /'kʌrɪ/ VB **~ favour with** ställa sig in hos
curse¹ /kɜ:s/ SB **1** förbannelse **2** svordom
curse² /kɜ:s/ VB **1** förbanna **2** svära
cursor /'kɜ:sə/ SB data markör
curt /kɜ:t/ ADJ brysk, tvär
curtain /'kɜ:tn/ SB gardin, draperi, ridå
curtsy¹ /'kɜ:tsɪ/, **curtsey** VB niga
curtsy² /'kɜ:tsɪ/, **curtsey** SB nigning
curve¹ /kɜ:v/ SB kurva, krök
curve² /kɜ:v/ VB böja sig, svänga
cushion¹ /'kʊʃn/ SB kudde
cushion² /'kʊʃn/ VB mildra, dämpa
cushy /'kʊʃɪ/ ADJ GB lättskött, bekväm
custard /'kʌstəd/ SB **1** GB vanilj|kräm, -sås **2** US pudding

custody /'kʌstədɪ/ SB **1** vårdnad **2** häkte, förvar
custom /'kʌstəm/ ⟨↔ customs⟩ SB sed, bruk, vana
customary /'kʌstəmərɪ/ ADJ bruklig, vanlig
customer /'kʌstəmə/ SB **1** kund **2** typ, figur **an odd ~** en konstig prick (typ)
customs /'kʌstəmz/ SB tull ⟨**pay ~ on sth**⟩, **~ officer** tulltjänsteman
cut¹ /kʌt/ ⟨cut, cut⟩ VB **1** skära, tälja **~ one's thumb** skära sig i tummen **2** klippa ⟨**~ the hedge**⟩, **have one's hair ~** [gå och] klippa sig **3** minska, skära ner **4** stryka, utesluta **5** korsa ⟨**the road ~s the canal**⟩ **6** kortspel kupera **7** ignorera, inte låtsas se ⟨**~ sb in the street**⟩ **8** skolka från ⟨**~ a lesson**⟩ **9** gravera, rista in **10** diamant slipa
★ **~ and run** smita [sin väg] **~ both ways** vara på både gott och ont **~ a corner** ta en genväg **~ sb dead** behandla ngn som luft **~ sb down to size** sätta ngn på plats **~ a fine figure** göra ett elegant intryck **~ no ice** inte göra något intryck, inte gå hem **~ to pieces** förinta **~ a poor figure** göra en slät figur **~ short** avbryta **~ one's teeth** a) få tänder b) göra sina första lärospån
□ **cut across** skära tvärs över ⟨**~ party lines**⟩
□ **cut back** a) skära ner b) film göra en återblick
□ **cut down** skära ner, minska ⟨**~ on smoking**⟩
□ **cut in** a) avbryta ⟨**~ on other people's conversation**⟩ b) göra snäv omkörning ⟨**the Fiat ~ in front of us**⟩
□ **cut out** a) avstå från ⟨**~ meat**⟩ b) stanna ⟨**the engine ~**⟩, **Cut it out!** Lägg av!
□ **cut up** såra **be ~ about** vara upprörd över **~ rough** bli förbannad
cut² /kʌt/ SB **1** skärsår, snitt, hack **2** stycke, del, andel **3** nedskärning, minskning ⟨**in** av⟩ **4** avbrott **5** snitt, skärning om kläder, klipp[ning]
★ **a ~ above** ett strå vassare (ett pinnhål högre) än
cute /kju:t/ ADJ **1** söt **2** vard smart
cutlery /'kʌtlərɪ/ SB [mat]bestick
cutlet /'kʌtlɪt/ SB **1** kotlett **2** krokett, pannbiff

cut-price /ˌkʌt'praɪs/ ADJ lågpris-
⟨~ shop⟩
cutthroat /'kʌtθrəʊt/ ADJ mördande, stenhård
cutting /'kʌtɪŋ/ **1** SB urklipp **2** SB stickling, skott **3** ADJ bitande, sarkastisk
CV, cv → curriculum vitae
cwt → hundredweight
cycle¹ /'saɪkl/ SB **1** cykel **2** kretslopp
cycle² /'saɪkl/ VB cykla
cyclist /'saɪklɪst/ SB cyklist
cyclone /'saɪkləʊn/ SB cyklon
cylinder /'sɪlɪndə/ SB cylinder
cynic /'sɪnɪk/ SB cyniker
cynical /'sɪnɪkl/ ADJ cynisk
cynicism /'sɪnɪˌsɪzəm/ SB cynism
cypress /'saɪprəs/ SB cypress
Cyprus /'saɪprəs/ SB Cypern
czar → tsar
Czech /tʃek/ **1** ADJ tjeckisk **2** SB tjeck **3** SB tjeckiska [språket]
Czechoslovakia /ˌtʃekəʊsləʊ'vækɪə/ SB Tjeckoslovakien

dab¹ /dæb/ VB **1** badda **2** klappa [lätt]
dab² /dæb/ SB be a ~ [hand] at GB vara jättebra i (på)
dabble /'dæbl/ VB plaska [med]
▫ **dabble in** syssla med, fuska i
dachshund /'dæksnd, US 'dɑ:kshʊnd/ SB tax
dad /dæd/ SB vard pappa
daddy /'dædɪ/ SB barnspråk pappa
daffodil /'dæfədɪl/ SB påsklilja
daft /dɑ:ft/ ADJ spec GB tokig ⟨about i⟩, korkad, knäpp
dagger /'dægə/ SB dolk
★ **at ~s drawn** riktigt osams
daily¹ /'deɪlɪ/ **1** ADJ daglig **2** SB dagstidning **3** SB spec GB hemhjälp, städhjälp
daily² /'deɪlɪ/ ADV dagligen
dainty /'deɪntɪ/ ADJ **1** nätt, utsökt **2** kräsen
dairy /'deərɪ/ SB **1** mejeri **2** mjölkaffär
dairy cattle SB mjölkboskap
daisy /'deɪzɪ/ SB tusensköna, US äv prästkrage
dam¹ /dæm/ VB dämma
dam² /dæm/ SB damm
damage¹ /'dæmɪdʒ/ SB skada **do ~ to** skada
damage² /'dæmɪdʒ/ VB skada
damages /'dæmɪdʒɪz/ SB skadestånd
Dame /deɪm/ SB hederstitel till kvinna som fått den brittiska imperieorden
damn¹ /dæm/ VB **1** fördöma, förbanna Well, I'll be ~ed! Det var som tusan! **2** döma ut, göra ner
damn² /dæm/ INTERJ tusan också
damn³ /dæm/ **1** SB **not give (care) a ~** strunta blankt **2** ADJ jäkla, förbannad ⟨a ~ fool⟩
damn⁴ /dæm/ ADV förbannat ⟨~ good⟩
damnation /dæm'neɪʃn/ SB fördömelse
damned¹ /dæmd/ ADJ jäkla, förbannad

⟨a ~ fool⟩
damned² /dæmd/ ADV jäkla, förbannat ⟨~ good⟩
damp¹ /dæmp/ **1** ADJ fuktig **2** SB fukt
damp² /dæmp/, **dampen** /'dæmpən/ VB fukta
□ **damp[en] down** kväva, dämpa
damper /'dæmpə/ SB **1** dämpare **2** dämmare, sordin
∗ **put a ~ on** lägga sordin på, dämpa
dance¹ /dɑ:ns/ SB **1** dans **2** danstillställning
dance² /dɑ:ns/ VB dansa
dancer /'dɑ:nsə/ SB dansare, dansör, dansös
dancing /'dɑ:nsɪŋ/ SB dans *på restaurang etc*
dandelion /'dændɪlaɪən/ SB maskros
dandruff /'dændrʌf/ SB mjäll
dandy /'dændɪ/ SB dandy, [kläd]snobb
Dane /deɪn/ SB dansk
danger /'deɪndʒə/ SB fara, risk ⟨to för⟩
dangerous /'deɪndʒərəs/ ADJ farlig
dangle /'dæŋgl/ VB dingla [med]
Danish /'deɪnɪʃ/ **1** ADJ dansk ~ **pastry** wienerbröd **2** SB danska [språket]
the Danube /'dænju:b/ SB Donau
dare /deə/ VB **1** våga **I ~ say (~say) he'll come** *spec GB* han kommer nog **2** utmana **I ~ you to jump** hoppa om du törs
daredevil /'deə,devl/ SB våghals
daring /'deərɪŋ/ **1** ADJ djärv, utmanande **2** SB djärvhet
dark /dɑ:k/ **1** ADJ mörk **2** ADJ hemlig **3** SB mörker **before ~** före mörkrets inbrott
∗ **be in the ~ about** sväva i okunnighet om
darken /'dɑ:kən/ VB **1** mörkna **2** förmörka
darkness /'dɑ:knəs/ SB mörker
darling /'dɑ:lɪŋ/ **1** SB älskling **2** *attribut* älsklings- **a ~ sister** en älskad syster **3** ADJ förtjusande, gullig
darn /dɑ:n/ VB stoppa ⟨~ socks⟩
dart¹ /dɑ:t/ SB **1** pil **2 darts** pilkastning, dart
dart² /dɑ:t/ VB rusa, kasta (störta) sig
dash¹ /dæʃ/ VB **1** rusa [i väg] **2** stöta [till], slå [till] **3** slänga **4** stänka **5** gäcka, krossa
dash² /dæʃ/ SB **1** rusning **make a ~ for** rusa mot (till) **2** *spec US* sprinterlopp **3** stänk, skvätt ⟨a ~ of pepper⟩ **4** bravur, frejdighet **5** tankstreck

dash³ /dæʃ/ INTERJ **Dash [it]!** Förbaskat också!
dashing /'dæʃɪŋ/ ADJ flott, stilig
data /'deɪtə/ SB uppgifter, data
database /'deɪtəbeɪs/ SB databas
date¹ /deɪt/ SB **1** datum **2** träff **3** *spec US* pojkvän, flickvän
∗ **out of ~** *a)* omodern *b)* ogiltig **to ~** [fram] till i dag, hittills **up to ~** fullt modern
date² /deɪt/ VB **1** datera **2** *spec US* ha sällskap med ⟨**Ann is now dating John**⟩
□ **date back to** gå tillbaka till
□ **date from** härröra från
date³ /deɪt/ SB dadel
dated /'deɪtɪd/ ADJ gammalmodig, föråldrad
daub /dɔ:b, *US* dɒb/ VB **1** stryka (smeta) på **2** kladda (söla) ner
daughter /'dɔ:tə/ SB dotter
daughter-in-law /'dɔ:tərɪn,lɔ:/ SB svärdotter, sonhustru
daunt /dɔ:nt/ VB skrämma
dawdle /'dɔ:dl/ VB söla, dröna, dra benen efter sig
dawn¹ /dɔ:n/ SB gryning **at ~** i gryningen
dawn² /dɔ:n/ VB dagas, gry
□ **dawn on** [börja] gå upp för
day /deɪ/ SB **1** dag **2** ~ **[and night]** dygn **3** tid ⟨**in Shakespeare's ~[s]**⟩
∗ **any ~ now** när som helst **by ~** på dagen **~ by ~** dag för dag **~ in, ~ out** dag ut och dag in **have had one's ~** ha sett sina bästa dagar **in this ~ and age, in our ~[s]** i vår tid, i våra dagar **in those ~s** på den tiden **make sb's ~** göra ngn salig [av lycka] **one of these ~s** endera dagen **the other ~** häromdagen **some (one) ~** en (vacker) dag **these ~s** nu för tiden **this ~ week** i dag om åtta dagar **Those were the ~s!** Det var tider det! **to the ~** [exakt] på dagen **to this ~** än i dag ⇓
daybreak /'deɪbreɪk/ SB gryning, dagning
daycare /'deɪkeə/ SB barntillsyn
daycare centre (*US* **center**) SB daghem, dagis
daydream¹ /'deɪdri:m/ SB dagdröm
daydream² /'deɪdri:m/ VB dagdrömma
daylight /'deɪlaɪt/ SB dagsljus **in broad ~** mitt på ljusa dagen
daylight saving time SB (*US äv* **daylight time**) sommartid
day nursery /'deɪ,nɜ:sərɪ/ SB

[barn]daghem, dagis
day-to-day /ˌdeɪtəˈdeɪ/ ADJ daglig ⟨~ **business**⟩
daze[1] /deɪz/ VB **1** bedöva **2** göra förvirrad (omtöcknad), chocka
daze[2] /deɪz/ SB **in a ~** omtöcknad, omtumlad
dazzle /ˈdæzl/ VB blända
DC /ˌdiːˈsiː/ SB **1** ⟨*förk f* direct current⟩ likström **2** ⟨*förk f* District of Columbia⟩ **Washington DC** *USA:s huvudstad som ligger i förbundsstaten Columbia*
deacon /ˈdiːkən/ SB diakon
dead[1] /ded/ **1** ADJ död, livlös ⟨**the city was ~**⟩ **2** ADJ domnad **3** ADJ *vard* fullständig ⟨**~ silence**⟩, **in the ~ centre** exakt i mitten **come to a ~ stop** tvärstanna **4** SB **the ~** de döda
★ **be ~ to** vara oemottaglig för **in the ~ of night** mitt i natten ⇓
dead[2] /ded/ ADV död[s]-, fullständigt **~ beat** dödstrött **~ drunk** dödfull, plakat **stop ~** tvärstanna
deaden /ˈdedn/ VB dämpa, avtrubba
dead end /ˌded ˈend/ SB återvändsgränd
dead heat /ˌded ˈhiːt/ SB dött lopp
deadlock /ˈdedlɒk/ SB dödläge **reach a ~** köra fast
deadly[1] /ˈdedlɪ/ ADJ **1** dödlig, dödsbringande, döds- **2** dödtråkig
deadly[2] /ˈdedlɪ/ ADV döds- ⟨**~ dull, ~ pale**⟩
deadpan /ˈdedpæn/ ADJ gravallvarlig
the Dead Sea /ˌded ˈsiː/ SB Döda havet
deaf /def/ ADJ döv
deafening /ˈdefənɪŋ/ ADJ öronbedövande
deal[1] /diːl/ ⟨**dealt** /delt/, **dealt**⟩ VB
1 tillfoga, ge **~ a blow to sb** ge ngn ett slag **2** *kortspel* ge, dela ut **3** handla, göra affärer
□ **deal by** handla (uppträda) mot ⟨**deal fairly by sb**⟩
□ **deal in** handla (driva handel) med
□ **deal out** dela ut
□ **deal with** *a)* handla hos (i) ⟨**~ a shop**⟩ *b)* göra affärer med *c)* ta itu med, handskas med *d)* ha att göra med ⟨**be easy to ~**⟩ *e)* handla om
deal[2] /diːl/ SB **1** uppgörelse, affär, transaktion ⟨**make** (*GB äv* **do**) **a ~**⟩ **It's a ~!** Då säger vi det! **2** behandling **get a raw (rough) ~** bli illa behandlad **3 a great (good) ~ of** en hel del, mycket **4** *kortspel* giv

dealer /ˈdiːlə/ SB **1** [för]säljare, *i sms* -handlare ⟨**used-car ~**⟩, **drug ~** knarklangare **2** *kortspel* giv, givare
dealings /ˈdiːlɪŋz/ SB samröre, förbindelse[r]
dealt → **deal**[1]
dean /diːn/ SB **1** domprost **2** dekanus **3** doyen
dear[1] /dɪə/ **1** ADJ kär, rar **he's ~ to them** de håller av honom **2** ADJ dyr[bar] **3** SB käresta, raring **she's such a ~** hon är så rar
★ **my ~** kära du **there's a ~** så är du snäll ⟨**Come here, there's a ~!**⟩
dear[2] /dɪə/ INTERJ **D~, ~!, D~ me!, Oh ~!** Oj då!, Kära nån!
dear[3] /dɪə/ ADV dyrt ⟨**sell ~**⟩, **it cost us ~** det stod oss dyrt
dearly /ˈdɪəlɪ/ ADV **1** innerligt **2** dyrt ⟨**pay ~**⟩
death /deθ/ SB **1** död **bored (sick) to ~ of** dödstrött på **2** dödsfall
★ **be at ~'s door** ligga för döden
deathly[1] /ˈdeθlɪ/ ADJ **1** dödlig **2** dödslik
deathly[2] /ˈdeθlɪ/ ADV dödligt, döds-, som döden
debase /dɪˈbeɪs/ VB förnedra, degradera
debatable /dɪˈbeɪtəbl/ ADJ diskutabel, omstridd
debate[1] /dɪˈbeɪt/ SB debatt, diskussion
debate[2] /dɪˈbeɪt/ VB debattera, diskutera
debauchery /dɪˈbɔːtʃərɪ/ SB utsvävningar
debit[1] /ˈdebɪt/ SB debet
debit[2] /ˈdebɪt/ VB debitera
debrief /ˌdiːˈbriːf/ VB utfråga **be ~ed** rapportera
debris /ˈdebriː, *US* dəˈbriː/ SB spillror, bråte
debt /det/ SB skuld **be in ~** stå i skuld
debtor /ˈdetə/ SB gäldenär
debug /ˌdiːˈbʌg/ VB *data* söka [och avlägsna] fel i, avlusa
debunk /ˌdiːˈbʌŋk/ VB *vard* avslöja
debut /ˈdeɪbjuː, ˈdeb-, *US äv* deɪˈbjuː/ SB debut
decade /ˈdekeɪd/ SB årtionde, decennium
decadent /ˈdekədənt/ ADJ dekadent
decal /dɪˈkæl/ SB *spec US* dekal
decamp /dɪˈkæmp/ VB sticka i väg, avvika
decanter /dɪˈkæntə/ SB karaff
decathlon /dɪˈkæθlɒn/ SB tiokamp
decay[1] /dɪˈkeɪ/ VB **1** förstöras **2** förfalla **3** ruttna

decay² /dɪ'keɪ/ SB **1** sönderfall, förfall **2** förruttnelse
deceased /dɪ'si:st/ **1** ADJ avliden **2** SB the ~ den avlidne, den (de) avlidna
deceit /dɪ'si:t/ SB bedrägeri, svek
deceitful /dɪ'si:tfʊl/ ADJ bedräglig, svekfull
deceive /dɪ'si:v/ VB bedra, lura, vilseleda
December /dɪ'sembə/ SB december
decency /'di:sənsɪ/ SB **1** anständighet **2** hygglighet
decent /'di:snt/ ADJ **1** anständig **2** hygglig
deception /dɪ'sepʃn/ SB bedrägeri
deceptive /dɪ'septɪv/ ADJ bedräglig
decide /dɪ'saɪd/ VB **1** bestämma [sig för], besluta **2** få att bestämma sig ⟨What ~d you?⟩, avgöra, döma [i]
□ **decide against** bestämma sig för att inte ⟨~ going⟩
□ **decide on** bestämma sig för
decided /dɪ'saɪdɪd/ ADJ **1** bestämd **2** otvetydig
decimal /'desɪml/ SB decimal ~ **point** decimalkomma
decipher /dɪ'saɪfə/ VB dechiffrera, tyda
decision /dɪ'sɪʒn/ SB **1** beslut **2** avgörande ⟨the moment of ~⟩ **3** beslutsamhet
decisive /dɪ'saɪsɪv/ ADJ **1** avgörande **2** beslutsam
deck¹ /dek/ SB **1** däck ~ **chair** vilstol, solstol **2** US äv kortlek
deck² /dek/, **deck out** VB pryda, göra fin
declaration /ˌdeklə'reɪʃn/ SB **1** förklaring ⟨~ of war⟩ **2** deklaration, uppgiftslämnande
declare /dɪ'kleə/ VB **1** förklara, säga ~ **oneself in favour of** förklara sig vara 'för **2** förklara, tillkännage **3** deklarera *i tullen*
decline¹ /dɪ'klaɪn/ VB **1** gå ner, sjunka, avta **2** tacka nej [till], avböja
decline² /dɪ'klaɪn/ SB nedgång, [för]fall
★ **on the ~** i avtagande
declutch /di:'klʌtʃ/ VB *bil* koppla ur
decode /di:'kəʊd/ VB dechiffrera, tolka
decompose /ˌdi:kəm'pəʊz/ VB **1** upplösas, ruttna **2** upplösa, bryta ner
decorate /'dekəreɪt/ VB **1** dekorera **2** måla och tapetsera
decorative /'dekərətɪv/ ADJ dekorativ
decorator /'dekəreɪtə/ SB **1** målare *hantverkare* **2** dekoratör
decorous /'dekərəs/ ADJ värdig, anständig

decoy /'di:kɔɪ/ SB lockbete, lockfågel
decrease¹ /ˌdi:'kri:s/ VB minska, minskas, avta
decrease² /'di:kri:s/ SB minskning **on the ~** i avtagande
decree¹ /dɪ'kri:/ SB dekret, förordning
decree² /dɪ'kri:/ VB påbjuda, förordna
decrepit /dɪ'krepɪt/ ADJ **1** orkeslös **2** fallfärdig
decry /dɪ'kraɪ/ VB fördöma
dedicate /'dedɪkeɪt/ VB **1** tillägna ⟨to åt⟩ **2** ägna ⟨to åt⟩ **3** inviga, helga
dedication /ˌdedɪ'keɪʃn/ SB **1** tillägnan, dedikation **2** engagemang, hängivenhet **3** invigning
deduce /dɪ'dju:s/ VB sluta sig till
deductible /dɪ'dʌktəbl/ ADJ avdragsgill
deduction /dɪ'dʌkʃn/ SB **1** slutledning **2** avdrag
deed /di:d/ SB **1** gärning, dåd **2** *jur* handling
deep¹ /di:p/ ADJ djup
★ **go off the ~ end** flyga i taket, bli galen
deep² /di:p/ ADV djupt ⟨dig ~⟩, ~ **down** innerst inne
deepen /'di:pən/ VB **1** göra djupare, fördjupa **2** bli djupare, fördjupas
deepfreeze /ˌdi:p'fri:z/ SB frys
deep-freeze /ˌdi:p'fri:z/ ⟨**deep-froze** /-'frəʊz/, **deep-frozen** /-'frəʊzn/⟩ VB djupfrysa
deep-fry /ˌdi:p'fraɪ/ VB fritera, flottyrkoka
deer /dɪə/ ⟨*lika i pl*⟩ SB hjort, rådjur
deface /dɪ'feɪs/ VB vanställa, vanpryda
default /dɪ'fɔ:lt/ SB **1** försummelse, uteblivelse **2** *attribut* ⟨data⟩ för|inställd, -vald, normal- ⟨~ value⟩
★ **in ~ of** i brist på, i frånvaro av
defeat¹ /dɪ'fi:t/ VB **1** besegra **2** omintetgöra
defeat² /dɪ'fi:t/ SB nederlag
defect¹ /'di:fekt/ SB defekt, brist
defect² /dɪ'fekt/ VB *spec polit* hoppa av
defector /dɪ'fektə/ SB avhoppare
defence /dɪ'fens/ (US **defense**) SB försvar, *jur äv* svarandesida **in ~ of** till försvar för
defend /dɪ'fend/ VB försvara
defendant /dɪ'fendənt/ SB *jur* svarande
defense → defence
defensive /dɪ'fensɪv/ **1** ADJ defensiv, försvars- **2** SB defensiv
defer /dɪ'fɜ:/ VB uppskjuta

defiance /dɪˈfaɪəns/ SB trots
defiant /dɪˈfaɪənt/ ADJ trotsig
deficiency /dɪˈfɪʃənsɪ/ SB brist ⟨in på⟩
deficient /dɪˈfɪʃnt/ ADJ otillräcklig be ~ in lida brist på, sakna
deficit /ˈdefəsɪt/ SB underskott
defile /dɪˈfaɪl/ VB smutsa ner
define /dɪˈfaɪn/ VB 1 definiera, bestämma 2 be ~d teckna sig [skarpt]
definite /ˈdefɪnɪt/ ADJ bestämd ⟨the ~ article⟩, definitiv a ~ advantage en klar fördel
definition /ˌdefɪˈnɪʃn/ SB 1 definition 2 *foto* skärpa
deflate /dɪˈfleɪt/ VB 1 släppa ut luften (gasen) ur 2 *ekon* minska, sänka ~ the economy åstadkomma deflation
deflect /dɪˈflekt/ VB 1 avleda, få att böja av, *om målvakt* tippa 2 avvika, böja av
deform /dɪˈfɔːm/ VB vanställa, deformera
deformity /dɪˈfɔːmətɪ/ SB missbildning
defraud /dɪˈfrɔːd/ VB bedra, svindla ⟨of på⟩
defrost /ˌdiːˈfrɒst/ VB frosta av, tina [upp]
deft /deft/ ADJ händig, skicklig, rask
defy /dɪˈfaɪ/ VB 1 trotsa 2 motstå 3 utmana I ~ you to jump hoppa om du törs
degenerate[1] /dɪˈdʒenərət/ 1 ADJ degenererad 2 SB degenererad person
degenerate[2] /dɪˈdʒenəreɪt/ VB degenerera, urarta, sjunka [ner] ⟨into till⟩
degrade /dɪˈgreɪd/ VB 1 förnedra 2 fördärva 3 degradera 4 *kemi* bryta ner
degree /dɪˈgriː/ SB 1 grad by ~s gradvis, efter hand to a high ~ i hög grad 2 examen ⟨a university ~⟩
deign /deɪn/ VB nedlåta sig ~ to *äv* värdigas
deity /ˈdeɪətɪ, ˈdiː-/ SB gud, gudom[lighet]
dejected /dɪˈdʒektɪd/ ADJ dyster, nedslagen
delay[1] /dɪˈleɪ/ VB 1 uppskjuta, vänta (dröja) med 2 försena, förhala
delay[2] /dɪˈleɪ/ SB försening, dröjsmål, uppskov
delegate[1] /ˈdelɪgət/ SB delegat
delegate[2] /ˈdelɪgeɪt/ VB 1 delegera 2 ge i uppdrag
delegation /ˌdelɪˈgeɪʃn/ SB 1 delegation 2 delegering
delete /dɪˈliːt/ VB stryka [ut], utplåna

deliberate[1] /dɪˈlɪbərət/ ADJ avsiktlig, överlagd
deliberate[2] /dɪˈlɪbəreɪt/ VB 1 överväga 2 överlägga ⟨on, about om⟩
deliberation /dɪˌlɪbəˈreɪʃn/ SB 1 övervägande 2 eftertänksamhet 3 överläggning, diskussion
delicacy /ˈdelɪkəsɪ/ SB 1 ömtålighet, sprödhet 2 finhet, utsökthet 3 känslighet 4 finkänslighet, takt 5 delikatess, läckerhet
delicate /ˈdelɪkət/ ADJ 1 ömtålig, spröd, klen 2 känslig, fin, utsökt ⟨a ~ instrument⟩ 3 delikat, läcker 4 grannlaga, delikat ⟨a ~ situation⟩
delicatessen /ˌdelɪkəˈtesn/ SB delikatessaffär
delicious /dɪˈlɪʃəs/ ADJ härlig, utsökt, läcker
delight[1] /dɪˈlaɪt/ SB glädje, fröjd, förtjusning
delight[2] /dɪˈlaɪt/ VB 1 glädja 2 glädja sig ⟨at åt⟩
□ **delight in** finna nöje i, njuta av
delighted /dɪˈlaɪtɪd/ ADJ förtjust ⟨at, with över⟩
delightful /dɪˈlaɪtfʊl/ ADJ underbar, förtjusande
delinquent /dɪˈlɪŋkwənt/ 1 ADJ brottslig 2 SB brottsling
delirious /dɪˈlɪrɪəs/ ADJ 1 yr ⟨with av⟩, förvirrad be ~ *äv* yra, lida av yrsel 2 vild, extatisk
deliver /dɪˈlɪvə/ VB 1 leverera, överlämna, dela ut 2 förlösa be ~ed of a child bli förlöst 3 befria 4 hålla ⟨~ a speech⟩ 5 *slag, spark* ge ⟨~ a blow to sb⟩ ★ ~ the goods fullfölja avtalet, göra som avtalat
delivery /dɪˈlɪvərɪ/ SB 1 utdelning, överlämnande, leverans, [post]utbärning ~ van varubil 2 förlossning 3 framförande ⟨the ~ of a speech⟩ 4 befrielse, räddning 5 *sport* kast, sätt att kasta
delude /dɪˈluːd/ VB förleda, lura ~ oneself bedra sig [själv], ta miste
deluge[1] /ˈdeljuːdʒ/ SB 1 skyfall 2 störtflod
deluge[2] /ˈdeljuːdʒ/ VB översvämma, dränka
delusion /dɪˈluːʒn/ SB illusion, villfarelse, inbillning ~s of grandeur storhetsvansinne

de luxe /dəˈlʌks/ ADJ lyx-
demagogue /ˈdeməɡɒɡ/ (*US äv* **demagog**) SB demagog
demand¹ /dɪˈmɑːnd/ SB **1** begäran ⟨**for** om⟩, anspråk ⟨**for på**⟩ **make ~s on** ställa krav på **2** efterfrågan ⟨**for på**⟩ **in ~** efter|frågad, -sökt
demand² /dɪˈmɑːnd/ VB begära, kräva, fordra
demeanour /dɪˈmiːnə/ (*US* **demeanor**) SB uppträdande
demented /dɪˈmentɪd/ ADJ sinnesrubbad, galen
demist /ˌdiːˈmɪst/ VB *bil* ta bort imman [från]
demobilize /diːˈməʊbəlaɪz/ VB demobilisera
democracy /dɪˈmɒkrəsɪ/ SB demokrati
democrat /ˈdeməkræt/ SB **1** demokrat **2 Democrat** *US polit* demokrat
democratic /ˌdeməˈkrætɪk/ ADJ demokratisk
demolish /dɪˈmɒlɪʃ/ VB **1** riva **2** kullkasta ⟨**~ a theory**⟩ **3** sluka ⟨**~ two big pies**⟩
demolition /ˌdeməˈlɪʃn/ SB rivning
demon /ˈdiːmən/ SB **1** demon **2 be a ~ for sth** vara fenomenal på ngt **a ~ player** en fenomenal spelare
demonstrate /ˈdemənstreɪt/ VB **1** demonstrera **2** [på]visa, uppvisa, bevisa
demonstrator /ˈdemənstreɪtə/ SB **1** demonstratör **2** demonstrant
demoralize /dɪˈmɒrəlaɪz/ VB demoralisera
demote /ˌdiːˈməʊt, dɪ-/ VB degradera
demure /dɪˈmjʊə/ ADJ [tillgjort] blyg, blygsam
den /den/ SB håla, lya, krypin
denationalize /diːˈnæʃnəlaɪz/ VB privatisera
denial /dɪˈnaɪəl/ SB **1** [för]nekande **2** dementi **3** avslag ⟨**of** på⟩ **4** förvägrande ⟨**the ~ of human rights**⟩
denigrate /ˈdenɪɡreɪt/ VB förtala, svärta ner
denims /ˈdenɪmz/ SB jeans[kläder]
Denmark /ˈdenmɑːk/ SB Danmark
denomination /dɪˌnɒmɪˈneɪʃn/ SB **1** trossamfund **2** valör
denominator /dɪˈnɒmɪneɪtə/ SB *matem* nämnare
denote /dɪˈnəʊt/ VB tyda på, ange, beteckna
denounce /dɪˈnaʊns/ VB **1** fördöma, utpeka **2** ange ⟨**be ~d to the police**⟩
dense /dens/ ADJ **1** tät, kompakt **2** korkad
dent¹ /dent/ SB buckla, märke
dent² /dent/ VB **1** buckla till **2** bli tillbucklad
dentist /ˈdentɪst/ SB tandläkare
dentures /ˈdentʃəz/ SB tandprotes, löständer
deny /dɪˈnaɪ/ VB **1** [för]neka, bestrida **2** dementera, tillbakavisa **3** förvägra
depart /dɪˈpɑːt/ VB **1** avresa **2** avlägsna sig, avvika **3** avgå ★ **~ this life** avlida
departed /dɪˈpɑːtɪd/ ADJ **1** gången, svunnen **2** avliden, bortgången
department /dɪˈpɑːtmənt/ SB **1** avdelning **2** departement **3** *utb* institution ⟨**the English D~**⟩
department store SB varuhus
departure /dɪˈpɑːtʃə/ SB **1** avresa **2** avgång **~ terminal** avgångshall **3** avvikelse
depend /dɪˈpend/ VB bero (hänga) på
□ **depend on** *a)* lita på, räkna med *b)* vara beroende av ⟨**we ~ the radio for news**⟩ *c)* bero (hänga) på
dependable /dɪˈpendəbl/ ADJ pålitlig
dependant /dɪˈpendənt/, **dependent** SB person som försörjs av annan, familjemedlem
dependence /dɪˈpendəns/ SB **1** beroende ⟨**on** av⟩ **2** tillit ⟨**on** till⟩
dependent /dɪˈpendənt/ ⟨↔ **dependant**⟩ ADJ beroende ⟨**on** av⟩
depict /dɪˈpɪkt/ VB avbilda, teckna, skildra
deplorable /dɪˈplɔːrəbl/ ADJ bedrövlig, beklaglig
deplore /dɪˈplɔː/ VB [djupt] beklaga
deploy /dɪˈplɔɪ/ VB *milit* gruppera [sig], utplacera
depopulate /diːˈpɒpjʊleɪt/ VB avfolka
deport /dɪˈpɔːt/ VB deportera
depose /dɪˈpəʊz/ VB avsätta
deposit¹ /dɪˈpɒzɪt/ VB **1** lämna in, deponera, sätta in *på bank* **2** sätta (lägga) ner **3** avlagra, avsätta
deposit² /dɪˈpɒzɪt/ SB **1** deposition, insättning *på bank* **~ box** förvaringsbox, fack **2** handpenning, insats **3** avlagring
depot /ˈdepəʊ/ SB **1** depå, förråd

2 bussgarage **3** *US äv* busstation, järnvägsstation
depraved /dɪˈpreɪvd/ ADJ depraverad, fördärvad
depreciate /dɪˈpriːʃieɪt/ VB **1** minska i värde **2** förringa, nedvärdera
depressed /dɪˈprest/ ADJ **1** nedslagen, deprimerad **2** krisdrabbad ~ **area** krisområde **3** nedsänkt
depression /dɪˈpreʃn/ SB **1** depression **2** fördjupning, sänka **3** lågtryck
deprive /dɪˈpraɪv/ VB beröva ⟨sb of sth ngn ngt⟩
depth /depθ/ SB djup **the ~s** havets djup
★ **be out of one's ~** komma ut (vara ute) på djupt vatten **in the ~[s] of** mitt i, i djupaste
deputy /ˈdepjʊtɪ/ SB **1** ställföreträdare, vikarie **2** *attribut* vice, vikarierande **3** ombud
derelict /ˈderəlɪkt/ **1** ADJ herrelös, övergiven **2** SB människospillra, utslagen person
deride /dɪˈraɪd/ VB håna, förlöjliga
derision /dɪˈrɪʒn/ SB hån, förlöjligande
derive /dɪˈraɪv/ VB **1** få [ut], erhålla ~ **pleasure from** ha nöje av **2** härleda **3** härstamma
descend /dɪˈsend/ VB **1** gå (komma, sjunka) ner **2** gå nerför ⟨~ **the stairs**⟩ **3** slutta **4** sänka sig ⟨**on** över⟩ **5 be ~ed from** härstamma från
☐ **descend on** *a)* attackera *b)* överrumpla
☐ **descend to** nedlåta (sänka) sig till
descendant /dɪˈsendənt/ SB avkomling ⟨**of** till⟩
descent /dɪˈsent/ SB **1** ned|stigning, -fart **2** sluttning **3** attack **4** härstamning
describe /dɪˈskraɪb/ VB beskriva
description /dɪˈskrɪpʃn/ SB beskrivning
desert[1] /ˈdezət/ ⟨↔ **deserts**⟩ SB öken
desert[2] /dɪˈzɜːt/ VB **1** överge **2** desertera
deserter /dɪˈzɜːtə/ SB desertör
desertion /dɪˈzɜːʃn/ SB **1** övergivande **2** desertering
deserts /dɪˈzɜːts/ SB **get one's just ~** få vad man förtjänar
deserve /dɪˈzɜːv/ VB förtjäna, vara värd
design[1] /dɪˈzaɪn/ VB **1** planera, rita, tänka ut **2** formge, designa
★ **be ~ed for** vara avsedd för
design[2] /dɪˈzaɪn/ SB **1** plan, mönster, ritning **2** design, formgivning **3** avsikt **by ~** med avsikt
★ **have ~s on** vara ute efter
designate /ˈdezɪɡneɪt/ VB **1** beteckna **2** utse
designer /dɪˈzaɪnə/ SB **1** designer, formgivare ~ **jeans** märkesjeans **2** konstruktör
desirable /dɪˈzaɪərəbl/ ADJ **1** önskvärd **2** åtråvärd
desire[1] /dɪˈzaɪə/ VB önska, åtrå
desire[2] /dɪˈzaɪə/ SB önskan, längtan, åtrå ⟨**for** efter, till⟩
desk /desk/ SB **1** skrivbord **2** skolbänk **3** kassa *i affär* **4** [hotell]reception
desktop /ˈdesktɒp/ SB *attribut* skrivbords- ⟨~ **computer**⟩, ~ **publishing** *framställning av tryckoriginal med hjälp av dator o laserskrivare*
desolate /ˈdesələt/ ADJ **1** tröstlös **2** övergiven
desolation /ˌdesəˈleɪʃn/ SB **1** ödslighet **2** förödelse **3** förtvivlan, tröstlöshet
despair[1] /dɪˈspeə/ VB förtvivla, misströsta ⟨**of** om⟩
despair[2] /dɪˈspeə/ SB förtvivlan, misströstan
desperate /ˈdespərət/ ADJ desperat, förtvivlad **be ~ for** vara i desperat behov av
despicable /dɪˈspɪkəbl/ ADJ föraktlig
despise /dɪˈspaɪz/ VB förakta, ringakta
despite /dɪˈspaɪt/ PREP trots
despondent /dɪˈspɒndənt/ ADJ modfälld
despot /ˈdespɒt/ SB despot, tyrann
dessert /dɪˈzɜːt/ SB dessert, efterrätt
destination /ˌdestɪˈneɪʃn/ SB destination, resmål
destined /ˈdestɪnd/ ADJ **1** [förut]bestämd **2** destinerad ⟨**for** till⟩
destiny /ˈdestɪnɪ/ SB öde
destitute /ˈdestɪtjuːt/ ADJ utblottad
destroy /dɪˈstrɔɪ/ VB **1** förstöra **2** avliva
destroyer /dɪˈstrɔɪə/ SB *sjö* jagare
destruction /dɪˈstrʌkʃn/ SB förstörelse
destructive /dɪˈstrʌktɪv/ ADJ destruktiv
detach /dɪˈtætʃ/ VB **1** lösgöra, ta loss **2** *milit* avdela
detached /dɪˈtætʃt/ ADJ **1** fritt liggande ~ **house** villa **2** opartisk **3** oengagerad
detachment /dɪˈtætʃmənt/ SB **1** opartiskhet **2** brist på engagemang **3** *milit* avdelning, specialstyrka
detail /ˈdiːteɪl/ SB **1** detalj **2** *milit* avdelning, [liten] styrka

detailed /'di:teɪld/ ADJ detaljerad
detain /dɪ'teɪn/ VB **1** hålla kvar **2** hålla i häkte
detect /dɪ'tekt/ VB upptäcka
detective /dɪ'tektɪv/ SB detektiv
detente /'deɪtɒnt, US deɪ'tɑ:nt/, **détente** SB avspänning
detention /dɪ'tenʃn/ SB **1** internering, kvarhållande i häkte **2** kvarsittning
deter /dɪ'tɜ:/ VB avskräcka
detergent /dɪ'tɜ:dʒənt/ SB rengöringsmedel, tvättmedel, diskmedel
deteriorate /dɪ'tɪərɪəreɪt/ VB försämras
determination /dɪˌtɜ:mɪ'neɪʃn/ SB **1** beslutsamhet **2** fastställande
determine /dɪ'tɜ:mɪn/ VB **1** bestämma, fastslå, avgöra **2** besluta sig ⟨on sth för ngt⟩
determined /dɪ'tɜ:mɪnd/ ADJ **1** fast besluten **2** beslutsam
deterrent /dɪ'terənt/ **1** ADJ avskräckande **2** SB avskräcknings|medel, -vapen
detest /dɪ'test/ VB avsky, hata
detonate /'detəneɪt/ VB detonera
detour /'di:tʊə/ SB **1** omväg **2** förbifart
detrimental /ˌdetrɪ'mentl/ ADJ skadlig ⟨to för⟩
deuce /dju:s/ SB *tennis* deuce, 40 lika
devaluation /ˌdi:vælju'eɪʃn/ SB devalvering
devalue /ˌdi:'vælju:/ VB devalvera
devastate /'devəsteɪt/ VB ödelägga
★ **be ~d** bli förkrossad
develop /dɪ'veləp/ VB **1** utveckla[s] **~ing country** u-land, land i tredje världen **2** uppstå ⟨**chaos ~ed**⟩ **3** exploatera **4** *foto* framkalla
development /dɪ'veləpmənt/ SB **1** utveckling **2** bostadsområde, industriområde **3** *foto* framkallning
deviate /'di:vɪeɪt/ VB avvika
device /dɪ'vaɪs/ SB **1** anordning, apparat **2** knep
devil /'devl/ SB **1** djävul, satan, fan **2** sate ⟨**poor ~**⟩
★ **be between the ~ and the deep blue sea** ha att välja mellan pest och kolera **have a ~ of a job** ha ett jäkla sjå **Who the ~ is he?** Vem fan är han?
devilish /'devəlɪʃ/ ADJ djävulsk
devious /'di:vɪəs/ ADJ oärlig, lurig
devise /dɪ'vaɪz/ VB hitta på, tänka ut
devoid /dɪ'vɔɪd/ ADJ **~ of** [helt] utan

devote /dɪ'vəʊt/ VB ägna ⟨**to** åt⟩
devoted /dɪ'vəʊtɪd/ ADJ **1** tillgiven, trogen **2** hängiven
devotion /dɪ'vəʊʃn/ SB **1** tillgivenhet, kärlek **2** hängivenhet **3** fromhet
devour /dɪ'vaʊə/ VB **1** sluka **2** *bildl* förtära
devout /dɪ'vaʊt/ ADJ from
dew /dju:/ SB dagg
dexterity /dek'sterətɪ/ SB fingerfärdighet, händighet, skicklighet
dexterous /'dekstrəs/, **dextrous** ADJ fingerfärdig, händig, skicklig
diabetes /ˌdaɪə'bi:ti:z/ SB diabetes, sockersjuka
diabetic /ˌdaɪə'betɪk/ **1** ADJ diabetisk **2** SB diabetiker
diabolic /ˌdaɪə'bɒlɪk/, **diabolical** ADJ djävulsk
diagnose /'daɪəgnəʊz/ VB diagnosticera
diagnosis /ˌdaɪəg'nəʊsɪs/ ⟨*pl* **diagnoses** /-i:z/⟩ SB diagnos
diagonal /daɪ'ægnəl/ **1** ADJ diagonal **2** SB diagonal
diagram /'daɪəgræm/ SB diagram
dial¹ /'daɪəl/ SB **1** urtavla **2** *tele* nummerskiva **3** *radio, tv* inställnings|knapp, -ratt
dial² /'daɪəl/ VB *tele* slå ⟨**~ a number**⟩
dialect /'daɪəlekt/ SB dialekt
dialogue /'daɪəlɒg/ (US *äv* **dialog**) SB dialog
diameter /daɪ'æmɪtə/ SB diameter
diamond /'daɪəmənd, US 'daɪmənd/ SB **1** diamant **2** ruter[kort] **3** romb **4 diamonds** *kortspel* ruter
diarrhoea /ˌdaɪə'rɪə/ (US **diarrhea**) SB diarré
diary /'daɪərɪ/ SB dagbok, kalender, almanack[a]
dice¹ /daɪs/ SB **1** ⟨*lika i pl*⟩ tärning **2** *spel* tärning ⟨**play ~**⟩
dice² /daɪs/ VB **1** *kok* skära i tärningar **2** spela tärning **~ with death** riskera livet
dictate¹ /dɪk'teɪt, US 'dɪkteɪt/ VB diktera
□ **dictate to** kommendera
dictate² /'dɪkteɪt/ SB diktat
dictation /dɪk'teɪʃn/ SB diktamen
dictator /dɪk'teɪtə, US 'dɪkteɪtər/ SB diktator
dictionary /'dɪkʃənərɪ/ SB lexikon, ordbok
did → **do¹**
die¹ /daɪ/ ⟨*pl* **dice** /daɪs/⟩ SB *spec US* tärning
★ **the ~ is cast** tärningen är kastad

die² /daɪ/ VB **1** dö **2** dö bort, slockna, *om maskin* stanna **3 be dying for** längta [enormt] efter
★ ~ **hard** vara seglivad
□ **die away (down)** dö bort, slockna
diet¹ /ˈdaɪət/ SB diet, kost
diet² /ˈdaɪət/ VB hålla diet
dietary /ˈdaɪətərɪ, US -terɪ/ ADJ diet-
~ **habits** matvanor
differ /ˈdɪfə/ VB **1** vara olik **tastes** ~ smaken är olika **2** vara oense (av olika uppfattning)
□ **differ with sb** ha en annan mening än ngn
difference /ˈdɪfrəns/ SB **1** skillnad **that makes all the** ~ det förändrar hela saken **that makes no** ~ det spelar ingen roll **2** meningsskiljaktighet, oenighet
different /ˈdɪfrənt/ ADJ **1** olik, annorlunda **their method is** ~ **from ours** (*GB vard* **to ours**, *spec US* **than ours**) deras metod är annorlunda än vår (olik vår) **2** [flera] olika, flera ⟨**there are** ~ **reasons for this**⟩
differentiate /ˌdɪfəˈrenʃɪeɪt/ VB **1** skilja **2** göra [en] åtskillnad
difficult /ˈdɪfɪkəlt/ ADJ svår, besvärlig
difficulty /ˈdɪfɪkəltɪ/ SB svårighet[er] **have** ~ **[in] doing sth** ha svårt att göra ngt
diffident /ˈdɪfɪdənt/ ADJ försagd, blyg, osäker
diffuse /dɪˈfjuːs/ ADJ *äv bildl* diffus
dig¹ /dɪg/ ⟨**dug** /dʌg/, **dug**⟩ VB **1** gräva [i] **2** sticka, hugga, stöta [till] **3** *åld vard* haja, gilla
□ **dig in** *GB vard* hugga in *på maten* ~ **one's feet (heels) in** spjärna emot
dig² /dɪg/ ⟨↔ **digs**⟩ SB **1** stöt, knuff **2** pik **make** ~**s at sb** ge ngn gliringar **3** *arkeologi* utgrävningsplats
digest¹ /daɪˈdʒest/ VB **1** *äv bildl* smälta, tillgodogöra (tillägna) sig **2** göra sammandrag av
digest² /ˈdaɪdʒest/ SB sammandrag
Reader's Digest *den amerikanska originalversionen av Det Bästa*
digestion /daɪˈdʒestʃn/ SB matsmältning
digit /ˈdɪdʒɪt/ SB **1** siffra **a five-**~ **number** ett femsiffrigt tal **2** finger, tå
digital /ˈdɪdʒɪtl/ ADJ digital[-] ⟨~ **watch**⟩
dignified /ˈdɪgnɪfaɪd/ ADJ värdig
dignity /ˈdɪgnətɪ/ SB värdighet
digress /daɪˈgres/ VB avvika från ämnet

digs /dɪgz/ SB *GB vard* hyresrum
dilapidated /dɪˈlæpɪdeɪtɪd/ ADJ fallfärdig, förfallen
dilate /daɪˈleɪt/ VB **1** [ut]vidga **2** [ut]vidga sig
□ **dilate on** *bildl* breda ut sig om
dilemma /dɪˈlemə/ SB dilemma
diligent /ˈdɪlɪdʒənt/ ADJ flitig, ihärdig
dilute /daɪˈluːt/ VB **1** spä ut **2** försämra, urvattna
dim¹ /dɪm/ ADJ **1** dunkel, vag **2** korkad, dum
dim² /dɪm/ VB **1** dämpa [ner] ~ **the headlights** *US* blända av **2** blekna, dämpas
dime /daɪm/ SB *US* tiocentmynt
★ **be a** ~ **a dozen** gå tretton på dussinet
dimension /daɪˈmenʃn, *US* də-/ SB dimension
diminish /dɪˈmɪnɪʃ/ VB **1** minska[s], förminska[s], försvaga[s] **2** förringa
dimple /ˈdɪmpl/ SB liten grop, smilgrop, hakgrop
dimwit /ˈdɪmwɪt/ SB dumskalle, tokstolle
din /dɪn/ SB dån, buller, oväsen
dine /daɪn/ VB äta middag, dinera
diner /ˈdaɪnə/ SB **1** restaurangvagn **2** middags|gäst, -ätare **3** *US äv* matställe, vägkrog
dinghy /ˈdɪŋɪ/ SB jolle
dingy /ˈdɪndʒɪ/ ADJ sjaskig, sjabbig
dining car /ˈdaɪnɪŋkɑː/ SB restaurangvagn
dining room /ˈdaɪnɪŋruːm/ SB matsal
dinner /ˈdɪnə/ SB middag **at (during)** ~ under middagen **school** ~ *GB* skollunch
dinner jacket /ˈdɪnəˌdʒækɪt/ SB smoking
dip¹ /dɪp/ VB **1** doppa [ner], sänka ner ~ **candles** stöpa ljus ~ **the headlights** *spec GB* blända av **2** sänka sig, dyka [ner] **3** slutta **4** doppa sig
□ **dip into** *a)* sticka ner handen i *b)* bläddra i, studera ytligt
dip² /dɪp/ SB **1** dopp, neddoppning **2** sänka, grop **3** sluttning **4** [form]svacka **5** dipp[sås] **6** ytlig läsning ⟨**into** av⟩
diphtheria /dɪfˈθɪərɪə/ SB difteri
diphthong /ˈdɪfθɒŋ/ SB diftong
diploma /dɪˈpləʊmə/ SB diplom
diplomacy /dɪˈpləʊməsɪ/ SB diplomati
diplomat /ˈdɪpləmæt/ SB diplomat
diplomatic /ˌdɪpləˈmætɪk/ ADJ diplomatisk
dipper /ˈdɪpə/ SB **1** skopa *med långt skaft*

2 big ~ *GB* bergochdalbana **the Big Dipper** *US* Karlavagnen

direct¹ /dəˈrekt, daɪ-/ VB **1** visa [vägen] **2** [in]rikta ⟨**at, to** mot⟩ **3** leda, styra **4** instruera, regissera, dirigera **5** adressera **6** beordra

direct² /dəˈrekt, daɪ-/ ADJ **1** direkt ~ **speech** direkt anföring **2** rak ⟨~ **course**⟩ **3** total **the** ~ **opposite** rena (raka) motsatsen **4** rättfram ⇓

direct³ /dəˈrekt, daɪ-/ ADV direkt

direct current /ˌdaɪrekt ˈkʌrənt/ SB likström

direct hit /ˌdaɪrekt ˈhɪt/ SB fullträff

direction /dəˈrekʃn, daɪ-/ SB **1** riktning **in the** ~ **of** i riktning mot **in every** ~ åt alla håll **2** inriktning ⟨**the** ~ **of the economic policy**⟩ **3** direktion, styrelse, ledning **4** regi **5 directions** instruktion[er], anvisning[ar], direktiv ~**s for use** bruksanvisning

directly /dəˈrektlɪ, daɪ-/ ADV **1** direkt, rakt **2** rakt på sak **3** genast, strax

director /dəˈrektə, daɪ-/ SB **1** ledare, chef, direktör **2** styrelsemedlem **board of** ~**s** [bolags]styrelse **3** regissör **4** *spec US* dirigent

directory /dəˈrektərɪ, daɪ-/ SB förteckning, adresskalender **[telephone]** ~ telefonkatalog

dirt /dɜːt/ SB **1** smuts, lort **treat sb like** ~ *vard* behandla ngn som skit **2** snusk ⟨**stop reading that** ~⟩ **3** elakt förtal **4** [lös] jord ⇓

dirt cheap /ˌdɜːt ˈtʃiːp/ ADJ jättebillig

dirt road /ˌdɜːt ˈrəʊd/ SB *US* grusväg

dirty¹ /ˈdɜːtɪ/ ADJ **1** smutsig, lortig **2** snuskig ⟨~ **books**⟩, **a** ~ **mind** snuskig fantasi **3** ojust ⟨~ **play**⟩ **4** lumpen **a** ~ **trick** ett fult trick ★ ~ **look** ilsken blick ~ **old man** snuskhummer ~ **word** fult ord **do the** ~ **on** vara ojust (taskig) mot

dirty² /ˈdɜːtɪ/ VB smutsa ner

disability /ˌdɪsəˈbɪlətɪ/ SB **1** handikapp, invaliditet **2** oförmåga

disabled /dɪsˈeɪbld/ ADJ handikappad

disadvantage /ˌdɪsədˈvɑːntɪdʒ/ SB nackdel **at a** ~ i ett ogynnsamt läge

disadvantaged /ˌdɪsədˈvɑːntɪdʒd/ ADJ missgynnad, eftersatt

disadvantageous /ˌdɪsˌædvənˈteɪdʒəs/ ADJ ofördelaktig

disagree /ˌdɪsəˈgriː/ VB **1** vara oense ⟨**about, on, over** om⟩ **2** inte stämma överens
□ **disagree with** inte hålla 'med [om] **red wine disagrees with me** jag tål inte rödvin

disagreeable /ˌdɪsəˈgriːəbl/ ADJ obehaglig, otrevlig

disagreement /ˌdɪsəˈgriːmənt/ SB **1** oenighet **2** brist på överensstämmelse

disappear /ˌdɪsəˈpɪə/ VB försvinna

disappearance /ˌdɪsəˈpɪərəns/ SB försvinnande

disappoint /ˌdɪsəˈpɔɪnt/ VB **1** göra besviken **2** svika, grusa ⟨~ **sb's expectations**⟩

disappointed /ˌdɪsəˈpɔɪntɪd/ ADJ besviken ⟨**at, about sth** på, över ngt **in, with sb** på ngn⟩

disappointing /ˌdɪsəˈpɔɪntɪŋ/ ADJ nedslående **be** ~ vara (bli) en besvikelse

disappointment /ˌdɪsəˈpɔɪntmənt/ SB besvikelse

disapproval /ˌdɪsəˈpruːvl/ SB ogillande

disapprove /ˌdɪsəˈpruːv/ VB ogilla, säga nej [till]
□ **disapprove of** ogilla, förkasta, säga nej till

disarm /dɪsˈɑːm/ VB **1** nedrusta **2** avväpna

disarmament /dɪsˈɑːməmənt/ SB nedrustning

disarray /ˌdɪsəˈreɪ/ SB oreda, oordning **in** ~ *äv* i upplösning, i ett kaotiskt tillstånd

disaster /dɪˈzɑːstə/ SB katastrof

disastrous /dɪˈzɑːstrəs/ ADJ katastrofal

disbelieve /ˌdɪsbɪˈliːv/ VB inte tro [på]

disc /dɪsk/ ⟨↔ **disk**⟩ (*US* **disk**) SB skiva

discard /dɪsˈkɑːd/ VB kassera, kasta, saka

discern /dɪˈsɜːn/ VB urskilja

discharge¹ /dɪsˈtʃɑːdʒ/ VB **1** släppa ut, skriva ut ⟨**be** ~**d from hospital**⟩ **2 be** ~**d** bli avskedad **3** fullgöra ⟨~ **one's duties**⟩ **4** lossa *fartyg*, avlossa *skott* **5** släppa ut *ämne*, utsöndra
□ **discharge into** mynna (rinna) ut i

discharge² /ˈdɪstʃɑːdʒ/ SB **1** utskrivning **2** avskedande **3** fullgörande **4** utsläpp, utsöndring

disciple /dɪˈsaɪpl/ SB lärjunge, elev

disciplinary /ˈdɪsəplɪnərɪ/ ADJ disciplinär

discipline¹ /ˈdɪsəplɪn/ SB disciplin

discipline² /ˈdɪsəplɪn/ VB **1** disciplinera **2** bestraffa

disclose /dɪsˈkləʊz/ VB avslöja

disco /'dɪskəʊ/ SB disko
discolour /dɪs'kʌlə/ (US **discolor**) VB missfärga[s]
discomfort /dɪs'kʌmfət/ SB **1** obehag, olust **2 discomforts** besvär, besvärlighet[er]
disconnect /ˌdɪskə'nekt/ VB **1** koppla ifrån (isär) **2** stänga av *gas, ström etc* **3** *tele* avbryta, koppla bort
disconsolate /dɪs'kɒnsələt/ ADJ otröstlig
discontent /ˌdɪskən'tent/ SB missnöje
discontented /ˌdɪskən'tentɪd/ ADJ missnöjd
discontinue /ˌdɪskən'tɪnjuː/ VB upphöra [med]
discotheque /'dɪskətek/ SB diskotek
discount¹ /'dɪskaʊnt/ SB rabatt **at a ~** med rabatt
discount² /dɪs'kaʊnt/ VB rabattera
discourage /dɪs'kʌrɪdʒ/ VB **1** slå ner modet på **Don't be ~d!** Tappa inte modet! **2** motverka, [försöka] hindra, avskräcka
discouragement /dɪs'kʌrɪdʒmənt/ SB **1** modfälldhet **2** motarbetande, avrådande inställning **3** avskräckande omständighet (åtgärd)
discover /dɪ'skʌvə/ VB upptäcka, finna
discovery /dɪ'skʌvərɪ/ SB upptäckt
discredit /dɪs'kredɪt/ VB **1** misskreditera, rubba förtroendet för **2** misstro, ifrågasätta
discreditable /dɪs'kredɪtəbl/ ADJ vanhedrande
discreet /dɪ'skriːt/ ADJ diskret
discrepancy /dɪs'krepənsɪ/ SB diskrepans, brist på överensstämmelse
discretion /dɪ'skreʃn/ SB **1** diskretion **2** gottfinnande **use one's own ~** handla som man finner bäst **at sb's ~** efter ngns gottfinnande
discriminate /dɪ'skrɪmɪneɪt/ VB skilja
□ **discriminate against** diskriminera
discriminating /dɪ'skrɪmɪneɪtɪŋ/ ADJ omdömesgill
discrimination /dɪˌskrɪmɪ'neɪʃn/ SB **1** diskriminering **2** gott omdöme, urskillning
discus /'dɪskəs/ SB diskus
discuss /dɪ'skʌs/ VB diskutera
discussion /dɪ'skʌʃn/ SB diskussion
disdain¹ /dɪs'deɪn/ SB förakt
disdain² /dɪs'deɪn/ VB **1** förakta, försmå **2** inte värdigas ⟨she ~ed to answer⟩
disdainful /dɪs'deɪnfʊl/ ADJ föraktfull
disease /dɪ'ziːz/ SB sjukdom
diseased /dɪ'ziːzd/ ADJ sjuk, sjuklig
disembark /ˌdɪsɪm'bɑːk/ VB **1** gå i land **2** landsätta
disengage /ˌdɪsɪn'geɪdʒ/ VB **1** frigöra, lösgöra **2** koppla ur *växel* **3** dra sig ur striden
disfigure /dɪs'fɪgə/ VB vanställa
disgrace¹ /dɪs'greɪs/ SB **1** vanära, skam **2** onåd
disgrace² /dɪs'greɪs/ VB **1** skämma ut **2** vanhedra
disgraceful /dɪs'greɪsfʊl/ ADJ vanhedrande, skamlig, skandalös
disgruntled /dɪs'grʌntld/ ADJ missnöjd
disguise¹ /dɪs'gaɪz/ VB **1** klä ut ⟨**as till**⟩ **~d as** förklädd till **2** förställa ⟨**~ one's voice**⟩ **3** dölja ⟨**~ one's grief**⟩, kamouflera
disguise² /dɪs'gaɪz/ SB förklädnad
disgust¹ /dɪs'gʌst/ SB avsky, avsmak
disgust² /dɪs'gʌst/ VB äckla **be ~ed with** känna avsmak (avsky, äckel) inför
disgusting /dɪs'gʌstɪŋ/ ADJ vidrig, äcklig
dish¹ /dɪʃ/ SB **1** [uppläggnings]fat, form **2 ~ [aerial** (US **antenna)]** parabolantenn **3** [mat]rätt **4 the dishes** disken
dish² /dɪʃ/ VB
□ **dish out** *vard* dela ut
□ **dish up** *a)* sätta fram, lägga upp *mat b) bildl* duka upp, servera
dishcloth /'dɪʃklɒθ/ SB disktrasa
dishearten /dɪs'hɑːtn/ VB göra modfälld
dishevelled /dɪ'ʃevld/ (US **disheveled**) ADJ ovårdad, rufsig
dishonest /dɪs'ɒnɪst/ ADJ oärlig, ohederlig
dishonesty /dɪs'ɒnəstɪ/ SB oärlighet, ohederlighet
dishonour /dɪs'ɒnə/ (US **dishonor**) SB vanära
dishonourable /dɪs'ɒnərəbl/ (US *ॐ*) ADJ vanhedrande, skamlig
dishwasher /'dɪʃˌwɒʃə/ SB **1** diskmaskin **2** diskare
disillusion /ˌdɪsɪ'luːʒn/ VB desillusionera, göra desillusionerad
disinfect /ˌdɪsɪn'fekt/ VB desinficera
disinfectant /ˌdɪsɪn'fektənt/ SB desinfektionsmedel
disinherit /ˌdɪsɪn'herɪt/ VB göra arvlös
disintegrate /dɪs'ɪntɪgreɪt/ VB bryta[s]

sönder, upplösa[s]
disinterested /dɪsˈɪntrəstɪd/ ADJ
1 oegennyttig, opartisk 2 ointresserad ⟨in av⟩
disjointed /dɪsˈdʒɔɪntɪd/ ADJ osammanhängande
disk /dɪsk/ ⟨↔ disc⟩ SB *data* disk[ett], skiva
disk drive SB *data* skivenhet
diskette /dɪˈsket/ SB *data* diskett
dislike¹ /dɪsˈlaɪk/ VB tycka illa om, inte tycka om
dislike² /dɪsˈlaɪk/ SB motvilja, aversion
take a ~ to fatta motvilja mot
dislocate /ˈdɪsləkeɪt/ VB 1 vrida ur led 2 störa, hindra ⟨traffic was ~d⟩
dislodge /dɪsˈlɒdʒ/ VB få loss, rubba, förflytta
disloyal /dɪsˈlɔɪəl/ ADJ illojal, trolös, osolidarisk
disloyalty /dɪsˈlɔɪəltɪ/ SB illojalitet, trolöshet
dismal /ˈdɪzməl/ ADJ 1 dyster, deprimerande 2 förskräcklig, hemsk
dismantle /dɪsˈmæntl/ VB 1 ta isär, demontera 2 avveckla, lägga ner
dismay¹ /dɪsˈmeɪ/ SB förfäran, bestörtning
dismay² /dɪsˈmeɪ/ VB göra bestört (förfärad)
dismiss /dɪsˈmɪs/ VB 1 avskeda 2 skicka (släppa) i väg 3 avfärda ⟨~ an idea⟩ 4 *jur* ogilla, avslå 5 *jur* avskriva
disobedience /ˌdɪsəˈbiːdɪəns/ SB olydnad
disobedient /ˌdɪsəˈbiːdɪənt/ ADJ olydig ⟨to mot⟩
disobey /ˌdɪsəˈbeɪ/ VB inte lyda, vara olydig [mot]
disorder /dɪsˈɔːdə/ SB 1 oordning, oreda 2 orolighet, bråk 3 *medicin* rubbning
disorderly /dɪsˈɔːdəlɪ/ ADJ 1 ostädad, stökig 2 bråkig, störande, oregerlig
~ conduct förargelseväckande beteende
disorganize /dɪsˈɔːɡənaɪz/ VB ställa till oreda i be ~d vara illa ordnad (uppställd, organiserad)
disorientate /dɪsˈɔːrɪənteɪt/, **disorient** /dɪsˈɔːrɪənt/ VB 1 desorientera 2 förvirra
disown /dɪsˈəʊn/ VB inte kännas vid, förneka
disparage /dɪˈspærɪdʒ/ VB nedvärdera, tala nedsättande om
dispassionate /dɪˈspæʃənət/ ADJ sansad, saklig
dispel /dɪˈspel/ VB skingra, fördriva
dispense /dɪˈspens/ VB dela ut
☐ dispense with *a)* klara sig utan, avstå från *b)* onödiggöra
disperse /dɪˈspɜːs/ VB skingra[s], sprida[s]
displace /dɪsˈpleɪs/ VB 1 rubba, flytta på 2 undantränga 3 ersätta ⟨by med⟩
display¹ /dɪˈspleɪ/ VB 1 visa [prov på], uppvisa 2 skylta [med], ställa ut
display² /dɪˈspleɪ/ SB 1 [upp]visning ~ of power styrkedemonstration make a ~ of visa upp 2 skyltning, utställning 3 ~ [unit] *data* bildskärm
★ on ~ utställd
displeasure /dɪsˈpleʒə/ SB missnöje, ogillande
disposable /dɪˈspəʊzəbl/ ADJ 1 disponibel 2 engångs-
disposal /dɪˈspəʊzl/ SB 1 undanröjande waste ~ avfallshantering bomb ~ desarmering av bomb 2 förfogande ⟨be at sb's ~⟩
dispose /dɪˈspəʊz/ VB 1 arrangera 2 göra benägen
☐ dispose of *a)* göra sig av med *b)* klara av, expediera *c)* förfoga över
disposed /dɪˈspəʊzd/ ADJ hågad, disponerad be favourably ~ towards vara positivt inställd till
disposition /ˌdɪspəˈzɪʃn/ SB disposition
disproportionate /ˌdɪsprəˈpɔːʃənət/ ADJ oproportionerlig
disprove /dɪsˈpruːv/ VB vederlägga, motbevisa
dispute¹ /dɪˈspjuːt/ VB 1 tvista (kämpa) om 2 diskutera 3 bestrida, ifrågasätta
dispute² /ˈdɪspjuːt/ SB tvist, kontrovers, konflikt a question in ~ en omtvistad fråga
★ beyond ~ odiskutabel[t]
disqualify /dɪsˈkwɒlɪfaɪ/ VB diskvalificera
disregard¹ /ˌdɪsrɪˈɡɑːd/ VB bortse från, strunta i
disregard² /ˌdɪsrɪˈɡɑːd/ SB åsidosättande, förakt ⟨of för⟩
disrepair /ˌdɪsrɪˈpeə/ SB dåligt skick, förfall
disreputable /dɪsˈrepjʊtəbl/ ADJ 1 ökänd 2 sjaskig
disrepute /ˌdɪsrɪˈpjuːt/ SB vanrykte
disrespect /ˌdɪsrɪˈspekt/ SB respektlöshet

disrupt /dɪsˈrʌpt/ VB störa ⟨~ a meeting⟩
dissatisfaction /ˌdɪssætɪsˈfækʃn/ SB missnöje, otillfredsställelse
dissect /dɪˈsekt/ VB dissekera
disseminate /dɪˈsemɪneɪt/ VB sprida
dissent¹ /dɪˈsent/ VB ha en annan mening ⟨from än⟩
dissent² /dɪˈsent/ SB avvikande uppfattning (åsikt)
dissenter /dɪˈsentə/ SB 1 oliktänkande [person] 2 frireligiös
dissertation /ˌdɪsəˈteɪʃn/ SB avhandling
disservice /dɪˈsɜːvɪs/ SB björntjänst, otjänst
dissident /ˈdɪsɪdənt/ 1 SB dissident, oliktänkande [person] 2 ADJ oliktänkande, *om åsikt* avvikande
dissimilar /dɪˈsɪmɪlə/ ADJ olik ~ **to** olik
dissipated /ˈdɪsɪpeɪtɪd/ ADJ utsvävande, lättsinnig
dissociate /dɪˈsəʊʃieɪt, -sieɪt/ VB skilja [åt]
□ **dissociate oneself from** ta avstånd från
dissolute /ˈdɪsəluːt/ ADJ utsvävande
dissolve /dɪˈzɒlv/ VB upplösa[s]
dissuade /dɪˈsweɪd/ VB avråda
distance¹ /ˈdɪstəns/ SB avstånd, distans, sträcka **at a** ~ på avstånd **in the** ~ i fjärran
distance² /ˈdɪstəns/ VB 1 skilja [åt] 2 fjärma
□ **distance oneself from** ta avstånd från
distant /ˈdɪstənt/ ADJ 1 avlägsen 2 reserverad, avmätt
distaste /dɪsˈteɪst/ SB avsmak
distend /dɪˈstend/ VB utvidga[s]
distil /dɪˈstɪl/ (*US* **distill**) VB destillera[s]
distinct /dɪˈstɪŋkt/ ADJ 1 tydlig, distinkt 2 ~ **[from]** olik **as** ~ **from** till skillnad från
distinction /dɪˈstɪŋkʃn/ SB 1 skillnad **draw (make) a** ~ **between** skilja mellan 2 högt anseende **a man of** ~ en framstående man 3 utmärkelse, hedersbetygelse
distinctive /dɪˈstɪŋktɪv/ ADJ utmärkande, karakteristisk
distinguish /dɪˈstɪŋgwɪʃ/ VB 1 skilja ⟨~ **right from wrong, What ~es the wolf from the dog?**⟩ 2 känneteckna, karakterisera 3 urskilja, se 4 ~ **oneself** utmärka sig
□ **distinguish between** se (känna) skillnad på
distinguished /dɪˈstɪŋgwɪʃt/ ADJ 1 framstående 2 distingerad
distort /dɪˈstɔːt/ VB förvrida, förvanska

distortion /dɪˈstɔːʃn/ SB förvrängning, förvanskning
distract /dɪˈstrækt/ VB distrahera, avleda
distracted /dɪˈstræktɪd/ ADJ uppjagad, förvirrad, splittrad
distraction /dɪˈstrækʃn/ SB 1 distraktion 2 förvirring 3 vanvett
distress¹ /dɪˈstres/ SB 1 ångest, oro 2 smärta, lidande, sorg 3 nöd[läge]
distress² /dɪˈstres/ VB plåga, oroa
distribute /dɪˈstrɪbjuːt, *US* -jət/ VB 1 distribuera, dela ut 2 sprida, fördela
distribution /ˌdɪstrɪˈbjuːʃn/ SB 1 distribution, utdelning 2 spridning, utbredning 3 fördelning
distributor /dɪˈstrɪbjutə, *US* -jətər/ SB 1 distributör 2 *bil* fördelare
district /ˈdɪstrɪkt/ SB distrikt, område
district attorney /ˌdɪstrɪkt əˈtɜːnɪ/ SB *US* allmän åklagare
distrust¹ /dɪsˈtrʌst/ VB misstro
distrust² /dɪsˈtrʌst/ SB misstro
distrustful /dɪsˈtrʌstfʊl/ ADJ misstrogen
disturb /dɪˈstɜːb/ VB 1 störa 2 oroa
disturbance /dɪˈstɜːbəns/ SB 1 störning 2 orolighet
disuse /dɪsˈjuːs/ SB **fall into** ~ komma ur bruk
disused /ˌdɪsˈjuːzd/ ADJ nedlagd, avlagd
ditch¹ /dɪtʃ/ SB dike
ditch² /dɪtʃ/ VB 1 spola, göra slut med 2 dumpa, överge
dither /ˈdɪðə/ VB vela, tveka
ditto /ˈdɪtəʊ/ SB dito
dive¹ /daɪv/ ⟨*US preteritum äv* **dove** /dəʊv/⟩ VB dyka
dive² /daɪv/ SB 1 dykning 2 simhopp 3 krog, sylta 4 spelhåla
★ **make a** ~ *om målvakt* kasta sig **take a** ~ *sport* lägga sig
diver /ˈdaɪvə/ SB dykare
diverge /daɪˈvɜːdʒ/ VB gå isär, divergera
diverse /daɪˈvɜːs, *US* də-/ ADJ olika, varierande
diversify /daɪˈvɜːsɪfaɪ/ VB *ekon* diversifiera, sprida (bredda) verksamheten
diversion /daɪˈvɜːʃn, *US* dəˈvɜːʒn/ SB 1 *GB* [trafik]omläggning, förbifart, avledande 2 tidsfördriv, förströelse 3 skenmanöver
diversity /daɪˈvɜːsətɪ, *US* də-/ SB mångfald
divert /daɪˈvɜːt, *spec US* də-/ VB 1 avleda 2 dirigera om ⟨~ **traffic**⟩ 3 roa,

underhålla
divest /daɪˈvest/ VB
□ **divest of** beröva, frånta **divest oneself of** a) ekon avyttra b) frigöra sig från
divide¹ /dɪˈvaɪd/ VB **1** dela [på], dela upp **2** dela av, skilja [åt] **3** fördela **4** göra oense, splittra ~ **and rule** söndra och härska **be ~d on** vara oenig om **5** dela [upp] sig ⟨**into** i⟩
□ **divide by** dela med ⟨**ten ~d by two is five**⟩
□ **divide into** dela in i
divide² /dɪˈvaɪd/ SB **1** bildl klyfta ⟨the ~ **between rich and poor**⟩ **2** spec US vattendelare **3** vändpunkt
dividend /ˈdɪvɪdend/ SB ekon o bildl utdelning
divine¹ /dɪˈvaɪn/ ADJ gudomlig, guds-
divine² /dɪˈvaɪn/ VB **1** ana, gissa **2** ~ **[for] water** söka vatten med slagruta
diving /ˈdaɪvɪŋ/ ADJ dykar-, dyk- ~ **board** trampolin ~ **equipment** dykutrustning ~ **suit** dykardräkt
divinity /dɪˈvɪnətɪ/ SB **1** teologi **Doctor of D~** teologie doktor **2** gudom[lighet] **3** gud[inna]
division /dɪˈvɪʒn/ SB **1** [upp]delning, fördelning **2** division **3** GB polit omröstning, votering **4** motsättning ⟨**political ~s**⟩
divorce¹ /dɪˈvɔːs/ SB skilsmässa **get a ~** ta ut skilsmässa
divorce² /dɪˈvɔːs/ VB skilja sig [från], skilja[s] **they are getting ~d** de ligger i skilsmässa
divorcée /dɪˌvɔːˈsiː, US -ˈseɪ/ man äv **divorcé** SB frånskild
divulge /daɪˈvʌldʒ, dɪ-/ VB avslöja, röja
DIY → do-it-yourself
dizzy /ˈdɪzɪ/ ADJ **1** yr **2** svindlande
DJ /ˌdiːˈdʒeɪ/ ⟨förk f **disc jockey** /ˈdɪskdʒɒkɪ/⟩ SB diskjockey
do¹ /duː, obet dʊ/ ⟨**did** /dɪd/, **done** /dʌn/, 3 person presens **does** /dʌz, obet dəz/⟩ VB
HJÄLPVERB
1 vid omskrivning **Does she know ?** Vet hon [det]? **Don't forget to write** Glöm inte att skriva **I didn't count them** jag räknade dem inte **2** förstärkande, betonat **Do come in!** GB Var så god och stig på! **I do wish to go** jag önskar verkligen resa **it did happen** det hände verkligen **3** i påhängsfrågor **She knows him, doesn't she?** Hon känner

honom, eller hur? **You didn't tell him, did you?** Du berättade det väl inte för honom? **4** som ersättningsverb göra **she hesitates to go, and so ~ I** hon tvekar att resa och det gör jag också
HUVUDVERB
5 allm göra **What have you done about it?** Vad har du gjort åt det? **Don't ~ this to me** Gör inte så här mot mig ~ **sb a favour (a service)** göra ngn en tjänst ~ **one's homework** läsa läxorna **6** syssla (arbeta) med **What does she ~?** Vad har hon för yrke? ~ **crosswords** lösa korsord ~ **research** forska **7** GB studera ⟨~ **history**⟩ **8** göra i ordning ⟨~ **one's hair,** ~ **one's room**⟩ **9** sköta, ta hand om ~ **the cooking** laga mat ~ **the dishes** GB diska ~ **the ironing** stryka ~ **one's shopping** handla [mat] ~ **the washing** (US ~ **the wash**) tvätta **10** anrätta, laga till ⟨~ **a steak**⟩ **11** sköta (klara) sig ⟨**she's ~ing fine**⟩, må ⟨**we're ~ing well**⟩, **How will you ~ for food?** GB Hur ska du klara mathållningen? **12** duga ⟨**this box will have to ~ for a table**⟩, passa, gå an ⟨**that won't ~**⟩, räcka, vara nog ⟨**that'll ~**⟩ **13** teat spela ⟨~ **Hamlet**⟩ **14** spec GB servera ⟨**many pubs ~ lunches**⟩ **15** vard sitta inne ⟨**he did ten years**⟩ **16** GB vard lura
★ **he's done for** det är ute med honom **How do you ~?** artighetsfras vid presentation **make ~ with** klara (nöja) sig med **Nothing ~ing!** Sällan!, Aldrig i livet! **What can I ~ for you?** i affär Är det tillsagt?, Vad önskas?
□ **do away with** a) göra slut på b) bli kvitt
□ **do in** vard mörda **be done in** vara dödstrött
□ **do out of** lura på, lura av
□ **do up** a) slå in i paket, knyta sko, knäppa knapp, fästa upp håret b) göra i ordning, fräscha upp
□ **do with** a) klara sig med ⟨**I can ~ these two**⟩ b) behöva **I could ~ a glass of water** det skulle vara gott med ett glas vatten **Are you done with the paper?** Är du färdig med tidningen?
□ **do without** klara sig utan
do² /duː/ SB **1** vard party, fest **2 dos and don'ts** ≈ regler och förbud
docile /ˈdəʊsaɪl, US ˈdɑːsəl/ ADJ foglig
dock¹ /dɒk/ SB **1** sjö docka **2** hamn, kaj
dock² /dɒk/ VB om fartyg o rymdfarkost

D dock³ – dote

docka
dock³ /dɒk/ SB de anklagades bänk
dock⁴ /dɒk/ VB **1** skära ner **2** kupera
dockyard /ˈdɒkjɑːd/ SB *sjö* varv
doctor /ˈdɒktə/ SB **1** doktor, läkare **2** *utb* doktor ~'s degree doktorsgrad **D~ of Philosophy** filosofie doktor
doctrine /ˈdɒktrɪn/ SB doktrin, lära
document /ˈdɒkjʊmənt/ SB dokument
documentary /ˌdɒkjʊˈmentərɪ/ **1** ADJ dokumentär **2** SB dokumentär|film, -program
dodge¹ /dɒdʒ/ VB **1** hoppa undan (åt sidan), kila, ducka [för] **2** undvika, smita ifrån
dodge² /dɒdʒ/ SB knep, trick, fint
dodgem /ˈdɒdʒəm/, **dodgem car** SB radiobil
dodger /ˈdɒdʒə/ SB smitare **tax ~** skattesmitare
doe /dəʊ/ SB hind, hona *kanin el hare*
does → do¹
dog¹ /dɒg/ SB **1** hund ~ **paddle** hundsim **2 the dogs** hundkapplöpning[en]
★ **a ~ in the manger** en missunnsam person **go to the ~s** gå åt skogen (pipan)
dog² /dɒg/ VB följa efter, förfölja
dogged /ˈdɒgɪd/ ADJ ihärdig, envis
dogma /ˈdɒgmə/ SB dogm
dogmatic /dɒgˈmætɪk/ ADJ dogmatisk
dog-tired /ˌdɒgˈtaɪəd/ ADJ dödstrött
doing /ˈduːɪŋ/ SB **1** verk **2** hårt arbete ⟨**this job takes a lot of ~**⟩ **3 doings** förehavanden, påhitt
do-it-yourself /ˌduːɪtjəˈself/ ⟨*förk* **DIY** /ˌdiːaɪˈwaɪ/⟩ SB gör-det-själv
doldrums /ˈdɒldrəmz/, *US* ˈdoʊl-/ SB stiltje[bälte]
★ **in the ~** *a)* deppig *b)* livlös, stilla[stående]
dole /dəʊl/ SB *GB vard* arbetslöshetsunderstöd **be on the ~** gå och stämpla
doleful /ˈdəʊlfʊl/ ADJ **1** sorgsen **2** sorglig
doll¹ /dɒl/ SB docka
doll² /dɒl/ VB
□ **doll up** fiffa (snygga) upp [sig]
dollar /ˈdɒlə/ SB dollar
dolphin /ˈdɒlfɪn/ SB delfin
domain /dəʊˈmeɪn/ SB område, domän
dome /dəʊm/ SB kupol, dom
domestic /dəˈmestɪk/ **1** ADJ hus- ⟨**~ animal**⟩, hushålls- ⟨**~ chores**⟩, hem-

⟨**~ life**⟩, familje- ⟨**~ problems**⟩ **2** ADJ huslig **3** ADJ inrikes- ⟨**~ policy**⟩, inhemsk ⟨**~ resources**⟩ **4** SB hembiträde, hemhjälp, tjänare
domicile /ˈdɒmɪsaɪl/ SB *frml* hemort
dominance /ˈdɒmɪnəns/ SB dominans
dominant /ˈdɒmɪnənt/ ADJ dominant
dominate /ˈdɒmɪneɪt/ VB dominera
domination /ˌdɒmɪˈneɪʃn/ SB herravälde, dominans
domineering /ˌdɒmɪˈnɪərɪŋ/ ADJ tyrannisk, härsklysten, dominerande
domino /ˈdɒmɪnəʊ/ ⟨*pl* **-[e]s**⟩ SB domino
don¹ /dɒn/ SB *GB* universitetslärare
don² /dɒn/ VB ta (klä) på sig
donate /dəʊˈneɪt, *US* ˈdoʊneɪt/ VB donera, skänka
done → do¹
donkey /ˈdɒŋkɪ/ SB åsna
donor /ˈdəʊnə/ SB givare, donator, blodgivare
donut → doughnut
doomed /duːmd/ ADJ förutbestämd, dömd
doomsday /ˈduːmzdeɪ/ SB domedag
door /dɔː/ SB dörr[öppning], *bildl äv* väg ⟨**the ~ to success**⟩
★ **out of ~s** utomhus
doorman /ˈdɔːmæn/ SB dörrvaktmästare
doorstep /ˈdɔːstep/ SB trappsteg *utomhus*
door-to-door /ˌdɔːtəˈdɔː/ ADJ ~ **salesman** hemförsäljare, dörrknackare
doorway /ˈdɔːweɪ/ SB dörröppning
dope¹ /dəʊp/ SB **1** knark **2** dumskalle ⇊
dope² /dəʊp/ VB droga, *sport* dopa
dope peddler, dope pusher SB knarklangare
dopey /ˈdəʊpɪ/, **dopy** ADJ **1** *vard* omtöcknad **2** korkad
dormitory /ˈdɔːmətrɪ, *US* -tɔːrɪ/ SB **1** sovsal **2** *US* student|hem, -hus
dormitory town SB *GB* sovstad
dosage /ˈdəʊsɪdʒ/ SB dosering
dose /dəʊs/ SB dos
dossier /ˈdɒsɪeɪ, -ɪə/ SB dossier
dot¹ /dɒt/ SB prick -
★ **on the ~** punktligt
dot² /dɒt/ VB **1** sätta prick över **2** pricka ⟨**a ~ted line**⟩
★ **~ one's i's and cross one's t's** sätta pricken över i
dote /dəʊt/ VB
□ **dote on** avguda, dyrka

doting /ˈdəʊtɪŋ/ ADJ kärleksfull
double¹ /ˈdʌbl/ **1** ADJ dubbel[-] **be spelt with a ~ r** stavas med två r **2** SB dubbel [whisky *etc*] **the ~** det dubbla, dubbelt så mycket **3** SB dubbelgångare **4** SB **doubles** dubbel[match]
★ **at (on) the ~** kvickt [som tusan], med språng ⇓
double² /ˈdʌbl/ ADV dubbelt [så mycket] ⟨cost ~, see ~⟩
double³ /ˈdʌbl/ VB **1** fördubbla[s] **2** vika ihop ⟨~ **a blanket**⟩ **3** *bridge* dubbla **4 ~ as** *a)* arbeta extra som ⟨~ **as a secretary**⟩ *b)* även fungera som ⟨**the sofa ~s as an extra bed**⟩ *c) teat* även ha rollen som ⟨**he had to ~ as Banquo**⟩
□ **double back** *a)* vända om, gå samma väg tillbaka *b)* vika på mitten
□ **double up** *a)* dela rum *b)* vika sig dubbel ⟨~ **with laughter**⟩ *c)* vika ihop
double bass /ˌdʌbl ˈbeɪs/ SB basfiol
double-breasted /ˌdʌblˈbrestɪd/ ADJ dubbelknäppt
double-cross /ˌdʌblˈkrɒs/ VB bedriva dubbelspel [med], lura
double-dealing /ˌdʌblˈdiːlɪŋ/ SB dubbelspel
double decker /ˌdʌbl ˈdekə/ SB dubbeldäckare
double Dutch /ˌdʌbl ˈdʌtʃ/ SB *GB* gallimatias
double glazing /ˌdʌbl ˈgleɪzɪŋ/ SB tvåglasfönster
double-quick /ˌdʌblˈkwɪk/ ADV snabbt [som attan]
double talk /ˈdʌbltɔːk/ SB dubbla budskap, bedrägligt tal
doubt¹ /daʊt/ VB tvivla [på] **I ~ whether (if)** ... jag tvivlar på att ...
doubt² /daʊt/ SB tvivel, ovisshet, tvekan
★ **be in ~** vara osäker (tveksam) **beyond all ~** otvivelaktigt **have no ~ that** ... vara helt säker på att ... **no ~** förmodligen, säkert, utan tvivel ⟨**he'll no ~ show you**⟩, **there's no ~ that** ... det råder inget tvivel om att ...
doubtful /ˈdaʊtfʊl/ ADJ **1** tvivelaktig, oviss, osäker **2** tveksam, osäker
dough /dəʊ/ SB **1** deg **2** stålar
doughnut /ˈdəʊnʌt/, **donut** SB *kok* munk
dour /dʊə/ ADJ barsk, bister
dove¹ /dʌv/ SB duva
dove² → **dive¹**

dovetail /ˈdʌvteɪl/ VB **1** passa ihop, sammanfalla **2** foga ihop
dowdy /ˈdaʊdɪ/ ADJ **1** tråkig, gammalmodig **2** tråkigt (gammaldigt) klädd
down¹ /daʊn/ ADV **1** ner, ned **~ to our time** ända in i vår tid **2** nere **~ here** här nere **keep ~** hålla nere **3** kontant ⟨**pay 200 pounds ~**⟩
★ **be ~** *sport* ligga under **be ~ on one's luck** ha det svårt (motigt) **be ~ with** ligga sjuk i **come ~ in the world** deka ner sig **~ at heel** nergången, sjabbig **~ in the dumps (mouth)** deppig **go ~ with** insjukna i **~ under** *vard* i Australien
down² /daʊn/ PREP **1** nedför, utför ⟨**go ~ the river**⟩ **2** längs med, framåt ⟨**walk ~ the road**⟩ **3** [en bit] längre ner på ⟨**live ~ the street**⟩
down³ /daʊn/ **1** ADJ nere, nedstämd **2** ADJ nedåtgående ⟨**a ~ lift**⟩, **~ train** *GB* tåg från London **3** ADJ kontant **~ payment** äv handpenning **4** SB **have a ~ on** ha ett horn i sidan till
down⁴ /daʊn/ VB **1** slå ner (omkull) **2** svepa *dryck*
★ **~ tools** strejka
down⁵ /daʊn/ SB dun **~ quilt** duntäcke
down-and-out /ˌdaʊnənˈaʊt/ **1** ADJ utslagen **2** SB socialt utslagen person
downcast /ˈdaʊnkɑːst/ ADJ nedslagen
downfall /ˈdaʊnfɔːl/ SB fall, fördärv
downgrade /ˈdaʊngreɪd/ VB **1** degradera **2** nedvärdera, klassa ner, försämra
downhearted /daʊnˈhɑːtɪd/ ADJ nedstämd
downhill¹ /ˌdaʊnˈhɪl/ ADV utför, nedför [backen]
★ **go ~** vara på nedåtgående, gå utför, förfalla
downhill² /ˌdaʊnˈhɪl/ **1** ADJ sluttande, utförs- **~ race** störtlopp **~ skiing** utförsåkning **2** SB störtlopp
downpour /ˈdaʊnpɔː/ SB skyfall, störtskur
downright¹ /ˈdaʊnraɪt/ ADJ **1** ren ⟨**a ~ lie**⟩ **2** rättfram
downright² /ˈdaʊnraɪt/ ADV rent ⟨**~ rude**⟩
downstairs¹ /ˌdaʊnˈsteəz/ ADV **1** nedför trappan **2** på nedre botten, en trappa ner
downstairs² /ˌdaʊnˈsteəz/ **1** ADJ belägen på nedre botten **2** SB **the ~** nedre botten, våningen under

down-to-earth /ˌdaʊntʊˈɜːθ/ ADJ jordnära, realistisk, med fötterna på jorden

downtown¹ /ˌdaʊnˈtaʊn/ *spec US* **1** SB city, centrum **2** ADJ city- ~ **museums** museer i city (centrum)

downtown² /ˌdaʊnˈtaʊn/ ADV *spec US* i city (centrum) ⟨**live** ~⟩, in till city (centrum) ⟨**go** ~⟩

downward /ˈdaʊnwəd/ ADJ nedåtgående, sluttande, nedförs-

downwards /ˈdaʊnwədz/, **downward** ADV nedåt

dowry /ˈdaʊərɪ/ SB hemgift

doze¹ /dəʊz/ VB dåsa
□ **doze off** slumra till

doze² /dəʊz/ SB slummer, tupplur

dozen /ˈdʌzn/ SB dussin **by the** ~ dussinvis ~**s of** *a)* dussintals *b)* massor av

drab /dræb/ ADJ trist

draft¹ /drɑːft/ ⟨↔ **draught**⟩ SB **1** plan, utkast **2** *handel* tratta, växel **3** *US äv* inkallelse

draft² /drɑːft/ VB **1** skissera, göra utkast till **2** *US äv* inkalla [till militärtjänst]

draftee /drɑːfˈtiː/ SB *US* inkallad, värnpliktig

drag¹ /dræg/ VB **1** släpa [på], dra **2** släpa, hänga ner ⟨~ **in the dust**⟩ **3** dragga ⟨**for** efter⟩ **4** gå långsamt, vara långtråkig
★ ~ **one's feet (heels)** dra benen efter sig
~ **sb's name through the mud** smutskasta ngn
□ **drag behind** komma på efterkälken
□ **drag on (out)** *a)* dra ut på tiden *b)* släpa sig fram

drag² /dræg/ SB **1** släpande rörelse **2** hämsko, hinder, bromskloss ⟨**on** för⟩ **3** *rökning* bloss **4** tråkmåns **5** kvinnokläder *som transvestit bär* ~ **show** dragshow
★ **be a** ~ *äv* vara dödtrist

dragon /ˈdrægən/ SB drake

drain¹ /dreɪn/ VB **1** rinna av, torka **2** tömma ⟨**from, of** på⟩ **3** dränera, torrlägga **4** suga musten ur
□ **drain away** *a)* rinna av (undan) *b)* göra slut på *c)* avta, minska

drain² /dreɪn/ SB **1** avloppsrör, dike **2** avtappning
★ **be a** ~ **on** tära på **go down the** ~ vara bortkastad, gå åt pipan

drainage /ˈdreɪnɪdʒ/ SB **1** avloppssystem **2** dränering

drama /ˈdrɑːmə/ SB **1** drama **2** dramatik, teater

dramatic /drəˈmætɪk/ ADJ dramatisk

dramatist /ˈdræmətɪst/ SB dramatiker

dramatize /ˈdræmətaɪz/ VB dramatisera

drank → **drink¹**

drape /dreɪp/ VB drapera

drastic /ˈdræstɪk/ ADJ drastisk

draught /drɑːft/ (*US* **draft**) SB
1 [vind]drag, korsdrag **there's a** ~ det drar **2** klunk, drag ⟨**swallow in one** ~⟩
3 tappning ~ **beer** fatöl **on** ~ på fat **4** *sjö* djupgående **5 draughts** *GB* damspel

draw¹ /drɔː/ ⟨**drew** /druː/, **drawn** /drɔːn/⟩
VB **1** teckna, rita **2** dra ⟨**a cart drawn by two horses**⟩, ~ **a conclusion** dra en slutsats ~ **a lesson from** dra lärdom av **3** dra [till sig] ⟨~ **large crowds**⟩ **4** dra för (ner) ⟨~ **the curtains**⟩ **5** dra ifrån ⟨~ **the curtains**⟩ **6** dra ut ⟨~ **a tooth**⟩ **7** ta ut *från bankkonto* **8** få, hämta ⟨~ **inspiration**⟩, ~ **comfort from** hämta (finna) tröst i **9** dra (röra) sig, dra, *om fordon* köra, *om te* [stå och] dra ~ **near** närma sig **10** spela oavgjort ⟨**with** mot⟩
★ **be drawn** avslöja vad man vet (anser)
⟨**he refused to be drawn**⟩, ~ **a bath** tappa i badvatten ~ **a blank** dra en nit, *bildl* kamma noll ~ **breath** hämta andan ~ **a breath** ta ett andetag ~ **a comparison** göra en jämförelse ~ **a line at** sätta (dra) gränsen vid ~ **a smile from** locka fram ett leende från
□ **draw aside** *a)* dra åt sidan *b)* ta åt sidan
□ **draw at** suga på ⟨~ **one's pipe**⟩
□ **draw away** *a)* dra [sig] tillbaka *b)* *sport* dra ifrån
□ **draw back** *a)* dra [sig] tillbaka *b)* backa ur
□ **draw in** *a)* *om dagar* bli kortare *b)* *om tåg* komma in på stationen och stanna, *om buss, bil* köra in till trottoaren [och stanna]
□ **draw on** *a)* närma sig ⟨**winter is drawing on**⟩ *b)* fortskrida *c)* utnyttja ⟨~ **one's experience**⟩
□ **draw out** *a)* *ur ficka, låda* dra (ta) fram, dra (ta) upp *b)* *trafik* köra (svänga) ut *c)* *på bank* ta ut *d)* få att prata ⟨**she drew him out**⟩ *e)* *om dagar* bli längre
□ **draw up** *a)* *om fordon* stanna *b)* utforma, utarbeta ⟨~ **a contract**⟩ *c)* dra fram (närmare) ⟨~ **one's chair**⟩

draw² /drɔː/ SB **1** dragning *i lotteri*

2 dragplåster, attraktion **3** oavgjort resultat ⟨end in a ~⟩
drawback /'drɔːbæk/ SB nackdel, avigsida
drawer /drɔː/ SB låda *i möbel*
drawing /'drɔːɪŋ/ SB teckning, ritning
drawing pin SB *GB* häftstift
drawing room SB sällskapsrum, salong
drawl¹ /drɔːl/ VB tala släpigt
drawl² /drɔːl/ SB släpigt tal
drawn → draw¹
dread¹ /dred/ VB frukta
dread² /dred/ SB fruktan, skräck ⟨of för⟩
dreadful /'dredfʊl/ ADJ förskräcklig, förfärlig
dream¹ /driːm/ SB dröm
dream² /driːm/ ⟨dreamt /dremt/, dreamt *el* dreamed, dreamed⟩ VB drömma
□ **dream up** fantisera ihop, hitta på
dreamer /'driːmə/ SB drömmare
dreamt → dream²
dreamy /'driːmɪ/ ADJ **1** drömmande, svärmisk **2** drömlik, underbar
dreary /'drɪərɪ/ ADJ trist, dyster
dredge /dredʒ/ VB muddra
□ **dredge up** rota fram
dregs /dregz/ SB **1** bottensats **2** avskum
drench /drentʃ/ VB genomdränka
dress¹ /dres/ VB **1** klä **2** klä [på] sig get ~ed klä [på] sig **3** pryda, dekorera ~ the Christmas tree klä julgranen ~ the shop window skylta **4** lägga om, förbinda ⟨~ a wound⟩ **5** *olika material* behandla, bearbeta **6** *kok* rensa, putsa, göra i ordning ⟨~ a chicken⟩, hälla dressing på ⟨~ a salad⟩ **7** rykta **8** beskära, tukta
★ ~ **to kill** klä sig raffigt (sexigt)
□ **dress down** skälla ut
□ **dress up** *a)* klä sig snyggt *b)* klä ut [sig] ⟨as till⟩ *c)* snygga till
dress² /dres/ SB **1** dräkt **2** klädsel **3** klänning
dress circle /ˌdres 'sɜːkl/ SB *teat* första raden
dressing /'dresɪŋ/ SB **1** *kok* dressing **2** bandage
dressing gown SB *GB* morgonrock
dressing table SB toalettbord
dressmaker /'dresˌmeɪkə/ SB sömmerska, damskräddare
drew → draw¹
dribble¹ /'drɪbl/ VB **1** drypa, droppa **2** dregla **3** dribbla

dribble² /'drɪbl/ SB **1** droppe, skvätt **2** saliv **3** dribbling
drift¹ /drɪft/ SB **1** [kring]drivande **2** ström ⟨the ~ of people into cities⟩ **3** driva ⟨a ~ of snow⟩, stråk ⟨a ~ of fog⟩ **4** riktning, trend the ~ of events händelseutvecklingen **5** tankegång, innebörd ⟨catch (get) the ~ of sth⟩
drift² /drɪft/ VB **1** driva, glida, röra sig vind för våg **2** driva ihop
□ **drift apart** glida isär (ifrån varandra)
□ **drift off** slumra till
drill¹ /drɪl/ SB **1** borr **2** drill, exercis
drill² /drɪl/ VB **1** borra **2** drilla, öva
drink¹ /drɪŋk/ ⟨drank /dræŋk/, drunk /drʌŋk/⟩ VB dricka ⟨~ coffee, I never ~ alone⟩
★ ~ **sb's health** skåla för ngn
□ **drink in** insupa
□ **drink to** skåla för
drink² /drɪŋk/ SB **1** dryck **2** drink **3** klunk **4** dryckesvaror, alkohol **have a ~ problem** ha problem med spriten
drip /drɪp/ VB droppa
drive¹ /draɪv/ ⟨drove /drəʊv/, driven /'drɪvn/⟩ VB **1** köra, skjutsa ⟨~ sb home⟩ **2** driva ⟨~n by electricity⟩ **3** fösa, driva ⟨~ cattle⟩ **4** slå 'i ⟨~ a nail into the wall⟩, slå ⟨~ a ball⟩ **5** tvinga, driva ~ **sb mad** göra ngn galen ~ **sb out of his senses** driva ngn till förtvivlan **6** köra bil ⟨I don't ~⟩ **7** slå, driva, piska ⟨the rain was driving against the window⟩
★ ~ **a hard bargain** ställa hårda krav
~ **a point home to sb** göra ngt klart för ngn
□ **drive at** mena, vilja säga ⟨What is he driving at?⟩
□ **drive back** tvinga (driva) tillbaka
□ **drive on** *a)* köra vidare (på) *b)* driva (mana) på
□ **drive up** köra fram
drive² /draɪv/ SB **1** åktur **2** uppfartsväg **3** *sport* slag, drive **4** framåtanda, energi **5** kampanj **6** *psyk* drift ⟨sex ~⟩ **7** *bil* drift ⟨front-wheel ~⟩
driver /'draɪvə/ SB chaufför, förare
driving licence (*US* **driver's license**) SB körkort
drizzle¹ /'drɪzl/ SB duggregn
drizzle² /'drɪzl/ VB dugga
drone /drəʊn/ VB surra, brumma, spinna
□ **drone on** *om talare* mala på

drool /druːl/ vb dregla
droop /druːp/ vb sloka, sjunka (hänga) ner
drop¹ /drɒp/ sb **1** droppe **2** tår, slurk **3** brant, stup **4** fall ⟨a ~ of 200 feet⟩ **5** nedgång, fall ⟨a ~ in temperature⟩ **6** [air] ~ luftlandsättning **7** karamell ★ **at the ~ of a hat** som på en given signal, på direkten **a ~ in the ocean** en droppe i havet
drop² /drɒp/ vb **1** sjunka, minska **2** falla [ner], halka ner ⟨~ **to fourth place**⟩ **3** slutta, stupa ⟨~ **sharply**⟩ **4** släppa [ner], släppa av *passagerare* **5** tappa, förlora **6** sänka ⟨~ **one's voice**⟩ **7** sluta (lägga av) med ⟨~ **a habit**⟩, ~ **the subject** sluta tala om saken **8** ge upp ⟨~ **an idea**⟩, sluta träffa ⟨**I've ~ped Jim**⟩ ★ ~ **anchor** kasta ankar ~ **a brick** göra bort sig **D~ dead!** Dra åt helvete! ~ **a hint** ge en vink ~ **a line** skriva en rad ~ **a stitch** tappa en maska
□ **drop away** *a)* minska *b)* försvinna [gradvis]
□ **drop back** *a)* falla tillbaka *b)* dra sig tillbaka
□ **drop behind** sacka efter
□ **drop below** underskrida
□ **drop by (in)** titta in, hälsa 'på **drop in on** hälsa 'på
□ **drop into** sjunka ner (sätta sig) i
□ **drop off** *a)* släppa (sätta) av *b)* slumra till *c)* avta
□ **drop out of** avbryta, hoppa av ⟨~ **school**⟩, ~ **society** vägra att anpassa sig till samhället
dropout /'drɒpaʊt/ sb **1** avhoppare *från studier* **2** socialt utslagen [person]
drought /draʊt/ sb torka
drove → drive¹
drown /draʊn/ vb **1** drunkna **2** dränka ⟨~ **one's sorrows**⟩, **be ~ed** drunkna **3** översvämma
drowsy /'draʊzɪ/ adj dåsig, sömnig
drudge¹ /drʌdʒ/ vb slita, knega
drudge² /drʌdʒ/ sb arbetsträl, knegare
drudgery /'drʌdʒərɪ/ sb slit, slavgöra
drug¹ /drʌg/ sb läkemedel, drog ~**s** *äv* narkotika ~ **abuse** drogmissbruk ~ **addict** narkoman
drug² /drʌg/ vb droga
drugstore /'drʌgstɔː/ sb *US* drugstore *affär med apotek o servering*

drum¹ /drʌm/ sb trumma
drum² /drʌm/ vb trumma
drummer /'drʌmə/ sb trumslagare
drunk¹ → drink¹
drunk² /drʌŋk/ adj berusad, full **be arrested for being ~ and disorderly** gripas för fylleri och förargelseväckande beteende
drunk³ /drʌŋk/, **drunkard** /'drʌŋkəd/ sb fyllbult, fyllerist
drunken /'drʌŋkən/ adj **1** berusad, full ~ **driver** rattfyllerist ~ **driving** rattfylleri **2** försupen
dry¹ /draɪ/ adj torr
dry² /draɪ/ vb torka
□ **dry up** *a)* torka ut *b) om förråd* ta slut *c)* bli tyst
dry-clean /ˌdraɪ'kliːn/ vb kemtvätta
dry-cleaner's /ˌdraɪ'kliːnəz/ sb kemtvätt
dual /'djuːəl/ adj dubbel
dub /dʌb/ vb *film* dubba
dubious /'djuːbɪəs/ adj **1** tvivelaktig, dubiös **2** tveksam
duchess /'dʌtʃɪs/ sb hertiginna
duck¹ /dʌk/ sb anka
★ **take to sth like a ~ to water** *vard* ha lätt för ngt, vara i sitt rätta element
duck² /dʌk/ vb **1** ducka [för] ~ **one's head** huka sig **2** smita undan (ifrån) ~ **a difficulty** undvika en svårighet **3** doppa
□ **duck out** backa ur
duckling /'dʌklɪŋ/ sb ankunge
ducks and drakes /ˌdʌksən'dreɪks/ sb **play ~** kasta smörgås
dud /dʌd/ sb blindgångare **be a ~** vara värdelös ⟨**at på**⟩
due¹ /djuː/ adj **1** som skall betalas **be (fall) ~** förfalla [till betalning] **2** vederbörlig **after ~ consideration** efter moget övervägande **in ~ course** i vederbörlig ordning, i sinom tid **3** väntad *enligt tidtabell* **the train is ~ at 9.25** tåget skall ankomma kl. 9.25 **4 ~ to** på grund av **be ~ to** vara orsakad av, bero på
due² /djuː/ adv rakt, rätt ~ **north** rätt norrut
dues /djuːz/ sb avgift[er]
duet /djʊ'et/ sb duett
dug → dig¹
duke /djuːk/ sb hertig
dull /dʌl/ adj **1** matt, glanslös **2** dov **3** trög **4** tråkig **5** mulen, grå ⟨~ **weather**⟩

6 slö ⟨a ~ **knife**⟩
duly /'dju:lɪ/ ADJ vederbörligen
dumb /dʌm/ ADJ **1** stum **2** korkad, dum
dumbfound /dʌm'faʊnd/ VB göra mållös, förstumma
dummy /'dʌmɪ/ SB **1** attrapp **2** [skylt]docka, *bildl* marionett **3** *GB* [tröst]napp **4** *bridge* träkarl **5** *spec US* dumbom **6** *attribut* falsk, sken-, blind- ~ **run** provkörning, övning
dump[1] /dʌmp/ VB dumpa
dump[2] /dʌmp/ SB **1** soptipp **2** depå, förrådsplats
dumpling /'dʌmplɪŋ/ SB *kok* klimp
dumpy /'dʌmpɪ/ ADJ rultig, rundnätt
dunce /dʌns/ SB dummerjöns, dumhuvud
dung /dʌŋ/ SB dynga
dungeon /'dʌndʒən/ SB fängelsehåla
dupe /dju:p/ VB lura, dupera
duplicate[1] /'dju:plɪkət/ SB dubblett, kopia **in** ~ i två exemplar
duplicate[2] /'dju:plɪkeɪt/ VB **1** kopiera **2** upprepa, göra om
durable /'djʊərəbl/ ADJ varaktig, hållbar
during /'djʊərɪŋ/ PREP *om tid* under
dusk /dʌsk/ SB skymning **at** ~ i skymningen
dusky /'dʌskɪ/ ADJ **1** mörk **2** *vanl neds* mörkhyad
dust[1] /dʌst/ SB damm, stoft
dust[2] /dʌst/ VB **1** damma [av] **2** *kok* strö över
dustbin /'dʌstbɪn/ SB *GB* soptunna
duster /'dʌstə/ SB dammtrasa
dustman /'dʌstmən/ SB *GB* renhållningsarbetare, sopåkare
Dutch /dʌtʃ/ **1** ADJ holländsk, nederländsk **2** SB holländska [språket] **3** SB **the Dutch** holländarna *som nation* ★ **go** ~ dela på kostnaderna
Dutchman /'dʌtʃmən/ SB holländare
Dutchwoman /'dʌtʃˌwʊmən/ SB holländska
dutiful /'dju:tɪfʊl/ ADJ plikttrogen
duty /'dju:tɪ/ SB **1** plikt, skyldighet **2** uppgift, åliggande **3** tjänstgöring **on** ~ i tjänst **be on** ~ *äv* ha jour **4** avgift, skatt **customs** ~ tullavgift
duty-free /ˌdju:tɪ'fri:/ ADJ tullfri
dwarf[1] /dwɔ:f/ SB dvärg
dwarf[2] /dwɔ:f/ VB **1** ställa i skuggan, få att verka liten **2** hämma [i utvecklingen]
dwell /dwel/ ⟨**dwelt** /dwelt/, **dwelt**⟩ VB dväljas, bo
□ **dwell on** uppehålla sig (dröja) vid
dwelling /'dwelɪŋ/ SB bostad, boning
dwelt → **dwell**
dwindle /'dwɪndl/ VB minska, krympa [ihop]
dye[1] /daɪ/ SB färg[ämne], färgmedel
dye[2] /daɪ/ VB färga
dynamic /daɪ'næmɪk/ ADJ dynamisk
dynamite /'daɪnəmaɪt/ SB dynamit
dynamo /'daɪnəməʊ/ SB generator
dynasty /'dɪnəstɪ, *US* 'daɪ-/ SB dynasti
dyslexia /dɪs'leksɪə/ SB dyslexi, ordblindhet

E E – easy¹

E → east¹, eastern
each /iːtʃ/ PRON 1 varje ⟨~ player⟩ 2 var och en ⟨~ of the players⟩ 3 var[dera] ⟨on ~ side⟩
each other /ˌiːtʃ'ʌðə/ PRON varandra
eager /'iːgə/ ADJ ivrig, angelägen
★ ~ **beaver** arbetsmyra
eagle /'iːgl/ SB örn
eagle eyes /ˌiːgl 'aɪz/ SB falk|ögon, -blick
eagle owl /ˌiːgl 'aʊl/ SB uv
ear¹ /ɪə/ SB öra
★ **be all ~s** vara idel öra **be up to one's ~s in debt** vara skuldsatt upp över öronen **by ~** efter gehör **have an ~ for music** ha musiköra
ear² /ɪə/ SB [sädes]ax
earache /'ɪəreɪk/ SB öronvärk
earl /ɜːl/ SB greve *brittisk*
early¹ /'ɜːlɪ/ ADV [för] tidigt ⟨arrive an hour ~⟩
early² /'ɜːlɪ/ ADJ tidig **be ~ for sth** komma i [god] tid till ngt **in the ~ nineties** i början på nittiotalet **in [the] ~ spring** tidigt på våren
★ **be an ~ bird** vara morgonpigg
earmark /'ɪəmɑːk/ VB *bildl* öronmärka
earn /ɜːn/ VB•1 [för]tjäna 2 förvärva, skaffa 3 göra sig förtjänt av **her competence ~ed her the job** hon fick jobbet tack vare sin kompetens
earnest /'ɜːnɪst/ 1 ADJ allvarlig, uppriktig ⟨this is my ~ wish⟩, ivrig ⟨an ~ student⟩ 2 SB **in ~** på allvar
earnings /'ɜːnɪŋz/ SB förtjänst, inkomst[er]
earphone /'ɪəfəʊn/ SB hörlur
earplug /'ɪəplʌg/ SB öronpropp
earth¹ /ɜːθ/ SB 1 jord ⟨fill a hole with ~, the planet E~⟩ 2 mark **fall to ~** falla till marken 3 GB lya, gryt 4 *eltekn* GB jordledning
★ **How (Who** *etc*) **on ~ ... ?** Hur (Vem *etc*) i all världen ... ?
earth² /ɜːθ/ VB *eltekn* GB jorda
earthenware /'ɜːθnweə/ SB lergods
earthly /'ɜːθlɪ/ ADJ jordisk
★ **no ~ reason** inget skäl i världen
earthquake /'ɜːθkweɪk/ SB jord|skalv, -bävning
ease¹ /iːz/ SB 1 lätthet 2 välbefinnande, bekvämlighet ⟨a life of ~ and luxury⟩
★ **At ~!** *milit* Manöver! **be (feel) at ~** känna sig väl till mods **do a job at one's ~** arbeta i sin egen takt **live at ~** leva gott (bekymmersfritt)
ease² /iːz/ VB 1 lindra ⟨~ the pain⟩, lätta på 2 lindras, minska, lätta ⟨the pain ~ed⟩ 3 underlätta 4 försiktigt flytta (föra) ⟨he ~d his foot into his shoe⟩ 5 *sömnad* släppa ut
★ ~ **a lid** lossa på ett lock ~ **sb's mind** lugna ngn
□ **ease down** sakta farten
□ **ease off** *a)* lirka av ⟨~ a lid⟩ *b)* avta, lätta ⟨the rain will soon ~⟩ *c)* ta det lugnt
□ **ease open** lirka upp
□ **ease up** *a)* avta *b)* GB tränga (maka) ihop sig ~ **on** ta det lugnt (lugnare) med
easel /'iːzl/ SB staffli
easily /'iːzɪlɪ/ ⟨↔ easy⟩ ADV 1 lätt, mycket väl ⟨she might ~ have done it⟩ 2 avgjort, helt klart, utan tvekan
east¹ /iːst/ 1 SB öster **to the ~ of** öster om 2 SB **the E~** *a)* Orienten *b)* östra USA 3 ADJ östra, ostlig, östlig, ost-, öst-
east² /iːst/ ADV österut, mot öster ~ **of** öster om
Easter /'iːstə/ SB påsk[en] ⇓
Easter Day /ˌiːstə 'deɪ/, **Easter Sunday** SB påskdag[en]
easterly /'iːstəlɪ/ ADJ ostlig, östlig
Easter Monday /ˌiːstə 'mʌndɪ/ SB annandag påsk
eastern /'iːstən/ ADJ 1 östra, östlig, öst- 2 österländsk, orientalisk
eastward /'iːstwəd/ ADJ östlig, ostlig
eastwards /'iːstwədz/, **eastward** ADV österut, mot öster
easy¹ /'iːzɪ/ ADJ 1 lätt, enkel 2 bekymmersfri ⟨an ~ life⟩, ~ **terms** förmånliga (bekväma) villkor 3 ledig, ej ansträngd ⟨an ~ style⟩
★ **[as] ~ as pie** lätt som en plätt, hur enkelt som helst **be ~ on the ear (eye)** *vard* vara trevlig att lyssna (snygg att se) på

~ game lätt byte **~ money** lättförtjänta pengar
easy² /'i:zɪ/ ADV **1** lätt **~ come, ~ go** ≈ lätt fånget, lätt förgånget **2** lugnt, försiktigt ⟨Take it ~!⟩
★ **E~ does it!** Sakta i backarna!, Försiktigt! **go ~ on** ta det lugnt med
easy chair /ˌi:zɪ 'tʃeə/ SB fåtölj
easy-going /ˌi:zɪ'gəʊɪŋ/ ADJ avslappad, sorglös **be ~** ta lätt på saker och ting
eat /i:t/ ⟨ate /et, US eɪt/, eaten /'i:tn/⟩ VB **1** äta **2** vard oroa ⟨What's ~ing her?⟩
★ **~ humble pie** krypa till korset **~ one's fill** äta sig mätt **~ one's words** få äta upp vad man sagt
□ **eat away** nöta (fräta) bort
□ **eat out** äta ute (på restaurang) **eat sb out of house and home** äta ngn ur huset **eat one's heart out** vara djupt bedrövad (förtvivlad)
□ **eat through** äta sig igenom, nöta (fräta) hål på
eatable /'i:təbl/ ADJ ätbar
eaten → eat
eaves /i:vz/ SB takfot, takskägg
eavesdrop /'i:vzdrɒp/ VB tjuvlyssna
ebb¹ /eb/, **ebb away** VB **1** om tidvatten dra sig tillbaka **2** avta, ebba ut
ebb² /eb/ SB ebb **~ and flow** bildl uppgång och nedgång **the tide is on the ~** det är ebb, tidvattnet är på väg ut
ebony /'ebənɪ/ SB ebenholts
the EC /ˌi:'si:/ ⟨förk f the European Community⟩ SB EG
eccentric /ɪk'sentrɪk/ **1** ADJ excentrisk, besynnerlig **2** SB original, excentriker
eccentricity /ˌeksen'trɪsətɪ/ SB excentricitet
echo¹ /'ekəʊ/ ⟨pl -es⟩ SB eko
echo² /'ekəʊ/ VB **1** eka, genljuda **2** upprepa, kopiera, om person låta precis som
eclipse¹ /ɪ'klɪps/ SB **1** förmörkelse ⟨an ~ of the moon⟩ **2** bildl nedgång, tillbakagång
eclipse² /ɪ'klɪps/ VB **1** förmörka ⟨the moon is partly ~d⟩ **2** bildl ställa i skuggan, överglänsa
ecological /ˌi:kə'lɒdʒɪkl/ ADJ ekologisk
ecologist /ɪ'kɒlədʒɪst/ SB ekolog
ecology /ɪ'kɒlədʒɪ/ SB ekologi
economic /ˌi:kə'nɒmɪk, ˌek-/ ADJ vet, polit ekonomisk
economical /ˌi:kə'nɒmɪkl, ˌek-/ ADJ ekonomisk sparsam, lågförbrukande ⟨an ~ housewife, an ~ car⟩
economics /ˌi:kə'nɒmɪks, ˌek-/ SB **1** [national]ekonomi **2** lönsamhet ⟨the ~ of the project are doubtful⟩
economist /ɪ'kɒnəmɪst/ SB [national]ekonom
economize /ɪ'kɒnəmaɪz/ VB vara sparsam (ekonomisk) ⟨on med⟩
economy /ɪ'kɒnəmɪ/ SB **1** ekonomi **2** sparsamhet **make economies** spara, vara sparsam **3** attribut ekonomi-, spar- **~ pack** sparpack, storpack
ecstasy /'ekstəsɪ/ SB extas, hänryckning **go into ecstasies** råka i extas
ECU /'ekju:, US eɪ'ku:/ ⟨förk f European Currency Unit⟩ SB ECU gemensam europeisk valuta
eczema /'eksɪmə, US ɪg'zi:mə/ SB eksem
eddy¹ /'edɪ/ SB virvel
eddy² /'edɪ/ VB virvla
edge¹ /edʒ/ SB **1** kant **2** egg, äv bildl skärpa
★ **have the ~ on (over)** vara [något] bättre än, ligga [aningen] före **on ~** spänd, irriterad, nervös **take the ~ off** lindra, mildra, ta udden av
edge² /edʒ/ VB **1** kanta **2** flytta (maka) sig **3** flytta på (undan), maka [på] **~ one's way** tränga sig
□ **edge away** sakta avlägsna sig, smyga sig bort
□ **edge out** utmanövrera
edible /'edəbl/ ADJ ätlig, ätbar
edifice /'edɪfɪs/ SB byggnad, byggnadsverk
edit /'edɪt/ VB **1** redigera **2** vara redaktör för, ge ut
edition /ɪ'dɪʃn/ SB upplaga, utgåva
editor /'edɪtə/ SB redaktör, chefredaktör
editorial /ˌedɪ'tɔ:rɪəl/ **1** ADJ redigerings-, redaktions- **2** SB [tidnings]ledare
educate /'edjʊkeɪt/ VB utbilda, undervisa **an ~d guess** en intelligent gissning
education /ˌedjʊ'keɪʃn/ SB **1** utbildning, undervisning **2** fostran **3** bildning **4** pedagogik
educational /ˌedjʊ'keɪʃnəl/ ADJ **1** utbildnings-, undervisnings-, läro[medels]- **2** lärorik **3** pedagogisk
educationalist /ˌedjʊ'keɪʃnəlɪst/, **educationist** SB pedagog
eel /i:l/ SB ål
eerie /'ɪərɪ/ ADJ kuslig

efface /ɪˈfeɪs/ VB utplåna
effect¹ /ɪˈfekt/ SB **1** effekt, verkan **2 effects** *av* tillhörigheter
 ★ **be to no ~** vara (bli) utan verkan **come into (take) ~** träda i kraft **for ~** för effektens skull **in ~** i själva verket **or something to that ~** eller något i den vägen **take ~** börja verka **to the ~ that** som går (gick) ut på att
effect² /ɪˈfekt/ VB åstadkomma, genomföra
effective /ɪˈfektɪv/ ADJ **1** effektiv, verksam **2** effektfull **3** faktisk
 ★ **become ~** *om lag etc* träda i kraft
effeminate /ɪˈfemɪnət/ ADJ *om man* feminin
efficiency /ɪˈfɪʃnsɪ/ SB effektivitet
efficient /ɪˈfɪʃnt/ ADJ effektiv
effort /ˈefət/ SB **1** ansträngning **2** försök **3** prestation
effusive /ɪˈfju:sɪv/ ADJ översvallande
EFTA /ˈeftə/ ⟨*förk f* European Free Trade Association⟩ SB EFTA
e.g. /ˌi:ˈdʒi:/ ⟨*utläses som* **for example**⟩ t. ex.
egalitarian /ɪˌgælɪˈteərɪən/ ADJ jämlikhets-
egg¹ /eg/ SB ägg
 ★ **put all one's ~s in one basket** ≈ sätta allt på ett kort
egg² /eg/ VB
 □ **egg on** egga (driva) på
ego /ˈi:gəʊ/ SB ego
egocentric /ˌi:gəʊˈsentrɪk/ ADJ egocentrisk
egoism /ˈi:gəʊˌɪzəm/ SB egoism
egoist /ˈi:gəʊɪst/ SB egoist
egotism /ˈegəʊˌtɪzəm, US ˈi:gə-/ SB självupptagenhet
egotist /ˈegəʊtɪst, US ˈi:gə-/ SB självupptagen person
Egypt /ˈi:dʒɪpt/ SB Egypten
Egyptian /ɪˈdʒɪpʃn/ **1** ADJ egyptisk **2** SB egyptier
eh /eɪ/ INTERJ va
eiderdown /ˈaɪdədaʊn/ SB duntäcke, täcke
eight /eɪt/ **1** RÄKN åtta **2** SB åtta
 ★ **have had one over the ~** ha fått ett glas för mycket
eighteen /ˌeɪˈti:n/ RÄKN arton
eighth /eɪtθ, US eɪθ/ **1** RÄKN åttonde **2** SB åttondel
eighty /ˈeɪtɪ/ **1** RÄKN åttio **2** SB **the eighties** åttiotalet
Eire /ˈeərə/ SB [republiken] Irland
either¹ /ˈaɪðə, US ˈi:ðər/ PRON **1** endera, ettdera ⟨**you can have ~ of these two**⟩ **2** båda, vardera **at ~ end** i båda ändarna, i vardera änden **3** *med negation* någon, något *av två* ⟨**I don't like ~ of them**⟩
either² /ˈaɪðə, US ˈi:ðər/ ADV heller
 ⟨**Ann wouldn't go ~**⟩
either³ /ˈaɪðə, US ˈi:ðər/ KONJ **~ ... or** antingen ... eller ⟨**~ today or tomorrow**⟩, *med negation* varken ... eller ⟨**I didn't see ~ him or her**⟩
ejaculate /ɪˈdʒækjʊleɪt/ VB **1** ejakulera **2** utropa
eject /ɪˈdʒekt/ VB **1** kasta ut, stöta ut **2** avhysa, vräka **3** *flyg* skjuta ut sig *med katapultstol*
ejector seat /ɪˈdʒektəsi:t/ SB katapultstol
elaborate¹ /ɪˈlæbərət/ ADJ **1** omständlig, invecklad, komplicerad **2** omsorgsfullt utarbetad (genomförd) **3** raffinerad, utsökt, utstuderad
elaborate² /ɪˈlæbəreɪt/ VB **1** noga utarbeta **2** diskutera (utveckla) närmare
 ⟨**~ a plan**⟩
 □ **elaborate on sth** utveckla ngt närmare
elapse /ɪˈlæps/ VB förflyta, gå
elastic /ɪˈlæstɪk/ **1** ADJ elastisk, resår-, gummi- ⟨**~ band**⟩ **2** ADJ *bildl* tänjbar, flexibel **3** SB resår, US *äv* gummisnodd
elasticity /ˌi:læˈstɪsətɪ/ SB elasticitet, smidighet
elated /ɪˈleɪtɪd/ ADJ upprymd, jublande glad
elation /ɪˈleɪʃn/ SB upprymdhet, stor glädje
elbow¹ /ˈelbəʊ/ SB armbåge
elbow² /ˈelbəʊ/ VB **~ one's way** armbåga sig fram
 □ **elbow aside** tränga (knuffa) åt sidan
elder¹ /ˈeldə/ **1** ADJ *om släktskap* äldre **2** SB **your elders** de som är äldre än du
elder² /ˈeldə/ SB fläder
elderly /ˈeldəlɪ/ **1** ADJ äldre, rätt gammal ⟨**an ~ lady**⟩ **2** SB **the ~** de gamla, äldre människor
eldest /ˈeldɪst/ ADJ *om släktskap* äldst
elect¹ /ɪˈlekt/ VB välja [till] **~ as** välja till
elect² /ɪˈlekt/ ADJ nyvald **the President ~** den tillträdande presidenten
election /ɪˈlekʃn/ SB val
electioneering /ɪˌlekʃəˈnɪərɪŋ/ SB

valkampanj
electorate /ɪˈlektərət/ SB valmanskår
the ~ väljarna
electric /ɪˈlektrɪk/ ADJ elektrisk, eldriven, el- ~ **cooker** GB elspis ~ **point** eluttag
electrical /ɪˈlektrɪkl/ ADJ elektrisk
~ **appliances** elektriska apparater
electrician /ˌɪlekˈtrɪʃn/ SB elektriker
electricity /ɪˌlekˈtrɪsəti/ SB elektricitet
electronic /ɪˌlekˈtrɒnɪk/ ADJ elektronisk
electronics /ɪˌlekˈtrɒnɪks/ SB elektronik
elegance /ˈelɪgəns/ SB elegans
elegant /ˈelɪgənt/ ADJ elegant
element /ˈelɪmənt/ SB **1** element, inslag an ~ **of danger** ett riskmoment an ~ **of truth** en viss (gnutta) sanning **2** kemi grundämne **3 the elements** om naturen elementen **4 the elements** om studier grunderna, elementa
★ **be in one's** ~ vara i sitt rätta element
elementary /ˌelɪˈmentəri/ ADJ elementär
elementary school SB US ≈ grundskola
elephant /ˈelɪfənt/ SB elefant
elevate /ˈelɪveɪt/ VB höja, upphöja
elevating /ˈelɪveɪtɪŋ/ ADJ upplyftande
elevation /ˌelɪˈveɪʃn/ SB **1** upphöjelse **2** höjande **3** höjd över havet **4** upphöjning, kulle
elevator /ˈelɪveɪtə/ SB US hiss
eleven /ɪˈlevn/ **1** RÄKN elva **2** SB elva
eleventh /ɪˈlevənθ/ **1** RÄKN elfte **2** SB elftedel
eligible /ˈelɪdʒəbl/ ADJ **1** berättigad, behörig, valbar ⟨**for** till⟩ **2** till äktenskap ledig, som man kan tänka sig att gifta sig med
eliminate /ɪˈlɪmɪneɪt/ VB eliminera, avlägsna, utesluta
elite /ɪˈliːt/, **élite** SB elit
elk /elk/ ⟨pl lika el **-s**⟩ SB **1** GB älg **2** US kanadahjort
elliptical /ɪˈlɪptɪkl/ ADJ elliptisk
elm /elm/ SB alm
elocution /ˌeləˈkjuːʃn/ SB **1** talarkonst **2** diktion
elongate /ˈiːlɒŋgeɪt, US ɪˈlɔːŋ-/ VB förlänga
elope /ɪˈləʊp/ VB rymma, ge sig i väg med en älskad
eloquence /ˈeləkwəns/ SB vältalighet
eloquent /ˈeləkwənt/ ADJ vältalig
else /els/ ADV efter vissa pronomen o adverb **1** annan ⟨**somebody** ~⟩, annat ⟨**nothing** ~⟩, andra ⟨**Who** ~ **were there?**⟩, nowhere ~ ingen annanstans **What** ~ **did you see?** Vad såg du mera? **2** annars **Where** ~ **can it be?** Var kan den annars vara? **3 or** ~ [för] annars ⟨**Hurry up or** ~ **you'll be late**⟩
elsewhere /ˌelsˈweə, US ˈelsweər/ ADV någon annanstans, på annat håll
elude /ɪˈluːd/ VB **1** komma undan ⟨**he** ~**d the police**⟩ **2** undandra sig, undgå **his name** ~**s me** jag kommer inte på hans namn
elusive /ɪˈluːsɪv/ ADJ svårfångad, gäckande, undanglidande
emancipate /ɪˈmænsɪpeɪt/ VB emancipera, frigöra
embalm /ɪmˈbɑːm/ VB balsamera
embankment /ɪmˈbæŋkmənt/ SB **1** fördämning, vall **2** kaj **3** järnvägsbank, vägbank
embargo /ɪmˈbɑːgəʊ/ ⟨pl **-es**⟩ SB embargo
embark /ɪmˈbɑːk/ VB **1** gå ombord **2** ta ombord
□ **embark on** bildl ge sig ut på, ge sig in i
embarrass /ɪmˈbærəs/ VB göra förlägen (besvärad)
embarrassed /ɪmˈbærəst/ ADJ förlägen, besvärad
embarrassing /ɪmˈbærəsɪŋ/ ADJ pinsam, genant
embarrassment /ɪmˈbærəsmənt/ SB **1** förlägenhet **2** problem, belastning **financial** ~ penningknipa
embassy /ˈembəsi/ SB ambassad
embellish /ɪmˈbelɪʃ/ VB försköna, pryda
embers /ˈembəz/ SB glödande kol, glöd
embezzle /ɪmˈbezl/ VB försnilla, förskingra
embitter /ɪmˈbɪtə/ VB förbittra
emblem /ˈembləm/ SB emblem, symbol
embody /ɪmˈbɒdi/ VB **1** förkroppsliga **2** innehålla, ha
embrace[1] /ɪmˈbreɪs/ VB **1** omfamna [varandra], krama[s] **2** omfatta **3** bekänna sig till ⟨~ **Islam**⟩ **4** gripa ⟨~ **an opportunity**⟩
embrace[2] /ɪmˈbreɪs/ SB omfamning, kram
embroider /ɪmˈbrɔɪdə/ VB brodera
embroidery /ɪmˈbrɔɪdəri/ SB broderi
embryo /ˈembrɪəʊ/ SB embryo
emerald /ˈemərəld/ SB smaragd
emerge /ɪˈmɜːdʒ/ VB **1** komma fram (upp, ut) ⟨**from** ur⟩, träda fram, dyka upp,

uppstå 2 framgå
emergency /ɪˈmɜːdʒənsɪ/ SB nödläge, kris ~ **case** akutfall ~ **duty** jourtjänst ~ **ward** olycksfallsavdelning ~ **exit** nödutgång **state of** ~ undantagstillstånd
emigrant /ˈemɪɡrənt/ SB emigrant, utvandrare
emigrate /ˈemɪɡreɪt/ VB emigrera, utvandra
eminence /ˈemɪnəns/ SB berömmelse, hög ställning
eminent /ˈemɪnənt/ ADJ framstående, utomordentlig
emission /ɪˈmɪʃn/ SB 1 utsläpp[ande] 2 utsändande, utstrålning 3 emission
emit /ɪˈmɪt/ VB 1 sända (spruta, stråla, släppa) ut, ge till ⟨~ **a cry**⟩ 2 emittera, ge ut
emotion /ɪˈməʊʃn/ SB 1 känsla 2 sinnesrörelse
emotive /ɪˈməʊtɪv/ ADJ känsloladdad, känslo-
empathy /ˈempəθɪ/ SB gemenskapskänsla, inlevelseförmåga
emperor /ˈempərə/ SB kejsare
emphasis /ˈemfəsɪs/ SB eftertryck, tonvikt
emphasize /ˈemfəsaɪz/ VB betona, understryka
emphatic /ɪmˈfætɪk/ ADJ eftertrycklig, [mycket] bestämd **be** ~ *äv* hävda bestämt
empire /ˈempaɪə/ SB 1 kejsardöme 2 imperium
employ /ɪmˈplɔɪ/ VB 1 anställa 2 *frml* använda
employee /ɪmˈplɔɪiː, ˌemplɔɪˈiː/ SB anställd
employer /ɪmˈplɔɪə/ SB arbetsgivare
employment /ɪmˈplɔɪmənt/ SB arbete, anställning, sysselsättning ⟨**full** ~⟩, ~ **agency (office)** arbetsförmedling
empress /ˈemprɪs/ SB kejsarinna
empty¹ /ˈemptɪ/ ADJ tom ⟨**of** på⟩
empty² /ˈemptɪ/ VB 1 tömma[s] 2 *om flod* rinna ut ⟨**into** i⟩
emulate /ˈemjʊleɪt/ VB söka efterlikna (mäta sig med), försöka överträffa
enable /ɪˈneɪbl/ VB 1 ~ **sb to** göra det möjligt för ngn att, sätta ngn i stånd att 2 möjliggöra
enamel /ɪˈnæml/ SB emalj ~ **paint** [blank] lackfärg
enchant /ɪnˈtʃɑːnt/ VB tjusa, förtrolla
enchanting /ɪnˈtʃɑːntɪŋ/ ADJ förtjusande, hänförande
enchantment /ɪnˈtʃɑːntmənt/ SB 1 förtjusning 2 tjusning, tjuskraft
encircle /ɪnˈsɜːkl/ VB omge, omringa
enclose /ɪnˈkləʊz/ VB 1 inhägna 2 bifoga ~**d please find** ... *handel* ... bifogas
encore /ˈɒŋkɔː, US ˈɑːn-/ SB extranummer, dakapo
encounter¹ /ɪnˈkaʊntə/ VB möta, stöta (råka) på
encounter² /ɪnˈkaʊntə/ SB 1 möte 2 [samman]drabbning
encourage /ɪnˈkʌrɪdʒ/ VB 1 uppmuntra 2 stödja, främja
encouragement /ɪnˈkʌrɪdʒmənt/ SB 1 uppmuntran 2 främjande
encroach /ɪnˈkrəʊtʃ/ VB göra intrång, inkräkta
encumbered /ɪnˈkʌmbəd/ ADJ ~ **with** *a)* belastad (besvärad) av *b)* belamrad med
encyclopedia /ɪnˌsaɪkləˈpiːdɪə/ SB uppslagsverk, encyklopedi
end¹ /end/ SB 1 slut 2 ände, ända **at the far** ~ i bortre ändan 3 stump ⟨**rope** ~⟩ 4 *sport* planhalva, sida ⟨**change** ~**s**⟩ 5 mål, syfte **gain one's** ~ nå sitt syfte
★ **be at an** ~ vara slut **come to an** ~ ta slut **the** ~ **justifies the means** ändamålet helgar medlen **the** ~ **of the world** världens undergång, katastrof ⟨**it's not the** ~ **of the world**⟩, **in the** ~ till slut **make [both]** ~**s meet** få det att gå ihop **no** ~ **of** en väldig massa **on** ~ *a)* på högkant, på ända *b)* i sträck, i rad **put an** ~ **to** göra slut på **to this** ~ i detta syfte
end² /end/ VB 1 sluta, ta slut 2 avsluta, göra slut på
☐ **end in** sluta med (i) ⟨~ **chaos**⟩, sluta på ⟨~ **a vowel**⟩
☐ **end off** avsluta, avrunda
☐ **end up** hamna ⟨~ **in prison**⟩, sluta
endanger /ɪnˈdeɪndʒə/ VB riskera, äventyra
endangered /ɪnˈdeɪndʒəd/ ADJ [utrotnings]hotad
endear /ɪnˈdɪə/ VB göra avhållen (omtyckt) **her kindness** ~**ed her to everyone** hennes vänlighet gjorde henne omtyckt av alla
endearment /ɪnˈdɪəmənt/ SB kärleksfullt ord, ömhetsbetygelse
endeavour¹ /ɪnˈdevə/ (*US* **endeavor**) VB bemöda sig
endeavour² /ɪnˈdevə/ (*US* ⇑) SB strävan

ending /'endɪŋ/ SB **1** slut, avslutning ⟨the ~ of a film⟩ **2** *språk* ändelse
endorse /ɪn'dɔːs/, **indorse** VB **1** skriva 'på *på baksidan av check* **2** stödja, godkänna
endow /ɪn'daʊ/ VB **1** donera [till] **2** be ~ed with vara begåvad med, äga
endowment /ɪn'daʊmənt/ SB donation, fond, gåva
endurance /ɪn'djʊərəns/ SB uthållighet, förmåga att uthärda **beyond (past) ~** outhärdlig
endure /ɪn'djʊə/ VB **1** uthärda, stå ut [med], tåla **2** bestå, räcka, vara
enemy /'enəmɪ/ SB **1** fiende **2** *attribut* fiendens, fientlig ⟨~ submarines⟩
energetic /ˌenə'dʒetɪk/ ADJ energisk, kraftfull
energy /'enədʒɪ/ SB energi
enforce /ɪn'fɔːs/ VB **1** upprätthålla respekten för, hävda **~ a law** se till att en lag efterlevs **2** tvinga [fram], genomdriva **~d silence** påtvingad tystnad **3** ge stöd för, styrka
engage /ɪn'geɪdʒ/ VB **1** anställa, engagera **2** engagera sig, delta **3** *bildl* fånga ⟨~ sb's attention⟩, **~ sb in conversation** inleda samtal med ngn **4** *tekn* gripa tag i [varandra], koppla in (på) **~ the clutch** släppa upp kopplingen **~ a gear** lägga i en växel
engaged /ɪn'geɪdʒd/ ADJ **1** förlovad **2** upptagen
engagement /ɪn'geɪdʒmənt/ SB **1** förlovning **2** avtalat möte, engagemang, åtagande **I have a previous ~** jag är redan upptagen **3** anställning, engagemang **4** *milit* strid
engaging /ɪn'geɪdʒɪŋ/ ADJ vinnande, sympatisk
engine /'endʒɪn/ SB **1** motor, maskin **2** lok **~ driver** *GB* lokförare
engineer /ˌendʒɪ'nɪə/ SB **1** ingenjör, tekniker **2** *GB* mekaniker **3** *sjö* maskinist **4** *US äv* lokförare
engineering /ˌendʒɪ'nɪərɪŋ/ SB ingenjörs|vetenskap, -konst, teknik
England /'ɪŋglənd/ SB England
English /'ɪŋglɪʃ/ **1** ADJ engelsk **2** SB engelska [språket] **3** SB **the English** engelsmännen *som nation*
Englishman /'ɪŋglɪʃmən/ SB engelsman
Englishwoman /'ɪŋglɪʃˌwʊmən/ SB engelska

engrave /ɪn'greɪv/ VB gravera
engrossed /ɪn'grəʊst/ ADJ **~ in** försjunken i, absorberad av
enhance /ɪn'hɑːns/ VB höja, förbättra
enigma /ɪ'nɪgmə/ SB gåta, mysterium
enigmatic /ˌenɪg'mætɪk/ ADJ gåtfull, mystisk
enjoy /ɪn'dʒɔɪ/ VB **1** njuta av, tycka om **~ a party** ha trevligt på en fest **2 ~ oneself** ha trevligt, roa sig **3** åtnjuta, kunna glädja sig åt ⟨~ good health⟩
enjoyable /ɪn'dʒɔɪəbl/ ADJ njutbar, trevlig
enjoyment /ɪn'dʒɔɪmənt/ SB **1** njutning **2** nöje **3** åtnjutande
enlarge /ɪn'lɑːdʒ/ VB förstora, utöka
□ **enlarge on** utveckla [närmare], gå närmare in på
enlargement /ɪn'lɑːdʒmənt/ SB förstoring, utökning
enlighten /ɪn'laɪtn/ VB upplysa, informera ⟨on om⟩
the Enlightenment /ɪn'laɪtnmənt/ SB upplysningstiden
enlist /ɪn'lɪst/ VB **1** värva, *milit äv* skriva in **2** ta värvning **3** försäkra sig om ⟨~ sb's support⟩
enliven /ɪn'laɪvn/ VB liva upp
enmity /'enmətɪ/ SB fiendskap
enormous /ɪ'nɔːməs/ ADJ enorm
enough¹ /ɪ'nʌf/ PRON nog [med], tillräckligt [med]
enough² /ɪ'nʌf/ ADV **1** nog, tillräckligt ⟨big ~⟩, **strangely ~** konstigt nog **2** ganska, nog (rätt) så ⟨be clever ~⟩
enquire → inquire
enquiry → inquiry
enrage /ɪn'reɪdʒ/ VB göra rasande
enraged /ɪn'reɪdʒd/ ADJ rasande, ursinnig
enrich /ɪn'rɪtʃ/ VB **1** göra rik **2** berika, anrika ⟨~ed uranium⟩
enrol /ɪn'rəʊl/ (*US* **enroll**) VB anmäla [sig], skriva in [sig]
ensemble /ɒn'sɒmbl/ SB ensemble
enslave /ɪn'sleɪv/ VB förslava
ensue /ɪn'sjuː/ VB följa, bli följden ⟨from av⟩
ensure /ɪn'ʃɔː, -'ʃʊə, *US* -ʃʊər/ VB **1** garantera, tillförsäkra **2** försäkra sig om, tillse
entail /ɪn'teɪl/ VB medföra, innebära
entangle /ɪn'tæŋgl/ VB trassla till (in) **get ~d in** bli indragen (invecklad) i
enter /'entə/ VB **1** gå in [i], komma in [i]

~ the Church bli präst **2** föra (skriva) in **3** delta i, ställa upp i ⟨**~ a competition**⟩ **4** inge, komma in med ⟨**~ a protest**⟩
□ **enter for** anmäla [sig] till
□ **enter on** slå in på, börja ⟨**~ a new career**⟩

enterprise /'entəpraɪz/ SB **1** företag **2** initiativ, satsning **3** företagsamhet, driftighet

enterprising /'entəpraɪzɪŋ/ ADJ företagsam

entertain /ˌentə'teɪn/ VB **1** underhålla, roa **2** ha gäster (främmande) **~ sb to dinner** bjuda [hem] ngn på middag **3** representera *i affärssammanhang* **4** nära, hysa ⟨**~ a hope**⟩

entertainer /ˌentə'teɪnə/ SB underhållare

entertaining /ˌentə'teɪnɪŋ/ ADJ underhållande

entertainment /ˌentə'teɪnmənt/ SB **1** underhållning, nöje **2** representation *i affärssammanhang*

enthral /ɪn'θrɔːl/ (*US* **enthrall**) VB trollbinda

enthusiasm /ɪn'θjuːzɪˌæzəm, *spec US* -'θuːz-/ SB entusiasm

entice /ɪn'taɪs/ VB locka, förleda

entire /ɪn'taɪə/ ADJ hel, fullständig

entirety /ɪn'taɪərəti/ SB helhet

entitled /ɪn'taɪtld/ ADJ **1** berättigad ⟨**be ~ to**⟩ **2** betitlad, kallad

entrails /'entreɪlz/ SB inälvor

entrance /'entrəns/ SB **1** entré, ingång **No ~** Förbjuden ingång **2** tillträde, inträde

entreat /ɪn'triːt/ VB *frml* bönfalla

entrée /'ɒntreɪ/ SB **1** entrérätt **2** *spec US* huvudrätt

entry /'entrɪ/ SB **1** inträde **2** tillträde **3** ingång, entré **~ code** portkod **4** artikel *i ordbok*, notering *i dagbok*, post **5** anmäld *tävlande*, deltagare

enumerate /ɪ'njuːməreɪt/ VB räkna upp

envelop /ɪn'veləp/ VB svepa (linda) in

envelope /'envələʊp/, *GB äv* 'ɒn-/ SB kuvert

enviable /'envɪəbl/ ADJ avundsvärd

envious /'envɪəs/ ADJ avundsjuk ⟨**of** på⟩

environment /ɪn'vaɪrənmənt/ SB miljö

environmental /ɪnˌvaɪrən'mentl/ ADJ miljö-

environmentalist /ɪnˌvaɪrən'mentəlɪst/ SB miljö|vårdare, -vän

envisage /ɪn'vɪzɪdʒ/ VB **1** förutse **2** föreställa sig

envy¹ /'envɪ/ SB avund[sjuka]

envy² /'envɪ/ VB avundas

epic /'epɪk/ **1** SB epos **2** ADJ episk, heroisk

epidemic /ˌepɪ'demɪk/ **1** SB epidemi **2** ADJ epidemisk

epilogue /'epɪlɒg/ (*US äv* **epilog**) SB epilog

episode /'epɪsəʊd/ SB episod, avsnitt, del

epoch /'iːpɒk, *US* 'epək/ SB epok

equal¹ /'iːkwəl/ **1** ADJ lika **~ pay** lika lön **2** ADJ lika stor ⟨**~ parts**⟩ **3** ADJ jämlik, jämställd **4** SB like, jämlike
★ **be ~ to sth** ha kapacitet för ngt, kunna klara av ngt

equal² /'iːkwəl/ VB vara lika med **be ~led by no one** söka sin like **2** *sport* tangera

equality /ɪ'kwɒlətɪ/ SB jämlikhet

equalize /'iːkwəlaɪz/ VB utjämna, kvittera

equally /'iːkwəlɪ/ ADV **1** lika ⟨**~ big**⟩ **2** likaså

equal sign /'iːkwəlsaɪn/ SB likhetstecken

equate /ɪ'kweɪt/ VB jämställa

equation /ɪ'kweɪʒn/ SB ekvation

equator /ɪ'kweɪtə/ SB ekvator

equestrian /ɪ'kwestrɪən/ ADJ rid-, ryttar-

equilibrium /ˌiːkwɪ'lɪbrɪəm/ SB jämvikt

equip /ɪ'kwɪp/ VB **1** utrusta **2** *bildl* rusta

equipment /ɪ'kwɪpmənt/ SB utrustning

equivalent /ɪ'kwɪvələnt/ **1** SB motsvarighet ⟨**of** till⟩ **2** ADJ likvärdig, motsvarande **be ~ to** motsvara

equivocal /ɪ'kwɪvəkl/ ADJ **1** tvetydig **2** tvivelaktig

era /'ɪərə/ SB era, tidsålder, epok

eradicate /ɪ'rædɪkeɪt/ VB utrota

erase /ɪ'reɪz, *US* -s-/ VB **1** radera, sudda ut **2** utplåna

eraser /ɪ'reɪzə, *US* -s-/ SB kautschuk, suddgummi

erect¹ /ɪ'rekt/ ADJ upprätt, rak

erect² /ɪ'rekt/ VB uppföra, resa

erection /ɪ'rekʃn/ SB **1** uppförande **2** byggnad **3** erektion

ermine /'ɜːmɪn/ SB hermelin

erode /ɪ'rəʊd/ VB erodera, *bildl* urholka

erosion /ɪ'rəʊʒn/ SB erosion, *bildl* urholkning

erotic /ɪ'rɒtɪk/ ADJ erotisk

err /ɜː/ VB **1** missta sig, ta fel **2** fela
★ **~ on the side of** visa alltför stor

errand /'erənd/ SB ärende

erratic /ɪ'rætɪk/ ADJ **1** oregelbunden,

ojämn 2 oberäknelig
erroneous /ɪˈrəʊnɪəs/ ADJ *frml* felaktig
error /ˈerə/ SB fel, felaktighet **in** ~ av misstag
erupt /ɪˈrʌpt/ VB få utbrott, bryta ut, *om utslag* slå ut
eruption /ɪˈrʌpʃn/ SB utbrott
escalate /ˈeskəleɪt/ VB eskalera, trappa upp
escalation /ˌeskəˈleɪʃn/ SB eskalering, upptrappning
escalator /ˈeskəleɪtə/ SB rulltrappa
escapade /ˌeskəˈpeɪd, *spec US* ˈeskəpeɪd/ SB eskapad
escape¹ /ɪˈskeɪp/ VB **1** fly, rymma **2** komma undan **3** undgå ⟨nothing ~s her⟩, **her name ~s me** jag kommer inte på hennes namn **4** läcka ut
escape² /ɪˈskeɪp/ SB **1** rymning, *äv bildl* flykt **make one's ~** rymma, fly **2** läcka ⟨**an ~ of gas**⟩
escort¹ /ˈeskɔːt/ SB eskort
escort² /ɪˈskɔːt/ VB eskortera
Eskimo /ˈeskɪməʊ/ SB eskimå
especially /ɪˈspeʃəlɪ/ ADV speciellt, särskilt
espionage /ˈespɪənɑːʒ/ SB spionage, spioneri
essay /ˈeseɪ/ SB essä, uppsats ⟨on om⟩
essence /ˈesəns/ SB innersta väsen **the ~ of** det centrala (väsentliga) i
★ **in ~** i grunden, i huvudsak
essential /ɪˈsenʃl/ **1** ADJ väsentlig, huvudsaklig **2** ADJ [absolut] nödvändig, erforderlig **3** SB väsentlighet **4** SB nödvändighet ⟨**pack a few ~s**⟩
essentially /ɪˈsenʃəlɪ/ ADV väsentligen, i grund och botten
establish /ɪˈstæblɪʃ/ VB **1** etablera, grunda, upprätta ⟨**~ contact**⟩, **~ oneself** installera (etablera) sig ⟨**as** som⟩ **2** fastslå, fastställa ⟨**~ sb's guilt**⟩
establishment /ɪˈstæblɪʃmənt/ SB **1** grundande, upprättande **2** etablissemang, inrättning, företag **the Establishment** etablissemanget *det styrande skiktet* **3** fastställande
estate /ɪˈsteɪt/ SB **1** gods, lantegendom **2** *spec GB* område **housing ~** bostadsområde *med hyreshus* **industrial ~** industriområde **3** dödsbo
estate agent SB *GB* fastighetsmäklare
estate car SB *GB* herrgårdsvagn, kombi

esteem /ɪˈstiːm/ SB högaktning **hold sb in [high] ~** högakta ngn
esthetic → aesthetic
estimate¹ /ˈestɪmeɪt/ VB uppskatta, värdera, beräkna ⟨**at** till⟩
□ **estimate for** lämna kostnadsförslag på
estimate² /ˈestɪmət/ SB **1** uppskattning, bedömning, beräkning **2** kostnadsberäkning
Estonia /eˈstəʊnɪə/ SB Estland
Estonian /eˈstəʊnɪən/ **1** ADJ estnisk **2** SB est, estländare **3** SB estniska [språket]
estuary /ˈestjʊrɪ/ SB [flod]mynning
etc. /etˈsetrə/ ⟨*förk f* et cetera⟩ etc., osv.
etch /etʃ/ VB etsa
etching /ˈetʃɪŋ/ SB etsning
eternal /ɪˈtɜːnl/ ADJ evig, ständig, *vard äv* evinnerlig
eternity /ɪˈtɜːnətɪ/ SB evighet
ether /ˈiːθə/ SB eter
ethic /ˈeθɪk/ SB **1** etik, moral **2 ethics** morallära, etik
ethical /ˈeθɪkl/ ADJ etisk
ethnic /ˈeθnɪk/ ADJ etnisk, ras-, folk-
~ food (music) ≈ mat (musik) från främmande kulturer
etiquette /ˈetɪket/ SB etikett
Eurocrat /ˈjʊərəʊkræt/ SB *neds* Europabyråkrat, eurokrat
Europe /ˈjʊərəp/ SB Europa
European /ˌjʊərəˈpɪən/ **1** ADJ europeisk **2** SB europé
the European Community SB Europeiska gemenskaperna, EG
evacuate /ɪˈvækjʊeɪt/ VB evakuera
evacuation /ɪˌvækjʊˈeɪʃn/ SB evakuering
evacuee /ɪˌvækjʊˈiː/ SB evakuerad person
evade /ɪˈveɪd/ VB **1** komma undan, undgå **2** undvika, kringgå **3** smita ifrån ⟨**~ paying taxes**⟩
evaluate /ɪˈvæljʊeɪt/ VB bedöma, utvärdera
evaporate /ɪˈvæpəreɪt/ VB dunsta bort, avdunsta **~d milk** kondenserad mjölk
evaporation /ɪˌvæpəˈreɪʃn/ SB avdunstning
evasion /ɪˈveɪʒn/ SB undvikande, undanflykt[er] **tax ~** skatte|fusk, -smitning
evasive /ɪˈveɪsɪv/ ADJ undvikande
eve /iːv/ SB **1 Eve** -afton ⟨**Christmas Eve**⟩ **2 the ~ of** tiden strax före **on the ~ of** kort före

even¹ /'i:vn/ ADV **1** till och med **2** not ~ inte ens **3** ännu ⟨~ better⟩ **4** ~ as *a)* just som, medan ⟨~ as I write this⟩ *b)* redan som ⟨~ as a boy⟩ **5** ~ if (though) även om, fastän **6** ~ so ändå, trots det

even² /'i:vn/ ADJ jämn
★ an ~ chance femtio procents chans get ~ with sb ge ngn igen, ta revansch på ngn

even³ /'i:vn/ VB
□ even out plana ut, utjämna[s]

even-handed /ˌi:vn'hændɪd/ ADJ opartisk, rättvis

evening /'i:vnɪŋ/ SB kväll, afton this ~ i kväll

evening dress SB **1** aftonklänning **2** frack

event /ɪ'vent/ SB **1** händelse **2** tävling, [tävlings]gren
★ at all ~s, in any ~ i alla händelser, i varje fall in the ~ i själva verket in the ~ of i händelse av

eventful /ɪ'ventfʊl/ ADJ händelserik

eventual /ɪ'ventʃʊəl/ ADJ slutlig, slut-

eventuality /ɪˌventʃʊ'ælətɪ/ SB eventualitet

eventually /ɪ'ventʃʊəlɪ/ ADV slutligen, till slut

ever /'evə/ ADV **1** någonsin **2** i all sin dar, i hela världen ⟨How ~ did it happen?⟩
★ as ~ som alltid (vanligt) Did you ~! *vard* Har du hört på maken? for ~ för alltid ~ since *a)* ända sedan *b)* alltsedan dess ~ so GB väldigt ⟨she was ~ so kind⟩, Yours ~, *i brev* Din (Er) tillgivne

evergreen /'evəgri:n/ SB vintergrön växt

everlasting /ˌevə'lɑ:stɪŋ/ ADJ evig

every /'evrɪ/ PRON **1** varje, varenda, alla ~ one of us varenda en av oss have ~ reason to ha alla skäl (all anledning) att have ~ right to ha all rätt att **2** var ~ four days, ~ fourth day var fjärde dag ~ other (second) year, ~ two years vartannat år
★ ~ now and then, ~ so often då och då, allt som oftast be ~ bit as good as vara precis lika bra som

everybody → everyone

everyday /'evrɪdeɪ/ ADJ **1** vardags-, vardaglig, alldaglig **2** daglig

everyone /'evrɪwʌn/, **everybody** /-bɒdɪ/ PRON alla, var och en

everything /'evrɪθɪŋ/ PRON allt, allting

everywhere /'evrɪweə/ ADV överallt

evict /ɪ'vɪkt/ VB vräka *hyresgäst*

evidence /'evɪdəns/ ⟨endast sg⟩ SB **1** bevis ⟨of på⟩, belägg, indicier use sth in ~ använda ngt som bevis[ning] **2** tecken ⟨see ~ of⟩ **3** vittnesmål give ~ vittna
★ be in ~ vara väl synlig, stå i blickpunkten

evident /'evɪdənt/ ADJ tydlig, uppenbar ⟨to för⟩

evidently /'evɪdəntlɪ/ ADV tydligen, uppenbarligen

evil /'i:vl/ **1** ADJ ond, ondskefull **2** ADJ otäck, vederrvärdig ⟨an ~ smell⟩ **3** SB ont ⟨there is no ~ in him⟩

evoke /ɪ'vəʊk/ VB framkalla, frammana, väcka

evolution /ˌi:və'lu:ʃn, *US* ˌev-/ SB evolution, utveckling

evolve /ɪ'vɒlv/ VB utveckla[s]

exact¹ /ɪg'zækt/ ADJ exakt, noggrann

exact² /ɪg'zækt/ VB [ut]kräva, fordra

exacting /ɪg'zæktɪŋ/ ADJ krävande

exactly /ɪg'zæktlɪ/ ADV exakt, precis

exaggerate /ɪg'zædʒəreɪt/ VB överdriva

exaggeration /ɪgˌzædʒə'reɪʃn/ SB överdrift

exalted /ɪg'zɔ:ltɪd/ ADJ **1** högt uppsatt **2** ädel, upphöjd **3** exalterad, hänförd

exam /ɪg'zæm/ SB prov, tentamen

examination /ɪgˌzæmɪ'neɪʃn/ SB **1** tentamen, examen, prov **2** undersökning **3** *jur* förhör

examine /ɪg'zæmɪn/ VB **1** undersöka, granska **2** tentera, pröva **3** *jur* förhöra ⟨~ a witness⟩

example /ɪg'zɑ:mpl/ SB exempel for ~ till exempel
★ make an ~ of sb använda ngn för att statuera exempel set an ~ to vara ett föredöme för

exasperate /ɪg'zæspəreɪt/, *GB äv* -'zɑ:sp-/ VB reta upp, förarga, göra ursinnig

exasperation /ɪgˌzæspə'reɪʃn, *GB äv* -'zɑ:sp-/ SB [stark] irritation, förargelse, ursinne

excavate /'ekskəveɪt/ VB gräva, gräva ut (upp)

excavation /ˌekskə'veɪʃn/ SB utgrävning

exceed /ɪk'si:d/ VB över|skrida, -träffa

exceedingly /ɪk'si:dɪŋlɪ/ ADV ytterst

excel /ɪk'sel/ VB **1** excellera, glänsa, vara framstående (särklassig) ⟨at i⟩ **2** överglänsa ~ oneself överträffa sig själv

excellence /'eksələns/ SB [mycket] hög klass, särklassighet

excellent /'eksələnt/ ADJ utmärkt, utomordentlig
except /ɪk'sept/ PREP utom ~ **for** med undantag av
exception /ɪk'sepʃn/ SB undantag
★ **the ~ proves the rule** undantaget bekräftar regeln **take ~ to** ta avstånd från, ogilla
excerpt /'eksɜ:pt/ SB utdrag
excess /ɪk'ses, *attribut* 'ekses/ SB
1 övermått, omåttlighet, överdrift
2 utsvävning **3 excesses** excesser, övergrepp **4** överskott ⟨**an ~ of imports over exports**⟩ **5** *spec GB* självrisk **6** *attribut*
~ luggage (baggage) övervikt **~ postage** tilläggsporto
★ **in ~ of** över[skridande] **to ~** omåttligt
excessive /ɪk'sesɪv/ ADJ omåttlig, orimlig, överdriven
exchange[1] /ɪks'tʃeɪndʒ/ VB [ut]byta, [ut]växla ⟨**for** mot⟩
exchange[2] /ɪks'tʃeɪndʒ/ SB **1** [ut]byte, utväxling **~ of letters** brevväxling **in ~ for** i utbyte mot **2** ordväxling, gräl **3** börs **stock ~** fondbörs **4** *ekon* växling **~ rate** växelkurs **~ [office]** växelkontor **foreign ~** utländsk valuta **5** telefonväxel
exchangeable /ɪks'tʃeɪndʒəbl/ ADJ utbytbar
the Exchequer /ɪks'tʃekə/ SB finansdepartementet *i GB* **the Chancellor of ~** finansministern *i GB*
excite /ɪk'saɪt/ VB **1** stimulera, göra entusiastisk **2** hetsa upp **3** [upp]väcka ⟨**~ interest**⟩
excited /ɪk'saɪtɪd/ ADJ **1** spänd, förväntansfull, nervös **2** ivrig, entusiastisk, upphetsad
excitement /ɪk'saɪtmənt/ SB
1 upphetsning, spänning **2** uppståndelse **3** iver, entusiasm
exciting /ɪk'saɪtɪŋ/ ADJ spännande, upphetsande
exclaim /ɪk'skleɪm/ VB utropa, skrika [till]
exclamation /ˌeksklə'meɪʃn/ SB [ut]rop
exclamation mark SB utropstecken
exclude /ɪk'sklu:d/ VB ute|sluta, -stänga
exclusive /ɪk'sklu:sɪv/ ADJ **1** exklusiv
~ rights ensamrätt **2 ~ of** exklusive, ej medräknad
exclusively /ɪk'sklu:sɪvlɪ/ ADV uteslutande, enbart

excursion /ɪk'skɜ:ʃn, *US* -ʒn/ SB utflykt
excuse[1] /ɪk'skju:z/ VB **1** ursäkta, förlåta
2 ~ oneself be om ursäkt *t ex när man lämnar ngn*, urskulda sig **3** befria **be ~d** [**from**] *äv* slippa **~ oneself** be att få slippa
★ **E~ me** *a*) Förlåt [mig], Ursäkta (mig) *b*) *US äv* Hur sa?
excuse[2] /ɪk'skju:s/ SB **1** ursäkt **make ~s (an ~)** be om ursäkt **by way of ~, in ~** som en ursäkt **2** anledning, förevändning ⟨**find an ~ to leave**⟩, **without good ~** utan giltigt förfall **3** undanflykt
execute /'eksɪkju:t/ VB **1** avrätta
2 verkställa, utföra
execution /ˌeksɪ'kju:ʃn/ SB **1** avrättning
2 utförande, verkställande **put (carry) into ~** verkställa
executioner /ˌeksɪ'kju:ʃnə/ SB bödel
executive /ɪg'zekjʊtɪv/ **1** ADJ verkställande **2** ADJ chefs-, direktörs-
~ car direktionsbil **3** SB chef, företagsledare, chefstjänsteman
exemplify /ɪg'zemplɪfaɪ/ VB exemplifiera
exempt /ɪg'zempt/ ADJ befriad
exemption /ɪg'zemʃən/ SB befrielse, dispens
exercise[1] /'eksəsaɪz/ SB **1** motion
2 övning, träning **3** utövande, bruk
4 exercises *US* ceremonier
exercise[2] /'eksəsaɪz/ VB **1** motionera
2 öva, träna **3** utöva, använda **4** oroa
exert /ɪg'zɜ:t/ VB *frml* **1** utöva, använda
2 ~ oneself bemöda sig, anstränga sig
exertion /ɪg'zɜ:ʃn/ SB *frml* **1** ansträngning
2 utövande
exhaust[1] /ɪg'zɔ:st/ VB **1** utmatta
2 förbruka, uttömma
exhaust[2] /ɪg'zɔ:st/ SB **1** avgas[er] **2 ~ [pipe]** avgasrör
exhausted /ɪg'zɔ:stɪd/ ADJ **1** utmattad
2 förbrukad
exhaustion /ɪg'zɔ:stʃn/ SB **1** utmattning
2 förbrukning, uttömmande
exhaustive /ɪg'zɔ:stɪv/ ADJ uttömmande, grundlig
exhibit[1] /ɪg'zɪbɪt/ VB ställa ut, visa [upp]
exhibit[2] /ɪg'zɪbɪt/ SB **1** bevisföremål
2 utställningsföremål
exhibition /ˌeksɪ'bɪʃn/ SB **1** utställning
2 uppvisning ⟨**~ match**⟩
★ **make an ~ of oneself** skämma ut sig
exhilarate /ɪg'zɪləreɪt/ VB pigga (liva) upp
exhort /ɪg'zɔ:t/ VB *frml* [upp]mana,

förmana
exile¹ /'eksaɪl/ SB **1** landsflykt, exil **2** [lands]flykting
exile² /'eksaɪl/ VB [lands]förvisa
exist /ɪg'zɪst/ VB existera, förekomma, finnas [till]
existence /ɪg'zɪstəns/ SB existens, förekomst, tillvaro **come into ~** uppstå, bli till
exit¹ /'eksɪt, 'egz-/ SB **1** utgång **2** sorti, uttåg **3** avfart
exit² /'eksɪt, 'egz-/ VB gå ut **~ Hamlet** *scenanvisning* Hamlet [går] ut
exodus /'eksədəs/ SB massutvandring, exodus
exorbitant /ɪg'zɔ:bɪtənt/ ADJ omåttlig, orimlig
exorcize /'eksɔ:saɪz/ VB besvärja, driva ut
exotic /ɪg'zɒtɪk/ ADJ exotisk
expand /ɪk'spænd/ VB **1** expandera, utvidga [sig], växa, breda ut [sig] **2** utveckla ⟨**~ a story**⟩
□ **expand on** utveckla närmare ⟨**~ an argument**⟩
expanse /ɪk'spæns/ SB vidd, vidsträckt yta
expansion /ɪk'spænʃn/ SB expansion, ökning, breddning
expect /ɪk'spekt/ VB **1** [för]vänta sig, räkna med **2** anta, förmoda ⟨**I ~ so**⟩
★ **be ~ing** vänta barn
expectation /ˌekspek'teɪʃn/ SB förväntan, förhoppning
★ **beyond ~** över förväntan **contrary to all ~[s]** mot alla förväntningar
expedient /ɪk'spi:dɪənt/ **1** SB utväg, [nöd]lösning **2** ADJ befogad, ändamålsenlig
expedition /ˌekspə'dɪʃn/ SB **1** expedition **2** utflykt
expel /ɪk'spel/ VB **1** utvisa, relegera **2** driva bort (ut)
expend /ɪk'spend/ VB **1** använda, lägga ner ⟨**~ money (time) on**⟩ **2** förbruka ⟨**~ one's resources**⟩
expenditure /ɪk'spendɪtʃə/ SB **1** utgift[er] **2** förbrukning, användning ⟨**~ of money**⟩
expense /ɪk'spens/ SB **1** utgift, utlägg **~ account** representationskonto **2 expenses** *äv* [om]kostnader
★ **at sb's ~** på ngns bekostnad **at little ~** till en ringa kostnad **at the ~ of** till priset

av, på bekostnad av
expensive /ɪk'spensɪv/ ADJ dyr, dyrbar
experience¹ /ɪk'spɪərɪəns/ SB erfarenhet, upplevelse
experience² /ɪk'spɪərɪəns/ VB erfara, uppleva, vara med om **~ defeat** lida en förlust
experienced /ɪk'spɪərɪənst/ ADJ erfaren, rutinerad
experiment¹ /ɪk'sperɪmənt/ SB experiment, försök
experiment² /ɪk'sperɪment/ VB experimentera
experimental /ɪkˌsperɪ'mentl/ ADJ försöks-, experiment-, experimentell
expert /'ekspɜ:t/ **1** SB expert, specialist, sakkunnig **2** ADJ expert-, specialist-, sakkunnig ⟨**we need an ~ opinion**⟩ **3** ADJ skicklig ⟨**at i, på**⟩
expertise /ˌekspɜ:'ti:z/ SB expertis, sakkunskap, skicklighet
expire /ɪk'spaɪə/ VB **1** *om tid, giltighet* gå (löpa) ut **2** *frml* dö
explain /ɪk'spleɪn/ VB förklara, klargöra
explanation /ˌeksplə'neɪʃn/ SB förklaring
explanatory /ɪk'splænətərɪ/ ADJ förklarande
explicit /ˌek'splɪsɪt/ ADJ **1** tydlig, uttrycklig **2** explicit, uttalad, ohöljd **3** öppen, rättfram
explode /ɪk'spləʊd/ VB **1** explodera **2** få att explodera, spränga **3** kullkasta, vederlägga ⟨**~ a theory**⟩
exploit¹ /ɪk'splɔɪt/ VB exploatera, utnyttja
exploit² /'eksplɔɪt/ SB bragd, bedrift
exploitation /ˌeksplɔɪ'teɪʃn/ SB exploatering, utnyttjande
exploration /ˌeksplə'reɪʃn/ SB utforskning
explore /ɪk'splɔ:/ VB utforska
explorer /ɪk'splɔ:rə/ SB **1** upptäcktsresande, forskningsresande **2** utforskare
explosion /ɪk'spləʊʒn/ SB explosion
explosive /ɪk'spləʊsɪv/ **1** SB sprängämne **2** ADJ explosiv **~ charge** sprängladdning
exponent /ɪk'spəʊnənt/ SB **1** *matem* exponent **2** representant, talesman, ivrare, utövare
export¹ /ɪk'spɔ:t/ VB exportera
export² /'ekspɔ:t/ SB **1** export|vara, -artikel **2** export ⟨**produce cars for ~**⟩ **3 exports** export[en] *värde el mängd* ⟨**~s have gone up by 6%**⟩

expose /ɪk'spəʊz/ VB **1** utsätta ⟨to för⟩ **2** uppvisa, exponera **3** ~ **oneself** blotta sig **4** avslöja **5** foto exponera
exposure /ɪk'spəʊʒə/ SB **1** utsättande ~ **of the body to ...** att utsätta kroppen för ... **2** utsatthet, umbäranden **die from** ~ frysa ihjäl **3** avslöjande **4** uppvisande, exponering **indecent** ~ sedlighetssårande blottande **5** tv, press publicitet **6** foto exponering
express¹ /ɪk'spres/ VB uttrycka
express² /ɪk'spres/ **1** ADJ uttrycklig ⟨**his** ~ **wish**⟩ **2** ADJ express- ⟨~ **letter**, ~ **train**⟩ **3** SB GB express[post] ⟨**send a letter by** ~⟩ **4** SB expresståg, snälltåg
express³ /ɪk'spres/ ADV GB express ⟨**send a letter** ~⟩
expression /ɪk'spreʃn/ SB **1** uttryck, uttryckssätt **2** uttrycksfullhet
★ **beyond** ~ obeskrivlig[t]
expressive /ɪk'spresɪv/ ADJ uttrycksfull ~ **of** som uttrycker (uttryckte)
expressly /ɪk'spreslɪ/ ADV uttryckligen
expressway /ɪk'spreɪsweɪ/ SB US motorväg
exquisite /ɪk'skwɪzɪt, 'ek-/ ADJ utsökt
extend /ɪk'stend/ VB **1** utvidga, förlänga ⟨~ **one's visit**⟩, **~ed family** storfamilj **2** bygga ut (till) **3** sträcka sig, breda ut sig **4** vara, räcka ⟨~ **well into the evening**⟩ **5** sträcka fram **6** frml erbjuda ⟨~ **help**⟩, framföra ⟨~ **one's thanks**⟩
extension /ɪk'stenʃn/ SB **1** utvidgning, förlängning **2** tillbyggnad **3** erbjudande, framförande **4** förlängningssladd **5** tele anknytning
extensive /ɪk'stensɪv/ ADJ vidsträckt, omfattande
extent /ɪk'stent/ SB utsträckning, omfattning
★ **to some (a certain)** ~ i viss utsträckning, till en viss grad
exterior /ɪk'stɪərɪə/ **1** SB utsida, exteriör, yttre **2** SB film, konst utomhus|scen, -motiv **3** ADJ yttre
exterminate /ɪk'stɜ:mɪneɪt/ VB utrota
external /ɪk'stɜ:nl/ ADJ **1** yttre, utvändig, ytter- **2** utvärtes **3** utrikes-, utlands- **4** extern
extinct /ɪk'stɪŋkt/ ADJ **1** utdöd **2** slocknad
extinguish /ɪk'stɪŋgwɪʃ/ VB **1** frml släcka **2** bildl göra slut på, krossa
extortion /ɪk'stɔ:ʃn/ SB utpressning
extra¹ /'ekstrə/ **1** ADJ extra ~ **time** sport förlängning **2** SB liten lyx **that little** ~ det där lilla extra **3** SB extrakostnad **4** SB extranummer **5** SB statist
extra² /'ekstrə/ ADV extra ⟨**pay** ~⟩
extract¹ /ɪk'strækt/ VB **1** dra ut ⟨~ **a tooth**⟩ **2** dra (ta) fram ⟨**he ~ed a photo**⟩ **3** pressa [ut], utvinna ⟨~ **oil**⟩ **4** tvinga (locka) fram ⟨~ **information**⟩ **5** välja ut ⟨~ **passages from a text**⟩
extract² /'ekstrækt/ SB **1** extrakt **2** utdrag
extradite /'ekstrədaɪt/ VB utlämna brottsling
extramarital /ˌekstrə'mærɪtl/ ADJ utomäktenskaplig
extraordinary /ɪk'strɔ:dnərɪ/ ADJ **1** anmärkningsvärd, märklig **2** ovanlig, speciell, extraordinär **3** om möte extra
extravagance /ɪk'strævəgəns/ SB extravagans, överdåd, lyx
extreme /ɪk'stri:m/ **1** ADJ extrem **the ~ Left** yttersta vänstern **in the** ~ **north** allra längst norrut **2** SB ytterlighet ⟨**go to ~s**⟩, **friendly in the** ~ ytterst vänlig
extremely /ɪk'stri:mlɪ/ ADV ytterst
extremist /ɪk'stri:mɪst/ SB extremist
extricate /'ekstrɪkeɪt/ VB lösgöra, frigöra ~ **oneself from** äv komma [helskinnad] ur
exuberant /ɪg'zju:bərənt/ ADJ **1** sprudlande, översvallande **2** ymnig, frodig
exultation /ˌegzʌl'teɪʃn/ SB jubel
eye¹ /aɪ/ SB **1** öga **2** blick ⟨**my ~s fell on her**⟩
★ **an** ~ **for an** ~ öga för öga **be up to one's ~s in work** ha arbete upp över öronen **have an** ~ **for** ha sinne (blick) för **have one's** ~ **on sth, have an** ~ **to sth** ha ngt i kikarn **have an** ~ **to the main chance** tänka om sig **make ~s at sb, get (give) sb the** ~ flörta med ngn **one in the** ~ vard en [stor] besvikelse **set ~s on** få syn på **under my very ~s** mitt framför näsan på mig
eye² /aɪ/ VB betrakta, granska
eyeball /'aɪbɔ:l/ SB ögonglob
eyebrow /'aɪbraʊ/ SB ögonbryn
eyelash /'aɪlæʃ/ SB ögonfrans
eyelid /'aɪlɪd/ SB ögonlock
eye-opener /'aɪˌəʊpənə/ SB **1** tankeställare **be an** ~ **to sb** öppna ögonen på ngn **2** US äv återställare
eye-shadow /'aɪˌʃædəʊ/ SB ögonskugga
eyesight /'aɪsaɪt/ SB syn[förmåga]
eyesore /'aɪsɔ:/ SB skönhetsfläck **be an** ~

äv vara anskrämligt ful
eyewash /'aɪwɒʃ/ SB **1** ögon|bad, -vatten **2** struntprat

F → Fahrenheit
fable /'feɪbl/ SB fabel, saga, myt
fabric /'fæbrɪk/ SB **1** tyg, väv **2** stomme, struktur
fabricate /'fæbrɪkeɪt/ VB hitta på, fabricera
fabulous /'fæbjʊləs/ ADJ **1** fabel-, diktad **2** jättefin, sagolik, fantastisk
face¹ /feɪs/ SB **1** ansikte **2** min, uppsyn **3** yta ⟨the ~ of the earth⟩ **4** urtavla **5** fasad **6** bergvägg **7** framsida *på t ex sedel* ★ ~ **to** ~ ansikte mot ansikte **in the** ~ **of** inför **make** ~s göra grimaser **on the** ~ **of it** uppenbarligen **to sb's** ~ rätt upp i ansiktet på ngn ⇓
face² /feɪs/ VB **1** stå inför, stå mitt emot, [modigt] möta ⟨she ~d her attackers⟩, inte blunda för ⟨~ **facts**⟩, inse ⟨**Let's** ~ **it**⟩, **be** ~**d with** ställas (stå) inför **2** vetta mot, ligga åt ⟨a room facing the street⟩ **3 be** ~**d with** *om fasad* vara klädd med
▫ **face about** *GB* göra helt om
▫ **face on to** vetta mot
▫ **face round** vända sig om
▫ **face up to** *a)* ta på sig, känna ⟨~ **one's responsibilities**⟩ *b)* modigt möta *c)* böja sig för, acceptera, stå för ⟨~ **one's mistakes**⟩
face-cloth /'feɪsklɒθ/, **face flannel** /-ˌflænl/ SB *GB* tvättlapp
face-lift /'feɪslɪft/ SB *äv bildl* ansiktslyftning
facet /'fæsɪt/ SB **1** fasett **2** aspekt
facetious /fə'siːʃəs/ ADJ raljant, skämtsam
face value /ˌfeɪs 'væljuː/ SB nominellt värde
★ **take sth at [its]** ~ ta ngt för sant (gott)
facial /'feɪʃl/ **1** ADJ ansikts- **2** SB ansiktsbehandling
facile /'fæsaɪl, *US* 'fæsəl/ ADJ **1** lätt|vindig, -köpt **a** ~ **remark** en ytlig kommentar

2 rask, flyhänt **be a ~ speaker** ha lätt för att uttrycka sig
facilitate /fəˈsɪləteɪt/ VB underlätta, förenkla
facility /fəˈsɪlɪtɪ/ SB **1** lätthet **have a ~ for sth** ha lätt för [att lära sig] ngt **2 facilities** anordningar, faciliteter, möjligheter **modern facilities** moderna bekvämligheter
facsimile /fækˈsɪməlɪ/ SB faksimil
fact /fækt/ SB **1** faktum **the ~ [of the matter] is that** faktum är att **2** fakta ⟨**the novel is based on ~**⟩
★ **in ~**, **as a matter of ~** i själva verket, faktiskt
faction /ˈfækʃn/ SB **1** fraktion, falang **2** partikäbbel, oenighet
factor /ˈfæktə/ SB faktor
factory /ˈfæktərɪ/ SB fabrik
factual /ˈfæktʃʊəl/ ADJ **1** faktabaserad, faktisk, sann **2** saklig ⟨**a ~ speech**⟩
faculty /ˈfækəltɪ/ SB **1** förmåga **have a ~ for** ha lätt för **2** fakultet **the F~ of Law** den juridiska fakulteten **3** US äv lärar|kollegium, -stab
fad /fæd/ SB fluga, modenyck
fade /feɪd/ VB **1** tyna (dö) bort **2** vissna, om färg blekna **3** bleka
□ **fade away** mattas, tyna (dö) bort
□ **fade in** film etc tona in
□ **fade into** gradvis övergå i (till)
□ **fade out** tona bort
the Faeroe Islands /ˈfeərəʊ/ SB Färöarna
fag /fæg/ SB **1** GB slitgöra, trist jobb **2** GB vard cigarett **3** GB vard betjänt yngre elev vid public school **4** US neds bög
Fahrenheit /ˈfærənhaɪt/ ⟨förk **F**⟩ SB Fahrenheit termometer med 0° vid −18°C
fail¹ /feɪl/ VB **1** misslyckas [i], utb underkännas [i], handel gå omkull, göra konkurs, om skörd slå fel **2** utb underkänna **3** försumma, underlåta, glömma **4** svika ⟨**his voice ~ed him**⟩, **words ~ me** jag saknar ord **5** svikta, försvagas ⟨**her health is ~ing**⟩ **6** inte fungera, strejka ⟨**the brakes ~ed**⟩
★ **I ~ to see** jag begriper inte
□ **fail in** a) svika ⟨**~ one's duty**⟩ b) brista i, sakna ⟨**~ imagination**⟩
fail² /feɪl/ SB **without ~** absolut, ofelbart
failing¹ /ˈfeɪlɪŋ/ **1** SB fel, brist **2** ADJ sviktande ⟨**~ health**⟩
failing² /ˈfeɪlɪŋ/ PREP i brist på **~ that** i annat fall
failure /ˈfeɪljə/ SB **1** misslyckande, fiasko, misslyckad person **be a ~** misslyckas, vara misslyckad, göra fiasko **2** underlåtenhet ⟨**their ~ to answer**⟩ **3** funktionsavbrott, fel, brist **computer ~** data|stopp, -fel **engine ~** motorstopp **~ of crops** missväxt **4** konkurs, krasch
faint¹ /feɪnt/ **1** ADJ svag, vag **2** ADJ matt, kraftlös, svimfärdig ⟨**with** av⟩ **3** SB svimning
★ **not have the ~est [idea]** inte ha den blekaste (ringaste) aning
faint² /feɪnt/ VB svimma
fair¹ /feə/ ADJ **1** rättvis, sport just ⟨**to** mot⟩ **2** rimlig, korrekt ⟨**a ~ price**⟩ **3** hygglig, ganska god ⟨**a ~ chance**⟩ **4** om väder fin, bra **5** ljus, om hår äv blond
★ **be only ~ that** inte vara mer än rätt att **by ~ means and foul** med vilka medel som helst **~ game** lovligt byte **~ is ~** rätt ska vara rätt **~ to middling** inget vidare, sisådär **to be ~** ärligt talat
fair² /feə/ ADV rättvist, sport just ⟨**play ~**⟩
★ **~ and square** a) rätt på (i) b) öppet och ärligt **~ enough** kör till [då], okey [då]
fair³ /feə/ SB **1** marknad **2** handel mässa **3** GB nöjesfält
fairground /ˈfeəgraʊnd/ SB nöjesfält
fairy /ˈfeərɪ/ SB **1** fe, älva **2** vard fikus, bög ǁ
fairyland /ˈfeərɪlænd/ SB sagoland
fairy tale, fairy story SB saga
faith /feɪθ/ SB **1** tilltro **have ~ in** tro på, ha förtroende för **2** tro **have ~ in God** tro på Gud
★ **in good ~** i god tro
faithful /ˈfeɪθfʊl/ ADJ **1** trogen, bildl äv exakt ⟨**a ~ copy**⟩ **2** sann, korrekt
faithfully /ˈfeɪθfʊlɪ/ ADV **Yours ~**, GB i brev Högaktningsfullt
faithless /ˈfeɪθləs/ ADJ trolös, svekfull
fake¹ /feɪk/ **1** SB förfalskning **2** SB person bluff **3** ADJ förfalskad, oäkta
fake² /feɪk/ VB **1** förfalska **2** hitta på, ljuga ihop **3** simulera **~ surprise** spela förvånad **~ a smile** låtsas le
falcon /ˈfɔːlkən/ spec US ˈfælk-/ SB falk
fall¹ /fɔːl/ ⟨**fell** /fel/, **fallen** /ˈfɔːlən/⟩ VB **1** falla, om pris, nivå äv sjunka, i strid äv stupa **2** inträffa, infalla ⟨**When does Easter ~?**⟩ **3** hänga ner, falla ner ⟨**his beard ~s to his chest**⟩ **4** slutta **5** om vind avta **6** bli ⟨**~ ill**⟩, **~ asleep** somna **~ silent**

tystna
★ ~ **flat** misslyckas ~ **in love** bli kär ~ **into place** bli begriplig ~ **short of** inte leva upp till, inte motsvara ~ **victim to** falla offer för
☐ **fall about [laughing (with laughter)]** *GB* börja gapskratta
☐ **fall apart** gå sönder
☐ **fall away** *a)* försvinna, dra sig undan *b)* sluta
☐ **fall back** dra sig tillbaka ~ **on** ta till, använda sig av
☐ **fall behind** bli efter, komma på efterkälken
☐ **fall below** understiga
☐ **fall for** *a)* falla för *b)* gå 'på, låta sig luras av
☐ **fall into** *a)* kunna indelas i *b)* råka i
☐ **fall off** *a)* → fall away *b)* om *antal* minska *c)* försämras
☐ **fall on** attackera ~ **hard times** drabbas av stora svårigheter
☐ **fall out** *a)* råka i gräl *b)* utfalla, bli ⟨~ **as planned**⟩
☐ **fall over** falla omkull
☐ **fall through** *a)* misslyckas *b)* inte bli av ⟨**our trip fell through**⟩
fall² /fɔːl/ SB **1** fall **have (take) a** ~ falla omkull (ner) **2** nedgång, minskning **3** *US äv* höst **4 falls** vattenfall
fallacy /ˈfæləsɪ/ SB **1** vanföreställning **2** felslut, felaktighet
fallen → fall¹
fallible /ˈfæləbl/ ADJ ofullkomlig
fallout /ˈfɔːlaʊt/ SB **1** [radioaktivt] nedfall **2** [oönskad] bieffekt
false /fɔːls/ ADJ **1** falsk, osann, felaktig **2** falsk, förfalskad ~ **beard** lösskägg **3** svekfull, falsk ⟨**a** ~ **friend**⟩
★ ~ **start** *a)* misslyckat försök *b)* tjuvstart
falsehood /ˈfɔːlshʊd/ SB **1** lögn, osanning **2** lögnaktighet, falskhet
falsify /ˈfɔːlsɪfaɪ/ VB förfalska
falter /ˈfɔːltə/ VB **1** vackla **2** bli osäker **3** stamma
fame /feɪm/ SB ryktbarhet, berömmelse
famed /feɪmd/ ADJ ryktbar, berömd
familiar /fəˈmɪlɪə/ ADJ **1** bekant, välkänd ⟨**to** för⟩ **2** förtrogen **be** ~ **with** *äv* känna till **3** familjär, ledig **4** alltför familjär, påflugen
familiarity /fəˌmɪlɪˈærətɪ/ SB **1** kännedom ⟨**with** om⟩, förtrogenhet **2** förtrolighet

3 närgångenhet, påflugenhet
familiarize /fəˈmɪlɪəraɪz/ VB göra bekant (förtrogen) ~ **oneself with** sätta sig in i, bekanta sig med
family /ˈfæməlɪ/ SB familj, [nära] släkt
family name SB efternamn
famine /ˈfæmɪn/ SB hungersnöd
famished /ˈfæmɪʃt/ ADJ jättehungrig
famous /ˈfeɪməs/ ADJ berömd
fan¹ /fæn/ SB **1** solfjäder **2** fläkt ~ **belt** fläktrem
fan² /fæn/ VB **1** fläkta **2** blåsa på ⟨~ **a fire**⟩ **3** *bildl* underblåsa
☐ **fan out** *a)* sprida [ut] *b)* sprida sig solfjäderformigt
fan³ /fæn/ SB supporter, beundrare, fan
fanatic /fəˈnætɪk/ SB fanatiker
fanatical /fəˈnætɪkl/ ADJ fanatisk
fanaticism /fəˈnætɪsɪzəm/ SB fanatism
fanciful /ˈfænsɪfʊl/ ADJ **1** fantasifull **2** nyckfull **3** fantastisk, verklighetsfrämmande, inbillad
fancy¹ /ˈfænsɪ/ SB **1** fantasi, inbillning **2** känsla **have a** ~ **that** ha på känn att **3** tycke, lust **have a** ~ **for** tycka om **take a** ~ **to** bli förtjust i **catch (take) the** ~ **of** slå an på, tilltala
fancy² /ˈfænsɪ/ VB **1** ha lust [till] ⟨~ **a walk**⟩, önska sig ⟨~ **a cup of coffee**⟩ **2** *GB* tycka om, vara attraherad av **3** föreställa sig, tänka sig **F**~ **him being so rude** Tänk att han var så oförskämd **F**~ **that!** Tänk bara!, Kan man tänka sig! **4** inbilla sig, tycka
★ ~ **oneself as** tro att man är duktig (framstående) som
fancy³ /ˈfænsɪ/ ADJ **1** extravagant, fin[are], lyx- ⟨~ **food**, ~ **place**⟩, ~ **goods** prydnadssaker, lyxartiklar **nothing** ~ ingen lyx, inget märkvärdigt **2** fantasi- ⟨~ **price**⟩ **3** av högsta kvalitet ⟨~ **crabs**⟩
fancy dress /ˌfænsɪ ˈdres/ SB maskeraddräkt
fanfare /ˈfænfeə/ SB fanfar
fang /fæŋ/ SB huggtand, gifttand
fantastic /fænˈtæstɪk/ ADJ fantastisk
fantasy /ˈfæntəsɪ/ SB fantasi
far¹ /fɑː/ ⟨**farther** /ˈfɑːðə/ *el* **further** /ˈfɜːðə/, **farthest** *el* **furthest**⟩ ADV **1** långt ⟨**walk** ~⟩ **2** mycket, långt, vida ⟨~ **better**⟩, ~ **too hot** alldeles för varmt
★ **as** ~ **as** *a)* till och med ⟨**read as** ~ **as page 23**⟩ *b)* [ända fram] till ⟨**walk as** ~ **as the**

bridge⟩ c) så vitt ⟨**as** ~ **as I know**⟩, **as** ~ **as I am concerned** vad mig beträffar **by** ~ ojämförligt, utan jämförelse ~ **from it** inte alls **from** ~ **and near** från när och fjärran **not go** ~ inte förslå (räcka) långt **so** ~ hittills **so** ~, **so good** så långt är allt gott och väl

far² /fɑː/ ⟨**farther** /'fɑːðə/ el **further** /'fɜːðə/, **farthest** el **furthest**⟩ ADJ **1** avlägsen **2** bortre ⟨**at the** ~ **end**⟩
★ **be a** ~ **cry from** vara något helt annat än ⇓

faraway /'fɑːrəweɪ/ ADJ **1** avlägsen, fjärran **2** bildl frånvarande, drömmande ⟨**a** ~ **look**⟩

farce /fɑːs/ SB fars

fare¹ /feə/ SB **1** avgift för resa, [biljett]pris **2** taxikund **3** kost, mat

fare² /feə/ VB frml klara sig

the Far East /ˌfɑːr 'iːst/ SB Fjärran östern

farewell /ˌfeə'wel/ SB farväl

far-fetched /ˌfɑː'fetʃt/ ADJ långsökt

farm¹ /fɑːm/ SB bondgård, lantbruk ⇓

farm² /fɑːm/ VB odla, driva jordbruk (lantbruk)
□ **farm out** lägga ut på entreprenad

farmer /'fɑːmə/ SB bonde, lantbrukare

farm hand SB lantarbetare, dräng

farmhouse /'fɑːmhaʊs/ SB bondgård, mangårdsbyggnad

farming /'fɑːmɪŋ/ SB jordbruk, lantbruk

far-off /'fɑːrɒf/ ADJ avlägsen, fjärran

far-reaching /ˌfɑːˈriːtʃɪŋ/ ADJ långtgående

far-sighted /ˌfɑːˈsaɪtɪd/ ADJ framsynt

fart¹ /fɑːt/ VB släppa sig, fisa

fart² /fɑːt/ SB **1** fis, prutt **2** skit[stövel]

farther → **far**^1,2

farthest → **far**^1,2

fascinate /'fæsɪneɪt/ VB **1** fascinera **2** paralysera

fascism /'fæʃɪzəm/ SB fascism

fascist /'fæʃɪst/ **1** SB fascist **2** ADJ fascistisk

fashion /'fæʃn/ SB **1** mode **2** frml sätt
★ **after a** ~ litegrann, någorlunda **after (in) the** ~ **of** på samma sätt som **be in** ~ vara på modet **go out of** ~ bli omodern

fashionable /'fæʃnəbl/ ADJ **1** moderiktig, trendig, modern **2** fashionabel, elegant, societets-

fast¹ /fɑːst/ ADJ **1** snabb **2** fast, hållbar, tvättäkta **3 be (run)** ~ om klocka gå före ⇓

fast² /fɑːst/ ADV **1** fort, snabbt **2** fast **stick** ~ sitta fast **3** djupt ⟨**be** ~ **asleep**⟩

fast³ /fɑːst/ VB fasta

fast⁴ /fɑːst/ SB fasta

fasten /'fɑːsn/ VB **1** göra (sätta, klistra, spika) fast, fästa **2** knäppas ⟨**the dress** ~**s at the back**⟩ **3** regla, stänga igen ⟨~ **a window**⟩
□ **fasten down** sätta fast [ordentligt]
□ **fasten on** a) ta fasta på ⟨~ **an idea**⟩ b) fastna för, slå ner på, dyka 'på **fasten the blame on** skylla på
□ **fasten together** sätta ihop
□ **fasten up** a) knäppa igen b) knyta ihop (till) c) spika igen

fastener /'fɑːsnə/ SB knapp, knäppe, hake, spänne, blixtlås

fast food /ˌfɑːst 'fuːd/ SB snabbmat

fastidious /fæˈstɪdɪəs/ ADJ kräsen, kinkig

fat /fæt/ **1** SB fett **2** SB fettämne **3** ADJ fet, tjock **a** ~ **wallet** en tjock plånbok
★ **F**~ **chance!** vard Sällan! **the** ~ **is in the fire** nu är det klippt, nu är det kokta fläsket stekt **a** ~ **lot of good** vard till ingen nytta

fatal /'feɪtl/ ADJ **1** dödlig, döds- **2** fatal, ödesdiger, fördärvlig **3** ödes-

fate /feɪt/ SB öde

fateful /'feɪtfʊl/ ADJ ödesdiger, avgörande

father /'fɑːðə/ SB far, pappa, fader

Father Christmas SB jultomte[n]

father-in-law /'fɑːðərɪnˌlɔː/ SB svärfar

fatherly /'fɑːðəlɪ/ ADJ faderlig

fathom¹ /'fæðəm/ SB famn ca 1,8 m

fathom² /'fæðəm/ VB fatta, komma underfund med

fatigue /fəˈtiːɡ/ SB **1** utmattning **2** milit handräckningstjänst **3 fatigues** US fältuniform

fatness /'fætnəs/ SB fetma

fatten /'fætn/, **fatten up** VB **1** göda **2** lägga på hullet, bli fet[are]

fattening /'fætənɪŋ/ ADJ fettbildande

fatuous /'fætjʊəs/ ADJ enfaldig

faucet /'fɔːsɪt/ SB US [vatten]kran

fault /fɔːlt/ SB **1** fel[aktighet] ⟨**an electrical** ~⟩, karaktärsfel, brist **find** ~ **with** finna (söka) fel hos **2** skuld, fel ⟨**Whose** ~ **was it?**⟩ **3** sport felaktig serve **4** geologi förkastning
★ **be at** ~ bära skulden, vara skyldig **through no** ~ **of one's own** utan egen förskyllan **to a** ~ överdrivet, i överkant

⟨be generous to a ~⟩
faultless /'fɔːltləs/ ADJ felfri
faulty /'fɔːltɪ/ ADJ felaktig, bristfällig, defekt
favour¹ /'feɪvə/ (*US* favor) SB **1** gillande **2** partiskhet show ~ to favorisera **3** ynnest, [gest av] generositet ⟨he did it as a special ~⟩ **4** tjänst ask a ~ of sb be ngn om en tjänst
★ be in ~ of vara (rösta) 'för be out of ~ with ligga illa till hos, vara i onåd hos in ~ of till förmån för
favour² /'feɪvə/ (*US* ↑) VB **1** stödja, vara 'för **2** favorisera
favourable /'feɪvərəbl/ (*US* ↑) ADJ **1** välvillig, positiv, fördelaktig ⟨a ~ impression⟩ **2** fördelaktig, gynnsam
fawn¹ /fɔːn/ SB **1** kid, kalv *av [dov]hjort* **2** ljust gråbrunt
fawn² /fɔːn/ VB svansa, fjäska ⟨on för⟩
fax¹ /fæks/ SB fax *apparat o meddelande*
fax² /fæks/ VB faxa
fear¹ /fɪə/ SB **1** rädsla, fruktan ⟨of för⟩ **2** farhåga
★ be (go) in ~ of vara rädd för for ~ of av rädsla för No ~! Aldrig i livet!
fear² /fɪə/ VB vara rädd för, frukta
★ Never ~! Ingen fara!, Var inte orolig!
□ fear for vara orolig för
fearful /'fɪəfʊl/ ADJ **1** förskräcklig, förfärlig **2** rädd, ängslig ⟨of för⟩
fearless /'fɪələs/ ADJ orädd, oförskräckt
feasible /'fiːzəbl/ ADJ möjlig, genomförbar
feast¹ /fiːst/ SB **1** fest[måltid] **2** högtid, helg[dag] the ~ of Easter påskhelgen movable ~s rörliga helgdagar
★ a ~ for the eyes en fröjd för ögat
feast² /fiːst/ VB festa
★ ~ one's eyes on låta ögat njuta av
□ feast on (off) kalasa på
feat /fiːt/ SB bedrift, bragd, prestation
feather¹ /'feðə/ SB fjäder
★ a ~ in one's cap en fjäder i hatten
feather² /'feðə/ VB ~ one's nest sko sig
feature¹ /'fiːtʃə/ SB **1** drag, kännetecken **2** features anletsdrag handsome ~s *äv* vackert ansikte **3** inslag a regular ~ ett stående inslag **4** ~ [film] [lång]film, huvudfilm **5** temaartikel, [special]artikel ⟨on om⟩, *radio, tv* specialreportage
feature² /'fiːtʃə/ VB **1** visa [upp], presentera, bjuda på **2** ha på rollistan
□ feature in utgöra en [viktig] del av, figurera i (på)
February /'februərɪ/ SB februari
fed → feed¹
federal /'fedərəl/ ADJ federal, förbunds-
federation /ˌfedə'reɪʃn/ SB förbund, federation
fed up /ˌfed 'ʌp/ ADJ utled, uttråkad, trött ⟨with på⟩
fee /fiː/ SB **1** arvode **2** avgift ⟨entrance ~⟩
feeble /'fiːbl/ ADJ svag
feed¹ /fiːd/ ⟨fed /fed/, fed⟩ VB **1** mata, laga mat åt, servera mat till ⟨~ 20 guests⟩, the baby can ~ itself babyn kan äta själv **2** *spec om djur* äta, beta **3** försörja ⟨~ a big family⟩ **4** förse, *bildl* mata **5** *bollsport* passa till
□ feed into mata in i ⟨feed data into a computer⟩
□ feed on *a)* äta, leva på ⟨cows ~ grass⟩ *b)* utfodra med
□ feed up göda
feed² /fiːd/ SB **1** utfodring **2** foder, djurmat **3** mål[tid] *för baby* **4** tekn matning, tillförsel[ledning]
feeder /'fiːdə/ SB **1** anslutningslinje, matarlinje **2** *tekn* matare
feel¹ /fiːl/ ⟨felt /felt/, felt⟩ VB **1** känna **2** känna på, röra vid ⟨she felt the cloth⟩ **3** känna (lida) av ⟨~ the cold⟩ **4** känna sig [som] ⟨~ happy, ~ a fool⟩ **5** kännas ⟨her hands ~ cold⟩ **6** tycka ⟨How do you ~ about that?⟩
★ F~ free *svar på begäran* Var så god ~ [it] in one's bones that ha på känn att ~ like sth vara sugen på ngt ~ like doing sth ha lust att göra ngt ~ one's age känna sig gammal ~ one's way pröva sig fram
□ feel for *a)* treva (söka) efter *b)* tycka synd om
feel² /fiːl/ SB känselförnimmelse, känsla I like the ~ of it den känns behaglig
★ get the ~ of få kläm på, komma underfund med
feeler /'fiːlə/ SB **1** *zool* antenn, känselspröt **2** trevare put out ~s skicka ut trevare
feeling /'fiːlɪŋ/ SB **1** känsla **2** känsel **3** uppfattning, mening ⟨about om⟩
feet → foot¹
feign /feɪn/ VB spela, låtsa[s] ~ surprise spela förvånad
feint¹ /feɪnt/ SB skenmanöver, fint
feint² /feɪnt/ VB finta

fell¹ → fall¹
fell² /fel/ VB fälla, *person* golva, slå ner
fellow /'feləʊ/ SB **1** karl, kille **2** medlem, ledamot *av samfund, college* **3** kamrat **4** kollega **5** *GB* ≈ forskardocent **6** *attribut* **~ countryman** landsman **~ passenger** medpassagerare **~ student** studiekamrat
fellowship /'feləʊʃɪp/ SB **1** kamratskap, samhörighet **2** sammanslutning, gille **3** stipendium *för högre studier* **4** *spec GB* ≈ docentur, forskartjänst
felt¹ → feel¹
felt² /felt/ SB filt *tyg*
female /'fi:meɪl/ **1** ADJ hon-, av honkön ⟨**~ flower**⟩, **~ elephant** elefanthona **2** ADJ kvinnlig ⟨**~ workers**⟩, kvinno- ⟨**~ body**⟩ **3** SB hona, *vet* kvinna ⟨**males and ~s**⟩ **4** SB fruntimmer
feminine /'femənɪn/ **1** ADJ kvinnlig, feminin ⟨**~ beauty, he has ~ hands**⟩ **2** ADJ *språk* feminin[-] ⟨**the ~ form of a noun**⟩ **3** SB *språk* femininum, femininform
femininity /ˌfemə'nɪnətɪ/ SB kvinnlighet
feminist /'femənɪst/ **1** SB feminist **the ~ movement** kvinnorörelsen **2** ADJ feministisk
fence¹ /fens/ SB **1** stängsel, staket **2** *vard* hälare
★ **be (sit) on the ~** undvika att ta ställning
fence² /fens/ VB inhägna
▢ **fence in** inhägna, *äv bildl* kringgärda
▢ **fence off** avskilja med stängsel
fence³ /fens/ VB fäkta
fencer /'fensə/ SB fäktare
fencing /'fensɪŋ/ SB fäktning
fend /fend/ VB
▢ **fend for oneself** klara (reda) sig själv
▢ **fend off** avvärja
fender /'fendə/ SB **1** [gnist]galler, skärm **2** *sjö* fender[t] **3** *US äv* stänkskärm
ferment¹ /fə'ment/ VB **1** jäsa **2** underblåsa **~ trouble** skapa (hetsa till) oro
ferment² /'fɜ:ment/ SB oro, oroligheter
fermentation /ˌfɜ:men'teɪʃn/ SB jäsning
fern /fɜ:n/ SB ormbunke
ferocious /fə'rəʊʃəs/ ADJ vild, våldsam, skoningslös
ferocity /fə'rɒsətɪ/ SB vild[sint]het, våldsamhet, grymhet
ferret¹ /'ferɪt/ SB iller
ferret² /'ferɪt/ VB snoka, leta
▢ **ferret out** snoka reda på
ferry¹ /'ferɪ/, **ferryboat** SB färja
ferry² /'ferɪ/ VB transportera, skjutsa [fram och tillbaka]
fertile /'fɜ:taɪl, *US* -təl/ ADJ **1** fertil, fruktsam **2** bördig **3** kreativ, produktiv
fertilize /'fɜ:tɪlaɪz/ VB **1** befrukta **2** gödsla
fertilizer /'fɜ:təlaɪzə/ SB gödsel, gödningsmedel
fervent /'fɜ:vnt/, **fervid** /'fɜ:vɪd/ ADJ passionerad, entusiastisk
fervour /'fɜ:və/ (*US* **fervor**) SB glöd, entusiasm
fester /'festə/ VB **1** vara sig ⟨**a ~ing wound**⟩ **2** *bildl* bli en pesthärd (kräftsvulst) **3** *bildl* ligga och gro, gnaga
festival /'festɪvl/ SB **1** högtid, helg **2** festival
festive /'festɪv/ ADJ festlig, fest- ⟨**in a ~ mood**⟩
festivity /fe'stɪvətɪ/ SB **1** fest[glädje] **2** festlighet[er]
fetch /fetʃ/ VB **1** hämta **2** inbringa, säljas för
★ **~ and carry for** vara passopp åt
~ sb a blow ge ngn ett slag, slå till ngn
▢ **fetch up** *vard* hamna, anlända
fête¹ /feɪt/, **fete** SB utomhusfest ⟨**school ~**⟩
fête² /feɪt/, **fete** VB fira
fetish /'fetɪʃ/ SB fetisch **make a ~ of** ägna överdriven omsorg åt
fetter¹ /'fetə/ SB boja
fetter² /'fetə/ VB fjättra, binda
fettle /'fetl/ SB **in fine ~** i fin form
fetus /'fi:təs/, **foetus** SB foster
feud /fju:d/ SB fejd, strid, tvist
feudal /'fju:dl/ ADJ feodal
feudalism /'fju:dəlˌɪzəm/ SB feodalism, feodalväsen
fever /'fi:və/ SB feber
★ **be at [a] ~ pitch** vara på kokpunkten
feverish /'fi:vərɪʃ/ ADJ **1** febrig, feber- **2** febril
few /fju:/ PRON **1 a ~** några **2** [mycket] få, endast [några] få ⟨**he has ~ friends**⟩, **only a ~** endast några få **3 not (quite) a ~** ganska många **4 the first (last) ~ weeks** de första (senaste) veckorna
★ **be ~ and far between** vara tunnsådda
fewer /'fju:ə/ PRON färre, mindre **no ~ than** inte mindre än
fiancé /fɪ'ɒnseɪ, *US* ˌfi:ɑ:n'seɪ/ SB fästman
fiancée /fɪ'ɒnseɪ, *US* ˌfi:ɑ:n'seɪ/ SB fästmö
fiasco /fɪ'æskəʊ/ ⟨*pl* **-[e]s**⟩ SB fiasko

fib¹ /fɪb/ VB småljuga, narras
fib² /fɪb/ SB smålögn **tell a ~** narras
fibre /'faɪbə/ (*US* **fiber**) SB **1** fiber, fibrer **2** *bildl* virke, halt **of strong moral ~** av hög moralisk halt
fibreglass /'faɪbəglɑːs/ (*US* ⇑) SB glasfiber
fickle /'fɪkl/ ADJ ombytlig, nyckfull
fiction /'fɪkʃn/ SB **1** skönlitteratur **2** dikt, påhitt, fiktion
fictitious /fɪk'tɪʃəs/ ADJ fiktiv, påhittad
fiddle¹ /'fɪdl/ SB **1** *GB* fiffel, mygel **2** fiol
fiddle² /'fɪdl/ VB **1** spela fiol **2** *GB* fiffla [till sig], mygla [till sig] **3** pillra, mixtra
  □ **fiddle about (around)** *a)* slöa *b)* knåpa, pyssla
fiddler /'fɪdlə/ SB **1** spelman **2** *GB* fifflare, myglare
fidelity /fɪ'delətɪ/ SB trohet ⟨**to** mot⟩
fidget /'fɪdʒɪt/ VB skruva på sig **Stop ~ing!** *äv* Sitt still!
  □ **fidget with** pilla med, fingra på
field /fiːld/ SB **1** fält, *bildl äv* område, *milit äv* slagfält **2** *sport* plats, plan ⟨**sports ~**⟩, **the ~** hela laget (fältet) **take the ~** komma in på planen
field glasses SB [fält]kikare **a pair of ~** en [fält]kikare
field trip SB *US* studieresa
fiend /fiːnd/ SB **1** djävul **2** fantast, fanatiker
fiendish /'fiːndɪʃ/ ADJ djävulsk
fierce /fɪəs/ ADJ **1** vild[sint], våldsam **2** intensiv, hård ⟨**~ competition**⟩
fiery /'faɪərɪ/ ADJ **1** flammande ⟨**a ~ sky**⟩ **2** skarp, brännande ⟨**a ~ drink**⟩ **3** hetsig, eldig
fifteen /ˌfɪf'tiːn/ RÄKN femton
fifth /fɪfθ/ **1** RÄKN femte **2** SB femtedel
fifty /'fɪftɪ/ **1** RÄKN femtio **2** SB femtio **the fifties** femtiotalet
  ★ **be in one's fifties** vara mellan femtio och sextio [år]
fifty-fifty /ˌfɪftɪ'fɪftɪ/ ADV fifty-fifty, lika **go ~** dela lika
fig /fɪg/ SB **1** fikon **2** fikonträd
fight¹ /faɪt/ ⟨**fought** /fɔːt/, **fought**⟩ VB **1** kämpa, strida, slåss ⟨**for** om⟩ **2** bråka, gräla **3** kämpa (strida) mot, slåss med (mot)
  ★ **~ shy of** dra sig för **have a ~ing chance** ha en viss chans
  □ **fight back** *sport* komma igen, kämpa sig tillbaka
  □ **fight off** försvara sig mot, slå tillbaka ⟨**~ an attack**⟩
fight² /faɪt/ SB **1** kamp, strid **2** slagsmål **3** bråk, gräl **4** boxningsmatch **5** stridslust, kamplust
figment /'fɪgmənt/ SB hjärnspöke, inbillning
figurative /'fɪgərətɪv, *US* 'fɪgjər-/ ADJ bildlig
figure¹ /'fɪgə, *US* 'fɪgjər/ SB **1** figur, kropp **keep one's ~** hålla vikten **2** figur, person, gestalt **3** figur *i text*, diagram **4** figur, tur *i dans etc* **5** siffra **6** pris, belopp **7 figures** räkning ⟨**be good at ~s**⟩ ⇓
figure² /'fɪgə, *US* 'fɪgjər/ VB **1** figurera, förekomma **2** *spec US* förmoda, anta, räkna med ⟨**that's what I ~ed**⟩
  □ **figure in** *US* inkludera
  □ **figure on** *spec US vard* räkna med ⟨**I ~ leaving early**⟩
  □ **figure out** *a)* komma underfund med *b)* räkna ut
figurehead /'fɪgəhed, *US* 'fɪgjər-/ SB galjonsfigur
figure of speech SB bildligt uttryck, bild
figure skating SB figuråkning
filament /'fɪləmənt/ SB **1** tråd, fiber **2** glödtråd *i glödlampa*
file¹ /faɪl/ SB *verktyg* fil
file² /faɪl/ VB fila
file³ /faɪl/ SB **1** mapp, pärm **2** dossier, akt, register, *data* fil **3** arkiv ⟨**~ copy**⟩
file⁴ /faɪl/ VB **1** sätta in i pärm, arkivera, registrera **2** komma in med, sända (lämna) in ⟨**~ an application**⟩
  □ **file for** ansöka om ⟨**~ a divorce**⟩
file⁵ /faɪl/ SB rad, led **in single ~** i gåsmarsch
file⁶ /faɪl/ VB gå i rad
  □ **file past** tåga (marschera) förbi
filings /'faɪlɪŋz/ SB filspån
fill¹ /fɪl/ VB **1** fylla **2** fyllas ⟨**with** av⟩ **3** mätta **4** motsvara, uppfylla ⟨**~ sb's needs**⟩
  □ **fill sb in on** informera ngn om
  □ **fill in for** vikariera för
  □ **fill out** *a)* bli fylligare (tjockare) *b)* göra fylligare *c) spec US* fylla i **~ a form** fylla i en blankett
  □ **fill up** *a)* fyllas *b) bil* tanka fullt ⟨**F~ her (it) up!**⟩
fill² /fɪl/ SB **1** lystmäte **eat one's ~** äta sig mätt **2 a ~ of tobacco** en pipstopp

fillet /'fılıt/ SB filé ~ **steak** oxfilé
filling /'fılıŋ/ 1 ADJ mättande 2 SB fyllning
filling station SB bensinstation
fillip /'fılıp/ SB stimulans **give a ~ to** stimulera
film¹ /fılm/ SB 1 film ~ **strip** bildband 2 hinna, tunt lager
film² /fılm/ VB 1 filma 2 filmatisera
filter¹ /'fıltə/ SB filter
filter² /'fıltə/ VB filtrera
 ☐ **filter out** *a)* filtrera (tränga) bort *b)* tränga (söka) sig ut, sila igenom
filth /fılθ/ SB lort, smuts, *äv bildl* snusk
filthy /'fılθı/ ADJ lortig, smutsig, snuskig
fin /fın/ SB fena
final /'faınl/ 1 ADJ sista, slut- ⟨**the ~ chapter**⟩ 2 ADJ definitiv, slutgiltig 3 SB final 4 SB **finals** final[omgång] 5 SB **finals** sluttentamen
finale /fı'nɑ:lı, US -'nælı/ SB *musik* final
finalize /'faınəlaız/ VB avsluta
finally /'faınəlı/ ADV slutligen, till sist
finance¹ /'faınæns/ SB 1 finans **high ~** storfinansen 2 kapital
finance² /faı'næns, *spec US* fə-/ VB finansiera
financial /faı'nænʃl, *spec US* fə-/ ADJ finansiell, ekonomisk
financier /faı'nænsıə, US ˌfınən'sıər/ SB 1 finansman 2 finansiär
finch /fıntʃ/ SB fink
find¹ /faınd/ ⟨**found** /faʊnd/, **found**⟩ VB 1 finna, hitta, påträffa 2 skaffa [fram] ⟨**~ money for sth**⟩, **~ time to read** få (ha) tid att läsa 3 finna, konstatera 4 *jur* förklara ⟨**~ sb guilty**⟩
 ★ **~ oneself** finna sin rätta plats [i livet] **~ one's feet** *a)* finna sig till rätta, bli varm i kläderna *b)* bli stadig på benen **~ one's way** hitta
 ☐ **find out** *a)* ta reda på *b)* upptäcka
find² /faınd/ SB fynd ⟨**make a real ~**⟩
finder /'faındə/ SB upphittare
finding /'faındıŋ/ SB 1 fynd, rön 2 slutsats ⟨**the ~s of the committee**⟩ 3 *jur* dom, utslag
fine¹ /faın/ ADJ 1 fin, bra, vacker, elegant **the ~ arts** de sköna konsterna 2 subtil, [hår]fin ⟨**the ~r points in the poem**⟩ 3 *iron* snygg ⟨**You're a ~ one!**⟩ 4 *om metall* ren ⟨**~ gold**⟩
 ★ **be ~** må bra ⟨**I'm ~, thanks**⟩, **not to put too ~ a point on it** för att vara alldeles uppriktig **one ~ day** en vacker dag, en gång
fine² /faın/ ADV fint, bra **be doing ~** klara sig fint (bra) **that will suit me ~** det passar mig bra
fine³ /faın/ SB böter, bötesbelopp ⟨**a £50 ~**⟩
fine⁴ /faın/ VB bötfälla **be ~d $200** dömas till $200 i böter
finery /'faınərı/ SB 1 festkläder, stass 2 grannlåt
finesse /fı'nes/ SB 1 känslighet, takt[fullhet] 2 raffinemang, elegans 3 *kortspel* mask
finger¹ /'fıŋgə/ SB finger
 ★ **be all ~s and thumbs** ha tummen mitt i handen **have a ~ in every pie** ha ett finger med i spelet överallt
finger² /'fıŋgə/ VB 1 fingra på 2 *US vard* utpeka
fingerprint /'fıŋgəprınt/ SB fingeravtryck
fingertip /'fıŋgətıp/ SB finger|spets, -topp
 ★ **have sth at one's ~s** kunna ngt på sina fem fingrar
finish¹ /'fınıʃ/ VB 1 sluta, upphöra **Have you ~ed?** Är du färdig? 2 sluta, avsluta, vara färdig med ⟨**I've ~ed the book**⟩ 3 göra slut på ⟨**they ~ed the cake**⟩, ta kål på ⟨**the climb ~ed us**⟩ 4 lägga sista handen vid, ge en finish [åt] 5 hamna, komma *på resultatlista* ⟨**Where did he ~?**⟩
 ☐ **finish off** *a)* döda *b)* avsluta *c)* göra slut på, klara av
 ☐ **finish up** *a)* avsluta *b)* sluta som ⟨**~ a poor man**⟩ *c)* slutligen hamna ⟨**he finished up in Bath**⟩
 ☐ **finish with** göra slut med
finish² /'fınıʃ/ SB slut, finish, slutspurt
 ★ **be in at the ~** vara med i slutskedet
Finland /'fınlənd/ SB Finland
Finn /fın/ SB finne, finländare
Finnish /'fınıʃ/ 1 ADJ finsk, finländsk 2 SB finska [språket]
fir /fɜ:/ SB gran
fire¹ /faıə/ SB 1 eld 2 brasa **electric ~** elkamin 3 eldsvåda, brand 4 lidelse, glöd
 ★ **be on ~** brinna, stå i lågor **set ~ to sth**, **set sth on ~** sätta eld på ngt, sätta ngt i brand **under ~** *a)* utsatt för beskjutning *b)* utsatt för kritik ⇓
fire² /faıə/ VB 1 skjuta 2 skjuta med ⟨**~ a gun**⟩ 3 ge sparken, avskeda 4 stimulera, egga, tända ⟨**into** till⟩ 5 *om*

motor tända 6 *lergods, keramik* bränna
☐ **fire away** fråga 'på, sätta i gång och fråga
fire alarm SB brand|alarm, -larm
firearm /'faɪərɑːm/ SB eldvapen, skjutvapen
fire engine SB brandbil
fire escape SB brandstege
fire exit SB reservutgång
fireman /'faɪəmən/ SB brand|man, -soldat
fireplace /'faɪəpleɪs/ SB öppen spis
fireproof /'faɪəpruːf/ ADJ brandsäker, eldfast
fire station SB *GB* brandstation
firewood /'faɪəwʊd/ SB ved
fireworks /'faɪəwɜːks/ SB fyrverkeri
firing squad SB exekutionspluton
firm¹ /fɜːm/ ADJ fast, stadig
firm² /fɜːm/ SB firma
first¹ /fɜːst/ 1 RÄKN första, förste 2 SB *GB högsta betyget i universitetsexamen* 3 SB ettans växel **put the car in ~** lägga i ettan
★ **at ~** först, i början **~ things ~** låt oss ta itu med sakerna i tur och ordning **~ thing in the morning** så fort som möjligt i morgon bitti **from the [very] ~** från första stund **in the ~ place** för det första **on the ~ floor** en trappa upp, *US* på nedre botten ⇓
first² /fɜːst/ ADV 1 först, för det första 2 första gången ⟨**When did you ~ meet her?**⟩
★ **~ and foremost** först och främst **~ come, ~ served** ≈ först till kvarn får först mala **~ of all** allra först, först och främst
first class /ˌfɜːst 'klɑːs/ 1 SB första klass *på flyg, tåg* 2 ADJ förstaklass- ⟨**a first-class ticket**⟩ 3 ADJ förstklassig ⟨**this wine is ~, first-class wine**⟩
first-class /ˌfɜːst'klɑːs/ ADV i (med) första klass ⟨**travel ~**⟩
first-hand /ˌfɜːst'hænd/ ADJ förstahands-
firstly /'fɜːstlɪ/ ADV för det första
first name /'fɜːstneɪm/ SB förnamn
first-rate /ˌfɜːst'reɪt/ ADJ förstklassig
firth /fɜːθ/ SB fjord
fish¹ /fɪʃ/ ⟨*vanl lika i pl*⟩ SB fisk
★ **have other (bigger) ~ to fry** ha viktigare saker att göra **like a ~ out of water** som en fisk på torra land ⇓
fish² /fɪʃ/ VB fiska, bedriva fiske [i]
☐ **fish for** *a)* fiska ⟨**~ salmon**⟩ *b)* leta (söka) efter **~ compliments** gå med håven

☐ **fish out** *a)* få upp [ur vattnet] *b)* plocka (fiska) fram **the lake has been fished out** sjön är utfiskad
☐ **fish up** plocka (fiska) upp
fisherman /'fɪʃəmən/ SB fiskare
fish finger /ˌfɪʃ 'fɪŋgə/ (*US* **fish stick** /'fɪʃstɪk/) SB fiskpinne
fishing /'fɪʃɪŋ/ SB fiske **~ rod** metspö **~ village** fiskeläge
fishmonger /'fɪʃˌmʌŋgə/ SB *spec GB* fiskhandlare **~'s** fiskaffär
fishy /'fɪʃɪ/ ADJ 1 fisk- **smell ~** lukta fisk 2 skum, misstänkt **~ business** skumraskaffärer
fist /fɪst/ SB [knyt]näve
fit¹ /fɪt/ VB 1 *om form, storlek* passa ⟨**these boots don't ~ me**⟩, passa [in] i ⟨**the key ~s the lock**⟩ 2 stämma [överens] med 3 montera, installera, sätta (ställa) in
★ **~ like a glove** passa som hand i handske
☐ **fit in** *a)* klämma in, ta emot ⟨**I can fit you in on Monday**⟩ *b)* passa bra ihop ⟨**he didn't ~ with them**⟩
☐ **fit out** utrusta
fit² /fɪt/ SB passform **be a good ~** ha god passform
fit³ /fɪt/ ADJ 1 passande, lämplig ⟨**be ~ for the job**⟩ 2 färdig, nära ⟨**~ to collapse**⟩, redo ⟨**~ for fight**⟩ 3 i form, vältränad, spänstig **keep ~** hålla sig i form
★ **[as] ~ as a fiddle** ≈ frisk som en nötkärna
fit⁴ /fɪt/ SB anfall ⟨**epileptic ~, in a ~ of optimism**⟩
★ **be in ~s [of laughter]** vrida sig av skratt **by (in) ~s and starts** oregelbundet, ryckvis **have a ~** *vard* få ett utbrott, få slag
fitful /'fɪtfʊl/ ADJ 1 ojämn, oregelbunden, ryckig **~ sleep** orolig sömn 2 sporadisk, enstaka
fitted /'fɪtɪd/ ADJ 1 lämpad, lämplig 2 skräddarsydd **~ carpet** *GB* heltäckande matta 3 inpassad, avpassad **~ kitchen** kök med fast inredning **~ cupboard** inbyggt skåp
fitting /'fɪtɪŋ/ 1 ADJ passande, lämplig 2 SB **fittings** [flyttbar] inredning **[light] ~s** armatur 3 SB provning *hos skräddare*
five /faɪv/ 1 RÄKN fem 2 SB femma
fiver /'faɪvə/ SB *vard GB* fempundssedel, *US* femdollarssedel
fix¹ /fɪks/ VB 1 fästa, sätta fast 2 bestämma 3 fixa, reparera 4 fixa [till],

ordna till **5** fixa, göra upp i förväg ⟨**the match was ~ed**⟩ **6** fixa, döda
☐ **fix on** *a)* fästa vid ⟨**~ one's eyes on**⟩ *b)* bestämma sig för
☐ **fix up** *a)* fixa till, ställa i ordning ⟨**~ an old car**⟩ *b) GB* ordna med ⟨**~ a meeting**⟩
fix² /fɪks/ SB knipa ⟨**be in a ~**⟩
fixed /fɪkst/ ADJ fast ⟨**a ~ point**⟩, stadig a **~ idea** en fix idé
★ **How are you ~ for money** ⟨*etc*⟩? Hur har du det med pengar ⟨*etc*⟩?
fixture /ˈfɪkstʃə/ SB **1** fast tillbehör **~s** fast inredning **2** schemalagd match (tävling) **~ list** spelprogram *för säsong*, tävlingskalender
fizz¹ /fɪz/ VB fräsa, *om dryck* skumma, moussera
fizz² /fɪz/ SB **1** fräsande, *om dryck* bubblande, mousserande **2** *vard* kolsyrad dryck, skumpa
fizzle /ˈfɪzl/ VB väsa, pysa, fräsa
☐ **fizzle out** *a) om fyrverkeripjäs* sluta att fräsa *b)* rinna ut i sanden
flabby /ˈflæbɪ/ ADJ **1** [fet och] slapp, sladdrig **2** kraftlös, svag
flag¹ /flæg/ SB flagga, fana
flag² /flæg/ VB **1** mattas ⟨**his interest ~ged**⟩ **2** sloka
flagpole /ˈflægpəʊl/, **flagstaff** /ˈflægstɑːf/ SB flaggstång
flagrant /ˈfleɪgrənt/ ADJ flagrant, uppenbar
flagstone /ˈflægstəʊn/ SB stenplatta *till golv*
flair /fleə/ SB talang, sinne
flak /flæk/ SB **1** luftvärnseld **2** *vard* hård kritik
flake¹ /fleɪk/ SB flinga
flake² /fleɪk/, **flake off** VB flaga av, flagna
flamboyant /flæmˈbɔɪənt/ ADJ **1** färggrann **2** extravagant, uppseendeväckande, överdriven
flame¹ /fleɪm/ SB *äv bildl* flamma **be in ~s** stå i lågor
flame² /fleɪm/ VB flamma [upp]
flammable /ˈflæməbl/ ADJ lättantändlig
flan /flæn/ SB [frukt]tårta
flank¹ /flæŋk/ SB flank
flank² /flæŋk/ VB flankera
flannel /ˈflænl/ SB **1** flanell **2** *spec GB* tvättlapp **3 flannels** flanellbyxor
flap¹ /flæp/ SB **1** flik **2** klaff, läm *på lastfordon* **3** klatsch, smällande

flap² /flæp/ VB **1** slå, smälla ⟨**the sails were ~ping**⟩ **2** flaxa med
flare¹ /fleə/ VB flamma, lysa starkt
☐ **flare up** *a)* flamma (blossa) upp *b)* brusa upp
flare² /fleə/ SB **1** flamma, starkt sken **2** signalljus
flash¹ /flæʃ/ VB **1** lysa (blänka) till, blixtra **2** lysa med ⟨**~ a torch**⟩ **3** sända ⟨**~ a signal**⟩
☐ **flash back to** *om tanke* gå (flyga) tillbaka till
flash² /flæʃ/ SB **1** blixt, blixtrande, blänk ⟨**the ~ of a knife**⟩ **2** ryck, anfall ⟨**a ~ of hope**⟩ **3 news ~** extra inslag i nyhetssändning, presstoppnyhet
★ **~ in the pan** *a)* dagslända *b)* tillfällig framgång
flashback /ˈflæʃbæk/ SB tillbakablick
flashbulb /ˈflæʃbʌlb/ SB [foto]blixt
flashlight /ˈflæʃlaɪt/ SB **1** *foto* blixtljus **2** *US äv* ficklampa
flashy /ˈflæʃɪ/ ADJ prålig, vräkig
flask /flɑːsk/ SB **1** [fick]plunta **2** termos[flaska] **3** *kemi* kolv
flat¹ /flæt/ SB **1** *spec GB* lägenhet **2** [låglänt] slätt **3** platt del ⟨**the ~ of an oar**⟩, flata ⟨**the ~ of the hand**⟩ **4** *spec US vard* punktering **5** *musik* a) sänkningstecken *b)* sänkt ton **6** *teat* kuliss
flat² /flæt/ ADJ **1** plan, platt, flat **~ race** slätlöpning **2** punkterad ⟨**a ~ tyre**⟩ **3** *GB* urladdad ⟨**the battery is ~**⟩ **4** avslagen ⟨**~ beer**⟩ **5** ointressant, monoton, livlös **6** absolut, definitiv **a ~ refusal** ett blankt avslag
★ **and that's ~** och därmed basta, punkt slut
flat³ /flæt/ ADV **1** platt, utsträckt ⟨**lie ~**⟩ **2** *musik* för lågt ⟨**sing ~**⟩ **3 turn sb down ~** avspisa ngn **4** precis, blankt **in five minutes ~** på fem röda minuter
★ **~ broke** luspank **~ out** *a)* rent ut ⟨**he told me ~ that I was a fool**⟩ *b) vard* utmattad **go ~ out** *vard* köra för fullt
flat-footed /ˌflætˈfʊtɪd/ ADJ plattfotad
flatten /ˈflætn/ VB **1** platta till **~ oneself against** pressa sig mot **2** jämna med marken **3** slå ner, golva
☐ **flatten out** jämna[s] till
flatter /ˈflætə/ VB smickra
flatterer /ˈflætərə/ SB smickrare
flattery /ˈflætərɪ/ SB smicker

flaunt /flɔːnt/ VB stoltsera (briljera) med
flavour¹ /ˈfleɪvə/ (US **flavor**) SB **1** smak **2** krydda, smakämne **3** atmosfär, anstrykning
flavour² /ˈfleɪvə/ (US **fl**) VB smaksätta, krydda
flaw /flɔː/ SB brist, defekt, skavank
flax /flæks/ SB lin
flay /fleɪ/ VB **1** flå **2** kritisera hårt, göra ner
flea /fliː/ SB loppa
fleck /flek/ SB [liten] fläck, prick ~ **of dust** dammkorn
flee /fliː/ ⟨**fled** /fled/, **fled**⟩ VB fly [från]
fleece¹ /fliːs/ SB ull *pälsen av ett får*
fleece² /fliːs/ VB lura skjortan av, skinna ⟨**out of** på⟩
fleet /fliːt/ SB flotta, flottstyrka ~ **of cars** bilpark
flesh /fleʃ/ SB kött, fruktkött
★ **in the** ~ livs levande, i verkligheten
flew → **fly¹**
flex¹ /fleks/ SB GB [elektrisk] sladd
flex² /fleks/ VB böja, spänna ⟨~ **one's muscles**⟩, röra på ⟨~ **one's toes**⟩
flexible /ˈfleksəbl/ ADJ **1** böjlig, smidig **2** flexibel
flexitime /ˈfleksɪtaɪm/, **flextime** /ˈflekstaɪm/ SB flextid
flick¹ /flɪk/ SB snärt, knäpp **a** ~ **of the wrist** en handledsrörelse
flick² /flɪk/ VB **1** snärta till **2** svänga (slå) med
 □ **flick away** knäppa (slå) bort
 □ **flick through** bläddra igenom
flicker¹ /ˈflɪkə/ VB fladdra, flämta, skälva
flicker² /ˈflɪkə/ SB fladdrande, flämtande **a** ~ **of hope** en glimt av hopp
flight¹ /flaɪt/ SB **1** flykt ⟨**the bird's** ~⟩, bana ⟨**the** ~ **of an arrow**⟩ **2** flyg[resa], flight **3** ~ **of stairs** trappa *inomhus* **4** svärm ⟨**a** ~ **of insects**⟩, flock, fågelsträck, *flyg* grupp ⟨**a** ~ **of aircraft**⟩
flight² /flaɪt/ SB flykt
★ **put sb to** ~ driva ngn på flykten **take [to]** ~ ta till flykten
flighty /ˈflaɪtɪ/ ADJ nyckfull, ombytlig
flimsy /ˈflɪmzɪ/ ADJ **1** tunn ⟨**a** ~ **dress**⟩ **2** skör, bräcklig **3** svag, föga övertygande ⟨**a** ~ **argument**⟩
flinch /flɪntʃ/ VB **1** rygga tillbaka **2** rycka till **without** ~**ing** utan att blinka
 □ **flinch from** rygga [in]för, dra sig för

fling¹ /flɪŋ/ ⟨**flung** /flʌŋ/, **flung**⟩ VB slänga, kasta ⟨**at** på, mot⟩
fling² /flɪŋ/ SB *vard* kärleksaffär
★ **have a** ~ *a)* leva (festa) 'om, släppa loss *b)* göra ett försök
flint /flɪnt/ SB **1** flinta **2** stift *i tändare*
flip /flɪp/ VB **1** knäppa i väg ~ **a coin** singla slant **2** flippa ur, tappa behärskningen, bli alldeles salig (till sig)
 □ **flip through** bläddra igenom
 □ **flip out** flippa ur
flippant /ˈflɪpənt/ ADJ nonchalant, lättsinnig
flip side SB baksida *på grammofonskiva*
flirt¹ /flɜːt/ VB flörta ~ **with an idea** leka med en idé
flirt² /flɜːt/ SB flörtig person
flirtation /flɜːˈteɪʃn/ SB flört
flirtatious /flɜːˈteɪʃəs/ ADJ flörtig
flit /flɪt/ VB **1** flacka (fladdra) omkring **2** GB *vard* flytta omkring (runt) **3** schappa, smita [i väg]
float¹ /fləʊt/ VB **1** flyta **2** sväva **3** starta ⟨~ **a business**⟩, lägga fram ⟨~ **an idea**⟩ **4** *ekon* låta flyta ⟨~ **the pound**⟩, göra till aktiebolag ⟨~ **a company**⟩
float² /fləʊt/ SB **1** flöte **2** kortegevagn **3** **milk** ~ GB mjölkbil **4** GB växelkassa
floating /ˈfləʊtɪŋ/ ADJ **1** flytande ~ **anchor** drivankare ~ **bridge** pontonbro **2** rörlig ⟨~ **population**⟩, **the** ~ **vote** marginalväljarna
flock¹ /flɒk/ SB flock, skock, skara
flock² /flɒk/ VB flockas, samlas
floe /fləʊ/ SB isflak
flog /flɒg/ VB prygla, piska
flood¹ /flʌd/ SB **1** översvämning **2** högvatten **3** ström, flod ⟨**a** ~ **of tears**⟩
flood² /flʌd/ VB **1** svämma över **2** översvämma
 □ **flood in** strömma in
 □ **flood with** dränka i (med), överskölja med **be flooded with light** bada i ljus
floodlight /ˈflʌdlaɪt/ SB strålkastare
floor¹ /flɔː/ VB **1** golv **2** våning **the first** ~ GB en trappa upp, US nedre botten
★ **have the** ~ *i debatt* få (ha) ordet **take the** ~ *a)* ta till orda *b)* börja dansa
floor² /flɔː/ VB golva, slå ner **be** ~**ed** *äv* bli ställd (svarslös)
flop¹ /flɒp/ VB **1** falla, dimpa **2** sprattla **3** bli en flop, göra fiasko
 □ **flop down** sjunka (dimpa) ner

⟨~ in a chair⟩
flop² /flɒp/ SB flopp, fiasko
floppy /'flɒpɪ/ ADJ sladdrig, slokande
floppy disk /ˌflɒpɪ 'dɪsk/ SB flexskiva
florid /'flɒrɪd/ ADJ 1 svulstig, överlastad
2 röd|blommig, -lätt ⟨a ~ face⟩
florist /'flɒrɪst/ SB blomsterhandlare ~'s blomsteraffär
flounce /flaʊns/ VB rusa
□ **flounce around** svassa omkring
□ **flounce out** rusa ut ⟨of ur⟩
flounder /'flaʊndə/ VB 1 sprattla
2 komma av sig, tappa tråden, trassla in sig
flour /'flaʊə/ SB mjöl
flourish¹ /'flʌrɪʃ/ VB 1 blomstra 2 trivas, ha det bra 3 vifta med, svinga
flourish² /'flʌrɪʃ/ SB 1 elegant sväng, svepande gest, släng *i handstil* 2 fanfar
flout /flaʊt/ SB nonchalera, strunta i
flow¹ /fləʊ/ VB flyta, strömma, rinna
flow² /fləʊ/ SB 1 flöde, ström ⟨~ of traffic⟩ 2 flod *högvatten* ⟨ebb and ~⟩
flower¹ /'flaʊə/ SB blomma ~ shop blomsteraffär
flower² /'flaʊə/ VB blomma, blomstra
flowerbed /'flaʊəbed/ SB [blomster]rabatt
flowerpot /'flaʊəpɒt/ SB blomkruka
flowery /'flaʊərɪ/ ADJ 1 blommande ⟨~ fields⟩ 2 blommig ⟨~ patterns⟩ 3 svulstig, högtravande
flown → fly¹
flu /fluː/ SB *vard* influensa
fluctuate /'flʌktʃʊeɪt/ VB fluktuera, variera
flue /fluː/ SB rökgång
fluent /'fluːənt/ ADJ flytande
★ **be a ~ speaker of French, be ~ in French** tala franska flytande
fluff /flʌf/ SB ludd
fluid /'fluːɪd/ 1 ADJ flytande 2 ADJ obestämd, oviss ⟨the situation is ~⟩ 3 SB vätska
fluke /fluːk/ SB *vard* lyckträff
flung → fling¹
fluorescent /flɔː'resnt/ ADJ lysrörs- ~ **tube** lysrör
flurry /'flʌrɪ/ SB 1 by, häftig vind 2 nervös oro, uppståndelse, utbrott ⟨a ~ of activity⟩, a ~ of protests en storm av protester
flush¹ /flʌʃ/ SB 1 spolning 2 utbrott ⟨a ~ of joy⟩, rus, yra ⟨a ~ of triumph⟩ 3 rodnad 4 flush *i poker*
flush² /flʌʃ/ VB 1 spola [i] 2 rodna starkt ⟨with av⟩, blossa upp
□ **flush out** *a*) skrämma (jaga) i väg, tvinga fram (ut) *b*) spola ren
flush³ /flʌʃ/ ADJ 1 jämn, slät ~ **with** i linje med, i samma plan som 2 rik, stadd vid kassa
flushed /flʌʃt/ ADJ upphetsad, rusig ⟨with av⟩
fluster¹ /'flʌstə/ VB göra skärrad **get ~ed** bli skärrad
fluster² /'flʌstə/ SB **get in a ~** bli skärrad
flute /fluːt/ SB flöjt
flutter¹ /'flʌtə/ VB 1 flaxa [med] 2 fladdra 3 sväva, dala (singla) ner ⟨~ to the ground⟩
flutter² /'flʌtə/ SB 1 fladdrande 2 uppjagat tillstånd
fly¹ /flaɪ/ ⟨flew /fluː/, flown /fləʊn/⟩ VB 1 flyga ~ SAS flyga med SAS 2 flyga i väg, gå fort ⟨time flies⟩ 3 flyga över ⟨~ the Atlantic⟩ 4 fly [från] ⟨~ the country⟩ 5 vaja, fladdra ⟨the flag was ~ing⟩ 6 rusa [i väg] ⟨I've got to ~⟩
★ ~ **a flag** flagga, föra flagg ~ **into a rage** bli rasande ~ **a kite** *a*) flyga med drake *b*) *GB* pejla läget ~ **off the handle** bli rasande
□ **fly at** rusa (flyga) 'på
□ **fly in** få in med flyg ⟨~ strawberries from Italy⟩, ~ **the face of** gå stick i stäv emot
□ **fly past** rusa förbi
fly² /flaɪ/ SB fluga
★ **a ~ in the ointment** ≈ smolk i mjölken
fly³ /flaɪ/, **flies** /-z/ SB gylf
foal /fəʊl/ SB föl
foam¹ /fəʊm/ SB 1 skum, fradga, lödder 2 ~ **[rubber]** skumgummi
foam² /fəʊm/ VB skumma, fradgas, fradga **the dog ~ed at the mouth** fradgan stod kring mungiporna på hunden ~ **with rage** skumma av raseri
fob /fɒb/ VB
□ **fob off** avspisa **fob sth off on sb** pracka på ngn ngt
focus¹ /'fəʊkəs/ SB fokus **be the ~ of attention** stå i centrum [för uppmärksamheten] **be out of ~** *foto* vara oskarp
focus² /'fəʊkəs/ VB fokusera[s],

koncentrera[s]
fodder /ˈfɒdə/ SB [torr]foder
foetus → fetus
fog /fɒg/ SB dimma
foggy /ˈfɒgɪ/ ADJ dimmig **I haven't got the foggiest [idea]** jag har inte den blekaste aning
fogy /ˈfəʊgɪ/, **fogey** SB stofil, tönt
foible /ˈfɔɪbl/ SB egenhet, svaghet
foil¹ /fɔɪl/ VB gäcka, omintetgöra
foil² /fɔɪl/ SB **1** [aluminium]folie **2 be a ~ for (to)** framhäva
foil³ /fɔɪl/ SB florett
foist /fɔɪst/ VB
▫ **foist on** pracka (lura) på
fold¹ /fəʊld/ VB **1** vika **2** vara hopfällbar **3** gå omkull, slå igen ⟨their business has ~ed⟩
★ **~ one's arms** lägga armarna i kors **~ one's hands** knäppa händerna
▫ **fold away** vara hopfällbar
▫ **fold up** a) vika ihop b) vika sig dubbel ⟨~ with laughter⟩
fold² /fəʊld/ SB veck
fold³ /fəʊld/ SB fålla, inhägnad
folder /ˈfəʊldə/ SB **1** pärm, mapp **2** folder, [vikt] trycksak, broschyr
folk /fəʊk/ (spec US **folks**) **1** SB människor, folk **country ~** lantbor **my ~s** de mina **2** attribut folk- ⟨~ **dance**, ~ **song**⟩
follow /ˈfɒləʊ/ VB **1** följa [efter] ⟨~ **a car**⟩, gå längs, åka längs ⟨~ **a road**⟩ **2** skugga ⟨**we're being ~ed**⟩ **3** förstå ⟨~ **an argument**⟩ **4** vara en följd, följa **it doesn't [necessarily] ~ that ...** därmed inte sagt att ...
★ **as ~s** som följer, på följande sätt **~ suit** a) i kortspel bekänna färg b) göra likadant **to ~** efteråt ⟨**we'll have chicken with ice cream to ~**⟩
▫ **follow from** följa (framgå) av
▫ **follow on** a) följa (komma) efter b) resultera, bli resultatet
▫ **follow through** a) genomföra, utföra b) fullfölja c) sport slå igenom slaget
follower /ˈfɒləʊə/ SB anhängare, supporter
following¹ /ˈfɒləʊɪŋ/ **1** ADJ följande **2** SB anhängare, supporterskara
following² /ˈfɒləʊɪŋ/ PREP **1** efter **2** till följd av
follow-up /ˈfɒləʊʌp/ SB uppföljning
fond /fɒnd/ ADJ **1 be ~ of** vara förtjust i, tycka om **2** tillgiven, kärleksfull **3** fåfäng ⟨~ **hopes**⟩
fondle /ˈfɒndl/ VB kela med, smeka
food /fuːd/ SB mat, föda
★ **be (give) ~ for thought** ge anledning till eftertanke
foodstuff /ˈfuːdstʌf/ SB livsmedel
fool¹ /fuːl/ SB dåre, idiot
★ **make a ~ of oneself** göra sig löjlig, göra bort sig
fool² /fuːl/ VB **1** lura **~ sb out of sth** lura av ngn ngt **2** skoja ⟨**he's only ~ing**⟩
▫ **fool about (around)** a) driva omkring, stå och hänga b) leka ⟨~ **with a knife**⟩, **~ with** prassla med *ha ett sexuellt förhållande med*
foolhardy /ˈfuːlˌhɑːdɪ/ ADJ dumdristig
foolish /ˈfuːlɪʃ/ ADJ **1** dum, dåraktig, enfaldig **2** löjlig ⟨**feel ~**⟩
foolproof /ˈfuːlpruːf/ ADJ idiotsäker
foot¹ /fʊt/ ⟨pl **feet** /fiːt/⟩ SB **1** fot **rise to one's feet** ställa sig upp **2** nedre del ⟨**the ~ of the page**⟩, fot[ända] **at the ~ of the stairs** alldeles nedanför trappan **3** fot ⟨**förk ft**⟩ *30,48 cm* ⟨**she is six ~ (feet) tall**⟩
★ **be on one's feet** vara på benen **get a ~ in the door** få in en fot **My ~!** Dumheter! **on ~** till fots **put one's best ~ forward** visa framfötterna **put one's ~ down** säga ifrån på skarpen, slå näven i bordet **put one's ~ in it** (spec US **in one's mouth**) trampa i klaveret, göra bort sig
foot² /fʊt/ VB **~ the bill** betala kalaset
football /ˈfʊtbɔːl/ SB **1** fotboll **2** US [amerikansk] fotboll
foothold /ˈfʊthəʊld/ SB fotfäste
footing /ˈfʊtɪŋ/ SB fotfäste **on a firm ~** på säker grund **on an equal ~ with** jämställd med
footlights /ˈfʊtlaɪts/ SB teat ramp
footman /ˈfʊtmən/ SB betjänt
footpath /ˈfʊtpɑːθ/ SB gångstig
footprint /ˈfʊtprɪnt/ SB fotspår, fotavtryck
footstep /ˈfʊtstep/ SB **1** [fot]steg **2** fotspår
footwear /ˈfʊtweə/ SB skor *av alla slag*, *äv stövlar*
for¹ /fɔː, obet fə/ ⟨↔ resp huvudord⟩ PREP **1** avsedd för, till hjälp (gagn) för **för**, åt, till **it's ~ you** om t ex telefonsamtal det är till dig **it's ~ your own good** det är för ditt eget bästa **I bought some flowers ~ her** jag köpte lite blommor åt (till) henne **Shall I**

carry them ~ you? Ska jag bära dem åt dig? **a knife ~ carving meat** en kniv att skära upp kött med **a medicine ~ colds** en medicin mot förkylning **2** *när två förhållanden jämförs* för att vara, med tanke på ⟨**he's quite good ~ a beginner, it's cold ~ the time of year, she is tall ~ her age**⟩ **3** *i uttryck för syfte el mål* efter, till ⟨**long ~ summer, run ~ help, save ~ a holiday, get tickets ~ the concert, the train ~ York**⟩, **apply (ask, compete) ~** ansöka (be, tävla) om **head ~** sätta kurs mot **4** *i uttryck för orsak* av, på grund av **jump ~ joy** hoppa av glädje **~ fear of** av fruktan för **~ this reason** av detta skäl **~ want of** av brist på **we couldn't speak ~ laughing** vi skrattade så vi inte fick fram ett ord **we couldn't go ~ the strike** vi kunde inte åka på grund av strejken **5** *i uttryck för tidslängd o distans* i, på ⟨**we stayed ~ three weeks, I haven't seen them ~ several days, there wasn't a house ~ many miles**⟩
★ **as ~** vad beträffar **~ all I try** ⟨*etc*⟩ trots allt jag försöker ⟨*etc*⟩, vad jag än försöker ⟨*etc*⟩ **~ all I care** gärna för mig, mig angår det inte **~ all I know** vad jag vet, det kan jag mycket väl tänka mig
for² /fɔː, *obet* fə/ KONJ ty, för
forage¹ /'fɒrɪdʒ/ SB foder
forage² /'fɒrɪdʒ/ VB leta, söka
forbade → forbid
forbearance /fɔː'beərəns/ SB fördragsamhet, tålamod
forbid /fə'bɪd/ ⟨**forbade** /-'beɪd/ *el* **forbad** /-'bæd/, **forbidden** /-'bɪdn/⟩ VB förbjuda
forbidding /fə'bɪdɪŋ/ ADJ frånstötande, otillgänglig
force¹ /fɔːs/ SB **1** styrka, kraft **~ of will** viljestyrka **2** våld **by ~** med våld **3** styrka, grupp ⟨**a ~ of salesmen**⟩
★ **be in ~** vara i kraft, gälla **~ of habit** vanans makt **from ~ of habit** av gammal vana
force² /fɔːs/ VB **1** tvinga **~ one's way** bana sig väg **2** tvinga (pressa) fram ⟨**a ~d smile**⟩ **3** bryta upp ⟨**~ a window**⟩ **4** driva på (fram), forcera
forced landing /ˌfɔːst 'lændɪŋ/ SB nödlandning
forceful /'fɔːsfʊl/ ADJ kraftfull, stark
forceps /'fɔːseps/ SB *medicin* tång

a pair of ~ en tång
forcible /'fɔːsəbl/ ADJ tvångs- **make a ~ entry** ta sig in med våld **2** eftertrycklig, kraftfull
ford /fɔːd/ SB vad[ställe]
fore /fɔː/ SB *bildl* förgrund **come to the ~** komma i förgrunden
forearm /'fɔːrɑːm/ SB underarm
foreboding /fɔː'bəʊdɪŋ/ SB föraning, förkänsla
forecast¹ /'fɔːkɑːst/ ⟨**forecast, forecast**⟩ VB förutsäga
forecast² /'fɔːkɑːst/ SB prognos **weather ~** väderrapport
forecourt /'fɔːkɔːt/ SB **1** gård, plan *spec vid bensinstation* **2** del av tennisbana mellan servelinje o nät
forefather /'fɔːˌfɑːðə/ SB förfader
forefinger /'fɔːˌfɪŋgə/ SB pekfinger
forefront /'fɔːfrʌnt/ SB främsta led **be at (in) the ~** *äv* gå i spetsen, leda utvecklingen
foregone /'fɔːgɒn/ ADJ **be a ~ conclusion** vara givet (avgjort) på förhand
foreground /'fɔːgraʊnd/ SB förgrund
forehand /'fɔːhænd/ SB forehand
forehead /'fɒrɪd, US 'fɔːred/ SB panna
foreign /'fɒrən/ ADJ **1** utländsk, utrikes- **the F~ Office** GB utrikesdepartementet **F~ Secretary** GB utrikesminister **2** främmande ⟨**to** för⟩
foreigner /'fɒrənə/ SB utlänning
foreman /'fɔːmən/ SB **1** förman, verkmästare **2** juryordförande
foremost /'fɔːməʊst/ ADJ främst, mest framstående
forerunner /'fɔːˌrʌnə/ SB föregångare
foresee /fɔː'siː/ ⟨**foresaw** /-'sɔː/, **foreseen** /-'siːn/⟩ VB förutse
foreseeable /fɔː'siːəbl/ ADJ förutsebar **in the ~ future** inom den närmaste framtiden
foreshadow /fɔː'ʃædəʊ/ VB låta ana, förebåda
foresight /'fɔːsaɪt/ SB förutseende
forest /'fɒrɪst/ SB skog
forestall /fɔː'stɔːl/ VB förekomma, hindra
forester /'fɒrɪstə/ SB **1** jägmästare **2** skogvaktare
foretaste /'fɔːteɪst/ SB försmak
foretell /fɔː'tel/ ⟨**foretold** /-'təʊld/, **foretold**⟩ VB förutsäga
forethought /'fɔːθɔːt/ SB förutseende

F forever – forward³ 118

forever /fərˈevə/, **for ever** ADV **1** för alltid, för evigt **2** jättelänge **3** jämt och ständigt
foreword /ˈfɔːwɜːd/ SB förord, företal
forfeit¹ /ˈfɔːfɪt/ VB förverka
forfeit² /ˈfɔːfɪt/ SB pant
forgave → forgive
forge¹ /fɔːdʒ/ VB **1** förfalska **2** smida
forge² /fɔːdʒ/ SB smedja
forge³ /fɔːdʒ/ VB avancera
  □ **forge ahead** *a)* kämpa (pressa) sig fram *b)* gå starkt framåt *c)* ta ledningen
forger /ˈfɔːdʒə/ SB förfalskare
forgery /ˈfɔːdʒərɪ/ SB förfalskning
forget /fəˈget/ ⟨**forgot** /fəˈgɒt/, **forgotten** /fəˈgɒtn/⟩ VB glömma
forgetful /fəˈgetfʊl/ ADJ glömsk
forgive /fəˈgɪv/ ⟨**forgave** /-ˈgeɪv/, **forgiven** /-ˈgɪvn/⟩ VB förlåta
forgiveness /fəˈgɪvnəs/ SB förlåtelse ⟨**ask ~**⟩
forgo /fɔːˈgəʊ/ ⟨**forwent** /-ˈwent/, **forgone** /-ˈgɒn/⟩ VB avstå från
forgot, forgotten → forget
fork¹ /fɔːk/ SB **1** gaffel **2** grep **3** förgrening, gren **4** vägskäl, skiljeväg
fork² /fɔːk/ VB **1** gräva [med grep] **2** dela (förgrena) sig **3 ~ left (right)** ta till vänster (höger)
  □ **fork out** punga ut med
form¹ /fɔːm/ SB **1** form **2** blankett, formulär **3** *GB* [skol]klass **4** form, kondition **in (on) ~** i form **off (out of) ~** ur form
form² /fɔːm/ VB **1** bildas, formas **2** bilda, [ut]forma **~ sb's character** dana (forma) ngns personlighet **~ a square** bilda en fyrkant **3** utgöra **4** bilda sig ⟨**~ an opinion of**⟩
  □ **form into** ställa upp [sig] i (på)
  □ **form up** ställa upp sig [på led], formera sig
formal /ˈfɔːml/ ADJ **1** formell, högtidlig **~ call** artighetsvisit **~ wear** formell klädsel **2** regelbunden, symmetrisk **~ garden** fransk trädgård
formality /fɔːˈmælətɪ/ SB formalitet
format¹ /ˈfɔːmæt/ SB **1** utformning, form och storlek **2** *data* format
format² /ˈfɔːmæt/ VB *data* formatera
formation /fɔːˈmeɪʃn/ SB **1** formande, danande ⟨**the ~ of character**⟩, bildande ⟨**the ~ of government**⟩ **2** formation, formering ⟨**fly in ~**⟩

former /ˈfɔːmə/ ADJ **1** tidigare ⟨**in my ~ life**⟩, förra, förre ⟨**my ~ husband**⟩, före detta ⟨**a ~ champion**⟩ **2 the former** *självst* den (det) förra, den (det) förstnämnda
formerly /ˈfɔːməlɪ/ ADV tidigare, förr
formidable /ˈfɔːmɪdəbl/, *GB äv* fəˈmɪd-/ ADJ formidabel, fruktansvärd
formula /ˈfɔːmjʊlə/ ⟨*pl* **-s** *el* **formulae** /-liː/⟩ SB **1** formel **2** formulering, fras **3** *US äv* barnvälling
formulate /ˈfɔːmjʊleɪt/ VB formulera
fort /fɔːt/ SB fort
forth /fɔːθ/ ADV framåt, ut **and so ~** och så vidare **from that day ~** från och med den dagen
forthcoming /ˌfɔːθˈkʌmɪŋ/ ADJ **1** kommande, förestående **2** tillmötesgående, hjälpsam **3 no answer was ~** inget svar kom, man fick inget svar
forthright /ˈfɔːθraɪt/ ADJ rättfram
fortieth /ˈfɔːtɪəθ/ **1** RÄKN fyrtionde **2** SB fyrtion[de]del
fortification /ˌfɔːtɪfɪˈkeɪʃn/ SB befästning
fortify /ˈfɔːtɪfaɪ/ VB **1** befästa **2** berika, spetsa ⟨**~ with alcohol**⟩, **fortified wine** starkvin
fortitude /ˈfɔːtɪtjuːd/ SB mod, [själs]styrka
fortnight /ˈfɔːtnaɪt/ SB *spec GB* fjorton dagar
fortress /ˈfɔːtrəs/ SB fästning
fortunate /ˈfɔːtʃənət/ ADJ lycklig, lyckosam **be ~** ha tur, vara lyckligt lottad
fortunately /ˈfɔːtʃənətlɪ/ ADV lyckligtvis
fortune /ˈfɔːtʃən/ SB **1** lycklig omständighet, tur **ill ~** otur, olycka **~ smiles on them** lyckan ler mot dem **2** öde[t] ⟨**~ was kind to her**⟩, **tell sb's ~** spå ngn **3** förmögenhet **make a ~** tjäna en förmögenhet
  ★ **F~ favours the brave** lyckan står den djärve bi
fortune-teller /ˈfɔːtʃənˌtelə/ SB spåman, spåkvinna
forty /ˈfɔːtɪ/ **1** RÄKN fyrtio **2** SB **the forties** fyrtiotalet
forum /ˈfɔːrəm/ SB forum
forward¹ /ˈfɔːwəd/, **forwards** /-dz/ ADV framåt, fram, framlänges **~ of** *sjö* för om
forward² /ˈfɔːwəd/ VB eftersända, översända
forward³ /ˈfɔːwəd/ **1** ADJ främre ⟨**~ part**⟩,

framåtriktad ⟨~ movement⟩ **2** ADJ tillmötesgående **3** ADJ framfusig, närgången **4** SB forward, kedjespelare
fossil /'fɒsl/ SB fossil
foster /'fɒstə/ VB **1** främja, utveckla **2** vara fosterförälder till (åt)
fought → fight[1]
foul[1] /faʊl/ **1** ADJ stinkande, otäck **2** ADJ hemsk, avskyvärd, vidrig **3** ADJ oanständig ⟨~ language⟩ **4** ADJ ojust ⟨~ play⟩ **5** SB ojust spel, ruff
foul[2] /faʊl/ VB **1** smutsa ner **2** ruffa, spela ojust [mot] **3** trassla[s] till □ **foul up** a) smutsa ner b) trassla[s] till
found[1] → find[1]
found[2] /faʊnd/ VB grunda, grundlägga, basera
foundation /faʊn'deɪʃn/ SB **1** grundande, grundläggning **2** *bildl* grund ⟨a rumour without ~⟩ **3 foundations** grund *till byggnad* **4** stiftelse, fond
founder /'faʊndə/ SB grundare, grundläggare
fountain /'faʊntɪn/ SB **1** fontän **2** *bildl* källa, ursprung
fountain pen SB reservoarpenna
four /fɔː/ **1** RÄKN fyra **2** SB fyra **on all ~s** på alla fyra
four-letter word /ˌfɔːletə 'wɜːd/ SB oanständigt (fult) ord
fourteen /ˌfɔː'tiːn/ RÄKN fjorton
fourth /fɔːθ/ **1** RÄKN fjärde **2** SB fjärdedel **3** SB fyrans växel
fowl /faʊl/ SB **1** ⟨*pl lika el* -s⟩ höns **2** *kok* fågel
fox[1] /fɒks/ SB räv
fox[2] /fɒks/ VB förbrylla, lura
foxhunting /'fɒksˌhʌntɪŋ/ SB rävjakt
foyer /'fɔɪeɪ, US 'fɔɪər/ SB foajé
fraction /'frækʃn/ SB **1** *matem* bråk **2** bråkdel **3** *vard* aning, [liten] bit
fracture /'fræktʃə/ SB fraktur
fragile /'frædʒaɪl, US 'frædʒəl/ ADJ ömtålig, bräcklig **feel a bit ~** *vard* känna sig lite dagen efter
fragment /'frægmənt/ SB fragment, bit
fragrance /'freɪgrəns/ SB **1** doft, arom **2** parfym
fragrant /'freɪgrənt/ ADJ doftande
frail /freɪl/ ADJ bräcklig, klen
frailty /'freɪltɪ/ SB **1** bräcklighet, skröplighet **2** brist, fel
frame[1] /freɪm/ SB **1** ram, infattning [spectacle] **~s** glasögonbågar **window ~** fönsterbåge **2** stomme **3** kroppsbyggnad, kropp
★ **~ of mind** sinnesstämning **~ of reference** referensram
frame[2] /freɪm/ VB **1** rama in **2** formulera, utforma, utarbeta **3** sätta dit (fast) *med falska bevis*
framework /'freɪmwɜːk/ SB ram, stomme **within the ~ of** inom ramen för
France /frɑːns/ SB Frankrike
frank /fræŋk/ ADJ uppriktig, rättfram ⟨with mot⟩
frantic /'fræntɪk/ ADJ **1** utom sig, ifrån sig ⟨~ with worry⟩ **2** hektisk
fraternal /frə'tɜːnl/ ADJ broderlig
fraternity /frə'tɜːnətɪ/ SB **1** broderskap, broderlighet **2** förening, [yrkes]kår **3** *US äv* studentförening *för manliga studenter*
fraternize /'frætənaɪz/ VB umgås, fraternisera
fraud /frɔːd/ SB **1** bedrägeri, svindel, svindleri **2** bedragare, svindlare
fraudulent /'frɔːdjʊlənt/ ADJ bedräglig
fray /freɪ/ VB **1** nöta (slita) ut ⟨**~ed shirt collar**⟩, **~ed nerves** trasiga nerver **2** bli nött (sliten)
freak[1] /friːk/ SB **1** nyck, besynnerlighet **~ of nature** naturens nyck **2** missfoster **3** *vard* kuriös figur, konstig typ, fantast ⟨**jazz ~**⟩, **acid ~** LSD-knarkare
freak[2] /friːk/ VB □ **freak out** a) bli knäpp, flippa ur b) bli påtänd
freckled /'frekld/ ADJ fräknig
freckles /'freklz/ SB fräknar
free[1] /friː/ ADJ **1** fri **~ from (of) debt** skuldfri **~ of tax** skattefri **be ~ to** ha full frihet att **~ speech** yttrandefrihet **set ~** släppa ut **2** ledig ⟨this seat is ~⟩ **3** gratis ⟨coffee was ~⟩ **4** generös ⟨be ~ with one's time⟩ **5** frispråkig, alltför fri
★ **for ~** gratis **~ and easy** otvungen, avspänd **give ~ play to** ge fritt spelrum åt **have ~ run of sth** få använda ngt [efter behag]
free[2] /friː/ ADV **1** gratis ⟨travel ~⟩ **2** lös ⟨run ~⟩, **shake sth ~** skaka loss ngt
★ **make ~ with** ta sig friheter med (gentemot), ta för sig av
free[3] /friː/ VB befria, frige
freebie /'friːbɪ/ SB *vard* [reklam]gåva
freedom /'friːdəm/ SB frihet **~ of speech**

yttrandefrihet **I gave her the ~ of my house** jag lät henne fritt disponera mitt hus
free-for-all /ˈfriːfərˌɔːl/ SB *vard* allmänt gräl (slagsmål)
freelance /ˈfriːlɑːns/ **1** SB frilans[are] **2** ADJ frilans-
freeloader /ˌfriːˈləʊdə/ SB snyltare
freely /ˈfriːlɪ/ ADV **1** fritt, utan hinder ⟨travel ~⟩ **2** generöst ⟨give ~⟩ **3** gärna, villigt ⟨~ admit sth⟩
freemason /ˈfriːˌmeɪsn/, **Freemason** SB frimurare
freestyle /ˈfriːstaɪl/ SB **1** *sport* fristil **2** frisim **3** ~ **[wrestling]** fribrottning *som show*
freeway /ˈfriːweɪ/ SB *US* motorväg
freeze¹ /friːz/ ⟨froze /frəʊz/, frozen /ˈfrəʊzn/⟩ VB **1** frysa **2** *bildl* isas, isa sig ⟨**the blood froze in her veins**⟩ **3** frysa [på], bli kallgrader ⟨**it will ~ tonight**⟩ **4** frysa in ⟨~ **fish**⟩ **5** bli paralyserad (stel) ⟨with av⟩
□ **freeze over** frysa [till] **the lake is (has) frozen over** isen har lagt sig på sjön
□ **freeze up** *a)* frysa till *b)* bli nedisad, frysa fast (igen)
freeze² /friːz/ SB **1** frost, köldknäpp **2** *bildl* frysning **wage ~** lönestopp
freezer /ˈfriːzə/ SB frys
freight /freɪt/ SB **1** frakt **2** fraktavgift **3** last
French /frentʃ/ **1** ADJ fransk **2** SB franska [språket] **3** SB **the French** fransmännen *som nation*
French beans /ˌfrentʃ ˈbiːnz/ SB *GB* haricots verts
French fries /ˌfrentʃ ˈfraɪz/ SB *spec US* pommes frites
Frenchman /ˈfrentʃmən/ SB fransman
Frenchwoman /ˈfrentʃˌwʊmən/ SB fransyska
frenzy /ˈfrenzɪ/ SB **1** [våldsamt] utbrott ⟨a ~ **of hate**⟩ **2** [tillstånd av] vanvett **be in a ~** vara upphetsad till vansinne (raseri)
frequency /ˈfriːkwənsɪ/ SB frekvens
frequent¹ /ˈfriːkwənt/ ADJ ofta förekommande, frekvent
frequent² /frɪˈkwent/ VB frekventera
frequently /ˈfriːkwəntlɪ/ ADV ofta
fresh /freʃ/ ADJ **1** ny ⟨a ~ **piece of paper**⟩, **make a ~ start** börja om på nytt ~ **snow** nysnö **2** färsk ⟨~ **bread**⟩, fräsch ⟨~ **flowers**⟩, frisk ⟨~ **air**⟩, frisk och kry

~ breeze *sjö* styv bris **3** fräck ⟨with mot⟩ **4** nyss kommen (färdig) **~ from college** direkt från college
freshen /ˈfreʃn/ VB **1** fräscha upp **2** *om vind* friska i
□ **freshen up** fräscha upp [sig]
freshwater /ˈfreʃˌwɔːtə/ SB sötvatten
fret /fret/ VB **1** gräma sig, vara retlig, irritera sig **2** oroa sig **3** *om barn* gnälla ⟨**for** efter⟩ **4** nöta, fräta
fretful /ˈfretfʊl/ ADJ grinig, retlig, gnällig
fretsaw /ˈfretsɔː/ SB lövsåg
friction /ˈfrɪkʃn/ SB friktion
Friday /ˈfraɪdeɪ, -dɪ/ SB fredag
fridge /frɪdʒ/ SB *GB* kylskåp
friend /frend/ SB vän, väninna, kamrat
★ **be ~s with** vara vän med **a ~ in need is a ~ indeed** i nöden prövas vännen **make ~s** bli goda vänner (god vän), skaffa sig vänner
friendly /ˈfrendlɪ/ ADJ vänlig, kamratlig
friendship /ˈfrendʃɪp/ SB vänskap
fright /fraɪt/ SB **1** skräck **2** *vard* förskräcklig uppenbarelse **look a ~** se förskräcklig ut
★ **give sb a ~** skrämma ngn **take ~** bli skrämd, bli förskräckt ⟨at av⟩
frighten /ˈfraɪtn/ VB skrämma
★ ~ **sb out of his wits** skrämma livet ur ngn
frightful /ˈfraɪtfʊl/ ADJ förskräcklig, förfärlig
frigid /ˈfrɪdʒɪd/ ADJ **1** frigid **2** iskall
frill /frɪl/ SB **1** volang, krås **2 frills** grannlåt
★ **with no ~s** utan lyx[utrustning]
fringe /frɪndʒ/ SB **1** frans, bård **2** lugg **3** marginal ⟨~ **group**⟩, [ut]kant ⟨**on the ~s of society**⟩
'fringe benefit /ˈfrɪndʒˌbenəfɪt/ SB extraförmån
frisk /frɪsk/ VB **1** skutta, hoppa **2** muddra, genomsöka ⟨**all the passengers were ~ed**⟩
fritter¹ /ˈfrɪtə/ SB **apple (banana) ~s** friterade äpplen (bananer)
fritter² /ˈfrɪtə/ VB
□ **fritter away** slösa bort
frivolity /frɪˈvɒlətɪ/ SB lättsinne, frivolitet
frivolous /ˈfrɪvələs/ ADJ lättsinnig, frivol
frizzy /ˈfrɪzɪ/ ADJ krusig, krullig
frog /frɒɡ/ SB groda
frogman /ˈfrɒɡmən/ SB grodman
frolic /ˈfrɒlɪk/ VB leka glatt, stoja, hoppa omkring

from /frɒm, *obet* frəm/ ⟨↔ resp huvudord⟩ PREP
1 från, ifrån, ur ⟨~ **memory**, **read** ~ **a book**⟩, **far** ~ **certain** långt ifrån säkert **2** av ⟨**buy** ~, **suffer** ~, **know** ~ **experience**⟩, **die** ~ **pneumonia** dö av (i) lunginflammation **[judging]** ~ **her looks** av hennes utseende att döma **3** efter ⟨**paint** ~ **nature**⟩, **play** ~ **music** spela efter noter **4** för, mot ⟨**hide (keep) sth** ~ **sb**⟩, **protect sb** ~ **his enemies** skydda ngn mot hans fiender
★ **far** ~ **it** långt därifrån ~ **here** härifrån ~ **now on** från och med nu ~ **time immemorial** sedan urminnes tid ~ **time to time** då och då ~ **without** utifrån
front /frʌnt/ **1** SB främre del, framsida, fasad **sit in the** ~ sitta i framsätet, sitta längst fram **2** SB front **3** SB *GB* strand[promenad] **4** SB täckmantel ⟨**be a** ~ **for**⟩ **5** ADJ fram- ⟨~ **tooth**⟩ **6** ADJ belägen mot gatan ⟨~ **room**⟩ **7** ADJ första ⟨~ **page**⟩, främsta ⟨**in the** ~ **line**⟩
★ **be in** ~ *sport* ha ledningen **come to the** ~ bli (göra sig) uppmärksammad **in** ~ framför, framtill **in** ~ **of** framför **up** ~ *vard* a) i förskott, i handpenning b) *US* schysst
front desk /ˌfrʌnt ˈdesk/ SB *US* reception
front door /ˌfrʌnt ˈdɔː/ SB huvudingång
frontier /ˈfrʌntɪə, *US* frʌnˈtɪər/ SB gräns
frost¹ /frɒst/ SB **1** frost **two degrees of** ~ två grader kallt **[ground]** ~ tjäle **[white]** ~ rimfrost **2** köld|period, -knäpp
frost² /frɒst/ VB **1** täcka med rimfrost, nedisa **2** *tekn* mattera, mattslipa ⟨~**ed glass**⟩ **3** *US kok* glasera
▫ **frost over (up)** a) täckas av rimfrost b) täcka med rimfrost
frostbite /ˈfrɒstbaɪt/ SB köldskada
frosty /ˈfrɒstɪ/ ADJ **1** frost-, frostig **2** *bildl* iskall
froth /frɒθ/ SB **1** skum ⟨~ **on the beer**⟩ **2** tomt snack
frothy /ˈfrɒθɪ/ ADJ skummande
frown¹ /fraʊn/ VB rynka pannan, se bister ut
▫ **frown at (on)** se ogillande på, ogilla
frown² /fraʊn/ SB bister uppsyn
froze, frozen → **freeze¹**
frugal /ˈfruːɡl/ ADJ **1** sparsam **2** frugal, enkel
fruit /fruːt/ SB frukt ⇩

fruitful /ˈfruːtfʊl/ ADJ fruktbar
fruitless /ˈfruːtləs/ ADJ fruktlös
fruit machine SB *GB* spelautomat
frustrate /frʌˈstreɪt, *spec US* ˈfrʌstreɪt/ VB **1** frustrera, göra besviken **2** hindra, gäcka, omintetgöra
fry /fraɪ/ VB steka
frying pan SB stekpanna
★ **out of the** ~ **into the fire** ur askan i elden
ft → **foot¹**
fuck¹ /fʌk/ VB knulla
★ **F**~ **it!** a) Fan också! b) Skit i det! **F**~ **you!** Fan också!
▫ **fuck about (around)** *mkt vard* a) göra [en massa] dumheter b) slöa, slappa c) köra med ⟨**Stop fucking me about!**⟩
▫ **fuck off** *mkt vard* sticka, dra åt helsicke
▫ **fuck up** *mkt vard* klanta sig [med], sabba
fuck² /fʌk/ SB knull
★ ~ **all** inte ett djävla dugg **not give a** ~ inte bry sig ett djävla dugg om
fudge¹ /fʌdʒ/ SB kola
fudge² /fʌdʒ/ VB fuska (fiffla) med
fuel¹ /ˈfjuːəl/ SB **1** bränsle, drivmedel **2** *bildl* näring
★ **add** ~ **to the flames** → **add**
fuel² /ˈfjuːəl/ VB **1** ge näring åt, förvärra **2** be ~**led by** drivas med
fugitive /ˈfjuːdʒətɪv/ SB **1** flykting **2** rymling
fulfil /fʊlˈfɪl/ (*US* **fulfill**) VB **1** uppfylla ⟨~ **a need**, ~ **a promise**⟩ **2** fullgöra, utföra **3** ~ **oneself** förverkliga sig själv
fulfilment /fʊlˈfɪlmənt/ (*US* ⇑) SB **1** uppfyllelse **2** [själv]förverkligande
full¹ /fʊl/ ADJ **1** full, fylld ⟨~ **of water**⟩, fyllig ⟨~ **flavour**⟩ **2** fullsatt **3** [propp]mätt ⟨**No thanks, I'm** ~ **[up]**⟩ **4** fullständig ⟨~ **name**⟩, hel ⟨~ **a mile, the** ~ **truth**⟩, hel- ⟨~ **beard**⟩, vid ⟨**a** ~ **skirt**⟩
★ **at** ~ **blast (stretch)** för fullt **come** ~ **circle** ≈ gå varvet runt **the wheel has come** ~ **circle** cirkeln är sluten ~ **house** teat utsålt ~ **of beans** i högform ~ **of oneself** självupptagen **give** ~ **play to** ge fritt spelrum åt **in** ~ fullständigt, i sin helhet **in** ~ **swing** i full gång **to the** ~ i fulla drag ⇩
full² /fʊl/ ADV **1** mycket ⟨~ **well**⟩ **2** rätt, rakt ⟨**hit sb** ~ **in the face**⟩ **3** för fullt ⟨**the radio was turned up** ~⟩
fullback /ˌfʊlˈbæk/ SB *sport* back
full dress /ˌfʊl ˈdres/ SB högtidsdräkt,

paraduniform
full-length /ˌfʊl'leŋθ/ ADJ oavkortad, hellång, helfigurs-
full-scale /ˌfʊl'skeɪl/ ADJ 1 i naturlig skala ⟨a ~ portrait⟩ 2 total[-], i full skala ⟨a ~ war⟩
full stop /ˌfʊl 'stɒp/ SB punkt *i skrift*
full-time¹ /ˌfʊl'taɪm/ ADJ heltids-
full-time² /ˌfʊl'taɪm/ ADV heltid ⟨work ~⟩
fully /'fʊlɪ/ ADV fullt, helt ~ **booked** fullbokad
fumble /'fʌmbl/ VB 1 fumla [med] 2 missa ~ **the ball** tappa bollen
☐ **fumble for** treva (söka) efter
fume /fju:m/ VB koka (skumma) av ilska ⟨at över⟩
fumes /fju:mz/ SB rök, ångor, dunster, stank
fumigate /'fju:mɪgeɪt/ VB desinficera, sanera *mot ohyra*
fun /fʌn/ 1 SB skoj, skämt, upptåg **be great ~** vara väldigt kul **have ~** ha kul (skoj) **What ~!** Vad kul! 2 ADJ kul, rolig ⟨a ~ party⟩
★ **for ~, for the ~ of it** för skojs skull **in ~** på skämt, på skoj **~ and games** *a)* skoj, lajban *b)* ståhej **make ~ of** driva med **take all the ~ out of sth** förstöra hela nöjet [med ngt]
function¹ /'fʌŋkʃn/ SB 1 funktion 2 [officiell] tillställning, festlighet, ceremoni ~ **room[s]** festvåning
function² /'fʌŋkʃn/ VB fungera, tjänstgöra
fund /fʌnd/ SB 1 fond, kapital 2 **funds** tillgångar, medel 3 *bildl* förråd, lager ⟨a ~ of jokes⟩
fundamental /ˌfʌndə'mentl/ 1 ADJ grundläggande, fundamental 2 SB **fundamentals** grunder, grundprinciper, elementa
funeral /'fju:nərəl/ SB begravning
funfair /'fʌnfeə/ SB GB tivoli, nöjesfält
fungus /'fʌŋgəs/ ⟨*pl* **fungi** /-gi:/ *el* **-es**⟩ SB svamp
funnel /'fʌnl/ SB 1 tratt 2 skorsten *på ångmaskin o ångbåt*
funny /'fʌnɪ/ ADJ 1 rolig 2 konstig, egendomlig **I feel ~** jag känner mig lite illamående
★ **~ business** fiffel, tricks
fur /fɜ:/ SB 1 päls, skinn 2 ~ **[coat]** päls
furious /'fjʊərɪəs/ ADJ ursinnig, rasande
furl /fɜ:l/ VB rulla (fälla) ihop ⟨~ **an umbrella**⟩, *sjö* beslå ⟨~ **a sail**⟩
furnace /'fɜ:nɪs/ SB 1 masugn, smältugn 2 värmepanna
furnish /'fɜ:nɪʃ/ VB 1 inreda, möblera 2 förse, utrusta 3 [an]skaffa
furniture /'fɜ:nɪtʃə/ ⟨*endast sg*⟩ SB möbler **a piece of ~** en möbel *t ex en stol* **a set (suite) of ~** en möbel *t ex en matsalsmöbel*, ett möblemang
furore /fjʊə'rɔ:rɪ/ (US **furor** /'fjʊərər/) SB uppståndelse ⟨**cause an enormous ~**⟩
furrier /'fʌrɪə/ SB körsnär
furrow /'fʌrəʊ/ SB fåra
further¹ /'fɜ:ðə/ ADV 1 längre ~ **back** längre tillbaka (bort) 2 ytterligare ⟨**discuss the matter ~**⟩
further² /'fɜ:ðə/ ADJ 1 längre bort [belägen], bortre 2 ytterligare ⟨**Any ~ questions?**⟩
★ **until ~ notice** tills vidare
further³ /'fɜ:ðə/ VB främja, gynna
furthermore /ˌfɜ:ðə'mɔ:/ ADV dessutom
furthermost /'fɜ:ðəməʊst/ ADJ borterst, mest avlägsen
furthest¹ /'fɜ:ðɪst/ ADV längst [bort] ⟨**jump [the] ~**⟩
furthest² /'fɜ:ðɪst/ ADJ borterst, mest avlägsen
furtive /'fɜ:tɪv/ ADJ förstulen, hemlighetsfull
fury /'fjʊərɪ/ SB ursinne, raseri
fuse¹ /fju:z/ (US *äv* **fuze**) SB 1 säkring **a ~ has blown** det har gått en säkring 2 tändrör, stubin
fuse² /fju:z/ VB 1 slå[s] samman 2 smälta [ihop] 3 *om säkring* **the lights ~d** det gick en säkring ~ **the lights** göra så att det går en säkring
fuselage /'fju:zəlɑ:ʒ, US 'fju:s-/ SB flygplanskropp
fusion /'fju:ʒn/ SB fusion, sammansmältning
fuss¹ /fʌs/ SB 1 tjafs[ande] 2 upprördhet **get into a ~ about** bli upprörd över 3 uppståndelse, väsen, ståhej ⟨**What's all the ~ about?**⟩
★ **make (kick up) a ~ about** ställa till bråk (ett väldigt liv) om **make a ~ of (over)** *a)* göra stor affär av *b)* pjoska (tjafsa) med
fuss² /fʌs/ VB 1 tjafsa 2 vara kinkig (besvärlig) 3 US *äv* besvära, irritera

⟨Don't ~ me!⟩
☐ **fuss about** *a)* tjafsa ⟨**they ~ all the time**⟩ *b)* bråka om *c)* vara kinkig (besvärlig) [med] ⟨**~ one's clothes**⟩
☐ **fuss over** pjoska med
fussy /ˈfʌsɪ/ ADJ **1** kinkig ⟨**about** med⟩ **2** beskäftig **3** utstyrd, prålig
fusty /ˈfʌstɪ/ ADJ **1** unken **2** förlegad, gammalmodig
futile /ˈfjuːtaɪl, US -təl/ ADJ gagnlös, lönlös, meningslös
futility /fjʊˈtɪlətɪ/ SB gagnlöshet, meningslöshet
future /ˈfjuːtʃə/ **1** SB framtid ⟨**in the ~**⟩ **2** SB *språk* futurum **3** ADJ framtida, blivande **the ~ tense** futurum
★ **in ~** *GB* hädanefter, från och med nu
fuze → fuse¹
fuzz /fʌz/ SB **1** fjun **2** ludd **3** snut
fuzzy /ˈfʌzɪ/ ADJ **1** fjunig **2** krusig, burrig **3** luddig

G

gab /gæb/ SB **the gift of the ~** → gift
gabble¹ /ˈgæbl/ VB pladdra, babbla, snattra
gabble² /ˈgæbl/ SB pladder, babbel, snatter
gable /ˈgeɪbl/ SB gavel
gaffe /gæf/ SB blunder
gag¹ /gæg/ SB **1** munkavle **2** skämt, gag
gag² /gæg/ VB **1** sätta munkavle på, *bildl* tysta **2** vilja kräkas **3** *teat* lägga in skämt, spåna
gage → gauge¹,²
gaiety /ˈgeɪətɪ/ SB glättighet, glad stämning
gaily /ˈgeɪlɪ/ ADV glatt
gain¹ /geɪn/ VB **1** vinna, öka **i ~ ground** vinna terräng **~ speed** få upp farten **~ weight** gå upp i vikt **2** få **~ permission** få tillstånd **3** [lyckas] nå ⟨**~ the shore**⟩ **4** *om klocka* forta sig, dra sig före
☐ **gain by** vinna (tjäna) på
☐ **gain on** vinna (ta in) på, närma sig
gain² /geɪn/ SB **1** vinst, vinning **2** uppgång, ökning
gait /geɪt/ SB gång, sätt att gå
gaiter /ˈgeɪtə/ SB damask
gala /ˈgɑːlə, *spec US* ˈgeɪlə/ SB gala **in ~** galaklädd
galaxy /ˈgæləksɪ/ SB galax
gale /geɪl/ SB kuling, storm
gall¹ /gɔːl/ SB **1** galla **2** *vard* fräckhet ⇓
gall² /gɔːl/ VB **1** plåga, reta **2** skava
gallant /ˈgælənt, *i bet 2* gəˈlænt/ ADJ **1** tapper, modig **2** galant, ridderlig
gallantry /ˈgæləntrɪ/ SB **1** tapperhet, mod **2** ridderlighet, galanteri
gall bladder /ˈgɔːlˌblædə/ SB gallblåsa
gallery /ˈgælərɪ/ SB **1** galleri **2** läktare **the ~** *äv* tredje (översta) raden **3 shooting ~** inomhusskjutbana
galley /ˈgælɪ/ SB **1** slup, *hist* galär **2** kabyss
galling /ˈgɔːlɪŋ/ ADJ förargligt

gallivant /'gælɪvænt/, **gallivant about** VB ränna runt
gallon /'gælən/ SB gallon *i GB 4,546 l, i US 3,785 l*
gallop¹ /'gæləp/ SB galopp ⟨at a ~⟩
gallop² /'gæləp/ VB galoppera
gallows /'gæləʊz/ ⟨*lika i pl*⟩ SB galge **end up on the ~** sluta i galgen
galore /gə'lɔː/ ADV i massor ⟨food ~⟩
galvanize /'gælvənaɪz/ VB **1** stimulera, sporra **2** galvanisera
gamble¹ /'gæmbl/ VB **1** spela [om pengar], satsa [pengar] **2** sätta på spel, riskera
gamble² /'gæmbl/ SB **1** hasardspel **2** chansning, risktagande **take a ~** chansa
gambler /'gæmblə/ SB [hasard]spelare
gambol /'gæmbl/, **gambol about** VB skutta omkring
game¹ /geɪm/ SB **1** lek, spel **2** *tennis* game **3** parti ⟨a ~ of chess⟩ **4** match **5** [sällskaps]spel **6** games spel, tävling[ar] ⟨the Olympic Games⟩ **7** *skolämne* idrott **8** *vard* bransch ⟨the advertising ~⟩ **9** villebråd, byte ⟨be easy ~ for sb⟩, **big ~** storvilt ★ **be off one's ~** spela dåligt **the ~ is up** spelet är förlorat **give the ~ away** prata bredvid mun
game² /geɪm/ ADJ **be ~ for** vara pigg på
gamekeeper /'geɪmˌkiːpə/ SB skogvaktare
gammon /'gæmən/ SB skinka *rökt el saltad*
gamut /'gæmət/ SB skala, register
gang¹ /gæŋ/ SB gäng, grupp
gang² /gæŋ/ VB
□ **gang up** a) gå samman b) gadda ihop **sig ~ on** mobba, trakassera
gangland /'gæŋlænd/ SB **1** gangstervärld[en] **2** *attribut* gangster- ⟨~ boss⟩
gangster /'gæŋstə/ SB gangster
gangway /'gæŋweɪ/ SB **1** *sjö* landgång **2** *spec GB* gång *mellan bänkrader*
gaol → jail¹,²
gap /gæp/ SB **1** öppning, hål, lucka **2** avbrott **3** tomrum **4** avstånd, klyfta
gape /geɪp/ VB gapa
garage /'gæraːʒ, *spec US* gə'rɑːʒ/ SB **1** garage **2** bilverkstad **3** servicestation, mack
garb /gɑːb/ SB dräkt, skrud
garbage /'gɑːbɪdʒ/ SB **1** *spec US* sopor, avfall **2** *bildl* skräp, smörja
garbled /'gɑːbld/ ADJ förvanskad, förvrängd
garden /'gɑːdn/ SB **1** trädgård **the G~ of Eden** Edens lustgård **2 gardens** *äv* park
gardener /'gɑːdnə/ SB trädgårdsmästare
gardening /'gɑːdnɪŋ/ SB trädgårdsskötsel
gargle¹ /'gɑːgl/ VB gurgla sig
gargle² /'gɑːgl/ SB **1** gurgling **2** gurgelvatten
garish /'geərɪʃ/ ADJ prålig, skrikig, gräll
garland /'gɑːlənd/ SB krans, girland
garlic /'gɑːlɪk/ SB vitlök
garment /'gɑːmənt/ SB [klädes]plagg, *äv bildl* skrud
garnish¹ /'gɑːnɪʃ/ VB garnera
garnish² /'gɑːnɪʃ/ SB garnering
garret /'gærɪt/ SB vinds|kupa, -rum
garrison /'gærɪsən/ SB garnison
garrulous /'gærələs/ ADJ talträngd, pratsjuk
garter /'gɑːtə/ SB strumpeband
gas¹ /gæs/ SB **1** gas **2** *US äv* bensin **3** snack
gas² /gæs/ VB **1** gasa [ihjäl], gasförgifta **2** snacka
□ **gas up** *US vard* tanka
gash /gæʃ/ SB djupt sår, jack
gasket /'gæskɪt/ SB *tekn* packning
gasoline /'gæsəliːn/, **gasolene** SB *US* bensin
gasp¹ /gɑːsp/ VB flämta
gasp² /gɑːsp/ SB flämtning
gastric /'gæstrɪk/ ADJ mag- **~ ulcer** magsår
gastritis /gæ'straɪtɪs/ SB gastrit, magkatarr
gasworks /'gæswɜːks/ ⟨*lika i pl*⟩ SB gasverk
gate /geɪt/ SB **1** grind, *flyg* utgång, gate **2** port **3** publiksiffra **4** biljettintäkter
gate-crash /'geɪtkræʃ/ VB komma objuden till ⟨~ a party⟩, smita (planka) in på ⟨~ a match⟩
gateway /'geɪtweɪ/ SB **1** grind[öppning] **2** [inkörs]port, *bildl äv* väg
gather /'gæðə/ VB **1** samla [ihop] **2** plocka ⟨~ flowers⟩ **3** *bildl* samla ⟨~ strength⟩, skaffa sig ⟨~ experience⟩ **4** samlas **5** förstå ⟨from av⟩ **6** förmoda **7** rynka ⟨a skirt ~ed at the waist⟩ ★ **~ speed** få fart
gathering /'gæðərɪŋ/ SB möte, samling, träff
gaudy /'gɔːdɪ/ ADJ prålig
gauge¹ /geɪdʒ/ ⟨*US äv* gage⟩ SB **1** mått, dimension, kaliber **2** spårvidd, hjulavstånd **3** mätare ⟨oil ~⟩

gauge² /geɪdʒ/ (US äv **gage**) VB **1** mäta **2** bedöma
gaunt /gɔ:nt/ ADJ **1** utmärglad **2** dyster
gauntlet /'gɔ:ntlət/ SB kraghandske
* **take (pick) up the ~** ta upp den kastade handsken
gauze /gɔ:z/ SB **1** flor, gas **2** gasbinda
gave → **give**
gawky /'gɔ:kɪ/ ADJ tafatt, klumpig
gay /geɪ/ **1** ADJ homo[sexuell] **2** ADJ glad, glättig, livfull **3** ADJ lättsinnig **4** SB bög
gaze¹ /geɪz/ VB stirra ⟨**at på**⟩
gaze² /geɪz/ SB stirrande [blick]
GB → Great Britain
GCSE /ˌdʒi:es'i:/ ⟨förk f General Certificate of Secondary Education⟩ SB ≈ gymnasieskolekompetens
gear¹ /gɪə/ SB **1** bil växel **the car is in ~** växeln ligger i **change ~** växla, bildl lägga i en högre växel **put the car into first (bottom) ~** lägga i ettan **2** utrustning, grejer ⟨**fishing ~**⟩ ⇓
gear² /gɪə/ VB anpassa **~ed up** förberedd, laddad
gearbox /'gɪəbɒks/ SB växellåda
gear lever /'gɪəˌli:və/, **gear shift** /'gɪəʃɪft/ SB växelspak
geese → goose
gel /dʒel/ SB gel ⟨**hair ~**⟩
gelatine /'dʒelətɪ:n/ SB gelatin
gem /dʒem/ SB juvel, äv bildl pärla
Gemini /'dʒemɪnaɪ/ SB stjärntecken Tvillingarna
gender /'dʒendə/ SB **1** genus **2** kön
gene /dʒi:n/ SB gen, arvsanlag
general /'dʒenrəl/ **1** ADJ allmän, generell **~ knowledge** allmänbildning **the ~ public** den stora allmänheten **the ~ reader** den vanlige läsaren **2** ADJ ungefärlig ⟨**get a ~ idea of sth**⟩ **3** ADJ i titlar ⟨efterställt⟩ general- ⟨**the Secretary G~**⟩ **4** SB general
* **as a ~ rule, in ~** i allmänhet
generalize /'dʒenrəlaɪz/ VB generalisera
generally /'dʒenrəlɪ/ ADV **1** vanligen, vanligtvis **2** allmänt ⟨**she is ~ popular**⟩
* **~ speaking** på det hela taget, i stort sett
generate /'dʒenəreɪt/ VB framkalla, alstra
generation /ˌdʒenə'reɪʃn/ SB **1** generation **2** generering, alstring
generosity /ˌdʒenə'rɒsətɪ/ SB **1** generositet **2** storsinthet
generous /'dʒenərəs/ ADJ **1** generös, frikostig **2** rikligt tilltagen ⟨**a ~ meal**⟩ **3** storsint
genetic /dʒə'netɪk/ ADJ genetisk
~ engineering gen|teknik, -manipulation
genetics /dʒə'netɪks/ SB genetik
Geneva /dʒə'ni:və/ SB Genève
genial /'dʒi:nɪəl/ ADJ gemytlig, jovialisk, vänlig
genital /'dʒenɪtl/ **1** ADJ köns- **2** SB **genitals** könsorgan
genitive /'dʒenətɪv/ SB genitiv
genius /'dʒi:nɪəs/ SB **1** geni, snille **2** genialitet **a man of ~** ett geni **3** talang
genocide /'dʒenəsaɪd/ SB folkmord
gent /dʒent/ SB vard **1** herre **2 the Gents** GB herrtoaletten
genteel /dʒen'ti:l/ ADJ fin, [strunt]förnäm
Gentile /'dʒentaɪl/ **1** SB icke-jude **2** ADJ icke-judisk
gentle /'dʒentl/ ADJ **1** försiktig, varsam **2** stilla, mild ⟨**a ~ breeze**⟩, svag ⟨**~ music, a ~ slope**⟩ **3** blid, vänlig
gentleman /'dʒentlmən/ SB **1** herre **2** gentleman
gentlemanly /'dʒentlmənlɪ/ ADJ gentlemannamässig
gentry /'dʒentrɪ/ SB **1** herrskapsfolk **2** GB ≈ lågadel **the landed ~** ≈ godsägarna
genuine /'dʒenjʊɪn/ ADJ **1** äkta **2** uppriktig
geographer /dʒɪ'ɒgrəfə/ SB geograf
geographical /ˌdʒi:ə'græfɪkl/ ADJ geografisk
geography /dʒɪ'ɒgrəfɪ/ SB geografi
geologist /dʒɪ'ɒlədʒɪst/ SB geolog
geology /dʒɪ'ɒlədʒɪ/ SB geologi
geometry /dʒɪ'ɒmətrɪ/ SB geometri
geranium /dʒə'reɪnɪəm/ SB pelargon
geriatric /ˌdʒerɪ'ætrɪk/ ADJ medicin åldrings-, långvårds-
germ /dʒɜ:m/ SB **1** bakterie **2** bildl frö, embryo
German /'dʒɜ:mən/ **1** ADJ tysk **2** SB tysk **3** SB tyska [språket] ⇓
Germanic /dʒɜ:'mænɪk/ ADJ germansk
German measles /ˌdʒɜ:mən 'mi:zlz/ SB röda hund
German shepherd /ˌdʒɜ:mən 'ʃepəd/ SB spec US schäfer
Germany /'dʒɜ:mənɪ/ SB Tyskland
germicide /'dʒɜ:mɪsaɪd/ SB bakteriedödande medel
germinate /'dʒɜ:mɪneɪt/ VB [få att] gro

(spira)
gesticulate /dʒeˈstɪkjʊleɪt/ VB gestikulera
gesture /ˈdʒestʃə/ SB gest
get /get/ ⟨got /gɒt/, got, *US perf particip äv* gotten /ˈgɒtn/⟩ VB
1 få ⟨~ a shock⟩, skaffa, fixa ⟨~ tickets for the match⟩, hämta ⟨Can I ~ you a drink?⟩
2 få (ta) fast ⟨~ the murderer⟩, få tag i, nå ⟨~ sb on the phone⟩, ta ⟨~ a taxi, ~ the bus⟩, träffa ⟨Did the bullet ~ him?⟩
3 *vard* fatta, förstå ⟨~ a joke⟩, uppfatta, höra ⟨I didn't ~ what he said⟩
4 komma ⟨How far has he got?, When did he ~ to Paris?⟩
5 bli ⟨~ angry, ~ attacked, ~ better⟩, ~ **married** gifta sig ~ **used to** bli van vid **it's ~ting dark** det börjar bli mörkt
6 få [att] ⟨~ the car to start⟩, ~ **sth done** få ngt gjort **I got the engine working** jag fick i gång motorn ~ **the children ready** få barnen klara
7 have (has) got har ⟨I haven't got a car, he's got a pretty sister⟩
8 have (has) got to måste, är tvungen ⟨I've got to go, it's got to be good⟩
★ ~ **cracking, ~ even with sb** ⟨*etc*⟩ → crack¹, even² ⟨*etc*⟩
☐ **get about** *a)* vara på benen *b) om rykte* sprida sig
☐ **get across** nå fram, gå hem [hos]
☐ **get along** *a)* ge sig i väg ⟨it's time we were getting along⟩ *b)* trivas tillsammans
☐ **get around** → **get round**
☐ **get at** *a)* gnata (tjata) på *b)* komma åt *c)* syfta på, mena ⟨What are you getting at?⟩
☐ **get away** *a)* ta ledigt *b)* rymma ~ **with doing sth** ostraffat göra ngt ~ **with cheating** fuska och klara sig
☐ **get back at** hämnas på
☐ **get back to** återkomma till
☐ **get by** klara sig, hanka sig fram
☐ **get down** *a)* få ner, svälja *b)* skriva ner, anteckna *c)* göra deprimerad ~ **to** sätta i gång med, ta itu med
☐ **get in** *a)* skicka efter ⟨~ a repairman⟩ *b) polit* bli invald, vinna valet *c)* få in **not get a word in [edgeways]** inte få in syl i vädret ~ **with sb** ställa sig in hos ngn
☐ **get into** råka (komma) i
☐ **get off** *a)* ge sig i väg *b)* bli frikänd, få ⟨ngn⟩ frikänd *c)* komma (slippa) undan

⟨~ **with a few scratches**⟩ *d)* stiga av ⟨~ the bus⟩ *e)* sluta [sitt arbete] ⟨~ at 4 o'clock⟩
☐ **get on** *a)* klara sig ⟨How are you getting on?⟩ *b)* stiga på ⟨~ a bus⟩ *c)* trivas, komma överens *d)* fortsätta ⟨I must be getting on with my work⟩, be getting on börja bli till åren **it's getting on for midnight** det börjar närma sig midnatt
☐ **get out** sticka [i väg], försvinna **G~!** Försvinn!, Ut härifrån! ~ **of** *a)* komma ur, sluta med *b)* komma ifrån (undan)
☐ **get over** komma över ⟨~ a loss⟩, klara av ⟨~ a difficulty⟩, **get sth over with** få ngt undanstökat
☐ **get round (around)** *a)* spridas ⟨the story got round⟩ *b)* kringgå, komma förbi ⟨~ the tax laws⟩ *c)* lyckas övertala, prata omkull
☐ **get through** *a)* gå igenom, klara av ⟨~ a lot of work⟩ *b) på telefon* komma fram
☐ **get together** *a)* träffas *b)* samla ihop
☐ **get up** *a)* stiga upp *b)* ställa sig upp, resa sig *c)* tillta, öka ⟨the wind has got up⟩ *d)* arrangera, ordna ⟨~ a party⟩, **get oneself up as** klä ut sig till **got up as** utklädd till
getaway /ˈgetəˌweɪ/ SB **1** rymning **2** *attribut* flykt- ⟨~ car⟩
get-together /ˈgetəˌgeðə/ SB träff, möte
get-up /ˈgetʌp/ SB *vard* utstyrsel
geyser /ˈgiːzə, *US* ˈgaɪzər/ SB **1** gejser **2** *GB* varmvattenberedare
ghastly /ˈgɑːstlɪ/ ADJ hemsk, förskräcklig
gherkin /ˈgɜːkɪn/ SB [liten] gurka
ghetto /ˈgetəʊ/ SB getto
ghost /gəʊst/ SB **1** spöke, vålnad **2** *tv* skuggbild **3** *bildl* skugga, tillstymmelse ⟨not the ~ of a chance⟩
★ **give up the ~** ge upp andan, dö
giant /ˈdʒaɪənt/ SB **1** jätte, gigant **2** *attribut* jättelik, jätte-
giant slalom SB storslalom
gibber /ˈdʒɪbə/ VB **1** pladdra, tjattra **2** svamla
gibberish /ˈdʒɪbərɪʃ/ SB rappakalja, nonsens
gibe¹ /dʒaɪb/, **jibe** SB gliring, elakhet
gibe² /dʒaɪb/, **jibe** VB
☐ **gibe at** pika, håna, ge en gliring
giddy /ˈgɪdɪ/ ADJ **1** yr, vimmelkantig **get a ~ feeling** få svindel **2** svindlande, som ger en svindel
gift /gɪft/ SB **1** gåva, present **2** begåvning,

talang
* **have the ~ of the gab** vara slängd i käften
gifted /'gɪftɪd/ ADJ begåvad, talangfull
gig /gɪg/ SB *vard* spelning *musikengagemang*
gigantic /dʒaɪˈgæntɪk/ ADJ gigantisk, ofantlig
giggle¹ /'gɪgl/ VB fnittra
giggle² /'gɪgl/ SB fnitter
gild /gɪld/ VB förgylla
gill /gɪl/ SB gäl
gilt /gɪlt/ **1** SB förgyllning **2** ADJ förgylld
gimmick /'gɪmɪk/ SB gimmick, grej
gin /dʒɪn/ SB gin
ginger /'dʒɪndʒə/ **1** SB ingefära **2** ADJ rödblond
ginger ale /ˌdʒɪndʒərˈeɪl/, **ginger beer** /-əˈbɪə/ SB ingefärsdricka
gingerbread /'dʒɪndʒəbred/ SB **1** pepparkakor **~ biscuit** pepparkaka **~ man** pepparkaksgubbe **2 ~ [cake]** mjuk pepparkaka
gingerly /'dʒɪndʒəlɪ/ ADV försiktigt, varsamt
gipsy → gypsy
giraffe /dʒəˈrɑːf/ SB giraff
girder /'gɜːdə/ SB balk, bjälke
girdle¹ /'gɜːdl/ SB **1** gördel **2** bälte ⟨a **~ of fields**⟩
girdle² /'gɜːdl/ VB **1** omge **2** omspänna, omfatta
girl /gɜːl/ SB flicka ⇓
girlfriend /'gɜːlfrend/ SB **1** flickvän **2** väninna
girl guide /ˌgɜːl ˈgaɪd/ SB *GB* flickscout
girlhood /'gɜːlhʊd/ SB barndom, flickår
girlish /'gɜːlɪʃ/ ADJ flickaktig
giro /'dʒaɪrəʊ/ SB **1** postgiro, bankgiro **pay by ~** girera **2** [giro]utbetalning
gist /dʒɪst/ SB **the ~** kontentan, det väsentliga
give /gɪv/ ⟨**gave** /geɪv/, **given** /'gɪvn/⟩ VB **1** ⟨↔ resp substantiv⟩ ge ⟨**she gave them presents**⟩, **be ~n** få ⟨**they were ~n presents**⟩, **~ sb a cold** smitta ngn med sin förkylning **~ a cry** ge till ett skrik **Don't ~ me that nonsense!** Kom inte med sånt struntprat! **~ an ear to** lyssna på **~ one's life to** ägna hela sitt liv åt **~ sth a polish** polera ngt **~ a shrug** rycka på axlarna **~ a sigh** sucka **~ a smile** le **2** svikta, ge efter, ge vika ⟨**the branch began to ~**⟩
* **~ as good as one gets** ge igen med samma mynt, ge svar på tal **~ one's love to** hälsa till **~ or take ...** *efter tidsuppgift* plus eller minus **... ~ sb to understand** låta ngn förstå **I ~ you that** det måste jag hålla med om
☐ **give away** *a)* dela ut ⟨**~ the prizes**⟩ *b)* avslöja, röja
☐ **give in** *a)* lämna in ⟨**~ one's exam paper**⟩ *b)* ge upp, ge sig **~ to** ge efter för
☐ **give off** avge ⟨**~ a smell**⟩, utstråla ⟨**~ heat**⟩
☐ **give on to** *a)* vetta mot *b)* *om dörr* leda till
☐ **give out** *a)* dela ut *b)* utstråla ⟨**~ heat**⟩ *c)* tryta, ta slut *d)* strejka, lägga av ⟨**the engine gave out**⟩ *e)* meddela, tillkännage
☐ **give over** *GB* sluta [med], lägga av [med]
☐ **give oneself over to** hemfalla (ägna sig) åt
☐ **give up** *a)* sluta [med] ⟨**~ smoking**⟩ *b)* sluta att använda ⟨**~ one's car**⟩ *c)* ge upp *d)* ge upp hoppet om ⟨**the doctor gave her up**⟩ *e)* göra slut med ⟨**give sb up**⟩
☐ **give oneself up to** *a)* anmäla sig hos ⟨**~ the police**⟩ *b)* hemfalla åt ⟨**~ despair**⟩
giveaway /'gɪvəˌweɪ/ SB **1** [oavsiktligt] avslöjande **2** *spec US* reklam|artikel, -gåva **3** *attribut* gratis- ⟨**a ~ goal**⟩ **4** *attribut* avslöjande ⟨**a ~ remark**⟩
given¹ → give
given² /'gɪvn/ ADJ given, bestämd ⟨**at a ~ time**⟩
* **be ~ to** vara benägen att, tycka om att, vara hemfallen åt
given name /'gɪvnneɪm/ SB *spec US* förnamn
glacial /'gleɪʃl/ ADJ **1** glacial, istids- **2** iskall
glacier /'glæsɪə, *US* 'gleɪʃər/ SB glaciär
glad /glæd/ ADJ **1** glad ⟨**about** över⟩ **2** tacksam ⟨**of** för⟩ **3 be ~ to do sth** gärna göra ngt
glade /gleɪd/ SB glänta
gladly /'glædlɪ/ ADV gärna, med nöje
glamorous /'glæmərəs/ ADJ glamorös, tjusig
glamour /'glæmə/ (*US* äv **glamor**) SB glamour, charm
glance¹ /glɑːns/ VB titta, kasta en blick ⟨**at** på⟩

□ **glance over (through)** ögna igenom
glance² /glɑ:ns/ SB blick, titt **at first** ~ vid första ögonkastet **take a** ~ **at** ta en titt på
★ **at a** ~ direkt, på en gång
gland /glænd/ SB körtel
glare¹ /gleə/ VB **1** lysa skarpt, glänsa **2** glo, stirra
glare² /gleə/ SB **1** skarpt ljus **2** ilsken blick
★ **in the [full]** ~ **of publicity** inför öppen ridå
glaring /ˈgleərɪŋ/ ADJ **1** flagrant, uppenbar **2** skrikig, gräll
glass /glɑ:s/ SB **1** glas **2** GB vard spegel **3** GB vard barometer **4 glasses** glasögon
glasshouse /ˈglɑ:shaʊs/ SB GB växthus
glassware /ˈglɑ:sweə/ ⟨endast sg⟩ SB glas[varor]
glassy /ˈglɑ:sɪ/ ADJ **1** spegelblank **2** glasartad
glaze¹ /gleɪz/ VB **1** glasera **2** glasa, sätta glas i
□ **glaze over** bli glasartad
glaze² /gleɪz/ SB **1** glasyr **2** glans
glazed /gleɪzd/ ⟨↔ glaze¹⟩ ADJ **1** glasartad ⟨~ **eyes**⟩ **2** ~ **paper** glanspapper **3** ~ **tiles** kakel
glazier /ˈgleɪzjə, US ˈgleɪʒər/ SB glasmästare
glazing → double glazing
gleam¹ /gli:m/ SB **1** svagt ljus (sken), skimmer **2** antydan, glimt **a** ~ **of hope** en strimma av hopp
gleam² /gli:m/ VB skimra, glimma, glänsa ⟨**with** av⟩
glean /gli:n/ VB skrapa (samla) ihop, snappa upp
glee /gli:/ SB glädje, förtjusning
gleeful /ˈgli:fʊl/ ADJ glad, munter
glen /glen/ SB trång dal, dalgång
glib /glɪb/ ADJ **1** talför, munvig **2** lättvindig
glide¹ /glaɪd/ VB **1** glida **2** segelflyga, utföra glidflykt
glide² /glaɪd/ SB **1** glidning **2** segelflykt, glidflykt
glider /ˈglaɪdə/ SB **1** segelflygplan, glidflygplan **2** segelflygare, glidflygare
glimmer¹ /ˈglɪmə/ VB glimma, skina svagt
glimmer² /ˈglɪmə/ SB **1** svagt sken, glimrande sken **2** spår, skymt **a** ~ **of hope** en strimma av hopp
glimpse¹ /glɪmps/ SB skymt
glimpse² /glɪmps/ VB skymta

glint¹ /glɪnt/ VB glittra, blänka
glint² /glɪnt/ SB **1** glitter, blänk **2** glimt ⟨**a** ~ **in sb's eye**⟩
glisten /ˈglɪsn/ VB glittra, glänsa, glimma
glitch /glɪtʃ/ SB vard tekniskt fel
glitter¹ /ˈglɪtə/ VB glittra
★ **all that** ~**s is not gold** allt är inte guld som glimmar
glitter² /ˈglɪtə/ SB glitter, glans
gloat /gləʊt/ VB gotta sig ⟨**over** åt⟩, vara skadeglad
global /ˈgləʊbl/ ADJ **1** global **2** övergripande, helhets-
globe /gləʊb/ SB **1** glob, klot **2** jordglob **3 the globe** jordklotet
globular /ˈglɒbjʊlə/ ADJ klotformig
gloom /glu:m/ SB **1** dunkel, mörker **2** dysterhet, dyster stämning
gloomy /ˈglu:mɪ/ ADJ **1** dunkel, mörk **2** dyster
glorify /ˈglɔ:rɪfaɪ/ VB **1** förhärliga, glorifiera **2** försköna, piffa (förgylla) upp
glorious /ˈglɔ:rɪəs/ ADJ **1** ärorik **2** strålande, härlig
glory¹ /ˈglɔ:rɪ/ SB **1** ära **2** prakt, härlighet
glory² /ˈglɔ:rɪ/ VB
□ **glory in** a) glädja sig åt, jubla över b) yvas över
gloss¹ /glɒs/ SB **1** glans **2** bildl polityr, sken
gloss² /glɒs/ VB polera
□ **gloss over** skyla (släta) över
gloss³ /glɒs/ SB förklarande kommentar (not)
glossary /ˈglɒsərɪ/ SB ordlista
glossy /ˈglɒsɪ/ ADJ glänsande, om tidskrift glättad, påkostad ~ **paper** glättat papper ~ **print** foto blank kopia
glove /glʌv/ SB handske
glove compartment SB handskfack
glow¹ /gləʊ/ VB glöda, stråla, brinna ⟨**with** av⟩ ~**ing cheeks** blossande kinder
glow² /gləʊ/ SB **1** glöd **2** rodnad ⟨**the** ~ **of health**⟩ **3** känsla av tillfredsställelse
glower /ˈglaʊə/ VB blänga ilsket ⟨**at** på⟩
glowing /ˈgləʊɪŋ/ ⟨↔ glow¹⟩ ADJ entusiastisk
glow-worm /ˈgləʊwɜ:m/ SB lysmask
glucose /ˈglu:kəʊz, -əʊs/ SB glukos, druvsocker
glue¹ /glu:/ SB lim, klister
glue² /glu:/ VB limma, klistra
□ **glue to** klistra fast vid **be glued to the**

TV sitta klistrad vid TV:n
glum /glʌm/ ADJ trumpen, dyster
glut¹ /glʌt/ VB **1** mätta **2 ~ oneself with** vräka (proppa) i sig
glut² /glʌt/ SB över|mättnad, -flöd
glutton /'glʌtn/ SB **1** frossare **~ for work** arbetsnarkoman **2** järv
gnarled /nɑːld/ ADJ *äv om händer* knotig
gnash /næʃ/ VB **~ one's teeth** gnissla tänder
gnat /næt/ SB knott, mygga
gnaw /nɔː/ VB gnaga [på]
□ **gnaw at** *a)* gnaga på *b)* plåga
gnome /nəʊm/ SB **1** gnom, [trädgårds]tomte **2** finansgeni, ekonomisk guru
GNP /ˌdʒiːenˈpiː/ ⟨*förk f* gross national product⟩ SB BNP
go¹ /gəʊ/ ⟨went /went/, gone /gɒn/, *3 person presens* goes /gəʊz/⟩ VB
1 gå, förflyta ⟨it went well, time ~es fast⟩, ta vägen ⟨Where has all the money gone?⟩
2 gå, ge sig i väg **~ and get** gå och hämta **~ and see sb** gå (fara) och hälsa 'på ngn **~ for a walk** gå ut på en promenad **~ on a journey** ge sig ut på en resa **~ shopping** gå ut och handla **~ skiing** *a)* ge sig ut på skidor *b)* fara på skidsemester
3 resa ⟨**~ abroad**⟩, åka ⟨**~ on holiday**⟩, färdas ⟨**~ by train**⟩, köra ⟨you're ~ing too fast⟩, Where are you going? *a)* Vart ska du resa? *b)* Vart är du på väg?
4 bli ⟨**~ blind, ~ sour**⟩, förbli, vara **~ hungry** gå utan mat **~ unnoticed** inte uppmärksammas
5 gå sönder ⟨the bulb went⟩, försämras ⟨his hearing is ~ing⟩
6 lyda ⟨How do the words ~?⟩, ringa ⟨the bell went⟩
7 ha sin plats **spoons ~ in the top drawer** skedarna ska ligga i översta lådan
8 be ~ing to *a)* komma att ⟨it's ~ing to rain⟩ *b)* ha för avsikt att, ämna ⟨I'm ~ing to tell her⟩
★ **~ bananas, ~ to the country** ⟨*etc*⟩ → banana, country ⟨*etc*⟩ **be ~ing on for** [börja] närma sig ⟨she's ~ing on for ninety⟩, **~ all out** satsa (köra) hårt **~ it alone** sköta det (saken) på egen hand **~ to prove** bevisa **~ to show** [be]visa **here ~es, here we ~** då (nu) kör vi **to ~** *a)* kvar ⟨Only two weeks to ~ before Christmas!⟩ *b)* för avhämtning ⟨**food to ~**⟩
□ **go about** *a)* vara i omlopp *b)* bära sig åt med ⟨I don't know how to ~ it⟩ *c)* ta sig fram i ⟨cycling is the quickest way to ~ the city⟩, **~ one's business** sköta sina egna angelägenheter
□ **go ahead** *a)* sätta i gång *b)* fortsätta
□ **go along** *a)* följa med ⟨we decided to ~⟩ *b)* fortsätta **~ with** *a)* följa med *b)* hålla med, stödja ⟨**~ with sb's plans**⟩
□ **go around (round)** *a)* vara i omlopp *b)* räcka till [alla] ⟨not enough glasses to ~⟩, **~ with** umgås med
□ **go at** gå lös på, ge sig på
□ **go back on** svika ⟨**~ one's promise**⟩, ändra, överge ⟨**~ a decision**⟩
□ **go beyond** överträffa, överskrida
□ **go by** *a)* gå, förflyta *b)* rätta sig efter
□ **go down** *a)* gå under ⟨the ship went down⟩ *b)* falla omkull *c)* slå an, gå hem ⟨his speech went down⟩, **~ with** insjukna i
□ **go for** *a)* ge sig på, attackera *b)* gälla ⟨what I say goes for you, too⟩ *c)* gilla, tycka om **G~ it!** Ge järnet!, Kör hårt!
□ **go in for** *a)* satsa på, ägna sig åt *b)* delta i ⟨**~ a competition**⟩ *c)* GB gå upp i ⟨**~ an exam**⟩
□ **go off** *a)* ge sig av (i väg) *b)* *om vapen* smälla av, *om bomb* explodera, *om larm* gå *c)* *om matvaror* bli dålig (förstörd) *d)* tappa lusten för ⟨I've gone off beer⟩ **~ well** bli lyckad ⟨the show went off well⟩
□ **go on** *a)* hända, pågå *b)* fortsätta ⟨**~ studying**⟩ *c)* gå 'på ⟨Why does he ~ like that?⟩, **~ to the next item** övergå till nästa punkt
□ **go out** *a)* slockna *b)* GB strejka *c)* bli omodern **~ with** vara ihop (sällskapa) med
□ **go over** *a)* gå igenom, granska *b)* slå an, gå hem ⟨How did his speech ~?⟩
□ **go round** → go around
□ **go together** *a)* passa ihop *b)* sällskapa, vara ihop
□ **go up** växa upp ⟨a lot of new houses have gone up around here⟩
□ **go with** *a)* gå [bra] ihop med ⟨her dress goes with her eyes⟩ *b)* vara ihop (sällskapa) med
□ **go without** vara utan ⟨**~ dinner**⟩, **it goes without saying** det säger sig självt
go² /gəʊ/ ⟨*pl* goes /gəʊz/⟩ SB **1** energi,

vitalitet 2 tur ⟨it's your ~⟩
★ at one ~ på en gång be all ~ *GB* vara hektiskt (full fart) ⟨it was all ~ in the office⟩, be no ~ *vard* vara omöjligt, inte gå be on the ~ vara i full gång (på språng) have a ~ göra ett försök ⟨at med⟩

goad /gəʊd/ VB hetsa, driva

go-ahead /'gəʊəˌhed/ 1 SB klarsignal, grönt ljus 2 ADJ företagsam, framåt

goal /gəʊl/ SB mål ⟨reach one's ~⟩, keep ~ stå i mål score a ~ göra mål ⇓

goalkeeper /'gəʊlˌkiːpə/ *vard* **goalie** /'gəʊlɪ/ SB målvakt

goal kick SB *fotboll* inspark

goal post SB målstolpe

goat /gəʊt/ SB 1 get 2 *person* bock

goatee /ˌgəʊˈtiː/ SB pipskägg

gob /gɒb/ SB [spott]loska

gobble /'gɒbl/ VB glufsa (glupa) i sig
□ **gobble up** sluka

gobbledegook /'gɒbldɪguːk, -gʊk/, **gobbledygook** SB *vard* obegripligt (tillkrånglat) språk

go-between /'gəʊbɪˌtwiːn/ SB mellanhand, [för]medlare

goblet /'gɒblət/ SB [vin]glas *på fot*

goblin /'gɒblɪn/ SB [liten elak] trollgubbe

god /gɒd/ SB gud **God** Gud
★ for God's sake för Guds skull **My God! Herre Gud!**

godchild /'gɒdtʃaɪld/ SB gudbarn

goddamn¹ /'gɒdæm, *US* ˌgɑːdˈdæm/, **goddamned** /-d/ ADJ *spec US* förbannad, jävla

goddamn² /'gɒdæm, *US* ˌgɑːdˈdæm/ ADV *spec US* förbannat, jävla ⟨he's so ~ stupid⟩

goddess /'gɒdɪs/ SB gudinna

godfather /'gɒdˌfɑːðə/ SB gud|fader, -far

godforsaken /'gɒdfəˌseɪkən/ ADJ gudsförgäten

godmother /'gɒdˌmʌðə/ SB gud|moder, -mor

godsend /'gɒdsend/ SB gudagåva, skänk från ovan

gofer /'gəʊfə/ SB *vard* 1 passopp 2 medlare

go-getter /'gəʊˌgetə/ SB gåpåare, streber

goggles /'gɒglz/ SB [skydds]glasögon

going /'gəʊɪŋ/ 1 SB fart, takt ⟨good ~⟩
2 SB väglag, terräng, [skid]före **it was rough ~** det var besvärligt att ta sig fram 3 ADJ **the ~ rate** gällande taxa **a ~ concern** en blomstrande rörelse
★ **get ~** sätta i gång **while the ~ is good** medan tid är

goitre /'gɔɪtə/ (*US* **goiter**) SB struma

gold /gəʊld/ SB 1 guld **win the ~** *sport* ta guld 2 *attribut* guld-, gyllene ⇓

golden /'gəʊldən/ ADJ guld-, av guld, gyllene ~ **handshake** (*US* **parachute**) *vard* generöst avgångsvederlag ~ **mean** gyllene medelväg

gold leaf /ˌgəʊld ˈliːf/ SB bladguld

gold mine SB guldgruva

goldsmith /'gəʊldsmɪθ/ SB guldsmed

golf /gɒlf, *GB äv* gɒf/ SB golf ⇓

golf club SB 1 golfklubba 2 golfklubb

golf course SB golfbana

golfer /'gɒlfə, *GB äv* 'gɒfə/ SB golfspelare

golf links SB golfbana

gondola /'gɒndələ/ SB gondol

gone¹ → go¹

gone² /gɒn/ ADJ 1 borta, förgången, försvunnen 2 framskriden ⟨our plans are far ~⟩ 3 be six months ~ vara [gravid] i sjätte månaden
★ **be ~ on** *vard* vara förälskad (kär) i

gong /gɒŋ/ SB gonggong

gonorrhoea /ˌgɒnəˈrɪə/ (*spec US* **gonorrhea**) SB gonorré

goo /guː/ SB gegga, kladd

good¹ /gʊd/ ⟨**better** /'betə/, **best** /best/⟩ ADJ 1 god, bra, fin 2 duktig, bra ⟨at i, på⟩ 3 snäll ⟨to mot⟩ 4 skön ⟨it's ~ to be home again⟩, trevlig, rolig ⟨it's ~ to see you again⟩ 5 giltig ⟨this ticket isn't ~⟩ 6 ordentlig, rejäl **a ~ while** en god stund **get a ~ beating** få en rejäl omgång **have a ~ cry** gråta ut 7 dryg **a ~ two hours** drygt (gott och väl) två timmar 8 tjänlig **Is this ~ to eat?** Är det här ätbart?
★ **all in ~ time** i lugn och ro **as ~ as** så gott som **~ and strong** riktigt stark **a ~ deal better** mycket bättre **a ~ few, a ~ many** en hel del, ganska många **G~ God (Heavens)!** Kors!, Kära nån! **Have a ~ time!** Ha det så bra!, Mycket nöje! **make ~** a) gottgöra, kompensera b) lyckas med ⟨make ~ one's escape⟩ c) fullgöra, hålla ⟨make ~ a promise⟩

good² /gʊd/ ⟨↔ **goods**⟩ SB 1 gott ⟨do ~⟩, ~ **and evil** det goda och det onda 2 **the good** de goda människorna
★ **be for sb's own ~** vara till ngns eget bästa **be no ~** inte tjäna ngt till ⟨it's no ~

asking him⟩, **be up to no ~** ha något rackartyg för sig **for~** för alltid, för gott **G~ for you (him** *etc***)!** Bra gjort!, Bravo!

goodbye /ˌgʊd'baɪ/ INTERJ adjö, hej då

good-for-nothing /ˌgʊdfə'nʌθɪŋ/ SB 1 odåga 2 *attribut* **a ~ boy** en odåga till pojke

Good Friday /ˌgʊd 'fraɪdɪ/ SB långfredag[en]

good-humoured /ˌgʊd'hju:məd/ (*US* **good-humored**) ADJ godmodig, gladlynt

good-looking /ˌgʊd'lʊkɪŋ/ ADJ vacker, stilig **be ~** se bra ut

good-natured /ˌgʊd'neɪtʃəd/ ADJ godmodig, snäll

goodness /'gʊdnəs/ SB 1 godhet 2 näring, nyttighet *i födoämne*
★ **for ~'sake** för Guds skull **G~ gracious [me]!** Du store tid!, Kors i jösse namn!

goods /gʊdz/ SB 1 varor, artiklar 2 *spec GB* [frakt]gods ⟨**~ train**⟩
★ **deliver the ~** → deliver

goodwill /ˌgʊd'wɪl/ SB [gott] anseende, goodwill

goody /'gʊdɪ/ SB *vard* 1 god|sak, -bit 2 **the goodies and the baddies** hjältarna och bovarna

goof¹ /gu:f/ SB 1 blunder, tavla 2 dumskalle

goof² /gu:f/ VB *spec US* 1 göra bort sig, klanta sig 2 fuska bort, missa

goofy /'gu:fɪ/ ADJ klantig, korkad

goose /gu:s/ ⟨*pl* **geese** /gi:s/⟩ SB gås ⇓

gooseberry /'gʊzbərɪ, *US* 'gu:sˌberɪ/ SB krusbär

goose flesh /'gu:sfleʃ/ SB gåshud

gore¹ /gɔ:/ VB stånga ⟨**be ~d to death**⟩

gore² /gɔ:/ SB [levrat] blod

gorge¹ /gɔ:dʒ/ SB ravin, trång klyfta
★ **make sb's ~ rise** få ngn att kväljas

gorge² /gɔ:dʒ/ VB glupa i sig **~ oneself** äta sig proppmätt

gorgeous /'gɔ:dʒəs/ ADJ 1 härlig, underbar 2 läcker, tjusig

gorilla /gə'rɪlə/ SB gorilla

gory /'gɔ:rɪ/ ADJ 1 blodig 2 bloddrypande, hemsk

gosh /gɒʃ/ INTERJ jösses

go-slow /ˌgəʊ'sləʊ/ SB *GB* maskning *facklig aktion*

gospel /'gɒspl/ SB evangelium

gossip¹ /'gɒsɪp/ SB 1 skvaller 2 skvallertacka

gossip² /'gɒsɪp/ VB skvallra, sladdra

got → get

Gothenburg /'gɒθnbɜ:g/ SB Göteborg

Gothic /'gɒθɪk/ 1 ADJ gotisk 2 SB gotik

gotten → get

gourd /gʊəd/ SB 1 *bot* kurbits 2 kalebass

gourmet /'gʊəmeɪ/ SB gourmet

govern /'gʌvən/ VB styra, regera, bestämma

government /'gʌvənmənt/ SB 1 regering 2 statsskick 3 *attribut* a) regerings- b) stats-

governor /'gʌvənə/ SB 1 guvernör 2 *GB* fängelsedirektör 3 styrelsemedlem *i t ex skolstyrelse* **[board of] ~s** styrelse

gown /gaʊn/ SB 1 klänning ⟨**dinner ~**⟩ 2 ämbetsdräkt 3 skyddsdräkt

GP /ˌdʒi:'pi:/ ⟨*förk f* **general practitioner**⟩ SB allmänläkare

grab¹ /græb/ VB hugga [tag i] **~ the chance** ta chansen
□ **grab at (for)** försöka få tag i, gripa efter

grab² /græb/ SB **make a ~ at** försöka få (gripa) tag i
★ **be up for ~s** vara ledig [för den som vill passa på]

grace¹ /greɪs/ SB 1 behag, grace 2 anstånd, frist ⟨**a week's ~**⟩ 3 bordsbön ⟨**say ~**⟩ 4 *religion* nåd 5 ynnest **fall from ~** råka i onåd 6 **Your** ⟨*etc*⟩ **G~** Ers ⟨*etc*⟩ nåd
★ **with [a] bad ~** ogärna, motvilligt

grace² /greɪs/ VB 1 pryda, smycka 2 hedra [med sin närvaro]

graceful /'greɪsfʊl/ ADJ 1 graciös, elegant 2 behaglig, älskvärd, charmerande

graceless /'greɪsləs/ ADJ 1 charmlös, oskön, smaklös 2 klumpig, ohyfsad, taktlös

gracious /'greɪʃəs/ ADJ 1 älskvärd 2 elegant, behaglig, lyx- ⟨**~ living**⟩
★ **Good ~!** Gode Gud!

gradation /grə'deɪʃn/ SB 1 nyans 2 gradering

grade¹ /greɪd/ SB 1 kvalitet ⟨**different ~s of steel**⟩ 2 nivå ⟨**different social ~s**⟩ 3 *spec US milit* rang, grad ⟨**the ~ of major**⟩ 4 *spec US* betyg 5 *US utb* klass, årskurs 6 *US* lutningsgrad
★ **make the ~** klara biffen, lyckas

grade² /greɪd/ VB 1 gradera 2 betygsätta

gradient /'greɪdɪənt/ SB lutningsgrad, stigning

gradual /ˈgrædʒʊəl/ ADJ successiv, gradvis, långsam ~ **slope** svag sluttning

gradually /ˈgrædʒʊəlɪ/ ADV gradvis, undan för undan

graduate¹ /ˈgrædʒʊət/ SB **1** person med akademisk grundexamen, akademiker **be a ~ in history** ≈ ha en fil kand i historia **2 be a high school ~** US ha gått ut (ha examen från) high school **3** *attribut* **~ student** ≈ forskarstuderande

graduate² /ˈgrædʒʊˌeɪt/ VB **1** avlägga (ta) akademisk grundexamen ⟨**from** vid⟩ **~ in law** ta jur kand[examen] **2** US äv ta examen **3** gradera, indela i grader

graffiti /grəˈfiːtɪ/ SB graffiti, klotter

graft¹ /grɑːft/ SB **1** ymp[kvist] **2** *medicin* transplantat

graft² /grɑːft/ VB **1** ympa [in] **2** *medicin* transplantera

graft³ /grɑːft/ SB **1** *spec* US mygel, korruption **2** *spec* GB hårt jobb, knog, slit

graft⁴ /grɑːft/ VB **1** *spec* US mygla, korrumpera **2** *spec* US mygla (muta) sig till **3** *spec* GB jobba hårt

grain /greɪn/ SB **1** korn ⟨**~ of sand, ~ of truth**⟩, **~ of corn** GB sädeskorn **~ of rice** risgryn **2** säd, spannmål **3** fiber[riktning], ådring *i trä*, gry *i berg*
★ **go against the ~** inte kännas bra (rätt), bjuda emot

gram /græm/ (GB äv **gramme**) SB gram

grammar /ˈgræmə/ SB grammatik

grammatical /grəˈmætɪkl/ ADJ grammatisk

gramme → gram

granary /ˈgrænərɪ, US ˈgreɪn-/ SB **1** spannmålsmagasin **2** *bildl* kornbod

grand /grænd/ ADJ **1** stor|slagen, -artad **in ~ style** flott, överdådigt **2** toppen, härlig **3** förnäm, fin ⇓

grandchild /ˈgræntʃaɪld/ SB barnbarn

granddad /ˈgrændæd/, **granddaddy** SB farfar, morfar

granddaughter /ˈgrænˌdɔːtə/ SB sondotter, dotterdotter

grandeur /ˈgrændʒə/ SB storslagenhet

grandfather /ˈgrændˌfɑːðə/ SB farfar, morfar

grandiose /ˈgrændɪəʊs/ ADJ storstilad, grandios

grandma /ˈgrænmɑː/, **grandmama** /-məˌmɑː/ SB farmor, mormor

grandmother /ˈgrænˌmʌðə/ SB farmor, mormor

grandpa /ˈgrænpɑː/, **grandpapa** /-pəˌpɑː/ SB *vard* farfar, morfar

grandparent /ˈgrændˌpeərənt/ SB farförälder, morförälder

grand piano SB flygel

grandson /ˈgrænsʌn/ SB sonson, dotterson

grandstand /ˈgrændstænd/ SB läktare, läktarbyggnad

granite /ˈgrænɪt/ SB granit

granny /ˈgrænɪ/, **grannie** SB farmor, mormor

grant¹ /grɑːnt/ VB **1** bevilja, anslå ⟨**~ money**⟩, ge ⟨**~ an interview**⟩, **be ~ed permission** få tillstånd **2** medge [sanningen i] **it must be ~ed that** ... det måste medges (tillstås) att ... **I ~ you that** jag medger att du har rätt på den punkten
★ **take sth for ~ed** ta ngt för givet

grant² /grɑːnt/ SB anslag, bidrag **[study] ~** studiebidrag

granted /ˈgrɑːntɪd/ ADV må så vara, visst ⟨**G~, it's a nice house but it's far too expensive**⟩

granulated /ˈgrænjʊleɪtɪd/ ADJ **~ sugar** strösocker

grape /greɪp/ SB druva

grapefruit /ˈgreɪpfruːt/ SB grapefrukt

grapevine /ˈgreɪpvaɪn/ SB **on the ~** genom djungeltelegrafen

graph /grɑːf, *spec* US græf/ SB diagram

graphic /ˈgræfɪk/ **1** ADJ målande, ohöljd, åskådlig ⟨**a ~ description**⟩ **2** ADJ grafisk **~ arts** grafik **3** SB **graphics** grafik

grapple /ˈgræpl/ VB brottas

grasp¹ /grɑːsp/ VB **1** fatta, gripa [tag i] **2** fatta, förstå
★ **~ the nettle** ≈ ta tjuren vid hornen

grasp² /grɑːsp/ SB grepp, räckhåll, fattningsförmåga **get a ~ of** få grepp om, lära sig

grasping /ˈgrɑːspɪŋ/ ADJ sniken

grass¹ /grɑːs/ SB **1** gräs **2** *vard* marijuana **3** GB tjallare
★ **put sb out to ~** *vard* tvinga ngn att sluta (gå i pension) ⇓

grass² /grɑːs/ VB GB tjalla

grasshopper /ˈgrɑːsˌhɒpə/ SB gräshoppa

grass roots /ˌgrɑːsˈruːts/ SB **the ~** gräsrötterna

grass widow /ˌgrɑːs ˈwɪdəʊ/ SB gräsänka
grass widower /ˌgrɑːs ˈwɪdəʊə/ SB gräsänkling
grate¹ /greɪt/ SB spisgaller
grate² /greɪt/ VB **1** riva ⟨~d cheese⟩ **2** gnissla, knarra
☐ **grate on** irritera ~ **sb's nerves** gå ngn på nerverna
grateful /ˈgreɪtfʊl/ ADJ tacksam ⟨to mot⟩
grater /ˈgreɪtə/ SB rivjärn
gratification /ˌgrætɪfɪˈkeɪʃn/ SB **1** tillfredsställelse **2** tillfredsställande
gratify /ˈgrætɪfaɪ/ VB tillfredsställa
grating /ˈgreɪtɪŋ/ SB galler
gratitude /ˈgrætɪtjuːd/ SB tacksamhet ⟨to mot⟩
gratuity /grəˈtjuːətɪ/ SB **1** dricks **2** *GB* gratifikation
grave¹ /greɪv/ SB grav
grave² /greɪv/ ADJ allvarlig
gravel /ˈgrævl/ SB grus
graveyard /ˈgreɪvjɑːd/ SB begravningsplats
gravity /ˈgrævətɪ/ SB **1** tyngdkraft, gravitation **2** allvar
gravy /ˈgreɪvɪ/ SB sky, köttsaft, [kött]sås
gravy train SB **get on the ~** *spec US* ≈ komma sig upp i smöret, håva in pengar
gray → **grey**¹,²
graze¹ /greɪz/ VB **1** beta, gå på bete **2** släppa ut på bete
graze² /greɪz/ VB **1** skrubba, skrapa **2** snudda [vid]
graze³ /greɪz/ SB skrubbsår
grease¹ /griːs/ SB **1** fett, flott **2** smörjolja, fett
grease² /griːs, griːz/ VB smörja
★ **~ sb's palm** smörja (muta) ngn
greasy /ˈgriːsɪ, -zɪ/ ADJ **1** flottig, fet, oljig **2** hal ⟨a ~ road⟩ **3** inställsam, fjäskande
great /greɪt/ ADJ **1** stor ⟨a ~ crowd, a ~ distance, a ~ chance, ~ pleasure⟩, **in ~ detail** mycket detaljerat **a ~ big fool** en stor idiot **a huge ~ spider** en jättestor spindel **2** ivrig, stor ⟨a ~ eater, a ~ reader⟩ **3** [stor]artad, mycket bra ⟨a ~ book, a ~ idea⟩, **~ friends** mycket goda vänner **4** framstående ⟨a ~ artist, a ~ writer⟩, viktig, stor, betydelsefull ⟨a ~ moment, a ~ occasion⟩ **5** jättebra, toppen ⟨a ~ guy, That's ~!⟩, jätteduktig ⟨~ at tennis⟩, jättetrevlig ⟨a ~ party, have a ~ time⟩

★ **a ~ deal** → **deal²** **go to ~ lengths** göra stora ansträngningar
Great Britain /ˌgreɪt ˈbrɪtn/ ⟨*förk* **GB** /ˌdʒiːˈbiː/⟩ SB Storbritannien
Greater /ˈgreɪtə/ ADJ Stor- **~ London** Storlondon
great-grandchild /ˌgreɪtˈgræntʃaɪld/ SB barnbarnsbarn
great-grandmother /ˌgreɪtˈgrænmʌðə/ SB farfars (farmors) mor, morfars (mormors) mor
greatly /ˈgreɪtlɪ/ ADV mycket, högeligen
greatness /ˈgreɪtnəs/ SB storhet
Greece /griːs/ SB Grekland
greed /griːd/ SB **1** girighet, snikenhet **2** glupskhet
greedy /ˈgriːdɪ/ ADJ **1** girig, sniken **2** glupsk
Greek /griːk/ **1** ADJ grekisk **2** SB grek **3** SB grekiska [språket]
green /griːn/ **1** ADJ grön, naiv, oerfaren **the G~ Party** *polit* de gröna **2** SB grönt **3** SB gräsmatta **4** SB *golf* green **5** SB **greens** [gröna] grönsaker
★ **get the ~ light** få klartecken
greenback /ˈgriːnbæk/ SB *US vard* dollarsedel
greenery /ˈgriːnərɪ/ SB grönska
greenfly /ˈgriːnflaɪ/ SB bladlus
greengrocer /ˈgriːnˌgrəʊsə/ SB *GB* grönsakshandlare **~'s** grönsaksaffär
greenhouse /ˈgriːnhaʊs/ SB växthus ⟨**the ~ effect**⟩
Greenland /ˈgriːnlənd/ SB Grönland
greet /griːt/ VB **1** hälsa [på] ⟨~ **sb**⟩ **2** hälsa välkommen **3** möta, ta emot, hälsa
greeting /ˈgriːtɪŋ/ SB **1** hälsning **2** välkomnande
grenade /grɪˈneɪd/ SB **[hand] ~** handgranat
grew → **grow**
grey¹ /greɪ/ ⟨*US* **gray**⟩ **1** ADJ grå **2** SB grått
grey² /greɪ/ ⟨*US* ⇑⟩ VB gråna, bli grå
greyhound /ˈgreɪhaʊnd/ SB vinthund
grid /grɪd/ SB **1** galler **2** *GB* elnät **3** rut|system, -nät
gridiron /ˈgrɪdˌaɪən/ SB **1** halster **2** *US vard* fotbollsplan
gridlock /ˈgrɪdlɒk/ SB *US* **1** stockning, totalstopp **2** kollaps
grief /griːf/ SB sorg
★ **come to ~** *a)* råka illa ut *b)* skada sig *c)* slå fel
grievance /ˈgriːvəns/ SB missnöjes-

anledning
grieve /griːv/ VB **1** sörja **2** bedröva, smärta
grievous /ˈgriːvəs/ ADJ **1** sorglig, smärtsam **2** allvarlig, svår ~ **bodily harm** *jur* allvarlig kroppsskada
grill¹ /grɪl/ VB grilla ~ **[oneself] in the sun** steka sig i solen
grill² /grɪl/ SB **1** grill **2** grillad rätt **mixed ~** grillspett
grille /grɪl/, **grill** SB **1** galler **2** kylargrill
grim /grɪm/ ADJ **1** bister, dyster **2** hård, barsk, fast **3** ohygglig, *vard* ruskig
grimace¹ /grɪˈmeɪs, *spec US* ˈgrɪməs/ VB grimasera
grimace² /grɪˈmeɪs, *spec US* ˈgrɪməs/ SB grimas
grime /graɪm/ SB smuts, sot
grimy /ˈgraɪmɪ/ ADJ smutsig, sotig
grin¹ /grɪn/ VB grina [upp sig], flina, le brett
★ **~ and bear it** bita ihop [tänderna]
grin² /grɪn/ SB grin, flin, brett leende
grind¹ /graɪnd/ ⟨**ground** /graʊnd/, **ground**⟩ VB **1** mala **2** slipa **3** krossa, borra [ner] **4** knoga **5** skrapa, gnissla
★ **~ one's teeth** skära tänder **~ to a halt** *a)* stanna med ett gnissel *b) bildl* stanna av, köra fast
grind² /graɪnd/ SB **1** malning **coarse ~** grovmalning **2** skrap[ande], gnissel **3** knog
grindstone /ˈgraɪndstəʊn/ SB slipsten
grip¹ /grɪp/ VB gripa ~ **the road** *bil* ligga bra på vägen **the brake didn't ~** bromsen tog inte
grip² /grɪp/ SB **1** grepp ⟨**lose one's ~ on sth**⟩ **2** bag, väska **3** hårklämma
★ **get to ~s** börja slåss **get (come) to ~s with** ge sig i kast med **get (take) a ~ on oneself** ta sig samman, skärpa sig
gripe /graɪp/ VB kvirra, gnälla
gripes /graɪps/ SB **the ~** magknip
grisly /ˈgrɪzlɪ/ ADJ gräslig, fasansfull
grist /grɪst/ SB **~ to the mill** ≈ vatten på kvarnen
gristle /ˈgrɪsl/ SB brosk *i kött*
grit¹ /grɪt/ SB **1** sand, grus **2** gott gry, kurage
grit² /grɪt/ VB *GB* sanda
★ **~ one's teeth** *a)* skära tänder *b)* bita ihop [tänderna]
gritty /ˈgrɪtɪ/ ADJ **1** sandig, grusig **2** kornig **3** modig
grizzled /ˈgrɪzld/ ADJ grå[sprängd]
grizzly /ˈgrɪzlɪ/, **grizzly bear** SB grizzlybjörn, gråbjörn
groan¹ /grəʊn/ VB **1** stöna, jämra sig, sucka **2** knaka **3** digna
groan² /grəʊn/ SB **1** stönande, jämmer, [missnöjt] mummel **2** knakande
grocer /ˈgrəʊsə/ SB specerihandlare **~'s** speceriaffär
groggy /ˈgrɒgɪ/ ADJ vimmelkantig, groggy
groin /grɔɪn/ SB ljumske
groom¹ /gruːm/ SB **1** stalldräng **2** brudgum
groom² /gruːm/ VB **1** rykta, ansa **2** trimma, träna
groove /gruːv/ SB skåra, spår
★ **get into a ~** fastna i slentrian
groovy /ˈgruːvɪ/ ADJ *vard* häftig, tuff, snygg
grope /grəʊp/ VB treva, famla ⟨**for** efter⟩ ~ **one's way** treva sig fram
gross¹ /grəʊs/ ADJ **1** [över]fet, uppsvälld **2** vulgär, tarvlig **3** grov, uppenbar **4** total-, brutto-
gross² /grəʊs/ VB tjäna brutto, ge i bruttointäkt
gross³ /grəʊs/ SB gross *144 st*
grossly /ˈgrəʊslɪ/ ⟨↔ **gross¹**⟩ ADJ grovt, kraftigt
grotesque /grəʊˈtesk/ ADJ grotesk
grotto /ˈgrɒtəʊ/ ⟨*pl* -**[e]s**⟩ SB grotta
ground¹ → **grind¹**
ground² /graʊnd/ SB **1** mark ⟨**lie on the ~**⟩ **2** område **3** plan ⟨**football ~**⟩ **4 grounds** tomt[mark] **5** anledning, grund, orsak ⟨**have no ~s for**⟩, **on the ~[s] that** på grund av att **6 grounds** bottensats, sump
★ **be on firm (sure) ~** ha fast mark under fötterna **below ~** under markytan **go to ~** gå under jorden **hold (stand) one's ~** → **hold** ⇓
ground³ /graʊnd/ VB **1** grunda **2** *sjö* gå (sätta) på grund **3** hindra att flyga, ålägga flygförbud ⟨**all aircraft were ~ed**⟩ **4** *spec US eltekn* jorda
□ **ground sb in** undervisa ngn i grunderna i
ground floor /ˌgraʊnd ˈflɔː/ SB bottenvåning
group¹ /gruːp/ SB **1** grupp **2** *milit, flyg GB* eskader, *US* flottilj **~ captain** [flyg]överste

group² /gru:p/ VB gruppera [sig]
grouse¹ /graʊs/ VB gnälla, knota ⟨about över⟩
grouse² /graʊs/ SB gnäll, knot
grouse³ /graʊs/ ⟨lika i pl⟩ SB ripa **black ~** orre
grove /grəʊv/ SB lund, dunge
grovel /ˈgrɒvl, spec US ˈgrʌvl/ VB krypa, förödmjuka sig ⟨to för⟩
grow /grəʊ/ ⟨grew /gru:/, grown /grəʊn/⟩ VB 1 växa [upp] 2 öka, tillta 3 odla ⟨~ vegetables⟩, ~ a beard anlägga skägg 4 [långsamt] bli ⟨~ old⟩, ~ big växa sig stor ~ to [mer och mer] börja ⟨~ to like someone⟩
□ **grow apart** glida isär
□ **grow away from** växa ifrån
□ **grow into** a) kläder växa 'i b) utvecklas till
□ **grow out of** växa 'ur
□ **grow up** a) växa upp, bli vuxen b) växa fram, uppstå
growl /graʊl/ VB 1 morra 2 mullra 3 muttra
grown¹ → grow
grown² /grəʊn/ ADJ [full]vuxen
grown-up /ˈgrəʊnʌp/ 1 ADJ vuxen 2 SB vuxen
growth /grəʊθ/ SB 1 tillväxt ⟨economic ~⟩, ökning 2 utveckling ⟨intellectual ~⟩ 3 framväxt ⟨the ~ of racism⟩ 4 växt, växtlighet, vegetation 5 odling, skörd 6 utväxt, svulst
grub¹ /grʌb/ SB 1 zool larv 2 käk
grub² /grʌb/ VB rota, böka
grubby /ˈgrʌbɪ/ ADJ smutsig, sjaskig
grudge¹ /grʌdʒ/ VB 1 missunna, avundas 2 vara ovillig ⟨~ doing sth⟩
grudge² /grʌdʒ/ SB missunnsamhet, agg **have (bear) a ~ against** hysa agg mot
grudging /ˈgrʌdʒɪŋ/ ADJ 1 motvillig, ovillig 2 missunnsam
gruel /ˈgru:əl/ SB välling
gruelling /ˈgru:əlɪŋ/ (US **grueling**) ADJ mycket ansträngande (hård)
gruesome /ˈgru:səm/ ADJ ohygglig, fasansfull
gruff /grʌf/ ADJ vresig, barsk, tvär
grumble¹ /ˈgrʌmbl/ VB 1 knota, klaga, gnälla 2 mullra, om mage kurra
grumble² /ˈgrʌmbl/ SB 1 klagomål, knot, gnäll 2 mullrande, kurrande
grumpy /ˈgrʌmpɪ/ ADJ vresig, sur, tjurig

grunt¹ /grʌnt/ VB grymta
grunt² /grʌnt/ SB grymtning
guarantee¹ /ˌgærənˈti:/ SB 1 garanti 2 borgen, säkerhet 3 borgensman
guarantee² /ˌgærənˈti:/ VB 1 garantera **the watch is ~d for two years** det är två års garanti på klockan 2 gå i borgen för
guarantor /ˌgærənˈtɔ:/ SB borgensman, garant
guard¹ /gɑ:d/ SB 1 vakt[hållning], bevakning **be on ~** gå [på] vakt, stå på vakt **~ duty** vakttjänst[göring] **keep ~** hålla vakt 2 gard **keep up one's ~** hålla garden uppe 3 vakt[post], väktare, fångvaktare 4 vakt[styrka] **the changing of the ~** vaktavlösningen 5 **guards** garde 6 skydd, skyddsanordning, sport benskydd 7 GB [tåg]konduktör
★ **be off one's ~** inte vara på sin vakt
guard² /gɑ:d/ VB 1 vakta, hålla vakt [vid], bevaka ⟨the entrance was ~ed⟩ 2 bevara ⟨~ a secret⟩ 3 gardera
★ **~ one's reputation** vara rädd om sitt rykte **~ one's tongue** vakta sin tunga
□ **guard against** a) gardera sig mot b) akta sig för
guarded /ˈgɑ:dɪd/ ADJ försiktig, förbehållsam
guardian /ˈgɑ:dɪən/ SB 1 väktare 2 förmyndare, vårdnadshavare, målsman
guardian angel /ˌgɑ:dɪən ˈeɪndʒəl/ SB skyddsängel
guerrilla /gəˈrɪlə, ge-/, **guerilla** SB 1 gerillasoldat 2 attribut gerilla- ⟨~ war⟩ 3 **guerrillas** gerilla[trupper] **urban ~s** stadsgerilla
guess¹ /ges/ VB 1 gissa 2 spec US tro, anta
guess² /ges/ SB gissning, förmodan **make a ~** gissa
★ **at a ~** gissningsvis **be anybody's ~** vara omöjligt att veta (säga)
guesswork /ˈgeswɜ:k/ SB gissning[ar]
guest /gest/ SB gäst
★ **Be my ~** Gärna, Var så god
guesthouse /ˈgesthaʊs/ SB gästhem, pensionat
guffaw¹ /gʌˈfɔ:/ VB gapskratta, flabba, garva
guffaw² /gʌˈfɔ:/ SB gapskratt, flabb
guidance /ˈgaɪdəns/ SB 1 ledning 2 rådgivning **vocational ~** yrkesrådgivning

G guide¹ – gyrate

guide¹ /gaɪd/ SB **1** guide, vägvisare **2** [rese]handbok **3** rättesnöre, [väg]ledning **4** GB flickscout

guide² /gaɪd/ VB **1** leda, föra **~d tour** rundtur med guide, visning **2** styra **~d missile** *milit* robot

guide dog SB ledarhund

guideline /'gaɪdlaɪn/ SB riktlinje

guild /gɪld/ SB gille, skrå, förening

guile /gaɪl/ SB svek, list, falskhet

guillotine /'gɪləti:n/ SB giljotin

guilt /gɪlt/ SB **1** skuld **2** skuld|känsla, -medvetande

guilty /'gɪltɪ/ ADJ **1** skyldig ⟨**of** till⟩ **2** skuldmedveten **a ~ conscience** dåligt samvete

guinea pig /'gɪnɪpɪg/ SB **1** marsvin **2** försökskanin

guise /gaɪz/ SB skepnad, form

guitar /gɪ'tɑ:/ SB gitarr

gulf /gʌlf/ SB **1** golf, vik, bukt **2** [djup] klyfta

gull /gʌl/ SB mås, trut **common ~** fiskmås

gullet /'gʌlɪt/ SB matstrupe

gullible /'gʌləbl/ ADJ lättlurad, godtrogen

gulp¹ /gʌlp/ VB **1** svälja **2** häva (slänga) i sig
□ **gulp down** häva (slänga) i sig

gulp² /gʌlp/ SB **1** klunk **2** sväljning **at one ~** i ett drag

gum¹ /gʌm/ ⟨↔ **gums**⟩ SB **1** gummi, kåda **2** klister **3** tuggummi **4** GB ≈ gelégodis ⟨**fruit ~**⟩

gum² /gʌm/ VB klistra
★ **~ up the works** sabba (trassla till) alltihop

gumboots /'gʌmbu:ts/ SB GB gummi- stövlar

gums /gʌmz/ SB tandkött

gun¹ /gʌn/ SB **1** kanon, gevär, pistol, revolver **2** [tryck]spruta **3** skytt, jägare **4** US *vard* revolverman, gangster
★ **big ~** pamp, höjdare **jump the ~** → **jump¹** **stick to one's ~s** → **stick²**

gun² /gʌn/ VB skjuta [ner]
□ **gun down** skjuta ner

gunboat /'gʌnbəʊt/ SB kanonbåt

gunfire /'gʌn,faɪə/ SB skottlossning, *milit* artillerield

gunman /'gʌnmən/ SB revolverman, beväpnad man

gunner /'gʌnə/ SB artillerist

gunpowder /'gʌn,paʊdə/ SB krut

gunrunner /'gʌn,rʌnə/ SB vapen- smugglare

gunwale /'gʌnl/ SB reling

gurgle /'gɜ:gl/ VB **1** porla, klucka **2** gurgla **3** skrocka **4** jollra, kuttra

gush¹ /gʌʃ/ VB **1** välla, forsa **2** vara översvallande

gush² /gʌʃ/ SB **1** ström, flöde **2** [känslo]utbrott

gust /gʌst/ SB **1** kastvind, vindstöt **2** storm, utbrott

gusto /'gʌstəʊ/ SB välbehag, entusiasm

gusty /'gʌstɪ/ ADJ byig, häftig

gut¹ /gʌt/ ⟨↔ **guts**⟩ SB **1** tarm **2** katgut, sträng[ar] **3** *attribut* instinktiv ⟨**~ feeling**⟩

gut² /gʌt/ VB **1** rensa, ta ur **2** be **~ted by fire** bli urblåst [av eldsvåda]

guts /gʌts/ SB **1** inälvor, tarmar, mage **2** innanmäte **3** *vard* mod **he's got no ~** han saknar ryggrad, han är feg
★ **hate sb's ~** → **hate¹**

gutsy /'gʌtsɪ/ ADJ **1** tuff, modig **2** *bildl* mustig

gutter /'gʌtə/ SB **1** rännsten **~ press** skandalpress **2** takränna

guy /gaɪ/ SB kille, karl

guzzle /'gʌzl/, **guzzle down** VB vräka (häva) i sig

gym /dʒɪm/ SB *vard* **1** gymnastiksal **2** gymnastik

gymkhana /dʒɪm'kɑ:nə/ SB ≈ dag med hästtävlingar etc *för ungdom*

gymnasium /dʒɪm'neɪzɪəm/ SB gymnastiksal

gymnastics /dʒɪm'næstɪks/ SB gymnastik

gymslip /'dʒɪmslɪp/ SB GB ärmlös [överdrags]klänning (tunika)

gynaecologist /ˌgaɪnɪ'kɒlədʒɪst/ (US **gynecologist**) SB gynekolog

gypsy /'dʒɪpsɪ/, **Gypsy**, **gipsy** SB **1** zigenare, zigenerska **2** *attribut* zigenar-, zigensk

gyrate /dʒaɪ'reɪt, *spec US* 'dʒaɪreɪt/ VB rotera, virvla runt

H

habit /'hæbɪt/ SB vana **be in the ~ of** ha för vana att
habitable /'hæbɪtəbl/ ADJ beboelig
habit-forming /'hæbɪtˌfɔːmɪŋ/ ADJ vanebildande
habitual /həˈbɪtʃʊəl/ ADJ **1** vanlig, sedvanlig, invand **2** vanemässig, vane- ⟨a ~ criminal⟩
hack¹ /hæk/ VB **1** hacka **~ to pieces** hacka sönder **2 ~ sb's shins** sparka ngn på smalbenen
hack² /hæk/ SB beställningsförfattare, brödskrivare
hacker /'hækə/ SB *data* hacker, hackare
hackneyed /'hæknɪd/ ADJ sliten, banal ⟨~ phrases⟩
hacksaw /'hæksɔː/ SB bågfil, metallsåg
had → have
haddock /'hædək/ ⟨*lika i pl*⟩ SB kolja
hadn't = had not
haemo- → hemo-
hag /hæg/ SB häxa, skräcktant, satkäring
haggard /'hægəd/ ADJ tärd, härjad, sliten **~ eyes** [vilt] stirrande blick
haggle /'hægl/ VB köpslå, bråka ⟨let's not ~ over details⟩, ~ **over a price** pruta
the Hague /heɪg/ SB Haag
hail¹ /heɪl/ SB **1** hagel **2** *bildl* [stört]skur ⟨a ~ of questions⟩
hail² /heɪl/ VB hagla
hail³ /heɪl/ VB **1** anropa, preja ⟨~ a ship⟩, stoppa ⟨~ a taxi⟩ **2** kalla (ropa) till sig **3 ~ as** hälsa (välkomna) som ⟨he was ~ed as a hero⟩
★ **within ~ing distance** inom hörhåll
□ **hail from** *frml el skämts* komma från ⟨she ~s from Ireland⟩
hailstone /'heɪlstəʊn/ SB hagel[korn]
hailstorm /'heɪlstɔːm/ SB hagel|skur, -by
hair /heə/ SB **1** hårstrå **2** hår
★ **a (the) ~ of the dog [that bit you]** en återställare **let one's ~ down** → let¹ **make sb's ~ stand on end** få håret att resa sig på ngn **not turn a ~** → turn¹ **split ~s** → split¹
haircut /'heəkʌt/ SB **1** klippning **have (get) a ~** klippa sig **2** frisyr
hairdo /'heəduː/ SB frisyr
hairdresser /'heəˌdresə/ SB frisör, hårfrisörska **~'s** frisersalong
hair dryer, hair drier SB hårtork
hairline /'heəlaɪn/ SB **1** hårfäste **his ~ is receding** han börjar bli tunnhårig **2** tunn linje, tunt streck **a ~ crack** en nästan osynlig spricka
hairpin /'heəpɪn/ SB hårnål **~ bend** hårnålskurva
hair-raising /'heəˌreɪzɪŋ/ ADJ hårresande, skrämmande
hairsplitting /'heəˌsplɪtɪŋ/ SB hårklyverier
hairstyle /'heəstaɪl/ SB frisyr
hairy /'heərɪ/ ADJ **1** hårig **2** *vard* otäck, ruskig
hake /heɪk/ SB *fisk* kummel
hale /heɪl/ ADJ **~ and hearty** frisk och kry
half¹ /hɑːf, *US* hæf/ **1** ⟨*pl* **halves** /-vz/⟩ SB halva, hälft, *sport* halvlek **2** ADJ halv **~ a cup** en halv kopp
★ **by halves** till hälften, halvdant **go halves** dela lika
half² /hɑːf, *US* hæf/ ADV halvt, till hälften ⟨she's ~ Indian⟩, **~ past one** halv två **~ one** *GB vard* halv två
★ **~ and ~** *a)* hälften av varje *b) US* ≈ kaffegrädde **not ~** *GB vard a)* väldigt ⟨he wasn't ~ angry⟩ *b) i svar* Det kan du slå dig i backen på! ⟨Are you hungry? – Not ~!⟩
half-baked /ˌhɑːfˈbeɪkt, *US* ˌhæf-/ ADJ **1** ogenomtänkt **2** snurrig, [ur]fånig
half-caste /'hɑːfkɑːst, *US* 'hæfkæst/, **half-breed** /-briːd/ SB halvblod
half-hearted /ˌhɑːfˈhɑːtɪd, *US* ˌhæf-/ ADJ halvhjärtad
half-mast /ˌhɑːfˈmɑːst, *US* ˌhæfˈmæst/ SB **at ~** på halv stång
halfpenny /'heɪpnɪ/ SB *GB hist* halvpenny
half-term /ˌhɑːfˈtɜːm/, **half-term holiday** SB *GB* mitterminslov
half-timbered /ˌhɑːfˈtɪmbəd, *US* ˌhæf-/ ADJ av korsvirke, korsvirkes-
halfway /ˌhɑːfˈweɪ, *US* ˌhæf-/ ADV halvvägs **meet ~** → meet¹
halfwit /'hɑːfwɪt, *US* 'hæf-/ SB idiot
halibut /'hælɪbət/ ⟨*pl lika el* **-s**⟩ SB hälleflundra

hall /hɔːl/ SB **1** hall, entré **2** samlingssal, aula **3** *GB* herrgård **4** *GB* studentmatsal **5** studenthem
hallelujah /ˌhælɪˈluːjə/ INTERJ halleluja
hallmark /ˈhɔːlmɑːk/ SB
1 kontrollstämpel *för guld och silver* **2** kännetecken ⟨**the ~ of a good writer is ...**⟩
hallo → hello
Hallowe'en /ˌhæləʊˈiːn/, **Halloween** SB allhelgonaafton *31 oktober*
halo /ˈheɪləʊ/ ⟨*pl* **-es**⟩ SB gloria
halt¹ /hɔːlt/ VB **1** stanna, *milit äv* göra halt **2** stoppa, hejda, *milit äv* låta göra halt
halt² /hɔːlt/ SB **1** halt, uppehåll **come to a ~** stanna **2** *järnväg* anhalt
halter /ˈhɔːltə/ SB grimma
halting /ˈhɔːltɪŋ/ ADJ **1** vacklande, tvekande **2** stapplande ⟨**in ~ English**⟩
halve /hɑːv/ VB **1** halvera **2** dela mitt itu
halves → half¹
ham¹ /hæm/ SB skinka
ham² /hæm/ SB *vard* **1** skådespelare som spelar över, buskisaktör **2** radioamatör
hamburger /ˈhæmˌbɜːgə/ SB hamburgare
ham-fisted /ˌhæmˈfɪstɪd/ ADJ fumlig, klumpig
hamlet /ˈhæmlət/ SB liten by
hammer¹ /ˈhæmə/ SB **1** hammare **2** *på skjutvapen* hane **3** *friidrott* slägga **the ~ [throw]** släggkastning[en] **4** auktionsklubba **come under the ~** säljas (gå) på auktion
★ **be (go) at it (each other) ~ and tongs** slåss (gräla) för fullt
hammer² /ˈhæmə/ VB **1** hamra, spika **2** banka, dunka **3** *vard* klå, utklassa **4** kritisera, attackera
□ **hammer away at** slita (knoga på) med
□ **hammer out** [mödosamt] arbeta fram, komma fram till ⟨**~ a compromise**⟩
hammock /ˈhæmək/ SB hängmatta
hamper¹ /ˈhæmpə/ VB hindra, hämma
hamper² /ˈhæmpə/ SB stor korg *med lock*
hamster /ˈhæmstə/ SB hamster
hamstring /ˈhæmstrɪŋ/ SB knäsena
hand¹ /hænd/ SB **1** hand **2 give (lend) a ~** ge ett handtag, hjälpa **3** *på klocka* visare **4** handstil **5** arbetare, [arbets]karl, man **an old ~** en som är gammal och van, en ringräv **a new ~** en nybörjare **6** applåd[er] ⟨**give sb a big ~**⟩
★ **at ~** *a)* till hands, i närheten *b)* nära förestående **be ~ in glove with** vara nära lierad med, stå nära **change ~s** → change¹ **H~s off!** Bort med tassarna! **have a ~ in sth** vara inblandad i ngt **in ~** *a)* till hands *b)* under kontroll *c)* under arbete, som man håller på med ⟨**the job in ~**⟩, **on ~** *a)* till hands *b)* nära förestående **on the one ~ ... on the other ~** å ena sidan ... å andra sidan **out of ~** *a)* ur kontroll, oregerlig *b)* utan vidare **try one's ~ at** → try¹ **turn one's ~ to** → turn¹ **the upper ~** → upper **win ~s down** → win¹
hand² /hænd/ VB räcka, ge, lämna
★ **~ it to sb** *vard* ge ngn sitt erkännande ⟨**I must ~ it to her – she's very clever!**⟩
□ **hand down** lämna i arv, överlämna
□ **hand on** lämna vidare
□ **hand out** dela ut
□ **hand over** överlämna
handbag /ˈhændbæg/ SB handväska
handcuff /ˈhændkʌf/ VB sätta handbojor på
handcuffs /ˈhændkʌfs/ SB handbojor
handful /ˈhændfʊl/ SB handfull, näve
★ **be [quite] a ~** vara svårhanterlig (jobbig)
handgun /ˈhændgʌn/ SB *spec US* pistol, revolver
handicap¹ /ˈhændɪkæp/ SB handikapp
handicap² /ˈhændɪkæp/ VB **1** handikappa ⟨**he was ~ped by his lack of education**⟩ **2** *sport* belasta med handikapp
handicraft /ˈhændɪkrɑːft/ SB [konst]hantverk, hemslöjd
handiwork /ˈhændɪwɜːk/ SB
1 [konst]hantverk **2** alster, *bildl äv* verk ⟨**This scandal must be your ~!**⟩
handkerchief /ˈhæŋkətʃɪf/ SB näsduk
handle¹ /ˈhændl/ SB handtag
★ **fly off the ~** → fly¹
handle² /ˈhændl/ VB **1** hantera, handskas med, behandla **2** *om bilar, båtar etc* uppföra (bete) sig **~ well** vara lättkörd
handlebars /ˈhændlbɑːz/ SB cykelstyre, styrstång
hand-out /ˈhændaʊt/ SB **1** gåva *spec till fattiga* **2** reklamblad **3** stencil, meddelande *som delas ut*
handrail /ˈhændreɪl/ SB ledstång
handshake /ˈhændʃeɪk/ SB handslag
★ **a golden ~** → golden
handsome /ˈhænsəm/ ADJ **1** vacker, stilig, ståtlig **2** stor, väl tilltagen ⟨**a ~ sum of**

money⟩, generös ⟨a ~ donation⟩
handwriting /'hænd,raɪtɪŋ/ SB
hand|skrift, -stil
handy /'hændɪ/ ADJ **1** användbar,
praktisk **2** händig **3** lätt åtkomlig, till
hands **the shops are very ~** vi har nära till
affärerna
★ **come in ~** komma väl till pass
hang¹ /hæŋ/ ⟨**hung** /hʌŋ/, **hung**, *i bet* **4
hanged, hanged**⟩ VB **1** hänga **~ wallpaper**
tapetsera **2** hänga med ⟨**~ one's head**⟩
3 behänga ⟨**walls hung with paintings**⟩
4 hänga *avrätta* ⟨**~ed for murder**⟩, **I'm ~ed
if I know!** Så ta mig tusan om jag vet!
5 strunta i, ge tusan i ⟨**H~ the costs!**⟩
★ **go ~** dra åt skogen ⟨**He can go ~ for all I
care!**⟩, **~ fire** dra ut på tiden, avvakta,
söla **H~ it!** Sablar också! **~ on sb's words**
lyssna andlöst på ngn **hung parliament**
parlament där inget parti har egen
majoritet
☐ **hang about (around)** *a)* stå och hänga
(vänta) *b)* hålla till på ⟨**~ a place**⟩
☐ **hang about with** hålla ihop (sällskap)
med
☐ **hang back** *a)* dröja (sig) kvar *b)* hålla
sig i bakgrunden, tveka
☐ **hang on** *a)* hålla i sig *b)* hålla ut *c) vard*
vänta ⟨**Hang on a minute!**⟩
☐ **hang on to** *a)* klänga sig fast vid *b)* inte
släppa ifrån sig, behålla
☐ **hang out** *vard* hålla till
☐ **hang up** *a)* fördröja *b) vard* telefonlur
lägga på [luren] ⟨**he hung up on me**⟩,
be hung up on → hung up
hang² /hæŋ/ SB fall ⟨**the ~ of a curtain**⟩
★ **get the ~ of** *vard* komma underfund
med, komma på knepet med **not give
(care) a ~ about** inte bry sig ett dugg om
hangar /'hæŋə/ SB hangar
hanger /'hæŋə/ SB klädhängare
hang-gliding /'hæŋ,glaɪdɪŋ/ SB
hängflygning
hangings /'hæŋɪŋz/ SB draperier, gardiner
hangman /'hæŋmən/ SB bödel
hang-out /'hæŋaʊt/ SB tillhåll,
favoritställe
hangover /'hæŋ,əʊvə/ SB **1** baksmälla
2 kvarleva, relik
hang-up /'hæŋʌp/ SB *vard* komplex, fix idé
hanker /'hæŋkə/ VB längta, sukta ⟨**after,
for** efter⟩
hankie /'hæŋkɪ/, **hanky** SB *vard* näsduk

hanky-panky /,hæŋkɪ'pæŋkɪ/ SB *skämts*
fiffel, fuffens, *sexuellt äv* prassel
haphazard /hæp'hæzəd/ ADJ planlös,
slump|artad, -mässig
happen /'hæpən/ VB **1** hända **something
must have ~ed to him** det måste ha hänt
honom något **2** [händelsevis] råka ⟨**she
~ed to be out**⟩, slumpa sig så ⟨**it so ~ed
that she was out**⟩, **as it ~s (~ed)**
händelsevis
happening /'hæpənɪŋ/ SB **1** händelse **2** *teat*
happening
happily /'hæpɪlɪ/ ADV **1** lyckligt
2 lyckligtvis
happiness /'hæpɪnəs/ SB lycka, glädje
happy /'hæpɪ/ ADJ **1** lycklig, glad **I'm ~ to
be of service** jag står gärna till tjänst
2 nöjd, belåten **3 many ~ returns** har den
äran, gratulationer **H~ birthday!** Har den
äran [på födelsedagen]! **H~ Easter!** Glad
påsk!
happy-go-lucky /,hæpɪgəʊ'lʌkɪ/ ADJ
sorglös
harangue¹ /həˈræŋ/ SB [pompöst] tal,
tirad, *neds* föreläsning
harangue² /həˈræŋ/ VB hålla [långt]
förmaningstal för, *neds* predika för
⟨**I didn't come here to be ~d!**⟩
harass /'hærəs, *spec US* həˈræs/ VB plåga,
trakassera
harassment /'hærəsmənt, *spec US* həˈræs-/
SB trakasserier
harbour¹ /'hɑːbə/ (US **harbor**) SB hamn
harbour² /'hɑːbə/ (US 〃) VB **1** ge skydd åt,
härbärgera **2** hysa ⟨**~ hopes**⟩
hard¹ /hɑːd/ ADJ **1** hård **2** svår **3** *om
narkotika* tung
★ **be ~ of hearing** höra dåligt **~ copy** *data*
pappersutskrift **~ lines** hårda bud **~ luck**
otur **have a ~ time** ha det svårt
hard² /hɑːd/ ADV **1** hårt ⟨**work ~**⟩
2 häftigt, kraftigt ⟨**it was raining ~**⟩
★ **be ~ at it** arbeta hårt, ligga i **be ~ done
by** bli (vara) orättvist behandlad **be ~ put
[to it] to** ha svårigheter (svårt) att **be ~ up**
ha ont om pengar **~ by** nära, alldeles
intill
hard-and-fast /,hɑːdn'fɑːst/ ADJ strikt,
benhård ⟨**~ principles**⟩, **~ rules** fasta
regler
hardback /'hɑːdbæk/ SB **1** inbunden bok
in ~ inbunden **2** *attribut* inbunden
⟨**a ~ book**⟩

hardball /'hɑ:dbɔ:l/ SB US baseball
hardboard /'hɑ:dbɔ:d/ SB fiber|skiva, -platta, masonit
hard-boiled /ˌhɑ:d'bɔɪld/ ADJ **1** hårdkokt **2** *bildl* hård, känslolös
hard-core /ˌhɑ:d'kɔ:/ ADJ **1** hårdnackad, orubblig **2** ~ **pornography** hårdporr
harden /'hɑ:dn/ VB **1** härda **2** bli hård, härdas **3** förhärda ⟨a ~ed criminal⟩
hardly /'hɑ:dlɪ/ ADV knappast, knappt
~ **anybody** knappast någon, nästan ingen
~ **ever** nästan aldrig
hard-on /'hɑ:dɒn/ SB *vard* erektion, stånd
hardship /'hɑ:dʃɪp/ SB påfrestning, umbäranden, nöd
hardware /'hɑ:dweə/ SB **1** järnvaror *spec för hem o hushåll* ~ **shop** (*spec US* **store**) järnhandel **2** *data* maskinvara, hårdvara **3** *milit* vapen *t ex flygplan o stridsvagnar* **4** *vard* skjutjärn, puffra
hard-wearing /ˌhɑ:d'weərɪŋ/ ADJ slitstark
hardwood /'hɑ:dwʊd/ SB lövträ
hardworking /ˌhɑ:d'wɜ:kɪŋ/ ADJ arbetsam
hardy /'hɑ:dɪ/ ADJ härdig, robust
hare /heə/ SB hare
harlot /'hɑ:lət/ SB sköka
harm¹ /hɑ:m/ SB skada **do** ~ skada **there is no** ~ **in trying** det skadar inte att försöka
I meant no ~ jag menade inget illa
★ **out of** ~**'s way** i säkerhet
harm² /hɑ:m/ VB skada
harmful /'hɑ:mfʊl/ ADJ skadlig
harmless /'hɑ:mləs/ ADJ **1** ofarlig, oskadlig **2** harmlös, oförarglig
harmonica /hɑ:'mɒnɪkə/ SB munspel
harmonious /hɑ:'məʊnɪəs/ ADJ harmonisk
harmonize /'hɑ:mənaɪz/ VB **1** stämma överens **2** harmonisera, bringa i samklang **3** sjunga i stämmor
harmony /'hɑ:mənɪ/ SB harmoni
harness¹ /'hɑ:nɪs/ SB sele, seldon **work in** ~ **with** samarbeta med
harness² /'hɑ:nɪs/ VB **1** sela på **2** utnyttja, tämja ⟨~ a waterfall⟩
harp¹ /hɑ:p/ SB *musik* harpa
harp² /hɑ:p/ VB
□ **harp on (about)** tjata om
harpoon¹ /hɑ:'pu:n/ SB harpun
harpoon² /hɑ:'pu:n/ VB harpunera
harpsichord /'hɑ:psɪkɔ:d/ SB cembalo
harrowing /'hærəʊɪŋ/ ADJ plågsam, mardrömsaktig
harry /'hærɪ/ VB **1** ansätta, plåga **2** härja
harsh /hɑ:ʃ/ ADJ **1** sträv, skarp, skärande ⟨a ~ light, a ~ voice⟩ **2** hård, sträng ⟨a ~ climate⟩
harvest¹ /'hɑ:vɪst/ SB skörd **reap the** ~ **of** *bildl* skörda frukten av
harvest² /'hɑ:vɪst/ VB skörda
harvester /'hɑ:vɪstə/ SB **1** skördearbetare **2** skörde|maskin, -tröska
has → **have**
has-been /'hæzbɪːn/ SB fördetting
hash /hæʃ/ SB ragu, pyttipanna, *bildl äv* uppkok ⟨the film was a ~ of old ideas⟩
★ **make a** ~ **of** göra pannkaka av
hashish /'hæʃɪʃ/, **hash** SB hasch[isch]
hassle¹ /'hæsl/ SB **1** krångel, trassel **2** bråk
hassle² /'hæsl/ VB **1** trakassera **2** käbbla, bråka
haste /heɪst/ SB brådska, skyndsamhet
make ~ *frml* skynda
hasten /'heɪsn/ VB **1** skynda sig **2** påskynda
hasty /'heɪstɪ/ ADJ **1** hastig, snabb **2** förhastad ⟨a ~ promise⟩
★ **be** ~ ha [för] bråttom
hat /hæt/ SB hatt, mössa
★ **at the drop of a** ~ → **drop¹ talk through one's** ~ → **talk¹**
hatch¹ /hætʃ/ VB **1** kläcka **2** kläckas
□ **hatch up** *bildl* koka ihop ⟨~ a plan⟩
hatch² /hætʃ/ SB **1** lucka *i dörr eller vägg* **2** skeppslucka
★ **Down the** ~! Botten opp!
hatchback /'hætʃbæk/ SB *bil* halvkombi
hatchet /'hætʃɪt/ SB liten yxa
hatchet man SB *vard* **1** hejduk, hantlangare **2** *spec US* lejd mördare
hate¹ /heɪt/ VB hata, avsky
★ ~ **sb's guts** hata ngn som pesten **I** ~ **to tell you this ...** jag är ledsen att behöva säga det ... **I** ~ **to wake you, but ...** förlåt att jag väcker dig, men ...
hate² /heɪt/ SB hat, avsky
hateful /'heɪtfʊl/ ADJ förhatlig, motbjudande
hat-rack /'hætræk/ SB hatthylla
hatred /'heɪtrɪd/ SB hat ⟨of, for mot⟩
hat trick SB hat trick **do a** ~ *bollspel* göra tre mål i följd, *kricket* slå ner tre grindar med tre på varandra följande bollar
haughty /'hɔ:tɪ/ ADJ högdragen, dryg
haul¹ /hɔ:l/ VB **1** hala, släpa

2 transportera
haul² /hɔːl/ SB **1** vid fiske fångst, *vid t ex inbrott* byte, kap **2** väg[sträcka] **a long ~ äv bildl** en lång och mödosam väg
haulage /ˈhɔːlɪdʒ/ SB **1** vägtransport **the ~ industry** åkeribranschen **2** transportkostnad[er]
haulier /ˈhɔːlɪə/ (*US* **hauler** /ˈhɔːlər/) SB åkare
haunch /hɔːntʃ/ SB höft, länd, *om kött* lår[stycke] **on one's ~es** på huk
haunt¹ /hɔːnt/ VB **1** spöka i ⟨**the dead queen ~ed the castle**⟩, spöka för ⟨**they came back to ~ us**⟩, **a ~ed house** ett spökhus **2** *om tankar, melodier etc* förfölja, ansätta, oroa **a ~ed look** ett plågat ansiktsuttryck **3** ofta besöka
haunt² /hɔːnt/ SB tillhåll, favoritställe
haunting /ˈhɔːntɪŋ/ ADJ oförglömlig, som man inte kan bli kvitt ⟨**a ~ memory**⟩, efterhängsen ⟨**a ~ melody**⟩
have /hæv, *obet* həv/ ⟨**had** /hæd, *obet* həd/, **had**, *3 person presens* **has** /hæz, *obet* həz/⟩
VB
HJÄLPVERB
1 *tempusbildande* ha ⟨**they ~ arrived**⟩, **having seen this ...** då jag ⟨*etc*⟩ hade sett detta ...
2 ~ to vara tvungen [att] ⟨**I had to leave**⟩
3 ~ sth done få ngt gjort, se till att ngt blir gjort **I had a new dress made** jag lät sy en ny klänning **he had his bike stolen** hans cykel blev stulen
4 ~ (has, had) got → **get**
HUVUDVERB
5 ha, äga ⟨**this is all I ~**⟩
6 ha, uppleva ⟨**Did you ~ a nice trip?**⟩
7 få ⟨**I had a shock**⟩, motta ⟨**I had a letter this morning**⟩
8 äta ⟨**~ dinner**⟩, dricka ⟨**~ tea**⟩, ta sig ⟨**~ a walk, ~ a bath**⟩
9 tolerera, tillåta **I won't ~ it!** Det finner jag mig inte i!
★ **~ done with** lägga bakom sig, överge **~ it in for sb** vilja komma åt ngn **~ it off with sb** *vard* ligga med ngn
☐ **have on** *GB* lura **you're having me on** du driver med mig
☐ **have out** ta bort, dra ut ⟨**have a tooth out**⟩, **have it out** få det ur världen, rensa luften
☐ **have up** *GB* stämma [inför rätta] **be had up** åka fast ⟨**he was had up for dangerous driving**⟩
haven /ˈheɪvn/ SB tillflyktsort, fristad
haversack /ˈhævəsæk/ SB tornister, axelväska
havoc /ˈhævək/ SB ödeläggelse, förstörelse
★ **play ~ with** gå illa åt, kullkasta ⟨**her arrival played ~ with my plans**⟩
hawk¹ /hɔːk/ SB *äv polit* hök
hawk² /hɔːk/ VB bjuda ut, sälja *varor*, sprida *idéer, nyheter etc*
hawthorn /ˈhɔːθɔːn/ SB hagtorn
hay /heɪ/ SB hö
★ **make ~ while the sun shines** smida medan järnet är varmt
hay fever /ˈheɪˌfiːvə/ SB hösnuva
haystack /ˈheɪstæk/ SB höstack
haywire /ˈheɪˌwaɪə/ ADV **go ~** gå snett, gå på tok
hazard¹ /ˈhæzəd/ SB **1** risk, fara **2** *golf* hinder
hazard² /ˈhæzəd/ VB riskera **~ a guess** våga en gissning
hazardous /ˈhæzədəs/ ADJ riskfylld, farlig
haze /heɪz/ SB dis
hazel /ˈheɪzl/ **1** SB hassel **2** ADJ nötbrun, ljusbrun ⟨**~ eyes**⟩
hazy /ˈheɪzɪ/ ADJ **1** disig **2** dunkel, vag **3** osäker ⟨**she was a bit ~ about last night**⟩
H-bomb /ˈeɪtʃbɒm/ ⟨*förk f* **hydrogen bomb**⟩ SB vätebomb
he /hiː, *obet* hi/ PRON **1** han **2** *som förled i sammansättning* han- ⟨**a ~-dog**⟩
head¹ /hed/ SB **1** huvud **2** överhuvud, ledare **3** *GB* rektor **4** person, individ **per (a) ~** per person **5** övre ända, huvudända *på säng, bord etc* **6** skum *i ölglas* **7** attribut huvud-, förste, över- **~ waiter** hovmästare
★ **above my ~** över min fattningsförmåga **at the ~ of** i spetsen för **bite sb's ~ off** → **bite¹ bring sth to a ~** ställa ngt på sin spets **come to a ~** komma till ett avgörande **give sb his ~** låta ngn få sin vilja fram **go to one's ~** stiga åt huvudet **have a ~ for** ha sinne för, ha lätt för **~ over ears (heels) in love** förälskad upp över öronen **~s or tails** krona eller klave **keep one's ~** → **keep¹ make ~ [n]or tail of** bli klok på, få rätsida på **put sth into sb's ~** intala (inbilla) ngn ngt **take it into one's ~** få för sig
head² /hed/ VB **1** gå i spetsen för

⟨~ a procession⟩ 2 vara chef för 3 sätta rubrik på 4 *fotboll* nicka 5 styra kosan ⟨he ~ed north⟩
□ **head for** styra kosan mot, vara på väg mot
□ **head off** avvärja
headache /'hedeɪk/ sb *äv bildl* huvudvärk
headband /'hedbænd/ sb pannband
header /'hedə/ sb 1 *fotboll* nick 2 *data* huvud
headgear /'hedgɪə/ sb huvudbonad
head-hunter /'hed,hʌntə/ sb 1 huvudjägare 2 chefsrekryterare
heading /'hedɪŋ/ sb rubrik, titel
headland /'hedlənd/ sb *hög* udde
headlight /'hedlaɪt/ sb strålkastare *på bil* dipped (*US* dimmed) ~s halvljus
headline /'hedlaɪn/ sb rubrik
headlong¹ /'hedlɒŋ/ adv huvudstupa ⟨flee ~⟩
headlong² /'hedlɒŋ/ adj huvudstupa, brådstörtad ⟨a ~ escape⟩
headmaster /,hed'mɑ:stə/ sb *GB* rektor
headmistress /,hed'mɪstrəs/ sb *GB* kvinnlig rektor
head-on¹ /,hed'ɒn/ adj frontal- ⟨a ~ collision⟩
head-on² /,hed'ɒn/ adv med huvudet (fronten, fören) före crash ~ frontalkrocka
headphones /'hedfəʊnz/ sb hörlurar
headquarters /,hed'kwɔ:təz/ ⟨*förk* HQ /,eɪtʃ'kju:/⟩ sb högkvarter
headrest /'hedrest/ sb huvudstöd, nackstöd
headroom /'hedru:m/ sb fri höjd *under t ex vägbro*
headset /'hedset/ sb hörlurar *vanl med mikrofon*
head start /,hed 'stɑ:t/ sb försprång ⟨over framför⟩
headstone /'hedstəʊn/ sb gravsten
headstrong /'hedstrɒŋ/ adj envis, halsstarrig
headway /'hedweɪ/ sb make ~ göra framsteg make no ~ *äv* inte komma någon vart
headword /'hedwɜ:d/ sb uppslagsord
heady /'hedɪ/ adj 1 som stiger åt huvudet, [be]rusande 2 upphetsande 3 obetänksam, överilad
heal /hi:l/ vb 1 bota, läka 2 läkas the wound ~ed quickly såret läkte[s] snabbt

healer /'hi:lə/ sb ≈ naturläkare
health /helθ/ sb 1 hälsa 2 *attribut* hälso- ⟨he retired for ~ reasons⟩
★ drink sb's ~ → drink¹
health food sb hälsokost
healthy /'helθɪ/ adj 1 frisk, sund 2 hälsosam
heap¹ /hi:p/ sb 1 hög 2 heaps *äv a)* massor ⟨~s of time⟩ *b)* mycket ⟨~s better⟩
heap² /hi:p/ vb 1 lägga (stapla) upp 2 fylla ⟨~ one's plate with food⟩, råga ⟨a ~ed teaspoonful of sugar⟩ 3 överösa, hopa ~ praise[s] on sb ösa beröm över ngn
hear /hɪə/ ⟨heard /hɜ:d/, heard⟩ vb 1 höra 2 få höra (veta) 3 lyssna på (till)
★ H~!, ~! *GB* Bravo!, Instämmer!
□ **hear about** höra talas om
□ **hear from** höra av, höra ngt från
□ **hear of** höra talas om I won't ~ of it! Det går jag absolut inte med på!
□ **hear out** höra på till slutet ~ sb out låta ngn prata färdigt
hearing /'hɪərɪŋ/ sb 1 hörsel 2 hörhåll out of ~ utom hörhåll within sb's ~ så att ngn kan höra, i ngns närvaro 3 utfrågning, *jur* prövning a fair ~ *äv* en chans att förklara (försvara) sig
hearing aid sb hörapparat
hearsay /'hɪəseɪ/ sb 1 hörsägen, rykte[n] it's only ~ det är bara vad jag har hört 2 *attribut* andrahands-
hearse /hɜ:s/ sb likvagn
heart /hɑ:t/ sb 1 hjärta 2 hjärta, centrum, kärna ⟨in the ~ of the country⟩ 3 mod take ~ fatta mod 4 sinne ⟨a change of ~⟩ 5 hjärter[kort] 6 hearts *kortspel* hjärter
★ at ~ i själ och hjärta by ~ utantill Have a ~! Ha förbarmande! have one's ~ in one's mouth ha hjärtat i halsgropen in one's ~ of ~s innerst inne set one's ~ on sth längta efter ngt take sth to ~ ta åt sig ngt, ta illa vid sig av ngt ⇓
heartache /'hɑ:teɪk/ sb [hjärte]sorg
heartbeat /'hɑ:tbi:t/ sb hjärtslag, pulsslag
heartbreaking /'hɑ:t,breɪkɪŋ/ adj hjärt|slitande, -skärande, förtvivlad
heartbroken /'hɑ:t,brəʊkən/ adj förkrossad, förtvivlad
heartburn /'hɑ:tbɜ:n/ sb halsbränna
hearten /'hɑ:tn/ vb uppmuntra
heart failure /'hɑ:t,feɪljə/ sb hjärtsvikt

heartfelt /'hɑ:tfelt/ ADJ djupt känd, uppriktig
hearth /hɑ:θ/ SB härd, eldstad
heartily /'hɑ:tɪlɪ/ ADV 1 hjärtligt 2 friskt, ivrigt 3 med god aptit
heart-to-heart /ˌhɑ:ttə'hɑ:t/ SB 1 förtroligt (öppenhjärtigt) samtal 2 *attribut* förtrolig, öppenhjärtig
hearty /'hɑ:tɪ/ ADJ 1 hjärtligt 2 rikligt, präktig ⟨a ~ **breakfast**⟩, frisk ⟨a ~ **appetite**⟩ 3 *GB* högröstad ⟨~ **soccer fans**⟩
heat¹ /hi:t/ SB 1 *äv bildl* hetta, värme 2 **on (in)** ~ brunstig **be on (in)** ~ *om tik* löpa 3 *sport* heat ⇓
heat² /hi:t/ VB värma [upp], hetta upp
□ **heat up** *a)* värma [upp] *b) bildl* hetta till
heated /'hi:tɪd/ ADJ hetsig
heater /'hi:tə/ SB värmeelement, kamin
heath /hi:θ/ SB 1 hed 2 ljung
heathen /'hi:ðn/ 1 SB hedning 2 ADJ hednisk
heather /'heðə/ SB ljung
heating /'hi:tɪŋ/ SB uppvärmning **central** ~ centralvärme
heatstroke /'hi:tstrəʊk/ SB värmeslag
heat wave SB värmebölja
heave¹ /hi:v/ VB 1 lyfta *med möda*, häva, baxa 2 hissa [upp], hala, dra ⟨**at, on** i⟩ 3 *bildl* upphäva, dra ⟨~ **a sigh**⟩ 4 kasta, hiva 5 hävas, stiga och falla, *om vågor äv* svalla
heave² /hi:v/ ⟨**hove** /həʊv/, **hove**⟩ VB ~ **in sight (view)** *spec om skepp* komma i sikte, dyka upp
□ **heave to** *om skepp* dreja bi, stanna
heaven /'hevn/ SB himmel, himlen, himmelrike[t]
★ **for ~'s sake** för Guds skull **Good ~s!** → **good¹** ~ **knows** *a)* Gud vet *b)* det ska gudarna veta
heavenly /'hevnlɪ/ ADJ 1 himmelsk, underbar 2 ~ **body** himlakropp
heavy¹ /'hevɪ/ ADJ 1 tung 2 svår ⟨a ~ **loss**, a ~ **cold**⟩ 3 kraftig, stor, stark ⟨~ **traffic**⟩, ~ **smoker** storrökare
★ **make** ~ **weather of** göra mycket väsen av
heavy² /'hevɪ/ SB 1 *teat* skurk[roll] 2 *i den undre världen* torped
heavy-duty /ˌhevɪ'dju:tɪ/ ADJ avsedd att tåla hårt slitage, slitstark, robust
heavy-handed /ˌhevɪ'hændɪd/ ADJ 1 klumpig 2 hårdhänt
heavy-hearted /ˌhevɪ'hɑ:tɪd/ ADJ dyster, melankolisk
heavyweight /'hevɪweɪt/ SB 1 tungviktare 2 *attribut* tungvikts-, tung
Hebrew /'hi:bru:/ 1 ADJ hebreisk 2 SB hebré 3 SB hebreiska [språket]
heck /hek/ SB tusan **a ~ of a long time** en förbaskat lång stund **Oh ~!** Tusan också! **What the ~!** *spec US* OK då!, Ja, för tusan! ⟨**What the ~, I may as well try!**⟩
heckle /'hekl/ VB häckla, avbryta *med besvärliga frågor*
hectic /'hektɪk/ ADJ hektisk, stressig
he'd = he had, he would
hedge¹ /hedʒ/ SB 1 häck 2 skydd ⟨a ~ **against inflation**⟩
hedge² /hedʒ/ VB 1 inhägna 2 omgärda 3 slingra sig 4 besvara undvikande ⟨~ **a question**⟩, kringgå ⟨~ **a problem**⟩
★ ~ **one's bets** gardera sig
hedgehog /'hedʒhɒg/ SB igelkott
hedgerow /'hedʒrəʊ/ SB häck *längs väg el fält*
heed¹ /hi:d/ VB bry sig om ⟨~ **a warning**⟩
heed² /hi:d/ SB **take** ~ **of** bry sig om, ta hänsyn till
heedless /'hi:dləs/ ADJ ~ **of** obekymrad om
heel¹ /hi:l/ SB 1 häl 2 klack 3 kräk, fähund
★ **at (on) sb's** ~ hack i häl på ngn **come to** ~ *om hund* gå fot **down at** ~ → **down¹ kick one's ~s** → **kick¹ take to one's ~s** lägga benen på ryggen
heel² /hi:l/ VB 1 klacka [om] 2 *fotboll* klacka
□ **heel over** kränga, luta
hefty /'heftɪ/ ADJ [stor och] kraftig, bastant
heifer /'hefə/ SB kviga
height /haɪt/ SB 1 höjd, *om person* längd 2 höjdpunkt ⟨**the ~ of the tourist season**⟩ 3 höjd, kulle
heighten /'haɪtn/ VB 1 höja, öka 2 ökas, [för]höjas, stiga
heinous /'heɪnəs/ ADJ skändlig, avskyvärd
heir /eə/ SB arvinge, arvtagare
heiress /'eəres, *spec US* -əs/ SB arvtagerska
heirloom /'eəlu:m/ SB släktklenod ~**s** *äv* arvegods
held → **hold¹**
helicopter /'helɪkɒptə/ SB helikopter

helium /ˈhiːlɪəm/ SB helium
hell /hel/ SB helvete **all ~ broke loose** det tog hus i helvete
★ **for the ~ of it** *a)* på skoj *b)* på jävelskap **Get the ~ out!** Dra åt helvete!, Försvinn! **give sb ~** skälla ut ngn, göra det hett om öronen för ngn **a ~ of a[n]** ... en (ett) djävla (helvetes) ... **~ to pay** ett sabla liv ⟨there'll be ~ to pay if we're caught⟩, **like ~** *a)* [så] fan heller *b)* av bara helvete **Oh ~!** Helvete också!
he'll = he will
hello /həˈləʊ/ INTERJ **1** hej **2** hallå **3** oj, vad nu då? ⟨H~, what's this?⟩
helm /helm/ SB rorkult, roder **be at the ~** stå vid rodret, *bildl* ha ansvaret, vara den som styr
helmet /ˈhelmɪt/ SB hjälm
helmsman /ˈhelmzmən/ SB rorsman
help¹ /help/ VB **1** hjälpa **Can I ~ you?** Kan jag hjälpa till?, *i butiker äv* Är det tillsagt? **2 ~ sb to sth** *vid bordet* servera ngn ngt **H~ yourself!** Var så god [och ta för dig]! **3** rå för, låta bli att ⟨I couldn't ~ laughing⟩
□ **help out** hjälpa till
help² /help/ SB **1** hjälp **be of ~ to sb** vara ngn till hjälp **2** hemhjälp
★ **there's no ~ for it** det är inget att göra åt det
helpful /ˈhelpfʊl/ ADJ hjälpsam, *om sak* till stor hjälp, användbar
helping /ˈhelpɪŋ/ SB portion
helpless /ˈhelpləs/ ADJ hjälplös
helpmate /ˈhelpmeɪt/ SB medhjälpare
Helsinki /helˈsɪŋkɪ/ SB Helsingfors
hem¹ /hem/ SB fåll
hem² /hem/ VB fålla
□ **hem in** stänga inne, omringa
hemisphere /ˈhemɪsfɪə/ SB hemisfär, halvklot
hemline /ˈhemlaɪn/ SB *på kjol el klänning* fåll, nederkant **raise the ~** lägga upp kjolen (klänningen)
hemo- → haemo-
hemorrhage /ˈhemərɪdʒ/ SB [inre] blödning
hemorrhoids /ˈhemərɔɪdz/ SB *spec US* hemorrojder
hemp /hemp/ SB *växt* hampa
hen /hen/ SB höna, hona
hence /hens/ ADV **1** härav **2** följaktligen, alltså **3** från och med nu **a week ~** om en vecka
henceforth /ˌhensˈfɔːθ/ ADV hädanefter, i fortsättningen
henchman /ˈhentʃmən/ SB hejduk, underhuggare
hen party SB tjej|fest, -träff
henpecked /ˈhenpekt/ ADJ hunsad **a ~ husband** en toffelhjälte
her /hɜː, *obet* hə/ PRON **1** henne, *vard* hon ⟨it's ~⟩ **2** hennes, sin ⟨she missed ~ cat⟩ **3** sig ⟨she took it with ~⟩
herb /hɜːb, US ɜːrb/ SB ört, kryddväxt
herbal /ˈhɜːbl/ ADJ ört-
herbicide /ˈhɜːbɪsaɪd/ SB växtgift
herd¹ /hɜːd/ SB **1** hjord **2** skock, flock
herd² /hɜːd/ VB **1** driva, fösa ⟨~ tourists into a bus⟩ **2** samlas, flockas
□ **herd together** samlas, flockas
here /hɪə/ ADV här, hit
★ **~ goes** nu kör vi [gång], nu börjar det **~ you are** här får du, varsågod **here's to ...** skål för ... **it's neither ~ nor there** det gör varken till eller från, det hör inte hit
hereafter¹ /ˌhɪərˈɑːftə/ ADV hädanefter
hereafter² /ˌhɪərˈɑːftə/ SB **the ~** livet efter detta
hereby /ˌhɪəˈbaɪ/ ADV härmed
hereditary /həˈredətrɪ/ ADJ ärftlig, arvs-
heredity /həˈredətɪ/ SB ärftlighet, arv
heresy /ˈherəsɪ/ SB kätteri, irrlära
heretic /ˈherətɪk/ SB kättare
heritage /ˈherɪtɪdʒ/ SB arv, kulturarv
hermit /ˈhɜːmɪt/ SB eremit
hernia /ˈhɜːnɪə/ SB bråck
hero /ˈhɪərəʊ/ ⟨*pl* **-es**⟩ SB hjälte
heroic /həˈrəʊɪk/ ADJ hjältemodig, hjälte-, heroisk
heroin /ˈherəʊɪn/ SB heroin
heroine /ˈherəʊɪn/ SB hjältinna
heroism /ˈherəʊˌɪzəm/ SB hjältemod
heron /ˈherən/ SB häger
herpes /ˈhɜːpiːz/ SB herpes
herring /ˈherɪŋ/ ⟨*pl lika el* **-s**⟩ SB sill
★ **red ~** → red herring
hers /hɜːz/ PRON **1** hennes ⟨this isn't mine, it's ~⟩ **2** sin ⟨she gave me ~⟩
herself /həˈself/ PRON **1** sig ⟨she cut ~⟩, sig själv **2** [hon (henne)] själv ⟨she will do it ~⟩
★ **by ~** *a)* ensam, för sig själv ⟨she was sitting by ~⟩ *b)* utan hjälp
he's = he is, he has
hesitant /ˈhezɪtənt/ ADJ tveksam, tvekande

hesitate /'hezɪteɪt/ VB tveka, dra sig för
hesitation /ˌhezɪ'teɪʃn/ SB tvekan
   without ~ utan att tveka
heterogeneous /ˌhetərəʊ'dʒiːnɪəs/ ADJ heterogen, oenhetlig
hew /hjuː/ ⟨hewed, hewed *el* hewn /hjuːn/⟩ VB hugga
hey /heɪ/ INTERJ hallå där
heyday /'heɪdeɪ/ SB glansdagar, blomstringstid
hibernate /'haɪbəneɪt/ VB övervintra, gå (ligga) i ide
hibernation /ˌhaɪbə'neɪʃn/ SB övervintring **go into ~** gå i ide
hiccup¹ /'hɪkʌp/, **hiccough** SB hicka
hiccup² /'hɪkʌp/, **hiccough** VB hicka
hide¹ /haɪd/ ⟨**hid** /hɪd/, **hidden** /'hɪdn/⟩ VB **1** gömma **hidden meaning** undermening **hidden motives** hemliga (dolda) bevekelsegrunder **2** gömma sig
hide² /haɪd/ SB *vid observation av djur* gömsle
hide³ /haɪd/ SB hud, skinn
hide-and-seek /ˌhaɪdn'siːk/ SB kurragömma
hideaway /'haɪdəˌweɪ/ SB gömställe
hideous /'hɪdɪəs/ ADJ vedervärdig, otäck, ohygglig
hide-out /'haɪdaʊt/ SB gömställe
hiding¹ /'haɪdɪŋ/ SB stryk **give sb a good ~** ge ngn ett rejält kok stryk
hiding² /'haɪdɪŋ/ SB **go into ~** gömma sig
hierarchy /'haɪərɑːkɪ/ SB hierarki, rangordning
hi-fi /'haɪfaɪ/ ⟨*förk f* high fidelity⟩ **1** ADJ *om ljudåtergivning* hi-fi **2** SB stereo[anläggning]
high¹ /haɪ/ **1** ADJ hög **2** ADJ *vard* hög, påtänd, berusad **3** ADJ *om mat* ankommen, för gammal, *om vilt* välhängd **4** SB topp, maximum **5** SB *väder* högtryck **6** SB lycka, lyckorus ⟨she's been on a ~ since she got the job⟩
★ **~ and mighty** *vard* överlägsen, dryg
~ wind kraftig vind (blåst) ⇓
high² /haɪ/ ADV högt ⟨fly ~⟩
★ **~ and low** överallt
highbrow /'haɪbraʊ/ **1** SB intellektuell, intelligenssnobb, kultursnobb **2** ADJ intellektuell, högbrynt, fin[kulturell] ⟨~ books⟩
the High Court /ˌhaɪ 'kɔːt/ SB Högsta Domstolen *i Storbritannien*

highfalutin /ˌhaɪfə'luːtɪn/ ADJ högtravande, bombastisk
highflown /'haɪfləʊn/ ADJ högtravande
high-flyer /ˌhaɪ'flaɪə/, **high-flier** SB **1** chefsämne, påläggskalv, toppbegåvning **2** karriärist, klättrare
high-grade /ˌhaɪ'greɪd/ ADJ *av.* hög kvalitet, prima
high-handed /ˌhaɪ'hændɪd/ ADJ maktfullkomlig, snorkig
high-heeled /ˌhaɪ'hiːld/ ADJ högklackad
high jump /'haɪdʒʌmp/ SB höjdhopp
the Highlands /'haɪləndz/ SB skotska höglandet
highlight¹ /'haɪlaɪt/ SB höjdpunkt
highlight² /'haɪlaɪt/ VB belysa, framhäva
highly /'haɪlɪ/ ADV **1** högst, högeligen **2** uppskattande ⟨speak ~ of sb⟩
highly-strung /ˌhaɪlɪ'strʌŋ/ ADJ överspänd, nervös
high-minded /ˌhaɪ'maɪndɪd/ ADJ ädel, upphöjd
Highness /'haɪnəs/ SB *titel* Höghet **Your ~** Ers Höghet
high-octane /ˌhaɪ'ɒkteɪn/ ADJ högoktanig
high-pitched /ˌhaɪ'pɪtʃt/ ADJ *om ton, röst* hög, gäll
high-ranking /ˌhaɪ'ræŋkɪŋ/ ADJ med hög rang, hög ⟨a ~ officer⟩
high-rise /'haɪraɪz/ SB **1** höghus **2** *attribut* **~ building** höghus
highroad /'haɪrəʊd/ SB [större] landsväg
the ~ to success raka vägen till framgång
high school /'haɪskuːl/ SB **1** US high school *för elever mellan 14 och 18* **2** GB skola *för elever mellan 11 och 18, spec flickskola*
high-spirited /ˌhaɪ'spɪrɪtɪd/ ADJ **1** livlig, yster **2** oförskräckt
high street /'haɪstriːt/ SB GB huvudgata **the H~** ≈ Storgatan
high tea /ˌhaɪ'tiː/ SB eftermiddagsmål *i stället för middag*
highway /'haɪweɪ/ SB *spec US* [större] landsväg
highwayman /'haɪweɪmən/ SB stråtrövare
hijack /'haɪdʒæk/ VB kapa *t ex flygplan*
hijacker /'haɪdʒækə/ SB [flyg]kapare
hike¹ /haɪk/ SB **1** vandring *i naturen* **2** *vard* höjning, ökning **a wage ~** ett lönelyft
hike² /haɪk/ VB **1** fotvandra **2** *vard* höja, öka
□ **hike up** *vard* höja ⟨~ prices⟩, lyfta, hissa upp ⟨he hiked up his trousers⟩

hiker /ˈhaɪkə/ SB fotvandrare
hilarious /hɪˈleərɪəs/ ADJ uppsluppen, dråplig, festlig
hilarity /hɪˈlærətɪ/ SB uppsluppenhet, munterhet
hill /hɪl/ SB **1** kulle **2** backe
hillock /ˈhɪlək/ SB liten kulle
hillside /ˈhɪlsaɪd/ SB bergssluttning, backe
hilly /ˈhɪlɪ/ ADJ kullig, backig
hilt /hɪlt/ SB fäste *på svärd*, skaft *på dolk*
  ★ **[up] to the** ~ fullständigt, helt och fullt
him /hɪm/ PRON **1** honom, *vard* han ⟨it's ~⟩ **2** sig ⟨he took it with ~⟩
himself /hɪmˈself/ PRON **1** sig ⟨he defended ~⟩, sig själv **2** [han (honom)] själv ⟨he did it ~⟩
  ★ **by** ~ *a)* ensam, för sig själv ⟨he was sitting by ~⟩ *b)* utan hjälp
hind /haɪnd/ ADJ *om djur* bakre, bak-
hinder /ˈhɪndə/ VB hindra, förhindra
hindquarters /ˌhaɪndˈkwɔːtəz/ SB *på djur* länder, bakdel
hindrance /ˈhɪndrəns/ SB hinder
hindsight /ˈhaɪndsaɪt/ SB efterklokhet
  with the benefit of ~ när man har facit i hand
Hindu /ˌhɪnˈduː, *spec US* ˈhɪnduː/ **1** ADJ hinduisk **2** SB hindu
hinge¹ /hɪndʒ/ SB gångjärn
hinge² /hɪndʒ/ VB
  □ **hinge on** hänga (bero) på
hint¹ /hɪnt/ SB **1** vink, tips **2** aning, antydan
hint² /hɪnt/ VB antyda
  □ **hint at** antyda, syfta (anspela) på
hip /hɪp/ SB höft ~ **replacement** höftledsoperation
hippopotamus /ˌhɪpəˈpɒtəməs/ ⟨*pl* -es *el* **hippopotami** /-maɪ/⟩, *vard* **hippo** /ˈhɪpəʊ/ SB flodhäst
hire¹ /ˈhaɪə/ VB **1** hyra **2** anställa, leja ⟨a ~d murderer⟩
hire² /ˈhaɪə/ SB **1** hyra, avgift **2** uthyrning, hyrande **for** ~ att hyra
hire purchase /ˌhaɪə ˈpɜːtʃəs/ ⟨*förk* **HP** /ˌeɪtʃˈpiː/⟩ SB *GB* avbetalningsköp
  buy on ~ köpa på avbetalning
his /hɪz/ PRON hans ⟨it's ~ dog, the dog is ~⟩, sin ⟨he'd lost ~ dog⟩
hiss¹ /hɪs/ VB **1** väsa, fräsa **2** vissla åt, vissla ut ⟨the crowd ~ed me angrily⟩
hiss² /hɪs/ SB **1** väsning **2** [ut]vissling
historian /hɪˈstɔːrɪən/ SB historiker

historic /hɪˈstɒrɪk/ ADJ historisk minnesvärd, epokgörande ⟨a ~ **discovery**⟩
historical /hɪˈstɒrɪkl/ ADJ historisk *som har med historia att göra* ⟨~ **novels**⟩
history /ˈhɪstrɪ/ SB historia, historien
  go down in ~ gå till historien
hit¹ /hɪt/ ⟨**hit, hit**⟩ VB **1** slå [till] ⟨~ a ball⟩ **2** träffa ⟨the ball ~ me on the nose⟩ **3** stöta mot, fara (köra) in i ⟨the car ~ the wall⟩ **4** nå, hitta fram till ⟨we ~ the main road at midnight⟩ **5** drabba ⟨we were all badly ~ by the oil crisis⟩
  ★ ~ **the bottle** [börja] supa ~ **it off** komma bra överens ~ **the nail on the head** slå huvudet på spiken ~ **the roof** gå i taket *av ilska* ~ **the sack** gå och knyta sig
  □ **hit back** ge svar på tal, ge igen
  □ **hit on** komma (hitta) på
  □ **hit out** *a)* slå omkring sig *b) bildl* gå till anfall, attackera
hit² /hɪt/ SB **1** stöt, slag **2** träff **direct** ~ fullträff **3** gliring, pik **4** succé, hit ‖
hit-and-miss /ˌhɪtnˈmɪs/, **hit-or-miss** /ˌhɪtɔːˈmɪs/ ADJ slumpartad, oförutsägbar
hit-and-run /ˌhɪtnˈrʌn/ ADJ ~ **accident** smitningsolycka ~ **driver** smitare *i trafiken*
hitch¹ /hɪtʃ/ VB **1** knyta (kroka) fast
  2 ~ **a lift (ride)** lifta
  ★ **get** ~**ed** gänga (gifta) sig
  □ **hitch up** dra upp ⟨he hitched up his trousers and sat down⟩
hitch² /hɪtʃ/ SB **1** hake, hinder, missöde ⟨a technical ~⟩ **2** knyck, ryck **3** *knop* stek
hitchhike /ˈhɪtʃhaɪk/ VB lifta
hitchhiker /ˈhɪtʃhaɪkə/ SB liftare
hitherto /ˌhɪðəˈtuː/ ADV *frml* hittills
hit man /ˈhɪtmən/ SB lejd mördare, torped
HIV /ˌeɪtʃaɪˈviː/ ⟨*förk f* human immunodeficiency virus⟩ SB hiv ⟨be ~ **positive**⟩
hive¹ /haɪv/ SB bikupa
hive² /haɪv/ VB
  □ **hive off** *om företag* knoppa av
HMS /ˌeɪtʃemˈes/ ⟨*förk f* His/Her Majesty's Ship⟩ *används framför namnet på brittiska krigsfartyg* ⟨~ **Victory**⟩
hoard¹ /hɔːd/ SB [undangömt] förråd, skattgömma
hoard² /hɔːd/ VB samla [på hög], hamstra
hoarding /ˈhɔːdɪŋ/ SB **1** *GB* affisch|tavla, -plank **2** byggplank
hoarfrost /ˌhɔːˈfrɒst/ SB rimfrost

hoarse /hɔːs/ ADJ hes
hoary /'hɔːrɪ/ ADJ **1** grånad *av ålder*, gråhårig, vithårig **2** *bildl* urgammal, mossig ⟨a ~ old joke⟩
hoax¹ /həʊks/ SB bluff, skämt, spratt
hoax² /həʊks/ VB lura **we've been ~ed** *äv* man har spelat oss ett spratt
hob /hɒb/ SB spishäll **on the ~** på spisen
hobble /'hɒbl/ VB linka, halta
hobbyhorse /'hɒbɪhɔːs/ SB *äv bildl* käpphäst
hobnob /'hɒbnɒb/ VB
☐ **hobnob with** *vard* umgås [intimt] med, frottera sig med, fraternisera med
hobo /'həʊbəʊ/ ⟨*pl* -[e]s⟩ SB *spec US* luffare
hock¹ /hɒk/ SB rhenvin
hock² /hɒk/ VB *vard* pantsätta, stampa på
hockey /'hɒkɪ/ SB **1** landhockey **2** *spec US* ishockey
hodgepodge → hotchpotch
hoe /həʊ/ SB hacka
hog¹ /hɒg/ SB **1** svin, gris **2** matvrak
★ **go the whole ~** → whole
hog² /hɒg/ VB *vard* ta (hugga) för sig, lägga beslag på [för egen del] ⟨~ the bathroom⟩
hoist¹ /hɔɪst/ VB hissa [upp] ⟨~ a flag⟩, lyfta [upp]
hoist² /hɔɪst/ SB **1** lyft **2** lyft[anordning]
hold¹ /həʊld/ ⟨held /held/, held⟩ VB **1** hålla **2** kvarhålla ⟨the police held him for questioning⟩ **3** rymma ⟨the cinema ~s 600 people⟩ **4** gälla, vara giltig ⟨my promise still ~s⟩ **5** hysa, ha ⟨~ an opinion⟩ **6** inneha, inta ⟨~ a high position⟩ **7** hejda **there's no ~ing him** han går inte att hejda
★ **~ at bay** hålla i schack **~ one's ground** stå på sig **H~ it!** *a)* Rör dig inte! *b)* Vänta [ett ögonblick]! **~ the fort** hålla ställningarna **~ the line, please** var god och dröj **~ one's peace** hålla tyst, tiga **~ sway** vara bestämmande **~ one's tongue** hålla tyst
☐ **hold back** *a)* tveka *b)* hålla inne med ⟨~ information⟩
☐ **hold down** behålla, ha ⟨~ a job⟩
☐ **hold forth** prata mycket, breda ut sig
☐ **hold off** *a)* hålla på avstånd *b)* dröja ⟨the rain held off⟩ *c)* uppskjuta
☐ **hold on** *a)* vänta *b)* hålla ut **~ to** *a)* hålla [sig] fast vid *b)* inte göra sig av med, behålla
☐ **hold out** erbjuda, ge ⟨this seems to ~ new hope⟩, **~ for** hålla ut för att få ⟨~ for more pay⟩, **~ on sb** dölja (förtiga) ngt för ngn
☐ **hold up** *a)* hindra, försena *b)* råna
hold² /həʊld/ SB **1** grepp, tag, *vid klättring* fotfäste **2** lastrum
★ **get ~ of** få tag i (på) **take ~ of** ta [gripa] tag i **have a ~ on sb** ha en hållhake på ngn
holdall /'həʊldɔːl/ SB bag
holder /'həʊldə/ SB **1** innehavare, ägare, -hållare ⟨record ~⟩ **2** hållare
holding /'həʊldɪŋ/ SB **1** innehav **2** aktiepost **3** lantegendom **4** *sport* fasthållning
hold-up /'həʊldʌp/ SB **1** rån, överfall **2** avbrott, uppehåll, stopp ⟨a traffic ~⟩
hole /həʊl/ SB **1** hål **2** grop **3** *djurs* håla, lya, kula **4** kyffe
★ **be in a ~** vara i knipa **in ~s** trasig, full av hål **pick ~s in** → pick¹
holiday¹ /'hɒlədeɪ/ SB **1** helgdag **2** holiday[s] GB semester, [skol]lov
holiday² /'hɒlədeɪ/ VB GB semestra
holiday-maker /'hɒlədeɪˌmeɪkə/ SB GB semesterfirare
holler /'hɒlə/ VB *spec US vard* ropa, vråla, hojta
hollow¹ /'hɒləʊ/ **1** ADJ ihålig **2** ADJ insjunken, infallen ⟨~ eyes⟩ **3** ADJ tom, falsk ⟨a ~ promise⟩ **4** ADJ dov ⟨a ~ voice⟩ **5** SB håla, hålighet, grop **in the ~ of one's hand** i sin kupade hand **6** SB US [mindre] dal
hollow² /'hɒləʊ/, **hollow out** VB göra ihålig, urholka
holly /'hɒlɪ/ SB järnek
holocaust /'hɒləkɔːst/ SB förintelse, förödelse **the H~** Förintelsen *av judar under andra världskriget*
holster /'həʊlstə/ SB hölster
holy /'həʊlɪ/ ADJ helig
homage /'hɒmɪdʒ/ SB hyllning, vördnad **pay ~ to** hylla
home¹ /həʊm/ SB **1** hem, bostad **2** hus, villa, lägenhet **3** hemland, hemstad **4** *sport ibl* mål **~ straight (stretch)** upplopp **5** *attribut* hem- ⟨a happy ~ life⟩, hemma- ⟨the ~ market, a ~ match⟩, inrikes, inhemsk
★ **at ~** hemma **~ truth** besk (obehaglig) sanning **leave ~** bege sig (åka) hemifrån **make oneself at ~** göra sig hemmastadd ⇓
home² /həʊm/ ADV **1** hem, hemma **2** in, så långt det går **drive a nail ~** slå in en spik

ordentligt
* **bring ~ to** klargöra för **~ and dry** i säkerhet, på det torra
home³ /həʊm/ VB *om fåglar* flyga hem
☐ **home in on** *om vapensystem* anflyga mot, söka sig mot, uppsöka
homecoming /ˈhəʊmˌkʌmɪŋ/ SB hemkomst
the Home Counties /ˌhəʊm ˈkaʊntɪz/ SB grevskapen närmast London
home ground /ˌhəʊm ˈgraʊnd/ SB hemmaplan
home help /ˌhəʊm ˈhelp/ SB GB hem|hjälp, -samarit
homely /ˈhəʊmlɪ/ ADJ **1** *spec* GB enkel, anspråkslös **2** hemtrevlig **3** US äv alldaglig, ful ⟨a **~ girl**⟩
home-made /ˌhəʊmˈmeɪd/ ADJ hemlagad
the Home Office /ˈhəʊmˌɒfɪs/ SB inrikesdepartementet *i* GB
homesick /ˈhəʊmsɪk/ ADJ **be ~** längta hem, ha hemlängtan
homeward¹ /ˈhəʊmwəd/ ADJ hem- ⟨**~ journey**⟩
homeward² /ˈhəʊmwəd/, **homewards** /-dz/ ADV hemåt
homework /ˈhəʊmwɜːk/ SB läxor, hemuppgifter **do one's ~** läsa läxor[na], läsa på, förbereda sig
homey → homy
homicide /ˈhɒmɪsaɪd/ SB mord
homing /ˈhəʊmɪŋ/ ADJ **1** hemvändande **~ pigeon** brevduva **2** *milit* målsökande ⟨a **~ missile**⟩
homogeneous /ˌhəʊməˈdʒiːnɪəs/ ADJ homogen, enhetlig
homy /ˈhəʊmɪ/ (*spec* US **homey**) ADJ hemtrevlig
honest¹ /ˈɒnɪst/ ADJ ärlig, hederlig
honest² /ˈɒnɪst/ ADV *vard* [det är] säkert
honestly /ˈɒnɪstlɪ/ ADV **1** ärligt, hederligt **2** uppriktigt sagt **3** [det är] säkert
honesty /ˈɒnəstɪ/ SB ärlighet, hederlighet
honey /ˈhʌnɪ/ SB **1** honung **2** raring **3** *spec* US *vid tilltal, utan motsvarighet i svenskan* ⟨**Hi there, ~**⟩
honeycomb /ˈhʌnɪkəʊm/ SB vaxkaka
honeymoon¹ /ˈhʌnɪmuːn/ SB smekmånad
honeymoon² /ˈhʌnɪmuːn/ VB fira smekmånad
honeysuckle /ˈhʌnɪˌsʌkl/ SB kaprifol
honk /hɒŋk/ VB *bil* tuta
honorary /ˈɒnərərɪ/ ADJ **1** heders-
~ member hedersmedlem **2** oavlönad
honour¹ /ˈɒnə/ (US **honor**) SB **1** ära **2** heder **mark of ~** hedersbevisning **on my ~** på hedersord **3 honours** hedersbetygelser **~s list** lista över ordensutnämningar **4** *attribut* **~s degree** [universitets]examen med högsta betyg **5 Your H~** *till domare* Ers Nåd, Herr domare
* **do the ~s** fungera som värd[inna]
honour² /ˈɒnə/ (US ⇑) VB **1** hedra, ära **2** infria ⟨**~ a promise**⟩ **3** lösa in, betala ⟨**~ a cheque**⟩
honourable /ˈɒnərəbl/ (US ⇑) ADJ **1** hedervärd, rättskaffens **2** hedersam **3 the H~** ≈ högvälborne *titel som tillkommer vissa ämbetsmän, parlamentsledamöter o barn till högadliga föräldrar*
hood /hʊd/ SB **1** kapuschong, huva, huv **2** US äv motorhuv **3** GB sufflett
hoodlum /ˈhuːdləm/ SB ligist
hoodwink /ˈhʊdwɪŋk/ VB lura
hoof /huːf/ ⟨*pl* **hoofs** *el* **hooves** /-vz/⟩ SB hov
hook¹ /hʊk/ SB **1** krok, hake, metkrok **2** telefonklyka **leave (take) the telephone off the ~** lägga av luren
* **by ~ or by crook** på ett eller annat sätt **let sb off the ~** låta ngn slippa undan
hook² /hʊk/ VB **1** få på kroken, fånga **2** haka fast **get ~ed** fastna **3** häktas ihop, knäppas ⟨**the dress ~s at the back**⟩ **4** kröka ⟨**~ a finger**⟩
☐ **hook up** *a*) häkta ihop, knäppa ⟨**~ a dress at the back**⟩ *b*) *tv, data* länka (koppla) ihop, koppla in
hooked /hʊkt/ ADJ krokig, krökt
* **be ~** *a*) vara knarkare *b*) vara fast **be ~ on** *a*) vara tokig i *b*) vara besatt av, vara slav under
hooker /ˈhʊkə/ SB *spec* US fnask
hooky /ˈhʊkɪ/, **hookey** SB **play ~** US skolka
hooligan /ˈhuːlɪgən/ SB huligan, ligist, bråkmakare
hooliganism /ˈhuːlɪgənˌɪzəm/ SB bråk, ligistfasoner
hoop /huːp/ SB **1** tunnband **2** [krocket]båge
hooray /hʊˈreɪ/ INTERJ hurra
hoot¹ /huːt/ SB **1** *ugglas* hoande **2** tutning, tut **3** buande **4** tjut **~s of laughter** skratt och skrän
* **not give (care) a ~ (two ~s) about** strunta blankt i

hoot² /huːt/ VB **1** hoa **2** tuta **3** bua
□ **hoot down (off)** bua ut
hooter /ˈhuːtə/ SB **1** [bil]tuta, siren **2** *vard* näsa
hoover¹ /ˈhuːvə/ *varunamn* SB *GB* dammsugare
hoover² /ˈhuːvə/ *varunamn* VB *GB* dammsuga
hooves → hoof
hop¹ /hɒp/ VB **1** hoppa, skutta **2** *om personer äv* hoppa på ett ben
★ **~ it** *vard* ge sig i väg, sticka
□ **hop across (over)** sticka över ⟨**~ to Paris for the weekend**⟩
hop² /hɒp/ SB **1** hopp, skutt **2** *vard* flygtur **3** *vard* dans[tillställning]
★ **on the ~** i farten
hop³ /hɒp/ SB **1** humleplanta **2 hops** humle
hope¹ /həʊp/ SB hopp, förhoppning **hold out some ~** inge [vissa] förhoppningar **Some ~!** Och det inbillar du dig!
hope² /həʊp/ VB hoppas **I ~ not** det hoppas jag inte
★ **~ against ~** hoppas trots allt (mot alla odds)
hopeful /ˈhəʊpfʊl/ **1** ADJ hoppfull, förhoppningsfull **2** ADJ lovande **3** SB förhoppningsfull [person], aspirant
hopefully /ˈhəʊpfʊlɪ/ ADV **1** hoppfullt **2** förhoppningsvis
hopeless /ˈhəʊpləs/ ADJ hopplös
hopscotch /ˈhɒpskɒtʃ/ SB **play ~** hoppa hage
horde /hɔːd/ SB hord, svärm
horizon /həˈraɪzn/ SB **1** horisont **2 horizons** synfält, vyer ⟨**broaden one's ~s**⟩
★ **on the ~ a)** vid horisonten **b)** *bildl* nära förestående, i sikte ⟨**there's trouble on the ~**⟩
horizontal /ˌhɒrɪˈzɒntl/ **1** ADJ horisontell, horisontal-, vågrät **2** SB horisontal|läge, -linje
hormone /ˈhɔːməʊn/ SB hormon
horn /hɔːn/ SB **1** *äv musik* horn **2** signalhorn, tuta
hornet /ˈhɔːnɪt/ SB bålgeting
horny /ˈhɔːnɪ/ ADJ **1** horn-, hornartad **2** kåt
horoscope /ˈhɒrəskəʊp/ SB horoskop
horrendous /həˈrendəs/ ADJ *vard* gräslig, förfärlig
horrible /ˈhɒrəbl/ ADJ **1** hemsk, fasansfull **2** gräslig
horrid /ˈhɒrɪd/ ADJ gräslig, hemsk
horrific /hɒˈrɪfɪk/ ADJ hemsk, fasansfull, *vard äv* ruskig
horrify /ˈhɒrɪfaɪ/ VB skrämma, förfära **horrified** skräckslagen
horrifying /ˈhɒrɪfaɪɪŋ/ ADJ skräckinjagande, fasaväckande, fruktansvärd
horror /ˈhɒrə/ SB **1** skräck, fasa **2** *attribut* skräck- ⟨**~ films**⟩ **3 the horrors** *vard* nervositet, panikkänslor ⟨**having to speak in public gives me the ~s**⟩
horror-stricken /ˈhɒrəˌstrɪkən/, **horror-struck** /-strʌk/ ADJ skräckslagen, chockad
hors d'oeuvre /ˌɔːˈdɜːv/ SB hors d'oeuvre, smårätt, förrätt
horse¹ /hɔːs/ SB **1** häst **2** kavalleri **3** *vard* heroin
★ **[straight] from the ~'s mouth** från en säker källa, från säkert håll ⇓
horse² /hɔːs/ VB
□ **horse about (around)** skoja, busa *ofta vårdslöst o hårdhänt*
horseback /ˈhɔːsbæk/ SB **1 on ~** till häst **2** *attribut spec US* **~ riding** ridning
horse chestnut /ˌhɔːs ˈtʃesnʌt/ SB hästkastanj
horseman /ˈhɔːsmən/ SB **1** ryttare **2** hästkarl
horsemanship /ˈhɔːsmənʃɪp/ SB ridkonst, handlag med hästar
horseplay /ˈhɔːspleɪ/ SB vild lek, skoj
horsepower /ˈhɔːsˌpaʊə/ ⟨*lika i pl, förk* **HP, h.p.** /ˌeɪtʃˈpiː/⟩ SB hästkraft
horse racing SB hästkapplöpning[ar]
horseradish /ˈhɔːsˌrædɪʃ/ SB pepparrot
horsewoman /ˈhɔːsˌwʊmən/ SB **1** ryttarinna **2** hästkvinna
horticulture /ˈhɔːtɪˌkʌltʃə/ SB trädgårds|odling, -konst
hose¹ /həʊz/ SB [vatten]slang
hose² /həʊz/ VB vattna, spola
□ **hose down** spola av ⟨**~ a car**⟩
hosiery /ˈhəʊzɪərɪ, US ˈhəʊʒərɪ/ SB strumpor, trikåvaror
hospitable /hɒˈspɪtəbl, US ˈhɑːspət-/ ADJ gästfri
hospital /ˈhɒspɪtl/ SB sjukhus
hospitality /ˌhɒspɪˈtælətɪ/ SB gästfrihet
host¹ /həʊst/ SB **1** värd *vid bjudning* **2** programledare **3** *biol* värdväxt, värddjur

host² /həʊst/ vb vara värd (programledare) [för] ⟨**~ing our show this evening is Tom Jones**⟩
host³ /həʊst/ sb mängd, massa ⟨**for a ~ of reasons**⟩
hostage /'hɒstɪdʒ/ sb gisslan **hold sb ~** hålla ngn som gisslan
hostel /'hɒstl/ sb hotellhem, bostadshotell, ungkarlshotell **youth ~** vandrarhem *för ungdom*
hostess /'həʊstɪs/ sb **1** värdinna **2** programledare
hostile /'hɒstaɪl, US 'hɑ:stəl/ adj fientlig, fientligt inställd ⟨**to** mot⟩
hostility /hɒ'stɪlətɪ/ sb fientlighet, fientlig inställning
hot /hɒt/ adj **1** het, varm **2** [krydd]stark **3** hetsig **4** rykande färsk ⟨**~ news**⟩ **5** *vard* stulen, efterlyst ⟨**Get rid of that car, it's ~!**⟩
★ **be ~ on sth** *vard a)* vara bra på ngt *b)* vara noga med ngt **be ~ on sb** *vard* vara förälskad i ngn **~ and bothered** stressad, skärrad **~ on sb's heels (trail)** tätt i hälarna på ngn **not so ~** *vard* inget att hurra för
hot air /ˌhɒt 'eə/ sb *vard* tomma fraser, snack
hotchpotch /'hɒtʃpɒtʃ/ (*US* **hodgepodge** /'hɒdʒpɒdʒ/) sb blandning, röra
hot dog /'hɒtdɒɡ/ sb varm korv *med bröd*
hotel /həʊ'tel/ sb hotell
hothead /'hɒthed/ sb vildhjärna, brushuvud
hot-headed /ˌhɒt'hedɪd/ adj hetsig, hetlevrad, impulsiv
hothouse /'hɒthaʊs/ sb växthus
hotplate /'hɒtpleɪt/ sb [kok]platta, värmeplatta
hot spot /'hɒtspɒt/ sb **1** oroshärd **2** inneställe
hot-tempered /ˌhɒt'tempəd/ adj hetsig, hetlevrad
hot-water /ˌhɒt'wɔ:tə/ adj varmvatten[s]- **~ bottle** sängvärmare *av gummi*
hound¹ /haʊnd/ sb jakthund
hound² /haʊnd/ vb *bildl* jaga, förfölja ⟨**~ed by reporters**⟩
□ **hound down** fånga in
hour /aʊə/ sb **1** timme, stund, tidpunkt **2 hours** [arbets]tid ⟨**office ~s, working ~s**⟩, **after ~s** efter arbetstidens slut, efter stängningsdags ★ **at this ~** så här dags **keep late ~s** ha sena vanor **on the ~** på slaget **trains leave on the ~** tågen går varje hel timme
hour hand sb timvisare
hourly¹ /'aʊəlɪ/ adj **1 there's an ~ bus service** det går bussar en gång i timmen **2** per timme **~ earnings** timförtjänst
hourly² /'aʊəlɪ/ adv **1** [en gång] i timmen **2** när som helst ⟨**we're expecting him ~**⟩ **3** hela tiden ⟨**they changed their minds ~**⟩
house¹ /haʊs/ sb **1** hus **2** *vanl* **H~** polit kammare, hus ⟨**the H~s of Parliament**⟩, **enter the H~** *a)* bli parlamentsledamot *b) US* bli ledamot av representanthuset **3** kunglig familj, ätt ⟨**the H~ of Windsor**⟩ **4** *teat* salong, publik ⟨**Is there a doctor in the ~?**⟩ **5** föreställning ⟨**the second ~ starts at 9 o'clock**⟩ **6** firma **publishing ~** bokförlag
★ **at sb's ~** [hemma] hos ngn ⟨**we were staying at Tom's ~**⟩, **bring the ~ down** riva ner stormande applåder **get on like a ~ on fire** komma bra överens, bli de bästa vänner **it's on the ~** det är gratis, stället bjuder
house² /haʊz/ vb **1** hysa, ta emot, ordna bostad (husrum) åt **be badly (poorly) ~d** bo dåligt **2** [in]rymma, innehålla ⟨**the castle now ~s a museum**⟩ **3** förvara
house agent /'haʊsˌeɪdʒnt/ sb *GB* fastighetsmäklare
housebreaking /'haʊsˌbreɪkɪŋ/ sb inbrott
house-broken /'haʊsˌbrəʊkən/ adj *US* rumsren
housecoat /'haʊskəʊt/ sb morgonrock
household /'haʊshəʊld/ sb **1** hushåll **2** *attribut* hushålls-, hem- ⟨**~ work**⟩
★ **a ~ name** ett välkänt namn, ett namn på allas läppar
householder /'haʊsˌhəʊldə/ sb husägare, lägenhetsinnehavare
housekeeper /'haʊsˌki:pə/ sb hushållerska
housekeeping /'haʊsˌki:pɪŋ/ sb **1** skötsel av ett hem, hushållning **2** *GB* hushållspengar
housemaid /'haʊsmeɪd/ sb husa, tjänsteflicka
the House of Commons sb underhuset
the House of Lords sb överhuset
the House of Representatives /ˌreprɪ'zentətɪvz/ sb *US* representanthuset
house-trained /'haʊstreɪnd/ adj *GB*

rumsren
house-warming /ˈhaʊsˌwɔːmɪŋ/ SB flyttkalas, invigningsfest
housewife /ˈhaʊswaɪf/ SB hemmafru
housework /ˈhaʊswɜːk/ SB hushållsarbete
housing /ˈhaʊzɪŋ/ SB 1 bostäder 2 *attribut* bostads- ⟨~ **problems**⟩, **~ estate** *spec GB* bostadsområde *med hyreshus*
hove → heave²
hovel /ˈhɒvl/ SB ruckel, kyffe
hover /ˈhɒvə/ VB 1 sväva, kretsa 2 stå och vänta 3 *bildl* vackla
☐ **hover about (around)** hålla sig i närheten
hovercraft /ˈhɒvəkrɑːft/ ⟨*lika i pl*⟩ SB svävare
how /haʊ/ ADV 1 hur 2 *i utrop* vad, så ⟨**H~ nice of you!**⟩
★ **H~ are you?** Hur står det till? **H~ come?** Hur kommer det sig?, **H~ do you do?** Goddag!
howdy /ˈhaʊdɪ/ INTERJ *US* hej
however¹ /haʊˈevə/ ADV 1 hur ... än ⟨**the match will be played ~ much it may rain**⟩ 2 hur i all världen ⟨**H~ could you guess?**⟩
however² /haʊˈevə/ KONJ emellertid, men ⟨**later, ~, he changed his mind**⟩
howl /haʊl/ VB 1 yla, tjuta, skrika ⟨**~ with laughter**⟩ 2 *om vind* vina, tjuta
☐ **howl down** överrösta, tysta ner
howler /ˈhaʊlə/ SB tabbe, groda, blunder
HP, h.p. → hire purchase, horsepower
HQ → headquarters
hub /hʌb/ SB 1 nav 2 *bildl* centrum
hubbub /ˈhʌbʌb/ SB oväsen, uppståndelse ⟨**What's all the ~?**⟩
hubby /ˈhʌbɪ/ SB *vard* make, gubbe
hubcap /ˈhʌbkæp/ SB navkapsel
huddle¹ /ˈhʌdl/ VB 1 sitta hop|kurad (-krupen) 2 **~ [together]** tränga (kura) ihop sig, trycka sig intill varandra 3 *US* konferera
huddle² /ˈhʌdl/ SB 1 skock, klunga 2 massa, hög ⟨**a ~ of clothes**⟩ 3 **go into a ~** *US* konferera *i hemlighet*
hue /hjuː/ SB färg[nyans]
hue and cry /ˌhjuːənˈkraɪ/ SB högljudda protester, ramaskri
huff /hʌf/ SB **in a ~** förnärmad, kränkt, trampad på tårna
huffy /ˈhʌfɪ/ ADJ 1 sur, förnärmad 2 snarstucken
hug¹ /hʌg/ VB 1 krama 2 kramas 3 hålla nära ⟨**~ the coast**⟩ 4 hålla (klamra sig) fast vid *åsikter, tro*
hug² /hʌg/ SB kram
huge /hjuːdʒ/ ADJ väldig, enorm
hulk /hʌlk/ SB 1 skeppsvrak, gammalt skrov 2 stor och otymplig karl, åbäke
hulking /ˈhʌlkɪŋ/ ADJ stor och otymplig
hull /hʌl/ SB [fartygs]skrov
hullabaloo /ˌhʌləbəˈluː/ SB ståhej, uppståndelse **make a ~** väsnas
hullo → hello
hum¹ /hʌm/ VB 1 surra, brumma 2 nynna 3 mumla
★ **be ~ming [with activity]** sjuda av liv och rörelse
hum² /hʌm/ SB 1 surr[ande], brum[mande], sorl 2 [trafik]brus
human /ˈhjuːmən/ 1 ADJ mänsklig, människo- **the ~ race** människosläktet 2 SB människa
humane /hjuːˈmeɪn/ ADJ human, mänsklig, skonsam
humanism /ˈhjuːmənˌɪzəm/ SB humanism
humanitarian /hjuːˌmænɪˈteərɪən/ 1 ADJ humanitär 2 SB människovän, filantrop
humanity /hjuːˈmænətɪ/ SB 1 mänsklighet, människovänlighet 2 mänskligheten, människosläktet
humble¹ /ˈhʌmbl/ ADJ 1 ödmjuk 2 ringa, anspråkslös ⟨**a ~ home, a ~ meal**⟩, **in my ~ opinion** enligt min enkla mening
★ **eat ~ pie** → eat
humble² /ˈhʌmbl/ VB förödmjuka **~ oneself** ödmjuka sig
humbug /ˈhʌmbʌg/ SB humbug, bluff
humdrum /ˈhʌmdrʌm/ ADJ enahanda, tråkig, banal
humid /ˈhjuːmɪd/ ADJ *spec om luft* fuktig
humidity /hjuːˈmɪdətɪ/ SB [luft]fuktighet
humiliate /hjuːˈmɪlɪeɪt/ VB förödmjuka
humiliation /hjuːˌmɪlɪˈeɪʃn/ SB förödmjukelse
humility /hjuːˈmɪlətɪ/ SB ödmjukhet
humorist /ˈhjuːmərɪst/ SB humorist
humorous /ˈhjuːmərəs/ ADJ humoristisk, skämtsam
humour¹ /ˈhjuːmə/ (*US* humor) SB 1 humor **he has no sense of ~** han har ingen humor **the ~ of a situation** det roliga (komiska) i en situation 2 *frml* humör, stämning
humour² /ˈhjuːmə/ (*US* ⇑) VB låta ⟨ngn⟩ få sin vilja fram, blidka
hump /hʌmp/ SB 1 puckel 2 knöl, kulle

★ **be over the ~** ha det värsta bakom sig **it gives me the ~s** GB jag får spader [av det]
hunch¹ /hʌntʃ/ SB aning, intuition, ingivelse **act on a ~** följa en ingivelse **have a ~** äv ha på känn
hunch² /hʌntʃ/ VB spec om rygg o axlar böja, kröka
hunchback /'hʌntʃbæk/ SB puckelrygg
hunchbacked /'hʌntʃbækt/ ADJ puckelryggig
hundred /'hʌndrəd/ **1** RÄKN hundra ⟨a ~ pounds⟩ **2** SB hundratal ⟨~s of people⟩, **by the ~** i hundratal
hundredth /'hʌndrədθ/ **1** RÄKN hundrade **2** SB hundradel
hundredweight /'hʌndrədweɪt/ ⟨förk **cwt**⟩ SB i GB 112 pounds=50,8 kg, i US 100 pounds=45,36 kg
hung → hang¹
Hungarian /hʌŋ'geərɪən/ **1** ADJ ungersk **2** SB ungrare **3** SB ungerska [språket]
Hungary /'hʌŋgərɪ/ SB Ungern
hunger¹ /'hʌŋgə/ SB **1** hunger **2** bildl hunger, törst ⟨for efter⟩ **~ for power** maktbegär
hunger² /'hʌŋgə/ VB vara hungrig, svälta
□ **hunger for** bildl hungra (törsta) efter ⟨~ love⟩
hung over /ˌhʌŋ 'əʊvə/ ADJ bakfull
hungry /'hʌŋgrɪ/ ADJ hungrig
hung up /ˌhʌŋ 'ʌp/ ADJ **1** försenad **2** skärrad, nervös
★ **be ~** vard vara hämmad, ha hämningar **be ~ on sth** ha fått ngt på hjärnan, vara fixerad vid ngt
hunk /hʌŋk/ SB **1** stort stycke, tjock skiva ⟨a ~ of bread⟩ **2** he-man
hunt¹ /hʌnt/ VB **1** jaga **2** GB jaga räv, rida efter räv
□ **hunt down** a) jaga till döds b) infånga
□ **hunt for** leta efter
□ **hunt out (up)** leta reda på, snoka upp
hunt² /hʌnt/ SB **1** jakt ⟨for efter⟩ **2** letande **3** GB rävjakt till häst **4** GB jaktlag vid rävjakt
hunter /'hʌntə/ SB [storvilts]jägare
hunting /'hʌntɪŋ/ SB jakt
huntsman /'hʌntsmən/ SB jägare spec som jagar räv till häst
hurdle /'hɜːdl/ SB **1** äv bildl hinder **2** friidrott häck **hurdles** häck[löpning] ⟨400 metre ~s⟩
hurl /hɜːl/ VB kasta, slunga, vräka

hurly-burly /'hɜːlɪˌbɜːlɪ/ SB oväsen, villervalla
hurrah /hə'rɑː/, **hurray** /hə'reɪ/ INTERJ hurra
hurricane /'hʌrɪkən, spec US -keɪn/ SB orkan
hurried /'hʌrɪd/ ADJ hastig, brådstörtad, jäktad **write a few ~ lines** skriva några rader i all hast
hurry¹ /'hʌrɪ/ VB **1** skynda sig ⟨they hurried home⟩ **2** skynda på, jäkta ⟨Don't ~ me!⟩ **3** snabbt (i ilfart) föra ⟨we were hurried to the airport⟩
□ **hurry up** skynda sig
hurry² /'hʌrɪ/ SB brådska ⟨there's no ~⟩, **What's the ~?** Vad är det för brådska?, Det är ingen brådska!, Ta't lugnt!
★ **in a ~** a) hastigt, i all hast b) i brådrasket ⟨she won't forget that in a ~⟩, **be in a ~** ha bråttom **he was in no ~ to leave** han gjorde sig ingen brådska att gå
hurt¹ /hɜːt/ ⟨hurt, hurt⟩ VB **1** skada **2** **~ oneself** göra sig illa, slå sig **3** såra ⟨he was ~ by your remark⟩ **4** göra ont **my leg ~s** det gör ont i benet [på mig]
hurt² /hɜːt/ SB skada **it was a ~ to her pride** det sårade hennes stolthet
hurtful /'hɜːtfʊl/ ADJ sårande
hurtle /'hɜːtl/ VB rusa, braka (dundra) fram
husband /'hʌzbənd/ SB [äkta] man, make
hush¹ /hʌʃ/ VB **1** hyssja åt **2** vyssja ⟨~ a baby to sleep⟩ **3** tysta ner **4** tystna
□ **hush up** tysta ner, mörklägga ⟨the police tried to hush the matter up⟩
hush² /hʌʃ/ SB tystnad, stillhet
hush³ /hʌʃ/ INTERJ Sch!, Tyst!
hush-hush /ˌhʌʃ'hʌʃ/ ADJ hemlig
husk /hʌsk/ SB skal på säd **~s** agnar
husky /'hʌskɪ/ ADJ **1** hes **2** vard kraftig, stor och stark
hustle¹ /'hʌsl/ VB **1** knuffa, fösa **2** knuffas, trängas **3** tvinga, pressa, lura ⟨~ sb into doing sth⟩
hustle² /'hʌsl/ SB jäkt, rush
★ **~ and bustle** liv och rörelse
hustler /'hʌslə/ SB **1** spec US skojare **2** US fnask
hut /hʌt/ SB hydda
hutch /hʌtʃ/ SB bur ⟨rabbit ~⟩
hyacinth /'haɪəsɪnθ/ SB hyacint
hybrid /'haɪbrɪd/ SB hybrid, blandform
hydrant /'haɪdrənt/ SB vattenpost

hydroelectric /ˌhaɪdrəˈlektrɪk/ ADJ
~ **power** vattenkraft
hydrofoil /ˈhaɪdrəfɔɪl/ SB bärplansbåt, flygbåt
hydrogen /ˈhaɪdrədʒən/ SB väte
hydrogen bomb SB vätebomb
hygiene /ˈhaɪdʒiːn/ SB hygien
hygienic /haɪˈdʒiːnɪk/ ADJ hygienisk
hymn /hɪm/ SB **1** hymn, lovsång **2** psalm ⟨a ~ book⟩
hype /haɪp/ SB *vard* överdriven reklam (PR) ⟨media ~⟩
hyped up /ˌhaɪpt ˈʌp/ ADJ *vard* **1** uppreklamerad **2** hög, påtänd **3** exalterad, nervös
hypermarket /ˈhaɪpəˌmɑːkɪt/ SB *GB* stormarknad
hyphen /ˈhaɪfn/ SB bindestreck
hypnosis /hɪpˈnəʊsɪs/ SB hypnos
hypnotist /ˈhɪpnətɪst/ SB hypnotisör
hypnotize /ˈhɪpnətaɪz/ VB hypnotisera
hypochondriac /ˌhaɪpəˈkɒndrɪæk/ **1** SB hypokonder *person med sjuklig omsorg om sin hälsa* **2** ADJ hypokondrisk
hypocrisy /hɪˈpɒkrəsɪ/ SB hyckleri
hypocrite /ˈhɪpəkrɪt/ SB hycklare
hypocritical /ˌhɪpəˈkrɪtɪkl/ ADJ hycklande
hypodermic /ˌhaɪpəˈdɜːmɪk/ **1** SB injektionsspruta, kanyl **2** ADJ injektions- ~ **needle** *a)* kanyl *b)* injektionsspruta ~ **syringe** injektionsspruta
hypothesis /haɪˈpɒθɪsɪs/ ⟨*pl* **hypotheses** /-iːz/⟩ SB hypotes
hypothetical /ˌhaɪpəˈθetɪkl/ ADJ hypotetisk
hysteria /hɪˈstɪərɪə/ SB hysteri
hysterical /hɪˈsterɪkl/ ADJ hysterisk
hysterics /hɪˈsterɪks/ SB hysteriskt anfall
go into ~ bli hysterisk, få ett hysteriskt anfall

I

I /aɪ/ PRON jag
ice¹ /aɪs/ SB **1** is **2** *GB* glass, *US* isglass, sorbet
★ **cut no** ~ → **cut¹** ⇓
ice² /aɪs/ VB **1** kyla ner, lägga på is **2** glasera ⟨~ **a cake**⟩
☐ **ice over (up)** bli nedisad, frysa
ice age /ˈaɪseɪdʒ/ SB istid
iceberg /ˈaɪsbɜːg/ SB isberg
icebound /ˈaɪsˌbaʊnd/ ADJ tillfrusen, infrusen
icebox /ˈaɪsbɒks/ SB **1** frysfack **2** isskåp **3** *spec US* kylskåp
ice-cream /ˌaɪsˈkriːm, *spec US* ˈaɪskriːm/ SB glass
Iceland /ˈaɪslənd/ SB Island
Icelander /ˈaɪsləndə/ SB isländing
Icelandic /aɪsˈlændɪk/ **1** ADJ isländsk **2** SB isländska [språket]
ice pack /ˈaɪspæk/ SB isblåsa, kylklamp
ice skate /ˈaɪsskeɪt/ SB skridsko
ice-skate /ˈaɪsskeɪt/ VB åka skridsko
icicle /ˈaɪsɪkl/ SB istapp
icily /ˈaɪsɪlɪ/ ADV iskallt, isande
icing /ˈaɪsɪŋ/ SB **1** *kok* glasyr **2** *ishockey* icing
icy /ˈaɪsɪ/ ADJ **1** iskall **2** isig, isbelagd
I'd = I had, I would
ID card /ˌaɪˈdiːkɑːd/ SB ID-kort
idea /aɪˈdɪə/ SB **1** idé, uppslag **2** aning **have an ~ that** ... ana att ... **3** idé, föreställning **4** uppfattning, åsikt **5** mening, avsikt **What's the big ~?** *vard* Vad ska det här betyda?
★ **get the** ~ förstå, fatta **not be a bad** ~ inte vara så dumt, vara trevligt **put ~s into sb's head** sätta griller i huvudet på ngn **that's the** ~ just det (så)
ideal /aɪˈdɪəl/ **1** ADJ idealisk, ideal- **2** SB ideal
idealist /aɪˈdɪəlɪst/ SB idealist
idealistic /aɪˌdɪəˈlɪstɪk/ ADJ idealistisk
idealize /aɪˈdɪəlaɪz/ VB idealisera

identical /aɪˈdentɪkl/ ADJ identisk ⟨to, with med⟩
identification /aɪˌdentɪfɪˈkeɪʃn/ SB **1** identifiering **2** legitimation
identify /aɪˈdentɪfaɪ/ VB **1** identifiera, känna igen **2** fastställa ⟨~ the cause of sth⟩ **3** ~ oneself legitimera sig
▫ **identify with** identifiera sig med
identity /aɪˈdentətɪ/ SB identitet
ideology /ˌaɪdɪˈɒlədʒɪ/ SB ideologi
idiom /ˈɪdɪəm/ SB idiom
idiomatic /ˌɪdɪəˈmætɪk/ ADJ idiomatisk
idiot /ˈɪdɪət/ SB idiot
idiotic /ˌɪdɪˈɒtɪk/ ADJ idiotisk
idle[1] /ˈaɪdl/ ADJ **1** sysslolös **2** arbetslös **3** oanvänd, ur drift **the machines lie ~** maskinerna står stilla **4** lat, lättjefull **5** gagnlös, lönlös, resultatlös ⟨~ discussions⟩ **6** grundlös ⟨~ rumours⟩, ~ **threat** tomt hot
idle[2] /ˈaɪdl/ VB **1** slöa, lata sig **2** tekn gå på tomgång
▫ **idle away** slösa bort, fördriva ⟨~ a few hours⟩
idol /ˈaɪdl/ SB **1** idol **2** avgud
idolize /ˈaɪdəlaɪz/ VB avguda
idyll /ˈɪdl, US ˈaɪdl/ SB idyll
idyllic /ɪˈdɪlɪk, US aɪ-/ ADJ idyllisk
i.e. /ˌaɪˈiː/ ⟨förk f id est, utläses som that is⟩ dvs.
if[1] /ɪf/ KONJ **1** om, ifall **2** fast, om än ⟨a nice ~ noisy girl⟩
★ ~ **any** eventuell ⟨questions, ~ any, can be put after the lecture⟩, ~ **anything** snarare ⟨he was more like his mother, ~ anything⟩
if[2] /ɪf/ SB om ⟨there are two big ~s⟩
★ **~s and buts** om och men
ignite /ɪgˈnaɪt/ VB **1** antända **2** fatta eld
ignition /ɪgˈnɪʃn/ SB **1** antändning **2** bil tändning
ignoble /ɪgˈnəʊbl/ ADJ skamlig, gemen, vanhedrande
ignominious /ˌɪgnəˈmɪnɪəs/ ADJ vanhedrande, skändlig, skamlig
ignoramus /ˌɪgnəˈreɪməs/ SB dumhuvud
ignorance /ˈɪgnərəns/ SB okunnighet ⟨of om⟩
ignorant /ˈɪgnərənt/ ADJ **1** okunnig, ovetande ⟨of, about om⟩ **2** obildad
ignore /ɪgˈnɔː/ VB nonchalera, ignorera, inte bry sig om
ill[1] /ɪl/ ⟨worse, worst⟩ **1** ADJ sjuk **fall (be taken) ~** bli sjuk **2** ADJ dålig ⟨~ health⟩, ~ **deed** ogärning **do sb an ~ turn** handla illa mot ngn ~ **effects** skadliga följder ~ **luck** otur ~ **repute** dåligt anseende ~ **will** illvilja **3** SB skada **do ~ to sb** handla illa mot ngn **4** SB ont ⟨I wish her no ~⟩ **5** SB **ills** svårigheter, missförhållanden ⟨social ~⟩
★ ~ **at ease** illa till mods **it's an ~ wind that blows nobody any good** inget ont som inte har något gott med sig
ill[2] /ɪl/ ⟨worse, worst⟩ ADV illa ⟨speak ~ of⟩, **bode ~** vara illavarslande
I'll = I will
ill-advised /ˌɪlədˈvaɪzd/ ADJ mindre välbetänkt, oklok
ill-bred /ˌɪlˈbred/ ADJ ouppfostrad
illegal /ɪˈliːgl/ ADJ olaglig
illegible /ɪˈledʒəbl/ ADJ oläslig, oläsbar
illegitimate /ˌɪləˈdʒɪtəmət/ ADJ **1** utomäktenskaplig **2** olaglig, illegitim
illicit /ɪˈlɪsɪt/ ADJ **1** olovlig, gjord i smyg **2** olaglig
illiteracy /ɪˈlɪtərəsɪ/ SB **1** analfabetism **2** obildning
illiterate /ɪˈlɪtərət/ **1** ADJ ej läs- och skrivkunnig **2** ADJ [totalt] obildad **3** SB analfabet
ill-mannered /ˌɪlˈmænəd/ ADJ ohyfsad
ill-natured /ˌɪlˈneɪtʃəd/ ADJ elak, illasinnad
illness /ˈɪlnəs/ SB sjukdom
illogical /ɪˈlɒdʒɪkl/ ADJ ologisk
ill-tempered /ˌɪlˈtempəd/ ADJ misslynt, vresig
illuminate /ɪˈluːmɪneɪt/ VB **1** upplysa, belysa **2** illuminera
illusion /ɪˈluːʒn/ SB illusion
★ **be under an (the) ~** missta (bedra) sig **be under the ~ that** ... leva i den [falska] föreställningen att ...
illusory /ɪˈluːsərɪ/, **illusive** /ɪˈluːsɪv/ ADJ illusorisk, bedräglig, gäckande
illustrate /ˈɪləstreɪt/ VB illustrera, bildl äv belysa
illustrator /ˈɪləstreɪtə/ SB illustratör
illustrious /ɪˈlʌstrɪəs/ ADJ lysande, berömd, illuster
I'm = I am
image /ˈɪmɪdʒ/ SB **1** bild [mirror] ~ spegelbild **2** avbild **3** profil, framtoning, image
★ **be the [living] ~ of sb** vara någon upp i dagen
imagery /ˈɪmɪdʒərɪ/ SB bildspråk

imaginable /ɪˈmædʒɪnəbl/ ADJ tänkbar, upptänklig
imaginary /ɪˈmædʒɪnərɪ/ ADJ inbillad ⟨~ **fears**⟩, uppdiktad ~ **figure** fantasifigur
imagination /ɪˌmædʒɪˈneɪʃn/ SB **1** fantasi[er], inbillning ⟨**it was all ~**⟩ **2** fantasi[fullhet], inbillningsförmåga ⟨**lack ~**⟩
imaginative /ɪˈmædʒɪnətɪv/ ADJ fantasi|rik, -full, fantasi-
imagine /ɪˈmædʒɪn/ VB **1** föreställa (tänka) sig **2** inbilla sig, få för sig **3** tro, förmoda
★ **I~ that!** Kan man tänka sig!
imbecile /ˈɪmbəsiːl, US -səl/ **1** SB imbecill person, *vard* idiot, dumskalle **2** ADJ imbecill, *vard* dum, idiotisk
imbibe /ɪmˈbaɪb/ VB **1** *skämts* dricka **2** insupa, suga i sig ⟨**~ knowledge**⟩
imitate /ˈɪmɪteɪt/ VB imitera, härma, efterlikna
imitation /ˌɪmɪˈteɪʃn/ SB **1** imitation, efterhärmning **2** *attribut* imiterad, falsk, oäkta
imitator /ˈɪmɪteɪtə/ SB **1** imitatör **2** efter|apare, -bildare, -härmare
immaculate /ɪˈmækjʊlət/ ADJ fläckfri, felfri, oklanderlig
immaterial /ˌɪməˈtɪərɪəl/ ADJ **1** irrelevant **2** okroppslig
immature /ˌɪməˈtjʊə/ ADJ omogen, outvecklad
immaturity /ˌɪməˈtjʊərətɪ/ SB omognad
immediate /ɪˈmiːdɪət/ ADJ omedelbar
immediately /ɪˈmiːdɪətlɪ/ ADV **1** omedelbart, genast **2** direkt ⟨**be ~ involved**⟩
immense /ɪˈmens/ ADJ ofantlig, oerhörd, enorm
immensity /ɪˈmensətɪ/ SB väldig omfattning
immerse /ɪˈmɜːs/ VB **1** sänka (doppa) ner **2 ~ oneself in one's work** gå helt upp i sitt arbete **~d in thought** försjunken i tankar
immigrant /ˈɪmɪɡrənt/ SB invandrare
immigrate /ˈɪmɪɡreɪt/ VB invandra
immigration /ˌɪmɪˈɡreɪʃn/ SB invandring
imminent /ˈɪmɪnənt/ ADJ överhängande, nära förestående
immobile /ɪˈməʊbaɪl, US -bəl/ ADJ orörlig
immoral /ɪˈmɒrəl/ ADJ omoralisk
immorality /ˌɪməˈrælətɪ/ SB **1** omoral **the ~ of** det omoraliska i **2** omoralisk handling
immortal /ɪˈmɔːtl/ ADJ odödlig
immune /ɪˈmjuːn/ ADJ immun ⟨**against, to** mot⟩, oemottaglig ⟨**to** för⟩, skyddad ⟨**from** för, mot⟩
imp /ɪmp/ SB **1** smådjävul **2** satunge, rackarunge
impact /ˈɪmpækt/ SB **1** stöt, kollision **2** *om projektil* nedslag **3** kraft ⟨**the ~ of a blow**⟩ **4** inverkan, påverkan **make an ~ on** göra intryck på, påverka
impair /ɪmˈpeə/ VB försämra, skada **~ed hearing** nedsatt hörsel
impart /ɪmˈpɑːt/ VB **1** förläna, skänka **2** meddela ⟨**~ news**⟩
impartial /ɪmˈpɑːʃl/ ADJ opartisk
impasse /æmˈpɑːs, US ˈɪmpæs/ SB dödläge, återvändsgränd
impatience /ɪmˈpeɪʃns/ SB otålighet
impatient /ɪmˈpeɪʃnt/ ADJ otålig ⟨**about** i fråga om **at sth** över ngt **with sb** på ngn⟩ **be ~ for** otåligt vänta på
impeccable /ɪmˈpekəbl/ ADJ oklanderlig
impede /ɪmˈpiːd/ VB hindra, hämma, försvåra
impediment /ɪmˈpedɪmənt/ SB hinder **speech ~** talfel
impel /ɪmˈpel/ VB driva, tvinga, mana
impending /ɪmˈpendɪŋ/ ADJ överhängande, nära förestående
impenetrable /ɪmˈpenɪtrəbl/ ADJ **1** ogenomtränglig **2** obegriplig
imperative /ɪmˈperətɪv/ **1** ADJ absolut nödvändig **2** ADJ befallande, myndig ⟨**in an ~ tone of voice**⟩ **3** ADJ imperativisk, imperativ- **4** SB imperativ
imperceptible /ˌɪmpəˈseptəbl/ ADJ omärklig, omärkbar
imperfect /ɪmˈpɜːfɪkt/ ADJ bristfällig, felaktig, ofullkomlig
imperial /ɪmˈpɪərɪəl/ ADJ kejserlig, majestätisk
imperialism /ɪmˈpɪərɪəlɪzəm/ SB imperialism
impersonal /ɪmˈpɜːsnəl/ ADJ opersonlig
impersonate /ɪmˈpɜːsəneɪt/ VB **1** imitera **2** uppträda som, ge sig ut för att vara
impersonation /ɪmˌpɜːsəˈneɪʃn/ SB imitation
impersonator /ɪmˈpɜːsəneɪtə/ SB imitatör
impertinent /ɪmˈpɜːtɪnənt/ ADJ närgången, näsvis, oförskämd
imperturbable /ˌɪmpəˈtɜːbəbl/ ADJ orubblig

impetuous /ɪmˈpetʃʊəs/ ADJ häftig, impulsiv

impetus /ˈɪmpɪtəs/ SB **1** kraft, fart **2** drivkraft, stimulans

implant¹ /ɪmˈplɑːnt/ VB **1** inplanta, inprägla ⟨**in hos**⟩ **2** implantera, operera in ⟨~ **a new heart in sb**⟩

implant² /ˈɪmplɑːnt/ SB implantat

implausible /ɪmˈplɔːzəbl/ ADJ osannolik

implement¹ /ˈɪmplɪmənt/ SB verktyg, redskap

implement² /ˈɪmplɪment/ VB genomföra, implementera, sätta i verket

implicate /ˈɪmplɪkeɪt/ VB dra (blanda) in ⟨~ **sb in crime**⟩

implication /ˌɪmplɪˈkeɪʃn/ SB **1** insinuation, antydan **by** ~ antydningsvis, underförstått **2** innebörd **3** konsekvens, följd **4** inblandning

implicit /ɪmˈplɪsɪt/ ADJ **1** underförstådd, outtalad ⟨**an** ~ **threat**⟩ **2** obetingad, blind ⟨**have** ~ **trust in**⟩

implore /ɪmˈplɔː/ VB bönfalla

imply /ɪmˈplaɪ/ VB **1** tyda på **2** antyda, låta påskina **3** medföra, innebära ⟨**rights** ~ **duties**⟩

impolite /ˌɪmpəˈlaɪt/ ADJ oartig

import¹ /ɪmˈpɔːt/ VB importera

import² /ˈɪmpɔːt/ SB **1** import|vara, -artikel **2** import ⟨**the** ~ **of cars**⟩ **3** imports import[en] *värde el mängd* ⟨**this year ~s have gone up**⟩

importance /ɪmˈpɔːtəns/ SB betydelse, vikt

important /ɪmˈpɔːtənt/ ADJ viktig, betydande, betydelsefull

importer /ɪmˈpɔːtə/ SB importör, importfirma

impose /ɪmˈpəʊz/ VB **1** lägga ʹpå ⟨~ **a new tax on tobacco**⟩, införa ⟨~ **restrictions**⟩, utdöma ⟨~ **a fine**⟩ **2** tvinga, pracka ⟨~ **one's views on sb**⟩ **3** ~ **oneself on sb** tränga sig på ngn
□ **impose on** utnyttja, vara till besvär för

imposing /ɪmˈpəʊzɪŋ/ ADJ imponerande

impossibility /ɪmˌpɒsəˈbɪlətɪ/ SB omöjlighet

impossible /ɪmˈpɒsəbl/ ADJ omöjlig

impossibly /ɪmˈpɒsəblɪ/ ADV **1** omöjligt **2** hopplöst ⟨~ **difficult**⟩ **3** otroligt, ofattbart

impostor /ɪmˈpɒstə/ SB bedragare, skojare

impotent /ˈɪmpətənt/ ADJ **1** kraftlös, maktlös **2** impotent

impracticable /ɪmˈpræktɪkəbl/ ADJ ogenomförbar

impractical /ɪmˈpræktɪkl/ ADJ **1** opraktisk **2** ogenomförbar, orealistisk

impregnable /ɪmˈpregnəbl/ ADJ **1** ointaglig, okuvlig **2** ovedersäglig, obestridlig

impregnate /ˈɪmpregneɪt, US ɪmˈpreg-/ VB **1** genomsyra, genomdränka **2** impregnera **3** befrukta, göra havande

impress /ɪmˈpres/ VB göra intryck på, imponera på **be ~ed by** vara imponerad av
□ **impress on** inskärpa hos

impression /ɪmˈpreʃn/ SB **1** intryck **be under the ~ that** ... ha fått intrycket att ... **2** imitation ⟨**he did a marvellous** ~ **of his teacher**⟩ **3** avtryck, märke **4** *bok* tryckning

impressionable /ɪmˈpreʃnəbl/ ADJ lättpåverkad

impressive /ɪmˈpresɪv/ ADJ imponerande, effektfull

imprison /ɪmˈprɪzn/ VB sätta i fängelse

imprisonment /ɪmˈprɪznmənt/ SB fängelsestraff

improbable /ɪmˈprɒbəbl/ ADJ osannolik

impromptu /ɪmˈprɒmptjuː, US -tuː/ ADJ oförberedd, improviserad

improper /ɪmˈprɒpə/ ADJ **1** olämplig, opassande, felaktig **2** oanständig **3** ohederlig, olaglig

improve /ɪmˈpruːv/ VB **1** förbättra, utveckla **2** bli bättre, förbättras
□ **improve on** förbättra

improvement /ɪmˈpruːvmənt/ SB förbättring

improvisation /ˌɪmprəvaɪˈzeɪʃn/ SB improvisation

improvise /ˈɪmprəvaɪz/ VB improvisera

imprudent /ɪmˈpruːdənt/ ADJ oförståndig, oklok

impudent /ˈɪmpjʊdənt/ ADJ oförskämd, fräck

impulse /ˈɪmpʌls/ SB impuls
★ **on [an]** ~ impulsivt

impulsive /ɪmˈpʌlsɪv/ ADJ impulsiv

impunity /ɪmˈpjuːnətɪ/ SB **with** ~ ostraffat, utan risk [för straff]

impure /ɪmˈpjʊə/ ADJ oren

in¹ /ɪn/ ⟨↔ resp huvudord⟩ PREP
1 *i rumsuttryck* i ⟨**live ~ a village**⟩, på ⟨**~ the field, ~ the picture, ~ the sky**⟩, inom ⟨**~ parenthesis**⟩, vid ⟨**they live ~ the square**⟩, åt ⟨**~ every direction**⟩
2 *i tidsuttryck* på ⟨**~ the morning, ~ winter, learn to type ~ two weeks**⟩, om ⟨**I'll be back ~ an hour**⟩, under ⟨**~ the Middle Ages**⟩
3 *i andra uttryck* med ⟨**speak ~ a low voice, written ~ ink**⟩, på ⟨**~ English, ~ this way, rich (poor) ~ vitamins**⟩

in² /ɪn/ ADV **1** in ⟨**come ~**⟩ **2** inne **~ here** här inne
★ **be ~ for** komma att få, kunna vänta sig ⟨**he's ~ for a big surprise**⟩, **be ~ on** a) vara med i, delta i b) känna till ⟨**be ~ on a secret**⟩, **be ~ with sb** ligga bra till hos ngn **have it ~ for sb** vara elak mot ngn

in³ /ɪn/ **1** ADJ *GB* inkommande ⟨**the ~ train**⟩ **2** ADJ inne, på modet **an ~ place** ett inneställe **3** SB **know all the ~s and outs of sth** känna ngt utan och innan

in. → **inch¹**

inability /ˌɪnə'bɪlətɪ/ SB oförmåga
inaccessible /ˌɪnæk'sesəbl/ ADJ otillgänglig
inaccuracy /ɪn'ækjərəsɪ/ SB **1** bristande exakthet **2** fel[aktighet], brist
inaccurate /ɪn'ækjərət/ ADJ felaktig, oriktig
inadequacy /ɪn'ædɪkwəsɪ/ SB otillräcklighet
inadequate /ɪn'ædɪkwət/ ADJ otillräcklig, inadekvat
inalienable /ɪn'eɪlɪənəbl/ ADJ oförytterlig ⟨**~ rights**⟩
inane /ɪ'neɪn/ ADJ fånig, idiotisk, meningslös
inanimate /ɪn'ænɪmət/ ADJ livlös
inappropriate /ˌɪnə'prəʊprɪət/ ADJ olämplig, opassande
inaudible /ɪn'ɔ:dəbl/ ADJ ohörbar
inaugural /ɪ'nɔ:gjʊrəl/ ADJ öppnings-, invignings-
inaugurate /ɪ'nɔ:gjəreɪt/ VB **1** inviga, öppna **2** installera **3** inleda ⟨**~ a new era**⟩
inborn /'ɪnbɔ:n/ ADJ medfödd
inbred /ˌɪn'bred/ ADJ **1** medfödd **2** orsakad av inavel
Inc. /ɪŋk/ ⟨*förk f* incorporated⟩ *US* AB *i företagsnamn*
incalculable /ɪn'kælkjʊləbl/ ADJ **1** oberäknelig **2** oöverskådlig, oändlig
incapable /ɪn'keɪpəbl/ ADJ **1** oförmögen, ur stånd ⟨**be ~ of doing sth**⟩ **2** oduglig
incapacity /ˌɪnkə'pæsətɪ/ SB oförmåga
incarnate /ɪn'kɑ:nət/ ADJ förkroppsligad, personifierad
incendiary /ɪn'sendɪərɪ/ ADJ brand- ⟨**~ bomb, ~ speech**⟩
incense /'ɪnsens/ SB rökelse
incentive /ɪn'sentɪv/ SB sporre, stimulans[åtgärd], incitament
incessant /ɪn'sesnt/ ADJ oupphörlig, ständig
incest /'ɪnsest/ SB incest
inch¹ /ɪntʃ/ ⟨*förk* **in.**⟩ SB tum *2,54 cm*
he escaped death by an ~ han var en hårsmån från döden
★ **by ~es** på ett hår när **be every ~ a gentleman** vara gentleman ut i fingerspetsarna **be (come) within an ~ of** vara mycket nära att **every ~** a) i varje avseende b) varje liten bit (gnutta) **~ by ~** sakta men säkert
inch² /ɪntʃ/ VB flytta [sig] bit för bit
incident /'ɪnsɪdənt/ SB händelse, incident
incidental /ˌɪnsɪ'dentl/ ADJ tillfällig **be ~ to** hänga ihop med **~ music** filmmusik, scenmusik
incidentally /ˌɪnsɪ'dentəlɪ/ ADV **1** förresten, i förbigående sagt **2** av en tillfällighet
incinerator /ɪn'sɪnəreɪtə/ SB förbränningsugn
incision /ɪn'sɪʒn/ SB snitt, skåra
incite /ɪn'saɪt/ VB egga [till], hetsa [till] ⟨**~ [to] revolt**⟩
inclination /ˌɪnklɪ'neɪʃn/ SB **1** håg, lust, böjelse **2** benägenhet, anlag **3** lutning, sluttning
incline¹ /ɪn'klaɪn/ VB **1** luta, slutta **2** få, förmå
□ **incline towards** a) luta åt ⟨**~ an opinion**⟩ b) ha en benägenhet för ⟨**~ depressions**⟩
incline² /'ɪnklaɪn/ SB sluttning, lutning
inclined /ɪn'klaɪnd/ ADJ **1** benägen, böjd **2** lagd ⟨**be artistically ~**⟩
include /ɪn'klu:d/ VB inkludera, innefatta, inräkna
inclusive /ɪn'klu:sɪv/ ADJ **1** inkluderande allt **an ~ charge** en avgift som inkluderar allt **~ tour** paketresa **be ~ of** inkludera **2 pages 3 to 9 ~** sidorna 3 till och med 9

incoherent /ˌɪnkəʊˈhɪərənt/ ADJ
osammanhängande, inkonsekvent
income /ˈɪnkʌm/ SB inkomst[er]
incoming /ˈɪnˌkʌmɪŋ/ ADJ **1** inkommande, ankommande **2** tillträdande ⟨the ~ president⟩
incomparable /ɪnˈkɒmpərəbl/ ADJ ojämförlig
incompatible /ˌɪnkəmˈpætəbl/ ADJ oförenlig **be ~** *äv* inte kunna dra jämnt
incompetence /ɪnˈkɒmpɪtəns/ SB inkompetens
incompetent /ɪnˈkɒmpɪtənt/ ADJ inkompetent
incomprehensible /ɪnˌkɒmprɪˈhensəbl/ ADJ obegriplig
inconceivable /ˌɪnkənˈsiːvəbl/ ADJ **1** ofattbar **2** otänkbar, omöjlig att föreställa sig
incongruous /ɪnˈkɒŋgruəs/ ADJ avvikande, udda, oförenlig
inconsiderate /ˌɪnkənˈsɪdərət/ ADJ hänsynslös, taktlös
inconsistent /ˌɪnkənˈsɪstənt/ ADJ inkonsekvent
inconvenience[1] /ˌɪnkənˈviːnɪəns/ SB besvär, olägenhet **put sb to ~s** vålla ngn besvär
inconvenience[2] /ˌɪnkənˈviːnɪəns/ VB besvära, förorsaka besvär, störa
inconvenient /ˌɪnkənˈviːnɪənt/ ADJ besvärlig, obekväm, oläglig
incorporate /ɪnˈkɔːpəreɪt/ VB medta, införliva, inkorporera ⟨**into** i⟩
incorrect /ˌɪnkəˈrekt/ ADJ oriktig, felaktig
incorrigible /ɪnˈkɒrɪdʒəbl/ ADJ oförbätterlig
increase[1] /ɪnˈkriːs/ VB öka
increase[2] /ˈɪŋkriːs/ SB ökning, [för]höjning
★ **be on the ~** öka, stiga, tillta
increasingly /ɪnˈkriːsɪŋlɪ/ ADV mer och mer **~ difficult** allt svårare
incredible /ɪnˈkredəbl/ ADJ otrolig
incredulous /ɪnˈkredjʊləs/ ADJ skeptisk, tvivlande, klentrogen
incriminate /ɪnˈkrɪmɪneɪt/ VB
1 misstänkliggöra, kompromettera **2** anklaga
incubator /ˈɪŋkjʊbeɪtə/ SB
1 äggkläckningsmaskin **2** kuvös
incur /ɪnˈkɜː/ VB ådra sig, dra på sig
incurable /ɪnˈkjʊərəbl/ ADJ obotlig

indebted /ɪnˈdetɪd/ ADJ skyldig, skuldsatt **be ~ to** stå i skuld till **be deeply ~ to sb** vara ngn stort tack skyldig
indecent /ɪnˈdiːsnt/ ADJ **1** oanständig **2** opassande, olämplig
indecision /ˌɪndɪˈsɪʒn/ SB obeslutsamhet
indeed /ɪnˈdiːd/ ADV **1** verkligen ⟨**Yes, ~!, I ~ he was!**⟩ **2 Thank you very much ~!** Tack så hemskt mycket! **Unselfish, ~!** Osjälviskt, jo jag tackar! **Where ~!** Ja, var, det kan man fråga sig!
indefatigable /ˌɪndɪˈfætɪgəbl/ ADJ outtröttlig
indefensible /ˌɪndɪˈfensəbl/ ADJ
1 oförsvarlig ⟨**~ behaviour**⟩ **2** ohållbar ⟨**~ arguments**⟩ **3** *milit* omöjlig att försvara
indefinable /ˌɪndɪˈfaɪnəbl/ ADJ odefinierbar, obestämbar
indefinite /ɪnˈdefənət/ ADJ obestämd, vag
indefinitely /ɪnˈdefənətlɪ/ ADV på obestämd tid, i all oändlighet
indelible /ɪnˈdeləbl/ ADJ outplånlig
indelicate /ɪnˈdelɪkət/ ADJ taktlös, plump
indemnity /ɪnˈdemnətɪ/ SB
1 skadeersättning **2** skadeförsäkring, försäkringsskydd
indent /ɪnˈdent/ VB **1** tanda **an ~ed coastline** en ojämn kustlinje
2 *maskinskrivning etc* göra indrag på (i) ⟨**~ the first line**⟩
independence /ˌɪndɪˈpendəns/ SB oberoende, självständighet **I~ Day** *US* självständighetsdagen *4 juli*
independent /ˌɪndɪˈpendənt/ ADJ oberoende, självständig
indescribable /ˌɪndɪˈskraɪbəbl/ ADJ obeskrivlig
indestructible /ˌɪndɪˈstrʌktəbl/ ADJ oförstörbar
index /ˈɪndeks/ SB **1** index, register
2 bibliotekskatalog, kartotek **3** mätare, tecken ⟨**of** på⟩ **4** index[tal]
index finger SB pekfinger
India /ˈɪndɪə/ SB Indien
Indian /ˈɪndɪən/ **1** ADJ indisk **2** ADJ indiansk **3** SB indier **4** SB indian
★ **in ~ file** i gåsmarsch
Indian summer /ˌɪndɪən ˈsʌmə/ SB brittsommar, indiansommar
indicate /ˈɪndɪkeɪt/ VB **1** ange, peka på, visa [på] **2** tyda på **3** visa, klargöra ⟨**~ one's intentions**⟩ **4** *trafik* ge tecken

5 antyda, låta förstå **6 be ~d** vara påkallad (tillrådlig) **7** *medicin* indikera
indicative /ɪnˈdɪkətɪv/ **1** ADJ **be ~ of** visa, vittna om, tyda på **2** SB indikativ
indicator /ˈɪndɪkeɪtə/ SB **1** nål, visare **2** tecken, indikator ⟨**of på**⟩ **3** körriktningsvisare **4** informationstavla
indict /ɪnˈdaɪt/ VB åtala
indictable /ɪnˈdaɪtəbl/ ADJ åtalbar
indictment /ɪnˈdaɪtmənt/ SB åtal
indifference /ɪnˈdɪfrəns/ SB likgiltighet
indifferent /ɪnˈdɪfrənt/ ADJ **1** likgiltig, okänslig ⟨**to** för⟩ **2** medelmåttig
indigenous /ɪnˈdɪdʒənəs/ ADJ infödd, inhemsk ⟨**to** i⟩
indigestible /ˌɪndɪˈdʒestəbl/ ADJ svårsmält
indigestion /ˌɪndɪˈdʒestʃn/ SB dålig matsmältning, matsmältningsbesvär
indignant /ɪnˈdɪgnənt/ ADJ indignerad, harmsen
indignation /ˌɪndɪgˈneɪʃn/ SB indignation
indignity /ɪnˈdɪgnəti/ SB kränkande behandling, förödmjukelse
indirect /ˌɪndəˈrekt/ ADJ indirekt
indiscreet /ˌɪndɪˈskriːt/ ADJ **1** obetänksam, oförsiktig **2** taktlös, indiskret
indiscretion /ˌɪndɪˈskreʃn/ SB **1** obetänksamhet **2** taktlöshet, indiskretion
indiscriminate /ˌɪndɪˈskrɪmɪnət/ ADJ **1** urskillningslös, godtycklig, planlös **2** okritisk
indiscriminately /ˌɪndɪˈskrɪmɪnətli/ ⟨↔ indiscriminate⟩ ADV utan åtskillnad
indispensable /ˌɪndɪˈspensəbl/ ADJ oumbärlig
indisposed /ˌɪndɪˈspəʊzd/ ADJ indisponerad
indisputable /ˌɪndɪˈspjuːtəbl/ ADJ obestridlig
indistinguishable /ˌɪndɪˈstɪŋgwɪʃəbl/ ADJ **1** omöjlig att särskilja **2** omöjlig att urskilja
individual /ˌɪndɪˈvɪdʒʊəl/ **1** ADJ individuell, enskild, personlig **2** SB individ
individualist /ˌɪndɪˈvɪdʒʊəlɪst/ **1** SB individualist **2** ADJ individualistisk
individuality /ˌɪndɪvɪdʒʊˈæləti/ SB individualitet, särprägel, personlig prägel

indoctrinate /ɪnˈdɒktrɪneɪt/ VB indoktrinera
indolent /ˈɪndələnt/ ADJ indolent, slö
indomitable /ɪnˈdɒmɪtəbl/ ADJ okuvlig, obändig
Indonesia /ˌɪndəʊˈniːziə/ SB Indonesien
Indonesian /ˌɪndəʊˈniːziən/ **1** ADJ indonesisk **2** SB indones **3** SB indonesiska [språket]
indoor /ˈɪndɔː/ ADJ inomhus-
indoors /ˌɪnˈdɔːz/ ADV inomhus
indubitable /ɪnˈdjuːbɪtəbl/ ADJ otvivelaktig
induce /ɪnˈdjuːs/ VB **1** förmå, föranleda, få **2** orsaka, framkalla **~ labour (birth)** *medicin* sätta i gång förlossningen
inducement /ɪnˈdjuːsmənt/ SB sporre, incitament
indulge /ɪnˈdʌldʒ/ VB **1** skämma bort, ge efter för ⟨**~ a child**⟩ **2** tillfredsställa ⟨**~ sb's wishes**⟩ **3** ~ [oneself] njuta □ **indulge in** hänge sig åt, tillåta sig, njuta av
indulgent /ɪnˈdʌldʒənt/ ADJ [alltför] eftergiven ⟨**to, towards** mot⟩
industrial /ɪnˈdʌstriəl/ ADJ industriell, industri- **~ democracy** företagsdemokrati **~ estate** industriområde
industrialist /ɪnˈdʌstriəlɪst/ SB industriman
industrialize /ɪnˈdʌstriəlaɪz/ VB industrialisera
industrious /ɪnˈdʌstriəs/ ADJ flitig, arbetsam
industry /ˈɪndəstri/ SB **1** industri[n], näringsliv[et] **2** industri[gren], näringsgren ⟨**the steel ~**⟩ **3** flit, arbetsamhet
inebriated /ɪˈniːbrieɪtɪd/ ADJ berusad
inedible /ɪnˈedəbl/ ADJ oätlig, oätbar
ineffective /ˌɪnɪˈfektɪv/ ADJ **1** ineffektiv, verkningslös ⟨**~ methods**⟩ **2** inkompetent, oduglig
ineffectual /ˌɪnɪˈfektʃʊəl/ ADJ **1** resultatlös, misslyckad ⟨**~ methods**⟩ **2** ineffektiv, oduglig
inefficient /ˌɪnɪˈfɪʃnt/ ADJ ineffektiv
inept /ɪˈnept/ ADJ **1** inkompetent, oskicklig **2** malplacerad, opassande
inequality /ˌɪnɪˈkwɒləti/ SB ojämlikhet, [orättvis] skillnad ⟨**inequalities in wealth**⟩
inert /ɪˈnɜːt/ ADJ trög, inaktiv, orörlig

inertia /ɪ'nɜːʃə/ SB tröghet
inevitable /ɪn'evɪtəbl/ ADJ oundviklig
inexcusable /ˌɪnɪk'skjuːzəbl/ ADJ oförlåtlig, oförsvarlig
inexorable /ɪn'eksərəbl/ ADJ obeveklig, obönhörlig
inexpensive /ˌɪnɪk'spensɪv/ ADJ billig
inexperienced /ˌɪnɪk'spɪərɪənst/ ADJ oerfaren, orutinerad
inexplicable /ˌɪnɪk'splɪkəbl/ ADJ oförklarlig
infallible /ɪn'fæləbl/ ADJ ofelbar, osviklig
infamous /'ɪnfəməs/ ADJ **1** ökänd **2** skamlig, gemen, vedervärdig
infamy /'ɪnfəmɪ/ SB **1** skändlighet **2** vanära, skam
infancy /'ɪnfənsɪ/ SB **1** spädbarnsålder **2** *jur* minderårighet **3** *bildl* barndom, början **stopped in its ~** kvävd i sin linda
infant /'ɪnfənt/ SB **1** spädbarn, baby **~ mortality rate** spädbarnsdödlighet **2** *jur* minderårig ⇓
infantile /'ɪnfəntaɪl, US -təl/ ADJ **1** barnslig, infantil **2** barn- ⟨**~ disease**⟩
infantry /'ɪnfəntrɪ/ SB infanteri
infant school /'ɪnfəntˌskuːl/ SB lågstadiet, lågstadieskola *för elever i åldern 5–7*
infatuated /ɪn'fætjʊeɪtɪd/ ADJ **1** blint förälskad, vansinnigt kär ⟨**with** i⟩ **2** besatt, förblindad ⟨**with** av⟩
infatuation /ɪnˌfætjʊ'eɪʃn/ SB [blind] förälskelse
infect /ɪn'fekt/ VB infektera, smitta [ner]
infection /ɪn'fekʃn/ SB infektion
infectious /ɪn'fekʃəs/ ADJ smittsam
infer /ɪn'fɜː/ VB sluta sig till ⟨**from** av⟩
inferior /ɪn'fɪərɪə/ **1** ADJ undermålig, dålig ⟨**of ~ quality**⟩ **2** ADJ underordnad **3** ADJ underlägsen **4** SB underordnad **his ~s** hans underordnade **5** SB underlägsen person **I'm her ~** jag är underlägsen henne
★ **~ to** lägre (sämre) än, underlägsen
inferiority /ɪnˌfɪərɪ'ɒrətɪ/ SB underlägsenhet **~ complex** mindervärdeskomplex
infest /ɪn'fest/ VB hemsöka, härja i (på) **be ~ed with** krylla av
infidelity /ˌɪnfɪ'delətɪ/ SB otro[het]
infiltrate /'ɪnfɪltreɪt/ VB infiltrera, nästla sig in [i]
infinite /'ɪnfɪnət/ ADJ oändlig
infinity /ɪn'fɪnətɪ/ SB oändlighet

infirm /ɪn'fɜːm/ ADJ skröplig, svag
infirmary /ɪn'fɜːmərɪ/ SB sjuk|hus, -sal
inflame /ɪn'fleɪm/ VB **1** hetsa upp **2** inflammera[s] **3** förvärra **4** [an]tända
inflammable /ɪn'flæməbl/ ADJ **1** lättantändlig **2** lättretad
inflammation /ˌɪnflə'meɪʃn/ SB inflammation
inflatable /ɪn'fleɪtəbl/ ADJ uppblåsbar
inflate /ɪn'fleɪt/ VB **1** blåsa upp, fylla[s] med luft (gas) **2** driva upp ⟨**~ sb's expectations, ~ prices**⟩
inflated ADJ **1** uppblåst, *bildl äv* svulstig **2** inflationistisk
inflation /ɪn'fleɪʃn/ SB inflation
inflationary /ɪn'fleɪʃnərɪ/ ADJ inflationsdrivande
inflection /ɪn'flekʃn/ (*GB äv* **inflexion**) SB **1** *språk* böjning **2** böjningsändelse **3** modulation *av rösten*
inflexible /ɪn'fleksəbl/ ADJ **1** oböjlig **2** rigid, osmidig ⟨**an ~ system**⟩, orubblig
inflexion → inflection
inflict /ɪn'flɪkt/ VB **1** pålägga, lägga på ⟨**~ taxes**⟩ **2** vålla, tillfoga ⟨**~ damages**⟩, **be ~ed by** *äv* drabbas av
☐ **inflict sth on sb** *a)* tillfoga ngn ngt *b)* utsätta ngn för ngt **inflict oneself on sb** tvinga sig på ngn
influence¹ /'ɪnflʊəns/ SB inflytande, påverkan **use one's ~ with sb** utnyttja sina kontakter med ngn
★ **under the ~** *vard* spritpåverkad
influence² /'ɪnflʊəns/ VB påverka, influera
influential /ˌɪnflʊ'enʃl/ ADJ inflytelserik
inform /ɪn'fɔːm/ VB underrätta, informera ⟨**sb of (about) sth** ngn om ngt⟩, meddela ⟨**sb of (about) sth** ngn ngt⟩
☐ **inform against (on)** ange, tjalla på
informal /ɪn'fɔːml/ ADJ **1** informell, ledig **2** inofficiell
information /ˌɪnfə'meɪʃn/ ⟨*endast sg*⟩ SB information[er], upplysningar ⟨**on** om⟩
informed /ɪn'fɔːmd/ ADJ **1** informerad, underrättad **an ~ guess** en intelligent gissning **2** bildad
informer /ɪn'fɔːmə/ SB angivare, tjallare
infrequent /ɪn'friːkwənt/ ADJ sällsynt
infringement /ɪn'frɪndʒmənt/ SB **1** [lag]överträdelse **2** intrång
infuriate /ɪn'fjʊərɪeɪt/ VB göra rasande **be ~d** bli rasande

infuriating /ɪnˈfjʊərɪeɪtɪŋ/ ADJ oerhört irriterande
infuse /ɪnˈfjuːz/ VB 1 ingjuta, inge 2 *om te* [stå och] dra
ingenious /ɪnˈdʒiːnɪəs/ ADJ genial, fyndig
ingenuous /ɪnˈdʒenjʊəs/ ADJ 1 öppen, okonstlad 2 troskyldig, naiv
ingrained /ɪnˈɡreɪnd/ ADJ 1 ingrodd ⟨~ **dirt**⟩ 2 inrotad ⟨~ **habit**⟩
ingratiate /ɪnˈɡreɪʃɪeɪt/ VB ~ **oneself with** ställa sig in hos
ingratitude /ɪnˈɡrætɪtjuːd/ SB otacksamhet
ingredient /ɪnˈɡriːdɪənt/ SB ingrediens, beståndsdel
inhabit /ɪnˈhæbɪt/ VB bo i (på), leva i (på) **~ed** bebodd
inhabitant /ɪnˈhæbɪtənt/ SB invånare
inhale /ɪnˈheɪl/ VB andas in, inhalera
inherent /ɪnˈherənt, -ˈhɪər-/ ADJ 1 inneboende 2 medfödd
inherit /ɪnˈherɪt/ VB ärva ⟨**from** efter, av⟩
inheritance /ɪnˈherɪtəns/ SB arv
inheritor /ɪnˈherɪtə/ SB arvinge, arvtagare
inhibit /ɪnˈhɪbɪt/ VB hindra, hämma
inhibition /ˌɪnhɪˈbɪʃn/ SB hämning
inhuman /ɪnˈhjuːmən/, **inhumane** /ˌɪnhjʊˈmeɪn/ ADJ 1 omänsklig, inhuman 2 inte mänsklig
inimitable /ɪˈnɪmɪtəbl/ ADJ oefterhärmlig
initial /ɪˈnɪʃl/ 1 ADJ inledande, första, initial- 2 SB initial, begynnelsebokstav
initially /ɪˈnɪʃəlɪ/ ADV först, i början
initiate[1] /ɪˈnɪʃɪeɪt/ VB 1 initiera ⟨**into** i⟩ ~ **sb into sth** *äv* lära ngn grunderna i ngt, inviga ngn i ngt 2 uppta [som medlem] ⟨**into** i⟩
initiate[2] /ɪˈnɪʃɪət/ SB [nyligen] invigd person
initiative /ɪˈnɪʃətɪv/ SB initiativ[kraft]
inject /ɪnˈdʒekt/ VB injicera, spruta in, pumpa in
▫ **inject against** vaccinera mot
injection /ɪnˈdʒekʃn/ SB injektion, injicering, insprutning **have an ~** få (ta) en spruta
injure /ˈɪndʒə/ VB skada, såra
injury /ˈɪndʒərɪ/ SB skada
injustice /ɪnˈdʒʌstɪs/ SB orättvisa
ink /ɪŋk/ SB bläck **in ~** med bläck
inkling /ˈɪŋklɪŋ/ SB 1 aning ⟨**I had no ~ of it**⟩ 2 antydan, vink
inland /ˈɪnlənd/ ADJ 1 inlands-, belägen inne i landet 2 *spec GB* inrikes-
in-law /ˈɪnlɔː/ SB ingift släkting *svärmor, svåger etc*
inlet /ˈɪnlət/ SB 1 trång vik, havsarm, inlopp 2 öppning, intag
inmate /ˈɪnmeɪt/ SB 1 intagen, intern 2 invånare
inmost /ˈɪnməʊst/, **innermost** /ˈɪnəməʊst/ ADJ innerst[a]
inn /ɪn/ SB värdshus, pub, krog
innate /ˌɪˈneɪt/ ADJ medfödd, naturlig
inner /ˈɪnə/ ADJ inre
innermost → inmost
innocence /ˈɪnəsəns/ SB oskuld, oskuldsfullhet
innocent /ˈɪnəsənt/ ADJ 1 oskyldig ⟨**of** till⟩ 2 harmlös, ofarlig ⟨**an ~ question**⟩ 3 oskuldsfull, naiv
innocuous /ɪˈnɒkjʊəs/ ADJ oskadlig, ofarlig
innovation /ˌɪnəˈveɪʃn/ SB innovation
innovator /ˈɪnəveɪtə/ SB innovatör, nyskapare
innuendo /ˌɪnjʊˈendəʊ/ ⟨*pl* **-es**⟩ SB insinuation, [elak] anspelning
innumerable /ɪˈnjuːmərəbl/ ADJ oräknelig
inoculate /ɪˈnɒkjʊleɪt/ VB vaccinera
inoffensive /ˌɪnəˈfensɪv/ ADJ oförarglig
input /ˈɪnpʊt/ SB tillförsel, intag, inmatning, *ekon äv* insats, *tekn äv* ineffekt, *data* input
inquest /ˈɪŋkwest/ SB [rättslig] undersökning
inquire /ɪnˈkwaɪə/, **enquire** VB göra förfrågningar [om], fråga [efter] **~ the way** fråga efter vägen
▫ **inquire after** förhöra sig om ⟨**~ sb's health**⟩
▫ **inquire into** undersöka
inquiry /ɪnˈkwaɪərɪ, US ˈɪŋkwərɪ/, **enquiry** SB 1 förfrågan, förfrågning 2 undersökning ⟨**into** av⟩ 3 förhör 4 **Enquiries** *informationsdisk* Information[en], Upplysningar
inquisitive /ɪnˈkwɪzətɪv/ ADJ [överdrivet] nyfiken, frågvis
insane /ɪnˈseɪn/ ADJ 1 mentalsjuk, sinnessjuk 2 *vard* tokig, vansinnig
insanitary /ɪnˈsænətərɪ/ ADJ hälsovådlig, ohälsosam, ohygienisk
insanity /ɪnˈsænətɪ/ SB 1 mentalsjukdom, sinnessjukdom 2 *bildl* vansinne, vanvett

insatiable /ɪnˈseɪʃəbl/ ADJ omättlig
inscription /ɪnˈskrɪpʃn/ SB **1** inskription **2** dedikation
inscrutable /ɪnˈskruːtəbl/ ADJ outgrundlig
insect /ˈɪnsekt/ SB insekt
insecticide /ɪnˈsektɪsaɪd/ SB insektsmedel
insecure /ˌɪnsɪˈkjʊə/ ADJ osäker, otrygg
insecurity /ˌɪnsɪˈkjʊərətɪ/ SB osäkerhet, otrygghet
insensible /ɪnˈsensəbl/ ADJ **1** medvetslös **2** okänslig ⟨**to** för⟩ **3** domnad, känslolös **4** omedveten ⟨**of** om⟩
insensitive /ɪnˈsensətɪv/ ADJ okänslig ⟨**to** för⟩
inseparable /ɪnˈsepərəbl/ ADJ **1** oskiljaktig **2** oskiljbar
insert¹ /ɪnˈsɜːt/ VB sticka (skjuta, stoppa) in
insert² /ˈɪnsɜːt/ SB bilaga, instick
insertion /ɪnˈsɜːʃn/ SB insättande, införande
in-service /ˌɪnˈsɜːvɪs/ ADJ intern- ⟨**~ training**⟩
inside¹ /ˌɪnˈsaɪd, ˈɪnsaɪd/ **1** SB insida **2** SB **inside[s]** *vard* mage **3** ADJ inre, inner- ⟨**~ pocket**⟩
★ **~ out** *a)* utan och innan ⟨**know sth ~ out**⟩ *b)* ut och in ⟨**turn sth ~ out**⟩
inside² /ˌɪnˈsaɪd, ˈɪnsaɪd/ ADV **1** inne, inomhus **2** in ⟨**go ~**⟩ **3** inuti **4** inombords ⟨**feel happy ~**⟩ **5 be ~** *vard* sitta inne *i fängelse*
inside³ /ˌɪnˈsaɪd, ˈɪnsaɪd/ PREP **1** inuti, inne i ⟨**~ the church**⟩ **2 ~ [of]** *spec US* inom ⟨**[of] an hour**⟩
insidious /ɪnˈsɪdɪəs/ ADJ lömsk, försåtlig
~ disease smygande sjukdom
insight /ˈɪnsaɪt/ SB insikt, inblick **have (gain) an ~ into** få inblick i
insignificant /ˌɪnsɪɡˈnɪfɪkənt/ ADJ **1** obetydlig, oansenlig **2** betydelselös
insinuate /ɪnˈsɪnjʊeɪt/ VB insinuera
~ oneself into sb's favour ställa sig in hos ngn
insipid /ɪnˈsɪpɪd/ ADJ **1** smaklös, fadd **2** ointressant, tråkig
insist /ɪnˈsɪst/ VB insistera
insistent /ɪnˈsɪstənt/ ADJ **1** enträgen, envis, insisterande **be ~** insistera **2** ihållande
insolence /ˈɪnsələns/ SB oförskämdhet, fräckhet

insolent /ˈɪnsələnt/ ADJ oförskämd, fräck
insoluble /ɪnˈsɒljʊbl/ ADJ olöslig
insomnia /ɪnˈsɒmnɪə/ SB sömnlöshet
inspect /ɪnˈspekt/ VB inspektera, syna, undersöka
inspection /ɪnˈspekʃn/ SB inspektion, undersökning **on closer ~** vid närmare granskning
inspector /ɪnˈspektə/ SB **1** inspektör, granskare, kontrollant **2** polisinspektör, förste polisassistent **chief ~** [polis]kommissarie
inspiration /ˌɪnspɪˈreɪʃn/ SB inspiration, ingivelse
inspire /ɪnˈspaɪə/ VB **1** inspirera **2** inge, ingjuta
□ **inspire sb with sth** inge ngn ngt, ingjuta ngt hos ngn
install /ɪnˈstɔːl/ VB installera
installation /ˌɪnstəˈleɪʃn/ SB installation
instalment /ɪnˈstɔːlmənt/ (*US* **installment**) SB **1** avbetalning, amortering **2** del, avsnitt *av följetong, TV-serie*
instance /ˈɪnstəns/ SB **1** exempel ⟨**for ~**⟩ **2** fall **in most ~s** mestadels
instant /ˈɪnstənt/ **1** SB ögonblick **2** ADJ ögonblicklig, omedelbar ⟨**~ success**⟩, **~ coffee** snabbkaffe
★ **the ~** i samma ögonblick som ⟨**she left the ~ he came**⟩, **this ~** ögonblickligen
instantaneous /ˌɪnstənˈteɪnɪəs/ ADJ ögonblicklig
instantly /ˈɪnstəntlɪ/ ADV ögonblickligen, genast
instead /ɪnˈsted/ ADV i stället
instead of /ɪnˈstedəv/ PREP i stället för
instep /ˈɪnstep/ SB **1** vrist **2** ovanläder *på sko*
instigate /ˈɪnstɪɡeɪt/ VB **1** sätta i gång, ta initiativet till **2** anstifta, uppvigla till ⟨**~ rebellion**⟩
instigator /ˈɪnstɪɡeɪtə/ SB **1** upphovsman **2** anstiftare
instil /ɪnˈstɪl/ (*US* **instill**) VB ingjuta ⟨**sth into sb** ngt hos ngn⟩, inge
instinct /ˈɪnstɪŋkt/ SB instinkt
instinctive /ɪnˈstɪŋktɪv/ ADJ instinktiv
institute¹ /ˈɪnstɪtjuːt/ SB institut, institution
institute² /ˈɪnstɪtjuːt/ VB **1** inleda, företa ⟨**~ inquiries into sth**⟩ **2** inrätta **3** installera
institution /ˌɪnstɪˈtjuːʃn/ SB institution
instruct /ɪnˈstrʌkt/ VB **1** instruera,

undervisa 2 informera 3 ge i uppdrag
instruction /ɪnˈstrʌkʃn/ SB **1** instruktion ~s *äv* bruksanvisning **2** undervisning, handledning
instructive /ɪnˈstrʌktɪv/ ADJ instruktiv, informativ, lärorik
instructor /ɪnˈstrʌktə/ SB **1** instruktör **ski ~** skidlärare **2** *US* ≈ högskolelektor
instrument /ˈɪnstrəmənt/ SB instrument
insubordinate /ˌɪnsəˈbɔːdɪnət/ ADJ olydig, upprorisk ⟨**to mot**⟩
insufferable /ɪnˈsʌfərəbl/ ADJ outhärdlig, odräglig
insufficient /ˌɪnsəˈfɪʃnt/ ADJ otillräcklig
insular /ˈɪnsjʊlə, *US* ˈɪnsələr/ ADJ **1** inskränkt, trångsynt **2** insulär, ö- ⟨**~ climate**⟩
insulate /ˈɪnsjʊleɪt, *US* ˈɪnsə-/ VB isolera **~ against heat loss** värmeisolera
insult¹ /ɪnˈsʌlt/ VB förolämpa, skymfa
insult² /ˈɪnsʌlt/ SB förolämpning, skymf ★ **add ~ to injury** → **add**
insurance /ɪnˈʃʊərəns, *US* -ˈʃʊr-/ SB **1** försäkring **~ against theft** stöldförsäkring **2** försäkringsbelopp **3** försäkringsbransch[en]
insurance policy SB *GB* **1** försäkringsbrev **2** försäkring
insure /ɪnˈʃʊə/ VB **1** försäkra **~ against fire** brandförsäkra **~ one's life** teckna en livförsäkring **2** *spec US* trygga, säkerställa, försäkra sig [om]
insurgent /ɪnˈsɜːdʒənt/ **1** SB upprorsman, rebell **2** ADJ upprorisk
insurmountable /ˌɪnsəˈmaʊntəbl/ ADJ oöverstiglig
insurrection /ˌɪnsəˈrekʃn/ SB uppror, revolt
intact /ɪnˈtækt/ ADJ intakt, oskadad, välbehållen
intake /ˈɪnteɪk/ SB **1** intag[ande] ⟨**~ of food**⟩ **2** intag, öppning **3** intagning, rekrytering
integrate /ˈɪntɪgreɪt/ VB integrera[s] ⟨**into i**⟩
integrated /ˈɪntɪgreɪtɪd/ ADJ sammanhållen, icke-segregerad ⟨**an ~ school**⟩, integrerad
integrity /ɪnˈtegrətɪ/ SB integritet
intellect /ˈɪntəlekt/ SB **1** intellekt, förstånd, begåvning **2** *person* begåvning, intelligens
intellectual /ˌɪntəˈlektʃʊəl/ ADJ, SB intellektuell
intelligence /ɪnˈtelɪdʒəns/ SB **1** intelligens **2** underrättelsetjänst **3** *milit* information[er], uppgifter
intelligent /ɪnˈtelɪdʒənt/ ADJ intelligent
intelligible /ɪnˈtelɪdʒəbl/ ADJ begriplig
intend /ɪnˈtend/ VB **1** avse, mena ⟨**it was ~ed as a joke**⟩ **2** ha för avsikt, ämna, tänka
intense /ɪnˈtens/ ADJ intensiv
intensify /ɪnˈtensɪfaɪ/ VB intensifiera[s], öka[s]
intensity /ɪnˈtensətɪ/ SB intensitet
intensive /ɪnˈtensɪv/ ADJ intensiv **~ care** intensivvård
intent /ɪnˈtent/ **1** SB avsikt, syfte ⟨**with ~ to kill**⟩ **2** ADJ spänd **~ on** *a)* [helt] inriktad på *b)* [helt] uppstagen av ★ **to all ~s [and purposes]** praktiskt taget
intention /ɪnˈtenʃn/ SB avsikt, syfte, intention
intentional /ɪnˈtenʃnəl/ ADJ avsiktlig
interact /ˌɪntərˈækt/ VB påverka varandra
intercept /ˌɪntəˈsept/ VB **1** uppsnappa **2** hejda, skära av [vägen för], beslagta *t ex knark*
interchangeable /ˌɪntəˈtʃeɪndʒəbl/ ADJ utbytbar
inter-city /ˌɪntəˈsɪtɪ/ ADJ *om tåg etc* mellan städer, direkt- ⟨**~ train**⟩
intercom /ˈɪntəkɒm/ SB snabbtelefon
intercourse /ˈɪntəkɔːs/ SB **1** umgänge **2** [sexual] **~** samlag
interdependent /ˌɪntədɪˈpendənt/ ADJ beroende av varandra
interest¹ /ˈɪntrəst/ SB **1** intresse **have (take) an ~ in** vara intresserad av, ha intresse för **2** ränta, räntor **3** [an]del
interest² /ˈɪntrəst/ VB intressera ⟨**sb in sth** ngn för ngt⟩
interesting /ˈɪntrəstɪŋ/ ADJ intressant
interface /ˈɪntəfeɪs/ SB *data* gränssnitt
interfere /ˌɪntəˈfɪə/ VB **1** lägga sig i [andras angelägenheter], ingripa **2** hindra, störa
□ **interfere between** gå emellan, medla mellan
□ **interfere in** lägga sig i
□ **interfere with** *a)* störa, hindra, komma emellan *b)* vara 'på, mixtra med *c) GB* utsätta för sexuell handling
interference /ˌɪntəˈfɪərəns/ SB **1** inblandning **2** [radio]störningar **3** *tekn*

o ishockey interferens
interior /ɪnˈtɪərɪə/ **1** SB inre **2** SB interiör ⟨the ~ of a house⟩ **3** SB **the Interior** inrikes angelägenheter **Minister of the I~** inrikesminister **4** ADJ inre **~ decorator** inredningsarkitekt **5** ADJ inrikes, inrikes-
interjection /ˌɪntəˈdʒekʃn/ SB interjektion
interlude /ˈɪntəluːd/ SB **1** mellanspel **2** mellanakt, paus
intermarry /ˌɪntəˈmærɪ/ VB ingå blandäktenskap
intermediary /ˌɪntəˈmiːdɪərɪ/ **1** SB mellanhand, medlare **2** ADJ [för]medlande
intermediate /ˌɪntəˈmiːdɪət/ ADJ mellanliggande, övergångs-, mellan-
interminable /ɪnˈtɜːmɪnəbl/ ADJ oändlig, ändlös
intermission /ˌɪntəˈmɪʃn/ SB paus, avbrott
intern[1] /ˈɪntɜːn/ SB US underläkare
intern[2] /ɪnˈtɜːn/ VB internera, spärra in
internal /ɪnˈtɜːnl/ ADJ **1** inre, intern, inner- **2** invärtes **3** inrikes[-] ⟨~ **trade**⟩
international /ˌɪntəˈnæʃnəl/ **1** ADJ internationell **2** SB landskamp, internationell tävling **3** SB landslags|deltagare, -spelare
internee /ˌɪntɜːˈniː/ SB intern
internment /ɪnˈtɜːnmənt/ SB internering
interplay /ˈɪntəpleɪ/ SB växelspel, samspel
interpose /ˌɪntəˈpəʊz/ VB **1** placera (sätta) [emellan] **2** skjuta in ⟨~ **a comment**⟩ **3** avbryta ⟨**But why?** she ~d⟩
interpret /ɪnˈtɜːprɪt/ VB [ut]tolka, [ut]tyda
interpretation /ɪnˌtɜːprɪˈteɪʃn/ SB [ut]tolkning, [ut]tydning
interpreter /ɪnˈtɜːprɪtə/ SB tolk
interrail /ˈɪntəreɪl/ ADJ tågluffar-
interrogate /ɪnˈterəgeɪt/ VB förhöra, fråga ut
interrogation /ɪnˌterəˈgeɪʃn/ SB förhör, utfrågning
interrogator /ɪnˈterəgeɪtə/ SB förhörsledare, utfrågare
interrupt /ˌɪntəˈrʌpt/ VB avbryta **~ the view** skymma sikten
interruption /ˌɪntəˈrʌpʃn/ SB avbrott
intersect /ˌɪntəˈsekt/ VB **1** skära, korsa ⟨**the road** ~**s the railway**⟩ **2** korsa (skära) varandra ⟨**the two roads** ~⟩

intersection /ˌɪntəˈsekʃn/ SB **1** skärningspunkt, snitt **2** gatukorsning, vägkorsning
interval /ˈɪntəvl/ SB **1** intervall, mellanrum **sunny** ~**s** tidvis soligt **2** avbrott ⟨**an ~ of two hours**⟩ **3** mellanakt, paus ★ **at ~s** då och då, emellanåt
intervene /ˌɪntəˈviːn/ VB **1** träda emellan, ingripa, intervenera **2** komma emellan ⟨**the war ~d**⟩
intervention /ˌɪntəˈvenʃn/ SB intervention, ingripande
interview[1] /ˈɪntəvjuː/ SB **1** intervju **2** samtal
interview[2] /ˈɪntəvjuː/ VB intervjua
interviewee /ˌɪntəvjʊˈiː/ SB intervju|objekt, -offer
interviewer /ˈɪntəvjuːə/ SB intervjuare
intestine /ɪnˈtestɪn/ SB tarm ~**s** *äv* inälvor **the large ~** tjocktarmen
intimacy /ˈɪntɪməsɪ/ SB **1** nära förhållande, förtrolighet, intimitet **2** intimt umgänge
intimate[1] /ˈɪntɪmət/ **1** ADJ intim, nära, förtrolig **~ knowledge** ingående kunskap **be ~ with sb** *a*) stå ngn nära *b*) ha intimt umgänge med ngn **2** SB förtrogen [person]
intimate[2] /ˈɪntɪmeɪt/ VB antyda, låta förstå
intimidate /ɪnˈtɪmɪdeɪt/ VB skrämma
intimidation /ɪnˌtɪmɪˈdeɪʃn/ SB skrämsel, hotelser
into /ˈɪntuː, *obet* ˈɪntʊ, -tə/ PREP **1** i ⟨**bite ~ an apple, burst ~ tears, divide ~ six parts, jump ~ the water**⟩, **get ~ trouble** råka i svårigheter **2** in i ⟨**go ~ a room**⟩, in på ⟨**put money ~ an account, turn ~ a street**⟩, på nya ⟨**come ~ fashion** komma på modet **drive (run) ~ a tree** köra på (mot) ett träd **3** till ⟨**change ~ one's best clothes, come ~ power, translate ~ Swedish**⟩ **4** ut i ⟨**she went ~ the garden**⟩, ut på ⟨**go ~ the country**⟩
★ **be ~ sth** hålla på med ngt, ägna sig åt ngt, vurma för ngt
intolerable /ɪnˈtɒlərəbl/ ADJ outhärdlig, olidlig
intolerant /ɪnˈtɒlərənt/ ADJ intolerant ⟨**of** mot⟩ **be ~ of** *äv* inte tolerera (tåla)
intonation /ˌɪntəˈneɪʃn/ SB intonation, satsmelodi

intoxicated /ɪnˈtɒksɪkeɪtɪd/ ADJ berusad ⟨with av⟩
intoxication /ɪnˌtɒksɪˈkeɪʃn/ SB berusning
intransigent /ɪnˈtrænsɪdʒənt/ ADJ omedgörlig
intrepid /ɪnˈtrepɪd/ ADJ oförskräckt, djärv
intricate /ˈɪntrɪkət/ ADJ intrikat, komplicerad
intrigue¹ /ɪnˈtriːɡ/ VB **1** väcka nyfikenhet (intresse) hos be ~d by fascineras av **2** intrigera
intrigue² /ˈɪntriːɡ/ SB intrig[er], intrigerande
intriguing /ɪnˈtriːɡɪŋ/ ADJ spännande, fascinerande
intrinsic /ɪnˈtrɪnsɪk/ ADJ **1** inneboende **2** verklig, egentlig, reell
introduce /ˌɪntrəˈdjuːs/ VB **1** introducera, införa, föra fram **2** presentera ⟨to för⟩
introduction /ˌɪntrəˈdʌkʃn/ SB **1** introduktion ⟨to i⟩, införande ⟨the ~ of new technology⟩ **2** inledning **3** presentation
introductory /ˌɪntrəˈdʌktərɪ/ ADJ inledande, inlednings-
introvert /ˈɪntrəvɜːt/ SB inåtvänd person
intrude /ɪnˈtruːd/ VB tränga sig på □ **intrude on** tränga sig på, störa ⟨~ sb's privacy⟩
intruder /ɪnˈtruːdə/ SB inkräktare
intrusion /ɪnˈtruːʒn/ SB inkräktande, intrång
intrusive /ɪnˈtruːsɪv/ ADJ påträngande
intuition /ˌɪntjuːˈɪʃn/ SB intuition
intuitive /ɪnˈtjuːətɪv/ ADJ intuitiv
inundate /ˈɪnʌndeɪt/ VB översvämma
invade /ɪnˈveɪd/ VB **1** invadera **2** kränka, inkräkta på **3** bemäktiga sig, fylla ⟨doubts ~d his mind⟩
invader /ɪnˈveɪdə/ SB inkräktare, angripare
invalid¹ /ɪnˈvælɪd/ ADJ **1** ogiltig ⟨an ~ ticket⟩ **2** ohållbar ⟨an ~ argument⟩
invalid² /ˈɪnvəliːd, US -ləd/ SB **1** kroniker, handikappad, invalid **2** *attribut* sjuklig, invalid[-] ~ **chair** rullstol
invaluable /ɪnˈvæljʊəbl/ ADJ ovärderlig
invariable /ɪnˈveərɪəbl/ ADJ oföränderlig, ständig
invasion /ɪnˈveɪʒn/ SB invasion, intrång
invent /ɪnˈvent/ VB **1** uppfinna **2** hitta på ⟨~ a story⟩

invention /ɪnˈvenʃn/ SB **1** uppfinning **2** påhitt, fantasi[er]
inventive /ɪnˈventɪv/ ADJ uppfinningsrik, påhittig ~ **power** uppfinningsförmåga
inventor /ɪnˈventə/ SB uppfinnare
inventory /ˈɪnvəntərɪ/ SB **1** inventarieförteckning **2** inventarier **3** inventering
inverse /ˌɪnˈvɜːs/ ADJ omvänd **in** ~ **ratio to** omvänt proportionell mot
invert /ɪnˈvɜːt/ VB vända upp och ner [på], kasta om ~**ed comma** anföringstecken ~**ed word order** omvänd ordföljd
invest /ɪnˈvest/ VB **1** investera **2** tilldela, förläna ⟨sb with sth ngn ngt⟩ **3** installera *i ett ämbete*
investigate /ɪnˈvestɪɡeɪt/ VB undersöka, utreda
investigation /ɪnˌvestɪˈɡeɪʃn/ SB undersökning, utredning
investigative /ɪnˈvestɪɡətɪv, US -əɡeɪtɪv/ ADJ undersökande ⟨~ journalism⟩
investigator /ɪnˈvestɪɡeɪtə/ SB utredare **private** ~ privatdetektiv
investment /ɪnˈvestmənt/ SB investering
investor /ɪnˈvestə/ SB investerare
invigorate /ɪnˈvɪɡəreɪt/ VB stärka, friska upp
invincible /ɪnˈvɪnsəbl/ ADJ oövervinnlig
invisible /ɪnˈvɪzəbl/ ADJ osynlig
invitation /ˌɪnvɪˈteɪʃn/ SB **1** invitation, inbjudan **2** uppmaning, invit
invite /ɪnˈvaɪt/ VB **1** [in]bjuda, invitera **2** inbjuda till ⟨~ disaster⟩, uppmana till ⟨~ discussion⟩, be om ⟨~ comments⟩, **questions were** ~**ed** åhörarna uppmanades att ställa frågor **3** dra (locka) till sig ⟨jam ~s wasps⟩
inviting /ɪnˈvaɪtɪŋ/ ADJ inbjudande, attraktiv
invoice¹ /ˈɪnvɔɪs/ SB faktura
invoice² /ˈɪnvɔɪs/ VB fakturera
involuntary /ɪnˈvɒləntərɪ/ ADJ ofrivillig
involve /ɪnˈvɒlv/ VB **1** inveckla, dra in, involvera **the people** ~**d** de inblandade **be** ~**d with** *a*) ha samröre med *b*) ha ett förhållande med **2** medföra, innebära
involvement /ɪnˈvɒlvmənt/ SB inblandning, involvering, samröre
invulnerable /ɪnˈvʌlnərəbl/ ADJ osårbar
inward¹ /ˈɪnwəd/ ADJ **1** inre **2** inåt|riktad, -gående
inward² /ˈɪnwəd/, **inwards** ADV inåt ⟨fall ~⟩

inwardly /ˈɪnwədlɪ/ ADV **1** i sitt inre, för sig själv **2** invärtes
iodine /ˈaɪədiːn, *spec US* -daɪn/ SB jod
IOU /ˌaɪəʊˈjuː/ ⟨*förk f* I owe you⟩ SB skuldsedel
the IRA /ˌaɪɑːrˈeɪ/ ⟨*förk f* the Irish Republican Army⟩ SB IRA *väpnad motståndsorganisation i Nordirland*
Iran /ɪˈrɑːn, ɪˈræn/ SB Iran
Iranian /ɪˈreɪnɪən/ **1** ADJ iransk **2** SB iranier **3** SB iranska [språket]
Iraq /ɪˈrɑːk/ SB Irak
Iraqi /ɪˈrɑːkɪ/ **1** ADJ irakisk **2** SB irakier
Ireland /ˈaɪələnd/ SB Irland
iris /ˈaɪərɪs/ SB iris
Irish /ˈaɪərɪʃ/ **1** ADJ irländsk, irisk ~ **stew** irländsk lammgryta **2** SB irländska [språket], iriska **3** SB **the Irish** irländarna *som nation*
Irishman /ˈaɪərɪʃmən/ SB irländare
the Irish Republic SB Irländska republiken
irk /ɜːk/ VB förarga, irritera, tråka ut
irksome /ˈɜːksəm/ ADJ tröttsam, irriterande
iron¹ /ˈaɪən/ SB **1** järn **2** strykjärn **3** *golf* järnklubba
  ★ **strike while the ~ is hot** → **strike¹**
iron² /ˈaɪən/ VB **1** stryka ⟨~ **one's shirts**⟩ **2** gå att stryka ~ **easily** vara lätt att stryka
  □ **iron out** *bildl* komma till rätta med, få ur världen
ironic /aɪˈrɒnɪk/, **ironical** /-ɪkl/ ADJ ironisk
ironing board /ˈaɪənɪŋbɔːd/ SB strykbräda
ironmonger /ˈaɪənˌmʌŋɡə/ SB *GB* järnhandlare ~'**s** järnhandel
irony /ˈaɪərənɪ/ SB ironi
irregular /ɪˈreɡjʊlə/ ADJ **1** oregelbunden **2** opassande, inkorrekt **3** irreguljär
irregularity /ɪˌreɡjʊˈlærətɪ/ SB **1** oregelbundenhet **2** ojämnhet **3** oegentlighet, felaktighet
irrelevant /ɪˈreləvənt/ ADJ irrelevant, ovidkommande
irreplaceable /ˌɪrɪˈpleɪsəbl/ ADJ oersättlig
irresistible /ˌɪrɪˈzɪstəbl/ ADJ oemotståndlig
irresolute /ɪˈrezəluːt/ ADJ obeslutsam
irrespective /ˌɪrɪˈspektɪv/ ADJ ~ **of** oavsett
irresponsible /ˌɪrɪˈspɒnsəbl/ ADJ oansvarig, ansvarslös
irreverent /ɪˈrevərənt/ ADJ vanvördig

irrevocable /ɪˈrevəkəbl/ ADJ oåterkallelig
irrigate /ˈɪrɪɡeɪt/ VB [konst]bevattna
irritable /ˈɪrɪtəbl/ ADJ retlig, irritabel
irritate /ˈɪrɪteɪt/ VB irritera
is → **be**
Islam /ˈɪzlɑːm/ SB **1** islam **2** den islamiska (muslimska) världen
Islamic /ɪzˈlæmɪk/ ADJ islamisk, muslimsk
island /ˈaɪlənd/ SB **1** ö **2** refug
isle /aɪl/ SB *poet o i namn* ö ⟨**the British I~s**⟩
isolate /ˈaɪsəleɪt/ VB isolera
isolation /ˌaɪsəˈleɪʃn/ SB isolering
Israel /ˈɪzreɪl/ SB Israel
Israeli /ɪzˈreɪlɪ/ **1** ADJ israelisk **2** SB israel
issue¹ /ˈɪʃuː, *GB äv* ˈɪsjuː/ SB **1** fråga **evade (duck) the ~** kringgå huvudfrågan, slingra sig **the main ~** huvudfrågan **2** tvistefråga **settle the ~** göra upp tvisten **3** nummer, utgåva, upplaga **day of ~** utgivningsdag **4** flöde **5** ut|flöde, -lopp **6** utgång, resultat **7** *milit* utlämning, tilldelning, ranson **8** *jur* barn, [bröst]arvingar
  ★ **be at ~** *a)* vara under debatt *b)* vara oense **be the ~** vara det saken gäller **make an ~ of** göra en stor sak av **take ~ with sb** ifrågasätta ngns uppfattning
issue² /ˈɪʃuː, *GB äv* ˈɪsjuː/ VB **1** ge ut ⟨~ **bank notes,** ~ **books**⟩, utfärda ⟨~ **instructions**⟩ **2** förse, utrusta ⟨**sth to sb, sb with sth** ngn med ngt⟩ **3** strömma (komma) ut
  □ **issue from** *a)* [här]stamma från *b)* vara resultatet av, bero på
  □ **issue in** resultera i
isthmus /ˈɪsməs/ SB näs
it /ɪt/ PRON det, den
Italian /ɪˈtæljən/ **1** ADJ italiensk **2** SB italienare **3** SB italienska [språket]
italics /ɪˈtælɪks/ SB kursiv **in ~** kursiverad
Italy /ˈɪtəlɪ/ SB Italien
itch¹ /ɪtʃ/ VB **1** klia **my nose ~es** det kliar på (i) näsan på mig **2** känna klåda **I'm ~ing all over** det kliar överallt på mig **3** brinna av längtan ⟨**for** efter⟩
itch² /ɪtʃ/ SB **1** klåda **2** längtan, begär ⟨**for** efter⟩
it'd = it had, it would
item /ˈaɪtəm/ SB **1** punkt ⟨**the first ~ on the agenda**⟩, **news ~** nyhet, notis, nyhetsinslag **2** sak, artikel
itinerary /aɪˈtɪnərərɪ/ SB **1** res|väg, -rutt **2** resplan

it'll = it will
its /ɪts/ PRON dess, sin
it's = it has, it is
itself /ɪt'self/ PRON **1** sig ⟨the cat is licking ~⟩ **2** sig själv ⟨the bird saw ~ in the mirror⟩ **3** själv *he is honesty ~* han är hederligheten själv *the title ~ is wrong* själva titeln är felaktig
★ **by ~** *a)* av sig själv ⟨the machine started by ~⟩ *b)* för sig själv ⟨the house stands by ~⟩
ITV /ˌaɪtiːˈviː/ ⟨*förk f* Independent Television⟩ SB *den reklamfinansierade TV:n i GB*
I've = I have
ivory /ˈaɪvərɪ/ **1** SB elfenben **2** ADJ elfenbensvit
the Ivory Coast /ˌaɪvərɪ ˈkəʊst/ SB Elfenbenskusten
ivy /ˈaɪvɪ/ SB murgröna

J

jab¹ /dʒæb/ VB **1** sticka, stöta, slå **2** *boxning* jabba
jab² /dʒæb/ SB **1** stöt, slag **2** *boxning* jabb **3** *vard* vaccination, spruta
jabber¹ /ˈdʒæbə/ VB pladdra, babbla
jabber² /ˈdʒæbə/ SB pladder, babbel
jack¹ /dʒæk/ SB **1** domkraft, vinsch **2** *kortspel* knekt ⇓
jack² /dʒæk/ VB
□ **jack it in** *GB vard* sluta, lägga av
□ **jack up** *a)* hissa upp *med domkraft* *b) vard* höja
jackal /ˈdʒækɔːl/ SB schakal
jackdaw /ˈdʒækdɔː/ SB kaja
jacket /ˈdʒækɪt/ SB **1** jacka, kavaj **2** **~ potatoes** *GB* bakad potatis **3** *tekn* mantel **4** [skydds]omslag, *US äv* skivomslag
jack-in-the-box /ˈdʒækɪnðəˌbɒks/ SB gubben i lådan
jackknife /ˈdʒæknaɪf/ SB fällkniv
jack of all trades SB mångsysslare
jackpot /ˈdʒækpɒt/ SB jackpott, storvinst
Jacuzzi /dʒəˈkuːzɪ/ *varunamn* SB bubbelpool
jade /dʒeɪd/ **1** SB *ädelsten* jade **2** ADJ jade-, jadegrön
jaded /ˈdʒeɪdɪd/ ADJ ut|tröttad, -tråkad
jagged /ˈdʒægɪd/ ADJ ojämn, tandad
jaguar /ˈdʒægjʊə/, *US* ˈdʒægwɑːr/ SB jaguar
jail¹ /dʒeɪl/ (*GB äv* **gaol**) SB fängelse
jail² /dʒeɪl/ (*GB äv* ⇑) VB sätta i fängelse
jailbreak /ˈdʒeɪlbreɪk/ (*GB äv* ⇑) SB rymning
jailer /ˈdʒeɪlə/ (*GB äv* ⇑) SB fångvaktare
jalopy /dʒəˈlɒpɪ/ SB bilskrälle, rishög
jam¹ /dʒæm/ SB sylt, marmelad
jam² /dʒæm/ SB **1** trängsel, stockning ⟨traffic ~⟩ **2** *radio* störning
★ **be in a ~** vara i knipa
jam³ /dʒæm/ VB **1** klämma, pressa **2** blockera ⟨a street ~med with cars⟩ **3** fastna, låsa sig **4** *radio* störa

□ **jam on** slå till ~ **the brakes** tvärbromsa
jamboree /ˌdʒæmbəˈriː/ SB **1** stor fest, tillställning **2** *scouting* jamboree
jammy /ˈdʒæmɪ/ ADJ *GB vard* lycklig, tursam
jam-packed /ˌdʒæmˈpækt/ ADJ proppfull
jangle[1] /ˈdʒæŋgl/ VB skrälla (slamra) [med]
jangle[2] /ˈdʒæŋgl/ SB skrammel, slammer
janitor /ˈdʒænɪtə/ SB *spec US* vaktmästare, fastighetsskötare
January /ˈdʒænjʊərɪ/ SB januari
Japan /dʒəˈpæn/ SB Japan
Japanese /ˌdʒæpəˈniːz/ **1** ADJ japansk **2** SB ⟨*lika i pl*⟩ japan **3** SB japanska [språket]
jar[1] /dʒɑː/ SB burk, kruka
jar[2] /dʒɑː/ VB **1** skorra, gnissla, låta illa, *om färger* skära sig ~ **on sb's nerves** gå ngn på nerverna **2** skaka, stöta till
jar[3] /dʒɑː/ SB stöt, chock
jargon /ˈdʒɑːgən/ SB jargong, fackspråk
jasmine /ˈdʒæzmɪn/ SB jasmin
jaundice /ˈdʒɔːndɪs/ SB gulsot
jaundiced /ˈdʒɔːndɪst/ ADJ missunnsam, kallsinnig
jaunt /dʒɔːnt/ SB utflykt
jaunty /ˈdʒɔːntɪ/ ADJ hurtig, käck
javelin /ˈdʒævəlɪn/ SB spjut
jaw[1] /dʒɔː/ SB **1** käke, haka **2 jaws** käft[ar], gap
jaw[2] /dʒɔː/ VB snacka
jay /dʒeɪ/ SB nötskrika
jazz[1] /dʒæz/ SB jazz
jazz[2] /dʒæz/ VB
□ **jazz up** sätta fart på, piffa upp
jazzy /ˈdʒæzɪ/ ADJ gräll, prålig, vräkig
jealous /ˈdʒeləs/ ADJ **1** svartsjuk, avundsjuk ⟨**of** på⟩ **2** angelägen, mån ⟨**of** om⟩
jealousy /ˈdʒeləsɪ/ SB svartsjuka, avundsjuka
jeans /dʒiːnz/ SB jeans
jeep /dʒiːp/ SB jeep
jeer[1] /dʒɪə/, **jeer at** VB **1** håna, hånskratta åt **2** bua åt
jeer[2] /dʒɪə/ SB **1** hån, gliring **2** buande
jelly /ˈdʒelɪ/ SB gelé
jelly babies SB sega gubbar
jellyfish /ˈdʒelɪfɪʃ/ SB manet
jemmy /ˈdʒemɪ/ SB *GB* kofot, bräckjärn
jeopardize /ˈdʒepədaɪz/ VB äventyra, riskera

jeopardy /ˈdʒepədɪ/ SB fara **put in** ~ riskera
jerk[1] /dʒɜːk/ SB ryck, stöt **give a** ~ rycka till
jerk[2] /dʒɜːk/ VB rycka [till]
jerk[3] /dʒɜːk/ SB *spec US vard* [tok]stolle, idiot
jerkin /ˈdʒɜːkɪn/ SB ärmlös jacka, väst
jerky /ˈdʒɜːkɪ/ ADJ ryckig, stötig
jerry-built /ˈdʒerɪbɪlt/ ADJ slarvigt byggd
jerrycan /ˈdʒerɪkæn/ SB reservdunk
jersey /ˈdʒɜːzɪ/ SB **1** tröja **2** jersey[tyg]
jest[1] /dʒest/ VB skämta, skoja
jest[2] /dʒest/ SB skämt, skoj **in** ~ på skoj
jester /ˈdʒestə/ SB gycklare, narr
Jesus /ˈdʒiːzəs/ SB Jesus
jet[1] /dʒet/ SB **1** stråle ⟨**a** ~ **of water**⟩ **2** *tekn* munstycke **3** jet|plan, -flyg ⇓
jet[2] /dʒet/ VB **1** spruta (strömma) ut **2** flyga med jet[plan]
jet[3] /dʒet/ SB *mineral* jet, gagat
jet-black /ˌdʒetˈblæk/ ADJ kolsvart
jet lag /ˈdʒetlæg/ SB rubbad dygnsrytm *efter lång flygning*
jet set /ˈdʒetset/ SB jetset *rika som ägnar sig åt nöjesliv*
jettison /ˈdʒetɪsən/ VB **1** kasta överbord **2** kassera
jetty /ˈdʒetɪ/ SB pir, brygga
Jew /dʒuː/ SB jude
jewel /ˈdʒuːəl/ SB juvel, *bildl äv* skatt, pärla
jewelled /ˈdʒuːəld/ (*US* **jeweled**) ADJ juvelprydd
jeweller /ˈdʒuːələ/ (*US* **jeweler**) SB juvelerare ~**'s** juveleraraffär
jewellery /ˈdʒuːəlrɪ/ (*US* **jewelry**) SB smycken, juveler
Jewess /ˈdʒuːes/ SB *vanl neds* judinna
Jewish /ˈdʒuːɪʃ/ ADJ judisk
jib[1] /dʒɪb/, **jib at** VB *om häst* vägra, *om person* protestera
jib[2] /dʒɪb/ SB **1** fock, klyvare **2** kranarm
jibe → **gibe**[1,2]
jiffy /ˈdʒɪfɪ/ SB **in a** ~ på ett kick
jig /dʒɪg/ SB *dans* jigg
jiggle /ˈdʒɪgl/ VB vicka, vagga
jigsaw /ˈdʒɪgsɔː/, **jigsaw puzzle** SB pussel
jilt /dʒɪlt/ VB överge, försmå
jimmy /ˈdʒɪmɪ/ SB *US* kofot, bräckjärn
jingle[1] /ˈdʒɪŋgl/ SB **1** pinglande *av bjällror* **2** klirrande *av mynt* **3** *radio, tv* reklammelodi

jingle² /'dʒɪŋgl/ VB **1** plinga **2** klirra
jingoism /'dʒɪŋgəʊˌɪzəm/ SB chauvinism
jinx¹ /dʒɪŋks/ SB **1** olycksbringare
2 förbannelse
jinx² /dʒɪŋks/ VB *vard* dra olycka över
jitters /'dʒɪtəz/ SB **get the ~** få stora skälvan
jittery /'dʒɪtərɪ/ ADJ *vard* nervös, skärrad
Jnr. → junior
job /dʒɒb/ SB **1** arbete, jobb **be out of a ~** vara arbetslös **2** arbetsuppgift, jobb **3** *vard* sjå, fasligt besvär ⟨**I had a hard ~ finding my key**⟩ **4** ansvar ⟨**that's not my ~**⟩ **5** *vard* sak ⟨**that car is a nice little ~**⟩ **6** *vard* inbrott, stöt
★ **give sth up as a bad ~** ge spelet förlorat **it's a good ~ you came** det var bra (tur) du kom **just the ~** → just¹ **make a good ~ of sth** göra ngt bra **make the best of a bad ~** → best³
jockey¹ /'dʒɒkɪ/ SB jockey
jockey² /'dʒɒkɪ/ VB manövrera, lura
★ **~ for position** *bildl* försöka skaffa sig ett bättre läge
jocular /'dʒɒkjʊlə/ ADJ skämtsam, humoristisk
jodhpurs /'dʒɒdpəz/ SB ridbyxor
jog¹ /dʒɒg/ VB **1** stöta (knuffa) till **2** lunka, jogga
★ **~ sb's memory** friska upp ngns minne
☐ **jog along** *a)* skumpa fram *b)* knaggla sig fram
jog² /dʒɒg/ SB **1** stöt, knuff **2** lunk, joggningsrunda
jogger /'dʒɒgə/ SB joggare
joggle /'dʒɒgl/ VB skaka (ruska) lätt
john /dʒɒn/ SB *US* toa
join¹ /dʒɔɪn/ VB **1** förena, knyta ihop ⟨**~ two ropes**⟩ **2** göra sällskap, följa med ⟨**~ sb in a walk**⟩ **3** förenas, mötas ⟨**the rivers ~ here**⟩ **4** förena sig med, gå in i ⟨**~ a club**⟩
★ **~ forces** gå samman, samarbeta
☐ **join in** delta (vara med) i ⟨**~ the conversation**⟩
☐ **join up** ta värvning
join² /dʒɔɪn/ SB fog, skarv
joiner /'dʒɔɪnə/ SB *spec GB* [inrednings]snickare
joinery /'dʒɔɪnərɪ/ SB snickeri
joint¹ /dʒɔɪnt/ **1** SB skarv, fog **2** SB led **out of ~** ur led, i olag **3** SB *GB* stek ⟨**~ of lamb**⟩ **4** SB *vard* krog, sylta **5** SB *vard*

haschcigarett **6** ADJ förenad, gemensam
joint² /dʒɔɪnt/ VB stycka
joist /dʒɔɪst/ SB bjälke
joke¹ /dʒəʊk/ SB skämt, vits **play a ~ on sb** spela ngn ett spratt
joke² /dʒəʊk/ VB skämta, skoja
joker /'dʒəʊkə/ SB **1** skämtare **2** *kortspel* joker
jolly¹ /'dʒɒlɪ/ ADJ glad, trevlig
jolly² /'dʒɒlɪ/ ADV *GB* **~ good** jätte|fin, -bra **~ well** sannerligen
jolly³ /'dʒɒlɪ/ VB
☐ **jolly along** *vard* uppmuntra, hålla på gott humör
jolt¹ /dʒəʊlt/ VB **1** skaka **2** skaka om, chockera
jolt² /dʒəʊlt/ SB **1** skakning **2** chock
Jordan /'dʒɔːdn/ SB Jordanien
jostle /'dʒɒsl/ VB knuffa[s], skuffa[s]
jot¹ /dʒɒt/ SB dugg, dyft ⟨**not a ~**⟩
jot² /dʒɒt/ VB
☐ **jot down** kasta ner, anteckna
jotting /'dʒɒtɪŋ/ SB anteckning
journal /'dʒɜːnl/ SB **1** tidskrift **2** dagbok, journal
journalism /'dʒɜːnəlˌɪzəm/ SB journalistik
journalist /'dʒɜːnəlɪst/ SB journalist
journey¹ /'dʒɜːnɪ/ SB resa
journey² /'dʒɜːnɪ/ VB resa
jovial /'dʒəʊvɪəl/ ADJ gemytlig, gladlynt
jowl /dʒaʊl/ SB [under]käke, haka
joy /dʒɔɪ/ SB **1** glädje **2** glädjeämne
joyful /'dʒɔɪfʊl/ ADJ glad, glädjande
joyride /'dʒɔɪraɪd/ SB nöjestur *spec i stulen bil*
joystick /'dʒɔɪstɪk/ SB *flyg, data* styrspak
JP → Justice of the Peace
Jr. → junior
jubilant /'dʒuːbɪlənt/ ADJ jublande
jubilation /ˌdʒuːbɪ'leɪʃn/ SB jubel, [seger]glädje
jubilee /'dʒuːbɪliː/ SB jubileum
judder /'dʒʌdə/ VB *spec GB* skaka, vibrera
judge¹ /dʒʌdʒ/ SB **1** domare **2** bedömare **3** kännare **~ of art** konstkännare
judge² /dʒʌdʒ/ VB **1** döma **judging by (from)** att döma av **2** bedöma, anse ⟨**I ~ her to be about thirty**⟩
judgement /'dʒʌdʒmənt/, **judgment** SB **1** dom **pass (give) ~** avkunna dom **2** omdöme, bedömning
judicial /dʒuː'dɪʃl/ ADJ rättslig, juridisk
judicious /dʒuː'dɪʃəs/ ADJ omdömesgill

judo /ˈdʒuːdəʊ/ SB judo
jug /dʒʌɡ/ SB **1** *spec GB* kanna, tillbringare **2** *vard* fängelse, finka
juggernaut /ˈdʒʌɡənɔːt/ SB **1** *GB* långtradare **2** *bildl* ångvält
juggle /ˈdʒʌɡl/ VB **1** jonglera, bolla **2** manipulera (fiffla) [med]
juggler /ˈdʒʌɡlə/ SB jonglör
juice /dʒuːs/ SB saft, juice, sky
juicy /ˈdʒuːsɪ/ ADJ *äv bildl* saftig
jujitsu /dʒuːˈdʒɪtsuː/ SB jiujitsu
July /dʒuːˈlaɪ/ SB juli
jumble¹ /ˈdʒʌmbl/, **jumble up** VB röra ihop
jumble² /ˈdʒʌmbl/ SB virrvarr, röra
jumble sale SB *GB* loppmarknad
jumbo /ˈdʒʌmbəʊ/ ADJ *vard* jättestor, jätte-
jumbo jet SB stort jetplan, jumbojet
jump¹ /dʒʌmp/ VB **1** hoppa **2** *äv bildl* hoppa över **3** rycka till **4** stiga kraftigt ⟨**prices have ~ed**⟩ **5** hoppa på, angripa **6** *vard* avvika, smita
★ **~ the gun** tjuvstarta **~ the lights** köra mot rött ljus **~ the queue** *spec GB* tränga sig före i kön **~ to conclusions** dra förhastade slutsatser **~ to one's feet** hoppa (rusa) upp **J~ to it!** Raska på!
□ **jump at** nappa på *ett förslag etc* **~ the chance** gripa chansen
□ **jump down sb's throat** skälla ut ngn, ge sig på ngn
□ **jump on** *vard* slå ner på
jump² /dʒʌmp/ SB **1** hopp, skutt **2** *hästtävling* hinder **3** kraftig [pris]stegring **4** [om]svängning
★ **be one ~ ahead** vara steget före ⇓
jumped-up /ˌdʒʌmptˈʌp/ ADJ *spec GB vard* uppblåst, mallig **that ~ boss** den där uppkomlingen till chef
jumper¹ /ˈdʒʌmpə/ SB hoppare
jumper² /ˈdʒʌmpə/ SB **1** jumper, tröja **2** *US* västklänning
jump-leads /ˈdʒʌmpliːdz/ SB startkablar
jump suit SB [fritids]overall
jumpy /ˈdʒʌmpɪ/ ADJ *vard* nervös, ängslig
junction /ˈdʒʌŋkʃən/ SB *trafik* korsning
juncture /ˈdʒʌŋktʃə/ SB [tid]punkt ⟨**at this ~**⟩
June /dʒuːn/ SB juni
jungle /ˈdʒʌŋɡl/ SB djungel
junior /ˈdʒuːnɪə/ **1** ADJ yngre, lägre *i rang*, *spec US* den yngre, junior ⟨**John Doe J~ (Jr., Jnr.)**⟩ **2** SB yngre person (medlem), *äv sport* junior **he's my ~ by two years** han är två år yngre än jag
junior school SB *GB* ≈ lågstadiet *för elever från sju till elva år*
juniper /ˈdʒuːnɪpə/ SB en[buske]
junk¹ /dʒʌŋk/ SB **1** skräp, skrot, lump **2** *vard* heroin, knark ⇓
junk² /dʒʌŋk/ VB *vard* kassera, slänga
junk food SB skräpmat *läsk, chips etc*
junkie /ˈdʒʌŋkɪ/ SB knarkare
junta /ˈdʒʌntə, *spec US* ˈhʊntə/ SB *polit* junta
juror /ˈdʒʊərə/ SB jurymedlem
jury /ˈdʒʊərɪ/ SB jury **sit on a ~** sitta i en jury
just¹ /dʒʌst/ ADV **1** just, precis ⟨**it's ~ two o'clock**⟩ **2** alldeles ⟨**~ marvellous**⟩, **~ after lunch** strax efter lunch **3** just nu ⟨**he's ~ leaving**⟩ **4** just, nyss ⟨**he has ~ left**⟩ **5** nätt och jämnt ⟨**we were ~ in time**⟩ **6** bara ⟨**it's ~ a story, J~ wait!**⟩, **J~ a minute!** Ett ögonblick [bara]!
★ **~ about** *a) vard* nästan ⟨**I've ~ about finished**⟩ *b)* ungefär ⟨**~ about now**⟩, **~ about the limit** verkligen höjden **~ as well** lika bra **~ the job** precis vad som behövs (behövdes) **~ like that** utan vidare **~ my luck** min vanliga otur **~ now** *äv* nyss **it's ~ one of those things** sånt är livet **not ~ yet** inte riktigt än
just² /dʒʌst/ ADJ **1** rättvis **2** rimlig, befogad
justice /ˈdʒʌstɪs/ SB **1** rättvisa **do ~ to** *a)* göra heder åt *b)* vara rättvis mot **2** *jur* rätt **bring sb to ~** dra ngn inför rätta **3** domare, ≈ justitieråd
Justice of the Peace ⟨*förk* JP /ˌdʒeɪˈpiː/⟩ SB fredsdomare
justifiable /ˈdʒʌstɪfaɪəbl/ ADJ berättigad, befogad
justification /ˌdʒʌstɪfɪˈkeɪʃn/ SB berättigande **in ~ of** till försvar för
justify /ˈdʒʌstɪfaɪ/ VB berättiga, försvara
jut /dʒʌt/, **jut out** VB sticka ut, skjuta ut
jute /dʒuːt/ SB *växt, textil* jute
Jutland /ˈdʒʌtlənd/ SB Jylland
juvenile /ˈdʒuːvənaɪl/ **1** SB ung människa, ungdom **2** ADJ ungdoms- **3** ADJ barnslig, omogen

K

kale /keɪl/, **kail** SB grönkål, kruskål
kaleidoscope /kəˈlaɪdəskəʊp/ SB kalejdoskop
kangaroo /ˌkæŋgəˈruː/ SB känguru
karate /kəˈrɑːtɪ/ SB karate **~ chop** karateslag
keel¹ /kiːl/ SB köl **on an even ~** på rätt köl
keel² /kiːl/ VB
□ **keel over** a) kantra b) *vard* kollapsa
keen /kiːn/ ADJ **1** ivrig, angelägen **2** stark, intensiv ⟨**a ~ interest**⟩ **3** skarp, vass **~ hearing** fin hörsel **4 ~ on** förtjust i
keenness /ˈkiːnnəs/ SB **1** skärpa **2** iver, entusiasm
keep¹ /kiːp/ ⟨**kept** /kept/, **kept**⟩ VB **1** hålla ⟨**~ a promise**⟩, behålla **2** förvara, bevara ⟨**~ a secret**⟩ **3** hålla sig med, ha ⟨**~ a car, ~ pigs**⟩ **4** underhålla, försörja ⟨**~ a large family**⟩ **5** föra, sköta ⟨**~ a diary, ~ a shop**⟩ **6** [för]hålla sig ⟨**~ calm**⟩ **7** hålla (stå) sig ⟨**the meat won't ~**⟩ **8** fortsätta, hålla **~ left** hålla (köra, gå) till vänster **~ straight on** fortsätta rakt fram **9 ~ doing sth** fortsätta att göra ngt **K~ moving!** Rör på er! **they ~ discussing** de diskuterar och diskuterar **people kept coming** det kom folk hela tiden
★ **How are you ~ing?** Hur står det till [med dig]? **~ one's bed** ligga till sängs **~ Christmas** fira jul **~ goal** stå i mål **~ sb happy** göra ngn glad **~ one's head** behålla fattningen **~ sb posted** hålla ngn underrättad **~ a stiff upper lip** behärska sig, inte röra en min **~ a straight face** hålla masken **~ tabs on** hålla koll på **~ sb waiting** låta ngn vänta **What kept you?** Varför är du så sen?

□ **keep abreast of** a) hålla jämna steg med b) hålla sig à jour med
□ **keep at** *vard* a) ligga i b) driva på ⟨**keep sb at it**⟩
□ **keep back** a) hålla tillbaka, bromsa b) undanhålla
□ **keep down** a) hålla nere b) förtrycka
□ **keep from** a) dölja för b) avhålla sig från **keep sb from doing sth** hindra ngn från att göra ngt
□ **keep in with** hålla sig väl med
□ **keep off** a) hålla sig borta b) hålla undan från
□ **keep on** fortsätta, hålla i sig ⟨**the rain keeps on**⟩, **~ at sth** fortsätta med ngt **~ at sb** *vard* tjata på ngn
□ **keep out** a) utestänga b) hålla sig undan **~ of** a) hålla utanför b) hålla sig undan
□ **keep to** hålla sig till, hålla fast vid **keep [oneself] to oneself** hålla sig för sig själv **~ the point** hålla sig till saken
□ **keep under** hålla nere, kuva
□ **keep up** hålla uppe, fortsätta med ⟨**~ a conversation**⟩, **~ with** hålla jämna steg med **~ with the Joneses** ≈ göra som Svenssons gör, inte vara sämre än grannen

keep² /kiːp/ SB **1** uppehälle **2** [borg]torn
★ **for ~s** *vard* för alltid, för gott
keeper /ˈkiːpə/ SB **1** vakt, djurskötare **2** målvakt
keep-fit /ˌkiːpˈfɪt/ SB **~ exercises** motionsgymnastik
keeping /ˈkiːpɪŋ/ SB **1** förvar, vård **in safe ~** i säkert förvar **2** samklang, harmoni **be in ~** gå in i stilen, passa ⟨**with** med⟩ **in ~ with** i överensstämmelse med
keepsake /ˈkiːpseɪk/ SB minne, souvenir
keg /keg/ SB kagge, kutting **~ beer** fatöl
kennel /ˈkenl/ SB **1** hundkoja **2 kennels** kennel, hundpensionat
kept → **keep¹**
kerb /kɜːb/ (*US* **curb**) SB trottoarkant
kernel /ˈkɜːnl/ SB *äv bildl* kärna, korn ⟨**a ~ of truth**⟩
kerosene /ˈkerəsiːn/, **kerosine** SB *spec US* fotogen
kestrel /ˈkestrəl/ SB tornfalk
ketchup /ˈketʃʌp/ SB ketchup
kettle /ˈketl/ SB vattenkokare
★ **a pretty ~ of fish** → **pretty¹**
kettledrum /ˈketldrʌm/ SB puka
key¹ /kiː/ SB **1** nyckel **2** lösning ⟨**the ~ to the problem**⟩, facit **3** tangent ⟨**piano ~**⟩ **4** klaff *på musikinstrument* **5** tonart, ton[läge] **6** *attribut* nyckel-, huvud-, viktig ⟨**a ~ figure**⟩

key² /kiː/ vb **1** anpassa **2** *data* skriva [in]
☐ **key in** *data* skriva in
keyboard /ˈkiːbɔːd/ sb klaviatur, tangentbord
keyed up /ˌkiːd ˈʌp/ adj spänd, uppskruvad
keynote /ˈkiːnəʊt/ sb *äv bildl* grundton
~ **speech** öppningsanförande
keystone /ˈkiːstəʊn/ sb *bildl* hörnsten, grundval
kg /ˈkiːləʊ/ sb kg
khaki /ˈkɑːkɪ, *US* ˈkækɪ/ **1** sb kaki **2** adj kaki-, kakifärgad
kibbutz /kɪˈbʊts/ ⟨*pl* -es *el* kibbutzim /ˌkɪbʊtˈsiːm/⟩ sb kibbutz
kick¹ /kɪk/ vb **1** sparka [till] **2** sparkas **3** rekylera
★ ~ **the bucket** *vard* dö, kola [av] ~ **the habit** sluta dricka ⟨*etc*⟩ ~ **one's heels** få vänta, vara sysslolös
☐ **kick about (around)** *vard* ligga och skräpa **kick sth around** diskutera ngt **kick sb around** köra med ngn
☐ **kick against (at)** protestera mot
☐ **kick off** *a*) *fotboll* göra avspark
b) sparka i gång
☐ **kick out** *vard* sparka ut, ge sparken
☐ **kick over the traces** hoppa över skaklarna
☐ **kick up** ställa till ~ **a row (a fuss)** ställa till bråk ~ **one's heels** slå klackarna i taket
kick² /kɪk/ sb **1** spark **2** *vard* kick ⟨**get a** ~ **from**⟩, **for** ~**s** *vard* för nöjes skull **3** styrka, energi ⟨he has no ~ left in him⟩ **4** rekyl
kickback /ˈkɪkbæk/ sb *vard* pengar under bordet
kick-off /ˈkɪkɒf/ sb avspark
kid¹ /kɪd/ sb **1** *vard* barn, unge ~ **brother** lillebror **2** killing, kid **3** getskinn
kid² /kɪd/ vb **1** lura **2** luras, skoja (retas) [med]
★ **Don't** ~ **yourself**! Inbilla dig ingenting! **No** ~**ding!** *a*) bergis, på allvar *b*) Du skojar väl inte?
kiddy /ˈkɪdɪ/, **kiddie** sb *vard* barnunge
kidnap /ˈkɪdnæp/ vb kidnappa, röva bort
kidnapper /ˈkɪdnæpə/ sb kidnappare
kidney /ˈkɪdnɪ/ sb njure
kidney bean sb rosenböna
kidney machine sb konstgjord njure
kill¹ /kɪl/ vb döda, slå ihjäl, göra slut på
be (get) killed dö, omkomma ~ **time** fördriva tiden
★ **Don't** ~ **yourself**! Överansträng dig inte! ~ **two birds with one stone** slå två flugor i en smäll
☐ **kill off** utrota, ta död på
kill² /kɪl/ sb **1** *jakt* dödande **2** jaktbyte
killer /ˈkɪlə/ sb mördare ~ **disease** dödlig sjukdom
killer whale /ˌkɪlə ˈweɪl/ sb späckhuggare
killing /ˈkɪlɪŋ/ sb mord
kill-joy /ˈkɪldʒɔɪ/ sb glädjedödare
kiln /kɪln/ sb brännugn
kilo /ˈkiːləʊ/ sb kilo
kilogram /ˈkɪləɡræm/, **kilogramme** sb kilogram
kilometre /ˈkɪləˌmiːtə, kɪˈlɒmɪtə/ (*US* **kilometer**) sb kilometer
kilowatt /ˈkɪləwɒt/ sb kilowatt
kilt /kɪlt/ sb kilt
kimono /kɪˈməʊnəʊ/ sb kimono
kin /kɪn/ sb *åld* släkting[ar], släkt
⟨we're near ~⟩
★ **next of** ~ närmaste anhörig
kind¹ /kaɪnd/ sb sort, slag, typ
⟨all ~s of people⟩
★ ~ **of** *vard* lite, nästan, liksom ⟨feel ~ of sorry for⟩, **nothing of the** ~ inte alls så **of a** ~ *a*) någon sorts, något som ska föreställa ⟨tea of a ~⟩ *b*) likadana ⟨they're two of a ~⟩, **pay in** ~ → pay¹ **something of the** ~ något i den stilen
kind² /kaɪnd/ adj vänlig, snäll ⟨**to** mot⟩
★ ~ **regards** hjärtliga hälsningar
kindergarten /ˈkɪndəˌɡɑːtn/ sb lekskola
kind-hearted /ˌkaɪndˈhɑːtɪd/ adj godhjärtad
kindle /ˈkɪndl/ vb **1** tända, *bildl* väcka **2** flamma upp
kindling /ˈkɪndlɪŋ/ sb tänd|ved, -material
kindly¹ /ˈkaɪndlɪ/ adj vänlig, välvillig
kindly² /ˈkaɪndlɪ/ adv vänligen, vänligt
★ **not take** ~ **to** inte gilla
kindness /ˈkaɪndnəs/ sb vänlighet, godhet
kindred /ˈkɪndrəd/ *fml* **1** adj besläktad ~ **spirit** själsfrände **2** sb släktskap **3** sb släkt **his** ~ **live in Wales** hans släktingar bor i Wales
king /kɪŋ/ sb kung
kingdom /ˈkɪŋdəm/ sb **1** kungarike **2** rike **the animal** ~ djurriket
kingfisher /ˈkɪŋˌfɪʃə/ sb *fågel* kungsfiskare
kingpin /ˈkɪŋpɪn/ sb *bildl* stöttepelare, ledare

king-size /ˈkɪŋsaɪz/, **king-sized** ADJ jättestor
kink /kɪŋk/ SB **1** knut, ögla **2** störning, egenhet
kinky /ˈkɪŋki/ ADJ *vard* knäpp, pervers
kinsman /ˈkɪnzmən/ SB *åld* [manlig] släkting, frände
kinswoman /ˈkɪnzˌwʊmən/ SB *åld* [kvinnlig] släkting, frände
kiosk /ˈkiːɒsk/ SB kiosk
kip¹ /kɪp/, **kip down** VB *GB vard* sova, kvarta
kip² /kɪp/ SB *GB vard* sömn
kipper /ˈkɪpə/ SB *GB* rökt, salt sill *vanlig frukosträtt*
kiss¹ /kɪs/ VB kyssa[s], pussa[s]
kiss² /kɪs/ SB kyss, puss
★ **~ of death** dödsstöt **give sb the ~ of life** behandla ngn med mun-mot-mun-metoden
kit¹ /kɪt/ SB **1** utrustning **Where's my football ~?** Var är mina fotbollsgrejer? **2** byggsats **3** verktygssats
kit² /kɪt/ VB
□ **kit out (up)** *spec GB* utrusta
kitchen /ˈkɪtʃən/ SB kök
kitchenette /ˌkɪtʃəˈnet/ SB kokvrå
kite /kaɪt/ SB **1** drake **2** *fågel* glada
★ **fly a ~** → **fly¹**
kith /kɪθ/ SB **~ and kin** släkt och vänner
kitsch /kɪtʃ/ SB kitsch, skräp, smörja
kitten /ˈkɪtn/ SB kattunge
★ **have ~s** *spec GB vard* få spader
kitty /ˈkɪti/ SB pott, [gemensam] kassa
kiwi /ˈkiːwiː/ SB **1** *fågel* kiwi **2** *frukt* kiwi
Kleenex /ˈkliːneks/ *varunamn* SB pappersnäsduk
knack /næk/ SB handlag, knep **get the ~ of** få kläm på
knackered /ˈnækəd/ ADJ *GB vard* uttröttad, helt slut
knave /neɪv/ SB **1** *kortspel* knekt **2** *åld* skojare
knead /niːd/ VB knåda *deg*, massera
knee /niː/ SB knä **bring sb to his ~s** tvinga ngn på knä
kneecap /ˈniːkæp/ SB knäskål
kneel /niːl/ ⟨**knelt** /nelt/, **knelt**, *spec US* **kneeled, kneeled**⟩ VB knäböja, falla på knä
knell /nel/ SB **1** själaringning **2** *bildl* dödsstöt, slut
knelt → **kneel**

knew → **know¹**
knickerbockers /ˈnɪkəbɒkəz/ SB golfbyxor
knickers /ˈnɪkəz/ SB *GB* trosor
knick-knacks /ˈnɪknæks/ SB krimskrams
knife¹ /naɪf/ ⟨*pl* **knives** /-vz/⟩ SB kniv
★ **have got one's ~ into sb** hysa agg mot ngn
knife² /naɪf/ VB knivhugga
knight¹ /naɪt/ SB **1** riddare **2** knight *låg adelstitel* **3** *schack* häst, springare
knight² /naɪt/ VB dubba till riddare, adla
knighthood /ˈnaɪthʊd/ SB riddarvärdighet, knightvärdighet
knit /nɪt/ ⟨**knitted, knitted** *el* **knit, knit**⟩ VB **1** sticka ⟨**~ a jumper**⟩ **2** förena, knyta samman **3** *om brutna ben* växa ihop
★ **~ one's [eye]brows** rynka pannan
knitting /ˈnɪtɪŋ/ SB stickning
knitting needle SB sticka *för stickning*
knitwear /ˈnɪtweə/ ⟨*endast sg*⟩ SB stickade kläder
knives → **knife¹**
knob /nɒb/ SB **1** knapp, knopp, runt handtag **2** klump **a ~ of butter** en klick smör
knobbly /ˈnɒbli/ (*US* **knobby**) ADJ knotig, knölig
knock¹ /nɒk/ VB **1** knacka, bulta ⟨**~ at (on) the door**⟩ **2** slå [till] ⟨**~ sb on the head**⟩, **~ sb unconscious** slå ngn medvetslös **3** *vard* kritisera, klanka på
□ **knock about (around)** *a)* misshandla *b) vard* fara (flacka) omkring *c)* ligga och skräpa **~ with** ha ihop det med
□ **knock back** *vard a)* stjälpa i sig, svepa *b)* chockera
□ **knock down** *a)* riva *b)* slå ner, köra på *c) om pris* slå ner, sänka
□ **knock off** *vard a)* lägga av [med] *b) om pris* slå ner, sänka *c)* stjäla, sno *d)* mörda
□ **knock out** *a)* slå knockout på *b)* slå ut *c) vard* överväldiga, chocka
□ **knock up** *a) GB* sno ihop, snabbt fixa *b) spec US* göra på smällen
knock² /nɒk/ SB slag, stöt, *äv i motor* knackning
★ **take a bad (hard) ~** åka på en riktig smäll **there was a ~ at (on) the door** det knackade på dörren
knockdown /ˈnɒkdaʊn/ ADJ **~ furniture** monterbara möbler **~ price** fyndpris
knocker /ˈnɒkə/ SB portklapp

knock-kneed /ˌnɒkˈniːd/ ADJ kobent
knockout /ˈnɒkaʊt/ SB **1** knockout[slag] **2** ~ [competition] utslagstävling **3** *vard* toppen|tjej, -kille, panggrej
knock-up /ˈnɒkʌp/ SB *tennis* inbollning ~ **furniture** monterbara möbler
knoll /nəʊl/ SB liten kulle
knot¹ /nɒt/ SB **1** knut, knop **2** kvist *i virke* **3** klunga **4** *hastighet till sjöss* knop ⟨make 15 ~s⟩
knot² /nɒt/ VB knyta
knotty /ˈnɒtɪ/ ADJ knutig, *äv bildl* kvistig
know¹ /nəʊ/ ⟨knew /njuː/, known /nəʊn/⟩ VB **1** veta, ha reda på, känna till **get to** ~ få veta ⟨**about** om⟩ **2** vara kunnig i, kunna ⟨Do you ~ Japanese?⟩ **3** ~ **how to** kunna ⟨she ~s how to swim⟩ **4** känna, vara bekant med **get to** ~ **sb** lära känna ngn **5** känna igen **I** ~ **him by his voice** jag känner igen honom på rösten ~ **the difference between** kunna skilja mellan **6** uppleva ⟨they've ~n better days⟩
★ **I've never ~n him to smoke** jag har aldrig sett honom röka **not** ~ **any better** inte förstå bättre **there's no ~ing** man kan inte veta (vara säker)
☐ **know backwards** kunna framlänges och baklänges
☐ **know from** kunna skilja på **I don't know one from the other** jag ser ingen skillnad på dem
☐ **know of** känna till **not that I** ~ inte vad jag vet
know² /nəʊ/ SB **in the** ~ initierad
know-all /ˈnəʊɔːl/ SB *neds* allvetare, besserwisser
know-how /ˈnəʊhaʊ/ SB kunnande, sakkunskap
knowing /ˈnəʊɪŋ/ ADJ **1** slug **2** menande ⟨a ~ look⟩
knowingly /ˈnəʊɪŋlɪ/ ADV **1** medvetet **2** menande
knowledge /ˈnɒlɪdʒ/ ⟨*endast sg*⟩ SB **1** kännedom, vetskap **2** kunskap[er] **have a good** ~ **of French** ha goda kunskaper i franska **3** lärdom, vetande
★ **to [the best of] my** ~ såvitt jag vet
knowledgeable /ˈnɒlɪdʒəbl/ ADJ kunnig
known¹ → know¹
known² /nəʊn/ ADJ känd, bekant
knuckle¹ /ˈnʌkl/ SB knoge
knuckle² /ˈnʌkl/ VB

☐ **knuckle down to sth** ta itu med ngt
☐ **knuckle under** ge sig, foga sig
knuckle-duster /ˈnʌklˌdʌstə/ SB knogjärn
KO /ˌkeɪˈəʊ/ ⟨*förk f* knockout⟩ SB knockout
koala /kəʊˈɑːlə/, **koala bear** SB koala, pungbjörn
kooky /ˈkuːkɪ/ ADJ *US vard* galen, knäpp
kosher /ˈkəʊʃə/ ADJ **1** *om mat* koscher behandlad *enl judiska föreskrifter* **2** *vard* äkta, riktig
kowtow /ˌkaʊˈtaʊ/ VB *vard* krypa, svansa ⟨**to** för⟩
k.p.h. ⟨*förk f* kilometres per hour⟩ km per timme
the Kremlin /ˈkremlɪn/ Kreml
kudos /ˈkjuːdɒs/ SB ära, beröm, beundran

L

L /el/ ⟨förk f learner⟩ SB GB på bilskylt ≈ övningskörning
LA /ˌel'eɪ/ SB förk Los Angeles
lab /læb/ ⟨förk f laboratory⟩ SB labb
Lab /læb/ ⟨förk f Labour⟩ SB partibeteckning för labourpartiet
label¹ /'leɪbl/ SB etikett, märke, påskrift
label² /'leɪbl/ VB **1** sätta etikett på **2** beteckna ~ **sb a thief** stämpla ngn som tjuv
labor → labour¹,²
laboratory /lə'bɒrətərɪ, US 'læbrətɔ:rɪ/ SB laboratorium
laborious /lə'bɔ:rɪəs/ ADJ mödosam, arbetsam
labor union SB US fackförening
labour¹ /'leɪbə/ (US **labor**) SB **1** arbete, möda **hard ~** straffarbete **2** arbetskraft, arbetare **3 Labour** labour *arbetarpartiet i Storbritannien, Australien m fl länder* **4** förlossningsarbete, värkar ⇓
labour² /'leɪbə/ (US ⇑) VB **1** arbeta [hårt], bemöda sig **2** bearbeta **3** överarbeta
□ **labour under** lida av
laboured /'leɪbəd/ (US **labored**) ADJ mödosam, tung
labourer /'leɪbərə/ (US **laborer**) SB [grov]arbetare
the Labour Party SB ⟨↔ labour¹⟩ labour
laburnum /lə'bɜ:nəm/ SB gullregn
labyrinth /'læbərɪnθ/ SB labyrint
lace¹ /leɪs/ SB **1** spets[ar] **~ curtains** spetsgardiner **2** snöre, snodd
lace² /leɪs/ VB **1** snöra **2** spetsa *med alkohol*
□ **lace up** snöra ⟨**~ one's shoes**⟩
lack¹ /læk/ VB sakna, lida brist på **be ~ing** saknas, fattas **be ~ing in** sakna **~ for nothing** inte sakna något
lack² /læk/ SB brist **for ~ of** av brist på
lackadaisical /ˌlækə'deɪzɪkl/ ADJ oengagerad, håglös, nonchalant
lackey /'lækɪ/ SB lakej
lacklustre /'lækˌlʌstə/ (US **lackluster**) ADJ **1** glanslös, matt **2** oinspirerad
laconic /lə'kɒnɪk/ ADJ lakonisk, fåordig
lacquer¹ /'lækə/ SB lack, hårsprej
lacquer² /'lækə/ VB lackera, spreja *hår*
lad /læd/ SB pojke, grabb
ladder /'lædə/ SB **1** stege **2** *spec GB* maska
laden /'leɪdn/ ADJ lastad, fylld, *äv bildl* nedtyngd ⟨**with** av⟩
la-di-da /ˌlɑ:dɪ'dɑ:/, **lah-di-dah** ADJ *vard* struntförnäm, snobbig
ladies' room /'leɪdɪzru:m/ SB damtoalett
ladle¹ /'leɪdl/ SB slev
ladle² /'leɪdl/ VB sleva, ösa
□ **ladle out** sleva upp, *bildl* ösa ⟨**~ praise**⟩
lady /'leɪdɪ/ SB **1** dam **2 L~** *adelstitel* lady **3 Our Lady** Jungfru Maria **4 ladies** damtoalett ⇓
ladybird /'leɪdɪbɜ:d/ (US **ladybug** /-bʌg/) SB nyckelpiga
Lady Day /'leɪdɪdeɪ/ SB GB Marie bebådelsedag
lady-killer /'leɪdɪˌkɪlə/ SB kvinnotjusare
ladylike /'leɪdɪlaɪk/ ADJ elegant, förnäm **be ~** uppföra sig som en dam
ladyship /'leɪdɪʃɪp/ SB **Your ~** *i tilltal* Ers nåd
lag /læg/, **lag behind** VB släpa (bli) efter
lager /'lɑ:gə/ SB pilsner, ljust öl
lagoon /lə'gu:n/ SB lagun
laid → lay²
laid-back /ˌleɪd'bæk/ ADJ *vard* avspänd, obekymrad
lain → lie³
lair /leə/ SB lya, kula, ide
laity /'leɪətɪ/ SB **the ~** lekmännen
lake /leɪk/ SB [in]sjö
the Lake District /'leɪkˌdɪstrɪkt/ SB sjödistriktet *i nordvästra England*
lamb /læm/ SB lamm
lame /leɪm/ ADJ **1** halt, ofärdig **2** *bildl* lam, svag
lame duck /ˌleɪm 'dʌk/ SB *vard* **1** hjälplös person **2** insolvent person (företag) **3** oduglig **4 he's a ~** *spec US* han har inget [politiskt] inflytande *om politiker som snart ska avgå* **5** dödfött projekt
lament¹ /lə'ment/ VB **1** beklaga **2** klaga, jämra sig
□ **lament for** sörja
lament² /lə'ment/ SB klagosång
lamentable /'læməntəbl/, *spec US* /lə'ment-/ ADJ beklagansvärd

laminated /'læmɪneɪtɪd/ ADJ laminerad
lamp /læmp/ SB lampa, lykta
lampoon /læm'puːn/ SB nidskrift, smädeskrift
lamppost /'læmppəʊst/ SB lyktstolpe
lampshade /'læmpʃeɪd/ SB lampskärm
lance /lɑːns/ SB lans
land¹ /lænd/ SB **1** land **by ~** till lands, landvägen **2** mark, jord **3** *litt, bildl* land, nation
land² /lænd/ VB **1** landa, landstiga **we ~ed at a small pub** vi hamnade på en liten pub **2** landsätta **3** landa med ⟨**~ an aeroplane**⟩ **4** fånga, få upp ⟨**~ a fish**⟩, få tag i ⟨**~ a job**⟩, ta hem ⟨**~ a prize**⟩, träffa med, pricka in ⟨**~ a punch**⟩
★ **~ on one's feet** komma ner på fötterna
□ **land in** få att hamna, försätta ⟨**it landed him in jail**⟩, **land oneself in trouble** råka i knipa
□ **land up** hamna ⟨**~ in prison**⟩
□ **land with** pracka på **get (be) landed with** få på halsen
landed /'lændɪd/ ADJ jordägande **~ estate** jordegendom
landing /'lændɪŋ/ SB **1** trappavsats **2** landning, landstigning **3** landstigningsplats
landing craft SB landstigningsbåt
landing stage SB brygga
landing strip SB landningsbana, litet flygfält
landlady /'lændleɪdɪ/ SB **1** hyresvärdinna, husägare **2** värdinna *på pensionat, pub etc*
landlocked /'lændlɒkt/ ADJ [helt] omgiven av land
landlord /'lændlɔːd/ SB **1** hyresvärd, husägare **2** värd *på pensionat, pub etc*
landmark /'lændmɑːk/ SB landmärke, *bildl* milstolpe
landscape /'lændskeɪp/ SB landskap
landslide /'lændslaɪd/ SB **1** jordskred **2** *polit* jordskredsseger
lane /leɪn/ SB **1** smal väg, gränd **2** [kör]fil **3** rutt, farled, luftkorridor **4** [tävlings]bana
language /'læŋgwɪdʒ/ SB språk **bad ~** grovt språk
languid /'læŋgwɪd/ ADJ matt, slapp, slö
languish /'læŋgwɪʃ/ VB **1** mattas av, tyna bort **2** tråna, längta ⟨**for** efter⟩
languor /'læŋgə/ SB **1** matthet, dåsighet **2** stillhet

lank /læŋk/ ADJ stripig
lanky /'læŋkɪ/ ADJ gänglig
lantern /'læntən/ SB lykta, lanterna
lap¹ /læp/ SB knä, *äv bildl* sköte **on (in) sb's ~** i ngns knä ⇓
lap² /læp/ VB **1** lapa, slicka [i sig] **2** *om vågor* skvalpa
□ **lap up** slicka i sig
lap³ /læp/ SB **1** lapande **2** lapande ljud **3** skvalpande
lap⁴ /læp/ SB **1** *sport* varv ⟨**~ of honour**⟩ **2** etapp
lap⁵ /læp/ VB **1** *löpare* varva **2** fullborda ett varv
lap dog SB knähund
lapel /lə'pel/ SB slag *på kavaj*
Lapp /læp/ **1** SB lapp, same **2** ADJ samisk
lapse¹ /læps/ SB **1** förbiseende, misstag **~ of memory** minneslucka **2** felsteg, snedsprång **3** avfall *från tro etc* **4** tid[rymd]
lapse² /læps/ VB **1** förflyta **2** *om avtal etc* löpa ut, förfalla **3** avfalla, förlora tron ⟨**a ~d Catholic**⟩
□ **lapse into** sjunka ner i, falla i ⟨**~ sleep**⟩
larceny /'lɑːsənɪ/ SB *jur* stöld
larch /lɑːtʃ/ SB lärkträd
lard¹ /lɑːd/ SB **1** flott, ister **2** *vard* fetma
lard² /lɑːd/ VB späcka
larder /'lɑːdə/ SB skafferi
large¹ /lɑːdʒ/ **1** ADJ stor, vid[sträckt], rymlig **2** SB **at ~** lös, på fri fot **be at ~** ströva fritt **the public at ~** den stora allmänheten
★ **as ~ as life** *a)* i naturlig storlek *b)* livs levande
large² /lɑːdʒ/ ADV **by and ~** → **by²**
largely /'lɑːdʒlɪ/ ADV till stor del, i hög grad
large-scale /ˌlɑːdʒ'skeɪl/ ADJ storskalig, omfattande
lark¹ /lɑːk/ SB lärka
lark² /lɑːk/ SB *vard* skämt, skoj **for a ~** på skoj
lark³ /lɑːk/ VB
□ **lark about (around)** skoja, ha kul, leka
larva /'lɑːvə/ ⟨*pl* **larvae** /-viː/⟩ SB larv *av insekt*
larynx /'lærɪŋks/ SB struphuvud
lascivious /lə'sɪvɪəs/ ADJ vällustig, liderlig
laser /'leɪzə/ SB laser

lash¹ /læʃ/ VB **1** piska, *om vågor, regn* piska mot **2** piska (slå) med ⟨**a tiger ~ing its tail**⟩ **3** angripa häftigt, gissla
□ **lash out** *a)* slå vilt omkring sig *b) vard* slå på stort, spendera **~ at** fara ut mot
lash² /læʃ/ SB **1** pisksnärt **2** piskrapp **3** ögonfrans
lash³ /læʃ/ VB surra [fast] ⟨**to** vid⟩
lass /læs/, **lassie** /'læsɪ/ SB *spec Sc* flicka, tös
lasso¹ /lə'su:, *US* 'læsoʊ/ ⟨*pl* **-[e]s**⟩ SB lasso
lasso² /lə'su:, *US* 'læsoʊ/ VB fånga med lasso
last¹ /lɑ:st/ ⟨*superlativ av* **late**⟩ ADJ **1** sista **the ~ thing** det sista **the ~ page but one, the second ~ page** näst sista sidan **2** förra ⟨**~ week**⟩, senaste **the ~ few days** de senaste dagarna **~ Monday** i måndags **~ night** *a)* i går kväll *b)* i natt **the week before ~** för två veckor sedan
3 *substantiverat* **the ~** den (det, de) sista **the ~ to leave** den (de) sista som gick
★ **at ~** till sist, äntligen **at long ~** → **long¹** **be on one's ~ legs** *vard a)* vara utmattad *b)* sjunga på sista versen **the ~ straw** droppen [som fick bägaren att rinna över] ⇓
last² /lɑ:st/ ⟨*superlativ av* **late**⟩ ADV **1** sist **~ but not least** sist men inte minst **~ of all** allra sist **2** senast ⟨**we ~ met in London**⟩
last³ /lɑ:st/ VB vara, räcka, hålla 'på, hålla i sig ⟨**this weather will ~**⟩
□ **last out** *a)* räcka *b)* överleva *c)* hålla ut
last-ditch /,lɑ:st'dɪtʃ/ ADJ slutlig, sista [förtvivlad]
lasting /'lɑ:stɪŋ/ ADJ bestående, varaktig
lastly /'lɑ:stlɪ/ ADV till sist, slutligen
last name /'lɑ:stneɪm/ SB efternamn
latch¹ /lætʃ/ SB [dörr]klinka, regel, lås
★ **on the ~** uppreglad
latch² /lætʃ/ VB stänga med klinka, regla
□ **latch on** *vard* förstå, fatta ⟨**to sth** ngt⟩
~ to sb hänga sig på ngn
latchkey /'lætʃki:/ SB portnyckel **~ child** nyckelbarn
late¹ /leɪt/ ADJ **1** sen, försenad ⟨**be two hours ~**⟩, **be ~ for** komma för sent till **be in one's ~ teens** vara i övre tonåren **in the ~ eighties** i slutet av 80-talet **in ~ spring** sent på våren **2** avliden ⟨**my ~ husband**⟩ **3** förra, förutvarande, före detta ⟨**the ~ chairman**⟩
★ **of ~** på sistone, nyligen
late² /leɪt/ ADV sent **arrive two hours ~**

komma två timmar för sent **sleep ~** sova länge
latecomer /'leɪt,kʌmə/ SB person som kommer för sent
lately /'leɪtlɪ/ ADV på sista tiden
latent /'leɪtənt/ ADJ latent, dold
later /'leɪtə/ ADV **~ on** senare, efteråt
lateral /'lætərəl/ ADJ sido-
latest /'leɪtɪst/ ADJ senaste ⟨**the ~ fashion**⟩
★ **at the ~** senast ⟨**come by two o'clock at the ~**⟩
latex /'leɪteks/ SB **1** mjölksaft **2** latex
lathe /leɪð/ SB svarv
lather¹ /'lɑ:ðə, *US* 'læðər/ SB lödder
★ **be in a ~** *vard* vara uppjagad (oroad)
lather² /'lɑ:ðə, *US* 'læðər/ VB **1** löddra [sig] **2** tvåla in
Latin /'lætɪn/ **1** SB latin **2** ADJ latinsk, latin-, romansk
latitude /'lætɪtju:d/ SB **1** latitud, breddgrad **2** handlingsfrihet, rörelsefrihet
latrine /lə'tri:n/ SB latrin, avträde
latter /'lætə/ ⟨*komparativ av* **late**⟩ ADJ **1** senare **2** *substantiverat* **the ~** den (det, de) senare *av två*
latter-day /,lætə'deɪ/ ADJ modern, nutida
latterly /'lætəlɪ/ ADV nyligen, på sista tiden
lattice /'lætɪs/ SB galler, spjälverk, spaljé
Latvia /'lætvɪə/ SB Lettland
Latvian /'lætvɪən/ **1** ADJ lettisk **2** SB lett **3** SB lettiska [språket]
laugh¹ /lɑ:f/ VB skratta ⟨**about, over, at** åt⟩
★ **~ on the other side of one's face** skratta så lagom **~ oneself silly (sick)** skratta sig fördärvad **~ up one's sleeve** skratta i smyg (mjugg)
□ **laugh down** skratta ut
laugh² /lɑ:f/ SB skratt
★ **be a [bit of a] ~** vara skrattretande (rolig) **for a ~** för skojs skull
laughable /'lɑ:fəbl/ ADJ skrattretande, löjlig
laughing /'lɑ:fɪŋ/ ADJ **no ~ matter** inget att skratta åt
laughing gas SB lustgas
laughing stock SB [föremål för] åtlöje, driftkucku
laughter /'lɑ:ftə/ SB skratt
launch¹ /lɔ:ntʃ/ VB **1** sjösätta **2** skjuta upp ⟨**~ a rocket**⟩ **3** kasta, slunga **4** lansera **5** sätta i gång, starta ⟨**~ an attack,**

~ a campaign⟩
☐ **launch into** kasta sig in i
☐ **launch out** lansera, sätta i gång ~ **into** inlåta sig på

launch² /lɔ:ntʃ/ SB **1** sjösättning **2** [stor] motorbåt **3** lanserande ⟨the ~ of a new magazine⟩

launching pad SB avskjutningsramp

launder /'lɔ:ndə/ VB äv bildl tvätta ⟨~ money⟩

launderette /ˌlɔ:ndəˈret/, **laundrette** /ˌlɔ:nˈdret/ (US **laundromat** /'lɔ:ndrəmæt/) varunamn SB tvättomat

laundry /'lɔ:ndrɪ/ SB **1** tvätt|inrättning, -stuga **2** tvätt[kläder] **do the ~** tvätta

laurel /'lɒrəl/ SB **1** lager[träd] **2 laurels** lagerkrans, bildl lagrar

lav /læv/ ⟨förk f lavatory⟩ SB GB toa

lava /'lɑ:və/ SB lava

lavatory /'lævətərɪ/ SB toalett, WC

lavender /'lævəndə/ SB lavendel

lavish¹ /'lævɪʃ/ ADJ **1** slösaktig ⟨of, with med⟩ **2** generös **3** riklig, påkostad

lavish² /'lævɪʃ/ VB slösa [med]

law /lɔ:/ SB **1** lag, regel, jur rätt **by ~** enligt lag[en] **go to ~** börja processa **2** juridik ⟨study ~⟩ **3 the law** vard polisen

law-abiding /'lɔ:əˌbaɪdɪŋ/ ADJ laglydig

lawcourt /'lɔ:kɔ:t/ SB domstol

lawful /'lɔ:fʊl/ ADJ laglig

lawn /lɔ:n/ SB gräs|matta, -plan

lawn mower /'lɔ:n ˌməʊə/ SB gräsklippare

lawn tennis /ˌlɔ:n 'tenɪs/ SB frml tennis [på gräsbana]

lawsuit /'lɔ:su:t/, GB äv -sju:t/ SB rättegång, process

lawyer /'lɔ:jə, 'lɔɪə/ SB jurist, advokat

lax /læks/ ADJ slapp, släpphänt ⟨~ with one's child⟩

laxative /'læksətɪv/ **1** SB laxermedel **2** ADJ laxerande

laxity /'læksətɪ/, **laxness** /'læksnəs/ SB slapphet

lay¹ → lie³

lay² /leɪ/ ⟨**laid** /leɪd/, **laid**⟩ VB **1** lägga, placera **~ the blame on** lägga skulden på **~ eggs** lägga ägg, värpa **2** duka ⟨~ the table⟩ **3** lägga fram, komma med ⟨~ an accusation against⟩ **4** sätta, hålla **~ a bet on** slå vad om **5** mkt vard få omkull (i säng)
★ **~ hold of** gripa tag i **~ low** a) slå ned b) om sjukdom tvinga i säng **~ waste** ödelägga
☐ **lay by** lägga undan, spara
☐ **lay down** a) fastställa b) lagra spec vin c) nedlägga, ge upp
☐ **lay in** förse sig med
☐ **lay into** vard ge sig på, kasta sig över
☐ **lay off** a) permittera arbetskraft b) vard lägga av [med] **Lay off!** Sluta bråka!
☐ **lay on** a) installera b) ordna [med] ⟨~ a special meal⟩, **lay it on [thick]** vard överdriva, bre 'på
☐ **lay out** a) lägga fram b) planera, anlägga ⟨~ a garden⟩ c) göra layout till d) slå ner e) punga ut med
☐ **lay up** lagra **be laid up with flu** ligga i influensa

lay³ /leɪ/ ADJ lekmanna-

layabout /'leɪəˌbaʊt/ SB dagdrivare

lay-by /'leɪbaɪ/ SB GB parkeringsplats vid vägkanten

layer /'leɪə/ SB lager, skikt

layette /leɪ'et/ SB babyutstyrsel

layman /'leɪmən/ SB lekman

lay-off /'leɪɒf/ SB permittering, friställning

layout /'leɪaʊt/ SB **1** planering **2** layout, uppställning

laze /leɪz/, **laze about (around)** VB lata sig, slöa

laziness /'leɪzɪnəs/ SB lättja

lazy /'leɪzɪ/ ADJ lat, lättjefull, slö

lazybones /'leɪzɪbəʊnz/ ⟨lika i pl⟩ SB latmask, slöfock

lb → pound¹

L-driver /'elˌdraɪvə/ SB GB övningsförare

lead¹ /li:d/ ⟨**led** /led/, **led**⟩ VB **1** leda, föra **~ the field** äv bildl ligga i täten **~ the way** äv bildl gå före, visa vägen **2** leda, anföra, vara ledare för ⟨~ an army, ~ an orchestra⟩ **3** föra, leva ⟨~ a quiet life⟩ **4** föranleda, få ⟨this led me to change my mind⟩ **5** dans föra **6** spec sport leda, vara först **7** kortspel ha förhand, spela ut
★ **~ sb by the nose** få ngn dit man vill **~ sb a dog's life** göra livet surt för ngn **~ sb up the garden path** GB vard lura ngn
☐ **lead off** börja, sätta i gång
☐ **lead on** lura, förleda

lead² /li:d/ SB **1** ledning, försprång **be in the ~** ha en ledande ställning, sport ha ledningen **take the ~** ta ledningen (initiativet) **2** ledtråd **3** huvudroll **4** GB huvudnyhet i tidning **5** spec GB

[hund]koppel **6** elledning, sladd, kabel **7** *kortspel* förhand
lead³ /led/ SB **1** bly **2** blyerts[stift]
leaden /'ledn/ ADJ **1** bly-, blygrå **2** *äv bildl* tung
leader /'li:də/ SB **1** ledare, chef **2** *US äv* dirigent **3** *spec GB* ledare *i tidning*
leadership /'li:dəʃɪp/ SB ledarskap, ledning
lead-in /'li:dɪn/ SB **1** inledning **2** antenn
leading /'li:dɪŋ/ ADJ **1** ledande ⟨a ~ question⟩ **2** främst, huvud- ~ **article** *a) GB* ledare *b) US* huvudartikel
leaf¹ /li:f/ ⟨*pl* leaves⟩ SB **1** blad, löv **2** blad *i bok* **3** [bords]klaff, iläggsskiva
leaf² /li:f/ VB
□ **leaf through** bläddra i[genom]
leaflet /'li:flət/ SB flygblad, reklamblad, prospekt
leafy /'li:fɪ/ ADJ lövrik, lummig
league /li:g/ SB **1** förbund **in ~ with** i förbund (komplott) med **2** *sport* serie, liga
★ **in the same ~** lika bra, i samma klass
leak¹ /li:k/ SB läcka, läckage
leak² /li:k/ VB läcka [ut]
leakage /'li:kɪdʒ/ SB läcka, läckage
leaky /'li:kɪ/ ADJ läck, otät
lean¹ /li:n/ ⟨leant /lent/, leant *el* leaned, leaned⟩ VB **1** luta (stödja) sig **2** luta, ställa ⟨**~ the ladder against the wall**⟩
□ **lean on (upon)** *a)* förlita sig på *b) vard* sätta press på
□ **lean over backwards** anstränga sig till det yttersta
□ **lean to[wards]** luta åt, sympatisera med
lean² /li:n/ **1** ADJ mager **2** SB magert kött
leaning /'li:nɪŋ/ SB böjelse, tendens, sympati
leant → lean¹
lean-to /'li:ntu:/ SB skjul, utbyggnad *intill vägg*
leap¹ /li:p/ ⟨leapt /lept/, leapt *el* leaped, leaped⟩ VB **1** hoppa **2** hoppa över ⟨**~ a fence**⟩
□ **leap at** *a)* hoppa upp på *b)* nappa på, gripa ⟨**~ a chance**⟩
leap² /li:p/ SB **1** hopp, språng **2** kraftig [pris]höjning
★ **by ~s and bounds** med stormsteg **a ~ in the dark** ett språng ut i det okända ⇓
leapfrog¹ /'li:pfrɒg/ SB **play [at] ~** hoppa bock
leapfrog² /'li:pfrɒg/ VB **1** hoppa bock **2** ta sig förbi [i kön]
leapt → leap¹
leap year /'li:pjɪə/ SB skottår
learn /lɜ:n/ ⟨learned, learned *el* learnt, learnt⟩ VB **1** lära [sig] ⟨**~ English**⟩, lära in **~ [how] to read** lära sig läsa **2** få veta, [få] höra ⟨**about** om **from** av⟩
learned /'lɜ:nɪd/ ADJ lärd
learner /'lɜ:nə/ SB **1** elev, nybörjare **2 ~ [driver]** övningsförare
learning /'lɜ:nɪŋ/ SB **1** lärdom **2** inlärning
learnt → learn
lease¹ /li:s/ SB **1** arrende **2** hyreskontrakt
★ **get (take) a new ~ of (***US* **on) life** leva upp igen
lease² /li:s/ VB hyra (arrendera) [ut]
leasehold /'li:shəʊld/ SB arrende
leash /li:ʃ/ SB koppel, rem **on a (the) ~** i koppel
least¹ /li:st/ ⟨*superlativ av* little⟩ ADJ **1** minst **2** *substantiverat* **the ~** det minsta
★ **at ~** åtminstone **not in the ~** inte det minsta **to say the ~** → say¹
least² /li:st/ ⟨*superlativ av* little⟩ ADV minst **the ~ useful** den minst användbara
leather /'leðə/ SB läder, skinn
leathery /'leðərɪ/ ADJ läderartad, seg
leave¹ /li:v/ ⟨left /left/, left⟩ VB **1** ge sig av, resa ⟨**for** till⟩ **2** lämna, ge sig av från **~ school** sluta skolan, *US* hoppa av skolan **3** lämna, låta vara ⟨**~ the door open**⟩ **4** lämna kvar, glömma ⟨**~ one's umbrella on the bus**⟩ **5** lämna, ge ⟨**~ a message**⟩ **6** testamentera, efterlämna ⟨**he left wife and children**⟩ **7** över|låta, -lämna, lämna ansvaret åt ⟨**~ it to me**⟩ **8** ge, lämna kvar **six from nine ~s three** sex från nio är tre
★ **be left** vara kvar, återstå **~ go (hold) of** släppa [taget om] **~ it at that** låta det vara [bra a], nöja sig med det **~ much to be desired** lämna mycket övrigt att önska **~ word with sb** lämna ett meddelande till ngn **take it or ~ it** gör som du vill
□ **leave about** låta ligga framme
□ **leave behind** lämna [kvar], glömma kvar, lämna efter sig ⟨**leave debts behind**⟩
□ **leave off** *vard* sluta [med], låta bli [med] **~ smoking** sluta röka
□ **leave out** utelämna
leave² /li:v/ SB **1** [tjänst]ledighet,

leaves – lend

permission be on ~ vara [tjänst]ledig, ha permission **2** *frml* tillåtelse, tillstånd **3** farväl ⟨**take ~ of**⟩
leaves → leaf¹
leavings /'li:vɪŋz/ SB [mat]rester
Lebanese /ˌlebə'ni:z/ **1** ADJ libanesisk **2** SB ⟨*lika i pl*⟩ libanes
Lebanon /'lebənən/ SB Libanon
lecherous /'letʃərəs/ ADJ liderlig, vällustig
lecture¹ /'lektʃə/ SB **1** föreläsning, föredrag **give a ~** föreläsa, hålla föredrag **2** straffpredikan, förebråelse
lecture² /'lektʃə/ VB **1** föreläsa, hålla föredrag **2** förebrå, läxa upp
lecturer /'lektʃərə/ SB **1** föreläsare **2** ≈ högskolelektor
led → lead¹
ledge /ledʒ/ SB hylla, klippavsats
ledger /'ledʒə/ SB *handel* huvudbok, liggare
lee /li:/ SB **1** lä[sida] **2** *attribut* lä-
leech /li:tʃ/ SB blodigel, *bildl* igel, parasit
leek /li:k/ SB purjolök
leer¹ /lɪə/ VB snegla [lömskt] ⟨**at** på⟩
leer² /lɪə/ SB lömsk (sneglande) blick
leery /'lɪərɪ/ ADJ *vard* misstänksam ⟨**of** mot⟩
leeway /'li:weɪ/ SB **1** *äv bildl* utrymme **2** avdrift
left¹ → leave¹
left² /left/ **1** ADJ vänster **2** SB vänster sida **on (to) the ~** till vänster **3** SB **the Left** *polit* vänstern
left³ /left/ ADV åt (till) vänster ⟨**turn ~**⟩
left-hand /ˌleft'hænd/ ADJ vänster, vänster- ⟨**on the ~ side**⟩
left-handed /ˌleft'hændɪd/ ADJ vänsterhänt
left-hander /ˌleft'hændə/ SB vänsterhänt person
leftie → lefty
leftist /'leftɪst/ **1** SB vänsteranhängare **2** ADJ vänster-, vänsterorienterad
left-luggage office /ˌleft'lʌgɪdʒ/ SB *GB* resgodsinlämning
left-overs /'leftˌəʊvəz/ SB [mat]rester
left-wing /ˌleft'wɪŋ/ ADJ vänster-, *polit* vänsterorienterad
lefty /'leftɪ/, **leftie** SB **1** *vard*, *neds* vänsteranhängare **2** *spec US vard* vänsterhänt person (spelare)
leg /leg/ SB **1** ben *äv på byxor o möbler* **2** *kok* lägg, lår **3** skaft *på strumpa, stövel* **4** etapp *av resa* **5** *stafett o lagkapp* sträcka, omgång
★ **be on one's last ~s** → last¹ **give sb a ~ up** hjälpa ngn upp (*bildl* på traven) **not have a ~ to stand on** inte ha fog för sina påståenden **pull sb's ~** → pull¹
legacy /'legəsɪ/ SB testamentarisk gåva, arv
legal /'li:gl/ ADJ laglig, rättslig, juridisk
legality /lɪ'gælətɪ/ SB laglighet
legalize /'li:gəlaɪz/ VB legalisera, göra laglig
legation /lɪ'geɪʃn/ SB legation, beskickning
legend /'ledʒənd/ SB **1** legend, sägen **2** inskrift **3** teckenförklaring *på karta etc*
legendary /'ledʒəndərɪ/ ADJ legendarisk
leggings /'legɪŋz/ SB **1** överdragsbyxor **2** leggings *kraftigare trikåer*
leggy /'legɪ/ ADJ långbent
legible /'ledʒəbl/ ADJ läsbar, läslig
legion /'li:dʒən/ SB **1** legion **2** [stor] skara
legislate /'ledʒɪsleɪt/ VB lagstifta
legislation /ˌledʒɪs'leɪʃn/ SB lagstiftning
legislative /'ledʒɪslətɪv, *US* -leɪtɪv/ ADJ lagstiftande
legislator /'ledʒɪsleɪtə/ SB lagstiftare
legislature /'ledʒɪsleɪtʃə, -lətʃə/ SB lagstiftande församling
legitimate /lɪ'dʒɪtəmət/ ADJ **1** legitim, laglig **2** befogad, rimlig
legitimatize /lɪ'dʒɪtəmətaɪz/, **legitimize** /lɪ'dʒɪtəmaɪz/ VB legitimera, göra laglig
leisure /'leʒə, *US* 'li:ʒər/ SB ledighet, fritid **~ wear** fritidskläder
★ **at ~** a) ledig b) i lugn och ro **at one's ~** när man får tid
leisured /'leʒəd, *US* 'li:ʒərd/ ADJ **1** ledig **2** lugn, maklig
leisurely /'leʒəlɪ, *US* 'li:ʒərlɪ/ ADJ lugn, maklig
lemon /'lemən/ **1** SB citron **2** ADJ citron-, citrongul ⇓
lemonade /ˌlemə'neɪd/ SB lemonad, läsk[edryck]
lemon curd /ˌlemən 'kɜ:d/ SB citronkräm
lemon squeezer /ˌlemən 'skwi:zə/ SB citronpress
lend /lend/ ⟨**lent** /lent/, **lent**⟩ VB **1** låna [ut] **2** ge, skänka **3 ~ itself to** passa (lämpa sig) för
★ **~ an ear** lyssna **~ a hand** hjälpa [till], ge ett handtag

lender /'lendə/ SB långivare
length /leŋθ/ SB **1** *äv sport* längd **lie full ~** ligga raklång **2** utsträckning, varaktighet **for any ~ of time** under någon längre tid **3** stycke **a ~ of string** ett snöre
★ **[at] full ~ →** full¹ **at ~** *a)* utförligt *b)* slutligen **go to great ~[s]** gå hur långt som helst **go to great ~s →** great
lengthen /'leŋθən/ VB förlänga[s], bli längre
lengthways /'leŋθweɪz/, **lengthwise** /-waɪz/ ADV på längden
lengthy /'leŋθɪ/ ADJ lång, utdragen
lenient /'liːnɪənt/ ADJ mild, överseende
lens /lenz/ SB lins, *foto äv* objektiv
lent → lend
Lent /lent/ SB fastan, fastlagen
lentil /'lentɪl/ SB *bot* lins
Leo /'liːəʊ/ SB *stjärntecken* Lejonet
leopard /'lepəd/ SB leopard
leotard /'liːətɑːd/ SB trikåer
leper /'lepə/ SB spetälsk [person]
leprosy /'leprəsɪ/ SB spetälska
lept → leap¹
lesbian /'lezbɪən/ **1** ADJ lesbisk **2** SB lesbisk kvinna
lesion /'liːʒn/ SB *medicin* skada, sår
less¹ /les/ ⟨*komparativ av* little⟩ ADJ mindre **no ~ [a person] than** ingen mindre än
less² /les/ PRON mindre ⟨**give me a little ~**⟩
less³ /les/ ⟨*komparativ av* little⟩ ADV mindre ⟨**~ crowded**⟩, **~ and ~ interesting** allt mindre intressant
less⁴ /les/ PREP minus **earn £100, ~ tax** tjäna 100 pund före skatt
lessee /le'siː/ SB arrendator, hyresgäst
lessen /'lesn/ VB [för]minska, avta
lesser /'lesə/ ADJ mindre **to a ~ extent** i mindre grad
lesson /'lesn/ SB **1** lektion **2** läxa, tankeställare **draw ~s from** dra lärdom av
lest /lest/ KONJ *frml* **1** för (så) att inte **2** *efter uttryck för fruktan* [för] att ⟨**we feared ~**⟩ **3** ifall
let¹ /let/ ⟨**let, let**⟩ VB **1** låta, tillåta **2** *spec GB* hyra ut **to ~** *på skylt etc* Uthyres
★ **~ alone** *a)* ännu mindre ⟨**the baby can't crawl, ~ alone walk**⟩ *b)* låta vara [i fred] ⟨**let me alone**⟩, **~ fall** släppa, tappa **~ go (loose)** släppa **~ oneself go** ryckas med, slå sig lös

☐ **let down** *a)* göra besviken, svika *b)* släppa ner **let one's hair down** slå sig lös, släppa loss
☐ **let in** släppa in **let oneself in** ta sig in, låsa upp och gå in **let oneself in for** *a)* ge sig in på *b)* dra på sig **~ on** inviga i
☐ **let into** inviga i ⟨**let sb into a secret**⟩
☐ **let off** *a)* släppa i väg, låta slippa undan *b)* fyra av ⟨**~ fireworks**⟩ *c)* släppa av ⟨**let me off at the next corner**⟩ *d)* släppa ut **~ steam** avreagera sig, vädra sina känslor
☐ **let on** *a) vard* skvallra, avslöja *b)* låtsas
☐ **let out** *a)* släppa ut (lös) *b) spec GB* hyra ut *c) US äv* sluta ⟨**school lets out at three**⟩ *d)* avslöja **let the cat out of the bag** försäga sig
☐ **let up** *a)* avta *b)* sluta *c)* slå av på takten
let² /let/ SB nätboll *vid serve*
letdown /'letdaʊn/ SB besvikelse
lethal /'liːθl/ ADJ dödlig, dödande
lethargic /lə'θɑːdʒɪk/ ADJ sömnig, slö, letargisk
letter /'letə/ SB **1** bokstav **2** brev, skrivelse **3 letters** *frml a)* litteratur *b)* lärdom
★ **to the ~** till punkt och pricka
letter box SB *spec GB* brevlåda, postlåda
lettering /'letərɪŋ/ SB textning, skrift
lettuce /'letɪs/ SB [grön]sallad
let-up /'letʌp/ SB uppehåll, paus
level¹ /'levl/ **1** ADJ jämn, plan, vågrät **a ~ spoonful** en struken sked **2** ADJ lika, i jämnhöjd, jämställd **3** SB nivå ⟨**at Government ~**⟩, plan **on a ~ with** i nivå (jämnhöjd) med **4** SB slät mark **5** SB vattenpass
★ **do one's ~ best** göra sitt allra bästa **on the ~** *vard* rejäl, schysst
level² /'levl/ VB **1** [ut]jämna **2** jämna med marken **3** rikta ⟨**at** mot⟩
☐ **level off (out)** stabilisera sig, *äv flyg* plana ut
☐ **level with** *vard* tala ut med
level crossing /ˌlevl 'krɒsɪŋ/ SB *GB* plankorsning
level-headed /ˌlevl'hedɪd/ ADJ balanserad, sansad
lever¹ /'liːvə, *US* 'levər/ SB **1** hävstång **2** spak, handtag **3** påtryckningsmedel
lever² /'liːvə, *US* 'levər/ VB lyfta med hävstång, baxa
leverage /'liːvərɪdʒ, *US* 'lev-/ SB

1 hävstångskraft 2 makt, inflytande
levy¹ /'levɪ/ VB uttaxera, lägga på
levy² /'levɪ/ SB uttaxering, uppbörd
lewd /lu:d/ ADJ liderlig, oanständig
lexicographer /ˌleksɪ'kɒgrəfə/ SB lexikograf
liability /ˌlaɪə'bɪlətɪ/ SB 1 ansvar, skyldighet 2 benägenhet 3 belastning ⟨be a ~ to⟩ 4 **liabilities** *handel* skulder
liable /'laɪəbl/ ADJ 1 ansvarig, betalningsskyldig ⟨for för⟩ 2 skyldig, förpliktad **~ to** belagd med, underkastad **be ~ to a fine** riskera böter 3 benägen **she's ~ to take offence** a) hon har lätt för att bli stött b) hon kan ta illa upp **we're all ~ to make mistakes** vi kan alla begå misstag
liaison /lɪ'eɪzən/ SB 1 förbindelse, *milit* samband 2 [kärleks]förhållande
liana /lɪ'ɑ:nə/, **liane** /lɪ'ɑ:n/ SB lian
liar /'laɪə/ SB lögnare, lögnerska
libel¹ /'laɪbl/ SB 1 smädeskrift 2 ärekränkning
libel² /'laɪbl/ VB ärekränka
libellous /'laɪbələs/ (*US* **libelous**) ADJ ärekränkande
liberal /'lɪbərəl/ 1 ADJ liberal, tolerant, fördomsfri 2 ADJ frikostig, generös 3 ADJ **Liberal** *polit* liberal 4 SB **Liberal** *polit* liberal
liberate /'lɪbəreɪt/ VB befria, frige
liberated /'lɪbəreɪtɪd/ ADJ frigjord
liberation /ˌlɪbə'reɪʃn/ SB befrielse, frigörelse
liberator /'lɪbəreɪtə/ SB befriare
liberty /'lɪbətɪ/ SB frihet **take liberties with** ta sig friheter mot
★ **at ~** fri **you're at ~ to leave any time** du får gå när du vill
Libra /'li:brə/ SB *stjärntecken* Vågen
librarian /laɪ'breərɪən/ SB bibliotekarie
library /'laɪbrərɪ/ SB bibliotek
lice → **louse¹**
licence /'laɪsəns/ (*US* **license**) SB 1 tillstånd, licens **make under ~** tillverka på licens 2 frihet *spec konstnärlig* 3 självsvåld
license /'laɪsns/ VB bevilja tillstånd **~d hotel** hotell med sprittättigheter
licentious /laɪ'senʃəs/ ADJ utsvävande, liderlig
lichen /'laɪkən/, *GB äv* 'lɪtʃən/ SB lav
lick¹ /lɪk/ VB 1 slicka 2 *vard* klå, besegra

★ **~ sb's boots** krypa för ngn **~ into shape** *vard* få fason på
lick² /lɪk/ SB 1 slickning, slick 2 *vard* smäll, rapp 3 **a ~ of** *vard* lite, en gnutta
licking /'lɪkɪŋ/ SB *vard* stryk
licorice → liquorice
lid /lɪd/ SB 1 lock 2 ögonlock
★ **put the ~ on** lägga på locket
lido /'li:dəʊ/ SB *GB* friluftsbad
lie¹ /laɪ/ VB ljuga ⟨**to** för⟩
lie² /laɪ/ SB lögn **tell ~s (a lie)** ljuga
lie³ /laɪ/ ⟨**lay** /leɪ/, **lain** /leɪn/⟩ VB ligga
★ **~ low** a) hålla sig undan b) ligga lågt
□ **lie about (around)** a) ligga [och skräpa] b) ligga och lata sig
□ **lie back** luta sig tillbaka
□ **lie down** lägga sig [ner] **take sth lying down** finna sig i ngt stillatigande
□ **lie in** *spec GB* ligga kvar i sängen
lie⁴ /laɪ/ SB läge, belägenhet **the ~** (*US* **lay**) **of the land** läget, omständigheterna
lie-down /ˌlaɪ'daʊn/ SB *GB* tupplur
lie-in /ˌlaɪ'ɪn/ SB *spec GB* **have a ~** *vard* ligga kvar i sängen
lieu /lu:/ SB **in ~ of** *frml* i stället för
lieutenant /lef'tenənt, *US* lu:-/ SB 1 löjtnant *i armén*, kapten *i flottan, flyget* 2 *US äv* ≈ polisinspektör
life /laɪf/ ⟨*pl* **lives** /-vz/⟩ SB 1 liv 2 livstid **~ imprisonment** livstids fängelse 3 levnadsteckning, biografi 4 liv, livaktighet ⟨**full of ~**⟩ 5 *konst* **paint from ~** måla efter naturen (levande modell)
★ **as large as ~** → **large¹ for one's (dear) ~** för allt man är värd **How's ~?** *vard* Hur har du det?, Läget? **not for the ~ of me** inte för mitt liv **not on your ~** aldrig i livet ⇓
lifeblood /'laɪfblʌd/ SB *bildl* hjärteblod, livsnerv
lifeguard /'laɪfgɑ:d/ SB livräddare, badvakt
life jacket SB flytväst
lifelike /'laɪflaɪk/ ADJ verklighetstrogen, naturtrogen
lifeline /'laɪflaɪn/ SB 1 livlina 2 livsviktig förbindelse **be a ~ for** vara livsviktig för
lifelong /'laɪflɒŋ/ ADJ livslång
~ companion livskamrat
life-size /'laɪfsaɪz/, **life-sized** /-saɪzd/ ADJ i naturlig storlek
life span SB livslängd
life vest SB *US* flytväst

lift¹ /lɪft/ VB **1** lyfta, höja **2** [upp]häva ⟨~ a law⟩ **3** skingras, lätta ⟨the fog ~ed⟩ **4** *vard* stjäla, knycka
□ **lift off** *om flyg, rymdfarkoster* lyfta, starta
lift² /lɪft/ SB **1** lyft, lyftning, *bildl* kick **2** *GB* hiss **3** lift, skjuts ⟨give sb a ~⟩
lift-off /ˈlɪftɒf/ SB uppskjutning *av raket*
ligament /ˈlɪɡəmənt/ SB ligament, ledband
light¹ /laɪt/ SB **1** ljus, sken, dager **bring to ~** dra fram i ljuset **come to ~** komma i dagen **2** lampa, belysning **3** eld ⟨Have you got a ~?⟩ ⇓
light² /laɪt/ ⟨lit /lɪt/, lit *el* lighted, lighted⟩ VB **1** tända ⟨~ a fire⟩ **2** lysa upp, belysa **3** ta eld
□ **light up** *a)* lysa upp *b) vard* tända en cigarett (pipan)
light³ /laɪt/ ADJ ljus ⟨~ blue⟩, **it's getting ~** det ljusnar
light⁴ /laɪt/ ADJ **1** lätt **be a ~ sleeper** sova lätt **2** lindrig, lätt ⟨a ~ injury⟩ **3** lättsinnig, tanklös
★ **make ~ of** bagatellisera, ta lätt på
light⁵ /laɪt/ ⟨lit /lɪt/, lit *el* lighted, lighted⟩ VB
□ **light on (upon)** *bildl* råka (stöta) på, råka få syn på
light⁶ /laɪt/ ADV **travel ~** resa med lätt bagage
light bulb SB glödlampa
lighten¹ /ˈlaɪtn/ VB **1** belysa, göra ljus[are] **2** ljusna
lighten² /ˈlaɪtn/ VB **1** göra lättare, lindra **2** pigga upp **3** bli piggare
lighter /ˈlaɪtə/ SB tändare
light-fingered /ˌlaɪtˈfɪŋɡəd/ ADJ *vard* tjuvaktig, långfingrad
light-headed /ˌlaɪtˈhedɪd/ ADJ **1** yr **2** tanklös
light-hearted /ˌlaɪtˈhɑːtɪd/ ADJ obekymrad, sorglös
lighthouse /ˈlaɪthaʊs/ SB fyr[torn]
lighting /ˈlaɪtɪŋ/ SB belysning
lightly /ˈlaɪtlɪ/ ADV lätt **get off ~** komma lindrigt undan **take sth ~** ta lätt på ngt
lightning /ˈlaɪtnɪŋ/ SB blixt[ar] **~ visit** blixtvisit
lightning conductor (*US äv* **lightning rod**) SB åskledare
lightweight /ˈlaɪtweɪt/ SB **1** *boxning* lättvikt **2** lättviktare **3** *attribut* lättvikts- ⟨~ champion⟩, lättviktig

⟨~ entertainment⟩
light year SB ljusår
likable /ˈlaɪkəbl/, **likeable** ADJ behaglig, trevlig, sympatisk
like¹ /laɪk/ VB **1** tycka om, gilla **I ~ it here** jag trivs här **2** vilja, ha lust **Would you ~ me to help you?** Vill du att jag ska hjälpa dig? **3** vilja ha ⟨How do you ~ your tea?⟩
★ **I ~ that!** *iron* Det var inte dåligt!, Det var just snyggt! **~ it or lump it** vare sig man vill eller ej
like² /laɪk/ ADJ **1** lik **be ~** likna **What is she ~?** Hurdan är hon? **2** *substantiverat* **and the (such) ~** och dylikt **I've never seen the ~ [of it]** jag har aldrig sett på maken **the ~s of me** *vard* sådana som jag
★ **as ~ as two peas** lika som bär
like³ /laɪk/ PREP som, liksom, såsom **clothes ~ these** sådana här kläder **do it ~ this** göra så här
★ **~ anything** som bara den **something ~** ungefär ⟨it'll be something ~ £30⟩, **nothing ~** inte på långt när
like⁴ /laɪk/ KONJ *vard* **1** som, såsom ⟨~ I said⟩ **2** *spec US* som om ⟨she acted ~ she was afraid⟩
likeable → likable
likelihood /ˈlaɪklɪhʊd/ SB sannolikhet
likely¹ /ˈlaɪklɪ/ ADJ sannolik, trolig **she's not ~ to remember you** hon kommer nog inte ihåg dig
★ **Not ~!** *vard* Knappast!, Sällan!
likely² /ˈlaɪklɪ/ ADV sannolikt, troligen
★ **as ~ as not** troligen
like-minded /ˌlaɪkˈmaɪndɪd/ ADJ likasinnad
liken /ˈlaɪkən/ VB likna ⟨to vid⟩
likeness /ˈlaɪknəs/ SB **1** likhet **2** [av]bild, porträtt
likes /laɪks/ SB **~ and dislikes** sympatier och antipatier
likewise /ˈlaɪkwaɪz/ ADV **1** på samma sätt **2** likaså, likaledes
liking /ˈlaɪkɪŋ/ SB tycke, sympati **have a ~ for** vara svag för **take a ~ to** fatta tycke för **to my ~** i min smak, till min belåtenhet
lilac /ˈlaɪlək/ **1** SB syren **2** SB *färg* lila **3** ADJ lila
lilt /lɪlt/ SB satsmelodi, rytm
lily /ˈlɪlɪ/ SB lilja
lily of the valley /ˌlɪlɪəvðəˈvælɪ/ SB liljekonvalje

limb /lɪm/ SB **1** lem **2** [träd]gren
* **out on a ~** ensam och isolerad
limber /'lɪmbə/ VB
☐ **limber up** mjuka upp sig
limbo /'lɪmbəʊ/ SB **be in ~** sväva i ovisshet
lime¹ /laɪm/ SB kalk
lime² /laɪm/ SB lind
lime³ /laɪm/ SB **1** *frukt* lime **2** limeträd
limelight /'laɪmlaɪt/ SB rampljus
limerick /'lɪmərɪk/ SB limerick *skämtvers*
limestone /'laɪmstəʊn/ SB kalksten
limit¹ /'lɪmɪt/ SB gräns **speed ~** hastighetsbegränsning
* **off ~s** *spec US* förbjudet område **within ~s** inom vissa gränser
limit² /'lɪmɪt/ VB begränsa
limitation /ˌlɪmɪ'teɪʃn/ SB begränsning, inskränkning
limited /'lɪmɪtɪd/ ADJ begränsad
~ company *GB* aktiebolag
limousine /ˌlɪmə'zi:n, *US* 'lɪməzi:n/ SB limousin
limp¹ /lɪmp/ VB halta, linka
limp² /lɪmp/ SB haltande gång
walk with a ~ halta
limp³ /lɪmp/ ADJ slapp, mjuk, böjlig
limpid /'lɪmpɪd/ ADJ klar, genomskinlig
linchpin /'lɪntʃpɪn/ SB *bildl* stöttepelare, stöd
linden /'lɪndən/ SB lind
line¹ /laɪn/ SB **1** linje, streck **2** lina, [met]rev **3** gräns, mållinje **4** rad, kö **stand in (on) ~** *US* köa **5** [text]rad **6** *teat* replik **7** *tele* ledning **Hold the ~, please** Dröj ett ögonblick! **8** *kommunikation* linje, bana, sträcka **9** metod, hållning **take a firm ~** uppträda bestämt **10** branch, område **not in my ~** inte mitt gebit **11** sortiment **~ of goods** varuslag **12** ätt, släktgren **13** *vard* kort brev **drop a ~** skriva några rader
* **all along the ~** hela vägen, på alla sätt **be in ~ for** *bildl* stå i tur för **get a ~ on** *vard* få tips om **hard ~s →** hard¹ **put sth on the ~** riskera ngt **something in the ~** något i den vägen **take the ~ of least resistance** lyda minsta motståndets lag
line² /laɪn/ VB **1** linjera **2** rada upp sig, köa **3** kanta **4** rynka
☐ **line up** *a)* rada upp *b)* ordna *c)* ställa sig [i kö]
line³ /laɪn/ VB fodra
* **~ one's pockets** *vard* tjäna grova pengar, sko sig
lineage /'lɪnɪɪdʒ/ SB härkomst
linear /'lɪnɪə/ ADJ linjär, linje-, längd-
~ measure längdmått
lined¹ /laɪnd/ ADJ **1** linjerad **2** fårad, rynkig
lined² /laɪnd/ ADJ fodrad
linen /'lɪnɪn/ SB **1** linne[tyg]
2 linne[förråd] **dirty ~** smutskläder
3 *attribut* linne- ⟨**a ~ cloth**⟩
liner¹ /'laɪnə/ SB oceanfartyg
liner² /'laɪnə/ SB avfallspåse, sopsäck
linesman /'laɪnzmən/ SB *sport* linjedomare
line-up /'laɪnʌp/ SB **1** laguppställning
2 rad av personer *vid poliskonfrontation*
3 [dagens] programpunkter *i TV*
linger /'lɪŋgə/ VB dröja [kvar] **~ing disease** långvarig sjukdom
lingerie /'lænʒərɪ/ ⟨*endast sg*⟩ SB damunderkläder
lingo /'lɪŋgəʊ/ ⟨*pl* **-es**⟩ SB *vard*
1 [främmande] språk, rotvälska
2 jargong
linguist /'lɪŋgwɪst/ SB **1** språkkunnig person **2** lingvist, språkforskare
linguistics /lɪŋ'gwɪstɪks/ SB lingvistik
liniment /'lɪnəmənt/ SB liniment
lining /'laɪnɪŋ/ SB foder **fur ~** pälsfoder
link¹ /lɪŋk/ ⟨↔ **links**⟩ SB **1** länk, förbindelse, samband
2 manschettknapp
link² /lɪŋk/ VB länka[s] ihop, förena [sig]
* **~ arms** gå arm i arm
☐ **link up** förena [sig]
links /lɪŋks/ ⟨*lika i pl*⟩ SB golfbana
linoleum /lɪ'nəʊlɪəm/ *vard* **lino** /'laɪnəʊ/ SB linoleum
lion /'laɪən/ SB lejon **the ~'s share** merparten
lionize /'laɪənaɪz/ VB fira [som en berömdhet]
lip /lɪp/ SB **1** läpp **2** kant *på glas, kopp etc*
lip-read /'lɪpri:d/ VB läsa på läpparna
lip service SB läpparnas bekännelse, tomma ord
lipstick /'lɪpstɪk/ SB läppstift
liquefy /'lɪkwɪfaɪ/ VB göra (bli) flytande
liqueur /lɪ'kjʊə, *US* -'kɜ:r/ SB likör
liquid /'lɪkwɪd/ **1** SB vätska **2** ADJ flytande
3 ADJ klar **4** ADJ likvid **~ assets** likvida tillgångar
liquidate /'lɪkwɪdeɪt/ VB likvidera
liquidizer /'lɪkwɪdaɪzə/ SB mixer

köksmaskin
liquor /'lıkə/ SB alkohol, [stark]sprit
liquorice /'lıkərıs/ (*US* **licorice**) SB lakrits
Lisbon /'lızbən/ SB Lissabon
lisp¹ /lısp/ VB läspa
lisp² /lısp/ SB läspning
lissom /'lısəm/, **lissome** ADJ smidig, graciös
list¹ /lıst/ SB lista, förteckning ⟨**of** på, över⟩
list² /lıst/ VB lista, göra en lista på
list³ /lıst/ SB slagsida
listed building SB *GB* kulturmärkt byggnad
listen /'lısn/ VB lyssna, höra 'på **~ to** lyssna på **~ to reason** ta reson
  □ **listen in** *a) radio* lyssna ⟨**~ on (to) a programme**⟩ *b)* tjuvlyssna
listener /'lısənə/ SB lyssnare, åhörare
listless /'lıstləs/ ADJ håglös, likgiltig, slö
lit → light²
litany /'lıtənı/ SB litania, klagovisa
liter → litre
literacy /'lıtrəsı/ SB läs- och skrivkunnighet
literal /'lıtrəl/ ADJ ordagrann, bokstavlig **in the ~ sense** i den bokstavliga (egentliga) betydelsen
literary /'lıtrərı/ ADJ litterär, litteratur-
literate /'lıtrət/ ADJ 1 läs- och skrivkunnig 2 bildad
literature /'lıtrətʃə/ SB litteratur
lithe /laıð/ ADJ smidig, vig
lithograph /'lıθəʊgrɑ:f/ SB litografi *bild*
lithography /lı'θɒgrəfı/ SB litografi *tryckmetod*
Lithuania /ˌlıθju'eınıə, *spec US* lıθʊ-/ SB Litauen
Lithuanian /ˌlıθju'eınıən, *spec US* ˌlıθʊ-/ 1 ADJ litauisk 2 SB litauer 3 SB litauiska [språket]
litigation /ˌlıtı'geıʃn/ SB *jur* process[ande]
litmus /'lıtməs/ SB lackmus
litre /'li:tə/ (*US* **liter**) SB liter
litter¹ /'lıtə/ SB 1 skräp, avfall **~ bin** papperskorg *på gatan* 2 kull [ungar] ⟨**a ~ of pigs**⟩ 3 bår 4 **cat ~** kattströ
litter² /'lıtə/ VB 1 skräpa ner, strö omkring sig 2 ligga och skräpa på (i) ⟨**bits of paper ~ed the floor**⟩
  □ **litter up** skräpa ner
little¹ /'lıtl/ ADJ liten, lill- ⟨**~ finger**⟩, små ⟨**ten ~ pigs**⟩, **a ~ bit** lite[grann]

little² /'lıtl/ PRON 1 *betonat* lite, föga, inte mycket ⟨**we had ~ hope**⟩, **I was not a ~ surprised** jag blev väldigt (inte lite) förvånad **the ~ that I have seen** det lilla jag har sett 2 **a little** *obetonat* lite[grann] ⟨**a ~ milk, a ~ better, wait a ~**⟩
  ★ **~ or nothing** nästan ingenting
little³ /'lıtl/ ADV föga ⟨**it helped ~**⟩, lite ⟨**very ~ used**⟩, **~ did I know ...** föga visste jag ...
  ★ **~ by ~** så småningom, gradvis **~ short of** nära på, snudd på
live¹ /lıv/ VB 1 leva ⟨**~ a happy life**⟩ 2 bo, vara bosatt **~ and let ~** leva och låta andra leva **~ it up** *vard* slå sig lös, leva livet **~ to see** få uppleva ⟨**he didn't ~ to see his son's success**⟩
  ★ **you ~ and learn** man lär så länge man lever
  □ **live down** komma över *ett misslyckande etc*
  □ **live in** bo på sin arbetsplats (skola)
  □ **live off** leva på (av)
  □ **live out** *a)* leva till slutet av *b)* bo utanför sin arbetsplats (skola)
  □ **live through** överleva, klara sig igenom
  □ **live up to** leva upp till, motsvara
live² /laıv/ ADV 1 levande 2 *radio, tv* direktsänd **~ broadcast** direktsändning 3 inte exploderad ⟨**~ bomb**⟩, stridsladdad, skarp ⟨**~ ammunition**⟩, strömförande ⟨**~ wire**⟩ 4 glödande ⟨**~ coal**⟩
  ★ **she's a ~ wire** hon är ett energiknippe (en eldsjäl)
live³ /laıv/ ADV *radio, tv* direkt ⟨**broadcast ~**⟩
live-in /ˌlıv'ın/ ADJ *vard* **~ partner (girlfriend** *etc*) sambo
livelihood /'laıvlıhʊd/ SB uppehälle, levebröd
lively /'laıvlı/ ADJ livlig, pigg, intensiv
liven /'laıvn/ VB
  □ **liven up** *a)* liva (pigga) upp *b)* livas (piggas) upp
liver /'lıvə/ SB lever
liverish /'lıvərıʃ/ ADJ *vard* 1 irriterad 2 ur form
livery /'lıvərı/ SB livré
lives → life
livestock /'laıvstɒk/ SB kreatursbesättning, boskap

livid /'lɪvɪd/ ADJ **1** blygrå, svartblå **2** *vard* ursinnig
living¹ /'lɪvɪŋ/ ADJ **1** levande, vid liv **2** nu levande, samtida
★ **within (in)** ~ **memory** i mannaminne
living² /'lɪvɪŋ/ SB **1** uppehälle **earn one's** ~, **make a** ~ tjäna sitt uppehälle **What do you do for a** ~**?** Vad har du för jobb? **2** levnadssätt, liv **standard of** ~ levnadsstandard **3 the living** de levande **4** *attribut* livs-, levnads- ⟨~ **conditions**⟩
living room SB vardagsrum
living wage /ˌlɪvɪŋ 'weɪdʒ/ SB lön man kan leva på
lizard /'lɪzəd/ SB ödla
llama /'lɑːmə/ SB lama[djur]
load¹ /ləʊd/ SB **1** last, lass, börda ~**s of** *vard* massor av **2** *tekn* belastning, laddning
★ **Get a** ~ **of this!** *vard* Lyssna på det här! **that was a** ~ **off my mind** en sten föll från mitt bröst
load² /ləʊd/ VB lasta, fylla **2** belasta **3** ladda ⟨~ **a camera,** ~ **a gun**⟩ **4** över|lasta, -ösa
loaded /'ləʊdɪd/ ⟨↔ load²⟩ ADJ **1** [värde]laddad ~ **question** försåtlig fråga **2** *vard* rik, tät **3** *vard* berusad, packad
loaf¹ /ləʊf/ ⟨*pl* **loaves** /-vz/⟩ SB **1** limpa, [form]bröd **2 Use your** ~**!** *GB* Använd skallen!
loaf² /ləʊf/, **loaf about (around)** VB *vard* gå och dra, slå dank
loafer /'ləʊfə/ SB **1** dagdrivare **2** *spec US* promenadsko, loafer
loam /ləʊm/ SB matjord, mylla
loan¹ /ləʊn/ SB lån **have the** ~ **of sth** [få] låna ngt **on** ~ utlånad, till låns
loan² /ləʊn/ VB låna ut
loath /ləʊθ/, **loth** ADJ ovillig, ohågad
★ **nothing** ~ villig
loathe /ləʊð/ VB avsky
loathing /'ləʊðɪŋ/ SB avsky, äckel
loathsome /'ləʊðsəm/ ADJ avskyvärd, äcklig
loaves → **loaf¹**
lob¹ /lɒb/ VB kasta, *tennis* lobba
lob² /lɒb/ SB kast, *tennis* lobb
lobby¹ /'lɒbɪ/ SB **1** lobby, entréhall *i hotell* **2** påtryckningsgrupp, lobby
lobby² /'lɒbɪ/ VB utöva påtryckning [på], bearbeta
lobe /ləʊb/ SB flik, snibb, lob ~ **of the ear** örsnibb
lobster /'lɒbstə/ SB hummer
local /'ləʊkl/ **1** ADJ lokal, orts-, från orten ⟨**a** ~ **girl**⟩ **2** SB ortsbo **3** SB *GB vard* kvarterspub
local authority SB *GB* kommunal myndighet, kommun
local call /ˌləʊkl 'kɔːl/ SB lokalsamtal
locality /ləʊ'kælətɪ/ SB ort, lokal, plats
localize /'ləʊkəlaɪz/ VB **1** lokalisera **2** begränsa
locate /ləʊ'keɪt, *US* 'ləʊkeɪt/ VB **1** lokalisera, finna ⟨~ **the fault**⟩ **2** förlägga, placera **be** ~**d** *äv* vara belägen
location /ləʊ'keɪʃn/ SB **1** lokalisering **2** läge, plats **shot on** ~ *om film* inspelad på platsen
loch /lɒx, lɒk/ SB *Sc* insjö ⟨**Loch Ness**⟩
lock¹ /lɒk/ SB **1** lås **2** sluss **3** *GB bil* vändradie
★ ~, **stock and barrel** *a*) rubb och stubb *b*) helt och hållet **under** ~ **and key** inom lås och bom
lock² /lɒk/ VB **1** låsa **2** gå att låsa **3** låsa sig **4** innesluta, omfamna ~**ed in combat (battle)** invecklad i hård strid
□ **lock away** låsa (spärra) in
□ **lock out** lockouta, avstänga från arbetet
□ **lock up** *a*) låsa [till] *b*) låsa (spärra) in
lock³ /lɒk/ SB [hår]lock
locker /'lɒkə/ SB [låsbart] förvaringsskåp (fack)
locker room SB *spec US* omklädningsrum
locket /'lɒkɪt/ SB medaljong
lockout /'lɒkaʊt/ SB lockout
lockup /'lɒkʌp/ SB *vard* fängelse, finka
locust /'ləʊkəst/ SB gräshoppa
lodge¹ /lɒdʒ/ VB **1** inkvartera, hyra ut rum **2** bo, hyra rum **3** deponera, placera **4** framföra *till myndighet* **5** fastna ⟨**a bone** ~**d in her throat**⟩
lodge² /lɒdʒ/ SB **1** grindstuga, portvaktsrum **2** jaktstuga, sportstuga **3** [ordens]loge
lodger /'lɒdʒə/ SB inneboende, hyresgäst
lodging /'lɒdʒɪŋ/ SB **1** logi, husrum **2 lodgings** [möblerat] hyresrum **live in** ~**s** hyra rum, hyra möblerat
lodging house SB *GB* [enkelt] hotell, pensionat
loft /lɒft/ SB vind, loft
lofty /'lɒftɪ/ ADJ **1** *äv bildl* hög **2** högdragen

log¹ /lɒg/ SB **1** stock, vedträ **2** logg **3** loggbok
log² /lɒg/ VB **1** föra in i loggbok **2** *data* logga
□ **log in (on)** *data* logga in
loggerheads /'lɒgəhedz/ SB **be at ~** ligga i luven på varandra
logic /'lɒdʒɪk/ SB logik
logical /'lɒdʒɪkl/ ADJ logisk
logo /'ləʊgəʊ/ SB logo *företags namnsymbol*
loin /lɔɪn/ SB *kok* fransyska, karré
loiter /'lɔɪtə/ VB **1** stå och hänga **2** söla
□ **loiter about (around)** driva omkring
loll /lɒl/ VB **1** ligga och dra sig **2** gå och driva
□ **loll out** *om tunga* hänga ut [ur munnen]
lollipop /'lɒlɪpɒp/, **lolly** /'lɒlɪ/ SB slickepinne
lollipop lady, lollipop man SB *GB vard* trafikvakt *som hjälper skolbarn vid övergångsställe*
Londoner /'lʌndənə/ SB Londonbo
lone /ləʊn/ ADJ ensam, enslig **~ wolf** ensamvarg
loneliness /'ləʊnlɪnəs/ SB ensamhet
lonely /'ləʊnlɪ/ ADJ **1** ensam **2** enslig, övergiven
loner /'ləʊnə/ SB enstöring, ensamvarg
lonesome /'ləʊnsəm/ ADJ *spec US* ensam, övergiven
long¹ /lɒŋ/ **1** ADJ lång **2** SB **before ~** inom kort **for ~** *a)* länge *b)* på länge **take ~** ta lång tid
★ **at ~ last** äntligen **be ~** dröja, låta vänta på sig **he wasn't ~ [in] answering** det dröjde inte länge förrän han svarade **he won't be ~** han kommer strax **in the ~ term** i längden **the ~ and [the] short of it** kort sagt **~ in the teeth** *vard* gammal **not by a ~ shot (chalk)** *vard* inte alls, långt ifrån ⇓
long² /lɒŋ/ ADV länge **~ ago** för länge sedan **~ before** långt före (innan) **as (so) ~ as** så länge som
long³ /lɒŋ/ VB längta ⟨for efter⟩
long-awaited /ˌlɒŋə'weɪtɪd/ ADJ efterlängtad
long-distance /ˌlɒŋ'dɪstəns/ ADJ långdistans- ⟨**~ runner**⟩, **~ call** rikssamtal
longed-for /'lɒŋdfɔː/ ADJ efterlängtad
longevity /lɒn'dʒevətɪ/ SB långt liv
longhand /'lɒŋhænd/ SB **write in ~** skriva för hand *ej med stenografi el på maskin*

longing /'lɒŋɪŋ/ **1** ADJ längtansfull **2** SB längtan ⟨for efter⟩
longitude /'lɒndʒɪtjuːd/ SB longitud, längdgrad
long johns /'lɒŋdʒɒnz/ SB *vard* långkalsonger
long jump /'lɒŋdʒʌmp/ SB längdhopp
long-playing /ˌlɒŋ'pleɪɪŋ/ ADJ **~ record** LP-skiva
long-range /ˌlɒŋ'reɪndʒ/ ADJ långdistans-, långtids-
long-sighted /ˌlɒŋ'saɪtɪd/ ADJ *spec GB* långsynt, översynt
long-standing /ˌlɒŋ'stændɪŋ/ ADJ gammal, mångårig
long-suffering /ˌlɒŋ'sʌfərɪŋ/ ADJ tålmodig
long-term /ˌlɒŋ'tɜːm/ ADJ långsiktig, långtids-
long-winded /ˌlɒŋ'wɪndɪd/ ADJ mångordig, långrandig
loo /luː/ SB *GB vard* toa
look¹ /lʊk/ VB **1** se, titta ⟨at på⟩ **2** leta ⟨for efter⟩ **3** se ut, förefalla, verka **he ~s about forty** han verkar vara omkring fyrtio **~ like** se ut som, likna **it ~s like rain** det ser ut att bli regn **What do they ~ like?** Hur ser de ut? **4** vetta **~ south** ligga åt söder
★ **it ~s like it** det ser så ut **~ one's age** inte se så ung ut längre **~ alive (lively, sharp)** *vard* skynda på
□ **look about (around, round)** se sig om [i]
□ **look after** se efter, sköta [om]
□ **look back** *a)* se sig om *b)* se tillbaka **he hasn't looked back** det har stadigt gått framåt för honom
□ **look forward to** se fram emot
□ **look in** titta in, hälsa 'på **~ on sb** titta in till ngn
□ **look into** undersöka
□ **look on** *a)* 'on' *betonat* se 'på, vara åskådare *b)* 'on' *obetonat* betrakta, anse ⟨**~ sb as a friend**⟩
□ **look out** se upp ⟨**~ for pickpockets**⟩, **~ of** se ut genom
□ **look over** gå igenom, granska, undersöka
□ **look to** *a)* vända sig till *b)* tänka på, se till ⟨**~ one's health**⟩, **~ it that** se till att
□ **look up** *a)* slå upp ⟨**~ a word in a dictionary**⟩ *b)* söka upp, besöka *c)* ljusna **things are looking up** det börjar se ljusare

ut

look² /lʊk/ SB **1** blick, ögonkast, titt **Can I have a ~?** Får jag titta? **2** min, uppsyn, utseende **3 looks** *om person* utseende **4** mode ⟨the new ~⟩
★ **by the ~ of it** av allt att döma, som det verkar **I don't like the ~ of this** jag tycker inte om det här
lookalike /'lʊkə,laɪk/ SB dubbelgångare
looker-on /,lʊkər'ɒn/ SB åskådare
look-in /'lʊkɪn/ SB *vard* **1** chans **2** påhälsning, titt
looking glass SB *åld* spegel
lookout /'lʊkaʊt/ SB **1** *äv person* utkik **on the ~ for** på jakt efter **2** [en]sak ⟨that's your own ~⟩
★ **be on the ~ for** vara på jakt efter
loom¹ /luːm/ SB vävstol
loom² /luːm/ VB dyka upp, framträda, framtona **~ large** torna upp sig, framträda hotfullt
loony /'luːnɪ/ *vard* **1** SB galning **2** ADJ galen, tokig
loop¹ /luːp/ SB **1** ögla, spiral *preventivmedel, äv data* slinga **2** hälla *på skärp* **3** looping
loop² /luːp/ VB **1** göra en ögla på **2** fästa med en ögla
★ **~ the ~** göra en looping
loophole /'luːphəʊl/ SB kryphål
loose /luːs/ ADJ **1** lös **~ change** växelpengar **2** löst sittande, ledig ⟨~ clothes⟩ **3** löslig, slapp, vag **4** lösaktig
★ **come (get, work) ~** lossna **set (turn) ~** släppa [lös]
loose end /,luːs 'end/ SB **~s** lösa trådar *i t ex intrig*, ouppklarade saker **be at a ~** inte ha något att göra, gå och ha tråkigt
loose-fitting /'luːs,fɪtɪŋ/ ADJ löst sittande
loosen /'luːsn/ VB **1** lossa, lösa (mjuka) upp **2** lossna, *om knut* gå upp
☐ **loosen up** *sport a)* mjuka (värma) upp *b) vard* tina upp, slappna av
loot¹ /luːt/ SB byte, rov
loot² /luːt/ VB plundra
looter /'luːtə/ SB plundrare, tjuv
lop /lɒp/, **lop off** VB kapa, hugga av
lope /ləʊp/ VB springa med långa steg, skutta
lopsided /,lɒp'saɪdɪd/ ADJ sned, *äv bildl* skev
lord¹ /lɔːd/ SB **1** herre, härskare **the Lord** Herren, Gud **Oh (Good) L~!** Herre Gud! **2** *GB adelstitel* lord **3 the Lords** *GB*

överhuset **4 L~ Mayor** borgmästare *i London o en del större städer*
lord² /lɔːd/ VB **~ it over** *vard* kommendera, spela herre
lordly /'lɔːdlɪ/ ADJ **1** högdragen, överlägsen **2** ståtlig
lordship /'lɔːdʃɪp/ SB *GB* **Your L~** *i tilltal* Ers nåd
the Lord's Prayer /,lɔːdz 'preə/ SB *bön* Fader vår
lore /lɔː/ SB **1** kunskap **2** kultur, traditioner
lorry /'lɒrɪ/ SB *GB* lastbil
lose /luːz/ ⟨**lost** /lɒst/, **lost**⟩ VB **1** förlora, mista, tappa [bort] **~ courage (heart)** tappa modet **~ one's head** förlora fattningen **~ one's nerve** bli skärrad **~ sight of** förlora ur sikte **~ no time in doing sth** skynda sig att göra ngt **~ one's way** gå (åka) vilse **~ weight** gå ner i vikt **2** förlora ⟨~ **the war**⟩ **3** *om klocka* dra (sakta) sig **4 ~ oneself in** försjunka i
★ **be lost** *a)* ha gått vilse *b)* vara bortkastad ⟨**kindness is lost on him**⟩, **Get lost! Stick!**
☐ **lose out** *vard* förlora, dra det kortaste strået
loser /'luːzə/ SB förlorare
loss /lɒs/ SB förlust
★ **be at a ~** vara villrådig **be at a ~ for words** sakna ord
lost → **lose**
lost cause /,lɒst 'kɔːz/ SB hopplöst fall
lost property office /,lɒst 'prɒpətɪ ,ɒfɪs/ SB *GB* hittegodsmagasin
lot /lɒt/ SB **1** massa, mängd **a ~ (~s) [of]** mycket, en massa, många, massor [av] **2** samling *människor* **3** [varu]parti **4** nummer, post *på auktion* **5** *spec US* tomt **parking ~** parkeringsplats *för flera bilar* **6** lott[sedel] **by ~** genom lottdragning
★ **a fat ~ of good** → **fat the [whole] ~** alltihop, hela rasket **the ~ of them** allihop
loth → **loath**
lotion /'ləʊʃn/ SB lotion, vätska
lottery /'lɒtərɪ/ SB lotteri **~ ticket** lottsedel
loud¹ /laʊd/ ADJ **1** hög[ljudd], *om röst* stark **2** gräll, prålig
loud² /laʊd/ ADV högt **speak ~er** tala högre
loudmouth /'laʊdmaʊθ/ SB gaphals, skrävlare
loudspeaker /,laʊd'spiːkə/ SB högtalare

lounge¹ /laʊndʒ/ VB gå och driva, sitta (stå) och hänga, lata sig
□ **lounge about (around)** driva omkring
lounge² /laʊndʒ/ SB **1** flyg vänthall **2** sällskapsrum, salong *på hotell etc* **3** *GB* vardagsrum
lounge bar SB *GB* finare avdelning av en pub
lounge suit SB [kavaj]kostym
lour /'laʊə/, **lower** VB **1** *om himlen* mulna **2** blänga
louse¹ /laʊs/ ⟨*pl* **lice** /laɪs/⟩ SB **1** lus **2** *vard, bildl* kräk, skit
louse² /laʊz/ VB
□ **louse up** *vard* förstöra, sabba
lousy /'laʊzɪ/ ADJ **1** lusig **2** *vard* urusel **3** *vard* ynklig, futtig ~ **with** nerlusad med
lout /laʊt/ SB drummel, tölp
lovable /'lʌvəbl/, **loveable** ADJ förtjusande
love¹ /lʌv/ SB **1** kärlek, förälskelse ~ **of adventure** äventyrslystnad **2** älskling ⟨Används äv som vänligt tilltal av t ex expediter⟩ **3 L~ [from]** Kära hälsningar *i brevslut* **4** *tennis* noll ⟨**40 ~**⟩, ~ **game** blankt game
★ **be in ~ with** vara kär i **fall in ~ with** bli kär i **give (send) one's ~ to** hälsa till **make ~** älska, ligga med varandra **make ~ to sb** älska (ligga) med ngn **not for ~ or (nor) money** inte för allt i världen
love² /lʌv/ VB älska, tycka [mycket] om
★ **Will you come? – I'd ~ to** Kommer du [med]? – Gärna
loveable → lovable
love affair SB kärleks|affär, -historia
lovebirds /'lʌvbɜ:dz/ SB *vard* turturduvor
lovely /'lʌvlɪ/ ADJ **1** vacker, söt, förtjusande **2** underbar, härlig, skön
lovemaking /'lʌv,meɪkɪŋ/ SB samlag, älskog
lover /'lʌvə/ SB älskare ~ **of dogs** hundvän **be a ~ of music** älska musik **the ~s** de älskande
loving /'lʌvɪŋ/ ADJ kärleksfull, tillgiven
low¹ /ləʊ/ **1** ADJ låg ~ **water** lågvatten **in a ~ voice** med låg röst **2** ADJ tarvlig, gemen ⟨**a ~ trick**⟩, ~ **manners** simpelt (vulgärt) sätt **3** ADJ urringad **4** ADJ nedstämd, nere **5** ADJ obetydlig, svag ⟨**a ~ light**⟩ **6** SB botten[läge] **7** SB lågtryck
★ **be ~ on** ha ont om ⇓
low² /ləʊ/ ADV lågt, djupt ~ **down** långt ner
★ **lay ~** → lay² **lie ~** → lie³

low-cut /,ləʊ'kʌt/ ADJ urringad
lowdown /'ləʊdaʊn/ SB **get the ~ on** *vard* få tips om
lower¹ /'ləʊə/ ADJ lägre, undre, nedre ⇓
lower² /'ləʊə/ VB **1** sänka, minska **2** fira ned, hala
lower³ → lour
lower-case /,ləʊə'keɪs/ ADJ ~ **letters** små (gemena) bokstäver
lower class /,ləʊə 'klɑ:s/ SB underklass
lower-class /,ləʊə'klɑ:s/ ADJ underklassig
low-key /,ləʊ'ki:/, **low-keyed** /-'ki:d/ ADJ dämpad, återhållen
the Lowlands /'ləʊləndz/ SB Skotska låglanderna
lowly /'ləʊlɪ/ ADJ obetydlig, enkel, oansenlig
low-minded /,ləʊ'maɪndɪd/ ADJ gemen, vulgär, grov
low-necked /,ləʊ'nekt/ ADJ urringad
low-pitched /,ləʊ'pɪtʃt/ ADJ låg[mäld], i lågt tonläge
low-rise /,ləʊ'raɪz/ **1** ADJ låghus- ~ **building** låghus **2** SB låghus
low-spirited /,ləʊ'spɪrɪtɪd/ ADJ nedstämd
low tide /,ləʊ 'taɪd/ SB ebb, lågvatten
loyal /'lɔɪəl/ ADJ lojal, trofast, solidarisk ⟨mot⟩
loyalty /'lɔɪəltɪ/ SB lojalitet, trofasthet, solidaritet
lozenge /'lɒzɪndʒ/ SB pastill, tablett
LP /,el'pi:/ ⟨*förk f* long-playing⟩ SB LP[-skiva]
Ltd. ⟨*förk f* limited⟩ *GB* AB *i företagsnamn*
lubricant /'lu:brɪkənt/ SB smörjmedel
lubricate /'lu:brɪkeɪt/ VB smörja
lucid /'lu:sɪd/ ADJ klar, redig
luck /lʌk/ SB **1** öde, slump **2** lycka, tur
★ **as ~ would have it** av en slump **bad (hard) ~** otur **be in ~** ha tur **be down on one's ~** → down¹ **be out of ~** ha otur **Good ~ [to you]!** Lycka till! **Just my ~** → just¹ **worse ~** → worse¹
luckily /'lʌkɪlɪ/ ADV lyckligtvis, som tur är (var)
lucky /'lʌkɪ/ ADJ lyckosam, tursam, lyck[o]- ~ **day** lyckodag ~ **charm** amulett **be ~** *a)* ha tur *b)* vara tursam
★ **a ~ break** tur **L~ you (devil)!** Din lyckans ost! **third time ~** → third
lucrative /'lu:krətɪv/ ADJ lukrativ, lönande
ludicrous /'lu:dɪkrəs/ ADJ löjlig

lug /lʌg/ VB *vard* släpa [på], kånka [på]
luggage /'lʌgɪdʒ/ SB bagage
lukewarm /ˌluːk'wɔːm/ ADJ *äv bildl* ljum
lull[1] /lʌl/ VB **1** vyssja, söva **2** lugna, stilla
  □ **lull into** invagga i
lull[2] /lʌl/ SB **1** lugn, stiltje **2** paus, uppehåll
lullaby /'lʌləbaɪ/ SB vaggvisa
lumbago /lʌm'beɪgəʊ/ SB ryggskott
lumber[1] /'lʌmbə/ VB klampa, lufsa
lumber[2] /'lʌmbə/ VB betunga **get ~ed with sth** få ngt på halsen
lumber[3] /'lʌmbə/ SB **1** *spec GB* skräp, bråte **2** *spec US* timmer
lumberjack /'lʌmbədʒæk/ SB *spec US* skogshuggare
lumberyard /'lʌmbəjɑːd/ *US* brädgård
luminous /'luːmɪnəs/ ADJ [själv]lysande
lump[1] /lʌmp/ SB **1** klump ⟨**a ~ in the throat**⟩, stycke, bit **~ sugar** bitsocker **a ~ of sugar** en sockerbit **~ sum** klumpsumma **2** knöl, svulst **3** *vard* klumpeduns, tjockskalle
lump[2] /lʌmp/ VB
  □ **lump together** bunta ihop
lumpy /'lʌmpɪ/ ADJ **1** klimpig, knölig **2** *sjö* gropig
lunacy /'luːnəsɪ/ SB vanlsinne, -vett
lunar /'luːnə/ ADJ mån- ⟨**~ landing**⟩
lunatic /'luːnətɪk/ **1** ADJ vansinnig **2** SB galning
lunch[1] /lʌntʃ/ SB lunch
lunch[2] /lʌntʃ/ VB äta lunch
luncheon /'lʌntʃn/ SB *frml* lunch
lung /lʌŋ/ SB lunga
lunge[1] /lʌndʒ/ VB störta [sig], göra ett ryck
lunge[2] /lʌndʒ/ SB häftig rörelse, utfall
lurch[1] /lɜːtʃ/ VB kränga, vingla, ragla
lurch[2] /lɜːtʃ/ SB krängning, vinglande
lurch[3] /lɜːtʃ/ SB **leave in the ~** lämna i sticket
lure[1] /ljʊə, lʊə/ SB **1** [lock]bete, lockfågel **2** lockelse
lure[2] /ljʊə/ VB locka, lura
lurid /'ljʊərɪd, *US* 'lʊrəd/ ADJ **1** gräll **2** hemsk, otäck
lurk /lɜːk/ VB stå på lur **~ing doubts** smygande tvivel
luscious /'lʌʃəs/ ADJ **1** läcker **2** sensuell
lush /lʌʃ/ ADJ **1** frodig, yppig **2** lyxig, flott
lust[1] /lʌst/ SB lusta, begär
lust[2] /lʌst/ VB
  □ **lust after (for)** åtrå

luster → **lustre**
lustful /'lʌstfʊl/ ADJ lysten, vällustig
lustre /'lʌstə/ (*US* **luster**) SB lyster, glans
lustrous /'lʌstrəs/ ADJ glänsande, skimrande
lusty /'lʌstɪ/ ADJ [livs]kraftig, frisk
lute /luːt/ SB luta
luxuriant /lʌg'zjʊərɪənt, *spec US* lʌg'ʒʊ-/ ADJ frodig, yppig, yvig
luxuriate /lʌg'zjʊərɪeɪt, *spec US* lʌg'ʒʊ-/ VB
  □ **luxuriate in** njuta av, hänge sig åt
luxurious /lʌg'zjʊərɪəs, *spec US* lʌg'ʒʊ-/ ADJ lyxig, överdådig
luxury /'lʌkʃərɪ/ SB **1** lyx, överflöd **2** lyxartikel
lye /laɪ/ SB [tvätt]lut
lying /'laɪɪŋ/ **1** ADJ lögnaktig **2** SB lögn[aktighet]
lymph /lɪmf/ SB lymfa **~ gland (node)** lymfkörtel
lynch /lɪntʃ/ VB lyncha
lynx /lɪŋks/ SB lo[djur]
lyre /'laɪə/ SB lyra
lyric /'lɪrɪk/ **1** SB lyrisk dikt **2** SB **lyrics** sångtext **3** ADJ lyrisk **~ poetry** lyrik
lyrical /'lɪrɪkl/ ADJ **1** lyrisk **2** entusiastisk

M

m → male, metre, mile, million, minute[1]
ma /mɑ:/ SB *vard* mamma
MA /ˌem'eɪ/ ⟨*förk f* Master of Arts⟩ SB ≈ fil mag
ma'am /mæm, mɑ:m, *obet* məm/ SB *i tilltal vard* frun, damen
mac → mackintosh
macabre /mə'kɑ:br/ ADJ makaber, ohygglig
macaroni /ˌmækə'rəʊnɪ/ SB makaroner
Mach /mɑ:k/ SB mach *mått för flyghastighet*
machinations /ˌmækɪ'neɪʃnz/ SB intriger
machine[1] /mə'ʃi:n/ SB **1** maskin, apparat, automat **2** maskineri **3** *polit* partiapparat
machine[2] /mə'ʃi:n/ VB maskintillverka
machine-gun /mə'ʃi:nɡʌn/ SB kulspruta, maskingevär
machinery /mə'ʃi:nərɪ/ SB **1** maskiner, maskineri **2** mekanism **3** apparat ⟨state ~⟩
machismo /mə'tʃɪzməʊ/ SB manschauvinism
macho /'mætʃəʊ/ ADJ macho-, manschauvinistisk
mack → mackintosh
mackerel /'mækrəl/ ⟨*pl lika el* **-s**⟩ SB makrill
mackintosh /'mækɪntɒʃ/ SB regn|rock, -kappa
mad /mæd/ ADJ **1** vansinnig, tokig ⟨about, on i⟩ **2** *spec US* arg ⟨at på⟩
★ drive sb ~ göra ngn galen go ~ bli galen
madam /'mædəm/ SB *i tilltal* frun, damen
madcap /'mædkæp/ SB **1** vildhjärna **2** *attribut* vild, galen
madden /'mædn/ VB göra ursinnig (tokig)
maddening /'mædnɪŋ/ ADJ irriterande, outhärdlig
made → make[1]
made-to-measure /ˌmeɪdtə'meʒə/ ADJ måttbeställd
madhouse /'mædhaʊs/ SB dårhus
madly /'mædlɪ/ ADV ~ in love vanvettigt kär
madman /'mædmən/ SB dåre, galning
madness /'mædnəs/ SB vansinne, galenskap
Madonna /mə'dɒnə/ SB madonna
Mafia /'mæfɪə, *spec US* 'mɑ:-/ SB maffia
magazine /ˌmæɡə'zi:n, *US* 'mæɡəzi:n/ SB **1** tidskrift **2** [vapen]magasin **3** ammunitionsförråd
magenta /mə'dʒentə/ ADJ mörkt purpurröd
maggot /'mæɡət/ SB larv, mask
magic /'mædʒɪk/ **1** SB magi, trolleri **2** SB tjuskraft **3** ADJ magisk, troll- ~ carpet flygande matta
magical /'mædʒɪkl/ ADJ magisk
magician /mə'dʒɪʃn/ SB trollkarl
magistrate /'mædʒəstreɪt/ SB polisdomare, fredsdomare
magnanimous /mæɡ'nænɪməs/ ADJ storsint
magnate /'mæɡneɪt/ SB magnat, pamp
magnet /'mæɡnɪt/ SB magnet
magnetic /mæɡ'netɪk/ ADJ magnetisk, tilldragande
magnetism /'mæɡnəˌtɪzəm/ SB magnetism, dragningskraft
magnification /ˌmæɡnɪfɪ'keɪʃn/ SB förstoring
magnificence /mæɡ'nɪfɪsəns/ SB storslagenhet
magnificent /mæɡ'nɪfɪsnt/ ADJ **1** storslagen, praktfull **2** fantastisk, underbar
magnify /'mæɡnɪfaɪ/ VB förstora
magnifying glass SB förstoringsglas
magnitude /'mæɡnɪtju:d/ SB omfattning, betydelse, *vet* magnitud
magpie /'mæɡpaɪ/ SB skata
mahogany /mə'hɒɡənɪ/ SB mahogny
maid /meɪd/ SB **1** hembiträde, tjänsteflicka **2** ungmö
maiden /'meɪdn/ SB **1** *poet* mö **2** *attribut* ogift ⟨~ aunt⟩, jungfru- ⟨~ voyage⟩, ~ name flicknamn
maidservant /'meɪdˌsɜ:vnt/ SB hembiträde, *åld* jungfru, tjänsteflicka
mail[1] /meɪl/ SB post ⟨send by ~, sort the ~⟩
mail[2] /meɪl/ VB *spec US* sända med posten, posta
mailbag /'meɪlbæɡ/ SB post|väska, -säck
mailing list SB adressregister

mailman /ˈmeɪlmən/ SB US brevbärare
mailshot /ˈmeɪlʃɒt/ SB utskick *av reklam*
maim /meɪm/ VB lemlästa, stympa
main[1] /meɪn/ ADJ huvudsaklig, huvud-, viktigast
★ **in the ~** huvudsakligen
main[2] /meɪn/ SB **1** huvudledning *för vatten, el etc* **2 mains** *eltekn* [lednings]nät **~s operated** nätansluten
mainland /ˈmeɪnlənd/ SB fastland
mainly /ˈmeɪnlɪ/ ADV huvudsakligen
mainstay /ˈmeɪnsteɪ/ SB stöttepelare
mainstream /ˈmeɪnstriːm/ SB **1** *bildl* huvudfåra **2** *attribut* traditionell
maintain /meɪnˈteɪn/ VB **1** underhålla, hålla i gott skick **2** understödja, försvara **3** upprätthålla, bevara **4** försörja ⟨**~ a family**⟩ **5** hävda, påstå
maintenance /ˈmeɪntənəns/ SB **1** underhåll, bevarande **2** försörjning **3** underhållsbidrag
maisonette /ˌmeɪzəˈnet/ SB GB etagevåning
maize /meɪz/ SB *spec GB* majs
majestic /məˈdʒestɪk/ ADJ majestätisk, storslagen
majesty /ˈmædʒəstɪ/ SB **1** majestät **2** storslagenhet
major[1] /ˈmeɪdʒə/ **1** ADJ större, huvud- ⟨**~ part**⟩, viktig **2** SB major
major[2] /ˈmeɪdʒə/ VB
□ **major in** *utb spec US* ha som huvudämne
majority /məˈdʒɒrətɪ/ SB **1** majoritet **2** myndighetsålder
make[1] /meɪk/ ⟨**made** /meɪd/, **made**⟩ VB **1** göra, tillverka ⟨**~ cars, made of gold**⟩, baka ⟨**~ bread**⟩, sy ⟨**~ a skirt**⟩, hålla ⟨**~ a speech**⟩ **2** göra i ordning, laga [till] ⟨**~ tea, ~ lunch**⟩, **~ one's bed** bädda [sängen] **3** göra till **~ it a rule** göra till regel **4** välja till, utnämna till **he was made chairman** han valdes till ordförande **5** få att, förmå, tvinga ⟨**he made me pay**⟩ **6** göra sig ⟨**~ a fortune**⟩ **7** utgöra, bli ⟨**3 and 3 ~s 6**⟩, **he will ~ a good doctor** han blir säkert en bra läkare **8** göra berömd ⟨**this book made her**⟩ **9** hinna med ⟨**~ the plane**⟩
★ **~ believe, ~ haste** ⟨*etc*⟩ → believe, haste ⟨*etc*⟩ **~ as if** låtsas som om **~ do** nöja sig, klara sig **~ it** *a)* hinna *b)* klara av det, lyckas **Let's ~ it tomorrow** Ska vi säga i morgon?
□ **make for** *a)* styra kurs mot *b)* verka för, bidra till
□ **make into** förvandla till, göra [om] till
□ **make of** tolka, uppfatta, anse om ⟨**What do you ~ it?**⟩, **make little of** bagatellisera, förringa **make much of** *a)* göra mycket väsen av *b)* skryta med, överdriva *c)* fjäska för **make nothing of** *a)* ta lätt på *b)* inte få ut ngt av
□ **make off** skynda i väg, smita **~ with** knycka, sno
□ **make out** *a)* skriva ut ⟨**~ a cheque**⟩, upprätta ⟨**~ a list**⟩, fylla i ⟨**~ a form**⟩ *b)* förstå, begripa sig på ⟨**I can't make him out**⟩ *c)* göra gällande, påstå *d)* klara sig **we've got enough to ~** vi har så vi klarar oss
□ **make over** *a)* överlåta *b) spec US* göra om, ändra
□ **make up** *a)* dikta ihop *b)* sminka sig *c)* göra i ordning *d)* slå in ⟨**~ a parcel**⟩ *e)* utgöra *f)* bli sams **~ for** gottgöra, ta igen ⟨**~ for lost time**⟩
make[2] /meɪk/ SB **1** fabrikat, märke **2** utförande
★ **be on the ~** vara ute efter vinst (fördelar)
make-believe /ˈmeɪkbɪˌliːv/ SB låtsaslek, fantasi
maker /ˈmeɪkə/ SB tillverkare, skapare
makeshift /ˈmeɪkʃɪft/ ADJ provisorisk, nöd-
make-up /ˈmeɪkʌp/ SB **1** makeup **2** sammansättning
making /ˈmeɪkɪŋ/ SB tillverkning
★ **be the ~ of sb** skapa framgång (lycka) för ngn **have the ~s of** ha förutsättningar att bli, vara ett ämne till
maladjusted /ˌmæləˈdʒʌstɪd/ ADJ missanpassad
malady /ˈmælədɪ/ SB sjukdom, sjuka
malaria /məˈleərɪə/ SB malaria
male /meɪl/ **1** SB man, hanne **2** ADJ manlig, han-
malevolent /məˈlevələnt/ ADJ illvillig, ond
malformation /ˌmælfɔːˈmeɪʃn/ SB missbildning
malformed /ˌmælˈfɔːmd/ ADJ missbildad
malfunction[1] /mælˈfʌŋkʃn/ SB funktionsstörning
malfunction[2] /mælˈfʌŋkʃn/ VB krångla

malice /'mælɪs/ SB illvilja, elakhet
malicious /mə'lɪʃəs/ ADJ illvillig, elak
malignant /mə'lɪgnənt/ ADJ **1** ondskefull, elak **2** *medicin* elakartad, malign
malinger /mə'lɪŋgə/ VB spela sjuk, simulera
mall /mɔːl/ SB *spec US* ≈ köpcentrum, galleria
malleable /'mælɪəbl/ ADJ formbar, foglig
mallet /'mælɪt/ SB **1** trähammare **2** krocketklubba
malnutrition /ˌmælnjuː'trɪʃn/ SB undernäring
malpractice /mæl'præktɪs/ SB tjänstefel
malt /mɔːlt/ SB **1** malt **2** maltwhisky
maltreat /mæl'triːt/ VB misshandla
maltreatment /ˌmæl'triːtmənt/ SB misshandel
mama /mə'mɑː, US 'mɑːmə/ SB mamma
mammal /'mæml/ SB däggdjur
mammoth /'mæməθ/ **1** SB mammut **2** ADJ kolossal, mammut-
man[1] /mæn/ ⟨*pl* **men** /men/⟩ SB **1** man, karl **2** äkta man ⟨**~ and wife**⟩ **3** människan *i allmänhet* **4** människa **5** menig **6** lagmedlem **7** arbetare **8** schackpjäs, bricka *i spel*
★ **be a ~ about town** vara med i svängen
~ to ~ öppenhjärtigt **to a ~** mangrant
man[2] /mæn/ VB bemanna, besätta
manacles /'mænəklz/ SB handbojor
manage /'mænɪdʒ/ VB **1** hantera, sköta, leda **2** klara, orka med, lyckas ⟨**we ~d to get out**⟩ **3** klara sig
manageable /'mænɪdʒəbl/ ADJ hanterlig, lättskött, foglig
management /'mænɪdʒmənt/ SB **1** [företags]ledning, direktion **2** skötsel, hantering
manager /'mænɪdʒə/ SB **1** direktör, chef, föreståndare **2** lagledare, manager
manageress /ˌmænɪdʒə'res, US 'mænɪdʒərəs/ SB direktris, föreståndarinna
managing director SB verkställande direktör
mandarin /'mændərɪn/ SB **1** *frukt* mandarin **2** *neds* byråkrat **3** **M~** *språk* mandarin
mandate /'mændeɪt/ SB mandat, fullmakt
mandatory /'mændətərɪ/ ADJ obligatorisk, föreskriven [i lag]
mandible /'mændəbl/ SB [under]käke

mandolin /ˌmændə'lɪn/, **mandoline** SB mandolin
mane /meɪn/ SB man *på djur*
maneuver → manoeuvre[1,2]
manfully /'mænfʊlɪ/ ADV resolut, modigt
manganese /'mæŋgəniːz/ SB mangan
manger /'meɪndʒə/ SB krubba
mangey → **mangy**
mangle[1] /'mæŋgl/ VB slita sönder, krossa, sarga
mangle[2] /'mæŋgl/ SB mangel
mangle[3] /'mæŋgl/ VB mangla
mangy /'meɪndʒɪ/, **mangey** ADJ **1** skabbig **2** sjaskig
manhandle /'mænhændl/ VB **1** vara hårdhänt mot, misshandla **2** flytta [med handkraft]
manhood /'mænhʊd/ SB **1** manlighet, manbarhet **2** mannaår
mania /'meɪnɪə/ SB mani **have a ~ for** ha dille på
maniac /'meɪnɪæk/ **1** SB galning **2** ADJ vansinnig
maniacal /mə'naɪəkl/ ADJ **1** manisk **2** vansinnig
manicure[1] /'mænɪkjʊə/ VB manikurera
manicure[2] /'mænɪkjʊə/ SB manikyr
manifest[1] /'mænɪfest/ ADJ tydlig, uppenbar
manifest[2] /'mænɪfest/ VB visa [tydligt]
manifestation /ˌmænɪfe'steɪʃn/ SB **1** manifestation, yttring **2** demonstration
manifesto /ˌmænɪ'festəʊ/ ⟨*pl* **-[e]s**⟩ SB manifest
manifold /'mænɪfəʊld/ ADJ mångfaldig
manipulate /mə'nɪpjʊleɪt/ VB **1** hantera, manövrera **2** styra, manipulera **3** fuska med
manipulation /məˌnɪpjʊ'leɪʃn/ SB **1** hantering **2** manipulation, knep, fusk
mankind /mæn'kaɪnd/ SB mänskligheten
manly /'mænlɪ/ ADJ manlig, karlaktig, manhaftig
man-made /ˌmæn'meɪd/ ADJ konstgjord, syntetisk
manner /'mænə/ SB **1** sätt, sort, vis **in this ~** på det här viset **2** sätt, uppträdande **3** stil, manér **4** **manners** *a)* sätt, uppförande ⟨**good ~s**⟩, *b)* seder, vanor **~s and customs** seder och bruk
mannerism /'mænərɪzəm/ SB manér
manoeuvre[1] /mə'nuːvə/ (*US* **maneuver**) SB

manöver
manoeuvre² /mə'nu:və/ (US 🇺🇸) VB manövrera
man-of-war /ˌmænə'wɔ:/ SB krigsfartyg, örlogsfartyg
manor /'mænə/ SB gods, herrgård
manor house SB herrgård
manpower /'mænˌpaʊə/ SB arbetskraft
manservant /'mænˌsɜ:vnt/ SB betjänt
mansion /'mænʃn/ SB herrgård, större byggnad
man-sized /'mænsaɪzd/ ADJ stor, *vard* jätte-
manslaughter /'mænˌslɔ:tə/ SB dråp
mantelpiece /'mæntlpi:s/ SB spiselhylla
mantle /'mæntl/ SB täcke, lager
⟨a ~ of snow⟩
manual /'mænjʊəl/ **1** ADJ manuell, hand- **2** SB handbok, instruktionsbok, manual
manufacture¹ /ˌmænjʊ'fæktʃə/ VB tillverka
manufacture² /ˌmænjʊ'fæktʃə/ SB tillverkning
manufacturer /ˌmænjʊ'fæktʃərə/ SB tillverkare
manure¹ /mə'njʊə/ SB gödsel
manure² /mə'njʊə/ VB gödsla
manuscript /'mænjʊskrɪpt/ SB **1** manuskript **2** handskrift
many /'menɪ/ PRON många ~ **people** mycket folk ~ **a time** mången gång
★ **a good (great)** ~ många, en hel del
in so ~ **words** rakt på sak, rent ut
~ **happy returns** → happy
map¹ /mæp/ SB karta ⟨of över⟩
★ **on the** ~ viktig, aktuell **put on the** ~ göra känd
map² /mæp/ VB kartlägga
☐ **map out** *a)* kartlägga *b)* planera
maple /'meɪpl/ SB lönn
mar /mɑ:/ VB fördärva, förstöra
marathon /'mærəθɒn/ SB maraton
marauder /mə'rɔ:də/ SB plundrare
marble /'mɑ:bl/ SB **1** marmor **2** kula
⟨play ~s⟩
march¹ /mɑ:tʃ/ VB **1** marschera **2** föra, låta marschera
march² /mɑ:tʃ/ SB marsch
March /mɑ:tʃ/ SB mars
mare /meə/ SB sto, märr
margarine /ˌmɑ:dʒə'ri:n, US 'mɑ:rdʒərən/ *GB vard* **marge** SB margarin
margin /'mɑ:dʒɪn/ SB **1** marginal **2** kant

⟨the ~ of the wood⟩
marigold /'mærɪgəʊld/ SB ringblomma
marina /mə'ri:nə/ SB småbåtshamn, marina
marinade /ˌmærɪ'neɪd/ SB marinad
marinate /'mærɪneɪt/ VB marinera
marine /mə'ri:n/ **1** ADJ marin-, havs- **2** SB marinsoldat
mariner /'mærɪnə/ SB *litt* sjö|man, -farare
marionette /ˌmærɪə'net/ SB marionett
marital /'mærɪtl/ ADJ äktenskaplig, äktenskaps-
maritime /'mærɪtaɪm/ ADJ sjö-, sjöfarts-, kust-
mark¹ /mɑ:k/ SB **1** märke, fläck, spår **2** betyg, poäng **3** [känne]tecken, bevis
⟨a ~ of respect⟩ **4** märke, tecken **5** måltavla **hit the** ~ träffa prick (rätt) **6** *sport* startlinje **On your ~s, get set, go!** På era platser, färdiga, gå! **7** typ, modell
★ **be wide of the** ~ → wide¹ **make one's** ~ utmärka sig **be up to the** ~ hålla måttet
quick off the ~ → quick¹
mark² /mɑ:k/ VB **1** märka **2** betygsätta, rätta **3** markera, känneteckna **4** *sport* markera
★ ~ **time** *a)* göra på stället marsch *b)* stå och stampa på samma fläck *c)* avvakta
~ **the time** slå takten **M~ my words!** Sanna mina ord!
☐ **mark down** *a)* anteckna *b)* sätta ner [priset på]
☐ **mark off** *a)* märka ut *b)* pricka för
☐ **mark out** *a)* staka (märka) ut *b)* utse
☐ **mark up** höja [priset på]
markdown /'mɑ:kdaʊn/ SB prisnedsättning
marked /mɑ:kt/ ADJ **1** markerad **2** tydlig
marker /'mɑ:kə/ SB **1** märkpenna **2** bokmärke **3** markör
market¹ /'mɑ:kɪt/ SB **1** salu|torg, -hall, marknadsplats **2** torghandel **3** marknad, efterfrågan ⟨for på⟩
★ **be in the** ~ **for** vara spekulant på
on the ~ till salu ⇓
market² /'mɑ:kɪt/ VB **1** marknadsföra **2** saluföra
marketable /'mɑ:kɪtəbl/ ADJ säljbar, lättsåld
market garden /ˌmɑ:kɪt 'gɑ:dn/ SB *spec GB* handelsträdgård
marketplace /'mɑ:kɪtpleɪs/ SB salutorg
marksman /'mɑ:ksmən/ SB prickskytt

markup /'mɑ:kʌp/ SB *handel* påslag
marmalade /'mɑ:məleɪd/ SB marmelad *av citrusfrukt*
maroon¹ /mə'ru:n/ VB strandsätta, överge
maroon² /mə'ru:n/ ADJ kastanjebrun
marquee /mɑ:'ki:/ SB stort tält
marquess /'mɑ:kwɪs/, **marquis** SB *titel* markis
marriage /'mærɪdʒ/ SB **1** äktenskap **2** vigsel
marriageable /'mærɪdʒəbl/ ADJ giftasvuxen
married /'mærɪd/ ADJ gift ⟨to med⟩ get ~ gifta sig
marrow /'mærəʊ/ SB **1** märg **2** pumpa, kurbits
marry /'mærɪ/ VB **1** gifta sig [med] ⟨she'll ~ an officer⟩ **2** viga **3** gifta bort ⟨to med⟩
□ **marry off** gifta bort
Mars /mɑ:z/ SB Mars
marsh /mɑ:ʃ/ SB sumpmark, träsk
marshal¹ /'mɑ:ʃl/ SB **1** *milit* marskalk **2** ceremonimästare **3** *US äv* sheriff
marshal² /'mɑ:ʃl/ VB **1** ordna *spec fakta*, ställa upp *trupper* **2** leda, föra *folk*
marshy /'mɑ:ʃɪ/ ADJ sumpig, sank
marsupial /mɑ:'su:pɪəl/ SB pungdjur
marten /'mɑ:tɪn/ SB mård
martial /'mɑ:ʃl/ ADJ krigs-, krigisk, militär-
martial art /ˌmɑ:ʃl 'ɑ:t/ SB kampsport
Martian /'mɑ:ʃn/ **1** SB marsinvånare **2** ADJ mars-
martyr /'mɑ:tə/ SB martyr
marvel¹ /'mɑ:vl/ SB underverk
marvel² /'mɑ:vl/ VB förundra sig ⟨at över⟩
marvellous /'mɑ:vələs/ (*US* **marvelous**) ADJ underbar
marzipan /'mɑ:zɪpæn/ SB marsipan
mascara /mæ'skɑ:rə, *US* -'skærə/ SB mascara
mascot /'mæskɒt/ SB maskot
masculine /'mæskjʊlɪn/ ADJ manlig, *äv språk* maskulin
mash¹ /mæʃ/ VB mosa ~ed potatoes potatismos
mash² /mæʃ/ SB *vard* potatismos
mask¹ /mɑ:sk/ SB *äv bildl* mask, munskydd
mask² /mɑ:sk/ VB maskera
masked ball /ˌmɑ:skt 'bɔ:l/ SB maskerad[bal]

mason /'meɪsn/ SB **1** stenhuggare, murare **2** frimurare
masonry /'meɪsənrɪ/ SB **1** murverk **2** frimureri
masquerade¹ /ˌmæskə'reɪd/ SB **1** maskerad **2** förklädnad
masquerade² /ˌmæskə'reɪd/ VB vara utklädd ~ as ge sig ut för att vara
mass¹ /mæs/ SB **1** *äv vet* massa, mängd, hop ~es (a ~) of snow massor av snö **2** *attribut* mass- ⟨~ meeting⟩
★ be a ~ of vara full (täckt) med
mass² /mæs/ VB **1** samlas, hopa sig **2** dra ihop
Mass /mæs/ SB *religion* mässa
massacre¹ /'mæsəkə/ SB massaker
massacre² /'mæsəkə/ VB massakrera
massage¹ /'mæsɑ:ʒ, *US* mə'sɑ:ʒ/ SB massage
massage² /'mæsɑ:ʒ, *US* mə'sɑ:ʒ/ VB massera
masseur /mæ'sɜ:, *US* -'sʊər/ SB massör
masseuse /mæ'sɜ:z, *US* -'su:z/ SB massös
massive /'mæsɪv/ ADJ **1** massiv **2** omfattande
mast /mɑ:st/ SB mast
master¹ /'mɑ:stə/ SB **1** herre, härskare **2** arbetsgivare, husbonde **3** *sjö* kapten **4** lärare **M~ of Arts** ≈ filosofie magister **5** mästare, stor konstnär ⇓
master² /'mɑ:stə/ VB **1** behärska **2** övervinna
masterful /'mɑ:stəfʊl/ ADJ **1** dominerande **2** mästerlig
master key SB huvudnyckel
masterly /'mɑ:stəlɪ/ ADJ mästerlig, skicklig
mastermind¹ /'mɑ:stəmaɪnd/ SB be the ~ behind vara hjärnan bakom
mastermind² /'mɑ:stəmaɪnd/ VB leda, planera, vara hjärnan bakom
masterpiece /'mɑ:stəpi:s/ SB mästerverk
masterstroke /'mɑ:stəstrəʊk/ SB mästardrag
mastery /'mɑ:stərɪ/ SB **1** herravälde **2** skicklighet
masticate /'mæstɪkeɪt/ VB tugga
masturbate /'mæstəbeɪt/ VB onanera
mat¹ /mæt/ SB **1** matta, dörrmatta **2** [bords]tablett **3** [karott]underlägg
mat² → matt
match¹ /mætʃ/ SB **1** match, tävling **2** jämlike, överman ⟨meet one's ~⟩ **3** fin

kombination ⟨**the tie and shirt are a perfect ~**⟩ **4** giftermål, parti
★ **be no ~ for** inte kunna mäta sig med
match² /mætʃ/ vb **1** passa [till], matcha **2** vara jämbördig med, motsvara **3** finna en jämlike till
match³ /mætʃ/ sb tändsticka
matchbox /'mætʃbɒks/ sb tändsticksask
matching /'mætʃɪŋ/ adj passande
matchless /'mætʃləs/ adj makalös
matchmaker /'mætʃˌmeɪkə/ sb äktenskapsmäklare
mate¹ /meɪt/ sb **1** *spec GB* kamrat, kompis **2** make, maka **3** styrman
mate² /meɪt/ vb para [sig]
mate³ /meɪt/ sb *schack* matt
material /məˈtɪərɪəl/ **1** sb material **raw ~s** råvaror **2** sb tyg **3** adj materiell, kroppslig **4** adj viktig
materialist /məˈtɪərɪəlɪst/ sb materialist
materialize /məˈtɪərɪəlaɪz/ vb **1** förverkligas, ta fast form **2** *vard* dyka upp
maternal /məˈtɜːnl/ adj moderlig, moders- **~ aunt** moster
maternity /məˈtɜːnətɪ/ sb moderskap **~ clothes** mammakläder **~ hospital** BB
math /mæθ/ sb *US vard* matematik
mathematical /ˌmæθəˈmætɪkl/ adj matematisk
mathematician /ˌmæθəməˈtɪʃn/ sb matematiker
mathematics /ˌmæθəˈmætɪks/ sb matematik
maths /mæθs/ sb *GB vard* matematik
matinée /'mætɪneɪ, US ˌmætɪˈneɪ/ sb matiné
mating /'meɪtɪŋ/ sb parning
matress /'mætrəs/ sb madrass
matrimonial /ˌmætrɪˈməʊnɪəl/ adj äktenskaplig
matrimony /'mætrɪmənɪ/ sb äktenskap
matron /'meɪtrən/ sb **1** [klinik]föreståndare **2** husmor *på skola etc*
matt /mæt/, **mat** adj ⟨**~ paint**⟩
matted /'mætɪd/ adj tovig
matter¹ /'mætə/ sb **1** ämne, materia, sak **printed ~** trycksak **2** fråga ⟨**a ~ of taste**⟩ **3** problem, fel **What's the ~?** Vad är det [för fel]? **4** *medicin* var
★ **as a ~ of fact** i själva verket **for that ~** vad det beträffar **Is anything the ~?** Är det något fel? **a ~ of course** en självklarhet **a ~ of fact** ett faktum **no ~** det gör ingenting **no ~ what happens** vad som än händer
matter² /'mætə/ vb betyda, vara av vikt **it doesn't ~** det spelar ingen roll
matter-of-fact /ˌmætərəˈfækt/ adj saklig, prosaisk
mature¹ /məˈtʃʊə/ adj **1** mogen **2** *handel* förfallen
mature² /məˈtʃʊə/ vb [få att] mogna
maturity /məˈtʃʊərətɪ/ sb **1** mognad **2** mogen ålder
maudlin /'mɔːdlɪn/ adj sentimental, gråtmild
maul /mɔːl/ vb **1** misshandla **2** kritisera hårt
Maundy Thursday /ˌmɔːndɪ ˈθɜːzdeɪ/ sb skärtorsdag[en]
mausoleum /ˌmɔːsəˈliːəm/ sb mausoleum
mauve /məʊv/ **1** adj ljuslila **2** sb *färg* ljuslila
maverick /'mævərɪk/ sb ensamvarg, *polit* vilde
mawkish /'mɔːkɪʃ/ adj sentimental, mjäkig
maxim /'mæksɪm/ sb maxim, levnadsregel
maximal /'mæksɪml/ adj maximal
maximize /'mæksɪmaɪz/ vb göra maximal (så stor som möjligt)
maximum /'mæksɪməm/ sb **1** maximum, höjdpunkt **2** *attribut* maximal, maximi-
may /meɪ/ vb **1** kan [kanske] ⟨**it ~ be true**⟩, **~ as well** kan lika gärna **2** får ⟨**you ~ stay here**⟩ **3** må ⟨**whatever he ~ say**⟩, måtte ⟨**M~ you be very happy!**⟩
May /meɪ/ sb maj ⇓
maybe /'meɪbɪ/ adv kanske
mayday /'meɪdeɪ/ sb nödsignal, SOS
May Day sb första maj
mayhem /'meɪhem/ sb förödelse, kaos
mayonnaise /ˌmeɪəˈneɪz/ sb majonnäs
mayor /meə, US 'meɪər/ sb borgmästare
maze /meɪz/ sb labyrint
me /miː, *obet* mɪ/ pron mig, *vard* jag ⟨**it's ~**⟩
mead /miːd/ sb mjöd
meadow /'medəʊ/ sb äng
meagre /'miːgə/ (*US* **meager**) adj mager, knapp, torftig
meal¹ /miːl/ sb mål, måltid
meal² /miːl/ sb grovt mjöl
mealtime /'miːltaɪm/ sb matdags

mealy-mouthed /ˌmiːlɪˈmaʊðd/ ADJ undanglidande, försiktig *i sitt tal*
mean¹ /miːn/ ⟨meant /ment/, meant⟩ VB **1** betyda **2** mena, avse **What do you ~ by that?** Vad menar du med det? **I meant to tell you** jag tänkte tala om det för dig ★ **~ business** mena allvar
mean² /miːn/ ADJ **1** snål **2** tarvlig, lumpen **3** elak ⟨**to** mot⟩ **4** ringa, obetydlig **5** *spec US* otäck
★ **he's no ~ writer** han är en [mycket] bra författare
mean³ /miːn/ ⟨↔ means⟩ SB genomsnitt, medeltal **the golden ~** den gyllene medelvägen
mean⁴ /miːn/ ADJ genomsnitts-, medel-
meander /mɪˈændə/ VB **1** slingra sig **2** irra runt
meaning¹ /ˈmiːnɪŋ/ SB mening, betydelse, innebörd **What's the ~ of this?** Vad ska det här betyda?
meaning² /ˈmiːnɪŋ/ ADJ menande, talande ⟨**a ~ look**⟩
meaningful /ˈmiːnɪŋfʊl/ ADJ **1** meningsfull **2** betydelsefull
meaningless /ˈmiːnɪŋləs/ ADJ meningslös
means /miːnz/ SB **1** sätt, medel **by ~ of** med hjälp av **2** resurser, tillgångar **a man of ~** en rik man
★ **by all ~** för all del **by no ~** ingalunda
means test SB behovsprövning
meant → mean¹
meantime /ˈmiːntaɪm/ SB **in the ~** under tiden
meanwhile /ˈmiːnwaɪl/ ADV under tiden
measles /ˈmiːzlz/ SB mässling[en]
measly /ˈmiːzlɪ/ ADJ *vard* ynklig
measure¹ /ˈmeʒə/ VB mäta, ta mått på
□ **measure up** hålla måttet
measure² /ˈmeʒə/ SB **1** mått **2** mån **in some ~** i någon mån **3** åtgärd **take ~s** vidta åtgärder
★ **for good ~** på köpet **take sb's ~** se vad ngn går för
measured /ˈmeʒəd/ ADJ **1** väl avvägd **2** avmätt
measurement /ˈmeʒəmənt/ SB **1** mätning **2** mått
meat /miːt/ SB **1** kött **2** *bildl* väsentligt innehåll
meatball /ˈmiːtbɔːl/ SB köttbulle
meaty /ˈmiːtɪ/ ADJ köttig, kött-
mechanic /mɪˈkænɪk/ SB mekaniker

mechanical /mɪˈkænɪkl/ ADJ mekanisk
mechanics /mɪˈkænɪks/ SB **1** mekanik **2** teknik
mechanism /ˈmekəˌnɪzəm/ SB mekanism
mechanize /ˈmekənaɪz/ VB mekanisera, motorisera
medal /ˈmedl/ SB medalj
medallion /mɪˈdæljən/ SB medaljong
medallist /ˈmedəlɪst/ (*US* **medalist**) SB medaljör
meddle /ˈmedl/ VB
□ **meddle in** lägga sig i
□ **meddle with** fingra på, rota i
meddler /ˈmedlə/ SB beskäftig person
meddlesome /ˈmedlsəm/ ADJ beskäftig
media → medium²
mediaeval → medieval
mediate /ˈmiːdɪeɪt/ VB medla
mediation /ˌmiːdɪˈeɪʃn/ SB medling
mediator /ˈmiːdɪeɪtə/ SB medlare, förlikningsman
medic /ˈmedɪk/ SB *vard* läkare, medicinare
Medicaid /ˈmedɪkeɪd/ SB *bidragssystem för sjukvård i USA*
medical /ˈmedɪkl/ **1** ADJ medicinsk, läkar- **2** SB läkarundersökning
medicament /məˈdɪkəmənt, ˈmedɪkəmənt/ SB läkemedel
medication /ˌmedɪˈkeɪʃn/ SB **1** medicinsk behandling **2** läkemedel
medicinal /məˈdɪsnəl/ ADJ **1** läkande **2** medicinsk **3** medicinal-
medicine /ˈmedsən, *spec US* ˈmedɪsɪn/ SB medicin
medieval /ˌmedɪˈiːvl, *US* ˌmiːd-/, **mediaeval** ADJ medeltids-
mediocre /ˌmiːdɪˈəʊkə/ ADJ medelmåttig
meditate /ˈmedɪteɪt/ VB **1** meditera, grubbla **2** planera, överväga
meditation /ˌmedɪˈteɪʃn/ SB meditation
Mediterranean /ˌmedɪtəˈreɪnɪən/ **1** SB **the ~ [Sea]** Medelhavet **2** ADJ medelhavs-
medium¹ /ˈmiːdɪəm/ ADJ medel-, mellan-, mittemellan
medium² /ˈmiːdɪəm/ ⟨*pl* media *el* -s⟩ SB **1** medium, [hjälp]medel **the media** massmedia **2** medelväg **the happy ~** den gyllene medelvägen
medium³ /ˈmiːdɪəm/ SB [spiritistiskt] medium
medley /ˈmedlɪ/ SB **1** blandning **2** potpurri **3** *simning* medley
meek /miːk/ ADJ ödmjuk, foglig

meet¹ /miːt/ ⟨met /met/, met⟩ VB **1** möta, träffa **2** mötas, ses, träffas **3** tillmötesgå, uppfylla ⟨~ demands⟩ **4** betala ⟨~ one's debts⟩
★ **make both ends ~** → **end¹** ~ **halfway** gå halva vägen [var] **M~ my son** *vid presentation* det här är min son
□ **meet with** *a)* råka ut för *b)* möta, *spec US* sammanträffa med

meet² /miːt/ SB **1** *spec GB* jaktsällskap **2** *spec US* tävling

meeting /ˈmiːtɪŋ/ SB **1** möte, sammanträde **2** *GB sport* tävling

megalomania /ˌmeɡələˈmeɪnɪə/ SB storhetsvansinne

melancholic /ˌmelənˈkɒlɪk/ ADJ melankolisk

melancholy /ˈmelənkəlɪ/ **1** ADJ melankolisk, tungsint **2** ADJ sorglig **3** SB melankoli, tungsinne

melee /ˈmeleɪ, *US* ˈmeɪ-/, **mêlée** SB folkträngsel, tumult, handgemäng

mellow¹ /ˈmeləʊ/ ADJ **1** *om frukt* mogen **2** mjuk, fyllig

mellow² /ˈmeləʊ/ VB **1** mogna **2** mildra, dämpa

melodic /mɪˈlɒdɪk/ ADJ melodisk

melodious /mɪˈləʊdɪəs/ ADJ melodiös

melody /ˈmelədɪ/ SB melodi

melon /ˈmelən/ SB melon

melt /melt/ VB **1** smälta ⟨the ice is ~ing⟩ **2** vekna

meltdown /ˈmeltdaʊn/ SB härdsmälta

melting pot SB smältdegel

member /ˈmembə/ SB medlem, deltagare

membership /ˈmembəʃɪp/ SB **1** medlemskap **2** medlemsantal

memento /mɪˈmentəʊ/ ⟨*pl* -[e]s⟩ SB minnessak

memo /ˈmeməʊ/ SB PM **~ pad** anteckningsblock

memoirs /ˈmemwɑːz/ SB memoarer

memorable /ˈmemərəbl/ ADJ minnesvärd

memorandum /ˌmeməˈrændəm/ ⟨*pl* -s *el* **memoranda** /-də/⟩ SB minnesanteckning, PM

memorial /mɪˈmɔːrɪəl/ SB minnesmärke

memorize /ˈmeməraɪz/ VB lära sig utantill

memory /ˈmemərɪ/ SB minne **in ~ of** till minne av
★ **within living ~** → **living¹**

men → **man¹**

menace¹ /ˈmenəs/ SB hot, fara

menace² /ˈmenəs/ VB hota

mend¹ /mend/ VB **1** laga, reparera **2** förbättra **~ one's ways** bättra sig **3** tillfriskna **4** läkas

mend² /mend/ SB **be on the ~** vara på bättringsvägen

menfolk /ˈmenfəʊk/ SB manfolk, karlar

menial /ˈmiːnɪəl/ **1** ADJ simpel, *om arbete äv* trist, lågbetald **2** SB biträde, hantlangare

meningitis /ˌmenɪnˈdʒaɪtɪs/ SB hjärnhinneinflammation

menstruation /ˌmenstrʊˈeɪʃn/ SB menstruation

menswear /ˈmenzweə/ SB herrkläder

mental /ˈmentl/ ADJ **1** mental, psykisk **~ arithmetic** huvudräkning **2** *GB vard* tokig

mentality /menˈtælətɪ/ SB **1** mentalitet, läggning **2** förstånd, intelligens

mentally /ˈmentəlɪ/ ADV **~ retarded (handicapped)** utvecklingsstörd

menthol /ˈmenθɒl/ SB mentol

mention¹ /ˈmenʃn/ VB nämna **not to ~** för att inte tala om
★ **Don't ~ it!** För all del!, Det var inget!

mention² /ˈmenʃn/ SB omnämnande

menu /ˈmenjuː/ SB matsedel, *äv data* meny

mercantile /ˈmɜːkəntaɪl, *US* -tiːl/ ADJ merkantil

mercenary /ˈmɜːsənərɪ/ **1** ADJ sniken, profithungrig **2** SB legosoldat

merchandise /ˈmɜːtʃəndaɪz/ SB varor

merchant /ˈmɜːtʃnt/ SB **1** köpman, grosshandlare **2** *attribut* handels- ⟨~ ship⟩

merciful /ˈmɜːsɪfʊl/ ADJ barmhärtig

mercurial /mɜːˈkjʊərɪəl/ ADJ livlig, ombytlig

mercury /ˈmɜːkjʊrɪ/ SB kvicksilver

Mercury /ˈmɜːkjʊrɪ/ SB Merkurius

mercy /ˈmɜːsɪ/ SB **1** nåd, barmhärtighet **2** lycka
★ **be at the ~ of** vara utlämnad åt

mere /mɪə/ ADJ blott, ren **a ~ child** bara ett barn

merely /ˈmɪəlɪ/ ADV endast, blott

merge /mɜːdʒ/ VB **1** slå ihop **2** gå ihop

merger /ˈmɜːdʒə/ SB fusion, sammanslagning

meringue /məˈræŋ/ SB maräng

merit¹ /ˈmerɪt/ SB förtjänst, merit

merit² /ˈmerɪt/ VB förtjäna, meritera

mermaid /ˈmɜːmeɪd/ SB sjöjungfru

merriment /'merɪmənt/ SB munterhet
merry /'merɪ/ ADJ **1** munter, glad **2** *GB vard* lätt berusad
★ [A] M~ Christmas! God jul!
merry-go-round /'merɪɡəʊˌraʊnd/ SB karusell
merry-making /'merɪˌmeɪkɪŋ/ SB fest[ande]
mesh¹ /meʃ/ SB nät, maska
mesh² /meʃ/ VB passa (gå) ihop
mesmerize /'mezməraɪz/ VB hypnotisera
mess¹ /mes/ SB **1** oreda, trassel **2** knipa **3** lort **4** lortgris **5** *milit* mäss
★ be in a ~ vara [i] en enda röra get into a ~ ställa till det för sig make a ~ smutsa ner, stöka till make a ~ of trassla till, ställa till
mess² /mes/ VB stöka till, smutsa ner, sabba
▫ **mess about (around)** *a)* trassla (röra) till *b)* gå och dra, flyta omkring **mess sb about** ställa (trassla) till det för ngn ~ **with** ha ihop det med
▫ **mess up** stöka till, smutsa ner, fördärva
▫ **mess with** *a)* syssla (hålla på) med *b)* ha ihop det med *c)* ställa till det för, ge sig på
message /'mesɪdʒ/ SB meddelande, budskap
★ get the ~ förstå vinken
messenger /'mesɪndʒə/ SB bud[bärare]
Messrs /'mesəz/ ⟨*förk f* Messieurs⟩ Herrar, firma
messy /'mesɪ/ ADJ **1** rörig, trasslig **2** smutsig
met → meet¹
metal /'metl/ SB metall
metallic /mɪ'tælɪk/ ADJ metallisk, metall-
metamorphosis /ˌmetə'mɔ:fəsɪs/ ⟨*pl* **metamorphoses** /-i:z/⟩ SB metamorfos, förvandling
metaphor /'metəfə/ SB metafor, bild
meteor /'mi:tɪə/ SB meteor
meteorite /'mi:tɪəraɪt/ SB meteorit
meteorological /ˌmi:tɪərə'lɒdʒɪkl/ ADJ meteorologisk
meteorologist /ˌmi:tɪə'rɒlədʒɪst/ SB meteorolog
meteorology /ˌmi:tɪə'rɒlədʒɪ/ SB meteorologi
meter¹ /'mi:tə/ SB mätare ⟨gas ~⟩
meter² → metre

meter maid SB *GB* lapplisa
methane /'mi:θeɪn, *US* 'meθ-/ SB metan
method /'meθəd/ SB metod
methodical /mɪ'θɒdɪkl/ ADJ metodisk
methylated spirits /ˌmeθəleɪtɪd 'spɪrɪts/ SB denaturerad sprit, T-sprit
meticulous /mə'tɪkjʊləs/ ADJ noggrann, pedantisk
metre /'mi:tə/ SB (*US* **meter**) **1** meter **2** versmått
metric /'metrɪk/ ADJ meter-
metropolis /mɪ'trɒpəlɪs/ SB metropol, storstad
metropolitan /ˌmetrə'pɒlɪtn/ ADJ storstads-
mettle /'metl/ SB mod, kurage
★ prove (show) one's ~ visa vad man duger till
mew /mju:/ VB jama, *om sjöfågel* skria
mews /mju:z/ ⟨*lika i pl*⟩ SB *spec GB* **1** huslänga **2** gränd
mezzanine /'metsəni:n, *spec US* 'mez-/ SB mellanvåning
miaow /mɪ'aʊ/ VB jama
mice → mouse
mickey /'mɪkɪ/ SB *vard* take the ~ out of retas med
microbe /'maɪkrəʊb/ SB mikrob
microcosm /'maɪkrəʊˌkɒzəm/ SB mikrokosmos
microphone /'maɪkrəfəʊn/ SB mikrofon
microscope /'maɪkrəskəʊp/ SB mikroskop
microscopic /ˌmaɪkrə'skɒpɪk/ ADJ mikroskopisk
microwave /'maɪkrəʊweɪv/, **microwave oven** SB mikrovågsugn
mid /mɪd/ ADJ mitt-, mellan-, i mitten av ⟨~ April⟩
midair /ˌmɪd'eə/ SB in ~ [uppe] i luften
midday /'mɪdeɪ/ SB klockan tolv, mitt på dagen
middle /'mɪdl/ **1** ADJ mellersta, mitterstra, medel- **2** SB mitt in the ~ of mitt på (i) **3** SB *vard* midja
★ in the ~ of nowhere vid världens ände ⇓
middle-aged /ˌmɪdl'eɪdʒd/ ADJ medelålders
the Middle Ages /ˌmɪdl 'eɪdʒɪz/ SB medeltiden
the Middle East /ˌmɪdl 'i:st/ SB Mellanöstern
middle finger /ˌmɪdl 'fɪŋɡə/ SB långfinger

middleman /'mɪdlmæn/ SB *handel* mellanhand
middling /'mɪdlɪŋ/ ADJ någorlunda [bra], medelmåttig *of ~ size* medelstor
midge /mɪdʒ/ SB mygga
midget /'mɪdʒɪt/ SB **1** dvärg **2** *attribut* mini-, dvärg-
the Midlands /'mɪdləndz/ SB mellersta England
midnight /'mɪdnaɪt/ SB midnatt
midriff /'mɪdrɪf/ SB mellangärde, mage
midst /mɪdst/ SB *in the ~ of* mitt i, bland
midsummer /ˌmɪd'sʌmə/ SB midsommar
midway /'mɪdweɪ/ ADV halvvägs
midwife /'mɪdwaɪf/ SB barnmorska
might¹ /maɪt/ ⟨*preteritum av* **may**⟩ VB **1** kunde [kanske], skulle [kanske], skulle [kanske] kunna **2** fick [lov] ⟨*I asked if I ~ go*⟩
might² /maɪt/ SB makt, kraft
mighty¹ /'maɪtɪ/ ADJ **1** mäktig **2** väldig
mighty² /'maɪtɪ/ ADV *spec US vard* väldigt
migraine /'mi:greɪn, *spec US* 'maɪ-/ SB migrän
migrant /'maɪgrənt/ **1** ADJ icke bofast, kringflyttande *~ worker* säsongsarbetare *spec lantarbetare* **2** SB person (djur) som flyttar *mellan olika platser* **3** SB flyttfågel
migrate /maɪ'greɪt/ VB flytta, utvandra
migration /maɪ'greɪʃn/ SB flyttning, folkvandring
mike /maɪk/ SB *vard* mikrofon, mick
mild /maɪld/ ADJ **1** mild, skonsam **2** lindrig **3** svag
mildew /'mɪldju:/ SB mjöldagg, mögel
mile /maɪl/ SB engelsk mil *1 609 m*
mileage /'maɪlɪdʒ/ SB **1** antal miles **2** milersättning **3** miles per gallon *high ~* låg bränsleförbrukning **4** *vard* nytta, fördel
mileometer /maɪ'lɒmɪtə/, **milometer** SB *GB* vägmätare
milestone /'maɪlstəʊn/ SB *äv bildl* milstolpe
milieu /'mi:ljɜ:, *US* -ju:/ ⟨*pl* -s *el* -x /-z/⟩ SB miljö
militant /'mɪlɪtənt/ **1** SB militant (stridbar) person, aktivist **2** ADJ militant, stridbar
militarist /'mɪlɪtərɪst/ SB militarist
military /'mɪlɪtrɪ/ **1** ADJ militär, militär- *~ service* militärtjänst **2** SB *the ~* militären
militia /mɪ'lɪʃə/ SB milis, hemvärn

milk¹ /mɪlk/ SB mjölk
milk² /mɪlk/ VB mjölka
milkbar /'mɪlkbɑ:/ SB ≈ glassbar
milk float SB *GB* mjölkbil *som levererar till hushållen*
milkman /'mɪlkmən/ SB mjölk|bud, -utkörare
the Milky Way /ˌmɪlkɪ 'weɪ/ SB Vintergatan
mill¹ /mɪl/ SB **1** kvarn **2** fabrik, verk, spinneri
★ *put sb through the ~* låta ngn gå igenom ekluten
mill² /mɪl/ VB mala, krossa
□ **mill about (around)** gå (irra) runt
millenium /mɪ'lenɪəm/ ⟨*pl* -s *el* **millenia** /-ɪə/⟩ SB årtusende *the ~ bibel* det tusenåriga riket
millepede → millipede
millet /'mɪlɪt/ SB hirs
milliner /'mɪlɪnə/ SB modist *hattskapare*
million /'mɪljən/ SB miljon
millionaire /ˌmɪljə'neə/ SB miljonär
millionairess /ˌmɪljə'neərɪs/ SB miljonärska
millipede /'mɪlɪpi:d/, **millepede** SB tusenfoting
milometer → mileometer
mime¹ /maɪm/ SB **1** mim, pantomim **2** mim[artist]
mime² /maɪm/ VB mima, spela pantomim
mimic¹ /'mɪmɪk/ VB härma, imitera
mimic² /'mɪmɪk/ SB imitatör
minaret /ˌmɪnə'ret/ SB minaret
mince¹ /mɪns/ VB **1** [fin]hacka *~d meat* köttfärs **2** tala tillgjort **3** trippa, gå tillgjort
★ *not ~ matters (one's words)* inte skräda orden
mince² /mɪns/ SB *spec GB* köttfärs
mincemeat /'mɪnsmi:t/ SB **1** pajfyllning *av frukt* **2** *US äv* köttfärs
★ *make ~ of* göra slarvsylta av
mince pie /ˌmɪns 'paɪ/ SB paj med fruktfyllning
mincer /'mɪnsə/ SB köttkvarn, hackmaskin
mincing /'mɪnsɪŋ/ ADJ **1** trippande **2** tillgjord
mind¹ /maɪnd/ SB **1** sinne, själ **2** förstånd, intellekt, *om person* hjärna *one of the finest ~s* en av de skarpaste hjärnorna **3** minne *bear (keep) in ~* tänka på,

komma ihåg **bring (call) to ~** erinra sig **4** åsikt, mening **change one's ~** ändra sig **5** lust, önskan **have half a ~ to** nästan ha lust att **6** uppmärksamhet **keep one's ~ on** koncentrera sig på
★ **be out of one's ~** vara från sina sinnen **be in two ~s about** vara villrådig om **have a good ~ to** ha god lust att **have in ~ to** avse (planera) att **have sth on one's ~** ha ngt som tynger en **in one's ~'s eye** i fantasin **make up one's ~** bestämma sig **put sb in ~ of** påminna ngn om **set sb's ~ at rest** lugna ngn **set one's ~ to** föresätta sig **speak one's –** säga sin mening rakt ut **to my ~** enligt min mening

mind² /maɪnd/ VB **1** sköta [om], passa **M~ your own business** Sköt dig själv! **2** komma ihåg, ge akt på ⟨**M~ that!**⟩ **M ~ your head!** Akta huvudet! **M ~ the step!** Se upp för trappsteget! **3** bry sig om, ha något emot ⟨**Do you ~ if I smoke?**, **Do you ~ my smoking?**⟩, **Would you ~ opening the door?** Vill du vara snäll och öppna dörren
★ **I don't ~** gärna det (för mig) **~ one's P's and Q's** hålla tungan rätt i mun **~ [you]** kom ihåg, märk väl **Never ~!** → never

minder /'maɪndə/ SB vakt, skötare
mindful /'maɪndfʊl/ ADJ uppmärksam ⟨**of** på⟩
mindless /'maɪndləs/ ADJ **1** tanklös **2** själlös
mind-reader /'maɪndˌriːdə/ SB tankeläsare
mine¹ /maɪn/ PRON min ⟨**this one isn't ~**⟩
mine² /maɪn/ SB **1** gruva **2** *milit* mina
★ **a ~ of information** *om person* ett levande lexikon
mine³ /maɪn/ VB **1** bryta, utvinna **2** *milit* minera
miner /'maɪnə/ SB gruvarbetare
mineral /'mɪnərl/ **1** SB mineral **2** ADJ mineral-
mingle /'mɪŋgl/ VB **1** blanda [sig] **2** umgås
mingy /'mɪndʒɪ/ ADJ *GB vard* snål, knusslig
mini /'mɪnɪ/ SB **1** *GB* småbil **2** kortkort kjol **3** *attribut* mini-, miniatyr-
miniature /'mɪnətʃə, *US* 'mɪnɪə-/ SB **1** miniatyr **2** *attribut* miniatyr-
minimal /'mɪnɪməl/ ADJ minimal
minimize /'mɪnɪmaɪz/ VB **1** begränsa [till ett minimum] **2** bagatellisera
minimum /'mɪnɪməm/ SB **1** minimum **2** *attribut* minimal

mining /'maɪnɪŋ/ SB **1** gruvdrift **2** *milit* minering
minion /'mɪnjən/ SB *neds* hantlangare, slav
minister /'mɪnɪstə/ SB **1** minister **2** präst
ministry /'mɪnɪstrɪ/ SB **1** departement **2** prästämbete **enter the ~** bli präst
mink /mɪŋk/ SB **1** mink **2 ~ [coat]** minkpäls
minor /'maɪnə/ **1** ADJ mindre, obetydlig **2** SB *jur* omyndig person, minderårig
minority /maɪ'nɒrətɪ/ SB **1** minoritet **2** *jur* minderårighet
minstrel /'mɪnstrəl/ SB **1** trubadur **2 minstrels** varietéartister *som föreställer negrer*
mint¹ /mɪnt/ SB **1** mynta **2** mintkaramell
mint² /mɪnt/ **1** SB myntverk **2** ADJ **in ~ condition** i perfekt skick
★ **make a ~** *vard* tjäna stora pengar
mint³ /mɪnt/ VB mynta, prägla
minus¹ /'maɪnəs/ PREP **1** minus **2** *vard* utan
minus² /'maɪnəs/ **1** SB minustecken **2** SB minus, nackdel **3** ADJ minus- **~ sign** minustecken
minuscule /'mɪnəskjuːl/ ADJ mycket liten
minute¹ /'mɪnɪt/ ⟨↔ **minutes**⟩ SB minut **Wait a ~!** Vänta ett ögonblick!
minute² /maɪ'njuːt/ ADJ **1** mycket liten **2** detaljerad
minutes /'mɪnɪts/ SB protokoll
miracle /'mɪrəkl/ SB mirakel, under
miraculous /mɪ'rækjʊləs/ ADJ mirakulös
mirage /'mɪrɑːʒ/ SB hägring
mire /maɪə/ SB myr, *äv bildl* träsk, dy
mirky → murky
mirror¹ /'mɪrə/ SB spegel **~ image** spegelbild
mirror² /'mɪrə/ VB spegla
mirth /mɜːθ/ SB uppsluppenhet, skratt
misanthropic /ˌmɪsən'θrɒpɪk/ ADJ människofientlig
misapprehension /ˌmɪsæprɪ'henʃn/ SB missförstånd
misappropriate /ˌmɪsə'prəʊprɪeɪt/ VB förskingra
misbehave /ˌmɪsbɪ'heɪv/ VB uppföra sig illa
miscalculate /ˌmɪs'kælkjʊleɪt/ VB **1** felbedöma **2** räkna fel
miscarriage /mɪs'kærɪdʒ/ SB missfall
miscellaneous /ˌmɪsə'leɪnɪəs/ ADJ blandad, diverse, varjehanda
miscellany /mɪ'selənɪ/ SB **1** blandning

2 antologi
mischief /ˈmɪstʃɪf/ SB 1 ofog, bus 2 skada, ont
mischievous /ˈmɪstʃɪvəs/ ADJ 1 okynnig 2 elak
misconception /ˌmɪskənˈsepʃn/ SB missuppfattning
misconduct /ˌmɪsˈkɒndʌkt/ SB 1 tjänstefel 2 dåligt uppförande 3 *jur* äktenskapsbrott
miser /ˈmaɪzə/ SB girigbuk
miserable /ˈmɪzərəbl/ ADJ 1 olycklig 2 eländig
miserly /ˈmaɪzəlɪ/ ADJ snål, girig
misery /ˈmɪzərɪ/ SB 1 elände, nöd, lidande 2 *spec GB* gnällspik
misfire /ˌmɪsˈfaɪə/ VB 1 *om skjutvapen* klicka 2 slå slint, misslyckas
misfit /ˈmɪsfɪt/ SB missanpassad person
misfortune /mɪsˈfɔːtʃən/ SB olycka, motgång
misgiving /mɪsˈɡɪvɪŋ/ SB farhåga ~s *äv* onda aningar
misguided /mɪsˈɡaɪdɪd/ ADJ 1 missriktad 2 omdömeslös
mishap /ˈmɪshæp/ SB missöde, malör
misjudge /ˌmɪsˈdʒʌdʒ/ VB felbedöma, underskatta
mislay /mɪsˈleɪ/ ⟨mislaid /-ˈleɪd/, mislaid⟩ VB förlägga, tappa
mislead /mɪsˈliːd/ ⟨misled /-ˈled/, misled⟩ VB vilseleda
misnomer /ˌmɪsˈnəʊmə/ SB oriktig benämning
misplace /ˌmɪsˈpleɪs/ VB 1 felplacera 2 förlägga
misprint /ˈmɪsprɪnt/ SB tryckfel
misread /ˌmɪsˈriːd/ ⟨misread /-ˈred/, misread⟩ VB läsa fel på, miss|uppfatta, -tolka
misrepresent /ˌmɪsreprɪˈzent/ VB ge en felaktig bild av, förvränga
miss¹ /mɪs/ VB 1 missa ⟨~ a chance, ~ the bus⟩ 2 sakna, längta efter 3 undgå he narrowly ~ed being killed han var nära att omkomma
★ ~ the boat (bus) missa chansen
☐ miss out utelämna, hoppa över ~ [on] sth gå miste om ngt
miss² /mɪs/ SB miss, misslyckande
★ give sth a ~ *spec GB* strunta i ngt
miss³ /mɪs/ SB fröken M~ *titel* fröken
missile /ˈmɪsaɪl, US ˈmɪsəl/ SB robot, missil, projektil
missing /ˈmɪsɪŋ/ ADJ borta, försvunnen be ~ saknas
mission /ˈmɪʃn/ SB 1 uppgift, uppdrag 2 delegation 3 mission 4 missionsstation
missionary /ˈmɪʃənərɪ/ SB missionär
misspent /ˌmɪsˈspent/ ADJ förspilld, bortslösad
missus /ˈmɪsɪz/ SB *vard* fru
mist¹ /mɪst/ SB dimma, imma
mist² /mɪst/ VB imma ner, bli dimmig (immig)
☐ mist over imma igen
mistake¹ /mɪˈsteɪk/ ⟨mistook /mɪˈstʊk/, mistaken /mɪˈsteɪkən/⟩ VB 1 missförstå 2 missta sig på, ta fel på
★ there's no mistaking ... det går inte att ta fel på ...
☐ mistake for förväxla med ⟨he mistook me for my brother⟩
mistake² /mɪˈsteɪk/ SB fel, misstag by ~ av misstag
mistaken /mɪˈsteɪkən/ ADJ felaktig be ~ missta sig
mister /ˈmɪstə/ SB herr, *i tilltal* herrn, *barnspråk* farbror
mistletoe /ˈmɪsltəʊ/ SB mistel
mistook → mistake¹
mistress /ˈmɪstrəs/ SB 1 härskarinna, husmor 2 älskarinna 3 *spec GB* lärarinna
mistrust¹ /ˌmɪsˈtrʌst/ VB misstro
mistrust² /ˌmɪsˈtrʌst/ SB misstro, tvivel
misty /ˈmɪstɪ/ ADJ dimmig, immig
misunderstand /ˌmɪsʌndəˈstænd/ ⟨misunderstood /-ˈstʊd/, misunderstood⟩ VB missförstå
misunderstanding /ˌmɪsʌndəˈstændɪŋ/ SB 1 missförstånd 2 misshällighet
mite /maɪt/ SB 1 pyre, parvel 2 kvalster
mitigate /ˈmɪtɪɡeɪt/ VB mildra, lindra
mitt /mɪt/ SB 1 vante 2 basebollhandske
mitten /ˈmɪtn/ SB tumvante
mix¹ /mɪks/ VB 1 blanda [sig] 2 umgås
☐ mix up blanda ihop, förväxla ~ed up in inblandad i
mix² /mɪks/ SB blandning
mixed /mɪkst/ ADJ blandad, bland- ~ school samskola
mixed bag /ˌmɪkst ˈbæɡ/ SB *vard* brokig samling
mixed grill /ˌmɪkst ˈɡrɪl/ SB *GB* grillat kött med svamp o tomat
mixed-up /ˌmɪkstˈʌp/ ADJ förvirrad

mixer /ˈmɪksə/ SB **1** mixer *köksmaskin* **2** sällskapsmänniska **3** groggvirke
mixture /ˈmɪkstʃə/ SB blandning
mix-up /ˈmɪksʌp/ SB förvirring, röra
moan¹ /məʊn/ VB stöna, jämra sig
moan² /məʊn/ SB stönande, jämmer
moat /məʊt/ SB vallgrav
mob¹ /mɒb/ SB **1** pöbel, folkmassa **2** *vard* liga, gäng
mob² /mɒb/ VB **1** skocka sig omkring **2** attackera
mobile /ˈməʊbaɪl, *US* ˈmoʊbəl/ **1** ADJ rörlig ~ **home** husvagn **2** SB mobil
mobilize /ˈməʊbɪlaɪz/ VB mobilisera, uppbåda
mobster /ˈmɒbstə/ SB *spec US* gangster
mock¹ /mɒk/ VB **1** göra narr av **2** härma
mock² /mɒk/ ADJ låtsad, oäkta, falsk
mockery /ˈmɒkərɪ/ SB **1** drift, hån **2** parodi, fars
★ **make a ~ of** förlöjliga
mock-up /ˈmɒkʌp/ SB modell *i full skala*
mod cons /ˌmɒdˈkɒnz/ ⟨*förk f* modern conveniences⟩ SB *spec GB* moderna bekvämligheter
mode /məʊd/ SB **1** sätt, metod **2** mode, stil
model¹ /ˈmɒdl/ SB **1** modell **2** förebild **3** mannekäng, [foto]modell **4** *attribut* exemplarisk
model² /ˈmɒdl/ VB **1** modellera, forma **2** arbeta som mannekäng (fotomodell) **3** *om mannekäng* visa [kläder]
☐ **model oneself on** [försöka] efterlikna
moderate¹ /ˈmɒdərət/ **1** ADJ måttlig, moderat **2** SB **M~** *polit* moderat *ej extrem*
moderate² /ˈmɒdəreɪt/ VB **1** dämpa[s], mildra[s] **2** avta **3** leda diskussion
moderation /ˌmɒdəˈreɪʃn/ SB måttlighet
modern /ˈmɒdn/ ADJ modern, nutida
modernize /ˈmɒdənaɪz/ VB modernisera
modest /ˈmɒdɪst/ ADJ anspråkslös, blygsam
modesty /ˈmɒdəstɪ/ SB anspråkslöshet, blygsamhet
modify /ˈmɒdɪfaɪ/ VB ändra, modifiera
module /ˈmɒdjuːl/ SB modul
mogul /ˈməʊgl/ SB pamp, magnat
Mohammedan /məʊˈhæmɪdən/ **1** SB muhammedan **2** ADJ muhammedansk
moist /mɔɪst/ ADJ fuktig
moisten /ˈmɔɪsn/ VB **1** fukta **2** bli fuktig, fuktas
moisture /ˈmɔɪstʃə/ SB fukt

molar /ˈməʊlə/ SB kindtand
mold → **mould**[1-4]
molder → **moulder**
moldy → **mouldy**
mole¹ /məʊl/ SB **1** mullvad **2** *bildl* mullvad, spion
mole² /məʊl/ SB födelsemärke
molecule /ˈmɒlɪkjuːl/ SB molekyl
molest /məˈlest/ VB ofreda, antasta, förgå sig mot
mollify /ˈmɒlɪfaɪ/ VB lugna, blidka
mollusc /ˈmɒləsk/ (*US äv* **mollusk**) SB mollusk
mollycoddle /ˈmɒlɪˌkɒdl/ VB klema (pjoska) med
molt → **moult**
molten /ˈməʊltn/ ADJ smält, flytande
mom /mɒm/ SB *US vard* mamma
moment /ˈməʊmənt/ SB **1** ögonblick ⟨**just a ~**⟩ **2** tidpunkt, stund ⟨**~s of happiness**⟩ **3** betydelse, vikt
momentary /ˈməʊməntərɪ/ ADJ kortvarig
momentous /məˈmentəs/ ADJ betydelsefull, viktig
momentum /məˈmentəm/ SB fart, kraft
monarch /ˈmɒnək/ SB monark
monarchy /ˈmɒnəkɪ/ SB monarki
monastery /ˈmɒnəstərɪ/ SB munkkloster
Monday /ˈmʌndeɪ, -dɪ/ SB måndag
monetary /ˈmʌnɪtərɪ/ ADJ mynt-, penning-, valuta-
money /ˈmʌnɪ/ ⟨*endast sg*⟩ SB pengar
★ **be in the ~** *vard* ha gott om pengar **for my ~** i min smak, om jag får välja **get one's ~'s worth** få valuta för pengarna **make ~** tjäna pengar
money order SB postanvisning
mongrel /ˈmʌŋgrəl/ SB byracka, bondhund
monitor¹ /ˈmɒnɪtə/ VB avlyssna, övervaka
monitor² /ˈmɒnɪtə/ SB **1** *tv, tekn* bildskärm, monitor **2** *utb* ordningsman
monk /mʌŋk/ SB munk
monkey¹ /ˈmʌŋkɪ/ SB **1** apa **2** *vard* rackarunge
★ **make a ~ of sb** *vard* göra ngn till ett åtlöje ⇓
monkey² /ˈmʌŋkɪ/ VB
☐ **monkey about (around)** spela apa
~ **with** pillra på
monkey business SB *vard* fuffens
monkey wrench SB *US* skiftnyckel
monochrome /ˈmɒnəkrəʊm/ ADJ

1 enfärgad **2** *foto, tv* svartvit
monocle /ˈmɒnəkl/ SB monokel
monogamous /məˈnɒgəməs/ ADJ monogam
monogram /ˈmɒnəgræm/ SB monogram
monologue /ˈmɒnəlɒg/ (*US äv* **monolog**) SB monolog
monopolize /məˈnɒpəlaɪz/ VB **1** ha monopol på **2** lägga beslag på
monopoly /məˈnɒpəlɪ/ SB monopol, ensamrätt
monorail /ˈmɒnəʊreɪl/ SB enskenig järnväg
monotonous /məˈnɒtənəs/ ADJ monoton, entonig
monotony /məˈnɒtənɪ/ SB monotoni, enformighet
monsoon /mɒnˈsuːn/ SB monsun
monster /ˈmɒnstə/ SB **1** monster, missfoster **2** *attribut* jätte-, jättestor ⟨a ~ hotel⟩
monstrous /ˈmɒnstrəs/ ADJ **1** monstruös **2** enorm
month /mʌnθ/ SB månad
monthly /ˈmʌnθlɪ/ ADJ månatlig, månads-
monument /ˈmɒnjʊmənt/ SB monument, minnesmärke
monumental /ˌmɒnjʊˈmentl/ ADJ monumental, jättelik
moo /muː/ VB råma
mooch /muːtʃ/ VB *vard* tigga [sig till]
□ **mooch about (around)** *vard* driva omkring
mood /muːd/ SB **1** sinnesstämning, humör **2** dåligt humör
★ **be in a ~** känna sig dyster **be in the ~ for** ha lust med
moody /ˈmuːdɪ/ ADJ lynnig, trumpen
moon¹ /muːn/ SB måne
★ **be over the ~** vara överlycklig (i sjunde himlen)
moon² /muːn/ VB
□ **moon about (around)** *vard* gå omkring och drömma
moonlight¹ /ˈmuːnlaɪt/ SB månsken
moonlight² /ˈmuːnlaɪt/ VB *vard* extraknäcka
moor¹ /mʊə/ SB hed
moor² /mʊə/ VB förtöja
mooring /ˈmʊərɪŋ/ SB förtöjningsplats
moose /muːs/ ⟨*lika i pl*⟩ SB *US* älg
moot /muːt/ VB föra på tal

moot point /ˌmuːt ˈpɔɪnt/ SB öppen fråga
mop¹ /mɒp/ SB **1** mopp **2** kalufs
mop² /mɒp/ VB torka, moppa
□ **mop up** *milit* rensa [upp]
mope /məʊp/ VB vara nere (dyster), tjura
moped /ˈməʊped/ SB *GB* moped
moral /ˈmɒrəl/ **1** ADJ moralisk, moral- **2** SB lärdom, moral **3** SB **morals** moral *spec sexuell*
morale /məˈrɑːl/ SB [strids]anda, [arbets]moral
moralize /ˈmɒrəlaɪz/ VB moralisera
morbid /ˈmɔːbɪd/ ADJ morbid, sjuklig
more¹ /mɔː/ ADV **1** mer[a] **all the ~** desto mer **once ~** en gång till **2** *för att bilda komparativ* **~ expensive** dyrare **~ and ~ expensive** allt dyrare
★ **that's ~ like it** det ser bättre ut
more² /mɔː/ PRON mer[a] ⟨**~ money**⟩, fler[a] ⟨**~ friends**⟩, ytterligare
★ **the ~ the merrier** ju fler desto roligare
moreover /mɔːˈrəʊvə/ ADV dessutom
morgue /mɔːg/ SB bårhus
moribund /ˈmɒrɪbʌnd/ ADJ döende
morning /ˈmɔːnɪŋ/ SB morgon, förmiddag **in the ~** *a)* på morgonen (förmiddagen) *b)* i morgon bitti **this ~** i morse (förmiddags)
morning dress SB jackett *högtidskostym*
Moroccan /məˈrɒkən/ **1** ADJ marockansk **2** SB marockan
Morocco /məˈrɒkəʊ/ SB Marocko
moron /ˈmɔːrɒn/ SB *vard* idiot
morose /məˈrəʊs/ ADJ sur, trumpen
morphine /ˈmɔːfiːn/ SB morfin
Morse /mɔːs/, **Morse code** SB morsealfabet
morsel /ˈmɔːsl/ SB munsbit, [mat]bit
mortal /ˈmɔːtl/ **1** ADJ dödlig, döds- ⟨**~ sin**⟩ **2** SB människa **we ~s** vi vanliga dödliga
mortality /mɔːˈtælətɪ/ SB dödlighet, mortalitet
mortar¹ /ˈmɔːtə/ SB murbruk
mortar² /ˈmɔːtə/ SB **1** mortel **2** granatkastare
mortgage¹ /ˈmɔːgɪdʒ/ SB inteckning
mortgage² /ˈmɔːgɪdʒ/ VB inteckna, belåna
mortician /mɔːˈtɪʃn/ SB *US* begravningsentreprenör
mortification /ˌmɔːtɪfɪˈkeɪʃn/ SB **1** förödmjukelse **2** förtret
mortified /ˈmɔːtɪfaɪd/ ADJ **1** förödmjukad

2 skamsen
mortuary /'mɔ:tjʊərɪ/ SB bårhus
mosaic /məʊ'zeɪɪk/ SB mosaik
Moscow /'mɒskəʊ/ SB Moskva
Moslem → Muslim
mosque /mɒsk/ SB moské
mosquito /mɒs'ki:təʊ/ ⟨pl -[e]s⟩ SB mygga, moskit
moss /mɒs/ SB mossa
most¹ /məʊst/ ADV 1 mest ~ of all mest av allt, allra mest 2 *för att bilda superlativ* the ~ expensive car den dyraste bilen 3 högst, ytterst ⟨a ~ amazing story⟩
most² /məʊst/ PRON mest, flest ~ people de flesta [människor]
★ at [the] ~ på sin höjd, i bästa fall for the ~ part för det mesta make the ~ of få ut mesta möjliga av
mostly /'məʊstlɪ/ ADV för det mesta
MOT /ˌeməʊ'ti:/, **MOT test** SB GB bilbesiktning ⟨*Har fått sitt namn efter initialerna i the Ministry of Transport*⟩
motel /məʊ'tel/ SB motell
moth /mɒθ/ SB mal, nattfjäril
mother¹ /'mʌðə/ SB mor, mamma, moder ⇓
mother² /'mʌðə/ VB 1 föda, sätta till världen 2 pyssla om
motherhood /'mʌðəhʊd/ SB moderskap
mother-in-law /'mʌðərɪnˌlɔ:/ SB svärmor
motherly /'mʌðəlɪ/ ADJ moderlig
mother-of-pearl /ˌmʌðərəv'pɜ:l/ SB pärlemor
mother tongue /ˌmʌðə 'tʌŋ/ SB modersmål
motif /məʊ'ti:f/ SB motiv, tema
motion¹ /'məʊʃn/ SB 1 rörelse be in ~ vara i gång, gå put (set) in ~ sätta i gång, starta 2 gest 3 motion, yrkande
★ go through the ~s göra ngt mekaniskt ⇓
motion² /'məʊʃn/ SB 1 vinka 2 vinka åt 3 yrka
motionless /'məʊʃnləs/ ADJ orörlig
motion picture /ˌməʊʃn 'pɪktʃə/ SB *spec* US film
motivate /'məʊtɪveɪt/ SB motivera
motivation /ˌməʊtɪ'veɪʃn/ SB 1 motivering 2 motivation
motive /'məʊtɪv/ SB motiv, drivkraft
motley /'mɒtlɪ/ ADJ brokig, blandad
motor /'məʊtə/ SB 1 motor 2 GB *vard* bil
motorcade /'məʊtəkeɪd/ SB bilkortege
motorcycle /'məʊtəˌsaɪkl/ SB motorcykel
motorist /'məʊtərɪst/ SB bilist
mottled /'mɒtld/ ADJ fläckig
motto /'mɒtəʊ/ ⟨pl -[e]s⟩ SB valspråk, motto
mould¹ /məʊld/ (US mold) SB [gjut]form, *kok* form, *bildl* [stöp]form, typ
mould² /məʊld/ (US ⇑) VB gjuta, forma
mould³ /məʊld/ (US ⇑) SB mögel
mould⁴ /məʊld/ (US ⇑) SB mylla
moulder /'məʊldə/ (US molder) VB 1 falla sönder 2 mögla
mouldy /'məʊldɪ/ (US moldy) ADJ möglig
moult /məʊlt/ (US molt) VB *om fågel* rugga, *om orm* ömsa (byta) skinn
mound /maʊnd/ SB hög, kulle
mount¹ /maʊnt/ VB 1 stiga (gå) upp [på] 2 sätta i gång, sätta upp, organisera 3 montera ⟨~ pictures⟩, infatta
mount² /maʊnt/ SB ridhäst
mount³ /maʊnt/ ⟨*förk* Mt⟩ SB berg ⟨Mt Everest⟩
mountain /'maʊntɪn/ SB 1 berg, fjäll 2 *vard* stor mängd a ~ (~s) of work massor av jobb
mountain ash SB rönn
mountaineer /ˌmaʊntɪ'nɪə/ SB bergsbestigare
mountaineering /ˌmaʊntɪ'nɪərɪŋ/ SB bergsbestigning
mountainous /'maʊntɪnəs/ ADJ bergig
mounted /'maʊntɪd/ ADJ ridande, till häst ⟨~ police⟩
mourn /mɔ:n/ VB sörja [över]
□ mourn for (over) sörja [över]
mourner /'mɔ:nə/ SB sörjande
mournful /'mɔ:nfʊl/ ADJ 1 sorglig 2 sorgsen
mourning /'mɔ:nɪŋ/ SB 1 sorg 2 sorgkläder
mouse /maʊs/ ⟨pl mice /maɪs/⟩ SB mus
moustache /mə'stɑ:ʃ/ (US mustache /'mʌstæʃ/) SB mustasch[er]
mousy /'maʊsɪ/ ADJ 1 råttfärgad 2 försagd
mouth¹ /maʊθ/ SB 1 mun 2 öppning, mynning
★ down in the ~ → down¹ ⇓
mouth² /maʊð/ VB forma med läpparna [ljudlöst]
mouthful /'maʊθfʊl/ SB 1 munsbit, munfull 2 tungvrickare
mouth organ SB munspel
mouthpiece /'maʊθpi:s/ SB 1 munstycke

2 mikrofon *på telefon* **3** talesman, språkrör
mouthwatering /ˈmaʊθˌwɔːtərɪŋ/ ADJ aptitretande
movable /ˈmuːvəbl/, **moveable** ADJ rörlig, flyttbar
move¹ /muːv/ VB **1** flytta [på] **2** flytta sig, röra sig ⟨she ~s beautifully⟩, **moving staircase** rulltrappa **3** flytta *till annan bostad* **4** röra [på] ⟨~ one's lips⟩ **5** *bildl* röra ⟨be ~d to tears⟩ **6** agera, handla ⟨we had to ~ fast⟩ **7** yrka, väcka [förslag]
★ **~ house** *GB* flytta
□ **move in** *a)* flytta in *b)* rycka in
□ **move off** ge sig av
□ **move on** fortsätta, gå vidare
□ **move out** flytta [ut]
□ **move over** flytta [sig]
move² /muːv/ SB **1** flyttning **2** [taktiskt] drag **3** åtgärd **4** rörelse **on the ~** på gång (resande fot)
★ **get a ~ on** *vard* lägga på en rem
moveable → movable
movement /ˈmuːvmənt/ SB **1** rörelse
2 *musik* sats
movie /ˈmuːvɪ/ SB *spec US* film **go to the ~s** gå på bio
mow /məʊ/ ⟨**mowed, mowed** *el* **mown**⟩ VB slå, klippa
□ **mow down** meja ner, döda
mower /ˈməʊə/ SB **1** gräsklippare
2 slåttermaskin
MP /ˌemˈpiː/ SB **1** ⟨*förk f* Member of Parliament⟩ parlamentsledamot
2 ⟨*förk f* Military Police⟩ militärpolis
m.p.g. /ˌempiːˈdʒiː/ ⟨*förk f* miles per gallon⟩ *mått på bensinförbrukning*
m.p.h. /ˌempiːˈeɪtʃ/ ⟨*förk f* miles per hour⟩ *mått för hastighet per timme*
Mr. /ˈmɪstə/ ⟨*förk f* mister⟩ herr *före namn*
Mrs. /ˈmɪsɪz/ fru *före namn*
Ms. /mɪz/ *före namn på ogift el gift kvinna*
Mt → mount³
much¹ /mʌtʃ/ ADV mycket ⟨~ better, ~ more quickly⟩, **very ~ surprised** mycket (synnerligen) förvånad
★ **~ against my will** högst ogärna **~ as I like you** hur mycket jag än tycker om dig
~ the biggest den absolut största **~ to my surprise** till min stora förvåning
much² /mʌtʃ/ PRON mycket ⟨~ money, How ~ do you need?⟩, **How ~ are they?** Vad kostar de?

★ **as ~** detsamma **I thought as ~** det var vad jag trodde **not think ~ of** → think¹
so ~ for that → so¹
muck¹ /mʌk/ SB lort, smörja, dynga
muck² /mʌk/ VB
□ **muck about (around)** *GB vard a)* drälla omkring *b)* bråka med, köra med
□ **muck up** *spec GB vard a)* lorta ner *b)* spoliera
muckraking /ˈmʌkreɪkɪŋ/ SB skandalskriverier
mucky /ˈmʌkɪ/ ADJ *vard* lortig, skitig
mucus /ˈmjuːkəs/ SB slem
mud /mʌd/ SB gyttja, lera, dy
muddle¹ /ˈmʌdl/ SB trassel, röra
muddle² /ˈmʌdl/ VB **1** trassla till **2** förvirra
□ **muddle through** hanka (trassla) sig igenom
□ **muddle up** *a)* blanda ihop *b)* förvirra
muddleheaded /ˌmʌdlˈhedɪd/ ADJ virrig
muddy /ˈmʌdɪ/ ADJ smutsig, grumlig, murrig
mudguard /ˈmʌdɡɑːd/ SB stänkskärm
mudpack /ˈmʌdpæk/ SB skönhetsmask
muff¹ /mʌf/ SB muff
muff² /mʌf/ VB *vard* missa, sumpa ⟨~ a chance⟩
muffin /ˈmʌfɪn/ SB **1** ≈ tekaka **2** *US* muffin[s]
muffle /ˈmʌfl/ VB **1** dämpa **2** linda om (in)
□ **muffle up** linda om (in)
muffler /ˈmʌflə/ SB **1** halsduk **2** *US äv* ljuddämpare
mug¹ /mʌɡ/ SB **1** mugg, sejdel **2** *GB* dumbom **3** *vard* ansikte, nuna
mug² /mʌɡ/ VB *vard* [överfalla och] råna
mugger /ˈmʌɡə/ SB *vard* rånare
muggy /ˈmʌɡɪ/ ADJ kvav, tryckande
Muhammadan /məˈhæmədən/, **Muhammedan 1** SB muhammedan **2** ADJ muhammedansk
mulatto /mjuːˈlætəʊ, *US* mə-/ ⟨*pl* -[e]s⟩ SB mulatt
mulberry /ˈmʌlbərɪ/ SB **1** mullbär
2 mullbärsträd
mule /mjuːl/ SB mula, mulåsna
mulish /ˈmjuːlɪʃ/ ADJ envis
mull /mʌl/ VB
□ **mull over** fundera på
multinational /ˌmʌltɪˈnæʃnəl/ **1** ADJ multinationell **2** SB multinationellt företag
multiple /ˈmʌltɪpl/ ADJ mång|faldig,

-sidig
multiplication /ˌmʌltɪplɪˈkeɪʃn/ SB
1 multiplikation 2 mångfaldigande, ökning
multiply /ˈmʌltɪplaɪ/ VB 1 multiplicera ⟨**by** med⟩ 2 öka 3 föröka [sig]
multistorey /ˌmʌltɪˈstɔːrɪ/ (*US* **multistory**) ADJ med flera våningar ⟨~ **car park**⟩
multitude /ˈmʌltɪtjuːd/ SB 1 mängd, massa 2 folkmassa
mum[1] /mʌm/ SB *GB vard* mamma
mum[2] /mʌm/ ADJ *GB vard* **keep** ~ hålla tyst
mumble[1] /ˈmʌmbl/ VB mumla
mumble[2] /ˈmʌmbl/ SB mummel
mumbo jumbo /ˌmʌmbəʊ ˈdʒʌmbəʊ/ SB hokuspokus, fikonspråk
mummy[1] /ˈmʌmɪ/ SB *GB vard* mamma
mummy[2] /ˈmʌmɪ/ SB mumie
mumps /mʌmps/ SB påssjuka
munch /mʌntʃ/ VB mumsa [på]
mundane /mʌnˈdeɪn/ ADJ trivial, banal
Munich /ˈmjuːnɪk/ SB München
municipal /mjuːˈnɪsɪpl/ ADJ kommunal
~ **council** kommunfullmäktige
municipality /mjuːˌnɪsɪˈpælətɪ/ SB
1 kommun, stad 2 kommunstyrelse
munitions /mjʊˈnɪʃnz/ SB krigsmateriel
spec vapen o ammunition
mural /ˈmjʊərəl/ 1 SB väggmålning 2 ADJ vägg-
murder[1] /ˈmɜːdə/ SB mord
★ **it's** ~ det är jättejobbigt (hemskt)
murder[2] /ˈmɜːdə/ VB mörda, *bildl* fördärva
murderer /ˈmɜːdərə/ SB mördare
murderous /ˈmɜːdərəs/ ADJ mordisk
murky /ˈmɜːkɪ/, **mirky** ADJ mörk, *äv bildl* skum, oklar
murmur[1] /ˈmɜːmə/ SB sorl, mummel
murmur[2] /ˈmɜːmə/ VB sorla, mumla
muscle /ˈmʌsl/ SB 1 muskel
2 muskelstyrka 3 makt, inflytande
muscular /ˈmʌskjʊlə/ ADJ 1 muskel-
2 muskulös
muse[1] /mjuːz/ VB fundera, grubbla
muse[2] /mjuːz/ SB musa, sånggudinna
museum /mjuːˈzɪəm/ SB museum
mush /mʌʃ/ SB sörja, mos
mushroom[1] /ˈmʌʃrʊm, *spec US* -ruːm/ SB
1 svamp 2 champinjon
mushroom[2] /ˈmʌʃrʊm, *spec US* -ruːm/ VB växa snabbt
music /ˈmjuːzɪk/ SB 1 musik ~ **box** *US*

speldosa 2 noter, nothäften
musical /ˈmjuːzɪkl/ ADJ musik- ~ **box**
speldosa 1 ADJ musikalisk 2 SB musikal
musician /mjuːˈzɪʃn/ SB musiker
Muslim /ˈmʊzləm, ˈmʌz-/, **Moslem**
/ˈmɒzləm/ 1 SB muslim 2 ADJ muslimsk
musquash /ˈmʌskwɒʃ/ SB bisam
mussel /ˈmʌsl/ SB mussla
must[1] /mʌst, *obet* məst/ VB 1 måste 2 ~ **not**, ~**n't** får inte
must[2] /mʌst/ SB **a** ~ ett måste
mustache → **moustache**
mustard /ˈmʌstəd/ SB senap
muster[1] /ˈmʌstə/ VB 1 ställa upp *spec för parad* 2 uppbåda, mobilisera
□ **muster up** uppbåda, mobilisera
muster[2] /ˈmʌstə/ SB **pass** ~ hålla måttet, duga
musty /ˈmʌstɪ/ ADJ unken, möglig, *bildl* förlegad
mutation /mjuːˈteɪʃn/ SB mutation, förändring
mute[1] /mjuːt/ 1 ADJ stum, tyst 2 SB stum person
mute[2] /mjuːt/ VB dämpa
mutilate /ˈmjuːtɪleɪt/ VB stympa, vanställa
mutineer /ˌmjuːtɪˈnɪə/ SB myterist
mutinous /ˈmjuːtɪnəs/ ADJ upprorisk
mutiny[1] /ˈmjuːtənɪ/ SB myteri
mutiny[2] /ˈmjuːtɪnɪ/ VB göra myteri
mutt /mʌt/ SB *vard* 1 klantskalle
2 hundracka
mutter /ˈmʌtə/ VB muttra, mumla, knorra
mutton /ˈmʌtn/ SB fårkött
mutual /ˈmjuːtʃʊəl/ ADJ 1 ömsesidig
2 gemensam
Muzak /ˈmjuːzæk/ *varunamn* SB bakgrundsmusik
muzzle[1] /ˈmʌzl/ SB 1 nos, mule, tryne
2 munkorg 3 mynning *på skjutvapen*
muzzle[2] /ˈmʌzl/ VB sätta munkorg på, *bildl* tysta ner
muzzy /ˈmʌzɪ/ ADJ 1 suddig, oklar 2 virrig
my[1] /maɪ/ PRON min
my[2] /maɪ/ INTERJ jösses, oj då, kära nån
myriad /ˈmɪrɪəd/ SB oräkneligt antal, myriad
myself /maɪˈself/ PRON 1 mig ⟨**I can defend** ~⟩, mig själv 2 själv ⟨**I can do it** ~⟩
3 jag ⟨**my son and** ~⟩
★ **by** ~ *a)* ensam, för mig själv ⟨**I live by** ~⟩
b) utan hjälp

mysterious /mɪˈstɪərɪəs/ ADJ mystisk, hemlighetsfull
mystery /ˈmɪstrɪ/ SB mysterium, gåta ⟨**to** för⟩
mystic /ˈmɪstɪk/ **1** SB mystiker **2** ADJ mystisk
mysticism /ˈmɪstɪˌsɪzəm/ SB mystik, mysticism
mystify /ˈmɪstɪfaɪ/ VB mystifiera, förbrylla
myth /mɪθ/ SB myt, saga
mythical /ˈmɪθɪkl/ ADJ mytisk, uppdiktad
mythology /mɪˈθɒlədʒɪ/ SB mytologi

N → north[1], northern
nab /næb/ VB *vard* **1** arrestera, haffa **2** sno åt sig
nag¹ /næg/ VB **1** gnata (tjata) [på] **2** plåga
~**ging pain** molande värk
□ **nag at** gnata (tjata) på
nag² /næg/ SB hästkrake
nail¹ /neɪl/ SB **1** nagel, klo **2** spik
★ **hit the** ~ **on the head** → hit¹ **on the** ~ *vard* på direkten ⇓
nail² /neɪl/ VB **1** spika [fast] **2** *vard* ta fast, haffa
□ **nail down** *a*) spika fast (igen) *b*) ställa mot väggen, tvinga [till besked]
nail polish, nail varnish SB nagellack
naive /naɪˈiːv, nɑː-/ ADJ naiv, troskyldig
naked /ˈneɪkɪd/ ADJ naken, bar, kal
★ **with the** ~ **eye** med blotta ögat
namby-pamby /ˌnæmbɪˈpæmbɪ/ ADJ klemig, mesig
name¹ /neɪm/ SB **1** namn **What's his** ~**?** Vad heter han? **2** anseende, rykte **3** *person* namn, berömdhet ⟨**a big** ~ **in art**⟩ **4** *attribut* välkänd, etablerad
★ **by** ~ *a*) vid namn ⟨**a boy, Henry by** ~⟩ *b*) till namnet ⟨**know sb by** ~⟩, **call sb** ~**s** → call¹ **in** ~ **only** endast till namnet **make a** ~ **for oneself** göra sig ett namn **the** ~ **of the game** det väsentliga, det som gäller
name² /neɪm/ VB **1** ge namn åt, kalla, benämna ~**d after** uppkallad efter **2** nämna, säga, ange ⟨~ **a date,** ~ **a price**⟩ **3** sätta namn på, namna
name-dropping /ˈneɪmdrɒpɪŋ/ SB ≈ skryt om fina bekantskaper
nameless /ˈneɪmləs/ ADJ **1** anonym **2** namnlös
namely /ˈneɪmlɪ/ ADV nämligen
namesake /ˈneɪmseɪk/ SB namne
nanny /ˈnænɪ/ SB *spec GB* barnsköterska
nap¹ /næp/ SB tupplur
nap² /næp/ SB ludd, lugg *på tyg*

napalm /'neɪpɑːm/ SB napalm
nape /neɪp/ SB the ~ of the neck nacken
napkin /'næpkɪn/ SB **1** servett **2** GB blöja **3** US äv dambinda ⟨**sanitary** ~⟩
Naples /'neɪplz/ SB Neapel
nappy /'næpɪ/ SB GB blöja
narcissus /nɑː'sɪsəs/ ⟨pl **-es** el **narcissi** /-aɪ/⟩ SB narciss, pingstlilja
narcotic /nɑː'kɒtɪk/ **1** SB narkotiskt medel, drog **~s** narkotika **2** ADJ narkotisk
narrate /nə'reɪt, US 'næreɪt/ VB berätta, skildra
narrative /'nærətɪv/ **1** SB berättelse **2** ADJ berättande
narrator /nə'reɪtə, US 'næreɪtər/ SB berättare
narrow[1] /'nærəʊ/ ADJ **1** smal, trång, snäv **2** trångsynt **3** knapp ⟨a ~ **majority**⟩ ★ **have a ~ escape** komma undan med nöd och näppe **that was a ~ escape** det var nära ögat
narrow[2] /'nærəʊ/ VB smalna, minska
narrowly /'nærəʊlɪ/ ADV **1** med knapp nöd **2** noga, ingående
narrow-minded /ˌnærəʊ'maɪndɪd/ ADJ trångsynt, inskränkt
NASA /'næsə/ ⟨förk f National Aeronautics and Space Administration⟩ SB den amerikanska rymdflygstyrelsen
nasal /'neɪzl/ **1** ADJ nasal, näs- **2** SB nasal[ljud]
nasturtium /nə'stɜːʃəm/ SB krasse
nasty /'nɑːstɪ/ ADJ **1** otäck, äcklig, obehaglig **2** elak, otrevlig ⟨**to** mot⟩ **3** besvärlig ⟨a ~ **question**⟩ **4** oanständig **a ~ mind** snuskig fantasi
nation /'neɪʃn/ SB nation, folk
national /'næʃnəl/ **1** ADJ nationell, national-, stats- **2** SB undersåte, medborgare ⇓
National Health Service ⟨förk **NHS** /ˌeneɪtʃ'es/⟩ SB den allmänna hälso- och sjukvården i GB
nationalism /'næʃnəlˌɪzəm/ SB nationalism
nationalistic /ˌnæʃnə'lɪstɪk/ ADJ nationalistisk
nationality /ˌnæʃə'nælətɪ/ SB nationalitet
nationalization /ˌnæʃənəlaɪ'zeɪʃn/ SB förstatligande
nationalize /'næʃnəlaɪz/ VB förstatliga
national service SB GB värnplikt

nationwide /ˌneɪʃn'waɪd/ ADJ riksomfattande
native /'neɪtɪv/ **1** ADJ födelse-, medfödd **~ language (tongue)** modersmål **2** ADJ infödd, inhemsk **3** SB inföding, infödd, ortsbo
the Nativity /nə'tɪvətɪ/ SB Kristi födelse
NATO /'neɪtəʊ/ ⟨förk f North Atlantic Treaty Organization⟩ SB NATO
natter /'nætə/ VB GB snacka, snattra
natty /'nætɪ/ ADJ vard **1** snygg, prydlig **2** behändig
natural /'nætʃərəl/ **1** ADJ natur- **~ resources** naturtillgångar **2** ADJ naturlig **she's a ~ linguist** hon har lätt för språk **~ parents** biologiska föräldrar **3** SB naturbegåvning **be a ~ for** vara som skapt för
naturalist /'nætʃərəlɪst/ SB naturforskare
naturalize /'nætʃərəlaɪz/ VB naturalisera
naturally /'nætʃərəlɪ/ ADV **1** naturligtvis **2** naturligt **it came ~ to me** det föll sig naturligt för mig
nature /'neɪtʃə/ SB **1** natur[en] **by ~** till sin natur, av naturen **2** karaktär, art, sort **in the ~ of things** i sakens natur **something of that ~** något i den stilen
naught → nought
naughty /'nɔːtɪ/ ADJ **1** stygg **2** oanständig
nausea /'nɔːsɪə, spec US -zɪə/ SB illamående, äckel
nauseate /'nɔːsɪeɪt, spec US -zɪeɪt/ VB kvälja, äckla
nauseous /'nɔːsɪəs, US -ʃəs/ ADJ äcklig, kväljande **feel ~** må illa, vilja kräkas
nautical /'nɔːtɪkl/ ADJ nautisk, sjö- **~ chart** sjökort
naval /'neɪvl/ ADJ sjö[militär]- ⟨**~ battle**⟩, marin- ⟨**~ officer**⟩, örlogs- ⟨**~ base**⟩
nave /neɪv/ SB mittskepp i kyrka
navel /'neɪvl/ SB navel
navigable /'nævɪgəbl/ ADJ **1** segelbar, farbar **2** manöverduglig
navigate /'nævɪgeɪt/ VB **1** navigera **2** segla på (över), flyga över **3** bildl lotsa, dirigera
navigation /ˌnævɪ'geɪʃn/ SB navigation, navigering
navigator /'nævɪgeɪtə/ SB **1** navigatör **2** sjöfarare
navvy /'nævɪ/ SB GB vard grovarbetare, anläggningsarbetare, rallare
navy /'neɪvɪ/ SB flotta, marin

Nazi /'nɑ:tsɪ/ SB nazist
NB /ˌen'bi:/ ⟨*förk f* nota bene⟩ märk väl, obs
near¹ /nɪə/ ADJ nära, närbelägen, nära förestående
★ ~ **at hand** *a)* nära förestående *b)* nära till hands **a ~ miss** snudd på träff, nära ögat
near² /nɪə/ ADV nära **come (draw, get) ~** närma sig
near³ /nɪə/, **near to** PREP nära ⟨~ **the door**⟩
nearby¹ /nɪə'baɪ/ ADJ närbelägen
nearby² /nɪə'baɪ/ ADV i närheten ⟨**live ~**⟩
nearly /'nɪəlɪ/ ADV nästan
★ **not ~** långt ifrån, inte tillnärmelsevis
nearside /'nɪəsaɪd/ SB *GB* sida närmast vägkanten **the ~ wheel** hjulet närmast vägkanten
near-sighted /nɪə'saɪtɪd/ ADJ närsynt
neat /ni:t/ ADJ **1** ordentlig, noggrann **2** prydlig, vårdad **3** skicklig, elegant ⟨**a ~ solution**⟩ **4** ren, outspädd ⟨**take one's whisky ~**⟩ **5** *US vard* jätte|fin, -bra
nebulous /'nebjʊləs/ ADJ oklar, luddig
necessary /'nesəsərɪ/ ADJ nödvändig
necessity /nə'sesətɪ/ SB **1** nödvändighet, tvång, behov **of ~** nödvändigtvis **2** nödvändig sak, förnödenhet
neck¹ /nek/ SB hals
★ **get it in the ~** få på huden **~ and ~** i bredd, sida vid sida *i tävling* **~ of the woods** *vard* trakt
neck² /nek/ VB *vard* hångla
necklace /'nekləs/ SB halsband
neckline /'neklaɪn/ SB urringning
necktie /'nektaɪ/ SB *spec US* slips
nectar /'nektə/ SB nektar
née /neɪ/, **nee** ADJ *om gift kvinna* född ⟨**Mrs Brown, ~ Smith**⟩
need¹ /ni:d/ SB **1** behov ⟨**of, for** av⟩ **be in ~ of** behöva **there's no ~ to wait** du ⟨*etc*⟩ behöver inte vänta **2** nöd **be in ~** lida nöd
★ **if ~[s] be** vid behov, om så behövs
need² /ni:d/ VB **1** behöva, kräva **the car ~s repairing** bilen behöver lagas **be ~ed** behövas, krävas **2** behöva, vara tvungen **N~ he pay?, Does he ~ to pay?** Behöver (Måste) han betala? **3** behövas ⟨**it ~s money to do that**⟩
needle¹ /'ni:dl/ SB **1** nål **2** [knitting] **~** sticka *för stickning* **3** injektionsspruta **4** barr *på gran el tall*
needle² /'ni:dl/ VB *vard* pika, reta, tråka
needless /'ni:dləs/ ADJ onödig **~ to say** givetvis
needlework /'ni:dlwɜ:k/ SB handarbete, sömnad, *utb* textilslöjd **do ~ sy, handarbeta**
needy /'ni:dɪ/ ADJ behövande, nödlidande
negate /nɪ'geɪt/ VB **1** förneka **2** upphäva
negation /nɪ'geɪʃn/ SB **1** förnekande **2** negation
negative /'negətɪv/ **1** ADJ negativ, nekande **2** SB negation, nekande [svar] **answer in the ~** svara nekande **3** SB *foto* negativ
neglect¹ /nɪ'glekt/ VB **1** försumma, vanvårda **2** strunta i
neglect² /nɪ'glekt/ SB **1** försummelse, vanvård **2** nonchalans
neglectful /nɪ'glektfʊl/ ADJ försumlig, slarvig
negligence /'neglɪdʒəns/ SB vårdslöshet, slarv
negligent /'neglɪdʒənt/ ADJ försumlig, slarvig
negligible /'neglɪdʒəbl/ ADJ försumbar, obetydlig
negotiable /nɪ'gəʊʃɪəbl/ ADJ **1** förhandlingsbar **2** *handel* säljbar, som kan överlåtas **3** framkomlig
negotiate /nɪ'gəʊʃɪeɪt/ VB **1** förhandla ⟨**for** om⟩ **2** förhandla om **3** utverka, få till stånd **4** klara [av], ta sig förbi *hinder*
negotiation /nɪˌgəʊʃɪ'eɪʃn/ SB förhandling
negotiator /nɪ'gəʊʃɪeɪtə/ SB förhandlare
Negress /'ni:gres/ SB negress
Negro /'ni:grəʊ/ ⟨*pl* **-es**⟩ SB neger
neigh /neɪ/ VB gnägga
neighbour /'neɪbə/ (*US* **neighbor**) SB granne
neighbourhood /'neɪbəhʊd/ (*US* ⇑) SB grannskap, trakt **in the ~ of** *a)* i närheten av *b)* ungefär
neighbouring /'neɪbərɪŋ/ (*US* ⇑) ADJ grann-, angränsande
neighbourly /'neɪbəlɪ/ (*US* ⇑) ADJ vänlig **be ~** vara en god granne
neither¹ /'naɪðə, *spec US* 'ni:ð-/ PRON ingen[dera] *av två* ⟨**I like ~ of these two**⟩
neither² /'naɪðə, *spec US* 'ni:ð-/ KONJ **~ ... nor** varken ... eller ⟨**she ~ speaks nor writes French**⟩
neither³ /'naɪðə, *spec US* 'ni:ð-/ ADV [och] inte heller **he doesn't smoke and ~ do I** han

röker inte och [det gör] inte jag heller
neon /ˈniːɒn/ SB neon **~ sign** neonskylt
nephew /ˈnefjuː, ˈnev-/ SB brorson, systerson
nerd /nɜːd/ SB *vard* tönt
nerve¹ /nɜːv/ SB **1** nerv **get on sb's ~s** gå ngn på nerverna **2** mod **3** *vard* fräckhet **What a ~!** Så fräckt!
nerve² /nɜːv/ VB inge mod **~ oneself** samla mod
nerve-racking /ˈnɜːvˌrækɪŋ/ ADJ nervpåfrestande
nervous /ˈnɜːvəs/ ADJ **1** nervös, ängslig **2** nerv-
nest¹ /nest/ SB **1** bo, rede, näste **2 ~ of tables** satsbord
nest² /nest/ VB bygga bo
nest egg SB sparslant
nestle /ˈnesl/ VB krypa ihop
nestling /ˈneslɪŋ/ SB fågelunge
net¹ /net/ SB nät, håv
net² /net/, **nett** ADJ netto, netto-
net³ /net/ VB **1** tjäna i netto **2** inbringa i netto
netball /ˈnetbɔːl/ SB korgboll
the Netherlands /ˈneðələndz/ SB Nederländerna
nett → net²
netting /ˈnetɪŋ/ SB nät[verk] *av textil el metall*
nettle¹ /ˈnetl/ SB nässla
nettle² /ˈnetl/ VB reta, förarga, pika
network /ˈnetwɜːk/ SB **1** nätverk **2** *radio, tv* sändarnät **TV ~** TV-bolag
neurosis /njʊəˈrəʊsɪs/ ⟨*pl* **neuroses** /-iːz/⟩ SB neuros
neurotic /njʊəˈrɒtɪk/ **1** ADJ neurotisk **2** SB neurotiker
neuter¹ /ˈnjuːtə/ *språk* **1** ADJ neutral **2** SB neutrum
neuter² /ˈnjuːtə/ VB kastrera, sterilisera
neutral /ˈnjuːtrəl/ **1** ADJ neutral **2** SB friläge *i motor*
neutrality /njuːˈtrælətɪ/ SB neutralitet
neutralize /ˈnjuːtrəlaɪz/ VB neutralisera, upphäva
neutron /ˈnjuːtrɒn/ SB neutron
never /ˈnevə/ ADV aldrig **I ~ knew that** det visste jag inte
★ **~ ever** aldrig någonsin **N~ fear!** Var inte rädd! **N~ mind!** Bry dig inte om det! [**Well,**] **I ~!** Det var det värsta!
never-ending /ˌnevərˈendɪŋ/ ADJ oupphörlig
never-never /ˌnevəˈnevə/ SB *GB skämts* **~ land** lyckorike **on the ~** på avbetalning
nevertheless /ˌnevəðəˈles/ ADV icke desto mindre
new /njuː/ ADJ **1** ny, ny- **2** färsk ⟨**~ potatoes**⟩ **3 ~ to** obekant med, ovan vid ⟨**I'm ~ to this game**⟩ ⇓
newcomer /ˈnjuːˌkʌmə/ SB nykomling
newfangled /ˌnjuːˈfæŋɡld/ ADJ *neds* nymodig
new-laid /ˌnjuːˈleɪd/ ADJ **~ eggs** färska ägg
newly /ˈnjuːlɪ/ ADV nyligen, ny-
newlyweds /ˈnjuːlɪwedz/ SB **the ~** de nygifta
news /njuːz/ ⟨*endast sg*⟩ SB nyhet[er] **a piece of ~**, **a ~ item** en nyhet
★ **break the ~** → break¹ **that's ~ to me** det visste jag inte
news agency /ˈnjuːz ˌeɪdʒənsɪ/ SB nyhetsbyrå
newsagent /ˈnjuːzˌeɪdʒənt/ SB [innehavare av] tidnings|affär (-kiosk) **~'s** tidnings|affär, -kiosk
newscaster /ˈnjuːzˌkɑːstə/ SB nyhetsuppläsare
newsdealer /ˈnjuːzˌdiːlə/ SB *US* innehavare av tidnings|affär (-kiosk)
newsflash /ˈnjuːzflæʃ/ SB *radio, tv* brådskande nyhet, extrameddelande
newsletter /ˈnjuːzˌletə/ SB informationsblad, cirkulär
newspaper /ˈnjuːsˌpeɪpə/ SB tidning
newsprint /ˈnjuːzprɪnt/ SB tidningspapper
newsroom /ˈnjuːzruːm/ SB nyhetsredaktion
newsstand /ˈnjuːzstænd/ SB tidningskiosk
newsy /ˈnjuːzɪ/ ADJ *vard* nyhetspäckad, skvallrig
newt /njuːt/ SB vattenödla
New Year /ˌnjuːˈjɪə/ SB nyår
New Year's Eve SB nyårsafton
New Zealand /njuːˈziːlənd/ **1** SB Nya Zeeland **2** ADJ nyzeeländsk
next¹ /nekst/ ADJ nästa, följande **~ Sunday** nästa (nu på) söndag **the ~ two days** de två närmaste dagarna **Who is ~?** Vem står närmast i tur? ⇓
next² /nekst/ ADV **1** därpå, sedan, härnäst ⟨**What do we do ~?**⟩, nästa gång ⟨**it's my turn ~**⟩ **2** näst ⟨**~ best**⟩ **3 ~ to** *a)* nästan ⟨**~ to nothing**⟩ *b)* intill, bredvid ⟨**the house ~ to ours**⟩ *c)* näst efter ⟨**~ to**

London, I like Paris best⟩
next door /ˌnekst 'dɔː/ ADV live ~ bo granne ⟨to med⟩
next-door /'nekstˌdɔː/ ADJ ~ neighbours närmaste grannar
next of kin /ˌnekstəv'kɪn/ SB närmast anhörig[a]
NHS → National Health Service
nib /nɪb/ SB [penn]stift
nibble¹ /'nɪbl/ VB 1 ta små tuggor, knapra [på] 2 nafsa efter, nosa på
nibble² /'nɪbl/ SB 1 knaprande 2 munsbit, tilltugg 3 *fiske, bildl* napp
nice /naɪs/ ADJ 1 trevlig, sympatisk 2 vänlig, snäll ⟨to mot⟩ 3 fin, vacker ⟨~ weather⟩, *äv iron* snygg a ~ mess en skön röra ~ and warm varm och skön 4 god taste ~ smaka gott 5 *frml* [hår]fin, subtil
nicety /'naɪsətɪ/ SB 1 exakthet, finess 2 niceties detaljer, nyanser, finesser
niche /niːʃ, *spec US* nɪtʃ/ SB nisch, rätt plats
nick¹ /nɪk/ SB 1 hack, jack 2 *GB vard* fängelse
★ in the ~ of time i grevens tid
nick² /nɪk/ VB 1 göra ett hack (jack) 2 *spec GB vard* knycka 3 *GB vard* sätta i fängelse
nickel /'nɪkl/ SB 1 nickel 2 *US äv* femcentare
nickname¹ /'nɪkneɪm/ SB smeknamn, öknamn
nickname² /'nɪkneɪm/ VB ge smeknamn (öknamn) åt he was ~d Fatty han kallades [för] Tjockis
niece /niːs/ SB brorsdotter, systerdotter
nifty /'nɪftɪ/ ADJ *vard* 1 elegant, skicklig 2 behändig
niggardly /'nɪɡədlɪ/ ADJ snål, knusslig, knapp
niggle /'nɪɡl/ VB 1 irritera 2 klanka [på]
night /naɪt/ SB 1 natt 2 kväll at ~ a) på natten b) på kvällen by ~ på natten
★ make a ~ of it göra sig en helkväll ⇩
nightcap /'naɪtkæp/ SB sängfösare
nightdress /'naɪtdres/ SB natt|linne, -dräkt
nightfall /'naɪtfɔːl/ SB nattens (mörkrets) inbrott
nightgown /'naɪtɡaʊn/ *vard* **nightie** /'naɪtɪ/ SB natt|linne, -dräkt
nightingale /'naɪtɪŋɡeɪl/ SB näktergal
nightly¹ /'naɪtlɪ/ ADJ nattlig

nightly² /'naɪtlɪ/ ADV på natten, nattetid
nightmare /'naɪtmeə/ SB mardröm
night stick SB *US* batong
nil /nɪl/ SB ingenting, noll win [by] four goals to ~, win four nil *GB* vinna med 4–0
nimble /'nɪmbl/ ADJ *äv bildl* kvick, rörlig ⟨a ~ mind⟩
nincompoop /'nɪŋkəmpuːp/ SB dumhuvud
nine /naɪn/ 1 RÄKN nio 2 SB nia
ninepins /'naɪnpɪnz/ SB kägelspel
★ go down like ~ falla som käglor
nineteen /ˌnaɪn'tiːn/ RÄKN nitton
★ ~ to the dozen i ett kör
ninety /'naɪntɪ/ 1 RÄKN nittio 2 SB the nineties nittiotalet
ninth /naɪnθ/ 1 RÄKN nionde 2 SB niondel
nip¹ /nɪp/ VB 1 nypa, bita 2 *GB vard* kila
★ ~ in the bud kväva i sin linda
nip² /nɪp/ SB nyp[ning], bett a ~ of fresh air en nypa luft
★ there's a ~ in the air det är riktigt kyligt ute
nip³ /nɪp/ SB *vard* litet glas, hutt ⟨a ~ of whisky⟩
nipple /'nɪpl/ SB 1 bröstvårta 2 napp 3 nippel
nippy /'nɪpɪ/ ADJ *vard* 1 kvick, pigg 2 kylig
nit /nɪt/ SB *GB* dumbom
niter → nitre
nit-picking /'nɪtˌpɪkɪŋ/ *vard* 1 SB petigt kritiserande, felsökeri 2 ADJ petig, felsökande
nitre /'naɪtə/ (*US* niter) SB salpeter
nitrogen /'naɪtrədʒən/ SB kväve
nitty-gritty /ˌnɪtɪ'ɡrɪtɪ/ SB the ~ *vard* de praktiska detaljerna get down to the ~ komma till sakens kärna
nitwit /'nɪtwɪt/ SB dumbom
no¹ /nəʊ/ ADV 1 nej 2 inte ⟨I'm ~ better, ~ more expensive⟩ 3 ~ sooner ... than knappt ... förrän
no² /nəʊ/ PRON ingen, inget, inga N~ parking Parkering förbjuden
★ N~ way! Aldrig i livet!
no³ /nəʊ/ ⟨*pl* no's *el* noes⟩ SB nej[röst]
★ the ~es have it nejrösterna är i majoritet
No., no. ⟨*förk f* number⟩ nr
nob /nɒb/ SB *spec GB vard* överklassare, höjdare
nobble /'nɒbl/ VB *GB vard* 1 haffa 2 locka över, muta 3 fixa *en häst så att den inte*

vinner
nobility /nəʊˈbɪlətɪ/ SB **1** [hög]adel
2 adelskap **3** ädelhet, ädelt sinne
noble /ˈnəʊbl/ **1** ADJ adlig **2** ADJ ädel
3 ADJ förnämlig **4** SB adelsman
nobleman /ˈnəʊblmən/ SB adelsman
nobody¹ /ˈnəʊbədɪ/ PRON → no one
nobody² /ˈnəʊbədɪ/ SB nolla, obetydlig person
nocturnal /nɒkˈtɜːnl/ ADJ nattlig, natt-
nod¹ /nɒd/ VB **1** nicka **2** nicka ja **3** slumra till
 ★ have a ~ding acquaintance with känna [till] ytligt
 ▫ nod off slumra till
nod² /nɒd/ SB nick[ning]
nodule /ˈnɒdjuːl/ SB knuta, knöl
no-go area /ˌnəʊˈgəʊ ˌeərɪə/ SB förbjudet område
noise /nɔɪz/ SB buller, oväsen, dån
 make a ~ väsnas
 ★ make a ~ about göra stort väsen av
noisy /ˈnɔɪzɪ/ ADJ bullrig, högljudd
nomad /ˈnəʊmæd/ SB nomad
nominal /ˈnɒmɪnəl/ ADJ nominell, formell
nominate /ˈnɒmɪneɪt/ VB **1** nominera **2** utnämna
nomination /ˌnɒmɪˈneɪʃn/ SB **1** nominering **2** utnämning
nominee /ˌnɒmɪˈniː/ SB kandidat
nonaligned /ˌnɒnəˈlaɪnd/ ADJ alliansfri
nonchalant /ˈnɒnʃələnt, US ˌnɑːnʃəˈlɑːnt/ ADJ nonchalant
noncommissioned /ˌnɒnkəˈmɪʃnd/ ADJ
 ~ officer underofficer
noncommittal /ˌnɒnkəˈmɪtl/ ADJ undvikande, reserverad
Nonconformist /ˌnɒnkənˈfɔːmɪst/ ADJ frikyrklig
nondescript /ˈnɒndɪskrɪpt, US ˌnɑːndɪˈskrɪpt/ ADJ obestämbar, intetsägande, trist
none¹ /nʌn/ PRON ingen, inget, inga
 ★ he would have ~ of it han ville inte höra talas om det ~ but ingen annan än N~ of that! Sluta upp med det där!
none² /nʌn/ ADV inte ~ the wiser inte klokare
 ★ be ~ the worse for inte bli (må) sämre av ~ too inte särskilt ⟨my pay is ~ too high⟩
nonentity /nɒˈnentətɪ/ SB nolla, obetydlig person

nonetheless /ˌnʌnðəˈles/ ADV icke desto mindre
nonfiction /ˌnɒnˈfɪkʃn/ SB facklitteratur, sakprosa
non-iron /ˌnɒnˈaɪən/ ADJ strykfri
no-nonsense /ˌnəʊˈnɒnsəns/ ADJ målmedveten, rak, rättfram
nonplussed /ˌnɒnˈplʌst/ ADJ svarslös, ställd
nonresident /ˌnɒnˈrezɪdənt/ SB person som inte bor på platsen (hotellet), tillfällig gäst (besökare)
nonsense /ˈnɒnsəns/ SB nonsens, struntprat
nonsensical /nɒnˈsensɪkl/ ADJ meningslös, absurd, löjlig
nonstarter /ˌnɒnˈstɑːtə/ SB GB be a ~ vara chanslös
nonstop¹ /ˌnɒnˈstɒp/ ADJ direkt- ⟨a ~ flight⟩, direkt
nonstop² /ˌnɒnˈstɒp/ ADV direkt, utan uppehåll
noodle /ˈnuːdl/ SB nudel
nook /nʊk/ SB hörn, vrå
noon /nuːn/ SB middag[stid], klockan tolv på dagen
no one /ˈnəʊwʌn/, **no-one** PRON ingen
noose /nuːs/ SB snara
nor /nɔː/ KONJ **1** → neither² **2** [och] inte heller he didn't see it, ~ did I han såg det inte, och [det gjorde] inte jag heller
Nordic /ˈnɔːdɪk/ ADJ nordisk
norm /nɔːm/ SB norm, standard
normal /ˈnɔːml/ ADJ normal, normal-
normalize /ˈnɔːməlaɪz/ VB normalisera
north¹ /nɔːθ/ **1** SB norr, nord to the ~ of norr om **2** SB the North *i* GB Nordengland, *i* US nordstaterna **3** ADJ norra, nordlig, nord- ⇓
north² /nɔːθ/ ADV norrut, mot norr ~ of norr om
northbound /ˈnɔːθbaʊnd/ ADJ norrgående
northeast¹ /ˌnɔːθˈiːst/ **1** SB nordost **2** ADJ nord|ostlig, -östra
northeast² /ˌnɔːθˈiːst/ ADV mot nordost ~ of nordost om
northerly /ˈnɔːðəlɪ/ ADJ nordlig
northern /ˈnɔːðən/ ADJ norra, nordlig, nord- ⇓
northerner /ˈnɔːðənə/ SB person norrifrån, *i* GB nordengelsman, *i* US nordstatsbo

Northern Ireland SB Nordirland
northern lights SB norrsken
the North Sea /ˌnɔːθ ˈsiː/ SB Nordsjön
northward /ˈnɔːθwəd/ ADJ nordlig
northwards /ˈnɔːθwədz/, **northward** ADV norrut, mot norr
northwest¹ /ˌnɔːθˈwest/ **1** SB nordväst **2** ADJ nord|västlig, -västra
northwest² /ˌnɔːθˈwest/ ADV mot nordväst ~ **of** nordväst om
Norway /ˈnɔːweɪ/ SB Norge
Norwegian /nɔːˈwiːdʒən/ **1** ADJ norsk **2** SB norrman **3** SB norska [språket]
nose¹ /nəʊz/ SB näsa, nos
★ **get up sb's** ~ *vard* irritera ngn [väldigt] **lead sb by the** ~ → **lead¹ under sb's** ~ [mitt] framför näsan på ngn
nose² /nəʊz/ VB **1** nosa [sig fram], treva **2** snoka
□ **nose about (around)** snoka [i]
nosebleed /ˈnəʊzbliːd/ SB **have a** ~ blöda näsblod
nose-dive /ˈnəʊzdaɪv/ VB *flyg* störtdyka, *bildl* falla snabbt
nosegay /ˈnəʊzgeɪ/ SB blombukett
nosey → **nosy**
nostalgia /nɒˈstældʒə/ SB nostalgi
nostalgic /nɒˈstældʒɪk/ ADJ nostalgisk
nostril /ˈnɒstrəl/ SB näsborre
nosy /ˈnəʊzi/, **nosey** ADJ *vard* nyfiken, närgången
not /nɒt/ ADV inte, icke, ej **I hope** ~ det hoppas jag inte
★ **N~ at all!** *äv* För all del! ~ **for nothing** inte för inte **N~ half!** *vard* Det kan du skriva upp! ~ **half bad** inte illa, riktigt bra ~ **that I know of** inte så vitt jag vet
notable /ˈnəʊtəbl/ ADJ **1** märklig **2** framstående
notably /ˈnəʊtəbli/ ADV särskilt, speciellt
notch¹ /nɒtʃ/ SB jack, hack
notch² /nɒtʃ/ VB göra ett jack (hack)
□ **notch up** *vard* notera ⟨ ~ **a new record** ⟩
note¹ /nəʊt/ SB **1** anteckning **make a** ~ **of** notera, anteckna **2** not, kommentar **3** *polit* not **4** kort brev ~ **of thanks** tackbrev **5** sedel ⟨ **a pound** ~ ⟩ **6** *musik* not **7** ton[läge] **8** antydan, underton **9** *frml* betydelse, vikt **a man of** ~ en framstående man
★ **take** ~ **of** lägga märke till, ta notis om
note² /nəʊt/ VB **1** märka, lägga märke till, observera, konstatera **2** framhålla

□ **note down** anteckna, skriva ner
notebook /ˈnəʊtbʊk/ SB **1** anteckningsbok **2** portabel persondator
noted /ˈnəʊtɪd/ ADJ berömd, känd
notepaper /ˈnəʊtˌpeɪpə/ SB brevpapper, skrivpapper
noteworthy /ˈnəʊtˌwɜːði/ ADJ anmärkningsvärd, märklig
nothing /ˈnʌθɪŋ/ PRON ingenting **for** ~ *a)* gratis *b)* förgäves
★ **come to** ~ gå i stöpet **make** ~ **of** → **make¹** ~ **but** inget annat än, bara **N~ doing!** *vard* Försök inte!, Aldrig i livet! ~ **if not** *vard* mycket ⟨ **he's** ~ **if not kind** ⟩, ~ **like** inte på långt när ~ **much** inte mycket ~ **short of** ingenting mindre än, rena **there's** ~ **for it** det är inget annat att göra **there's** ~ **to it** det är ingen konst
notice¹ /ˈnəʊtɪs/ SB **1** meddelande, notis, anslag **until further** ~ tills vidare **2** förvarning, varsel **at short** ~ med kort varsel **3** uppsägning **4** uppmärksamhet **it has come to my** ~ det har kommit till min kännedom **5** recension
★ **give** ~ säga upp sig **give sb** ~ säga upp ngn **give** ~ **of** underrätta, varsla ⟨ **give** ~ **of strike** ⟩, **take no** ~ **of** inte ta notis om, inte bry sig om ‖
notice² /ˈnəʊtɪs/ VB lägga märke till
noticeable /ˈnəʊtɪsəbl/ ADJ märkbar
notice board SB anslagstavla
notification /ˌnəʊtɪfɪˈkeɪʃn/ SB meddelande
notify /ˈnəʊtɪfaɪ/ VB underrätta, meddela
notion /ˈnəʊʃn/ SB **1** begrepp **2** uppfattning, föreställning **not have the slightest** ~ **of** inte ha den ringaste aning om **3** idé, infall ⟨ **have a sudden** ~ **to do sth** ⟩
notorious /nəʊˈtɔːrɪəs/ ADJ ökänd, beryktad
notwithstanding /ˌnɒtwɪðˈstændɪŋ/ ADV icke desto mindre
nought /nɔːt/, **naught** SB noll, nolla
★ **come to** ~ gå om intet
noun /naʊn/ SB substantiv
nourish /ˈnʌrɪʃ/ VB **1** nära, föda **2** *bildl* hysa ⟨ ~ **hopes** ⟩
nourishment /ˈnʌrɪʃmənt/ SB näring, föda
novel¹ /ˈnɒvl/ SB roman
novel² /ˈnɒvl/ ADJ ny, nymodig, originell
novelist /ˈnɒvəlɪst/ SB romanförfattare

novelty /ˈnɒvəltɪ/ SB **1** nyhet, nymodighet **2 novelties** småsaker, krimskrams
November /nəʊˈvembə/ SB november
novice /ˈnɒvɪs/ SB novis, nybörjare
now¹ /naʊ/ ADV nu, numera
  ★ **by ~** vid det här laget **for ~** för tillfället **from ~ on** från och med nu **~ and again (then)** då och då **N~ for it!** Nu gäller det! **N~, ~ ... Så ja, ... , Se så, ... N~ then, ...** a) Jaha, ... b) Så ja, ...
now² /naʊ/ KONJ **~ [that]** nu då
nowadays /ˈnaʊədeɪz/ ADV nuförtiden
nowhere /ˈnəʊweə/ ADV ingenstans
  ★ **~ near** långt ifrån, inte på långt när
noxious /ˈnɒkʃəs/ ADJ skadlig, farlig ⟨**to** för⟩
nozzle /ˈnɒzl/ SB munstycke
nuance /ˈnjuːɑːns/ SB nyans
nub /nʌb/ SB kärna, kärnpunkt, poäng
nubile /ˈnjuːbaɪl, US ˈnuːbəl/ ADJ **1** giftasvuxen **2** med kvinnliga former, välsvarvad
nuclear /ˈnjuːklɪə/ ADJ kärn-, kärnvapen-, atom- **~ power plant (station)** kärnkraftverk
nucleus /ˈnjuːklɪəs/ ⟨pl **nuclei** /-aɪ/⟩ SB **1** atomkärna **2** kärna, central del
nude /njuːd/ **1** ADJ naken **2** SB konst naken figur
  ★ **in the ~** naken, utan kläder
nudge¹ /nʌdʒ/ VB knuffa till [med armbågen]
nudge² /nʌdʒ/ SB knuff, puff
nudist /ˈnjuːdɪst/ SB nudist
nugget /ˈnʌgɪt/ SB klump, klimp ⟨**gold ~**⟩
nuisance /ˈnjuːsəns/ SB **1** besvär, olägenhet **be a ~** vara ett otyg (oskick), vara till besvär ⟨**to** för⟩ **What a ~!** Så förargligt (synd)! **2** besvärlig person
nuke /njuːk/ SB vard atomvapen
null /nʌl/ ADJ **~ and void** jur ogiltig
nullify /ˈnʌlɪfaɪ/ VB upphäva, annullera
numb¹ /nʌm/ ADJ stel, domnad ⟨**with** av⟩
numb² /nʌm/ VB **1** göra stel, förlama **2** döva
number¹ /ˈnʌmbə/ SB **1** nummer **2** siffra **3** antal, mängd **4** språk numerus **5 numbers** vard räkning
  ★ **have [got] sb's ~** vard veta vad ngn går för
number² /ˈnʌmbə/ VB **1** numrera **2** räkna ⟨**I ~ you among my friends, her days are ~ed**⟩ **3** uppgå till

numberplate /ˈnʌmbəpleɪt/ SB spec GB nummerskylt, registreringsskylt
numeral /ˈnjuːmərəl/ SB **1** siffra **2** räkneord
numerical /njuːˈmerɪkl/ ADJ siffer-, numerisk
numerous /ˈnjuːmərəs/ ADJ talrik
nun /nʌn/ SB nunna
nunnery /ˈnʌnərɪ/ SB nunnekloster
nurse¹ /nɜːs/ SB **1** sjuksköterska **2** barnsköterska
nurse² /nɜːs/ VB **1** vårda, sköta [om] ⟨**~ a cold**⟩ **2** hysa ⟨**~ a hope, ~ plans**⟩ **3** amma
nursemaid /ˈnɜːsmeɪd/ SB barnflicka
nursery /ˈnɜːsərɪ/ SB **1** barnkammare, lekrum **2** GB daghem **3** plantskola
nursery school SB lekskola, förskola
nursing /ˈnɜːsɪŋ/ SB **1** sjukvård, vårdyrke **2** amning
nursing home SB [privat] sjukhem, vårdhem
nurture /ˈnɜːtʃə/ VB **1** föda [upp], nära **2** fostra
nut /nʌt/ ⟨↔ **nuts**¹,²⟩ SB **1** nöt, kärna **2** mutter **3** tok
  ★ **off one's ~** knasig
nutcrackers /ˈnʌtˌkrækəz/ SB nötknäppare
nutmeg /ˈnʌtmeg/ SB muskot
nutrition /njuːˈtrɪʃn/ SB **1** näring, näringsprocess **2** näringslära
nutritious /njuːˈtrɪʃəs/ ADJ näringsrik
nuts¹ /nʌts/ ADJ vard tokig ⟨**about** i⟩
nuts² /nʌts/ INTERJ spec US **N~ to you!** Dra åt skogen!
nutshell /ˈnʌtʃel/ SB nötskal ⟨**in a ~**⟩
nutty /ˈnʌtɪ/ ADJ **1** nöt-, med nötsmak **2** knäpp
nuzzle /ˈnʌzl/ VB trycka nosen mot, trycka sig mot
nylon /ˈnaɪlɒn/ SB **1** nylon **2 nylons** nylonstrumpor

o /əʊ/ SB noll[a] *i t ex telefonnummer*
oaf /əʊf/ SB 1 dummerjöns, idiot 2 tölp, knöl
oak /əʊk/ SB ek
oar /ɔ:/ SB åra
★ **put (stick) one's ~ in** lägga näsan i blöt
oasis /əʊˈeɪsɪs/ ⟨*pl* **oases** /-i:z/⟩ SB oas
oath /əʊθ/ SB 1 ed **take the ~** *jur* avlägga ed 2 svordom
oatmeal /ˈəʊtmi:l/ SB havregryn
oats /əʊts/ SB havre
obedience /əʊˈbi:dɪəns/ SB lydnad
obedient /əʊˈbi:dɪənt/ ADJ lydig
obese /əʊˈbi:s/ ADJ överfet
obey /əʊˈbeɪ/ VB lyda
obituary /əˈbɪtjʊərɪ/ SB dödsruna, nekrolog
object¹ /ˈɒbdʒɪkt/ SB 1 föremål, objekt 2 mål ⟨**my ~ in life**⟩ 3 avsikt, syfte ⟨**of** med⟩ 4 *språk* objekt
★ **no ~** inget hinder **money no ~** det får kosta vad det vill
object² /əbˈdʒekt/ VB 1 protestera, opponera [sig], göra invändningar ⟨**to** mot⟩ 2 invända, anmärka
objection /əbˈdʒekʃn/ SB 1 invändning, protest ⟨**to, against** mot⟩ **~ overruled (sustained)** *jur* protesten ogillas (godkänns) 2 motvilja ⟨**to** mot⟩
objectionable /əbˈdʒekʃnəbl/ ADJ 1 obehaglig, motbjudande 2 anstötlig
objective /əbˈdʒektɪv/ 1 ADJ objektiv 2 SB mål, målsättning 3 SB *milit* [anfalls]mål 4 SB *optik* objektiv
obligation /ˌɒblɪˈgeɪʃn/ SB förpliktelse, plikt, skyldighet
★ **be under an ~ to sb** stå i tacksamhetsskuld till ngn
obligatory /əˈblɪgətərɪ/ ADJ obligatorisk
oblige /əˈblaɪdʒ/ VB 1 tvinga **we were ~d to go** vi var tvungna att resa 2 tillmötesgå, stå till tjänst, göra en tjänst
★ **be ~d** vara tacksam ⟨**I'd be ~d if you'd keep quiet**⟩, **Much ~d!** Tack så mycket!
obliging /əˈblaɪdʒɪŋ/ ADJ tillmötesgående, hjälpsam
oblique /əˈbli:k/ 1 ADJ sned 2 ADJ förtäckt **in ~ terms** i förtäckta ordalag 3 SB snedstreck
obliterate /əˈblɪtəreɪt/ VB utplåna
oblivion /əˈblɪvɪən/ SB glömska ⟨**fall into ~**⟩
oblivious /əˈblɪvɪəs/ ADJ **~ of** glömsk av, omedveten om **be ~ of** *äv* helt glömma bort
oblong /ˈɒblɒŋ/ 1 SB rektangel 2 ADJ avlång, rektangulär
obnoxious /əbˈnɒkʃəs/ ADJ mycket otrevlig, avskyvärd
obscene /əbˈsi:n/ ADJ oanständig, skamlös, motbjudande
obscenity /əbˈsenətɪ/ SB oanständighet, skamlöshet
obscure¹ /əbˈskjʊə/ ADJ 1 oklar, dunkel 2 obetydlig, föga känd
obscure² /əbˈskjʊə/ VB skymma, dölja
obsequious /əbˈsi:kwɪəs/ ADJ inställsam, underdånig
observance /əbˈzɜ:vəns/ SB efterlevnad, iakttagande
observant /əbˈzɜ:vənt/ ADJ observant, uppmärksam
observation /ˌɒbzəˈveɪʃn/ SB 1 observation, iakttagelse 2 kommentar
observatory /əbˈzɜ:vətərɪ/ SB observatorium
observe /əbˈzɜ:v/ VB 1 iaktta, observera 2 efterleva, lyda 3 anmärka ⟨**'He's clever,' she ~d**⟩
observer /əbˈzɜ:və/ SB observatör, iakttagare
obsess /əbˈses/ VB hemsöka **be ~ed by (with)** vara [som] besatt av
obsession /əbˈseʃn/ SB 1 tvångs|tanke, -föreställning 2 mani, besatthet
obsessive /əbˈsesɪv/ ADJ tvångsmässig
obsolete /ˈɒbsəli:t, US ˌɑ:bsəˈli:t/ ADJ föråldrad, obsolet
obstacle /ˈɒbstəkl/ SB hinder ⟨**to** för⟩
obstinacy /ˈɒbstɪnəsɪ/ SB envishet
obstinate /ˈɒbstɪnət/ ADJ envis
obstruct /əbˈstrʌkt/ VB blockera, hindra
obstruction /əbˈstrʌkʃn/ SB blockering, hinder
obtain /əbˈteɪn/ VB få tag i, skaffa sig,

utvinna
obtainable /əbˈteɪnəbl/ ADJ be ~ gå att köpa (få tag i)
obtuse /əbˈtjuːs/ ADJ *frml* dum, trög[tänkt]
obvious /ˈɒbvɪəs/ ADJ uppenbar, tydlig, självklar
obviously /ˈɒbvɪəslɪ/ ADV **1** tydligen, uppenbarligen **2** naturligtvis, det är klart [att]
occasion /əˈkeɪʒn/ SB **1** tillfälle **a great ~** en stor tilldragelse **on that ~** vid det tillfället **2** anledning
★ **on ~** då och då **rise to the ~** → rise¹
occasional /əˈkeɪʒnəl/ ADJ enstaka, tillfällig
occasionally /əˈkeɪʒnəlɪ/ ADV emellanåt, då och då
occult /ˈɒkʌlt, US əˈkʌlt/ ADJ ockult, övernaturlig
occupant /ˈɒkjʊpənt/ SB **1** innehavare, boende *på viss adress* **2 the ~s of the car** de som satt (sitter) i bilen
occupation /ˌɒkjʊˈpeɪʃn/ SB **1** yrke **by ~** till yrket **2** [fritids]sysselsättning **3** ockupation *m innehav*, besittning
occupational /ˌɒkjʊˈpeɪʃnəl/ ADJ yrkes-, arbets- **~ injury** yrkesskada **~ therapist** arbetsterapeut
occupier /ˈɒkjʊpaɪə/ SB **1** *GB* innehavare **2** *milit* ockupant
occupy /ˈɒkjʊpaɪ/ VB **1** ockupera, ta i besittning **2** uppta, fylla, inta **3** bebo, bo i (på) ⟨**~ a house**⟩ **4** *tjänst, ämbete* inneha **5** sysselsätta **~ oneself in doing sth** sysselsätta sig med att göra ngt
occur /əˈkɜː/ VB **1** inträffa **2** förekomma □ **occur to sb** falla ngn in
occurrence /əˈkʌrəns, US əˈkɜːrəns/ SB **1** händelse, tilldragelse **2** förekomst
ocean /ˈəʊʃn/ SB ocean
o'clock /əˈklɒk/ ADV **it's two ~** klockan är två **at two ~** klockan två
October /ɒkˈtəʊbə/ SB oktober
octopus /ˈɒktəpəs/ SB bläckfisk
odd /ɒd/ ADJ **1** underlig, konstig **2** omaka ⟨**an ~ glove**⟩ **3** udda ⟨**~ numbers**⟩ **4** strö-, tillfällig ⟨**do ~ jobs**⟩, **have the ~ cup of tea** dricka en kopp te då och då **5 twenty-~ years** lite över tjugo år
oddity /ˈɒdətɪ/ SB **1** underlighet **2** underlig varelse (omständighet)
oddment /ˈɒdmənt/ SB udda artikel, stuvbit
odds /ɒdz/ SB odds **the ~ are that she'll win** allt talar för att hon vinner
★ **at ~** oense **it makes no ~** det spelar ingen roll **~ and ends** småsaker, smått och gott **What's the ~?** Vad spelar det för roll?
odious /ˈəʊdɪəs/ ADJ motbjudande, förhatlig
odour /ˈəʊdə/ (*US* odor) SB lukt
of /ɒv, *obet* əv/ ⟨↔ resp huvudord⟩ PREP
1 *motsvarande genitiv el prepositionsattribut i svenskan*
the speed ~ the car bilens hastighet **the inhabitants ~ the village** invånarna i byn **the advantage ~ our system** fördelen med vårt system **the secret ~ his success** hemligheten med hans framgång **the lid ~ the box** locket på lådan **a friend ~ my wife (my wife's)** en vän[inna] till min fru **that car ~ yours** den där bilen du har
2 *motsvarande infinitivattribut i svenskan*
a way ~ solving ett sätt att lösa **the task ~ producing** uppgiften att producera
3 *efter geografiska substantiv o namn på årstider o månader*
the island ~ Rhodes ön Rhodos **the state ~ Vermont** staten Vermont **the winter ~ 1992** vintern 1992 **the month ~ July** juli månad
4 *efter ord för kvantitet*
a glass ~ water ett glas vatten **two sheets ~ paper** två papper (pappersark) **a bunch ~ tulips** en bukett tulpaner
5 *i flera betydelser* av
⟨**a photo ~ my dog**, **made ~ glass**, **a member ~ the team**, **some ~ my friends**, **it was kind ~ him to come**, **die ~ cancer**⟩
off¹ /ɒf/ ADV **1** i väg ⟨**walk ~**⟩, bort ⟨**far ~**⟩, **Christmas is far ~** det är långt till jul **2** av ⟨**the lid was ~**⟩ **3** ledigt **take the afternoon ~** ta ledigt på eftermiddagen **4 sell sth at 10 per cent ~** sälja ngt med 10 % rabatt
★ **be ~** *a)* ha lossnat ⟨**the button is ~**⟩ *b)* ge sig i väg ⟨**I must be ~ now**⟩ *c)* vara ledig ⟨**she's ~ today**⟩ *d) GB* vara slut ⟨**Sorry, salmon is ~**⟩ *e)* vara avstängd ⟨**the gas is ~**⟩ *f)* vara inställd ⟨**the wedding is ~**⟩, **How are you ~ for money?** Hur har du det med pengar? **be better ~ with** tjäna på att ha **be well ~** ha det gott ställt **~ and on** emellanåt

off² /ɒf/ ADJ 1 *om föda* dålig, ankommen 2 krasslig, vissen ⟨feel a bit ~⟩

off³ /ɒf/ PREP 1 bort[a] från ⟨Keep ~ the grass⟩ 2 ett stycke från ⟨a hotel ~ the main road⟩, vid en sidogata till, intill ⟨a pub ~ Oxford Street⟩, ett stycke ut till havs från, utanför ⟨the ship sank ~ Portsmouth⟩ 3 ner från ⟨fall ~ a tree⟩, av ⟨jump ~ the bus⟩ 4 *om avbrytande av matvana, medicinering etc* he's ~ drugs (meat) han har slutat knarka (äta kött) 5 *om prisavdrag* knock £10 ~ the price dra (slå) av tio pund [på priset]
★ ~ colour krasslig ~ course ur kurs ~ the cuff på rak arm ~ limits förbjudet område live ~ the land livnära sig på jorden ~ the record inofficiell, förtrolig

offal /'ɒfəl/ SB inälvsmat

off-chance /'ɒftʃɑːns/, **off chance** SB liten chans go there on the ~ chansa och gå dit

offence /ə'fens/ (US **offense**) SB 1 brott, lagöverträdelse 2 förargelse, anstöt give ~ to förarga, väcka anstöt hos mean no ~ inte mena ngt illa take ~ ta illa upp, känna sig sårad, bli stött
★ no ~ ta inte illa upp

offend /ə'fend/ VB 1 såra, förnärma 2 väcka anstöt hos, förarga 3 begå [ett] brott, bryta mot lagen
□ **offend against** bryta mot, kränka

offender /ə'fendə/ SB brottsling, lagöverträdare

offense → offence

offensive /ə'fensɪv/ 1 ADJ stötande, anstötlig 2 ADJ motbjudande 3 ADJ offensiv, anfalls- 4 SB offensiv take (go on) the ~ gå på offensiven

offer¹ /'ɒfə/ VB 1 erbjuda 2 erbjuda sig 3 utlova ⟨~ a reward⟩ 4 komma med, framföra ⟨~ an opinion⟩ 5 [vilja] bjuda på ⟨he ~ed me a cup of tea⟩ 6 bjuda ⟨they ~ed £59,000 for the house⟩ 7 ~ resistance göra (bjuda) motstånd

offer² /'ɒfə/ SB 1 erbjudande ⟨of om⟩ ~ of marriage frieri, giftermålsanbud 2 anbud make an ~ for lämna ett anbud på
★ be on [special] ~ GB säljas till extrapris

offering /'ɒfərɪŋ/ SB 1 erbjudande 2 offer[gåva]

offhand¹ /ˌɒf'hænd/, **offhanded** /-'hændɪd/ ADJ 1 nonchalant ⟨with mot⟩ 2 brysk ⟨with mot⟩ 3 obesvärad, ledig

offhand² /ˌɒf'hænd/ ADV på rak arm, utan vidare

office /'ɒfɪs/ SB 1 kontor, tjänsterum, expedition, US *äv* [läkar]mottagning ~ hours kontorstid 2 ämbete, tjänst, befattning take ~ tillträda sin tjänst 3 *om politiskt parti* be in ~ ha [regerings]makten, regera they have been out of ~ for twelve years de har inte haft makten på tolv år 4 GB *i namn på departement* the Foreign Office utrikesdepartementet

officer /'ɒfɪsə/ SB 1 officer 2 tjänsteman, ämbetsman 3 [police] ~ polisman

official /ə'fɪʃl/ 1 SB tjänsteman 2 SB funktionär 3 ADJ officiell

officiate /ə'fɪʃɪeɪt/ VB officiera ~ at the wedding förrätta vigseln

officious /ə'fɪʃəs/ ADJ beskäftig

offing /'ɒfɪŋ/ SB in the ~ på gång, i faggorna, i görningen

off-licence /'ɒfˌlaɪsəns/ SB GB vin- och spritbutik

off-peak /ˌɒf'piːk/ ADJ låg-, lågtrafik- ⟨~ traffic⟩

off-putting /'ɒfˌpʊtɪŋ/ ADJ GB *vard* osympatisk, frånstötande

off-season /'ɒfˌsiːzn/, **off season** SB lågsäsong

offset /ˌɒf'set/ ⟨offset, offset⟩ VB uppväga, kompensera

offshoot /'ɒfʃuːt/ SB sidoskott, utlöpare

offshore /ˌɒf'ʃɔː/ ADJ 1 [belägen] utanför kusten ~ oil rig oljeplattform 2 frånlands- ⟨~ wind⟩

offside /ˌɒf'saɪd/ ADJ 1 *sport* offside 2 GB belägen (placerad) på andra sidan the ~ front wheel det vänstra (*vid vänstertrafik* högra) framhjulet

offspring /'ɒfsprɪŋ/ SB ⟨*lika i pl*⟩ 1 ättling ⟨of till⟩ 2 avkomma, unge, ungar

off-white /ˌɒf'waɪt/ ADJ benvit

often /'ɒfn, 'ɒftən, US 'ɔːfn/ ADV ofta
★ as ~ as not [rätt] ofta every so ~ allt som oftast

ogre /'əʊgə/ SB 1 jätte 2 *bildl* monster

oh /əʊ/ INTERJ å[h], o O~, is that so? Jaså, minsann! O~, Dave, come here Hör du, Dave, kom hit O~ no Nej då, Inte alls O~ yes Jo visst, Ja (Jo) då

oil¹ /ɔɪl/ SB olja
★ burn the midnight ~ → burn¹ pour ~ on the flames, pour ~ on troubled waters → pour ⇓

oil² /ɔɪl/ VB olja [in], smörja
oil rig SB oljeplattform
oil slick SB olje|fläck, -bälte *av utsläppt olja*
ointment /'ɔɪntmənt/ SB salva
  ★ **a fly in the ~** → fly²
OK /əʊ'keɪ/, **okay** VB *vard* godkänna
old /əʊld/ **1** ADJ gammal **2** SB **the ~** de gamla, gamla människor
  ★ [as] **~ as the hills** gammal som gatan **be an ~ hand at sth** vara gammal i gamet **~ hat** *vard* förlegad, ute ⇓
old age /ˌəʊld 'eɪdʒ/ SB ålderdom[en]
  ~ pensioner [ålders]pensionär
old boy /'əʊldbɔɪ/ SB GB tidigare elev *vid en viss skola*
old-fashioned /ˌəʊld'fæʃnd/ ADJ gammalmodig, gammaldags
old girl /'əʊldgɜːl/ SB GB tidigare elev *vid en viss skola*
old lady, old woman SB **1** gumma **2** morsa **3** fruga
old man SB **1** gubbe **2** farsa **3** *vard* make **4** *vard* chef
old-timer /ˌəʊld'taɪmə/ SB *vard* **1** veteran, *spec* US gamling **2** US *äv* veteranbil
olive /'ɒlɪv/ **1** SB oliv **2** ADJ oliv|färgad, -grön
Olympic /ə'lɪmpɪk/ ADJ olympisk **the ~ Games, the ~s** [de] olympiska spelen
ombudsman /'ɒmbʊdzmən/ SB GB ombudsman *för granskning av myndighet*
omelette /'ɒmlət/ (*spec* US **omelet**) SB omelett
omen /'əʊmen, *spec* US -mən/ SB omen, förebud
ominous /'ɒmɪnəs/ ADJ illavarslande, olycksbådande
omission /ə'mɪʃn/ SB utelämnande, strykning, överhoppning **sin of ~** underlåtenhetssynd
omit /ə'mɪt/ VB **1** utelämna **2** försumma
omnipotent /ɒm'nɪpətənt/ ADJ allsmäktig
omnivorous /ɒm'nɪvərəs/ ADJ allätande
on¹ /ɒn/ PREP ⟨↔ resp huvudord⟩ **1** på **2** i ⟨**sit ~ the sand (the sofa)**⟩ **3** mot ⟨**an attack ~ the government, pull a knife ~ sb**⟩ **4** *framför substantiv som kan tänkas som en linje* vid ⟨**situated ~ the river (the border, the coast)**⟩ **5** *med innebörden* 'som behandlar', 'över ämnet' om ⟨**a lecture ~ Shakespeare, a book ~ stamps**⟩ **6** *med innebörden* 'i anslutning till' vid ⟨**~ my arrival, ~ the news of the accident, ~ his father's death**⟩,
~ hearing this ... då han ⟨*etc*⟩ hörde detta ...
  ★ **it's ~ me** jag bjuder (betalar)
on² /ɒn/ ADV **1** på ⟨**Is the lid ~?**⟩, på|satt, -kopplad ⟨**the TV was ~**⟩ **2** vidare, på ⟨**read ~**⟩, fram ⟨**a little further ~**⟩, **from that day ~** från och med den dagen **3 you're ~ in five minutes** det är din tur (du ska in på scen) om fem minuter **When is the match ~?** När börjar matchen? **Is the wedding still ~?** Blir bröllopet av? **I'm ~!** Jag hänger med!, Gärna för mig!
  ★ **be ~ about** GB tjata (tjafsa, snacka) om **be ~ at** vara 'på **go ~ and ~** gå (hålla) på i det oändliga **have a lot ~** ha mycket att göra **it's just not ~** det går bara inte för sig **~ and off** då och då, av och till
once¹ /wʌns/ ADV **1** en gång **~ a day** en gång om dagen **2** en gång i tiden, förr ⟨**he ~ lived in Paris**⟩
  ★ **all at ~** → all² **at ~** *a*) genast *b*) på samma gång **for ~** för en gångs skull **never ~, not ~** aldrig någonsin **~ again (more)** en gång till **~ and for all** en gång för alla **~ bitten, twice shy** ≈ bränt barn skyr elden **~ in a while** då och då **~ or twice** några (ett par) gånger **~ upon a time ...** det var en gång ...
once² /wʌns/ KONJ så snart som **~ you've learnt it** när man väl lärt sig det
oncoming /'ɒnˌkʌmɪŋ/ ADJ **1** förestående, annalkande **2** mötande ⟨**~ traffic**⟩
one¹ /wʌn/ RÄKN en, ett
  ★ **be ~ up on** ha (få) övertag över **be at ~** vara ense **for ~ thing** för det första **I for ~** jag för min del **~ and all** varenda en **~ by ~, ~ at a time** en i taget **~ for the road** en färdknäpp **~ of these days** endera dagen **~ or two** några (ett par) stycken
one² /wʌn/ ADJ enda **the ~ thing that matters** det enda som betyder något
one³ /wʌn/ PRON

1 man **~'s sin,** sitt, sina ⟨**~ must protect ~'s friends**⟩

2 den (det) ena ⟨**~ is shorter than the other**⟩, **on ~ hand** å ena sidan

3 enda **her ~ aim** hennes enda mål här i livet

4 *som ersättning för substantiv* en, ett ⟨**there is ~ in the hall**⟩, något, någon ⟨**I haven't got ~**⟩

5 *som betonad bestämning till tidsord* en, ett ⟨**~ day, on ~ occasion**⟩

6 *som stödord till substantiv o pronomen* ⟨the big ~, this ~, Which ~?⟩, the little ~s småttingarna he's an ugly ~ han är en riktig fuling
7 the ~ den, det ⟨the ~ we have now⟩, the ~s de[m] ⟨the ~s you gave me⟩

one⁴ /wʌn/ SB etta ⟨a ~⟩, four ~s fyra ettor
★ be a ~ *vard* vara en riktig en ⟨You are a [fine] ~!⟩

one another /ˌwʌnəˈnʌðə/ PRON varandra

one-off /ˌwʌnˈɒf/ **1** SB engångsföreteelse, unik sak **2** ADJ unik

onerous /ˈəʊnərəs, ˈɒn-/ ADJ betungande, tyngande

oneself /wʌnˈself/ PRON **1** sig ⟨defend ~⟩ **2** sig själv ⟨one isn't quite ~ in the morning⟩ **3** själv ⟨to do things ~ is best really⟩
★ by ~ på egen hand, ensam ⟨one can't play football by ~⟩

one-sided /ˌwʌnˈsaɪdɪd/ ADJ ensidig

one-to-one /ˌwʌntəˈwʌn/ ADJ **1** direkt motsvarande **2** individuell

one-track /ˌwʌnˈtræk/ ADJ enkelspårig

one-upmanship /wʌnˈʌpmənʃɪp/ SB konsten att flyta ovanpå

one-way /ˌwʌnˈweɪ/ ADJ enkelriktad
~ **ticket** *spec US* enkel biljett

ongoing /ˈɒnˌɡəʊɪŋ/ ADJ pågående, fortgående

onion /ˈʌnjən/ SB lök

on-line /ˌɒnˈlaɪn/ ADJ *data* [styr]ansluten

onlooker /ˈɒnˌlʊkə/ SB åskådare

only¹ /ˈəʊnlɪ/ ADJ enda be an ~ **child** vara enda barnet

only² /ˈəʊnlɪ/ ADV **1** bara, endast **2** så sent som, senast **3** först, inte förrän
★ ~ **just** *a)* alldeles nyss *b)* med nöd och näppe, nätt och jämnt

only³ /ˈəʊnlɪ/ KONJ det är bara det att

onrush /ˈɒnrʌʃ/ SB framvällande, framstormning

onset /ˈɒnset/ SB **1** angrepp, anfall **2** början

onshore¹ /ˌɒnˈʃɔː/ ADJ **1** pålands- ⟨~ **wind**⟩ **2** landbaserad

onshore² /ˌɒnˈʃɔː/ ADV **1** mot land ⟨the wind was blowing ~⟩ **2** på land, i land

onslaught /ˈɒnslɔːt/ SB våldsam attack ⟨on mot⟩

on to /ˈɒntʊ, *före konsonantljud* ˈɒntə/ PREP **1** på ⟨get a lid ~ a box⟩ **2** ner (upp, ut) på **3** be ~ *a)* vara efter, vara på spåren ⟨the police are ~ him⟩ *b)* tala med, vara 'på ⟨I have been ~ the manager⟩

onward /ˈɒnwəd/ ADJ framåtriktad
~ **journey (trip)** vidareresa, utresa

onwards /ˈɒnwədz/, **onward** ADV framåt, fram, vidare **from page 3** ~ från och med sidan 3

oops /ʊps, wʊps/ INTERJ hoppsan

ooze¹ /uːz/ VB **1** sippra, drypa **2** avge, avsöndra ~ **charm** utstråla charm
☐ **ooze away** försvinna [långsamt]

ooze² /uːz/ SB **1** dy, gyttja **2** framsipprande

opaque /əʊˈpeɪk/ ADJ ogenomskinlig

open¹ /ˈəʊpən/ **1** ADJ öppen ⟨to för with sb mot ngn⟩ **2** ADJ upp the door burst ~ dörren flög upp **3** ADJ *om blomma* utslagen **4** ADJ [ännu] ej tillsatt, ledig ⟨the job is still ~⟩ **5** ADJ [ännu] ej avgjord, oviss ⟨the race is still ~⟩ **6** SB in the ~ *a)* i det fria *b)* allmänt känd
★ in the ~ **air** i det fria ~ **sandwich** smörgås [med pålägg] ~ **secret** offentlig hemlighet

open² /ˈəʊpən/ VB **1** öppna **2** veckla ut ⟨~ **a map**⟩ **3** sätta i gång ⟨~ **a business**⟩ **4** inviga **5** öppnas ⟨the door ~ed⟩ **6** *om blomma etc* öppna sig, slå ut **7** börja ⟨the story ~s in France⟩ **8** ha premiär ⟨the film ~s on Sunday⟩
☐ **open into** leda till, ha utgång mot
☐ **open on to** vetta mot, ha utsikt över
☐ **open out** *a)* breda ut sig *b)* öppna sig, tala öppet
☐ **open up** *a)* öppna sig *b)* öppna eld

opener /ˈəʊpənə/ SB öppnare
★ **for ~s** *a)* som en början *b)* på ett ungefär

open-handed /ˌəʊpənˈhændɪd/ ADJ frikostig, generös

opening /ˈəʊpənɪŋ/ SB **1** invigning, öppnande **2** öppning, hål, glugg **3** början ⟨the ~ **of the book**⟩ **4** chans, tillfälle **5** vakans, ledig plats (tjänst)

opening hours SB öppethållande

opening night SB premiär

open-minded /ˌəʊpənˈmaɪndɪd/ ADJ öppen, fördomsfri

opera¹ /ˈɒpərə/ SB opera

opera² → opus

operate /ˈɒpəreɪt/ VB **1** *om maskin* arbeta, vara i gång **2** manövrera, sköta, driva **3** vara verksam ⟨this company ~s in

Europe⟩ 4 verka ⟨How does this law ~?⟩
5 operera
□ **operate on sb** operera ngn **her knee was operated on** hon opererades i knäet
operatic /ˌɒpəˈrætɪk/ ADJ opera-
operation /ˌɒpəˈreɪʃn/ SB 1 funktion, funktionssätt 2 skötsel, manövrering, drift 3 operation 4 verksamhet ⟨the company's ~[s] abroad⟩ 5 företag ⟨an electronics ~⟩
★ **be in ~** vara i gång (funktion), ha trätt i kraft **come into ~** a) komma i gång b) träda i kraft
operative /ˈɒpərətɪv/ 1 ADJ i verksamhet, operativ **become ~** träda i kraft 2 SB arbetare 3 SB spec US spion, [hemlig] agent
★ **the ~ word** nyckelordet
operator /ˈɒpəreɪtə/ SB 1 operatör, maskinskötare 2 telefonist 3 företagare **tour ~** researrangör 4 **a clever (smooth) ~** en smart typ
opinion /əˈpɪnjən/ SB 1 uppfattning, åsikt, mening ⟨**of** om⟩ **in my ~** enligt min uppfattning **public ~** den allmänna opinionen 2 bedömning, utlåtande ⟨on om⟩
opinionated /əˈpɪnjəneɪtɪd/ ADJ egensinnig, oresonlig
opium /ˈəʊpɪəm/ SB opium
opponent /əˈpəʊnənt/ SB motståndare ⟨of till⟩
opportune /ˈɒpətjuːn, US ˌɑːpərˈtuːn/ ADJ läglig, lämplig, passande
opportunist /ˌɒpəˈtjuːnɪst, US ˌɑːpərˈtuːn-/ SB opportunist
opportunity /ˌɒpəˈtjuːnətɪ, US ˌɑːpərˈtuːn-/ SB tillfälle, möjlighet
oppose /əˈpəʊz/ VB motsätta sig, göra motstånd mot
opposed /əˈpəʊzd/ ADJ motsatt **be ~ to** vara emot
★ **as ~ to** i motsats till
opposite[1] /ˈɒpəzɪt, US ˈɑːp-/ 1 ADJ motsatt ⟨in the ~ direction⟩ 2 ADJ [placerad] mitt emot 3 SB motsats ⟨of till⟩
opposite[2] /ˈɒpəzɪt, US ˈɑːp-/ PREP 1 mitt emot ⟨he sat ~ [to] me⟩ 2 **play ~ sb** film, teat spela mot ngn
opposite number SB kollega, motsvarighet
opposition /ˌɒpəˈzɪʃn, US ˌɑːp-/ SB 1 motstånd, motsättning 2 polit

opposition 3 motståndarlag
oppress /əˈpres/ VB 1 förtrycka 2 tynga (trycka) ner, göra betryckt
oppression /əˈpreʃn/ SB förtryck
oppressive /əˈpresɪv/ ADJ 1 tyngande, tryckande ⟨~ **heat**⟩ 2 förtryckande, diktatorisk
oppressor /əˈpresə/ SB förtryckare
opt /ɒpt/ VB
□ **opt for** välja
□ **opt out** hoppa av ⟨of från⟩, inte vilja vara med
optic /ˈɒptɪk/ ADJ optisk ~ **nerve** synnerv
optical /ˈɒptɪkl/ ADJ optisk ~ **illusion** synvilla
optician /ɒpˈtɪʃn/ SB optiker
optimism /ˈɒptɪmɪzəm/ SB optimism
optimist /ˈɒptɪmɪst/ SB optimist
optimistic /ˌɒptɪˈmɪstɪk/ ADJ optimistisk
option /ˈɒpʃn/ SB 1 val ⟨there are many ~s open to us⟩, valfrihet ⟨have little ~⟩ 2 alternativ, valmöjlighet 3 handel option, förköpsrätt
optional /ˈɒpʃnəl/ ADJ valfri, frivillig ~ **extras** extrautrustning
opulent /ˈɒpjʊlənt/ ADJ 1 välmående, rik 2 frodig
opus /ˈəʊpəs/ ⟨pl -es el **opera** /ˈəʊpərə/⟩ SB opus, verk
or /ɔː/ KONJ eller ~ **else** annars
oracle /ˈɒrəkl/ SB 1 orakel 2 orakelsvar
oral /ˈɔːrəl/ ADJ 1 muntlig ⟨an ~ exam⟩ 2 mun-
orange /ˈɒrɪndʒ/ 1 SB apelsin 2 SB apelsinträd 3 SB färg orange 4 ADJ orange
orangutan /ɔːˈræŋətæn/, **orangutang** /-tæŋ/ SB orangutang
orbit[1] /ˈɔːbɪt/ SB 1 omloppsbana 2 intressesfär
orbit[2] /ˈɔːbɪt/ VB kretsa [kring]
orchard /ˈɔːtʃəd/ SB fruktträdgård
orchestra /ˈɔːkɪstrə/ SB 1 orkester 2 ~ [**pit**] orkesterdike ~ **stalls** GB första parkett 3 US äv [första] parkett
orchestrate /ˈɔːkɪstreɪt/ VB 1 orkestrera 2 organisera, samordna
orchid /ˈɔːkɪd/ SB orkidé
ordain /ɔːˈdeɪn/ VB 1 prästviga 2 föreskriva, anbefalla
ordeal /ɔːˈdiːl/ SB pärs, svår prövning
order[1] /ˈɔːdə/ SB 1 ordningsföljd, ordning, reda **point of ~** ordningsfråga 2 ordning, disciplin 3 [fungerande] skick

in working ~ i gott skick, funktionsduglig **4 ~[s]** order, befallning **have (be under) ~s to do sth** ha fått order att göra ngt **obey ~s** lyda order **5** beställning, order **make an ~ for sth** beställa ngt **place an ~ with sb** beställa av (från) ngn **6** [utbetalnings]anvisning **7** [domstols]-utslag **8** orden, ordenssällskap **9** orden, ordenstecken **10** *frml* slag, sort **of the highest ~** av förnämsta slag
★ **be the ~ of the day** *vard* vara det som gäller nu **be out of ~** *a)* inte fungera *b)* vara i oordning *c)* strida mot stadgarna *d)* vara opassande (olämplig) **by ~ of sb** på ngns order **in ~ that ...** för att ..., så att ... **in ~ to do sth** för att göra ngt **made to ~** måttbeställd, gjord på beställning **on ~** *handel* beställd **a tall ~** → tall

order² /'ɔ:də/ VB **1** beordra, ge order om **~ sb out of the room** köra ut ngn ur rummet **2** beställa **3** ordinera
▫ **order sb about (around)** hunsa (köra) med ngn
▫ **order off** *sport* utvisa

orderly /'ɔ:dəlɪ/ **1** ADJ välordnad, regelbunden **2** ADJ ordentlig, välstädad **3** ADJ ordningsam, metodisk **4** SB sjukvårdsbiträde, *milit* sjukvårdare **5** SB ordonnans

ordinal /'ɔ:dɪnəl/, **ordinal number** SB ordningstal

ordinarily /'ɔ:dənərəlɪ, US ˌɔ:rdən'erəlɪ/ ADV **1** vanligen, vanligtvis **2** normalt [sett]

ordinary /'ɔ:dənərɪ/ ADJ vanlig, ordinär
★ **in the ~ way** i normala fall **out of the ~** utöver det vanliga

ore /ɔ:/ SB malm **~ deposit** malmfyndighet

organ /'ɔ:gən/ SB **1** organ **2** orgel

organ-grinder /'ɔ:gənˌgraɪndə/ SB positivhalare

organic /ɔ:'gænɪk/ ADJ organisk, *om odling* biodynamisk

organism /'ɔ:gəˌnɪzəm/ SB organism

organist /'ɔ:gənɪst/ SB organist

organization /ˌɔ:gənaɪ'zeɪʃn/ SB organisation

organize /'ɔ:gənaɪz/ VB **1** organisera **2** organisera sig

organizer /'ɔ:gənaɪzə/ SB organisatör, arrangör

orgasm /'ɔ:gæzəm/ SB orgasm

orgy /'ɔ:dʒɪ/ SB orgie

orient → orientate

oriental /ˌɔ:rɪ'entl/ ADJ orientalisk, österländsk

orientate /'ɔ:rɪənteɪt/ (*spec US* **orient** /'ɔ:rɪənt/) VB orientera, *bildl* inrikta ⟨**towards** på⟩

orientation /ˌɔ:rɪən'teɪʃn/ SB orientering, *bildl äv* inriktning ⟨**towards** mot, på⟩

orienteering /ˌɔ:rɪən'tɪərɪŋ/ SB *sport* orientering

origin /'ɒrɪdʒɪn/ SB ursprung **have humble ~s** vara av enkelt ursprung
★ **in ~** till sitt ursprung

original /ə'rɪdʒənəl/ **1** ADJ ursprunglig, original- **2** ADJ originell **3** SB original

originality /əˌrɪdʒə'nælətɪ/ SB originalitet

originally /ə'rɪdʒənəlɪ/ ADV ursprungligen

originate /ə'rɪdʒəneɪt/ VB härröra, uppkomma

originator /ə'rɪdʒəneɪtə/ SB upphovsman, skapare

ornament¹ /'ɔ:nəmənt/ SB **1** ornament, prydnad **2** ornamentering, utsmyckning

ornament² /'ɔ:nəmənt/ VB pryda, utsmycka, dekorera

ornamental /ˌɔ:nə'mentl/ ADJ dekorativ, prydnads-

ornamentation /ˌɔ:nəmen'teɪʃn/ SB ornamentering, utsmyckning

ornate /ɔ:'neɪt/ ADJ **1** [rikt] dekorerad **2** överlastad

ornithologist /ˌɔ:nɪ'θɒlədʒɪst/ SB ornitolog

orphan /'ɔ:fən/ SB föräldralöst barn

orphanage /'ɔ:fənɪdʒ/ SB hem för föräldralösa barn

orthodox /'ɔ:θədɒks/ ADJ ortodox, renlärig

orthopaedic /ˌɔ:θə'pi:dɪk/ (*US* **orthopedic**) ADJ ortopedisk

oscillate /'ɒsɪleɪt/ VB pendla, svänga, oscillera

ostentation /ˌɒsten'teɪʃn/ SB skryt, vräkighet

ostentatious /ˌɒsten'teɪʃəs/ ADJ skrytsam, vräkig

ostrich /'ɒstrɪtʃ/ SB struts

other /'ʌðə/ PRON annan, annat, andra **the ~s** de andra **some ~ time** någon (en) annan gång
★ **among ~ things** bland annat **on the ~ hand** å andra sidan **the ~ day**

häromdagen
otherwise /'ʌðəwaɪz/ ADV **1** annorlunda, på annat sätt **2** annars
otter /'ɒtə/ SB utter
ouch /aʊtʃ/ INTERJ aj
ought to /'ɔ:ttʊ/ VB bör, borde
ounce /aʊns/ SB **1** ⟨*förk* oz.⟩ uns 1/16 *pound*, 28 *gram* **2** gnutta, uns ⟨there's not an ~ of truth in it⟩
our /'aʊə/ PRON vår
ours /'aʊəz/ PRON vår ⟨that car is ~⟩
ourselves /aʊə'selvz/ PRON **1** oss ⟨we can defend ~⟩, oss själva **2** själva ⟨we moved it ~⟩ **3** vi ⟨the Smiths and ~⟩
★ **between ~** oss emellan **by ~**
a) ensamma, för oss själva ⟨we live by ~⟩
b) utan hjälp
oust /aʊst/ VB avlägsna, konkurrera ut, avsätta
out[1] /aʊt/ ADV **1** ute **~ here** här ute **2** ut **3** framme ⟨the sun is ~⟩, fram ⟨the sun came ~⟩ **4** slut ⟨before the week is ~⟩, **be running ~** hålla på att ta slut **5 be ~** strejka ⟨the pilots are ~⟩
★ **be ~ for** vara ute efter **hear sb ~** → hear **~ and about** på benen (igen), i farten **~ and away** utan jämförelse **O~ with it!** Ut med språket! ⇓
out[2] /aʊt/ ADJ **1** utslagen ⟨the rose is ~⟩ **2** *om ljus* släckt, *om eld* slocknad, *om gas* avstängd **3** omodern, ute
out[3] /aʊt/ ⟨↔ out of⟩ PREP *US* ut genom ⟨go ~ the door⟩
out-and-out /ˌaʊtn'aʊt/ ADJ äkta, fullkomlig, riktig
outbid /ˌaʊt'bɪd/ ⟨outbid, outbid⟩ VB bjuda över
outbound /'aʊtbaʊnd/ ADJ utgående
~ journey utresa
outbreak /'aʊtbreɪk/ SB utbrott
outburst /'aʊtbɜ:st/ SB utbrott, anfall
outcast /'aʊtkɑ:st/ SB utstött (utslagen) människa
outclass /ˌaʊt'klɑ:s/ VB vara klart överlägsen, utklassa **be ~ed by sb** vara klart underlägsen ngn
outcome /'aʊtkʌm/ SB resultat, utgång
outcry /'aʊtkraɪ/ SB högljudd protest, ramaskri
outdated /ˌaʊt'deɪtɪd/ ADJ gammalmodig, föråldrad
outdo /ˌaʊt'du:/ ⟨outdid /-'dɪd/, outdone /-'dʌn/⟩ VB överträffa

outdoor /'aʊtdɔ:/ ADJ utomhus-, frilufts-
outdoors /ˌaʊt'dɔ:z/, **out of doors** /-əv'dɔ:z/ ADV utomhus, ute i det fria
outer /'aʊtə/ ADJ yttre, ytter-
outfit /'aʊtfɪt/ SB **1** utrustning ⟨sports ~⟩ **2** kläder **a new spring ~** nya vårkläder **3** *vard* [arbets]lag, gäng **4** *vard* firma, företag
outgoing /ˌaʊt'gəʊɪŋ/ **1** ADJ avgående ⟨the ~ government⟩ **2** ADJ utgående ⟨~ mail⟩ **3** ADJ utåtriktad, sällskaplig **4** SB **outgoings** *spec GB* utgifter
outgrow /ˌaʊt'grəʊ/ ⟨outgrew /-'gru:/, outgrown /-'grəʊn/⟩ VB **1** växa ur **2** växa om ⟨~ one's parents⟩ **3** växa ifrån, bli för stor för ⟨she has ~n playing with dolls⟩
outhouse /'aʊthaʊs/ SB **1** uthus **2** *US äv* utedass
outing /'aʊtɪŋ/ SB utflykt
outlandish /aʊt'lændɪʃ/ ADJ besynnerlig, bisarr
outlast /ˌaʊt'lɑ:st/ VB räcka längre än, överleva
outlaw[1] /'aʊtlɔ:/ SB laglös, fredlös
outlaw[2] /'aʊtlɔ:/ VB **1** förklara laglös (fredlös) **2** kriminalisera **3** *US äv* preskribera
outlay /'aʊtleɪ/ SB utlägg, utgift
outlet /'aʊtlet/ SB **1** avlopp **2** utlopp **3** försäljningsställe, butik **4** marknad **5** *US äv* eluttag
outline[1] /'aʊtlaɪn/ SB **1** kontur **2** huvuddrag, sammandrag, översikt **3** utkast, skiss
★ **in broad ~[s]** i grova drag
outline[2] /'aʊtlaɪn/ VB **1** teckna konturerna av **2** skissa **3** kortfattat redogöra för
☐ **be ~d against** avteckna sig mot
outlive /ˌaʊt'lɪv/ VB överleva
outlook /'aʊtlʊk/ SB **1** utsikt **2** inställning, attityd, syn ⟨my ~ on life⟩ **3** utsikter ⟨the weather ~⟩
outlying /'aʊtˌlaɪɪŋ/ ADJ avsides belägen
outmoded /ˌaʊt'məʊdɪd/ ADJ föråldrad, omodern
outnumber /ˌaʊt'nʌmbə/ VB vara fler än **we were ~ed** de var fler än vi **be ~ed by** vara färre [till antalet] än
out of /'aʊtəv/ ⟨↔ resp huvudord⟩ PREP **1** av ⟨two ~ five, do sth ~ kindness⟩ **2** borta från ⟨be ~ town⟩ **3** från ⟨copy ~ a book⟩, ur ⟨drink ~ a bottle⟩ **4** ut från ⟨come ~ a room⟩, ut genom ⟨look ~ the

window⟩, **Get ~ here!** Ut härifrån! **5** utan be ~ sth sakna ngt be ~ training vara otränad **6** utanför ⟨keep ~ a quarrel⟩ ★ feel ~ it känna sig utanför

out of date /ˌaʊtəvˈdeɪt/ ADJ föråldrad, omodern

out of doors → outdoors

out-of-the-way /ˌaʊtəvðəˈweɪ/ ADJ **1** avsides belägen **2** föga känd, ovanlig

outpatient /ˈaʊtpeɪʃnt/ SB patient i öppenvård ~ **clinic** poliklinik

outpost /ˈaʊtpəʊst/ SB **1** utpost **2** *milit* förpost

output /ˈaʊtpʊt/ SB **1** produktion, tillverkning **2** *eltekn* uteffekt **3** *data* utdata, utmatning

outrage¹ /ˈaʊtreɪdʒ/ SB **1** illdåd, våldsdåd, attentat **2** kränkning, brott **3** skandal ⟨the new city centre is an ~⟩ **4** djup indignation, stark upprördhet

outrage² /ˈaʊtreɪdʒ/ VB göra upprörd, chockera, kränka be ~d by bli upprörd ⟨*etc*⟩ av

outrageous /aʊtˈreɪdʒəs/ ADJ **1** upprörande, skandalös **2** uppseendeväckande, chockerande ⟨~ clothes⟩

outright¹ /aʊtˈraɪt/ ADV **1** direkt, på fläcken **2** rent ut, uppriktigt **3** kontant ⟨buy ~⟩

outright² /ˈaʊtraɪt/ ADJ **1** ren, regelrätt, total an ~ lie en ren lögn an ~ refusal en blank vägran **2** klar, obestridlig ⟨the ~ winner⟩

outrun /ˌaʊtˈrʌn/ ⟨outran /-ˈræn/, outrun⟩ VB **1** springa ifrån **2** överskrida **3** överträffa

outset /ˈaʊtset/ SB början at the ~ [redan] i början

outshine /ˌaʊtˈʃaɪn/ ⟨outshone /-ˈʃɒn/, outshone⟩ VB överglänsa

outside¹ /ˌaʊtˈsaɪd, ˈaʊtsaɪd/ **1** SB utsida, yttersida from the ~ utifrån get ~ help få hjälp utifrån **2** ADJ ytter-, yttre the ~ lane ytterfilen **3** ADJ ute-, utomhus- **4** ADJ have ~ interests ha intressen vid sidan av [arbetet]
★ at the ~ max[imalt], högst ⟨it'll cost £200 at the ~⟩

outside² /ˌaʊtˈsaɪd, ˈaʊtsaɪd/ ADV **1** ut **2** ute, utanför **from ~** utifrån

outside³ /ˌaʊtˈsaɪd, ˈaʊtsaɪd/ (*spec US* outside of) PREP **1** utanför **2** förutom ⟨~ Joe she has no friends⟩

outsider /ˌaʊtˈsaɪdə/ SB outsider, utomstående

outsize /ˈaʊtsaɪz/, **outsized** ADJ extra stor

outskirts /ˈaʊtskɜːts/ SB ytterområde on the ~ of i utkanten av

outsmart /ˌaʊtˈsmɑːt/ VB överlista

outspoken /aʊtˈspəʊkən/ ADJ rättfram, uppriktig

outstanding /aʊtˈstændɪŋ/ ADJ **1** framstående, enastående [bra] **2** framträdande, tydlig **3** obetald ⟨~ debts⟩ **4** ogjord, oavklarad ⟨~ work⟩, kvarstående ⟨~ problems⟩

outstay /ˌaʊtˈsteɪ/ VB stanna längre än ⟨~ the other guests⟩
★ ~ one's welcome missbruka ngns gästfrihet

outstrip /ˌaʊtˈstrɪp/ VB **1** distansera, springa (dra) ifrån **2** överträffa

outvote /ˌaʊtˈvəʊt/ VB rösta ner

outward /ˈaʊtwəd/ ADJ **1** ut- ⟨~ journey⟩ **2** yttre, utvändig, utvärtes

outwards /ˈaʊtwədz/ (*spec US* outward) ADV utåt

outweigh /ˌaʊtˈweɪ/ VB väga tyngre än, uppväga

outwit /ˌaʊtˈwɪt/ VB överlista

outworn /ˌaʊtˈwɔːn/ ADJ **1** föråldrad **2** [ut]sliten

oval /ˈəʊvl/ **1** ADJ oval **2** SB oval

ovary /ˈəʊvərɪ/ SB **1** äggstock **2** *bot* fruktämne

ovation /əʊˈveɪʃn/ SB ovation, livlig hyllning

oven /ˈʌvən/ SB ugn

over¹ /ˈəʊvə/ PREP **1** över **all ~ the world** över hela världen **2** över, mer än ⟨~ a thousand people⟩ **3** igenom go ~ the car undersöka (gå igenom) bilen **4** om ⟨quarrel ~ sth⟩ **5** på ⟨hear sth ~ the radio⟩, **ponder ~** fundera på **6** på andra sidan ⟨live ~ the street⟩ **7** under ⟨~ many years⟩
★ ~ **and above** förutom

over² /ˈəʊvə/ ADV **1** över ⟨boil ~, paint ~⟩, ~ here här, hit ~ there där borta, dit bort **2** omkull ⟨fall ~⟩, runt ⟨roll ~⟩ **3** slut ⟨school is ~⟩
★ all ~ → all² be all ~ with sb vara ute (slut) med ngn get it ~ [and done] with få saken undanstökad (ur världen) [all] ~ again en gång till ~ and ~ again gång på

gång
overact /ˌəʊvərˈækt/ VB spela över
overall¹ /adj ˌəʊvərˈɔːl, sb ˈəʊvərɔːl/ **1** ADJ total, helhets- **2** ADJ allmän, generell **3** SB **overalls** overall, blåställ, snickarbyxor **4** SB GB skyddsrock
overall² /ˌəʊvərˈɔːl/ ADV allt som allt, sammantaget
overawe /ˌəʊvərˈɔː/ VB **1** fylla med [skräck och] bävan **2** göra starkt intryck på
overbalance /ˌəʊvəˈbæləns/ VB **1** tappa balansen **2** [få att] välta
overbearing /ˌəʊvəˈbeərɪŋ/ ADJ översittaraktig
overboard /ˈəʊvəbɔːd/ ADV överbord ★ **go ~** gå till överdrift **go ~ about** bli eld och lågor för
overcame → overcome
overcast /ˌəʊvəˈkɑːst/ ADJ mulen, molnig
overcharge /ˌəʊvəˈtʃɑːdʒ/ VB ta för mycket betalt [av]
overcoat /ˈəʊvəkəʊt/ SB överrock, ytterrock
overcome /ˌəʊvəˈkʌm/ ⟨**overcame** /-ˈkeɪm/, **overcome**⟩ VB **1** besegra, övervinna **2** segra ⟨we shall ~⟩ ★ **be ~ by (with)** överväldigas av, duka under för
overcrowded /ˌəʊvəˈkraʊdɪd/ ADJ överbefolkad, överfull
overdo /ˌəʊvəˈduː/ ⟨**overdid** /-ˈdɪd/, **overdone** /-ˈdʌn/⟩ VB överdriva, gå till överdrift **~ the garlic** använda för mycket vitlök
★ **~ it**, **~ things** gå till överdrift **Don't ~ it!** Ta det lugnt!
overdone /ˌəʊvəˈdʌn/ ADJ för länge kokt, för hårt stekt
overdose /ˈəʊvədəʊs/ SB överdos, för stor dos
overdraft /ˈəʊvədrɑːft/ SB bank överdrag, övertrassering
overdue /ˌəʊvəˈdjuː/ ADJ **1** förfallen [till betalning] **2** försenad ⟨the train is 10 minutes ~⟩, she's three weeks ~ hon har gått tre veckor över tiden
overflow /ˌəʊvəˈfləʊ/ VB svämma över ⟨with av⟩
overgrown /ˌəʊvəˈɡrəʊn/ ADJ **1** övervuxen, igenvuxen **2** förvuxen
overhang¹ /ˌəʊvəˈhæŋ/ ⟨**overhung** /-ˈhʌŋ/, **overhung**⟩ VB skjuta ut [över]

overhang² /ˈəʊvəhæŋ/ SB [klipp]utsprång, överhäng
overhaul¹ /ˌəʊvəˈhɔːl/ VB **1** gå igenom, se över **2** passera
overhaul² /ˈəʊvəhɔːl/ SB genomgång, översyn
overhead¹ /adj ˌəʊvəˈhed, sb ˈəʊvəhed/ **1** ADJ belägen ovanför **~ projector** arbetsprojektor **~ wire** luftledning **2** SB **overheads** fasta utgifter
overhead² /ˌəʊvəˈhed/ ADV ovanför
overhear /ˌəʊvəˈhɪə/ ⟨**overheard** /-ˈhɜːd/, **overheard**⟩ VB [råka] få höra
overhung → overhang¹
overjoyed /ˌəʊvəˈdʒɔɪd/ ADJ överlycklig, mycket glad
overland¹ /ˈəʊvəlænd, ˌəʊvəˈlænd/ ADJ **the ~ route** landvägen
overland² /ˌəʊvəˈlænd/ ADV till lands
overlap¹ /ˌəʊvəˈlæp/ VB överlappa, delvis sammanfalla [med]
overlap² /ˈəʊvəlæp/ SB överlappning
overleaf /ˌəʊvəˈliːf/ ADV på nästa sida
overload /ˌəʊvəˈləʊd/ VB **1** överlasta **2** eltekn överbelasta
overlook /ˌəʊvəˈlʊk/ VB **1** ha utsikt över **2** förbise, inte märka **3** överse med
overmanned /ˌəʊvəˈmænd/ ADJ överbemannad
overnight /ˌəʊvəˈnaɪt/ ADV över natten
overpass /ˈəʊvəpɑːs/ SB planskild korsning
overpower /ˌəʊvəˈpaʊə/ VB **1** övermanna **2** överväldiga **be ~ed by** äv duka under för
overrate /ˌəʊvəˈreɪt/ VB överskatta **~d** äv överreklamerad
overreach /ˌəʊvəˈriːtʃ/ VB **~ oneself** ta sig vatten över huvudet
override /ˌəʊvəˈraɪd/ ⟨**overrode** /-ˈrəʊd/, **overridden** /-ˈrɪdn/⟩ VB **1** sätta sig över, gå förbi **2** överskugga
overrule /ˌəʊvəˈruːl/ VB **1** avvisa, ogilla **2** upphäva ⟨~ a decision⟩ **3** rösta ner
overrun /ˌəʊvəˈrʌn/ ⟨**overran** /-ˈræn/, **overrun**⟩ VB **1** översvämma, invadera **2** dra över [tiden]
overseas¹ /ˌəʊvəˈsiːz/ ADJ utländsk ⟨~ students⟩, utrikes- ⟨~ trade⟩
overseas² /ˌəʊvəˈsiːz/ ADV utomlands, utrikes
oversee /ˌəʊvəˈsiː/ ⟨**oversaw** /-ˈsɔː/, **overseen** /-ˈsiːn/⟩ VB övervaka

overseer /ˈəʊvəsɪə/ SB förman, verkmästare

overshadow /ˌəʊvəˈʃædəʊ/ VB överskugga, *bildl äv* kasta sin skugga över

overshoot /ˌəʊvəˈʃuːt/ ⟨overshot /-ˈʃɒt/, overshot⟩ VB missa
★ ~ **the mark** skjuta över målet

oversight /ˈəʊvəsaɪt/ SB förbiseende

oversleep /ˌəʊvəˈsliːp/ ⟨overslept /-ˈslept/, overslept⟩ VB försova sig

overstaffed /ˌəʊvəˈstɑːft/ ADJ överbemannad **be ~** *äv* ha för många anställda

overstate /ˌəʊvəˈsteɪt/ VB överdriva, ta till i överkant

overstatement /ˌəʊvəˈsteɪtmənt/ SB överdrift

overstay /ˌəʊvəˈsteɪ/ VB ~ **one's time (visit)** stanna för länge

overstep /ˌəʊvəˈstep/ VB överskrida
★ ~ **the mark** gå för långt

overt /əʊˈvɜːt, ˈəʊvɜːt/ ADJ öppen, ohöljd

overtake /ˌəʊvəˈteɪk/ ⟨overtook /-ˈtʊk/, overtaken /-ˈteɪkən/⟩ VB **1** *spec GB* köra om **2** hinna ifatt
★ **be ~n by** *a)* gripas av ⟨be ~n by fear⟩ *b)* drabbas av, överraskas av ⟨be ~n by darkness⟩

overtaking /ˌəʊvəˈteɪkɪŋ/ SB GB omkörning

overtax /ˌəʊvəˈtæks/ VB **1** överbelasta, kräva för mycket av ~ **sb's patience** fresta ngns tålamod alltför mycket ~ **oneself**, ~ **one's strength** överanstränga sig **2** beskatta för hårt

overthrow¹ /ˌəʊvəˈθrəʊ/ ⟨overthrew /-ˈθruː/, overthrown /-ˈθrəʊn/⟩ VB **1** störta ⟨~ the government⟩ **2** *normer etc* vända upp och ner på, rasera

overthrow² /ˈəʊvəθrəʊ/ SB **1** störtande **2** kullkastande

overtime¹ /ˈəʊvətaɪm/ SB övertid ⟨be on ~, ~ pay⟩

overtime² /ˈəʊvətaɪm/ ADV på övertid **work ~** *a)* arbeta på övertid *b)* arbeta över

overtook → overtake

overture /ˈəʊvətjʊə, US -tʃʊr/ SB **1** *musik* ouvertyr **2 overtures** trevare ⟨peace ~s⟩

overturn /ˌəʊvəˈtɜːn/ VB **1** välta, slå runt **2** välta, ha omkull **3** *regering* störta **4** *förslag etc* ogilla

overweight /ˌəʊvəˈweɪt/ ADJ överviktig

overwhelm /ˌəʊvəˈwelm/ VB **1** besegra, övermanna **2** överväldiga **3** översvämma, dränka, *bildl* överhopa

overwhelming /ˌəʊvəˈwelmɪŋ/ ADJ överväldigande

overwork¹ /ˌəʊvəˈwɜːk/ VB arbeta för mycket (hårt) ~ **[oneself]** överanstränga sig

overwork² /ˌəʊvəˈwɜːk/ SB överansträngning, alltför hårt arbete

ow /aʊ/ INTERJ aj

owe /əʊ/ VB **1** vara skyldig ⟨I ~ her £20⟩ **2** ha att tacka för ⟨I ~ a lot to her, I ~ her a lot⟩

owing to /ˈəʊɪŋtʊ, *före konsonantljud* -tə/ PREP på grund av

owl /aʊl/ SB uggla

own¹ /əʊn/ PRON egen, eget, egna **cook one's ~ food** laga sin mat själv **a room of one's ~** eget rum **have reasons of one's ~** ha sina speciella skäl
★ **come into one's ~** komma till sin rätt **do one's ~ thing** *vard* gå sin egen väg, jobba med sin egen grej **get (have) one's ~ back** ge igen [med samma mynt] **in one's ~ right** av egen kraft, genom egna meriter **on one's ~** *a)* ensam ⟨live on one's ~⟩ *b)* själv ⟨I've done it on my ~⟩, på egen hand ⟨work on one's ~⟩ ⇓

own² /əʊn/ VB äga
□ **own up [to sth]** erkänna [ngt]

owner /ˈəʊnə/ SB ägare

ownership /ˈəʊnəʃɪp/ SB ägande, äganderätt

own goal /ˌəʊn ˈɡəʊl/ SB GB självmål

ox /ɒks/ ⟨*pl* oxen /ˈɒksn/⟩ SB oxe

Oxbridge /ˈɒksbrɪdʒ/ SB GB universiteten i Oxford och Cambridge

oxide /ˈɒksaɪd/ SB oxid

oxygen /ˈɒksɪdʒən/ SB syre

oyster /ˈɔɪstə/ SB ostron

oz. → ounce

ozone /ˈəʊzəʊn/ SB **1** ozon ~ **layer** ozonskikt **2** frisk [havs]luft

P

p /piː/ ⟨*förk f* penny, pence⟩ *GB* penny, pence ⟨a 15~ stamp⟩
p. → page¹
pace¹ /peɪs/ SB **1** steg **2** fart, takt
★ **put sb (sth) through his (its) ~s** se vad ngn (ngt) duger till **set the ~** *a)* bestämma farten *b)* ange tonen
pace² /peɪs/ VB **1** gå fram och tillbaka i (på) **2** *sport* vara farthållare [åt]
pacemaker /ˈpeɪsˌmeɪkə/ SB **1** *sport* farthållare, hare **2** *medicin* pacemaker
the Pacific /pəˈsɪfɪk/, **the Pacific Ocean** SB Stilla havet
pacifier /ˈpæsɪfaɪə/ SB *US* [tröst]napp
pacifism /ˈpæsɪˌfɪzəm/ SB pacifism
pacify /ˈpæsɪfaɪ/ VB lugna, blidka
pack¹ /pæk/ SB **1** packning *som bärs* **2** packe, knyte **3** *spec US* paket, ask ⟨a ~ of cigarettes⟩ **4** förpackning, -pack ⟨six~⟩ **5** samling, gäng ⟨a ~ of thieves⟩, flock **6** massa ⟨a ~ of lies⟩
pack² /pæk/ VB **1** packa [in] **2** gå att packa ⟨this dress ~s easily⟩ **3** packa ihop ⟨the wind ~ed the snow⟩ **4** be ~ed with vara [full]packad med
□ **pack away** stoppa undan
□ **pack in** lägga av ⟨Pack it in!⟩
□ **pack into** packa (tränga) in sig i ⟨~ a car⟩
□ **pack off** köra (skicka) i väg ⟨~ the children to school⟩
□ **pack up** *a)* packa ner *b)* lägga av ⟨let's ~ and go home, the engine packed up⟩
package /ˈpækɪdʒ/ SB **1** paket **~ deal** paket|avtal, -lösning **~ tour** paketresa **2** *US äv* paket *varuförpackning* ⟨a ~ of tea⟩
packaging /ˈpækɪdʒɪŋ/ SB emballage
packet /ˈpækɪt/ SB **1** *spec GB* paket *varuförpackning*, *spec mindre* ⟨a ~ of cigarettes⟩
★ **cost a ~** *GB* kosta en massa pengar
packing /ˈpækɪŋ/ SB **1** packning **2** emballage
pact /pækt/ SB pakt, fördrag, överenskommelse
pad¹ /pæd/ SB **1** dyna **2** stoppning, vaddering **3** *sport* benskydd **4** [skriv]block **5** startplatta **6** trampdyna **7** *vard* lya, kvart
pad² /pæd/ VB vaddera **~ded cell** madrasserad cell
★ **~ a bill** salta en räkning (nota)
□ **pad out** fylla ut ⟨~ a speech⟩
pad³ /pæd/ VB **1** traska **2** tassa
padding /ˈpædɪŋ/ SB **1** vaddering, stoppning **2** utfyllnad
paddle¹ /ˈpædl/ SB **1** paddel **2** paddeltur
paddle² /ˈpædl/ VB **1** paddla **2** plaska, vada **3** simma *som hund el sjöfågel*
paddock /ˈpædək/ SB paddock
padlock /ˈpædlɒk/ SB hänglås
pagan /ˈpeɪgən/ **1** SB hedning **2** ADJ hednisk
page¹ /peɪdʒ/ ⟨*förk* p.⟩ SB sida
page² /peɪdʒ/ SB springpojke, pickolo
page³ /peɪdʒ/ VB söka, kalla på *via högtalare el personsökare*
pageant /ˈpædʒənt/ SB [historiskt] festspel, skådespel, karnevalståg
pageantry /ˈpædʒəntrɪ/ SB pomp och ståt
pager /ˈpeɪdʒə/ SB personsökare
paid → pay¹
pail /peɪl/ SB hink
pain¹ /peɪn/ SB **1** smärta, värk **2** ~ **[in the neck]** *vard* plåga, besvärlig person (sak) **3 pains** besvär, möda **be at ~s to do sth** göra sig besvär med att göra ngt **take ~s with** lägga ner möda på **4 [labour] ~s** födslovärkar
pain² /peɪn/ VB plåga
painful /ˈpeɪnfʊl/ ADJ **1** plågsam **2** pinsam
painkiller /ˈpeɪnˌkɪlə/ SB smärtstillande medel, värktablett
painless /ˈpeɪnləs/ ADJ smärtfri
painstaking /ˈpeɪnzˌteɪkɪŋ/ ADJ omsorgsfull, grundlig
paint¹ /peɪnt/ SB [målar]färg **wet ~** *på skylt* nymålat
paint² /peɪnt/ VB måla
painter /ˈpeɪntə/ SB målare
painting /ˈpeɪntɪŋ/ SB **1** målning, tavla **2** måleri
paintwork /ˈpeɪntwɜːk/ SB **1** målning **2** lackering *på bil*
pair¹ /peə/ SB par **a ~ of scissors** en sax

pair² /peə/ VB para [ihop]
□ **pair off** bilda par
pajamas → pyjamas
Pakistan /ˌpɑːkɪˈstɑːn, US ˈpækɪstæn/ SB Pakistan
Pakistani /ˌpɑːkɪˈstɑːnɪ/ **1** ADJ pakistansk **2** SB pakistanare
pal /pæl/ SB kompis
palace /ˈpæləs/ SB palats, slott
palatable /ˈpælətəbl/ ADJ **1** välsmakande **2** behaglig
palate /ˈpælət/ SB **1** gom **2** smak[sinne]
pale¹ /peɪl/ ADJ blek ~ ale ljust öl
pale² /peɪl/ VB **1** blekna **2** förblekna
Palestine /ˈpæləstaɪn/ SB Palestina
Palestinian /ˌpæləˈstɪnɪən/ **1** ADJ palestinsk **2** SB palestinier
palett /ˈpælət/ SB lastpall
paling /ˈpeɪlɪŋ/ SB staket
pallid /ˈpælɪd/ ADJ blek
palm¹ /pɑːm/ SB palm
palm² /pɑːm/ SB handflata
  ★ have sb in the ~ of one's hand ha ngn helt i sin hand
palm³ /pɑːm/ VB gömma i handen
□ **palm sth off on sb** pracka (lura) på ngn ngt
palpable /ˈpælpəbl/ ADJ **1** påtaglig, uppenbar **2** förnimbar
palpitate /ˈpælpɪteɪt/ VB **1** om hjärta slå snabbt, bulta **2** skälva ⟨with av⟩
palpitation /ˌpælpɪˈteɪʃn/ SB hjärtklappning
paltry /ˈpɔːltrɪ/ ADJ **1** futtig, ynka **2** tarvlig
pamper /ˈpæmpə/ VB skämma bort, klema med
pamphlet /ˈpæmflət/ SB **1** broschyr **2** stridsskrift
pan¹ /pæn/ SB skål, kok panna **frying ~** stekpanna
  ★ flash in the ~ → flash²
pan² /pæn/ VB vaska ⟨for efter⟩
pan³ /pæn/ VB panorera, låta kameran svepa över
panacea /ˌpænəˈsiːə/ SB universalmedel, patentlösning
pancake /ˈpænkeɪk/ SB pannkaka
panda /ˈpændə/ SB panda
panda car /ˈpændəkɑː/ SB GB vard polisbil
pandemonium /ˌpændəˈməʊnɪəm/ SB kaos, tumult
pander /ˈpændə/ VB
□ **pander to** ge efter för, försöka tillfredsställa
pane /peɪn/ SB [glas]ruta
panel /ˈpænl/ SB panel
panelling /ˈpænəlɪŋ/ (US **paneling**) SB panel
pang /pæŋ/ SB smärta, styng, kval **the ~s of jealousy** svartsjukans kval
panic¹ /ˈpænɪk/ SB panik
panic² /ˈpænɪk/ VB **1** råka i panik **2** göra panikslagen
panicky /ˈpænɪkɪ/ ADJ vard **1** panikslagen **2** panikartad
panic-stricken /ˈpænɪkˌstrɪkən/, **panic-struck** /-ˈstrʌk/ ADJ panikslagen
pannier /ˈpænɪə/ SB cykelväska, packväska för häst
panorama /ˌpænəˈrɑːmə/ SB panorama
pansy /ˈpænzɪ/ SB **1** bot pensé **2** vard vekling **3** neds bög
pant /pænt/ VB flämta, flåsa
panther /ˈpænθə/ SB **1** panter **2** US äv puma
panties /ˈpæntɪz/ SB trosor
pantihose /ˈpæntɪhəʊz/, **pantyhose** SB spec US strumpbyxor
pantomime /ˈpæntəmaɪm/ SB **1** pantomim **2** GB jul|skådespel, -show **3** bildl fars
pantry /ˈpæntrɪ/ SB skafferi
pants /pænts/ SB **1** GB [kort]kalsonger, underbyxor **2** spec US [lång]byxor
pap /pæp/ SB bildl smörja, skräp
papal /ˈpeɪpl/ ADJ påvlig
paper¹ /ˈpeɪpə/ SB **1** papper **a piece of ~** ett papper **2** tidning **3** tapet **4** GB [skriftligt] prov **5** universitet uppsats, [vetenskaplig] artikel **read a ~** hålla ett föredrag **6** dokument, handling **papers** äv legitimation
paper² /ˈpeɪpə/ VB tapetsera
□ **paper over** skyla över
paperback /ˈpeɪpəbæk/ SB pocket[bok]
paperboy /ˈpeɪpəbɔɪ/ SB tidningsbud
paperclip /ˈpeɪpəklɪp/ SB gem
paperweight /ˈpeɪpəweɪt/ SB brevpress
paperwork /ˈpeɪpəwɜːk/ SB skrivbordsarbete, pappersarbete
par /pɑː/ SB golf par
  ★ **be (feel) below ~** känna sig vissen **be on a ~ with** a) vara jämställd med b) vara lika stor som
parable /ˈpærəbl/ SB liknelse
parachute¹ /ˈpærəʃuːt/ SB fallskärm
parachute² /ˈpærəʃuːt/ VB **1** hoppa

fallskärm **2** landsätta med fallskärm
parachutist /ˈpærəʃuːtɪst/ SB
fallskärmshoppare
parade¹ /pəˈreɪd/ SB parad
★ **be on ~** paradera
parade² /pəˈreɪd/ VB **1** paradera
2 stoltsera med **3** visa upp sig
paradise /ˈpærədaɪs/ SB paradis
paraffin /ˈpærəfɪn/ SB **1** *GB* **~ [oil]** fotogen
2 ~ [wax] paraffin
paragon /ˈpærəgən/ SB *person* mönster,
förebild **a ~ of virtue** ett dygdemönster
paragraph /ˈpærəgrɑːf/ SB **1** *i text* stycke
2 [tidnings]notis
parallel /ˈpærəlel/ **1** ADJ parallell **2** SB
parallell, motstycke
paralyse /ˈpærəlaɪz/ (*US* **paralyze**) VB
paralysera, förlama
paralysis /pəˈræləsɪs/ SB förlamning,
paralysi
paralytic /ˌpærəˈlɪtɪk/ **1** ADJ förlamad
2 SB förlamad person, lam
paramilitary /ˌpærəˈmɪlɪtərɪ/ ADJ
paramilitär, halvmilitär
paramount /ˈpærəmaʊnt/ ADJ störst,
dominerande, huvud-
parapet /ˈpærəpɪt/ SB bröstvärn,
balustrad
paraphernalia /ˌpærəfəˈneɪlɪə/ SB grejer,
prylar
parasite /ˈpærəsaɪt/ SB parasit
parasitic /ˌpærəˈsɪtɪk/, **parasitical** /-ɪkl/ ADJ
parasitisk, parasiterande
parasol /ˈpærəsɒl/ SB parasoll
paratroops /ˈpærətruːps/ SB
fallskärmstrupper
parboil /ˈpɑːbɔɪl/ VB förvälla
parcel /ˈpɑːsl/ SB **1** *spec GB* paket **2** *handel*
[varu]parti
★ **part and ~** → **part¹**
parch /pɑːtʃ/ VB torka ut **I'm ~ed** jag är
torr i halsen [av törst]
parchment /ˈpɑːtʃmənt/ SB pergament
pardon¹ /ˈpɑːdn/ SB **1** benådning
2 förlåtelse
★ **P~?** Hur sa? **beg sb's ~** → **beg**
pardon² /ˈpɑːdn/ VB **1** förlåta **P~ [me]!**
Ursäkta [mig]! **2** benåda
pardonable /ˈpɑːdnəbl/ ADJ förlåtlig,
ursäktlig
pare /peə/ VB **1** klippa ⟨**~ one's nails**⟩
2 skala ⟨**~ an apple**⟩
□ **pare down** skära ner, reducera

parent /ˈpeərənt/ SB förälder
parental /pəˈrentl/ ADJ föräldra- ⟨**~ love**⟩
parenthesis /pəˈrenθəsɪs/ ⟨*pl* **parentheses**
/-iːz/⟩ SB parentes
pariah /pəˈraɪə, ˈpærɪə/ SB paria, utstött
[person]
parish /ˈpærɪʃ/ SB församling
parishioner /pəˈrɪʃənə/ SB församlingsbo
parity /ˈpærətɪ/ SB jämställdhet,
likvärdighet
park¹ /pɑːk/ SB **1** park **2** *US äv* bollplan,
stadion
park² /pɑːk/ VB **1** parkera **2** *vard* lämna
parking /ˈpɑːkɪŋ/ SB parkering
parking ticket SB böteslapp
parliament /ˈpɑːləmənt/ SB parlament,
riksdag
parliamentary /ˌpɑːləˈmentərɪ/ ADJ
parlamentarisk, parlaments-
parlour /ˈpɑːlə/ (*US* **parlor**) SB **1** *spec US*
salong ⟨**beauty ~**⟩, **ice-cream ~** glassbar
2 *GB åld* finrum
parlour game (*US* ⇑) SB sällskapsspel
parochial /pəˈrəʊkɪəl/ ADJ **1** församlings-
2 inskränkt
parody¹ /ˈpærədɪ/ SB parodi ⟨**of** på⟩
parody² /ˈpærədɪ/ VB parodiera
parole /pəˈrəʊl/ SB villkorlig frigivning
paroxysm /ˈpærəkˌsɪzəm/ SB paroxysm,
häftigt anfall
parquet /ˈpɑːkeɪ, *US* pɑːrˈkeɪ/ SB
1 parkett[golv] **2** *US äv teat* parkett
parrot /ˈpærət/ SB papegoja
parry /ˈpærɪ/ VB parera, avvärja
parsimonious /ˌpɑːsɪˈməʊnɪəs/ ADJ *frml*
gnidig
parsley /ˈpɑːslɪ/ SB persilja
parsnip /ˈpɑːsnɪp/ SB palsternacka
parson /ˈpɑːsn/ SB kyrkoherde, *vard* präst,
pastor
parsonage /ˈpɑːsənɪdʒ/ SB prästgård
part¹ /pɑːt/ SB **1** del **~ of the body**
kroppsdel **2** roll **3** *musik* stämma ⟨**sing in
~s**⟩ **4** *US* bena **5 parts** trakt **in these ~s** här
i trakten
★ **be ~ and parcel of** vara en [viktig] del av
the best (better) ~ of större delen av **for
the most ~** för det mesta **in ~** delvis **take
sth in good ~** inte bli sårad (förnärmad)
av ngt **take sb's ~** ta parti för ngn **take ~
in** delta i ⇓
part² /pɑːt/ VB **1** skiljas [åt] **2** skingras,
skingra sig **3** skilja [åt], skingra

~ **company** skiljas åt, gå isär ~ **friends** skiljas som vänner ~ **one's hair** ha bena
□ **part with** göra [sig] av med
part³ /pɑːt/ ADV **the exam is ~ written,** ~ **oral** tentamen är dels skriftlig, dels muntlig
partial /'pɑːʃl/ ADJ **1** partiell, del- **2** partisk **3 be ~ to** vara förtjust i
partiality /ˌpɑːʃɪˈælətɪ/ SB **1** partiskhet ⟨**towards** för⟩ **2** förkärlek
partially /'pɑːʃəlɪ/ ADV **1** delvis **2** partiskt
participant /pɑːˈtɪsɪpənt/ SB deltagare
participate /pɑːˈtɪsɪpeɪt/ VB delta
participation /pɑːˌtɪsɪˈpeɪʃn/ SB deltagande
participle /'pɑːtɪsɪpl/ SB particip
particle /'pɑːtɪkl/ SB partikel
particular /pəˈtɪkjʊlə/ **1** ADJ särskild, speciell **2** ADJ noggrann, kinkig ⟨**about, over** med⟩ **3** SB detalj **~s** äv [närmare] upplysningar
★ **in ~** särskilt, i synnerhet
particularly /pəˈtɪkjʊlǝlɪ/ ADV särskilt, speciellt
parting /'pɑːtɪŋ/ SB **1** avsked **2** GB bena
partisan /ˌpɑːtɪˈzæn, US 'pɑːrtəzən/ SB **1** motståndsman, partisan **2** [parti]anhängare
partition¹ /pɑːˈtɪʃn/ SB **1** mellanvägg, skiljemur **2** delning
partition² /pɑːˈtɪʃn/ VB dela ⟨**into** i⟩
partly /'pɑːtlɪ/ ADV delvis, till en del
partner /'pɑːtnə/ SB **1** partner, kompanjon **2** sambo
partnership /'pɑːtnəʃɪp/ SB **1** kompanjonskap **2** samarbete
part of speech SB ordklass
partridge /'pɑːtrɪdʒ/ ⟨pl lika el **-s**⟩ SB rapp|höna, -höns
part-time¹ /ˌpɑːtˈtaɪm/ ADV [på] deltid ⟨**work ~**⟩
part-time² /ˌpɑːtˈtaɪm/ ADJ deltids- ⟨**~ work**⟩
party¹ /'pɑːtɪ/ SB **1** bjudning, fest, party **give (throw) a ~** ha en fest **2** grupp ⟨**a ~ of tourists**⟩ **3** parti ⟨**the Labour P~**⟩ **4** jur part
★ **be [a] ~ to** delta i ⇓
party² /'pɑːtɪ/ VB spec US ha kul, festa
party game SB sällskapsspel
pass¹ /pɑːs/ VB **1** passera, gå (köra) förbi, gå (köra) om **2** överstiga **it ~es my comprehension** det övergår mitt förstånd **3** försvinna, ta slut, förflyta **4** tillbringa, fördriva ⟨**~ the time**⟩ **5** räcka, skicka ⟨**P~ me that book**⟩ **6** sport, kortspel passa **7** föra ⟨**~ one's hand over sth**⟩ **8** lag, plan anta **9** godta, acceptera, godkänna **10** klara [sig], bli godkänd [i] **11 ~ sentence** jur avkunna dom
★ **come to ~** hända sig ⟨**it came to ~ that ...**⟩, **~ the buck** skylla ifrån sig **~ muster** hålla måttet **~ water** kasta vatten
□ **pass away** gå bort, avlida
□ **pass by** inte ta notis om, låta passera
□ **pass for** [kunna] tas för ⟨**~ a Swede**⟩
□ **pass off** avlöpa ⟨**How did the meeting ~?**⟩, **pass oneself off as** [falskeligen] utge sig för att vara
□ **pass on** a) övergå ⟨**~ to the next question**⟩ b) vidarebefordra, skicka vidare c) gå bort, avlida
□ **pass out** a) svimma b) milit bli utexaminerad
□ **pass over** förbigå, ignorera
□ **pass up** a) nobba, tacka nej till b) missa
pass² /pɑːs/ SB **1** passersedel **free ~** fribiljett **2** rabattkort i kollektivtrafik **3** godkänt betyg ⟨**get a ~ in physics**⟩ **4** [bergs]pass **5** bollsport passning **6** kortspel pass
★ **make a ~ at** vard göra närmanden mot, stöta på
passable /'pɑːsəbl/ ADJ **1** acceptabel **2** framkomlig
passage /'pæsɪdʒ/ SB **1** passage, korridor **2** passage, [genom]gång **3** resa, färd **4** stycke, avsnitt i text, tal, musik **5** gång ⟨**the ~ of time**⟩
passenger /'pæsɪndʒə/ SB passagerare **~ train** persontåg
passer-by /ˌpɑːsəˈbaɪ/ SB förbipasserande
passing /'pɑːsɪŋ/ **1** SB gång ⟨**the ~ of time**⟩ **2** SB frånfälle **3** ADJ förbipasserande **~ traffic** genomfartstrafik **4** ADJ flyktig, snabb ⟨**a ~ glance**⟩
★ **in ~** i förbigående
passion /'pæʃn/ SB **1** passion, lidelse **2** häftig vrede
passionate /'pæʃənət/ ADJ passionerad, lidelsefull
passive /'pæsɪv/ **1** ADJ passiv **2** SB **the ~** språk passiv[um]
passkey /'pɑːskiː/ SB **1** portnyckel

2 huvudnyckel
passport /ˈpɑːspɔːt/ SB **1** pass
~ **examination** passkontroll **2** *bildl* nyckel ⟨**a** ~ **to success**⟩
password /ˈpɑːswɜːd/ SB lösenord
past[1] /pɑːst/ **1** ADJ förfluten, svunnen ⟨~ **centuries**⟩, tidigare ⟨**in her** ~ **life**⟩, **the** ~ **tense** imperfekt[um] **2** ADJ senaste, sista **the** ~ **few years** de senaste åren **for some time** ~ sedan en tid tillbaka **3** ADJ slut ⟨**the time is** ~⟩ **4** SB **the** ~ det förflutna **5** SB **the** ~ imperfekt[um] ⇓
past[2] /pɑːst/ PREP **1** förbi ⟨**walk** ~ **sb**⟩, bortom ⟨**the pub is** ~ **the church**⟩, utom ⟨~ **all danger**⟩ **2** över ⟨**it's ten [minutes]** ~ **two, she's** ~ **sixty**⟩
★ **be [getting]** ~ **it** vara slut, ha förlorat förmågan **be** ~ **caring** inte bry sig om **be** ~ **mending** inte gå att laga **not put it** ~ **sb** tro att ngn mycket väl kan ha gjort ngt
past[3] /pɑːst/ ADV förbi
paste[1] /peɪst/ SB **1** deg, smet, massa **2** klister **3** pastej **4** strass
paste[2] /peɪst/ VB klistra
pastel /ˈpæstl, *spec US* pæˈstel/ SB pastell ⟨~ **blue**⟩
pastille /ˈpæstl/ SB tablett, pastill
pastime /ˈpɑːstaɪm/ SB tidsfördriv, fritidssysselsättning
past master /ˌpɑːst ˈmɑːstə/ SB mästare ⟨**at, in i**⟩
pastoral /ˈpɑːstərəl/ ADJ pastoral, idyllisk
past participle SB perfekt particip
pastry /ˈpeɪstrɪ/ SB **1** pajdeg, smördeg **2** bakelse, [smördegs]bakverk **Danish** ~ wienerbröd
pasture /ˈpɑːstʃə/ SB bete, betesmark
pasty[1] /ˈpæstɪ/ SB ≈ pirog
pasty[2] /ˈpeɪstɪ/ ADJ degig, blekfet
pat[1] /pæt/ **1** SB klapp *med handen* **2** SB klick ⟨**a** ~ **of butter**⟩ **3** ADJ lättvindig **a** ~ **answer** ett färdigt svar
pat[2] /pæt/ VB **1** klappa **2** släta (rätta) till
pat[3] /pæt/ ADV direkt, på direkten ⟨**the answer came** ~⟩
patch[1] /pætʃ/ SB **1** fläck ~**es of sun** solglimtar **2** [tyg]lapp **3** jordbit, täppa
★ **go through a bad** ~ gå igenom en kris, krisa **in** ~**es** på sina ställen, fläckvis
patch[2] /pætʃ/ VB laga, lappa
☐ **patch up** laga, lappa ihop ~ **a quarrel** bli sams igen
patchwork /ˈpætʃwɜːk/ SB

1 lapptäcksteknik ~ **quilt** lapptäcke **2** *bildl* lapptäcke *av t ex åkrar*
patchy /ˈpætʃɪ/ ADJ **1** lappad **2** ojämn ~ **fog** dimma här och var
pâté /ˈpæteɪ/ SB pastej, paté
patent[1] /ˈpeɪtənt, *US* ˈpæt-/ SB patent **protected by** ~ patentskyddad
patent[2] /ˈpeɪtənt, *US* ˈpæt-/ VB ta patent på
patent[3] /ˈpeɪtənt/ ADJ uppenbar, tydlig
patent leather SB lackskinn ~ **shoes** lackskor
paternal /pəˈtɜːnl/ ADJ **1** faderlig **2** på fädernet ~ **grandmother** farmor
paternity /pəˈtɜːnətɪ/ SB faderskap ~ **leave** pappaledighet
path /pɑːθ/ SB **1** stig, *i trädgård* gång **2** bana **3** *bildl* väg
★ **lead sb up the garden** ~ → **lead**[1]
pathetic /pəˈθetɪk/ ADJ patetisk
pathological /ˌpæθəˈlɒdʒɪkl/ ADJ patologisk, sjuklig
pathos /ˈpeɪθɒs/ SB patos
patience /ˈpeɪʃns/ SB **1** tålamod **2** *GB* patiens
patient /ˈpeɪʃnt/ **1** ADJ tålmodig, tålig **2** SB patient
patio /ˈpætɪəʊ/ SB uteplats
patriarch /ˈpeɪtrɪɑːk/ SB patriark
patriot /ˈpætrɪət, *spec US* ˈpeɪt-/ SB patriot
patriotism /ˈpætrɪəˌtɪzəm, *spec US* ˈpeɪt-/ SB patriotism
patrol[1] /pəˈtrəʊl/ SB patrull **be on** ~ patrullera
patrol[2] /pəˈtrəʊl/ VB patrullera
patrol car SB polisbil
patron /ˈpeɪtrən/ SB **1** mecenat, beskyddare ~ **saint** skyddshelgon **2** stam|kund, -gäst
patronage /ˈpætrənɪdʒ/ SB mecenatskap, beskydd
patronize /ˈpætrənaɪz/ VB **1** behandla nedlåtande **2** vara stamkund hos, gynna, [under]stödja
patronizing /ˈpætrənaɪzɪŋ/ ADJ nedlåtande
patter[1] /ˈpætə/ VB **1** tassa, trippa **2** *om regn* smattra
patter[2] /ˈpætə/ SB **1** tassande, trippande **2** smatter *av regn*
patter[3] /ˈpætə/ SB svada, säljarjargong
pattern[1] /ˈpætn/ SB **1** mönster ⟨**a** ~ **of flowers**⟩, **knitting** ~ stickbeskrivning **set a** ~ vara en förebild **2** prov *t ex tygprov*,

tapetprov
pattern² /ˈpætn/ VB göra mönster på
 ~ **oneself on sb** ha ngn som förebild
patty /ˈpætɪ/ SB pastej, krustad
paunch /pɔːntʃ/ SB kalaskula, kulmage
pauper /ˈpɔːpə/ SB fattig person, *förr* fattighjon
pause¹ /pɔːz/ SB paus, avbrott
pause² /pɔːz/ VB göra (ta) en paus
pave /peɪv/ VB belägga, stenlägga
 ★ ~ **the way for** bana väg för
pavement /ˈpeɪvmənt/ SB **1** *GB* trottoar **2** *US* gatubeläggning, vägbeläggning
pavilion /pəˈvɪljən/ SB **1** *GB* klubbhus **2** paviljong
paving stone /ˈpeɪvɪŋstəʊn/ SB gatsten
paw¹ /pɔː/ SB tass
paw² /pɔː/ VB **1** krafsa [på] **2** tafsa [på]
pawn¹ /pɔːn/ VB pantsätta, belåna
pawn² /pɔːn/ SB **1** *schack* bonde **2** *bildl* bricka, redskap
pawnbroker /ˈpɔːnˌbrəʊkə/ SB pantlånare
pawnshop /ˈpɔːnʃɒp/ SB pantbank
pay¹ /peɪ/ ⟨**paid** /peɪd/, **paid**⟩ VB **1** betala **2** löna sig, vara lönande
 ★ ~ **attention to** vara uppmärksam på, beakta ~ **no attention to** inte bry sig om ~ **a compliment to sb** ge ngn en komplimang ~ **dividends** löna sig ~ **sb [back] in his own coin** ge ngn igen med samma mynt ~ **in kind** betala in natura ~ **one's respects to sb** visa ngn sin aktning ~ **through the nose** bli uppskörtad ~ **tribute to** uttrycka sin uppskattning av, hylla ~ **a visit to** besöka ~ **one's way** *a)* göra rätt för sig *b)* klara sig på sin lön **put paid to** ta kål på, göra slut på
 □ **pay sb back for** ge ngn igen för
 □ **pay off** *a)* betala av *b)* löna sig *c)* [betala och] säga upp
 □ **pay out** *a)* lägga ut *pengar b)* släppa ut [på] *rep*
 □ **pay up** betala igen *skuld*
pay² /peɪ/ SB lön, betalning ⇓
payable /ˈpeɪəbl/ ADJ **1** förfallen [till betalning] **be ~** förfalla **2** betalbar
 made ~ to *om check* utställd på
PAYE /ˌpiːeɪwaɪˈiː/ ⟨*förk f* pay as you earn⟩ SB ~ **tax** ≈ källskatt, A-skatt *i GB*
payee /ˌpeɪˈiː/ SB *handel* betalningsmottagare
payload /ˈpeɪləʊd/ SB **1** nyttolast, *flyg* totallast **2** [mängd] sprängämne *i*

stridsspets **3** instrumentering *i rymdfarkost*
payment /ˈpeɪmənt/ SB betalning
payoff /ˈpeɪɒf/ SB *vard* **1** utdelning, lön för mödan **2** muta
pay packet SB *GB* lönekuvert
pay phone SB telefonautomat
payroll /ˈpeɪrəʊl/ SB **1** avlöningslista **2** lönesumma *i ett företag*
pay station SB *US* telefon|automat, -hytt
PC /ˌpiːˈsiː/ ⟨*förk f* personal computer⟩ SB persondator, PC
PE → physical
pea /piː/ SB ärta
 ★ **as like as two ~s** → like²
peace /piːs/ SB **1** fred **2** lugn **disturb the ~** störa den allmänna ordningen **~ and quiet** lugn och ro **3** frid
 ★ **be at ~ with oneself** känna sig harmonisk **make one's ~ with** försona sig med **make ~** sluta fred
peaceful /ˈpiːsfʊl/ ADJ **1** fredlig **2** lugn, stilla, fridfull
peach /piːtʃ/ SB **1** persika **2** persikoträd **3** *kvinna* goding, snygging **4 a** ~ **of a shot** ⟨*etc*⟩ ett jättefint slag ⟨*etc*⟩
peacock /ˈpiːkɒk/ SB påfågel, påfågelstupp
peak¹ /piːk/ SB **1** topp, spets **2** höjdpunkt, topp **3** skärm *på mössa* **4** *attribut* mest intensiv, maximal, topp- **at ~ hours** under den värsta rusningstiden ~ **season** högsäsong ~ **time** *tv* bästa sändningstid
peak² /piːk/ VB nå sin topp ⟨**sales ~ed before Christmas**⟩
peal¹ /piːl/ SB **1** dunder, skräll ~ **of laughter** skrattsalva **2** klock|ringning, -spel
peal² /piːl/ VB *om [kyrk]klockor* ringa, ljuda
peanut /ˈpiːnʌt/ SB **1** jordnöt **2 peanuts** struntsumma
pear /peə/ SB **1** päron **2** päronträd
pearl /pɜːl/ SB **1** pärla **2** *attribut* pärl-, pärlemor-
peasant /ˈpeznt/ SB **1** [små]bonde **2** lurk, tölp
peat /piːt/ SB torv
pebble /ˈpebl/ SB kiselsten, liten sten
peck /pek/ VB **1** picka [i sig] **2** hacka **3** *vard* kyssa hastigt
 □ **peck at** [sitta och] peta i ⟨~ **one's food**⟩
pecking order SB hackordning, rangordning

peckish /'pekɪʃ/ ADJ *spec GB vard* småhungrig, sugen
peculiar /pɪ'kju:lɪə/ ADJ **1** egendomlig **2** särskild **3** karakteristisk ⟨**to** för⟩ **4** *vard* illamående
peculiarity /pɪˌkju:lɪ'ærətɪ/ SB **1** egendomlighet **2** specialitet
pedal¹ /'pedl/ SB pedal ~ **car** trampbil
pedal² /'pedl/ VB **1** trampa **2** cykla
pedant /'pedənt/ SB pedant
pedantic /pɪ'dæntɪk/ ADJ pedantisk
peddle /'pedl/ VB sälja *på gatan, vid dörrarna*, langa *knark*
peddler /'pedlə/ SB **1** [knark]langare **2** *US äv* gatuförsäljare
pedestal /'pedɪstl/ SB piedestal
pedestrian /pɪ'destrɪən/ **1** SB fotgängare ~ **crossing** övergångsställe ~ **street** gågata **2** ADJ andefattig
pedicure /'pedɪkjʊə/ SB pedikyr, fotvård
pedigree /'pedɪgri:/ SB **1** stamtavla, stamträd **2** anor, härkomst **3** *attribut* ras- ⟨~ **horses**⟩
pedlar /'pedlə/ (*US* **peddler**) SB dörrknackare, gatuförsäljare
pee¹ /pi:/ VB *vard* kissa
pee² /pi:/ SB *vard* kiss **have a** ~ kissa
peek¹ /pi:k/ VB kika, titta ⟨**at** på⟩
peek² /pi:k/ SB titt
peekaboo /ˌpi:kə'bu:/ SB *lek* tittut
peel¹ /pi:l/ VB **1** skala **2** lossna, flag[n]a av
☐ **peel off** *a)* skala [av] *b)* lossna, flag[n]a av *c)* *vard* ta av sig
peel² /pi:l/ SB skal ⟨**apple** ~⟩
peelings /'pi:lɪŋz/ SB skal *avfall*
peep¹ /pi:p/ VB kika, titta ⟨**at** på⟩
peep² /pi:p/ SB titt
peep³ /pi:p/ SB *ljud* pip
peep⁴ /pi:p/ VB pipa
Peeping Tom /ˌpi:pɪŋ 'tɒm/ SB *vard* fönstertittare
peer¹ /pɪə/ SB **1** pär *medlem av högadeln i GB* **2** [jäm]like, jämnårig (likasinnad) person
peer² /pɪə/ VB kika ⟨**at** på⟩, kisa, plira
peerage /'pɪərɪdʒ/ SB *i GB* **1** adelskap **be raised to the** ~ bli adlad **2 the peerage** *a)* högadeln *b)* adelskalendern
peer group SB kamratgrupp, grupp av likar
peeve /pi:v/ VB *vard* irritera, reta
peevish /'pi:vɪʃ/ ADJ retlig, kinkig
peg /peg/ SB **1** pinne ⟨**tent** ~⟩, [kläd]hängare, krok **2** *GB* klädnypa **3** stämskruv *på stränginstrument* ★ **off the** ~ *GB* konfektionssydd **take sb down a** ~ [**or two**] sätta ngn på plats **a square** ~ **in a round hole** → **square¹**
pellet /'pelɪt/ SB **1** pellet **2** piller **3** [bly]hagel
pelt /pelt/ VB **1** överösa, bombardera ⟨~ **sb with questions**⟩, kasta ⟨**at** på⟩ **2** rusa, kuta
☐ **pelt down** *om regn* vräka ner
pelvis /'pelvɪs/ SB bäcken *kroppsdel*
pen¹ /pen/ SB [bläck]penna, kulspetspenna ⇓
pen² /pen/ SB inhägnad, fålla ⟨**sheep** ~⟩, hönsgård
pen³ /pen/, **pen up** VB stänga in
penal /'pi:nl/ ADJ **1** straff- ~ **code** strafflag **2** straffbar
penalize /'pi:nəlaɪz/ VB straffa, bestraffa
penalty /'penəltɪ/ SB straff, bestraffning, *ishockey* utvisning **award a** ~ döma straff **pay the** ~ **for** få lida för **score from a** ~ göra mål på straff
penalty area SB *fotboll* straffområde
penalty box SB **1** *fotboll* straffområde **2** *ishockey* utvisningsbås
penance /'penəns/ SB botgöring **do** ~ göra bot
pence /pens/ ⟨*pl av* **penny**⟩ SB pence ⟨**it costs 10** ~⟩
penchant /'pɑ:nʃɑ:n, *US* 'pentʃənt/ SB förkärlek, böjelse
pencil¹ /'pensl/ SB [blyerts]penna **in** ~ med blyerts[penna]
pencil² /'pensl/ VB skriva (rita) med blyerts
pendant /'pendənt/ SB hängsmycke
pending¹ /'pendɪŋ/ ADJ *frml* pågående, ännu ej avgjord
pending² /'pendɪŋ/ PREP *frml* **1** i avvaktan på **2** under [loppet av]
pendulum /'pendjʊləm/ SB pendel
penetrate /'penətreɪt/ VB **1** tränga in i, penetrera **2** avslöja, genomskåda **3** tränga (gå) igenom
penetrating /'penətreɪtɪŋ/ ADJ **1** genomträngande ⟨**a** ~ **look**⟩ **2** skarpsinnig, intelligent
penetration /ˌpenə'treɪʃn/ SB **1** genomträngande, penetration **2** skarpsinne
pen friend SB *GB* brevvän

penguin /'peŋgwɪn/ SB pingvin
peninsula /pə'nɪnsjʊlə, US -sələ/ SB halvö
penitent /'penɪtənt/ ADJ ångerfull, botfärdig
penitentiary /ˌpenɪ'tenʃərɪ/ SB US frml fängelse
penknife /'pennaɪf/ SB fickkniv, pennkniv
pen name SB pseudonym
pennant /'penənt/ SB vimpel
penniless /'penɪləs/ SB utfattig, utblottad
penny /'penɪ/ SB 1 ⟨pl pence /pens/⟩ myntvärde penny, US vard cent 2 ⟨pl pennies⟩ penny[slant]
★ be two (ten) a ~ ≈ gå tretton på dussinet be ~ wise [and] pound foolish ≈ låta snålheten bedra visheten the ~ dropped GB det gick upp ett ljus a ~ for your thoughts Vad tänker du på?
in for a ~, in for a pound ≈ har man sagt A, får man säga B
pen pal SB US brevvän
penpusher /'penˌpʊʃə/ SB skämts kontorsslav
pension¹ /'penʃn/ SB pension draw (receive) a ~ få pension
pension² /'penʃn/ VB pensionera
□ pension off ge avsked med pension, pensionera
pensioner /'penʃənə/ SB pensionär
pensive /'pensɪv/ ADJ tankfull, fundersam
pentagon /'pentəgən/ SB femhörning
Pentagon a) försvarsministeriets byggnad i US b) militärledningen i US
pentathlon /pen'tæθlən/ SB [militär] femkamp
penthouse /'penthaʊs/ SB [lyxig] takvåning
pent-up /ˌpent'ʌp/ ADJ uppdämd, undertryckt ⟨~ emotions⟩, feel pent up känna sig instängd
peony /'pi:ənɪ/ SB pion
people¹ /'pi:pl/ SB 1 människor, personer, folk two ~ två personer 2 vard släkt, familj 3 folk[slag], nation
people² /'pi:pl/ VB befolka, bebo
pep¹ /pep/ SB vard fart, fräs
pep² /pep/, pep up VB pigga upp, sätta fart på
pepper¹ /'pepə/ SB 1 peppar 2 paprika ⟨green ~⟩
pepper² /'pepə/ VB äv bildl peppra be ~ed with äv vara späckad med

peppermint /'pepəmɪnt/ SB 1 växt pepparmynta 2 smakämne pepparmint 3 pepparmyntskaramell
per /pɜ:/ PREP per ~ year per år, om året ⇓
perceive /pə'si:v/ VB förnimma, uppfatta, märka
per cent /pə'sent/ SB (spec US **percent**) procent
percentage /pə'sentɪdʒ/ SB procent[sats], procenttal ~ point procentenhet
perceptible /pə'septəbl/ ADJ märkbar, förnimbar
perception /pə'sepʃn/ SB 1 uppfattning, förnimmelse, psyk varseblivning 2 uppfattningsförmåga
perceptive /pə'septɪv/ ADJ 1 observant 2 insiktsfull
perch¹ /pɜ:tʃ/ SB 1 pinne för fågel 2 upphöjd position
★ knock sb off his ~ → knock¹
perch² /pɜ:tʃ/ VB 1 sätta sig 2 sitta [uppflugen] be ~ed äv vara belägen
perch³ /pɜ:tʃ/ ⟨pl lika el -es⟩ SB abborre
percolator /'pɜ:kəleɪtə/ SB kaffebryggare
percussion /pə'kʌʃn/ SB
1 slag|instrument, -verk 2 slag, stöt
perennial /pə'renɪəl/ 1 ADJ ständig, ständigt återkommande 2 ADJ bot perenn, flerårig 3 SB perenn [växt]
perfect¹ /'pɜ:fɪkt/ ADJ 1 perfekt, fulländad 2 fullkomlig, total ⟨a ~ stranger⟩ 3 the ~ tense perfekt[um]
★ practice makes ~ → practice
perfect² /pə'fekt/ VB finslipa, fullända
perfection /pə'fekʃn/ SB fulländning, perfektion
perforate /'pɜ:fəreɪt/ VB genomborra, göra hål i
perform /pə'fɔ:m/ VB 1 utföra, fullgöra ~ a wedding förrätta vigsel 2 spela, uppföra ⟨~ a play⟩, framföra 3 uppträda ⟨he ~s two nights a week⟩ 4 fungera ⟨How is your car ~ing?⟩, our team ~ed well vårt lag spelade bra
performance /pə'fɔ:məns/ SB
1 utförande, verkställande
2 föreställning 3 [roll]tolkning
4 resultat, prestation, tekn prestanda
performer /pə'fɔ:mə/ SB scenartist
perfume¹ /'pɜ:fju:m/ SB 1 doft, vällukt 2 parfym
perfume² /'pɜ:fju:m, pə'fju:m/ VB parfymera

perfunctory /pəˈfʌŋktərɪ/ ADJ
1 oengagerad, nonchalant
2 rutinmässig, summarisk
perhaps /pəˈhæps/ ADV kanske
peril /ˈperəl/ SB *frml* fara
★ **at one's ~** på egen risk
perilous /ˈperələs/ ADJ farofylld, äventyrlig
period /ˈpɪərɪəd/ SB 1 period, tid 2 *attribut* historisk, tidsenlig ⟨**~ dress**⟩, **~ furniture** stilmöbler 3 *utb* lektion **free ~** håltimme 4 menstruation 5 *spec US* punkt **I'm not going, ~** jag åker inte, punkt slut
periodic /ˌpɪərɪˈɒdɪk/ ADJ periodisk
periodical /ˌpɪərɪˈɒdɪkl/ 1 ADJ periodisk 2 SB tidskrift
periphery /pəˈrɪfərɪ/ SB periferi **on the ~ of** i utkanten av
periscope /ˈperɪskəʊp/ SB periskop
perish /ˈperɪʃ/ VB 1 omkomma, dö, gå under 2 fördärvas
★ **P~ the thought!** Aldrig på tiden!, Bevare mig väl!
perishables /ˈperɪʃəblz/ SB färskvaror
perjury /ˈpɜːdʒərɪ/ SB mened
perk /pɜːk/ VB
☐ **perk up** *vard a)* bli gladare, piggna till *b)* pigga upp *c)* piffa upp
perks /pɜːks/ SB *vard* extraförmåner *utöver lönen*
perky /ˈpɜːkɪ/ ADJ 1 pigg 2 morsk, näsvis
perm /pɜːm/ SB *GB vard* permanent[ning] *av håret*
permanent /ˈpɜːmənənt/ 1 ADJ varaktig, permanent **~ employment** fast anställning 2 SB *US* permanent[ning] *av håret*
permeate /ˈpɜːmɪeɪt/ VB tränga igenom, *bildl* genomsyra
permissible /pəˈmɪsəbl/ ADJ *frml* tillåtlig
permission /pəˈmɪʃn/ SB tillåtelse, tillstånd
permissive /pəˈmɪsɪv/ ADJ tolerant, eftergiven, släpphänt
permit¹ /pəˈmɪt/ VB tillåta, medge
permit² /ˈpɜːmɪt/ SB [skriftligt] tillstånd
pernicious /pəˈnɪʃəs/ ADJ skadlig, fördärvlig ⟨**to** för⟩
perpendicular /ˌpɜːpənˈdɪkjʊlə/ ADJ
1 lodrät, vertikal 2 vinkelrät ⟨**to** mot⟩
3 *ark* gotisk **the P~ Style** engelsk sengotik
perpetrate /ˈpɜːpətreɪt/ VB begå, föröva
perpetrator /ˈpɜːpətreɪtə/ SB förövare, gärningsman
perpetual /pəˈpetʃʊəl/ ADJ ständig ⟨**~ quarrels**⟩
perplex /pəˈpleks/ VB förvirra, förbrylla
per se /ˌpɜːˈseɪ/ ADV i och för sig
persecute /ˈpɜːsɪkjuːt/ VB förfölja ⟨**be ~ed for one's political views**⟩
persecution /ˌpɜːsɪˈkjuːʃn/ SB förföljelse **~ complex** förföljelsemani
perseverance /ˌpɜːsɪˈvɪərəns/ SB ihärdighet, ståndaktighet
persevere /ˌpɜːsɪˈvɪə/ VB ihärdigt (envist) fortsätta, framhärda
persevering /ˌpɜːsɪˈvɪərɪŋ/ ADJ uthållig, ihärdig
Persian /ˈpɜːʃn/ ADJ persisk **~ cat** perserkatt
persist /pəˈsɪst/ VB 1 framhärda, hålla ut **~ in doing sth** envisas med att göra ngt 2 fortsätta, bestå
persistence /pəˈsɪstəns/ SB envishet, ihärdighet
persistent /pəˈsɪstənt/ ADJ ihärdig, envis
person /ˈpɜːsn/ ⟨*som pl används vanl* **people**⟩ SB *ofta neds* människa ⟨**Who is that ~?**⟩
★ **in ~** personligen
personage /ˈpɜːsənɪdʒ/ SB [betydande] person, personlighet
personal /ˈpɜːsnəl/ ADJ personlig, privat
★ **make ~ comments about sb** angripa ngns person ǁ
personal computer SB persondator
personality /ˌpɜːsəˈnælətɪ/ SB personlighet **keep personalities out of it** undvika personangrepp
personally /ˈpɜːsənəlɪ/ ADV personligen
★ **take sth ~** ta ngt personligt, ta illa vid sig av ngt
personal stereo SB bärbar bandspelare *med hörlurar*
personify /pəˈsɒnɪfaɪ/ VB personifiera, förkroppsliga
personnel /ˌpɜːsəˈnel/ SB personal
~ manager (officer) personalchef
perspective /pəˈspektɪv/ SB perspektiv
★ **get sth in ~** få perspektiv på ngt
perspex /ˈpɜːspeks/ *varunamn* SB *GB* plexiglas
perspicacious /ˌpɜːspɪˈkeɪʃəs/ ADJ skarpsinnig, klarsynt
perspiration /ˌpɜːspɪˈreɪʃn/ SB transpiration, svettning

persuade /pə'sweɪd/ VB **1** övertala **2** övertyga ⟨**of** om⟩
persuasion /pə'sweɪʒn/ SB **1** övertalning **2** övertygelse **3** [religiös] riktning, samfund
persuasive /pə'sweɪsɪv/ ADJ övertygande
pert /pɜːt/ ADJ **1** näbbig, näsvis **2** *spec US* käck
pertinent /'pɜːtɪnənt/ ADJ relevant ⟨**to** för⟩
perturb /pə'tɜːb/ VB *frml* oroa, störa
pervade /pə'veɪd/ VB genomsyra, tränga igenom
perverse /pə'vɜːs/ ADJ **1** egensinnig, oresonlig **2** pervers, bisarr, avvikande
perversion /pə'vɜːʃn, US -'vɜːʒn/ SB **1** förvanskning, förvrängning **2** perversitet, perversion
pervert[1] /pə'vɜːt/ VB **1** fördärva, pervertera **2** förvanska
pervert[2] /'pɜːvɜːt/ SB **1** pervers person **2** *vard* äckel, äcklig typ
pessary /'pesərɪ/ SB **1** livmoderring **2** preventivpiller *vaginalt*
pessimism /'pesə͵mɪzəm/ SB pessimism
pessimist /'pesəmɪst/ SB pessimist
pessimistic /͵pesə'mɪstɪk/ ADJ pessimistisk
pest /pest/ SB **1** skade|djur, -insekt **2** *vard* odåga, pest
pester /'pestə/ VB besvära, tjata på, plåga
pesticide /'pestɪsaɪd/ SB bekämpningsmedel
pet[1] /pet/ SB **1** sällskapsdjur **2** favorit, gull[e]gris ⟨**teacher's ~**⟩ **3** raring **4** *attribut* älsklings-, favorit- ⟨**~ phrase**⟩ ⇓
pet[2] /pet/ VB **1** kela [med] **2** hångla [med]
petal /'petl/ SB kronblad
peter /'piːtə/ VB
□ **peter out** ebba ut, rinna ut i sanden
petition[1] /pə'tɪʃn/ SB petition, begäran
petition[2] /pə'tɪʃn/ VB hemställa, begära
pet name /'petneɪm/ SB smeknamn
petrify /'petrɪfaɪ/ VB lamslå, förstena
petrol /'petrəl/ SB *GB* bensin
petroleum /pə'trəʊlɪəm/ SB råolja, petroleum
petticoat /'petɪkəʊt/ SB underkjol
petty /'petɪ/ ADJ **1** liten, obetydlig ⟨**~ problems**⟩ **2** småaktig
petulant /'petjʊlənt/ ADJ grinig, sur
pew /pjuː/ SB kyrkbänk
pewter /'pjuːtə/ SB tenn[föremål]

phallic /'fælɪk/ ADJ fallos- ⟨**~ symbol**⟩
phantom /'fæntəm/ SB **1** spöke, vålnad **2** fantasifoster
pharmacist /'fɑːməsɪst/ SB farmaceut, apotekare
pharmacy /'fɑːməsɪ/ SB **1** apotek **2** farmaci
phase[1] /feɪz/ SB fas, skede
phase[2] /feɪz/ VB **1** genomföra gradvis (etappvis) **2** synkronisera
□ **phase out** avveckla gradvis (etappvis)
PhD /͵piːeɪtʃ'diː/ ⟨*förk f* Doctor of Philosophy⟩ SB Fil Dr
pheasant /'feznt/ SB fasan
phenomena → phenomenon
phenomenal /fə'nɒmɪnl/ ADJ fenomenal
phenomenon /fə'nɒmɪnən, US -'nɑːmənɑːn/ ⟨*pl* **phenomena** /-nə/⟩ SB fenomen
phew /fjuː/ INTERJ puh, usch, å
philanderer /fɪ'lændərə/ SB flickjägare
philanthropist /fɪ'lænθrəpɪst/ SB filantrop, människovän
philatelist /fɪ'lætəlɪst/ SB filatelist
the Philippines /'fɪləpiːnz/ SB Filippinerna
philistine /'fɪlɪstaɪn/ **1** SB bracka **2** ADJ brackig
philosopher /fə'lɒsəfə/ SB filosof
philosophy /fə'lɒsəfɪ/ SB filosofi
phlegm /flem/ SB **1** slem **2** flegma, tröghet
phlegmatic /fleg'mætɪk/ ADJ flegmatisk
phobia /'fəʊbɪə/ SB fobi, skräck ⟨**about** för⟩
phone[1] /fəʊn/ SB telefon
★ **be on the ~** *a*) *GB* ha telefon *b*) tala (sitta) i telefon
phone[2] /fəʊn/ VB ringa [till], telefonera [till]
□ **phone in** ringa in **~ sick** ringa och sjukanmäla sig
phone-in /'fəʊnɪn/ SB telefonväkteri, telefonväktarprogram
phonetic /fə'netɪk/ ADJ fonetisk **~ transcription** ljudskrift
phoney /'fəʊnɪ/ (*spec US* **phony**) *vard* **1** ADJ oäkta, falsk, bluff- ⟨**a ~ doctor**⟩ **2** SB *person* bluff, humbug
phosphorus /'fɒsfərəs/ SB fosfor
photo /'fəʊtəʊ/ SB foto, kort, bild
photocopy[1] /'fəʊtəʊ͵kɒpɪ/ SB fotokopia
photocopy[2] /'fəʊtəʊ͵kɒpɪ/ VB fotokopiera
photograph[1] /'fəʊtəgrɑːf/ SB fotografi

bild
photograph² /ˈfəʊtəgrɑːf/ VB
1 fotografera 2 ~ **well** bli bra på kort
photographer /fəˈtɒgrəfə/ SB fotograf
photographic /ˌfəʊtəˈgræfɪk/ ADJ
fotografisk
photography /fəˈtɒgrəfɪ/ SB fotografi
som konst el hobby
phrase /freɪz/ SB fras, uttryck
★ **coin a ~** → **coin²**
phrase book /ˈfreɪzbʊk/ SB parlör
physical /ˈfɪzɪkl/ 1 ADJ fysisk, kroppslig,
materiell ~ **education** ⟨*förk* **PE** /ˌpiːˈiː/⟩,
~ **training** ⟨*förk* **PT** /ˌpiːˈtiː/⟩ *utb* idrott,
gymnastik ~ **examination**
läkarundersökning 2 SB *vard*
läkarundersökning
physician /fɪˈzɪʃn/ SB läkare *ej kirurg*
physicist /ˈfɪzɪsɪst/ SB fysiker
physics /ˈfɪzɪks/ SB *vetenskap* fysik
physiotherapist /ˌfɪzɪəʊˈθerəpɪst/ SB
sjukgymnast
physiotherapy /ˌfɪzɪəʊˈθerəpɪ/ SB
sjukgymnastik
physique /fɪˈziːk/ SB fysik,
kroppsbyggnad
piano /pɪˈænəʊ/ SB piano **grand ~** flygel
pick¹ /pɪk/ VB 1 välja [ut], ta ut 2 plocka
3 peta ⟨~ **one's teeth**⟩, ~ **a bone** skrapa
(plocka) bort köttet från ett ben ~ **one's
nose** peta sig i näsan 4 hacka ⟨~ **a hole in
sth**⟩ 5 picka [i sig] 6 dyrka upp *lås*
★ **have a bone to ~ with sb** → **bone** ~ **and
choose** välja och vraka ~ **sb's brains**
utnyttja ngns kunskaper ~ **a fight** mucka
gräl ~ **holes in** finna fel i ~ **one's way** gå
försiktigt [fram] ~ **to pieces** göra ner
~ **a winner** satsa på rätt häst
☐ **pick at** [sitta och] peta i ⟨~ **one's food**⟩
☐ **pick on** *a)* välja, utse *b)* gnata (hacka)
på *c)* hoppa ˈpå ⟨**Why ~ me?**⟩
☐ **pick out** *a)* välja [ut] *b)* *melodi* ta ut
c) urskilja, se
☐ **pick over** rensa *bär etc*, kolla igenom
☐ **pick up** *a)* plocka upp *b)* hämta (repa)
sig *c)* bli bättre ⟨**the film picked up
towards the end**⟩ *d)* pigga upp *e)* ta vid
⟨**let's ~ where we left off**⟩ *f)* hämta ⟨**I'll
pick you up at the station**⟩ *g)* ragga upp,
få tag på ⟨~ **a girl**⟩ *h)* lära sig ⟨~ **French**⟩
i) uppsnappa ⟨~ **radio signals**⟩ *j)* öka
⟨~ **speed**⟩ *k)* *vard* tjäna ⟨~ **£40 a day**⟩
l) få, åka på ⟨~ **an illness**⟩

pick² /pɪk/ SB 1 val **Take your ~** Välj vad
du vill [ha] 2 **the pick** det bästa, de bästa
pick³ /pɪk/ SB hacka
pickaxe /ˈpɪkæks/ (*US* **pickax**) SB hacka
picket¹ /ˈpɪkɪt/ SB strejkvakt ~ **line** [rad
av] strejkvakter
picket² /ˈpɪkɪt/ VB 1 gå (vara) strejkvakt
2 sätta ut strejkvakt vid ⟨~ **a factory**⟩
pickings /ˈpɪkɪŋz/ SB *vard* förtjänster,
pengar att tjäna
pickle /ˈpɪkl/ SB 1 ättikslag, saltlag
2 **pickles** pickels 3 *spec US* inlagd gurka
4 *vard* knipa
pickled /ˈpɪkld/ ADJ 1 inlagd ⟨~ **herring**⟩,
~ **onions** syltlök 2 på sniskan
pick-me-up /ˈpɪkmɪʌp/ SB styrketår,
uppiggande medicin
pick'n'mix /ˌpɪknˈmɪks/ SB plockgodis,
lösgodis
pickpocket /ˈpɪkˌpɒkɪt/ SB ficktjuv
pick-up /ˈpɪkʌp/ SB 1 pickup *på skivspelare*
2 *lastbil* pickup 3 uppraggad tjej (kille)
picnic /ˈpɪknɪk/ SB picknick
pictorial /pɪkˈtɔːrɪəl/ ADJ bild-
⟨~ **magazine**⟩
picture¹ /ˈpɪktʃə/ SB 1 tavla, målning,
teckning 2 foto, *äv tv* bild 3 skildring,
bild 4 [biograf]film **go to the ~s** *GB* gå på
bio 5 läge, situation ⟨**the financial ~ is
bad**⟩
★ **be a ~** vara mycket vacker **be in the ~**
vara insatt i saken **be the ~ of sb** vara ngn
upp i dagen **Get the ~?** Fattar du? **put sb
in the ~** sätta ngn in i bilden [as] **pretty
as a ~** → **pretty¹**
picture² /ˈpɪktʃə/ VB 1 föreställa sig ~ **to
oneself** föreställa sig 2 skildra, beskriva
picture postcard /ˌpɪktʃə ˈpəʊstkɑːd/ SB
vykort
picturesque /ˌpɪktʃəˈresk/ ADJ 1 pittoresk
2 målande, livfull ⟨**a ~ description**⟩
piddle /ˈpɪdl/ VB pinka
pidgin /ˈpɪdʒɪn/ SB blandspråk, pidgin
pie /paɪ/ SB paj *i GB vanl rund täckt anrättning*
★ [**as**] **easy as ~** → **easy¹** ~ **in the sky** *vard*
överdriven (from) förhoppning, tomt
löfte
piece¹ /piːs/ SB 1 stycke, bit **a ~ of advice**
ett råd **a ~ of chalk** en krita 2 del
a 36-~ service en servis med 36 delar
3 [spel]pjäs **chess ~** schackpjäs 4 *litt,
musik* stycke, *i tidning* artikel 5 mynt
⟨**a ten-pence ~**⟩

P piece² – pins and needles

★ **be of a ~** *a)* vara av samma skrot och korn *b)* stämma helt överens **come to ~s** gå sönder, falla i bitar **give sb a ~ of one's mind** säga ngn rent ut vad man tycker **go to ~s** *a)* gå sönder *b) om person* bli helt knäckt **in one ~** helskinnad **~ by ~** bit för bit **a ~ of cake** en lätt match **take to ~s** plocka isär
piece² /pi:s/ VB
□ **piece together** pussla ihop
piecemeal /'pi:smi:l/ ADV bit för bit, undan för undan
piecework /'pi:swɜ:k/ SB ackordsarbete
pier /pɪə/ SB **1** pir **2** [båt]brygga
pierce /pɪəs/ VB genomborra, tränga (skära) igenom
piercing /'pɪəsɪŋ/ ADJ genomträngande
piety /'paɪətɪ/ SB fromhet
pig /pɪg/ SB gris, svin
pigeon /'pɪdʒən/ SB duva
pigeonhole /'pɪdʒənhəʊl/ SB fack *för post etc*
piggy bank /'pɪgɪbæŋk/ SB spargris
pig-headed /ˌpɪg'hedɪd/ ADJ tjurskallig, envis
piglet /'pɪglət/ SB griskulting, spädgris
pigmy → pygmy
pigskin /'pɪgskɪn/ SB svinläder
pigsty /'pɪgstaɪ/ ⟨spec US **pigpen** /'pɪgpen/⟩ SB GB svinstia
pigtail /'pɪmeɪl/ SB GB råttsvans *hårfläta*
pike /paɪk/ ⟨*pl lika el* -s⟩ SB gädda
pile¹ /paɪl/ ⟨↔ **piles**⟩ SB **1** hög, trave **2 a ~ of, ~s of** massor av **3** byggnadskomplex **4** reaktor
★ **make a ~** tjäna en massa pengar
pile² /paɪl/ VB **1** trava, stapla **2** lasta [på], lassa på, belamra
★ **~ it on** bre på, överdriva
□ **pile in** välla in, pressa sig in
□ **pile up** *a)* trava upp *b)* hopa sig *c)* seriekrocka
pile³ /paɪl/ SB lugg *på matta, handduk*
piles /paɪlz/ SB hemorrojder
pile-up /'paɪlʌp/ *vard* seriekrock
pilfer /'pɪlfə/ VB snatta
pilgrim /'pɪlgrɪm/ SB pilgrim
pilgrimage /'pɪlgrɪmɪdʒ/ SB pilgrimsfärd, vallfart
pill /pɪl/ SB **1** piller **2** p-piller **be on the ~** ta p-piller
pillar /'pɪlə/ SB **1** pelare **2** *bildl* stöttepelare, klippa

pillar box SB GB brevlåda *i form av pelare*
pillbox /'pɪlbɒks/ SB **1** pillerask **2** bunker
pillion /'pɪljən/ SB bönpall, baksits *på motorcykel*
pillory /'pɪlərɪ/ VB skampåle
pillow /'pɪləʊ/ SB huvudkudde
pillowcase /'pɪləʊkeɪs/, **pillowslip** /-slɪp/ SB örngott
pilot¹ /'paɪlət/ SB **1** pilot **~ scheme** pilotprojekt **2** lots ⇓
pilot² /'paɪlət/ VB **1** flyga ⟨**~ a plane**⟩ **2** lotsa, *bildl äv* leda, föra
pilot light SB **1** tändlåga **2** kontrollampa
pimp /pɪmp/ SB hallick
pimple /'pɪmpl/ SB finne, blemma
pin¹ /pɪn/ SB **1** [knapp]nål **2** US äv brosch **3** sprint, stift, pinne **4 pins** *vard* ben, påkar
★ **for two ~s** *vard* utan minsta tvekan
pin² /pɪn/ VB nåla, fästa **~ sb** hålla fast ngn **be ~ned** sitta (vara) fastklämd
□ **pin down** *a)* hålla fast *b)* tvinga att ta ställning (ge besked) *c)* definiera
□ **pin sth on sb** ge ngn skulden för ngt
pin one's hopes on sth sätta sitt hopp till ngt
pinafore /'pɪnəfɔ:/ SB förkläde
pinball /'pɪnbɔ:l/ SB fortunaspel **~ machine** flipperspel
pincer /'pɪnsə/ SB **1** klo *på skaldjur* **2 pincers** hovtång **a pair of ~s** en hovtång
pinch¹ /pɪntʃ/ VB **1** klämma ⟨**~ one's fingers**⟩ **2** nypa ⟨**~ sb's arm**⟩ **3** knycka
★ **~ and scrape (save)** vända på slantarna
pinch² /pɪntʃ/ SB **1** nyp **2** nypa ⟨**a ~ of sugar**⟩ **3** ekonomisk åtstramning
★ **at a ~** om det kniper
pincushion /'pɪnˌkʊʃn/ SB nåldyna
pine¹ /paɪn/ SB **1** tall, pinje **2** furu
pine² /paɪn/ VB **1** tyna [av (bort)] **2** trängta ⟨**for** efter⟩
pineapple /'paɪnæpl/ SB ananas
ping /pɪŋ/ SB vinande, klirr[ande], pling[ande]
pinhead /'pɪnhed/ SB knappnålshuvud
pink /pɪŋk/ **1** ADJ skär, rosa **2** SB rosa, skärt **3** SB nejlika
pinnacle /'pɪnəkl/ SB **1** tinne, takspira **2** *bildl* höjdpunkt, topp
pinpoint /'pɪnpɔɪnt/ VB ange noggrant, precisera
pinprick /'pɪnprɪk/ SB nålstick
pins and needles /ˌpɪnzən'ni:dlz/ SB

stickande domning, stickningar ⟨get ~ in one's leg⟩
pinstripe /'pɪnstraɪp/ SB **1** kritstreck **2** *attribut* kritstrecksrandig ⟨~ **suit**⟩
pint /paɪnt/ SB **1** ⟨*förk* **pt**⟩ ≈ halvliter *i GB* 0,568 l, *i US* 0,473 l **2** *GB* stort glas öl
pin-up /'pɪnʌp/ SB **1** pinuppbild **2** pinuppa
pioneer /ˌpaɪə'nɪə/ SB **1** pionjär, föregångsman **2** nybyggare
pioneering /ˌpaɪə'nɪərɪŋ/ ADJ banbrytande
pious /'paɪəs/ ADJ **1** from, religiös **2** skenhelig, bigott
pip[1] /pɪp/ SB kärna *i äpple, apelsin etc*
pip[2] /pɪp/ SB *radio, tele* signalton, pip
pipe[1] /paɪp/ SB **1** rör, ledning **2** [tobaks]pipa **3** flöjt, [vissel]pipa **4 pipes** *GB vard* säckpipa ⇓
pipe[2] /paɪp/ VB **1** transportera [i rörledning] **2** blåsa i pipa **3** pipa, tala gällt **4** spritsa
▫ **pipe down** *vard* hålla tyst
pipe dream SB önskedröm
pipeline /'paɪplaɪn/ SB rörledning, pipeline
★ **be in the ~** vara på gång
piping[1] /'paɪpɪŋ/ SB **1** [rör]ledningar, rör **2** spritsad glasyr
piping[2] /'paɪpɪŋ/ ADV **~ hot** rykande varm
piquant /'pi:kənt, *US* pi:'ka:nt/ ADJ **1** skarp ⟨~ **sauce**⟩ **2** pikant
pique[1] /pi:k/ SB sårad stolthet, harm
pique[2] /pi:k/ VB *bildl* såra ⟨**she was ~d by his words**⟩
piracy /'paɪrəsɪ/ SB **1** sjöröveri **2** piratutgivning
pirate /'paɪrət/ SB **1** sjörövare, pirat **2** *attribut* pirat- **~ edition** piratupplaga
pirouette /ˌpɪru'et/ SB piruett
Pisces /'paɪsi:z/ SB *stjärntecken* Fiskarna
piss[1] /pɪs/ VB pissa
▫ **piss off** *a*) *spec GB* dra åt helvete, sticka [sin väg] *b*) göra skitförbannad
piss[2] /pɪs/ SB piss
★ **take the ~ out of** *spec GB* driva (retas) med
pissed /pɪst/ ADJ **1** *GB vard* full **2** *US* förbannad
piste /pi:st/ SB pist
pistol /'pɪstl/ SB pistol
piston /'pɪstən/ SB pistong, kolv
pit[1] /pɪt/ SB **1** grop, hål [i marken] **the ~ of one's stomach** maggropen **2** gruvschakt, kolgruva **3** [**orchestra**] **~** orkesterdike **4** koppärr **5** kärna ⟨**cherry ~**⟩ **6** *sport* hoppgrop **7 the pits** *bilsport* depå
★ **be the ~s** *US* vara botten[dålig]
pit[2] /pɪt/ VB **1** göra gropar (hål) i **~ted** gropig, *om hud* ärrig **2 ~ oneself against** mäta sina krafter med
pitch[1] /pɪtʃ/ VB **1** sätta upp, resa ⟨**~ a tent**⟩, **~ camp** slå läger **2** kasta, slänga **3** *musik* stämma ⟨**~ed too high**⟩ **4** *sjö* stampa, *flyg* kränga **5 ~ forwards** falla huvudstupa
▫ **pitch in** rycka in *för att hjälpa till*
▫ **pitch into** *a*) ge sig på, attackera *b*) ta itu med
pitch[2] /pɪtʃ/ SB **1** höjdpunkt, topp **2** tonhöjd, tonläge **perfect ~** absolut gehör **3** kast **4** *spec GB* kricketplan, fotbollsplan **5** *spec GB* fast plats *för gatuförsäljare* **6** lutning, sluttning **7** försäljarjargong, säljsnack
pitch[3] /pɪtʃ/ SB beck
pitcher /'pɪtʃə/ SB [ler]krus
pitchfork /'pɪtʃfɔ:k/ SB högaffel
pitfall /'pɪtfɔ:l/ SB *bildl* fallgrop
pith /pɪθ/ SB **1** *bot* märg **the ~ of an orange** det vita i en apelsin **2** kärnpunkt, kärna
pithy /'pɪθɪ/ ADJ kärnfull, märgfull
pitiable /'pɪtɪəbl/, **pitiful** /-fʊl/ ADJ eländig, sorglig, ömklig
pitiless /'pɪtɪləs/ ADJ skoningslös, obarmhärtig
pittance /'pɪtəns/ SB struntsumma
pity[1] /'pɪtɪ/ SB **1** medlidande **have (take) ~ on** tycka synd om **2** synd ⟨**it's a] ~ you missed that film**⟩, **What a ~!** Så synd!
★ **for ~'s sake** för Guds skull **more's the ~** *vard* tyvärr
pity[2] /'pɪtɪ/ VB tycka synd om, känna medlidande med **she's to be pitied** det är synd om henne
pivot /'pɪvət/ SB **1** *bildl* medelpunkt **2** *tekn* svängtapp, pivot
pixie /'pɪksɪ/, **pixy** SB ≈ tomtenisse
pizza /'pi:tsə/ SB pizza
placard /'plæka:d/ SB plakat, affisch
placate /plə'keɪt, *US* 'pleɪkeɪt/ VB blidka, lugna ner
place[1] /pleɪs/ SB **1** ställe, plats **in the right ~** på rätt ställe **2** plats, ort **3** bostad **at my ~** hemma hos mig **4** plats, anställning **5** plats, position, rang **people in high ~s** folk i hög ställning

★ **all over the** ~ överallt **fall into** ~ → fall¹
give ~ **to** ersättas av **go** ~**s** *vard* gå långt, lyckas [i livet] **in the first** ~ → first¹ **in** ~ **på sin plats in** ~**s** på sina ställen, här och där **in** ~ **of** i stället för **in your** ~ i ditt ställe **out of** ~ olämplig, opassande **put sb in his** ~ sätta ngn på plats **take** ~ inträffa, äga rum

place² /pleɪs/ VB placera
★ **How are you** ~**d for work?** Hur har du det med jobb?

placement /'pleɪsmənt/ SB **1** placering **2** praktikantplats

placid /'plæsɪd/ ADJ lugn, stilla, *om person* blid, mild

plagiarism /'pleɪdʒə,rɪzəm/ SB plagiat

plague¹ /pleɪg/ SB **1** farsot, pest **2** *bildl* plåga, pest

plague² /pleɪg/ VB plåga, besvära

plaice /pleɪs/ ⟨*lika i pl*⟩ SB [röd]spätta

plaid /plæd/ SB **1** pläd, schal **2** skotskrutigt tyg, tartan

plain¹ /pleɪn/ ADJ **1** enkel, anspråkslös **a** ~ **ring** en slät ring **in** ~ **blue** i enfärgat blått **2** tydlig, klar, uppenbar **make** ~ klart visa, klargöra **3** uppriktig, rättfram ⟨with mot⟩ **4** alldaglig, ganska ful **5** ren ⟨~ **stupidity**⟩, ~ **chocolate** mörk choklad
★ **be [as]** ~ **as a pikestaff** vara klart som korvspad **be** ~ **sailing** gå som smort **make oneself** ~ uttrycka sig klart

plain² /pleɪn/ SB slätt

plain-clothes /ˌpleɪn'kləʊðz, US -'kloʊz/ ADJ civilklädd ⟨**a** ~ **policeman**⟩

plainly /'pleɪnlɪ/ ADV **1** tydligt, klart **2** tydligen

plaintiff /'pleɪntɪf/ SB målsägare, kärande

plaintive /'pleɪntɪv/ ADJ klagande, sorgsen

plait¹ /plæt, US pleɪt/ SB fläta ⟨she wore ~s⟩

plait² /plæt, US pleɪt/ VB fläta

plan¹ /plæn/ SB **1** plan **2** karta ⟨**town** ~⟩
★ **according to** ~ enligt planerna

plan² /plæn/ VB planera

plane¹ /pleɪn/ **1** SB [flyg]plan **2** SB nivå, plan **3** SB plan yta, plan **4** ADJ plan, slät, jämn

plane² /pleɪn/ SB hyvel

plane³ /pleɪn/ VB hyvla

planet /'plænɪt/ SB planet

plane tree /'pleɪntriː/ SB platan

plank /plæŋk/ SB **1** planka **2** [huvud]punkt *i partiprogram*

planner /'plænə/ SB planerare

plant¹ /plɑːnt/ SB **1** växt, planta, ört **2** anläggning, fabrik **3** maskinpark **4** falskt bevis ⟨**the gun found in his desk was a** ~⟩

plant² /plɑːnt/ VB **1** plantera, sätta, så **2** placera
□ **plant sth on sb** placera falskt bevis hos ngn

plantation /plɑːn'teɪʃn, plæn-/ SB **1** plantage **2** plantering

plaque /plæk, GB äv plɑːk/ SB **1** platta, [namn]plåt **2** plack *på tand*

plaster¹ /'plɑːstə/ SB **1** puts, rappning **2** gips **she's in** ~ hon är gipsad ~ **cast** gipsförband **3** *spec* GB plåster

plaster² /'plɑːstə/ VB **1** putsa, rappa **2** gipsa **3** smeta, kleta [ner]

plastered /'plɑːstəd/ ADJ packad, full

plastic /'plæstɪk/ **1** SB plast ⟨**a** ~ **bag**⟩ **2** ADJ plast- **3** ADJ plastisk, formbar ~ **surgery** plastikkirurgi

Plasticine /'plæstəsiːn/ *varunamn* SB modellera

plate¹ /pleɪt/ SB **1** tallrik **2** platta, plåt ⟨**steel** ~⟩, **name** ~ namnskylt **3** [bords]silver **silver** ~ nysilver **4** plansch *i bok*
★ **have a lot on one's** ~ ha händerna fulla

plate² /pleɪt/ VB försilvra, förgylla, plätera

plateau /'plætəʊ/ ⟨*pl* -**s** *el* -**x** /-z/⟩ SB **1** platå, högslätt **2** avstannande, period av stillastående

platform /'plætfɔːm/ SB **1** perrong, *äv bildl* plattform **2** estrad **3** *polit* valprogram

platinum /'plætɪnəm/ SB platina

platitude /'plætɪtjuːd, US -ətuːd/ SB plattityd, banalitet

platoon /plə'tuːn/ SB pluton

plausible /'plɔːzəbl/ ADJ **1** plausibel, trolig, rimlig **2** [som verkar] förtroendeingivande ⟨**a** ~ **liar**⟩

play¹ /pleɪ/ SB **1** lek **children at** ~ lekande barn **2** [teater]pjäs, skådespel **3** *sport* spel **4** spel ~ **of colours** färgspel **5** spelrum, glapp **give the rope more** ~ släppa efter på repet
★ **bring into** ~ sätta in **come into** ~ spela in, komma in i bilden **give full** ~ **to** → full¹ **in** ~ *a)* på skoj *b) sport* i spel **make a** ~ **for** *spec* US försöka lägga beslag på, lägga an

på
play² /pleɪ/ vb **1** leka **2** spela ⟨**for** om⟩ ~ **the fool** spela idiot **3** spela mot ⟨**England are ~ing Sweden**⟩ **4** spelas, visas ⟨**Hamlet is ~ing at the Odeon**⟩ **5** ~ **a joke on** skoja med **6** låta svepa ⟨**over** över⟩ ★ **not ~ the game** inte hålla sig till reglerna ~ **ball** ställa upp, vara med på noterna ~ **it by ear** improvisera ~ **[it] safe** ta det säkra för det osäkra ~ **one's cards right** sköta sina kort väl ~ **for time** försöka vinna tid
☐ **play about (around)** a) [springa omkring och] leka b) vänsterprassla c) ställa till [oreda]
☐ **play along with** spela med, hålla god min
☐ **play at** a) leka ⟨~ **pirates**⟩ b) hålla på med
☐ **play back** spela upp ett band
☐ **play down** tona ner
☐ **play off against** spela ut mot
☐ **play up** a) blåsa upp b) krångla c) bråka, vara olydig
play-act /'pleɪækt/ vb spela teater, låtsas
player /'pleɪə/ sb **1** spelare **2** musikant **3** skådespelare
playful /'pleɪfʊl/ adj lekfull, skämtsam
playgoer /'pleɪˌgəʊə/ sb teaterbesökare
playground /'pleɪgraʊnd/ sb **1** lekplats **2** skolgård
playhouse /'pleɪhaʊs/ sb **1** teater **2** lekstuga
playmate /'pleɪmeɪt/ sb lekkamrat
play-off /'pleɪɒf/ sb omspel, slutspel
playwright /'pleɪraɪt/ sb dramatiker
plaza /'plɑːzə/ sb torg, spec US köpcenter
plc /ˌpiːelˈsiː/, **PLC** ⟨förk f public limited company⟩ GB AB i namn på börsnoterade företag
plea /pliː/ sb vädjan ⟨**for** om⟩
plead /pliːd/ vb **1** vädja, bönfalla ⟨**for** om⟩ **2** åberopa, ursäkta sig med **3** tala inför rätta, plädera ~ **sb's case** föra ngns talan ~ **guilty** jur erkänna sig skyldig
pleasant /'pleznt/ adj behaglig, angenäm
please¹ /pliːz/ vb **1** behaga, vara till lags **2** behaga, vilja, önska ⟨**do as you** ~⟩ ★ **P~ yourself!** Gör som du [själv] vill!
please² /pliːz/ interj **1** tack ⟨**I'd like a cup of tea,** ~⟩ **2** var så god ⟨**Come in,** ~⟩ **3** var snäll och ⟨**P~ give it to me**⟩, **Would you** ~ **go now!** Nu är du så god och går!

pleased /pliːzd/ adj nöjd, belåten, glad ~ **to meet you** [det var] trevligt att träffas **we are ~ to inform you that ...** frml vi har glädjen meddela er att ...
★ **[as]** ~ **as Punch** jättebelåten
pleasing /'pliːzɪŋ/ adj behaglig, tilltalande
pleasurable /'pleʒərəbl/ adj angenäm, behaglig
pleasure /'pleʒə/ sb **1** nöje, glädje **it's been a ~ meeting you** det var trevligt att råkas **2** njutning, lust
★ **at your** ⟨etc⟩ ~ efter behag **My** ~ För all del, Ingen orsak
pleat /pliːt/ sb veck, plissé
pledge¹ /pledʒ/ sb **1** löfte, utfästelse **2** pant
★ **as a ~ of** som bevis på
pledge² /pledʒ/ vb **1** [ut]lova **2** pantsätta
plentiful /'plentɪfʊl/ adj riklig **food was ~** det var rikligt med mat
plenty /'plentɪ/ pron **1** en hel del, massor **2** ~ **of** gott om, massor av
pliable /'plaɪəbl/, **pliant** /'plaɪənt/ adj **1** böjlig, formbar **2** foglig, eftergiven
pliers /'plaɪəz/ sb plattång **a pair of ~** en plattång
plight /plaɪt/ sb svår situation
plimsolls /'plɪmsəlz/ sb GB gymnastikskor
plinth /plɪnθ/ sb sockel, plint
plod /plɒd/ vb lunka, traska
☐ **plod on (along)** knoga på, slita
plonk¹ /plɒŋk/ (spec US **plunk** /plʌŋk/) sb **1** dunk, duns, klirr **2** GB vard billigt vin
plonk² /plɒŋk/ (spec US **plunk** /plʌŋk/) vb **1** dunsa, släppa ner ~ **oneself on a sofa** sjunka ner i soffan **2** slänga med en duns
plop¹ /plɒp/ sb plums
plop² /plɒp/ vb plumsa
plot¹ /plɒt/ sb **1** handling, intrig i roman etc **2** komplott, sammansvärjning
plot² /plɒt/ vb **1** konspirera, sammansvärja sig **2** planera i hemlighet ⟨~ **the murder of sb**⟩ **3** plotta, lägga ut ⟨~ **a ship's course**⟩
plot³ /plɒt/ sb stycke mark, tomt, land ⟨**vegetable** ~⟩
plotter /'plɒtə/ sb kurvritare, plotter
plough¹ /plaʊ/ (US **plow**) sb **1** plog **2 the Plough** Karlavagnen
plough² /plaʊ/ (US ⇑) vb **1** plöja **2** GB vard kugga[s], köra

P ploy – point¹

□ **plough back** plöja ner *pengar*
ploy /plɔɪ/ SB drag, fint, knep
pluck¹ /plʌk/ VB **1** plocka ⟨~ **a chicken**⟩ **2** rycka ⟨**at** i⟩
★ ~ **up courage** ta mod till sig
pluck² /plʌk/ SB **1** *vard* mod **2** ryck[ning]
plucky /'plʌkɪ/ ADJ *vard* modig
plug¹ /plʌɡ/ SB **1** propp, plugg **2** stickpropp **3** *vard* eluttag **4** *vard* tändstift **5** *radio, tv* reklam[inslag]
★ **pull the ~ on** → **pull¹**
plug² /plʌɡ/ VB **1** täppa till, plugga igen **2** *radio, tv vard* göra reklam för, puffa för
plughole /'plʌɡhəʊl/ SB *spec GB* avloppshål
plum /plʌm/ SB **1** plommon **2** plommonträd **3** mörklila
★ **a ~ [of a] job** ett drömjobb
plumage /'pluːmɪdʒ/ SB fjäderdräkt
plumb /plʌm/ VB loda, sondera
★ ~ **the depths of sth** slå bottenrekord i fråga om ngt
□ **plumb in** *GB* ansluta ⟨~ **a washing machine**⟩
plumber /'plʌmə/ SB rör|mokare, -läggare
plumbing /'plʌmɪŋ/ SB **1** rörledningar *i byggnad* **2** rörmokeri
plume /pluːm/ SB [prydnads]fjäder, plym
plummet /'plʌmɪt/ VB **1** *handel* sjunka kraftigt **2** störta
plump¹ /plʌmp/ ADJ knubbig, rund
plump² /plʌmp/, **plump up** VB puffa upp
□ **plump down** *a)* dimpa ner *b)* släppa ner
□ **plump for** *vard* bestämma sig för, välja
plunder /'plʌndə/ VB plundra
plunderer /'plʌndərə/ SB plundrare
plunge¹ /plʌndʒ/ VB **1** störta, kasta sig ⟨~ **forward**⟩ **2** kasta, slunga **3** *handel* sjunka kraftigt
plunge² /plʌndʒ/ SB **1** dykning **2** bad, dopp **3** störtande, fall ⟨**a** ~ **into chaos**⟩, rusning
★ **take the** ~ våga språnget
plunk → **plonk¹,²**
plural /'plʊərəl/ **1** SB plural[is] ⟨**in the** ~⟩ **2** ADJ plural
plus /plʌs/ **1** SB plus[tecken] **2** SB plus, fördel **3** ADJ **be 50** ~ vara drygt 50 år
plush /plʌʃ/ **1** SB plysch **2** ADJ *vard* lyxig, flott
ply /plaɪ/ VB **1** gå [i trafik] ~ **a route** trafikera en rutt **2** *frml* använda **3** ~ **a trade** utöva ett yrke

PM → **Prime Minister**
p.m. /ˌpiːˈem/ ⟨*förk f* post meridiem⟩ e.m.
at 8 ~ kl 8 på kvällen
pneumatic /njuːˈmætɪk, *US* nuː-/ ADJ **1** trycklufts-, pneumatisk **2** luftfylld, luft-
pneumonia /njuːˈməʊnɪə, *US* nuː-/ SB lunginflammation
poach¹ /pəʊtʃ/ VB pochera, sjuda ~**ed eggs** förlorade ägg
poach² /pəʊtʃ/ VB **1** bedriva tjuvjakt (tjuvfiske) ⟨**for** på⟩ **2** *idé etc* knycka, stjäla
poacher /'pəʊtʃə/ SB tjuv|skytt, -fiskare
pocket¹ /'pɒkɪt/ SB **1** ficka ~ **calculator** miniräknare **2** tillgångar, pengar
★ **be in** ~ *GB om ekonomi* stå på plus **be out of** ~ stå på minus, ha gått back **have sb in one's** ~ ha ngn helt i sin hand **line one's** ~ → **line³**
pocket² /'pɒkɪt/ VB **1** stoppa i fickan **2** stoppa i egen ficka
★ ~ **one's pride** svälja förtreten
pocketbook /'pɒkɪtbʊk/ SB **1** anteckningsbok **2** *US äv* plånbok, portmonnä, handväska **3** *US äv* pocketbok
pockmarked /'pɒkmɑːkt/ ADJ koppärrig
pod /pɒd/ SB *bot* balja, kapsel **pea** ~ ärtskida
podgy /'pɒdʒɪ/ ADJ knubbig
poem /'pəʊɪm/ SB dikt
poet /'pəʊɪt/ SB poet, skald
poetic /pəʊˈetɪk/, **poetical** /-kl/ ADJ poetisk
poetry /'pəʊətrɪ/ SB **1** poesi **2** diktkonst
poignant /'pɔɪnjənt/ ADJ bitter, hjärtslitande
point¹ /pɔɪnt/ ⟨↔ **points**⟩ SB **1** spets, udde **2** punkt ~ **by** ~ punkt för punkt ~ **of departure** utgångspunkt **at this** ~ vid denna tidpunkt **3 decimal** ~ decimalkomma **two** ~ **five (2.5)** två komma fem (2,5) **4** *sport, spel* poäng **5** sak, punkt **the** ~ **[at issue] is this** det saken gäller är detta **get (come) to the** ~ komma till saken **that is exactly my** ~ det är just det jag menar **6** poäng, mening **get the** ~ **of sth** fatta poängen med ngt **there's no** ~ **in going** det är ingen idé att resa **What's the** ~ **of trying?** Vad tjänar det till att försöka? **you've got a** ~ **there** det ligger något i vad du säger **7** *GB*

vägg|uttag, -kontakt
★ **be at the ~ of no return** ha kommit till den punkt där det inte finns någon återvändo **be on the ~ of doing sth** stå i begrepp att göra ngt **beside the ~** ovidkommande **a case in ~** → case² **come to the ~** *a)* komma till kritan *b)* komma till saken **get to the ~** komma till saken **if it comes to the ~** om det verkligen gäller **in ~ of fact** i själva verket **make one's ~** klargöra vad man menar **make a ~ of** vara noga med **to the ~** saklig, relevant **up to a ~** i viss mån ⇓

point² /pɔɪnt/ VB peka [med], rikta, sikta [med] ⟨ **at, to** på **to, towards** mot ⟩ **~ [to the] east** peka mot öster **the evidence ~s to murder** bevismaterialet pekar på mord
★ **~ the finger at** peka finger åt **~ the way** visa vägen
□ **point out** *a)* peka ut *b)* påpeka, framhålla

point-blank /ˌpɔɪnt'blæŋk/ ADV **1** på nära håll ⟨ **shoot ~** ⟩ **2 refuse ~** vägra blankt **tell sb sth ~** säga ngn ngt rent ut

pointed /'pɔɪntɪd/ ADJ **1** spetsig **2** menande **3** skarp, bitsk

pointer /'pɔɪntə/ SB **1** visare *på instrument* **2** tips, förslag **3** pekpinne **4** pointer *hund*

pointless /'pɔɪntləs/ ADJ meningslös

point of view /ˌpɔɪntəv'vjuː/ SB synpunkt

points /pɔɪnts/ SB **1** brytarspetsar **2** *GB* [järnvägs]växel **3 dance on ~** dansa på tåspetsarna

poise¹ /pɔɪz/ SB **1** självsäkerhet, lugn **2** balans, [god] hållning

poise² /pɔɪz/ VB **1** balansera **2** sväva

poised /pɔɪzd/ ADJ **1** lugn, värdig **2** balanserad, samlad

poison¹ /'pɔɪzn/ SB gift

poison² /'pɔɪzn/ VB förgifta, *bildl äv* fördärva, förvända

poisonous /'pɔɪzənəs/ ADJ **1** giftig, gift- **2** skadlig, fördärvlig

poke¹ /pəʊk/ VB **1** peta, knuffa **2** köra, sticka **3** röra om i
★ **~ fun at** skoja (driva) med

poke² /pəʊk/ SB stöt, knuff

poker¹ /'pəʊkə/ SB eldgaffel

poker² /'pəʊkə/ SB poker

poky /'pəʊkɪ/ ADJ kyffig, trång

Poland /'pəʊlənd/ SB Polen

polar /'pəʊlə/ ADJ polar-

polar bear /ˌpəʊlə'beə/ SB isbjörn

polarize /'pəʊləraɪz/ VB polarisera

pole¹ /pəʊl/ SB påle, stolpe, stång, *sport* stav
★ **up the ~** *spec GB* knäpp ⇓

pole² /pəʊl/ SB pol
★ **be ~s apart** *vard* stå mycket långt ifrån varandra

Pole /pəʊl/ SB polack

polemic /pə'lemɪk/ **1** SB polemik **2** ADJ polemisk

pole vault /'pəʊlvɔːlt/ SB stavhopp

pole-vault /'pəʊlvɔːlt/ VB hoppa stav

police¹ /pə'liːs/ SB **1** *myndighet* polis **2** poliser, polismän ⟨ **20 extra ~ were called in** ⟩ ⇓

police² /pə'liːs/ VB hålla ordning i (på)

policeman /pə'liːsmən/ SB polisman

police officer /pə'liːsˌɒfɪsə/ SB polis|man, -konstapel, polis

policewoman /pə'liːsˌwʊmən/ SB kvinnlig polis

policy¹ /'pɒləsɪ/ SB policy, *polit* politik, politiskt program **~ statement** programförklaring

policy² /'pɒləsɪ/ SB försäkringsbrev

polio /'pəʊlɪəʊ/ SB polio

polish¹ /'pɒlɪʃ/ VB **1** polera, putsa **2** *bildl* bättra på, finputsa
□ **polish off** *a)* snabbt klara av *b)* sluka, svepa
□ **polish up** *a)* polera upp *b)* friska upp, bättra på

polish² /'pɒlɪʃ/ SB **1** putsmedel, polermedel **2** glans, polityr **3** polering, putsning

Polish /'pəʊlɪʃ/ **1** ADJ polsk **2** SB polska [språket]

polished /'pɒlɪʃt/ ADJ **1** polerad **2** förfinad, kultiverad

polite /pə'laɪt/ ADJ artig, hövlig ⟨ **to** mot ⟩

politic /'pɒlətɪk/ ADJ *frml* klok, välbetänkt

political /pə'lɪtɪkl/ ADJ politisk **~ economy** nationalekonomi

politician /ˌpɒlə'tɪʃn/ SB politiker

politics /'pɒlətɪks/ SB politik **go into ~** bli politiker

poll¹ /pəʊl/ SB **1** opinionsundersökning **2** röstning, val **3** röstsiffror, avgivna röster
★ **go to the ~s** gå till val

poll² /pəʊl/ VB **1** undersöka *i opinionsundersökning* **2 ~ votes** erhålla röster

pollen /ˈpɒlən/ SB pollen ~ **count** ≈ pollenrapport
pollinate /ˈpɒləneɪt/ VB pollinera
pollster /ˈpəʊlstə/ SB opinionsundersökare
pollutant /pəˈluːtənt/ SB miljöfarligt ämne
pollute /pəˈluːt/ VB smutsa ner, förorena
pollution /pəˈluːʃn/ SB nedsmutsning, [miljö]förorening
polo /ˈpəʊləʊ/ SB **1** *sport* polo **2** polokrage
polo neck SB *spec GB* polokrage ~ **sweater** polotröja
poly → polytechnic
polygamy /pəˈlɪgəmɪ/ SB månggifte, polygami
polyglot /ˈpɒlɪglɒt/ ADJ flerspråkig, polyglott
polytechnic /ˌpɒlɪˈteknɪk/ *vard* **poly** /ˈpɒlɪ/ SB *GB* högskola *för äv yrkesinriktad utbildning*
polythene /ˈpɒlɪθiːn/ SB polyeten
polyunsaturated /ˌpɒlɪʌnˈsætʃəreɪtɪd/ ADJ fleromättad
pomp /pɒmp/ SB pomp[a]
  ★ ~ **and circumstance** pomp och ståt
pompous /ˈpɒmpəs/ ADJ pompös, uppblåst
ponce /pɒns/ SB *GB vard* **1** hallick **2** fjant
pond /pɒnd/ SB damm
ponder /ˈpɒndə/ VB **1** grubbla, fundera ⟨**on, over** på, över⟩ **2** överväga, begrunda, fundera över
pong /pɒŋ/ SB *GB vard* stank
pontoon /pɒnˈtuːn/ SB **1** ponton **2** *kortspel* ≈ tjugoett
pony /ˈpəʊnɪ/ SB ponny ⇓
ponytail /ˈpəʊnɪteɪl/ SB *frisyr* hästsvans
pony trekking /ˈpəʊnɪˌtrekɪŋ/ SB ponnyridning *som semesternöje*
poodle /ˈpuːdl/ SB pudel
pooh /puː/ INTERJ usch, äsch
pooh-pooh /ˌpuːˈpuː/ VB fnysa åt, avfärda
pool¹ /puːl/ SB **1** pöl **2** [swimming]pool **3** djupt lugnvatten *i flod*
pool² /puːl/ SB **1** pool, [gemensam] fond **2** [samarbets]grupp **car ~** samåkningsgrupp **typing ~** skrivcentral **3** *kortspel* pott **4** pool *slags biljard* **5** *handel* pool, trust **6 the pools** *GB* tips[et] **do the ~s** tippa
pool³ /puːl/ VB slå ihop (samman)
poor /pɔː, pʊə/ ADJ **1** fattig ⟨**in** på⟩ **2** dålig ⟨**~ at French, a ~ loser**⟩, **~ consolation** klen tröst **be a ~ sailor** tåla sjön dåligt **3** stackars ⟨**P~ Ann!**⟩
  ★ **P~ dear (thing)!** Stackars krake! **take a ~ view of** inte ge mycket för
poorly¹ /ˈpɔːlɪ, ˈpʊəlɪ/ ADV dåligt, illa ⟨**~ dressed, ~ paid**⟩
  ★ **be ~ off** ha det dåligt ställt
poorly² /ˈpɔːlɪ, ˈpʊəlɪ/ ADJ *vard* krasslig, dålig
pop¹ /pɒp/ VB **1** smälla **2** *spec GB* kila **3** köra, stoppa, sticka
  ★ ~ **the question** *vard* fria [till ngn]
  □ **pop along** *spec GB a)* kila i väg *b)* titta in [till]
  □ **pop in** *spec GB* titta in [till]
  □ **pop out** *a)* titta fram *b)* gå (kila) ut
  □ **pop up** dyka upp
pop² /pɒp/ SB smäll, knall ⟨**the ~ of a gun**⟩
pop³ /pɒp/ SB pop[musik]
pop⁴ /pɒp/ SB *US vard* pappa
pop⁵ /pɒp/ SB *GB* läsk
pope /pəʊp/ SB påve **P~ John Paul** påven Johannes Paulus
Popeye /ˈpɒpaɪ/ SB Karl Alfred *seriefigur*
poplar /ˈpɒplə/ SB poppel
poppy /ˈpɒpɪ/ SB vallmo
popular /ˈpɒpjʊlə/ ADJ **1** populär ⟨**with** bland, hos⟩, omtyckt **2** folk-, populär- **~ demand** allmänhetens efterfrågan **~ festival** folkfest **~ support** folkets stöd
popularity /ˌpɒpjʊˈlærətɪ/ SB popularitet
popularize /ˈpɒpjʊləraɪz/ VB popularisera
popularly /ˈpɒpjʊləlɪ/ ADV allmänt ⟨**it's ~ believed that ...**⟩
populate /ˈpɒpjʊleɪt/ VB befolka
population /ˌpɒpjʊˈleɪʃn/ SB befolkning
populous /ˈpɒpjʊləs/ ADJ folkrik, tätbefolkad
porcelain /ˈpɔːsəlɪn/ SB porslin
porch /pɔːtʃ/ SB **1** förstukvist **2** *US äv* veranda
porcupine /ˈpɔːkjʊpaɪn/ SB piggsvin
pore¹ /pɔː/ SB por
pore² /pɔː/ VB
  □ **pore over** studera noga **~ one's books** hänga över sina böcker
pork /pɔːk/ SB fläsk, griskött
porn /pɔːn/, **porno** /ˈpɔːnəʊ/ **1** SB porr **2** ADJ porr-, pornografisk
pornography /pɔːˈnɒgrəfɪ/ SB pornografi
porous /ˈpɔːrəs/ ADJ **1** porös **2** porig
porpoise /ˈpɔːpəs/ SB tumlare
porridge /ˈpɒrɪdʒ/ SB *GB*

[havregryns]gröt
★ **do ~** *GB* sitta inne, skaka galler
port[1] /pɔ:t/ sb **1** hamn **2** hamnstad
★ **any ~ in a storm** ≈ nöden har ingen lag
port[2] /pɔ:t/ sb babord **to ~, on the ~ side** om babord
port[3] /pɔ:t/ sb portvin
portable /'pɔ:təbl/ adj bärbar, portabel
porter /'pɔ:tə/ sb **1** bärare, stadsbud **2** *spec GB* vaktmästare, dörrvakt **3** portvakt, fastighetsskötare **4** *US äv* sovvagnskonduktör
portfolio /ˌpɔ:t'fəʊlɪəʊ/ sb **1** dokumentportfölj **2** *konst* mapp **3** aktieportfölj **4** ministerpost
porthole /'pɔ:thəʊl/ sb *sjö* ventil, *flyg* fönster
portion /'pɔ:ʃn/ sb **1** del, andel **2** portion
portly /'pɔ:tlɪ/ adj korpulent, fetlagd
portrait /'pɔ:trət/ sb **1** porträtt **2** beskrivning
portray /pɔ:'treɪ/ vb **1** porträttera **2** skildra
portrayal /pɔ:'treɪəl/ sb **1** porträtt **2** skildring
Portuguese /ˌpɔ:tʃʊ'gi:z/ **1** adj portugisisk **2** sb ⟨*lika i pl*⟩ portugis **3** sb portugisiska [språket]
pose[1] /pəʊz/ vb **1** posera **2** göra sig till **3** ställa ⟨**~ a question**⟩ **4** utgöra ⟨**~ a problem**⟩
□ **pose as** ge sig ut för att vara ⟨**~ a doctor**⟩
pose[2] /pəʊz/ sb pose, posering
poser /'pəʊzə/ sb **1** kuggfråga **2** posör
poseur /pəʊ'zɜ:/ sb posör
posh /pɒʃ/ adj **1** flott, lyxig **2** snobbig ⟨**a ~ accent**⟩
position[1] /pə'zɪʃn/ sb **1** position, ställning, läge **2** anställning **3** social ställning **4** ståndpunkt
position[2] /pə'zɪʃn/ vb placera
positive /'pɒzɪtɪv/ adj **1** [helt] säker ⟨**about, of** på⟩ **2** uttrycklig, bestämd, otvetydig ⟨**~ proof**⟩ **3** positiv **4** ren, fullkomlig ⟨**a ~ miracle**⟩
posse /'pɒsɪ/ sb *US* uppbåd av folk *samlade för att hjälpa sheriff*
possess /pə'zes/ vb **1** äga **2** be ~ed by vara uppfylld (besatt) av **Whatever ~ed you?** Vad tog det åt dig?
possessed /pə'zest/ adj besatt
★ **like one ~** som en besatt

possession /pə'zeʃn/ sb **1** besittning, innehav **2** ägodel, egendom
★ **take ~ of** ta i besittning
possessive /pə'zesɪv/ adj **1** dominant **2 be ~** ha habegär **be ~ with sb** vilja ha ngn för sig själv **3** *språk* possessiv
possessor /pə'zesə/ sb ägare, innehavare
possibility /ˌpɒsə'bɪlətɪ/ sb **1** möjlighet **2** eventualitet
possible /'pɒsəbl/ adj möjlig, tänkbar, eventuell
possibly /'pɒsəblɪ/ adv möjligen, kanske **cannot ~** kan omöjligen
post[1] /pəʊst/ sb stolpe **the finishing ~** mållinjen
post[2] /pəʊst/ sb *spec GB* post ⇓
post[3] /pəʊst/ vb *spec GB* posta, sända [med posten]
★ **keep sb ~ed** → **keep**[1]
post[4] /pəʊst/ sb **1** tjänst, arbete **2** post ⟨**fall at one's ~**⟩
post[5] /pəʊst/ vb placera **he was ~ed to Rome** han blev placerad i Rom
postage /'pəʊstɪdʒ/ sb porto
postal /'pəʊstl/ adj post-, postal **~ code** *GB* postnummer **~ order** postanvisning
postcard /'pəʊstkɑ:d/ sb postkort **[picture] ~** vykort
postcode /'pəʊstkəʊd/ sb *GB* postnummer
poster /'pəʊstə/ sb affisch
posterior /pɒ'stɪərɪə/ sb *skämts* bak[del], ända[lykt]
posterity /pɒ'sterətɪ/ sb eftervärlden
post free /ˌpəʊst 'fri:/ adv portofritt
postgraduate /pəʊst'grædjʊət/ sb ≈ doktorand, forskarstuderande
posthumous /'pɒstjʊməs/ adj postum
postman /'pəʊstmən/ sb brevbärare
postmark /'pəʊstmɑ:k/ sb poststämpel
postmarked /'pəʊstmɑ:kt/ adj poststämplad
postmortem /ˌpəʊst'mɔ:təm/ sb **1** obduktion **2** analys **3** eftersnack
post office /'pəʊstˌɒfɪs/ sb postkontor
post-paid /ˌpəʊst'peɪd/ adv inklusive porto ⟨**the price is £50 ~**⟩
postpone /pəʊst'pəʊn/ vb uppskjuta, senarelägga
postscript /'pəʊstskrɪpt/ sb postskriptum
posy /'pəʊzɪ/ sb [liten] bukett
pot[1] /pɒt/ sb **1** kruka ⟨**flower ~**⟩, burk ⟨**~ of jam**⟩, kanna ⟨**tea ~**⟩, pyts

⟨**paint ~**⟩, gryta **2** [chamber] **~** potta **3** *sport vard* prispokal, buckla **4** pott *i hasardspel* **5** *vard* hasch **6 pots** *vard* massor ⟨**~s of money**⟩
★ **go to ~** försoffas, bli förstörd
pot² /pɒt/ VB **1** skjuta ⟨**~ rabbits**⟩ **2** plantera **3** *GB vard* sätta på pottan ⟨**~ a baby**⟩
potato /pəˈteɪtəʊ/ ⟨*pl* **-es**⟩ SB potatis
potbelly /ˌpɒtˈbelɪ, *US* ˈpɑːtbelɪ/ SB kalaskula
potent /ˈpəʊtənt/ ADJ mäktig, stark, potent
potential /pəˈtenʃl/ **1** ADJ potentiell, möjlig **2** SB potential
pothole /ˈpɒthəʊl/ SB **1** hål, grop *i vägbana* **2** *geo* jättegryta
potted /ˈpɒtɪd/ ADJ **1** inlagd, konserverad **2 ~ plant** krukväxt **3** kortfattad ⟨**a ~ history of Italy**⟩
potter¹ /ˈpɒtə/ SB krukmakare, keramiker
potter² /ˈpɒtə/ (*US* **putter** /ˈpʌtər/) VB påta, pyssla, knåpa
□ **potter about** gå och påta, knalla omkring [i]
□ **potter along** färdas (gå) i sakta mak **I (we) ~** det knallar och går
pottery /ˈpɒtərɪ/ SB **1** keramikverkstad, porslinsfabrik **2** lergods, porslin, keramik
potty¹ /ˈpɒtɪ/ ADJ *GB* knäpp, tokig **~ about** galen (tokig) i
potty² /ˈpɒtɪ/ SB potta **go ~** bajsa
pouch /paʊtʃ/ SB **1** pung **2 pouches** påsar [under ögonen]
pouffe /puːf/ SB puff *dyna*
poultry /ˈpəʊltrɪ/ SB [tam]fågel, höns
pounce /paʊns/ VB slå till, anfalla
□ **pounce on** slå ner på, kasta sig över
pound¹ /paʊnd/ SB **1** ⟨*förk* **lb**⟩ pund *0,454 kg* **2** ⟨*förk* **£**⟩ pund **£20** 20 pund
★ **it's a ~ to a penny that ...** jag kan slå vad om att ...
pound² /paʊnd/ VB **1** stöta [sönder], *äv sport* krossa **2** dunka, slå, banka ⟨**at, on** på⟩, slå (banka) på **3** klampa
pour /pɔː/ VB **1** hälla [upp], servera *dryck* **2** strömma, rinna **it's ~ing [down]** det ösregnar
★ **it never rains but it ~s** → **rain² ~ oil on the flames** göra ont värre **~ oil on troubled waters** gjuta olja på vågorna

□ **pour out** *a*) hälla upp ⟨**~ tea**⟩ *b*) häva ur sig *c*) välla ut
pout /paʊt/ VB truta (pluta) med munnen
poverty /ˈpɒvətɪ/ SB fattigdom
poverty-stricken /ˈpɒvətɪˌstrɪkən/ ADJ utfattig, utarmad
POW /ˌpiːəʊˈdʌbljuː/ ⟨*förk f* **prisoner of war**⟩ SB krigsfånge
powder¹ /ˈpaʊdə/ SB **1** puder, pulver **2** krut ⇓
powder² /ˈpaʊdə/ VB **1** pudra **2** pulvrisera **~ed milk** torrmjölk
powder keg SB krutdurk
powder room SB dam|rum, -toalett
power /ˈpaʊə/ SB **1** makt **be in ~** vara vid makten **the Great P~s** stormakterna **2** våld ⟨**be in sb's ~**⟩ **3** maktfaktor **4** befogenhet **5** förmåga ⟨**~s of observation**⟩, **her ~s are failing** hon börjar tackla av **6** kraft, styrka ⟨**Japan's industrial ~**⟩ **7** *tekn* kraft, el[ektricitet] **nuclear ~** kärnkraft **~ supply** energiförsörjning **8** *matem* potens, dignitet **6 to the ~ of 2** 6 upphöjt till 2
★ **do sb a ~ of good** göra ngn väldigt gott **the ~s that be** myndigheterna, makthavarna ⇓
powerboat /ˈpaʊəbəʊt/ SB motorbåt
power cut SB strömavbrott
power drill SB borrmaskin
powerful /ˈpaʊəfʊl/ ADJ mäktig, kraftig, kraftfull
powerhouse /ˈpaʊəhaʊs/ SB **1** kraftmänniska **2** kraftcentrum
powerless /ˈpaʊələs/ ADJ kraftlös, maktlös
power mower SB motorgräsklippare
power of attorney SB fullmakt
power plant SB kraftverk
power point SB *GB* vägguttag
power station SB kraftverk
power steering /ˌpaʊə ˈstɪərɪŋ/ SB servostyrning
practicable /ˈpræktɪkəbl/ ADJ **1** genomförbar **2** framkomlig
practical /ˈpræktɪkl/ ADJ **1** praktisk **2** faktisk
★ **for all ~ purposes** i själva verket, egentligen
practically /ˈpræktɪklɪ/ ⟨↔ **practical**⟩ ADV praktiskt taget, nästan
practice /ˈpræktɪs/ SB **1** övning, träning **2** praktik **in ~** i praktiken **put a plan into ~**

sätta en plan i verket **3** *läkares el advokats* praktik **4** praxis, sed, vana **5** utövande ⟨ the ~ of one's religion ⟩
* **be in** ~ vara vältränad **be out of** ~ vara otränad **make a** ~ **of doing sth** ta för vana att göra ngt ~ **makes perfect** övning ger färdighet
practise /'præktɪs/ (*US vanl* **practice**) VB **1** öva [sig], träna ~ **doing sth** träna på (öva sig i) att göra ngt **2** praktisera ⟨ ~ **as a doctor** ⟩ **3** utöva ⟨ ~ **one's religion** ⟩ **4** tillämpa, använda
* ~ **what one preaches** leva som man lär
practised /'præktɪst/ (*US* ⇧) ADJ skicklig, rutinerad **a** ~ **smile** ett inövat leende
practitioner /præk'tɪʃənə/ SB praktiserande läkare (jurist)
pragmatic /præg'mætɪk/ ADJ pragmatisk
Prague /prɑ:g/ SB Prag
prairie /'preərɪ/ SB prärie
praise¹ /preɪz/ VB berömma, prisa
* ~ **sb (sth) to the skies** höja ngn (ngt) till skyarna
praise² /preɪz/ SB beröm, pris, lovord **speak in** ~ **of** prisa
praiseworthy /'preɪzˌwɜ:ðɪ/ ADJ berömvärd
pram /præm/ SB *GB* barnvagn **push a** ~ dra en barnvagn
prance /prɑ:ns/ VB **1** *om djur* gå (dansa) på bakbenen **2** kråma sig, stoltsera, svassa
prank /præŋk/ SB spratt, upptåg **play a** ~ **on sb** skoja med ngn
prattle¹ /'prætl/ VB pladdra
prattle² /'prætl/ SB pladder
prawn /prɔ:n/ SB [stor] räka
pray /preɪ/ VB be ⟨ **for** om ⟩
prayer /'preə/ SB bön ⟨ **for** om ⟩
preach /pri:tʃ/ VB predika ⟨ **about, on** om ⟩
preacher /'pri:tʃə/ SB predikant
precarious /prɪ'keərɪəs/ ADJ osäker, prekär
precaution /prɪ'kɔ:ʃn/ SB försiktighetsåtgärd
precautionary /prɪ'kɔ:ʃnərɪ/ ADJ försiktighets-, säkerhets-
precede /prɪ'si:d/ VB gå (komma, inträffa) före
precedence /'presɪdəns/ SB företräde **have (take)** ~ **over** gå före
precedent /'presɪdənt/ SB tidigare bruk (fall), *jur* prejudikat **be without** ~ sakna motstycke
preceding /prɪ'si:dɪŋ/ ADJ föregående
precept /'pri:sept/ SB *frml* föreskrift, regel, princip
precinct /'pri:sɪŋkt/ SB **1** område **pedestrian** ~ [område med] gågator **2** *US äv* polisdistrikt
precious¹ /'preʃəs/ ADJ **1** dyrbar, värdefull **she's** ~ **to me** hon är mig kär ~ **stone** ädelsten **2** konstlad, tillgjord **3** sabla, förbaskad
precious² /'preʃəs/ ADV väldigt ⟨ ~ **little** ⟩
precipice /'presəpɪs/ SB stup, avgrund
precipitate /prɪ'sɪpɪtət/ ADJ brådstörtad
precipitous /prɪ'sɪpɪtəs/ ADJ tvärbrant
precis /'preɪsi:, *US* preɪ'si:/, **précis** ⟨ *lika i pl* ⟩ SB samman|fattning, -drag
precise /prɪ'saɪs/ ADJ exakt, precis
precisely /prɪ'saɪslɪ/ ADV exakt, precis
precision /prɪ'sɪʒn/ SB precision ⟨ ~ **instrument** ⟩
precocious /prɪ'kəʊʃəs/ ADJ brådmogen
preconceived /ˌpri:kən'si:vd/ ADJ förutfattad
precondition /ˌpri:kən'dɪʃn/ SB [nödvändig] förutsättning
precursor /prɪ'kɜ:sə/ SB föregångare
predator /'predətə/ SB **1** rovdjur **2** utsugare
predecessor /'pri:dɪsesə, *US* 'predə-/ SB företrädare
predestine /pri:'destɪn/ VB förutbestämma
predetermine /ˌpri:dɪ'tɜ:mɪn/ VB bestämma i förväg
predicament /prɪ'dɪkəmənt/ SB besvärlig situation, knipa
predict /prɪ'dɪkt/ VB förutsäga, spå
predictable /prɪ'dɪktəbl/ ADJ förutsägbar
predisposition /ˌpri:dɪspə'zɪʃn/ SB benägenhet, anlag ⟨ **to** för ⟩
predominance /prɪ'dɒmɪnəns/ SB **1** övervikt **2** dominans
predominant /prɪ'dɒmɪnənt/ ADJ **1** förhärskande, dominerande **2** mest framträdande
predominate /prɪ'dɒmɪneɪt/ VB dominera, vara förhärskande
preen /pri:n/ VB *om fågel* putsa ~ **oneself** snygga till sig
prefab /'pri:fæb/ SB monteringsfärdigt hus
prefabricated /ˌpri:'fæbrɪkeɪtɪd/ ADJ

monteringsfärdig, prefabricerad
preface /ˈprefəs/ SB förord, inledning
prefect /ˈpriːfekt/ SB *GB* ≈ ordningsman
prefer /prɪˈfɜː/ VB föredra
preferable /ˈprefərəbl/ ADJ **be ~ to** vara att föredra framför
preferably /ˈprefərəblɪ/ ADV helst, företrädesvis
preference /ˈprefərəns/ SB **1** förkärlek **2** företräde **in ~ to** framför
preferential /ˌprefəˈrenʃl/ ADJ förmåns-, företrädes-
prefix /ˈpriːfɪks/ SB prefix, förled
pregnancy /ˈpregnənsɪ/ SB *kvinnas* graviditet, *djurs* dräktighet
pregnant /ˈpregnənt/ ADJ **1** gravid, *om djur* dräktig **2 ~ with** fylld av, rik på
prehistoric /ˌpriːhɪˈstɒrɪk/, **prehistorical** ADJ förhistorisk, urtids-
prejudice[1] /ˈpredʒʊdɪs/ SB fördom[ar]
prejudice[2] /ˈpredʒʊdɪs/ VB **1** påverka **~ sb against sth** göra ngn avogt inställd till **2** skada, vara till men för
prejudiced /ˈpredʒʊdɪst/ ADJ fördomsfull, partisk
prelate /ˈprelət/ SB prelat
preliminary /prɪˈlɪmɪnərɪ/ **1** ADJ preliminär, inledande **2** SB **preliminaries** förberedelser
prelude /ˈpreljuːd/ SB förspel, inledning
premature /ˈpremətʃə, *US* ˌpriːməˈtʊr/ ADJ **1** för tidig **2** förhastad
premeditated /priːˈmedɪteɪtɪd/ ADJ överlagd
premier /ˈpremɪə, *US* prɪˈmɪər/ SB premiärminister
premiere /ˈpremɪeə, *US* prɪˈmɪər/ SB premiär
premises /ˈpremɪsɪz/ SB fastighet[er], lokal[er]
premium /ˈpriːmɪəm/ SB **1** [försäkrings]premie **2** *attribut* premie- **~ bond** premieobligation
premonition /ˌpreməˈnɪʃn, ˌpriː-/ SB föraning
preoccupation /prɪˌɒkjʊˈpeɪʃn/ SB **1** [total] upptagenhet **2** huvudintresse, problem
preoccupied /prɪˈɒkjʊpaɪd/ ADJ tankfull, helt upptagen av sina tankar **be ~ with** vara helt upptagen av
preparation /ˌprepəˈreɪʃn/ SB **1** förberedelse **2** tillagning, framställning

preparatory /prɪˈpærətərɪ/ ADJ förberedande
preparatory school *vard* **prep school** /ˈprepskuːl/ SB förberedande privatskola *i GB för elever upp till 13 år, i US för elever som skall börja college*
prepare /prɪˈpeə/ VB **1** förbereda **~ one's homework** läsa läxorna **2** tillaga **3** förbereda sig **4** utarbeta
prepared /prɪˈpeəd/ ADJ **1** förberedd ⟨**for** på⟩ **2** beredd ⟨**for** på⟩ **3** villig
preponderance /prɪˈpɒndərəns/ SB övervikt, majoritet
preposition /ˌprepəˈzɪʃn/ SB preposition
preposterous /prɪˈpɒstərəs/ ADJ absurd, orimlig
prep school → preparatory school
prescribe /prɪˈskraɪb/ VB **1** ordinera **2** bestämma
prescription /prɪˈskrɪpʃn/ SB *medicin* recept
presence /ˈprezns/ SB närvaro **~ of mind** sinnesnärvaro
★ **make one's ~ felt** bli uppmärksammad
present[1] /ˈpreznt/ SB present, gåva **make sb a ~ of sth** skänka ngn ngt
present[2] /prɪˈzent/ VB **1** överlämna, skänka **~ sth to sb**, **~ sb with sth** ge ngn ngt **i present 2** presentera, framföra ⟨**~ a new show**⟩ **3** lägga fram, introducera **4 ~ oneself** inställa (infinna) sig **a new chance ~ed itself** en ny chans yppade (erbjöd) sig
present[3] /ˈpreznt/ ADJ **1** närvarande **those ~** de närvarande **2** nuvarande **3** föreliggande ⟨**the ~ volume**⟩ **4 the ~ tense** presens
present[4] /ˈpreznt/ SB **1 the present** nuet **2 the present** presens
★ **at ~** för närvarande **for the ~** för närvarande
presentable /prɪˈzentəbl/ ADJ presentabel, snygg
presentation /ˌprezənˈteɪʃn/ SB **1** uppförande, framförande **2** fram|läggande, -ställning **3** överlämnande **4** presentation, introduktion
★ **on ~** vid uppvisandet
present-day /ˌprezntˈdeɪ/ ADJ nutida, dagens
presenter /prɪˈzentə/ SB *tv, radio* nyhetsuppläsare, programledare

presentiment /prɪˈzentɪmənt, -ˈsentɪmənt/ SB föraning, förkänsla
presently /ˈprezəntlɪ/ ADV **1** snart, inom kort **2** *spec US* för närvarande
preservation /ˌprezəˈveɪʃn/ SB **1** bevarande, skydd **2** konservering
preservative /prɪˈzɜːvətɪv/ SB konserveringsmedel
preserve[1] /prɪˈzɜːv/ VB **1** bevara ⟨from för⟩ **2** konservera, sylta **3** upprätthålla
preserve[2] /prɪˈzɜːv/ SB **1** sylt **2** reservat game ~ viltreservat
preset /ˌpriːˈset/ ADJ förinställd
preside /prɪˈzaɪd/ VB presidera, vara ordförande
 □ **preside over** leda, vara ledare för
presidency /ˈprezɪdənsɪ/ SB president|skap, -tid
president /ˈprezɪdənt/ SB **1** president **2** ordförande **3** *spec US* rektor **4** *US äv* verkställande direktör
presidential /ˌprezɪˈdenʃl/ ADJ president-
press[1] /pres/ VB **1** pressa, trycka ⟨~ sb's hand⟩, trycka på ⟨~ buttons⟩ **2** tränga, pressa **3** knuffas, trängas ⟨people were ~ing to get out⟩ **4** truga, försöka övertala **5** brådska **time ~es** det är bråttom
 ★ **be ~ed for** ha ont om ~ **home one's point** argumentera övertygande för sin sak ~ **the point** insistera
 □ **press for** kräva, yrka på
 □ **press on** *a)* ihärdigt fortsätta *b)* skynda sig
press[2] /pres/ SB **1** press, tryck, pressning, tryckning **2** [tidnings]press **3** [tryck]press, tryckeri, förlag
pressing /ˈpresɪŋ/ ADJ brådskande, mycket viktig
press stud SB tryckknapp
press-up /ˈpresʌp/ SB *spec GB* armhävning
pressure /ˈpreʃə/ SB **1** tryck, påfrestning[ar], press ⟨work under ~⟩ **2** påtryckning **be under ~** vara utsatt för påtryckningar
 ★ **bring ~ to bear on sb, put ~ on sb** utöva påtryckningar på ngn
pressurize /ˈpreʃəraɪz/ VB utöva påtryckning på, sätta press på **~d cabin** tryckkabin
prestige /preˈstiːʒ/ SB prestige, anseende
prestigious /preˈstɪdʒəs/ ADJ prestigefylld
presumably /prɪˈzjuːməblɪ/ ADV förmodligen
presume /prɪˈzjuːm/ VB **1** förmoda, anta **2** ta sig friheter
presumption /prɪˈzʌmpʃn/ SB **1** förmodan, antagande **2** förmätenhet, arrogans
presuppose /ˌpriːsəˈpəʊz/ VB förutsätta
pretence /prɪˈtens/ (*US* **pretense** /ˈpriːtens/) SB **1** föregivande, svepskäl **make a ~ of being** ge sken av att vara **2** anspråk
pretend /prɪˈtend/ VB **1** låtsas, simulera **2** ~ **[to]** göra anspråk på
pretense → pretence
pretension /prɪˈtenʃn/ SB anspråk ⟨to på⟩, pretentioner
pretentious /prɪˈtenʃəs/ ADJ pretentiös
pretext /ˈpriːtekst/ SB förevändning
pretty[1] /ˈprɪtɪ/ ADJ söt, vacker
 ★ **[as]** ~ **as a picture** vacker som en dag, bildskön **a ~ mess (kettle of fish)** en skön (salig) röra **a ~ penny** en vacker slant
pretty[2] /ˈprɪtɪ/ ADV *vard* ganska, rätt
 ★ ~ **much the same** ungefär likadan ~ **well** nästan
prevail /prɪˈveɪl/ VB *frml* **1** vara allmän (förhärskande) **2** segra, få övertaget
 □ **prevail on** förmå, övertala
prevailing /prɪˈveɪlɪŋ/, **prevalent** /ˈprevələnt/ ADJ rådande, förhärskande
prevent /prɪˈvent/ VB hindra, förhindra
prevention /prɪˈvenʃn/ SB förhindrande, förebyggande
preventive /prɪˈventɪv/ ADJ preventiv, förebyggande
preview /ˈpriːvjuː/ SB förhandsvisning
previous /ˈpriːvɪəs/ ADJ föregående, tidigare
previously /ˈpriːvɪəslɪ/ ADV tidigare, förut
pre-war /ˌpriːˈwɔː/ ADJ förkrigs-
prey[1] /preɪ/ SB rov, byte **bird of ~** rovfågel
 ★ **be (fall) ~ to** vara ett rov (offer) för
prey[2] /preɪ/ VB
 □ **prey on** *a)* jaga, leva på *b)* tynga ⟨~ sb's mind⟩
price[1] /praɪs/ SB pris ⟨of på⟩
 ★ **at any ~** till varje pris **at a ~** om man bara vill betala ⇓
price[2] /praɪs/ VB prissätta ⟨this shirt is ~d at £20⟩
price freeze SB prisstopp
priceless /ˈpraɪsləs/ ADJ ovärderlig, *vard* obetalbar
price tag SB prislapp

pricey /ˈpraɪsɪ/ SB *spec GB vard* dyr[bar]
prick¹ /prɪk/ SB **1** stick, sting, styng **2** kuk **3** skitstövel
prick² /prɪk/ VB **1** sticka **his conscience ~ed him** han hade dåligt samvete **2** sticka hål på **3** sticka[s] **my finger ~s** det sticker i fingret
★ **~ up one's ears** spetsa öronen
prickle /ˈprɪkl/ VB sticka[s]
prickly /ˈprɪklɪ/ ADJ **1** taggig, *om kläder* stickig **2** *vard* besvärlig ⟨a **~ question**⟩ **3** stingslig
pride¹ /praɪd/ VB **~ oneself on** a) vara stolt över b) berömma sig av
pride² /praɪd/ SB **1** stolthet **2** högmod
★ **have (take) ~ of place** inta hedersplatsen (en rangplats) **pocket one's ~** → pocket² **~ comes (goes) before a fall** högmod går före fall **take [a] ~ in** vara stolt över
priest /priːst/ SB präst
priesthood /ˈpriːsthʊd/ SB prästerskap
prig /prɪɡ/ SB självgod person
priggish /ˈprɪɡɪʃ/ ADJ självgod
prim /prɪm/ ADJ **1** pryd **2** prudentlig, prydlig
primarily /ˈpraɪmərəlɪ, *spec US* praɪˈmerəlɪ/ ADV i första hand, huvudsakligen
primary /ˈpraɪmərɪ/ **1** ADJ huvudsaklig **of ~ importance** av största vikt **2** ADJ primär, ursprunglig, elementär **3** SB primärval *i US*
primary school SB *GB* ≈ låg- och mellanstadierna, *US* ≈ lågstadiet
prime¹ /praɪm/ **1** SB **be in the ~ of life** vara i sin krafts dagar **be past one's ~** ha sett sina bästa dagar **2** ADJ främst, viktigast, huvud- **3** ADJ prima, förstklassig **~ time** bästa sändningstid
prime² /praɪm/ VB **1** grundmåla **2** preparera ⟨**~ a witness**⟩
prime minister /ˌpraɪm ˈmɪnɪstə/ ⟨*förk* **PM** /ˌpiːˈem/⟩ SB premiärminister
primer¹ /ˈpraɪmə/ SB **1** grundfärg **2** tänd|rör, -hatt
primer² /ˈpraɪmə, *US* ˈprɪmər/ SB nybörjarbok
primitive /ˈprɪmɪtɪv/ ADJ primitiv
primrose /ˈprɪmrəʊz/ SB viva, gullviva
prince /prɪns/ SB **1** prins **2** furste
princess /ˌprɪnˈses, *spec US* ˈprɪnses/ SB **1** prinsessa **2** furstinna
principal /ˈprɪnsəpl/ **1** ADJ viktigast, huvudsaklig, huvud- **2** SB rektor **3** SB chef, *jur* huvudman
principality /ˌprɪnsəˈpælətɪ/ SB furstendöme
principally /ˈprɪnsəpəlɪ/ ADV huvudsakligen
principle /ˈprɪnsəpl/ SB princip **in ~** i princip **on ~** av princip
print¹ /prɪnt/ SB **1** tryck **2** tryckstil **small ~** liten stil **3** avtryck *av fot etc* **4** *foto* kopia **5** grafiskt blad **6** tryckt bomullstyg
★ **be in ~** *om bok etc* finnas i lager
be out of ~ *om bok etc* vara utgången
print² /prɪnt/ VB **1** trycka, låta trycka, publicera **2** *foto* kopiera **3** texta
□ **print out** *data* skriva ut, printa
printer /ˈprɪntə/ SB **1** boktryckare, tryckeriarbetare **2** *data* printer, skrivare
printing /ˈprɪntɪŋ/ SB tryckning **~ error** tryckfel
printout /ˈprɪntaʊt/ SB [data]utskrift
prior /ˈpraɪə/ ADJ **1** tidigare ⟨**to** än⟩, förhands- **2 ~ to** *frml* före
priority /praɪˈɒrətɪ/ SB **1** prioritet **be a top ~** ha högsta prioritet **give ~ to** prioritera **have (take) ~ over** ha företräde framför **2** förkörsrätt
★ **get one's priorities right** göra en riktig prioritering
prise /praɪz/, **prize** VB *spec GB* bända **~ open** bända upp
□ **prise sth out of sb** lirka (locka) ur ngn ngt
prism /ˈprɪzəm/ SB prisma
prison /ˈprɪzn/ SB fängelse
prison camp SB fångläger
prisoner /ˈprɪzənə/ SB fånge
prisoner of war SB krigsfånge
privacy /ˈprɪvəsɪ, *spec US* ˈpraɪ-/ SB avskildhet, privatliv
private /ˈpraɪvət/ **1** ADJ privat, personlig **~ bathroom** eget badrum **2** ADJ avskild ⟨a **~ corner**⟩, förtrolig ⟨**~ conversation**⟩, hemlig **~ number** *GB* hemligt telefonnummer **3** SB menig soldat
★ **in ~** privat
private eye SB *vard* privatdetektiv
private parts SB yttre könsorgan, genitalier
privet /ˈprɪvɪt/ SB liguster
privilege /ˈprɪvəlɪdʒ/ SB privilegium
privileged /ˈprɪvəlɪdʒd/ ADJ privilegierad
prize¹ → prise
prize² /praɪz/ SB **1** pris, belöning

2 [lotteri]vinst 3 *attribut* prisbelönt
prize³ /praɪz/ VB värdera (skatta) högt
prizefighter /ˈpraɪzfaɪtə/ SB proffsboxare
pro¹ /prəʊ/ SB proffs
pro² /prəʊ/ PREP för **be ~ nuclear power** vara för kärnkraft
pro³ /preʊ/ SB **~s and cons** för- och nackdelar
probability /ˌprɒbəˈbɪlətɪ/ SB sannolikhet
probable /ˈprɒbəbl/ ADJ sannolik, trolig
probably /ˈprɒbəblɪ/ ADV troligtvis, förmodligen, sannolikt
probation /prəˈbeɪʃn, US proʊ-/ SB 1 prov, provanställning 2 *jur* skyddstillsyn **out on ~** villkorligt frigiven **be put on ~** dömas till skyddstillsyn ⇓
probationer /prəˈbeɪʃənə, US proʊ-/ SB 1 sjuksköterskeelev 2 person dömd till skyddstillsyn
probation officer SB skyddskonsulent, övervakare
probe¹ /prəʊb/ SB 1 sond 2 undersökning ⟨into av⟩
probe² /prəʊb/ VB sondera, tränga in i, undersöka
problem /ˈprɒbləm/ SB problem
procedure /prəʊˈsiːdʒə, *spec* US prə-/ SB procedur, tillvägagångssätt
proceed /prəˈsiːd/ VB 1 fortsätta **~ to do sth** övergå till att göra ngt 2 färdas, röra sig
□ **proceed from** härröra från
proceedings /prəˈsiːdɪŋz/ SB 1 *jur* process **take ~ against** öppna process mot 2 förhandlingar
proceeds /ˈprəʊsiːdz/ SB behållning, intäkter
process¹ /ˈprəʊses, US ˈprɑː-/ SB process
★ **be in the ~ of doing sth** hålla på med att göra ngt
process² /ˈprəʊses, US ˈprɑː-/ VB 1 *äv data* behandla **~ed cheese** mjukost 2 *foto* framkalla [och kopiera]
procession /prəˈseʃn/ SB procession
processor /ˈprəʊsesə, US ˈprɑːsəsər/ SB 1 *data* centralenhet 2 **food ~** matberedare
proclaim /prəˈkleɪm/ VB kungöra, tillkännage, proklamera
proclamation /ˌprɒkləˈmeɪʃn/ SB kungörelse, tillkännagivande
prod¹ /prɒd/ VB 1 stöta till, peta på 2 egga, sporra
□ **prod at** stöta till, peta på

prod² /prɒd/ SB 1 stöt, stick, knuff 2 spets, pik
prodigal /ˈprɒdɪgl/ ADJ *frml* slösaktig **the ~ son** *bibel* den förlorade sonen
prodigious /prəˈdɪdʒəs/ ADJ kolossal, fenomenal
prodigy /ˈprɒdɪdʒɪ/ SB **[child] ~** underbarn
produce¹ /prəˈdjuːs/ VB 1 tillverka, producera, *teat* sätta upp 2 åstadkomma, framkalla 3 alstra, frambringa, föda **~ fruit** *om träd* bära frukt 4 trolla fram ⟨**from** ur⟩, plocka (skaffa) fram
produce² /ˈprɒdjuːs, US ˈproʊduːs/ SB produkter *ofta odlade*
producer /prəˈdjuːsə/ SB tillverkare, producent
product /ˈprɒdʌkt/ SB produkt **~ line** sortiment
production /prəˈdʌkʃn/ SB tillverkning, produktion, *teat* uppsättning
★ **on ~ of** vid uppvisandet av
productive /prəˈdʌktɪv/ ADJ 1 produktiv 2 fruktbar, givande
prof /prɒf/ SB *vard* professor
profane¹ /prəˈfeɪn, US proʊ-/ ADJ 1 profan, världslig 2 vanvördig, hädisk
profane² /prəˈfeɪn, US proʊ-/ VB profanera, vanhelga
profess /prəˈfes/ VB *frml* 1 påstå, förklara 2 påstå sig ha ⟨**~ a great interest in sth**⟩ 3 bekänna sig till ⟨**~ Islam**⟩
profession /prəˈfeʃn/ SB 1 yrke *spec akademiskt* 2 yrkeskår **the medical ~** läkar|kåren, -yrket
★ **by ~** till yrket
professional /prəˈfeʃnəl/ 1 ADJ professionell, yrkesmässig, yrkes- **take ~ advice** rådfråga en yrkesman 2 SB fackman, yrkesman, proffs
professor /prəˈfesə/ SB professor, US *äv* universitetslärare
proficiency /prəˈfɪʃnsɪ/ SB färdighet, kunnighet, kompetens
proficient /prəˈfɪʃnt/ ADJ skicklig, kunnig, kompetent
profile /ˈprəʊfaɪl/ SB profil
profit¹ /ˈprɒfɪt/ SB vinst **sell at a ~** sälja med vinst
profit² /ˈprɒfɪt/ VB
□ **profit by (from)** dra fördel av, ha utbyte av
profitable /ˈprɒfɪtəbl/ ADJ 1 lönsam 2 givande, nyttig

profiteer¹ /ˌprɒfɪˈtɪə/ SB profitör
profiteer² /ˌprɒfɪˈtɪə/ VB göra oskälig vinst
profiteering /ˌprɒfɪˈtɪərɪŋ/ SB exploatering, jobberi
profound /prəˈfaʊnd/ ADJ djup, djup|gående, -sinnig
profundity /prəˈfʌndətɪ/ SB *frml* **1** djup **2** djupsinne
profuse /prəˈfjuːs/ ADJ ymnig, översvallande
profusion /prəˈfjuːʒn/ *frml* överflöd, rikedom
progeny /ˈprɒdʒənɪ/ SB avkomma
prognosis /prɒgˈnəʊsɪs/ ⟨*pl* **prognoses** /-iːz/⟩ SB prognos
program¹ /ˈprəʊgræm/ SB **1** *data* program **2** *spec US* → **programme¹**
program² /ˈprəʊgræm/ VB **1** *data* programmera **2** *spec US* → **programme²**
programme¹ /ˈprəʊgræm/ (*spec US* **program**) SB program
programme² /ˈprəʊgræm/ (*spec US* ⇑) VB **1** göra [upp] program för, planera **2** programmera, ställa in
programmer /ˈprəʊgræmə/ (*spec US* ⇑) SB programmerare
progress¹ /ˈprəʊgres, *US* ˈprɑːgrəs/ ⟨*endast sg*⟩ SB **1** framsteg **make good ~** göra goda framsteg **2** framåtskridande, gång **be in ~** vara under arbete, pågå
progress² /prəʊˈgres, *US* prə-/ VB **1** göra framsteg, utvecklas **2** gå framåt, fortskrida
progression /prəˈgreʃn/ SB **1** fortskridande, utveckling **2** rad **3** förflyttning
progressive /prəˈgresɪv/ ADJ **1** progressiv **2** tilltagande
prohibit /prəʊˈhɪbɪt/ VB **1** förbjuda **2** [för]hindra
prohibition /ˌprəʊɪˈbɪʃn/ SB förbud
project¹ /ˈprɒdʒekt/ SB projekt, *utb äv* specialarbete
project² /prəˈdʒekt/ VB **1** skjuta fram, sticka ut **2** planera, projektera **3** projicera
projectile /prəʊˈdʒektaɪl, *US* prəˈdʒektəl/ SB projektil
projection /prəˈdʒekʃn/ SB **1** utsprång **2** prognos **3** projektion **4** projektering
projector /prəˈdʒektə/ SB projektor
proliferate /prəˈlɪfəreɪt/ VB snabbt öka i antal, föröka sig
prolific /prəˈlɪfɪk/ ADJ **1** produktiv **2** fruktsam **3** talrik
prologue /ˈprəʊlɒg/ (*US äv* **prolog**) SB prolog, förspel
prolong /prəˈlɒŋ/ VB förlänga, dra ut på
promenade /ˌprɒməˈnɑːd, *US* -ˈneɪd/ (*GB vard* **prom**) SB promenad[väg]
prominence /ˈprɒmɪnəns/ SB framträdande plats, framskjuten ställning
prominent /ˈprɒmɪnənt/ ADJ **1** utstående, framskjutande **2** iögonenfallande **3** framstående
promiscuous /prəˈmɪskjʊəs/ ADJ promiskuös *som har många sexuella förbindelser*
promise¹ /ˈprɒmɪs/ SB **1** löfte **make a ~** ge ett löfte **2 ~ of** utsikter till
★ **full of ~, of great ~** mycket lovande
promise² /ˈprɒmɪs/ VB lova
★ **~ the earth** ≈ lova guld och gröna skogar
promising /ˈprɒmɪsɪŋ/ ADJ lovande
promontory /ˈprɒməntərɪ/ SB [hög] udde
promote /prəˈməʊt/ VB **1** befordra **2** *sport* flytta upp **3** marknadsföra, göra reklam för **4** arrangera, *boxning* vara promotor för **5** gynna, främja
promoter /prəˈməʊtə/ SB **1** främjare **2** arrangör, promotor
promotion /prəˈməʊʃn/ SB **1** befordran, *sport* uppflyttning **2** marknadsföring ⟨**~ campaign**⟩ **3** främjande
prompt¹ /prɒmpt/ VB **1** framkalla ⟨**~ memories**⟩ **2** driva ⟨**be ~ed by love**⟩, föranleda **3** sufflera
prompt² /prɒmpt/ ADJ **1** omedelbar, snabb **2** punktlig
prompter /ˈprɒmptə/ SB sufflör, sufflös
prone /prəʊn/ ADJ **1** benägen **be ~ to** *äv* ha lätt för att **2 in a ~ position** liggande på magen
prong /prɒŋ/ SB spets, udd
pronoun /ˈprəʊnaʊn/ SB pronomen
pronounce /prəˈnaʊns/ VB **1** uttala **2** förklara ⟨**~ sb dead**⟩ **3** *jur* besluta, avkunna dom
□ **pronounce on** uttala sig om
pronounced /prəˈnaʊnst/ ADJ utpräglad, uttalad
pronunciation /prəˌnʌnsɪˈeɪʃn/ SB uttal
proof /pruːf/ **1** SB bevis ⟨**of** på, för⟩ **2** SB

⟨*vanl pl*⟩ korrektur **3** ADJ motståndskraftig ⟨**against** mot⟩
★ **give ~ of** *a)* styrka *b)* visa prov på **the ~ of the pudding is in the eating** ≈ man ska inte uttala sig om en sak förrän man har prövat den
prop¹ /prɒp/ ⟨↔ **props**⟩ SB stötta, *äv bildl* stöd
prop² /prɒp/ VB stödja, stötta [upp]
□ **prop against** luta mot ⟨**prop a ladder against the wall**⟩
□ **prop up** stödja, stötta [upp]
propaganda /ˌprɒpəˈgændə/ SB propaganda
propagate /ˈprɒpəgeɪt/ VB **1** föröka sig, fortplanta sig **2** föröka, fortplanta **3** sprida ⟨**~ ideas**⟩
propel /prəˈpel/ VB [fram]driva
propeller /prəˈpelə/ SB propeller
propensity /prəˈpensəti/ SB benägenhet
proper /ˈprɒpə/ ADJ **1** riktig, rätt **2** passande, korrekt **3** egentlig ⟨**in the ~ sense**⟩, **the city ~** själva staden **4 ~ noun (name)** egennamn **5** *vard* ordentlig, riktig ⟨**a ~ mess**⟩
★ **do the ~ thing by sb** göra vad som är rätt och riktigt mot ngn
properly /ˈprɒpəli/ ADV **1** rätt, riktigt **2** passande, lämpligt ⟨**~ dressed**⟩ **3** *vard* [riktigt] ordentligt
★ **~ speaking** strängt taget, egentligen
property /ˈprɒpəti/ SB **1** egendom **personal ~** lösöre **2** egenskap **3 properties** *teat* rekvisita
prophecy /ˈprɒfəsi/ SB profetia, spådom
prophesy /ˈprɒfəsaɪ/ VB [förut]spå, sia om
prophet /ˈprɒfɪt/ SB profet, siare, spåman
proportion /prəˈpɔːʃn/ SB **1** proportion **be out of ~ to** inte stå i proportion till **2** andel, del
proportional /prəˈpɔːʃnəl/ ADJ proportionell ⟨**to** mot⟩
proposal /prəˈpəʊzl/ SB **1** förslag ⟨**for** om, till⟩ **2** frieri
propose /prəˈpəʊz/ VB **1** föreslå **2** avse, ämna **3** fria
proposition /ˌprɒpəˈzɪʃn/ SB **1** påstående **2** förslag **3** *vard* affär, sak
proprietor /prəˈpraɪətə/ SB ägare, innehavare
propriety /prəˈpraɪəti/ SB **1** anständighet **2 the proprieties** det passande

props /prɒps/ SB *vard teat* rekvisita
propulsion /prəˈpʌlʃn/ SB framdrivning, drift
prosaic /prəʊˈzeɪɪk/ ADJ prosaisk, enahanda
prose /prəʊz/ SB prosa
prosecute /ˈprɒsɪkjuːt/ VB **1** åtala **2** väcka åtal
prosecution /ˌprɒsɪˈkjuːʃn/ SB **1** åtal **2 the prosecution** åklagarsidan, kärandesidan **counsel for the ~** åklagare **3** utförande, utövande
prosecutor /ˈprɒsɪkjuːtə/ SB åklagare **public ~** allmän åklagare
prospect¹ /ˈprɒspekt/ SB **1** chans[er], möjlighet[er], utsikt[er] ⟨**of** till⟩ **2** vy, utsikt
prospect² /prəˈspekt, ˈprɒspekt, US ˈprɑː-/ VB
□ **prospect for** leta (prospektera) efter
prospective /prəˈspektɪv/ ADJ **1** eventuell **~ buyer** spekulant **2** framtida, blivande
prospectus /prəˈspektəs/ SB prospekt, broschyr
prosper /ˈprɒspə/ VB blomstra, ha framgång
prosperity /prɒˈsperəti/ SB välstånd, framgång, blomstring
prosperous /ˈprɒspərəs/ ADJ välmående, blomstrande, framgångsrik
prostitute¹ /ˈprɒstɪtjuːt/ SB prostituerad
prostitute² /ˈprɒstɪtjuːt/ VB **~ oneself** prostituera sig
prostrate /prɒˈstreɪt, US ˈprɑːstreɪt/ ADJ **1** [liggande] utsträckt på magen **2** nedbruten, slagen
protect /prəˈtekt/ VB skydda ⟨**against, from** mot, för⟩
protection /prəˈtekʃn/ SB skydd ⟨**against** mot, för⟩
protective /prəˈtektɪv/ ADJ **1** skyddande, skydds- **2** beskyddande
protector /prəˈtektə/ SB beskyddare
protégé /ˈprɒtəʒeɪ, US ˈproʊ-/ SB skyddsling
protein /ˈprəʊtiːn/ SB protein
protest¹ /ˈprəʊtest/ SB protest
protest² /prəˈtest, ˈprəʊtest/ VB **1** protestera ⟨**against, at** mot⟩ **2** *US äv* protestera mot **3** bedyra
Protestant /ˈprɒtɪstənt/ **1** SB protestant **2** ADJ protestantisk
protocol /ˈprəʊtəkɒl/ SB protokoll *former*

för umgänge

protracted /prə'træktɪd/ ADJ utdragen
protractor /prə'træktə/ SB gradskiva
protrude /prə'truːd/ VB skjuta fram, sticka ut
proud /praʊd/ ADJ 1 stolt ⟨**of** över⟩ 2 högmodig
prove /pruːv/ ⟨*perf particip spec US* **proven** /'pruːvn/⟩ VB 1 bevisa, styrka 2 visa sig vara ~ **oneself** *a)* visa sig vara *b)* visa vad man går för
proverb /'prɒvɜːb/ SB ordspråk
proverbial /prə'vɜːbɪəl/ ADJ 1 ordspråksmässig **the ~ cat** katten i ordspråket 2 legendarisk
provide /prə'vaɪd/ VB 1 tillhandahålla ~ **sb with sth**, ~ **sth for sb** förse ngn med ngt, skaffa ngn ngt 2 *jur* föreskriva
□ **provide against** vidta åtgärder mot, söka hindra
□ **provide for sb** försörja (sörja för) ngn
□ **provide for sth** vidta åtgärder (sörja) för ngt
provided /prə'vaɪdɪd/, **providing** /prə'vaɪdɪŋ/ KONJ ~ **[that]** på villkor att, förutsatt att
providence /'prɒvɪdəns/ SB försyn[en]
providing → provided
province /'prɒvɪns/ SB 1 provins, landskap **the ~s** landsorten 2 område ⟨**physics isn't my ~**⟩
provincial /prə'vɪnʃl/ ADJ 1 regional, provins- 2 provinsiell, landsorts-
provision /prə'vɪʒn/ SB 1 anskaffande, tillhandahållande 2 åtgärd, förberedelse **make ~ for** dra försorg om 3 *jur* bestämmelse 4 **provisions** livsmedel, proviant
provisional /prə'vɪʒnəl/ ADJ provisorisk, tillfällig
provocation /ˌprɒvə'keɪʃn/ SB provokation **at the least ~** vid minsta anledning
provocative /prə'vɒkətɪv/ ADJ utmanande
provoke /prə'vəʊk/ VB 1 provocera, reta 2 framkalla
prowess /'praʊɪs/ SB 1 bravur, stor skicklighet 2 tapperhet
prowl¹ /praʊl/ VB stryka omkring [på (i)] ⟨~ **the streets**⟩
prowl² /praʊl/ SB **be on the ~** stryka omkring [på jakt efter]

proximity /prɒk'sɪmətɪ/ SB *frml* närhet
proxy /'prɒksɪ/ SB **by ~** genom fullmakt (ombud)
prude /pruːd/ SB pryd person
prudence /'pruːdəns/ SB försiktighet, klokhet
prudent /'pruːdənt/ ADJ försiktig, klok
prudish /'pruːdɪʃ/ ADJ pryd
prune¹ /pruːn/ VB beskära, tukta, *äv bildl* skära ner
prune² /pruːn/ SB katrinplommon
pry¹ /praɪ/ VB snoka ⟨**for** efter **into** i⟩
pry² /praɪ/ VB *US* bända ~ **open** bända upp
□ **pry sth out of sb** lirka (locka) ur ngn ngt
PS /ˌpiː'es/ ⟨*förk f* postscript⟩ SB PS, postskriptum
psalm /sɑːm/ SB psalm *i Psaltaren*
pseudonym /'sjuːdənɪm, *US* 'suːd-/ SB pseudonym
psyche /'saɪkɪ/ SB psyke
psychedelic /ˌsaɪkɪ'delɪk/ ADJ psykedelisk
psychiatric /ˌsaɪkɪ'ætrɪk/ ADJ psykiatrisk
psychiatrist /saɪ'kaɪətrɪst/ SB psykiater
psychiatry /saɪ'kaɪətrɪ/ SB psykiatri
psychic /'saɪkɪk/ ADJ 1 synsk, medial, parapsykologisk 2 psykisk
psychoanalyse /ˌsaɪkəʊ'ænəlaɪz/ (*US* **psychoanalyze**) VB psykoanalysera
psychoanalysis /ˌsaɪkəʊə'næləsɪs/ SB psykoanalys
psychoanalyst /ˌsaɪkəʊ'ænəlɪst/ SB psykoanalytiker
psychoanalytic /ˌsaɪkəʊænə'lɪtɪk/ ADJ psykoanalytisk
psychological /ˌsaɪkə'lɒdʒɪkl/ ADJ psykologisk
psychologist /saɪ'kɒlədʒɪst/ SB psykolog
psychology /saɪ'kɒlədʒɪ/ SB psykologi
psychopath /'saɪkəpæθ/ SB psykopat
psychosis /saɪ'kəʊsɪs/ SB psykos
psychotherapy /ˌsaɪkəʊ'θerəpɪ/ SB psykoterapi
pt → pint
PT → physical
PTO /ˌpiːtiː'əʊ/, **pto** ⟨*förk f* please turn over⟩ var god vänd
pub /pʌb/ SB *spec GB* pub
pub-crawl /'pʌbkrɔːl/ SB pubrond ⟨**go on a ~**⟩
puberty /'pjuːbətɪ/ SB pubertet
pubic /'pjuːbɪk/ ADJ blygd- **hair** könshår
public /'pʌblɪk/ 1 ADJ allmän ⟨**~ road**⟩,

offentlig ⟨the ~ sector⟩, ~ figure offentlig person ~ opinion den allmänna opinionen ~ spending offentliga utgifter 2 ADJ statlig ~ enterprise statsföretag ~ ownership statligt ägande 3 ADJ samhälls- 4 SB allmänhet ⟨open to the ~⟩ 5 SB publik
★ be ~ knowledge vara allmänt bekant go ~ *ekon* bli börsnoterad in ~ offentligt be in the ~ eye stå i rampljuset, vara [en] kändis ⇓
publican /'pʌblɪkən/ SB *GB* pubinnehavare
publication /ˌpʌblɪ'keɪʃn/ SB 1 publicering, utgivning 2 publikation, skrift
public house /ˌpʌblɪk 'haʊs/ SB *GB frml* pub
publicity /pʌb'lɪsətɪ/ SB 1 publicitet 2 reklam
publicize /'pʌblɪsaɪz/ VB 1 offentliggöra 2 göra reklam för
public limited company SB *GB* [börsnoterat] aktiebolag
public school /ˌpʌblɪk 'skuːl/ SB 1 *GB* privat [internat]skola *för 13–18-åriga elever* 2 *US* kommunal skola
publish /'pʌblɪʃ/ VB 1 ge ut, publicera 2 offentliggöra
publisher /'pʌblɪʃə/ SB förläggare, utgivare, förlag
puck /pʌk/ SB puck
pucker /'pʌkə/, **pucker up** VB 1 rynka (vecka) sig, dra ihop sig 2 rynka, vecka, snörpa ihop
pudding /'pʊdɪŋ/ SB 1 *GB* efterrätt 2 pudding
puddle /'pʌdl/ SB pöl, vattenpuss
puerile /'pjʊəraɪl, *US* 'pjʊərəl/ ADJ pueril, barnslig
puff[1] /pʌf/ VB 1 pusta, flåsa 2 bolma ⟨~ at a cigar⟩ 3 *om tåg* tuffa 4 reklamera upp, puffa för
□ **puff out** *a)* blåsa ut ⟨~ a candle⟩ *b)* burra upp **puffed out** *äv* andfådd
□ **puff up** *a)* få att svälla upp *b)* bolma *c) bildl* blåsa upp
puff[2] /pʌf/ SB 1 bloss ⟨at på⟩ 2 pust a ~ of smoke en rökpuff 3 puff *på kläder* 4 [cream] ~ smördegsbakelse
★ out of ~ *vard* andfådd
puffy /'pʌfɪ/ ADJ uppsvälld, pösig
pug /pʌg/ SB mops

pugnacious /pʌg'neɪʃəs/ ADJ stridslysten
pug-nosed /ˌpʌg'nəʊzd/ ADJ trubbnäst
puke /pjuːk/ VB spy
pull[1] /pʊl/ VB 1 dra, dra i, dra ur (upp, ut) ~ a large crowd dra (locka) en stor publik ~ sb's hair dra ngn i håret 2 sträcka ⟨~ a muscle⟩
★ ~ faces göra grimaser ~ sb's leg *vard* driva (skoja) med ngn ~ the plug on sätta stopp för, ta död på ~ one's punches hålla igen, lägga band på sig ~ one's socks up *GB* skärpa sig ~ strings (wires) använda sitt inflytande ~ the trigger trycka av ~ one's weight anstränga sig, göra sin del ~ the wool over sb's eyes föra ngn bakom ljuset
□ **pull apart** *a)* rycka (ha) sönder *b)* göra ner
□ **pull at** *a)* dra i *b)* suga på *pipa*
□ **pull down** *hus* riva
□ **pull in** *a)* stanna, bromsa in *b) trafik* hålla åt sidan
□ **pull into** köra in på, stanna vid
□ **pull off** *a)* stanna till *på rastplats etc b) vard* klara av, fixa
□ **pull out** *a)* dra sig ur, hoppa av *b)* köra (svänga) ut, *om tåg* gå
□ **pull over** *trafik* köra åt sidan
□ **pull through** klara sig
□ **pull together** hålla samman, hjälpas åt
pull oneself together rycka upp sig
□ **pull up** stanna, bromsa in ~ short tvärstanna
pull[2] /pʊl/ SB 1 ryck[ning] give a ~ at dra (rycka) i 2 dragningskraft 3 lockelse ⟨the ~ of the sea⟩ 4 *vard* inflytande ⟨with över⟩ 5 long (hard) ~ lång, sugande uppförsbacke (klättring *etc*) 6 klunk, bloss, sug
pulley /'pʊlɪ/ SB block, trissa
pull-in /'pʊlɪn/ SB *GB* rastställe *vid väg*
Pullman /'pʊlmən/ SB pullmanvagn *lyxig järnvägsvagn*
pull-out /'pʊlaʊt/ SB *GB* tidningsbilaga
pullover /'pʊlˌəʊvə/ SB pullover
pulp[1] /pʌlp/ SB 1 fruktkött 2 mos beat sb to a ~ göra mos av ngn 3 pappersmassa 4 skräplitteratur
pulp[2] /pʌlp/ VB mosa
pulpit /'pʊlpɪt/ SB predikstol
pulsate /pʌl'seɪt, *US* 'pʌlseɪt/ VB pulsera
pulse[1] /pʌls/ SB puls, pulsslag
pulse[2] /pʌls/ VB pulsera

pulverize /ˈpʌlvəraɪz/ VB pulvrisera
pump¹ /pʌmp/ SB pump
pump² /pʌmp/ VB pumpa
pumpkin /ˈpʌmpkɪn/ SB pumpa
pun /pʌn/ SB ordlek, vits
punch¹ /pʌntʃ/ VB slå (göra) hål i, stansa
 ▢ **punch in** US stämpla in *med stämpelur*
punch² /pʌntʃ/ SB hålslag, stans
punch³ /pʌntʃ/ SB **1** [knytnävs]slag
 2 kraft, sting
 ★ **pull one's ~es** → **pull¹** ⇓
punch⁴ /pʌntʃ/ VB slå till
punch⁵ /pʌntʃ/ SB *dryck* bål
Punch and Judy /ˌpʌntʃənˈdʒuːdɪ/ SB GB kasperteater
punchbag /ˈpʌntʃbæg/ SB sandsäck
punch line SB slut|poäng, -kläm
punch-up /ˈpʌntʃʌp/ SB GB *vard* slagsmål
punctual /ˈpʌŋktʃʊəl/ ADJ punktlig
punctuate /ˈpʌŋktʃʊeɪt/ VB
 1 interpunktera **2** avbryta
punctuation /ˌpʌŋktʃʊˈeɪʃn/ SB interpunktion ~ **mark** skiljetecken
puncture¹ /ˈpʌŋktʃə/ SB punktering
puncture² /ˈpʌŋktʃə/ VB punktera
pundit /ˈpʌndɪt/ SB förståsigpåare
pungent /ˈpʌndʒənt/ ADJ skarp, frän
punish /ˈpʌnɪʃ/ VB straffa
punishing /ˈpʌnɪʃɪŋ/ ADJ **1** slitsam
 2 förödande ⟨~ **defeat**⟩
punishment /ˈpʌnɪʃmənt/ SB **1** straff, bestraffning **2** *vard* stryk
punk /pʌŋk/ SB **1** punk **2** punkare
punt¹ /pʌnt/ SB flat båt *som stakas fram*
punt² /pʌnt/ VB staka *båt*
punter /ˈpʌntə/ SB GB spelare, tippare
puny /ˈpjuːnɪ/ ADJ ynklig, ynkligt liten
pup /pʌp/ SB valp, unge *t ex av säl*
pupil¹ /ˈpjuːpl/ SB elev
pupil² /ˈpjuːpl/ SB pupill
puppet /ˈpʌpɪt/ SB docka, marionett
puppy /ˈpʌpɪ/ SB valp
purchase¹ /ˈpɜːtʃəs/ VB köpa, förvärva
 purchasing power köpkraft
purchase² /ˈpɜːtʃəs/ SB **1** köp, inköp, förvärv ~ **price** inköpspris **2** fotfäste, grepp
pure /pjʊə/ ADJ ren, äkta **by ~ chance** av en ren händelse
 ★ ~ **and simple** rätt och slätt
purée /ˈpjʊəreɪ, US pjʊˈreɪ/ SB puré
purely /ˈpjʊəlɪ/ ADV enbart, helt och hållet

purgative /ˈpɜːgətɪv/ SB laxermedel
Purgatory /ˈpɜːgətrɪ, US -tɔːrɪ/ SB skärselden
purge¹ /pɜːdʒ/ VB rensa, rena ⟨**of** från⟩, rensa ut ⟨**from** ur⟩
purge² /pɜːdʒ/ SB utrensning
purification /ˌpjʊərɪfɪˈkeɪʃn/ SB rening
purify /ˈpjʊərɪfaɪ/ VB rena
puritan /ˈpjʊərɪtən/ **1** SB puritan **2** ADJ puritansk
purity /ˈpjʊərətɪ/ SB renhet
purl /pɜːl/ SB avig maska
purloin /pɜːˈlɔɪn/ VB *frml el skämts* stjäla, knycka
purple /ˈpɜːpl/ **1** ADJ purpurfärgad **go (turn)** ~ bli illröd [i ansiktet] **2** SB purpur
purpose /ˈpɜːpəs/ SB syfte, avsikt ⟨**of** med⟩ **her ~ in life** hennes mål (uppgift) i livet
 ★ **for all practical ~s** i praktiken **on ~** med avsikt **to little ~** till föga nytta
purposeful /ˈpɜːpəsfʊl/ ADJ målmedveten
purposely /ˈpɜːpəslɪ/ ADV med avsikt (flit)
purr /pɜː/ VB *om katt* spinna
purse¹ /pɜːs/ SB **1** portmonnä, börs **2** prispengar **3** US *äv* handväska ⇓
purse² /pɜːs/ VB dra ihop ~ **one's lips** snörpa på munnen
purser /ˈpɜːsə/ SB purser
purse strings SB **hold the ~** ha hand om kassan
pursue /pəˈsjuː/ VB **1** förfölja **2** fortsätta med ~ **a matter** driva en fråga vidare ~ **a profession** utöva ett yrke **3** försöka uppnå ⟨~ **a goal**⟩, jaga efter
pursuer /pəˈsjuːə/ SB förföljare
pursuit /pəˈsjuːt/ SB **1** jakt **2** syssla, verksamhet **3** utövande
 ★ **in ~ of** på jakt efter **in [hot] ~** hack i häl
purveyor /pəˈveɪə/ SB leverantör
pus /pʌs/ SB var
push¹ /pʊʃ/ VB **1** knuffa [till], skjuta [ˈpå] ~ **open** skjuta (knuffa) upp **2** tränga, driva, tvinga **be ~ed too hard** tvingas arbeta alltför hårt ~ **one's way** tränga sig fram **3** knuffas, tränga sig ⟨**he ~ed past me**⟩ **4** göra reklam (en drive) för **5** langa ⟨~ **drugs**⟩ **6** trycka på ⟨~ **a button**⟩
 ★ **be ~ed for** ha ont om **be ~ing forty** närma sig de fyrtio
 ▢ **push about (around)** köra (hunsa) med
 ▢ **push ahead** målmedvetet arbeta

vidare
- push along kila (sticka) i väg
- push for [enträget] arbeta för, kräva
- push forward a) tränga sig fram, *milit* rycka fram b) målmedvetet fortsätta c) knuffa fram push oneself forward framhäva sig själv
- push off sticka sin väg
- push on a) fortsätta b) skynda på
- push over knuffa omkull
- push through driva igenom

push² /pʊʃ/ SB **1** knuff, puff give a car a ~ skjuta på en bil **2** satsning **3** framåtanda **4** framryckning
★ at a ~ *GB vard* i nödfall, om det kniper

push-bike /'pʊʃbaɪk/ SB *GB vard* cykel, hoj
push button /'pʊʃˌbʌtn/ SB tryckknapp, tangent
pushchair /'pʊʃtʃeə/ SB *GB* sittvagn *för barn*
pusher /'pʊʃə/ SB **1** langare **2** streber
pushover /'pʊʃˌəʊvə/ SB enkel sak, lätt match
push-up /'pʊʃʌp/ SB *US* armhävning
pushy /'pʊʃɪ/ ADJ gåpåaraktig, framfusig
pussy /'pʊsɪ/, **puss** /pʊs/ SB **1** kissekatt **2** fitta
pussycat /'pʊsɪkæt/ SB kissekatt
put /pʊt/ ⟨put, put⟩ VB **1** lägga, ställa, sätta ~ sb in a bad mood få ngn på dåligt humör ~ a child to bed lägga ett barn ~ a question ställa en fråga **2** stoppa, sticka, köra ⟨~ a knife into sth⟩, ~ one's hands in one's pockets stoppa händerna i fickan **3** utrycka, formulera ⟨How shall I ~ it?⟩ **4** översätta ⟨into till⟩ **5** ~ the shot stöta kula
★ not ~ it past sb, ~ right ⟨*etc*⟩ → past², right² ⟨*etc*⟩ ~ it to sb that ... *GB* hävda att ..., göra gällande att ...
- put about sprida ⟨~ rumours⟩
- put across föra fram, få folk att förstå
- put aside a) lägga undan b) *tankar* skjuta ifrån sig
- put at uppskatta till ⟨I put his age at 25⟩
- put away a) bura in b) lägga tillbaka c) hälla (sätta) i sig d) spara, lägga undan
- put back a) uppskjuta b) fördröja, försena
- put by spara [ihop], lägga undan
- put down a) sätta av *passagerare* b) slå ner *uppror* c) sätta på plats, ta ner d) anteckna, skriva [upp] e) avliva *djur* put sb down as anse ngn vara put sb down for anmäla ngn till put sth down to skylla ngt på
- put in a) komma in med ⟨~ an offer⟩ b) *sjö* gå (löpa) in c) inflika d) installera ~ for ansöka om
- put off a) uppskjuta b) avfärda, avspisa c) stöta, äckla d) släppa av ⟨he put me off at the station⟩
- put on a) sätta på sig b) *ström etc* slå på c) gå upp ⟨he's ~ ten kilos⟩ d) sätta in ⟨~ an extra train⟩ e) låtsas ⟨she's not ill, she is just putting it on⟩ f) *teat* sätta upp ⟨~ a new play⟩ g) skoja med, lura
- put sb on to a) tipsa ngn om b) *tele* koppla ngn till
- put out a) räcka ut b) släcka c) förarga, reta d) besvära e) ge ut, släppa ut, sända ut f) sticka ut [till sjöss] put oneself out göra sig besvär
- put through a) ringa ⟨~ a call⟩ b) koppla ⟨put sb through to sb⟩ c) genomföra ⟨~ a business deal⟩, put sb through sth utsätta ngn för ngt
- put up a) sträcka upp ⟨~ one's hand⟩ b) hissa ⟨~ the flag⟩ c) fälla upp ⟨~ an umbrella⟩ d) höja ⟨~ the price⟩ e) ge [natt]logi ⟨I can put you up⟩ f) ta in på ⟨~ at a hotel⟩ g) satsa, skaffa fram h) bjuda ⟨~ resistance⟩ i) utbjuda ⟨put sth up for sale⟩, put up with stå ut med

putrefy /'pju:trɪfaɪ/ VB *frml* ruttna
putrid /'pju:trɪd/ ADJ **1** rutten **2** usel, värdelös
putt¹ /pʌt/ VB *golf* putta
putt² /pʌt/ SB *golf* putt
putter → potter²
putty /'pʌtɪ/ SB kitt, spackel
put-up /'pʊtʌp/ ADJ it was a ~ job matchen ⟨*etc*⟩ var fixad (uppgjord)
puzzle¹ /'pʌzl/ VB förbrylla ~ one's brain bry sin hjärna
- puzzle about (over) grubbla över
- puzzle out fundera ut

puzzle² /'pʌzl/ SB **1** gåta, problem **2** pussel
pygmy /'pɪgmɪ/, **pigmy** SB pygmé, dvärg
pyjamas /pə'dʒɑ:məz/ (*US* **pajamas**) SB pyjamas **a pair of ~** en pyjamas
pylon /'paɪlən/ SB kraftledningsstolpe
pyramid /'pɪrəmɪd/ SB pyramid
python /'paɪθn, *US* -ɑ:n/ SB pytonorm

quack¹ /kwæk/ VB *om ankor* kvacka, snattra

quack² /kwæk/ SB kvackande, snatter *om ankor*

quack³ /kwæk/ SB kvackare, kvacksalvare

quadrangle /ˈkwɒdræŋgl/ SB
1 fyr|hörning, -kant 2 ⟨*förk* quad /kwɑd/⟩ [kringbyggd] gård

quadruped /ˈkwɒdrʊped/ SB fyrfotadjur

quagmire /ˈkwægmaɪə/ SB gungfly, moras

quail /kweɪl/ ⟨*pl lika el* **-s**⟩ SB vaktel

quaint /kweɪnt/ ADJ pittoresk, charmig

quake¹ /kweɪk/ VB skaka, skälva ⟨**with** av⟩

quake² /kweɪk/ SB jordskalv

Quaker /ˈkweɪkə/ SB kväkare

qualification /ˌkwɒlɪfɪˈkeɪʃn/ SB 1 merit **~s** *äv* utbildning, kompetens 2 förbehåll

qualified /ˈkwɒlɪfaɪd/ ADJ 1 utbildad, behörig, kvalificerad 2 halvhjärtad

qualify /ˈkwɒlɪfaɪ/ VB 1 utbilda sig **~ as a doctor** avlägga läkarexamen 2 modifiera, mildra
□ **qualify for** *a)* kvalificera sig till *b)* vara berättigad till

qualitative /ˈkwɒlɪtətɪv, *US* -teɪtɪv/ ADJ kvalitativ

quality /ˈkwɒlətɪ/ SB 1 kvalitet 2 egenskap

qualm /kwɑːm/ SB **have (feel) no ~s about** inte hysa några skrupler (samvetsbetänkligheter) för

quandary /ˈkwɒndərɪ/ SB bryderi, dilemma

quantitative /ˈkwɒntɪtətɪv, *US* -teɪtɪv/ ADJ kvantitativ

quantity /ˈkwɒntətɪ/ SB kvantitet

quarantine /ˈkwɒrəntiːn/ SB karantän

quarrel¹ /ˈkwɒrəl/ SB gräl **pick a ~** mucka gräl

quarrel² /ˈkwɒrəl/ VB gräla
□ **quarrel with** *äv* anmärka på, invända mot

quarrelsome /ˈkwɒrəlsəm/ ADJ grälsjuk

quarry¹ /ˈkwɒrɪ/ SB stenbrott

quarry² /ˈkwɒrɪ/ VB 1 bryta ⟨**~ stone**⟩ 2 bryta sten

quarry³ /ˈkwɒrɪ/ SB villebråd, byte

quart /kwɔːt/ SB *vätskemått, i GB 1,136 l, i US 0,946 l*

quarter¹ /ˈkwɔːtə/ SB 1 fjärdedel 2 kvart ⟨**at a ~ to (*US* of) eight**⟩ 3 kvartal 4 *25-centmynt* 5 fjärdedels pund *drygt ett hekto* 6 stadsdel 7 **in some ~s** på sina håll, i vissa kretsar 8 **quarters** logi, förläggning
★ **at close ~s** → close³

quarter² /ˈkwɔːtə/ VB 1 dela i fyra delar 2 inkvartera ⟨**on, with** hos⟩

quarterfinal /ˌkwɔːtəˈfaɪnl/ SB kvartsfinal

quarterly /ˈkwɔːtəlɪ/ 1 ADJ kvartals- 2 SB kvartalstidskrift

quartet /kwɔːˈtet/ SB kvartett

quartz /kwɔːts/ SB kvarts

quash /kwɒʃ/ VB 1 ogiltigförklara 2 undertrycka, kuva

quaver /ˈkweɪvə/ VB darra, skälva

quay /kiː/ SB kaj

queasy /ˈkwiːzɪ/ ADJ 1 illamående 2 obehaglig

queen /kwiːn/ SB 1 drottning 2 *kortspel* dam

queer /kwɪə/ 1 ADJ underlig, besynnerlig 2 SB *neds, åld* bög

quell /kwel/ VB kuva, undertrycka

quench /kwentʃ/ VB släcka ⟨**~ a fire, ~ one's thirst**⟩

querulous /ˈkwerʊləs/ ADJ kverulantisk, gnällig

query¹ /ˈkwɪərɪ/ SB 1 fråga 2 frågetecken

query² /ˈkwɪərɪ/ VB 1 fråga [om] 2 ifrågasätta

quest /kwest/ SB sökande, strävan ⟨**for** efter⟩
★ **in ~ of** på jakt efter

question¹ /ˈkwestʃən/ SB 1 fråga **ask a ~** ställa en fråga 2 tvivel **beyond ~** utom allt tvivel **there's no ~ about it** det råder inget tvivel om det
★ **be out of the ~** inte komma i fråga **call in (into) ~** → call¹ ⇓

question² /ˈkwestʃən/ VB 1 fråga 2 förhöra, utfråga 3 ifrågasätta, betvivla

questionable /ˈkwestʃənəbl/ ADJ tvivelaktig, tveksam

questioning /ˈkwestʃənɪŋ/ SB förhör, utfrågning
question mark SB frågetecken
questionnaire /ˌkwestʃəˈneə/ SB frågeformulär
queue¹ /kjuː/ SB *spec GB* kö
  ★ **jump the ~** → **jump¹**
queue² /kjuː/, **queue up** VB *spec GB* köa ⟨**for** för, till⟩
quibble¹ /ˈkwɪbl/ VB käbbla ⟨**about, over** om⟩
quibble² /ˈkwɪbl/ SB **1** smärre anmärkning **2** spetsfundighet
quick¹ /kwɪk/ ADJ snabb, rask **be ~** *äv* raska på
  ★ **~ off the mark** snabb i vändningarna
quick² /kwɪk/ ADV *vard* snabbt, fort ⟨**Come ~!**⟩
quicken /ˈkwɪkən/ VB öka, påskynda
  ~ one's pace öka farten
quickie /ˈkwɪkɪ/ SB snabbis *snabb drink, kort fråga*
quicksand /ˈkwɪksænd/ SB kvicksand
quid /kwɪd/ ⟨*lika i pl*⟩ SB *GB vard* pund
quiet /ˈkwaɪət/ **1** ADJ lugn, stilla, tyst **keep ~ about** hålla tyst med **2** SB lugn, stillhet, tystnad
  ★ **on the ~** i hemlighet
quieten /ˈkwaɪətn/, **quieten down** VB lugna ner [sig]
quilt /kwɪlt/ SB [säng]täcke **~ cover** påslakan
quilted /ˈkwɪltɪd/ ADJ vadderad **~ jacket** *GB* täckjacka
quintet /kwɪnˈtet/ SB kvintett
quintuplet /ˈkwɪntjʊplət, *US* kwɪnˈtʌplət/ SB femling
quip /kwɪp/ SB kvickhet, spydighet
quirk /kwɜːk/ SB egenhet **a ~ of fate** en ödets nyck
quit /kwɪt/ ⟨**quit, quit** el **quitted, quitted**⟩ VB **1** sluta [med], lägga av [med] **2** ge sig i väg [från]
quite /kwaɪt/ ADV **1** alldeles, fullkomligt, helt, mycket ⟨**~ possible, ~ young**⟩ **2** riktig ⟨**she's ~ a beauty**⟩, riktigt bra ⟨**he's ~ a swimmer**⟩, riktigt ⟨**I don't ~ know**⟩, avgjort ⟨**~ the best film**⟩ **3** ganska ⟨**~ a good book, play ~ well**⟩, **~ like** *GB* tycka ganska bra om
  ★ **Q~ [so]!** Just det! **~ a few** en hel del **when ~ a child** redan som barn
quits /kwɪts/ ADJ kvitt ⟨**now we are ~**⟩

quiver¹ /ˈkwɪvə/ VB darra, skälva ⟨**with** av⟩
quiver² /ˈkwɪvə/ SB darrning, skälvning
quiver³ /ˈkwɪvə/ SB koger
quiz /kwɪz/ VB frågesport, *US äv* [lapp]skrivning
quizmaster /ˈkwɪzˌmɑːstə/ SB frågesportsledare
quizzical /ˈkwɪzɪkl/ ADJ underfundig, illmarig
quoit /kɔɪt, kwɔɪt/ SB **1** kastring **2 quoits** *lek* ringkastning
quota /ˈkwəʊtə/ SB kvot
quotation /kwəʊˈteɪʃn/ SB **1** citat **2** kostnadsförslag **3** *handel* kurs, notering
quotation mark SB anföringstecken
quote¹ /kwəʊt/ VB **1** citera **2** anföra **3** *handel* notera ⟨**at** till⟩
  ★ **~ ... unquote** *kring citat* jag citerar ... slut citat
quote² /kwəʊt/ SB **1** citat **2** citationstecken

rabbi /'ræbaɪ/ SB rabbin
rabbit /'ræbɪt/ SB kanin
rabble /'ræbl/ SB pack, slödder
rabid /'ræbɪd/ ADJ 1 rabiessmittad
2 rabiat, fanatisk
rabies /'reɪbiːz/ SB rabies
raccoon /rə'kuːn/ SB tvättbjörn, sjubb
race¹ /reɪs/ SB 1 kapplöpning, lopp, tävling ~ **against time** kapplöpning med tiden 2 **the races** kapplöpningarna *för hästar, hundar*
race² /reɪs/ VB 1 springa (köra, rida) i kapp, tävla 2 springa ⟨*etc*⟩ i kapp med, tävla med 3 rusa [i väg] ⟨~ **to the bus**⟩ 4 rusa ⟨~ **the engine**⟩ 5 delta i tävlingar med ⟨~ **a horse**⟩
race³ /reɪs/ SB ras, släkte
racecourse /'reɪskɔːs/ SB galoppbana, *US äv* travbana
racetrack /'reɪstræk/ SB [tävlings]bana, *US äv* galoppbana, travbana
racial /'reɪʃl/ ADJ ras- ~ **hatred** rashat
racing /'reɪsɪŋ/ SB 1 tävling ⟨**horse** ~, **motor** ~⟩ 2 *attribut* tävlings-
racism /'reɪsˌɪzəm/ SB rasism
racist /'reɪsɪst/ 1 SB rasist 2 ADJ rasistisk
rack¹ /ræk/ SB 1 ställ, ställning, räcke **plate** ~ diskställ 2 hylla ⟨**luggage** ~⟩ 3 sträckbänk
rack² /ræk/ VB tortera ~**ed with pain** pinad av smärta
★ ~ **one's brain[s]** bry sin hjärna
rack³ /ræk/ SB **go to** ~ **and ruin** förfalla, gå under
racket¹ /'rækɪt/, **racquet** SB racket
racket² /'rækɪt/ SB 1 oväsen, ståhej 2 *vard* skoj, bluff, skumraskaffär[er] **drugs** ~ knarkhandel 3 *vard* jobb, födkrok ⟨**What's your** ~?⟩
racketeer /ˌrækə'tɪə/ SB skojare, gangster
racquet → racket¹
racy /'reɪsɪ/ ADJ 1 livlig, livfull 2 pikant, mustig
radar /'reɪdɑː/ SB radar ~ **trap** fartkontroll
radial /'reɪdɪəl/ 1 ADJ radial- ⟨~ **tyre**⟩ 2 SB radialdäck
radiance /'reɪdɪəns/ SB strålglans
radiant /'reɪdɪənt/ ADJ 1 strålande **be** ~ **with joy** stråla av glädje 2 strål[nings]- ~ **heat** strål[nings]värme
radiate /'reɪdɪeɪt/ VB 1 utstråla, sprida ⟨~ **enthusiasm**⟩ 2 stråla ut ⟨**five roads** ~ **from this place**⟩
radiation /ˌreɪdɪ'eɪʃn/ SB [radioaktiv] strålning
radiator /'reɪdɪeɪtə/ SB 1 värmeelement, radiator 2 *bil* kylare
radical /'rædɪkl/ 1 ADJ radikal 2 SB *polit* radikal
radii → radius
radio /'reɪdɪəʊ/ SB 1 radio 2 radio[apparat]
radioactive /ˌreɪdɪəʊ'æktɪv/ ADJ radioaktiv
radish /'rædɪʃ/ SB rädisa
radium /'reɪdɪəm/ SB radium
radius /'reɪdɪəs/ ⟨*pl* **radii** /-dɪaɪ/⟩ SB radie
RAF /ˌɑːreɪ'ef/ ⟨*förk f* Royal Air Force⟩ SB *brittiska flygvapnet*
raffish /'ræfɪʃ/ ADJ 1 ökänd 2 fräck 3 flott, vräkig
raffle /'ræfl/ SB lotteri, tombola
raft /rɑːft/ SB 1 flotte 2 *spec US* **a** ~ **of** en hel drös med
rag¹ /ræg/ SB 1 trasa **be a red** ~ **to** vara som ett rött skynke för 2 [dålig] tidning, blaska
rag² /ræg/ SB GB 1 skämt, upptåg 2 [student]karneval
ragbag /'rægbæg/ SB 1 lumpsäck 2 sammelsurium, röra
rage¹ /reɪdʒ/ SB vrede, raseri
★ **be all the** ~ vara inne (sista skriket) **be in a** ~ vara rasande **fly into a** ~ → fly¹
rage² /reɪdʒ/ VB 1 *om vind o bildl* rasa 2 *om sjukdom* härja
ragged /'rægɪd/ ADJ 1 trasig, sliten 2 trasigt klädd 3 skrovlig, *äv bildl* ojämn ⟨**a** ~ **performance**⟩
raid¹ /reɪd/ SB räd, razzia, kupp ⟨**on** mot⟩
raid² /reɪd/ VB 1 göra en räd ⟨*etc*⟩ mot 2 plundra
raider /'reɪdə/ SB 1 deltagare i räd ⟨*etc*⟩ 2 attackplan
rail¹ /reɪl/ SB 1 [led]stång, räcke, staket

2 skena, räl[s] **3** järnväg **go (travel) by ~** åka tåg **4** reling
★ **go off the ~s** *a)* spåra ur *b) vard* få fnatt
rail² /reɪl/ VB
▫ **rail in (off)** inhägna, sätta räcke runt
railing /'reɪlɪŋ/, **railings** SB räcke, staket
railway /'reɪlweɪ/ (*US* **railroad** /-rəʊd/) SB järnväg
rain¹ /reɪn/ SB regn
★ **[come] ~ or shine** i alla väder, i ur och skur
rain² /reɪn/ VB regna
★ **it never ~s but it pours** ≈ en olycka kommer sällan ensam **it's ~ing buckets (cats and dogs)** det ösregnar
rainbow /'reɪnbəʊ/ SB regnbåge
raincheck /'reɪntʃek/ SB **take a ~ on it** *spec US vard* [be att få] ha det till godo till senare
rainfall /'reɪnfɔːl/ SB regnmängd, nederbörd
rainy /'reɪnɪ/ ADJ regnig, regn-
★ **save for a ~ day** → **save¹**
raise¹ /reɪz/ VB **1** lyfta [upp] **2** uppföra, resa ⟨**~ a statue**⟩ **3** höja ⟨**~ prices, ~ one's voice**⟩ **4** samla [ihop] ⟨**~ an army**⟩, **~ funds** skaffa fram pengar **5** odla **6** föda upp, fostra ⟨**~ a family**⟩ **7** lägga fram, väcka **~ a point** ta upp en sak [till diskussion] **8** framkalla ⟨**~ doubts, ~ a laugh**⟩ **9** häva **~ a siege** häva en belägring
★ **~ the alarm** slå larm **~ hell (the roof)** ställa till bråk
raise² /reɪz/ SB *spec US* löneförhöjning
raisin /'reɪzn/ SB russin
rake¹ /reɪk/ SB **1** räfsa, kratta **2** raka, skrapa
★ **thin as a ~** → **thin¹**
rake² /reɪk/ VB **1** räfsa, kratta **2** granska **3** söka i ⟨**~ one's memory**⟩ **4** *milit* bestryka, beskjuta
▫ **rake in** håva in **~ it in** tjäna storkovan
▫ **rake up** *vard a)* skrapa ihop *b)* rota i ⟨**~ the past**⟩
rake-off /'reɪkɒf/ SB *vard* vinstandel *som förmedlare roffar åt sig*
rally¹ /'rælɪ/ SB **1** samling, [mass]möte **2** återhämtning **3** rally **4** *tennis etc* bollduell
rally² /'rælɪ/ VB **1** samla [ihop] **2** samlas **3** hämta (repa) sig **4** köra rally **5** *tennis* ha en lång bollduell
▫ **rally round** *a)* ställa upp *b)* sluta upp kring

ram¹ /ræm/ SB **1** bagge **2** murbräcka
ram² /ræm/ VB **1** slå, pressa **2** ramma
★ **~ sth down sb's throat** tvinga på ngn ngt
RAM /ræm/ ⟨*förk f* random access memory⟩ SB *data* RAM *internminne*
ramble¹ /'ræmbl/ SB strövtåg
ramble² /'ræmbl/ VB **1** vandra [omkring] **2** *äv bildl* irra [hit och dit], tala osammanhängande **3** *om växt* växa åt alla håll
rambling /'ræmblɪŋ/ ADJ **1** *om bebyggelse* oregelbundet byggd **2** osammanhängande, oredig **3** *om växt* klätter-
ramification /ˌræmɪfɪ'keɪʃn/ SB **1** förgrening **2** konsekvens, komplikation
ramp /ræmp/ SB **1** ramp, avfart, påfart **2** *i gata* farthinder **3** hög kant *pga vägarbete*
rampage¹ /ræm'peɪdʒ/ VB rusa vilt omkring, härja, leva rövare
rampage² /'ræmpeɪdʒ/ SB **be (go) on the ~** leva rövare, härja
rampant /'ræmpənt/ ADJ **1** *om växt* frodig, vildvuxen **2 be ~** *om brott, sjukdom* härja
rampart /'ræmpɑːt/ SB fästningsvall
ramshackle /'ræmˌʃækl/ ADJ fallfärdig, skraltig
ran → **run¹**
ranch /rɑːntʃ, *US* ræntʃ/ SB ranch, farm *spec i US*
rancher /'rɑːntʃə, *US* 'ræntʃə/ SB ranch|ägare, -arbetare
rancid /'rænsɪd/ ADJ härsken
rancour /'ræŋkə/ (*US* **rancor**) SB hätskhet, agg
random¹ /'rændəm/ ADJ godtycklig, slumpartad **~ remarks** lösryckta yttranden **~ sample** stickprov
random² /'rændəm/ SB **at ~** på måfå
randy /'rændɪ/ ADJ *spec GB* kåt
rang → **ring³**
range¹ /reɪndʒ/ SB **1** avstånd, räckvidd **at close (short) ~** på nära håll **out of (beyond) [firing] ~ of** utom skotthåll för **within one's ~ of vision** inom synhåll **2** [firing] **~** skjut|område, -bana **3** utsträckning, omfång **the ~ of her voice** hennes röstomfång **price ~** prisklass **4** rad, räcka **mountain ~** bergskedja **5** urval, *handel* sortiment **6** köksspis *av äldre typ*, *US* spis **gas- el elektrisk 7** *US äv* betesmark
range² /reɪndʒ/ VB **1** ställa i rad,

klassificera, ordna 2 ströva i (igenom), segla på, segla längs ⟨~ the coast⟩ 3 vandra, ströva, fara 4 sträcka sig, *om pris* variera

ranger /'reɪndʒə/ SB 1 skogvaktare, parkvakt 2 *US hist* ridande polis 3 *US äv* kommandosoldat 4 **Ranger** *GB* flickscout

rank¹ /ræŋk/ SB 1 rang, klass, *milit* grad 2 rad, räcka, *milit o bildl* led **close ~s** sluta leden, hålla ihop 3 **the ranks** manskapet, de meniga, gemene man
★ **come up (rise) from the ~s** arbeta sig upp

rank² /ræŋk/ VB 1 placera, inordna, klassa, *sport* ranka 2 ha plats (rang), rankas ⟨as som⟩ **she ~s as the best teacher we have** hon anses som vår bästa lärare
□ **rank above** stå över ngn i rang, *milit* ha högre grad än

rank³ /ræŋk/ ADJ 1 vildvuxen, tät 2 illa|luktande, -smakande

the rank and file SB gräsrötterna, *milit* de meniga

ransack /'rænsæk/ VB 1 söka igenom 2 plundra

ransom /'rænsəm/ SB lösensumma **hold sb to ~** *a)* hålla ngn som gisslan *b)* utöva utpressning mot ngn

rant /rænt/ VB skrävla, orera
★ **~ and rave** skälla och gorma ⟨at över⟩

rap¹ /ræp/ SB 1 rapp, smäll, knackning 2 tillrättavisning 3 rap *rytmiskt tal till inspelad musik*
★ **a ~ on (over) the knuckles** kritik, tillrättavisning **take the ~ for sth** *vard* få skulden för ngt

rap² /ræp/ VB 1 slå [till], smälla, knacka [på] 2 klandra 3 *vard* snacka 4 *musik* rappa

rapacious /rə'peɪʃəs/ ADJ 1 rovgirig 2 rov- ⟨~ bird⟩

rape¹ /reɪp/ VB våldta

rape² /reɪp/ SB 1 våldtäkt 2 skövling

rape³ /reɪp/ SB raps

rapid /'ræpɪd/ ADJ hastig, snabb

rapids /'ræpɪdz/ SB fors

rapier /'reɪpɪə/ SB värja

rapist /'reɪpɪst/ SB våldtäktsman

rapport /ræ'pɔː/ SB samförstånd, [nära] kontakt

rapt /ræpt/ ADJ 1 hänförd, spänd ⟨~ attention⟩ 2 fördjupad ⟨~ in a book⟩

rapture /'ræptʃə/ SB extas, hänryckning

rare¹ /reə/ ADJ 1 sällsynt, ovanlig 2 tunn ⟨~ air⟩

rare² /reə/ ADJ *om kött, spec biff* lätt stekt, blodig

rarefied /'reərɪfaɪd/ ADJ 1 förfinad, exklusiv 2 ~ **air** tunn luft

rarely /'reəlɪ/ ADV sällan

rarity /'reərətɪ/ SB sällsynthet, raritet

rascal /'rɑːskl/ SB 1 *skämts* rackare 2 skurk

rash¹ /ræʃ/ ADJ förhastad ⟨~ **conclusions**⟩, obetänksam

rash² /ræʃ/ SB 1 hudutslag 2 *bildl* våg, serie

rasher /'ræʃə/ SB baconskiva

rasp¹ /rɑːsp/ VB 1 fila, raspa 2 *om ljud* skära, gnissla **~ing voice** skrovlig röst 3 väsa fram

rasp² /rɑːsp/ SB 1 *verktyg* rasp 2 raspande ljud

raspberry /'rɑːzbərɪ, *US* 'ræzberɪ/ SB hallon
★ **give (blow) sb a ~** bua ut ngn, fnysa åt ngn

rat¹ /ræt/ SB 1 råtta 2 *vard* svikare, överlöpare 3 skit[stövel]
★ **Rats!** Snack!, Prat! **smell a ~** → smell¹ ⇓

rat² /ræt/ VB *vard* bli överlöpare, desertera
□ **rat on** *vard a)* svika ⟨~ **a promise**⟩ *b)* tjalla på

rate¹ /reɪt/ SB 1 hastighet ⟨**at a ~ of 50 miles**⟩, takt 2 kurs, taxa, pris ~ **of exchange** växelkurs 3 klass, rang 4 **rates** *GB* kommunalskatt *baserad på fastighetsvärde*
★ **at any ~** i alla fall, under alla förhållanden

rate² /reɪt/ VB 1 uppskatta, *vard* gilla 2 värdera, taxera ⟨**at** till⟩ 3 betrakta, anse **I ~ him among my friends** jag räknar honom som min vän 4 ~ **as** anses vara (för)

rather /'rɑːðə/ ADV 1 ganska, rätt så ⟨**a ~ long walk, walk ~ fast**⟩ 2 riktigt ⟨~ **a good idea, a ~ good idea**⟩, faktiskt ⟨**I ~ like grammar**⟩ 3 *framför komparativer* en aning, något ⟨**I'm feeling ~ better**⟩ 4 hellre, helst **I'd ~ stay at home** jag skulle helst (föredrar att) stanna hemma ~ **than cause trouble ...** hellre än att ställa till besvär ... 5 snarare ⟨**an economic ~ than a political problem**⟩, rättare sagt ⟨**she's a secretary, or ~ a typist**⟩
★ **I'd ~ not** helst inte **I ~ think so** jag tror

nästan det
ratify /'rætɪfaɪ/ VB ratificera, stadfästa
rating /'reɪtɪŋ/ SB **1** uppskattning, värdering **2 ratings** *tv, radio* tittarsiffror, lyssnarsiffror **3** *spec GB* matros
ratio /'reɪʃɪəʊ/ SB förhållande, proportion
ration¹ /'ræʃn, US 'reɪʃn/ SB ranson, tilldelning
ration² /'ræʃn, US 'reɪʃn/ VB ransonera
rational /'ræʃnəl/ ADJ rationell, förnuftig
rationalize /'ræʃnəlaɪz/ VB rationalisera
rat race SB *vard* karriärjakt **the ~** äv konkurrenssamhället
rattle¹ /'rætl/ VB **1** skallra, smattra, skramla **2** skaka ⟨**the wind ~d the windows**⟩ **3** *vard* göra nervös
□ **rattle off** rabbla upp
□ **rattle on (away)** pladdra [på]
rattle² /'rætl/ SB **1** skallra **2** skrammel **3** rossling
rattlesnake /'rætlsneɪk/ SB skallerorm
ratty /'rætɪ/ ADJ *vard* **1** full av råttor, rått- **2** *GB vard* retlig, sur **3** *US vard* sjaskig
raucous /'rɔːkəs/ ADJ hes, skrovlig
raunchy /'rɔːntʃɪ/ ADJ *vard* **1** grov, fräck **2** [utmanande] sexig **3** *spec US* sjaskig, sjabbig
ravage¹ /'rævɪdʒ/ VB **1** ödelägga, [för]härja **2** plundra
ravage² /'rævɪdʒ/ SB förödelse, härjning **the ~s of time** tidens tand
rave¹ /reɪv/ VB **1** yra, fantisera **2** *om vind o bildl* rasa **3** tala entusiastiskt
rave² /reɪv/ SB *vard* **1** *attribut* berömmande ⟨**a ~ review**⟩, entusiastisk **2** *attribut* populär, trendig ⟨**a ~ nightclub**⟩ **3** *GB* [vild] fest, party
★ **be in a ~ about** vara eld och lågor för
raven /'reɪvn/ SB korp
ravenous /'rævənəs/ ADJ utsvulten, glupsk
ravine /rə'viːn/ SB ravin, bergsklyfta
raving /'reɪvɪŋ/ **1** ADJ yrande, galen **a ~ lunatic** en fullkomlig galning **2** ADJ *vard* strålande ⟨**a ~ beauty**⟩ **3** SB **ravings** yrande, fantasier
ravishing /'rævɪʃɪŋ/ ADJ förtjusande [vacker]
raw /rɔː/ **1** ADJ rå, okokt, obearbetad ⟨**~ materials**⟩ **2** ADJ oerfaren, otränad **3** ADJ öm, oläkt **4** ADJ ruggig, råkall
★ **get a ~ deal** *vard* bli orättvist behandlad **in the ~** *a*) *vard* naken, näck *b*) utan försköning
ray¹ /reɪ/ SB stråle, strimma ⟨**a ~ of hope, a ~ of light**⟩
ray² /reɪ/ SB rocka
rayon /'reɪɒn/ SB rayon, konstsilke
raze /reɪz/ VB rasera **~ to the ground** jämna med marken
razor /'reɪzə/ SB rak|kniv, -apparat **safety ~** rakhyvel
razzle /'ræzl/ SB **be (go) on the ~** festa, slå runt
re /riː/ PREP angående, rörande *i affärsbrev*
reach¹ /riːtʃ/ VB **1** sträcka, räcka, ge ⟨**~ me the pen, please**⟩ **2** nå [upp till] ⟨**~ the roof, ~ a result**⟩, **~ sb on the phone** få tag i ngn på telefon
□ **reach for (out for)** sträcka sig efter **~ the stars** sikta mot stjärnorna
reach² /riːtʃ/ SB **1** räck|vidd, -håll **within easy ~ of** på bekvämt avstånd från **2** sträckning, sträcka
react /rɪ'ækt/ VB reagera ⟨**to på**⟩
reaction /rɪ'ækʃn/ SB reaktion ⟨**to på**⟩
reactionary /rɪ'ækʃnərɪ/ **1** ADJ reaktionär **2** SB reaktionär
reactor /rɪ'æktə/ SB reaktor ⟨**nuclear ~**⟩
read¹ /riːd/ ⟨**read /red/, read**⟩ VB **1** läsa, läsa upp **2** tolka, tyda, lyda ⟨**the text ~s as follows**⟩, låta ⟨**it ~s better like this**⟩ **4** läsa, studera ⟨**~ history**⟩ **5** *om mätare* visa [på]
★ **~ sb's hand** spå ngn i handen **~ a paper** äv hålla [ett] föredrag **take sth as ~** *spec GB* betrakta ngt som överenskommet
□ **read over** läsa igenom
□ **read out** läsa upp
□ **read up on** läsa in sig på
read² /riːd/ SB *vard* läsning, lektyr ⟨**the book is a good ~**⟩
readable /'riːdəbl/ ADJ **1** lättläst **2** läs|värd, -bar
reader /'riːdə/ SB **1** läsare **2** uppläsare **3** *GB* ≈ docent **4** korrekturläsare **5** lektör **6** läsebok
readership /'riːdəʃɪp/ SB läsekrets
readily /'redɪlɪ/ ADV **1** villigt, gärna **2** med lätthet
readiness /'redɪnəs/ SB **1** villighet **2** snabbhet, lätthet **3** beredskap
reading /'riːdɪŋ/ SB **1** läsning **2** [ut]tolkning **3** uppläsning, recitation **4** behandling av lagförslag i parlamentet (*i US* kongressen) **5** *tekn* avläsning,

gradtal *på mätare*
ready /'redɪ/ ADJ 1 färdig, klar, beredd ⟨**for** på⟩, till hands ⟨**have an answer** ~⟩, ~ **wit** slagfärdighet 2 villig, benägen, snar **she is** ~ **with advice** hon ger gärna råd
★ **R~, steady (**US **set), go!** Klara, färdiga, gå!
ready-made /ˌredɪ'meɪd/ ADJ 1 färdig|gjord, -lagad ~ **clothes** konfektionskläder 2 förutfattad ⟨~ **views**⟩
ready-to-wear /ˌredɪtə'weə/ ADJ konfektions-
real¹ /rɪəl, US 'ri:əl/ ADJ verklig ⟨**a** ~ **friend**⟩, riktig, äkta
★ **for** ~ *vard a)* på riktigt *b)* på allvar **the** ~ **thing** äkta vara, det rätta, originalet ⇓
real² /rɪəl, US 'ri:əl/ ADV *spec US vard* verkligt ⟨**a** ~ **good story**⟩
real estate /'rɪəlɪˌsteɪt/ SB 1 fast egendom 2 *spec US* fastigheter *till salu* ~ **agent** fastighetsmäklare
realism /'rɪəlˌɪzəm, US 'ri:ə-/ SB realism
realist /'rɪəlɪst, US 'ri:ə-/ SB realist
realistic /rɪə'lɪstɪk, US 'ri:ə-/ ADJ realistisk
reality /rɪ'ælətɪ/ SB verklighet[en] **in** ~ i själva verket
realize /'rɪəlaɪz, US 'ri:ə-/ VB 1 inse 2 förverkliga ⟨~ **a dream**⟩ 3 avyttra, omsätta i pengar 4 inbringa ⟨**the car** ~**d £2,000**⟩
really /'rɪəlɪ, US 'ri:əlɪ/ ADV 1 verkligen, faktiskt 2 verkligt, riktigt ⟨~ **bad**⟩
realm /relm/ SB [konunga]rike, *bildl* värld **the** ~ **of science** den vetenskapliga världen
real property SB fast egendom
realtor /'ri:əltə/ SB *US* fastighetsmäklare
reap /ri:p/ VB skörda
rear¹ /rɪə/ SB 1 bak|sida, -del **at the** ~ **of** bakom, på baksidan av **in (at) the** ~ baktill, i bakre delen 2 *vard* bak, ända 3 eftertrupp 4 *attribut* bak- ⟨~ **light**⟩, bakre
★ **bring (take) up the** ~ bilda eftertrupp, komma sist
rear² /rɪə/ VB 1 [upp]fostra 2 föda upp ⟨~ **chickens**⟩ 3 odla 4 lyfta [på] ⟨~ **one's head**⟩ 5 stegra sig
□ **rear up** stegra sig
rearguard /'rɪəɡɑ:d/ SB eftertrupp
rearmament /rɪ'ɑ:məmənt/ SB upprustning
rearrange /ˌri:ə'reɪndʒ/ VB arrangera om, ändra
rear-view /'rɪəvju:/ SB ~ **mirror** backspegel
reason¹ /'ri:zn/ SB 1 skäl, orsak, anledning ⟨**for** till⟩ **by** ~ **of** på grund av **for some** ~ av någon anledning **the** ~ **why** skälet till att 2 förnuft, förstånd, reson
★ **it stands to** ~ → **stand¹ listen to** ~ → **listen within** ~ inom rimliga gränser
reason² /'ri:zn/ VB resonera
□ **reason sb into** försöka övertala ngn till
□ **reason out** tänka ut, resonera sig fram till **reason sb out of** få ngn att låta bli
□ **reason with** [försöka] tala till rätta
reasonable /'ri:zənəbl/ ADJ 1 förståndig, förnuftig 2 skälig, rimlig 3 skaplig, hygglig
reasonably /'ri:zənəblɪ/ ADV tämligen, någorlunda
reasoning /'ri:zənɪŋ/ SB resonemang
reassurance /ˌri:ə'ʃʊərəns/ SB tröst, försäkran, uppmuntran
reassure /ˌri:ə'ʃʊə/ VB lugna [och trösta], uppmuntra
rebate /'ri:beɪt, rɪ'beɪt/ SB återbetalning, rabatt
rebel¹ /'rebl/ SB rebell, upprorsman
rebel² /rɪ'bel/ VB göra uppror, protestera
rebellion /rɪ'beljən/ SB uppror
rebellious /rɪ'beljəs/ ADJ upprorisk, trotsig
rebirth /ˌri:'bɜ:θ/ SB pånyttfödelse
rebound¹ /rɪ'baʊnd/ VB studsa tillbaka, studsa [upp]
□ **rebound on** *bildl* falla tillbaka på
rebound² /'ri:baʊnd/ SB återstudsning, studs, *i bollspel äv* [målvakts]retur
★ **on the** ~ ≈ som plåster på såren, i besvikelse över förlusten
rebuff¹ /rɪ'bʌf/ SB avsnäsning, avslag
rebuff² /rɪ'bʌf/ VB snäsa av, avvisa
rebuke¹ /rɪ'bju:k/ VB tillrättavisa, kritisera
rebuke² /rɪ'bju:k/ SB tillrättavisning, kritik
recalcitrant /rɪ'kælsɪtrənt/ ADJ motsträvig
recall¹ /rɪ'kɔ:l/ VB 1 minnas 2 påminna om ⟨**this music** ~**s the past**⟩ 3 kalla tillbaka (hem) 4 upphäva ⟨~ **an order**⟩ 5 ta tillbaka *defekt vara etc*

recall² /rɪˈkɔːl/ SB **1** tillbakakallande **beyond (past)** ~ oåterkallelig[t] **2** upphävande **3** minne

recapitulate /ˌriːkəˈpɪtjʊleɪt/ *vard* **recap** VB rekapitulera, sammanfatta

recapitulation /ˌriːkəpɪtjʊˈleɪʃn/ *vard* **recap** SB rekapitulering, sammanfattning

recapture /riːˈkæptʃə/ VB gripa på nytt, återta

recede /rɪˈsiːd/ VB **1** gå (dra sig) tillbaka, vika **receding hair[line]** vikande hårfäste, början till tunt hår **2** försvinna
□ **recede from** dra sig ur

receipt /rɪˈsiːt/ SB **1** kvitto ⟨**for** på⟩ **2** mottagande **on** ~ **of** vid mottagandet av **3 receipts** intäkter

receive /rɪˈsiːv/ VB **1** få, erhålla ⟨~ **a letter**, ~ **treatment**⟩ **2** ta emot ⟨~ **guests**, ~ **complaints**⟩ **3** *radiosignaler etc* ta (få) in **4** *tennis* vara servemottagare

received /rɪˈsiːvd/ ADJ vedertagen, accepterad

receiver /rɪˈsiːvə/ SB **1** telefonlur **2** *äv radio, tv* mottagare **3** hälare **4** konkursförvaltare

recent /ˈriːsnt/ ADJ ny, färsk, nyligen inträffad **a** ~ **book** en nyutkommen bok **in** ~ **years** på senare år

recently /ˈriːsntlɪ/ ADV nyligen, på senare tid

receptacle /rɪˈseptəkl/ SB behållare, förvaringskärl

reception /rɪˈsepʃn/ SB **1** mottagande ⟨**get a cool** ~⟩ **2** mottagning **3** [hotell]reception **4** *radio, tv* mottagningsförhållanden

receptionist /rɪˈsepʃənɪst/ SB **1** receptionist, [hotell]portier **2** mottagningssköterska

receptive /rɪˈseptɪv/ ADJ receptiv, mottaglig ⟨**to** för⟩

recess /rɪˈses, *spec US* ˈriːses/ SB **1** uppehåll *i parlaments el domstols arbete* ⟨**Congress is in** ~⟩ **2** *US frml* ferier **3** *US äv* rast **4** alkov, *äv bildl* nisch, vrå

recession /rɪˈseʃn/ SB konjunkturnedgång

recharge /ˌriːˈtʃɑːdʒ/ VB ladda om (upp)

recipe /ˈresɪpɪ/ SB kok o *bildl* recept ⟨**for** på⟩

recipient /rɪˈsɪpɪənt/ SB mottagare

reciprocal /rɪˈsɪprəkəl/ ADJ ömsesidig, inbördes

reciprocate /rɪˈsɪprəkeɪt/ VB återgälda, besvara

recital /rɪˈsaɪtl/ SB **1** solistuppträdande **2** recitation **3** redogörelse

recitation /ˌresɪˈteɪʃn/ SB recitation, uppläsning

recite /rɪˈsaɪt/ VB **1** recitera, läsa upp **2** räkna (rabbla) upp

reckless /ˈrekləs/ ADJ **1** obetänksam, vårdslös ~ **driving** vårdslöshet i trafiken **2** våghalsig

reckon /ˈrekən/ VB **1** räkna, betrakta, anse ⟨**I** ~ **her as a friend**⟩ **2** beräkna, uppskatta ⟨**the cost is** ~**ed to be enormous**⟩ **3** *vard* anta, förmoda ⟨**I** ~ **he'll come soon**⟩
□ **reckon among** räknas bland (till)
□ **reckon up** räkna ihop
□ **reckon with** *a)* ta med i beräkningen *b)* få med ngn att göra ⟨**he'll have the boss to** ~⟩
□ **reckon without** inte ta med i beräkningen

reckoning /ˈrekənɪŋ/ SB **1** räkning, beräkning **2** uppgörelse, räkenskap **the day of** ~ domens dag

reclaim /rɪˈkleɪm/ VB **1** fordra (hämta) tillbaka **2** odla upp **3** åter|vinna, -använda

reclamation /ˌrekləˈmeɪʃn/ SB **1** uppodlande **2** återanvändning

recline /rɪˈklaɪn/ VB **1** luta sig tillbaka, sitta tillbakalutad **2** vila, luta ⟨~ **one's head against sth**⟩ **3** fälla bakåt **reclining chair** vilstol

recluse /rɪˈkluːs, *US* ˈrekluːs/ SB enstöring, eremit

recognition /ˌrekəgˈnɪʃn/ SB **1** igenkännande **beyond** ~ till oigenkännlighet **2** erkännande **3** erkänsla

recognize /ˈrekəgnaɪz/ VB **1** känna igen ⟨**by** på⟩ **2** erkänna ⟨~ **the new regime**⟩ **3** inse **4** visa sin erkänsla för

recoil¹ /rɪˈkɔɪl/ VB **1** rygga [tillbaka] ⟨**from** för⟩ **2** studsa tillbaka, rekylera

recoil² /ˈriːkɔɪl/ SB rekyl, återstuds

recollect /ˌrekəˈlekt/ VB komma ihåg, påminna sig

recollection /ˌrekəˈlekʃn/ SB minne ★ **to the best of my** ~ såvitt jag kan påminna mig

recommend /ˌrekəˈmend/ VB

rekommendera *the hotel has little to ~ it* det är lite som talar för hotellet, hotellet är föga attraktivt
recommendation /ˌrekəmenˈdeɪʃn/ SB rekommendation
recompense¹ /ˈrekəmpens/ VB gottgöra, kompensera, ersätta
recompense² /ˈrekəmpens/ SB gottgörelse, kompensation, lön
reconcile /ˈrekənsaɪl/ VB **1** försona ~ *oneself* förlika sig ⟨**to** med⟩ **2** få att stämma (gå ihop)
reconciliation /ˌrekənsɪlɪˈeɪʃn/ SB försoning
recondition /ˌriːkənˈdɪʃn/ VB reparera [upp], sätta i stånd
reconnaissance /rɪˈkɒnɪsəns/ SB *milit* spaning, rekognoscering
reconnoitre /ˌrekəˈnɔɪtə/ (*US* **reconnoiter**) VB *milit* spana, rekognoscera
reconsider /ˌriːkənˈsɪdə/ VB ta under omprövning
reconstitute /ˌriːˈkɒnstɪtjuːt/ VB ombilda
reconstruct /ˌriːkənˈstrʌkt/ VB **1** återuppbygga **2** rekonstruera
reconstruction /ˌriːkənˈstrʌkʃn/ SB **1** ombyggnad **2** rekonstruktion
record¹ /rɪˈkɔːd/ VB **1** registrera, uppteckna, ta till protokollet **2** spela in ⟨*~ on tape, ~ on video*⟩ **3** *om mätare* visa [på]
record² /ˈrekɔːd/ SB **1** dokument, förteckning, protokoll **2** meritlista *a clean ~* ett fläckfritt förflutet *have a ~* vara straffad tidigare **3** rekord ⟨**for** i⟩ **4** grammofonskiva
★ *be on ~ as saying a)* offentligt ha uttalat *b)* vara känd för att ha sagt *a matter of ~* ett bevisat (känt) faktum *off the ~* inofficiellt, i förtroende *on ~* dokumenterad, [väl] känd *put on ~ a)* ta till protokollet *b)* konstatera ⇓
recorder /rɪˈkɔːdə/ SB **1** blockflöjt **2** bandspelare
recording /rɪˈkɔːdɪŋ/ SB inspelning
record player SB skivspelare
recount¹ /rɪˈkaʊnt/ VB berätta
recount² /rɪˈkaʊnt/ VB räkna om *röster*
recount³ /rɪˈkaʊnt/ SB omräkning *av röster*
recover¹ /rɪˈkʌvə/ VB **1** återfå ⟨*~ one's strength*⟩, ta igen **2** tillfriskna, [åter]hämta sig ⟨**from** efter⟩
recover² /ˌriːˈkʌvə/ VB klä om *möbler*

recovery /rɪˈkʌvərɪ/ SB **1** tillfrisknande **2** återvinnande
recreation /ˌrekrɪˈeɪʃn/ SB rekreation, fritidssysselsättning *~ ground* fritidsområde, lekpark
recreational /ˌrekrɪˈeɪʃnəl/ ADJ rekreations-, fritids-
recruit¹ /rɪˈkruːt/ SB rekryt, ny medlem
recruit² /rɪˈkruːt/ VB rekrytera, värva, anställa
rectangle /ˈrektæŋgl/ SB rektangel
rectangular /rekˈtæŋgjʊlə/ ADJ rektangulär
rectify /ˈrektɪfaɪ/ VB rätta till, korrigera
rector /ˈrektə/ SB **1** *GB* kyrkoherde **2** *spec Sc* rektor *vid vissa universitet o skolor*
rectory /ˈrektərɪ/ SB *GB* prästgård
recuperate /rɪˈkjuːpəreɪt/ VB hämta sig ⟨**from** efter⟩
recur /rɪˈkɜː/ VB återkomma, upprepas
recurrent /rɪˈkʌrənt/ ADJ återkommande
recycle /ˌriːˈsaɪkl/ VB åter|använda, -vinna
red /red/ **1** ADJ röd **2** SB *färg* rött **3** SB *Red vard, neds* socialist, kommunist ⇓
red deer /ˌred ˈdɪə/ SB kronhjort
redden /ˈredn/ VB **1** färga röd **2** rodna
redeem /rɪˈdiːm/ VB **1** lösa in (ut) **2** sona **3** frälsa
red-handed /ˌredˈhændɪd/ ADJ *catch sb ~* gripa ngn på bar gärning
redhead /ˈredhed/ SB rödhårig person
red herring /ˌred ˈherɪŋ/ SB villospår, avledande manöver
Red Indian /ˌred ˈɪndɪən/ SB *neds* indian
redirect /ˌriːdəˈrekt/ VB dirigera om *trafik*, eftersända *post*
red-letter day /ˌredˈletədeɪ/ SB högtidsdag, märkesdag
red-light district /ˌredˈlaɪtˌdɪstrɪkt/ SB bordellkvarter
red meat /ˌred ˈmiːt/ SB nötkött, fårkött
redneck /ˈrednek/ SB *US neds* ≈ bondtölp *använt om vit, oftast konservativ lantarbetare i Sydstaterna*
redo /ˌriːˈduː/ ⟨**redid** /-ˈdɪd/, **redone** /-ˈdʌn/⟩ VB göra om
redouble /ˌriːˈdʌbl/ VB fördubbla[s]
red pepper /ˌred ˈpepə/ SB **1** *krydda* rödpeppar, kajennpeppar **2** *grönsak* röd paprika
redress¹ /rɪˈdres/ VB ställa till rätta, återställa

redress² /rɪ'dres/ SB gottgörelse, kompensation
red tape /ˌred 'teɪp/ SB byråkratiskt krångel
reduce /rɪ'dju:s/ VB minska, sänka ⟨at ~ price⟩, *kok* reducera, koka ihop ~ **one's weight** banta ~ **to** bringa till, tvinga (få) till ~ **to ashes** lägga i aska ~ **to silence** tysta ner ~ **to tears** få att gråta
reduction /rɪ'dʌkʃn/ SB **1** minskning, reducering **2** nedsättning, rabatt **3** förminskning
redundant /rɪ'dʌndənt/ ADJ **1** överflödig **2** *spec GB* friställd **make ~** friställa
reed /ri:d/ SB **1** vass, vasstrå **2** *musik* rörblad
reef /ri:f/ SB rev ⟨coral ~⟩
reek¹ /ri:k/ VB stinka ~ **of garlic** stinka vitlök
reek² /ri:k/ SB stank
reel¹ /ri:l/ SB rulle ⟨~ **of film**⟩, ~ **of cotton** trådrulle
reel² /ri:l/ VB rulla (spola) upp
☐ **reel off** rabbla upp
reel³ /ri:l/ VB **1** ragla, vackla **2** snurra, virvla **my mind (head) ~ed** det gick runt i huvudet på mig
ref → referee¹
refer /rɪ'fɜ:/ VB **1** hänvisa **2** remittera
☐ **refer to** *a)* nämna *b)* syfta på *c)* åberopa *d)* gälla ⟨**this ~s to all of you**⟩ *e)* gå (vända sig) till, rådfråga, se efter i ⟨~ **a dictionary**⟩ *f)* hänföra till, klassa som
referee¹ /ˌrefə'ri:/ SB **1** *vard* **ref** /ref/ *sport* domare **2** skiljedomare **3** referens[person]
referee² /ˌrefə'ri:/ VB *sport* döma
reference /'refərəns/ SB **1** hänvisning, remittering **2** anspelning **make ~ to** anspela på, [om]nämna **3** avseende **without ~ to** oavsett **4** referens[er] *vitsord, betyg* **5** referens[person]
reference book SB uppslagsbok
referendum /ˌrefə'rendəm/ ⟨*pl* -**s** *el* **referenda** /-də/⟩ SB folkomröstning
referral /rɪ'fɜ:rəl/ SB *US* [läkar]remiss
refill /'ri:fɪl/ SB **1** påfyllning **2** refill, patron
refine /rɪ'faɪn/ VB **1** raffinera **2** för|ädla, -fina, -bättra
refinement /rɪ'faɪnmənt/ SB **1** raffinering **2** förfining, elegans **3** [teknisk] finess
refinery /rɪ'faɪnərɪ/ SB raffinaderi

refit /ˌri:'fɪt/ VB reparera, rusta upp ⟨~ **a ship**⟩
reflect /rɪ'flekt/ VB **1** reflektera, [åter]spegla **2** reflektera, tänka, fundera
☐ **reflect on** *äv* återfalla på, kasta en skugga över
reflection /rɪ'flekʃn/ (*GB äv* **reflexion**) SB **1** reflektering **2** [spegel]bild **3** reflexion, fundering **on** ~ vid närmare eftertanke ★ **be a** ~ **on** kasta en skugga över, innebära kritik mot
reflective /rɪ'flektɪv/ ADJ reflekterande
reflex /'ri:fleks/ SB reflexrörelse, reflex
reflexion → reflection
reform¹ /rɪ'fɔ:m/ VB **1** reformera, förbättra **2** bättra sig
reform² /rɪ'fɔ:m/ SB reform, förbättring
reformation /ˌrefə'meɪʃn/ SB **1** förbättring, reform **2 the Reformation** *hist* reformationen
reformer /rɪ'fɔ:mə/ SB reformator, reformvän
refrain¹ /rɪ'freɪn/ VB avstå, avhålla sig ⟨**from** från⟩
refrain² /rɪ'freɪn/ SB refräng
refresh /rɪ'freʃ/ VB friska upp ⟨~ **one's memory**⟩, ~ **oneself** styrka sig, läska sig
refresher course /rɪ'freʃəkɔ:s/ SB fortbildningskurs
refreshing /rɪ'freʃɪŋ/ ADJ upp|friskande, -piggande
refreshments /rɪ'freʃmənts/ SB förfriskningar
refrigerate /rɪ'frɪdʒəreɪt/ VB **1** kyla **2** frysa [in]
refrigerator /rɪ'frɪdʒəreɪtə/ SB kylskåp
refuel /ˌri:'fju:əl/ VB tanka
refuge /'refju:dʒ/ SB **1** tillflykt, skydd ⟨**from** för⟩ **2** refug
refugee /ˌrefju'dʒi:/ SB flykting
refund¹ /'ri:fʌnd/ SB återbetalning
refund² /rɪ'fʌnd/ VB återbetala
refurbish /ˌri:'fɜ:bɪʃ/ VB renovera, rusta upp
refusal /rɪ'fju:zl/ SB **1** vägran **2** avslag
refuse¹ /rɪ'fju:z/ VB **1** vägra **2** avböja, säga nej till
refuse² /'refju:s/ SB **1** avfall, sopor, skräp **2** *attribut* sop- ~ **chute** sopnedkast
refute /rɪ'fju:t/ VB vederlägga, motbevisa
regain /rɪ'geɪn/ VB åter|få, -vinna
regal /'ri:gl/ ADJ kunglig, majestätisk, storslagen

regale /rɪˈgeɪl/ VB underhålla ⟨~ **sb with stories**⟩

regard¹ /rɪˈgɑːd/ VB **1** betrakta, anse ⟨**as** som⟩ **2** angå, röra **3** bry sig om ⟨**he didn't ~ our warning**⟩ ★ **as ~s** beträffande, vad beträffar

regard² /rɪˈgɑːd/ SB **1** avseende **with (in) ~ to** med avseende på **2** hänsyn, aktning **hold sb in high ~** högakta ngn **3 regards** hälsningar **Kind ~s, Med vänlig hälsning** *i brevslut*

regarding /rɪˈgɑːdɪŋ/ PREP beträffande

regardless¹ /rɪˈgɑːdləs/ ADJ ~ **of** utan hänsyn till

regardless² /rɪˈgɑːdləs/ ADV *vard* i alla fall

regatta /rɪˈgætə/ SB regatta, kappsegling

regent /ˈriːdʒənt/ SB regent

regime /reɪˈʒiːm, *US* rə-/, **régime** SB regim, styrelse

regiment /ˈredʒɪmənt/ SB regemente

regimented /ˈredʒɪmentɪd/ VB hårt styrd, strängt kontrollerad

region /ˈriːdʒn/ SB region, trakt, område

regional /ˈriːdʒnəl/ ADJ regional, regions-, lokal[-]

register¹ /ˈredʒɪstə/ SB **1** register, förteckning, liggare **2** *musik* register **3 cash ~** kassaapparat

register² /ˈredʒɪstə/ VB **1** registrera **~ed nurse** legitimerad sjuksköterska **2** *om mätare* visa [på] **3** rekommendera ⟨**~ed post (mail)**⟩ **4** pollettera, checka in **5** skriva in sig ⟨**~ at a hotel**⟩, anmäla sig ⟨**for** till **with** hos⟩ **6** lämna in ⟨**~ a protest**⟩ ★ **it didn't ~ with me** det gick inte in i min skalle

register office, **registry office** SB *GB* byrå *för civilregistrering och borgerlig vigsel*

registrar /ˌredʒɪˈstrɑː, *US* ˈredʒəstrɑːr/ SB **1** registrator **2** borgerlig vigselförrättare

registration /ˌredʒɪˈstreɪʃn/ SB **1** registrering, inskrivning, anmälan **2** rekommendering *av post*

registry office → register office

regret¹ /rɪˈgret/ VB vara ledsen över, beklaga, ångra

regret² /rɪˈgret/ SB sorg, beklagande, ånger ⟨**at** över⟩

regrettable /rɪˈgretəbl/ ADJ beklaglig, bedrövlig

regroup /ˌriːˈgruːp/ VB omgruppera [sig]

regular /ˈregjʊlə/ **1** ADJ regelbunden ~ **customer** stamkund ~ **hours** fasta tider **2** ADJ professionell, yrkes- ⟨**a ~ soldier**⟩ **3** ADJ *spec US* normal, vanlig **4** ADJ regelrätt, *vard* riktig ⟨**a ~ genius**⟩ **5** SB stam|kund, -gäst **6** SB stamanställd militär

regularity /ˌregjuˈlærətɪ/ SB regelbundenhet

regulate /ˈregjʊleɪt/ VB **1** reglera **2** justera, ställa in

regulation /ˌregjʊˈleɪʃn/ SB **1** reglering **2** regel, bestämmelse, stadga **3 regulations** *äv* reglemente, förordning **4** *attribut* reglementsenlig

rehabilitate /ˌriːhəˈbɪlɪteɪt/ VB **1** rehabilitera, återanpassa **2** återställa **3** återupprätta

rehabilitation /ˌriːhəbɪlɪˈteɪʃn/ SB **1** rehabilitering, återanpassning **2** återställande **3** återupprättelse

rehash /ˈriːhæʃ/ SB hopkok, gammal skåpmat

rehearsal /rɪˈhɜːsl/ SB *musik, teat* repetition **dress ~** generalrepetition

rehearse /rɪˈhɜːs/ VB *musik, teat* **1** repetera **2** öva in

reign¹ /reɪn/ SB regering, välde ~ **of terror** skräckvälde

reign² /reɪn/ VB **1** regera **2** *bildl* härska, råda

rein /reɪn/ SB tygel, töm, sele ★ **give [a] free ~** ge fria tyglar **take the ~s** ta ledningen

reindeer /ˈreɪndɪə/ ⟨*lika i pl*⟩ SB ren

reinforce /ˌriːɪnˈfɔːs/ VB förstärka

reinforcement /ˌriːɪnˈfɔːsmənt/ SB förstärkning

reject¹ /rɪˈdʒekt/ VB **1** förkasta, avslå, avvisa **2** stöta bort *organ* **3** kassera

reject² /ˈriːdʒekt/ SB utskottsvara, kasserad vara

rejection /rɪˈdʒekʃn/ SB **1** förkastande, avslag **2** bortstötning *av organ* **3** kasserande

rejoice /rɪˈdʒɔɪs/ VB glädjas ⟨**at, in** åt, över⟩

rejoicing /rɪˈdʒɔɪsɪŋ/ SB glädje, jubel

rejoin¹ /ˌriːˈdʒɔɪn/ VB återförena [sig med], sammanfoga

rejoin² /rɪˈdʒɔɪn/ VB replikera

rejoinder /rɪˈdʒɔɪndə/ SB genmäle, replik ⟨**a sharp ~**⟩

rejuvenate /rɪˈdʒuːvəneɪt/ VB föryngra

relapse¹ /rɪˈlæps/ VB återfalla, *medicin* få återfall
relapse² /rɪˈlæps/ SB återfall
relate /rɪˈleɪt/ VB **1** relatera, berätta **2** sätta i samband ⟨**to** med⟩
□ **relate to** *a*) stå i relation till ⟨**Does money ~ happiness?**⟩, ha samband med, avse *b*) fungera med, förstå sig på
related /rɪˈleɪtɪd/ ADJ besläktad, släkt ⟨**to** med⟩
relation /rɪˈleɪʃn/ SB **1** relation, förhållande, samband **in (with)** ~ **to** med hänsyn till **2** förbindelse ⟨**business ~s**⟩ **3** släkting **a** ~ **by marriage** en ingift släkting
relationship /rɪˈleɪʃənʃɪp/ SB **1** relation[er], förhållande, samband ⟨**to** med⟩ **2** släktskap ⟨**to** med⟩
relative /ˈrelətɪv/ **1** ADJ relativ **2** SB släkting
relax /rɪˈlæks/ VB **1** koppla av, slappna [av] ⟨**my muscles ~ed**⟩ **2** släppa efter på, *bildl* mildra ⟨**~ a rule**⟩
relaxation /ˌriːlækˈseɪʃn/ SB **1** avkoppling **2** avslappning **3** lindring
relaxed /rɪˈlækst/ ADJ avspänd, avslappnad
relay¹ /ˈriːleɪ/ SB **1** skift, arbetslag ⟨**work in ~s**⟩ **2** ~ **[race]** stafettlopp **3** *radio, tv* sändning **4** *tekn* relä
relay² /ˈriːleɪ/ VB **1** *radio, tv* sända, reläa **2** vidarebefordra
release¹ /rɪˈliːs/ VB **1** frige, befria **2** släppa ~ **the clutch** släppa upp kopplingen **3** släppa ut ⟨**~ a record**⟩
release² /rɪˈliːs/ SB **1** frigivning, befrielse **2** frigörande **3** tillkännagivande, publicering, lansering **press ~** pressmeddelande **4 new ~** nyutsläppt skiva (video, film) **5** utlösningsmekanism
relegate /ˈrelɪɡeɪt/ VB hänskjuta, förvisa, *spec GB* flytta ned *till lägre division*
relent /rɪˈlent/ VB **1** vekna, ge efter **2** avta, minska
relentless /rɪˈlentləs/ ADJ obeveklig, obarmhärtig
relevant /ˈreləvənt/ ADJ relevant ⟨**to** för⟩
reliability /rɪˌlaɪəˈbɪlətɪ/ SB tillförlitlighet, pålitlighet
reliable /rɪˈlaɪəbl/ ADJ tillförlitlig, pålitlig
reliance /rɪˈlaɪəns/ SB **1** tillit, förtröstan **2** beroende ⟨**on** av⟩

reliant /rɪˈlaɪənt/ ADJ **1** tillitsfull **2** beroende ⟨**on** av⟩
relic /ˈrelɪk/ SB **1** lämning, kvarleva **2** relik
relief /rɪˈliːf/ SB **1** lindring, lättnad **2** understöd, bistånd **be on ~** *US* få socialhjälp **~ work** beredskapsarbete **3** undsättning **4** förstärkning, avlösare **~ teacher** *GB* lärarvikarie **~ bus** *GB* extrabuss **5** relief
relieve /rɪˈliːv/ VB **1** lindra, lätta **~ one's feelings** ge utlopp åt sina känslor **2** understödja, hjälpa **3** avlösa **4** undsätta, befria ⟨**of** från⟩ **5 ~ oneself** *vard* lätta på trycket, uträtta sina behov
relieved /rɪˈliːvd/ ADJ lättad ⟨**at** över⟩
religion /rɪˈlɪdʒn/ SB religion
religious /rɪˈlɪdʒəs/ ADJ **1** religiös **~ war** religionskrig **2** samvetsgrann, petnoga ⟨**about** med⟩
relinquish /rɪˈlɪŋkwɪʃ/ VB **1** lämna [ifrån sig], avstå [från] **2** släppa ⟨**~ one's grip**⟩
relish¹ /ˈrelɪʃ/ SB **1** välbehag, [god] aptit **2** lust ⟨**for** till⟩ **3** tillbehör *t ex pickels* ⟨**hamburgers with ~**⟩
relish² /ˈrelɪʃ/ VB njuta av, uppskatta
relive /ˌriːˈlɪv/ VB återuppleva ⟨**~ sth in one's imagination**⟩
reload /ˌriːˈləʊd/ VB ladda om ⟨**~ a gun**⟩
relocate /ˌriːləʊˈkeɪt/, *US* /ˌriːˈləʊkeɪt/ VB **1** utlokalisera **2** *om företag* flytta
reluctance /rɪˈlʌktəns/ SB motvillighet ⟨**to** mot⟩
reluctant /rɪˈlʌktənt/ ADJ motvillig, ovillig
rely /rɪˈlaɪ/ VB
□ **rely on** *a*) lita på *b*) vara beroende av
remain /rɪˈmeɪn/ VB **1** återstå **2** bli (stanna) kvar **3** förbli
remainder /rɪˈmeɪndə/ SB återstod, [mat]rest
remains /rɪˈmeɪnz/ SB rester, kvarlevor, stoft
remake /ˌriːˈmeɪk/ ⟨**remade** /-ˈmeɪd/, **remade**⟩ VB göra om
remark¹ /rɪˈmɑːk/ SB påpekande, kommentar, anmärkning **make ~s about (on)** kommentera
remark² /rɪˈmɑːk/ VB anmärka, påpeka
□ **remark on** kommentera
remarkable /rɪˈmɑːkəbl/ ADJ anmärkningsvärd, märklig
remarry /ˌriːˈmærɪ/ VB gifta om sig
remedial /rɪˈmiːdɪəl/ ADJ hjälp-, stöd-

~ exercises sjukgymnastik **~ teacher** speciallärare

remedy¹ /'remədɪ/ SB 1 botemedel, läkemedel 2 bot, hjälp **beyond (past) ~** obotlig, ohjälplig

remedy² /'remədɪ/ VB 1 bota 2 avhjälpa, rätta till

remember /rɪ'membə/ VB komma ihåg □ **remember sb to sb** hälsa från ngn till ngn **R~ me to Bob!** Hälsa till Bob [från mig]!

remembrance /rɪ'membrəns/ SB minne

remind /rɪ'maɪnd/ VB påminna, erinra ⟨**of** om⟩

reminder /rɪ'maɪndə/ SB 1 påminnelse 2 kravbrev

reminisce /ˌremɪ'nɪs/ VB prata gamla minnen, tänka tillbaka ⟨**about** på⟩

reminiscence /ˌremɪ'nɪsəns/ SB minne, hågkomst

reminiscent /ˌremɪ'nɪsnt/ ADJ **~ of** påminnande om

remiss /rɪ'mɪs/ ADJ försumlig, ansvarslös

remit /rɪ'mɪt/ VB 1 efterskänka 2 *handel* remittera, sända 3 uppskjuta

remnant /'remnənt/ SB lämning, rest, stuv

remorse /rɪ'mɔːs/ SB samvetskval, ånger

remorseless /rɪ'mɔːsləs/ ADJ 1 obarmhärtig 2 obeveklig

remote /rɪ'məʊt/ ADJ 1 avlägsen 2 avsides [liggande] 3 ringa, obetydlig **not have the ~st idea** inte ha den blekaste aning 4 *om person* reserverad

remote control /rɪˌməʊt kən'trəʊl/ SB fjärr|styrning, -kontroll

removal /rɪ'muːvl/ SB 1 borttagning 2 *GB* flyttning **~ company** flyttfirma **~ van** flyttbuss

remove /rɪ'muːv/ VB flytta [bort], avlägsna, ta (få) bort **~ one's clothes** ta av sig kläderna

remover /rɪ'muːvə/ SB 1 borttagningsmedel 2 *GB* flyttkarl

remunerate /rɪ'mjuːnəreɪt/ VB 1 belöna 2 ersätta, avlöna

renaissance /rɪ'neɪsəns, *US* ˌrenə'sɑːns/, **renascence** /-'næsns/ SB 1 renässans, pånyttfödelse 2 **the Renaissance** renässansen

render /'rendə/ VB 1 lämna, ge 2 återge, tolka ⟨**into** till⟩ 3 göra **~ possible** möjliggöra

rendezvous¹ /'rɒndɪvuː, *US* 'rɑːndeɪ-/ ⟨*lika i pl*⟩ SB 1 rendezvous, [avtalat] möte 2 mötesplats

rendezvous² /'rɒndɪvuː, *US* 'rɑːndeɪ-/ VB träffas

renegade /'renɪgeɪd/ SB överlöpare, avfälling

renege /rɪ'niːg, *US* -'nɪg/ VB □ **renege on** ta tillbaka ⟨**~ a promise**⟩

renew /rɪ'njuː/ VB förnya

renewable /rɪ'njuːəbl/ ADJ förnybar

renewal /rɪ'njuːəl/ SB förnyelse

renounce /rɪ'naʊns/ VB 1 avsäga sig, avstå från 2 förneka

renovate /'renəʊveɪt/ VB renovera, rusta upp

renown /rɪ'naʊn/ SB rykte, ryktbarhet

renowned /rɪ'naʊnd/ ADJ ryktbar

rent¹ /rent/ SB hyra

rent² /rent/ VB 1 hyra [av] 2 hyra ut

rental /'rentl/ SB 1 avgift, hyra, uthyrning 2 *attribut* hyres-, uthyrnings-

renunciation /rɪˌnʌnsɪ'eɪʃn/ SB 1 avsägelse 2 förnekande, avståndstagande 3 försakelse

repair¹ /rɪ'peə/ VB 1 reparera, laga 2 rätta till

repair² /rɪ'peə/ SB 1 reparation, lagning 2 **in good ~** i gott skick

reparation /ˌrepə'reɪʃn/ SB ersättning, gottgörelse

repartee /ˌrepɑː'tiː, *US* -'teɪ/ SB kvick replik **be quick at ~** vara slagfärdig

repatriate /ˌriː'pætrɪeɪt/ VB repatriera

repay /rɪ'peɪ/ ⟨**repaid** /-'peɪd/, **repaid**⟩ VB betala tillbaka, ersätta, löna

repayment /rɪ'peɪmənt/ SB återbetalning, ersättning

repeal¹ /rɪ'piːl/ VB avskaffa, upphäva *lag etc*

repeal² /rɪ'piːl/ SB avskaffande, upphävande

repeat¹ /rɪ'piːt/ VB 1 upprepa, repetera 2 föra vidare ⟨**don't ~ it to anyone**⟩ 3 *radio, tv* reprisera 4 ge uppstötningar **garlic ~s on me** jag får uppstötningar av vitlök

repeat² /rɪ'piːt/ SB 1 upprepning 2 *radio, tv* repris

repeatedly /rɪ'piːtɪdlɪ/ ADV upprepade gånger

repel /rɪ'pel/ VB 1 slå tillbaka ⟨**~ an attack**⟩ 2 avvisa 3 väcka obehag hos ⟨**his ugly face ~s me**⟩

repellent /rɪ'pelənt/ **1** ADJ motbjudande ⟨to för⟩ **2** SB [insect (bug)] ~ insektsmedel
repent /rɪ'pent/ VB *frml* ångra [sig]
repentant /rɪ'pentənt/ ADJ ångerfull
repercussion /ˌriːpə'kʌʃn/ SB återverkan ~s återverkningar, efterverkningar
repertoire /'repətwɑː/ SB repertoar
repetition /ˌrepə'tɪʃn/ SB upprepning
repetitive /rɪ'petətɪv/ ADJ enformig, full av upprepningar
rephrase /ˌriː'freɪz/ VB formulera om
replace /rɪ'pleɪs/ VB **1** ställa (sätta, lägga) tillbaka ~ **the receiver** lägga på [luren] **2** ersätta, byta ut
replacement /rɪ'pleɪsmənt/ SB **1** ersättning **2** ersättare
replay /'riːpleɪ/ SB **1** *sport* omspel **2** *tv* repris *i slow motion*
replenish /rɪ'plenɪʃ/ VB fylla på, komplettera
replete /rɪ'pliːt/ ADJ fylld, proppfull ⟨with med, av⟩
replica /'replɪkə/ SB *konst* kopia, *bildl äv* avbild
reply¹ /rɪ'plaɪ/ VB svara, replikera □ **reply to** besvara
reply² /rɪ'plaɪ/ SB svar, replik **in ~ to** som svar på
report¹ /rɪ'pɔːt/ SB **1** rapport, redogörelse, *polit* utredning **2** reportage, referat **3** rykte ⟨**of good ~**⟩, **according to ~** enligt ryktet **4** *GB* [termins]betyg **~ card** *US* terminsbetyg **5** knall *från kanon etc*
report² /rɪ'pɔːt/ VB **1** rapportera ⟨**on** om⟩, meddela, anmäla **2** referera **3** göra reportage om (från) **4** anmäla sig **~ sick** sjukanmäla sig □ **report back** avlägga rapport
reportage /rɪ'pɔːtɪdʒ/ SB reportage
reporter /rɪ'pɔːtə/ SB reporter
represent /ˌreprɪ'zent/ VB **1** representera, företräda **2** utgöra **3** *om bild etc* föreställa, framställa **4** symbolisera, stå för
representation /ˌreprɪzen'teɪʃn/ SB **1** representation **2** framställning, återgivning
representative /ˌreprɪ'zentətɪv/ **1** ADJ representativ, typisk ⟨**of** för⟩ **2** SB representant ⟨**of** för⟩ **3** SB **Representative** *medlem av representanthuset*
repress /rɪ'pres/ VB **1** undertrycka, hålla tillbaka, *psyk* förtränga **2** kuva, förtrycka

repression /rɪ'preʃn/ SB **1** undertryckande, *psyk* förträngning **2** förtryck
reprieve¹ /rɪ'priːv/ VB **1** benåda **2** ge anstånd
reprieve² /rɪ'priːv/ SB **1** benådning **2** anstånd
reprimand¹ /'reprɪmɑːnd/ VB tillrättavisa
reprimand² /'reprɪmɑːnd/ SB tillrättavisning
reprisal /rɪ'praɪzl/ SB vedergällning **take ~s** utöva repressalier
reproach¹ /rɪ'prəʊtʃ/ SB förebråelse **above (beyond) ~** oklanderlig, perfekt
reproach² /rɪ'prəʊtʃ/ VB förebrå ⟨**for, with** för⟩
reproachful /rɪ'prəʊtʃfʊl/ ADJ förebrående
reprocess /ˌriː'prəʊses, -'prɑːses/ VB upparbeta *kärnbränsleavfall*
reproduce /ˌriːprə'djuːs/ VB **1** reproducera, återge ⟨**~ a sound**⟩ **2** göra om, upprepa ⟨**~ a success**⟩ **3** *biol* fortplanta [sig]
reproduction /ˌriːprə'dʌkʃn/ SB **1** reproduktion, återgivning **2** *biol* fortplantning
reproductive /ˌriːprə'dʌktɪv/ ADJ fortplantnings-
reproof /rɪ'pruːf/ SB klander, förebråelse
reptile /'reptaɪl/ SB reptil, kräldjur
republic /rɪ'pʌblɪk/ SB republik
republican /rɪ'pʌblɪkən/ **1** ADJ republikansk **2** SB republikan **3** SB **Republican** *anhängare av det republikanska partiet i US*
repudiate /rɪ'pjuːdɪeɪt/ VB **1** tillbakavisa **2** förneka
repugnance /rɪ'pʌgnəns/ SB avsky, motvilja
repugnant /rɪ'pʌgnənt/ ADJ motbjudande ⟨**to** för⟩
repulse /rɪ'pʌls/ VB **1** slå tillbaka **2** avvisa
repulsion /rɪ'pʌlʃn/ SB **1** motvilja **2** *fysik* repulsion
repulsive /rɪ'pʌlsɪv/ ADJ motbjudande, frånstötande
reputable /'repjʊtəbl/ ADJ ansedd, aktad
reputation /ˌrepjʊ'teɪʃn/ SB rykte, anseende
repute /rɪ'pjuːt/ SB *frml* rykte, anseende
reputed /rɪ'pjuːtɪd/ ADJ **be ~ as (to be)** anses vara

request¹ /rɪˈkwest/ SB **1** anhållan, begäran **by (on) ~** på begäran **~ stop** GB busshållplats *där bussen stannar endast om man ger tecken* **2** *attribut* önske- ⟨**~ programme**⟩ **3** efterfrågan
request² /rɪˈkwest/ VB **1** anhålla om **2** anmoda
require /rɪˈkwaɪə/ VB **1** behöva **if ~d** om så erfordras, vid behov **2** kräva, fordra **be ~d to** måste
requirement /rɪˈkwaɪəmənt/ SB **1** behov **2** krav, fordran
requisite /ˈrekwɪzɪt/ **1** ADJ erforderlig, nödvändig **2** SB nödvändig sak **toilet ~s** toalettartiklar
rerun /ˈriːrʌn/ SB **1** repris **2** *sport* omlöpning
rescue¹ /ˈreskjuː/ VB rädda, undsätta
rescue² /ˈreskjuː/ SB räddning, undsättning
rescuer /ˈreskjuːə/ SB räddare
research¹ /rɪˈsɜːtʃ, ˈriːsɜːtʃ/ SB forskning, undersökning **do (carry out) ~** forska
research² /rɪˈsɜːtʃ/ VB **1** forska **2** undersöka ⟨**~ the market**⟩
researcher /rɪˈsɜːtʃə/ SB forskare
resemblance /rɪˈzembləns/ SB likhet **bear a ~ to** likna
resemble /rɪˈzembl/ VB likna, vara lik
resent /rɪˈzent/ VB känna sig sårad (kränkt) av, inte tåla
resentful /rɪˈzentfʊl/ ADJ förbittrad, harmsen
resentment /rɪˈzentmənt/ SB förbittring, harm, agg
reservation /ˌrezəˈveɪʃn/ SB **1** reservation, förbehåll **2** bokning, beställning **3** reservat
reserve¹ /rɪˈzɜːv/ VB **1** reservera, lägga undan, spara **2** boka, beställa ⟨**~ a hotel room**⟩
reserve² /rɪˈzɜːv/ SB **1** reserv[förråd] **2** reservat ⟨**nature ~**⟩ **3** *sport* reserv **4** reservation, förbehåll **5** reserverat sätt, tillbakadragenhet **6 reserves** reservtrupper, reservister
reservoir /ˈrezəvwɑː/ SB *äv bildl* reservoar, förråd
reshuffle¹ /riːˈʃʌfl/ VB **1** blanda om *spelkort* **2** ombilda *spec regering*
reshuffle² /riːˈʃʌfl/ SB ombildning *spec av regering*
reside /rɪˈzaɪd/ VB vistas, uppehålla sig, bo
residence /ˈrezɪdəns/ SB **1** vistelse, uppehåll **place of ~** hemort **2** bostad, residens
resident /ˈrezɪdənt/ **1** SB invånare, boende **2** SB [hotell]gäst **3** ADJ bofast, bosatt ⟨**be ~ in Paris**⟩
residential /ˌrezɪˈdenʃl/ ADJ bostads-, villa- ⟨**~ area**⟩
residue /ˈrezɪdjuː/ SB återstod, rest
resign /rɪˈzaɪn/ VB **1** avsäga sig, avstå från ⟨**~ a right**⟩ **2** säga upp sig, avgå **3 ~ oneself to** foga sig i, resignera inför
resignation /ˌrezɪɡˈneɪʃn/ SB **1** avsägelse, avgång **give (hand, send) in one's ~** säga upp sig **2** resignation
resigned /rɪˈzaɪnd/ ADJ resignerad ⟨**to** inför⟩
resilient /rɪˈzɪlɪənt/ ADJ **1** elastisk **2 be ~** *om person* återhämta sig snabbt
resin /ˈrezɪn/ SB kåda, harts
resist /rɪˈzɪst/ VB göra motstånd [mot], stå emot ⟨**~ heat, ~ a temptation**⟩
resistance /rɪˈzɪstəns/ SB **1** motstånd, *polit* motståndsrörelse **2** motståndskraft ⟨**to** mot⟩
resistant /rɪˈzɪstənt/ ADJ motståndskraftig, resistent ⟨**to** mot⟩
resolute /ˈrezəluːt/ ADJ resolut, beslutsam
resolution /ˌrezəˈluːʃn/ SB **1** beslut, resolution **pass a ~** fatta ett beslut **2** beslutsamhet **3** föresats **New Year ~** nyårslöfte **4** lösning ⟨**the ~ of a problem**⟩ **5** *tekn* sönderdelning, upplösning
resolve /rɪˈzɒlv/ VB **1** besluta **2** besluta sig ⟨**on** för⟩ **3** lösa ⟨**~ problems**⟩, analysera **4** lösa upp
resonant /ˈrezənənt/ ADJ **1** klangfull, resonansrik **2** *om plats* ekande **be ~ with** genljuda av
resort¹ /rɪˈzɔːt/ SB **1** tillflyktsort, rekreationsort **seaside ~** badort **winter ~** skidort **2** tillflykt, utväg
resort² /rɪˈzɔːt/ VB
 □ **resort to** *a)* ta [sin tillflykt] till ⟨**~ violence**⟩ *b)* hålla till i (på)
resound /rɪˈzaʊnd/ VB eka, genljuda
resounding /rɪˈzaʊndɪŋ/ ADJ rungande, dunder-
resource /rɪˈzɔːs, US ˈriːsɔːrs/ SB **1** tillgång, resurs **2** påhittighet, rådighet **a man of ~** en rådig man

resourceful /rɪˈzɔːsfʊl, US rɪˈsɔːrs-/ ADJ rådig, fyndig, kapabel
respect¹ /rɪˈspekt/ SB **1** respekt, hänsyn **out of ~ for** av hänsyn till **2** avseende **in ~ of, with ~ to** när det gäller
respect² /rɪˈspekt/ VB respektera, ta hänsyn till
respectable /rɪˈspektəbl/ ADJ **1** respektabel, aktad, aktningsvärd **2** ansenlig, hyfsad ⟨a ~ income⟩
respective /rɪˈspektɪv/ ADJ respektive
respectively /rɪˈspektɪvlɪ/ ADV i tur och ordning, respektive
respiration /ˌrespəˈreɪʃn/ SB *frml* andning ⟨artificial ~⟩
respirator /ˈrespəreɪtə/ SB **1** respirator **2** andningsskydd
respite /ˈrespaɪt, US -pət/ SB anstånd, andrum, respit
respond /rɪˈspɒnd/ VB svara ⟨to på⟩
▫ **respond to** reagera på, vara mottaglig för
response /rɪˈspɒns/ SB **1** svar, genmäle **in ~ to** som svar på **2** respons, gensvar, reaktion ⟨to på⟩
responsibility /rɪˌspɒnsəˈbɪlətɪ/ SB ansvar
responsible /rɪˈspɒnsəbl/ ADJ **1** ansvarig ⟨to inför⟩ **2** ansvarsfull ⟨a ~ job⟩, ansvarskännande
responsive /rɪˈspɒnsɪv/ ADJ **1** mottaglig, känslig ⟨to för⟩ **2** meddelsam **3** intresserad
rest¹ /rest/ SB **1** vila, lugn, ro **2** rast, vilopaus **have a ~** vila sig, ta en paus **3** stöd ⟨a ~ for one's camera⟩
★ **come to ~** om föremål stanna **set sb's mind (fears) at ~** → mind¹ ⇓
rest² /rest/ VB **1** vila [sig] **2** [låta] vila ⟨let sth ~⟩ **3** stödja, luta ⟨~ one's elbows on the table⟩
★ **~ assured** vara förvissad
▫ **rest with** ligga hos ⟨the decision rests with us⟩
rest³ /rest/ SB rest, återstod
★ **and all the ~ of it** och allt sånt där **for the ~** i övrigt
restaurant /ˈrestərɒnt, *spec* US -rənt/ SB restaurang
restful /ˈrestfʊl/ ADJ vilsam, fridfull, rogivande
rest-home /ˈresthəʊm/ SB ålderdomshem, vilohem
restive /ˈrestɪv/ ADJ **1** bångstyrig **2** otålig

restless /ˈrestləs/ ADJ rastlös, orolig
restoration /ˌrestəˈreɪʃn/ SB **1** restaurering **2** åter|lämnande, -ställande, -insättande **3 the Restoration** restaurationen *[tidsskede efter] monarkins återinförande i England 1660*
restore /rɪˈstɔː/ VB **1** restaurera **2** åter|lämna, -ställa, -insätta ⟨~ on the throne⟩
restrain /rɪˈstreɪn/ VB hindra, hålla tillbaka, tygla **~ oneself** behärska sig
restraint /rɪˈstreɪnt/ SB **1** hinder, restriktion **2** behärskning, återhållsamhet
restrict /rɪˈstrɪkt/ VB inskränka, begränsa
restriction /rɪˈstrɪkʃn/ SB inskränkning, begränsning
rest room SB US [offentlig] toalett
restructure /ˌriːˈstrʌktʃə/ VB omstrukturera
result¹ /rɪˈzʌlt/ SB resultat **as a ~ of** till följd av
result² /rɪˈzʌlt/ VB bli (vara) resultatet ⟨from av⟩
▫ **result in** resultera i, leda till
resume /rɪˈzjuːm/ VB **1** återuppta ⟨~ one's work⟩ **2** återta ⟨~ one's seat⟩ **3** fortsätta, börja på nytt
résumé /ˈrezjʊmeɪ, US ˈrezə-/ SB **1** resumé, sammanfattning **2** US äv meritförteckning
resumption /rɪˈzʌmpʃn/ SB återupptagande
resurrect /ˌrezəˈrekt/ VB återupp|väcka, -liva
resuscitate /rɪˈsʌsɪteɪt/ VB återuppliva *ur medvetslöshet*
retail /ˈriːteɪl/ SB detaljhandel
retailer /ˈriːteɪlə/ SB detaljhandlare
retain /rɪˈteɪn/ VB **1** behålla, bevara **2** hålla kvar
retaliate /rɪˈtælɪeɪt/ VB hämnas, vedergälla
retaliation /rɪˌtælɪˈeɪʃn/ SB hämnd, vedergällning
retarded /rɪˈtɑːdɪd/ ADJ efterbliven, utvecklingsstörd
retch /retʃ/ VB ha kväljningar, vilja kräkas
retell /ˌriːˈtel/ ⟨**retold** /-ˈtəʊld/, **retold**⟩ VB återberätta
rethink /ˌriːˈθɪŋk/ ⟨**rethought** /-ˈθɔːt/, **rethought**⟩ VB **1** ompröva **2** tänka om

reticent /ˈretɪsənt/ ADJ tystlåten, förtegen
retire /rɪˈtaɪə/ VB **1** gå i pension ~ **on a pension** avgå med pension **2** *frml* dra sig tillbaka, gå och lägga sig **3** *milit* retirera
retired /rɪˈtaɪəd/ ADJ pensionerad
retirement /rɪˈtaɪəmənt/ SB
1 pensionering **early** ~ förtidspension[ering] ~ **pension** ålderspension **2** pensionärstid **3** avskildhet
retort¹ /rɪˈtɔːt/ SB snabb (skarp) replik
retort² /rɪˈtɔːt/ VB replikera [snabbt (skarpt)]
retouch /ˌriːˈtʌtʃ/ VB retuschera
retrace /rɪˈtreɪs/ VB ~ **one's steps** gå samma väg tillbaka
retract /rɪˈtrækt/ VB **1** ta tillbaka ⟨~ **a promise**⟩ **2** dra tillbaka (in)
retraining /ˌriːˈtreɪnɪŋ/ SB omskolning
retreat¹ /rɪˈtriːt/ VB retirera, dra sig tillbaka (undan)
retreat² /rɪˈtriːt/ SB **1** reträtt, återtåg **beat a** ~ slå till reträtt **2** tillflyktsort **3** retreat *meditationsmöte*
retrieve /rɪˈtriːv/ VB **1** åter|få, -vinna, -finna **2** *om hund* apportera **3** gottgöra **4** rädda ⟨~ **a situation**⟩
retrospect /ˈretrəʊspekt/ SB **in** ~ när man ser tillbaka
return¹ /rɪˈtɜːn/ VB **1** åter|vända, -komma **2** returnera, sända (ge) tillbaka **3** återgälda, besvara ⟨~ **sb's love**⟩ **4** sätta (ställa, lägga) tillbaka **5** ge [i vinst] **6** *GB* välja [till parlamentsledamot]
return² /rɪˈtɜːn/ SB **1** återkomst, återgång **2** ~ **[ticket]** *GB* turochretur[biljett] **3** *attribut* retur-, åter- **4** återlämnande **5** avkastning **6 [tax]** ~ deklaration ★ **by** ~ **of post** *GB* per omgående **in** ~ till tack, i gengäld **many happy** ~**s** → **happy point of no** ~ → **point¹**
returnable /rɪˈtɜːnəbl/ ADJ retur- ~ **bottle** returglas
reunion /riːˈjuːnɪən/ SB **1** återförening **2** sammankomst, möte
rev¹ /rev/, **rev up** VB varva [upp] ⟨~ **the engine**⟩
rev² /rev/ SB *vard* [motor]varv ⟨**1,000** ~**s per minute**⟩
Rev → **Reverend**
revalue /riːˈvæljuː/ VB **1** omvärdera **2** revalvera
revamp /riːˈvæmp/ VB *vard* modernisera, piffa upp

reveal /rɪˈviːl/ VB avslöja, röja ⟨**to** för⟩
revel /ˈrevl/ VB *åld el skämts* festa [om], rumla [om]
□ **revel in** njuta av, hänge sig åt
revelation /ˌrevəˈleɪʃn/ SB **1** avslöjande **2** *religion* uppenbarelse
revelry /ˈrevlrɪ/ SB festande, svirande
revenge¹ /rɪˈvendʒ/ SB hämnd, revansch ⟨**take** ~ **on**⟩
revenge² /rɪˈvendʒ/ VB hämnas **be** ~**d on sb**, ~ **oneself on sb** hämnas på ngn
revenue /ˈrevənjuː/ SB intäkter *spec statsintäkter*
reverberate /rɪˈvɜːbəreɪt/ VB eka, genljuda, dåna
reverence /ˈrevərəns/ SB vördnad
Reverend /ˈrevərənd/ ⟨*förk* **Rev**⟩ ADJ **[the]** ~ **Peter Jones** kyrkoherde (pastor) Peter Jones
reverie /ˈrevərɪ/ SB dagdröm, drömmeri[er] ⟨**lost in** ~⟩
reversal /rɪˈvɜːsl/ SB **1** omkastning, svängning **2** bakslag
reverse¹ /rɪˈvɜːs/ **1** ADJ omvänd, motsatt **in** ~ **order** i omvänd ordning, baklänges ~ **gear** backväxel ~ **side** baksida, avigsida **2** SB motsats ⟨**of till**⟩ **quite (just) the** ~ tvärtom **in** ~ baklänges **3** SB motgång, bakslag **4** SB baksida, avigsida ⟨**the** ~ **of the medal**⟩ **5** SB back[växel] **put the car into** ~ lägga i backen
reverse² /rɪˈvɜːs/ VB **1** vända [på] **2** ändra, kasta om ~**d roles** ombytta roller **3** backa **4** *spec GB* ~ **the charges** låta mottagaren betala samtalet
revert /rɪˈvɜːt/ VB
□ **revert to** återgå (återkomma) till
review¹ /rɪˈvjuː/ VB **1** granska på nytt ~ **one's procedures** se över rutinerna **2** *äv jur* ompröva **3** *milit* inspektera **4** recensera **5** *spec US* repetera *inför prov*
review² /rɪˈvjuː/ SB **1** granskning, genomgång **2** *äv jur* omprövning **3** översikt ⟨**of** över⟩ **4** *milit* inspektion **5** recension **6** tidskrift
reviewer /rɪˈvjuːə/ SB recensent
revise /rɪˈvaɪz/ VB **1** omarbeta, bearbeta **2** ändra ⟨~ **one's opinion**⟩ **3** *spec GB* repetera *inför prov*
revision /rɪˈvɪʒn/ SB **1** revidering, ändring, omarbetning **2** *GB utb* repetition
revitalize /riːˈvaɪtəlaɪz/ VB vitalisera, ge nytt liv

revival /rɪ'vaɪvl/ SB **1** återupplivande **2** återuppvaknande, återhämtning ⟨**economic ~**⟩ **3** *teat* nyuppsättning **4** *religion* väckelse
revive /rɪ'vaɪv/ VB **1** återuppliva **2** få nytt liv, kvickna till **3** *teat* sätta upp på nytt
revoke /rɪ'vəʊk/ VB upphäva, återkalla
revolt¹ /rɪ'vəʊlt/ VB **1** göra uppror, revoltera **2** göra (bli) upprörd ⟨**at** över⟩
revolt² /rɪ'vəʊlt/ SB uppror, revolt
revolting /rɪ'vəʊltɪŋ/ ADJ upprörande, motbjudande ⟨**to** för⟩
revolution /ˌrevə'lu:ʃn/ SB **1** revolution **2** rotation **3** varv
revolutionary /ˌrevə'lu:ʃənərɪ/ **1** ADJ revolutionär **2** ADJ revolutionerande ⟨**~ methods**⟩ **3** SB revolutionär
revolve /rɪ'vɒlv/ VB rotera, snurra, kretsa
revolver /rɪ'vɒlvə/ SB revolver
revue /rɪ'vju:/ SB *teat* revy
revulsion /rɪ'vʌlʃn/ SB avsky, avsmak
reward¹ /rɪ'wɔ:d/ SB belöning, hittelön
reward² /rɪ'wɔ:d/ VB belöna
rewarding /rɪ'wɔ:dɪŋ/ ADJ mödan värd, givande
rewind /ri:'waɪnd/ ⟨**rewound** /-'waʊnd/, **rewound**⟩ VB spola tillbaka
reword /ˌri:'wɜ:d/ VB formulera om
rewound → rewind
rhapsody /'ræpsədɪ/ SB rapsodi
rhetoric /'retərɪk/ SB retorik, vältalighet
rheumatic /ru:'mætɪk/ ADJ reumatisk
rheumatism /'ru:məˌtɪzəm/ SB reumatism
the Rhine /raɪn/ SB Rhen
rhinoceros /raɪ'nɒsərəs/ *vard* **rhino** /'raɪnəʊ/ SB noshörning
rhubarb /'ru:bɑ:b/ SB rabarber
rhyme¹ /raɪm/ VB rimma ⟨**with** på, med⟩
rhyme² /raɪm/ SB **1** rim **2** rimord **3** vers
rhythm /'rɪðəm/ SB rytm, takt
rhythmic /'rɪðmɪk/ ADJ rytmisk
rib /rɪb/ SB revben **~ of beef** högrev
ribbon /'rɪbən/ SB band, remsa **torn to ~s** i trasor
rice /raɪs/ SB ris **~ pudding** risgryns|gröt, -pudding
rich /rɪtʃ/ ADJ **1** rik ⟨**in** på⟩ **2** riklig ⟨**a ~ supply of**⟩ **3** bördig **4** mäktig, fet ⟨**~ food**⟩, fyllig ⟨**a ~ voice**⟩ **5** dyrbar, praktfull
riches /'rɪtʃɪz/ SB rikedom[ar]
rick¹ /rɪk/ VB *spec GB vard* sträcka, vricka ⟨**~ one's foot**⟩

rick² /rɪk/ SB [hö]stack
rickets /'rɪkɪts/ SB rakitis, engelska sjukan
rickety /'rɪkətɪ/ ADJ skranglig, rank, fallfärdig
rid /rɪd/ ⟨**rid, rid**⟩ VB befria ⟨**of** från⟩ **get ~ of** *a)* bli av med *b)* göra sig av med
riddance /'rɪdəns/ SB **Good ~!** Skönt att slippa den ⟨*etc*⟩!
ridden → ride¹
riddle /'rɪdl/ SB gåta
ride¹ /raɪd/ ⟨**rode** /rəʊd/, **ridden** /'rɪdn/⟩ VB **1** rida [på] ⟨**~ a horse**⟩ **2** åka ⟨**~ on a bus**⟩, **~ a bike** cykla
 ★ **let it ~** låta ngt bero (ha sin gilla gång) **~ high** segla i medvind
 □ **ride up** *om kläder* glida (åka) upp
ride² /raɪd/ SB **1** ritt, ridtur **2** [åk]tur, resa, skjuts ⟨**give sb a ~**⟩, **go for a ~** ta sig en tur **3** ridväg
 ★ **take sb for a ~** *vard* lura ngn
rider /'raɪdə/ SB **1** ryttare **2** cyklist **3** tilläggsklausul
ridge /rɪdʒ/ SB [bergs]rygg, ås **the ~ of the roof** takåsen **~ of high pressure** högtrycksrygg
ridicule¹ /'rɪdɪkju:l/ SB löje, åtlöje **hold up to ~** förlöjliga
ridicule² /'rɪdɪkju:l/ VB förlöjliga, håna
ridiculous /rɪ'dɪkjʊləs/ ADJ löjlig, skrattretande
riding /'raɪdɪŋ/ SB **1** ridning **2** *attribut* rid-
rife /raɪf/ ADJ utbredd, mycket vanlig **~ with** full av
 ★ **run ~** → run¹
riffle /'rɪfl/, **riffle through** VB bläddra igenom
riffraff /'rɪfræf/ SB slödder, pack
rifle¹ /'raɪfl/ SB gevär
rifle² /'raɪfl/ VB plundra
 □ **rifle through** rota igenom
rift /rɪft/ SB *äv bildl* spricka, klyfta
rig¹ /rɪg/ VB **1** *sjö* rigga, tackla **2** manipulera, fixa **~ an election** bedriva valfusk
 □ **rig out** *a)* utrusta *b)* klä upp *c)* klä ut
 □ **rig up** *a)* fixa till *b)* sätta ihop
rig² /rɪg/ SB **1** *sjö* rigg **2** [oil] **~** oljeplattform
right¹ /raɪt/ **1** ADJ höger **2** SB höger sida **to my ~** till höger om mig **the Right** *polit* högern **3** SB högerslag
right² /raɪt/ **1** ⟨↔ **all right¹**⟩ ADJ rätt, riktig **the ~ money** jämna pengar **the ~**

side *a)* rätt sida *b)* rätsidan **2** ADJ rättmätig ⟨**the ~ owner**⟩ **3** ADJ *om vinkel* rät **4** SB [moralisk] rätt **know ~ from wrong** kunna skilja mellan rätt och orätt **5** SB rättighet, rätt ⟨**have a ~ to do sth**⟩, **human ~s** de mänskliga rättigheterna ★ **be in the ~** ha rätt, ha rätten på sin sida **be ~** *a)* ha rätt *b)* stämma ⟨**that's ~**⟩, **by ~ of** i kraft av, på grund av **by ~s** rätteligen **do ~ (the ~ thing) by sb** handla rätt mot ngn **get on the ~ side of sb** komma på god fot med ngn **in one's own ~** → own[1] **put (set) sth ~ (to ~s)** ställa ngt till rätta **R~?** Inte sant?, Eller hur? **R~ you are!** OK, Kör till!

right[3] /raɪt/ ADV åt höger ⟨**turn ~**⟩

right[4] /raɪt/ ADV **1** precis, alldeles ⟨**~ in the middle**⟩ **2** ända ⟨**go ~ to the end of the road**⟩ **3** genast, strax ⟨**I'll be ~ back**⟩ **4** rakt, direkt ⟨**go ~ home**⟩ **5** rätt, riktigt ⟨**nothing went ~**⟩, ordentligt **6** bra, jaha ⟨**~, let's start**⟩
★ **~ away** genast **~ now** just nu

right[5] /raɪt/ VB **1** rätta [till] **~ a wrong** rätta till en orättvisa **2** räta upp **3 ~ itself** *om situation* ordna [upp] sig

righteous /'raɪtʃəs/ ADJ **1** rättskaffens **2** rättmätig

rightful /'raɪtfʊl/ ADJ rättmätig, laglig

right-hand /ˌraɪt'hænd/ ADJ höger, höger- ⟨**on the ~ side**⟩

rightly /'raɪtlɪ/ ADV **1** rätt, riktigt ⟨**be ~ informed**⟩ **2** med rätta **~ or wrongly** med rätt eller orätt

right-minded /ˌraɪt'maɪndɪd/ ADJ rättänkande, rättsinnad

righto /ˌraɪ'təʊ/ INTERJ *GB* OK, Kör till

right of way SB **1** förkörsrätt **2** rätt att passera [över annans mark] **3** gångväg

right-wing /ˌraɪt'wɪŋ/ ADJ höger-, *polit* högerorienterad

rigid /'rɪdʒɪd/ ADJ **1** stel, styv **2** sträng, rigid

rigmarole /'rɪgmərəʊl/ SB *vard* **1** [invecklad] procedur **2** svammel

rigorous /'rɪgərəs/ ADJ rigorös, sträng, noggrann

rigour /'rɪgə/ (*US* **rigor**) SB **1** stränghet, hårdhet **2 rigours** svåra förhållanden, strapatser

rile /raɪl/ VB *vard* reta, irritera

rim /rɪm/ SB **1** kant **2** fälg

rime /raɪm/ SB rimfrost

rind /raɪnd/ SB **1** skal **2** kant, svål, skalk

ring[1] /rɪŋ/ SB **1** ring **2** gäng, liga ⟨**drug ~**⟩
★ **make (run) ~s round sb** utklassa ngn

ring[2] /rɪŋ/ VB **1** ringa [in] **2** ringmärka

ring[3] /rɪŋ/ ⟨**rang** /ræŋ/, **rung** /rʌŋ/⟩ VB **1** ringa **my ears are ~ing** det ringer i mina öron **2** *spec GB tele* ringa ⟨**I'll ~ you tonight**⟩ **3** ringa på (i, med) ⟨**~ the bell**⟩
★ **~ a bell** verka (låta) bekant **~ the changes** variera konfekten **~ false** klinga falskt **~ true** låta riktigt
□ **ring off** *GB* lägga på luren
□ **ring out** klinga, ljuda, skalla
□ **ring up** *a)* slå in [i kassan] *b)* ringa [upp]

ring[4] /rɪŋ/ SB ringning, [telefon]signal, klang **there's a ~ at the door** det ringer på dörren
★ **give sb a ~** *GB* ringa [upp] ngn **it had the ~ of truth** det lät sant

ringleader /'rɪŋˌliːdə/ SB upprorsledare, anstiftare

ringlet /'rɪŋlət/ SB [hår]lock

ringworm /'rɪŋwɜːm/ SB revorm *hudutslag*

rink /rɪŋk/ SB rink, skridskobana

rinse[1] /rɪns/ VB skölja, spola av

rinse[2] /rɪns/ SB **1** sköljning **2** toningsvätska *för hår*

riot /'raɪət/ SB **1** upplopp, bråk **~s** kravaller **2** överflöd **~ of colours** kaskad av färger
★ **be a ~** vara jättekul **run ~** → run[1]

rioter /'raɪətə/ SB upprorsmakare, deltagare i upplopp

riotous /'raɪətəs/ ADJ **1** upprorisk, oregerlig **2** uppsluppen, vild

rip[1] /rɪp/ VB riva[s] [upp], slita[s] [sönder] **~ open** sprätta upp
★ **Let it (her) ~!** Gasen i botten!
□ **rip off** *vard a)* skörta upp *b)* knycka

rip[2] /rɪp/ SB reva, rispa

ripe /raɪp/ ADJ mogen

ripen /'raɪpən/ VB mogna

ripple[1] /'rɪpl/ VB **1** krusa [sig] **2** porla

ripple[2] /'rɪpl/ SB **1** krusning *på vattenyta* **2** porlande

rise[1] /raɪz/ ⟨**rose** /rəʊz/, **risen** /'rɪzn/⟩ VB **1** stiga upp, resa sig, gå upp **~ from the dead** uppstå från de döda **~ in revolt** göra uppror **~ to one's feet** ställa sig upp **2** *om deg* jäsa **3** stiga, öka ⟨**the wind is rising**⟩ **4** *om flod* rinna upp **5** avancera, stiga i graderna **~ in the world** göra karriär

* ~ to the bait nappa på kroken **~ to the occasion** vara situationen vuxen
rise² /raɪz/ SB **1** uppgång ⟨**~ and fall**⟩, ökning, tillväxt **2** GB löneökning **3** uppkomst, upprinnelse **give ~ to** ge upphov till **4** stigning, backe, höjd
risen → rise¹
riser /'raɪzə/ SB **be an early ~** vara morgonpigg **be a late ~** ligga länge [om morgnarna]
rising /'raɪzɪŋ/ ⟨↔ rise¹⟩ **1** ADJ stigande **the ~ generation** den unga generationen **2** SB resning, uppror
risk¹ /rɪsk/ SB risk, fara **run the ~ of** riskera att
* **at ~** i fara, i riskzonen **be at ~** stå på spel
risk² /rɪsk/ VB riskera
* **~ one's neck** våga livet
risky /'rɪski/ ADJ riskabel
risqué /'rɪskeɪ, US rɪs'keɪ/ ADJ vågad, ekivok ⟨**a ~ joke**⟩
rite /raɪt/ SB rit, ceremoni
ritual /'rɪtʃʊəl/ **1** SB ritual **2** ADJ rituell
rival¹ /'raɪvl/ **1** SB rival, konkurrent **2** ADJ rivaliserande, konkurrerande
rival² /'raɪvl/ VB tävla (konkurrera) [med]
rivalry /'raɪvəlrɪ/ SB rivalitet, konkurrens
river /'rɪvə/ SB flod, älv, bildl ström
rivet¹ /'rɪvɪt, spec US -ət/ SB nit
rivet² /'rɪvɪt, spec US -ət/ VB nita **be ~ed on** om blick vara som fastnaglad vid **be ~ed to** bildl sitta klistrad vid
RNA /ˌɑːren'eɪ/ ⟨förk f ribonucleic acid⟩ SB ribonukleinsyra
roach¹ /rəʊtʃ/ ⟨lika i pl⟩ SB mört
roach² /rəʊtʃ/ SB US vard kackerlacka
road /rəʊd/ SB väg, landsväg, körbana **by ~** med bil
* **be on the ~** vara på turné **one for the ~** färdknäpp, avskedsdrink **R~ up** GB på skylt Vägarbete ⇓
roadblock /'rəʊdblɒk/ SB vägspärr
road hog /'rəʊdhɒg/ SB hänsynslös bilist, bildrulle
roadie /'rəʊdɪ/ SB vard turnéarbetare
roadway /'rəʊdweɪ/ SB körbana
roadworthy /'rəʊdˌwɜːðɪ/ ADJ om bil trafikduglig
roam /rəʊm/ VB ströva omkring [i (på)]
roar¹ /rɔː/ SB vrål, tjut **~s of laughter** skrattsalvor **2** dån, brus ⟨**the ~ of the sea**⟩

roar² /rɔː/ VB **1** vråla, tjuta **2** dåna, brusa
roast¹ /rəʊst/ VB ugnsteka, rosta
roast² /rəʊst/ **1** ADJ stekt, rostad **~ beef** rostbiff **~ lamb** lammstek **~ potatoes** ugnstekt potatis **2** SB stek
rob /rɒb/ VB råna, plundra ⟨**of** på⟩
robber /'rɒbə/ SB rånare, rövare
robbery /'rɒbərɪ/ SB rån, plundring
robe /rəʊb/ SB **1** galaklänning **2** vanl **robes** ämbetsdräkt **3** spec US morgonrock, badrock
robin /'rɒbɪn/, **robin redbreast** SB GB rödhake, US rödtrast
robot /'rəʊbɒt/ SB robot **~ pilot** autopilot
robust /rəʊ'bʌst/ ADJ robust, kraftig, stark
rock¹ /rɒk/ SB **1** berg[grund] **2** klippa **3** stenblock **4** US äv sten **5** GB ≈ polkagris
* **go on the ~s** gå i kvav **on the ~s** a) pank b) om äktenskap, företag i kris c) om drink med is ⇓
rock² /rɒk/ VB gunga, vagga, äv bildl skaka
* **~ the boat** trassla till det, störa ordningen
rock³ /rɒk/ SB **1** gungning, skakning **2** rock[musik]
rock bottom /ˌrɒk 'bɒtəm/ SB absoluta botten
rocker /'rɒkə/ SB **1** med[e]på gungstol **2** spec US gungstol **3** GB ≈ skinnknutte
* **off one's ~** galen, knäpp
rockery /'rɒkərɪ/ SB stenparti
rocket¹ /'rɒkɪt/ SB raket
rocket² /'rɒkɪt/ VB om priser rusa i höjden
rock garden /'rɒkˌgɑːdn/ SB stenparti
rocking chair /'rɒkɪŋtʃeə/ SB gungstol
rocky /'rɒkɪ/ ADJ klippig ⟨**the Rocky Mountains**⟩, stenig
rococo /rə'kəʊkəʊ/ **1** ADJ rokoko- **2** SB rokoko
rod /rɒd/ SB **1** käpp, stång **2** äv fiske spö
rode → ride¹
rodent /'rəʊdənt/ SB gnagare
roe¹ /rəʊ/ SB [fisk]rom **soft ~** mjölke
roe² /rəʊ/ ⟨pl lika el -s⟩ SB rådjur
rogue /rəʊg/ SB **1** spjuver, rackare **2** bov, lymmel
roguish /'rəʊgɪʃ/ ADJ skälmsk, odygdig
role /rəʊl/, **rôle** SB roll
role model /'rəʊlˌmɒdl/ SB förebild
roll¹ /rəʊl/ VB **1** rulla, välta, kavla ut **2** rulla ⟨**the ball ~ed into the net**⟩ **3** rulla sig, vältra sig ⟨**~ in luxury**⟩, **be ~ing [in**

money] ha pengar som gräs **4** *om åska* mullra **5** *sjö* rulla **6** *målning* rolla
□ **roll on** förflyta, gå sin gång **Roll on spring!** *GB* Om det ändå vore vår snart!

roll² /rəʊl/ SB **1** rulle **~s of fat** fettvalkar **2** litet bröd, småfranska **3** rulla, lista **call the ~** förrätta upprop **4** muller **~ of drums** trumvirvel **5** rullande **walk with a ~** ha en vaggande gång

roll call SB upprop, närvarokontroll

roller /'rəʊlə/ SB **1** rulle **2** [bröd]kavel **3** vält **4** roller *för målning* **5** dyning **6** [hår]spole

roller coaster /'rəʊləˌkəʊstə/ SB bergochdalbana

roller skate /'rəʊləskeɪt/ SB rullskridsko

rolling pin /'rəʊlɪŋpɪn/ SB brödkavel

roly-poly /ˌrəʊlɪ'pəʊlɪ/ ADJ rultig, knubbig

ROM /rɒm/ ⟨*förk f* read only memory⟩ SB *data* ROM *minne för läsning av data*

Roman /'rəʊmən/ **1** SB romare **2** ADJ romersk

romance /rəʊ'mæns/ SB **1** romans, kärlekshistoria **2** romantik **3** romantisk berättelse, äventyrsroman

Romania /rʊ'meɪnɪə/ SB Rumänien

Romanian /rʊ'meɪnɪən/ **1** ADJ rumänsk **2** SB rumän **3** SB rumänska [språket]

romantic /rəʊ'mæntɪk/ **1** ADJ romantisk **2** SB romantiker

romanticism /rəʊ'mæntɪsɪzəm/ SB romantik

romanticize /rəʊ'mæntɪsaɪz/ VB romantisera

Romany /'rɒmənɪ/ SB **1** zigenare **2** zigenska [språket]

Rome /rəʊm/ SB Rom

★ **when in ~ do as the Romans do** ≈ ta seden dit man kommer

romp¹ /rɒmp/ VB stoja, rasa, leka vilt
□ **romp through** klara av lätt ⟨**~ an exam**⟩

romp² /rɒmp/ SB vild lek **have a ~** leka vilt

rompers /'rɒmpəz/ SB sparkdräkt, lekbyxor

roof¹ /ruːf/ SB [ytter]tak **the ~ of the mouth** gommen

★ **go through the ~** gå i taket *av ilska* **raise the ~** → **raise¹**

roof² /ruːf/ VB **1** lägga tak på **2** täcka

roof rack SB takräcke *på bil*

rook¹ /rʊk/ SB *fågel* råka

rook² /rʊk/ SB *schack* torn

rookie /'rʊkɪ/ SB *vard* **1** ung rekryt **2** *US sport* nykomling

room /ruːm, rʊm/ SB **1** rum **live in ~s** *GB* bo i hyresrum **2** utrymme, plats **standing ~** ståplats[er]

★ **~ and board** kost och logi

roomy /'ruːmɪ/ ADJ rymlig

roost /ruːst/ VB *om fågel* sitta [uppflugen] och sova

rooster /'ruːstə/ SB *spec US* tupp

root¹ /ruːt/ SB **1** *äv matem, språk* rot **2** orsak, upphov ⟨**of till**⟩

★ **~ and branch** helt och hållet, i grunden **put down ~s** slå rot, rota sig

root² /ruːt/ VB rota sig **deeply ~ed** djupt rotad
□ **root out** utrota

root³ /ruːt/ VB rota, böka
□ **root for** *vard* heja på

rope¹ /rəʊp/ SB **1** rep, lina **2** band, rad **~ of pearls** pärlhalsband **3 the ropes** knepen ⟨**learn the ~s**⟩

★ **be on the ~s** vara illa ute **give sb plenty of ~** ge ngn fria tyglar

rope² /rəʊp/ VB binda [fast] med rep
□ **rope in** inhägna med rep
□ **rope off** spärra av med rep

rosary /'rəʊzərɪ/ SB radband

rose¹ → **rise¹**

rose² /rəʊz/ **1** SB ros **2** SB *färg* rosa, rosenrött **3** SB stril **4** ADJ ros-, rosen- **5** ADJ rosa, rosenröd

★ **bed of ~s** → **bed¹** **not all ~s** inte bara en dans på rosor

rosé /'rəʊzeɪ, *US* rəʊ'zeɪ/ SB rosévin

rosehip /'rəʊzhɪp/ SB nypon *frukt*

rosemary /'rəʊzmərɪ/ SB rosmarin

rosette /rəʊ'zet/ SB rosett, kokard

rostrum /'rɒstrəm/ ⟨*pl* **-s** *el* **rostra** /-rə/⟩ SB podium

rosy /'rəʊzɪ/ ADJ **1** rosig **2** *bildl* ljus, hoppfull

rot¹ /rɒt/ VB **1** ruttna, murkna **2** få att ruttna, förstöra

rot² /rɒt/ SB **1** röta, förruttnelse **2** *GB* strunt[prat]

rota /'rəʊtə/ SB *spec GB* tjänstgöringsschema

rotate /rəʊ'teɪt, *US* 'rəʊteɪt/ VB **1** rotera, gå runt **2** [låta] rotera, [låta] växla, turas om med ⟨**~ jobs**⟩

rotation /rəʊ'teɪʃn/ SB **1** rotation

2 växling
★ **in ~** a) i tur och ordning b) växelvis
rote /rəʊt/ SB **by ~** utantill, mekaniskt
rotten /'rɒtn/ ADJ **1** rutten, murken, skämd **2** vard usel, kass **3** krasslig, vissen ⟨**feel ~**⟩
rouble /'ru:bl/ SB rubel
rouge /ru:ʒ/ SB rouge smink
rough¹ /rʌf/ **1** ADJ ojämn, skrovlig, grov **2** ADJ om väder, sjö hård **3** ADJ opolerad, råbarkad **4** ADJ hård[hänt] ⟨**on** mot⟩ **5** ADJ enkel, primitiv **6** ADJ ungefärlig, grov ⟨**in ~ numbers**⟩, **~ copy** kladd, utkast **7** ADJ krasslig **8** SB golf ruff **9** SB buse **10** SB kladd, utkast
★ **have ~ luck** ha otur **have a ~ time** ha det svårt **~ play** ruff **~ stuff** vard våld, bråk **take the ~ with the smooth** ta det onda med det goda
rough² /rʌf/ ADV **play ~** spela ojust, ruffa **sleep ~** sova under bar himmel
rough³ /rʌf/ VB **rough it** vard leva primitivt
□ **rough up** a) rufsa till b) klå upp
roughage /'rʌfɪdʒ/ SB kost|fiber, -fibrer
rough-and-ready /ˌrʌfnˈredɪ/ ADJ **1** enkel, primitiv **2** snabbt tillkommen
roughen /'rʌfn/ VB göra (bli) grov
roughly /'rʌflɪ/ ⟨↔ rough¹⟩ ADV ungefär
★ **~ speaking** grovt räknat, i runda tal
roulette /ru:'let/ SB rulett
round¹ /raʊnd/ **1** ADJ rund **2** ADJ ungefärlig **in ~ numbers** i runda tal **3** SB ring, krets **4** SB äv sport rond, runda **5** SB omgång **it's my ~** det är min tur att betala [drinkarna] **6** SB GB skiva ⟨**~ of bread**⟩ **7** SB skott[salva] **~ of applause** applåd **8** SB musik kanon
★ **be on one's ~** a) gå ronden b) göra hembesök **the daily ~** vardagssysslorna **go the ~ of** gå runt i (bland)
round² /raʊnd/ ADV **1** runt[om], omkring **all the year ~** året om **the other way ~** tvärtom **~ here** här i närheten **2** här ⟨**be ~**⟩, hit, hem **ask sb ~** bjuda hem ngn
★ **~ about** ungefär, omkring ⟨**~ two o'clock**⟩
round³ /raʊnd/ PREP om, runtom, kring
★ **~ the clock** dygnet runt **~ the twist** (US bend) knäpp
round⁴ /raʊnd/ VB **1** gå (fara) runt, runda, svänga runt ⟨**~ the corner**⟩ **2** runda ⟨**~ one's lips**⟩
□ **round off** avsluta, runda av ⟨**~ the evening**⟩
□ **round on** ge sig på, angripa
□ **round up** a) samla ihop b) runda av uppåt ⟨**~ a sum**⟩
roundabout /'raʊndəˌbaʊt/ **1** SB GB karusell **2** SB GB trafik rondell **3** ADJ indirekt, omständlig **~ way** omväg **in a ~ way** på omvägar
rounders /'raʊndəz/ SB GB ≈ brännboll
round-the-clock /ˌraʊndðəˈklɒk/ ADJ dygnetrunt- ⟨**~ service**⟩
round trip /ˌraʊnd 'trɪp/ SB **1** rundtur **2** US retur[biljett]
roundup /'raʊndʌp/ SB **1** hop|samlande, -drivning av boskap, folk **2** razzia **3** sammandrag ⟨**news ~**⟩
rouse /raʊz/ VB **1** äv bildl väcka **2** egga, sätta fart på **~ oneself** rycka upp sig
rout¹ /raʊt/ SB nederlag som slutar i flykt **the match was a ~** ≈ det var spel mot ett mål
rout² /raʊt/ VB i grund besegra, driva på flykten
route¹ /ru:t, US äv raʊt/ SB rutt, väg, färdväg **air ~** flyglinje
★ **en ~** på vägen
route² /ru:t, US äv raʊt/ VB sända, dirigera
routine /ru:'ti:n/ **1** SB rutin, slentrian **2** SB teat nummer ⟨**a dance ~**⟩ **3** ADJ rutinmässig, rutin- ⟨**a ~ job**⟩
rove /rəʊv/ VB ströva omkring [i (på)]
row¹ /rəʊ/ SB **1** rad, räcka, länga **in a ~** i följd **~ house** spec US radhus **2** teat bänkrad **3** stickning varv
row² /rəʊ/ VB ro
row³ /raʊ/ SB **1** gräl, bråk **have a ~** bråka, gräla **2** oväsen **What a ~ they're making!** Vilket liv dom för!
★ **make (kick up) a ~** ställa till bråk
row⁴ /raʊ/ VB gräla, bråka, väsnas
rowan /'rəʊən/ SB **1 ~ [tree]** rönn **2 ~ [berry]** rönnbär
rowdy /'raʊdɪ/ **1** ADJ bråkig **2** SB bråkmakare
royal /'rɔɪəl/ ADJ kunglig
royalist /'rɔɪəlɪst/ **1** SB rojalist **2** ADJ rojalistisk
royalty /'rɔɪəltɪ/ SB **1** kunglighet **2** royalty form av ersättning åt upphovsman
rpm /ˌɑ:pi:'em/ ⟨förk f revolutions per minute⟩ varv per minut
rub¹ /rʌb/ VB **1** gnida, polera, gnugga **~ one's eyes** gnugga sig i ögonen **2** skava
★ **~ shoulders with** vard umgås (frottera

sig) med
- rub down a) gnugga torr (ren) b) slipa ner
- rub in gnida in rub it in påminna om det, strö salt i såret
- rub off a) gnida (sudda) bort b) suddas bort ~ on sb smitta av sig på ngn
- rub up putsa upp, friska upp rub sb up the wrong way irritera ngn, ta ngn på fel sätt ~ against stöta på

rub² /rʌb/ SB **1** gnidning, polering, gnuggning give sth a ~ putsa upp ngt **2** the ~ problemet, kruxet

rubber /'rʌbə/ SB **1** gummi ~ boots gummistövlar **2** *spec* GB radergummi **3** *spec* US *vard* kondom, gummi **4** rubbers *spec* US galoscher

rubber band /ˌrʌbə 'bænd/ SB gummisnodd

rubbish /'rʌbɪʃ/ SB **1** avfall, sopor, skräp **2** strunt[prat]

rubble /'rʌbl/ SB **1** krossad sten **2** spillror, ruinhög

ruby /'ru:bɪ/ **1** SB rubin **2** SB *färg* rubinrött **3** ADJ rubinröd

rucksack /'rʌksæk/ SB ryggsäck

rudder /'rʌdə/ SB roder, *flyg* sidroder

ruddy /'rʌdɪ/ ADJ rödblommig, rosig

rude /ruːd/ ADJ **1** ohövlig, ohyfsad ⟨to mot⟩ **2** oanständig ⟨a ~ joke⟩ **3** våldsam, häftig ⟨a ~ shock⟩

rudimentary /ˌruːdɪ'mentərɪ/ ADJ **1** rudimentär, outvecklad **2** elementär

rudiments /'ruːdɪmənts/ SB the ~s de första grunderna ⟨of i⟩

ruffle /'rʌfl/ VB **1** skrynkla till, rufsa till, *om fåglar* burra upp **2** be ~d *om person* bringas ur balans

rug /rʌɡ/ SB **1** [liten] matta **2** pläd

rugby /'rʌɡbɪ/ SB rugby

rugged /'rʌɡɪd/ ADJ **1** ojämn, oländig **2** fårad, grov ⟨a ~ face⟩ **3** barsk, kärv **4** kraftig, tålig

rugger /'rʌɡə/ SB GB *vard* rugby

ruin¹ /'ruːɪn/ SB **1** ruin[er] be in ~s ligga i ruiner, vara ödelagd **2** ruin, fördärv
★ this will be the ~ of me detta blir min undergång

ruin² /'ruːɪn/ VB **1** ödelägga, förstöra, fördärva a ~ed town en stad i ruiner **2** ruinera

ruinous /'ruːɪnəs/ ADJ **1** förödande **2** ruinerande

rule¹ /ruːl/ SB **1** regel, bestämmelse, stadga the ~s of the road trafikreglerna **2** regel, norm, vana as a ~ som (i) regel ~ of thumb tumregel make it a ~ to ta för vana att **3** styre, regering **4** tumstock, linjal
★ by ~ of thumb efter ögonmått, på ett ungefär

rule² /ruːl/ VB **1** regera [över], härska, styra **2** bestämma, fastställa **3** ~d paper linjerat papper
- rule against *jur* avslå
- rule out utesluta

ruler /'ruːlə/ SB **1** härskare ⟨of över⟩ **2** linjal

rum /rʌm/ SB *dryck* rom

rumble¹ /'rʌmbl/ VB **1** mullra, dåna, *om mage* kurra **2** mala, prata på

rumble² /'rʌmbl/ SB mullrande, dån, kurrande

ruminate /'ruːmɪneɪt/ VB **1** idissla **2** grubbla, fundera

rummage /'rʌmɪdʒ/ VB leta (rota, snoka) [igenom]

rummage sale SB *spec* US loppmarknad *för välgörenhet*

rumour /'ruːmə/ (US **rumor**) SB rykte
★ there's a ~ that det ryktas att

rump /rʌmp/ SB **1** bakdel, rumpa **2** ~ [steak] rumpstek

rumple /'rʌmpl/ SB skrynkla till, rufsa till

rumpus /'rʌmpəs/ SB *vard* bråk, uppträde, rabalder

run¹ /rʌn/ ⟨ran /ræn/, run⟩ VB
UTAN OBJEKT
1 springa, löpa **2** *om tåg, buss* gå ⟨the buses ~ every hour⟩ **3** *om pjäs, film* gå **4** *om väg, staket etc* sträcka sig, gå, löpa **5** *om motor etc* gå ⟨~ on petrol⟩ **6** rinna, *om smör etc* smälta, *om färg vid tvätt* fälla **7** kandidera, ställa upp *i val* ⟨~ for Parliament⟩ **8** *om text* lyda, låta
MED OBJEKT
9 springa i kapp med ⟨I'll ~ you to that tree⟩ **10** köra ⟨~ sb to the station, ~ a film⟩ **11** driva, sköta, leda ⟨~ a business⟩, organisera, ge ⟨~ a course⟩ **12** publicera ⟨~ a series of articles⟩, visa ⟨~ a documentary⟩, ~ an advertisement sätta in annons **13** smuggla **14** tappa i ⟨~ a bath⟩ **15** låta glida, dra ⟨~ a comb through one's hair⟩
★ it ~s in the family det ligger i släkten

~ dry torka ut ~ high stiga högt ~ low a) sjunka b) ta slut, tryta ~ rife sprida sig snabbt ~ riot a) härja vilt b) växa ohejdat ~ short of lida (börja få) brist på ~ a temperature ha feber ~ the show sköta ruljangsen ~ wild a) förvildas b) löpa amok, hoppa över skaklarna
☐ run across stöta på, råka på
☐ run along kila i väg
☐ run away rymma Don't let the success ~ with you Låt inte framgången stiga dig åt huvudet
☐ run down a) köra över b) skära ned, avveckla c) tala illa om d) spåra upp e) försämras be ~ vara slut[körd]
☐ run in a) GB köra in ⟨~ a new car⟩ b) haffa
☐ run into a) stöta 'på b) dra på sig ⟨~ debt⟩ c) uppgå till
☐ run off a) göra, dra ⟨~ ten copies⟩ b) tappa ur
☐ run on a) prata på, mala b) fortsätta, löpa vidare
☐ run out [hålla på att] ta slut ~ of få slut på we've ~ of time tiden är slut [för oss] ~ on överge, svika
☐ run over a) köra över b) granska, gå igenom c) radio, tv dra över tiden
☐ run to a) uppgå till b) GB vard ha råd med, räcka till
☐ run up a) skjuta i höjden b) dra på sig ⟨~ debts⟩ c) tråckla (sno) ihop ~ against stöta 'på

run² /rʌn/ SB **1** löpning, lopp **2** färd, tur **3** fart, gång **4** följd, serie **have a ~ of bad luck** vara förföljd av otur **5** tid, period ⟨**a ~ of fine weather**⟩, **in the long ~** i det långa loppet **6** *kricket, baseboll* poäng **7** inhägnad, rastgård **8** backe, pist ⟨**ski ~**⟩ **9** maska **10** sort ⟨**the common (usual) ~**⟩
★ **at a ~** springande **go for a ~** göra en tur **have the ~ of** ha fritt tillträde till **make a ~ for it** försöka rymma **on the ~** a) på rymmen (flykt) b) på språng

runabout /'rʌnəˌbaʊt/ SB *vard* [liten] bil, kärra
runaway /'rʌnəˌweɪ/ ADJ **1** förrymd ⟨**a ~ slave**⟩ **2** okontrollerbar, *om häst* skenande, *om inflation* galopperande ~ **success** stormande succé
rundown /'rʌndaʊn/ SB **1** *vard* sammanfattning **2** nedskärning
run-down /'rʌndaʊn/ ADJ **1** slutkörd, utarbetad **2** förfallen
rune /ruːn/ SB runa *skrivtecken*
rung¹ → **ring³**
rung² /rʌŋ/ SB pinne *på stege*, tvärslå *på stol*
runner /'rʌnə/ SB **1** löpare **2** bud[bärare] **3** slädmede **4** [skridsko]skena **5** gångmatta **6** bordlöpare **7** *bot* reva
runner-up /ˌrʌnərˈʌp/ SB tvåa *i tävling*
running /'rʌnɪŋ/ **1** SB löpning **2** SB gång ⟨**the ~ of the engine**⟩ **3** SB drift ⟨**the ~ costs of a car**⟩, skötsel **4** ADJ löpande, rinnande **six days ~** sex dar i sträck
★ **be in the ~ for** vara med i tävlan om **make the ~** a) *sport* bestämma farten b) ta initiativet
runny /'rʌnɪ/ ADJ **1** lös, tunn **2** *om ögon, näsa* rinnande
run-of-the-mill /ˌrʌnəvðəˈmɪl/ ADJ alldaglig, medelmåttig
run-through /'rʌnθruː/ SB repetition, genomgång
run-up /'rʌnʌp/ SB **1** *sport* [an]sats **2** *spec GB* upptakt, inledning ⟨**the ~ to the election**⟩
runway /'rʌnweɪ/ SB startbana, landningsbana
rupture¹ /'rʌptʃə/ SB **1** bristning, brytning **2** bråck
rupture² /'rʌptʃə/ VB **1** brista **2** spräcka, bryta
rural /'rʊərəl/ ADJ lant-, lantlig ~ **areas** landsbygd
ruse /ruːz/ SB knep, list
rush¹ /rʌʃ/ VB **1** rusa, störta ⟨**at på**⟩ **2** strömma, forsa **3** forcera, jäkta ['på], stressa ⟨**don't ~ me**⟩ **4** hastigt föra ⟨**be ~ed to hospital**⟩ **5** storma, kasta sig över
★ ~ **and tear** jäkta
rush² /rʌʃ/ SB **1** rusning ⟨**the ~ hour**⟩, rush ⟨**the gold ~**⟩, anstormning **2** brådska, stress **3** ström ⟨**a ~ of air**⟩
★ **be in a ~** ha bråttom, ha det stressigt
rush³ /rʌʃ/ SB säv
rusk /rʌsk/ SB *spec GB* skorpa *spec för småbarn*
Russia /'rʌʃə/ SB Ryssland
Russian /'rʌʃn/ **1** ADJ rysk **2** SB ryss **3** SB ryska [språket]
rust¹ /rʌst/ SB rost *på metall o växt*
rust² /rʌst/ VB rosta, göra rostig
rustic /'rʌstɪk/ ADJ lantlig, rustik, bondsk
rustle /'rʌsl/ VB prassla (rassla) [med]

□ **rustle up** fixa [till], svänga ihop ⟨~ sth to eat⟩
rusty /'rʌstɪ/ ADJ 1 rostig 2 *vard* otränad
rut¹ /rʌt/ SB hjulspår
  ★ **get into a ~** fastna i slentrian
rut² /rʌt/ SB brunst
ruthless /'ruːθləs/ ADJ hänsynslös, obarmhärtig
rye /raɪ/ SB 1 råg 2 *US äv* whisky *gjord på råg*

S

S → saint, south¹, southern
S. → saint
Sabbath /'sæbəθ/ SB sabbat, vilodag
saber → sabre
sable /'seɪbl/ SB 1 sobel 2 sobelskinn
sabotage¹ /'sæbətɑːʒ/ SB sabotage
sabotage² /'sæbətɑːʒ/ VB sabotera, utföra sabotage mot
saboteur /ˌsæbə'tɜː/ SB sabotör
sabre /'seɪbə/ (*US* **saber**) SB sabel
sabre-rattling /'seɪbəˌrætlɪŋ/ SB vapenskrammel
sachet /'sæʃeɪ, *US* sæ'ʃeɪ/ SB *spec GB* portionspåse ⟨a ~ **of salt**⟩, plastkudde ⟨a ~ **of shampoo**⟩
sack¹ /sæk/ SB säck
  ★ **get the ~** få sparken **hit the ~** → hit¹
sack² /sæk/ VB ge sparken **be ~ed** få sparken
sack³ /sæk/ VB plundra
sacred /'seɪkrɪd/ ADJ 1 helig 2 helgad ⟨~ **to the memory of** ...⟩ 3 sakral ⟨~ **music**⟩, andlig ⟨~ **songs**⟩
sacrifice¹ /'sækrɪfaɪs/ SB 1 offer 2 uppoffring
sacrifice² /'sækrɪfaɪs/ VB 1 offra 2 uppoffra
sacrilege /'sækrɪlɪdʒ/ SB helgerån
sad /sæd/ ADJ 1 ledsen, sorgsen 2 sorglig, bedrövlig
sadden /'sædn/ VB göra ledsen (sorgsen)
saddle¹ /'sædl/ SB sadel
saddle² /'sædl/ VB sadla
  □ **saddle up** sadla på
  □ **saddle with** betunga med **be saddled with** *äv* få (ha fått) på halsen
sadism /'seɪdɪzəm/ SB sadism
sadist /'seɪdɪst/ SB sadist
sadly /'sædlɪ/ ⟨↔ sad⟩ ADV sorgligt nog
sadness /'sædnəs/ SB sorgsenhet, vemod
s.a.e. → stamp¹
safe¹ /seɪf/ ADJ 1 säker, trygg 2 utom

fara, välbehållen **3** riskfri, ofarlig
★ **play it ~** → play² **~ and sound** oskadd, välbehållen
safe² /seɪf/ SB kassaskåp
safe-conduct /ˌseɪfˈkɒndʌkt/ SB **1** fri lejd **2** lejdebrev
safe-deposit box /ˈseɪfdɪˌpɒzɪt ˌbɒks/ SB bankfack
safeguard¹ /ˈseɪfgɑːd/ SB garanti, skydd
safeguard² /ˈseɪfgɑːd/ VB garantera, skydda, trygga
safety /ˈseɪftɪ/ SB **1** trygghet, säkerhet **2** US äv säkerhetsspärr, säkring
safety belt SB säkerhetsbälte, bilbälte
safety catch SB **1** säkerhets|spärr, -mekanism **2** säkring **he released the ~** han osäkrade vapnet
safety pin SB säkerhetsnål
sag /sæg/ VB **1** sjunka [ner], hänga [ner] **a ~ging chair** en nedsutten stol **~ging shoulders** sluttande axlar **2** bildl mattas, försvagas
saga /ˈsɑːgə/ SB **1** isländsk saga **2** släkt|roman, -krönika ⟨**the Forsyte S~**⟩ **3** [lång] historia
sage¹ /seɪdʒ/ **1** ADJ vis **2** SB vis gammal man
sage² /seɪdʒ/ SB salvia
Sagittarius /ˌsædʒɪˈteərɪəs/ SB stjärntecken Skytten
said → say¹
sail¹ /seɪl/ SB **1** segel **set ~** avsegla ⟨**for** till⟩ **2** segeltur, segling **3** vinge på väderkvarn
sail² /seɪl/ VB segla
★ **~ close to the wind** a) segla dikt bidevind b) balansera på det otillåtnas gräns, hålla sig i lagens utkanter
□ **sail into** angripa, attackera ⟨**she sailed into her critics**⟩
sailboard /ˈseɪlbɔːd/ SB segelbräda
sailing /ˈseɪlɪŋ/ SB **1** segling **2** tur, avgång **3** attribut segel-, seglar-
sailor /ˈseɪlə/ SB sjöman
★ **be a bad ~** ha lätt för att bli sjösjuk
saint /seɪnt, GB obet sənt, snt/ SB **1** helgon **2 Saint** ⟨förk **S.**, **St**⟩ attribut sankt, sankte, sankta, [den] helige, [den] heliga **St Peter** sankte Per **St Francis** den helige Franciscus
saintly /ˈseɪntlɪ/ ADJ helgonlik, helig
sake /seɪk/ SB skull ⟨**for God's ~**⟩
salad /ˈsæləd/ SB sallad ⟨**chicken ~**, **fruit ~**⟩
salaried /ˈsælərɪd/ ADJ avlönad, tjänstemanna- **~ staff** tjänstemän
salary /ˈsælərɪ/ SB lön spec års- el månadslön
sale /seɪl/ SB **1** försäljning **[up] for ~** till salu **be on ~** äv finnas att köpa **2 sales** försäljning ⟨**~s department**⟩ **3 sale[s]** rea[lisation]
salesclerk /ˈseɪlzklɑːk, US -klɜːrk/ SB US expedit, affärsbiträde
salesman /ˈseɪlzmən/, **salesperson** /-ˌpɜːsn/, **saleswoman** /-ˌwʊmən/ SB **1** försäljare, representant **2** expedit
saliva /səˈlaɪvə/ SB saliv
sallow /ˈsæləʊ/ ADJ spec om hy gulblek
sally¹ /ˈsælɪ/ SB **1** milit utfall **2** kvickhet, kvickt infall
sally² /ˈsælɪ/ VB
□ **sally forth (out)** bege sig ut, fara i väg
salmon /ˈsæmən/ ⟨lika i pl⟩ SB lax **~ trout** laxöring
saloon /səˈluːn/ SB **1** GB bil sedan **2** salong, sal spec på passagerarfartyg **~ bar** GB fin avdelning på pub **3** US äv krog i Vilda västern
salt¹ /sɔːlt/ **1** SB salt **2** SB åld sjö|buss, -björn **3** ADJ salt, salt-, saltad
salt² /sɔːlt/ VB salta
□ **salt away** lägga undan pengar
saltcellar /ˈsɔːltˌselə/ SB salt|strößare, -kar
salty /ˈsɔːltɪ/ ADJ salt, salt|aktig, -haltig
salutation /ˌsæljuˈteɪʃn/ SB **1** frml hälsning **2** hälsningsfras i brev
salute¹ /səˈluːt, GB äv -ˈljuːt/ SB **1** salut **2** honnör **3** hälsning
salute² /səˈluːt, GB äv -ˈljuːt/ VB **1** salutera, hälsa med salut **2** göra honnör [för] **3** frml hälsa **4** hedra
salvage¹ /ˈsælvɪdʒ/ VB bärga, rädda [undan]
salvage² /ˈsælvɪdʒ/ SB **1** bärgning **2** bärgat gods **3** bärgarlön **4** återanvändning
salvation /sælˈveɪʃn/ SB frälsning, räddning
the Salvation Army SB Frälsningsarmén
salve¹ /sælv, US sæv/ SB [sår]salva
salve² /sælv, US sæv/ VB mildra, lindra **~ one's conscience** freda sitt samvete
same¹ /seɪm/ ADJ samma **the ~ as** samma som
★ **all the ~** → all²
same² /seɪm/ PRON **1 the ~** samma sak, detsamma **2 [and the] ~ to you** tack detsamma
same³ /seɪm/ ADV **the ~** likadant, på samma sätt

sameness /'seɪmnəs/ SB enformighet
sample[1] /'sɑːmpl/ SB 1 prov ⟨blood ~⟩, stickprov, exempel 2 urval 3 varuprov, provexemplar
sample[2] /'sɑːmpl/ VB 1 göra (ta) stickprov på 2 smaka på, smaka 'av
sanctify /'sæŋktɪfaɪ/ VB 1 helga 2 sanktionera, godkänna
sanctimonious /ˌsæŋktɪ'məʊnɪəs/ ADJ skenhelig, gudsnådelig
sanction[1] /'sæŋkʃn/ SB sanktion, godkännande
sanction[2] /'sæŋkʃn/ VB sanktionera, godkänna ~ed by tradition (usage) hävdvunnen
sanctity /'sæŋktətɪ/ SB helgd, helighet
sanctuary /'sæŋktʃʊərɪ/ SB 1 tillflyktsort, fristad take ~ söka sin tillflykt 2 reservat ⟨bird ~⟩
sand[1] /sænd/ SB 1 sand 2 sands sand|strand, -dyner 3 sands sand|bank, -rev
★ the ~s are running out tiden är snart ute
sand[2] /sænd/ VB 1 sanda 2 sandpappra
□ **sand down** sandpappra, slipa [med sandpapper]
sandpaper[1] /'sændˌpeɪpə/ SB sandpapper
sandpaper[2] /'sændˌpeɪpə/ VB sandpappra, slipa [med sandpapper]
sandpit /'sændpɪt/ SB *GB* sandlåda
sandwich[1] /'sænwɪdʒ, -wɪtʃ/ SB sandwich *endast om brödskivor med pålägg mellan* open ~ smörgås
sandwich[2] /'sænwɪdʒ, -wɪtʃ/ VB klämma in
sandy /'sændɪ/ ADJ 1 sandig 2 *om hår* rödblond
sane /seɪn/ ADJ 1 vid sina sinnens fulla bruk, tillräknelig 2 förnuftig, sund
sang → sing
sanguine /'sæŋgwɪn/ ADJ sangvinisk, optimistisk
sanitary /'sænətərɪ/ ADJ 1 sanitär, hygienisk 2 sanitets-, hälso-, hygien-
sanitary towel (*US* **sanitary napkin**) SB sanitetsbinda, dambinda
sanitation /ˌsænɪ'teɪʃn/ SB sanitära förhållanden, sanitetsteknik
sanity /'sænətɪ/ SB 1 mental hälsa 2 sunt förnuft
sank → sink[1]
Santa Claus /'sæntəklɔːz/ SB jultomten
sap[1] /sæp/ SB 1 sav 2 energi 3 *spec US* dumskalle, nöt 4 *US vard* batong
sap[2] /sæp/ VB försvaga, tära på
sapphire /'sæfaɪə/ SB 1 safir 2 *attribut* safirblå
sarcasm /'sɑːkæzəm/ SB sarkasm, [skarp] ironi
sarcastic /sɑː'kæstɪk/ ADJ sarkastisk, [skarpt] ironisk
sardine /ˌsɑː'diːn/ SB sardin
sardonic /sɑː'dɒnɪk/ ADJ sardonisk, hånfull
sash /sæʃ/ SB fönsterram *till tvådelat skjutfönster*
sash window /ˌsæʃ 'wɪndəʊ/ SB tvådelat [skjut]fönster
sat → sit
Satan /'seɪtn/ SB Satan
satanic /sə'tænɪk/ ADJ satanisk
satchel /'sætʃəl/ SB axelväska, skolväska *med axelrem*
satellite /'sætəlaɪt/ SB 1 satellit 2 satellitstat
satire /'sætaɪə/ SB satir ⟨on över⟩
satirical /sə'tɪrɪkl/ ADJ satirisk
satirize /'sætəraɪz/ VB satirisera [över], utsätta för satir
satisfaction /ˌsætɪs'fækʃn/ SB 1 tillfredsställelse **to everyone's** ~ så att alla blir nöjda (belåtna) **it has been proved to my** ~ **that** ... jag är fullständigt övertygad om att ... 2 tillfredsställande, uppfyllande 3 gottgörelse, [upp]rättelse
satisfactory /ˌsætɪs'fæktərɪ/ ADJ tillfredsställande
satisfied /'sætɪsfaɪd/ ADJ 1 tillfredsställd, nöjd, belåten 2 mätt 3 övertygad ⟨that om att⟩
satisfy /'sætɪsfaɪ/ VB 1 tillfredsställa, göra nöjd (belåten), mätta 2 *regler, krav etc* uppfylla 3 ~ **sb that** övertyga ngn om att
saturate /'sætʃəreɪt/ VB 1 genomdränka 2 mätta 3 fylla
saturation /ˌsætʃə'reɪʃn/ SB mättande, mättnad ~ **bombing** *flyg* bombmatta
Saturday /'sætədeɪ, -dɪ/ SB lördag
Saturn /'sætɜːn/ SB Saturnus
sauce /sɔːs/ SB 1 sås 2 *US äv* mos ⟨apple ~⟩, sylt 3 fräckhet[er], uppnosighet
saucepan /'sɔːspən/ SB kastrull
saucer /'sɔːsə/ SB tefat, kaffefat
saucy /'sɔːsɪ/ ADJ uppnosig, fräck
sauna /'sɔːnə/ SB bastu

saunter /'sɔ:ntə/ VB strosa, släntra, flanera
sausage /'sɒsɪdʒ/ SB korv
sausage roll /ˌsɒsɪdʒ 'rəʊl/ SB GB ≈ korvpirog
savage¹ /'sævɪdʒ/ **1** ADJ vild, ociviliserad **2** ADJ grym, våldsam **3** SB vilde
savage² /'sævɪdʒ/ VB misshandla, gå hårt åt, *om hund* flyga på, bita
savagery /'sævɪdʒərɪ/ SB brutalitet, grymhet, vildhet
save¹ /seɪv/ VB **1** rädda, bevara ⟨God ~ the Queen!⟩ **2** frälsa **3** spara ~ sb sth spara ngt åt ngn **4** bespara
★ ~ **one's bacon (neck, skin)** rädda sitt skinn, klara sig ~ **for a rainy day** spara för framtiden (för sämre tider) **to ~ one's life** om det också gäller livet ⟨I can't play the piano to ~ my life⟩
□ **save up** spara ihop ⟨for till⟩
save² /seɪv/ SB *bollspel* räddning
save³ /seɪv/ PREP *frml* utom ~ **for** så när som på
saving /'seɪvɪŋ/ **1** SB besparing **2** SB **savings** sparmedel **3** ADJ räddande ~ **grace** försonande drag
saviour /'seɪvjə/ (US **savior**) SB frälsare **the S~** Frälsaren
savour¹ /'seɪvə/ (US **savor**) SB [angenäm] smak, krydda, *bildl äv* behag ⟨life has lost some of its ~⟩
savour² /'seɪvə/ (US ⇃) VB avnjuta, njuta av
□ **savour of** *bildl* ha en doft av, tyda på
savoury /'seɪvərɪ/ (US ⇃) **1** ADJ aptitretande, kryddad, pikant **2** ADJ *i nekande sats* passande, uppbygglig ⟨less ~ episodes in her past were kept secret⟩ **3** SB aptitretare, smårätt
saw¹ → **see²**
saw² /sɔ:/ SB såg
saw³ /sɔ:/ ⟨**sawed**, **sawn** /sɔ:n/ *el spec US* **sawed**⟩ VB såga
sawdust /'sɔ:dʌst/ SB sågspån
sawmill /'sɔ:mɪl/ SB sågverk
saxophone /'sæksəfəʊn/ SB saxofon
say¹ /seɪ/ ⟨**said** /sed/, **said**⟩ VB **1** säga, yttra ~ **a prayer** be en bön **2** stå [att läsa] **it ~s in the paper** det står i tidningen
★ **before you could ~ Jack Robinson** innan man visste ordet av **it goes without ~ing** det är självklart ~ **no more** det räcker **S~s you!** *vard* Det säger du ja! ~ **when** *vid påfyllning av glas* säg stopp **[just]** ~ **the word** säg bara till **to ~ the least [of it]** minst sagt **You don't ~!** Det menar du inte!
say² /seɪ/ SB **have a ~** ha något att säga till om **have one's ~** få säga sin mening
saying /'seɪɪŋ/ SB **1** ord|språk, -stäv **2** yttrande
★ **as the ~ goes** *a)* som ordspråket säger *b)* som man säger
say-so /'seɪsəʊ/ SB **1** påstående ⟨Am I supposed to believe it on your ~?⟩ **2** tillåtelse **3** befallning
scab /skæb/ SB **1** sårskorpa **2** strejkbrytare, svartfot
scabbard /'skæbəd/ SB svärdskida
scaffold /'skæfəʊld/ SB **1** schavott *plattform för avrättning* **2** byggnadsställning
scaffolding /'skæfəʊldɪŋ/ SB byggnadsställning
scald /skɔ:ld/ VB skålla
scale¹ /skeɪl/ SB **1** skala **on a large ~** i stor skala **practise ~s** öva skalor **2** rangskala
scale² /skeɪl/ VB klättra uppför ⟨~ **a cliff**⟩
scale³ /skeɪl/, **scales** SB våg **a pair of ~s** en våg
★ **tip the ~** → **tip² turn the ~s at** → **turn¹**
scale⁴ /skeɪl/ SB **1** fjäll *på fisk, reptiler* **2** kalkavlagring *i kokkärl etc* **3** tandsten
scale⁵ /skeɪl/ VB fjälla ⟨~ **fish**⟩
□ **scale off** *om färg etc* flagna, flaga av
scale down VB minska, dra ner på
scalp¹ /skælp/ SB **1** hårbotten **2** skalp
scalp² /skælp/ VB skalpera
scalpel /'skælpl/ SB skalpell
scamp /skæmp/ SB busunge, rackarunge
scamper /'skæmpə/ VB rusa, kila, skutta [omkring]
scan¹ /skæn/ VB **1** granska **2** skumma, ögna igenom **3** avsöka, svepa över *spec med radar*
scan² /skæn/ SB avsökning *spec med radar*
scandal /'skændl/ SB **1** skandal **2** [elakt] skvaller
scandalize /'skændəlaɪz/ VB chockera, uppröra
scandalous /'skændələs/ ADJ skandalös, chockerande
Scandinavian /ˌskændɪ'neɪvɪən/ **1** ADJ skandinavisk **2** SB skandinav
scanner /'skænə/ SB scanner, [av]sökare
scant /skænt/ ADJ föga, ringa
scanty /'skæntɪ/ ADJ knapp, otillräcklig, minimal
scapegoat /'skeɪpgəʊt/ SB syndabock

scar¹ /skɑː/ SB 1 ärr 2 repa, märke
scar² /skɑː/ VB 1 ärra sig, ärras 2 tillfoga ärr, *bildl* märka ⟨the death of his son had ~red him for life⟩
scarce /skeəs/ ADJ 1 knapp, otillräcklig fruit was ~ det var ont om frukt 2 sällsynt ★ make oneself ~ dunsta, sjappa
scarcely /'skeəslɪ/ ADV knappt, knappast
scarcity /'skeəsətɪ/ SB knapphet, brist
scare¹ /skeə/ VB 1 skrämma 2 ~ easily vara lättskrämd
 □ **scare up** *spec US vard* fixa [fram], skaka fram
scare² /skeə/ SB skräck, panik give sb a ~ skrämma ngn have a ~ bli rädd a ~ story en skräckhistoria
scarecrow /'skeəkrəʊ/ SB fågelskrämma
scared /skeəd/ ADJ rädd
★ ~ stiff, ~ to death livrädd, vettskrämd
scarf /skɑːf/ ⟨*pl* scarfs *el* scarves /-vz/⟩ SB scarf, halsduk
scarlet /'skɑːlət/ 1 ADJ scharlakansröd, högröd 2 SB scharlakansrött
scarlet fever /ˌskɑːlət 'fiːvə/ SB scharlakansfeber
scarper /'skɑːpə/ VB *GB vard* sticka, sjappa
scarred /skɑːd/ ⟨↔ scar²⟩ ADJ ärrig
scarves → scarf
scary /'skeərɪ/ ADJ hemsk, kuslig
scathing /'skeɪðɪŋ/ ADJ dräpande, tillintetgörande
scatter /'skætə/ VB 1 skingra 2 skingras, skingra sig 3 sprida [ut], strö [ut] 4 beströ
scatterbrain /'skætəbreɪn/ SB virrpanna, hönshjärna
scavenge /'skævɪndʒ/ VB 1 rota, leta bland sopor ⟨for efter⟩ 2 hitta *bland sopor*
scavenger /'skævɪndʒə/ SB 1 sopletare *som rotar bland sopor* 2 *zool* asätare
scenario /sə'nɑːrɪəʊ, *US* sə'nær-/ SB scenario
scene /siːn/ SB 1 scen 2 scenbild change of ~ *a)* scenförändring *b)* miljöombyte 3 syn, anblick 4 skådeplats the ~ of the crime brottsplatsen 5 scen, uppträde make a ~ ställa till med en scen 6 värld, kretsar the fashion ~ modevärlden
★ behind the ~s bakom kulisserna
scenery /'siːnərɪ/ SB 1 landskap, [vacker] natur, [vacker] utsikt 2 *teat* dekorationer, sceneri

scenic /'siːnɪk/ ADJ 1 naturskön 2 scen-, teater-
scent¹ /sent/ SB 1 doft 2 *spec GB* parfym 3 vittring 4 väderkorn 5 spår throw off the ~ leda på villospår
scent² /sent/ VB 1 känna vittring[en] av 2 vädra, ana ⟨~ danger⟩ 3 parfymera
scepter → sceptre
sceptic /'skeptɪk/ (*US* **skeptic**) SB skeptiker, tvivlare
sceptical /'skeptɪkl/ (*US* ↑) ADJ skeptisk, tvivlande
scepticism /'skeptɪˌsɪzəm/ (*US* ↑) SB skepticism, skepsis, tvivel
sceptre /'septə/ (*US* **scepter**) SB spira
schedule¹ /'ʃedjuːl, *US* 'skedʒuːl/ SB 1 tidsplan, program, tidtabell [according] to ~ planenligt be ahead of ~ ligga före [tidsplanen] be on ~ följa tidsplanen (tidtabellen) have a full ~ ha programmet fulltecknat 2 *US äv* [skol]schema 3 lista, förteckning
schedule² /'ʃedjuːl, *US* 'skedʒuːl/ VB planera she is ~d to sing tonight hon ska [enligt planerna] sjunga i kväll ~d flights reguljära flygningar
scheme¹ /skiːm/ SB 1 plan, projekt, system 2 listig plan, komplott
scheme² /skiːm/ VB intrigera, smida ränker
schism /'skɪzəm/ SB schism, splittring
schizophrenia /ˌskɪtsəʊ'friːnɪə/ SB schizofreni
schizophrenic /ˌskɪtsəʊ'frenɪk/ 1 ADJ schizofren 2 SB schizofren [person]
schmuck /ʃmʌk/ SB *US vard* idiot
scholar /'skɒlə/ SB 1 forskare *spec humanistisk* he is a great ~ *äv* han är mycket lärd 2 stipendiat
scholarly /'skɒləlɪ/ ADJ 1 vetenskaplig, lärd 2 akademisk
scholarship /'skɒləʃɪp/ SB 1 stipendium 2 lärdom, vetenskapligt arbete
school¹ /skuːl/ SB 1 skola go to ~ gå i skolan 2 *attribut* skol- ⟨~ children⟩ 3 *universitet* fakultet, institution law ~ juridisk fakultet 4 *US äv* högskola 5 ~ of thought meningsriktning, åsiktsriktning
school² /skuːl/ VB 1 skola, öva 2 dressera ⟨~ a dog⟩
school³ /skuːl/ SB stim ⟨a ~ of fish⟩
schoolmaster /'skuːlˌmɑːstə/ SB [skol]lärare

schoolmate /'skuːlmeɪt/ SB skolkamrat
schoolmistress /'skuːlˌmɪstrəs/ SB [skol]lärarinna
schoolteacher /'skuːlˌtiːtʃə/ SB skol‖lärare, -lärarinna
schooner /'skuːnə/ SB skonare, skonert
sciatica /saɪ'ætɪkə/ SB ischias
science /'saɪəns/ SB [natur]vetenskap
scientific /ˌsaɪən'tɪfɪk/ ADJ [natur]vetenskaplig
scientist /'saɪəntɪst/ SB [natur]vetenskapsman, naturvetare, forskare
scissors /'sɪzəz/ SB sax **a pair of ~** en sax **Where are the ~?** Var är saxen?
scoff¹ /skɒf/, **scoff at** VB håna, förhåna, göra narr av
scoff² /skɒf/ VB glupa (glufsa) i sig
scold /skəʊld/ VB skälla [ut], gräla [på]
scone /skɒn, skəʊn/ SB scones *bakpulverbröd*
scoop¹ /skuːp/ SB **1** skopa **a ~ of ice cream** en glasskula **2** scoop, pangnyhet
scoop² /skuːp/ VB skopa, skyffla, gräva
□ **scoop out** urholka
□ **scoop up** lyfta (samla, plocka) upp
scoot /skuːt/ VB sticka, flänga, sno [sig]
scooter /'skuːtə/ SB **1** sparkcykel **2** [motor] ~ skoter
scope /skəʊp/ SB **1** utrymme, utlopp, spelrum **2** ram, omfattning, område
scorch /skɔːtʃ/ VB **1** bränna, sveda **2** brännas, bli bränd
scorcher /'skɔːtʃə/ SB *vard* stekhet dag
score¹ /skɔː/ SB **1** *sport* ställning ⟨**What's the ~?**⟩, **keep the ~** föra protokollet **the final ~** slutresultatet **2** *musik* partitur **piano ~** *äv* klaverutdrag **film ~** filmmusik **3** ⟨*lika i pl*⟩ tjog **scores** massor ⟨**~s of times**⟩
★ **on that (this) ~** *a)* av den anledningen *b)* på den punkten **settle old ~s** → settle
score² /skɔː/ VB **1** poäng *i spel etc* ta, få, göra ⟨**~ 100 points**⟩, **~ badly** göra ett dåligt resultat **2** *i fotboll etc* göra mål **3** *sport, spel* räkna [poäng], sköta räkningen, föra protokollet **4** vinna ⟨**~ a victory**⟩ **5** *musik* orkestrera, arrangera **6** göra skåror (märken) i, repa
□ **score off** stryka [över] ⟨**~ a name on a list**⟩, **~ sb** platta till (förödmjuka) ngn
□ **score out** stryka [över]
scoreboard /'skɔːbɔːd/ SB resultattavla
scorn¹ /skɔːn/ SB förakt, hån

scorn² /skɔːn/ VB förakta, håna
scornful /'skɔːnfʊl/ ADJ föraktfull, hånfull
Scorpio /'skɔːpɪəʊ/ SB *stjärntecken* Skorpionen
scorpion /'skɔːpɪən/ SB skorpion
Scot /skɒt/ SB skotte **the ~s** skottarna *som nation*
scotch /skɒtʃ/ VB **1** sätta stopp för, omintetgöra ⟨**~ a plan**⟩ **2** ta död på, göra slut på ⟨**~ a rumour**⟩
Scotch /skɒtʃ/ **1** ADJ skotsk **2** SB skotsk whisky
scot-free /ˌskɒt'friː/ ADJ oskadd, ostraffad
Scotland /'skɒtlənd/ SB Skottland
Scots /skɒts/ **1** ADJ skotsk **2** SB skotska *engelsk dialekt*
Scottish /'skɒtɪʃ/ **1** ADJ skotsk **2** SB skotska *engelsk dialekt* **3** SB **the Scottish** skottarna *som nation*
scoundrel /'skaʊndrəl/ SB lymmel, skurk
scour¹ /'skaʊə/ VB genomsöka, leta [i]genom ⟨**for** efter⟩
scour² /'skaʊə/ VB **1** skura, skrubba [ren] **2 ~ [out]** dike, rör *etc* spola ur, rensa
scourge¹ /skɜːdʒ/ SB gissel, plågoande
scourge² /skɜːdʒ/ VB gissla, hemsöka
scout¹ /skaʊt/ SB **1** scout **2** *milit* spejare, spanare **3** talangscout
scout² /skaʊt/ VB spana, speja ⟨**for** efter⟩, *milit äv* rekognoscera
□ **scout about (around)** leta, vara på jakt ⟨**for** efter⟩
scoutmaster /'skaʊtˌmɑːstə/ SB scoutledare
scowl¹ /skaʊl/ SB bister min, rynkad panna
scowl² /skaʊl/ VB rynka pannan, blänga ilsket
Scrabble /'skræbl/ *varunamn* SB Alfapet
scraggy /'skrægɪ/ ADJ [tunn och] mager
scram /skræm/ VB *vard* sticka, ge sig i väg **S~!** Försvinn!
scramble¹ /'skræmbl/ VB **1** [snabbt] kravla, klättra ⟨**~ over a wall**⟩ **2** rusa [samtidigt] ⟨**for** till⟩ **3** slåss, kivas ⟨**for** om⟩ **4 ~ eggs** göra äggröra **~d eggs** äggröra **5** *radio, tele* förvränga, förvanska ⟨**~ a message**⟩
scramble² /'skræmbl/ VB **1** klättring **2** rusning ⟨**for** efter⟩ **3** kamp, slagsmål ⟨**for** om⟩

scrambler /'skræmblə/ SB *radio, tele* talförvrängare
scrap¹ /skræp/ SB **1** [liten] bit, lapp **not a ~ inte ett dugg without a ~ of** utan minsta tillstymmelse till **2 scraps** matrester **3** skrot **~ iron** järnskrot
scrap² /skræp/ VB skrota, *bildl äv* slopa, spola ⟨**~ a plan**⟩
scrap³ /skræp/ SB *vard* slagsmål, bråk
scrapbook /'skræpbʊk/ SB urklippsbok
scrape¹ /skreɪp/ VB **1** skrapa [mot] **~ one's knee** skrapa [sig på] knät **2** snåla, spara ★ **~ the [bottom of] the barrel** göra en bottenskrapning **~ a living** hanka sig fram
□ **scrape along (by)** hanka sig fram
□ **scrape through** klara sig med ett nödrop
□ **scrape up** skrapa ihop
scrape² /skreɪp/ SB **1** skrapande, skrapning **2** skrubbsår, skrapmärke **3** knipa, svårighet[er]
scrappy /'skræpɪ/ ADJ **1** osammanhängande, rörig **2** *US vard* aggressiv, stridslysten
scratch¹ /skrætʃ/ VB **1** klösa[s], rista [in], rispa **2** raspa, krafsa ⟨**the dog ~ed at the door**⟩ **3** klia [sig] **~ one's head** klia sig i huvudet **4** *sport* stryka [sig] *från startlistan*
scratch² /skrætʃ/ SB **1** repa, rispa, skråma **2** skrapande, raspande **3** startlinje, scratch **play to ~** *golf* spela på scratch ★ **from ~** från början **be up to ~** hålla måttet
scrawl¹ /skrɔ:l/ VB klottra
scrawl² /skrɔ:l/ SB klotter
scrawny /'skrɔ:nɪ/ ADJ tunn och mager, skinntorr
scream¹ /skri:m/ VB skrika, tjuta
scream² /skri:m/ SB skrik, tjut ★ **be a ~** vara fantastiskt rolig (urkomisk)
screech¹ /skri:tʃ/ VB **1** [gall]skrika, [ill]tjuta **2** gnissla
screech² /skri:tʃ/ SB **1** [gall]skrik, [ill]tjut **2** gnissel
screen¹ /skri:n/ SB **1** skärm **2** bildskärm, TV-ruta **3** filmduk **the [silver] ~ film[en],** den vita duken **~ actor** filmskådespelare ⇓
screen² /skri:n/ VB **1** skydda, avskärma **2** *patient* undersöka, testa **3** *[arbets]sökande* granska, kontrollera, pröva **4** sortera, gallra **5** *film, TV-program* visa

screenplay /'skri:npleɪ/ SB filmmanus
screen test SB **1** provfilmning **2** provfilm
screw¹ /skru:/ SB **1** skruv **2** propeller **3** *vard* fångvaktare, plit **4** knull ★ **put the ~s on** dra åt tumskruvarna ⇓
screw² /skru:/ VB **1** skruva **2** *vard* lura **3** knulla
□ **screw up** *a)* förvrida ⟨**~ one's face**⟩, knyckla ihop ⟨**~ a piece of paper**⟩ *b)* trassla till, förstöra ⟨**~ sb's plans**⟩
screwball /'skru:bɔ:l/ SB *US* knasboll
screwdriver /'skru:ˌdraɪvə/ SB skruvmejsel
screw top SB skruv|lock, -kapsyl **a screw-top jar** en burk med skruvlock
scribble¹ /'skrɪbl/ VB **1** skriva fort och slarvigt **~ a few lines** rafsa (kasta) ner några rader **2** klottra
scribble² /'skrɪbl/ SB klotter
script /skrɪpt/ SB **1** *film, tv, radio* manus **2** handstil **3** skrift ⟨**Arabic ~**⟩
scripture /'skrɪptʃə/ SB **1** [helig] skrift **2 the Scripture[s], Scripture** den heliga skrift, Skriften
scriptwriter /'skrɪptˌraɪtə/ SB manusförfattare
scroll¹ /skrəʊl/ SB **1** [bok]rulle, pergamentrulle **2** spiralornament, snäckornament
scroll² /skrəʊl/ VB *data* rulla, scrolla *flytta text på dataskärm*
scrounge /skraʊndʒ/ VB tigga (snylta) sig till
scrub¹ /skrʌb/ VB **1** skura, skrubba **2** *vard* spola, skippa ⟨**~ a plan**⟩
scrub² /skrʌb/ SB skurning, skrubbning
scrub³ /skrʌb/ SB busk|snår, -skog
scruff /skrʌf/ SB **the ~ of the neck** nackskinnet
scruffy /'skrʌfɪ/ ADJ sjabbig, sjaskig
scrumptious /'skrʌmpʃəs/ ADJ smaskens, jättegod
scruple /'skru:pl/, **scruples** SB skrupler
scrupulous /'skru:pjʊləs/ ADJ **1** samvetsgrann, pliktrogen **2** noggrann, minutiös
scrutinize /'skru:tɪnaɪz/ VB [fin]granska, skärskåda
scrutiny /'skru:tɪnɪ/ SB [fin]granskning
scuba-diving /'sku:bəˌdaɪvɪŋ/ SB sportdykning *med tryckluftsapparat*
scud /skʌd/ VB jaga, ila
scuffle /'skʌfl/ SB slagsmål, handgemäng

sculptor /'skʌlptə/ SB skulptör
sculpture¹ /'skʌlptʃə/ SB skulptur
sculpture² /'skʌlptʃə/ VB skulptera
scum /skʌm/ SB **1** hinna *på stillastående vatten* **2** avskum
scurrilous /'skʌrələs/ ADJ **1** smädlig, infam **2** plump, obscen
scurry /'skʌrɪ/ VB kila, rusa, jaga
scurvy /'skɜ:vɪ/ SB skörbjugg
scuttle¹ /'skʌtl/ VB rusa, kila
scuttle² /'skʌtl/ VB *sjö* borra i sank
scythe /saɪð/ SB lie
sea /si:/ SB **1** hav **on the ~** vid havet **calm ~s** lugnt vatten **on the high ~s** på öppna havet **2** sjö, våg **a heavy ~** *a)* en störtvåg *b)* svår sjögång
★ **at ~** till sjöss **be at ~** vara villrådig, inte fatta ett dugg **by ~** sjövägen, med båt **put to ~** *om fartyg* avsegla, löpa ut ⇓
sea bed SB havsbotten
seafood /'si:fu:d/ SB [fisk och] skaldjur
seafront /'si:frʌnt/ SB strandpromenad **on the ~** åt sjösidan, vid (längs) strandpromenaden **a ~ hotel** ett strandhotell
seagull /'si:gʌl/ SB mås, trut
seal¹ /si:l/ SB **1** sigill, plombering **2** beseglande, bekräftelse **3** tätning, packning, förslutning
★ **put (set) the ~ on** *a)* besegla, bekräfta *b)* fullborda, avsluta
seal² /si:l/ VB **1** sätta sigill på, plombera **2** försegla **3** täta **4** *frml* besegla, avgöra ⟨**her fate is ~ed**⟩
□ **seal off** spärra av ⟨**~ a street**⟩
seal³ /si:l/ SB säl
sea level SB vattenstånd i havet **above ~** över havet
sealing wax /'si:lɪŋ ˌwæks/ SB lack *för försegling* **stick of ~** lackstång
seam /si:m/ SB **1** söm **2** skarv, fog **3** skikt, flöts
★ **burst at the ~s** → **burst¹**
seaman /'si:mən/ SB sjöman
seamed /si:md/ ADJ fårad
seamstress /'semstrəs, *spec US* 'si:m-/ SB sömmerska
seamy /'si:mɪ/ ADJ snaskig, tarvlig, sjaskig **the ~ side of life** livets skuggsida
seance /'seɪɑ:ns/, **séance** SB seans
sear /sɪə/ VB bränna, sveda ⟨**~ing pain**⟩
search¹ /sɜ:tʃ/ VB **1** leta, söka ⟨**for** efter⟩ **2** leta (söka) igenom ⟨**~ a room**⟩, **~ sb's house** göra husrannsakan hos ngn **3** [kropps]visitera **4** rannsaka ⟨**~ one's memory**⟩
★ **S~ 'me!** *vard* Inte vet jag!
□ **search out** *a)* leta fram *b)* leta reda på
search² /sɜ:tʃ/ SB **1** letande, sökande ⟨**for** efter⟩ **2** genomsökning, husrannsakan **3** [kropps]visitation
★ **in ~ of** på jakt (spaning) efter ⇓
searching /'sɜ:tʃɪŋ/ ADJ forskande ⟨**a ~ look**⟩, ingående, grundlig ⟨**a ~ examination**⟩
searchlight /'sɜ:tʃlaɪt/ SB **1** strålkastare **2** strålkastarljus
search party SB skallgångskedja, spaningspatrull
search warrant SB beslut om (tillstånd till) husrannsakan
seashell /'si:ʃel/ SB snäckskal
seashore /'si:ʃɔ:/ SB havsstrand
seasick /'si:sɪk/ ADJ sjösjuk
seasickness /'si:sɪknəs/ SB sjösjuka
seaside /'si:saɪd/ SB *spec GB* kust **at the ~** vid kusten (havet), på badort **~ resort** badort
season¹ /'si:zn/ SB **1** årstid **2** säsong, tid
★ **be in ~** *a)* ha säsong *b)* *jakt* vara lovlig *c)* vara brunstig, löpa ⇓
season² /'si:zn/ VB **1** krydda **2** *trä* torka
seasonal /'si:znəl/ ADJ säsongs-, säsongmässig
seasoned /'si:znd/ ADJ erfaren, garvad, härdad
seasoning /'si:zənɪŋ/ SB **1** krydda, kryddor **2** kryddning **3** torkning *av trä*
season ticket SB **1** *trafik* månadskort, årskort **2** säsongbiljett, abonnemang
seat¹ /si:t/ SB **1** sittplats, plats, säte **take a ~** sitta sig [ner] **2** [stol]sits **3** bak[del], byxbak **4** biljett, plats ⟨**book ~s for a concert**⟩, **have a ~** *äv* ha abonnemang
seat² /si:t/ VB **1** placera, sätta **2** rymma, ha plats för ⟨**his car ~s five people**⟩
★ **be ~ed** sitta **Please be ~ed** Var så god och sitt
seat belt SB säkerhetsbälte, bilbälte
seaweed /'si:wi:d/ SB alg[er], tång, sjögräs
seaworthy /'si:ˌwɜ:ðɪ/ ADJ sjö|värdig, -duglig
secede /sɪ'si:d/ VB utträda ⟨**from** ur⟩
secession /sɪ'seʃn/ SB utträde
secluded /sɪ'klu:dɪd/ ADJ avskild,

isolerad, enslig
seclusion /sɪˈkluːʒn/ SB avskildhet
second¹ /ˈsekənd/ SB sekund ⇓
second² /ˈsekənd/ RÄKN andra, andre
⟨the ~ of June⟩, be ~ komma tvåa every ~
varannan ⟨every ~ day⟩, a ~ Mozart en ny
Mozart
★ **be ~ to none** kunna mäta sig med vem
som helst **have ~ sight** vara synsk **have ~
thoughts** komma på andra tankar, ändra
sig ⇓
second³ /ˈsekənd/ SB **1** GB *näst högsta
betyget i universitetsexamen* **2** tvåans växel
3 seconds andrasortering **4 seconds** *vard*
påfyllning *av mat*
second⁴ /ˈsekənd/ ADV **1** för det andra
2 [som] tvåa, på andra plats **3** näst ⟨the
~ largest city⟩
second⁵ /ˈsekənd/ SB **1** *boxning* sekond
2 sekundant *i duell*
second⁶ /ˈsekənd/ VB understödja, bifalla
secondary /ˈsekəndərɪ, US -derɪ/ ADJ
1 underordnad ⟨of ~ importance⟩
2 sekundär ⟨a ~ infection⟩ **3 ~ school**
≈ högstadie- och/eller gymnasieskola
för elever mellan 11 och 18
second-class¹ /ˌsekəndˈklɑːs/ ADJ
andraklass-, andra klassens
second-class² /ˌsekəndˈklɑːs/ ADV andra
klass ⟨travel ~⟩
second cousin SB syssling
second hand /ˈsekəndhænd/ SB
sekundvisare
second-hand /ˌsekəndˈhænd/ ADJ
1 begagnad ⟨~ car⟩, ~ **bookshop**
antikvariat **2** andrahands-
⟨~ information⟩
secondly /ˈsekəndlɪ/ ADV för det andra
second-rate /ˌsekəndˈreɪt/ ADJ
underhaltig, usel, andrarangs-
secrecy /ˈsiːkrəsɪ/ SB sekretess **in ~** i
hemlighet **be sworn to ~** ha tystnadsplikt
secret /ˈsiːkrət/ **1** ADJ hemlig, lönn- ⟨a ~
door⟩ **2** SB hemlighet **keep sth a ~** hålla
något hemligt
secretarial /ˌsekrəˈteərɪəl/ ADJ sekreterar-
secretariat /ˌsekrəˈteərɪət/ SB sekretariat
secretary /ˈsekrətərɪ, US -terɪ/ SB
1 sekreterare **2 S~** minister,
departementschef **Foreign S~** *GB*
utrikesminister **Home S~** *GB*
inrikesminister **3 S~ of State** *a) GB*
minister, departementschef *b) US*
utrikesminister **4 [Permanent] S~** *GB*
statssekreterare
secrete /sɪˈkriːt/ VB **1** utsöndra, avge
2 gömma [undan]
secretion /sɪˈkriːʃn/ SB utsöndring, sekret
secretive /ˈsiːkrətɪv/ ADJ hemlighetsfull
secretly /ˈsiːkrətlɪ/ ADV i hemlighet
secret service SB [hemlig]
underrättelsetjänst
section /ˈsekʃn/ SB **1** sektion, del, andel
2 snitt, genomskärning **3** paragraf
sector /ˈsektə/ SB sektor
secular /ˈsekjʊlə/ ADJ världslig, profan
⟨~ music⟩
secure¹ /sɪˈkjʊə/ ADJ säker, trygg
~ **against (from)** skyddad mot
secure² /sɪˈkjʊə/ VB **1** fästa, göra (binda)
fast, säkra **2** tillförsäkra sig, ordna [åt]
⟨~ sb a job⟩ **3** trygga, skydda
security /sɪˈkjʊərətɪ/ SB **1** säkerhet,
trygghet **2** säkerhetsåtgärd **3** säkerhet,
borgen **lend money on ~** låna ut pengar
mot säkerhet **4 securities** värdepapper
government securities statsobligationer
sedan /sɪˈdæn/ SB *US* sedan *bil*
sedate /sɪˈdeɪt/ ADJ stadgad, sansad, lugn
sedative /ˈsedətɪv/ **1** SB lugnande medel
2 ADJ [nerv]lugnande
sediment /ˈsedɪmənt/ SB **1** bottensats,
fällning **2** sediment
seduce /sɪˈdjuːs/ VB **1** förföra **2** locka,
förleda
seducer /sɪˈdjuːsə/ SB förförare
seductive /sɪˈdʌktɪv/ ADJ förförisk,
lockande
see¹ /siː/ SB [biskops]stift
see² /siː/ ⟨saw /sɔː/, seen /siːn/⟩ VB **1** se,
titta, se efter **2** inse, förstå **3** träffa, möta
⟨I'll be ~ing him tonight⟩, **S~ you!** Vi ses!
4 besöka, hälsa på **5** se till att ⟨~ you're
ready at 8 o'clock⟩ **6** följa ⟨~ sb home⟩
7 uppleva, vara med om **8** *poker* syna
★ ~ **fit to** finna för gott att **~ing that** med
tanke på att
☐ **see about** sköta om, ordna med ⟨I'll
have to ~ lunch now⟩, we'll ~ that det skall
vi nog bli två om
☐ **see off** *a)* säga adjö till, vinka av
b) köra bort
☐ **see through** *a)* genomskåda *b)* hjälpa,
klara ⟨this coat will see you through the
winter⟩
☐ **see to** ordna, sköta ~ **it that ...** se till

seed¹ /siːd/ SB **1** frö, utsäde, kärna ⟨melon ~s⟩ **2** *sport* seedad spelare he's the number two ~ han är seedad [som] tvåa ★ **go (run) to ~** *om personer* förfalla
seed² /siːd/ VB **1** [be]så **2** kärna ur ⟨~ raisins⟩ **3** *sport* seeda
seedy /ˈsiːdɪ/ ADJ **1** sjaskig, förfallen **2** *åld* krasslig
seek /siːk/ ⟨sought /sɔːt/, sought⟩ VB **1** söka, eftersträva **2** uppsöka **3** [för]söka
□ **seek out** söka upp, leta reda på
seem /siːm/ VB verka, tyckas, förefalla I ~ **to remember** jag tycker mig minnas **she couldn't ~ to stop coughing** hon tycktes inte kunna sluta hosta
seeming /ˈsiːmɪŋ/ ADJ skenbar, låtsad
seemingly /ˈsiːmɪŋlɪ/ ADV **1** till synes **2** uppenbarligen, tydligen
seen → see²
seep /siːp/ VB sippra, droppa, läcka
seesaw /ˈsiːsɔː/ SB gungbräda
seethe /siːð/ VB **1** sjuda, koka **2** myllra ⟨with av⟩
see-through /ˈsiːθruː/ ADJ genomskinlig ⟨~ blouse⟩
segment /ˈsegmənt/ SB **1** segment **2** del **3** klyfta
segregate /ˈsegrɪgeɪt/ VB segregera, åtskilja
segregation /ˌsegrɪˈgeɪʃn/ SB segregation, segregering
seize /siːz/ VB **1** gripa, fatta, hugga tag i **be ~d with panic** gripas av panik **2** beslagta **3** inta, erövra
□ **seize [up]on** nappa på, ta fasta på ⟨~ an idea⟩
□ **seize up** *om maskin* skära [ihop]
seizure /ˈsiːʒə/ SB **1** erövrande, gripande **2** beslag[tagande] **3** *medicin* anfall, slag[anfall]
seldom /ˈseldəm/ ADV sällan
select¹ /səˈlekt/ VB välja [ut], utvälja
select² /səˈlekt/ ADJ **1** utvald **2** exklusiv
selection /səˈlekʃn/ SB **1** urval **2** utväljande, uttagning
selective /səˈlektɪv/ ADJ **1** selektiv **2** kräsen
self /self/ ⟨*pl* **selves** /-vz/⟩ SB jag ⟨**he is his old ~ again**⟩, *i sammansättningar* själv-
self-assured /ˌselfəˈʃɔːd/ ADJ självsäker
self-centred /ˌselfˈsentəd/ (*US* -**centered**) ADJ självupptagen
self-confidence /ˌselfˈkɒnfɪdəns/ SB självförtroende
self-confident /ˌselfˈkɒnfɪdənt/ ADJ självsäker
self-conscious /ˌselfˈkɒnʃəs/ ADJ generad ⟨**about** över⟩, besvärad
self-contained /ˌselfkənˈteɪnd/ ADJ **1** *spec GB om hus el lägenhet* enfamiljs-, egen ⟨**live in a ~ flat**⟩ **2** självständig
self-control /ˌselfkənˈtrəʊl/ SB själv|kontroll, -behärskning
self-defence /ˌselfdɪˈfens/ SB självförsvar
self-determination /ˌselfdɪtɜːmɪˈneɪʃn/ SB självbestämmanderätt
self-employed /ˌselfɪmˈplɔɪd/ ADJ **be ~** vara sin egen, vara egen företagare
self-esteem /ˌselfɪˈstiːm/ SB självaktning
self-evident /ˌselfˈevɪdənt/ ADJ självklar
self-explanatory /ˌselfɪkˈsplænətərɪ/ ADJ självförklarande, självklar
self-important /ˌselfɪmˈpɔːtənt/ ADJ uppblåst, viktig
self-indulgent /ˌselfɪnˈdʌldʒənt/ ADJ njutningslysten **be ~** ge efter för frestelser, inte neka sig någonting
self-interest /ˌselfˈɪntrəst/ SB egennytta
selfish /ˈselfɪʃ/ ADJ självisk, egoistisk
selfless /ˈselfləs/ ADJ osjälvisk
self-pity /ˌselfˈpɪtɪ/ SB självömkan
self-respect /ˌselfrɪˈspekt/ SB självaktning
self-respecting /ˌselfrɪˈspektɪŋ/ ADJ med självaktning
self-righteous /ˌselfˈraɪtʃəs/ ADJ egenrättfärdig, självgod
self-sacrifice /ˌselfˈsækrɪfaɪs/ SB självuppoffring
selfsame /ˈselfseɪm/ ADJ **the ~** [precis] samma
self-satisfied /ˌselfˈsætɪsfaɪd/ ADJ självbelåten
self-service /ˌselfˈsɜːvɪs/ SB själv|betjäning, -servering
self-styled /ˌselfˈstaɪld/ ADJ självutnämnd
sell /sel/ ⟨**sold** /səʊld/, **sold**⟩ VB **1** sälja **2** sälja[s], gå åt ⟨**this magazine ~s at £5, her new book ~s well**⟩
★ **~ down the river** svika, förråda **~ like hot cakes** gå åt som smör i solsken **~ sb short** undervärdera ngn
□ **sell off** slumpa bort
□ **sell out** förråda
□ **sell up** *GB* sälja allt man äger

selves → self
semblance /ˈsembləns/ SB sken **~ of order** någonting som liknar ordning
semen /ˈsiːmən/ SB sperma, sädesvätska
semester /sɪˈmestə/ SB *US* termin
semicircle /ˈsemɪˌsɜːkl/ SB halvcirkel
semiconductor /ˌsemɪkənˈdʌktə/ SB halvledare
semidetached /ˌsemɪdɪˈtætʃt/ **1** ADJ *om hus* hopbyggd **~ house** *GB* par|hus, -villa **2** SB *GB* par|hus, -villa
semifinal /ˌsemɪˈfaɪnl/ SB semifinal
Semite /ˈsiːmaɪt, *spec US* ˈsem-/ SB semit
Semitic /səˈmɪtɪk/ ADJ semitisk
senate /ˈsenət/ SB senat
senator /ˈsenətə/ SB senator
send /send/ ⟨sent /sent/, sent⟩ VB **1** skicka, sända **~ to prison** sätta i fängelse **2** göra ⟨**~ sb mad**⟩ **3** få **~ to sleep** få att falla i sömn **~ sb into fits of laughter** få ngn att skratta hejdlöst
★ **~ sb about his business** köra bort ngn **~ flying** *a)* knuffa omkull *b)* skicka i väg, sprida ut **~ packing** köra bort (i väg) **~ sb up the wall** driva ngn till vansinne
☐ **send away for** skriva efter
☐ **send down** *GB* relegera *från universitet*
☐ **send off** *sport* utvisa
☐ **send up** *GB* parodiera
sender /ˈsendə/ SB avsändare
send-up /ˈsendʌp/ SB *GB* parodi
senile /ˈsiːnaɪl/ ADJ senil
senility /səˈnɪləti/ SB senilitet
senior /ˈsiːnɪə/ **1** ADJ äldre, högre *i rang*, *spec US* den äldre, senior ⟨**John Doe S~ (Sr., Snr.)**⟩, **~ citizen** [ålders]pensionär **2** SB äldre person (medlem), *äv sport* senior **he's my ~ by two years** han är två år äldre än jag
seniority /ˌsiːnɪˈɒrəti/ SB rang, tjänsteålder
sensation /senˈseɪʃn/ SB **1** förnimmelse, känsla **2** känsel, sensation
sensational /senˈseɪʃnəl/ ADJ **1** sensationell **2** sensations-, överdriven **3** *vard* fantastisk
sensationalism /senˈseɪʃnəlɪzəm/ SB sensationsmakeri
sense¹ /sens/ SB **1** sinne ⟨**the five ~s**⟩, **a keen ~ of hearing** god hörsel **2** känsla, sinne ⟨**of för**⟩ **have a ~ of humour** ha [sinne för] humor **3** förstånd, vett ⟨**have more money than ~**⟩, **there is no ~ in trying** det är meningslöst att försöka **4** betydelse, mening ⟨**he used the word in a new ~**⟩, **it doesn't make ~** det stämmer inte, det är obegripligt **5 senses** besinning, sinnenas fulla bruk **be out of one's ~s** vara från vettet **come to one's ~s** *a)* ta sitt förnuft tillfånga, komma till besinning *b)* återfå medvetandet
sense² /sens/ VB känna [på sig], ha på känn
senseless /ˈsensləs/ ADJ **1** meningslös **2** medvetslös
sensibility /ˌsensɪˈbɪləti/ SB känslighet
sensible /ˈsensəbl/ ADJ förnuftig, förståndig, klok
sensitive /ˈsensətɪv/ ADJ känslig, ömtålig ⟨**to för**⟩
sensitivity /ˌsensəˈtɪvəti/ ADJ känslighet ⟨**to för**⟩
sensor /ˈsensə/ SB sensor
sensory /ˈsensəri/ ADJ sinnes- ⟨**~ organs**⟩
sensual /ˈsensjʊəl, *spec US* ˈsenʃʊəl/ ADJ sensuell, sinnlig
sensuality /ˌsensjʊˈæləti, *spec US* ˌsenʃʊ-/ SB sensualitet, sinnlighet
sensuous /ˈsensjʊəs, *spec US* ˈsenʃʊəs/ ADJ sinnlig, sensuell
sent → send
sentence¹ /ˈsentəns/ SB **1** *språk* mening, sats **2** *jur* dom **give (pass, pronounce) ~** avkunna dom **serve one's ~** avtjäna sitt straff
sentence² /ˈsentəns/ VB döma
sentiment /ˈsentɪmənt/ SB **1** känsla, känslor, stämning **2** känslosamhet **3 sentiments** uppfattning, mening
sentimental /ˌsentɪˈmentl/ ADJ **1** sentimental **2** känslomässig, känslo- **~ value** affektionsvärde
sentimentality /ˌsentɪmenˈtæləti/ SB sentimentalitet
sentry /ˈsentri/ SB vaktpost, vakt
separate¹ /ˈsepəreɪt/ VB **1** skilja, hålla åtskild, sära på **2** skiljas [åt] **3** separera, skiljas **4** dela upp ⟨**into i**⟩
separate² /ˈseprət/ ADJ **1** skild, avskild, separat **2** enskild, särskild
separately /ˈseprətli/ ADV separat, var [och en] för sig
separation /ˌsepəˈreɪʃn/ SB **1** [av]skiljande **2** skilsmässa, separation
September /sepˈtembə/ SB september
septic /ˈseptɪk/ ADJ infekterad

sequel /'siːkwəl/ SB **1** följd[verkan], efterspel **2** *roman, film etc* fortsättning, uppföljare
sequence /'siːkwəns/ SB följd, serie, sekvens ~ **of events** händelseförlopp
sequestered /sɪ'kwestəd/ ADJ isolerad, enslig
serenade[1] /ˌserə'neɪd/ SB serenad
serenade[2] /ˌserə'neɪd/ VB hålla (sjunga) serenad [för]
serene /sə'riːn/ ADJ lugn, fridfull, stilla
serenity /sə'renətɪ/ SB lugn, frid[fullhet], stillhet
serf /sɜːf/ SB livegen
serfdom /'sɜːfdəm/ SB livegenskap
sergeant /'sɑːdʒənt/ SB **1** *milit* ≈ sergeant **2** ≈ polisinspektör
sergeant major /ˌsɑːdʒənt 'meɪdʒə/ SB ≈ fanjunkare
serial /'sɪərɪəl/ **1** ADJ serie- **2** SB följetong, *tv, radio äv* serie *med fortlöpande handling*
serialize /'sɪərɪəlaɪz/ VB publicera som följetong, *tv, radio äv* sända i serieform
series /'sɪərɪːz/ ⟨*lika i pl*⟩ SB serie
serious /'sɪərɪəs/ ADJ **1** allvarlig **be ~ äv** mena allvar **2** seriös, allvarligt syftande
seriously /'sɪərɪəslɪ/ ADV **1** allvarligt **take ~** ta på allvar *vard* allvarligt talat
seriousness /'sɪərɪəsnəs/ SB allvar **in all ~** på fullt allvar
sermon /'sɜːmən/ SB predikan
serpent /'sɜːpənt/ SB *åld* orm
serrated /sə'reɪtɪd/ ADJ sågtandad
servant /'sɜːvnt/ SB tjänare, tjänarinna **~s** tjänstefolk
serve[1] /sɜːv/ VB **1** tjäna **2** betjäna, försörja ⟨**one pump was to ~ the whole camp**⟩ **3** servera **4** expediera **5** tjänstgöra, fungera ⟨**as som**⟩ ~ **on a jury** sitta i en jury **6** avtjäna ⟨**~ two years in prison**⟩ **7** *bollspel* serva **8** *jur* delge ~ **a summons on sb** delge ngn stämning
★ ~ **sb right** vara rätt åt ngn ⟨**It ~s you right!**⟩
serve[2] /sɜːv/ SB serve
service[1] /'sɜːvɪs/ SB **1** tjänst **be of ~** vara till nytta (hjälp) ⟨**to** för⟩ **2** tjänstgöring **3** *offentliga tjänster* -väsende, -försörjning ⟨**telephone ~, train ~**⟩, **a good train ~** goda tågförbindelser **4** *GB trafik* avgång, förbindelse ⟨**there's an early morning ~**⟩ **5** vapen|slag, -gren **the ~s** *äv* krigsmakten **6** service, betjäning ~ **entrance** personalingång **7** ~ **[charge]** serveringsavgift **8** service, underhåll ⟨**take the car in for regular ~**⟩ **9** serve **10** [mat]servis **11** gudstjänst ⇓
service[2] /'sɜːvɪs/ VB utföra service på, serva
serviceable /'sɜːvɪsəbl/ ADJ **1** användbar, funktionsduglig **2** slitstark
service area SB rastplats *med bensinstation*
serviceman /'sɜːvɪsmən/ SB militär
service station SB bensinstation
serviette /ˌsɜːvɪ'et/ SB *spec GB* servett
servile /'sɜːvaɪl/ ADJ servil, underdånig, fjäskande
servitude /'sɜːvɪtjuːd/ SB slaveri, träldom
servo /'sɜːvəʊ/ SB servo[motor] ~ **brakes** servobromsar
session /'seʃn/ SB session, sammanträde **drinking ~** dryckesslag **recording ~** inspelning **training ~** träningspass
set[1] /set/ ⟨**set, set**⟩ VB **1** sätta, ställa, lägga **be ~** *a)* sitta, ligga, vara belägen *b)* om bok, film etc utspela sig ⟨**the film is ~ in Paris**⟩ **2** fastställa, bestämma ⟨**~ the date for sth**⟩ **3** förelägga ⟨**~ sb a task**⟩ **4** ~ **sb (sth) doing sth** få ngn (ngt) att göra ngt ⟨**the sight ~ my heart beating**⟩ **5** *prov, skrivning* sätta ihop, göra ⟨**Who ~ this test?**⟩ **6** duka ⟨**the table was ~ for six**⟩ **7** stelna ⟨**the jelly has ~**⟩ **8** *om sol, måne* gå ner **9** ~ **sth to music** tonsätta ngt **10** *juveler* infatta
★ ~ **aside, ~ an example** ⟨*etc*⟩ → **aside**[1], **example** ⟨*etc*⟩
☐ **set about** *a)* börja, ta itu med *b)* vard anfalla
☐ **set back** *a)* försena *b)* vard kosta ⟨**the swindle set us back £10,000**⟩
☐ **set off** *a)* bege sig i väg, starta *b)* få att explodera, utlösa ⟨**What ~ the bomb?**⟩, framkalla *c)* framhäva ⟨**the red hat ~ her black hair**⟩
☐ **set on** anfalla ⟨**I was ~ by their big dog**⟩
☐ **set out** *a)* ge sig i väg *b)* lägga fram ⟨**~ a theory**⟩
☐ **set out to** gripa sig an med, föresätta sig
☐ **set to** *a)* hugga i, lägga manken till *b)* börja bråka (slåss)
☐ **set up** *a)* upprätta, grunda *b)* etablera sig ⟨**~ as a bookseller**⟩ *c)* hjälpa ngn att etablera sig ⟨**her father set her up in business**⟩

set² /set/ ADJ **1** belägen ⟨a house ~ on a hillside⟩ **2** *om ansikte* stel, orörlig a ~ smile *äv* ett påklistrat leende **3** fast[ställd] ~ **books** obligatorisk kurslitteratur **4** färdig, redo **5** be ~ **on** vara fast besluten [att]

set³ /set/ SB **1** uppsättning, omgång, set a chess ~ ett schackspel **2** apparat ⟨a TV ~⟩ **3** *teat*, *film* scenbild, dekorationer, inspelningsplats ~ **designer** scenograf **4** *bollspel* set ~ **point** setboll **5** kretsar, klick ⟨the golfing ~⟩ **6** läggning *av hår*

setback /'setbæk/ SB bakslag

settee /se'ti:/ SB soffa

setting /'setɪŋ/ SB **1** infattning **2** omgivning **3** *film*, *teat* miljö, bakgrund **4** tonsättning **5** *om solen*, *månen* nedgång

settle /'setl/ VB **1** slå sig ner i, kolonisera **2** slå sig ner, bosätta sig **3** lägga sig, lägra sig ⟨the dust ~d on the furniture⟩ **4** lugna **5** bestämma, avgöra ⟨nothing is ~d yet⟩, ~ **a conflict** *äv* lösa en konflikt That ~s it! Det avgör saken! **6** *skuld* betala, göra upp **7** *jur* ingå förlikning ★ ~ **old scores** ge betalt för gammal ost □ **settle down** *a)* slå sig ner, sätta sig till rätta *b)* slå sig till ro, finna sig till rätta *c)* lugna sig, lägga sig ⟨the excitement will ~ soon⟩
□ **settle for** nöja sig med, gå med på
□ **settle on** bestämma sig för, fastna för
□ **settle up** betala [räkningar]

settled /'setld/ ADJ fast, stadig, stadgad

settlement /'setlmənt/ SB **1** bosättning, kolonisering **2** nybygge, koloni **3** uppgörelse, förlikning **4** [slut]betalning

settler /'setlə/ SB nybyggare

set-to /'settu:/ SB *vard* bråk, gräl

set-up /'setʌp/ SB *vard* organisation, arrangemang, situation

seven /'sevn/ **1** RÄKN sju **2** SB sjua

seventeen /ˌsevən'ti:n/ RÄKN sjutton

seventh /'sevnθ/ **1** RÄKN sjunde **2** SB sjundedel

seventy /'sevəntɪ/ **1** RÄKN sjuttio **2** SB the **seventies** sjuttiotalet

sever /'sevə/ VB **1** avskilja, slita (skära, hugga) av **2** *bildl* avbryta ⟨~ relations⟩

several /'sevrəl/ PRON flera

severance pay /'sevrənspeɪ/ SB avgångs|vederlag, -bidrag

severe /sɪ'vɪə/ ADJ **1** sträng, skarp, omild ⟨on, with mot⟩ **2** svår, hård ⟨a ~ storm⟩ **3** strikt, enkel, stram

severity /sɪ'verətɪ/ SB stränghet, hårdhet

sew /səʊ/ ⟨sewed, sewn *el spec US* sewed⟩ VB sy
□ **sew on** sy i (fast) ⟨~ a button⟩
□ **sew up** sy ihop

sewage /'su:ɪdʒ/ SB avloppsvatten, kloakvatten

sewer /'su:ə/ SB avloppsledning, kloak

sewing /'səʊɪŋ/ SB sömnad, handarbete

sewing machine SB symaskin

sewn → sew

sex /seks/ SB **1** kön **2** sex, erotik have ~ älska, ha samlag have ~ with *äv* ligga med

sexiness /'seksɪnəs/ SB sexighet

sexism /'seksɪzəm/ SB könsdiskriminering, sexism

sexual /'sekʃʊəl/ ADJ **1** sexuell **2** köns- ⟨~ organs⟩

sexy /'seksɪ/ ADJ sexig

sh /ʃ/ INTERJ sch, tyst

shabby /'ʃæbɪ/ ADJ **1** sjabbig, sjaskig **2** *bildl* ynklig ⟨a ~ excuse⟩, tarvlig, lumpen

shack¹ /ʃæk/ SB skjul, ruckel

shack² /ʃæk/ VB
□ **shack up with** *vard* flytta (bo) ihop med

shackles /'ʃæklz/ SB bojor

shade¹ /ʃeɪd/ SB **1** skugga **2** nyans, färgton ⟨~s of blue⟩ **3** aning ⟨a ~ too loud⟩ **4** skärm **5** *US äv* rullgardin **6** shades *vard* solglasögon

shade² /ʃeɪd/ VB skugga
□ **shade into** gradvis övergå i, flyta ihop med

shadow¹ /'ʃædəʊ/ SB skugga S~ **Cabinet** *GB* skugg|kabinett, -regering

shadow² /'ʃædəʊ/ VB skugga

shady /'ʃeɪdɪ/ ADJ **1** skuggig **2** *vard* skum ⟨~ business deals⟩

shaft /ʃɑ:ft/ SB **1** skaft **2** axel ⟨a propeller ~⟩ **3** [ljus]stråle **4** schakt, trumma ⟨a lift ~⟩

shag /ʃæg/ VB *GB mkt vard* knulla [med]

shaggy /'ʃægɪ/ ADJ lurvig, tovig, buskig ⟨~ eyebrows⟩

shake¹ /ʃeɪk/ ⟨shook /ʃʊk/, shaken /'ʃeɪkən/⟩ VB **1** skaka, ruska ~ **one's head** skaka på huvudet **2** skaka, darra **3** göra uppskakad ⟨the news shook me⟩ **4** *bildl* rubba ⟨the book didn't ~ my beliefs⟩ ★ ~ **the dust off one's feet** skudda stoftet

av sina fötter S~ a leg! *GB* Raska på!
□ **shake down** *a)* finna sig till rätta *b) GB* kvarta, sova över *c) US vard* klämma på pengar, pressa pengar av *d) US vard* söka igenom
□ **shake up** skaka om, ruska upp (om)
shake² /ʃeɪk/ sb 1 skakning, darrning **give sth a good ~** skaka [om] ngt ordentligt 2 **the shakes** frossa
★ **in two (a couple of) ~s** på momangen
shaken → shake¹
shaky /'ʃeɪkɪ/ ADJ 1 skakig, darrande 2 ostadig, vinglig ⟨a ~ **table**⟩ 3 *bildl* osäker, svag, skral
shall /ʃæl, *obet* ʃl/ ⟨*nekande* **shan't** /ʃɑːnt/⟩ VB kommer att, skall **I ~ do it next week** jag gör (ska göra) det nästa vecka
shallow /'ʃæləʊ/ ADJ 1 grund 2 *bildl* ytlig
sham¹ /ʃæm/ 1 SB bluff, humbug 2 ADJ låtsad, oäkta, falsk **a ~ attack** ett skenanfall
sham² /ʃæm/ VB låtsa[s] **~ a headache** låtsas ha huvudvärk **~ death** spela död
shambles /'ʃæmblz/ SB *vard* vild oordning, [enda] röra ⟨**your room is [in] a ~**⟩
shame¹ /ʃeɪm/ SB 1 skam, skamkänsla 2 vanära
★ **it's a ~** *a)* det är skamligt *b)* det är synd **put sb (sth) to ~** ställa ngn (ngt) i skuggan ⟨**your dress puts mine to ~**⟩, **S~ on you!** Fy skäms! **What a ~!** Så tråkigt!, Vad synd!
shame² /ʃeɪm/ VB 1 få att skämmas, göra skamsen **~ sb into doing sth** få ngn att göra ngt för skams skull 2 vanära, dra skam över, skämma ut
shamefaced /ˌʃeɪm'feɪst/ ADJ skamsen
shameful /'ʃeɪmfʊl/ ADJ skamlig
shameless /'ʃeɪmləs/ ADJ skamlös, fräck
shampoo¹ /ʃæm'puː/ SB 1 schampo 2 schamponering
shampoo² /ʃæm'puː/ VB schamponera
shamrock /'ʃæmrɒk/ SB treklöver *Irlands nationalsymbol*
shandy /'ʃændɪ/ SB *GB* blandning av öl och lemonad
shan't = shall not
shanty /'ʃæntɪ/ SB kåk, ruckel
shantytown /'ʃæntɪtaʊn/ SB kåkstad
shape¹ /ʃeɪp/ SB 1 form **round in ~** rund till formen 2 skepnad, gestalt 3 [fysisk] form **be out of ~** ha dålig kondition 4 skick, tillstånd

shape² /ʃeɪp/ VB forma, skapa
□ **shape up** *a)* skärpa sig *b)* [börja] ta form **be shaping up well** arta sig [bra]
shapeless /'ʃeɪpləs/ ADJ oformlig, formlös
shapely /'ʃeɪplɪ/ ADJ väl|skapt, -formad
share¹ /ʃeə/ SB 1 andel, del, lott 2 aktie
★ **go ~s** *GB vard* dela på kostnaderna, dela lika
share² /ʃeə/ VB 1 dela ⟨**~ a room with sb**⟩ 2 dela på ⟨**~ [the] costs**⟩ 3 fördela
★ **~ and ~ alike** dela lika, lika för alla
□ **share in** *a)* delta i, ta del i *b)* dela ⟨**~ the costs**⟩
shareholder /'ʃeəˌhəʊldə/ SB aktieägare
share-out /'ʃeəraʊt/ SB *GB* utdelning, fördelning
shark /ʃɑːk/ SB 1 haj 2 procentare, svindlare ⟨**loan ~**⟩
sharp¹ /ʃɑːp/ 1 ADJ vass, skarp **a ~ cold** bitande kyla 2 ADJ *om smak, lukt* bitter, syrlig, stark 3 ADJ tvär, plötslig ⟨**a ~ curve**⟩ 4 ADJ häftig, våldsam 5 ADJ slipad, smart ⟨**he is too ~ for me**⟩, **~ practice** skumma metoder, fula knep 6 ADJ *om ton* [för] hög ⟨**that C sounded ~**⟩ 7 ADJ höjd en halvton **C ~** *a)* Ciss *b)* Ciss dur 8 SB *musik* kors[förteckning]
sharp² /ʃɑːp/ ADV 1 på slaget, precis ⟨**let's meet at six ~**⟩ 2 *vard* tvärt, plötsligt 3 *musik* [för] högt ⟨**sing ~**⟩
★ **Look ~!** Raska på!
sharpen /'ʃɑːpən/ VB 1 skärpa, vässa, slipa 2 skärpas
sharpener /'ʃɑːpnə/ SB pennvässare
sharpness /'ʃɑːpnəs/ SB skärpa
sharpshooter /'ʃɑːpˌʃuːtə/ SB skarpskytt, prickskytt
shat → shit²
shatter /'ʃætə/ VB 1 slå i bitar, krossa, splittra 2 gå i bitar, krossas, splittras 3 chocka, uppskaka, tillintetgöra ⟨**we were ~ed by the news**⟩ 4 *GB vard* utmatta
shave¹ /ʃeɪv/ VB 1 raka 2 raka sig 3 *vard* nudda [vid], toucha 4 *priser* reducera, sätta ner
□ **shave off** *a)* raka av [sig] *b)* hyvla av [bort]
shave² /ʃeɪv/ SB rakning **have a ~** raka sig
★ **a close ~** → close³
shaven /'ʃeɪvn/ ADJ rakad
shaver /'ʃeɪvə/ SB rakapparat
shaving /'ʃeɪvɪŋ/ SB rakning, *attribut* rak-

~ things rakgrejor
shavings /'ʃeɪvɪŋz/ SB [hyvel]spån
shawl /ʃɔ:l/ SB sjal
she /ʃi:, *obet* ʃɪ/ PRON **1** hon **2** *som förled* hon-, -hona ⟨a ~-cat⟩
sheaf /ʃi:f/ ⟨*pl* sheaves /-vz/⟩ SB **1** kärve **2** bunt ⟨a ~ of letters⟩
shear /ʃɪə/ ⟨sheared, sheared *el* shorn /ʃɔ:n/⟩ VB klippa ⟨~ sheep⟩, **shorn of** berövad
shears /ʃɪəz/ SB trädgårdssax, häcksax, ullsax **a pair of ~** en trädgårdssax ⟨*etc*⟩
sheath /ʃi:θ/ SB **1** skida, slida, fodral **2** kondom
sheaves → sheaf
shed¹ /ʃed/ SB skjul, bod
shed² /ʃed/ ⟨shed, shed⟩ VB **1** fälla, tappa ⟨~ hair⟩ **2** [ut]gjuta **~ blood** orsaka blodsutgjutelse **~ tears** fälla tårar **3** kasta av sig **4** sprida ⟨~ warmth⟩, **~ new light on** kasta nytt ljus över
she'd = she had, she would
sheen /ʃi:n/ SB glans, lyster
sheep /ʃi:p/ ⟨*lika i pl*⟩ SB får
sheepish /'ʃi:pɪʃ/ ADJ förlägen, skamsen, bortkommen
sheer¹ /ʃɪə/ ADJ **1** ren **~ madness** rena [rama] galenskapen **2** *om tyg* skir, tunn, genomskinlig **3** tvärbrant, lodrät
sheer² /ʃɪə/ ADV tvärbrant, tvärt, lodrätt
sheer³ /ʃɪə/ VB
□ **sheer away (off)** gira (vika) undan
sheet /ʃi:t/ SB **1** lakan **2** skiva ⟨a ~ of glass⟩, plåt ⟨a ~ of copper⟩, **~ metal** plåt **3** ark, blad **4** yta, vidd, täcke ⟨a ~ of snow⟩, **a ~ of flame** ett eldhav **5** *sjö* skot
sheet music SB [oinbundna] noter, not|blad, -häften
sheik /ʃeɪk, ʃi:k/, **sheikh** SB schejk
shelf /ʃelf/ ⟨*pl* shelves /-vz/⟩ SB **1** hylla **2** [klipp]avsats
shell¹ /ʃel/ SB **1** [hårt] skal ⟨an egg ~⟩ **2** snäckskal, snäcka **3** ärtskida **4** *milit* granat **5** *milit* patron
shell² /ʃel/ VB **1** skala, rensa **~ peas** sprita ärter **2** [be]skjuta med granater, bombardera
□ **shell out** *vard* punga ut med, hosta upp ⟨~ money⟩
she'll = she will
shellfish /'ʃelfɪʃ/ SB skaldjur
shelling /'ʃelɪŋ/ SB bombardemang, granateld

shelter¹ /'ʃeltə/ SB **1** skydd ⟨from mot, för⟩ **take ~** söka (ta) skydd **2** regnskydd ⟨a bus ~⟩ **3** skyddsrum ⟨bomb ~⟩ **4 ~ from the wind** lä **5** tillflyktsort, tak över huvudet **6** härbärge ⟨a ~ for the homeless⟩
shelter² /'ʃeltə/ VB **1** skydda, ge skydd ⟨from mot⟩ **2** söka (ta) skydd **3** hysa, gömma
shelve /ʃelv/ VB lägga på hyllan, ställa på framtiden, skrinlägga
shelves → shelf
shepherd¹ /'ʃepəd/ SB fåraherde
shepherd² /'ʃepəd/ VB fösa, leda
shepherd's pie /ˌʃepədz 'paɪ/ SB *GB* köttpudding *kött och potatismos*
sherbet /'ʃɜ:bət/ SB *US* sorbet
sheriff /'ʃerɪf/ SB **1** *US* sheriff *lokal polischef* **2** *GB* sheriff *hög ämbetsman i ett grevskap*
she's = she is, she has
shield¹ /ʃi:ld/ SB sköld
shield² /ʃi:ld/ VB skydda ⟨from mot, för⟩
shift¹ /ʃɪft/ VB **1** skifta ⟨the wind ~ed to the north⟩, flytta [på] sig **~ in one's seat** ändra ställning **2** flytta [på], flytta om **~ the responsibility on to sb** lägga över ansvaret på ngn **3** *spec US bil* växla **~ into third** lägga i[n] trean
★ **~ for oneself** klara sig själv **~ one's ground** inta en ny ståndpunkt
shift² /ʃɪft/ SB **1** skifte, förskjutning, förändring **2** [arbets]skift **3** knep **4** [nödfalls]utväg **5** *åld* underklänning, linne **6** rak, ärmlös klänning
shift key SB skifttangent, omskiftare
shiftless /'ʃɪftləs/ ADJ håglös, initiativlös
shifty /'ʃɪftɪ/ ADJ opålitlig **~ eyes** flackande blick
shilling /'ʃɪlɪŋ/ SB *GB* shilling *till 1971 1/20 pund*
shillyshally /'ʃɪlɪˌʃælɪ/ VB vela, vackla
shimmer¹ /'ʃɪmə/ VB skimra
shimmer² /'ʃɪmə/ SB skimmer
shin¹ /ʃɪn/ SB skenben, smalben
shin² /ʃɪn/ VB
□ **shin down** klättra nerför ⟨~ a rope⟩
□ **shin up** klättra uppför ⟨~ a tree⟩
shine¹ /ʃaɪn/ ⟨shone /ʃɒn, *US* ʃoʊn/, shone⟩ VB **1** skina, glänsa, lysa **2** lysa med **~ a torch into a room** lysa in i ett rum med en ficklampa **3** ⟨shined, shined⟩ *vard* putsa ⟨~ shoes⟩
shine² /ʃaɪn/ SB sken, glans **give sth a good**

~ putsa ngt så att det blänker
★ **take a ~ to** *vard* fatta tycke för
shingle /'ʃɪŋgl/ SB **1** klappersten
2 [tak]spån
shingles /'ʃɪŋglz/ SB *medicin* bältros
shiny /'ʃaɪnɪ/ ADJ skinande, glänsande, blank
ship¹ /ʃɪp/ SB **1** skepp, fartyg **2** *vard* luftskepp
ship² /ʃɪp/ VB **1** skeppa, sända, transportera **2 ~ water** ta in vatten
shipboard /'ʃɪpbɔːd/ SB **on ~** ombord
shipmate /'ʃɪpmeɪt/ SB skeppskamrat
shipment /'ʃɪpmənt/ SB **1** sändning, last, parti ⟨**a ~ of tobacco**⟩ **2** [in]skeppning, avsändning, transport
shipowner /'ʃɪpˌəʊnə/ SB [skepps]redare
shipping /'ʃɪpɪŋ/ SB **1** sjöfart **~ company** rederi **2** transport, skeppning, avsändning **3** tonnage
shipshape /'ʃɪpʃeɪp/ ADJ i perfekt ordning
shipwreck¹ /'ʃɪprek/ SB skeppsbrott, haveri
shipwreck² /'ʃɪprek/ VB **be ~ed** lida skeppsbrott, förlisa **~ed** skeppsbruten
shipyard /'ʃɪpjɑːd/ SB skeppsvarv
shirk /ʃɜːk/ VB **1** smita **2** smita (slingra sig) från, försöka slippa
shirt /ʃɜːt/ SB **1** skjorta **2** *sport äv* tröja ⟨**football ~**⟩
shirtfront /'ʃɜːtfrʌnt/ SB skjortbröst
shirtsleeve /'ʃɜːtsliːv/ SB skjortärm
shirty /'ʃɜːtɪ/ ADJ *vard* ilsken, förbannad
shit¹ /ʃɪt/ SB **1** skit **not give a ~ about** ge fullständigt fan i **2 the shits** *mkt vard* diarré
shit² /ʃɪt/ ⟨**shit, shit** *el* **shitted, shitted** *el* **shat** /ʃæt/, **shat**⟩ VB skita
shit³ /ʃɪt/ INTERJ jävlar [också]!, fan [också]!
shiver¹ /'ʃɪvə/ VB darra, skaka, rysa ⟨**with av**⟩
shiver² /'ʃɪvə/ SB darrning, skakning, rysning
shivery /'ʃɪvərɪ/ ADJ **1** darrande, huttrande **2** råkall, kulen
shoal /ʃəʊl/ SB **1** stim ⟨**a ~ of fish**⟩ **2 ~s of** massor av
shock¹ /ʃɒk/ SB **1** chock **2** stöt, törn **3** [elektrisk] stöt
shock² /ʃɒk/ VB **1** chocka **2** chockera
shock³ /ʃɒk/ SB **a ~ of hair** [en massa] tjockt hår, en kalufs
shock absorber SB stötdämpare
shocking /'ʃɒkɪŋ/ ADJ **1** chockerande ⟨**~ behaviour**⟩, uppskakande ⟨**~ news**⟩ **2** *vard* förskräcklig, usel
shod → **shoe²**
shoddy /'ʃɒdɪ/ ADJ usel, hafsig ⟨**~ work**⟩
shoe¹ /ʃuː/ SB **1** sko **2 [brake] ~** bromsback
★ **in sb's ~s** i ngns kläder (ställe)
shoe² /ʃuː/ ⟨**shod** /ʃɒd/, **shod**⟩ VB sko ⟨**~ a horse**⟩
shoelace /'ʃuːleɪs/ SB skosnöre
shoestring /'ʃuːstrɪŋ/ SB **1** *spec US* skosnöre **2 on a ~** med mycket litet pengar ⟨**start a business on a ~**⟩
shone → **shine¹**
shoo¹ /ʃuː/ INTERJ schas!
shoo² /ʃuː/ VB schasa
shook → **shake¹**
shoot¹ /ʃuːt/ ⟨**shot** /ʃɒt/, **shot**⟩ VB **1** skjuta ⟨**at** på, mot⟩, jaga **2** susa, rusa, fara ⟨**the car shot past us**⟩ **3** kasta ⟨**~ a look at sb**⟩ **4** fotografera, filma, ta ⟨**~ a scene**⟩ **5** skjuta skott **6** *spec US* spela **~ craps (dice)** *vard* spela tärning **~ a 75** *golf* spela (göra) en 75-runda **7** *vard* narkotika injicera, sila **8 S~!** *vard* Sätt i gång [och prata]!, Ut med språket!
★ **get shot of sth** *GB vard* bli (göra sig) av med ngt **~ one's bolt** uttömma sina resurser **~ the breeze (bull)** *US vard* småprata, snacka **~ the lights** köra mot rött ljus **~ a line** *vard* skryta **~ one's mouth off** *vard a*) prata bredvid mun *b*) skrodera, bre på

□ **shoot ahead** kasta sig fram, rusa i förväg

□ **shoot down** *bildl* göra ner ⟨**~ sb's ideas**⟩

□ **shoot off** fara i väg

□ **shoot up** *a*) öka (växa) snabbt *b*) skjuta sönder [och samman] *c*) *vard* narkotika injicera, sila
shoot² /ʃuːt/ SB **1** *bot* skott **2** jakt
shooting /'ʃuːtɪŋ/ SB **1** skottlossning, skjutande **2** jakt **3** filmning
shooting star SB stjärnfall
shoot-out /'ʃuːtaʊt/ SB revolverstrid, eldstrid
shop¹ /ʃɒp/ SB **1** affär, butik **2** verkstad
★ **all over the ~** *vard a*) i en enda röra *b*) överallt **set up ~** etablera sig **shut up ~** → **shut talk ~** → **talk¹** ⇓

shop² /ʃɒp/ vb 1 handla, shoppa, gå i affärer 2 *GB* tjalla på
□ **shop around** se sig omkring, pröva olika alternativ
shop assistant sb *GB* expedit, [butiks]biträde
shop floor /ˌʃɒp ˈflɔː/ sb verkstadsgolv **the ~** *äv* arbetarna [på verkstadsgolvet]
shopkeeper /ˈʃɒpˌkiːpə/ sb butiksägare
shoplifter /ˈʃɒplɪftə/ sb snattare
shoplifting /ˈʃɒplɪftɪŋ/ sb snatteri
shopper /ˈʃɒpə/ sb shoppare, kund **Christmas ~s** människor som är ute och julhandlar
shopping /ˈʃɒpɪŋ/ sb inköp **do the ~** handla
shopping centre (*US* **center**) sb shoppingcentrum
shopping mall /mɔːl/ sb *spec US* shoppingcentrum, galleria
shopsoiled /ˈʃɒpsɔɪld/ adj *GB*
1 butiksskadad, ofräsch 2 *bildl* utnött, sliten
shop steward /ˌʃɒp ˈstjuːəd/ sb fackligt ombud
shop window sb skyltfönster
shore¹ /ʃɔː/ sb strand **on ~** *sjö* i land
shore² /ʃɔː/ vb
□ **shore up** stötta
shorn → **shear**
short¹ /ʃɔːt/ adj 1 kort, kortväxt 2 knapp, otillräcklig **be ~ of** ha ont om **we are £50 ~** det fattas femtio pund [för oss] **be ~ on** *vard* sakna ⟨**he's ~ on humour**⟩ 3 brysk, tvär ⟨**with** mot⟩ **a ~ temper** häftigt humör
★ **in ~ order** snabbt och effektivt **little ~ of** → **little³ make ~ work of** *a)* göra processen kort med *b)* klara av (stöka undan) kvickt **nothing ~ of** → **nothing ~ and sweet** *vard* kort och bra **~ of** så när som på, utom ⟨**he'll do anything ~ of murder**⟩, **~ of breath** andfådd ⇓
short² /ʃɔːt/ adv tvärt, abrupt, plötsligt **stop ~** *a)* tvärstanna, hejda sig *b)* hejda, stoppa
★ **be taken (caught) ~** *vard* plötsligt bli nödig **bring up ~** hejda, stoppa **come (fall) ~ of** *a)* inte gå upp mot *b)* understiga **cut ~** → **cut¹ go ~** *GB* bli (vara) utan ⟨**of sth** ngt⟩ **pull up ~** → **pull¹ run ~ of** → **run¹ sell sb ~** → **sell stop ~ of nothing** → **stop¹**
short³ /ʃɔːt/ ⟨↔ **shorts**⟩ sb *vard*
1 kortfilm, förspel 2 kortslutning
3 förkortning ⟨**Fred is ~ for Fredrick**⟩
4 **short[s]** *GB* starksprit
★ **in ~** kort sagt
short⁴ /ʃɔːt/ vb *vard* kortsluta
shortage /ˈʃɔːtɪdʒ/ sb brist, knapphet ⟨**of** på⟩
short-change /ˌʃɔːtˈtʃeɪndʒ/ vb 1 ge tillbaka för litet växel 2 *vard* lura
short circuit /ˌʃɔːt ˈsɜːkɪt/ sb kortslutning
short-circuit /ˌʃɔːtˈsɜːkɪt/ vb 1 kortsluta 2 kortslutas **the computer ~ed** det blev kortslutning i datorn 3 *bildl* kringgå, undvika
shortcoming /ˈʃɔːtˌkʌmɪŋ/ sb fel, brist
short cut /ˌʃɔːt ˈkʌt/ sb genväg
shorten /ˈʃɔːtn/ vb 1 förkorta, avkorta, korta 2 bli kortare, [av]kortas
shorthand /ˈʃɔːthænd/ sb stenografi **~ typist** maskinskrivare som kan stenografera **write in ~** stenografera
short-handed /ˌʃɔːtˈhændɪd/ adj underbemannad
short list /ˈʃɔːtlɪst/ sb *spec GB* slutlista *över kandidater till arbete, pris etc*
short-list /ˈʃɔːtlɪst/ vb sätta upp på slutlistan **be ~ed** *äv* vara med i slutomgången
short-lived /ˌʃɔːtˈlɪvd/ adj kortlivad
shortly /ˈʃɔːtlɪ/ adv 1 strax **~ afterwards** kort därefter 2 tvärt, kort ⟨**answer ~**⟩
short-range /ˌʃɔːtˈreɪndʒ/ adj
1 kortdistans-, korthålls- 2 kortsiktig
shorts /ʃɔːts/ sb 1 kortbyxor, shorts 2 *spec US* kalsonger
short-sighted /ʃɔːtˈsaɪtɪd/ adj 1 närsynt 2 kort|synt, -tänkt
short story /ˌʃɔːt ˈstɔːrɪ/ sb novell
short-tempered /ˌʃɔːtˈtempəd/ adj [lätt]retlig, hetlevrad
short-term /ˌʃɔːtˈtɜːm/ adj korttids-, kort|siktig, -fristig
short wave /ˌʃɔːt ˈweɪv/ sb kortvåg
shot¹ → **shoot¹**
shot² /ʃɒt/ adj vattrad ⟨**~ silk**⟩, **~ with red** skiftande i rött
shot³ /ʃɒt/ sb 1 skott 2 ⟨*lika i pl*⟩ [kanon]kula 3 [bly]hagel 4 skytt 5 *vard* försök **Have a ~ at it!** Försök! **long ~** chansning 6 *vard* foto **long ~** avståndsbild 7 *film* tagning, sekvens, scen 8 *vard* injektion, spruta 9 *vard* [litet] glas, klunk, sup 10 *golf, kricket etc* slag

11 *friidrott* kula **put the ~** stöta kula ★ **not by a long ~** → **long¹ a ~ in the arm** en stimulans (uppmuntran) **a ~ in the dark** en ren gissning
shot put /'ʃɒtpʊt/ SB kulstötning, kula
should /ʃʊd, *obet* ʃəd/ ⟨*preteritum av* **shall**⟩ VB **1** borde, bör **2** skulle **~ like** skulle vilja **How ~ I know?** Hur skulle jag kunna veta det? **I ~ think not!** Naturligtvis inte! **3** skall ⟨**it's a pity that you ~ see it that way**⟩
shoulder¹ /'ʃəʊldə/ SB **1** axel, skuldra **have broad ~s** vara bredaxlad **2** bog ⟨**~ of lamb**⟩ **3** vägren ★ **rub ~s with** → **rub¹** ⇓
shoulder² /'ʃəʊldə/ VB **1** ryggsäck, *packning* ta (spänna) på sig, lägga på axlarna **2** *ansvar, skuld* axla, ta på sig **3** knuffa **~ one's way** knuffa sig fram
shoulder strap SB **1** axel|band, -rem **2** axelklaff
shout¹ /ʃaʊt/ VB ropa, skrika ⟨**at** åt⟩ **~ for joy** skrika av glädje
□ **shout down** överrösta
shout² /ʃaʊt/ SB rop, skrik
shove¹ /ʃʌv/ VB **1** knuffa, skjuta **2** knuffas **3** *vard* stoppa ⟨**he ~d the letters into his bag**⟩
□ **shove off** *a)* *båt* skjuta ut *b)* sticka, ge sig i väg
shove² /ʃʌv/ SB knuff, stöt **give a ~** *äv* skjuta 'på ⟨**we gave the car a ~**⟩
shovel¹ /'ʃʌvl/ SB skovel, skyffel
shovel² /'ʃʌvl/ VB skyffla, skotta
show¹ /ʃəʊ/ ⟨**showed, shown** /ʃəʊn/⟩ VB **1** visa, visa upp **~ sb the door** visa ngn på dörren **~ sb to the door** följa ngn till dörren **we had nothing to ~ for our efforts** alla våra ansträngningar var till ingen nytta (förgäves) **2** synas, märkas, visa sig **~ oneself** *äv* visa sig vara **3** påvisa, bevisa **4** visas, gå ⟨**What film is ~ing at the Odeon?**⟩ **5** *spec US vard* dyka upp, komma ⟨**he never ~ed**⟩
★ **it [just] goes to ~ that** ... det [be]visar att ...
□ **show off** *a)* *vard* briljera, försöka glänsa, visa sig duktig *b)* visa upp, skryta med, framhäva
□ **show up** *a)* *vard* dyka upp, komma *b)* bli synlig, framträda ⟨**the dust showed up in the sunlight**⟩ *c)* avslöja *d)* skämma ut, göra förlägen

show² /ʃəʊ/ SB **1** show, föreställning, TV-program ⟨**a news ~**⟩ **2** utställning, uppvisning, mässa ⟨**a boat ~**⟩ **3** syn, anblick **4** demonstration ⟨**a ~ of strength**⟩, **~ of temper** temperamentsutbrott **5** [falskt] sken **make a ~ of** ge sken av, låtsas **6** *vard* historia, arrangemang, grej **give the ~ away** avslöja allting
★ **be on ~** finnas (vara) utställd, finnas att beskåda **for ~** för syns skull **Good ~!** *GB* Bravo! **put up a poor ~** göra en dålig insats **run the ~** → **run¹ a ~ of hands** handuppräckning
show business, show biz /'ʃəʊbɪz/ SB nöjesbranschen
showcase /'ʃəʊkeɪs/ SB monter, skylt|skåp, -låda, *bildl* skyltfönster
showdown /'ʃəʊdaʊn/ SB uppgörelse, [avgörande] kraftmätning
shower¹ /'ʃaʊə/ SB **1** skur **a ~ of sparks** ett regn av gnistor **2** dusch
shower² /'ʃaʊə/ VB **1** regna **2** över|ösa, -hopa **3** duscha
showing /'ʃəʊɪŋ/ SB **1** visning **2** uppvisning, prestation
showjumping /'ʃəʊˌdʒʌmpɪŋ/ SB [ban]hoppning
shown → **show¹**
show-off /'ʃəʊɒf/ SB *vard* person som vill briljera (visa sig duktig, visa sig på styva linan), skrytmåns
showpiece /'ʃəʊpiːs/ SB prakt|pjäs, -exemplar
showroom /'ʃəʊruːm/ SB utställningslokal
showy /'ʃəʊɪ/ ADJ prålig, grann
shrank → **shrink¹**
shrapnel /'ʃræpnl/ SB granatsplitter
shred¹ /ʃred/ SB **1** strimla, remsa **in ~s** i trasor **2** *bildl* gnutta, tillstymmelse
shred² /ʃred/ VB strimla, skära i strimlor (remsor)
shredder /'ʃredə/ SB **1** rivjärn **2** dokumentförstörare
shrew /ʃruː/ SB **1** argbigga, ragata **2** näbbmus
shrewd /ʃruːd/ ADJ klok, klipsk, slug
shriek¹ /ʃriːk/ VB gallskrika, illtjuta
shriek² /ʃriːk/ SB gallskrik, illtjut
shrill /ʃrɪl/ ADJ **1** gäll **2** *bildl* vildsint, högljudd
shrimp /ʃrɪmp/ SB [liten] räka

shrine /ʃraɪn/ SB 1 helgedom 2 relikskrin
shrink¹ /ʃrɪŋk/ ⟨shrank /ʃræŋk/ *el* shrunk /ʃrʌŋk/, shrunk⟩ VB krympa
□ **shrink away (back)** rygga tillbaka
□ **shrink from** dra (gruva) sig för
shrink² /ʃrɪŋk/ SB *vard* psykiater
shrinkage /'ʃrɪŋkɪdʒ/ SB krympning, krympmån
shrivel /'ʃrɪvl/ VB 1 skrumpna, bli rynkig, vissna 2 komma att skrumpna, göra rynkig, torka ut
shroud¹ /ʃraʊd/ SB 1 svepning 2 *bildl* slöja 3 *sjö* vant
shroud² /ʃraʊd/ VB hölja, insvepa
shrub /ʃrʌb/ SB buske
shrubbery /'ʃrʌbərɪ/ SB buskage, busksnår
shrug¹ /ʃrʌg/ VB ~ [one's shoulders] rycka på axlarna
□ **shrug off** skaka av sig
shrug² /ʃrʌg/ SB axelryckning **give a ~** rycka på axlarna
shrunk → shrink¹
shrunken /'ʃrʌŋkən/ ADJ skrumpen, [hop]krympt
shucks /ʃʌks/ INTERJ *US* tusan också
shudder¹ /'ʃʌdə/ VB darra, rysa, *bildl äv* bäva
shudder² /'ʃʌdə/ SB darrning, rysning
shuffle¹ /'ʃʌfl/ VB 1 blanda ⟨~ cards⟩, flytta om 2 hasa, släpa sig **~ one's feet** *äv* sitta (stå) och trampa med fötterna
shuffle² /'ʃʌfl/ SB 1 blandande **give the cards a good ~** blanda korten ordentligt **a ~ in the Government** en ommöblering av regeringen 2 hasande
shun /ʃʌn/ VB undvika, sky
shunt /ʃʌnt/ VB 1 *tåg* växla 2 *vard* [för]flytta, placera om
shut /ʃʌt/ ⟨shut, shut⟩ VB 1 stänga, [till]sluta, slå igen ⟨~ a book⟩ 2 stängas, [till]slutas 3 gå att stänga ⟨it ~s easily⟩
★ **~ one's eyes** blunda ⟨to för⟩ **~ one's mouth** hålla tyst **~ up shop** slå igen butiken
□ **shut away** gömma undan, låsa in
□ **shut down** stänga, stängas, slå igen
□ **shut off** stänga av, utestänga
□ **shut up** a) hålla mun *b)* täppa till mun på *c)* låsa in *d)* stänga till, bomma igen
shutter /'ʃʌtə/ SB 1 fönsterlucka **put up the ~s** *vard*, *bildl* slå igen butiken 2 *foto* slutare

shuttle /'ʃʌtl/ SB 1 *trafik* [flyg]pendel, pendeltåg, matarbuss **~ service** pendeltrafik, skytteltrafik 2 rymdfärja 3 skyttel
shuttlecock /'ʃʌtlkɒk/ SB badmintonboll
shy /ʃaɪ/ ADJ blyg, skygg
★ **fight ~ of** → fight¹
Sicily /'sɪsəlɪ/ SB Sicilien
sick /sɪk/ 1 ADJ sjuk 2 ADJ illamående ⟨feel ~⟩, **it makes me ~** det får mig att må illa **be ~** *äv* kräkas 3 SB **the ~** de sjuka 4 SB *vard* uppkastningar, spyor
★ **be ~ of** *vard* vara [döds]trött på **be ~ and tired of** vara utled på ⇓
sicken /'sɪkən/ VB 1 äckla, kvälja 2 *GB* insjukna
sickening /'sɪkənɪŋ/ ADJ ohygglig, vedervärdig, äcklig
sickle /'sɪkl/ SB *redskap* skära
sick leave SB sjukledighet
sickly /'sɪklɪ/ ADJ 1 sjuklig 2 kväljande, äcklig 3 osund 4 sliskig
side¹ /saɪd/ SB 1 sida, kant 2 *attribut* sido-, sid- 3 *sport* lag
★ **on the ~** vid sidan om ⟨make some money on the ~⟩, **on the big** ⟨etc⟩ **~** i största ⟨etc⟩ laget **put sth on (to) one ~** lägga ngt åt sidan **~ by ~** sida vid sida **take ~s with sb** ta parti för ngn
side² /saɪd/ VB **~ against (with) sb** ta parti mot (för) ngn
sideboards /'saɪdbɔːdz/ (*US* **sideburns** /-bɜːnz/) SB polisonger
sidecar /'saɪdkɑː/ SB sidvagn *till motorcykel*
side effect SB bi|verkan, -verkning
sidekick /'saɪdkɪk/ SB *spec US vard* medhjälpare, assistent, kamrat
sidelight /'saɪdlaɪt/ SB 1 *GB* sidoljus, parkeringsljus *på bil* 2 *sjö* sidolanterna
sideline /'saɪdlaɪn/ SB 1 *sport* sidlinje 2 bisyssla
sidelong /'saɪdlɒŋ/ ADJ från sidan, åt sidan, sned
sidestep /'saɪdstep/ VB stiga åt sidan för, kringgå, undvika
sidetrack /'saɪdtræk/ VB *bildl* leda in på sidospår
sidewalk /'saɪdwɔːk/ SB *US* trottoar
sideways /'saɪdweɪz/ ADV sidledes, från sidan, åt sidan
siding /'saɪdɪŋ/ SB sidospår
siege /siːdʒ/ SB belägring **lay ~ to** belägra
sieve¹ /sɪv/ SB durkslag, såll, sikt

sieve² /sɪv/ VB sålla, sikta
sift /sɪft/ VB **1** sålla, sikta **2** fingranska, skärskåda
sigh¹ /saɪ/ VB sucka ~ **with relief** dra en suck av lättnad *the trees ~ed in the wind* vinden susade i träden
sigh² /saɪ/ SB suck
sight¹ /saɪt/ SB **1** syn, synförmåga **2** synhåll ⟨**be out of ~**⟩, **keep out of ~** hålla sig undan (gömd) **3** åsyn, anblick *What a ~ you are!* Du ser alldeles förskräcklig ut! **4 sights** sevärdheter **5 sights** sikte
★ **at ~** *a)* på fläcken *b) musik* från bladet, prima vista **be a damn ~ too cheeky** ⟨*etc*⟩ vara alldeles för fräck ⟨*etc*⟩ **by ~** till utseendet ⟨**know sb by ~**⟩, **catch ~ of** → catch¹ **on ~** på fläcken ⟨**to be shot on ~**⟩, **set one's ~s on** inrikta sig på, sikta på
sight² /saɪt/ VB sikta, få syn på
sighting /ˈsaɪtɪŋ/ SB observation, iakttagelse
sight-read /ˈsaɪtriːd/ VB *musik* spela (sjunga) från bladet
sightseer /ˈsaɪtˌsiːə/ SB turist
sign¹ /saɪn/ SB **1** tecken ⟨**of** på⟩, spår *all the ~s are that ...* alla tecken tyder på att ... **2** skylt, [väg]märke ⟨**road ~, traffic ~**⟩ **3** *astrologi* stjärnbild, tecken
sign² /saɪn/ VB **1** skriva under (på), signera ~ **one's name** skriva (teckna) sitt namn **2** *sport* skriva kontrakt med, värva **3** ge tecken [åt], vinka [åt] **4** teckna, använda teckenspråk
☐ **sign away** uppge rätten till, skriva bort
☐ **sign for** *sport* skriva på ⟨**he ~ed for Arsenal**⟩
☐ **sign off** *spec radiosändning* sluta
☐ **sign on** *a)* anställa, värva *b)* ta anställning, ta värvning
☐ **sign up** anmäla sig ⟨**for** till⟩
signal¹ /ˈsɪɡnl/ **1** SB signal ⟨**for** till⟩, tecken ⟨**for, of** på⟩ **2** ADJ betydande, övertygande ⟨**a ~ victory**⟩
signal² /ˈsɪɡnl/ VB signalera [åt], ge tecken [åt, till]
signal box SB *järnväg* ställverk
signature /ˈsɪɡnətʃə/ SB **1** namnteckning, signatur **2** underskrift
signboard /ˈsaɪnbɔːd/ SB skylt
significance /sɪɡˈnɪfɪkəns/ SB **1** betydelse, vikt **2** innebörd

significant /sɪɡˈnɪfɪkənt/ ADJ **1** betydelsefull, betydande **2** signifikant **3** menande ⟨**a ~ smile**⟩
signify /ˈsɪɡnɪfaɪ/ VB **1** betyda, innebära, vara tecken på **2** beteckna **3** visa
signpost¹ /ˈsaɪnpəʊst/ SB [väg]skylt
signpost² /ˈsaɪnpəʊst/ VB förse med [väg]skyltar *well ~ed* väl (tydligt) skyltad
silence¹ /ˈsaɪləns/ SB tystnad, tysthet *in ~* under tystnad
silence² /ˈsaɪləns/ VB tysta, få att tystna, få tyst på
silencer /ˈsaɪlənsə/ SB ljuddämpare *på skjutvapen, GB äv på bil*
silent /ˈsaɪlənt/ ADJ tyst, tystlåten
silhouette /ˌsɪluːˈet/ SB silhuett
silicon /ˈsɪlɪkən, US -kɑːn/ SB kisel ~ **chip** chip[s] *gjort av kisel*
silicone /ˈsɪlɪkəʊn/ SB silikon
silk /sɪlk/ SB silke, siden
silken /ˈsɪlkən/ ADJ **1** silkeslen **2** silkes-, siden-
silky /ˈsɪlkɪ/ ADJ silkeslen
sill /sɪl/ SB fönsterbräda ⟨**window ~**⟩
silly /ˈsɪlɪ/ ADJ dum, fånig
silt¹ /sɪlt/ SB [botten]slam
silt² /sɪlt/ VB
☐ **silt up** slamma igen
silver /ˈsɪlvə/ SB **1** silver **2** silvermynt **3** matsilver **4** *attribut* silver-, silverfärgad
silvery /ˈsɪlvərɪ/ ADJ **1** silver|aktig, -glänsande **2** silver|klar, -klingande
similar /ˈsɪmələ/ ADJ liknande, lik ⟨**to sb** ngn **to sth** ngt⟩, likadan **be ~ to** likna
similarity /ˌsɪməˈlærətɪ/ SB likhet
similarly /ˈsɪmələlɪ/ ADV på liknande (samma) sätt
simile /ˈsɪmɪlɪ/ SB liknelse
simmer /ˈsɪmə/ VB sjuda, småkoka
☐ **simmer down** *vard* lugna ner sig
simper /ˈsɪmpə/ VB le tillgjort
simple /ˈsɪmpl/ ADJ **1** enkel, lätt **2** anspråkslös, okonstlad **3** enfaldig, lättlurad **4** ren ⟨**~ madness**⟩
simple-minded /ˌsɪmplˈmaɪndɪd/ ADJ enfaldig, naiv
simpleton /ˈsɪmpltən/ SB fåne, [tok]stolle, dumbom
simplicity /sɪmˈplɪsətɪ/ SB enkelhet
simplify /ˈsɪmplɪfaɪ/ VB förenkla
simply /ˈsɪmplɪ/ ⟨↔ **simple**⟩ ADV helt enkelt, enbart, bara

simulate /ˈsɪmjʊleɪt/ VB **1** simulera, låtsas vara (ha), spela ~ **illness** låtsas vara sjuk **2** imitera

simultaneous /ˌsɪməlˈteɪnɪəs, US ˌsaɪ-/ ADJ samtidig

sin¹ /sɪn/ SB synd

sin² /sɪn/ VB synda

since¹ /sɪns/ ADV **1** sedan dess **ever ~** ända sedan dess **2** sedan **long ~** sedan länge, för länge sedan

since² /sɪns/ PREP sedan

since³ /sɪns/ KONJ **1** sedan, alltsedan **2** eftersom

sincere /sɪnˈsɪə/ ADJ uppriktig

sincerely /sɪnˈsɪəlɪ/ ADV uppriktigt **S~, Yours ~,** US **S~ [yours],** *i brevslut* Din (Er) tillgivne

sincerity /sɪnˈserətɪ/ SB uppriktighet

sinew /ˈsɪnjuː/ SB **1** sena **2 sinews** *äv* muskler **3 sinews** *bildl* styrka, kraft

sinful /ˈsɪnfʊl/ ADJ syndig, syndfull

sing /sɪŋ/ ⟨**sang** /sæŋ/, **sung** /sʌŋ/⟩ VB **1** sjunga **2** susa, vissla **my ears are ~ing** det susar (ringer) i öronen på mig **3** *spec US* tjalla

singe /sɪndʒ/ VB **1** sveda, bränna **2** svedas, bli bränd

singer /ˈsɪŋə/ SB sångare, sångerska

singing /ˈsɪŋɪŋ/ SB sjungande, sång **a fine ~ voice** en vacker sångröst

single¹ /ˈsɪŋgl/ **1** ADJ enda, enstaka ⟨**a ~ shot**⟩ **2** ADJ enkel- ⟨**a ~ room**⟩ **3** ADJ ogift **4** SB *GB* enkel[biljett] **5** SB singel *grammofonskiva* **6** SB **singles** singel[match] **7** SB **singles** ogifta **~s bar** bar för ogifta ⇓

single² /ˈsɪŋgl/ VB
 □ **single out** välja ut, utpeka

single file SB **in ~** i gåsmarsch

single-handed¹ /ˌsɪŋglˈhændɪd/ ADJ ensam- **~ sailing trip** ensamsegling

single-handed² /ˌsɪŋglˈhændɪd/ ADV ensam, egenhändigt, helt själv

single-minded /ˌsɪŋglˈmaɪndɪd/ ADJ målmedveten

singsong /ˈsɪŋsɒŋ/ SB **1** [enformigt] sjungande tonfall, enformig satsmelodi **speak in a ~** *äv* tala sjungande **2** *GB* sångstund, allsång

singular /ˈsɪŋgjʊlə/ **1** ADJ singular **2** ADJ *frml* sällsynt, enastående ⟨**a lady of ~ beauty**⟩ **3** SB singular[form]

sinister /ˈsɪnɪstə/ ADJ **1** olycksbådande **2** ondskefull, lömsk ⟨**a ~ face**⟩

sink¹ /sɪŋk/ ⟨**sank** /sæŋk/, **sunk** /sʌŋk/⟩ VB **1** sjunka **2** sänka **3** gräva ⟨**~ a tunnel**⟩ **4** *pengar* investera, plöja ner **5** *vard* tömma ⟨**~ a bottle of gin**⟩
★ **be ~ing [fast]** vara nära slutet **have a ~ing feeling** ana oråd **~ one's teeth into** sätta tänderna i **~ or swim** bära eller brista
 □ **sink in** tränga igenom, gå in ⟨**it took a minute for her words to ~**⟩

sink² /sɪŋk/ SB **1** vask, disk|ho, -bänk **2** *spec US* handfat

sinker /ˈsɪŋkə/ SB sänke *på metrev*

sinner /ˈsɪnə/ SB syndare

sinusitis /ˌsaɪnəˈsaɪtɪs/ SB bihåleinflammation, sinu[s]it

sip¹ /sɪp/ VB **1** läppja, smutta ⟨**at** på⟩ **2** läppja (smutta) på

sip² /sɪp/ SB smutt, skvätt

siphon¹ /ˈsaɪfn/, **syphon** SB **1** [sug]hävert **2** [soda]sifon

siphon² /ˈsaɪfn/, **syphon** VB suga, tappa *med hävert*
 □ **siphon off** tappa av, suga upp, leda bort

sir /sɜː, *före namn* sə/ SB **1** *till lärare* magistern **2** *av soldater till officerare* **Yes ~!** Ja överste ⟨*etc*⟩! **3** *i hövligt tilltal till överordnad el obekant* ⟨**What can I do for you, ~?**⟩, *frml i brev* ⟨**Dear S~, I'm writing to inform you ...**⟩ **4 S~** *titel framför namn på knight o baronet* ⟨**S~ Alec [Guinness]**⟩

sire /ˈsaɪə/ SB fader, far *om avelsdjur*

sirloin /ˈsɜːlɔɪn/ SB *oxkött* ländstycke, fransyska **~ steak** ≈ biffstek, utskuren biff

sissy /ˈsɪsɪ/, **cissy** SB **1** mes, fegis, morsgris **2** *attribut neds* flick-, tjej- ⟨**~ games**⟩, flickaktig

sister /ˈsɪstə/ SB **1** syster **2** *GB* avdelningssköterska

sisterhood /ˈsɪstəhʊd/ SB systerskap

sister-in-law /ˈsɪstərɪnˌlɔː/ SB svägerska

sisterly /ˈsɪstəlɪ/ ADJ systerlig

sit /sɪt/ ⟨**sat** /sæt/, **sat**⟩ VB **1** sitta, sätta sig **2** sätta ⟨**he sat the boy on a chair**⟩ **3** ligga, stå, vara belägen **4** sammanträda, hålla (ha) session **5** ruva ⟨**~ on eggs**⟩
★ **be ~ting pretty** *vard* ligga bra till, klara sig bra **~ for an exam** gå upp i en tentamen (examen), tentera **~ on the fence** *vard* undvika att ta parti (ställning) **~ tight** *vard* **a)** avvakta, ligga lågt **b)** inte

ge sig (ändra sig)
☐ **sit about (around)** sitta och vänta
☐ **sit back** *a)* sätta sig till rätta *b)* slå sig till ro, ta det lugnt
☐ **sit by** *bildl* sitta och se på
☐ **sit in for** vara ersättare för
☐ **sit in on** delta i ⟨~ a meeting⟩
☐ **sit up** sätta sig upp **that made them ~** det fick dem att reagera
sitcom /'sɪtkɒm/ SB situationskomedi
site¹ /saɪt/ SB 1 plats, ställe 2 tomt, byggplats
site² /saɪt/ VB placera, lokalisera, förlägga
sitting /'sɪtɪŋ/ SB 1 sittning 2 sammanträde, session
★ **at one ~** i ett sträck
sitting room SB *spec GB* vardagsrum
situated /'sɪtjʊeɪtɪd/ ADJ belägen **be ~** *äv* ligga
situation /ˌsɪtjʊ'eɪʃn/ SB 1 situation, läge 2 arbete, anställning
six /sɪks/ 1 RÄKN sex 2 SB sexa
★ **be at ~es and sevens** *vard* vara i oordning, vara förvirrad **~ of one and half a dozen of the other** hugget som stucket
sixteen /ˌsɪks'tiːn/ RÄKN sexton
sixth /sɪksθ/ 1 RÄKN sjätte **the ~ form** avgångsklassen *på teoretisk linje i brittiska skolor* 2 SB sjättedel
sixty /'sɪkstɪ/ 1 RÄKN sextio 2 SB **the sixties** sextiotalet
size¹ /saɪz/ SB storlek, nummer *om kläder, skor etc*
★ **cut sb down to ~** → cut¹ **be of a ~** vara lika stora
size² /saɪz/ VB
☐ **size up** bedöma, bilda sig en uppfattning om
sizzle /'sɪzl/ VB fräsa ⟨bacon sizzling in the pan⟩
skate¹ /skeɪt/ SB skridsko, rullskridsko
★ **get (put) one's ~s on** GB sno sig på
skate² /skeɪt/ VB åka skridsko, åka rullskridsko
☐ **skate around (over)** *vard* undvika, halka förbi
skateboard /'skeɪtbɔːd/ SB rullbräde
skeleton /'skelɪtən/ SB 1 skelett 2 stomme 3 utkast 4 *attribut* minimi-, minsta möjliga
★ **~ in the cupboard (**US **closet)**

familjehemlighet, obehaglig hemlighet
skeleton key SB huvudnyckel
skeptic, skeptical, skepticism
→ sceptic *etc*
sketch¹ /sketʃ/ SB 1 skiss, utkast 2 sketch
sketch² /sketʃ/ VB skissa, skissera
☐ **sketch out** skissa (skissera) upp
sketchy /'sketʃɪ/ ADJ ofullständig, skissartad
skewer¹ /'skjuːə/ SB steknål, grillspett
skewer² /'skjuːə/ VB spetsa, trä upp på grillspett
ski¹ /skiː/ SB skida ⇓
ski² /skiː/ VB *äv* **go ~ing** åka skidor
skid¹ /skɪd/ VB sladda
skid² /skɪd/ SB sladd **go into a ~** få sladd
skier /'skiːə/ SB skidåkare
skiing /'skiːɪŋ/ SB skidåkning
skilful /'skɪlfʊl/ (*US* **skillful**) ADJ skicklig, duktig
skill /skɪl/ SB 1 skicklighet 2 färdighet
skilled /skɪld/ ADJ 1 skicklig, duktig 2 yrkes|kunnig, -skicklig **~ labour** yrkesutbildad arbetskraft **~ work** yrkesarbete
skillful → skilful
skim /skɪm/ VB 1 skumma ⟨~ milk⟩ 2 skumma, ögna ⟨~ through an article⟩ 3 svepa (stryka) över
skimp /skɪmp/ VB 1 snåla ⟨on med⟩ 2 snåla med
skimpy /'skɪmpɪ/ ADJ snålt tilltagen, för liten (trång)
skin¹ /skɪn/ SB 1 hud, hy 2 skinn 3 skal ⟨banana ~⟩
★ **by the ~ of one's teeth** med nöd och näppe **get under sb's ~** gå ngn på nerverna
skin² /skɪn/ VB 1 flå 2 skrapa [sig på] ⟨she ~ned her knee⟩
skin-deep /ˌskɪn'diːp/ ADJ ytlig
skin diving SB sportdykning
skinflint /'skɪnflɪnt/ SB snåljåp
skinny /'skɪnɪ/ ADJ mager, utmärglad
skint /skɪnt/ ADJ *GB vard* pank
skip¹ /skɪp/ VB 1 skutta, hoppa 2 hoppa över ⟨let's ~ the next page⟩ 3 smita från ⟨~ school⟩ 4 hoppa rep
skip² /skɪp/ SB skutt, hopp
skip³ /skɪp/ SB *GB* [sop]container
ski pole SB skidstav
skipper /'skɪpə/ SB 1 skeppare, befälhavare 2 *sport* lag|kapten, -ledare,

tränare
skirmish /'skɜːmɪʃ/ SB skärmytsling, [mindre] sammandrabbning
skirt¹ /skɜːt/ SB 1 kjol 2 tjej, brud
skirt² /skɜːt/ VB 1 gå (löpa) runt ⟨a path ~ed the house⟩, gå (löpa) längs 2 *bildl* undvika, gå runt ⟨~ a problem⟩
skirting board /'skɜːtɪŋˌbɔːd/ SB GB golvlist
ski stick SB skidstav
skit /skɪt/ SB parodi, satir
skulk /skʌlk/ VB smyga omkring, gömma sig
skull /skʌl/ SB skalle, kranium
skunk /skʌŋk/ SB 1 skunk 2 kräk, as You ~! Ditt [jävla] kräk !
sky /skaɪ/ SB 1 himmel *in the* ~ på himlen 2 skies *a)* himmel *b)* klimat
★ the ~'s the limit *vard* det finns ingen som helst gräns
skydiving /'skaɪˌdaɪvɪŋ/ SB avancerad fallskärmshoppning
sky-high¹ /ˌskaɪ'haɪ/ ADJ skyhög
sky-high² /ˌskaɪ'haɪ/ ADV skyhögt
skyjack /'skaɪdʒæk/ VB kapa *flygplan*
skylark /'skaɪlɑːk/ SB sånglärka
skylight /'skaɪlaɪt/ SB takfönster
skyline /'skaɪlaɪn/ SB silhuett *av byggnader mot himlen*
skyscraper /'skaɪˌskreɪpə/ SB skyskrapa
slab /slæb/ SB 1 platta, häll 2 tjock skiva ⟨a ~ of meat⟩
slack¹ /slæk/ 1 ADJ slak, slapp, *bildl äv* slö 2 ADJ *om affärer* trög *the* ~ *season* dödsäsong 3 SB slack *slakhet hos tåg, rep etc* take up the ~ spänna, strama åt
slack² /slæk/ VB slöa, slappa
slacken /'slækən/ VB 1 sakta [av], minska ⟨~ speed⟩ 2 slappna, slakna 3 slöa till 4 lossa
slacks /slæks/ SB 1 [fritids]byxor 2 *spec US* byxor
slain → slay
slalom /'slɑːləm/ SB slalom
slam¹ /slæm/ VB 1 smälla (slå) i, smälla (slå) igen ⟨~ a door⟩ 2 smälla (slå) igen ⟨the door ~med [to]⟩ 3 dänga, slänga ~ on the brakes tvärbromsa 4 *vard* gå hårt åt, göra ned ⟨the critics ~med the film⟩
slam² /slæm/ SB småll
slander¹ /'slɑːndə/ SB förtal
slander² /'slɑːndə/ VB förtala, baktala
slanderous /'slɑːndərəs/ ADJ ärerörig

slang /slæŋ/ SB slang
slanging match /'slæŋɪŋˌmætʃ/ SB GB stormgräl, [ömsesidig] pajkastning
slant /slɑːnt/ VB 1 luta, slutta 2 vinkla ⟨a ~ed TV programme⟩
slap¹ /slæp/ SB 1 slå *med öppen hand*, daska [till], smälla [till] ~ sb on the back dunka ngn i ryggen 2 kasta, slänga, smeta ⟨~ some paint on a wall⟩
slap² /slæp/ SB slag, smäll, dunk *i ryggen*
slap³ /slæp/ ADV *vard* rätt ⟨we drove ~ into a parked car⟩, precis ⟨~ in the middle of the road⟩
slapdash /'slæpdæʃ/ ADJ vårdslös, hafsig
slapstick /'slæpstɪk/ SB slapstick, [film]fars
slap-up /'slæpʌp/ ADJ GB *vard* överdådig, flott, vräkig ⟨a ~ meal⟩
slash¹ /slæʃ/ VB 1 skära sönder (upp) 2 skära ned [på] ⟨~ costs⟩ 3 kritisera sönder, göra hackmat av
□ **slash at** slå (svepa, hugga) till mot
□ **slash open** skära upp
slash² /slæʃ/ SB 1 djupt sår, skåra, jack 2 svepande hugg (slag) 3 slits *i kläder* 4 GB snedstreck
slate¹ /sleɪt/ VB 1 skiffer 2 griffeltavla wipe the ~ clean → wipe¹
slate² /sleɪt/ VB GB göra ner, gå illa åt
slaughter¹ /'slɔːtə/ VB slakta
slaughter² /'slɔːtə/ SB slakt, slaktande
slaughterhouse /'slɔːtəˌhaʊs/ SB slakthus, slakteri
slave¹ /sleɪv/ SB slav, slavinna be a ~ of (to) *bildl* vara slav under
slave² /sleɪv/ VB slava, träla
□ **slave away** slava, slita som en slav
slaver¹ /'sleɪvə/ SB 1 slavskepp 2 slavhandlare
slaver² /'slævə/ VB dregla
slavery /'sleɪvərɪ/ SB slaveri
slavish /'sleɪvɪʃ/ ADJ slavisk
slay /sleɪ/ ⟨slew /sluː/, slain /sleɪn/⟩ VB dräpa, slå ihjäl
sleazy /'sliːzɪ/ ADJ sjaskig, sjabbig
sledge¹ /sledʒ/ (US **sled**) SB kälke, släde
sledge² /sledʒ/ (US **sled**) VB 1 *äv* go sledging åka kälke (släde) 2 dra på kälke (släde)
sledgehammer /'sledʒˌhæmə/ SB slägga
sleek /sliːk/ ADJ 1 slät [och blank] ⟨~ hair⟩ 2 välmående 3 med eleganta linjer ⟨a ~ sports car⟩

sleep¹ /sli:p/ SB sömn
 ★ **get to ~** lyckas somna, få sova **go to ~** somna **put to ~** *a)* söva, få att sova *b) husdjur* avliva
sleep² /sli:p/ ⟨slept /slept/, slept⟩ VB
 1 sova **~ rough** ligga (sova) ute 2 ha sovplats för ⟨**the house ~s six people**⟩
 □ **sleep around** ligga med vem som helst
 □ **sleep in** *GB* sova länge, ha sovmorgon
 □ **sleep it off** sova ruset av sig
 □ **sleep with** ligga med
sleeper /'sli:pə/ SB 1 sovande **be a light ~** sova lätt 2 sov|vagn, -kupé, -plats
sleeping bag SB sovsäck
sleeping car SB sovvagn
sleeping pill SB sömn|piller, -tablett
sleepless /'sli:pləs/ ADJ sömnlös
sleepwalk /'sli:pwɔ:k/ VB gå i sömnen
sleepwalker /'sli:pˌwɔ:kə/ SB sömngångare
sleepy /'sli:pɪ/ ADJ sömnig
sleet /sli:t/ SB snöblandat regn
sleeve /sli:v/ SB 1 ärm 2 *GB* skivomslag
 ★ **have sth up one's ~** ha ngt i bakfickan
sleeveless /'sli:vləs/ ADJ ärmlös
sleigh /sleɪ/ SB släde
slender /'slendə/ ADJ 1 smäcker, smärt, slank 2 otillräcklig, knapp, klen
slept → sleep²
sleuth /slu:θ/ SB *vard* detektiv, spårhund
slew → slay
slice¹ /slaɪs/ SB 1 skiva ⟨**a ~ of cheese**⟩ 2 [an]del 3 *golf, tennis etc* slice, sidskruv, underskruv
slice² /slaɪs/ VB 1 skiva, skära upp [i skivor] 2 skära [genom], klyva 3 *golf, tennis etc* slica, sidskruva, underskruva
slick¹ /slɪk/ ADJ 1 [ytligt] elegant, glättad, lättvindig 2 effektiv, driven 3 munvig 4 smart, slipad
slick² /slɪk/ SB oljefläck
slide¹ /slaɪd/ ⟨slid /slɪd/, slid⟩ VB 1 halka, kana, glida 2 sjunka, falla ⟨**prices are sliding**⟩ 3 skjuta ⟨**~ a door open**⟩ 4 smyga
 ★ **let things ~** strunta i allting
slide² /slaɪd/ SB 1 kana, rutsch|kana, -bana 2 glidning, glidande 3 dia[bild] 4 jordskred 5 *GB* hårspänne
slight¹ /slaɪt/ ADJ 1 obetydlig, lätt, ringa **without the ~est difficulty** utan minsta svårighet **not in the ~est** inte det minsta, inte alls 2 späd, spenslig, smäcker
slight² /slaɪt/ VB nonchalera, se över axeln **feel ~ed** känna sig ringaktad **~ing remarks** nedsättande anmärkningar
slight³ /slaɪt/ SB förolämpning, nonchalans, ringaktning
slightly /'slaɪtlɪ/ ADV 1 något ⟨**a ~ bigger house**⟩, en aning ⟨**he is ~ better today**⟩ 2 **~ built** spensligt byggd
slim¹ /slɪm/ ADJ 1 smal, smärt, slank 2 tunn ⟨**a ~ book**⟩ 3 obetydlig, liten ⟨**~ chances**⟩, svag ⟨**a ~ hope**⟩
slim² /slɪm/ VB banta
slime /slaɪm/ SB 1 slem 2 dy, gyttja, slam
slimming /'slɪmɪŋ/ SB bantning
slimy /'slaɪmɪ/ ADJ 1 slemmig 2 dyig 3 äcklig, motbjudande 4 *spec GB* inställsam
sling¹ /slɪŋ/ ⟨slung /slʌŋ/, slung⟩ VB 1 slänga, kasta 2 hänga [upp], spänna ⟨**~ a rope between two trees**⟩
 ★ **~ mud** smutskasta ⟨**at sb** ngn⟩
sling² /slɪŋ/ SB 1 bindel, mitella **have one's arm in a ~** ha armen i band 2 rem, stropp
slink /slɪŋk/ ⟨slunk /slʌŋk/, slunk⟩ VB slinka, smyga [sig]
slip¹ /slɪp/ VB 1 halka, glida, slinta 2 smita, slinka, smyga ⟨**~ away**⟩ 3 sticka [till] **~ sth into sb's hand** sticka till ngn ngt 4 komma loss från, glida ur **it ~ped my memory** det föll mig ur minnet 5 sjunka, falla
 ★ **be ~ping** tappa greppet **let ~** låta undslippa sig **~ a disc** få diskbråck
 □ **slip into (on)** *kläder* dra (ta) på sig
 □ **slip off (out of)** *kläder* ta av sig
 □ **slip up** *a)* halka *b)* göra fel (en tabbe)
slip² /slɪp/ SB 1 halkning 2 misstag, fel 3 under|klänning, -kjol 4 remsa, [pappers]lapp, kvitto
 ★ **give sb the ~** komma undan ngn **a ~ of a girl** en liten jäntunge **~ of the tongue** felsägning ⇓
slipped disc /ˌslɪpt 'dɪsk/ (US **slipped disk**) SB diskbråck
slipper /'slɪpə/ SB toffel, toffla
slippery /'slɪpərɪ/ ADJ hal, glatt
slip road SB *GB* avfart, påfart *från (till) motorväg*
slipshod /'slɪpʃɒd/ ADJ slarvig, hafsig
slip-up /'slɪpʌp/ SB tabbe, miss
slit¹ /slɪt/ SB 1 springa 2 slits, sprund 3 skåra
slit² /slɪt/ VB skära (slita, sprätta) upp
slither /'slɪðə/ VB hasa, glida

slob /slɒb/ SB **1** slashas, drummel **2** latmaja, slafsa

slog¹ /slɒg/ VB **1** knoga, knega, slita **2** klämma (drämma) till ⟨~ **a ball**⟩ ★ ~ **it out** puckla på varandra

slog² /slɒg/ SB **1** hårt slag **2** knog, slit ⟨**the daily ~**⟩

slop¹ /slɒp/ VB **1** spilla [ut] **2** spillas ut, skvimpa ut
□ **slop about (around)** plaska omkring

slop² /slɒp/ SB **1** vanl pl slaskvatten **2** vanl pl grismat **3** sentimentalt svammel

slope¹ /sləʊp/ SB sluttning, backe, lutning

slope² /sləʊp/ VB slutta, luta
□ **slope off** GB smita [i väg]

sloppy /'slɒpɪ/ ADJ **1** slarvig, hafsig **2** sentimental, sliskig

slosh /slɒʃ/ VB **1** skvalpa, plaska **2** GB fläska (klämma) till

sloshed /slɒʃt/ ADJ packad, knall

slot /slɒt/ SB **1** springa, öppning, myntinkast **2** brevinkast **3** plats, lucka *i TV-program, schema etc*

slot machine SB **1** automat **2** spelautomat

slouch /slaʊtʃ/ VB sitta (stå, gå) med dålig hållning (hopsjunken) **Don't ~!** *äv* Räta på ryggen!
□ **slouch about** stå och hänga, slöa

slovenly /'slʌvənlɪ/ ADJ slarvig, hafsig, ovårdad

slow¹ /sləʊ/ ADJ **1** långsam, sakta **2** trög[tänkt] **3 be ~** *om klockor* gå efter (för sakta) **4** sen ⟨**she wasn't ~ to tell me**⟩

slow² /sləʊ/ ADV långsamt, sakta **go ~** *a) arb* maska *b)* ta det lugnt

slow³ /sləʊ/, **slow down, slow up** VB **1** sakta [in, ned, av], sänka farten **2** sänka farten på, bromsa **3** fördröja, hejda, hindra

slug¹ /slʌg/ SB **1** snigel *utan skal* **2** *spec US vard* kula **3** *spec US vard* [litet] glas, klunk

slug² /slʌg/ VB *spec US vard* slå (klämma) till

sluggish /'slʌgɪʃ/ ADJ trög, slö

slum /slʌm/ SB slum **the ~s** slummen

slumber¹ /'slʌmbə/ VB slumra

slumber² /'slʌmbə/ SB slummer

slummy /'slʌmɪ/ ADJ slum-, förslummad

slump¹ /slʌmp/ VB **1** sjunka ihop, sjunka ner **2** rasa ⟨**sales have ~ed**⟩

slump² /slʌmp/ SB **1** ras, plötslig nedgång ⟨**a ~ in prices**⟩ **2** lågkonjunktur, depression **3** nedgångsperiod

slung → **sling¹**

slunk → **slink**

slur¹ /slɜː/ VB **1** sluddra **~red** sluddrig **2** *musik* binda, spela (sjunga) legato

slur² /slɜː/ SB förolämpning, [skam]fläck **cast a ~ on** smutskasta, förtala

slurp¹ /slɜːp/ VB **1** sörpla **2** sörpla i sig

slurp² /slɜːp/ SB sörpling

slush /slʌʃ/ SB **1** snö|slask, -sörja **2** *vard* sentimental smörja

slut /slʌt/ SB slarva, slampa, slinka

sly /slaɪ/ **1** ADJ slug, lurig **2** ADJ menande, förstulen **3** SB **on the ~** i smyg

smack¹ /smæk/ VB smälla [till], daska [till], klatscha [till] **~ one's lips** smacka

smack² /smæk/ SB **1** smäll, dask **2** smackning **3** *vard* heroin

smack³ /smæk/ ADV precis ⟨**~ in the middle**⟩, rakt ⟨**the bus ran ~ into my car**⟩

small /smɔːl/ **1** ADJ liten, *pl* små **~ businesses** småföretag **2** ADJ föga, inte mycket ⟨**he had ~ cause to be glad**⟩ **3** SB **the ~ of the back** korsryggen

small-minded /ˌsmɔːlˈmaɪndɪd/ ADJ **1** trångsynt, intolerant **2** småaktig

smallpox /'smɔːlpɒks/ SB smittkoppor

smart¹ /smɑːt/ ADJ **1** *pl* [snygg och] proper, snygg **2** *spec US* intelligent, klyftig, skärpt **3** fashionabel, chic, flott **4** rask ⟨**a ~ walk**⟩ **5** skarp, hård ⟨**a ~ blow on the head**⟩

smart² /smɑːt/ VB **1** göra ont, ha ont **2** svida
□ **smart for** [få] sota för

smart aleck /'smɑːtˌælɪk/ SB viktigpetter, besserwisser

smarten /'smɑːtn/, **smarten up** VB **1** snygga till **2** snygga till sig

smash¹ /smæʃ/ VB **1** slå sönder, krossa **~ to pieces** slå i bitar **2** slås (gå) sönder, krossas **3** krascha ⟨**~ a car**⟩ **4** *bollspel* smasha
□ **smash down** slå in ⟨**~ a door**⟩
□ **smash into** köra in i, smälla ihop med
□ **smash up** krossa, kvadda ⟨**~ a car**⟩

smash² /smæʃ/ SB **1** krasch, krock **2** *bollspel* smash **3 a ~ [hit]** *teat* [kanon]succé

smashing /'smæʃɪŋ/ ADJ *spec GB* fantastisk, toppen[bra]

smattering /'smætərɪŋ/ SB gnutta, aning **have a ~ of German** kunna litet tyska

smear¹ /smɪə/ VB **1** smeta (kleta) ner **2** smörja [in] **3** smutskasta, förtala
smear² /smɪə/ SB **1** fläck **2** smutskastning, förtal ⟨a ~ campaign⟩
smell¹ /smel/ ⟨smelt /smelt/, smelt *el spec US* smelled, smelled⟩ VB **1** lukta, dofta, stinka you ~ of garlic du luktar vitlök **2** lukta på **3** känna lukten av ~ gas känna gaslukt I [can] ~ gas det luktar gas **4** ana, vädra ⟨~ danger⟩
★ ~ a rat ana oråd (ugglor i mossen)
□ smell out nosa (spåra) upp
smell² /smel/ SB **1** lukt, doft, stank a ~ of gas gaslukt **2** lukt[sinne] **3** have a ~ [of sth] lukta [på ngt]
smelly /'smelɪ/ ADJ illaluktande
smelt → smell¹
smile¹ /smaɪl/ SB leende all ~s idel leende (solsken)
smile² /smaɪl/ VB le ⟨at åt⟩
□ smile [up]on le mot, gynna ⟨fortune smiled on them⟩
smirk¹ /smɜːk/ VB le (flina) självbelåtet
smirk² /smɜːk/ SB självbelåtet leende (flin)
smith /smɪθ/ SB smed
smithy /'smɪðɪ/ SB smedja
smock /smɒk/ SB **1** skyddsrock **2** utanpåblus
smog /smɒg/ SB smog *blandning av rök o dimma*
smoke¹ /sməʊk/ SB **1** rök **2** have a ~ ta en rök ⇓
smoke² /sməʊk/ VB **1** röka **2** ryka [in], osa
smoker /'sməʊkə/ SB **1** rökare **2** rökkupé
smoke screen SB rökridå
smokestack /'sməʊkstæk/ SB [hög] skorsten
smoky /'sməʊkɪ/ ADJ **1** rökig, rökfärgad **2** rykande
smolder → smoulder
smooth¹ /smuːð/ ADJ **1** slät, jämn **2** len, mild **3** lugn ⟨a ~ flight⟩ **4** [alltför] älskvärd, inställsam
smooth² /smuːð/ VB släta till (ut), jämna [ut]
★ ~ sb's path jämna vägen för ngn
□ smooth away a) släta ut b) undanröja
□ smooth down a) släta till b) lugna ner
smother /'smʌðə/ VB **1** kväva, *bildl äv* undertrycka ⟨he ~ed all opposition⟩ **2** över|hölja, -ösa ⟨in, with med⟩

smoulder /'sməʊldə/ ⟨*US vanl* **smolder**⟩ VB pyra, ryka, glöda
smudge¹ /smʌdʒ/ SB [suddig] smutsfläck
smudge² /smʌdʒ/ VB smeta [ut], kladda [ner] ~d *äv* suddig
smug /smʌg/ ADJ självbelåten
smuggle /'smʌgl/ VB smuggla
smuggler /'smʌglə/ SB smugglare
smut /smʌt/ SB **1** oanständighet[er], snusk **2** smuts[fläck], sotfläck
smutty /'smʌtɪ/ ADJ oanständig, snuskig
snack /snæk/ SB **1** matbit, mellanmål, smörgås **2** snacks snacks, tilltugg *till drinkar*
snag /snæg/ SB svårighet, hake, krux
snail /sneɪl/ SB snigel
snake /sneɪk/ SB orm
snap¹ /snæp/ VB **1** brista, gå av **2** *bildl* bryta samman **3** bryta av, slita av **4** nafsa, hugga ⟨at efter⟩ **5** ~ open öppna[s] med en smäll ~ shut smälla (knäppa) igen **6** snäsa, fräsa ⟨at åt⟩ **7** *foto* knäppa, ta
★ ~ one's fingers knäppa med fingrarna
snap out of it ta sig samman, rycka upp sig
snap² /snæp/ SB **1** smäll, knäpp **2** nafsande, hugg **3** *vard foto* **4** *attribut* utan förvarning, plötslig, snabb ⟨~ decision⟩
snappy /'snæpɪ/ ADJ **1** elegant **2** argsint **3** rask, energisk
★ Make it ~! Raska på!
snapshot /'snæpʃɒt/ SB [amatör]foto, snapshot
snare¹ /sneə/ SB snara
snare² /sneə/ VB snara, snärja, fånga
snarl¹ /snɑːl/ VB morra
snarl² /snɑːl/ SB morrande, morrning
snatch¹ /snætʃ/ VB **1** rycka [till sig] **2** knycka, sno **3** *bildl* ta sig, stjäla sig ⟨~ an hour's sleep⟩
□ snatch at gripa efter
□ snatch away rycka undan
snatch² /snætʃ/ SB **1** ryck make a ~ at försöka rycka till sig **2** snatches a) korta stunder ⟨sleep in ~es⟩ b) fragment, brottstycken ⟨~es of music⟩
sneak¹ /sniːk/ ⟨sneaked, sneaked, *US äv* snuck /snʌk/, snuck⟩ VB **1** smyga [sig] ⟨~ out of a room⟩ **2** ~ a look at titta på i smyg **3** *GB* skvallra
sneak² /sniːk/ SB *GB* skvallerbytta

sneakers /'sni:kəz/ SB *spec US* gymnastikskor, tennisskor
sneaking /'sni:kɪŋ/ ADJ hemlig, smygande **have a ~ suspicion** ha sina misstankar
sneak preview /ˌsni:k 'pri:vju:/ SB förhandsvisning
sneer¹ /snɪə/ VB hånle
□ **sneer at** *äv* [för]håna
sneer² /snɪə/ SB **1** hån|leende, -flin **2 sneers** *äv* hånfulla kommentarer, gliringar
sneeze¹ /sni:z/ VB nysa
★ **not to be ~d at** inte att förakta
sneeze² /sni:z/ SB nysning
sniff¹ /snɪf/ VB **1** snörvla **2** vädra, sniffa, nosa ⟨**at** på⟩ **3** nosa (lukta) på **~ the sea air** andas in havsluften
★ **not to be ~ed at** inte att fnysa åt
□ **sniff out** nosa (spåra) upp
sniff² /snɪf/ SB **1** snörvling **give a ~** snörvla **2** sniff, doft **a ~ of air** en nypa luft
snigger¹ /'snɪɡə/ VB fnissa, flina
snigger² /'snɪɡə/ SB fnissning, flin
snip /snɪp/ VB klippa [av], knipsa [av]
snipe /snaɪp/ VB
□ **snipe at** *a)* idka krypskytte mot, beskjuta *ur bakhåll b) bildl äv* utsätta för [lömska] påhopp
sniper /'snaɪpə/ SB krypskytt, prickskytt
snippet /'snɪpɪt/ SB fragment, brottstycke ⟨**~s of conversation**⟩
snitch /snɪtʃ/ VB *vard* tjalla, skvallra
snivel /'snɪvl/ VB **1** snörvla, snora **2** snyfta, gnälla
snob /snɒb/ SB högfärdig (struntförnäm) person, snobb
snobbery /'snɒbərɪ/ SB högfärd, snobberi
snobbish /'snɒbɪʃ/ ADJ högfärdig, struntförnäm, snobbig
snog /snɒɡ/ VB *GB* hångla
snooker /'snu:kə/ SB snooker *slags biljardspel*
snoop /snu:p/ VB snoka
snooty /'snu:tɪ/ ADJ mallig, struntviktig, snorkig
snooze¹ /snu:z/ VB ta sig en tupplur, slumra [till]
snooze² /snu:z/ SB tupplur
snore¹ /snɔ:/ VB snarka
snore² /snɔ:/ SB snarkning
snort¹ /snɔ:t/ VB **1** fnysa **2** frusta **3** sniffa ⟨**~ cocain**⟩

snort² /snɔ:t/ SB **1** fnysning **2** hutt, klunk
snot /snɒt/ SB snor
snotty /'snɒtɪ/ ADJ **1** snorig **2** snorkig
snout /snaʊt/ SB tryne, nos
snow¹ /snəʊ/ SB **1** snö **2** *vard* kokain, snö
snow² /snəʊ/ VB **1** snöa **2 be ~ed under** vara över|lupen, -hopad ⟨**~ed under with work**⟩ **3** *US* [försöka] prata omkull, slå blå dunster i ögonen på
snowball¹ /'snəʊbɔ:l/ SB snöboll
snowball² /'snəʊbɔ:l/ VB öka lavinartat, sätta fart
snowdrift /'snəʊdrɪft/ SB snödriva
snowflake /'snəʊfleɪk/ SB snöflinga
snowman /'snəʊmæn/ SB snögubbe
snowy /'snəʊɪ/ ADJ **1** snöig, snötäckt **2** snövit
Snr. → **senior**
snub¹ /snʌb/ VB snoppa (snäsa) av, nonchalera
snub² /snʌb/ SB avsnoppning, förolämpning
snub-nosed /ˌsnʌb'nəʊzd/ ADJ trubbnäst
snuck → **sneak¹**
snuff¹ /snʌf/ SB [torrt] snus
snuff² /snʌf/ VB *ljus* snoppa
★ **~ it** *GB* trilla av pinn
□ **snuff out** *a)* släcka *b) bildl* kväva, slå ner
snug /snʌɡ/ ADJ **1** hemtrevlig, ombonad, mysig **2** åtsittande
so¹ /səʊ/ ADV **1** så **2** så, på det viset ⟨**Is that really ~?**⟩ **3** det ⟨**I hope ~**⟩, det ... också **he hopes to win and ~ do I** han hoppas vinna och det gör jag också
★ **and ~ on** och så vidare **just ~** perfekt ⟨**everything was just ~**⟩, **~ as to** för att **~ as not to** för att inte **~ much** bara, inget annat än ⟨**his promises were ~ much talk**⟩, **~ much for that** så var det med det, det var det
so² /səʊ/ KONJ **1** så **2** så att, för att ⟨**I gave him a map ~ he wouldn't get lost**⟩ **3** alltså, och därför ⟨**she wasn't needed, ~ she left**⟩
★ **S~ what?** Än sen då?
soak¹ /səʊk/ VB **1** lägga i blöt, [genom]dränka **2** ligga i blöt **3** skinna, klämma åt ⟨**~ the rich**⟩
★ **~ing wet** genomvåt
□ **soak in** *a)* tränga (sugas) in *b) bildl* tränga igenom
□ **soak up** suga upp, suga in, absorbera
soak² /səʊk/ SB **1** blötläggning **2** fyllkaja

so-and-so /'səʊəndsəʊ/ SB **1** den och (eller) den **2** *vard* typ, jäkel ⟨**Which ~ broke my glasses?**⟩

soap /səʊp/ SB **1** tvål **a bar (cake) of ~** en tvål **2 ~ opera** tvålopera

soapsuds /'səʊpsʌdz/ SB tvållödder

soar /sɔː/ VB **1** sväva [i höjden] **2** stiga, skjuta upp ⟨**flames ~ing into the sky**⟩ **3** resa sig, torna upp sig **4** skjuta i höjden ⟨**~ing prices**⟩

sob¹ /sɒb/ VB snyfta

sob² /sɒb/ SB snyftning

sober¹ /'səʊbə/ ADJ **1** nykter **2** sober, måttfull

sober² /'səʊbə/, **sober up** VB **1** nyktra till **2** göra (få) nykter

so-called /ˌsəʊˈkɔːld/ ADJ så kallad, s.k.

soccer /'sɒkə/ SB fotboll

sociable /'səʊʃəbl/ ADJ sällskaplig, tillgänglig

social /'səʊʃl/ **1** ADJ social, social-, samhälls- **2** ADJ umgänges-, sällskaps- **3** ADJ sällskaplig **4** SB tillställning, fest ⇓

social climber /ˌsəʊʃl ˈklaɪmə/ SB karriärist, streber

socialism /'səʊʃəˌlɪzəm/ SB socialism[en]

socialist /'səʊʃəlɪst/ **1** SB socialist **2** ADJ socialistisk

socialize /'səʊʃəlaɪz/ VB **1** umgås **2** socialisera

social science SB samhällsvetenskap

social security SB **be on ~** *a)* GB leva på socialbidrag *b)* US ha ålderspension

social services SB **the ~** socialtjänsten

society /sə'saɪətɪ/ SB **1** samhälle[t] **2** sällskap, förening **3** *frml* sällskap ⟨**in the ~ of friends**⟩, umgänge **4 [high] ~** societeten **a ~ lady** en societetsdam

sociologist /ˌsəʊʃɪˈɒlədʒɪst, *spec* US ˌsəʊsɪ-/ SB sociolog

sociology /ˌsəʊʃɪˈɒlədʒɪ, *spec* US ˌsəʊsɪ-/ SB sociologi

sock¹ /sɒk/ SB **1** [kort]strumpa, [ankel]socka **2** knästrumpa
★ **pull one's ~s up** GB lägga på ett kol, skärpa sig

sock² /sɒk/ VB klippa till

sock³ /sɒk/ SB smocka, smäll

socket /'sɒkɪt/ SB **1** eluttag, vägguttag ⟨**wall ~**⟩ **2** fattning, sockel **3** *anat* ledskål, håla ⟨**eye ~**⟩

sod¹ /sɒd/ SB *GB* djävel ⟨**You stupid ~!, Poor ~!**⟩

sod² /sɒd/ VB *GB* **S~ it!** Djävlar! □ **~ off!** Försvinn!, Dra åt helvete!

soda /'səʊdə/ SB **1** soda **2** sodavatten **3** *US* sodadrink ⟨**ice-cream ~**⟩, **~ pop** läsk **~ fountain** ≈ glassbar

sodium /'səʊdɪəm/ SB natrium

sofa /'səʊfə/ SB soffa

soft /sɒft/ ADJ **1** mjuk **2** len ⟨**~ skin**⟩, mild, dämpad ⟨**~ light, ~ music**⟩ **3** fnoskig, sinnessvag **4** mjäkig, släpphänt **5** lätt ⟨**a ~ job, ~ drugs**⟩ **6 ~ drink** läskedryck, saft, juice
★ **be ~ on** *a)* vara mild (släpphänt) mot *b)* vara förtjust (kär) i **have a ~ spot for** vara svag för

soft-boiled /ˌsɒftˈbɔɪld/ ADJ löskokt

soften /'sɒfn/ VB **1** mjuka upp, göra mjuk[are] **2** mjukna, bli mjuk[are] **3** mildra, dämpa

softhearted /ˌsɒftˈhɑːtɪd/ ADJ godhjärtad, förstående

software /'sɒftweə/ SB *data* programvara, mjukvara

soggy /'sɒgɪ/ ADJ genomblöt, uppblött, sank

soil¹ /sɔɪl/ SB **1** mylla, jord, jordmån **2** mark ⟨**on British ~**⟩, **native ~** fosterjord

soil² /sɔɪl/ VB smutsa [ner]

solace /'sɒləs/ SB *frml* tröst

solar /'səʊlə/ ADJ sol- ⟨**~ energy**⟩

solarium /sə'leərɪəm/ SB solarium

sold → **sell**

solder /'sɒldə, *US* 'sɑːdər/ VB löda

soldier /'səʊldʒə/ SB soldat

sole¹ /səʊl/ SB sula, fotsula, skosula

sole² /səʊl/ ⟨*pl lika el* **-s**⟩ SB sjötunga

sole³ /səʊl/ ADJ enda, ensam **have ~ responsibility** ha hela ansvaret

solely /'səʊllɪ/ ADV **1** ensam[t] **2** enbart, uteslutande

solemn /'sɒləm/ ADJ högtidlig, allvarlig **a ~ promise** *äv* ett heligt löfte

solemnity /sə'lemnətɪ/ SB högtidlighet, allvar

solicit /sə'lɪsɪt/ VB **1** hemställa om, vädja om **2** *om prostituerade* antasta

solicitor /sə'lɪsɪtə/ SB **1** *GB* advokat **2** *US* jurist *vid statlig el kommunal myndighet* **city ~** stadsjurist

solicitous /sə'lɪsɪtəs/ ADJ **1** ängslig, orolig **2** ivrig **3** omtänksam

solid¹ /'sɒlɪd/ ADJ **1** fast **2** ren, gedigen, massiv ⟨**~ silver**⟩, **a ~ blue sky** en helblå himmel 3 obruten, utan avbrott two ~ hours två timmar i sträck 4 kraftig, bastant 5 *bildl* gedigen, solid ⟨a ~ character⟩ 6 konkret, påtaglig

solid² /'sɒlɪd/ SB 1 fast kropp 2 solids fasta ämnen (beståndsdelar) 3 solids fast föda

solidarity /ˌsɒlɪ'dærətɪ/ SB solidaritet

solidity /sə'lɪdətɪ/ SB 1 fasthet 2 gedigenhet, soliditet

solid-state /ˌsɒlɪd'steɪt/ ADJ 1 ~ physics fasta tillståndets fysik 2 halvledar-

soliloquy /sə'lɪləkwɪ/ SB *teat* monolog

solitary /'sɒlətərɪ/ ADJ 1 ensam a ~ life ett liv i ensamhet 2 enslig[t belägen], avskild

solitude /'sɒlɪtjuːd/ SB ensamhet

solo¹ /'səʊləʊ/ 1 SB solo 2 ADJ solo-, ensam-

solo² /'səʊləʊ/ ADV solo, ensam ⟨flying ~⟩

soloist /'səʊləʊɪst/ SB solist

soluble /'sɒljʊbl/ ADJ löslig, lösbar

solution /sə'luːʃn/ SB 1 lösning, svar ⟨the ~ to a problem⟩ 2 lösande, att lösa ⟨the ~ of a problem⟩ 3 *kemi* lösning, upplösning

solve /sɒlv/ VB lösa

solvent¹ /'sɒlvənt/ ADJ solvent

solvent² /'sɒlvənt/ SB lösningsmedel

sombre /'sɒmbə/ (US somber) ADJ 1 mörk, dunkel 2 dyster

some¹ /sʌm/ PRON 1 lite[t] ⟨Can I have ~ bread, please?⟩ 2 någon, något, några ~ man opened the door en karl öppnade dörren 3 en del, somliga, vissa 4 *US vard* alla tiders, jättebra, kanon- ⟨That was ~ speech you made!⟩

some² /sʌm/ ADV 1 ungefär ⟨~ 50 people came⟩ 2 *US* lite grann ⟨Are you feeling better? S~, I guess.⟩

somebody /'sʌmbədɪ, *US* -baːdɪ/ PRON 1 → someone 2 he thinks he is ~ han tror han 'är något

somehow /'sʌmhaʊ/ ADV 1 på något sätt 2 av någon anledning

someone /'sʌmwʌn/, somebody ADJ någon

someplace /'sʌmpleɪs/ ADV *spec US* någonstans

somersault¹ /'sʌməsɔːlt/ SB kullerbytta, *bildl* helomvändning turn a ~ slå kullerbytta

somersault² /'sʌməsɔːlt/ VB slå kullerbytta

something /'sʌmθɪŋ/ PRON något, någonting ~ like ungefär [som]

sometime¹ /'sʌmtaɪm/ ADV någon gång

sometime² /'sʌmtaɪm/ ADJ *frml* förutvarande, förre, före detta

sometimes /'sʌmtaɪmz/ ADV ibland

somewhat /'sʌmwɒt/ ADV något, tämligen, ganska

somewhere /'sʌmweə/ ADV någonstans

son /sʌn/ SB 1 son 2 *oavsett släktskap* min gosse, grabben, unge man

sonar /'səʊnə/ SB hydrofon

sonata /sə'nɑːtə/ SB sonat

song /sɒŋ/ SB sång
★ for a ~ billigt, för ingenting ⟨I bought it for a ~⟩

sonic boom /ˌsɒnɪk 'buːm/ SB ljudbang

son-in-law /'sʌnɪnˌlɔː/ SB svärson, måg

sonorous /'sɒnərəs, *spec US* sə'nɔːrəs/ ADJ sonor, klangfull, fyllig

soon /suːn/ ADV snart, strax just as ~ lika gärna

sooner /'suːnə/ ADV 1 förr ⟨~ or later⟩ 2 no ~ ... than knappt ... förrän 3 hellre ⟨I'd ~ read than watch TV⟩

soot /sʊt/ SB sot

soothe /suːð/ VB 1 blidka, lugna 2 lindra, mildra

sooty /'sʊtɪ/ ADJ sotig

sop /sɒp/ SB *bildl* köttben, tröst, muta ⟨a ~ to the old age pensioners⟩

sophisticated /sə'fɪstɪkeɪtɪd/ ADJ 1 sofistikerad, världsvan 2 sofistikerad, komplicerad, avancerad

sophistication /səˌfɪstɪ'keɪʃn/ SB 1 förfining, världsvana 2 komplexitet growing in ~ mer och mer sofistikerad (avancerad)

sophomore /'sɒfəmɔː/ SB *US* student (elev) i andra årskursen *i high school el college*

sopping /'sɒpɪŋ/, sopping wet ADJ genomblöt

soppy /'sɒpɪ/ ADJ *vard* sentimental, blödig

soprano /sə'prɑːnəʊ/ SB sopran

sorbet /'sɔːbeɪ, *spec US* -bət/ SB *GB* sorbet

sorcerer /'sɔːsərə/ SB trollkarl

sordid /'sɔːdɪd/ ADJ 1 eländig, smutsig 2 sjaskig, tarvlig

sore /sɔː/ 1 ADJ öm have a ~ throat ha ont i halsen 2 ADJ *bildl* känslig, ömtålig ⟨it's a ~ point with him⟩ 3 ADJ *spec US* arg ⟨at på⟩, förorättad, sårad 4 SB sår
★ in ~ need of help i svårt behov av hjälp

sorrow¹ /'sɒrəʊ/ SB sorg, bedrövelse
sorrow² /'sɒrəʊ/ VB sörja
sorrowful /'sɒrəʊfʊl/ ADJ **1** sorglig **2** sorgsen
sorry¹ /'sɒrɪ/ ADJ **1** ledsen I'm ~ äv förlåt, jag ber om ursäkt I'm ~ to hear that ... äv det var tråkigt att höra att ... **2** eländig, ynklig, sorglig ⟨a ~ sight⟩
★ be (feel) ~ for tycka synd om
sorry² /'sɒrɪ/ INTERJ **1** förlåt **2** tyvärr **3** *spec GB* Hur sa?
sort¹ /sɔ:t/ SB slag, sort she's not such a bad ~ det är inget [större] fel på henne
★ nothing of the ~ *a)* ingenting i den stilen *b)* inte alls of ~s av något slag coffee of ~s något som skulle föreställa kaffe out of ~s *a)* krasslig *b)* ur humör, irriterad something of the ~ något ditåt (i den stilen) ~ of *vard* liksom
sort² /sɔ:t/ VB sortera, ordna
□ **sort out** *vard a)* ordna [upp], reda ut *b)* få ordning (pli) på
sortie /'sɔ:tɪ/ SB **1** utflykt, expedition **2** *milit* flyguppdrag, uppstigning **3** *milit* utfall, utbrytning
SOS /ˌesəʊ'es/ SB SOS, nödsignal
so-so¹ /'səʊsəʊ/ ADJ hyfsad, skaplig
so-so² /'səʊsəʊ/ ADV så där, någorlunda
sought → seek
sought-after /'sɔ:tˌɑ:ftə/ ADJ eftersökt
soul /səʊl/ SB själ
★ be the ~ of sth vara ngt personifierad (själv) ⟨he is the ~ of discretion⟩
sound¹ /saʊnd/ SB **1** ljud[et] ⟨the speed of ~⟩ **2** sound *karakteristisk klangfärg el ljudkvalitet* **3** intryck I don't like the ~ of this det här låter inte bra (verkar oroande) by (from) the ~ of it som det låter (verkar)
sound² /saʊnd/ VB **1** låta, ljuda, klinga **2** låta ljuda ~ a trumpet blåsa i en trumpet ~ the alarm slå larm ~ the horn tuta
□ **sound off** skryta, orera, lägga ut texten
sound³ /saʊnd/ ADJ **1** frisk, sund **2** klok, välgrundad **3** solid ⟨a ~ business⟩ **4** grundlig, rejäl **5** *om sömn* djup be a ~ sleeper sova djupt
sound⁴ /saʊnd/ ADV be ~ asleep sova djupt
sound⁵ /saʊnd/ VB **1** *sjö* loda **2** *bildl* sondera, pejla
□ **sound out** känna på pulsen

sound⁶ /saʊnd/ SB sund ⟨Long Island S~⟩
sound barrier SB ljudvall
soundproof /'saʊndpru:f/ ADJ ljudisolerad
soundtrack /'saʊndtræk/ SB *film* ljudspår
soup /su:p/ SB soppa
★ in the ~ i klistret
souped-up /'su:ptʌp/ ADJ trimmad
sour¹ /'saʊə/ ADJ **1** sur, syrlig **2** vresig, bitter
★ go (turn) ~ gå om intet, gå på tok
~ grapes surt sa räven
sour² /'saʊə/ VB **1** surna, bli sur **2** göra sur ⟨the warm weather ~ed the milk⟩ **3** bli förargad (sur, bitter) **4** förbittra
source /sɔ:s/ SB källa
sourpuss /'saʊəpʊs/ SB surpuppa
south¹ /saʊθ/ **1** SB söder to the ~ of söder om **2** SB the S~ *i GB* Sydengland, *i US* sydstaterna **3** ADJ södra, sydlig, syd-
south² /saʊθ/ ADV söderut, mot söder
~ of söder om
southbound /'saʊθbaʊnd/ ADJ södergående
southeast¹ /ˌsaʊθ'i:st/ **1** SB sydost **2** SB the S~ *i GB* sydöstra England **3** ADJ syd|ostlig, -östra
southeast² /ˌsaʊθ'i:st/ ADV mot sydost
~ of sydost om
southerly /'sʌðəlɪ/ ADJ sydlig
southern /'sʌðn/ ADJ södra, sydlig, syd-
southerner /'sʌðənə/ SB person söderifrån, *i GB* sydengelsman, *i US* sydstatsbo
southward /'saʊθwəd/ ADJ sydlig
southwards /'saʊθwədz/, **southward** ADV söderut, mot söder
southwest¹ /ˌsaʊθ'west/ **1** SB sydväst **2** ADJ syd|västra, -västlig
southwest² /ˌsaʊθ'west/ ADV mot sydväst
~ of sydväst om
sou'wester /saʊ'westə/ SB sydväst *vattentät hatt*
sovereign /'sɒvrɪn/ **1** SB monark, härskare **2** SB sovereign *hist guldmynt* = £1 **3** ADJ suverän, självständig ⟨a ~ state⟩ **4** ADJ ~ powers oinskränkt (absolut) makt
sovereignty /'sɒvrəntɪ/ SB **1** suveränitet, självständighet **2** överhöghet
soviet /'səʊvɪət/ **1** SB sovjet *revolutionärt råd* **2** SB S~ *spec US* sovjetmedborgare **3** ADJ S~ sovjetisk, sovjet-

the Soviet Union /ˌsəʊvɪət 'juːnɪən/ SB Sovjet[unionen]

sow¹ /səʊ/ ⟨sowed, sowed *el* sown⟩ VB 1 så 2 beså

sow² /saʊ/ SB sugga, so

sown → sow¹

spa /spɑː/ SB kurort *med hälsobrunn*

space¹ /speɪs/ SB 1 plats, utrymme, mellanrum 2 rymd[en] **be looking (staring) into ~** stirra ut i tomma intet 3 *attribut* rymd- 4 tidsrymd ⇓

space² /speɪs/, **space out** VB sprida [med jämna mellanrum], sprida ut, fördela

spacecraft /'speɪskrɑːft/ SB rymd|farkost, -skepp

spaced out /'speɪstˌaʊt/ ADJ *vard* påtänd *av knark*, borta

spaceship /'speɪsʃɪp/ SB rymdskepp

space shuttle SB rymdfärja

spacesuit /'speɪssuːt/ SB rymddräkt

spacious /'speɪʃəs/ ADJ rymlig

spade¹ /speɪd/ SB spade
★ **call a ~ a ~** → call¹

spade² /speɪd/ SB 1 spader[kort] 2 spades *kortspel* spader 3 *neds* neger

Spain /speɪn/ SB Spanien

span¹ /spæn/ SB 1 [bro]spann 2 tid, tidsrymd ⟨**life ~**⟩ 3 omfång, utsträckning **have a short concentration ~** inte kunna koncentrera sig länge

span² /spæn/ VB spänna över, omspänna **the lake was ~ned by two bridges** två broar ledde över sjön

Spaniard /'spænjəd/ SB spanjor

Spanish /'spænɪʃ/ 1 ADJ spansk 2 SB spanska [språket]

spank¹ /spæŋk/ VB ge smäll (stryk), daska till

spank² /spæŋk/ SB smäll, dask

spanking¹ /'spæŋkɪŋ/ SB smäll, smisk

spanking² /'spæŋkɪŋ/ ADV **~ clean** skinande ren **~ new** spritt ny

spanner /'spænə/ SB GB [skruv]nyckel **adjustable ~** skiftnyckel
★ **a ~ in the works** GB en käpp i hjulet

spar /spɑː/ VB 1 sparra 2 munhuggas

spare¹ /speə/ VB 1 avvara **Can you ~ me a few minutes? Har du tid en minut?** 2 bespara 3 skona
★ **have to ~** ha (få) över ⟨**have money to ~**⟩, **~ no pains** inte sky någon möda

spare² /speə/ 1 ADJ reserv-, extra 2 ADJ mager 3 SB reservdel 4 SB reservhjul

spare part /ˌspeə 'pɑːt/ SB reservdel

sparerib /'speərɪb/ SB revbensspjäll

spare room /ˌspeə 'ruːm/ SB gästrum

spare time /ˌspeə 'taɪm/ SB fritid

spare tyre /ˌspeə 'taɪə/ SB 1 reservdäck 2 *GB skämts* bilring *runt midjan*

sparing /'speərɪŋ/ ADJ sparsam, njugg

spark¹ /spɑːk/ SB gnista
★ **not a ~ of** inte ett spår av ⇓

spark² /spɑːk/ VB gnistra
□ **spark off** utlösa

sparkle¹ /'spɑːkl/ VB gnistra, glittra, *bildl äv* sprudla

sparkle² /'spɑːkl/ SB glans, glitter, *bildl äv* briljans

spark plug (GB *äv* **sparking plug**) SB tändstift

sparrow /'spærəʊ/ SB sparv

sparse /spɑːs/ ADJ gles

Spartan /'spɑːtn/ ADJ spartansk

spasm /'spæzəm/ SB 1 spasm 2 anfall

spasmodic /spæz'mɒdɪk/ ADJ spasmodisk, ryckvis, stötvis

spat → spit¹

spate /speɪt/ SB 1 [stört]flod, ström, utbrott 2 högvatten, översvämning

spatter /'spætə/ VB stänka [ned]

spawn¹ /spɔːn/ SB rom *av fisk, grodor etc*

spawn² /spɔːn/ VB 1 lägga rom, leka 2 ge upphov till, kläcka

speak /spiːk/ ⟨**spoke** /spəʊk/, **spoken** /'spəʊkən/⟩ VB 1 tala, säga 2 **Jones ~ing** *svar i telefon* Jones [här] 3 **~ing** *äv* talat ⟨**generally ~ing, seriously ~ing**⟩
★ **not be on ~ing terms** inte tala med varandra **~ one's mind** säga sin mening rent ut

□ **speak out** sjunga ut, säga ifrån
□ **speak up** *a)* tala högre *b)* sjunga ut, säga ifrån

speaker /'spiːkə/ SB 1 talare 2 **Speaker** talman 3 högtalare

spear¹ /spɪə/ SB spjut

spear² /spɪə/ VB sticka spjut i, genomborra, spetsa

spearhead¹ /'spɪəhed/ SB spjutspets, *bildl äv* förtrupp

spearhead² /'spɪəhed/ VB gå i spetsen för

special /'speʃl/ ADJ speciell, special-, särskild

specialist /'speʃəlɪst/ SB specialist ⟨**in, on** på⟩

speciality /ˌspeʃɪ'ælətɪ/ (US **specialty**

/'speʃəltɪ/) SB specialitet
specialize /'speʃəlaɪz/ VB specialisera [sig]
specialty → speciality
species /'spi:ʃi:z/ ⟨*lika i pl*⟩ SB **1** art **2** sort, typ
specific /spə'sɪfɪk/ ADJ **1** specifik, speciell **2** preciserad, exakt
specification /ˌspesɪfɪ'keɪʃn/ SB specifikation, specificering
specify /'spesəfaɪ/ VB specificera, ange i detalj
specimen /'spesɪmən/ SB **1** exemplar **2** prov
speck /spek/ SB prick, [liten] fläck
speckled /'spekld/ ADJ spräcklig, fläckig
specs /speks/ SB brillor
spectacle /'spektəkl/ SB syn, anblick, skådespel
★ make a ~ of oneself göra sig till åtlöje
spectacles /'spektəklz/ SB glasögon
spectacular /spek'tækjʊlə/ ADJ spektakulär, imponerande, uppseendeväckande
spectator /spek'teɪtə, *spec US* 'spekteɪtər/ SB åskådare
spectre /'spektə/ (US **specter**) SB spöke, vålnad
speculate /'spekjʊleɪt/ VB spekulera
speculation /ˌspekjʊ'leɪʃn/ SB spekulation
speculator /'spekjuleɪtə/ SB börs|spekulant, -jobbare
sped → speed²
speech /spi:tʃ/ SB **1** tal, talet **power[s] of ~** talförmåga **2 free (freedom of)** ~ yttrandefrihet **3** tal, anförande **4** muntlig framställning **5** *teat* replik
speech day SB GB *skolas* årsavslutning *med tal, utdelning av premier, priser etc*
speechless /'spi:tʃləs/ ADJ mållös, stum
speed¹ /spi:d/ SB **1** hastighet, fart, snabbhet **at ~** fort, snabbt **2** *vard* amfetamin, tjack ⇓
speed² /spi:d/ **1** ⟨sped /sped/, sped⟩ VB rusa, svepa, susa ⟨~ **down the street**⟩ **2** påskynda **3** överskrida hastighetsgränsen
▫ **speed up** *a)* öka farten, sätta fart *b)* påskynda
speedboat /'spi:dbəʊt/ SB snabb motorbåt, racerbåt
speeding /'spi:dɪŋ/ SB fortkörning

speed limit SB hastighets|gräns, -begränsning
speedometer /spɪ'dɒmɪtə/ SB hastighetsmätare
speedy /'spi:dɪ/ ADJ snabb
spell¹ /spel/ ⟨spelt /spelt/, spelt *el spec US* **spelled, spelled**⟩ VB **1** stava **2** bokstavera **3** betyda, innebära ⟨**this** ~**s trouble**⟩
▫ **spell out** *a)* stava till, bokstavera *b)* förklara klart och tydligt
spell² /spel/ SB **1** period, [kort] tid **2** [arbets]pass
spell³ /spel/ SB **1** trollformel **2** trollmakt, förtrollning **be under a** ~ vara förtrollad
spellbound /'spelbaʊnd/ ADJ trollbunden, förtrollad
spelling /'spelɪŋ/ SB stavning ~ **mistake** stavfel
spelt → spell¹
spend /spend/ ⟨spent /spent/, spent⟩ VB **1** ge (lägga) ut, göra av med, spendera **2** tillbringa **3** förbruka, offra ⟨~ **energy on sth**⟩
★ ~ **a penny** GB *vard* gå på toa
spender /'spendə/ SB person som ger ut pengar **big** ~ slösare
spendthrift /'spendθrɪft/ SB slösare
spent¹ → spend
spent² /spent/ ADJ **1** förbrukad, använd **2** utmattad, slut
sperm /spɜ:m/ SB **1** spermie **2** sperma, sädesvätska
spew /spju:/ VB spy [ut]
sphere /sfɪə/ SB **1** sfär, klot **2** sfär, område
spherical /'sferɪkl/ ADJ sfärisk
sphinx /sfɪŋks/ SB sfinx
spice¹ /spaɪs/ SB krydda, kryddor
spice² /spaɪs/ VB krydda
spicy /'spaɪsɪ/ ADJ **1** [starkt] kryddad, kryddstark **2** *bildl* mustig, pikant ⟨~ **details**⟩
spider /'spaɪdə/ SB spindel
spike¹ /spaɪk/ SB **1** spets, pigg **2 spikes** spikskor **3** [grov och lång] spik **4** ax
spike² /spaɪk/ VB **1** spetsa, genomborra **2** spetsa *med alkohol*
spill¹ /spɪl/ ⟨spilt /spɪlt/, spilt *el spec US* **spilled, spilled**⟩ VB **1** spilla ~ **blood** utgjuta blod **2** spillas [ut], välla
★ ~ **the beans** *vard* prata bredvid mun[nen]
spill² /spɪl/ SB fall *från häst, cykel etc*
spilt → spill¹

spin¹ /spɪn/ ⟨spun /spʌn/, spun⟩ VB
1 snurra [runt] 2 snurra på 3 *boll* skruva
4 spinna
★ ~ a yarn berätta en historia
□ **spin out** dra ut på, få att räcka
spin² /spɪn/ SB 1 snurr[ande], rotation
2 *bollspel* skruv **give [a] ~** skruva 3 *flyg*
spinn 4 *vard* åktur
★ **be in a [flat] ~** vara alldeles snurrig
(vimsig)
spinach /ˈspɪnɪdʒ/ SB spenat
spinal column /ˌspaɪnəl ˈkɒləm/ SB
ryggrad
spinal cord /ˌspaɪnəl ˈkɔːd/ SB ryggmärg
spindle /ˈspɪndl/ SB *tekn* spindel, axel
spin-dry /ˌspɪnˈdraɪ/ VB centrifugera
spin-dryer /ˌspɪnˈdraɪə/ SB centrifug
spine /spaɪn/ SB 1 ryggrad 2 bokrygg
3 tagg
spineless /ˈspaɪnləs/ ADJ ryggradslös
spinning wheel /ˈspɪnɪŋwiːl/ SB
spinnrock
spin-off /ˈspɪnɒf/ SB spin off, [oväntad]
biprodukt
spinster /ˈspɪnstə/ SB ungmö, nucka
spiral¹ /ˈspaɪərəl/ SB 1 spiral 2 *attribut*
spiralformad, spiral-
spiral² /ˈspaɪərəl/ VB 1 röra sig i spiral,
cirkla (ringla) uppåt 2 gå upp, stiga
⟨~ling prices⟩
spirit¹ /ˈspɪrɪt/ SB 1 ande, själ 2 ande,
spöke 3 anda ⟨team ~⟩ 4 anda,
andemening 5 livlighet 6 energi,
kampanda, vilja ⟨break sb's ~⟩ 7 spirits
humör **in high ~s** glad och munter 8 *vanl*
pl sprit
★ **in ~** i ngns inre (tankar) ⟨I'll be with you
in ~⟩
spirit² /ˈspɪrɪt/ VB
□ **spirit away** smussla bort (undan)
spirited /ˈspɪrɪtɪd/ ADJ livlig, kraftfull,
energisk
spiritual /ˈspɪrɪtʃʊəl/ 1 ADJ andlig 2 SB
spiritual ⟨Negro ~⟩
spit¹ /spɪt/ ⟨spat /spæt/, spat *el spec US* spit,
spit⟩ VB 1 spotta 2 fräsa 3 **it's ~ting** det
småregnar
★ **be the ~ting image of sb** vara ngn upp i
dagen
spit² /spɪt/ SB spott
spit³ /spɪt/ SB stekspett
spite¹ /spaɪt/ SB elakhet, illvilja
★ **in ~ of** trots

spite² /spaɪt/ VB reta, djävlas med
spiteful /ˈspaɪtfʊl/ ADJ elak, illvillig
spittle /ˈspɪtl/ SB spott
splash¹ /splæʃ/ VB plaska, stänka, skvätta
□ **splash out** *GB* slå på stort
splash² /splæʃ/ SB 1 plask, stänk, skvätt
2 fläck ⟨a ~ of paint⟩
★ **make a ~** *vard* göra sensation, väcka
uppseende
splatter /ˈsplætə/ VB stänka, plaska
splendid /ˈsplendɪd/ ADJ 1 ståtlig,
praktfull 2 *vard* utomordentlig, utmärkt
splendour /ˈsplendə/ (*US* **splendor**) SB
prakt, ståt
splint /splɪnt/ SB *medicin* spjäla, skena
splinter /ˈsplɪntə/ SB skärva, splitter ⟨~s
of glass⟩, sticka ⟨get a ~ in one's finger⟩
split¹ /splɪt/ ⟨split, split⟩ VB 1 klyva, dela
[på] 2 klyvas, spricka, splittras 3 sticka
[i väg], pysa
★ **~ hairs** ägna sig åt hårklyverier
□ **split on** *GB* skvallra på
□ **split up** *a)* skingras, splittras *b)* skiljas
~ with sb bryta med ngn
split² /splɪt/ SB splittring, spricka
★ **do the ~s** gå ner i spagat
split second /ˌsplɪt ˈsekənd/ SB bråkdel av
en sekund
splitting /ˈsplɪtɪŋ/ ADJ **a ~ headache** [en]
sprängande huvudvärk
splutter /ˈsplʌtə/ VB 1 spotta, fräsa 2 *ord*
spotta fram, stamma [fram]
spoil /spɔɪl/ ⟨**spoilt, spoilt** *el* **spoiled,
spoiled**⟩ VB 1 förstöra[s], fördärva[s]
2 skämma bort
spoiled /spɔɪld/, **spoilt** ADJ bortskämd
spoils /spɔɪlz/ SB *frml* byte ⟨~ of war⟩
spoilsport /ˈspɔɪlspɔːt/ SB glädjedödare
spoke¹ → speak
spoke² /spəʊk/ SB eker
spoken → speak
spokesman /ˈspəʊksmən/, **spokesperson**
SB talesman
sponge¹ /spʌndʒ/ SB tvättsvamp
★ **throw in the ~** kasta in handduken
sponge² /spʌndʒ/ VB 1 tvätta (torka) [av]
med svamp 2 snylta
□ **sponge down** tvätta (torka) av med
svamp
□ **sponge off** snylta på
□ **sponge up** torka (suga) upp med
svamp
sponge bag SB *GB* necessär

sponge cake SB sockerkaka
spongy /'spʌndʒɪ/ ADJ svampig, svampaktig
sponsor¹ /'spɒnsə/ SB **1** sponsor **2** annonsör **3** fadder
sponsor² /'spɒnsə/ VB sponsra, stöda [med pengar], stå bakom
spontaneity /ˌspɒntə'neɪətɪ, *spec US* -'niːətɪ/ SB spontanitet
spontaneous /spɒn'teɪnɪəs/ ADJ spontan
spoof /spuːf/ SB parodi
spook /spuːk/ SB **1** spöke **2** *US vard* spion
spooky /'spuːkɪ/ ADJ kuslig, spöklik
spool /spuːl/ SB spole, rulle
spoon /spuːn/ SB sked
spoonful /'spuːnfʊl/ SB *mått* sked ⟨a ~ of honey⟩
sporadic /spə'rædɪk/ ADJ sporadisk, enstaka
spore /spɔː/ SB spor
sport¹ /spɔːt/ SB **1** *äv* **sports** sport, idrott **2** idrottsgren **3 sports** *äv* tävling[ar] **4** bussig (sportslig) person **be a ~** vara bussig **a bad ~** en dålig förlorare **5** skämt **for ~** för skojs skull **in ~** *GB* på skämt (skoj) **make ~ of** driva med ⇩
sport² /spɔːt/ VB stoltsera (ståta) med, visa upp
sporting /'spɔːtɪŋ/ ADJ **1** sport- **2** sportig, sportintresserad **3** sportslig
sports car SB sportbil
sportsman /'spɔːtsmən/ SB **1** sportsman, idrottsman **2** jägare **3** god förlorare
sportsmanship /'spɔːtsmənʃɪp/ SB sportsmannaanda, sportslighet
sportswear /'spɔːtsweə/ SB sportkläder
sportswoman /'spɔːtsˌwʊmən/ SB sportkvinna, idrottskvinna
sporty /'spɔːtɪ/ ADJ sportig, idrottsintresserad
spot¹ /spɒt/ SB **1** prick **2** fläck **3** finne, prick **~s** *äv* utslag **4** plats, ställe **5** *bildl* punkt **bright ~** ljuspunkt **6** stänk **7** *tv* program|punkt, -inslag, reklaminslag **8** lite[grann] ⟨a ~ of lunch⟩
★ **have a soft ~ for** → **soft in a ~** i knipa **on the ~** *a)* på platsen ⟨our man on the ~⟩ *b)* på fläcken, genast *c) spec US* i knipa (klämma) ⇩
spot² /spɒt/ VB **1** få syn på, upptäcka, iakttaga **2** finna, hitta ⟨Can you ~ the fault?⟩, **~ the difference** se skillnaden **3** fläcka [ner] **4** bli fläckig, fläckas

spot check /ˌspɒt 'tʃek/ SB stickprov
spotless /'spɒtləs/ ADJ fläckfri, skinande [ren]
spotlight /'spɒtlaɪt/ SB **1** strålkastare, spotlight **2** strålkastarljus **be in the ~** stå i rampljuset
spot-on /ˌspɒt'ɒn/ ADJ *GB* på pricken, perfekt
spotty /'spɒtɪ/ ADJ **1** finnig **2** prickig, fläckig
spouse /spaʊs, spaʊz/ SB make, maka
spout¹ /spaʊt/ SB **1** pip **2** [kraftig] stråle
spout² /spaʊt/ VB **1** spruta [ut] **2** haspla ur sig, orera
sprain¹ /spreɪn/ VB stuka, vricka
sprain² /spreɪn/ SB stukning, vrickning
sprang → **spring¹**
sprawl /sprɔːl/ VB sträcka (breda) ut sig, vräka sig **be sent ~ing** kastas omkull, falla raklång
spray¹ /spreɪ/ VB **1** spruta, bespruta **2** spreja
spray² /spreɪ/ SB **1** dusch, skur **2** sprej, sprejmedel **3** sprejflaska
spread¹ /spred/ ⟨spread, spread⟩ VB **1** sprida (sträcka) [ut] **2** sprida (sträcka) sig, spridas **3** bre[da] ⟨~ butter on bread⟩ **4** vara bredbar **~ easily** vara lätt att breda på
spread² /spred/ SB **1** spridning, utbredning **2** utsträckning, spännvidd **3** *vard* vingbredd **4** [tidnings]uppslag, tvåsides|artikel, -annons *vard* kalas, fest[måltid] **6** bredbart pålägg **cheese ~** mjukost
spread-eagled /spred'iːgld, *US* 'sprediːgld/ ADJ med armar och ben utbredda (utsträckta), utsträckt
spree /spriː/ SB frosseri, orgie **have a ~** *äv* ha skoj (jättekul) **scoring ~** mål|kalas, -orgie
★ **be on a spending ~** sätta sprätt på pengar **go on a [drinking] ~** slå runt, gå ut och festa (rulla hatt)
sprig /sprɪg/ SB kvist
sprightly /'spraɪtlɪ/ ADJ pigg, rask
spring¹ /sprɪŋ/ ⟨sprang /spræŋ/, sprung /sprʌŋ/⟩ VB **1** hoppa **~ at sb** rusa (flyga) på ngn **~ to one's feet** hoppa (rusa) upp **2** utlösa ⟨~ a bomb⟩, **~ a trap** få en fälla att slå igen
★ **~ a leak** springa läck **~ a surprise on sb** överraska ngn

☐ **spring from** *a)* härstamma från *b)* härröra från, bero på ⟨**hatred often ~s from fear**⟩ *c)* komma (dyka upp) från *d)* frita från ⟨**~ sb from prison**⟩
☐ **spring open** fara (flyga) upp
☐ **spring up** *a)* växa (skjuta) upp *b)* börja blåsa

spring² /sprɪŋ/ SB språng
spring³ /sprɪŋ/ SB vår
spring⁴ /sprɪŋ/ SB **1** [spiral]fjäder, resår **2** spänst, svikt
spring⁵ /sprɪŋ/ SB källa **~ water** källvatten
springboard /'sprɪŋbɔːd/ SB **1** svikt, trampolin **2** *bildl* språngbräda
spring-clean /ˌsprɪŋ'kliːn/ VB vårstäda
springy /'sprɪŋɪ/ ADJ fjädrande, sviktande, spänstig
sprinkle /'sprɪŋkl/ VB **1** strö, beströ ⟨**~ a cake with sugar**⟩ **2** stänka, bestänka ⟨**~ sth with water**⟩
sprinkler /'sprɪŋklə/ SB [vatten]spridare, sprinkler
sprint¹ /sprɪnt/ VB **1** sprinta **2** spurta
sprint² /sprɪnt/ SB **1** sprinterlopp **2** spurt
sprinter /'sprɪntə/ SB sprinter[löpare]
sprout¹ /spraʊt/ VB gro, skjuta skott, växa
★ **~ a beard** lägga sig till med skägg
sprout² /spraʊt/ SB **1** grodd, skott **2** [**Brussels**] **~s** brysselkål
spruce¹ /spruːs/ SB gran
spruce² /spruːs/ ADJ prydlig
sprung → spring¹
spry /spraɪ/ ADJ pigg, rask
spud /spʌd/ SB *vard* potatis
spun → spin¹
spur¹ /spɜː/ SB sporre
★ **do sth on the ~ of the moment** följa stundens ingivelse, göra ngt oöverlagt (spontant)
spur² /spɜː/ VB sporra, *bildl äv* egga, stimulera
spurious /'spjʊərɪəs/ ADJ falsk, oäkta
spurn /spɜːn/ VB *frml* försmå, avvisa
spurt¹ /spɜːt/ VB **1** spruta [ut] **2** spurta
spurt² /spɜːt/ SB **1** [häftig] stråle, sprut **2** utbrott **3** [slut]spurt
sputter /'spʌtə/ VB spotta, fräsa
spy¹ /spaɪ/ SB spion **~ story** agentroman
spy² /spaɪ/ VB **1** spionera **2** få syn på
Sq., sq. → square¹ 4, 7
squabble¹ /'skwɒbl/ VB käbbla, kivas
squabble² /'skwɒbl/ SB käbbel, kiv

squad /skwɒd/ SB **1** avdelning, rotel *inom polisen* **2** *milit* grupp **3** *sport* trupp ⟨**the Olympic ~**⟩
squad car SB polisbil
squadron /'skwɒdrən/ SB **1** *flyg* division **2** *sjö* eskader
squalid /'skwɒlɪd/ ADJ sjaskig, eländig, smutsig
squall /skwɔːl/ SB stormby, kastby, regnby
squalor /'skwɒlə/ SB elände, smuts, sjaskighet
squander /'skwɒndə/ VB slösa bort
square¹ /skweə/ **1** SB kvadrat, fyrkant **2** SB ruta, schackruta **be back to ~ one** vara tillbaka där man började **3** SB *matem* kvadrat ⟨**the ~ of 3 is 9**⟩ **4** ⟨*förk* **Sq.**⟩ SB torg, plats *ofta med park i mitten* **5** SB *åld* konventionell (mossig) person **6** ADJ kvadratisk, fyrkantig **7** ⟨*förk* **sq.**⟩ ADJ kvadrat- ⟨**a ~ mile**⟩, i kvadrat ⟨**35 feet ~**⟩ **8** ADJ ärlig, renhårig **a ~ deal** *a)* en ärlig affär *b)* rättvis behandling **9** ADJ kvitt **get ~ with** göra upp med **10** ADJ *golf* **all ~** lika **11** ADJ *åld* konventionell, mossig
★ **be a ~ peg in a round hole** inte passa för sin uppgift **~ meal** rejält mål mat
square² /skweə/ VB **1** göra rätvinklig **2** räta till **~ one's shoulders** räta på axlarna **3** ruta **~d paper** rutat papper **4** *matem* kvadrera **3 ~d is 9** 3 i kvadrat är 9 **5** *sport* utjämna **6** reglera, betala **7** stämma ⟨**this doesn't ~ with your theory**⟩ **8** få att stämma (gå ihop) **9** muta, fixa
☐ **square up** *a)* *vard* göra upp *b)* göra sig beredd att slåss **~ to** GB konfrontera, ta itu med
square³ /skweə/ ADV rätt, rakt ⟨**look sb ~ in the eye**⟩
squash¹ /skwɒʃ/ VB **1** krossa[s], mosa[s] **2** tränga sig
squash² /skwɒʃ/ SB **1** trängsel **2 ~** [**rackets**] *sport* squash **3** GB saft ⟨**orange ~**⟩ **4** *spec US* squash *grönsak*
squat¹ /skwɒt/ VB **1** sitta på huk **2** GB ockupera hus **3** bosätta sig på allmän mark utan tillstånd
squat² SB GB [lägenhet i] ockuperat hus
squat³ /skwɒt/ ADJ satt, kort och tjock
squatter /'skwɒtə/ SB **1** GB husockupant **2** nybyggare *som slagit sig ner på allmän mark*

utan tillstånd
squaw /skwɔ:/ SB squaw *nordamerikansk indiankvinna*
squawk¹ /skwɔ:k/ VB **1** *spec om fåglar* skria **2** *vard* klaga i högan sky
squawk² /skwɔ:k/ SB **1** skri **2** *vard* högljudd klagan
squeak¹ /skwi:k/ VB **1** *om smådjur* pipa **2** *om gångjärn etc* gnissla **3** *om skor* knarra **4** tjalla
squeak² /skwi:k/ SB **1** *om smådjur* pip **2** *om gångjärn etc* gnissel
squeal¹ /skwi:l/ SB [långt och gällt] skrik
squeal² /skwi:l/ VB **1** skrika [gällt] **2** tjalla
squealer /'skwi:lə/ SB tjallare
squeamish /'skwi:mɪʃ/ ADJ känslig, lättchockad, pryd
squeeze¹ /skwi:z/ VB **1** krama, klämma, pressa **2** klämma (tränga) sig
squeeze² /skwi:z/ SB **1** kram, kramning give a ~ krama **2** urkramning a ~ of lemon litet pressad citron **3** trängsel **4** åtstramning ⟨a credit ~⟩
squelch /skweltʃ/ VB klafsa
squint¹ /skwɪnt/ VB **1** kisa **2** snegla **3** skela, vinda
squint² /skwɪnt/ SB **1** skelning have a ~ vara vindögd **2** *vard* titt
squire /'skwaɪə/ SB **1** godsägare **2** *GB vid tilltal* min bäste herre
squirm /skwɜ:m/ VB skruva [på] sig, vrida sig
squirrel /'skwɪrəl/ SB ekorre
squirt¹ /skwɜ:t/ VB spruta *med tunn stråle*, skvätta
squirt² /skwɜ:t/ SB [tunn] stråle, skvätt
Sr. → senior
St, St. → Saint, street
St. → street
stab¹ /stæb/ VB **1** sticka, hugga **2** sticka (hugga) ned be ~bed *av* bli knivskuren
stab² /stæb/ SB stick, [kniv]hugg, sting ★ have a ~ at sth försöka sig på ngt a ~ in the back en dolkstöt i ryggen
stabbing /'stæbɪŋ/ SB knivskärning
stability /stə'bɪlətɪ/ SB stabilitet
stabilize /'steɪbəlaɪz/ VB stabilisera[s]
stable¹ /'steɪbl/ ADJ stabil, stadig
stable² /'steɪbl/ SB **1** stall, stallbyggnad **2** [tävlings]stall
stack¹ /stæk/ SB **1** hög, trave **2** höstack **3** a ~ of, ~s of massor av **4** skorsten
stack² /stæk/ VB trava, stapla

stadium /'steɪdɪəm/ ⟨*pl* -s *el* stadia /-ɪə/⟩ SB stadion, arena
staff¹ /stɑ:f/ SB **1** personal, medarbetarstab **2** [lärar]kollegium ~ room lärarrum **3** *milit* stab
staff² /stɑ:f/ VB bemanna, anställa personal till
staff³ /stɑ:f/ SB stav
stag /stæg/ SB hjort[hanne], kronhjort ⇓
stage¹ /steɪdʒ/ SB **1** scen, skådeplats **2** the stage teatern **3** stadium, skede **4** etapp, steg ~ by ~ steg för steg ⇓
stage² /steɪdʒ/ VB **1** *teat* sätta upp **2** ordna, arrangera ⟨~ a strike⟩, iscensätta
stagecoach /'steɪdʒkəʊtʃ/ SB diligens
stage design SB scenografi
stage designer SB scenograf
stage direction SB scenanvisning
stage door /ˌsteɪdʒ 'dɔ:/ SB sceningång
stage fright SB rampfeber
stage-manage /ˌsteɪdʒ'mænɪdʒ/ VB arrangera, iscensätta
stage manager /ˌsteɪdʒ 'mænɪdʒə/ SB inspicient, regiassistent
stage-struck /'steɪdʒstrʌk/ ADJ teaterbiten
stage whisper /ˌsteɪdʒ 'wɪspə/ SB teaterviskning
stagger¹ /'stægə/ VB **1** vackla, ragla **2** förbluffa, chocka, skaka **3** sprida [ut med mellanrum]
stagger² /'stægə/ SB vacklande, ragglande
staggering /'stægərɪŋ/ ⟨↔ stagger¹⟩ ADJ häpnadsväckande, svindlande ⟨~ sums of money⟩
stagnant /'stægnənt/ ADJ **1** stillastående **2** stagnerande be ~ ha stagnerat
stagnate /stæg'neɪt, *US* 'stægneɪt/ VB stagnera
stagnation /stæg'neɪʃn/ SB stagnation
stag party SB **1** svensexa **2** herr|middag, -tillställning
staid /steɪd/ ADJ stadgad, allvarlig, ordentlig
stain¹ /steɪn/ VB **1** fläcka [ner], *bildl* befläcka, besudla **2** fläckas, bli fläckig **3** färga, betsa
stain² /steɪn/ SB **1** fläck **2** färg, bets
stained glass /ˌsteɪnd 'glɑ:s/ SB glasmålning, målat glas *spec i kyrkfönster*
stainless /'steɪnləs/ ADJ **1** fläckfri **2** rostfri ⟨~ steel⟩
stair /steə/ SB trappsteg *inomhus* **[flight of]**

~s trappa *inomhus*
staircase /'steəkeɪs/ SB trappa moving ~ GB rulltrappa
stake¹ /steɪk/ SB **1** stake, påle **be burned at the ~** brännas på bål **2** insats **3** andel, [ekonomiskt] intresse
★ **at ~** på spel
stake² /steɪk/ VB **1** satsa, sätta på spel **2** stötta
★ **~ a claim to** göra anspråk på, muta in
stale /steɪl/ ADJ **1** gammal ⟨**~ bread**⟩, avslagen ⟨**~ beer**⟩, unken, instängd ⟨**~ air**⟩ **2** gammal, förlegad ⟨**~ ideas**⟩, uttjatad ⟨**~ jokes**⟩ **3** ur form, trött, blasé
stalemate /'steɪlmeɪt/ SB **1** dödläge **2** *schack* patt
stalk¹ /stɔːk/ SB stjälk, stängel
stalk² /stɔːk/ VB **1** smyga sig [på jakt] efter, smyga sig på, jaga **2** hemsöka **3** skrida *ilsket o stolt*, marschera ⟨**she ~ed out of the room**⟩
stall¹ /stɔːl/ SB **1** stånd, bod **2** spilta **3** bås **4 the stalls** GB *teat* parketten **in the ~s** på parkett
stall² /stɔːl/ VB **1** få tjuvstopp, tjuvstanna **2** *flyg* överstegras **3** slingra sig, förhala tiden **~ for time** försöka vinna tid **4 ~ sb** få ngn att vänta med att göra ngt, uppehålla ngn ⟨**I'll ~ him till Friday**⟩, **~ sth** fördröja ngt
stall³ /stɔːl/ SB **1** tjuvstopp **2** *flyg* stall, överstegring
stallion /'stæljən/ SB hingst
stalwart /'stɔːlwət/ **1** ADJ pålitlig, helgjuten, trogen ⟨**a ~ supporter**⟩ **2** SB *spec polit* trogen anhängare
stamina /'stæmɪnə/ SB uthållighet
stammer¹ /'stæmə/ VB stamma
□ **stammer out** stamma fram
stammer² /'stæmə/ SB stamning
stamp¹ /stæmp/ VB **1** stampa, klampa, trampa **~ one's feet** stampa med fötterna **2** stämpla, prägla **3** frankera, sätta frimärke på **~ed addressed envelope** ⟨*förk* **s.a.e.** /ˌeseɪ'iː/⟩ frankerat och adresserat kuvert
□ **stamp out** utrota, krossa
stamp² /stæmp/ SB **1** frimärke, märke **2** stämpel, prägel **3** stampning
stampede¹ /stæm'piːd/ SB panikartad flykt, våldsam rusning
stampede² /stæm'piːd/ VB **1** fly (rusa) i panik **2** skrämma på flykten **3** hetsa, pressa

stance /stæns, GB *äv* stɑːns/ SB **1** ställning **2** inställning, attityd **3** *golf* stance
stanch → **staunch**
stand¹ /stænd/ ⟨**stood** /stʊd/, **stood**⟩ VB **1** stå **2** resa sig, stå (ställa sig) upp **3** ligga, vara belägen **4** mäta, vara ⟨**he ~s six feet tall**⟩ **5** ställa **6** förhålla sig, vara ⟨**as things ~ I can't help you**⟩ **7** tåla ⟨**I can't ~ her**⟩ **8** kvarstå, gälla ⟨**my promise still ~s**⟩ **9** bjuda på ⟨**he stood us a meal**⟩ **10** ställa upp *i val* **~ for Parliament** ställa upp som parlamentskandidat
★ **~ a chance** ha en chans **~ to gain (win)** ha chans[en] att vinna **~ to lose** riskera att förlora **~ to reason** vara självklart **~ well with** ligga bra till hos
□ **stand by** *a)* hjälpa, bistå *b)* stå fast vid ⟨**~ a promise**⟩ *c)* stå och se på *d)* stå (vara) beredd
□ **stand down** *a)* träda tillbaka *b)* lämna vittnesbåset
□ **stand for** tolerera
□ **stand in** vikariera
□ **stand on** hålla på ⟨**~ one's rights**⟩
□ **stand out** *a)* avteckna sig, framträda *b)* utmärka sig, vara framstående
□ **stand up** hålla, stå sig **stand sb up** *vard* låta ngn vänta förgäves **she stood me up** hon kom aldrig [till vår träff]
□ **stand up for** försvara ⟨**~ one's rights**⟩
stand² /stænd/ SB **1** [salu]stånd, kiosk **2** läktare **3** ställ, stativ **4** US *äv* vittnesbås **take the ~** vittna
★ **make a ~** hålla stånd, sätta sig till motvärn **take a ~** ta ställning
stand-alone /'stændəˌləʊn/ SB *data* självständig enhet *som kan arbeta utan hjälp av annan utrustning*
standard¹ /'stændəd/ SB standar, fana
standard² /'stændəd/ SB **1** standard **~ of living** levnadsstandard **2** norm, rättesnöre **3** *attribut* standard-, normal-
standardize /'stændədaɪz/ VB standarisera
standard lamp SB GB golvlampa
stand-by /'stændbaɪ/ SB **1** ersättare, ersättning **2** pålitligt medel, säkert kort **3** *attribut* ≈ sista-minuten- ⟨**~ passengers**⟩
★ **on ~** i beredskap
stand-in /'stændɪn/ SB stand-in, ersättare
standing /'stændɪŋ/ **1** SB ställning,

anseende, status 2 SB varaktighet **of long ~** sedan lång tid, mångårig 3 ADJ stående ⟨a ~ joke⟩

standoffish /ˌstænd'ɒfɪʃ/ ADJ *vard* reserverad, högdragen

standpoint /'stændpɔɪnt/ SB ståndpunkt, synpunkt

standstill /'stændstɪl/ SB stillastående **be at a ~** stå stilla, ha stannat av **bring to a ~** stoppa **come to a ~** stanna upp

stank → stink¹

stanza /'stænzə/ SB strof

staple¹ /'steɪpl/ SB häftklammer

staple² /'steɪpl/ VB häfta [ihop]

staple³ /'steɪpl/ SB 1 stapelvara 2 *attribut* stapel-, standard- 3 *attribut* huvudsaklig, huvud- **~ diet** huvudföda

stapler /'steɪplə/ SB häftapparat

star¹ /stɑː/ SB stjärna

star² /stɑː/ VB 1 spela huvudrollen 2 **a film ~ring Chaplin** en film med Chaplin i huvudrollen

starboard /'stɑːbəd/ SB styrbord

starch¹ /stɑːtʃ/ SB stärkelse

starch² /stɑːtʃ/ VB stärka *med stärkelse*

stare¹ /steə/ VB stirra

stare² /steə/ SB stirrande [blick] **give sb a ~** *äv* stirra på ngn

starfish /'stɑːfɪʃ/ SB sjöstjärna

stark¹ /stɑːk/ ADJ 1 bar, dyster 2 ren, naken ⟨**the ~ facts**⟩ 3 fullständig, rena rama ⟨**~ madness**⟩

stark² /stɑːk/ ADV fullständigt **~ naked** spritt naken **~ raving (staring) mad** spritt språngande galen

the Stars and Stripes /ˌstɑːzən'straɪps/ SB Stjärnbaneret *USA:s flagga*

start¹ /stɑːt/ VB 1 börja, starta, sätta i gång **~ sb in business** hjälpa ngn att komma i gång **~ a fire** tända en eld 2 ge sig i väg 3 rycka (haja, hoppa) till
★ **~ a family** skaffa sig barn **to ~ with** *a)* för det första *b)* till att börja med
□ **start back** *a)* rygga tillbaka *b)* vända om
□ **start off (out)** *a)* sätta i väg, ge sig av *b)* börja
□ **start over** *US* börja om från början

start² /stɑːt/ SB 1 början, start 2 försprång ⟨**a 10-minute ~**⟩ 3 ryck **give a ~** rycka till
★ **for a ~** för det första

starter /'stɑːtə/ SB 1 *sport* startande, deltagare **be a slow ~** starta långsamt, ta det lugnt i början 2 *sport* starter 3 startknapp 4 *spec GB* förrätt
★ **for ~s** *vard a)* till att börja med *b)* som förrätt

startle /'stɑːtl/ VB 1 skrämma, göra bestört, få att hoppa (spritta) till **be ~d** *äv* bli [alldeles] häpen 2 skrämma upp

startling /'stɑːtlɪŋ/ ADJ häpnadsväckande, förbluffande

starvation /stɑː'veɪʃn/ SB svält

starve /stɑːv/ VB 1 svälta, hungra **be starving** *vard* vara hungrig som en varg 2 [låta] svälta **be ~d for** vara svältfödd på

state¹ /steɪt/ SB 1 tillstånd, skick **be in a ~** *vard* vara upphetsad **~ of mind** sinnestillstånd 2 stat, delstat 3 ståt, parad 4 *attribut* statlig ⟨**~ schools**⟩

state² /steɪt/ VB förklara, framlägga, uppge

the State Department /'steɪtdɪˌpɑːtmənt/ SB utrikesdepartementet *i USA*

stately /'steɪtlɪ/ ADJ ståtlig

stately home SB herresäte, slott

statement /'steɪtmənt/ SB 1 uttalande, yttrande 2 påstående, konstaterande 3 framställning, formulering 4 kontoutdrag ⟨**a bank ~**⟩

stateroom /'steɪtruːm/ SB lyxhytt

statesman /'steɪtsmən/ SB statsman

statesmanship /'steɪtsmənʃɪp/ SB stats[manna]konst

static /'stætɪk/ 1 ADJ statisk, stillastående, oförändrad 2 SB statisk elektricitet 3 SB [atmosfäriska] störningar 4 SB *vard* tjafs, tjat

station¹ /'steɪʃn/ SB 1 station 2 stånd, samhällsställning 3 *milit* bas

station² /'steɪʃn/ VB 1 stationera, förlägga 2 placera, postera

stationary /'steɪʃnərɪ/ ADJ stillastående, stationär

stationer /'steɪʃnə/ SB pappershandlare **~'s** pappershandel

stationery /'steɪʃnərɪ/ SB skrivmateriel, kontorsmateriel, brevpapper

stationmaster /'steɪʃnˌmɑːstə/ SB stationsinspektor

statistic /stə'tɪstɪk/ SB 1 statistisk uppgift, siffra 2 **statistics** statistik

statistical /stə'tɪstɪkl/ ADJ statistisk

statistics /stə'tɪstɪks/ SB statistik

statue /'stætʃuː, 'stætjuː/ SB staty

statuette /ˌstætʃʊ'et, ˌstætjʊ'et/ SB statyett
stature /'stætʃə/ SB **1** [kropps]längd **small in (short of)** ~ småväxt **2** betydelse, rang
status /'steɪtəs/ SB status, rang, ställning
statute /'stætʃu:t, 'stætju:t/ SB **1** [skriven] lag **2** stadga **~s** statuter
staunch /stɔ:ntʃ/ ADJ trofast, pålitlig, trogen
stave /steɪv/ VB
  ▫ **stave off** avvärja
stay¹ /steɪ/ VB **1** stanna [kvar] **2** förbli, hålla sig ⟨**~ awake**⟩ **3** bo *tillfälligt* **have sb to** ~ ha besök av ngn
  ★ **~ put** hålla sig stilla (på plats), förbli där man är
  ▫ **stay away** hålla sig borta
  ▫ **stay behind** stanna kvar
  ▫ **stay on** *a)* stanna (hålla sig) kvar *b)* stå på ⟨**let the TV ~ all day**⟩
stay² /steɪ/ SB vistelse, besök
stay³ /steɪ/ SB **1** stag **2** stöd
steadfast /'stedfɑ:st/ ADJ ståndaktig, stadig
steady¹ /'stedɪ/ ADJ **1** stadig **2** stadgad, pålitlig **3** konstant, jämn ⟨**at a ~ speed**⟩
steady² /'stedɪ/ INTERJ *GB* **S~ [on]**! Ta det lugnt!, Försiktigt!
steady³ /'stedɪ/ VB **1** stödja, göra stadig **2** lugna
steak /steɪk/ SB biff, köttskiva (fiskskiva) *för stekning el grillning*
steal /sti:l/ ⟨**stole** /stəʊl/, **stolen** /'stəʊlən/⟩ VB **1** stjäla **2** stjäla sig till ⟨**~ a few minutes' sleep**⟩, **~ a glance (look) at** kasta en förstulen blick på **3** smyga [sig]
stealing /'sti:lɪŋ/ SB stöld
stealth /stelθ/ SB **by ~** i smyg, oförmärkt
stealthy /'stelθɪ/ ADJ förstulen, smygande
steam¹ /sti:m/ SB ånga, imma
  ★ **let off ~** → let¹ **under one's own ~** för egen maskin
steam² /sti:m/ VB **1** ånga **2** ångkoka
  ▫ **steam up** bli immig, imma igen **be (get) steamed up** hetsa upp sig
steamer /'sti:mə/ SB **1** ångbåt, ångare **2** ångkokare
steamroller¹ /'sti:mˌrəʊlə/ SB ångvält
steamroller² /'sti:mˌrəʊlə/ VB *bildl* krossa **~ sb into sth** tvinga ngn till ngt
steamship /'sti:mʃɪp/ SB ångfartyg
steel¹ /sti:l/ SB stål
steel² /sti:l/ VB **~ oneself** stålsätta sig **~ one's heart** förhärda sitt hjärta

steep /sti:p/ ADJ **1** brant **2** hög ⟨**a ~ price**⟩
steeple /'sti:pl/ SB kyrkspira
steeplechase /'sti:plˌtʃeɪs/ SB
  1 steeplechase *hinderlöpning för hästar*
  2 hinderlöpning
steer /stɪə/ VB **1** styra **~ clear of** undvika **2** leda, lotsa
steerage /'stɪərɪdʒ/ SB **1** styrning **2** *sjö* mellandäck, tredje klass
steering wheel SB ratt
stellar /'stelə/ ADJ stjärn-
stem¹ /stem/ SB **1** stjälk, stam, stängel **2** [hög] fot *på glas* **3** pipskaft
stem² /stem/ VB
  ▫ **stem from** härröra från, uppstå ur
stem³ /stem/ VB hejda, stoppa
stench /stentʃ/ SB stank
stenographer /stə'nɒɡrəfə/ SB *spec US* stenograf
step¹ /step/ SB **1** steg **a ~ forward** ett framsteg **2** trappsteg *spec utomhus* **flight of ~s** trappa **3** steps trappa *utomhus* **4** steps *GB* stege
  ★ **in ~** i takt **out of ~** i otakt **take ~s** vidta åtgärder **watch one's ~** → watch¹
step² /step/ VB kliva, stiga, gå **S~ this way, please!** Var så god, den här vägen!
  ★ **~ on it** trampa på gasen, sätta fart **~ out of line** göra något opassande
  ▫ **step aside (down)** träda tillbaka
  ▫ **step in** ingripa
  ▫ **step up** öka, intensifiera
step- /step/ ADJ *i sammansättningar* styv- ⟨**~brother, ~daughter, ~father, ~mother, ~sister, ~son**⟩
stepladder /'stepˌlædə/ SB trappstege
steppe /step/ SB stäpp
stepping stone /'stepɪŋstəʊn/ SB *bildl* språngbräda
stereo /'sterɪəʊ/ SB **1** stereo **2** stereo[anläggning]
stereophonic /ˌsterɪə'fɒnɪk/ ADJ stereofonisk
sterile /'steraɪl, *US* 'sterəl/ ADJ steril, ofruktbar
sterility /stə'rɪlətɪ/ SB sterilitet, ofruktbarhet
sterilization /ˌsterəlaɪ'zeɪʃn/ SB sterilisering
sterilize /'sterəlaɪz/ VB sterilisera
sterling /'stɜ:lɪŋ/ **1** SB sterling *brittisk valuta*, pund ⟨**payable in ~**⟩ **2** ADJ gedigen, förstklassig

stern¹ /stɜːn/ ADJ sträng, hård ⟨~ discipline⟩
stern² /stɜːn/ SB akter
stethoscope /ˈsteθəskəʊp/ SB stetoskop
stevedore /ˈstiːvədɔː/ SB stuvare, hamnarbetare
stew¹ /stjuː/ VB [små]koka
stew² /stjuː/ SB gryta *på kött el fisk och grönsaker*
★ **be in a ~** vara utom (ifrån) sig
steward /ˈstjuːəd/ SB **1** steward, uppassare **2** funktionär **3** intendent **4** förvaltare **5** → shop steward
stewardess /ˌstjuːəˈdes/, *US* ˈstuːərdəs/ SB stewardess, flygvärdinna
stick¹ /stɪk/ SB **1** pinne **2** käpp **3** *sport* klubba ⟨hockey ~⟩ **4** bit, stång **a ~ of chalk** en krita **a ~ of dynamite** en dynamitgubbe **5 the sticks** [bonn]vischan
★ **get ~** få på tafsen **give sb ~** racka ner på ngn
stick² /stɪk/ ⟨**stuck** /stʌk/, **stuck**⟩ ⟨↔ stuck²⟩ VB **1** sticka, stoppa **2** klistra [upp] **3** fastna **4** *vard* stå ut med, tåla
☐ **stick around** hålla sig i närheten
☐ **stick at** jobba 'på, hålla ut **~ nothing** inte sky några medel
☐ **stick by** vara solidarisk med
☐ **stick out** hålla ut **stick one's neck out** sticka ut hakan
☐ **stick to** hålla fast vid, hålla sig till **~ one's guns** stå på sig
☐ **stick together** hålla ihop
☐ **stick up** *vard* råna **~ for** försvara
☐ **stick with** hålla sig till
sticker /ˈstɪkə/ SB dekal, [gummerad] etikett, [klister]märke
stickler /ˈstɪklə/ SB principryttare, pedant **be a ~ for sth** hålla [benhårt] på ngt, vara [pedantiskt] noga med ngt
stick-up /ˈstɪkʌp/ SB *vard* rån
sticky /ˈstɪkɪ/ ADJ **1** klibbig, kladdig **2** *vard* obehaglig, besvärlig, pinsam
stiff¹ /stɪf/ **1** ADJ stel, styv **2** ADJ hård, svår, tuff ⟨a ~ exam⟩ **3** ADJ stadig, stark ⟨a ~ whisky⟩ **4** SB *mkt vard* lik
★ **keep a ~ upper lip** → keep¹
stiff² /stɪf/ ADV **bored ~** ihjältråkad **scared ~** livrädd
stiffen /ˈstɪfn/ VB stelna, styvna **2** stärka
stifle /ˈstaɪfl/ VB kväva
stile /staɪl/ SB stätta *trappa över gärdsgård*
stiletto /stɪˈletəʊ/ SB stilett

still¹ /stɪl/ ADV **1** fortfarande, ännu **2** ändå, trots det **3** ännu ⟨~ better, better ~⟩, **~ another** ännu en **4** stilla ⟨sit ~⟩
still² /stɪl/ **1** ADJ stilla, lugn och tyst **2** ADJ *om dryck* utan kolsyra **3** SB stillbild
still³ /stɪl/ SB **1** destillationsapparat, hembränningsapparat **2** bränneri
stillbirth /ˈstɪlbɜːθ/ SB **1** dödfödsel **2** dödfött barn
stillborn /ˈstɪlbɔːn/ ADJ dödfödd
stilt /stɪlt/ SB stylta ⟨walk on ~s⟩
stilted /ˈstɪltɪd/ ADJ uppstyltad, onaturlig
stimulant /ˈstɪmjʊlənt/ SB **1** stimulerande medel **2** stimulans **3** **stimulants** stimulantia
stimulate /ˈstɪmjʊleɪt/ VB stimulera
stimulation /ˌstɪmjʊˈleɪʃn/ SB stimulering, stimulans
stimulus /ˈstɪmjʊləs/ ⟨*pl* **stimuli** /-laɪ/⟩ SB **1** stimulans, drivfjäder **2** *psyk* stimulus, retning
sting¹ /stɪŋ/ ⟨**stung** /stʌŋ/, **stung**⟩ VB **1** sticka, stinga **2** såra **a ~ing remark** en skarp (bitande) kommentar **3** smärta, göra ont
sting² /stɪŋ/ SB **1** gadd **2** stick, sting **3** [svidande] smärta **4** udd
stingy /ˈstɪndʒɪ/ ADJ snål, knusslig, ogin
stink¹ /stɪŋk/ ⟨**stank** /stæŋk/, **stunk** /stʌŋk/⟩ VB **1** stinka **2** vara botten (förfärlig) ⟨this town ~s⟩
★ **~ing rich** rik som ett troll
stink² /stɪŋk/ SB **1** stank **2** rabalder, ramaskri
stint¹ /stɪnt/ VB snåla ⟨on med⟩
stint² /stɪnt/ SB **1** uppdrag, [arbets]period ⟨during my ~ in Singapore⟩ **2** [arbets]pass, pensum ⟨do one's daily ~⟩
★ **without ~** generöst, utan knussel
stipulate /ˈstɪpjʊleɪt/ VB stipulera, bestämma
stipulation /ˌstɪpjʊˈleɪʃn/ SB stipulation, villkor
stir¹ /stɜː/ VB **1** röra **~ oneself** rycka upp sig **2** röra om i **3** röra sig **4** *bildl* beröra, gripa ⟨be deeply ~red⟩ **5** hetsa, egga **~ring** *äv* spännande, upphetsande
☐ **stir up** *a)* hetsa upp *b)* väcka ⟨~ interest⟩ *c)* ställa till med ⟨~ trouble⟩
stir² /stɜː/ SB **1** omrör[n]ing **give sth a ~** röra om i ngt **2** uppståndelse
stirrup /ˈstɪrəp, *US* ˈstɜː-/ SB stigbygel
stitch /stɪtʃ/ SB **1** stygn, söm **2** maska

S stoat – store[2]

3 håll
★ **be in ~es** skratta sig fördärvad **not have [got] a ~ on** inte ha en tråd på kroppen
stoat /stəʊt/ SB vessla, hermelin
stock[1] /stɒk/ SB **1** lager, förråd **2** aktier, obligationer, värdepapper **3** aktiekapital **4** kreatursbesättning, boskap **5** härstamning **6** lövkoja **7** buljong **8** *attribut* standard- ⟨**~ excuses**⟩, stående ⟨**~ phrases**⟩ **9** *attribut* lager-, som alltid finns i lager ⟨**~ sizes**⟩
★ **take ~** inventera **take ~ of** överväga, tänka över ⇓
stock[2] /stɒk/ VB **1** lagerföra **2** fylla ⟨**the fridge was ~ed with food**⟩
☐ **stock up** lägga upp lager, fylla på lagret **~ on** lagra
stockade /stɒˈkeɪd/ SB palissad
stockbroker /ˈstɒkˌbrəʊkə/ SB börsmäklare
stock exchange, stock market SB [fond]börs
stockholder /ˈstɒkˌhəʊldə/ SB *spec US* aktieägare
stocking /ˈstɒkɪŋ/ SB damstrumpa
stock market → stock exchange
stocktaking /ˈstɒkˌteɪkɪŋ/ SB inventering
stocky /ˈstɒkɪ/ ADJ satt, undersätsig
stodgy /ˈstɒdʒɪ/ ADJ **1** *om mat* tung, stabbig **2** *om person* tråkig, pedantisk
stoke /stəʊk/ VB fylla på bränsle i (på) **~ the fire** sköta elden (brasan)
stoker /ˈstəʊkə/ SB eldare
stole → steal
stolen → steal
stolid /ˈstɒlɪd/ ADJ trög, flegmatisk
stomach[1] /ˈstʌmək/ SB mage
★ **have no ~ for** inte tycka om **I had no ~ for a fight** jag hade ingen lust att slåss
stomach[2] /ˈstʌmək/ VB *bildl* smälta, tåla
stone[1] /stəʊn/ SB **1** sten **2** kärna ⟨**the ~ of a peach**⟩ **3** ⟨*vanl lika i pl*⟩ GB mått för personvikt ⟨*6,356 kg*⟩
stone[2] /stəʊn/ VB **1** stena, kasta sten på **2** kärna ur
stone-broke → stony-broke
stoned /stəʊnd/ ADJ **1** plakat, packad **2** hög, påtänd
stonewall /ˌstəʊnˈwɔːl, *US* ˈstəʊnwɔːl/ VB obstruera (hindra) parlamentsbeslut *t ex genom maratontalande*
stony-broke /ˌstəʊnɪˈbrəʊk/ ⟨*US* **stone-broke** /ˌstəʊnˈbrəʊk/⟩ ADJ luspank
stood → stand[1]
stooge /stuːdʒ/ SB *vard* hantlangare, underhuggare, passopp
stool /stuːl/ SB **1** pall **2** stol *utan rygg*, barstol, taburett
stool pigeon SB tjallare, angivare
stoop[1] /stuːp/ VB **1** böja sig ner, böja på ryggen **2** vara (bli) böjd
☐ **stoop to** nedlåta sig till
stoop[2] /stuːp/ SB kut[rygg]ighet **walk with a ~** gå [framåt]böjd **have a ~** vara kutryggig
stop[1] /stɒp/ VB **1** stoppa, stanna **~ dead** tvärstanna **2** sluta, upphöra **S~ it! Sluta! 3** hindra ⟨**~ sb [from] doing sth**⟩ **4** stoppa (proppa) till **5** *tand* fylla, laga **6** *spec GB* bo, stanna ⟨**~ping at a nice hotel**⟩, **~ the night** ligga över
★ **~ short of nothing** inte dra sig för någonting
☐ **stop off** stanna till
☐ **stop over** göra ett uppehåll *spec under flygresa*
☐ **stop up** stoppa (proppa) igen, täppa till
stop[2] /stɒp/ SB **1** stopp, uppehåll **come to a ~** [av]stanna **2** hållplats **3** [full] **~** punkt **4** *musik* orgel|stämma, -register **pull out all the ~s** *bildl* ösa på för fullt **5** *foto* bländare
stopgap /ˈstɒpgæp/ SB **1** provisorium, nödlösning **2** *attribut* tillfällig, nödfalls-, nöd-
stoppage /ˈstɒpɪdʒ/ SB **1** stopp ⟨**a ~ in a water pipe**⟩ **2** driftstopp, avbrott **3** arbetsnedläggelse **4 stoppages** GB [löne]avdrag **5** indragning **~ of leave** permissionsförbud
stopper /ˈstɒpə/ SB propp
stopwatch /ˈstɒpwɒtʃ/ SB stoppur, tidtagarur
storage /ˈstɔːrɪdʒ/ SB **1** lagring, magasinering **2** magasin[utrymme], lager[utrymme] **put in ~** magasinera **3** magasinshyra **4** *data* minne
store[1] /stɔː/ VB **1** lagra, förvara **2** magasinera **3** rymma
☐ **store away** stuva undan
☐ **store up** spara
☐ **store with** fylla med
store[2] /stɔː/ SB **1** lager, förråd **2** magasin **3** varuhus **4** *spec US* affär, butik **5** *spec GB*

data minne **6 stores** *milit* förråd ★ **be in ~ for sb** vänta ngn ⟨**there's a surprise in ~ for you**⟩, **have in ~** ha i beredskap **set great ~ by** *a)* lägga stor vikt vid *b)* sätta sort värde på

storey /'stɔːrɪ/ (*US* **story**) SB våning, etage **on the first ~** *GB* en trappa upp, *US* på nedre botten **the upper ~** *US* en trappa upp

stork /stɔːk/ SB stork

storm¹ /stɔːm/ SB oväder, storm **a ~ of applause** stormande applåder (bifall)

storm² /stɔːm/ VB **1** storma **2** rasa

stormy /'stɔːmɪ/ ADJ stormig

story¹ /'stɔːrɪ/ SB **1** historia, berättelse **2** saga **tell stories** *äv* narras **3** handling, story **4** [nyhets]artikel

story² → storey

storybook /'stɔːrɪbʊk/ SB sagobok

stout¹ /staʊt/ ADJ **1** fetlagd, tjock **2** kraftig, stadig ⟨**a ~ rope**⟩ **3** modig **4** hårdnackad, orubblig

stout² /staʊt/ SB porter

stove /stəʊv/ SB **1** spis **2** kamin

stow /stəʊ/ VB stuva, packa
□ **stow away** *a)* stuva undan *b)* gömma sig ombord *som fripassagerare*

stowaway /'stəʊəˌweɪ/ SB fripassagerare

straddle /'strædl/ VB grensla, stå (ställa sig) grensle över, sitta (sätta sig) grensle på

straggle /'strægl/ VB **1** vara utspridd, breda ut sig, spreta **2** sacka efter

straggler /'stræglə/ SB eftersläntrare

straight¹ /streɪt/ **1** ADJ rak, rät **2** ADJ hederlig, ärlig, uppriktig ⟨**give me a ~ answer**⟩ **3** ADJ vanlig, normal **4** ADJ *vard* heterosexuell **5** ADJ ren, oblandad ⟨**~ gin**⟩ **6** ADJ i rad (följd) **7** SB raksträcka, raka **8** SB *poker* straight, stret ★ **get sth ~** *a)* ordna [upp] ngt *b)* få klarhet i ngt, få ngt klart för sig **keep a ~ face** → keep¹

straight² /streɪt/ ADV **1** rakt, rätt **~ ahead (on)** rakt fram **~ to the point** rakt på sak **think ~** tänka klart **2** direkt, raka vägen ⟨**go ~ home**⟩ **3 ~ [out]** rent ut ★ **go ~** bli hederlig (laglydig)

straightaway /ˌstreɪtəˈweɪ/ ADV genast

straighten /'streɪtn/ VB **1** rätta till ⟨**~ one's skirt**⟩ **2** räta på [sig] **3** räta ut sig, bli rak
□ **straighten out** *a)* räta ut *b)* rätta till, ordna (klara) upp

straightforward /ˌstreɪtˈfɔːwəd/ ADJ **1** uppriktig, rättfram **2** enkel, okomplicerad

strain¹ /streɪn/ VB **1** sträcka, spänna ⟨**~ a rope**⟩ **2** [över]anstränga **~ one's eyes** *äv* skärpa blicken **3** anstränga sig **4** *medicin* sträcka ⟨**~ a muscle**⟩ **5** hårddra, göra våld på ⟨**~ the truth**⟩

strain² /streɪn/ ⟨↔ **strains**⟩ SB **1** spänning **2** ansträngning, påfrestning **3** överansträngning **4** stress, press ⟨**the ~ of modern life**⟩ **5** *medicin* sträckning

strain³ /streɪn/ VB sila, passera

strained /streɪnd/ ADJ **1** ansträngd, tvungen **2** spänd ⟨**~ relations**⟩ **3** pressad, spänd

strainer /'streɪnə/ SB sil ⟨**tea ~**⟩

strains /streɪnz/ SB *frml* toner

strait /streɪt/ SB **1** *ofta pl* sund ⟨**the S~[s] of Gibraltar**⟩ **2 straits** trångmål

straitjacket /'streɪtˌdʒækɪt/ SB tvångströja

strait-laced /ˌstreɪtˈleɪst/ ADJ strängt moralisk, puritansk

strand /strænd/ SB **1** tråd, sträng **2** slinga ⟨**a ~ of hair**⟩

stranded /'strændɪd/ ADJ **be ~** *a)* stranda, ha strandat *b)* vara strandsatt

strange /streɪndʒ/ ADJ **1** konstig, egendomlig, underlig **~ to say** konstigt nog **2** främmande ⟨**to** för⟩ **be ~ to** *äv* vara obekant med

stranger /'streɪndʒə/ SB främling **be ~s** *äv* inte känna varandra **be no ~ to** inte vara främmande för

strangle /'stræŋgl/ VB **1** strypa **2** kväva ⟨**a ~d cry**⟩ **3** förkväva, hämma

stranglehold /'stræŋglhəʊld/ SB **1** struptag **2** *bildl* järngrepp **put (get) a ~ on** strypa åt

strangulation /ˌstræŋgjʊˈleɪʃn/ SB strypning

strap¹ /stræp/ SB **1** rem, band, slejf *på sko* **2** stropp

strap² /stræp/ VB spänna (binda) fast

strapping /'stræpɪŋ/ ADJ stor och stark, kraftig

strata → stratum

stratagem /'strætədʒəm/ SB list, knep

strategic /strəˈtiːdʒɪk/ ADJ strategisk

strategist /'strætədʒɪst/ SB strateg

strategy /'strætədʒɪ/ SB strategi

stratosphere /'strætəsfɪə/ SB stratosfär
stratum /'strɑ:təm, *spec US* 'streɪ-/ ⟨*pl* **strata** /-tə/⟩ SB skikt, lager
straw /strɔ:/ SB **1** halm **2** halmstrå **3** sugrör
strawberry /'strɔ:bərɪ/ SB jordgubbe **wild ~** smultron
stray¹ /streɪ/ VB ströva, vandra, irra **~ from the point** avvika (komma) från ämnet
stray² /streɪ/ **1** ADJ bortsprungen, vilsekommen, herrelös ⟨**a ~ dog**⟩ **2** ADJ en eller annan, enstaka **a ~ bullet** en förlupen kula **3** SB herrelöst (vilsekommet) djur **4** SB hemlöst barn
streak¹ /stri:k/ SB **1** strimma, rand **2** inslag, [karaktärs]drag ⟨**a ~ of jealousy**⟩ **3** period **a lucky ~** en turperiod
★ **like a ~ of lightning** som en oljad blixt
streak² /stri:k/ VB **1** göra strimmig **2** rusa, susa, svischa
stream¹ /stri:m/ SB **1** å, bäck **2** ström ⟨**~s of shoppers**⟩ **3** *spec GB utb* nivågrupp
stream² /stri:m/ VB **1** strömma, rinna **2** fladdra ⟨**flags ~ing in the wind**⟩ **3** *spec GB utb* nivågruppera
streamer /'stri:mə/ SB **1** serpentin **2** vimpel
streaming /'stri:mɪŋ/ SB *spec GB utb* nivågruppering
streamline /'stri:mlaɪn/ VB **1** strömlinjeforma **2** rationalisera ⟨**~ an organisation**⟩
street /stri:t/ ⟨*förk* **St.**⟩ SB gata
★ **be ~s ahead** *GB* vara [helt] överlägsen
streetcar /'stri:tkɑ:/ SB *US* spårvagn
streetwise /'stri:twaɪz/ ADJ [storstads]tuff, som lärt sig överleva i storstadsdjungeln
strength /streŋθ/ SB **1** styrka, kraft[er] **2** stark sida, styrka ⟨**one of his ~s is ...**⟩ **3** styrka, antal [personer]
★ **be below (under) ~** vara underbemannad **go from ~ to ~** gå från klarhet till klarhet **in ~** i stort antal **on the ~ of** på grundval av
strengthen /'streŋθn/ VB stärka[s], förstärka[s]
strenuous /'strenjʊəs/ ADJ **1** ansträngande **2** energisk, ihärdig
stress¹ /stres/ SB **1** stress **2** belastning, spänning **3** vikt **lay ~ on** lägga vikt vid, betona **4** *språk* betoning, tryckaccent

stress² /stres/ VB betona, framhålla
stretch¹ /stretʃ/ VB **1** sträcka, tänja [ut], töja [ut] **2** sträcka på ⟨**~ one's legs**⟩, tänja på **3** sträcka sig ⟨**the road ~es for miles**⟩ **4** sträcka på sig **5** töja [ut] sig, tänja sig, gå att töja ut **6** stretcha
stretch² /stretʃ/ SB **1** sträckning, tänjning, töjning **give (have) a ~** sträcka på sig **2** elasticitet, tänjbarhet **3** sträcka, vidd ⟨**a ~ of water**⟩ **4** period, stund
★ **at a ~** i [ett] sträck **at full ~** → **full¹ do a ~** sitta inne, sitta på kåken
stretcher /'stretʃə/ SB bår
strew /stru:/ ⟨**strewed, strewn** /stru:n/ *el* **strewed**⟩ VB strö [ut], beströ
stricken /'strɪkən/ ADJ **1** drabbad, gripen ⟨**~ with panic**⟩ **2** -drabbad, -gripen, -slagen ⟨**panic-~**⟩
strict /strɪkt/ ADJ **1** sträng, rigorös, strikt **2** exakt, absolut ⟨**the ~ truth**⟩
strictly /'strɪktlɪ/ ADV **~ speaking** strängt taget
stride¹ /straɪd/ ⟨**strode** /strəʊd/, **stridden** /'strɪdn/⟩ VB kliva, stega, gå med långa [och bestämda] steg
stride² /straɪd/ SB kliv, långt steg
★ **get into one's ~** börja bli varm i kläderna **make ~s** göra framsteg **take sth in one's ~** klara ngt hur lätt som helst
strident /'straɪdənt/ ADJ genomträngande, skrikig, gäll ⟨**a ~ voice**⟩, **~ demands** högljudda krav
strife /straɪf/ SB stridigheter, split, konflikt
strike¹ /straɪk/ ⟨**struck** /strʌk/, **struck**⟩ VB **1** slå [till], slå (stöta) emot ⟨**the ship struck a rock**⟩ **2** drabba, träffa **3** *om blixt* slå ned **4** tända ⟨**~ a match**⟩ **5** hitta, träffa (stöta) på ⟨**~ oil**⟩ **6** strejka **7** stryka ⟨**~ sail**⟩, ta ned ⟨**~ a tent**⟩, **~ camp** bryta läger
★ **~ a balance** finna en medelväg **~ a bargain** träffa ett avtal, göra upp **~ it rich** bli rik **~ while the iron is hot** smida medan järnet är varmt
☐ **strike down** bryta ned, knäcka, drabba
☐ **strike off** stryka **be struck off** bli utesluten, mista sin legitimation
☐ **strike out** *a)* stryka ut, ta bort *b)* slå omkring sig *c)* sätta i väg **~ on one's own** slå sig fram på egen hand
☐ **strike up** *a)* spela upp *b)* inleda ⟨**~ a**

strike² /straɪk/ SB **1** strejk **2** slag **3** attack, flyganfall **4** fynd[ighet] ⟨an oil ~⟩
★ **go on ~** gå [ut] i strejk, strejka

striker /'straɪkə/ SB **1** strejkande **2** *GB fotboll* anfallare

striking /'straɪkɪŋ/ ADJ **1** slående, frapperande **2 within ~ distance** *a)* inom skotthåll *b)* inom räckhåll

string¹ /strɪŋ/ SB **1** snöre **a length (piece) of ~** ett snöre **2** band ⟨**a ~ of pearls**⟩ **3** sträng **~ quartet** stråkkvartett **4 strings** stråkar, stråksektion *i en orkester* **5** sena ⟨**the ~s of a racket**⟩ **6** rad, följd, serie
★ **have two ~s to one's bow** ha flera strängar på sin lyra [with] **no ~s attached** utan förbehåll (villkor) **pull ~s** → pull¹

string² /strɪŋ/ ⟨**strung** /strʌŋ/, **strung**⟩ VB **1** stränga ⟨**~ a racket**⟩ **2** trä upp på band (snöre) **3** hänga upp ⟨**lamps were strung in the trees**⟩
▫ **string along** *a)* hålla på sträckbänken, lura [med tomma löften] *b)* hänga med **~ with** hålla ihop med
▫ **string out** sprida ut, dra ut på
▫ **string together** sätta ihop ⟨**~ some verses**⟩
▫ **string up** *a)* hänga upp *b)* *vard* hänga *till döds*

stringed instrument SB stränginstrument, stråkinstrument

stringent /'strɪndʒənt/ ADJ sträng, strikt, stram

stringy /'strɪŋɪ/ ADJ **1** trådig, seg ⟨**~ meat**⟩ **2** senig **3** stripig

strip¹ /strɪp/ VB **1** klä av sig **~ped to the waist** *äv* med bar överkropp **2** strippa **3** klä av **4** avluta *möbler*
▫ **strip down** *motor* ta isär, demontera
▫ **strip of** *a)* beröva ⟨**he was stripped of all his privileges**⟩ *b)* tömma (plundra) på
▫ **strip off** dra (riva, skala, skrapa) av från

strip² /strɪp/ SB **1** remsa **2 [landing] ~** [provisorisk] start- och landningsbana **3** *fotboll* [lag]dräkt **4 [comic] ~** tecknad serie **5 do a ~** strippa ⇓

strip cartoon /ˌstrɪp kɑːˈtuːn/ SB *GB* [tecknad] serie

stripe /straɪp/ SB **1** rand, strimma **2** streck *som gradbeteckning* **lose a ~ (one's ~s)** bli degraderad

striped /straɪpt/ ADJ randig, strimmig

strip lighting /'strɪpˌlaɪtɪŋ/ SB lysrörsbelysning

stripper /'strɪpə/ SB strippa

striptease /'strɪptiːz/ SB striptease

strive /straɪv/ ⟨**strove** /strəʊv/, **striven** /'strɪvn/⟩ VB **1** sträva ⟨**after, for** efter⟩ **2** strida, kämpa

strode → stride¹

stroke¹ /strəʊk/ VB stryka [med handen över] **~ sb's hair** stryka ngn över håret, smeka

stroke² /strəʊk/ SB **1** slag **2** klockslag **on the ~ of three** på slaget tre **3** slag[anfall], stroke **4** [penn]drag, [penn]streck, penseldrag **5** [sim]tag, årtag **6** simsätt **do [the] breast-~** simma bröstsim
★ **not do a ~ of work** inte göra ett handtag **a ~ of genius** ett snilledrag **What a ~ of luck!** Vilken tur!

stroll¹ /strəʊl/ VB promenera, vandra, ströva

stroll² /strəʊl/ SB promenad **go for a ~** ta en promenad, gå ut och gå

stroller /'strəʊlə/ SB **1** promenerande **2** *spec US* sittvagn

strong¹ /strɒŋ/ ADJ **1** stark, kraftig **~ eyes** god syn **~ language** krafttuttryck, svordomar **the 15 ~ band** den 15 man starka orkestern **2** stor ⟨**a ~ chance of winning**⟩
★ **be ~ on** vara bra på

strong² /strɒŋ/ ADV starkt, kraftigt
★ **be still going ~** fortfarande vara i farten, vara i full gång

stronghold /'strɒŋhəʊld/ SB *bildl* fäste, högborg

strongroom /'strɒŋruːm/ SB kassavalv, bankvalv

strove → strive

struck → strike¹

structure /'strʌktʃə/ SB **1** struktur **2** byggnadsverk

struggle¹ /'strʌgl/ VB **1** brottas, kämpa ⟨**for** om⟩ **2** sprattla **3** strida, sträva **4** streta, knoga ⟨**on** på⟩
★ **~ to one's feet** kravla sig upp på fötter[na]

struggle² /'strʌgl/ SB **1** kamp, strid ⟨**for** om⟩ **2** ansträngning

strum /strʌm/ VB klinka [på], knäppa [på]

strung → string²

strut¹ /strʌt/ SB stötta, sträva

strut² /strʌt/ VB stoltsera, svassa, kråma sig

stub¹ /stʌb/ SB 1 stump, fimp 2 kontramärke, talong *innersta delen av biljetthäfte etc*

stub² /stʌb/ VB ~ one's toe stöta tån
□ **stub out** fimpa

stubble /'stʌbl/ SB 1 stubb 2 skäggstubb

stubborn /'stʌbən/ ADJ envis, omedgörlig, motspänstig

stubby /'stʌbɪ/ ADJ kort och bred ~ **fingers** knubbiga fingrar **a ~ pencil** en pennstump

stuck¹ → stick²

stuck² /stʌk/ ⟨↔ stick²⟩ ADJ fast
★ **be (get) ~** köra fast, fastna **be ~ for an answer** sakna svar **be ~ on sb** vara kär i (tänd på) ngn **be ~ with** *a)* drabbas av *b)* få dras med

stuck-up /ˌstʌk'ʌp/ ADJ mallig, struntviktig, uppblåst

stud¹ /stʌd/ SB 1 [lös] kragknapp, skjortknapp *till frackskjorta* 2 dubb, dobb 3 [möbel]stift

stud² /stʌd/ VB 1 översålla, beströ **~ded with jewels** juvelbesatt 2 pryda med [möbel]stift 3 dubba

stud³ /stʌd/ SB 1 stall 2 stuteri 3 avelshingst 4 sexatlet

student /'stjuːdənt/ SB 1 student, studerande **be a ~ of sth** studera ngt 2 *spec* US [skol]elev

studied /'stʌdɪd/ ADJ utstuderad, avsiktlig

studio /'stjuːdɪəʊ/ SB studio, ateljé

studio flat (*US* **apartment**) SB enrummare

studious /'stjuːdɪəs/ ADJ 1 flitig, kunskapstörstande 2 minutiös, utstuderad

study¹ /'stʌdɪ/ SB 1 *äv pl* studier 2 *attribut* studie- 3 undersökning, studie 4 *musik* etyd 5 arbetsrum

study² /'stʌdɪ/ VB 1 studera, läsa **~ to be a doctor** läsa (studera) till läkare **~ a part** lära (studera) in en roll 2 studera, granska ⟨**~ a map**⟩

stuff¹ /stʌf/ SB 1 material, ämne **some sticky ~** något klibbigt **try some of this ~** pröva litet av det här 2 grejer, saker **he knows his ~** han kan sin sak 3 [innersta] väsen ⟨**compromises are the very ~ of politics**⟩
★ **That's the ~!** Just så [ska det vara]!

stuff² /stʌf/ VB 1 stoppa, stoppa (proppa) full, fylla 2 stoppa upp ⟨**a ~ed parrot**⟩ 3 *kok* fylla, färsera
★ **get ~ed** dra åt helvete
□ **stuff up** täppa till **be all stuffed up** *äv* vara täppt i näsan

stuffed shirt /ˌstʌft 'ʃɜːt/ SB uppblåst person, viktigpetter

stuffing /'stʌfɪŋ/ SB 1 stoppning 2 *kok* fyllning

stuffy /'stʌfɪ/ ADJ 1 instängd, kvav 2 konventionell, insnöad

stumble /'stʌmbl/ VB 1 snubbla, snava, stappla 2 staka sig, snubbla på orden
□ **stumble across (on, upon)** råka (stöta) på

stumbling block SB stötesten, hinder ⟨**to för**⟩

stump¹ /stʌmp/ SB 1 stubbe 2 stump 3 *kricket* grindpinne

stump² /stʌmp/ VB 1 göra svarslös (ställd), sätta på det hala **be ~ed** *äv* gå bet 2 klampa, trampa 3 *US äv* hålla valtal, agitera
□ **stump up** *GB* punga ut med

stun /stʌn/ VB 1 bedöva, göra medvetslös (omtöcknad) 2 förbluffa, chocka

stung → sting¹

stunk → stink¹

stunned /stʌnd/ ADJ [alldeles] överväldigad, lamslagen

stunning /'stʌnɪŋ/ ADJ 1 bedövande 2 förbluffande, chockerande 3 fantastisk, sagolik, underbar

stunt¹ /stʌnt/ SB 1 jippo, grej ⟨**publicity ~**⟩ 2 farligt [akrobat]nummer, stunttrick

stunt² /stʌnt/ VB hämma [i växten] **~ed** *äv* förkrympt

stupefy /'stjuːpɪfaɪ/ VB 1 göra omtöcknad, bedöva 2 förbluffa **stupefied** *äv* häpen, mållös

stupendous /stjʊ'pendəs/ ADJ enorm, fantastisk, kolossal

stupid /'stjuːpɪd/ ADJ dum **~ with** omtöcknad av

stupidity /stjʊ'pɪdətɪ/ SB dumhet

stupor /'stjuːpə/ SB omtöcknat tillstånd, apati, dvala ⟨**a drunken ~**⟩

sturdy /'stɜːdɪ/ ADJ 1 kraftig, robust, bastant 2 ståndaktig, pålitlig ⟨**~ friends**⟩

stutter¹ /'stʌtə/ VB stamma

stutter² /'stʌtə/ SB stamning

sty /staɪ/ SB [svin]stia

style¹ /staɪl/ SB **1** stil *in ~* elegant, flott **2** mode *be out of ~* vara ute (omodern)
style² /staɪl/ VB **1** formge, utforma **2** *~ oneself* titulera (kalla) sig
stylish /'staɪlɪʃ/ ADJ stilfull, elegant
stylus /'staɪləs/ SB pickupnål
suave /swɑːv/ ADJ förbindlig, mjuk och behaglig
sub /sʌb/ SB **1** *vard* ubåt **2** *sport* avbytare
subconscious /sʌb'kɒnʃəs/ **1** ADJ undermedveten **2** SB undermedvetande *sb's ~* ngns undermedvetna
subdivision /'sʌbdɪˌvɪʒn/ SB underavdelning
subdue /səb'djuː/ VB **1** undertrycka, dämpa **2** besegra, [under]kuva
subject¹ /'sʌbdʒəkt/ **1** SB ämne, tema *on the ~ of* angående, på tal om **2** SB subjekt **3** SB undersåte **4** SB *musik* tema, motiv **5** ADJ underlydande *be ~ to a)* vara underkastad, kunna bli föremål för ⟨*be ~ to changes*⟩ *b)* ha benägenhet (anlag) för ⟨*be ~ to heart attacks*⟩ ⇓
subject² /səb'dʒekt/ VB **1** [under]kuva **2** utsätta ⟨*to* för⟩
□ *subject to a)* underkasta *b)* belägga med
subjection /səb'dʒekʃn/ SB **1** underkuvande **2** underkastelse
subjective /səb'dʒektɪv/ ADJ subjektiv
subject matter /'sʌbdʒektˌmætə/ SB innehåll, stoff ⟨*the ~ of an article*⟩
subjunctive /səb'dʒʌŋktɪv/ **1** ADJ konjunktiv-, konjunktivisk **2** SB konjunktiv[form]
sublease /ˌsʌb'liːs/ VB hyra [ut] i andra hand
sublet /ˌsʌb'let/ ⟨*sublet, sublet*⟩ VB **1** hyra ut i andra hand **2** *US äv* hyra i andra hand
sublime /sə'blaɪm/ ADJ sublim, storslagen
submachine-gun /ˌsʌbmə'ʃiːŋgʌn/ SB kulsprutepistol, kpist
submarine /'sʌbməriːn, ˌsʌbmə'riːn/ **1** SB undervattensbåt, ubåt **2** ADJ undervattens-
submerge /səb'mɜːdʒ/ VB **1** dyka **2** dränka, sätta under vatten
submission /səb'mɪʃn/ SB **1** underkastelse ⟨*to* under⟩ **2** framläggande, presentation **3** *frml* förslag
submissive /səb'mɪsɪv/ ADJ undergiven, foglig

submit /səb'mɪt/ VB **1** ge efter (vika) *~ to* underkasta sig, ge efter för **2** framlägga, inkomma med, lämna in
subordinate¹ /sə'bɔːdɪnət/ **1** ADJ underordnad *be ~ to sb (sth)* vara underordnad ngn (ngt) **2** SB underordnad
subordinate² /sə'bɔːdɪneɪt/ VB underordna, låta stå tillbaka, låta komma i andra hand ⟨*to* för⟩
subpoena¹ /sə'piːnə, səb'piːnə/ SB *jur* kallelse att inställa sig inför domstol
subpoena² /sə'piːnə, səb'piːnə/ VB *jur* kalla till inställelse inför domstol
subscribe /səb'skraɪb/ VB **1** prenumerera ⟨*to* på⟩ **2** teckna (skicka, ge) bidrag **3** skänka
★ *~ to* skriva under på, ansluta sig till ⟨*Do you ~ to this theory?*⟩
subscription /səb'skrɪpʃn/ SB **1** prenumeration *take out a ~* prenumerera **2** medlemsavgift, årsavgift **3** insamling
subsequent /'sʌbsɪkwənt/ ADJ följande, senare
subsequently /'sʌbsɪkwəntlɪ/ ADV senare
subside /səb'saɪd/ VB **1** lägga sig, avta **2** sjunka undan **3** *om byggnad* sätta sig, sjunka
subsidiary /səb'sɪdɪərɪ/ **1** ADJ bi-, sido- *be ~ to sth* vara underordnad ngt **2** SB dotterbolag
subsidize /'sʌbsɪdaɪz/ VB subventionera
subsidy /'sʌbsədɪ/ SB subvention, [stats]bidrag
subsistence /səb'sɪstəns/ SB existens, uppehälle *~ level* existensminimum *a ~ wage* en lön som man nätt och jämnt kan leva på
substance /'sʌbstəns/ SB **1** substans, ämne **2** huvudinnehåll, kontenta *in ~* i huvudsak
substantial /səb'stænʃl/ ADJ **1** avsevärd, ansenlig **2** stadig, kraftig, bastant ⟨*a ~ meal*⟩ **3** påtaglig, verklig **4** förmögen, solid ⟨*a ~ business*⟩
substantiate /səb'stænʃɪeɪt/ VB bevisa, styrka
substitute¹ /'sʌbstɪtjuːt/ SB **1** ersättning *there is no ~ for* ingenting kan ersätta **2** ersättare, vikarie, *sport* avbytare
substitute² /'sʌbstɪtjuːt/ VB **1** ersätta, sätta i stället, byta ut *~ B for A* ersätta A

med B, byta ut A mot B **2** vikariera
substitution /ˌsʌbstɪ'tjuːʃn/ SB ersättning, ersättande, utbyte
subterranean /ˌsʌbtə'reɪnɪən/ ADJ underjordisk
subtitles /'sʌbˌtaɪtlz/ SB *film, tv* text[remsa] **English ~** textad på engelska
subtle /'sʌtl/ ADJ **1** subtil, hårfin ⟨**a ~ difference**⟩, **a ~ smell** en diskret doft **2** skarpsinnig **3** utstuderad
subtract /səb'trækt/ VB dra ifrån, *matem* subtrahera
subtraction /səb'trækʃn/ SB subtraktion
suburb /'sʌbɜːb/ SB förstad, förort
suburban /sə'bɜːbən/ ADJ **1** förstads-, förorts- **2** småborgerlig, konventionell
subversion /səb'vɜːʃn, *spec US* -'vɜːʒn/ SB omstörtning, omstörtande verksamhet
subversive /səb'vɜːsɪv/ ADJ omstörtande, subversiv
subway /'sʌbweɪ/ SB **1** *GB* gångtunnel **2** *US* tunnelbana
succeed /sək'siːd/ VB **1** lyckas, ha framgång **~ in doing sth** lyckas göra ngt **2** efterträda **~ to sth** tillträda (ärva, överta) ngt **3** följa
success /sək'ses/ SB framgång, succé
successful /sək'sesfʊl/ ADJ framgångsrik, lyckad
succession /sək'seʃn/ SB **1** följd **the ~ of the seasons** årstidernas växling **2** arvsföljd, tronföljd **3** arvsrätt
successive /sək'sesɪv/ ADJ på varandra följande **three ~ years** tre år i rad **~ governments** den ena regeringen efter den andra
successor /sək'sesə/ SB efterträdare, efterföljare **~ to the throne** tronföljare
succinct /sək'sɪŋkt/ ADJ koncis, kortfattad
succumb /sə'kʌm/ VB *frml* ge efter, duka under ⟨**to** för⟩
such /sʌtʃ/ PRON, ADJ **1** sådan **S~ a day!** En sån dag! **~ as it is** hurdan den nu än må vara **2** så **we had ~ fun** vi hade så trevligt **3** *frml* så stor ⟨**~ was his love that ...**⟩
★ **~ and ~** den och (eller) den
suchlike /'sʌtʃlaɪk/ PRON, ADJ liknande, sådan, dylik
suck¹ /sʌk/ VB **1** suga ⟨**at** på⟩ **2** suga på
□ **be sucked into** dras in i
□ **suck under** dra ner ⟨**the swimmer was sucked under**⟩
□ **suck up** ställa sig in ⟨**to** hos⟩
suck² /sʌk/ SB sug[ning] **have (take) a ~** suga
sucker /'sʌkə/ SB **1** sug|skiva, -fot **2** rotskott **3** lättlurad person **be a ~** vara lättlurad, gå på vad som helst
★ **be a ~ for** *vard* vara svag (falla) för
suckle /'sʌkl/ VB amma, dia, få (ge) di
suction /'sʌkʃn/ SB sug, sugning, sugkraft
sudden /'sʌdn/ ADJ plötslig **all of a ~** helt plötsligt
suddenly /'sʌdnlɪ/ ADV plötsligt
suds /sʌdz/ SB [tvål]lödder
sue /sjuː, *spec US* suː/ VB stämma, processa, väcka åtal [mot] **~ for a divorce** begära skilsmässa
suede /sweɪd/ SB mocka[skinn]
suffer /'sʌfə/ VB **1** lida ⟨**from** av⟩, [få] utstå, drabbas av **~ pain** ha smärtor **2** bli lidande, ta skada ⟨**from** av⟩ **3** tåla, stå ut med
suffering /'sʌfərɪŋ/ SB lidande, kval
suffice /sə'faɪs/ VB räcka, vara nog
★ **~ it to say** det får räcka med att säga
sufficient /sə'fɪʃnt/ ADJ tillräcklig, tillräckligt med, nog [med]
suffocate /'sʌfəkeɪt/ VB kväva[s]
suffocation /ˌsʌfə'keɪʃn/ SB kvävning
sugar¹ /'ʃʊgə/ SB **1** socker **2** *US vard* älskling
sugar² /'ʃʊgə/ VB sockra [på]
sugar daddy SB *vard* rik [äldre] älskare
sugary /'ʃʊgərɪ/ ADJ **1** sockrad, söt **2** sötsliskig, sockersöt
suggest /sə'dʒest, *US* səg'dʒest/ VB **1** föreslå **2** tyda på ⟨**Which illness do these symptoms ~?**⟩ **3** antyda ⟨**Are you ~ing that I'm lying?**⟩
suggestion /sə'dʒestʃn, *US* səg-/ SB **1** förslag **2** antydan **3** suggestion
suggestive /sə'dʒestɪv, *US* səg-/ ADJ **1** tankeväckande, suggestiv **2 be ~ of** tyda på **3** tvetydig, oanständig
suicidal /ˌsuːɪ'saɪdl, *GB äv* ˌsjuː-/ ADJ självmords- **feel ~** ha (gå i) självmordstankar
suicide /'suːɪsaɪd, *GB äv* 'sjuː-/ SB **1** självmord **commit ~** begå självmord **2** självmordskandidat
suit¹ /suːt, *GB äv* sjuːt/ SB **1** [herr]kostym, [dam]dräkt **2** dräkt ⟨**bathing ~**⟩, **~ of armour** rustning **3** *kortspel* färg **4** *jur* process, mål **bring (file) a ~ against sb**

stämma ngn
★ follow ~ → follow
suit² /suːt, GB äv sjuːt/ VB **1** passa, vara lämplig för **2** klä ⟨that colour ~s you⟩ **3** anpassa
★ ~ **yourself** [gör] som du vill
suitability /ˌsuːtəˈbɪlətɪ, GB äv ˌsjuː-/ SB lämplighet
suitable /ˈsuːtəbl, GB äv ˈsjuː-/ ADJ passande, lämplig
suitcase /ˈsuːtkeɪs, GB äv ˈsjuː-/ SB resväska
suite /swiːt/ SB **1** möblemang, möbel ⟨a dining-room ~⟩ **2** svit
suited /ˈsuːtɪd, GB äv ˈsjuː-/ ADJ lämplig be ~ **for** äv passa för (till)
sulfur → sulphur
sulk /sʌlk/ VB sura, tjura
sulky /ˈsʌlkɪ/ **1** ADJ sur, grinig, trumpen **2** SB sulky *tvåhjulig vagn*
sullen /ˈsʌlən/ ADJ butter, surmulen
sulphur /ˈsʌlfə/ (US sulfur) SB svavel
sultry /ˈsʌltrɪ/ ADJ **1** tryckande, kvav **2** sensuell, passionerad
sum¹ /sʌm/ SB **1** summa **2** uträkning sums räkning do ~s räkna
sum² /sʌm/ VB
□ **sum up** *a)* sammanfatta *b)* bilda sig en uppfattning om
summarize /ˈsʌməraɪz/ VB sammanfatta
summary /ˈsʌmərɪ/ SB sammanfattning
summer /ˈsʌmə/ SB sommar
summery /ˈsʌmərɪ/ ADJ sommar|lik, -aktig, sommar-
summing-up /ˌsʌmɪŋˈʌp/ SB sammanfattning *spec av domare till ledning för jury*
summit /ˈsʌmɪt/ SB **1** topp, *bildl äv* höjdpunkt **2** toppmöte
summon /ˈsʌmən/ VB **1** kalla, kalla på (ihop, in, samman) **2** uppbjuda, uppbåda ⟨~ **all one's strength**⟩
□ **summon up** *a)* uppbjuda, uppbåda *b)* väcka, framkalla ⟨a smell can ~ memories⟩
summons /ˈsʌmənz/ SB stämning, kallelse
sumptuous /ˈsʌmptʃʊəs/ ADJ överdådig
sun¹ /sʌn/ SB sol
★ **everything under the** ~ allt mellan himmel och jord
sun² /sʌn/ VB ~ **oneself** sola sig
sunbathe /ˈsʌnbeɪð/ VB solbada
sunbeam /ˈsʌnbiːm/ SB solstråle
sunburn /ˈsʌnbɜːn/ SB solsveda
sunburnt /ˈsʌnbɜːnt/ ADJ **1** bränd av solen **2** solbränd
sundae /ˈsʌndeɪ, -dɪ/ SB glasscoupe *med frukt, nötter etc*
Sunday /ˈsʌndeɪ, -dɪ/ SB söndag
sundial /ˈsʌnˌdaɪəl/ SB solur
sundown /ˈsʌndaʊn/ SB *spec US* solnedgång[en]
sundry /ˈsʌndrɪ/ ADJ diverse, åtskilliga **all and ~** alla och envar
sung → sing
sunglasses /ˈsʌnˌglɑːsɪz/ SB solglasögon
sunk → sink¹
sunken /ˈsʌŋkən/ ADJ **1** sjunken **2** nedsänkt **3** insjunken, infallen ⟨~ **cheeks**⟩
sunlight /ˈsʌnlaɪt/ SB solljus
sunlit /ˈsʌnlɪt/ ADJ solbelyst
sunny /ˈsʌnɪ/ ADJ solig
sunrise /ˈsʌnraɪz/ SB soluppgång[en]
sunset /ˈsʌnset/ SB solnedgång[en]
sunshade /ˈsʌnʃeɪd/ SB parasoll
sunshine /ˈsʌnʃaɪn/ SB solsken
sunstroke /ˈsʌnstrəʊk/ SB solsting
suntan /ˈsʌntæn/ SB solbränna
super /ˈsuːpə, GB äv ˈsjuː-/ ADJ **1** fantastisk, toppen **2** super-
superb /suːˈpɜːb, GB äv sjuː-/ ADJ utomordentlig, strålande, storartad
supercilious /ˌsuːpəˈsɪlɪəs, GB äv ˌsjuː-/ ADJ högdragen, överlägsen
superconductor /ˌsuːpəkənˈdʌktə, GB äv ˌsjuː-/ SB supraledare
superficial /ˌsuːpəˈfɪʃl, GB äv ˌsjuː-/ ADJ ytlig
superficiality /ˌsuːpəfɪʃɪˈælətɪ, GB äv ˌsjuː-/ SB ytlighet
superfluous /suːˈpɜːfluəs, GB äv sjuː-/ ADJ överflödig, onödig
superhuman /ˌsuːpəˈhjuːmən, GB äv ˌsjuː-/ ADJ övermänsklig
superintend /ˌsuːpərɪnˈtend, GB äv ˌsjuː-/ VB övervaka, hålla uppsikt över
superintendent /ˌsuːpərɪnˈtendənt, GB äv ˌsjuː-/ SB **1** intendent **2** inspektör **3** GB ≈ poliskommissarie **4** US äv polischef **5** US äv fastighetsskötare
superior /suːˈpɪərɪə, GB äv sjuː-/ **1** ADJ högre ⟨~ **officers**⟩ **2** ADJ **be** ~ *a)* vara överlägsen ⟨**to sb** ngn⟩ *b)* vara bättre ⟨**to** än⟩ *c)* vara överordnad ⟨**to sb** ngn⟩ **3** ADJ förstklassig ⟨~ **quality**⟩ **4** ADJ

överlägsen, högdragen **5** SB överordnad
superiority /sʊˌpɪərɪˈɒrətɪ, *GB äv* sjuː-/ SB överlägsenhet
superlative /sʊˈpɜːlətɪv, *GB äv* sjuː-/ **1** ADJ utomordentlig, enastående, ypperlig **2** SB superlativ
supermarket /ˈsuːpəˌmɑːkɪt, *GB äv* ˈsjuː-/ SB [stort] snabbköp
supernatural /ˌsuːpəˈnætʃrəl, *GB äv* ˌsjuː-/ ADJ övernaturlig
supersede /ˌsuːpəˈsiːd, *GB äv* ˌsjuː-/ VB ersätta, avlösa
supersonic /ˌsuːpəˈsɒnɪk, *GB äv* ˌsjuː-/ ADJ överljuds-
superstition /ˌsuːpəˈstɪʃn, *GB äv* ˌsjuː-/ SB vidskepelse
superstitious /ˌsuːpəˈstɪʃəs, *GB äv* ˌsjuː-/ ADJ vidskeplig
supervise /ˈsuːpəvaɪz, *GB äv* ˈsjuː-/ VB övervaka, hålla uppsikt över, ha tillsyn över
supervision /ˌsuːpəˈvɪʒn, *GB äv* ˌsjuː-/ SB över|vakning, -inseende, uppsikt
supervisor /ˈsuːpəvaɪzə, *GB äv* ˈsjuː-/ SB **1** tillsyningsman, arbetsledare **2** *utb* handledare
supervisory /ˌsuːpəˈvaɪzərɪ, *GB äv* ˌsjuː-/ ADJ övervakande, kontrollerande, tillsyns-
supper /ˈsʌpə/ SB **1** [sen] middag **2** kvällsmat, supé
supplant /səˈplɑːnt/ VB **1** ersätta, avlösa **2** tränga undan, slå ur brädet
supple /ˈsʌpl/ ADJ smidig, böjlig
supplement[1] /ˈsʌplɪmənt/ SB **1** tillägg, tillskott **2** supplement, bilaga
supplement[2] /ˈsʌplɪment/ VB öka [ut], komplettera
supplementary /ˌsʌplɪˈmentərɪ/ ADJ tilläggs-, extra, kompletterande ~ **benefit** *GB* ≈ socialbidrag
supply[1] /səˈplaɪ/ VB **1** tillhandahålla, leverera ~ **with** förse med **2** *behov, krav* fylla, tillfredsställa
supply[2] /səˈplaɪ/ SB **1** förråd, lager, tillgång **oil is in short** ~ det är ont om olja **2** leverans, tillhandahållande, tillförsel **3 supplies** förnödenheter, proviant
supply teacher SB *GB* [lärar]vikarie
support[1] /səˈpɔːt/ VB **1** bära [upp], hålla uppe, stötta **2** *bildl* stötta, stödja, backa upp **3** försörja **4** hålla på, vara supporter till

support[2] /səˈpɔːt/ SB **1** stöd **in** ~ **of** till stöd för **2** kundstöd, service **3** levebröd, utkomst **means of** ~ utkomstmöjlighet[er]
supporter /səˈpɔːtə/ SB anhängare, supporter
suppose /səˈpəʊz/ VB **1** förmoda, anta **I** ~ **so** jag antar det **S**~ **she finds out!** Tänk om hon kommer på det! ~ **we wait a while** vi kanske ska vänta ett tag **2** tro **3 he's** ~**d to be rich** han lär vara rik **you're** ~ **to be there by six** du ska vara där före sex **I was** ~**d to succeed him** [det var meningen att] jag skulle efterträda honom
supposedly /səˈpəʊzɪdlɪ/ ADV **1** antagligen **2** efter vad man tror, förment
supposing /səˈpəʊzɪŋ/ KONJ om [nu]
supposition /ˌsʌpəˈzɪʃn/ SB antagande
suppress /səˈpres/ VB **1** krossa, undertrycka, slå ner **2** förbjuda, dra in ⟨~ **a newspaper**⟩ **3** hemlighålla, tiga med ⟨~ **the truth**⟩ **4** hålla tillbaka, undertrycka ⟨~ **one's anger**⟩
suppression /səˈpreʃn/ SB **1** undertryckande **2** förbud, indragning **3** hemlighållande, förtigande
supremacy /sʊˈpreməsɪ, *GB äv* sjʊ-/ SB **1** dominans, ledarställning **2** överhöghet **3** överlägsenhet
supreme /sʊˈpriːm, *GB äv* sjʊ-/ ADJ **1** högst, suverän ~ **commander** överbefälhavare **2** ypperst, oförliknelig, enastående
the Supreme Court SB *US* Högsta domstolen
surcharge /ˈsɜːtʃɑːdʒ/ SB tilläggsavgift
sure[1] /ʃɔː, ʃʊə, *US* ʃʊər/ ADJ **1** säker ⟨**of** på⟩ ~ **of oneself** självsäker **2 be** ~ **to do sth** *a)* säkert komma att göra ngt ⟨**he is** ~ **to win**⟩ *b)* inte glömma att göra ngt ⟨**Be** ~ **to lock the door!**⟩
★ **make** ~ *a)* försäkra (förvissa) sig om [att], kontrollera [att] *b)* se till [att] ~ **thing** *spec US* visst, naturligtvis **to be** ~ naturligtvis, mycket riktigt, visserligen ⟨**to be** ~ **... but ...**⟩
sure[2] /ʃɔː, ʃʊə, *US* ʃʊər/ ADV **1** *spec US* visst, naturligtvis ⟨**Can I go with you?** **S**~**!**⟩ **2** *spec US* minsann, verkligen ⟨**I** ~ **am bored**⟩
★ **for** ~ *vard* säkert ~ **enough** mycket

riktigt
surely /'ʃɔːlɪ, 'ʃʊəlɪ, US 'ʃʊərlɪ/ ADV nog, väl ~ **you're not going to ...** inte skall du väl ...
surety /'ʃɔːrətɪ, spec US 'ʃʊər-/ SB **1** säkerhet, borgen **2** borgensman
surf¹ /sɜːf/ SB [våg]svall, bränning[ar]
surf² /sɜːf/ VB surfa
surface¹ /'sɜːfɪs/ SB **1** yta, utsida **road ~** vägbeläggning **2** sida ⟨**the ~s of a cube**⟩ **3** attribut yt-, ytlig, yttre
surface² /'sɜːfɪs/ VB **1** komma (stiga) upp till ytan, dyka upp **2** vakna [upp], komma till medvetande **3** belägga
surfboard /'sɜːfbɔːd/ SB surfingbräda
surfeit /'sɜːfɪt/ SB över|mått, -flöd, -mättnad
surge¹ /sɜːdʒ/ SB **1** äv bildl våg ⟨**a ~ of pity**⟩, svallvåg **2** framvällande, tillströmning **3** ökning, stegring
surge² /sɜːdʒ/ VB svalla, strömma, välla [fram], om känslor äv stiga ⟨**hope ~d [up] in him**⟩
surgeon /'sɜːdʒən/ SB kirurg
surgery /'sɜːdʒərɪ/ SB **1** kirurgi **2** GB mottagning **~ hours** mottagningstid
surgical /'sɜːdʒɪkl/ ADJ kirurgisk
surly /'sɜːlɪ/ ADJ sur, vresig, ovänlig
surmise /sə'maɪz/ VB förmoda
surmount /sə'maʊnt/ VB **1** övervinna **2** kröna, vara placerad ovanpå
surname /'sɜːneɪm/ SB efternamn
surpass /sə'pɑːs/ VB överträffa
surplus /'sɜːpləs/ SB överskott
surprise¹ /sə'praɪz/ SB **1** överraskning **take by ~** över|raska, -rumpla **2** förvåning **in ~** förvånat ⟨**she looked up in ~**⟩
surprise² /sə'praɪz/ VB **1** över|raska, -rumpla **2** förvåna ⟨**it wouldn't ~ me if ...**⟩
surprising /sə'praɪzɪŋ/ ADJ överraskande, förvånande, förvånansvärd
surprisingly /sə'praɪzɪŋlɪ/ ADV **1** överraskande, förvånansvärt ⟨**~ good**⟩ **2** förvånansvärt nog
surrender¹ /sə'rendə/ VB **1** ge sig, överlämna sig ⟨**to till**⟩, kapitulera ⟨**to inför**⟩ **2** ge upp, avstå från, överlämna ⟨**~ one's gun to the police**⟩
surrender² /sə'rendə/ SB **1** kapitulation **2** uppgivande, avstående
surreptitious /ˌsʌrəp'tɪʃəs/ ADJ förstulen, hemlig
surreptitiously /ˌsʌrəp'tɪʃəslɪ/ ADV i smyg
surround /sə'raʊnd/ VB **1** omge **2** omringa
surrounding /sə'raʊndɪŋ/ ADJ omgivande
surroundings /sə'raʊndɪŋz/ SB omgivning[ar]
surveillance /sɜː'veɪləns/ SB bevakning, övervakning **be under ~** vara bevakad
survey¹ /sə'veɪ/ VB **1** överblicka, blicka ut över **2** granska, studera **3** mäta upp, kartlägga ⟨**~ land**⟩ **4** GB besiktiga ⟨**~ a house**⟩
survey² /'sɜːveɪ/ SB **1** överblick **2** översikt **3** granskning, studie **4** [lant]mätning, kartläggning **5** GB besiktning ⟨**the ~ of a house**⟩
surveyor /sə'veɪə/ SB **1** lantmätare **2** besiktningsman
survival /sə'vaɪvl/ SB **1** överlevnad **the struggle for ~** äv kampen för att överleva **2** kvarleva
survive /sə'vaɪv/ VB överleva
survivor /sə'vaɪvə/ SB överlevande
susceptible /sə'septəbl/ ADJ **1** mottaglig ⟨**to för**⟩, ömtålig **2** lättpåverkad
suspect¹ /sə'spekt/ VB **1** misstänka ⟨**of för**⟩ **2** misstro
suspect² /'sʌspekt/ **1** SB misstänkt [person] **2** ADJ misstänkt, suspekt
suspend /sə'spend/ VB **1** hänga [upp] **~ed** upphängd, hängande **be ~ed** äv hänga **2** inställa **3** [tills vidare] upphäva **~ a driving licence** [tills vidare] dra in ett körkort **4** skjuta upp **~ed sentence** villkorlig dom **5** suspendera, avstänga
suspender /sə'spendə/ SB **1** GB strumpeband **2 suspenders** US hängslen
suspense /sə'spens/ SB spänning **keep sb in ~** hålla ngn i ovisshet
suspension /sə'spenʃn/ SB **1** upphängning, bil hjulupphängning **2** inställande ⟨**~ of hostilities**⟩ **3** [tillfälligt] upphävande **4** uppskjutande, anstånd **5** suspension, avstängning
suspicion /sə'spɪʃn/ SB **1** misstanke **be above ~** stå höjd över alla misstankar **be under ~** vara misstänkt **on ~ of** misstänkt för **2** misstro **3** aning, gnutta
suspicious /sə'spɪʃəs/ ADJ **1** misstänksam ⟨**of mot about beträffande**⟩ **2** misstänkt
sustain /sə'steɪn/ VB **1** hålla för, tåla ⟨**this shelf will not ~ all these books**⟩ **2** hålla vid liv ⟨**they had only tea to ~ them**⟩ **3** hålla

uppe, hålla vid mod **4** hålla ut **5** utstå, lida ⟨~ defeat⟩, få ⟨~ injuries, ~ damage⟩ **6** *jur* godkänna
sustenance /'sʌstənəns/ SB näring
swab¹ /swɒb/ SB bomullstuss
swab² /swɒb/ VB **1** göra ren med en bomullstuss **2** svabba, torka av
swagger¹ /'swægə/ VB stoltsera, kråma sig, sätta näsan i vädret
swagger² /'swægə/ SB stoltserande gång **with a ~** med näsan i vädret
swallow¹ /'swɒləʊ/ VB svälja
▫ **swallow up** sluka, uppsluka
swallow² /'swɒləʊ/ SB sväljning, klunk
swallow³ /'swɒləʊ/ SB svala
swam → swim¹
swamp¹ /swɒmp/ SB träsk, kärr
swamp² /swɒmp/ VB översvämma, fylla med vatten **be ~ed with** *äv* överhopas med
swan /swɒn/ SB svan
swank /swæŋk/ VB malla sig, skrodera
swanky /'swæŋkɪ/ ADJ **1** mallig **2** vräkig, flott
swap¹ /swɒp/, **swop** VB byta [ut] ⟨for mot⟩, utbyta
swap² /swɒp/, **swop** SB byte
swarm¹ /swɔ:m/ SB svärm
swarm² /swɔ:m/ VB svärma
▫ **swarm with** vimla (myllra) av
swarthy /'swɔ:ðɪ/ ADJ mörk[hyad], svartmuskig
swat /swɒt/ VB smälla ⟨~ flies⟩
swathe /sweɪð/ VB svepa in, linda om
sway /sweɪ/ VB **1** svaja, vaja, gunga **2** påverka ⟨the jury was ~ed by his speech⟩
swear /sweə/ ⟨**swore** /swɔ:/, **sworn** /swɔ:n/⟩ VB **1** svära ⟨at åt, över⟩ **2** svära på [att], bedyra [att] **3 ~ sb to secrecy** låta ngn avlägga tysthetslöfte
▫ **swear by** hålla styvt på, tro blint på
▫ **swear in** låta avlägga ed (ämbetsed, trohetsed) **be sworn in** *äv* svära (avlägga) ed ⟨etc⟩
▫ **swear to** svära på ⟨I couldn't ~ it⟩
swearword /'sweəwɜ:d/ SB svordom
sweat¹ /swet/ SB **1** svett **2** svettning **be in a cold ~** kallsvettas **3** möda, slit[göra]
★ **No ~!** *vard* Ingen fara!, Inga problem!
sweat² /swet/ VB svettas
sweater /'swetə/ SB [ylle]tröja
sweatshirt /'swetʃɜ:t/ SB collegetröja
sweaty /'swetɪ/ ADJ svettig
swede /swi:d/ SB kålrot
Swede /swi:d/ SB svensk
Sweden /'swi:dn/ SB Sverige
Swedish /'swi:dɪʃ/ **1** ADJ svensk **2** SB svenska [språket]
sweep¹ /swi:p/ ⟨**swept** /swept/, **swept**⟩ VB **1** sopa **2** svepa **3** svepa fram över (genom) ⟨rumours swept the country⟩ **4** svänga [runt], göra (gå i) båge [runt] ⟨the road ~s round the lake⟩ **5** svepa över ⟨her eyes swept the room⟩ **6** sota **7** dragga
★ **~ sb off his** ⟨*etc*⟩ **feet** ta ngn med storm
▫ **sweep along** *a)* svepa (rusa) fram *b)* rycka med sig
sweep² /swi:p/ SB **1** sopning **2** svep **3** svepande rörelse **4** krökning, båge, sväng **5** sotare
★ **make a clean ~** → clean¹
sweeper /'swi:pə/ SB *GB fotboll* libero
sweeping /'swi:pɪŋ/ ADJ **1** svepande **2** vittgående
sweet /swi:t/ **1** ADJ söt **2** ADJ frisk, klar, ren ⟨~ air⟩ **3** ADJ ljuv[lig], behaglig, mild ⟨~ music⟩ **4** ADJ [söt och] rar ⟨a ~ old lady⟩ **5** SB *GB* sötsak, karamell **sweets** *äv* godis **6** SB *GB* dessert **7** SB *GB* älskling
★ **be ~ on** var kär i **have a ~ tooth** vara en gottgris
sweeten /'swi:tn/ VB söta
★ **~ sb [up]** mjuka upp (muta) ngn
sweetener /'swi:tnə/ SB **1** sötningsmedel **2** tröst **3** muta
sweetheart /'swi:thɑ:t/ SB **1** käresta **2** älskling
swell¹ /swel/ ⟨**swelled, swollen** /'swəʊlən/ *el* **swelled**⟩ VB **1** svälla [upp], svullna [upp] **2** växa, öka **3** svalla **4** fylla ⟨the wind ~ed the sails⟩
swell² /swel/ SB dyning, vågsvall
swell³ /swel/ ADJ *US* alla tiders, toppen, jättefin
swelling /'swelɪŋ/ SB svullnad
swelter /'sweltə/ VB förgås (försmäkta) av värme
sweltering /'sweltərɪŋ/ ADJ stekhet, tryckande
swept → sweep¹
swerve /swɜ:v/ VB gira, svänga undan (åt sidan)
swift /swɪft/ **1** ADJ snabb **2** SB torn|seglare, -svala

swig¹ /swɪg/ VB klunka (stjälpa) i sig, halsa
swig² /swɪg/ SB klunk, slurk
swill¹ /swɪl/ VB **1** skölja **2** stjälpa i sig
swill² /swɪl/ SB svinmat
swim¹ /swɪm/ ⟨swam /swæm/, swum /swʌm/⟩ VB **1** simma **go ~ming** [gå och] bada **2** simma över ⟨~ **a river**⟩ **3 my head was ~ming** det gick runt i huvudet på mig
swim² /swɪm/ SB simtur **go for a ~** [gå och] bada
★ **be in the ~ [of things]** hänga med *i utvecklingen*
swimmer /'swɪmə/ SB simmare
swimming trunks /'swɪmɪŋtrʌŋks/ SB badbyxor
swimsuit /'swɪmsu:t, *GB äv* -sju:t/ SB baddräkt
swindle¹ /'swɪndl/ VB svindla, bedra, lura ⟨**out of** på⟩
swindle² /'swɪndl/ SB svindel, bedrägeri
swindler /'swɪndlə/ SB svindlare, skojare
swine /swaɪn/ SB **1** ⟨*lika i pl*⟩ svin **2** *om person* svin
swing¹ /swɪŋ/ ⟨swung /swʌŋ/, swung⟩ VB **1** svänga, gunga, dingla **2** svänga (gunga, dingla) med, svinga ⟨~ **a golf club**⟩
☐ **swing at** rikta ett slag mot
☐ **swing open** slå[s] upp
☐ **swing shut (to)** slå[s] igen
swing² /swɪŋ/ SB **1** svängning, gungning, omsvängning **2** gunga **3** sving ⟨**a golf ~**⟩
★ **get in the ~ [of things]** komma i gång **in full ~** → **full¹**
swipe¹ /swaɪp/ VB **1** slå (drämma) till **~ at** *äv* måtta ett slag mot **2** sno, knycka
swipe² /swaɪp/ SB [svepande] slag **take a ~ at** *a)* slå (svepa) till *b)* måtta ett slag mot
swirl¹ /swɜ:l/ VB virvla runt
swirl² /swɜ:l/ SB virvel, virvlande
swish /swɪʃ/ VB **1** svischa, frasa, prassla **2** vifta med ⟨**the horse ~ed its tail**⟩
Swiss /swɪs/ **1** ADJ schweizisk **2** SB ⟨*lika i pl*⟩ schweizare
swiss roll /ˌswɪs 'rəʊl/ SB rulltårta
switch¹ /swɪtʃ/ SB **1** strömbrytare, kontakt **2** *US äv* [järnvägs]växel **3** övergång, omsvängning, omställning **4** byte
switch² /swɪtʃ/ VB **1** byta, ändra **2** förväxla ⟨**our glasses were ~ed**⟩ **3** *GB* *trafikljus* slå **4** *US äv* växla *tåg*
☐ **switch around** flytta omkring
☐ **switch off** slå ifrån, släcka
☐ **switch on** sätta (knäppa) på, slå till, tända
☐ **switch over** *a)* ställa om, gå över *b)* byta [TV-]kanal
☐ **switch to** *a)* gå över till *b)* föra (flytta) över till
switchboard /'swɪtʃbɔ:d/ SB telefonväxel
Switzerland /'swɪtsələnd/ SB Schweiz
swivel /'swɪvl/ VB **1** snurra [runt], svänga **2** snurra på
swivel chair SB [svängbar] kontorsstol, snurrfåtölj
swollen → **swell¹**
swoon /swu:n/ VB svimma, dåna
swoop¹ /swu:p/ VB slå ner, dyka
☐ **swoop down** slå ner, slå till ⟨**on** mot⟩
☐ **swoop up** snappa åt sig
swoop² /swu:p/ SB **1** dykning, nedslag **2** anfall, razzia
swop → **swap**¹,²
sword /sɔ:d/ SB svärd
swordplay /'sɔ:dpleɪ/ SB fäktning
swordsman /'sɔ:dzmən/ SB fäktare
swore → **swear**
sworn¹ → **swear**
sworn² /swɔ:n/ ADJ **1** svuren ⟨**a ~ enemy**⟩ **2** beedigad
swot¹ /swɒt/ VB *GB* plugga
swot² /swɒt/ SB *GB* plugghäst
swum → **swim¹**
swung → **swing¹**
syllable /'sɪləbl/ SB stavelse
syllabus /'sɪləbəs/ SB kursplan
symbol /'sɪmbl/ SB symbol ⟨**of** för⟩
symbolic /sɪm'bɒlɪk/ ADJ symbolisk **be ~ of** symbolisera
symbolism /'sɪmbəˌlɪzəm/ SB **1** symbolik **2** symbolism
symmetrical /sɪ'metrɪkl/ ADJ symmetrisk
symmetry /'sɪmətrɪ/ SB symmetri
sympathetic /ˌsɪmpə'θetɪk/ ADJ **1** förstående, full av medkänsla **be ~ to** vara välvilligt inställd till **2** sympatisk
sympathize /'sɪmpəθaɪz/ VB **1** ha medkänsla **2** sympatisera
sympathy /'sɪmpəθɪ/ SB sympati, medkänsla, medlidande **be in ~ with** sympatisera med
★ **come out in ~** sympatistrejka
symphony /'sɪmfənɪ/ SB symfoni

symptom /'sɪmptəm/ SB symtom ⟨of på⟩
symptomatic /ˌsɪmptə'mætɪk/ ADJ symtomatisk, betecknande, karakteristisk ⟨of för⟩
synagogue /'sɪnəgɒg/ (US äv **synagog**) SB synagoga
synchronization /ˌsɪŋkrənaɪ'zeɪʃn/ SB synkronisering
synchronize /'sɪŋkrənaɪz/ VB synkronisera ~d **swimming** konstsim
syncopate /'sɪŋkəpeɪt/ VB synkopera
syncopation /ˌsɪŋkə'peɪʃn/ SB synkopering
syndicate /'sɪndɪkət/ SB syndikat
syndrome /'sɪndrəʊm/ SB syndrom
synonym /'sɪnənɪm/ SB synonym
synonymous /sɪ'nɒnɪməs/ ADJ synonym
syntax /'sɪntæks/ SB syntax, satslära
synthesis /'sɪnθəsɪs/ ⟨pl **syntheses** /-i:z/⟩ SB syntes
synthesize /'sɪnθəsaɪz/ VB syntetisera
synthesizer /'sɪnθəsaɪzə/ SB synthesizer, synt
synthetic /sɪn'θetɪk/ ADJ syntetisk
syphilis /'sɪfəlɪs/ SB syfilis
syphon → siphon[1,2]
syringe /sɪ'rɪndʒ/ SB [injektions]spruta
syrup /'sɪrəp/ SB **1** sockerlag **2** sirap
system /'sɪstəm/ SB system **the ~** äv kroppen, organismen
systematic /ˌsɪstə'mætɪk/ ADJ systematisk
systems analyst /'sɪstəmz ˌænəlɪst/ SB systemerare

T

T /ti:/ SB **to a T** precis, på pricken
ta /tɑ:/ INTERJ GB vard tack
tab /tæb/ SB **1** namnlapp, etikett **2** öppningsflik *på ölburk etc* **3** US vard nota, räkning
★ **keep ~s on** → keep[1]
tabby /'tæbɪ/, **tabby cat** SB spräcklig katt
table /'teɪbl/ SB **1** bord **be at ~** (US **the ~**) sitta till bords **2** tabell, förteckning **~ of contents** innehållsförteckning
★ **the ~s are turned** rollerna är ombytta
turn the ~s → turn[1] ⇓
tablespoon /'teɪblspu:n/ SB matsked
tablet /'tæblət/ SB **1** tablett **2** kaka ⟨**~ of chocolate**⟩, **~ of soap** tvål **3** [minnes]tavla, stentavla
tabloid /'tæblɔɪd/ SB [sensations]tidning *i litet format*
taboo /tə'bu:/ **1** SB tabu **2** ADJ tabu[belagd]
tabulate /'tæbjʊleɪt/ VB ordna i tabellform
tacit /'tæsɪt/ ADJ tyst, stillatigande
taciturn /'tæsɪtɜ:n/ ADJ tystlåten
tack[1] /tæk/ SB **1** nubb, stift **2** tråckelstygn **3** kurs, riktning **4** *sjö* slag *vid kryssning*
tack[2] /tæk/ VB **1** spika, fästa med nubb **2** tråckla **3** ändra kurs, *sjö* slagvända **4** *sjö* kryssa
□ **tack on** vard lägga till, haka på
tackle[1] /'tækl/ SB **1** talja **2** utrustning, grejer ⟨**fishing ~**⟩ **3** sport tackling
tackle[2] /'tækl/ VB ta itu med, *äv sport* tackla
tacky /'tækɪ/ ADJ vard **1** klibbig **2** spec US usel, sjabbig, smaklös
tact /tækt/ SB takt, taktfullhet, fint sätt
tactful /'tæktfʊl/ ADJ taktfull, finkänslig
tactical /'tæktɪkl/ ADJ taktisk
tactician /tæk'tɪʃn/ SB taktiker
tactics /'tæktɪks/ SB taktik
tadpole /'tædpəʊl/ SB grodyngel

taffeta /'tæfɪtə/ SB taft
tag¹ /tæg/ SB **1** etikett, märke [price] ~ prislapp **2** ~ [question] påhängsfråga
tag² /tæg/ SB play ~ leka tafatt
tag³ /tæg/ VB **1** fästa, tillfoga **2** sätta etikett på, märka
□ **tag along (after)** hänga sig på, följa efter
tail¹ /teɪl/ SB **1** svans, stjärt *på fisk, fågel* **2** bakre del, slut ⟨**the** ~ **of a queue**⟩, vard bak, ända **3 tails** baksida *på mynt*, klave **4** skört **5 tails** frack **6** vard privatdetektiv, skugga
★ **turn** ~ → **turn¹**
tail² /teɪl/ VB **1** följa efter, skugga **2** kupera *svans*
□ **tail away (off)** avta, dö bort
tailback /'teɪlbæk/ SB *spec GB* bilkö
tailcoat /ˌteɪl'kəʊt/ SB frack
tailgate /'teɪlgeɪt/ SB bakdörr *på kombi el skåpbil*
taillight /'teɪllaɪt/ SB US baklykta
tailor¹ /'teɪlə/ SB skräddare ~**'s** skrädderi
tailor² /'teɪlə/ VB skräddarsy
tailpipe /'teɪlpaɪp/ SB avgasrör
tailwind /'teɪlwɪnd/ SB medvind
taint¹ /teɪnt/ VB **1** smitta, befläcka, vanära **2** fördärva, göra skämd ~**ed water** förorenat vatten
taint² /teɪnt/ SB **1** smitta **2** skamfläck **3** fördärv
take¹ /teɪk/ ⟨**took** /tʊk/, **taken** /'teɪkən/⟩ VB **1** ta ~ **notes** göra anteckningar ~ **the trouble** göra sig besväret **2** bjuda ut ⟨~ **sb to dinner**⟩ **3** hyra ⟨~ **a house**⟩, prenumerera på ⟨~ **a newspaper**⟩ **4** anta, förmoda ⟨**I** ~ **it that ...**⟩ **5** rymma, ha plats för ⟨**the car** ~**s six people**⟩ **6** stå ut med, tåla **7** krävas ⟨**he's got what it** ~**s**⟩ **8** dra, ha ⟨**What size do you** ~**?**⟩
★ ~ **care,** ~ **it easy** ⟨*etc*⟩ → **care¹**, **easy¹** ⟨*etc*⟩ **be** ~**n with sb** bli förtjust i ngn **it will** ~ **some doing** det är inte gjort utan vidare **T**~ **that!** Där fick du [så du teg]!
□ **take after** brås på
□ **take against** ogilla
□ **take along** ta med [sig]
□ **take down** a) riva [ned] b) skriva upp, anteckna
□ **take in** a) ta emot [i sitt hem] ⟨~ **lodgers**⟩ b) fatta ⟨**we didn't** ~ **a word**⟩ c) lura ⟨**be taken in**⟩, **he took it all in** han gick på allting

□ **take off** a) *flyg* starta, lyfta, *bildl* få luft under vingarna, slå [igenom] b) *vard* parodiera, härma c) *vard* ge sig i väg
□ **take on** a) slå igenom, bli populär b) ta på sig ⟨~ **more work**⟩ c) anställa d) lägga sig till med e) ställa upp mot, utmana f) få, anta ⟨~ **a worried expression**⟩
□ **take out** a) dra ut ⟨~ **a tooth**⟩ b) ta med ut, bjuda ut ⟨**take sb out to lunch**⟩ c) *spec US* fixa, eliminera **take it out of sb** ta knäcken på ngn **take it out on sb** låta det gå ut över ngn
□ **take to** a) börja ägna sig åt b) bli förtjust i c) ta sin tillflykt till
□ **take up** a) ägna sig åt, börja [med] b) anta ⟨~ **an offer**⟩ c) fortsätta, ta vid **I'll take you up on that** det tackar jag ja till ~ **with** ge sig i lag med
take² /teɪk/ SB **1** *film* tagning **2** fångst, byte **3** intäkter
takeaway /'teɪkəˌweɪ/ (US **takeout** /'teɪkaʊt/) SB restaurang (affär) som säljer mat till avhämtning
taken → **take¹**
takeoff /'teɪkɒf/ SB **1** *flyg* start **2** imitation
takeover /'teɪkˌəʊvə/ SB övertagande, köp *spec av annat företag*
takings /'teɪkɪŋz/ SB intäkter
talc /tælk/, **talcum** /'tælkəm/ SB talk ⟨~ **powder**⟩
tale /teɪl/ SB **1** saga, berättelse **2** lögn[historia] **tell** ~**s** a) ljuga b) skvallra ⟨**about** om⟩
talent /'tælənt/ SB talang, begåvning
talented /'tæləntɪd/ ADJ talangfull
talk¹ /tɔːk/ VB tala, prata
★ ~ **big** *vard* skryta, skrävla ~ **shop** prata jobb **Now you're** ~**ing!** Så ska det låta! ~**ing of** tal om ~ **through one's hat** prata strunt **You're a fine one to** ~**!** Det ska du säga!
□ **talk back** säga emot, svara uppnosigt
□ **talk down** prata omkull ~ **to** vara nedlåtande mot
□ **talk sb into doing sth** övertala ngn att göra ngt
□ **talk out** diskutera igenom
□ **talk sb out of doing sth** övertala ngn att inte göra ngt
□ **talk over** diskutera ⟨**talk sth over**⟩
□ **talk round** övertala ⟨**talk sb round**⟩
talk² /tɔːk/ SB **1** samtal, pratstund **small** ~ småprat, kallprat **2 talks** förhandlingar,

överläggningar 3 rykten, prat
4 anförande, kåseri ⟨on över⟩
* the ~ of the town det allmänna samtalsämnet

talkative /'tɔ:kətɪv/ ADJ pratsam
talker /'tɔ:kə/ SB prat|makare, -kvarn
talking point SB samtalsämne
talking-to /'tɔ:kɪŋtu:/ SB utskällning ⟨give sb a ~⟩
tall /tɔ:l/ ADJ lång ⟨he's six feet ~⟩, storväxt, hög ⟨a ~ tree⟩
* it's a ~ order vard det är väl mycket begärt a ~ story (tale) en skepparhistoria
tallow /'tæləʊ/ SB talg
tally¹ /'tælɪ/ SB 1 räkning keep ~ of hålla räkning på 2 [poäng]ställning
tally² /'tælɪ/ VB stämma [överens]
tambourine /ˌtæmbə'ri:n/ SB tamburin
tame¹ /teɪm/ ADJ 1 tam 2 beskedlig 3 matt, tråkig
tame² /teɪm/ VB tämja, kuva
tamper /'tæmpə/ VB
  □ **tamper with** a) fingra på, mixtra med b) fiffla med
tampon /'tæmpɒn/ SB tampong
tan¹ /tæn/ VB 1 garva 2 sola så att man blir brun 3 göra (bli) brun
tan² /tæn/ SB 1 solbränna 2 gulbrun färg
tandem /'tændəm/ SB tandem[cykel]
tang /tæŋ/ SB 1 skarp lukt (smak) 2 anstrykning
tangent /'tændʒənt/ SB matem tangent
* go (fly) off at a ~ [plötsligt] avvika från ämnet
tangerine /ˌtændʒə'ri:n/ SB frukt mandarin
tangible /'tændʒəbl/ ADJ påtaglig, konkret, reell
tangle¹ /'tæŋgl/ VB 1 trassla till 2 bli tilltrasslad
  □ **tangle with** ge sig på, bråka med
tangle² /'tæŋgl/ SB 1 trassel, virrvarr be in a ~ vara tilltrasslad be in a ~ with ha trassel med 2 gräl, bråk
tank¹ /tæŋk/ SB 1 tank, behållare 2 stridsvagn
tank² /tæŋk/ VB
  □ **tank up** spec GB a) tanka [fullt] b) supa sig full
tankard /'tæŋkəd/ SB stop, sejdel, krus
tanker /'tæŋkə/ SB 1 tanker 2 tank|bil, -vagn
tantalize /'tæntəlaɪz/ VB reta, hålla på sträckbänken

tantamount /'tæntəmaʊnt/ ADJ ~ to liktydig med, detsamma som
tantrum /'tæntrəm/ SB raserianfall **have (throw) a ~** få ett raseriutbrott
tap¹ /tæp/ SB 1 kran 2 tapp, plugg
* **on ~** a) om öl på fat b) till hands, tillgänglig
tap² /tæp/ VB 1 tappa ur (av) 2 utnyttja, exploatera 3 tele avlyssna
tap³ /tæp/ VB klappa lätt (knacka) [på]
tap⁴ /tæp/ SB 1 knackning, klapp 2 **taps** US tapto
tap-dancing /'tæpdɑ:nsɪŋ/ SB steppdans, steppning
tape¹ /teɪp/ SB 1 band, remsa 2 [adhesive] ~ tejp 3 målsnöre 4 ljudband 5 måttband ⇓
tape² /teɪp/ VB 1 knyta (fästa) ihop, tejpa 2 banda, spela in på band
tape measure SB måttband
taper¹ /'teɪpə/ VB 1 smalna 2 göra smalare, ta in
  □ **taper off** a) smalna b) avta, minska
taper² /'teɪpə/ SB smalt [vax]ljus
tape recorder SB bandspelare
tapestry /'tæpɪstrɪ/ SB gobeläng, bildvävnad
tapeworm /'teɪpwɜ:m/ SB binnikemask, bandmask
tapir /'teɪpə, -pɪə/ SB tapir
tar¹ /tɑ:/ SB tjära
tar² /tɑ:/ VB tjära, asfaltera
* **~red with the same brush** av samma skrot och korn
tardy /'tɑ:dɪ/ ADJ 1 frml sen[färdig], långsam, trög 2 försenad, sen
target /'tɑ:gɪt/ SB 1 mål, målsättning 2 måltavla
tariff /'tærɪf/ SB 1 tull[taxa] 2 taxa, tariff
tarmac /'tɑ:mæk/ SB 1 asfaltbeläggning 2 flyg platta
tarnish /'tɑ:nɪʃ/ VB missfärga[s], göra (bli) matt **a ~ed reputation** ett skamfilat rykte
tarpaulin /tɑ:'pɔ:lɪn/ SB presenning
tarragon /'tærəgən/ SB dragon[ört]
tart¹ /tɑ:t/ SB 1 spec GB mördegs|tårta, -paj 2 fnask
tart² /tɑ:t/ ADJ sur, besk
tartan /'tɑ:tn/ SB 1 tartan, skotskrutigt tyg 2 pläd
tartar /'tɑ:tə/ SB tandsten
task /tɑ:sk/ SB [arbets]uppgift

★ **take sb to ~** läxa upp ngn
tassel /'tæsl/ SB tofs
taste¹ /teɪst/ SB **1** smak, bismak ⟨**the fish has a funny ~**⟩ **2** smak[riktning], smaksinne, omdöme **3** smak, förkärlek **4** smak|prov, -bit **have a ~ of** smaka 'på
★ **be bad ~** to vara ofint att **in bad ~** smaklös[t], taktlös[t] **in good ~** smakfull[t], taktfull[t]
taste² /teɪst/ VB **1** smaka ⟨**~ good**⟩, **~ of** garlic smaka vitlök **2** smaka ['på], pröva
tasteful /'teɪstfʊl/ ADJ smakfull
tasteless /'teɪstləs/ ADJ **1** smaklös, utan smak **2** osmaklig
tasty /'teɪstɪ/ ADJ smaklig, välsmakande
tattered /'tætəd/ ADJ trasig, söndersliten
tatters /'tætəz/ SB trasor **in ~** trasig, förstörd
tattoo¹ /tæ'tu:, tə-/ SB tatuering
tattoo² /tæ'tu:, tə-/ VB tatuera
tattoo³ /tæ'tu:, tə-/ SB **1** tapto **2** [militär]parad **3** trumvirvel
tatty /'tætɪ/ ADJ sjabbig, sjaskig
taught → teach
taunt¹ /tɔ:nt/ VB håna ⟨with för⟩
taunt² /tɔ:nt/ SB glåpord, gliring
Taurus /'tɔ:rəs/ SB stjärntecken Oxen
taut /tɔ:t/ ADJ spänd ⟨a **~ rope, ~ nerves**⟩
tawdry /'tɔ:drɪ/ ADJ prålig, smaklös
tawny /'tɔ:nɪ/ ADJ gulbrun
tax¹ /tæks/ SB **1** skatt ⟨**a ~ on tobacco**⟩ **2** påfrestning ⟨**a ~ on sb's health**⟩
tax² /tæks/ VB **1** beskatta **2** taxera ⟨at till⟩ **3** sätta på prov, fresta på **4** beskylla ⟨with för⟩
taxable /'tæksəbl/ ADJ beskattningsbar
taxation /tæk'seɪʃn/ SB beskattning
taxi¹ /'tæksɪ/ SB taxi ⇓
taxi² /'tæksɪ/ VB flyg taxa
taxidermist /'tæksɪdɜ:mɪst/ SB konservator, uppstoppare
taxing /'tæksɪŋ/ ADJ påfrestande
taxi rank (US **taxi stand**) SB taxistation
TB /ˌti:'bi:/ ⟨förk f tuberculosis⟩ SB tbc
tea /ti:/ SB **1** te **two ~s, please** får jag två te, tack **2** spec GB lätt eftermiddags- el kvällsmål med te **high ~** lätt kvällsmål med te
★ **have ~** dricka te, äta måltid med te **not my cup of ~** → **cup¹** ⇓
tea caddy /'ti:ˌkædɪ/ SB teburk
teach /ti:tʃ/ ⟨**taught** /tɔ:t/, **taught**⟩ VB **1** lära [ut], undervisa i ⟨**~ English**⟩ **2** vara lärare, undervisa

★ **~ sb a lesson** ge ngn en läxa
teacher /'ti:tʃə/ SB lärare, lärarinna
teach-in /'ti:tʃɪn/ SB debattdag, seminarium
teaching /'ti:tʃɪŋ/ SB undervisning **the ~s of the Church** kyrkans lära
tea cloth SB GB kökshandduk
tea cosy SB tehuv
teak /ti:k/ SB teak
team¹ /ti:m/ SB **1** lag, grupp **2** spann av dragdjur
team² /ti:m/ VB
□ **team up** slå sig ihop
teamster /'ti:mstə/ SB US långtradarchaufför
tear¹ /teə/ ⟨**tore** /tɔ:/, **torn** /tɔ:n/⟩ VB **1** slita, riva, rycka ⟨**at** i⟩ **~ open** riva upp, öppna **~ to pieces** slita (riva) sönder, gå hårt åt **2** slitas sönder **3** rusa, flänga
★ **that's torn it** nu är det klippt (kört)
□ **tear about** rusa omkring
□ **tear down** riva
□ **tear into** gå hårt åt
□ **tear off** a) rusa i väg b) rafsa ihop
□ **tear up** riva sönder, äv bildl riva upp
tear² /teə/ SB reva, hål
tear³ /tɪə/ SB tår **be in ~s** gråta
tearaway /'teərəˌweɪ/ SB GB bråkmakare, vilding
tearful /'tɪəfʊl/ ADJ **1** gråtfärdig **2** sorglig
tease¹ /ti:z/ VB reta, retas [med]
□ **tease out** a) reda ut hår b) locka ur
tease² /ti:z/ SB retsticka
teaser /'ti:zə/ SB **1** retsticka **2** vard svår nöt
teashop /'ti:ʃɒp/ SB spec GB servering, konditori
teat /ti:t/ SB **1** [flask]napp **2** spene
tea towel SB GB kökshandduk
technical /'teknɪkl/ ADJ teknisk, yrkes-, fack-
technicality /ˌteknɪ'kælətɪ/ SB **1** formalitet, teknisk detalj **2** teknisk term
technician /tek'nɪʃn/ SB tekniker
technics /'teknɪks/ SB teknik, teknologi
technique /tek'ni:k/ SB teknik
technology /tek'nɒlədʒɪ/ SB teknologi, teknik
teddy bear /'tedɪbeə/, **teddy** SB nalle[björn]
tedious /'ti:dɪəs/ ADJ [lång]tråkig
tee /ti:/ SB golf **1** utslagsplats, tee **2** peg bollhållare

teem¹ /tiːm/ VB vimla, krylla ⟨with av⟩
teem² /tiːm/ VB it's ~ing [with rain], the rain is ~ing down det ösregnar
teenager /'tiːneɪdʒə/ SB tonåring
teens /tiːnz/ SB tonår ⟨be in one's ~⟩
teeny /'tiːnɪ/, **teeny-weeny** ADJ *vard* pytteliten
teeter /'tiːtə/ VB vackla, vingla
teeth → tooth
teethe /tiːð/ VB få tänder
teething troubles /'tiːðɪŋtrʌblz/ SB *bildl* barnsjukdomar
teetotaller /tiːˈtəʊtələ/ (*US* **teetotaler**) SB helnykterist
telegram /'telɪɡræm/ SB telegram
telegraph¹ /'telɪɡrɑːf, -ɡræf/ SB telegraf
telegraph² /'telɪɡrɑːf, -ɡræf/ VB telegrafera
telegraphic /ˌtelɪˈɡræfɪk/ ADJ telegrafisk, telegraf-
telepathic /ˌtelɪˈpæθɪk/ ADJ telepatisk
telepathy /tɪˈlepəθɪ/ SB telepati, tankeöverföring
telephone¹ /'telɪfəʊn/ SB telefon
★ be on the ~ a) vara i telefon b) ha telefon ⇓
telephone² /'telɪfəʊn/ VB telefonera, ringa
telephone box (*US* **telephone booth**) SB *GB* telefonkiosk
telephonist /təˈlefənɪst/ (*spec US* **telephone operator**) SB *GB* [växel]telefonist
telephoto lens /ˌtelɪfəʊtəʊ ˈlenz/ SB teleobjektiv
telescope¹ /'telɪskəʊp/ SB teleskop, kikare
telescope² /'telɪskəʊp/ VB 1 skjuta ihop (in i varandra) 2 förkorta, pressa ihop 3 vara hopskjutbar
telescopic /ˌtelɪˈskɒpɪk/ ADJ 1 teleskopisk ~ sight kikarsikte 2 hopfällbar ⟨a ~ umbrella⟩
televise /'telɪvaɪz/ VB sända i TV
television /'telɪˌvɪʒn/ SB 1 television, TV 2 TV[-apparat]
tell /tel/ ⟨**told** /təʊld/, **told**⟩ VB 1 berätta, tala 'om ⟨sb sth ngt för ngn⟩, säga ⟨~ sb the truth⟩ 2 säga 'till ⟨~ sb to do sth⟩, he did as he was told han gjorde som han blev tillsagd 3 veta you never can ~ man kan aldrig veta 4 [ur]skilja, känna igen ~ the difference between skilja på 5 skvallra ⟨on på⟩

★ all told inalles, sammanlagt I told you so det var ju det jag sa ~ a lie (lies) ljuga T~ me another [one]! Försök inte med mej! there's no ~ing man kan inte veta You're ~ing me! Det vet jag väl!
□ **tell apart** skilja [på]
□ **tell off** skälla ut ⟨tell sb off for sth⟩
□ **tell on** ta (slita) på ⟨this work is telling on me⟩
teller /'telə/ SB 1 [bank]kassör 2 rösträknare 3 berättare
telling /'telɪŋ/ ADJ talande, träffande ⟨a ~ comment⟩
telling-off /ˌtelɪŋˈɒf/ SB utskällning
telltale /'telteɪl/ 1 SB skvallerbytta 2 ADJ avslöjande
telly /'telɪ/ SB *spec GB vard* TV
temper¹ /'tempə/ SB 1 humör 2 temperament 3 fattning keep one's ~ behålla sitt lugn 4 dåligt humör ⟨be in a ~⟩, fly into a ~ brusa upp
temper² /'tempə/ VB 1 *metall* härda 2 mildra, dämpa
temperament /'temprəmənt/ SB temperament, läggning
temperamental /ˌtemprəˈmentl/ ADJ 1 temperamentsfull, nyckfull 2 medfödd
temperance /'temperəns/ SB 1 måttlighet 2 helnykterhet
temperate /'tempərət/ ADJ 1 *om klimat* tempererad 2 måttlig, sansad
temperature /'temprɪtʃə/ SB 1 temperatur 2 feber have (run) a ~ ha feber
tempest /'tempɪst/ SB *litt* storm, oväder
tempestous /temˈpestʃʊəs/ ADJ stormig, våldsam
temple¹ /'templ/ SB tempel
temple² /'templ/ SB tinning
tempo /'tempəʊ/ ⟨*pl* **-s** *el* **tempi** /-iː/⟩ SB tempo
temporary /'tempərərɪ/ ADJ tillfällig, provisorisk
tempt /tempt/ VB fresta, locka ~ fate utmana ödet
temptation /tempˈteɪʃn/ SB frestelse
ten /ten/ 1 RÄKN tio 2 SB tia 3 SB tiotal
tenable /'tenəbl/ ADJ hållbar ⟨a ~ argument⟩
tenacious /tɪˈneɪʃəs/ ADJ 1 fasthållande 2 fast, ihärdig, seg a ~ memory gott minne
tenacity /tɪˈnæsətɪ/ SB 1 fasthet 2 seghet, envishet

tenancy /ˈtenənsɪ/ SB **1** förhyrning, arrende **2** hyrestid
tenant /ˈtenənt/ SB **1** hyresgäst **2** arrendator
tend¹ /tend/ VB tendera, ha en benägenhet **she ~s to get angry** hon blir lätt arg
tend² /tend/ VB vårda, sköta, passa □ **tend to** se till
tendency /ˈtendənsɪ/ SB **1** tendens **2** benägenhet
tender¹ /ˈtendə/ ADJ **1** mör ⟨~ **meat**⟩ **2** späd ⟨~ **age**⟩ **3** öm ⟨**a** ~ **foot**⟩, ömtålig **4** varsam, rar
tender² /ˈtendə/ VB **1** erbjuda **2** lämna in ⟨~ **one's resignation**⟩ **3** lämna anbud ⟨**for** på⟩ **4** erlägga
tender³ /ˈtendə/ SB anbud, offert ⟨**for** på⟩
tendon /ˈtendən/ SB sena
tenement /ˈtenəmənt/ SB hyres|kasern, -hus
tenner /ˈtenə/ SB GB vard tiopundssedel
tennis /ˈtenɪs/ SB tennis
tenor /ˈtenə/ SB **1** musik tenor **2** frml [grund]mening, innehåll
tense¹ /tens/ ADJ spänd
tense² /tens/ VB bli spänd, spänna [sig]
tense³ /tens/ SB tempus **the future ~** futurum
tension /ˈtenʃn/ SB **1** äv el spänning **2** anspänning
tent /tent/ SB tält
tentacle /ˈtentəkl/ SB tentakel
tentative /ˈtentətɪv/ ADJ **1** provisorisk, försöks- **2** trevande
tenterhook /ˈtentəhʊk/ SB **be on ~s** sitta som på nålar
tenth /tenθ/ **1** RÄKN tionde **2** SB tiondel
tenuous /ˈtenjʊəs/ ADJ tunn, obetydlig, svag
tenure /ˈtenjə/ SB **1** besittning **2** besittningsrätt **3** fast förordnande **4** ämbetstid
tepid /ˈtepɪd/ ADJ ljum
term¹ /tɜːm/ ⟨↔ **terms**⟩ SB **1** utb termin **2** period ~ **of office** mandattid **3** term, uttryck ⟨**a slang** ~⟩
★ **in the long** ~ → **long¹**
term² /tɜːm/ VB benämna, kalla
terminal /ˈtɜːmɪnl/ **1** ADJ slut- **2** ADJ dödlig ⟨**a** ~ **disease**⟩ **3** SB slutstation, [flyg]terminal **4** SB data terminal **5** SB eltekn pol
terminate /ˈtɜːmɪneɪt/ VB [av]sluta, upphöra

termination /ˌtɜːmɪˈneɪʃn/ SB **1** slut, avslutning **2** uppsägning ⟨**the** ~ **of a contract**⟩
termini → **terminus**
terminology /ˌtɜːmɪˈnɒlədʒɪ/ SB terminologi
terminus /ˈtɜːmɪnəs/ ⟨pl **termini** /-naɪ/ el **-es**⟩ SB slutstation, ändstation
termite /ˈtɜːmaɪt/ SB termit
terms /tɜːmz/ SB **1** villkor **2** betalningsvillkor, pris[er] **3** förhållande[n]
★ **be on good** ~ **with** stå på god fot med **come to** ~ **with** a) träffa en överenskommelse med b) acceptera **in** ~ **of** a) i form av b) beträffande, när det gäller **on speaking** ~s → **speak**
tern /tɜːn/ SB fågel tärna
terrace¹ /ˈterəs/ SB **1** terrass, avsats **2** uteplats **3** GB radhuslänga med äldre hus
terrace² /ˈterəs/ VB terrassera
terraced house /ˌterəst ˈhaʊs/, **terrace house** SB GB radhus av äldre typ
terrain /təˈreɪn/ SB terräng
terrestrial /təˈrestrɪəl/ ADJ **1** jordisk, jord- **2** land- ⟨~ **animals**⟩, markbunden ⟨~ **television**⟩
terrible /ˈterəbl/ ADJ förfärlig, fruktansvärd
terrific /təˈrɪfɪk/ ADJ vard **1** väldig, enorm **2** fantastisk, toppen[bra]
terrified /ˈterəfaɪd/ ADJ skräckslagen ⟨**of** för **at** över⟩
terrify /ˈterəfaɪ/ SB skrämma
territorial /ˌterɪˈtɔːrɪəl/ ADJ territoriell, land-, jord-
territory /ˈterətərɪ/ SB territorium, revir
terror /ˈterə/ SB **1** skräck, fasa **strike** ~ **into** sätta skräck i **2** terror, skräckvälde **3** satunge, busunge
terrorism /ˈterərˌɪzəm/ SB terrorism
terrorist /ˈterərɪst/ SB terrorist
terrorize /ˈterəraɪz/ VB terrorisera
terry /ˈterɪ/ SB frotté ~ **towel** frottéhandduk
terse /tɜːs/ ADJ **1** kort, kortfattad **2** brysk
test¹ /test/ SB **1** test, prov, prövning ~ **paper** skrivning **2** undersökning **eye** ~ synkontroll
★ **put to the** ~ sätta på prov, pröva ⇓
test² /test/ VB testa, pröva, undersöka
testament /ˈtestəmənt/ SB bibel testamente

test ban SB provstopp *för kärnvapenprov*
testicle /ˈtestɪkl/ SB testikel
testify /ˈtestɪfaɪ/ VB **1** vittna ⟨**to** om⟩ **2** intyga, betyga
testimonial /ˌtestɪˈməʊnɪəl/ SB **1** vitsord, rekommendationsbrev **2** heders|bevisning, -gåva
testimony /ˈtestɪmənɪ/ SB **1** vittnes|mål, -börd ⟨**to, of** om⟩ **2** bevis ⟨**to, of** på⟩
test tube SB provrör ⟨**~ baby**⟩
testy /ˈtestɪ/ ADJ [lätt]retlig, irriterad
tetanus /ˈtetənəs/ SB stelkramp
tetchy /ˈtetʃɪ/ ADJ irriterad, snarstucken
tête-à-tête /ˌteɪtɑːˈteɪt/ SB tätatät, möte på tumanhand
tether /ˈteðə/ SB be at the end of one's **~** inte orka mer
text /tekst/ SB text
textile /ˈtekstaɪl/ SB textil, vävnad
textual /ˈtekstjʊəl/ ADJ text-
texture /ˈtekstʃə/ SB struktur, konsistens
the Thames /temz/ SB Themsen
than /ðæn, *obet* ðən/ KONJ än ⟨he's better **~** me (I am)⟩, no other **~** ingen annan än, självaste
thank /θæŋk/ VB tacka
★ **~ goodness (God)** gudskelov T**~** you tack!
thankful /ˈθæŋkfʊl/ ADJ tacksam
thankless /ˈθæŋkləs/ ADJ otacksam ⟨a **~** role⟩
thanks /θæŋks/ SB tack
★ **Many ~!, T~ a lot!** Tack så mycket! **~ to** tack vare
Thanksgiving /ˈθæŋksˌgɪvɪŋ/, **Thanksgiving Day** SB US tacksägelsedagen *helg i slutet av november*
that¹ /ðæt, *obet* ðət/ PRON **1** utpekande den [där], det [där] **~ man** den [där] mannen **at ~ time** på den tiden **2** betonat det ⟨**~'s good**⟩ **3** *i relativsatser* som **the year [~] we married** det år [då (som)] vi gifte oss
★ **at ~** till på köpet **Come here, ~'s a good boy (girl)** Kom hit är du snäll! **not ~ I know of** → not T**~'s it!** Det är rätt!, Just det! **~'s life** sådant är livet T**~'s ~!** Så var det med det!, Och därmed basta! **~ is [to say]** det vill säga
that² /ðæt/ ADV *vard* så ⟨it's not **~** bad⟩
that³ /ðæt, *obet* ðət/ KONJ **1** att **2** now **~** nu när ⟨now **~** you mention it⟩
thatch /θætʃ/ VB täcka med halm **~ed roof** halmtak

thaw¹ /θɔː/ VB töa, tina [upp]
□ **thaw out** tina [upp] ⟨**~ frozen food**⟩
thaw² /θɔː/ SB tö[väder], *polit* avspänning
the¹ /ðə, *före vokalljud* ðɪ, *beton* ðiː/ BEST ART **1** den, det, de **~ car** bilen **the big apple** det stora äpplet **~ rich** de rika **2** *utan motsvarighet i svenskan* **~ Smiths** Smiths, familjen Smith **3** *betonat* **he's ~ Joe Hill** han är [den kände] Joe Hill
the² /ðə/ ADV **~ ... ~** ju ... desto **~ sooner ~ better** ju förr desto bättre **all ~ better** så mycket bättre
theatre /ˈθɪətə/ (US **theater**) SB **1** teater **2** skådeplats, scen ⟨**~ of war**⟩
theatrical /θɪˈætrɪkl/ ADJ **1** teater- **2** teatralisk
theft /θeft/ SB stöld
their /ðeə/ PRON deras, sin
theirs /ðeəz/ PRON deras ⟨the car is **~**⟩, sin
them /ðem, *obet* ðəm/ PRON **1** dem, dom **2** sig ⟨they put the baby between **~**⟩
theme /θiːm/ SB **1** tema **2** melodi **3 ~ [song]** ledmotiv
theme park SB nöjesfält *anordnat kring speciellt tema*
themselves /ðəmˈselvz/ PRON **1** sig ⟨they can defend **~**⟩, sig själva **2** [de (dem)] själva ⟨they did it **~**⟩
★ **by ~** *a)* ensamma, för sig själva ⟨they live by **~**⟩ *b)* utan hjälp
then¹ /ðen/ ADV **1** då, på den tiden **2** *obetonat* då ⟨all right, **~**⟩ **3** sedan, efteråt **4** då, i så fall ⟨Have you seen the doctor? – T**~** you needn't worry⟩, alltså ⟨Someone had already warned you **~**?⟩ **5** dessutom ⟨and **~** it's none of our business⟩
★ **by ~** vid det laget, till dess **now and ~, now ~** → now¹
then² /ðen/ ADJ dåvarande ⟨the **~** president⟩
thence /ðens/ ADV *frml* **1** därifrån **2** därav
theologian /ˌθiːəˈləʊdʒɪən, -dʒn/ SB teolog
theology /θɪˈɒlədʒɪ/ SB teologi
theoretical /θɪəˈretɪkl/ ADJ teoretisk
theoretician /ˌθɪərɪˈtɪʃn/, **theorist** SB teoretiker
theorize /ˈθɪəraɪz/ VB teoretisera
theory /ˈθɪərɪ/ SB teori **in ~** i teorin
therapeutic /ˌθerəˈpjuːtɪk/ ADJ **1** terapeutisk **2** hälsosam, välgörande
therapist /ˈθerəpɪst/ SB terapeut

therapy /ˈθerəpɪ/ SB terapi
there¹ /ðeə/ ADV **1** där, framme **over ~** där borta **2** dit, fram ⟨we got ~ at 6 o'clock⟩ ★ **~ and then** på fläcken, omedelbart **T~ you are!** *a)* Var så god! *b)* Där ser du!
there² /ðeə/ PRON *formellt subjekt* det ⟨**~'s much to do**⟩, **~ were ten of us** vi var tio stycken ★ **Come here, ~'s a good girl (boy)!** Kom hit, är du snäll! **~'s no knowing** → **know¹** **~'s no mistaking** → **mistake¹**
there³ /ðeə/ INTERJ såja, seså, så där ja ★ **T~ now!** *a)* Så där ja! *b)* Där ser du!
thereabouts /ˌðeərəˈbaʊts, ˈðeərə-/ (*spec US* **thereabout**) ADV däromkring ⟨**fifty or ~**⟩
thereby /ˌðeəˈbaɪ, ˈðeə-/ ADV där|vid, -igenom
therefore /ˈðeəfɔː/ ADV därför, följaktligen, alltså
thermometer /θəˈmɒmɪtə/ SB termometer
thermos /ˈθɜːməs/, **thermos flask** SB termos
thermostat /ˈθɜːməʊstæt/ SB termostat
these /ðiːz/ ⟨*pl av* **this**⟩ PRON dessa, de här ★ **~ days** nu för tiden
thesis /ˈθiːsɪs/ ⟨*pl* **theses** /-iːz/⟩ SB **1** tes, grundsats **2** doktorsavhandling ⟨**on** om⟩
they /ðeɪ/ PRON **1** de ⟨**~ are friends**⟩, det ⟨**~ are swallows**⟩ **2** man **~ say** man säger, det sägs
they'd = they had, they would
they'll = they will
they're = they are
they've = they have
thick /θɪk/ **1** ADJ tjock, grov, tät ⟨**~ fog**⟩, full ⟨**the air was ~ with dust**⟩ **2** ADJ *vard* trög, korkad **3** SB **in the ~ of** mitt i **in the ~ of things** i händelsernas centrum ★ **be ~ as thieves** *neds* hänga ihop som ler och långhalm **that's a bit ~** *spec GB vard* det var väl grovt **~ with** *vard* förtrolig med **through ~ and thin** i vått och torrt
thicken /ˈθɪkən/ VB **1** göra tjock, *sås* reda av **2** tjockna, tätna
thicket /ˈθɪkɪt/ SB busksnår
thickness /ˈθɪknəs/ SB **1** tjocklek **2** lager, skikt
thickset /θɪkˈset/ ADJ satt, kraftig[t byggd]
thief /θiːf/ ⟨*pl* **thieves**⟩ SB tjuv

thieve /θiːv/ VB stjäla
thieves → **thief**
thigh /θaɪ/ SB lår *kroppsdel*
thimble /ˈθɪmbl/ SB fingerborg
thin¹ /θɪn/ ADJ **1** tunn **2** mager **3** gles, fåtalig ⟨**a ~ audience**⟩ **4** klen ⟨**a ~ excuse**⟩ ★ **as ~ as a rake** mager som en sticka **have a ~ time [of it]** ha det besvärligt (knapert) **wear ~** → **wear¹**
thin² /θɪn/, **thin out** VB **1** göra tunn, tunna ut, *växter* gallra **2** bli tunn, glesna, magra
thing /θɪŋ/ SB **1** sak, ting **the first ~ I did** det första jag gjorde **a funny ~ happened** något roligt hände **2** varelse **Poor little ~!** Stackars liten! **3 things** grejer, tillhörigheter, bagage ★ **as ~s stand** som saken ligger till **be [quite] the ~** *a)* vara inne (på modet) *b)* vara det rätta **a close ~** → **close³ do one's own ~** → **own¹ first ~, first ~s first** → **first¹ for one ~** för det första **have a ~ about** *a)* vara galen i *b)* inte kunna med, fasa för **How are ~s?** Hur går det?, Läget? **make a ~ of** göra affär av **taking one ~ with another** när allt kommer omkring **~s are looking bad** det ser illa ut
think¹ /θɪŋk/ ⟨**thought** /θɔːt/, **thought**⟩ VB **1** tänka, fundera, tänka sig för ⟨**~ twice**⟩ **2** tro ⟨**I ~ he'll come**⟩ **3** tycka ⟨**I ~ she's pretty**⟩ **4** tänka sig, föreställa sig, ana ⟨**you can't ~ how happy I am**⟩ **5** förstå ⟨**I can't ~ why you did it**⟩ ★ **I should ~ so** Jo, det vill jag lova! **I thought as much** Var det inte det jag trodde? **To ~ that ...** Tänk att ...
□ **think about** *a)* tänka (fundera) på *b)* tycka (anse) om
□ **think of** *a)* tänka (fundera) på *b)* tycka (anse) om *c)* komma på (ihåg) ⟨**I can't ~ her name**⟩ *d)* tänka sig värre **think better of it** komma på andra tankar **think little (poorly) of** ha låga tankar om **think nothing of sth** tycka att ngt är enkelt **T~ nothing of it!** Tänk inte på det!, Det var inget! **not think much of** inte ge mycket för
□ **think out** tänka igenom, fundera ut
□ **think over** tänka över (igenom) **think it over** fundera på saken
□ **think up** tänka ut, hitta på ⟨**~ a plan**⟩
think² /θɪŋk/ SB **have a ~ about** ta sig en funderare på
thinking /ˈθɪŋkɪŋ/ SB **1** tänkande **2** åsikt

⟨on om⟩
★ **to my [way of]** ~ enligt min mening
think-tank /'θɪŋktæŋk/ SB *vard*
expertgrupp
thinner /'θɪnə/ SB thinner *förtunningsmedel*
thin-skinned /ˌθɪn'skɪnd/ ADJ
[över]känslig, lättstött
third /θɜ:d/ 1 RÄKN tredje 2 SB tredjedel
3 SB treans växel
★ ~ **time lucky** tredje gången gillt
third party SB tredje man
third-rate /ˌθɜ:d'reɪt/ ADJ tredje klassens, undermålig
thirst¹ /θɜ:st/ SB törst ⟨for efter⟩
thirst² /θɜ:st/ VB törsta ⟨for efter⟩
thirsty /'θɜ:stɪ/ ADJ törstig
thirteen /ˌθɜ:'ti:n/ RÄKN tretton
thirty /'θɜ:tɪ/ 1 RÄKN trettio 2 SB trettiotal
the thirties trettiotalet
this¹ /ðɪs/ PRON denne, denna, detta, den (det) här
★ ~ **and that** ditt och datt ~ **is it** *a)* det stämmer *b)* så är det med den saken ~ **morning** i morse
this² /ðɪs/ ADV *vard* så [här] ⟨it's ~ big⟩
thistle /'θɪsl/ SB tistel
thong /θɒŋ/ SB läderrem, pisksnärt
thorn /θɔ:n/ SB törne, tagg
★ **a ~ in sb's flesh (side)** en nagel i ögat på ngn
thorny /'θɔ:nɪ/ ADJ 1 taggig 2 knepig
thorough /'θʌrə/ ADJ 1 fullständig
2 grundlig
thoroughbred /'θʌrəbred/ 1 SB fullblod
2 ADJ fullblods-, rasren
thoroughfare /'θʌrəfeə/ SB
genomfartsväg
thoroughgoing /ˌθʌrə'gəʊɪŋ/ ADJ
grundlig, genomgripande
those /ðəʊz/ ⟨*pl av* that⟩ PRON de där, dessa ~ **who** de som
though¹ /ðəʊ/ KONJ 1 fast[än] **even** ~ även om 2 **as** ~ som om
though² /ðəʊ/ ADV ändå, i alla fall **I don't like it,** ~ fast (men) jag gillar det inte
thought¹ → think¹
thought² /θɔ:t/ SB 1 tanke ⟨of på⟩, idé
2 tänkande, tänkesätt 3 funderande
4 omtanke, hänsyn
★ **give ~ to sth** fundera på ngt **have second ~s** → second²
thoughtful /'θɔ:tfʊl/ ADJ 1 tankfull
2 omtänksam
thoughtless /'θɔ:tləs/ ADJ tanklös
thousand /'θaʊznd/ 1 RÄKN tusen 2 SB
tusental ~**s of** tusentals
thousandth 1 RÄKN tusende 2 SB
tusendel
thrash /θræʃ/ VB klå upp, slå, besegra
□ **thrash about** *a)* slå vilt omkring sig
b) kasta sig av och an
□ **thrash out** diskutera igenom, reda ut
⟨~ **a problem**⟩
thrashing /'θræʃɪŋ/ SB smörj, stryk
thread¹ /θred/ SB 1 tråd **hang by a ~** hänga på ett hår 2 strimma ⟨**a ~ of light**⟩
3 [skruv]gänga
thread² /θred/ VB 1 trä [på] ⟨~ **a needle**⟩
2 ~ **one's way through** bana sig väg genom
threadbare /'θredbeə/ ADJ sliten, nött
threat /θret/ SB hot ⟨to mot⟩
threaten /'θretn/ VB hota [med], förebåda
three /θri:/ 1 RÄKN tre 2 SB trea
three-piece /ˌθri:'pi:s/ ADJ i tre delar
~ **suit** kostym med väst ~ **suite** soffgrupp
thresh /θreʃ/ VB tröska
threshold /'θreʃhəʊld/ SB tröskel
threw → throw¹
thrift /θrɪft/ SB sparsamhet
thrifty /'θrɪftɪ/ ADJ sparsam, ekonomisk
thrill¹ /θrɪl/ SB 1 rysning ⟨**a ~ of joy, a ~ of pain**⟩ 2 spänning, ilning, *vard* kick
thrill² /θrɪl/ VB få att rysa av spänning **be ~ed at** vara (bli) överförtjust i
thriller /'θrɪlə/ SB rysare, thriller
thrilling /'θrɪlɪŋ/ ADJ spännande
thrive /θraɪv/ VB 1 trivas, må (utvecklas) bra 2 blomstra
throat /θrəʊt/ SB hals, strupe, svalg **clear one's ~** harkla sig **take sb by the ~** ta stryptag på ngn
throb¹ /θrɒb/ SB bultande, bankande, pulserande
throb² /θrɒb/ VB bulta, banka, pulsera
throes /θrəʊz/ SB smärtor, kval
★ **be in the ~ of** stå mitt uppe i *ngt besvärligt*
thrombosis /θrɒm'bəʊsɪs/ ⟨*pl* **thromboses** /-i:z/⟩ SB blodpropp
throne /θrəʊn/ SB tron
throng¹ /θrɒŋ/ SB 1 folkmassa, trängsel
2 massa, mängd
throng² /θrɒŋ/ VB 1 trängas 2 fylla till trängsel, trängas på (i) **be ~ed with** *om plats* vara packad med

throttle¹ /'θrɒtl/ VB strypa, kväva
□ **throttle back (down)** lätta på gasen
throttle² /'θrɒtl/ SB spjäll, gasreglage **at full ~** med full gas **open the ~ ge** gas
through¹ /θru:/ PREP **1** genom, igenom **all ~ the night** hela natten **2** på grund av, tack vare ⟨**get a job ~ friends**⟩ **3** *US äv* till och med ⟨**Monday ~ Friday**⟩
through² /θru:/ ADV **1** igenom **all night ~** hela natten **wet [right] ~** genomvåt **2** till slut[et] **I read the book right ~** jag läste hela boken **3** direkt ⟨**the train goes ~ to London**⟩ **4 get ~** *tele* komma fram **put sb ~ to** koppla ngn till **You're ~ now** *tele* Klart!, Var så god! **5 be ~** *vard a)* vara klar ⟨**with** med⟩ *b)* vara slut ⟨**he's ~ as a pop star**⟩ *c)* ha fått nog ⟨**with** av⟩ **they're ~** det är slut mellan dem
★ **~ and ~** alltigenom
through³ /θru:/ ADJ direkt- ⟨**a ~ train, a ~ flight**⟩, genomfarts- ⟨**~ traffic**⟩
throughout¹ /θru:'aʊt/ PREP över (genom, under) hela **~ the year** under hela året
throughout² /θru:'aʊt/ ADV **1** alltigenom, överallt **2** hela tiden
throw¹ /θrəʊ/ ⟨**threw** /θru:/, **thrown** /θrəʊn/⟩ VB **1** kasta, slunga, slänga ⟨**at** på⟩ **2** kasta av ⟨**her horse threw her**⟩, kasta omkull **3** bygga, slå ⟨**~ a bridge**⟩ **4** *vard* ställa till med ⟨**~ a party**⟩ **5** *keramik* dreja **6** *vard* för|villa, -virra **7** *vard* ge upp, släppa avsiktligt
★ **~ a fit [of hysterics]** *vard* få ett hysteriskt anfall
□ **throw about (around)** strö omkring sig ⟨**throw money about**⟩, **throw one's weight about** uppträda stöddigt
□ **throw in** *a)* låta gå med på köpet *b)* ge upp ⟨**~ one's studies**⟩ *c)* inflicka, skjuta in
□ **throw together** hafsa (rafsa) ihop
□ **throw up** *a) vard* kräkas *b)* ge upp, sluta ⟨**~ one's job**⟩ *c)* leda fram till ⟨**the investigation didn't ~ anything**⟩
throw² /θrəʊ/ SB kast **~ of the dice** tärningskast
throwaway /'θrəʊə͵weɪ/ SB **1** [billig] engångsartikel **2** *attribut* engångs- ⟨**a ~ bottle**⟩
throwback /'θrəʊbæk/ SB *bildl* återgång
thrush /θrʌʃ/ SB trast
thrust¹ /θrʌst/ ⟨**thrust, thrust**⟩ VB **1** sticka, köra ⟨**~ one's hands into one's pockets**⟩ **2** knuffa, stöta
□ **thrust sth on sb** tvinga (pracka) på ngn ngt
□ **thrust oneself on sb** tränga sig på ngn
□ **thrust [one's way] through** tränga sig genom
thrust² /θrʌst/ SB **1** knuff, stöt **2** framstöt, anfall, utfall ⟨**at** mot⟩ **3** drivkraft **4** inriktning
thud¹ /θʌd/ VB dunsa
thud² /θʌd/ SB duns
thug /θʌg/ SB våldsman, gangster, ligist
thumb¹ /θʌm/ SB tumme
★ **be all ~s** ha tummen mitt i handen **be under sb's ~** gå i ngns ledband **have sb under one's ~** ha tummen i ögat på ngn
thumb² /θʌm/ VB tumma
★ **~ a lift** lifta, få lift **~ one's nose at** räcka lång näsa åt
□ **thumb through** bläddra snabbt igenom
thumbtack /'θʌmtæk/ SB *spec US* häftstift
thump¹ /θʌmp/ VB bulta (dunka) [på]
thump² /θʌmp/ SB slag, duns, smäll
thunder¹ /'θʌndə/ SB åska, dån, dunder
thunder² /'θʌndə/ VB **1** åska, dåna **2** *bildl* dundra, fara ut ⟨**against, at** mot⟩
thunderbolt /'θʌndəbəʊlt/ SB blixt
thunderclap /'θʌndəklæp/ SB åsk|skräll, -knall
thunderous /'θʌndərəs/ ADJ dånande, rungande ⟨**~ applause**⟩
thunderstorm /'θʌndəstɔ:m/ SB åskväder
thunderstruck /'θʌndəstrʌk/ ADJ lamslagen
Thursday /'θɜ:zdeɪ, -dɪ/ SB torsdag
thus /ðʌs/ ADV **1** sålunda, så här **2** således, alltså
★ **~ far** hittills, än så länge
thwack¹ /θwæk/ SB slag, smäll
thwack² /θwæk/ VB slå, smälla
thwart /θwɔ:t/ VB motarbeta, hindra ⟨**~ sb's plans**⟩
thyme /taɪm/ SB timjan
tick¹ /tɪk/ SB **1** tickande **2** *spec GB vard* ögonblick **3** bock **put a ~ against** bocka (pricka) av
tick² /tɪk/ VB **1** ticka **2** *GB* bocka (pricka) av
★ **What makes you ~?** *vard* Vad är det som driver dig?
□ **tick off** *a) GB* pricka av *b) GB vard*

skälla ut
☐ **tick over** *GB* a) gå på tomgång b) gå på sparlåga
tick³ /tɪk/ SB fästing
ticket /'tɪkɪt/ SB **1** biljett **2** lapp, etikett ⟨price ~⟩ **3** [parking] ~ parkeringslapp *böter* **4** *spec US polit* kandidatlista
tickle /'tɪkl/ VB **1** kittla **2** klia, kittlas **3** roa, tilltala
ticklish /'tɪklɪʃ/ ADJ **1** kittlig **2** snarstucken **3** kinkig, knepig
tidal wave /ˌtaɪdl 'weɪv/ SB flodvåg, jättevåg, *bildl* stark våg
tidbit → titbit
tiddlywinks /'tɪdlɪwɪŋks/ SB loppspel
tide¹ /taɪd/ SB **1** tidvatten, ebb och flod **high ~** högvatten **the ~ is out** det är ebb **2** ström ⟨**go against the ~**⟩, strömning, tendens
★ **the ~ has turned** *äv* lyckan har vänt
tide² /taɪd/ VB
☐ **tide over** hjälpa igenom
tidy¹ /'taɪdɪ/ ADJ **1** prydlig, välvårdad, snygg **2** *vard* hyfsad, skaplig ⟨**a ~ income**⟩
tidy² /'taɪdɪ/, **tidy up** VB städa, snygga till
tie¹ /taɪ/ SB **1** slips **2** band, länk, förbindelse ⟨**business ~s**⟩ **3** *sport* oavgjord match **end in a ~** sluta oavgjort
tie² /taɪ/ VB **1** knyta, binda **~ a parcel with string** slå in ett paket **2** knyta ihop, binda fast **3** *sport* spela oavgjort
☐ **tie down** binda ⟨**be tied down by children**⟩
☐ **tie in** förena, samordna **~ with** stämma med
☐ **tie up** a) knyta [ihop], binda [fast] b) *bildl* låsa ⟨**~ one's money**⟩, **tied up** a) [mycket] upptagen b) uppbunden **tied up with** förenad med **get tied up in the traffic** fastna i trafiken
tier /tɪə/ SB **1** [bänk]rad **2** lager, nivå
tiff /tɪf/ SB gnabb, dispyt
tiger /'taɪgə/ SB tiger
tight¹ /taɪt/ ADJ **1** fast, hård **2** spänd **3** trång, åtsittande, snäv **a ~ schedule** ett pressat program **4 money is ~** det är ont om pengar **5** *vard* snål, ogin **6** *vard* berusad, påstruken
★ **be in a ~ corner (spot)** vara illa ute
tight² /taɪt/ ADV tätt, fast, hårt ⟨**hold sb ~**⟩, **Sleep ~!** Sov gott!
tighten /'taɪtn/, **tighten up** VB spänna[s], dra[s] åt, hårdna
★ **~ one's belt** dra åt svångremmen
tightfisted /ˌtaɪt'fɪstɪd/ ADJ snål, ogin
tightlipped /ˌtaɪt'lɪpt/ ADJ sammanbiten, tystlåten
tightrope /'taɪtrəʊp/ SB spänd lina **~ walker** lindansare **walk (be on) a ~** *bildl* gå balansgång
tights /taɪts/ SB **1** trikåer **2** *spec GB* strumpbyxor
tigress /'taɪgrɪs/ SB tigerhona
tile¹ /taɪl/ SB tegel[panna], kakel[platta]
tile² /taɪl/ VB lägga tegel på, sätta kakel på
till¹ → until
till² /tɪl/ SB kassa|låda, -apparat
till³ /tɪl/ VB odla, bruka
tiller /'tɪlə/ SB rorkult
tilt¹ /tɪlt/ VB **1** luta, tippa, vicka på ⟨**~ one's chair**⟩
tilt² /tɪlt/ SB lutning, sluttning
★ **at a ~** på sned [at] **full ~** med full fart (kraft)
timber /'tɪmbə/ SB **1** timmer, virke **2** timmerskog **~ line** trädgräns **3** bjälke
timberyard /'tɪmbəjɑːd/ SB *GB* brädgård
time¹ /taɪm/ SB **1** tid[en] **~ flies** tiden flyger i väg **the good old ~s** den gamla goda tiden **it's [about] ~ we went** det är dags att ge sig av **What's the ~?**, **What ~ is it?** Hur mycket är klockan? **2** gång ⟨**two ~s two is four**⟩, **at the same ~** samtidigt **3** takt **beat ~** slå takten
★ **About ~ [too]!** Det var verkligen på tiden! **at a ~** i taget **at ~s** ibland **at all ~s** alltid **at the (that) ~** vid den tiden **behind the ~s** gammalmodig **do ~** *vard* sitta i fängelse **for the ~ being** för tillfället, tills vidare **from (since) ~ immemorial** sedan urminnes tider **from ~ to ~** emellanåt **have a good ~** ha roligt (trevligt) **have no ~ for sb** inte kunna med ngn **have ~ on one's hands** ha gott om tid **in ~** a) i [rätt] tid b) med tiden ⟨**in ~ you'll forget it**⟩, **in no ~** på nolltid **make good ~** ha gott om tid **take one's ~** ta det lugnt ⟨**over** med⟩ **there's a ~ for everything** allt har sin tid **T~!** *GB på pub* Stängningsdags! **~ after ~**, **~ and again** gång på gång **~ is up** tiden är ute **~ off** fritid ⇓
time² /taɪm/ VB **1** bestämma tiden för, tajma, avpassa **2** ta tid på
time bomb SB tidsinställd bomb

timely /'taɪmlɪ/ ADJ läglig, i rätt tid
timer /'taɪmə/ SB **1** tidur, timer **2** tidtagare
timeserver /'taɪmˌsɜːvə/ SB opportunist
time sharing SB **1** andelsägande *spec i fråga om semesterbostäder* **2** *data* tiddelning
timetable /'taɪmˌteɪbl/ SB **1** tidtabell **2** schema
timid /'tɪmɪd/ ADJ blyg, skygg
timing /'taɪmɪŋ/ SB tidpunkt, tidsanpassning, tajmning
timorous /'tɪmərəs/ ADJ räddhågad, lättskrämd
tin[1] /tɪn/ SB **1** tenn **2** *GB* burk, konservburk **3** bak|form, -plåt ⟨baking ~⟩
tin[2] /tɪn/ VB *GB* konservera, lägga in **~ned tomatoes** tomater på burk
tinder /'tɪndə/ SB fnöske
tinfoil /'tɪnfɔɪl/ SB *GB* stanniol, aluminiumfolie
tinge[1] /tɪndʒ/ VB **be ~d with** *bildl* vara färgad av
tinge[2] /tɪndʒ/ SB nyans, anstrykning ⟨a ~ of sadness⟩
tingle[1] /'tɪŋgl/ VB **1** svida, klia, sticka **2** susa **my ears ~** det susar i öronen
tingle[2] /'tɪŋgl/ SB stickande känsla, sveda
tinker /'tɪŋkə/, **tinker about** VB pyssla, mixtra
tinkle /'tɪŋkl/ VB **1** pingla (klirra) [med], krasa **2** *barnspråk* kissa
tinny /'tɪnɪ/ ADJ **1** tenn-, plåt- **2** *om ljud* metallisk **3** usel
tin-opener /'tɪnˌəʊpnə/ SB *GB* konservöppnare
tinsel /'tɪnsl/ SB glitter, *bildl* grannlåt
tint[1] /tɪnt/ SB **1** färgton, nyans **2** toningsvätska
tint[2] /tɪnt/ VB *hår* färga, tona
tiny /'taɪnɪ/ ADJ mycket liten **a ~ bit** en smula (aning)
tip[1] /tɪp/ SB **1** spets, topp **2** [cigarett]munstycke
★ **have sth on the ~ of one's tongue** ha ngt på tungan **to the ~s of one's fingers** ut i fingerspetsarna
tip[2] /tɪp/ VB **1** luta, tippa, vippa **2** stjälpa (tippa, välta) [omkull] **3** *sopor* tippa, dumpa
★ **~ the scale[s]** få det att väga över
tip[3] /tɪp/ SB *spec GB* soptipp
tip[4] /tɪp/ SB dricks ⟨give a ~⟩
tip[5] /tɪp/ VB ge dricks [åt]

tip[6] /tɪp/ SB tips, vink **take sb's ~** följa ngns råd
tip[7] /tɪp/ VB **1** tippa, gissa **2** tipsa, ge en vink
□ **tip off** varna, tipsa
tip-off /'tɪpɒf/ SB varning, tips
tipster /'tɪpstə/ SB tipsare *som ger råd åt vadhållare*
tipsy /'tɪpsɪ/ ADJ *vard* lätt berusad
tiptoe[1] /'tɪptəʊ/ SB **on ~** på tå
tiptoe[2] /'tɪptəʊ/ VB gå på tå, smyga
tiptop /'tɪptɒp/ ADJ utmärkt, prima, tiptop
tirade /taɪ'reɪd, tə-/ SB **1** straffrtal, utfall **2** tirad
tire[1] /'taɪə/ VB **1** trötta, tråka ut **2** bli trött, tröttna
tire[2] → **tyre**
tired /'taɪəd/ ADJ trött ⟨of på⟩
tiredness /'taɪədnəs/ SB trötthet
tireless /'taɪələs/ ADJ outtröttlig
tiresome /'taɪəsəm/ ADJ **1** tröttsam **2** besvärlig
tiring /'taɪərɪŋ/ ADJ tröttande
tiro → **tyro**
tissue /'tɪʃuː, 'tɪsjuː/ SB **1** vävnad **2** väv, nät **a ~ of lies** en härva av lögner **3 ~ [paper]** silkespapper **4** pappersnäsduk **[facial] ~** ansiktsservett
tit[1] /tɪt/ SB *fågel* mes **great ~** talgoxe
tit[2] /tɪt/ SB *vard* **1** bröstvårta **2** bröst, tutt
titanic /taɪ'tænɪk/ ADJ jättelik
titbit /'tɪtbɪt/ (*US* **tidbit**) SB godbit, läckerbit
tit for tat /ˌtɪtfə'tæt/ SB lika för lika
titillate /'tɪtɪleɪt/ VB kittla, reta
title /'taɪtl/ SB **1** titel **2** *jur* [ägande]rätt
titled /'taɪtld/ ADJ adlig
titter[1] /'tɪtə/ VB fnittra
titter[2] /'tɪtə/ SB fnitter
tittle-tattle /'tɪtlˌtætl/ SB skvaller, sladder
tizzy /'tɪzɪ/, **tizz** SB **get in (into) a ~** *vard* bli skärrad
to[1] /tuː, *obet* tʊ, tə/ PREP **1** till **2** för ⟨that's new ~ me, have sth ~ oneself⟩ **3** hos ⟨be on a visit ~ sb⟩, i ⟨I've never been ~ Wales⟩ **4** i jämförelse med, mot ⟨win by two goals ~ one⟩, it's nothing ~ ... det är inget mot ... **5** med ⟨talk ~, married ~⟩ **6** mot ⟨kind ~⟩
to[2] /tuː, *obet* tʊ, tə/ *infinitivmärke* **1** att **try ~ help** försöka [att] hjälpa **2** för att ⟨we came by car ~ save time⟩ **3** *i infinitiv som*

motsvarar relativsats **he was the last ~ leave** han var den siste som gick **4** *i förkortade satser* **he promised ~** han lovade [att göra det] **I told him not ~** jag sa åt honom att låta bli

to³ /tu:/ ADV till **pull the door ~** stänga (skjuta igen) dörren **come ~** komma till medvetande **~ and fro** fram och tillbaka, av och an

toad /təʊd/ SB padda

toadstool /'təʊdstu:l/ SB [gift]svamp, flugsvamp

toast¹ /təʊst/ SB rostat bröd

toast² /təʊst/ VB rosta ⟨**~ bread**⟩

toast³ /təʊst/ SB skål **propose a ~ to** utbringa en skål för
★ **be the ~ of the town** vara stans mest firade person

toast⁴ /təʊst/ VB **1** utbringa en skål för **2** skåla med

toaster /'təʊstə/ SB brödrost

toastmaster /'təʊst͵mɑ:stə/ SB ceremonimästare, toastmaster

tobacco /tə'bækəʊ/ SB tobak

tobacconist /tə'bækənɪst/ SB tobakshandlare **~'s** GB tobaksaffär

toboggan¹ /tə'bɒgən/ SB kälke

toboggan² /tə'bɒgən/ VB åka kälke

today /tə'deɪ/ ADV **1** i dag **2** nu för tiden
★ **~ week (a week ~)** GB i dag om en vecka

toddle /'tɒdl/ VB **1** tulta, stulta **2** *vard* gå, knalla

toddler /'tɒdlə/ SB parvel, [liten] knatte, tulta

to-do /tə'du:/ SB ståhej, uppståndelse

toe¹ /təʊ/ SB tå
★ **on one's ~s** på vakt, på alerten

toe² /təʊ/ VB **~ the [party] line** (US äv **the mark**) följa partilinjen (reglerna), inordna sig

toffee /'tɒfɪ/, **toffy** SB kola, knäck

together /tə'geðə/ ADV **1** tillsammans, ihop **2** samtidigt **3** i sträck **for hours ~** i timtal

togetherness /tə'geðənəs/ SB samhörighet, gemenskap

toil¹ /tɔɪl/ SB hårt arbete, slit, knog

toil² /tɔɪl/, **toil away** VB slita, knoga

toilet /'tɔɪlət/ SB toalett **make one's ~** göra toalett

toilet bag SB necessär

token /'təʊkən/ **1** SB tecken, bevis ⟨**of** på⟩ **2** SB presentkort **3** SB pollett **4** SB minne, minnes|sak, -gåva **5** ADJ symbolisk ⟨**~ payment**⟩, halvhjärtad ⟨**a ~ effort**⟩

told → **tell**

tolerable /'tɒlərəbl/ ADJ **1** dräglig, uthärdlig **2** hyfsad, skaplig

tolerably /'tɒlərəblɪ/ ADV tämligen, ganska, någorlunda

tolerance /'tɒlərəns/ SB tolerans, fördragsamhet

tolerant /'tɒlərənt/ ADJ tolerant, fördragsam ⟨**of, to** mot⟩

tolerate /'tɒləreɪt/ VB tolerera, tåla, stå ut med

toleration /͵tɒlə'reɪʃn/ SB tolerans, fördragsamhet

toll¹ /təʊl/ SB **1** avgift, tull **~ road** avgiftsbelagd väg **2** förlust, offer **the death ~ on the roads** antalet döda i trafiken
★ **take its ~** kräva sin tribut

toll² /təʊl/ VB klämta (ringa) [i]

tomato /tə'mɑ:təʊ, US tə'meɪtoʊ/ ⟨*pl* **-es**⟩ SB tomat

tomb /tu:m/ SB **1** grav[valv] **2** grav|vård, -sten

tomboy /'tɒmbɔɪ/ SB pojkflicka

tomcat /'tɒmkæt/ SB hankatt

tome /təʊm/ SB lunta, volym

tomfoolery /tɒm'fu:lərɪ/ SB tokerier, dumheter

tomorrow /tə'mɒrəʊ/ ADV i morgon **the day after ~** i övermorgon
★ **~ morning** i morgon bitti **~ week, a week ~** GB i morgon åtta dagar

ton /tʌn/ ⟨↔ **tonne**⟩ SB **1** ton *i* GB *'long ton'* 1 016 kg, *i* US *'short ton'* 907,2 kg **2 tons of** GB *vard* massor av

tone¹ /təʊn/ SB **1** ton **2** klang ⟨**a piano with a good ~**⟩ **3** [färg]ton **4** atmosfär

tone² /təʊn/ VB
☐ **tone down** tona ner, dämpa
☐ **tone up** stärka ⟨**~ one's muscles**⟩

tongs /tɒŋz/ SB tång *för socker, is etc* **a pair of ~** en tång

tongue /tʌŋ/ SB **1** tunga **hold (keep) one's ~** hålla mun **2** språk, tungomål **3** plös
★ **set ~s wagging** sätta i gång skvallret **~ in cheek** ironisk[t], spjuveraktig[t] ⇩

tongue-tied /'tʌŋtaɪd/ ADJ **be ~** ha tunghäfta

tongue twister SB tungvrickare

tonic /'tɒnɪk/ SB **1** stärkande medicin, *bildl* något stärkande (uppiggande) **2 ~**

[water] tonic *dryck*
tonight /tə'naɪt/ ADV i kväll, i natt
tonnage /'tʌnɪdʒ/ SB tonnage
tonne /tʌn/ ⟨↔ ton⟩ SB ton *1 000 kg*
tonsillitis /ˌtɒnsə'laɪtɪs/ SB tonsillit, halsfluss
too /tu:/ ADV **1** [allt]för ⟨~ **cold**, ~ **much**⟩, **one ~ many** en för mycket **2** också, med **me ~** jag (mig) med
★ **have had one ~ many** ha fått ett glas för mycket **not ~ bad** inte så illa **[That's] ~ bad!** Så synd! **~ much of a good thing** för mycket av det goda
took → take¹
tool /tu:l/ SB redskap, verktyg **~ kit** verktygssats
toot¹ /tu:t/ VB tuta [i (med)] **~ the horn** tuta
toot² /tu:t/ SB tutning **give a ~ [on the horn]** tuta
tooth /tu:θ/ ⟨*pl* teeth /ti:θ/⟩ SB tand **false (artificial) teeth** löständer
★ **by the skin of one's teeth** → skin¹ **cut one's teeth** → cut¹ **get one's teeth into** sätta tänderna i **have a sweet ~** → sweet **have a ~ out** [låta] dra ut en tand **in the teeth of sth** trots (mot) ngt **long in the teeth** → long¹ **set one's teeth** bita ihop tänderna **~ and nail** med näbbar och klor ⟨**fight ~ and nail**⟩
toothache /'tu:θeɪk/ SB tandvärk
toothbrush /'tu:θbrʌʃ/ SB tandborste
toothpaste /'tu:θpeɪst/ SB tandkräm
toothpick /'tu:θpɪk/ SB tandpetare
top¹ /tɒp/ SB **1** topp, spets **at the ~ of the page** högst upp på sidan **2** översida, yta **3** lock, kapsyl **4** *klädesplagg* överdel, topp **5** [köks]bänk **6** *attribut* topp-, högsta, översta ⟨**the ~ floor**⟩, **~ people (brass)** höjdare
★ **at the ~ of one's voice** så högt man kan, med full hals **be [the] ~s** *vard* vara toppen (jättefin) **be on ~ of** behärska, klara av **blow one's ~** → blow¹ **get on ~ of** *a)* få bukt med *b)* ta knäcken på **go over the ~** *spec GB vard* överdriva **on ~** *a)* ovanpå *b)* högst upp **on ~ of** *a)* ovanpå *b)* förutom **on ~ of that** dessutom, till råga på allt **on ~ of the world** i sjunde himlen ⇓
top² /tɒp/ VB **1** täcka, toppa, kröna **a cake ~ped with cream** en tårta garnerad med grädde **2** överskrida, överträffa **3** toppa, vara främst på ⟨**~ the list**⟩ **4** toppa, beskära
★ **to ~ it all** till råga på allt
□ **top off** *a)* avrunda, avsluta *b)* nå sin höjdpunkt
□ **top up** *spec GB* fylla på ⟨**~ a glass**, **~ a car**⟩
top³ /tɒp/ SB snurra *leksak*
topaz /'təʊpæz/ SB topas
top hat /ˌtɒp 'hæt/ SB hög hatt
top-heavy /ˌtɒp'hevɪ/ ADJ för tung upptill, övertung
topic /'tɒpɪk/ SB ämne **~ of conversation** samtalsämne
topical /'tɒpɪkl/ ADJ aktuell
top-level /ˌtɒp'levl/ ADJ på högsta nivå ⟨**~ talks**⟩
topmost /'tɒpməʊst/ ADJ överst, högst
topnotch /ˌtɒp'nɒtʃ/ ADJ *vard* jättebra, toppen[bra]
topography /tə'pɒgrəfɪ/ SB topografi
topple /'tɒpl/ VB **1** ramla [omkull] **2** stjälpa, störta ⟨**~ a dictator**⟩
□ **topple over** ramla [omkull]
top-secret /ˌtɒp'si:krət/ ADJ **1** hemligstämplad **2** topphemlig
topsy-turvy /ˌtɒpsɪ'tɜ:vɪ/ ADJ uppochnedvänd
torch /tɔ:tʃ/ SB **1** fackla **2** *GB* ficklampa **3** *spec US* blåslampa
torchlight procession /'tɔ:tʃlaɪt/ SB fackeltåg
tore → tear¹
torment¹ /'tɔ:ment/ SB plåga, pina, kval
torment² /tɔ:'ment/ VB plåga, pina
tormentor /tɔ:'mentə/ SB plågoande
torn → tear¹
tornado /tɔ:'neɪdəʊ/ ⟨*pl* -[e]s⟩ SB tornado, tromb
torpedo¹ /tɔ:'pi:dəʊ/ ⟨*pl* -es⟩ SB torped
torpedo² /tɔ:'pi:dəʊ/ VB *äv bildl* torpedera
torpid /'tɔ:pɪd/ ADJ slö, apatisk, overksam
torrent /'tɒrənt/ SB ström, störtflod, fors
torrential /tə'renʃl/ ADJ forsande, stört- ⟨**~ rain**⟩
torrid /'tɒrɪd/ ADJ **1** [bränn]het ⟨**~ weather**⟩ **2** het, passionerad ⟨**~ love**⟩
torso /'tɔ:səʊ/ SB torso, bål
tortoise /'tɔ:təs/ SB [land]sköldpadda
tortuous /'tɔ:tjʊəs/ ADJ **1** slingrande, krokig **2** invecklad, krånglig
torture¹ /'tɔ:tʃə/ VB tortera, pina
torture² /'tɔ:tʃə/ SB tortyr, pina

Tory /'tɔ:rɪ/ *GB polit* SB tory, konservativ
toss /tɒs/ VB **1** kasta, slänga ~ [a coin] singla slant ⟨for om⟩ ~ one's head knycka på nacken **2** kasta sig hit och dit, *om fartyg etc* kränga **3** blanda [med dressing] ⟨~ a salad⟩
★ ~ and turn vrida och vända sig
□ **toss about** kasta sig av och an
□ **toss off** *a)* stjälpa i sig *b)* svänga ihop ⟨~ a letter⟩
□ **toss up [a coin]** singla slant
toss-up /'tɒsʌp/ SB it's a ~ *vard* det är mycket osäkert, det är hugget som stucket
tot[1] /tɒt/ SB **1** barnunge **2** hutt ⟨a ~ of whisky⟩
tot[2] /tɒt/, **tot up** VB addera, summera, räkna ihop
total[1] /'təʊtl/ **1** ADJ total, hel **2** SB slutsumma
★ in ~ totalt, inalles
total[2] /'təʊtl/ VB **1** räkna samman **2** uppgå till
totalitarian /təʊˌtælɪ'teərɪən/ ADJ totalitär ⟨a ~ state⟩
tote /təʊt/ SB *GB vard* totalisator
totter /'tɒtə/ VB stappla, vackla
touch[1] /tʌtʃ/ VB **1** röra [vid], beröra, snudda vid **2** röra vid varandra ⟨our hands ~ed⟩, gränsa till varandra **3** mäta sig med, gå upp mot ⟨there's nothing to ~ cold beer⟩ **4** *bildl* röra, gripa ⟨be ~ed by⟩ **5** såra, skada lätt
★ ~ bottom *a) äv bildl* nå botten *b) om fartyg* få bottenkänning T~ wood! Ta i trä!
□ **touch down** *flyg* landa
□ **touch sb for sth** *vard* låna ngt av ngn
□ **touch off** *a)* avfyra *b)* utlösa
□ **touch on** beröra [flyktigt]
□ **touch up** retuschera, bättra på, snygga till
touch[2] /tʌtʃ/ SB **1** vidröring, snuddning **2** känsel by ~ med känseln **3** kontakt be (keep) in ~ with hålla kontakt med get in ~ with kontakta **4** prägel, touche ⟨a personal ~⟩ **5** *musik* anslag **6** handlag lose one's ~ tappa greppet (stilen) **7** gnutta ⟨a ~ of salt⟩, spår a ~ of flu en släng av influensa **8** *fotboll* be in ~ vara död
★ at a ~ vid minsta beröring
touch-and-go /ˌtʌtʃŋ'gəʊ/ ADJ it was ~ det hängde på ett hår

touchdown /'tʌtʃdaʊn/ SB *flyg* landning
touched /'tʌtʃt/ ADJ **1** rörd **2** *vard* rubbad, knäpp
touchy /'tʌtʃɪ/ ADJ lättstött, snarstucken
tough /tʌf/ **1** ADJ seg ⟨~ meat⟩ **2** ADJ stark, hård ⟨on mot⟩ **3** ADJ svår, jobbig ⟨a ~ job⟩ **4** ADJ tuff, kallhamrad a ~ customer en hårding **5** SB buse, råskinn
★ T~ [luck]! *vard* Vilken otur!
toughen /'tʌfn/ VB bli (göra) seg (stark, hård)
tour[1] /tʊə/ SB **1** [rund]tur **2** turné
tour[2] /tʊə/ VB **1** göra en rundtur, resa runt, turista **2** resa runt i, besöka **3** turnera [i]
tourism /'tʊərˌɪzəm/ SB turism, turistväsen
tourist /'tʊərɪst/ SB turist
tournament /'tʊənəmənt/ SB **1** *sport* turnering **2** *hist* tornering, tornerspel
tousled /'taʊzld/ ADJ rufsig
tout[1] /taʊt/ VB *vard* försöka sälja (prångla ut) ~ tickets GB sälja biljetter på svarta börsen
tout[2] /taʊt/ SB **1** GB biljettjobbare **2** kundvärvare
tow[1] /təʊ/ VB bogsera
tow[2] /təʊ/ SB bogsering give sb a ~, take sb in ~ bogsera ngn in ~ i släptåg
towards /tə'wɔ:dz, tɔ:dz/, **toward** PREP **1** [i riktning] mot **2** *om tid* [frame]mot **3** [gente]mot ⟨his attitude ~ me⟩ **4** för, till ⟨save money ~ Christmas⟩
towel /'taʊəl/ SB handduk
towelling /'taʊəlɪŋ/ (*US* **toweling**) SB frotté
tower[1] /'taʊə/ SB torn
★ ~ of strength stöttepelare, klippa ⇩
tower[2] /'taʊə/ VB torna upp sig, resa sig, sticka upp
tower block SB *spec GB* höghus
town /taʊn/ SB stad
★ go [out] on the ~ gå ut och roa sig go to ~ on sth *vard a)* satsa på ngt *b)* gå in för ngt med liv och lust
town hall /ˌtaʊn 'hɔ:l/ SB stadshus, rådhus
township /'taʊnʃɪp/ SB [stads]område *för icke-vita i Sydafrika*
toxic /'tɒksɪk/ ADJ giftig, förgiftnings-
toy[1] /tɔɪ/ SB leksak
toy[2] /tɔɪ/ VB leka ⟨~ with the idea of doing sth⟩
trace[1] /treɪs/ VB **1** spåra [upp] **2** följa [utvecklingen av] **3** kalkera **4** rita [upp],

skissa
trace² /treɪs/ SB **1** spår **2** rest ⟨~s of blood⟩ **3** gnutta
track¹ /træk/ SB **1** märke, spår keep ~ of hålla reda på, hålla kontakt med lose ~ of tappa bort, förlora kontakten med **2** stig, smal väg **3** [järnvägs]spår **4** bana ⟨the ~ of a satellite⟩ **5** löparbana, tävlingsbana **6** låt, spår *på LP el ljudband* ★ be on sb's ~ vara ngn på spåren in one's ~s *vard* på fläcken, plötsligt make ~s sticka [i väg] ⟨for till⟩ off the beaten ~ → beat¹ on sb's ~ i hälarna på ngn ⇓
track² /træk/, **track down** VB spåra [upp]
track events SB löpartävlingar, löpgrenar
track record SB a good ~ bra resultat (meriter)
tracksuit /'træksuːt/ SB träningsoverall
tract¹ /trækt/ SB **1** område ⟨wide ~s of forest⟩ **2** *anat* system the digestive ~ matsmältningsapparaten
tract² /trækt/ SB *religion, polit* skrift, broschyr
traction /'trækʃn/ SB dragning, dragkraft
tractor /'træktə/ SB traktor
trade¹ /treɪd/ SB **1** handel, affärer ⟨in sth med ngt⟩ **2** yrke, hantverk by ~ till yrket **3** bransch ⇓
trade² /treɪd/ VB **1** handla, bedriva handel ⟨in med⟩ **2** byta ⟨for mot⟩
□ **trade in** lämna i byte ⟨for mot⟩
□ **trade off** a) byta b) kompensera ⟨for mot⟩
□ **trade on** utnyttja, dra fördel av
trade-in /'treɪdɪn/ SB inbyte[svara]
trademark /'treɪdmɑːk/ SB varumärke
trade-off /'treɪdɒf/ SB **1** utbyte **2** kompromiss
trader /'treɪdə/ SB affärsman, köpman
tradesman /'treɪdzmən/ SB detaljhandlare, handelsman
the Trades Union Congress ⟨*förk* TUC /ˌtiːjuːˈsiː/⟩ SB brittiska landsorganisationen
trade union /ˌtreɪd ˈjuːnɪən/, **trades union** SB *GB* fackförening
trade wind SB passadvind
tradition /trəˈdɪʃn/ SB tradition
traditional /trəˈdɪʃnəl/ ADJ traditionell
traffic¹ /'træfɪk/ SB **1** trafik **2** handel, langning ⟨drug ~⟩ ⇓
traffic² /'træfɪk/ VB handla ~ in drugs handla med knark
traffic circle SB *US* rondell
traffic island SB refug
traffic jam SB trafikstockning
trafficker /'træfɪkə/ SB drug ~ knarklangare
traffic warden SB *GB* trafikvakt, lapplisa
tragedy /'trædʒədɪ/ SB tragedi
tragic /'trædʒɪk/ ADJ tragisk
trail¹ /treɪl/ SB **1** spår **2** stig, väg **3** strimma, slinga
★ be on sb's ~ vara ngn på spåren
trail² /treɪl/ VB **1** spåra [upp], skugga **2** släpa [i marken] **3** dra efter sig **4** släpa sig [fram] **5** *om växter* slingra sig, krypa **6** *sport* ligga under ⟨by med⟩
□ **trail away (off)** försvinna, dö bort
□ **trail behind** sacka efter, komma på efterkälken
trailer /'treɪlə/ SB **1** släpvagn, trailer **2** *spec US* husvagn **3** *film* trailer
train¹ /treɪn/ SB **1** tåg **2** procession **3** serie, rad, följd ~ of thought tankegång **4** följe, svit **5** [klännings]släp
train² /treɪn/ VB **1** utbilda, träna [upp], öva [upp (in)] **2** fostra *barn*, dressera *djur* **3** utbilda sig **4** *sport* träna ⟨~ for a race⟩ **5** forma, tukta *växt*
□ **train on** *om vapen, kamera* rikta mot
trainee /ˌtreɪˈniː/ SB praktikant, lärling
trainer /'treɪnə/ SB **1** tränare **2** dressör **3** trainers *GB* träningsskor, joggingskor
training /'treɪnɪŋ/ SB **1** utbildning **2** träning, dressyr
training college SB *GB* lärarhögskola
traipse /treɪps/ VB lunka, traska
trait /treɪ, treɪt/ SB [karaktärs]drag, egenskap
traitor /'treɪtə/ SB förrädare ⟨to mot⟩
trajectory /trəˈdʒektrɪ/ SB bana
tram /træm/ SB *spec GB* spårvagn
tramp¹ /træmp/ VB **1** trampa **2** klampa, stampa **3** traska **4** vandra omkring i (på) ⟨~ the streets⟩
tramp² /træmp/ SB **1** luffare **2** *spec US* fnask **3** tramp[fartyg] **4** tramp[ande] **5** vandring
trample /'træmpl/ VB trampa [på (ner)]
trampoline /'træmpəliːn/ SB studsmatta
trance /trɑːns/ SB trans go (fall) into a ~ falla i trans
tranquil /'træŋkwɪl/ ADJ lugn, stillsam,

fridfull
tranquillity /ˌtræŋˈkwɪlətɪ/ (US äv **tranquility**) SB lugn, stillhet, ro
tranquillizer /ˈtræŋkwəlaɪzə/ (US äv **tranquilizer**) SB lugnande medel
transact /trænˈzækt, trɑːn-/ VB genomföra, göra, bedriva ⟨~ business⟩
transaction /trænˈzækʃn, trɑːn-/ SB transaktion, avtal, affär
transatlantic /ˌtrænzətˈlæntɪk, ˌtrɑːnz-/ ADJ transatlantisk, atlant-
transcend /trænˈsend, trɑːn-/ VB över|skrida, -gå, -träffa
transcribe /trænˈskraɪb, trɑːn-/ VB 1 skriva ut 2 kopiera 3 radio spela in 4 transkribera
transcript /ˈtrænskrɪpt, ˈtrɑːn-/ SB utskrift, kopia
transcription /trænˈskrɪpʃn, trɑːn-/ SB 1 utskrift 2 radio, tv bandning, inspelning 3 transkribering
transfer[1] /trænsˈfɜː, trɑːns-/ VB 1 [för]flytta, överföra 2 överlåta 3 girera 4 sport sälja 5 gå (flytta) över 6 byta, ta övergång ⟨~ to a bus⟩
transfer[2] /ˈtrænsfɜː, ˈtrɑːns-/ SB 1 [för]flyttning, överföring 2 handel girering, transferering 3 transfer 4 trafik övergång 5 övergångsbiljett 6 dekal, gnuggbild
transform /trænsˈfɔːm, trɑːns-/ VB förvandla, ombilda, förändra ⟨into till⟩
transformation /ˌtrænsfəˈmeɪʃn, ˌtrɑːns-/ SB förvandling, omvandling
transformer /trænsˈfɔːmə, trɑːns-/ SB transformator
transfusion /trænsˈfjuːʒn, trɑːns-/ SB transfusion ⟨blood ~⟩
transgress /trænzˈgres, trɑːnz-/ VB överträda
transient /ˈtrænzɪənt, ˈtrɑːn-/ ADJ övergående, flyktig, förgänglig
transistor /trænˈzɪstə/ SB 1 transistor 2 transistor[radio]
transit /ˈtrænsɪt, ˈtrɑːn-/ SB 1 genomresa ~ **camp** genomgångsläger ~ **visa** transitvisum 2 transport
★ **in** ~ a) på genomresa b) under transporten
transition /trænˈzɪʃn, trɑːn-/ SB övergång
transitory /ˈtrænsətrɪ, ˈtrɑːns-/ ADJ övergående, flyktig, förgänglig
translate /trænsˈleɪt, trɑːns-/ VB 1 översätta ⟨**into** till⟩ 2 bildl tolka
translation /trænsˈleɪʃn, trɑːns-/ SB översättning ⟨**into** till⟩
translator /trænsˈleɪtə, trɑːns-/ SB översättare
translucent /trænsˈluːsnt, trɑːns-/ ADJ genomskinlig
transmission /trænzˈmɪʃn, trɑːnz-/ SB 1 radio, tv [ut]sändning 2 överföring
transmit /trænzˈmɪt, trɑːnz-/ VB 1 radio, tv sända 2 över|låta, -föra
transmitter /trænzˈmɪtə, trɑːnz-/ SB radio, tv sändare
transparency /trænsˈpærənsɪ, trɑːns-/ SB dia[bild], stordia
transparent /trænsˈpærənt, trɑːns-/ ADJ genomskinlig
transpire /trænˈspaɪə, trɑːn-/ VB 1 läcka ut, komma fram 2 vard hända 3 utdunsta, avsöndra
transplant[1] /ˌtrænsˈplɑːnt, ˌtrɑːns-/ VB 1 plantera om 2 medicin transplantera
transplant[2] /ˈtrænsplɑːnt, ˈtrɑːns-/ SB transplantation ⟨**heart** ~⟩
transport[1] /trænsˈpɔːt, trɑːns-/ VB 1 transportera 2 **be** ~**ed** bli hänförd ⟨**with** av⟩
transport[2] /ˈtrænspɔːt, ˈtrɑːns-/ SB spec GB 1 transport **public** ~ kollektivtrafik 2 transportmedel, bil 3 [känslo]utbrott ⟨~**s of joy**⟩
transportation /ˌtrænspɔːˈteɪʃn, ˌtrɑːns-/ SB 1 transport[ering] 2 spec US transportmedel
transpose /trænsˈpəʊz, trɑːns-/ VB 1 flytta (kasta) om 2 musik transponera
transverse /trænzˈvɜːs, trɑːnz-/ ADJ tvärgående, tvär- ~ **beam** tvärbalk
trap[1] /træp/ SB 1 fälla, snara 2 lucka i golv el tak 3 kärra, vagn med två hjul 4 **Shut your** ~! Håll käften!
trap[2] /træp/ VB 1 snara, fånga, snärja **be** ~**ped** äv vara instängd, sitta fast 2 sätta ut snaror på (i)
☐ **trap sb into doing sth** lura ngn att göra ngt
trap door /ˌtræp ˈdɔː/ SB lucka i golv el tak, fallucka
trapeze /trəˈpiːz/ SB trapets
trapper /ˈtræpə/ SB pälsjägare, trapper
trappings /ˈtræpɪŋz/ SB utsmyckning, grannlåt
trash /træʃ/ SB 1 skräp, smörja 2 slödder **white** ~ neds fattiga vita 3 spec US sopor

trash can SB *US* soptunna
trashy /'træʃɪ/ ADJ skräp- ⟨~ **books**⟩
travel¹ /'trævl/ VB **1** resa [omkring], färdas, åka **2** resa [omkring] i **3** tillryggalägga, köra **4** röra sig, gå ⟨**light ~s fast**⟩, *vard* susa fram **5** vara handelsresande
★ ~ **light** resa med lite bagage
travel² /'trævl/ SB **1** resande, att resa ~ **broadens the mind** att resa vidgar ens vyer **2 travels** resor *spec* utomlands
travelled /'trævld/ (*US* **traveled**) ADJ **1** berest **2** trafikerad
traveller /'trævələ/ (*US* **traveler**) SB **1** resenär, resande **2** handelsresande
travel-sick /'trævlsɪk/ ADJ åksjuk
travesty /'trævəstɪ/ SB travesti, parodi ⟨of på⟩
trawler /'trɔ:lə/ SB trålare
tray /treɪ/ SB **1** bricka **2** brevkorg
treacherous /'tretʃərəs/ ADJ **1** svekfull, falsk **2** förrädisk ⟨~ **ice**⟩
treachery /'tretʃərɪ/ SB förräderi
treacle /'tri:kl/ SB *spec GB* sirap
tread¹ /tred/ ⟨**trod** /trɒd/, **trodden** /'trɒdn/⟩ VB **1** gå, stiga, trampa **2** trampa [ner] ⟨~ **mud into a carpet**⟩ **3** gå på ⟨~ **a path**⟩
★ ~ **on air** vara i sjunde himlen
tread² /tred/ SB **1** steg, gång **with a heavy ~** med tunga steg **2** tramp[ande] **3** trappsteg **4** däckmönster
treason /'tri:zn/ SB förräderi, landsförräderi
treasure¹ /'treʒə/ SB skatt, klenod, *bildl äv* pärla
treasure² /'treʒə/ VB **1** sätta stort värde på **2** bevara
treasurer /'treʒərə/ SB skattmästare, kassör
treasury /'treʒərɪ/ SB **1** skattkammare, *bildl* guldgruva **2 the Treasury** *GB* finansdepartementet
treat¹ /tri:t/ VB **1** behandla **2** betrakta, anse ⟨**as** som⟩
□ **treat sb to sth** bjuda ngn på ngt
treat² /tri:t/ SB **1** njutning, upplevelse, [glad] överraskning **give sb a ~** ge ngn någonting extra **2 this is my ~** jag bjuder [på det här] **3** fest, bjudning
treatise /'tri:tɪz, -ɪs/ SB avhandling ⟨**on** om⟩
treatment /'tri:tmənt/ SB behandling
treaty /'tri:tɪ/ SB fördrag, avtal

treble¹ /'trebl/ **1** ADJ tredubbel **2** SB diskant **3** SB gossopran
treble² /'trebl/ VB tredubbla[s]
tree /tri:/ SB **1** träd **2 [shoe]** ~ skoblock
trek¹ /trek/ VB **1** färdas **2** vandra, släpa sig
trek² /trek/ SB **1** färd **2** vandring
trellis /'trelɪs/ SB spaljé
tremble¹ /'trembl/ VB darra, skälva ⟨**with av**⟩
tremble² /'trembl/ SB darrning, skälvning
tremendous /trɪ'mendəs/ ADJ **1** väldig, enorm **2** fantastisk, underbar
tremor /'tremə/ SB skälvning **earth ~** jordskalv
trench /trentʃ/ SB dike, *milit* skyttegrav
trenchant /'trentʃnt/ ADJ skarp, bitande ⟨~ **criticism**⟩
trend /trend/ SB [in]riktning, trend, tendens
★ **set a ~** skapa ett mode (en trend)
trendsetter /'trend,setə/ SB trendsättare, modeskapare
trendy /'trendɪ/ ADJ trendig, modern, inne
trepidation /ˌtrepɪ'deɪʃn/ SB bävan, ångest
trespass¹ /'trespəs/ VB **1** inkräkta, göra intrång **2** *bibel* synda
□ **trespass on** inkräkta på, utnyttja ⟨~ **sb's hospitality**⟩
trespass² /'trespəs/ SB **1** intrång **2** överträdelse
trespasser /'trespəsə/ SB inkräktare
trespassing /'trespəsɪŋ/ SB **No ~** *på skylt* Tillträde förbjudet
trestle /'tresl/ SB [trä]bock
trial /'traɪəl/ SB **1** rättegång **be on ~, stand ~** vara åtalad, stå inför rätta **put on ~** åtala **2** prov ⟨**on ~**⟩, test **stand the ~** bestå provet **3** prövning, påfrestning ⟨**to** för⟩ **4** *sport* försök
★ **by ~ and error** genom att pröva sig fram **give sb a ~** *a)* sätta ngn på prov *b)* anställa ngn på prov **give sth a ~** pröva ngt **put to the ~** testa
trial run /ˌtraɪəl 'rʌn/ SB **1** provkörning **2** försöksperiod
triangle /'traɪæŋgl/ SB triangel
triangular /traɪ'æŋgjʊlə/ ADJ triangelformig, trekantig
tribal /'traɪbl/ ADJ stam-, släkt-
tribe /traɪb/ SB **1** stam ⟨**Indian ~s**⟩

2 släkte, familj
tribunal /traɪˈbjuːnl, trɪ-/ SB domstol, tribunal
tributary /ˈtrɪbjʊtərɪ/ SB biflod ⟨of till⟩
tribute /ˈtrɪbjuːt/ SB **1** hyllning **pay ~ to** hylla, prisa **2** skatt, tribut
trice /traɪs/ SB **in a ~** i en handvändning
trick¹ /trɪk/ SB **1** knep, list, trick **~s of the trade** yrkesknep **2** trick, konst **magic ~s** trollkonster **3** spratt **a dirty (mean) ~** ett fult spratt (trick) **play a ~ on sb** spela ngn ett spratt **4** [o]vana, manér **5** *kortspel* stick
trick² /trɪk/ VB lura
□ **trick sb into doing sth** lura ngn att göra ngt
□ **trick sb out of sth** lura av ngn ngt
trickery /ˈtrɪkərɪ/ SB knep, bluff, bedrägeri
trickle¹ /ˈtrɪkl/ VB droppa, rinna (rulla) sakta
trickle² /ˈtrɪkl/ SB droppande, långsam ström
trickster /ˈtrɪkstə/ SB skojare, bedragare
tricky /ˈtrɪkɪ/ ADJ **1** besvärlig, knepig **2** lurig
tricycle /ˈtraɪsɪkl/ SB trehjuling
tried /traɪd/ ADJ [be]prövad
trifle¹ /ˈtraɪfl/ SB **1** bagatell, struntsumma **2** *GB* efterrätt gjord av sockerkaka, frukt, grädde mm
★ **a ~** en aning ⟨a ~ too short⟩
trifle² /ˈtraɪfl/ VB
□ **trifle with** leka med
□ **trifle away** slösa bort
trifling /ˈtraɪflɪŋ/ ADJ obetydlig, bagatellartad
trigger¹ /ˈtrɪɡə/ SB avtryckare **pull the ~** trycka av
trigger² /ˈtrɪɡə/, **trigger off** VB utlösa ⟨~ the alarm⟩
trill¹ /trɪl/ VB drilla
trill² /trɪl/ SB drill
trim¹ /trɪm/ VB **1** klippa, putsa, trimma **2** *bildl* skära ner **3** garnera, dekorera **4** *sjö* trimma
trim² /trɪm/ **1** SB klippning, putsning, trimning **2** SB trim, [god] form **3** SB garnering, lister *på t ex bil* **4** ADJ välskött, snygg, prydlig
trimming /ˈtrɪmɪŋ/ SB **1** garnering, dekoration **2 trimmings** *kok* tillbehör, garnityr **3 trimmings** rens, bortskurna bitar
trinket /ˈtrɪŋkɪt/ SB **1** [billigt] smycke **2** prydnadssak
trio /ˈtriːəʊ/ SB trio
trip¹ /trɪp/ VB **1** snubbla, snava **2** sätta krokben för **3** göra ett misstag **4** göra svarslös **5** trippa
□ **trip up** *a)* snubbla *b)* sätta krokben för *c)* göra ett misstag
trip² /trɪp/ SB **1** resa, utflykt, tur **2** *vard* tripp *narkotikarus* **3** snavande
tripe /traɪp/ SB **1** *kok* komage **2** *vard* smörja
triple¹ /ˈtrɪpl/ ADJ tredubbel, trippel- **~ the number** tre gånger så många
triple² /ˈtrɪpl/ VB tredubbla[s]
triple jump SB tresteg
triplet /ˈtrɪplət/ SB trilling
tripod /ˈtraɪpɒd/ SB *foto* stativ
trite /traɪt/ ADJ sliten, banal
triumph¹ /ˈtraɪʌmf, -əmf/ SB **1** triumf, seger **2** segerglädje
triumph² /ˈtraɪʌmf, -əmf/ VB segra, triumfera
triumphal /traɪˈʌmfl/ ADJ triumf-, seger-
triumphant /traɪˈʌmfənt/ ADJ **1** triumferande, segerrik **2** triumfartad
trivia /ˈtrɪvɪə/ SB bagateller, oväsentligheter
trivial /ˈtrɪvɪəl/ ADJ **1** alldaglig, trivial **2** obetydlig
triviality /ˌtrɪvɪˈælətɪ/ SB **1** bagatell **2** banalitet, trivialitet
trod → **tread¹**
trodden → **tread¹**
trolley /ˈtrɒlɪ/ SB **1** *spec GB* kärra, kundvagn **2** *spec GB* serveringsvagn **3** *spec GB* dressin **4** *US* spårvagn **5** *GB* trådbuss
trombone /trɒmˈbəʊn/ SB trombon, dragbasun
troop¹ /truːp/ SB **1** *milit* trupp **2** skara, grupp, skock
troop² /truːp/ VB tåga, marschera
★ **~ the colour** *GB milit* paradera för fanan
trophy /ˈtrəʊfɪ/ SB pris, trofé
tropical /ˈtrɒpɪkl/ ADJ tropisk
the tropics /ˈtrɒpɪks/, **the Tropics** SB tropikerna
trot¹ /trɒt/ SB **1** trav **2** rask gång **3 the trots** *vard* diarré
★ **on the ~** *vard a)* i farten *b)* i rad, i sträck
trot² /trɒt/ VB **1** trava, rida i trav **2** småspringa
□ **trot out** dra fram, köra med ⟨~ **the**

same old excuses⟩
trotter /'trɒtə/ SB **1** travhäst **2 trotters** *kok* grisfötter
troubadour /'tru:bəduə/ SB trubadur
trouble¹ /'trʌbl/ SB **1** besvär, möda **take the ~ to** göra sig besväret att **2** obehag, bråk **ask (look) for ~** ställa till bråk, tigga stryk **3** svårighet, problem, trassel **be in ~** vara i knipa **get into ~** råka illa ut **4** oro, bekymmer **What's the ~?** Vad står på?, Vad är det frågan om? **5 troubles** oroligheter **6** ont, besvär ⟨**heart ~**⟩, krångel ⟨**engine ~**⟩ ⇓
trouble² /'trʌbl/ VB **1** oroa, bekymra **2** besvära ⟨**May I ~ you for the salt?**⟩ **3** göra sig besvär
troubled /'trʌbld/ ADJ **1** orolig, bekymrad **2** grumlig
troublemaker /'trʌbl‚meɪkə/ SB bråkmakare, oroselement
troubleshooter /'trʌbl‚ʃu:tə/ SB problemlösare, 'företagsdoktor'
troublesome /'trʌblsəm/ ADJ besvärlig
trouble spot SB oros|centrum, -härd
trough /trɒf/ SB **1** tråg, ho **2** vågdal **3** lågtrycksområde
trounce /traʊns/ VB besegra, klå, slå
troupe /tru:p/ SB teatertrupp, artisttrupp
trousers /'traʊzəz/ SB [lång]byxor
trout /traʊt/ ⟨*lika i pl*⟩ SB [lax]öring
trowel /'traʊəl/ SB **1** murslev **2** trädgårdsspade
truant /'tru:ənt/ SB skolkare **play ~** skolka
truce /tru:s/ SB **1** stilleståndsavtal **2** frist
truck¹ /trʌk/ SB **1** *spec US* lastbil **2** *GB järnväg* öppen godsvagn **3** truck, transportvagn **4** [bagage]kärra
truck² /trʌk/ VB *spec US* **1** frakta med lastbil **2** köra lastbil
truck³ /trʌk/ SB **1** [bytes]handel **2** *US* grönsaksprodukter
★ **have no ~ with** vägra att ha ngt att göra med ⇓
trucker /'trʌkə/ SB *spec US* lastbilschaufför
truck farm SB *US* handelsträdgård, grönsaksodling
truculent /'trʌkjʊlənt/ ADJ stridslysten, aggressiv
trudge /trʌdʒ/ VB traska, gå tungt, streta
true /tru:/ ADJ **1** sann, riktig **be ~ of (for)** gälla [för] **2** äkta ⟨**a ~ American**⟩ **3** trogen, trofast **~ to life** verklighetstrogen **4** exakt ⟨**a ~ copy**⟩

★ **come ~** slå in, besannas **~ to form (type)** *a)* som väntat *b)* normal, typisk
truffle /'trʌfl/ SB tryffel
truly /'tru:lɪ/ ADV **1** verkligt **2** uppriktigt **3 Yours ~** Högaktningsfullt *i brev*
trump¹ /trʌmp/ SB trumf[kort] **~ card** trumfkort
trump² /trʌmp/ VB ta med trumf
□ **trump up** hitta på, dikta ihop
trumpet /'trʌmpɪt/ SB trumpet
★ **blow one's own ~** → **blow¹**
trumpeter /'trʌmpɪtə/ SB trumpetare
truncate /trʌŋ'keɪt, 'trʌŋ-/ VB stympa, skära av, korta av
truncheon /'trʌntʃn/ SB batong
trundle /'trʌndl/ VB **1** rulla (röra sig) tungt **2** rulla, skjuta
trunk /trʌŋk/ SB **1** [träd]stam **2** koffert **3** snabel **4** bål *kroppsdel* **5** *US* bagage|utrymme, -lucka **6 trunks** *a)* badbyxor *b)* gymnastikbyxor
trunk call SB *spec GB* rikssamtal
trunk road SB *GB* riksväg, huvudväg
truss /trʌs/, **truss up** VB binda, *kok* binda upp
trust¹ /trʌst/ SB **1** förtroende, tillit **2** förvaltning **3** fond **4** *handel* trust
★ **take sth on ~** lita på att ngt är riktigt
trust² /trʌst/ VB **1** lita på, tro på **2** [verkligen] hoppas
□ **trust in** lita på
□ **trust sb with sth** anförtro ngn ngt
trustee /trʌs'ti:/ SB förtroendeman, förmyndare
trustworthy /'trʌst‚wɜ:ðɪ/ ADJ pålitlig, trovärdig
truth /tru:θ/ SB sanning
truthful /'tru:θfʊl/ ADJ **1** sanningsenlig **2** sann
try¹ /traɪ/ VB **1** försöka **2** prova, pröva **3** *jur* pröva, åtala **4** fresta på ⟨**~ sb's patience**⟩
★ **~ one's best** göra sitt bästa
□ **try one's hand at sth** försöka sig på ngt
□ **try for** eftersträva, försöka få (nå)
□ **try on** prova *kläder* **Don't try it on with me!** Försök inte med mig!
□ **try out** [ut]prova
try² /traɪ/ SB försök **give sth a ~, have a ~ [at sth]** göra ett försök med ngt
trying /'traɪɪŋ/ ADJ påfrestande ⟨**to för**⟩
tsar /zɑ:/, **czar**, **tzar** SB tsar
T-shirt /'ti:‚ʃɜ:t/ SB T-shirt, T-tröja

tub /tʌb/ SB **1** tunna, balja **2** *vard* badkar **3** *GB* [glass]bägare, ask, bytta ⟨~ **of butter**⟩

tubby /'tʌbɪ/ ADJ knubbig

tube /tjuːb/ SB **1** rör, slang **2** tub **3** *GB vard* tunnelbana **4** bildrör **5** *US vard* TV

tuberculosis /tjuːˌbɜːkjʊˈləʊsɪs/ SB tuberkulos

tubular /'tjuːbjʊlə/ ADJ rörformig

TUC → Trades Union Congress

tuck¹ /tʌk/ VB stoppa [ner (in)]
□ **tuck away** *vard a)* gömma undan *b) spec GB* stoppa i sig
□ **tuck in** *a) spec GB vard* stoppa i sig *b)* stoppa om
□ **tuck up** *a)* kavla (fästa) upp *b)* stoppa om

tuck² /tʌk/ SB **1** veck, insyning **2** *GB vard* mat, sötsaker, godis

Tuesday /'tjuːzdeɪ, -dɪ/ SB tisdag

tuft /tʌft/ SB **1** [hår]tofs **2** [gräs]tuva

tug¹ /tʌɡ/ VB **1** dra (rycka) [i] **2** bogsera

tug² /tʌɡ/ SB **1** dragning, ryck **2** bogserbåt ⇓

tugboat /'tʌɡbəʊt/ SB bogserbåt

tug of war /ˌtʌɡəv'wɔː/ SB dragkamp

tuition /tjuːˈɪʃn/ SB **1** undervisning, handledning **2** ~ **[fees]** skolavgift, kursavgift

tulip /'tjuːlɪp/ SB tulpan

tumble¹ /'tʌmbl/ VB **1** ramla, falla ~ **into bed** stupa i säng **2** tumla **3** störta **4** stöka (rufsa) till

tumble² /'tʌmbl/ SB fall **have (take) a** ~ ramla ⇓

tumbledown /'tʌmbldaʊn/ ADJ fallfärdig

tumble dryer /ˌtʌmbl ˈdraɪə/ SB torktumlare

tumbler /'tʌmblə/ SB **1** dricksglas *utan fot* **2** torktumlare

tummy /'tʌmɪ/ SB *vard* mage

tumour /'tjuːmə/ (*US* **tumor**) SB tumör

tumult /'tjuːmʌlt/ SB tumult, kaos, förvirring

tumultuous /tjʊˈmʌltjʊəs/ ADJ tumultartad

tuna /'tjuːnə/ ⟨*lika i pl*⟩ SB tonfisk

tune¹ /tjuːn/ SB melodi **sing in** ~ sjunga rent **sing out of** ~ sjunga falskt
★ **be in** ~ *a) om instrument* vara stämd *b)* passa ihop **be out of** ~ *a) om instrument* vara ostämd *b)* inte passa ihop **call the** ~ → **call¹** **change one's** ~ → **change¹** **to the** ~ **of** *vard* till den nätta summan av

tune² /tjuːn/ VB **1** stämma ⟨~ **a piano**⟩ **2** *radio* ställa in
□ **tune in** *radio, tv* ställa in ⟨**to** på⟩
□ **tune up** *a)* trimma *motor b)* stämma *instrument*

tuner /'tjuːnə/ SB **1** pianostämmare **2** *radio* mottagare, radiodel

tunic /'tjuːnɪk/ SB **1** tunika **2** uniformsjacka

tunnel /'tʌnl/ SB tunnel

turban /'tɜːbən/ SB turban

turbine /'tɜːbaɪn/ SB turbin

turbojet /'tɜːbəʊdʒet/ SB **1** turbojetmotor **2** turbo[jet]plan

turbot /'tɜːbət/ SB piggvar

turbulence /'tɜːbjʊləns/ SB rörelse, oro, turbulens

turbulent /'tɜːbjʊlənt/ ADJ orolig, turbulent

tureen /tjʊˈriːn, tʊ-/ SB soppskål, terrin

turf /tɜːf/ ⟨*pl* **turfs** *el* **turves**⟩ SB **1** gräs[torva] **2** torv **3** **the turf** *a)* kapplöpningsbanan *b)* hästsport[en]

Turk /tɜːk/ SB turk

turkey /'tɜːkɪ/ SB **1** kalkon **2** *US vard* dumskalle **3** *US vard* kalkon *misslyckad film el pjäs*

Turkey /'tɜːkɪ/ SB Turkiet

Turkish /'tɜːkɪʃ/ **1** ADJ turkisk **2** SB turkiska [språket]

turmoil /'tɜːmɔɪl/ SB tumult, kaos, oordning

turn¹ /tɜːn/ VB **1** vrida [på], vända [på]
~ **one's back on sb** vända ngn ryggen ~ **a gun on sb** sikta med en pistol mot ngn **2** vrida sig, vända sig **my head is** ~**ing** det snurrar i mitt huvud **3** svänga ⟨**the road** ~**s**⟩, ~ **[to the] left** ta till vänster **4** svänga runt ⟨~ **the corner**⟩ **5** förvandla ~ **a book into a film** göra film av en bok **6** bli ⟨~ **Catholic,** ~ **pale**⟩, **the milk has** ~**ed [sour]** mjölken har surnat **7** passera **he has** ~**ed forty** han har fyllt fyrtio **it has just** ~**ed two** klockan är lite över två **8** veva, skruva **9** svarva
★ ~ **a film** spela in en film ~ **sb's head** *a)* förvrida huvudet på ngn *b)* stiga ngn åt huvudet ~ **loose** släppa [ut (lös)] **not** ~ **a hair** inte röra en min ~ **the scales at** *vard* väga ~ **sb's stomach** göra ngn illamående ~ **the tables** få övertaget igen ⟨**on** över⟩, ändra situationen helt ~ **tail** vända på

klacken, smita ~ **turtle** vard kapsejsa
- **turn about** göra helt om
- **turn against** a) vända sig mot b) sätta sig upp mot
- **turn away** a) köra i väg, avvisa b) vända sig bort
- **turn down** a) avvisa, avslå b) skruva ner ⟨~ **the radio**⟩
- **turn in** a) lämna in (igen) b) vard gå och lägga sig c) ange [för polisen]
- **turn off** stänga av **turn sb off sth** få ngn att tappa lusten (intresset) för ngt
- **turn on** a) vrida (sätta) på, tända, bildl koppla 'på b) få att tända **he turns me on** jag tänder på honom
- **turn out** a) stänga av, släcka b) producera c) köra ut (bort) d) röja ur, tömma ficka e) komma, möta (ställa) upp f) utfalla, sluta, visa sig vara ⟨**it turned out to be true**⟩ **well turned out** välklädd
- **turn over** a) vända [upp och ner] på, bildl överväga b) vända [blad] ⟨**please ~**⟩ c) välta [omkull] d) vända sig ⟨**~ in one's sleep**⟩ e) om motor gå på lägsta fart f) handel omsätta[s] g) överlämna [till polisen] h) överlåta ⟨**to** på, till⟩
- **turn to** vända sig till ~ **page 5** slå upp sidan 5 **turn one's hand to** slå sig på
- **turn up** a) vika (vända) upp, lägga upp kläder b) vrida (skruva) upp c) dyka upp, infinna sig ~ **one's nose at** rynka på näsan åt

turn² /tɜ:n/ SB **1** vändning, vridning, svängning **2** kurva, krök **3** varv, omgång **4** tur **wait one's ~** vänta på sin tur **in ~** i tur och ordning **5** förändring **6** tjänst **a good ~** en [stor] tjänst **a bad ~** en otjänst **7** [sjukdoms]anfall **8** liten tur, vända ⟨**take a ~ in the garden**⟩ **9** teat nummer **10** vard chock **give sb a ~** skrämma (chocka) ngn **11** läggning **~ of mind** sinnelag, tänkesätt **12 ~ of phrase** uttryckssätt

★ **at every ~** a) överallt b) i tid och otid **by ~s** i tur och ordning, växelvis **done to a ~** om mat perfekt lagad **take it in ~s to do sth** turas om med att göra ngt **take a ~ at** hjälpa till med **take ~s** turas om ⟨**at** med⟩ **~ and ~ about** i tur och ordning

turncoat /'tɜ:nkəʊt/ SB avhoppare **be a ~** vända kappan efter vinden
turner /'tɜ:nə/ SB svarvare
turning /'tɜ:nɪŋ/ SB avtagsväg

turning point SB vändpunkt
turnip /'tɜ:nɪp/ SB rova
turn-off /'tɜ:nɒf/ SB **1** avtagsväg **2 be a ~** vard vara oaptitlig
turnout /'tɜ:naʊt/ SB **1** deltagande, uppslutning **2** produktion **3** storstädning, utrensning **4** klädsel
turnover /'tɜ:nˌəʊvə/ SB **1** omsättning **2** fruktpaj
turnpike /'tɜ:npaɪk/ SB US [avgiftsbelagd] motorväg
turnstile /'tɜ:nstaɪl/ SB vändkors, spärr
turntable /'tɜ:nˌteɪbl/ SB skivtallrik
turn-up /'tɜ:nʌp/ SB **1** GB uppslag på byxa **2** vard överraskning
turpentine /'tɜ:pəntaɪn/ vard **turps** /tɜ:ps/ SB terpentin
turquoise /'tɜ:kwɔɪz/ SB turkos
turret /'tʌrɪt/ SB **1** [litet] torn **2** kanontorn
turtle /'tɜ:tl/ SB [havs]sköldpadda, US äv landsköldpadda

★ **turn ~** → **turn¹**

turtledove /'tɜ:tldʌv/ SB turturduva
turtleneck /'tɜ:tlnek/ SB spec US **1** polokrage **2** polotröja
turves → **turf**
tusk /tʌsk/ SB bete ⟨**elephant's ~**⟩, [hugg]tand
tussle¹ /'tʌsl/ VB slåss, kämpa ⟨**for** om⟩
tussle² /'tʌsl/ SB strid, kamp, slagsmål
tut /tʌt/ INTERJ äsch, asch
tutor¹ /'tju:tə/ SB **1** privatlärare **2** GB handledare vid universitet
tutor² /'tju:tə/ VB undervisa, handleda
tuxedo /tʌk'si:dəʊ/ SB spec US smoking
TV /ˌti:'vi:/ SB TV, teve
twaddle /'twɒdl/ SB vard svammel, trams
twang¹ /twæŋ/ SB **1** klang, [dallrande] ton **nasal ~** nasalton **2** nasalt uttal
twang² /twæŋ/ VB **1** klinga, dallra **2** knäppa på
tweak¹ /twi:k/ VB nypa, vrida [om], rycka i **~ sb's ear** dra ngn i örat
tweak² /twi:k/ SB nyp, vridning, ryck
tweed /twi:d/ SB tweed ylletyg **~s** tweed[kläder]
tweet /twi:t/ VB kvittra, pipa
tweezers /'twi:zəz/ SB pincett **a pair of ~** en pincett
twelfth /twelfθ/ **1** RÄKN tolfte **2** SB tolftedel
Twelfth Night /ˌtwelfθ 'naɪt/ SB trettondagsafton

twelve /twelv/ **1** RÄKN tolv **2** SB tolva
twenty /'twentɪ/ **1** RÄKN tjugo **2** SB the twenties tjugotalet
twerp /twɜ:p/, **twirp** SB GB vard dumskalle, nolla
twice /twaɪs/ ADV två gånger ~ as much dubbelt så mycket
twiddle /'twɪdl/ VB sno, snurra [runt]
★ ~ one's thumbs rulla tummarna
twig /twɪg/ SB kvist, smal gren
twilight /'twaɪlaɪt/ SB skymning
twin /twɪn/ **1** SB tvilling **2** ADJ tvilling- ⟨a ~ brother⟩ ⇩
twin bed /ˌtwɪn 'bed/ SB **room with ~s** rum med två enkelsängar
twine¹ /twaɪn/ SB snöre, segelgarn
twine² /twaɪn/ VB **1** tvinna, fläta, linda **2** slingra sig
twinge /twɪndʒ/ SB smärta, stick, sting a ~ of conscience samvetskval
twinkle¹ /'twɪŋkl/ VB tindra, blinka ⟨at åt⟩, glittra
twinkle² /'twɪŋkl/ SB **1** tindrande, blinkande **2** glimt ⟨have a ~ in one's eye⟩
twinkling /'twɪŋklɪŋ/ SB **in the ~ of an eye** på ett ögonblick
twin town /ˌtwɪn 'taʊn/ SB spec GB vänort
twirl¹ /twɜ:l/ VB **1** vrida [runt], sno ⟨~ one's moustache⟩ **2** snurra (svänga) runt **3** virvla [runt]
twirl² /twɜ:l/ SB sväng, snurrning
twirp → twerp
twist¹ /twɪst/ VB **1** vrida ~ one's head round vrida på huvudet **2** vrida sig ~ and turn om väg slingra sig **3** tvinna, fläta, linda **4** skruva boll **5** om boll skruva sig **6** vricka ⟨~ one's ankle⟩ **7** förvränga ⟨~ sb's words⟩
★ ~ sb's arm vard övertala ngn
twist² /twɪst/ SB **1** vridning, vrickning **2** knut, trassel **3** snodd, snöre **4** krök **5** förvrängning **6** [psykisk] störning **7** [oväntad] utveckling, poäng i historia **8** skruv på boll **9** dans twist
★ **round the ~** → round³
twister /'twɪstə/ SB **1** svår nöt **2** GB vard bedragare **3** skruvboll **4** US äv tornado, tromb
twit /twɪt/ SB spec GB vard fåntratt, dumbom
twitch¹ /twɪtʃ/ VB **1** rycka (nypa) [i] **2** rycka till
twitch² /twɪtʃ/ SB ryck, [kramp]ryckning

twitter¹ /'twɪtə/ VB **1** kvittra **2** snattra
twitter² /'twɪtə/ SB **1** kvitter **2** snatter
two /tu:/ **1** RÄKN två, båda, bägge ⟨the ~ boys⟩, in ~ itu a day or ~ ett par dagar the ~ of us vi båda **2** SB tvåa in (by) ~s två och två, parvis
★ **it takes ~ to make a quarrel** det är inte ens fel att två träter **that makes ~ of us** det är samma sak med mig **~ can play at that game** en ann är så god som en ann
two-fold /'tu:fəʊld/ ADJ dubbel, tvåfaldig
two-piece /ˌtu:'pi:s/ ADJ tvådelad ⟨a ~ dress⟩
two-seater /ˌtu:'si:tə/ SB **1** tvåsitsig bil **2** tvåsitsigt plan
twosome /'tu:səm/ SB **1** par **2** tävling med två deltagare
two-way /ˌtu:'weɪ/ ADJ **1** dubbelriktad ⟨~ traffic⟩ **2** ömsesidig
tycoon /taɪ'ku:n/ SB [industri]pamp, magnat
type¹ /taɪp/ SB **1** typ, sort, modell **2** vard om person typ **3** tekn typ, stil[sort] **in large ~** med stor stil
★ **true to type** → true
type² /taɪp/ VB skriva [på] maskin
□ **type up** skriva ut (rent)
typescript /'taɪpskrɪpt/ SB maskinskrivet manuskript
typewriter /'taɪpˌraɪtə/ SB skrivmaskin
typewritten /'taɪpˌrɪtn/ ADJ maskinskriven
typhoid /'taɪfɔɪd/, **typhoid fever** SB tyfus
typhoon /taɪ'fu:n/ SB tyfon, virvelstorm
typical /'tɪpɪkl/ ADJ typisk, karakteristisk ⟨of för⟩
typify /'tɪpɪfaɪ/ VB vara ett typiskt exempel på
typing /'taɪpɪŋ/ SB maskinskrivning
typist /'taɪpɪst/ SB maskin|skrivare, -skriverska
typographer /taɪ'pɒgrəfə/ SB typograf, sättare
typography /taɪ'pɒgrəfɪ/ SB typografi
tyrannical /tɪ'rænɪkl/ ADJ tyrannisk
tyrannize /'tɪrənaɪz/ VB tyrannisera, förtrycka
tyranny /'tɪrənɪ/ SB tyranni, förtryck
tyrant /'taɪərənt/ SB tyrann
tyre /'taɪə/ (US **tire**) SB däck **~ pressure** ringtryck
tyro /'taɪərəʊ/, **tiro** SB nybörjare, novis
tzar → tsar

ubiquitous – unbiased **U**

U

ubiquitous /juːˈbɪkwɪtəs/ ADJ allestädes närvarande
U-boat /ˈjuːbəʊt/ SB *tysk* ubåt
udder /ˈʌdə/ SB juver
UFO /juːefˈəʊ, ˈjuːfəʊ/, **ufo** ⟨*förk f* Unidentified Flying Object⟩ SB ufo, oidentifierat flygande föremål
ugly /ˈʌglɪ/ ADJ **1** ful **2** elak, otäck, ruskig ★ **an ~ customer** en otrevlig (skum) typ **be in an ~ mood** *a)* vara på ett förskräckligt humör *b)* bete sig hotfullt ⟨**the crowd was in an ~ mood**⟩
the UK /juːˈkeɪ/ ⟨*förk f* the United Kingdom⟩ SB Förenade kungariket *Storbritannien och Nordirland*
ulcer /ˈʌlsə/ SB *medicin* sår, *vard* magsår ⟨**gastric ~**⟩
Ulster /ˈʌlstə/ SB **1** Ulster *de tre nordligaste grevskapen i Nordirland* **2** *vard* Nordirland
ulterior /ʌlˈtɪərɪə/ ADJ hemlig, dold, förstucken **have an ~ motive** ha en baktanke
ultimate /ˈʌltɪmət/ ADJ **1** slutlig, slut-, yttersta **the ~ responsibility** yttersta ansvaret **2** *vard* högsta, största ★ **the ~** det sista, det nyaste ⟨**the ~ in car design**⟩
ultimately /ˈʌltɪmətlɪ/ ADV **1** till slut **2** i sista hand
ultimatum /ˌʌltɪˈmeɪtəm/ ⟨*pl* -s *el* **ultimata** /-tə/⟩ SB ultimatum
ultrasonic /ˌʌltrəˈsɒnɪk/ ADJ överljuds-
ultraviolet /ˌʌltrəˈvaɪələt/ ADJ ultraviolett
umbilical cord /ʌmˈbɪlɪkl/ SB navelsträng
umbrella /ʌmˈbrelə/ SB paraply
umpire¹ /ˈʌmpaɪə/ SB domare *i bl a tennis o kricket*
umpire² /ˈʌmpaɪə/ VB döma *i bl a tennis o kricket*
umpteen /ʌmpˈtiːn/ PRON femtielva
umpteenth /ʌmpˈtiːnθ/ PRON femtielfte
the UN /juːˈen/ ⟨*förk f* the United Nations⟩ SB FN
'un /ən/ ⟨*vard för* **one**⟩ PRON *som stödord* en **That's a good ~!** Den var inte dålig! **young ~** unge
unabated /ˌʌnəˈbeɪtɪd/ ADJ oförminskad, med oförminskad styrka
unable /ʌnˈeɪbl/ ADJ **be ~ to** inte kunna, vara ur stånd (oförmögen) att
unabridged /ˌʌnəˈbrɪdʒd/ ADJ oavkortad
unaccompanied /ˌʌnəˈkʌmpənɪd/ ADJ **1** utan sällskap **2** *musik* utan ackompanjemang, a capella
unaccountable /ˌʌnəˈkaʊntəbl/ ADJ oförklarlig
unaccustomed /ˌʌnəˈkʌstəmd/ ADJ **1** ovan ⟨**to** vid⟩ **2** ovanlig
unadulterated /ˌʌnəˈdʌltəreɪtɪd/ ADJ ren, oblandad, oförfalskad
unaffected /ˌʌnəˈfektɪd/ ADJ **1** opåverkad, oberörd **2** naturlig, otvungen
unanimity /ˌjuːnəˈnɪmətɪ/ SB enhällighet, enighet
unanimous /jʊˈnænɪməs/ ADJ enhällig, enig
unanswerable /ʌnˈɑːnsərəbl/ ADJ **1** omöjlig att besvara **2** ovedersäglig, obestridlig
unarmed /ʌnˈɑːmd/ ADJ obeväpnad
unassuming /ˌʌnəˈsjuːmɪŋ/ ADJ försynt, blygsam
unattached /ˌʌnəˈtætʃt/ ADJ obunden, fri
unattended /ˌʌnəˈtendɪd/ ADJ utan tillsyn ⟨**leave a baby ~**⟩, utan ägare ⟨**~ luggage**⟩
unavailing /ˌʌnəˈveɪlɪŋ/ ADJ fruktlös, gagnlös
unavoidable /ˌʌnəˈvɔɪdəbl/ ADJ oundviklig
unaware /ˌʌnəˈweə/ ADJ omedveten, okunnig ⟨**of** om⟩
unawares /ˌʌnəˈweəz/ ADV **1** oväntat, oförhappandes **2** omedvetet ★ **catch ~** överraska, överrumpla
unbalanced /ʌnˈbælənst/ ADJ **1** obalanserad, ur balans **while [being] temporarily ~** under tillfällig sinnesförvirring **2** partisk, ensidig
unbearable /ʌnˈbeərəbl/ ADJ outhärdlig
unbelievable /ˌʌnbɪˈliːvəbl/ ADJ otrolig
unbend /ʌnˈbend/ ⟨**unbent** /-ˈbent/, **unbent**⟩ VB **1** räta ut **2** *bildl* tina (knäppa) upp
unbiased /ʌnˈbaɪəst/, **unbiassed** ADJ

opartisk, objektiv
unbridled /ʌnˈbraɪdld/ ADJ otyglad
unburden /ˌʌnˈbɜːdn/ VB 1 avbörda sig
⟨~ one's worries⟩, lätta ⟨~ one's heart⟩
2 ~ oneself of sth avbörda sig ngt
unbutton /ˌʌnˈbʌtn/ VB knäppa upp
uncalled-for /ʌnˈkɔːldfɔː/ ADJ
omotiverad
uncanny /ʌnˈkænɪ/ ADJ 1 mystisk, kuslig
⟨an ~ feeling⟩ 2 förbluffande ⟨an ~ likeness⟩
unceasing /ʌnˈsiːsɪŋ/ ADJ oupphörlig,
oavbruten
unceremonious /ˌʌnserɪˈməʊnɪəs/ ADJ
1 enkel, otvungen 2 brysk, ohövlig
uncertain /ʌnˈsɜːtn/ ADJ osäker ⟨about, of på⟩, oviss
★ **in no ~ terms** rent ut, med all önskvärd
tydlighet
uncertainty /ʌnˈsɜːtəntɪ/ SB osäkerhet,
ovisshet
uncharitable /ʌnˈtʃærɪtəbl/ ADJ
obarmhärtig, hård
uncle /ˈʌŋkl/ SB farbror, morbror ⇓
unclean /ˌʌnˈkliːn/ ADJ oren
Uncle Sam SB *vard* USA
Uncle Tom SB Onkel Tom *neds benämning på svart amerikan som försöker ställa sig in hos vita*
uncomfortable /ʌnˈkʌmftəbl/ ADJ
1 obekväm, obehaglig 2 besvärad, illa
berörd
uncommon /ʌnˈkɒmən/ ADJ ovanlig,
sällsynt
uncompromising /ʌnˈkɒmprəmaɪzɪŋ/ ADJ
kompromisslös, obeveklig, orubblig
unconcern /ˌʌnkənˈsɜːn/ SB oberördhet,
likgiltighet
unconcerned /ˌʌnkənˈsɜːnd/ ADJ
obekymrad, likgiltig
unconditional /ˌʌnkənˈdɪʃnəl/ ADJ
ovillkorlig
unconscious /ʌnˈkɒnʃəs/ 1 ADJ
medvetslös 2 ADJ omedveten ⟨of om⟩
3 SB the ~ det undermedvetna
uncooperative /ˌʌnkəʊˈɒpərətɪv/ ADJ
samarbetsovillig
uncork /ˌʌnˈkɔːk/ VB korka upp, dra
korken ur
uncountable /ʌnˈkaʊntəbl/ ADJ
1 oräknelig, otalig 2 *språk* oräknebar
uncouth /ʌnˈkuːθ/ ADJ ohyfsad, råbarkad
uncover /ʌnˈkʌvə/ VB 1 ta av locket
(höljet) på, avtäcka, blotta 2 avslöja
⟨~ a secret⟩
undecided /ˌʌndɪˈsaɪdɪd/ ADJ 1 oavgjord,
inte avgjord 2 tveksam, osäker
undeniable /ˌʌndɪˈnaɪəbl/ ADJ
ovedersäglig, obestridlig
under¹ /ˈʌndə/ PREP 1 under, nedanför
2 mindre än 3 enligt ⟨~ **English law**⟩
under² /ˈʌndə/ ADV 1 under 2 under
vattnet ⟨**she stayed ~ for a minute**⟩
3 medvetslös
underage /ˌʌndərˈeɪdʒ/ ADJ minderårig,
omyndig
underarm¹ /ˈʌndərɑːm/ ADJ 1 underarms-
⟨~ **throw**⟩ 2 ~ **hair** hår under armarna
underarm² /ˈʌndərɑːm/ ADV *om serve, kast*
underifrån
underbelly /ˈʌndəˌbelɪ/ SB svag punkt,
oskyddad del
undercarriage /ˈʌndəˌkærɪdʒ/ SB *flyg*
landningsställ
undercharge /ˌʌndəˈtʃɑːdʒ/ VB ta för lite
betalt [av]
underclothes /ˈʌndəkləʊðz/ SB
underkläder
undercover¹ /ˌʌndəˈkʌvə/ ADJ hemlig
⟨~ **agent**⟩
undercover² /ˌʌndəˈkʌvə/ ADV **work ~**
arbeta som hemlig agent (under
täckmantel)
undercurrent /ˈʌndəˌkʌrənt/ SB underton
underdeveloped /ˌʌndədɪˈveləpt/ ADJ
underutvecklad
underdog /ˈʌndədɒg/ SB **the ~** den svagare
underdone /ˌʌndəˈdʌn/ ADJ inte
genomstekt (genomkokt), *om kött äv*
blodig
underestimate¹ /ˌʌndərˈestɪmeɪt/ VB
undervärdera, underskatta
underestimate² /ˌʌndərˈestɪmət/ SB
undervärdering
underfed /ˌʌndəˈfed/ ADJ undernärd
underfoot /ˌʌndəˈfʊt/ ADV under fötterna,
på marken **trample ~** trampa ner
undergo /ˌʌndəˈgəʊ/ ⟨**underwent** /-ˈwent/,
undergone /-ˈgɒn/⟩ VB 1 utstå, utsättas
för ⟨~ **suffering**⟩ 2 gå igenom, undergå
⟨~ **an operation**⟩
undergraduate /ˌʌndəˈgrædjʊət/ SB
student *vid högskola*
underground /ˈʌndəgraʊnd, *adj äv*
ˌʌndəˈgraʊnd/ 1 ADJ underjordisk 2 SB *GB*
tunnelbana 3 SB *polit* underjordisk

rörelse, motståndsrörelse
undergrowth /ˈʌndəˌgrəʊθ/ SB undervegetation
underhand /ˈʌndəˌhænd/ ADJ bedräglig, oärlig, hemlig
underlie /ˌʌndəˈlaɪ/ ⟨**underlay** /-ˈleɪ/, **underlain** /-ˈleɪn/⟩ VB ligga under (bakom)
underline /ˌʌndəˈlaɪn/ VB **1** stryka under **2** understryka, betona
underling /ˈʌndəlɪŋ/ SB hantlangare, hejduk, lakej
undermanned /ˌʌndəˈmænd/ ADJ underbemannad
undermine /ˌʌndəˈmaɪn/ VB underminera, *bildl äv* undergräva ⟨**the scandal ~d his position**⟩
underneath¹ /ˌʌndəˈniːθ/ PREP under, nedanför
underneath² /ˌʌndəˈniːθ/ ADV under, på undersidan **be soft-hearted ~** vara mjuk under ytan
underneath³ /ˌʌndəˈniːθ/ SB undersida
underpants /ˈʌndəpænts/ SB [kort]kalsonger
underpass /ˈʌndəpɑːs/ SB **1** tunnel, gångtunnel **2** planskild korsning
underprivileged /ˌʌndəˈprɪvəlɪdʒd/ ADJ missgynnad, fattig **the ~** de sämst lottade
underrate /ˌʌndəˈreɪt/ VB underskatta
underseal /ˈʌndəsiːl/ VB underredsbehandla
undersecretary /ˌʌndəˈsekrətərɪ/ SB *polit* ≈ statssekreterare
undersigned /ˌʌndəˈsaɪnd/ SB *i avtal, kontrakt etc* undertecknad[e] ⟨**I, the ~, declare that ...**⟩
undersize /ˌʌndəˈsaɪz/, **undersized** ADJ småväxt, ynklig
understaffed /ˌʌndəˈstɑːft/ ADJ underbemannad
understand /ˌʌndəˈstænd/ ⟨**understood** /-ˈstʊd/, **understood**⟩ VB **1** förstå, fatta **2** förstå sig på **3** ha hört ⟨**I ~ that he is in Paris now**⟩ **4 be understood** vara underförstådd

★ **give sb to ~** låta ngn förstå
understandable /ˌʌndəˈstændəbl/ ADJ begriplig, förståelig
understandably /ˌʌndəˈstændəblɪ/ ADV förståeligt nog
understanding /ˌʌndəˈstændɪŋ/ **1** SB förstånd, intelligens **2** SB överenskommelse, samförstånd **3** SB förståelse **4** SB uppfattning, tolkning **5** ADJ förstående

★ **on the ~ that** under förutsättning (på det villkoret) att
understood → understand
understudy /ˈʌndəˌstʌdɪ/ SB *teat* ersättare, inhoppare
undertake /ˌʌndəˈteɪk/ ⟨**undertook** /-ˈtʊk/, **undertaken** /-ˈteɪkən/⟩ VB **1** åta sig **2** lova, förbinda sig
undertaker /ˈʌndəˌteɪkə/ SB begravningsentreprenör
undertaking /ˌʌndəˈteɪkɪŋ/ SB **1** åtagande, företag, uppdrag **2** [högtidligt] löfte
undertone /ˈʌndətəʊn/ SB **1 in an ~, in [subdued] ~s** med dämpad röst, halvviskande **2** underton
undertook → undertake
underwear /ˈʌndəweə/ SB underkläder
underwent → undergo
the underworld /ˈʌndəwɜːld/ SB **1** undre världen **2** *mytologi* underjorden, dödsriket
undeserved /ˌʌndɪˈzɜːvd/ ADJ oförtjänt
undesirable /ˌʌndɪˈzaɪərəbl/ **1** ADJ icke önskvärd, misshaglig **2** SB **undesirables** misshagliga (icke önskvärda) element
undeterred /ˌʌndɪˈtɜːd/ ADJ **~ by** utan att låta sig avskräckas av
undeveloped /ˌʌndɪˈveləpt/ ADJ outvecklad
undid → undo
undies /ˈʌndɪz/ SB *vard* [dam]underkläder
undiminished /ˌʌndɪˈmɪnɪʃt/ ADJ oförminskad
undisputed /ˌʌndɪˈspjuːtɪd/ ADJ obestridd
undivided /ˌʌndɪˈvaɪdɪd/ ADJ odelad
undo /ʌnˈduː/ ⟨**undid** /-ˈdɪd/, **undone** /-ˈdʌn/⟩ VB lösa upp, knyta upp, knäppa upp, öppna ⟨**~ a parcel**⟩, **come undone** gå upp, lossna
undoing /ʌnˈduːɪŋ/ SB undergång, fördärv
undone¹ → undo
undone² /ʌnˈdʌn/ ADJ **1** uppknäppt, upplöst **2** ogjord
undoubted /ʌnˈdaʊtɪd/ ADV otvivelaktig, obestridlig, obestridd
undoubtedly /ʌnˈdaʊtɪdlɪ/ ADV otvivelaktigt, utan tvivel
undress¹ /ʌnˈdres/ VB klä av [sig]

undress² /ʌnˈdres/ SB **in a state of ~** oklädd
undressed /ʌnˈdrest/ ADJ oklädd **get ~** klä av sig
undue /ˌʌnˈdju:/ ADJ **1** opassande, otillbörlig **2** opåkallad, överdriven, onödig
unduly /ʌnˈdju:lɪ/ ADV **1** otillbörligt **2** överdrivet, onödigt
unearned /ˌʌnˈɜ:nd/ ADJ **1** oförtjänt **2 ~ income** kapitalinkomst[er], arbetsfri inkomst
unearth /ʌnˈɜ:θ/ VB gräva upp (fram)
unearthly /ʌnˈɜ:θlɪ/ ADJ **1** övernaturlig, hemsk **2** *vard* okristlig ⟨**at an ~ hour**⟩
unease /ʌnˈi:z/, **uneasiness** SB **1** oro, ängslan **2** obehag, olust
uneasy /ʌnˈi:zɪ/ ADJ **1** orolig, ängslig **have an ~ conscience** ha dåligt samvete **an ~ peace** en osäker fred **2** olustig, obehaglig ⟨**an ~ feeling**⟩
uneconomic /ˌʌni:kəˈnɒmɪk/ ADJ oekonomisk
uneducated /ʌnˈedjʊkeɪtɪd/ ADJ obildad
unemotional /ˌʌnɪˈməʊʃnəl/ ADJ känslolös, kall
unemployed /ˌʌnɪmˈplɔɪd/ **1** ADJ arbetslös **2** SB **the ~** de arbetslösa
unemployment /ˌʌnɪmˈplɔɪmənt/ SB arbetslöshet
unending /ʌnˈendɪŋ/ ADJ evig, evinnerlig
unenviable /ʌnˈenvɪəbl/ ADJ föga avundsvärd
unequal /ʌnˈi:kwəl/ ADJ **1** olika **2** ojämn ⟨**an ~ fight**⟩ **3** ojämlik, inte jämställd ★ **~ to a task** inte vuxen en uppgift
unequalled /ʌnˈi:kwəld/ (*US* **unequaled**) ADJ oöverträffad, utan motstycke
unerring /ʌnˈɜ:rɪŋ/ ADJ ofelbar, osviklig
uneven /ʌnˈi:vn/ ADJ ojämn
uneventful /ˌʌnɪˈventfʊl/ ADJ händelselös, enformig
unexpected /ˌʌnɪkˈspektɪd/ ADJ oväntad
unfailing /ʌnˈfeɪlɪŋ/ ADJ osviklig, outsinlig, aldrig sviktande ⟨**~ patience**⟩
unfair /ʌnˈfeə/ ADJ **1** orättvis **2** ojust, otillåten
unfaithful /ʌnˈfeɪθfʊl/ ADJ otrogen ⟨**to** mot⟩
unfamiliar /ˌʌnfəˈmɪljə/ ADJ **1** obekant ⟨**to** för⟩ **2** ovan ⟨**with** vid⟩
unfashionable /ʌnˈfæʃənəbl/ ADJ omodern, ute
unfasten /ʌnˈfɑ:sn/ VB lossa, knyta (lösa) upp

unfit /ʌnˈfɪt/ ADJ **1 be ~** ha dålig kondition **2** olämplig, *om mat* otjänlig
unflagging /ʌnˈflægɪŋ/ ADJ outtröttlig
unflappable /ʌnˈflæpəbl/ ADJ orubbligt lugn, kolugn
unfold /ʌnˈfəʊld/ VB **1** fälla upp (ut), veckla ut, *bildl* utveckla ⟨**~ a plan**⟩ **2** fällas upp, vecklas ut, *bildl* utvecklas ⟨**as the story ~ed ...**⟩
unforeseeable /ˌʌnfɔ:ˈsi:əbl/ ADJ oförutsebar
unforeseen /ˌʌnfɔ:ˈsi:n/ ADJ oförutsedd
unforgettable /ˌʌnfəˈgetəbl/ ADJ oförglömlig
unfortunate /ʌnˈfɔ:tʃənət/ **1** ADJ otursam, oturlig **be ~ äv** ha otur **2** ADJ beklaglig, olycklig **3** SB **unfortunates** olyckliga stackare
unfortunately /ʌnˈfɔ:tʃənətlɪ/ ADV tyvärr, olyckligtvis
unfounded /ʌnˈfaʊndɪd/ ADJ ogrundad, grundlös
unfurnished /ʌnˈfɜ:nɪʃt/ ADJ omöblerad
ungainly /ʌnˈgeɪnlɪ/ ADJ klumpig
ungodly /ʌnˈgɒdlɪ/ ADJ **1** ogudaktig **2** *vard* okristlig ⟨**at an ~ hour**⟩
ungrateful /ʌnˈgreɪtfʊl/ ADJ otacksam
unguarded /ʌnˈgɑ:dɪd/ ADJ **1** obevakad **2** indiskret, tanklös ⟨**~ remarks**⟩
unhappy /ʌnˈhæpɪ/ ADJ olycklig **~ about** *a)* orolig för *b)* missnöjd med
unharmed /ʌnˈhɑ:md/ ADJ oskadd
unhealthy /ʌnˈhelθɪ/ ADJ **1** ohälsosam, osund **2** sjuklig
unheard-of /ʌnˈhɜ:dɒv/ ADJ **1** tidigare aldrig skådad, förut okänd **2** oerhörd, makalös
unhinge /ʌnˈhɪndʒ/ VB göra uppriven, bringa ur balans
unholy /ʌnˈhəʊlɪ/ ADJ **1** ohelig **2** förskräcklig **an ~ din (racket)** ett herrans oväsen **an ~ mess** en sabla röra
unidentified /ˌʌnaɪˈdentɪfaɪd/ ADJ oidentifierad
uniform /ˈju:nɪfɔ:m/ **1** SB uniform **2** ADJ likformig, lika, oförändrad
uniformity /ˌju:nɪˈfɔ:mətɪ/ SB likformighet, enhetlighet
unify /ˈju:nɪfaɪ/ VB ena, förena
unilateral /ˌju:nɪˈlætərəl/ ADJ unilateral, ensidig
unimaginative /ˌʌnɪˈmædʒɪnətɪv/ ADJ

fantasilös
unimportant /ˌʌnɪmˈpɔːtənt/ ADJ oviktig, betydelselös
uninhabited /ˌʌnɪnˈhæbɪtɪd/ ADJ obebodd
uninhibited /ˌʌnɪnˈhɪbɪtɪd/ ADJ ohämmad
uninterrupted /ˌʌnɪntəˈrʌptɪd/ ADJ oavbruten
union /ˈjuːnɪən/ SB **1** union **2** sammanslagning, hopslagning **3** förening, förbund students' ~ ≈ studentkår **4** fackförening the ~ *vard* facket **5** harmoni, endräkt ⟨live in perfect ~⟩
the Union Jack /ˈjuːnɪən ˈdʒæk/ SB Union Jack *gemensam flagga för Storbritannien och Nordirland*
unique /juˈniːk/ ADJ unik, enastående
unison /ˈjuːnɪsən/ SB samklang, harmoni sing in ~ sjunga unisont
unit /ˈjuːnɪt/ SB **1** *äv milit* enhet, avdelning **2** *tekn* element, aggregat **3** *matem* ental
unite /jʊˈnaɪt/ VB **1** förena, ena **2** förenas, samverka
the United Kingdom SB Förenade kungariket *Storbritannien och Nordirland*
the United Nations SB Förenta nationerna
the United States, the United States of America SB Förenta staterna
unity /ˈjuːnəti/ SB **1** enighet, harmoni **2** enhet, enande
universal /ˌjuːnɪˈvɜːsl/ ADJ universell, allmängiltig
universe /ˈjuːnɪvɜːs/ SB universum
university /ˌjuːnɪˈvɜːsəti/ SB universitet
unjust /ˌʌnˈdʒʌst/ ADJ orättvis
unjustified /ʌnˈdʒʌstɪfaɪd/ ADJ obefogad
unkempt /ˌʌnˈkempt/ ADJ ovårdad, vanvårdad, *om hår äv* okammad
unkind /ʌnˈkaɪnd/ ADJ ovänlig
unknown /ˌʌnˈnəʊn/ ADJ **1** okänd **2** *matem* obekant
★ ~ to sb utan ngns vetskap ⟨~ to me she had booked the tickets⟩
unlawful /ʌnˈlɔːfʊl/ ADJ olaglig, olaga, orättmätig
unleash /ʌnˈliːʃ/ VB släppa loss (lös)
unless /ənˈles, ʌn-/ KONJ om inte
unlike[1] /ˌʌnˈlaɪk/ ADJ olik
unlike[2] /ˌʌnˈlaɪk/ PREP **1** annorlunda än, olik **2** till skillnad från, i motsats till
unlikely /ʌnˈlaɪkli/ ADJ osannolik it's ~ to rain det kommer troligen inte att bli regn

unlimited /ʌnˈlɪmɪtɪd/ ADJ obegränsad
unload /ʌnˈləʊd/ VB **1** lossa, lasta ur **2** lossas, lastas ur ⟨the lorry was ~ing⟩ **3** *skjutvapen* plundra, tömma magasinet på ~ a camera ta ur filmen **4** avbörda sig ⟨~ one's worries⟩
unlock /ʌnˈlɒk/ VB låsa upp
unloose /ʌnˈluːs/, **unloosen** /-ˈluːsn/ VB lösa upp, lossa, knyta upp
unluckily /ʌnˈlʌkɪli/ ADV olyckligtvis
unlucky /ʌnˈlʌki/ ADJ oturlig, oturs-, olycks- be ~ ha otur
unmarried /ˌʌnˈmærɪd/ ADJ ogift
unmask /ˌʌnˈmɑːsk/ VB **1** demaskera **2** ta av [sig] masken **3** avslöja
unmistakable /ˌʌnmɪˈsteɪkəbl/ ADJ omisskännlig
unnecessary /ʌnˈnesəsəri/ ADJ onödig
unnerve /ʌnˈnɜːv/ VB göra nervös (skakad) ⟨his answer ~d me⟩
unobtrusive /ˌʌnəbˈtruːsɪv/ ADJ diskret, försynt
unofficial /ˌʌnəˈfɪʃl/ ADJ inofficiell
unpack /ˌʌnˈpæk/ VB packa upp
unparalleled /ʌnˈpærəleld/ ADJ utan motstycke, enastående
unpleasant /ʌnˈpleznt/ ADJ obehaglig, otrevlig
unpleasantness /ʌnˈplezntnəs/ SB obehag, tråkigheter
unpopular /ʌnˈpɒpjʊlə/ ADJ impopulär
unprecedented /ʌnˈpresɪdentɪd/ ADJ utan motstycke, aldrig tidigare förekommande
unpretentious /ˌʌnprɪˈtenʃəs/ ADJ anspråkslös
unprofessional /ˌʌnprəˈfeʃnəl/ ADJ **1** oprofessionell, amatörmässig **2** oetisk
unprofitable /ʌnˈprɒfɪtəbl/ ADJ **1** olönsam **2** onyttig, till ingen (föga) nytta
unqualified /ʌnˈkwɒlɪfaɪd/ ADJ **1** okvalificerad, obehörig **2** odelad, total, oreserverad ⟨~ praise⟩
unquestionable /ʌnˈkwestʃənəbl/ ADJ obestridlig
unquote → quote[1]
unravel /ʌnˈrævl/ VB reda ut (upp) ⟨~ a mystery⟩
unreal /ʌnˈrɪəl/ ADJ overklig
unreasonable /ʌnˈriːzənəbl/ ADJ **1** oresonlig **2** oskälig
unreliable /ˌʌnrɪˈlaɪəbl/ ADJ opålitlig

unrest /ʌnˈrest/ SB oro, oroligheter
unrivalled /ʌnˈraɪvld/ (US **unrivaled**) ADJ oöverträffad, särklassig, ojämförlig
unroll /ʌnˈrəʊl/ VB 1 rulla ut (upp) 2 rulla upp sig, rullas upp
unruly /ʌnˈruːlɪ/ ADJ 1 ostyrig, vild ⟨~ **children**⟩ 2 oregerlig, upprorisk ⟨an ~ **crowd**⟩
unsafe /ʌnˈseɪf/ ADJ osäker, farlig
unsavoury /ʌnˈseɪvərɪ/ (US **unsavory**) ADJ osmaklig, oaptitlig
unscrupulous /ʌnˈskruːpjʊləs/ ADJ skrupelfri, hänsynslös
unsettle /ʌnˈsetl/ VB göra nervös (orolig), oroa, störa
unsettled /ˌʌnˈsetld/ ADJ 1 orolig, ostadig 2 [ännu] inte avgjord 3 obetald ⟨~ **debts**⟩
unskilled /ˌʌnˈskɪld/ ADJ 1 inte yrkesutbildad, outbildad ~ **worker** äv grovarbetare, diversearbetare 2 okvalificerad ⟨~ **work**⟩
unspeakable /ʌnˈspiːkəbl/ ADJ outsäglig, obeskrivlig
unstuck /ˌʌnˈstʌk/ ADJ loss **be** ~ ha lossnat (gått upp)
★ **come** ~ vard misslyckas, gå galet
unsurpassed /ˌʌnsəˈpɑːst/ ADJ oöverträffad
unthinkable /ʌnˈθɪŋkəbl/ ADJ otänkbar
untidy /ʌnˈtaɪdɪ/ ADJ ovårdad, slarvig, ostädad
until /ənˈtɪl, ʌn-/, **till** /tɪl/ KONJ, PREP (ända) till[s] **not** ~ inte förrän
untimely /ʌnˈtaɪmlɪ/ ADJ 1 förtidig ⟨~ **death**⟩ 2 olämplig, malplacerad
unto /ˈʌntʊ/ PREP frml till
untold /ˌʌnˈtəʊld/ ADJ oräknelig, omätlig, outsäglig
untruth /ʌnˈtruːθ/ SB osanning, lögn
unused[1] /ˌʌnˈjuːzd/ ADJ oanvänd
unused[2] /ʌnˈjuːst/ ADJ ~ **to** ovan vid
unusual /ʌnˈjuːʒʊəl/ ADJ ovanlig
unvarnished /ʌnˈvɑːnɪʃt/ ADJ 1 ofernissad 2 bildl oförfalskad, osminkad ⟨**the** ~ **truth**⟩
unveil /ʌnˈveɪl/ VB 1 avtäcka 2 bildl avslöja
unwarranted /ʌnˈwɒrəntɪd/ ADJ omotiverad, obefogad
unwell /ʌnˈwel/ ADJ sjuk, krasslig
unwieldy /ʌnˈwiːldɪ/ ADJ klumpig, ohanterlig

unwind /ˌʌnˈwaɪnd/ ⟨**unwound** /-ˈwaʊnd/, **unwound**⟩ VB 1 rulla upp, linda upp ⟨~ **a bandage**⟩ 2 bildl gå ner i varv, slappna av
up[1] /ʌp/ ADV 1 upp ~ **to London** [in] till London oavsett väderstreck 2 uppe ~ **north** norröver, norrut 3 fram ⟨**he came** ~ **to me**⟩, walk ~ **and down** gå fram och tillbaka 4 över, slut ⟨**the game is** ~⟩ 5 före, i ledning **be one goal** ~ leda med ett mål
★ **be** ~ a) vara tänd ⟨**the lights are** ~⟩ b) vara i upprorsstämning c) GB om väg, gata vara uppgrävd d) vara på gång **What's** ~? Vad står på?, Hur är det fatt? **be** ~ **against** stå (ställas) inför **be** ~ **and about** vara på benen [igen] efter sjukdom **be** ~ **for** a) vara uppe till b) stå på förslag till c) vara åtalad för **be [well]** ~ **on** sth vara väl insatt (bevandrad) i ngt **be** ~ **to** a) klara av ⟨**she's not** ~ **to her new job**⟩ b) vara upplagd för c) vara ngns sak ⟨**it's** ~ **to you to tell her**⟩ **be** ~ **to** sth ha ngt [skumt] för sig, ha ngt i kikarn
up[2] /ʌp/ 1 ADJ upp[åt]gående **the** ~ **train** GB tåget till (mot) London 2 SB **ups and downs** med- och motgångar, svängningar, fluktuationer
★ **be on the** ~ **and** ~ a) vara på uppgång b) US vara ärlig
up[3] /ʌp/ PREP uppför, uppåt ~ **the street** a) längre upp på gatan b) längs gatan
★ **U**~ **yours!** Ta dig i häcken!
up[4] /ʌp/ VB 1 vard höja, öka 2 vard resa sig, hoppa upp ⟨**she** ~**ped and left**⟩
up-and-coming /ˌʌpənˈkʌmɪŋ/ ADJ uppåtgående, lovande ⟨**an** ~ **young actor**⟩
upbringing /ˈʌpˌbrɪŋɪŋ/ SB uppfostran
update[1] /ʌpˈdeɪt/ VB modernisera, uppdatera
update[2] /ˈʌpdeɪt/ SB uppdatering
up-front[1] /ˌʌpˈfrʌnt/ ADJ ärlig, öppen
up-front[2] /ˌʌpˈfrʌnt/ ADV om betalning kontant, som handpenning **pay** ~ äv betala öppet (över bordet)
upgrade /ʌpˈɡreɪd/ VB 1 befordra ⟨~ **sb to a higher position**⟩ 2 [upp]höja, förbättra
upheaval /ʌpˈhiːvl/ SB omvälvning, oro ⟨**political** ~⟩
upheld → uphold
uphill[1] /ʌpˈhɪl/ ADJ 1 uppför, uppförs- 2 mödosam, svår ⟨~ **work**⟩
uphill[2] /ˌʌpˈhɪl/ ADV uppför, uppåt

uphold /ʌpˈhəʊld/ ⟨**upheld** /-ˈheld/, **upheld**⟩ VB **1** vidmakthålla, stå fast vid, bevara ⟨~ **a principle, ~ old traditions**⟩ **2** *dom* fastställa, gilla

upholster /ʌpˈhəʊlstə/ VB *möbler, bilar etc* stoppa [och klä], klä

upholsterer /ʌpˈhəʊlstərə/ SB tapetserare

upholstery /ʌpˈhəʊlstərɪ/ SB **1** *av möbler, bilar etc* stoppning [och klädsel], klädsel **2** tapetseraryrket

upkeep /ˈʌpkiːp/ SB underhåll

upon /əˈpɒn/ PREP *frml* på **once ~ a time there was ...** det var en gång ...

upper /ˈʌpə/ **1** ADJ övre, över- **the ~ class[es]** överklassen **2** SB **uppers** ovanläder
★ **gain (get) the ~ hand** få övertaget

uppermost¹ /ˈʌpəməʊst/ ADJ [allra] högst[a], [allra] överst[a]

uppermost² /ˈʌpəməʊst/ ADV [allra] högst, [allra] överst

uppity /ˈʌpətɪ/ ADJ mallig, stöddig

upright /ˈʌpraɪt/ **1** ADJ upprätt **2** SB stolpe, stötta, *sport* målstolpe

upright piano, upright SB piano

uprising /ˈʌpˌraɪzɪŋ/ SB resning, uppror

uproar /ˈʌprɔː/ SB larm, tumult, rabalder

uproarious /ʌpˈrɔːrɪəs/ ADJ **1** vild och larmande, högljudd **~ laughter** våldsamma skrattsalvor **2** sanslöst rolig ⟨**~ jokes**⟩

uproot /ʌpˈruːt/ VB dra (slita) upp med rötterna **~ oneself** bryta upp, lämna sitt hem **be ~ed** tvingas lämna hus och hem

upset¹ /ʌpˈset/ ⟨**upset, upset**⟩ VB **1** välta [omkull], stjälpa **2** trassla till, krångla till ⟨**~ sb's plans**⟩ **3** göra upprörd, göra ledsen **be ~** vara upprörd, bli ledsen **4** göra illamående **the soup ~ my stomach** jag fick ont i magen av soppan

upset² /ˈʌpset/ SB **1** krångel, trassel, oreda **2** psykiska besvär, depression **3** magbesvär ⟨**stomach ~**⟩ **4** *sport* skräll

upshot /ˈʌpʃɒt/ SB resultat, utgång

upside down /ˌʌpsaɪd ˈdaʊn/ ADV upp och ned

upstage /ˌʌpˈsteɪdʒ/ VB överglänsa, ställa i skuggan

upstairs /ʌpˈsteəz/ ADV **1** uppför trappan, upp **2** på (i) övervåningen, en trappa upp

upstart /ˈʌpstɑːt/ SB uppkomling

upstream /ˌʌpˈstriːm/ ADV uppströms, uppåt floden

uptake /ˈʌpteɪk/ SB **be slow on the ~** fatta långsamt

uptight /ˈʌptaɪt, ʌpˈtaɪt/ ADJ *vard* nervös, spänd, irriterad

upturned /ˌʌpˈtɜːnd/ ADJ **1** uppåtvänd **2** uppochnedvänd

upward¹ /ˈʌpwəd/ ADJ uppåtgående, uppåtriktad

upward² /ˈʌpwəd/, **upwards** ADV uppåt **~ of** drygt, mer (fler) än

urban /ˈɜːbən/ ADJ stads-

urbane /ɜːˈbeɪn/ ADJ världsvan, förbindlig

urchin /ˈɜːtʃɪn/ SB rännstensunge, rackarunge

urge¹ /ɜːdʒ/ VB **1** be enträget ⟨**he ~d me to stay**⟩ **2** yrka på, insistera på
□ **urge on** driva på

urge² /ɜːdʒ/ SB drift, begär

urgent /ˈɜːdʒənt/ ADJ **1** angelägen, brådskande, trängande ⟨**in ~ need of**⟩ **2** enträgen, ivrig ⟨**in an ~ voice**⟩

urinate /ˈjʊərɪneɪt/ VB urinera, kasta vatten

urine /ˈjʊərɪn/ SB urin

urn /ɜːn/ SB **1** urna **2** [tea] **~** tekokare

us /ʌs, *obet* əs/ PRON oss **give ~ a kiss** *GB vard* får man en puss

US /juːˈes/ ⟨*förk f* **United States**⟩ SB **1 the US** USA **2** *attribut* USA:s, amerikansk ⟨**the ~ Navy**⟩

the USA /juːesˈeɪ/ ⟨*förk f* **the United States of America**⟩ SB USA

usable /ˈjuːzəbl/ ADJ användbar

usage /ˈjuːsɪdʒ/ SB **1** användning ⟨**energy ~**⟩, behandling **2** språkbruk, bruk

use¹ /juːs/ SB **1** användning, bruk **2** användningsområde **3 the ~ of** *a)* rätt att använda ⟨**we have the ~ of their garden**⟩ *b)* förmåga att använda ⟨**he's lost the ~ of his legs**⟩ **4** nytta, mening ⟨**it's no ~ trying**⟩
★ **be of ~** komma till användning **make ~ of** begagna, uttnyttja

use² /juːz/ VB **1** använda, begagna **May I ~ your telephone? Får jag låna telefonen? 2** *frml* behandla ⟨**be badly ~d**⟩ **3 used to** brukade ⟨**she ~d to live in Rome**⟩
★ **I could use a beer** ⟨*etc*⟩ det skulle sitta fint med en öl ⟨*etc*⟩

used /juːst/ ADJ **be ~ to** vara van vid ⟨**he isn't ~ to working hard**⟩

useful /'juːsfʊl/ ADJ **1** användbar, nyttig, lämplig **2** hyfsad ⟨a ~ result⟩
★ **come in ~** komma väl till pass
useless /'juːsləs/ SB **1** värdelös, till ingen nytta, oduglig **2** lönlös, meningslös
user /'juːzə/ SB användare, nyttjare, konsument **drug ~** narkoman **road ~** vägtrafikant
user friendly /ˌjuːzə 'frendlɪ/ ADJ *spec data* användarvänlig
usher¹ /'ʌʃə/ SB vaktmästare *som anvisar plats på biograf etc*
usher² /'ʌʃə/ VB föra, ledsaga ⟨I was ~ed to my seat⟩
usherette /ˌʌʃə'ret/ SB kvinnlig vaktmästare *som anvisar plats på biograf etc*
usual /'juːʒʊəl/ ADJ vanlig **as ~** som vanligt
usually /'juːʒʊəlɪ/ ADV vanligen, vanligtvis **more than ~ sleepy** sömnigare än vanligt **Where do you ~ spend your summers?** Var brukar ni tillbringa somrarna?
utility /juː'tɪlətɪ/ SB nytta, nyttighet
utilize /'juːtɪlaɪz/ VB [ut]nyttja
utmost /'ʌtməʊst/ ADJ yttersta, största
utter¹ /'ʌtə/ ADJ fullständig, total ⟨~ **darkness**⟩
utter² /'ʌtə/ VB **1** yttra **2** ge ifrån sig, utstöta ⟨~ **a cry of pain**⟩
utterance /'ʌtərəns/ SB yttrande, uttalande **give ~ to** ge uttryck för
U-turn /'juːtɜːn/ SB **1** U-sväng **2** helomvändning

v. → **versus**
vacancy /'veɪkənsɪ/ SB **1** ledigt rum *på hotell*, ledig lokal **2** ledig plats **3** tomhet, uttryckslöshet
vacant /'veɪkənt/ ADJ ledig ⟨a ~ **seat**⟩, *äv bildl* tom, *bildl äv* uttryckslös
vacation /və'keɪʃn, US veɪ-/ SB **1** *spec GB* ferier **2** *spec US* semester **summer ~** sommarlov **3** utrymning
vaccinate /'væksɪneɪt/ VB vaccinera
vaccine /'væksiːn/ SB vaccin
vacillate /'væsɪleɪt/ VB vackla, tveka
vacuous /'vækjʊəs/ ADJ *frml* **1** tom, enfaldig **2** meningslös
vacuum¹ /'vækjʊəm/ SB **1** vakuum, tomrum **2** *vard* dammsugare
vacuum² /'vækjʊəm/ VB dammsuga
vacuum bottle SB *US* termosflaska
vacuum cleaner SB dammsugare
vacuum flask SB *GB* termosflaska
vagina /və'dʒaɪnə/ SB vagina, slida
vagrant /'veɪgrənt/ SB lösdrivare
vague /veɪg/ ADJ vag, oklar
vain /veɪn/ **1** ADJ fåfäng, egenkär **2** ADJ gagnlös, fåfäng **3** SB **in ~** förgäves
valet /'vælɪt/ SB betjänt **~ service** klädservice *på hotell*
valiant /'væliənt/ ADJ tapper, modig
valid /'vælɪd/ ADJ giltig, gällande, godtagbar
validity /və'lɪdətɪ/ SB giltighet, validitet
valley /'vælɪ/ SB dal
valour /'vælə/ (*US* **valor**) SB tapperhet
valuable /'væljʊbl/ **1** ADJ värdefull **2** SB **valuables** värdesaker
valuation /ˌvæljʊ'eɪʃn/ SB värdering, bedömning
value¹ /'væljuː/ SB **1** värde **sentimental ~** affektionsvärde **to the ~ of** till ett värde (pris) av **2** valör **3 values** värderingar, normer
★ **be good ~ for money** vara prisvärd **get ~**

for [one's] money få valuta för pengarna
value² /'vælju:/ VB värdera ⟨**at** till⟩, sätta värde på
value-added tax /ˌvælju:'ædɪd/ ⟨*förk* **VAT** /ˌviːeɪ'tiː, væt/⟩ SB mervärdesskatt, moms
valueless /'væljʊləs/ ADJ värdelös
valve /vælv/ SB **1** ventil **2** klaff **3** *radio, tv GB* rör
vampire /'væmpaɪə/ SB vampyr
van /væn/ SB **1** skåp|bil, -vagn **removal ~** flyttbil **2** *GB* täckt godsvagn
vandal /'vændl/ SB vandal
vandalism /'vændəˌlɪzəm/ SB vandalism
vandalize /'vændəlaɪz/ VB vandalisera
vane /veɪn/ SB **1** vindflöjel **2** propellerblad **3** [väderkvarns]vinge
vanguard /'væŋgɑːd/ SB förtrupp **be in the ~** gå i täten ⟨**of** för⟩
vanilla /və'nɪlə/ SB vanilj
vanish /'vænɪʃ/ VB försvinna
★ **~ into thin air** gå upp i rök
vanity /'vænətɪ/ SB **1** fåfänga, egenkärlek **tickle sb's ~** smickra ngns fåfänga **2** fåfänglighet
vanquish /'væŋkwɪʃ/ VB *frml* besegra, övervinna
vapid /'væpɪd/ ADJ intetsägande, andefattig
vaporize /'veɪpəraɪz/ VB **1** förvandla till ånga **2** avdunsta
vapour /'veɪpə/ (*US* **vapor**) SB ånga
variable /'veərɪəbl/ **1** ADJ växlande, varierande **2** SB variabel
variance /'veərɪəns/ SB **be at ~** *a)* vara oense *b)* stå i strid ⟨**with** med⟩
variant /'veərɪənt/ SB variant
variation /ˌveərɪ'eɪʃn/ SB variation
varicose veins /ˌværɪkəʊs 'veɪnz/ SB åderbråck
varied /'veərɪd/ ADJ varierande, skiftande
variety /və'raɪətɪ/ SB **1** variation, omväxling **2** mångfald, mängd **for a ~ of reasons** av flera [olika] skäl **3** variant, sort **4** *spec GB* varieté, revy
various /'veərɪəs/ ADJ **1** olika ⟨**for ~ reasons**⟩ **2** flera, åtskilliga
varnish¹ /'vɑːnɪʃ/ SB fernissa, lack **nail ~** *spec GB* nagellack
varnish² /'vɑːnɪʃ/ VB fernissa, lacka **~ one's nails** måla naglarna
vary /'veərɪ/ VB variera
vase /vɑːz, *US* veɪs/ SB vas

vast /vɑːst/ ADJ väldig, ofantlig, vidsträckt **the ~ majority** det stora flertalet
vastly /'vɑːstlɪ/ ADV oerhört, enormt
vat /væt/ SB fat ⟨**a ~ of whisky**⟩, kar
VAT → value-added tax
the Vatican /'vætɪkən/ SB Vatikanen
vaudeville /'vɔːdəvɪl/ SB **1** *spec US* varieté, revy **2** *spec GB* vaudeville, sångspel
vault¹ /vɔːlt/ SB **1** valv **2** källarvalv **3** kassavalv
vault² /vɔːlt/ VB **1** hoppa, svinga sig **2** hoppa (svinga sig) över **3** [pole] **~** hoppa stav
vault³ /vɔːlt/ SB stavhopp
VCR → video recorder
VD → venereal disease
VDU → visual display unit
veal /viːl/ SB kalvkött **~ cutlet** kalvkotlett **roast ~** kalvstek
veer /vɪə/ VB svänga [om], ändra riktning, vingla
veg /vedʒ/ SB *GB vard* grönsak[er]
vegetable /'vedʒtəbl/ **1** SB grönsak **2** SB *person* kolli **be a ~** bara vegetera **3** ADJ vegetabilisk **the ~ kingdom** växtriket
vegetarian /ˌvedʒə'teərɪən/ **1** SB vegetarian **2** ADJ vegetarisk
vegetate /'vedʒəteɪt/ VB vegetera
vehement /'viːəmənt/ ADJ **1** häftig, våldsam **2** lidelsefull
vehicle /'viːɪkl/ SB **1** fordon **space ~** rymdfarkost **2** [uttrycks]medel, bärare, medium ⟨**a ~ for revolutionary ideas**⟩
veil¹ /veɪl/ SB slöja, flor
veil² /veɪl/ VB **1** beslöja **2** dölja
★ **be ~ed in secrecy** försiggå i hemlighet
vein /veɪn/ SB **1** åder, ven **2** drag, inslag ⟨**a ~ of cruelty**⟩ **3** sätt, stil, slag ⟨**in the same ~**⟩
velocity /və'lɒsətɪ/ SB hastighet
velvet /'velvɪt/ SB sammet
vending machine /'vendɪŋməˌʃiːn/ SB [varu]automat
veneer /və'nɪə/ SB **1** fanér **2** *bildl* fasad, polityr
venerable /'venərəbl/ ADJ vördnadsvärd
venerate /'venəreɪt/ VB vörda, respektera
venereal disease /vəˌnɪərɪəl dɪ'ziːz/ ⟨*förk* **VD** /ˌviː'diː/⟩ SB venerisk sjukdom, VS
Venetian blind /vəˌniːʃn 'blaɪnd/ SB persienn
vengeance /'vendʒəns/ SB hämnd

★ with a ~ riktigt ordentligt, med besked
Venice /'venɪs/ SB Venedig
venison /'venɪsən/ SB kött *av hjort, rådjur*
venom /'venəm/ SB **1** gift **2** hätskhet, ondskefullhet
venomous /'venəməs/ ADJ **1** giftig **2** hätsk, ondskefull
vent¹ /vent/ SB **1** utlopp ⟨**give ~ to one's feelings**⟩ **2** öppning, hål, springa
vent² /vent/ VB *bildl* ge [fritt] utlopp åt **~ one's anger on** låta sin ilska gå ut över
ventilate /'ventɪleɪt/ VB ventilera
ventilator /'ventɪleɪtə/ SB ventil, fläkt
ventriloquist /ven'trɪləkwɪst/ SB buktalare
venture¹ /'ventʃə/ SB satsning **joint ~** gemensam satsning, samarbetsprojekt **~ capital** riskvilligt kapital
venture² /'ventʃə/ VB **1** våga sig ⟨**~ out of doors**⟩ **2** våga [sig på] ⟨**~ a guess**⟩ **3** riskera
□ **venture on** ge sig in på, våga sig på
venue /'venjuː/ SB **1** mötesplats **2** arena, [tävlings]plats, spelplats
veracity /və'ræsɪtɪ/ SB sanningsenlighet
veranda /və'rændə/, **verandah** SB veranda
verb /vɜːb/ SB verb
verbal /'vɜːbl/ ADJ **1** muntlig **2** språklig, verbal **3** ordagrann ⟨**a ~ translation**⟩ **4** *språk* verb-, verbal ⟨**a ~ phrase**⟩
verbatim /vɜː'beɪtɪm/ ADV ordagrant
verbiage /'vɜːbɪɪdʒ/ SB *frml* mångordighet, svada, svammel
verbose /vɜː'bəʊs/ ADJ *frml* mångordig, svamlig
verdict /'vɜːdɪkt/ SB **1** *jur* [jury]utslag **2** uppfattning, omdöme ⟨**on** om⟩
verge¹ /vɜːdʒ/ SB kant, *GB äv* vägren, *bildl* rand, brant, gräns
★ be on the ~ of doing sth vara nära (på vippen, på god väg) att göra ngt
verge² /vɜːdʒ/ VB
□ **verge on** *a)* gränsa (stå på gränsen) till *b)* närma sig ⟨**she is verging on 90 now**⟩
verger /'vɜːdʒə/ SB *spec GB* kyrkvaktmästare
verification /ˌverɪfɪ'keɪʃn/ SB **1** verifiering, verifikation, bekräftelse **2** kontroll
verify /'verɪfaɪ/ VB **1** verifiera, bekräfta, bestyrka **2** kontrollera
veritable /'verɪtəbl/ ADJ verklig, veritabel
vermin /'vɜːmɪn/ SB **1** ohyra **2** slödder, pack
vernacular /və'nækjʊlə/ SB inhemskt språk, landets språk
★ in the ~ på vanligt vardagsspråk
versatile /'vɜːsətaɪl, *US* -təl/ ADJ mångsidig **a ~ intellect** ett rörligt intellekt
versatility /ˌvɜːsə'tɪlətɪ/ SB mångsidighet, rörlighet
verse /vɜːs/ SB **1** vers, poesi, dikter ⟨**a volume of ~**⟩, **in ~** på vers **2** vers, strof
versed /vɜːst/ ADJ **~ in** förtrogen med, kunnig i
version /'vɜːʃn, *spec US* 'vɜːʒn/ SB version
versus /'vɜːsəs/ ⟨*förk* **v.**, **vs.**⟩ PREP mot
vertebra /'vɜːtɪbrə/ ⟨*pl* **vertebrae** /-breɪ/⟩ SB ryggkota
vertebrate /'vɜːtɪbrət/ SB ryggradsdjur, vertebrat
vertical /'vɜːtɪkl/ ADJ vertikal, lodrät
vertigo /'vɜːtɪɡəʊ/ SB svindel, yrsel
verve /vɜːv/ SB fart, schvung, kläm
very¹ /'verɪ/ ADV **1** mycket **~ much** mycket **~ much so** i högsta grad **not ~** inte särskilt **2** allra ⟨**the ~ best player**⟩ **3 the ~ next day** redan nästa dag **4 it's his ~ own** den är helt [och hållet] hans egen **5** precis ⟨**the ~ same bus**⟩
★ not ~ well inte gärna ⟨**you can't ~ well mean that**⟩, **V~ well!** *a)* Javisst!, Ska ske! *b) ogillande* Som du vill då!
very² /'verɪ/ ADJ **1** precis [samma], just **at that ~ moment** just i det ögonblicket **before my ~ eyes** mitt framför ögonen på mig **from the ~ beginning** redan från början **he left that ~ day** han reste redan samma dag (just den dagen) **this is the ~ car she wants** det är just den här bilen hon vill ha **2** själv, själva ⟨**in the ~ centre of the town**⟩, blotta ⟨**I hate the ~ thought of it**⟩
vessel /'vesl/ SB *frml* **1** skepp, fartyg **2** kärl ⟨**blood ~s**⟩
vest /vest/ SB **1** *GB* undertröja **2** *US* väst
vestige /'vestɪdʒ/ SB spår
vestment /'vestmənt/ SB ämbetsdräkt, mässhake
vestry /'vestrɪ/ SB sakristia
vet¹ /vet/ SB *vard* veterinär
vet² /vet/ VB *spec GB* undersöka, granska
vet³ /vet/ SB *US vard* krigsveteran
veteran /'vetərən/ SB **1** veteran **2** krigsveteran
veterinarian /ˌvetərɪ'neərɪən/ SB *US*

veterinär
veterinary /'vetrənərɪ/ ADJ veterinär-
~ **surgeon** GB veterinär
veto¹ /'vi:təʊ/ ⟨pl -es⟩ SB veto **power
(right) of** ~ vetorätt **put one's** ~ **on** inlägga
[sitt] veto mot
veto² /'vi:təʊ/ VB inlägga [sitt] veto mot
vetting /'vetɪŋ/ SB [person]undersökning
vex /veks/ VB förarga **~ed question**
omstridd fråga
via /'vaɪə, 'vi:ə/ PREP via, över
viaduct /'vaɪədʌkt/ SB viadukt
vibrant /'vaɪbrənt/ ADJ vibrerande
vibrate /vaɪ'breɪt/ VB vibrera
vibration /vaɪ'breɪʃn/ SB vibration
vicar /'vɪkə/ SB GB kyrkoherde
vicarage /'vɪkərɪdʒ/ SB prästgård
vice¹ /vaɪs/ SB last, karaktärsfel
vice² /vaɪs/ (US **vise**) SB skruvstäd
vice-president /ˌvaɪs'prezɪdənt/ SB **1** vice
ordförande **2** vicepresident **3** US äv vice
verkställande direktör
vice versa /ˌvaɪsə'vɜ:sə/ ADV vice versa,
tvärtom
vicinity /və'sɪnətɪ/ SB närhet, grannskap
vicious /'vɪʃəs/ ADJ **1** ondskefull, elak
2 rå, brutal **3** våldsam, häftig
⟨**~ headache**⟩ **4** vildsint, argsint
★ **a ~ circle** en ond cirkel
victim /'vɪktɪm/ SB offer
victimize /'vɪktɪmaɪz/ VB **1** bestraffa,
diskriminera, klämma åt **2** mobba,
trakassera
victor /'vɪktə/ SB frml segrare
Victorian /vɪk'tɔ:rɪən/ ADJ viktoriansk
victorious /vɪk'tɔ:rɪəs/ ADJ segrande,
segerrik
victory /'vɪktərɪ/ SB seger
video¹ /'vɪdɪəʊ/ SB video, video-
bandspelare
video² /'vɪdɪəʊ/ VB spela in [på video]
video recorder, video cassette recorder
⟨förk **VCR** /ˌvi:si:'ɑ:/⟩ SB video-
bandspelare
video tape /'vɪdɪəʊteɪp/ SB videoband
video-tape /'vɪdɪəʊteɪp/ VB spela in [på
video]
Vienna /vɪ'enə/ SB Wien
view¹ /vju:/ SB **1** sikt **2** synhåll **come into ~**
komma inom synhåll **within ~** inom
synhåll **3** åsyn **be hidden from ~** vara dold
in full ~ [of everybody] i allas åsyn
4 utsikt, vy, bild ⟨**10 ~s of London**⟩

5 åsikt, uppfattning ⟨**on, about** om⟩
in my ~ enligt min uppfattning
6 syn[vinkel], perspektiv ⟨**take an
optimistic ~ of the problem**⟩
★ **be on ~** vara utställd **have sth in ~** avse
ngt, syfta till ngt **in ~ of** med hänsyn till,
på grund av **take a poor ~ of** → **poor with
a ~ to doing sth** i syfte (avsikt) att göra
ngt
view² /vju:/ VB betrakta ⟨**as** som⟩, se
(titta) på
viewer /'vju:ə/ SB tittare
viewfinder /'vju:ˌfaɪndə/ SB foto sökare
viewpoint /'vju:pɔɪnt/ SB **1** synpunkt,
synvinkel **2** utsiktspunkt
vigil /'vɪdʒɪl/ SB vaka **keep a ~** vaka
vigilance /'vɪdʒɪləns/ SB vaksamhet
vigorous /'vɪgərəs/ ADJ kraftfull,
energisk, [livs]kraftig
vigour /'vɪgə/ (US **vigor**) SB kraft[fullhet],
energi, vigör
Viking /'vaɪkɪŋ/ SB viking
vile /vaɪl/ ADJ avskyvärd, tarvlig, vard
förfärlig
villa /'vɪlə/ SB **1** [stor] villa spec på landet
2 semesterhus utomlands
village /'vɪlɪdʒ/ SB by, mindre samhälle
(ort)
villager /'vɪlɪdʒə/ SB bybo, ortsbo på
mindre ort
villain /'vɪlən/ SB **1** skurk, bov **2** fähund
3 skämts rackare
vindicate /'vɪndɪkeɪt/ VB **1** rättfärdiga,
fria från misstanke **2** bekräfta, styrka
[riktigheten av] **3** ge upprättelse,
rehabilitera **be ~d** få upprättelse
vindictive /vɪn'dɪktɪv/ ADJ hämndlysten
vine /vaɪn/ SB **1** vin|ranka, -stock
2 klätterväxt
vinegar /'vɪnɪgə/ SB ättika **wine ~** vinäger
vineyard /'vɪnjəd, GB äv -jɑ:d/ SB
vin|gård, -odling
vintage /'vɪntɪdʒ/ SB **1** årgång av vin **2** SB
vinskörd **3** ADJ årgångs- ⟨**~ wine**⟩, **~ car**
GB veteranbil **4** ADJ högklassig,
förnämlig ⟨**a ~ year for champagne**⟩, av
känt märke ⟨**this film is ~ Chaplin**⟩
viola¹ /vɪ'əʊlə/ SB viola, altfiol
viola² /'vaɪələ, US vaɪ'əʊlə/ SB viol
violate /'vaɪəleɪt/ VB **1** kränka, bryta mot
2 skända ⟨**~ graves**⟩ **3** frml våldta
violation /ˌvaɪə'leɪʃn/ SB **1** kränkning,
brott ⟨**of** mot⟩ **2** skändning **3** frml

våldtäkt
violence /'vaɪələns/ SB 1 våldsamhet, häftighet 2 våld
violent /'vaɪələnt/ ADJ våldsam, häftig
violet /'vaɪələt/ 1 SB viol 2 SB violett 3 ADJ violett
violin /ˌvaɪə'lɪn/ SB violin, fiol
VIP /ˌviː'aɪ'piː/ ⟨*förk f* very important person⟩ SB VIP ~ **lounge** VIP-rum
viper /'vaɪpə/ SB 1 huggorm 2 *person* orm
virgin /'vɜːdʒɪn/ 1 SB oskuld 2 *attribut* orörd ~ **forest** urskog ~ **soil** jungfrulig mark
virginity /və'dʒɪnətɪ/ SB oskuld ⟨lose one's ~⟩
Virgo /'vɜːgəʊ/ SB *stjärntecken* Jungfrun
virile /'vɪraɪl, US 'vaɪrəl/ ADJ viril, manlig
virility /və'rɪlətɪ/ SB virilitet, manlighet
virtual /'vɜːtʃʊəl/ ADJ egentlig, faktisk
virtually /'vɜːtʃʊəlɪ/ ADV praktiskt taget
virtue /'vɜːtʃuː/ SB 1 dygd 2 fördel, förtjänst
★ **by (in)** ~ **of** i kraft av, med stöd av **make a** ~ **of necessity** göra en dygd av nödvändigheten ~ **brings its own reward** dygden är sin egen belöning
virtuosi → virtuoso
virtuosity /ˌvɜːtʃʊ'ɒsətɪ/ SB virtuositet
virtuoso /ˌvɜːtʃʊ'əʊsəʊ/ ⟨*pl* -**s** *el* **virtuosi** /-siː/⟩ SB virtuos
virtuous /'vɜːtʃʊəs/ ADJ dygdig
virulent /'vɪrʊlənt/ ADJ 1 virulent, elakartad 2 *bildl* giftig 3 elak, hätsk
virus /'vaɪrəs/ SB virus
visa /'viːzə/ SB visum
viscount /'vaɪkaʊnt/ SB viscount *adelstitel i GB*
viscous /'vɪskəs/ ADJ trögflytande, viskös
vise → vice²
visibility /ˌvɪzə'bɪlətɪ/ SB sikt **poor** ~ dålig sikt
visible /'vɪzəbl/ ADJ synlig, märkbar ⟨~ **difference**⟩
vision /'vɪʒn/ SB 1 syn[förmåga] 2 vision **a man of** ~ en man med visioner 3 *tv* bild[skärpa]
visionary /'vɪʒnərɪ/ 1 ADJ visionär 2 ADJ dröm-, orealistisk 3 SB visionär
visit¹ /'vɪzɪt/ VB besöka, vara på besök [hos, i, på]
□ **visit with** US *a)* hälsa på hos *b)* prata med
visit² /'vɪzɪt/ SB besök ⟨**to hos**⟩ **pay a** ~ **to** besöka
visiting /'vɪzɪtɪŋ/ ADJ besökande, gästande ~ **card** visitkort ~ **hours** besökstid ~ **professor** gästprofessor ~ **team** bortalag
visitor /'vɪzɪtə/ SB besökare, besökande, gäst
visor /'vaɪzə/ SB 1 visir 2 mösskärm 3 *bil* solskydd
vista /'vɪstə/ SB vy, utsikt, perspektiv
visual /'vɪʒʊəl/ ADJ syn- ~ **aids** visuella hjälpmedel **the** ~ **arts** bildkonsten ~ **memory** synminne
visual display unit ⟨*förk* **VDU** /ˌviːdiː'juː/⟩ SB *data* bildskärm
visualize /'vɪʒʊəlaɪz/ VB föreställa sig
vital /'vaɪtl/ ADJ 1 absolut nödvändig, väsentlig ⟨**to** för⟩, livsviktig ⟨**a** ~ **organ**⟩ 2 avgörande ⟨**be of** ~ **importance**⟩ 3 vital
vitality /vaɪ'tælətɪ/ SB vitalitet
vitamin /'vɪtəmɪn, *spec* US 'vaɪt-/ SB vitamin ~ **C** C-vitamin
vivacious /vɪ'veɪʃəs, vaɪ-/ ADJ livlig, pigg
vivid /'vɪvɪd/ ADJ 1 klar, skarp 2 livfull, livlig
viz ⟨*utläses som* **namely** /'neɪmlɪ/⟩ ⟨*förk f* videlicet *latin*⟩ ADV *i skriftspråk* nämligen, dvs.
vocabulary /və'kæbjʊlərɪ/ SB 1 ordförråd, vokabulär 2 ordlista
vocal /'vəʊkl/ ADJ 1 röst- **the** ~ **cords** stämbanden ~ **organ** talorgan 2 högljudd
vocalist /'vəʊkəlɪst/ SB vokalist
vocation /vəʊ'keɪʃn/ SB 1 kall, yrke 2 fallenhet, läggning ⟨**have a** ~ **for**⟩
vocational /vəʊ'keɪʃnəl/ ADJ yrkes- ~ **guidance** yrkesvägledning ~ **training** yrkesutbildning
vociferous /vəʊ'sɪfərəs/ ADJ högröstad, högljudd
vogue /vəʊg/ SB mode ~ **word** modeord
★ **be in** ~ vara på modet
voice¹ /vɔɪs/ SB 1 röst, stämma **in a loud** ~ med hög röst 2 **the passive** ~ *språk* passiv form
★ **give** ~ **to** uttrycka **have a** ~ **in the matter** ha ett ord med i laget
voice² /vɔɪs/ VB uttrycka, uttala
voiced /vɔɪst/ ADJ *språk* tonande ⟨~ **consonants**⟩
voiceless /'vɔɪsləs/ ADJ *språk* tonlös ⟨~ **consonants**⟩
void /vɔɪd/ 1 ADJ tom ~ **of** utan, i

avsaknad av **2** ADJ *jur* ogiltig **3** SB tomrum, tomhet **into the ~** ut i tomma intet
volatile /'vɒlətaɪl, US -təl/ ADJ flyktig, ombytlig
volcano /vɒl'keɪnəʊ/ ⟨*pl* -es⟩ SB vulkan
vole /vəʊl/ SB sork
volley¹ /'vɒlɪ/ SB **1** [skott]salva **a ~ of arrows** en skur av pilar **2** volley **on the ~** [direkt] på volley
volley² /'vɒlɪ/ VB **1** *tennis* spela volley, *fotboll* skjuta direkt på volley **2** avfyra, avlossa
volleyball /'vɒlɪbɔ:l/ SB volleyboll
volt /vəʊlt/ SB volt
voltage /'vəʊltɪdʒ/ SB *eltekn* spänning
voluble /'vɒljʊbl/ ADJ talför, pratsam, mångordig
volume /'vɒlju:m/ SB volym
voluminous /və'lu:mɪnəs/ ADJ omfångsrik, voluminös **a ~ skirt** en mycket vid kjol
voluntary /'vɒləntərɪ/ ADJ frivillig
volunteer¹ /ˌvɒlən'tɪə/ VB anmäla sig frivilligt (som frivillig) ⟨**for** till⟩, erbjuda sig
volunteer² /ˌvɒlən'tɪə/ SB frivillig
voluptuous /və'lʌptʃʊəs/ ADJ **1** vällustig, sinnlig **2** kurvig, fyllig
vomit¹ /'vɒmɪt/ VB kräkas, kasta upp, spy
vomit² /'vɒmɪt/ SB uppkastning[ar], spya, spyor
voracious /və'reɪʃəs/ ADJ glupsk
vortex /'vɔ:teks/ ⟨*pl* -es *el* **vortices** /'vɔ:tɪsi:z/⟩ SB virvel[ström], virvelvind, *bildl äv* häx|kittel, -dans
vote¹ /vəʊt/ SB **1** omröstning, votering **put sth to the ~** rösta (votera) om ngt **take (hold) a ~ on a motion** rösta om ett förslag **2** röst *vid omröstning* **cast one's ~ for, give one's ~ to** rösta på **3** röstetal, röster **the teenage ~** tonårsväljarna **4** rösträtt ⟨**have the ~ at 18**⟩
vote² /vəʊt/ VB **1** rösta ⟨**for** på **on** om⟩ **2** rösta på **~ Liberal** rösta på liberalerna **3** bevilja, anslå ⟨**for** till⟩ **4** *vard* föreslå
voter /'vəʊtə/ SB väljare, röstande
vouch /vaʊtʃ/ VB
□ **vouch for** gå i god för, [an]svara för
voucher /'vaʊtʃə/ SB **1** kvitto **2** *GB äv* [rabatt]kupong, voucher **[gift] ~** presentkort
vow¹ /vaʊ/ SB [högtidligt] löfte **take a ~** avlägga ett löfte
vow² /vaʊ/ VB lova [högtidligt], svära [på]
vowel /'vaʊəl/ SB vokal
voyage /'vɔɪɪdʒ/ SB sjöresa, rymdfärd
voyager /'vɔɪɪdʒə/ SB sjöfarare, rymdfarare
voyeur /vwaɪ'ɜ:, *spec US* vwɑ:'jɜ:/ SB voyeur, tittare
vs. → **versus**
vulgar /'vʌlgə/ ADJ vulgär
vulgar fraction SB *matem* allmänt bråk
vulgarity /vʌl'gærətɪ/ SB vulgaritet
vulnerable /'vʌlnərəbl/ ADJ sårbar **a ~ spot** en känslig punkt
vulture /'vʌltʃə/ SB gam

W – walking

W → watt, west¹, western
wacky /'wækɪ/ ADJ *spec US vard* knäpp, knasig
wad /wɒd/ SB **1** bunt, packe **2** ~ **of cotton wool** bomullstuss
wadding /'wɒdɪŋ/ SB vaddering, stoppning
waddle /'wɒdl/ VB vagga [som en anka]
wade /weɪd/ VB vada
 □ **wade into** gå löst på, anfalla
wafer /'weɪfə/ SB **1** rån **2** oblat
wafer-thin /ˌweɪfə'θɪn/ ADJ lövtunn
waffle¹ /'wɒfl/ SB våffla
waffle² /'wɒfl/ VB *spec GB vard* svamla
waffle³ /'wɒfl/ SB *spec GB vard* svammel, tomt prat
wag¹ /wæg/ VB **1** vifta på (med) ⟨**the dog ~ged its tail**⟩ **2** vifta
wag² /wæg/ SB viftning
wag³ /wæg/ SB *åld* skämtare
wage¹ /weɪdʒ/ VB ~ **war** föra krig
wage² /weɪdʒ/, **wages** SB lön *spec veckolön* ⟨**a weekly ~**⟩, **a living ~** en lön som går att leva på
wage earner SB löntagare, inkomsttagare
wage freeze SB lönestopp
wage packet SB lönekuvert
wager¹ /'weɪdʒə/ SB *åld* vad, insats
wager² /'weɪdʒə/ VB *åld* slå vad om, satsa
wages → wage²
waggle /'wægl/ VB vicka (vippa, svänga) på
wagon /'wægən/, **waggon** SB **1** lastvagn, vagn, skrinda **2** *GB* godsvagn *vanl öppen* **3** *US äv* serveringsvagn, tevagn
 ★ **be on the ~** hålla sig nykter, avstå från alkohol **go on the ~** spola kröken
waif /weɪf/ SB övergivet (hemlöst) barn (husdjur)
wail¹ /weɪl/ VB **1** klaga [högljutt], jämra sig **2** tjuta

wail² /weɪl/ SB **1** [högljudd] klagan, jämmer **2** tjut, tjutande
wainscot /'weɪnskət/ SB panel *spec nedtill på vägg*
waist /weɪst/ SB midja, liv
waistband /'weɪstbænd/ SB byxlinning, kjollinning
waistcoat /'weɪskəʊt, *spec US* 'weskət/ SB väst
waistline /'weɪstlaɪn/ SB midja
wait¹ /weɪt/ VB **1** vänta ⟨**for** på⟩ ~ **for sb to arrive** vänta på att ngn skall komma **2** invänta, vänta på ⟨**you'll have to ~ your turn**⟩
 ★ ~ **at table** passa upp vid bordet, servera
 □ **wait on** servera, passa upp på
wait² /weɪt/ SB väntan
waiter /'weɪtə/ SB servitör, uppassare, kypare
waiting game /'weɪtɪŋgeɪm/ SB lurpassande **play a ~** lurpassa, avvakta
waiting list SB väntelista, kö
waiting room SB väntrum
waitress /'weɪtrəs/ SB servitris, uppasserska
waive /weɪv/ VB åsidosätta, upphäva ⟨**~ a rule**⟩, avstå från, uppge ⟨**~ a privilege**⟩
wake¹ /weɪk/ ⟨**woke** /wəʊk/, **woken** /'wəʊkən/ *el* **waked, waked**⟩ VB **1** vakna **2** väcka
wake² /weɪk/ SB *spec Irland* likvaka
wake³ /weɪk/ SB kölvatten **the war brought many changes in its ~** kriget medförde många förändringar
wakeful /'weɪkfʊl/ ADJ **1** sömnlös **2** vaksam, alert
waken /'weɪkən/ VB **1** vakna **2** väcka
Wales /weɪlz/ SB Wales
walk¹ /wɔːk/ VB **1** gå, promenera, [fot]vandra, ströva **2** gå ut med, rasta ⟨**~ a dog**⟩ **3** följa med, gå med ⟨**I'll ~ you home**⟩ **4** gå på (längs), gå fram och tillbaka på ⟨**~ the streets**⟩
 □ **walk away (off) with** *vard a)* vinna lätt *b)* stjäla
 □ **walk out on** *vard* överge, lämna i sticket
walk² /wɔːk/ SB **1** promenad **2** gångsätt **3** gångväg
 ★ ~ **of life** samhällsklass
walkie-talkie /ˌwɔːkɪ'tɔːkɪ/ SB walkie-talkie
walking /'wɔːkɪŋ/ **1** SB fotvandring[ar],

sport gång **2** ADJ gående, gång- **a ~ dictionary** ett levande lexikon
walking stick /'wɔ:kɪŋstɪk/ SB promenadkäpp
walkman /'wɔ:kmən/ ⟨*pl* -s⟩ *varunamn* SB bärbar bandspelare *med hörlurar*, freestyle
walk-on /'wɔ:kɒn/ ADJ *teat* **~ part** statistroll, roll utan repliker
walk-out /'wɔ:kaʊt/ SB strejk
walkover /'wɔ:k͵əʊvə/ SB lätt match, lättvunnen seger
walk-up /'wɔ:kʌp/ SB *US* **1** hyreshus (lägenhet) utan hiss **2** *attribut* utan hiss ⟨**a ~ apartment**⟩
wall¹ /wɔ:l/ SB **1** mur **2** vägg
★ **go to the ~** göra konkurs, bli ruinerad **go up the ~** bli vansinnig [av ilska] **send sb up the ~** → **send**
wall² /wɔ:l/ VB omge med mur ⟨**a ~ed garden**⟩
□ **wall off** avdela *med mur el vägg*
□ **wall up** mura igen
wallet /'wɒlɪt/ SB plånbok
wallflower /'wɔ:l͵flaʊə/ SB **1** *bot* lackviol **2** *vard* panelhöna
wallop¹ /'wɒləp/ VB **1** slå till [hårt], ge stryk **2** ge en riktig omgång
wallop² /'wɒləp/ SB smocka
wallow /'wɒləʊ/ VB vältra sig ⟨**~ in sin**⟩
wallpaper¹ /'wɔ:l͵peɪpə/ SB tapet[er]
wallpaper² /'wɔ:l͵peɪpə/ VB tapetsera
wall-to-wall /͵wɔ:ltə'wɔ:l/ ADJ heltäckande, heltäcknings- **~ carpet[ing]** heltäcknings|matta, -mattor
wally /'wɒlɪ/ SB *GB vard* idiot
walnut /'wɔ:lnʌt/ SB **1** valnöt **2** valnötsträd
walrus /'wɔ:lrəs/ SB valross
waltz¹ /wɔ:ls, *spec US* -lts/ SB vals
waltz² /wɔ:ls, *spec US* -lts/ VB dansa vals, valsa
wan /wɒn/ ADJ blek, trött, glåmig **a ~ smile** ett litet och trött (blekt) leende
wand /wɒnd/ SB troll|spö, -stav
wander /'wɒndə/ VB **1** vandra, ströva *utan mål* **2** irra **her mind began to ~** hon började fantisera (yra)
wanderer /'wɒndərə/ SB vandrare
wanderings /'wɒndərɪŋz/ SB vandringar, kringflackande
wane¹ /weɪn/ VB **1** *om månen* vara i avtagande (nedan) **2** minska, avta
wane² /weɪn/ SB **on the ~** i avtagande
wangle /'wæŋgl/ VB fixa, mygla [till sig]
wank /wæŋk/ VB *GB vard* runka
want¹ /wɒnt/ VB **1** önska [sig], vilja [ha] **2** vilja tala med ⟨**your mother ~s you**⟩, **you are ~ed on the telephone** du har telefon **3 be ~ed by the police** vara efterlyst av polisen **4** behöva ⟨**the house ~s painting**⟩ **5** *vard* borde, bör ⟨**you ~ to try a bit harder**⟩ **6** sakna
want² /wɒnt/ SB **1** behov **2** avsaknad **for ~ of** i brist på **3** nöd
wanting /'wɒntɪŋ/ ADJ **be ~ in** sakna, brista i
wanton /'wɒntən/ ADJ **1** godtycklig, meningslös ⟨**~ cruelty, ~ destruction**⟩ **2** *frml* nyckfull, lekfull **3** *åld om kvinnor* utmanande, lättfärdig
war¹ /wɔ:/ SB krig
★ **[to] have been in the ~s** *vard* vara illa tilltygad
war² /wɔ:/ VB kriga, föra krig
warble /'wɔ:bl/ VB *spec om fåglar* sjunga, drilla
warbler /'wɔ:blə/ SB sångfågel
ward¹ /wɔ:d/ SB **1** rum, sal, avdelning *på sjukhus* **2** valdistrikt **3** myndling
ward² /wɔ:d/ VB
□ **ward off** avvärja, avstyra
warden /'wɔ:dn/ SB **1** föreståndare, övervakare **2** *GB* rektor *för college* **3** *spec US* fängelsedirektör
warder /'wɔ:də/ SB *GB* fångvaktare
wardrobe /'wɔ:drəʊb/ SB garderob, klädkammare
wardroom /'wɔ:dru:m/ SB gunrum, officersmäss *på krigsfartyg*
warehouse /'weəhaʊs/ SB lager, magasin
wares /weəz/ SB *åld* varor
warfare /'wɔ:feə/ SB krig, krigföring
warhead /'wɔ:hed/ SB stridsspets
warlike /'wɔ:laɪk/ ADJ krigisk
warm¹ /wɔ:m/ ADJ varm, het
warm² /wɔ:m/ VB värma[s]
□ **warm to** fatta tycke för, börja tycka om
warmonger /'wɔ:͵mʌŋgə/ SB krigshetsare
warmth /wɔ:mθ/ SB värme
warm-up /'wɔ:mʌp/ SB *sport* uppvärmning **~ band** *musik* förband
warn /wɔ:n/ VB **1** varna ⟨**of, against** för⟩ **I ~ed him not to lose his temper** jag varnade honom för att tappa humöret

2 förvarna
warning /'wɔːnɪŋ/ SB 1 varning 2 förvarning
warp¹ /wɔːp/ VB 1 göra skev, vrida 2 bli skev, vridas
warp² /wɔːp/ SB 1 varp *i väv* 2 *bildl* snedvridenhet there's a ~ in his character hans personlighet är snedvriden
warpath /'wɔːpɑːθ/ SB on the ~ på krigsstigen
warped /wɔːpt/ ADJ 1 skev, vind 2 *bildl* perverterad, depraverad ⟨a ~ mind⟩
warrant¹ /'wɒrənt/ SB 1 *jur* tillstånd, fullmakt 2 order ⟨a ~ for sb's arrest⟩ 3 *moralisk* grund, rätt ⟨he had no ~ for doing that⟩
warrant² /'wɒrənt/ VB 1 rättfärdiga, motivera, berättiga 2 garantera, försäkra
warrant officer SB *milit* ≈ förvaltare, fanjunkare *grad mellan löjtnant o sergeant*
warranty /'wɒrəntɪ/ SB garanti
warren /'wɒrən/ SB 1 kaninmark 2 kaningård 3 gytter, virrvarr ⟨a ~ of narrow streets⟩
warrior /'wɒrɪə/ SB krigare
Warsaw /'wɔːsɔː/ SB Warszawa
warship /'wɔːʃɪp/ SB örlogsfartyg, krigsskepp
wart /wɔːt/ SB vårta
wary /'weərɪ/ ADJ vaksam, försiktig be ~ of akta sig för
was → be
wash¹ /wɒʃ/ VB 1 tvätta, diska 2 tvätta sig 3 tåla tvätt ⟨this shirt doesn't ~ well⟩ 4 *om vågor* skölja, spola 5 *spec GB* bli trodd (accepterad) your excuse won't ~ din ursäkt håller inte
★ ~ one's dirty linen in public tvätta sin smutsiga byk offentligt ~ one's hands två sina händer ~ one's hands of ta sin hand ifrån
▫ **wash down** a) spola av b) skölja ned
▫ **wash out** skölja ur the match was washed out matchen ställdes in p.g.a. regn
▫ **wash up** a) *GB* diska b) *US* tvätta sig
wash² /wɒʃ/ SB 1 tvätt, tvättning have a ~ tvätta sig 2 [ljudet av] svallvågor, skvalp
★ come out in the ~ ordna sig [till slut]
washable /'wɒʃəbl/ ADJ tvättbar
washbasin /'wɒʃˌbeɪsn/ SB handfat
washbowl /'wɒʃbəʊl/ SB *spec US* handfat

washed-out /ˌwɒʃt'aʊt/ ADJ 1 urtvättad, urblekt 2 utmattad, urlakad
washed-up /ˌwɒʃt'ʌp/ ADJ slut, färdig, misslyckad
washer /'wɒʃə/ SB 1 *tekn* bricka 2 *vard* tvättmaskin
washing /'wɒʃɪŋ/ SB 1 tvätt[kläder] 2 tvättning
washing machine SB tvättmaskin
washing powder SB [pulver]tvättmedel
washing-up /ˌwɒʃɪŋ'ʌp/ SB *GB* disk
washout /'wɒʃaʊt/ SB [totalt] misslyckande
washroom /'wɒʃruːm/ SB 1 tvättrum 2 *US äv* toalett
wasp /wɒsp/ SB geting
WASP /wɒsp/, **Wasp** ⟨*förk f* White Anglo-Saxon Protestant⟩ SB *US* 1 ≈ överklasstyp *medlem av den dominerande vita överklassen* 2 *attribut* ≈ överklass- ⟨typical ~ attitudes⟩
waspish /'wɒspɪʃ/ ADJ stingslig, retlig
wastage /'weɪstɪdʒ/ SB 1 spill, svinn, förlust[er] 2 *arb* natural ~ naturlig avgång
waste¹ /weɪst/ 1 SB slöseri a ~ of time bortkastad tid 2 SB avfall ⟨radioactive ~⟩ 3 SB ödemark 4 SB wastes öde vidder 5 SB *attribut* avfalls- ~ matter avfallsprodukter 6 ADJ öde, tom lay ~ ödelägga
★ go (run) to ~ gå till spillo ⇓
waste² /weɪst/ VB 1 slösa [bort], förslösa, förspilla all our efforts were ~d all vår möda var bortkastad 2 tära på, utmärgla ⟨~d by disease⟩
▫ **waste away** tyna bort
wastebasket /'weɪstˌbɑːskɪt/ SB *spec US* papperskorg
waste disposal /ˌweɪst dɪ'spəʊzl/ SB avfallshantering ~ unit avfallskvarn
wasteful /'weɪstfʊl/ ADJ slösaktig
wastepaper basket /ˌweɪst'peɪpəˌbɑːskɪt/ SB papperskorg
watch¹ /wɒtʃ/ VB 1 titta [på], se [på], iakttta 2 vakta, bevaka, titta till 3 se upp med ⟨~ one's weight⟩
★ ~ it se upp, se sig för, passa sig ~ one's step se sig noga för, se upp
▫ **watch for** hålla utkik efter, vänta på
▫ **watch out** se upp
▫ **watch out for** hålla utkik efter
▫ **watch over** vaka över
watch² /wɒtʃ/ SB 1 vakt 2 *sjö* vakt, vaktpass

★ **be on the ~ for** vara på sin vakt mot **keep [a] ~ on** hålla uppsikt över
watch³ /wɒtʃ/ SB armbandsur, fickur
watchdog /'wɒtʃdɒg/ SB **1** vakthund **2** övervaknings|organ, -kommitté **3** *attribut* övervaknings- ⟨**a ~ committee**⟩
watcher /'wɒtʃə/ SB iakttagare, betraktare
watchful /'wɒtʃfʊl/ ADJ vaksam, uppmärksam
watchman /'wɒtʃmən/ SB väktare, nattvakt
watchword /'wɒtʃwɜ:d/ SB lösen, motto
water¹ /'wɔ:tə/ SB **1** vatten **2 waters** *a)* farvatten *b)* vattenmassor
★ **by ~** med båt **make ~** *a)* läcka *b)* kasta vatten ⇓
water² /'wɔ:tə/ VB **1** vattna **2** *om ögon* rinna, tåras **3** vattnas **it made my mouth ~** det vattnades i munnen på mig **4** späda ut med vatten ⟨**~ the beer**⟩ **5** vattra ⟨**~ed silk**⟩
▫ **water down** *a)* späda ut *b)* *bildl* urvattna
watercolour /'wɔ:təkʌlə/ (*US* **watercolor**) SB **1** vattenfärg **2** akvarell
watercress /'wɔ:təkres/ SB vattenkrasse
waterfall /'wɔ:təfɔ:l/ SB vattenfall
waterfront /'wɔ:təfrʌnt/ SB **along the ~** längs vattnet **on the ~** vid vattnet, vid kajen (hamnen)
watering can SB vattenkanna
water level SB **1** vattenstånd **2** *tekn* vattenpass
water lily SB näckros
waterlogged /'wɔ:təlɒgd/ ADJ **1** *om mark* vattensjuk, sumpig **2 be ~** *om båt äv* ligga i marvatten
watermark /'wɔ:təmɑ:k/ SB vattenstämpel
waterproof¹ /'wɔ:təpru:f/ **1** ADJ vattentät **2** SB regn|plagg, -rock, -kappa
waterproof² /'wɔ:təpru:f/ VB göra vattentät, impregnera
watershed /'wɔ:təʃed/ SB **1** vattendelare **2** *bildl* vattendelare, avgörande händelse ⟨**a ~ in my life**⟩
water-ski /'wɔ:təski:/ VB åka vattenskidor
watertight /'wɔ:tətaɪt/ ADJ vattentät
waterway /'wɔ:təweɪ/ SB vattenväg, farled
waterworks /'wɔ:təwɜ:ks/ SB **1** vattenverk **2** vattenkonst **3** *skämts* [urin]blåsa
watery /'wɔ:təri/ ADJ vattnig, blaskig **~ eyes** tårfyllda ögon
watt /wɒt/ SB watt
wave¹ /weɪv/ VB **1** vaja, fladdra **2** vinka **3** vifta med **4** *hår* våga, ondulera **5** *om hår* våga sig, falla ⟨**her hair ~s beautifully**⟩
▫ **wave aside** vifta bort ⟨**~ an objection**⟩
▫ **wave down** stoppa, hejda ⟨**~ a taxi**⟩
▫ **wave on** vinka fram
wave² /weɪv/ SB våg
wavelength /'weɪvleŋθ/ SB våglängd
waver /'weɪvə/ VB **1** *bildl* vackla ⟨**she did not ~ in her love**⟩ **2** *om ljus* fladdra **3** *om röst* skälva
wavy /'weɪvi/ ADJ vågig
wax¹ /wæks/ SB **1** vax **2** [skid]valla
wax² /wæks/ VB **1** vaxa **2** valla ⟨**~ skis**⟩
wax³ /wæks/ VB **1** *om månen* tillta, växa **2** *åld* bli
waxworks /'wækswɜ:ks/ SB vaxkabinett
waxy /'wæksi/ ADJ vaxartad
way¹ /weɪ/ SB **1** väg **ask the ~** fråga om vägen **lose one's ~** gå vilse **2** riktning, håll **he went that ~** han gick (sprang) åt det där hållet **3** avstånd **a long ~ from home** långt hemifrån **4** sätt, metod **have it your own ~** det får bli som du vill **this ~** så här ⟨**do it this ~**⟩
★ **by the ~** förresten **by ~ of** *a)* via ⟨**by ~ of Rome**⟩ *b)* som ⟨**he had sandwiches by ~ of lunch**⟩, **get one's own ~** få sin vilja igenom **go out of one's ~ to** anstränga sig [speciellt] för att **have a ~ with sb** veta hur någon skall tas ⟨**he has a ~ with women**⟩, **have a ~ with one** ha charm (något speciellt) ⟨**he has a ~ with him**⟩, **make one's ~** bege sig **No ~!** *spec US vard* Aldrig! **under ~** på väg
way² /weɪ/ ADV långt **~ ahead** långt före
wayfarer /'weɪˌfeərə/ SB vägfarande, resande
waylay /ˌweɪ'leɪ/ ⟨**waylaid** /-'leɪd/, **waylaid**⟩ VB ligga i bakhåll för, [lur]passa på
wayside /'weɪsaɪd/ SB vägkant
★ **fall by the ~** komma på sned [i livet]
wayward /'weɪwəd/ ADJ egensinnig, nyckfull
WC /ˌdʌblju:'si:/ ⟨*förk f* **water closet**⟩ SB WC, toalett
we /wi:, *obet* wɪ/ PRON vi

weak /wi:k/ ADJ svag, klen ~ **at the knees** knäsvag ~ **in the head** dum i huvudet **his maths are (is)** ~ GB han är svag i matematik

weaken /'wi:kən/ VB **1** försvaga[s] **2** ge efter, vekna

weak-kneed /ˌwi:k'ni:d/ ADJ *vard* feg, obeslutsam

weakling /'wi:klɪŋ/ SB vekling, stackare

weakness /'wi:knəs/ SB svaghet, brist **have a ~ for** vara svag för

weal /wi:l/ SB strimma, upphöjt ärr *efter piskrapp etc*

wealth /welθ/ SB rikedom, välstånd **a ~ of examples** en massa (uppsjö av) exempel

wealthy /'welθɪ/ ADJ rik, förmögen

wean /wi:n/ VB avvänja ⟨~ **a baby**⟩

weapon /'wepən/ SB vapen

weaponry /'wepənrɪ/ SB *koll* vapen

wear¹ /weə/ ⟨**wore** /wɔ:/, **worn** /wɔ:n/⟩ VB **1** *kläder, ansiktsuttryck, smink etc* bära, ha på sig, använda, ha ⟨**she used to ~ her hair long**⟩ **2** nöta [ut] ⟨~ **a hole**⟩ **3** nötas, börja ta slut **that excuse is ~ing thin** den ursäkten håller inte längre **4** hålla, stå sig **she has worn well** hon är väl bibehållen **5** GB *vard* acceptera, gå med på ⟨**Dad wouldn't ~ my explanation**⟩
★ ~ **thin** a) [börja] ta slut b) [börja] bli genomskinlig
☐ **wear down** a) *äv bildl* slita ut ⟨**worn down by overwork**⟩ b) *motstånd* bryta ned
☐ **wear off** avta, förklinga ⟨**the pain is sure to ~**⟩
☐ **wear on** *om tid* lida, släpa sig fram
☐ **wear out** trötta ut

wear² /weə/ SB **1** bruk ⟨**clothes for everyday ~**⟩ **2** slitage, nötning **3** *som andra led i sms* kläder, plagg ⟨**men's ~**⟩

wear and tear /ˌweərən'teə/ SB förslitning, nötning

wearisome /'wɪərɪsəm/ ADJ tröttsam, tjatig

weary¹ /'wɪərɪ/ ADJ **1** trött, utmattad ⟨**of** på⟩ **2** tröttande

weary² /'wɪərɪ/ VB trötta
☐ **weary of** tröttna på

weasel¹ /'wi:zl/ SB *zool* vessla

weasel² /'wi:zl/ VB ~ **out of sth** *spec US vard* smita (slingra sig) ifrån ngt

weather¹ /'weðə/ SB väder ~ **permitting** om vädret tillåter
★ **be under the ~** känna sig krasslig (vissen) ⇓

weather² /'weðə/ VB rida ut, klara ⟨~ **a storm,** ~ **a crisis**⟩

weather-beaten /'weðəˌbi:tn/ ADJ väderbiten

weatherman /'weðəmæn/ SB *spec tv* meteorolog

weather vane SB vindflöjel

weave¹ /wi:v/ VB **1** ⟨**wove** /wəʊv/, **woven** /'wəʊvn/⟩ väva, fläta **2** ⟨**weaved, weaved**⟩ slingra sig, sicksacka, åka slalom ⟨~ **in and out through the traffic**⟩

weave² /wi:v/ SB väv

web /web/ SB **1** *äv bildl* väv ⟨**a ~ of lies**⟩ **2** simhud

webbed /webd/ ADJ försedd med simhud

wed /wed/ ⟨**wed, wed** *el* **wedded, wedded**⟩ VB **1** gifta sig **2** gifta sig med, äkta

we'd = we had, we would

wedding /'wedɪŋ/ SB bröllop, vigsel

wedge¹ /wedʒ/ SB **1** kil **2** kilformad bit, klyfta **3** *golf* wedge

wedge² /wedʒ/ VB kila fast **be ~d [in]** vara (bli) inklämd

wedlock /'wedlɒk/ SB *frml* äktenskap

Wednesday /'wenzdeɪ, -dɪ/ SB onsdag

wee /wi:/ ADJ *spec Sc vard* mycket liten **a ~ bit** en aning (gnutta)

weed¹ /wi:d/ SB ogräs

weed² /wi:d/ VB rensa ogräs
☐ **weed out** rensa ut

weedkiller /'wi:dkɪlə/ SB ogräsmedel

week /wi:k/ SB vecka **a ~ yesterday** i går för en vecka sedan

weekday /'wi:kdeɪ/ SB vardag, veckodag

weekend /ˌwi:k'end, *spec US* 'wi:kend/ SB veckoslut, helg **at the ~** i (under) helgen

weekly¹ /'wi:klɪ/ **1** ADJ vecko- ⟨**a ~ wage**⟩, ~ **allowance** *spec US* veckopeng **2** SB veckotidning

weekly² /'wi:klɪ/ ADV en gång i veckan, varje vecka

weeny /'wi:nɪ/ ⟨↔ **teeny**⟩ ADJ *vard* mycket liten

weep¹ /wi:p/ ⟨**wept** /wept/, **wept**⟩ VB gråta ~ **for joy** gråta av glädje

weep² /wi:p/ SB **have a good ~** gråta ut [ordentligt]

wee-wee¹ /'wi:wi:/ SB *barnspråk* kiss **do a ~** kissa

wee-wee² /'wi:wi:/ VB *barnspråk* kissa

weigh /weɪ/ VB **1** väga **2** överväga
★ ~ **anchor** lätta ankar

□ **weigh down** tynga ned
weight¹ /weɪt/ SB **1** vikt, tyngd **lose ~** gå ner [i vikt] **put on ~** gå upp [i vikt] **it's a great ~ off my mind** en [stor] sten har fallit från mitt bröst **2** betydelse, vikt
★ **throw one's ~ about** → throw¹
weight² /weɪt/ VB tynga ned, belasta
★ **be ~ed against** missgynna
weightless /ˈweɪtləs/ ADJ tyngdlös
weightlifter /ˈweɪtlɪftə/ SB tyngdlyftare
weightlifting /ˈweɪtˌlɪftɪŋ/ SB tyngdlyftning
weighty /ˈweɪtɪ/ ADJ **1** tung, tyngande **2** viktig, tungt vägande ⟨**~ arguments**⟩
weir /wɪə/ SB fördämning *i vattendrag*
weird /wɪəd/ ADJ **1** kuslig, mystisk **2** *vard* märklig, bisarr, kufisk
weirdo /ˈwɪədəʊ/ SB *vard* konstig typ, knäppskalle
welcome¹ /ˈwelkəm/ VB **1** välkomna, hälsa välkommen **W~!** Välkommen!, Välkomna! **2** hälsa med glädje
welcome² /ˈwelkəm/ **1** ADJ välkommen **you're ~** *spec US som svar på tack* för all del, ingen orsak **you're ~ to any of my books** du får låna vilka böcker du vill **you're ~ to use my car** du får gärna låna min bil **2** SB välkomnande, välkomsthälsning, mottagande **a warm ~** ett varmt välkommen
weld /weld/ VB svetsa
welder /ˈweldə/ SB svetsare
welfare /ˈwelfeə/ SB **1** välfärd, väl, välgång **2** socialarbete, socialvård **child ~** barnomsorg **be on (live off) ~** *US* leva på [social]bidrag **~ worker** socialarbetare
welfare state /ˌwelfeə ˈsteɪt/ SB välfärdsstat
well¹ /wel/ ⟨**better** /ˈbetə/, **best** /best/⟩ ADV **1** bra ⟨**sing ~**⟩, väl, noga **2** mycket, rejält ⟨**~ above the average**⟩, **~ in advance** långt i förväg
★ **as ~** också, likaså **[just] ~ well** lika gärna **be ~ able to** vara fullt kapabel att **be ~ away** *a)* vara långt före *b) vard* vara på snusen **be ~ off** ha det gott ställt **be ~ off for** ha gott om **be ~ out of sth** vara glad att man sluppit undan ngt **do ~ to göra** klokt i att ⟨**you would do ~ to ask her father**⟩, **not very ~** inte gärna ⟨**I can't very ~ ask her now**⟩
well² /wel/ ⟨**better, best**⟩ ADJ bra, frisk, väl **it's all very ~ for you to complain** det är lätt för dig att klaga
well³ /wel/ INTERJ **1** ja ... , tja ... , nåja ... , ja men ... **2 W~, ~!** Minsann!, Oj då! **W~, I never!** Det var det värsta!, Jag har då aldrig hört på maken!
well⁴ /wel/ SB **1** brunn **2** källa, oljekälla **3** hisschakt, trapphus, lufttrumma
well⁵ /wel/ VB flöda, välla
we'll = we will
well-adjusted /ˌweləˈdʒʌstɪd/ ADJ välanpassad
well-advised /ˌwelədˈvaɪzd/ ADJ välbetänkt, klok
wellbeing /ˌwelˈbiːɪŋ/ SB välbefinnande, trivsel
well-bred /ˌwelˈbred/ ADJ väluppfostrad
well-done /ˌwelˈdʌn/ ADJ *om kött* välstekt, genomstekt ⟨**I want my steak ~**⟩
well-heeled /ˌwelˈhiːld/ ADJ *vard* rik, tät
wellies /ˈwelɪz/ ⟨*förk f* wellingtons⟩ SB *GB* gummistövlar
well-informed /ˌwelɪnˈfɔːmd/ ADJ **1** välinformerad **2** allmänbildad
wellington /ˈwelɪŋtən/, **wellington boot** SB *GB* gummistövel
well-intentioned /ˌwelɪnˈtenʃnd/ ADJ välmenande, välment
well-known /ˌwelˈnəʊn/ ADJ välkänd, berömd
well-meaning /ˌwelˈmiːnɪŋ/ ADJ välmenande, välment
well-off /ˌwelˈɒf/ ADJ rik, välbärgad
well-read /ˌwelˈred/ ADJ beläst, bildad
well-spoken /ˌwelˈspəʊkən/ ADJ **be ~** tala fint [och belevat]
well-timed /ˌwelˈtaɪmd/ ADJ läglig, vältajmad
well-to-do /ˌweltəˈduː/ ADJ förmögen, välbärgad
well-wisher /ˈwelˌwɪʃə/ SB välgångsönskare, sympatisör, supporter
well-worn /ˌwelˈwɔːn/ ADJ **1** sliten **2** utsliten, utnött, *bildl äv* banal ⟨**a ~ cliché**⟩
Welsh /welʃ/ **1** ADJ walesisk **2** SB walesiska [språket] **3 the Welsh** walesarna *som folkgrupp*
Welshman /ˈwelʃmən/ SB walesare
Welshwoman /ˈwelʃˌwʊmən/ SB walesiska
welter /ˈweltə/ SB virrvarr, [salig] röra ⟨**a ~ of details**⟩
welterweight /ˈweltəweɪt/ SB **1** weltervikt

2 welterviktare
wench /wentʃ/ SB tös, jänta
wend /wend/ VB ~ **one's way** styra kosan
went → go¹
wept → weep¹
were → be
we're = we are
werewolf /'weəwʊlf/ SB varulv
west¹ /west/ **1** SB väster **to the~ of** väster om **2** SB **the W~** *a)* Västerlandet *b)* västra USA, Västern ⟨**the Wild W~**⟩ **3** ADJ västra, västlig, väst-
west² /west/ ADV västerut, mot väster ~ **of** väster om
westerly /'westəlı/ **1** ADJ västlig **2** SB västan
western /'westən/ **1** ADJ västra, västlig, väst- **2** ADJ västerländsk **3** SB **W~** västern[film]
westerner /'westənə/ SB västerlänning
the West Indies /ˌwest 'ɪndɪz/ SB Västindien
westward /'westwəd/ ADJ västlig
westwards /'westwədz/, **westward** /-wəd/ ADV västerut, mot väster
wet¹ /wet/ **1** ADJ våt, fuktig **W~ paint!** Nymålat! **2** ADJ regnig **3** ADJ *GB* ynklig, obeslutsam **4** SB fukt, väta **5** SB *GB* ynkrygg **6** SB *GB* neds ≈ ljusblå medlem *av konservativa partiet* ⟨**Tory ~s**⟩
★ ~ **behind the ears** inte torr bakom öronen ~ **blanket** glädjedödare ⇓
wet² /wet/ ⟨**wet, wet** *el* **wetted, wetted**⟩ VB fukta, blöta ned, väta
★ ~ **one's pants** kissa i byxorna
wet nurse /'wetnɜ:s/ SB amma
wet suit /'wetsu:t, *GB äv* -sju:t/ SB våtdräkt
we've = we have
whack¹ /wæk/ VB *vard* smälla till [ordentligt], klämma (klippa) till
whack² /wæk/ SB **1** smäll **2** *GB vard* andel **have one's [fair] ~** få sin beskärda del **I've done my ~** jag har gjort mitt **3** försök ⟨**let's have a ~ at it**⟩
whacked /wækt/ ADJ *GB vard* utmattad, slut
whacking¹ /'wækɪŋ/ **1** ADJ *vard* kolossal, enorm ⟨**a ~ lie**⟩ **2** SB *vard* kok stryk
whacking² /'wækɪŋ/ ADV kolossalt, enormt ⟨**a ~ big meal**⟩
whale /weɪl/ SB *zool* val
★ **have a ~ of a time** ha jättekul

whaler /'weɪlə/ SB **1** valfångare
2 valfångstfartyg
whaling /'weɪlɪŋ/ SB valfångst
wham /wæm/ SB smäll, dunk
wharf /wɔ:f/ ⟨*pl* **wharves** /-vz/ *el* **wharfs**⟩ SB lastkaj
what /wɒt/ PRON **1** *i frågor* vad, vilken, vilket, vilka **W~ is your favourite book?** Vilken är din favoritbok? **tell sb ~ to do** säga till ngn vad han ⟨*etc*⟩ skall göra **2** *i utrop* vilken, vilket, vilka ⟨**W~ a strange hat!**⟩, **W~ weather!** Ett sånt väder! **3** *i relativsatser* vad, det som ⟨**~'s done is done**⟩, vilket **and ~ is more** och dessutom ~ **little cake was left he finished** han gjorde slut på det lilla som var kvar av kakan
★ **and ~ have you** och jag vet inte vad **and ~ not** *vard* och så vidare **get (give) sb ~ for** ge ngn vad han ⟨*etc*⟩ tål **know ~'s ~** *vard* ha väl reda på sig **So ~?** Än sen då? ~ **if ... ?** vad händer om ... ? ⟨**W~ if it rains tomorrow?**⟩, **W~ of it?** Vad är det med det då? **W~'s up?** Vad står på? ~ **with** på grund av, med ⟨~ **with my bad leg I couldn't come along**⟩
whatever /wɒt'evə/ PRON **1** vad (vilken) ... än, vad (vilken) som ... än ⟨~ **I did he would get angry**⟩ **2** allt ~ **I have is yours** allt mitt är ditt **3 W~ do you mean?** Vad i hela världen menar du? **4** alls, över huvud taget ⟨**I've no money ~**⟩ **5** *vard* vad som helst ⟨**you can use paper, cloth – ~**⟩
whatsoever /ˌwɒtsəʊ'evə/ PRON alls, över huvud taget ⟨**there's no doubt ~**⟩
wheat /wi:t/ SB vete
wheedle /'wi:dl/ VB ~ **sb into doing sth** *med smicker el lämpor* få (locka) ngn att göra ngt ~ **sth out of sb** lirka (locka) ngt av ngn
wheel¹ /wi:l/ SB **1** hjul **2** ratt
★ **be at the ~** *a)* sitta vid ratten *b)* stå vid rodret *c)* ha befälet
wheel² /wi:l/ VB **1** *kärra, vagn etc* rulla, skjuta, *cykel* leda **2** vända sig om, sno runt **3** *om fåglar* cirkla, flyga runt **4** ~**ing and dealing** *i affärer, politik etc* skumma metoder, manipulation
☐ **wheel [a]round** vända sig om, sno runt
wheelbarrow /'wi:lˌbærəʊ/ SB skottkärra
wheelchair /'wi:ltʃeə/ SB rullstol
wheeler-dealer /ˌwi:lə'di:lə/ SB *i affärer o*

politik klippare, slipad typ, skojare
wheeze¹ /wiːz/ VB rossla, väsa, andas astmatiskt
wheeze² /wiːz/ SB rosslande, väsljud
wheezy /ˈwiːzɪ/ ADJ rosslig, astmatisk ⟨a ~ cough⟩
whelp¹ /welp/ SB valp
whelp² /welp/ VB valpa
when¹ /wen/ ADV när
when² /wen/ KONJ när, då
whence /wens/ ADV *frml* varifrån
whenever /wenˈevə/ KONJ 1 när[helst] ~ **you like** när du vill 2 när ... än, varje gång ⟨she brings a present ~ she comes⟩
where /weə/ ADV 1 *i frågor* var ⟨W~ are you?⟩, vart ⟨W~ are you going?⟩ 2 *i relativsatser* där, dit ⟨the place ~ you last saw her, the place ~ we went⟩, that's ~ I'm going det är dit jag ska this is ~ I live det är här jag bor, här bor jag
whereabouts¹ /ˌweərəˈbaʊts, ˈweərəˌbaʊts/ ADV var [ungefär], var någonstans
whereabouts² /ˈweərəˌbaʊts/ SB vistelseort, tillhåll his ~ is (are) unknown man vet inte var han befinner sig
whereas /weərˈæz/ KONJ medan [däremot] ⟨they live in a house ~ we have a flat⟩
whereby /weəˈbaɪ/ ADV *frml* varigenom
whereupon /ˌweərəˈpɒn/ ADV varpå
wherever /weərˈevə/ KONJ 1 varhelst, var[t] ... än ⟨~ she goes she is followed⟩ 2 var i hela världen ⟨W~ did you find that dog?⟩
whet /wet/ VB 1 bryna, vässa 2 *bildl* stimulera, reta
whether /ˈweðə/ KONJ om, huruvida I doubt ~ **he will come** jag tvivlar på att han kommer
whey /weɪ/ SB vassla
which /wɪtʃ/ PRON 1 *i frågor* vilken, vilket, vilka, vem ... som ask ~ **of them did it** fråga vem av dem som gjorde det 2 *i relativsatser* som, vilken, vilket, vilka of ~ vars, vilkens, varav
whichever /wɪtʃˈevə/ PRON vilken ... än ⟨~ day you come you'll find me home⟩, den, den som ⟨~ of you comes first will win the cup⟩
whiff /wɪf/ SB 1 puff, pust a ~ **of air** en nypa luft 2 inandning 3 bloss 4 *vard* stank

while¹ /waɪl/ SB stund, tid all the ~ hela tiden in a little ~ om en liten stund, efter ett litet tag
★ **worth sb's ~** → worth
while² /waɪl/, **whilst** /waɪlst/ KONJ 1 medan 2 *frml* fastän
while³ /waɪl/ VB
□ **while away** fördriva, få att gå ⟨~ the time⟩
whilst → while²
whim /wɪm/ SB nyck
whimper¹ /ˈwɪmpə/ VB gnälla, gny
whimper² /ˈwɪmpə/ SB gnäll, gny
whimsical /ˈwɪmzɪkl/ ADJ 1 nyckfull, oberäknelig 2 bisarr, stollig
whimsy /ˈwɪmzɪ/ SB nyck, [bisarrt] infall
whine¹ /waɪn/ VB 1 yla, gnälla 2 tjuta, vina
whine² /waɪn/ SB 1 ylande, gnällande 2 tjutande
whinge /wɪndʒ/ VB *vard* gnälla, klaga
whinny /ˈwɪnɪ/ VB gnägga
whip¹ /wɪp/ SB 1 piska 2 inpiskare *som har till uppgift att övervaka disciplinen inom politiskt parti*
whip² /wɪp/ VB 1 piska 2 vispa ~**ped cream** vispgrädde 3 *sport* spöa, utklassa 4 *GB* knycka, sno 5 rycka, slita 6 kila, sticka
□ **whip out** slita fram ⟨~ a gun⟩
□ **whip round** sno (kila) runt ⟨~ **a corner**⟩ ~ **to sb's place** kila hem (över) till ngn
□ **whip up** *a)* piska upp *b)* vispa upp ~ **a meal** fixa till (sno ihop) en måltid
whip hand SB have the ~ ha övertaget
whiplash /ˈwɪplæʃ/ SB pisksnärt
whippet /ˈwɪpɪt/ SB whippet *kapplöpningshund*
whipping /ˈwɪpɪŋ/ SB 1 stryk 2 vispning ~ **cream** vispgrädde *tjockgrädde*
whipping boy SB strykpojke, syndabock
whip-round /ˈwɪpraʊnd/ SB *GB vard* insamling
whir → whirr
whirl¹ /wɜːl/ VB 1 virvla, snurra [runt] his head ~**ed** det gick runt för honom 2 virvla upp 3 svänga [med] ⟨he ~ed his hat⟩
□ **whirl off** susa i väg
□ **whirl past** susa förbi
whirl² /wɜːl/ SB 1 virvlande, virvel 2 virrvarr my head's in a ~ det går runt i huvudet på mig

★ **give sth a ~** *vard* prova på (testa) ngt
whirlpool /'wɜ:lpu:l/ SB **1** strömvirvel, *äv bildl* malström **2 ~ [bath]** bubbelpool
whirlwind /'wɜ:lwɪnd/ SB virvelvind
whirr¹ /wɜ:/, **whir** VB surra, vina
whirr² /wɜ:/, **whir** SB surr, vinande
whisk¹ /wɪsk/ SB **1** visp **2** viska, vippa **3** viftning
whisk² /wɪsk/ VB **1** vifta med ⟨**the horse ~ed its tail**⟩ **2** vispa **3** rusa, kila
☐ **whisk away** *a)* vifta bort *b)* rycka undan ⟨**she whisked my cup away**⟩
☐ **whisk off** *a)* vifta bort *b)* förpassa ⟨**he was whisked off to London**⟩
whisker /'wɪskə/ SB **1** morrhår **2 whiskers** polisonger
whisky /'wɪskɪ/ (*US o Irl* **whiskey**) SB whisky
whisper¹ /'wɪspə/ VB viska
whisper² /'wɪspə/ SB **1** viskning **in a ~** viskande **2** rykte
whistle¹ /'wɪsl/ VB **1** vissla ⟨**for** på, efter⟩ **2** vina **3** *om fågel* drilla
★ **~ in the dark** försöka hålla modet uppe
whistle² /'wɪsl/ SB **1** visselpipa, vissla **2** visslande, vinande **3** vissling, visselsignal **4** *om fågel* drill
white /waɪt/ **1** ADJ vit **~ coffee** kaffe med mjölk eller grädde **~ meat** *a)* ljust kött *av fågel, kalv, gris b)* bröstkött *av fågel* **2** SB vitt **3** SB vit [person] **4** SB vita ⟨**the ~ of an egg, the ~ of an eye**⟩ **5** SB **whites** *a)* vita kläder ⟨**tennis ~s**⟩ *b)* vittvätt ⇓
white-collar /ˌwaɪt'kɒlə/ ADJ **~ work** manschettyrke **~ worker** tjänsteman
white elephant SB dyrbar lyx *som kostar mer än den smakar*
Whitehall /'waɪthɔ:l/ SB **1** Whitehall *gata i London med många regeringsbyggnader* **2** brittiska regeringen
the White House /'waɪthaʊs/ SB Vita huset *presidentens residens i Washington*
white lie SB nödlögn
whiten /'waɪtn/ VB göra vit, vitfärga
white-tie /ˌwaɪt'taɪ/ ADJ frack- ⟨**~ dinner**⟩
whitewash¹ /'waɪtwɒʃ/ SB **1** [vit] kalkfärg **2** *neds* överslätande, urskuldande
whitewash² /'waɪtwɒʃ/ VB **1** vitkalka **2** urskulda, överslätta, rentvå
whiting /'waɪtɪŋ/ SB vitling
Whitsun /'wɪtsn/, **Whitsuntide** /-taɪd/ SB pingst[en]
Whit Sunday /ˌwɪt 'sʌndeɪ, -dɪ/ SB pingstdag[en]
whittle /'wɪtl/ VB **1** tälja **2** tälja på, tälja 'till
☐ **whittle away** reducera, äta upp ⟨**inflation will ~ their savings**⟩
☐ **whittle down** skära ned, minska
whiz /wɪz/, **whizz** VB svischa, vina
whiz kid, whizz kid SB underbarn, fenomen
who /hu:/ PRON **1** *i frågor* vem, vem som, vilka **2** *i relativsatser* som, vilken, vilka
who'd = who had, who would
whodunit /ˌhu:'dʌnɪt/, **whodunnit** SB *roman, film* deckare
whoever /hu:'evə/ PRON **1** vem ... än **tell ~ you like** säg det till vem du vill **2** den som ⟨**~ finds it can keep it**⟩ **3** vem i hela världen
whole /həʊl/ **1** ADJ hel **2** SB helhet **the ~ of England** hela England
★ **as a ~** i sin helhet **go the ~ hog** löpa linan ut **on the ~** på det hela taget
wholefood /'həʊlfu:d/ SB biodynamisk mat
wholehearted /ˌhəʊl'hɑ:tɪd/ ADJ helhjärtad
wholemeal /'həʊlmi:l/ SB *GB* **1** osiktat mjöl, grahamsmjöl **2** *attribut* fullkorns- ⟨**~ bread**⟩
wholesale¹ /'həʊlseɪl/ ADV en gros, i parti ⟨**sell ~**⟩
wholesale² /'həʊlseɪl/ ADJ **1** parti-, grossist- ⟨**~ prices**⟩ **2** *bildl* mass- ⟨**~ arrests**⟩
wholesaler /'həʊlseɪlə/ SB grossist
wholesome /'həʊlsəm/ ADJ hälsosam, nyttig
wholly /'həʊllɪ/ ADV helt [och hållet], fullständigt
whom /hu:m/ ⟨*objektsform av* **who**⟩ PRON **1** *i frågor frml* vem ⟨**To ~ did you send it?**⟩ **2** *i relativsatser frml* som, vilken, vilka
whoop¹ /wu:p, *spec US* hu:p/ VB tjuta, skrika
whoop² /wu:p, *spec US* hu:p/ SB tjut, skrik
whoopee /wʊ'pi:, *US* 'wʊpi:/ INTERJ hurra!
whooping cough /'hu:pɪŋkɒf/ SB kikhosta
whoops /wʊps/ INTERJ hoppsan!
whopper /'wɒpə/ SB **1** bjässe, baddare **2** rövarhistoria, lögnhistoria
whopping¹ /'wɒpɪŋ/ ADJ jättelik, enorm

whopping² /'wɒpɪŋ/ ADV enormt, jätte- ⟨a ~ big lie⟩
whore /hɔː/ SB hora
who's = who is, who has
whose /huːz/ ⟨genitiv till who, which⟩ PRON **1** i frågor vems, vilkens, vilkets, vilkas **2** i relativsatser vilkens, vilkets, vars, vilkas ⟨the house ~ door was locked⟩
why¹ /waɪ/ ADV varför W~ ever ... ? Varför i hela världen ... ? the reason ~ skälet till att that's ~ I was late det var därför jag kom sent
why² /waɪ/ INTERJ men, ju W~, it's John! Men det är ju John! W~, there it is! Där är den ju!
wick /wɪk/ SB veke
wicked /'wɪkɪd/ ADJ **1** elak, ond, ondskefull **2** syndig, syndfull **3** vard otäck, obehaglig **4** okynnig, retsam ⟨a ~ look⟩
wickerwork /'wɪkəwɜːk/ SB **1** korgarbete **2** attribut korg- ⟨~ chair⟩
wicket /'wɪkɪt/ SB **1** kricket grind **2** kricket plan mellan grindarna
wide¹ /waɪd/ ADJ **1** bred, vid with ~ eyes (eyes ~) med vitt uppspärrade ögon **2** sport utanför, ute ⟨the ball was ~⟩
★ give sb a ~ berth undvika ngn ~ of the mark alldeles uppåt väggarna
wide² /waɪd/ ADV **1** vitt, vid- ~ awake klarvaken **2** sport utanför, vid sidan om [målet] ⟨the shot went ~⟩
widely /'waɪdlɪ/ ADV vitt, vitt och brett it's ~ believed that ... man tror allmänt att ...
widen /'waɪdn/ VB **1** vidga, bredda **2** vidgas, breddas
widespread /'waɪdspred/ ADJ allmänt spridd (utbredd)
widow¹ /'wɪdəʊ/ SB änka
widow² /'wɪdəʊ/ VB be ~ed bli änka (änkling)
widower /'wɪdəʊə/ SB änkling
width /wɪdθ, wɪtθ/ SB vidd, bredd
wield /wiːld/ VB **1** yxa, svärd, racket svinga, hantera **2** makt, kontroll etc utöva
wife /waɪf/ ⟨pl **wives** /waɪvz/⟩ SB fru, hustru, maka
wig /wɪɡ/ SB peruk
wiggle /'wɪɡl/ VB **1** vrida sig **2** vicka på ⟨~ one's toes⟩
wild /waɪld/ **1** ADJ vild **2** ADJ våldsam **3** ADJ vanvettig, fantastisk **4** ADJ entusiastisk be ~ about äv vara tokig i **5** SB natur, frihet ⟨animals living in the ~⟩ **6** SB the wilds vildmarken
★ run ~ → run¹
wildcat strike /ˌwaɪldkæt 'straɪk/ SB vild strejk
wilderness /'wɪldənəs/ SB ödemark, vildmark
★ be in the ~ spec polit vara [helt] utan inflytande, vara ute i kylan
wildfire /'waɪldˌfaɪə/ SB like ~ som en löpeld
wild-goose /ˌwaɪld'ɡuːs/ SB a ~ chase ett meningslöst (hopplöst) företag
wildlife /'waɪldlaɪf/ SB vilda djur, djurliv[et], natur[en]
wiles /waɪlz/ SB list, knep
wilful /'wɪlfʊl/ ADJ **1** självsvåldig, egensinnig **2** avsiktlig, uppsåtlig
will¹ /wɪl/ ⟨hopdraget 'll, nekande **won't** /wəʊnt/⟩ VB **1** kommer att, skall I'll help you next week jag ska hjälpa (hjälper) dig nästa vecka **2** i frågor o nekande sats vill ⟨W~ you have some more?, the door won't open⟩ **3** brukar ⟨he ~ sit up all night reading⟩ **4** utan direkt motsvarighet his car ~ hold six people hans bil rymmer sex personer boys ~ be boys pojkar är pojkar oil ~ float on water olja flyter ovanpå vatten **5** måste, torde ⟨that'll be Jim at the door⟩
will² /wɪl/ SB **1** vilja **2** testamente
★ at ~ efter behag, fritt where there's a ~ there's a way man kan bara man vill with a ~ med friska tag
will³ VB **1** förmå, få ngn att göra ngt ⟨I ~ed him to look at me⟩ **2** testamentera
willie → willy
willing /'wɪlɪŋ/ ADJ **1** villig, beredvillig **2** frivillig
willingly /'wɪlɪŋlɪ/ ADV **1** gärna, med nöje **2** frivilligt
willow /'wɪləʊ/ SB vide, pil
willowy /'wɪləʊɪ/ ADJ [lång och] slank, smärt [och smidig]
willpower /'wɪlpaʊə/ SB viljestyrka
willy /'wɪlɪ/, **willie** SB GB snopp
willy-nilly /ˌwɪlɪ'nɪlɪ/ ADV vare sig man vill eller inte ⟨I was sent ~ to a new school⟩
wilt /wɪlt/ VB **1** sloka, vissna, mattas, om person tackla av **2** få att sloka (vissna), få att tackla av
wily /'waɪlɪ/ ADJ listig, [knip]slug, förslagen

wimp /wɪmp/ sb kräk, ynkrygg
win¹ /wɪn/ ⟨**won** /wʌn/, **won**⟩ vb vinna
★ ~ **by a neck** vinna med en halslängd (noslängd) ~ **hands down** vinna stort (lätt) ~ **or lose** hur det än går
□ **win round (over)** [lyckas] övertala
win² /wɪn/ sb seger, vinst
wince /wɪns/ vb rycka till, rygga tillbaka, grina illa ⟨she ~ed with pain, I ~ed at the memory of my mistake⟩, **without wincing** utan att röra en min
winch¹ /wɪntʃ/ sb vinsch, vindspel
winch² /wɪntʃ/ vb vinscha
wind¹ /wɪnd/ sb **1** vind, blåst **there's a strong ~** det blåser hårt **2** andning, anda **get one's ~ back** hämta andan, hämta sig **3** vittring, väderkorn **4** vard gaser ⟨**suffer from ~**⟩ **5** skryt, tomt prat **6** attribut musik blås- ⟨the **~ section**⟩ **7 the wind[s]** musik blåsarna
★ **break ~** a) släppa väder b) rapa **get ~ of** få nys om, få korn på **get (have) the ~ up** GB bli skraj **in the ~** på gång ⟨there was something in the ~⟩, **put the ~ up sb** skrämma upp ngn ⇓
wind² /wɪnd/ vb göra andfådd **the blow ~ed me** slaget fick mig att tappa andan
wind³ /waɪnd/ ⟨**wound** /waʊnd/, **wound**⟩ vb **1** linda, vira, snurra **2** veva **3** dra upp ⟨Did you ~ the clock?⟩ **4** slingra sig, sno sig, vindla
□ **wind down** a) efter ansträngning koppla av, komma (gå) ner i varv b) avveckla ⟨they're planning to ~ their business in Leeds⟩
□ **wind up** a) dra upp b) slutligen hamna ⟨~ **in prison**⟩ c) sluta ⟨**before I ~ I'd like to add ...**⟩ d) avsluta, avveckla ⟨~ **a meeting**, **~ a business**⟩ **wind sb up** retas med ngn
windbag /'wɪndbæg/ sb pratkvarn
windcheater /'wɪndˌtʃiːtə/ sb vind[tygs]jacka
winded /'wɪndɪd/ adj andfådd
windfall /'wɪndfɔːl/ sb **1** fallfrukt **2** bildl skänk från ovan, oväntat arv, oväntad vinst
wind instrument sb blåsinstrument
windmill /'wɪndmɪl/ sb väderkvarn
window /'wɪndəʊ/ sb fönster
window box sb fönsterlåda, balkonglåda
window-dressing /'wɪndəʊˌdresɪŋ/ sb **1** [fönster]skyltning **2** bildl vacker fasad, camouflage
windowpane /'wɪndəʊpeɪn/ sb fönsterruta
window-shopping /'wɪndəʊˌʃɒpɪŋ/ sb **go ~** gå och titta i skyltfönster
windpipe /'wɪndpaɪp/ sb luftstrupe
windscreen /'wɪndskriːn/ sb vindruta
windscreen wiper sb GB vindrutetorkare
windshield /'wɪndʃiːld/ sb US vindruta
windshield wiper sb US vindrutetorkare
windswept /'wɪndswept/ adj blåsig, vindpinad
windward /'wɪndwəd/ adv lovart
windy /'wɪndi/ adj blåsig
wine¹ /waɪn/ sb vin
wine² /waɪn/ vb ~ **and dine** a) äta och dricka gott, smörja kråset b) ≈ bjuda på en flott middag
wing¹ /wɪŋ/ sb **1** vinge **2** om byggnad flygel **3** polit, milit flygel, ytterkant ⟨the left **~** of a party⟩ **4** bollspel ytter **5** GB på bil flygel, stänkskärm **6 wings** teat kulisser **wait in the ~s** äv vara redo [att att ta över]
★ **on the ~** a) i flykten b) i farten **take ~** flyga, flyga upp (i väg) **take sb under one's ~s** ta ngn under sina vingars skugga ⇓
wing² /wɪŋ/ vb vingskjuta
wing commander sb GB överstelöjtnant vid flygvapnet
winged /wɪŋd, i bet 1 äv 'wɪŋɪd/ adj **1** bevingad **2** vingskjuten
winger /'wɪŋə/ sb bollspel ytter
wingspan /'wɪŋspæn/ sb vingbredd
wink¹ /wɪŋk/ vb blinka [med]
□ **wink at** a) blinka åt b) blunda för
wink² /wɪŋk/ sb **1** blinkning **2** blund ⟨**not sleep a ~**⟩ **3** vink, tips, tecken
winkle¹ /'wɪŋkl/ sb strandsnäcka
winkle² /'wɪŋkl/ vb
□ **winkle out** a) lirka ut, locka ut b) locka ur ⟨**winkle a secret out of sb**⟩
winner /'wɪnə/ sb **1** vinnare, segrare **2** vard succé
Winnie-the-Pooh /ˌwɪnɪðə'puː/ sb Nalle Puh
winning /'wɪnɪŋ/ adj vinnande, intagande
winnings /'wɪnɪŋz/ sb vinst[er] i spel om pengar
wino /'waɪnəʊ/ sb fyllo, alkis
winsome /'wɪnsəm/ adj litt vinnande,

intagande ⟨a ~ smile⟩
winter¹ /'wɪntə/ SB vinter
winter² /'wɪntə/ VB övervintra
wintry /'wɪntrɪ/ ADJ **1** vintrig, vinterlik, vinter- **2** *bildl* kall, ovänlig ⟨a ~ smile⟩
wipe¹ /waɪp/ VB torka, torka av ~ one's feet torka sig om fötterna
★ ~ the floor with vinna överlägset över
~ the slate clean dra ett streck över det som varit
▫ **wipe down** torka av ~ a cupboard torka ur ett skåp
▫ **wipe off** utplåna, göra sig kvitt ⟨~ a debt⟩, that wiped the grin off his face det fick honom att sluta flina
▫ **wipe out** utplåna, förinta, *magnetband* spela över, sudda
wipe² /waɪp/ SB avtorkning
wiper /'waɪpə/ SB torkare [windscreen (US windshield)] ~ vindrutetorkare
wire¹ /'waɪə/ SB **1** [metall]tråd, ståltråd, wire **2** ledning ⟨electric ~, telephone ~⟩ **3** [ståltråds]stängsel **4** US äv telegram
★ get one's ~s crossed missförstå pull ~s → pull¹ ⇓
wire² /'waɪə/ VB **1** binda [om] (fästa) med stråltråd **2** ~ [up] dra ledning[ar], förse med ledning[ar], koppla upp **3** larma, utrusta med [tjuv]larm **4** avlyssna, bugga **5** US äv telegrafera
▫ **wire off** spärra av [med taggtråd]
wireless /'waɪələs/ SB åld radio
wire netting /ˌwaɪə 'netɪŋ/ SB ståltråds|nät, -stängsel
wire-tapping /'waɪəˌtæpɪŋ/ SB telefonavlyssning, buggning
wiring /'waɪərɪŋ/ SB ledningar, ledningsnät
wiry /'waɪərɪ/ ADJ **1** senig [och stark] **2** krullig ⟨~ hair⟩
wisdom /'wɪzdəm/ SB vishet, visdom
wise¹ /waɪz/ ADJ vis, klok
★ be ~ after the event vara efterklok be none the ~r vara lika klok som förut get ~ to *spec* US *vard* komma underfund med, genomskåda
wise² /waɪz/ VB
▫ **wise up to** *spec* US *vard* inse, komma underfund med
wisecrack¹ /'waɪzkræk/ SB kvickhet, gliring, spydighet
wisecrack² /'waɪzkræk/ VB kläcka kvickheter, vara spydig

wish¹ /wɪʃ/ VB **1** önska, tillönska ~ sb good luck önska ngn lycka till **2** vilja ⟨I don't ~ to disappoint you but ...⟩
▫ **wish for** önska sig
wish² /wɪʃ/ SB önskan, önskemål my best ~es mina varmaste lyckönskningar
wishful /'wɪʃfʊl/ ADJ längtansfull
★ ~ thinking önsketänkande
wishy-washy /'wɪʃɪˌwɒʃɪ/ ADJ vattnig, blaskig, *bildl* halvhjärtad, vag ⟨a ~ personality⟩
wisp /wɪsp/ SB bunt, test, tott ⟨a ~ of hair⟩, slinga ⟨a ~ of smoke⟩, tapp ⟨a ~ of hay⟩
wispy /'wɪspɪ/ ADJ *om hår, skägg* [tunt och] spretigt
wistaria /wɪˈstɪərɪə/, **wisteria** SB blåregn *klängväxt*
wistful /'wɪstfʊl/ ADJ fylld av saknad, sorgsen, längtansfull
wistfully /'wɪstfʊlɪ/ ADV med saknad, sorgset, längtansfullt
wit /wɪt/ SB **1** kvickhet, spiritualitet **2** kvickhuvud, spirituell person **3** *äv* **wits** vett, förstånd
★ be at one's ~s' end inte veta någon råd frighten sb out of his ~s → frighten
witch /wɪtʃ/ SB häxa ⇓
witchcraft /'wɪtʃkrɑːft/ SB trolldom, trolleri, magi
witch doctor SB medicinman
with /wɪð/ PREP **1** med take sugar ~ one's coffee ta socker i kaffet **2** av, på grund av ⟨tremble ~ fear⟩ **3** hos ⟨she's staying ~ her uncle⟩ **4** *om arbetsplats* på ⟨I'm still ~ the same bank⟩ **5** trots ⟨~ all his faults he's quite nice⟩
★ be '~ sb förstå ngn Are you '~ me? Hänger du med? be '~ it *vard a)* vara på alerten *b)* vara modern, hänga med
withdraw /wɪðˈdrɔː/ ⟨**withdrew** /wɪðˈdruː/, **withdrawn** /wɪðˈdrɔːn/⟩ VB **1** dra tillbaka, ta tillbaka ⟨~ a remark, ~ an offer⟩ **2** dra sig tillbaka **3** ta ut *från bank*
withdrawal /wɪðˈdrɔːəl/ SB
1 tillbakadragande, avlägsnande **2** uttag *från bank*
★ ~ symptoms abstinens|besvär, -symtom
withdrawn¹ VB → withdraw
withdrawn² /wɪðˈdrɔːn/ ADJ tillbakadragen, inåtvänd, [folk]skygg
withdrew → withdraw

wither /'wɪðə/ VB **1** vissna (torka) [bort], förtvina, tyna bort **2** förtorka, göra vissen
□ **wither away** förtvina, tyna bort
withering /'wɪðərɪŋ/ ADJ förintande ⟨a ~ look⟩
withhold /wɪð'həʊld/ ⟨withheld /wɪð'held/, withheld⟩ VB hålla inne, vägra att ge, hålla tillbaka
within¹ /wɪ'ðɪn/ PREP inom from ~ inifrån
within² /wɪ'ðɪn/ ADV **1** inne, på insidan, där inne from ~ inifrån **2** inom sig ⟨she felt hatred ~⟩
without¹ /wɪ'ðaʊt/ PREP utan
without² /wɪ'ðaʊt/ ADV **1** utan do (go, manage) ~ klara sig utan **2** from ~ åld utifrån
withstand /wɪð'stænd/ ⟨withstood /wɪð'stʊd/, withstood⟩ VB stå emot, tåla, uthärda
witness¹ /'wɪtnəs/ SB **1** vittne be [a] ~ to a) vara vittne till b) vittna om **2** bevittnare **3** give ~ frml vittna
★ bear ~ → bear²
witness² /'wɪtnəs/ VB **1** vittna, vara [åsyna] vittne **2** bevittna, vara [åsyna] vittne till **3** bevittna med sitt namn
□ witness to intyga ⟨he will ~ the truth of our story⟩
witness box SB vittnesbås
witness stand SB spec US vittnesbås
wits → wit
witticism /'wɪtɪ,sɪzəm/ SB kvickhet, skämt, spirituell replik
witty /'wɪtɪ/ ADJ kvick, spirituell
wives → wife
wizard /'wɪzəd/ SB trollkarl, vard fenomen, geni ⟨she's a ~ with computers⟩
wizardry /'wɪzədrɪ/ SB trolldom, vard mästerskap, genialitet
wizened /'wɪznd/ ADJ **1** [gammal och] rynkig, skrynklig **2** [torr och] skrumpen, skrumpnad ⟨a ~ apple⟩
wobble¹ /'wɒbl/ VB **1** stå ostadigt, vicka ⟨this chair ~s⟩ **2** vicka på, gunga ⟨Don't ~ the table!⟩ **3** gå osäkert, vingla **4** darra, skälva
wobble² /'wɒbl/ SB **1** vinglande **2** darrning, skälvning, om röst äv vibrato ⟨the singer had an ugly ~⟩
wobbly /'wɒblɪ/ ADJ **1** vinglig, ostadig **2** darrande, skakig a ~ tooth en tand som sitter löst

woe /wəʊ/ SB åld el skämts sorg, elände, olycka
★ W~ is me! Ve mig!
woeful /'wəʊfʊl/ ADJ **1** sorgsen ⟨a ~ expression⟩ **2** eländig, bedrövlig ⟨a ~ lack of imagination⟩
woke → wake¹
woken → wake¹
wolf¹ /wʊlf/ ⟨pl wolves /-vz/⟩ SB varg
★ a ~ in sheep's clothing en ulv i fårakläder cry ~ → cry¹ ⇓
wolf² /wʊlf/, **wolf down** VB sluka, glufsa i sig
wolf whistle /'wʊlf,wɪsl/ SB gillande vissling efter kvinna
wolves → wolf¹
woman /'wʊmən/ ⟨pl women /'wɪmɪn/⟩ SB **1** kvinna, dam **2** kvinnan, kvinnokönet **3** attribut kvinnlig ⟨a ~ doctor, women drivers⟩, ~ friend väninna
★ ~ of the world världsdam
womanhood /'wʊmənhʊd/ SB kvinnlighet grow to (reach) ~ bli kvinna, bli vuxen
womanizer /'wʊmənaɪzə/ SB kvinnojägare
womanly /'wʊmənlɪ/ ADJ kvinnlig
womb /wuːm/ SB livmoder
women → woman
Women's Lib /,wɪmɪnz 'lɪb/, **Women's Liberation** SB kvinno|kampen, -rörelsen
won → win¹
wonder¹ /'wʌndə/ SB **1** förundran, undran **2** under, underverk **3** attribut under- ~ drug undermedel, mirakelmedicin
★ ~s will never cease undrens tid är inte förbi little (no, small) ~ that ... det är inte att undra på att ...
wonder² /'wʌndə/ VB **1** undra **2** förundra sig, förvånas it's not to be ~ed at that ... det är inte att undra på att ... he's stolen the money, I shouldn't ~ det skulle inte förvåna mig om han stulit pengarna
wonderful /'wʌndəfʊl/ ADJ underbar
won't = will not
woo /wuː/ VB **1** åld fria till **2** söka vinna ⟨~ success⟩ **3** ställa sig in hos, söka vinna över på sin sida ⟨the presidential candidate ~ed the black voters⟩
wood /wʊd/ SB **1** trä, träslag, ved **2** äv **woods** skog **3** tunna, kagge beer from the ~ fatöl
★ be out of the ~ ha klarat krisen ⟨we're

not out of the ~ yet⟩
woodcock /'wʊdkɒk/ ⟨*lika i pl*⟩ SB morkulla
woodcut /'wʊdkʌt/ SB träsnitt
wooded /'wʊdɪd/ ADJ skogig, trädbevuxen
wooden /'wʊdn/ ADJ **1** trä-, av trä **2** träaktig, stel
wooden spoon SB **1** träslev **2** jumbopris
woodland /'wʊdlənd/ SB **1** skogs|mark, -trakt **2** *attribut* skogs-
woodpecker /'wʊd‚pekə/ SB hackspett
woodshed /'wʊdʃed/ SB vedbod
woodwind /'wʊdwɪnd/ SB **1** the woodwind träblåsarna **2** *attribut* träblås- ⟨~ instruments⟩
woodwork /'wʊdwɜːk/ SB **1** *spec GB* träslöjd, snickeri **2** snickerier
woof[1] /wʊf/ INTERJ vov give a ~ skälla
woof[2] /wʊf/ VB *om hund* skälla
woofer /'wuːfə/ SB bashögtalare
wool /wʊl/ SB **1** ull **2** ylle, ylle|garn, -tyg **3** *attribut* ylle-
  ★ pull the ~ over sb's eyes → pull[1]
woollen /'wʊlən/ (*US* **woolen**) ADJ **1** ull-, av ull **2** ylle-, av ylle
woollens /'wʊlənz/ (*US* **woolens**) SB ylle|plagg, -kläder
woolly /'wʊlɪ/ (*US äv* **wooly**) **1** ADJ ullig, ylle-, ylleaktig **2** ADJ *om resonemang* luddig, oklar, flummig **3** SB ylle|plagg, -tröja ⟨**Don't forget to wear your woollies!**⟩
woozy /'wuːzɪ/ ADJ *vard* **1** illamående, snurrig **2** på snusen
wop /wɒp/ SB *neds* italienare
word[1] /wɜːd/ SB **1** ord **a** ~ **of advice** ett [gott] råd **a** ~ **of warning** en varning ~ **of honour** hedersord **2** meddelande, bud ⟨**I've just got ~ of his arrival**⟩ **3** rykte ⟨**the ~ is that he's back home**⟩ **4** löfte, hedersord **5** words ordalag
  ★ **be as good as one's ~** stå för sitt ord **be the last ~** vara sista skriket **by ~ of mouth** muntligt **for ~s** outsägligt, otroligt ⟨**too sad for ~s, too funny for ~s**⟩, **give the ~** *a)* ge order *b)* säga 'till ⟨**Wait till I give the ~!**⟩, **have a ~ with** ha ett [privat] samtal med, få säga ett par ord till ⟨**Can I have a ~ with you before the meeting?**⟩, **have ~s with** gräla med **in so many ~s** → many **take sb's ~ for it that ...** lita på att ... ⇓
word[2] /wɜːd/ VB formulera, uttrycka, avfatta
wording /'wɜːdɪŋ/ SB formulering
word-perfect /‚wɜːd'pɜːfɪkt/ ADJ **be** ~ *spec GB* kunna utantill
word processing /'wɜːd‚prəʊsesɪŋ/ SB ordbehandling
word processor /'wɜːd‚prəʊsesə/ SB ordbehandlare
wordy /'wɜːdɪ/ ADJ mångordig, omständlig
wore → wear[1]
work[1] ⟨↔ works⟩ SB **1** arbete, jobb **a piece of** ~ ett arbete **he is a nasty piece of ~** han är en ful fisk **2** arbetet, jobbet ⟨**go to ~, leave ~**⟩ **3** *i olika bet* verk ⟨**the ~s of Shakespeare, the ~ of vandals, This is all your ~!**⟩
  ★ **all in a day's ~** → all[1] **at ~** *a)* på arbetet *b)* i arbete (verksamhet) *c)* i drift, i gång **be at ~ on** hålla på med **be in ~** ha arbete **be off ~** vara ledig **be out of ~** vara arbetslös **have one's ~ cut out** ha en svår uppgift, ha fullt sjå **make short ~ of** → short[1]
work[2] /wɜːk/ VB **1** arbeta, jobba **2** få att arbeta, driva ⟨**he ~ed us too hard**⟩ **3** fungera, gå ⟨**this pump ~s automatically**⟩, **the lift doesn't ~** är sönder **4** *maskiner* få att gå, sköta, hantera ⟨**How do you ~ this camera?**⟩ **5** gå i lås, funka, hålla ⟨**your plan will never ~**⟩ **6** verka, göra verkan **7** fixa, arrangera ⟨**we'll ~ it (things) so you can see her alone**⟩ **8** åstadkomma ⟨**~ a change, ~ wonders**⟩ **9** ~ **loose** *a)* lossna, gå upp *b)* lossa, få loss
  ▫ **work off** arbeta (träna) bort ~ **one's anger** avreagera sig, få utlopp för sin ilska
  ▫ **work out** *a)* räkna ut, beräkna, lösa *b)* utvecklas, ordna sig, gå bra ⟨**it will ~ all right in the end**⟩, ~ **at** uppgå till
  ▫ **work over** *a)* *vard* ta under behandling, misshandla *b)* *spec US* göra om, arbeta om
workable /'wɜːkəbl/ ADJ användbar, genomförbar
workaday /'wɜːkədeɪ/ ADJ vardags-, alldaglig
workaholic /‚wɜːkə'hɒlɪk/ SB arbets-narkoman
workbench /'wɜːkbentʃ/ SB **1** arbetsbänk **2** hyvelbänk

worker /'wɜːkə/ SB arbetare, arbetstagare, anställd
workforce /'wɜːkfɔːs/ SB arbets|styrka, -kraft
working /'wɜːkɪŋ/ ⟨↔ workings⟩ ADJ **1** arbetande **2** arbets- ~ **hours** arbetstid **3** fungerande
★ **have a ~ knowledge of** vara hjälpligt bevandrad i **a ~ majority** en knapp men tillräcklig majoritet
working class /ˌwɜːkɪŋ 'klɑːs/ SB **1** *ofta* **the ~es** arbetarklassen **2 working-class** *attribut* arbetar-, som hör till arbetarklassen ⟨~ **attitudes**⟩
working day /ˌwɜːkɪŋ 'deɪ/ SB arbetsdag
working party /'wɜːkɪŋˌpɑːtɪ/ SB **1** arbetsgrupp, utredning **2** arbetslag
workings /'wɜːkɪŋz/ SB funktionssätt **the ~ of a system** hur ett system fungerar **I don't understand the ~ of his mind** jag förstår inte vad som rör sig i hans huvud (hur han tänker)
workload /'wɜːkləʊd/ SB arbets|belastning, -börda
workman /'wɜːkmən/ SB **1** arbetare **2** hantverkare
workmanlike /'wɜːkmənlaɪk/ ADJ väl utförd, skicklig
workmanship /'wɜːkmənʃɪp/ SB **1** [yrkes]skicklighet **2** utförande *av ett arbete* **a fine piece of ~** ett fint arbete
work-out /'wɜːkaʊt/ SB träningspass
works /wɜːks/ ⟨*lika i pl*⟩ SB **1** fabrik, -verk ⟨**a steel ~, a gas ~**⟩ **2** mekanism **3 the works** *vard* hela rasket, rubbet ⟨**Give me bacon, eggs, sausages and chips, the ~!**⟩, **give sb the ~** misshandla ngn, ta ngn under behandling
workshop /'wɜːkʃɒp/ SB **1** verkstad **2** workshop *studiegrupp som diskuterar o övar praktiskt*
workshy /'wɜːkʃaɪ/ ADJ arbetsskygg
worktop /'wɜːktɒp/ SB arbets|yta, -bänk
work-to-rule /ˌwɜːktəˈruːl/ SB ≈ maskningsaktion *med övertidsblockad o strikt efterlevnad av regler*
world /wɜːld/ SB **1** värld, jord **round the ~** jorden runt **2** *attribut* världs- **~ champion** världsmästare
★ **on top of the ~** → **top¹ out of this ~** inte av denna världen, fullständigt fantastisk **set the ~ on fire** *vard* göra succé (sensation) **a ~ of difference** en himmelsvid skillnad ⇓
world-class /ˌwɜːldˈklɑːs/ ADJ av världsklass
World Cup /ˌwɜːld 'kʌp/ SB VM *spec i fotboll*
world-famous /ˌwɜːldˈfeɪməs/ ADJ världsberömd
worldliness /'wɜːldlɪnəs/ SB världslighet
worldly /'wɜːldlɪ/ ADJ världslig, jordisk
world power /ˌwɜːld 'paʊə/ SB världsmakt
world-weary /ˌwɜːldˈwɪərɪ/ ADJ levnadstrött, trött på livet
worldwide¹ /ˌwɜːldˈwaɪd/ ADJ världsomfattande
worldwide² /ˌwɜːldˈwaɪd/ ADV över hela världen (jorden)
worm¹ /wɜːm/ SB **1** mask **2** ynklig stackare, kräk **3** *tekn* gänga
★ **a can of ~s** → **can²**
worm² /wɜːm/ VB **1** avmaska **2 ~ oneself (one's way)** slingra (åla) sig **he ~ed his way into my confidence** han nästlade sig in i mitt förtroende
★ **~ sth out of sb** lirka (locka) ngt ur ngn
wormwood /'wɜːmwʊd/ SB malört
worn¹ VB → **wear¹**
worn² /wɔːn/ ADJ **1** nött, sliten **2** uttröttad, medtagen
worn-out /ˌwɔːnˈaʊt/ ADJ **1** utnött **2** utmattad
worried /'wʌrɪd/ ADJ orolig, bekymrad, ängslig
worry¹ /'wʌrɪ/ VB **1** oroa sig, vara orolig, ängslas **2** oroa, bekymra, göra orolig **3** besvära, störa
★ **not to ~** ingen fara, det gör inget
worry² /'wʌrɪ/ SB bekymmer, oro
worrying /'wʌrɪɪŋ/ ADJ oroande, bekymmersam
worse¹ /wɜːs/ ⟨*komparativ av* **bad, ill**⟩ **1** ADJ sämre, värre **2** SB värre saker
★ **be none the ~ for** inte ha tagit skada av, inte ha förlorat på **be the ~ for drink** vara berusad **be the ~ for wear** *a)* vara sliten (nött) *b)* vara berusad (illa däran) **for the ~** till det sämre **go from bad to ~** bli värre och värre (sämre och sämre) **~ luck** dessvärre, tyvärr ⟨**I shall miss the party, ~ luck!**⟩
worse² /wɜːs/ ⟨*komparativ av* **badly**⟩ ADV sämre, värre ⟨**it's raining ~ than ever**⟩
★ **be ~ off** ligga sämre till, ha det sämre

(värre)
worsen /'wɜ:sn/ VB **1** förvärra[s] **2** försämra[s]

worship¹ /'wɜ:ʃɪp/ SB **1** tillbedjan, dyrkan ⟨hero ~⟩ **2** andakt **3** gudstjänst a place (house) of ~ en gudstjänstlokal **4** Your ⟨etc⟩ W~ GB vid tilltal av domare o andra ämbetsmän ≈ herr domare, ers nåd

worship² /'wɜ:ʃɪp/ VB **1** tillbedja, dyrka, avguda **2** gå i kyrkan, förrätta sin andakt

worshipper /'wɜ:ʃɪpə/ (US **worshiper**) SB **1** tillbedjare, dyrkare **2** kyrkobesökare

worst¹ /wɜ:st/ ⟨superlativ av **bad, ill**⟩ **1** ADJ värst, sämst **2** SB **the ~** det värsta, det sämsta ⟨they feared the ~⟩
★ **at [the] ~** i sämsta fall **bring out the ~ in sb** locka fram den sämsta sidan hos någon **get (have) the ~ of it** komma till korta, dra det kortaste strået **if the ~ comes to the ~** i värsta fall

worst² /wɜ:st/ ⟨superlativ av **badly**⟩ ADV värst, sämst

worsted /'wʊstɪd/ SB kamgarn, kamgarnstyg

worth /wɜ:θ/ **1** ADJ värd **the film is ~ seeing** filmen är sevärd **the castle is ~ visiting** slottet är värt ett besök **2** SB värde **ten pounds' ~ of petrol** bensin för tio pund **several million dollars' ~ of jewelry** juveler till ett värde av flera miljoner [dollar]
★ **for what it's ~** vad det [nu] kan vara värt ⟨that's my advice, for what it's ~⟩, **~ sb's while** värt besväret **I'll make it ~ your while to ...** du skall inte behöva ångra att ...

worthless /'wɜ:θləs/ ADJ värdelös

worthwhile /ˌwɜ:θ'waɪl/ ADJ **1** värd besväret (mödan), värd att göra ⟨a trip to Paris is always ~⟩ **2** givande, värdefull ⟨teaching can be a ~ career⟩

worthy /'wɜ:ðɪ/ ADJ **1** värdig ⟨a ~ winner⟩ **2 ~ of** värd, värdig **~ of admiration** beundransvärd **a volley ~ of a champion** en volley värdig en mästare **be ~ of** äv förtjäna

would /wʊd/ ⟨preteritum av **will**⟩ VB **1** skulle ⟨they said they ~ meet me at the station, What ~ you do if you won 2,000 pounds?⟩ **2** i frågande o nekande satser ville ⟨the car wouldn't start⟩ **3** ville absolut ⟨we asked him to stop, but he ~ try again⟩ **4** brukade ⟨we ~ meet for drinks after work⟩, kunde ⟨he ~ sit for hours doing nothing⟩ **5** skulle vilja ⟨W~ you lend me your knife?⟩ **6** neds om ngt karaktäristiskt ≈ det är typiskt ⟨I'm afraid Tom refused to lend me his car. – Well, he ~, wouldn't he?⟩

would-be /'wʊdbi:/ ADJ **1** presumtiv ⟨~ buyers⟩ **2** som gör anspråk på att vara ⟨a ~ politician⟩, a ~ musician äv en som drömmer om att bli musiker

wound¹ /wu:nd/ SB sår **it was a ~ to his pride** det sårade hans stolthet

wound² /wu:nd/ VB såra

wound³ VB → **wind³**

wove → **weave¹**

woven → **weave¹**

wow¹ /waʊ/ INTERJ beundrande oj, oj, oj!, oj då!

wow² /waʊ/ SB spec US vard knallsuccé

wow³ /waʊ/ SB ljudteknik [långsamt] svaj

wrangle¹ /'ræŋgl/ VB gräla, bråka

wrangle² /'ræŋgl/ SB gräl, dispyt, tvist

wrap¹ /ræp/ VB **1** slå in **2** linda, svepa
□ **wrap up** svepa (linda) in [sig] **be wrapped up in** äv gå helt upp i, vara helt koncentrerad på **Wrap it up!** Håll käften!

wrap² /ræp/ SB **1** sjal, filt **2** jacka, kappa
★ **under ~s** vard hemligt **take the ~s off** avslöja

wrapper /'ræpə/ SB omslagspapper, omslag **sweet ~** karamellpapper

wrapping /'ræpɪŋ/ SB **1** ofta pl omslag, emballage **2** omslagspapper

wrath /rɒθ, US ræθ/ SB åld vrede

wreak /ri:k/ VB frml göra, åstadkomma
★ **~ havoc** anställa förödelse **~ vengeance** ta hämnd

wreath /ri:θ/ SB **1** krans **2** slinga, virvel ⟨~s of mist⟩

wreathe /ri:ð/ VB **1** bekransa **2** omslingra, omsvepa **~d in mist** dimhöljd **3** slingra (linda) sig
★ **be ~d in smiles** vara idel leenden

wreck¹ /rek/ SB **1** vrak **2** skeppsbrott, haveri

wreck² /rek/ VB **1** förstöra, göra till vrak, kvadda **a ~ed car** ett bilvrak **be ~ed** äv lida skeppsbrott **2** bildl omintetgöra, grusa ⟨the bad weather ~ed all our plans⟩

wreckage /'rekɪdʒ/ SB **1** vrakspillror **2** bildl spillror ⟨the ~ of a political career⟩

wrecker /'rekə/ SB **1** skadegörare **2** US äv

bärgningsbil
wren /ren/ SB gärdsmyg
wrench¹ /rentʃ/ VB **1** rycka, slita, vrida **2** vricka, stuka
□ **wrench away (off)** rycka bort, slita av
wrench² /rentʃ/ SB **1** [kraftigt] ryck, vridning **2** stukning, vrickning **give a ~** stuka, vricka **3** [smärtsam] förlust, hårt slag ⟨**leaving home was a ~ for him**⟩ **4** *ofta justerbar* [skruv]nyckel, tång **pipe —** rörtång
wrestle¹ /ˈresl/ VB **1** *äv bildl* brottas, kämpa **2** brottas med (mot)
wrestle² /ˈresl/ SB brottningsmatch
wrestler /ˈreslə/ SB brottare
wrestling /ˈreslɪŋ/ SB brottning
wretch /retʃ/ SB **1** stackare **2** usling, kräk
wretched /ˈretʃɪd/ ADJ **1** eländig, stackars ⟨**the ~ woman**⟩ **2** förtvivlad, hopplös ⟨**it was a ~ situation**⟩ **3** [ur]usel, bedrövlig **4** *vard* sabla, förbaskad ⟨**The ~ car won't start!**⟩
wretchedness /ˈretʃɪdnəs/ SB **1** elände **2** hopplöshet, förtvivlan **3** uselhet
wriggle¹ /ˈrɪgl/ VB **1** [sitta och] vrida sig, slingra (skruva) sig **~ one's way** slingra sig fram **2** vrida på, vicka på ⟨**~ one's hips**, **~ one's toes**⟩
wriggle² /ˈrɪgl/ SB slingrande rörelse, vickning
wring /rɪŋ/ ⟨**wrung** /rʌŋ/, **wrung**⟩ VB **1** vrida ur **~ing wet** dyblöt, plaskvåt **2** *bildl* tvinga fram ⟨**~ a confession out of sb**⟩
★ **~ one's hands** vrida händerna **~ sb's hand** trycka (krama) ngns hand **~ sb's neck** vrida nacken av ngn
wringer /ˈrɪŋə/ SB vridmaskin *för tvätt*
wrinkle¹ /ˈrɪŋkl/ SB rynka, skrynkla, veck
wrinkle² /ˈrɪŋkl/ VB **1** rynka [på] ⟨**~ one's nose**⟩, skrynkla **2** rynkas, skrynklas, bli rynkig
wrinkled /ˈrɪŋkld/ ADJ rynkig, skrynklig
wrist /rɪst/ SB handled
wristband /ˈrɪstbænd/ SB armband
wristwatch /ˈrɪstwɒtʃ/ SB armbands|klocka, -ur
writ /rɪt/ SB *jur* **1** skrivelse, kallelse **2** stämning
write /raɪt/ ⟨**wrote** /rəʊt/, **written** /ˈrɪtn/⟩ VB **1** skriva, författa **2** gå att skriva med ⟨**this pen ~s well**⟩
□ **write away (off) for** skriva efter, beställa
□ **write down** skriva upp (ned)
□ **write off** *a)* *skuld* avskriva *b)* avfärda ⟨**he was written off as a loser**⟩ *c)* [total]kvadda
□ **write up** *a)* recensera *b)* ge fin kritik, berömma
write-off /ˈraɪtɒf/ SB **1** totalhaveri **be a ~** vara totalkvaddad, vara värdelös **2** avskrivning, avskriven skuld
writer /ˈraɪtə/ SB **1** författare ⟨**of till**⟩, skribent **the ~ of these lines** *äv* den som skriver (skrivit) dessa rader **the ~ of the letter** *äv* brevskrivaren **2 be a neat** ⟨*etc*⟩ **~** skriva snyggt ⟨*etc*⟩
write-up /ˈraɪtʌp/ SB **1** [skriftlig] redogörelse, rapport **2** recension
writhe /raɪð/ VB vrida sig ⟨**~ with shame**⟩
writing /ˈraɪtɪŋ/ SB **1** skrivande, skriveri **2** [in]skrift **3** handstil **4 writings** *författares* verk, skrifter, arbeten
★ **in ~** skriftligt **the ~ is on the wall** det finns illavarslande tecken
writing desk SB skrivbord
written¹ /ˈrɪtn/ VB → write
written² /ˈrɪtn/ ADJ skriftlig
wrong¹ /rɒŋ/ **1** ADJ fel, felaktig **a ~ number** *in felringning* **2** ADJ fel, orätt **3** SB fel **4** SB orätt, orättvisa, orättfärdighet
★ **be in the ~** *a)* ha fel (orätt) *b)* vara skyldig **he was in the ~** *äv* det var hans fel **be ~** ha fel **do no ~** vara ofelbar ⟨**his wife can do no ~**⟩, **two ~s don't make a right** man utplånar inte en orätt genom att begå en ny **What's ~ with ... ?** *a)* Vad är det för fel med (på) ... ? *b)* Hur skulle det vara att ... ? *c)* Vad har du emot ... ? **the ~ way round** bakfram, bakvänt
wrong² /rɒŋ/ ADV **1** fel, orätt **2** galet, illa
★ **get sb ~** missuppfatta (missförstå) ngn **get sth ~** få ngt om bakfoten **go ~** *a)* misslyckas *b)* göra fel *c)* gå sönder, paja
wrong³ /rɒŋ/ VB **1** förorätta, kränka **2** vara orättvis mot, göra orätt mot, misskänna
wrongdoer /ˈrɒŋˌduːə/ SB **1** syndare **2** lagbrytare
wrongdoing /ˈrɒŋˌduːɪŋ/ SB **1** synd[er] **2** lagbrott, missgärning
wrong-foot /ˌrɒŋˈfʊt/ VB *i bollspel* få att tappa balansen, finta [bort]

wrongful /'rɒŋfʊl/ ADJ **1** orättfärdig, orättvis **2** olaglig
wrong-headed /ˌrɒŋ'hedɪd/ ADJ **1** tjurskallig **2** befängd ⟨a ~ idea⟩
wrote → write
wrought /rɔ:t/ ADJ arbetad, bearbetad, smidd **~ iron** smidesjärn
wrung → wring
wry /raɪ/ ADJ ironisk, spydig
★ **make (pull) a ~ face** göra en grimas (en sur min) **a ~ smile** ett snett (ironiskt, bittert) leende

xenophobia /ˌzenə'fəʊbɪə/ SB främlingshat
xerox¹ /'zɪərɒks, US 'zɪr-/ varunamn SB **1** kopieringsapparat **2** fotokopia
xerox² /'zɪərɒks, US 'zɪr-/ varunamn VB fotokopiera
Xmas /'krɪsməs/ ⟨förk f Christmas⟩ SB jul
x-ray¹ /ˌeks'reɪ/, **X-ray** SB **1** röntgenstråle **2** röntgen, röntgenbehandling **3** röntgen|bild, -plåt
x-ray² /ˌeks'reɪ/, **X-ray** VB röntga, röntgenbehandla
xylophone /'zaɪləfəʊn/ SB xylofon

Y yacht¹ – yodel

yacht¹ /jɒt/ SB **1** segelbåt **2** lustjakt
yacht² /jɒt/ VB segla **go ~ing** segla
yachting /'jɒtɪŋ/ SB **1** segling **2** *attribut* seglings-, seglar- ⟨**~ shoes**⟩
yachtsman /'jɒtsmən/ SB seglare, kappseglare
yack¹ /jæk/, **yak** VB pladdra, tjattra, babbla
yack² /jæk/, **yak** SB snack, snatter, pladder
yak /jæk/ SB jak
yank¹ /jæŋk/ VB rycka i, rycka ⟨**on** i⟩
yank² /jæŋk/ SB ryck
Yank /jæŋk/ SB *spec GB vard* amerikan, yankee
Yankee /'jæŋkɪ/ SB **1** *US* nordstatsbo *spec invånare i New England* **2** *vard* amerikan, yankee **3** *attribut* nordstats-, New England- **4** *attribut vard* amerikansk, yankee-
yap /jæp/ VB **1** gläfsa **2** babbla, tjafsa
yard¹ /jɑːd/ SB **1** ⟨*förk* **yd**⟩ yard *91,44 cm* **2** *sjö* rå
yard² /jɑːd/ SB **1** gård, gårdsplan **2** *US äv* trädgård **3** bangård **4** upplagsplats, depå
yardarm /'jɑːdɑːm/ SB *sjö* rånock
yardstick /'jɑːdstɪk/ SB måttstock, mått
yarn /jɑːn/ SB **1** garn, tråd **2** *vard* skepparhistoria
★ **spin a ~ →** spin¹
yawn¹ /jɔːn/ VB **1** gäspa **2** öppna sig, gapa
yawn² /jɔːn/ SB gäspning
yd → yard¹
yeah /jeə/ INTERJ *vard* ja
year /jɪə/ SB **1** år, årgång **2** års|klass, -kurs
★ **all [the] ~ round** hela året om **for ~s and ~s** i många herrans år **put ~s on sb** göra ngn äldre **this ~** i år **~ by ~** för varje år ⟨**prices tend to rise ~ by ~**⟩
yearling /'jɪəlɪŋ/ SB fjolårs|unge, -föl, ettåring
yearly¹ /'jɪəlɪ/ ADJ årlig, års-
yearly² /'jɪəlɪ/ ADV årligen, varje år
yearn /jɜːn/ VB längta, tråna ⟨**for** efter⟩ **a ~ing desire** en brinnande längtan
yearning /'jɜːnɪŋ/ SB stark längtan, trånad, begär
yeast /jiːst/ SB jäst
yell¹ /jel/ VB [gall]skrika, [ill]vråla, [ill]hojta
yell² /jel/ SB **1** [gall]skrik, [ill]vrål, [ill]tjut **2** *US äv* hejarop
yellow¹ /'jeləʊ/ **1** ADJ gul **~ line** *GB* parkeringsförbudslinje *längs trottoarkant* **2** ADJ *vard* feg **3** SB gul färg, gult
yellow² /'jeləʊ/ VB **1** gulfärga **2** gulna
yelp¹ /jelp/ VB skrika till, tjuta, gläfsa
yelp² /jelp/ SB tjut, skrik, gläfs
yes¹ /jes/ INTERJ ja, jo
yes² /jes/ SB ja, jakande svar
yes-man /'jesmæn/ SB jasägare, smickrare
yesterday¹ /'jestədɪ/ ADV i går **~ morning** i går morse **the day before ~** i förrgår
yesterday² /'jestədɪ/ SB gårdagen, i går **~'s paper** gårdagens tidning, tidningen för i går
yet¹ /jet/ ADV **1** ännu, än **~ another** ytterligare en **2** hittills ⟨**her best novel ~**⟩ **3** fortfarande ⟨**we may win ~**⟩
★ **as ~** hittills, ännu så länge ⟨**the longest bridge as ~ constructed**⟩, **~ again** än en gång
yet² /jet/ KONJ men, men likväl, men ändå
yew /juː/ SB idegran
yid /jɪd/ SB *neds* jude
yield¹ /jiːld/ VB **1** bära, ge ⟨**some trees ~ no fruit**⟩ **2** ge avkastning, avkasta **3** *frml* ge sig, ge efter, ge vika ⟨**~ to political pressure**⟩, **~ to temptation** falla för frestelsen **4** *frml* avstå [från], uppge ⟨**~ control of a company**⟩ **5** *spec US* lämna företräde *i trafiken*
□ **yield up** *a)* lämna ⟨**~ one's seat to sb**⟩ *b)* ge upp, överlämna ⟨**~ the city to the enemy**⟩ *c)* avslöja ⟨**~ a secret**⟩
yield² /jiːld/ SB avkastning, behållning, skörd
yielding /'jiːldɪŋ/ ADJ **1** mjuk, elastisk, som ger efter ⟨**~ material**⟩ **2** medgörlig, foglig
yippee /jɪ'piː, *US* 'jɪpɪ/ INTERJ hurra!
yob /jɒb/, **yobbo** /'jɒbəʊ/ SB *GB vard* ligist, bråkstake, huligan
yodel /'jəʊdl/ VB joddla

yoghurt /'jɒgət, US 'joʊ-/, **yogurt** SB yoghurt

yoke[1] /jəʊk/ SB **1** ok **2** *bildl* ok, boja, band ⟨**the ~ of slavery**⟩ **3** *sömnad* besparing, ok

yoke[2] /jəʊk/ VB **1** oka **2** *bildl* förena, koppla ihop, binda samman

yokel /'jəʊkl/ SB [enfaldig] bondlurk, lantis

yolk /jəʊk/ SB äggula, gula

yonder[1] /'jɒndə/ PRON *åld* den där

yonder[2] /'jɒndə/ ADV *GB åld*, *US vard* där borta

you /ju:, *obet* jʊ/ PRON **1** du, dig, ni, er **2** man ⟨**~ never know**⟩, *som objekt* en ⟨**they treat ~ well in Swedish prisons**⟩, *reflexivt* sig ⟨**it's easier to cycle with the wind behind ~**⟩ **3** [du] din ⟨**Y~ silly fool!**⟩ **4** *utan motsvarighet i svenskan* **Don't ~ open that window!** Öppna inte fönstret! **There's a fine pear for ~!** Titta vilket fint päron! **There's gratitude for ~!** Och det skall kallas tacksamhet!

you'd = you had, you would

you'll = you will

young /jʌŋ/ ADJ **1** ung **his ~ sister** hans lillasyster **2** ADJ ungdomlig ⟨**that dress is much too ~ for her**⟩ **3** SB **the ~** de unga, ungdomen **4** SB *djurs* ungar **be with ~** vara dräktig

youngish /'jʌŋɪʃ/ ADJ ganska ung, yngre

youngster /'jʌŋstə/ SB [ung] pojke, [ung] grabb, yngling, *i pl äv* barn, ungar ⟨**And how are the ~s?**⟩

your /jɔ:/ PRON **1** din, er **2** ens, sin **to support ~ family is ~ first duty** att försörja sin familj är ens främsta plikt **3** Y~ Ers ⟨**Y~ Majesty**⟩

you're = you are

yours /jɔ:z/ PRON din, er ★ **What's ~?** Vad vill du ha [att dricka]? **~ truly** *vard* undertecknad

yourself /jɔ:'self/ PRON **1** dig, er ⟨**Did you cut ~?**⟩ **2** själv ⟨**Do it ~!**⟩ ★ **by ~** *a)* ensam, för dig (er) själv *b)* utan hjälp

yourselves /jɔ:'selvz/ PRON **1** er ⟨**you must defend ~**⟩ **2** själva ⟨**Do it ~!**⟩ ★ **by ~** *a)* ensamma, för er själva *b)* utan hjälp

youth /ju:θ/ SB **1** ungdom, ungdomen **2** tonåring, yngling, *i pl äv* ungdomar ⟨**some ~s were waiting outside the disco**⟩

youth centre, **youth club** SB *GB* ungdomsgård

youthful /'ju:θfʊl/ ADJ ungdomlig

youth hostel /'ju:θˌhɒstl/ SB vandrarhem *för ungdom*

you've = you have

yuck /jʌk/, **yuk** INTERJ ≈ Usch (Fy) vad äckligt!

Yugoslav /'ju:gəʊslɑ:v/ **1** ADJ jugoslavisk **2** SB jugoslav

Yugoslavia /ˌju:gəʊ'slɑ:vɪə/ SB Jugoslavien

Yugoslavian /ˌju:gəʊ'slɑ:vɪən/ ADJ jugoslavisk

yule /ju:l/, **yule-tide** /'ju:ltaɪd/ SB *åld* jul[en], juletid

yum-yum /ˌjʌm'jʌm/ INTERJ namnam, mums

yuppie /'jʌpɪ/ ⟨*förk f* young urban professional⟩ SB yuppie

Z

zany /'zeɪnɪ/ ADJ knasig, knäpp
zap¹ /zæp/ VB *vard* **1** knäppa, peppra **2** anfalla, slå medvetslös **3** kila, susa
zap² /zæp/ SB *spec GB vard* energi, kraft, kläm
zeal /ziːl/ SB nit, iver, fanatism
zealot /'zelət/ SB fanatiker
zealous /'zeləs/ ADJ nitisk, fanatisk
zebra /'zebrə, *spec US* 'ziːb-/ SB sebra
zebra crossing /ˌzebrə 'krɒsɪŋ/ SB *GB* övergångsställe
zed /zed/ (*US* **zee** /ziː/) SB [bokstaven] z
zenith /'zenɪθ, *spec US* 'ziːnəθ/ SB zenit, *bildl äv* höjdpunkt
zero¹ /'zɪərəʊ/ **1** RÄKN noll **2** SB ⟨*pl* -[e]s⟩ nolla, nollpunkt[en] **five degrees below ~** fem minusgrader
zero² /'zɪərəʊ/ VB nollställa
□ **zero in on** a) *milit* sikta på, skjuta in sig på, flyga an mot b) fokusera på, koncentrera sig på
zest /zest/ SB **1** livslust, entusiasm **2** *bildl* krydda, smak
zigzag¹ /'zɪgzæg/ SB **1** sicksack, sicksacklinje **2** *attribut* sicksack-, som går i sicksack ⟨**a ~ road**⟩
zigzag² /'zɪgzæg/ VB löpa (gå) i sicksack, sicksacka
zinc /zɪŋk/ SB zink
zip¹ /zɪp/ SB **1** *GB* blixtlås **2** *vard* energi, kraft, kläm **3** visslande, vinande ⟨**the ~ of a bullet**⟩
zip² /zɪp/ VB **1** stänga med blixtlås, dra igen ett blixtlås **2** kila, susa ⟨**~ into town for some food**⟩ **3** vissla, vina
□ **zip open** öppna blixtlåset på
□ **zip up** dra igen blixtlåset på (åt) ⟨**Zip me up at the back, please!**⟩
zip code /'zɪpkəʊd/ SB *US* postnummer
zip fastener /'zɪpˌfɑːsnə/ SB *spec GB* blixtlås
zipper /'zɪpə/ SB *spec US* blixtlås
zombie /'zɒmbɪ/, **zombi** SB **1** zombie, levande död **2** *vard* döddansare, robot
zone¹ /zəʊn/ SB zon, område, bälte
zone² /zəʊn/ VB **1** indela i zoner **2** stadsplanera
zonked /zɒŋkt/ ADJ *vard* **1** utmattad, dödstrött **2** på röken, påtänd, hög
zoo /zuː/ SB zoo
zoological /ˌzəʊə'lɒdʒɪkl/ ADJ zoologisk
zoologist /zəʊ'ɒlədʒɪst/ SB zoolog
zoology /zəʊ'ɒlədʒɪ/ SB zoologi
zoom /zuːm/ VB **1** *om bilar, flygplan etc* susa, svepa ⟨**~ing along the highway**⟩ **2** *om flygplan* stiga brant **3** stiga, skjuta i höjden ⟨**prices have ~ed lately**⟩ **4** *foto* zooma
zoom lens /'zuːmlenz/ SB zoomlins
zucchini /zuː'kiːnɪ/ ⟨*lika i pl*⟩ SB *spec US* zucchini, squash

Svensk-engelska delen

a, ~ och o the most important part **har man sagt ~, får man säga b** ≈ in for a penny, in for a pound
A4-pärm A4 binder
AB Ltd. ⟨*förk f* limited⟩, *US* Inc. ⟨*förk f* incorporated⟩
abborre perch ⟨*pl lika el* -es⟩
abdikera abdicate
abnorm abnormal
abonnemang subscription ⟨på to, for⟩
abonnent subscriber, *teat* season-ticket holder
abonnera subscribe ⟨på to⟩ **~d buss** hired (private) coach, *US* chartered bus
abort abortion **göra ~** have an abortion
absolut¹ ADJ absolute
absolut² ADV **A~ inte!** Definitely not! **om du ~ vill se den** if you insist on seeing it
absorbera absorb
abstrakt abstract
absurd absurd
accelerera accelerate
accent accent, *betoning* stress
acceptabel acceptable
acceptera accept, agree to
aceton acetone
acklimatisera sig acclimatize
ackompanjemang accompaniment
ackompanjera accompany
ackord 1 *musik* chord **2** *lön* piece rate **arbeta på ~** do piecework
ackumulator *tekn* accumulator
ackusativ the accusative
ackusativobjekt direct object
addera add, *lägga samman* add up
addition addition
adel, ~n the nobility **han är av gammal ~** he comes of an old aristocratic family
adelsman nobleman
adjektiv adjective
adjö goodbye, *vard* bye[-bye] **~ så länge** see you later

adla, ~ ngn raise sb to the nobility
adlig noble, aristocratic
administration administration
administrativ administrative
administrera administer
adoptera adopt **~ bort ett barn** have a child adopted
adoption adoption
adoptivbarn adopted child
adoptivföräldrar adoptive parents
adress address
adressat addressee
adressera address
Adriatiska havet the Adriatic [Sea]
advent Advent **första ~** Advent Sunday
adventskalender Advent calendar
adverb adverb
advokat lawyer, *US äv* attorney
advokatbyrå firm of lawyers, law firm
affektionsvärde sentimental value
affisch poster, *mindre* bill
affär ⟨↔ affärer⟩ **1** butik shop, *spec US* store **hon står i ~** she works in a shop **2** *affärsuppgörelse* [business] transaction, deal, *spec förmånlig* bargain **en bra ~** a bargain **en dålig ~** a bad bargain (deal) **3** *angelägenhet, sak* affair, business **Lägg dig inte i mina ~er!** Mind your own business! **göra [en stor] ~ av** make a fuss about
affärer ⟨↔ affär⟩ **1** *affärsverksamhet* business ⟨*sg*⟩ **Hur går ~na?** How's business? **göra ~** do business ⟨**hon är i New York**⟩ **i ~** on business **Sveriges ~ med utlandet** Sweden's foreign trade **2** *ekonomisk ställning* affairs **hans privata ~ är en enda röra** his private affairs are in a mess
affärsbiträde → expedit
affärsbrev business letter
affärscentrum business district
affärsgata shopping street
affärsinnehavare shopkeeper, *spec US* storekeeper
affärsman businessman
affärsresa business trip
afghan 1 Afghan **2** *hundras* Afghan [hound]
Afghanistan Afghanistan
Afrika Africa
afrikan African
afrikansk African
afton ⟨↔ kväll⟩ evening
aga¹ SB corporal punishment, caning

aga² VB cane, beat*
agent agent, *handels~ äv* representative
agentur agency
agera act, *på scen äv* play
agerande, hans ~ his actions
agg grudge **hysa ~ mot** have a grudge against
aggression aggression
aggressiv aggressive
aggressivitet aggressiveness
agitera agitate, campaign, *värva röster* canvass
agn¹ *vid tröskning* **~ar** husks, chaff **skilja ~arna från vetet** separate the wheat from the chaff
agn² *bete* bait
agronom agronomist
aids Aids
aj Ow!, Ouch! **A~ ~, kapten!** Aye aye, sir!
à jour, hålla sig ~ med keep up with
akademi academy
akademiker academic, *universitetsutbildad* university (US *vanl* college) graduate, *som grupp* ⟨*pl*⟩ people with a university education
akademisk academic **~ examen** university degree
akrobat acrobat
akryl acrylic
akrylfärg acrylic paint
akt¹ 1 *handling o teat* act **2** *dokument* document, file
akt², ge ~ på *notera* notice, watch, *se upp för (med)* mind **Giv ~!** *milit* Attention! **ta tillfället i ~** seize the opportunity
akta 1 *hantera försiktigt* be careful with, *vårda sig om, tänka på* be careful of (about) **A~ huvudet!** Mind your head[s]! **A~s för stötar** Handle with care **2** *högakta* respect, esteem **akta sig** take* care, be careful ⟨**för att göra ngt** not to do sth⟩ **Akta dig!** *a) se upp* Take care!, Look out! *b) hot* Watch your step! **Akta dig så du inte har sönder den** Mind you don't break it **Akta dig för** ⟨**bilarna**⟩ Watch out for
akter¹ SB *på båt* stern
akter² ADV **~ om** astern of **~ ut** *inombords* aft, *utombords* astern
akterdäck quarterdeck
aktersnurra outboard motor
aktie share, US *vanl* stock
aktiebolag limited (US incorporated) company

aktiekurs stock (share) price
aktieägare shareholder, *spec US* stockholder
aktion action, *kampanj* drive, campaign
aktiv active **de ~a** ⟨**i klubben**⟩ the active members
aktivera make* active, activate
aktivist activist
aktivitet activity
aktning respect ⟨for⟩ **ha (hysa) ~ för** respect **sjunka i ngns ~** fall in sb's esteem
aktningsvärd worthy of respect
aktualisera *ge [förnyad] aktualitet åt* bring* up [again], *modernisera, uppdatera* bring* up to date, update
aktualitet, ~er current (topical) events
aktuell current, *viktig el intressant just nu* topical **en ~ bok** a topical book **den ~a boken** *den ifrågavarande* the book in question **ett ~t problem** an urgent problem **den ~a situationen** the present situation **det är inte ~t längre** *avfört* it's no longer of interest
aktör actor
akupunktur acupuncture
akustik, ~en är dålig the acoustics are bad
akustisk acoustic
akut 1 ADJ acute **2** SB **~en** **~mottagningen** the emergency ward (US room)
akvarell water-colour
akvarium aquarium ⟨*pl* -s *el* aquaria⟩
al alder
A-lag *sport* first team
alarm *signal* alarm
alarmera alarm
alban Albanian
Albanien Albania
albansk Albanian
albanska *språket* Albanian
albatross albatross
album *äv LP-skiva* album
aldrig never **man skall ~ säga ~** never say never **~ mer** never again **~ någonsin** *inte en enda gång* never once **nästan ~** hardly ever **A~ i livet!** Not on your life!
alfabet alphabet
alfabetisk alphabetical
alg alga ⟨*pl* algae⟩
Alger Algiers
Algeriet Algeria
algerisk Algerian
alibi alibi **ha ~** have an alibi
alkohol alcohol

alkoholfri nonalcoholic
alkoholism alcoholism
alkoholist alcoholic, [habitual] drunkard
alkotest breathalyzer test *varunamn*
all ⟨*med böjningsformerna* **allt, alla**⟩ PRON
FÖRENAT
1 all, *varje, all tänkbar* every ⟨*sg*⟩, *all eventuell* any
~ **snö** ⟨**är borta**⟩ all the snow ⟨**han drack upp**⟩ ~**t vin** all [of] the wine **Är det här ~t smör som finns?** Is this all the butter there is? ⟨**vi betalar kostnaden för**⟩ ~**a [ev.] reparationer** any repairs ⟨**öppet**⟩ ~**a vardagar** every weekday ⟨**jag önskar dig**⟩ ~ **framgång** every success **åt ~a håll** in every direction
SJÄLVSTÄNDIGT
2 allt everything, *äv 'det enda'* all, **alltsammans** *äv* all of it, *vad som helst* anything ~**t är borta** everything (all of it) is gone **Är det här ~t?** Is this all? ⟨**Är det något mer som ska ut?**⟩ – **Nej, det var ~t** No, that's the lot (that's all there is) ~**t som ~t** all in all ⟨**jag skyndar mig**⟩ ~**t jag kan** as much as I can (all I can) **när ~t kommer omkring** when all is said and done, after all **av ~t att döma** to all appearances ~ **annat** → **annan** ~ **som** everything that
3 alla *om djur o saker* all of them, *om personer* everybody, everyone ⟨**båda:** *sg*⟩, **allesamman** *äv* all of them (**vi alla** of us, **ni alla** of you), *vem som helst* anyone, anybody ⟨**båda:** *sg*⟩ ~**a har rest** everybody has left ~**a gillar honom inte** not everybody likes him **en gång för ~** once and for all **i ~s närvaro** in front of everyone
alldaglig everyday ⟨*före sb*⟩, ordinary, commonplace, *om utseende* plain
alldeles quite, *fullständigt, helt o hållet* completely, *precis* exactly ~ **ensam** all (quite) alone ~ **nyss** just now ~ **för stor** far (much) too big
allé [tree-lined] avenue, *fram till hus* drive
allehanda ADJ all sorts of, various
allemansrätt ≈ right of common access
allergi allergy
allergisk allergic ⟨to⟩
allesammans all of us (you, them) **Adjö ~!** Goodbye everybody!
allhelgonaafton Hallowe'en

allhelgonadagen All Saints' Day
allians alliance, confederacy
alliansfri nonaligned
alliera sig, ~ **med** ally (align) oneself with
allierad allied **de ~e** *polit* the Allies
allihop → **allesammans**
allmosa alms ⟨*pl*⟩, *neds* ⟨*om ngt otillräckligt*⟩ handout
allmän general, *vanlig* common, *offentlig* public **på ~ begäran** by popular request **[den] ~na opinionen** public opinion
allmänbildad, vara ~ be well-read
allmänbildande instructive, educative
allmänbildning general knowledge
allmängiltig universal, universally valid
allmänhet 1 i ~ in general **2 ~en** the public
allmänläkare general practitioner, GP
allmänning common
allmänt ⟨↔ **allmän**⟩ ADV ~ **känd** widely known **det är ~ bekant** it is common knowledge
allmäntillstånd general condition (state)
allra ... of all, *före superlativ vanl* very ⟨**den**⟩ **är ~ bäst** is the best of all (the very best) ⟨**jag gjorde**⟩ **mitt ~ bästa** my very best **~ bästa slag** of the best possible kind **de ~ flesta [människor]** most people ~ **först** ⟨**vill jag påpeka**⟩ first of all ~ **mest** most of all **det ~ nödvändigaste** ⟨**är att ...**⟩ most important of all ⟨**vi fick bara med**⟩ **det ~ nödvändigaste** the bare necessities
alls at all ⟨**Håller du med henne?**⟩ – **Inte ~** By no means
allsidig all-round, comprehensive **en ~ kost** a balanced diet
allsmäktig omnipotent **den A~e [Guden]** Almighty God
allsvenskan ≈ the first division
allsång group (community) singing, *GB äv* singsong
allt[1] PRON → **all**
allt[2] SB ~**et** the universe, the cosmos
allt[3] ADV ~ **bättre** better and better ~ **intressantare** more and more interesting **ett ~ större antal** an ever greater number
allteftersom *efter hand som* as
alltför [far] too **det vet jag ~ väl** I know that only too well
alltiallo handy-man, *kontorshjälp* girl (man) Friday
alltid always **för ~** for ever

alltifrån *tid* [ever] since
alltihop → alltsammans
allting ⟨↔ all⟩ PRON everything
alltjämt still
alltmer more and more
alltsammans all [of it], *vard* the [whole] lot
alltsedan ever since ~ **dess** ever since [then]
alltså consequently, therefore, *svagare* then, so
allvar seriousness **när det blir ~ av** when it comes to the point **Menar du ~ [med att resa]?** Are you serious [about leaving]? **ta på ~** take seriously **tala ~ med** have a serious talk with **på fullt ~** in real (dead) earnest
allvarlig serious, *uppriktig* earnest, *oroande* grave **hålla sig ~** remain serious
allvarligt ADV **~ talat** ⟨kan jag inte ...⟩ seriously [speaking]
allvarsam → allvarlig
alm elm
almanacka almanac, *vägg~* calendar, *för noteringar* diary
alp alp **Alperna** the Alps
alpin alpine **~ kombination** *sport* combined event
alpinist alpinist, mountaineer
alster product, *skapelse, verk* work
alstra produce, generate
alt *sångare, stämma* alto
altan balcony, terrace
altare *äv bildl* altar
alternativ 1 SB alternative ⟨to⟩, *om fler än två* choice, option ⟨**hon är**⟩ **ett tänkbart ~** a possible choice **2** ADJ alternative
aluminium aluminium
amaryllis amaryllis
amason *i antik myt* Amazon, *stridbar kvinna* amazon
amatör amateur
amatörmässig amateur[ish], unprofessional
amatörteater amateur theatre
Amazonfloden the Amazon [River]
ambassad embassy
ambassadör ambassador **Sveriges ~ i Frankrike** the Swedish ambassador to France
ambition ambition, aspiration
ambitiös ambitious, *arbetsam* hard-working

ambulans ambulance
amen amen **säga ja och ~ till ngt** agree [meekly] to sth
Amerika America, USA *äv* the United States [of America]
amerikan American
amerikansk ⟨↔ engelsk-⟩ American **den ~e ambassadören** the United States (the US) ambassador
amerikanska ⟨↔ engelska⟩ **1** *språk* American [English] **2** *kvinna* American woman
amfetamin amphetamine, benzedrine *varunamn*
amiral *äv fjäril* admiral
amma[1] SB wet nurse
amma[2] VB **1** *ge di* **hon satt och ~de** she sat nursing her baby **2** *föda upp med bröstmjölk* breast-feed*
ammoniak ammonia
ammunition *äv bildl* ammunition
amnesti amnesty **bevilja ngn ~** grant sb amnesty
amortera pay* off ⟨a loan⟩ by instalments
amortering amortization, *belopp* instalment
ampere ampere, amp
ampull ampoule
amputera amputate
amulett amulet, charm
an ⟨↔ gripa sig ~, komma ~, lägga ~ etc⟩ ⟨gå⟩ av och ~ up and down
ana VB suspect, have a feeling ⟨**att** that⟩ **du ~r inte** ⟨**vad** ...⟩ you can't imagine **det ante mig** I thought as much **intet ont ~nde** *adj* unsuspecting **~ oråd** smell a rat
anabol anabolic
analfabet illiterate [person] **vara ~** be illiterate
analfabetism illiteracy
analys analysis ⟨*pl* analyses⟩
analysera analyse, break* down
analytiker analyst
analytisk analytic[al]
ananas pineapple
anarki anarchy
anarkist anarchist
anatomi anatomy
anatomisk anatomical
anblick, **vid första ~en** at first sight
anbud offer, *köpares* bid **infordra ~ på** invite tenders for **lämna ~ på** put in an

offer for, US bid on

and [wild] duck, *gräs-* mallard **jaga änder** shoot duck

anda 1 *andhämtning* breath **hålla ~n** hold one's breath **med ~n i halsen** out of breath **2** *stämning* spirit, *lagmoral etc* morale ⟨**jag gör det**⟩ **när ~n faller på** when I am in the mood

andakt 1 *andäktighet* devoutness **2** *gudstjänst* prayers ⟨*pl*⟩

andas breathe **~ djupt** breathe deeply, *ta ett djupt andetag* take a deep breath **~ tungt** breathe hard **~ ut** *bildl* breathe [freely] again

ande spirit, ghost **den helige A~** the Holy Ghost (Spirit)

andedräkt breath

andel share **ha ~ i** *t ex vinsten* have a share in

Anderna the Andes

andetag breath **i ett [enda] ~** all in one breath

andfådd breathless

andlig 1 *psykisk* mental **2** *ej av kött och blod* spiritual **3** *religiös* religious **~a sånger** sacred songs

andlös breathless

andlöst ADV **~ spännande** breathtaking

andning breathing

andnöd difficulty in breathing

andra¹ ⟨↔ femte⟩ RÄKN second **för det ~** second[ly] **komma i ~ hand** come second (later) **på ~ våningen** *2 tr upp* on the second (US third) floor

andra² PRON → annan

andrum breathing space

andäktig devout

anekdot anecdote

anemi anaemia

anemisk anaemic

anfall 1 attack **gå till ~** attack, charge ⟨**mot** at⟩ **2** *medicin, bildl* fit **ett hysteriskt ~** a fit of hysteria

anfalla attack

anfallsspelare attacker, forward

anföra *dra fram* **~ skäl för** give reasons for **~ som ursäkt** plead as an excuse

anförande *kort tal* speech, talk

anföringstecken ⟨*pl*⟩ quotation marks, quotes

anförtro 1 *delge* confide **han ~dde mig hemligheten** he confided the secret to me **2** *överlämna* entrust **anförtro sig** confide

⟨**åt** in⟩

ange 1 *uppge* state, ge ⟨*t ex svar, lösning*⟩ give*, *visa* indicate, show* **~ skälet** give the reason ⟨for⟩ **2** *anmäla* report ⟨**för** to⟩, *som angivare* inform on **~ sig själv** give oneself up ⟨to the police⟩ **3** *anslå* **~ takten** *musik* mark [the] time, beat time, *bildl* set the pace **~ tonen** *bestämma* call the tune

angelägen 1 *viktig* important, *spec brådskande* urgent **2** *mån, intresserad* anxious ⟨for⟩, keen ⟨on⟩ **jag är ~ om att få träffa henne** I am anxious to see her ⟨**han verkade inte särskilt**⟩ **~ om det** keen on it

angelägenhet matter, concern **allas ~** everyone's concern **Sköt dina egna ~er!** Mind your own business!

angenäm pleasant, agreeable

angivare informer

angiveri informing

Angola Angola

angrepp attack ⟨**mot, på** on⟩ **gå till ~** attack, launch an attack

angripa attack, *skada äv* affect **~ ett problem** tackle a problem

angripare attacker, *spec polit* aggressor

angränsande *område* adjacent, *rum* adjoining

angå concern **det ~r dig inte** it's none of your business **vad honom ~r** as far as he is concerned, as for him **Vad ~r det mig?** What's that to me?

angående concerning, regarding

angöra 1 ~ land make land (a landfall) **~ en hamn** call at a port **2** *göra fast* make* fast

anhålla 1 *jur* take* into custody, *gripa* arrest ⟨**vara**⟩ **anhållen under arrest 2** *be* ask, request **~ om ngt** ask for (request) sth **~ [om] att få göra ngt** ask permission to do sth

anhållan request, *ansökan* application ⟨*båda:* for⟩

anhållen SB person under arrest, detainee

anhängare supporter ⟨**till** of⟩

anhörig relative, relation **hennes [närmaste] ~a** her next of kin **mina ~a** my family

animalisk animal

aning 1 *förkänsla* feeling **onda ~ar** misgivings **2** *föreställning* idea, notion **jag har ingen ~ om** ⟨**varför** ...⟩ I've no idea

⟨why ...⟩ **3** *lite* **en ~ peppar** a dash (touch) of pepper ⟨**köttet är**⟩ **en ~ segt** a bit tough
anka duck
ankare anchor **kasta ankar** drop anchor **ligga för ankar** lie (ride, be) at anchor **lätta ankar** weigh anchor
ankdamm duck pond, *bildl* ≈ backwater
ankel ankle
anklaga accuse ⟨of⟩, *spec jur* charge ⟨with⟩ **den (de) ~de** the accused
anklagelse accusation, *spec jur* charge **rikta ~r mot ngn** ⟨**för ngt**⟩ accuse sb ⟨of sth⟩
anknyta 1 *tåg, el etc* connect ⟨with⟩ **2** ⟨**jag vill**⟩ **~ till** ⟨**vad du sa**⟩ refer to
anknytning connection ⟨till with⟩, *telefon~* extension **ha ~ till** *samband* be connected with, *släktförbindelse etc* have a link with
ankomma ⟨↔ anlända⟩ **1** arrive ⟨**tåget**⟩ **ankommer kl 2** *enl tidtabell* is due at 2 o'clock **2 det ankommer på mig att** it falls on me to
ankomst arrival **vid ~en** on [my ⟨*etc*⟩] arrival **~ till** *byn, kyrkan etc* arrival at, *ett land, en stad etc* arrival in
ankomsthall arrival[s] hall
ankomsttid time of arrival
ankra anchor, drop anchor
ankunge duckling
anlag *arvs~* gene **~et för bruna ögon** ⟨**är dominant**⟩ the trait for brown eyes **ha ~ för svindel** be prone to dizziness **ha ~ för språk** have an aptitude (a talent, a gift) for languages
anlagd ⟨↔ anlägga⟩ **branden var ~** the fire was an act of arson
anledning *orsak* cause, *skäl* reason **det finns all ~ att** ⟨**tro**⟩ there is every reason to **~en till olyckan** the cause of the accident **~en till att** the reason why (that) **av den ~en** for this reason **av någon ~** for some reason **med ~ av** *på grund av* owing to, on account of **vid minsta ~** on (at) the slightest provocation
anlita turn to, consult, *inkalla* call in, engage **han är mycket ~d** he is very much in demand
anlägga ⟨↔ anlagd⟩ **1** *bygga, uppföra* build*, construct **2** *planera o iordningställa* ⟨*t ex en park*⟩ lay* out **3 ~ en min** put on a face (an air) **~ skägg** grow a beard

anläggning 1 *uppförande* construction **2** *byggnad[er] etc* establishment, plant **3** *apparat* unit, set
anlända arrive **~ till byn, kontoret etc** arrive at, *en stad, ett land etc* arrive in
anmäla 1 *meddela* announce, *rapportera* report **2** *till tävling* enter ⟨for⟩, *till utbildning etc* register ⟨with⟩ **Hur många är anmälda** ⟨**till loppet**⟩**?** How many are entered? **~ ett barn till** ⟨**förskolan**⟩ put a child's name down for **3** *ange* report
anmäla sig report ⟨**för, hos** to⟩, *som sökande* apply ⟨for⟩, *till tävling* enter onself for **jag anmäler mig härmed som sökande till ...** I wish to apply for ...
anmälan ⟨*pl* **anmälningar**⟩ **1 göra en ~ mot ngn** report sb **2** *ansökan* application, entry ⟨*båda:* **till** for⟩
anmälningsavgift entry (registration) fee
anmälningsblankett application form
anmälningstid, ~en utgår ⟨**4 mars**⟩ the last day for entries is
anmärka 1 *påpeka* remark **2** *vara kritisk* **~ på** criticize, find fault with **jag har inget att ~ mot förslaget** I have no objections to the proposal
anmärkning 1 *påpekande* remark **2** *kritik* criticism **få en ~ i skolan** be reported **~ar mot** ⟨**fakturan**⟩ complaints about ⟨**vara**⟩ **utan ~** satisfactory
annalkande ADJ approaching
annan ⟨*med böjningsformerna* **annat, andre, andra**⟩
FÖRENAT
1 other, *en* **~**, *ett* **annat** another, *annorlunda, helt* **~** different
en ~ bok another book **andra böcker** other books **det är en [helt] ~ sak** that's a different (quite another) matter **jag känner mig som en ~ människa** I feel a new man (woman) **i annat fall** otherwise **på ett eller annat sätt** one way or another
SJÄLVSTÄNDIGT
2 ett annat, en annan *om sak* another [one], a different one **en annan** *om person* someone (somebody) else, anyone (anybody) else
andra others, *om personer äv* other people **alla andra** *om personer* everyone else ⟨*sg*⟩ **de båda andra** the other two **allt[ing] annat** everything (all) else **ingen ~** no one else **inget annat** nothing else **mycket annat**

many (a lot of) other things ⟨pl⟩ **någon ~** someone (somebody) else, anyone (anybody) else **något annat** something (anything) else **något helt annat** something completely different **3** *i uttryck med 'än'* ⟨**han var**⟩ **allt annat än glad** anything but happy **ingen ~ än** ⟨**du kan hjälpa mig**⟩ no one but (except) **han gjorde inget annat än klagade** he did nothing but complain

annandag, ~ jul *GB* Boxing Day **~ pingst** Whit Monday **~ påsk** Easter Monday

annanstans, någon ~ somewhere (anywhere) else, elsewhere **ingen ~** nowhere else

annars *i annat fall* otherwise ⟨**jag måste ta taxi**⟩, **~ kommer jag för sent** or I'll be late

annat → annan

annons advertisement, *GB vard* advert, *spec US* ad

annonsbyrå advertising agency

annonsera advertise ⟨**efter** for⟩, *ett radioprogram* announce

annonsör advertiser

annorlunda ADJ different ⟨**än** from⟩ **en ~ semester** holidays with a difference

annullera cancel

anonym anonymous

anonymitet anonymity

anor ancestry ⟨*sg*⟩ **med ~ från** going back to

anorak anorak, *US vanl* parka, *skidplagg* ski jacket

anordna arrange, *organisera äv* organize

anordning 1 arrangement **2** *apparat* device

anorexi anorexia

anpassa adapt **anpassa sig** adapt [oneself] ⟨**till, efter** to⟩

anpassningsförmåga adaptability

anrop *äv radio* call, *om hjälp* appeal ⟨**om** for⟩

anropa *äv radio* call, *om hjälp* appeal ⟨to sb for sth⟩

anrätta prepare, cook

anrättning *tillagning* preparation, *maträtt* dish

ansa, ~ häcken trim the hedge

ansats 1 *sport* run-up, *upphopp* take-off **2** *försök, ansträngning* attempt, effort, *början* beginning

anse *tycka* think*, feel* **jag ~r honom vara** ⟨**en tillgång**⟩ ⟨**att han är**⟩ I consider him [to be] **anse sig** regard (consider) oneself **han anser sig förbigången** he feels he has been passed over

ansedd *aktad* respected **han är illa ~** he has a bad reputation **en ~ firma** a reputable firm

anseende *rykte* reputation

ansenlig considerable, siz[e]able

ansikte face **förlora ~t** lose face **visa sitt rätta ~** show one's true face ⟨**ett födelsemärke**⟩ **i ~t** on one's face **bli lång i ~t** pull (make) a long face **bli röd i ~t** *a) av ilska etc* go red in the face, flush *b) rodna* blush **tvätta [sig i] ~t** wash one's face ⟨**stå**⟩ **~ mot ~ med** face to face with

ansiktsbehandling facial treatment, *vard* facial

ansiktsdrag ⟨*pl*⟩ [facial] features

ansiktsfärg complexion, colouring

ansiktskräm face (facial) cream

ansiktslyftning *äv bildl* face-lift

ansiktsuttryck expression, look

ansjovis 1 *fiskart* anchovy **2** *inlagd skarpsill* ≈ tinned (*US* canned) sprats ⟨*pl*⟩

anslag 1 *uppsatt meddelande* notice **2** *avsatt belopp* grant **vi har inga ~ till det** we have no funds for that

anslagstavla notice (*US vanl* bulletin) board

ansluta connect ⟨with⟩, *fästa* attach ⟨to⟩ **vara ansluten till** ⟨**fackföreningen**⟩ be a member of **ansluta sig** *bli medlem* join, *bli med* join in

anslutning 1 *förbindelse* connection **ha ~ till** have a connection with **i ~ till** *a) i samband med* in connection with *b) med hänvisning till* with reference to ⟨**lekplatsen**⟩ **ligger i ~ till skolan** adjoins the school **2** *stöd* support **det var stor ~ till mötet** the meeting was well attended

anslå, ~ medel till allocate money to **~ en timme till lunch** allow one hour for lunch

anspela allude ⟨to⟩

anspelning allusion ⟨to⟩ **med ~ på** alluding to

anspråk claim, *krav* demand, requirement **göra ~ på ngt** claim sth **ha höga ~** *vara krävande* be demanding **ställa ~ på** demand **ta** ⟨**tid**⟩ **i ~** take [up]

anspråksfull pretentious

anspråkslös unpretentious, modest

anstalt *institution* institution, *vård~* correctional institution **sluten ~** high-security prison (institution)

öppen ~ low-security prison
anstifta instigate, plot
anstränga strain, *ta hårt på* tax, *trötta* tire **~ sin ekonomi** strain one's budget **~ sin hjärna** rack one's brains ⟨over sth⟩ **~ rösten** strain (force) one's voice
anstränga sig make* an effort, exert oneself **~ för att höra** make an effort to hear **~ till det yttersta** exert oneself to the utmost
ansträngande *om arbete, arbetsdag* strenuous, *tröttande* tiring, exhausting, *påfrestande* taxing **det är ~ för ögonen** it's a strain on the eyes
ansträngd strained, *forcerad* forced
ansträngning 1 *påfrestning* strain, exertion **2** *bemödande* effort **göra stora ~ar [för] att ...** make great efforts to ... **med gemensamma ~ar** by our ⟨*etc*⟩ combined efforts **utan ~** effortlessly
anstå, det ~r inte ⟨**en person i din ställning**⟩ it does not befit (become)
anstånd respite
anställa *ge anställning åt* employ, take* on, *vard* hire, *engagera* engage, *tillsätta* appoint **vara anställd hos ngn** *privatperson* be employed by sb **vara anställd vid (i, inom, hos, på)** be employed at ⟨a factory⟩ (in ⟨a business⟩, with ⟨us⟩) **fast anställd** permanently employed
anställd SB employee
anställning 1 *sysselsättning* employment **2** *plats* situation, post, *arbete, jobb* job **fast ~** permanent position (situation) **ha ~ som** be employed as
anställningstrygghet job security
anställningsvillkor ⟨*pl*⟩ terms of employment
anständig decent, respectable
anständighet decency **känsla för ~** sense of decency
anstötlig offensive ⟨to⟩
ansvar responsibility ⟨**för** for, [gente]**mot** to⟩ **ha ~ för** ⟨**hushållet**⟩ be responsible for **ta ~et för** ⟨**ett beslut**⟩ accept the responsibility for
ansvara, ~ för a) *borga för, garantera* guarantee, vouch for b) *ha ansvaret för* be responsible for **jag ~r inte för** ⟨**följderna**⟩ I won't answer for
ansvarig responsible **~ utgivare** ≈ legally responsible editor
ansvarsfull *om person* responsible, *om*

uppgift etc of great responsibility
ansvarskänsla sense of responsibility
ansvarslös irresponsible
ansvarslöshet irresponsibility
ansätta, ~ ngn ⟨**med frågor**⟩ harass sb
ansöka apply ⟨to sb for sth⟩
ansökan application ⟨**om** for⟩ **avslå en ~** turn down an application **bevilja en ~** accept an application **göra skriftlig ~** apply in writing
ansökningsblankett application form
ansökningstid, ~en utgår ⟨**den 4 mars**⟩ the last day for applications is
anta 1 *förmoda* suppose, assume **man ~r att han är ...** he is supposed to be ... **2** *inbjudan, anbud etc* accept **få en pjäs antagen** get a play accepted **3** *till utbildning* admit **4** *godkänna* approve, *lagförslag* pass **5** *lägga sig till med* adopt, assume ⟨**resa**⟩ **under antaget namn** under an assumed name
antagande supposition, assumption
antagligen probably
antagning *av elever* admission
antal number **~et födda** the number of births
Antarktis the Antarctic
antasta accost
anteckna write* down, make* a note of, *i hast äv* jot down **anteckna sig** put* one's name down ⟨for⟩
anteckning note, *nedkastade ~ar* jottings ⟨*pl*⟩ **göra en ~ om** make a note of
anteckningsblock notepad, *spec US* scratch pad
anteckningsbok notebook
antenn 1 *radio* aerial, *spec US* antenna **2** *på insekt* antenna ⟨*pl* antennae⟩, feeler
antibiotika antibiotics
antik ADJ **1** *från antiken* classical, ancient **2** *gammal o värdefull* antique, *gammalmodig* antiquated
antiken *den klassiska forntiden* [Classical] Antiquity
antikhandlare antique dealer
antikvariat second-hand bookshop (*US* bookstore)
antikvitet antique
antikvitetsaffär *butik* antique shop (*US* store)
antilop antelope
antingen 1 *endera* either **~ du eller jag har fel** either you or I must be wrong **2** *vare*

sig whether ~ **du vill [det] eller inte** whether you like it or not
antisemit anti-Semite
antisemitism anti-Semitism
antiseptisk antiseptic
antologi anthology
antropologi anthropology
anträffbar available
antyda hint, imply **hon antydde att** ⟨**ett förslag skulle komma**⟩ she gave a hint that
antydan 1 indication ⟨*om* of⟩, *vink* hint **2** *ansats* trace **en ~ till tysk accent** a trace of a German accent
antydning ⟨↔ antydan⟩ insinuation **komma med ~ar om** insinuate
antågande, ⟨**vara**⟩ **i ~** on the way, approaching
antända set* fire to ⟨**byggnaden**⟩ **antändes** was set on fire, *tog eld* caught fire
anvisa, ~ ngn arbete find work for sb **~ ngn [en] bostad** allocate housing to sb **~ ngn plats längst fram** show sb to a front seat
anvisning instruction ⟨*vanl i pl*⟩ **~[ar] om hur man använder ...** instructions how to use ...
använda *begagna* use ⟨**för, till** for⟩ **~ glasögon** wear glasses ⟨**det var**⟩ **väl använd tid** time well spent **färdig att ~s** ready for use **~ pengar på ngt** spend money on sth
användare user
användarvänlig user friendly
användbar *nyttig* useful **i ~t skick** in working order
användning, få ~ för find a use for **Har du någon ~ för den?** Is it of any use to you? **komma till ~** be of use
användningsområde field of application, area of use **många ~n** many applications (uses)
apa¹ SB *spec med svans* monkey, *spec utan svans* ape
apa² VB **~ efter** ape, mimic **apa sig** play the fool
apartheid apartheid
apati apathy
apatisk apathetic
apelsin orange
apelsinjuice orange juice
apelsinklyfta orange segment, *vard* piece of orange
apelsinmarmelad [orange] marmalade
apostel apostle **~n Paulus** St. Paul the Apostle
apostrof apostrophe
apotek pharmacy, GB *vanl* chemist's [shop]
apotekare pharmacist, GB *äv* [dispensing] chemist
Appalacherna *bergskedja* the Appalachians
apparat *redskap, instrument* apparatus, *maskin* machine, *manick* device, gadget, *el~, hushålls~ o d* appliance, *radio~, TV-~* set
apparatur apparatus, equipment
applicera apply ⟨**på** to⟩
applåd applause ⟨*endast sg, ej obest art*⟩ **hälsas av en ~ (av ~er)** be greeted with applause
applådera applaud, clap, *vard* give* ⟨sb⟩ a [big] hand
apportera fetch, *hämta jaktbyte äv* retrieve
aprikos apricot
april April **A~, ~!** April fool! ⟨**han dog**⟩ **den fjärde ~** on the fourth of April **första ~ som narridag** April (All) Fools' Day **i ~ [månad]** in [the month of] April **under ~** during April
aprilskämt April fools' joke
apropå¹ PREP apropos of, *vard* talking of **~ det** ⟨**, vet du ...**⟩ by the way, incidentally
apropå² ADV ⟨**komma**⟩ **helt ~** [quite] unexpectedly, without warning
aptit appetite ⟨**på** for⟩ ⟨**äta**⟩ **med god (frisk) ~** with relish
aptitlig *äv bildl* appetizing, tasty, savoury
aptitretande appetizing
aptitretare appetizer
arab Arab
Arabien Arabia
arabisk ⟨↔ engelsk-⟩ Arabian, *om kulturföreteelser* Arabic, *om politiska förhållanden* Arab **~a siffror** Arabic numerals
arabiska ⟨↔ engelska⟩ **1** *språk* Arabic **2** *kvinna* Arab[ian] woman
arabvärlden the Arab world
arbeta 1 work, *om maskin o d äv* operate, *slita* labour, toil **~ som fotograf** work as a photographer **~ som ett djur** work like a dog **~ ihjäl sig** work oneself to death **~ för**

arbetare – aristokrat

sitt uppehälle work for a living **2 arbeta sig** + *utfyllnad:* **~ sig fram genom** ⟨snön⟩ work one's way through **~ sig igenom** ⟨en bok⟩ work through **~ sig trött** tire oneself out with work **~ sig upp** ⟨till chef⟩ work one's way up ⟨to be manager⟩
□ **arbeta in** *för att bli ledig* ≈ work overtime to save up a week ⟨*etc*⟩
□ **arbeta upp** *rörelse etc* work up, *kärnbränsleavfall* reprocess **~ sig till raseri** work oneself into a rage
□ **arbeta ut sig** exhaust oneself
□ **arbeta över** *arbeta övertid* work (be on) overtime, *sluta senare* work late
arbetare worker, *grov~* labourer, *i motsats till 'tjänsteman'* manual (blue-collar) worker
arbetarklass working class
arbetarparti workers' party **Arbetarpartiet** *i GB* the Labour Party, Labour
arbetarrörelse labour movement
arbete 1 work ⟨*ej obest art, endast sg*⟩ **~t börjar tidigt** work starts early **det är ett svårt ~** it's hard work **~ på fabrik** factory work **lägga ned ~t** walk out, go on strike **vara på ~t** be at work **utan ~** out of work **2** *hårt* labour **~ och kapital** capital and labour **3** *plats* job, employment ⟨*ej obest art, endast sg*⟩ **få ~** get a job, get employment **det finns gott om ~[n]** there are plenty of jobs (vacancies) **4** *[utfört] enstaka ~* job **han gjorde ett bra ~** *klarade det bra* he made a good job of it **5** *konstnärligt el vetenskapligt* work ⟨*kan ta obest art o stå i pl*⟩
arbetsam 1 *flitig* hard-working **2** *svår* hard
arbetsbörda workload
arbetsdag working day, *spec US* workday ⟨vi har⟩ **åtta timmars ~** an eight-hour day
arbetsfördelning work distribution **Hur är ~en mellan dem?** How do they divide [the] work between them?
arbetsförhållanden working conditions
arbetsförmedling *privat* employment agency, *statlig* employment exchange, *GB äv* jobcentre
arbetsförmåga working capacity
arbetsgivaravgift ≈ general payroll fee
arbetsgivare employer
arbetskamrat fellow worker, *vard* workmate, *bland tjänstemän etc* colleague

arbetskraft labour, workers ⟨*pl*⟩
arbetsledare foreman, supervisor
arbetsledning management
arbetsliv professional (working) life **vara ute i ~et** be working
arbetslivserfarenhet work experience
arbetslivsorientering *utb* occupational orientation (guidance), *GB vard* careers **praktisk ~** ⟨*förk* **PRAO**⟩ ≈ work experience scheme
arbetslust enthusiasm (zest) for work **jag har ingen ~** I don't feel like working
arbetslös unemployed, jobless, out of work
arbetslöshet unemployment
arbetslöshetsersättning unemployment benefit
arbetsmarknad labour market **~en** ⟨för tandläkare⟩ the job situation
arbetsmiljö working (*US* work) environment
arbetsminne *data* workspace, scratchpad
arbetspass [work] shift, period of work
arbetsplats workplace, *för bygge* site
arbetsro, få ~ be able to work in peace
arbetsrum study
arbetsskada work-related (occupational) injury
arbetssökande sb [job] applicant, *vard* job hunter
arbetstagare employee
arbetstakt working pace
arbetstid working hours ⟨*pl*⟩, hours ⟨*pl*⟩ [of work] **obekväm ~** inconvenient (*GB vanl* unsocial) working hours **efter ~[ens slut]** after hours
arbetstillstånd work permit
arbetsuppgift task, assignment
arbetsvecka working (*US* work) week **40 timmars ~** a 40-hour week
arbetsvillkor ⟨*pl*⟩ working conditions
areal area, *mätt i 'acres'* acreage ⟨*endast sg*⟩
arena arena, *match~, spelplats* venue, *tjurfäktnings~* bullring
arg *uppretad, ond* angry, *spec US* mad **~ på ngn** angry with (*US* at) sb **~ som ett bi** [as] mad as a hornet
Argentina Argentina, the Argentine
argsint angry
argument argument
argumentera argue, reason
aria aria
aristokrat aristocrat

aristokrati aristocracy
aristokratisk aristocratic
ark¹ *farkost* ark
ark² *papper* sheet
arkad arcade
arkebusera execute, shoot*
arkebusering execution
arkeolog arch[a]eologist
arkeologi arch[a]eology
arkeologisk arch[a]eological
arkitekt architect
arkitektur architecture
arkiv 1 *t ex kontors* files ⟨*pl*⟩, *med gamla dokument* records ⟨*pl*⟩, archives ⟨*pl*⟩ **2** *lokal* filing room, record office, archive
arkivera file
Arktis the Arctic [zone]
arm SB arm, *på ljusstake, flod~* branch **bryta ~** do arm (Indian) wrestling **slå ~arna om halsen på ngn** throw one's arms around sb's neck **med ~arna i kors** with one's arms folded **sitta med ~arna i kors** *bildl* sit back and watch **på rak ~** offhand, straight off **hon tog honom under ~en** she took his arm
armatur 1 *lampa* lamp **2** *tekn* mountings ⟨*pl*⟩
armband bracelet, *till ur* watchstrap, US watchband
armbandsur wristwatch
armbindel armlet, armband
armbrytning arm (Indian) wrestling
armbåge elbow
armé army
Armenien Armenia
armenier Armenian
armenisk Armenian
armhåla armpit
armhävningar press-ups, US push-ups
armstöd arm[rest]
armsvett underarm perspiration, *friare* body odour
arom *doft* aroma, fragrance, *essens* essence
arrangemang *äv musik* arrangement, *tillställning* event, function
arrangera arrange, *tillställning* organize
arrangör *musik* arranger, *av tillställning* organizer, *av professionell sport* promoter
arrendator leaseholder, *spec bonde* tenant
arrende 1 lease[hold], tenancy **2** *belopp* rental
arrendera rent, **~ ut** *äv* let* out on lease
arrest, sitta i ~[en] be in custody
arrestera arrest **vara ~d** be under arrest
arrestering arrest
arrogans arrogance
arrogant arrogant
arsenik arsenic
art 1 *beskaffenhet* nature, character **2** *slag* kind, sort, *berg~ o d* type **3** *biol* species ⟨*lika i pl*⟩
arta sig *se lovande ut* look promising
artificiell artificial
artig polite ⟨**mot** to⟩
artighet politeness **~er** polite phrases, compliments
artikel article
artikulation articulation
artikulera articulate
artilleri artillery
artist *scen~* artiste, *konstnär* artist
artistisk artistic
arton ⟨↔ *sms med* fem⟩ eighteen
artonhundratalet, på ~ in the nineteenth century
artär artery
arv inheritance ⟨*vanl ej pl*⟩, *bildl* heritage ⟨*endast sg*⟩, *ärftlighet* heredity **~ och miljö** heredity and environment **få ngt i ~** inherit sth
arvegods inherited property, *släktklenod* heirloom
arvinge heir, *kvinnlig* heiress
arvlös, göra ngn ~ disinherit sb
arvode fee **mot ett ~ av** for a fee of
arvsanlag hereditary disposition, *gen* gene
arvsföljd [order of] succession
asbest asbestos
asfalt asphalt, *till vägbeläggning* tarmac, US blacktop
asfaltera asphalt, tar
asiat Asian
asiatisk Asian, Asiatic
Asien Asia **Främre ~** the Near East **Mindre ~** Asia Minor
ask¹ *träd* ash
ask² *låda* box **en ~ choklad** a box of chocolates **en ~ cigaretter** a packet (*spec* US pack) of cigarettes
aska¹ SB ashes ⟨*pl*⟩, *ved~, cigarr~* ash **komma ur ~n i elden** jump out of the frying pan into the fire
aska² VB flick the ash off one's cigar[ette]
asket ascetic
asketisk ascetic

askkopp ashtray
Askungen Cinderella
asocial antisocial
asp *träd* aspen
aspirant *sökande* applicant, candidate ⟨*båda:* for⟩, *elev* trainee, *officers~* cadet
assiett *liten tallrik* small plate (dish)
assimilera assimilate
assistent assistant
assistera assist
association association
associera *äv polit* associate
asterisk asterisk
astigmatisk astigmatic
astma asthma
astrolog astrologer
astrologi astrology
astronaut astronaut
astronom astronomer
astronomi astronomy
astronomisk *äv bildl* astronomical
asyl asylum, [place of] refuge
asylsökande asylum seeker
ateist atheist
ateljé studio, *sy~ o d* workshop
Aten Athens
Atlanten the Atlantic [Ocean]
atlas *kartbok* atlas
atlet strong man
atletisk powerfully built
atmosfär atmosphere
atmosfärisk atmospheric **~a störningar** atmospherics
atom ⟨*för sms* ↔ kärn-⟩ atom
atombomb nuclear (atom[ic]) bomb
atomdriven nuclear-powered
atomenergi nuclear (atomic) energy
atomkrig nuclear war
atomkärna [atomic] nucleus
att^1 *infinitivmärke* **1** to **han lovade [~] komma** he promised to come **vi fick honom ~ erkänna** we got him to confess
2 *efter prepositioner o vissa verb* ⟨*t ex* avoid, finish, go on, stop⟩: *uttryck med ing-form* **utan ~ röra sig** without moving **jag ser fram mot ~ träffa dig** I'm looking forward to meeting you **jag undviker ~ tala med honom** I avoid talking to him **han slutade [~] spela** he stopped playing
3 *efter ett par verb* ⟨*t ex* make⟩: *ren infinitiv utan* to **vi fick honom ~ erkänna** we made him confess **han fick oss ~ (lät oss) lära det utantill** he had us learn it by heart

4 *efter vissa verb* ⟨*t ex* begin, continue, hate, like, love⟩: *to el uttryck med ing-form* **det började [~] regna** it began raining (to rain) **jag älskar ~ vara i solen** I love being (to be) in the sun
5 *infinitiv som subjekt: uttryck med ing-form* **~ titta på TV är tråkigt** watching television is boring
att^2 KONJ **1** that ⟨*kan i allmänhet utelämnas som 'att' i svenskan*⟩ **jag tror [~] han lyckas** I think [that] he will succeed
2 *vid vissa verb* ⟨*t ex* want, wait for⟩: *konstruktion med infinitiv* **jag vill ~ du ska komma** I want you to come **jag väntar på ~ du ska svara** I'm waiting for you to answer
3 *efter preposition o efter några verb* ⟨*t ex* like, mind *i nekande satser o frågor*⟩: *uttryck med ing-form* **jag ber om ursäkt för ~ jag är sen** I apologize for being late **Har du något emot ~ John får jobbet?** Do you mind John getting the job? **jag gillar inte ~ Ann går ut med honom** I don't like Ann going out with him
4 *efter några verb o adjektiv* ⟨*t ex* surprised, sure⟩ + *preposition: prepositionen utelämnas* **Är du förvånad över ~ jag är här?** Are you surprised that I am here? **jag är säker på ~ du behöver den** I'm sure [that] you'll need it
5 *som inledningsord till utrop* **A~ vi inte tänkte på det!** How could we forget that?
attaché attaché
attachéväska attaché case
attack attack
attackera attack
attentat attempt ⟨**mot ngn** on sb's life⟩, *överfall* assault, **bomb~** bomb outrage
attentatsman *ngn som dödat* assassin, *vid planerat el misslyckat attentat* would-be assassin
attestera *bestyrka* certify, *utbetalning* authorize
attityd attitude ⟨to, toward[s]⟩
attrahera attract **känna sig ~d av** feel attracted to
attraktion attraction, *dragningskraft äv* appeal
attraktionsförmåga [power of] attraction, appeal
attraktiv attractive, appealing
attrapp dummy, mock-up
attribut attribute

aubergine aubergine, eggplant
audiens audience
augusti ⟨↔ april⟩ August
auktion [sale by] auction **köpa på** ~ buy at an auction **sälja på** ~ sell by auction
auktoriserad authorized
auktoritet *äv person* authority
auktoritär authoritarian
aula assembly hall, auditorium
au pair au pair
Australien Australia
australier Australian, *urinvånare* Aborigine
australisk ⟨↔ engelsk-⟩ Australian
autentisk authentic
autograf autograph
automat *tekn* automatic machine, *varu*~ [slot] machine, dispenser, *telefon*~ public telephone, pay phone
automatisera automate, automatize
automatisk automatic, self-acting
automatväxel automatic gear
av[1] PREP **1** of **den är [gjord]** ~ **guld** it's made of gold **innehavaren** ~ **affären** the owner of the shop (*spec US* store) **ett porträtt** ~ **van Gogh** *som föreställer honom* a portrait of van Gogh
2 *före agent i passiv sats o före upphovsman till konstnärligt verk* by **huset köptes** ~ **en tysk** the house was bought by a German **ett porträtt** ~ **van Gogh** *som han målat* a portrait by van Gogh
3 *efter vissa verb* ⟨*t ex* borrow, buy⟩ from **hon lånade boken** ~ **mig** she borrowed the book from me **jag köpte den** ~ **en god vän** I bought it from a friend **veta** ~ **erfarenhet** know from experience
4 *'täckt* ~*', 'fylld* ~*'* with ⟨**gräsmattan**⟩ **var täckt** ~ **löv** was covered with leaves ⟨**torget**⟩ **var fyllt** ~ **människor** was crowded with people
5 *för att ange orsak* ~ **gammal vana** from force of habit ~ **misstag** by mistake **darra** ~ **fruktan** tremble with fear **dö** ~ **hunger** die of hunger **skrika** ~ **smärta** cry out with pain **stel** ~ **köld** stiff with cold
av[2] ⟨↔ bryta ~, gå ~, klä ~ *etc*⟩ ADV **1** ~ **och an** up and down **2 spöet är** ~ the rod is broken
avancemang advancement, *befordran äv* promotion
avancera advance, move up, *bli befordrad äv* be promoted

avancerad advanced, *sofistikerad* sophisticated
avbeställa cancel [an order for], *tidning* stop
avbeställning cancellation
avbeställningsskydd cancellation cover
avbetala, ~ **månadsvis** pay by monthly instalments
avbetalning instalment **köpa på** ~ buy on the instalment system, *GB äv* buy on hire-purchase (on the H.P.), *US äv* buy on time
avbild, ⟨**hon är**⟩ **en** ~ **av** ⟨**sin mor**⟩ the living (the very) image of
avbilda *göra en bild av* depict, portray
avbrott *uppehåll, störning* interruption, *paus* break, *i resa* stop **göra ett** ~ ⟨**för lunch**⟩ make a break, break off **utan** ~ without a break, non stop
avbruten ⟨↔ avbryta⟩ *gren o d* broken
avbryta *göra uppehåll i, störa* interrupt, *helt upphöra med* break* off, *stoppa* stop, *telefonsamtal* cut* off, disconnect, *strejk* call off ~ **semestern** break off one's holiday
avbytare *äv sport* substitute
avböja decline
avböjande ADJ negative
avdela *rum* partition off
avdelning department, ~ *av ämbetsverk, företag* section, *lokal*~ branch, *på sjukhus o fängelse* ward
avdelningschef head of [the ...] department
avdelningsföreståndare *vid sjukhus* ward sister, *US* head nurse
avdrag *t ex skatte*~ deduction, *rabatt* reduction
avdragsgill deductible
avdramatisera play down, defuse
avdunsta evaporate
avel breeding
aveny avenue
aversion aversion ⟨to⟩ **få** ~ **mot** take an aversion to
avfall waste, *sopor* garbage
avfart exit [road]
avfolkning depopulation
avfrostning defrosting
avfyra fire, let* off, *raket, rymdfarkost* launch
avfärd departure
avfärda dismiss, brush (wave) aside

avföring, ha ~ pass a motion, *US* have a bowel movement
avgas exhaust gas **~er** *från bilar* exhaust fumes
avgasrenare, katalytisk ~ catalytic converter
avgasrening emission control
avgasrör exhaust pipe, tailpipe
avge 1 *ge ifrån sig* give* off, emit **2** *[av]lämna* give*, *rapport* make* **~ vittnesmål** give evidence
avgift charge, fee, *väg~, bro~* toll, *medlems~* subscription, *biljett~* fare **ta [ut] en ~** charge a fee **nedsatt ~** reduced rate
avgifta *medicin* detoxicate
avgiftning detoxi[fi]cation
avgiftsbelagd, ~ väg toll road **~ parkering** pay car park
avgiftsfri free [of charge]
avgjord ⟨↔ avgöra⟩ *uppgjord* settled, *klar* definite
avgrund *brant stup* precipice, *svalg* gulf
avgränsa delimit **klart ~d** well-defined
avgud idol **göra ngn till sin ~** make an idol of sb
avguda idolize, adore
avgå 1 *om tåg, flyg o d* leave*, depart ⟨*båda:* for⟩ **2** *sluta* resign, *pga ålder* retire **~ med segern** win
avgående *tåg, fartyg o d* departing, *post* outgoing
avgång ⟨↔ avgå⟩ **1** *för tåg, flyg o d* departure **2** resignation, retirement
avgångsbetyg [school] leaving certificate, *US* diploma
avgångshall departure hall (lounge)
avgångstid departure time
avgöra 1 decide, *tvist* settle **du får ~** ⟨om vi ska åka⟩ it's up to you **det avgör saken** that settles it **2** *bedöma* determine, *mindre frml* tell*, make* out
avgörande 1 SB decision **komma till ett ~** reach a decision **2** ADJ decisive
avhandling treatise, *akademisk ~* thesis ⟨*pl* theses⟩
avhjälpa set* (put*) right, *reparera* repair
AV-hjälpmedel audiovisual aids ⟨*pl*⟩
avhopp *polit* defection
avhoppare *polit* defector
avhålla *hindra* prevent **~ ngn från att göra ngt** prevent (keep) sb from doing sth
  avhålla sig abstain
avhållsam *äv sexuellt* abstinent

avhållsamhet abstinence
avhämta fetch, collect
avhämtning collection **mat för ~** takeaway [food]
avi advice note, *postanvisning* postal order
avig ADJ **1 ~ maska** purl **2** *obekväm, dålig* awkward, *svår, ovänlig* difficult
avigsida back, wrong side, *bildl* drawback
avisera *meddela* announce, *varsko om* notify
A-vitamin vitamin A
avkall, ge (göra) ~ på renounce, waive
avkastning yield, return **ge god ~** *ekon* yield a good profit
avklarad ⟨↔ klara av⟩ finished
avklädd undressed, stripped
avkomling descendant
avkomma offspring, *djurs äv* brood
avkopplad, bli ~ från be suspended from
avkoppling relaxation
avkorta shorten, *semester, vistelse etc* cut* short
avkunna, ~ dom pass sentence (judgement)
avla breed*
avlagd, ~a kläder hand-me-downs
avlasta *lätta trycket på* relieve
avleda *leda bort* divert, *ngns tankar äv* distract
avlida pass away, die
avliden deceased, departed **den avlidne** the deceased (departed)
avliva put* to death, kill, *sällskapsdjur* put* down
avlopp drain, *i badkar etc* plughole
avloppsdike drainage ditch
avloppsrör waste-pipe, sewer
avloppsvatten waste-water, sewage
avlossa fire, **~ ett skott mot fire** [a shot] at
avlyssna *råka ~* overhear*, *avsiktligt* listen in on, *med dold apparatur* bug, *spec telefon* tap
avlyssning bugging, tapping
avlång oblong
avlägga → *bekännelse, besök etc*
avlägsen distant **i en ~ framtid** in the distant future
avlägsna remove **avlägsna sig** go* away, leave*
avlöna pay*
avlösa *lösa av* relieve, take* over from ⟨vakten⟩ **avlöstes was relieved ~ varandra**

⟨**vid ratten**⟩ take turns
avlösning *av vakt* relief, *ceremoni* changing of the guard
avmätt *stel* reserved, formal
avmönstring discharge, paying (signing) off
avnjuta enjoy, relish
avog averse, hostile ⟨**båda: mot** to⟩
avokado avocado
avpassa adjust, adapt ⟨**båda: to**⟩
avreagera sig work off one's anger, *vard* let˙ off steam
avregistrera *bil* deregister
avresa¹ SB departure
avresa² VB leave˙, set˙ out ⟨**båda: till** for⟩
avresedag day of departure
avrunda round off ~ **nedåt** round down
avråda advise ⟨sb⟩ against ⟨doing sth⟩
avrätta execute ~ **genom hängning** hang
avrättning execution
avsaknad lack, want ⟨**båda:** of⟩ **i ~ av** lacking, without
avsats *klipphylla, utsprång* ledge, shelf ⟨*pl* shelves⟩
avse 1 *ämna* intend, plan 2 *gälla* concern, refer to ⟨**bestämmelsen**⟩ **~r endast motorvägar** applies only to motorways 3 *syfta till* aim at
avsedd intended **ha ~ effekt** have the desired effect
avseende, i alla ~n in all respects **i politiskt ~** from a political point of view **fästa ~ vid** attach importance to **med ~ på** with reference to
avsevärd considerable
avsides 1 *enslingt* out of the way **~ belägen** secluded, remote 2 *åt sidan* aside **gå ~** withdraw
avsikt intention **~en med** ⟨**förslaget**⟩ the purpose of **ha för ~ att** intend (mean) to **med ~** on purpose
avsiktlig intentional
avsiktligt ADV on purpose
avskaffa abolish, do˙ away with, **~ en lag** repeal
avskaffande abolition, *av lag* repeal
avsked 1 farewell **~ets stund** the hour of parting **ta ~** take leave ⟨of⟩, say goodbye ⟨to⟩ 2 *från tjänst* dismissal **begära ~** hand in one's resignation
avskeda dismiss, *vard* sack, fire
avskedsansökan [letter of] resignation **lämna in sin ~** hand in one's resignation

avskedsord parting word
avskild separated, *enslig, undangömd* secluded
avskildhet seclusion, solitude
avskilja separate, detach, *skära av* cut˙ off, *avdela med vägg e d* partition off
avskrift copy **bifoga ngt i ~** attach a copy of sth
avskrivning *ekon* depreciation, *belopp äv* write-off
avskräcka deter, *frånta lusten* discourage ⟨**båda:** sb from doing sth⟩, *vard* put˙ off **låta sig ~[s]** be deterred (discouraged)
avskräckande deterrent, discouraging **verka ~** act as a deterrent
avskum scum
avskuren cut off, severed
avsky¹ SB [strong] dislike ⟨of⟩, loathing ⟨of, for⟩ **känna ~ för** have a loathing for
avsky² VB loathe, detest, *vard* hate
avskyvärd loathsome, detestable
avslag refusal, rejection **han fick ~ på sin ansökan** his application was refused (turned down)
avslagen *om dryck o bildl* flat, stale, *bildl äv* cheerless
avslappnad relaxed
avslappning relaxation
avsluta 1 *fullborda* finish, complete ⟨**jag hann inte**⟩ **~ brevet** finish the letter **efter ~de studier** after he ⟨*etc*⟩ had completed his education 2 *ge* ⟨*ngt*⟩ *en avslutning* **han ~de talet** ⟨**med ett citat**⟩ he ended the speech **ett ~t kapitel** a closed chapter **jag vill ~ mitt konto** I want to close my account
avslutning 1 finish[ing], end[ing] **bokens ~** the ending (final part) of the book **som ~ på** to end (conclude) 2 → skolavslutning
avslutningsvis in conclusion, finally
avslå refuse, reject, turn down
avslöja *tala 'om* reveal, disclose ⟨**båda: för** to⟩, *oavsiktligt röja* give˙ away **hans röst ~de honom** his voice gave him away **~ en förrädare** expose a traitor **~ en hemlighet** *egen* disclose (reveal) a secret, *andras* uncover a secret **avslöja sig** reveal oneself, give˙ oneself away
avslöjande 1 ADJ revealing 2 ⟨↔ avslöja⟩ SB revelation, disclosure, exposure
avsmak distaste ⟨for⟩ **känna ~ för** feel disgust at (for)
avsnitt section, *text~* passage, *av TV-serie*

episode
avspegla reflect, mirror **avspegla sig** be reflected ⟨in⟩
avspisa snub, fob off
avspänd relaxed, laid-back
avspänning *polit* détente
avspärrad barred, closed, *med rep* roped off
avspärrning 1 barrier **2** *område* sealed-off area
avstamp take-off
avstanna come˙ to a standstill
avstava divide
avstavning division [of words]
avstickare detour, trip
avstigning alighting
avstjälpningsplats dump, tip
avstyra prevent, ward off
avstyrka reject
avstå give˙ up ~ **från** give up, *klara sig utan* do without ~ **från att rösta** abstain [from voting]
avstånd *äv i tiden* distance, *mellanrum* space, gap, *skjut~, foto* range **ta ~ från** take exception to, reject **på ~ en bit bort, ej för nära** at a distance, **på håll** from a distance, **på långt håll** in the distance
avståndstagande SB dissociation, deprecation
avsvimmad unconscious
avsäga sig *avstå* renounce, *äv avgå från* resign ~ **ansvaret för** *vard* wash one's hands of ~ **tronen** abdicate
avsända send˙ [off], dispatch
avsändare sender, dispatcher
avsätta 1 *från tjänst* remove ⟨sb⟩ from office, *störta* depose, *från tronen* dethrone **2** *reservera* set˙ aside, reserve, *anslå* ⟨*medel*⟩ allocate
avsättning *från tjänst* removal from office, *från tronen* dethronement
avsöndra *vätska etc* secrete
avsöndring secretion
avta *minska* decrease, diminish, *om oväder, sjukdom* abate
avtagsväg turn[ing], *sidoväg* sideroad
avtal agreement, *vard* deal, *kontrakt* contract, *fördrag* treaty **sluta [ett] ~** conclude an agreement, *vard* cut a deal **enligt ~** as agreed
avtala *göra upp om* agree on ~ **att göra ngt** agree ⟨with sb⟩ to do sth **ha en tid ~d med ngn** have an appointment with sb

avtalsbrott breach of contract
avtalsenlig *om lön* contractual
avtalsförhandling wage negotiation
avtalsrörelse wage negotiations ⟨*pl*⟩
avteckna sig stand˙ out ⟨against⟩
avtjäna, ~ sitt straff serve one's sentence
avtrubba blunt, dull
avtryck *i ngt mjukt* impression, imprint, *på blank yta* print **göra ett ~ av** ⟨**en nyckel**⟩ take an impression of
avtryckare trigger, *foto* shutter release
avtvinga, ~ ngn ngt force sth from sb
avtåga march off, depart
avtäcka unveil, uncover
avund envy ⟨of sb, at (of) sth⟩, jealousy
avundas envy ⟨sb sth⟩ **alla hennes kamrater ~ henne** she's the envy of all her friends
avundsjuk envious, jealous ⟨*båda:* of⟩
avundsjuka → avund
avundsvärd enviable **hon är ~** *vanl* she's to be envied
avvakta *invänta* wait for, *emotse* ⟨**svar o d**⟩ await, *vänta o se* wait and see
avvaktan, i ~ på *medan vi väntar på* while waiting for
avvaktande cautious **förhålla sig ~** wait and see
avvara do˙ (manage) without, *låna ut* spare
avveckla *spec affärer* wind˙ up, *gradvis* phase out
avveckling winding-up, phasing-out
avverka 1 *träd* fell **2** *arbeta sig igenom* work through, *fullborda* complete
avvika 1 *skilja sig* differ ⟨from⟩ **2** *inte hålla sig till* deviate, depart ⟨*båda:* **från** from⟩ **~ från ämnet** digress **3** *avlägsna sig* leave˙, make˙ off, *rymma* escape
avvikande ADJ skiljaktig different ~ **beteende** deviant behaviour **ha en ~ uppfattning** be of a different opinion
avvikelse *från [in]riktning, kurs* departure, *kompass~, från mätvärde* deviation, *från ämne* digression
avvisa reject, *förkasta äv* turn down, *avböja* ⟨**erbjudande**⟩ decline ⟨**invandrarna**⟩ **~des** were turned away
avvisande ADJ negative, unsympathetic **ställa sig ~ till** take [up] a negative attitude to
avväga weigh [up], balance **väl avvägd** balanced

avvägning balancing, weighing
avvänja *från amning* wean, *från alkohol etc* detoxicate
avvänjning ⟨↔ avvänja⟩ weaning, detoxi[fi]cation
avväpna *äv bildl* disarm
avvärja *hindra* prevent, head off, *parera* ward off
ax *sädes~* ear [of corn]
axel¹ *skuldra* shoulder **ge ngn en klapp på ~n** pat sb on the back **se ngn över ~n** look down on sb
axel² *hjul~* axle, *maskin~* shaft, *tänkt linje* axis ⟨*pl* axes⟩
axelband shoulder strap
axelbred broadshouldered
axelrem shoulder strap
axelryckning shrug
axelvadd shoulder pad
axelväska shoulder bag
axla shoulder

B

babbla babble
babian baboon
babord port **om ~** on the port side
baby baby
bacill bacillus ⟨*pl* bacilli⟩, germ, *vard* bug
back¹ SB *öl~ etc* crate
back² SB *växel* reverse [gear] **lägga in ~en** put the car ⟨*etc*⟩ into reverse
back³ ADV **gå ~** *förlora pengar* make a loss, *om verksamhet* run at a loss **ligga ~** be in the red
backa 1 move backward[s], back, *om bil äv* reverse **2 ~ ur** back out **3** *stödja* back **~ upp** back [up]
backe *sluttning* hill[side], slope **~ upp och ~ ner** up hill and down dale
backhoppning ski jumping
backig hilly
backspegel *inre* rear-view mirror, *yttre* wing (*US* side) mirror
bacon bacon
bad 1 ta sig ett ~ → bada 1 **2** *anläggning* ⟨*~hus*⟩ swimming bath, *utomhus~* [swimming] pool, *vid strand* [bathing] beach
bada 1 *i badkar* have (take*) a bath, *i bassäng o sjö* bathe, have a swim **2** *tvätta* ⟨*t ex ett barn*⟩, *GB* bath, *spec US* bathe
badbyxor [swimming] trunks
badda bathe, dab
baddare 1 *överdängare* ace **2** *stort exemplar* whopper
baddräkt swimsuit, bathing suit
badkar bath, [bath]tub
badminton badminton
badort seaside resort
badrock bathrobe
badrum bathroom
badstrand [bathing] beach
bagage luggage, *spec US* baggage
bagagelucka boot, *US* trunk
bagare baker

bagatell trifle
bageri bakery, *butik äv* baker's
bagge ram
bajs mess, poo[s], poo-poo
bajsa do* a poo ~ **på sig** mess oneself
bak¹ SB *stjärt* bottom, bum, behind
bak² ADV **sitta** ~ sit in the back
baka bake **~d potatis** baked (*GB äv* jacket) potatoes
bakben hind leg
bakdel *bakre del* back part, *på människa* behind
bakelse pastry, [fancy] cake, *med frukt el sylt* tart
bakficka *på byxor* hip (back) pocket **ha ngt i ~n** *bildl* have sth up one's sleeve
bakfot hind foot **det har du fått om ~en** ≈ you've got hold of the wrong end of the stick
bakfull, vara ~ have a hangover
bakgata alley
bakgrund background
bakgård backyard
bakhjul rear wheel
bakhåll ambush **ligga i ~** lie in ambush
bakifrån from behind
baklucka *utrymme* boot, US trunk
baklykta rear (US tail) light
baklås, dörren har gått i ~ the lock has jammed
baklänges backward[s]
bakning baking
bakom ADV behind **lämna ~ sig** leave behind
bakpulver baking powder
bakre back, *om ben* hind **~ del** back (rear) [part]
bakruta rear window
baksida back, reverse, *på grammofonskiva* flip side
bakslag *bildl* setback, reverse
baksmälla hangover
baksäte back (rear) seat
baktanke ulterior motive
bakterie bacterium ⟨*pl* bacteria⟩, germ, *vard* bug
baktill behind, at the back
bakut, sparka ~ kick [out]
bakverk pastry
bakväg, han kom in ~en he got in by the back door
bakvänd *vänd bakfram* back to front
bakåt backward[s]

bal *danstillställning* ball, *mindre* dance
balans *jämvikt* balance
balansera balance
balansgång, gå ~ balance
balett ballet **dansa ~** *yrkesmässigt* be a [ballet] dancer, *på fritid* go to ballet classes
balja *kärl* tub, *mindre* bowl
balk *spec trä* ~ beam, *spec järn*~ girder
Balkan *halvön* the Balkan Peninsula
balkong *äv på biograf* balcony, *teat* ⟨GB⟩ dress circle
ballad *visa* ballad
ballong balloon
balsam balsam, *äv bildl* balm
balt Balt
Baltikum the Baltic states ⟨pl⟩
baltisk Baltic
bambu bamboo
bana¹ SB *väg* path, track, course
bana² VB **~ väg** clear the way, *bildl* pave the way
banal commonplace
banan banana
bananskal banana skin
band 1 *remsa, rand* band, tape, *prydnads*~ ribbon, *ljud*~ tape **spela in på ~** tape[-record] **2** *löpande* ~ → löpande **3** *bildl* **kärlekens ~** the bonds (ties) of love **lägga ~ på sig** restrain (contain) oneself **4** *musikgrupp* band
banda tape
bandage bandage
bandit bandit **enarmad ~** one-armed bandit
bandspelare tape recorder
bandy bandy
bandyklubba bandy stick
bang *ljud*~ sonic boom
bangård railway yard, US switch yard
bank bank **sätta in** ⟨ngt⟩ **på ~en** make a deposit, bank ⟨sth⟩ **ta ut på ~en** withdraw from the bank
banka bang, knock, *om hjärta* pound
bankbok bankbook
bankdirektör bank manager
bankfack safe-deposit box
bankgiro bank giro
bankkonto bank account
bankomat *varunamn* cash dispenser, US *äv* cashomat
bankrutt SB **göra ~** go bankrupt, *vard* go bust

bankrån bank robbery
banktjänsteman bank clerk
bannlysa *religion* excommunicate, *äv bildl* ban
banta slim **jag ~r** I'm on a diet, I'm slimming **~ ner** *arbetsstyrka etc* slim down, reduce, *bidrag etc* cut
bantning slimming, reducing
bar[1] SB *där drinkar etc serveras*, **~disk** bar
bar[2] ADJ *naken, öppen* bare, naked **inpå ~a kroppen** to the skin **under ~ himmel** under the open sky **ta ngn på ~ gärning** catch sb red-handed
bara ADV only, just
barack barracks ⟨*lika i pl*⟩
barbarisk barbarous
barbent bare-legged
bardisk bar, counter
barfota barefoot[ed]
barhuvad bareheaded
bark *på träd* bark
barlast ballast
barmhärtig merciful, charitable ⟨*båda: mot to*⟩
barmhärtighet mercy, charity **visa ~ mot** show mercy to
barn child ⟨*pl* children⟩, *vard* kid **bränt ~ skyr elden** ≈ once bitten twice shy **lika ~ leka bäst** ≈ birds of a feather flock together **hon ska ha ~** she is going to have a baby **bli med ~** become (get) pregnant
barnavårdscentral child health centre
barnbarn grandchild ⟨*pl* grandchildren⟩
barnbegränsning family planning
barnbidrag child allowance, GB *vanl* child benefit
barnbok children's book
barndom childhood, *tidig* infancy
barndomshem ≈ the place where I ⟨*etc*⟩ grew up
barndomsvän childhood friend
barnfamilj family with children
barnflicka nurse[maid], GB *äv* nanny
barnförbjuden ≈ certified for adult audiences, US *äv* ≈ X-rated ⟨**filmen är**⟩ **~** *äv* for adults only
barnhem *för föräldralösa* orphanage
barnkalas children's party
barnkammare nursery
barnledig, vara ~ be on maternity (*om far* paternity) leave
barnmat baby food
barnmorska midwife

barnpassning baby-sitting, child-minding
barnprogram children's programme
barnsjukdom children's disease
barnslig childlike, *neds* childish
barntillåten *som filmbeteckning* U ⟨*förk för* universal⟩, US G ⟨*förk för* general⟩ **den är ~** ≈ children are allowed
barnvagn *liggvagn* pram, US baby carriage
barnvakt baby-sitter, *vard* sitter **sitta ~** baby-sit
barometer barometer, glass
barr *på ~träd* needle
barra, ⟨**granen**⟩ **~r** is shedding its needles
barrikad barricade
barriär *äv bildl* barrier
barrträd conifer
barsk harsh, stern, *spec om röst* gruff
bas[1] *musik* bass
bas[2] *förman* foreman, *vard* boss
bas[3] *grund etc* base, *bildl* foundation, basis ⟨*pl* bases⟩
basar baza[a]r
baseboll baseball
basera found, *äv milit* base **basera sig,** ⟨**förslaget**⟩ **baserar sig på** is based (founded) on
basfiol double-bass
basist bass player
basker *mössa* beret
basket basketball
basröst bass [voice]
bassäng *geo* basin, *sim~* [swimming] pool
bastant *kraftig* stout, *stadig* solid
bastu sauna **bada ~** have (take) a sauna [bath]
batong baton, *spec* GB truncheon, US *äv* billy
batteri *äv milit* battery
batteridriven *t ex rakapparat* cordless
BB maternity hospital (*avdelning* ward)
be **1** ask, *enträget* beg **~ ngn komma in** ask sb [to come] in **~ om ngt** ask ⟨sb⟩ for sth **~ ngn om en tjänst** ask a favour of sb **2 ~** *bön* pray **~ en bön** say a prayer
beakta *tänka på* consider, *ta hänsyn till* take* into consideration
bearbeta 1 *råvaror* work up, *känslor* work through **2** *musik* arrange, *text* adapt **3** *påverka, försöka övertala* try to persuade
bebodd inhabited
bebygga *kolonisera* settle, colonize **bebyggt område** built-up area

bebyggelse *byggnader* houses ⟨*pl*⟩, buildings ⟨*pl*⟩
bedra deceive, *på pengar* cheat, swindle, *vara otrogen mot* be unfaithful to, *vard* cheat on **bedra sig** be mistaken ⟨**på ngn** in sb⟩
bedragare swindler, cheat[er]
bedrift exploit, *prestation* achievement
bedriva carry on ~ **studier** study
bedrägeri deceit, deception, *äv jur* fraud
bedrövad distressed ⟨**över** at⟩
bedrövlig distressing, sad, *usel* miserable
bedöma judge ⟨**efter** by⟩, *värde, avstånd o d* assess **det kan jag inte** ~ I am no judge of that
bedömning judg[e]ment, *av värde, avstånd o d* assessment
bedöva 1 [be]numb, *spec med slag* stun **2** *medicin* anaesthetize
bedövande *bildl* stunning ~ **oväsen** deafening noise
bedövning *tillstånd* anaesthesia **få** ~ be given an anaesthetic
befalla *beordra* order ~ **över** command
befallning order, command **ge** ~ **om** order
befara *frukta* fear ~ **det värsta** fear the worst
befattning *anställning* post
befinna sig 1 *vistas* be **2** ~ **väl** do (be doing) well
befintlig, i ~**t skick** in its existing (present) condition
befogad justified
befogenhet authority ⟨**endast sg**⟩ **ha** ~ **att** *äv* be authorized to
befolkning population, *invånare* inhabitants ⟨*pl*⟩ ⟨*båda*: **i** of⟩
befordra *ge högre tjänst* promote, upgrade **bli** ~**d till** ⟨**kapten**⟩ be promoted [to]
befria *göra fri* set˙ free, free, release, *rädda* rescue, *från militärtjänst* exempt, *från undervisning* excuse ⟨*alla*: **från** from⟩ ~ **från ansvar** relieve ⟨sb⟩ of responsibility
befriande ADJ **det var** ~ it was a relief
befriare liberator, *räddare* rescuer
befrielse *frigörelse* liberation, rescue, *lättnad* relief
befrielserörelse liberation movement
befrukta fertilize
befruktning fertilization **konstgjord** ~ artificial insemination
befäl 1 *kommando* command **ha** ~[**et**] **över**

be in charge (command) of **2** *person* ≈ officer
befälhavare 1 *milit* commander ⟨**över** of⟩ **högste** ~ commander-in-chief **2** *sjö* captain
befästa *milit* fortify, *bildl* strengthen
befästning fortification, defence
begagnad used, second-hand
bege sig *gå, resa, fara* go˙, make˙ one's way ~ **av** → **ge sig av** ~ **ut på en resa** set out on a journey
begrava *äv bildl* bury **här ligger en hund begraven** ≈ I smell a rat
begravning burial, *ceremoni* funeral
begravningsbyrå [firm of] undertakers, US firm of morticians
begrepp *föreställning* idea, conception ~**et lycka** the concept of happiness **ha ngt** ~ **om** have an idea of
begripa ⟨↔ **förstå**⟩ understand˙, comprehend, *fatta* grasp ~ **sig på** understand, *sak äv* know about
begriplig understandable ⟨**för** to⟩
begränsa *inskränka* limit, restrict **ha** ~**de resurser** have limited means (resources)
begränsning limitation, restriction **känna sin** ~ know one's limitations
begynnelsebokstav initial [letter]
begå commit ~ **ett misstag** make a mistake
begåvad gifted, talented
begåvning 1 *intelligens* intelligence, *talang* talent **2** *person* talent, talented person
begär desire ⟨**efter** for⟩
begära ask [for], *anhålla om* request, *kräva* require, *starkare* demand ~ **avsked** hand in one's resignation ~ **ordet** ask [permission] to speak **det är för mycket begärt** that's asking too much
begäran *anhållan* request, *ansökan* application, *krav* demand ⟨**alla**: **om** for⟩ ⟨**skickas**⟩ **på** ~ on request (application) **på** [**allmän**] ~ by [general] request **på ngns** ~ at sb's request
behag, efter ~ as you ⟨*etc*⟩ like, at discretion **nyhetens** ~ the charm of novelty
behaga please **gör som du** ~**r** do as you please
behaglig *angenäm* pleasant, agreeable
behandla treat, *handla om* deal˙ with
behandling treatment, *hantering* handling **ta ngn under** ~ *bildl* deal with sb

behov 1 need ⟨av of, for⟩, *spec brist* want ⟨of⟩ **ha stort ~ av ngt** need sth badly **efter ~ as (when)** required **vid ~ when** necessary 2 *naturbehov* **förrätta sina ~** relieve oneself
behå bra
behålla keep*, *bibehålla* retain
behållare container, *för vätska o gas* tank
behållning *på konto* balance, *vinst o utbyte* profit **ha ~ av ngt** profit by sth
behändig *lätthanterlig* handy
behärska control **~ ett ämne** have a good command of a subject **behärska sig** control (restrain) oneself
behärskad [self-]controlled, *lugn* composed
behärskning self-control, *lugn* composure
behörig 1 **på ~t avstånd** at a safe distance 2 *kompetent* **vara ~ till** ⟨**en tjänst**⟩ be qualified for
behörighet competence **ha ~ att** be authorized to
behöva 1 *ha behov av* need, want **bilen behöver lagas** the car needs repairing **jag skulle ~ en drink** I could use (do with) a drink 2 *vara tvungen* need, have [got] to **Behöver jag tala om det?** Do I have to tell you? **du behöver inte gå** you don't have to go, you needn't go
behövas be needed **det behövs inte** it is not necessary **det behövs mera pengar** more money is needed **du behövs inte** you're not wanted
beige SB, ADJ beige
bekant 1 ADJ *känd* known ⟨**för ngn** to sb⟩ **det låter ~** that sounds familiar, *vard* that rings a bell **som ~** as you know 2 ADJ **~ med** acquainted with, *förtrogen med* familiar with **bli ~ med ngn** get to know sb 3 SB acquaintance, *vän* friend
bekanta sig, ~ med ngn acquaint oneself with sth **~ med ngn** get to know sb
bekantskap acquaintance ⟨**med** with⟩ **göra ~ med** *med person* make the acquaintance of **säga upp ~en med ngn** break off one's relations with sb
beklaga *vara ledsen över* regret, be sorry about **beklaga sig** complain ⟨**över** about, **of**⟩
beklaglig regrettable
beklämmande dejecting, depressing
bekosta pay* for

bekostnad, ⟨**roa sig**⟩ **på ngns ~** at sb's expense
bekräfta *bestyrka* confirm **undantaget ~r regeln** the exception proves the rule
bekräftelse confirmation ⟨**på, av** of⟩
bekväm 1 comfortable, *praktisk* convenient **göra det ~t för sig** make oneself comfortable **ha det ~t** be comfortable 2 *lat* lazy **hon är ~ av sig** she doesn't put herself out
bekvämlighet *komfort* convenience, comfort **alla moderna ~er** all modern conveniences, GB *vard* all mod cons
bekymmer worry, trouble **ekonomiska ~** financial worries **ha ~ för** be worried about
bekymmersam difficult, *oroväckande* alarming
bekymmerslös carefree
bekymra trouble, worry, *oroa* distress **bekymra sig** worry [oneself] ⟨about⟩
bekymrad, vara ~d be worried (concerned) ⟨about⟩
bekämpa fight* [against], combat
bekänna *erkänna* confess [to] **~ färg** *bildl* show one's hand
bekännelse confession **avlägga ~** make a confession
belasta 1 *tekn, eltekn* load, *bildl* burden 2 *ekon* ⟨*konto*⟩ charge, debit
belastning *tekn, eltekn* load, *börda* burden ⟨**för** to⟩
belgare Belgian
Belgien Belgium
belgisk ⟨↔ engelsk-⟩ Belgian
belgiska ⟨↔ engelska⟩ Belgian woman
belopp amount, sum **till ett ~ av** to the amount of
belysa light* up, illuminate, *bildl* illustrate
belysning *ljus* lighting
belåten pleased, satisfied ⟨*båda:* **med** with⟩
belåtenhet satisfaction
belägen situated **avsides ~** remote
belägg, ha ~ för have evidence for, have proof of
beläggning *hinna* covering, coat[ing], *på tungan* fur, *på tänderna* film, *gatu~* paving
belägra besiege
belägring siege
beläst well-read
belöna reward **filmen ~des med en Oscar**

the film was awarded an Oscar
belöning reward, *pris, utmärkelse* prize, award
bemannad manned
bemärkelse sense
bemärkelsedag *högtidsdag* great occasion, day of celebration
bemöda sig exert oneself, try hard ⟨*båda: om att* to⟩
bemöta 1 *besvara* answer, *motbevisa* refute **2** *behandla* treat, *motta* receive
bemötande 1 *svar* answer ⟨**av** to⟩ **2** *behandling* treatment
ben 1 *i kroppen, fisk~* bone **2** *kroppsdel, äv ~ på byxa, möbel etc* leg **bryta ~et** break one's leg **lägga ~en på ryggen** take to one's heels **Rör på ~en!** Get a move on! **vara på ~en** *äv efter sjukdom* be up and about
bena¹ SB parting, US part
bena² VB *fisk* bone **~ upp** analyse
benig 1 *om fisk* bony **2** *mager, knotig* skinny, bony
bensin petrol, US gasoline, gasolene, US vard gas, *kemisk ~* benzine
bensindunk petrol (US gas) can, *flat ~* jerry can
bensinmack petrol (US gas) station
bensintank petrol (US gas) tank
benåda *fria från straff* pardon, *dödsdömd* reprieve
benägen *hågad, böjd* inclined
beordra order, *säga till* instruct
beprövad well-tried, tested
bereda 1 *tillreda, förbereda* prepare, *göra i ordning* make⁕ ⟨sth⟩ ready **~ plats för** make room for **2** *förorsaka* cause **bereda sig, ~ på** ⟨**en kall vinter**⟩ prepare [oneself] for
beredd prepared, ready **vara ~ på** ⟨**det värsta**⟩ be prepared for, *vänta sig* expect
beredskap readiness **ha i ~** have ⟨sth⟩ in readiness, have ⟨sth⟩ ready **i högsta ~** *milit* on combat alert
beredskapsarbete relief work ⟨*endast sg*⟩
berest, han är mycket ~ he has travelled a lot
berg mountain, *mindre* hill, *klippa* rock
bergart rock [type]
berg-och-dalbana roller coaster **åka ~** ride [on] a roller coaster, *bildl* go up and down
bergsbestigare mountaineer, [mountain] climber
bergsbestigning mountaineering **en ~** a climb
bergskedja mountain range
bergstopp mountain top, peak
bergsäker dead certain
berika enrich ⟨**med** with⟩
bero 1 ~ på *orsakas av* be due to **Vad ~r det på?** What's the reason?, *vard* How come? **det ~r på att jag är blyg** it's because I'm shy **2 ~ på** *komma an på* depend on ⟨**Kommer du i morgon?**⟩ – **Det ~r på!** It [all] depends! **det ~r på dig om ...** it depends on you whether ... **3 låta saken ~** let the matter rest
beroende 1 SB dependence ⟨**av** [up]on⟩, *missbrukares* addiction ⟨**av** to⟩ **2** ADJ dependent ⟨**av** [up]on⟩, *om missbrukare* addicted ⟨**av** to⟩
berusa *äv bildl* intoxicate **berusa sig** get⁕ drunk
berusad *äv bildl* intoxicated ⟨**av** by, with⟩, drunk ⟨**av** by⟩, *lätt ~* tipsy **~e ungdomar** drunken teenagers
beryktad notorious
berått, med ~ mod deliberately
beräkna *räkna på* calculate, *uppskatta* estimate ⟨**till** at⟩ **tåget ~s ankomma** ⟨**kl 15**⟩ the train is expected at
beräknande ADJ calculating
beräkning calculation, *uppskattning* estimate **ta med i ~en** take ⟨sth⟩ into account
berätta tell⁕, *skildra* relate **~ historier** tell stories **han ~de att** he said (told me ⟨*etc*⟩) that **det ~s att** it is said (people say) that
berättare narrator, *historie~* storyteller
berättelse story, tale ⟨*båda:* of, about⟩
berättigad entitled, authorized, *motiverad* justified
berättigande justification
beröm praise **få ~** be praised **ge ~** praise
berömd famous, celebrated ⟨*båda:* **för** for⟩
berömma praise
berömmelse fame, renown
beröra 1 *röra vid* touch **2** *omnämna* touch on, mention **3** *handla om* concern, be about **4** *påverka* touch, *starkt ~* affect **jag blev illa berörd** I was upset (*starkare* dismayed)
berörd ⟨↔ beröra⟩ **~a parter** the parties

concerned
beröring touch, contact **komma i ~ med** come into contact with
beröva, ~ ngn ngt deprive sb of sth **~ ngn friheten** deprive sb of his ⟨*etc*⟩ liberty (freedom)
besatt 1 *äv milit* occupied **2 ~ av en ond ande** possessed by an evil spirit **~ av en idé** obsessed by (with) an idea ⟨**skrika**⟩ **som en ~** like a madman
besegra defeat, beat* **erkänna sig ~d** admit defeat
besikta, ~ bilen have one's car tested
besiktiga inspect, examine
besiktning inspection, examination **gå igenom ~en** *om bil* pass the MOT test (*i US* the inspection)
besittning possession **ta i ~** take possession of
besk ADJ bitter **~ kritik** biting (fierce) criticism
beskatta tax
besked *svar* answer, *meddelande* message, *upplysning* information ⟨*endast sg*⟩ **få ~ om** be informed of **ge ngn ~** inform sb, let sb know
beskedlig *eftergiven* submissive, *snäll* good-natured, *oförarglig* harmless
beskjuta fire at
beskriva describe
beskrivning *skildring* description, *redogörelse* account ⟨*båda:* of⟩
beskydd protection
beskydda protect ⟨**mot** from, against⟩
beskyddare protector
beskylla accuse ⟨of⟩, charge ⟨with⟩
beskyllning accusation, charge ⟨*båda:* **för** of, **mot** against⟩
beskäftig officious **hon är ~** *äv* she's a busybody
beslag 1 *metallskydd* fitting, mounting **2 lägga ~ på** seize **lägga ~ på ngns tid** take up sb's time
beslagta confiscate
beslut decision, resolution **fatta ett ~** come to a decision, make up one's mind
besluta decide, resolve ⟨*båda:* to do, on doing⟩ **besluta sig** *komma till beslut* decide, make* up one's mind
beslutsam resolute, determined
beslutsamhet resolution, determination
beslutsfattare decision-maker
besläktad related, kindred, akin ⟨*alla:* **med** to⟩

bespara *spara* save, *förskona från* spare **det [besväret] kunde du ha ~t dig** you might have spared yourself the trouble
besparingar savings, *nedskärningar* [spending] cuts
bespruta spray
besserwisser know-all, US know-it-all
bestick cutlery **ett ~** a knife, fork and spoon
bestiga *tron etc* ascend, *häst* mount, *berg* climb
bestraffa punish
bestraffning punishment, *jur* penalty
bestrålning radiation, *av grönsaker etc* irradiation
bestulen, bli ~ på ngt be robbed of sth
bestyr *göromål* work ⟨*endast sg*⟩, business ⟨*endast sg*⟩
bestyrka *bekräfta* confirm, *intyga* certify, *bevittna* attest **bestyrkt avskrift** certified (attested) copy
bestå 1 *vara kvar* last, remain **2** *genomgå, uthärda* **~ provet** pass (stand) the test **3 ~ av** *utgöras av* consist of **svårigheten ~r i att** the difficulty is that
bestående *varaktig* lasting, permanent
beståndsdel part, component
beställa *rekvirera, be att få* ⟨*äv på restaurang*⟩ order?, *boka* book **Får jag ~?** May I order, please? **~ biljett** book a ticket (tickets) **~ tid hos** ⟨**tandläkaren**⟩ make an appointment with
beställning *order* order ⟨**på** for⟩
bestämd *om person* determined, *fastställd* fixed, settled, *definitiv* definite **~a regler** set rules **på ~a tider** at fixed hours (times)
bestämma *fastställa* determine, fix, *besluta, avgöra* decide **~ dag för** decide on (fix) a day for **det är redan bestämt** it has already been settled **du får ~ själv** it's up to you **~ över** control **bestämma sig** decide, make* up one's mind **~ för ngt** decide on sth
bestämmelse *föreskrift* direction, *regel* regulation
bestämt ADV *säkert* definitely, certainly **veta ~** know ⟨sth⟩ for certain **vägra ~** flatly refuse
bestört dismayed ⟨**över** at⟩
bestörtning dismay, consternation
besvara 1 *svara på* answer [to], reply to **2 ~ ngns kärlek** return sb's love

besvikelse disappointment ⟨över at⟩
besviken disappointed ⟨på in, över at⟩
besvär trouble, nuisance, *olägenhet* inconvenience **det är kärt ~** it's a pleasure **Tack för ~et!** Thanks for the trouble you've taken **göra sig ~et att** take the trouble to, trouble (bother) to **Gör dig inget ~!** Don't put yourself out **vara till ~** be a nuisance ⟨**för to**⟩ **det är värt ~et** it's worth your while
besvära *störa* bother, trouble **Förlåt att jag ~r!** Sorry to bother you
besvärad *generad* embarrassed
besvärande *generande* embarrassing
besvärlig *mödosam* troublesome, *svår* hard, difficult, *ansträngande* trying
besynnerlig *underlig* strange, odd, peculiar
besättning *sjö, flyg* crew
besök visit ⟨**hos, i, på** to⟩, *kortare* call ⟨**hos** on, **på, i** at⟩ **avlägga (göra) ~ hos ngn** pay a visit to sb, call on sb **du har ~** there is somebody to see you **Tack för ~et!** Thanks for calling **vänta ~** expect visitors
besöka visit, *hälsa på* call on **~ en vän** ⟨**i London**⟩ see (call on, *vard* look up) a friend **han besöker ofta** ⟨**det här kaféet**⟩ he frequents, he's a regular at
besökare visitor ⟨**av, i, vid** to⟩
besökstid visiting hours ⟨*pl*⟩, *US* [office] hours ⟨*pl*⟩, *hos läkare* ⟨*GB*⟩ [surgery] hours ⟨*pl*⟩
beta VB *äta gräs, släppa på bete* graze
betala pay*, *varor* pay* for **~ kontant** pay [in] cash **~ en skuld** pay off (settle) a debt **~ skorna** pay for the shoes **Får jag ~?** Can I have the (my) bill (*US* check), please? **Det ska du få betalt för!** I'll pay you back for this! ⟨**expediten glömde**⟩ **att ta betalt** to charge [for it] **~ av på** pay an instalment on **~ igen (tillbaka)** *äv bildl* pay back **betala sig** pay*
betalning payment, *lön* pay, **~ av skuld,** *räkning* settlement **förfalla till ~** be (fall) due **som ~ för** in payment of ⟨*varor* for⟩
betalningsvillkor terms ⟨*pl*⟩ of payment
bete¹ SB *agn* bait
bete² SB *huggtand* tusk
bete³ SB *betesmark* pasture **gå på ~** be grazing **släppa ut på ~** send out to graze
bete sig behave, act
beteckna *stå som tecken för* represent, *karakterisera* characterize, *innebära, betyda* signify
beteckning *benämning* designation, term, *märke, tecken* mark, sign **under ~en** by the name of
beteende behaviour ⟨*endast sg*⟩
betesmark pasture
betjäna serve, *passa upp på* wait on
betjäning 1 *service* service 2 *personal* staff
betjänt manservant ⟨*pl* menservants⟩, *butler* butler, *kammartjänare* valet
betona stress, *spec bildl* emphasize
betong concrete **armerad ~** reinforced concrete
betoning stress, *spec bildl* emphasis
betrakta 1 *se på* look at, regard 2 *anse* consider, regard **jag ~r honom som** ⟨**min vän**⟩ I regard him as
betraktare observer
betrodd trusted, reliable
betryggande *tillfredsställande* satisfactory, *säker* safe **på ~ avstånd** at a safe distance
beträffa, vad ~r as concerns, as for (to) **vad det ~r** for that matter **vad mig ~r** as far as I am concerned
beträffande concerning, regarding
betsel bridle
bett 1 *hugg, tugga, insekts~* bite **han är på ~et** *vard* he's on the ball 2 *tanduppsättning* set of teeth
betungande heavy **vara ~** *äv* be burdensome
betvivla, jag ~r att I doubt if (whether)
betyda 1 *innebära* mean*, *medföra* imply **Vad ska det här ~?** What's the meaning of this? 2 *vara av vikt* mean*, matter **det betyder ingenting** it doesn't matter [at all]
betydelse 1 *mening, innebörd* meaning, significance 2 *vikt* importance, significance **ha stor ~** be of great importance **det har ingen ~** it doesn't matter
betydelsefull *viktig* important
betydelselös *oviktig* unimportant, insignificant
betydligt ADV considerably
betyg 1 *skol~* report, *kursintyg* diploma, *examens~* certificate, *arbetsgivares ~* reference 2 *betygsgrad* mark, *US* grade, *universitets~* ⟨*spec US*⟩ credit **få bra ~** receive good marks **sätta ~** ⟨**på ngt**⟩ mark (*US* grade) ⟨sth⟩ **Vad fick du för ~**

[i engelska]? What mark did you get [in English]?
betänketid time for consideration **två veckor ~** two weeks to think it over
betänksam *eftertänksam* thoughtful, *tveksam* hesitant, doubtful **jag blev ~ när ...** I began to have misgivings (began to wonder) when ...
beundra admire
beundran admiration
beundransvärd admirable
beundrare admirer, *vard* fan
bevaka 1 *vakta* guard, watch **2 ~ sina intressen** look after one's interests **3** *nyheter o d* cover
bevakning 1 *övervakning* guard, watch **stå under ~** be under guard (surveillance) **2** *nyhets~* coverage
bevara 1 *skydda* protect ⟨**från, mot** from, against⟩, guard ⟨against⟩ **Bevare mig väl!** Goodness gracious! **2** *bibehålla* preserve, *upprätthålla* maintain, *förvara, gömma* keep˙ **~ en hemlighet** keep a secret
bevattna *vattna* water, *konst~* irrigate
bevattning watering, *konst~* irrigation
beveka *röra* move, *övertala* persuade
bevilja, ~ en ansökan grant a request
bevis *bindande* proof, *indicier* evidence ⟨*endast sg, ej obest art*⟩ ⟨**båda: på, för** of⟩ **som ~ på** as proof of, *som tecken på* as a token of
bevisa prove
bevittna 1 *vara vittne till* witness **2** *intyga* attest
bevåg, på eget ~ on one's own responsibility
bevänt, det är inte mycket ~ med mig I'm not up to much
beväpna arm
bi SB bee **vara arg som ett ~** be furious, be in a rage
bibehålla keep˙, maintain
bibehållen, väl ~ *äv om person* well--preserved
bibel bible **Bibeln** the [Holy] Bible
bibliografi bibliography
bibliotek library
bibliotekarie librarian
biblisk biblical
bidra contribute, *samverka* combine ⟨**båda: till** to⟩ **~ med artiklar till** ⟨**en tidning**⟩ contribute articles to
bidrag *tillskott* contribution ⟨to⟩, *spec ekonomiskt* allowance, *stats~* subsidy, grant **leva på ~** *socialhjälp* live off (be on) social security, US be on welfare **lämna ~ till** make a contribution to
bidragande, en ~ orsak till a contributary cause to
bifall 1 *samtycke* consent, *godkännande* approval **2** *applåder* applause, *rop* cheers ⟨*pl*⟩ **stormande ~** a storm of applause
biff [beef]steak
biflod tributary ⟨**till** to⟩
bifoga *fästa vid* attach, *tillägga* add ⟨*båda*: to⟩, *skicka med* enclose
bigami bigamy
bihåleinflammation sinusitis
bikta sig confess, go˙ to confession
bikupa beehive
bil car **köra ~** drive [a car] **åka ~** go by car
bila VB *åka bil* go˙ by car **jag ~de dit** *äv* I drove there
bilaga *i brev* enclosure, *tidnings~* supplement
bilavgaser exhaust fumes, exhausts
bilbesiktning → besiktning
bilbälte seat (safety) belt
bild picture, *foto äv* photo **ta en ~ på (av)** take a picture of **på ~en** in the picture
bilda *skapa, forma* form, *grunda, inrätta* found, establish, *utgöra* make˙, constitute **~ familj** start (raise) a family **~ regering** form a government **det hade ~ts is** ice had formed **bilda sig, ~ en uppfattning om** form an opinion of
bildad cultivated, educated
bildband film strip
bilderbok picture book
bildning 1 *formation, uppkomst* formation **2** *ut~, uppfostran* education, *kultur* culture
bildskärm *tv* screen, *data äv* VDU ⟨*förk f visual display unit*⟩
bildtext caption
bildäck 1 [car] tyre **2** *på färja* car deck
bilförare [car] driver
bilförsäljare car salesman
bilindustri car industry
bilism motorism
bilist motorist, driver
biljakt car chase
biljard *spel* billiards ⟨*pred i sg*⟩
biljett ticket, *avgift* fare **~en kostar 40 pence** *på buss etc* the fare is 40p **lösa ~ till** ⟨*London*⟩ buy a ticket for
biljettautomat ticket machine

biljettkassa ticket window
biljettpris *inträde* admission, *för resa* fare
biljon trillion
bilkö queue (US line) of cars, *efter trafikhinder* traffic jam, *spec GB* tailback
billig 1 *ej dyr* cheap, inexpensive **för en ~ penning** at low cost **2** *smaklös, tarvlig* cheap, vulgar
billigt ADV **komma ~ undan** get off cheap[ly] **köpa ~** buy cheap[ly]
bilmekaniker car (motor) mechanic
bilmärke make of car
bilnummer car (registration) number
bilolycka road (car) accident, [car] crash
bilprovning → besiktning
bilskola driving school
biltur [car] ride, drive, *nöjestur äv* spin **en timmes ~** an hour's drive by car
bilverkstad garage, car repair shop
bilvrak [car] wreck
binda¹ SB bandage, **dam~** sanitary towel (US napkin)
binda² VB **~ fast, ~ om,** *hålla samman, äv bildl* bind° **~ en bukett** make [up] a bouquet **~ böcker** bind books **~ ett snöre om paketet** tie up the parcel with string **jag har inget som binder mig till Sverige** I have no ties with Sweden
□ **binda fast** tie up **~ vid** tie ⟨sth⟩ to
□ **binda för: ~ ngns ögon** blindfold sb
□ **binda ihop (samman)** tie together (up)
□ **binda in** *böcker* bind
□ **binda om** *paket* tie up, *sår* bind [up]
□ **binda upp** *äv bildl* tie up
binda sig bind (commit) oneself ⟨to⟩
bindande binding **~ bevis** conclusive proof
bindel bandage, **arm~** armband, armlet
bindestreck hyphen
bindning **bok~, skid~** binding
bio 1 *lokal* → biograf **2** *i uttrycket 'på bio'* cinema, pictures, US movies **gå på ~** go to the cinema ⟨*etc*⟩ **Vad går på ~?** What's on at the cinema (pictures)?, US What's playing (running) at the movies?
biobesökare filmgoer
biodlare beekeeper
biodling beekeeping
biodynamisk biodynamic **~ odling** organic farming
biograf *lokal* cinema, US movie theater
biografi biography
biografisk biographical

biokemi biochemistry
biolog biologist
biologi biology
biologisk biological **~ förälder** natural parent
biprodukt by-product, spin-off
biroll *i film etc* supporting part (role)
bisak *småsak* minor matter, trifle
bisarr bizarre, odd
bisats subordinate clause
bisexuell bisexual
biskop bishop
bismak, ⟨**kaffet**⟩ **har en ~** has a funny taste **en besk ~** a faintly bitter taste
bister *barsk* grim, *sträng* stern, *om klimat* hard, severe **~ kyla** bitter cold **den bistra verkligheten** grim reality
bistå help, assist, *stödja* support **~ med** *ge* contribute, provide
bistånd *äv u-hjälp* aid, *hjälp* help, *[under]stöd* support
biståndsarbetare [development] aid worker
bisyssla sideline, spare-time job
bit piece, bit, *del* part, *mat~* bite, morsel, *[väg]sträcka* distance, way, *låt* tune **äta en ~** have a bite **~ för ~** piece by piece **gå i ~ar** go to pieces
bita 1 bite° **~ på naglarna** bite one's fingernails **ngt att ~ i** sth to get one's teeth into **~ av** bite off **~ av en tand** break a tooth **~ ifrån sig** hit back **~ ihop tänderna** grit one's teeth **2** *skära, ha [bra] bett* cut°, bite° **kölden bet i ansiktet** the cold stung my ⟨*etc*⟩ face **ingenting biter på honom** nothing has any effect on him
bita sig, ~ fast i (vid) *bildl* cling (stick) to **~ i tummen** *bildl* put one's foot in it **~ i tungan** *bildl* bite one's tongue off
bitas, hunden bits the dog bites
biträdande ADJ assistant
biträde *medhjälpare* assistant, **affärs~** → expedit
bitsocker lump (GB *äv* cube) sugar
bitter *äv bildl* bitter
bitterhet bitterness
bittermandel bitter almond
bitti, i morgon ~ [early] tomorrow morning
bitvis *här o där* here and there, *delvis* partly
biverkning side effect
bjuda 1 treat ⟨**ngn på ngt** sb to sth⟩, *inbjuda* ask, invite, *erbjuda* offer **Jag**

bjuder! This [one] is on me! *det är min tur att ~* it's my treat *han bjöd mig på middag på restaurang* he took me out to dinner, *lagade el betalade* he treated me to dinner, *inbjöd* he asked (invited) me to dinner **2** *ge [an]bud* bid* *han bjöd 100 pund ⟨för tavlan⟩* he bid a hundred pounds
□ **bjuda in** invite, *be ⟨ngn⟩ stiga in* ask in
□ **bjuda till** try [hard], make a real effort
□ **bjuda upp** ask ⟨sb⟩ for a dance
□ **bjuda ut** a) *till försäljning* offer for sale b) *ngn på restaurang* take out
bjudning *kalas* party *ha en ~* give a party
bjälke beam, *balk* balk, *bärande* girder
bjällra [little] bell
bjässe *stor karl* hefty chap, *baddare* whopper
björk birch
björkris birch twigs ⟨pl⟩
björn 1 *djur* bear **2** *stjärnbild* **Stora Björn[en]** the Great Bear
björnbär blackberry
björntjänst, göra ngn en ~ do sb a disservice
björnunge bear cub
bl.a. → bland
blad 1 *löv* leaf ⟨pl leaves⟩ **2** *ark, pappers~* sheet, *bok~* leaf ⟨pl leaves⟩ **3** *kniv~, propeller~, år~* blade
B-lag *sport* second team (*US* string)
bland among, amongst *~ andra* among others *han berättade ~ annat att* ... among other things he told me that ... ⟨*den här filmen var*⟩ *~ de bästa jag sett* one of the best I've [ever] seen
blanda mix, *spec bildl* mingle, *t ex olika kaffesorter* blend, *spelkort* shuffle *~ och ge* shuffle and deal
□ **blanda i ngt i ngt** add sth to sth
□ **blanda ihop** mix, *förväxla* mix up
□ **blanda in ngn i ngt** mix sb up in sth
□ **blanda till** *tillreda* mix
□ **blanda ut: ~ med vatten** add water
blanda sig mix, mingle, blend *~ i* ⟨*ngt*⟩ *lägga sig i* interfere in (with)
blandad, ~e känslor mixed feelings
blandning mixture, *av kaffe, te etc* blend, *mellanting* cross, *brokig ~* medley
blandras, en hund (katt) av ~ a crossbreed, *hund äv* a mongrel **människor av ~** people of mixed race
blank *skinande* bright, shining, *glansig, glatt* glossy *ett ~t nej* a flat refusal *~ sida* blank page
blankett form **fylla i en ~** fill in (*spec US* out) a form
blankt ADV **1 rösta ~** return a blank ballot paper **2** *alldeles* **strunta ~ i** not give a damn about **vägra ~** flatly refuse
blaskig *om dryck etc* watery, wishy-washy
blast tops ⟨pl⟩
blazer sports jacket, *klubb~, skol~* blazer
bleck 1 *metallplåt* tin plate, sheet metal **2** *musik* **~et** the brass
blek pale *~ som ett lik* deathly pale **inte den ~aste aning** not the foggiest [idea] *~ om nosen* white about the gills
bleka bleach, blanch **blekt hår** bleached hair
blekhet paleness, pallor
blekna *om person* turn pale, *spec av skräck* blanch ⟨*båda:* **av** with⟩, *om färger, minnen o d* fade

bli

PASSIVBILDANDE HJÄLPVERB

1 *när agenten är utsatt* be, *utan agent äv* get* **han blev biten av en hund** he was bitten by a dog **de blev frikända** they were (got) acquitted **du kan ~ rånad** you might get (be) robbed

HUVUDVERB + substantiv

2 become*, *visa sig vara, uppstå* be **han blev lärare** he became a teacher **vi blev goda vänner** we became friends **pjäsen blev ett fiasko** the play was a flop **resultatet blev att** ... the result was that ... **det blev bråk** there was trouble ⟨**vi går**⟩ **när det ~r paus** when there is a pause **det ~r 30 pund** that'll be £30

HUVUDVERB + adjektiv

3 become*, get*, *snabbt* turn, go*, *långsamt* grow* *~* **arg** get (become) angry *~* **bekant med** become (get) acquainted with *~* **blek** *snabbt* turn pale *~* **galen** go crazy (mad) *~* **rädd** get (be) frightened, get scared *~* **sjuk** fall (get, be taken) ill
4 *vid adjektiv o particip som uttrycker känsla* be *~* **förtjust** be delighted **jag blev glad när jag läste att** ... I was glad to read that ...
□ **bli av** *äga rum* take place **Vad har det blivit av henne?** What has become of her? **Var blev hon av?** Where did she get to? *~* **med** a) *förlora* lose b) **bli kvitt** get rid of
□ **bli efter** get behind
□ **bli ifrån sig** get terribly upset, get into a state

blick – blotta

- **bli kvar** a) remain b) *bli över* be left over
- **bli till** come into existence ~ **sig** get excited
- **bli utan** [have to] go without
- **bli över** be left over

blick look, *hastig* glimpse, glance ⟨alla: **på** at⟩ **ha ~ för** have an eye for **kasta en ~ på** take a look at

blidka appease, *lugna* calm [down] **låta sig ~s** relent

blind blind ⟨**för** to⟩ **en ~** a blind person **den ~a (~e)** the blind woman (man) **de ~a** the blind **bli ~** go blind, be blinded **~ på ena ögat** blind in one eye

blindbock, leka ~ play [at] blind man's buff

blindskrift Braille

blindtarm appendix ⟨*pl* appendices⟩

blindtarmsinflammation appendicitis

blinka twinkle, *med ögonen* blink, *som tecken* wink ⟨at⟩ **utan att ~** without batting an eyelid

blinker blinker, indicator, flasher

blinkning twinkle, *som tecken* wink

blivande *framtida* future, *som tänker bli* prospective **~ mödrar** expectant mothers **min ~ fru** *äv* my wife-to-be

blixt 1 lightning ⟨*endast sg*⟩, thunderbolt **en ~** a flash [of lightning] **~en slog ner i huset** lightning struck the house **som en ~ från klar himmel** like a bolt from the blue **2** *foto* flash[light]

blixtkär, bli ~ fall head over heels in love

blixtlås zip [fastener], *US* zipper

blixtnedslag stroke of lightning

blixtra, det ~r there's a flash of lightning **~nde huvudvärk** splitting headache **~nde ögon** flashing eyes **~ till** *om t ex ögon* flash

blixtsnabb, ett ~t beslut a split-second decision

blixtsnabbt ADV [as] quick as a flash

block 1 *massivt stycke* block, *sten~ äv* boulder **2** *skriv~, rit~* pad **3** *lyft~* pulley [block] **4** *polit* bloc

blockad *milit, ekon* blockade

blockchoklad cooking chocolate

blockera block [up], *äv sport* obstruct

blockflöjt recorder

blod blood

blodbad bloodbath

blodbrist anaemia

blodförgiftning blood poisoning

blodförlust loss of blood

blodgivare blood donor

blodgrupp blood group

blodhund bloodhound

blodig *med blod på* bloodstained, bloody, *om krig* bloody, gory, *lätt stekt* rare

blodigel leech

blodomlopp [blood] circulation

blodpropp *sjukdom* thrombosis

blodprov blood test **[låta] ta ~** have a blood test

blodpudding black pudding

blodsutgjutelse bloodshed

blodtransfusion [blood] transfusion

blodtryck blood pressure

blodtörstig bloodthirsty, murderous

blodåder vein

blom 1 *blommor* blossom[s] **2** *blomning* bloom **stå i ~** be in flower (bloom)

blomblad petal

blombukett bunch of flowers

blomkruka flowerpot

blomkål cauliflower

blomma¹ SB flower, *på fruktträd, buskar äv* blossom

blomma² VB flower, bloom, *om träd, buskar* blossom, *bildl* flourish **~ upp** *bildl* blossom out

blommig flowery, flowered

blomning flowering, blossom, blooming

blomsteraffär florist's, flower shop (*US* store)

blomsterhandlare florist

blomsterkrans wreath [of flowers], garland

blomstra *äv bildl* flower, blossom, bloom, *trivas, frodas* thrive

blomstring *bildl* prosperity, *storhetstid* heyday

blond fair[-haired], blond, *om kvinna* blonde

blondera, ~ håret dye one's hair blond[e], bleach one's hair **~d** *om hår* bleached

blondin blonde

bloss *drag på cigarett etc* puff, pull, *vard* drag **ta ett ~** have a smoke

blossa 1 flare, blaze ⟨*båda:* **av** with⟩ **~ upp** *äv bildl* flare (blaze) up, *rodna* flush **2** *röka* puff ⟨**på** at⟩

blott ADV merely, only **~ och bart** purely and simply **det är ett minne ~** it's but (only) a memory

blotta VB expose, *spec om kroppsdel äv* bare, uncover **~ sin okunnighet** expose

one's ignorance **blotta sig** *visa könsorgan* expose oneself [indecently] ⟨**för** to⟩
blottare exhibitionist, *GB vard* flasher
bluff bluff, *person* trickster **det är bara ~** it's all [a] bluff
bluffa bluff
bluffmakare bluffer, charlatan
blund, jag fick inte en ~ i ögonen I didn't sleep a wink **John Blund** the sandman
blunda shut* (close) one's eyes ⟨**för** to⟩, *hålla ögonen stängda* keep* one's eyes shut (closed)
blus blouse
bly lead
blyerts, skriva med ~ write in pencil
blyertspenna pencil
blyfri lead-free, unleaded
blyg shy ⟨**för** of⟩
blygdläppar labia
blyghet shyness
blygsam modest
blygsamhet modesty **falsk ~** false modesty
blygsel shame ⟨**över** at⟩ **av ~** with shame
blyhaltig containing lead, *om bensin äv* leaded
blå blue **ett ~tt öga** a black eye **i det ~** in the clouds
blåbär bilberry, *US* blueberry
blåklint cornflower, bluebottle
blåklocka harebell
blåmärke bruise **få (ha) ~n** be bruised
blåneka, han ~de [till det] he flatly denied it
blåsa¹ SB blister, *luft~ äv* bubble, *urin~* bladder
blåsa² VB 1 blow* **det blåser** ⟨**friskt**⟩ it's rather windy **det blåser inte** there is no wind **~ trumpet** blow (play) the trumpet **~ i pipan** blow the whistle **~ av** *ge slutsignal* blow for full time, *US* call time **domaren blåste av matchen** *stoppade* the referee stopped play 2 *lura* cheat **han blåste mig på pengar** he cheated me out of my money
blåsig *om väder* windy
blåsinstrument wind instrument
blåsippa blue anemone
blåskatarr inflammation of the bladder
blåslampa blowlamp, *US* blowtorch
blåst SB [strong] wind
blåsväder stormy (windy) weather **råka i ~** *bildl* come under fire

blått SB blue **hon var klädd i ~** she wore blue **du klär i ~** blue suits you, you look good in blue
blåögd *äv bildl* blue-eyed, *bildl äv* naive
bläck ink **med ~** in ink
bläckfisk *åttaarmad* octopus, *tioarmad* squid
bläckpenna pen
blädderblock flip chart
bläddra, ~ i leaf through **~ igenom** skim through
blända dazzle **~ av** *i trafik* dip (*US* dim) one's headlights
bländare *foto* diaphragm, stop, *öppning* aperture
blänga glower, glare ⟨**båda: på** at⟩
blänka gleam, glint
blöda *äv bildl* bleed* **han blöder näsblod** his nose is bleeding **~ ur ett sår** bleed from a wound
blödarsjuka haemophilia
blödig squeamish, soft
blödning bleeding, *inre* haemorrhage
blöja nappy, napkin, *US* diaper
blöt 1 SB **ligga i ~** be in soak **lägga i ~** put ⟨sth⟩ to (in) soak, soak **lägga näsan i ~** poke one's nose into other people's business 2 ADJ wet
BNP ⟨*fork f* bruttonationalprodukt⟩ GNP ⟨*fork f* gross national product⟩
bo¹ SB 1 *fågel~* nest, *för andra djur* lair, den 2 **sätta ~** set up house
bo² VB live, *tillfälligt* stay **~ billigt** pay a low rent **~ gratis** live rent-free **~ hos ngn** stay at sb's place (with sb) **du kan få ~ hos mig** I can put you up
boaorm boa
bock 1 *get* he-goat, *rå~* buck 2 *gymnastikredskap* buck **hoppa ~** *över ngns rygg* play [at] leapfrog 3 *stöd* trestle 4 *tecken* tick, *US äv* check **sätta ~ i kanten för fel** mark ⟨sth⟩ as wrong, put a cross in the margin
bocka 1 *böja* bend* 2 *buga* bow ⟨**för** to⟩ **bocka sig** bow ⟨**för** to⟩
bod 1 *marknadsstånd* booth, *affär* shop 2 *uthus* shed
bofast resident **de ~a** the residents
bofink chaffinch
bogsera tow
bogserbåt towboat, tug
bohemisk bohemian
boj *sjö* buoy

bojkott boycott
bojkotta boycott
bok¹ *träd* beech
bok² *att läsa* book **föra ~ över** keep an account of
boka *beställa* book, reserve **~ in sig** make a reservation **~ om** change the reservation
bokbinderi 1 *verkstad* bookbindery **2** *verksamhet* bookbinding
bokföra book, enter
bokföring book-keeping, accounting
bokförlag publishing house, publishers ⟨*pl*⟩
bokhandel 1 *butik* bookseller's, bookshop, US bookstore **2** *bransch* **~n** the book trade
bokhandlare bookseller
bokhylla *möbel* bookcase, *enstaka hylla* bookshelf
bokmärke bookmark[er], *glansbild för barn* scrap
bokning *biljett~ o d* reservation, booking
bokslut balance sheet, annual accounts ⟨*pl*⟩ **göra ~** balance the books
bokstav letter **liten ~** small letter **stor ~** capital [letter]
bokstavera spell·
bokstavlig, i ~ bemärkelse in a literal sense
bokstavligen literally
bokstavsordning alphabetical order
bolag ⟨↔ aktiebolag⟩ company, US *äv* corporation
bolagsstämma [general] meeting of shareholders
Bolivia Bolivia
bolivian Bolivian
boliviansk Bolivian
boll ball, *slag i tennis* stroke, *skott i fotboll* shot **kasta ~** play catch **~en ligger hos honom** *bildl* the ball is in his court
bolla play ball **~ med siffror** juggle with figures
bollsinne ball sense
bollsport ball game
bolma *om rök* belch out, *om person* puff
bom¹ *stång* bar, *järnvägs~* level crossing gate, *sjö* boom
bom² SB *miss* miss
bomb bomb **slå ner som en ~** come as a bombshell
bomba bomb
bombanfall bomb attack (raid)

bombhot bomb scare
bombning bombing
bombplan bomber
bomma 1 *missa* miss **2 ~ för (till)** bar [up], lock up
bomull cotton, *bomullsvadd* cotton wool, US absorbent cotton
bomullstyg cotton fabric (cloth)
bona *polera* wax, polish
bonde 1 farmer, *små~* peasant **2** *i schack* pawn
bondgård farm, *hus* farmhouse
bonus bonus
bord¹ table, *skriv~* desk **sätta sig till ~s** sit down to dinner (lunch ⟨*etc*⟩)
bord² *sjö* plank, board **kasta över ~** throw overboard
bordduk tablecloth
borde → böra
bordell brothel
bordlägga postpone
bordsbön, be (läsa) ~ say grace
bordslampa table lamp
bordsskick table manners ⟨*pl*⟩
bordtennis table tennis, *vard* ping-pong
borg *slott* castle, *fäste* fortress, *äv bildl* stronghold
borgare *av medelklassen* bourgeois ⟨*lika i pl*⟩
borgen, gå i ~ för vouch for **frige mot ~** release on bail
borgensman guarantor, surety
borgenär creditor
borgerlig *icke-socialistisk* non-Socialist, *medelklass-* middle-class ⟨*före sb*⟩, *neds* bourgeois **de ~a [partierna]** the non--Socialist parties **~ begravning** burial without a religious ceremony **~ vigsel** civil marriage
borgmästare mayor
borr drill, *tandläkar~* burr
borra bore ⟨**efter** for⟩, *i metall, sten, tand* drill **~ [ner] huvudet i kudden** bury one's face in the pillow
borrmaskin drill **elektrisk ~** power drill
borsta brush **~ tänderna** brush (clean) one's teeth **~ av** ⟨**kavajen**⟩ brush **~ av** ⟨**snön**⟩ brush off
borste brush
bort¹ ⟨↔ **ge ~, gå ~, falla ~** *etc*⟩ ADV away **dit ~** over there **långt ~** far away (off) **längst ~** at the far end **dörren längst ~** the last door **B~ med fingrarna!** Hands off!

bort² VB → **böra**
borta away, *frånvarande* absent, *försvunnen* gone, **borttappad** missing, lost, *förvirrad* confused, *död* dead **~ bra men hemma bäst** East, West, home is best **där ~** over there
bortamatch away match
bortaplan, spela på ~ play away
bortbjuden invited out
bortblåst, vara som ~ be (have) completely vanished
bortersta furthest
bortförklara explain away
bortförklaring excuse
bortglömd forgotten
bortgång *död* decease
bortkastad thrown away, wasted **~ tid** a waste of time **~e pengar** money down the drain
bortkommen *vilsen* lost, *förvirrad* confused, *tafatt* awkward **känna sig ~** feel out of place
bortom *äv bildl* beyond
bortre, i den ~ delen ⟨*av rummet*⟩ at the far end
bortrest, han är ~ he's away
bortse, ~ från ngt disregard sth **~tt från** apart from
bortskämd spoilt
bortsprungen, en ~ katt a stray cat **katten är ~** the cat has run away
bortåt PREP **1** *nästan* nearly **2** *i riktning mot* toward[s]
bosatt resident, living **vara ~ i** live (reside) in
boskap cattle ⟨*pred i pl*⟩
boskapsskötsel stock (cattle) breeding
bostad place to live, *hem* home **fri ~** free accommodation (housing) **sakna ~** have nowhere (no place) to live
bostadsadress permanent (home) address
bostadsbidrag housing allowance
bostadsbrist housing shortage
bostadsförmedling *kommunal* local housing authority
bostadskö housing (US waiting) list **stå i ~n** be on the housing list
bostadslös homeless
bostadsområde residential area
bostadsrätt *lägenhet* ≈ tenant-owner flat (apartment), US condominium
bostonterrier Boston terrier
bosätta sig settle [down]
bosättning *bebyggelse* settlement
bot *botemedel* remedy, cure **råda ~ på** remedy, set ⟨sth⟩ right
bota *läka* cure ⟨**från** of⟩
botanik botany
botanisk botanic[al] **~ trädgård** botanical gardens ⟨*pl*⟩
botemedel remedy, cure
botten 1 bottom, *på tyg, tapet etc* ground **i grund och ~** at bottom (heart) **på nedre ~** on the ground (US first) floor **gå till ~** go to the bottom, *om fartyg äv* sink, go down **gå till ~ med ngt** get to the bottom of sth **2** *neds* **filmen var ~** the film was lousy
bottenlös bottomless
bottenvåning ground (US first) floor
bottna 1 *nå botten* reach (touch) bottom **2 det ~r i** it originates in, it stems from
bouppteckning estate inventory
bourgogne Burgundy [wine]
bov villain **~en i dramat** the villain of the piece
bowling bowling **spela ~** bowl
box *låda* box, case, *post~* post office box, *i adress* PO Box, POB
boxa *boxas* box **han ~de till honom** he punched him
boxare boxer
boxas box
boxer boxer
boxningsmatch boxing match, fight
bra¹ ADJ **1** good **det var ~ att du ringde** it's a good thing you phoned **Det var ~!** That's good! ⟨**en hammare**⟩ **är ~ att ha** is useful **hon är ~ på (i) tyska** she is good at German **2** *frisk* well, all right **Har hon blivit ~ från sin influensa?** Has she recovered from her flu? **3 en ~ stund, ett ~ tag** a good while
bra² ADV **1** well **Tack, ~** Fine (Very well), thank you **det smakar ~** it tastes nice (good) **han sjunger ~** he is a good singer **ha det ~ [ställt]** be well off **Ha det så ~!** Have a good time! **ligga ~ till** be sitting pretty **se ~ ut** *om person* be good-looking **jag tycker ~ om det** I like it very much **2** *mycket* **jag skulle ~ gärna vilja veta** I should [very much] like to know
bragd feat, exploit
brak crash
braka, ~ ihop *kollidera* crash, *rasa samman* collapse **~ löst (loss)** break out

brakfest, en [riktig] ~ quite a party, a [real] blow-out
braksuccé roaring success
brand fire **råka i ~** catch fire **stå i ~** be on fire **sätta i ~** set on fire
brandbil fire engine
brandbomb incendiary [bomb]
brandfara danger of fire
brandfarlig inflammable
brandkår fire brigade (US department)
brandlarm fire alarm
brandman fireman
brandsläckare fire extinguisher
brandstation fire station
brandstege fire escape (ladder)
brandsäker fireproof
brandvarnare fire detector
bransch trade, line [of business]
brant[1] 1 SB precipice 2 ADJ steep
brant[2] ADV steeply **stupa ~ ner** go (drop) sheer down
brasa log-fire **tända en ~** light (make) a fire
brasilianare Brazilian
brasiliansk ⟨↔ engelsk-⟩ Brazilian
Brasilien Brazil
bravad exploit, deed
bravo, B~! Bravo!, Well done!
bre spread* **~ en smörgås** make a sandwich **~ smör på** ⟨ngt⟩ butter **~ på** *överdriva* lay (pile) it on [thick] **~ ut** ⟨en matta⟩ spread [out] **~ ut sig** *sprida sig* spread
bred broad, wide **med ~ marginal** by a wide margin
bredaxlad broad-shouldered
bredbent, stå ~ stand with one's legs wide apart
bredd breadth, width **på ~en** in breadth, across
bredda broaden, widen
breddgrad [degree of] latitude **på varmare ~er** in warmer latitudes
bredvid[1] PREP beside, by the side of
bredvid[2] ADV close by **huset ~** the house next door **tjäna lite pengar ~** make some money on the side
Bretagne Brittany
brev letter **skriva ~** write a letter (letters)
brevbärare postman, US mailman
brevduva carrier (homing) pigeon
brevlåda letter box, US mailbox
brevpapper notepaper, writing paper
brevvän pen friend (*vard* pal)
brevväxla correspond ⟨with⟩
bricka *serverings~* tray, *tekn* washer **en ~ i spelet** *bildl* a pawn in the game
briljant SB, ADJ brilliant
briljera show* off **~ med** air, parade
bringa[1] SB breast, chest, *maträtt* brisket
bringa[2] VB bring* **~ klarhet i** throw light on **~ lycka** bring luck
brinna burn* **det brinner** ⟨i spisen⟩ there is a fire **det brinner i gardinen** the curtain is on fire **~ ner** burn down **~ upp** be destroyed by fire
bris breeze
brist 1 *avsaknad* lack, want, *knapphet* shortage ⟨alla: **på** of⟩ **lida ~ på** lack, *ha ont om* be short of **i ~ på** for lack (want) of 2 *fel* defect 3 *underskott* deficit
brista 1 *sprängas* burst* **~ i gråt** burst out crying (into tears) 2 *gå av (sönder)* break*
bristande *otillräcklig* insufficient **~ uppmärksamhet** inattention
bristfällig defective, *otillräcklig* insufficient
bristning burst[ing], break, *medicin* rupture
bristningsgräns breaking-point **fylld till ~en** absolutely packed
brits bunk
britt Briton **han är ~** he is British **~erna** *folket* the British
brittisk ⟨↔ engelsk-⟩ British **Brittiska öarna** the British Isles
bro bridge
brodd *pigg* spike
brodera embroider
broderi embroidery
broderlig brotherly
broderskap brotherhood
brokig many-coloured, motley **en ~ samling [människor]** a motley crowd (crew)
broms[1] *insekt* horsefly
broms[2] brake
bromsa brake, *bildl* check
bromspedal brake pedal
bronkit bronchitis
brons bronze **ta ~** *sport* win the bronze medal
bronsåldern the Bronze Age
bror brother
brorsdotter niece
brorson nephew

brosch brooch
broschyr brochure, *reklam~* leaflet, *häfte* booklet
brosk cartilage
brott 1 crime, *mindre allvarligt* offence ⟨*båda:* **mot** against⟩, *kränkning av regler* breech ⟨**mot** of⟩ 2 *på rör* leak 3 *ben~* fracture
brottare wrestler
brottas wrestle
brottning wrestling
brottslig criminal
brottslighet criminality *~en* crime
brottsling criminal
brottsplats scene of a (the) crime
brud 1 bride **stå ~** be married 2 *tjej* chick
brudgum bridegroom
brudnäbb *flicka* bridesmaid, *pojke* page
brudpar bridal couple
bruk 1 *användning* use **för eget ~** for personal use 2 *sed* custom 3 *järn~* ironworks ⟨*lika i pl*⟩, *pappers~* paper-mill 4 *mur~* mortar
bruka 1 *använda* **~ våld** use force 2 *odla* cultivate 3 *ha för vana att* **jag ~r äta middag** ⟨**vid sextiden**⟩ I usually (generally) have dinner **jag ~r inte klaga** I don't usually complain **hon ~de besöka mig** ⟨**på söndagarna**⟩ she used to visit me
bruklig usual, customary
bruksanvisning directions (instructions) ⟨*pl*⟩ for use
brukshund working dog
brumma growl, *om insekt* hum
brun brown **~a bönor** brown beans **bli ~ solbränd** get a tan, get tanned
brunett brunette
brunkräm [make-up] foundation
brunn well
brunstig *om hona* in heat, *om hane* rutting
brunt ⟨↔ *blått*⟩ SB brown
brus roar, *radions, trafikens* noise
brusa roar, make° a noise **~ upp** flare up
brusten, ~ blindtarm burst appendix **brustna förhoppningar** shattered expectations
brutal brutal
bruten, tala ~ svenska speak broken Swedish
brutto gross **tjäna 20 000 ~** earn 20,000 gross
bry, ~ sin hjärna med rack one's brains over **bry sig, ~ om** *a*) *bekymra sig* mind, bother *b*) *intressera sig för* care **Bry dig inte om det!** Never mind, Don't bother **det är inget att ~ om** that's nothing to worry about **de bryr sig inte om** ⟨**sina barn**⟩ they don't care about **jag bryr mig inte om att åka** I won't bother to go
brygga¹ SB landing-stage, jetty, *på båt, i brottning, tand~* bridge
brygga² VB brew, *kaffe* make°, percolate
bryggare 1 *person* brewer 2 *kaffe~* percolator, coffee brewer
bryggeri brewery
bryggkaffe 1 *bryggmalet* fine-ground coffee 2 *bryggt kaffe* filtered (percolated) coffee
bryna *göra brun* brown
brysk brusque, curt, *abrupt* abrupt
Bryssel Brussels
brysselkål brussels sprouts ⟨*pl*⟩
bryta 1 break°, *malm, kol* mine **~ armen** break one's arm **~ arm med ngn** arm--wrestle with sb 2 *avbryta* **~ en förlovning** break off an engagement **~ strömmen** break the circuit **~ ett telefonsamtal** cut off a call **~ med ngn** break up with sb 3 **~ på tyska** speak with a German accent
☐ **bryta av** break [off]
☐ **bryta ihop** break down, collapse
☐ **bryta lös** *utbryta* break out
☐ **bryta upp** *a*) *ett lås* break open *b*) *sammankomst* break up, *ge sig av* leave
☐ **bryta ut** break out
bryta sig 1 *om ljus* be refracted 2 **~ in i** break into ⟨the house⟩ **~ ut ur fängelset** break out of prison
brytning 1 *pga oenighet* break 2 *av malm o kol* mining 3 *färg~* tinge, *smak~* flavour, *språk~* accent 4 *ljus~* refraction
bråck rupture, hernia
bråddjup 1 SB precipice 2 ADJ precipitous **det är ~t här** there is a sheer drop (fall) here
brådmogen precocious
brådska SB hurry, haste **det är ingen ~** there is no hurry (rush) **vi har ingen ~** we are in no hurry
brådskande urgent
bråk¹ *matem* fraction **allmänt ~** vulgar fraction
bråk² 1 *oväsen* noise 2 *gräl* row **ställa till ~** kick up a row ⟨**om** about⟩ 3 *besvär, krångel* trouble
bråka 1 *föra oväsen* make° a noise 2 *gräla*

have a row **det är inget att ~ om** it's not worth arguing about **3** *krångla* make* difficulties
bråkdel fraction
bråkig *bullrig* noisy, *besvärlig* troublesome
bråkstake troublemaker
brås, ~ på ngn take after sb
bråte *skräp* rubbish
bråttom, ha ~ be in a hurry **det är ~** a) *måste göras fort* it's urgent b) *ont om tid* we're ⟨*etc*⟩ in a hurry **det är inte ~** there is no [great] hurry
bräcka VB **1** *bryta itu* break*, crack **2** *överträffa* outdo*
bräcklig fragile, *om person* frail
bräda SB board
brädd brim
brädgård timberyard, US lumberyard
brädsegling sailboarding, windsurfing
brädspel backgammon
bräka bleat, baa
bränna *äv svida* burn*, *sveda* scorch **~ sina skepp** burn one's bridges **bli bränd** *bildl* get one's fingers burnt **~ upp** burn **~ vid** ⟨*maten*⟩ burn **bränna sig** burn* oneself **~ på tummen** burn one's thumb
brännas burn*, *om nässlor* sting* **det bränns** a) *om ngt hett* it's burning hot b) *i lek* you're getting warm
brännboll ≈ rounders ⟨*pred i sg*⟩
bränning *brottsjö* breaker, surf
brännskada burn
brännvin *okryddat* schnap[p]s, *kryddat* aquavit
brännässla stinging nettle
bränsle fuel **ge ~ åt** add fuel to
brätte brim
bröd bread ⟨*endast sg*⟩, *enstaka* ⟨*limpa o d*⟩ loaf ⟨*pl* loaves⟩ **rostat ~** toast **mörkt ~** brown bread
brödkavel rolling pin
brödrost toaster
brödskiva slice of bread
bröllop wedding
bröllopsdag wedding day (*årsdag* anniversary)
bröllopsresa honeymoon
bröst breast, **~korg** chest, *barm* bosom **ha ont i ~et** have a pain in one's chest
bröstcancer cancer of the breast
bröstkorg chest
bröstmjölk breast milk
bröstsim breaststroke

bröstvårta nipple
bu INTERJ boo
bua boo ⟨**åt** at⟩
bubbla¹ SB bubble
bubbla² VB bubble
buckla¹ SB **1** dent **2** *pokal* cup
buckla² VB **~ till** *plåt* dent
bud 1 *befallning* order, command **tio Guds ~** the ten commandments **2** *anbud* offer, *på auktion, i kortspel* bid **3** *meddelande* message **skicka ~ efter ngn** send for sb **4 ~bärare** messenger
buddism Buddhism
buddist Buddhist
buddistisk Buddhist
budget budget **göra upp en ~** draw up a budget
budskap message
buffé 1 *lokal o mat* buffet **2** *möbel* sideboard
buffel buffalo ⟨*pl lika el* -es⟩, *bildl* boor, lout
buffert buffer
buga, buga sig bow ⟨**för** to⟩
bugga¹ *avlyssna* bug
bugga² *dansa* jive
bugning bow
buk belly, *tjock mage* paunch
bukett bouquet **en ~ blommor** *vard* a bunch of flowers
bukt 1 *vik* bay, *större* gulf **2 få ~ med** master, manage
bukta sig curve **~ utåt** bulge
buktalare ventriloquist
bula bump, *böld* boil
bulgar Bulgarian
Bulgarien Bulgaria
bulgarisk ⟨↔ engelsk-⟩ Bulgarian
bulgariska ⟨↔ engelska⟩ **1** *språk* Bulgarian **2** *kvinna* Bulgarian woman
buljong clear soup, broth
buljongtärning stock (US bouillon) cube
bulldogg bulldog
bulle bun, roll
buller noise, *starkare* din **med ~ och bång** with a [great] hullabaloo
bullra make* a noise, *mullra* rumble
bullrig noisy
bult bolt, *gängad* [screw-]bolt
bulta VB **1** *platta till* beat* **2** *dunka, slå* pound **med ~nde hjärta** with a pounding heart **~ i väggen** knock (rap) on the wall
bumerang boomerang

bums right away
bunden *äv om bok* bound, *fastbunden, äv bildl* tied
bundsförvant ally
bunke bowl
bunt packet, *spec om hoplagda föremål* bundle, *knippa* bunch **hela ~en** the whole bunch (lot)
bunta, ~ [ihop] make ⟨sth⟩ up into bundles
bur cage, *mål~* goal
bura, ~ in *sätta i fängelse* put ⟨sb⟩ in clink
burk pot, *plåt~* tin, *spec US* can, *glas~* jar **svamp på ~** tinned (*spec US* canned) mushrooms
burkmat tinned (*spec US* canned) food
burköl canned beer
burköppnare tin (*spec US* can) opener
Burma Burma
burrig *om hår* frizzy
burspråk bay [window]
bus mischief
busa be rowdy, get˚ up to mischief
buse ruffian, hooligan
busfrö mischief, *vard* little devil
busig rowdy, *svagare* mischievous
buskage shrubbery
buske bush
buss *fordon* bus, *turist~* ⟨GB⟩ coach
busschaufför bus (*turist~* ⟨GB⟩ coach) driver
busshållplats bus stop
bussig kind, nice **det var ~t** ⟨**av dig**⟩ that's very kind
busvissling *ogillande* catcall, *uppskattande* wolf-whistle
busväder rotten (lousy) weather
butelj bottle
butik shop, *spec US* store, *för kläder m m* boutique
butiksbiträde shop assistant, *US* salesclerk
butikskedja chain of stores, *GB äv* multiple [store]
butikskontrollant store detective
butter sullen
by[1] *vind~* gust
by[2] *samhälle* village
byalag ≈ local residents' association
bygd region
bygga build˚, construct **det bygger på** ⟨**tillit**⟩ it is based on **ingenting att ~ på** nothing to go on
□ **bygga om** rebuild
□ **bygga på** add ⟨sth to sth⟩
□ **bygga till** *utvidga* enlarge
□ **bygga upp** build up, *bildl* develop
□ **bygga ut** extend
bygge building project, *byggarbetsplats* [building] site
byggmästare [master] builder, building contractor
byggnad 1 *hus* building **2** *byggande* **huset är under ~** the house is under construction
byggnadsarbetare construction worker
byggnadsställning scaffold[ing]
byggsats [do-it-yourself] kit
bylte bundle, pack
byrå[1] *möbel* chest of drawers, *US äv* bureau
byrå[2] *ämbetsverk etc* office, *avdelning* department
byråkrat bureaucrat
byråkrati bureaucracy, *vard* red tape
byråkratisk bureaucratic
byrålåda drawer
byst *äv skulptur* bust
byta 1 change ⟨**mot** for⟩ **~ tåg** change [trains] **~ på ett spädbarn** change a baby **2** *med varandra* exchange, *vard* swap, *vid byteshandel* trade **~ plats med** change places (*sittplats* seats) with
□ **byta av** relieve
□ **byta bort** exchange ⟨**mot** for⟩
□ **byta om** change ⟨**till** into⟩
□ **byta ut** exchange ⟨**mot** for⟩, *ersätta* replace ⟨**mot** with⟩
byte 1 *utbyte* exchange **få i ~** get ⟨sth⟩ in exchange **2 det är ~ i** ⟨**Hallsberg**⟩ [you] change at **3** *rov* booty, *rovdjurs, äv bildl* prey ⟨**för** to⟩, *genom plundring* loot, *vid jakt* game
byxkjol divided skirt, culottes ⟨pl⟩
byxor *lång~* trousers, *US vanl* pants, *fritids~* slacks
båda[1] PRON *obetonat* the two, *betonat* ⟨**~ två**⟩ both **vi ~** we two, both of us **i ~ exemplen** in both examples **de ~ andra** the other two, the two others **de ~ första dagarna** the first two days **~s föräldrar** both their parents
båda[2] VB **det ~r inte gott** it is a bad sign
både KONJ **~ ... och** both ... and **~ det ena och det andra** one thing and the other
båge 1 curve **2** *pil~* bow **3** *glasögon~* frame
bågna bend˚, sag

bågskytte archery
bål¹ *anat* trunk, body
bål² *dryck* punch
bål³ *brasa* bonfire **brännas på ~** be burnt at the stake
bår *sjuk~* stretcher
bårhus mortuary, morgue
bås *för djur* crib, stall, *friare* compartment
båt boat **ge ngn på ~en** jilt sb **sitta i samma ~** *bildl* be in the same boat
båtbrygga landing stage
båthus boathouse
båtshake boathook
båtvarv boat yard
bäck brook, *US äv* creek
bäcken 1 *anat* pelvis 2 *säng~* bedpan
bädd bed
bädda make‧ the bed **~ för** *bildl* pave the way for
bäddsoffa sofa bed, *US* convertible sofa
bägare cup, beaker
bägge → båda
bälga, ~ i sig gulp down
bälte belt, *zon äv* zone
bända prize **~ loss** prize loose **~ upp** prize open
bänk bench, *skol~* desk, *kyrk~* pew, *bio o teat* row **på första ~** in the front row
bänkrad row
bär berry **lika som [två] ~** [as] like as two peas
bära ~ på carry, *kläder* wear‧, *mer bildl* bear‧ **~ [på] en tung hink** carry a heavy bucket **~ hatt** wear a hat **~ kostnaderna** bear the costs **det må ~ eller brista** sink or swim **bära sig 1** *löna sig* pay‧ **2 ~ åt** behave **~ illa åt** behave badly **Hur bär du dig åt för att** ⟨hålla fönstren så rena?⟩ How do you manage to **Hur bär man sig åt för att få tag i en biljett?** How does one go about getting [hold of] a ticket?
bärare bearer, *på station* porter
bärbar portable
bärga *rädda* save, rescue, *sjö* salve, *skörden* gather in **bärga sig** *behärska sig* contain (restrain) oneself
bärgning 1 *av fartyg* salvage, *av skörd* harvest **2** *utkomst* livelihood
bärgningsbil breakdown lorry, *US* wrecker
bärnsten amber
bärsärkagång, gå ~ go berserk, run amok

bäst¹ ADJ best **de är [de allra] ~a vänner** they are the best of friends **han är ~ i** ⟨spanska⟩ he is best at **i ~a fall** at [the] best **det är ~ [att] vi är tysta** we had better be quiet
bäst² ADV **tycka ~ om** like best, prefer **det vet han ~ själv** he knows best
bästa SUBST ADJ **göra sitt ~** do one's [very] best **det kan hända den bäste** it (that) can happen to anyone **det är för ditt eget ~** it's for your own good
bättra improve [on] **~ på** touch up, *spec kunskaper* brush up **bättra sig** bli bättre improve, *sitt uppförande* mend one's ways
bättre ADJ better **bli ~** get better **komma på ~ tankar** think better of it **så mycket ~ för henne** all the better for her
bättring improvement, *om hälsa* recovery
bättringsväg, vara på ~en be recovering
bäva tremble ⟨**av** with, **för** at⟩
bäver beaver
böckling ≈ bloater, smoked Baltic herring
bödel executioner, hangman, *bildl* butcher
bög gay **han är ~** he is gay
böja 1 bend‧ **~ [på] huvudet** bow [one's head] **~ av** *svänga* bend **2** *språk* inflect
böja sig 1 ~ [ner] bend down, stoop **~ ut** lean out ⟨of the window⟩ **2 ge efter** yield ⟨**för** to⟩
böjd 1 bent, curved, *om kroppsställning* stooping **2** *språk* inflected **3** *benägen* inclined ⟨**[för] att** to⟩
böjelse inclination
böjlig flexible
böjning 1 bend, curve **2** *språk* inflection
bökig *rörig* messy, *besvärlig* awkward
böla bellow, *råma* moo, *gråta* bawl, blubber
böld boil, *var~* abscess
bölja¹ SB billow, wave
bölja² VB billow, wave
bön 1 *begäran* request ⟨**om** for⟩ **2** *religion* prayer ⟨**om** for⟩ **be en ~** say a prayer
böna SB bean **vita bönor i tomatsås** baked beans
bönfalla plead ⟨**om** for⟩
böra ⟨*med böjningsformerna* **bör, borde, bort**⟩ **bör, borde** should, ought to **man bör inte ljuga** one shouldn't lie **det borde vi ha gjort** we ought to (should) have done that **du borde inte ha** ⟨rest⟩ you

shouldn't have **hon bör (borde) vara framme nu** she should be there by now **vi hade bort lyssna på honom** we ought to have listened to him

börd birth **till ~en** by birth **av ringa ~** of humble birth

börda burden

bördig *om jord* fertile, rich

börja begin*, start ⟨*båda: + ing-form el* to + *inf*⟩ **~ spela** ⟨piano⟩ take up playing **det ~r bli mörkt** it's getting dark **till att ~ med** to start (begin) with **~ om** begin (start) again, start all over again

början beginning, start **från [allra] första ~** from the very beginning (start) **från ~ till slut** from beginning to end **i (från) ~** ⟨... men sedan⟩ at first **i ~ av juni** at the beginning of June

börs 1 *portmonnä* purse **2** *fond~* [stock] exchange **svarta ~en** the black market

bössa 1 *hagel~* [shot]gun, *gevär* rifle **2** *insamlings~* collecting box

böta pay* a fine **få ~** be fined

böter fine ⟨*sg*⟩ **döma ngn till 100 punds ~** fine sb £100

C

cabriolet convertible
café → kafé
cafeteria cafeteria, *spec* US coffee shop
camouflera camouflage
campa, [åka och] ~ go camping (*med husvagn* caravanning)
camping camping, *med husvagn* caravanning
campingplats camp site, *för husvagnar* caravan site, US trailer park
Canada Canada
cancer cancer
CD-skiva compact disc, CD
CD-spelare CD player
ceder cedar
celibat celibacy **leva i ~** *äv* be [a] celibate
cell cell
cello cello
cellskräck claustrophobia
cellulosa cellulose, *pappersmassa* wood pulp
cement cement
cendré dark blond
censur 1 *kontroll* censorship **~ av böcker** censoring of books **2** *myndighet* censors ⟨*pl*⟩
censurera censor
center centre **~n** *polit* the centre
centiliter centilitre
centimeter centimetre
central 1 ADJ central **~t prov** *utb* ≈ standardized [national] test **2** SB centre **3** SB *station* → centralstation
centralantenn communal aerial, US central antenna
centralisera centralize
centralstation central railway (US railroad) station
centralstimulerande, ~ medel central stimulant
centralt ADV **den ligger ~** it is very central, it is conveniently situated

centralvärme central heating
centrera 1 centre **2** *koncentrera* focus
centrifug *tekn* centrifuge, *för tvätt* spindryer
centrifugalkraft centrifugal force
centrifugera *tvätt* spin-dry
centrum centre ⟨**för** of⟩, *bildl äv* focus ⟨**befinna sig**⟩ **i händelsernas ~** at the centre of activity, in the thick of things **mitt i ~** right in the centre
cerat lip salve, *US* chap stick
ceremoni ceremony
certifikat certificate
champagne champagne
champinjon mushroom
champion champion, *vard* champ
chans chance ⟨**till** of⟩ **han har inte en ~** he doesn't stand a chance ⟨**against**⟩ **ta ~en** ⟨↔ **chansa**⟩ seize the opportunity
chansa risk (chance) it **~ på att** take a chance on ⟨+ *ing-form*⟩
chansning gamble **en ren ~** a long shot, a wild guess
charad charade, *lek* charades ⟨*pred i sg*⟩
charkuteri pork-butcher's, *US* butcher's
charkuterivaror cooked (cold) meat[s], *US* deli[catessen] products
charm charm **använda all sin ~** use all one's charms
charma charm
charmig charming
charmör charmer
charterflyg *resa* charterflight
charterresa charter trip
chartra charter
chaufför driver, *privat~* chauffeur
check cheque ⟨**på** for⟩ **betala med ~** pay by cheque
checka check [up] **~ in** check in
checkhäfte chequebook
checkkonto current (*US* check[ing]) account
chef head, *för affär el avdelning* manager, *person på ~s nivå* executive, *arbetsgivare* employer, *vard* boss **kvinnliga ~er** women (female) executives **han är ~ för** ⟨**ett stort företag**⟩ he is [the] head of
chefredaktör editor-in-chief
chiffer code, cipher
chiffong chiffon
Chile Chile
chilenare Chilean
chips ⟨*pl*⟩ crisps, *US* [potato] chips

chock shock ⟨**för** to⟩ **få en ~** *vanl* be shocked
chocka shock
chockera shock, upset*
chockrosa shocking pink
choklad 1 chocolate **2** *dryck* [hot] chocolate, cocoa
chokladask box of chocolates
chokladkaka bar of chocolate
cider cider
cigarr cigar **han röker ~** he smokes cigars
cigarrett cigarette, *vard* cig, *GB äv* fag
cigarrettpaket packet (*US* pack) of cigarettes
cirka approximately, about, *vid årtal* cirka
cirkel 1 circle **2** *studie~* study circle (group)
cirkla *kretsa* circle, *röra sig i cirkel kring* circulate
cirkulation circulation **vara i ~** *vanl* circulate
cirkulera circulate **låta** ⟨**ngt**⟩ **~** circulate
cirkus *äv bildl* circus **gå på ~** go to the circus **det var full ~** everything was in [an] uproar
cirkusartist circus performer
cistern cistern, tank
citat quotation ⟨**han sa**⟩ **~ ... slut ~** quote ... unquote
citationstecken ⟨*pl*⟩ quotation marks
citera quote
citron lemon
citrusfrukt citrus fruit
cittra zither
city city **i ~** in the city centre, *US vanl* downtown
civil civil, *motsats till 'militär'* civilian **i ~a kläder** → **civilklädd i det ~a** in civilian life
civilbefolkning civilian population
civilekonom, vara ~ ≈ have a degree in Business Administration
civilförsvar civil defence
civilingenjör, vara ~ ≈ have a degree in Engineering
civilisation civilization
civilisera civilize
civilklädd in civilian clothes, *polis* in plain clothes
civilstånd marital status
clementin clementine
clips ear-clip
clown clown
cockerspaniel cocker spaniel

cocktail cocktail
collage collage
collegetröja sweatshirt
collie collie
Colombia Colombia
comeback comeback **göra ~** make a comeback
container *frakt~* container, *sop~* skip, US dumpster
copyright copyright **ha ~ på** hold the copyright on
Costa Rica Costa Rica
cowboyfilm western
cp-skadad SB spastic
crawla crawl
cricket cricket
C-språk ≈ third foreign language [in school]
Cuba → Kuba
cup cup
curry *krydda* curry powder
C-vitamin vitamin C
cykel 1 bicycle, *vard* bike **2** *kretslopp* cycle
cykelbana cycle (US bike) path
cykla cycle, ride a bicycle (bike) **vara ute och ~** *ha alldeles fel* be wide of the mark
cyklist cyclist
cyklon cyclone
cyklopöga [diving] mask
cylinder cylinder
cynisk cynical
Cypern Cyprus

dadel date
dag ⟨↔ dags⟩ day **1** *tidsbetydelse: med preposition* **i ~** today **i våra ~ar** nowadays **hur i all sin dar** how on earth **två gånger om ~en** twice a day **på ~en** *på dagtid* during the day ⟨*resa bort*⟩ **på några ~ar** for a couple of days **på några ~ar** ⟨*hade allt förändrats*⟩ in a few days
2 *tidsbetydelse: utan preposition* **jag känner mig lite ~en efter** I feel a bit morning--after **~ens rätt** today's special **en ~** *i det förflutna* one day, *i framtiden* some (*vid hot, hopp o d* one) day
3 komma i ~en come to light **hon är sin mor upp i ~en** she is the image of her mother
dagbarn, ha fyra ~ ≈ have four children in day care
dagbok diary **skriva ~** keep a diary
dagdrivare loafer, *odåga* good-for--nothing
dagdrömmare daydreamer
dager, framställa i fördelaktig ~ depict (put) ⟨sth⟩ in a favourable light
dagg dew
daggmask earthworm
daghem day nursery, day-care centre
daglig daily
dagligen daily, every day ⟨två gånger⟩ ~ a (per) day
dagmamma [family] child minder
dagordning agenda **stå på ~en** be on the agenda
dags, hur ~ [at] what time **så här ~** a) *vid den här tiden* at this time b) *vid det här laget* by now **det är ~ att ge sig av** it's time to leave **Det är så ~ nu!** It's a bit late now!
dagsljus daylight
dagsläge, i ~t in the present situation
dagspress daily press
dagstidning daily [paper]
dal valley

D dala – debatt

dala sink˙ ~ [ned] *om löv o d* come floating down
dalahäst ≈ Dalecarlian horse
dallra tremble, quiver, *om t ex fönster* rattle
dallring tremble, quiver
dalmatiner Dalmatian
dalta, ~ **med** coddle ~ **med brottslingar** be soft on offenders
dam 1 lady **Mina ~er [och herrar]!** Ladies [and gentlemen]! **2** *schack, kortspel* queen **hjärter** ~ [the] queen of hearts
damavdelning *i t ex varuhus* ladies' department, *på t ex badhus* ladies' section
damcykel lady's bicycle
damdubbel women's doubles ⟨*pred i sg*⟩
damfotboll women's football ⟨*US* soccer⟩
damfrisering ladies' hairdresser's
damm¹ 1 *~byggnad* dam **2** *vattensamling* pond
damm² *stoft* dust
damma 1 *ta bort damm* dust **jag har ~t** I've done the dusting **~ av** take the dust off **2** *ge ifrån sig damm* **det ~r** there's a lot of dust **det ~r på vägen** the road is dusty
dammig dusty
dammkorn speck of dust
dammsuga vacuum, *GB vard* hoover
dammsugare vacuum cleaner, *GB vard* hoover *varunamn*
dammtrasa duster
dammtuss, en ~ a piece of fluff **~ar** fluff
damsko lady's shoe
damtidning women's magazine
damtoalett ladies' room, *US* ladies' rest room
Danmark Denmark
dans dance, *utövande av* ~ dancing, *större ~tillställning* ball **det gick som en** ~ it went like clockwork
dansa dance **gå och** ~ go to ballet classes **gå ut och** ~ go out dancing **~ bra** be a good dancer
dansbana ≈ open-air dance floor
dansband dance band
dansk ⟨↔ engelsk-⟩ **1** SB Dane **2** ADJ Danish
danska ⟨↔ engelska⟩ **1** *språk* Danish **2** *kvinna* Danish woman
dansör [male] dancer
dansös [female] dancer, *i revy* chorus girl
darra tremble, *huttra* shiver, *skaka* shake˙ **han ~de av rädsla** he was trembling (shaking) with fear **han ~r i hela kroppen** he is shaking all over
darrhänt, han är ~ his hands are shaky
darrig shaky, *nervös* nervous
darrning ⟨↔ darra⟩ trembling ⟨*etc*⟩, *enstaka* tremble ⟨*etc*⟩
dass lav, loo, bog, *US* can
data¹ ⟨*pl*⟩ **1** *sakuppgifter, fakta* data ⟨*vanl pl*⟩, facts, *detaljuppgifter* particulars **2** *inlagda i dator* data ⟨*vanl sg*⟩ **vi förlorade inga** ~ ⟨**vid strömavbrottet**⟩ we lost no data
data² *datasystem o d* **ha på** ~ have ⟨sth⟩ on computer **finnas (ligga) på** ~ be on computer **han jobbar med** ~ he is (works) in computing **det är fel på** ~**n** we have a computer error
databank data bank
databehandling data processing
datacentral computer centre
datakunskap computer science
datalista computer-generated list, *vard* printout
dataregister *personregister* computerized personal register
dataskärm visual display unit ⟨*förk* VDU⟩
dataspel computer game
datastyrd computer controlled
dataterminal computer terminal
datera date **datera sig, ~ till** date back to, date from
dativ the dative
dator computer
datorisera computerize
datorisering computerization
datum date
datumstämpel date stamp, *post* postmark
de¹ ⟨*talspråksform* dom⟩ BEST ART the ~ **närvarande** *självständigt* those present
de² ⟨*talspråksform* dom⟩ PRON **1** *personligt* they, *i vissa fall* them **~ tre** the three of them ⟨**vi är äldre**⟩ **än** ~ than them, than they [are] **alla utom** ~ everybody but them **2** *demonstrativt*, **~ där** those **~ böckerna** those books **~ där** those, *självständigt om personer* those people (women ⟨*etc*⟩) **~ här** these, *självständigt om personer* these people (women ⟨*etc*⟩) **3** *determinativt* **~ cyklar som stals** the bicycles that were stolen **~ som gillar mig** those who like me
debatt debate ⟨**om** on⟩

debattera debate, discuss, argue ⟨about⟩
debattfråga controversial issue
debitera debit, charge
debutera make* one's debut
december ⟨↔ april⟩ December
decennium decade
decentralisera decentralize
dechiffrera decipher, decode
decibel decibel
deciliter decilitre
decimal decimal
decimera *minska* reduce
decimeter decimetre
deckare *roman, film* whodun[n]it
dedicera dedicate
dedikation dedication
defekt 1 SB defect **2** ADJ defective
defensiv SB, ADJ defensive
defilera, ~ förbi march (file) past
definiera define
definition definition
definitiv *bestämd* definite, *slutgiltig* final
deg dough, *smör~* [puff] pastry
degig 1 doughy **2 känna sig ~** feel sluggish
deka, ~ ner sig go downhill
dekadans decadence
dekal sticker
deklaration 1 *uttalande* declaration, statement **2** *för skatt* [income-]tax return
deklarera 1 *uttala* declare, state **2** *för skatt* send* in (US file) one's tax return **3** *tull~* declare
dekor decor, *teat äv* scenery
dekoration decoration, *föremål* ornament
dekorativ decorative
dekoratör decorator, *inredare* interior decorator
dekorera decorate
del 1 part, *sektion* section, *andel* proportion, *ngns andel* share, *bokvolym* volume **få ~ av** *informeras om* be informed of **ta ~ av** acquaint oneself with, *läsa* read, study **ta ~ i** take part in **För all ~!** Don't mention it, *spec US* You're welcome **för den ~en** *vad det beträffar* for that matter **för min ~** for my part **till stor ~** to a great extent **2** *obestämd mängd* ⟨**det gick åt**⟩ **en hel ~ färg** quite a lot of paint **för en ~ år sen** a few years ago **en ~ tidningar** *inte alla* some newspapers **en ~ tror** some people think **en stor ~ av bilarna** a large number of the cars **en stor ~ av**

köttet a great (good) deal of the meat
dela 1 *i delar* divide, cut* up ⟨**båda: i** into⟩
 ~ upp divide [up], split [up] ⟨**båda: i** into⟩
 ~ ut distribute, *från hand till hand* hand out, *spelkort* deal, *post* deliver, *pris* award ⟨sb a price⟩ **2** *med ngn annan* share **~ rum med ngn** share a room with sb
dela sig divide [up], separate
delad ⟨↔ dela⟩ **därom råder ~e meningar** opinions differ about that **ha ~ vårdnad** have joint custody
delaktig *inblandad* involved
delbar divisible ⟨**med** by⟩
delegat delegate
delegation delegation
delegera delegate **de ~de** the delegates
delfin dolphin
delge inform ⟨sb of sth⟩ **~ ngn sina intryck** impart one's impressions to sb
delikat 1 *läcker* delicious **2** *känslig, ömtålig* delicate
delikatess delicacy
delikatessaffär delicatessen
delning division, *biol, fysik* fission
dels, det beror ~ på ... , ~ på ... it is due partly to ... , [and] partly to ...
delstat federal [constituent] state, *i US* state
delta[1] SB *flod~* delta
delta[2] VB **1** take* part ⟨**in**⟩, participate ⟨**in**⟩ **~ i en kurs** attend a course **2 ~ i ngns sorg** share in sb's sorrow
deltagande SB **1** participation ⟨**i in**⟩, *närvaro äv* attendance ⟨**i** at⟩ **2** *medkänsla* sympathy ⟨**med** for⟩
deltagare participant ⟨**in**⟩, *i expedition, kurs o d* member ⟨**i** of⟩, *i tävling* participant, competitor
deltid part-time **arbeta [på] ~** work part-time
delvis partially, partly
delägare joint owner, partner
dem ⟨↔ de[2]⟩ them
demaskera, demaskera sig unmask
dementera deny
demobilisera demobilize
demokrat democrat
demokrati democracy
demokratisk democratic
demon demon
demonstrant demonstrator
demonstration demonstration
demonstrationståg demonstration

demonstrativ demonstrative
demonstrera demonstrate
demontera dismantle, disassemble
den[1] ⟨*med neutrumformen* **det**⟩ BEST ART the
den[2] ⟨*med neutrumformen* **det**⟩ ⟨↔ **det**[1]⟩ PRON **1** *personligt* it, *starkare betonat 'det'* that, *ersättningsbart med 'han (hon, de)'* he (she, they) ⟨**Han kommer i morgon**⟩ – **Det är bra** That's good ⟨**Vad tycker du om John?**⟩ – **Det är en trevlig kille** He's a nice boy ⟨**Vems böcker är det där?**⟩ – **Det är mina** They're mine **2** *demonstrativt* ~ [där] that, *självständigt om sak* that one, *självständigt om person* that man ⟨*etc*⟩ ~ **här** this, *självständigt om sak* this one, *självständigt om person* this man ⟨*etc*⟩ **du kan ta ~ här** you can take this one **det här (där) är mina strumpor** these (those) are my socks **3** *determinativt* ~ **pojke som** the boy who (that) ⟨**Vilken av pojkarna menar du?**⟩ – **D~ som kom nyss** The one who just arrived
denna ⟨*med maskulinformen* **denne**⟩ **1** *förenat* ⟨**den här**⟩ this, **den där** that **2** *självständigt* ⟨**han**⟩ he, *hon* she
densamma, densamme *samma, likadan* the same
deodorant deodorant
departement department, *i GB äv* ministry
deponera deposit ⟨**hos ngn** with sb⟩ **~ i ett bankfack** place in a safe-deposit box
deportera deport
deposition deposition, *insatta pengar* deposit **i ~** on deposition
deppa feel· down (gloomy)
depression depression
deprimerad depressed
deprimerande depressing
deputerad, en ~ a deputy
depå *förrådsplats* depot, *vid motortävling* pit
deras PRON *förenat* their, *självständigt* theirs **~ bil** their car **den är ~** it's theirs
desamma the same [ones]
desarmera *bomb* defuse, *avväpna* disarm
desertera desert
desertering desertion
desertör deserter
design design
desillusionerad disillusioned
desinfektionsmedel disinfectant
desinficera disinfect

desperat desperate
desperation desperation
dess[1] PRON **1** its **2 innan ~ före then,** *senast* by then **sedan ~** since then **till ~ till (until) then till ~ att** till, until
dess[2] ADV **~ bättre** fortunately **~ värre** unfortunately
dessa *de här* these, *de där* those
dessemellan in between, *emellanåt* at times
dessert dessert **till ~** for dessert
dessförinnan before then
dessutom besides, *vidare* furthermore
destillera distil
destination destination
destinerad bound ⟨for⟩
desto, ju förr ~ bättre the sooner the better **D~ bättre!** All (So much) the better! **inte ~ mindre** none the less
destruktiv destructive
det[1] ⟨↔ **den**[2]⟩ PRON **~ är skönt att vara hemma igen** it's good to be home again **Finns ~ något kaffe kvar?** Is there any coffee left? **~ är ingen tid att förlora** there is no time to be lost ⟨**hon tycker om den**⟩ **och ~ gör jag med** and so do I **jag tror ~** I think so ⟨**Kan du komma i morgon?**⟩ – **Ja, ~ kan jag** Yes, I can **~ bryr jag mig inte om** I don't care **D~ står inte** *i texten* It doesn't say **~ gör ont i foten** my foot hurts **Hur går ~ (står ~ till)?** How are you doing? **~ ringer** *på telefon* the phone is ringing
det[2] SB *charm* **hon har ~** she has it
detalj detail
detaljerad detailed **~e upplysningar** details
detaljerat ADV **mycket ~** in great detail
detaljhandeln the retail trade
detektiv detective
detektivroman detective story (novel)
detonera detonate
detsamma the same [thing] **Tack, ~!** The same to you! **det gör ~** it doesn't matter **med ~** at once
detta *det här* this, *med predf i pl* these **~ är** ⟨**undulater**⟩ these are **~ om ~** so much for that **livet efter ~** life after death **före ~ (f.d.)** → f.d.
devalvera devalue
devalvering devaluation
dia *suga* suck, *ge di* suckle
diabetes diabetes
diabetiker diabetic

diabild slide, transparency
diagnos diagnosis ⟨*pl* diagnoses⟩
diagnosticera diagnose
diagnostisk diagnostic **~t prov** diagnostic test
diagonal SB, ADJ diagonal
diagram diagram
dialekt dialect
dialog dialogue
diamant diamond
diameter diameter
diarré diarrhoea
dieselmotor diesel engine
diet diet **hålla ~** be on a diet
diffus diffuse, blurred, vague
difteri diphtheria
dig PRON **1** *personligt* you **en vän till ~** a friend of yours **2** *reflexivt* yourself **Gjorde du ~ illa?** Did you hurt yourself?
digitalur digital clock ⟨*armbandsur* watch⟩
digna *under börda* be weighed down ⟨**av** with⟩ **bordet ~r av läckerheter** the table is piled high with delicacies
dike ditch
dikt SB **1** poem **2** *ngt påhittat* fiction
diktamen dictation
diktare *författare* writer, *skald* poet
diktator dictator
diktatur dictatorship
diktera dictate ⟨**för** to⟩
diktsamling collection of poems
dilemma dilemma, quandary
diligens stagecoach
dill dill
dille, ha ~ på be crazy (nuts) about
dimension dimension
dimma mist, *dis* haze, *tjocka* fog
dimmig misty, hazy, foggy
dimpa fall* **~ ner** drop down, *i en stol* plump down
dimridå smoke screen
din ⟨*med böjningsformerna* **ditt, dina**⟩ PRON *förenat* your, *självständigt* yours **den är ~** it's yours
dingla dangle, swing* **~ fram och tillbaka** swing to and fro **[sitta och] ~ med benen** dangle one's legs
dinosaurie dinosaur
diplom diploma
diplomat diplomat
diplomati diplomacy
diplomatisk diplomatic
direkt¹ ADJ direct, *omedelbar äv* immediate **en ~ lögn** a downright lie **vara ~ öppen o ärlig** be frank
direkt² ADV *omedelbart* directly, immediately, *raka vägen* direct[ly], straight **inte ~ förvånad** not exactly surprised **~ oförskämd** downright insolent **gå ~ på ämnet** come straight to the point
direktflyg direct (non-stop) flight
direktförbindelse *med tåg, flyg etc* direct service
direktion board [of directors], management
direktiv instructions ⟨*pl*⟩
direktsänd *tv, radio* live ⟨*före sb*⟩
direktsändning *inte bandad* live broadcast
direktör manager, director ⟨*båda:* **för** of⟩
dirigent conductor
dirigera direct, *musik* conduct
dis haze, *tätare* mist
disciplin discipline
disciplinerad disciplined
discjockey disc jockey ⟨*förk* DJ⟩
disharmonisk discordant, dissonant
disig hazy, misty
disk¹ *i butik, bank o d* counter, *bar~* bar
disk² *diskning* washing-up, US dish-washing, *odiskat porslin etc* dirty dishes ⟨*pl*⟩
diska *rengöra* do* (wash) the dishes, GB *vanl* wash up
diskant treble
diskare dishwasher
diskborste washing-up brush, US dish-brush
diskbråck, ha ~ have a slipped disc
diskbänk sink, *som inredning* sink unit
diskett floppy [disk], diskette
diskho sink
diskmaskin dishwasher
diskmedel washing-up liquid, US detergent
diskotek discotheque
diskret discreet, *om belysning* subdued
diskriminera discriminate ⟨**ngn against** sb⟩
diskriminering discrimination ⟨**av** against⟩
diskställ dish drainer
disktrasa dishcloth
diskussion discussion ⟨**om** on, about⟩ **utom all ~** beyond dispute
diskutabel *tvivelaktig* questionable

diskutera discuss
diskvalificera disqualify
diskvalificering disqualification
dispens exemption **få ~** be granted [an] exemption ⟨from⟩ **ge ngn ~** exempt sb
disponera 1 *ha till sitt förfogande* have ⟨sth⟩ at one's disposal, *ha tillgång till* have access to **pengarna kan nu ~s** the money is now available **2** *ordna* arrange, *planera* ⟨*en uppsats o d*⟩ organize, plan
disponerad *hågad* disposed, inclined ⟨**för** to⟩
disponibel available, at one's disposal
disposition 1 *förfogande* disposal **stå till ~** be at ⟨sb's⟩ disposal **2** *av uppsats o d* plan, outline
disputation ≈ public defence of one's doctor's (US doctoral) thesis
dispyt dispute ⟨**om** about⟩ **råka i ~** get involved in an argument
dissekera dissect
distans distance **få ~ till** get ⟨sth⟩ in perspective **ha ~ till** ⟨**ngt**⟩ take a detached view of **hålla ~** keep one's distance, *bildl* keep ⟨sb⟩ at a distance
distingerad distinguished
distinkt distinct
distrahera 1 *avleda uppmärksamhet* **~ ngn** distract sb's attention **2** *störa* disturb **3** *förströ* divert
distribuera distribute, *från hand till hand* hand out
distribution distribution
distrikt district, *större region*, area
disträ absent-minded
dit 1 *till det stället* there **~ bort** over there **hit och ~** to and fro **det är långt ~** a) *rumsbetydelse* it's a long way there b) *tidsbetydelse* that's a long time ahead **2** *den plats till vilken* where **jag kom ~ jag ville** I got where I wanted
ditt[1] ⟨↔ **din**⟩ PRON *förenat* your, *självständigt* yours **Sköt du ~!** Mind your own business!
ditt[2] SB **~ och datt** this and that
dittills till then, so far
ditvägen, på ~ on the way there
ditåt in that direction, that way **något ~** something like that
diva diva
divan couch, divan
diverse sundry, various
diversearbetare casual labourer
diversehandel general store
dividera 1 divide ⟨**med** by⟩ **2** *diskutera* argue ⟨**om** about⟩
division *äv matem o sport* division, *flyg* squadron
djungel jungle
djungeltelegraf, genom ~en on (through) the grapevine
djup 1 SB depth, *avgrund* abyss **från ~et av mitt hjärta** from the depths (bottom) of my heart **försvinna i ~et** be lost in the depths **på tio meters ~** at a depth of ten metres **2** ADJ deep, *djupgående, ingående* penetrating **~ okunnighet** profound ignorance **en ~ tallrik** a soup plate **komma ut på ~t vatten** *bildl* get into deep water[s]
djupdykning *sport* deep-sea diving, *enstaka* deep dive, *bildl* thorough examination
djupfrysa deep-freeze* **djupfryst** [deep-]frozen
djupsinnig profound, deep
djupt ADV deep, *spec bildl* deeply, profoundly **~ kränkt** deeply offended **~ liggande** *om ögon* deep-set **~ rotad** deep-rooted **andas ~** breathe deeply, *ta ett ~ andetag* take a deep breath **buga sig ~** bow low **sjunka ~** sink deep **sova ~** sleep soundly
djur animal, *stort, vilt äv* beast **slita som ett ~** work like a horse
djurart species ⟨*lika i pl*⟩
djurförsök experiment on animals
djurisk animal ⟨*före sb*⟩, *bestialisk, rå* bestial
djurpark zoo
djurplågeri cruelty to animals
djurriket the animal kingdom
djurskötare *på zoo* [zoo] keeper
djurvän animal lover
djärv bold, daring
djävel devil **en dum ~** a silly ass (fool) **Din ~!** You bastard!
djävla bloody, damn[ed] **föra ett ~ liv** raise hell **ha ett ~ humör** have a hell of a temper **D~ idiot!** You (*om ngn* That) stupid ass!
djävlar *svordom* **D~ [också]!** Hell!, Bloody hell!
djävlas, ~ med be bloody-minded to
djävlig bloody-minded **det är för ~t** it's bloody (damn) awful
djävul devil

djävulsk devilish, *kallt beräknande* diabolic[al]
djävulskap, på rent ~ out of sheer bloody-mindedness
doakör backing singers ⟨*pl*⟩, backers
dobermann Dobermann [pinscher]
docent ≈ university lecturer, *i GB* reader, *i US* associate professor
dock *likväl* yet, still, *ändå* for all that, *trots allt* after all
docka¹ SB *sjö* dock
docka² SB *leksak* doll, *marionett o bildl* puppet
dockskåp doll's house, US dollhouse
dockteater *föreställning* puppet-show
dockvagn doll's pram, US doll carriage
doft odour, *spec angenäm o bildl* scent
dofta *sprida doft* smell˙ **det ~r parfym** there is a scent (fragrance) of perfume
dogmatisk dogmatic
doktor doctor ⟨*förk* Dr⟩ **gå till ~n** see a doctor
doktorera work on one's doctorate, *ta examen* take˙ one's doctor's (US doctoral) degree
doktorsavhandling doctor's (US doctoral) thesis ⟨*pl* theses⟩
dokument document
dokumentation documentation
dokumentera document
dokumentärfilm documentary [film]
dold hidden, concealed ⟨*båda:* **för** from⟩ **~a kameran** *tv* Candid Camera
dolk dagger
dollar dollar, *US vard* buck
dollarsedel dollar note (US bill)
dom¹ PRON → **de²**, **dem**
dom² SB judg[e]ment, *jurys utslag o bildl* verdict, *i brottmål* sentence
domare *jur o sport* judge, *i de flesta idrotter* referee
domdera go˙ on ⟨at sb, about sth⟩
domedag Judg[e]ment Day, Doomsday
domherre bullfinch
dominant ADJ dominant
dominera dominate, *spela herre över* domineer, *vara förhärskande* prevail, be predominant
domkraft jack
domkyrka cathedral
domna go˙ numb ⟨**min fot**⟩ **har ~t** has gone to sleep
domptör tamer, [animal] trainer

domstol court [of law], *special~ o bildl* tribunal **Högsta ~en** the Supreme Court
domän domain
dona *knåpa, pyssla* potter about ⟨**med** at⟩
donator donor
Donau the Danube
donera donate
dop baptism, christening
dopa dope
doping doping
dopp 1 *bad* dip, plunge **ta sig ett ~** take a quick dip **2 kaffe med ~** ≈ coffee with buns [and cakes]
doppa dip, plunge **doppa sig** take˙ a quick dip
dos dose
dosa box
dosera *medicin* dose
dosering *medicin* dosage, dose
dotter daughter ⟨**till** of⟩
dotterbolag subsidiary
dotterdotter granddaughter
dotterson grandson
dov dull, muffled **ett ~t muller** a muffled rumble
dra 1 *med objekt* pull, draw˙ **~ en kärra** pull (draw) a cart **~ stor publik** draw (pull in) a big crowd **~ en suck av lättnad** give (breathe) a sigh of relief **~ ngn i håret** pull sb's hair
2 *utan objekt* gå och **~** laze about **det ~r är dragigt** there's a draught **låta teet ~** let the tea draw **~ söderut** move southwards **Kom så ~r vi!** Let's go
□ **dra av** pull off, *göra avdrag för* deduct
□ **dra bort** pull away, *ge sig av* leave, *försvinna* vanish
□ **dra fram** a) *ta fram* pull out b) *sätta fram* draw (pull) up c) *härja* rage d) *tåga fram* advance
□ **dra för** *gardin* draw, pull
□ **dra ifrån** a) *gardin* draw (pull) back b) *ta bort* take away c) *få försprång* pull away
□ **dra ihop** *samla* draw together **det drar ihop sig till regn** it's going to rain
□ **dra in** draw in, *dra tillbaka* withdraw **~ vatten** lay on water **~ på maten** cut down on food
□ **dra med sig** *medföra* lead to, bring with it
□ **dra ner** draw (pull) down, *t ex kostnader* bring down
□ **dra till: ~ med** a) *försöka med* try b) *hitta*

på make up **~ sig** attract
- **dra tillbaka** withdraw
- **dra upp** *a)* pull up *b) påminna om* drag up *c) en klocka* wind
- **dra ut** pull out **det börjar ~ på tiden** time is getting on **~ på stan** go into town
- **dra åt** *skärp, mutter* tighten **~ sig** absorb
- **dra över** *på konto* overdraw **mötet drog över [tiden]** the meeting overran

dra sig 1 *röra sig* move **2** *om klocka* lose* **3 ligga och ~** stay (be lounging) in bed **4 ~ för att göra ngt** hesitate (be reluctant) to do sth **han drar sig inte för något** he will stop at nothing
- **dra sig fram** get by, make a living
- **dra sig samman** contract
- **dra sig tillbaka** *a)* withdraw *b) gå i pension* retire
- **dra sig undan** *rygga tillbaka* pull away
- **dra sig ur** pull out **~ ngt** pull out of sth

drabba 1 *träffa* hit*, strike*, *beröra* affect **~s av** ⟨*svårigheter*⟩ meet with **2 ~ ihop (samman)** clash, *om individer* come to blows

drabbning clash, *sport, milit* encounter, *slag* battle

drag 1 *äv bildl* stroke, *i spel o bildl* move **i korta ~** briefly **i stora ~** broadly **2 *sär~, anlets~*** feature **3** *klunk, luft~* draught, US draft **det var fullt ~ om fest** the party was going [at] full blast **4** *fiske~* spoon

dragga *söka* drag ⟨**efter** for⟩

dragig draughty, US *vanl* drafty **det är ~t här** there is a draught here

dragkamp tug of war ⟨**om** for⟩

dragkedja zip [fastener], *spec US* zipper

dragkärra handcart

dragning 1 *i lotteri* draw **2 känna ~ till** feel an attraction for **3 en ~ åt grönt** a tinge of green

dragningskraft 1 *förmåga* attraction, pull **2** *gravitation* force of gravity

dragningslista lottery prize-list

dragon *krydda* tarragon

dragplåster *bildl* draw, great attraction

dragspel accordion

drake 1 dragon **2** *leksak* kite

drama drama

dramatik *äv bildl* drama

dramatisera dramatize

dramatisering dramatization, stage adaption

dramatisk *äv bildl* dramatic

draperi drapery, curtain[s]

dras, ~ med *sjukdom* suffer from, *skulder* be burdened with **få ~ med** have to put up with

drastisk drastic

dregla slobber, drool

dreja *keramik* turn, throw*

dressera train ⟨**till** for⟩

dressyr training, *av häst* dressage

dribbla *sport* dribble

dribbling dribbling, *enstaka* dribble

dricka¹ SB *läskedryck* soft drink

dricka² VB drink*, have **~ [en kopp] te** have (drink) [a cup of] tea **~ upp** finish ⟨one's tea ⟨*etc*⟩⟩ **~ ur sitt glas** empty one's glass **~ sig full** get drunk

drickbar drinkable, potable

dricks tip **ge ett pund i ~** tip ⟨sb⟩ a pound **Är ~en inräknad?** Is service included?

drift 1 *rörelse* drift **på ~** adrift **2** *igånghållande* running, operation **i (ur) ~** in (out of) operation **billig i ~** economical **ta** ⟨*ngt*⟩ **i ~** put into operation **3** *skötsel* management **4** *instinkt* instinct, urge **sexuell ~** sex[ual] drive **5** *skämt* ⟨*boken*⟩ **är en ~ med** makes fun of

driftig *företagsam* enterprising, *duktig* competent

driftkostnad operating (running) cost[s]

drilla *musik* trill, quaver, *om fågel* warble

drink drink

drista sig, ~ [till] be bold enough, venture

driva¹ SB *snö~* drift

driva² VB **1** drive* **~ saken till sin spets** carry (push) things to extremes **~ en tes** advocate a thesis **~ på flykten** put ⟨sb⟩ to flight **~ till vansinne** drive ⟨sb⟩ mad **~s med** ⟨**elektricitet**⟩ be driven (powered) by, run on **~ igenom** force through **~ sin vilja igenom** have one's way **~ på** press on **~ upp** *a) pris o d* run up *b) rörelse* work up **2** *be~, idka* carry on, run* **~ ett företag** run a company **3 ~ *omkring*** **snön driver** the snow is drifting [up] **~ vind för våg** be adrift **gå och ~** drift about **4** *skoja* **~ med ngn** pull sb's leg

drivhuseffekt greenhouse effect

drivkraft motive power, *bildl* motive, *om person* prime mover

drivmedel fuel

drog drug

droga drug

drogfri drug-free

drogmissbruk drug abuse
drogmissbrukare drug addict
dromedar dromedary
dropp 1 *droppande* drip[ping] **2** *medicin* drip **få ~** be put on a drip
droppa drip **~ in** *anlända* drop in
droppe drop **en ~ i havet** a drop in the ocean
droska cab
drottning queen
drulle clumsy fellow
drummel *oförskämd typ* lout
drunkna be (get*) drowned, drown, *bildl* be snowed under ⟨with⟩ **~ i mängden** be lost in the crowd
druva grape
druvklase bunch of grapes
druvsocker grape sugar
dryck drink, *annat än vatten äv* beverage
dryg 1 *som räcker länge* [long-]lasting **2** *rågad* heaped **en ~ portion** a large helping **en ~ timme** a good hour **3** *högfärdig* haughty, arrogant
dryga, ~ ut *inkomst* supplement, eke out, *späda ut* dilute
drygt ADV **~ 50 meter** a good 50 metres **~ hälften** ⟨**av**⟩ just over half ⟨of⟩ **~ en timme** quite (slightly more than) an hour
drypa, han dryper av svett he is dripping with sweat
dråp manslaughter **ett ~** a case of manslaughter
dräglig *uthärdlig* tolerable, *någorlunda bra* acceptable
drägligt ADV **leva ~** live fairly (tolerably) well
dräkt 1 *klädsel* dress ⟨*endast sg*⟩, *äv teat* costume **2** *kjol o jacka* suit
dräktig *zool* pregnant, with young
drälla 1 *spilla* spill* **2 gå och ~** loaf about **3** *vimla* swarm **det dräller av ungar på gatan** the street is swarming with kids
dränera drain
dränering drainage
dräng farm hand
dränka *äv bildl* drown **~ in** steep, soak ⟨*båda:* **med in**⟩ **dränka sig** drown oneself
dräpa kill, slay* **ett ~nde svar** a crushing reply
dröja 1 *låta vänta på sig* be a long time [in] coming **Varför dröjer han?** What's keeping him? **2** *vänta med* delay, put* off

~ med att resa delay (put off) going **3** *stanna kvar* stay, stop **Var god och dröj!** *i telefon* Please hold the line **~ [sig] kvar** stay on **4** *tveka* hesitate **5 det dröjer länge tills ...** it will be a long time before ... **det dröjer inte länge förrän ...** it won't be long before ...
dröjsmål delay
dröm dream ⟨of, about⟩
drömma dream* ⟨om of, about⟩ **~ sig bort** be carried away in one's dreams
drömmande dreamy
drömmare dreamer, *fantast* visionary
drömslott castle in the air
drös, en ~ med heaps (lots) of
du you **kära ~** my dear
dua, ~ ngn ≈ call sb by his (her) first name
dubba *film* dub
dubbar studs, *längre, vassa* spikes
dubbdäck studded tyre
dubbel 1 ADJ double **priserna har stigit till det dubbla** prices have doubled **i dubbla exemplar** in two copies **dubbla antalet** double the number **~t medborgarskap** dual nationality **2** SB *tennis o d* doubles ⟨*pred i sg*⟩
dubbelarbeta have (do*) two jobs
dubbeldäckare double-decker
dubbelfel *tennis o d* double fault
dubbelgångare double, *spec US* look-alike
dubbelhaka double chin
dubbelknäppt double-breasted
dubbelmoral double standard [of morals]
dubbelriktad, ~ trafik two-way traffic
dubbelsäng double bed
dubbelt ADV *två gånger* double, twice, *i dubbelt mått* doubly **betala ~ så mycket** pay double (twice) as much **vara ~ försiktig** be doubly careful **han är ~ så gammal som du** he is twice (double) your age
dubbeltimme double-period
dubbeltydig ambiguous
dubbelvikt doubled **~ av skratt** doubled up with laughter
dubblera double
dubblett *kopia* duplicate
ducka duck **~ för** duck
duell duel
duett duet
duga do*, *vara lämplig* be suitable (fit) ⟨**till**,

D dugg – dyster

åt, för for⟩, *vara god nog* be good enough **inte ~ till** ⟨**lärare**⟩ not be fit[ted] to be **det duger** that will do **han duger inte till någonting** he is fit for nothing

dugg *dyft* **inte ett ~** not a bit **inte värd ett ~** not worth a brass farthing (US a red cent) **det bryr jag mig inte ett ~ om** I don't care in the least **hon gör aldrig ett ~** she never does a thing **vartenda ~** every single bit

dugga drizzle

duggregn drizzle

duglig *skicklig* able, capable ⟨**till** of⟩

duk [table]cloth, *målar~, tält~, segel~* canvas, *film~* screen

duka¹, ~ under succumb ⟨**för** to⟩

duka², ~ [bordet] lay the table **~ av** clear the table

duktig *bra* good, *duglig* able, capable, *styv* clever, *skicklig* skilful ⟨*alla:* **i** at⟩ **vara ~** ⟨**i skolan**⟩ do well

duktigt ADV **1** *bra* **Det var ~ gjort!** Well done! **2** *arbeta* **~** work hard **äta ~** eat heartily

dum stupid, *enfaldig* silly, foolish, *elak* nasty ⟨**mot** to⟩ **det är ingen ~ idé** that's not a bad idea

dumbom fool, blockhead **Din ~!** You fool ⟨*etc*⟩!

dumhet stupidity, foolishness **D~er!** Nonsense! **göra en ~** do something stupid **Vad är det här för ~er?** What's all this nonsense?

dumpa dump

dumt ADV **~ nog** stupidly [enough] **bära sig ~ åt** act like a fool

dun down ⟨*endast sg*⟩

dunder thunder, rumble **med ~ och brak** with a crash

dundra thunder, rumble

dunge clump of trees, grove

dunk¹ *behållare* can, container

dunk² **1** *ljud* thudding, *från maskin* throbbing **2** *slag, knuff* thump **en ~ i ryggen** a slap on the back

dunka thump, *om puls, maskin* throb, beat˙ **~ ngn i ryggen** slap (thump) sb on the back

dunkel ADJ dark, obscure, *otydlig* dim **ha ett ~t minne av** have a dim (vague) recollection of

duns *ljud* thud, *stöt* bump

dunsta 1 evaporate **2** *smita* make˙ oneself scarce

duntäcke eiderdown [quilt]

duo duet

dur major **i G-~** in G major

durk *golv* floor

durkslag colander, cullender

dusch shower [bath]

duscha 1 have a shower **2** *ge en dusch* shower

dussin dozen **två ~ glas** two dozen glasses

dussintals, ~ bilar dozens of cars

duva pigeon, *äv bildl* dove

dvala lethargy **ligga i ~** lie dormant, *om övervintrande djur* hibernate

dvs. ⟨*förk f* det vill säga⟩ i.e., that is

dvärg dwarf, *spec cirkus~* midget

dy *gyttja* mud, sludge

dyblöt soaking wet

dyft ⟨↔ dugg⟩ **inte ett ~** not a jot (bit)

dygd virtue

dygdig virtuous

dygn day [and night] **ett ~** twenty-four hours **två ~** forty-eight hours **~et runt** round the clock

dygnsrytm *biol* circadian rhythm **rubbad ~** *vid flygresa* jet lag

dyka dive˙ ⟨**ner i** into⟩ **~ upp** emerge ⟨**ur** out of⟩, *visa sig* appear **~ upp igen** reappear

dykare diver

dykarklocka diving bell

dykning diving **en ~** a dive

dylik of that kind, *liknande* similar **eller ~t** or the like

dyna cushion, *stämpel~* pad

dynamik dynamics ⟨*pred i sg*⟩

dynamisk dynamic

dynamit dynamite

dynamo dynamo

dynasti dynasty

dynga dung, muck **prata ~** talk rubbish

dyngsur soaking wet

dyning swell

dyr expensive, *äv bildl* dear

dyrbar *kostsam* dear, expensive, *värdefull* valuable, *värdefull o kär* precious

dyrbarhet *dyrgrip* article of [great] value

dyrk skeleton key, *för inbrott* picklock

dyrka¹, ~ upp pick

dyrka² worship, *avguda äv* adore, **~ avgud[ar]** idolize

dyrkan worship, *beundran* adoration

dyster gloomy, *sorgsen* sad **en ~ anblick** a

sorry sight **det ser ~t ut** things look black

då¹ ADV **1** *vid det tillfället* then, at that moment, *på den tiden* then, at that time **~ och ~** now and then **Det var ~, det!** Things were different then! **2** *i så fall* m m in that case **Nå, ~ så!** Well, then! **När ~?** When? **Vad nu ~?** What['s up] now? **Än sen ~?** So what? **Kom ~ ⟨nu går vi⟩!** Come on

då² KONJ **1** *när* when, *just som* [just] as, *medan* while **nu ~ han ...** now that he ... **2** *eftersom* as, **~ ju** since

dåd *illgärning* outrage, *brott* crime, *bragd* deed

dåförtiden at that time, in those days

dålig 1 bad, *skral* poor, *usel* rotten **det blir ~t med jordgubbar** there will be a poor crop of strawberries ⟨**köttet**⟩ **har blivit ~t** has gone bad (off) **Det var inte ~t!** That's not bad **vara ~ i** be poor (weak) at (in) **~t betyg** poor mark[s] **2** *sjuk* ill, unwell, US sick **bli ~** *sjuk* be taken ill (US sick) **jag känner mig ~** I don't feel well

dåligt ⟨↔ **illa**⟩ ADV badly, poorly **affärerna går ~** business is bad **det går ~** things are in a bad way **det går ~ för honom** he is not doing very well **ha det ~** [**ställt**] be badly off **ha ~ med pengar** be short of money **höra ~** *ha dålig hörsel* be hard of hearing **han mår ~** he is not very well, *är olycklig* he is not very happy **se ~** *ha dålig syn* have poor eyesight

dån roar[ing], rumble, *brak* crash, *buller* noise

dåna roar, rumble, *genljuda* resound

dåndimpen, få ~ have a fit

dåre fool, lunatic

dårhus madhouse

dåsa drowse

dåsig drowsy

dåvarande, firmans ~ ägare the then owner of the firm **under ~ förhållanden** as things were then

däck 1 *på fartyg* deck **2** *på hjul* tyre

däggdjur mammal

dämma, ~ [för (upp)] dam [up]

dämpa, ~ bullret reduce (deaden) the noise **~ chocken** soften the blow **~ rösten** lower one's voice **~ ner radion** turn down the radio

dämpad subdued **~ belysning** *äv* soft lighting

där 1 *på det stället* there **~ bak** at the back there **~ borta** over there **2** *på det ställe som* where **huset ~ han bor** the house where he lives

däran, vara illa ~ *sjuk, skadad* be in a bad shape

därav, ~ följer att from that it follows that

därefter *sedan* after that, then **ett par timmar ~** a few hours later **kort ~** shortly afterward[s]

däremot *å andra sidan* on the other hand, *tvärtom* on the contrary

därför *i början av en sats* so, *av den orsaken* for that reason **det är ~ som jag kom** that's [the reason] why I came **~ att** because

därifrån, han gick ~ he left [the place] **Gå ~!** Go away from there! **långt ~** *bildl* far from it

därigenom *på grund av detta* because of that

därmed, ~ var saken avgjord that settled the matter **~ är mycket vunnet** that helps a great deal

därpå *därefter* after that, then **dagen ~** the following (next) day

därtill 1 ~ kommer ⟨att⟩ to that must be added ⟨that⟩ **2** *dessutom* in addition, besides

därutöver *ytterligare* in addition, more ⟨**100 pund**⟩ **och ~** and upward[s]

dö die **~ av** (i) **cancer** die of cancer **jag nästan ~r av hunger** I'm starving **~ av en överdos** die from an overdose **~ bort** *om ljud, ljus* fade away **~ ut** die [out]

död 1 SB death **~en blev ögonblicklig** death was instantaneous **ligga för ~en** be dying **ta ~ på** kill, *utrota* exterminate ⟨**plåga ngn**⟩ **till ~s** to death **2** ADJ dead **den ~e** the dead man **de ~a** the dead

döda kill **2** *bankbok o d* cancel

dödfödd stillborn

dödlig 1 *livshotande, dödsbringande* deadly, fatal **2 en vanlig ~** an ordinary mortal

dödlighet mortality

dödläge deadlock **råka i ett ~** reach [a] deadlock

dödsannons death notice

dödsbo estate [of a deceased person]

dödsbädd deathbed

dödsdom death sentence

dödsdömd ADJ sentenced to death, *bildl* doomed

dödsfall death

dödshjälp euthanasia, mercy killing

dödskalle skull, *varningsmärke* skull and crossbones
dödsoffer *vid olycka* victim, casualty
dödsorsak cause of death
dödssjuk fatally ill
dödsstraff capital punishment
dödsstöt deathblow
dödstrött dead tired (*vard* beat)
dölja conceal, hide* ⟨*båda:* **för** from⟩
dölja sig hide* [oneself]
döma 1 *jur* judge, *i brottsmål* sentence **~ till böter** fine **~s för mord** be convicted of murder **~ ngn till döden** sentence sb to death **2** *bedöma* judge ⟨**av, efter** by, from⟩ **~ ngn efter utseendet** judge sb by his ⟨*etc*⟩ appearance **av allt att ~** apparently **3** *i friidrott* act as judge, *i fotboll, boxning m fl* referee, *i kricket, tennis* umpire **~ straff** award a penalty
döpa baptize, christen **han döptes till John** he was christened John
dörr door **följa ngn till ~en** see sb to the door ⟨**julen**⟩ **står för ~en** is near
dörrhandtag [door]handle, *runt* door-knob
dörrklocka door-bell
dörrmatta doormat
dörrvakt doorman, doorkeeper
dörröppning doorway
döskraj scared stiff
dötrist deadly boring
döv deaf ⟨**för** to⟩ **tala för ~a öron** talk to deaf ears **~ på ena örat** deaf in one ear
döva deaden **~ hungern** still (appease) one's hunger **~ samvetet** silence one's conscience
dövstum ADJ deaf-and-dumb, deaf-mute
dövörat, slå ~ till turn a deaf ear ⟨**för** to⟩

ebb ebb[-tide], *lågvatten* low tide **det är ~** the tide is out (low) **~ och flod** high and low tide
ebba, ~ ut ebb [away], die out
ebenholts ebony
ECU SB ECU ⟨*förk f* European Currency Unit⟩
ed, gå ~ på take ⟨sth⟩ on one's oath **gå ~ på att** swear that
Eden Eden **~s lustgård** the Garden of Eden
effekt *verkan, intryck* effect, impact, *fysik, tekn* power **ha god ~** have a good effect ⟨on⟩
effektfull effective, striking
effektförvaring left-luggage office, US checkroom
effektiv 1 *verkningsfull* effective, *spec om läkemedel* efficacious **2** *som arbetar ~t* efficient
effektivitet ⟨↔ effektiv⟩ **1** effectiveness, efficac[it]y **2** efficiency
efter¹ PREP **1 ~** *i tid el ordning* after **~ att ha lagat frukost** after making breakfast **han är ~ de andra** ⟨**i matte**⟩ he's behind the others **2** *utefter* along, *nedför* down **en promenad ~ stranden** a walk along the beach **tårarna rann ~ kinderna på henne** tears ran down her cheeks **3** *om ngt eftersträvat* for **leta ~** look for **4** *enligt* **sortera ~ storlek** sort according to size
efter² ⟨↔ **bli ~, göra ~, titta ~** *etc*⟩ ADV after, *bakom* behind **veckan ~** the week after ⟨**han kom**⟩ **strax ~** soon after **jag är ~ med hyran** I'm behind with the rent
efterapa imitate, copy
efterbliven retarded
efterforska make* inquiries about, *söka finna* try to trace
efterforskning inquiry
efterfrågad, ⟨**vara**⟩ **mycket ~** in great demand, much sought after, *omtyckt* very

popular
efterfrågan demand ⟨**på** for⟩
eftergift *medgivande* concession ⟨to⟩
efterhand¹ SB **i ~** *efteråt* afterward[s]
efterhand² ADV *småningom* gradually
~ som as
efterhängsen *om person* clinging
efterklok, vara ~ be wise after the event
efterkommande SB **våra ~** future generations
efterkrigstiden the post-war period
efterkälke, komma på ~n fall (lag) behind ⟨with⟩
efterkänsla remit
efterleva comply with, observe, obey
efterlevande SB **de ~** the family of the deceased
efterlikna *härma* imitate
efterlysning *av försvunnen* missing person announcement
efterlyst *av polisen* wanted
efterlämna leave* **hans ~de maka** his widow
efterlängtad longed-for, long-desired
eftermiddag ⟨↔ **kväll**⟩ afternoon **i ~** this afternoon **i går ~** yesterday afternoon **i morgon ~** tomorrow afternoon
efternamn surname, last name, family name **Vad heter hon i ~?** What is her surname ⟨*etc*⟩?
efterräkning, ha ~ar att vänta be in for unpleasant consequences, *vard* be in for trouble
efterrätt dessert **Vad blir det till ~?** What's for dessert?
eftersatt neglected, *om grupp i samhället* disadvantaged
efterskott, betala i ~ *för vara* pay after delivery
eftersläntrare straggler, *i lopp* tail-ender
eftersläpning delay, lag, *av arbete* backlog
eftersmak aftertaste
eftersom as, since **allt ~** as
efterspana search for **~d av polisen** wanted by the police
eftersträva seek*, strive* after
eftersända *post* redirect, forward **eftersändes** *på brev* please forward
eftertanke thought, reflection **vid närmare ~** on second thought[s]
eftertraktad, den är ~ there is great demand for it

eftertryck 1 *betoning* emphasis, stress **ge ~ åt** emphasize, give weight to **med ~** emphatically **2** *avtryckning* **~ förbjudes** all rights reserved
efterträda succeed
efterträdare successor
eftertänksam thoughtful
efterverkning aftereffect
eftervärlden posterity
efteråt afterward[s], later [on]
EG the EC, the [European] Community
egen 1 *efter possessivt pronomen el genitiv* own, *i övriga fall* of one's own **min ~ cykel** my own bike ⟨**jag vill ha**⟩ **en ~ cykel** a bike of my own **öppna eget** start a business of one's own **ha egna barn** have children of one's own **för ~ del** personally, for my ⟨*etc*⟩ part **av ~ erfarenhet** from personal experience **på ~ hand** on one's own ⟨**rum med**⟩ **~ ingång** [a] private (a separate) entrance **2** *säregen* odd, strange
egenartad *egendomlig* peculiar
egendom 1 property **2** *gård* farm, *gods* estate
egendomlig curious, strange
egendomlighet peculiarity
egenhet peculiarity
egenkär conceited, *självbelåten* [self-]complacent
egennamn proper name (noun)
egennyttig self-interested
egensinnig wilful
egenskap quality, *vet, tekn* property **i ~ av** ⟨**ordförande**⟩ in my ⟨*etc*⟩ capacity of (as)
egentlig proper, *verklig* actual, real
egentligen actually, in fact, really **Vad vill du ~?** *äv* What exactly do you want?
egg [cutting] edge
egga incite, excite
egocentrisk egocentric
egoism egoism, selfishness
egoist egoist
egoistisk egoistic, selfish
Egypten Egypt
egyptier Egyptian
egyptisk ⟨↔ **engelsk-**⟩ Egyptian
egyptiska ⟨↔ **engelska**⟩ Egyptian woman (lady)
ej → **inte**
ejder eider
ek *träd, virke* oak **av ~** of oak, oaken ⟨*före sb*⟩

eka¹ SB rowing boat, *spec US* rowboat
eka² VB det ~r there is an echo
eker spoke
ekipage *häst o vagn* equipage, carriage [and horses], *häst o ryttare* horse and rider
ekipera fit out
ekipering *kläder* outfit
eko echo ⟨*pl* -es⟩ ge ~ *bildl* resound
ekollon acorn
ekolog ecologist
ekologi ecology
ekologisk ecological
ekonom economist
ekonomi 1 *allm* economy 2 *affärsställning* financial position, *personlig* ~ finances ⟨*pl*⟩ **familjens** ~ the family budget 3 *vetenskap* economics ⟨*pred i sg*⟩
ekonomiavdelning accounts department
ekonomisk economic, *finansiell, penning-* financial, *sparsam, dryg* economical **gå på** ~ **linje** study economics **~a svårigheter** financial difficulties
ekorre squirrel
ekorrhjul *bildl* treadmill, *friare* rat race
e. Kr., ⟨*det hände*⟩ år 300 ~ in [the year] 300 AD
eksem eczema
ekumenisk ecumenical
ekvation equation
ekvator equator
el electricity
elaffär electrical appliances shop (*US* store)
elak wicked, mean, *stygg* naughty
elakartad malignant, vicious
elakhet meanness **av** ~ out of (in, from) spite **~er elaka anmärkningar** malicious remarks
elastisk elastic
elavbrott power failure
elbryggare coffee maker
elchock shock treatment (therapy)
eld fire, *flamma* flame **fatta (ta)** ~ catch fire **göra upp** ~ make (build) a fire **Har du ~?** Have you got a light? **sätta ~ på** set fire to
elda 1 *bränna* burn* [up] ~ **med olja** burn oil 2 *göra upp eld* make* a fire, *ha värmen påkopplad* have the heating on 3 ~ **upp** *bildl* rouse ~ **upp sig** get excited ⟨about⟩
eldfara fire hazard **vid** ~ in the event of fire
eldfarlig [in]flammable, combustible
eldfast fireproof
eldning *bränning* burning, *uppvärmning* heating
eldningsolja heating oil
eldprov, bestå ~et pass the [acid] test
eldsjäl *person* driving spirit
eldslukare fire-eater
eldsläckare fire extinguisher
eldstad fireplace, hearth
eldsvåda fire
eldupphör cease-fire
elefant elephant
elefantbete tusk
elegans elegance, stylishness
elegant elegant, smart
elektricitet electricity
elektriker electrician
elektrisk electric ~ **platta** hotplate
elektronik electronics ⟨*pred i sg*⟩
elektronisk electronic
element 1 element **vara i sitt rätta** ~ be in one's element 2 *värme~* radiator, *fristående* heater
elementär *enkel* elementary, *grundläggande* basic
elenergi electric[al] energy
elev *skol~* pupil, *US vanl* student, *vid högskola etc* student, *lärling* apprentice, *praktikant* trainee
elevkår students' association
elevråd school council
elfenben ivory
Elfenbenskusten the Ivory Coast
elfte ⟨↔ femte⟩ eleventh
elgitarr electric guitar
eliminera eliminate, remove
elit elite **~en av ... äv** the pick of ...
elitidrott sport at the top level
elitserien ≈ the top division, *US* the major league
eller or ~ **dylikt (dylika)** or the like ~ **hur?** *återges med påhängsfråga:* **Du har varit där, ~ hur?** You've been there, haven't you? ~ **också** or [else] **varken ... ~** neither ... nor
elmätare electricity (*US* electric) meter
elnät electricity supply network **vara ansluten till ~et** be connected with the mains (the grid)
eloge, vara värd en ~ deserve credit (praise)
elspis electric cooker (*US* stove)
eluttag [wall] socket, *spec US* outlet

elva ⟨↔ femma *o sms med* fem⟩ eleven
elvahundratalet, på ~ in the twelfth century
elverk 1 [electric] power plant **2** *distributör* electricity board, US [light and] power company
elvisp mixer, electric whisk
elvärme electric[al] heating
elände misery **Vilket ~!** How awful!, What a mess! **till råga på ~t** to make matters worse
eländig miserable, wretched, *vard* rotten
e.m. ⟨*förk f* eftermiddag[en]⟩ p.m. **klockan 4 ~** at 4 p.m.
emalj enamel
emaljöga glass eye
emballage packing, packaging, *omslag* wrapping
embargo, belägga ⟨ngt⟩ **med ~** lay (place) an embargo on
emblem emblem
embryo embryo
emedan *därför att* because, *eftersom* as
emellan ⟨↔ mellan⟩ PREP between **oss ~** [sagt] between you and me **vänner ~** between friends
emellertid however
emigrant emigrant
emigration emigration
emigrera emigrate
emot¹ ⟨↔ mot⟩ PREP **mitt ~ skolan** opposite the school **de stod mitt ~ varandra** they stood facing each other
emot² ⟨↔ kämpa ~, sätta sig ~, ta ~ *etc*⟩ ADV ⟨**posten ligger**⟩ **mitt ~** across the street **huset mitt ~** the opposite house ⟨väga⟩ **skälen för och ~** the reasons for and against, the pros and cons **inte mig ~** I don't mind
emotionell emotional
empirisk empirical
en¹ SB *träd, virke* juniper
en² ⟨↔ ett⟩ OBEST ART a, *före vokalljud* an **~ gammal man** an old man **~ ung flicka** a young girl
en³ RÄKN one **~ och ~** one by one **~ och ~ halv** one and a half **~ kopp till** another cup **~ dag** ⟨for vi och metade⟩ one day **~ gång** once
en⁴ PRON one, *någon* someone **det står ~ i hallen** *t ex en korg* there is one in the hall **fråga ~ som vet** ask someone who knows **varenda ~** every single one

ena¹ PRON *motsats till 'andra'* one **den ~ (ene)** ⟨hade gått⟩ one [of them] **mitt ~ öra** one of my ears **å ~ sidan ... å andra sidan** on one hand ... on the other [hand]
ena² VB *förena* unite, *föra samman* unify, *göra eniga* reconcile **en ~d front** a united front
enarmad, ~ bandit one-armed bandit
enas *vara (bli) överens* agree ⟨**om ngt** on sth⟩ **~ om att göra ngt** agree to do sth
enastående ADJ unique, outstanding
enbart only **~ av det skälet att ...** just because ... **~ det** that alone **~ i New York** in New York alone
enbär juniper berry
enda only, single **min ~ önskan** my only wish **en ~ önskan** a single wish **hon är ~ barnet** she is an only child **den ~ (ende) the only one (person) det ~** the only (one) thing **en ~ gång** just once
endast ⟨↔ bara⟩ only
endera PRON **en av dem** one of them, **en av de två** either [of the two] **~ dagen** one of these days
energi energy
energibehov energy demand
energiförbrukning 1 energy consumption **2** *tekn* power consumption
energisk energetic
energisnål energy-saving, low-energy ⟨*före sb*⟩, economical
enfaldig simple-minded, naive
enformig monotonous
enfärgad of one colour, *omönstrad* plain
engagemang 1 *anställning, förpliktelse* engagement **2** *politiskt, känslomässigt* commitment ⟨to⟩
engagera 1 *anställa* engage, *vard* hire **2** *fånga intresset, gripa* involve, move, hold ⟨sb's⟩ attention **engagera sig** engage ⟨in⟩, become involved ⟨in⟩
engagerad committed ⟨to⟩, involved ⟨in⟩
engelsk English, *avseende Storbritannien* British **Engelska kanalen** the [English] Channel
engelska 1 *språk* English **tala [en] felfri ~** speak perfect English **lärare i ~** teacher of English **undervisa i ~** teach English **på ~** in English **Vad heter det på ~?** What's the English for that? **2** *kvinna* Englishwoman, English lady **hon är ~** *vanl* she is English (British)

engelsklärare teacher of English, English teacher
engelsk-svensk English-Swedish, Anglo-Swedish
engelsktalande English-speaking
engelsman Englishman **han är ~ (de är engelsmän)** *vanl* he is (they are) English (British) **engelsmännen** ⟨**lämnade rummet**⟩ the Englishmen **engelsmännen** ⟨**förlorade kriget**⟩ the English (British)
England England, *hela Storbritannien* [Great] Britain, *Storbritannien o Nordirland* the United Kingdom [of Great Britain and Northern Ireland] ⟨*förk* the UK⟩
engångsbelopp lump sum
engångsbruk, för ~ disposable, throwaway ⟨*före sb*⟩, *om flaska* nonreturnable
engångsföreteelse isolated case, *GB vard* one-off
engångsglas *flaska* nonreturnable bottle
enhet 1 *ngt odelat* unity **bilda en ~** form an integrated whole **2** *måtts~* unit, *likare* standard **3** *milit* unit
enhetlig uniform, standard[ized]
enhällig unanimous
enig 1 *enad* ⟨*om nation etc*⟩ united **2** *samstämmig, enhällig* unanimous **vara ~ med ngn om ngt** agree with sb on sth **vi är inte ~a** we disagree
enighet ⟨↔ enig⟩ **1** unity **2** unanimity **nå ~** reach agreement
enkel 1 *okomplicerad* simple, *ej överdådig* plain **det är en ~ match (sak)** → match, sak **en ~ måltid** a plain meal **göra det ~t för sig** take the easy way out **2** *om biljett* single, one-way
enkelhet simplicity, plainness **i all ~** quite informally
enkelriktad one-way ⟨*före sb*⟩
enkelrum single room
enkelspårig, han är ~ he has a one-track mind
enkelt ADV **leva ~** lead a simple life **helt ~** simply
enkom solely, exclusively **~ för att** ⟨**vara**⟩ for the sole purpose of ⟨being⟩
enkät 1 [opinion] poll **2** *~formulär* questionnaire
enlighet, i ~ med according to
enligt according to **~ alla [konstens] regler** according to the rules **~ min åsikt** in my opinion **~ vad jag har hört** from what I hear
enorm enormous, huge
enplansvilla bungalow, *US* one-story house
enrum, i ~ in private
enrummare one-room flat, *US* studio apartment
ens ADV **inte ~** not even **utan att ~ titta** without even looking **med ~** all of a sudden ⟨**det tar en timme**⟩ **om ~ det** if that
ensak, det är min ~ that's my business
ensam alone ⟨*ej före sb*⟩, *oönskat ~* lonely, *spec US* lonesome, *~stående* single, *för sig själv, utan hjälp* by oneself, on one's own **han ~** he alone **jag är ~** *här, just nu* I am alone **jag känner mig ~** I feel lonely **~ i sitt slag** unique
ensamhet solitude, *oönskad* loneliness
ensamrätt exclusive (sole) right
ensamstående ADJ single, unattached
ensamvarg lone wolf, loner
ense → enig
ensemble *musik* ensemble, *teatersällskap* company, troupe, *medverkande i en föreställning* cast
ensidig 1 one-sided, *om kost* unbalanced **2** *partisk* bias[s]ed, partial
enskild 1 *privat* private **2** *särskild* separate, individual **i varje enskilt fall** in each individual case
enslig solitary, lonely
enstaka occasional, sporadic **i ~ fall** sporadically **någon ~ gång** [very] occasionally
enstämmig 1 *enhällig* unanimous **2** *musik* of one voice, unison
enstöring loner, recluse
entonig monotonous
entré 1 *ingång* entrance, entry, *förrum* [entrance] hall, lobby **2 göra [sin] ~** make one's entrance (entry) **3** *~avgift* admission charge, entrance [fee]
entreprenad, ta på ~ undertake ⟨sth⟩ by contract
entreprenör *för bygge* contractor
entrérätt first course, *vard* starter
enträgen urgent, insistent, *envis* persistent
entusiasm enthusiasm, zest
entusiast enthusiast, *vard* fan, freak
entusiastisk enthusiastic ⟨about⟩
entydig unequivocal, *klar* clear

envar, [alla och] ~ everyone
envis stubborn, *uthållig* persevering
envisas be stubborn, persist ~ **med att göra** persist in doing
envishet stubbornness
enväldshärskare autocrat, absolute ruler
envåningshus one-storey house
enäggstvilling identical twin
epidemi epidemic, outbreak
epilepsi epilepsy
episod episode, *intermezzo* incident
epok epoch, period **bilda** ~ mark an epoch
epokgörande epoch-making
epos epic [poem], epos
er PRON **1** *personligt* you **en vän till** ~ a friend of yours **2** *reflexivt* yourself, *om flera personer* yourselves **Gjorde ni** ~ **illa?** Did you hurt yourself (*pl* yourselves)? **3** *possessivt* ⟨*med böjningsformerna* **ert, era**⟩ *förenat* your, *självständigt* yours ~ **bil** your car **den är** ~ it's yours **Era skurkar!** You scoundrels!
erbjuda offer **erbjuda sig** offer
erbjudande offer
erektion erection
eremit hermit
erfara *få veta* learn*, *få uppleva* experience
erfaren experienced
erfarenhet experience **jag hade blivit en** ~ **rikare** I had learnt my lesson **lära av ~en** learn by experience
erfordra require, necessitate **om så ~s** if required
erhålla receive, obtain
erinra *påminna* remind ⟨sb of sth⟩ **erinra sig** remember, recollect
erkänd recognized, acknowledged, *etablerad* established **bli** ~ gain recognition
erkänna *medge* admit, *spec bekänna* confess, *godkänna* recognize, acknowledge ~ **sig besegrad** admit defeat ~ **sig skyldig** admit one's guilt, *inför rätta* plead guilty
erkännande ⟨↔ erkänna⟩ SB admission, confession, recognition, acknowledgement
erosion erosion
erotik eroticism, sex
erotisk erotic, sexual
ersätta 1 *gottgöra* compensate, *ngn för utlägg* reimburse **2** *stå i stället för, byta ut* replace ~ **A med B** replace A by B
ersättare replacement, stand-in, *äv sport* substitute
ersättning 1 ⟨↔ ersätta⟩ compensation, reimbursement **2** *som kan användas i stället* substitute
ersättningsskyldig liable to pay compensation
ertappa catch* ~ **ngn med att göra ngt** catch sb doing sth **jag ~de honom** I caught him out
erövra *ta* take*, capture, *lägga under sig* conquer
erövrare captor, conqueror
erövring capture, *äv bildl* conquest
eskader 1 *sjö* squadron **2** *flyg* group, US wing
eskimå Eskimo
eskort escort **under** ~ **av** under the escort of
eskortera escort
esperanto Esperanto
ess *kortspel* ace **hjärter** ~ [the] ace of hearts
esse, vara i sitt ~ be in one's element
essens essence
essä essay ⟨on⟩
est Estonian
estet aesthete
estetisk aesthetic
Estland Estonia
estnisk ⟨↔ engelsk-⟩ Estonian
estniska ⟨↔ engelska⟩ **1** *språk* Estonian **2** *kvinna* Estonian woman
estrad platform, *scen* stage
etablera establish **etablera sig** establish oneself, *slå sig ner* settle down ~ **som advokat** *äv* set up as a lawyer
etablissemang establishment **~et** *det styrande skiktet* the Establishment
etagevåning maisonette, US duplex [apartment]
etapp *äv sport* stage, leg, lap
etappvis by stages
etc. etc.
eter ether **i ~n** *i radio* on the air
eternell everlasting, immortelle
etik *moral* ethics ⟨*pred i pl*⟩
etikett 1 *lapp* label **sätta** ~ **på** label **2** *umgängesregler* etiquette **hålla på ~en** stand on ceremony
Etiopien Ethiopia
etisk ethical

etnisk ethnic
etsa *äv konst* etch **etsa sig**, ⟨händelsen⟩ **har etsat sig fast i mitt sinne** is engraved on my mind
etsning etching
ett ⟨↔ en²⟩ one **det står ~ ~** *sport* it's one all **~ är säkert** one thing is certain **i ~** without a break
etta 1 *siffra* one **~n** *ngt med siffran 1* number one **lägga in ~n** engage first gear **2** *vinnare* winner, first **komma (bli) ~** win, come [in] first **3** *våning* → enrummare **4 hon går i ~n** she is in the first form (US grade)
ettrig hot-tempered, *lättretad* irritable, *om t ex insekt* savage
ettåring *barn* [one-]year-old [child]
etui case
EU → Europaunionen
Europa Europe
Europacupen the European Cup
Europarådet the Council of Europe
Europaunionen ⟨*förk* **EU**⟩ SB the European Union ⟨*förk* the EU⟩
europaväg European route (road)
europé European
europeisk European
eurovision Eurovision
evakuera evacuate
evakuering evacuation
evangelium gospel **Lukas'~** the Gospel according to St. Luke
evenemang [great] event
eventuell possible, potential ⟨**han kan besvara**⟩ **~a frågor** any questions that you ⟨*etc*⟩ may have
eventuellt ADV possibly **jag reser ~** ⟨**i kväll**⟩ I may leave
evig eternal, everlasting **var ~a dag** every single day
evighet eternity **det tog en ~** it took ages ⟨**jag har inte sett henne**⟩ **på ~er** for ages
evigt ADV **för ~** for ever
exakt¹ ADJ exact, precise
exakt² ADV exactly, precisely
exalterad overexcited, *hänförd* exalted
examen *universitets~* degree, *skol~* certificate, US [highschool] diploma **ta ~** graduate
excentrisk eccentric
exceptionell exceptional
exekution execution
exempel example, instance ⟨**båda: på** of⟩ **föregå med gott ~** set ⟨sb⟩ a good example **till ~** for instance (example)
exemplar *av växt etc* specimen, *av skrift* copy
exemplarisk exemplary, model ⟨*före sb*⟩
exemplariskt ADV in an exemplary manner
exemplifiera exemplify, illustrate
exercis drill
exil exile **gå i ~** go into exile **sända i ~** exile
existens 1 *förekomst, tillvaro* existence **2** *uppehälle* subsistence, livelihood
existensminimum subsistence level
existera exist **det ~r** *det finns* there is (are)
exklusiv exclusive
exklusive exclusive of
exotisk exotic
expandera expand
expansion expansion
expediera 1 *avsända, uträtta* dispatch **2** *betjäna* serve, attend to
expedit [shop] assistant, US salesclerk
expedition 1 *kontor* office **2** *resa* expedition
expeditionsavgift handling charge
experiment experiment
experimentera experiment
expert expert ⟨**på** on, **på att göra** at doing⟩, specialist
exploatera exploit
exploatering exploitation
explodera explode, blow* up, *om ngt uppblåst* burst* **~ av skratt** burst with laughter
explosion explosion, blast
explosiv explosive
exponera *äv foto* expose
exponering *äv foto* exposure
export 1 *varor* exports ⟨*pl*⟩ **2** *verksamhet* export
exportera export
express ADV express **sända ~** send ⟨sth⟩ express
expressbrev express letter
expresståg express [train]
extas ecstasy **råka i ~** go into ecstacies
extatisk ecstatic
exteriör exterior
extern ADJ external
extra¹ ADJ extra, additional, *reserv-* spare
extra² ADV extra **arbeta ~** *extraknäcka* work on the side, *göra övertid* work overtime **betala ~** pay extra ⟨**det är**⟩ **~ viktigt** [e]specially important

extraknäck side job, moonlighting ⟨*endast sg, ej obest art*⟩
extraknäcka work on the side, moonlight
extrakt extract
extrapris special price (offer), *US* special
extrem extreme
extremist extremist

fabel fable
fabricera *tillverka* manufacture
fabrik factory, *anläggning* plant **jobba på ~** work in (at) a factory
fabrikant manufacturer
fabrikat *tillverkning* make, brand **av svenskt ~** made in Sweden
fabrikationsfel manufacturing fault
fabriksarbetare factory worker (hand)
facit *nyckel till övningar* key
fack 1 *i låda, hylla, väska* compartment, *[låsbart] skåp* locker 2 *postbox* PO Box, POB 3 *fackförening* [trade (*US* labor)] union
fackeltåg torchlight parade (procession)
fackförening trade union, *US* labor union
fackidiot narrow specialist
fackkunskaper specialized knowledge
fackla torch
facklig, ~a frågor union matters
facklitteratur 1 *motsats till skönlitteratur* nonfiction 2 *litteratur inom spec fack* specialized literature
fackman expert, specialist
fackterm technical term
fadd insipid, stale
fadder godfather, godmother, sponsor
fadderbarn godchild, *i u-land* adopted child
fader father ⟨**till** of⟩ **Gud F~** God the Father
faderlig paternal
faderskap fatherhood, *jur* paternity
fadervår the Lord's Prayer **läsa sitt ~** say one's prayers
fagott bassoon
fajtas fight*
fakta → faktum
faktisk actual, real **de ~a förhållandena** the [real] facts, the actual circumstances
faktiskt ADV actually, as a matter of fact,

really det är ~ sant it's a fact **han reste ~** he 'did go
faktor factor **den mänskliga ~n** the human factor
faktum ⟨*pl* **fakta**⟩ fact, *förhållande* circumstance
faktura invoice
fakturera invoice
fakultet faculty, *spec US* school **juridiska ~en** the faculty of law
falk falcon, *US äv* hawk
Falklandsöarna the Falkland Islands
fall 1 *äv bildl* fall **2** *händelse, rätts~, sjukdoms~ etc* case **ett hopplöst ~** a hopeless case **det blev platt ~** *fiasko* it was a flop **i alla (varje) ~** in any case **i annat ~** otherwise **i bästa ~** at best **i så ~** in that case **i värsta ~** if the worst comes to the worst
falla 1 fall*, *om hastig rörelse äv* drop, gå ner *äv* go* down **det föll mycket snö** a lot of snow fell **regeringen har fallit** the government has fallen **temperaturen föll snabbt** the temperature fell (dropped) rapidly **priserna har fallit** prices have fallen (dropped, gone down)
2 förslaget föll the proposal was rejected (defeated) **det faller på sin egen orimlighet** it is too absurd to deserve attention
3 domen har fallit sentence has been passed
☐ **falla av** fall off, *om hår* fall out
☐ **falla bort** be lost, *om deltagare* drop out
☐ **falla igen** *om t ex lucka* fall shut
☐ **falla ihop** collapse
☐ **falla in: det föll mig in att ...** it occurred to me that ... **Det skulle aldrig falla mig in!** I wouldn't dream of it
☐ **falla omkull** fall over (down)
☐ **falla sönder** fall apart, disintegrate
☐ **falla undan** *för t ex hotelser* yield, give in
falla sig 1 *hända* happen **det föll sig så att ...** it so happened that ... **2** *tyckas, verka* seem **det föll sig naturligt att ...** it seemed natural that ...
fallen, som ~ från skyarna dumbfounded
fallenhet *anlag* talent, aptitude ⟨*båda:* for⟩
fallfrukt windfalls ⟨*pl*⟩
fallfärdig ramshackle, dilapidated
fallgrop pitfall
fallskärm parachute **hoppa [ut med] ~** parachute
fallskärmshoppare parachutist
fallskärmshoppning parachuting
fallskärmsjägare paratrooper, *vard* para
falsett falsetto **sjunga i ~** sing falsetto
falsk false, *förfalskad äv* fake, *spec om dokument* forged, *spec om pengar* counterfeit **vara ~ mot ngn** play sb false, deceive sb **~t alarm** a false alarm **~a förhoppningar** vain hopes
falskhet falseness
falskt ADV falsely **klinga ~** strike a false note **sjunga ~** sing out of tune **spela ~ kort** cheat
falukorv ≈ [ring of] pork and beef sausage, *US* bologna sausage, baloney
familj family ⟨*pred i sg el pl*⟩ **~en stöder honom** the family support (*US vanl* supports) him **~en Smith** the Smiths **bilda ~** marry and start a family
familjär *ton etc* informal, *äv påflugen* familiar ⟨**mot** with⟩
famla grope ⟨**efter** for⟩
famn, ta ngn i [sin] ~ take sb in one's arms
famntag embrace, hug
fan 1 *djävul* devil, **djävulen** the Devil **en dum ~** a silly ass **2** ⟨↔ **tusan**⟩ *i svordomar etc* **Fy ~!** Damn it! **Vad ~ ⟨var det?⟩** What the hell **det vete ~** hell knows **kallt som ~** cold as hell **ge ~ i** not give a damn about **det kan du ge dig ~ på** you can bet your [sweet] life on that
fana flag, *spec bildl* banner
fanatiker fanatic
fanatisk fanatical
fanatism fanaticism
fanfar fanfare
fantasi 1 imagination ⟨*endast sg*⟩ ⟨**ha**⟩ **livlig ~** a vivid imagination ⟨**ha**⟩ **snuskig ~** a dirty mind **inte ens i min vildaste ~** not even in my wildest dreams
2 *inbillning[sprodukt]* fantasy **rena ~er** sheer fantasy ⟨*sg*⟩, *påhitt* pure inventions **~ och verklighet** fact and fiction
fantasifull imaginative
fantasilös unimaginative
fantasivärld dreamworld, make-believe world
fantast *entusiast* enthusiast, *vard* buff
fantastisk fantastic
fantisera fantasize ⟨about⟩ **~ ihop** dream up
fantom phantom **Fantomen** *serie* Dragos
far father **Fars Dag** Father's Day **bli ~** become a father ⟨**han är**⟩ **~ till fyra barn**

the father of four [children]
fara¹ SB danger, *risk* risk **vara en ~ för** be a danger to **det är ingen ~ oroa dig inte** don't worry **det är ingen ~ med henne** she'll be all right

fara² VB 1 go*, *avresa* leave* **vi far till Italien varje år** we go to Italy every year **de for för en timme sedan** they left an hour ago 2 *rusa* fly*, rush **hon kom ~nde in i rummet** she came flying (rushing) into the room 3 ~ **illa av** suffer from **skörden far illa av torkan** the drought is bad for the crops
□ **fara av** come off
□ **fara fram: vi for fram till entrén** we drove up to the entrance **han for fram som en vilde** he carried on like a madman
□ **fara i: Vad är det som har farit i honom?** What has come over (got into) him?
□ **fara upp** *resa sig snabbt* jump to one's feet **dörren for upp** the door flew open
□ **fara ut:** ~ **på landet** go to the country ~ **i hotelser** utter threats

farbar passable, trafficable, *sjö vanl* navigable
farbror 1 [paternal] uncle 2 *man* man **Kan ~ hjälpa mig?** Can you help me, sir?
farfar [paternal] grandfather, *vard* gran[d]dad
farfarsfar [paternal] great-grandfather
farföräldrar grandparents
farinsocker brown sugar
farkost vessel, craft ⟨*lika i pl*⟩
farlig dangerous ⟨to⟩, *riskabel äv* risky **det är inte så ~t** *det går an* it isn't so bad
farmor [paternal] grandmother, *vard* grandma[ma]
farmorsmor [paternal] great--grandmother
farozon danger zone **vara i ~en** *bildl* be in danger
fars farce
farsa dad, old man **~n** my old man
farsartad farcical
farstu [entrance] hall
fart *hastighet* speed, *takt* pace, rate, *kläm, energi* go **det är ~ på honom** he has a lot of go **det var full ~ på auktionen** the auction was in full swing **få ~** gather speed **hålla ~en** keep up speed **hålla en ~ av** *om fordon etc* run at a speed of **minska ~en** slow down **sätta ~** *skynda sig* hurry up, *vard* get a move on **sätta ~ på** *process* speed [up], *person* make ⟨sb⟩ get a move on **öka ~en** increase speed **av bara ~en** automatically ⟨**den fortsatte**⟩ **av bara ~en** of itself **i ~en** *utan att stanna* without stopping **i full ~** at full speed **vara i ~en** be on the move **medan du ändå är i ~en** while you are at it
fartgräns speed limit
farthinder speed bump, *GB vard* sleeping policeman
fartkontroll speed trap, radar control
fartyg ship, vessel
farvatten waters ⟨*pl*⟩
farväl ⟨↔ adjö⟩ farewell **ta ~ av** say goodbye to
fas, gå in i en ny ~ enter a new phase
fasa¹ SB horror ⟨of⟩, *skräck äv* terror **krigets fasor** the horrors of war **stel av ~** paralyzed with horror
fasa² VB dread ~ **för tanken** dread to think what might happen
fasad *äv bildl* façade, front
fasadbelysning floodlighting
fasan pheasant
fasansfull dreadful, horrible
fascinera fascinate
fascism Fascism, fascism
fascistisk Fascist, fascist
fasett facet
faslig awful **ett ~t besvär** an awful lot of trouble
fason 1 **få ~ på** get ⟨sth⟩ into shape 2 **Såna ~er!** What disgraceful behaviour (manners)!
fast¹ 1 ADJ firm, *fastsatt* fixed, *stabil* stable, steady, *reguljär, stående* regular, permanent ~ **anställning** a permanent appointment **ha ~ arbete** have regular work ~ **bostad** permanent residence ~ **egendom** real estate, *US* real property **ta ~ form** take shape ~ **föda** solid food **med ~ hand** with a firm hand **~a kunder** regular customers ~ **mark** firm ground 2 *verbpartikel* **bli ~ ertappad** be caught [out] **göra ~** *fästa* fasten, fix **hålla ~ vid** hold on (stick) to **köra ~** *äv bildl* get stuck **sitta ~** a) *sitta stadigt* be fixed, hold b) *inte komma loss* stick, be stuck **sätta ~** a) *fästa* fasten, attach b) *fånga in* catch **Ta ~ tjuven!** Stop thief! **åka ~** get caught
fast² KONJ although, [even] though
fasta¹ SB **ta ~ på** seize on
fasta² SB 1 *fastande* fast[ing] 2 **~n** *tiden före påsk* Lent **i ~n** during Lent

fasta³ VB fast på ~nde mage on an empty stomach
fastbunden, vara ~ vid be tied to
faster [paternal] aunt
fasthet firmness
fastighet *hus* house, building, *företags* premises ⟨*pl*⟩
fastighetsmäklare [real] estate agent
fastighetsskötare caretaker, *spec US* janitor
fastighetsägare property-owner, house-owner
fastklämd jammed
fastland mainland
fastna stick*, be (get*) stuck, *haka fast o d* catch*, *bli fast* get* caught **den har ~t** it's (it is) stuck **~ för** ⟨ngt, ngn⟩ take a fancy to, *bestämma sig för* decide on **det har ~t i minnet** it has stuck in my ⟨*etc*⟩ mind **~ med foten i** catch one's foot in
fastsatt fastened, attached, fixed
fastspänd ⟨↔ spänna fast⟩ *med säkerhetsbälte* strapped in
fastställa lay* down, establish, *avgöra* determine **fastställd i lag** prescribed by law
fastvuxen, som ~ i marken as if rooted to the spot
fastän although, though
fat 1 *flat tallrik* plate, *mindre* saucer **2** *för olja, öl* barrel, *vin~* vat **3 ligga ngn i ~et** be a handicap to sb
fatal fatal, *katastrofal* disastrous
fatt¹ ADJ **Hur är det ~?** What's the matter? **Hur är det ~ med henne?** *hur står det till* How is she doing?
fatt² ADV **få ~ i (på)** get hold of, come by
fatta 1 *gripa* seize, catch* **~ ngns hand** seize sb's hand **~ tag i** grip, take (seize) hold of **2 ~ ett beslut** come to a decision **~ eld** catch fire **~ förtroende för** come to trust **~ misstankar mot** begin to suspect **~ mod** take courage **~ tycke för** take a fancy to **3** *begripa* understand*, grasp, *vard* get* **ha lätt för att ~** be quick on the uptake **fatta sig, ~ kort** be brief
fattas be lacking, *saknas* be missing, be wanting **det ~ 10 pund** a) *jag har inte tillräckligt* I am short of £10 (£10 short) b) *pengar är borta* £10 is (US are) missing **det ~ lärare** there is a lack (shortage) of teachers **Det ~ bara!** I should think so!
fattig poor **de ~a** the poor, poor people **den ~e** the poor man
fattigdom poverty ⟨på of⟩
fattiglapp pauper, poor beggar
fattning 1 *grepp* grip, hold **2 behålla ~en** keep one's composure
fatöl draught (US draft) [beer]
fauna fauna, animal life
favorisera favour
favorit favourite
favör favour
fax 1 fax **2** *apparat* fax [machine]
faxa fax
f.d. ⟨*förk f* före detta⟩ former, *om person äv* ex- **den ~** ⟨**polischefen**⟩ the former **min ~ man** my ex-husband, *vard* my ex
fe fairy
feber fever **ha ~** have a temperature
febrig feverish
febril feverish, hectic, febrile
februari ⟨↔ april⟩ February
federal federal
federation federation
feg cowardly **vara ~** *vanl* be a coward
feghet cowardice
fejka fake
fel¹ 1 SB *misstag* mistake, *tabbe* blunder, *skuld* fault **det är mitt ~** it's my fault **finna ~** find fault ⟨**hos** with⟩ **2** SB *felaktighet* fault, *fabrikations~ o d äv* defect, *mindre* flaw, *svaghet, skavank* failing ⟨*ofta i pl*⟩ **hon har ett stort ~** she has one big failing **det är ~ på teven** there is something wrong with the TV **3** ADJ wrong **allt blev ~** everything went wrong ⟨**det är**⟩ **~ adress** the wrong address **jag (ni) har slagit ~ nummer** sorry, wrong number
fel² ADV wrong **gå ~** a) *gå på tok* go wrong b) *gå vilse* lose one's way, **gå in på ~ ställe** enter the wrong room ⟨*etc*⟩ c) *om klocka* be wrong **ha ~ ~ köra ~** drive the wrong way **räkna ~** do (US add) ⟨a sum⟩ wrong, *bildl* miscalculate **spela ~ musik** play out of tune **stava ~** spell wrong **ta ~** get it wrong **om jag inte tar ~** if I am not mistaken **ta ~ på tiden** mistake the time **jag tog ~ på dig och Ann** I mistook you for Ann
felaktig 1 wrong ⟨*fordrar best art*⟩, incorrect ⟨**ge ngn**⟩ **en ~ föreställning** the wrong idea **2** *ej felfri* faulty
felande, den ~ länken the missing link
felbedöma misjudge, miscalculate
felfri perfect, faultless

felparkering *som brott* parking offence
felstavad misspelled
felsteg false step, slip
felsägning slip [of the tongue]
feltolkning misinterpretation
fem five **vi ~** the five of us **vinna med 5–2** win by five goals to two, win 5–2 **~ mil** fifty kilometres
femdagarsvecka five-day week
femdubbel fivefold **det femdubbla** five times as much
femdygnsprognos five-day [weather] forecast
femhundrade five hundredth
femhundratalet, på ~ in the sixth century
femhundraårsjubileum five-hundredth anniversary
feminin feminine
femininum the feminine ... **är ~** ... is feminine
feminism feminism
feminist feminist
femkamp pentathlon
femkrona five-kronor coin
femma 1 *siffra, poäng, spelkort m m* five **det är (var) en annan ~** that's a different matter **2** *sedel* fiver **3** → femrummare **4** *femteklass* fifth form (US grade) **5 ~ i ordningen** fifth, number five **hon kom ~** she was (came) fifth **6** *högsta betyg* A, top mark **7 ~n buss, husnummer etc** number 5
femrummare four-bedroom flat (US apartment)
femsidig 1 *matem* five-sided **2** *om brev etc* five-page
femsiffrig five-figure ⟨*före sb*⟩
femstjärnig five-star ⟨*före sb*⟩
femte fifth ⟨**jag reser**⟩ **den ~** on the fifth **den ~ [mars]** ⟨**är en lördag**⟩ the fifth [of March] **på ~ plats** at fifth place **komma på ~ plats** come fifth **på ~ våningen** 5 *tr upp* on the fifth (US sixth) floor
femtiden, vid ~ [at] about five
femtilapp fifty-kronor note (US bill)
femtio ⟨↔ *sms med* fem⟩ fifty **fylla ~** turn fifty **en man på ~** a man of fifty
femtionde ⟨↔ femte⟩ fiftieth
femtiotal, ett ~ about fifty, *vard* fifty-odd
femtiotalet the fifties, the 50s **på ~ in the** fifties
femtioårsdag fiftieth anniversary ⟨**jag fick den**⟩ **på min ~** on my fiftieth birthday

femtioårsåldern, vara i ~ be about fifty **en man i ~** a man of [about] fifty
femton ⟨↔ *sms med* fem⟩ fifteen **kl 15** at 3 o'clock [p.m.]
femtonhundratalet the sixteenth (16th) century **på ~** in the sixteenth century
femtåget the five [o'clock] train
femvåningshus building of five storeys, five-storey building
femårig, en ~ pojke a five-year-old boy **en ~ vistelse** a five-year stay
femåring five-year-old [child]
femårsdag fifth anniversary, *födelsedag* fifth birthday
femårsjubileum fifth anniversary
femårsplan five-year plan
femårsåldern, ⟨**ett barn**⟩ **i ~** of [the age of] five
fena fin **utan att röra en ~** without moving a muscle
fenomen phenomenon ⟨*pl* phenomena⟩
fenomenal phenomenal
ferier holidays, *universitets~ o* US vacation ⟨*sg*⟩
fernissa[1] sb varnish, lacquer
fernissa[2] vb varnish, lacquer
fertil fertile
fest celebration, *musik~* festival, *högtid* feast, *kalas* party **ställa till med ~** throw a party
festa *fira* celebrate, *kalasa* feast **~ om** live it up, party [all night long] **~ upp** squander ⟨the money⟩
festival festival
festlig 1 festive **2** *rolig* fun, *vard* cool
festlighet festivity, celebration
festmåltid banquet, *äv god mat* feast
festprisse party-goer
fet *tjock* fat, *näringsrik* rich, *flottig* greasy **bli ~** grow fat
fetma fatness, corpulence
fett SB fat, *smörj~* grease
fettbildande fattening
fettisdag Shrove Tuesday
fettisdagsbulle ≈ Shrove bun
fia *spel* ≈ ludo, US ≈ parcheesi
fiasko fiasco ⟨*pl* -[e]s⟩, *vard* flop ⟨**pjäsen**⟩ **gjorde ~** was a fiasco
fiber fibre
fiberrik, ~ kost roughage, bulky food
ficka pocket **stoppa ngt i ~n** put sth in[to] one's pocket
fickformat pocket size **i ~** pocket-size[d]

fickkniv pocket knife
ficklampa [electric] torch, *spec US* flashlight
fickpengar pocket money ⟨*sg*⟩
ficktjuv pickpocket
fiende enemy ⟨**till** of⟩ **få ~r** make enemies
fiendskap enmity, hostility **leva i ~** be at enmity
fientlig hostile ⟨**toward[s]**⟩
fientlighet hostility
fiffel fiddle, hanky-panky **~ och båg** wheeling and dealing
fiffig smart, clever
fiffla, **~ [med]** fiddle **~ med skatten** fiddle one's tax
fifty-fifty, **dela ~** go fifty-fifty
figur figure **tänka på ~en** watch one's waistline
figurera feature, figure, *framträda* ⟨*i roll*⟩ *äv* appear
figursydd close-fitting, tailored
fika VB have coffee, take* a coffee break
fikon fig
fikus 1 *växt* rubber plant 2 *bög* queen, *US äv* fag
fil[1] *verktyg* file
fil[2] *filmjölk* ≈ sour milk
fil[3] 1 *kör~* lane **byta ~** change lanes 2 *data* file
fila file **~ på** ⟨**ett tal**⟩ polish [up]
filé fillet
filial branch
Filippinerna the Philippines
film film, *spel~* ⟨*spec US*⟩ movie **~en som konstart** the cinema **en tecknad ~** a cartoon
filma 1 film, *spela in äv* shoot* 2 *låtsas* be shamming (acting)
filmare film-maker, *spec US* movie-maker
filmatisering screen version
filmduk screen
filmfotograf cameraman
filminspelning filming, shooting
filmjölk ≈ sour milk
filmkamera film (*US* movie) camera
filmmusik incidental music
filmregissör film (*US* movie) director
filmrulle roll ⟨*av biograffilm* reel⟩ of film
filmstjärna filmstar, *US* movie star
filmvetenskap film studies ⟨*pl*⟩
filosof philosopher
filosofera philosophize ⟨**över** on⟩
filosofi philosophy
filosofisk philosophic[al] **~ fakultet** arts faculty
filt 1 *säng~* blanket 2 *material* felt
filter filter **cigarrett med ~** filter-tipped cigarette **cigarrett utan ~** untipped cigarette
filtpenna felt-tip [pen]
filtrera filter
filur sly dog, rascal
fimp cigarette end, stub
fimpa 1 *cigarrett* put* out, stub 2 *spola* drop
fin fine, *god, bra äv* good, *skarp* keen, *förnäm* refined, fashionable **det ~a med** the good thing about **klä sig ~** dress up **vara ~ på** be good at **~a drag** delicate features **av ~ familj** of good family **~t sätt** good manners ⟨*pl*⟩ **~t väder** fine weather
final 1 *musik o bildl* finale 2 *slutkamp mellan två* final, *slutomgång* finals ⟨*pl*⟩ **gå till ~[en]** reach the final[s]
finalist finalist
finanser *äv personlig ekonomi* finances
finansiera finance
finansman financier
finansminister minister of finance
finess *elegans* refinement **~er** *speciell utrustning* unique features, *vard* gadgets
finfin extra fine, first-class
finger finger **ha ett ~ med i spelet** have a finger in the pie **hålla fingrarna borta [från]** keep one's hands off **se genom fingrarna med** close one's eyes to **kunna på sina fem fingrar** have ⟨*sth*⟩ off pat
fingera feign, simulate **~t namn** assumed name
fingeravtryck fingerprint
fingerborg thimble
fingerfärdighet dexterity
fingertopp fingertip **ända ut i ~arna** to one's fingertips
fingervante knitted glove
fingervisning hint ⟨of⟩, pointer ⟨to⟩
fingra, **~ på** finger, *olovligt* fiddle with
finhacka chop finely, mince
fink finch
finkamma comb, go* over with a fine-tooth comb
finklädd dressed up, in one's sunday best
finkänslig *taktfull* tactful, discreet
finkänslighet *taktfullhet* tact, discretion
Finland Finland
finlandssvensk 1 ADJ Finnish-Swedish 2 SB Finland Swede

finlandssvenska *språk* Finland Swedish
finlemmad slender[-boned]
finländare Finn
finländsk Finnish
finmalen finely ground
finna find*, *inse äv* see* **vi fann honom vara** ⟨pålitlig⟩ we found him to be ~ **för gott att** ⟨tiga⟩ choose to **finna sig, ~ själv** sort oneself out ~ **i** *godta* accept, *stå ut med* stand, put up with ~ **till rätta** settle down ⟨med to⟩
finnas *vara* be, *existera* exist, *förekomma* occur ~ **kvar** a) *återstå* be left b) *fortfarande finnas* still be there **inte ~ kvar** *inte existera längre* be gone ~ **till hands** → till hands ~ **med** *t ex ord i ordbok* be included, *vara bifogad* be enclosed ~ **till** exist
finne[1] Finn
finne[2] *kvissla* pimple **finnar** *akne* acne ⟨sg⟩
finnig pimply, pimpled
finputsa *bildl* polish
finsk ⟨↔ engelsk-⟩ Finnish
finska ⟨↔ engelska⟩ 1 *språk* Finnish 2 *kvinna* Finnish woman
finsmakare gourmet
fint SB *knep* trick, ruse, *sport* feint
fintvätt *tvättprogram* delicate [wash]
finurlig smart, clever
fiol violin, *vard* fiddle
fira[1] celebrate ~ **jul** spend Christmas
fira[2] *sänka* ~ **ner** lower
firma firm, company, *[liten] rörelse* business
firmabil company car
firmafest staff (office) party
fisk 1 fish ⟨*pl vanl* fish⟩ ⟨**han lyckades fånga**⟩ **tre ~ar** three fish[es] **~ar andas med gälar** fish breathe by means of gills **all den här ~en** all these fish **en ful ~** an ugly customer 2 **Fiskarna** *stjärntecken* Pisces
fiska *äv bildl* fish **han ~ar** ⟨**på semestern**⟩ he goes fishing
fiskaffär fish shop (*US* store), *GB vanl* fishmonger's
fiskare fisherman, *sport-* *äv* angler
fiskben fishbone
fiskbulle fish ball
fiske 1 fishing 2 *näringsgren* fishery
fiskebåt fishing boat
fiskhandlare fishmonger, *US* fish dealer
fiskmås [sea]gull
fisknät fishing net

fiskodling fish hatchery (farm)
fiskpinnar fish fingers (*US* sticks)
fiskredskap fishing tackle ⟨*endast sg*⟩
fiskstim shoal (school) of fish
fiskyngel ⟨*pl*⟩ fry ⟨*pred i pl*⟩
fitta cunt, pussy
fix ADJ fixed ~ **idé** fixed idea, idée fixe
fixa fix ~ **ngt åt ngn** fix sb up with sth ~ **till** fix up ~ **till sig** smarten oneself up **fixa sig, det fixar sig** it'll sort itself out
fixare fixer
fixera 1 fix ⟨**vid** to⟩ 2 *titta på* fix one's eyes on
fjanta, ~ omkring fool about, *beskäftigt* fuss about **fjanta sig** play the fool, make* a fool of oneself
fjantig silly, fussy
fjol, i ~ last year **i ~ sommar** last summer
fjolla silly thing, birdbrain
fjollig silly, scatty
fjord fiord, *spec i Skottland* firth
fjorton ⟨↔ *sms med* fem⟩ fourteen ~ **dagar** two weeks
fjortonhundratalet, på ~ in the fifteenth century
fjun down
fjäder 1 *fågel-* feather, *prydnads-* plume 2 *stål-* spring
fjädring *elasticitet* resilience, *på bil* suspension
fjäll[1] *berg* [high] mountain, *norra GB, Sc* fell **vandra i ~en** go hiking in the mountains
fjäll[2] *fisk-* scale
fjälla 1 *fisk* scale 2 *flagna* **jag ~r** my skin is peeling
fjärde ⟨↔ femte⟩ fourth
fjärdedel fourth, quarter
fjäril butterfly
fjärilsim butterfly [stroke]
fjärran[1] 1 ADJ distant, remote **i ~ land** in distant lands **Fjärran Östern** the Far East 2 SB **i ~** in the distance
fjärran[2] ADV far [away] **från när och ~** from far and near
fjärrkontroll remote control
fjärrstyrd remote-controlled, *om projektil o d äv* guided
fjärrvärme district heating
fjäsk *inställsamhet* crawling, fawning
fjäska fawn ⟨on⟩, crawl ⟨to⟩
fjäskig fawning, crawling
f.Kr. ⟨*förk f* före Kristus⟩ BC ⟨*förk för*

flabb guffaw
flabba guffaw
flacka, ~ **med blicken** be shifty-eyed ~ **omkring** rove
flackande *om blick* shifty
fladdermus bat
fladdra flutter, *om låga* flicker, *om hår* flow
flagga¹ SB flag
flagga² VB fly* a flag (flags) ~ **på halv stång** fly a flag (flags) at half-mast
flaggstång flagpole, flagstaff
flagna come* off in flakes, flake (peel) [off]
flak 1 *på lastbil* platform, *vard* back **2** *is*~ floe
flambera flame [with brandy] ~**d** flambé[e]
flamländare Fleming **flamländarna** *äv* the Flemish
flamländsk ⟨↔ engelsk-⟩ Flemish
flamländska ⟨↔ engelska⟩ **1** *språk* Flemish **2** *kvinna* Flemish woman
flamma¹ SB flame
flamma² VB flame, blaze ~ **upp** *äv bildl* flare up
flammig *om träyta* [wavy-]grained, *äv om hy* mottled
flamsa be silly, play the fool, clown about
flamsig silly, *fnittrig* giggly
Flandern Flanders
flanell flannel
flanera stroll [about], saunter
flanör stroller, idler
flaska bottle, *fick*~ flask **tappa på** ~ bottle
flaskpost bottle message (post)
flat *platt* flat ~ **tallrik** dinner plate
flatlus crab louse
flaxa flap ~ **med vingarna** flap one's wings
flegmatisk phlegmatic
fler *komp av 'många'* more, *talrikare* more numerous **det finns** ~ there are more [of them] **Är vi inte** ~**?** Aren't there more of us? **de är** ~ **än vi** they outnumber us **allt** ~ **[människor]** an ever greater (an increasing) number of people
flera 1 *komp av 'många'* → **fler 2** *med* ~ **and others 3** *åtskilliga* several, a number of ~ ⟨tvekade⟩ several of them **orsakerna är** ~ there are several (a number of) reasons **vi är** ~ **som anser ...** there are several of us who think ...

flerdubbel multiple
flerfaldig, ~ **mästare** several times champion
fleromättad polyunsaturated
flerpartisystem multi-party (pluralist) system
flertal 1 *plural* plural **2** *majoritet* majority ~**et personer** the majority of people, most people **3 ett** ~ *åtskilliga* several
flest most **de** ~**a barn** most children **de** ~**a gästerna** most of the guests
flexibel flexible
flexibilitet flexibility
flextid flexitime, *spec US* flextime
flicka girl
flickaktig girlish
flicknamn 1 *namn på flicka* girl's name ⟨*pl* girls' names⟩ **2** *namn som ogift* maiden name
flicktycke, ha ~ be popular with the girls
flickvän *äv väninna* girlfriend
flik *hörn* corner, *remsa* tag, *på kuvert o d* flap
flimmer flicker
flimra flicker, *skimra* glimmer **det** ~**r för ögonen på mig** everything is swimming before my eyes
flin grin
flina grin
flinga flake **äta flingor** have cereals ⟨for breakfast⟩
flint *kal hjässa* bald head, *mindre* bald spot
flinta flint [stone]
flintskallig bald, baldheaded
flippa, ~ **ut** flip (freak) out
flipperspel pinball machine
flirt → **flört**
flis chippings ⟨*pl*⟩, [wood] chips ⟨*pl*⟩
flisa SB chip, *sticka* splinter
flit 1 *arbetsamhet* hard work, diligence **2** *avsikt* **göra ngt med** ~ do sth deliberately (on purpose)
flitig 1 *arbetsam* hard-working, diligent **2** *som gör ngt ofta* frequent, regular
flock flock, *hjord* herd, *hundar, vargar* pack, *människor* crowd, flock **gå i** ~ follow the herd
flocka sig flock ⟨**kring** round, about⟩
flockdjur gregarious animal
flod 1 river ~**en Mississippi** the Mississippi [River] ⟨**staden**⟩ **ligger vid en** ~ stands on a river **2** *högvatten* high tide, flood **det är** ~ the tide is in
flodhäst hippopotamus, *vard* hippo

flodmynning mouth of a river
flopp flop
flor *tunn väv* gauze, *slöja* veil, *sorg~* crape
flora *äv handbok* flora
Florens Florence
florera *blomstra* flourish, *vara utbredd* be rampant
florsocker icing sugar, *US* confectioner's sugar
floskler empty phrases, platitudes
flott¹ SB *stek~* dripping, *ister* lard
flott² ADJ **1** *elegant* smart **2** *frikostig* generous
flott³ ADV **leva ~** do things (live) in style
flotta SB *vapenslag* navy, *samling fartyg* fleet
flotte raft
flottig greasy
flottist sailor
fluffig fluffy
fluga 1 fly **slå två flugor i en smäll** ≈ kill two birds with one stone **2** *halsrosett* bow tie **3** *mode~* craze
flugsmälla fly-swatter
flugsvamp fly agaric, *mindre exakt* toadstool
flummig *gm narkotika* stoned, *oklar* woolly, muddled
flundra flatfish
fluor *grundämne* fluorin[e], *i tandkräm* fluoride
fly run˙ away, flee˙, *undkomma* escape, get˙ away **~ hals över huvud** fly head over heels **~ för fienden** flee (run away) from the enemy **~ [ut] ur landet** flee the country
flyg 1 *~väsen* aviation **2** *~vapen* air force **3** *enstaka ~förbindelse, 'plan'* flight **4 ta ~et** go by air **med ~** by air, *om post* by airmail
flyga fly˙ **tiden bara flög i väg** time flew **~ i luften** go (blow) up **~ på ⟨ngn⟩** fly at **dörren flög upp** the door flew open **han flög upp** *rusade upp* he started to his feet ⟨**orden**⟩ **flög ur mig** [just] slipped out
flyganfall air raid
flygare pilot, *spec milit* airman
flygbas air base
flygbiljett air[line] ticket
flygblad leaflet, handbill
flygbolag airline
flygbuss airport (shuttle) bus
flygbåt flying boat
flygel 1 wing **2** *musik* grand [piano]
flygfält airfield

flygförbindelse air connection (service)
flygkapare hijacker, skyjacker
flygkapning hijacking, skyjacking, *enstaka* hijack, skyjack
flygkapten airline pilot
flyglarm air-raid warning
flygmekaniker aircraft mechanic
flygning flying, aviation, *flygtur* flight
flygolycka flying accident, air (plane) crash
flygplan aircraft ⟨*lika i pl*⟩, *vard* plane
flygplats airport
flygpost airmail
flygresa journey (trip) by air, flight
flygrädd afraid of flying
flygtrafik air traffic
flygvapen air force
flygvärdinna [air] hostess (stewardess)
flykt 1 *rymning* escape **2** *bortflyende, äv bildl* flight **driva på ~en** put to flight **vara på ~** be on the run **ta till ~en** take [to] flight
flyktförsök attempt to (attempted) escape
flyktig *ej djupgående el grundlig* passing, cursory **en ~ bekantskap** a passing (casual) aquaintance **kasta en ~ blick** cast a cursory (quick) glance ⟨at⟩
flykting refugee
flyktingläger refugee camp
flyt smoothness, fluency **han har ~** everything is going his way
flyta 1 float ⟨**båten**⟩ **flyter** *äv* is afloat **2** *rinna* flow, run˙ **det kommer att ~ blod** blood will flow **~ med strömmen** swim with the tide **3** *om t ex text* run˙ smoothly, *om trafik* flow smoothly
□ **flyta ihop** *om floder* meet, *om färger* run into each other, *om minnesbilder etc* become mixed up
□ **flyta in** *om pengar, nyheter etc* pour in
□ **flyta omkring** *äv bildl* float about, *om saker i oordning* be in a mess
□ **flyta ovanpå** *bildl* keep aloof
□ **flyta upp** *till ytan* rise to the surface
flytande ADJ **1** *på vattenyta* floating **hålla sig ~** *äv bildl* keep oneself afloat **2** *rinnande* flowing, *om tal* fluent **tala ~ franska** speak fluent French **3** *obestämd* fluid, vague **4 ~ föda** liquid food
flytning, ~ar *vaginala* vaginal discharge ⟨*sg*⟩, *GB vard* the whites
flytta move, *om fåglar o d* migrate, *överföra* transfer, **~ undan** remove, **~ om (över)** shift

F flyttbar–folklig

~ [på] ⟨stolen⟩ move **hon har ~t** *bor inte kvar* she has moved away
☐ **flytta fram** *senarelägga* postpone, put off
☐ **flytta från** leave
☐ **flytta ihop** *om personer* move in with each other
☐ **flytta isär** *äv om personer* separate
☐ **flytta om** rearrange
☐ **flytta över** *verksamhet o d* move, transfer
flytta sig 1 move **2** *gå undan* get* out of the way, *maka på sig* move over
flyttbar mov[e]able, *bärbar* portable
flyttfirma removal firm, *US* movers ⟨*pl*⟩
flyttfågel migratory bird, bird of passage
flyttning move
flytväst life jacket (*spec US* vest)
flå skin, flay
flåsa pant, puff
fläck 1 *av smuts o d* spot, stain **få en ~ på sitt rykte** get a spot (stain) on one's reputation **sätta en ~ på** ⟨**duken**⟩ make a dirty mark on **ta ur ~ar** remove stains **2** *ställe* spot **på ~en** *genast* on the spot **hon rörde sig inte ur ~en** she did not stir (move)
fläcka, ~ ner spot, stain, *bildl äv* soil
fläckfri *äv bildl* spotless, stainless
fläckig 1 spotted **2** *smutsad* stained
fläder elder
fläkt 1 *vind* breath of air, breeze **2** *apparat* fan
fläkta, det ~r there is a light breeze
fläktrem fan belt
flämta 1 *andfådd* pant, puff **2** *fladdra* flicker
flämtning *häftigt andetag* gasp
flänga, ~ omkring bustle about
flärd *fåfänglighet* vanity, *lyx* luxury
fläsk 1 ~*kött, saltat [o rökt]* pork, bacon **2** *människas* fat
fläskkotlett pork chop
fläskläpp fat lip
fläta¹ SB *hår~* plait, *spec US* braid
fläta² VB *hår* plait, *spec US* braid ~ **en korg** make (weave) a basket
flöda flow, *välla* gush ~ **över** run over, *äv bildl* overflow ⟨with⟩
flöde flow, stream
flöjt flute, *block~* recorder
flört flirtation, flirting, *enstaka, äv person* flirt
flörta flirt
flörtig flirtatious, flirty

flöte float **vara bakom ~t** be dim[-witted] (daft)
f.m. ⟨*förk f* förmiddag[en]⟩ a.m. **klockan 10 ~** at 10 a.m.
FN ⟨*förk f* Förenta nationerna⟩ the UN
f.n. ⟨*förk f* för närvarande⟩ at present, for the time being
fnasig *om hud* chapped
fnatt, få ~ go crazy (mad, crackers)
fniss *fnissning* giggle
fnissa giggle ⟨at⟩
fnissig giggly
fnittra → fnissa
fnysa snort, *föraktfullt äv* sneer ⟨*båda:* **åt**⟩
fnysning snort, sneer
foajé lobby, foyer
fobi phobia
fock *snedsegel* jib, *råsegel* foresail
foder¹ *i kläder* lining
foder² *djurföda* feed, *torr~* fodder
fodra¹ *klä med foder* line
fodra² *ut~* feed*, fodder
fodral case
fog¹ *skarv* joint, seam **knaka i ~arna** *äv bildl* creak [at the joints]
fog² *skäl* **med [fullt] ~** in all justice **utan ~** without justification **ha ~ för** *ngt* have cause for
foga *lägga [till]* add ~ **ngt till ngt** add sth to sth ~ **samman** join ~ **till** *tillägga* add **foga sig** give* in ⟨**i** to⟩
foglig *medgörlig* compliant
fokus focus
fokusera focus ⟨on⟩
folder folder
folie foil, *plast~* ⟨*GB*⟩ clingfilm, *US* saran wrap *varunamn*
folk 1 *nation,* ~*slag* people ⟨*kan stå i pl*⟩, nation **hela ~et** the whole nation ~**en i tredje världen** the peoples (nations) of the third world **2** *människor* people ⟨*pl*⟩ **det var mycket ~** ⟨**på tåget**⟩ there were a lot of people **uppföra sig som ~** behave properly
folkbokföring national registration
folkdans 1 folk dancing **2** *enstaka* folkdance
folkfest public celebration
folkgrupp ethnic group
folkhögskola ≈ adult education college
folkkär popular
folklig *äv populär* popular, *vard* ⟨*spec US*⟩

folksy
folkmassa crowd [of people]
folkmusik folk music
folkmängd population
folkomröstning referendum ⟨pl -s *el* referenda⟩
folkpark ≈ public amusement park
folkpension *ålderspension* old age pension, retirement pension
folkrörelse popular movement
folksaga folktale
folksamling gathering, crowd **det blev ~** a crowd gathered
folkskygg shy [of people]
folkslag nation, people
folkstorm public outcry
folkvandring migration
folkvimmel crowd
folkvisa ballad, folksong
folköl ≈ light beer (lager)
fond 1 *bakgrund* background 2 *kapital* fund
fonetik phonetics ⟨pred i sg⟩
fontän fountain
forcera 1 break⁕ into (through), force [open] 2 *skynda på* force, speed⁕ (step) up
fordon vehicle
fordra *begära* demand, *yrka på* insist on, *mindre starkt* require, *ställa anspråk på* claim **~ ngt av ngn** demand (require) sth of (from) sb **det ~r stor skicklighet** it requires great skill
fordran ⟨↔ fordringar⟩ demand ⟨**på** for⟩, *anspråk o ekon* claim **ha en ~ på** ⟨**ngn**⟩ have a claim on
fordrande demanding, *med höga krav äv* exacting
fordras be required (demanded) **om så ~** if required **det ~ mycket av dig** a great deal is demanded (required) of you
fordringar demands, requirements, *ekon* claims **ha stora ~ på** ⟨**tillvaron**⟩ make great demands on
fordringsägare creditor, claimant
forell trout ⟨*lika i pl*⟩
form 1 form, *utseende vanl* shape **få ~ på** give shape to **ta ~** take shape **hålla sig i ~** keep in form ⟨**efter ett par glas**⟩ **började han komma i ~** he was getting going **vara i ~** be in form (shape) **vara ur ~** be off form 2 *gjut-* mould, *kak~* [cake] tin
forma, forma sig form, shape ⟨**till** into⟩
formalitet formality, matter of form
format 1 *storlek* size 2 *data* format

formatera *data* format
formation formation
formbar *äv bildl* malleable, plastic
formbröd white loaf, *US* pan loaf
formel *äv motorsport* formula
formell formal
formgivare designer
formgivning design
formsak matter of form, formality
formsvacka loss of form, slump **vara i en ~** be badly off form
formulera formulate, word **formulera sig** express oneself
formulering formulation, wording
formulär form, *spec US* blank
fornfynd prehistoric find
fornminne relic of the past, *byggnad o d* ancient monument
forntid *förhistorisk tid* prehistoric times ⟨*pl*⟩, *före medeltiden* antiquity
fors rapids ⟨*pl*⟩, waterfall
forsa gush, stream **regnet ~de ner** it was pouring
forska 1 search ⟨for⟩ **~ i** ⟨**gamla dokument**⟩ search through 2 *bedriva forskning* do⁕ research
forskare researcher, *humanistisk* scholar
forskning research ⟨into⟩
forskningsresande explorer
forsla carry, transport **~ bort** clear away, remove
forsränning white-water canoeing (*med flotte* rafting)
fort¹ SB *fästning* fort
fort² ADV fast, quickly **så ~ som möjligt** *snabbt* as fast (*snart* soon) as possible **det går ~ kommer inte att ta lång tid** it won't take long **Det gick ~!** That was quick! **klockan går för ~** the clock (my ⟨*etc*⟩ watch) is fast
fortbilda sig do⁕ in-service training
fortbildning in-service training
fortfarande still
fortkörning speeding
fortplanta sig reproduce, propagate, *sprida sig* spread⁕
fortplantning reproduction, propagation
fortsätta go⁕ (keep⁕) on, continue **~ [att] sjunga** go on (continue, keep on) singing **Fortsätt rakt fram** Keep straight on
fortsättning continuation **~ följer** to be continued ⟨**vara försiktigare**⟩ **i ~en** in

future
fortsättningskurs continuation course
fortsättningsvis from now on, *spec varnande* in future
fosfat phosphate
fosfor phosphorus
foster foetus, *bildl* product, creation
fosterbarn foster child
fosterhem foster home
fosterland one's native land (country)
fosterländsk patriotic
fostra bring* up, rear
fostran upbringing, rearing, *bildning* education
fot foot ⟨*pl* feet⟩, *på glas* stem **fyra ~ hög** four foot (feet) high **få in en ~** get a foothold ⟨**jag tänker inte**⟩ **sätta min ~ i hans hus** set foot in his house **komma på fötter** get back on one's feet **försätta på fri ~** set ⟨sb⟩ free, release **vara på fri ~** be at large **stå på god ~ med** be well in with **på stående ~** off the cuff **till ~s** on foot
fotboll 1 *boll* football, *US* soccer ball **2** *spel* football, *GB vard o US* soccer
fotbollslag football (*US* soccer) team
fotbollsmatch football (*US* soccer) match
fotbollsplan football pitch, *US* soccer field
fotbollsspelare football (*US* soccer) player
fotfäste foothold **få ~** get a foothold (footing)
fotgängare pedestrian
fotled ankle
foto 1 *bild* photo **2** *fotografering* photography
fotoaffär camera shop (*US* store)
fotoalbum photo album
fotoautomat photo booth
fotogen paraffin [oil], *spec US* kerosene
fotogenkök paraffin (kerosene) stove
fotograf photographer
fotografera photograph, *vard* take* pictures (a picture) [of] **fotografera sig** have one's picture taken
fotografering photography
fotografi *bild* ⟨↔ foto⟩ photograph
fotokopia photocopy
fotokopiera photocopy
fotomodell [fashion] model
fotspår footprint **gå i ngns ~** tread in sb's footsteps

fotsteg [foot]step
fotsula sole [of the foot]
fotsvamp athlete's foot
fotsvett sweaty feet ⟨*pl*⟩ **lukta ~** have smelly feet
fotvandra walk, hike
fotvård chiropody, foot care
foxterrier fox terrier
frack tailcoat
frackskjorta dress shirt
fradga SB foam, froth
fragment fragment
frakt 1 *last, gods* freight, cargo **2** *transport* carriage, shipping **3** *avgift* freight
frakta carry, transport **~ bort** remove
fraktgods freight **skicka som ~** send ⟨sth⟩ freight
fraktur *medicin* fracture
fralla roll
fram ⟨↔ dra ~, flytta ~, komma² ~ *etc*⟩ **1** *ej längre skymd el förvarad* out, *närmare* up, *till målet* there, *motsats till 'bak'* in front, at the front **längre ~** further on **rakt ~** straight on (ahead) **[ända] ~ till** as far as **~ och tillbaka** hit o dit to and fro, *t ex på golvet, gatan* up and down, *dit o åter* there and back **2** *tid* **längre ~** later on **~ mot kvällen** toward[s] evening **~ på dagen** later in the day **[ända] ~ till jul** until Christmas
framben foreleg
framdel front [part]
framemot toward[s]
framfart advance, spread, *härjningar* ravages ⟨*pl*⟩
framfusig pushing, obtrusive
framför¹ PREP **1** *rum* in front of, *spec inför* before, *före* ahead of **stå ~** ⟨**domaren**⟩ stand before **han stirrade ~ sig** he stared in front of him ⟨**du har mycket arbete**⟩ **~ dig** ahead of you **2** *allt* above all **föredra öl ~ vin** prefer beer to wine
framför² ADV in front, ahead
framföra 1 *överbringa* convey, deliver, *uttala* state **~ ngt till ngn** *meddela* tell sb sth **framför min hälsning till** my kind regards to **~ ett tack** express one's thanks **~ en ursäkt** apologize **2** *uppföra* present, *musik* perform
framförande *uppförande* presentation, *av musik o d* performance
framgå appear, be evident ⟨*båda:* from⟩
framgång success **ha stor ~** be a great success

framgångsrik successful
framhjul front wheel
framhålla point out ~ **ngt för ngn** point sth out to sb ~ **vikten av** stress (emphasize) the importance of ~ **sig själv** advertise oneself
framhärda persevere, persist ⟨*båda:* **i** in⟩
framhäva *betona* emphasize, *om t ex figur* show⋅ off
framifrån from the front
framkalla 1 *förorsaka* cause, bring⋅ about, give⋅ rise to **2** *foto* develop
framkallning *foto* developing
framkomlig passable, *bildl* feasible, viable
framkomst arrival **vid ~en** on arrival
framlägga present, submit ⟨*båda:* **för** to⟩
framlänges forward[s] **åka ~ på tåg** sit facing the engine
frammarsch *äv bildl* onward march, advance **vara på ~** *bildl* be gaining ground
framme 1 *i förgrunden* **~ vid fönstret** over by the window ⟨**han står**⟩ **där ~** over there ⟨**bilen**⟩ **där ~** at the front ⟨**vi är**⟩ **långt ~** *t ex inom forskning* far advanced **hålla sig ~** push oneself **2** *vid målet* **vi är ~** ⟨**klockan 2**⟩ we'll be there **3** *synlig* **solen är ~** the sun is out **låta ngt ligga ~** leave sth lying around
framryckning advance
framsida front, *av mynt* head, face
framskjutande projecting, protruding
framskjuten prominent, advanced
framskrida progress, continue
framskriden advanced **tiden var långt ~** it was getting very late
framsteg step forward, progress ⟨*endast sg, ej obest art*⟩ **göra ~** make progress **ett stort ~** a great step forward **vetenskapliga ~** advances in science
framstupa on one's face **falla ~** fall prone
framstå appear, seem ⟨*båda:* **för** to⟩ ⟨**jag vill inte**⟩ **~ som en idiot** appear (look like) a fool **han ~r som** ⟨**den obestridlige ledaren**⟩ he stands out as
framstående prominent, distinguished
framställa 1 *tillverka* make⋅, *fabricera* produce **2** *skildra* describe, **få att förefalla** make⋅ ⟨sth⟩ appear (look, sound) ⟨as⟩
framställning 1 *tillverkning* production **2** *redogörelse* account, presentation, *skildring* representation
framstöt thrust, push, *bildl* drive

framsynt far-sighted
framsäte front seat
framtand front tooth
framtid future **det får ~en utvisa** time will tell **för all ~** forever ⟨**någon gång**⟩ **i ~en** in the future ⟨**var försiktigare**⟩ **i ~en** in future
framtida future
framtidsutsikter [future] prospects
framtill at the front, in front
framtoning look, character, *om person äv* image
framträda ⟨↔ träda fram⟩ *äv på scen* appear
framträdande 1 ADJ prominent **2** SB appearance
framåt¹ ADJ **vara ~** be enterprising (go-ahead)
framåt² ADV **1** forward[s] **böja sig ~** bend forward **fortsätta ~** keep straight on **föra ~** *t ex spak* move forward **det går ~** *bildl* things are looking up **2** *tid* **en vecka ~** for a week ahead
framåt³ PREP toward[s] **~ kvällen** toward[s] evening
framåtanda drive, *vard* go
framåtlutad stooping **gå ~** walk with a stoop
framöver ADV **en tid ~** for some time to come
frankera stamp **ett ~t kuvert** a prepaid envelope
Frankrike France
frans fringe
fransig *sliten* frayed
fransk ⟨↔ engelsk-⟩ French
franska 1 ⟨↔ engelska⟩ *språk* French **2** *småfranska* roll
franskbröd ≈ white bread, *enstaka* ≈ white loaf
fransman ⟨↔ engelsman⟩ Frenchman
fransmännen *folket, laget etc* the French
fransyska ⟨↔ engelska⟩ *kvinna* Frenchwoman
fras *språk, musik* phrase
frasig crisp
fred peace **sluta ~** make peace ⟨with⟩ **låta ngn vara i ~** leave sb alone (in peace) **till ~s** content
fredag Friday **i dag är det ~** today is Friday **~[en] den fjärde** ⟨**passar mig**⟩ Friday the fourth ⟨**jag är ledig**⟩ **~[en] den fjärde** on Friday the fourth **nästa ~** next

F fredlig – frisör

Friday **i ~s** last Friday **på ~** on Friday **på (om) ~arna** on Fridays, *spec* US Fridays
fredlig peaceful
fredlös ADJ outlawed
fredsfördrag peace treaty
fredsförhandlingar peace negotiations (talks)
freestyle *bandspelare* walkman ⟨*pl* -s⟩ *varunamn*
frekvens frequency
frekventera frequent
frenetisk frenetic, frantic
freon CFC
freskomålning fresco ⟨*pl* -[e]s⟩
fresta 1 *locka* tempt **känna sig ~d att** be tempted to **2** *pröva* try **3** *anstränga* **~ på** be a strain (drain) on
frestelse temptation **falla för ~n** yield to temptation
fri free **ordet är ~tt** the floor is open **bli ~ från** get rid of **gå ~ från (för)** get clear of **det står dig ~tt att** you are free to **det är ~ fart** there is no speed limit **~tt inträde** admission free **~tt vatten** open water **i det ~a** in the open [air]
fria[1] *be om ngns hand* propose ⟨to⟩
fria[2] *frikänna* clear, *jur* acquit ⟨*båda:* of⟩ **hellre ~ än fälla** give ⟨sb⟩ the benefit of the doubt
fribiljett free ticket, *vard* freebie
frid peace **vad i ~ens namn** what on earth
fridfull peaceful
fridlysa ≈ place under protection preserve
fridlyst protected **~ [natur]område** nature reserve
frieri proposal, offer of marriage
frige free
frigid frigid
frigivning release
frigjord liberated, emancipated, *ogenerad* free
frigolit polystyrene, US ⟨*varunamn*⟩ styrofoam
frigöra release, liberate **frigöra sig** *göra sig fri* liberate oneself **~ från** free oneself from
frigörelse liberation, emancipation
frihandel free trade
frihet freedom ⟨from⟩, liberty **ta sig ~er mot** take liberties with
Frihetsgudinnan the Statue of Liberty
frihetskamp fight (struggle) for freedom

frihetskämpe freedom fighter
friidrott athletics ⟨*pred i sg*⟩, *spec* US track-and-field sports ⟨*pl*⟩
frikallad *från militärtjänst* exempt[ed] from military service
frikoppla *bil* declutch
frikort free pass
frikostig generous, liberal
friktion *äv bildl* friction
friktionsfri frictionless, smooth
frikyrka Free (Nonconformist) Church
frikyrklig Nonconformist
frikänna acquit ⟨**från** of⟩
frikännande SB acquittal
frilans freelance[r]
frilansa freelance
friluftsbad *anläggning* open-air pool
friluftsdag ≈ open-air [sports] day, US field day
friluftsliv outdoor activities ⟨*pl*⟩
friluftsområde recreation area
friläge *bil* neutral
frimärke stamp
fripassagerare stowaway
frireligiös Nonconformist
frisedel, få ~ be exempt[ed] from military service
frisersalong hairdresser's
frisim freestyle [swimming]
frisinnad liberal[-minded]
frisk *ej sjuk* healthy, *sund* sound, *tillfrisknad* well ⟨*vanl ej före sb*⟩, *fräsch* fresh **bli ~** get well **hålla sig ~** keep in good health **~ och kry** hale and hearty **~ aptit** a hearty appetite **med ~t mod** with renewed courage **~a tänder** sound teeth
friska, ⟨**en kall dusch**⟩ **~r upp** freshens [you] up **~ upp sin[a kunskaper i] engelska** brush up one's English **~ upp minnet** refresh one's memory
friskintyg certificate of health
friskt ADV **~ vågat [är] hälften vunnet** ≈ nothing ventured, nothing gained
frispark free kick **få ~** be awarded a free kick
frispråkig outspoken, forthright
frist *anstånd* respite, *utsatt tids~* time-limit
fristad [place of] refuge, sanctuary
fristående detached, separate
friställd *arb* laid off, GB *äv* redundant
frisyr hairstyle, hairdo
frisör *spec* dam~ hairdresser, *herr~ vanl* barber **gå till ~en** go to the hairdresser's

(barber's)
frita *fånge* help ⟨sb⟩ to escape, *rädda* rescue
fritera deep-fry
fritid spare (free) time, leisure, time off **på ~en** in my ⟨*etc*⟩ spare time
fritidsgård ≈ youth centre
fritidshem ≈ day-centre for schoolchildren
fritidshus summer (weekend) house
fritidsledare ≈ youth leader
fritidssysselsättning leisure activity, hobby
frivillig 1 ADJ voluntary, *ej obligatorisk* optional **~t ämne** optional subject 2 SB volunteer
frivolt somersault
frodas thrive*, prosper, *bildl* be rampant
frodig *om vegetation* lush, luxuriant, *spec om kvinna* buxom
from *varmt religiös* pious
fr.o.m. → **från¹**
fromage ≈ mousse, cream
fromhet piety
front front
frontalkrock head-on collision
frossa¹ SB *medicin* [fit of] shivering, *vard* the shivers
frossa² VB gorge ⟨**på** on⟩, *bildl* revel ⟨**i** in⟩
frosseri gluttony
frost *äv rim~* frost
frosta, ~ av defrost
frostig frosty
frotté towelling, terry [cloth]
frottéhandduk [terry] towel
frottera rub [down]
fru *hustru* wife ⟨*pl* wives⟩, *som titel* Mrs[.] **~n i huset** the lady of the house
frukost breakfast **~en** ⟨**är dagens viktigaste mål**⟩ breakfast **äta ~** have breakfast ⟨**äta gröt**⟩ **till ~** for breakfast **efter ~[en]** after breakfast
frukt fruit ⟨**äpplen och apelsiner**⟩ **är ~er** are fruit
frukta fear, be afraid ⟨**ngt** of sth⟩, *starkare* dread **~ för sitt liv** fear for one's life **jag ~r för att återvända** I dread going back **en ~d sjukdom** a dreaded disease
fruktaffär fruit shop (US store)
fruktan fear, *starkare* dread ⟨*båda:* **för** of⟩ **av ~ för** for fear of **hysa ~ för** fear
fruktansvärd terrible, dreadful

fruktbar fertile, *bildl* fruitful
fruktlös futile, vain
fruktodling fruit growing **en ~** an orchard
fruktsallad fruit salad
fruktsam fertile
fruktträdgård orchard
fruntimmer woman ⟨*pl* women⟩, female
frusen frozen
frustrerad frustrated
frys freezer, deepfreeze
frysa 1 *känna köld* be (feel*) cold **jag fryser** I am cold **jag fryser om händerna** my hands are cold **~ ihjäl** freeze to death **2** *om vätska* freeze* **rören har frusit** the pipes have frozen **~ fast** freeze up **3** *kyla ner, äv bildl* freeze* **~ in (ner)** ⟨**kött**⟩ freeze
frysbox chest freezer
frysdisk refrigerated counter
frysfack freezing (US freezer) compartment
fryspunkt freezing point
fråga¹ SB question, *angelägenhet, sak* matter, *debatt~, tviste~* issue **Vad är det ~[n] om?** *vad rör det sig om* What is it [all] about? **en ~ om smak** a matter of taste **aktuella frågor** current (topical) issues **ställa en ~ till ngn** ask sb a question **ta upp en ~** bring up an issue ⟨**boken**⟩ **i ~** in question **i ~ om** as to **det kommer inte på ~n** it is out of the question
fråga² VB ask, *göra förfrågningar* inquire ⟨about⟩ **~ efter** a) *be att få tala med* ask for b) *be att få t ex ett brev* ask about **~ ngn om lov** ask sb's permission **~ ngn om vägen** ask sb the way **~ ngn till råds** ask sb's advice **~ vad klockan är** ask the time **~ ut** question, interrogate **fråga sig** ask oneself, *undra* wonder **~ fram** ask one's way
frågande ADJ **se ~ ut** look puzzled (quizzical)
frågeformulär questionnaire
frågesport quiz
frågetecken question mark
frågvis inquisitive, *vard* nos[e]y
från¹ ⟨↔ resp huvudord⟩ PREP from, *bort* **~** off, *hemmahörande i* of **ända ~** a) *rum* all the way from b) *tid* [ever] since **en kyrka ~ 1400-talet** a 15th century church ⟨**professor Lamb**⟩ **~ Oxford** of Oxford **~ och med 4 april** from 4 April **~ och med nu** from now on **~ och med s. 16** from page

från² – fullmåne

16 on[wards] ⟨**en ö sex km**⟩ **~ kusten** off the coast **hoppa ner ~ stolen** jump off the chair

från² ADV **komma ~ varandra** drift apart **~ och till** *då o då* off and on **det gör varken till eller ~** it makes no difference

frångå depart from

frånsett apart from

frånskild divorced **en ~ kvinna (man)** *äv* a divorcee

frånstötande repulsive, repellent

frånsäga sig renounce, *undanbe sig* decline

frånvarande absent, *själs~* absent--minded **de ~** those absent **en ~ blick** a faraway look

frånvaro absence

fräck *oförskämd* impudent, *vard* cheeky, *oanständig* indecent, rude, dirty **~a historier** dirty stories

fräckhet ⟨↔ fräck⟩ impudence, cheek **~er** *fräcka kommentarer* impudent remarks **han hade ~en att ...** he had the impudence (cheek, nerve) to ...

fräckis dirty story (joke)

fräknar freckles

fräknig freckled, freckly

frälsa save, rescue

frälsare saviour **Frälsaren** our Saviour

frälsning salvation

Frälsningsarmén the Salvation Army

främja promote

främjande promotion

främling stranger ⟨**för** to⟩, *utlänning* foreigner

främlingshat hatred of foreigners

främlingskap alienation

Främlingslegionen the Foreign Legion

främmande 1 ADJ *utländsk* foreign, *obekant* unfamiliar, strange ⟨**alla:** to⟩ **i ~ land** abroad **2** SB *gäst[er]* visitor[s], company

främre front **Främre Asien** the Middle (Near) East

främst ADV **1** *framför allt* above all, *huvudsakligen* mainly **2** *längst fram* in front, *i första rummet* in the first place **gå ~** go first **ligga ~** *leda* lead **sätta ~** place at the top

främsta ADJ *längst fram belägen* front, *förnämst* leading, foremost, *viktigast* principal, main **i ~ ledet** *bildl* in the front rank

frän *om lukt, smak* rank, acrid, *skarp* sharp, pungent

fräsa 1 *väsa* hiss, *om katt* spit*, *om ljud av stekning o d* sizzle **2** *steka upp* fry

fräsch fresh, *ej vissen el solkig* crisp

fräscha, ~ upp freshen (*kunskaper* brush) up **~ upp sig** freshen up

fräta corrode, *bildl* gnaw **~ på** eat into, corrode, *bildl* gnaw at **~ sönder** eat through

frätande *t ex syra* corrosive

frö 1 seed **2** *busfrö* scamp, devil

fröjd joy, delight **en ~ för ögat** a delight to the eye

fröken *ogift kvinna* unmarried woman, *titel* Miss **Fröken Ur** the Speaking Clock, US the Time

fuffens, ha något ~ för sig be up to something

fukt moisture, *oönskad* damp **drypa av ~** drip with damp

fukta moisten

fuktig moist, damp **~a händer** moist (clammy) hands **~t klimat** damp climate

fuktighet moisture, *spec luft~* humidity

ful ugly, *osmaklig* nasty **~ som stryk** [as] ugly as sin **en ~ fisk** an ugly customer **~a gubbar** dirty old men **~a ord** dirty words

full 1 full ⟨**bussen**⟩ **är ~** is full up **vara ~ av** be full of (filled with) **njuta i ~a drag** ⟨**av ngt**⟩ enjoy ⟨sth⟩ to the full **~ frihet** complete freedom ⟨**festen var**⟩ **i ~ gång** in full swing **F~ tank, tack!** Fill it (her) up, please **det är ~t med** ⟨**flugor**⟩ there are lots of **2** *berusad* drunk, *före sb vanl* drunken, *vard* tight, *småfull* tipsy **bli ~** get drunk

fullblod *häst* thoroughbred

fullbokad fully booked

fullborda *göra färdig* complete, *uppdrag o d* accomplish **ett ~t faktum** a fait accompli

fullfjädrad *positivt* fully-fledged, *negativt* cunning

fullfölja *slutföra* complete, *plan o d* carry out

fullkomlig 1 *felfri* perfect **2** *total* perfect, complete

fullkornsbröd ≈ wholemeal (US whole--wheat) bread

fullmakt *bemyndigande* authority, *dokument* power of attorney

fullmåne full moon **det är ~** there is a full moon

fullmäktige the town (city, municipal) council
fullproppad stuffed, crammed ⟨*båda:* **med** with⟩
fullsatt full, crowded
fullständig full, complete
fullt ADV fully, completely, *alldeles, helt* quite ⟨**det är**⟩ **~ möjligt** quite possible **inte ~** ⟨**en liter**⟩ not quite **arbeta för ~** be busy working ⟨on sth⟩ **ha ~ upp** have one's hands full
fullträff *på måltavla* bull's eye, *bildl* hit
fullvuxen fully grown, *om person* grown-up, adult
fulländad perfect
fulländning perfection
fult ADV **jag skriver ~** my handwriting is bad **det var ~ gjort** it was a mean thing to do
fumla fumble ⟨**med** with⟩
fumlig fumbling, butterfingered
fundera think˙ ⟨about⟩, ponder ⟨on, over⟩ **jag ska ~ på saken** I'll think it over **~ ut** figure out
fundering thought
fundersam thoughtful, *tveksam* doubtful
fungera 1 work **den ~r inte** *är ur funktion* it is out of order **2** *tjänstgöra* act **~ som** ⟨**broms**⟩ act as ⟨a brake⟩
funktion function **den fyller en ~** it serves a purpose **den är ur ~** it is out of order
funktionär *vid tävling* official, steward
fura pine [tree]
furste prince
furstendöme principality
furstinna princess
furu pine [wood]
fusion fusion, *av företag äv* merger
fusk *äv skol~* cheating, *~verk* botched work
fuska cheat **~ i kortspel** cheat at cards
fusklapp crib
fuskpäls imitation (fake) fur
futtig *obetydlig, småaktig* petty
futurum the future [tense]
fy *om ngt äckligt* ugh, *vard* yuck **~ fan** → fan **~ katten (sjutton, tusan)** heck **det är inte ~ skam** that's not [half] bad **~ skäms** shame on you
fylla¹ SB drunkenness **ta sig en ~** go on a bender **i ~n och villan** in a drunken fit
fylla² VB **1** fill ⟨**med** with⟩ ⟨**salen**⟩ **började ~s av folk** began to fill [up] with people **~**

[på] bensin fill up **~ vin i glasen** fill the glasses with wine **2 hon fyller år i morgon** it is her birthday tomorrow **hon fyller 50** she will be 50 **3** *uppfylla* fulfil **~ ett behov** meet a need **~ i** a) *blankett o d* fill in (*US* out), *vin etc* pour b) *tillfoga* add **~ på** fill up
fylleri drunkenness, boozing
fyllig full, *om kvinna* buxom
fyllna, ~ till get drunk
fyllning *äv i tand* filling, *i mat, kudde* stuffing, *i chokladbit* centre
fyllo drunk, *vin~* wino
fynd *ngt funnet, äv bildl* find, **billigt ~**, *kap* bargain
fyndig *kvick* quick-witted
fyndighet *av malm o d* deposit
fyr¹ *~torn* lighthouse
fyr² *eld* fire **få ~ i spisen** get a fire going
fyra¹ ⟨↔ *femma o sms med* fem⟩ RÄKN four **mellan ~ ögon** in private **på alla ~** on all fours
fyra² VB **~ av** *kanon etc* fire
fyrahundratalet, på ~ in the fifth century
fyrbent four-legged
fyrkant *kvadrat* square
fyrkantig square, *bildl äv* rigid
fyrklöver four-leaf clover
fyrskepp lightship
fyrtio ⟨↔ *sms med* fem, femtio⟩ forty
fyrtionde fortieth
fyrtiotalet the forties, the 40s **på ~** in the forties
fyrtorn lighthouse
fyrverkeri fireworks ⟨*pl*⟩ **ett ~** a display of fireworks
fysik 1 *vetenskap o skolämne* physics ⟨*pred i sg*⟩ **2** *kroppens ~* physique, constitution
fysiker physicist
fysisk physical
få¹ PRON few **några ~** a few **bara några ~** only a few
få²

HJÄLPVERB

1 *få (ha) tillåtelse att* may, *mindre frml* can, *i andra former än presens omskrivning med* be allowed (permitted) to **du ~r stanna kvar om du vill** you can (may) stay if you like **de fick stanna kvar** they were allowed to stay

2 *nekad tillåtelse* mustn't, can't, *frml* may not, *i andra former än presens omskrivning med* be allowed (permitted) to **du ~r inte tro att ...** you mustn't think that ... **man ~r**

inte ta ut en så stor summa pengar you can't withdraw such a large sum of money **de fick inte stanna kvar** they were not allowed to stay

3 *vara tvungen att* must, have (has) [got] to, *i andra former än presens omskrivning med* have to **Nu ~r du stiga upp!** You must get up now! **numera ~r han stiga upp kl 5** nowadays he has to get up at 5 **det ~r vänta** it will have to wait **jag har ~tt arbeta hårt** I've had to work hard

4 jag fick höra att ... I heard that ...

HUVUDVERB

5 get*, *erhålla äv* receive **jag fick brev från honom** I got (had, *frml* received) a letter from him **du kan ~ min om du vill** you can have mine if you like **jag har ~tt den här ringen** this ring was given to me, this ring is a gift **hon fick barn i juli** she had a baby in July **hon fick sig ett gott skratt** she had a good laugh

6 *få ngn att göra ngt* make*, get* **Vad var det som fick dig att tveka?** What made you hesitate? **jag kan inte ~ bilen att starta** I can't get the car to start

□ **få av: jag kan inte ~ den** I can't get it off

□ **få fram** get out **~ sanningen** get at the truth **~ pengar** raise money

□ **få för sig: det har du bara fått för dig** that's just your imagination

□ **få igen** a) *stänga* close b) *få tillbaka* get back **Det ska du ~!** I'll get you for that!

□ **få upp: ~ dörren** get the door open **~ knuten** untie the knot **~ korken** get the cork out

□ **få ut** a) get out b) *i lön* take home

fåfäng vain **det var ~t fruktlöst** it was in vain

fåfänga vanity

fågel bird, *om mat* poultry

fågelbo bird's nest ⟨*pl* birds' nests⟩

fågelbur bird cage

fågelholk nesting-box

fågelkvitter chirping, twittering

fågelskrämma scarecrow

fågelskådare bird-watcher

fågelunge young bird

fåll hem

fålla VB hem **~ upp** *t ex kjol* turn up

fånga¹ SB ta till **~** → till fånga, tillfångata

fånga² VB catch*, *i fälla* trap, *infånga o bildl* capture **~ ngns uppmärksamhet** catch sb's attention

fånge prisoner, captive

fången, hålla ~ hold ⟨sb⟩ prisoner

fångenskap captivity, *på anstalt* imprisonment

fångläger prison camp

fångst catch, haul, *vid jakt* bag

fångvaktare jailer

fånig silly, foolish

fåordig reticent, taciturn

får sheep ⟨*lika i pl*⟩

fåra SB furrow, groove

fåraherde shepherd

fårkött mutton

fårskinn sheepskin

fårstek roast mutton

fåtal small number ⟨of⟩ **ett ~ platser** a few seats

fåtölj armchair, easy chair

fäbod *hus* ≈ summer pasture hut (cabin)

fähund bastard, swine

fäkta fence **~ med armarna** gesticulate

fäktning fencing

fälg rim

fäll skin, fell

fälla¹ SB *äv bildl* trap **gillra en ~** set a trap ⟨for⟩

fälla² VB **1** *träd* fell **2** *störta* ⟨regering⟩ overthrow*, *rösta ned* vote out **~ en dom** pass (pronounce) sentence **bli fälld för** ⟨spioneri⟩ be convicted of **~ hår** lose hair **hunden fäller [hår]** the dog is shedding its hair **~ löven** shed the leaves **~ ett yttrande** let fall a remark **~ tårar** shed tears

□ **fälla igen** shut [down]

□ **fälla ihop** fold up, *kniv, paraply* shut

□ **fälla ned** a) *lock* shut, *krage* turn down b) *sänka* lower

□ **fälla upp** *lock* open, *paraply* put up, *krage* turn up

fälla³ *om färg* run*, *äv om färgat tyg* bleed*

fällkniv pocketknife, *större* jackknife

fällstol folding chair

fält field **på ~et** in the field

fältassistent *soc* field worker

fältbiolog ≈ amateur naturalist, *miljöaktivist* conservationist

fälttåg campaign

fängelse prison **komma i ~** go (be sent) to prison **sitta i ~** be in prison (jail) **sätta i ~** put in prison **dömas till två års ~** be sentenced to two years' imprisonment **få livstids ~** get a life sentence

fängsla 1 *sätta i fängelse* imprison **2** *fascinera*

fascinate, captivate
fänkål fennel
fänrik second lieutenant, *i flottan* windshipman, *US* ensign, *i flyget* ⟨*GB*⟩ pilot officer
färd 1 *resa* journey, *till sjöss* voyage, passage **2 vara i ~ med att packa** be [busy] packing
färdas travel, go˙ **~ till fots** travel on foot
färdig 1 *~gjord* finished, complete, done **Blir den ~ i tid?** Will it be finished in time? **få ngt ~t** finish sth **2** *slut[körd]* finished **3** *beredd, redo* ready ⟨**att göra ngt** to do sth⟩ **kaffet är ~t** coffee is ready
färdighet *skicklighet* proficiency ⟨*endast sg*⟩, skill
färdiglagad ready-cooked, ready-to--serve
färdigt ADV **läsa ~** finish reading
färdledare guide
färdtjänst ≈ subsidized transport (*US* transportation)
färdväg route, itinerary
färg 1 *äv bildl* colour **Vad är det för ~ på huset?** What colour is the house? **du har fått ~** *blivit brun* you've got a colour **sätta ~ på** add colour to **2** *målar~* paint, *för färgning av tyg o hår* dye **3** *kortspel* suit
färga colour, tint, *tyg, hår* dye, *tyg, trä* stain **~ av sig** run, *bildl* rub off ⟨on⟩ ⟨**den röda handduken**⟩ **har ~t av sig på** ⟨**duken**⟩ has stained (coloured)
färgad 1 ADJ coloured, dyed **2** SB coloured man (woman) **~e** coloured people
färgband [typewriter (*data* printer)] ribbon
färgbild colour picture (*foto* photo)
färgblind colour-blind
färgfilm 1 *för fotografering* colour film **2** *spelfilm* colour film, *US* color movie
färgfoto colour photo
färgglad brightly coloured
färggrann colourful, gaudy
färghandel *butik* painter's and decorator's, paint shop (*US* store)
färgklick *ngt som lyser upp* splash of colour
färgkrita *fet* crayon, *för svarta tavlan* coloured chalk
färglåda paintbox
färglägga colour, tint
färglös colourless
färgsinne sense of colour

färgskala range of colours
färgstark *äv bildl* colourful
färg-TV colour television (TV)
färja ferry
färjförbindelse ferry service
färre fewer **~ upplysningar** less information
färs *kött~* minced meat
färsk fresh **~t bröd** freshly baked bread **~a nyheter** up-to-date news **~ potatis** new potatoes
färskvara perishable
Färöarna the Fa[e]roe Islands
fästa 1 fasten, attach ⟨*båda:* **på, vid** to⟩, fix ⟨**på** on, to, **vid** to⟩ **~ blicken på** fix (fasten) one's eyes on **~ ngns uppmärksamhet på** call (draw) sb's attention to **~ vikt vid** attach importance to **vara fäst vid** be attached to **2** *ha förmåga att fastna* stick˙ ⟨**på** to⟩ **fästa sig, ~ vid ngn** become fond of sb **~ vid ngt** *lägga märke till* notice **det är inget att ~ vid** it's not worth bothering about
fäste 1 hold, *fot~ äv* foothold, footing **2** *fästning* fort, *äv bildl* stronghold
fästing tick
fästman fiancé
fästmö fiancée
fästning fortress, *mindre* fort, stronghold
föda¹ SB food, *näring* nourishment
föda² VB **1** *barn, ungar* bear˙ **När ska hon ~?** When is she expecting? **hon har fött** ⟨**fyra barn**⟩ she has borne **hon födde en flicka** she had a girl **~ upp** raise, rear **~ upp med flaska** bring up on the bottle **2** *ge föda åt* feed˙, *försörja* support **3** *ge upphov till* breed˙ **våld föder våld** violence breeds violence
född born **När är du ~?** When were you born? **han är ~ till skådespelare** he is a born actor **antalet ~a** the number of births
födelse birth **från ~n (födseln)** from birth **efter Kristi ~** Anno Domini ⟨*förk* AD⟩ **före Kristi ~** before Christ ⟨*förk* BC⟩
födelsedag birthday **Har den äran på ~en!** Happy birthday!
födelsedatum date of birth
födelsemärke birthmark
födelseort birthplace
födelseår year of birth
födoämne [article of] food **~n** *vanl* foodstuffs

födsel birth, *förlossning* delivery
föga¹ ADJ little **av ~ värde** of little value
föga² ADV little **~ bättre** hardly (little) better **~ hjälpsam** not very helpful
föga³, falla till ~ yield, give in ⟨*båda:* **för to**⟩
föl foal, *hingst~* colt, *sto~* filly
följa follow, *hålla sig à jour med* keep° up with, *göra sällskap med, ledsaga* accompany, *föreläsningar etc* attend **Följ mig!** Come with (Follow) me! ⟨**hans hustru följde honom** ⟨*på hans resor*⟩ accompanied him **~ ngn hem** see (escort) sb home, *till fots* walk sb home **~ ngn till tåget** *för att vinka av* see sb off **~ efter** a) follow, *hänga efter* follow about, *förfölja* pursue b) *efterträda* succeed **~ med** a) *ledsaga* accompany, *göra sällskap* [med] come (go) along b) *hänga med i skolan* keep up [with the others] ⟨**Jag ska ta en promenad.**⟩ **Följer du med?** Are you coming along? **Ska du ~ med på teatern?** Are you coming to the theatre with me? **~ med sin tid** keep up with the times **~ med i boken** follow the text **~ upp** follow up
följaktligen consequently, as a consequence
följande following, *på~ äv* next **~ dag** the following day **den ~ middagen** the dinner that followed
följas, ~ åt go together
följd 1 *konsekvens* consequence **få (ha) till ~** result in **till ~ av** as a result of **2** *räcka* succession, *serie* series ⟨*lika i pl*⟩ ⟨**tre nätter**⟩ **i ~** in succession **i snabb ~** in rapid (quick) succession
följe, slå ~ med join
följebrev covering letter
följeslagare companion
följetong serial story, serialized novel
följsam flexible, *foglig äv* pliable
föna blow-dry
fönster window ⟨**stå**⟩ **i fönstret** a) *vid fönstret* at the window b) *på fönsterbrädet* on the windowsill
fönsterbräde windowsill
fönsterkarm window frame
fönsterlucka shutter
fönsterplats window seat
fönsterputsare window-cleaner
fönsterruta windowpane
fönstertittare peeping Tom

för¹ SB bow[s], prow **från ~ till akter** from stem to stern **i ~en** in the bows
för² ⟨↔ *resp huvudord*⟩ PREP **1** for **böcker ~ barn** books for children **bra ~ hyn** good for your skin **för svårt ~ mig** too difficult for me **Tack ~ att du kom** Thank you for coming
2 to **läsa en saga ~ barnen** read a story to the children **Visa den ~ mig!** Show it to me ⟨**det var**⟩ **en överraskning ~ henne** a surprise to her **öppet ~ allmänheten** open to the public
3 *i genitivliknande användning* of **priset ~ bordet** the price of the table **platsen ~ brottet** the scene of the crime
4 *i tidsuttryck* **~ alltid** for ever ⟨*anställd*⟩ **~ en tid av tre år** for a period of three years **~ en timme sedan** an hour ago **~ länge sedan** long ago
för³ ADV **~ om** ahead of **~ om masten** before the mast **~ ut** *på båten* forward **~ över** *framför båten* ahead
för⁴ ⟨↔ **binda ~, dra ~, pricka ~** *etc*⟩ ADV *alltför* too **den är ~ liten** it is too small **ett ~ stort hus** too big a house
för⁵ KONJ **1** *därför att* because, *ty för* ⟨**jag kan inte köpa den,**⟩ **~ jag har inga pengar** because (*frml* for) I have no money
2 ~ att *så att* so that, *i avsikt att* to, in order to, *därför att* because ⟨**han talade högt**⟩ **~ att alla skulle höra** so that everyone would hear ⟨**jag sprang hela vägen**⟩ **~ att hinna i tid** [in order] to get there in time **~ att säga som det är** to tell the truth ⟨**marken var våt**⟩ **~ att det hade regnat** because it had been raining
föra 1 lead° **stigen förde till en liten stuga** the path led to a little cottage **~ laget till seger** lead the team to victory **2** *ta hit* bring°, *ta dit* take° **För hit fången!** Bring the prisoner here **~ ngn till sjukhus** take sb to hospital (*US* the hospital)
3 *transportera* carry, transport **4 bilen fördes** ⟨**av en kvinna**⟩ the car was driven
□ **föra bort** take away, *forsla bort* carry away, remove
□ **föra fram** ⟨↔ **framföra**⟩ *tanke, förstärkningar* bring up
□ **föra in** ⟨↔ **införa**⟩ *sätta (sticka) in* insert
□ **föra med sig** → **medföra**
□ **föra ut** *pengar* take out, *exportera* export
□ **föra vidare** *t ex skvaller* pass on **föra traditionen vidare** carry on the tradition

förakt – förbränna

☐ **föra över** *flytta över* transfer
förakt contempt ⟨**för** for, of⟩
förakta despise, scorn
föraktfull contemptuous, scornful
föraktlig contemptible, despicable
föraning premonition, *spec illavarslande* presentiment, *vard* hunch
förankra *fästa med ankare* anchor ⟨**förslaget**⟩ **är ~t hos** has the support of **vara ~d i** be rooted in
förankring *sjö* anchorage **ha en stark ~ bland** enjoy strong support among
föranleda cause, *förorsaka äv* bring˙ about
förarbete preparatory work, *vard* spadework
förare *av bil* driver
förarga annoy, vex **förarga sig** be annoyed (angry) ⟨**över ngt** at (about) sth, **på ngn** with sb⟩
förargelse annoyance **väcka ~** give offence
förargelseväckande, ~ beteende offensive behaviour
förarglig annoying, irritating **Så ~t!** What a nuisance!
förarhytt *i lastbil* [driver's] cab, *i flygplan* cockpit
'**förband**[1] *musik* warm-up band
för'band[2] **1** *medicin* dressing, bandage **första ~** first-aid bandage **lägga ~ på ett sår** dress a wound **2** *milit* unit, *flyg* formation
förbandslåda first-aid kit
förbanna curse, damn
förbannad 1 *i kraftuttryck* damn[ed], *GB äv* bloody, *spec US* goddamn[ed], *svagare* confounded **2** *arg* angry ⟨**på** with⟩, *starkare* furious ⟨**på** with⟩
förbannat ADV damn[ed], *GB äv* bloody
förbannelse curse
förbarma sig, ~ över take pity on
förbarmande pity, mercy
förbaskad → förbannad
förbehåll reservation, reserve **med ~ [av] att** with the reservation that **med ~ för** subject to
förbehålla reserve **förbehålla sig, ~ rätten att** reserve the right to
förbereda prepare ⟨**för, på** for⟩ **~ en bjudning** prepare for a party **förbereda sig** prepare ⟨**för, på** for⟩
förberedande preparatory, preliminary
förberedelse preparation

förbi[1] ADJ *slut, överstånden* over, gone, *om hopp etc* at an end, *uttröttad, färdig* done in **den tiden är ~** those days are gone **~ av trötthet** tired out
förbi[2] ADV past **komma ~** *a) ta sig ~* get past *b) titta in* drop in (by)
förbi[3] PREP past, *spec tätt* **~ by han gick ~ mig** he walked past me, *utan att hälsa etc* he walked by me
förbifart, i ~en in passing ⟨**han tog den i ~en** as he passed⟩
förbigå pass over **~ med tystnad** pass ⟨sth⟩ over in silence **det har ~tt mig** it has escaped me
förbigående, ⟨nämna ngt⟩ i ~ in passing
förbigången, hon kände sig ~ she felt she had been passed over
förbinda 1 *förena* connect, join **2** *förknippa* associate ⟨**med** with⟩ **3** *sår* dress, bandage **förbinda sig** undertake˙, commit oneself
förbindelse 1 connection, *trafik~ äv* service, *tele~ äv* communication, *~länk* link **ha ~ med** be connected with **stå i ~ med** be in touch (contact) with **sätta sig i ~ med** get in touch with **2** *bekantskap, relation* connection, relation **diplomatiska ~r** diplomatic relations **3** *kärleks~* [love] affair **4** *förpliktelse* obligation
förbipasserande SB passer-by ⟨*pl* passers-by⟩
förbise overlook, *nonchalera* disregard
förbiseende oversight, lapse
förbittrad embittered, bitter
förbjuda forbid˙, *spec om myndighet* prohibit, *förklara otillåten* ban
förbjuden forbidden, prohibited **förbjudet område** prohibited area **Rökning ~** No smoking
förbli remain
förblinda *äv bildl* blind
förbluffande ADJ amazing, astounding
förblöda bleed˙ to death
förbruka use, *konsumera* consume, *pengar, energi* spend˙, *göra slut på* use up
förbrukning consumption
förbrukningsdag, sista ~ use-by date, *US* expiration date
förbrylla puzzle, bewilder
förbrytare criminal
förbryta sig do˙ wrong, offend **~ mot** offend (commit an offence) against
förbränna burn˙

förbränning burning, *tekn* combustion
förbud ban ⟨mot on⟩, prohibition ⟨mot against⟩
förbund union, league, *federation* association, federation
för'bunden¹ 1 *förenad* connected ⟨with⟩, joined ⟨to⟩ **2** *allierad* allied **3** *förknippad* associated ⟨with⟩
'förbunden², med förbundna ögon blindfolded
förbundskapten manager of the national side (team)
förbundsrepublik federal republic
förbättra improve **~s** improve **förbättra sig** improve
förbättring improvement ⟨av of, i in⟩
fördel *äv tennis* advantage ⟨med of, framför over⟩ **dra ~ av** profit by, *utnyttja* take advantage of
fördela distribute ⟨bland among⟩
fördelaktig *förmånlig* advantageous ⟨för to⟩, *gynnsam* favourable **~a villkor** favourable terms **ett ~t yttre** an attractive appearance
fördelning distribution
fördetting has-been ⟨*pl* has-beens⟩
fördjupa deepen **fördjupa sig** *tränga djupare in* delve [more] deeply ⟨into⟩
fördjupad *mer djupgående* deeper, *försjunken* absorbed
fördjupning *i yta* depression, *nisch i vägg* recess
fördom prejudice ⟨against⟩ **ha ~ar äv** be prejudiced
fördomsfri unprejudiced
fördomsfull prejudiced
fördrag *polit* treaty, pact
fördragen *om gardin* drawn
fördriva 1 *jaga bort* drive· away ⟨from⟩ **2 ~ tiden** pass (kill) [the] time
fördröja delay **bli fördröjd** be delayed
fördröjning delay
fördubbla double, *sina ansträngningar* redouble
fördäck foredeck
fördämning dam
fördärv 1 *olycka* ruin, *undergång* destruction **störta i ~et** ruin **2** *moraliskt* corruption, depravity
fördärva 1 *förstöra* ruin, spoil· **2** *moraliskt* corrupt, deprave
fördärvad, skratta sig ~ split one's sides laughing

fördöma condemn
fördömande 1 SB denunciation **2** ADJ condemning
fördömd damned
före¹ SB skiing conditions ⟨*pl*⟩ **det är fint (dåligt) ~** ≈ it's good skiing (heavy going) today
före² PREP before, *längre kommen än* ahead of, *framför* in front of **~ detta (f.d.)** → f.d. **han är ~ sin tid** he's ahead of his time
före³ ADV *längre kommen* ahead **dagen ~** the day before **gå ~** *framför* walk in front **klockan går ~** the clock (my ⟨*etc*⟩ watch) is fast
förebild model, pattern, *föredöme* example
förebrå reproach ⟨sb for sth⟩
förebråelse reproach
förebrående ADJ reproachful
förebud portent, omen ⟨*båda:* om of, om att that⟩
förebygga prevent, *spec missförstånd* avoid
förebyggande ADJ preventive
föredetta → f.d.
föredetting → fördetting
föredra prefer ⟨framför to⟩ **~ att sjunga framför att dansa** prefer singing to dancing **i så fall ~r jag att stanna** *äv* in that case I'd rather stay
föredrag lecture **hålla [ett] ~** give a lecture
föredragshållare lecturer
föredöme example ⟨för to⟩
föredömlig exemplary
förefalla appear, seem, *se ut* look **det förefaller som om** it appears (seems) that, it looks as if
föregripa anticipate
föregå 1 precede **2 ~ med gott exempel** set ⟨sb⟩ a good example
föregående previous, preceding
föregångare predecessor, *pionjär* pioneer
föregångsland leading country
förekomma 1 *finnas* be found, occur, exist **2** *hända* occur, happen **det har förekommit** ⟨många olyckor⟩ there have been **3** *hinna före* anticipate
förekommande 1 ofta **~** frequent allmänt **~** prevalent **2** *tillmötesgående* obliging
förekomst occurrence, existence **~en av cancer** the incidence of cancer
föreläsa lecture ⟨för to, om on⟩
föreläsare lecturer
föreläsning lecture **hålla en ~** give a

lecture
föremål object
förena unite ⟨**med** with, to, **till** into⟩, *kombinera* combine, *förbinda* connect, join **~ nytta med nöje** combine business with pleasure **Förenta Nationerna** the United Nations ⟨*förk* the UN⟩ **Förenta Staterna** the United States ⟨*förk* the US[A]⟩
förena sig unite, combine, *alliera sig* join forces, *om vägar o vattendrag* meet* **~ med** join
förening *klubb* club, *sällskap* society, *förbund* association, union **i ~ med** together with
förenkla simplify
förenkling simplification
förenlig, vara ~ med be consistent (compatible) with
förenta → förena
föresats intention
föreskrift *bestämmelse* regulation, *anvisning* instruction, direction, *äv läkares* prescription
föreskriva stipulate, prescribe
föreslå suggest, propose ⟨*båda:* sth to sb⟩
förespråka recommend, advocate
förespråkare advocate, supporter ⟨*båda:* **för** of⟩
förespå predict, foretell*
förestå 1 *leda, ha hand om* be in charge of, manage **2** *stunda* be near
förestående *kommande* forthcoming, *spec om ngt hotande* imminent
föreståndare head, director, *äv butiks~* manager ⟨*alla:* **för** of⟩
föreställa 1 *avbilda* represent **2** *spela* ⟨**rollen som**⟩ play [the part of] **3** *gälla för* be supposed to be, *betyda* mean* **Vad ska det här ~?** *irriterat* What's all this? **föreställa sig** *tänka sig* imagine, figure [out]
föreställning 1 *teater~ o d* performance, show **2** *begrepp, uppfattning* conception, idea **göra sig en ~ om** form an idea of
föresätta sig, jag har föresatt mig att ⟨**lyckas**⟩ I am determined to ⟨succeed⟩
företa make*, undertake* **företa sig** *göra, ta sig till* do*
företag 1 *affärs~* business, company, *större* concern, *mindre* firm **2 det är ett helt ~** ⟨**att ...**⟩ it is quite an undertaking
företagare businessman ⟨*pl* business people⟩, *ägare* owner of a company, *motsats till 'arbetare'* employer **hon är egen ~** she is self-employed
företagsam enterprising, *vard* go-ahead
företagsamhet enterprise
företagsekonomi business economics ⟨*pred i sg*⟩
företagsledning management
företeelse phenomenon ⟨*pl* phenomena⟩
företräda *representera* represent
företrädare 1 *representant* representative, *talesman* advocate **2** *föregångare* predecessor
företräde *förtur* precedence, priority ⟨**trafik från höger**⟩ **har ~** has priority **lämna ~ åt** give precedence to, *i trafik* give way to
föreviga immortalize, *fotografera* photograph
förevisning demonstration, *film~* performance
förevändning pretext, excuse ⟨*båda:* **för** for⟩ **med ~en att** on the pretext that
förfader ancestor, forefather ⟨*vanl i pl*⟩
förfall 1 *sönderfall* decay, *pga dåligt underhåll* disrepair, *nedgång* decline **2** → förhinder
förfalla 1 *om byggnad* become* dilapidated, *råka i förfall* fall* into decay, *om person* run* to seed **2** *bli ogiltig* expire, *till betalning* fall* due
förfalska *spec konst* fake, *dokument, namnteckning* forge, *spec pengar* counterfeit
förfalskning ⟨↔ förfalska⟩ **1** *brottet* faking, forgery, counterfeiting **2** *föremålet* fake, forgery, counterfeit
förfaras go* to waste, *om mat* spoil*, go* bad
förfasa sig express indignation ⟨**at**, **over**⟩
författa write*
författare writer, *spec till visst verk* author **hon är ~ till** she is the author of
författarinna 1 → författare **2** *kvinnlig författare* woman writer ⟨*pl* women writers⟩
författarskap *författares produktion* work[s], writings ⟨*pl*⟩
författning 1 *stats* constitution **2** *förordning* statute
förfining refinement
förfluten past, bygone **i det förflutna** in the past
förflyta pass [by]
förflytta move, transfer **förflytta sig**

move
förflyttning movement, transfer
förfoga, ~ **över** dispose of
förfogande, ha till sitt ~ have at one's disposal
förfriskning refreshment ⟨*vanl i pl*⟩
förfrysa, ~ **fötterna** get one's feet frostbitten
förfrågan ⟨*med pluralen* **förfrågningar**⟩ inquiry ⟨**om** about⟩
förfärad terrified, horrified
förfärlig dreadful, terrible
förfölja 1 *jaga* pursue, chase **2** *pga åsikt o d* persecute
förföljare ⟨↔ förfölja⟩ **1** pursuer **2** persecutor
förföljelse ⟨↔ förfölja⟩ **1** pursuit, chase **2** persecution
förföljelsemani paranoia
förföra seduce
förförare seducer
förförisk seductive
förgasare carburettor
förgifta *äv bildl* poison
förgiftning poisoning
förgripa sig, ~ **på (mot)** violate, *sexuellt* assault ⟨sb⟩ [sexually]
förgrund foreground, *bildl äv* fore[front] **komma i** ~**en** come to the fore
förgrundsfigur prominent figure
förgylla *äv bildl* gild˙
förgången past, bygone **i det förgångna** in the past
förgås perish, die, *gå under* go˙ under ~ **av** ⟨hunger⟩ die of **vara nära att** ~ **av** ⟨nyfikenhet⟩ be dying with
förgänglig perishable, *dödlig* mortal
förgätmigej forget-me-not
förgäves in vain
förhand, på ~ in advance, beforehand
förhandla negotiate ⟨**om** about, for⟩
förhandlare negotiator
förhandling negotiation
förhandlingsbar negotiable
förhandsvisning preview, *av film äv* pre-release
förhastad premature, rash **dra** ~**e slutsatser** jump to conclusions **Gör inget förhastat!** Don't do anything rash
förhinder, få ~ be prevented from going (coming)
förhindra prevent ~ **att ngt händer** prevent sth from happening

förhistorisk prehistoric
förhoppning hope, expectation **ha (hysa)** ~**ar om att** have hopes of ⟨getting rich⟩
förhoppningsfull *som har hopp* hopeful
förhoppningsvis hopefully
förhud foreskin
förhålla sig 1 *bete sig* behave ~ **lugn** keep quiet ~ **passiv** remain passive **2** *ligga till* **Hur förhåller det sig med** ⟨fortsättningen⟩? What about ... ?
förhållande 1 *omständighet* circumstance, *[levnads]villkor* condition ⟨*vanl i pl*⟩, *sakernas tillstånd* state of things **under alla** ~**n** in any case **under nuvarande** ~**n** under the present circumstances **2** *förbindelse, relation* relation ⟨*vanl i pl*⟩, relationship, *kärleksförbindelse* affair **3** *proportion* proportion **i** ~ **till** in relation to, *jämfört med* compared with
förhållandevis comparatively, relatively
förhårdnad *hud*~ callus
förhärdad hardened
förhärliga glorify
förhäxa bewitch
förhöja heighten, *spec effekt, värde* enhance
förhöjd heightened, *om pris* increased, *om temperatur* raised
förhör examination, *polis*~ *o d* interrogation, *skol*~ questions on homework
förhöra ⟨↔ förhör⟩ question, interrogate ~ **läxan** test homework **förhöra sig,** ~ **om** inquire about
förinta destroy, *tillintetgöra* annihilate
förintelse destruction, annihilation ~**n av judarna** the Holocaust
förirra sig get˙ lost, *bildl* go˙ astray
förivra sig get˙ carried away
förkasta reject, turn down
förkastlig reprehensible
förklara 1 *förtydliga* explain ⟨**för** to⟩ **2** *tillkännage* declare ~ **krig** declare war ⟨on⟩ ~**s skyldig** be found guilty
förklarande explanatory, *klarläggande* clarifying
förklaring 1 *förtydligande* explanation **2** *uttalande* declaration
förklarlig understandable **av lätt** ~**a skäl** for obvious reasons
förklädd, ~ **till polis** disguised as a policeman
förkläde 1 apron **2** *bildl* chaperon
förklädnad disguise

förknippa associate ⟨med with⟩
förkorta shorten, *ord* abbreviate, *bok* abridge
förkortning shortening, *språk* abbreviation
förkrossad crushed, *överväldigad* overwhelmed ⟨av with⟩
förkrossande crushing, overwhelming
förkunna proclaim, *meddela* announce ~ **evangeliet** preach the gospel
förkunskaper previous knowledge (training) ⟨*endast sg*⟩ **ha goda ~ i** have a good foundation in
förkyla sig catch* [a] cold
förkyld, jag är ~ I've got a cold
förkylning cold
förkämpe champion, advocate ⟨båda: för of⟩
förkärlek predilection, preference ⟨båda: för for⟩
förköp *av biljetter* advance booking[s]
förkörsrätt right of way
förlag publishing firm, publisher
förlagsredaktör [book] editor
förlama *äv bildl* paralyse
förlamning paralysis
förleda entice, *förföra* seduce ⟨båda: till att göra ngt into doing sth⟩
förlegad antiquated, *om skämt* stale
förlisa be lost, suffer shipwreck
förlita sig, ~ på trust [in], rely on
förljugen false, dishonest
förlopp *händelse~* course of events
förlora lose* **~ fotfästet** miss one's footing **~ i styrka** lose force **~ med 5–0** lose by 5 goals to nil
förlorad lost **~e ägg** poached eggs **gå ~** be lost
förlorare loser
förlossning delivery, childbirth
förlova sig become* (get*) engaged ⟨med to⟩
förlovad engaged ⟨med to⟩
förlovning engagement
förlust loss ⟨av of, för to⟩, *sport* defeat **gå med ~** make (run at) a loss **sälja med ~** sell at a loss
förlåt ⟨↔ förlåta⟩ INTERJ *när ngt inträffat* [I'm] sorry, *US äv* Pardon, *inför ngt* Excuse me, *hur sa?* Sorry?
förlåta ⟨↔ förlåt⟩ forgive*, *ursäkta* excuse, pardon **förlåt att jag är sen** [I'm] sorry I'm late

förlåtelse forgiveness **han bad om ~** he asked my ⟨*etc*⟩ forgiveness, he apologized
förlåtlig forgivable, excusable
förlägen embarrassed
förlägga 1 *placera* locate **2** *slarva bort* mislay*, lose* **3** *bok* publish
förläggare publisher
förläggning *inkvartering* quarters ⟨*pl*⟩, *läger* camp
förlänga *utsträcka* extend, *öka längden av* lengthen, *avtal, tillstånd* renew
förlängning ⟨↔ förlänga⟩ extension, lengthening, renewal
förlängningssladd extension flex (*US* cord)
förlöjliga ridicule
förlöpa *förflyta* pass, go* by, *fortgå* proceed
förlösa deliver, *bildl* liberate
förman *arbetsledare* foreman
förmaning admonition
förmedla 1 *kontakt etc* arrange **2** *överbringa* pass on, *intryck etc* convey
förmedlare intermediary, go-between
förmedling *mäklande* mediation, *byrå* agency
förmiddag ⟨↔ kväll⟩ morning
förmildrande, ~ omständigheter extenuating circumstances
förminska reduce, *i skala* scale down
förminskning reduction
förmoda presume, *anta* suppose
förmodan, mot [all] ~ contrary to expectation[s] **om det mot ~ skulle regna** in the unlikely event of rain
förmodligen probably, presumably
förmyndare guardian
förmyndarskap guardianship, tutelage
förmå 1 *kunna, orka* be able to **~r** *äv* can **~dde** *äv* could **2** *få* get* ⟨sb to do sth⟩, *övertala* persuade ⟨sb to do sth⟩ **förmå sig** bring* oneself ⟨to do sth⟩
förmåga 1 *kraft* power, *kapacitet* capacity, *duglighet* ability, *fallenhet* faculty **det överstiger min ~** it is beyond my powers **efter bästa ~** to the best of my ⟨*etc*⟩ ability **2** *talangfull person* talent
förmån *nytta, bidrag* benefit, *privilegium* privilege, *fördel* advantage ⟨**en insamling**⟩ **till ~ för** in the aid of
förmånlig favourable, advantageous **~t pris** bargain price **~a villkor** favourable terms

förmögen 1 *rik* wealthy, affluent 2 *i stånd* capable ⟨till of⟩
förmögenhet *i pengar* fortune, *kapital* capital
förnamn Christian name, first name
förnedra degrade, *förödmjuka* humiliate **förnedra sig** demean (degrade) oneself
förnedring degradation, humiliation
förneka deny **han ~r att han gjort det** he denies having done it
förnuft reason **sunt ~** common sense
förnuftig sensible, *logisk* rational
förnya renew, *upprepa* repeat
förnyelse renewal
förnäm distinguished **vara ~ av sig** give oneself airs
förnämlig first-rate, excellent
förnämst most distinguished, *viktigast* foremost, principal, *bäst* finest, best
förnärma offend **bli ~d** take offence
förnödenheter *livs~* necessities
förnöja, ombyte förnöjer variety is the spice of life
förnöjsam easily pleased, undemanding
förolyckas *om person* die in an accident
förolämpa insult, affront
förolämpning insult, affront ⟨*båda:* mot to⟩
förord *företal* preface, foreword
förorda recommend
förordning ordinance, decree
förorena pollute, contaminate, *om hundar etc* foul
förorening pollution, contamination ⟨*båda: endast sg*⟩, *ämne som förorenar* pollutant
förorsaka cause
förort suburb ⟨till of⟩
förorätta wrong, injure
förpacka pack
förpackning *paket* pack, package, *omslag, inslagning* packing, packaging
förpesta *äv bildl* poison
förpliktelse obligation ⟨mot toward[s]⟩, commitment
förr 1 formerly, *tidigare* earlier, *förut* before **~ i världen** in the old days **det låg en skola här ~** there used to be a school here 2 *om framtid* sooner **ju ~ dess bättre** the sooner the better
förra ⟨*med böjningsformen* **förre**⟩
1 *förutvarande* the former **den förre (förra) den förstnämnde (förstnämnda)** the former

2 *föregående* preceding, *närmast föregående* last **min ~ bil** my last car **~ gången** last time
för resten *för övrigt* besides, *apropå det* by the way
förrgår, i ~ the day before yesterday **i ~ kväll** the evening before last
förråd 1 *lager, äv bildl* store, stock ⟨*ofta i pl*⟩, *tillgång* supply ⟨*ofta i pl*⟩ 2 *lokal* storeroom, storehouse
förråda betray, *oavsiktligt äv* give" away
förrädare traitor
förräderi treachery ⟨mot to⟩, *lands~* treason ⟨*endast sg, ej obest art*⟩ **ett ~** an act of treachery (treason)
förrädisk *äv om is o d* treacherous
förrän before **inte ... ~** not until **det dröjde inte länge ~** it was not long before **jag såg honom inte ~** ⟨*det var för sent*⟩ I did not see him until
förrätt first course, *vard* starter
försagd timid
försaka renounce, go" without, *uppoffra* sacrifice
församling 1 *av människor* assembly, *i kyrka* congregation 2 *kyrkligt distrikt* parish
förse provide, supply ⟨*båda:* with⟩ **~dd med** equipped with **förse sig** 1 *skaffa sig* provide oneself ⟨with⟩ 2 *ta för sig* help oneself ⟨to sth⟩
förseelse offence
försegla *äv bildl* seal
försena delay
försenad delayed, late **vara en halvtimme ~** be thirty minutes late
försening delay
försiggå *äga rum* take" place, *pågå* go" on
försigkommen advanced
försiktig cautious, *aktsam* careful ⟨med with, med att göra ngt about doing sth⟩ **Var ~!** a) *aktsam* Be careful! b) *akta dig* Take care!
försiktighet ⟨↔ försiktig⟩ caution, care
försjunken, ~ i tankar lost in thought
förskingra *jur* embezzle
förskingring 1 *jur* embezzlement 2 **svenskar i ~en** Swedes abroad
förskjuta *rubba* displace, shift
förskjutning 1 *rubbning* displacement, *tids~* delay 2 *förändring* change
förskola nursery school
förskollärare preschool teacher

förskott advance
förskräckelse fright, alarm
förskräcklig frightful, terrible
förskräckt frightened, scared
förskärare carving knife
försköna *äv bildl* embellish
förslag *idé, råd* suggestion ⟨om for⟩, *plan* proposal ⟨om, till for⟩
förslappas *om seder* grow˙ lax **han har förslappats** *slöat till* he's lost his go, he's getting slack
förslappning *moralisk* laxity
förslummas turn into a slum
försmak foretaste ⟨av of⟩
försmädlig 1 *hånfull* sneering **2** *förarglig* annoying
försommar early summer **det var ~** it was early in the summer
försona reconcile **~nde drag** redeeming feature **försona sig** reconcile oneself ⟨to⟩
försonas become˙ reconciled
försoning reconciliation
försonlig conciliatory
försova sig oversleep˙
förspel *musik o bildl* prelude, *sexuellt* foreplay
försprång lead, start **hämta in ~et** catch up
förspänd, han har det väl förspänt he has a lot going for him, he is comfortably off
först 1 *före allt annat (alla andra)* first **allra ~** ⟨vill jag påpeka⟩ first of all **~ och främst** *framför allt* above all **ligga ~** lead **2** *till en början* at first **3** *inte förrän* not until (till) **jag reser ~ kl. 8** I won't leave until 8 **~ då förstod jag** not until then (only then) did I realize
första ⟨*med böjningsformen* **förste**⟩ [the] first [den] **~ april** ⟨↔ april⟩ the first of April, US April first **~ bänk** the front row ⟨**ta**⟩ **~ bästa arbete** the first job that comes along **vid ~ bästa tillfälle** at the first opportunity **från ~ början** from the very beginning [de] **~ dagarna** the first few days **~ sidan** *av tidning* the front page **~ våningen** a) *bottenvåningen* the ground (US first) floor b) *1 tr upp* the first (US second) floor **för det ~** to begin with, *i uppräkning* first[ly]
förstad suburb ⟨till of⟩
förstadium preliminary stage
förstagångsväljare first-time voter
förstatliga nationalize
förstenas petrify
förstklassig first-class, first-rate
förstoppning constipation **ha ~** be constipated
förstora *t ex foto* enlarge, *optiskt* magnify, *bildl* exaggerate
förstoring *foto* enlargement
förstoringsglas magnifying glass
förströ divert, *roa* entertain
förströdd absentminded
förstulen furtive, covert
förstå understand˙ ⟨av from⟩, *inse* see˙, realize, *fatta* grasp **jag ~r vad du menar** I see what you mean **han ~r inte skämt** he can't take a joke **hon lät ~ att** she gave me ⟨*etc*⟩ to understand that **~ sig på** know about, understand **jag ~r mig inte på honom** I can't make him out
förståelig understandable
förståelse *attityd* understanding ⟨**för** of⟩, sympathy ⟨**för** with⟩, *uppfattningsförmåga* comprehension
förstående understanding, sympathetic
förstånd *intelligens* intelligence, *intellekt* mind, intellect, *förnuft* reason, *vett* sense, *fattningsförmåga* comprehension **använda ~et** use one's head **förlora ~et** go out of one's mind **tala ~ med ngn** bring sb to his ⟨*etc*⟩ senses **det övergår mitt ~** it is beyond me **efter bästa ~** to the best of one's judgement
förståndig *förnuftig* sensible, *klok* wise
förståndshandikappad mentally handicapped (retarded)
förstås ADV of course
förställa sig play-act
förstärka strengthen, *äv psyk* reinforce, *radio* amplify, *intensifiera* intensify
förstärkare *radio* amplifier, booster
förstärkning ⟨↔ förstärka⟩ strengthening, reinforcement, amplification, intensification
förstöra *fördärva* spoil˙, *starkare* ruin, **~ helt** destroy, *slå sönder* break˙ **bli förstörd** *om mat* spoil, go bad **~ nöjet för ngn** spoil sb's fun **du förstör ögonen** ⟨om du ...⟩ you'll ruin your eyes **se förstörd ut** look distraught (*härjad* haggard) ⟨**bilen**⟩ **blev helt förstörd** was wrecked **~ för sig** spoil (ruin) one's chances
förstörelse destruction
försumbar negligible

försumlig negligent
försumma *vanvårda* neglect, *försitta* miss ~ **att** fail to
försummelse neglect ⟨*endast sg, ej obest art*⟩
försupen, han är ~ he is a boozer
försurning acidification, *surt regn* acid rain
försvaga weaken, *hälsa, syn* impair
försvagas grow˚ weak[er], be impaired
försvar defence ⟨**för** of, **mot** against⟩ **~et** *krigsmakten* the armed forces ⟨*pl*⟩ **det svenska ~et** Sweden's national defence **det finns inget ~ för detta** this is indefensible **ta i ~** defend, stand up for **till mitt ~** in my defence
försvara defend, *ta i försvar* stand˚ up for **försvara sig** defend oneself ⟨against⟩
försvarare defender, *jur vanl* defence counsel
försvarlig 1 *ansenlig* substantial, considerable **2** *som kan försvaras* defensible, justifiable
försvarsadvokat → försvarare
försvarslös defenceless
försvarsminister minister of defence
försvarsstab general staff
försvinna disappear, *spec hastigt* vanish, *äv om smärta o d* go˚ away **Försvinn!** Go away!, *vard* Get lost! **~ ur sikte** disappear from view
försvinnande SB disappearance
försvunnen lost, *borta* gone, *saknad* missing
försvåra make˚ ⟨sth⟩ [more] difficult, *hindra* hamper
försynt *blygsam* modest, *taktfull* considerate
försäga sig give˚ oneself away
försäkra 1 *lova* assure ⟨**ngn om ngt** sb of sth⟩ **han ~de att** he assured me ⟨*etc*⟩ that **2** *ta (ge) en försäkring på* insure ⟨**mot** against⟩ **försäkra sig 1** *ta en försäkring* insure oneself **2** ~ **om** make sure of
försäkran ⟨*pl* försäkringar⟩ assurance ⟨om, att that⟩
försäkring insurance
försäkringsbolag insurance company
försäkringskassa social insurance office
försäljare salesman, *kvinnlig* saleswoman
försäljning *enstaka* sale, *samlad* ~ *under året e d* sales ⟨*pl*⟩, *arbetet* selling
försämra *förvärra* worsen, *frml* ⟨*kvalité, hälsa etc*⟩ impair **~de villkor** less favourable terms, *levnadsvillkor* poorer conditions
försämras worsen, deteriorate
försämring deterioration, change for the worse
försändelse *post~* item of mail, *varu~* consignment
försätta ⟨↔ fot, trans *etc*⟩ **~ ngn i en situation** put sb in a situation **försätta sig, du har själv försatt dig i** ⟨**det här läget**⟩ you got yourself into
försök attempt ⟨at [doing] sth, to do sth⟩, *ansträngning* effort, *prov o sport* trial **göra ett ~** make an attempt, *prova på* have a try (go) **på ~** as an experiment
försöka try, attempt **Försök inte med mig!** Don't try that on me! **~ sig på** try one's hand at
försöksdjur laboratory animal
försökskanin *bildl* guinea pig
försöksperson subject
försöksverksamhet experimental (pilot) project
försörja provide for, support, *förse* supply ⟨**med** with⟩ **försörja sig** support oneself, earn one's living ⟨**på** by⟩
försörjning provision, support, *med varor o d* supply
förtal slander
förtala slander
förta sig strain oneself, overdo˚ it
förteckning list, register
förtid, i ~ prematurely
förtidig premature, untimely
förtidspensionerad, han är ~ *pga sjukdom* he is on disability pension
förtjusande charming, delightful
förtjusning delight ⟨**över** at⟩ **till min stora ~** much to my delight
förtjust delighted ⟨**inför** at, **i** with⟩ **vara ~ i** be fond of
förtjäna 1 *tjäna* earn **2** *vara värd* deserve, merit **det ~r att nämnas** it is worth mentioning
förtjänst 1 *intäkt[er]* earnings ⟨*pl*⟩, *vinst* profit **gå med ~** *om rörelse* run at a profit **2** *värde* merit ⟨**det ska sägas**⟩ **till hans ~** to his credit **det är inte hans ~ att** it is no thanks to him that
förtret annoyance, vexation
förtroende confidence, trust ⟨*båda:* **för** in⟩

förtroendeingivande, vara ~ inspire confidence
förtrogen ADJ *bekant* familiar ⟨with⟩
förtrogenhet familiarity ⟨**med** with⟩
förtrolig *konfidentiell* confidential, *intim* intimate
förtrolla 1 *förhäxa* enchant **2** *charmera* charm
förtrollning bewitchment, spell
förtryck oppression, repression
förtrycka oppress
förträfflig excellent
förtränga *psyk* repress
förtröstan trust, confidence ⟨**på** in⟩
förtulla, Har ni något att ~? Have you (US Have you got) anything to declare?
förtur priority ⟨**framför** over⟩ **få ~** be given priority
förtvina *medicin* atrophy
förtvivlad *olycklig* very unhappy, disconsolate, *desperat* desperate **vara ~** *äv* be in despair ⟨**över** at⟩
förtvivlan despair ⟨**över** at⟩, *desperation* desperation
förtvätt prewash
förtydligande SB clarification, elucidation
förtöja moor
förunderlig strange
förundersökning preliminary (pilot) study, *i brottmål* preliminary investigation
förut before **det visste jag ~** I knew that already
förutbestämd predestined
förutfattad, ~ mening preconceived idea, *fördom* prejudice
förutom besides, apart from **~ att vara** besides being
förutsatt, ~ att provided (given) [that]
förutse foresee*, anticipate, *vänta [sig]* expect
förutsebar predictable
förutseende ADJ foresighted, provident
förutsäga predict, forecast*
förutsägelse prediction, forecast
förutsätta 1 jag förutsätter att I assume (take it for granted) that **2 det förutsätter att** it presupposes (requires) that
förutsättning 1 *antagande* assumption **2** *villkor* condition ⟨**för** of⟩, *kvalifikation* qualification ⟨**för** for⟩ **under ~ att** *på villkor att* on condition that

förutsättningslös unprejudiced
förvalta manage, administer
förvaltning administration, management
förvandla change, transform ⟨*båda:* **till into**⟩
förvandlas, ~ till change (turn) into
förvandling change, transformation
förvanska distort, *yttrande, mening* misrepresent
förvar, lämna ngt i ~ leave sth for safekeeping
förvara keep*
förvaring keeping, storage **lämna in till ~** deposit
förvaringsbox locker
förvaringsutrymme storage space
förvarna forewarn
förvarning advance warning **utan ~** without notice
förveckling complication
förverkliga realize, *om dröm* make* ⟨sth⟩ come true **~s** *om dröm* come true
förverkliga sig fulfil onself
förvilla *göra förvirrad* confuse, bewilder
förvirra confuse, bewilder
förvirring confusion, bewilderment
förvisa *visa ut* banish, *deportera* deport
förvisning ⟨↔ förvisa⟩ banishment, deportation
förvissa sig, ~ om ⟨ngt⟩ make sure of
förvissning assurance, conviction
förvisso certainly, to be sure
förvränga distort
förvrängning distortion
förvuxen overgrown
förvåna astonish, surprise, *starkare* amaze **jag blev ~d** I was astonished (surprised, amazed) ⟨**över** at, **över att** ⟨**höra** to ⟨hear⟩⟩ **förvåna sig** be astonished (surprised, amazed) ⟨**över** at⟩ **det är inget att ~ över** it is not to be wondered at
förvåning astonishment, surprise, *starkare* amazement
förväg, i ~ in advance **gå händelserna i ~** anticipate events
förvänta sig expect ⟨**av** of, from⟩
förväntan, över ~ beyond [all] expectation
förväntansfull expectant
förväntningar expectations ⟨**på, om** of⟩ **ha stora ~ar på** expect great things from

förvärra make* ⟨sth⟩ worse, aggravate
förvärras get* (become*) worse
förvärv aquisition, *köp* purchase
förvärva acquire **surt ~d** hard-earned
förvärvsarbetande ADJ gainfully employed
förväxla mistake* ⟨sb (sth) for sb (sth)⟩, *blanda ihop* mix up
förväxling mistake, confusion, mix-up
föråldrad *obruklig* obsolete, *neds* antiquated
förälder parent
föräldraförening parents' association
föräldraledighet parental leave
föräldralös orphan[ed] **~t barn** orphan
föräldramöte parents' (parent-teacher) meeting
föräldrapenning ≈ child-care benefits ⟨*pl*⟩, *till mamman* maternity allowance
förälska sig fall* in love ⟨**i** with⟩
förälskad in love ⟨**i** with⟩
förälskelse love, infatuation
förändra change ⟨**till** into⟩, *om mindre ingrepp* alter
förändras change, alter **~ till det bättre** change for the better
förändring change, *mindre* alteration
föräta sig, ~ på plommon eat too many plums
förödande devastating
förödelse devastation
förödmjuka humiliate
förödmjukelse humiliation
föröka sig *äv om kapital* multiply, *få avkomma äv* breed*, propagate
föröva commit
fösa drive*, *knuffa* shove, *schasa* shoo

G

gadd sting
gadda, ~ ihop sig gang up ⟨**mot** on, against⟩
gaffel fork
gage fee
gaggig gaga
gagna benefit, be of advantage to
gala¹ SB gala
gala² VB *om tupp* crow, *om gök* call
galant ADV **allt gick ~** everything went swimmingly
galax galaxy
galen 1 *tokig* mad, crazy, *sinnessjuk* insane **~ i** crazy about **bli ~** go mad **2** *felaktig* wrong
galenskap madness **hitta på ~er** be up to tricks
galet ADV **gå ~** go wrong
galge 1 *för avrättning* gallows ⟨*lika i pl*⟩ **2** *klädhängare* [coat (clothes)] hanger
galghumor gallows humour
galjonsfigur figurehead
galla bile
gallblåsa gall bladder
galler grating, *i cell* bars ⟨*pl*⟩
galleri gallery **spela för ~et** play to the gallery
galleria [shopping] mall
gallfeber, reta ~ på ngn make sb furious, *US vard* burn sb up
gallra *växter* thin [out] **~ bort (ut)** sort out
gallskrika howl, yell
gallsten gallstone, bilestone
galning madman, maniac
galon *plastväv* PVC-coated fabric
galonbyxor ≈ waterproof dungarees (leggings)
galopp gallop **fatta ~en** get the point
galoppbana racecourse, *US vanl* racetrack
galoppera gallop
galoscher galoshes, overshoes, *spec US*

rubbers
gam vulture
Gambia [the] Gambia
game game **vara gammal i ~t** be an old hand
gamling old person **~ar** old people
gammal old, *forntida* ancient, *antik* antique, *ålderstigen* aged, *ej färsk* stale **gamla och unga** young and old **av ~ vana** from force of habit **på den gamla goda tiden** in the good old days **vara 20 år ~** be 20 [years old] **sedan ~t** ⟨I know her⟩ [from] of old
gammaldags *omodern* old-fashioned
gangster gangster, *US äv* mobster
gangsterliga band [of gangsters]
ganska *förstärkande* quite, *tämligen, rätt så* fairly, *starkare* rather, *vard* pretty ⟨den är⟩ **~ bra** fairly good ⟨den är faktiskt⟩ **~ bra** quite good ⟨den är⟩ **~ dålig** rather (pretty) bad **~ mycket** ⟨pengar⟩ a good (great) deal of **~ många** ⟨tavlor⟩ quite a few, a good many
gap 1 *mun* mouth, *hos djur* jaws ⟨*pl*⟩ **2** *öppning* gap
gapa *öppna munnen* open one's mouth wide **~ av förvåning** gape with astonishment **~ och skrika** scream, yell
gaphals loudmouth, ranter
gapskratt loud laughter, guffaw
gapskratta roar with laughter, guffaw
garage garage
garantera guarantee
garanti *äv bildl* guarantee **det är ett års ~ på klockan** there is a year's guarantee with this watch
garde guards ⟨*pl*⟩ **det gamla ~t** *bildl* the old guard
gardera sig, ~ mot guard against
gardering *skyddsåtgärd* guard
garderob 1 *skåp* wardrobe, *US* closet **2** *kapprum* cloakroom **3** *kläder* wardrobe
gardin curtain
garn *tråd* yarn, thread, *ull~ äv* wool
garnera trim, *maträtt* garnish, *tårta* decorate
garnnystan ball of yarn
gas gas **ge ~** accelerate **trampa ~en i botten** give full throttle, *vard* step on it **vara i ~en på gott humör** be merry, *berusad* be tipsy
gasa 1 gas **~ [ihjäl] sig** gas oneself **2** *öka farten* accelerate **~ på** step on the gas (on it)

gasbinda gauze bandage
gasell gazelle
gaska, ~ upp sig cheer (perk) up
gaskammare gas chamber (oven)
gaslåga gas-jet
gasol butane, *vard* bottled gas
gasolkök ≈ camp stove
gaspedal accelerator
gassa, solen ~de the sun beat down
gasspis gas stove
gastkramande hair-raising
gasverk gasworks ⟨*lika i pl*⟩
gata street, *trång ~* lane, *bred ~* ⟨*spec US*⟩ avenue **på ~n** in (*US* on) the street
gatlykta street lamp
gatsten paving stone, *rund* cobble[stone]
gatubelysning street-lighting
gatukorsning crossing, crossroads ⟨*lika i pl*⟩
gatukök fast-food stand
gatuplan *bottenvåning* ground (*US* first) floor
gavel *på hus* gable **på vid ~** wide open
ge give*, *räcka över* hand, pass, *i kortspel* deal* **jag gav honom den** I gave it to him **G~ mig den där boken!** Hand me that book, please **Kan du ~ mig saltet?** *vid bordet* Pass me the salt, please **det är din tur att ~** it's your turn to deal **Jag ska ~ dig!** I'll get you!
☐ **ge bort** give away
☐ **ge efter** give way, give in
☐ **ge igen** pay back
☐ **ge med sig** give in, *lätta, avta* wear off
☐ **ge till (ifrån sig)** *skrik* give
☐ **ge tillbaka** give back **jag kan inte ~ på 100 pund** I haven't got change for £100
☐ **ge upp** give up
☐ **ge ut** *pengar* spend, *frimärken, sedlar* issue, *en bok* publish
ge sig *ge upp, kapitulera* give* in, surrender, *lätta, avta* wear off
☐ **ge sig av** leave, *på en resa* set out
☐ **ge sig in i** enter into
☐ **ge sig på** a) *attackera* attack b) *börja med* take up
☐ **ge sig ut: ~ för att vara** pretend to be **~ för att fiska** go fishing
gedigen solid
gegga *otäck smörja* gunge, *US* gunk, *sörja* slush, mud, *kladd* goo, *ngt hoprört* mishmash
geggig muddy, messy, mucky

gehör, spela efter ~ play by ear **absolut ~** absolute pitch **vinna ~** gain a hearing ⟨with sb⟩

geist fighting spirit, *iver, glöd* zest, *vard* kick

gelé jelly

gem *klämma* [paper]clip

gemen 1 *elak* mean **2 ~e man** the man in (*US* on) the street **i ~** in general

gemensam common ⟨**för** to⟩, *ömsesidig* mutual, *förenad* joint **ha ngt ~t** have sth in common **ett ~t intresse** a mutual interest

gemensamt ADV together, jointly, in common

gemenskap community, fellowship, *känsla* sense of community **känna ~ med** feel solidarity with

gemytlig genial, jovial

gen *biol* gene

genant embarrassing, awkward

genast at once, immediately **nu ~** this [very] instant

genera *göra förlägen* embarrass, *besvära* bother **låt inte mig ~** don't mind me **genera sig, inte ~ för att göra ngt** have no scruples about doing sth

generad embarrassed ⟨at⟩

general general

generalförsamling general assembly

generalisera generalize

generalsekreterare *vid FN* m m secretary--general

generation generation

generationsklyfta generation gap

generator *likströms~* generator, *växelströms~* alternator

generell general, overall

generositet generosity

generös generous

genetik genetics ⟨*pred i sg*⟩

genetisk genetic **~ kod** genetic code

Genève Geneva

gengångare ghost, spectre

gengäld, i ~ in return

geni genius

genial brilliant, ingenious

genialitet brilliance, ingenuity

genitiv the genitive

genljuda echo, resound, ring˙ ⟨*alla:* **av** with⟩

genom ⟨↔ igenom⟩ **1** through **komma in ~** ⟨**en sidodörr**⟩ enter by **titta ut ~** ⟨**fönstret**⟩ look out of ~ **åren** over the years **2** *sätt, medel* by **~ ett misstag** owing to a mistake ⟨**hon klarade sig**⟩ **~ att springa fort** by running fast **3** *matem* divided by

genomblöt soaking wet

genomborra *äv bildl* pierce

genombrott breakthrough

genomfart passage **G~ förbjuden** No thoroughfare

genomfartsväg thoroughfare

genomfrusen chilled to the bone

genomföra carry out, *utföra* accomplish

genomförbar practicable, feasible

genomgripande radical, thorough

genomgång 1 *väg* passage **2** *granskning* review **3** *om motor* overhaul **4** *av läxa* run-through

genomresa SB passage, transit **vara på ~** be passing through

genomskinlig transparent

genomskåda see˙ through ⟨sb, sth⟩

genomskärning cross section

genomslag, få ~ have an effect

genomslagskraft penetration, impact

genomsnitt average, mean **i ~** on average

genomsnittlig average, mean

genomsyra permeate, imbue **~d av** imbued with

genomträngande piercing **~ lukt** penetrating smell

genomtänkt thought-out, well-planned

genre genre, *friare* style

genrep dress rehearsal

gensvar response

gentemot 1 *[e]mot* to, toward[s] **2** *i jämförelse med* compared to (with)

gentjänst service in return **göra en ~** return a favour

genuin genuine, authentic

genus *språk* gender

genväg short cut

geografi geography

geografisk geographical

geolog geologist

geologi geology

geometri geometry

geometrisk geometric[al]

gerilla *trupper* guer[r]illas ⟨*pl*⟩

gerillakrig guer[r]illa war

germansk Germanic, *om folkslag äv* Teutonic

gest gesture

gestalt figure, *i litteratur* character, *form* form, shape **ta ~** take form
gestalta *utforma, skapa* form, shape
gestikulera gesticulate
get goat
geting wasp
getingbo wasp's nest, *bildl* hornet's nest
getingmidja wasp waist **med ~** wasp--waisted
getost goat's-milk cheese
getskinn 1 goatskin **2** *läder* kid
getto ghetto
gevär *kul~* rifle, *hagel~* shotgun
Ghana Ghana
Gibraltar sund the Strait of Gibraltar
giffel croissant
gift[1] SB *äv bildl* poison, *hos djur* venom, *bakterie~* toxin
gift[2] ADJ married ⟨**med** to⟩
gifta, ~ bort marry off **~ om sig** marry again, remarry **gifta sig** marry ⟨**med ngn** sb⟩, be (get*) married ⟨**med** to⟩
giftermål marriage
giftfri non-poisonous **~ odling** biodynamic farming
giftig poisonous, venomous
giftutsläpp toxic emission (waste)
gigantisk gigantic
giljotin guillotine
gill, allt gick sin ~a gång things took their [usual] course **tredje gången ~t** third time lucky
gilla *tycka om* like, fancy
gillande SB approval
gillestuga ≈ [basement] recreation room
gillra, ~ en fälla set a trap
giltig valid
giltighet validity
gips plaster
gipsa plaster **ligga ~d** be in plaster
gir swerve, veer
gira swerve (veer) [away]
giraff giraffe
girera transfer [by giro]
girig *lysten* greedy, *snål* miserly
girighet greed, avarice
girland festoon, garland
giro giro
gissa guess **Rätt ~t!** You've hit it! **~ sig till ngt** guess sth
gissel *bildl* curse
gisslan hostage, *om flera* hostages **ta ngn som ~** take sb hostage
gissning guess **det är rena ~en** that's sheer guesswork
gitarr guitar
gitarrist guitarist, guitar player
gitta, jag gitter inte gå I can't be bothered to go
giv *kortspel o bildl* deal
givakt, stå i ~ stand at attention
givande ADJ *lönsam* profitable, *bildl äv* fruitful
given given, *avgjord* clear, evident **Det är givet!** Of course! **det är en ~ sak** it's a certainty **ta för givet att** take it for granted that
givetvis of course, naturally
gjuta *tekn* cast*, found **rocken sitter som gjuten** the coat fits like a glove
gjuteri foundry
gjutform mould, cast
gjutjärn cast iron
glaciär glacier
glad glad ⟨*ej före sb*⟩, *lycklig* happy ⟨about⟩, *nöjd* pleased ⟨with⟩, *förtjust* delighted ⟨at⟩, *munter* cheerful, merry **jag är ~ att du kom** I'm glad [that] you came **~a färger** gay colours **en ~ överraskning** a pleasant surprise **G~ påsk!** Happy Easter!
gladeligen willingly
gladlynt cheerful, jovial
gladpack *varunamn* cling film
glamorös glamorous
glans 1 *återsken* lustre, *yt~* gloss, *polerad* shine **2** *~fullhet* lustre, *prakt* splendour **sprida ~ över** lend lustre to ⟨**visa sig**⟩ **i all sin ~** in all one's glory ⟨**klara ngt**⟩ **med ~** with flying colours
glansig glossy, shiny
glansperiod heyday, *om kulturskede etc* golden age
glapp 1 SB play, slack **2** ADJ loose
glappa be loose, *om sko* be too big
glas 1 *ämne o dricks~* glass **av ~** [made] of glass **2** *ruta* pane
glasartad, med ~ blick with a glassy look
glasbruk glassworks ⟨**lika i pl**⟩
glasfiber *material* fibreglass
glasklar [as] clear as glass, limpid
glasmästare glazier
glasruta pane [of glass]
glass ice cream **en ~** *äv* an ice
glassbar ice-cream parlour, *GB äv* ≈

milk bar
glasskärva splinter of glass
glasspinne ice lolly, *US* popsicle *varunamn*
glasstrut ice-cream cone (*spec GB* cornet)
glasstånd ice-cream stall (*US* stand)
glasveranda glassed-in veranda[h]
glasyr 1 *tekn* glazing, enamel **2** *på kaka* frosting, icing
glasögon spectacles, glasses
glatt¹ ADJ *jämn* smooth, clean, *hal* slippery ⟨**springa**⟩ **för ~a livet** for dear life
glatt² ⟨↔ glad⟩ ADV happily, cheerfully ⟨*etc*⟩
gles *om vegetation* sparse, *om hår* scanty, thin
glesbygd sparsely populated area
glesna thin [out], become* thin
glest ADV **~ befolkad** sparsely populated
glid, det är bra ~ skidföre the snow is good for skiing ⟨**ungdomar**⟩ **på ~** at risk **vara på ~** *bildl* be adrift
glida glide, *med strömmen* drift, *kana* slide*, *halka* slip **~ isär** drift apart
glimma *om ögon* gleam, *skimra* shimmer ⟨*båda:* with⟩
glimmer 1 gleam, glitter **2** *mineral* mica
glimt *äv bildl* gleam, flash **~ av hopp** flicker of hope **ha ~en i ögat** have a twinkle in one's eye **se en ~ av ngn** catch a glimpse of sb
glipa SB gap, crack
gliring snide remark, gibe
glitter 1 *glans* glitter, glint **2** *i julgran* tinsel
glittra *blänka* glint, glitter **~nde glad** radiant with joy
glo stare, *blänga* glare ⟨*båda:* **på** at⟩
glob globe, orb
global global
gloria *helgon~* halo ⟨*pl* -es⟩
glosa word
glosbok vocabulary book
glufsa, ~ i sig gobble down, scoff
glugg hole, opening **~ mellan tänderna** gap between one's teeth
glupsk voracious **~ på** greedy for
glåmig wan, *gulblek* sallow
glädja give* ⟨sb⟩ pleasure, please, make* ⟨sb⟩ happy, *starkare* delight **det gläder mig** I am glad **glädja sig, ~ åt** be pleased with, be delighted at (with)
glädjande¹ ADJ *lycklig, gynnsam* happy, joyful **ett ~ resultat** a gratifying result
glädjande² ADV **~ nog** fortunately, luckily [enough]
glädje *nöje* pleasure ⟨**in**⟩, *fröjd* joy ⟨**at**⟩, *lycka* happiness, *munterhet* gaiety **hon har haft stor ~ av sina barn** her children have been a great joy to her **känna ~ över** feel happy about **utom sig av ~** beside oneself with joy **med ~** with pleasure
glädjedödare kill-joy, spoilsport
glädjekvarter red-light district
glädjestrålande radiant, beaming with happiness
gläfsa yap, yelp ⟨*båda:* **på, åt** at⟩
glänsa shine*, glitter **~ med ngt** show sth off
glänsande *blank* glossy, shiny, *skimrande* lustrous, *bildl* brilliant, splendid
glänt, dörren stod på ~ the door was ajar
glänta¹ SB *skogs~* glade, clearing
glänta² VB **~ på dörren** open the door slightly
glöd 1 *glödande kol* red (live) coal, *glödande aska* embers ⟨*pl*⟩ **2** *sken, äv bildl* glow **3** *iver* ardour
glöda *äv bildl* glow ⟨**av** with⟩
glödande *äv bildl* glowing, *om kol* red, live, *om metall* red-hot, *bildl* fiery, ardent
glödlampa [light] bulb
glögg ≈ mulled wine
glömma forget*, *försumma äv* neglect, **~ kvar** leave* behind **jag har glömt vad hon heter** I forget (*mera definitivt* I have forgotten) her name **jag glömde paraplyet** *a*) **ta med det** I forgot to bring my (the) umbrella *b*) *på bussen e d* I left my umbrella behind
glömsk forgetful
glömska forgetfulness **falla i ~** fall into oblivion
gnabb bicker, wrangle, *kärleks~* lovers' tiff
gnaga *äv bildl* gnaw, *knapra* nibble ⟨*båda:* **på ngt** [at] sth⟩
gnagare rodent
gnida *gnugga* rub ⟨**på ngt** sth⟩ **~ in** rub in
gnidig miserly, niggardly, tightfisted
gnissel 1 squeak, *skärande, obehagligt ljud* jar **2** *slitningar* **utan ~** without a hitch
gnissla squeak **~ tänder** gnash one's teeth
gnista spark **det slog gnistor** *ur kontakten* sparks flew, *bildl* the sparks flew
gnistra spark, *äv bildl* sparkle, flash
gno 1 *gnugga* rub **2** *knoga* toil, slog **~ på**

arbeta hårt graft away **3** *springa* scurry, scamper
gnola hum **~ på en melodi** hum a tune
gnugga rub **gnugga sig, ~ i ögonen** rub one's eyes
gnutta tiny bit, *om vätska* drop **med en ~ tur** with a little bit of luck
gny VB *kvida* whimper, *uttrycka missnöje* grumble
gnägga neigh
gnäll *missnöjesyttring[ar]* grumble, *jämmer* whine, *kvidande* whimper[ing]
gnälla 1 *uttrycka missnöje* grumble ⟨**över** about, at⟩, *jämra sig* whine, *kvida* whimper **2** *gnissla* creak
gnällig 1 *om röst* squeaky, piping, *som ständigt klagar* whining **2** *gnisslande* creaky, squeaky
gobeläng tapestry
god ⟨↔ godan, godo, gott⟩ good, *vänlig äv* kind, *välsmakande vanl* nice, tasty
MED SUBSTANTIV
den ~aste maten the best food **hon lagar ~ mat** she is a good cook **det tog en ~ stund** it took quite a while
I VERBFRAS
gå i ~ för vouch for, guarantee **det vore gott med en kopp te** I wouldn't mind (I feel like) a cup of tea **vara ~ mot** be good to ⟨**den där glassen**⟩ **är ~are** tastes (is) better ⟨**han är**⟩ **inte ~ att tas med** not easy to deal with **det är lika gott att vi ...** we might just as well ... **så långt är allting gott och väl** so far so good **Var så ~[a]! här har du (ni)** Here you are ⟨**Får jag låna din penna?**⟩ – **Var så ~** By all means, Yes, certainly **Var så ~ nästa!** Next, please! **Var så ~ och stig på!** Come in, please, Do come in
SUBSTANTIVERAT
njuta av livets ~a (det ~a i livet) enjoy the good things in (of) life **för mycket av det ~a** too much of a good thing **göra gott** *goda gärningar* do good ⟨**några dagars ledighet**⟩ **skulle göra dig gott** would do you [a world of] good **jag önskar dig allt gott** I wish you all the best **gott och ont** good and evil
godan, i ~ ro in peace and quiet
godartad *medicin* benign
godbit *äv bildl* titbit, treat
godhet goodness, *vänlighet* kindness ⟨**mot** to⟩

godhjärtad kind-hearted, softhearted
godis SB sweets ⟨*pl*⟩, *spec* US candy
godisaffär sweetshop, US candy store
godkänd approved, authorized, *som betyg* pass[ed] **bli ~ i examen** pass [in] an examination, get a pass
godkänna *godta* approve, accept, *vid prövning* pass
godkännande approval, acceptance
godo, göra upp i ~ reach an amicable agreement, *jur* settle out of court **ha till ~** have ⟨money⟩ due **hålla till ~ med** be satisfied with **få hålla till ~ med** have to make do with
gods 1 *frakt~* goods ⟨*pl*⟩, freight **2** *jorda~* estate, *ägodelar* property **3** *material* material, stuff
godsaker sweets, *spec* US candy ⟨*sg*⟩
godståg goods (US freight) train
godsägare landowner, estate-owner
godta *godkänna* accept, approve [of]
godtagbar acceptable
godtrogen credulous, unsuspecting
godtycke arbitrariness **efter eget ~** at one's [own] discretion
godtycklig arbitrary
golf¹ *bukt* gulf, bay
golf² *spel* golf
golfbana golf course (links ⟨*lika i pl*⟩)
golfspelare golfer
Golfströmmen the Gulf Stream
golv floor, *om yta el beläggning* flooring
golvlampa standard lamp, US floor lamp
gom palate
gondol gondola
gonggong gong
gonorré gonorrhoea, *vard* [the] clap
gorilla gorilla
gorma bluster, US *vard* yawp
gosa cuddle
gosse boy, lad
gott ⟨↔ god, godis⟩ ADV *bra* well, *lätt* easily **ha det ~ ställt** be well off **lukta ~** smell good **må ~** feel well (fine, *starkare* great) **Må så ~!** Take care **göra så ~ man kan** do one's best **kort och ~** in short, *helt enkelt* simply **för ~ för alltid** for good **ha ~ om tid** have plenty of time
gotta sig have a good time [of it], *illvilligt* gloat ⟨over⟩
gottgöra 1 ngn ⟨*för skada*⟩ compensate, *för utlägg* reimburse ⟨sb for sth⟩ **2** ngt ⟨*oförrätt*⟩ redress, compensate for

gottgörelse 1 *ersättning* compensation, *för utlägg* reimbursement, *skadestånd* indemnity **2** *upprättelse* redress
grabb boy, lad, *spec GB* chap, *spec US* guy
grabba grab ~ **tag i** grab hold of
graciös graceful
grad 1 *omfattning* degree, extent **i hög ~** to a great extent **till den ~ oförskämd** ⟨**att**⟩ impudent to such a degree ⟨that⟩ **2** *enhet vid mätningar* degree **det är 20 ~er kallt** it is 20 degrees below zero **3** *rang* rank, grade **stiga i ~erna** rise in the ranks
gradera *klassificera* grade, *ordna efter skala* scale
gradskiva protractor
gradvis ADV gradually, little by little
graffiti graffiti ⟨*pl*⟩
grafik *konstform* graphic arts ⟨*pl*⟩, *data* graphics
grafiker 1 *konstnär* graphic artist **2** *tryckare* print worker
grafisk graphic **~t blad** print **~ framställning** *illustration* graph, chart
grafit graphite, [black] lead
gram gram
grammatik grammar, *bok äv* grammar book
grammatisk grammatical
grammofon *skivspelare* record player
grammofonskiva record, disc
gran [Norway] spruce, [spruce] fir
granat¹ *ädelsten* garnet
granat² *artilleri~* shell, *för gevär* grenade, *hand~* [hand] grenade
granatsplitter shrapnel ⟨*endast sg*⟩
grand danois Great Dane
granit granite
grankotte spruce (fir) cone
grann¹, lite ~ a little bit, a trifle
grann² *lysande* brilliant, *praktfull* magnificent, gorgeous, *ståtlig* fine, *stilig* fine-looking
granne neighbour **bo ~ med** live next door to
grannland neighbouring country
grannskap neighbourhood, vicinity
granska examine, *fin~* scrutinize, *kontrollera* check
granskning examination, scrutiny, checkup
granskog spruce (fir) forest
grapefrukt grapefruit
gratinerad, ~ fisk fish au gratin
gratis¹ ADJ free **det är ~ inträde** admission is free
gratis² ADV **få ngt ~** get sth for nothing ⟨*vard* for free⟩
grattis, G~! Congratulations!
gratulation congratulation, felicitation **hjärtligaste ~er på födelsedagen** many happy returns
gratulera congratulate ⟨**ngn till ngt** sb on sth⟩
gratäng gratin
grav¹ SB *för död* grave, *större* tomb
grav² ADJ *allvarlig* serious, severe
gravera, ~ in *inrista* engrave ⟨**i, på** on⟩
gravid pregnant
graviditet pregnancy
gravlax ≈ raw marinated salmon
gravplats *grav* burial plot, grave
gravsten gravestone, headstone
gravyr engraving, cut
grej thing, *manick* gadget, *jippo* gimmick **Vilken ~!** That's really something!
greja fix **det ~r sig** that'll be all right
grek Greek
grekisk ⟨↔ engelsk-⟩ Greek
grekiska ⟨↔ engelska⟩ **1** *språk* Greek **2** *kvinna* Greek woman
Grekland Greece
gren 1 *på träd* bough, branch, *mindre* twig, *om flod* branch **2** *avdelning* branch **3** *i skola* option **4** *släkt~* line **5** *idrott* sport, *tävlings~* event
grena, ~ [ut] sig branch out, ramify
grensle ADV astride ⟨**över** of⟩ **sitta ~ över** straddle
grepp 1 *äv bildl* grasp ⟨**om** of⟩, *fastare* grip ⟨**i** on, **om** of⟩, *i brottning* hold, *handlag* touch, knack **få ~ om ett ämne** get the hang of a subject **2** *handtag* handle
greppa grab, grip
greve count
grevinna countess
grill 1 *halster* grill **2** *lokal* grill[room] **3** *på bil* grill[e]
grilla grill, barbecue, *spec US* broil
grillbar fast-food place, snack bar
grillkorv sausage for grilling, *grillad* grilled sausage
grimas grimace, wry face **göra en ~ åt ngn** make a [wry] face at sb
grimasera make˙ faces, grimace
grin 1 *grimas* wry face, *hån~* sneer **2** *flin* grin

grina 1 *flina* grin **2** *gråta* cry
grind gate
grinig 1 *gnällig* whining, fretful **2** *vresig* grumpy **3** *kritisk* faultfinding
gripa *äv bildl* seize, *fånga äv* catch*, capture ~ **ngn i armen** seize sb by the arm **~s av** ⟨**panik**⟩ be seized with ~ **efter** grasp (catch) at ~ **in** intervene ⟨**i in**⟩ ~ **tag i** clasp ~ **till vapen** take up arms ~ **ur luften** make up ~ **sig an med** set about **bli gripen** *rörd* get touched
gripande ADJ touching, moving
gris 1 *äv om person* pig **köpa ~en i säcken** buy a pig in a poke **2** *~kött* pork
grisa, ~ ner (till) mess (foul) up **~ ner sig** get dirty
grisig messy, piggish
griskulting piglet
griskött pork
gro sprout, germinate, *växa, äv bildl* grow*
groda 1 frog **2** *fel* howler, gaffe **säga en ~** *göra språkfel* make a howler, *säga ngt olämpligt* drop a brick
grodd germ, sprout
grodfötter *dykares* flippers
grodman frogman
grodyngel tadpole
grogg whisky and soda, *gin~* gin and tonic
grop pit, hole, *håla* hollow, *i väg* [pot]hole, *smil~, hak~* dimple
gropig pitted, *om väg* bumpy, *om hav* rough
grosshandel wholesale trade
grossist wholesale dealer
grotesk ADJ grotesque
grotta cave, *större* cavern
grov coarse, *stor* heavy, broad, *tjock* thick, *obearbetad* rough, crude, *om röst* rough, gruff, *ungefärlig* rough, *allvarlig* gross, serious, *ohyfsad* rude **~t artilleri** heavy artillery **~t brott** serious crime **~t bröd** wholemeal bread **i ~a drag** in broad outlines **~ hy** coarse complexion **en ~ kränkning** a gross violation **tjäna ~a pengar** make a pile **~t salt** coarse-grained salt **~ sjö** heavy sea **~t språk** coarse (foul) language **vara ~ i munnen** be foul-mouthed
grovarbetare general (manual) labourer
grovarbete heavy work, *hårt förarbete* spadework
grovkornig 1 coarse-grained **2** *bildl* coarse, broad
grovsopor bulky refuse ⟨*sg*⟩
grovtarm colon
grubbel brooding ⟨**över** on⟩
grubbla ponder, brood ⟨**på** on, **over**⟩
grumlig *oren* muddy, foul, *om vätska* cloudy, *om röst* thick
grund¹ SB **1** *underlag, äv hus~* foundation, *bildl* basis ⟨*pl* bases⟩, *princip* principle **ligga till ~ för** be the basis of **lägga ~en till ngt** lay the foundation[s] of (for) sth **brinna ner till ~en** burn down [to the ground] ⟨**besegra ngn**⟩ **i ~en** entirely **i ~ och botten** *egentligen* basically, *innerst inne* at heart (bottom) **gå till ~en med ngt** go to the bottom of sth **2** *orsak* reason, grounds ⟨*pl*⟩ ⟨**till** for⟩ **på ~ av** because of **på goda ~er** for excellent reasons
grund² **1** ADJ *äv bildl* shallow **2** SB *grunt ställe* shoal, *sandrev* bank **gå på ~** run aground
grunda 1 *grundlägga* found, establish, *inrätta* institute **2** *stödja* base, ground ⟨*båda:* **på** on⟩ **~ sig på ngt** be based on sth **3** *vid målning* prime
grundare founder
grundfärg 1 *fysik* primary colour **2** *bottenfärg* undercoat, *för grundning* priming
grundkurs basic course
grundlag constitution
grundlig thorough, *noggrann* careful, *ingående* close, *omfattande* exhaustive, *om kunskap* solid
grundlägga → grunda
grundläggande basic, fundamental
grundlös *om misstanke etc* unfounded, groundless
grundskola ≈ [nine-year] compulsory school
grundvatten ground water
grundämne element
grupp group, *lag, gäng* party, team, *klunga* cluster
grupparbete teamwork, group work, *i skolan* project
gruppera group **gruppera sig** group [oneself]
gruppresa package tour
grus gravel
grusväg gravelled road
gruva SB mine, *kol~ äv* pit, colliery
gruva sig, ~ för ngt dread sth

gruvarbetare miner, mineworker
gruvindustri mining industry
gry VB dawn, break* **dagen ~r** the day is breaking
grym cruel ⟨**mot** to⟩ **ett ~t öde** a hard fate
grymhet *egenskap* cruelty, ferocity, *handling* atrocity **begå en ~ mot ngn** commit an act of cruelty on sb
grymt ADV **bli ~ besviken** be terribly (deeply) disappointed
grymta grunt
grymtning grunt
gryn hulled grain **ett ~** a grain
grynig *småkornig* granular
gryning dawn **i ~en** at dawn (daybreak)
gryta 1 pot, *stek~* stewpan, *ler~* terrine **2** *maträtt* casserole
grytlapp kettle (pot) holder
grå grey, *om väder* dull, overcast
grådaskig greyish
gråhårig grey-haired, grizzled **bli ~** turn grey **hon är ~** she has grey hair
gråsparv house sparrow
gråsten rock, granite
gråt crying, *tyst* weeping, *tårar* tears ⟨*pl*⟩ **kämpa med ~en** [try to] fight back one's tears **svälja ~en** stifle one's sobs
gråta cry, *tyst* weep* ⟨*båda:* **efter** for, **för** about⟩ **~ av glädje** cry (weep) for joy **det är så att man kan ~** it is enough to make one cry **~ ut** have a good cry
gråtfärdig, vara ~ be on the verge of tears
grått ⟨↔ **blått**⟩ SB grey
grädda VB *i ugn* bake, *plättar o d* make*, fry
grädde cream **tjock ~** double (full) cream **tunn ~** single cream
gräddfil sour cream
gräddtårta cream cake
gräl quarrel, *hetsig dispyt* argument ⟨*båda:* **om** about⟩ **råka i ~** have a quarrel **mucka ~** pick a quarrel
gräla quarrel, argue ⟨*båda:* with sb **över** (about) sth⟩ **~ på** scold
gräll *om färg* glaring, garish
grälsjuk quarrelsome
gräma sig, ~ över ngt fret over sth
gränd alley
gräns border ⟨**till, mot** with⟩, *~linje* boundary, *yttersta ~* limit **~en mot Finland** the border with Finland ⟨**floden**⟩ **bildar ~ mellan** forms the boundary between **sätta en ~ för** set limits (a limit) to **inom rimliga ~er** within limits **det är på ~en till**

⟨**bedrägeri**⟩ it borders on ⟨**han var**⟩ **på ~en till nervsammanbrott** on the verge of a nervous breakdown **vid ~en** on the border
gränsfall borderline case
gränsle → grensle
gränslös *oändlig* boundless, *oerhörd* enormous
gränsstation frontier station
gränstrakt border district (area), *bildl* borderland
gräs grass **ha pengar som ~** have money to burn
gräshoppa grasshopper, *svärmande* locust
gräsklippare lawn mower
gräslig *obyggligt* hideous, *ryslig* dreadful, awful
gräslök *växt* chive, *krydda* chives ⟨*pl*⟩
gräsmatta *anlagd* lawn, *mindre* grass plot
gräsrotsnivå, på ~ at grass-roots level
grässtrå blade of grass
gräsänka grass widow
gräsänkling grass widower
gräva dig* ⟨**efter** for⟩, *om djur* burrow ⟨**efter** for⟩
☐ **gräva fram** dig out
☐ **gräva igen** fill up
☐ **gräva ner** *helt* bury, *delvis* sink **~ sig i ngt** dig [oneself] into sth
☐ **gräva upp** *äv bildl* dig up
grävling badger
grävskopa *grävmaskin* excavator, US steam-shovel
gröda *växande* crops ⟨*pl*⟩, *skörd* crop, harvest
grön *äv oerfaren* green **de ~a** *polit* the Greens **komma på ~ kvist** be in clover **det är ~t ljus** the light is at green **~a vågen** the green wave
grönkål kale, borecole
Grönland Greenland
grönområde open space, recreation area
grönsak vegetable
grönsaksaffär greengrocer's, US ≈ fruit and vegetable store
grönsaksland vegetable plot
grönska[1] SB *hos löv o gräs* green, *lövverk* greenery
grönska[2] VB be green, *bli grön* turn green
grönt ⟨↔ **blått**⟩ SB green
gröpa, ~ ur hollow out
gröt 1 porridge, *på ris* pudding **2** *röra, massa* mush

grötig 1 *rörig* messy, muddled 2 *om röst* thick
gubbe 1 old man, [old] gaffer **rita gubbar** draw funny figures **~n i lådan** jack-in-the-box 2 **den ~n går inte** that won't wash
gud god **Gud bevare oss!** Heaven forbid! **Det vete ~arna!** Heaven only knows! **för ~s skull** for goodness' (Heaven's) sake **inte Guds bästa barn** no angel
gudagåva godsend, divine gift
gudasaga myth, *mytologi* mythology
gudbarn godchild
gudfader godfather
gudinna goddess
gudmor godmother
gudomlig divine, *förtjusande* adorable
gudskelov thank goodness, *lyckligtvis* fortunately
gudstjänst [divine] service, worship
guida guide
guide guide
gul yellow **slå ngn ~ och blå** beat sb black and blue **~t ljus** *trafiksignal* amber
gula *i ägg* yolk, yellow
guld gold **lova ~ och gröna skogar** promise the moon **ta ~** *sport* win the gold medal
guldbröllop golden wedding
guldfisk goldfish ⟨*lika i pl*⟩
guldgruva 1 gold mine 2 *bildl* treasury, mine
guldgrävare gold-digger, *guldletare* prospector
guldmedalj gold medal
guldsmed goldsmith, *juvelerare* jeweller
gullig dear, sweet, *spec US* cute
gullregn laburnum, golden rain
gullviva cowslip
gulna become* (grow*) yellow
gulsot jaundice
gult ⟨↔ *blått*⟩ SB yellow
gumma old woman (lady)
gummi 1 *ämne* rubber, *klibbigt* gum 2 *rader~* rubber, *spec US* eraser 3 *kondom* condom, *vard* ⟨*spec US*⟩ rubber
gummislang rubber tube ⟨*grövre* hose⟩
gummisnodd rubber ⟨*GB äv* elastic⟩ band
gummistövel rubber ⟨*GB äv* wellington⟩ boot, *GB vard* welly
gumse ram
gunga¹ SB swing
gunga² VB 1 *vara ostadig* swing*, *om marken* quake, *om fartyg* toss, *i gunga* swing*, *i*

gungstol rock **~ på stolen** tilt one's chair **~ på vågorna** bob on the water 2 **~** ⟨ngn⟩ dandle, *i gunga* give ⟨sb⟩ a swing, *i famnen el i vagga* rock
gunghäst rocking horse
gungstol rocking chair, rocker
gupp *vägbula* bump, *hål* hole, *i skidbacke* jump
guppa *på vatten* bob, *på väg* jog
guppig *om väg* bumpy
gurgla sig gargle [one's throat]
gurka cucumber, *liten* gherkin
guvernör governor
gylf fly ⟨*oftast i pl*⟩
gyllene golden, gold **den ~ medelvägen** the golden mean **~ tider** glorious (palmy) days
gym gym, PT centre
gymnasial, ~ utbildning ≈ upper secondary (*US* high school) education
gymnasieskola ≈ upper secondary school, *US* high school, *GB äv* sixth form
gymnasist sixth-former, *US* high school student
gymnast gymnast
gymnastik gymnastics ⟨*ämnet sg, övningar pl*⟩, *i skola äv* physical education (training), *vard* gym
gymnastikdräkt gym suit, *GB* ⟨*för flickor*⟩ gym slip
gymnastiklärare physical education (gymnastics) teacher
gymnastiksal gymnasium, sports hall, *vard* gym
gymnastiksko gym shoe
gymnastisera do* gymnastics, exercise
gymping aerobics ⟨*pred i sg*⟩
gynekolog gynaecologist
gynna favour, *vara till gagn för* benefit, *understödja* support
gynnsam *bra* favourable ⟨**för** to⟩
gyttja mud, mire
gyttjig muddy, miry
gå
RÖRELSEVERB
1 go*, *till fots* walk, *avgå* leave* **~ till sängs** go to bed **lära sig att ~** learn to walk **~ och handla** go shopping **bussen ~r om 10 minuter** the bus leaves (departs) in 10 minutes
2 *om maskin el aktivitet* run* **jag låter motorn ~** I'll keep the engine running **pjäsen gick i två år** the play ran for two years **min**

klocka ~r för fort my watch is fast
ANDRA BETYDELSER
3 *om möjlighet* **det ~r att laga bilen, bilen ~r att laga** it is possible to repair the car, the car can be repaired **det ~r inte** that can't be done
4 *utvecklas, avlöpa* go*, happen, turn out **det gick bra till slut** it went (turned out) well in the end **hur det än ~r** whatever happens **Hur ~r det för er?** How are you doing (getting on)? **hennes senaste bok ~r bra** her latest book is selling well **det får ~ för den här gången** I'll let it pass for once
□ **gå av** *a) från tåg etc* get off *b) brytas* break
□ **gå bort** *dö* pass away **fläckarna kommer att ~** the stains will come out (disappear)
□ **gå efter** *hämta* go for, fetch **min klocka går efter** my watch is slow
□ **gå emellan** *ingripa* intervene
□ **gå emot** go against **jag har gått emot en dörr** I bumped into a door
□ **gå fram** go (walk) up ⟨to sb⟩ **liberalerna gick fram** ⟨i valet⟩ the Liberals gained ground **jag undrar om mitt budskap gick fram** I wonder if my message got through
□ **gå förbi** pass
□ **gå före** *i förväg* go in advance **mitt arbete måste få ~** my job must take priority **min klocka går före** my watch is fast
□ **gå ifrån** leave **jag kan inte ~ just nu** I can't get away just now **tåget gick ifrån mig** I missed the train
□ **gå igenom** go through **förslaget gick igenom** the motion was carried (passed)
□ **gå ihop: få det att ~** make [both] ends meet
□ **gå in** *i hus* go (step) in[side] **~ för tennis** go in for tennis **~ på detaljer** go into details
□ **gå med på** accept
□ **gå ner** *a)* go down, *om sol äv* set *b) minska i vikt* lose weight
□ **gå på** *lögn etc* swallow, fall for
□ **gå till: Hur ska det ~?** How is it to be done? **Så ska det ~!** That's the way to do it **Hur gick det till?** How did it happen?
□ **gå under** *om fartyg* sink
□ **gå upp** *a)* go up, rise, *ur sängen* get up *b) i vikt* put on weight *c) om knut* come undone **det gick plötsligt upp för mig att ...** it suddenly dawned on me that ... **inget går upp mot ett varmt bad** nothing compares to (with) a hot bath
□ **gå ur** *lämna* leave, quit **en knapp har gått ur** a button has come off **fläcken gick inte ur** the stain did not come out (disappear)
□ **gå ut** *a)* go out *b) om tid* expire **undersökningen går ut på att ...** the purpose of the investigation is to ...
□ **gå åt** *förbrukas* be used up **det går åt en kvarts kilo smör** ⟨till den här rätten⟩ you need half a pound of butter **jag går åt av nyfikenhet** I'm dying with curiosity
□ **gå över** *upphöra* pass
gående 1 ADJ **~ bord** buffet breakfast (lunch ⟨etc⟩) **2** SB *fotgängare* pedestrian
gågata pedestrian street
gång 1 *gående, äv sport* walking, *sätt att gå* walk, gait, step **motorn har jämn ~** the engine runs smoothly **2** *förlopp* course, *fortgång* progress **under samtalets ~** in the course of the conversation **gå sin gilla ~** go on (proceed) as usual **hålla i ~** *a)* keep ⟨sth⟩ going (working) *b) festa* have a good time *c) motionera* keep fit (in shape) **komma i (sätta i) ~** get started **Sätt i ~!** Go ahead! **vara i ~** be going **3** *stig* path[way], *trädgårds~* walk **4** *korridor* corridor, passage **5** *tillfälle, omgång* time **en ~** once, *om framtid* one (some) day **det var en ~ i** *sagor* once upon a time there was (were) **en ~ om dagen** once a day **en ~ för alla** once and for all **en ~ till** once more **inte en ~ hans bror** not even his brother **för en ~s skull** for once **med en ~** all at once **på en ~ samtidigt** at the same time, *i ett svep* in one go, *plötsligt* all at once **~ på ~** time and again **en åt ~en** one at a time **någon ~ i sommar** some time [or other] this summer **två ~er** twice **ett par ~er** two or three times **6 tre ~er tre är nio** three times three is nine **den är tre ~er fyra meter** it is three metres by four
gångavstånd walking distance
gångbana *trottoar* pavement, US sidewalk
gångjärn hinge
går → i går
gård 1 yard, *bak~* back yard, *borg~* courtyard **rum åt ~en** back room
2 *egendom* farm, *större* estate
gårdsplan yard, *större* courtyard
gås goose ⟨pl geese⟩ **det går vita gäss på sjön** there are whitecaps on the sea

gåshud, få ~ get goose flesh
gåta riddle, *mysterium* mystery
gåtfull puzzling, mysterious
gåva *äv bildl* gift, *present* present
gädda pike ⟨*pl lika el* -s⟩
gäl gill
gäll shrill, *om färg* gaudy, crude
gälla 1 *vara giltig* be valid **lagen gäller för alla** the law applies to everybody 2 *räknas* count **det är grönt som gäller** it is green that counts 3 *anses* be regarded **han gäller som** he is regarded as 4 *[be]röra* concern **det är en sak som gäller oss alla** it is a matter that concerns all of us **Vad gäller saken?** What is it [all] about? **det gäller** *handlar om* it's a matter of **det gäller att du tänker dig för** it is important that you think carefully
gäng *lag* team, *band* gang, *vard* bunch **vara med i ~et** be one of the gang
gänglig lanky
gärde *fält* field
gärna *villigt* willingly, *med glädje* with pleasure, gladly **jag skulle ~ vilja** I would like to **lika ~** just as well **Ja, ~!** Yes, please!, I'd love to **~ för mig** it's all right with me
gärning *handling* deed, act **göra en god ~** do a good deed **gripen på bar ~** caught in the act
gärningsman criminal, *förövare* perpetrator
gäspa yawn ⟨**åt** at⟩
gäst guest ⟨**i, vid** at⟩, *besökare* visitor ⟨to⟩
gästa *besöka* visit
gästbok visitors' book, *i privathem* guest book
gästfri hospitable ⟨**mot** to⟩
gästfrihet hospitality
gästrum spare room, guest room
göda fatten, *se till att ngn äter upp sig* feed* up
gödsel manure, **konst~** fertilizer
gödsla manure, **konst~** fertilize
gök cuckoo **~en gal** the cuckoo calls
gömma VB *dölja* hide*, conceal ⟨*båda:* **för** from⟩, *stoppa undan* tuck away **gömma sig** hide* ⟨**för** from⟩
gömställe hiding place
göra 1 *spec utan objekt o i betydelsen 'ägna sig åt', 'utföra'* do* **jag gjorde som du sa** I did as you said **Vad gör han?** a) *Vad har han för yrke?* What does he do? b) *Vad håller han på med?* What is he doing? **det gör ingenting** it doesn't matter ⟨**Han sköt en elefant.**⟩ – **Gjorde han?** Did he really?, He did[, did he]? **Jag röker inte. Gör du?** I don't smoke. Do you? **Kommer du på festen?** – **Ja, det gör jag.** Are you coming to the party? – Yes, I am **~ armhävningar** do press-ups **~ ett experiment** do an experiment **~ läxorna** do one's homework **~ sin plikt** do one's duty **~ en översättning** do (make) a translation
2 *spec i betydelsen 'tillverka'* make* **~ ett bord** make a table **bordet är gjort av ek** the table is made of oak **~ [ett] fel** make a mistake **~ ett försök** make an attempt **~ en resa** make (go on) a journey
3 *i uttryck som 'göra ngn glad' o 'det gör att ...'* make* ⟨**hennes present**⟩ **gjorde honom väldigt glad** made him very happy **det gör att han ser yngre ut** it makes him look younger **de gjorde henne till sin ledare** they made her their leader

□ **göra av** *placera, lägga* put **~ med** *t ex pengar* spend
□ **göra bort sig** make a fool of oneself
□ **göra efter** *efterapa* imitate, copy
□ **göra ner** *kritisera* pull ⟨sth⟩ to pieces, *tillintetgöra* wipe out
□ **göra om** *upprepa* do ⟨sth⟩ again, *ändra* change, redo **Kan du ~ det?** *det ngn annan gjort* Can you do that too?
□ **göra upp** *komma överens* arrange ⟨to meet⟩ **~ med ngn** *ha en uppgörelse* have it out with sb **~ en eld** make a fire **~ planer** draw up (make) plans
□ **göra åt: det är inget att ~** there's nothing to be done about it
göra sig *vara lyckad* be a success **~ fin** dress up **~ förstådd** make oneself understood **~ illa** hurt oneself **~ i ordning** get ready **~ av med** get rid of **~ till** put on airs

gördel girdle
görningen, ngt är i ~ there is something brewing
göromål work ⟨*endast sg*⟩
gös *fisk* pikeperch
Göteborg Gothenburg

ha
HJÄLPVERB
1 have **han ~r varit här** he has (he's) been here **om tre veckor ~r jag troligen lagat bilen** in three weeks I will probably have fixed the car **Var ~r du köpt den här boken?** Where did you buy this book? **i så fall ~de jag kommit** in that case I would have come
HUVUDVERB
2 *äga* have [got] **Har han bil?** Has he got a car?, *spec US* Does he have a car? **Vad ~r den för färg?** What colour is it? **den är bra att ~** it is useful, it comes in handy
3 *anordna, delta i* have **vi ~r fest** ⟨nästa lördag⟩ we are having a party **de ~de ett långt samtal** they had a long conversation **~ det svårt** have a hard time **~ det bra** *allmänt* be all right, *ekonomiskt* be well off
4 *om kläder* have [on], wear˙ **du kan inte ~ de där skorna** you can't wear those shoes
☐ **ha emot** mind **jag har inget emot att göra det** I don't mind doing it
☐ **ha för sig** a) *tro* think b) *göra* do **Har du något för dig?** Are you busy?
☐ **ha kvar** a) *ha fått över* have ⟨sth⟩ left b) *behålla* keep
☐ **ha med sig** bring
☐ **ha på sig** *kläder* wear **jag har inga pengar på mig** I have no money on (about) me **vi har inte hela dan på oss** we haven't got all day
☐ **ha över** *ha fått över* have ⟨sth⟩ left
habegär acquisitiveness
hack¹ *skåra* notch, cut
hack², **~ i häl på ngn** hard on the heels of sb
hacka¹ SB *redskap* pick axe, *mindre* hoe
hacka² VB hack, hoe, *grönsaker etc* chop **~ på** *kritisera* pick on **varken ~t eller malet** neither one thing or the other **han ~de**

tänder his teeth were chattering **~ sönder** cut up
hackkyckling [everybody's] butt
hackspett woodpecker
hafsig slovenly, sloppy
hage meadow, *häst~* paddock, *småbarns~* playpen **hoppa ~** play hopscotch
hagel 1 *nederbörd* hail **ett ~** a hailstone **2** *bly~* shot ⟨*lika i pl*⟩
hagelgevär shotgun
hagla hail **frågorna ~de över honom** he was showered with questions
haj *äv bildl* shark
haja, **~ till** start, give a start
haka¹ SB chin **Upp med ~n!** Chin up!
haka² VB **~ av** unhook, unhitch **~ fast** hook on **~ fast i** *fastna* get caught in **~ fast vid** hook on to **~ på** hook up, *ngn framförvarande* tag on (along) **~ upp sig** get stuck
hake catch, *svårighet äv* hitch, snag
hakkors swastika
haklapp bib
hal slippery **vara ute på ~ is** skate on thin ice
hala haul
halka¹ SB slipperiness
halka² VB slip, *slira äv* skid, slide˙ **~ efter** *bildl* fall behind **~ omkull** slip [and fall]
hall hall
hallick pimp
hallon raspberry
hallucination hallucination
hallå hello, hallo **H~ där!** Hi!, Hey!
hallåman announcer
halm straw
halmtak thatched roof
hals neck, *strupe* throat **~ över huvud** headlong **kasta sig om ~en på ngn** fall on sb's neck **få ngn (ngt) på ~en** be saddled with sb (sth) **för full ~** at the top of one's voice **ha ont i ~en** have a sore throat **sätta ngt i ~en** *vrångstrupen* choke on sth
halsa drink˙ straight from the bottle
halsband *smycke* necklace, *för hund* collar
halsbloss, **dra ~** inhale [deeply]
halsbränna heartburn
halsduk scarf ⟨*pl* scarfs *el* scarves⟩, *ylle~* comforter
halsfluss tonsillitis
halsgrop, **med hjärtat i ~en** with one's heart in one's mouth
halshugga decapitate, behead

halstablett throat lozenge
halstra grill
halt¹ SB *relativ mängd, andel* content
halt² SB *uppehåll* **göra ~ halt**, come to a halt
halt³ ADJ lame **~ på vänster ben** lame in the left leg
halta hobble, limp, *t ex om jämförelse* halt
halv half **en ~ limpa** half a loaf **~a året** half [of] the year **två och en ~ månad** two and a half months **~ biljett** half fare **till ~a priset** at half-price **mötas på ~a vägen** meet halfway **på ~ stång** at half-mast **klockan är ~ fem** it's half past four, it's four thirty **fem [minuter] i ~ fem** twenty-five past four
halva SB half ⟨*pl* halves⟩
halvautomatisk semiautomatic
halvblod half-breed
halvbror half-brother
halvdan [fair to] middling, so-so
halvera halve
halvhjärtad half-hearted
halvklot hemisphere
halvkombi hatchback
halvlek half ⟨*pl* halves⟩
halvljus, köra på ~ drive with dipped (US dimmed) headlights **slå om till ~** dip one's headlights
halvmåne half-moon, crescent
halvnot minim
halvpension half board
halvstor medium [sized]
halvsyskon, ⟨**John och Ann**⟩ **är ~** are half-brother and half-sister
halvsyster half-sister
halvt ADV half **~ om ~** half-and-half **~ på skämt** half in jest
halvtid *sport* half-time **arbeta ~** work part-time
halvtimme half-hour **en ~ äv** half an hour
halvtorr *om vin* medium dry
halvvägs halfway, midway
halvår, ett ~ six months, half a year **varje ~** every six months
hambo ≈ Hambo [folk] dance
hamburgare hamburger, beefbuger
hammare hammer
hammock lawn swing, swinging sofa
hamn ~stad port, **~anläggning** harbour
hamna land [up], *bildl äv* end up, **råka [i] get*** [into]
hamnkvarter dockland

hamnstad port
hampa *växt* hemp
hamra hammer
hamster hamster
hamstra hoard
han he, *i vissa fall* him **det är ~** it's him ⟨**hon är äldre**⟩ **än ~** than him, than he is **alla utom ~** everybody but him
hand hand **knuten ~** fist
 VERB + hand
byta ~ change hands **ha ~ om sköta, förvalta** manage, handle, **ha vård om** look after, have care of, **ha ansvar för** be in charge of **ha fria händer** have a free hand **han har ingen ~ med djur** he does not know how to handle animals **knyta ~en** clench one's fist **knäppa händerna** fold (clasp) one's hands **ta ~ om** take care of
 PREPOSITION + hand
efter ~ little by little **efter ~ som** as **gjord (sydd) för ~** handmade **i första ~** at first hand **i andra ~** at second hand **hyra [ut] i andra ~** sublet, sublease **i goda händer** in good hands **hålla ngn i ~en** hold sb's hand **hålla varandra i ~** hold hands **ta ngn i ~** shake hands with sb **ta saken i egna händer** take the matter in one's own hands **Upp med händerna!** Hands up! **vara kall om händerna** have cold hands **på egen ~** alone, by oneself **på vänster ~** *till vänster* [on the] left **till ~s** at hand
handarbete needlework **ett ~** a piece of needlework
handbagage hand-luggage, *spec US* hand-baggage
handbojor handcuffs **sätta ~ på** ⟨**ngn**⟩ handcuff
handbok handbook, manual
handboll [team] handball
handbroms handbrake
handduk towel
handel trade, commerce, *illegal* traffic **~ och sjöfart** trade and shipping **~n med utlandet** foreign trade **driva ~ med varor** trade in ⟨**finnas**⟩ **i ~n** on the market
handelsavtal trade agreement
handelsfartyg merchant ship
handelshögskola school of economics
handelskammare chamber of commerce
handfallen, stå ~ be at a loss
handfat [wash] basin
handflata palm [of one's hand]

handfull, en ~ sand a handful of sand
handgjord handmade
handgranat hand grenade
handgripligen forcibly
handikapp *äv sport* handicap
handikappad ADJ handicapped, disabled
handikappvänlig handicap suited
handla 1 *köpa o sälja* deal*, trade, do* business ⟨**med** *varor* in, *personer* with⟩, *göra inköp* shop, *köpa* buy* **gå [ut] och ~** go shopping **2** *agera, bete sig* act **3 ~ om** *a*) ha till innehåll be about, deal with *b*) vara fråga om be a matter of
handlag, ha gott ~ med know how to handle, *barn, djur* be good with **ha det rätta ~et** have the knack of it
handlande *handlingssätt* acting, conduct
handled wrist
handleda instruct, *i studier* supervise
handledare supervisor
handledning instruction, *i studier* supervision, *handbok* guide ⟨**i** to⟩
handling 1 action, act **en ~ens man** a man of action **en brottslig ~** a criminal offence **2** *dokument* document **3** *i bok, film etc* story, action, plot
handlingsförlamad paralysed
handlingskraftig pushing, dynamic, *om regering* strong
handläggare ≈ official in charge of a (the) case
handlöst, falla ~ fall headlong
handpenning down payment, deposit
handskas, ~ med handle
handske glove **passa som hand i ~** fit like a glove
handskfack *i bil* glove compartment
handskriven handwritten
handslag handshake
handstil hand[writing]
handsvett, ha (lida av) ~ have clammy hands
handtag handle **ge** ⟨ngn⟩ **ett ~** lend ⟨sb⟩ a hand **han har inte gjort ett ~** ⟨**i hela sitt liv**⟩ he has never done a stroke [of work]
handvändning, i en ~ in no time, in a jiffy
handväska handbag, *US äv* purse
hane *djur av hankön* male
hangar hangar
hangarfartyg aircraft carrier
hanka, ~ sig fram [manage to] get along, get by

hankatt tomcat
hankön male sex
hans his
hantel dumbbell
hantera manage, handle
hantlangare assistant, *neds* henchman
hantverk *yrke* trade, *verksamhet* craft, *konkret* handicraft
hantverkare craftsman, craftswoman, artisan
hare hare, *feg person* chicken, *i löpning* pacemaker
harem harem
harkla sig hawk, clear one's throat
harkrank crane fly, daddy-longlegs
harmlös harmless
harmoni harmony
harmonisk *välklingande* harmonious, *om person äv* well-balanced **ett ~t äktenskap** a happy marriage
harmynt harelipped
harpa *musik* harp
harpun harpoon
harv harrow
hasa slide*, slither **~ ned** *om byxor etc* slip down **~ sig fram** shuffle along
hasardspel game of chance **ägna sig åt ~** gamble
hasch hash[ish]
hasp hasp
haspla, ~ ur sig reel off
hassel hazel
hasselnöt hazelnut
hast haste, hurry **i all ~** in great haste
hastig *snabb* quick, rapid, swift, *plötslig* sudden
hastighet 1 speed, *snabbhet äv* rapidity, swiftness **ljusets ~** the velocity (speed) of light **med en ~ av 140 kilometer i timmen** at a speed (rate) of 140 kph **2** *brådska* **i ~en** ⟨**glömde hon sin väska**⟩ in her hurry
hastighetsbegränsning speed limit
hastighetsmätare speedometer
hastigt ADV quickly, rapidly, fast **~ och lustigt** without much ado
hat hatred, hate
hata hate
hatisk full of hatred
hatt hat, *på tub, svamp* cap
hatta dither **~ omkring** flutter about
hatthylla [hat] rack
hav sea, *världs~* ocean **på andra sidan ~et** overseas **till ~s** ⟨**be**⟩ at sea, ⟨**go**⟩ to sea

på öppna ~et in the open sea ⟨**bo**⟩ **vid ~et** by the sea ⟨**200 meter**⟩ **över ~et** above sea level
havande pregnant
havandeskap pregnancy
haverera be wrecked
haveri [ship]wreck, *motor~* breakdown
havre oats ⟨*pl*⟩
havregryn porridge oats ⟨*pl*⟩
havregrynsgröt [oatmeal] porridge
havsband, i ~et in the outer skerries
havsytan the surface of the sea ⟨**200 meter**⟩ **över ~** above sea level
havsörn whitetailed [sea] eagle
hebreiska *språk* Hebrew
hed moor, heath
heder *ära* honour ⟨**svära**⟩ **på ~ och samvete** on one's honour **ta ~ och ära av ngn** defame sb **till hans ~** ⟨**måste det sägas att**⟩ to his credit **komma till ~s igen** come into favour again
hederlig *ärlig* honest, *hedervärd* honourable ⟨**ge honom**⟩ **en ~ chans** a decent (fair) chance
hederlighet honesty
hedersgäst guest of honour
hedersord word of honour **På ~!** Word of honour!
hederspris special prize
hederssak point of honour
hedning pagan, heathen
hedra honour **det ~r henne att** ⟨**hon ...**⟩ it does her honour (credit) that
hedrande honourable, *smickrande* flattering
hej Hello!, *spec US* Hi! **H~ då!** Bye Bye!, Be seeing you!
heja[1] VB *hälsa* say hello ⟨**på** to⟩, *sport* cheer '**~ på** *t ex ett lag* cheer, *stödja* support
heja[2] INTERJ Come on!
hejaklack cheering section
hejare, en ~ på a wizard at ⟨tennis⟩
hejd, det är ingen ~ på there is no limit to
hejda *stoppa* stop, *förhindra* check
hejdlös excessive, immoderate
hektar hectare ⟨*motsv* 2.47 acres⟩
hektisk hectic
hekto hectogram ⟨*motsv* 3.5 ounces⟩
hel 1 whole, *med tonvikt på stor omfattning* entire **en ~ dag** a whole (an entire) day **[under] ~a dagen** all day ⟨**han bodde där**⟩ **[i] ~a sitt liv** all his life **~a projektet** ⟨**misslyckades**⟩ the entire project **av ~a**

mitt hjärta with all my heart **i ~a landet** all over the country **Vad i ~a världen ... ?** What on earth ... ? **i det stora ~a, på det ~a taget** on the whole **över ~a världen** the world over **2** *inte trasig vara* ~ be whole (undamaged) **~a och rena** *t ex om barn* neat and tidy
hela VB *bota* heal
helautomatisk fully automatic
helfigur, porträtt i ~ full-length portrait
helg *kyrklig högtid* feast, festival, *~dag, ledighetsdag* holiday, *veckoslut* weekend
helga *hålla helig* keep* ⟨sth⟩ holy **~ vilodagen** keep (observe) the Sabbath
helgdag holiday
helgerån sacrilege
helgon saint
helhet whole **bilda en ~** form a whole **i sin ~** in full, in its entirety
helhetsintryck overall impression
helhjärtad wholehearted
helig holy, *föremål för vördnad* sacred **ett ~t löfte** a sacred promise
helikopter helicopter, *vard* chopper
helium helium
heller, ⟨**han kom inte,**⟩ **och inte hon ~** nor did she ⟨**han sa att han inte skulle komma**⟩ **och det gjorde han inte ~** and he didn't ⟨**jag tror det inte,**⟩ **och knappast någon annan ~** and hardly anybody else either **Jag är väl inte blind ~!** I'm not blind [, am I?]
helljus, köra på ~ drive with [one's] headlights full on
hellre rather **jag flyger ~ än jag åker tåg** I (I'd) rather fly than go by train
helnot semibreve, US whole note
helnykterist total abstainer
helomvändning, göra en ~ do a U-turn, do an about-turn
helpension full board and lodging
helsida full page
helsike, Dra åt ~! Go to blazes! **Vad i ~** ⟨**gör du?**⟩ What the blazes (heck)
Helsingfors Helsinki
helskinnad, klara sig ~ escape safe and sound
helspänn, sitta (vara) på ~ be on tenterhooks
helst 1 rather, preferably **jag stannar ~ (vill ~ stanna)** I'd rather stay ⟨**Vill du stanna kvar?**⟩ **H~ inte** I'd rather not **Vad vill du ~ ha?** What would you prefer? **~ före**

helt – herre

klockan elva preferably before eight o'clock **2** *uttryck med 'som'* **hur som ~** anyhow **hur långt som ~** any distance **hur länge som ~** any amount of time **hur många gånger som ~** any number of times **när som ~** [at] any time **vem som ~** anyone, anybody **vad som ~** anything [at all] **var som ~** anywhere **ingen som ~ anledning** no reason whatever (at all)

helt ADV wholly, entirely, *alldeles* quite **~ och fullt** fully **~ och hållet** wholly, entirely, completely **en ~ annan sak** quite another matter **~ enkelt** simply **~ nyligen** only (just) recently **~ nöjd** fully satisfied **göra ~ om** turn (*US* face) about **~ plötsligt** all of a sudden

heltid, arbeta [på] ~ work full time

heltäckande *fullständig* comprehensive **~ matta** wall-to-wall carpeting

helvete ⟨↔ fan, tusan⟩ hell **Helvetet** Hell **en ~s massa pengar** a hell of a lot of money **I ~ heller!** Like hell I will (it was ⟨*etc*⟩)! **Vad i ~ säger du?** What the hell are you saying? **Dra åt ~!** Go to hell! **det gick åt ~** it went to pot

helvetisk infernal

hem¹ SB home, *bostad äv* house, place, *institution* home **lämna ~met** leave home

hem² ADV home **bjuda ~ ngn** invite sb home **följa ngn ~** see sb home **Hälsa ~!** Remember me to your people (family) **nu kan vi hälsa ~** [now] we've had it **Kom ~ till mig i morgon!** Come [round] to my place tomorrow ⟨skämtet⟩ **gick ~** went home **ta ~ spelet** win the game

hemarbete 1 *hushållsarbete* housework **2** *hemuppgift[er]* homework

hembakad home-made

hembesök home visit

hembiträde [house] maid, domestic [servant]

hembränning home-distilling

hembränt home-distilled spirits, moonshine

hemförsäkring ≈ comprehensive household insurance

hemhjälp home (domestic) help

hemifrån from home **resa ~** leave home

heminredning interior decoration

hemkomst return [home]

hemkunskap home economics ⟨*pred i sg el pl*⟩

hemlagad home-made **~ mat** *äv* home cooking

hemland native land (country), homeland

hemlig secret ⟨**för** from⟩, *som sker i smyg äv* clandestine **~t telefonnummer** ex- -directory (*US* unlisted) number

hemlighet secret **ha ~er för ngn** have secrets from sb **i ~** in secrecy (secret)

hemlighetsfull secretive, *mystisk* mysterious

hemlighetsfullhet secrecy

hemlighetsmakeri mystery-making

hemligstämplad classified

hemlängtan homesickness

hemma at home **~ hos oss** at our place, in our home **höra ~ i** *en grupp o d* belong to (among) **känna sig ~** feel at home **Känn dig som ~!** Make yourself at home **han är inte ~ än** he isn't home (back) yet **borta bra men ~ bäst** East, West, home is best

hemmafru housewife ⟨*pl* housewives⟩

hemmamatch home match

hemmaplan home ground

hemorrojder haemorhoids, *vard* piles

hemort domicile

hemsk terrible, horrible, *svagare* awful

hemslöjd handicraft, arts and crafts ⟨*pl*⟩

hemspråksundervisning home language tuition

hemtjänst home help [service]

hemtrakt, min ~ the region (part of the country) where I come from

hemtrevlig cosy [and comfortable], snug

hemväg way home

hemvärn home guard

hemåt homeward[s] **bege sig ~** set out for home

henne her

hennes PRON *förenat* her, *självständigt* hers **~ bil** her car **den är ~** it's hers

herde *äv bildl* shepherd

hermelin ermine

heroin heroin

herpes herpes

herr, ~ Brown Mr[.] Brown

herravdelning *i t ex varuhus* men's department, *på t ex badhus* men's section

herravälde domination, dominion **ha ~t i ett land** have dominion (control) over a nation **under brittiskt ~** under British rule

herrcykel man's [bi]cycle (bike)

herrdubbel men's doubles ⟨*pred i sg*⟩

herre 1 gentleman **2** *i tilltal* ⟨*utan namn*⟩

Kan jag hjälpa min ~? Can I help you, sir? Mina damer och herrar! Ladies and gentlemen! **3** *härskare, husbonde* master, lord **herrn i huset** the master of the house **vara ~ på täppan** rule the roost **vara sin egen ~** be one's own master (*om kvinna* mistress) **sådan ~ sådan hund** like master, like dog **4** *religion o i kraftuttryck* **H~n, Herran** the Lord **H~ Gud,** ⟨**vad har du gjort!**⟩ Good Lord **ett herrans oväsen** a dreadful noise ⟨**vi har inte träffats**⟩ **på många herrans år** for ages **Vad i herrans namn** ⟨**gör du?**⟩ What on earth
herrelös ownerless **en ~ hund** *äv* a stray dog
herrgård country house, manor, hall
herrgårdsvagn estate car, *spec US* station wagon
herrkläder men's clothes (wear ⟨*sg*⟩)
herrskap 1 *makar* **~et Johnson** Mr. and Mrs. Johnson **2 Mitt ~!** Ladies and gentlemen!
herrtoalett gentlemen's lavatory, *vard* gents ⟨*pred i sg*⟩, *US äv* men's room
hertig duke
hertiginna duchess
hes hoarse
het hot, *hetsig, intensiv* heated **en ~ diskussion** a heated discussion **~ kärlek** ardent love **få det ~t om öronen** get into hot water **vara ~ på gröten** be overeager
heta be called (named) **Vad heter han?** *äv* What's his name? **Vad heter ... på engelska?** What is the English for ... ?
heterosexuell heterosexual
hetlevrad hot-headed, hot-tempered
hets 1 *förföljande* persecution ⟨**mot** of⟩ **2** *jäkt* rush
hetsa 1 *egga [upp]* incite, excite, rouse **~ upp sig** get excited, work oneself up **2** *jäkta* rush
hetsig hot-tempered, *om dispyt etc* heated
hetsjakt *förföljelse* persecution ⟨**på** of⟩
hetta¹ SB heat **i stridens ~** in the heat of the battle
hetta² VB *vara het* be hot **~ upp** heat [up] **det ~r i kinderna** ⟨**på mig**⟩ my cheeks are burning
hicka¹ SB hiccup[s] **ha ~** have the hiccups
hicka² VB hiccup
hierarki hierarchy
hi-fi-anläggning hi-fi set
Himalaya the Himalayas ⟨*pl*⟩

himla ADV awfully, terribly, darned
himlakropp celestial body
himmel 1 sky, *himlavalv* sky **allt mellan ~ och jord** everything under the sun ⟨**sova**⟩ **under bar ~** out[doors] **2** *paradis*, **~rike** heaven, Heaven
himmelsfärdsdag, Kristi ~ Ascension Day
himmelsk heavenly, celestial, *bildl äv* divine
hind hind
hinder 1 obstacle **2** *sport* hedge, fence, *häck* hurdle
hinderbana steeplechase course
hinderlöpning steeplechase
hindra prevent, stop ⟨**båda: sb from doing sth**⟩, *spärra* block **låt inte mig ~ dig i ditt arbete** don't let me keep you from your work ⟨**boken är illa skriven,**⟩ **men det ~r inte att** ⟨**den är värd att läsa**⟩ but in spite of that, but still
hindu Hindu
hinduism Hinduism
hingst stallion
hink bucket, *skur~, mjölk~* pail
hinna¹ SB film, *biol* membrane
hinna² VB **1** *komma [fram till]* get*, reach **Hur långt hinner vi på en dag?** How far will we get in one day? **vi hinner** we'll get there in time **jag har hunnit till sidan 40** I have got to page 40 **Vi hann!** We made it! **~ fram a)** *om plats* arrive, get here (there) **b)** *om tid* get ⟨somewhere⟩ in time **~ fram till en plats** reach **~ ifatt** catch [up with] **~ med tåget** catch the train **inte ~ med tåget** miss the train **2** *ha (få) tid* have (get*, find*) the time **~ göra ngt** have the time to do sth **så fort jag hinner** as soon as I can **färgen hade [redan] hunnit torka** the paint was already dry **~ med** få tid till have time for
hiss lift, *US* elevator
hissa hoist, *t ex en segrare* toss
hissna *känna svindel* feel* dizzy
historia 1 *vetenskap* history **gå till historien** go down in history **2** *berättelse* story ⟨**om** about⟩ **3** *händelse* affair, business **en besvärlig ~** a tricky business
historiker historian
historisk historical, *märklig, viktig, berömd* historic **ett ~t beslut** a historic decision
hit ADV here, **~åt** this way **~ och dit** to and fro **ända ~** as far as this

hitta 1 *finna* find*, *träffa på* come* across ~ **vägen** find one's way ~ **hem** *känna till vägen* know one's way [home] 2 ~ **på** a) *komma på* ⟨*ngt att säga*⟩ think of b) *uppfinna* invent c) *ljuga ihop* make up
hittebarn foundling
hittegods lost property
hittelön [finder's] reward
hittills until (till) now, so far
hitåt this way
hjord herd, flock
hjort deer ⟨*lika i pl*⟩
hjortron cloudberry
hjul wheel
hjula turn cartwheels
hjulbent bandy-legged, bow-legged
hjälm helmet
hjälp 1 help, *bistånd äv* aid, *med~* assistance, *understöd* support, relief **första ~en** first aid **Tack för ~en!** Thank you for your [kind] help **vara till ~ för** be of help (use) to **med ~ av** ⟨**ngt**⟩ by means of, with the aid of 2 *botemedel* remedy ⟨**mot för**⟩
hjälpa help, *bistå äv* aid ~ **till** assist, lend a hand **Kan jag ~ till?** Can I help you?
hjälpas, det kan inte ~ it can't be helped ~ **åt** help one another
hjälpklass remedial class
hjälplös helpless
hjälpmedel aid
hjälpsam helpful
hjälpverb auxiliary [verb]
hjälte hero ⟨*pl* -es⟩
hjältinna heroine
hjärna brain **hon har en skarp ~** she has got brains ⟨**vara**⟩ **~n bakom ngt** the brains behind sth
hjärnblödning cerebral haemorrhage, stroke
hjärnhinneinflammation meningitis
hjärnskakning concussion
hjärntvätta brainwash
hjärta heart **ett gott ~** a kind heart **jag har inte ~ att säga det** I haven't the heart to say so **han har ~t på rätta stället** he has his heart in the right place **lätta sitt ~** unburden oneself **av hela mitt ~** with all my heart **med ~t i halsgropen** with one's heart in one's mouth (throat) **ha ngt på ~t** have sth on one's mind
hjärtattack heart attack
hjärtbyte heart transplant

hjärtekrossare lady-killer, *om kvinna* heart-breaker
hjärter hearts ⟨*pred i sg el pl*⟩ **en ~ bud** one heart
hjärtfel heart disease (condition)
hjärtklappning, ha ~ have palpitations
hjärtlig cordial, hearty ⟨**mot to**⟩ **H~a lyckönskningar på födelsedagen!** Many happy returns [of the day]! **H~t tack!** Thank you very much!
hjärtslitande heartbreaking
hjässa crown **kal ~** bald head
ho trough, *disk~, tvätt~* sink
hobby hobby
hockey *is~* ice hockey
hojta shout, yell
hokuspokus SB hocus-pocus
holk 1 *fågelbo* nesting box 2 *bot* calycle
Holland Holland, the Netherlands
holländare ⟨↔ engelsman⟩ Dutchman
  holländarna *folket, laget etc* the Dutch
holländsk ⟨↔ engelsk-⟩ Dutch
holländska ⟨↔ engelska⟩ 1 *språk* Dutch 2 *kvinna* Dutchwoman
holme islet
homosexuell homosexual
hon she, *i vissa fall* her **det är ~** it's her ⟨**han är yngre**⟩ **än ~** than her, than she is **alla utom ~** everybody but her
hona female
honkatt she-cat
honkön female sex
honnör *hälsning* salute **göra ~ för** salute
honom him
honorar fee
honung honey
hop SB lot, bunch, *av ting äv* heap, *av människor äv* crowd ⟨**alla: of**⟩ **en hel ~** [**med**] **pengar** heaps (lots) of money **en ~** ⟨**trashankar**⟩ a bunch of
hopa, hopa sig heap (pile) up, accumulate
hopfällbar *om stol, säng o d* collapsible, folding ⟨*före sb*⟩, *om cykel* fold-up ⟨*före sb*⟩
hopfälld folded, *om paraply* furled
hopklämd squeezed together, *tillplattad* flattened
hopkok mishmash, hotchpotch
hopkrupen crouching, hunched up
hopp[1] *som man har* hope **ha (hysa) ~ om** have hopes of **allt ~ är ute** there is no longer any hope **ge upp ~et** give up hope

i ~ om ⟨**att**⟩ hoping **leva på ~et** live in hope
hopp² *som man tar* jump, *språng äv* leap, bounce
hoppa jump, leap* **~ högt av förskräckelse** jump with fright **~ och skutta** skip about **~ höjdhopp** do the high jump **~ rep** skip, US jump rope **~ i vattnet** jump (plunge) into the water
☐ **hoppa av** a) *bussen, tåget etc* jump off b) *dra sig ur* back out, *skolan, jobb etc* quit
☐ **hoppa in** a) *i bil* hop in b) *som ersättare* step in
☐ **hoppa på** a) *bussen, tåget etc* jump on [to] b) *anfalla* set on, jump on c) *ett erbjudande, en idé* jump at
☐ **hoppa till** *av överraskning* jump, give a start
☐ **hoppa över** a) *mur, hinder etc* jump over b) *utelämna* skip
hoppas hope ⟨**på** for⟩ **det ~ jag** I hope so **det ~ jag inte** I hope not
hoppbacke ski jump
hoppfull hopeful
hoppingivande encouraging
hopplös hopeless, *desperat* desperate
hopplöshet hopelessness, despair
hopprep skipping rope, US jump[ing] rope
hopsjunken shrunken, *utmattad* collapsed
hopslagen *om bok* closed
hopvikt folded
hora SB whore
hord horde
horisont horizon **vid ~en** on the horizon **vidga sin ~** widen one's horizons
horisontell horizontal
hormon hormone
horn horn, *på hjortdjur äv* antler **ha ett ~ i sidan till ngn** have it in for sb, have a grudge against sb
hornhinna cornea
horoskop horoscope **ställa ngns ~** cast sb's horoscope
hos 1 with, *at* **jag bor ~ min morbror** I am staying with my uncle (at my uncle's) ⟨**vi kan träffas**⟩ **~ mig** at my place ⟨**hon är**⟩ **~ tandläkaren** at the dentist's **jag har varit ~ tandläkaren** I have been to the dentist **2** *bredvid, intill* by **Kom och sitt ~ mig** Come and sit by me **3 ~ berberna** ⟨**finns en sedvänja ...**⟩ among the Berbers **Vad är det du gillar ~ honom?** What is it you like about him? **Vad ser du ~ henne?** What do you see in her? ⟨**avgörandet**⟩ **ligger ~ dig** lies with you
hosta¹ SB cough **ha ~** have a cough
hosta² VB cough
hot threat ⟨**mot** to⟩
hota threaten, menace **~ med att** threaten to
hotell hotel **~ Plaza** the Plaza [Hotel]
hotellreception reception desk
hotellrum [hotel] room **beställa ~** book a room
hotelse threat
hotfull threatening, menacing
hov¹ *på djur* hoof ⟨*pl* hooves *el* hoofs⟩
hov² *kring regent etc* court **vid ~et** at court
hovmästare head waiter **Hovmästarn! Waiter!**
hovrätt ≈ court of appeal
hovtång ⟨↔ **tång²**⟩ pincers ⟨*pl*⟩
huckle kerchief
hud skin, *från större djur* hide
hudfärg colour of the skin, *hy* complexion
hudfärgad flesh-coloured
hudkräm skin cream
hudläkare dermatologist
hudsjukdom dermatological (*vard* skin) disease
hugg cut, *t ex kniv~ o bildl* stab, *med tänder* bite **vara på ~et** be on the ball
hugga *med yxa, svärd* cut*, *med kniv o d* stab, *med tänder* bite*, *klyva* chop **~ ved** chop (cut) wood **~ klorna i** sink one's claws into **~ i sten** *bildl* ≈ be miles off the target **det är hugget som stucket** ≈ it's six of one and half a dozen of the other **~ tag i** catch, grab hold of
☐ **hugga av** cut off
☐ **hugga i** a) *ta i* go at it b) *hjälpa till* lend a hand
☐ **hugga ner** *person* stab, cut down, *träd* fell
☐ **hugga till: det högg till** ⟨**i ryggen**⟩ *gjorde ont* he ⟨*etc*⟩ felt a twinge
huggorm viper
huggtand fang
huj, i ett ~ in a jiffy
huk, sitta på ~ squat
huka sig squat (crouch) [down]
hull flesh **lägga på ~et** put on weight
huller, ligga ~ om buller be in disorder
human humane **~a priser** reasonable

prices
humanistisk humanistic ~ **linje** *på gymnasium* ≈ the liberal arts course
humanitär humanitarian
humla bumblebee
humle hops ⟨*pl*⟩
hummer lobster
humor [sense of] humour **ha ~ have** a sense of humour
humoristisk humorous
humör mood, humour, temper **förlora ~et** lose one's temper **ha ett glatt ~** have a cheerful temper **hålla ~et uppe** keep one's spirits up **vara på dåligt ~** be in a bad mood
hund dog, *jakt~ äv* hound
hundkoja kennel, *US* doghouse
hundra a hundred **ett ~ mer betonat** one hundred **två ~** two hundred
hundrade hundredth
hundradel hundredth
hundralapp [one-]hundred-krona note
hundras [dog] breed
hundratal hundred **ett ~** ⟨*bilar*⟩ some (about a) hundred
hundratals, ~ ⟨*bilar*⟩ hundreds of
hundraåring centenarian
hundraårsjubileum centenary, *US* centennial
hundsim dog paddle
hundskall → **skall**¹
hundvalp pup, puppy
hunger hunger ⟨**efter** for⟩
hungersnöd famine
hungrig hungry, *starkare* starving ⟨*båda:* **på** for⟩
hunsa push around, *starkare* bully
hur 1 how **H~ dags?** At what time? **H~ då?** How?, In what way? **H~ sa?** Sorry?, [I beg your] pardon? **H~ så?** Why? **H~ blir det med** ⟨**leveransen?**⟩ What about **H~ kan det komma sig** ⟨**att**⟩ How is it, *vard* How come **H~ mår du?** How are you? **H~ ser den ut?** What does it look like? **2 ~ vi än gör** no matter what we do, whatever we do **3 ~ som helst** → **helst**
hurdan, H~ är han? What sort of person is he? **H~ är han som sångare?** What is he like as a singer? **H~t väder ska det bli?** What sort of weather is it going to be?
hurra¹ *VB* cheer ~ **för** cheer, give ⟨*sb*⟩ a cheer **inte mycket att ~ för** nothing to write home about

hurra² INTERJ hurrah, hoorah, hooray
hurtbulle hearty [type], keep-fit fanatic
hurtig *käck, rask* brisk, *hurtfrisk* hearty
hurts *del av skrivbord* pedestal, *fristående* drawer unit
huruvida whether
hus house, *byggnad* building ⟨**jag vet inte**⟩ **var han håller ~** where he's got to
husbil camper
husbonde master
husdjur domestic animal, *sällskapsdjur vanl* pet
husesyn, gå ~ hos vänner make a tour of the house
husgeråd ⟨*pl*⟩ *kökssaker* household utensils
hushåll 1 *sysslor* household duties ⟨*pl*⟩, housework **ha eget ~** do one's own housekeeping **sköta ~et** do the housework **2 ett tre personers ~** a household of three
hushålla, ~ med economize on
hushållerska housekeeper
hushållning *sparsamhet* economy, thrift
hushållsarbete housework, *frml* domestic work
hushållspapper paper (kitchen) towel **en rulle ~** a kitchen roll
huskur household remedy
huslig domestic
husläkare family doctor
husmanskost [good] plain cooking
husmor 1 *i familj* housewife **2** *yrke* matron
husockupant squatter
husrannsakan, göra ~ search the house (place, premises)
husrum accommodation, lodging
husse master
hustru wife ⟨*pl* wives⟩
husvagn caravan, *US* trailer
hut, Vet ~! Shame on you!
hutlös shameless
hutt, ta sig en ~ have a dram
huttra shiver ⟨**av** with⟩
huv hood, *på små föremål* cap
huva hood
huvud head **ha ~et på skaft** have one's head screwed on **hålla ~et kallt** keep a cool head **de slog sina kloka ~en ihop** they put their heads together **slå ~et på spiken** hit the nail on the head **tappa ~et** lose one's head **ha ont i ~et** have a headache **vinet steg mig åt ~et** the wine went to my

head
huvudbonad headgear ⟨*endast sg, ej obest art*⟩
huvudingång main entrance
huvudkontor head office
huvudkudde pillow
huvudled major road
huvudperson *i berättelse o d* main character
huvudroll principal (leading) part
huvudräkning mental arithmetic
huvudrätt main course
huvudsak main thing **i ~** in the main
huvudsakligen mainly, mostly, in the main
huvudstad capital ⟨**i** of⟩
huvudstupa *äv bildl* headlong
huvudvärk headache
huvudvärkstablett headache pill, aspirin
hux flux all of a sudden
hy complexion, *hud* skin
hyacint hyacinth
hybrid SB, ADJ hybrid
hyckla be a hypocrite **~ vänskap** feign friendship
hyckleri hypocrisy
hydda hut
hydraulisk hydraulic
hyena hyena
hyfs [good] manners ⟨*pl*⟩
hyfsa, ~ till touch up, *hår o d* tidy up
hyfsad 1 *om person* well-mannered **2** *rimlig* reasonable, *ganska bra* decent
hygglig 1 *vänlig* kind, nice ⟨**båda: mot** to⟩ **2** *skälig, rimlig* reasonable, *ganska bra* decent
hygien hygiene
hylla¹ SB shelf ⟨*pl* shelves⟩, *möbel* set of shelves, *bagage~* rack
hylla² VB acclaim, *berömma* praise, *gratulera* congratulate
hyllning *lovord* acclaim, praise, *hyllningsbevis* tribute, *på födelsedag* congratulations ⟨*pl*⟩
hylsa case, casing
hymn hymn, anthem
hypnos hypnosis
hypnotisera hypnotize
hypnotisör hypnotist
hypokondrisk hypochondriac
hypotes hypothesis ⟨*pl* hypotheses⟩
hyra¹ SB *för bostad* rent, *hyresbelopp för bil,*

TV etc rental **Vad betalar du i ~?** What rent do you pay?
hyra² VB rent **~ bil** rent (*GB äv* hire) a car **~** ⟨**ngt**⟩ **i andra hand** sublease **~ ut** *annat än bostad* hire out, *bostad vanl* let [out]
hyrbil rental car
hyresgäst tenant, *inneboende* lodger, US roomer
hyreshus block of flats, US apartment house
hyreskontrakt lease
hyreslägenhet rented flat (*spec US* apartment)
hyresvärd landlord, *kvinnlig* landlady
hysa 1 *ge husrum åt* house, accommodate **2** *känna* **~ agg mot** bear ⟨sb⟩ a grudge **~ förtroende för** have confidence in
hysch-hysch hush-hush
hyss, han hade något ~ för sig he was up to some mischief
hyssja hush
hysteri hysteria, **~anfall** hysterics ⟨*pred i sg el pl*⟩
hysterisk hysterical **bli ~** have hysterics **få ett ~t anfall** have a fit of hysterics
hytt booth, *sjö* cabin, *bad~* hut
hyvel plane
hyvelspån ⟨*pl*⟩ shavings
hyvla plane, *ost* slice
håg, glad i ~en in a happy mood
håglös listless
hål hole **det gick ~ på ballongen** the balloon burst **sticka ~ på** puncture
håla *äv tråkig ort* hole, *grotta* cave
hålfot arch
håll 1 *avstånd* distance ⟨**skjuta**⟩ **från (på) långt ~** at long range **på nära ~** close at hand, near by ⟨**se ngt**⟩ **på långt ~** from a distance **2** *riktning* direction **från motsatt ~** from the opposite direction ⟨**söka hjälp**⟩ **på annat ~** elsewhere **åt andra ~et** the other way **de gick åt var sitt ~** they went in separate directions **Åt vilket ~ gick han?** Which way did he go? **3** *medicin* **jag har [fått] ~** I've got a stitch
hålla
UTAN OBJEKT
1 hold* **Håller det här repet?** Will this rope hold? **glaset höll** the glass didn't break
2 keep* **~ rent hemma** keep the house clean **Håll tyst!** Keep quiet!, Shut up!
MED OBJEKT
3 hold*, *behålla* keep* **han kunde inte ~**

balansen he couldn't keep his balance ~ ngt hemligt keep sth secret ~ ngn kär love (be fond of) sb ~ för hög hastighet drive (go) too fast
- □ **hålla av** be fond of
- □ **hålla borta** keep away
- □ **hålla fast** hold **hon håller fast vid sin åsikt** she sticks to her view
- □ **hålla fram** hold out
- □ **hålla i** hold ~ sig a) *fortsätta, vara* hold, last b) *hålla sig fast* hold on ⟨**i to**⟩
- □ **hålla ihop** *samarbeta, inte dela på sig* stick (keep) together
- □ **hålla kvar** hold, keep
- □ **hålla med: jag håller med** I agree [with you]
- □ **hålla på: ~ att läsa** be reading **~ att drunkna** be on the point of drowning, nearly drown
- □ **hålla till** *vard* hang out
- □ **hålla tillbaka** hold (keep) back
- □ **hålla upp** a) *lyfta* hold up b) *sluta* stop
- □ **hålla ut** hold out

hålla sig 1 *behärska sig* contain (restrain) oneself **jag kunde inte hålla mig för skratt** I couldn't help laughing **2** *behålla egenskap el läge* ~ **beredd** hold oneself ready (in readiness), be prepared ~ **lugn** keep calm, *inte bråka* keep quiet ~ **i form** keep fit **mjölken har inte hållit sig** the milk hasn't kept ~ **allvarlig** keep a straight face
hållare holder
hållbar durable **vara ~** *om mat* keep
hållhake, ha en ~ på have a hold on
hålligång, det var ~ ⟨**hela natten**⟩ we ⟨*etc*⟩ had a ball
hållning 1 *kropps~* posture, *uppträdande* bearing **2** *inställning* attitude
hållplats stop
hålslag [paper] punch
håltimme free period
hån scorn **vara ett ~ mot** be an insult to
håna pour scorn on, *förlöjliga* mock, scoff at
hånfull scornful, *spydig* mocking
hångel necking, [heavy] petting
hångla neck, pet ⟨*båda:* **med ngn** [with] sb⟩
hånle sneer ⟨**åt** at⟩
hånleende sneer
hånskratt scornful laugh
hånskratta laugh scornfully ⟨**åt** at⟩

hår hair [ett] **vackert ~** beautiful hair **det kom ~et att resa sig på mitt huvud** it made my hair stand on end **det var på ~et att jag förlorade** I came within an ace of losing **hänga på ett ~** hang by a thread
håra, ~ av sig shed one's hair
håravfall loss of hair
hårband *prydnad* hair-ribbon
hårborste hairbrush
hårborttagningsmedel hair remover
hårbotten scalp
hård hard ⟨**mot** on⟩, *sträng äv* severe ⟨**mot** on, with, toward[s]⟩, *styv* stiff **hårt bröd** *knäckebröd* crispbread **det är ~a bud** that's pretty tough ~ **konkurrens** stiff competition ~ **kritik** harsh (severe) criticism ~ **vind** strong wind ~ **i magen** constipated
hårddisk hard disk
hårdhandskar, ta i med ~na mot get tough with, crack down on
hårdhet ⟨↔ hård⟩ hardness, severity, stiffness
hårdhudad thick-skinned, hard-bitten
hårdhänt ADJ rough ⟨**mot** with⟩
hårding toughie
hårdkokt *äv bildl* hard-boiled
hårdna ⟨↔ hård⟩ harden, become* (get*) hard[er] ⟨*etc*⟩
hårdporr hard-core porn
hårdsmält *äv bildl* indigestible, hard to digest
hårdvaluta hard currency
hårdvara *data* hardware
hårfin fine, subtle **en ~ seger** a narrow victory
hårfrisör hairdresser
hårfrisörska hairdresser
hårfäste hairline
hårgelé hair gel
hårig hairy
hårklyveri hairsplitting ⟨*endast sg*⟩
hårnål hairpin
hårspänne hair slide
hårstrå hair
hårt ⟨↔ hård⟩ ADV hard, severely **arbeta ~** work hard **krama ~** hug ⟨sb⟩ tight **sitta ~ fast** be firmly stuck **sitta ~** [**åt**] *om kläder* be tight **ta ngt ~** take sth hard **~ beskattad** heavily taxed **~ åtsittande** tight[-fitting]
hårtork hair dryer
håv net, *fjärils~* butterfly net, *fisk~* fishing net

håva, ~ **in (upp)** *fisk* land ~ **in** *pengar o d* rake in

häck[1] *planterad* hedge, *sport* hurdle, ~**löpning** hurdles ⟨*pred i sg*⟩

häck[2] **1 ha ~en full** be up to one's eyes in work **2** *på person* behind, bum **Ta dig i ~en!** Up yours!

häcka 1 breed˙ **2** *hålla till* hang˙ about

häcklöpning hurdles ⟨*pred i sg*⟩

häckningstid breeding season

häda blaspheme

hädanefter from now on

hädelse blasphemy

häfta[1] SB → **plåster**

häfta[2] VB *med häftapparat* staple ⟨**samman** together⟩ ~ **fast ngt** ⟨**vid**⟩ fasten sth ⟨to⟩

häftapparat stapler

häfte *skrift* booklet, *att skriva i* exercise book

häftig 1 *våldsam* violent, fierce, *hetsig* fiery, *om diskussion* heated, *om smärta* acute, sharp **2** *bra* cool, great

häftstift drawing pin, US thumbtack

häger heron

hägg bird cherry

hägring mirage

häkta VB **1 ~ av (upp)** unhook ~ **på** hook on **2** *jur* detain **den ~de** the detainee

häkte custody

häktning arrest, detention

häl heel **jag hade dem i ~arna** they were hot on my heels **hack i ~ på ngn** hard on the heels of sb

hälare receiver, *vard äv* fence

häleri receiving [stolen goods]

hälft half ⟨*pl* halves⟩ **min äkta ~** my better (other) half **betala ~en var** go halves **till ~en dold** half hidden

häll *berg~* flat rock

hälla VB pour ~ **upp** ⟨**ett glas öl**⟩ pour out

hälleflundra halibut ⟨*pl lika el* -s⟩

hällristning rock carving

hälsa[1] SB health **vid dålig ~** in poor health

hälsa[2] VB **1** *välkomna* greet ~ **välkommen** welcome ~ ⟨**ngt**⟩ **med glädje** welcome **2** *säga goddag* say˙ how do you do, *säga hej* say˙ hello **3** *sända hälsning* send˙ one's regards ⟨*till familj o vänner* love⟩ **H~ dina föräldrar!** Give my regards to your parents **H~ dem att jag kommer** Tell them that I'm coming **hon lät ~ att hon** ⟨**var försenad**⟩ she sent word that **Vem får jag ~ från?** What name, please?, Who's calling, please? **4 ~ 'på** visit

hälsena Achilles' tendon

hälsning 1 *vid möte o d* greeting **2 ~ar** ⟨**till din fru**⟩ regards, *till familj o vänner* love **Hjärtliga ~ar, Ann** *i brev* Best regards, Ann, *intimare* Love, Ann **Med vänlig ~** Yours sincerely, ⟨**Ann Lee**⟩, *intimare* Yours, ⟨**Ann**⟩

hälsobrunn spa

hälsofarlig *om miljö etc* insanitary **vara ~** be a health risk

hälsokontroll [medical] checkup

hälsokost health food

hälsosam *äv bildl* healthy

hälsotillstånd [state of] health

hälsovårdsnämnd ≈ public health committee, US ≈ department of health

hämma *spec psyk* inhibit, *produktion o d* hamper ~ **blodflödet** staunch (stem) the bleeding

hämmad *psyk* inhibited

hämnas take˙ [one's] revenge ⟨**på on**⟩ **Jag tänker ~!** I will get my revenge!

hämnd revenge **som ~** in revenge

hämndbegär vindictiveness

hämndlysten vindictive, revengeful

hämning *äv psyk* inhibition

hämningslös unrestrained, uninhibited

hämta fetch, [go˙ and] get˙, *av vanl* collect, *med bil o d äv* pick up **gå och ~ ngt åt ngn** get sb sth ~ **andan** get one's breath back ~ **nya krafter** recover one's strength

hämta sig recover ⟨**efter** from⟩

hända happen, *inträffa äv* occur, take˙ place **det har hänt en olycka** there has been an accident

händelse 1 occurrence, happening, *betydelsefull* event, *mindre viktig* incident **2 av en ~** ⟨**var jag hemma**⟩ by coincidence (chance) **jag hörde av en ~** I happened to hear **i alla ~r** in any case, at all events

händelseförlopp course of events

händelselös uneventful

händelserik eventful

händelsevis by chance (accident)

händig handy

hänförd enchanted, ecstatic

hänförelse enchantment, ecstacy

hänga 1 hang˙ ⟨*regelbundet i betydelsen 'avrätta'*⟩ **en lampa hängde i taket** a lamp hung from the ceiling ⟨**mördaren**⟩ **hängdes** was hanged **stå och ~** hang about (around) ~ **med huvudet** hang

H hängare – häxa

[down] one's head ~ **om halsen på ngn** cling round sb's neck **2 ~ på** *bero på* depend (hang) on

▫ **hänga efter** *vara intresserad av* run after
▫ **hänga ihop** hang together, *om personer* stick together **problemet hänger ihop med** ⟨**inflationen**⟩ the problem is connected with (related to)
▫ **hänga med** *a)* *komma (följa) med* come along *b) fatta* follow *c) i ngns fart* keep up with
▫ **hänga undan** put away, *åt kund* put by (aside) for sb
▫ **hänga upp** hang [up] **~ sig** *råka ur funktion* stop working, break down **~ sig på småsaker** worry (make a fuss) about details

hänga sig hang oneself
hängare *i plagg, galge* hanger
hänge sig let* oneself go **~ åt** give oneself up to, devote oneself to, *njutning* indulge in
hängig out of sorts, off-colour
hängiven devoted ⟨**ngn (ngt)** to sb (sth)⟩
hängivenhet devotion ⟨**för** to⟩, *utlevelse* abandon
hänglås padlock
hängmatta hammock
hängning *äv avrättning* hanging
hängslen braces, US suspenders
hängväxt hanging plant
hänsyn consideration **av ~ till** out of consideration for **ta ~ till** take ⟨**sth**⟩ into account (consideration), consider **med ~ till** *med tanke på* considering
hänsynsfull considerate ⟨**mot** to[wards]⟩
hänsynslös *vårdslös* reckless ⟨**mot** to⟩, *hård* ruthless ⟨**mot** to[wards]⟩
hänvisa refer ⟨**till** to⟩ **vara ~d till** *beroende av* be dependant on **vi ~des till** ⟨**receptionen**⟩ we were requested to go (turn) to
hänvisning reference **med ~ till** referring to
häpen amazed, astounded ⟨*båda:* **över** at⟩
häpna be amazed
häpnadsväckande amazing, astounding
här[1] SB army
här[2] ADV here **de ~** these **den ~** this **så ~ gör man** this is how it's done **~ bor jag** this is where I live
härd *eldstad* hearth, fireplace

härda harden jag ~de inte ut längre I couldn't stand it any longer
härdsmälta meltdown
härifrån from here **de åkte ~** ⟨**i går**⟩ they left here
härja 1 *förstöra o d* ravage **2** *om sjukdom* rage **3 vara ute och ~** svira live it up, *leva rövare* go on a rampage
härjad *om person* haggard, wasted
härleda derive
härlig wonderful, lovely, *vard* gorgeous **Han är för ~!** *rolig* He's a scream!
härma imitate, *elakt äv* ape
härmed hereby **~ intygas** ⟨**att**⟩ this is to certify
häromdagen the other day
härs, ~ och tvärs this way and that
härska 1 *utöva makt* rule, reign **2** *råda* reign, prevail
härskare ruler, sovereign, *herre* master ⟨*alla:* **över** of⟩
härsken 1 rancid **2** *om person* cross, *sur* sulky
härsklysten domineering, *vard* bossy
härskna 1 go* rancid **2 ~ till** get cross
härstamma originate, come*
härstamning origin
härva 1 *tilltrasslad tråd o bildl* tangle **2** *garn~* skein
hässja SB hay-drying rack
häst 1 horse **sätta sig på sina höga ~ar** get on one's high horse **till ~** on horseback **2** *schack* knight
hästkapplöpning *sport* [horse] racing, *viss tävling* race meeting, races ⟨*pl*⟩
hästkraft horsepower ⟨*förk* HP⟩ ⟨*lika i pl*⟩ **Hur många ~er har den?** What horsepower is it?
hästlängd *sport* length **han ligger ~er före** he's way ahead ⟨of the others⟩
hästsko horseshoe
hästsport equestrian sports ⟨*pl*⟩
hästsvans *frisyr* ponytail
hätsk spiteful ⟨**mot** toward[s]⟩
häva 1 *lyfta, vräka* heave **~ i sig** put down (away), **~ ur sig** *elakheter o d* spew out, *dumheter* come out with **2** *köp, avtal* cancel **häva sig** *om bröst, sjö o d* heave **~ upp** ⟨**på**⟩ lift oneself [up] ⟨on⟩
hävda *påstå* maintain, claim **hävda sig** *stå på sig* hold* one's own ⟨**mot** against⟩
hävstång lever
häxa witch, *neds om kvinna äv* hag

häxeri witchcraft, sorcery
häxjakt witch-hunting, *enstaka o bildl* witch-hunt
hö hay **bärga ~** make hay
höft 1 hip **2 på en ~** *på ett ungefär* roughly
höftled hip joint
höftskynke loincloth
hög 1 ADJ high, *~växt, som reser sig ~t* tall **bli ~** *av narkotika* get high **~ hatt** top hat **det är ~ tid att sluta** it is high time we ⟨*etc*⟩ stopped **vid ~ ålder** at an advanced age **2** ADJ **~ljudd** loud, *på tonskalan* high **~a C** top C **med ~ röst** in a loud voice **3** SB heap, *trave* pile, *jord~* mound **en hel ~ med** ⟨**turister**⟩ a whole bunch of, *vard* heaps (lots) of **i en enda ~** all in a heap
högaffel pitchfork
högakta respect
högaktningsfullt ADV respectfully **H~ i brev** Yours faithfully, US Sincerely [yours]
högavlönad highly paid
högdragen haughty
höger 1 ADJ right **[den] högra sidan, ~ sida** the right[-hand] side ⟨**hon satt**⟩ **på hans högra sida** on his right ⟨**han var**⟩ **hans högra hand** his right-hand [man] **på ~ hand** *till ~* on the right **2** SB *oböjl* ⟨**bilen kom**⟩ **från ~** from the right ⟨**tavlan**⟩ **till ~** on (to) the right **till ~ om** ⟨**porten**⟩ to the right of ⟨**hon satt**⟩ **till ~ om mig** on my right **svänga till ~** turn [to the] right **3** SB *polit* **~n** the Right, the Conservatives ⟨*pl*⟩ **4** SB *boxning* **en rak ~** a straight right
högerextremist right-wing extremist
högerfil right-hand lane
högerhänt right-handed
högerparti right-wing (Conservative) party
högerregel, tillämpa ~n give [right-of-]-way to traffic on your right
högertrafik right-hand traffic **det är ~ i** ⟨**Egypten**⟩ they drive on the right in
högerytter *fotboll* outside right
högform top (great) form
högfärd conceit
högfärdig conceited, self-important ⟨*båda:* **över** *about*⟩
höghus high-rise, GB *äv* tower block
höginkomsttagare high-income earner
högklackad high-heeled
högkonjunktur boom
högkvarter headquarters ⟨*lika i pl*⟩

högljudd loud, *störande* noisy
högmässa morning service, US high mass
högre¹ ⟨↔ **hög**⟩ ADJ higher, taller, *högljuddare* louder, *överordnad* superior ⟨**än** to⟩, *övre* upper **de ~ klasserna** *a*) *socialt* the upper classes *b*) *utb* the upper forms (US grades)
högre² ADV **Tala ~!** Speak up!, Louder! ⟨**häng den**⟩ **~ upp** higher [up] **sjunga ~** *på tonskalan* sing higher
högskola college, *universitet* university
högskolelektor university (college) lecturer, US assistant (associate) professor
högsommar high summer
högspänn, på ~ on tenterhooks
högspänning high tension (voltage)
högst¹ ⟨↔ **hög**⟩ ADJ highest, tallest **H~a Domstolen** the Supreme Court **med ~a möjliga fart** at maximum (top) speed **~a [tillåtna] vikt** [the] maximum weight **min ~a önskan** my greatest wish
högst² ADV **1** highest ⟨**solen står nu**⟩ **som ~** at its highest **den sitter ~ upp i trädet** it is right at the top of the tree **2** *synnerligen* most **~ förvånande** most surprising **3 den kostar ~ 100 pund** it costs £100 at [the] most
högstadiet ≈ the senior level
högstbjudande SB **den ~** the highest bidder
högsäsong peak season **under ~[en]** at the height of the season
högt ADV **1** *om läge* high, *om grad* highly **~ betald** highly paid **~ ovan** ⟨**molnen**⟩ high above **en ~ uppsatt person** a high-ranking person **sikta ~** aim high **solen står ~** the sun is high **2** *läsa ~* ej tyst read aloud ⟨**för** to⟩ ⟨**tala**⟩ **~** *högljutt* loudly, *så det hörs* loud **~ och tydligt** loud and clear **tänka ~** think out loud
högtalare loudspeaker
högteknologi high technology (tech)
högteknologisk high-tech
högtid festival, feast
högtidlig solemn **vid ~a tillfällen** on special occasions
högtidsdag day of celebration
högtrafik peak traffic
högtryck *meteorologi* area of high pressure, *vard* high **arbeta för ~** work flat out

högtstående advanced
högvarv, gå på ~ be revved up, *bildl* be really spirited
högvatten high tide **det är ~** the tide is in
höja raise, *öka* increase **höja sig** rise˙
~ över mängden stand out from the rest
höjd 1 *kulle* height, hill **2** *utsträckning uppåt* height, **~ över havet, marken äv** altitude **i ~ med** on a level with, *i jämbredd med* abreast with **på 4 000 meters ~** at the height of 4,000 metres **flyga på en ~ av** fly at an altitude (a height) of **på sin ~ 5 km** 5 km at the most
höjdare 1 *boll* high ball **2** *person* VIP, big shot
höjdhopp high jump
höjdhoppare high jumper
höjdpunkt *kulmen* peak, culmination, climax, *på fest, program o d* highlight
höjning increase
hök hawk
hölje cover[ing], *emballage* wrapping
höna hen, *kok~* chicken
höns *flera* chickens, poultry ⟨*pred i pl*⟩ **högsta ~et** the cock of the walk **som yra ~** like silly geese
hönsgård *hönseri* poultry farm, *hönshus* henhouse, *inhägnad* fowl-run
höra 1 hear˙, *uppfatta* catch˙ **få ~** hear, learn, be told **Hör du!, Hörru!** Look [here]!, Listen!, I say! **jag hör inte** ⟨**vad han säger**⟩ I can't hear **jag har hört talas om boken** I've heard about (of) the book **den hörs inte** it can't be heard **jag hörde på honom att** ⟨**han var arg**⟩ I could tell [by (from)] his voice] that **jag ska ~ om** ⟨**det finns biljetter**⟩ I'll find out if **~ sig för** *göra förfrågningar* make inquiries **2** *om tillhörighet el sammanhang* ⟨↔ höra ihop, höra till *nedan*⟩ **~ hemma i** *bo* live in **Vart hör den här nyckeln?** Where does this key go (belong)?
□ **höra av** hear from **Jag hör av mig!** I'll be in touch
□ **höra efter** *ta reda på* find out **~ hos** *fråga* ask
□ **höra hit** *höra hemma här* belong here **det hör inte hit** that's beside the point
□ **höra ihop** belong together, *bilda ett par* go together, *passa ihop* match
□ **höra på** listen ⟨to sth (sb)⟩ **du hör inte på** you're not listening
□ **höra till** *tillhöra* belong to, *vara en av* be one of, *vara bland* be among **det hör till är** oundvikligt it's all part of the game **det hör till att man reser sig** it is customary to stand up **det hör till god ton att** it is good form to
hörapparat hearing aid
hörbar audible
hörhåll, inom ~ within earshot
hörlur *tele* receiver, *radio o d* headphone, earphone
hörn corner **om ~et** [just] around the corner
hörna 1 → hörn **2** *sport* **slå (lägga) en ~** take a corner
hörntand canine [tooth]
hörsal lecture hall, auditorium
hörsel [sense of] hearing **ha dålig ~** be hard of hearing
hörselskadad hearing-impaired **vara ~ äv** have impaired hearing
hörselskydd ear protectors ⟨*pl*⟩, earmuffs ⟨*pl*⟩
hörsägen, genom ~ from (by) hearsay
hösnuva hay fever
höst autumn, *US äv* fall **~en 1989** ⟨**bodde han i Paris**⟩ in the autumn of 1989 **förra ~en (i ~as)** last autumn **i ~** a) *nu i ~* this autumn b) *nästa ~* in the autumn
höstack haystack, hayrick
höstdagjämningen the autumnal equinox
höstkant, fram på ~en in the early autumn
hösttermin autumn term (*US* semester)
hösäck, som en ~ like a sack of potatoes
hövding chief
hövlig polite, civil ⟨*båda:* mot to⟩
hövlighet politeness, civility **av ren ~** out of common courtesy

I

i ⟨↔ resp huvudord⟩ PREP
1 *som svar på frågan 'Var?' vanl* in; *se exemplen för andra översättningar*
~ **byrålådan** in the drawer ~ **en liten by ~ södra England** in a little village in the south of England ⟨**jag läste det**⟩ ~ **tidningen** in the newspaper **de är ~ i skolan** they are at school **mitt första besök ~ London** my first visit to London **det sitter en spindel ~ taket** there's a spider on the ceiling **han fick en smäll ~ huvudet** he was hit on the head
2 *som svar på frågan 'Vart?' vanl* into, *vid vissa verb* in
ramla ~ vattnet fall into the water **gå ut ~ skogen** go out into the woods **hon kastade brevet ~ papperskorgen** she threw the letter in the waste-paper basket **hon lade äggen ~ korgen** she put the eggs in the basket
3 *som svar på frågan 'När?'*
~ **mars** in March ~ **början** at the beginning ~ **gryningen** at dawn ~ **slutet av mars** at the end of March ~ **sommar** this summer ~ **somras** last summer ~ **nästa vecka** next week **två gånger ~ månaden** twice a month
4 *som svar på frågan 'Hur länge?'* for
~ **många år** for many years **vi stannade ~ tre veckor** we stayed for three weeks
5 *då prepositionsuttrycket kan ersättas med genitiv* ⟨'*huvudstaden i landet*'='*landets huvudstad*'⟩ of, *efter adj i superlativ* in
gatorna ~ London the streets of London **den smalaste gatan ~ London** the narrowest street in London **medlemmarna ~ orkestern** the members of the band
iaktta observe, *betrakta* watch
iakttagelse observation **göra en ~ av** observe, notice
iakttagelseförmåga power[s] of observation
ibland ADV sometimes, *då och då* now and then
icke → inte
ickerökare nonsmoker
i dag ⟨↔ dag⟩ today
ide winter lair **gå i ~** go into hibernation **ligga i ~** hibernate
idé idea, *föreställning äv* concept, notion ⟨*alla:* **om** of⟩ **det är ingen ~ att försöka** it's no good (use) trying
ideal ideal
idealisk ideal
idealism idealism
idealist idealist
ideell idealistic ~ **förening** non-profit organization
idéfattig lacking in ideas, unimaginative
idegran yew
idel, vara ~ öra be all ears
ideligen constantly, continually
identifiera identify ~ **sig med** identify with
identifiering identification
identisk identical ⟨**med** with⟩
identitet identity
identitetskort identification (ID) card
ideologi ideology
ideologisk ideological
idérik full of ideas, *uppfinningsrik* inventive
idiot idiot **Din ~!** You fool!
idiotisk idiotic
idissla ruminate
idka *ägna sig åt* devote oneself to
idol idol
idrott sport[s], *bollspel* game[s], *fri~* athletics ⟨*pred i sg*⟩
idrotta go˙ in for (practise) sports
idrottsdag sports (games) day, US field day
idrottsförening sports club
idrottshall sports centre
idrottskvinna sportswoman, *inom friidrott* [woman] athlete
idrottsman sportsman, *inom friidrott* athlete
idrottsplats sports ground (*US* field)
idyll idyll
idyllisk idyllic
ifall 1 *om, såvida* if, in case **2** *huruvida* whether, if
ifatt, komma (hinna, köra, springa) ~ ngn

(ngt) catch up with sb (sth)
i fjol last year ~ **sommar** last summer
ifrågasätta question, call ⟨sb, sth⟩ in question
ifrån ⟨↔ från²⟩ away **springa ~** run away from **gå ~** leave **vara ~ sig av ilska** be beside oneself with anger
igelkott hedgehog
igen 1 again **om och om ~** over and over again **2** *tillbaka* back **ge ~** give back, *hämnas* retaliate **Kom ~!** Come on! **3** *ihop* up **knäppa ~** button up
igenkännlig recognizable ⟨**på** by⟩
igenom ⟨↔ genom⟩ through **hela livet ~** throughout one's life **hela natten ~** all night long
igloo igloo
ignorera ignore, take˙ no notice of
i gång → gång
i går yesterday ~ **morse** yesterday morning **det var inte ~ som vi sågs** it's ages since we met
ihjäl, han körde ~ sig he was killed in a car crash **skjuta ~** shoot ⟨sb⟩ dead **slå ~** kill **svälta ~** die of hunger **tiga ~** hush up
ihop ⟨↔ **blanda ~**, **fälla ~**, **koka ~** *etc*⟩ together
ihåg, komma ~ remember **jag kommer ~ att jag låste dörren** I remember locking the door **Kom ~ att ringa henne!** Remember to phone her
ihålig hollow
ihållande continuous, *om applåder* sustained
ihärdig *enträgen* assiduous, *flitig* diligent, *uthållig* persistent
i kapp ⟨↔ ifatt⟩ **springa (cykla, köra) ~ med ngn** race sb **vi cyklade ~** we had a cycling race
i kväll ⟨↔ kväll⟩ tonight, this evening
ila¹ *skynda* hurry, hasten, *rusa* dash, rush
ila², det ~r i tänderna på mig I have a shooting pain in my teeth
i-land developed (industrialized) country
ilfart, i ~ at top speed
illa badly **Inte så ~!** Not bad! **bli ~ berörd** feel upset **~ kvickt** pretty [damned] quick **jag var så ~ tvungen** I had no choice **vara ~ ute** be in trouble **han dansar ~** he is a bad dancer **höra ~** be hard of hearing **göra ngn ~** hurt sb **det luktar ~** it smells bad **det var inte så ~ ment** no offence meant **må ~** be (feel) sick **det ser ~ ut** it looks bad **hon ser inte så ~ ut** she isn't bad-looking **sitta ~** a) *i stol etc* sit uncomfortably b) *om kläder* be ill-fitting **ta ~ vid sig** take offence **tala ~ om ngn** speak ill of sb **tycka ~ om** dislike **jag vill honom inget ~** I wish him no harm **om det vill sig ~** if the worst comes to the worst
illaluktande evil-smelling, *vard* smelly
illamående ADJ **känna sig ~** feel sick
illasinnad ill-disposed ⟨**mot** to, **toward[s]**⟩, *om handling* malevolent
illdåd misdeed, outrage, atrocity
illegal illegal
illegitim illegitimate
illojal disloyal
illröd fiery [red], *om ansikte* crimson
illusion illusion, *villfarelse* delusion
illustration illustration **som ~ till** in illustration of
illustratör illustrator, artist
illustrera illustrate
illvillig malicious, spiteful ⟨*båda:* **toward[s]**⟩
ilning *av glädje, skräck etc* thrill, *av smärta* shooting pain
ilska anger, *våldsam ~* rage **låta sin ~ gå ut över ngn** vent one's anger on sb
ilsken angry, *spec US* mad, *ursinnig* furious **bli ~** get angry (mad) ⟨**på ngn** with sb, *US* at sb, **på ngt** at sth⟩
ilskna, ~ till fly into a rage
imitation imitation, *efterbildning äv* fake, *av kända personer* impersonation
imitera imitate, *kända personer* impersonate
imma SB mist, steam **det är ~ på fönstren** the windows are steamed up
immig misty, steamy
immigrera immigrate
immun immune ⟨**mot** to⟩
immunförsvar immune system
immunitet immunity
i morgon ⟨↔ morgon⟩ tomorrow
i morse this morning
imperativ the imperative
imperfekt the past
imperialism imperialism
imperium empire
imponera impress ⟨**på ngn** sb⟩ ⟨**tavlan**⟩ **~de på mig** impressed me
imponerande impressive, striking, *ståtlig* imposing

impopulär unpopular ⟨hos, bland with⟩
import 1 *varor* imports ⟨*pl*⟩ **2** *verksamhet* import
importera import ⟨till into⟩
impotens impotence
impregnera impregnate, *tyg* waterproof
improduktiv unproductive
improvisation improvisation
improvisera improvise **tala ~t** speak extempore
impuls impulse
impulsiv impulsive
in in **~ i** into **gå ~** *inomhus* go inside **gå (komma) ~ i** *ett hus etc* enter **dit ~** in there **~ i det sista** to the very last
inackordera board [and lodge] **han är ~d hos fru Black** he boards with Mrs. Black
inaktuell 1 *föråldrad* out of date, outmoded **2** *inte aktuell längre* no longer interesting
inandas breathe in, inhale
inandning inhalation **göra en djup ~** take a deep breath
inavel inbreeding
inbegripa include, *innefatta äv* comprise
inberäkna include **allt ~t** everything included
inbetalning payment, *avbetalning* instalment
inbetalningskort paying-in (*postgiro* giro) form
inbilla, ~ ngn ngt make sb believe sth **inbilla sig** imagine, fancy
inbillad imaginary
inbillning imagination, fancy
inbiten, ~ rökare inveterate smoker **~ ungkarl** confirmed bachelor
inbjudan invitation
inbjudande inviting, tempting
inblandad, bli ~ i be (get) involved in
inblandning *i ngns affärer* interference, *ingripande* intervention
inblick insight ⟨i into⟩
inbrott 1 burglary, housebreaking, break-in **2** *början* **vid nattens ~** at night-fall
inbrottstjuv burglar, housebreaker
inbunden 1 *om bok* bound **2** *om person* withdrawn
inbyggd built-in
inbäddad embedded, *i filtar* wrapped up
inbördes ADJ mutual, reciprocal
inbördeskrig civil war

incest incest
incheckning *procedur* checking in, *plats* check-in
incident incident
indela divide [up] ⟨i into⟩, *i underavdelningar* subdivide, *i kategorier äv* classify, group
indelning division, classification
index index ⟨över of⟩
indexreglerad index-linked, indexed
indian [American] Indian
indicium *jur* circumstantial evidence ⟨*endast sg*⟩
Indien India
indier Indian
indignerad indignant ⟨at⟩
indikation indication ⟨om, på of⟩
indirekt ADJ indirect
indisk ⟨↔ engelsk-⟩ Indian
indiska ⟨↔ engelska⟩ Indian woman
indiskret indiscreet
individ individual **en konstig ~** a strange character
individualist individualist
individuell individual
indoktrinera indoctrinate
indoktrinering indoctrination
Indonesien Indonesia
indragen, bli ~ i get mixed up in
industri industry
industrialisera industrialize
industrialisering industrialization
industrialism industrialism
industriarbetare industrial worker
industriområde industrial estate (US park)
ineffektiv ineffective, *om person vanl* inefficient
infall *påhitt* idea, *nyck* whim, fancy
infanteri infantry
infarkt heart attack, coronary
infart *inkörsväg* drive, approach **~en till Oxford** the road leading into Oxford **Förbjuden ~** No entry
infattning *ram* frame, *för ädelsten* mounting, setting
infekterad infected
infektion infection
infiltration infiltration
infiltrera infiltrate
infinitiv the infinitive
infinna sig *visa sig* appear, *dyka upp* turn (*vard* show*) up

inflammation inflammation ⟨**i** of⟩
inflammerad inflamed
inflation inflation
influensa influenza, *vard* flu
influera influence
inflytande influence, impact ⟨*båda:* **hos** with, **på** on⟩
inflytelserik influential
information information ⟨*endast sg, ej obest art*⟩
informell informal
informera inform ⟨**om** of, about⟩
infria fulfil, *förväntning äv* come* up to
infödd native
inför 1 *tid* before, on the eve of **~ julen** with Christmas approaching **stå ~ en kris** be faced with a crisis **2** *rum o bildl* **~ underrättelsen** at the news **vara ansvarig ~** ⟨**ngn**⟩ be responsible to ⟨**sb**⟩ **~ publik** in public **stå ~ rätta** be on trial
införa 1 *importera* import **2** *introducera* introduce
införliva incorporate ⟨**med** in, into, with⟩
införstådd, vara ~ med agree to, consent to
inge *framkalla* inspire **~ ngn mod** inspire sb with courage
ingefära ginger
ingen ⟨*med böjningsformerna* **inget, inga**⟩ **1** *fören* no **~ mjölk** no milk **inga böcker** no books **2** *självst* ⟨*om person*⟩ nobody, no one **~ såg mig** nobody saw me **3** *självst med syftning* none, *om två* neither **~ av böckerna** none of the books **~ av de båda bilarna** neither of the two cars
ingendera neither
ingenjör engineer
ingenmansland no-man's-land
ingenstans nowhere
ingenting ⟨*med biformerna* **inget, intet**⟩ nothing, *före of vanl* none **det gör ~** it doesn't matter **nästan ~** hardly anything **det tjänar ~ till** it's no use (good)
ingrediens ingredient ⟨**i** of⟩
ingrepp 1 *t ex medicinskt* operation, *i t ex text* change **2** *intrång* interference
ingress introduction
ingripa intervene ⟨**i** in⟩ **~ mot** ⟨**missförhållanden**⟩ take measures against
ingripande SB intervention
ingrodd ingrained, *inrotad* deep-rooted

ingå 1 ~ ett avtal come to an agreement **~ ett vad** make a bet **~ äktenskap med** marry **2** *utgöra en del* be part ⟨**i** of⟩ **moms ~r i priset** VAT is included in the price
ingående ADJ *grundlig* thorough, *detaljerad* detailed
ingång entrance, way in **Förbjuden ~** No entry
inhemsk domestic **den ~a befolkningen** the native population
inhägnad SB enclosure, *staket* fence
inhämta 1 *få veta* learn* **2** *skaffa sig* **~ upplysningar om** obtain information about
inifrån from inside, from within
initial initial
initiativ initiative ⟨**jag gjorde det**⟩ **på eget ~** on my own initiative
initiativförmåga initiative
initiativtagare initiator
initierad initiated ⟨**i** in⟩
injaga, ~ skräck hos ngn strike (fill) sb with terror
injektion injection, *vard* shot
injicera inject
inkalla call [in], *milit* call up, US *äv* draft
inkallad SB *i militärtjänst* conscript, US draftee
inkassera collect, *lösa in* cash
inkast 1 *sport* throw-in **2** *för brev* slit, *äv för mynt* slot
inkludera include
inklusive including, inclusive of
inkognito incognito
inkokt, ~ lax poached cold salmon
inkommande incoming
inkompetent incompetent
inkomst income, earnings ⟨*pl*⟩, *intäkter* proceeds ⟨*pl*⟩, *stats (kommuns)* **~er** revenue ⟨**hon har**⟩ **goda ~er** a good income **deras ~er** their incomes **~er och utgifter** income and expenditure
inkomstkälla source of income
inkomsttagare wage earner, salaried employee
inkonsekvent inconsistent
inkräkta encroach, intrude ⟨*båda:* **på** on⟩
inkräktare intruder, trespasser
inkvartera accommodate ⟨**hos** with⟩
inkvartering accommodation, *plats* quarters ⟨*pl*⟩
inköp purchase **göra några ~** do some shopping

inköpschef head (US chief) buyer
inkörd, ~ **på ngt** well accustomed to sth
inkörsport entrance, *bildl* gateway
inlagd 1 hon är ~ **på sjukhuset** she is in (US in the) hospital **2** *i ättikslag* pickled **3** *som dekoration* inlaid
inlandsis icecap, inland ice
inleda begin*, start off ~ **förhandlingar** open negotiations
inledning *inledande del* introduction, opening
inledningsvis to begin with
inlevelse, läsa ngt med ~ read sth with feeling
inlåst locked in (up)
inlägg 1 *i diskussion* contribution ⟨**i** to⟩ **2** *ngt inlagt* insertion
inlämning 1 ~ **av** ⟨**begagnade kläder**⟩ handing in **2** *inlämningsställe* left-luggage office, US baggage room
inlärning learning
innan PREP before ~ **dess** before then
innandöme interior
innanför PREP inside, within, *bakom* behind
innantill, läsa ~ read aloud
inne ADV **1** *rum* in, indoors, *på lager* in stock **stanna** ~ stay indoors (inside) **Är Dave** ~? Is Dave in? **sitta** ~ *i fängelse* do time **2** *tid* **när tiden var** ~ when the time came **3** *populärt* **det är** ~ it's the in thing
inneboende SB lodger, US roomer **vara** ~ **hos** lodge (US room) with
innebränd, bli ~ be burnt to death
innebära mean*, imply
innebörd *betydelse* meaning
innefatta *inbegripa* include, *bestå av* consist of
inneha possess, own ~ **ett rekord** hold a record
innehavare *ägare* owner, *av firma* proprietor, *av ämbete etc* holder
innehåll contents ⟨*pl*⟩, *idé*~, *innebörd* content
innehålla *rymma* contain
innehållsdeklaration ingredients ⟨*pl*⟩
innehållsförteckning table of contents
innehållsrik full, substantial **en** ~ **kväll** an eventful evening
inner inside forward
innerficka inside pocket
innerst, ~ **inne** ⟨**vet jag**⟩ deep down, *i grunden* at heart

innersta ADJ innermost
innerstad inner city, city centre
innestående, ~ **pengar** ⟨**på bank**⟩ money deposited
inneställe in place
inofficiell unofficial
inom within, *innanför* inside ~ **synhåll** [with]in sight ~ **en månad** in a month ~ **den närmaste tiden** in (within) the next few days (weeks, months) ~ **kort** shortly
inombords inboard, *bildl* inside
inomhus indoors
inordna arrange, *inpassa* fit ⟨**i** into⟩
  inordna sig, ~ **i** ⟨**ett system**⟩ conform to
inpyrd, ~ **med rök** reeking of smoke
inpå¹ PREP ~ **bara kroppen** to the skin **långt** ~ **natten** far into the night
inpå² ADV **för nära** ~ too close
inre 1 ADJ inner, interior ~ **organ** internal organs **2** SB inside, interior, *persons* heart, mind
inreda *utrusta* fit up, *möblera* decorate, furnish
inredning decoration, décor, furnishing
inredningsarkitekt interior decorator
inresetillstånd entry permit
inrikes¹ ADJ domestic, home
inrikes² ADV within the country
inrikesflyg domestic flights ⟨*pl*⟩, *flygbolag* domestic airlines ⟨*pl*⟩
inrikesminister minister of the interior
inrikespolitik domestic politics ⟨*pl*⟩
inrikta sig, ~ **på** aim at, *koncentrera sig på* concentrate on
inriktning *kurs, orientering* direction
inristning engraving
inrotad deep-rooted ~ **vana** ingrained habit
inrätta 1 establish, set* up, *grunda* found **2** *ordna* arrange **inrätta sig,** ~ **efter** adapt oneself to
insamling collection
insats 1 *lös del, inlägg* insert[ion] **2** *i spel* stake[s] **med livet som** ~ at the risk of one's life **3** *prestation* achievement, *bidrag* contribution, *av polis etc* deployment
insatslägenhet ≈ owner-occupied flat, US condominium
insatt, vara ~ **i** be familiar with
inse realize, see*
insekt insect
insida inside, inner side
insikt 1 *förståelse* understanding ⟨**i of**⟩,

insiktsfull – **intervjua**

inblick insight ⟨i into⟩ **komma till ~ om** realize 2 **~er i** knowledge of
insiktsfull perspicacious, *om beskrivning* judicious
insinuera insinuate
insistera insist ⟨på on⟩
insjunken sunken, *om ögon äv* deep-set
insjö lake
inskrift inscription
inskrivning registration, *i skola* enrolment
inskränka restrict, limit, *minska* reduce, cut* back **inskränka sig, ~ till** *a)* nöja sig *med* restrict oneself to *b) vara begränsad till* be limited to
inskränkning restriction, limitation, *minskning* reduction
inskränkt limited, *trångsynt äv* narrow-minded
inslag *del av ngt* part, element, *i program* feature **ett ~ av humor** a touch of humour
inslagen 1 *om paket o d* wrapped up **2** *om fönster* smashed, *om dörr* battered [down]
inspark *i fotboll* goal kick
inspektera inspect
inspektion inspection
inspektör inspector, *övervakare* supervisor
inspelning recording, *film~* production, filming
inspirera inspire
instabil unstable
installera install, *om apparater* put* in
installera sig establish oneself, settle in
instans instance, *myndighet* authority **gå till högre ~** appeal to a higher court
instinkt instinct **av ~** by instinct
institut institute
institution institution, *universitet* department
instruera instruct
instruktion instruction, direction ⟨*båda vanl i pl*⟩
instruktionsbok handbook, manual
instruktör instructor
instrument instrument
instrumentbräda control panel, *i bil* dashboard
inställa *upphöra med* discontinue, stop, *avblåsa* cancel
inställa sig *infinna sig* appear **~ inför rätta** appear in court
inställbar adjustable

inställd, fientligt ~ ill disposed **vänligt ~** kindly disposed **vara ~ på** *beredd* be prepared for **vara ~ på att** be prepared to, *räkna med att* expect to **vara positivt ~ till** ⟨*ett förslag*⟩ be in favour of
inställning 1 adjustment, *av kamera* focusing, *av radio* tuning in **2** *attityd* attitude, *ståndpunkt* position
inställsam ingratiating
instämma agree ⟨**i, med** with⟩
instängd 1 shut up **2** *unken* close, stuffy
insulin insulin
insupa *t ex frisk luft* inhale, *bildl* absorb
insyn 1 det är ingen ~ ⟨**där vi bor**⟩ no one can look in **2** *inblick* insight ⟨**i** into⟩
insändare letter to the editor
insättning *av penningsumma* deposit
inta 1 *förtära* eat*, have **~ en måltid** have a meal **2** *erövra* conquer, occupy **3** *t ex hållning* take*
intag intake
intagen *på sjukhus* admitted ⟨**på** to⟩
intagning *till utbildning* admission
intakt intact
intala sig persuade oneself
inte not **~ desto mindre** nevertheless **~ för ~** not for nothing **för att ~ nämna** not to mention ⟨**den existerar**⟩ **~ längre** no longer **~ sant** *påhängsfråga* → sann
inteckna mortgage
inteckning mortgage
integritet integrity
intellekt intellect
intellektuell intellectual
intelligens intelligence
intelligent intelligent
intendent *föreståndare* manager, *för museum* curator
intensitet intensity
intensiv ADJ intense, *koncentrerad* intensive
intensivavdelning intensive care unit
interiör interior, *inomhusbild* indoor picture
intern 1 ADJ internal **2** SB inmate
internationell international
internatskola boarding school
internutbildning in-service training
interpunktion punctuation
interrailkort interrail pass
intervall interval
intervju interview
intervjua interview

intet 1 ~ **ont anande** unsuspectingly **gå om ~** come to naught 2 **det tomma ~** the void ⟨**hon stirrade ut**⟩ **i tomma ~** into space
intetsägande *tom* empty, *ointressant* uninteresting **ett ~ svar** a noncommittal answer
intill¹ PREP *ända fram till* up to **nära (tätt) ~** close to **~ slutet** to the very end
intill² ADV **alldeles ~** close by **i huset ~** in the house next door **rummet ~** the adjoining room
intim intimate
intimitet intimacy
intolerans intolerance
intonation intonation
intransitiv intransitive
intressant interesting
intresse interest ⟨**för** in⟩
intressera interest **det ~r mig mycket** it is of great interest to me **intressera sig, ~ för** take an interest in
intresserad interested ⟨**av** in⟩
intrig intrigue, *i roman etc* plot
intrigera intrigue, scheme
introducera introduce ⟨**för, hos** to⟩
introduktion introduction
intryck impression **ta ~ av** be influenced by
intrång encroachment, *på annans mark* trespass **göra ~ på ngt** trespass on sth **göra ~ i ngt** encroach on sth
inträda 1 **~ i ngns ställe** take sb's place 2 *börja* begin*, *uppstå* arise*
inträde entrance, entry **göra sitt ~ i** enter
inträdesavgift entrance fee, admission
inträdesprov entrance examination
inträffa 1 happen, occur 2 *infalla* fall*, occur
inträngande ADJ penetrating, thorough
inträngd, bli ~ i ett hörn *äv bildl* be cornered
intuition intuition
intuitiv intuitive
intyg certificate ⟨**om** of⟩, testimonial ⟨**om** regarding⟩
intyga certify, *bekräfta* affirm **härmed ~s att** this is to certify that
intäkt *bolags* takings ⟨*pl*⟩, US revenue, *en persons* income, *statens* revenues ⟨*pl*⟩, *influtna medel* proceeds ⟨*pl*⟩
inuti inside
invadera invade
invalid disabled person, invalid

invalidiserad disabled
invandra immigrate ⟨**till** [in]to⟩
invandrare immigrant
invandring immigration
invasion invasion ⟨**i** of⟩
invecklad 1 *svår* complicated 2 **bli ~d i** become involved in
inventarier movables
inventering inventory, stock-taking
inverka have an effect (influence) ⟨**på** on⟩
investera invest
investering investment
invid PREP by, by the side of, *utefter* alongside
inviga 1 inaugurate 2 **~ ngn i en hemlighet** let sb in on a secret
invigning inauguration
invit *inbjudan* invitation, *förslag* proposition
invitera invite
invånare inhabitant, *i hus* occupant
invända object ⟨**mot** to⟩ **jag har ingenting att ~** I have no objections
invändigt ADV inside, *i det inre* in the interior
invändning objection ⟨**mot** to⟩ **göra ~ar mot** raise objections to
invärtes ADJ internal
inåt¹ PREP toward[s] the interior of
inåt² ADV inward[s] **fönstret går ~** the window opens inwards
inåtvänd *om person* introvert
inälvor bowels, intestines, *på djur* entrails
Irak Iraq
Iran Iran
iris iris
Irland Ireland
irländare ⟨↔ engelsman⟩ Irishman
  irländarna *folket, laget etc* the Irish
irländsk ⟨↔ engelsk-⟩ Irish
irländska ⟨↔ engelska⟩ 1 *språk* Irish 2 *kvinna* Irishwoman
ironi irony
ironisk ironic[al]
irra wander ⟨**omkring** about⟩ **en ~nde blick** shifty eyes
irrationell irrational
irritation irritation, annoyance
irritera irritate **vara ~d på** be irritated at (with, by)
is ice **frysa till ~** freeze **ha ~ i magen** keep one's cool **lägga på ~** *bildl* keep ⟨sth⟩ on

ice vara ute på hal ~ be [skating] on thin ice
isberg iceberg
isbjörn polar bear
isbrytare icebreaker
ischias sciatica
isflak icefloe
isglass ice-lolly, US popsicle *varunamn*
ishall ice-skating hall
ishockey ice hockey, US äv hockey
ishockeyklubba ice-hockey stick
ishockeyspel table hockey
isig icy
iskall ice-cold
islam Islam
islamisk Islamic
Island Iceland
islossning break-up of the ice, *bildl* thaw
isländsk Icelandic
isländska 1 *språk* Icelandic **2** *kvinna* Icelandic woman
islänning Icelander
isolera *avskilja* isolate, *tekn* insulate
isolering *ensamhet* isolation, *tekn* insulation
israel Israeli
Israel Israel
israelisk Israeli
istapp icicle
isterband ≈ smoked meat and lard sausage
istid ice age, glacial period
i stället instead ~ **för** instead of
i sänder at a time **lite** ~ little by little
isär apart **gå** ~ *om åsikter etc* diverge **hålla** ~ distinguish between
Italien Italy
italienare Italian
italiensk ⟨↔ engelsk-⟩ Italian
italienska ⟨↔ engelska⟩ **1** *språk* Italian **2** *kvinna* Italian woman
itu 1 in two **gå** ~ go to pieces **2 ta** ~ **med** get down to **ta** ~ **med ett problem** tackle a problem
itutad, han blev ~ **att** it was drummed into him that
iver eagerness
ivrig eager, *nitisk* zealous
i väg ⟨↔ väg⟩ off, away
iögonfallande conspicuous

J

ja INTERJ yes, *tveksamt, inledande* well **J**~, **då!** Oh, yes! **J**~, **tack!** Yes, please **J**~ **visst!** Of course! ~, **jag vet inte** well, I don't know
jack¹ *hack* cut, notch
jack² *telefon*~ jack
jacka jacket
jag¹ PRON I, *i vissa fall* me **det är** ~ it's me ⟨**han är äldre**⟩ **än** ~ than me, than I am **alla utom** ~ everybody but me (myself)
jag² SB **hans sanna** ~ his true self
jaga hunt, *med gevär vanl* shoot*, *söka få tag på* chase ~ **flickor** chase [after] girls ~ **en mördare** pursue (hunt) a murderer ~ **räv till häst o med hundar** hunt foxes, *delta i en rävjakt* go fox-hunting ~ **stan runt** chase around town ~ **på flykten** put ⟨sb⟩ to flight ~ **bort** chase (drive) away ~ **upp** a) *oroa* worry b) *piska upp* whip up ~ **upp sig** worry (upset) oneself ⟨**för** about⟩
jagare *sjö* destroyer
jaguar jaguar
jaha well, *jaså* oh, I see
jakande, svara ~ answer in the affirmative
jakt¹ *båt* yacht
jakt² *på djur* hunting ⟨for⟩, *med gevär vanl* shooting, *på människor* hunt ⟨for⟩, *strävan* pursuit ⟨of⟩ **gå på** ~ go hunting (shooting) **vara på** ~ **efter** *leta efter* be on the hunt for, *sträva efter* be chasing, be in pursuit of
jakthund gun dog
jaktplan fighter [plane]
jalusi venetian blind
jama miaow, mew
januari ⟨↔ april⟩ January
japan Japanese ⟨*lika i pl*⟩
Japan Japan
japansk ⟨↔ engelsk-⟩ Japanese
japanska ⟨↔ engelska⟩ **1** *språk* Japanese **2** *kvinna* Japanese woman

jargong jargon, lingo
jasmin jasmine
jaså Oh, *förvånat* Really?
jeansjacka denim jacket
Jesus Jesus, Christ **Jesu lärjungar** the disciples of Christ
jetplan jet plane
jippo ballyhoo, *reklam~ äv* [publicity] stunt
jo 1 *i svar* yes, oh yes, *eftertänksamt äv* well, why **~ då** oh yes **J~ visst!** Yes, of course! 2 *inledande, inte som svar* oh, well **~, förstår du ...** well, you see ...
JO → Justitieombudsmannen
jobb job, work ⟨*endast sg, ej obest art*⟩ **få (skaffa sig) ett ~** find work (a job) **gå till ~et** go [off] to work **han gjorde ett bra ~** he did a good job **ha massor med ~** be up to one's eyes in work **Vad har han för ~?** What's his job?, What does he do? **på ~et** at work
jobba work **~ hårt** work hard **Vad ~r han med?** What does he do? **~ över** work late
jobbarkompis work mate, US buddy at work
jobbig hard, tough, besvärlig ⟨*om person el situation*⟩ difficult **det är ~t att skriva en uppsats** it's hard (tough) work writing an essay **ha det ~t** have a difficult time **han är väldigt ~** he's very difficult **det har varit en ~ dag** it's been a tough day
jod iodine
joddla yodel
jogga jog
joggare jogger
jojo *leksak* yo-yo
joker joker
jolle dinghy
joller *babyljud* crowing, babbling
jollra *om småbarn* crow, babble
jon ion
jonglera juggle
jonglör juggler
jord 1 **~en** *planeten* [the] earth, *världen* the world **~en runt** round the world **planeten ~en** the planet Earth ⟨**vara den lyckligaste människan**⟩ **på ~en** on earth 2 *som kan grävas* soil, earth, *mark* ground **bruka ~en** work the soil **gå under ~en** go underground **ovan ~** above ground ⟨**arbeta**⟩ **under ~** underground 3 *egendom, område* land, ground **äga [lite] ~** own a piece of land

J jargong – julafton

jorda *eltekn* earth, US ground
Jordanien Jordan
jordbruk 1 agriculture, farming 2 *bondgård* farm
jordbrukare farmer
jordbävning earthquake
jordglob globe
jordgubbe strawberry
jordklot, ~et the globe, the earth
jordledning *eltekn* earth (US ground) wire
jordnära down-to-earth
jordnöt peanut
jordskred landslide
jordärtskocka Jerusalem artichoke
jos juice
jour, ha ~ be on call (GB *äv* on duty)
jourhavande SB the doctor (dentist ⟨*etc*⟩) on call (GB *äv* on duty)
journal *dagbok* journal, *tidskrift äv* periodical, *medicin* casebook, medical records ⟨*pl*⟩
journalist journalist
journalistik journalism
ju¹ ADV 1 *som du vet* you know, you see **Det är ~ fantastiskt!** Why, this is [really] fantastic! **han är ~ min vän** he's my friend, you know (see) 2 *eller hur?* **Du sa ~ att du skulle skriva** You said you would write, didn't you?
ju² KONJ **~ mer jag tänker på det** the more I think about it **~ förr desto bättre** the sooner the better
jubel *stor glädje* rejoicing, jubilation, *jubelrop* [loud] cheering
jubilera celebrate an anniversary
jubileum jubilee, anniversary
jubla rejoice ⟨**över** at, over⟩, *med rop* cheer
jude Jew **han är ~** he is Jewish
judinna Jewish woman **hon är ~** she is Jewish
judisk Jewish
judo judo
jugoslav Yugoslav
Jugoslavien Yugoslavia
jugoslavisk ⟨↔ engelsk-⟩ Yugoslav[ian]
jugoslaviska ⟨↔ engelska⟩ Yugoslav[ian] woman
juice juice
jul Christmas **God ~!** [A] Merry Christmas! **i ~** at (this) Christmas **i ~as** last Christmas **om (på) ~en** at Christmas
julafton Christmas Eve

julbord *på restaurang* ≈ Christmas buffet
juldagen Christmas Day
julgran Christmas tree **klä ~en** decorate the Christmas tree
julhandla do* one's Christmas shopping
juli ⟨↔ april⟩ July
julklapp Christmas present
jullov Christmas holidays ⟨*pl*⟩ (US vacation)
julotta ≈ early morning service on Christmas Day
julsång Christmas carol
jultomte Father Christmas, Santa Claus
jumper sweater, GB *äv* jersey, jumper
jungfru 1 virgin **~ Maria** the Virgin Mary **2 Jungfrun** *stjärntecken* Virgo
juni ⟨↔ april⟩ June
junior junior
junta *polit* junta
Jupiter Jupiter
juridik law
juridisk legal **~ fakultet** faculty of law
jurist *juridisk expert* jurist, *som äv ger råd* lawyer, *juridikstuderande* law student
jury jury **sitta i ~n** be on the jury
just¹ ⟨↔ schysst⟩ ADJ *rättvis, hederlig* fair, *korrekt* correct ⟨*båda:* **mot** to, toward[s]⟩
just² ADV just, *precis äv* precisely, exactly **~ då** at that very moment **~ som** as **~ nu** just now **J~ det!** That's right! **han ska ~ gå** he is just about to leave **Varför ~ han?** Why him of all people?
justera 1 adjust, put* (set*) right **~ protokollet** approve (sign) the minutes **2** *sport* injure
justering 1 adjustment **2** *sport* injury
justitieminister minister of justice
Justitieombudsmannen ⟨*förk* **JO**⟩ the Parliamentary Ombudsman
juvel jewel, gem **~er** *äv* jewellery
juveleraraffär jeweller's
juvelerare jeweller
Jylland Jutland
jägare 1 hunter, huntsman, *nöjes~* ⟨GB⟩ sportsman **2** *milit* commando, US ranger
jäkel ⟨↔ djävel⟩ devil **Jäklar!** Damn!
jäkelskap devilment, nastiness
jäkla damn[ed], confounded
jäklas be nasty ⟨to⟩ **bara för att ~** out of [sheer] spite
jäkt hurry, haste, *hets* rush, hustle and bustle
jäkta 1 *skynda sig* rush, hustle **2** *få att skynda sig* rush
jäktad, vara ~ be in a rush
jäktig hectic, very busy **ha det ~t** be terribly busy
jämbredd, i ~ med side by side with, abreast of
jämbördig equal ⟨**med** to⟩, of equal merit ⟨**med** with⟩
jämfota, hoppa ~ jump with both feet together **hoppa ~ av förtjusning** jump up and down with delight
jämföra compare ⟨with, US vanl to⟩, *likna vid* compare ⟨**med** to⟩ **jämfört med** compared with
jämförbar comparable ⟨**med** with, to⟩
jämförelse comparison **som ~** ⟨**kan nämnas**⟩ by [way of] comparison **i ~ med** in comparison with
jämförelsevis comparatively, relatively
jämka *flytta* move, shift **~ på** *rätta till* adjust, *åsikt etc* modify **~ ihop** ⟨**förslag**⟩ bring different ⟨proposals⟩ into line with each other **~ ihop sig** move a little closer together
jämkning *av skatt* tax adjustment
jämlik equal
jämlike equal
jämlikhet equality
jämmer groaning, moaning
jämmerrop plaintive cry, cry of distress
jämn 1 even, *regelbunden äv* regular, *konstant* steady, *plan äv* level, *slät äv* smooth **ett ~t humör** an even temper **en ~ match** an even match **hålla ~a steg med** keep pace (up) with **i ~ takt** at a steady rate **med ~a mellanrum** at regular intervals **2** *om siffror o mängder* **ett ~t tal** an even number **det är ~t** *om dricks* keep the change **~a pengar** the right change
jämna level, *putsa, trimma* trim **~ vägen för** pave the way for **~ med marken** level with the ground **~ av** *avrunda* round off **~ till (ut)** even (level) out **det ~r [nog] ut sig** it will even itself out
jämnan, för ~ constantly, all the time
jämngammal → jämnårig
jämnhöjd, i ~ med on a level with
jämnmod equanimity
jämnstark, vara ~a be equally strong
jämnstor, ~a potatisar potatoes, all the same size, potatoes of uniform size **vara ~a** be the same size (*om kroppslängd* height)

jämnt ⟨↔ jämn⟩ ADV evenly, smoothly, in a regular manner **dela ~** divide (*mellan sig äv* share) ⟨sth⟩ equally **de drar inte ~** they don't see eye to eye **gå ~** *om maskin* run smoothly **det väger ~** the scales are even, *bildl* it's neck and neck
jämnårig, en ~ flicka a girl of the same age (of my ⟨*etc*⟩ own age) **vara ~a** be [about] the same age
jämra sig moan ⟨about, over⟩, *intensivare* wail ⟨over, at⟩, *stöna högt* groan
jämsides side by side **~ med** alongside [of]
jämspelt, vi är ~a we are even (evenly matched)
jämställa place on a level
jämställdhet equality **~ mellan könen** equality between the sexes
jämt, ~ [och ständigt] constantly, all the time
jämvikt balance **förlora ~en** lose one's balance
järn iron **ge ~et** *satsa för fullt* go all out
järnbruk ironworks ⟨*lika i pl*⟩
järngrepp iron grip
järnhandel ironmonger's, US hardware store
järnmalm iron ore
järnskrot scrap iron
järnväg railway, US railroad **med ~** by rail ⟨**arbeta**⟩ **vid ~en** on the railway
järnvägsstation railway (US railroad) station
järnvägsvagn railway carriage, US railroad car, *godsvagn* railway truck, US freight car
järnåldern the Iron Age
järv wolverine, glutton
jäsa ferment, *om deg* rise* **det (missnöjet) jäser i landet** the country is in a state of ferment
jäsning fermentation **vara i ~** *bildl* be in a ferment
jäst SB yeast
jätte giant
jättekul great fun **J~!** Great!, Super!
jättestark tremendously strong
jättestor enormous, gigantic
jävla → djävla
jökel glacier
jösses, J~ ⟨**vad du skrämde mig!**⟩ Gosh, Good heavens **Vad i jösse namn** ⟨**är det här?**⟩ What on earth

kabaré cabaret
kabel cable
kabel-TV cable television
kabin cabin, *för pilot* cockpit
kackerlacka cockroach
kackla cackle, *om höns äv* cluck
kadaver carcass
kadett cadet
kafé café
kaffe coffee **koka (brygga) ~** make coffee
kaffeautomat coffee machine
kaffebryggare coffee machine, percolator
kaffekanna coffeepot
kaffepanna kettle
kafferep coffee party
kaj quay
kaja jackdaw
kajak kayak
kajplats [quay] berth
kajuta cabin
kaka cake, *små~* biscuit, US cookie
kakao cocoa
kakel tiles ⟨*pl*⟩ **ett ~** a tile
kakelugn [Dutch] tiled stove
kaktus cactus ⟨*pl* cactuses *el* cacti⟩
kal bare, *utan hår* bald
kalabalik tumult, uproar
kalas party **ställa till med ~** throw (give) a party
kalender *almanacka* almanac, *vägg~* calendar, *planerings~* diary
kalhuggning clear-felling, forest clearance
kalhygge forest clearing
kaliber calibre
Kalifornien California
kalk *kemi* lime, *som bergart* limestone, *i födan* calcium
kalkon turkey
kalkyl *uträkning* calculation, *kostnadsförslag* cost estimate

kall¹ SB calling, vocation
kall² ADJ cold, *sval* cool, *kylig* chilly **två grader ~t** two degrees below zero **bli ~ om fötterna** get cold feet **hålla huvudet ~t** keep one's cool
kalla VB **1** call ⟨han heter Edward men⟩ **han ~s Ted** he is called Ted **2** *uppmana att komma* call (send*) for **~ på hjälp** call for help **~ in** *milit* call up
kallad 1 så ~ *neds* so-called **den så ~e Månskenssonaten** the Moonlight Sonata, as it is called **2 känna sig ~** feel called on ⟨to⟩
kallblodig *äv grym* cold-blooded
kallbrand gangrene
kalldusch *bildl* shock
Kalle Anka Donald Duck
kallelse, ~ till ett möte notice to attend a meeting
kallna get* cold, cool down
kallsinnig indifferent, cool
kallskänka cold buffet manageress
kallsup, få en ~ swallow water
kallsvettas be in a cold sweat **börja ~** break out in a cold sweat
kallt ADV coldly, *oberört* coolly **förvaras ~** to be kept in a cold (cool) place
kalops ≈ beef stew
kalori calorie
kalorifattig low-calorie ⟨*före sb*⟩, low in calories
kaloririk high-calorie ⟨*före sb*⟩, rich in calories
kalsonger [under]pants, briefs, US underpants
kalv 1 *djur* calf ⟨*pl* calves⟩ **2** *kött* veal
kalvstek roast veal
kam comb **skära alla över en ~** judge all indiscriminately
Kambodja Cambodia
kamel camel
kameleont *äv bildl* chameleon
kamera camera
kameraman cameraman
Kamerun Cameroon
kamin stove, *el~, gas~ etc* heater
kamma comb **där ~r du noll** there you draw a blank **~ hem (in) en vinst** rake in a good profit **~ igenom** *leta noggrant* search
kamma sig comb one's hair
kammare 1 chamber, small room **2** *i hjärtat* ventricle
kamomill c[h]amomile

kamouflage camouflage
kamouflera camouflage
kamp fight, *hård, långvarig* struggle, *för spec mål* battle **~en för tillvaron** the struggle for existence **en ~ på liv och död** a life-and--death struggle
kampanj campaign, *insamlings~ etc* drive
kampsport martial art
kampsång battle song
kampvilja fighting spirit
kamrat *vän* friend, *vard* pal, *skol~* schoolmate, *spec polit o milit* comrade
kamratlig comradely, friendly
kamratskap comradeship
kamrer accountant, *bankchef* branch manager
kan → **kunna**
kana¹ SB slide **åka ~** slide
kana² VB slide*
Kanada Canada
kanadensare *äv kanot* Canadian
kanadensisk ⟨↔ engelsk-⟩ Canadian
kanadensiska ⟨↔ engelska⟩ Canadian woman
kanal 1 *byggd* canal, *naturlig* channel **Engelska ~en** the English Channel **2** *tv o bildl* channel
kanalisera *bildl* canalize, channel
kanariefågel canary
Kanarieöarna the Canary Islands, the Canaries
kandidat *sökande* candidate ⟨**till** for⟩
kanel cinnamon
kanin rabbit, *på barnspråk* bunny
kanna *kaffe~* pot, *grädd~, hand~* jug, US pitcher, *vatten~* [watering] can
kannibal cannibal
kanon *milit* gun, *större* cannon ⟨*pl lika el* -s⟩
kanonkula cannonball
kanot canoe
kanotist canoeist
kanske perhaps, maybe **han ~ kommer** he may come **det ~ inte är sant** it may not be true
kansler chancellor
kansli secretariat, office
kanslihuset the Government Offices ⟨*pl*⟩
kant edge, *hörn* corner, *bård* border, *marginal* margin, *på kärl* brim ⟨**skriva**⟩ **i ~en** in the margin **hålla sig på sin ~** keep oneself to oneself **komma på ~ med** fall

out with
kanta, ⟨gatorna var⟩ **~de av (med) åskådare** lined with spectators
kantarell chanterelle
kantig angular, *om beteende* awkward, clumsy
kantra *om båt* capsize
kantstött *om porslin* chipped
kanyl *injektionsnål* [injection] needle
kaos chaos
kaotisk chaotic
kap[1] *udde* cape **Kap Horn** Cape Horn
kap[2] *fångst* **göra ett gott ~** make a good haul (a killing)
kapa[1] **1** *fordon el flygplan* hijack **2 ~ åt sig** lay hands on, grab
kapa[2] *skära el hugga av* cut" **~ av** cut off
kapabel, vara ~ till be capable of **vara ~ att** be able to
kapacitet capacity
kapare hijacker
kapell 1 *kyrka el del av kyrka* chapel **2** *musik* band
kapellmästare conductor, bandmaster
kapital SB capital
kapitalism capitalism
kapitalist capitalist
kapitalistisk capitalist
kapitalt ADV **misslyckas ~** fail completely
kapitel chapter **ett ~ för sig** quite another story **ett avslutat ~** a closed chapter **det får bli ett senare ~** it will be dealt with later
kapitulation surrender ⟨*endast sg*⟩
kapitulera surrender ⟨to⟩
kapning *av fordon el flygplan* hijack[ing]
kappa coat **vända ~n efter vinden** be a turncoat
kapplöpning race ⟨**efter** for⟩
kapplöpningsbana race course
kapprustning arms race ⟨*endast sg*⟩
kappsegling yacht racing (*tävling* race)
kappsimning *tävling* swimming race
kaprifol honeysuckle
kapris *krydda* capers ⟨*pl*⟩
kapsejsa capsize
kapsel capsule
kapsyl cap, top, *skruv~* screw cap
kapsylöppnare bottle opener
kapten captain, *i flottan* lieutenant, *i flyget* ⟨GB⟩ flight lieutenant
kapuschong hood
kar tub, *stort vat*, *bad~* bath [tub]

karaff carafe, *vin~ vanl* decanter
karakterisera characterize, *vara karakteristisk[t] för* be characteristic of
karakteristisk characteristic ⟨of⟩, typical ⟨of⟩
karaktär character, *läggning, kynne äv* nature, disposition **jag har dålig ~** *skämts* I'm undisciplined **en man med ~** a man of character
karaktärsdrag characteristic, trait
karamell sweet, US candy
karantän quarantine **sätta i ~** quarantine
karat carat **arton ~s guld** 18-carat gold
karate karate
karavan caravan
karbon carbon
karburator carburettor
kardemumma cardamom **summan av ~n** the long and the short of it
karensdag, två ~ar ≈ two day's qualifying (*US* waiting) period [before sickness benefit is obtainable]
karg barren, bare, *om person* taciturn
Karibiska havet the Caribbean [Sea]
karies caries, decay
karikatyr caricature, *politisk skämtteckning* cartoon
karisma charisma
karl man, *vard* fellow, *GB äv* chap
karlakarl, en ~ a real man
Karlavagnen the Plough, Charles's Wain, *US* the Big Dipper
karljohanssvamp cep
karm 1 *på stol* arm **2** *dörr~, fönster~* frame
karneval carnival
karnevalståg carnival procession
kaross *vagn* coach
karosseri body, coachwork
karott *fat* [deep] dish
karp carp ⟨*lika i pl*⟩
karriär career **göra ~** make a career
karriärist careerist
karsk cocky
kart unripe fruit **en ~** an unripe (a green) plum (apple ⟨*etc*⟩)
karta map **en ~ över** a map of
kartbok atlas
kartell cartel
kartlägga map, *sjö* chart, *bildl* map out
kartläsare map-reader
kartong 1 *styvt papper* cardboard **2** *pappask* cardboard box, carton
kartotek card index, file

karusell merry-go-round, *GB äv* roundabout **åka ~** go on the merry-go-round (roundabout)
kasern barracks ⟨*lika i pl*⟩
kasino *äv kortspel* casino
kask *hjälm* helmet
kasperteater Punch and Judy show
kass worthless, grotty, tacky
kassa 1 *kontanter, pengar* [ready] money **ur egen ~** out of my ⟨*etc*⟩ pocket **2** *i butik etc* cash-desk, pay-desk, *i snabbköp* checkout
kassaapparat cash register, till
kassaskåp safe
kasse *påse* carrier (*US* shopping) bag
kassera *ta ur bruk [o slänga]* discard, scrap
kassett cassette
kassettbandspelare cassette recorder
kassör cashier, *i förening* treasurer
kassörska *i snabbköp* checkout assistant (*US* clerk)
kast[1] throw, *med kastspö, tärning* cast **stå sitt ~** take the consequences **ge sig i ~ med** tackle
kast[2] *i Indien* caste
kasta throw*, *slänga* ⟨*skräp etc*⟩ throw* away **hon ~de en snöboll på honom** she threw a snowball at him **vi ~des till marken** we were thrown to the ground
□ **kasta av** *om ridhäst* throw, toss
□ **kasta bort** throw away, *slösa* waste
□ **kasta om** reverse [the order of]
□ **kasta upp** *kräkas* throw up, be sick, vomit
kasta sig 1 throw* oneself **2 ~ av och an** toss [and turn]
kastanj *träd o frukt* chestnut
kastanjebrun auburn, chestnut
kastanjetter castanets
kastrera castrate
kastrull saucepan
kastspö casting rod
katalansk Catalan
katalog catalogue ⟨**över** of⟩, *telefon~* [telephone] directory (book)
katarr catarrh
katastrof disaster, catastrophe
katastrofal disastrous, catastrophic
kateder teacher's desk
katedral cathedral
kategori category **av alla ~er** *vanl* of all sorts
kategorisera categorize
kategorisk categorical

katolicism [Roman] Catholicism
katolik [Roman] Catholic ⟨*förk* RC⟩
katolsk [Roman] Catholic
katrinplommon prune
katt 1 cat **när ~en är borta dansar råttorna på bordet** when the cat is away the mice will play **gå som ~en runt het gröt** beat about the bush **2** *ersättningsord för 'fan'* → **tusan**
kattunge kitten
kavaj jacket
kavaljer *dans~, bords~* partner, escort
kavalkad cavalcade
kavalleri cavalry
kavallerist cavalryman
kavat cocky, plucky
kaviar *äkta* caviar[e], *på torskrom* cod-roe paste
kavla, ~ upp ärmarna roll up one's sleeves **~ ut** *deg* roll out
kaxig stuck-up, cocky
kedja[1] SB chain, *i fotboll* forward line
kedja[2] VB chain ⟨**vid to**⟩ **~ fast** chain fast
kedjereaktion chain reaction
kedjeröka chain-smoke
kejsardöme empire
kejsare emperor
kejsarinna empress
kejsarsnitt Caesarean [section]
kela, ~ med cuddle, fondle, pet
kelgris darling **frökens ~** teacher's pet (*US* favorite)
keltisk Celtic
kemi chemistry
kemikalier chemicals
kemisk chemical
kemtvätt 1 *metod* dry-cleaning **2** *inrättning* [dry-]cleaner's
kennel kennels ⟨*lika i pl*⟩
Kenya Kenya
keps cap
keramik pottery, ceramics ⟨*pred i sg*⟩
keramiker potter, ceramist
keso *varunamn* cottage cheese
ketchup ketchup
kex biscuit, *tunt o US* cracker
kick[1], **på ett ~** in a jiff[y]
kick[2] *spark* kick **få ~en** get the sack, be sacked
kick[3] *stimulans* kick **få en ~ av** get a kick out of
kidnappa kidnap
kidnappare kidnapper

kika peep, peek ⟨*båda:* at⟩
kikare binoculars ⟨*pl*⟩ **en ~** a pair of binoculars **Vad har han i kikarn?** What is he up to?
kikhosta whooping cough
kikhål peephole
kikna, **~ av skratt** choke with laughter
kil wedge
kila *om t ex möss* scamper **~ bort till** pop over to **nu måste jag ~** I must be off now **~ stadigt** go steady
kille *pojke* boy, *man* fellow, guy, *spec GB* chap, *pojkvän* boyfriend
killing kid
kilo kilo
kilometer kilometre ⟨*förk* km⟩
kilowatt kilowatt ⟨*förk* kW⟩
kilt kilt
Kina China
kind cheek
kindkota cheekbone
kindtand molar
kines Chinese ⟨*lika i pl*⟩
kinesisk ⟨↔ engelsk-⟩ Chinese
kinesiska ⟨↔ engelska⟩ **1** *språk* Chinese **2** *kvinna* Chinese woman
kinkig *om person* hard to please, *petnoga* particular, *om sak* ⟨*svår, besvärlig*⟩ difficult, awkward **det är inte så ~t** it is not [all] that important
kiosk kiosk, *tidnings~* bookstall, *mindre o US* newsstand
kippa, **~ efter andan** gasp for air
kiropraktor chiropractor
kirurg surgeon
kirurgisk surgical **göra ett ~t ingrepp på** perform surgery on
kisa peer ⟨**mot** at⟩ **~ mot solen** screw up one's eyes in the sun
kiss wee
kissa wee', wee-wee
kissnödig, jag är ~ *om barn* I want to wee-wee
kista *förvaringsmöbel* chest, *lik~* coffin
kitt *fönster~* putty
kittel *te~, kaffe~* kettle, *stor o öppen upptill* cauldron
kittlas tickle **låt bli att ~** don't tickle
kittlig ticklish
kivas squabble ⟨about⟩, quarrel ⟨about, over⟩
kiwifrukt kiwi [fruit]
kjol skirt

klack heel
klacka *äv fotboll* heel **~ om** heel
klackring signet ring
klackspark *i fotboll* back heel **han tog det med en ~** he took it in his stride
kladd[1] *utkast, koncept* rough draft **skriva en ~ till** draft
kladd[2] *ngt kletigt* sticky mess, *klotter* scribble, *dåligt måleri* daub
kladda 1 make˚ a mess, *klottra* scribble, *måla* daub **~ ner sig** mess oneself up **2 ~ på tafsa på** paw
kladdig messy, sticky
klaff flap, *på sekretär* fall-front, *på blåsinstrument* key, *anat* valve **Håll ~en!** Shut up!
klaffa work [out] well
klafsa squelch
klaga complain ⟨**över** about, of, **för, hos** to⟩
klagomål complaint ⟨**över, på** about⟩ **framföra ~** ⟨**hos ngn**⟩ lodge a complaint ⟨with sb⟩
klammer 1 *hakparentes* square bracket **2** *häft~* staple
klammeri, råka i ~ med rättvisan fall foul of the law
klampa tramp [heavily]
klamra, ~ sig fast vid cling to, hang on to
klamydia chlamydia
klan clan
klandra blame
klang ring ⟨*endast sg*⟩, *av glas* clink **ha god ~** have a pleasant ring
klanka, ~ på ⟨**ngn**⟩ criticize, pick on
klant fool, *GB äv* clot
klanta sig make˚ a fool of oneself, muck things up
klantig foolish, clumsy
klantskalle blockhead
klapp *vidröring* pat, *lättare* tap
klappa pat, tap, *om hjärtat* beat˚ **~ [i] händerna** clap [one's hands] **~ igenom (ihop)** *kollapsa* collapse, crack up **det är ~t och klart** it's all fixed
klappra clatter, *om hästhovar* clip-clop **hon ~de med tänderna** her teeth chattered
klar 1 clear, *spec om väder* bright **en ~ dag** a clear day **~ himmel** fair (clear) sky **ha ~a papper** have one's papers in order **kusten är ~** *bildl* the coast is clear **2** *tydlig, lätt begripling* clear, obvious **det är ~t** ⟨**att han blir arg**⟩ of course **få ~t för sig** realize **~a**

besked exact information, a plain answer **3** *beredd* ready ⟨for⟩, *avslutad* finished, *ordnad* arranged, fixed **K~a, färdiga, gå!** Ready, steady, go! **Är du ~ med tidningen?** Have you finished the paper? **saken är ~** that settles it

klara *reda upp, gå i land med* manage, *vard* fix, *skrivning* pass **jag skall ~ [av] det** I'll manage **jag ~r inte [av] det här** I can't cope with (handle) this **~ upp** *missförstånd, misstag* clear up **~ ut** *klargöra* explain **klara sig** manage, *i examen* pass, *rädda sig* get* off, escape, *tillfriskna* pull through **han klarar sig nog** he'll do all right **jag kan inte klara mig på** ⟨**den här lönen**⟩ I can't manage on **~ själv** fend for oneself **~ utan** do without **~ undan** escape, get off

klarblå bright blue

klargöra *göra klar* ⟨*t ex begreppen*⟩ make* clear ⟨to⟩, *klart uttala* make* it clear, *klarlägga* explain

klarhet *om vatten, språk* clarity **bringa ~ i** clear up **komma till ~ om** get a clear picture of

klarinett clarinet

klarna *om himlen* clear, brighten, *om vädret* clear [up] **det ~r** it's clearing up **mysteriet börjar ~** the mystery is becoming clearer

klarspråk, tala ~ use plain language

klarsynt clear-sighted

klart ⟨↔ klar⟩ ADV **1** clearly ⟨*etc*⟩ **Har jag uttryckt mig ~?** Have I made myself clear? **2 ~ bättre** definitely better

klartecken, ge ~ give the green light

klarvaken wide awake

klase *lös vanl* bunch, *fastsittande* cluster

klass 1 *skol~, samhälls~* class **gå i första ~** be in the first form (US grade) **2** *standard* **ett första ~ens hotell** a first-class hotel **hålla hög ~** keep a high standard **åka andra ~** travel (go) second class

klassa class, rate

klassföreståndare form master (mistress), US homeroom teacher

klassificera classify, rate

klassiker *litterärt verk etc* classic

klassisk *spec hist o musik* classical, *bestående, oförglömlig* classic

klasskamrat classmate

klasskillnad class distinction

klassombud [parent] class representative

klassrum classroom

klatsch *snärt* lash

klatschig *färgstark* dashing

klausul clause

klave → krona

klaver, trampa i ~et put one's foot in it

klaviatur keyboard

klema, ~ med coddle, pamper **~ bort** spoil

klen 1 *tunn, späd* slender, weak, *sjuklig* sickly, *ömtålig* delicate **~t hjärta** a weak heart **2** *bildl* poor, feeble, weak **en ~ tröst** a poor consolation **en ~ ursäkt** a feeble (thin, poor) excuse

klenod article of great value, gem, treasure

kleptoman kleptomaniac

kleta smear

kletig sticky, smeary

kli bran

klia 1 itch **det ~r på ryggen [på mig]** my back is itching **2** *riva* scratch **klia sig** scratch oneself **~ på foten** scratch one's foot

klibba *vara klibbig* be sticky, *fastna* stick*

klibbig sticky

kliché *utnött fras* cliché

klick[1] SB *sluten krets* clique, set, *polit* fraction

klick[2] SB *klump* lump ⟨of⟩ **en ~ smör** a knob (pat) of butter **en ~ grädde** a dollop (blob) of cream

klick[3] SB *skarpt ljud* ⟨*t ex från kamera*⟩ click, snap

klick[4] INTERJ click! **det sa bara ~** it just clicked

klicka 1 *om ljud* click **det klack till i mig** my heart gave a jump **2** *om vapen* misfire, *bli fel* go* wrong

klient client

klientel clientele

klimakterium menopause, climacteric

klimat climate

klimax climax

klimp lump, *guld~* nugget, *i soppa* dumpling

klimpa sig get* (turn) lumpy

klinga VB ring* **~ falskt** ring false **~ i glaset** tap one's glass **~ med glasen** clink glasses

klinik clinic

klinka VB **~ på gitarren** strum the guitar **~ på pianot** tinkle the piano

klipp 1 *film~* cut, *tidnings~* [press] cutting (US clipping) **2 göra ett ~** make a fast buck (a killing)

klippa¹ SB rock, *brant havs~* cliff

klippa² VB cut*, *gräs* mow*, *biljett* punch ~ **håret** have one's hair cut **vara som klippt och skuren till (för)** be cut out (made) for **nu är det klippt** that's torn it ~ **av** *a) ledning etc* cut off *b)* ~ *itu* ⟨*snöre etc*⟩ cut in two ~ **till** *av tyg etc* cut out ~ **till ngn** land sb one, hit sb **klippa sig** have one's hair cut **gå och** ~ have a haircut

klippig rocky **Klippiga bergen** the Rocky Mountains

klippkort punch-ticket

klippning *en hår~* haircut

klipsk quick-witted, *fyndig* smart

klirra jingle, *om mynt äv* chink, *om glas* clink

klister paste, *lim* glue **råka i klistret** get into a [real] mess

klistermärke sticker

klistra paste, stick **sitta som** ~**d framför TV:n** be glued to the TV ~ **fast** paste (stick) on ~ **igen** *kuvert* stick down, seal

klitoris clitoris

kliv stride **gå med stora** ~ take long strides, stride

kliva ⟨↔ *stiga*⟩ stride*, *stiga* step, *klättra* climb, *trampa* tread* ~ **i vattnet** step into the water ~ **över tröskeln** cross (step across) the threshold ~ **över** *t ex dike* step across, *staket* climb over

klo claw **råka i ~rna på ngn** get into the clutches of sb

kloak sewer

klocka SB **1** *att ringa med* bell **ringa i (med)** ~**n** sound the bell **ringa på** ~**n** ring (press) the bell **2** *armbands~* watch, *vägg~ etc* clock **Hur mycket (Vad) är** ~**n?** What time is it?, What's the time? ~**n är tolv** it's twelve [o'clock] ~**n är halv ett** it's half past twelve, it's twelve thirty ~**n är [en] kvart i ett** it's [a] quarter to one ~**n är fem minuter över två** it's five minutes past (US *äv* after) two ~**n är mycket** it's getting late

klockad, en ~ kjol a bell-shaped skirt

klockradio clock radio

klok wise, *förnuftig äv* sensible, *om djur* intelligent ~**a råd** sound (sensible) advice **vara ~ nog att inte** have the sense not to **jag blir inte ~ på honom** I cannot make him out **jag blev inte ~are för det** I was none the wiser for that **han är inte riktigt ~ *vard*** he's not right in the head **det är inte ~t** ⟨**vad dyrt allt har blivit**⟩ it's crazy

klokhet wisdom, [good] sense

klokt ADV **göra ~ i att** be wise to, do well to

klor chlorine

kloss *trä~* block

kloster monastery, *nunne~* convent, nunnery

klosterskola convent school

klot *kula* ball, *bowling~* bowling ball, *glob* globe

klotter scrawl, *vägg~* ⟨*som konst*⟩ graffiti ⟨*lika i pl*⟩

klottra scrawl, *tankspritt* doodle

klottrare graffiti vandal

klubb club

klubba¹ SB *sport* club, *bandy~*, *hockey~* stick, *ordförande~* hammer, *slickepinne* lollipop

klubba² VB *bekräfta med klubbslag* approve, *bestämma*, *avtala* decide ⟨on sth⟩

klucka *om vatten* gurgle ⟨*vågorna*⟩ ~**r mot stranden** lap the beach **ett ~nde skratt** a chuckle

kludd *dålig målning* daub, *klotter* scrawl

kludda daub ~ **ner** smudge, smear

klump lump ⟨of⟩ **det satt [som] en ~ i halsen** I ⟨*etc*⟩ had a lump in my throat

klumpa sig 1 bli klumpig ⟨om jord etc⟩ form clods **2** *göra bort sig* make* a fool of oneself

klumpfot club foot

klumpig clumsy

klumpsumma lump sum

klunga group, *av t ex löpare* pack

klunk draught ⟨of⟩, *stor ~* gulp, *liten ~* sip **en ~ öl** a swig of beer

klura, ~ ut ferret (find, figure) out

klurig shrewd, ingenious

kluven *om personlighet* dissociated, split **jag känner mig ~** ⟨**inför**⟩ I am in two minds ⟨about⟩

klyfta 1 *i berg etc* cleft, *spec bildl* gap **2** *av apelsin etc* segment, piece, *vitlöks~* clove

klyftig bright, clever, smart

klyka *gren~* crotch, fork, *år~* rowlock, US oarlock

klyscha cliché

klyva split*, cleave* **klyva sig** split*

klyvning *tekn* fission

klå, ~ [upp] ⟨ngn⟩ give sb a sound

beating, beat
klåda itch[ing], irritation
klåfingrig, han är ~ he can't let things alone
klåpare bungler
klä 1 *ta på* ⟨*ngn*⟩ *kläder* dress, *möbel med tyg* cover **vara ~dd i** wear, be dressed in **2** *passa* suit, become* **hatten ~dde henne** the hat suited her
☐ **klä av sig** undress **~ naken** strip
☐ **klä om** *en möbel* re-cover **~ [sig]** change
☐ **klä på** *t ex barn, docka* dress **~ sig** get dressed, put on one's clothes
☐ **klä upp sig** dress up
☐ **klä ut sig** dress oneself up ⟨**till** as⟩
klä sig dress, get* dressed **~ varmt** wrap up well
kläcka hatch, *en idé* hit* on **~ ur sig** *t ex en dumhet* come out with
klädaffär clothes shop (US store)
kläder clothes, dress ⟨*sg*⟩ **jag skulle inte vilja vara i hans ~** I would not [like to] be in his shoes
klädesplagg article of clothing, garment
klädhängare *galge* hanger, *krok* peg
klädkammare wardrobe
klädnypa clothes peg, US clothespin
klädsam becoming
klädsel dress, *på möbel etc* covering, *bil~* ⟨*lös*⟩ seat covers ⟨*pl*⟩
kläm 1 få tummen i ~ get one's thumb caught **komma i ~ mellan** get jammed between **2 få ~ på** get the hang of **ha ~ på** know about
klämma¹ SB *för papper etc* clip
klämma² VB squeeze, *om skor* pinch **veta var skon klämmer** know where the shoe pinches **han klämde foten** ⟨**i dörren**⟩ he got his foot caught
☐ **klämma fast** fix, fasten
☐ **klämma fram med** come out with
☐ **klämma ihop** *flera ting* squeeze together
☐ **klämma sönder** crush
☐ **klämma till** a) *locket på en burk etc* press down b) *slå till* hit c) *göra slag i saken* go right ahead
☐ **klämma ur sig** come out with
☐ **klämma ut** squeeze [out]
☐ **klämma åt** *sätta åt* crack down on
klämma sig, ~ i fingret get one's finger caught
klämmig, ~ musik music full of go **en ~ flicka** a grand (jolly) girl

klämta toll **~ i klockan** toll the bell
klänga climb **klänga sig, ~ fast** ⟨**vid**⟩ cling [tight] ⟨to⟩
klängväxt climber, creeper
klänning dress, *vardags~ äv* frock, *fin~* gown
klätterställning climbing frame
klättra *äv bildl* climb **~ i träd** climb trees **~ upp på** ⟨**ett tak**⟩ climb on to **~ uppför** climb
klösa scratch, claw **~ ut ögonen på ngn** scratch sb's eyes out
klöv [cloven] hoof
klöver 1 *växt* clover **2** *i kortspel* clubs ⟨*pred i sg el pl*⟩ **en ~ bud** a club
knacka knock, *hårt* rap, *svagt* tap, *om motor* knock **det ~r** there's a knock **~ på** ⟨**dörren**⟩ knock at **~ hål på** ⟨**ett ägg**⟩ crack
knackning knocking, *enstaka* knock
knaggla, ~ sig igenom struggle through
knagglig rough, uneven **~ svenska** halting Swedish
knaggligt ADV **det går ~t för honom** he's finding it tough going
knaka creak, *starkare* crack **det ~de i isen** the ice was cracking **det ~de i trappan** the stairs creaked
knall SB bang, *åsk~* clap **dö ~ och fall** drop down dead
knalla *gå långsamt* trot **~ på (vidare)** push along (on) **det ~r och går** I'm ⟨*etc*⟩ jogging along
knallpulver ≈ percussion cap
knapert, ha det ~ be hard up
knapp¹ SB button **sy i en ~** sew on a button **trycka på ~en** press the button
knapp² ADJ scanty, *med liten marginal* narrow **en ~ timme** just under one hour **han undgick med ~ nöd** he narrowly escaped **tiden är ~** time is running short **det är ~t med födan** food is scarce
knappa 1 ~ in ⟨**på dator**⟩ key in **2 ~ in på** a) *skära ner på* cut down b) *minska luckan till* gain on
knappast *nästan inte, knappt* hardly, scarcely
knapphål buttonhole
knappnål pin
knappt ADV **1** vinna **~** win by a narrow margin **2** *inte fullt* ⟨**det tog**⟩ **~ en timme** just under an hour **för ~ ett år sen** not quite one year ago **3** *nästan inte* hardly,

knapra – knäppa²

scarcely, *nätt o jämnt* barely **jag hade ~ slutat förrän ...** I had hardly (scarcely) finished when ...
knapra nibble, munch ⟨*båda:* at⟩
knaprig crisp
knark ⟨↔ *narkotika*⟩ dope, drugs ⟨*pl*⟩
knarka take* dope (drugs) **~ ner sig** be (get) hooked on drugs
knarkare drug (dope) addict, junkie
knarklangare drug (dope) pusher (peddler)
knarra creak, *om snö* crunch
knasig daft **han är ~** *äv* he's nuts
knastra crackle, *om grus* crunch
knattelag small boys' team
knattra rattle
knegare nine-to-fiver
knekt, hjärter ~ [the] jack (knave) of hearts
knep trick **känna till ~en** know the ropes
knepig *besvärlig* difficult **en ~ situation** a ticklish situation **ett ~t problem** a tricky problem
knipa¹ SB **råka i ~** get into a scrape
knipa² VB **1 ~ av** pinch (nip) off **~ ihop munnen** compress one's lips **~ ihop ögonen** screw up one's eyes **2 om det kniper** at a pinch
knippa *blommor, morötter, nycklar* bunch
knipsa, ~ av snip off
kniv knife ⟨*pl* knives⟩
knivhugga stab
knockout knockout **slå ~ på ngn** knock sb out **vinna på ~** win by a knockout
knoge knuckle
knop *äv hastighet* knot **göra 25 ~** do 25 knots
knopp 1 *på växt* bud **2** *handtag* knob
knorr curl **ha ~ på svansen** have a curly tail
knorra, det ~r i magen my stomach is growling
knotig bony, *om träd o fingrar* knotty
knott gnat
knottra sig, skinnet knottrar sig på mig I get gooseflesh
knottrig granular, *om hud* rough
knubbig plump, *vard* chubby
knuff push, *mer vard* shove
knuffa push, *mer vard* shove **~ sig fram** ⟨**genom folkmassan**⟩ push one's way ⟨through the crowd⟩ **~ omkull** push (knock) over **~ undan** push aside
knuffas, K~ inte! Don't push!
knull fuck, screw, lay
knulla fuck, *om män äv* screw
knussla, ~ med be stingy with
knut 1 *hörn på hus* corner **bakom ~en** round the corner **2** *på snöre etc* knot, **hår~** bun
knyck jerk, *svagare* twitch
knycka 1 ~ på nacken toss one's head **~ till** give a jerk **2** *stjäla* pinch, lift, *i butik* shoplift
knyckla, ~ ihop crumple up, *ölburk* crush
knyppla make* lace
knyst, det hördes inte ett ~ not a sound was heard **han sa inte ett ~** he didn't utter a word
knyta 1 tie, **~ fast** *äv* fasten, **göra en knut** *äv* knot **2 ~ handen** clench one's hand **3** *bildl* **~ förbindelser** make contacts **knuten till** attached to ⟨**hans namn**⟩ **är knutet till** *en uppfinning etc* is linked to
□ **knyta fast** tie ⟨to⟩, fasten ⟨to⟩
□ **knyta igen (ihop, till)** tie up
□ **knyta upp** *knut etc* untie
□ **knyta åt** tie ⟨sth⟩ tight
knyta sig *gå till sängs* turn in
knyte bundle ⟨med of⟩
knytkalas Dutch treat
knytnäve [clenched] fist
knytnävsslag punch
knåda knead
knåpa, ~ med potter about at **~ ihop** *t ex ett brev* put together
knä *äv på byxben* knee **ha ngn i ~t** have sb on one's knee[s] (lap) **falla på ~** ⟨**för**⟩ kneel ⟨to⟩
knäck¹ *hård kola* toffee
knäck² *hårt slag* **han fick en ~** it was a hard blow to him **det tog ~en på honom** it nearly killed him
knäcka 1 *i bitar* crack, *bryta itu* break* **en hård nöt att ~** a tough (hard) nut to crack **~ en kod** break (crack) a code **2 det knäckte honom** it nearly killed him
knäckebröd crispbread
knäpp¹ SB *klickande ljud* click, *svagare* snap **inte ett ~** not a sound
knäpp² ADJ *galen* cracked **hon är ~** *äv* she's nuts
knäppa¹ 1 *klicka* ⟨*t ex om lås*⟩ click **~ med fingrarna** snap one's fingers **~ bort** *t ex dammkorn* flick off (away) **2** *fotografera* snap, take* a snapshot
knäppa² 1 *stänga med knapp* button ~

knappen do the button ~ **av (på)** ⟨**ljuset (TV:n, radion)**⟩ switch off (on) ~ **igen** ⟨**rocken**⟩ button up ~ **upp** unbutton **2** ~ **händerna** fold (clasp) one's hands
knäskydd kneepad
knäskål kneecap
knöl 1 lump, *anat* knot, *bula* bump, *tumör* tumour **2** *ohyfsad person* bastard, swine
knöla, ~ **ihop** crumple up
knölaktig *ohyfsad* swinish
knölig *om säng* lumpy, *om väg* bumpy
ko cow
koagulera coagulate, clot
koalition coalition
kobent knock-kneed
kobra cobra
kock cook *ju fler* ~**ar,** *desto sämre soppa* too many cooks spoil the broth
kod code
koda code, encode
koffein caffeine
koffert *resväska* trunk
kofot crowbar
kofta cardigan
kofångare bumper
kohandel *polit* horse-trading, trade-off
koj *hängande* hammock, *fast* bunk, berth
koja SB cabin, hut, *neds* hovel
kok, ett ~ **stryk** a good hiding
koka VB *i vatten* boil, *t ex kaffe* make⁕ ~ **av vrede** boil with anger ~ **ihop** *bildl* ⟨*t ex en lögn*⟩ concoct, make up ~ **upp** *a)* bring to the boil *b)* nå kokpunkten come to the boil ~ **över** *äv bildl* boil over
kokain cocaine, *vard* coke
kokbok cookery book, *spec US* cookbook
kokerska cook
kokett coquettish
kokhet boiling (piping) hot
kokosnöt coconut
kokplatta hot plate
kokvrå kitchenette
kol 1 *grundämne* carbon **2** *bränsle* ⟨*sten*~⟩ coal, *trä*~ charcoal **Lägg på ett** ~**!** Get a move on!
kola SB toffee, *mjuk* caramel
koldioxid carbon dioxide
kolera cholera
kolesterol cholesterol
kolgruva coalmine
kolhydrat carbohydrate
kolibri hummingbird
kolik colic, gripes ⟨*pl*⟩
kolja haddock ⟨*lika i pl*⟩
koll *kontroll* check
kolla 1 *kontrollera* check ~ **upp** check up on **2** *titta* ~ **[in]** ⟨**ngt**⟩ have (take) a dekko at ⟨sth⟩
kollaps collapse
kollapsa collapse
kollega colleague, *arbetskamrat* fellow worker **mina kolleger bland skådespelarna** my fellow actors
kollegieblock notepad, writing pad
kollekt collection **ta upp** ~ make a collection
kollektion collection
kollektiv SB, ADJ collective
kollektivt, resa ~ use public transport
kollektivtrafik public transport
kollidera collide, *bildl äv* clash
kollision collision, *bildl äv* clash
kolon *skiljetecken* colon
koloni colony, *barn*~ holiday (*US* summer) camp [for children]
kolonialism colonialism
kolonilott allotment
kolonisatör colonizer
kolonisera colonize
kolonn *bygg, milit* column
koloss colossus
kolossal colossal, *bildl äv* enormous
kolossalt ADV enormously
koloxid carbon monoxide
kolsvart jet black
kolsyra carbon dioxide, *flytande* carbonic acid
kolsyrad carbonated, *vard* fizzy
koltrast blackbird
kolumn column
kolv 1 *i motorer etc* piston **2** *glas*~ flask **3** *löd*~ soldering iron **4** *på vapen* butt **5** *lås*~ bolt
kombination combination
kombinera combine
kombivagn estate car, *spec US* station wagon
komedi *lustspel* comedy **spela** ~ **låtsas** play-act
komet comet
komfort comfort
komiker comedian, *vard* comic
komisk *avsiktligt* comic, *oavsiktligt* comical, *löjlig äv* ridiculous
komma¹ SB *skiljetecken* comma, *i decimalbråk* point

komma² VB
HUVUDVERB
1 *i riktning mot den talande* come*, *i annan riktning* get* **jag behöver veta när du kommer** I need to know when you are coming **Hur ska du ~ dit?** How are you going to get there?
2 *komma fram, anlända* arrive **När kom du?** When did you arrive (get here, come)?
3 det kommer fyrtio personer på festen there will be forty people at the party **Kom inte för sent!** Don't be late **Vart vill du ~?** *Vad menar du?* What are you getting (driving) at? **jag kom just att tänka på en sak** something just occurred to me **han kom med kaffe** he brought coffee **jag har kommit på andra tankar** I have changed my mind
HJÄLPVERB FÖR FUTURUM ⟨**komma att** + *infinitiv*⟩
4 ⟨↔ ska, skulle⟩ **det kommer att bli svårt** it will (is going to) be difficult
5 denna händelse kom att påverka hans framtid this event was to affect his future
☐ **komma an på** → bero på
☐ **komma av sig** *vid scenframträdande* forget one's lines
☐ **komma bort** disappear, go missing
☐ **komma efter** *i skolarbete* fall behind
☐ **komma emellan** *hindrande* intervene
☐ **komma fram** arrive, get there **det kom fram att ...** it emerged that ...
☐ **komma igen** ⟨↔ komma tillbaka⟩: **Kom igen [då]!** Come on!
☐ **komma in** *på utbildning* get in, be accepted
☐ **komma loss** *från arbetet* get off **jag kan inte ~ har fastnat** I'm stuck
☐ **komma med:** ⟨**Jag ska ut.**⟩ **Kommer du med?** Do you want to come along? **Har allt kommit med?** Have we got everything?
☐ **komma på** find, think of
☐ **komma tillbaka** come back, return
☐ **komma undan** *vid flykt* get away, escape
☐ **komma ut** a) get out b) *om bok* come out, appear
☐ **komma åt** *nå, få tag i* get at ⟨sth⟩
☐ **komma över** *äv bildl* get over, *till andra sidan* get across
kommande coming, *nästa* next, *framtida* future

kommando command ⟨**göra ngt**⟩ **på ~** by command **ha ~ över** be in command of
kommendera command, *beordra* order
kommentar *yttrande* comment **Inga ~er!** No comment!
kommentator commentator
kommentera comment on
kommers *spec mellan länder* commerce, *handel* trade **~en går trögt** trade is slack **sköta ~en** run the business
kommersialisera commercialize
kommersialisering commercialization
kommersiell commercial
kommissarie *polis~* superintendent, inspector
kommitté committee
kommun *borgerlig* municipality, *US äv* township **~en** *om kommunal myndighet* the local authority
kommunal local [government] ⟨*före sb*⟩
kommunalt ADV **resa ~** use public transport
kommunfullmäktige the municipal (city) council ⟨*sg*⟩
kommunicera communicate
kommunikation communication
kommunikationsmedel means ⟨*vanl sg*⟩ of communication **allmänna ~** public transport
kommunism Communism
kommunist Communist
kommunistisk Communist
kommunistparti Communist party
komp comp
kompa comp
kompakt compact
kompani company
kompanjon partner **bli ~er** go into partnership
kompass compass
kompatibel ADJ, SB compatible
kompendium compendium ⟨*pl* -s *el* compendia⟩
kompensation compensation
kompensera compensate **~ för** *äv* make up for
kompetens competence
kompetent competent
kompis pal, friend **vara ~ med** be friends (pals) with
komplement complement
komplett ADJ complete
komplettera *göra fullständig* supplement

de ~r varandra they complement one another
komplettering *tillägg* complementary addition
komplex SB *psyk* complex **ha ~ för** have a complex about
komplicerad complex, complicated
komplikation complication
komplimang compliment **ge ngn en ~** pay sb a compliment ⟨on⟩
komplott plot, conspiracy
komponent component
komponera compose **~ musik till** write music to (for)
komposition composition
kompositör composer
kompott compote ⟨**på** of⟩, stewed fruit **blandad ~** *bildl* hotchpotch
kompress compress, dressing
komprimera compress
kompromettera compromise
kompromiss compromise
kompromissa compromise ⟨**om** about⟩
komvux ≈ [local] adult education
koncentration concentration
koncentrationsförmåga power[s] of concentration
koncentrationsläger concentration camp
koncentrera concentrate **koncentrera sig, han kan inte ~** he can't concentrate
kondition condition, *kropps~ äv* physical fitness **han var i god ~** he was fit **han var inte i ~** he was out of condition **jag har dålig ~** I'm not fit (in poor condition)
konditionalis the conditional [mood]
konditori *servering* café, *GB vanl* teashop, tearoom, *butik* confectioner's [shop], US ≈ pastry shop
kondom condom
konduktör conductor, *tåg~* ⟨*GB vanl*⟩ guard
konfekt *choklad~* chocolates ⟨*pl*⟩, bonbons ⟨*pl*⟩, US candy
konfektion *kläder* ready-made clothes ⟨*pl*⟩
konferencier master of ceremonies ⟨*förk* MC⟩, *GB äv* compere
konferens conference, *sammanträde* meeting
konfidentiell confidential
konfirmand candidate for confirmation
konfirmation *kyrklig* confirmation
konfirmera *äv kyrkligt* confirm
konfirmera sig be confirmed
konfiskera confiscate, *ta i beslag äv* seize
konfiskering confiscation
konflikt conflict **komma i ~ med** come into conflict with
konfrontation confrontation
konfrontera confront
konfunderad confused, bewildered
Kongo 1 *stat* [the] Congo **2** *flod* the [River] Congo
kongress congress **den amerikanska ~en (Kongressen)** [the] Congress
kongruens *matem* congruence, *språk* concord
konjak brandy, *fransk äv* cognac
konjunktion conjunction
konjunktiv the subjunctive [mood]
konjunktur ⟨↔ **hög-, lågkonjunktur**⟩ economic situation
konkret concrete
konkurrens competition
konkurrent competitor, *rival äv* rival
konkurrera compete ⟨**med** with, **om** for⟩ **~ ut** drive out of business
konkurs bankruptcy **gå i ~** go bankrupt
konsekvens *följdriktighet* consistency, *följd* consequence **ta ~erna av** take the consequences of
konsekvent ADJ consistent
konsert 1 *musikframträdande* concert **2** *musikstycke* concerto
konserthus concert hall
konserv *i plåtburk* tinned (*spec US* canned) food, *i glas- el pappburk* preserve
konservatism conservatism
konservativ conservative **de ~a** *polit* the Conservatives
konservator *vid museer etc* conservator, *av byggnader etc* restorer, *av djur* taxidermist
konservburk *av plåt* tin, *spec US* can, *av glas* jar
konservera 1 *matvaror* tin, *spec US* can, *i glasburk* preserve **2** *restaurera* restore
konservering 1 *av matvaror* canning, preservation **2** *restaurering* restoration
konserveringsmedel preservative
konservöppnare tin-opener, *spec US* can-opener
konsistens consistency
konsonant consonant
konspiration conspiracy, plot
konst art, **~grepp** trick **~en att** *vanl* the art

of ⟨ + *ing-form* ⟩ **efter alla ~ens regler** according to the rules [of the game] **Det är väl ingen ~!** That's easy enough!
konstakademi academy of fine arts (of art)
konstant ADJ constant, *varaktig* permanent
konstapel [police] constable **~n** *i tilltal* officer
konstatera *fastslå* state, *fastställa, påvisa* establish, *bekräfta* certify, *lägga märke till* notice
Konstfackskolan the [National] College of Arts, Crafts and Design
konstgjord artificial **~ andning** artificial respiration, *mun mot mun* the kiss of life
konsthandel 1 *konstgalleri* art gallery **2 ~n** *handeln med konst* the art trade
konsthantverk [handi]craft
konsthistoria art history
konstig *egendomlig* strange, odd, *lustig* funny **~are än så är det inte** that's all there is to it
konstitution constitution
konstlad *onaturlig* unnatural, *tillgjord* affected
konstmuseum art museum (gallery)
konstnär artist
konstnärlig artistic
konstra make* a fuss
konstruera construct
konstruerad constructed, *påhittad* made--up
konstruktion construction, *utkast, plan* design
konstruktiv constructive
konstruktör constructor
konstsim synchronized swimming
konstverk work of art
konstvetenskap art [history]
konståkare figure skater
konståkning figure skating
konsul consul
konsulat consulate
konsulent adviser, consultant
konsult consultant
konsultation consultation
konsultera consult
konsum cooperative shop (*US* store), co-op
konsument consumer
konsumera consume
konsumtion consumption

kontakt 1 contact, *bildl äv* touch **få ~ med** get in[to] contact (in touch) with **hålla (stå i) ~ med** keep in touch with **2** *strömbrytare* switch, *vägguttag* [wall] socket, *stickpropp* plug
kontakta contact, get* in touch with
kontaktannons lonely-hearts ad
kontaktlinser contact lenses, *vard* contacts
kontaktperson contact [person]
kontaktsvårigheter contact difficulties (problems)
kontant cash **betala** ⟨ ngt ⟩ **~ pay** cash for ⟨ sth ⟩, pay ⟨ sth ⟩ in cash **~ betalning** cash payment
kontanter cash ⟨ *sg* ⟩, ready money ⟨ *sg* ⟩
kontantinsats deposit, down payment
kontinent continent **K~en** *det europeiska fastlandet* the Continent
kontinental continental
kontinuerlig continuous
kontinuitet continuity
konto account ⟨ **hos** with ⟩ **köpa på ~** buy on account **spärra ett ~** block (freeze) an account **sätta in på ett ~** pay into an account
kontokort credit card, *vard* plastic card
kontor office **arbeta på ~** work at (in) an office
kontorsarbete office work
kontorsmateriel office supplies ⟨ *pl* ⟩
kontorstid office hours
kontra¹ PREP *mot* against, versus
kontra² VB *möta med motattack* counter
kontrabas double bass
kontrakt ⟨ ↔ avtal ⟩ *avtal* contract, *hyres~* lease
kontraspionage counterespionage
kontrast contrast ⟨ till, mot to ⟩
kontring *sport* counter
kontroll 1 *granskning* check ⟨ **av** on ⟩ **2** *[full] behärskning* control **3 ~ställe** ⟨ t ex i trafik, orientering ⟩ checkpoint, control station
kontrollant controller
kontrollera 1 *granska* check [up on], *inspektera* inspect, *pröva* test **2** *behärska* control
kontroversiell controversial
kontur outline
konvalescent convalescent
konvention convention
konventionell conventional, *formell* formal

konversation conversation
konversera converse ⟨**om** about⟩
konvertering *tekn, religion* conversion
konvoj convoy
kooperativ SB, ADJ cooperative
koordinera coordinate
kopia copy, *foto* print **ta en ~ av** make a copy of
kopiera copy
kopieringsmaskin [photo]copier, xerox *varunamn*
kopp cup **en ~ kaffe** a cup of coffee
koppar copper
koppel *hund~* leash, lead
koppla 1 *hund* leash, put* on the leash **2** *förena* couple ⟨**till, med** with⟩, *eltekn, tele* connect **~ mig till** connect me with **3** *förstå* **hon ~de inte** she didn't make the connection **han ~r långsamt** he is slow on the uptake
□ **koppla av** a) *el o radio* switch off b) *vila* relax
□ **koppla ihop** a) *tekn* couple, *äv eltekn* connect b) *förknippa* associate
□ **koppla in** a) *eltekn, tele* connect b) *bildl* ⟨*t ex polisen*⟩ call in
□ **koppla på** *äv t ex charm* switch (turn) on
□ **koppla ur** a) *eltekn, tele* disconnect b) *motor* declutch
koppling 1 *kopplingsanordning* coupling, *tekn äv* connection **det finns en ~ till** *samband* there is a connection with **2** *i bil* clutch
kora choose*
korall coral
Koranen the Koran
Korea Korea
koreograf choreographer
koreografi choreography
korg 1 basket **2 få ~en** be refused
korgstol wicker[work] chair
korint dried currant
kork cork **styv i ~en** cocky
korka, ~ igen (till) *flaska o d* cork ⟨**bilarna**⟩ **~de igen gatan** jammed the street **~ upp** uncork
korkad *dum* silly, stupid
korkmatta linoleum, *vard* lino
korkskruv corkscrew
korn 1 *frö* grain **ett ~ av sanning** a grain of truth **2** *sädesslag* barley **3 få ~ på** *bildl* catch sight of
kornig granular

korp *fågel* raven **stjäla som en ~** ≈ thieve like a magpie
korpral corporal
korrekt correct
korrektur proofs ⟨*pl*⟩ **läsa ~ på** proofread
korrespondens correspondence
korrespondent correspondent
korridor corridor, *gång* passage
korrigera correct
korrigering correction
korrumperad corrupt
korruption corruption, *spec* US graft
kors cross **Röda Korset** the Red Cross **sitta med armarna i ~** *bildl* twiddle one's thumbs **~ och tvärs** in all directions, all over the place
korsa *äv biol* cross **~ varandra** cross **~ Atlanten** cross the Atlantic **korsa sig** cross oneself
korsdrag draught
korsett corset
korsfästa crucify
korsfästelse crucifixion
korsförhör cross-examination
Korsika Corsica
korslagd, med ~a armar with folded arms
korsning 1 *väg~* crossroads ⟨*lika i pl*⟩ **2** *biol* crossbreed, *det att korsa* crossbreeding
korsord crossword [puzzle]
korstecken, göra korstecknet cross oneself
korståg crusade
korsväg *äv bildl* crossroads ⟨*lika i pl*⟩ **stå vid en ~** be at a crossroads
kort[1] SB **1** *äv spel~* card **bra ~** a good hand **sköta sina ~ väl** play one's cards well (right) **sätta allt på ett ~** stake everything on one card **2** *foto* photo
kort[2] ADJ short **efter en ~ tid** shortly afterwards **i ~a drag** in brief **inom ~** shortly, in a short time
kort[3] ADV shortly **för att fatta sig ~** to be brief **~ sagt** in brief (short) **~ och gott** simply
korta shorten, *kläder äv* take* up
kortbyxor shorts
kortfattad brief, short
korthuggen abrupt
korthårig short-haired ⟨*före sb*⟩ **hon är ~** she has short hair
kortklippt, vara ~ wear one's hair short
kortkort, ~ kjol miniskirt

kortlek pack (US deck) of cards
kortsiktig short-term ⟨före sb⟩
kortslutning short circuit
kortspel card game, *att spela kort* card-playing
kortvarig short
kortvåg *frekvensområde* short-wave band
kortärmad short-sleeved
korv sausage, *varm~* hot dog
korva sig sag
korvkiosk hot-dog stand
korvstoppning *bildl* cramming
kos, springa sin ~ run away
kosack Cossack
kosmetika cosmetics ⟨pl⟩
kosmetolog cosmetologist, beautician
kosmisk cosmic
kosmonaut cosmonaut, astronaut
kosmos [the] cosmos
kost fare **mager ~** *bildl* meagre diet **~ och logi** board and lodging
kosta cost* **Vad (Hur mycket) ~r det?** *a) om varor* How much is it?, How much (What) does it cost? *b) om tjänster* How much do I ⟨etc⟩ owe you? **fråga vad det ~r** ask the price **det ~de honom livet** it cost him his life **det ~r skjortan** it costs the earth **~ på ngn ngt** spend sth on sb **det kan jag inte ~ på mig** I cannot afford that
kostnad cost, charge, *utgift* expense **stora (höga) ~er** heavy expenses
kostvanor dietary habits
kostym suit, *teat o d* costume
kota vertebra ⟨*pl* vertebrae *el* -s⟩
kotlett chop, *benfri* ⟨karré⟩ cutlet
kotte 1 *på växt* cone **2 inte en [enda] ~** not a single soul
kpist ⟨*förk f* kulsprutepistol⟩ tommy gun
krabba crab
krafs *skräp* trash
krafsa scratch ⟨**efter** for, **på at**⟩
kraft 1 force, strength **ha ~ att** have the strength to **pröva sina ~er** try (test) one's strength **få (samla, hämta) ~er** gain strength **av alla ~er** with all one's strength **med friska (förnyade) ~er** with fresh strength **med förenade ~er** with united efforts **2** *utövad el verkande, äv eltekn o mekanik* power **skapande ~** creative power **3** *jur* **träda i ~** come into force
kraftansträngning all-out effort
kraftfull powerful
kraftig 1 *kraftfull, stark* powerful, strong **~t**

motstånd strong (vigorous) opposition **2** *stor, avsevärd* great, substantial **~ förbättring** substantial improvement **~ prishöjning** sharp rise of (in) prices **3** *stor till växten el omfånget* big, sturdy **en ~ karl** a hefty fellow **~a skor** stout shoes
kraftigt ⟨↔ kraftig⟩ ADV powerfully, strongly, *avsevärt* greatly, very much **~ byggd** strongly built
kraftlös weak, feeble
kraftverk power plant (station)
krage collar **ta sig i ~en** pull oneself together
krake *stackare* wretch **Stackars ~!** *äv* Poor thing!
kram *omfamning* hug, embrace, *smeksam* cuddle
krama ⟨↔ kram⟩ hug, embrace, cuddle, *pressa, trycka* squeeze, press **~ sönder** squash
kramas *krama varandra* hug, embrace
kramgod cuddly
kramp *i ben el arm* cramp **få ~** get [a] cramp
krampaktig spasmodic, convulsive **~t försök** desperate effort
kramsnö wet snow
kran 1 *vatten* tap, US faucet **2** *lyft~* crane **3** *näsa* conk, hooter
krans 1 *blomster~ etc* wreath **binda en ~** make a wreath **2** *bakverk* ring
kras, gå i ~ go to pieces
krasch crash
krascha crash
kraschlanda crash-land
krass base, materialistic **~a motiv** base motives **den ~a verkligheten** stern (harsh) reality
krasse cress, *krydd~* garden cress
krasslig poorly, off-colour
krater crater
kratta[1] SB **1** *redskap* rake **2** *person* funk, US coward
kratta[2] VB rake
krav demand, *anspråk* claim **ställa stora ~ fordra mycket** make [heavy] demands ⟨on⟩
kravaller riots
kravbrev reminder
kravla crawl, *klättra* scramble **~ sig upp** *a) resa sig med svårighet* struggle to one's feet *b) klättra upp* crawl up ⟨**på** on to⟩
kravlös undemanding

kraxa croak
kreativ creative
kreativitet creativity
kreatur *boskap* cattle ⟨*pred i pl*⟩
kredit credit **få ~ hos** get [a] credit with **köpa (ta) på ~** buy on credit
kreditkort credit card
krematorium crematorium
kremera cremate
kremering cremation
Kreml the Kremlin
Kreta Crete
krets 1 circle **de fina ~arna** the top-drawer (high society) **2** *ström~* circuit
kretsa circle **planet ~de över flygplatsen** the plane circled the airport **hans tankar ~r ständigt omkring henne** his thoughts are continuously centred on her
kretslopp *t ex [blod]omlopp* circulation, *omsloppsbana* orbit
kricket cricket
krig war **föra ~ mot** make war against (on) **förklara ~** declare war ⟨on, against⟩
kriga war, be at war ⟨with⟩
krigare soldier, *åld* warrior
krigförande belligerent **icke ~** non--belligerent
krigföring warfare
krigsfånge prisoner of war
krigsmakt, ~en the armed forces ⟨*pl*⟩
krigsrätt court martial
Krim the Crimea
kriminalisera make˙ ⟨sth⟩ a criminal offence
kriminalitet criminality
kriminalkommissarie ≈ detective superintendent
kriminalpolis, ~en ≈ the criminal police
kriminalvård correctional care, *friare* treatment of offenders
kriminell criminal
krimskrams knick-knacks ⟨*pl*⟩, gee-gaws ⟨*pl*⟩
kring ⟨↔ omkring¹⟩ PREP **1** *runt om* round, *spec US* around, *om tid* [round] about **2** *angående* about
kringla *bakverk* ≈ petit pretzel
kringliggande surrounding
kringresande travelling
kringströdd strewn, scattered about
kris crisis ⟨*pl* crises⟩
kristall crystal
kristallklar crystal clear
kristallkrona crystal (cut-glass) chandelier
kristdemokratiskt parti Christian democratic party
kristen Christian **bli ~** turn Christian **vara ~** be a Christian
kristendom Christianity
Kristi Himmelsfärdsdag Ascension Day
Kristus Christ **år 60 efter (före) ~** [the year] 60 AD (BC)
krita 1 chalk **en ~** *a) tavel~* a piece of chalk *b) färg~* a crayon **2 köpa på ~** buy on tick (*US* on credit) **när det kommer till ~n** when it comes to it
kritik 1 criticism, critique **rikta ~ mot** criticize **skarp ~** severe criticism **under all ~** beneath contempt **2** *recension* review **få bra ~** get favourable reviews
kritiker critic, *recensent äv* reviewer
kritisera criticize, find˙ fault with
kritisk critical ⟨**mot** of⟩, *avgörande äv* crucial
kritstrecksrandig, ~ kostym pinstripe suit
kritvit [as] white as chalk, *om ansikte* [as] white as a sheet
kroat Croat
Kroatien Croatia
kroatisk ⟨↔ engelsk-⟩ Croatian
krock crash, smash, *äv bildl* collision
krocka crash, smash ⟨*båda:* **med** into⟩, *äv bildl* collide ⟨**med** with⟩
krocket croquet
krockkudde air bag
krog restaurant, *bar* ⟨*spec GB*⟩ pub, *spec US* bar
krogrond, gå på ~ *spec GB* go pub--crawling, *US* go bar-hopping
krok 1 hook **få på ~en** *äv bildl* hook **2** *krökning* bend, curve **vägen går i ~ar** the road winds **3** *omnejd* **här i ~arna** hereabout[s], in these parts
krokben, sätta ~ för ngn trip sb up
kroki life drawing
krokig crooked, *om väg* winding, *om näsa* hooked
krokodil crocodile
krokryggig stooping **gå ~** walk with a stoop
krokus crocus
krom chromium
kromosom chromosome
krona 1 *kunga~*, *träd~* crown **~n på verket**

the crowning touch 2 *myntenhet* ⟨*svensk*⟩ krona ⟨*pl* kronor *förk* SEK, SKr⟩ **K~ eller klave?** Heads or tails? *spela* ~ **och klave om** toss for 3 *tak~* chandelier
kronblad *bot* petal
kronhjort red deer ⟨*lika i pl*⟩, *hane* stag
kroniskt ADV ⟨*han är*⟩ ~**t sjuk** a chronic invalid
kronofogde crown bailiff, US sheriff
kronologisk chronological
kronprins crown prince ~**en** *i* GB the Prince of Wales
kronprinsessa crown princess
kronärtskocka artichoke
kropp 1 body **darra i hela ~en** shake (tremble) all over ⟨*våt*⟩ **inpå bara ~en** ⟨soaked⟩ to the skin **2** *fysik* solid
kroppsarbete manual labour
kroppsbyggare body builder
kroppsbyggnad build **med kraftig ~** sturdily built
kroppsdel part of the body
kroppslig physical, bodily
kroppsvisitation [personal (bodily)] search
krossa crush, *smula sönder* grind⋅ down, *slå i stycken* break⋅ **~ ngn** crush sb **~ ngns hjärta** break sb's heart **~ ett uppror** put down (crush) a rebellion
krubba SB manger, crib, *jul~* crib, US crèche
krucifix crucifix
kruka 1 pot **2** *ynkrygg* coward
krukmakare potter
krukväxt potted plant
krulla frizzle, curl **krulla sig** curl
krullig frizz[l]y, curly
krumelur 1 *snirkel* flourish **2** *kuf* odd customer
krupp *medicin* croup
krus *dryckeskärl etc* jug, *större för vatten etc* pitcher
krusa 1 ~ [för] *fjäska för* make up to **2** *truga* press **hon måste ~s** she has to be pressed (coaxed)
krusbär gooseberry
krusidull ⟨↔ krumelur⟩ ~**er** *bildl* frills
krut *pulver* [gun]powder
kry well **frisk och ~** *spec om äldre* hale and hearty **känna sig ~** feel fit
krya, ~ på sig get better, recover **K~ på dig!** Get well soon!
krycka crutch, *på käpp* handle

krydda[1] SB *äv bildl* ⟨*från kryddväxt*⟩ spice, *spec salt o peppar* seasoning, flavouring
krydda[2] VB *äv bildl* spice, *spec med salt o peppar* season **starkt ~d** spicy, hot
kryddväxt herb
krylla, det ~de av folk på torget the square was swarming with people
krympa shrink⋅, contract
krympling cripple
kryp *smådjur* mite, *insekt* insect, *spec US* bug
krypa *intill marken, äv fjäska* crawl, *tyst* creep⋅ **på alla fyra** crawl on all fours **~ till kojs (sängs)** crawl into bed **~ till korset** eat humble pie **trafiken kryper långsamt just nu** the traffic is crawling along just now **timmarna kröp fram** the hours crept along **det kryper i mig** ⟨*när jag ser det*⟩ it gives me the creeps **~ fram** *äv bildl* come out **~ ner** *t ex i sängen* cuddle down **~ upp** *t ex i soffhörnet* cuddle [oneself] up
kryphål loophole
krypin *litet [eget] rum* den **ett eget ~** a place of one's own
krypskytt *milit* sniper, *jakt* stalker
kryptisk cryptic
kryss 1 *kors* cross **2** *sport* ⟨*vid tippning*⟩ draw **3** *sjö* cruising, *segling mot vinden* windward sailing
kryssa 1 ~ för *pricka för* put a tick against, *spec US* tick off **2** *sjö* ⟨*allm*⟩ cruise, *segla mot vinden* sail to windward, beat⋅
kryssare *milit* cruiser
kryssning *sjöresa* cruise
kryssningsrobot cruise missile
krysta strain, *vid förlossning* bear⋅ down
krystad *t ex förklaring* strained
kråka 1 *fågel* crow **2** *tecken* tick **sätta en ~ för** tick off
kråkfötter *handstil* scrawl
kråkslott dilapidated building (house)
kråma, ~ sig swagger, strut
krångel trouble, fuss
krångla 1 *bråka* make⋅ a fuss, *starkare* make⋅ trouble **~ till** complicate **2** *inte fungera, börja ~* go⋅ wrong **motorn ~r there** is something wrong with the engine
krångla sig, ~ igenom muddle through
krånglig *svår* hard, difficult, awkward, *besvärlig* ⟨*äv om person*⟩ difficult, *invecklad* complicated
kräfta 1 crayfish, *spec US* crawfish **2 Kräftan** *stjärntecken* Cancer
kräftskiva crayfish party

kräk *stackare* poor wretch, *knöl, buse* beast
kräkas be sick, vomit, throw* up **~ upp** throw up
kräla *krypa* crawl, creep* **~ i stoftet** grovel in the dust
kräldjur reptile
kräm 1 *äv färg* cream 2 *maträtt* ≈ fruit cream
krämpa ailment
kränga 1 *sjö* heel [over], list, *flyg o bil* sway, lurch 2 **~ av sig** *kläder* pull off
kränka 1 *t ex en lag* violate, break*, *inkräkta på* infringe (encroach) on **~ freden** break the peace 2 *förorätta* wrong, *förolämpa* insult
kränkande ADJ insulting, *om yttrande* offensive
kränkning 1 *av t ex en lag* violation 2 *förolämpning* insult, *starkare* outrage
kräsen fastidious, *fordrande* choosy
kräva VB demand, *starkare* claim, *insistera på* insist on ⟨det här⟩ **kräver sin tid** takes [its] time **~ ngn på betalning** demand payment from sb **olyckan krävde** ⟨flera dödsoffer⟩ the accident claimed
krävande exacting
krävas ⟨↔ fordras⟩ **det krävdes mycket av honom** great demands were made on him **det krävs mycket mod för att** ... it takes a lot of courage to ...
krögare innkeeper, restaurateur, *US* barkeeper
krök *sväng* bend, curve
kröka 1 *böja* bend*, curve, *vika av äv* turn **inte ~ ett hår på ngns huvud** not touch a hair on sb's head 2 *supa* booze **kröka sig** bend*
krökt bent, curved, *om rygg* hunched
krön *bergs~* crest, ridge, *back~* top
kröna *äv bildl* crown **hon kröntes till drottning** she was crowned queen
krönika *historisk framställning* chronicle, *översikt* diary, *tidnings~* column
krönikör *i tidning* columnist
kröning coronation
kub cube
Kuba Cuba
kubikmeter cubic metre
kuckeliku cock-a-doodle-doo
kudde cushion, *huvud~* pillow
kugga fail, *US* flunk, *spec GB* plough
kugge cog
kuggfråga catch question

kugghjul gearwheel, cogwheel
kuk cock, dick, *spec GB* prick
kul *lustig* funny ⟨*före sb*⟩, fun, *trevlig* nice **en ~ grej** a funny thing **ha ~** have [great] fun **det var ~ att se dig** *vid avsked* nice to see you **det är ~ att** it's rather fun to **Va' ~!** a) *roligt* What fun! b) *trevligt* How nice!
kula[1] ball, *gevärs~* bullet, *sten~* marble **spela ~** play marbles **stöta ~** put the shot
kula[2], **börja på ny ~** make a fresh start
kulen raw, bleak
kuling, hård ~ fresh gale **styv ~** moderate gale
kuliss *på teater* wing **bakom ~erna** *bildl* behind the scenes
kull[1] *av djur* litter
kull[2], **leka ~** play tag
kullager ball bearing
kulle *höjd* hill
kullerbytta *volt* somersault, *i gymnastik* [forward] roll **slå (göra) en ~** turn a somersault
kullersten cobble [stone[s]]
kullig *om terräng* hilly
kullkasta *ngns planer* upset*, thwart
kulmen culmination, *höjdpunkt* climax
kulminera culminate
kulspetspenna ballpoint [pen], *vard* biro *varunamn*
kulspruta machine gun ⟨*förk* MG⟩
kult cult
kultiverad *bildad* cultured, educated
kultur culture, *civilisation äv* civilisation
kulturell cultural
kulturkrock culture clash
kulturminne ancient monument
kultursida *i tidning* [literary and] arts page
kulturtradition cultural tradition
kulörtvätt coloured garments ⟨*pl*⟩
kummel *fisk* hake ⟨*lika i pl*⟩
kummin *växt* caraway, *krydda* caraway seeds ⟨*pl*⟩
kund customer, *frml* client **vara ~ hos** shop with (at)
kunde → kunna
kung king
kungafamiljen the Royal Family
kungarike kingdom
kunglig royal
kungsörn golden eagle
kungörelse announcement

kunna
HUVUDVERB
1 *behärska, förstå sig på* know* **jag kan lite spanska** I know a little Spanish **Kan du reglerna?** Do you know the rules?
HJÄLPVERB
2 *vara i stånd att, klara av att* be able to, *'kan'* can, *'kunde'* could **jag kan spela flöjt men jag kan inte sjunga** I can play the flute but I can't sing **Varför kunde han inte komma?** Why couldn't he come? **jag trodde du skulle ~ hjälpa mig** I thought you would be able to help me **jag hade ~t (skulle ha ~t) hjälpa dig om ...** I could have helped you if ..., I would have been able to help you if ...
3 *'kan' om ngt osäkert* ⟨*'kanske'*⟩ may, *'skulle ~'* might **han kan komma när som helst** he may come any time **det kan vara sant** it may (*osäkrare* might) be true **det skulle ~ vara John** it might be John
4 *'kan' för att uttrycka tillåtelse* can, *i frågor äv* may, could **du kan ta min** you can take mine **Kan jag få låna telefonen?** Can (May, Could) I use your telephone?

kunnig well-informed, competent, *yrkes~* skilled
kunskap knowledge ⟨*endast sg*⟩ ⟨**i, om** of⟩ **goda ~er i engelska** a good knowledge of English
kupa SB *klotformig* globe, *på behå* cup, *bi~* hive
kupé 1 *i järnvägsvagn* compartment **2** *i bil* coupé
kupera 1 *kortspel* cut* **2** *svans, öron* dock
kuperad *backig* hilly
kupol cupola, *större* dome
kupong coupon, *för färdmedel* ticket, *mat~, hotell~* voucher
kupp 1 *stats~* coup d'état **2** *djärv handling* coup ⟨**bli berömd**⟩ **på ~en** on it, as a result
kuppförsök attempted coup [d'état]
kur *medicin o bildl* cure, *medicin äv* treatment
kura, ~ ihop sig huddle up
kurator *social~* [social] welfare officer, *skol~* school welfare officer
kurd Kurd
kurdisk Kurdish
kurera cure ⟨**för** of⟩
kurir courier, messenger
kurort health resort, spa

kurra 1 *om duvor* coo, *om katter* purr **2 det ~r i magen på mig** my tummy is rumbling
kurragömma, leka ~ play hide-and-seek
kurs 1 *riktning* course **hålla ~en** hold one's course **2** *gällande pris* rate ⟨**på** for⟩, *växel~* rate [of exchange] **stå högt i ~** *a)* be at a premium *b) bildl* be in great favour **3** *studie~, läro~* course **gå på ~** attend a course
kursiv SB italics **i (med) ~** in italics
kurskamrat fellow student
kurslitteratur course literature
kursplan curriculum ⟨*pl* -s *el* curricula⟩
kurva curve, bend, *i diagram* graph **i ~n** at the bend
kurvig *om väg* curving, winding, *om kvinna* curvy
kusin [first] cousin
kusk coachman, driver
kuslig *hemsk, spöklik* uncanny, weird
kust coast **vid ~en** on the coast, *om semestervistelse etc* at the seaside **~en är klar** *bildl* the coast is clear
kustartilleri coast artillery
kustbevakning coastguard
kuta 1 *gå böjd* walk with a stoop **2** *springa* run*
kutryggig stooping
kuttra coo
kuva subdue, *t ex uppror* suppress
Kuwait Kuwait
kuvert 1 *brev* envelope **2** *bords~* cover
kuvös incubator
kvacksalvare quack [doctor]
kvadda *bil* smash [up], US *äv* total
kvadrat square **~en på tre** the square of three
kvadratmeter square metre
kval *plåga, pina* torment, pain
kvalificera qualify ⟨**för** for⟩ **kvalificera sig** qualify
kvalificerad qualified ⟨**för, till** for⟩, *på hög nivå* advanced
kvalifikation qualification
kvalitet quality, *kvalitetsklass* grade **av bästa (högsta, prima) ~** of the best quality
kvalmig *om väder* close, sultry, *om lukt* sickly
kvantitet quantity
kvar *på samma plats [som förut]* still here (there), **~lämnad, ~glömd** left [behind] **bollen låg ~** ⟨**där vi glömt den**⟩ the ball was still lying **lämna ~ ngt** leave sth

kvarglömd – kyrkoherde

behind stå ~ *om personer* remain standing ⟨när vi gick⟩ var han [ännu] ~ [där] he was still there **2** *i behåll* left, *över* [left] over det finns ingenting ~ ⟨av maten⟩ there is nothing left [over] **3** *om tid* en vecka ~ till jul a (one) week left to Christmas
kvarglömd left behind ~a effekter lost property ⟨sg⟩
kvarleva *från äldre tid* relic, remnant jordiska kvarlevor mortal remains
kvarn mill [den som kommer] först till ~[en] får först mala first come, first served
kvarskatt remaining tax
kvarstå remain
kvart 1 *fjärdedel* quarter, ~s timme quarter of an hour, fifteen minutes en ~s tum a quarter of an inch ⟨han kom⟩ ~ i tre at a quarter to three ⟨han gick⟩ ~ över tre at a quarter past (*US äv* after) three **2** *bostad* den
kvartal quarter [of a year]
kvarter 1 *hus~* block, *område, distrikt* district, neighbourhood **2** *milit* quarters ⟨pl⟩
kvartersbutik local shop (*spec US* store)
kvarterspolis *person* local constable
kvartett quartet[te]
kvarts *geo* quartz
kvartsfinal quarterfinal
kvast broom
kvav ADJ close, *tryckande* sultry, *instängd* stuffy
kvick 1 *snabb* quick **2** *spirituell* witty
kvickhet 1 *snabbhet* quickness **2** *kvicktänkthet* wit, *kvickt yttrande* joke
kvickna, ~ till revive, come to
kvicksilver mercury
kvida *gnälla* whimper, *klaga* whine
kviga heifer
kvinna woman ⟨*pl* women⟩
kvinnlig *kön* female, *framför yrkesbeteckningar* woman ⟨*pl* women⟩, *typiskt* ~ feminine, womanly ~ arbetskraft female labour ~ författare woman writer ~ polis policewoman ~ präst woman priest ~ rösträtt women's suffrage
kvinnlighet femininity
kvinnosakskvinna [woman] advocate of feminism, *vard* women's libber
kvinnotjusare lady-killer
kvintett quintet[te]
kvissla pimple, blister
kvist twig

kvitt 1 bli ~ ⟨ngn, ngt⟩ get rid of **2** *icke skyldig* vara ~ be quits ~ *eller dubbelt* double or quits
kvitta, det ~r ⟨mig lika⟩ it's all the same
kvitter chirp[ing], twitter
kvittera 1 *signera* sign ~ ut sign for **2** *sport* equalize
kvitto receipt ⟨på for⟩
kvittra chirp, twitter
kvot *andel* quota, *matem* quotient
kväka croak
kväljning, få ~ar feel sick
kväll evening, *spec senare* night en vacker ~ ⟨vill man vara ute⟩ on a fine evening (night) i ~ this evening, tonight i går ~ yesterday evening, last night i förrgår ~ two evenings ago, the night before last på (om) ~en (~arna) in the evening[s] i tisdags ~ last Tuesday evening (night) från morgon till ~ from morning to (till) night
kvällsmat ⟨↔ frukost⟩ evening meal, supper
kvällstidning evening paper
kväva choke, suffocate, *uppror* stifle, suppress
kvävande stifling, suffocating
kvävas suffocate, stifle
kväve nitrogen
kvävning choking, suffocation
kyckling chicken
kyffe ≈ pokey hole, *spec US* hole in the wall
kyl fridge
kyla[1] SB cold, *svagare* chill, *under fryspunkten* frost, *bildl* coldness sträng ~ sharp (severe) frost
kyla[2] VB cool, chill ⟨*båda:* av down, off⟩
kylare *i bil* radiator
kyldisk refrigerated display cabinet
kylig chilly, cool, cold det är ~t i luften there is a nip in the air ett ~t leende a chilly (frosty) smile
kylskåp fridge, *frml* refrigerator
kylväska cool bag (box)
kypare waiter
kyrka church gå i ~n go to church
kyrklig, ~ jordfästning Christian burial ~ vigsel church wedding
kyrkogård *runt en kyrka* churchyard, *begravningsplats* cemetery
kyrkoherde vicar, rector, *katolsk* parish priest

kysk chaste
kyss kiss
kyssa kiss
kyssas kiss
kåda resin
kåk 1 *hus* house, building, *neds* ramshackle house, hovel **2 sitta på ~en** be in jug (clink), do time
kål 1 *växt* cabbage **2 ta ~ på** *döda, utrota* make short of **det tog nästan ~ på mig** it nearly killed me **barnen tar nästan ~ på mig** the kids are driving me crazy
kåldolmar stuffed cabbage leaves
kålhuvud [head of] cabbage
kålrot swede
kålsupare, lika goda ~ tarred with the same brush
kånka, ~ på lug
kåpa 1 *munk~* cowl **2** *tekn* cover, *spis~* hood
kår body **diplomatiska ~en** the diplomatic corps (body)
kåre, det gick kalla kårar efter ryggen på mig a shiver ran down my back
kåseri light article, *muntligt* [informal] talk
kåsör columnist
kåt randy, horny
käbbla bicker ⟨**om** about, over⟩ **~ emot** talk back
käck *hurtig* dashing, *om t ex melodi* sprightly
käft 1 ~ar jaws **Håll ~en!** Shut up! **vara slängd i ~en** have the gift of the gab **slå ngn på ~en** punch sb on the jaw **2 inte en ~** not a living soul
kägla cone, *i kägelspel* skittle, ninepin **de föll som käglor** they went down like ninepins
käk *mat* grub, chow
käka feed*, eat*
käkben jawbone
käke jaw
kälke toboggan, sledge **åka ~** go tobboganing
källa spring, *bildl* source **~n till denna uppgift** the source of this information
källare *källarvåning* basement, *källarutrymme* cellar
källarvalv cellar-vault
kämpa fight*, struggle **~ en hård kamp** fight a hard battle **~ emot** resist
kämpe fighter, *för~* champion ⟨**för** of⟩

kämpig hard, difficult
känd *bekant* known, **väl~** well-known, *berömd* famous, **ökänd** notorious **den mest ~a staden i landet** the best known city in the country **vara ~ för att vara** have the reputation of being
kändis celebrity
känga boot **ge ngn en ~** *pika* dig at sb
känguru kangaroo
känn, på ~ by instinct **ha på ~** feel ⟨sth⟩ by intuition
känna¹ SB **ge sig till ~** → **till känna**
känna² VB **1** *förnimma* feel*, *ha en känsla av* sense **jag kände att** ⟨jag var ovälkommen⟩ I felt (sensed) that **han kände det som sin plikt att** he felt it his duty to **~ tacksamhet** feel (be) grateful **jag kände lukten av rök** I could smell smoke **Vad känner du för henne?** What are your feelings toward[s] her? **jag känner inte för att gå ut** I don't feel like going out
2 *röra* (**~ efter**) *med handen* feel* **hon kände på tyget** she felt the material **~ ngn på pulsen** *bildl* sound sb out
3 *vara bekant med* know* **Känner ni varann?** *vid presentation* Have you met? **lära ~ ngn** get to know sb **~ ngn till utseendet** know sb by sight
▢ **känna av** feel **få ~** be made to feel
▢ **känna efter: han kände efter i fickorna** he felt his pockets
▢ **känna igen** recognize **~ ngn på rösten** know sb by his (her) voice
▢ **känna på** [*få*] *erfara* experience **~ sig** feel in one's bones
▢ **känna till** know
känna sig feel* **Hur känner du dig?** How do you feel? **~ som en ny människa** feel another man (woman) **han kände sig orättvist behandlad** he felt he had been treated unfairly **~ för** *äv bildl* feel one's way
kännare connoisseur ⟨**av** of⟩
kännas feel* **det känns varmt** it feels warm **Känns det bättre nu?** Are you feeling better now? **det känns på lukten** you can tell by the smell **~ vid** a) *medge* admit b) *erkänna* acknowledge
kännbar *avsevärd* considerable, *allvarlig* serious **en ~ brist på livsmedel** a serious shortage of food
kännedom *kunskap* knowledge ⟨**om** about⟩ **få ~ om** be informed about **ha ~**

om know about med ~ om att knowing that
kännetecken 1 *utmärkande drag* characteristic ⟨på of⟩ 2 *för identifiering* identification mark
känneteckna characterize
kännetecknande characteristic ⟨för of⟩
känsel *äv ~sinne* touch
känsla feeling, *stark ~* emotion, *spec kroppslig ~* sensation, *spec själslig ~, sinne* sense en ~ av ⟨ensamhet⟩ a feeling (sense) of **jag har en ~ av att** ⟨hon inte kommer⟩ I have a feeling that **ha ~ för** ⟨rytm⟩ have a sense of
känslig *äv lättretad* sensitive, *mottaglig* ⟨för drag, smitta, intryck⟩ susceptible ⟨båda: **för** to⟩, *känslosam* emotional **en ~ fråga** a delicate matter
känslokall callous, unfeeling
känsloliv emotional life
känslolös insensitive
känslomässig emotional
käpp stick, *spatser~* walking stick, cane **sätta en ~ i hjulet för ngn** put a spoke in sb's wheel
käpphäst *äv bildl* hobby[horse]
käpprätt, gå ~ åt helvete go to blazes
kär 1 vara ~ ⟨i⟩ be in love ⟨with⟩ **bli ~** ⟨i⟩ fall in love ⟨with⟩ 2 *älskad* dear **K~e John** *i brevinledning* Dear John **om livet är dig ~t** if you value your life **~t barn har många namn** ≈ the things we love go by (have) many names
käresta sweetheart
kärl 1 *skål* vessel, bowl 2 *blod~* vessel
kärlek love, *tillgivenhet* affection ⟨båda: **till** for⟩ **av ~ for** love **dö av olycklig ~** die of a broken heart
kärleksaffär [love] affair
kärleksfull loving, *tillgiven* affectionate
kärleksförklaring declaration of love
kärlekshistoria *affär* affair, *berättelse* love story
kärleksliv love life
kärlkramp vascular cramp
kärna¹ SB 1 *frukt~* ⟨*i äpple, apelsin etc*⟩ pip, *i melon, fikon, druva* seed, *i stenfrukt* stone, US pit, *nöt~* kernel 2 *tekn* core, *cell~* nucleus ⟨*pl* nuclei⟩ **jordens ~** the core of the earth 3 *bildl* **en ~ av sanning** a kernel of truth **sakens ~** the heart of the matter
kärna² VB *smör* churn
kärnfamilj nuclear family

kärnkraft nuclear power
kärnkraftverk nuclear power station (plant)
kärnreaktor nuclear reactor
kärnvapen nuclear (atomic) weapon (arms ⟨*pl*⟩)
kärnvapenfri, ~ zon non-nuclear zone
kärr marsh, swamp
kärra cart, *hand~* handcart, barrow, *skott~* wheelbarrow
kärring old woman, *ful gammal ~* hag
kärv *om smak, kritik* harsh, *om sätt, tal* rough
kärva, det har ~t till sig there has been a hitch
kärve sheaf ⟨*pl* sheaves⟩
kätting chain
kö¹ *i biljard* cue
kö² *rad av väntande* queue, US line **stå (ställa sig) i ~** queue [up], US line [up]
köa queue [up], US line [up]
kök 1 *rum* kitchen 2 *kokkonst* cuisine
köl keel **komma på rätt ~** *bildl* get on to the right tack
kölapp queue number (ticket), US number
köld cold, *kallt väder* cold weather, *under fryspunkten* frost, *bildl* coldness **sträng ~** bitter cold
kölvatten *äv bildl* wake
kön sex **av kvinnligt ~** of the female sex
könsdiskriminering sex discrimination, sexism
könsdrift sexual urge, sex drive
könsorgan sex[ual] organ, genitals ⟨*pl*⟩
könssjukdom venereal disease
köp purchase, *affär* bargain, buy **ett gott ~** a [good] bargain **det följer med på ~et** you get that into (US in) the bargain **till på ~et** *dessutom* in addition, moreover ⟨**jag fick snuva**⟩ **till på ~et** at that
köpa buy*, *om större köp* purchase **~ billigt** buy cheap[ly] **~ upp alla sina pengar** spend all one's money
köpare buyer, purchaser ⟨båda: **till** of⟩
köpcenter shopping centre
Köpenhamn Copenhagen
köpkort credit card
köpman businessman, *detaljhandlare* tradesman, *grosshandlare* merchant
köpslå bargain ⟨**om** for⟩
kör¹ 1 *sång~* choir 2 ⟨svara⟩ **i ~** in chorus
kör², **i ett ~** without stopping **hela ~et** the lot

köra
UTAN OBJEKT
1 *drive*, *på cykel* ride*, *mera allmänt 'färdas'* go* **hon kör bra** she drives well, she is a good driver **hon körde förbi på sin cykel** she rode past on her bike **~ fel** go wrong, lose one's way **tåget körde långsamt** the train was going (travelling) slowly
2 *bli underkänd i prov* fail, *spec US* flunk **~ i kemi** fail (flunk [in]) chemistry
MED OBJEKT
3 drive*, *om cykel* ride*, *om kärra el vagn* push **han kör taxi** he drives a taxi **Kan du ~ motorcykel?** Can you ride a motorcycle?
4 *transportera* ⟨*om person*⟩ drive*, take*, *om sak* take*, transport **Ska jag ~ dig till stationen?** Would you like me to drive (take) you to the station?
5 *föra, stöta* stick*, thrust* **han körde händerna i fickorna** he stuck (thrust) his hands into his pockets **~ huvudet i väggen** *bildl* bang one's head against a brick wall
6 ~ med ngn order sb about **jag kör med kreditkort** I use a credit card
☐ **köra bort** turn out, send ⟨sb⟩ packing
☐ **köra emot** bump into
☐ **köra fast** get stuck **jag har kört fast** I'm stuck
☐ **köra om** overtake
☐ **köra på: Kör på [bara]!** Keep going, Drive on **vi körde på** ⟨**en fotgängare**⟩ we hit (ran down)
☐ **köra upp** *för körkort* take one's driving test
☐ **köra ut** *a)* → köra bort *b) t ex tidningar* deliver
☐ **köra över** run over
körbana road[way], carriage way
körbar fit for driving **i ~t skick** in a drivable condition
körfil lane
körkort driving licence, *US* driver's license
körlektion driving lesson
körning 1 *körtur med bil* drive **2** *data* run
körriktning direction
körriktningsvisare indicator
körsbär cherry
körskola driving school
körsnär furrier
körsång choir-singing
körtel gland

kött *på djur o människor* flesh, *slaktat* meat
köttaffär butcher's
köttbulle meat ball
köttdisk meat counter
köttfärs minced meat, *US* ground beef
köttfärssås meat sauce
köttgryta meat stew, hotpot
köttig fleshy
köttsoppa [meat] broth

labb *tass, stor hand* paw
laboration [laboratory] experiment
laboratorium laboratory, *vard* lab
laborera do* experimental work, *experimentera* experiment
labrador *hund* Labrador [retriever]
labyrint labyrinth, *i trädgård* maze
lack 1 *klar~* lacquer, varnish, *blank färg* enamel, *bil~, lackerad yta* paint **2** *för försegling* sealing wax
lackera ⟨↔ lack⟩ lacquer, *äv naglar* varnish, *med färglack* paint ~ **om bilen** repaint the (one's) car
lacknafta white spirit, US mineral spirits ⟨*pred i sg*⟩
lackskor patent leather shoes
lada barn
ladda *med ammunition o film* load, *äv batteri o kärnkraftsaggregat* charge ~ **om** reload, recharge ~ **upp** a) *fylla förråd* stock up b) *samla styrka* prepare oneself, recharge the batteries
laddad 1 *fylld av spänning* charged, *värde~* loaded **2** ⟨hon kom till mötet⟩ ~ **med** ⟨frågor⟩ with a battery of, brimful of
laddning ammunition, *el* charge
ladugård cowshed, barn
lag¹ *rätt, norm* law ⟨**om** of⟩, *antagen av riksdagen etc* act **bryta mot ~en** break the law **stifta ~ar** legislate **enligt ~** by (according to) law
lag² *grupp personer, äv sport* team, *förening* club **~en** ⟨**i Europacupen**⟩ the clubs **vara med i ~et** be in the team **ge sig i ~ med** take up with **gå ~et runt** be passed round
lag³, ⟨kjolen är⟩ **i kortaste ~et** rather too short, on the short side **i senaste ~et** rather late **vid det ~et** by then (that time) **vid det här ~et** by now (this time)
laga VB **1** *mat* cook, *maträtt el måltid vanl* make*, *måltid äv* prepare ~ **mat** cook ~ **maten** do the cooking ~ **middag** make (prepare) dinner **2** *reparera* repair, *spec om småreparationer* mend, fix **3** *ombesörja* ~ **[så] att** ⟨den försvinner⟩ see to it that
laganda team spirit
lagarbete teamwork
lagd, vara praktiskt ~ have a practical talent **vara optimistiskt ~** be optimistically inclined
lager 1 *lokal* storeroom **2** *förråd* store, *butiks~* stock **ha på (i) ~** have in stock (*äv bildl* store) **dammet låg i tjocka ~ på hyllorna** the shelves were thick with dust **3** *skikt* layer, *färg~* coat **4** *kul~* bearing
lagerblad bay leaf
lagerkrans laurel wreath
lagförslag *polit* bill
lagkapten [team] captain
lagledare [team] manager, coach
laglig lawful, *juridiskt korrekt* legal
laglydig law-abiding
lagning *konkret* repair, *tand~* filling
lagom¹ ADJ det är ~ that's about right (just right) ⟨**skjortan**⟩ **är ~ åt mig** fits me
lagom² ADV ~ **är bäst** ≈ everything in moderation ~ **stor** just right **du kommer [precis] ~** you've come just in time **det är ~ åt honom** it serves him right
lagra *äv data* store, *vin* lay* down **lagra sig** settle, *äv samlas på hög* collect
lagrad *om ost* ripe, *om dryck* matured
lags, göra ⟨ngn⟩ **till ~** please ⟨sb⟩
lagsport team sport
lagstiftning legislation
lagun lagoon
lakan sheet
lakej footman, *neds* lackey
lakrits liquorice
lam *förlamad* paralysed, *kraftlös äv bildl* feeble, lame
lama *djur* llama
lamm *äv kött* lamb **from som ett ~** [as] meek as a lamb
lammstek *som rätt* roast lamb
lammull lamb's wool
lampa lamp, *glöd~* bulb
lamslå paralyse **lamslagen av fasa** paralysed with horror
land 1 *stat* country **2** *fast mark* land **gå i ~** go ashore **gå i ~ med** manage **på torra ~** on [dry] land **3** *landsbygd* country **på ~et** in the country **fara ut på ~et** go [out] into the country **resa till ~et** *sommarstugan e d* go to one's weekend cottage **4** *trädgårds~*

plot, patch
landa land
landgång 1 gangway, landing stage **2** *smörgås* ≈ long open sandwich
landhockey hockey, US field hockey
landkrabba landlubber
landningsbana runway
landsbygd country[side] **på ~en** in the countryside
landsflykt exile **gå i ~** go into exile
landsförvisa exile, banish
landshövding ≈ county governor
landskamp international [match] **~en mellan** ⟨Sverige och Danmark⟩ the match between
landskap 1 *natur, äv tavla* landscape, *spec vackert ~ som man ser* scenery **2** *landsdel* ≈ province, county
landslag *sport* national team (*lagsport* side)
landsman [fellow] countryman, compatriot **Vad är han för ~?** What nationality is he?
landsomfattande nationwide, national
landsorten, i ~ in the provinces
landssorg public mourning
landstiga land
landsting ≈ county council
landsväg main road, highway
landsätta land
langa 1 *räcka* pass ⟨sth⟩ [from hand to hand] **2** *narkotika* push, peddle, *sprit* bootleg
langare *narkotika~* peddler, *sprit~* bootlegger
lans lance
lansera *införa* introduce, *marknadsföra* launch
lantarbetare farm worker (labourer)
lantbruk 1 *bruk av jorden etc* farming, *spec som näringsgren* agriculture **2** *gård* farm, holding
lantbrukare farmer
lanterna lantern, light
lanthandel village shop, *spec US* general store
lantis [country] bumpkin, *spec US* hick
lantlig rural, country ⟨*före sb*⟩
lantmätare [land] surveyor
lantställe weekend cottage, place in the country
lapa lap [up] **~ sol** bask in the sun
lapp¹ *same* Lapp, Laplander, Sami ⟨*lika i pl*⟩

lapp² 1 *för lagning o d* patch **2** *pappers~* piece (scrap) of paper, *pris~* tag, *etikett* label, *parkerings~* ticket
lappa *laga* patch, mend **~ ihop** *äv bildl* patch up
Lappland Lapland
lapplisa meter maid
lappländsk Lappish, Lapland ⟨*före sb*⟩
lappsjuka, gripas av ~ ≈ get restless
lapptäcke patchwork quilt
larm *alarm* alarm **~et gick** the alarm went off
larma 1 *ge signal om fara* alert **~ polisen** call the police **2** *förse med larm* fit with an alarm, wire
larv¹ *insekts~* grub, *fjärils~* caterpillar, *flug~* maggot
larv² *dumheter* nonsense, rubbish
larva sig play (act) the fool
larvig daft, silly
lasagne lasagna, lasagne
lasarett [general] hospital
laser laser
laserskrivare laser printer
lass load **stora ~ av (med)** heaps (loads) of **dra det tyngsta ~et** bear the heaviest burden
lassa load **~** ⟨**ngt**⟩ **på ngt** load ⟨sth⟩ on to sth
lasso lasso ⟨*pl* -[e]s⟩ **fånga med ~** lasso
last¹ *osund vana* vice
last² *frakgods* cargo ⟨*pl* -[e]s⟩, freight **ligga ngn till ~** be a burden to sb
lasta *placera last [på]* load ⟨**med** with⟩ **~ av** unload
lastbil lorry, *spec US* truck
lastfartyg cargo ship, freighter
lat lazy, idle
lata sig laze about, take· it easy
latin ⟨↔ *engelska*⟩ Latin
Latinamerika Latin America
latitud latitude
latmask lazybones ⟨*lika i pl*⟩, idler
latsidan, ⟨**hon har**⟩ **inte legat på ~** not been idle
lava lava
lavemang enema
lavendel lavender
lavin *äv bildl* avalanche
lax salmon ⟨*lika i pl*⟩
laxera take· a laxative
laxöring salmon trout ⟨*lika i pl*⟩

le smile ⟨mot at⟩ ⟨lyckan⟩ log mot dem smiled on them
leasa lease
led¹ SB *väg* way, track, *trafik~* main road, *rutt* route
led² SB *i kroppen* joint **ur ~** out of joint **gå ur ~** be dislocated **vrida ur ~** dislocate
led³ SB **1** *rad* row, line, *milit* rank **2** *del* part
led⁴ ADJ **vara ~ på** be tired (weary) of
leda¹ SB *uttråkning* weariness ⟨vid of⟩, *avsmak* disgust ⟨vid at⟩ **höra ngt till ~** be fed up with hearing sth
leda² VB **1** *föra* lead*, *visa vägen för, styra* guide, *eskortera* conduct **~ en cykel** push (wheel) a bicycle **det leder tankarna till** it reminds one of **~ på rätt spår** put ⟨sb⟩ on the right track **~ in samtalet på** steer the conversation into **~ om trafiken** divert the traffic **2** *styra, anföra, ligga främst i tävling* lead*, *gå (stå) i spetsen för* head **han leder** ⟨ett stort företag⟩ he manages (heads) **~ en orkester** conduct an orchestra **~ ett sammanträde** preside at a meeting **~ med 10 sekunder** lead by 10 seconds **3** *värme, el* conduct **4** *härröra* ⟨från⟩ **~ sitt ursprung från** derive one's origin from
ledamot member ⟨i of⟩
ledande 1 leading, *om motiv* guiding ⟨personer⟩ **i ~ ställning** in a leading position **2** *eltekn* conductive
ledare 1 *person* leader ⟨för, av of⟩ **2** *om värme, el* conductor **3** *tidnings~* leader, *spec* US editorial
ledarskap leadership
ledband *bindväv* ligament
ledbruten stiff [in the joints], worn out
ledgångsreumatism [rheumatoid] arthritis
ledig 1 free, *om hotellrum o tjänst* vacant, *om person* ⟨tillgänglig⟩ available, *om taxi* for hire **~a platser** *i platsannonser o d* situations vacant (US available) **2 ~ från** *arbete* free **göra sig ~** take time off **på ~a stunder** in my ⟨etc⟩ spare time **3** *otvungen* free [and easy], *om kläder* casual **en ~ handstil** a flowing hand **ett ~t sätt** an easy manner
ledighet 1 time off, free time **2** *naturlighet* ⟨i rörelser⟩ ease, *i uppträdande* easy manner
ledigt ⟨↔ ledig⟩ ADV **ta ~** take time off
ledning 1 *väg~* guidance **2** *ledande ställning* leadership, *milit* command, *chefskap*

management **~en** *cheferna* the management ⟨arbetsgrupp⟩ under **~ av** led (headed) by ⟨en orkester⟩ under **~ av** conducted by **3** *tätplats* lead **4** *eltekn, tele* wire, line, *kabel* cable, *rör* pipe
ledsaga accompany, *vara eskort åt* escort
ledsam *sorglig* sad, *tråkig* boring, dull
ledsen 1 sorry ⟨över for, about⟩, *olycklig* unhappy ⟨about⟩, *sorgsen* sad ⟨about⟩ **jag är ~ [över] att** I'm sorry that **2** *besviken o arg* disappointed ⟨på ngn in (with) sb, över ngt at (about) sth⟩
ledsna get* (grow*) tired ⟨på of⟩
ledstång handrail
ledtråd clue, lead
leende SB smile
legal legal
legalisera legalize
legation legation
legend legend
legendarisk legendary
legionär legionary
legitim *äv om barn* legitimate
legitimation 1 *dokument* identification, ID **2** *behörighet* certificate, licence
legitimera sig identify oneself
legitimerad *behörig* authorized, certified
legosoldat mercenary
leja hire
lejon 1 lion **2 Lejonet** *stjärntecken* Leo
lejonunge lion cub, young lion
lek 1 play, *bildl* playing, *ordnad, med regler* game **leka en ~** play a game **dra sig ur ~en** pull out **ge sig [in] i ~en** join the game **på ~** for fun **2** *kort~* pack, *spec* US deck
leka play, *låtsas* pretend **~ indianer** play at Indians, US play [cowboys and] Indians ⟨den är⟩ **inte att ~ med** not to be trifled with
lekande ADV **det gick ~ lätt** it was plain sailing
lekfull playful
lekkamrat playmate
lekman layman
lekplats playground
leksak toy, *bildl äv* plaything
leksaksaffär toy shop (US store)
lekskola playschool, nursery school
lekstuga playhouse, *bildl* playground
lektion lesson, *utb äv* class
lektor ≈ senior master (US teacher) ⟨i of⟩
lem limb

len soft, smooth
lena soothe
leopard leopard
lera clay, *som blir vid regn* mud
lergods earthenware, pottery
lergök [toy] ocarina
lerig clayey, *nersmetad med lera* muddy
lerkruka pot, earthenware jar
lesbisk lesbian
leta look, *målmedvetet* search ⟨båda: **efter** for⟩ ~ **guld** prospect for gold ~ **mask** dig for worms ~ **bostad** ≈ go house-hunting ~ **reda på** try to find, *lyckas finna* hunt out ~ **fram** dig (hunt) up ~ **igenom** search [through] **leta sig,** ~ **fram** find one's way
lett Latvian
lettisk ⟨↔ engelsk-⟩ Latvian
lettiska ⟨↔ engelska⟩ **1** *kvinna* Latvian woman **2** *språk* Latvian
Lettland Latvia
leukemi leuk[a]emia
leva live, *vara vid liv* be alive, *stoja* be noisy **Lever hans föräldrar?** Are his parents alive? ~ **ett eländigt liv** lead a miserable life ~ **livet** enjoy life ~ **om** *festa* live it up ~ **om sitt liv** relive one's life ~ **upp** a) *t ex arv* run through, *vard* blow b) *få nytt liv* revive ~ **upp till** live up to ~ **ut** *aggressioner o d* act out **leva sig,** ~ **in i** enter into ⟨sb's feelings⟩
levande ADJ *inte död* living, alive ⟨*ej före sb*⟩, *livlig* lively, vivid **de ~ och de döda** the living and the dead **begravas ~** be buried alive ~ **blommor** natural (real) flowers ~ **ljus** ⟨*pl*⟩ candles ⟨**dansa till**⟩ ~ **musik** a live band
leve SB cheer **ett fyrfaldigt ~ för** ≈ three cheers for
levebröd livelihood
lever liver
leverans delivery, *varusändning* consignment, shipment **vid ~** on delivery
leveranstid time (date) of delivery
leverantör supplier, contractor
leverera *sända* deliver, *skaffa [fram]* supply
leverfläck mole
leverpastej liver paste (pâté)
levnad life
levnadsbana career
levnadsglad cheerful
levnadskonstnär, vara ~ know the art of living
levnadskostnader cost of living ⟨*sg*⟩
levnadsstandard *enskilds* standard of living, **den allmänna** living standards ⟨*pl*⟩
levnadsvillkor ⟨*pl*⟩ living conditions
levra sig coagulate, clot
lexikon 1 *ordbok* dictionary **2** *uppslagsbok* encyclopedia
lian liana
libanes Lebanese ⟨*lika i pl*⟩
Libanon [the] Lebanon
liberal liberal, *polit* Liberal
liberalism liberalism
Liberia Liberia
Libyen Libya
licens licence, **~avgift** licence fee
lida¹ *om tid* **det led mot kväll** night was approaching **tiden lider** time wears on
lida² suffer ⟨**av** from⟩, *ha plågor äv* be in pain ~ **brist på** lack ~ **nederlag** suffer a defeat ~ **nöd** be in want, *starkare* suffer hardships **få ~ för** have to suffer for
lidande 1 ADJ **bli ~** suffer ⟨by⟩ **han har inte blivit ~ på det** he is none the worse for it **2** SB suffering, pain
lidelse passion
lidelsefull passionate, impassioned
lie scythe
liera sig ally oneself ⟨**med** with, **mot** against⟩
lierad closely connected ⟨**med** with, to⟩
lift lift, *skid~* skilift **ge ngn ~** give sb a lift
lifta hitch[hike]
liftare hitchhiker
liga 1 *förbrytar~* band, gang **2** *sport o hist* league
ligga 1 lie*, *finnas, vara belägen* be [situated] **han har legat så där hela dagen** he has been lying like that all day **hon låg och läste en stund** she lay reading for a while **hela staden låg i mörker** the whole town lay (was) in darkness **Ursäkta, var ligger närmaste postkontor?** Excuse me, where is the nearest post office? **huset ligger vackert** the house is beautifully situated **2 han ligger sjuk** he is ill in bed **Ligger de med varandra?** Do they sleep with each other?, Are they lovers? **det ligger något i det du säger** you have a point there
□ **ligga av sig: jag har legat av mig** I'm a bit rusty
□ **ligga bakom** be behind ⟨sth⟩
□ **ligga framme** *och skräpa* be lying about
□ **ligga i: det gäller att ~** you have to work hard (keep at it)

□ **ligga kvar** remain **jag låter mina böcker ~** I'll leave my books
□ **ligga till: så ligger det till** that's the way it is **Nu ligger du illa till!** Now you're in trouble
□ **ligga under: det svenska laget ligger under med ett mål** the Swedish team is one goal down (is trailing by one goal)
□ **ligga över: Tänker du ~ här?** Are you going to spend the night here?

liggande lying, *framstupa* prone **i ~ ställning** lying down, *på magen* in a prone position **djupt ~ ögon** deep-set eyes **han föll och blev ~** he fell and didn't get up **manuskriptet har blivit ~** nothing has yet been done about the manuscript **den blev ~ i bilen** it was left [lying] in the car

liggplats 1 *plats att sova* sleeping space, *brits o d* berth ⟨**stugan**⟩ **har fem ~er** sleeps five 2 *i liggvagn* couchette

liggstol deck chair

liggvagn 1 *i tåg* couchette carriage, US ≈ sleeping car 2 *barnvagn* pram, US [baby] buggy

ligist hooligan

lik¹ SB corpse, [dead] body

lik² ⟨↔ **lika¹**⟩ ADJ like, *med subj i pl* alike ⟨*ej före sb*⟩, *liknande* similar, *identiskt ~* identical **vara ~** ⟨**ngn, ngt**⟩ be like, be similar to, *likna, spec till utseendet* resemble **hon är mycket ~** ⟨**sin syster**⟩ she is very like **de är mycket ~a** they are very much alike **~a som två bär** as like as two peas ⟨**porträttet**⟩ **är [mycket] ~t** is a good likeness **det är sig ~t** it's the same [as ever] **han är sig ~** *iron* that's just like him **han är sig inte ~** he is not his old self

lika¹ ADJ equal **~ lön för ~ arbete** equal pay for equal work **det är ~ för alla** it's the same for everyone ⟨**17 plus 8**⟩ **är ~ med 25** equals (makes) 25 **dina chanser är ~ med noll** you've got no chance at all **han är ~ mot alla** he is the same with everyone **[40] ~** *tennis* deuce **30 ~** 30 all

lika² ADV 1 *på samma sätt, likadant* alike, [in] the same way **behandla ~** treat alike ⟨**de var**⟩ **~ klädda** dressed alike **de är ~ gamla** they are the same age 2 *i lika delar, i samma grad* equally ⟨**båda är**⟩ **~ viktiga** equally important 3 *med utsatt el underförstått 'som'* just as, *i nekande sats o fråga* as ⟨**deras nya skiva**⟩ **är ~ bra** is just as good ⟨**den är**⟩ **inte ~ bra** not as good

likadan, se ~ ut look alike (the same) **det är ~t med mig** it's the same with me **jag vill ha en ~** I'd like one of the same [kind]

likadant ADV **de var ~ klädda** they were dressed alike ([in] the same way) **gör ~ som** ⟨**förra gången**⟩ do it [in] the same way as, do as you did

likartad similar

likasinnad like-minded **en ~** *äv* a kindred spirit

likaså *också* also, too, as well

likaväl [just] as well

likbil hearse

likblek deathly pale

like equal **en framgång utan ~** an unprecedented (unparalleled) success

likformig uniform

likgiltig 1 *ointresserad* indifferent ⟨**för** to, toward[s]⟩, *oberörd* unconcerned **det är mig ~t** I don't care 2 *ointressant* insignificant, unimportant

likgiltighet *ointresse* indifference

likhet 1 resemblance, similarity ⟨*båda:* **med** to⟩ **i ~ med** *liksom* like 2 **~ inför lagen** equality before the law

likhetstecken equals sign

likkista coffin

likna 1 *vara lik* resemble, be like, *se ut som* look like 2 *jämföra* compare ⟨**vid** to⟩

liknande similar **och ~** and the like ⟨**jag har aldrig sett**⟩ **något ~** anything like it

liknelse metaphor, *i Bibeln* parable ⟨**om** of⟩

likrikta 1 *eltekn* rectify 2 *polit etc* bring into line

likriktare *eltekn* rectifier

liksom¹ ADV *så att säga, på ngt sätt* as it were, *vard* kind (sort) of **han hör ~ till familjen** he kind (sort) of belongs to the family

liksom² KONJ *vanl* like, as, **~ också** as well as **~ för att** ⟨**säga att ...**⟩ as if to **~ om** as if

likström direct current (*förk* DC)

likställa *jämställa* equate ⟨sth with sth⟩

likställd, vara ~ med be equal with

liktorn corn

likvid ADJ **~a medel** liquid assets

likvidera *äv avliva* liquidate

likväl even so, still

likvärdig equivalent ⟨**med** to⟩

likör liqueur

lila ⟨↔ **blått**⟩ SB, ADJ lilac, mauve, **mörk~** purple

lilja lily
liljekonvalje lily ⟨*pl* lilies⟩ of the valley
lilla, lille → **liten**
lillasyster little (*om yngsta äv* baby) sister
lillebror little (*om yngste äv* baby) brother
lillfinger little finger
lillgammal precocious
lilltå little toe
lim glue
limma glue **~ fast ngt vid ngt** glue sth to sth
limning, gå upp i ~en *bli arg* hit the roof
limousine limousine
limpa 1 loaf ⟨*pl* loaves⟩ **2** *cigarett~* carton
lin flax
lina line, *spänd ~* tightrope **gå på ~** walk on the (a) tightrope **visa sig på styva ~n** show off **löpa ~n ut** go the whole hog
linbana cableway
lind lime [tree]
linda VB *svepa* wrap, *vira* wind˙ ⟨*båda:* **ngt kring ngt** sth round sth⟩ **hon kan ~ honom kring sitt finger** she can twist him round her little finger **~ in** wrap up
lindansare tightrope walker
lindra relieve
lindrig mild, *lätt* slight, light, *om straff* lenient
lindrigt ADV **~ talat** to put it mildly **slippa ~ undan** get off lightly
lingon ⟨*pl*⟩ cowberries, US lingonberries
lingvistik linguistics ⟨*pred i sg*⟩
linjal ruler
linje line, *rutt* route, *buss~, tunnelbane~, tele~* line, '~ 3' *om buss etc* number, *utb* course [of study] **vara inne på samma ~** think along the same lines **över hela ~n** all round
linjedomare linesman
linjera *dra linjer på* rule, line **~t papper** ruled paper
linka limp, hobble
linne 1 *tyg o ~förråd* linen **2** *för kvinnor* camisole, slip, *för män o barn* vest, *för utebruk* tank top
linning band
lins 1 *optisk o i ögat* lens **2** *växt[frö]* lentil
lipa, ~ åt ngn stick one's tongue out at sb
lira play
lirka, ~ med ngn coax sb **~ upp ett lås** work a lock open **~ ur ngn ngt** worm sth out of sb
Lissabon Lisbon

list[1] *slughet* cunning ⟨*endast sg*⟩, *knep* trick
list[2] *långsmalt trä- el metallstycke* strip
lista[1] SB list ⟨**på, över** of⟩ **stå överst på ~n** top the list
lista[2] VB **~ ut** find out
listig sly, cunning
lita, ~ på ngn trust sb **det kan du ~ på** depend upon it, *vard* you bet **~ till sin egen förmåga** rely on oneself
Litauen Lithuania
litauer Lithuanian
litauisk ⟨↔ engelsk-⟩ Lithuanian
litauiska ⟨↔ engelska⟩ **1** *kvinna* Lithuanian woman **2** *språk* Lithuanian
lite[1] PRON **1** *betonat* little, *som best till subst i pl* few **väldigt ~ folk** very few people **2** *obetonat, 'litegrann'* a little, some, *framför subst i pl* a few, some **~ blommor** some flowers **~ av varje** a [little] bit of everything
lite[2] ADV a little, slightly, *vard* a bit **en ~ känslig sak** a somewhat (slightly) delicate matter **~ flera** a few more ⟨**det låg kläder**⟩ **~ varstans** here and there
liten ⟨*med böjningsformerna* **litet, lille, lilla**⟩ *motsats till 'stor'* small, *mkt ~* tiny, *vanl obetonat* little, *kort* short, small **som ~** as a child **Stackars ~!** *vid tilltal* Poor you!, *om annan* Poor little thing! ⟨**det stavas**⟩ **med litet c** with a small c
liter *mått* litre **två ~ mjölk** two litres of milk
litet → **lite**[1,2], **liten**
litografi 1 *bild* lithograph **2** *teknik* lithography
litteratur literature
litteraturhistoria history of literature
litteraturkritiker literary critic, *recensent* reviewer
litteraturvetenskap ≈ [comparative] literature
litterär literary
liv 1 life ⟨*pl* lives⟩ **få nytt ~** revive **få ~ i** *återuppliva* bring ⟨sb⟩ to life **det gäller ~et** it is a matter of life and death **skrämma ~et ur** ⟨**ngn**⟩ frighten ⟨sb⟩ out of his wits **ta ~et av sig** commit suicide **springa för ~et** run for dear life ⟨**han kunde inte**⟩ **för sitt ~** ⟨**minnas ...**⟩ for the life of him **vara vid ~** be alive **sånt är ~et** that's life **det är mitt** ⟨*etc*⟩ **~s chans** it is the chance of a lifetime **2** *oväsen* **de förde ett himla ~** they made an awful noise

liva – locka²

(row) **3** *midja* waist **hålla ngn om ~et** hold sb round the waist **komma ngn in på ~et** get to know sb intimately **4** *klädesplagg* bodice
liva, ~ upp cheer up
livad merry
livboj lifebuoy
livbåt lifeboat
livegen ADJ living in serfdom **vara ~** be a serf
livegenskap serfdom, serfhood
livförsäkring life insurance
livhanken, klara ~n survive
livlig *spec om person* lively, *om fantasi, skildring* vivid, *om diskussion* animated, *om handel* brisk, *om trafik* busy
livlös lifeless
livmoder womb
livnära sig *försörja sig* earn one's living ⟨**på** by⟩
livrem belt
livrädd terrified ⟨**för** of⟩, scared to death
livräddning life-saving
livs, få sig ngt till ~ have sth to eat
livsavgörande decisive, crucial
livsfara mortal danger **de svävade i ~** their lives were in danger
livsfarlig highly dangerous, *dödande* lethal
livsfarligt ADV **~ skadad** critically injured
livsfilosofi philosophy [of life], outlook
livsföring [way of] life
livsglädje zest for life, joie de vivre
livshotande grave, near-fatal
livslevande, ⟨*där stod Greta Garbo*⟩ **~** as large as life **ett ~ lejon** a [real] live lion
livslust zest for life
livslängd length of life, *en saks funktionstid* life
livsmedel ⟨*pl*⟩ food[s], *matvaror* groceries
livsmedelsaffär food store, GB *äv* grocer's
livsstil life style
livstecken sign of life
livstid life[time] **dömas till ~s fängelse** be sentenced to life imprisonment, *vard* get life
livsuppgift mission in life
livsviktig vital, essential
livsåskådning philosophy [of life]
livvakt bodyguard
ljud sound, *störande* **~** noise **dra ner** (**dämpa**) **~et** *från radion* turn the volume down
ljuda sound, *klinga, ringa* ring˙ **ett skott ljöd** there was a shot, a shot rang out
ljudband tape, *bandkassett* cassette
ljuddämpare *på bil* silencer, US muffler
ljudisolerad soundproof
ljudlös noiseless, soundless
ljudtekniker sound engineer (technician)
ljudvallen the sound barrier
ljudvåg sound wave
ljuga lie ⟨**för** to, **om** about⟩, tell˙ a lie (lies) **~ ihop** make up
ljummen lukewarm, tepid, *om vind o d* mild
ljumske groin
ljung heather, ling
ljus 1 SB light **det gick upp ett ~ för mig** a light dawned on me, GB *äv* the penny dropped **föra bakom ~et** deceive **2** SB *stearin~* candle **sitta som tända ~** sit erect and attentive **3** ADJ light, *blond* fair[-haired], blond[e], *motsats till 'dyster'* bright, *lycklig* happy **mitt på ~a dagen** in broad daylight **en ~ idé** a bright idea **en ~ kostym** a light-coloured suit **stå i ~an låga** be ablaze **se det från den ~a sidan** look on the bright side **~t öl** pale ale
ljusblå light blue, *bildl* blue-eyed
ljusglimt *ljuspunkt* bright spot
ljushuvud smart person, *iron* clever Dick, wise guy
ljushyad fair[-skinned]
ljushårig fair[-haired]
ljusna grow˙ light, brighten, *gry* dawn **det ~r** *bildl* things are looking brighter
ljusning *gryning* dawn, *bildl* improvement
ljusskygg *skum* shady
ljusstake candlestick
ljusstråle ray of light
ljusår light year
ljuv sweet, lovely
ljuvlig lovely, delightful, *om smak, doft* delicious
lo lynx
lock¹ *hår~* lock, *i lockigt hår* curl
lock² *på gryta, låda o d* lid **det slog ~ för öronen** the noise was deafening **lägga på ~et** *bildl* put the lid on
locka¹ *göra lockig* curl **locka sig** curl
locka² 1 *dra till sig* attract, *fresta* tempt **det ~r mig** I am tempted by it **~ ngn att skratta** make sb laugh **~ i fällan** trap **~ ur ngn en hemlighet** worm a secret out of sb

2 *kalla* ~ **på hunden** call one's dog
lockande tempting, *tilldragande* attractive
lockbete bait, lure
lockfågel decoy
lockig curly, *om person* curly-haired
lockout lockout
lockpris ≈ special offer
lockrop call
locktång curling tongs ⟨*pl*⟩, curling iron
lod *fäst i lina* plumb, *klock*~ weight, *sjö* lead
lodjur lynx ⟨*pl* lynx *el* lynxes⟩
lodrät vertical, plumb
lodrätt ADV *i korsord* down
loftgång access gallery
loge *smink*~ dressing room, *för åskådare* box
logi lodging, accommodation
logik logic
logisk logical
logoped speech therapist
loj listless, indolent
lojal loyal ⟨mot to⟩
lojalitet loyalty ⟨mot to⟩
lok engine
lokal 1 SB room, *affärs*~ *o d* premises ⟨*pl*⟩ **2** ADJ local
lokalbedövning local anaesthesia **få ~** get a local anaesthetic
lokalisera locate ⟨till in⟩ **lokalisera sig** find˙ one's way around
lokalradio local radio
lokalsamtal local call
lokalsinne, ha bra ~ have a good sense of direction
lokaltrafik city transport services ⟨*pl*⟩, *till förorterna* suburban services ⟨*pl*⟩
lokalvårdare cleaner
lokförare engine driver, US engineer
lomhörd hard of hearing
lomma, ~ i väg slink off
longitud longitude
lopp 1 *sport* race, run **~et är kört** *bildl* it's all over **2** **inom ~et av** in, within **under ~et av** in the course of **i det långa ~et** in the long run
loppa flea **leva ~n** live it up
loppmarknad flea market
loss ⟨↔ **komma ~, skruva ~, släppa ~** *etc*⟩ loose, off, away
lossa 1 *lösgöra* release, unfasten **~ på slipsen** loosen one's tie **2** *lasta ur* unload **3** *avlossa* fire
lossna *helt* come˙ off, *sitta lösare* come˙ loose, loosen
lots pilot
lotsa *äv bildl* pilot, *bildl äv* guide
lott 1 *andel* share **2** *jord*~ plot, US lot **3** *öde* lot, fate **det föll på min ~ att ...** it fell to my lot to ... **4** *i lotteri* [lottery] ticket **dra ~** draw (cast) lots ⟨om ngt for sth⟩ **5 gå om ~** overlap
lotta¹ SB member of the Women's Services
lotta² VB **~ om ngt** draw lots for sth **~ ut** raffle
lottad, de sämst ~e those worst off
lottdragning draw, drawing of lots **genom ~** by lot
lotteri *äv bildl* lottery **spela på ~** buy lottery tickets
lov 1 *tillåtelse* permission, leave **be [ngn] om ~** ask sb's permission ⟨to do sth⟩ **få ~ att** be permitted to **Får jag ~?** May I?, Shall we dance? **Vad får det ~ att vara?** *i affär* Can I help you? **2** *'få ~' = tvingas* **vi fick ~ att** ⟨**skynda oss**⟩ we had to **jag får ~ att medge** I must admit **3** *lovdag* holiday, *ferier* holidays ⟨*pl*⟩, US vacation **vi har ~** ⟨**i morgon**⟩ we are free ⟨**Vad gjorde du**⟩ **på ~et?** in (during) your holidays (US vacation)?
lova *ge löfte* promise **hålla vad man ~r** keep one's promises **Det vill jag ~!** I should say so!
lovande promising
lovdag holiday, day off
lovorda praise
LP, en ~[-skiva] an LP, an album
lucia 1 ≈ Lucia **2 13 dec** ≈ Lucia Day
lucka 1 *skåp*~, *ugns*~ door, *fönster*~ shutter, *tak*~, *däcks*~ hatch **2** *öppning* opening, *biljett*~ window **3** *mellanrum, äv bildl* gap, *i text* blank
luckra loosen **~ upp** break up, *bildl* erode
ludda, ⟨**tröjan**⟩ **~r av sig** sheds fluff
luddig fluffy, *äv bildl* fuzzy
luden hairy
luffa *t ex tåg*~ travel around, go travelling
luffare tramp, vagabond
luffarschack noughts and crosses ⟨*pred i sg*⟩, US tic-tac-toc
lufsa lumber, shuffle
luft air, *mellanrum* space **fria ~en** the open air **behandla ngn som ~** cut sb dead, mean nothing to sb **~en gick ur honom** *bildl* he was deflated **flyga i ~en** *explodera* blow up

det ligger i ~en it's in the air
lufta *vädra* air
luftballong balloon
luftbro airlift
luftfart aviation
luftfuktighet humidity
luftförorening air pollution
luftgevär air gun (rifle)
luftgrop air pocket
luftig *äv bildl* airy, *lätt* light
luftkonditionering air conditioning
luftmadrass air bed, *US* inflatable mattress
luftombyte change of air
luftrenare air cleaner, *i bil* air filter
luftrum airspace
luftrör bronchial tube
luftrörskatarr bronchitis
luftslott castle in the air (in Spain)
lufttryck air pressure
luftvärn anti-aircraft defence
lugg *hår i pannan* fringe, *spec US* bangs ⟨*pl*⟩ **ha ~** wear a fringe
lugga, ~ ngn pull sb's hair
luggsliten threadbare, worn, *om person* shabby
lugn 1 SB peace, quiet, calm, *behärskning* composure **~ och ro** peace and quiet **2** ADJ quiet, calm, *stilla* still, *fridfull* peaceful, *samlad* composed **jag har inte haft en ~ stund** I haven't had a moment's peace **hålla sig ~** keep quiet **känna sig ~** feel at ease **Var ~ för det!** Don't [you] worry!
lugna calm, quieten, *US* quiet **för att ~ sitt samvete** to ease one's conscience **~ ner** calm (*US* quiet) down **lugna sig** calm (*US* quiet) down
lugnande, ~ medel tranquillizer
lugnt ⟨↔ lugn⟩ ADV **ta det ~** take it easy
lukt smell, odour, *[väl]doft* scent
lukta smell* **~ gott** smell nice (good) **~ illa** smell bad **han ~r vitlök** he smells of garlic **det ~r bensin** there is a smell of petrol **det ~r kaffe** I [can] smell coffee
luktfri odourless, free from smell
luktsinne sense of smell
lummig *om träd* leafy, *om trakt* wooded
lump 1 rags ⟨*pl*⟩ **~or** rags **2 göra ~en** do* one's military service
lumparkompis ≈ army mate (*US* buddy)
lunch ⟨↔ frukost⟩ lunch, *i skolan* ⟨*GB*⟩ dinner **hon är på ~** she is at (out to) lunch
lunchkupong luncheon voucher
lunchrast lunch break (hour)
lund grove
lunga lung
lunginflammation pneumonia
lunka jog, trot
lunta SB *pappersbunt* bundle, pile
lupp magnifying glass
lur¹ *telefon~* receiver **lägga på ~en** hang up
lur² *kort sömn* nap, snooze
lura 1 *ligga på lur* lie* in wait, *om faror o d* lurk **2** *föra bakom ljuset* deceive, take* in, fool, *spec på skämt* pull ⟨sb's⟩ leg **~ ngn att göra ngt** fool (trick) sb into doing sth **~ ngn att skratta** make sb laugh **~ ngn på** ⟨hans pengar⟩ cheat sb out of
□ **lura i ngn att** trick (con) sb into believing that
□ **lura på ngn ngt** palm sth off on sb
□ **lura till sig ngt** obtain sth by trickery
□ **lura ut** *lista ut* puzzle out
lura sig, man lurar sig lätt på ... you are easily mistaken about ... **~ själv** fool (kid) oneself
lurifax sly dog **en riktig ~** a sly one all right
lurig *om person* cunning, sly, *om t ex fråga* tricky
lurt, det är något ~ med there's something fishy about
lurvig hairy, *om hund äv* shaggy
lus louse ⟨*pl* lice⟩
luska, ~ ut ferret out
lusläsa go* over ⟨sth⟩ with a fine-tooth comb
luspank stony-broke, *US* stone-broke
lussa, ~ för ngn ≈ go on a Lucia visit to sb
lust *böjelse, håg* inclination, mind, *önskan* wish, *smak* taste, *glädje* delight, joy, *åtrå* desire **jag har ~ att** I feel like ⟨ + *ing-form*⟩ **ha god ~ att** have a good mind to
lustbetonad enjoyable, gratifying
lustgas laughing gas
lustig *roande* amusing, *äv konstig* funny, *munter* merry **Lustiga huset** the Fun House **göra sig ~ över** make fun of
lustighet joke **säga ~er** crack jokes
lustigkurre clown, wag
lustkänsla pleasurable sensation
lustmord sex murder
lut¹ *tvätt~* lye, *industriell* caustic solution
lut², **ha** ⟨ngt⟩ **på ~** have ⟨sth⟩ in the

offing
luta¹ SB lute
luta² VB lean⁺, *slutta* slope ⟨**planket**⟩ ~r is leaning ⟨**marken**⟩ ~r slopes ~ **[på] flaskan** tilt the bottle **stå ~d över** be (stand) bent over **jag ~r åt den åsikten att ...** I am inclined to think that ... ⟨**Blir det val i juni?**⟩ – **Det ~r åt det** It looks like it ⟨**man kan se**⟩ **vartåt det ~r** which way things are going **luta sig** lean⁺ ⟨**mot** against⟩, *böja sig* bend⁺ ~ **bakåt (tillbaka)** lean back ~ **fram[åt]** bend forward ~ **ner** bend down ~ **ut** lean out
lutfisk ≈ lye-soaked stockfish
luthersk Lutheran
lutning inclination, *sluttning* slope, incline
luttrad chastened
luv, de råkade i ~en på varann they came to blows
luva woolen hat
Luxemburg Luxemb[o]urg
lya *äv bostad* den, lair
lycka 1 *glädje* happiness **2** *tur* fortune, luck, *framgång* success **L~ till!** Good luck! **göra ~** *vara framgångsrik* be a success ⟨**hos** with⟩ **pröva ~n** try one's luck **söka ~n** seek one's fortune
lyckad *framgångsrik* successful
lyckas succeed ⟨**med** in⟩ ~ **[med] att göra ngt** succeed in doing sth, *spec med möda* manage to do sth
lycklig *glad* happy ⟨**över** at, about⟩, *lyckosam* fortunate **ett ~t slut** a happy ending
lyckligt ⟨↔ lycklig⟩ ADV ~ **lottad** well favoured, fortunate **komma ~ fram** arrive safe and sound
lyckligtvis fortunately, luckily
lyckodag lucky day
lyckohjul wheel of fortune
lyckokänsla [sense of] happiness
lyckosam successful, fortunate
lyckotal lucky number
lycksalighet bliss, serene happiness
lycksökare fortune hunter
lyckträff stroke of good luck
lyckönska congratulate ⟨**till** on⟩
lyckönskning congratulation **hjärtliga ~ar på födelsedagen** many happy returns [of the day]
lyda¹ *rätta sig efter* obey **lyd mitt råd** take my advice ~ **under** *om land* be under British ⟨*etc*⟩ rule

lyda² *ha viss lydelse* read⁺, go⁺
lydig obedient ⟨**mot** to⟩
lydnad obedience
lyft 1 lift **2** *framgång* boost, uplift
lyfta 1 lift, *höja* raise, *lön* receive, *pengar på konto* withdraw⁺ ~ **ett finger** lift a finger ~ **huvudet** raise one's head ~ **på hatten** raise one's hat **2** *om flygplan* take⁺ off, *om rymdfarkost* lift off
lyftkran [lifting] crane
lyhörd 1 attentive ⟨to⟩ **2 det är lyhört här i huset** you hear every sound in this house
lykta lantern, *gat~, bil~* lamp
lyktstolpe lamppost
lymfkörtel lymph node (gland)
lymmel scoundrel, rascal
lyncha lynch
lynne *läggning* temperament, *humör* mood, temper
lynnig moody
lyra¹ *hög boll* high ball, *fångad* catch **ta ~** catch
lyra² *musik* lyre
lyrik [lyric] poetry
lyrisk *om diktning* lyric, *entusiastisk* lyrical
lysa shine⁺, *blixtra [till]* flash, *stråla* beam, *svagt* gleam **solen lyser** the sun is shining **gräset lyser grönt** the grass is bright green **det lyser hos dem** the light is on [in their house] ~ **av** ⟨**glädje**⟩ shine with ~ **med en ficklampa på** shine a torch at ~ **upp** light (brighten) up
lysande shining, *briljant* brilliant, *glansfull* dazzling
lyse *elljus* lighting **tända ~t** switch on the light
lysmask glow-worm
lysning banns ⟨*pl*⟩ **ta ut ~** have one's banns read
lysrör fluorescent lamp (tube)
lyssna listen ⟨**efter** for, **på, till** to⟩
lyssnare listener
lyster SB lustre
lystmäte, få sitt ~ have one's fill ⟨**på** of⟩
lyte disability, defect, *missbildning* deformity
lyx luxury, *överdåd* extravagance
lyxartiklar luxury goods
lyxig luxurious, classy
låda box, case, *drag~* drawer, *maträtt* ≈ pudding
låg low, *kort* short **med ~ röst** in a low voice

låga SB flame, *på gasspis* burner **stå i lågor** be in flames
lågavlönad ADJ low-paid
låginkomsttagare low-paid worker **låginkomsttagarna** the low-paid
lågklackad low-heeled
lågkonjunktur recession, *större* slump, depression
låglöneyrke low-wage occupation
lågmäld low-voiced
lågpresterande under-achieving
lågpris, till ~ at cut-rate prices, at a discount
lågstadiet the primary (junior) school
lågsäsong off season
lågt ADV low **ligga ~** *bildl* lie low, keep a low profile
lågtryck low pressure, *om vädret äv* depression
lågvatten low tide (water), ebb ebb[-tide]
lån loan ⟨på of⟩ **ta ett ~** borrow, get a loan **Tack för ~et!** Thank you [for lending me the book ⟨*etc*⟩] ⟨**ha ngt**⟩ **till ~s** as a loan
låna 1 *få (ta) som lån* borrow ⟨av from⟩ **Kan jag [få] ~ telefonen?** May I use your telephone? **2 ~** *ut* lend*, *spec US* loan
lånekort library ticket (*US* card)
lång ⟨↔ **långt, längre¹, längst¹**⟩ long, *till växten* tall **de är lika ~a** they are the same length (*till växten* height) **det tar inte ~ stund** it won't take long **gå den ~a vägen** work one's way up **inte på ~a vägar** nowhere near
långbyxor [long] trousers, *US vanl* pants
långdistans *sport* long distance
långdistansrobot long-range missile
långdragen lengthy, protracted
långfilm feature film
långfinger middle finger
långfranska white loaf
långfredag Good Friday
långfärdsåkning *på skridskor* trip skating
långgrund shallow
långhelg long public holiday
långhårig long-haired ⟨*före sb*⟩ **hon är ~** she has long hair
långkalsonger long underpants, long johns
långlivad long-lived **den blev inte ~** it didn't last long
långrandig *tjatig o tröttande* long-winded
långsam slow, *gradvis* gradual

långsamt ADV slowly **det går ~** it takes a long time
långsiktig long-term ⟨*före sb*⟩
långsint, han är ~ he never forgets a wrong
långsynt long-sighted, *spec US* far-sighted
långsökt far-fetched
långt ADV **1** *rum* far, a long way **Hur ~ är det [dit]?** How far is it? **det är ~ att gå** it's a long way to walk **nu går det för ~** this is the limit (too much) ⟨**sitta**⟩ **~ bak** right at the back **så ~ är allt gott och väl** so far, so good **2** *tid* long **Hur ~ är det [kvar] till påsk?** How long is it to Easter? **det är ~ till påsk** Easter is far away (off) **3** *vid komparativ* **~ bättre** far better **~ senare** much later
långtgående far-reaching
långtidsparkering long-stay carpark
långtidsprojekt long-term project
långtifrån far from
långtradare long-distance truck (*GB äv* lorry)
långtråkig boring, tedious
långvarig long, long-lasting
långvåg *frekvensområde* long-wave band
långvård long-term care
lånord loan word
låntagare borrower
lår *benets övre del* thigh, *av slaktat djur* leg
lås lock, **häng~** padlock, *spänne på väska etc* clasp **inom (bakom) ~ och bom** under lock and key **gå i ~** a) *om dörr* lock itself b) *om plan* be successful
låsa lock **~ in** lock up (away) **~ in sig** lock oneself [up] ⟨in one's room⟩ **~ upp** unlock **~ ute** lock out ⟨**förhandlingarna**⟩ **är låsta** are deadlocked **låsa sig** *fastna* lock, *om hjul o bildl* seize up **~ ute** lock oneself out
låssmed locksmith
låt tune, ditty
låta¹ *ljuda, verka* sound ⟨pianot⟩ **låter ostämt** sounds out of tune **Hur låter melodin?** How does the tune go?
låta² 1 *tillåta* let*, allow ⟨**min fru**⟩ **låter mig inte röka** won't let me smoke **låt oss** *förslag* let's, *tillåt oss* let us, allow us to **låt höra av dig** keep in touch **~ lura sig** be taken in **2** leave* **~ fönstret vara öppet** leave the window open **Kan jag ~ bilen stå här?** Can I leave the car here? **~ bli att göra ngt** refrain from doing sth **Låt bli att**

knuffas! Stop pushing! **jag kunde inte ~ bli att skratta** I couldn't help laughing **Låt bli honom!** Leave him alone **låt det vara** *strunta i det* don't bother about it **3 jag har låtit laga min klocka** I've had my watch repaired **hon lät förstå att** she gave me (us ⟨*etc*⟩) to understand that **han lät en snickare göra jobbet** he had a carpenter do the job **han lät sin sekreterare ta en kopia** he asked (told, got) his secretary to make a copy

låtsa, ~[s] pretend ⟨*han*⟩ **~de[s] att han inte hörde** pretended not to hear **~[s] som om det regnar** behave as if nothing were the matter **~[s] inte om det** Don't let on about it

låtsas, det är bara på ~ I'm ⟨*etc*⟩ only pretending

lä lee **i ~** leeward, on the leeward side **där ligger du i ~** [now] you've met your match

läcka¹ SB *äv bildl* leak

läcka² VB leak, *bildl vanl* leak out

läcker delicious, tasty

läckerbit titbit

läckerhet delicacy

läder leather

läderlapp bat **Läderlappen** Batman

läge situation, position, *tillstånd äv* conditions ⟨*pl*⟩ **ha ett vackert ~** be beautifully situated **i dagens ~** in the present situation **Hur är ~t?** *vard* How's it going?, What's the score?

lägenhet *bostad* flat, *stor o US* apartment

läger camp **slå ~** camp

lägereld campfire

lägga 1 put* **jag lade boken på bordet** I put the book on the table **han lade försiktigt babyn på sängen** he laid (put) the baby gently on the bed
2 ~ barnen put the children to bed **~ ett förband** apply a bandage

☐ **lägga an: ~ på att bli populär** aim at becoming popular

☐ **lägga av** *sluta* stop **Lägg av!** *a) sluta* Stop it! *b) jag tror dig inte* Come off it!, Get away!

☐ **lägga emellan: jag tänker inte lägga fingrarna emellan** I'm not going to pull my punches

☐ **lägga i: Lägg i ett mynt!** Insert a coin **jag lägger i lite persilja** I'll add some parsley

☐ **lägga ihop: Lägg ihop dessa båda siffror!** Add these two figures **vi lägger ihop till en present** we are chipping in to buy a present

☐ **lägga in: Vad lägger du in i ordet 'demokrati'?** What do you understand by the word 'democracy'? **han lades in på sjukhus** he was admitted to hospital

☐ **lägga ner: ~ en fabrik** close (shut) [down] a factory **~ pengar på kläder** spend money on clothes **~ mycket arbete på** put a lot of work into

☐ **lägga om** *ett sår* dress

☐ **lägga på** *efter telefonsamtal* hang up, replace the receiver **vi måste ~ moms** we have to add VAT **han har lagt på sig** he has put on weight

☐ **lägga till** *a)* add *b) om fartyg* moor

☐ **lägga undan: ~ lite pengar** *spara* put some money aside (by)

☐ **lägga under sig** *erövra* conquer

☐ **lägga upp** *planera* plan

☐ **lägga ut: Kan du ~ för mig?** Could you advance me the money?

läggdags bedtime **det är ~** it is time for bed

läggning *karaktär* disposition, *fallenhet* bent ⟨*för* for⟩

läglig opportune, convenient

lägligt ADV **komma ~** come at the right time

lägre ADJ lower, *kortare* shorter, *underlägsen* inferior

lägst¹ ADJ lowest, *kortast* shortest

lägst² ADV **~ tio pund** ten pounds at the lowest

läka heal, *bota* cure **~s** heal [up]

läkarbehandling medical treatment

läkare doctor, physician **söka ~** see a doctor

läkarintyg medical certificate

läkarmottagning [doctor's] surgery (*spec* US office)

läkarsekreterare medical secretary

läkarundersökning medical examination

läkarvård medical care (*behandling* treatment)

läkemedel [medicinal] drug, medicine

läkning healing

läktare *inomhus* gallery, *utomhus* stand, *fotbolls~* terrace ⟨*vanl i pl*⟩

lämna 1 ~ kvar, *avlägsna sig från, överge*,

reservera **leave*** ~ **hemmet** leave home ~ **plats** *reservera* leave room ⟨**för** for⟩, *bereda* make room ⟨**för** for⟩ ~ **oberörd** leave ⟨sb⟩ cold **2** *överräcka* hand, *ge* give*, supply, *skörd, avkastning* yield ~ **ett bidrag till** make a contribution to
- **lämna bort** *skicka bort* send out
- **lämna fram** hand over, deliver
- **lämna igen (tillbaka)** return
- **lämna in** hand in, *skicka in* send in
- **lämna ut** ⟨↔ utlämna⟩ hand out, *avslöja* reveal

lämplig suitable, appropriate, *tillbörlig* proper, fit
lämplighet suitability, fitness ⟨*båda:* for⟩
län ≈ county
länga *av hus* row
längd 1 length, *kropps~* height **ha en ~ av 10 m** be 10 m long **i ~en** in the long run **2** *bröd~* plait
längdhopp long jump
längdmått linear measure
längdåkning *på skidor* cross-country skiing
länge [for] a long time, long ⟨**han väntade**⟩ ~ for a long time **för ~ sedan** a long time ago ⟨**du kan sitta här**⟩ **så ~ för** the time being, for now **så ~** ⟨**det varar**⟩ as long as **än så ~** so far
längesedan, det var ~ sist it's been a long time
längre¹ ⟨↔ lång⟩ ADJ longer, *till växten* taller **en ~ resa** *utan jämförelse* a long (longish) journey **[under] en ~ tid** for quite some time
längre² ⟨↔ länge⟩ ADV *tid* longer, *rum* further **inte ~** no longer ⟨**de bor inte här**⟩ ~ any more ~ **bort** further off (away) ~ **fram** *tid* later, *rum* further ahead (on), *på gata* up the street
längs along
längst¹ ⟨↔ lång⟩ ADJ longest, *till växten* tallest **i det ~a** as long as possible
längst² ADV longest, *rum* furthest ⟨**jag har arbetat här**⟩ ~ **av alla** longer than anyone ~ **bak** at the very back ~ **bort** furthest away ~ **fram** at the very front
längta long, *trånа* yearn ⟨*båda:* **efter** for⟩ **jag ~r efter att träffa dig** I'm longing to see you ~ **efter att ngt ska ske** long for sth to happen **jag ~r bort** I'm longing to get away ~ **hem** long for home, be homesick **hon ~de till Italien** she longed to be in (to go to) Italy **jag ~r tillbaka till ...** I wish I was back in ...
längtan longing, yearning ⟨**efter, till** for⟩
längtansfull longing, yearning
länk *äv bildl* link, *kedja* chain
länka *sammankoppla* link ~ **ihop** link [up]
länsa *tömma* empty ⟨**på** of⟩, *sjö* bale (bail) out
länsstyrelse ≈ county administrative board
läpp lip **hänga ~** sulk
läppglans lip gloss
läppja sip ⟨**på** at⟩
läppstift lipstick
lär 1 *påstås* **han ~ vara** ⟨**rik**⟩ they say he is **2** *torde* **det ~ visa sig** it will probably become evident
lära¹ SB **1** *lärosats* doctrine, *tro* faith, *teori* theory **2** *hantverks~* **gå i ~ hos** be apprenticed to
lära² VB teach* ~ **ngn att göra ngt** teach sb [how] to do sth **Jag ska ~ dig!** I'll teach you! **man lär så länge man lever** you live and learn ~ **känna ngn** get to know sb ~ **upp** train ⟨**ngn till ngt** sb to be sth⟩ ~ **ut** teach **lära sig** learn*, *tillägna sig* pick up ~ **skriva maskin** learn [how] to type ~ **av** learn from
läraktig quick to learn
lärare teacher ⟨**i** of⟩, *bilskol~, skid~* instructor
lärarhögskola college (school) of education
lärarrum staff room
lärarvikarie supply teacher, US substitute teacher
lärd ADJ learned, *akademisk* scholarly
lärdom, dra ~ av learn [a lesson] from
lärjunge pupil **Jesu lärjungar** the disciples of Christ
lärka [sky]lark
lärling apprentice, *i annat än kroppsarbete äv* trainee
lärobok textbook
läromedel ⟨*pl*⟩ teaching (educational) materials
läroplan curriculum, *på universitet* course of study
lärorik instructive
läsa read*, *studera* study ~ **högt** read aloud ~ **en bön** say a prayer ~ **läxor[na]** do one's homework
- **läsa in** a) *tala in* record b) *en kurs e d*

study, take
- **läsa på** do one's homework
- **läsa upp** *t ex ett brev* read, *t ex namn från en lista* read out, *dikt* recite
- **läsa ut** *avsluta* finish [reading]

läsare *äv data* reader
läsbar readable
läsebok reader
läsekrets readers ⟨*pl*⟩
läsk soft drink
läska sig refresh oneself ⟨with⟩
läskande refreshing
läskig *hemsk* scary
läskunnig able to read, literate
läskunnighet ability to read, literacy
läslampa reading lamp
läslig legible
läsning *äv lektyr* reading
läspa lisp
läspning lisp, *det att läspa* lisping
läsvärd worth reading, readable
läsår school (academic) year
läte sound, *djur~* call, cry
lätt[1] ADJ **1** *inte tung* light **~ på handen** light of touch **2** *lindrig* slight, light, *svag* faint **en ~ förkylning** a slight cold **ett ~ regn** a light (soft) rain **3** *inte svår* easy, *enkel* simple **göra det ~ för sig** take the easy way out **han har det inte ~** he is not having an easy time
lätt[2] ⟨↔ **lätt**[1]⟩ ADV **1** *ej tungt el allvarligt* lightly, slightly **ta ~ på** ⟨ngt⟩ take ⟨sth⟩ lightly **~ sårad** slightly wounded **2** *utan svårighet* easily ⟨**det är**⟩ **~ gjort** easily done ⟨**det är**⟩ **~are sagt än gjort** easier said than done **en olycka händer så ~** accidents will happen **hon har ~ för språk** she has a gift for languages
lätta 1 *göra lättare* lighten, *bildl* ease, relieve **~ ankar** weigh anchor **~ sitt hjärta** unburden one's mind **~ på gaspedalen** ease up **~ på trycket** ease (relieve) the pressure **~ upp stämningen** relieve (lighten) the atmosphere **känna sig ~d** be relieved **2** *bli lättare* lighten, *mindre tryckande* ease [up], *om dimma* lift, *om flyg* take off
lättantändlig inflammable
lätthanterlig manageable, easy to handle
lätthet, med största ~ with the greatest ease
lättillgänglig [easily] accessible, *om person vanl* very approachable
lättja laziness, idleness
lättklädd *tunnklädd* lightly (thinly) dressed
lättköpt cheap, easy
lättlagad *om mat* easy to cook
lättlurad easily duped, gullible
lättläst *om t ex handstil* legible, *om bok* easy to read
lättmetall light metal, aluminium
lättmjölk low-fat milk
lättnad relief, *mildring* relaxation **dra en ~ens suck** breathe a sigh of relief
lättpåverkad impressionable
lättroad easily amused
lättrörd easily moved, emotional
lättsam *sorglös* easy-going, *om underhållning* light
lättsinnig rash, irresponsible
lättskött, ett ~ barn an easy baby to handle **en ~ trädgård** an easily managed garden
lättsmält easily digested
lättstött touchy
lättvikt lightweight
lättviktare *sport* lightweight, *motorcykel* light[weight] motorcycle
lättvin *motsats till starkvin* [table] wine, *alkoholsvagt* de-alcoholized wine
lättvindigt ADV **ta ~ på** make light of
lättöl low-alcohol beer
läxa[1] SB **1** *hemarbete* homework ⟨*ej obest art, endast sg*⟩ **förhöra ~n** test (ask questions on) homework **ge läxor** set homework **göra ~n (läxorna)** do one's homework **vi har Frankrike i ~** we have France for homework **2** *lärdom, erfarenhet* lesson **det gav mig en ~** it taught me a lesson
läxa[2] VB **~ upp ngn** give sb a dressing-down
läxförhör questions on homework
löda solder
lödder *rak~* lather, *tvål~* [soap]suds
löddra, ~ [sig] lather
löfte promise ⟨**om** of⟩ **ge ett ~** ⟨**om att**⟩ make a promise ⟨to⟩
löftesrik promising
lögn lie **det är ~** it's (that's) a lie
lögnaktig lying
lögnare liar
löjlig ridiculous **göra sig ~** make a fool of oneself **göra sig ~ över** make fun of

löjrom bleak roe
löjtnant *i armén o kustartilleriet* lieutenant, US first lieutenant
lök *ätlig* onion, *blom-* bulb
lömsk *listig* crafty, *om sjukdom etc* insidious
lön 1 pay ⟨*ej obest art, endast sg*⟩, *arbetares ~* wages ⟨*pl*⟩, *tjänstemans ~* salary **Vad har du i ~?** What are your wages?, What is your salary? **2** *belöning* reward
löna sig pay*, *tjäna ngt till* be worthwhile, pay* **det lönar sig inte att grubbla** it's no use brooding
lönande *lönsam* profitable
löneanspråk pay (wage) claim, *önskad lön* salary expected
löneavtal wage agreement, pay deal
lönebesked pay slip
löneförhandlingar pay negotiations (talks)
löneförhöjning pay increase, rise, US raise
löneförmåner fringe benefits, *vard* perks
lönlös useless, futile **det är ~t** *äv* it's no use
lönn maple
lönnfet flabby
lönsam profitable
lönsamhet profitability
lönt, det är inte ~ ⟨**att försöka**⟩ it's no use ⟨trying⟩
löntagare employee, wage earner
löntagarfond ≈ wage earner's [investment] fund
löpa 1 run* **~ en risk** run a risk **2 ~ ut** *upphöra att gälla* expire **3** *om tik* be in (on) heat
löpande running, *fortlöpande* current **~ band** *i fabrik* conveyor belt **på ~ band** in a steady stream
löparbana running track
löpare 1 *sport* runner **2** *duk* runner **3** *schack* bishop
löpeld, sprida sig som en ~ spread like wildfire
löpning running, *lopp* run, race
löpsedel newsbill
lördag ⟨↔ *fredag*⟩ Saturday
lördagsgodis ≈ Saturday treat
lös¹ ADJ loose, *separat* separate, *löstagbar* detachable, *ogrundad* groundless **Elden är ~!** Fire! Fire! **~a förbindelser** casual liaisons **på ~a grunder** on shaky grounds **en ~ hund** an unleashed dog **vara ~ i magen** have loose bowels **gå ~ fri** be at large ⟨**låta hunden**⟩ **gå ~** run free **slå sig ~** let oneself go **släppa ~** let loose, *hund* unleash ⟨**knappen**⟩ **är ~** is coming off **vara ~ och ledig** be free
lös² ADV **gå ~ på** *attackera* attack
lösa 1 release, *göra lös, lossa på* loosen **~ [upp] en knut** untie (loosen) a knot **2** *betala ~* **biljett** buy a ticket **~ in** *check etc* cash **~ ut** *något inlämnat* collect, *pant* redeem, *partner* buy out **3** *uppgift, problem* solve **~ en tvist** settle a dispute **4** *i vätska* dissolve **~[s] upp** dissolve **lösa sig** *ordna sig* **det löser sig** ⟨**så småningom**⟩ things will sort themselves out
lösaktig loose, promiscuous
lösen 1 *postavgift* excess postage **2** *lösesumma* ransom **3 ~ord** password, *bildl* watchword
lösgodis pick'n'mix
lösgöra *ta loss* detach, *kapital* make* ⟨sth⟩ available
löskokt soft-boiled
lösning 1 *vätska* solution **2** *på problem etc* solution ⟨**på** to, of⟩, answer ⟨to⟩
lösningsmedel solvent
lösnummer single copy
lösryckt disconnected
lösskägg false beard
lössläppt *ohämmad* uninhibited, unbridled
löst ADV loosely **sitta ~** *om plagg* fit loosely, *om person* be at risk ⟨**hjulet**⟩ **sitter ~** is loose
löstagbar detachable
löständer dentures, false teeth
lösvikt, i ~ by weight
löv leaf ⟨*pl* leaves⟩
lövbiff ≈ minute steak
lövskog deciduous forest
lövverk foliage

M

mack → bensinmack
macka ≈ open sandwich
madrass mattress
maffia Mafia
magasin 1 *lagerlokal* store[house] **2** *behållare för patroner* magazine **3** *tidskrift, tv* magazine
magasinera store
magdans belly dance
mage stomach, *buk* belly, *vard* tummy **vara hård i ~n** be constipated **vara lös i ~n** have loose bowels **ha ont i ~n** have [a] stomachache
mager *äv bildl o om kött* lean, *om person vanl* thin **~ ost** low-fat cheese
magi magic
maginfluensa gastric flu
magisk magic[al]
magister *lärare* teacher **~n** *elevers tilltal till lärare* Sir
magkatarr gastritis
magknip the gripes ⟨*pl*⟩, stomachache
magnet magnet
magnetisk magnetic
magnifik magnificent, splendid
magplask belly flop
magpumpa, bli ~d have one's stomach pumped
magra become˙ thinner, lose˙ weight
magsår [stomach] ulcer
magsäck stomach
mahogny mahogany
maj ⟨↔ april⟩ May **första ~** May Day
majestät, hans ~ His Majesty
majonnäs mayonnaise
major major, *i flyget* ⟨*GB*⟩ squadron leader
majoritet majority
majs maize, *US* corn
majskolv corncob, *som mat* corn on the cob
majstång ≈ maypole, Maypole

mak, i sakta ~ at a leisurely pace
maka¹ SB wife ⟨*pl* wives⟩
maka² VB **~ ihop sig** move together **~ på sig** move [over]
makaber macabre
makalös unequalled, unparalleled
makaroner macaroni ⟨*sg*⟩
make 1 *äkta man* husband **2 Har du nånsin sett på ~n!** Did you ever see the like! **~n till hund finns inte** this dog has no equal
make-up make-up **göra ~** make oneself up **ha ~ [på sig]** use make-up
makrill mackerel ⟨*pl lika el* -s⟩
makt power, *inflytande, fysisk el väpnad* **~** force **ha (sitta vid) ~en** be in power **ta ~en** take power
makthavare person of power, *i pl* those in power
maktkamp power struggle
maktlysten avid (greedy) for power
maktlös powerless ⟨**läkarna**⟩ **stod ~a** *äv* could do nothing
mal *insekt* moth
mala 1 grind˙ ⟨**till** into⟩ **2 tankarna mal och mal** my ⟨*etc*⟩ thoughts keep going round and round
malaj *milit* ≈ non-combatant soldier
malaria malaria
Maldiverna the Maldives, the Maldive Islands
mall pattern, model
mallig cocky, snooty, stuck-up
Mallorca Majorca
malm *bergart* ore
malmfyndighet ore deposit
malt malt
Malta Malta
malört wormwood
mamma ⟨↔ mor⟩ mother, *vard* mum[my], *US vard* mom[my]
mammaklänning maternity frock (dress)
mammaledig, vara ~ be on maternity leave
mammut mammoth
man¹ PRON you, *mer frml* one, *vi* we, *de, folk* they **~ bör inte** ⟨**ställa sådana frågor**⟩ you (one) shouldn't **i Frankrike dricker ~ mer vin än ~ gör här** in France they (people) drink more wine than we do here **~ frågade oss aldrig** we were never asked **~ kan aldrig veta** you never know **~ påstår** ⟨**att**⟩ it is said, they say ⟨**på den**

M man² – Mars

tiden⟩ trodde ~ it was believed, people used to believe som ~ säger as they say
man² SB man ⟨*pl* men⟩, *make* husband ~nen ⟨*är fysiskt starkare än kvinnan*⟩ man per ~ per person (head)
man³ SB *på häst o d* mane
mana *upp*~ call on, urge känna sig ~d feel called on ~ till eftertanke give food for thought
manchester corduroy, cord
mandarin *äv frukt* mandarin
mandat 1 *uppdrag* mandate **2** *plats i riksdag etc* seat
mandatperiod term of office
mandel 1 *slags nöt* almond **2** *anat* tonsil
mandelmassa almond paste
manege ring
manet jellyfish ⟨*lika i pl*⟩
mangel mangle
mangla mangle
mango mango ⟨*pl* -[e]s⟩
manhaftig mannish, masculine
mani, ha ~ på have a mania (craze) for
manifest SB manifesto ⟨*pl* -[e]s⟩
manifestation manifestation
manikyr manicure
maning *uppmaning* exhortation, *vädjan* appeal
manipulera manipulate
manke withers ⟨*pl*⟩ lägga ~n till put one's back into it
manlig male, *som utmärker en man* manly, masculine
manlighet manliness, masculinity
mannagryn ≈ semolina ⟨*endast sg*⟩
mannekäng model
mannekänguppvisning fashion show
manschauvinist male chauvinist, macho
manschett *på skjorta* cuff
manschettknapp cuff link
manskap men ⟨*pl*⟩, *besättning* crew
mansroll male role
manssamhälle male-dominated society
mantalsskriven domiciled
mantel *plagg* cloak, mantle
manual manual
manuell manual
manuskript manuscript, *film, radio, tv* script
manöver manoeuvre
manövrera manoeuvre ~ ut ngn outmanoeuvre sb
mapp folder, file

maraton marathon
mardröm bad dream, *äv bildl* nightmare
margarin margarine
marginal margin med god (bred) ~ comfortably med knapp ~ by a narrow margin
marginalskatt marginal (*US* top dollar) rate [of tax]
marginell marginal
marig tricky
marijuana marihuana, marijuana
marin 1 SB *milit* navy **2** ADJ *milit* naval **3** ADJ *havs-, marin-* marine
marinad marinade
marinblå navy blue
marinera marinate, marinade
marinkår, ~en the marines ⟨*pl*⟩
marinsoldat marine
marionett puppet, marionette
marionetteater puppet theatre
mark¹ ~yta, ~ man odlar ground, *område* land, *jordmån* soil, earth vinna ~ gain ground på svensk ~ on Swedish soil
mark² *myntenhet* mark
markant *slående* striking, *avsevärd* marked, pronounced
markatta *djur* guenon
markera 1 *ange, utmärka* mark, *reservera* reserve ~ sitt missnöje demonstrate one's displeasure **2** *framhäva* stress **3** *sport* mark
markering 1 *angivande* marking, *av plats* reservation, *missnöjes*~ demonstration **2** *sport* marking
markeringspenna marker
markis *fönster*~ sunblind, awning
marknad 1 *ekon* market **2** *nöjes*~, *återkommande försäljnings*~ fair
marknadschef marketing manager
marknadsföra market
marknadsföring marketing
marknadsundersökning market research ⟨*endast sg*⟩, survey
markpersonal *flyg* ground crew (staff)
markstridskrafter ground forces
markör marker, *data vanl* cursor
marmelad jam, *av citrusfrukt* marmalade
marmor marble en staty av ~ a marble statue
marockan Moroccan
marockansk Moroccan
Marocko Morocco
mars ⟨↔ april⟩ March
Mars Mars

marsch march
marschall [party] flare
marschera march
marsipan marzipan
marsmänniska Martian
marsvin guinea pig
martyr martyr **spela ~** act the martyr
marxism Marxism
marxistisk Marxist
maräng meringue
masa, ~ sig upp ur sängen drag oneself out of bed
mascara mascara
mask¹ worm
mask² *för ansikte* mask **hålla ~en** keep a straight face
maska¹ SB *i nät* mesh, *vid stickning* stitch, *strump~* ladder, *US vanl* run
maska² VB *i arbetet* go˙ slow, *sport* play for time
maskera mask **maskera sig** don a mask (disguise)
maskerad SB masked (fancy-dress) ball
maskering masking, *förklädnad* disguise
maskin machine, *på fartyg* engine **skriva [på] ~** type **för full ~** at full speed (steam)
maskindriven power-driven
maskinist engine-man, *på fartyg* engineer
maskinskriven typed, typewritten
maskinskrivning typing
maskopi, stå (vara) i ~ be in collusion ⟨with⟩
maskot mascot
maskros dandelion
maskulin masculine
maskulinum the masculine ... **är ~** ... is masculine
masonit *varunamn* masonite, hardboard
massa 1 *fysik* mass **2** *pappers~* pulp **3** *folk~* crowd **4 en ~ bilar** a lot of cars
massafabrik pulp mill
massage massage
massaker massacre
massakrera massacre
massera massage
massiv ADJ massive, *solid* solid
massmedia the mass media
massproducera mass-produce
massvis, ~ med pengar lots of money
massör masseur
mast mast
mastig heavy
mat food **ett mål ~** a [hot] meal **~ och dryck** food and drink **~ och husrum** board and lodging **Vill du ha lite ~?** Would you like something to eat? **ge djuren ~** feed the animals **~en är färdig** dinner ⟨*etc*⟩ is ready **efter ~en** after the meal, after dinner ⟨*etc*⟩ ⟨**dricka öl**⟩ **till ~en** with one's meal
mata feed˙
matarbuss feeder bus
matberedare food processor
matbit, en ~ something to eat
matbord dining table
match match **det är en enkel ~** it's a cinch (doddle)
matcha *sport o passa ihop* match
matchboll match point
matdags, det är ~ it's time to eat
matematik mathematics ⟨*pred i sg*⟩, vard maths ⟨*pred i sg*⟩, *US* math
matematisk mathematical
materia matter
material material ⟨**till** for⟩
materialism materialism
materialistisk materialistic
materiel *utrustning* equipment, *för förbrukning* supplies ⟨*pl*⟩, materials ⟨*pl*⟩
materiell material **~a tillgångar** tangible assets
matförgiftning food poisoning
matiné matinée, afternoon performance
matjessill ≈ pickled herring
matlagning cooking, cookery
matning *äv tekn* feeding
matolja cooking oil
matos [unpleasant] smell of cooking
matrast break for a meal
matrester remains, leftovers, *att kastas* leavings
matros able seaman, sailor
maträtt dish, *del av meny* course
matsal dining room, *i skola* dining hall
matsedel menu, bill of fare
matsked tablespoon **två ~ar salt** two tablespoons (tablespoonfuls) of salt
matsmältning digestion **dålig ~** indigestion
matstrejka refuse to eat in protest
matsäck provisions ⟨*pl*⟩, packed lunch
matt¹ SB, ADJ *schack* [check]mate
matt² ADJ **1** *kraftlös* weak, feeble, faint ⟨**av** with⟩ **2** *glanslös* dull
matta SB carpet, *liten* rug **hålla sig på ~n** toe the line

mattaffär carpet dealer['s]
mattas 1 *försvagas* weaken, *om konversation, intresse o d äv* flag 2 *bli glanslös* tarnish
matte[1] *för hund* mistress
matte[2] *matem* maths ⟨*pred i sg*⟩, US math
matvanor eating habits
matvaror provisions, foodstuffs
matvaruaffär → livsmedelsaffär
matvrak glutton
max ADV ~ **fem personer** five people at the maximum ⟨**han får låna**⟩ ~ **en miljon** a maximum of one million
maxfart top speed
maximal maximum ~ **användning** maximal use
maximum maximum
mazarin ≈ almond-paste cake
med[1] ⟨↔ resp huvudord⟩ PREP 1 with **äta ~ sked** eat with a spoon **jag gör det ~ nöje** I'll do it with pleasure 2 *före färdmedel o vid en del verb* by **~ buss** by bus **~ flyg** by air **Vad menar du ~ det?** What do you mean by that? **öka ~ 3 %** increase by 3 per cent 3 *i genitivliknande användning* of **meningen ~ livet** the meaning of life **en bok ~ dikter** a book of poems
med[2] ADV too, *konstruktion med* so: *i betydelsen 'också'* **det tycker jag ~** I think so too, I agree ⟨**Jag är sömnig.**⟩ **– Jag ~ Me** too, So am I
medalj medal
medaljong *smycke* medallion
medaljör medallist
medan while
medansvarig jointly responsible
medarbetare collaborator, *underordnad* assistant, *kompanjon* partner
medborgare citizen **utländsk ~** foreign national
medborgarskap citizenship
medborgerlig, ~a rättigheter civil rights
medbrottsling accessary, accomplice
meddela inform, tell* **han ~de att** he informed (told) us ⟨*etc*⟩ that **detaljer kommer att ~s senare** details will be given later **M~ [mig] när du kommer** Let me know when you come
meddelande *budskap* message, *underrättelse* [piece of] information, *kort, skriftligt* ~ note, *att anslås* notice, *tillkännagivande* announcement, *uppgift till massmedia* statement **få ~ om** be informed of (about)

med detsamma at once, right away
medel 1 *metod, sätt* means ⟨*lika i pl*⟩ 2 *bote*~ remedy ⟨**mot** for; *förebyggande* against⟩ 3 *pengar* means, funds
medelbetyg average mark (US grade)
medeldistans *sport* middle distance
medeldistansrobot intermediate range ballistic missile ⟨*förk* IRBM⟩
Medelhavet the Mediterranean [Sea]
medelklass, ~en the middle class[es]
medellivslängd average [length of] life
medellängd average (medium) height
medelmåtta 1 *person* mediocrity, second--rater 2 *genomsnitt* **över ~n** above [the] average
medelmåttig 1 *slätstruken* mediocre 2 *genomsnittlig* average
medelpunkt centre, *friare* focus, *om person* central figure
medelstor medium-sized, of average (medium) size
medel-svensson ≈ the average Swede
medeltal mean, average **i ~** on [an (the)] average
medeltemperatur mean (average) temperature
medeltid, ~en the Middle Ages ⟨*pl*⟩
medelväg middle course (way) **den gyllene ~en** the golden mean
medelvärde mean value, *friare* average value
medelålder 1 **en man i ~n** a middle-aged man 2 *genomsnittsålder* average age
medelålders middle-aged
medfaren, illa ~ badly knocked-about, *om kläder* worn, ⟨a coat that was⟩ the worse for wear
medfödd *inneboende, naturlig* innate, inborn, *om sjukdom* congenital ⟨*alla:* **hos** in⟩ **~a egenskaper** *biol* inherited characteristics
medfölja *i brev* be enclosed
medföra 1 *ta (ha) med sig* bring* along, take* ⟨sth⟩ with one 2 *resultera i* result in, lead* to, *orsaka* cause **~ risker** involve risks
medge 1 *tillåta* allow, permit 2 *tillstå, erkänna* admit
medgivande 1 *tillstånd* permission 2 *erkännande* admission 3 *samtycke* consent
medgörlig *foglig* manageable
medhjälpare assistant, *spec polit o milit* aide

medhåll 1 *stöd* support, backing 2 *favorisering* **ha ~ hos läraren** be favoured by one's teacher
media → medium
medicin medicine **~e studerande** medical student
medicinera take* medicine
medicinman witch doctor, medicine man
medicinsk medical
medier → medium
medinflytande ≈ employee (*utb* student) participation
meditation meditation
meditera meditate ⟨**över** on⟩
medium 1 ⟨*pl* **media** *el* **medier**⟩ *press, tv, radio* medium ⟨*pl* **media**⟩ **i media** in the media 2 ⟨*pl* **medier**⟩ *spiritistiskt* medium ⟨*pl* -s⟩ 3 *storlek* medium
medkänsla sympathy **hysa ~ med** feel sympathy for
medla mediate, *vara skiljedomare* arbitrate
medlare mediator, *skiljedomare* arbitrator
medlem member **bli ~ i** become a member of, join
medlemsavgift membership fee
medlemskap membership
medlemskort membership card
medlidande pity, compassion **hysa (ha) ~ med** feel pity (sorry) for
medling mediation, *skiljedom* arbitration
medmänniska fellow man, fellow [human] being
medmänsklig humane
medpassagerare fellow passenger
medryckande captivating, fascinating
medskyldig accessory ⟨**till** to⟩ **vara ~** *äv* be a party to
medsols clockwise
medspelare *partner* partner **medspelarna i laget** the other players
medtagen *utmattad* exhausted
medtävlare competitor, rival ⟨*båda:* **om for**⟩
medverka *bidra* contribute ⟨**i, till** to⟩, *hjälpa till* assist ⟨**in**⟩, *aktivt delta* take* part ⟨**in**⟩, *om artist* perform
medverkan *hjälp* assistance, help, *deltagande* participation
medverkande, de ~ *om deltagare* those taking part, *om artister* the performers (actors)
medvetande consciousness ⟨**om** of⟩ **förlora ~t** lose consciousness
medveten conscious, aware ⟨*båda:* **om** of⟩, *avsiktlig* deliberate
medvetslös unconscious
medvind tailwind **ha ~** have the wind at (in) one's back
medömkan pity, compassion ⟨*båda:* **med for**⟩
meja mow* **~ ner** *bildl* mow down
mejeri dairy
mejeriprodukter dairy produce ⟨*sg*⟩
mejsel chisel, *skruv~* screwdriver
meka, ~ med ⟨**sin moped**⟩ work on, do repair work on
mekanik *lära* mechanics ⟨*pred i sg*⟩
mekaniker mechanic
mekanisk mechanical
mekanism mechanism
melankolisk gloomy
mellan between, **~ fler än två** *vanl* among **~ fyra ögon** in private **välja ~ två böcker** choose between two books **välja ~ fem böcker** choose among five books
mellangärde diaphragm, midriff
mellanhand middleman
mellankrigstid, ~en the inter-war period
mellanlanda stop over, touch down
mellanlandning intermediate landing (stop) **utan ~** non-stop
mellanmål snack **äta ~** have a snack
mellanrum interval **med jämna ~** at regular intervals
mellanskillnad difference
mellanstadiet ≈ the intermediate level [of the comprehensive school]
mellanting, ⟨**det är**⟩ **ett ~ mellan** something (a cross) between
mellanvåg *frekvensområde* medium-wave band
Mellanöstern the Middle East
mellersta middle
melodi melody, *låt* tune
Melodifestivalen *i tv* the Eurovision Song Contest
melon melon
memoarer memoirs
men[1] SB *skada* injury, *nackdel* detriment **få ~ för livet** suffer permanent injury
men[2] KONJ but
mena 1 *anse, tycka* think*, be of the opinion 2 *avse* mean* ⟨**med** by⟩ **~ allvar** be serious ⟨**med** about⟩ **han ~r inget illa** he means no harm

menande meaningful
mened perjury **begå ~** commit perjury
menig ADJ *milit* private **~a [soldater]** privates
mening 1 *sats* sentence **2** *åsikt* opinion ⟨**om** of, about⟩, view ⟨**om** on, of⟩ **~arna är delade** opinions differ **säga sin ~** give one's opinion ⟨**om** on, of⟩ **enligt min ~** in my opinion **3** *betydelse, innebörd* sense, meaning **livets ~** the meaning of life **4** *idé* **det är ingen ~ med att svara** there is no point in answering **5** *avsikt, syfte* object, purpose **~en med** ⟨**mitt besök är**⟩ the object of **det var inte ~en** I didn't mean to do it **Är det ~en att vi skall vänta här?** Are we [supposed] to wait here?
meningsfull meaningful
meningslös 1 *utan innebörd* meaningless **2** *lönlös* pointless **det är ~t att klaga** there's no point in complaining
meningsskiljaktighet difference of opinion
menisk meniscus ⟨*pl* menisci⟩
menlös *beskedlig* meek, *utan sting* vapid
mens [monthly] period **ha ~** have one's period
menstruation menstruation
mental mental
mentalitet mentality
mentalsjuk ADJ mentally ill (deranged)
mentalsjukhus mental hospital
mentalvård *vård* mental [health] care, *organisation* mental health services ⟨*pl*⟩
mentol menthol
meny menu
mer ⟨*med biformen* **mera**⟩ ADV more, *efter vissa pron* else **~ känd** better known **jag tycker ~ om öl** I prefer beer **inte ~ no** more **det är inte ~ än rätt** it's only fair **Vad sa hon ~?** What else did she say? **Vem ~ var där?** Who else was there? **med ~a** et cetera ⟨*förk* etc.⟩
merit qualification, *förtjänst* merit
meritera qualify **meritera sig** qualify [oneself]
meritförteckning curriculum vitae ⟨*förk* c.v.⟩
Merkurius Mercury
mersmak, det gav ~ it made one long for more
mervärdesskatt value-added tax ⟨*förk* VAT⟩
mes[1] *fågel* titmouse, tit

mes[2] *ynklig person* milksop, softy, wimp
mesig wimpish, gutless, chicken-hearted
mesost whey cheese
Messias Messiah
messmör ≈ soft whey cheese
mest[1] ADJ most **detta tar ~ tid** this takes [the] most time **den ~a tiden** most of the time **det ~a** ⟨**är gjort**⟩ most of it **han har varit med om det ~a** he's seen (done) it all **för det ~a** mostly, *i de flesta fall* in most cases
mest[2] ADV most, *huvudsakligen* mostly, chiefly, mainly **den ~ begåvade** ⟨**av alla**⟩ the most gifted ⟨**jag läser**⟩ **~ deckare** mainly detective stories ⟨**jag var sjuk**⟩ **~ hela tiden** practically (almost) all the time **tycka ~ om** like best ([the] most), prefer
mestadels mostly, *i de flesta fall* in most cases
meta angle, fish **~ abborre** fish for perch
metall metal
metallarbetare metalworker
meteor meteor
meteorolog meteorologist, *i TV vanl* weatherman
meter metre **20 ~ snöre** 20 metres of string **den tio ~ höga byggnaden** the ten-metre-high building **ett 400-meters lopp** a 400-metre race **på 1 000 ~s höjd** at an altitude of 1,000 metres
metod method
metodisk methodical
metodist Methodist
metrev fishing line
metropol metropolis ⟨*pl* -es⟩
metspö fishing rod
mexikan Mexican
mexikansk ⟨↔ engelsk-⟩ Mexican
Mexiko Mexico
m.fl. and others
middag 1 *kl 12* noon, midday **God ~!** Good afternoon **2** *måltid* ⟨↔ *frukost*⟩ dinner, *bjudning* dinner party **sova ~** take an afternoon nap **äta ~** have dinner, *frml* dine **äta ~ på restaurant (ute)** dine out
midja waist, *spec med avseende på utseende* waistline **vara smal om ~n** have a slim waist
midnatt midnight **vid ~** at midnight
midnattssol midnight sun
midsommar midsummer
midsommarafton Midsummer Eve

midsommardagen Midsummer Day
mig PRON **1** *personligt* me **en vän till ~** a friend of mine **2** *reflexivt* myself **jag gjorde ~ illa** I hurt myself
migrän migraine
mikrofon microphone, *vard* mike
mikroskop microscope
mikroskopisk microscopic
mikrovågsugn microwave [oven]
mil, en ~ ten kilometres **en engelsk ~** a mile
Milano Milan
mild mild, gentle, *om straff o bedömning äv* lenient
mildra mitigate, *dämpa* soften, *minska* reduce
militant militant
militarisering militarization
militär 1 SB soldier **en hög ~** a high--ranking officer **2** SB **~en** *krigsmakten* the military ⟨*pred i pl*⟩, the armed forces ⟨*pl*⟩ **3** ADJ military
militärbas military base
militärdiktatur military dictatorship
militärtjänst military service
miljard billion
miljon million **tio ~er pund** ten million pounds, £10m
miljontals, ~ människor millions of people
miljonär millionaire
miljö environment, *uppväxt~* background, *i skildring* setting, *atmosfär* atmosphere
miljöaktivist environmentalist
miljöfarlig ecologically (environmentally) harmful
miljöförstöring environmental pollution
miljöparti conservationist party, green party
miljöpolitik environmental policy
miljövård environmental protection
miljövänlig environment-friendly
milligram milligram[me] ⟨*förk* mg⟩
milliliter millilitre ⟨*förk* ml⟩
millimeter millimetre ⟨*förk* mm⟩
mima mime
mimare mimic
mimik facial expression, *teat* miming
min¹ ⟨*med böjningsformerna* mitt, mina⟩ PRON *förenat* my, *självständigt* mine **~ bil** my car **den är ~** it's mine
min² SB look, face **en glad ~** a cheerful expression **göra ~er** pull (make) faces ⟨**åt** at⟩ **göra sura ~er** pull a long face **hålla god ~** put a brave face on it
mina SB mine
mindervärdeskomplex inferiority complex
minderårig, en ~ *jur* a minor **vara ~** be under age
mindre¹ ADJ **1** *motsats till 'större'* smaller, *kortare* shorter, *yngre* younger, *inte så betydande* minor, *ganska liten* smallish **ett ~ företag** a minor (small[ish]) company **ingen ~ än** ⟨**kungen**⟩ no less a person than **2** *om mängd* less, *om antal* fewer **~ arbete** less work
mindre² ADV *motsats till 'mer[a]'* less, *inte särskilt* not very **ett ~ gott resultat** a [rather] poor result **ju ~ det pratas om det, desto bättre [är det]** the less said about it the better
mineral mineral
mineralvatten mineral water
miniatyr miniature
minigolf crazy (miniature) golf
minimal minimal
minimum minimum
miniräknare pocket calculator
minister minister
ministär ⟨↔ regering⟩ ministry
mink mink
minkpäls mink [coat]
minnas remember **han minns fel** his memory is at fault **om jag minns rätt** if I remember right[ly]
minne 1 *~sförmåga* memory, *data äv* store, storage [device] **hålla i ~t** keep in mind **lägga på ~t** remember **citera ur ~t** quote from memory **till ~ av** in memory of **2** *minnessak* souvenir
minnesbild recollection
minnesförlust loss of memory, amnesia
minneslucka gap in one's memory
minnesmärke memorial, *monument* monument
minnesvärd memorable
minoritet minority **vara i ~** be in the minority
minsann indeed, certainly
minska 1 *göra mindre* reduce, cut° down ⟨*båda:* **med** by⟩ **2** *bli mindre* decrease, diminish ⟨*båda:* **med** by⟩ **~d efterfrågan** decreasing demand **~ i värde** lose (fall in) value

minskning reduction, *nedskärning* cut
minst¹ ADJ **1** *motsats till 'störst'* smallest, *kortast* shortest, *yngst* youngest, *ringast, obetydligast* slightest, least **hennes ~a önskan** her slightest (least) wish **inte det ~a förvånad** not [in] the least (not a bit) surprised **det är det ~a du kan göra** that's the least you can do **2** *motsats till 'mest'* ⟨*om mängd*⟩ least, *om antal* fewest
minst² ADV least, *åtminstone* at least **inte ~** not least **jag blev ~ sagt arg** I got angry to say the least of it
minus minus
minusgrad, det är ~er it (the temperature) is below freezing [point] (GB *äv* zero)
minustecken minus sign
minut minute **tio ~ers promenad** a ten--minute walk **i sista ~en** at the last moment (minute) **på ~en** *punktligt* on the dot
minutvisare minute hand
mirakel miracle
mirakulös miraculous
miss miss, *fel, misstag* mistake
missa miss, *inte göra mål* fail to score
missanpassad maladjusted
missbildad malformed
missbildning malformation
missbruk abuse, *felaktigt bruk* misuse
missbruka abuse, *bruka felaktigt* misuse **~ sprit** be addicted to alcohol, drink excessively
missbrukare *av narkotika* drug addict, *av alkohol* alcoholic
missfall miscarriage **få ~** have a miscarriage
missfoster *bildl* monster, monstrosity
missförhållande *brist, fel* anomaly, shortcoming **sociala ~n** social evils
missförstå misunderstand*
missförstånd misunderstanding
missgynna be unfair to, discriminate against
misshandel ill-treatment, maltreatment
misshandla ill-treat, maltreat
missil missile
mission mission
missionär missionary
missklädsam unbecoming
missköta neglect, *förvaltning o företag* mismanage **missköta sig** *sin hälsa* neglect one's health, *i arbetet* not do* one's job properly
misslyckad unsuccessful **en ~ kväll** a wretched night **vara ~** be a failure
misslyckande failure, *vard* flop
misslyckas fail ⟨**med in, med att göra** to do⟩ **~ totalt** be a complete failure, *vard* flop
missnöjd dissatisfied, displeased
missnöje dissatisfaction, displeasure ⟨*båda:* **över** at⟩ **utbrett ~** widespread discontent
missnöjesparti ≈ party of discontent
misspryda disfigure
missriktad misguided
missräkning disappointment ⟨**över** at⟩
missta sig be mistaken **~ om vägen** take the wrong road, miss one's way **om jag inte misstar mig** if I'm not mistaken
misstag mistake, error, *klumpigt ~* blunder **jag gjorde ~et att resa** I made the mistake of going **av ~** by mistake
misstanke suspicion **fatta misstankar mot** become suspicious of **hysa misstankar mot ngn** suspect sb ⟨**arresteras**⟩ **för ~ om mord** on suspicion of murder
misstolka misinterpret
misstro¹ SB distrust ⟨**mot** of⟩
misstro² VB distrust
misstrogen distrustful ⟨**mot** of⟩
misströsta despair ⟨**om** of⟩, *bli missmodig* lose* heart **~ om** ⟨**framtiden**⟩ have no faith in
misstycka, om du inte misstycker if you don't mind
misstänka suspect ⟨**för** of⟩ **~ ngn för att ha stulit** suspect sb of stealing
misstänkliggöra throw* (cast*) suspicion on
misstänksam suspicious ⟨**mot** of, **beträffande** about⟩
misstänksamhet suspicion, *egenskap* suspiciousness
misstänkt ADJ suspected, *tvivelaktig* suspicious **den ~e** the suspect **vara ~ för** ⟨**mord**⟩ be suspected of
missunna [be]grudge
missunnsam grudging ⟨**mot** towards⟩
missuppfatta misunderstand*
missuppfattning misunderstanding, mistake
missvisande misleading
missöde mishap **tekniskt ~** technical hitch

mista lose ~ **livet** lose one's life
miste, gå ~ om *inte få del av* miss [out on] **hans allvar är (går) inte att ta ~ på** there's no mistaking his seriousness
mistel mistletoe
misär misery, wretchedness
mitt¹ PRON → **min¹**
mitt² SB middle, *centrum äv* centre **dela på ~en** divide into two equal parts (in two halves) **gå av på ~en** break in two
mitt³ ADV **~ emellan** halfway between **~ emot** just opposite **~ inne i** right in the middle of
mittbena, ha ~ have one's hair parted in the middle
mittenparti *polit* centre (middle-of-the--road) party
mitterst, ligga ~ be (lie) in the middle (centre)
mittersta, den ~ the middle (central) one
mittfält *sport* midfield
mittlinje central line, *sport* half-way line
mittpunkt centre
mix mix
mixa mix
mixtra, ~ med a) *fingra på* tamper with b) *försöka laga* fiddle with
mjuk soft, *om sätt, handlag äv* gentle, *böjlig äv* supple
mjuka, ~ upp soften, *muskler* limber (loosen) up, *göra foglig* soften up **~ upp [sig]** *sport* limber (loosen) up
mjukglass soft ice cream
mjukna soften, become˙ (grow˙) soft
mjukost cheese spread
mjukstart gentle (soft) start
mjukvara *data* software
mjäkig soppy, mawkish, soft
mjäll SB dandruff, scurf
mjälte spleen
mjöl flour
mjölig floury, *mjölaktig* mealy
mjölk milk
mjölka milk
mjölkpaket milk carton (US container)
mjölksyra lactic acid
mjölktand milk (baby) tooth
m.m. ⟨*förk för* **med mera**⟩ etc, and so on
mobba *om barn* bully, *mer frml* persecute
mobbning *i skolan* bullying
mobilisera mobilize
mobilisering mobilization
Moçambique Mozambique

mocka¹ SB *skinn* suede
mocka² VB **~ dynga** clear the dung out **~ stallet** muck out the stable
mockasin moccasin, *socka* ⟨*pl*⟩ slipper-sock
mod courage, *vard* guts ⟨*pl*⟩ **fatta ~** take (pluck up) courage **ha ~ att** have the courage to **känna sig illa till ~s** feel ill at ease **vid gott ~** in good spirits
mode fashion, vogue **det är på ~t att** there's a fashion (vogue) for ⟨+ *ing-form*⟩ **vara högsta ~** be all the rage **komma på ~t** come into fashion
modefluga rage, craze
modell model **vara ~ för** be the model of
modellera SB *för barn* plasticine *varunamn*
modemedveten fashion-conscious
moder mother ⟨till of⟩
moderat *måttfull* moderate, *polit* ⟨*konservativ*⟩ Conservative
moderiktig fashionable
moderkaka placenta
moderlig maternal
modern 1 *nutida* modern **fullt ~** up to date **2** *på modet* in fashion, fashionable
modernisera modernize
modernisering modernization
modersbunden, vara ~ have a mother fixation
moderskap motherhood, maternity
modersmål native language
modevisning fashion show
modifiera modify
modig courageous, *vard* plucky
modul module
mogen mature, *om frukt, bär* ripe **tiden är ~** [the] time is ripe **vid ~ ålder** at a mature age
mogna mature, *om frukt, bär* ripen, grow˙ ripe
mognad maturity, *om frukt, bär* ripeness
mojna slacken, die down
molande *om värk* dull, nagging
molekyl molecule
moll *musik* minor **gå i ~** be in minor key
moln cloud **gå i ~** go behind a cloud (the clouds)
molnfri cloudless
molnig cloudy, overcast
molnighet cloudiness **växlande ~** partly cloudy
molntäcke cloud cover **det blir uppsprickande ~** the cloud is breaking up
momang moment **i sista ~en** at the last

M moment – mot

moment **på ~en** right away
moment 1 *beståndsdel, inslag* element **ett störande ~** a disturbing factor (element) **2** *arbets~* ⟨**utföra ngt i**⟩ **fem olika ~** five different actions (operations, steps)
moms *skatt* VAT ⟨*förk för* value-added tax⟩
monarki monarchy
mongol Mongol
Mongoliet Mongolia
mongolism Down's syndrome
mongoloid *medicin* mongolian, mongoloid
monitor monitor
monogami monogamy
monolog monologue
monopol monopoly **ha ~ på** have a monopoly of
monoton monotonous
monster monster
monsun monsoon
montage *konst o film* montage
monter showcase, *utställningsutrymme* stand, booth
montera mount, *sätta fast* fix, fit, *spec industriellt* assemble **~ in** install **~ ned** dismantle **~ på** put up
montering mounting, fitting, *industriell* assembly, *installering* installation
monteringsfärdig prefab[ricated]
montör fitter
monument monument
moped moped
mopedist moped rider
mops pug
mor mother **Mors Dag** Mother's Day **bli ~** become a mother ⟨**hon är**⟩ **~ till fyra barn** the mother of four [children]
moral *etik* ethics ⟨*pred vanl i pl*⟩, **~uppfattning** morals ⟨*pl*⟩, *anda i t ex lag, skola* morale, *lärdom* moral **han har ingen ~** he has no morals **god ~ i affärer** good business ethics **predika ~** moralize ⟨**för to**⟩
moralisk moral, ethical
morbror [maternal] uncle
mord murder ⟨**på** of⟩
mordbrand arson **en ~** a case (an act) of arson
mordförsök attempted murder **göra ett ~ på ngn** make an attempt on sb's life
mordisk murderous **se ~ ut** *äv* look daggers

mordplats, ~en the scene of the murder
mordvapen murder weapon
morfar [maternal] grandfather, *vard* grand[d]ad, grandpa[pa]
morfarsfar [maternal] great-grandfather
morfin morphine
morföräldrar [maternal] grandparents
morgon ⟨↔ kväll⟩ **1** *motsats till 'kväll'* morning **God ~!** Good morning **2 i ~** tomorrow **i ~ bitti** tomorrow morning
morgonpigg, vara ~ be an early riser
morgonrock dressing gown, *US* bathrobe
mormor [maternal] grandmother, *vard* grandma[ma], grannie
mormorsmor [maternal] great--grandmother
morot *äv bildl* carrot
morra growl, snarl ⟨*båda:* **åt** at⟩
morrhår whiskers ⟨*pl*⟩
morsa SB mum **~n** [my] mum
morse, i ~ this morning **i går ~** yesterday morning **i måndags ~** [on (last)] Monday morning
morsealfabetet the Morse code (alphabet)
morsgris mother's darling
morsk *kavat, karsk* cocky, cocksure, *orädd* plucky
morska, ~ upp sig pluck up courage
mortel mortar
mos mash, puree **göra ~ av** *bildl* make mincemeat of
mosa *kok* mash
mosaik mosaic
mosig pulpy, mushy, *i ansiktet* flushed
Moskva Moscow
mossa moss
mosse peat bog
moster [maternal] aunt
mot ⟨↔ resp huvudord⟩ PREP
1 *riktning* toward[s], to, *beröring* against **han gick ~ utgången** he walked toward[s] the exit **~ slutet av månaden** toward[s] the end of the month **regnet slog ~ rutorna** the rain was beating against (on) the panes ⟨**han satt**⟩ **med ryggen ~ brasan** with his back to the fire **dansa kind ~ kind** dance cheek to cheek ⟨**ett fönster**⟩ **~ gården** facing the yard, looking on to (out on) the yard **attityden ~ invandrare** the attitude toward[s] immigrants
2 *opposition, bekämpande, motsatt riktning*

against, *kontra* ⟨*sport, jur*⟩ versus ⟨*förk* v, US *äv* vs.⟩ **i kriget ~** ⟨**Frankrike**⟩ in the war against (with) **kampen ~ narkotika** the war against (on) drugs **det blir England ~ Holland i finalen** it's England versus Holland in the final **simma ~ strömmen** swim against the current **skydda sig ~ inbrott** protect oneself against burglary **vara ~ abort** be against (opposed to) abortion **~ bättre vetande** against one's better judgement
3 vinna med tre mål ~ ett win by three goals to one **det hjälper ~ muskelvärk** it's good for muscular pain **~ bakgrund av detta** in the light of this ⟨**han såg arg ut**⟩ **men det var ingenting ~ vad han var** but it was nothing [compared] to what he was ⟨**jag gör det**⟩ **~ att jag får ledigt i morgon** providing [that] I get tomorrow off, in return (exchange) for a day off tomorrow
mota 1 ~ ngn bar (block) sb's way **2** *avvärja* ward off, parry **3** *driva* **~ bort (undan)** drive off
motanfall counterattack **gå till ~** counterattack
motarbeta oppose
motbevisa rebut, disprove, refute
motbjudande repulsive, repugnant ⟨*båda:* **för** to⟩
motdrag counter[move]
motell motel
motgift antidote ⟨**mot** for, to⟩
motgång setback, misfortune
mothugg, få ~ meet with opposition
motion 1 *förslag* motion, *i parlament* bill ⟨*båda:* **om** for, **om att** that⟩ **2** *kroppsrörelse* exercise
motionera *röra sig* [take*] exercise **~ hunden** take the dog for a walk
motionscykel exercise bike
motionsgymnastik keep-fit exercises ⟨*pl*⟩ **gå på ~** go to keep-fit classes
motionsslinga running (jogging) track
motiv 1 *drivkraft* motive ⟨**till** for⟩ **2** *konst, musik* motif
motivation motivation
motivera 1 *ge skäl för* state (give*) the reason[s] for, *utgöra skäl för* justify **Hur ~de han att ...?** What reasons did he give for ⟨**+** *ing-form*⟩? **2** *skapa motivation hos* motivate
motiverad motivated

motivering reason, justification, explanation **med [den] ~en att** on the ground[s] that
motor *spec förbrännings~* engine, *spec elektrisk* motor
motorbåt motorboat, powerboat
motorcykel motorcycle, *vard* [motor]bike
motordriven powered, motor-driven
motorfordon motor vehicle
motorgräsklippare power mower
motorsport motoring, motor racing
motorstopp breakdown, engine (motor) failure **jag fick ~ tillfälligt** my car stalled
motorsåg power (*med kedja* chain) saw
motorväg motorway, US [super]highway
motorvärmare engine pre-heater
motpart opposing party
motprestation service in return **som ~** in return
motsats opposite ⟨**till** of⟩ **i ~ till** ⟨**sin bror**⟩ unlike
motsatt opposite, *om åsikter, intressen äv* contrary **av ~ uppfattning** of an opposite (a contrary) opinion **i ~ riktning** in the opposite direction
motsols anticlockwise
motstycke counterpart, parallel **den saknar ~** *äv* there's nothing equal to it **en succé utan ~** an unparalleled success
motstå resist **~ frestelsen** resist temptation
motstånd resistance, opposition **bjuda ~ mot** stand up against, offer resistance to **möta ~** meet with resistance (opposition)
motståndare opponent, adversary ⟨*båda:* **till** of⟩ **vara ~ till** ⟨**kärnkraft**⟩ be opposed to
motståndskraft [power[s] of] resistance
motståndskraftig resistant ⟨**mot** to⟩
motståndsman resistance (freedom) fighter
motståndsrörelse resistance (freedom) movement
motsvara correspond to, *vara likvärdig med* be the equivalent of, *tillfredsställa* meet* **~ beskrivningen** fit the description
motsvarande corresponding, *likvärdig* equivalent, *jämförlig* similar **~ belopp** ⟨**i svensk valuta**⟩ the equivalent amount **i ~ grad, på ~ sätt** correspondingly
motsvarighet *motstycke* counterpart **ordet saknar ~ i engelskan** this word has no

English equivalent **vara utan ~** be without [a] parallel
motsäga contradict **~ sig själv** contradict oneself
motsägelsefull contradictory
motsätta sig oppose
motsättning conflict **stå i skarp ~ till** be in sharp contrast to
motta receive
mottagande reception **vid ~ av** *handel* on receipt of
mottagare receiver, *adressat* addressee
mottaglig receptive, open, *för smicker, förslag, påverkan* susceptible, *känslig* sensitive ⟨*alla:* **för** to⟩ **inte vara ~ för** ⟨**smitta**⟩ be immune (resistant) to **~ för intryck** impressionable
mottagning 1 *tillställning* reception **2** *läkares ~tid* consulting hours ⟨*pl*⟩ **3** *lokal* [doctor's] surgery (*spec US* office)
mottagningstid → mottagning 2
motto motto ⟨*pl* -[e]s⟩
motverka counteract
motvikt counterbalance ⟨**till, mot** to⟩ **bilda ~ mot (till)** [counter]balance
motvilja dislike ⟨**mot, för** of, for⟩ **ha (hysa) ~ mot** dislike **känna stark ~ mot** feel a great repugnance to
motvillig reluctant
motvind contrary wind **ha (segla i) ~** have the wind against one, *bildl* fight an uphill struggle
motåtgärd countermeasure
moussera, ~nde vin sparkling wine
MS multiple sclerosis ⟨*förk* MS⟩
mucka¹, ~ gräl pick a quarrel
mucka² *milit* get⁎ out [of the army]
muddra 1 *rensa från bottenslam* dredge **2 ~ ngn (ngns fickor)** rifle sb's pockets
muffin ≈ queencake, *US* muffin
mugg 1 mug **2** *toalett* john **3 för fulla ~ar** with all one's might, *så fort som möjligt* for dear life
Muhammed Muhammad, Mohammed
muhammedan Muslim, Moslem
mulatt mulatto ⟨*pl* -[e]s⟩
mule muzzle
mulen cloudy, overcast
mull 1 earth, mould, *matjord* humus **2** *stoft* dust
muller rumble, rumbling
mullig *tjock* plump
mullra rumble

mullvad *äv om agent* mole
mulna, det ~de [på] the sky clouded over **han ~de till** his face darkened
multinationell multinational
multipel SB, ADJ multiple
multiplicera multiply ⟨**med** by⟩
multiplikationstabell multiplication table
multna moulder
mumie mummy
mumla mumble, *låta missnöjd* mutter
mummel mumble, *missnöjesyttringar* mutter
mums, M~! Yum-yum!
mumsa munch ⟨**på** on, at⟩
mun mouth **Håll ~!** Shut up! **hålla ~[nen]** keep one's mouth shut ⟨**om** about⟩ **dra på ~nen** smile **prata bredvid ~[nen]** spill the beans **tala i ~nen på varandra** speak all at once
mungipa corner of one's mouth
munhåla oral cavity
munk¹ monk, *tiggar~* friar
munk² *bakverk* doughnut
munkavle gag **sätta ~ på** *äv bildl* gag
munkorg muzzle
mun-mot-mun-metoden the mouth-to--mouth method **använda ~** *äv* give ⟨sb⟩ the kiss of life
munsbit mouthful
munskydd mask
munspel mouth organ, harmonica
munstycke *på instrument* mouthpiece, *på slang* nozzle, *för cigarett* cigarette-holder
munsår sore on the lip[s], cold sore
munta oral [exam]
munter merry, cheerful
munterhet merriness **väcka ~** raise laughter
muntlig oral, *om meddelande, förklaring o d* verbal
muntligen *om kommunikation* verbally, by word of mouth
muntra, ~ upp cheer up
munvatten mouthwash
mur wall **tiga som ~en** not breathe a word [about it]
mura *utföra murning* do⁎ bricklaying **~ en öppen spis** build a fireplace **~ igen (in)** wall up
murare bricklayer, *sten~* mason
murbruk mortar
murken decayed, rotten

murkla morel
murkna decay, rot
murrig *om färg* drab
mus *äv data* mouse ⟨*pl* mice⟩
museiföremål museum piece
museum museum, *konst~ äv* [art] gallery
musik music
musikal musical
musikalisk musical
musikant musician, *spelman* player
musiker musician
musikinstrument musical instrument
musikstycke piece of music
muskel muscle
muskelbristning ruptured muscle
muskelsträckning, få en ~ pull (strain) a muscle
muskot nutmeg
muskulatur musculature, muscles ⟨*pl*⟩
muskulös muscular, brawny
muslim Muslim, Moslem
muslimsk Muslim, Moslem
Musse Pigg Mickey Mouse
mussla mussel, *äv bildl* clam
must 1 *fruktsaft* juice **2 suga ~en ur ngn** drain (exhaust) sb's strength
mustasch moustache **anlägga ~** grow a moustache
mustig *näringsrik, kraftig* rich, *fräck* bawdy, earthy
muta¹ SB bribe, *vard* kickback **ta mutor** take bribes (a bribe) **tagande (lämnande) av mutor** bribery
muta² VB bribe
mutter nut
muttra mutter **~ över** grumble about
mycket¹ PRON
1 *självständigt* ⟨'*många saker'*⟩ a lot, a lot of (a great many) things, *i nekande satser o frågor* much
för ~ oväsen too much noise **för ~ bilar** too many cars **så ~ pengar** so much (such a lot of) money **så ~ folk** so many (such a lot of) people **vi har ~ arbete framför oss** we've got a lot of (lots of, plenty of, a great deal of) work before us **det var ~ folk på festen** there were a lot of (lots of, a great many) people at the party **det är inte ~ tid kvar** there isn't much time left **Fick han ~ presenter?** Did he get many presents?
mycket² ADV
1 *med verb* very much, *vard* a lot **tack så ~** thank you very much, *vard* thanks a lot **vi tycker ~ om henne** we like her very much (a lot) **jag läser ~** I read a lot
2 *före positivform av adj o adv* very, *före adj på* a- *äv* [very] much **jag kände mig ~ lycklig** I felt very happy ⟨**barnen var**⟩ **~ rädda** very much afraid, *vard* very afraid, *frml* much afraid ⟨**det hände**⟩ **~ plötsligt** very suddenly
3 *före komparativform av adj o adv* much, *vard* a lot ⟨**Mary är**⟩ **~ sötare** much prettier ⟨**du måste köra**⟩ **~ försiktigare** much (a lot) more carefully
mygel fiddling, wheeling and dealing
mygga ⟨*med kollektivformen* **mygg**⟩ mosquito ⟨*pl* -[e]s⟩, *liten* gnat ⟨**det är**⟩ **mycket mygg** lots of mosquitoes
mygla fiddle, wheel and deal **~ till sig** wangle
myglare fiddler, *spec polit* wheeler-dealer
mylla SB earth, mould, *matjord* humus
myller crowd, swarm
myllra swarm, teem ⟨*båda:* **av** with⟩ **en ~nde folkmassa** a milling crowd
München Munich
myndig 1 bli ~ come of age **inte vara ~** be under age **~ ålder** majority
2 *respektingivande* authoritative
myndighet authority **~erna** the authorities
mynna, ~ ut i a) *om flod* flow into b) *bildl* lead to, result in **~ ut i intet** come to nothing
mynning mouth, *på vapen* muzzle
mynt coin **slå ~ av** *bildl* cash in on **betala ngn med samma ~** repay sb in kind
mynta SB *växt* mint
myr bog, swamp
myra ant **flitig som en ~** [as] busy as a bee **sätta myror i huvudet på ngn** puzzle sb
myrstack ant hill
mysa 1 *småle* smile contentedly **2 ha det skönt** be [nice and] cosy
mysig cosy, *om person* nice, sweet **~ hemmakväll** cosy little evening [at home] **ha det ~t** be [nice and] cosy

mysterium mystery
mystik *gåtfullhet* mystery, *religiös åskådning* mysticism
mystisk mysterious, *övernaturlig* mystic
myt myth
myteri mutiny göra ~ mutiny
mytologi mythology
mytologisk mythological
mytoman mythomaniac
må¹ *känna sig* feel*, get* on Hur ~r hon? How is she? Hur ~r du? a) *konvenansfråga* How are you? b) *Hur känner du dig?* How are you feeling? jag ~r bra I feel fine jag ~r illa *är illamående* I feel (I'm) sick (US nauseous) Nu ~r han! Now he's enjoying himself! M~ så gott! Take care [of yourself]!
må² *kan, får* may, *omskrivning med* let ⟨vill han åka⟩ så ~ han göra det he may do so, let him do so Det ~ jag säga! Well I [must] say!, Well I never! ⟨det var svårt,⟩ ~ du tro I can tell you, believe me vem det än ~ vara whoever it may be
måfå, på ~ at random
måg son-in-law ⟨*pl* sons-in-law⟩
mål¹ *talförmåga* Har du inte ~ i mun? Haven't you got a tongue in your head?
mål² *jur* case
mål³ *måltid* meal
mål⁴ 1 *syfte* aim, goal, *ändamål äv* purpose ⟨*alla:* för of⟩ sätta ~et högt aim high vårt ~ är ⟨att bygga 10 000 bostäder⟩ our objective (target) is 2 *för resa* destination ~et för resan var ⟨Paris⟩ we ⟨*etc*⟩ set out for vara långt från ~et have a long way to go 3 *i bollspel* goal, *i skytte o d* target, *i kapplöpning o d* finish göra ~ score [a goal] gå i ~ ⟨som trea⟩ finish ⟨third⟩ stå i ~ keep goal
måla *äv sminka* paint ~ av ngt paint a picture of sth ~ om repaint måla sig make* oneself up
målande vivid, *färgstark* colourful
målare painter
målarfärg paint
målbrott, han är i ~et his voice is breaking
målbur goal, *i ishockey vanl* cage
målgrupp target group
målinriktad goal-directed
mållinje finishing line, *i bollsport* goal line
mållös *stum* speechless ⟨av with⟩, *av häpnad* dumbfounded

målmedveten purposeful, *starkare* single-minded
målning 1 *det att måla* painting 2 *tavla* picture
målskytt *bollspel* [goal] scorer
målsman parent, *annan än förälder* guardian
målsättning aim, goal
måltavla target ⟨för of⟩
måltid meal Smaklig ~! Enjoy your meal
måltidsdryck beverage, table drink
målvakt goal keeper, *vard* goalie
mån¹ SB *utsträckning* extent, *grad* degree i den ~ ⟨man kan tala om⟩ to the extent that i möjligaste ~ as far as possible i viss ~ to some extent i ~ av tid if there is time i ~ av tillgång as far as supplies admit
mån² ADJ *angelägen* anxious, eager ⟨om att to⟩ vara ~ om ⟨sitt yttre⟩ be particular (concerned) about vara ~ om ⟨sina gäster⟩ take good care of vara ~ om sitt rykte be jealous of one's reputation
månad ⟨↔ år⟩ month i maj ~ in the month of May hon är i fjärde ~en she is four months pregnant (*vard* gone)
månadskort monthly ticket
månadslön monthly salary
månadsskifte end of the month
månadsvis monthly
måndag ⟨↔ fredag⟩ Monday
måne moon se sig i ~en efter look in vain for
månförmörkelse eclipse of the moon
många many, *i jakande sats ofta* a large number of, a lot of, *vard* lots of ~ nyheter a great deal of (a lot of, *vard* lots of) news inte ~ nyheter not much news det var ganska ~ bilar there were quite a few cars de var ganska ~ there were quite a lot of them väldigt ~ bilar an enormous number of cars
mångdubbelt ADV ~ större many times greater
mångfald multiplicity, variety
mångmiljonär multimillionaire
mångsidig versatile, *om verksamhet* diversified
mångsysslare jack-of-all-trades
mångtydig ambiguous
mångårig long-standing, long-time ⟨*före sb*⟩ ~ vänskap many year's friendship
månraket lunar rocket
månsken moonlight

månskära crescent
mård marten
mås [sea]gull
måste¹ SB ett ~ a must
måste² VB **1** *är tvungen* must, have (has) [got] to, *om framtid* will have to, *var tvungen* had to **du ~ ta ett senare tåg** you must (you['ll] have to) go by a later train **du ~ inte** you don't have to **jag ~ skratta** I can't (*preteritum* couldn't) help laughing **2** *vid slutsats* must **han ~ vara framme nu** he must (ought to, should) be there by now
mått measure ⟨**på** of⟩ **nu är ~et rågat** that's the last straw **hålla ~et** come up to the mark (to expectations) **ta ~ på ngn** take sb's measure (measurements) ⟨**en diktare**⟩ **av stora ~** of considerable stature **med våra ~ mätt** by our standards
måtta¹ SB **det var ingen ~ på** ⟨**deras anspråk**⟩ there was no limit to **med ~** in (with) moderation
måtta² VB aim ⟨**mot** at, *fientligt* against⟩
måttband tape measure, measuring tape
måtte 1 *uttryck för önskan* **M~ han lyckas!** May he succeed, *ledigare* I do hope he'll succeed **det ~ väl inte bli regn** I do hope it doesn't rain **2** *uttryck för förmodan* **han ~ ha glömt det** he must have forgotten it **hon ~ inte ha lyssnat** she can't have been listening **det ~ väl 'du veta** you ought to (should) know
måttenhet unit of measurement
måttlig moderate, *obetydlig* little, slight
måttlighet moderation
måttligt ADV moderately **han äter inte ~** there's no limit to the amount he eats
måttstock measure **efter vår ~** by our standard
mäkla mediate **~ fred** mediate [a] peace
mäklare *hus~* estate agent, *börs~* broker
mäktig 1 *som har makt* powerful, *imponerande* impressive, *väldig* immense **2** *mättande* rich
mängd *antal* number, *stort antal* lot, *vard* lots, *kvantitet* quantity, amount **en stor ~** (**~er av**) **bilar** a large number (a lot, *vard* lots) of cars **ost i stora ~er** cheese in large quantities **en väldig ~ arbete** an enormous amount of work **i riklig ~** in abundance
mängdlära set theory
mängdrabatt bulk discount
människa man ⟨*pl* men⟩, *som art* human being, *individ* person ⟨*pl vanl* people⟩, individual **den moderna ~n** modern man **gamla människor** old people **inte en enda ~** not a single soul (person) **Stackars ~!** Poor creature (thing)! **människorna** ⟨**hotas till sin existens**⟩ mankind, the human race **alla människor vet det** everyone knows that **känna sig som en ny ~** feel [like] a new man (woman)
människoförakt misanthropy
människokännedom knowledge of human character
människokärlek love of mankind, *kristlig* charity
människoliv [human] life
människosläktet the human race, mankind
människovärde worth as a human being (as human beings)
människovärdig fit for human beings **~a bostäder** decent housing
mänsklig 1 *typisk för människan* human **den ~a naturen** human nature **2** *hänsynsfull, human* humane
mänsklighet 1 ~en *alla människor* mankind **2** *hänsyn, humanitet* humanity, human kindness
märg marrow **det gick genom ~ och ben på mig** it pierced me to the marrow
märka 1 *lägga märke till* notice, *spec avsiktligt* note, observe, *bli medveten om* become aware of **det märks knappt** it's hardly noticeable **det märks att du hörs, syns** I can hear (see) that you **2** *förse med märke* mark, *om boskap* brand **vara märkt av** be marked by **3 ~ ord** quibble, split hairs
märkbar appreciable, noticeable, *uppenbar* obvious
märke 1 mark **lägga ~ till** notice, *spec avsiktligt* note, observe **2** *fabrikat* make, *cigarett~ o d* brand **3** *emblem, klubb~* badge
märkesjeans designer jeans
märkesvara branded article (product)
märklig remarkable, *besynnerlig* strange, odd **det är ~t att han tvekar** it's odd that he should hesitate
märkligt ADV **~ nog** strangely (oddly) enough
märkvärdig *egendomlig* strange **~are än så var det inte** it was as simple as that **göra sig ~** put on airs
märr mare
mäss mess

mässa¹ SB *religion, musik* mass **gå i ~n** go to Mass
mässa² SB *handel* trade fair, *bil~* motor show
mässhall exhibition hall
mässing brass
mässling measles ⟨*pred i sg*⟩ **ha ~en** be down with [the] measles
mästare 1 master 2 *sport* champion **~ i tennis** tennis champion
mästarinna [woman] champion
mästerlig masterly
mästerskap *seger[titel], tävling* championship
mästerverk masterpiece
mäta 1 measure **~ ngn med blicken** size sb up **~ upp** measure out 2 **~ ut straff** mete out punishment 3 *ha ett visst mått* measure **rummet mäter 5 gånger 6 meter** the room measures 5 metres by 6 **mäta sig, ~ med ngn** measure one's strength with (against) sb **den kan inte ~ med** it is far inferior to
mätare *instrument* gauge, indicator, *avgifts~* meter
mätning measurement **göra ~ar** take measurements
mätt satisfied, full [up] ⟨*båda: av* with⟩ **Är du ~?** Have you had enough [to eat]? **äta sig ~** eat one's fill, satisfy one's hunger **hon kunde inte se sig ~ på** ⟨*tavlan*⟩ she never tired of looking at
mätta satisfy **många munnar att ~** many mouths to feed
mättande satisfying, filling
mättnadskänsla feeling of satisfaction
möbel *enstaka* piece of furniture, *möblemang* [set of] furniture **alla dessa möbler är nya** all this furniture is new
möbelaffär furniture store
möblemang ⟨↔ möbel⟩ furniture ⟨*endast sg*⟩
möblera *förse med möbler* furnish **~ om** ⟨*i rummet*⟩ rearrange the furniture
möda *hårt arbete* toil, labour, *svårighet* difficulty, trouble **få lön för ~n** be rewarded for one's pains **vara ~n värt att göra** be worth doing **jag hade all ~ i världen att övertyga honom** I had no end of trouble (of a job) convincing him **med stor ~** with great difficulty
mödom virginity
mödosam laborious, arduous

mödravård maternity care
mödravårdscentral ≈ maternity clinic (*US* center)
mögel mould, *på växter, mat äv* mildew
mögla mould
möglig mouldy, *om växter, mat äv* mildewy
möhippa ≈ hen-party for a bride-to-be, *US* ≈ shower
möjlig possible, *tänkbar* conceivable **allt ~t** all sorts (kinds) of things **det är ~t att jag minns fel** I may remember wrong **så snart som ~t** as soon as possible **i ~aste mån** as far as possible **på kortast ~a tid** in the shortest possible time
möjligen possibly, *kanske* perhaps, maybe **Har du ~ en tändsticka?** Do you happen to have a match? ⟨*hon frågade*⟩ **om hon ~ kunde** if she might
möjlighet possibility, *gynnsamt tillfälle* chance, opportunity, *utväg* way out **~er till bad** bathing facilities **goda ~er till befordran** good prospects of promotion **inom ~ernas gräns** within the bounds of possibility
möjligtvis → möjligen
mönster pattern, *bildl äv* model **efter engelskt ~** on the English model
mönsterbildande, vara ~ set the pattern
mönstergill model ⟨*före sb*⟩, exemplary
mönstra 1 *granska* scrutinize **~ ngn från topp till tå** look sb up and down 2 *till militärtjänst* be enrolled [for military service] **~ av (på)** *som sjöman* sign off (on)
mönstrad *försedd med mönster* patterned
mönstring 1 *mönster* pattern 2 *granskning* scrutiny 3 *inskrivning till militärtjänst* enrolment
mör *om kött* tender, *om bröd* crisp, *bildl* meek ⟨*efter matchen*⟩ **var han alldeles ~** he was aching all over
mörbulta *person* beat* ⟨sb⟩ black and blue
mörda murder, kill, *spec polit* assassinate
mördande ADJ **~ kritik** scathing criticism
mördare murderer, killer
mördeg flan pastry
mörk dark, *om röst äv* deep, *dyster äv* sombre **~t bröd** black bread **~ choklad** plain chocolate **det är ~t i huset** the house is dark **det ser ~t ut** things look bad
mörkblå dark blue
mörker dark, darkness **efter mörkrets inbrott** after dark **i ~ (mörkret)** in the dark

mörkhyad dark-skinned
mörkhårig dark-haired
mörklägga black out, *hemlighålla* cover (hush) up
mörkläggning blackout, *hemlighållande* cover-up
mörkna darken **det börjar ~** it's getting dark
mörkrädd, vara ~ be afraid of the dark
mört roach ⟨*lika i pl*⟩
mössa cap, *utan skärm, luva* hat
möta meet*, *av en händelse äv* come* across, run* into, *svårigheter, välvilja, motstånd* meet* with, *stå (ställas) inför* face ⟨**förslaget**⟩ möttes ⟨**med gillande**⟩ was received (greeted) **det möter inget hinder** it's all right as far as I am (we are) concerned **~ upp** turn up
mötande ADJ *om trafik* oncoming **två ~ bilar** two cars meeting each other
mötas meet*
möte meeting, *avtalat ~* appointment, *match o tillfälligt* encounter **jag fick ett ~** ⟨**i kurvan**⟩ I met an oncoming car **stämma ~ med** make an appointment with **gå ngn till ~s →** till mötes
möteslokal assembly room (hall)
mötesplats *att träffas på* meeting place

nacka, ~ en höna chop a hen's neck off
nackdel disadvantage ⟨**med** of⟩
nacke nape of the neck, back of the head **bryta ~n av sig** break one's neck
nackskinn, ta i ~et take by the scruff of the neck
nackspärr wryneck, crick in the neck
nackstöd headrest
nafs, i ett ~ in a jiffy (a flash)
nafsa snap ⟨**efter** at⟩, *om betande djur* nibble
nagel nail **bita på naglarna** bite one's nails
nagelfil nailfile
nagellack nail polish (varnish)
nagelsax ⟨↔ **sax**⟩ nail-scissors ⟨*pl*⟩
nagga, ~s i kanten *minska* be whittled down
naiv naive, *oskyldig, okonstlad* ingenuous
naivitet naivety
naken naked, nude, unclothed, *kal* bare **klä av sig ~** undress, strip **spritt ~** stark naked
nakenbadare bather in the nude, *vard* skinny-dipper
nalkas approach, *om händelse äv* draw* near
nalle *leksak* teddy [bear]
namn name **~et på** the name of ⟨**the river**⟩ **Hur var ~et?** What's your name, please? ⟨**känna ngn**⟩ **till ~et** by name
namnge name
namnsdag name-day
namnteckning signature
napp¹ *tröst~* dummy, comforter, US pacifier
napp² *fiske* bite **polisen fick ~** struck it lucky
nappa VB **1** bite* **det ~r** the fish are biting **~ på ett anbud** jump at an offer **han ~de på kroken** he swallowed the bait **2 ~ åt (till) sig** snatch
nappflaska baby's [feeding] bottle

narig chapped
narkoman drug (dope) addict, *vard* junkie
narkos anaesthesia **ge ngn ~** anaesthetize sb
narkotika narcotics ⟨*pl*⟩, drugs ⟨*pl*⟩, *vard* dope
narkotikabeslag seizure of drugs
narkotikahärva narcotics (drug) racket
narkotikamissbruk drug abuse (addiction)
narr fool **göra ~ av** make fun of
narra → lura
nasal ADJ, SB nasal
nation 1 *stat, folk* nation **2** *vid universitet* student association (society)
nationaldag national [commemoration] day, *i US* Independence Day
nationaldräkt *för hela landet* national costume
nationalekonomi economics ⟨*pred i sg*⟩, economic science
nationalförsamling national assembly
nationalitet nationality, *medborgarskap* citizenship
nationalpark national park
nationalsång national anthem
nativitet birth rate
NATO NATO ⟨*förk f* North Atlantic Treaty Organization⟩
natt night **i ~** a) *föregående* last night b) *kommande* tonight **i går ~** yesterday night **över en ~** overnight
natta put* ⟨sb⟩ to bed, tuck ⟨sb⟩ in (up)
nattbuss late-night bus
nattduksbord bedside table
nattklubb night club
nattlinne nightdress, *vard* nightie
nattmössa nightcap **prata i ~n** talk nonsense
nattportier night porter
nattradio all-night radio
nattrafik night service
nattskift night shift **arbeta ~** *äv* work nights
nattskjorta nightshirt
nattuggla *bildl* night owl
nattvakt 1 *person* night watchman **2** *tjänst* night duty
nattvard [Holy] Communion
nattöppen open all night **nattöppet kafé** all-night café
natur, ~en nature, *landskapet* landscape, countryside **vacker ~** beautiful scenery **Sveriges ~, den svenska ~en** the natural scenery of Sweden, the Swedish countryside **ute i ~en** [out] in the country, *utomhus* out of doors, in the open

natura, in ~ in kind
naturbegåvning *person* gifted person, [natural] genius
naturbehov, förrätta sina ~ relieve oneself
naturfenomen natural phenomenon
naturhistorisk, ~t museum museum of natural history
naturkatastrof natural disaster (catastrophe)
naturkraft elemental force, natural power (force)
naturkunskap *utb* [general] science
naturlag natural law, law of nature
naturlig natural **ett porträtt i ~ storlek** a full-length (life-size) portrait
naturligtvis naturally, of course **N~!** Certainly!
naturliv wild life
naturminnesmärke natural monument (landmark)
naturorienterande, ~ ämnen ⟨*förk* **NO**⟩ *utb* ≈ [general] science ⟨*sg*⟩
naturreservat nature reserve, national park
naturskildring description of scenery
naturskyddsområde conservation area
naturskön scenic, of [great] natural beauty
naturtillgångar natural resources
naturtrogen lifelike, true to nature, authentic
naturvetare scientist, *studerande* science student
naturvetenskap [natural] science[s]
naturvetenskaplig scientific **~ linje** natural sciences course **gå på ~ linje** study science
naturvård nature conservation
nautisk, ~ mil nautical mile
nav hub, *på propeller* boss
navel navel
navelsträng navel string
navigation navigation
navigera navigate, steer, pilot
nazism Nazism
nazist Nazi
nazistisk Nazi

Neapel Naples
necessär dressing-case, toilet-case, US äv travel kit
ned → ner
nedan ADV below **här ~** below **se ~** see below
nedanför PREP below, *t ex trappan, berget* at the foot of
nedanstående ADJ the following, *omnämnd nedan* [mentioned] below
nedbruten broken [down]
nedbrytning *kemi* degradation, decomposition
nederbörd *om regn* rain[fall], *om snö* snow[fall]
nederdel lower (bottom) part
nederlag defeat **lida ~** be defeated, suffer [a] defeat
Nederländerna the Netherlands ⟨*pred vanl i sg*⟩
nederländsk Netherlands
nederst ADV at the very bottom
nedersta the lowest (bottom) **den ~ hyllan** the bottom shelf
nedfall, radioaktivt ~ [radioactive (nuclear)] fallout
nedfart 1 *till garage o d* entrance 2 *nedfärd* descent
nedfrysning refrigeration, freezing
nedfärd descent, *om resa* journey down
nedför¹ PREP down **~ backen** downhill
nedför² ADV downward[s]
nedförsbacke downhill slope, descent **det var ~ hela vägen** it was downhill all the way
nedgång 1 *till källare etc* way down 2 *försämring* decline, *minskning* decrease, drop **solens ~** sunset
nedgången 1 *om sko* down at [the] heel 2 *utsliten* worn out
nedifrån ADV from below (underneath)
nedkörd, ~ i ⟨**marken**⟩ driven into
nedlåta sig condescend, stoop, deign
nedlåtande condescending, patronizing **använda en ~ ton** talk down, be condescending
nedläggning shutdown, closedown, closure
nedre lower **i ~ högra hörnet** in the bottom right-hand corner **på ~ botten** on the ground (US first) floor
nedrig *skamlig* mean, low **det var ~t av dig** it (that) was nasty (rotten) of you

nedringd, bli ~ be deluged with phone calls
nedrusta disarm, cut* down armaments
nedrustning disarmament
nedräkning *inför start* count-down
nedsatt reduced **~ sikt** poor visibility **~ syn** impaired vision **till ~ pris** at a reduced price (a discount)
nedskrivning *av valuta* devaluation
nedskräpning littering
nedskärning reduction, cut
nedslagen depressed, low-spirited
nedslående discouraging, disheartening
nedsmutsad *om miljö* polluted, *om tvätt* soiled, *om person* very dirty
nedsmutsning pollution
nedstigning descent
nedstämd depressed, low-spirited
nedsättande disparaging, slighting
nedtill at the bottom
nedtrappning de-escalation, phasing-out
nedtryckt *förtryckt* oppressed, put down
nedtyngd burdened, weighed down ⟨*båda:* with⟩
nedvärdera depreciate
nedåt¹ PREP down, *i riktning mot* toward[s]
nedåt² ADV downward[s]
nedärvd *genetiskt* hereditary, *kulturellt* traditional
negativ SB, ADJ negative
neger Negro ⟨*pl* -es⟩, black
negligera neglect, overlook, *ignorera* ignore
nej¹ SB no, **~röst** nay **rösta ~** ⟨**till ngt**⟩ vote no ⟨to sth⟩, vote against ⟨sth⟩ **säga ~ till ngt** *äv* turn sth down
nej² INTERJ no **N~ då!** Oh no!, Not at all!, Certainly not! **N~, nu måste jag gå** Well, I must be off [now] **N~, nu får du sluta!** Now stop it! **N~ tack!** No thank you
nejlika 1 *blomma* carnation 2 *krydda* clove
neka 1 *förneka* deny **~ till att ha gjort ngt** deny having done sth 2 *vägra* refuse
nekande¹ 1 ADJ negative **ett ~ svar** *avslag* a refusal 2 SB denial
nekande² ADV negatively **svara ~** answer in the negative
nektar nectar
neonljus neon light
neonskylt neon sign
ner ⟨↔ **gå ~, stiga ~, varva ~** *etc*⟩ down, *i riktning mot lägre plan* downward[s] **längst**

~ at the [very] bottom **uppifrån och ~** from top to bottom **vända upp och ~ på** turn upside down **ända ~** right down (to the bottom)
ner- ⟨*smsled*⟩ → **ned-**
nere 1 down **priset är ~ i** the price is down to **arbetet ligger ~** work has been suspended **2** *i humöret* down
nerför → **nedför**
nerifrån → **nedifrån**
nerknarkad drugged **han är ~** he's a junkie
nersupen ruined by drinking
nertill → **nedtill**
nerv nerve **gå ngn på ~erna** get on sb's nerves
nervlugnande, ~ medel tranquillizer
nervositet nervousness, [nervous] tension
nervryckning nervous spasm, *spec i ansiktet* tic
nervsammanbrott nervous breakdown (collapse), *vard* crackup
nervsystem nervous system
nervvrak nervous wreck
nervös nervous, restless, *vard* nervy, jittery **vara ~ inför en skrivning** have examination nerves
neråt → **nedåt**
netto ADV net **vi förtjänade 5 000 pund i rent ~** we netted (cleared) £5,000
nettobelopp net amount (sum)
nettolön take-home pay, net pay
nettopris net price
nettovinst net (clean, clear) gain (profit)
neurolog neurologist
neuros neurosis ⟨*pl* neuroses⟩
neurotisk neurotic
neutral neutral
neutralisera neutralize
neutralitet neutrality
neutralitetspolitik policy of neutrality
neutrum the neuter ... **är ~** ... is neuter
ni you **~ tre** the three of you
nia[1] ⟨↔ femma⟩ SB nine
nia[2] VB ≈ address ⟨sb⟩ formally
Nicaragua Nicaragua
nick nod, *i fotboll* header
nicka nod ⟨**åt** at⟩, *i fotboll* head **~ till** *somna* drop off
nickel nickel
niga curts[e]y, make* (drop) a curtsey ⟨*båda:* **för** to⟩

Nigeria Nigeria
nikotin nicotine
Nilen the Nile
nio ⟨↔ *sms med* fem⟩ nine
niohundratalet, på ~ in the tenth century
nionde ⟨↔ femte⟩ ninth
niondel ninth [part]
nipprig nutty, potty, off one's rocker
nisch *äv bildl* niche, *fördjupning äv* recess
nit[1] *iver* zeal, ardour, *flit* diligence
nit[2] *lott* blank **gå på en ~** draw a blank
nit[3] *tekn* rivet
nita rivet **~ fast** rivet ⟨on to⟩ **~ till** *slå till* punch
nitisk zealous
nittio ⟨↔ *sms med* fem, femtio⟩ ninety
nittionde ninetieth
nittiotalet the nineties, the 90s **på ~** in the nineties
nittioåring nonagenarian, ninety-year old
nitton ⟨↔ *sms med* fem⟩ nineteen
nittonhundratalet, på ~ in the twentieth century
nivå level, *bildl äv* standard **i ~ med** on a level with **beslut på högsta ~** top-level decision
njure kidney
njursten kidney stone, stone in the (one's) kidney
njuta enjoy, *känna njutning* feel* pleasure **~ av** enjoy
njutbar enjoyable, palatable
njutning enjoyment, pleasure, delight
njutningslysten pleasure-seeking
Noak Noah **gubben ~** ol[d] man Noah
nobb, få ~en get the brushoff
nobba give* ⟨sb⟩ the brushoff, turn down
nobelpris, ~et i ... the Nobel Prize for ...
nog 1 *tillräckligt* enough ⟨**den är inte** ~ **stor ~** large enough **jag har fått ~** I have had enough, *vard* I'm fed up **2** *bestämning till adverb* enough **konstigt ~** oddly enough **3** *antagligen* probably, *starkare* surely **det blir ~ regn i morgon** it is likely to rain tomorrow, I think it will rain tomorrow
noga ADJ **1** *noggrann* careful **vara ~ med ngt** be careful about sth **2** *nogräknad* particular **det är inte så ~** it's not [all] that important
noggrann careful, *grundlig* thorough, *exakt* accurate

noggrannhet carefulness, care, *grundlighet* thoroughness, *precision* accuracy, precision
nojsa *skoja* lark, *flörta* flirt
noll nought, *på termometer etc* zero, *i t ex telefonnummer* 0 ⟨*utläses 'ou', US 'zero'*⟩ **vinna med 2–0** win two nil (*US* two zero) **6–0** *tennis* six love
nolla nought, zero ⟨*pl* -[e]s⟩ ⟨**han är**⟩ **en ~** a nobody
nolltaxera declare no [taxable] income
nolltid, på ~ in no time at all
nomadfolk nomad[ic] people (tribe)
nominativ the nominative
nominera nominate
nonchalans nonchalance, *försumlighet* negligence
nonchalant nonchalant, *försumlig* negligent
nonchalera disregard, ignore, *försumma* neglect
nonsens nonsense, rubbish, *vard* tripe
noppa¹ SB *i tyg* burl, nap
noppa² VB *ögonbrynen* pluck, *fjädrar* preen
nord ⟨↔ Norden, norr¹⟩ north, *väderstreck* the north
Nordafrika North Africa
Nordamerika North America
nordamerikansk North American
nordanvind north (northerly) wind
nordbo Northerner, *skandinav* Scandinavian
Norden the Nordic countries ⟨*pl*⟩
Nordeuropa Northern Europe
nordeuropé North[ern] European
nordeuropeisk North[ern] European
nordisk Nordic, Scandinavian **de ~a länderna** the Nordic countries **~a språk** Scandinavian languages
Nordkap the North Cape
nordlig *om vind, riktning* northerly, *som är (finns) i norr* northern **~ bredd** north latitude **~ vind** northerly (north) wind
nordnordost SB north-northeast, *väderstreck* the north-northeast
nordnordväst SB north-northwest, *väderstreck* the north-northwest
nordost ⟨↔ norr¹⟩ SB northeast, *väderstreck* the northeast
nordostlig ⟨↔ nordlig⟩ northeast[ern], northeasterly
nordpolen the North Pole
Nordsjön the North Sea

nordväst ⟨↔ norr¹⟩ SB northwest, *väderstreck* the northwest
nordvästlig ⟨↔ nordlig⟩ northwest[ern], northwesterly
nordvästra ⟨↔ norra⟩ northwest[ern]
nordöst → nordost
nordöstlig → nordostlig
nordöstra ⟨↔ norra⟩ northeast[ern]
Norge Norway
norm norm, rule, standard
normal ADJ normal, *genomsnitts-* average ⟨**han är**⟩ **inte riktigt ~** not quite right in the head
normalisera 1 normalize 2 *göra enhetlig* standardize
normalt ADV **förlöpa ~** take its (their) normal course
norpa pinch, swipe
norr¹ SB north, *väderstreck* the north **i (mot, från) ~** in (to, from) the north ⟨**färdas**⟩ **åt ~** north, northward[s] ⟨**ligger**⟩ **rakt i ~** due north
norr² ADV **~ om** [to the] north of
norra *som ligger i norr, som utgör* **~ delen** northern, *som vetter åt norr* north **~ Sverige** northern (the north of) Sweden **i ~ London** in north (the north of) London
norrman Norwegian
norrsken northern lights ⟨*pl*⟩
norrut to (toward[s]) the north, northward[s], *i norr* in the north **resa ~** go (travel) north **trafiken ~** the northbound traffic
norsk ⟨↔ engelsk-⟩ Norwegian
norska ⟨↔ engelska⟩ 1 *språk* Norwegian 2 *kvinna* Norwegian woman
nos nose, *på hund, häst, räv* muzzle
nosa, ~ på sniff (smell) at
noshörning rhinoceros, *vard* rhino
nostalgi nostalgia
nostalgisk nostalgic
not 1 *anmärkning* note, notation 2 *musik* note **spela efter ~er** play from music **hon var med på ~erna** *ville delta* she was in on it
nota *räkning* bill, *US* check
notera 1 *anteckna* note (take°) down, make° a note of 2 *lägga märke till* note, notice
notering 1 *anteckning* note, entry 2 *pris* quotation
notis 1 *tidnings~* paragraph, [news-]item 2 **inte ta ~ om** take no notice (heed) of
notorisk notorious

novell short story
november ⟨↔ april⟩ November
nu¹ SB leva i ~et live in the present
nu² ADV now, at present **från och med ~** from now on **Vad ~ då?** What's the matter?
nubb tack
nubbe glass of aquavit (schnap[p]s)
nucka old maid (spinster)
nudda, ~ vid ngt touch sth
nudel noodle
nudist nudist, naturist
nuförtiden nowadays, these days, today
nukleär nuclear, atomic
numera nowadays, now, today
nummer number, *storlek* size
nummerbyrå directory inquiries (*US* assistance)
nummerlapp queue ticket (number)
nummerordning numerical order
numrera number
nunna nun **bli ~** take the veil (vow)
nunnekloster convent, nunnery
nutid, ~en present times ⟨*pl*⟩ **~ens människor** people of today
nutida contemporary, modern **det ~ Stockholm** today's Stockholm, the Stockholm of today
nutidsorientering *tävling* quiz on current affairs
nuvarande present, current
ny ADJ new, *nutida, modern* modern, *förnyad* fresh, *färsk* recent **på ~tt** again, once more
nyans shade, *om färg äv* tint, hue
nyansera modify, tone down **~d** *äv* balanced
nyanställa, ~ personal take on (recruit, *spec US* hire) new staff
nyanställd SB new employee
Nya Zeeland New Zealand
nybakad newly-baked, new, fresh
nybliven new **hon är ~ mor** she has recently (just) become a mother **en ~ ingenjör** a newly qualified engineer
nybyggare settler, colonist, *spec US* homesteader
nybyggd newly-built **den är ~** it has just been built (finished)
nybörjare beginner
nyck whim, fancy, caprice **en ödets ~** a quirk of fate
nyckel key

nyckelben collarbone
nyckelhål keyhole
nyckelknippa bunch of keys
nyckelord keyword
nyckelperson key person (figure)
nyckelpiga ladybird, *US vanl* ladybug
nyckfull capricious, *lynnig* moody
nyexaminerad → nyutexaminerad
nyfallen *om snö* newly-fallen
nyfiken curious ⟨**på** about⟩
nyfikenhet curiosity
nyfödd ADJ newborn **den ~e (~a)** the newborn child
nygift newly-married **de är ~a** they are newly-weds, they have just married
nygjord newly-made
nyhet news ⟨*endast sg, ej obest art*⟩, *ngt nytt* novelty, *påfund* innovation **en tråkig ~** [a piece of] sad news **dessa ~er** this news **~ens behag** the charm of novelty
nyhetsbyrå news agency
nyhetssändning news bulletin, newscast
nyhetsuppläsare newsreader, newscaster
nyinflyttad ADJ **~e hyresgäster** new tenants
nyklippt, han var ~ he'd just had his hair cut (had a haircut) ⟨**gräsmattan**⟩ **är ~** has just been mown
nykomling newcomer, *i skola* new boy (girl)
nykter *inte berusad* sober **hålla sig ~** stay sober
nykterhet *betr alkohol* temperance
nykterhetsorganisation temperance organization
nykterist teetotaller, total abstainer
nyktert ADV **se ~ på** take a realistic view of
nyktra, ~ till sober up, *bildl* calm down
nylagad freshly made (prepared)
nylagd, jag är ~ i håret I've just had my hair done
nyligen recently, lately **helt ~** quite recently
nylonstrumpor nylon stockings, nylons
nymf nymph
nymfoman nymphomaniac, *vard* nympho
nymålad freshly painted **Nymålat** *skylt* Wet Paint
nymåne new moon
nynna hum ⟨**på ngt** sth⟩

nyordning reorganization, *polit* new order
nyp pinch
nypa¹ SB 1 ⟨hålla ngt⟩ i ~n between one's thumb and fingers med ~n with one's fingers 2 *mått* pinch en ~ ⟨salt⟩ a pinch of en ~ frisk luft a breath of fresh air
nypa² VB pinch nypa sig, ~ i armen pinch one's arm
nypon [rose]hip
nyponsoppa rosehip soup
nyrakad, han var ~ he had just shaved
nyrekrytera, ~ personal recruit new staff
nyrostad *kaffe* freshly roasted **nyrostat bröd** fresh toast
nys, få ~ om get wind of
nysa sneeze
nysilver silver plate, *saker av* ~ silver--plated articles
nyskapande ADJ creative, innovative
nysning sneeze
nyss a moment ago, a little while ago, just recently hon har ~ fyllt 40 she's just turned 40
nysta wind˙ ~ upp *t ex garn till nystan* wind [up]
nystan ball [of yarn]
nystartad new ⟨firman⟩ är ~ was established recently
nyter, pigg och ~ bright and cheery, in high spirits
nytta SB *användning* use, *fördel* advantage, benefit, *användbarhet* utility dra ~ av benefit from förena ~ med nöje combine business with pleasure den gjorde ~ it did some good, it had a good effect Kan jag göra (vara till) ~? Can I be of help? ha ~ av ⟨ngt⟩ derive benefit from vara till ~ för be useful to
nyttig useful, of use, *förmånlig* advantageous ⟨alla; för to⟩ ⟨spenat⟩ är ~t is good for
nyutexaminerad ADJ recently graduated hon är ~ *äv* she is a new graduate
nyutkommen recently published, just out en ~ bok a recent book
nyutnämnd newly-appointed han är ~ he has just been appointed
nyval new election
nyvald newly elected
nyår new year, *helg* New Year
nyårsafton New Year's Eve
nyårsdag New Year's Day

nyårslöfte New Year resolution
nå¹ ADV well ~, då så well, it's all right then
nå² VB reach, get˙ (come˙) to, *uppnå* achieve så långt ögat ~r as far as the eye can see vattnet ~r mig till hakan the water comes up to my chin ~ fram till reach, *bildl* arrive at jag ~r inte upp I can't reach that far
nåd 1 vädja om ~ plead for mercy leva på ~er hos ngn live on sb's charity 2 *titel* Ers ~ Your Grace
nåde, Gud ~ dig om ... God help you if ...
någon ⟨med böjningsformerna **något, några**⟩ some *och* any
some-orden har en positiv grundbetydelse som any-orden saknar. Därför är some-orden vanliga i jakande påståenden, medan any-orden är vanliga i nekande och frågande sammanhang
HELT UTAN SUBSTANTIV
1 *om person* someone, somebody, anyone, anybody, *plural* some people, any people ~ har parkerat sin bil därborta someone (somebody) has parked his (their) car over there jag tror inte att ~ vet om det I don't think anyone (anybody) knows about it några säger att det var en olyckshändelse some people say it was an accident
2 '*något*' something, anything jag har något att berätta I've got something to tell you Köpte du något? Did you buy anything? Det är (var) alltid något! *tröstande* That's something!
3 *Några uttryck* Ville du mig något? Did you want to talk to me? Har du sovit något i natt? Did you get any sleep last night? Är den något att ha? Is it any good? han tror han är något he thinks he's somebody
SUBSTANTIV MED I SAMMANHANGET
4 *ersättning för tidigare nämnt substantiv* ⟨Jag letar efter en tandborste.⟩ Finns det ~? Is there one? ⟨Jag behöver färg.⟩ Finns det ~? Is there any? ⟨Jag söker böcker om djur.⟩ Finns det några? Are there any? ⟨Du har gott om cigaretter.⟩ Kan jag få några? Can I have some?
5 *vid of-konstruktion* jag tror att något av husen sålts I think one of the houses has been sold Tror du att ~ av pojkarna gjorde det? Do you think one of the boys did it? några av dem var här i går some of them were here yesterday John är längre än

några av sina klasskamrater a) *ingen är lika lång som John* John is taller than any of his classmates b) *John är bara längre än vissa* John is taller than some of his classmates **6** *i nekande sammanhang vid grupp som består av två* **jag känner inte ~ av tvillingarna** I don't know either of the twins
MED SUBSTANTIV
7 *före räknebart substantiv i singular* a, an, *före plural och oräknebart substantiv* some, any **Finns det ~ skola i byn?** Is there a school in the village? **~ ordbehandlare har jag inte** I haven't got a word processor **här har du några frimärken** here are some stamps for you **Vill du ha några äpplen?** a) *erbjudande* Would you like some apples? b) *ren fråga* Do you want any apples? **Finns det något kaffe?** Is there any coffee?

någondera either
någonsin ever **aldrig ~** → **aldrig så mycket du ~ kan** as much as ever you (US as you ever) can
någonstans somewhere, anywhere **var ~** where
någonting → någon
någorlunda fairly, tolerably
något → någon
någotsånär → någorlunda
några → någon
nåja [oh] well
nål needle, *knapp~, hatt~, säkerhets~* pin **sitta som på ~ar** be on tenterhooks
nåla, ~ fast fasten sth with a pin (pins) **~ fast ngt vid** pin (fasten) sth on to
nåväl well
näbb bill, *rovfågels* beak **kämpa med ~ar och klor** fight (defend oneself) tooth and nail
näck ADJ *naken* nude **bada ~** swim in the nude
Näcken ≈ the evil spirit of the water
näckros water lily
näktergal nightingale
nämligen 1 *framför uppräkning* namely **2** *förklarande* **det är ~ så att** the fact is, you see, that ...
nämna mention ⟨**för** to⟩
nämnare denominator
nämnd *utskott etc* committee, *jur* ≈ jury
nämnvärd, ingen ~ förbättring no improvement to speak of (worth mentioning)
nämnvärt ADV **inte ~** not appreciably ⟨**better**⟩
näpen dainty, pretty
när¹ ADV **1** *frågande* when, [at] what time **2 ~ som helst** [at] any time
när² ADV **1** *nära* from **~ och fjärran** from far and near **2** *bildl* **han gör inte en fluga för ~** he wouldn't hurt a fly **det gick hans ära för ~** it offended him **så ~ som på** except for
när³ KONJ *vid det tillfället då* when, *samtidigt som* as
nära¹ ADJ near, close **på ~ håll** → **håll inom en ~ framtid** in the near future **en ~ anhörig** a close relative
nära² ADV **1** near, closely **stå ngn ~** be close to sb **vara ~ förestående** be imminent **jag var ~ att somna** I was on the point of falling asleep **2** *nästan* nearly, almost
närande nourishing, nutritious
närapå nearly, almost, just about
närbelägen neighbouring, [situated] nearby (near by), *intilliggande* adjacent
närbesläktad closely related ⟨**med** to⟩
närbild close-up **Sverige i ~** a close-up picture of Sweden
närbutik → kvartersbutik
närgången *påflugen* forward, pushy, *intim* intimate, *fräck* insolent, *taktlös* tactless **vara ~ mot** get fresh with
närhet, i ~en in the neighbourhood **här i ~en** near here
näring 1 *föda* nourishment **ge ~ åt** *bildl* add fuel to **2** *näringsgren* industry
näringskedja *biol* food chain
näringsliv industry and commerce, business
näringsrik nourishing, nutritious
näringsämne nutritive substance, nutrient
närkamp [close] combat, *i boxning o bildl* infighting
närliggande ⟨↔ närbelägen⟩ **en ~ slutsats** a natural conclusion **ett ~ problem** a connected problem
närma, ~ ngn till ngt bring sb closer (nearer) to sth **närma sig** approach, come nearer (closer) **klockan närmar sig 10** it's getting on for 10 o'clock
närmande 1 ett ~ ⟨mellan öst och väst⟩ closer relations **2 göra ~n mot** make

advances to
närmare¹ ADJ nearer, closer **en ~ väg** a shorter way (road), a shortcut **vid ~ bekantskap** on closer (further) acquaintance **~ detaljer** further details
närmare² ADV **1** nearer, closer, more closely **Kom ~!** Come closer! **jag känner honom inte ~** I don't know him very well **bli ~ bekant med ngn** get to know sb better **~ bestämt** more exactly (precisely) **undersöka en sak ~** investigate (go into) sth in further (more) detail **2** *nästan* nearly
närmare³ PREP nearer [to], closer to **mitt hotell ligger ~ stationen** my hotel is closer to the station
närmast¹ ADJ nearest, closest **Var ligger ~e stad?** Where is the nearest town? **min ~e vän** my closest friend **mina ~e anhöriga** my nearest relations **mina ~e planer** my immediate plans **inom de ~e dagarna** within the next few days **inom den ~e framtiden** in the near future
närmast² ADV **1 ~** *intill* nearest, closest ⟨**Oxford Circus**⟩ **ligger (är) ~** is the nearest (closest) **den som satt ~ mig** the person [sitting] next to me **2** *huvudsakligen* chiefly **hon verkade ~ road** if anything she seemed amused
närminne short-term memory
närradio community radio
närstående [closely] related, *nära* close, intimate
närsynt near-sighted, short-sighted
närvarande 1 vara ~ vid be present at, attend **de ~** those present **2 för ~** at present, for the time being
närvaro presence ⟨**gräla**⟩ **i barnens ~** in front of the children
närvarolista attendance list (register)
näsa nose **peta sig i ~n** pick one's nose **lägga ~n i blöt** poke one's nose into other people's affairs **rynka på ~n åt** turn one's nose up at **stå där med lång ~** pull a long face **sätta ~n i vädret** put on airs, be stuck-up **mitt framför ~n på ngn** under sb's [very] nose
näsblod nosebleed **han blödde ~** his nose was bleeding
näsborre nostril
näsduk handkerchief, *pappers~* kleenex *varunamn*
nässla [stinging] nettle

näst ADV **~ bäst** second best **det ~ bästa** the next best thing **den ~ sista** the last but one **den ~ största** the second biggest **Vem står ~ i tur?** Who's next? **~ [efter] bibeln** ⟨**är det den mest sålda boken**⟩ next to the Bible
nästa 1 ADJ next **2** SB **älska din ~** love your neighbour
nästan almost, nearly, *praktiskt taget* practically **~ aldrig** hardly ever **~ ingen** hardly anybody
näste *fågelbo* nest, *tillhåll* haunt, den
nästipp tip of the nose
nästla sig, ~ in i insinuate oneself into, infiltrate **~ in hos ngn** ingratiate oneself with sb
näsvis impertinent ⟨**mot** to⟩ **vara ~ äv** talk back
nät net, *~verk* network, *el~* grid **lägga ut ~** cast (spread) a net (nets)
nätansluten mains operated
nätspänning mains (power supply) voltage
nätstrumpor fishnet tights
nätt¹ ADJ *liten och ~* dainty **en ~ summa pengar** a tidy sum [of money]
nätt² ADV **~ och jämnt** only just, barely
nätverk network
näve fist **en ~ jord** a fistful of earth **slå ~en i bordet** *a)* pound the table [with one's fist] *b) bildl* put one's foot down
näver birch-bark
nöd, lida ~ be in want, suffer distress **det går ingen ~ på honom** he's all right **i ~ och lust** for better for worse **en vän i ~en** a friend in need **med ~ och näppe** *vard* by the skin of one's teeth
nödbedd, vara ~ have to be persuaded (pressed)
nödbroms emergency brake
nödfall, i ~ if necessary, *om det kniper* at a pinch
nödlanda make⁕ an emergency (a forced) landing
nödläge → nödsituation
nödlögn white lie
nödlösning emergency (makeshift) solution
nödrop cry for help
nödsignal distress signal, *via radio* S.O.S. [signal]
nödsituation emergency [situation]
nödställd distressed, in distress **de ~a**

⟨i samhället⟩ the destitute
nödutgång emergency exit
nödvändig necessary, *oumbärlig* indispensable
nödvändighet necessity **med ~ of** necessity
nödvändigtvis necessarily **Varför måste du ~ åka hem?** Why is it so necessary for you to go home?
nödår year (time) of famine
nöja sig, ~ med be content (content oneself) with, *begränsa sig till* confine oneself to **du får nöja dig med mig** you'll have to make do with me
nöjd satisfied, content, *belåten* pleased
nöje 1 pleasure **finna ~ i** take pleasure in **det är inget ~** ⟨**att**⟩ it's not much fun ⟨**+ ing-form**⟩ **för ~s skull** for fun **2** *förströelse* amusement, diversion
nöjesbranschen show business, *vard* show-biz
nöjesfält amusement park, funfair, US carnival fair
nöjesliv *nöjen* entertainments, *nattliv* nightlife
nöjeslysten pleasure-seeking
nöt *~frukt* nut
nöta, ~ på wear, rub **~ in ngt** drill sth into one's head
nötknäppare nutcracker
nötkreatur cattle ⟨*pred i pl*⟩
nötkärna kernel **frisk som en ~** [as] fit as a fiddle
nötkött beef
nötning wear [and tear], *av~* abrasion
nötskal nutshell

oacceptabel unacceptable
oaktsam careless, negligent
oaktsamhet carelessness, negligence
oanad unthought-of **~e möjligheter** undreamt-of possibilities
oanmäld unannounced
oansenlig insignificant, modest, *om utseende* ordinary-looking
oanständig indecent, *om skämt, bilder* ⟨*vard*⟩ dirty
oansvarig irresponsible
oanträffbar unavailable, impossible to get hold of
oanvänd unused
oanvändbar unusable, *värdelös* useless
oaptitlig unappetizing, *äv bildl* unsavoury
oartig impolite ⟨**mot** to⟩
oas oasis ⟨*pl* oases⟩
oavbruten incessant, continuous
oavbrutet ADV incessantly, without a break
oavgjord, det blev oavgjort the match ended in a draw
oavsett, ~ vem ⟨**han är**⟩ no matter who, whoever
oavsiktlig unintentional
oavslutad unfinished
obalans imbalance ⟨**of, in**⟩ **komma (råka) i ~** get out of balance **vara i ~** *om person* be out of sorts
obalanserad unbalanced, *om person äv* unstable
obarmhärtig pitiless, *skoningslös* ruthless
obducent autopsist
obducera do° an autopsy on
obduktion autopsy, postmortem
obebodd uninhabited, *om hus* unoccupied
obeboelig uninhabitable
obefintlig nonexistent
obefogad *grundlös* groundless **~** ⟨**kritik**⟩ unjustified

obegagnad unused, in mint condition
obegriplig incomprehensible
obegränsad unlimited, *gränslös* boundless
obegåvad unintelligent, *utan talang* untalented
obehag *olust* discomfort, unpleasantness **få ~ av** be inconvenienced (troubled) by
obehaglig unpleasant, disagreeable
obehagligt ADV **hon blev ~ berörd** it affected her unpleasantly
obehindrat ADV **röra sig ~** move freely **tala ett språk ~** speak a language fluently
obehärskad *om person* lacking in self--control
obehörig unauthorized, *saknande kompetens* unqualified **O~a äga ej tillträde** No admittance
obekant *om sak* unknown, *som ej känns igen* unfamiliar, *om person* strange
obekväm uncomfortable, *om åsikt* inopportune **~ arbetstid** unsocial working hours
obekymrad unconcerned ⟨about⟩
obemannad unmanned
obemärkt ADJ unnoticed, unobserved
oberoende 1 SB independence **2** ADJ independent
oberäknelig unpredictable, *nyckfull* capricious
oberörd *opåverkad* unaffected, *obekymrad* unconcerned, *likgiltig* indifferent **det lämnade honom ~** it left him cold
obesegrad undefeated, unbeaten
obeskrivlig indescribable
obeslutsam irresolute **vara ~ äv** be in two minds
obeslutsamhet indecision, irresoluteness
obesprutad, ~e ⟨grönsaker⟩ organically grown
obestämbar indefinable **av ~ ålder** of uncertain age
obestämd indefinite **på ~ tid** indefinitely
obesvarad unanswered **~ kärlek** unrequited love
obesvärad *ostörd* untroubled, *otvungen* relaxed
obetonad unstressed
obetydlig insignificant, *ringa* slight
obevakad unguarded
obeveklig relentless, *om person äv* adamant

obeväpnad unarmed
obildad *utan kunskaper* uneducated, *utan bildning* uncultured
objekt object
objektiv 1 SB lens, objective **2** ADJ objective
objektivitet objectivity, detachment
objuden uninvited **~ gäst** intruder
oblat wafer
oblekt unbleached
obligation bond
obligatorisk compulsory, obligatory
oblyg immodest, shameless, *fräck* barefaced
oboe oboe
obotlig incurable, *oförbätterlig* incorrigible
obs INTERJ **O~!** Note! **~ att** please note that
obscen obscene
observant observant
observation observation
observatorium observatory
observatör observer
observera observe, *lägga märke till* notice **~ att** please note that
obstinat obstinate
ob-tillägg unsocial hours supplement, US ≈ overtime pay
oböjlig inflexible, rigid, *språk* indeclinable
obönhörlig inexorable, implacable
ocean ocean
Oceanien Oceania
och and **~ dylikt** and the like **~ så vidare** and so on, et cetera **varsågod ~ stig in** please come in **gå två ~ två** walk in pairs (two by two)
ocker usury **bedriva ~** practise usury
ockerhyra exorbitant rent
ockerränta extortionate [rate of] interest
också also, too ⟨*efterställt*⟩, as well ⟨*efterställt*⟩ **jag har ~ varit där** I've been there too, I've also been there **eller ~** ⟨**måste jag ta tåget**⟩ or else **hon gick och det gjorde jag ~** she left and so did I **han lovade att komma och det gjorde han ~** he promised to come and [so] he did
ockult occult
ockupant occupant, occupier, *hus~* squatter
ockupation occupation

ockupera occupy ~ [ett] hus *som protest* stage a sit-in
o.d. ⟨*förk f och dylikt*⟩ → och
odds odds ⟨*pl*⟩ **högt** ~ long odds **lågt** ~ short odds **mot alla** ~ against all odds
odefinierbar indefinable
odelat ADV *helt o hållet* altogether
odemokratisk undemocratic
odisciplinerad undisciplined
odjur monster, beast
odla grow*, cultivate, *bakterier, pärlor* culture ~ **rosor** grow roses **~d jord** cultivated land
odling cultivation, *av bakterier, pärlor* culture, *odlat stycke mark* plot, *plantering* plantation
odlingsbar *om mark* arable
odräglig unbearable **han är** ~ he's a pain in the neck **~a** ⟨**arbetsförhållanden**⟩ insupportable
oduglig *om person* incompetent, *om sak* useless
odåga lazybones ⟨*lika i pl*⟩
odödlig immortal
oekonomisk *ej sparsam* uneconomical, *olönsam* uneconomic
oemotståndlig irresistible
oemottaglig immune, *för sakskäl etc* impervious ⟨*båda:* **för** to⟩
oenig, bli ~ ⟨**med ngn**⟩ fall out ⟨with sb⟩ **vara** ~ disagree ⟨**med** with, **om** about⟩ **de var ~a** *i sitt beslut* they were not unanimous
oenighet disagreement
oense → oenig
oerfaren inexperienced
oerhörd *enorm* enormous, tremendous
oerhört ADV ~ **många hundar** an enormous number of dogs **det betyder ~ mycket** it is of enormous importance
oersättlig irreplaceable ~ **förlust** irreparable loss
ofarlig harmless
ofattbar incomprehensible, inconceivable
ofelbar infallible, *osviklig äv* unerring
offensiv 1 SB offensive **2** ADJ offensive
offentlig public **på** ~ **plats** in a public place **den ~a sektorn** the public sector
offentliganställd SB ≈ civil servant
offentliggöra make* ⟨sth⟩ public, *kungöra, meddela* announce, *i tryckt form* publish

offentligt ADV publicly **framträda** ~ appear in public
offer 1 *religiöst* ~, *uppoffring* sacrifice **2** *drabbad el dödad person* victim **falla** ~ **för** fall victim to **vara** ~ **för** be a victim of
offert offer, tender, *pris*~ quotation **begära** ~ **på** invite tenders (a tender) for **lämna en** ~ ⟨**på**⟩ put in (make) an offer ⟨for⟩
officer officer
officiell official
offra sacrifice ~ **sitt liv** give one's life ~ **tid på** spend time on **offra sig** sacrifice oneself **Vem vill ~?** *åta sig ngt* Who wants to come forward?
ofin *taktlös* tactless
ofog mischief **göra** ~ be up to mischief
oframkomlig impassable
ofreda accost, *starkare* molest
ofri that is (are) not free
ofrihet lack of freedom
ofrivillig involuntary, *oavsiktlig* unintentional
ofrånkomlig inevitable
ofta often
oftast in most cases, usually **allt som** ~ every now and then
ofullständig incomplete
oförarglig harmless, inoffensive
oförberedd unprepared
oförbätterlig incorrigible, incurable
ofördelaktig unfavourable, disadvantageous
oförenlig incompatible
oföretagsam unenterprising
oföretagsamhet lack of initiative (enterprise)
oförglömlig unforgettable
oförklarlig inexplicable, unaccountable
oförlåtlig unforgivable, inexcusable
oförmåga inability ~ **till** incapacity for
oförmögen unable, incapable ~ **att röra sig** unable to move, incapable of moving
oförnuftig unreasonable, *oklok* unwise
oförrätt injustice, wrong **begå en** ~ **mot ngn** wrong sb
oförsiktig incautious, *oklok* imprudent
oförskämd impudent, *starkare* rude ⟨*båda:* **mot** to⟩
oförskämdhet impudence, rudeness, *yttrande* impertinence **vräka ur sig ~er** let fly abuse
oförstående ADJ unsympathetic ⟨to⟩,

likgiltig indifferent **vara ~ [in]för** be unable to understand
oförstårndig unwise, foolish
oförsvarlig indefensible, *oursäktlig* inexcusable
oförtjänt ADJ undeserved
oförutsebar unforeseeable
oförutsedd unexpected, unforeseen
ogenerad *ostörd* undisturbed, *otvungen* unconstrained, *ohämmad* uninhibited, *om läge* secluded
ogenomtänkt *förhastad* rash, *om förslag* ill-conceived
ogift unmarried, single **hennes namn som ~** her maiden name
ogilla dislike, disapprove of
ogillande 1 ADJ disapproving 2 SB dislike, disapproval
ogiltig invalid **ett ~t kast** *sport* a disallowed throw
ogin *missunnsam* grudging
ogjord undone **vara ute i ogjort väder** make a lot of fuss about nothing
ogrundad unfounded, *oberättigad* unjustified
ogräs weeds ⟨*pl*⟩ **ett ~** a weed **rensa ~** weed ⟨the garden⟩
ogärna unwillingly, *motsträvigt* reluctantly **jag gör det ~** I'm not very keen on it
ohanterlig *om sak* unwieldy, *om situation, problem* awkward, unmanageable
ohederlig dishonest
ohederlighet dishonesty
ohjälpligt ADV hopelessly
ohoj, Skepp ~! Ship ahoy!
ohyfsad bad-mannered
ohygglig ghastly, horrifying
ohygienisk unhygienic, insanitary
ohyra *äv bildl* vermin ⟨*pl*⟩, *på växter* insects
ohållbar untenable, *om situation* intolerable
ohälsosam unhealthy, *ohygienisk* insanitary
ohämmad uninhibited
ohängd, hans ~e son his good-for--nothing son
ohövlig impolite, rude ⟨*båda:* mot to⟩
ohövlighet impoliteness, rudeness
oigenkännlig unrecognizable
ointressant uninteresting
ointresse lack of interest ⟨in⟩, *likgiltighet* indifference ⟨to, about⟩

ointresserad uninterested ⟨in⟩, *likgiltig* indifferent ⟨to⟩ **vara ~ av** *äv* take no interest in
oj *vid förvåning* oh, oh dear, really, *vid smärta* ouch, *som ursäkt* sorry, hoppsan whoops
oja sig, ~ över moan (whine) about
ojust[1] ADJ unfair, *sport* foul
ojust[2] ADV **spela ~** play dirty **det var ~ gjort** that was a dirty trick
ojämförlig incomparable
ojämförligt ADV **den ~ bästa** by far the best
ojämn uneven, *om antal äv* odd
ok *äv bildl* yoke
okamratlig disloyal ⟨mot to⟩ **vara ~ äv** be a bad sport
okey okay, OK
oklanderlig irreproachable, *äv om skick* impeccable
oklar indistinct, *svårförståelig* obscure **det är ~t om** it is uncertain (not clear) whether
oklarhet, det råder ~ om there is some uncertainty about **det var många ~er i artikeln** there were many obscure points in the article
okomplicerad uncomplicated
okoncentrerad unconcentrated
okonventionell unconventional
okritisk uncritical
oktan octane
oktav octave
oktober ⟨↔ april⟩ October
okunnig ignorant ⟨om of⟩
okunnighet ignorance
okvalificerad unqualified ⟨for⟩ **~** ⟨arbetskraft⟩ unskilled
okvinnlig unwomanly
okynne mischief **på [rent] ~** out of [pure] mischief
okänd unknown, *obekant* unfamiliar, *främmande* strange ⟨*alla:* för to⟩ **av ~ anledning** for no known (some unknown) reason
okänslig insensitive ⟨för to⟩, *känslolös* callous
olag, vara i ~ be out of order **min mage är i ~** my stomach is upset (queasy)
olaglig illegal **det är ~t** *äv* it is against the law
olidlig insufferable, intolerable, unbearable

olidligt ADV ~ **spännande** unbearably exciting

olik *inte lik* unlike ⟨*ej före sb*⟩, different ⟨from, to⟩ **~a** *skiftande* various **tre ~a storlekar** three different sizes **han är ~ sin bror** he is unlike (different from) his brother **vara ~** *äv* differ ⟨from⟩ **av ~a skäl** for various reasons **smaken är ~a** tastes differ

olika ADV differently **de är ~ stora** they are [of] different sizes, they differ in size **tänka ~** have different ideas ⟨about⟩ **se ~ på** have different views on (about)

olikhet difference

oliktänkande SB, ADJ dissident

oliv olive

olja¹ SB oil **byta ~** change the oil

olja² VB oil

oljebälte oil slick

oljefärg oil paint **måla med ~** *konst* paint in oil[s]

oljemålning oil painting

oljeplattform off-shore oil rig, oil platform

oljeraffinaderi oil refinery

oljud noise **föra ~** make a noise, be noisy

ollon 1 *av ek* acorn, *av bok* beechnut **2** *på penis* glans

olust *obehag* unease, *motvilja* repugnance

olustig *illa till mods* uneasy, *obehaglig* unpleasant

olycka 1 drabbas av ~ be struck by misfortune **föra ~ med sig** bring bad luck **2** *olyckshändelse* accident, *katastrof* disaster, *missöde* mishap **råka ut för en ~** have an accident

olycklig unhappy, *eländig* miserable **~ kärlek** unrequited love **ett ~t uttalande** an unfortunate statement

olyckligtvis unfortunately

olycksalig ill-fated

olycksbringande disastrous, fatal

olycksbådande ominous, ill-omened

olycksfall accident, *bildl* unfortunate mistake **~ i trafiken** traffic (road) accident

olycksfallsförsäkring accident insurance

olyckshändelse accident, *missöde* mishap

olycksplats, ~en the scene of the accident

olydig disobedient, *busig* naughty ⟨*båda:* **mot** to⟩

olydnad disobedience

olympiad Olympic Games ⟨*pl*⟩

olympisk Olympic **den ~a elden** the Olympic flame

olåst unlocked **lämna dörren ~** leave the door on the latch

oläglig inconvenient

olämplig unsuitable, unfit ⟨*båda:* for⟩

oläslig *om handstil* illegible, *om bok* unreadable

om¹ ⟨↔ resp huvudord⟩ PREP
RUMSBETYDELSER
1 around, round **restaurangen ligger alldeles ~ hörnet** the restaurant is just around the corner
2 till vänster ~ fönstret to the left of the window **till höger ~ henne** on her right **han torkade sig ~ näsan** he wiped his nose
TIDSBETYDELSER
3 *inom* in **jag är tillbaka ~ en timme** I'll be back in an hour
4 *per* a, an, per **Hur många bilar ~ dagen tillverkar ni?** How many cars do you produce a day (per day)?
ANDRA BETYDELSER
5 vi började prata ~ hästar we started talking (to talk) about horses **en föreläsning ~ Shakespeare** a lecture on Shakespeare **nyheten ~ olyckan** the news of the accident

om² ADV ⟨↔ **bygga ~, köra ~, tycka ~** *etc*⟩ **~ och ~ igen** again and again, over and over again **Höger ~!** Right turn!, *spec US* Right face!

om³ KONJ
VILLKORSBETYDELSE
1 if **~ jag köper den nu, får jag rabatt** if I buy it now, I'll get a discount
2 *i nekande sammanhang i betydelsen 'såvida inte'* unless **jag använder inte handskar ~ det inte är mycket kallt** I don't wear gloves unless it's very cold
3 tänk ~ han upptäcker det suppose (what if) he discovers it **~ vädret tillåter, åker vi** weather permitting, we'll go **efter många ~ och men** a) *tvekan* after a lot of humming and hawing b) *trassel* after a lot of difficulties
FRÅGEBETYDELSE
4 whether, if **jag vet inte ~ jag bör berätta det för dig** I don't know whether (if) I should tell you, I don't know whether to tell you

5 ⟨Gillar du glass?⟩ – Om! ⟨Do you like icecream?⟩ – I sure do!, You bet!
omaka odd **de här handskarna är ~** these gloves don't match **ett ~ par** an ill-matched couple
omanlig unmanly
omarbetad revised
ombonad cosy, snug
ombord, ~ på ett fartyg on board (aboard) a ship **gå ~** board, embark, go on board (aboard)
ombud representative, *med fullmakt* proxy *juridiskt ~* solicitor, *US* attorney
ombudsman *representant* representative, *facklig* [union] official, *tillsatt av regeringen* ombudsman
ombyggnad, ⟨huset⟩ **är under ~** is being renovated
ombyte change **~ förnöjer** variety is the spice of life
ombytlig changeable, *nyckfull* capricious
ombytt, rollerna är ~a there has been a reversal of roles
omdebatterad much discussed, *ifrågasatt* controversial, disputed
omdöme judg[e]ment, *utlåtande, åsikt* opinion
omdömeslös injudicious
omedelbar immediate, *naturlig* spontaneous
omedelbart ADV immediately
omedgörlig *motspänstig* unyielding
omedveten unconscious, *ovetande av* unaware ⟨båda: **om** of⟩ **det omedvetna** the unconscious
omelett omelette
omen omen
omfamna embrace, hug
omfamning embrace, hug
omfatta *innefatta* comprise, *täcka* cover
omfattande extensive, comprehensive
omfattning extent, scope **i allt större ~** to an increasing extent
omflyttning redisposition, rearrangement
omforma transform
omfång volume, size, *omfattning* extent, *om röst* range **till ~et** in size
omfångsrik voluminous
omge surround
omgift remarried
omgivning surroundings ⟨pl⟩, *trakt* neighbourhood **hans närmaste ~** those nearest (closest) to him
omgjord, ~ till turned into
omgående immediately, promptly
omgång 1 *runda* round, *uppsättning, sats* set **lunchen serveras i två ~ar** lunch is served in two sittings ⟨**göra ngt**⟩ **i ~ar** by turns **2 få sig en ~** *stryk* get a hiding
omhänderta *gripa* take⋅ ⟨sb⟩ into custody, *för vård* take⋅ ⟨sb⟩ into [public] care
omhändertagen, bli väl ~ be well taken care of
omigen again **om och ~** again and again
omintetgöra frustrate, thwart
omklädningsrum changing-room
omkomma die, *i trafikolycka vanl* be killed
omkostnad, ~er costs, expenses
omkrets circumference **inom en ~ av** ⟨två km⟩ within a radius of
omkring¹ PREP **1** *runt [om]* [a]round **2** *ungefär* about **~ klockan åtta** around (about) eight [o'clock]
omkring² ADV **här ~** around these parts **resa ~** travel around **se sig ~** look [a]round **när allt kommer ~** after all
omkull, dra ~ pull down **falla ~** fall down (over)
omkörning overtaking, *US vanl* passing **göra en ~** overtake, *US vanl* pass
omlopp circulation, *astr* revolution
omloppsbana orbit
omlott, gå ~ overlap
omläggning 1 *ändring* change, *övergång* changeover, *omorganisering* reorganization, *av trafik* diversion **2** *av sår* bandaging, dressing
omnejd surroundings ⟨pl⟩ ⟨**Lund**⟩ **med ~ and environs**
omodern old-fashioned, *ej modriktig* unfashionable **en ~ lägenhet** a flat (*US* an apartment) that lacks modern conveniences **bli ~** *äv* go out of fashion
omogen unripe, *om person* immature
omoralisk immoral
omorganisera reorganize
omotiverad *obefogad* unjustified, *om skratt o d* unexpected, *utan motivation* unmotiverad
omplacera → placera om
ompröva reconsider, *jur* review
omprövning reconsideration, *jur* review
omringa surround, encircle
område *territorium* territory, *trakt* area,

region, *distrikt* district, *bildl* field **privat ~** private property
omröstning vote, voting **gå till ~** take a vote **sluten ~** secret vote
omskola retrain **omskola sig** undergo retraining
omskrivning paraphrase
omskärelse circumcision
omslag¹ *på bok* cover, jacket, *på skiva* sleeve
omslag² *förändring* [sudden] change
omslagspapper wrapping paper
omslingrad, ⟨sitta⟩ **tätt ~e** in a close embrace
omsorg care **ha ~ om** have the care of
omsorgsfull careful, *grundlig* thorough
omstridd controversial, [much] disputed
omställning *övergång* change[over], *anpassning* adjustment
omständighet circumstance **den ~en att** the fact that **under alla ~er** in any case (event)
omständlig *utförlig* circumstantial, *onödigt noggrann* overparticular, *vard* fussy
omstörtande subversive
omsvängning changeover, *i opinion äv* swing
omsvärmad courted
omsätta 1 ~ i praktiken put ⟨sth⟩ into practice **~ idéerna i handling** translate the ideas into action **2** *ha en omsättning av* ⟨firman⟩ **omsätter 10 miljoner** has a turnover of 10 million
omsättning *handel* ⟨*äv av personal*⟩ turnover
omtanke, av ~ out of consideration ⟨for⟩
omtumlad bewildered, *av ngt positivt* overwhelmed
omtvistad disputed
omtyckt popular **illa ~** unpopular
omtänksam considerate, *uppmärksam* attentive
omtöcknad dazed, in a daze
omusikalisk unmusical **jag är ~** *äv* I've no ear for music
omval *återval* re-election, *nytt val* new election **ställa upp för ~** run (US stand) for re-election
omvandla transform, convert ⟨*båda:* into⟩
omvårdnad care
omväg detour **gå (köra) en ~** make a detour **på ~ar** ⟨**har jag hört**⟩ indirectly
omvälvande revolutionary
omvälvning revolution
omvänd 1 *motsatt* reversed **i ~ ordning** in reverse order **2** *religion* converted **en ~** a convert
omvända, omvända sig convert ⟨to⟩
omvänt ADV *tvärtom* the other way round **och ~** and vice versa
omvärdera reappraise, revalue
omvärdering reappraisal, revaluation
omvärld, ~en the surrounding (outside) world
omväxlande ADJ *varierande* varied, *alternerande* alternate **~ natur** varying scenery
omväxling change **för ~s skull** for a change
omyndig underage **han är ~** *äv* he is a minor
omyndigförklara [legally] incapacitate **~ ngn** have ⟨sb⟩ declared insane
omålad unpainted, *osminkad* without make-up
omåttlig immoderate, excessive
omänsklig inhuman
omättlig *äv bildl* insatiable
omöblerad unfurnished
omöjlig impossible **han är ~** he's hopeless **hon brukar inte vara ~** she's usually very reasonable **det är inte alls ~** ⟨**att**⟩ *osannolikt* it's not at all unlikely
omöjlighet impossibility
onanera masturbate
onani masturbation
onaturlig unnatural, *tillgjord* affected, artificial
ond ⟨↔ ont⟩ ADJ **1** evil, *elak äv* wicked **~ cirkel** vicious circle **en ~ dröm** a bad dream **det är inget ont i att** there's no harm in ⟨+ *ing-form*⟩ **2** *som gör ont* **en ~ tand** an aching tooth **ha ont i huvudet** have a headache **jag har ont i benet** my leg hurts **sprutan gör inte ont** the injection won't hurt **3** *arg* angry ⟨with⟩, *spec US* mad ⟨at⟩
ondska *illvilja, elakhet* wickedness
ondskefull spiteful, malicious, evil
onekligen undeniably
onormal abnormal
onsdag ⟨↔ fredag⟩ Wednesday
ont ⟨↔ ond⟩ **ha ~ om pengar** be short of money **det är ~ om** ⟨**arbetskraft**⟩ there is a

onykter intoxicated, drunk, *lätt berusad* tipsy
onyttig useless
onödan, ⟨göra ngt⟩ i ~ unnecessarily, to no purpose
onödig unnecessary
oordning disorder ⟨papperen⟩ har råkat i ~ have become disorded (disarranged), *vard* have got mixed up, *i fel ordning* have got out of order
oorganiserad unorganized
oparfymerad *om tvål o d* unscented
opartisk impartial
opassande unsuitable, improper
opera opera
operation *äv milit* operation
operera operate ~ ngn ⟨för gallsten⟩ operate on sb ~ **bort** remove bli ~d ⟨för⟩ have an operation ⟨for⟩ jag har blivit ~d I've been operated on
operett operetta, light opera
opersonlig *äv språk* impersonal
opinion opinion den allmänna ~en public opinion
opinionsmätning [public] opinion poll
opium opium
opponera, opponera sig oppose ⟨mot ngt sth⟩, object ⟨mot to⟩
opportunist opportunist
opportunistisk opportunist
opposition opposition
oppositionell *oppositionslysten* argumentative de politiskt ~a the dissidents
opraktisk impractical, unpractical
opretentiös modest, unpretentious
oproportionerlig disproportionate
opsykologisk *omdömeslös* ill-judged
optiker optician
optimism optimism
optimist optimist
optimistisk optimistic
optisk optical ~ **läsning** scanning
opålitlig unreliable
opåverkad unaffected, uninfluenced
opåverkbar impossible to influence
orakad unshaven
orakel oracle
orange ⟨↔ blått⟩ SB, ADJ orange
orangutang orang-outang, orang-utan
ord word det var ~ och inga visor it was plain speaking det är inte rätta ~et that's not the word for it han kan inte ett ~ spanska he doesn't know a word of Spanish begära ~et ask [permission] to speak få ~et be called on to speak få ett ~ med i laget have a say in the matter ge ~et till ngn call on sb to speak hålla (stå vid sitt) ~ keep one's word lägga ett gott ~ för put in a [good] word for innan jag visste ~et av the next thing I knew tack för ~et ≈ thank you for allowing me to speak vara stor i ~en talk big med andra ~ in other words ⟨han berättade⟩ med egna ~ in his own words ta ngn på ~en take sb at his word tro ngn på hans ~ take sb's word for it
ordagrann literal, word for word
ordalag, i allmänna ~ in general terms (words)
ordbehandlare word processor
ordbehandling word processing
ordblind word-blind
ordbok dictionary
orden *äv utmärkelse* order
ordentlig 1 *ordningsam* orderly, *prydlig* neat, *noggrann* careful **2** *riktig* proper, real
ordentligt ADV in an orderly way, carefully ~ ⟨trött på⟩ downright
order 1 *befallning* order[s] han gav ~ om att mannen skulle skjutas he ordered the man to be shot ge ngn ~ om att order sb to lyda ~ obey orders ta ~ take orders på ~ av by order (the orders) of sb **2** *handel* order få en ~ på receive an order for lämna ngn en ~ ⟨på⟩ place an order with sb ⟨for⟩
ordföljd word order omvänd ~ inverted word order rak ~ normal word order
ordförande chairman, chairwoman, chairperson, *spec US* president vara (sitta som) ~ i chair, be the chairman ⟨*etc*⟩ of
ordförråd vocabulary
ordinarie regular, *om anställning o d* permanent
ordination *läkares* prescription
ordinera prescribe
ordinär ordinary
ordklass part of speech
ordlek play on words, pun
ordlista glossary, list of words
ordna 1 *ställa i ordning, rätta till* arrange, put* ⟨sth⟩ in order, *snygga till* tidy [up], *sätta i rätt ordning* put* ⟨sth⟩ in the right

order **2** *klara av* arrange, *vard* fix, *reda ut* put* ⟨sth⟩ right, *skaffa, fixa* get* **~ saken** settle (fix) the matter **det ska jag ~** I'll see to (take care of) that **~ det [bra] för sig** fix oneself up nicely **ordna sig, det ordnar sig** everything will be all right
ordnad orderly, settled **ordnat arbete** a steady job **~ ekonomi** sound finances **under ~e former** in an orderly manner
ordning order **~ och reda** good order **få ~ på** sort out **hålla ~** keep things in order **hålla ~ i sitt rum** keep one's room tidy **för ~ens skull** as a matter of form **i tur och ~** in turn **det är helt i sin ~** it's quite in order **göra i ~** get ⟨sth⟩ in order, prepare **göra sig i ~** get ready
ordningsföljd sequence
ordningssinne sense of order
ordspråk proverb
orealistisk unrealistic
oreda muddle, mess, *förvirring* confusion **ställa till ~** mess up, cause confusion
oregelbunden irregular
oren *äv bildl* impure, unclean, *musik* false
organ *kroppsdel* organ
organisation organization
organisatör organizer
organisera, organisera sig organize
organisk organic
organism organism
organist organist
orgasm orgasm **få ~** have an orgasm
orgel organ
orgie orgy
orientalisk Oriental
Orienten the Orient, the East
orientera 1 *informera* inform ⟨om on⟩ **2** *sport* orienteer, practise (do*) orienteering **orientera sig** orient[ate] oneself, *informera sig* get* (acquire) information
orientering 1 *inriktning* orientation ⟨toward[s]⟩ **förlora ~en** lose one's bearings **2** *information* briefing ⟨on⟩ **3** *sport* orienteering
original *äv om person* original **han är ett riktigt ~** he's quite a character
originalitet originality
originell original, *säregen* eccentric, odd
orimlig unreasonable, *absurd* absurd
orka *ha styrka att* be strong enough to **O~r du bära väskan?** Can you manage the suitcase? **O~r han springa hela vägen?** Will he be able to run all the way? **allt vad man ~r** for all one is worth **han kämpade allt han ~de** he fought as hard as he could **jag ~r inte mer** a) *mat* I've had enough b) *måste sluta* I can't go on any longer **jag ~r inte med barnen** the children are too much for me **jag ~r inte stiga upp** I haven't the energy to get up
orkan hurricane
orkester orchestra, *band* band
orkidé orchid
orm snake
ormbunke fern
ornament ornament, decoration
oro *ängslan* anxiety, worry, *bekymmer* concern, *nervositet* restlessness, uneasiness **hysa ~ för** worry (be concerned) about **det råder ~ i landet** there is unrest in the country
oroa, oroa sig worry ⟨för about⟩
orolig ängslig worried, anxious, *rastlös, nervös* restless, *om förhållanden* troubled, unsettled **~ sömn** troubled sleep **en ~ natt** a restless night **~a tider** troubled times **Var inte ~!** Don't worry
oroväckande worrying, *starkare* alarming
orre black grouse ⟨*lika i pl*⟩
orsak cause ⟨till of⟩, *skäl* reason ⟨till for⟩ **Av vilken ~?** For what reason? **~ och verkan** cause and effect **det finns ingen ~ till klagomål** there's no cause for complaint **~en till branden** the cause of the fire **Ingen ~!** Don't mention it, Not at all
orsaka cause
ort place, *trakt* district **på ~ och ställe** on the spot **på högsta ~** at the highest level
ortnamn place name
ortodox orthodox
ortoped orthopaedist
ortsbefolkning local population (people ⟨*pl*⟩), *vard* locals ⟨*pl*⟩
orubblig firm, *om lugn o d* imperturbable, *oböjlig* inflexible
oråd, ana ~ smell a rat
orätt 1 SB wrong **begå en ~** do wrong **2** ADJ wrong **falla (hamna) i ~a händer** fall into the wrong hands
orättvis unfair, unjust ⟨*båda:* mot to⟩
orättvisa injustice, unfairness ⟨*endast sg*⟩
orörd untouched
orörlig immobile, *om leder o d* inflexible
os unpleasant smell, *mat~* smell of

cooking
o.s.a. ⟨*förk f* om svar anhålles⟩ RSVP ⟨*förk f* répondez s'il vous plaît⟩
osaklig not objective
osaklighet disregard for facts
osammanhängande ADJ incoherent
osams, bli (vara) ~ quarrel, fall out
osannolik improbable, unlikely **det är ~t att han kommer** he is unlikely to come
osjälvisk unselfish
osjälvständig *om person* dependent, *om arbete* unoriginal
oskadd unharmed ⟨de återkom⟩ **~a** *äv* safe and sound
oskadlig harmless
oskadliggöra render ⟨sb, sth⟩ harmless
oskarp *om egg* dull, blunt, *om bild* blurred
oskattbar invaluable, priceless
oskiljaktig inseparable
oskriven, en ~ lag an unwritten law
oskuld 1 innocence, *jungfrudom* virginity **2** *person utan sexuell erfarenhet* virgin
oskuldsfull innocent
oskyddad unprotected
oskyldig innocent ⟨till of⟩, *harmlös äv* harmless **förklara ngn ~** *jur* declare sb not guilty
oslagbar unbeatable
oslipad *om ädelsten* uncut, *om egg* dull, *bildl* rough
osmaklig *äv bildl* distasteful
osminkad without make-up **den ~e sanningen** the plain truth
osolidarisk disloyal
osportslig unsporting, unsportsmanlike
oss PRON **1** *personligt* us **en vän till ~** a friend of ours **2** *reflexivt* ourselves **vi roade ~** we amused ourselves
OSS ⟨*förk f* Oberoende staters samvälde⟩ the CIS ⟨*förk f* the Commonwealth of Independent States⟩
ost¹ cheese **ge ngn betalt för gammal ~** get even with sb **en lyckans ~** a lucky dog
ost² ⟨↔ nord, norr *med sms*⟩ east, *väderstreck* the east
ostadig unsteady, unstable, *om t ex väder, börs* changeable
ostbricka cheeseboard
osthyvel cheese slicer
ostlig ⟨↔ nordlig⟩ easterly, eastern, east
ostraffad unpunished **en tidigare ~ person** a person without a [criminal] record
ostraffat ADV with impunity
ostron oyster
ostädad untidy, *om uppträdande* ill-mannered
ostämd untuned, out of tune
ostörd undisturbed
osund unhealthy, *tvivelaktig* unsound
osv. ⟨*förk f* och så vidare⟩ etc., and so on
osympatisk unpleasant, disagreeable
osynlig invisible
osårbar invulnerable
osäker uncertain ⟨om, på of, about⟩, *otrygg* insecure, *riskabel* unsafe **det är ~t om han kommer** it is uncertain whether he'll come **vara ~ på sig själv** *äv* lack confidence
osäkerhet uncertainty, *otrygghet* insecurity, *bristande självförtroende* lack of confidence
osäkra *vapen* cock
osämja discord
otacksam 1 *om person* ungrateful ⟨mot to, toward[s]⟩ **2** *om arbete, uppgift* thankless **det är ~t** ⟨att⟩ it's unrewarding
otacksamhet ingratitude, ungratefulness
otakt, komma i ~ *äv bildl* get out of step ⟨spela⟩ **i ~** out of time
otalt, ha ngt ~ med ngn have a bone to pick with sb **vi har inget ~ med dem** we have no quarrel with them
otidsenlig outdated, outmoded, antiquated
otillfredsställande unsatisfactory
otillfredsställd unsatisfied, *missnöjd* dissatisfied
otillgänglig inaccessible
otillräcklig insufficient **det är ~t** it isn't enough
otjänst, göra ngn en ~ do sb a bad turn (a disfavour)
otrevlig unpleasant, disagreeable ⟨båda: mot to⟩
otrogen *i parförhållanden* unfaithful ⟨to⟩
otrohet unfaithfulness, infidelity
otrolig incredible, unbelievable
otroligt ADV **~ många** an incredible number of
otrygg insecure
otrygghet insecurity
otränad untrained
otta, i ~n early in the morning
otur bad luck, *frml* misfortune **Vilken (En sån) ~!** What bad luck!, How

unfortunate! **ha ~ i kortspel** be unlucky (unfortunate) at cards **jag hade ~en ⟨att⟩** I was unfortunate enough
otydlig indistinct, *om bild* blurred
otymplig unwieldy, *om rörelse* ungainly
otålig impatient
otålighet impatience
otäck horrible
otänkbar unthinkable, unimaginable **det är inte ~t att** it is not unlikely that
oumbärlig indispensable
oundviklig inevitable, unavoidable
ouppfostrad badly brought up, *ohyfsad* ill-mannered
ouppklarad *om brott* unsolved, *om affär o d* unsettled
ouppmärksam inattentive ⟨**mot** to⟩
ouppnåelig unattainable, out of reach
oupptäckt undiscovered
oursäktlig inexcusable
outbildad untrained **~ arbetskraft** unskilled labour
outforskad unexplored
outgrundlig inscrutable
outhärdlig unbearable
outnyttjad unused, unexploited **~e tillgångar** idle assets
outplånlig indelible
outsinlig inexhaustible
outslitlig impossible to wear out
outspädd undiluted, unwatered
outsäglig unspeakable
outtalad unspoken, implicit
outtröttlig indefatigable, untiring
outtömlig inexhaustible
outvecklad undeveloped, *om person* immature
oval SB, ADJ oval
ovan¹ ADJ unaccustomed ⟨**vid** to⟩ **vara ~ vid att segla** be unaccustomed (unused) to sailing **en ~ seglare** an inexperienced yachtsman **det känns ~t** it's an unfamiliar experience
ovan² PREP above
ovana *ful vana* bad habit
ovanför PREP above
ovanlig unusual, uncommon, *sällsynt* rare **det är ~t att hon skrattar** it is unusual for her to laugh
ovanlighet, för ~ens skull for a change **det hör till ~en att han** it's very unusual for him to
ovanpå¹ PREP on top of

ovanpå² ADV on top
ovarsam careless
overall overalls ⟨*pl*⟩, *spec US* coveralls ⟨*pl*⟩, **tränings~** track suit, **vinter~ för barn** snowsuit **en ~** a pair of overalls
overklig unreal
overklighet, en känsla av ~ a sense of unreality
overksam inactive, passive, *utan verkan* ineffective
ovetande *utan kunskap* ignorant, *omedveten* unaware ⟨*båda:* of⟩ **mig ~** without my knowledge
ovetenskaplig unscientific
ovett, få ~ get a scolding
ovidkommande irrelevant, beside the point
oviktig unimportant, insignificant
ovilja *motvillighet* unwillingness
ovillig unwilling, reluctant
oviss uncertain, doubtful **det är ~t om** it's uncertain (doubtful) whether
ovisshet uncertainty **sväva i ~ om** be in doubt about
ovårdad slovenly, *om person äv* untidy
oväder bad weather, storm
ovälkommen unwelcome, *oönskad äv* unwanted
ovän enemy **bli ~ med** fall out with **vara ~ner** be on bad terms
ovänlig unkind ⟨to⟩, unfriendly ⟨toward[s], to⟩
oväntad unexpected **det var (kom) oväntat** it came as a surprise
ovärderlig invaluable, priceless
ovärdig *skamlig* unworthy **det är dig ~t** it is unworthy of you **jag är ~ henne** I am unworthy of her
oväsen noise **föra ~** make [a lot of] noise
oväsentlig inessential, *oviktig* unimportant
oväsentlighet, ~er trivialities
oxe 1 ox ⟨*pl* oxen⟩ **2 Oxen** *stjärntecken* Taurus
oxfilé fillet of beef
oxkött beef
ozon ozone
ozonlager ozone layer
oåterkallelig irrevocable
oåtkomlig inaccessible, unapproachable **Förvaras ~ för barn** Keep away from children
oäkta false, *imiterad* fake ⟨*före sb*⟩, *tillgjord*

affected, *om barn* illegitimate
oändlig infinite **i det ~a** infinitely, *överdrivet länge* endlessly
oändlighet *evighet* eternity **i all ~** interminably
oändligt ADV **~ lång** *tröttsam* interminably long **~ mycket bättre** infinitely better **~ tacksam** immensely grateful
oärlig dishonest
oätlig *giftig* inedible, *dåligt tillagad* uneatable
oöm sturdy, robust **~ma kläder** ≈ all-weather gear
oönskad unwelcome, unwanted
oöverlagd *ej planerad* unpremeditated, *ogenomtänkt* rash
oövervinnelig invincible, *om svårighet* insuperable

P

pacifist pacifist
pack *slödder* rabble, riff-raff
packa pack [up] **~d med folk** crammed (packed) with people **~ ihop** *tränga samman* pack ⟨things (people)⟩ together **~ ihop sina saker** pack one's things up **~ ihop** *sluta* pack in **~ ihop sig** *om personer* crowd together, *om snö o d* pack **~ ner** pack ⟨i into⟩ **~ upp** unpack, *paket* unwrap
packad *berusad* loaded, tight, pissed
packe pack, package, *bunt* bundle, *hög* pile, heap
packning[1] *bagage* luggage, *ryggsäck* pack
packning[2] *tätning* packing, *i motor* gasket, *bricka* washer
padda toad
paddel paddle
paddla paddle, *färdas i kanot* canoe
paff, bli ~ be dumbfounded (flabbergasted)
paj pie
paja break* down, pack up
pajas clown **spela ~** play the fool
paket parcel, *större o spec US, äv bildl* package, *förpackning* packet **skicka som ~** send by parcel post **slå in ngt i ett ~** make a parcel of sth **ett ~ cigaretter** a packet (US *vanl* pack) of cigarettes
paketera package
pakethållare carrier
Pakistan Pakistan
pakistanare Pakistani
pakistansk Pakistani
pakt pact, treaty
palats palace
Palestina Palestine
palestinier Palestinian
palestinsk Palestinian
palett palette
paljetter sequins, spangles
pall *möbel* stool, *för lastning* pallet

palla¹ *knycka* scrump
palla² *orka med* ~ **för** stand up to, cope with
palm palm
palsternacka parsnip
paltor rags
pamp bigwig, *spec US* big shot, *facklig* boss
pampig grand, splendid
panel 1 panelling 2 *diskussionsgrupp* panel
panera coat with [egg and] breadcrumbs ~**d** breaded, *stekt* fried in batter
pang bang, wham
panga 1 *smälla* bang 2 *ha sönder* smash
panik panic **Ingen** ~**!** Don't panic! **gripas av** ~ panic
panikslagen panic-stricken
pank broke
panna¹ 1 *kok* pan, *kaffe*~ kettle 2 *värme*~, *ång*~ boiler
panna² forehead **torka sig i** ~**n** wipe one's forehead
pannbiff ≈ rissole, burger
pannkaka pancake **det blev** ~ it was a flop
pansar armour
pansarbil armoured car
pant pledge, *säkerhet för lån* security, *för flaska* deposit **lämna ngt i** ~ give sth as [a] security, put sth in pledge
pantbank pawnshop
panter panther
pantsätta pledge, *i pantbank* pawn ⟨**den är**⟩ **pantsatt** in pledge, pawned
papegoja parrot
papiljott curler
papp cardboard, pasteboard, *tjock* millboard
pappa ⟨↔ *far*⟩ father, *vard* dad[dy], *spec US* pop
pappaledighet paternity leave
papper paper **ett** ~ a piece (sheet) of paper **två** ~ two pieces (sheets) of paper **ha** ~ **på** ⟨**att**⟩ have it in black and white
pappersbruk paper mill
pappershandel *butik* stationer's
papperskasse carrier bag
papperskorg wastepaper basket, *US vanl* wastebasket
papperslapp scrap (bit) of paper
pappersmassa pulp
paprika 1 *krydda* paprika 2 *grönsak* [sweet] pepper
par 1 *sammanhörande* pair, *man o kvinna* couple **ett** ~ **byxor** a pair of trousers **ett äkta** ~ a married couple **ha** ~ **i femmor** have a pair of fives 2 **ett** ~ *ett par stycken* a couple of, *några* a few, one or two, two or three **ett** ~ **gånger** once or twice **ett** ~ **hundra** a few hundred
para 1 ~ **[ihop]** pair [up], match, *ordna parvis* pair off 2 *djur* mate, pair **para sig** mate, pair
parabolantenn dish aerial (*US* antenna)
parad parade
paradis paradise
paradoxal paradoxical
paragraf section, *i protokoll* item
Paraguay Paraguay
parallell ADJ, SB parallel
parallellt ADV **gå** ~ **med** be (run) parallel with (to)
paralysera paralyse
paranoid paranoid
paraply umbrella
parapsykologi parapsychology
parasit parasite
parasoll parasol, sunshade
pardon, **utan** ~ without mercy
parentes bracket, *äv bildl* parenthesis ⟨*pl* parentheses⟩ **sätta inom** ~ put in brackets **inom** ~ **sagt** incidentally
parera parry, ward (fend) off
parfym perfume, scent
parfymera, ~**d** scented **parfymera sig** use (wear*) scent (perfume)
pariserhjul Big wheel, *US* Ferris wheel
park park
parkera park ~ **fel** park illegally
parkering 1 ~ **förbjuden** no parking 2 → parkeringsplats
parkeringsböter parking fine ⟨*sg*⟩ **åka på** ~ get a parking ticket
parkeringsljus parking light
parkeringsplats *för ett fordon* parking space, *för flera fordon* car park, *US* parking lot, *vid vägkant* lay-by, *US* pull-off
parkeringsvakt car-park (*US* parking--lot) attendant
parkett 1 *golv* parquet [floor] 2 *teat* stalls ⟨*pl*⟩, *US* parquet, orchestra
parlament parliament ~**et** Parliament, *byggnaden* ⟨*i GB*⟩ the Houses of Parliament
parlamentarisk parliamentary
parlamentsledamot member of Parliament

parlör phrase book
parmesanost Parmesan cheese
parningslek courtship, mating dance
parodi parody
paroll slogan, watchword
part party **vara ~ i målet** be a party to (in) the case
parti 1 *del* part, section **2** *~ varor* lot, batch, *sändning* consignment, shipment ⟨**köpa**⟩ **i ~** wholesale **i stora ~er** in bulk, in large quantities **3** *polit* party **4** *spel* **ett ~ bridge** a game of bridge **5 ta ~ för** side with
particip participle
partikel particle
partisk partial
partiskhet partiality
partner partner
pass¹ *resehandling* passport
pass² *tjänstgörings~* turn, *skift* shift **Vem har ~et i kväll?** Who is on duty tonight?
pass³ *i måttsuttryck* **hur ~ mycket** about how much **så ~ mycket vet jag som att han hade ...** I know this much: he had ... ⟨**Kostar den**⟩ **så ~ mycket?** as much as [all] that?
pass⁴, komma väl till ~ → **till pass**
passa¹
1 *ha uppsikt över* mind, *se efter äv* look after, *hålla ett öga på* keep* an eye on **~ telefon[en]** mind the telephone **2** *komma i tid till* be in time for **~ tiden** be punctual, be on time **ha en tid att ~** have an appointment
3 *ha rätt storlek el utseende* fit ⟨**byxorna**⟩ **~r perfekt** fit perfectly ⟨**stolen**⟩ **~r inte där** looks out of place there ⟨**mattan**⟩ **~r i hallen** fits in the hall ⟨**nyckeln**⟩ **~r i låset** fits the lock **den ~r till skjortan** it matches (goes well with) the shirt
4 *vara lämplig* suit, be suitable (convenient) **det ~r mig bra** that suits me fine **måndag ~r mig inte** Monday would be inconvenient for me **vitt ~r henne** white suits her **~ [bra] för varandra** be suited to (be cut out for) each other **~ för** ⟨**en uppgift**⟩ be the [right] man (woman) for
□ **passa ihop** be suited to each other, be well matched
□ **passa in: ~ i** fit into **~ på** *om signalement m m* fit, tally with
□ **passa på** *ta tillfället* take (seize) the opportunity
□ **passa upp** *a) servera* wait on table *b) se sig för* watch out **~ på** wait on ⟨sb⟩
passa sig 1 *akta sig* look out, take* care **Passa dig noga!** Just you watch it! **2** *vara passande* **det passar sig inte** it is not done
passa² *i bollspel o kortspel* pass
passage passage
passagerare passenger
passande *lämplig* suitable, *korrekt, som det anstår* proper
passare compasses ⟨*pl*⟩ **en ~** a pair of compasses
passera *äv tennis* pass
passform fit
passion passion
passionerad passionate
passionsfrukt passion fruit
passiv passive **~ form** *språk* the passive [voice]
passivitet passivity
passkontroll passport control
passning 1 *tillsyn* tending, care **2** *sport* pass
pasta *kok* pasta
pastej *av leverpastejtyp* pâté, paste
pastellfärg pastel
pastor *frikyrklig* pastor, *kyrkoherde* vicar
pastorsexpedition parish [registrar's] office
patent patent **ha ~ på** hold a patent on
patentlås patent (safety) lock
patetisk *löjeväckande* pathetic
patiens, lägga ~ play patience (*US* solitaire)
patient patient
patriarkalisk patriarchal
patriot patriot
patriotisk patriotic
patron *gevärs~* cartridge, *till kulspetspenna etc* refill [cartridge]
patrull patrol
patrullera patrol
paus pause, *avbrott, rast* break, *i föreställningar* interval, *US* intermission **ta en ~** take a rest, have a break
paviljong pavilion, *lusthus* summerhouse
pax → **tjing**
pedagog educator, *lärare äv* teacher
pedagogik pedagogics ⟨*pred i sg*⟩
pedagogisk pedagogic[al]
pedal pedal
pedantisk *om person* pedantic ⟨**med**

pejla, ~ **djupet** sound the depth ~ **stämningen** sound out opinion
pejling *kontroll av TV-innehav* TV tracing
peka point ⟨**på** at, to⟩ ~ **på** *tyda på* indicate, point to **han ~de på** ⟨**att**⟩ he pointed to the fact ⟨**nålen**⟩ ~**r på norr** points north ~ **ut** point out
pekbok ≈ baby's picture book
pekfinger forefinger, index finger
pekines Pekinese ⟨*lika i pl*⟩, *vard* Peke
pekpinne *äv bildl* pointer
pelare pillar, *kolonn* column
pelargonia geranium
pelikan pelican
pendeltåg commuter train
pendla 1 swing* [to and fro] **2** *resa* commute
penetrera penetrate
peng coin
pengar money ⟨*sg*⟩ **Var är ~na?** Where is the money? **ha ont om ~** be short of money **ha ~ till** have the money to ⟨buy sth⟩ **tjäna ~** make money
penicillin penicillin
penis penis
penna pen, *blyerts~* pencil
penninglott lottery ticket
pennkniv penknife, pocketknife
pennvässare pencil-sharpener
pensel [paint]brush
pension *belopp* pension, *pensionering* retirement **gå i ~** retire [on a pension]
pensionat boarding house
pensionera pension off ~**d** retired
pensionsförsäkring, privat ~ private pension scheme (*US* plan)
pensionär [old age] pensioner, senior citizen
pensionärshem old people's home
pensla *badda* paint, *kok* brush
pentry *i bostad* kitchenette, *sjö* pantry
peppa, ~ **upp** pep (ginger) up
peppar pepper **P~, ~!** Touch (*US* Knock on) wood!
pepparkaka ≈ ginger biscuit, gingersnap, *mjuk* ≈ brown cake
pepparkaksgubbe ≈ gingerbread man
pepparmint peppermint
pepparrot horseradish
peppra pepper
per 1 ~ brev by letter **2** *för varje* per ~ **person** each, per person ~ **styck** apiece, each

perfekt¹ SB the [present] perfect ~ **particip** the past participle
perfekt² ADJ perfect
perfektionist perfectionist
perforera perforate
pergament parchment
periferi *utkant* periphery
period period, spell **en ~ av** ⟨**hårt arbete (fint väder)**⟩ a spell of
periodisk periodic
periodvis periodically
periskop periscope
permanent 1 ADJ permanent **2** SB *hår~* perm
permanenta sig have (get*) a perm
permission leave [of absence] **ha ~** be on leave
permittera *friställa arbetskraft* lay* off, dismiss
perrong platform
perser Persian
persienn Venetian blind
persika peach
persilja parsley
persisk ⟨↔ engelsk-⟩ Persian **Persiska viken** the Persian Gulf
persiska ⟨↔ engelska⟩ **1** *språk* Persian **2** *kvinna* Persian woman
person person, *i litt, film, teat* character ~**er** *vanl* people **en berömd ~** a famous figure **i egen hög ~** in person
personal staff ⟨*pred i sg el pl*⟩, personnel ⟨*pred i pl*⟩ **ha för stor ~** be overstaffed (*US* overmanned) **ha för liten ~** be short--staffed (*US* undermanned)
personalavdelning personnel department
personalchef personnel manager
personbevis ≈ proof of identity
personbil [passenger] car
persondator personal computer ⟨*förk* PC⟩
personifiera personify
personkonto personal account
personlig personal
personligen personally
personlighet personality, character **vara en ~** have personality **komma in på ~er** get personal
personnummer national registration number, *i GB* National Insurance number, *i US* social security number

personsökare pager, bleep[er]
perspektiv perspective
Peru Peru
peruan Peruvian
peruansk Peruvian
peruk wig
pervers perverted
pessar pessary, diaphragm
pessimist pessimist
pessimistisk pessimistic
pest plague
peta pick, poke ⟨båda: **på** at⟩, *ur lag* drop, *från befattning* oust **~ naglarna** clean one's nails **~ tänderna** pick one's teeth **sitta och ~ i maten** be picking at one's food **~ in** *sticka in* stick in **~ ut** *avlägsna* work out ⟨**ur** from⟩ **peta sig, ~ i näsan** pick one's nose **~ i öronen** clean one's ears
petig fussy, pedantic, finicky ⟨*alla:* **med** about⟩
petit-chou cream bun (puff)
pH-värde pH value (level)
pianist pianist
piano piano **spela ~** play the piano
pick, ~ och pack things ⟨*pl*⟩, belongings ⟨*pl*⟩
picka *om fåglar* peck ⟨**på** at⟩
picknick picnic
pickolo page [boy], *US* bellboy
pickup pick-up
piedestal pedestal
piffa, ~ upp liven up, *om utseende äv* smarten up
piga maid
pigg[1] SB spike, pike, *tagg* spine, *på ~svin* quill
pigg[2] ADJ *kry* fit, *livlig* lively, *vaken* alert **~ och kry** hale and hearty **vara ~ på** be keen on ⟨[doing] sth⟩
pigga, ~ upp [sig] buck (cheer) up
piggna, ~ till *repa sig* come round
piggsvin porcupine
piggvar turbot ⟨*lika i pl*⟩
pigment pigment
pik, förstå ~en get the message **ge ngn en ~** make digs (a dig) at sb
pikant *om smak* piquant, spicy, *om utseende* chic
piket *polisbil* police van
pil[1] *träd* willow
pil[2] *vapen o symbol* arrow, *kast~* dart
pilbåge bow
pilgrim pilgrim

pilgrimsfärd pilgrimage
pilkastning darts ⟨*pred i sg*⟩
pilla, ~ på fiddle with **~ fram** pull out
piller pill
pilot pilot
pilsner Pils[e]ner beer, lager
pimpelfiske ≈ jig-fishing
pimpinett prim, finical
pimpla[1] *dricka* ⟨*alkohol*⟩ tipple, swill
pimpla[2] *fiska* ≈ jig
pin, på ~ kiv out of sheer cussedness
pina[1] SB *smärta, plåga* pain, *lidande* suffering **göra ~n kort** get it over and done with
pina[2] VB torture, torment
pincett tweezers ⟨*pl*⟩ **en ~** a pair of tweezers
pingla SB little bell
pingpong *bordtennis* ping pong
pingst ⟨↔ påsk⟩ Whitsun[tide], *spec US* Pentecost
pingstdagen Whit Sunday
pingströrelsen the Pentecostal Church
pingstvän Pentecostalist
pingvin penguin
pinne peg, *kvist, blom~, takt~* stick, *på stege* rung **smal som en ~** [as] thin as a rake **stel som en ~** [as] stiff as a poker
pinnhål, komma ett ~ högre move up a step
pinsam *generande* awkward, embarrassing
pion peony
pionjär pioneer
pionröd, bli ~ [i ansiktet] go (flush) crimson
pip[1] SB *på kanna* spout
pip[2] SB peep, *data, tele* bleep
pipa[1] SB *rök~* pipe **röka ~** smoke a pipe **gå åt ~n** go to pot
pipa[2] VB peep, *data, tele* bleep
pipig *gäll* squeaky, *gnällig* whining
piprensare pipe cleaner
pir jetty, *med promenadväg vanl* pier
pirat pirate
piratkopia pirate copy
pirog ≈ meat pie
pirra, det ~r i magen I've got butterflies [in my stomach]
pirrig jittery **det känns ~t** I feel jittery
piruett pirouette
piska[1] SB whip, *matt~* carpet beater
piska[2] VB whip, *ursinnigt* lash **vara ~d** ⟨**att**

göra ngt⟩ be forced ~ **mattorna** beat the carpets
piss piss
pissa piss
pissoar urinal
pist *skid*~ piste
pistill pistil
pistol gun, pistol
pittoresk picturesque
pizza pizza
pizzeria pizzeria
pjoska, ~ med [molly]coddle
pjoskig soft, sissy
pjäs 1 *möbel, föremål o i spel* piece **2** *teat* play
pjäxa ski-boot
placera place, put*, *om pengar äv* invest ~ **om ändra på** shift [about] ~ **ut** set out, *barn i familj* place, *trupper, vapen* deploy
placera sig *ställa sig* plant (station) oneself, *sätta sig* seat oneself, *i resultatlista* be placed, place
placering placing, placement, *investering* investment, *läge* position, *av gäster* seating
pladask, falla ~ för fall headlong **falla ~ för** ⟨ngn⟩ fall head over heels in love with
pladder prattle, chatter
pladdra prattle, chatter
plagg garment, article of clothing
plagiat, ett ~ a piece of plagiarism
plagiera plagiarize
plakat¹ SB placard, *affisch, anslag äv* poster
plakat² ADJ dead drunk, plastered
plan¹ SB **1** *nivå* level **2** *vånings*~ floor, storey **3** *flyg*~ plane
plan² **1** SB *öppen plats* open space, *framför hus* area, *fotbolls*~ *o d* ground, field **2** SB *projekt, avsikt* plan **göra upp ~er** make plans, plan **ha ~er på att** plan to ⟨do sth⟩, have plans for ⟨doing sth⟩ **3** ADJ *slät* flat, *vågrät* level
planera plan **~ för framtiden** plan ahead
planeringsstadiet, på ~ at the planning stage
planet planet
planetarium planetarium
plank 1 *bräder, plankor* planking **2** *staket* fence, *kring bygge o affisch*~ hoarding
planka¹ SB plank
planka² VB **1** *smita in* sneak in **2** *plagiera* crib, copy
plankstek planked steak
plankton plankton
plansch *i bok* plate, *vägg*~ wall chart

planta plant
plantage plantation
plantera plant
plantering *planterat område* plantation, *blomrabatt[er]* flower bed
plask splash
plaska splash
plast plastic
plastbåt plastic boat
plastficka letter file
plastikkirurgi plastic surgery
plastkasse plastic bag
plats
1 *ställe* place, *speciell avgränsad ~* spot, *position* position, *sitt~* seat, *~ för brott, olycka o d* scene **på allmän ~** in a public place **andra ~** ⟨finish in⟩ second place **Ta ~!** Take your seats (places)! ⟨**vår man**⟩ **på ~en** on the spot **sätta ngn på ~** take sb down a peg or two
2 P~! *befallning till hund* Down!
3 *utrymme* room, space **den får inte ~** there is no room for it **lämna ~ för** leave room for **lämna (göra) ~ åt** make room for **ta stor ~** take [up] a lot of room (space) **i mån av ~** as far as space allows
4 *anställning* job **ledig ~** vacancy
platsa, ~ i laget make the team
platsannons job advertisement **titta bland ~erna** check the situations-vacant
platsbiljett seat reservation [ticket]
platt *äv bildl* flat **~ fall** flop
platta¹ SB **1** *för golv, tak o d* tile, *tunn* plate **2** *grammofonskiva* record **3** *kok*~ hotplate, hob **4** *flyg* tarmac
platta² VB **~ till** *äv bildl* flatten, *bildl äv* squash
plattform platform
plattfotad flatfooted
platå plateau ⟨*pl* -s *el* -x⟩
platåsko platform [shoe]
playback, sjunga ~ mime
plektrum plectrum
plexiglas *varunamn* perspex, plexiglass
pli, sätta ~ på lick ⟨sb⟩ into shape
plikt duty **~en kallar** duty calls **göra sin ~** do one's duty ⟨**mot** by, toward[s]⟩
plikttrogen dutiful, conscientious
plint *gymnastik* box[-horse]
plira peer ⟨**mot, åt** at⟩
plocka pick, *fågel o ögonbryn* pluck
□ **plocka av** *bord* clear
□ **plocka bort** remove, take away

plocka fram a) *på bordet* dish up b) *ur fickan o d* take out
plocka ihop *sina saker* collect, pick up
plocka isär *motor o d* take (strip) down
plocka ner take down
plocka sönder pick (take) to pieces
plocka upp pick up, *ur låda o d* take out
plocka ut *välja* pick out
plog plough
ploga 1 ~ **vägen** clear the road of snow **2** *skidåkning* stem
ploj joke, trick
plomb *i tand* filling
plommon plum
plommonstop bowler [hat], US derby
plommonträd plum [tree]
plottra, ~ **bort** ⟨**sin tid**⟩ fritter away
plottrig *rörig* muddled
plufsig bloated, flabby
plugg 1 *tapp, propp, fäste för skruv* plug **2** *inlärning av fakta* swotting, cramming **3** *skola* school
plugga 1 *sätta in plugg* plug ~ **igen** plug up **2** *slå i sig fakta o d* cram, GB äv swot ⟨båda: **in** up⟩, *studera, läsa* study, read*
plugghäst swot, *spec US* grind
plums flop, plop
plumsa flop, plop ⟨båda: **i** into⟩
plundra plunder, *butik* loot ⟨båda: **på** of⟩, *julgranen* strip
plunta [hip] flask
plural the plural
plus *äv fördel* plus **stå på** ~ be in the black [**termometern**] **visar [på]** ~ points to above freezing (GB äv zero) ⟨**resultatet blev**⟩ ~ **minus noll** equal to nil
plusgrad, **det är** ~**er** the temperature is above zero
pluskvamperfekt the pluperfect [tense]
pluta, ~ **med munnen** pout [one's lips]
pluton platoon
plutonium plutonium
plysch plush
plåga[1] SB *smärta* pain, *starkare* agony, torment, *lidande* suffering, *obehag* nuisance **ha svåra plågor** suffer agonies (great pain) **han är en** ~ ⟨**för omgivningen**⟩ he is a plague
plåga[2] VB *pina* torment, torture, *drabba, angripa* plague, *trakassera* harass ~**s av** suffer from ~**s av mygg** be tormented by mosquitoes
plågsam painful, agonizing

plånbok wallet
plåster adhesive plaster **som** ~ **på såren** *bildl* by way of consolation (compensation)
plåstra, ~ **om** patch up, *ett sår* dress
plåt 1 *material* [sheet] metal **2** ~*stycke, tryck*~ *etc* plate, ~*skiva äv* sheet of metal, *bak*~ baking tray (plate)
plåtburk tin, *spec US* can
plåtslagare sheet-metal worker, tinsmith
pläd travelling rug, US lap robe
plädera 1 ~ **för** argue in favour of **2** *jur* plead
plädering 1 argument[s] **2** *jur* pleading
plätt 1 *fläck, ställe* spot, *större* patch **2** *kok* small pancake **lätt som en** ~ easy as pie
plöja plough ~ **igenom** plough through
plötslig sudden
plötsligt ADV suddenly, all of a sudden
PM memo
pocketbok paperback
podium podium
poesi poetry
poet poet
poetisk poetic
pointer pointer
pojkaktig boyish
pojke boy
pojknamn boy's name ⟨*pl* boys' names⟩
pojkvän boyfriend
pokal 1 *för dryck* goblet **2** *pris* cup
poker poker
pokeransikte poker face
pol pole
polack Pole
polare pal, GB äv mate, *spec US* buddy
polaris polar ice
polaroidkamera *varunamn* polaroid [camera]
polcirkel polar circle **Norra** ~**n** the Arctic Circle **Södra** ~**n** the Antarctic Circle
Polen Poland
polera polish
polio polio[myelitis]
polis 1 *organisation* police ⟨*pred i pl*⟩ **2** *individ* policeman, policewoman, police officer, *vard* cop
polisanmäla report ⟨sb, sth⟩ to the police
polisbil patrol (police) car, *större* police van
poliskommissarie superintendent

polisonger whiskers
polisstation police station
politik *statskonst* politics ⟨*pred i sg*⟩ regeringens ~ *i en viss fråga* the government's policy, *i allmänhet* the government's policies **tala ~** talk politics
politiker politician
politisk political
polka polka
polkagris peppermint rock (*US* candy)
pollen pollen
pollett token
pollettera register, *US* check
polo *sport* polo
polotröja polo [neck]
polsk ⟨↔ engelsk-⟩ Polish
polska ⟨↔ engelska⟩ **1** *språk* Polish **2** *kvinna* Polish woman
Polstjärnan the Pole (North) Star, Polaris
polygami polygamy
pommes frites French fried potatoes, *GB vanl* chips, *US vanl* French fries
pompa pomp ~ **och ståt** pomp and circumstance
pondus authority, *eftertryck* weight
ponny pony
ponton pontoon
pool *bassäng* pool
pop *musik* pop
popcorn popcorn
poppa, ~ upp *a*) *musik* make a pop version of, jazz up *b*) *dyka upp* pop in (up)
poppel poplar
poppig trendy
popularitet popularity
populär popular ⟨**hos** with⟩
por pore
porla ripple
porlande 1 SB ripple **2** ADJ rippling
pormask blackhead
pornografi pornography
pornografisk pornographic
porr porn
porslin china
port *dörr* front (street) door, *stads-*, *i slalom, i sluss* gate, *~gång* doorway, entrance, *~valv, inkörs~* gateway **köra på ~en** throw out
portfölj briefcase, *attachéväska* attaché case
portförbjuda refuse ⟨sb⟩ admittance ⟨to⟩

portier [hotel] receptionist
portion *mat* portion, helping **i små ~er** *bildl* in small doses
portionera, ~ ut portion out
portkod entry code
portmonnä purse
porto postage, *taxa* postage rate
porträtt portrait
porttelefon entryphone, house phone
Portugal Portugal
portugis Portuguese ⟨*lika i pl*⟩
portugisisk ⟨↔ engelsk-⟩ Portuguese
portugisiska ⟨↔ engelska⟩ **1** *språk* Portuguese **2** *kvinna* Portuguese woman
portvakt *fastighetsskötare* caretaker, *spec US* janitor
portvin port
porös porous
posera pose ⟨**för** for⟩
position position **flytta fram ~erna** move forward
positiv 1 SB *språk* the positive [form] **2** ADJ positive **vara ~ till** ⟨ett förslag⟩ be in favour of
possessiv possessive
post¹ 1 *vakt~* sentry, guard **stå på ~** stand sentry (guard) **2** *befattning* post, position
post² 1 *brev, paket, ~väsen* post, *spec US* mail **skicka med ~en** send by post (mail) **2** *~kontor* post office **arbeta på ~en** work in the post office **gå till ~en** go to the post office
posta post, *US vanl* mail
postadress postal (*US* mailing) address
postanvisning money order
poste restante poste restante, *US* general delivery
postfack post office box, *i adress* PO Box, POB
postförskott, sända mot ~ send ⟨sth⟩ cash (*US* collect) on delivery ⟨*förk* COD⟩
postgiro postal giro [service]
postkontor post office
postnummer postcode, postal code, *US* zip code
postorder mail order
posträsta vote by post (mail)
poststämpel postmark
postum posthumous
potatis potato ⟨*pl* -es⟩ **en het ~** *bildl* ≈ a piece of hot coal **kokt ~** boiled potatoes
potatisgratäng potatoes au gratin

potatismos mashed potatoes ⟨pl⟩, GB vard mash
potatisskal avskalade potato peelings
potatisskalare potato peeler
potens 1 matem power **2** sexuell ~ potency
potent potent
potentiell potential
pott pool, äv löne~ o i kortspel kitty
potta [chamber] pot, chamber
pottkant, sätta ngn på ~en land sb in it
poäng point fatta ~en get the point Vad är ~en med att gå dit? What's the point of (in) going there? vinna på ~ win on points
poänglös pointless
poängtera emphasize
p-piller [contraceptive] pill ta ~ be on the pill
PR PR, public relations ⟨pred i sg⟩ göra ~ för promote
pracka, ~ på ngn ngt foist sth [off] on sb
Prag Prague
prakt splendour, magnificence ⟨där stod hon⟩ i all sin ~ in all her glory
praktexempel perfect example ⟨på of⟩
praktexemplar magnificent specimen
praktfull magnificent, splendid
praktik 1 övning, yrkesvana ⟨ha⟩ tio års ~ ten years experience (practice) skaffa sig ~ get practical experience i ~en in practice tillämpa i ~en put ⟨sth⟩ into practice **2** verksamhet öppna en (egen) ~ set up in practice ⟨as a doctor ⟨etc⟩⟩ **3** lokal ⟨läkar~ etc⟩ → mottagning
praktikant trainee
praktikplats trainee job
praktiktjänstgöring training period, som lärare teaching practice
praktisera 1 tillämpa practise **2** arbeta som praktikant do˙ one's practical training, do˙ trainee work
praktisk practical, användbar useful
praktiskt ADV ~ användbar practical vara ~ lagd be of a practical turn [of mind] ~ taget practically
pralin chocolate cream
prao → arbetslivsorientering
prassel ljud rustle
prassla 1 om ljud rustle **2** om kärleksförbindelse have a bit on the side
prat talk, strunt~ nonsense, rubbish, pladder chatter
prata talk, små~ chat det ~s om there's talk of ~ bredvid mun ≈ let the cat out of the bag ~ omkull talk down ⟨låt oss⟩ ~s vid om saken talk it over
pratbubbla balloon
pratkvarn chatterbox
pratsam talkative
pratstund chat
praxis practice
precis ADV exactly ~ samma sak exactly the same thing ~ kl 4 at 4 o'clock sharp jag hann ~ I got there just in time
precisera specify ~ närmare be more specific about
precisering specification, clarification
precision precision, accuracy
predika preach ⟨över on, för to⟩
predikan äv förmaningstal sermon ⟨över, om on⟩
predikant preacher
predikat predicate
predikatsfyllnad complement
predikstol pulpit
prefix prefix
preja fartyg hail [in order to inspect], fordon force to stop ~ ner i diket force off the road
prejudikat precedent
preliminär preliminary
premie på försäkring premium, pris prize
premiss premiss, premise
premiär premiere, first night ha ~ open
premiärminister prime minister, premier
prenumerant subscriber ⟨på to⟩
prenumeration subscription
prenumerera subscribe ⟨på to⟩
preparat preparation
preparera prepare
preposition preposition
presenning tarpaulin
presens the present ~ particip the present participle
present SB present, gift få ngt i ~ get sth as a present
presentaffär gift shop (US store)
presentation presentation, för bekantskap vanl introduction
presentatör master of ceremonies ⟨förk MC⟩, GB äv compere
presentera för bekantskap introduce ⟨to⟩, framlägga present **presentera sig** introduce oneself ⟨to⟩
presentkort gift voucher

president president ⟨**i** of⟩
preskribera, ~d barred by limitation
press¹ *tidningar, journalister* **~en** the press **svensk ~** the Swedish press
press² press, *för frukt o d* squeezer, *påtryckning* pressure, *påfrestning* strain **sätta ~ på ngn** put sb under pressure **vara utsatt för hård ~** be under severe strain
pressa press, *trycka, klämma äv* squeeze **~ priset** force the price down **~ ngn på pengar** extort money from sb
□ **pressa fram** *tvinga fram* force [out] **~ ett leende** force a smile
□ **pressa in ngt i** squeeze sth into
□ **pressa upp** force up
□ **pressa ut** press (squeeze) out
pressa sig *anstränga sig* push (exert) oneself, *tränga sig* force one's way
pressande *besvärande, tryckande* oppressive, *påfrestande* strenuous
pressklipp [press] cutting, *spec US* clipping
presskonferens press conference
pressmeddelande press release
pressveck crease
prestation *ngt uträttat el fullgjort* performance, *bedrift* achievement, feat
prestationsförmåga capacity, *tekn* performance
prestera *utföra* perform, *uppnå* achieve
prestige prestige
pretention pretension ⟨**på** to⟩ **ha stora ~er** be very exacting
pretentiös *överdrivet anspråksfull* pretentious
preteritum the past
preventivmedel contraceptive
prick¹ SB **1** *punkt* dot, *på tärning, hud, i mönster* spot, *på skottavla* bull['s-eye] **sätta ~en över i** give the finishing touch ⟨to sth⟩ **träffa mitt i ~** hit the mark **2** *spar buoy, fast beacon* **3** *minuspoäng* penalty point **4** *person* **en konstig ~** an odd fellow
prick² ADV **~ klockan två** at two [o'clock] sharp
pricka 1 dot **~d linje** dotted line **2** *sticka hål i* prick **3** *markera väg o d* mark [out] **4** *träffa* hit*
□ **pricka av** tick (check) off
□ **pricka för** mark off
□ **pricka in** *a)* *på tips* spot ⟨the winner[s]⟩ *b) på karta* mark
□ **pricka ut** mark out

prickig spotted, spotty
prickskytt marksman
prima first-class **~ kvalitet** best quality
primadonna prima donna
primitiv primitive
primtal prime [number]
primär primary
primärminne *data* main storage
princip principle **ha som ~ att** make it a principle to **av ~** on principle **i ~** in principle
principiell *fundamental* fundamental **av ~a skäl** on grounds of principle
principiellt ADV in principle, fundamentally
prins prince **må som en ~** feel fine
prinsessa princess
prinskorv ≈ small sausage
prioritera give* priority to **~d** high--priority ⟨*före sb*⟩
prioritet, ha högsta ~ be a first priority
pris¹ *snus* pinch [of snuff]
pris² *på en vara* price, *på färdbiljett* fare **till ett ~ av** at the price of **till halva ~et** at half price **till lågt ~** at a low price **till ~et av** *bildl* at the cost of ⟨my health⟩ **till varje ~** at all costs
pris³ *belöning* prize, award **dela ut ett ~** award a prize ⟨to sb⟩ **få ~** be awarded a prize **det tar ~et** *är höjden* that takes the biscuit
prisa praise **~ sig lycklig** count oneself lucky
prisbelönt *om ros, gris o d* prize ⟨*före sb*⟩, *om bok o d* prize-winning ⟨*före sb*⟩ **bli ~** win a prize
prislapp price label
prislista *handel* price list
prisstopp price freeze **införa [allmänt] ~** freeze (peg) prices
pristagare prizewinner
prisutdelning awards (prize-giving) ceremony
privat¹ ADJ private
privat² ADV privately, in private **umgås ~** meet in private, be personal friends
privatdetektiv private detective (*vard* eye)
privatisera privatize
privatisering privatization
privatliv private life
privatperson [private] individual **som ~** in one's private capacity

privatpraktiserande, vara ~ have a private practice
privatskola private school, *internat* boarding school
privatägd privately owned
privilegierad privileged
privilegium privilege
problem problem **ha ~ med att hitta** have problems finding
problematisk problematic[al]
procedur procedure
procent per cent, *US* percent, *~andel* percentage **45 ~ kvinnor** 45 per cent women **Hur många ~ är det?** What per cent is that? **en stor ~ av väljarna är** a large (high) percentage of the voters are **till hundra ~ säker** ⟨be⟩ a hundred per cent certain
procentuell, den ~a höjningen the percentage rise
process 1 *förlopp o tekn* process **2** *jur* lawsuit, action **förlora en ~** lose a case
processa *jur* carry on a lawsuit ⟨**med** against⟩
procession procession
producent producer, *odlare* grower
producera produce, *odla* grow*
produkt product **~er** *av odling* produce ⟨*sg*⟩, *av fantasi* creature
produktion production, *från odling* produce
produktionsmedel means of production
produktiv productive
produktivitet productivity **öka ~en** increase productivity
professionell professional
professor professor ⟨**i** of⟩
profet prophet
proffs pro **bli ~** become a (turn) pro
proffsig [professionally] skilful
profil profile
profit profit
prognos *äv väder~* forecast ⟨**for, of**⟩, *spec medicin* prognosis ⟨*pl* prognoses⟩ ⟨**for, on**⟩
program programme, *data* program **stå på ~met** be on the programme
programledare *radio, tv* presenter, *spec tv* host, hostess
programmera program
programmerare programmer
programmering programming
progressiv progressive

projekt project
projektil projectile
projektion projection
projektledare project manager (director)
projektor projector
projicera project
proklamera proclaim
proletariat proletariat
proletär SB, ADJ proletarian
promenad walk **gå på ~** go for (take) a walk
promenadväg walk
promenera take* a walk **gå ut och ~** go for a walk **jag ~r dit** I'll walk it (walk there)
promille per mil[le] (thousand), *om alkoholhalt i blodet* BAC ⟨*förk f* blood alcohol concentration⟩ **0,5 ~** BAC 50
promiskuös promiscuous
promotor *för boxning, popgalor* promoter
pronomen pronoun
propaganda propaganda
propagera, ~ för campaign (plead, speak, press) for
propeller propeller, screw
proper tidy, neat
proportion proportion **stå i rimlig ~ till** be proportionate to
proportionell proportional ⟨**mot** to⟩
proposition *från regering* government bill
propp 1 *för diskho, badkar* plug, *till flaska, karaff o d* stopper, *av öronvax* lump, *öron~* earplug **2** *blod~* clot **3** *eltekn* fuse **det har gått en ~** a fuse has blown
proppa, ~ full cram, stuff **~ i sig** stuff oneself with **~ igen** *hål* stop (plug) [up] **[löven har] ~t igen rören** choked up the pipes
proppfull cram-full ⟨**med** of⟩, packed ⟨**med** with⟩
proppmätt full [up] ⟨**Nej, tack**⟩ **jag är ~** I've had enough
propsa, ~ på ngt insist on [doing] sth
prosa prose **på ~** in prose
prosit, P~! Bless you!
prost dean
prostata prostate [gland]
prostituera sig prostitute [oneself]
prostituerad ADJ prostitute **en ~** a prostitute
prostitution prostitution
protein protein

protes artificial limb (arm, leg ⟨*etc*⟩), prosthesis ⟨*pl* prostheses⟩, *tand~* dentures ⟨*pl*⟩
protest protest **som ~ mot** in protest of (against) **under ~** under protest **utan ~er** without protest
protestant Protestant
protestantism Protestantism
protestera protest ⟨**mot** against⟩, *göra invändning* object ⟨**mot** to⟩ **de ~nde** the protestors
protokoll *vid sammanträde* minutes ⟨*pl*⟩, record ⟨*båda:* **över** of⟩, *vid spel* score **föra ~** *vid möte* keep (take) the minutes, *vid spel* keep the score **utanför ~et** off the record
prototyp prototype
prov 1 *test, skrivning* test **ha ~ i franska** take (have, *GB äv* do) a French test **sätta på ~** put to the test, test [out] **sätta ngns tålamod på ~** try (test) sb's patience **2** *försök* trial **på ~** on trial **3** *varu~, exemplar* specimen, sample, *exempel äv* example **ett fint ~ på** ⟨arkitektur⟩ a fine example (specimen, sample) of
prova test, try, *provsmaka* sample, taste, *kläder* try on, *på ngn annan* fit on **~ ut** try (test) out
provanställning trial period of employment **ha [en] ~** be employed on trial
provfilma have a screen test
proviant provisions ⟨*pl*⟩
provins province
provision commission
provisorisk temporary, *som nödlösning* makeshift ⟨*före sb*⟩ **~ regering** provisional government
provocera provoke
provokation provocation
provrum fitting room
provrör test tube
provsmaka taste, sample
pruta 1 *köpslå* bargain **jag ~de 10 pund** I managed to get 10 pounds off **2** *sälja billigare* **han ~de 50 pund [på priset]** he knocked off 50 pounds
prutta fart
prya get* (be on) work experience
pryd prudish
pryda decorate, adorn **~ sin plats** be decorative
prydlig trim, neat

prydnad decoration, adornment **vara en ~ för** *bildl* be a credit to
prydnadsföremål ornament, fancy goods ⟨*pl*⟩
prygla flog, thrash, *med spö* cane
pryl 1 → **grej 2** *verktyg* awl
prålig *alltför färggrann* garish, gaudy
pråm barge
pråmg *gränd* alley[way], *vrå* nook
prägel mark, *på mynt o d* stamp **ge en personlig ~** give ⟨sth⟩ a personal touch **ha en ~ av** bear the mark of
prägla *bildl* mark, characterize, *mynt o d* stamp **vara ~d av** ⟨sin miljö⟩ be formed (marked) by
präktig *om person* fine, splendid, *om sak* stout, solid **en ~ förkylning** a nasty (heavy) cold
prärie prairie
prärievarg coyote
präst clergyman, *spec katolsk el icke-kristen* priest, *frikyrklig* minister
prästkrage *växt* [oxeye] daisy, marguerite
pröva *prova, försöka* try, *undersöka* test, *kontrollera* check **P~ [själv]!** Have a try (go)! **~ lyckan** try one's luck **~ ngns tålamod** test sb's patience **~ med att tillsätta [socker]** try adding **~ sig fram** feel one's way **~ in vid operan** audition for the opera **~ på** *erfara* experience, *försöka* try
prövande *påfrestande* trying
prövning 1 ta upp ⟨en fråga⟩ **till förnyad ~** re-consider **uppta** ⟨ett mål⟩ **till ~** *jur* try **2** *påfrestning* trial, ordeal
PS PS
psalm *i ~bok* hymn, *i Psaltaren* psalm
psalmbok hymn book
pseudonym pseudonym
pst, P~! Psst!
psyka psych out
psyke psyche
psykiater psychiatrist
psykiatri psychiatry
psykiatrisk psychiatric
psykisk mental
psykning psych-out
psykoanalys psychoanalysis
psykoanalytiker psychoanalyst
psykolog psychologist
psykologi psychology
psykologisk psychological
psykopat psychopath

psykos psychosis ⟨*pl* psychoses⟩
psykoterapi psychotherapy
psykotisk psychotic
ptro, P~! Whoa!
pub pub
pubertet puberty **han är i ~en** he has reached [the age of] puberty
publicera publish
publicering publication
publicitet publicity
publik SB *åskådare* spectators ⟨*pl*⟩, *större åskådarmassa* crowd, *på teater, film, konsert, föredrag o d* audience
publikrekord record attendance
puck puck
puckel hump
puckelryggig hunchbacked, humpbacked
puckla, ~ på pummel, *äv bildl* go at
pudding pudding, *efterrätt äv* blancmange
pudel poodle
puder powder
pudra powder
puff 1 *rök~, reklam~, ~ på kläder* puff **2** *knuff* push
puffa 1 *om rök o d* puff **~ för** ⟨**ngt**⟩ push, plug **2** *knuffa* push, shove
puh, P~! Phew!
pulka *för barn* ≈ toboggan
puls pulse **ha 60 i ~en** have a pulse of 60 **känna ngn på ~en** sound sb [out] **ta ~en på ngn** take (feel) sb's pulse
pulsa, ~ i snö[n] plod (trudge) through deep snow
pulsera throb, pulsate
pulsåder artery
pulver powder
pulverkaffe instant coffee
pulvrisera pulverize
puma puma, cougar
pump pump
pumpa¹ SB *växt* pumpkin
pumpa² VB pump **~ läns** pump dry **~ på upplysningar** pump ⟨sb⟩ for information
pumps *damskor* court shoes, US pumps
pund *mynt* pound
pung 1 *äv hos pungdjur* pouch, *del av mans könsorgan* scrotum **2** *penning~* purse
punga, ~ ut med cough up, fork out
pungdjur marsupial
punk punk
punkare punk

punkt point, *skiljetecken* full stop, US period, *på program, dagordning* item **P~ och slut!** And that's that! **en öm ~** a sore spot **sätta ~ språk** put a full stop (US a period), *bildl* stop **sätta ~ för** put an end (a stop) to **låta ngn tala till ~** hear sb out **~ för ~** point by point **på denna ~ ställe** at this point, *bildl* on this point, in this respect
punktera *sticka hål i* puncture
punktering puncture **få ~** have a puncture
punktlig punctual
punktlighet punctuality
punsch ≈ arrack-flavoured liquor
pupill pupil
puppa pupa ⟨*pl* pupae⟩
puré purée
purjolök leek
purpurfärgad purple
puss *kyss* kiss
pussa kiss
pussas kiss [each other]
pussel jigsaw [puzzle] **lägga ~** do a jigsaw [puzzle]
pussla, ~ ihop put (fit) together
pusta VB pant, gasp **~ ut** take a breather
puta, ~ med munnen pout [one's lips] **~ ut** stick out
puts¹ 1 *rappning* plaster **2** *polermedel* polish
puts², ~ väck all gone
putsa 1 *polera* polish [up], *rengöra* clean, *hår, häck, naglar* trim, *bildl* polish **2** *rappa* plaster
putta 1 ~ till give ⟨sb, sth⟩ a push **2** *golf* putt
puttra *koka* simmer
pyjamas pyjamas ⟨*pl*⟩, US pajamas ⟨*pl*⟩ **en ~** a pair of pyjamas
pynt ornaments ⟨*pl*⟩, decorations ⟨*pl*⟩
pynta *miljö* decorate, *kläder* adorn
pyra smoulder
pyramid pyramid
pyroman pyromaniac
pysa 1 *om luft* hiss **2** *ge sig i väg* be off
pyssel pottering
pyssla, [gå och] ~ potter about ⟨in the garden⟩ **~ med** potter with **~ om** look after, take good care of
pysslig handy about the house
pyton, lukta ~ smell yucky **må ~** feel lousy
pytonorm python
pyts bucket
pyttipanna ≈ hash

på¹ ⟨↔ resp huvudord⟩ PREP
RUMSBETYDELSE *befintlighet*
1 on, *inom en avgränsning* in ~ **marken** on the ground ~ **väggen** on the wall ~ **bussen** on the bus ~ **en bild** in a picture ~ **gatan** in (*US* on) the street ~ **himlen** in the sky ~ **landet** in the country ~ **vinden** in the attic
2 *för att ange adress, uppehållsort etc* at **de bor** ~ **King's Road 148** they live at 148 King's Road **jag bor** ~ **hotell** I'm staying at a hotel **Öppna böckerna** ~ **sidan 23!** Open your books at page 23 **hon är** ~ **bio** she's at the cinema **jag var** ~ **bröllop i går** I was at a wedding yesterday
3 *i genitivliknande användning* of **taket** ~ **kyrkan** the roof of the church
RUMSBETYDELSE *riktning*
4 *upp på* on to, *in (ut) på* into, *till platser som har at för befintlighet* to **klättra upp** ~ **taket** climb on to the roof **fara ut** ~ **landet** go into the country **gå in** ~ **toaletten** go into the lavatory **gå** ~ **bio** go to the cinema
5 *vid verb med betydelsen 'lägga, ställa, placera'* on, in **de lade böckerna** ~ **bordet** they put (placed) the books on the table **vi ställde gungstolen** ~ **vinden** we put the rocking chair in the attic
6 *för att ange mål* at **kasta sten** ~ **ngn** throw stones (a stone) at sb **titta** ~ look at
TIDSBETYDELSE
7 *tidpunkt vid dagens delar, veckodagar, helger, årstider* ~ **morgonen** in the morning ~ **fredag** on Friday ~ **hennes födelsedag** on her birthday ~ **julafton** on Christmas Eve ~ **jul[en]** at Christmas ~ **vintern** in [the] winter ~ **stenåldern** in the Stone Age
8 *tidslängd* **jag reser bort** ~ **ett par dagar** I'm going away for a couple of days **jag har inte träffat honom** ~ **många år** I haven't seen him for (*US äv* in) [many] years **det hände** ~ **bråkdelen av en sekund** it happened in a split second
ANDRA BETYDELSER
9 ~ **engelska** in English **vi fick höra nyheten** ~ **radio** we heard the news on the radio **en beställning** ~ **50 datorer** an order for 50 computers **han åt** ~ **ett äpple** he was eating an apple
på² ⟨↔ **komma** ~, **köra** ~, **sätta** ~ *etc*⟩ ADV on
påbrå, ha danskt ~ come of Danish stock
påbyggnadskurs supplementary course

påbörja begin*, start **ett** ~**t brev** an unfinished letter
pådrag, det var fullt ~ *polis*~ the police were out in force
påfallande ADJ striking, conspicuous
påflugen forward, pushy, *spec US* fresh
påfrestande trying **en** ~ **tid** a difficult time **en** ~ **unge** a tiresome child
påfrestning strain
påfyllning refilling, filling up **Önskas** ~**?** Would you like some more (a refill)?
påfågel peacock
påföljd, med ~ **att** with the result that
pågå **hålla på** go* on, *äga rum* take* place, *om förhandling, experiment* be in progress **samtal** ~**r** the line is occupied (busy) ⟨**utställningen**⟩ ~**r ännu** is still on
pågående *fortlöpande* continuous, *som håller på* in progress **den nu** ~ ⟨**förhandlingen**⟩ the present (current)
påhitt idea, *uppfinning, lögn* invention, *knep* device **det senaste** ~**et** the latest gimmick
påhittig ingenious, inventive
påhopp, ett fult ~ an abusive (a vicious) attack
påk cudgel, bludgeon **Rör på** ~**arna!** Move it!
påkalla *kräva* demand, call for
påklädd dressed
påkommen, hastigt ~ sudden
påkostad *dyrbar* expensive **med** ~**e detaljer** lavishly fitted out
påle pile
pålitlig reliable
pålitlighet reliability
pålägg *på smörgås* ≈ cold slices, *bredbart* spread **ha ost som** ~ have cheese on one's sandwich
påläggskalv [up-and-]coming man **vara** ~ be executive material
påminna, ~ **[ngn] om ngt** remind sb of sth **det påminner om** ⟨**den gamla goda tiden**⟩ it brings (calls) to mind **får jag** ~ **om att ni ska** may I remind you to ⟨bring a dictionary⟩ **påminna sig** remember, recall
påminnelse reminder
påpeka point out ⟨**för** to⟩
påpekande remark
påpälsad wrapped-up, muffled-up
påse bag **en** ~ ⟨**äpplen**⟩ a bag[ful] of
påsk Easter, *judisk* Passover **Glad** ~**!** Happy Easter! ~**en är sen** ⟨**i år**⟩ Easter is

late **i ~ at** (this) Easter **i ~as** last Easter
påskafton Easter Eve
påskdagen Easter Day
påskina, låta ~ ⟨**att**⟩ make out, imply
påskkärring ≈ Easter witch
påsklilja daffodil
påsklov Easter holidays ⟨*pl*⟩ (*US* vacation)
påskrift *underskrift* signature
påslakan duvet cover
påssjuka [the] mumps ⟨*pred i sg*⟩
påstridig opinionated, obstinate
påstå say*, *hävda* claim **du vill väl inte ~ att** ... surely you don't mean to say that ... **det ~s att** it is said that **hon ~r sig ha sett den** she says (claims) that she has seen it
påstående statement, *hävdande* claim
påtaglig obvious, evident **~a förbättringar** real improvements
påtryckning pressure **utöva ~ar på** bring pressure to bear on, *pol* lobby
påträngande importunate, obtrusive
påtår another (a second) cup [of coffee]
påtänd high, turned on, stoned
påve pope **~n Johannes Paulus II** Pope John Paul II
påverka influence, *spec negativt o skadligt* affect
påverkad influenced, affected **~ [av alkohol]** under the influence of alcohol
påverkan influence
påökt, få ~ get a rise (*US* raise)
päls *på djur* coat, fur, *plagg* fur [coat]
pälsa, ~ på sig wrap up well
pälsaffär furrier's
pälsmössa fur cap
pärla *äv bildl* pearl, *av plast, glas o d* bead
pärlemor mother-of-pearl
pärlhalsband pearl necklace
pärm *bok~* cover, *kontors~* binder
päron pear
päronträd pear [tree]
pärs trial, ordeal
pö, ~ om ~ step by step, little by little
pöl *vätskesamling* pool, *spec av regnvatten* puddle
pölsa ≈ offal hash
pösa swell*, puff up, *om sås, deg* rise* **~ av stolthet** swell (be puffed up) with pride **~ upp** swell up **~ över** brim over
pösig puffy

Q

quenell quenelle
quilta *matelassera* quilt
quisling quisling

R

rabarber rhubarb **lägga ~ på** snaffle, grab
rabatt¹ *plantering* flowerbed
rabatt² *handel* discount ⟨**lämna**⟩ **10 % ~ a** discount of 10 %
rabatthäfte book of [reduced rate] tickets
rabbla, ~ upp rattle off
rabies rabies
racka, ~ ner på run down
rackare rascal, rogue
rackartyg mischief ⟨*endast sg*⟩ **ha något ~ för sig** be up to some mischief
racket racket, *för bordtennis* bat, *US* paddle
rad 1 *räcka* row, line **en ~** ⟨*exempel*⟩ a number of **en ~ med stolar** a row of chairs **tre nätter i ~** three nights in succession (in a row) **stå i ~** stand in a row **2** *i skrift* line **3** *teat* **första ~en** the dress circle, *US* the balcony **andra ~en** the upper circle, *US* the second balcony **tredje ~en** the gallery
rada, ~ upp put in a row (rows), line up, *räkna upp* enumerate **~ upp sig** line up
radar radar
radarkontroll *av polis* radar trap
radera, ~ ut erase, rub out, *utplåna* wipe out
radergummi eraser, *GB äv* rubber
radhus terrace[d] house, *US* row house
radie radius ⟨*pl* radii⟩
radikal SB, ADJ radical
radio *äv apparat* radio **lyssna på ~** listen to the radio
radioaktiv radioactive **~ strålning** [nuclear] radiation
radioantenn aerial, *spec US* antenna
radiobil *på tivoli* bumper car
radon radon
raffinaderi refinery
raffinerad refined, *bildl äv* sophisticated
rafsa, ~ ihop carelessly gather up
ragata shrew, bitch

ragga, ~ brudar ≈ cruise for girls **~ upp** pick up, *få tag i* get hold of
raggarbil ≈ large [old] American car, hot-rod
raggare hot-rodder
raggmunk ≈ potato pancake, griddle cake
raggsocka [thick] woolly sock
ragla stagger, reel
rak straight **det enda ~a** the only [proper] thing [to do] **sitta ~ i ryggen** sit up straight **stå ~** stand upright **~a motsatsen till** the very opposite of **på ~ arm** straight off
raka, raka sig shave*
rakapparat shaver, [electric] razor
rakblad razor blade
raken, på ~ at a stretch, in a row
raket rocket **skjuta upp en ~** launch a rocket
rakhyvel safety razor
raklång, falla ~ fall flat **ligga ~** lie stretched out
raklödder shaving foam
rakt ADV straight **~ fram** straight on **~ norrut** due north **gå ~ på sak** come straight to the point **säga ngn ngt ~ i ansiktet** tell sb sth to his (her) face
rakvatten aftershave [lotion]
rally [motor] rally
ram SB frame, *på cykel* crossbar **~arna för** ⟨**projektet**⟩ the scope of
rama, ~ in frame
ramaskri outcry
ramla fall*, tumble **~ ihop** ⟨*av trötthet*⟩ collapse **~ nedför** ⟨**trappan**⟩ tumble down **~ omkull** fall [down]
ramp 1 *teat* footlights ⟨*pl*⟩ **2** *sluttande uppfart* ramp
rampfeber stage fright
rampljus *bildl* **stå i ~et** be in the limelight
ramsa *barn~* nursery rhyme, *heja~* cheer
rand 1 *[ut]kant* edge **stå på gravens ~** be on the brink of the grave **fylla till ~en** fill to the brim **2** *streck* stripe
randig striped
rang rank **ha högre ~ än** rank above
ranglig rickety, *om person* lanky, gangling
rangordna rank **~** ⟨**de sökande**⟩ *äv* grade
rank *om båt* unsteady, crank
ranka VB *sport* rank
rannsaka search **~ sitt hjärta** search one's heart

ranson ration
ransonera ration
rap belch, *vard* burp
rapa belch, *äv om spädbarn* burp
rapp¹ SB *med piska o d* lash, *med linjal, käpp o d* rap
rapp² ADJ quick, swift **ett ~t svar** a prompt (ready) answer **vara ~ i munnen** be quick at repartee
rappa, ~ på hurry [up] **R~ på!** Get a move on!
rapphöna partridge ⟨*pl lika el* -s⟩
rapport report **avlägga ~ om** report on
rapportera report ⟨**om** on⟩
raps rape
rar dear, sweet, nice ⟨*alla:* **mot** to⟩
raritet rarity, *spec om antikvitet* curiosity
ras¹ *människotyp* race, *djurtyp* breed
ras² *jordskred* landslide, landslip, *av byggnad* collapse
rasa 1 fall* down, *häftigt glida ner* slide* down, *om byggnad o bildl* collapse **han ~de ihop av utmattning** he collapsed with (from) exhaustion **priserna ~de** prices plunged **taket ~de in** the roof caved in **2** *känna vrede* rage, rave, *om krig, storm* rage
rasande ADJ furious ⟨**på ngn** with sb, **över ngt** at (about) sth⟩ **bli ~** fly into a rage **göra ngn ~** drive sb mad **i ~ fart** at a crazy (furious) pace
rasdiskriminering racial discrimination
rasera demolish, destroy
raseri fury, rage
raserianfall fit of rage **få ett ~** fly into a rage
rasism racism
rasistisk racist
rask ADJ *snabb* swift, quick **i ~ följd** in rapid succession **i ~ takt** at a brisk pace
raska, ~ på hurry [up] **R~ på!** Get a move on!
rasp *äv verktyg* rasp, *från penna* scratch
raspig *om grammofonskiva* scratchy
rassla *skramla* rattle, *slamra* clatter, *klirra* jingle
rast break, *ej schemalagd ~* rest, pause
rasta, ~ en hund exercise (walk) a dog
raster screen
rastlös restless
rastlöshet restlessness
rastplats *vid väg* lay-by, *US* pull-off
rata reject
rationalisera rationalize
rationalisering rationalization
rationell rational
ratt [steering] wheel, *på radio o d* knob
rattfylleri drunken driving
rauk stack
ravin ravine
razzia raid **göra en ~** raid
rea¹ SB sale **~n** *tid då affärerna har ~* the sales **bokhandeln har ~** there's a sale on at the bookshop (US bookstore) **köpa ngt på ~** buy sth at a sale
rea² VB sell* off
reagera react ⟨**för, på** to, **mot** against⟩, *spec positivt* respond ⟨**för, på** to⟩
reaktion reaction, *respons* response ⟨*båda:* **för, på** to⟩
reaktionsförmåga [powers ⟨*pl*⟩ of] reaction
reaktionär SB, ADJ reactionary
reaktor [nuclear] reactor, [atomic] pile
realism realism
realistisk realistic
realitet reality **i ~en** actually
rebell rebel
rebellisk rebellious
rebus rebus, *friare* brainteaser
recensent critic, reviewer
recensera review
recension review
recept 1 *mat~ o bildl* recipe ⟨**på** for⟩ **2** *medicin* prescription ⟨**på** for⟩ **på (mot) ~** on prescription
reception reception
receptionist receptionist
reda¹ SB **1** *ordning* order **2** *kännedom* **få (ta) ~ på** find out **hålla ~ på** keep track of **hålla ~ på vad som händer** keep up with affairs (events) **leta ~ på** find
reda² VB **~ [av]** *kok* thicken
reda³ VB **~ upp (ut)** *brott, problem* clear up **~ ut** *a) undersöka* look into *b) förklara* explain **reda sig** *klara sig* cope, manage **det reder sig nog** that will be all right
redaktion 1 *personal* editorial staff, editors ⟨*pl*⟩ **2** *lokal* editorial office
redaktör editor, *radio, tv* producer
redan already **Är du ~ klar?** Have you finished already? **~ från början** from the very start ⟨**de for**⟩ **~ nästa dag** the very next day **~ som barn** even as a child **~ [år] 1975** as early as 1975
redare shipowner
rederi shipping company

redigera edit, *bearbeta* revise
redigerare subeditor
redlös *berusad* dead drunk
redning thickening
redo ready, prepared **göra sig ~** get ready
redogöra, ~ för give an account of
redogörelse account, *jur* statement ⟨*båda:* **för** of⟩, *rapport* report ⟨**för** on⟩
redovisa *pengar* account for, *uppvisa* show*
redovisning accounting, *för viss transaktion* account
redskap tool, *instrument* instrument, *spec köks~* utensil **ett lydigt ~ åt** a willing tool of
reducera reduce **~ till 3–1** *sport* cut the lead to 3–1
reduktion reduction
reell real
referat *sammandrag* summary, *skildring, redogörelse* account, report ⟨**av** on, of⟩, *i radio* commentary ⟨**av** on⟩
referens reference
referera 1 *återge* report, give* an account of, *i radio* commentate [on] **2 ~ till** *hänvisa till* refer to
reflektera 1 *återkasta* reflect **2** *fundera* reflect ⟨**över** over, on⟩ **~ på** *överväga* consider
reflex reflex, *på cykel o d* reflector
reflexion reflection
reflexiv, ~t pronomen reflexive pronoun
reform reform
reformation reformation
reformera reform
refräng refrain, chorus
refug refuge, [traffic] island
refusera reject, turn down
regatta regatta
regel¹ *låsanordning* bolt **skjuta för ~n** bolt the door
regel² rule **som (i) ~** as a rule **ingen ~ utan undantag** no rule without an exception
regelbunden regular
regemente *milit* regiment
regera rule, govern **~nde mästare** reigning champion
regering government, *spec US* administration, *monarks regeringstid* reign
regi direction **i egen ~** under private management **i ~ av** *teat, film* directed by
regim regime, *för företag, hotell o d* management

region region, *område* area
regional regional
regissera direct, *bildl* stage
regissör director, *teat* ⟨*GB*⟩ *äv* producer
register *förteckning* register, record, *äv data* file[s], *innehållsförteckning* table of contents
registrera register, record, *uppmärksamma* observe **registrera sig** register oneself
registrering registration
registreringsskylt number (*US* license) plate
regla bolt, lock, secure
reglage regulator, control[s]
reglemente regulations ⟨*pl*⟩, rules ⟨*pl*⟩
reglera 1 regulate, *justera äv* adjust, *kontrollera* control **2** *ersättning, skuld* settle
reglering 1 *kontroll, styrning* regulation[s], *av priser* control[s], *[fin]inställning* adjustment **2** *av skuld o d* settlement
regn rain **det ser ut att bli ~** it looks like rain **i ~ och rusk** in filthy wet weather
regna rain, **~ kraftigt** pour [down]
regnbåge rainbow
regnbågsforell rainbow [trout]
regndroppe raindrop
regnig rainy
regnkappa raincoat, *GB äv* waterproof
regnskog rainforest
regnskur shower
reguljär regular ⟨*resa*⟩ **med ~t flyg** by scheduled flight
rehabilitera rehabilitate
rehabilitering rehabilitation
rejäl 1 *ordentlig, redig* substantial **ett ~t mål mat** a square meal **~a skor** stout shoes **en ~ utskällning** a proper dressing-down **2** *pålitlig* reliable
rekapitulera recapitulate, sum up
reklam publicity, advertising, *annons,* **~bild** advertisement, *vard* ad, *GB äv* advert, **~inslag i TV, radio** commercial **få en massa ~ i brevlådan** get a lot of advertising in one's mail **göra ~ för** advertise **göra ~ för ngn** boost sb's business
reklamation *anmärkning* complaint, *krav på ersättning* [compensation] claim
reklambroschyr leaflet, folder
reklambyrå advertising agency
reklamera *anmärka på* complain about
reklamerbjudande special offer
reklamfilm commercial

reklamtecknare commercial artist
reklam-TV commercial TV (television)
rekommendation recommendation
rekommendera 1 recommend **2** *post* register **som ~t brev** by registered (*US* certified) mail
rekonstruera reconstruct
rekord record **slå ~ på 1 500 m** beat (break) the 1,500 metres record **Det slår alla ~!** Beat that!
rekordhög record ⟨*före sb*⟩ **vara ~** be at a record high
rekreation recreation
rekrytera recruit
rekrytering recruitment
rektangel rectangle
rektangulär rectangular
rektor headmaster, *kvinnlig* headmistress, *spec US* principal
rekvisita properties ⟨*pl*⟩, *vard* props ⟨*pl*⟩
rekvisition order, *milit* requisition
relatera 1 *återge* relate, give* an account of **2** *sätta* (*stå*) *i samband* relate ⟨**till** to⟩
relation relation **stå i ~ till** be related to
relativ relative **~t pronomen** relative pronoun
relegera expel
relevant relevant ⟨**för** to⟩
religion religion
religionshistoria history of religion
religionskrig religious war
religionskunskap *skolämne* religion
religiös religious
relik relic
reling rail
rem strap, *driv~ o svång~* belt
remi draw **det blev ~** the game ended in a draw
remiss 1 *skicka ngt på ~* ≈ circulate sth for comment **2** *medicin* referral
remittera *ärende o patient* refer
remouladsås remoulade
remsa strip
ren¹ SB *djur* reindeer ⟨*lika i pl*⟩
ren² ADJ *fri från smuts, äv bildl* clean, *oblandad* pure, *förstärkande* sheer, *neds* downright, *idel, bara* mere **~a drag** clean-cut features **~t guld** pure gold **ett ~t hjärta** a pure heart **en ~ lögn** a sheer (downright) lie **~ och snygg** neat and tidy **en ~ olyckshändelse** a pure accident **ett ~t samvete** a clear conscience **~t spel** fair play **göra ~** clean **göra ~t** ⟨**i ett rum**⟩ clean up ⟨a room⟩ **skriva ~t ngt** make a fair (clean) copy of sth **av en ~ tillfällighet** by [a] mere chance
rena purify **~ från synd** cleanse of sin
renat *brännvin* ≈ [unseasoned] schnapps
rengöra clean, *spec sår, hud* cleanse
rengöring cleaning
rengöringsmedel detergent, cleanser
renhet cleanness, *spec om luft, metall, språk* purity
renhållning *av gator* [street] cleaning, *sophämtning* refuse (*US* garbage) collection [service]
renlig cleanly
renlighet cleanliness
renlärig orthodox
renodlad pure **en ~ egoist** a downright egoist
renovera renovate, *restaurera* restore
renovering renovation, *restaurering* restoration
rensa *bär* pick over, *ogräs* weed, *fisk* gut, *rör o d* clean, *bildl* purge **~ luften** *bildl* clear the air **~ bort** clear away, remove, *ogräs o bildl* weed out **~ ut** *gallra ut* sort out
rent ADV **1** *sjunga ~* keep (sing) in tune **tala ~** speak properly **2** *alldeles* quite, completely, absolutely **han är ~ av** ⟨**den bäste**⟩ he is actually **du kanske ~ av gjorde honom en tjänst** you may even have done him a service **jag sa det ~ ut till honom** ⟨**att**⟩ I told him plainly **~ ut sagt** to put it bluntly, frankly **jag sa vad jag tyckte ~ ut** I simply (just) spoke my mind
rentvå clear ⟨**från** of⟩
renässans renaissance, revival
Renässansen the Renaissance
rep rope **hoppa ~** skip, *US* jump rope
repa¹ SB scratch
repa² VB **1** *skrapa* scratch **2 ~ upp** *stickning* unravel **repa sig** *äv ekon* recover, *vard* get* better
reparation repair[s]
reparatör repairman, *bil~ vanl* mechanic
reparera repair, *vard* mend, *äv bildl* put* ⟨sth⟩ right
repertoar repertoire
repetera 1 *upprepa* repeat, *läxa* go* through ⟨sth⟩ again, *spec större avsnitt* revise, *US* review **2** *musik, teat* rehearse
repetition 1 *upprepning* repetition, *av studieavsnitt* revision, *US* review **2** *musik, teat* rehearsal

repig scratched
replik 1 *svar* reply **snabb i ~en** quick at repartee **2** *teat* line
repmånad, göra (vara på) ~ ≈ do one's military refresher course
reportage report, *livfullt* story, *spec radio, tv* documentary **göra ~ om** report back on, cover
reporter reporter
representant representative ⟨**för** of⟩, *talesman* spokesperson
representation 1 representation **2** *värdskap* entertainment **ha mycket ~** entertain a great deal
representationsmiddag business dinner
representativ 1 *typisk* representative ⟨**för** of⟩ **2** *om bil o d* imposing, *om person* distinguished
representera represent
repressalier reprisals
repris repeat, rerun ⟨*båda:* **på** of⟩ **filmen sänds i ~** ⟨**nästa vecka**⟩ the film will be repeated
reproducera reproduce
reproduktion reproduction
reptil reptile
republik republic
republikan republican, *anhängare av det republikanska partiet i US* Republican
repövning ≈ military refresher course
resa¹ SB trip, *mer frml* journey, *sjö~* voyage, *flyg~* flight, *rund~* tour, **~ med bil, buss, mc äv** ride **enkel ~ kostar ...** the single (US one-way) fare is ... **~n hem (tillbaka)** the return journey ⟨*etc*⟩
resa² VB *till ett visst mål* go* ⟨**to**⟩, *av~* leave* ⟨**for**⟩, **~ utan mål o för ett företag** travel **~ utomlands** go abroad **tycka om att ~** like travel (travelling) **~ bort** go away **~ [i]genom** travel across, pass through
resa³ VB *placera i upprätt ställning* raise, set* (put*) up **Res på dig!** Get (Stand) up!
resa sig 1 *stiga upp* rise*, get* up **håret reste sig på hans huvud** his hair stood on end **2** *göra uppror* rise* [up], revolt ⟨*båda:* **mot** against⟩
researrangör tour operator
resebyrå travel agency
resecheck traveller's cheque
reseledare guide, tour leader
resenär traveller, *passagerare* passenger
reserv reserve, *sport äv* substitute
reservat reserve, *för indianer i US* reservation
reservation *förbehåll* reservation, *avvaktande hållning* reserve **med ~ för** ⟨**ändringar**⟩ subject to
reservdel spare part
reservdäck spare tyre
reservera reserve, *förhandsbeställa äv* book **reservera sig** make* a reservation ⟨**mot** against⟩
reservoar reservoir, *cistern* cistern, tank
reservoarpenna fountain pen
reservofficer reserve officer
reservutgång emergency exit
reseskildring *bok* travel book
resevaluta *utländsk valuta* foreign currency
resignation resignation
resignera resign oneself ⟨**inför** to⟩
reskamrat travelling companion
reslig tall, *om träd äv* lofty, *ståtlig* imposing
resmål destination
resning 1 *av monument o d* raising **2** *uppror* rising
resolution resolution
reson reason **ta ~** listen to reason
resonans resonance
resonemang discussion, *tankegång* argument[ation], reasoning
resonera discuss ⟨**om ngt** sth⟩, *utveckla en tankegång* argue, reason **~ igenom saken** talk it over
resonlig reasonable
respekt respect **ha ~ med sig** command respect
respektabel *äv ansenlig* respectable
respektera respect
respektfull respectful
respektingivande imposing **en ~ blick** a look that commands (commanded) respect
respektive¹ ADJ respective
respektive² ADV ⟨**Sverige och England**⟩ **ligger fyra ~ femma** lie fourth and fifth respectively
respektlös disrespectful ⟨**mot** to⟩
respektlöshet disrespect
respirator respirator
respons response ⟨**på** to⟩
rest *återstod* remainder, rest **~er mat~** leftovers **~erna av** ⟨**en gammal stad**⟩ the remains of **~en** ⟨**spelade bridge**⟩ *de övriga* the others **för ~en** ⟨**tycker jag**⟩ besides
restaurang restaurant **äta på ~** *äv* eat out

restaurangvagn restaurant car
restaurera restore
restaurering restoration
resterande remaining
restriktion restriction, limitation
restriktiv restrictive
restskatt back tax[es]
resultat result, *utgång äv* outcome ⟨*endast sg*⟩
resultatlös fruitless, ineffective
resultera result det hela ~de i att hon reste the whole thing resulted in her leaving
resumé summary, résumé
resurs resource ~er *finansiella* ~er assets, means
resurslärare extra teacher
resväg itinerary, route
resväska suitcase
resår 1 *spiralfjäder* [spiral] spring **2** ~band elastic ⟨*endast sg*⟩ en ~ a piece of elastic
resårstickning ribbing, ribbed knitting
reta 1 tease ⟨**för ngt** about sth⟩, *förarga, irritera* annoy, irritate det ~r mig ⟨**att**⟩ it's very annoying (irritating) ~ **upp sig** ⟨**på ngt**⟩ get oneself worked up ⟨about sth⟩ **2** *slemhinna o d* irritate, *stimulera* stimulate **reta sig** get˙ irritated ⟨**på ngt** about sth, **på ngn** with sb⟩
retas tease ⟨**med ngn för ngt** sb about sth⟩
retfull annoying, irritating
rethosta dry (hacking) cough
retlig 1 *lättretad* irritable **2** *retfull* irritating
retroaktiv retroactive ~ **lön** back pay
reträtt retreat slå till ~ beat a retreat
retsam 1 *som gärna retas* teasing **2** *förarglig* annoying ett ~t sätt a provocative manner
retur *äv bollsport* return sända i ~ return
returbiljett return [ticket], *US* round-trip ticket
returglas returnable bottle
returmatch return match
returnera return
retuschera retouch, touch up
reumatiker rheumatic
reumatisk rheumatic
reumatism rheumatism
rev¹ *fiske* [fishing] line
rev² *undervattensgrund, del av segel* reef
revalvera revalue, *US* revaluate
revalvering revaluation
revansch revenge ta ~ take one's revenge ⟨on⟩

revben rib
revbensspjäll *maträtt* ribs of pork
revir territory
revisor accountant, *äv icke yrkesmässig* auditor
revolt revolt, rebellion
revoltera revolt, rebel
revolution revolution
revolutionera revolutionize
revolutionär SB, ADJ revolutionary
revolver revolver
revy 1 *teat* revue, variety, show **2** ⟨**hela hans liv**⟩ passerade ~ passed in review
revär stripe
Rhen the Rhine
ribba lath, *mål*~ crossbar, *höjdhopp* bar
ribbstickad ribbed
ribbstickning ribbing
ribbstol wall bars ⟨*pl*⟩
ricinolja castor oil
rida ride˙ ~ **[på] en häst** ride a horse
ridbyxor riding breeches
riddare knight
ridhäst saddle (riding) horse
ridläger riding camp
ridlärare riding master
ridning riding
ridskola riding school
ridsport riding, *frml* equestrianism
ridspö riding whip
ridtur ride
ridå curtain inför öppen ~ *bildl* in public
rigg *äv oljeborrtorn* rig
rigga *sjö* rig ~ **av** unrig ~ **upp** ⟨**en antenn**⟩ rig up
rik rich ⟨**på in**⟩ de ~a the rich ett ~ **urval** a wide range
rike state, country Guds ~ the Kingdom of God
rikedom *förmögenhet* fortune, wealth ⟨*endast sg*⟩, *riklig förekomst* richness, wealth ⟨*båda:* **på in**⟩
riklig abundant, ample en ~ **måltid** a generous (liberal) meal **i** ~ **mängd** in abundance
rikligt ADV ~ **med solsken** plenty of sunshine
riksdag riksdag, *friare* parliament Sveriges ~ the Swedish Parliament (Riksdag)
riksdagshuset the Riksdag (Parliament)
riksdagsledamot member of the Riksdag, *av annat parlament* member of

riksdagsval general election
riksförbund national association
rikskuponger ≈ lunch vouchers
rikssamtal long-distance call
riksspråk standard language
riksväg trunk (main) road, *i US* interstate [highway]
rikta direct ⟨*mot* to[wards]⟩ ~ **sin uppmärksamhet på** direct one's attention to ~ **in sig på** *koncentrera sig på* be bent on ⟨[doing] sth⟩ **rikta sig, ~ till** *i ord* address oneself to, *om bok, kritik o d* be intended for
riktig 1 *korrekt, felfri* correct, *rätt* right, *sann* true **det enda ~a** the right thing **den ~a förklaringen** the true explanation **2** *äkta, verklig* real, *ordentlig, rejäl* proper **en ~ idiot** a downright idiot ⟨han har aldrig haft⟩ **ett ~t arbete** a proper job **på ~t** for real
riktighet correctness **intyga ~en av** verify
riktigt ADV **1** *korrekt, felfritt* correctly, *rätt* right[ly], *ordentligt* properly **Mycket ~!** Quite [so (right)]!, *som väntat* Sure enough! **döma ~** judge right **2** *gradadv* **jag vet inte ~** I don't know exactly **han är inte ~ klok** he's not [quite] right in the head **jag är inte ~ nöjd** I'm not quite satisfied
riktlinje direction **dra upp ~rna** lay down the outlines
riktmärke *sjö* bearing point, *bildl* target
riktning 1 *håll* direction **i båda ~arna** in either (each) direction **i nordlig ~** northward[s] **i ~ mot** in the direction of **2** *konst, polit o d* movement
riktnummer dialling (*US* area) code
rim rhyme **utan ~ och reson** without rhyme or reason
rimfrost hoarfrost
rimlig reasonable **inom ~a gränser** within reason
rimma *bilda rim* rhyme ⟨**med, på** with⟩ ⟨kan du⟩ **~ på 'home'** find a rhyme to 'home'
rimmad *lättsaltad* lightly salted
ring *äv sport* ring, *cirkel, krets* circle, *däck* tyre
ringa¹ ADJ *liten, föga* little, small, *obetydlig* slight, *enkel* humble **en ~ tröst** [a] poor consolation **inte den ~ste aning** not the slightest (least) idea ⟨trots⟩ **sin ~ ålder** his ⟨*etc*⟩ tender age
ringa² VB ring*, *tele äv* [tele]phone **~ ett samtal** make a [telephone] call **jag ringer dig** ⟨i kväll⟩ I'll phone (ring) you **det ringer** *på dörren* the doorbell is ringing, *i telefonen* the [tele]phone is ringing **det ringer i öronen på mig** my ears are ringing **det ringde fem signaler** there were five signals **~ efter ngn** ring for sb **~ på dörren** ring the doorbell **~ upp** ring (phone, call) up, give ⟨sb⟩ a ring
ringfinger ring finger
ringklocka bell, *vid dörr äv* doorbell
ringla, ~ [sig] wind, *om hår, rök* curl ⟨floden⟩ **~r fram** winds its way ⟨ormen⟩ **~r ihop sig** coils [itself up]
ringlek round dance, circle game
ringning ringing, *på dörrklocka o telefon* ring
rink rink
rinna run*, *flyta äv* flow, *strömma äv* stream
□ **rinna av: låta grönsakerna ~** drain the vegetables
□ **rinna i väg: tiden rinner i väg** time slips by
□ **rinna ut** run (flow) into **~ i sanden** *bildl* come to nothing
□ **rinna över** overflow
rinnande, ⟨kunna ngt⟩ **som ett ~ vatten** off pat
ripa *fjäll~, snö~* white grouse ⟨*lika i pl*⟩
ris¹ *sädesslag o tillagat* rice
ris² *kvistar* twigs ⟨*pl*⟩, brushwood
risgryn rice **ett ~** a grain of rice
risgrynsgröt rice pudding
rishög *gammal bil* old wreck
risig 1 *full av kvistar* twiggy, *snårig* scrubby **2** *om bil o d* ramshackle **känna sig ~** feel out of sorts
risk risk ⟨**för** of⟩ **löpa ~ att** run the risk of ⟨+ *ing-form*⟩ **det var ~ för att** there was a risk that **med ~ för att** at the risk of **på egen ~** at one's own risk
riskabel risky
riskera risk **~ att förlora** risk (run the risk of) losing
riskfri safe
riskfylld risky
riskzon danger zone **vara i ~en** be at risk
rispa¹ SB scratch
rispa² VB scratch
rista *skära* carve, cut*, engrave ⟨*alla:* **i** on⟩
rit rite
rita draw*, *konstruera* design **~ av** draw, *kopiera* copy

ritblock drawing pad
ritning drawing **efter ~arna** according to plan
ritt ride
ritual ritual
riva *klösa* scratch, *slita* tear*, *hus* tear* (pull) down, *i höjdhopp* knock the bar off, *med rivjärn* grate
☐ **riva av (bort, loss)** tear off
☐ **riva ner** *a) rasera* tear down *b) välta* knock down
☐ **riva sönder** tear to pieces
☐ **riva upp** *brev, sår* tear open, *gata* take (pull) up, *beslut* tear up, *minnen* rake up, *stickning* undo
riva sig scratch oneself **~ på benet** scratch one's leg
rival rival
rivalisera be rivals ⟨**om** for⟩
rivalitet rivalry
rivas scratch **Rivs inte!** Don't scratch
Rivieran the Riviera
rivjärn grater
rivning *av byggnad* demolition
rivningshus condemned building
rivstart roaring (*äv bildl* flying) start
ro¹ SB **1** peace, *stillhet äv* quiet, *vila äv* rest **behöva lugn och ~** need some peace and quiet **slå sig till ~** *a) dra sig tillbaka* settle down *b) göra det bekvämt för sig* make oneself comfortable **i godan ~** at one's leisure **2** *nöje* **för ~[s] skull** just for fun
ro² VB row, pull **R~ hit med flaskan!** Pass me the bottle! **~ ngt i land** pull sth off
roa amuse, *underhålla* entertain **vara ~d av** *musik o d* be interested in, *nöjen o d* like
roa sig *ha roligt* enjoy oneself, have a good time **~ med att göra ngt** amuse oneself [by] doing sth
robot 1 *maskin* robot **2** *vapen* [guided] missile
robust robust, sturdy
rock¹ *plagg* coat
rock² *musik* rock
rockgrupp rock group
rodd *äv som sport* rowing, **~tur** row
roddbåt rowing boat, *US* rowboat
roddtur row
roder *hela styranordningen o bildl* helm, **~blad** rudder
rodna go* red, *av blygsel äv* blush ⟨**båda: av** with, **över** at⟩
rodnad redness, *av skam o blygsel* blush, blushing
roffa, ~ åt sig grab
rofylld peaceful
rogivande restful, *om medel* tranquillizing
rojalism royalism
rojalistisk royalist
rokoko rococo
rolig *skojig* funny, comical, *underhållande* entertaining, *roande* amusing **en ~ historia** a funny story **Så ~t!** *bra* I'm so glad!, *skojigt* What fun! **det var väldigt ~t** it was great fun **hon är ~ att prata med** it's very nice talking with her **det är ~t att spela schack** playing chess is great fun **det var ~t att höra** ⟨**att**⟩ I am glad to hear **Vad ~t att ni kom!** How nice that you could come!
roligt ADV **ha ~** *ha kul* have fun, *ha trevligt* enjoy oneself, have a good time **ha ~ åt** ⟨**ngn**⟩ laugh at
roll role, part **~en som Hamlet** the part (role) of Hamlet ⟨**betygen**⟩ **spelar stor ~** ⟨**i skolan**⟩ play a large part (role) **det spelar ingen ~** ⟨**att**⟩ it doesn't matter **Vad spelar det för ~?** What difference does it make? ⟨**ångmaskinen**⟩ **har spelat ut sin ~** has had its day
rollator walking frame, walker
rollista cast
rollspel role-playing, *enstaka* role play
rom¹ *fisk~* [hard] roe **lägga ~** spawn
rom² *dryck* rum
Rom Rome
roman novel
romans romance
romansk *om arkitektur* Romanesque, *om språk* Romance
romantik 1 romance **2** *kulturrörelse* romanticism
romantiker romantic
romantisk romantic
romare Roman
romarriket the Roman Empire
romersk Roman **~ siffra** Roman numeral
rond round, *medicin* doctor's round[s]
rondell *trafik~* roundabout, *US* traffic circle
rop call, cry, *starkare* shout ⟨**alla: på** for⟩
ropa call, cry, *starkare* shout ⟨**alla: efter, på** for⟩ **~ på (till) ngn** call sb **~ upp ngn** call sb's name
ros rose
rosa¹ ⟨↔ **blått**⟩ SB, ADJ rose, pink

rosa² VB praise
rosett *som knyts* bow, *'fluga'* bow tie
rosévin rosé [wine]
rosig rosy
rosmarin rosemary
rossla wheeze **det ~r i bröstet** there is a wheeze in my ⟨*etc*⟩ chest
rost *på metall o växt* rust
rosta¹ *bli rostig* rust **~ sönder** rust away
rosta² *födoämne* roast, *bröd* toast **~t bröd** toast
rostbiff roast beef
rostfri rustless, *om stål äv* stainless
rostig rusty
rot *äv matem o språk* root **~en till allt ont** the root of all evil **gå till ~en med** strike (get) at the root of ⟨**rycka upp**⟩ **med ~en** by the roots **slå ~** *äv bildl* take root
rota *böka* root, *leta* rummage ⟨*båda*: **efter** for⟩ **~ fram** *dig* (dig) out, *leta fram* rummage out **~ i** ⟨**väskan**⟩ root (rummage) about in **~ i** ⟨**andras privatliv**⟩ poke one's nose into **rota sig** *äv bildl* root, take* root
rotad, djupt ~ deep-rooted
rotation rotation
rotera rotate
rotfrukt root [vegetable]
rotlös rootless
rotmos mashed turnips (swedes, US rutabagas)
rotselleri celeriac
rotting *material o käpp* cane
rottweiler Rottweiler
rotvälska gibberish
rouge rouge
roulett roulette
rov *byte för ~djur* prey, *annat byte* loot, spoils ⟨*pl*⟩
rovdjur predator[y animal], *däggdjur äv* beast of prey
rovfågel bird of prey
rubb, ~et the lot **~ och stubb** lock, stock and barrel
rubba *flytta på* move **~ ngns förtroende** shake sb's confidence **~ ngns cirklar** upset sb's plans **få dygnsrytmen ~d** *efter flygresa* suffer from jetlag
rubbad *tokig* mental, crazy
rubbning *medicin* disorder, *förskjutning* dislocation
rubel r[o]uble
rubin ruby

rubrik head[line] ⟨**ett TV-program**⟩ **med ~en ... entitled ...**
ruckel hovel, shack
ruff¹ *sjö* cabin
ruff² *sport* foul, rough play
ruffig *om byggnad, lokal* shabby
rufsa, ~ till ruffle, tousle
rufsig, han är ~ i håret his hair is tousled
rugby rugby [football], *vard* rugger
ruggig → ruskig
ruin ruin **på ~ens brant** on the verge of ruin
ruinera ruin **bli ~d** be ruined **ruinera sig** ruin oneself
ruinerande ruinous
ruljangs, sköta ~en run the show
rulla VB roll **~ tummarna** *äv bildl* twiddle one's thumbs **låta pengarna ~** throw one's money about **~ ihop** roll up **~ ihop sig** *om blad, hår* [curl] up **~ runt** roll over **~ upp** *ngt hoprullat* unroll **rulla sig** roll **~ i pengar** be rolling in money
rulle roll, *spole* spool, *för tråd o d* reel, *foto* [roll of] film **det var full ~** ⟨**på festen**⟩ hög stämning everyone was having a great time **med full ~** at top speed
rullgardin roller blind
rullskridsko roller skate **åka ~r** roller--skate
rullstensås boulder ridge
rullstol wheelchair
rullstolsbunden tied to one's wheelchair
rulltrappa escalator
rulltårta Swiss roll
rum room, *utrymme äv* space **den får inte ~** there is no room for it **lämna ~ för** make (*bildl*) leave room for **komma i första ~met** come first **äga ~** take place, *om möte* be held
rumpa rump, backside, *svans* tail
rumskamrat roommate
rumsren *äv skämts om person* housetrained
rumän Romanian
Rumänien Romania
rumänsk ⟨↔ engelsk-⟩ Romanian
rumänska ⟨↔ engelska⟩ **1** *språk* Romanian **2** *kvinna* Romanian woman
runa 1 *skrivtecken* rune **2** *döds~* obituary
rund ADJ round, *fyllig* plump, chubby **bli ~** *om person* fill out **vara ~ om kinderna** have chubby cheeks
runda¹ SB round **en ~ golf** a round of golf **gå en ~** *promenera* take a stroll **springa en ~**

go for a run **ta en ~ med bilen** go for a drive [in the car]
runda² VB round **~ av** ⟨*ett belopp*⟩ round off
rundvandring *visning* [conducted] tour ⟨**i** of, in⟩
runka wank, jerk off
runsten rune stone
runt¹ PREP round, *friare* around **dygnet ~** [a]round the clock **året ~** [all] the year round
runt² ADV *i cirkel* round, *friare* around **gå ~ omkring** walk around **låta ngt gå ~** *skicka* pass sth round **få det att gå ~** *ekonomiskt* make [both] ends meet **det går ~ i huvudet på mig** my head is swimming **slå ~ festa** live it up
runtom ADV **~ i landet** all over the country
rus *berusning* intoxication, *lycko~* ecstasy **gå omkring i ett ~** *bildl* be in a rapture (in ecstasies) ⟨over, about⟩ **sova ~et av sig** sleep it off
rusa rush, dash **~ i höjden** soar **~ mot** rush toward[s], *i anfall* rush at **~ fram till** rush (dash) up to **~ i väg** rush (dash) off **~ upp** *resa sig* spring to one's feet
rush *rusning* rush ⟨**efter** for⟩, *liv o rörelse, jäkt* hustle
rusk nasty (rough) weather
ruska VB shake˚ **~ liv i ngn** shake sb out of his ⟨*etc*⟩ sleep **~ på huvudet** shake one's head
ruskig *otäck* horrible, *otrevlig* nasty
rusning rush ⟨**efter** for⟩
rusningstid rush hour[s] **vid ~** at (in the) rush hours
russ ≈ Gotland pony
russin raisin
rusta 1 *milit* arm ⟨**mot** against⟩ **~ upp** rearm **2** *utrusta* equip, fit out **3 ~ upp** ⟨**en våning**⟩ do up, repair **~ upp** ⟨**sjukvården**⟩ improve **rusta sig 1** prepare [oneself] **2** *milit* arm [oneself]
rustik rustic
rustning *dräkt* suit of armour **i full ~** in full armour
ruta¹ SB *fyrkant* square, *i mönster* check, *fakta~* ⟨*i bok o d*⟩ box, *i fönster* pane, *TV-~* screen
ruta² VB **~ in** ⟨**sitt liv**⟩ map out **~d som schackbräde** chequered **~t papper** graph paper

ruter 1 *i kortspel* diamonds ⟨*pred i sg el pl*⟩ **ett ~** *bud* a diamond **2 det är ~ i henne** she has plenty of go (guts)
rutig checked, check ⟨*före sb*⟩, chequered
rutin *vana* routine, *erfarenhet* experience
rutinerad experienced, *skicklig* skilled
rutinkontroll routine check, *medicin* checkup
rutinmässig routine ⟨*före sb*⟩
rutscha slide˚
rutschbana slide
rutt route
rutten *äv bildl* rotten
ruttna rot, *om frukt, trä[d], mat* go˚ rotten
ruva *om fågel* sit˚ **~ på** ⟨**hämnd**⟩ brood on
ryamatta long-pile rug, rya [rug]
ryck *knyck* jerk, *dragning* tug, pull **göra ett ~** *sport* pull away **det var snabba ~** things happened fast **vakna med ett ~** wake up with a start **få ett ~** *arbetslust* get a sudden urge to work
rycka jerk, pull, **~ o slita** tug, *häftigt* wrench, wrest ⟨*alla:* **i** at⟩ **~ på axlarna** ⟨**åt**⟩ shrug one's shoulders ⟨at⟩ **det ryckte [till] i hans ansikte** his face twitched
□ **rycka bort** tear away
□ **rycka fram** *milit* advance
□ **rycka in** *för att hjälpa till* step in **~ i ngns ställe** replace sb **~ [till militärtjänst]** *inställa sig* report for duty **~ i** ⟨**en stad**⟩ march into
□ **rycka loss** pull off
□ **rycka med sig** *åhörare* carry away
□ **rycka sönder** pull apart (to pieces)
□ **rycka till** *om person* give a start **~ sig** snatch
□ **rycka undan** snatch away
□ **rycka upp** *ogräs* pull up (out), *dörr* pull open **~ sig** pull oneself together
□ **rycka ut** a) *tand, spik o d* pull out b) *om ambulans o d* turn out c) *avsluta militärtjänst* be released
□ **rycka åt sig** snatch, grab
ryckig jerky, *om sömn, lynne* fitful
ryckning ⟨↔ ryck⟩ *muskel~* twitch, *kramp~* spasm
rygg back **gå bakom ~en på ngn** *bildl* go behind sb's back **han vill ha ~en fri** he wants to have his retreat open **hålla** ⟨**ngn**⟩ **om ~en** back up **lägga benen på ~en** leg it ⟨**katten**⟩ **skjuter ~** arches its back
rygga, ~ [in]för recoil at, shrink from **inte**

~ för ngt stick (stop) at nothing **~ tillbaka (undan)** shrink away, recoil
ryggkota vertebra ⟨*pl* vertebrae⟩
ryggmärg spinal cord
ryggrad spine, *äv bildl* backbone
ryggsim backstroke
ryggskott lumbago
ryggstöd *på möbel* back ⟨**på** of⟩, *friare* back-rest
ryggsäck rucksack, *spec US* backpack
ryka 1 *avge rök* smoke **dammet ryker** the dust is flying **det ryker ur skorstenen** the chimney is smoking **~ in** smoke **2 ~ ihop** fly at each other **~ på** ⟨**ngn**⟩ go for **3** *gå förlorad* go* **där rök** ⟨**mitt körkort**⟩ there went
rykande ADV **~ färsk** *om bok, nyhet* hot off the press **~ varm** steaming (piping) hot
rykta *häst* groom
ryktas, det ~ ⟨**att**⟩ it is rumoured
rykte 1 *som sprids* rumour **enligt ~t har han** ⟨**vunnit**⟩ rumour has it that he has **2** *anseende* reputation, name **ha gott ~** have a good reputation (name) **ha ~ om sig att** be reputed to ⟨be⟩
rymd space, *himmel* sky **yttre ~en** outer space
rymdfarkost spacecraft ⟨*lika i pl*⟩
rymdfärd space flight
rymdmått cubic measure
rymdraket space rocket
rymlig spacious, *om väska, ficka o d äv* large
rymling fugitive, *från fängelse äv* escapee
rymma[1] *kunna innehålla* hold*, *innehålla* contain
rymma[2] *fly* run* away, *från fängelse äv* escape
rymmas ⟨↔ rymma[1]⟩ **det ryms** ⟨**20 bilar**⟩ there is room for
rymmen, på ~ on the run
rymning escape
rymningsförsök attempted escape
rynka[1] SB wrinkle, *i hud äv* line, *på kläder äv* crease
rynka[2] VB wrinkle **~ pannan** knit one's brows **~ på näsan åt** turn up one's nose at **rynka sig** crease
rynkig wrinkled, *om hud äv* lined, *fårad* furrowed
rysa shiver ⟨**av** with⟩ **jag ryser vid blotta tanken på det** I shudder to think of it
rysare thriller
rysk ⟨↔ engelsk-⟩ Russian

ryska ⟨↔ engelska⟩ **1** *språk* Russian **2** *kvinna* Russian woman
ryslig dreadful, terrible
rysligt ADV *väldigt* awfully, tremendously
rysning shiver, *spec av skräck o obehag* shudder
ryss Russian
Ryssland Russia
ryta roar ⟨**åt** at⟩
rytande SB roaring ⟨*endast sg*⟩ **ett ~** a roar
rytm rhythm
rytmisk rhythmic
ryttare rider, *manlig äv* horseman
rå[1] ADJ raw, *om person* rough, *om skämt* coarse, *om olja* crude, *om överfall* brutal, *om styrka* brute
rå[2] VB **jag ~r inte för det** I can't help it **jag ~r inte på honom** *bildl* he's too much for me **~ om** ⟨**ngt**⟩ own, be the owner of **~ om** ⟨**ngn**⟩ have ⟨sb⟩ to oneself
råd 1 advice ⟨*endast sg, ej obest art*⟩ **ett gott ~** a piece of good advice **dessa utmärkta ~ har hjälpt mig** this excellent advice has helped me **många goda ~** a lot of good advice **be ngn om [ett] ~** ask sb's advice **2 ~sförsamling** council **3 jag har ~ med det** I can afford it
råda 1 *ge råd* advise **2 ~ bot på** remedy **3 det råder brist på** there is a shortage of
rådande *förhärskande* prevailing, *nu gällande* present, current **den ~ uppfattningen** the prevailing view **under ~ förhållanden** in [the] present circumstances
rådgivare adviser, *kurator* counsellor
rådgivning advice, *yrkesmässig* counselling
rådgöra confer **~ med ngn om ngt** *äv* discuss sth with sb
rådhus town (city) hall
rådjur roe deer ⟨*lika i pl*⟩, *maträtt* venison
rådlös perplexed, helpless **vara ~** be at a loss
rådman district (*i stora städer* city) court judge
råg rye **få ~ i ryggen** ⟨**av**⟩ take courage ⟨from⟩
råga[1] SB **till ~ på allt** to crown (cap) it all
råga[2] VB heap [up] **en ~d sked** a heaped (*US* heaping) spoonful **nu är måttet ~t** that's the limit
rågummisula crepe [rubber] sole
råka VB **1** *möta* meet* **~ på** come (*person äv*

run) across **2** *komma, hamna* ~ **i fara** get into danger ~ **i gräl** fall out **de ~de i slagsmål** they came to blows ~ **ut för** *oväder* get caught in, *olycka* meet with, *sjukdom* catch, get, *en bedragare* fall into the hands of ~ **illa ut** get into trouble **3** *händelsevis komma att* happen **jag ~de ramla** I happened to fall
råkas meet* [each other]
råkost ≈ [vegetable and fruit] salad[s]
råma low, moo
råmaterial raw material
rån¹ *bakverk* wafer
rån² *brott* robbery
råna rob ~ **ngn på ngt** rob sb of sth
rånare robber
råolja crude [oil]
råris brown (unpolished) rice
råtta rat
råttfälla rat-trap, mousetrap
råttgift rat poison
råvara raw material
räcka VB **1** *ge, sträcka* hand, pass, reach ~ **ngn handen** offer sb one's hand ~ **varandra handen** shake hands ~ **fram handen** hold out one's hand ~ **upp handen** put up (raise) one's hand ~ **ut tungan** ⟨**åt**⟩ put (stick) out one's tongue ⟨at⟩ **2** *nå* reach **3** *vara tillräcklig* be enough, *pågå* go* on, *vara* last **Nu får det ~!** Enough of that, now! ⟨**lönen**⟩ **räcker inte långt** doesn't go far **maten räcker en vecka** there's enough food for a week
räcke rail, railing[s]
räckhåll reach **inom** ~ within reach
räckvidd reach, *för vapen, radio* range, *bildl* scope
rädd 1 afraid ⟨*ej före sb*⟩, *skrämd* scared, frightened ⟨*alla:* **för** of⟩ **~a människor** frightened (*ängsliga* timid) people **jag är ~ för att jag inte kan komma** I'm afraid I can't come **2** *aktsam, sparsam* careful ⟨**om** about, **with**⟩ **Var ~ om dig!** Take care!
rädda save, *undsätta äv* rescue, *bevara äv* preserve ~ **ansiktet** save face ~ **livet på ngn** save sb's life ~ **ngn från att drunkna** save sb from drowning **rädda sig** save oneself ⟨**ur** from⟩ ~ **i land** manage to reach the shore
räddare rescuer, *befriare* deliverer
räddning saving, *undsättning* rescue, *i fotboll* save, *bärgning,* ~ **av ägodelar** salvage **det blev min ~** that was my salvation

räddningsarbete *vid undsättning* rescue work, *vid bärgning* salvage work
räddningsmanskap rescue party (team)
räddningsplanka *bildl* last resort (hope)
rädisa radish
rädsla fear, dread ⟨*båda:* **för** of⟩ **av ~ för att förarga** for fear of annoying
räffla SB groove
räfsa¹ SB rake
räfsa² VB rake
räka shrimp ⟨*pl lika el* -**s**⟩, *större* prawn
räkenskap account **föra ~er** keep accounts
räkna ⟨↔ räknas⟩ **1** count, reckon ~ **kassan** cash up ~ **ngn bland sina vänner** count (reckon) sb among one's friends ~ **fel** *äv bildl* calculate wrongly **grovt ~t** roughly **högt ~t** at a high estimate ~ **med** count (reckon) on, *ta med i beräkningen* allow for, *vänta sig* expect ~ **med att** ⟨**ngt ska hända**⟩ count on ⟨sth to happen⟩ **2** *uppgå till* number ⟨**hans dagar**⟩ **är ~de** are numbered
▢ **räkna av (ifrån)** deduct
▢ **räkna efter** *beräkna* work out, calculate
▢ **räkna ihop (samman)** *en summa* add up
▢ **räkna in (med)** count in, *i priset* include ⟨in⟩
▢ **räkna om** *om valuta* convert into
▢ **räkna upp** *nämna* enumerate
▢ **räkna ut** *a) beräkna* work out, calculate, *fundera ut* think (figure) out, *förstå* make out *b) ett tal* work out
räknare calculator
räknas *gälla* count, *betraktas* be regarded ⟨**som** as⟩ **det som ~** ⟨**är flit**⟩ what counts
räkneord numeral
räkning 1 *samman~* count, *räknande* counting, *matematik* arithmetic **tappa ~en på** lose count of **2** *faktura* invoice, *nota* bill, *US* check ⟨*alla:* **på** for⟩ **betala ~arna** pay the bills, settle the accounts **skriva ut en ~** make out a bill (an invoice) ⟨**jag köpte den**⟩ **för hans ~** for him **det får stå för din ~** that's what you think
räls rail **~en** *järnvägsspåret* the rails ⟨*pl*⟩ **det går som på ~** it goes like clockwork
ränna¹ SB *för vätska, äv farled* channel, *avlopps~* drain
ränna² VB run* ~ **i höjden** shoot up ~ **omkring** run about
rännande, det har varit ett förfärligt ~ people have been running in and out

rännil rivulet, *av svett o d* trickle
rännsten gutter
ränta interest ⟨*endast sg*⟩ **ge 8 % ~** bear (yield) 8 per cent interest
rät *om linje* straight, *om vinkel* right **i ~ vinkel** ⟨**mot**⟩ at right angles ⟨to, with⟩ **~ maska** plain
räta VB *~ ut* straighten **~ på benen** stretch one's legs **~ på sig** straighten oneself up
rätsida right (*stickning* plain) side **få ~ på** put ⟨sth⟩ right
rätstickning plain stitch
rätt¹ SB *mat~* dish **dagens ~** today's special
rätt² 1 SB *motsats till 'fel'* **få ~** prove right **ge ngn ~** admit that sb is right **ha ~** ⟨**i ngt**⟩ be right ⟨about sth⟩ **med ~ eller orätt** rightly or wrongly
2 SB *rättighet* right, *rättvisa* justice **få ~** *inför domstol* win the case **göra ~ för sig** a) *betala* pay one's way b) *göra nytta* do one's [full] share **ha ~ att** ⟨**använda**⟩ have the right to **ha ~ till** ⟨**ngt**⟩ have a right to **komma till sin ~** a) *göra sig själv rättvisa* do oneself justice b) *ta sig bra ut* show to advantage **åren började ta ut sin ~** age was beginning to tell **vara i sin fulla ~** ⟨**att**⟩ be quite within one's rights
3 SB *domstol* court [of justice] **ställas inför ~en** be brought to trial **fallet ska upp i ~en** ⟨**nästa vecka**⟩ the case is to be tried ⟨**inställa sig**⟩ **inför ~en** in court
4 ADJ right, *korrekt äv* correct, *rättmätig* rightful, *riktig, passande äv* proper, *exakt, sann* true, *rättvis* fair **den ~e** the right man **den ~a** the right woman **det ~a** the right thing **den ~e ägaren** the rightful (proper) owner **det är inte mer än ~ att du får den** it is only fair that you [should] have it **det är ~ åt honom** it serves him right **~ ska vara ~** fair is fair **i ~ tid** *punktligt* on time **på ~ sätt** [in] the right way
rätt³ ADV 1 *riktigt, korrekt* right[ly], correctly **~are sagt** [to put it] more exactly **döma ~** judge right (correctly) **du gjorde ~ som reste** you were right to go **Går din klocka ~?** Is your watch right? **leta ~ på** find **träffa ~** hit the mark **när jag tänker ~ på saken** on second thoughts
2 *rakt* right, straight **~ fram** right (straight) ahead **~ norrut** due north ⟨**tavlan**⟩ **hänger inte ~** is not [hanging] straight ⟨**bilen kom**⟩ **~ mot mig** straight (right) at me **titta ngn ~ i ögonen** look sb straight in the eye
3 *ganska* rather, *svagare* quite, *vard* pretty **det är ~ varmt här** it's rather (quite) hot here **jag tycker ~ bra om honom** I quite (rather) like him
4 **~ och slätt** [quite] simply **~ som det var** all of a sudden

rätta¹ SB 1 **inför ~** → **rätt²** 2 **finna sig till ~** settle in, *vard* find one's feet **hjälpa ngn till ~** lend sb a hand **komma till ~** be found **komma till ~ med** manage, handle, *avhjälpa* remedy **sätta sig till ~** settle oneself down **tala ngn till ~** make sb see reason **visa ngn till ~** *vägleda* show sb the way about **och det med ~** and rightly so

rätta² VB *korrigera* correct, set* ⟨sb, sth⟩ right, *skrivning* mark, US grade **~ till** *slips, tavla o fel* put (set) ⟨sth⟩ straight **rätta sig, ~ efter reglerna** follow the rules **~ efter** ⟨**ngns önskningar**⟩ comply with **~ efter** ⟨**omständigheterna**⟩ adapt oneself to **veta vad man har att ~ efter** know where one stands

rättegång trial ⟨**mot** of⟩, *spec civilmål* lawsuit, action ⟨*båda:* **mot** against⟩ **förlora en ~** lose a case

rättegångsförhandlingar court proceedings

rättegångskostnader legal costs

rättelse correction

rättesnöre guiding principle

rättfram straightforward

rättfärdiga justify

rättighet right **ha ~ att** have a (the) right to **ha fullständiga ~er** *om restaurang* be fully licensed

rättmätig legitimate

rättning ⟨↔ **rätta²**, **rättelse**⟩ *korrigering* correction, *av skrivning äv* marking, US grading

rättshjälp public legal aid

rättskrivning orthography, *skolämne* spelling

rättslig legal **på ~ väg** by legal means

rättsläkare medicolegal expert (US examiner)

rättslös without legal rights

rättssal court[room]

rättsstat state governed by law

rättvis just ⟨**mot** to, toward[s]⟩, fair ⟨**mot** to⟩ **en ~ seger** a just victory **det är inte ~t** ⟨**att han får mest**⟩ it's not fair **en ~ bild** ⟨**av läget**⟩ a correct (true) picture

rättvisa justice, fairness **göra ~ åt** do justice to **låta ~n ha sin gång** let justice have its course
rätvinklig right-angled
räv fox
rävsax fox trap
röd red **den ~a tråden** the thread **~a hund** German measles ⟨*pred i sg*⟩ **Röda korset** the Red Cross **~a kinder** *av hälsa* rosy cheeks **det är rött** *trafik* the lights are red **köra mot rött** go through a red light
rödbeta beetroot, *US* beet
rödhake robin [redbreast]
rödhårig red-headed, *morotsfärgad* carroty
röding char[r] ⟨*pl lika el* -s⟩
Rödluvan Little Red Riding Hood
rödlätt ruddy, *om hår* reddish
rödpenna red pencil (*kulspetspenna* pen)
rödsprit methylated spirit[s], *GB vard* meths ⟨*pl*⟩
rödspätta plaice ⟨*lika i pl*⟩
rödtunga smear dab, *maträtt* lemon sole
rödvin red wine
röja¹ *avslöja* reveal, disclose, *förråda* betray
röja² clear **~ väg** ⟨*genom skogen*⟩ clear a way **~ väg för** *bildl* clear (pave) the way for **~** ⟨**ngn**⟩ **ur vägen** get rid of
▫ **röja av** *ett bord* clear
▫ **röja undan** clear away, *bevis* destroy
▫ **röja upp** *städa* tidy (clear) up
▫ **röja ur** *en garderob* clear out
rök smoke **gå upp i ~** *försvinna* vanish into thin air
röka *tobak, matvaror* smoke **~ pipa** smoke a pipe
rökare smoker
rökelse incense
rökfri *om person* non-smoking, *om lokal* smoke free
rökförbud, det råder ~ smoking is prohibited
rökhosta smoker's cough
rökig smoky, smoke-filled
rökkupé smoking compartment, *vard* smoker
rökning smoking **~ förbjuden** no smoking
rökruta smoking area [for pupils]
röksvamp puffball
rökt smoked, smoke-dried
rön *forsknings~* results ⟨*pl*⟩, *vid utredning o d* finding
röna *intresse, uppskattning o d* meet* with **~ framgång** be successful

rönn rowan
rönnbär rowanberry
röntga X-ray
röntgen *~stråle* X-ray **behandla med ~** X-ray
röntgenbild X-ray [picture]
rör *ledning* pipe, *spec vet o tekn* tube
röra¹ SB mess, *oreda äv* muddle, *blandning* mix **en enda ~** a regular mess
röra² VB **1** *sätta i rörelse,* **~ på** move, *spec med små rörelser, äv* **~ omkring** [*i*] stir **han rörde inte ett finger** he didn't stir a finger **Rör på benen!** Get a move on! **~ på sig** move **2** *vid~, be~* touch **Inte ~!** Don't touch! **bli rörd till tårar** be moved (touched) to tears **3** *angå* concern **det rör mig inte i ryggen** I don't care (give) a hang **Vad rör det mig?** What's that [got] to do with me?
▫ **röra i ngt i ngt** stir sth into sth
▫ **röra ihop** *a) kok* mix *b) bildl* mix up
▫ **röra om i** stir
▫ **röra till** *bildl* mess up
▫ **röra upp** stir up **~ himmel och jord** move heaven and earth
röra sig move, *spec göra små rörelser* stir ⟨**inte ett löv**⟩ **rörde sig** was stirring **~ i fina kretsar** move in high circles **ha mycket pengar att ~ med** have a lot of money at one's disposal **det rör sig om mycket pengar** there's a lot of money involved **det rör sig om** *handlar om* it is about **inte ~ ur fläcken** not budge
rörande PREP concerning, regarding
rörelse 1 movement **hålla sig i ~** keep moving **sätta i ~** get ⟨sth⟩ going, *fantasi* stir **vara i ~** be moving (in motion) **starka krafter är i ~** strong forces are at work **2** *företag, affärs~* business, firm **3** *sinnes~* emotion
rörelsefrihet freedom of movement (*bildl* of action)
rörelsehindrad ADJ disabled
rörig *stökig, oordnad* messy, *virrig* confused
rörledning pipe, *för vatten äv* conduit, pipeline
rörlig mobile, mov[e]able, flexible, *om person* active **ett ~t ansikte** a lively face **~a delar** moving parts **ett ~t intellekt** a versatile mind
rörmokare plumber
rörsocker cane sugar
röst 1 *stämma* voice **med hög ~** in a loud voice **2** *vid val* vote **med en ~s övervikt** by a

majority of one
rösta vote ⟨**för, på** for, **mot** against, **om** on⟩ **~ blankt** hand in a blank ballot **~ ja** vote yes **Låt oss ~ om saken!** Let's have a vote on it!
röstberättigad ADJ entitled to vote
rösträtt [right to] vote **allmän ~** universal suffrage **ha ~** have the vote
röstsedel ballot
röta 1 *äv bildl* rot 2 *tur* luck
rött ⟨↔ blått⟩ SB red
rötägg nasty piece of work, rat
röva rob **~ ngt från ngn** rob sb of sth **~ bort** *ngn* kidnap
rövare robber **leva ~ bråka o väsnas** raise hell
rövarhistoria cock-and-bull story

S

sabba *vandalisera* wreck, smash [up], *förstöra* spoil
sabbat Sabbath
sabbatsår *ett år ledigt* year off
sabel sabre
sabotage sabotage
sabotera sabotage
sabotör saboteur
sacka, ~ efter lag (drop) behind
sadel saddle
sadism sadism
sadistisk sadistic
sadla saddle **~ av** unsaddle **~ på** saddle [up]
safari safari
saffran saffron
saft 1 *ur frukt, grönsak, kött* juice, *spec av citrusfrukt* squash, *dryck äv* fruit drink 2 *koncentrerad, kokt ~* cordial
saftig *äv bildl* juicy
saga *berättelse för barn* fairy tale (story)
sagobok book of fairy tales
sagolik fabulous, fantastic
Sahara the Sahara [Desert]
sak 1 *föremål* thing, object 2 *förhållande, angelägenhet, ~fråga* matter, point **~er och ting** things, matters **Det är inte din ~!** That's none of your business! **det är ingen lätt ~** ⟨**att**⟩ it's no easy matter **~ samma** it doesn't matter **Vad gäller ~en?** What is it [all] about? **det gör inte ~en bättre** that doesn't make it (things) any better **~en är den** ⟨**att**⟩ the thing is **S~ är klar!** That settles the matter (it)! **det har inte med ~en att göra** it's beside the point **Så var det med den ~en!** That's that! **tänka på ~en** consider the matter **komma till ~en** come (get) to the point 3 **~** *att kämpa el tala för* cause
sakkunskap expertise
saklig objective
saklighet objectivity

sakna 1 *längta efter* miss 2 *inte ha tillräckligt av äv* be short of, *vara i stort behov av* be in want of ~ **[all] grund** be unfounded **han ~de medlemmarnas stöd** he did not have the support of the members 3 *inte finna, ha förlorat* have lost **jag ~r min kamera** I can't find (have lost) my camera ~ **ord** be at a loss for words
saknad SB *känsla* sense of loss **känna ~ efter** miss
saknas, två personer ~ har försvunnit two people are missing **det ~ ingenting** *det råder inte brist på ngt* nothing is lacking **det ~ folk** there is a shortage of people
sakta¹ ADJ **i ~ mak** at a leisurely pace
sakta² ADV slowly **klockan går för ~** the clock (watch) is slow **köra ~** go slow[ly] **S~ i backarna!** Easy [does it]!, Take it easy!
sakta³ VB **~ av (in, ner)** slow down
sal *i offentlig lokal* hall, *matsal* dining room, *salong* drawing room, *i skola* classroom, *på sjukhus* ward
saldo balance
salig, en ~ röra a complete mess
saliv saliva **avsöndra ~** salivate
sallad 1 *grönsak* lettuce 2 *maträtt* salad
salladssås salad dressing
salong *i bostad* drawing room, *i palats* salon, *på båt* saloon, *i hotell* lounge, *teater, bio* auditorium
salt 1 SB salt **ta ngt med en nypa ~** take sth with a pinch of salt 2 ADJ salt, salty **den är för ~** it is too salty **~a bad** saltwater baths **~a jordnötter** salted peanuts **~ sill** salt herring
salta salt **~ notan** salt (pad) the bill **~ in** salt down
saltgurka pickled gherkin
saltkar saltcellar
saltsyra hydrochloric acid
saltvatten salt water
salu, till ~ for sale
saluhall covered market
salut salute
salutorg market [place]
salva¹ *skott o bildl* salvo ⟨*pl* -[e]s⟩, volley
salva² *för sår el hud* ointment, salve
samarbeta work together, cooperate, *spec på gemensamt projekt el med fiende* collaborate
samarbete cooperation, *spec om gemensamt projekt el med fiende* collaboration, *med partner* partnership **i ~ med** in collaboration with
samarbetssvårigheter cooperation difficulties
samarbetsvillig cooperative
samband link, connection **stå i ~ med** be connected with **i ~ med** in connection with
sambo SB cohabitant, *vard* live-in, cohab
same Lapp, Laplander, Sami ⟨*lika i pl*⟩
samexistens coexistence
samfund *kyrkligt* ~ communion, *förening* association, society, *lärt* ~ academy
samfärdsmedel means of transport ⟨*lika i pl*⟩
samförstånd understanding, agreement **i bästa ~** in an atmosphere of complete understanding
samhälle 1 society, *när~* community **~t** society, the community 2 *tätort vanl* town, *mindre* village, *friare* place 3 *djur~* colony
samhällelig social, *medborgerlig* civil, civic
samhällsklass social class
samhällskunskap civics ⟨*pred i sg*⟩
samhällsorienterande, ~ ämnen ≈ social studies
samhällstjänst community service
samhällsvetenskap social science
samhörighet solidarity
samisk Lapp[ish], Sami
samklang harmony, accord
samköra coordinate, *dataregister* link, merge
samkörning coordination, *av dataregister* linked processing, linking
samla gather, *spec mer systematiskt* collect, *spec personer* assemble, *slå ihop resurser* pool **~ sina anhängare** rally one's supporters **~ damm** collect (gather) dust **~ på hög** accumulate **~ ihop sina saker** get (gather) one's things together, collect one's things **~ in** collect **~ upp** gather up **samla sig** collect oneself, concentrate **~ kring** ⟨*ngn*⟩ *till stöd* rally round
samlad ⟨↔ samla⟩ 1 **~e skrifter** collected works **våra ~e tillgångar** our total assets **i ~ trupp** all together 2 *lugn* collected, composed
samlag [sexual] intercourse ⟨*endast sg*⟩
samlare collector
samlarvärde, de har ~ they are collector's items

samlas gather, assemble, come* (get*) together **det ~ en massa damm här** a lof of dust collects here **vi ~ igen ⟨om en timme⟩** we'll meet again **eleverna ~ kring sin lärare** the pupils gather around their teacher **~ kring ledaren** rally round the leader **~ till ett möte** assemble for a meeting

samlevnad 1 fredlig ~ peaceful coexistence **2** *om parförhållande* life together

samling 1 *av människor* gathering, meeting, *mer frml* assembly **2** *folk~* crowd, *neds* gang, pack, *anhopning, mängd* bunch **en stor ~ ungdomar** a large crowd of young people **3** *av saker, dikter o d* collection **4** *inre ~, lugn* composure

samlingslokal assembly (meeting) hall
samlingsplats meeting-place
samlingsregering coalition government
samliv life together, *sexualliv* sex life
samma the same ⟨**som** as⟩ **det är sak ~** *a) det går på ett ut* it comes to the same thing *b) det gör det~* it doesn't matter, never mind **redan ~ dag** that very day **på ~ gång** ⟨**som**⟩ at the same time ⟨as⟩ **på ~ sätt** in the same way

samman ⟨↔ **binda ~, drabba ~, ta sig ~** etc⟩ together **gå ~ samverka** join forces, *om företag* merge

sammanbiten very resolute (determined)
sammanblandning confusion, mix-up
sammanbrott breakdown, collapse
sammandrabbning confrontation, clash
sammandrag summary **i ~** in brief
sammandragning 1 contraction **2** *av trupper* concentration
sammanfalla coincide
sammanfatta summarize, sum up
sammanfattning summary
sammanfattningsvis to sum up
sammanföra bring* together **~ ngn med ngn** introduce sb to sb
sammangadda sig gang up ⟨**mot** on, against⟩
sammanhang *samband* connection, *logiskt samband* coherence, *omgivande omständigheter o text~* context **förstå hela ~et** grasp the whole situation **sakna ~** be incoherent **i detta ~** in this context (connection) **i vardagliga ~** in everyday matters

sammanhållen *odelad* undivided, unified, *sammanhängande* coherent, connected
sammanhållning *solidaritet* solidarity, *enighet* unity **en familj med stark ~** a close--knit family
sammanhängande connected, *logiskt* coherent, *i följd* consecutive
sammankalla call, summon **~ [till] ett möte** call a meeting
sammankomst get-together, *möte* meeting
sammanlagd total **våra ~a inkomster** our combined incomes
sammanlagt ADV **~ fem gånger** five times in all **vinna ~** win on aggregate
sammansatt composite, *om ord* compound, *komplicerad* complicated **vara ~ av** consist of
sammanslagning *av företag* merger
sammanslutning *förening* association, society
sammansmältning fusion
sammanställa put* together
sammanställning compilation, *lista* list ⟨*båda:* **över** of⟩
sammanstötning *kollision* collision, *strid, konflikt* clash, conflict
sammansvetsad *om familj o d* close-knit
sammansvuren, de sammansvurna the conspirators
sammansvärja sig conspire, plot ⟨*båda:* **mot** against⟩
sammansvärjning conspiracy, plot
sammansättning 1 *montering* assembly **2** *sätt på vilket ngt är sammansatt* composition, *vard* make-up, *kombination* combination **3** *språk* compound
sammantaget in all
sammanträda meet*, *överlägga* confer
sammanträde meeting **sitta i ~** be in a meeting
sammanträffa meet* **~ med ngn** *planerat* meet sb, *av en händelse* run into sb
sammanträffande 1 *möte* meeting **2 ett egendomligt ~** a curious coincidence
sammet velvet
samordna coordinate
samordning coordination
samproduktion co-production
samråd consultation
samröre association, involvement, *med fiende* collaboration **ha ~ med** be involved with, *med fiende* collaborate with

sams, bli ~ [igen] make [it] up **vara ~** be friends
samsas *komma överens* agree ⟨**om** on⟩ **inte kunna ~** not get on (along) well together **~ om utrymmet** share the space
samspel *ömsesidig påverkan* interplay, interaction, *lagarbete* teamwork
samspelt, de är ~a they are a good combination, they work (*i lagspel* play) well together
samstämmig unanimous
samsända *radio, tv* transmit (broadcast*) ⟨sth⟩ simultaneously
samt KONJ and [also], as well as
samtal talk, *konversation* conversation, *telefon~* call **föra ett ~** carry on a conversation
samtala talk ⟨**om** about⟩, *diskutera* discuss ⟨**om ngt** sth⟩
samtalsämne subject (topic) of conversation **byta ~** change the subject
samtidig simultaneous
samtidigt ADV simultaneously, at the same time **~ som** *just som* just as
samtliga all **~ närvarande** all those present
samtycka consent
samuraj samurai ⟨*lika i pl*⟩
samvaro time together **tisdagskvällens ~** ⟨**avslutades med**⟩ Tuesday night's gathering (get-together)
samverka cooperate, *om krafter, idéer o d* interact
samverkan ⟨↔ samverka⟩ cooperation, interaction
samvete conscience **ha gott ~** have a good conscience **med gott ~** with a clear conscience
samvetsgrann conscientious, scrupulous
samvetskval remorse
samvetslös unscrupulous
samvälde, [det] brittiska ~t the [British] Commonwealth
samåka have a car-pool, travel [to work] in the same car
sand sand
sanda sand, grit
sandal sandal
sanddyn [sand] dune
sandig sandy
sandkorn grain of sand
sandlåda sandbox

sandpapper sandpaper ⟨*endast sg*⟩ **ett ~** a piece of sandpaper
sandstrand sandy beach
sanera 1 *stränder o d* clean up **2** *företag* reconstruct, reorganize **3** *hus* renovate, *område* redevelop, clear, *riva* pull down
sanering ⟨↔ sanera⟩ **1** clean-up **2** reconstruction, reorganization **3** renovation, redevelopment, clearance
sanitär sanitary
sank 1 SB **skjuta i ~** sink **2** ADJ waterlogged, swampy
sankmark swamp, marsh
sankt saint ⟨*förk* St[.]⟩ **Sankte Per** Saint Peter
sanktbernhardshund St (Saint) Bernard
sanktion sanction **sätta in ~er mot** impose sanctions against (on)
sann true ... , **inte sant?** *eller hur* ... , isn't it?, ... , don't you? ⟨*etc*⟩ **det var så sant,** ⟨**jag skulle ...**⟩ by the way, that reminds me
sannerligen *verkligen* really, *minsann* indeed
sanning truth **~en att säga** to tell [you] the truth **~en är den** ⟨**att**⟩ the truth (fact) of the matter is **tala ~** say (speak, tell) the truth **säga ngn ett ~ens ord** tell sb a few home truths
sanningsenlig truthful, *sann* true
sannolik probable, likely
sannolikhet likelihood, probability **med all ~** in all likelihood (probability)
sannspådd, han blev ~ his predictions came true
sansa sig calm down
sansad *lugn, fattad* sober, collected, *vettig* sensible
sanslös *besinningslös* reckless, *vanvettig* frantic
sardell anchovy
sardin sardine
Sardinien Sardinia
sarg *ishockey* boards ⟨*pl*⟩
sarga gash, *illa tilltyga* mangle
sarkastisk sarcastic
satan Satan **S~ [också]!** Hell! **Din ~s idiot!** You bloody idiot! **en ~s massa folk** a hell of a lot of people
satellit satellite
satellitsändning satellite transmission
satellit-TV satellite television
satir satire
satirisk satirical

satkärring bitch
sats 1 *språk* clause, *mening* sentence **2** *uppsättning* set **3** *viss mängd deg o d* batch, *dos* dose **4** *sport* **ta ~** take a run **5** *musik* movement
satsa *riskera* stake, venture, *investera* invest **~ på** *t ex en häst* bet on **~ på tennis** go in for tennis **~ för fullt** go all out
satsdel, ta ut ~arna analyse (parse) a sentence
satsning *spec djärv* venture, *investering* investment, *koncentrerade ansträngningar* concentration of efforts, *kampanj etc* drive
satt *kort o grovt byggd* stocky, squat
sattyg, hitta på ~ be up to mischief
Saturnus Saturn
satäng satin
Saudiarabien Saudi Arabia
sav sap
savann savanna[h]
sax scissors ⟨*pl*⟩ **en ~** a pair of scissors
saxofon saxophone
scarf scarf ⟨*pl* scarfs *el* scarves⟩
scen *på teater* stage, *del av pjäs, gräl, bildl* scene **ställa till med en ~** make a scene **bakom ~en** *äv bildl* behind the scenes
scenarbetare stagehand
scenario scenario
sceningång stage door (entrance)
scenskola drama school
schabbel *enstaka* bungle, blunder, *vard* cock-up **en massa ~** a lot of blundering (bungling)
schabbla, ~ med fumble with **~ bort** fritter away
schablon *bildl* cliché, stereotype
schablonmässig stereotype[d], conventional
schack SB *spel* chess **ett parti ~** a game of chess **hålla i ~** *bildl* keep in check
schackbräde chessboard
schackdrag move
schackmatt checkmate **göra ~** checkmate
schackpjäs chessman, chess piece
schakal jackal
schakta ~ bort *jord* remove
schal → sjal
schampo shampoo
schamponera shampoo
scharlakansfeber scarlet fever
schasa, ~ bort shoo away

schejk sheik[h]
schema *timplan* timetable, US schedule, *tids~, tidsplan* schedule, programme
schematisk rough, *tekn* schematic
schimpans chimpanzee
schism schism, split
schizofren schizophrenic
schizofreni schizophrenia
schlager popular song, hit
schlagersångare popular singer
Schweiz Switzerland
schweizare Swiss ⟨*lika i pl*⟩
schweizerost Swiss cheese, Emmenthal[er]
schweizisk ⟨↔ engelsk-⟩ Swiss
schweiziska ⟨↔ engelska⟩ Swiss woman
schvung gusto, verve
schysst ⟨↔ just[1]⟩ *bra* great, *hygglig* decent
schäfer Alsatian, US German shepherd
scout [boy] scout, *flick~* [girl] guide, US girl scout
scoutledare scoutmaster, *för flickscouter* guider
se ⟨↔ ses⟩ see*, *titta* look **jag ~r bra utan glasögon** I can see properly without glasses **det återstår att ~** that remains to be seen **Kom och ~ själv!** Come and see (look) for yourself **~ på TV** watch (look at) TV **S~ så!** *tröstande* There, there!
□ **se efter** a) *barn etc* look after b) *kolla* check
□ **se fram emot** look forward to **jag ser fram emot att träffa dem** I'm looking forward to meeting them
□ **se igenom** look through
□ **se ner på** look down on
□ **se på** watch, look on **Ser man på!** Well, well!
□ **se till** a) *se* see b) *titta till* see to c) *tillse* make sure ⟨that⟩
□ **se upp: S~ för ficktjuvar!** Beware of pickpockets **S~ för trappsteget!** Mind the step
□ **se ut: Hur ser hon ut?** What does she look like? **det ser lätt ut** it looks easy
se sig, ~ i spegeln look at oneself in the mirror **~ för** watch out **~ om** a) *titta bakåt* look round (back) b) *gå runt och titta* have a look round
seans seance
sebra zebra
sed custom **~er och bruk** manners and

customs **man får ta ~en dit man kommer** ≈ when in Rome do as the Romans do
sedan¹ PREP since ända ~ ⟨**medeltiden**⟩ ever since ~ **dess** since then
sedan² ⟨*med kortformen* **sen**⟩ ADV then, *efteråt äv* afterward[s], after that, *senare* later **Vad kommer ~?** What comes next? **det är länge ~** it's a long time ago **för tio år ~** ten years ago **Och så dyr sen!** And so expensive too! **Än sen då?** So what?
sedan³ KONJ *alltsedan* since, *efter det att* after ~ **han släckt överallt** ⟨**smög han sig ut**⟩ after he had put out the lights, after putting (having put) out the lights
sedel [bank]note, *US äv* bill
sedelautomat *på bensinstation* banknote-operated pump
sedermera *senare* subsequently, later on
sedlig moral
sedlighet morality
sedlighetsbrott sexual offence
sedvanlig customary, *vanlig* usual
sedvänja custom, *praxis* practice
seg tough, *om kola* chewy, *långtråkig* boring **~a råttor** fruit gums
sega sig, ~ upp drag oneself up, struggle up **~ uppför backen** *om tåg, bil* plod along up the hill
segel sail **hissa ~** hoist the sails
segelbåt sailing boat, *spec US* sailboat
segelflygning gliding, sailplaning
segelflygplan glider, sailplane
segelsport yachting
seger victory, *sport äv* win
segertåg *äv bildl* triumphal march
seghet toughness, *uthållighet* tenacity
segla sail **~ ifatt** overhaul **~ omkull** capsize **~ på** ⟨**ngt**⟩ collide with, run into
seglare *person* yachtsman
seglats sailing trip, *över ett hav* crossing **två dagars ~** two days' sail
segling 1 sailing, *sport o nöjes~ äv* yachting **2** *seglats* sailing trip
seglivad *om person* tenacious, *vard* tough, *om rykte etc* persistent, **svårutrotlig** hard to kill
segment segment
segra win*, **~ över** win over, *i tävling äv* beat, *fiende* defeat, *bildl* triumph over
segrare *i tävling* winner, *i mästerskap* champion, *milit* conqueror, victor
segregation segregation
segregera segregate

sej *fisk* coalfish, *GB vanl* coley
sejdel mug, *med lock* tankard
sekatör pruning shears ⟨*pl*⟩ **en ~** a pair of pruning shears
sekel century
sekelskifte turn of the century
sekret *utsöndrad vätska* secretion
sekretariat secretariat
sekreterare secretary
sekretess secrecy
sekretessbelagd classified
sekretesslagen ≈ the Official Secrets Act
sekretär escritoire, secretary
sekt sect
sektion section
sektor sector **den offentliga ~n** the public sector
sekund second **i sista ~en** at the last moment
sekundvisare second hand
sekundär secondary
sekvens sequence
sela harness **~ av** unharness **~ på** harness
sele *äv för barn* harness
selektiv selective
selleri celery, *rot~* celeriac
semester holiday[s], *US* vacation **fem veckors ~** five weeks' holiday (*US* vacation) **ha (vara på) ~** be on holiday (*US* vacation) **åka på ~ till Spanien** go to Spain for one's holiday[s] (*US* vacation)
semesterersättning holiday (*spec US* vacation) allowance
semifinal *omgång bestående av två matcher* semifinals ⟨*pl*⟩, *en av de båda matcherna* semifinal
seminarium *i högskoleutbildning* seminar
semit Semite
semitisk Semitic
semla ≈ Shrove bun
sen¹ ⟨↔ **sent**⟩ ADJ late **[för] ~ ankomst** late arrival
sen² ADV, PREP, KONJ → sedan
sena sinew, tendon, *på racket* string
senap mustard
senare¹ ADJ *motsats till 'tidigare'* later, *följande äv* subsequent, *motsats till 'förra'* latter **på ~ tid** lately, recently **på ~ år** in recent (in the last few) years **under ~ delen av 1800-talet** in the late 19th century **under ~ hälften av** during (in) the latter half of

senare² ADV later [on], *sedermera* subsequently **förr eller ~** sooner or later

senast ADV ⟨jag såg honom⟩ **~ i går** så *sent som* only (as late as) yesterday ⟨du måste vara här⟩ **~ klockan 2** by 2 o'clock **vi ses ~ klockan 6** I'll see you at 6 o'clock at the latest **När såg du henne ~?** When did you last see her? **~ vi råkades** the last time we met, when we last met

senaste ADJ latest, *förra, sista* last **de ~ dagarna** the last (past) few days **under de ~ åren** in recent (the last few) years

senat senate

senator senator

senig sinewy, *om kött äv* stringy

senil senile

senilitet senility

senior senior **~erna laget** the senior team

sensation sensation **göra ~** make (be) a sensation, cause a stir

sensationell sensational

sensualism sensuality

sensuell sensual

sent ADV late **komma [för] ~** ⟨till⟩ be late ⟨for⟩ **~ på våren** in [the] late spring **så ~ som i går** only (as late as) yesterday ⟨arbeta⟩ **till ~ på natten** far (late) into the night

sentida *nutida* present-day

sentimental sentimental

separat separate

separation separation

separera *äv flytta isär* separate

september ⟨↔ april⟩ September

serb Serb[ian]

Serbien Serbia

serbisk Serb[ian]

serbiska *språk* Serb[ian]

serbokroatisk Serbo-Croat[ian]

serbokroatiska *språk* Serbo-Croat[ian]

serenad serenade **hålla ~ för** serenade

sergeant sergeant

serie 1 series ⟨*lika i pl*⟩, *i TV äv* serial **gå som ~** be serialized **2** *tecknad* **~** comic strip, *GB äv* cartoon **läsa ~rna** read the comics **3** *sport* league

seriefigur comic-strip (cartoon) character

seriekrock multiple collision, *vard* pile-up

serietecknare cartoonist

serietidning comic [magazine]

serietillverkning mass (serial) production

seriös serious

serpentin *av papper* streamer

serum serum

serva serve

serve service, serve

servera serve **S~ dig själv!** Help yourself

servering 1 *matställe* cafeteria, *på station* buffet **2** *betjäning* service

serveringsavgift ⟨↔ dricks⟩ service [charge]

servett [table] napkin, *spec GB* serviette

service service **lämna in bilen på ~** put (*US* bring) one's car in for service

servicehus, bo i ~ ≈ live in a service flat (*US* apartment)

serviceinriktad *om person* service--minded, *om uppgift, arbete* service--oriented

serviceyrke service job (occupation)

servis *porslin* service

servitris waitress

servitör waiter

ses *träffas* meet* **vi sågs i London** we met in London **Vi ~!** I'll be seeing you!, See you later! **vi ~ inte ofta** we don't see much of each other

seså, S~, inga dumheter! Now then, don't try anything silly! **S~,** ⟨det var inte så farligt!⟩ Come, come, There, there

set 1 *uppsättning* set **2** *tennis* set

setboll *tennis* set point

setter setter

sevärd, en ~ film a film worth seeing

sevärdhet sight, thing worth seeing **Stockholms ~er** the sights of Stockholm

sex¹ ⟨↔ *sms med fem*⟩ RÄKN six

sex² SB sex

sexa ⟨↔ femma⟩ six

sexhundratalet, på ~ in the seventh century

sexig sexy

sextio ⟨↔ *sms med fem*, femtio⟩ sixty

sextionde sixtieth

sextiotalet the sixties, the 60s **på ~** in the sixties

sexton ⟨↔ *sms med fem*⟩ sixteen

sextonhundratalet, på ~ in the seventeenth century

sexualdrift sex[ual] urge (drive)

sexualförbrytare sex offender (criminal)

sexualitet sexuality

sexualundervisning sex education

sexuell sexual
Seychellerna the Seychelles
sfinx sphinx
sfär sphere
shah shah
Shetlandsöarna the Shetland Islands
shoppa shop
shoppingcenter shopping centre
shoppingvagn [shopping] trolley (US cart)
shorts shorts
show show
si, än ~, än så now this way, now that [way] **det är lite ~ och så med det** it's rather so-so
sia prophesy
siames *person o katt* Siamese ⟨*lika i pl*⟩
siamesisk Siamese
Sibirien Siberia
Sicilien Sicily
sicksack zigzag **gå i ~** zigzag
sida 1 side **på andra ~n gatan** on the opposite side of the street **å andra ~n** on the other hand **å ena ~n** on [the] one hand **på båda sidor** on either side ⟨of the road⟩ **hans starka ~** his strength **jag har ont i ~n** I've got a pain in my side **~ vid ~** side by side **gå åt ~n** step aside **2** *bok~* page **på ~n 20** on page twenty ⟨**öppna böckerna**⟩ **på ~n 20** at page twenty
sidbena, ha ~ have one's hair parted at the side
sidbyte change of ends (US sides)
siden silk
sidled, i ~ sideways
sidlinje *sport* sideline
sidoblick sidelong (sideways) glance **utan ~ar på** without glancing at
sidogata side street
sidospår *äv bildl* sidetrack **komma in på ett ~** get sidetracked
siesta siesta
sifferkombination numerical combination
siffra figure, *siffertecken äv* numerical
sig ⟨↔ **gifta ~, röra ~, känna ~** *etc*⟩ *olika motsvarigheter beroende på syftningen* oneself, himself, herself, itself, themselves, *efter rumsprep vanl* one, him, her, it, them **han försvarade ~** he defended himself **när man försvarar ~** when one defends oneself **hon stängde dörren bakom ~** she closed the door behind her **vara ängslig av ~** be timid [by nature] **var för ~** one by one, separately **det är en sak för ~** that's another matter **i och för ~** *på sätt o vis* in a way
sigill seal
signal signal, *ringning* ring **ge ~ tuta** sound the horn, hoot **ge ~ till** give the signal for **slå mig en ~** give me a ring
signalement description ⟨**på** of⟩
signalera signal, *med signalhorn* sound the horn, hoot
signatur *namnteckning* signature, *namnförkortning* initials ⟨*pl*⟩
signera sign
signifikativ significative ⟨**för** of⟩
sik whitefish
sikt^1 *redskap* sieve
sikt^2 1 *möjlighet att se* visibility **dålig ~** poor visibility **skymma ~en** block the view **2 på lång ~** in the long run
sikta^1 *sålla* sift
sikta^2 1 *ta sikte* aim ⟨**på at**⟩ **2** *sjö* **~ land** sight land
sikte *på vapen* sight[s] ⟨**ha land**⟩ **i ~** in sight **förlora ur ~** lose sight of **ta ~ på** aim at
sil 1 *redskap* strainer **2** *injicerad narkotikados* fix
sila *genom sil* strain
silhuett silhouette
silikon silicone
silikos silicosis
silke silk
silkesmask silkworm
sill herring **inlagd ~** pickled herring **stå som packade ~ar** be packed like sardines
silver *äv bords~* silver **ta ~** *sport* win the silver medal
silversmed silversmith
simbassäng swimming pool
simdyna float
simfötter *för dykning* flippers
simhall indoor pool, swimming baths ⟨*lika i pl*⟩
simhopp *idrottsgren* diving, *enstaka hopp* dive
simlärare swimming teacher (instructor)
simma swim˙ **~ bra** be a good swimmer
simning swimming
simpel *enkel* simple, plain, *tarvlig* base
simsalabim, S~! Hey presto!
simtag stroke
simulera *äv tekn* simulate, *spela sjuk* sham illness

simultantolk simultaneous interpreter
sin ⟨*med böjningsformerna* **sitt, sina**⟩ *olika motsvarigheter beroende på syftningen* one's, his, her ⟨*självständigt* hers⟩, its, their ⟨*självständigt* theirs⟩ **han bäddar ~ säng och hon bäddar ~** he makes his bed and she makes hers **göra ~ plikt** do one's duty **gå ~ väg** go away **de ~a** his (her) family
sina dry up, run* dry, *om förråd, tillgångar* run* short **en aldrig ~nde ström** a never--ending flow
singel 1 *sport* singles ⟨*pl*⟩ **2** *grammofonskiva* single
singelmatch singles match
singla 1 *dala* **~ ner** come floating down **2 ~ slant** toss up **~ slant om** ⟨*ngt*⟩ toss for
singular the singular
sinnad disposed ⟨**mot** to, toward[s]⟩ **allvarligt ~** serious-minded **fientligt ~** hostile ⟨**mot** to⟩ **vänligt ~** friendly ⟨**mot** to⟩
sinne 1 *organ* sense **ett sjätte ~** a sixth sense **2** *själ, sinnelag* mind **ett öppet ~** an open mind **från sina ~n** out of one's mind (senses) **i mitt stilla ~** in my heart ⟨**vara ung**⟩ **till ~t** at heart **vid sina ~ns fulla bruk** in one's right mind (senses) **3** *stämning, humör* [frame of] mind, mood **glad till ~s** in high spirits, in a happy mood **4** *begåvning, känsla* **ha ~ för humor** have a sense of humour **ha ~ för ordning** have a feeling for order
sinnesfrid peace of mind
sinnesförvirrad deranged
sinnesförvirring [mental] derangement **i ett anfall av ~** in a deranged state of mind
sinnesnärvaro presence of mind
sinnesorgan sense organ
sinnessjuk → mentalsjuk
sinnesstämning frame (state) of mind, mood
sinnlig sensual
sinnrik ingenious
sinom, i ~ tid in due course
sinsemellan between themselves, *om fördelning mellan sig* between them **de är ~ mycket olika** they are very different [from each other]
sionism Zionism
sippa wild anemone
sippra ooze, trickle **~ ut** *äv bildl* ooze (trickle) out

sirap *mörk* treacle, *ljus* golden syrup
siren *larm o mytologi* siren
sist last **allra ~** last of all **näst ~** the last but one **sedan ~** since [the] last time **~ men inte minst** last but not least **~ vi träffades** when we last met **ligga ~** be [the] last **~ i boken** at the end of the book **till ~** finally, at last
sista ⟨*med biformen* **siste**⟩ last, *senaste* latest, *slutlig, avslutande* final, *bakersta* back **~ kapitlet** the final (last) chapter **~ sidan** *i tidning* the back page, *i bok* the last page **det ~** ⟨**vi har hört**⟩ the last [thing] **hans ~ roman** his last (*senaste äv* latest) novel **de två ~ veckorna** the last two weeks **lägga ~ handen vid** put a finishing touch to **i ~ stund** at the last moment **in i det ~** to the [very] last **på ~ tiden** lately, of late
sistnämnda ⟨*med biformen* **sistnämnde**⟩ last-mentioned
sistone, på ~ lately, of late
sits 1 seat **2** *situation* position
sitt → sin
sitta 1 sit*, *vara* be **~ och läsa** be (sit) reading **jag har suttit vid mitt skrivbord hela dagen** I've been sitting at my desk all day **han sitter i fängelse** he's in prison **det sitter en spindel i taket** there's a spider on the ceiling **Var så god och sitt** Please sit down **Fick du ~?** Did you get a seat? **2** *passa* fit **jackan sitter bra** the jacket fits [well] **en kopp te skulle ~ bra** a cup of tea would go down well
□ **sitta fast** be stuck
□ **sitta ihop** *efter lagning* hold together, *ha klibbat ihop* have stuck together, *hållas samman* be held together
□ **sitta inne** remain indoors **de har suttit inne för väpnat rån** they have done time (been in prison) for armed robbery
□ **sitta kvar** *inte stiga upp* remain seated **Sitt kvar, för all del!** Please don't get up **eleven fick ~** the pupil was detained (*GB vanl* kept in)
□ **sitta uppe** a) *och vänta* wait up b) *inte ramla ner* stay up
□ **sitta åt** a) *vara trång* be too tight b) *vara åtsittande* be tight-fitting, be a tight fit
sittplats seat
sittplatsbiljett *för resa* seat reservation, *för åskådare* seat ticket
sittvagn *för barn* pushchair, *US* stroller
situation situation **sätta sig in i ngns ~** put

oneself in sb's place **vara ~en vuxen** rise to the occasion
sjabbig → sjaskig
sjal shawl, *halsduk* scarf ⟨*pl* scarfs *el* scarves⟩
sjaskig shabby, slovenly
sju ⟨↔ *sms med* fem⟩ seven
sjua ⟨↔ femma⟩ seven
sjuda simmer, *äv bildl* seethe
sjuhundratalet, på ~ in the eighth century
sjuk sick, *GB som predikatsfyllnad vanl* ill **den ~e** the sick man **de ~a** the sick **bli ~** fall (be taken) ill **ligga ~** be ill in bed **ligga ~ i** ⟨influensa⟩ be down with **han är ~ inte på arbetet** he is off sick, *US* he has called in sick
sjukanmäla sig report (*US* call in) sick
sjukanmälan notification of illness
sjukbädd sickbed
sjukdom illness, *spec smittsam* disease
sjukfrånvaro absence due to illness **hög ~** a high rate of absenteeism
sjukförsäkring health insurance
sjukgymnast physiotherapist
sjukgymnastik physiotherapy
sjukhem nursing home
sjukhus hospital **ligga på ~** be in (*US vanl* in the) hospital
sjukintyg doctor's certificate, *av målsman o d* certificate of illness
sjukledig, vara ~ be on sick leave
sjuklig sickly, unhealthy **~ drift** compulsive urge **~ fetma** pathological fatness
sjukligt ADV **~ snål** abnormally stingy
sjukpenning sickness benefit
sjukskriva sig report (*US* call in) sick
sjukskriven on the sick list
sjuksköterska nurse
sjukvård 1 *organiserad* health service **2** *behandling* medical treatment, *vård av sjuka* nursing, care
sjukvårdare paramedic, *milit äv* medical orderly
sjukvårdsbiträde nursing auxiliary
sjunde ⟨↔ femte⟩ seventh **i ~ himlen** in seventh heaven
sjunga sing* ⟨**för ngn** to sb⟩ **den sjunger på sista versen** it's on its last legs
sjunka sink*, *gå ner* go* down, *falla* fall*, drop **~ ihop** collapse
sjuttio ⟨↔ *sms med* fem, femtio⟩ seventy

sjuttionde seventieth
sjuttiotalet the seventies, the 70s **på ~** in the seventies
sjutton 1 ⟨↔ *sms med* fem⟩ seventeen **2** *ersättningsord för 'fan'* ⟨↔ fan, tusan⟩ **full i ~** full of mischief
sjuttonhundratalet, på ~ in the eighteenth century
sjå, vi hade fullt ~ med att ⟨städa upp⟩ it was a tough job ⟨+ *ing-form*⟩
sjåpig namby-pamby
själ soul **inte en ~** *ingen* not a soul **i ~ och hjärta** at (in one's) heart ⟨**gå in för ngt**⟩ **med hela sin ~** with all one's heart
Själland Zealand
själslig mental, *andlig* spiritual
själsliv inner (spiritual) life
själv ⟨*med böjningsformerna* **självt, själva**⟩ *jag* myself, *du* yourself, *han* himself, *hon* herself, *man* oneself, *den, det* itself, *vi* ourselves, *ni* yourselves, *de* themselves **~a arbetet** ⟨var inte svårt⟩ the work itself **~a tanken på ...** the very thought of ... **~ har jag inte sett den** I haven't seen it myself, I myself haven't seen it ⟨**vi löste problemet**⟩ **~a** on our own, [by] ourselves **bli sig ~ igen** be one's old self [again] **jag är inte riktigt mig ~** I'm not quite myself **det säger sig ~t** it goes without saying ⟨sitta⟩ **för sig ~** by oneself **i ~a verket** *faktiskt* in actual fact ⟨**jag köpte den**⟩ **åt mig ~** for myself
självaktning self-respect
självaste, ~ presidenten the president himself
självbedrägeri self-deception
självbehärskning self-control
självbelåten self-satisfied, smug
självbestämmande self-determination
självbetjäning self-service
självbevarelsedrift instinct of self--preservation
självbiografi autobiography
självbiografisk autobiographical
självdeklaration tax return
självdisciplin self-discipline
självfallen obvious, self-evident
självfallet ADV naturally, of course
självförebråelse self-reproach
självförsvar self-defence
självförsörjande self-supporting, *om nation* self-sufficient
självförtroende self-confidence

självförverkligande self-fulfilment
självförvållad self-inflicted
självgod smug, *mer neds* self-righteous
självironi self-irony
självironisk, vara ~ take an ironic[al] view of oneself
självisk selfish
självklar obvious, self-evident **det är ~t ⟨att⟩** it goes without saying
självklarhet matter of course
självklart ADV of course
självkostnadspris, till ~ at cost [price]
självkritisk self-critical
självkännedom self-knowledge
självkänsla self-esteem
självlockig, hon har ~t hår her hair curls naturally
självlysande luminous
självlärd 1 SB autodidact **2** ADJ self--taught
självmant of one's own accord, voluntarily
självmedveten self-assured, self--confident
självmord suicide **begå ~** commit suicide
självmordsförsök attempted suicide
självmål, göra ~ score an own goal
självporträtt self-portrait
självrisk *försäkring* excess
självservering cafeteria
självstyre autonomy **kommunalt ~** local government
självständig independent, autonomous
självständighet independence, autonomy
självsvåldig wilful, *om barn* undisciplined
självsvält anorexia
självsäker self-assured, self-confident
självtillräcklig self-sufficient
självuppoffrande self-sacrificing
självupptagen self-centred
självutplånande self-effacing
självändamål end in itself
självövervinnelse self-discipline, self--control
sjätte ⟨↔ femte⟩ sixth **ett ~ sinne** a sixth sense
sjö 1 *in~* lake **2** *hav, större våg* sea **vi sitter inte i ~n** ≈ we're all right as it is **tåla ~n** be a good sailor **till ~ss** at sea **gå till ~ss bli sjöman** go to sea
sjöbod boathouse
sjöfart navigation, *som näring* shipping
sjöfartsmuseum maritime museum
sjögräs seaweed
sjögång, det är svår ~ there is a heavy (rough) sea
sjöjungfru mermaid
sjökapten master [mariner], sea captain
sjökort [nautical] chart
sjölejon sea lion
sjöman sailor, *fackligt o menig i flottan* seaman
sjömil nautical mile
sjömärke seamark, navigation mark
sjöofficer naval officer
sjörapport weather forecast for sea areas
sjöresa [sea] voyage
sjörövare pirate
sjösjuk seasick
sjösätta launch
sjötomt, hus med ~ beach (lakeside) house
sjötunga sole ⟨pl lika el -s⟩
ska, skulle

UTTRYCK FÖR FRAMTID

1 *'ska'* will, am (are, is) going to, *'skulle'* would, was (were) going to **det ska bli regn i morgon** it will rain tomorrow **vi trodde att det skulle bli regn** we thought it would rain **hon ska bli tandläkare** she is going to be a dentist **Vad var det jag skulle säga?** What was I going to say? **han ska resa i morgon** he is leaving tomorrow

2 *om något planerat: 'ska'* am (are, is) to, *'skulle'* was (were) to **huset ska rivas** the house is to be pulled down **konserten skulle börja kl 8** the concert was to begin at 8

I SAMBAND MED VILLKOR

3 *'skulle' i huvudsatsen* would, *'kanske skulle'* might **Om jag hade tid, skulle jag göra det själv** If I had [the] time, I would (I'd) do it myself **med flyg skulle resan ha tagit två timmar** the journey would have taken two hours by air **du skulle antagligen kunna simma över floden** you could probably (would probably be able to) swim across the river **Om du bad henne, skulle hon kanske ge dig boken** If you asked her, she might give you the book

4 *'ska' i bisatsen* am (are, is) to, *'skulle'* ⟨=*'händelsevis skulle'*⟩ should **om han [händelsevis] skulle fråga efter mig ...** if he should ask for me **om du ska lyckas får du jobba mer** if you are to succeed you'll

have to work harder
VID UTTRYCK FÖR VILJA, ATTITYD M M
5 *den tillfrågade får bestämma* **Ska jag öppna lådan?** Shall (Should) I open the box?, Do you want (Would you like) me to open the box?
6 *bör, måste* **man ska hålla sina löften** one should (ought to) keep one's promises **jag ska vara hemma senast 10** I have (*starkare* am) to be home by 10
7 '*vill[e]*' + *att-sats med 'ska', 'skulle'* **Vad vill du att jag ska göra?** What do you want me to do? **Han ville inte att vi skulle veta** He didn't want us to know
8 *irriterat* **Varför ska du alltid bråka?** Why must you always (Why do you always have to) cause trouble?
SPECIELLA ANVÄNDNINGAR
9 *lär, sägs* **hon ska vara mycket begåvad** she is said (supposed) to be very talented
10 *huvudverbsanvändning* **jag ska av här** I'm getting off here **jag ska upp klockan 7** I have to get up at 7 **vi ska till Skottland** we are going (*under resan* are on our way) to Scotland

skada¹ SB injury, *svagare* harm ⟨*endast sg*⟩, *skadegörelse* damage ⟨*endast sg*⟩ ⟨*alla:* **på** to⟩, *synd* pity **få skador** *om person* receive injuries, *om sak* be damaged **göra mer ~ än nytta** do more harm than good **den tog ingen ~** it was not damaged **han tog ingen ~** he was not injured (harmed) **det är ~** ⟨**att du inte såg den**⟩ it's a pity **det är ingen ~ skedd** no harm done **vara till ~ för** be detrimental to

skada² VB injure, hurt*, *svagare* harm, *~ materiellt* damage, *vara till skada för* harm, hurt*, *vara skadligt* be bad for **~ ngns rykte** injure (damage) sb's reputation ⟨**han blev**⟩ **svårt ~d** severly injured **lite vin ~r inte** a little wine won't hurt **det ~r inte att försöka** there is no harm in trying **den ~de** the injured person **de ~de** the injured [people] **skada sig** get* hurt, hurt* oneself **han skadade sig i handen** he hurt (injured) his hand, his hand was (got) injured

skadeanmälan damage report, insurance claim
skadeersättning compensation, damages ⟨*pl*⟩
skadeglad malicious
skadeglädje malicious delight
skadegörelse damage ⟨**på** to⟩
skadestånd damages ⟨*pl*⟩ **begära ~** claim damages
skadlig harmful, *mer vard* bad ⟨*båda:* **för** for⟩
skaffa *förse sig med* get*, *finna* find*, *komma över* obtain ⟨*alla:* **åt, till** for⟩ **de har ~t bil** they have got (bought) themselves a car **jag ~de henne ett arbete** I found a job for her, I got her a job **~ fram** *bevis* produce, *pengar* raise, *upplysningar* obtain **skaffa sig** get* (*köpa* buy*) oneself, *information o d* obtain, *vard* get* **~ en utbildning** get an education **~ vänner** make friends
skafferi larder, pantry
skaft handle, *på växt, frukt, pipa* stem **hon har huvudet på ~** she's got her head screwed on [the right way]
skaka shake*, *darra, skälva äv* tremble ⟨*båda:* **av** with⟩ **~ hand med** shake hands with **~ i hela kroppen** be shaking (trembling) all over **han ~r på handen** his hand is shaky **~ på huvudet** shake one's head **~ av (bort)** shake off **~ av sig** *äv bildl* shake off **~ om** *äv bildl* shake up
skakad shaken, shocked
skakande shocking
skakis *nervös* jittery
skakning *enstaka* shake, *i fordon* jolt, *skalv, skälvning* tremor
skal *hårt, äv bildl* shell, *mjukt* skin, *på apelsin, äpple, potatis* peel, *som avfall* peelings ⟨*pl*⟩
skala¹ SB scale **en femgradig ~** a five-point scale **hela ~n** ⟨**från vitt till svart**⟩ the whole range **i liten ~** on a small scale **en kampanj i stor ~** a large-scale campaign
skala² VB peel, *räkor, ägg* shell
skalbagge beetle
skald poet
skaldjur shellfish ⟨*lika i pl*⟩, *som mat äv* seafood ⟨*sg*⟩
skall¹ SB *skällande* barking, *enstaka* bark
skall² VB → ska, skulle
skalla¹ *höras starkt, ljuda* ring* [out], *åter~* resound
skalla² **1** *för att skada* butt **2** *fotboll* head
skalle *vard för huvud* nut, head, *anat* skull, *på skruv o spik* head **per ~** per (a) head
skallerorm rattlesnake
skallgång organized search
skallig bald
skallra¹ SB rattle
skallra² VB rattle, *om tänder* chatter

skalp scalp
skalv *jord~* earthquake, *svagare* tremor
skam shame ⟨**för** to⟩ ~ **den som ger sig** shame on him that gives up **dra ~ över** bring shame on, disgrace
skamfilad *illa tilltygad* battered, *om rykte* tarnished
skamfläck, vara en ~ för be a disgrace to
skamkänsla sense of shame
skamlig shameful
skamlös shameless, *fräck äv* impudent
skamsen shamefaced **vara ~ över** be ashamed of
skamset ADV shamefacedly, in shame
skamvrå, han fick stå i ~n he was sent to the corner
skandal scandal **göra ~** cause (create) a scandal
skandalisera disgrace
skandalös scandalous
skandinav Scandinavian
Skandinavien Scandinavia
skandinavisk Scandinavian
skapa create, make*, *framkalla äv* cause **~ sig ett namn** make a name for oneself
skapare creator, maker
skaparkraft creative power
skapelse creation
skaplig passable, pretty good, not bad
skapligt ADV **det gick ~** it went pretty well
skara *[folk]hop* crowd **en brokig ~** a motley crew
skarp sharp **i ~a ordalag** sharply
skarpen, säga till på ~ put one's foot down **ta i på ~ med** deal firmly with
skarpsinnig acute, shrewd
skarpt ADV sharply **gilla ngn ~** like sb a lot, be keen on sb **skjuta ~** fire with live ammunition
skarv *fog* joint, *i sömnad* seam
skarva 1 *hopfoga* join together **2** *förlänga* lengthen
skarvsladd extension flex (US cord)
skata magpie
skatt 1 *avgift* tax **betala 40 % i ~** pay 40 % tax **få tillbaka på ~en** get a tax refund ⟨**halva min inkomst**⟩ **går till ~** goes in tax **2** *dyrbart ting, funnen* ~ treasure
skatta 1 pay* tax[es] ⟨**för** on⟩ **2** *sätta värde på* appreciate **~ högt** esteem (value) ⟨sb, sth⟩ highly **~ sig lycklig** count oneself fortunate **3** *beräkna* estimate

skattebetalare taxpayer
skattefiffel tax fiddling (*enstaka* fiddle)
skattefri tax-free, *om varor* duty-free
skattehöjning increase in taxation
skattejämkning tax adjustment
skatteparadis tax haven
skattepliktig *om inkomst* taxable
skattesmitare tax evader
skattkammare *äv bildl* treasury
skattsedel *preliminär~* preliminary tax card, *slut~* final tax card
skava chafe, rub
skavank *felaktighet* [minor] defect, fault
skavsår chafe, sore
ske happen, occur, *äga rum* take* place **det har ~tt en olycka** there has been an accident
sked spoon **mata med ~** spoonfeed
skede *tidsperiod* period, *fas* phase, *läge, stadium* stage
skeende course of events
skela squint, *vard* be cockeyed
skelett skeleton
skelögd squint-eyed, *inåt* cross-eyed
sken *ljus* light, *starkt* glare, *svagt* gleam, *falskt intryck* appearances ⟨*pl*⟩ **~et bedrar** appearances are deceptive **ge ~ av att vara** *ge ett falskt intryck* give the impression of being, *låtsas* pretend to be **hålla ~et uppe** keep up appearances
skena¹ SB bar, *järnväg* rail, *medicin* splint
skena² VB bolt **en ~nde häst** a runaway horse **~ i väg** *äv bildl* run away
skenbar apparent
skenhelig hypocritical
skepnad figure, form **byta ~** take on a different shape **i ~ av** in the guise of
skepp 1 ship **2** *i kyrka* nave, *sido~* aisle
skeppa ship
skeppare [ship]master, skipper
skepparexamen master's certificate
skeppsbrott shipwreck **lida ~** be [ship]wrecked
skepsis scepticism
skeptisk sceptical ⟨**mot, till** of⟩
sketch sketch
skev *äv bildl* warped **ett ~t leende** a wry smile
skick 1 *tillstånd* condition, state **i dåligt ~** in bad condition, in a bad state **2** *uppförande* manners ⟨*pl*⟩
skicka send* ⟨**med** by⟩, *vid måltid o d* pass
□ **skicka efter** send for

skicka i väg send off
skicka med *bifoga* enclose ~ **ngn ngt** send sth with sb
skicka vidare send on, *vid t ex måltid* pass on
skicka över send round
skicklig skilful ⟨**i at**⟩ ~ **på att berätta historier** good (clever) at telling stories
skicklighet skill, *sakkunskap* expertise
skida¹ SB *frö~* sheath
skida² SB ski **åka skidor** ski **åka lite skidor** do some skiing **vi ska åka skidor** ⟨**i fjällen**⟩ we'll go skiing
skidbacke [ski] slope, piste
skidföre, det är bra ~ the snow is good for skiing
skidsemester skiing holiday (US vacation)
skidåkare skier
skidåkning skiing
skift shift **arbeta i ~** work shifts
skifta change, *variera* vary **~ färg** change colour **~ i grönt** be tinged (shot) with green
skiftning nuance, tinge
skiftnyckel adjustable spanner, US monkey wrench
skikt layer, *av färg* coat[ing], *klass* class
skild 1 *från~* divorced, *åt~* separated **~a sovrum** separate bedrooms **leva ~a från varandra** live separately **2 ~a** *olika* different, *flera slags* various, varying **av ~a skäl** for various reasons
skildra describe, *redogöra för* give˙ an account of
skildring description, *redogörelse* account
skilja 1 separate **2** *uppfatta skillnad* tell˙ the difference, distinguish **skilja sig 1** *vara annorlunda* differ, be different **~ från mängden** *om person* stand out from the crowd **2** *om makar* get˙ divorced ⟨**från**⟩ **~ från ngn** *äv* divorce sb
skiljas 1 *om makar* → skilja sig **2** part, *om sällskap äv* break˙ up **~ från** ⟨**ngn**⟩ part from
skiljetecken punctuation mark
skiljeväg *äv bildl* crossroads ⟨**lika i pl**⟩ **stå vid en ~** *bildl* be at a crossroads
skillnad difference ⟨**mellan, på** between⟩ **göra ~ på** *hålla i sär* distinguish (make a distinction) between **jag kan inte se ~ på dem** I can't tell the difference between them (tell one from the other) **det är stor ~ på dem** they are very different **till ~ från** unlike, in contrast to
skilsmässa divorce **ta ut ~** get a divorce
skilsmässobarn child of divorced parents
skimmer shimmer, glimmer
skimra shimmer, glimmer
skina shine˙ ⟨**av** with⟩ **~ upp** *om väder o person* brighten [up]
skinande ADV **~ ren** spotlessly clean
skingra disperse, *tankar, oro äv* dispel, *mystik* clear up
skingras disperse, be dispersed
skinka 1 *som äts* ham **2** *på människa* buttock
skinn skin, *med päls* fur, *läder* leather **hon har ~ på näsan** she knows when to put her foot down **hålla sig i ~et** *behärska sig* control oneself, *uppföra sig* behave oneself
skinnjacka leather jacket
skipa, ~ rättvisa see that justice is done
skippa skip
skiss sketch ⟨**till** for⟩
skit *äv skräp o person* shit, *smuts* filth **prata ~** talk rubbish (*starkare* [bull]shit) **Snacka inte ~!** Don't give me that [bull]shit!
snacka ~ om ngn run sb down
skita shit˙ **det skiter jag i** I don't give a shit (*svagare* damn) about it **~ ner** mess up **~ ner sig** *bli smutsig* get messed up **~ på sig** shit in one's pants
skitbra damned (bloody) good, *mildare* super
skitig filthy, dirty
skitjobb shitty job
skitsnack [bull]shit, crap, *mildare* rubbish
skitstövel bastard, shitbag
skitunge brat
skitviktig stuck-up, snooty
skiva SB *spec av glas, metall, sten* plate, *tjock* slab, *av trä* board, *rund* disc, *grammofon~* record, *disc*, *skuren* slice
skivbroms disc brake
skivfodral sleeve
skivspelare record player
skivstång barbell
skivtallrik turntable
skjorta shirt **kosta ~n** cost the earth **spela ~n av** beat ⟨**sb**⟩ hollow
skjortärm [shirt]sleeve
skjul *redskaps~* shed, *bostad* hut
skjuta 1 shoot˙, *med eldvapen äv* fire ⟨**båda:**

mot, på at⟩ ~ mål score 2 *[för]flytta* push ~ skulden på put the blame on, blame ~ på *upp*~ put off
☐ **skjuta igen** *dörr o d* push to
☐ **skjuta in** *ett yttrande* put in, *ord i text* insert ~ ngt i push sth into ⟨sth⟩
☐ **skjuta ner** *flygplan* shoot (bring) down, *person* shoot ⟨sb⟩ dead
☐ **skjuta på** *bil o d* push
☐ **skjuta sönder** shoot ⟨sth⟩ to pieces
☐ **skjuta upp** *a) raket o d* launch *b) senarelägga* put off *c) synas [ovanför]* stick out *d) ur marken* spring up, sprout [up]
☐ **skjuta ut** *a) om udde o d* jut (shoot) out *b) båt från land* shove (push) off
☐ **skjuta över** *skuld o d* shift ⟨the blame⟩ on to ⟨sb⟩
skjuta sig shoot° oneself
skjutbana shooting range, *på nöjesfält* shooting gallery
skjuts *åktur* lift, ride få ~ get a lift (ride)
skjutsa *ge skjuts* drive°, give° ⟨sb⟩ a lift
skjutvapen firearm
sko shoe *det är där* ~*n klämmer* that's where the shoe pinches
sko sig *tjäna pengar* line one's pocket[s]
skoaffär shoe shop (US store)
skock flock, *människor äv* crowd
skockas crowd, flock ⟨båda: **kring** round⟩
skog woods ⟨pl⟩, *mindre* ⟨GB⟩ wood, *stor o bildl* forest avverka ~ fell trees **Dra åt** ~**en!** Get lost! *det gick åt* ~**en** it fell through **i** ~ **och mark** in woods and fields
skogig wooded, forested
skogsarbetare woodman, forest worker
skogsbacke wooded hillside
skogsbrand forest fire
skogsbruk forestry
skogsdöd death of [the] forests
skogsindustri forest industry
skogsrå wood nymph
skogvaktare forester, US forest ranger
skohorn shoehorn
skoj 1 SB *skämt* joke han förstår sig inte på ~ he can't take a joke bara för ~s skull just for fun ⟨göra ngt⟩ på ~ in (out of) fun ha ~ have [great] fun **2** SB *bedrägeri* det är rena ~et it's a swindle **3** ADJ Vad ~! What fun! det var ~ att spela igen it was [great] fun playing again
skoja *skämta* joke Du ~r! You must be joking! ~ **med** *snällt* play a joke on, *driva med* make fun of
skojare 1 *skämtare* joker **2** *bedragare* swindler, cheat
skojig *rolig* funny, *kul äv* fun det var ~t att du kunde komma I'm glad you could come
skokräm shoe polish (cream)
skola[1] SB school sluta ~n leave school **När slutar** ~**n?** *för dagen* When is school over?, *för terminen* When does school break up? gå i ~n go to school vara i ~n be at school
skola[2] VB *utbilda* school, train ~ **in ett barn** let a child settle in
skola[3] VB → **ska, skulle**
skolarbete schoolwork
skolavslutning ≈ end-of-term ceremony
skolbetyg *vid skolans slut* school certificate, *terminsbetyg* school report, US report card, *i enstaka ämnen* mark
skolbänk desk
skolgång schooling, school attendance
skolgård school yard, playground
skolk truancy, *från arbetsplats äv* absenteeism
skolka play truant ~ **från en lektion** *äv* cut (skip) a lesson
skolkamrat schoolmate, *vän* school friend
skolmatsal dining hall, US [school] cafeteria
skolmogen ≈ ready for school
skolplikt compulsory school attendance
skolradio school radio
skolresa school trip
skolskjuts school transport (*buss* bus)
skoltrött school-weary
skol-TV school television
skolungdom young people still at school, students ⟨pl⟩
skomakare shoemaker
skona spare ~ **ögonen** save one's eyes
skoningslös ruthless, merciless
skonsam lenient ⟨**mot** to, with⟩, *som ej nöter* gentle ⟨**mot** to⟩, *hänsynsfull* considerate
skopa SB scoop **en** ~ **vatten** a scoop[ful] of water
skoputsare shoeblack, shoeshine boy
skorpa 1 *bakverk* rusk **2** *hårdnad yta* crust
skorpion 1 scorpion **2** Skorpionen *stjärntecken* Scorpio
skorsten chimney, *på fartyg* funnel

skoskav, jag fick ~ av skorna the shoes chafed my feet
skosnöre shoelace
skoter [motor] scooter
skotsk Scottish, *om person o dialekt äv* Scots, *om t ex whisky, tweed* Scotch
skotska 1 *keltiskt språk* Scottish Gaelic, *engelsk dialekt* Scots **2** *kvinna* Scotswoman
skotskrutig tartan ⟨*före sb*⟩ **~t tyg** tartan
skott 1 shot **som ett ~** like a shot **2** *på växt* shoot, sprout **skjuta ~** sprout
skotta shovel
skottavla target
skotte Scot, Scotsman **skottarna** *folket, laget etc* the Scots, the Scottish
skotthåll range **inom ~ för** within the range of
skottkärra wheelbarrow
Skottland Scotland
skottlossning firing, shooting
skottsäker bulletproof
skottväxling exchange of fire
skottår leap year
skovel shovel, *i turbin* blade
skraj scared
skramla VB **1** *om ljud* rattle, clatter, *om mynt, nycklar* jingle **2** *samla ihop pengar* club together ⟨**till ngt** to buy sth⟩
skrammel rattle, clatter, jingle
skranglig *vinglig, ostadig* rickety, *gänglig* lanky
skrapa¹ SB *redskap* scraper
skrapa² VB scrape, *riva, repa* scratch **~ ihop** scrape up (together)
skrapning *medicin* surgical scraping
skratt laughter ⟨*endast sg*⟩, laugh **få sig ett gott ~** ⟨**åt**⟩ have a good laugh ⟨about⟩ **jag kunde inte hålla mig för ~** I couldn't help laughing **vara full i ~** be ready to burst **brista [ut] i ~** burst into laughter
skratta laugh ⟨**åt** at⟩ **~ till** give a laugh **~ ut** laugh down
skrattgrop dimple
skrattretande ridiculous, ludicrous
skrattsalva roar of laughter
skrev crotch
skreva SB cleft
skri scream, shriek, *gällare* screech
skriande ADJ **~ behov** ⟨**av**⟩ trängande crying need ⟨for⟩
skribent writer
skrida *till fots* walk (stride*) slowly **~ till handling** take action **~ till verket** set to work
skridsko 1 [ice] skate **åka ~r** skate **2** *idrottsgren* speed-skating
skridskobana ice (skating) rink
skridskoåkare skater
skridskoåkning *äv på skidor* skating
skrift 1 writing, *äv alfabet* script **2 hans samlade ~er** his collected works
skriftlig written
skriftligt ADV in writing
skriftspråk written language
skrik scream, shriek, *svagare* cry, *gäll~* screech, *tjut* yell **sista ~et** the latest fashion (craze)
skrika VB scream, shriek, *gäll~* screech, *tjuta* yell, *ropa, tala mkt högt* shout, cry **~ högt av smärta** cry (scream) out in pain **~ till** cry out
skrikig *spec om barn* squalling, *om röst* shrill, *om färg* loud
skrin box, case
skripta continuity girl (person), scriptgirl
skritt walk **rida i ~** walk one's horse, ride at a walk
skriva write* **~ maskin** type **~ rent ngt** make a fair copy of sth
□ **skriva av** a) *kopiera* copy b) *ekon* write* off
□ **skriva ihop** *text, bok* knock (put) together
□ **skriva in** *föra in* enter, register **~ sig** a) *registrera sig* register b) *checka in* check in
□ **skriva om** a) *på nytt* rewrite b) *med andra ord* rephrase
□ **skriva på (under)** *signera* sign, write one's name on
□ **skriva upp** *anteckna* write down **Det kan du ~!** You bet!
□ **skriva ut** a) *text* copy out, *på maskin äv* type out b) *check, räkning o d* make (write) out, *läkemedel* prescribe c) *från sjukhus, fängelse o d* discharge
skrivare *data* printer
skrivbok exercise book
skrivbord [writing] desk, writing table
skrivbordsarbete desk work
skrivbordslåda desk drawer
skrivbyrå typing bureau, *med kontorsvikarier* temps agency
skrivfel slip of the pen, *på maskin* typing error
skrivmaskin typewriter **skriva på ~** type

skrivning *prov* written test
skrivstil [hand]writing
skrock superstition
skrockfull superstitious
skrot *metall~* scrap [metal], *skräp* junk sälja som ~ sell for scrap **av samma ~ och korn** ≈ tarred with the same brush
skrota 1 scrap **2 gå och ~** lounge about
skrothandlare scrap (junk) dealer
skrothög scrapheap, junk pile
skrov 1 *på fågel* carcass **2** *på fartyg* hull
skrovlig rough
skrubb *litet rum* closet, cubby[hole]
skrubba VB *skura* scrub, scour, *gnida* rub
  skrubba sig *skrapa sig ~* **på knät** graze one's knee
skrubbsår graze
skrumpen shrivelled
skrumpna shrivel [up]
skrupelfri unscrupulous
skrupler scruples
skruttig decrepit
skruv screw **hans tal tog ~** his speech went home
skruva screw, *boll äv* spin
  □ **skruva av (loss)** unscrew
  □ **skruva fast** screw down **~ ordentligt** screw ⟨sth⟩ on tightly
  □ **skruva ner** *ljudet* turn down
  □ **skruva upp** *ljudet* turn up
  skruva sig 1 *om person* squirm, wriggle **2** *om boll* swerve
skruvlock screw-top **med ~** screw--topped
skruvmejsel screwdriver
skruvnyckel spanner, *US* wrench
skrymmande bulky
skrynkla VB crease **~ ihop (till)** crumple up
  skrynkla sig crease
skrynklig creased, wrinkled
skryt boasting, bragging
skryta boast, brag **~ med ngt för** ⟨ngn⟩ boast (brag) about (of) sth **to staden kan ~ med** ⟨ett nytt museum⟩ the town boasts
skrytsam *om person* boastful, bragging
skrål noisy singing, yelling and bawling
skråla yell and bawl
skråma scratch
skräck terror, *fasa* horror ⟨båda: **för** of⟩ **han är stans ~** he is the terror of the town **känna ~ för att dö** have a terror of dying
skräckfilm horror film

skräckinjagande terrifying
skräckpropaganda scare propaganda
skräckslagen terror-stricken
skräda, inte ~ orden not mince one's words
skräddare tailor
skräddarsydd tailor-made
skräll *äv bildl* crash, *brak, knall äv* crack
skrälla *braka* crash, *om radio o d* blare, *om fönster* rattle, *om väckarklocka* jangle
skrällig *om musik o d* blaring
skrämma frighten, scare **~ livet ur** scare the life out of **låta sig ~s av** be intimidated by **~ upp** frighten
skrämmande frightening, terrifying
skrämseltaktik scare tactics ⟨sg⟩
skrän *skränande* yelling, bawling
skräna yell, bawl
skränig bawling
skräp rubbish, trash
skräpa, ligga och ~ lie around **~ ner** litter **~ ner i rummet** clutter up the room
skräpig untidy, messy
skrävla brag, boast ⟨båda: **med** about, of⟩
skröplig frail, *orkeslös* decrepit
skugga¹ SB *motsats till 'ljus'* shade, *av ngn el ngt, äv bildl* shadow
skugga² VB **1** *ge skugga åt* shade **2** *följa efter* shadow, follow, *vard* tail
skuggig shady, shadowy
skuld 1 *lånat belopp* debt **sätta sig i ~** ⟨hos⟩ run (get) into debt ⟨to⟩ **2** *fel* fault, *ansvar för brott el fel* blame, **~känsla**, *skyldighet till brott* guilt **~en är min** it's my fault, I'm to blame [for it] **vara ~ till** *orsak* be the cause of
skulderblad shoulder blade
skuldfri 1 *ekon* out of debt, free from debt[s] **2** *oskyldig* guiltless
skuldkänsla [feeling of] guilt
skuldmedveten guilty
skuldra shoulder
skuldsatt indebted, in debt
skull, för deras ~ for their sake **för Guds ~** for God's (heaven's) sake **för en gångs ~** for once **för skojs ~** for fun **för säkerhets ~** for safety's sake
skulle → ska, skulle
skulptur sculpture
skulptör sculptor
skum¹ SB foam, froth, *lödder* lather
skum² ADJ **1** *dunkel, mörk* dark[ish], dusky

2 *suspekt* shady, *om förehavande äv* fishy
skumbad foam (bubble) bath
skumgummi foam rubber
skumma 1 *bilda skum* foam ~ **av raseri** foam with rage **2** *avskilja skum* skim ~ **av** skim off (away) ~ **igenom** ⟨**en artikel**⟩ skim through
skumpa VB *om åkdon* bump, jog
skunk skunk, *US äv* polecat
skur *äv bildl* shower **i ur och** ~ rain or shine
skura scrub, scour
skurborste scrubbing-brush
skurk scoundrel
skurtrasa [floor] cloth
skuta *lastfartyg* small cargo boat, *annat fartyg* boat
skutt leap, bound, *av glädje* caper
skutta leap*, bound, *av glädje* caper
skvala *om regn* pour down, *om musik* go* on non-stop
skvaller gossip, *för lärare el föräldrar* sneaking
skvallerbytta gossip[monger], *om barn* sneak
skvallra gossip, tell* tales ~ **om** *avslöja* betray, reveal ~ **på ngn** sneak (tell) on sb
skvalmusik non-stop pop music
skvalpa *om vågor* lap, *om vätska i ett kärl* slop, slosh
skvatt SB **inte ett** ~ not a jot (bit)
skvätt drop, *utspilld* splash **en** ~ **kaffe** a few drops (a spot) of coffee **gråta en** ~ shed a few tears
skvätta *stänka* splash, *skvimpa, skvalpa* slop, slosh, *småregna* drizzle
sky¹ SB **1** *moln* cloud **2** *himmel* sky **skrika i högan** ~ shout one's head off **höja till ~arna** praise ⟨sb, sth⟩ to the skies
sky² SB *köttsaft* gravy
sky³ VB avoid, shun **inte** ~ **några medel** stop at nothing
skydd protection ⟨**mot** against, from⟩, *konkret* shelter ⟨**mot** from⟩, *försvar* defence ⟨**mot** against⟩, *preventivmedel* contraceptive **i** ~ **av mörkret** under cover of darkness
skydda protect, *spec mot väder, beskjutning o d äv* shelter ⟨*båda:* **mot** against⟩ **skydda sig** protect oneself ⟨**mot** against, from⟩
skyddsanordning safety device
skyddshjälm protective helmet, *vard* hard hat
skyddskläder protective clothing ⟨*sg*⟩

skyddsling protégé
skyddsombud *arb* safety representative
skyddsomslag *på bok* [dust] jacket, cover
skyddsrum shelter
skyddstillsyn *soc* **dömas till** ~ be put on probation
skyddsängel guardian angel
skyfall cloudburst
skyffel shovel, *sop~* dustpan
skyffla shovel ~ **i sig** tuck (shovel) in
skygg shy ⟨**för** of⟩, timid
skygga shy ~ **för** shy at
skygglappar *äv bildl* blinkers
skyhög sky-high
skyla cover ~ **över** cover up
skyldig 1 *pengar, tack o d* **han är** ~ **mig pengar** he owes me money **2** *förpliktigad* bound, obliged, liable **3** *till brott, förseelse o d* guilty ⟨**till** of⟩ **den ~e** the guilty party **göra sig** ~ **till** commit
skyldighet obligation **det är vår** ~ ⟨**att**⟩ it is our duty
skylla, ~ på ngn (ngt) blame sb (sth) ⟨**for sth**⟩ **han skyllde på att** ⟨**klockan stannat**⟩ he excused himself by saying that ~ **ifrån sig på ngn annan** put the blame on sb else, blame ⟨sth⟩ on sb else
skylt sign, *dörr~, namn~* plate
skylta display ~ **med** *äv bildl* display **dåligt ~d** *om väg* poorly signposted
skyltdocka dummy, mannequin
skyltfönster shop-window, *US* store window
skyltning *i butik* [window-]display
skymf insult ⟨**mot** to⟩
skymfa insult
skymma 1 ~ **sikten [för ngn]** block sb's view **2** *mörkna* **det skymmer** it is getting dark
skymning dusk, twilight **i ~en** at dusk (twilight)
skymt glimpse, *spår* trace [**få**] **se en** ~ **av** catch (get) a glimpse of
skymta ⟨↔ **skymt**⟩ **1** *se en skymt av* glimpse **2 solen ~r fram** the sun peeps out
skymundan, komma i ~ be thrown (put) into the shade **hålla sig i** ~ stay in the background
skynda hurry ⟨**i väg** off, away⟩ ~ **på ngn** hurry sb ~ **på med ngt** hurry (speed) sth up **skynda sig** hurry [up]
skynke [piece of] cloth, *draperi* curtain, *att täcka med* cover, covering **ett rött** ~ *bildl*

S skyskrapa – skön

a red rag ⟨för to⟩
skyskrapa skyscraper
skytt 1 shot **2 Skytten** *stjärntecken* Sagittarius
skyttegrav trench
skytteltrafik, gå i ~ mellan ... shuttle between ...
skådespel play, *bildl* spectacle, sight
skådespelare actor, *kvinnlig* actress
skål 1 *kärl* bowl **2** *som dricks* toast **utbringa en ~ för ngn** propose a toast to sb **S~!** Cheers!
skåla *med glasen* clink glasses **~ för ngn** drink a toast to sb
skålla scald
skåp cupboard, *US äv* closet
skåpbil van
skåra slit, cut, *V-formad* notch
skägg beard **ha ~** have a beard **anlägga ~** grow a beard
skäggig *skäggprydd* bearded, *orakad* unshaven
skäggstubb stubble
skäl reason ⟨**till** for⟩, *argument* argument **göra ~ för** *förtjäna* deserve **göra ~ för sig** be worth one's place **det finns ~ att tro honom** there is reason to believe him **av dessa ~** for these reasons
skälig reasonable
skäll 1 få ~ för get a scolding (telling-off) for **2** *från hund* bark
skälla VB **1** *om hund* bark ⟨**på** at⟩ **2 ~ på ngn** *gräla på* tell sb off **~ ut ngn** give sb a good telling-off
skällsord term (word) of abuse
skälva VB shake*, *intensivare* tremble ⟨*båda:* **av** with⟩
skälvning tremor, *rysning* thrill
skämd *om mat* bad, spoiled, *om frukt, ägg äv* rotten
skämma, ~ bort spoil, *klema bort* pamper **~ ut** disgrace **~ ut sig** disgrace oneself
skämmas be ashamed ⟨**för** of⟩ **Fy skäms!** Shame on you! **Du borde ~!** You ought to be ashamed [of yourself]!
skämt joke **~ åsido** [all] joking apart **på ~** jokingly **han förstår sig inte på ~** he can't take a joke
skämta joke ⟨**om** about⟩ **~ med ngn** *driva med* pull sb's leg
skämtare joker
skämtsam humorous, joking
skämttecknare cartoonist
skämtteckning cartoon
skända *grovt kränka* desecrate, *äv våldta* violate
skänk *gåva* gift, present **en ~ från ovan** a godsend **till ~s** as a gift
skänka give*, **~ bort** give away
skär¹ SB *kobbe* rocky islet
skär² ADJ *färg* pink
skära¹ SB *redskap* sickle
skära² VB cut*, *i trä, kött* carve, **~ i skivor** slice **~ ner** cut down, reduce **~ ner på** cut back on, reduce **~ till** cut out **skära sig 1** cut* oneself **~ i fingret** cut one's finger **2** *om färger, åsikter* clash **det skar sig mellan dem** they fell out
skärande *om ljud* piercing, shrill
skärbräda chopping-board
skärbönor string beans
skärgård archipelago ⟨*pl* -[e]s⟩
skärm *äv data* screen, *lamp~* shade, *möss~* peak
skärma, ~ av screen off
skärning 1 *korsning* intersection **2** *snitt på kläder* cut
skärp belt
skärpa¹ SB sharpness ⟨**hävda**⟩ **med ~** sharply
skärpa² VB sharpen **~ tonen** sharpen one's tone **skärpa sig** *rycka upp sig* pull oneself together
skärpt 1 *begåvad* bright, *spec US* smart **2** *hårdare* stricter **~ bevakning** closer surveillance
skärrad *nervös* jittery, jumpy, *skrämd* scared
skärseld purgatory, ordeal **~en** Purgatory
skärskåda examine
skärt ⟨↔ blått⟩ SB pink
skärtorsdag Maundy Thursday
skärva *av glas* piece of broken glass
skärvor *av glas* broken glass, *av porslin* broken china
sköld *skydd mot vapen* shield
sköldpadda tortoise, *havs~ äv* turtle
skölja rinse, *om vågor o d* wash
 □ **skölja av** rinse
 □ **skölja bort** *föra med sig* wash away
 □ **skölja ner** *mat* wash down
 □ **skölja ur** rinse out
skön ADJ *vacker, härlig* beautiful, lovely, *bekväm* comfortable, *behaglig* nice **S~t!** Great! **det vore ~t med ett bad** I'd love a

bath
skönhet *äv om person* beauty
skönhetsfläck flaw, blemish
skönhetsmedel cosmetic
skönhetstävling beauty contest
skönhetsvård beauty care
skönja discern ~ **slutet på** see the end of
skönlitteratur literature, *på prosa äv* fiction
skönlitterär literary **ett ~t verk** *på prosa* a work of fiction
skör brittle, fragile, delicate
skörd *äv bildl* harvest, *konkret äv* crop
skörda *äv bildl* harvest, *frukt, bär* gather, pick ~ **frukterna av** reap the benefit[s] of ~ **många offer** take many lives
sköta 1 *vårda,* ~ *om* nurse, take* care of ~ **sin hälsa** look after one's health **2** *handha, förestå* manage, run*, *maskin* operate, work ~ **sitt arbete bra** do one's work well ~ **hemmet** run the house ~ **pengar** handle money ~ **sina egna affärer** *bildl* mind one's own business **Sköt om dig!** Take care!
sköta sig *uppföra sig* behave [oneself] **Sköt dig själv!** Mind your own business! **Hur sköter han sig?** How is he doing?
skötare *vårdare* attendant, medical orderly
skötbord nursing table
sköte *knä, famn* lap, *bildl* bosom
sköterska nurse
skötsam orderly, steady
skötsel *vård[ande]* care, *tillsyn* attention, *underhåll* maintenance, *av hemmet* running
skövla devastate, ravage
skövling devastation
sladd¹ *el~* cord, *spec GB* flex
sladd² *med fordon* **få ~** go into a skid
sladda skid
sladdbarn afterthought
sladdrig *slapp* flabby, limp, *om kläder* sloppy
slafsig slovenly, *om mat* mushy
slag¹ *sort* kind, sort **alla ~s fåglar** all kinds (sorts) of birds
slag² **1** blow, *i spel* stroke, shot **ett ~ i ansiktet** *äv bildl* a slap in the face **ett hårt ~ för** *bildl* a heavy (hard) blow to **göra ~ i saken** clinch (settle) the matter **slå ett ~ för** strike a blow for **2** *rytmiskt ljud från hjärtat o d* beat, stroke **på ~et fem** on the stroke of five **3** *stund* **Vänta ett ~!** Wait a minute (moment) **4** *strid, drabbning* battle **~et vid ⟨Hastings⟩** the Battle of 5 *medicin* stroke **få ~** have a stroke **skrämma ~ på** frighten the life out of **6** *segling* tack **göra [ett] ~** make a tack **7** *på kavaj* lapel, *på byxor* turn-up, *US* cuff
slaganfall stroke
slagen *besegrad* beaten, defeated **~ av häpnad** *bildl* struck by (with) astonishment
slagfält battlefield
slagfärdig quick-witted, witty
slaginstrument percussion instrument
slagkraftig effective, powerful
slagord slogan, catchword
slagsida *sjö* **få ~** have a list
slagskepp battleship
slagskämpe rowdy, brawler
slagsmål fight **råka i ~** get into a fight (brawl)
slagträ bat
slagverk *musik* percussion
slak slack, *svag, kraftlös* limp
slakt *äv blodbad* slaughter
slakta slaughter
slaktare butcher
slakteri slaughterhouse
slalom slalom **åka ~** slalom
slalombacke slalom slope (piste)
slam silt, *gyttjigt* mud, *i kloak* sludge
slammer rattle, *av t ex porslin* clatter
slamra clatter, rattle **~ med** clatter [with]
slang¹ hose, *till däck, ledning* tube
slang² *språk* slang, *yrkes~* jargon
slangbella catapult, *US* slingshot
slank slender, slim
slant coin **vända på ~arna** pinch and scrape
slapp slack, *om t ex handslag* limp
slappa *koppla av* relax, *slöa* laze around (about)
slapphet slackness
slappna *bli slapp* slacken, become* slack **~ av** relax
slarv carelessness, *försumlighet* negligence, *förbiseende* oversight
slarva¹ SB careless girl (woman)
slarva² VB be careless ⟨**med** about⟩ **~ bort** *a)* *tappa bort* lose *b)* *slösa bort* fritter away
slarver careless boy (man)
slarvfel careless mistake, *mindre allvarligt* slip[-up]
slarvig careless ⟨**med** about⟩, *ovårdad, hafsig* slovenly, slipshod

slask 1 *snö~* slush, *~väder* slushy weather **2** *våta sopor* slops ⟨*pl*⟩ **3** *~tratt* sink
slaska *med vatten* splash, slop, slosh
slaskhink slop-pail
slaskig *slabbig* sloppy, *om väder o väglag* slushy
slav[1] *person som talar slaviskt språk* Slav
slav[2] *träl* slave **vara ~ under** *ett missbruk* be hooked on
slava slave [away], drudge
slavdrivare slave-driver
slaveri slavery
slavgöra drudgery
slavhandel slave trade
slavisk[1] *om slaver* Slavonic, Slavic
slavisk[2] *osjälvständig* slavish
slejf *på sko* strap, *rygg~* half-belt
slem mucus, *friare* slime, *i luftrören* phlegm
slemhinna mucous membrane
slentrian routine
slev ladle
sleva, ~ i sig gobble down (up)
slicka lick **~ på** lick **~ sig om munnen** lick one's lips **~ i sig** lick up, *om katt o bildl* lap up **~ ur** *skål* lick ⟨sth⟩ clean
slickepinne lolly, lollipop
slida 1 *fodral* sheath **2** *vagina* vagina
slinga 1 *ögla* loop, *av rök, hår o d* wisp **2** *motions~* jogging track
slingra *gå i bukter* wind˙ **slingra sig** *röra sig i bukter* wind˙, *om mask, orm* wriggle, *använda undanflykter* dodge the question **han försöker ~** he is trying to get out of it
slinka VB *smita, kila* slip, slink˙ **det slank ur honom** ⟨att⟩ he let slip
slint, slå ~ miscarry, backfire
slinta slip
slipa grind˙, *fin~* polish, *med sandpapper* sand[paper]
slipover slipover
slippa, du slipper betala you do not have (need) to pay ⟨*hon bad*⟩ **att få ~ spela** to be excused from playing **han slapp göra militärtjänst** he was exempted from military service **för att han skulle ~ besväret** to save him the trouble **han slapp straff** he did not get any punishment **Slipp då!** Don't then!
  ~ undan med blotta förskräckelsen get off with a fright **~ ut** get out, *läcka ut* leak out
slips tie
slipsten grindstone
slira *glida* skid, *om hjul* spin **~ på kopplingen** slip the clutch
slirig slippery
sliskig sickly sweet, *om person* oily, smarmy
slit toil, drudgery **~ och släp** toil and trouble
slita 1 *nöta* wear˙ **~s** get worn **~ ut** wear out **2** *knoga* toil, work hard **~ ut sig** wear oneself out **3** *riva* tear˙, *rycka* pull **~ av (loss)** tear off (away) **~ sönder** tear ⟨sth⟩ to pieces **~ upp** *kuvert o d* tear open **slita sig** *äv bildl* tear˙ oneself away, *om djur* get˙ (break˙) loose, *om båt* break˙ adrift
slitage wear [and tear]
sliten worn
slitsam arduous, laborious
slitstark hard-wearing **vara ~** *äv* wear well
slockna go˙ out, *somna* drop off **en ~d vulkan** an extinct volcano
sloka wilt, droop
slopa *avskaffa* abolish, scrap, *utelämna* skip, *avstå från* give˙ up
slott palace, *gammalt befäst ~* castle, *herresäte* manor
slovak Slovak[ian]
Slovakien Slovakia
slovakisk Slovak[ian]
Slovenien Slovenia
slovensk Slovenian
sluddra slur one's words
sluddrig slurred
slug shrewd, clever, *listig* crafty
sluka *äv bildl* swallow, devour, *pengar, bensin* eat˙ up
slum slum **~men** the slums ⟨*pl*⟩
slummer slumber, *vard* snooze, nap
slump chance, coincidence **av en [ren] ~** by [pure] chance **det var en ren ~** ⟨att⟩ it was just by chance
slumpa, ~ bort sell off **slumpa sig, det slumpade sig så** ⟨att⟩ it so happened
slumpmässig random
slumpvis at random
slumra slumber **~ till** doze off
slunga VB hurl, fling˙, throw˙
slurk *skvätt* drop, spot, *spec ur flaska* swig
sluss lock, sluice
slussa pass ⟨sth⟩ through a lock **~ in** folk let people in
slut 1 SB end ⟨*på of*⟩ **ett lyckligt ~** a happy ending **~et gott, alltting gott** all's well that ends well **få ~ på** *stoppa* put an end

(a stop) to göra ~ med break off with ⟨sb⟩ göra ~ på *förbruka* finish (use) up ha ~ på have run out of lida mot sitt ~ draw to a close läsa ~ ⟨en bok⟩ finish smöret håller på att ta ~ we are running short (out) of butter den tredje från ~et the last but two i ~et av (på) at the end of till ~ at last, in the end 2 ADJ pengarna är ~ there is no money left ⟨terminen⟩ är ~ is over vara ~ a) ~såld be sold out b) ~över, till ända be at an end, *utmattad* be exhausted han är ~ ⟨som elitspelare⟩ he is finished det är ~ mellan oss we're through

sluta 1 *avsluta* end, finish, *upphöra [med]* cease, stop, *vard* quit*, *ta slut, nå ett (sitt) slut* end ⟨*alla:* att göra ⟨ngt⟩ doing⟩ skolan ~r *för termin* school breaks up, *för dagen* school is over ⟨at 3 p.m.⟩ vi ~r arbetet ⟨klockan 5⟩ we stop work ~ skolan *för gott* leave school S~ med det där! Stop it (that)! 2 *ingå, komma överens om* ~ avtal make a contract (deal) ~ fred make peace **sluta sig** 1 *stängas* shut*, close ~ inom sig själv retire into one's shell ~ samman join together 2 *dra slutsats* ~ till conclude

slutbetyg *i ämne* final mark (US grade), *avgångsbetyg* leaving certificate, US [school] certificate

sluten closed, *förseglad* sealed, *inbunden, tystlåten* uncommunicative ~ anstalt security prison ~ omröstning secret ballot ~ vård institutional care

slutföra bring* ⟨sth⟩ to a conclusion, finish

slutförvaring final (terminal) storage

slutgiltig final, definitive

slutkläm final remark

slutkörd exhausted

slutlig *slutgiltig* final det ~a målet the ultimate aim

slutligen in the end, finally

slutresultat final result

slutsats conclusion dra en ~ draw a conclusion, conclude dra förhastade ~er jump to conclusions

slutskede final stage

slutspel *i lagsport* play-off

slutstation terminal, terminus ⟨*pl* termini *el* -es⟩

slutsumma total [sum]

slutsåld sold out

slutta slope, incline

sluttande sloping

sluttning slope

slyngelaktig loutish, GB *äv* yobbish

slå

UTAN OBJEKT

1 beat* hans hjärta slog regelbundet his heart was beating regularly

2 *bli populär* deras nya LP slog stort their new album was a great hit

MED OBJEKT

3 *flera slag* beat*, *ett hårt slag* hit*, strike* hans far brukade ~ honom his father used to beat him han slog mig i huvudet he hit (struck) me on the head en fruktansvärd tanke slog mig a terrible thought struck me

4 *överträffa, besegra* beat* ~ bortalaget beat the visiting team ~ rekord beat (break) a record

5 *andra betydelser* klockan slog tolv the clock struck twelve ~ ett telefonnummer dial a number

□ **slå av** *hälla av* pour away (off) ~ tio pund på priset knock £10 off the price ~ på takten slow down

□ **slå i** slå emot bump into ~ en spik drive in a nail ~ en spik i drive a nail into ~ grädde i kaffet pour cream in the coffee ~ ngn att [try to] con sb into believing that

□ **slå igen** stänga close, *med kraft* slam

□ **slå igenom** *som artist* break through, make one's name persondatorerna slog igenom ⟨på 1980-talet⟩ personal computers had their breakthrough

□ **slå ihop** a) *stänga igen* close b) *t ex företag* merge

□ **slå in** a) *i papper* wrap up b) *en dörr* break down c) *om spådom* come true

□ **slå ner** a) *kuva* crush b) *en person* knock down c) *om blixt* strike

□ **slå sönder** break, smash

□ **slå till** hit

□ **slå upp** a) *en bok* open b) *ett ord* look up

□ **slå ut** a) *hälla ut* pour out b) *tand, motståndare* knock out ⟨experimentet⟩ slog väl ut turned out well, was a success ⟨rosorna⟩ har slagit ut are in bloom

slå sig hurt* oneself

□ **slå sig fram** get ahead (make one's way) ⟨in the world⟩

□ **slå sig ner** a) *sätta sig* sit down b) *bosätta sig* settle [down]

□ **slå sig på** take up

slående *påfallande* striking
slånbär sloe
slåss fight* ⟨**om** over⟩
släcka *få att slockna* put* out, *eld äv* extinguish, *lampa* switch (turn) off, *törst* slake, quench
släde sleigh, sledge
slägga 1 *verktyg* sledgehammer **2** *sport* hammer **kasta ~** throw the hammer
släkt 1 SB family, *släktingar* relatives ⟨*pl*⟩ **det ligger i ~en** it runs in the family **2** ADJ related ⟨**med** to⟩
släktdrag family trait
släkte 1 *släktled* generation **2** *ras, stam* race
släktforskning genealogy
släkting, en ~ till mig a relative of mine
släktklenod [family] heirloom
släktnamn family name, surname
släktskap relationship, *äv bildl* kinship
slända *troll~* dragonfly, *dag~* mayfly
släng 1 *häftig rörelse* toss, jerk **2** *~ av sjukdom* bout, touch **3** *gliring* gibe, sneer
slänga 1 *kasta* hurl, throw*, *vard* chuck, *vårdslöst* toss **~** ⟨**gamla tidningar**⟩ throw (chuck) away **~ på luren** slam down the receiver **~ ut pengar på** waste one's money on **2** *svänga* swing*, *dingla med* dangle **slänga sig** fling* (throw*) oneself **~ på cykeln** jump (hop) on to one's bike
slängkyss, kasta en ~ åt ngn blow (throw) sb a kiss
slänt slope
släntra saunter, stroll
släp 1 *på klänning* train **2** *~vagn* trailer ⟨**ha**⟩ **på ~** *om vagn, båt* in tow
släpa *dra* drag, trail, *kånka på* lug **~ fötterna efter sig** drag one's feet **~ på ngt** lug (*dra* drag) sth along **~ efter** lag (fall) behind **~ med sig barnen** lug the kids around **släpa sig** *äv bildl* drag oneself ⟨**fram** along⟩
släpig *om tal* drawling, *om gång* shuffling
släppa 1 *lossa el tappa greppet om* let* go of, *tappa* drop **Släpp mig!** Let me go! **~ fri** let ⟨sb, sth⟩ loose, *fånge äv* set free **~ taget** let go one's hold **2** *om värk* cease, pass [off]
▫ **släppa av** *passagerare* drop
▫ **släppa efter på** *disciplin, rep* loosen, slacken
▫ **släppa fram (förbi)** let ⟨sb⟩ pass
▫ **släppa igenom** let through, *godkänna* pass
▫ **släppa in** let in
▫ **släppa loss** *hämningar* let oneself go
▫ **släppa ner** let down, *låta falla* drop
▫ **släppa ut** let out, *djur på bete* turn out, *föroreningar* discharge
släppa sig break* wind, *vard* fart
släptåg, ha i ~ have ⟨sth⟩ in tow
släpvagn trailer
slät *jämn* smooth **en ~ kopp kaffe** just a cup of coffee **en ~ ring** a plain ring
släta, ~ till smooth [down] **~ ut** smooth out **~ över** *bildl* smooth over
slätstruken undistinguished, commonplace
slätt¹ SB plain
slätt² ADV **rätt och ~** [quite] simply **stå sig ~** fare badly
slö 1 *trubbig* dull, blunt **2** *slapp, lat* lazy, idle
slöa idle, laze **sitta och ~** laze about
slödder rabble, riffraff
slöfock lazybones ⟨*lika i pl*⟩
slöja veil
slöjd handicraft, *trä~* woodwork
slösa 1 ~ bort (med) pengar waste money **2** *vara frikostig med* lavish
slösaktig wasteful
slöseri waste ⟨**med** of⟩
smacka *av välbehag* smack one's lips, *äta ljudligt* eat* noisily, *göra ljud med tungan* click one's tongue
smak taste **~en är olika** tastes differ **ha fin ~** *smaka fint* have a nice taste (flavour) **ha god ~** *~uppfattning* have [good] taste **sätta ~ på** give a flavour to, flavour **den är i min ~** it is to my taste
smaka *ha [viss] smak* taste, *ha en speciell smaknyans* taste of **Hur ~r det?** What does it taste like? **~ bra** taste good **~ lök** taste of onion **~ på** taste
smakfull tasteful
smaklig appetizing, tasty **S~ måltid!** Enjoy your meal!
smaklös tasteless
smakprov taste, *äv bildl* sample
smaksak matter of taste
smaksätta flavour, season
smal *ej bred* narrow, *ej tjock* thin, *slank* slender **vara ~ om midjan** have a slender waist
smalben shin
smaragd emerald
smart smart, clever
smaska, ~ i sig gobble down

smaskens delicious, yummy
smaskig scrumptious ~a detaljer gory details
smattra rattle, *om skrivmaskin* clatter
smed [black]smith
smeka caress, fondle
smekas caress each other
smekmånad *äv bildl* honeymoon
smeknamn pet name
smekning caress
smet *röra* mixture, *pannkaks~, kak~* batter
smeta *kleta* daub, smear ~ av sig smear ~ ner sig get oneself into a mess
smetig smeary, messy, *klibbig* sticky
smicker flattery
smickra flatter
smickrande flattering ⟨**för** to⟩
smida forge ~ planer draw up plans ~ medan järnet är varmt strike while the iron is hot
smide *hantverk* forging
smidig supple, pliable en ~ metod a flexible method en ~ övergång a smooth transition
smila *småle* smile ⟨**åt** at⟩ ~ in sig hos fawn on
smilgrop dimple
smink make-up
sminka, hårt ~d heavily made up **sminka sig** make* [oneself] up
sminkning make-up
smisk spanking, smacking
smiska spank, smack
smita 1 run* away, make* off ~ från ⟨sitt ansvar⟩ shirk ~ från notan leave without paying ~ från ⟨en tillställning⟩ slip away from ~ in steal (sneak) in 2 *om kläder* ~ åt be (fit) tight
smitning dodging, *från trafikolycka* leaving the scene of an accident
smitta[1] SB *äv bildl* infection **sprida ~** spread disease
smitta[2] VB infect, *vara smittsam* be infectious, *vard* be catching **bli ~d av ngn** catch an infection from sb **~ av sig** *bildl* be infectious
smittbärare carrier
smittkoppor smallpox ⟨*sg*⟩
smittsam *äv bildl* infectious, *vard* catching
smocka SB sock **~n hängde i luften** a fight was in the offing **ge ngn en ~** sock
smockfull jam-packed
smoking dinner jacket, US tuxedo
smokingskjorta dress shirt
smuggelgods smuggled goods ⟨*pl*⟩, contraband
smuggla smuggle
smuggling smuggling
smula[1] SB *bröd~* crumb **en ~ bättre** a little better
smula[2] VB *äv* ~ **sönder** crumble, *äv bildl* crush
smultron wild strawberry
smussel hanky-panky, furtive goings-on ⟨*pl*⟩
smussla use underhand methods, *vara hemlighetsfull* be secretive ⟨**med** about⟩ ~ **undan** hide away
smuts dirt, *starkare* filth
smutsa, ~ ner dirty, make ⟨sth⟩ dirty ~ ner i naturen pollute the environment ~ ner sig get dirty
smutsig dirty, *starkare* filthy **han var ~ i ansiktet** his face was dirty
smutskasta throw* (fling*) mud at, *i t ex pressen* smear
smutskläder dirty linen ⟨*sg*⟩
smutta sip ⟨**på** at⟩
smycka adorn, *dekorera* decorate
smycke piece of jewellery **~n** jewellery ⟨*sg*⟩, jewels
smyckeskrin jewel box
smyg, i ~ on the sly
smyga 1 steal*, sneak 2 *smussla* ~ till ngn ngt slip sth to sb **smyga sig** steal*, sneak **ett fel har smugit sig in** a mistake has slipped in ~ på ⟨ngn⟩ sneak up to
smygande, en ~ oro a lurking anxiety **en ~ sjukdom** an insidious disease
smygröka smoke on the sly
små ⟨↔ **liten**⟩ little, small **de ~** the litte ones
småaktig petty, small-minded
småbarn ⟨*pl*⟩ small (young) children
småbil small car, minicar, US compact [car]
småbitar small bits (pieces), fragments
småfranska roll
småföretag small business (company, firm)
småföretagare small businessman
småhus small house
småkakor biscuits, US cookies
småkoka simmer
småkrafs odds and ends ⟨*pl*⟩
småle smile ⟨**åt** at⟩

småningom, [så] ~ *efter hand* little by little
småpengar small change ⟨*sg*⟩
småprata chat
småsak 1 *bagatell* trifle, trifling matter **hänga upp sig på ~er** be hung up on trifling matters **2 ~er** *små föremål* odds and ends
småsparare small saver
småstad small (provincial) town
småsyskon ⟨*pl*⟩ younger brothers (sisters [and brothers]), younger sister and brother
småtimmarna, fram på ~ in the small hours
smått ADV ⟨**det regnade**⟩ **lite ~** a little **han var ~ förtjust** he was rather delighted
småttingar kids, little ones
smäll 1 *knall, av dörr* bang, *av piska* crack, *av kork* pop, *vid kollision* smash, *av åska* crash, *vid explosion* detonation **2** *slag* slap, smack, *med knytnäve o bildl* blow, *stöt* shock **3** *smisk* **få ~** get a spanking (smacking) **4 vara på ~en** have a bun in the oven
smälla 1 *om dörr o d* slam, bang, *om segel, linor o d* flap, *om skott* go* off, *om piska* crack, *om kork* pop **~ i dörren** bang (slam) the door **~ med piskan** crack one's whip **2** *ge smisk* spank, smack
☐ **smälla i: ~ ngn en historia** take sb for a ride **~ sig** *äta glupskt* gobble up (down)
☐ **smälla igen** *bok* close with a snap, *dörr* slam (bang) [to]
☐ **smälla till** ⟨**ngn**⟩ slap, smack
☐ **smälla upp** *a*) *bygga slarvigt* throw together, knock up *b*) *nyhet i tidning* splash
smällare banger, fire-cracker
smälta VB melt* ⟨**till** into⟩, *föda, kunskaper* digest **~ bort** melt away **~ ihop** *förena* fuse (melt) together, *minska* dwindle
smärre minor
smärt slender, slim
smärta SB pain **ha smärtor** be in pain
smärtfri painless
smärtsam painful
smärtstillande pain-relieving **~ medel** painkiller
smör butter **gå åt som ~** sell like hot cakes
smörblomma buttercup
smördeg shortcrust pastry (*US* paste)
smörgås slice (piece) of bread and butter, *med pålägg* open sandwich, *dubbla bröd med pålägg mellan* sandwich **kasta ~** play ducks and drakes
smörgåsbord smorgasbord, buffet
smörj, få ~ get a licking (thrashing)
smörja[1] SB **1** *skräp* rubbish, trash **2** *strunt* nonsense, *vard* crap
smörja[2] VB *infetta* grease, lubricate, *inolja* oil **~ kråset** gorge oneself ⟨**det gick**⟩ **som smort** like clockwork
smörjmedel grease, lubricant
smörjning greasing, lubrication
smörklick pat of butter
smörpapper greaseproof paper
snabb quick, rapid, *om fordon, väg, tennisbana, film* fast **i ~ takt** at a quick (rapid) rate
snabba, ~ på speed (hurry) up, *vard* get a move on **snabba sig** hurry [up]
snabbgående fast
snabbhet quickness, *fart äv* speed
snabbkaffe instant coffee
snabbkurs crash course
snabbköp self-service store (*GB äv* shop), *stort* supermarket
snabbmat convenience (fast) food
snabbtänkt quick-witted
snabel trunk
snack talk, *strunt* nonsense **Låt mig sköta ~et!** I'll do the talking!
snacka chat **han bara ~r** *pratar strunt* he's just talking **~ med ngn** talk to sb
snagga, han är ~d he has a crew cut
snappa snatch **~ efter luft** gasp for breath **~ upp** pick up
snaps *nubbe* glass of aquavit (schnap[p]s)
snar, inom en ~ framtid in the near future
snara SB *fångst~* snare **fastna i ~n** *äv bildl* fall into the trap
snarare rather **han var ~ dum än elak** he was stupid rather than mean **jag tror ~** ⟨**att**⟩ I'm more inclined to think
snarast 1 ~ **möjligt** as soon as possible **2** *närmast* **han kände sig ~ lättad** he felt relieved, if anything
snarka snore
snarkning snore
snarlik similar ⟨**ngt** to sth⟩
snarstucken touchy
snart soon **så ~ [som]** ⟨**jag förstod**⟩ as soon as **så ~ som möjligt** as soon as possible
snask sweets ⟨*pl*⟩, *US* candy
snatta pinch, pilfer, *i butik* shoplift

snattare pilferer, *i butik* shoplifter
snatteri pilfering, *i affär* shoplifting ⟨*båda: endast sg*⟩
snattra VB *om ankor* quack, *om personer* chatter, babble
snava stumble, trip ⟨*båda:* **på, över** over⟩
sned 1 ADJ *om linje, vinkel* oblique, slanting, *krokig* crooked **ett snett leende** a lopsided grin **2** SB **på ~** → **snett**
snedda, ~ över ⟨*ett fält*⟩ cut across
snedsteg *förseelse* minor offence, *svagare* slip, *otrohet* bit on the side, little infidelity
snedstreck oblique stroke, slash
snedvrida *bildl* slant, twist, *starkare* distort
snedögd slant-eyed
snegla look furtively ⟨**på** at⟩ **~ på** *äv* eye
snett ADV obliquely, on a slant, at an angle **gå ~** *bildl* go wrong **gå ~ över** ⟨**gatan**⟩ cross diagonally **hänga ~** hang askew **se ~ på** *ogillande* look askance at **sitta ~** *om föremål* be slanting (lopsided), *om slips* be askew
snibb *hörn av tygstycke* corner, *spets* point, tip
snickarbyxor dungarees, US overalls
snickare *timmerman* carpenter, *inrednings~* joiner, *möbel~, fin~* cabinet-maker
snickeri 1 *verkstad* cabinet-maker's (joiner's) workshop **2** *hantverk* cabinet-making, joinery, *grov~* carpentry **~er** carpentry ⟨*sg*⟩, cabinetwork ⟨*sg*⟩
snickra do˚ carpentry [work] **~ ihop** *tillverka* make
snida carve
sniffa sniff ⟨**på** at⟩
snigel slug, *ätlig* snail
snigelfart, med ~ at a snail's pace
sniken greedy ⟨**efter** for⟩
snille genius
snilleblixt, få en ~ have a brainwave
snillrik brilliant
snirkel volute, scroll
snirklad voluted, scrolled
snits style, elegance
snitsig stylish, elegant
snitt 1 *skärning* cut **av modernt ~** of a modern cut **2** *genom~* **i ~** on average
sno 1 *vira, linda* twine, *tvinna* twist, *snurra* twirl **~ ihop** *trassla till* tangle [up], *fixa till* throw (fling) together **2** *springa* bustle ⟨**omkring** about, around⟩ **~ på** *skynda sig* hurry [up] **3** *stjäla* pinch, lift **sno sig**

1 *trassla till sig* get˚ tangled [up] **2** *skynda sig* hurry [up] **Sno dig!** Get a move on!
snobb snob, *kläd~* dandy, fop
snobbig snobbish, *med kläder* dandyish
snodd cord, *till dekoration* braid, *gummi~* rubber band
snofsa, ~ till smarten up **~ upp sig** smarten oneself up
snofsig swanky, chic
snok *orm* grass snake
snoka pry ⟨**efter** for, **i** into⟩ **~ igenom** rummage through **~ reda på** ferret out
snopen *besviken* disappointed, *modfälld, slokörad* crestfallen **det var snopet** it was disappointing (*vard* a bit of a letdown)
snopp *penis* willy
snoppa, ~ av ⟨**ngn**⟩ *avfärda* cut ⟨sb⟩ short, *ta ner* snub
snor snot
snora have a runny nose
snorig snotty[-nosed], snivelling
snorkel snorkel
snorkig snooty, snotty
snorunge snotty[-nosed] brat (kid)
snubbe feller, guy, GB *äv* bloke
snubbla stumble, trip
snudd, ~ på skandal little short of a scandal
snudda, ~ vid a) *beröra lätt* graze, touch ⟨sth⟩ lightly, *passera helt nära* skim past **b)** *bildl* touch on
snurra¹ SB *leksak* top, *vind~* windmill
snurra² VB spin˚, whirl, *kring axel* turn [round], *på stol* swivel [round] **det ~r runt för mig** my head is spinning **~ runt på klacken** turn on one's heel
snurrig *yr* dizzy, giddy, *vimsig* muddle-headed, *tokig* crazy, daft
snurrstol swivel chair
snus snuff **en pris ~** a pinch of snuff
snusa 1 take˚ snuff **2** *sova* sleep˚, snooze
snusförnuftig clever-clever
snusk dirt, filth
snuskhummer dirty old man
snuskig dirty, filthy
snustorr bone-dry, *tråkig* [as] dry as dust
snut *polisman* cop **~en** poliserna the cops (fuzz)
snutt [tiny] bit, *musik~* snatch
snuva SB *förkylning* cold **få ~** catch [a] cold
snuvig, vara ~ have a cold (*vard* the sniffles)
snyfta sob **~ fram** sob [out]

snyftning sob
snygg 1 *ren, prydlig* neat, tidy **2** *vacker* good-looking **en ~ historia** *iron* a pretty story
snygga, ~ till (upp) tidy up **~ till sig** tidy oneself up
snygging *spec GB* smasher, *man äv* hunk, *kvinna* ⟨*US*⟩ cutie
snylta sponge, cadge ⟨*båda:* **på** on⟩
snyltare sponger, cadger
snyta sig blow* one's nose
snyting sock, *hårdare* punch on the nose
snål 1 stingy, mean ⟨*båda:* **på, med** with⟩ **2** *om vind* biting, piercing
snåla *vara snål* be stingy (mean)
snåljåp miser, skinflint
snålskjuts, åka ~ på take advantage of
snår thicket
snårig brushy, *bildl* thorny
snårskog undergrowth
snäcka 1 *blötdjur* mollusc **2** *skal* shell
snäll *vänlig* kind, *godhjärtad* kind-hearted, *rar, trevlig* nice, *om barn* good ⟨*alla:* **mot** to⟩ **S~a mamma!** Please, Mummy! **det var ~t av dig** ⟨**att**⟩ it is [very] kind of you
snälltåg express train
snärja snare, trap **~ in sig** get entangled
snärtig smart, dashing, *bitande* cutting
snäsa VB snap **~ av** snub, rebuff **~ åt** snap at
snäsig snappish
snäv tight, *trång* narrow
snö snow
snöa snow **det ~r nu** it's snowing **vägen har ~t igen** the road is (has been) snowed over
snöblandad, snöblandat regn sleet
snöboll snowball
snöbollskrig snowball fight
snöby snow shower (*häftigare* flurry)
snödriva snowdrift
snöflinga snowflake
snögubbe snowman
snöplig disappointing **ett ~t nederlag** an inglorious defeat **få ett ~t slut** come to a sorry end
snöplog snowplough
snöra lace **~ upp** unlace
snöre string ⟨*endast sg*⟩, *grövre* cord **ett ~** a piece of string, a cord **slå ett ~ om** tie up with [a piece of] string
snörpa, ~ på munnen purse one's lips
snörvla sniffle, snuffle

snöröjning snow clearance
snöskoter snowmobile
snöskottare snow clearer
snöskred avalanche
snöslask *snöfall* sleet, *på marken* slush
snöstorm snowstorm
snötäcke cover of snow **~t är** ⟨**en meter**⟩ the snow depth is
Snövit Snow White
soaré soiree, evening entertainment
sober *måttfull* sober, discreet, *elegant* elegant
social social, *sällskaplig* sociable
socialarbetare social (*US* welfare) worker
socialassistent social welfare secretary
socialbidrag social security benefit[s] (*US* payment) **få ~** *äv* be on social security, *US* be on welfare
socialbyrå social welfare centre (*US* office)
socialdemokrat social democrat
socialdemokrati social democracy
socialdemokratisk social democratic
socialfall *person* welfare case, *mindre neds* claimant
socialförsäkring social security (insurance), *GB vanl* national insurance
socialförvaltning social services administration
socialgrupp socioeconomic group, social class
socialhjälp → socialbidrag
socialhögskola ≈ school of social work [and public administration]
socialisera *förstatliga* nationalize
socialisering nationalization
socialism socialism
socialist socialist
socialistisk socialist
socialistparti socialist party
socialtjänst social services ⟨*pl*⟩, social welfare service
socialvård social welfare
societet high society
sociolog sociologist
sociologi sociology
sociologisk sociological
socionom ≈ qualified social worker
socka sock
sockel base, *för glödlampa* socket
socken parish
socker sugar

sockerbeta sugar beet
sockerbit sugar cube ⟨**ta**⟩ **två ~ar** two lumps [of sugar], two sugars
sockerdricka ≈ lemonade
sockerfri sugarless, sugar-free
sockerkaka sponge cake
sockerrör sugar cane
sockersjuka diabetes
sockerskål sugar basin
sockervadd candy floss, *US* cotton candy
sockra sugar **~ på** ⟨**ngt**⟩ sugar
soda soda
sodavatten soda [water]
soffa sofa, settee, *bädd~*, *vil~* couch, *park~* seat
soffbord coffee table
soffgrupp three-piece suite
sofistikerad sophisticated
soja *sås* soy[a] sauce
sol sun
sola sig sunbathe **~ i ansiktet** sun (tan) one's face
solarium solarium
solbränd [sun]tanned, *bränd* sunburned
solbränna [sun]tan, *spec smärtsam* sunburn
soldat soldier
soleksem summer (sun) rash
solenergi solar energy
solfjäder fan
solförmörkelse solar eclipse
solglasögon sunglasses
solid solid, *om ekonomi äv* sound
solidarisk loyal ⟨**med** to⟩
solidaritet solidarity
solig sunny **tidvis ~t** sunny intervals (periods)
solist soloist
solkig soiled, *vard* grubby, *bildl* shabby
solklar obvious, crystal-clear
solkräm sun[tan] lotion
solnedgång, i ~en at sunset (sundown)
solochvårare ≈ lonely-hearts cheat, marriage swindler
sololja sun[tan] oil (lotion)
solros sunflower
solsken sunshine **det är ~** the sun is shining
solskyddsfaktor sun-screen factor
solsting, få ~ get sunstroke
solstråle sunbeam
solsystem solar system
soluppgång sunrise, *spec US* sunup **i ~en** at sunrise

som¹ PRON
I INDIREKTA FRÅGOR
1 *svenskans 'som' i indirekta frågor har ingen motsvarighet i engelskan* **jag vet inte vilken av de båda vägarna ~ är längst** I don't know which of the two roads is longer
I ICKE-NÖDVÄNDIGA RELATIVSATSER
En icke-nödvändig relativsats läggs till som en sorts parentes, 'som för övrigt ...'.
2 *om person* who, *böjd form* whom, *om annat än person* which **dr Steel, ~ är en gammal vän till mig, utförde operationen** Dr Steel, who is an old friend of mine, performed the operation **hans fru, ~ jag inte känner, är också läkare** his wife, whom (*ej accepterat av alla* who) I don't know, is a doctor too **hennes första bok, ~ jag ännu inte har läst, lär vara lysande** her first book, which I haven't read yet, is said to be brilliant
I NÖDVÄNDIGA RELATIVSATSER
En nödvändig relativsats preciserar eller begränsar betydelsen hos ett substantiviskt ord.
3 that, *om person oftare* who, *böjd form* whom, *om annat än person äv* which **den person ~ utförde operationen var fransman** the person who (that) performed the operation was French **det var Simon ~ gjorde det** it was Simon who (that) did it **jag vill se en film ~ fått bra kritik** I'd like to see a film that (which) has had good reviews **det här är den bästa bok [~] jag vet** this is the best book [that] I know **det var då [~] jag förstod** it was then [that] I understood
4 jag var den siste ~ gick I was the last to leave **du var klok ~ gick tidigt** it was wise of you to leave early **det var därför [~] hon stannade** that's why she stayed

som² ADV **1** *före superlativer* ⟨**när trädgården**⟩ **är ~ vackrast** is at its most beautiful **2** *i utrop* **S~ jag har saknat dig!** How I've missed you!

som³ KONJ **1** *i bisatser* as, *vard* like **~ du vet** as you know **jag gjorde ~ du sa** I did as (*vard* like) you said **2** *'i egenskap av'*, *'då han* ⟨*etc*⟩ *var'* as, *'precis som'*, *'liksom'* like **~ barn** ⟨**var hon ofta sjuk**⟩ as a child ⟨**han uppför sig**⟩ **som ett barn** like a child **hon arbetade ~ servitris** she worked as a waitress **om jag vore ~ du** if I were you **~ vanligt** as usual **3** *'exempelvis'* ⟨**japanska**

bilar,⟩ **~ Honda och Mazda** such as (like) Honda and Mazda **4 ~ om** as if, as though
Somalia Somalia
somlig, ~a some [of them] **~a böcker** some books
sommar ⟨↔ höst⟩ summer **på ~en (somrarna)** äv in [the] summertime
sommardäck ordinary tyre
sommarlov summer holidays ⟨pl⟩ (US vacation)
sommarstuga house in the country, *mindre* summer cottage
sommartid 1 *framflyttad tid* daylight saving time, GB äv summer time, US äv daylight time **2 arbeta ~** *förkortad arbetstid* work shorter hours [in summer]
somna fall˙ asleep, go˙ to sleep **~ om** fall asleep again, go back to sleep [again]
son son ⟨till of⟩
sona atone (make˙ amends) for, *vard* pay˙ for
sonat sonata
sondera probe, *ta reda på* find˙ out **~ terrängen** *bildl* see how the land lies
sondotter granddaughter
sonett sonnet
sonhustru daughter-in-law ⟨pl daughters-in-law⟩
sonson grandson
sopa sweep˙ **~ igen** spår cover up
sopbil refuse lorry, US garbage truck
sopborste broom, *med kort skaft* brush
sophög refuse (US garbage) dump (heap), *äv bildl* rubbish dump
sopnedkast refuse (US garbage) chute
sopor refuse ⟨sg⟩, US garbage ⟨sg⟩, *skräp* rubbish
soppa 1 soup **2** *röra* mess
soppåse bin liner, US trash (garbage) bag
sopran soprano
sopskyffel dustpan
soptipp refuse (US garbage) dump
soptunna dustbin, US garbage can
sopåkare binman, US garbage collector (man)
sorbet sorbet, *spec* US sherbet
sordin mute **lägga ~ på** put a damper on
sorg 1 *ledsnad, bekymmer* sorrow, *starkare* grief ⟨båda: **över** for⟩ **den dagen den ~en** ≈ don't cross your bridges before you get to them **till min stora ~** ⟨måste jag⟩ much to my regret **2 ~** *efter avliden, ~dräkt* mourning **bära ~** be in mourning
sorgklädd in (wearing) mourning
sorglig *bedrövlig, ledsam* sad, *beklagansvärd* sorry **en ~ historia** a dreadful business **en ~ syn** a sorry (sad) sight **~t men sant** sad but true
sorgligt ADV **~ nog** unfortunately
sorglös *sorgfri* careless, *som tar lätt på saker o ting* happy-go-lucky
sorgsen sad, *om röst, min äv* sorrowful
sork vole, fieldmouse
sorl murmur
sorla murmur, *om vatten äv* purl
sort *slag* sort, kind, *typ* type, *märke* brand **den ~ens människor** people like that ⟨**han är**⟩ **nån ~s konstnär** neds some sort of artist
sortera *ordna* sort **~ efter kvalitet** sort (grade) according to quality **~ ut** *gallra ut* sort out
sorti exit **göra [sin] ~** make one's exit
sortiment assortment, [product] range **ett brett ~** a wide range (selection) ⟨of⟩
sot soot, *i motor* carbon
sota¹, få ~ för pay for
sota² *avlägsna sot* sweep˙, *motor* decarbonize
sotare [chimney] sweep
sotig sooty, *sotfläckad* smutty
souvenir souvenir
sova sleep˙, be asleep **~ gott** sleep well, *vanemässigt* be a sound sleeper **Sov gott!** Sleep well (*vard* tight) **~ som en stock** sleep like a log **~ middag** have an afternoon nap **~ på saken** sleep on it **~ ut** *tillräckligt* have enough sleep **~ över** a) *hos ngn* stay the night ⟨at sb's place⟩ b) *vakna för sent* oversleep
sovdags bedtime
sovjetisk Soviet
Sovjetunionen the Soviet Union
sovmorgon, ha ~ start late
sovplats sleeping-place, *på järnväg* [sleeping] berth
sovra sift, sort out
sovrum bedroom
sovsal dormitory
sovsäck sleeping bag
sovvagn sleeping car, sleeper
spackla 1 putty **2 ~d** *hårt sminkad* heavily made-up
spad *efter kokning* stock
spade spade

spader 1 *i kortspel* spades ⟨*pred i sg el pl*⟩ **en ~ bud** one spade **2 få ~** go crazy
spagat, gå ned i ~ do the splits
spagetti spaghetti
spak SB lever **sitta vid ~arna** be in control
spaljé trellis
spalt *med text* column
spana watch, *milit* reconnoitre **~ efter** watch (look) out for
spanare *milit* scout, *polis* detective, investigator
Spanien Spain
spaning search ⟨**efter** for⟩, *milit* reconnaissance **vara på ~ efter** *bildl* be on the look-out for
spaningsledning investigation headquarters **~en** *personalen* the [police] officers in charge of the investigation
spanjor Spaniard
spanjorska ⟨↔ engelska⟩ Spanish woman
spannmål grain, cereals ⟨*pl*⟩, GB *äv* corn
spansk ⟨↔ engelsk-⟩ Spanish
spanska ⟨↔ engelska⟩ *språk* Spanish
spant frame, rib
spara save ⟨**till** for⟩, *hushålla äv* economize ⟨**på** on⟩ **ha en ~d slant** have some money put by **den som spar han har** waste not want not **~ på krafterna** husband one's strength **~ till** save up for **~ in** save **spara sig** spare oneself
sparare saver
sparbank savings bank
sparbössa money box
spargris piggybank
spark *med foten* kick **få ~en** get the sack, be fired (sacked) **ge ngn ~en** sack (fire) sb
sparka 1 *med foten* kick **~ boll** kick a ball about **2** *avskeda* sack, fire
□ **sparka av sig** kick off
□ **sparka bakut** kick [out]
□ **sparka igen** kick ⟨the door⟩ shut
□ **sparka till** give ⟨sb, sth⟩ a kick
□ **sparka upp** *dörr* kick ⟨the door⟩ open
sparkbyxor rompers, romper suit
sparkonto savings account
sparkstötting ≈ chair-sled, kick-sled
sparlåga *på spis* low jets ⟨*pl*⟩ **gå på ~** run at half speed, *om person* not go all out, hold back
sparra spar ⟨**mot** with⟩
sparris asparagus
sparsam *ekonomisk* economical, thrifty ⟨*båda:* **med** of⟩ **vara ~ med** economize on, *vard* stint on
sparsamhet thrift, economy
sparv sparrow
spastiker spastic
spatsera stroll, saunter
speceriaffär grocer's
specerier groceries
specialarbete *utb* project
specialerbjudande special offer
specialisera sig specialize ⟨**på** in⟩
specialist *äv läkare* specialist ⟨**på** in⟩
specialitet speciality
specialklass *utb* remedial class
specialkunskaper specialized knowledge ⟨*sg*⟩
speciallärare remedial teacher
specialtillverkad made to order, custom-made
specialundervisning special needs education
specialutbildad specially trained
speciell special, particular **inget ~t** nothing special
speciellt ADV [e]specially, particularly
specificera specify
specifik specific ⟨**för** to⟩
spegel mirror
spegelbild *äv bildl* reflection
spegla *äv bildl* mirror, reflect **spegla sig 1** *se sig i spegeln* look at oneself in the mirror **2** *[åter]speglas, äv bildl* be reflected (mirrored)
spegling reflection
speja watch closely **~ efter** look out for
spektakel *ståhej* commotion
spektakulär spectacular
spekulant 1 prospective buyer ⟨**på** of, for⟩ **2** *börs~ o d* speculator
spekulation speculation
spekulera speculate ⟨**i** in, **om** about, on⟩
spel 1 *skådespelares* acting, *musikers* playing, *bollspelares* play **2** *mellan tävlande* play, *tävling, sällskaps~, taktik~* game **hårt ~** rough play **de olympiska ~en** the Olympic Games, the Olympics **rent ~** fair play **spela ~** play games **~et är förlorat** the game is up **3** *hasard* gambling **förlora sina pengar på ~** gamble away one's money **stå på ~** be at stake **4** *stick i kort~* trick
spela play, *en roll äv* act, **~ hasard** gamble **~ kort** play cards **~ piano** play the piano

det ~r ingen roll it doesn't matter **~ dum** act stupid, play dumb **~ teater** act, *låtsas* playact **~ mot** ⟨*ngn*⟩ *sport, spel* play [against], *i pjäs, film* play opposite **~ på** *hästar* bet on **~ på sin charm** play on one's charm **~ bort** gamble away **~ in** *film* make, *musik* record **~ över** *om skådespelare* overact

spelare player, *hasard~* gambler, *på toto* better

spelautomat slot machine, *med dragarm* one-armed bandit

speldosa musical (*spec US* music) box

spelhåla gambling den (*spec US* joint)

spelman musician, *på fiol* fiddler

spenat spinach

spendera spend*

spene teat

sperma sperm

spermie sperm

spets¹ point, *på t ex tunga, finger* tip, *på berg* top, peak **gå i ~en för** head **ställa ngt på sin ~** bring sth to a head

spets² *textildekoration* lace ⟨*endast sg, ej obest art*⟩

spets³ *hund* spitz

spetsa *t ex penna* sharpen **~ öronen** prick up one's ears

spetsig pointed, *om vinkel* acute

spett [pointed] lever, *stek~* spit, *grill~* skewer

spetälsk leprous **en ~** a leper

spetälska leprosy

spex student[s'] farce **rena ~et** sheer farce

spexa *skämta* clown [about]

spik SB nail **slå i en ~ i** drive (hammer) a nail into

spika 1 nail **~ fast** nail down **~ fast locket på lådan** nail the lid on the crate **~ för** *med bräder* board up **~ igen** nail up **2** *bestämma* fix

spikskor spiked shoes, spikes

spill 1 *svinn* waste, wastage **2** *ngt utspillt* spill

spilla 1 spill* **~ på sig** spill ⟨sth⟩ on one's clothes **2** *ord, tid* waste

spillo, gå till ~ be lost (wasted)

spillra splinter, fragment **spillror** *bråte* debris **slå i spillror** lay ⟨sth⟩ in ruins

spilta box, stall

spindel *insekt* spider

spindelväv cobweb, spider's web

spinkig spindly

spinna 1 *äv rotera* spin* **2** *om katt* purr

spinnfiske spinning, US bait-casting

spinnrock spinning wheel

spion spy

spionage espionage, spying

spionera spy ⟨**på** on⟩, *snoka* snoop [around]

spira¹ SB **1** *torn~* spire **2** *maktsymbol* sceptre

spira² VB sprout

spiral 1 spiral **2** *preventivmedel* coil

spiritism spiritualism

spirituell witty

spis stove, *GB vanl* cooker **öppen ~** fireplace

spjut 1 spear **2** *sport* javelin **kasta ~** throw the javelin

spjäll damper, *på motor* throttle

spjärn, ta ~ med fötterna ⟨**mot**⟩ brace one's feet ⟨against⟩

spjärna, ~ mot resist

splitter splinter, *granat~* shrapnel ⟨*endast sg*⟩

splitter ny brand-new

splittra *slå sönder* shatter, *parti o d* divide, split* up ⟨**i** into⟩ **splittra sig** divide one's energy

splittrad *oenig* divided, *om person* disharmonious **jag känner mig ~** my mind is divided, I feel torn

splittras shatter, *om parti o d* divide, split* up ⟨**i** into⟩

splittring *oenighet* division, *söndring* split

spola 1 ~ vatten på (i) flush, *skölja [av]* rinse, wash, *med slang* hose ⟨**av** down⟩ **~ i vatten i badkaret** run a bath **~s bort** *om jord, väg o d* wash away **~s upp på land** wash ashore **2** *förkasta* turn down **3 ~ upp på spole** wind* **~ tillbaka** *band, film* rewind

spole reel, spool, *eltekn* coil

sponsor sponsor

sponsra sponsor

sponsring sponsorship, sponsoring

spontan spontaneous

spontanitet spontaneity

sporadisk sporadic, occasional

sporra spur

sporre spur

sport *idrott* sports ⟨*pl*⟩, *GB äv* sport, **~gren** sport

sporta go* in for sports

sportaffär sports shop (*US* store)

sportbil sports car

sportdykare skin-diver, scuba diver

sportfiske angling
sportig sporty
sportklädd dressed for sport, in sportswear
sportlov winter sports holidays ⟨*pl*⟩ (*US* vacation)
spott spit[tle], saliva
spotta spit* ⟨*på* at, on⟩ ~ **i nävarna** spit on one's hands [and try again] ~ **upp sig** pull oneself together ~ **ut** spit out, *producera* pour out
spraka crackle, *bildl* sparkle ⟨*av* with⟩ **~nde färger** blazing colours
sprallig lively, frisky
spratt prank **spela ngn ett ~** play a joke (trick) on sb
sprattelgubbe jumping jack
sprattla *för att komma loss* flounder, *med benen* kick about
sprej spray
spreja spray
sprejförpackning atomizer
spreta sprawl ⟨*håret*⟩ **~r** sticks out ~ **med fingrarna** spread out one's fingers
spretig straggly, *om handstil* sprawling
spricka¹ SB crack, *i skelett* fracture, *i hud* chap, *i förhållande* breach, rift, *i parti o d* split
spricka² VB crack, *om hud* get* chapped, *om bubbla, ballong* burst*, *om förhandling, äktenskap* break* down, *om system, plan äv* collapse, *misslyckas i examen* fail **vara nära att ~ av ilska** be bursting with anger **molntäcket börjar ~ upp** the clouds are beginning to break up ~ **ut** *om löv, knopp* come out
sprickfärdig bursting ⟨*av* with⟩
sprida spread*, *reklam o d* distribute, *skingra* scatter ~ **glädje** spread joy ~ **ljus över** *bildl* shed light on ~ **ut** spread out ~ **ut sig** spread out **sprida sig** spread*
spridd, allmänt ~ widely spread **några ~a hus** a few stray (isolated) houses **~a skurar** scattered showers
spridning spreading, *av t ex sjukdom, kärnvapen* spread, *av reklam o d* distribution, *av tidning* circulation
spring *springande* running **det är ett ständigt ~ här** people are coming and going all the time **ett ~ i trapporna** a running up and down the stairs
springa¹ SB *i dörr o d* chink, *smal* slit, *spec för mynt* slot

springa² VB run*, *rusa* rush ~ **sin väg** run away (off) ~ **1 500 meter** run (compete) in the 1,500 metres ~ **hos läkare** keep running to the doctor
☐ **springa efter** *hämta* run for, run and fetch
☐ **springa ifatt** catch up with
☐ **springa ifrån** a) *äv ansvar o d* run away from b) **~ fortare än** outrun
☐ **springa om** run past
springpojke errand boy
sprinterlopp sprint, *spec US* dash
sprit alcohol, spirits ⟨*pl*⟩, *att dricka äv* liquor
spritbutik off-licence, *US* liquor store
spritkök spirit stove
spritpenna marker pen
spritpåverkad intoxicated, under the influence
spriträttighet, ha ~er be licensed
spritt, ~ språngande galen stark staring mad ~ **naken** stark naked
spritta, ~ av energi bubble over with energy **det spritter i benen** *av danslust* ≈ I'm itching to dance ~ **till** give a start
sprudla bubble [over] ⟨*av* with⟩
sprudlande ADJ *om vin, kvickhet* sparkling **på ~ humör** in high spirits, in [an] exuberant mood
spruta¹ SB **1** *injektions~* syringe, *för besprutning* sprayer **2** *innehållet* injection, *vard* shot ⟨*båda: mot* for⟩
spruta² VB spray, *med fin stråle* squirt, *häftigt* spurt, spout **det ~de vatten ur hålet** water was spouting (spurting) from the hole ~ **vatten på** play the hose on ~ **in** inject
sprutlackera spray[-paint]
sprutnarkoman intravenous drug user
språk language **studera ~** study languages
språkbegåvad, vara ~ have a gift for language[s]
språkbruk usage
språkfel language mistake
språkforskning linguistics ⟨*pred i sg*⟩
språkfärdighet proficiency
språkkunskap knowledge of language[s], *färdighet* language skills ⟨*pl*⟩ **ha goda ~er** have a good knowledge of languages
språkrör mouthpiece ⟨*för* of⟩
språkundervisning language teaching
språng leap, jump **göra ett ~** make a leap

stå på ~ *bildl* be about to leave
språngbräda *äv bildl* springboard
språngmarsch run **i ~** at a run
spräcka crack
spräcklig speckled, spotted
spränga *med sprängmedel* blow˙ up, *i berg* blast, *få att brista* burst˙, *öppna med våld* break˙ (force) open **~ banken** break the bank **~ i luften** blow up ⟨**jag trodde huvudet**⟩ **skulle ~s** would burst
sprängdeg plastic explosive
sprängladdning explosive charge
sprängämne explosive
sprätt 1 *snobb* dandy, fop **2 sätta ~ på pengarna** make the money fly
sprätta 1 *om höns* scratch, *stänka* spatter, *om gnistor* fly˙ off **2 ~ upp** *söm* rip up, *kuvert* slit open
spröd fragile, *om grönsak, bröd* crisp, *om röst* thin
spröt 1 *på paraply o d* rib **2** *på djur* antenna ⟨*pl* antennae⟩
spurta spurt
spy vomit, *vard* puke **~ ut** *rök o d* belch out
spydig sarcastic, snide
spydighet sarcasm
spyor vomit ⟨*sg*⟩, *vard* puke ⟨*sg*⟩
spå 1 ~ ngn tell sb's fortune **~ i kort** tell sb's fortune by the cards **2** *förutsäga, gissa* predict, foretell˙
spådom prediction
spågumma fortune-teller
spån ⟨*pl*⟩ chips, *hyvel~* shavings
spåna *improvisera* ad-lib, improvise
spång footbridge
spånskiva chipboard, particle board
spår 1 *som ngn (ngt) lämnat* trace, *som kan följas* track[s], *fot~* footprints ⟨*pl*⟩, *sammanhängande* ⟨*t ex efter djur*⟩ trail **inte ett ~** ⟨**trött**⟩ not a bit ⟨tired⟩ **bära ~ av** bear traces of, show signs of **komma ngt (ngn) på ~en** get on the track of sth (sb) **leda ngn på fel ~** put sb on the wrong track **vara på rätt ~** be on the right track **2** *polis~* clue **3** *som lagts* track, *räls äv* rails ⟨*pl*⟩, *skåra* groove ⟨**tåget**⟩ **avgår från ~ 2** leaves from platform 2
spåra *följa spår* track, trace **~ upp** *få tag på* trace, track down **~ ur** *a) om tåg* be derailed, run (go) off the rails *b) komma från ämnet* get off the track *c) om fest* get out of hand, *om person* go to the bad
spårlöst ADV without [leaving a] trace

spårvagn tram, *US* streetcar, trolley
späckad *full* packed ⟨**av** with⟩, *om plånbok* well-lined
späd *spenslig* slender, *bräcklig* delicate, *om planta, ålder* tender, *om röst* thin
späda *vätska* dilute, *färg* thin down **~ på med** ⟨**ytterligare detaljer**⟩ add, fill in
spädbarn infant, baby
spänd taut, tense, *om situation, relation o d* strained **~ förväntan** eager expectation **~ på att få veta** curious to know **i ~ förväntan** on tenterhooks
spänn, sitta på ~ be on tenterhooks
spänna ~ ut, *sträcka* stretch, *dra åt* tighten **~ en båge** bend (draw) a bow **~ sina muskler** flex one's muscles **~ sina krafter till det yttersta** strain every nerve
□ **spänna av sig** *ta av sig* take off, *lossa* unfasten
□ **spänna fast** fasten, *med rem* strap on, *med spänne* buckle **~ bilbältet** belt up
□ **spänna på sig** *skidor, skridskor* put on, *ryggsäck* strap on
□ **spänna upp** *paraply* put up, open
spänna sig *bli nervös* get˙ tensed up ⟨**inför** about⟩
spännande exciting, *starkare* thrilling
spänne clasp, *hår~* [hair] clip (slide)
spänning 1 *spänt tillstånd* tension **2** *känsla av ~* excitement, *starkare* thrill **hålla** ⟨**ngn**⟩ **i ~** keep ⟨sb⟩ in suspense **vänta med ~** wait eagerly **3** *eltekn* voltage
spännvidd *tekn* span, *bildl* extent, scope
spänst vigour, *kroppslig äv* [physical] fitness
spänstig *om person* fit, *spec om äldre person* hale and hearty, *äv bildl* vigorous, *om gång* springy
spärr *äv bildl* barrier, *väg~* roadblock, *tekn* catch
spärra *stoppa, hindra* block, bar, *konto* block, *check* stop **~ av** *gata* close off, *område* cordon off **~ in** *i fängelse etc* shut up, put away **~ upp ögonen** open one's eyes wide
spärrvakt ticket collector
spätta *fisk* plaice ⟨*lika i pl*⟩
spö whip, *tunn käpp* switch, *fiske~* rod **få ~ stryk** get a trashing (hiding)
spöa *klå upp* give˙ ⟨sb⟩ a beating, *besegra* thrash
spöka, det ~r i huset the house is haunted **~ ut sig** rig oneself out

spöke ghost, spectre, *vard* spook
spökhistoria ghost story
spöklik ghostly, *vard* spooky
spöregna, det ~r it's pouring down
squash 1 *grönsak* marrow, US squash **2** *spel* squash
stab staff
stabil stable, steady
stabilisera, stabilisera sig stabilize
stabilitet stability
stack stack
stackare poor creature **Den ~n!** Poor devil (thing)! **Din ~!** Poor you! **feg ~** miserable coward
stackars poor **S~ dig!** Poor you!
stad town, US city, GB ⟨*stor el viktig*⟩ city, US ⟨*liten*⟩ town **~en Luton** the town (US city) of Luton
stadga¹ SB **1** *stadighet* stability, steadiness **2** *förordning* regulation, statute
stadga² VB *fastställa i stadga* rule, lay˙ down **stadga sig** *om person* settle down
stadgad 1 *om person* steady **2** *fastställd* prescribed
stadig steady, firm, *om väder* settled
stadigt ADV **sitta ~** be firmly fixed (*om person* seated) **stå ~** stand steady
stadion stadium ⟨*pl* -s *el* stadia⟩
stadium stage, *skede* phase **på ett senare ~** at a later stage
stadsbud *bärare* porter
stadsdel district, neighbourhood
stadshus town (city) hall
stafett 1 *tävling* relay [race] **2** *~pinne* baton
staffli easel
stagnation stagnation
stagnera stagnate
staka *en båt* pole, *med stavar* use one's sticks **~ ut** *väg, gräns* stake out **staka sig** *tala hackigt* stumble ⟨*på* over⟩
stake 1 *att staka med* pole **2** *ljus~* candlestick **3 det är ingen ~ i honom** there's no go in him
staket fence
stall stable
stam 1 *träd~* trunk, *växtdel* stem **2** *folk~* tribe
stamfader ancestor
stamgäst regular [customer]
stamma *tala hackigt* stammer, stutter **~ fram** stammer out
stamning stammer[ing], stutter[ing]
stampa *med fot* stamp **stå och ~** *bildl* be getting nowhere **~ i golvet** stamp [on] the floor
stamtavla pedigree
standard standard **leva på hög ~** have a high living standard
standardprov *utb* standardized achievement test
stank stench, stink
stanna 1 stop **~ i växten** stop growing **2 ~ kvar** stay **~ hemma** stay at (*spec US* stay) home **~ hos ngn** stay with sb **~ på middag** stay for dinner **~ över natten** stay the night
stansa punch
stapel 1 *hög* pile, stack, *i diagram* column **2 gå av ~n** *bildl* take place
stapla pile, stack
stappla stumble, *om gång äv* totter
stare starling
stark strong, *kraftig äv* powerful, *om krydda* hot, *intensiv* intense **en ~ motor** a powerful engine **~ trafik** heavy traffic **~ tro** firm belief ⟨*det är inte*⟩ **min ~a sida** my strong point
starksprit spirits ⟨*pl*⟩, *spec US* hard liquor
starköl strong (export) beer
starr, grå ~ cataract **grön ~** glaucoma
start start, *flyg* take-off **ställa upp till ~** line up for the start
starta start, *flyg* take˙ off
startbana runway
startkablar jumper leads (cables)
startkapital initial (start-up) capital
startmotor [self-]starter
startsignal starting signal
startskott, ~et gick the pistol went off
startsträcka 1 *flyg* starting run **2** *i stafett* first leg
stat state **~en** the State **~en Israel** the state of Israel **~ens utgifter** public (government) spending
station station
stationera station
statisk static
statist *film* extra, *teat* walk-on player
statistik statistics **den här ~en visar att** these statistics show **föra ~ över** keep statistics of
statistisk statistical
stativ stand, *kamera~* tripod
statlig ⟨↔ statsägd⟩ state ⟨*före sb*⟩, government ⟨*före sb*⟩

statligt ADV ~ **kontrollerad** state--controlled ~ **understödd** state--subsidized
statsanställd SB government employee
statsbidrag state subsidy
statschef head of state
statskupp coup d'état
statskyrka state church [**den svenska**] ~**n** the Church of Sweden
statsmakt, ~en, ~erna the State, the Government, US the [Federal] Government
statsman statesman
statsminister prime minister, premier
statsråd [cabinet] minister
statsskick constitution
statsvetenskap political science
statsägd state-owned, government--owned, public
statuera, ~ [**ett**] **exempel** make an example ⟨of sth⟩
status status **ett yrke med hög ~** a high--status job (post)
statussymbol status symbol
staty statue
stav 1 staff, *för hopp* pole, *skid*~ stick **2** ~**hoppning** pole-vaulting **hoppa ~** do the pole vault
stava spell" ~ **fel på ett ord** spell a word wrong
stavelse syllable
stavfel spelling error (mistake)
stavning spelling
stearin wax, *tekn* stearin[e]
stearinljus candle
steg step, *ljud av* ~ footstep ~ **för** ~ step by step **hålla jämna** ~ **med** keep in step with **ta första** ~**et** take the first step **med raska** ~ at a brisk pace
stega *kliva* stride" along ~ **upp** *mäta* pace out
stege ladder, *trappstege* step-ladder
stegra *t ex priser, produktion* increase, *t ex spänning, känsla* heighten, *intensifiera* intensify **stegra sig** rear, *bildl* rebel, revolt
stegring *ökning* increase, *förstärkning* heightening, *intensifiering* intensification
stegvis ADV gradually, step by step
stek *på bordet* roast, *i affären* joint [of meat], *roasting meat* **laga till en ~ till middag** do a roast for dinner
steka 1 *i panna* fry, *i ugn el över öppen eld* roast **stekta äpplen** baked (roast) apples **2 solen steker** the sun is baking [hot] **steka sig** *i solen* bask
stekpanna frying-pan, US *äv* fry-pan
stekspett spit, skewer
stel *äv bildl* stiff ⟨**av** with⟩ ~ **som en pinne** [as] stiff as a poker **ha ett ~t sätt** have stiff manners **jag är ~ i benen** my legs are stiff
stelkramp tetanus, *vard* lockjaw
stelkrampsspruta *vaccinering* anti--tetanus injection
stelna stiffen, get" stiff ⟨*båda:* **av** with⟩, *om blod* coagulate, *om vätska o i matlagning* set"
sten stone **en massa ~** a lot of stones **en ~ föll från mitt bröst** that was a load off my mind
stenbock 1 ibex **2 Stenbocken** *stjärntecken* Capricorn
stencil stencil, *som delas ut* hand-out
stenhård *äv bildl* [as] hard as stone ~ **konkurrens** cut-throat competition
stenig stony, rocky
stenkast *avstånd* stone's throw
stenografi shorthand
stenrik loaded
stenskott *märke* chip **få ett ~** be hit by a flying stone
stenåldern the Stone Age
steppa tap-dance
stereo *äv anläggning* stereo, hi-fi
stereotyp ADJ stereotyped
steril sterile, *friare om mark, miljö* barren
sterilisera sterilize
sterilisering sterilization
sterilitet sterility
stick[1] SB **1** *av insekt* sting, *av nål* prick, *av vapen* stab **2** *kortspel* trick **3 lämna ngn i ~et** leave sb in the lurch
stick[2] ADV ~ **i stäv mot** *om åsikt* directly contrary to
sticka[1] SB **1** splinter, *att elda med* stick **mager som en ~** [as] thin as a rake (US rail) **2** *för stickning* [knitting] needle
sticka[2] VB **1** *med ngt vasst* prick, *om insekt* sting", *om mygga* bite" ~ **gaffeln i** stick one's fork into **2** *föra, stoppa* put", stick", *köra* thrust", *låta glida* slip ⟨*alla:* **i** into⟩ **3 ge sig i väg Stick!** Clear off!, Beat it! **Nu sticker vi!** Let's push (be) off now **4** *med garn* knit"

□ **sticka av mot** stand out against

☐ **sticka emellan** med fit in, *en fråga* put in
☐ **sticka fram** *skjuta (köra) fram* put (stick) out
☐ **sticka ifrån** leave, give ⟨sb⟩ the slip
☐ **sticka in** put (stick) in ~ **till** ⟨**stan**⟩ pop into
☐ **sticka ner** *med t ex kniv* stab ⟨sb⟩ [to death]
☐ **sticka upp** *skjuta upp* stick out, *om växt* shoot up
☐ **sticka över till** pop round to
sticka sig prick oneself ⟨**på** on⟩ **jag stack mig i fingret** I pricked my finger
stickas *om insekt* sting*, *om mygga* bite*, *om tyg* prickle **Det sticks!** That stings!
stickkontakt *på sladd o i vägg* plug
stickning 1 *handarbete* knitting **en ~ a** piece of knitting **2** *känsla* pricking
stickprov spot check
stift¹ *biskops~* diocese
stift² 1 pin, *häft~* drawing pin, US thumbtack **2** *blyerts~* lead, *till bläckpenna* nib, *i cigarettändare* flint, *tänd~* plug, *grammofon~* stylus
stifta *skapa, in~* found, establish, *lag* make* ~ **bekantskap med ngn** become acquainted with sb ~ **fred** make peace
stiftelse foundation
stiftpenna automatic (mechanical) pencil
stig [foot]path, *i skog o mark äv* track
stiga 1 *gå* step, walk ~ **i land** go ashore ~ **åt sidan** step (stand) aside **2** ~ *uppåt, gå upp, äv om pris* rise*, go* up, *tilltta* grow*, increase **planet steg** ⟨**till 10 000 m**⟩ the plane rose (climbed) ~ **i antal** increase in number **berömmelsen steg honom åt huvudet** fame went to his head
☐ **stiga av** get off, step down
☐ **stiga fram** step forward ~ **till** step up to
☐ **stiga in** step in (inside) ~ **i** *en bil* get into, *ett rum* step (walk) into **Stig in (på)!** Come in!
☐ **stiga ner** step down
☐ **stiga på** *buss, tåg* get on
☐ **stiga undan** step aside
☐ **stiga upp** *ur säng, från bordet* get up, *frml* rise ~ **på** ⟨**ngt**⟩ get up on ~ **ur sängen** get out of bed
☐ **stiga ur** get out of
stigande ADJ rising, *tilltagande* growing, increasing ~ **kurva** upward curve
stigbygel stirrup

stigning rise, *ökning* increase
stil 1 style **i stor ~** on a large scale, in [grand] style **något i ~ med** something like **2** *hand~* hand[writing] **ha fin ~** write a good hand **3** *bok med liten ~* in small type (print)
stilett stiletto
stilig *stilfull* stylish, *spec om kläder* elegant, chic, *om person* good-looking, *spec om man* handsome
still ADV → stilla²
stilla¹ ADJ lugn, rofylld, tyst quiet, *äv orörlig* still, *lugn, stillsam äv* calm, *svag, lätt* soft, gentle **Stilla havet** the Pacific [Ocean] **ett ~ liv** a quiet life **i sitt ~ sinne** in his ⟨*etc*⟩ heart of hearts
stilla² ADV quietly, calmly **han dog ~** he died peacefully **ligga ~** lie still **det står alldeles ~ i huvudet** my mind is a blank **produktionen står ~** production is at a standstill **tiden står ~** time stands still **Stå ~!** Keep still!, Don't move!
stilla³ VB hunger, nyfikenhet satisfy, *farhågor, oro, smärta* still, *blodflöde* sta[u]nch, *törst* quench
stillastående ADJ stagnant, *orörlig* immobile, *om fordon äv* stationary, *om maskin, fabrik* idle
stilleben still life ⟨*pl* still lifes⟩
stillestånd standstill, *milit* armistice, *äv bildl* truce
stillhet quiet, calm, *äv orörlighet* stillness, *frid äv* peace **i all ~** quietly **dö i ~** die peacefully **hålla sig i ~** keep still
stim 1 *fisk~* shoal, school **2** *av röster* hubbub, noise
stimulans stimulation, *stimulerande medel* stimulant, *~åtgärd* incentive **ge ~ åt** stimulate
sting 1 *stick* sting, *insektsbett* bite, *av nål o d* prick **2** *snärt, fart, kraft* bite, go ⟨**han har**⟩ **tappat ~et** lost drive
stinka stink* ⟨**av** of⟩
stins stationmaster
stipendiat scholarship student
stipendium scholarship, *från offentlig myndighet* grant **få ett ~** win a scholarship, receive a grant
stirra stare, *ilsket* glare ⟨**båda: på** at⟩ ~ **sig blind på** be[come] fixated on
stirrig *nervös* jittery, *virrig* confused
stjäla steal*, *vard* pinch
stjälk stem, stalk, *av rabarber, selleri* stick

stjälpa *[få att] falla (välta) omkull* overturn, tip [over], *slå omkull äv* knock over, *äv bildl* upset˚ **~ av (ur, ut)** tip out, dump **~ i sig** gulp down **~ upp** ⟨**en kaka**⟩ turn out
stjärna *äv om person* star
stjärnbild constellation
stjärnklar starry **det var ~t** it was a starry night
stjärntecken [star] sign
stjärt tail, *på människa* behind, bottom
sto mare, *ungt* filly
stock log **sova som en ~** sleep like a log
stocka sig get˚ blocked [up], *om trafik äv* jam **orden stockade sig i halsen på mig** the words stuck in my throat
stockning congestion, *i produktion* standstill
stoff stuff, *material, tyg äv* material
stoft 1 dust **2** *efter avliden* remains ⟨*pl*⟩
stoja make˚ a noise
stol chair, *utan rygg* stool
stollig foolish, daft
stolpe 1 post, *för ledning* pole **han sköt i ~en** he hit the post **2** *minnesstöd* note, *spec för författande* key point
stolpiller suppository
stolskarm elbow-rest
stolt proud ⟨**över** of⟩
stolthet pride ⟨**över** in⟩ **känna ~ över** take pride in
stoltsera *vara stolt* pride oneself ⟨**med** on⟩, *sätt att röra sig* swagger, strut **~ med ngn (ngt)** *skryta med* show sb (sth) off
stomme *äv bildl* frame[work], skeleton, *kärna* core
stopp¹ SB *i flöde, produktion* stoppage, *i maskin, trafik* jam **sätta ~ för** put a stop to **det är ~ i röret** the pipe is clogged (blocked) up
stopp² INTERJ Stop!, Halt!
stoppa¹ *hejda, stanna* stop
stoppa² 1 *laga hål* darn, mend **2** *fylla* fill, stuff, *möbler* upholster **3** *placera, sticka in* put˚
☐ **stoppa i: ~ ngn ngt** stuff sb with sth **~ sig** *äta* put away, stuff oneself with
☐ **stoppa in (ner)** *ngt som hänger utanför* tuck in
☐ **stoppa om: ~ ett barn** tuck a child in
☐ **stoppa på sig** put ⟨sth⟩ in one's pocket[s]
☐ **stoppa till** *fylla igen* plug (stop) up, fill in, *rör* block up
☐ **stoppa undan** put away
☐ **stoppa upp** *djur* stuff
stoppljus *bromsljus* brake light
stoppning 1 *på möbel* upholstery **2** *lagning* darning
stor large, *'imponerande'* big, *spec vid abstrakt sb, 'betydelsefull', 'framstående'* great
MED SUBSTANTIV ⟨↔ *äv resp substantiv*⟩
ett ~t antal a large number **~ beundran** great admiration **~ bokstav** capital letter **en ~ dag** a great day ⟨in his life⟩ **~ export** large exports **en ~ familj** a large family **~ glädje** great joy **en ~ händelse** a great occasion, a big event **ett ~t namn** ⟨i nöjesbranschen⟩ a big name **göra ~a pengar** make big money **dra [en] ~ publik** pull a big (large) crowd **det är ~ skillnad** ⟨**mellan ...**⟩ there is a big (great) difference
ANDRA UTTRYCK
bli ~ om barn grow up **Vad ~ du har blivit!** My, you've grown! **du är ~ nu** you're a big girl (boy) now **[de] ~a** ⟨förstår inget⟩ grown-ups **~a och små** young and old **en av tennisens ~a** one of the tennis greats **i ~t [sett]** on the whole **slå på ~t** make a splash
storartad *utomordentlig* excellent, splendid, *storslagen* magnificent
storasyster big sister
storbelåten highly pleased
Storbritannien [Great] Britain, *inklusive Nordirland* the United Kingdom (*förk* the U.K.)
stordator mainframe [computer]
storebror big brother
storföretag large (big) company
storhandla, **vi ~r en gång i månaden** we buy our groceries in bulk once a month
storhet 1 greatness **2** *person* celebrity
storhetstid days of glory ⟨*pl*⟩
storhetsvansinne megalomania **ha ~ vard** have a big head
stork stork
storkna choke ⟨**av** with⟩ **skratta så man ~r** laugh till one cries
storlek size ⟨**på** of⟩ **stora ~ar** large sizes **en staty i naturlig ~** a full-size (life-size) statue **Vilken ~ har (behöver) ni?** What size are you ⟨in gloves⟩? **Pröva om den här passar i ~!** Try this one for size
storm *äv bildl* storm, *hård vind* gale **ta med ~** take ⟨sb, sth⟩ by storm **gå till ~s mot**

bildl attack
storma 1 *det* ~**de** it was blowing a gale (storm) **2** *polisen* ~**de byggnaden** the police stormed the building ~ **fram** rush forward
stormakt great (big) power
stormaktstid, Sveriges ~ Sweden's period as a great power
stormande ADJ *om applåder* thunderous
stormarknad superstore, *GB äv* hypermarket
stormförtjust absolutely delighted
stormig *äv bildl* stormy
stormning *milit* assault, storming
stormsteg, med ~ by leaps and bounds
stormöte general meeting
storrökare heavy smoker
storsint magnanimous, generous
storsinthet magnanimity, generosity
storslagen grand, magnificent
storslalom giant slalom
storslam grand slam **spela hem** ~ make a grand slam
storstad big city, *världsstad* metropolis
storstrejk general strike
storstädning thorough cleaning
storsäljare best-seller
stortå big toe
storverk geat achievement **uträtta** ~ achieve great things
storvilt big game
storväxt big, *om person, växt äv* tall
story story, plot
straff *äv sport* penalty, *spec bestraffning* punishment **domaren dömde** ~ *sport* the referee gave a penalty **få sitt** ~ be punished **göra mål på** ~ score from a penalty
straffa punish **vara tidigare** ~**d** have a police record
straffarbete hard labour, penal servitude
straffbar *om handling* punishable, *om person* legally responsible
straffånge convict
stram *äv bildl* tight, *enkel, sträng* austere, *stel* stiff **hålla ngn i** ~**a tyglar** keep a tight rein on sb
strama *sitta stramt* be tight ⟨*om round, över* across⟩
strand shore, *bad*~, *sand*~ beach, *flod*~ bank
stranda 1 *om båt* run˚ aground **2** *om*
förhandlingar break˚ down
strapatser hardship[s]
strategi strategy
strategisk strategic
strax 1 *snart* soon **jag kommer** ~ I'm coming in a minute ~ **därpå** soon after **2** *om avstånd* ~ **bakom** close behind ~ **bortom** just beyond
streber climber
streck 1 *linje* line, *penn*~ stroke, *på måttskala* mark **ett** ~ **i räkningen** a disappointment **låt oss stryka ett** ~ **över det** let's forget the whole thing **2** *kläd*~ line
streckad, ~ **linje** broken line
streckgubbe stick figure, matchstick man
streckkod bar code
strejk strike
strejka 1 strike˚ **de** ~**r** *äv* they are on strike **de** ~**nde** the strikers **2** *inte fungera* not work, be out of order
strejkbrytare strikebreaker, *neds* scab
stress stress, strain
stressa 1 *vara* ~**d** be under stress, *jäkta* rush about ~ **av** relax **2** *utöva stress på* stress **S**~ **mig inte!** Don't rush me!
stressad stressed **bli** ~ *äv* come under stress **vara** ~ be under stress **i en** ~ **situation** under stress
stressig stressful **en** ~ **dag** *vanl* a busy day
streta *knoga* plod [on] ~ **i kopplet** strain at the leash ~ **emot** resist
stretcha do˚ stretching exercises
strid SB **1** fight, *kamp* struggle ⟨*båda:* **om** for⟩, ~**er,** *fientligheter* fighting ⟨*endast sg*⟩, *slag, drabbning* battle ⟨*alla:* **mot** against⟩, *konflikt* conflict **ta** ~ **om** ⟨ngt⟩ fight for **gå segrande ur** ~**en** win the day **2 i** ~ **med avtalet** in breach of the agreement **stå i** ~ **med** be contrary to
strida 1 fight˚, *ej milit äv* struggle **2** ~ **mot** *motsäga* contradict, *stå i motsättning till* be contrary to, conflict with
stridigheter conflicts, disputes, *inre* ~, *splittring* division[s], differences
stridsberedskap readiness [to fight]
stridslysten eager to fight, aggressive
stridsvagn tank
stridsåtgärd *facklig* industrial action
strikt ADJ strict, *om klädsel* correct
strila sprinkle, *om ljus* gleam ⟨*regnet*⟩ ~**de ner** came down steadily ~**nde regn** gentle

(steady) rain
strimla¹ *SB* shred, strip
strimla² *VB* shred
strimma *SB* streak, *rand* stripe, *ljus~ o bildl* ray
stripig straggly, *om hår äv* lank
strof stanza
stropp 1 *att ta tag i* strap **2** *person* pompous ass
strosa stroll, saunter ⟨*båda:* **omkring about**⟩
struktur structure, *på tapet, textil* texture
strukturera structure
strul mess-up, trouble
strula *om t ex apparat* be on the blink, play tricks, *om person* mess things up, be a nuisance
strumpa *lång* stocking, *kort~* sock
strumpbyxor tights, *spec US* panty hose ⟨*pl*⟩
strumpeband suspender, *US* garter
strumpläst, i ~en in one's stocking feet
strunt *skräp,* **~prat** rubbish
strunta, jag ~r i pengarna I don't care about the money **jag ~r i att göra det** I won't bother doing it **Strunt i det!** Never mind! **Det ~r jag blankt i!** I couldn't care less!
struntsumma trifling sum, *vard* peanuts
strupe throat **han** ⟨*etc*⟩ **fick det i galen ~** it went down the wrong way
strupgrepp, ta ~ på ngn seize sb by the throat
strut *glass~* cone, *av papper* screw
struts ostrich
strutta stride˙ jerkily
stryk thrashing **få ~** get a thrashing **få ~ i** ⟨**tennis**⟩ be beaten at **ful som ~** [as] ugly as sin
stryka 1 *med handen o d* stroke, *för att släta till* smooth [out] **~ håret ur pannan** brush one's hair from one's forehead **~ ngn över kinden** stroke sb's cheek **2** *breda ut* spread˙, *måla* paint **~ smör på brödet** butter one's bread **3** *med strykjärn* iron **4** *ta bort* cut˙ out, *ord, text äv* delete **~ ngn från en lista** strike sb's name off a list
□ **stryka av** *t ex pensel* wipe off
□ **stryka för** *med penna* mark
□ **stryka förbi** sweep past, *snudda* graze, brush [past]
□ **stryka in** *gnida in* rub in
□ **stryka med** a) *gå åt* be used up b) *dö* die, be killed
□ **stryka ned** *förkorta* cut down
□ **stryka på** *salva o d* spread, apply, *färg* paint
□ **stryka under** a) *med penna* underline b) *betona* stress
□ **stryka ut** a) *ord, text* cross out, *sudda bort* rub out, erase b) *smet, lim o d* spread
□ **stryka över** *ord, text* cross out
stryka sig rub ⟨**mot** against⟩ **~ över håret** stroke one's hair
strykande, ha ~ åtgång sell like hot cakes
strykbräda ironing board
strykjärn iron
strykning 1 *med handen* stroke **2** *med färg* coat[ing] **3** *med strykjärn* ironing **4** *uteslutning* cancelling, *borttagande* cutting-out, *av ord äv* deletion **5** *nedskärning i budget o d* cut[back]
stryktips results pool
strypa strangle, *tekn* throttle, choke
strå straw, *hår~, skägg~* hair, *gräs~* blade of grass **ett ~ vassare än** a cut above **dra det kortaste ~et** get the worst of it **dra det längsta ~et** get the best of it **dra sitt ~ till stacken** do one's bit **inte lägga två ~n i kors** ⟨**för att**⟩ not lift a finger ⟨to⟩
stråk *gata, väg* thoroughfare, *affärsgata* shopping street, *älg~ o d* path
stråke bow **stråkarna** *i orkester* the strings
stråkorkester string orchestra
stråla 1 beam, shine˙ ⟨*båda:* **av** with⟩ **2** *utstråla, äv bildl o om smärta* radiate
strålande radiant, *om solsken o prestation* brilliant **ett ~ exempel** a shining example **~ väder** glorious weather **~ av lycka** radiant (beaming) with happiness **på ~ humör** in a wonderful mood
strålbehandling radiotherapy, radiation treatment
stråle *äv bildl* ray, *ljus~ äv* beam, *av vätska* jet
strålkastare searchlight, *för t ex idrottsplats* floodlight, *för scenbelysning* spotlight, *på fordon* headlight
strålning radiation
sträck, i [ett] ~ at a (in one) stretch
sträcka¹ *SB distans* distance, *linje för trafik* route
sträcka² *VB* **1** stretch **~ på benen** *äv ta en promenad* stretch one's legs **~ på sig** stretch **Sträck på dig!** Sit (Stand) up straight! **~ fram handen** stretch (hold) out

one's hand ~ **upp handen** raise one's hand ~ **upp sig** *räta på sig* straighten [oneself] up ~ **ut** *tänja* stretch [out], *förlänga* extend ~ **ut sig** stretch [oneself] out **2** *muskel, sena* strain, pull **sträcka sig 1** *om slätt, väg o d* stretch ~ **över** ⟨två århundraden⟩ extend over **2 jag kan sträcka mig till** ⟨1 000 kr⟩ I can go up to **3** reach ⟨**efter** for⟩ **om du sträcker dig** ⟨kan du nå den⟩ if you reach up **4** *om muskel* strain (pull) a muscle
sträckbänk, hålla ngn på ~en keep sb on tenterhooks
sträckläsa read* ⟨sth⟩ at one sitting (at a stretch)
sträckning *muskel~* strain **få en ~** strain (pull) a muscle
sträng¹ SB string
sträng² ADJ strict, severe ⟨båda: **mot** with⟩
stränginstrument string[ed] instrument
strängt ADV **straffa ~** punish severely **~ taget** strictly speaking
sträv rough, harsh, *om röst äv* gruff
sträva VB strive* ⟨**efter** after, for⟩
strävan striving ⟨**efter** after, for⟩
strävhårig wire-haired
strö VB sprinkle ~ **salt i såren** rub salt into sb's (the) wound[s] ~ **salt på (över)** sprinkle salt over ~ **pengar omkring sig** throw one's money about ~ **ut** scatter around (about)
ströbröd breadcrumbs ⟨pl⟩
strög main [shopping] street
ströjobb ⟨pl⟩ casual (odd) jobs
ström *äv elektrisk* current, *flöde, äv bildl* stream **följa med ~men** *bildl* go with the tide **gå mot ~men** *bildl* go against the tide
strömavbrott power cut
strömbrytare switch
strömförande live
strömlinjeformad streamlined
strömma stream, *om vätska äv* run*, flow
strömming ≈ Baltic herring
strömning *bildl* current, movement
strösocker granulated sugar
strössel hundreds and thousands ⟨pl⟩, US sprinkles ⟨pl⟩
ströva roam ~ **omkring på** roam
stubba *svans* dock, *hår* crop
stubbe stump
stubin fuse **ha kort ~** *bildl* be short--tempered

student 1 *vid högskola* student **2 ta ~en** ≈ graduate [from the gymnasium]
studentbetyg ≈ school-leaving certificate, US high school transcript, *i ett ämne* final mark (*spec* US grade)
studentbostad 1 student's room **2** *studenthem* students' hostel, US students' hall
studentexamen ≈ school-leaving (US high school final) exam[ination] **ta ~** → student 2
studentkår student[s'] union
studera study
studie study
studiebesök study visit, field trip
studiebidrag study grant
studiecirkel study circle (group)
studiedag teachers' seminar (training course)
studieförbund adult educational association
studielån study loan
studieplan syllabus, curriculum
studierektor director of studies
studieresa study tour (trip)
studievägledare student counsellor
studio studio
studs *åter~* rebound, *~förmåga* bounce
studsa bounce, ~ **upp (tillbaka)** rebound ~ **bra** *om boll* be bouncy, have a good bounce ~ **till** *om person* give a start
studsmatta *till motion* jumping mat
stuga *spec på landet* cottage, *enkel* cabin, *litet hus* little (small) house
stugby holiday village, US vacationers' cottages ⟨pl⟩
stuka, ~ vristen sprain one's ankle
stum *som inte kan tala* dumb, *om beundran etc* mute **bli ~ av förvåning** be speechless with astonishment
stumfilm silent film
stump stump, end
stund moment **efter en ~** after a while **i farans ~** in the hour of danger **i sista ~** at the last moment **om en liten ~** in a little while
stuntman stunt man
stup SB precipice, sheer drop
stupa 1 *falla omkull, dö* fall*, *misslyckas* fail **de ~de** those killed ~ **av utmattning** drop down with exhaustion ~ **i säng** tumble into bed **2** *luta brant* drop [sharply] ~ **lodrätt** drop sheer

stupfull plastered, dead drunk
stupränna drainpipe, *US vanl* downspout
stursk cheeky, *trotsig* obstinate
stuv remnant [of cloth]
stuva 1 *lasta* stow ~ **in sig i** ⟨**bilen**⟩ bundle into **2** *koka i sås* cook ⟨sth⟩ in white sauce **~d potatis** potatoes in white sauce
stuvning 1 *lastning* stowage, stowing **2** *kok* white (cream) sauce, *kött~* stew
styck 1 ⟨**två pund**⟩ **[per]** ~ each, apiece **2** *några* **~en** some, a few ⟨**jag köpte**⟩ **fem ~en** five [of them] **vi var bara fem ~en** there were only five of us
stycka *kött* cut* up, *mark* parcel out ~ **av** *tomt* split off
stycke 1 piece, *mindre* bit, *större* chunk **ett ~ bröd** a piece (bit) of bread **ett ~ längre bort** a little bit further away ⟨**staden ligger**⟩ **ett ~ från havet** some distance from the sea **vi gick ett bra ~** we walked quite a long way **slita i ~en** pull (tear) to pieces **i ett [enda] ~** [all] in one piece **2** *i text* paragraph
styckmord ≈ [murder followed by] dismemberment
styckning 1 *av kött* cutting up, jointing **2** *av mark* parcelling out, division
stygg nasty ⟨**mot** to⟩, *spec om barn* naughty
stygn stitch
stylta SB stilt **gå på styltor** walk on stilts
stympa maim, *äv bildl* mutilate
styr, hålla i ~ keep ⟨sb, sth⟩ in check **hålla sig i ~** control oneself
styra 1 steer, ~ *ngt i viss riktning äv* direct, *behärska* control ~ **sina steg mot** make for **2** *regera* govern, rule **3** *sköta om, ordna* manage **4 ~ ut sig** dress up
styrbord SB starboard **på ~s sida** on the starboard side, to starboard
styre 1 *polit* rule **sitta vid ~et** be in power **2** *cykel~* handlebars ⟨*pl*⟩
styrelse *i bolag o d* board [of directors], *i förening* committee **sitta i ~n** be on the board (the committee)
styrka¹ SB strength, power, force **den råa ~n** brute force **militära styrkor** armed forces **hans ~ ligger i** ⟨**att**⟩ his greatest strength is ⟨**vi arbetar nu**⟩ **med full ~** *om personal* at full strength
styrka² VB *vidimera* attest ~ **sin identitet** prove one's identity **styrka sig** fortify (strengthen) oneself

styrkedemonstration display of power
styrketräning weight training
styrman *fartygsbefäl* mate
styrning 1 *äv styrinrättning* steering **2** *ishockey* deflection
styrsel *stadga* stability
styv 1 *stel* stiff **visa sig på ~a linan** show off **2** *skicklig* skilful, clever
styvfar stepfather
styvmor stepmother
styvna stiffen
styvt ⟨↔ styv⟩ ADV **hålla ~ på** *insistera* insist on
stå
1 stand*, *vara* be ⟨**det fanns inga sittplatser,**⟩ **så vi fick ~** so we had to stand **huset stod tomt i två år** the house stood (was) empty for two years **bilen ~r i garaget** the car is in the garage **2** *andra betydelser* **Låt ~!** *om något skrivet* Do not erase! **det ~r i tidningen att ...** it says in the paper that ... **min klocka ~r** my watch has stopped **det där jobbet är inget att ~ efter** that job is not worth having **jag ~r för mitt misstag** I assume (accept) responsibility for my mistake **hon har mycket att ~ i** she has a lot to do (attend to) **Vad ~r pundet i?** What is the pound worth? ~ **på händer** do a handstand
□ **stå emot** resist
□ **stå fast** a) *om erbjudande etc* stand b) *inte ändra sig* stand fast (firm)
□ **stå i** be hard at it
□ **stå kvar** *stanna* stay, not go away **min cykel stod kvar** my bike was still there
□ **stå på: Vad står på?** What's the matter?, What's up?
□ **stå till: Hur står det till?** How are you? **det står inte rätt till med detta** there is something fishy about this
□ **stå ut: jag står inte ut längre** I can't stand it any more ~ **med** stand, put up with
□ **stå över** *avstå* pass, wait
stå sig *hålla i sig* last, hold*, *hålla sig färsk* keep* fresh ~ **i konkurrensen** hold one's own **jag står mig på ett glas mjölk** a glass of milk will keep me going
stående ADJ standing, *stillastående* stationary **högt ~** highly developed **ett ~ uttryck** a set phrase **på ~ fot** offhand
ståhej hullabaloo, fuss
stål steel

stålar *pengar* dough ⟨sg⟩, loot ⟨sg⟩
stålman, Stålmannen Superman
stålsätta sig steel oneself ⟨mot against⟩
ståltråd wire
stålverk steelworks ⟨*lika i pl*⟩
stånd 1 *skick, tillstånd* state, condition **sätta ngn i ~** ⟨**att**⟩ enable sb **vara i ~ att** be able to **få till ~** bring about **komma till ~** come about (off) **vara ur ~ att** be unable to **2** *ställning, läge* **hålla ~** ⟨**mot**⟩ hold one's own ⟨against⟩ **3** *samhällsgrupp, t ex adel* estate **4** *salu~* stall, booth, *äv på mässa* stand **5** *erektion* erection, *vard* hard-on
ståndaktig *orubblig* steadfast, *karaktärsfast* firm
ståndare *bot* stamen
ståndpunkt standpoint, position, viewpoint
stång pole, *för gardin* rod **flagga på halv ~** fly the flag at half-mast
stånga butt, give* ⟨**sb**⟩ a butt
stångas butt
stånka VB puff [and blow*]
ståplats *på åskådarläktare* standing room section, *i buss o d* standing room
ståplatsbiljett standing ticket
ståt pomp **pomp och ~** pomp and circumstance
ståta, ~ med ⟨**ngt**⟩ show off **byn kan ~ med** ⟨**ett lyxhotell**⟩ the village boasts
ståtlig magnificent, grand, *om person* handsome
städa tidy [up], *göra rent* clean **~ efter sig** leave things tidy **~ i ett skåp** clean out a cupboard
städad *om rum o d* tidy, *om person* well-behaved, *om uppträdande* proper
städare cleaner
städerska cleaner, *på hotell* [chamber]maid
städhjälp domestic help, US cleaning woman
städning cleaning, *enstaka* cleanup
städrock overall, US housecoat, duster
städskåp cleaning (broom) cupboard
ställ *för paraply o d* stand, *för disk, flaskor* rack
ställa 1 put*, place, *spec upprätt på el mot ngt* stand* **jag ställde vasen på bordet** I put (placed) the vase on the table **~ ett barn på en stol** stand a child on a chair **~ en stege mot väggen** stand a ladder against the wall **2** *klocka* set* **~ en väckarklocka** set an alarm **3** *adressera* address
☐ **ställa fram** put out **~ klockan en timme** put the clock forward one hour
☐ **ställa in** *inte hålla etc* cancel **~ skärpan** adjust the focus **~ sig hos** ingratiate oneself with **~ sig på** be prepared for (to do sth)
☐ **ställa om [sig]** readjust [oneself], adjust
☐ **ställa till** *orsaka* cause **~ [med] fest** throw (give, have) a party **Vad du har ställt till det!** What a mess you have made of it!
☐ **ställa tillbaka** put back
☐ **ställa upp: ~** [**sig**] **på led** line up **han ställer alltid upp** *hjälper till* he'll always lend a hand **mina föräldrar har alltid ställt upp** [**för mig**] my parents have always backed me up (stood by me) **~ i en tävling** enter a competition
☐ **ställa ut** *visa* display, exhibit
ställa sig 1 Gå och ställ dig därborta! Go and stand over there **han ställde sig på en pall** he got up on a stool **Ställ dig upp!** Stand up!, Rise to your feet! **2 Hur ställer du dig till ... ?** What is your attitude to (toward[s]) ... ?, What do you think of ... ?
ställbar adjustable
ställd ⟨↔ **ställa**⟩ **1** *villrådig, svarslös* nonplussed **2 ha det gott ställt** be well off
ställe 1 *plats, äv bostad, hus* place, *mer begränsad* spot, *textavsnitt* passage ⟨**vi försökte**⟩ **på ett annat ~** somewhere else **2 i ~t för att studera** ⟨**körde han taxi**⟩ instead of studying
ställning position **social ~** social status (standing) **Hur är ~en?** *i tävling, match* What's the score? **ta ~** ⟨**i en fråga**⟩ take up a position **ta ~ för** support **ta ~ till** make up one's mind about ⟨**en person**⟩ **i hög ~** in a senior position
ställningstagande position, stand ⟨*båda:* **till** on⟩
stämband vocal cord
stämd, välvilligt ~ ⟨**mot**⟩ well disposed ⟨toward[s]⟩
stämgaffel tuning fork
stämjärn chisel
stämma¹ SB **1** *röst* voice, *musik* part, *orgel~* stop **sjunga i stämmor** sing in parts **2** *möte* meeting
stämma² VB **1** *musik* tune **2** *vara riktig* be

correct, ~ *överens* agree **det stämmer that's correct** ⟨de två versionerna⟩ **stämmer inte överens** do not tally (agree) **~ in i** ⟨hyllningarna⟩ join in **~ in på** *om signalement* fit
stämma³ VB 1 *jur* sue, bring* an action against 2 **~ möte** arrange to meet
stämning¹ *atmosfär* atmosphere, *sinnes~* mood **~en var hög** everybody was in high spirits **komma i ~** get into the right mood
stämning² *jur* [writ of] summons ⟨*sg*⟩
stämningsfull *högtidlig* solemn, *romantisk* romantic
stämpel stamp, *på ädla metaller* hallmark, *post~* postmark
stämpelklocka time clock
stämpla 1 stamp, *ädla metaller* hallmark, *post~* postmark **gå och ~** *som arbetslös* be on the dole, US be on unemployment **~s som tjuv** be branded [as] a thief 2 **~ in** *på stämpelur* clock in 3 *i fotboll* stamp
ständig constant
ständigt ADV **jämt och ~** constantly, always
stänga shut*, close, *lägga ner* close (shut*) down **~ butiken** *för dagen* shut up shop **~ en spelare** *hindra* obstruct (block) a player
☐ **stänga av** a) *gata* close, shut ⟨*båda:* **för** to⟩, *gas, vatten o d, motor* shut (turn) off, *radio, tv* switch (turn) off b) ⟨*ngn*⟩ *från tjänst* suspend, *från tävlande* bar
☐ **stänga in** *låsa in* shut (lock) up **~ sig på sitt rum** *dra sig undan* shut oneself away
☐ **stänga till** *dörr, fönster* shut, *kran* turn off
☐ **stänga ute** shut (lock) out, *hålla borta* keep out
stängning shutting, closing, *nerläggning* shutting (closing) down, *sport* obstruction, blocking
stängningsdags closing time
stängsel fence
stänk splash **ett ~ av ironi** a touch (hint) of irony
stänka splash, *t ex tvätt* sprinkle **~ ner ngn** splash sb [all over]
stänkskärm mudguard, US fender
stäpp steppe
stärka strengthen **stärka sig, ~ med dryck (mat)** have some refreshment
stärkande bracing, fortifying **~ medel** tonic

stärkelse starch
stäv *sjö* stem **stick i ~ mot** directly contrary to
stöd support, *ekonomiskt äv* aid **ge** ⟨ngn, ngt⟩ **sitt ~** support **ta ~ mot** support oneself against **som (till) ~ för** *bildl* in support of
stöddig 1 *viktig, självsäker* stuck-up, cocky 2 *stor* hefty, sturdy
stödförband fixed dressing, *elastiskt* elastic bandage
stödja support **stödja sig** support oneself **~ på** *äv bildl* lean on
stödundervisning remedial teaching
stöka be busy **~ till** mess up, make a mess **~ undan** *bli klar med* get ⟨sth⟩ over [and done] with
stökig 1 *ostädad* messy 2 *bråkig, störande* disturbing, troublesome, *besvärlig* unruly
stöld theft, stealing ⟨*endast sg*⟩, *butiks~* shoplifting, *inbrotts~* burglary, *i kortspel* trumping
stöldgods stolen goods ⟨*pl*⟩
stön groan, *svagare* moan
stöna groan, *svagare* moan ⟨*båda:* **av** with⟩
stöp, gå i ~et come to nothing
stöpa, ~ ljus dip candles **vara stöpta i samma form** be cast in the same mould
stör *stång* stake, pole
störa disturb **psykiskt störd** mentally disturbed
störning 1 disturbance 2 *radio, tv* interference, *avsiktlig* jamming
större ⟨↔ **stor**⟩ 1 larger, bigger, *högre till växten* taller, *endast bildl* greater **när barnen blev ~** as the children grew up **han är ~ än Ann** *längre* he is taller (bigger) than Ann **~ delen av boken** most of the book **till ~ delen** mostly, for the most part 2 *stor* ⟨*ej jämförelse*⟩ **ett ~ företag** a major company **en ~ summa** a large sum
störst ⟨↔ **stor**⟩ largest, biggest, *mest högväxt* tallest, *endast bildl* greatest **den ~a delen av** most of **Vilken är ~?** Which is the largest ⟨*etc*⟩?
störta 1 *få att falla utför stup o d* throw* down **de ~de** ⟨diktatorn⟩ they overthrew **~ ngn i fördärvet** ruin sb 2 *falla* plunge, fall*, *om flygplan* crash **~ in** *om tak* fall (cave) in **~ samman** collapse 3 *rusa* rush, dash **~ in i** ⟨ett rum⟩ come rushing into, burst into **~ upp** *rusa upp* jump to one's

feet **störta sig** plunge, throw˙ oneself ⟨*båda:* **i** into⟩
störtdykning *flyg* nosedive **göra en ~ mot** *om rovfågel* pounce on
störtflod *äv bildl* torrent
störtlopp downhill skiing (*tävling* race)
störtning *flyg* crash
störtregna pour down
stöt 1 *med svärd, käpp* thrust, *med kniv* stab, *törn* jolt, bump, *elektrisk* shock **Aktas för ~ar!** Handle with care **2** *biljard* stroke, *kulstötning* put **3** *inbrott* **göra en ~** do (pull) a job
stöta 1 *med ngt* thrust˙, *knuffa* push **~ huvudet i taket** bump one's head against the ceiling **~ i tån** stub one's toe ⟨against sth⟩ **~ ngn i sidan** dig (poke) sb in the ribs **~ på** ⟨*motstånd*⟩ meet with, encounter **2** *väcka anstöt hos* offend **bli stött** be offended **3** *krossa i mortel* pound **4** *i biljard* play, strike˙, *i kulstötning* put˙ **5 ~ på** *uppvakta* make a pass at
☐ **stöta bort** push (thrust) away, *verka frånstötande på* repel
☐ **stöta emot** bump (knock) against (into)
☐ **stöta ihop** a) clash, collide b) *råkas* run across (into) each other
☐ **stöta omkull** push (knock) over
☐ **stöta på** a) *av en händelse* come (run) across b) *svårighet o d* run into **~ ngn om** ⟨ngt⟩ påminna remind sb of
☐ **stöta till** *knuffa till* push, *av misstag* bump into
☐ **stöta ut** a) *utesluta* expel b) *båt* push off (out)
stöta sig, ~ med ⟨ngn⟩ bli ovän med fall out with **~ på** *bli irriterad av* take offence at
stötande *anstötlig* offensive
stötdämpare shock absorber
stötesten stumbling block ⟨**för** to⟩
stötfångare bumper
stött 1 *förnärmad* offended ⟨**över** at, **på** with⟩ **bli ~** *äv* take offence ⟨**över** at⟩ **bli ~ på** ⟨ngn⟩ get cross with **2** *om frukt* bruised
stötta VB support
stöttepelare *person* mainstay, pillar
stövare ≈ harrier, Swedish foxhound
stövel *gummi~* wellington [boot], *vard* welly, US rubber boot, *läder~* [high] boot
subjekt subject

subjektiv subjective
sublim sublime
substans substance
substantiv noun
subtil subtle
subtrahera subtract
subtraktion subtraction
subvention subsidy
subventionera subsidize
succé success, *vard* hit **göra (bli) en stor ~** be a great success
successiv gradual
suck sigh **dra en djup ~** breathe a deep sigh
sucka sigh ⟨**av** with⟩
Sudan [the] Sudan
sudd 1 *tuss* wad **2** *tavel~* duster
sudda, ~ bort erase
suddgummi [India] rubber, *spec* US eraser
suddig *oklar* blurred, blurry, fuzzy
sufflé soufflé
sufflör prompter
sug *sugning* suck[ing], *tekn* suction **känna ett ~ efter** have an intense longing for **tappa ~en** lose heart
suga suck **~ på en karamell** suck a sweet **~ tag i** grab, *om strömdrag o annan kraft* suck in **~ sig fast vid** stick (cling) to **~ i** *hugga i* put one's back into it **~ upp** absorb, suck up **~ ut** *exploatera* exploit **~ ut jorden** impoverish the soil
sugen, vara ~ på ⟨ngt⟩ long for, *starkare* be dying for **vara ~ på att spela** feel like playing
sugga sow
suggestiv suggestive
sugmärke love bite
sugrör *till saft* straw
sula SB *sko~* sole
sulfa sulpha drug
sulfat sulphate
sulfit sulphite
summa sum **~n av kardemumman blev** the long and the short of it was
summarisk summary
summera sum up
summering summing-up
sump *kaffe~* grounds ⟨*pl*⟩
sumpa *chans o d* blow˙, miss
sumpig marshy, swampy
sumpmark marsh, swamp
sund[1] SB sound, strait[s]

sund² ADJ äv om t ex åsikt sound, hälsosam healthy **sunt förnuft** common sense
sup snifter, tot
supa drink*, vard booze **~ sig full** get drunk **~ ihjäl sig** drink oneself to death **~ ner sig** become an alcoholic
supé supper
superbra super, great
superlativ SB superlative **i ~** in the superlative
supermakt superpower
suppleant deputy, substitute
supporter supporter, vard fan
sur 1 sour, äv kemi acid, vresig, trumpen morose, surly, arg cross ⟨**på** with⟩, US sore ⟨**över** about⟩ **~t regn** acid rain **bita i det ~a äpplet** ≈ swallow the bitter pill **de gjorde livet ~t för honom** they led him a dog's life **~t sa räven [om rönnbären]** ≈ that's just sour grapes **2** blöt wet, om pipa foul
sura sulk
surfa surf
surfingbräda surfboard, för vindsurfing windsurfing board, sailboard
surkål sauerkraut
surna turn [sour], go* off, om person become* sullen
surpuppa sourpuss
surr buzz, hum
surra¹ om ljud o aktivitet buzz, hum
surra² binda lash down, secure
surrealistisk om konst surrealist, overklig, bisarr surreal
surrogat substitute, surrogate
surströmming ≈ fermented herring
surt ⟨↔ sur⟩ ADV **smaka ~** taste sour **~ förvärvade pengar** hard-earned money
sus av löv o d rustle, av vind, röster murmur, whisper
susa 1 om vind whisper, whistle **det ~r i öronen på mig** my ears are buzzing **2 ~ fram** race along
susen, göra ~ do the trick (job)
suspekt suspect, suspicious
suverän 1 självständig sovereign **2** särklassig unequalled, skicklig superb, brilliant
suveränitet 1 självständighet sovereignty **2** särklassighet excellence, stor skicklighet brilliance
suveränt ADV skickligt brilliantly ⟨**den var**⟩ **~ bra** excellent, tremendously good
svacka hollow, dip, form~ down period

svag 1 weak, feeble ⟨båda: **av** with⟩, om ljud, ljus o bildl äv faint **~t kaffe** weak coffee **ett ~t minne** a faint memory **en ~ vind** a light (gentle) breeze **vara ~ för** have a weakness for **med ~ röst** in a weak (faint, feeble) voice **ha en ~ aning om** have a faint idea of **en ~ likhet** a faint resemblance **~ värme** low heat **2** dålig weak, poor ⟨båda: **i** at, in⟩ **en ~ prestation** a poor show **~ syn** weak (poor) eyesight
svaghet weakness, kraftlöshet äv feebleness, om hälsa frailty, brist, nackdel weak point, shortcoming
svaj, med hatten på ~ wearing his ⟨etc⟩ hat at a jaunty angle **ligga på ~** sjö swing at anchor
svaja vaja sway, kraftigare swing*
svajig om träd, gång swaying, swinging
sval ADJ cool
svala swallow
svalg 1 throat **2** avgrund abyss
svalka¹ SB coolness, freshness
svalka² VB **~ [av] ngn (ngt)** cool sb (sth) off **svalka sig** refresh oneself, cool oneself off
svalkande cooling, refreshing
svall surge, av lockar flow
svalla om vågor surge, swell*, om hår flow* **känslorna ~de** feelings ran high
svallvåg efter båt [back]wash, bildl backwash
svalna cool [off]
svamla ramble, vard waffle **~ på** ⟨**om ngt**⟩ ramble on
svammel rambling, vard waffle
svamp 1 bot fungus ⟨pl fungi el funguses⟩, spec ätlig mushroom, spec oätlig toadstool **växa upp som ~ar ur jorden** mushroom **2** tvätt~ sponge **dricka som en ~** drink like a fish
svan swan
svans tail, anhängare followers ⟨pl⟩ **sticka ~en mellan benen** bildl turn tail
svar answer, reply **ge ngn ~ på tal** give as good as one gets **som ~ på** in answer (reply) to **jag fick till ~ att** I was told that **stå till ~s för** be held responsible for
svara 1 answer, reply ⟨båda: **på** to⟩ **~ i telefonen** answer the [tele]phone **~ på ett brev** answer a letter **2 ~ för** a) ansvara för answer for b) ha hand om be in charge of c) kostnaderna stand **3 ~ mot** motsvara correspond to, answer [to], fylla meet,

satisfy
svarsblankett reply form
svarslös, bli (vara, stå) ~ be at a loss for an answer
svart¹ 1 ⟨↔ blått⟩ SB black **de ~a** the blacks **få ~ på vitt på ngt** have sth in black and white **se allt i ~** look on the dark side [of things] **2** ADJ black **~ arbetskraft** black labour **~a börsen** the black market **~a tavlan** the blackboard
svart² ** ADV **bygga ~ ≈ build without a permit **jobba ~** work without paying tax, moonlight **köpa ~** buy on the black market
svartabörshaj black marketeer, *vard* spiv, shark
svartlista blacklist
svartmuskig swarthy
svartmåla, ~ ngn blacken sb's name **~ saker och ting** paint things black
svartna, det ~de för ögonen everything went black
svartsjuk jealous ⟨**på** of⟩
svartsjuka jealousy
svartskalle ≈ dago
svarv lathe
svarva turn ⟨sth⟩ [in the lathe]
svavel sulphur
sveda SB [burning] pain
svek treachery, *trolöshet äv* faithlessness ⟨*båda:* **mot** to⟩, *falskhet äv* falseness, deceit, *spec mot ideal o d* betrayal ⟨**mot** of⟩
svekfull ⟨↔ svek⟩ treacherous, false, deceitful
svensexa stag party
svensk 1 SB Swede **2** ⟨↔ engelsk-⟩ ADJ Swedish
svenska ⟨↔ engelska⟩ **1** *språk* Swedish **2** *kvinna* Swedish woman **hon är ~** she is Swedish
Svensson, göra som ~ gör ≈ blend in with the crowd
svep, i ett ~ at one go
svepa 1 *förflytta [sig]* sweep* **han lät blicken ~ över rummet** his eyes swept the room **2 ~** ⟨**en flaska öl**⟩ knock back, *US* chug **3** *linda* wrap **~ ett lik** shroud a corpse **~ in sig** ⟨**i en filt**⟩ wrap oneself up
svepskäl pretext, excuse **komma med ~** make excuses
Sverige Sweden
svets *apparat* welding unit (set)
svetsa weld **~ ihop** *äv bildl* weld [together]

svetsare welder
svett sweat
svettas sweat
svettig sweaty
svida smart, sting* **det svider i halsen** my throat is smarting **röken svider i ögonen** the smoke is stinging my eyes
svidande ADJ *om smärta* stinging, *om kritik* devastating, *om nederlag* crushing
svika 1 *ideal o d* betray, *t ex en vän* let* down **~ sitt löfte** go back on (break) one's promise **~ sin plikt** fail in one's duty **2** *inte räcka till* fail **krafterna svek honom** his strength failed him
svikare betrayer, *vard* rat
svikt 1 *i sko, bräda o d* springiness **ha ~ i stegen** have a springy walk **2** *trampolin* springboard
svikta *ge efter för tryck* sag, give*, *bildl äv* waver
sviktande wavering, *om hälsa* failing
svimma faint, *vard* pass out **~ av utmattning** faint from (with) exhaustion
svimning faint
svin pig, *äv person* swine
svindel 1 *yrsel* dizziness **få ~** feel dizzy **2** *bedrägeri* swindle, fraud
svindla 1 det ~r för ögonen my head is going round **tanken ~r** the mind boggles **2** *bedra* swindle, cheat **~** ⟨**ngn**⟩ **på pengar** cheat ⟨sb⟩ out of money
svindlande *hisnande* breathtaking, mind--boggling
svindlare swindler, fraud, *vard* racketeer
svindleri swindle, fraud
svinga swing* **svinga sig, ~ upp i sadeln** leap into the saddle **~ över** ⟨**ett staket**⟩ vault [over]
svinn wastage, waste
svinstia pigsty
svit suite, *av kort* sequence **i ~** in a row
sviter aftereffects, *av sjukdom äv* complications
svordom swearword, curse
svullen swollen, *svagare* puffy
svullna swell* [up], become* swollen
svullnad swelling
svulst tumour
svulstig pompous, inflated
svåger brother-in-law ⟨*pl* brothers-in--law⟩
svångrem belt **dra åt ~men** *äv bildl* tighten one's belt

svår difficult, *spec att uthärda el klara av* hard, *vard* tough, *allvarlig* serious, severe
MED SUBSTANTIV
ett ~t brott a serious crime **en ~ förkylning** a bad (severe) cold **en ~ förlust** a severe loss ⟨**för** to⟩, *nederlag* a severe defeat **~a förluster** *av liv* heavy losses **ha ~a plågor** be in severe (great) pain **ett ~t slag** a severe (hard) blow **en ~ tid** hard times
ANDRA UTTRYCK
det ~a är ⟨**att**⟩ the difficult thing is **ha det ~t** have a difficult (rough) time, *ekonomiskt* be badly off **ha ~t för matematik** find mathematics difficult **ha ~t att anpassa sig** have difficulty [in] adjusting **~are är det inte** it's as simple as that
svårartad *om sjukdom* serious, severe
svårighet *äv nöd* difficulty **råka i ~er** get into difficulties **ha stora ~er att** have great difficulty [in] ⟨+ *ing-form*⟩ **utan ~[er]** without difficulty
svårighetsgrad degree of difficulty
svägerska sister-in-law ⟨*pl* sisters-in--law⟩
svälja swallow
svälla swell* ⟨**av** with⟩, *växa äv* grow*
svält starvation, *hungersnöd* famine **dö av ~** die from starvation
svälta starve **~ ihjäl** starve to death **~ ut** starve out **svälta sig** starve oneself
svältfödd *bildl* starved ⟨**på** of, for⟩
svältgräns, leva på ~en live on the edge of starvation
svämma, floden ~de över the river overflowed its banks
sväng bend, turn, *mindre skarp* curve **gå en ~** take a turn (stroll) **vara med i ~en** go out (get around) a lot **ta en ~ med bilen** go for a drive **ta ut ~arna** *bildl* live it up **ta ut ~en runt hörnet** take the corner wide
svänga 1 *vara el råka i svängning* swing* **det svänger om musiken** this music swings **2** *ändra riktning [på]* swing*, turn, bend* **opinionen har svängt** public opinion has swung **~ med armarna** wave one's arms about **~ på höfterna** swing one's hips **~ på ratten** turn the wheel
□ **svänga av från** turn off ⟨a road⟩
□ **svänga ihop** *snabbt åstadkomma* knock together, *måltid* knock up
□ **svänga in på** *gata o d* swing (turn) into
□ **svänga om** turn round, *på dansgolvet* swing (spin) round
□ **svänga runt** turn (swing) round, *snurra runt* spin round
□ **svänga ut** *om bil* pull out
svänga sig 1 *svinga sig* swing* **2 han svängde sig** *vid svar på fråga* he was evasive, he dodged the question **3 ~ med fina ord o d** make a display (a great show) of
svängning swing, *i känslor o d* shift, change, *spec ekon* fluctuation
svängrum elbowroom, space, *bildl äv* scope
svära 1 swear*, curse ⟨*båda:* **åt, över** at⟩ **2** *lova* swear* ⟨**på** to, **vid** by⟩
svärd sword
svärdotter daughter-in-law ⟨*pl* daughters-in-law⟩
svärfar father-in-law ⟨*pl* fathers-in-law⟩
svärföräldrar parents-in-law
svärm swarm, *om fåglar äv* flight, flock
svärma 1 *om t ex insekter* swarm **2 sitta och ~** ⟨**i månskenet**⟩ sit romancing **~ för** have a crush on
svärmor mother-in-law ⟨*pl* mothers-in--law⟩
svärson son-in-law ⟨*pl* sons-in-law⟩
svärta VB *äv bildl* blacken
sväva *genom luften* float, drift, *stillastående* hover, hang*, *högt upp i luften* soar, *gå behagfullt* float, glide **~ i fara** be in danger **~ i ovisshet** ⟨**om**⟩ be in a state of uncertainty ⟨as to⟩ **~ mellan liv och död** hover between life and death **~ ut** *i tal o skrift* deviate [from one's subject]
svävande ⟨↔ sväva⟩ ADJ *vag* evasive, vague
svävare hovercraft ⟨*lika i pl*⟩
sy sew*, *kläder* make*, *sår* sew* (stitch) up **~ en kjol** make a skirt
□ **sy fast** sew (stitch) on
□ **sy i** sew on ⟨a button⟩
□ **sy ihop** *äv sår* sew (stitch) up
□ **sy in** *minska vidden på* take in
□ **sy om** alter
sybehörsaffär haberdasher's, US notions store
syd ⟨↔ nord, norr *med sms*⟩ south, *väderstreck* the south
Sydafrika South Africa
sydafrikansk South African
Sydamerika South America
sydamerikansk South American

Sydeuropa Southern Europe
sydeuropé South[ern] European
sydeuropeisk South[ern] European, Mediterranean
sydlig ⟨↔ nordlig⟩ southerly, southern, south
sydländsk *sydeuropeisk* South European, Mediterranean **~t temperament** Latin temperament
sydlänning *sydeuropé* Southern European, Mediterranean
Sydostasien Southeast Asia
sydpolen the South Pole
sydväst *huvudbonad* sou'wester
syfilis syphilis
syfta 1 *eftersträva* aim ⟨**till** at⟩ **Vad ~r denna forskning till?** *äv* What is the purpose of this research? **2 ~ på** anspela på, avse refer to, *vard* drive at
syfte purpose, aim **I vilket ~** ⟨**gjorde han det?**⟩ For what purpose **i ~ att hjälpa** with the purpose (aim) of helping, in order to help
syl awl, pricker **jag fick inte en ~ i vädret** I couldn't get a word in edgeways
sylt jam
sylta¹ SB **1** *maträtt* brawn **2** *krog* joint
sylta² VB **1** *göra sylt* make" jam **2 ~ in sig i** ⟨**ngt**⟩ get mixed up in
symaskin sewing machine
symbol symbol ⟨**för** of⟩
symbolik symbolism
symbolisera symbolize
symbolisk symbolic ⟨**för** of⟩
symfoni symphony
symfoniorkester symphony orchestra
symmetrisk symmetrical
sympati *medkänsla, välvillig förståelse* sympathy ⟨**för** for⟩ **fatta ~ för** take [a liking] to
sympatisk *trevlig* lik[e]able, nice
sympatisör sympathizer
symtom symptom ⟨**på** of⟩
syn 1 *~sinne, ~förmåga* [eye]sight **ha bra ~** have good [eye]sight ⟨**se ngt**⟩ **för sin inre ~** in one's mind's eye **2** *ngt man ser* sight, *vision* vision **en härlig ~** a wonderful sight **få ~ på** catch (get) sight of **se i ~e** be seeing things **för ~s skull** for the sake of appearances **till ~es** to all appearances **3** *~sätt, åsikt* view, opinion ⟨**på** of⟩ **hans ~ på tillvaron** his outlook on life **ha en annan ~ på** take a different view of **4** *inspektion* inspection, survey
syna 1 inspect, survey **~ i sömmarna** look thoroughly into ⟨**sth**⟩ **2** *i kortspel* see"
synagoga synagogue
synas 1 *vara synlig* be visible ⟨**för** to⟩, *framgå* appear **det syns** ⟨**att**⟩ it is obvious (clear) **det syns inte** it doesn't show **det syns på honom** ⟨**att**⟩ you can tell by looking at him **inte en människa syntes till** not a soul was to be seen **2** *tyckas* seem, appear
synd 1 sin **2 Så ~!** What a pity (shame)! **det är ~** ⟨**att**⟩ it's a pity **tycka ~ om** feel sorry for
synda sin ⟨**mot** against⟩
syndabock scapegoat, *spec US* fall guy
syndafall, ~et the Fall
syndaflod, ~en the Flood
syndare sinner
syndig sinful
syndikalism syndicalism
syndrom syndrome
synfel visual defect
synfält field of vision
synhåll, inom ~ [with]in sight **utom ~** out of sight
synkronisera synchronize
synlig visible ⟨**för** to⟩
synnerhet, i ~ in particular, particularly **i ~ som** all the more so as
synnerligen particularly, *ytterst* exceedingly
synonym 1 SB synonym ⟨**till** of⟩ **2** ADJ synonymous
synpunkt point of view ⟨*pl* points of view⟩
synsk clairvoyant, psychic
synskadad, en ~ a person with impaired vision
synsätt outlook, attitude
synt synth ⟨*förk f* synthesizer⟩
syntes synthesis ⟨*pl* syntheses⟩
syntetmaterial synthetic [material]
synvilla optical illusion
synvinkel *synpunkt* point of view, viewpoint
synål [sewing] needle
SYO careers (vocational) guidance, *US* vocational guidance, career counseling
SYO-konsulent careers adviser, *US* career counselor
syra SB *kemi* acid
syre oxygen

syrebrist lack of oxygen
syren lilac
syrgas oxygen
Syrien Syria
syrlig *äv bildl* acid **~a karameller** acid drops
syrsa cricket
syskon sibling **de är ~ om två** they are brother and sister
syskonbarn *pojke* nephew, *flicka* niece
syskrin needlework (sewing) box
sysselsätta *ge arbeta åt* employ, *uppta ⟨ngns tid el tankar⟩* occupy, engage, keep *⟨sb⟩* busy **~ barnen** give (set) the children sth to do **vara sysselsatt med att göra ngt** be busy doing sth **sysselsätta sig, ~ med att skriva** occupy (busy) oneself writing
sysselsättning *arbete* employment, *syssla, aktivitet* occupation, activity
syssla¹ SB **1** *göromål* occupation, *i arbete, hushåll* duty **2** *tjänst* post, job
syssla² VB **~ med** *vara sysselsatt med* be occupied (busy) with **Vad ~r du med?** *yrkesmässigt* What do you do [for a living]?, *för tillfället* What are you doing? **han ~r med data** he is in computing
syssling second cousin
sysslolös idle, *overksam äv* inactive
system system **sätta ngt i ~** make a system of sth
systematisera systematize
systematisk systematic, methodical
systembolag 1 ≈ [state-controlled] alcohol retailing monopoly **2** *butik* ≈ state liquor shop (*US* store)
systemerare systems engineer (analyst)
syster 1 sister **2** *sjuk~* nurse
systerdotter niece
systerson nephew
sytråd sewing thread
så¹ ADV
UTTRYCK FÖR SÄTT
1 so, *'på det sättet'* like that, [in] that way **Tänk om han handlat ~ i stället!** I wish he had acted like that ([in] that way) instead **~ att säga** so to speak, as it were **Är det verkligen ~?** Is that really so? **de ~ kallade experterna** the so-called experts **2** *starkare betonat* that's how (what) **det var ~ det hela började** that's how it all began **~ brukar det gå om man slarvar** that's what usually happens if you are careless **Hur ~?** Why [do you ask]?

3 *med betydelsen 'det'* that **du får inte göra ~** you mustn't do that **i ~ fall** in that case **På ~ sätt!** So that's how it is!
UTTRYCK FÖR GRAD
4 so, *'så här'* this, *'så där'* that, *vid kombinationen adjektiv + substantiv* such, *vid jämförelse* as **du skrämde mig ~** you frightened me so **han är ~ dum** he's so stupid **Får du vara ute ~ här sent?** Are you allowed to be out this late? **jag kan inte gå ~ långt** I can't walk that far (as far as that) **hon skriver ~ långa brev** she writes such long letters **~ dålig kvalitet** such poor quality **en ~ dum fråga** such a stupid question **Är det ~ lätt som det ser ut?** Is it as easy as it seems?
5 *i utrop* how, what **S~ trevligt!** How nice! **S~ synd!** What a pity! **S~ vackra blommor!** What beautiful flowers!
6 *obetonat i nekande satser, motsvarande 'speciellt'* very, too **jag är inte ~ hungrig** I'm not very hungry **Det var väl inte ~ illa?** That wasn't too bad, was it?
ANDRA BETYDELSER
7 *med betydelsen 'sedan'* then, *efter imperativ ⟨='och'⟩* and **jag tvekade ett ögonblick men ~ började jag springa** I hesitated for a moment but then I started running **Läs brevet, ~ kommer du att förstå** Read the letter, and you'll understand **Kom ~ går vi!** Come on, let's go
8 *när 'så' kan tas bort: ingen översättning* **när hon fick se honom [~] brast hon i skratt** when she saw him she burst out laughing **om du väntar [~] hämtar jag den** if you wait I'll get it
KONJUNKTIONSANVÄNDNING
9 han kom aldrig, ~ jag gick hem he never turned up, so I went home ⟨**de satte munkavel på honom,**⟩ **~ [att] han inte fick fram ett ljud** so [that] he wasn't able to utter a sound ⟨**han gömde brevet,**⟩ **~ [att] ingen annan skulle se det** so [that] nobody else would (should, might) see it
så² VB sow˙
så³ INTERJ **S~, det var intressant** Well, well that's interesting **S~, nu kan vi börja** Well (Right) then, now we can begin **S~, ~, lugna dig** Come now (There now), calm down

sådan 1 *förenat* such, *i utrop vanl* what **en ~ händelse** such an event **en ~ bitterhet** such bitterness **en vän ~ som Ann** a friend such as Ann **en ~ bil som John har** a car like the one John has **Ett ~t [vackert] väder!** What [beautiful] weather! **2** *självständigt* such, *'sådant' vanl* such things ⟨*pl*⟩ **~a är de** that's how (the way) they are **~a som han** people like him **~t händer** such (these) things happen **Sånt är livet!** That's life! ⟨**chips, nötter**⟩ **och ~t** and suchlike (such things) ⟨**jag vill ha**⟩ **en ~ [där]** one of those **det finns inget ~t** there is no such thing ⟨**jag har aldrig sett**⟩ **något ~t** such a thing, anything like it

sådd 1 *det att så* sowing **2** *det som såtts* seed

sådär 1 *på det sättet* like that, in that way **2** *ungefär* **~ 50 personer** some (about) 50 people **3** *inte särskilt bra* ⟨**filmen**⟩ **var ~** wasn't all that good **4 S~ ja!** Well, that's that, There we are

såg 1 *redskap* saw **2** *~verk* sawmill

såga saw˙ **~ av** saw off, *itu* saw ⟨sth⟩ in two **~ till** saw

sågspån sawdust

såhär 1 *på det här sättet* like this, in this way **2** ⟨**det är sällan**⟩ **~ kallt** as cold as this, this cold

såja 1 *sådär ja* → sådär **4 2** *tröstande* **S~!** There, there, Come, come

såll sieve, *grövre* screen

sålla sieve, *äv bildl* sift, screen **~ bort** sift (screen) out **~ fram** separate out

sålunda thus

sång 1 *det att sjunga* singing **2** *visa* song

sångare singer

sångerska singer

sångröst singing voice

såpa SB liquid (soft) soap

såpbubbla soap bubble **blåsa såpbubblor** blow bubbles

såpopera soap [opera]

sår wound, *infekterat* sore, **bränn~** burn

såra wound, *göra ledsen o d äv* offend, hurt˙ [sb's feelings] ⟨**ta hand om**⟩ **de ~de** the wounded **känna sig ~d** feel offended (hurt)

sårbar vulnerable

sårbarhet vulnerability

sårig covered with wounds

sås sauce, *köttsaft, sky* gravy

såsom → som³

såvida *förutsatt att* provided [that] **~ inte** unless

såvitt ADV **~ jag vet** as far as I know

såväl, ~ Norge som Sverige both Norway and Sweden

säck sack

säcka, ~ ihop collapse, break down

säckig *om kläder* baggy

säckpipa bagpipes ⟨*pl*⟩ **spela ~** play the bagpipes

säckväv sacking

säd 1 *sädesslag, spannmål* grain, *GB äv* corn, *bröd~ äv* cereals ⟨*pl*⟩, *skörd* crops ⟨*pl*⟩, grain[s], *utsäde* seed [corn] **2** *sperma* semen, sperm

sädesfält field of corn (US grain)

sädesslag kind of grain (GB äv corn), cereal

sädesvätska semen

sädesärla wagtail

säga say˙, *berätta* tell˙ ⟨*kräver obj*⟩, *betyda* mean˙ **~ ngn ngt (ngt till ngn)** say sth to sb, tell sb sth **Säg inte det!** *Det är inte säkert!* I wouldn't say that! **Säger du det?** Really? **det säger sig självt** it goes without saying **Då säger vi det!** *Då är vi överens alltså!* That's settled then **Det ska du ~!** You're a fine one to talk! **Jag säger då det!** Well, I never! **jag har hört ~s** ⟨**att**⟩ I've heard [it said] **Vad var det jag sa!** I told you so **Vad vill detta ~?** What does this mean? **Vad säger du om att gå på bio?** What (How) about going to the cinema? **det vill ~** that is [to say] **så att ~** so to speak (say) **om låt oss ~ en månad** in, [let us] say, a month **som sagt var** as I said [before] **sagt och gjort** no sooner said than done **det är lättare sagt än gjort** it's easier said than done

☐ **säga emot** contradict

☐ **säga ifrån** speak out (one's mind) **Säg ifrån** ⟨**när du vill sluta**⟩ Let me ⟨*etc*⟩ know **~ på skarpen** put one's foot down

☐ **säga till** tell **Säg till** ⟨**om du vill ha hjälp**⟩ Let me know **han har inget att ~ om** he has no say

☐ **säga upp** *anställd, hyresgäst* give ⟨sb⟩ notice, *avtal o d* cancel **~ bekantskapen med** break with **~ sig** hand in one's notice

☐ **säga åt** tell

sägen legend

säker 1 *trygg, utom fara* safe, secure **en ~ framtid** a secure future **den är i ~t förvar** it is secure (safe) **gå ~ för** be safe from **det är säkrast att** ⟨**ta en taxi**⟩ we'd (you'd ⟨*etc*⟩) better **ta det säkra för det osäkra**

säkerhet – sändning

play [it] safe
2 *tillförlitlig, oundviklig* certain, sure **gå en ~ död till mötes** face certain death **från ~ källa** from a reliable source **ett ~t tecken** a sure sign ⟨of⟩ **det är ~t att han kommer** he is sure (certain) to come **Är det alldeles ~t?** *t ex att han kommer* Is it absolutely certain?
3 *stadig* steady, sure, *fast äv* secure, firm, *stabil äv* solid, *duktig* capable, competent **ett ~t grepp** a secure (firm) grasp ⟨of⟩ **en ~ grund** a solid foundation **med ~ hand** with a steady (sure) hand ⟨**han är**⟩ **~ på sig själv** sure of himself
4 *övertygad, förvissad* sure, *starkare* certain, *vard* positive ⟨*alla:* **på** of⟩ **Är du ~?** Are you sure (*helt ~* certain, *vard* positive)?

säkerhet 1 *visshet* certainty **veta ngt med ~** *äv* know sth for certain (sure) **2** *självförtroende* [self-]confidence **3** *kompetens* competence **4** *pålitlighet* reliability, *ofarlighet* safety **kärnreaktorers ~** the safety of nuclear reactors **5** *trygghet, säker plats* safety, security **för ~s skull** to be on the safe side **6** *pant för lån* security ⟨**låna ut pengar**⟩ **mot ~** on security **lämna som ~** put up as security

säkerhetsanordning safety device
säkerhetsbälte seat (safety) belt
säkerhetsnål safety pin
säkerhetspolis security police ⟨*pred i pl*⟩
säkerhetstjänst, -en the security service
säkerhetsåtgärd safety measure
säkerligen no doubt, certainly
säkerställa secure
säkert ADV **1** *högst sannolikt* surely, no doubt, *äv obestridligen* certainly, *US vard äv* sure **det finns ~ en utväg** surely (I'm sure) there's a way out **han kommer ~ att vinna** he is sure (certain) to win **2** *med visshet* for certain ⟨**jag vet inte ~**⟩ I don't know for certain (sure) **3** *stadigt* steadily, securely, *fast* firmly **4** *betryggande* safely, securely **sakta men ~** slowly but surely
säkra 1 secure ⟨**mot** from, against⟩ **2 ~ ett gevär** put (set) a rifle at safety
säkring 1 *eltekn* fuse **en ~ har gått** a fuse has blown **2** *på vapen* safety catch
säl seal
sälg sallow
sälja sell* **skivan har sålts i över en miljon exemplar** the record has sold over a million copies **~ apelsiner för** ⟨**10 kr kilot**⟩ sell oranges at **vara såld på** ⟨**en idé**⟩ be sold on **~ ut** *rea* sell off **vi har sålt slut på handskarna** we have sold out the gloves
säljare seller, *försäljare* salesperson, *manlig äv* salesman, *kvinnlig äv* saleswoman
sällan 1 seldom, rarely **det hände ganska ~** it did not happen very often **inte så ~** rather often **2 S~!** *Inte alls!* No way!
sällskap 1 *samvaro* company **Får vi ~?** Are you going my way? **vi gjorde (hade) ~** we went together **de har stadigt ~** they are going out together **ha en hund som ~** have a dog for company **hålla ngn ~** keep sb company **komma i dåligt ~** get into bad company **i ~ med** in the company of, together with **2** *grupp* party, group, *förening* society
sällskaplig sociable, *utåtriktad* outgoing
sällskapsdjur pet
sällskapsresa *med guide* conducted (guided) tour, *paketresa* package tour, *charterresa* charter trip
sällskapssjuk, vara ~ be dying for company
sällskapsspel parlour game
sällsynt¹ ADJ rare, uncommon
sällsynt² ADV **en ~ svår fråga** an uncommonly (unusually, exceptionally) difficult question
sämre¹ ⟨↔ **dålig**⟩ ADJ worse **bli allt ~** get worse and worse **han är inte ~ för det** he is none the worse for that
sämre² ADV worse **han spelar ännu ~ i dag** he's playing even worse today
sämskskinn chamois (shammy) [leather]
sämst¹ ⟨↔ **dålig**⟩ ADJ worst **i ~a fall** at [the] worst
sämst² ADV worst **de ~ avlönade** the lowest-paid **de ~ ställda** the worst off **klara sig ~** come off worst **tycka ~ om** dislike ⟨sb, sth⟩ the most
sända send* ⟨**med, per** by⟩, *radio~, TV~* broadcast* **~ i repris** repeat, *på TV äv* show ⟨sth⟩ again **~ i väg** send off
sändare *person* sender, *apparat äv* transmitter
sändebud 1 *ambassadör* ambassador, *envoyé* envoy **2** *budbärare* messenger
sänder, i ~ at a time
sändning 1 *varuparti* parcel, *större* shipment **2** *i radio, TV* broadcast, *tekn* transmission

sändningstid broadcasting time, *tittartid* viewing time
säng bed **hålla sig i ~en** stay in bed **gå till ~s** go to bed **ligga till ~s** be in bed
sängdags bedtime
sängkammare bedroom
sängkant, vid ~en at the bedside
sängkläder bedclothes, bedding ⟨*sg*⟩
sängliggande bedridden, laid up
sängöverkast bedspread
sänka¹ SB **1** *fördjupning* depression, hollow, *dal* valley **2** *medicin* sedimentation reaction, ESR **ta ~n** ⟨**på ngn**⟩ do an ESR test
sänka² VB **1** *få att sjunka* sink° **2** *göra lägre, dämpa* lower, *minska äv* reduce **~ blicken** lower one's eyes **~ farten** slow down **~ rösten** lower one's voice **~ ner ngt i** ⟨**ngt**⟩ lower sth in[to] **med sänkt huvud** with [one's] head bowed **sänka sig** ⟨↔ sjunka⟩ **1** *om mörker, tystnad o d* descend, fall° ⟨*båda:* **över** on⟩ **2 ~ ned till** ⟨**barnens nivå**⟩ descend (lower oneself) to
sänkning ⟨↔ sänka²⟩ **1** sinking **2** *minskning* lowering, reduction
SÄPO → säkerhetspolis
sära separate **~ på** part
särbehandling special treatment
särdeles ADV *speciellt* particularly, *ytterst* most
särdrag distinctive feature, characteristic
säregen peculiar, singular
särklass, stå i ~ be outstanding **den i ~ bästa** ⟨**filmen**⟩ the most outstanding
särpräglad [highly] individual, distinctive
särskild special, particular, *enskild, åtskild* separate **varje särskilt fall** each separate case **det är något särskilt med** ⟨**den mannen**⟩ there is something special about
särskilt ADV particularly, [e]specially **inte ~ många** not very many **~ som** [e]specially (particularly) since
särskola special school [for mentally retarded children]
särställning, inta en ~ occupy a unique position
säsong season
säte seat **vara ~ för** be the seat of
sätt way, *mer frml* manner, **~ att uppträda** manners ⟨*pl*⟩ **bästa ~et att göra det** the best way to do it **olika ~ att träna** different ways (methods) of training ⟨**han har**⟩ **ett trevligt ~** pleasant manners **hans ~ mot** ⟨**barn**⟩ his way with **på ~ och vis** in a way **på ~ alla ~** in every [possible] way, *i alla avseenden* in every respect **på rätt ~** in the right way
sätta 1 put°, place **~ blommorna i en vas** put the flowers in a vase **jag har satt en fläck på duken** I have made a stain on the tablecloth **du har satt tavlan för högt** you have placed (put) the picture too high **~ väckarklockan på 7** set the alarm for 7 **jag sätter 10 pund** I bet (lay) you £10 **~ ngn i arbete** put sb to work **2** *bok* set°
☐ **sätta av** *ge sig i väg* set (make, dash) off **~ passagerare** set down (*vard* drop) passengers
☐ **sätta dit** *tjalla på* inform on, *gm falska bevis* frame
☐ **sätta fast** *a*) *fästa* fix, fasten *b*) *gripa* catch
☐ **sätta ihop** assemble, put together
☐ **sätta in** *t ex trupper* set in, call out **sätta ngn in i arbetet** acquaint sb with the job, *vard* show sb the ropes
☐ **sätta på** *radion* turn on **~ [sig] säkerhetsbältet** fasten one's seat belt **~ te** put the kettle on
☐ **sätta upp: ~ håret** put one's hair up **~ gardiner** hang curtains **~ ngt på ngns räkning** put sth down to sb (to sb's account)
sätta sig 1 sit° down **fågeln satte sig på en gren** the bird settled (perched) on a branch **2 ~ emot ngt** oppose sth **~ in i reglerna** acquaint (familiarize) oneself with the rules **~ upp mot överheten** defy (disobey) those in authority
sätteri typesetters ⟨*pl*⟩
sävlig slow
söder¹ ⟨↔ norr *med sms*⟩ SB south, *väderstreck* the south **Södern** the South
söder² ADV **~ om** [to the] south of
Söderhavet the South Pacific
söderut ⟨↔ norrut⟩ to (toward[s]) the south, southward[s], *i söder* in the south
södra ⟨↔ norra⟩ southern, *som vetter åt söder* south
söka 1 *leta* look, *mer energiskt* search, *leta efter, försöka finna* look (search) for, **~ få** (**nå**) seek° **boken jag söker** ⟨**heter ...**⟩ the book I am looking for **Barnvakt sökes**

sökande – sövande

rubrik Baby-sitter wanted **han söks av polisen** he is wanted by the police **~ arbete** look for a job **~ hjälp** seek help ⟨**av** from⟩ **~ läkare** ⟨**för**⟩ see a doctor ⟨**about**⟩ **~ rätt på** *leta upp* search out **~ tröst hos** turn to ⟨sb⟩ for consolation **~ efter** look (search) for **2** *vilja träffa* want to see (*tala med* speak to), *via personsökare etc* page, *uppsöka* call on **det är någon som söker dig** there's someone [asking] to see you **jag har sökt honom** ⟨**hela veckan**⟩ I have been trying to get in touch with (get hold of) him **3** *ansöka om* apply for
sökande SB applicant, candidate ⟨*båda:* **till** for⟩
sökt *lång~* far-fetched, *tillgjord* affected
söla 1 dawdle, loiter **2 ~ ner** mess up
sölig *långsam* dawdling, loitering
söm seam
sömmerska dressmaker
sömn sleep **ha god ~** be a sound sleeper **falla i ~** fall asleep **gå i ~en** walk in one's sleep, sleepwalk
sömngångare sleepwalker
sömnig sleepy
sömnlös sleepless
sömnlöshet sleeplessness
sömnmedel sleeping drug, *tablett* sleeping pill
söndag ⟨↔ fredag⟩ Sunday
sönder *trasig* broken, *om tyg* torn, *i bitar* in pieces, *ej fungerande* out of order, *skadad* damaged **gå ~** break **den har gått (den är) ~** *om t ex bil, maskin* it has broken down, *om t ex klocka* it doesn't work, *om glödlampa* it's gone **ha ~** break ⟨sth⟩ **plocka ~** take ⟨sth⟩ to pieces
sönderfall disintegration
sönderskuren cut up
sönderslagen broken, *starkare* smashed up, *om person* badly beaten
sörja¹ SB *snö~* slush, *av lera o d* mud, *kladd* mess
sörja² VB **1** *en avliden* mourn [for], grieve for, *vara ledsen* be sad **det är inget att ~ över** that's nothing to be sad about **han sörjs av** ⟨**alla**⟩ he is mourned by **2 ~ för** *dra försorg om* provide for, *ta hand om* take care of **det är väl sörjt för henne** she is well provided for
sörpla slurp **~ i sig** slurp [down]
söt sweet, *förtjusande äv* pretty, lovely, US *äv* cute
söta sweeten
sötaktig sweetish, sugary
sötma sweetness
sötningsmedel sweetener
sötnos sweetie
sötsak *godis* sweet, US candy ⟨**du äter**⟩ **för mycket ~er** too many sweets, US too much candy **vara förtjust i ~er** *äv* have a sweet tooth
sötsliskig *äv bildl* sugary
sött ADV sweetly ⟨*etc*⟩ **smaka ~** taste sweet **Sov ~!** Sleep tight!, Sweet dreams!
sötvatten fresh water
söva put* ⟨sb⟩ to sleep **~ sitt samvete** silence one's conscience **~ ner** put ⟨sb⟩ to sleep, *genom narkos* anaesthetize
sövande drowsy, *om musik* soothing

T

ta 1 take* **han tog fel buss** he took the wrong bus **Vem ~r ni mig för?** Who do you take me for? **T~r ni kreditkort?** Do you take credit cards? **det tog en timme att komma dit** it took an hour to get there **2** ~ *sig, äta, dricka* have, ~ **för sig av** help oneself to **jag ~r en öl** I'll have a beer **3** *träffa* hit* **Var tog kulan?** Where did the bullet hit? **4** *ta betalt* charge **de tog 200 pund för arbetet** they charged me £200 for the job
- **ta av** a) take off b) *vika av* turn off
- **ta bort** remove
- **ta efter** *härma* imitate, copy
- **ta emot** a) receive b) *acceptera* accept
- **ta fram** *ur väska etc* take out, produce
- **ta hit** bring
- **ta i** *anstränga sig* make an effort
- **ta igen** *tid* make up for ~ **sig** rest, *vard* put one's feet up
- **ta in på** *hotell* put up at **han togs in på sjukhus** he was admitted to (*US* to a) hospital
- **ta med** a) *hit* bring b) *dit* take c) *vid beräkning* include
- **ta om** a) *repetera* repeat b) *av mat* have second helpings
- **ta på sig** a) *kläder* put on b) *arbete* take on c) *ansvar, skuld* take
- **ta till** *använda* use, resort to
- **ta tillbaka** *löfte etc* go back on
- **ta upp** *en fråga etc* bring up ~ **potatis** dig [up] potatoes
- **ta ut** *pengar* withdraw ~ **sig helt** drain (exhaust) oneself
- **ta vid** a) *följa* follow b) → ta över **ta illa vid sig** a) *bli stött* be offended b) *bli upprörd* be upset, be put out
- **ta åt: Vad tog [det] åt honom?** What came over him? **Ta inte åt dig!** Don't take it personally
- **ta över** take over

ta sig 1 *förflytta sig, komma fram* get*, *bana sig väg* make one's way ~ **fram till** manage to reach (get to) **2** *börja växa el frodas* **plantorna har tagit sig** the plants have taken (started to grow) **elden vill inte ~** the fire won't catch **3** ~ **en kopp kaffe** have a cup of coffee ~ **tid att** find [the] time to **4** ~ **samman** pull oneself together **Vad ska jag ta mig till?** What am I to do?

tabbe blunder, *vard* gaffe

tabell table

tablett 1 *läkemedel* tablet, pill, **hals~** pastille **lugnande ~** tranquillizer **2** *liten duk* table (*US* place) mat

tabu taboo **belägga med ~** taboo

tack¹ SB thanks ⟨*pl*⟩ **hjärtligt ~** my ⟨*etc*⟩ heartfelt thanks ⟨for⟩ **T~ ska du ha!** Thank you [very much], Many thanks **säga ~** say thank you ~ **vare** ⟨**att**⟩ thanks to ⟨the fact that⟩

tack² INTERJ **T~!** Thank you ⟨**Vill du ha en kopp till?**⟩ – **Ja, ~** Yes, please **Nej, ~** No, thank you (thanks) ⟨**Sitter du bekvämt?**⟩ – **Ja, ~** Yes, thank you (thanks) ~ **för att du hjälpte mig** thank you (thanks) for helping me **T~ så mycket** Thank you [very much] ~ **och lov** thank goodness (heavens)

tacka¹ SB *får* ewe

tacka² SB *av metall* bar

tacka³ VB thank ~ **ja till ngt** accept sth [with thanks] ~ **nej till ngt** decline sth [with thanks] **Jo, jag ~r [jag]!** Well, well! **T~ för det!** Of course! **Ingenting att ~ för!** Don't mention it, Not at all ~ **vet jag ...** I much prefer ... **han har henne att ~ för sin framgång** he owes his success to her

tackla *sport o bildl* tackle

tackling *sport* tackle

tacksam 1 grateful ⟨to sb for sth⟩ **2** *givande* **en ~ uppgift** a rewarding task

tacksamhet gratitude

tacksamhetsskuld, stå i ~ till ngn be indebted to sb

tacktal, hålla ~ give (make) a speech of thanks

tafatt ADJ awkward, clumsy

tafsa, ~ på ngn paw sb

tag 1 *grepp* grip, hold **fatta ~ i** catch hold of **få ~ i (på)** get hold of, *hitta* find **släppa ~et** let go ⟨of⟩ **ta ~ i** take [hold of] **ta nya ~** try again **2** *sim~, år~* stroke **3** *stund, gång* **Stopp ett ~!** Hold it! **ett bra ~** quite a while **en i ~et** one at a time **vi går ut ett ~** we are going out for a while ⟨**jag kommer inte att glömma det**⟩ **i första ~et** in a hurry

tagel horsehair

tagen *med~* exhausted, *rörd* moved, touched

tagg prickle, *törn~ äv* thorn, *på djur o växter* spine

taggig *äv bildl* prickly, *med törnen äv* thorny, *om djur o växter* spiny

taggtråd barbed wire

tagning *film* shooting, *enstaka ~* take, shot

Taiwan Taiwan

tajt tight

tak *ytter~* roof, *inner~ o bildl* ceiling, *bil~ äv* top **ha ~ över huvudet** have a roof over one's head **det är högt i ~** the ceiling is high ⟨**en fläck**⟩ **i ~et** on the ceiling ⟨**det hänger en lampa**⟩ **i ~et** from the ceiling

taklampa ceiling lamp

taklucka roof hatch, *på bil* sun-roof

takränna gutter

takt 1 *finkänslighet* tact **2** *enhet i musik* bar **3** *tempo* time, *fart* pace **hålla ~en** *musik* keep time **hålla ngns ~** *promenad~* keep pace with sb **slå ~en** beat time **öka ~en** increase the pace **gå i ~** keep (walk) in step **komma ur ~en** *musik* get out of time

taktfull tactful, discreet

taktik tactics ⟨*pred i sg el pl*⟩ **en vanlig ~** a common tactic

taktisk tactical

taktlös tactless, indiscreet

taktlöshet tactlessness, indiscretion

takvåning penthouse

takås roof ridge

tal[1] *matem* number, *räkneuppgift* sum, *mer avancerat* problem **jämnt ~** even number **udda ~** odd number

tal[2] speech **hålla ~** give (make) a speech **det är ~ om att** ⟨**han ska resa**⟩ there's some talk of ⟨his going⟩ **det kan inte bli ~ om det** that's out of the question **föra på ~** bring up **komma på ~** come up **på ~ om** talking of

tala speak*, *samtala, prata* talk ⟨**resultatet**⟩ **~r för sig självt** speaks for itself **~ med** speak (talk) to (*samtala med äv* with) **'~ om** speak (talk) of (about), *diskutera* discuss

 □ **tala emot:** ⟨**mycket**⟩ **talar emot [detta]** speaks against this

 □ **tala för** ⟨**ngn, ngt**⟩ speak for (in favour of)

 □ **tala in** *på band* record

 □ **tala om för** tell

 □ **tala ut** *säga sin mening* speak one's mind **~ med** have it out with

talan, föra ngns ~ speak for sb, *jur o bildl* plead sb's cause **han har ingen ~** he has no say

talande ADJ **en ~ tystnad** a revealing silence **~ siffror** telling figures **den ~** the speaker

talang 1 talent **2** *person* talented person

talangjakt talent hunt

talare speaker

talas, höra ~ om hear of **vi får ~ vid** we must have a talk ⟨about⟩

talbok talking book

talesman spokesman, spokesperson ⟨*båda:* of, for⟩

talesätt set phrase, *ordspråksmässigt* saying

talfel speech defect

talför talkative

talförmåga faculty of speech **tappa ~n av häpnad** become speechless

talg tallow

talgoxe great tit

talk *~puder* talcum powder, talc

tall pine [tree]

tallrik plate **djup ~** soup plate **flat ~** dinner plate **en ~ soppa** a plate of soup

talman speaker

talong counterfoil, US stub

talpedagog speech therapist

talspråk spoken (*ledigt språk* colloquial) language

tam tame **~a djur** *husdjur* domestic animals

tambur hall

tamburin tambourine

tampas *äv bildl* grapple ⟨**med** with⟩

tampong tampon

tand tooth ⟨*pl* teeth⟩ **bita ihop tänderna** *bildl* grit one's teeth **få tänder** teethe, cut [one's] teeth

tandborste toothbrush

tandemcykel tandem

tandhygienist dental hygienist

tandkräm toothpaste

tandkött gums ⟨*pl*⟩

tandlossning loosening of the teeth

tandläkare dentist **gå till ~n** see the dentist

tandlös *äv bildl* toothless

tandpetare toothpick

tandprotes denture, *löständer* false teeth
tandsten tartar
tandställning brace ⟨*vanl pl*⟩
tandtråd dental floss
tandvård dental care
tandvärk toothache
tangent *på instrument, maskin* key
tangentbord keyboard
tangera, ~ rekordet equal (touch) the record
tango tango
tanig thin, skinny
tank *behållare, stridsvagn* tank
tanka fill up [with petrol (US gas)], *sjö, flyg* refuel, *köpa bensin* get" [some] petrol (US gas) **~ 20 liter** *äv* put in 20 litres
tankbil tanker
tanke thought ⟨**om, på** of⟩, *uppfattning* opinion ⟨**om** about⟩, *avsikt* intention **jag har inte en ~ på att resa** I have no intention of going **gå (vara försjunken) i tankar** be lost in thought **med ~ på** considering **få ngn på andra tankar** make sb change his ⟨*etc*⟩ mind **komma på andra tankar** change one's mind **komma på bättre tankar** think better of it **Hur kom du på den ~n?** What made you think of that?
tankegång line (train) of thought
tankeläsare mind-reader
tankeställare eye-opener **ge en ~** give ⟨sb⟩ something to think about, be an eye-opener ⟨for sb⟩
tankeöverföring telepathy
tankfartyg tanker
tankfull thoughtful
tanklös thoughtless
tanklöshet thoughtlessness
tankning ⟨↔ tanka⟩ filling up, *sjö, flyg* refuelling
tankspridd absent-minded
tankstreck dash
tant *faster el moster* aunt, *tillgivet* auntie **~ Ann** Aunt[ie] Ann **~ Brown** Mrs. (Miss) Brown **en gammal ~** an old lady
tantig frumpish, frumpy
Tanzania Tanzania
tapet wallpaper ⟨*endast sg, ej obest art*⟩ **vara på ~en** be on the table, be up for discussion
tapetsera [wall]paper **~ om** repaper
tapp *propp* plug, *i tunna* tap, bung
tappa¹ *hälla, tömma* tap, draw" **~ ngn på blod** bleed sb **~ på butelj[er]** bottle **~ upp vatten i badkaret** run a bath **~ ur** empty, drain
tappa² *förlora,* **~ bort** lose", *släppa* drop, let" ⟨sth⟩ fall **~ humöret** lose one's temper **~ räkningen på** lose count of **~ i golvet** drop ⟨sth⟩ on the floor **~ bort sig** get lost
tapper brave, courageous
tapperhet bravery, courage
tappning, i ny ~ in a new version (format)
tarm intestine **~arna** *äv* the bowels
tarvlig *nedrig* mean, shabby
tarvligt ADV **bära sig ~ åt** ⟨**mot**⟩ behave shabbily ⟨to⟩
taskig rotten, lousy ⟨*båda:* **mot** to⟩
tass paw **Vacker ~!** Shake a paw! **Bort med ~arna!** Take your paws off!, Hands off!
tassa pad, patter
tatuera tattoo
tatuering tattoo, *tatuerande äv* tattooing
tavla 1 picture, *målning äv* painting **svarta ~n** the blackboard **2 göra en ~** *göra bort sig* drop a brick
tax dachshund
taxa rate, charge, *för färd* fare
taxameter [taxi]meter
taxera, ~ för ⟨**100 000**⟩ declare an income of **~d inkomst** assessed income
taxeringsvärde rat[e]able value
taxi taxi[cab], cab
taxichaufför taxi (cab) driver
T-bana → **tunnelbana**
tbc TB
te SB tea **en kopp ~** a cup of tea **dricka ~** have tea **koka ~** make tea
teater theatre, *som konst, hobby* drama **gå in vid ~n** go on the stage **gå på ~[n]** go to the theatre
teaterpjäs [stage] play
teaterskola drama (stage) school
teatervetenskap drama
tecken *äv symtom* sign ⟨**på** of⟩, *signal* signal ⟨**till ngt** for sth⟩, *skrift~* character **alla ~ tyder på** ⟨**att**⟩ there is every indication **till (som) ~ på min kärlek** as a token of my love
teckenspråk sign language
teckna 1 *rita* draw" **~ av** draw **2** *skriva under* sign **~ kontrakt** enter into (make) a contract
tecknad, ~ film cartoon, animated film **~ serie** comic strip **~e serier** *äv* comics

tecknare artist, *illustratör* illustrator, *karikatyr~, serie~* cartoonist
teckning drawing, *skiss* sketch
teddybjörn teddy bear
tefat saucer **flygande ~** flying saucer, UFO **åka ~** *på snö* ≈ slide downhill, go sledding
tegel *mur~* brick, *tak~* tile **lägga ~ på** ⟨**ett tak**⟩ tile
tegelsten brick
tejp [adhesive] tape
tejpa tape **~ fast ngt vid** ⟨**ngt**⟩ tape sth to
tekanna teapot
teknik 1 *metod, skicklighet* technique **2** *ingenjörskonst* engineering **3** *utb* technical studies ⟨*pl*⟩ **4** *teknisk vetenskap* technology **~ens framsteg** the advances of technology
tekniker technician, *ingenjör* engineer
teknisk technical, technological **~ högskola** institute of technology **~ linje** technical course **gå på ~ linje** study technology (engineering) **~t missöde** technical hitch
teknolog technology (engineering) student
teknologi technology
tekopp teacup
telefax 1 *meddelande* fax **2** *apparat* fax [machine]
telefon telephone, *vard* phone **det är ~ till dig** you are wanted on the phone **ha ~** *inneha* be on the telephone, US have a telephone **svara i ~** answer the phone **tala i ~** talk (speak) on the phone
telefonautomat pay phone
telefonist [telephone] operator
telefonjack telephone jack
telefonkatalog telephone directory (book)
telefonkiosk phone box
telefonlur [telephone] receiver
telefonnummer telephone number **hemligt ~** unlisted (*GB äv* ex-directory) number
telefonsamtal *uppringning* [telephone] call, *konversation* telephone conversation
telefonsvarare [telephone] answering machine
telefontid telephone (answering) hours ⟨*pl*⟩
telegraf telegraph
telegrafera telegraph, send* a telegram
telegram telegram, *vard* cable, wire
teleobjektiv telephoto lens
telepati telepathy
telesatellit communications satellite
teleskop telescope
Televerket the Swedish Telecommunications Administration, *vard* Swedish Telecom
television ⟨↔ TV⟩ television, TV
tema *äv musik* theme, *ämne äv* subject, topic
tempel temple
temperament temperament **ha ~** be temperamental
temperatur temperature **ta ~en på ngn** take sb's temperature
tempo *hastighet* pace, speed **öka ~t** speed up [the pace]
temporär temporary
tempus tense
tendens tendency
tendera tend ⟨[**till**] **att** to⟩
tenn tin, *i legering med bly* pewter **ett fat av ~** a pewter plate
tennis tennis
tennisbana tennis court
tennisspelare tennis player
tennistävling tennis tournament
tennsoldat tin soldier
tenor tenor
tentakel tentacle, feeler
tentamen exam[ination] **jag klarade ~** I passed the exam
tentera 1 *bli ~d* take* an exam, be examined ⟨*båda:* **i** in⟩ **2** *förhöra* examine
teologi theology
teoretisk theoretical
teori theory
tepåse tea bag
terapeut therapist
terapi therapy **gå i ~** be in therapy
term term
termin *utb* term, *US äv* semester **~en** ⟨**börjar 8 september**⟩ term, *US* the next semester
terminal *äv data* terminal
terminologi terminology
terminsavgift term (*US äv* tuition) fee[s]
termometer thermometer
termos thermos
terpentin turpentine
terrarium terrarium
terrass terrace

terrier terrier
territorialvatten territorial waters ⟨*pl*⟩
territorium territory
terror terror
terrorism terrorism
terrorist terrorist
terräng ground, country **springa ~** do cross-country running **vinna ~** gain ground
terränglöpning cross-country running
tes thesis ⟨*pl* theses⟩
tesil tea strainer
tesked teaspoon
test *prov* test **göra ett ~** *genomgå* do a test
testa test **testa sig** test oneself
testamente 1 [last] will **skriva ~** make one's (a) will **2 Gamla (Nya) ~et** the Old (New) Testament
testamentera, ~ ngt till ngn leave sth to sb
testbild [TV] test card, *US* test pattern
testikel testicle
teve → TV
t.ex. ⟨*förk f* till exempel⟩ → exempel
text text, *film~* subtitles ⟨*pl*⟩, *sång~* lyrics ⟨*pl*⟩
texta 1 write* ⟨sth⟩ in block letters, *vard* print **2** *film, tv* **vara ~d på svenska** have Swedish subtitles
textilindustri textile industry
textilslöjd needlework, textile craft [and design]
text-TV teletext
Thailand Thailand
thailändare Thai
thailändsk Thai
thailändska 1 *språk* Thai **2** *kvinna* Thai woman
Themsen the [River] Thames
thinner [paint] thinner, white spirit
thriller thriller
tia ⟨↔ femma⟩ **1** *siffra etc* ten **2** *sedel* tenner
Tibet Tibet
ticka VB tick
tid time, *tidsskede äv* times ⟨*pl*⟩, days ⟨*pl*⟩, *period äv* period, *tidsålder* age
OBESTÄMD FORM ⟨**tid, tider**⟩
ganska lång ~ quite a long time **samma ~ nästa vecka** the same time next week **beställa ~ hos ngn** make an appointment with sb **bestämma ~ för ngt** decide on (fix) the time for sth **när jag får ~** when I get (find) the time **Har du ~ ett ögonblick?** Have you got a moment [to spare]? **jag har inte ~** ⟨**att göra det**⟩ I haven't got time ⟨to do it⟩ **ta god ~ på sig** take one's time **~s nog** soon enough **Alla ~ers!** Marvellous!, *GB äv* Super!
BESTÄMD FORM ⟨**tiden**⟩
hela ~en all the time **den gamla goda ~en** the good old days **den viktorianska ~en** the Victorian age **passa ~en** be punctual (on time) **se ~en an** wait and see **~en går** time flies **~en är ute** time is up
EFTER PREPOSITION
efter en ~ after a (some) time ⟨**vara**⟩ **efter sin ~** behind the times **nu för ~en** nowadays **före sin ~** ahead of one's time **i ~** in time **i god ~** in good time **i rätt[an] ~** at the right time **i två års ~** for two years **inom den närmaste ~en** in the near future, *inom kort* before [very] long **med ~en** in (with) time **på Shakespeares ~** in Shakespeare's time (days), **på den ~en** in those days, at that time **på sista ~en** lately **det är på ~en** ⟨**att han betalar**⟩ it's about time ⟨he paid⟩ **under ~en** meanwhile **under ~en 1–10 maj** from 1 to 10 May **vid den ~en** at that time
tidig early
tidigare¹ ADJ earlier, *föregående* previous
tidigare² ADV earlier, *förr* previously **aldrig ~** never before
tidigast ADV **~ på fredag** [on] Friday at the earliest
tidigt ADV early **komma för ~** be [too] early, arrive too early ⟨for sth⟩
tidlös timeless
tidning newspaper, *vard* paper **det står i ~en** ⟨**att**⟩ it says in the newspaper
tidningsnotis news[paper] item
tidpunkt [point of] time
tidsbegränsning time-limit
tidsenlig in keeping with the time[s], up to date
tidsfråga, det är bara en ~ it is only a matter of time
tidsfördriv pastime
tidsinställd, ~ bomb time bomb
tidskrift periodical, magazine, *vetenskaplig* journal
tidskrävande time-consuming
tidsplan timetable
tidsålder age
tidtabell timetable, *US äv* schedule
tidtagarur stop-watch

tidvatten tide
tidvis at times
tiga be (keep*) silent ~ **ihjäl** hush up ⟨an affair⟩ **Där fick han så han teg!** That shut him up!
tiger tiger
tigga beg ⟨om for⟩ ~ **och be** beg and beg ~ **till sig ngt av ngn** get sth from sb by begging ~ **stryk** ask for a thrashing, *vard* ask for it
tiggare beggar
tik bitch
till¹ ⟨↔ resp huvudord⟩ PREP
1 to, *åt* for **hon åkte ~ Stockholm** she went to Stockholm **kl 3 åkte hon ~ Stockholm** at 3 o'clock she left for Stockholm **en present ~ dig** a present for you **det är inga läxor ~ i morgon** there is no homework for tomorrow **översätta ~ engelska** translate into English
2 *vid* 'arrive' *o* 'arrival' at, in **anlända ~ flygplatsen** arrive at the airport **När kommer vi fram ~ England?** What time will we arrive in England?
3 *ända fram* ~ until, till **stanna ~ kl 10** stay until (till) 10 o'clock ~ **dess** until (till) then **från måndag ~ och med fredag** from Monday to Friday (*mer exact* to Friday inclusive), *US vanl* Monday through Friday
4 *i genitivliknande användning* of **mor ~ två barn** the mother of two [children] **en vän ~ mig (min far)** a friend of mine (of my father's)
till² ADV **1** *ytterligare* more, another **två datorer ~** two more (another two) computers **en gång ~** once more, one more time **Ta lite ~!** Have some more
2 **T~/Från** *på strömbrytare* On/Off **det gör varken ~ eller från** it makes no difference **~ och med du** even you
tillaga prepare, make*, cook
tillagning preparation, making, cooking
tillbaka ⟨↔ **ge ~, komma ~, lämna ~** *etc*⟩ back **sedan tre månader ~** for the past three months
tillbakablick *film* flashback **vid en ~ in** retrospect
tillbakadragande withdrawal
tillbakadragen quiet, reserved
tillbakagång decline **vara på ~** be on the decline
tillbakavisa reject, turn down

tillbe worship, *älska äv* adore
tillbehör ⟨↔ **tillsats**⟩ *t ex till dammsugare* accessories ⟨*pl*⟩, *till maträtt* trimmings ⟨*pl*⟩
tillbringa spend* ~ **kvällarna med att spela kort** spend the evenings playing cards
tilldela, ~ **ngn en uppgift** assign a task to sb ~ **ngn ett pris** award sb a prize ~ **ngn en utmärkelse** confer a distinction on sb ~ **ngn en varning** caution sb
tilldelning *ranson* allowance, ration
tilldragande attractive
tillfalla go* (fall*) to
tillflykt refuge ⟨**undan** from⟩ **ta sin ~ till** *plats* take refuge in, *person* take refuge with, *sprit o d* resort to
tillflyktsort [place of] refuge
tillfoga 1 *tillägga* add **2** ~ **ngn ngt** inflict sth on sb
tillfredsställa satisfy
tillfredsställande satisfactory
tillfredsställd satisfied
tillfredsställelse satisfaction ⟨**över, med** at⟩
tillfriskna recover
tillfrisknande recovery
tillfråga ask
till fånga, ta sitt förnuft ~ be reasonable
tillfångata take* ⟨sb⟩ prisoner, capture **de tillfångatogs** they were taken prisoner
tillfälle 1 *tidpunkt* occasion **vid det ~t** on that occasion **för ~t** *just nu* at (for) the moment, *tills vidare* for the time being
2 *lämpligt* ~ opportunity, chance **få ~ att göra ngt** have an opportunity (a chance) of doing (to do) sth **ta ~t i akt** seize (take) the opportunity ⟨of doing sth (to do sth)⟩
tillfällig *kortvarig, provisorisk* temporary, *slumpartad* accidental, *ej återkommande* occasional ~ **bekantskap** chance acquaintance
tillfällighet *slump* chance, *sammanträffande* coincidence **av en ren ~** by pure chance (accident)
tillfälligt ADV *för kort tid* temporarily, *för ögonblicket* for the time being, at (for) the moment
tillföra *förse med* supply ⟨sth to sb, sb with sth⟩, *ge* give*, *bidra med* contribute ⟨sth to sb⟩
tillförlitlig reliable
tillförordnad, ~ **professor** acting

professor
tillförsel supply
tillförsikt confidence
tillgiven attached, *om hund* faithful, *kärleksfull* affectionate
tillgivenhet affection, devotion
tillgjord affected
till godo, ha 150 pund ~ have £150 owing (due to one ⟨*etc*⟩) **Kan jag få ha det ~?** *om erbjudande* ⟨*spec US*⟩ Can I take a raincheck on it? **hålla ~ med** be content with **Håll ~!** *ta för dig (er)* Please help yourself (yourselves)! **reformen kommer studenterna ~** the students will benefit from the reform
tillgodogöra sig *ta till sig* digest, take° in, *dra nytta av* benefit from, profit by
tillgodokvitto credit note (voucher)
tillgodoräkna sig *vid meritvärdering* **man får ~ 5 poäng för ... ...** counts as 5 points
tillgodose *behov* satisfy
tillgång 1 *tillträde* access, *det att få använda* use **ha ~ till** ⟨**hemlig information**⟩ have access to **jag har inte ~ till bil** I haven't [got] the use of a car **2** *resurs, äv om person* asset **3** *utbud, förekomst* supply ⟨**på** of⟩ **~ och efterfrågan** supply and demand
tillgänglig *som finns* available, *som man kan nå* accessible **med alla ~a medel** with all available means **~ för besökare** open to the public
till hands at hand **det ligger nära ~ att tro** ⟨**att**⟩ the obvious conclusion is
tillhåll, det är ett ~ för it is frequented by
tillhöra ⟨↔ höra till⟩ belong ⟨to sb (sth)⟩ **hon tillhör lagets bästa spelare** she is one of the team's best players
tillhörighet *ägodel* possession **politisk ~** political affiliation **samla ihop sina ~er** get one's things (belongings) together
tillintetgöra destroy ⟨sb, sth⟩ completely
tillit trust ⟨**till in**⟩
tillkalla send° for
tillknäppt *bildl* reserved
tillkomma 1 *komma som tillägg* be added **moms tillkommer** *äv* VAT not included **2** *uppstå* come° into existence **den tillkom** it was made (*byggdes* was built, *skrevs* was written)
tillkomst *inrättande* establishment, *skapande* creation, *framväxande* development

tillkrånglad complicated
till känna, ge sig ~ *om person* come forward
tillkännage announce
tillmäta, ~ ngt stor vikt attach great importance to sth
till mötes, gå ngn ~ *bildl* meet sb halfway **vi går en oviss framtid ~** we face an uncertain future
tillmötesgå, ~ ett krav comply with a demand
tillmötesgående ADJ obliging ⟨**mot** to⟩
till pass, den kom väl ~ it came in handy
tillreda prepare
tillrop call, shout **glada ~** cheerful calls
tillräcklig sufficient
tillräckligt ADV sufficiently, *mindre frml* enough ⟨*efterställt*⟩ **vara ~ gammal för att** be old enough to (sufficiently old to) **~ många** enough, a sufficient number of **ha ~ med pengar** have enough money
till rätta → rätta¹
tillrättavisa rebuke, reprove
tillrättavisning rebuke, *vard* telling-off
tills until, *mindre frml* till **[ända] ~ för en vecka sedan** until a week ago **~ i morgon** until tomorrow **ända ~ nu** up to now **~ vidare** *tillfälligt* temporarily, *så länge* for the time being ⟨**bestämmelsen gäller**⟩ **~ vidare** until further notice **den måste vara klar ~ på torsdag (~ hon kommer hem)** it has to be ready by Thursday (by the time she comes home)
tillsagd, göra som man blir ~ do as you are told
tillsammans together, *totalt* in all, altogether **det blir 50 pund ~** that will be £50 altogether **~ har vi 5 pund** we have £5 between us **resa ~ med** travel with **vara ~ med** *ha sällskap med* go out with, *US* go steady with
tillsats ⟨↔ tillbehör⟩ *extra del* attachment, *ngt tillsatt* added ingredient, *spec kemi o i livsmedel* additive
tillskott contribution, *tillägg* addition
till spillo, gå ~ be lost (wasted)
tillströmning influx, *av människor äv* rush
tillstymmelse, inte en ~ till not a shred of
tillstå admit
tillstånd¹ *tillåtelse* permission, *konkret* permit
tillstånd² *skick, situation* state, condition **i berusat ~** in a drunken state

tillställning event, *sammankomst* gathering, *fest* party, *vard* do, *mottagning* reception
tillsyn supervision
till synes apparently
tillsägelse, få en ~ be rebuked (*sport* cautioned) **få ~ att göra ngt** be told to do sth
tillsätta 1 ~ en tjänst fill a post **~ en utredning** set up a committee **2** *blanda i* add
tillta increase, grow*
tilltagande increasing, growing
tilltala 1 *tala till* speak* to, *mer frml* address **2** *behaga* appeal to **tanken ~r mig äv** I like the idea
tilltalande appealing, attractive
tilltalsnamn first name
tilltrasslad tangled, muddled
tilltro SB **sätta ~ till** a) *ha förtroende för* have confidence in b) *tro på* ⟨*t ex rykte*⟩ give credence (credit) to
tillträda *egendom* take* possession of **~ sin tjänst** take up one's post (duties, *vard* job)
tillträde, äga ~ till have admission to **T~ förbjudet** No Admittance
tilltugg, ⟨*drinkar*⟩ **med ~** with snacks
tillvalsämne optional subject, option
till vara, ta ~ a) *inte kasta bort* save, keep b) *utnyttja* make the most of c) *ngns intressen* look after
tillvaratagen found **tillvaratagna effekter** lost property, *lokal* lost property office
tillvaro existence, life **en behaglig ~** a pleasant life
tillverka make*, *varor äv* manufacture, produce
tillverkare maker, *av varor äv* manufacturer, producer
tillverkning manufacture, production **av svensk ~** made in Sweden
till väga, gå ~ go about it **gå försiktigt ~** proceed carefully
tillvägagångssätt procedure, method
tillväxt growth
tillåta allow, permit **om vädret tillåter** weather permitting **tillåta sig** *äv unna sig* allow (permit) oneself
tillåtelse permission **be om ~** ask permission **få ~ att** be given permission to
tillägg addition

tillägga add ⟨till to⟩
tillägna dedicate ⟨sth to sb⟩ **tillägna sig** *kunskap o d* acquire, *vard* pick up
tillämpa apply ⟨**ngt på ngt** sth to sth⟩ **~ i praktiken** put into practice
tillämpning application
till ända, vara ~ be at an end **tiden är ~** time is up
till övers *kvar* left, *som kan avvaras* to spare **jag har inte mycket ~ för** ⟨*hennes åsikter*⟩ I don't care much for
timjan thyme
timlön time wages ⟨*pl*⟩ **ha ~** be paid by the hour
timme hour, *lektions~* lesson, class **två timmars resa** two hours' journey **sex timmars arbetsdag** a six-hour [working]day **50 km i ~n** 50 km an hour **i timmar** for hours [and hours]
timmer timber, *spec US* lumber
timmerman carpenter
timmerstock log
timpenning pay per hour
timvisare hour hand
tina VB thaw **~ upp** *t ex mat äv* thaw out
tindra *om ljus, stjärnor* twinkle, *om ögon* sparkle
ting¹ *sak* thing, *föremål äv* object **saker och ~ things**
ting² *jur* **sitta ~** ≈ serve at a district court
tingshus courthouse
tingsrätt district (*i större städer* city) court
tinning temple
tio ⟨↔ *sms med* fem⟩ ten
tiohundratalet, på ~ in the eleventh century
tiokamp decathlon
tionde ⟨↔ femte⟩ RÄKN tenth
tiopundssedel ten-pound note (*US äv* bill), *vard* tenner
tiotal ⟨↔ femtiotal⟩ ten **ett ~ personer** about (some) ten people **några ~ personer** a few dozen people
tiotusentals, ~ bilar tens of thousands of cars
tipp¹ *spets* tip
tipp² *sop~* dump
tippa¹ *stjälpa* tip **~ av** tip off ⟨stolen⟩ **~de över** tipped over
tippa² *gissa* tip, *spela på tips* do* the pools, *US* bet* on the soccer matches **jag ~r att hon vinner** I tip (*US* bet on) her to win **~ tretton rätt** get thirteen correct results

tips 1 *vink* tip, *varning* tip-off **2** *fotbolls~* ⟨GB⟩ pools ⟨pl⟩ **vinna på ~[et]** win on the pools, US win a bet on the soccer matches
tipsa, ~ polisen give the police a tip-off
tiptop tip-top
tisdag ⟨↔ fredag⟩ Tuesday
tissla, ~ och tassla whisper **det ~s och tasslas** there's a lot of tittle-tattle (whispering)
tistel thistle
titel title ⟨på of⟩ ⟨en film⟩ **med ~n ...** entitled ..., called ...
titt¹ SB **1** *blick* look, *flyktig ~* glance, *i smyg* peep **ta [sig] en ~ på** take a look at **2** *kort besök* **Tack för ~en!** Thanks for looking in (dropping by)
titt² ADV **~ och tätt** again (time) and again
titta look, *flyktigt* glance, *kika, smyg~* peep, *stirra* gaze ⟨*alla:* **på** at⟩ **~ efter** ⟨**ngn, ngt**⟩ *leta* look for **~ i en bok** look in (have a look in) a book
□ **titta efter** have a look
□ **titta fram** peep out, *synas* show
□ **titta in: ~ hos** look (drop) in on
□ **titta på** watch
□ **titta till** look after
□ **titta ut** ⟨↔ titta fram⟩: **~ ngn** *stirra* stare sb up and down **~ genom** ⟨**fönstret**⟩ look out of (US *vanl* out)
□ **titta över** *hälsa på* come round
tittare TV-~ viewer
titthål peephole
tittut, T~! Peekaboo! **leka ~** play peekaboo
tivoli amusement park
tja INTERJ well
tjafs *strunt* nonsense, rubbish, *krångel* fuss
tjafsa *prata strunt* talk rubbish, *krångla* fuss
tjalla *på vän* snitch, *på brottsling* squeal ⟨*båda:* **på** on⟩
tjallare squealer
tjat nagging
tjata nag ⟨**om** about, **på ngn** [at] sb⟩ **~ på ngn om** ⟨**ngt**⟩ *tigga om* nag sb for **han ~r ständigt om** ⟨**samma sak**⟩ he's always going on about
tjatig *som tjatar* nagging, *enformig* boring
tjatter jabber, chatter
tjattra jabber, chatter
tjeck Czech
tjeckisk ⟨↔ engelsk-⟩ Czech
tjeckiska ⟨↔ engelska⟩ **1** *språk* Czech **2** *kvinna* Czech woman
Tjeckoslovakien Czechoslovakia
tjeckoslovakisk Czechoslovak[ian]
tjej girl, *flickvän* girlfriend
tjing, T~ för den röda! Bags I (US Dibs on) the red one!
tjoa hollo, whoop
tjock *ej om person* thick, *om person* fat **det var alldeles ~t med folk** the place was packed [with people]
tjockis fatty
tjocklek thickness **Vad är det för ~ på ... ?** How thick is ... ?
tjog score ⟨*lika i pl*⟩
tjugo ⟨↔ *sms med* fem, femtio⟩ twenty
tjugohundratalet the twenty-first century
tjugonde ⟨↔ femte⟩ twentieth
tjugotalet the twenties, the 20s **på ~** in the twenties
tjur bull
tjura sulk
tjurfäktare bullfighter
tjurfäktning bullfighting **en ~** a bullfight
tjurig sulky **vara ~** sulk
tjurskallig mulish, pig-headed
tjusa *charma* charm, *fascinera* fascinate
tjusig charming, gorgeous
tjusning charm, fascination **fartens ~** the fascination (thrill) of speed
tjut howl
tjuta howl
tjuv thief ⟨*pl* thieves⟩, *inbrotts~* burglar
tjuvaktig thievish
tjuvgods stolen goods ⟨*pl*⟩
tjuvkoppla *bil* hot-wire
tjuvlarm burglar alarm
tjuvlyssna eavesdrop, listen in ⟨*båda:* **på** on⟩
tjuvröka smoke on the slye
tjuvskytt [game] poacher
tjuvstart false start
tjuvstarta make* a false start, *bildl äv* jump the gun
tjuvtitta peep ⟨**på** at⟩
tjuvåka steal* a ride, *utan att betala* dodge [paying] one's fare
tjäder capercaillie, capercailzie
tjäle ground frost
tjäna 1 *för~, ha i lön* earn, make* **~ 14 000 i månaden** make (earn, get) 14,000 a month **2** *göra vinst* make* a profit, *spara in* gain, save, *vinna, dra fördel* gain, profit

T tjänare – tonfisk

han ~de på affären he made a profit [on the deal] **~ ihop till** ⟨**resan**⟩ save up money for **3** *göra tjänst [åt], fungera* serve ⟨**som** as⟩ **~ som förevändning för** serve as a pretext for **den har ~t ut** it's seen its best days **4** *i frågor o nekande satser* **det ~r ingenting till att försöka** it's no use (there is no point in) trying **Vad skall det ~ till?** What's the use (point) [of that]?

tjänare SB servant

tjänarinna [maid]servant

tjänst 1 *befattning, anställning* post **ha ~ som** have a post as ⟨a teacher⟩ **söka [en] ~** apply for a post **2** *~göring* **vara (inte vara) i ~** be on (be off) duty **resor i ~en** official journeys **3** *göra ngn en ~* do sb a favour (service)

tjänstebil official car, *i privat tjänst* company car

tjänstebostad *för hög ämbetsman* official residence, *i privat tjänst* house (flat, *spec US* apartment) going with the job

tjänstefel breach of duty, misconduct

tjänstefolk servants ⟨*pl*⟩

tjänsteman *stats~ etc* civil servant, official, *privat~* [salaried] employee, [office] clerk

tjänstgöra *vara i tjänst* be on duty, *arbeta* work, serve

tjänstgöring duty, [period of] service

tjänstledig, ta ~t take leave [of absence] **vara ~** be on leave

tjänstvillig obliging, helpful

tjära SB tar

tjärn small woodland lake

toa loo, *US* john

toalett *wc* lavatory, toilet **gå på ~en** go to the lavatory (toilet)

toalettbord dressing table

toalettpapper toilet paper

toalettpappersrulle toilet roll, *US* roll of toilet paper

tobak tobacco

tobaksaffär tobacconist's, *US* cigar store

toffel slipper

toffelhjälte henpecked husband

tofs *av garn* tassel, *hår~* tuft [of hair]

tok 1 *person* fool, idiot **2 gå på ~** go wrong **på ~ för mycket** far too much

tokig *galen* mad, crazy ⟨*båda:* **av** with, **i** about⟩, *dum* silly, foolish, *fel* wrong **inte så ~t** not so bad

tolerans tolerance

tolerant tolerant ⟨**mot** toward[s]⟩

tolerera tolerate

tolfte ⟨↔ **femte**⟩ twelfth

tolk interpreter

tolka interpret ⟨**till** into⟩

tolkning interpretation

tolv ⟨↔ *sms med* **fem**⟩ twelve **klockan ~ på dagen (natten)** *äv* at noon (midnight)

tolva ⟨↔ **femma**⟩ twelve

tolvhundratalet, på ~ in the thirteenth century

tom empty ⟨**på** of⟩ **~ sida** blank page **det är ~t efter dem** we're ⟨*etc*⟩ missing them very much **jag känner mig alldeles ~ i huvudet** my mind is a total blank

t.o.m. ⟨*förk f* **till och med**⟩ **1** *i tids- o måttsuttryck* **vi stannade ~ måndag** we stayed until Monday **2** *förstärkande* even **~ katten** even the cat

tomat tomato ⟨*pl* -es⟩

tombola tombola, *US* ≈ lottery

tomglas empty bottle

tomgång, gå på ~ a) *om motor* idle b) *bildl* chug along

tomhet emptiness

tomhänt empty-handed

tomrum empty space, vacuum, *mellanrum,* *lucka* gap, *i text* blank, *tomhetskänsla* blank, void **fylla ett ~** fill a gap

tomt SB site, *spec US* lot, **~ kring hus** garden, *större* grounds ⟨*pl*⟩

tomte ⟨↔ **jultomte**⟩ ≈ brownie

tomtebloss sparkler

ton[1] *vikt* ⟨1 000 kg⟩ tonne, metric ton ⟨*Det engelska ordet* ton *avser i GB en vikt motsv 1 016 kg och i US 907 kg*⟩

ton[2] *musik o bildl* tone, *enstaka ~* note, *~höjd* pitch, *färg~* tone, shade, *melodi* tune **en falsk ~** a false note **ange ~en** give the pitch (key), *bildl* call the tune **Använd inte den ~en när du talar till mig!** Don't take that tone with me **hålla ~en** keep in tune **ta sig ~** ⟨**mot**⟩ talk back ⟨**to**⟩ **i vänlig ~** in a friendly tone **till ~erna av** ⟨**en vals**⟩ to the strains of **det hör till god ~** it is good form

tona *ljuda* sound, ring·, *foto, färg* tone **~ håret** tint one's hair **~ bort** die (fade) away **~ fram** emerge **~ ner** tone down

tonande, ~ ljud voiced sound

tonart key

tonfall tone [of voice]

tonfisk tuna [fish]

tongivande, vara ~ set the tone (fashion)
tongång, kända ~ar familiar strains
toning *av hår* tinting, rinse, *foto* toning
tonsätta compose [music], set* ⟨sth⟩ to music
tonsättare composer
tonvikt, lägga ~[en] på *äv bildl* stress, emphasize
tonåren the teens **i ~** in one's teens
tonåring teenager
tonårsidol teenage idol
topp 1 top, *bergs~ vanl* peak, summit, *krön* crest **T~en! Great!, Wonderful!,** *GB äv* Super! **från ~ till tå** from top to toe **stå på ~en av sin karriär** be at the summit of one's career **2** *plagg* top
toppa top **~ laget** use (send in) one's best players
toppform, vara i ~ be on top form
toppluva stocking cap
toppmöte summit [meeting]
torde 1 *bör [sannolikt]* **det ~ vara sant** it is probably true **2** *i hövlig uppmaning* **läsaren ~ observera** ⟨att⟩ the reader will observe
tordes → våga
torftig *fattig, dålig* poor, *knapp* scanty, meagre **en ~ uppsats** a meagre (thin) essay
torg 1 *salu~* market[place] **2** *öppen plats* square
torghandel market trade
tork 1 *~apparat* dryer **2** *tvätten hänger [ute] på ~* the washing has been hung [out] to dry
torka¹ SB dry spell (weather), *längre, svårare* drought
torka² VB **1** *göra torr* dry, wipe **~ disk** dry (wipe) the dishes, dry up **~d fisk** dried fish **2** *bli torr* dry, get* dry **färgen ~r på två timmar** the paint dries in two hours
□ **torka av** wipe **~ dig om fötterna** wipe your feet
□ **torka bort** *a) ngt* wipe off *b) förtorka* dry up, wither
□ **torka in** dry up
□ **torka upp** *a) ngt* wipe (mop) up *b) bli torr* dry up
torka sig dry (wipe) oneself **torka dig om munnen** wipe your mouth
torkskåp drying cupboard
torkställ *för disk* [plate] rack
torktumlare tumble[r] dryer
torn tower, *schackpjäs* rook, castle

torna, ~ upp sig pile up
tornado tornado ⟨*pl* -[e]s⟩
torp crofter's holding, *äv sommarställe* cottage
torped torpedo ⟨*pl* -es⟩
torr dry **ha sitt på det ~a** be comfortably off
torrboll *person* dry stick, bore
torrfoder dry fodder, *för fisk, katt* dry food
torrlägga, ~ en sjö *tömma* drain a lake
torrmjölk dried (*US* powdered) milk
torrt ADV dryly **förvara ~** store ⟨sth⟩ in a dry place
torsdag ⟨↔ fredag⟩ Thursday
torsk 1 cod ⟨*lika i pl*⟩ **2** *kund hos prostituerad* john
tortera torture
tortyr torture
torv *jordart* peat, *gräs~* turf
total total, *fullständig äv* complete
totalitär totalitarian
tova SB *hår~* tangled knot of hair
tovig matted, tangled, tufted
tradition tradition **hålla på ~erna** stick to traditions **av ~** by tradition
traditionell traditional
trafik *äv olaglig verksamhet* traffic, *som bedrivs av ~företag* service **gå i ~ mellan** run between **~en med narkotika** the traffic in drugs
trafikant motorist, road-user, *passagerare* passenger
trafikera, sträckan ~s dagligen av bussar there is a daily bus service along this route **en hårt ~d väg** a very busy road
trafikledare air traffic controller
trafikljus traffic light[s]
trafikolycka traffic (road) accident
trafikskylt traffic (road) sign
trafikstockning traffic jam
trafiksäkerhet road safety
tragedi tragedy
traggla, ~ med läxorna plod through one's homework **~ vidare** plod on
tragik tragedy
tragikomisk tragicomic
tragisk tragic
trailer *släpvagn o film* trailer
trakassera harass
trakasserier harassment ⟨*endast sg*⟩
trakt area, district **i ~en av Chelmsford** near Chelmsford, in the Chelmsford

area **här i ~en** in these parts, in this area, [a]round here
traktamente [daily] allowance for expenses
traktor tractor
tralla VB *sjunga* sing*
trampa¹ SB *cykel~* pedal
trampa² VB trample, tread* ⟨*båda:* **på** on⟩, *gå [på ngt]* tramp **~ ngn på tårna** *äv bildl* tread (step) on sb's toes **~ vatten** tread water
  □ **trampa ner** *gräs, folk* trample [down], tread down
  □ **trampa upp** ⟨**en stig**⟩ tread [out]
  □ **trampa ur** *kopplingen* declutch
  □ **trampa över** *sport* overstep, *bildl* overstep the mark
trampdyna pad
trampolin springboard, *för simhopp äv* diving board
trams nonsense
tramsa be silly
trana crane
trans trance **falla i ~** go into a trance **försätta i ~** send ⟨sb⟩ into a trance **som i ~** as in a trance
transaktion transaction
transformator transformer
transistor *äv ~radio* transistor
transistorradio transistor [radio]
transitiv transitive
transplantation *metod* transplantation, *enstaka operation* transplant, *av hud äv* graft
transplantera transplant
transport transport, *spec US* transportation
transportera transport, carry
transportföretag haulage contractors ⟨*pl*⟩
transportmedel means ⟨*lika i pl*⟩ of transport
transvestit transvestite, *vard* cross-dresser
trapets *gymnastik* trapeze
trappa¹ SB *utomhus* steps ⟨*pl*⟩, *inomhus* stairs ⟨*pl*⟩ **en ~** a flight of steps (stairs), *inomhus äv* a staircase **en ~ upp** on the first (US second) floor ⟨**hon bor**⟩ **en ~ upp (ner)** on the floor above (below) **i ~n** on the stairs
trappa² VB **~ ner** a) *minska* cut down, *om konflikt* de-escalate b) *ta det lugnare* take things easier **~ upp** step up, *om konflikt* escalate
trappsteg *utomhus* step, *inomhus* stair
trappuppgång staircase, stairs ⟨*pl*⟩ **i ~en** on the stairs
trasa SB rag, *damm~* duster, *skur~* scouring-cloth
trashank ragbag, ragamuffin
trasig *i trasor* ragged, *sönderriven* torn, *sönder* broken, *ur funktion* out of order
traska, ~ i väg trot off **~ omkring** trot around
trasmatta rag-rug
trassel *oreda* tangle, *besvärlighet[er]* trouble, bother **ställa till ~** cause trouble
trassla *vara besvärlig, krångla* make* a fuss **~ in sig i** get tangled [up] in **~ till** tangle up **det har ~t till sig** things have got messed up **trassla sig** *om garn o d* get* tangled **~ ur** get out of
trasslig *tilltrasslad* [en]tangled, *invecklad* complicated, *rörig* muddled **~a affärer** shaky finances
trast thrush
tratt funnel
traumatisk traumatic
trav trot, *travsport* trotting, harness racing **rida i ~** ride at a trot **hjälpa ngn på ~en** help sb to get going
trava¹ *röra sig i trav* trot
trava² *lägga i trave* pile (stack) up
travbana trotting-track, trotting-course
trave pile, stack
travhäst trotting horse
travtävling harness race
tre ⟨↔ *sms med fem*⟩ three **ett par ~ stycken** two or three
trea ⟨↔ *femma*⟩ three **~ns växel** third gear
tredimensionell three-dimensional
tredje ⟨↔ *femte*⟩ third **~ världen** the Third World **för det ~** thirdly
treenighet trinity **~en** *religion* the [Holy] Trinity
trehjuling *cykel* tricycle
trehundratalet, på ~ in the fourth century
trekantig triangular
trekvart *45 minuter* three quarters of an hour ⟨**med hatten**⟩ **på ~** on one side
trend trend, *tendens* tendency, *mode* fashion
trendig trendy
trettio ⟨↔ *sms med fem, femtio*⟩ thirty

trettionde ⟨↔ femte⟩ thirtieth
trettiotalet the thirties, the 30s **på ~ in the thirties**
trettioårig ⟨↔ femårig⟩ **~a kriget** the Thirty Years' War
tretton ⟨↔ sms med fem⟩ thirteen
trettondagen Twelfth Day, Epiphany
trettondagsafton Twelfth Night, the Eve of Epiphany
trettonde ⟨↔ femte⟩ thirteenth
trettonhundratalet, på ~ in the fourteenth century
treva grope [about] ⟨efter for⟩ **~ sig fram** grope one's way
trevande, ~ försök fumbling (tentative) effort
trevlig nice, *angenäm äv* pleasant **T~ resa!** Have a pleasant journey! **~t sätt** nice manners **Hade ni ~t?** Did you have a nice time? **det var ~t att du kunde komma** I'm glad you could come **Det var ~t att träffas** It's been nice meeting you
trevnad, sprida ~ create a cosy atmosphere
triangel triangle
triangeldrama eternal triangle
tribun tribune
trick trick
trikå 1 *bomulls~* cotton stockinet, *ylle~* jersey, tricot **2** *plagg* **~er** tights ⟨*pl*⟩, *utan ben* leotard ⟨*sg*⟩
trilla *ramla* fall*, tumble **~ dit** get into hot water
trilling triplet
trilskas be wilful
trim, hålla sig i ~ keep fit (in good trim)
trimma *hår, segel* trim **~ en motor** tune up an engine
trind round, rotund
trio trio
tripp *resa, äv narkotika~* trip
trippa trip [along]
trist *tråkig* dreary, *sorglig* sad, *dyster* gloomy
tristess dreariness, *dysterhet* gloom[iness]
triumf triumph
triumfbåge triumphal arch
triumfera triumph ⟨över over⟩, *jubla* exult ⟨över at, in, *av skadeglädje* over⟩
triumferande ADJ triumphant, *jublande* exultant, *av skadeglädje* gloating
trivas feel* comfortable, *känna sig hemmastadd* feel* at home, *ha det bra* get*

on [well], like it **Hur trivs du här?** How do you like it here?, How are you getting on here? ⟨**sådana blommor**⟩ **trivs bäst i skuggan** do (like it) best in the shade **~ ihop** get on [well] together **~ på landet** like it in the country
trivsam *om person* pleasant, lik[e]able, *om ställe* cosy, snug, comfortable
trivsel comfortable atmosphere, *arbets~* job satisfaction **känna ~** feel comfortable
tro¹ SB **1** belief, *starkare* faith, *tilltro äv* trust ⟨*alla:* **på** in⟩ **den kristna ~n** the Christian faith **sätta ~ till** believe, trust **i ~n att** thinking (believing) that **i god ~** in good faith **2** *trofasthet* **svära ngn ~ och lydnad** swear (pledge) allegiance to sb
tro² VB **1** *sätta tro till* believe **~ på** ⟨**ngn, ngt**⟩ *lita på* believe in, trust **~ på Gud** believe (trust) in God **2** *förmoda, tycka* think*, believe **det ~r jag inte** I don't think so **det var det jag ~dde** I thought as much
troende, en ~ a believer
trofast *i kärlek* faithful, *i vänskap* loyal ⟨*båda:* **mot** to⟩
trofé trophy
trogen *i kärlek* faithful, *i vänskap* loyal **vara ngn ~** be faithful to sb **sin vana ~** true to one's habit
trohet fidelity, faithfulness ⟨*båda:* **mot** to⟩
trolig likely, probable **det är ~t att hon får jobbet** she is likely to (she will probably) get the job **det är föga ~t** ⟨**att**⟩ it is hardly likely
troligen probably, very (most) likely
troll *i nordisk folktro* troll, *litet elakt ~* goblin **när man talar om ~en** talk of the devil
trolla *göra trollkonster* do* (perform) magic [tricks], *utöva trolldom* practise witchcraft **~ bort** magic (conjure) away **~ fram** magic (conjure) up
trolldom *trollkonst[er]* magic, witchcraft, sorcery, *förtrollning* spell **~en bröts** the spell was broken
trolleri magic **rena ~et** a stroke of magic
trollkarl magician
trollslag, som genom ett ~ as if by magic
trolös faithless, unfaithful ⟨*båda:* **mot** to⟩
trombon trombone
tron throne
tronföljd succession to the throne
tropikerna the tropics
tropisk tropical

trosfrihet religious liberty
trosor briefs, panties
tross *sjö* hawser
trots PREP in spite of, despite ~ **allt** after all ~ **att** in spite of the fact that, although
trotsa defy, stand* up against (to) **han ~de faran** he braved the danger
trotsig defiant
trotsålder, han är i ~n he's at an obstinate age
trottoar pavement, US sidewalk
trottoarkant kerb, US curb
trovärdig credible, *tillförlitlig* reliable
trovärdighet credibility, *tillförlitlighet* reliability
trubadur *modern* folk singer, *hist* troubadour
trubba, ~ av *bildl* dull, numb
trubbel trouble
trubbig blunt, *om vinkel o bildl* obtuse
truck truck
truckförare truck driver
truga press ~ **i ngn ngt** press sth on sb ~ **på ngn ngt** foist (thrust) sth on sb
trumf trump **spader är ~** spades are trumps
trumhinna eardrum
trumma[1] SB drum **spela trummor** play the drum[s]
trumma[2] VB drum ~ **med fingrarna** drum one's fingers
trumpen sulky, glum, sullen
trumpet trumpet **spela ~** play the trumpet
trumpetare trumpeter
trumpinne drumstick
trumslagare drummer
trumvirvel drum roll
trupp 1 *pansar~, kavalleri~* troop **sätta in ~er** send in troops 2 *teater~* troupe, *idrotts~* squad
trut[1] *fågel* gull
trut[2] *mun* mouth **Håll ~en!** Shut up!
tryck 1 pressure **ett ~ över bröstet** a weight on one's chest **utöva ~ på** *bildl* put pressure on 2 *tonvikt* stress 3 *av bok o d* print **gå i ~** go to press
trycka 1 press ⟨**mot** against⟩, *krama hårt [om]* squeeze **ligga och ~** *gömma sig* lie low **det är något som trycker henne** she's got something on her mind ~ **på** ⟨**ngt**⟩ *betona* stress ~ **på en knapp** press a button 2 *bok o d* print
□ **trycka fast** press on ⟨to sth⟩
□ **trycka ihop** press together, *packa* compress ~ **sig** *om människor* squeeze up
□ **trycka ner** press down, *med maktmedel* oppress ~ **ngn [i skorna]** put sb down ~ **(upp) hissen** bring the lift (US elevator) down (up)
□ **trycka på** *utöva påtryckning* exert pressure
□ **trycka till** *för att stänga* push ⟨a door⟩ to, press ⟨a lid⟩ down
□ **trycka upp** press up ~ **en dörr** push a door open ~ **hissen** → trycka ner
□ **trycka ut** press out
trycka sig press [oneself] ⟨**mot** against⟩ ~ **intill** *kärleksfullt* snuggle (cuddle) up to
tryckande oppressive
tryckare 1 *person* printer 2 *dans* smoochy number
tryckeri printing works ⟨*lika i pl*⟩ **lämna till ~et** send ⟨sth⟩ to press (the printers)
tryckfel misprint, *spec US* typo
tryckfrihet freedom of the press
tryckknapp 1 press stud 2 *strömbrytare* push button
tryckning 1 *med finger o d* pressure 2 *av bok o d* printing ⟨**boken är**⟩ **under ~** in [the] press
tryckpress printing press
tryckt 1 **stämningen var ~** the atmosphere was gloomy 2 *framställd gm tryckning* printed
trygg secure, *utom fara* safe **i ~a händer** in safe hands
trygga safeguard, secure **en ~d ålderdom** a secure old age
trygghet security, *självtillit* self-assurance
tryne snout **ett fult ~** an ugly mug
tryta run* short
tråckla tack ~ **fast** tack on ⟨**på ngt** to sth⟩
tråd thread, *ull~* yarn, *metall~* wire **den röda ~en** the main theme **han har inte en ~ på kroppen** he hasn't got a stitch on **tappa ~en** *bildl* lose the thread **hålla i ~arna** be in control
trådrulle [cotton] reel, US spool, *med tråd* reel (US spool) of cotton
tråka, ~ ut bore ⟨sb⟩ stiff
tråkig 1 *lång~* boring, dull 2 *sorglig* sad, *beklaglig* unfortunate, *obehaglig* unpleasant **Så ~t!** That's too bad, What a pity! **Det var ~t att höra!** I'm sorry to

hear that **det vore ~t** ⟨**om han skulle förlora**⟩ it would be a pity
tråkighet, ~er *otrevliga saker* unpleasant things, *trubbel* trouble
tråkigt ADV **~ nog** I'm sorry to say **ha ~** be bored
tråkmåns bore, dry stick
tråna pine ⟨**efter** for⟩
trång narrow, *åtsittande* tight, *om begränsat utrymme* cramped
trångbodd, vara ~ live in cramped conditions
trångsynt narrow-minded
trångt ADV **sitta ~** be cramped, *om plagg* be [too] tight, *bildl* be in a tight corner
trä¹ SB **1** *ämne* wood **ett hus byggt av ~** a house built of wood, a wooden house **Ta i ~!** Touch (US Knock on) wood!
2 *ved~* piece of firewood, log
trä² VB **~ ett halsband** string pearls (*oäkta* beads) on a necklace **~ på** *handske, strumpa etc* pull (slip) on **~ på nålen** thread the needle
träben wooden leg
träbit piece of wood
träd tree
träda VB *gå* step, *gå långsamt* stride* **~ i kraft** take effect **~ fram** step forward, *visa sig, synas* emerge **~ tillbaka** ⟨**för**⟩ step down ⟨in favour of⟩
trädgård garden
trädgårdsmästare gardener
träff 1 *om skott, slag o d* hit **2** *mellan två* date, *familje~ o d* get-together **stämma ~ med** arrange to meet, *med vän* make a date with
träffa 1 *mål o d* hit*, *spec utan avsikt* strike*, **~ rätt, bli en träff** hit the target **~ huvudet på spiken** hit the nail on the head **han ~des av blixten** he was struck by lightning **inte ~ miss 2** *möta, råka* ⟨**↔ träffas**⟩ meet*, see*, *händelsevis* run* into **någon önskar ~ dig** someone wishes to see you, there's someone to see you **vi ~r varandra ganska ofta** we meet quite often **~ på** *ngn* run across (into), *ngt* come across **3 ~ ett avtal** conclude (enter on) an agreement
träffad, känna sig ~ take sb's remarks personally, feel guilty
träffande *välvald* apt, appropriate, *slående* striking
träffas 1 *träffa varandra* meet* **Vi ~ snart igen!** See you [again] soon! **vi träffades av en händelse** we happened to meet **2** *vara anträffbar* **han ~** ⟨**efter kl 3**⟩ he is available **T~ doktor Lee?** Can (May) I see (*i telefon* speak to) Dr Lee, please?
träffpunkt meeting place, *favoritställe* haunt
träffsäker *bildl* accurate **en ~ skytt** a good marksman
trähus wooden (timber) house
träna train, *öva sig äv* practise, *öva ngn äv* coach **börja ~** *sport* go into training **~ ngn i tennis** coach sb in tennis **~ upp sin förmåga** improve one's ability
tränare coach, trainer
tränga 1 *förflytta sig* press, push **kylan trängde genom märg och ben** the cold pierced my ⟨*etc*⟩ very marrow **2** *pressa, tvinga* force **~ en bil av vägen** force a car off the road **~ åt sidan** force ⟨sb⟩ to one side
☐ **tränga igenom** *äv bildl* penetrate
☐ **tränga ihop** pack ⟨people (things)⟩ together **~ sig** squeeze together
☐ **tränga in** *strömma in* pour in **~ i** *om person[er]* force one's way into **~ ngn i ett hörn** force (press) sb into a corner
☐ **tränga på** press (push) on
☐ **tränga tillbaka** press back
☐ **tränga undan** push out of the way
☐ **tränga ut** *a*) *tvinga ut* force out
b) *strömma ut* pour out
☐ **tränga sig** push [one's way], press
☐ **tränga sig fram** push [one's way] forward
☐ **tränga sig förbi** push past (by)
☐ **tränga sig före** *i kön* jump the queue (US [the] line)
☐ **tränga sig in** force one's way in, *om folkmassa* crowd in **~ i** force one's way into
☐ **tränga sig på** ⟨**hos**⟩ *komma objuden* intrude ⟨on⟩
trängande urgent, pressing **i ~ behov av** in urgent need of **vid ~ behov** in an emergency
trängas crowd **Trängs inte!** Stop crowding me!, Don't push! **stå och ~** ⟨**i bussen**⟩ be jostling [each other] **gästerna trängdes i baren** the guests were crowding the bar **folk trängdes vid ingången** people were pushing (jostling) to get in
trängsel *folkmassa* crowd **det var en enorm**

~ i kyrkan the church was absolutely packed with people
träning training **ligga i ~** be training
träningsoverall tracksuit
träningsvärk muscle stiffness
träsk marsh, swamp, *bildl* mire
träsko clog, wooden shoe
träslöjd woodwork
trög sluggish, *som går trögt* stiff, *~tänkt* slow **låset är ~t** the lock is stiff **vara ~ i magen** be constipated
trögt ADV **det går ~** it is heavy going **affärerna går ~** business is dull ⟨*byrålådan*⟩ **går ~** sticks a bit **samtalet gick ~** the conversation flagged
tröja sweater, jumper, *fotbolls~ etc* jersey, shirt
tröska VB thresh
tröskel threshold **på ~n till** *äv bildl* on the threshold of
tröst comfort, consolation **vara till [stor] ~** be a [great] comfort ⟨to sb⟩
trösta comfort, console **trösta sig** console oneself ⟨**med** with⟩ **~ med att** ⟨*det ändå ...*⟩ take comfort from the fact that
tröstlös 1 *hopplös* hopeless, *trist* dreary, drab **2** *otröstlig* disconsolate
tröstäta eat* for consolation
trött tired, weary **~ av att promenera** ⟨*slog han sig ned*⟩ weary with walking **jag blir ~ av att skriva** writing makes me tired (tires me out) **jag är ~ i armarna** my arms are tired **bli ~ på** get tired of **bli ~ på att vänta** get tired (weary) of waiting
trötta, ~ ut ngn tire sb out **~ ut sig** tire oneself out ⟨with doing sth⟩
trötthet tiredness, weariness
tröttna grow* (get) tired ⟨**på** of⟩
tröttsam tiring, *om person* tiresome
tsar tsar, czar
tu, ett ~ tre *plötsligt* all of a sudden **på ~ man hand** alone together
tub *förpackning* tube
tuberkulos tuberculosis
tuff ADJ *hård, svår* tough **~a jeans** cool jeans **en ~ sport** a rough sport **~a tag** rough stuff
tuffa *om tåg* puff, chug
tuffing tough guy
tugga¹ SB bite
tugga² VB chew **~ på** *en bit bröd o d* chew, *grässtrå, tändsticka etc* chew at

tuggummi [chewing] gum ⟨*endast sg*⟩ ett **~** a piece of [chewing] gum
tull 1 *avgift* **betala 5 pund i ~** pay a duty of £5 **2** *lokal* customs ⟨*pred i sg el pl*⟩, *myndighet* Customs ⟨*pred i sg el pl*⟩ **passera genom ~en** pass through [the] customs
tulla *betala tull* pay* duty ⟨**för** on, for⟩
tulltjänsteman customs officer
tulpan tulip
tum inch **en 22-tums TV** a 22-inch television [set] **inte vika en ~** not yield an inch
tumla *falla* tumble **~ omkull** tumble over
tumlare 1 *zool* porpoise **2** *tork~* tumbler
tumma, ~d *väl använd* well-thumbed **Det ~r vi på!** It's a deal!
tumme thumb **hålla tummarna** ⟨**för**⟩ keep one's fingers crossed ⟨for⟩ **~n ned** thumbs down
tumregel rule of thumb
tumstock folding rule
tumult tumult
tumultartad tumultuous
tumvante mitten
tumör tumour
tung *äv bildl* heavy **en ~ politiker** a major (key) politician **jag känner mig ~ i benen** my legs feel heavy **~ som bly** [as] heavy as lead
tunga 1 tongue **ha ett ord på ~an** have a word on the tip of one's tongue **hålla ~n rätt i mun** watch one's step **räcka ut ~n** ⟨**åt**⟩ put (stick) out one's tongue ⟨at⟩ **2** *fisk* sole ⟨*lika i pl el* -s⟩
tunghäfta, få ~ *bildl* become tongue-tied, dry up
tungsinne melancholy
tungt ADV **andas ~** breathe heavily **~ vägande skäl** substantial reasons
tungvikt heavyweight
tungviktare heavyweight
tunika tunic
Tunisien Tunisia
tunisier Tunisian
tunisisk Tunisian
tunisiska tunisian woman
tunn *äv bildl* thin
tunna¹ SB barrel, *mindre* cask
tunna² VB **~ av** *minska i mängd, bli tunnare* thin down **~ ut** *hår, plantor* thin [out], *späda ut* thin down
tunnbröd ≈ thin unleavened bread
tunnel tunnel, *gång~* underpass

tunnelbana underground, *GB vard* tube, *US* subway
tunnhårig balding
tunnland ≈ acre
tunnsådd, framgångarna var ~a successes were few and far between
tupera tease, *GB äv* backcomb
tupp cock, *spec US* rooster
tuppa, ~ av *av trötthet* flake out, *svimma* pass out
tupplur [cat]nap **ta sig en ~** take a [cat]nap
tur[1] *gynnsam slump* luck ⟨*ej obest art*⟩ **~ i oturen** a blessing in disguise **En sån ~!** What [a piece of] luck! **mer ~ än skicklighet** more luck than judgement **föra ~ med sig** bring luck **ha ~ i spel** be lucky at games **det var ~ för mig att** it was lucky for me that **med lite ~** with [a bit of] luck **som ~ var** luckily, fortunately
tur[2] **1** tour, trip **~ och retur[resa]** return journey, *US* round trip **en ~ i Europa** a tour of Europe **en ~ med buss** a bus ride **göra (ta) en ~** *på cykel* go for a bike ride, *i bil* go for a drive **båten gör tre ~er om dagen** the boat runs three times daily **2** *ordningsföljd* turn **när det blev min ~** when my turn came **stå i (på) ~ till** be in turn for **i ~ och ordning** in turn
turas, ~ om att spela take turns at playing
turban turban
turbin turbine
turbojet turbojet
turbomotor *bil* turbo-charged engine
turbulens turbulence
turism tourism
turist tourist
turistbuss touring coach
turistbyrå tourist [information] office
turistort tourist resort
turk Turk
Turkiet Turkey
turkisk ⟨↔ engelsk-⟩ Turkish
turkiska ⟨↔ engelska⟩ **1** *språk* Turkish **2** *kvinna* Turkish woman
turkos SB, ADJ turquoise
turlista timetable, *US äv* schedule
turné tour **vara på ~** be on tour **åka på ~** go on tour
turnera tour **~ i ett land** tour a country
turnering tournament
tur- och returbiljett return (*US* round--trip) ticket

tursam lucky, fortunate
turturduva, de är som två turturduvor they are billing and cooing
tusan ⟨↔ fan⟩ **T~ också!** Damn it!, Oh heck! **av bara ~** like blazes **Det var som ~!** Well, I'll be damned! **jag ger mig ~ på att hon har ...** I bet she has ..., I'll be damned if she hasn't ... **han gav sig ~ på att lyckas** he was hellbent on succeeding
tusch Indian (*US* India) ink
tuschpenna *filtpenna* felt-tip pen
tusen ⟨↔ hundra⟩ thousand **T~ tack!** Many thanks, *mer vard* Thanks a lot **Jag ber ~ gånger om ursäkt!** I'm terribly sorry! **hungrig till ~** ever so hungry
tusendel thousandth [part]
tusentalet, på ~ in the eleventh century
tusentals thousands of
tuss *av tyg, papper o d* wad, *av damm* piece of fluff
tussilago coltsfoot ⟨*pl* -s⟩
tuta VB *bil* hoot, *US* honk **det ~r upptaget** *i telefon* there's an engaged tone (*US* a busy signal)
tuva tuft [of grass]
TV television, TV **se en film på ~** watch a film on television **sätta på ~n** turn on the TV
tveka hesitate ⟨om about, as to⟩
tvekan hesitation, *tvivel* doubt **det råder ingen ~ om det** there is no doubt about it **utan ~** a) *utan att tveka* without hesitation b) *otvivelaktigt* undoubtedly
tveksam hesitant ⟨om about⟩, *osäker, tvivelaktig* doubtful **det är ~t om han kommer** it is doubtful whether he will come
tveksamhet hesitation, doubt[fulness] ⟨*båda:* om about⟩
tvestjärt earwig
tvetydig ambiguous
tvetydighet ambiguity
tvilling 1 twin **2 Tvillingarna** *stjärntecken* Gemini
tvillingbror twin brother
tvillingpar pair of twins
tvillingsyster twin sister
tvinga force **~ fram** *avgörande* force **~ i ngn** ⟨ngt⟩ force sb to drink (eat, *medicin* take) **~ i sig** force down **~ till sig ngt** obtain sth by force **tvinga sig** force oneself **~ in** force one's way in **~ på** force (impose) oneself on ⟨sb⟩

tvinna twine, twist
tvist controversy, dispute ⟨båda: om about, over⟩
tvivel doubt ⟨om about⟩ **det råder inget ~ om det** there is no doubt about it **utan ~** *otvivelaktigt* no doubt, undoubtedly
tvivelaktig doubtful
tvivla doubt **jag ~r på det** I doubt (have my doubts about) it **jag ~r på honom** I mistrust (have my doubts about) him **jag ~r inte på att** I don't doubt (have no doubt) that **jag ~r på att han kommer** I doubt whether (that) he will come
TV-program television (TV) programme
TV-reklam television (TV) advertising, *reklaminslag* commercial
TV-tittare [television (TV)] viewer
tvungen, vara (bli) ~ att have to, *starkare* be forced to **jag var så illa ~** ⟨**att**⟩ I just had to
två ⟨↔ *sms med* fem⟩ RÄKN two **båda ~** both [of them ⟨*etc*⟩] **~ gånger** twice, two times **Det ska vi bli ~ om!** We'll see about that!
tvåa ⟨↔ femma⟩ **1** two **2 lägga in ~n** *växel* change (US shift) into second gear
tvåhundratalet, på ~ in the third century
tvål soap ⟨*endast sg, ej obest art*⟩ **en ~** a bar (piece) of soap
tvåla, ~ in soap down
tvålopera soap [opera]
tvång compulsion, *gm maktmedel* force **det är inget ~ att delta** participation is voluntary (not compulsory)
tvångstanke obsession
tvåspråkig bilingual
tvåtusentalet → tjugohundratalet
tvåvåningssäng bunk bed
tvåårig *om ålder* two-year-old, *om tidslängd* two-year ⟨*före sb*⟩ ⟨**kursen**⟩ **är ~** takes (lasts) two years
tvär 1 SB **på ~en** crosswise, across **sätta sig på ~en** *om sak* get stuck crosswise, *om person* dig one's heels in **2** ADJ abrupt, *vresig* surly
tvärbromsa brake suddenly
tvärflöjt [transverse] flute
tvärgata sidestreet, crossroad **ta nästa ~** take the next turning (US turn)
tvärs right **~ igenom** right through **bo ~ över gatan** live just across the street
tvärsnitt cross section
tvärstanna stop dead (short)

tvärstopp, det blev ~ we ⟨*etc*⟩ came to a dead stop
tvärsäker dead certain, positive ⟨båda: på of⟩, *självsäker* cocksure
tvärt ADV *plötsligt* suddenly **vända ~** turn sharply
tvärtemot¹ PREP contrary to
tvärtemot² ADV **göra precis ~** do exactly the opposite ⟨of⟩
tvärtom on the contrary **precis ~** just the reverse **eller ~** or vice versa **det förhåller sig precis ~** it's just (precisely) the other way round **jag menar ~** I mean the opposite
tvätt 1 *tvättning* washing, *enstaka o av hår* wash, *av kläder äv* laundering, *tvättkläder* wash[ing], laundry **hänga ~** hang the washing **gå bort i ~en** come off in the wash **lämna bilen på ~** have one's car washed **2** → kemtvätt, tvättinrättning
tvätta wash **~ fönster** clean windows **~ av** wash off **~ upp** give ⟨sth⟩ a wash **tvätta sig** wash, have a wash **~ om händerna** wash one's hands
tvättinrättning laundry
tvättlina clothesline
tvättmaskin washing machine
tvättmedel detergent, *i pulverform* ⟨GB⟩ *äv* washing powder
tvättstuga laundry [room]
tvättställ washbasin
tvättsvamp sponge
tvättäkta *om färg* fast, *bildl* out-and-out ⟨*före sb*⟩
ty KONJ for, because
ty sig, ~ till turn to ⟨sb⟩
tycka 1 think* ⟨**om** about, of⟩ **det tycker inte jag** I don't think so **säga vad man tycker** *säga sin mening* speak one's mind **~ att man är någonting** think a great deal of oneself **Vad tycks?** What do you think (say)? **jag tycker mig minnas** ⟨**att**⟩ I seem to remember **han tyckte sig höra** he thought he heard **2 ~ 'om** *gilla* like, *finna nöje i äv* enjoy, *vara förtjust i äv* be fond of, love **jag tycker mer om att simma än att jogga** I like swimming better than jogging **~ illa om** dislike ⟨sth, doing sth⟩
tyckas seem, appear **det tycks mig som om** it seems (appears) to me that **det tycks föreligga ett misstag** there seems (appears) to be a mistake
tycke 1 i mitt ~ in my opinion **2 fatta ~ för**

take a fancy (liking) to
tyda 1 *tolka* interpret, *dechiffrera* decipher **2 allt tyder på ⟨att⟩** everything seems to indicate
tydlig *otvetydig, lätt att se, höra, förstå* clear, *starkare* distinct, *uppenbar* evident
tydligen clearly, evidently, obviously
tydligt ADV **det framgår ~ ⟨av⟩** it is obvious (clear, evident) ⟨from⟩ **uttrycka sig ~** make oneself clear
tyfon *storm* typhoon
tyfus typhoid fever
tyg material, fabric, cloth ⟨*endast sg*⟩
tygel rein **ge ⟨ngn, ngt⟩ lösa (fria) tyglar** *äv bildl* give a free rein ⟨to sb (sth)⟩ **hålla ⟨ngn⟩ i strama tyglar** keep a tight rein on
tygla *häst, känslor* rein in, *bildl äv* control
tyna, ~ bort languish [away]
tynga weigh ⟨**ner** down, **på** on⟩ **tyngd av** weighed down with
tyngd SB weight **en ~ föll från mitt bröst** a weight (load) was lifted from my heart
tyngdkraft gravity
tyngdlagen the law of gravity
tyngdlyftare weightlifter
tyngdlyftning weightlifting
tyngdlös weightless
tyngdpunkt centre of gravity, *bildl* main point **lägga ~en på** stress, emphasize, focus on
typ type, *person* character, bloke
typisk typical ⟨**för** of⟩
tyrann tyrant
tyranni tyranny
tyrannisera tyrannize
tyrannisk tyrannical
tysk ⟨↔ engelsk-⟩ SB, ADJ German
tyska ⟨↔ engelska⟩ **1** *språk* German **2** *kvinna* German woman
Tyskland Germany
tyst[1] ADJ silent, quiet **en ~ gata** a quiet street **en ~ minut** a moment's silence **få ~ på** silence, *vard* get ⟨sb⟩ to shut up **det blev ~** there was [a] silence **han blev ~** he fell (became) silent **i det ~a** on the quiet
tyst[2] ADV silently, quietly, in silence **gå ~** *om motor o d* run quietly (*helt* ~ silently) **hålla ~** keep silent **hålla ~ med (om)** keep quiet about **tala ~** speak softly (quietly)
tyst[3] INTERJ **T~!** Hush!
tysta silence, *vard* shut* up **~ en baby** quiten a baby **~ ner** reduce ⟨sb⟩ to silence, *bildl* cover up

tystlåten quiet, silent, *äv förtegen* reticent ⟨*alla:* **om** about⟩
tystna fall* (become*) silent
tystnad silence **Får jag be om ~!** Silence, please! **förbigå med ~** pass ⟨sth⟩ over in silence **under ~** in silence
tystnadsplikt, ha ~ be bound by professional secrecy
tyvärr unfortunately **T~!** I'm sorry **T~ inte!** *äv* I'm afraid not **vi kan ~ inte komma** I'm afraid we can't come **vi måste ~ meddela er ⟨att⟩** *frml* we regret to inform you
tå toe **gå på ~** tiptoe **stå på ~** stand on tiptoe
tåg 1 *järnvägs~* train **byta ~** change trains **det går flera ~** *bildl* you'll get another chance **det går ett ~ till Bath kl 14** there is a train for Bath at 2 p.m. **med ~[et]** by train **på ~et** in (on) the train **2** *marsch* march, *procession* procession
tåga VB march ⟨**förbi** past⟩
tågfärja train ferry
tågförbindelse train service **det är goda ~er med ⟨Malmö⟩** there is a good train service to
tågkupé railway (US railroad) compartment
tågluffa interrail, go* by interrail
tågluffare interrailer
tågordning procedure
tågtrafik railway (US railroad) traffic
tåla stand*, bear*, *tolerera äv* tolerate, *uthärda äv* endure, *vard* put* up with **den tål att jämföras med** it stands (bears) comparison with **det tål att tänka på** it is worth considering **jag tål inte kaffe** coffee upsets (doesn't agree with) me **han tål inte skämt** he cannot take a joke **han tål inte sprit** he cannot hold his liquor **de tål inte varandra** they can't stand (bear) each other
tålamod patience **förlora ~et** lose [one's] patience
tålig tough, hardy, *slitstark* durable
tålmodig patient
tåls, ge sig till ~ be patient
tång[1] *växt* seaweed
tång[2] *avbitar~* pliers ⟨*pl*⟩, *hov~* pincers ⟨*pl*⟩, *att hålla ngt med* tongs ⟨*pl*⟩ **en ~** a pair of pliers ⟨*etc*⟩
tår tear **han fick ~ar i ögonen** tears came into his eyes

tårgas tear gas
tårta cake ~ på ~ stating the same thing twice
tårtbotten cake layers ⟨*pl*⟩
tårögd, vara ~ have tears in one's eyes
täcka cover ⟨**marken är**⟩ **täckt av löv** covered with leaves ~ **över** cover [up]
täcke 1 quilt, *dun*~ eiderdown **2** *täckande lager* layer
täckjacka quilted jacket
täcknamn cover (assumed) name
täckning *för check* cover **det finns ingen ~ för** ⟨**detta påstående**⟩ there is no evidence in support of **checken saknade ~** the cheque bounced **check utan ~** uncovered cheque, *US* rubber check
tälja whittle
täljkniv ≈ sheath knife
tält tent, *för tennis o d* air hall (*US* structure)
tälta camp out
tältsäng camp bed
tämja tame, *tygla* curb
tända 1 *få att brinna* light*, *elektriskt ljus vanl* turn (put*) on ~ **en brasa** (**eld i spisen**) light a fire ~ **eld på** set fire to, set ⟨sth⟩ on fire ~ [**i ett rum**] turn ⟨*etc*⟩ on the light[s] ~ **publiken** get the audience going **ljuset var tänt** ⟨**i rummet**⟩ the light was on **2** *starta* ⟨*om motor*⟩ spark, fire **brasan vill inte ~** the fire won't light **jag tände på hans idé** I was sold on his idea **han tände på henne** she turned him on
tändare lighter
tändning *i motor* ignition
tändsticka match
tändsticksask matchbox
tändstift spark (*GB äv* sparking) plug
tänja stretch ~ **på reglerna** stretch the rules ~ **ut** stretch [out] **tänja sig** stretch [out]
tänjbar *äv bildl* elastic
tänka 1 think* ⟨**på** about, of⟩ *säga vad man tänker* speak one's mind **Tänk att** ⟨**han bara är 8 år!**⟩ To think that **Tänk bara!** Just fancy (think)! **Tänk om** ⟨**det skulle bli regn!**⟩ Just imagine if, What if **Tänk om vi skulle åka till Italien!** What about going to Italy? **jag skall ~ på saken** I'll think about it **det är inte att ~ på** it's out of the question **när jag tänker rätt på saken** on second thoughts **ni måste ~ på** ⟨**att**⟩ *ta hänsyn till* you must take into account **jag kom att ~ på** ⟨**att**⟩ it occurred to me **2** *ämna* be going to, intend to **jag tänker skriva en roman** I am going to write a novel **jag tänker skaffa mig en sekreterare** I'm thinking of getting a secretary

☐ **tänka efter:** **när jag tänkte efter** when I thought about it

☐ **tänka igenom** think over

☐ **tänka om** rethink

☐ **tänka tillbaka** think back

☐ **tänka ut** *fundera ut* think out, *hitta på* think up

tänka sig 1 *föreställa sig* imagine **T~!** Just imagine! **Kan du tänka dig att flytta?** Would you consider moving? ~ **för** think carefully (twice) **2** *om önskemål* **Vad hade du tänkt dig?** What did you have in mind?

tänkande 1 SB thinking **2** ADJ thinking, *eftertänksam* thoughtful
tänkare thinker
tänkbar conceivable, *möjlig* possible
täppa¹ SB garden patch **vara herre på ~n** rule the roost
täppa² VB **jag är täppt i näsan** my nose is stopped up ~ **till** stop up ~ **till munnen på ngn** *bildl* shut sb's mouth
tära *förtära* consume, *försvaga* sap ~ **på** be a drain on
tärd *utmärglad* haggard ~ **av sjukdom** wasted (sapped) by disease
tärna¹ *brud~* bridesmaid
tärna² *fågel* tern
tärning *spel~* dice ⟨*lika i pl*⟩ **~en är kastad** *bildl* the die is cast **spela ~** play dice
tät¹ SB front, head, *sport* lead **ta ~en** take the lead **gå i ~en** ⟨**för**⟩ walk at the head (front) ⟨of⟩
tät² ADJ **1** dense, *om skog, päls, dimma, rök äv* thick, *om väv, avstånd* close, *som inte läcker* tight, *om trafik, snöfall* heavy **i ~ följd** in close succession **2** *ofta förekommande* frequent, *ofta upprepad* repeated **3** *rik* well-heeled
täta, ~ **båten** *med beck o d* caulk the boat ~ **fönstret** seal [up] the window ~ **en läcka** seal [up] a leak
tätort ≈ rural centre
tätt ADV ⟨**snön**⟩ **faller ~** is falling thick (heavily) ⟨**tågen**⟩ **går ~** run frequently **hålla ~** be tight, *bildl* be quiet ⟨**husen**⟩ **ligger ~** are close (lie closely) together

~ åtsittande close-fitting ⟨**locket**⟩ **sluter ~** fits tight **~ bakom** close behind **~ intill** close by **~ intill varann** close together **~ intill väggen** close to the wall
tättbefolkad densely populated
tävla compete ⟨**med** with, **mot** against, **om** for⟩
tävlande SB *medtävlare* competitor
tävling competition, contest, *hastighets~ äv* race
tö thaw
töa *äv bildl* thaw **~ bort** thaw away
töcken *äv bildl* haze
töja stretch **töja sig** stretch
töjbar *äv bildl* elastic, *om tyg o d äv* stretchable
tölp oaf
töm rein
tömma empty ⟨**på** of⟩ **brevlådan töms tre gånger dagligen** there are three collections a day **gatorna tömdes [på folk]** the streets emptied **~ ur lådan** empty [out] the drawer
tömning emptying, *av brevlåda* collection
tönt drip, *US äv* jerk, nerd
töntig corny
törn *stöt* buffet, shock **få sig en ~** be bumped
törna, ~ emot ⟨**ngt**⟩ bump [against] **~ ihop** bump into each other
törnbuske dog rose (wild rose) bush
törne *tagg* thorn
törnros *blomma* dog rose, wild rose
Törnrosa Sleeping Beauty
törs → **våga**
törst thirst ⟨**efter** for⟩
törsta thirst ⟨**efter** for⟩
törstig thirsty
tös lass[ie], little girl
töväder *äv bildl* thaw **det blev ~** a thaw set in

ubåt submarine, *vard* sub
udd point **ta ~en av** take the edge off
udda odd **jag ska låta ~ vara jämnt** ≈ I'll let it pass
udde headland, *hög* cape, *spetsig* point
ufo UFO
Uganda Uganda
uggla SB owl **ana ugglor i mossen** smell a rat
ugn oven
ugnslucka oven door
Ukraina [the] Ukraine
u-land developing country
u-landsbistånd aid to developing countries
ull wool
ultimatum ultimatum ⟨*pl* -s *el* ultimata⟩ **ställa ~** give ⟨sb⟩ an ultimatum
ultraljud ultrasound
ultrarapid, i ~ in slow motion
ultraviolett ultraviolet
ulv, en ~ i fårakläder a wolf in sheep's clothing
umgås *vara tillsammans* mix **de ~ flitigt** they see quite a lot of each other **~** ⟨**i vissa kretsar**⟩ move **~ med andra** *träffa* meet other people
umgänge, intimt (sexuellt) ~ [sexual] intercourse ⟨**ha**⟩ **stort ~** many friends **i ~t med** ⟨**djur måste man ...**⟩ in dealing with
undan *bort* away, *ur vägen* out of the way, *åt sidan* aside **U~!** Move aside! **arbeta ~** get things done **dra sig ~** draw back **det gick ~** it went quickly **komma ~** *lyckas fly* get away **komma (slippa) billigt ~** get off lightly **lägga ~** *äv om sparande* put away **(by) ~ för ~** little by little
undanflykt excuse **komma med ~er** make excuses
undanhålla, ~ ngn ngt withhold sth from sb

undanlagd → lägga undan
undantag exception ett ~ från regeln an exception to the rule med ~ av with the exception of
undantagsfall exceptional case
undantagstillstånd state of emergency
under¹ SB wonder, *starkare* marvel, *mirakel* miracle som genom ett ~ as [if] by a miracle
under² ⟨↔ resp huvudord⟩ PREP
1 *rumsbetydelse* under, *nedanför en punkt el linje* below bo ~ samma tak live under the same roof ha en tröja ~ jackan wear a sweater under one's jacket barn ~ fem år children under five ~ noll below zero ~ bältet below the belt **2** *tidsbetydelse* during, in, *om tidslängd* for ~ kriget during (in) the war ~ tiden in the meantime ~ ett helt år for a whole year
under³ ADV underneath, *nedanför* below Vad har du på dig ~? What are you wearing underneath? lägenheten ~ the flat (*spec US* apartment) below
underarm forearm
underavdelning subdivision, subsection
underbar wonderful, marvellous
underbarn [infant] prodigy, child genius
underbemannad understaffed
underbetald underpaid
underbett, ⟨han har⟩ ~ a protruding jaw
underbyxor *trosor* panties, briefs
underdel lower part
underexponera underexpose
underfund, komma ~ med *upptäcka* find out, *begripa* make out
underfundig cunning ~ humor subtle humour
underförstå imply det är ~tt att it is assumed that
undergräva undermine
undergång *slut* end, *förintelse* ruin
underhuset the House of Commons
underhåll *skötsel o pengar* maintenance
underhålla 1 *hålla i gott skick* maintain, keep* [up] **2** *ge ekonomiskt stöd* maintain, support **3** *roa* entertain
underhållare entertainer
underhållning entertainment
underifrån from underneath (below)
underjordisk underground
underkant lower edge ⟨vara⟩ i ~ [a bit] on the small (low) side
underkasta, vara ~d ngt be subject to sth

underkasta sig subject oneself ⟨ngt to sth⟩, *kapitulera* surrender ⟨ngn to sb⟩
underkastelse submission ⟨under to⟩
underkjol [half] slip
underkläder underwear ⟨sg⟩
underkänna *elev, skrivning* fail, *vard* flunk, *rata, förkasta* reject bli underkänd fail
underlag basis, foundation, *underliggande yta* surface, *fakta~* background [information] tjäna som ~ för serve as a basis for
underleverantör subcontractor
underlig strange, odd
underligt ADV ~ nog strangely (oddly) enough
underliv genital area
underlåta *försumma* fail jag kan inte ~ att I cannot help ⟨+ ing-form⟩
underläge position of inferiority vara i ~ be at a disadvantage, *sport* be trailing
underlägg [table] mat, *skrivbords~* desk pad
underlägsen, ~ ngn (ngt) inferior to sb (sth)
underlägsenhet inferiority
underläkare [hospital] registrar, *US* hospital physician
underläpp lower lip
underlätta make* ⟨sth⟩ easier
undermedveten subconscious det undermedvetna the subconscious
undermening hidden meaning, implication
undernärd undernourished, underfed
underordnad SB, ADJ subordinate av ~ betydelse of secondary importance
underrubrik subheading
underrätta inform ⟨sb of (about) sth⟩
underrättelse information ⟨*endast sg, ej obest art*⟩ ~r information ⟨om of⟩, *milit* intelligence
underrättelsetjänst intelligence, secret service
undersida underside på ~n underneath
underskatta underestimate
underskattning underestimation
underskott deficit, *brist* shortage ⟨på of⟩
underskrida *visst värde* fall* below, *rekord[tid]* beat* ⟨med by⟩
underskrift signature
undersköterska nurse, *US* practical nurse
underst ADV at the bottom, lowest down

understa ADJ bottom, lowest, *av två äv* lower **den ~** the bottom one
understiga *om visst värde* fall* (drop) below
understryka *betona* emphasize, stress
understrykning underlining
förstå sig dare **Förstå dig inte att ...** Don't you dare [to] ...
understöd support, *spec ekonomiskt* assistance, *socialhjälp* social security, US [social] welfare
undersöka examine, *utforska äv* investigate, look into
undersökning ⟨↔ undersöka⟩ examination ⟨of⟩, investigation ⟨of, into⟩, study ⟨of⟩
underteckna sign
undertrycka suppress
undertröja vest, singlet, US undershirt
underverk miracle, wonder **göra ~** work (do) wonders
undervisa teach* **~ i franska** teach French
undervisning teaching ⟨i of⟩, instruction
undervåning lower floor, floor below **i (till) ~en** downstairs
undervärdera *underskatta* underestimate
undgå *slippa ifrån* escape, *undvika* avoid **jag kunde inte ~ att höra det** I couldn't help hearing it
undkomma escape
undra wonder ⟨**över** at⟩ **det är inte att ~ på** no wonder
undre lower, bottom **~ gräns** lower limit **den ~ världen** *de kriminella* the underworld
undulat budgerigar, GB *vard* budgie
undvara do* (manage) without
undvika avoid ⟨doing sth⟩
undvikande ADJ evasive
ung young **de ~a** the young, young people **som ~** ⟨**var hon**⟩ as a young woman (girl)
ungdom 1 *tid då man är ung* youth **~en** ⟨**kan vara en svår tid**⟩ youth **2** *gruppen av unga* young people ⟨*pl*⟩, youth **dagens ~** young people of today **3** *ung person* youngster **några ~ar** some young people
ungdomlig youthful
ungdomsarbetslöshet youth unemployment
ungdomsbrottslighet juvenile delinquency (crime)
ungdomsbrottsling young offender

ungdomsförbund youth association (*polit* league)
ungdomsgård youth centre
ungdomsvårdsskola ≈ community home, US ≈ training center
unge ⟨↔ lejonunge, kattunge *etc*⟩ *av djur* young one ⟨*pl* young ones *el* young⟩, *barn* kid, *neds* brat
ungefär about, roughly, approximately
ungefärlig approximate
Ungern Hungary
ungersk ⟨↔ engelsk-⟩ Hungarian
ungerska ⟨↔ engelska⟩ **1** *kvinna* Hungarian woman **2** *språk* Hungarian
ungkarl bachelor
ungkarlshotell hostel for single men
ungrare Hungarian
uniform SB, ADJ uniform
unik unique
union union
universell universal
universitet university, US *äv* college
universum universe **i ~** in the universe
unken musty, stale
unna, inte ~ grudge ⟨sb sth⟩ **jag ~r honom pengarna** I don't grudge him the money **det är honom väl unt** he deserves it **unna sig** allow oneself, *spec ngt efterlängtat* indulge in
upp ⟨↔ bryta ~, knyta ~, skjuta ~ *etc*⟩ up, un- ⟨**fönstret**⟩ **flög ~** flew open **låsa ~** ⟨**dörren**⟩ unlock **ta ~** ⟨**böckerna ur väskan**⟩ take out **rakt ~ i ansiktet på ngn** straight to sb's face **ända ~** right up ⟨**ligga**⟩ **~ och ner** upside down **gata ~ och gata ner** up one street and down another **fem trappor ~** on the fifth (US sixth) floor **~ i** → gå, klättra *etc* **hon är sin mor ~ i dagen** she is the [living] image of her mother **U~ med dig!** *a) ur säng* Get up! *b) uppför ngt* Up you go! **U~ med händerna!** Hands up! **stiga ~ på** get up on ⟨**det kan ta**⟩ **~ till** ⟨**fem år**⟩ as long as
uppassad, bli ~ be waited on
uppassning service, *på restaurang äv* waiting
uppbackning backing, support
uppbjuden, bli ~ be asked to dance
uppblandad mixed, *utspädd* diluted
uppblåst inflated, *högfärdig* conceited, *vard* stuck-up
uppbrott *för resa el hemfärd* departure, leaving **det blev allmänt ~ på festen** the

party was breaking up
uppbåda *krafter etc* summon [up], mobilize
uppdaga discover, bring* ⟨sth⟩ to light
uppdatera update
uppdelad, ~ i divided [up] into
uppdelning division, *fördelning* distribution
uppdra commission ⟨sb to do sth⟩
uppdrag commission, task, *ålagt arbete äv* assignment **få i ~ att** be given the task to, *om t ex officiellt* **~** be commissioned to **på ~ av** on behalf of
uppdriven stepped-up **högt uppdrivna förväntningar** high expectations
uppe up **gå ~** be up [and about] **han var ~ hos mig** he came to see me ⟨**den**⟩ **är ~ i** *har nått* has reached **vara (stå) mitt ~ i** be in the middle of
uppehåll 1 *avbrott* break, *i resa* stop, halt, *paus* pause, *uppehållsväder* [spell of] dry weather ⟨**tåget**⟩ **gör ~ i** stops at **utan ~** without a break, without stopping **2** *vistelse* stay
uppehålla *vidmakthålla* maintain, keep* up **jag ska inte ~ dig** I won't keep you
uppehålla sig *vistas* stay
uppehållstillstånd residence permit
uppehälle subsistence **fritt ~** free board and lodging **tjäna sitt ~** earn one's living
uppenbar obvious, evident
uppenbara sig *visa sig* appear, *dyka upp* turn up
uppenbarelse *gudomlig* revelation, *drömsyn* vision
uppenbarligen obviously, evidently
uppfart *väg* drive[way]
uppfatta 1 *höra* catch*, hear*, *se* see*, *förnimma* perceive **2** *förstå* understand*, grasp
uppfattning 1 *åsikt* opinion, view ⟨**båda: om** of⟩ **enligt min ~** in my opinion (view) **ändra ~** ⟨**om**⟩ change one's mind ⟨about⟩ **2** *föreställning* idea, notion ⟨**båda: om** of⟩
uppfattningsförmåga understanding, perception
uppfinna invent
uppfinnare inventor
uppfinning invention
uppfinningsrik inventive
uppfostra bring* up, *US äv* raise
uppfostran upbringing

uppfriskande refreshing
uppfylla 1 fulfil, *krav, villkor* meet*, satisfy **2** *fylla helt* fill **uppfylld av** ⟨**glädje**⟩ filled with
uppfyllelse fulfilment **gå i ~** come true
uppfånga catch*, *snappa upp* intercept, *signal* pick up
uppfödning rearing, breeding
uppföljning follow-up
uppför¹ PREP up **~ backen** uphill **~ trappan** upstairs, *yttertrappa* up the steps
uppför² ADV upward[s] **åka ~** go uphill
uppföra 1 *[låta] bygga* build* **2** *pjäs, musikverk* perform **uppföra sig** behave
uppförande 1 *beteende* behaviour **2** *framförande* performance
uppförsbacke hill **det var ~** ⟨**hela vägen**⟩ it was uphill
uppförstora ⟨↔ *förstora*⟩ överdriva exaggerate
uppge *meddela* state, *säga* say*, *rapportera* report **~ namn** give (state) one's name **~ namnet på** name **uppge sig, ~ vara** claim to be
uppgift 1 *information* information ⟨*endast sg, ej obest art*⟩, *meddelande, ngt som uppges* statement **enligt ~ är han ...** he is reported (said) to be ... **lämna ~ om** give information about **~ står mot ~** one statement contradicts the other **2** *arbete, uppdrag* task **samhällets ~** the function of society **3** *studie~, prov~* question, *i matematik* problem
uppgiven *resignerad* resigned
uppgjord arranged, *om match* fixed **~ i förväg** prearranged **den ~a planen** the plan agreed on
uppgå *om storlek el antal* **~ till** amount to
uppgång 1 *ökning* rise **en ~ med 5%** a 5 per cent rise **vid solens ~** at sunrise **2** *ingång* entrance
uppgörelse 1 *överenskommelse* agreement, *affärs~ äv* deal **träffa en ~** reach an agreement, close (strike) a deal **2** *gräl, bråk* clash, scene
upphetsad excited
upphetsande exciting
upphetsning excitement
upphittad found
upphov *ursprung* origin, *orsak* cause, *källa* source ⟨*alla:* **till** of⟩ **ge ~ till** give rise to, cause
upphovsman originator, creator ⟨*båda:*

till of⟩
upphällning, vara på ~en be running short (low)
upphäva *avskaffa* abolish, *förklara ogiltig* cancel
upphöjd raised, *ädel, hög* lofty **med upphöjt lugn** stoically **10 upphöjt till 4** ⟨*etc*⟩ 10 [raised] to the power of four ⟨*etc*⟩
upphöjning *t ex i marken* elevation
upphöra stop, cease, *om företag* close down **~ med att göra ngt** stop (cease) doing sth
uppifrån ADV from above, *från våningen ovanför* from upstairs ⟨**tredje raden**⟩ ~ from the top
uppiggande ADJ stimulating, refreshing
uppjagad worked up, agitated
uppkallad, bli ~ till ⟨**chefen**⟩ be sent for by **vara ~ efter** ⟨**sin mormor**⟩ be named after (*US äv* for)
uppklarad, bli ~ be solved (cleared up)
uppklarnande, det blir ~ the weather will clear up
uppklädd dressed up
uppknäppt unbuttoned, *bildl* relaxed
uppkomling upstart
uppkomma *uppstå* arise˙ **den uppkomna situationen** the situation that has (had) arisen
uppkomst *tillblivelse* origin, *framväxt* emergence, development
uppkäftig cheeky ⟨**mot** to⟩
uppkörning *för körkort* driving test
uppladdning *av batteri* recharging, *sport o bildl* [final] preparations ⟨*pl*⟩, *milit* build-up
upplaga *utgåva* edition, *tidnings antal ex* circulation
upplagd 1 *anordnad* organized, set up **2** *i stämning* in the mood
upplagras *om t ex gifter* accumulate
uppleva experience ~ ⟨**två världskrig**⟩ live through **han fick inte ~** ⟨**sin sons framgång**⟩ he didn't live to see **Hur upplever du din situation?** How do you feel about your situation?
upplevelse experience
uppliva, ~ gamla minnen recall old memories
upplivningsförsök attempt at resuscitation
upplopp 1 *folkmassas* riot ⟨*ofta i pl*⟩ **2** *slutsträcka* finish
upplysa *informera* inform ⟨**ngn om ngt** sb of sth⟩
upplysande informative, *lärorik* instructive
upplysning *information* information ⟨*endast sg, ej obest art*⟩ **ringa ~en** *t ex järnvägens* phone inquiries **en intressant ~** an interesting piece (bit) of information **närmare ~ar om** further information (particulars) about
upplysningstiden the Enlightenment
upplyst 1 *belyst* lit [up], *festligt* illuminated **2** *insiktsfull, fördomsfri* enlightened
uppläggning arrangement, disposition
uppläsning reading
upplösa, upplösa sig dissolve, break˙ up
upplösning 1 *slut* end, solution **2** *sönderfall* disintegration **3** *av sällskap, nation, äktenskap* break-up
upplösningstillstånd, vara i ~ om person be on the verge of collapse
uppmana urge ⟨**besökare**⟩ **~s att** are requested to
uppmaning, på ~ av at the request of
uppmuntra encourage
uppmuntran encouragement
uppmärksam attentive ⟨**mot, på** to⟩ **göra ngn ~ på** call (draw) sb's attention to ⟨**sth, the fact that**⟩
uppmärksamhet attention
uppmärksamma *lägga märke till* notice, observe **~ ngn på** call (draw) sb's attention to ⟨**sth, the fact that**⟩
uppmärksammad, bli ~ attract attention **en ~ film** a film that [has] attracted a lot of attention
uppnå reach, *resultat, mål* achieve
uppnäsa snub nose
upp och ner upside down
uppoffra sacrifice
uppoffring sacrifice
uppradad, de stod ~e they were lined up
upprepa repeat ⟨**för** to⟩ **detta får inte ~s** this must not happen again **~de gånger** repeatedly **upprepa sig** repeat oneself
upprepning repetition, *spec om ngt exakt lika* repeat
uppretad angered, *starkare* enraged ⟨*båda:* **på** with, **av** at, by⟩ **den ~e folkmassan** the angry crowd
uppriktig *äkta* sincere, *öppenhjärtig* frank ⟨**mot** with⟩ **om jag ska vara ~** frankly, to

be honest
uppriktighet sincerity, frankness
upprop 1 *kontroll av närvaro* roll call
2 *vädjan* appeal
uppror rebellion, revolt **göra ~ mot** rebel (revolt) against ⟨**hela skolan var**⟩ **i ~** in an uproar
upprorisk rebellious
upprustning 1 *milit* [re]armament **2** *av byggnad o d* repair, renovation, *av väg, område* upgrading
uppryckning, ⟨**laget**⟩ **gjorde en ~** pulled themselves together
upprymd elated, exhilarated
uppräkning *i viss följd* enumeration
upprätt upright, erect
upprätta *etablera* establish, *skapa* create, *dokument* draw˚ up **~ förbindelse med** establish a connection with
upprättelse rehabilitation **få ~** obtain redress
upprätthålla maintain, keep˚ up
uppröra shock, upset˚
upprörande shocking, outrageous
upprörd shocked ⟨at⟩, upset ⟨about⟩
uppsagd, bli ~ *från bostad* receive notice to quit (*US* vacate), *från arbete* be given notice
uppsats essay, *i skolan äv* composition ⟨**båda: om** on⟩
uppsatt 1 högt ~ ⟨**tjänsteman**⟩ high-ranking, senior **2** *fastställd* stipulated
uppseende, väcka ~ attract attention, create a stir
uppseendeväckande ADJ sensational, *iögonfallande* spectacular, conspicuous
uppsikt supervision **ha ~ över** supervise
uppskatta 1 *beräkna* estimate, assess ⟨**båda: till** at⟩ **2** *sätta värde på* appreciate
uppskattning 1 *beräkning* estimate **2** *gillande* appreciation ⟨**av** of⟩
uppskattningsvis approximately, roughly
uppskjuta postpone, put˚ off ⟨**båda: till** until⟩
uppskjutning *av raket* launching
uppskov *anstånd* respite
uppskrämd frightened, startled
uppslag 1 *idé* idea **2** *två motstående sidor* spread
uppslagsbok encyclopedia, reference book
uppslitande distressing, harrowing

uppsluka swallow up, engulf, *förtära* devour **vara ~d av** *bildl* be absorbed by
uppslutning 1 *deltagande* turnout **det var god ~** it was a good turnout **2** *stöd* support ⟨for⟩, backing ⟨of⟩
uppspelt in high spirits, excited
uppspärrad wide open
uppstaplad stacked, piled up
uppstoppad *om djur* stuffed
uppsträckt *om t ex hand* raised
uppstudsig insubordinate, *näsvis* cheeky
uppstyltad stilted, affected
uppstå 1 arise˚ **det uppstod en paus** there was a pause **det har ~tt svårigheter** difficulties have arisen **2 ~ från de döda** rise from the dead
uppståndelse 1 *oro* stir, *vard* fuss **väcka ~** cause a commotion (a stir) **2 Jesu ~** the Resurrection
uppställd *placerad* placed, put up, *på rad* lined up, *arrangerad* arranged, set up
uppställning *förteckning* list, *av föremål* arrangement, disposition, *lag~* line-up
uppstötning, sura ~ar heartburn **jag får ~ar av lök** onions repeat on me
uppsving, få ett ~ turn up, take an upswing
uppsvullen swollen
uppsyn 1 *min* expression **2 ha ~ över** supervise
uppsåt *äv jur* intent **lyckas i sitt ~** achieve one's end[s]
uppsägning notice
uppsägningstid term (period) of notice
uppsättning 1 *det att sätta upp* putting up, *ngt uppsatt, arrangemang* arrangement **2** *teat* production **3** *set, samling* set
uppsöka *plats* go˚ to, *person* go˚ to see, *läkare* see˚
uppta → ta upp
upptagen busy, occupied, engaged **vara ~ med att göra ngt** be busy doing sth **det är upptaget** *i telefon* it's engaged, *US* the line is busy
upptill at the top
upptrappning escalation
uppträda 1 *visa sig* appear, *förekomma* occur **2** *bete sig* behave **~ som** ⟨**den perfekte värden**⟩ act **3** *teat o d* perform **~ [i rollen] som** ⟨**Ofelia**⟩ play [the part of]
uppträdande SB **1** *beteende* behaviour **2** *teat o d* performance
upptåg prank, [practical] joke

upptäcka discover
upptäckare discoverer
upptäckt discovery
upptäcktsfärd expedition
upptäcktsresande explorer
uppvaknande awakening
uppvakta *gratulera* congratulate, *på födelsedagen* [go*and] wish ⟨sb⟩ a happy birthday, *med kärleksbetygelser* court
uppvaktning *för att gratulera* congratulatory visit ⟨to⟩, *av käresta* courting
uppvisa show*
uppvisning show, exhibition ⟨*båda:* i of⟩
uppvuxen, ⟨hon⟩ var ~ i had grown up in
uppväga outweigh, make* up for
uppvärmd *äv sport* warmed up, *om bostad* heated, *om mat* reheated
uppvärmning *av bostad* heating, *sport* warm-up ⟨*ofta i pl*⟩
uppväxt SB under ~en during her (his) youth
uppåt¹ PREP up to ⟨det kan kosta⟩ ~ ⟨100 pund⟩ as much as ⟨svaret var⟩ ~ väggarna all wrong
uppåt² ADV **1** upward[s] **2** vara ~ feel cheerful
uppåtgående 1 ADJ upward, rising, *om person* up-and-coming **2** SB ⟨en artist⟩ på ~ on the rise
uppäten eaten [up]
uppövad well-practised, well-trained
ur¹ SB clock, *som man bär på sig* watch
ur² SB i ~ och skur rain or shine
ur³ PREP *upp (ut)* ~ out of, *från* tala fritt ~ hjärtat speak from the heart ~ balans out of balance
ur⁴ ADV out ⟨fläcken⟩ gick inte ~ did not come out dra ~ telefonjacken unplug the telephone
Uralbergen the Ural Mountains, the Urals
uran uranium
urarta degenerate ⟨till, i into⟩, *om t ex match el fest* get* out of hand (control)
urbanisering urbanization
urbefolkning aborigines ⟨*pl*⟩, indigenous population
urberg primary rock[s]
urblekt faded
urdrucken *om flaska* emptied
urgammal ancient, *vard* [as] old as the hills

urgröpt, ~a kinder hollow (sunken) cheeks
urholka 1 hollow [out] **2** *reducera [värdet av]* erode
urin urine
urinblåsa [urinary] bladder
urinnevånare ⟨*pl*⟩ aborigines
urinprov *som tas* urine test, *som lämnas* urine sample
urinvägsinfektion urinary infection
urklipp [press] cutting, clipping
urkund document
urladdad *om batteri* flat
urladdning *explosiv reaktion* explosion
urmakare watchmaker
urminnes, sedan ~ tider from time immemorial
urna urn
urpremiär world premiere
urringad low-cut, décolleté
urringning low-cut (*djup* plunging) neckline, décolletage
ursinnig furious ⟨över at⟩ bli ~ fly into a rage
urskilja discern, make* out
urskillning discrimination, judg[e]ment **med ~** discriminately, judiciously
urskog virgin forest, *tropisk äv* jungle
urskulda sig → ursäkta sig
urskuldande apologetic
ursprung origin ⟨till of⟩
ursprunglig original, *okonstlad* natural
ursprungligen originally
ursäkt excuse, apology **be om ~** apologize
ursäkta excuse, forgive* **~ att jag säger det** ⟨men ...⟩ forgive me for saying so
ursäkta sig excuse oneself, *be om ursäkt* apologize
ursäktlig excusable
urtag *vägg*~ socket, *vard* point, *spec US* outlet
urtavla [clock]face, dial
urtråkig deadly dull, too dull for words
urtvättad washed [out]
Uruguay Uruguay
urusel extremely bad (poor), *vard* lousy, rotten
urval selection, choice, *statistiskt* sample
urvattnad watered down
urverk clockwork ⟨det gick⟩ **som ett ~** like clockwork
USA the US[A] ⟨*pred i sg*⟩

usch ugh, *om ngt äckligt äv* yuck, yuk
usel miserable, wretched, *moraliskt* mean
ut ⟨↔ byta ~, låna ~, tjäna ~ *etc*⟩ out **U~ [härifrån]!** Out!, Get out! **komma ~** ⟨**och leka**⟩ *äv* come outside **läsa ~** ⟨**en bok**⟩ finish **jag vill ~** I want to get out **norr ~** to the north, north **livet ~** for the rest of one's life **dag ~ och dag in** day in, day out **vända ~ och in på ngt** turn sth inside out **jag vet varken ~ eller in** I'm all lost **det kommer på ett ~** it makes no difference **~ från (genom, ur)** out of **~ i** [out] into **resa ~ på landet** go into the country **ge sig ~ på havet** go to sea
utagerad, saken är ~ the matter is settled
utan¹ PREP without **~ att säga** ⟨**ett ord**⟩ without saying **vara ~** a) *sakna* be without, lack b) *undvara* do (manage) without **[bara så där] ~ vidare** just like that ⟨**det klarar du**⟩ **~ vidare** easily
utan² ADV ⟨**rengöra ngt**⟩ **~ och innan** inside and out ⟨**vi känner varann**⟩ **~ och innan** inside out
utan³ KONJ but **jag är inte sjuk ~ trött** I'm not ill, I'm tired
utanför¹ PREP outside
utanför² ADV outside **hålla ngn ~** leave sb out **hålla sig ~** keep out of it **känna sig ~** feel [left] out of it
utanpå¹ PREP outside, *över* ⟨*om plagg*⟩ over
utanpå² ADV on the outside
utantill by heart
utarbeta *plan o d* work out, *regler* draw* up, *ställa samman* put* together, compile
utarbetad *uttröttad* overworked, *utsliten* worn out
utarma impoverish
utbetalning payment
utbilda train, *spec med boklig bildning som mål* educate **~ ngn till** *visst yrke* train sb to be ⟨a nurse⟩ **utbilda sig** train **~ i** *äv* learn ⟨computing⟩ **~ till sjuksköterska** train as a nurse
utbildad trained, *yrkeskunnig* skilled
utbildning *yrkes- el färdighetsinriktad* training ⟨**i** in⟩, *skol~* education ⟨**han har**⟩ **ingen ~** no qualifications
utbildningsbidrag study grant (allowance)
utbildningslinje study programme, course of study
utblick view ⟨**över** of⟩, *spec bildl* perspective
utblottad destitute
utbreda sig spread*, *tala länge* speak* at length
utbredd widespread
utbringa, ~ ett leve call for three cheers ⟨for⟩ **~ en skål** propose a toast ⟨to⟩
utbrista exclaim, call (cry) out **~ i** burst into
utbrott *början* outbreak, *vulkan~* eruption, *känslo~* outburst **få ett ~ bli rasande** fly into a rage
utbränd burnt out
utbuad, han blev ~ he was booed
utbud offering, *tillgång* supply, *urval* choice
utbuktning bulge
utbyggd 1 [*väl*] *utvecklad* [well-]developed, *utökad* expanded **2** *om älv* exploited, harnessed
utbyggnad 1 *tillbyggd del* extension, addition **2** *ökning* expansion **3** *av älv* exploitation, harnessing
utbyta ⟨↔ byta ut⟩ *utväxla* exchange
utbytbar exchangeable, *ersättbar* replaceable
utbyte 1 exchange **i ~ mot** in exchange for **lämna ngt i ~** trade sth in ⟨for sth⟩ **2** *behållning* benefit **ha ~ av** benefit (profit) from (by) **vi hade inte mycket ~ av** ⟨**kursen**⟩ we didn't get much out of
utböling outsider, stranger
utdelning 1 distribution, *av post* delivery **2** *avkastning* dividend **ge 5 % i ~** pay a dividend of 5 per cent ⟨**det långa slitet**⟩ **gav ~** paid [dividends] **ge dålig ~** give a poor return
utdrag extract ⟨**ur** from⟩
utdragen *som varar länge* drawn out, lengthy
utdöende SB **i ~** becoming extinct
ute 1 out, *utomhus* outside, *i det fria* out of doors **vi är inte mycket ~ i sällskapslivet** *etc* we don't go out much **vara ~ och handla** be out shopping **~ ur** ⟨**bilden**⟩ out of **2 vara ~ efter** a) *jaga efter* be after b) *eftersträva* ⟨*makt, pengar*⟩ be out for **hoppet är ~** all hope is gone **tiden är ~** time is up **det är ~ med honom** he is done for ⟨**han är**⟩ **illa ~** in trouble **3** *omodern*[*t*] out
utebli *inte inträffa* not take* place, not come* off ⟨**hjälpen**⟩ **uteblev** did not

arrive ~ ⟨på grund av sjukdom⟩ be absent
utefter along, *nedför* ⟨*gatan, ryggen*⟩ down
utegångsförbud curfew **införa** ~ impose a curfew
uteliggare homeless person, vagrant
uteliv *nattliv* night life
utelåst, bli (vara) ~ be locked out
utelämna omit, leave* out
uteplats ≈ patio
uteservering open-air café (restaurant)
utesluta exclude, *möjlighet o d äv* rule out
uteslutande ADV exclusively, solely
utesluten, det är uteslutet it is out of the question
uteslutning exclusion
uteslutningsmetod process of elimination
utestänga exclude ⟨from⟩
utfall 1 *angrepp* attack ⟨on⟩ 2 *resultat* outcome
utfalla, Hur utföll omröstningen? How did the vote go? ⟨jämförelsen⟩ **utföll till hans fördel** came out in his favour
utfart *från sidoväg* exit **trafiken på ~erna** traffic on the roads leading out of town
utfattig destitute, *vard* dirt poor
utflippad flipped-out, freaked-out
utflykt outing, trip, *äv bildl* excursion, *med matsäck* picnic **göra en ~** go on an outing ⟨etc⟩
utfodra feed*
utforma design, shape, *utarbeta* work out ⟨hur utbildningen⟩ skulle ~s should be organized
utformning form, shape, design, *formulering* formulation, *beskaffenhet* make-up, format
utforska investigate, look into, *land* explore
utfryst, bli ~ be frozen out
utfråga question, *spec vittne* interrogate
utfrågning questioning, *spec polit* hearing
utfyllnad filling, *i text* padding
utfärda issue
utfästa, ~ en belöning offer a reward
utför[1] PREP down
utför[2] ADV down, downhill **det går ~ med honom** he is going downhill
utföra *arbete, order* carry out, perform, *äv musik, dans, sång* execute
utförande 1 *av t ex arbete, order* carrying out, execution, performance 2 *modell* version

utförbar feasible, practicable
utförlig detailed, *fyllig* full, *uttömmande* exhaustive
utförligt ADV in detail, fully
utförsbacke downhill [slope]
utförsåkning downhill skiing
utförsäljning clearance [sale], US closeout
utge sig, ~ för att vara pass oneself off as
utgift expense **~er** *äv* expenditure **ha stora ~er** have heavy expenses
utgivare *förläggare* publisher
utgivning *publicering* publication
utgrävning excavation
utgå 1 ⟨buss nr 11⟩ **~r från** ⟨stationen⟩ leaves from 2 *bygga, grunda sig* ⟨*om sak*⟩ be based ⟨on⟩ ⟨vi måste⟩ ~ **från** ⟨de faktiska förhållandena⟩ start from, act on **jag ~ifrån att** I take it [for granted] that 3 *strykas, avlägsnas* **rad 7 skall ~** line 7 is to be deleted (struck out) ⟨denna scen⟩ har **~tt** has been cut [out] 4 *om tid* → gå ut
utgång 1 *genom dörr o d* exit, way out 2 *resultat* outcome 3 *före april månads ~* before the end of April
utgångsläge starting (initial) position
utgångspunkt starting point **med ~ i (från)** starting from, *baserad på* based on
utgåva edition
utgöra *vara* be, *bilda* make* up, form **~s av** consist of
uthyrd, ⟨rummet⟩ **är uthyrt** has been let
uthyrning letting [out], *av bil, båt etc* hiring out, leasing **till ~** for hire, *om bostad* to let
uthyrningsfirma rental company
uthållig persevering, tireless
uthållighet endurance, staying power
uthärda endure, put* up with
uthärdlig tolerable, bearable
utifrån[1] PREP from
utifrån[2] ADV from the outside **inflytande ~** outside influence, influence from outside
utkant, i ~en av stan on the outskirts of the town
utkast *skiss o d* [rough] draft, sketch ⟨*båda:* till of⟩
utkastare bouncer
utkik *äv person* lookout **hålla ~ efter** look out for
utklassa outclass, *spela ut äv* outplay
utklassningsseger runaway victory,

walkover
utklädd dressed up ~ **till** äv got up as
utkräva, ~ **hämnd** exact vengeance
utkämpa fight*
utkörning av varor delivery
utlandet foreign countries ⟨pl⟩ **i** ~ abroad **från** ~ from abroad **handeln med** ~ foreign trade **till** ~ abroad
utlandssemester holiday[s] (US vacation) abroad
utlandssvensk SB Swede living abroad
utlopp outlet **ge [fritt]** ~ **åt** give vent to
utlova promise
utlysa t ex tävling announce, äv ledig plats advertise ~ **nyval** call a general election
utlånad, boken är ~ the book is out [on loan]
utlåtande report, t ex läkares opinion
utlägg expenses ⟨pl⟩
utläggning, hålla en ~ **om** comment at length on
utlämna ⟨↔ lämna ut⟩ **1 känna sig** ~**d** feel exposed ~**d åt ngn** ⟨be⟩ at sb's mercy ~**d åt sig själv** left to fend for oneself **2** brottsling extradite
utlämning av brottsling till främmande land extradition
utländsk foreign
utlänning foreigner, frml alien
utlösa sätta i gång set* off, fallskärm, bomb release, framkalla provoke
utlösare på kamera release [button], på vapen trigger
utlösning orgasm orgasm **få** ~ have an orgasm
utlösningsmekanism release mechanism
utmana challenge ~ **ödet** tempt fate
utmanande ADJ provocative
utmanare challenger
utmaning challenge ⟨to⟩
utmanövrera outmanoeuvre
utmattad exhausted
utmattning exhaustion
utmed along
utmynna, ~ **i** a) om flod o d flow into b) om gata lead to c) bildl end in
utmåla depict
utmärglad emaciated
utmärka 1 t ex en plats mark [out] **2** känneteckna characterize **utmärka sig** ha viss egenskap be distinguished, visa sig duktig distinguish oneself ⟨båda: **genom** by⟩
utmärkande characteristic ⟨**för** of⟩
utmärkelse distinction
utmärkt[1] ADJ excellent, splendid
utmärkt[2] ADV **jag mår** ~ I feel fine
utmäta 1 egendom seize **2** straff mete out
utnyttja dra [god] nytta av make* use of, exploatera exploit ~ **sin ställning** ⟨**som chef**⟩ use one's position ~ **till fullo** make the most of **jag känner mig** ~**d** I feel I've been (om ngt pågående I'm being) used
utnämna appoint ⟨**ngn till ngt** sb sth⟩
utnämning appointment
utnött worn down (out)
utom 1 med undantag av except ~ **att** ⟨**hon var ...**⟩ except that ⟨**alla**⟩ ~ **jag** except me **ingen** ~ **han** no one but he (except him) **2** utanför out of, outside ⟨**jag har inte varit**⟩ ~ **dörren** out of doors ~ [**all**] **fara** out of danger **vara** ~ **sig** be beside oneself ⟨with joy⟩
utombordare båt o motor outboard
utomhus out of doors, outside
utomlands abroad
utomordentlig mycket bra excellent, mycket stor extreme **av** ~ **betydelse** of extreme importance
utomordentligt ADV ytterst extremely
utomstående 1 ADJ outside **för en** ~ **betraktare** to an outside observer **2** SB outsider
utopi utopia
utpeka point out **han kände sig** ~**d** äv he felt accused
utplacering av t ex kärnvapen deployment
utplåna obliterate, mindre frml wipe out
utplåning obliteration, wiping out
utpressare blackmailer
utpressning blackmail
utpräglad marked, pronounced
utreda investigate, study
utredare investigator
utredning investigation ⟨of⟩, rapport [committee] report, kommitté commission, committee ⟨**frågan**⟩ **är under** ~ is being investigated
utrensning bildl purge
utresa outward journey, flyg outbound flight
utresetillstånd exit permit
utrikes ADV abroad
utrikeshandel foreign trade
utrikeskorrespondent foreign

correspondent
utrikesminister foreign minister, *i GB* Foreign Secretary, *i US* Secretary of State
utrikespolitik *en regerings* foreign policy
utrikespolitisk foreign-policy ⟨*före sb*⟩ **den ~a situationen** the political situation abroad
utrop *rop* exclamation, cry
utropa 1 exclaim **2 ~ till kung** proclaim sb king
utropstecken exclamation mark
utrota exterminate, *spec ngt ont* root (stamp) out
utrotad *om t ex djurart* extinct
utrotning extermination, *av djur* extinction
utrotningshotad endangered
utrusta equip, *förse* supply
utrustning equipment
utryckning *av polis, brandkår* turnout ⟨**brandkåren**⟩ **gjorde flera ~ar** turned out several times
utrymma evacuate
utrymme space, *äv bildl* room **det finns ~ för** there is room for **av brist på ~** for want of space
utrymning evacuation
uträtta *göra* do*, *utföra* perform
utsatt 1 *fastställd* **på ~ tid** at the hour agreed on **2** *oskyddad* exposed ⟨**för** to⟩ **bli ~ för** ⟨**kritik**⟩ *vard* come in for **bli ~ för** ⟨**attentat**⟩ be the victim of
utse 1 *till tjänst o d* appoint ⟨**ngn till ngt** sb sth⟩ **~s till lagkapten** be appointed captain **2** *välja* choose* ⟨**ngn till ngt** sb as sth⟩
utseende appearance, look, *persons* looks ⟨*pl*⟩ **av (efter) ~t att döma** by the look of it **känna ngn till ~t** know sb by sight
utsida outside, exterior
utsikt 1 view ⟨**över** of, over⟩ **2** *möjlighet* chance, prospect ⟨*båda:* **till, för** of⟩ **ha goda ~er att lyckas** stand a good chance of succeeding (of success) **3** *om vädret* **~er** outlook, forecast
utsiktslös hopeless, useless
utskjutande projecting
utskott *kommitté* committee
utskrattad, bli ~ be laughed down
utskrift *av ngt inspelat el antecknat* transcript ⟨of⟩, *renskrift* fair copy, **data~** printout
utskällning telling-off, bawling-out
utskämd disgraced

utslag 1 *domstols* decision, ruling, *jurys* verdict **2** *på huden* rash **hon fick ~** she broke out in a rash **jag får ~ av jordgubbar** strawberries bring me out in spots **3** ⟨**mätaren**⟩ **gav inget ~** did not register
utslagen ADJ **1** *om växt* out ⟨**kastanjerna**⟩ **är utslagna** are in blossom **2** *om hår* loose **med utslaget hår** with one's hair let down **3** *fördelad* spread [out] ⟨**på** over⟩ **4** *boxning* knocked out, *ur tävling* eliminated ⟨from⟩ **5** *från arbetsmarknaden* put out of work **vara ~ socialt** be a social casualty
utslagning ⟨↔ utslagen⟩ *socialt* [process of] rejection **den hårda ~en** *i t ex högskolan* the high failure rate
utslagsgivande decisive
utsliten worn out
utsläpp discharge, *av olja äv* spill
utslätad smoothed[-out], *bildl* flat
utsmyckning decoration
utspark goal kick
utsparkad, han blev ~ he was kicked out ⟨**ur** of⟩
utspel 1 *i kortspel* lead, *polit* initiative, move **2** *teat* [way of] acting, *psyk* acting out
utspela sig take* place
utspridd spread out, scattered
utspädd *äv bildl* diluted, watered down
utstakad set out, fixed
utstråla radiate
utstrålning *persons* charm, *starkare* charisma
utsträcka extend
utsträckning, i stor ~ to a large extent
utsträckt *äv förlängd* extended, *om hand, armar* outstretched **ligga ~** lie stretched out
utstuderad studied
utstå put* up with, bear*, endure
utstående protruding, projecting
utställd *förevisad* exhibited, displayed
utställning exhibition, *av husdjur, bilar* show
utstött expelled, rejected ⟨*båda:* **ur** from⟩
utsugning *av arbetskraft* exploitation
utsvulten starved, famished
utsvängd *om kjol etc* flared
utsvävande dissipated, debauched
utsvävningar 1 debauchery ⟨*sg*⟩, excesses **2** *från ämnet* digressions
utsåld sold out

utsätta sig, ~ **för** expose oneself to
utsökt ADJ exquisite **ett ~ tillfälle** an excellent opportunity
utsöndra *genom hud o d* exude, *genom organ* secrete
utsövd, jag är ~ I've had a good night's sleep **känna sig ~** feel rested
uttag 1 *från konto* withdrawal **2** *vägg~* socket, *vard* point, *spec US* outlet
uttagen *till lag* selected ⟨**till** for⟩
uttagning *till lag el tävling* selection ⟨**till** for⟩
uttal pronunciation
uttala *språk* pronounce **uttala sig** express oneself, *göra ett uttalande* make⁕ a statement **~ för** speak in favour of **~ mot** speak against **~ om** comment on
uttalad pronounced, marked
uttalande statement
utter *djur* otter
uttittad stared at
uttjatad trite, hackneyed, outworn
uttorkad dried up
uttryck expression ⟨**för** of⟩
uttrycka express **låt mig ~ saken så [här]** let me put it this way **milt uttryckt** to put it mildly **uttrycka sig** express oneself, *genom ordval* put⁕ it
uttrycksfull expressive
uttryckslös expressionless
uttråkad bored [stiff]
utträde withdrawal, resignation ⟨*båda:* from⟩ **begära sitt ~ ur** ⟨**en klubb**⟩ resign from
uttröttad tired out, exhausted
uttömmande exhaustive
utvandra emigrate
utvandrare emigrant
utvandring emigration
utveckla 1 develop ⟨**till** into⟩ **2** *värme, el* generate, *rök* give⁕ off **utveckla sig** develop ⟨**till** into⟩
utveckling 1 development ⟨*ofta i pl*⟩ **den framtida ~en** future developments **2** *av värme, el* generation
utvecklingsland developing country
utvecklingsmöjlighet potentiality
utvecklingsstörd mentally retarded (handicapped)
utvidga extend, enlarge **utvidga sig** expand
utvidgning extension, enlargement, expansion

utvilad rested, refreshed
utvinna extract ⟨**ur** from⟩
utvisa 1 send⁕ out, *brottsling ur landet* deport, *flykting* expel, *sport* send⁕ off **2** *tydligt visa* show⁕
utvisning *av brottsling* deportation, *av flykting* expulsion, *sport* sending-off, *tid ngn är utvisad* penalty time
utväg way out **som en sista ~** as a last resort
utvändig outside
utvärdera evaluate
utvärdering evaluation
utvärtes, för ~ bruk for external use [only]
utväxla exchange
utväxling exchange
utåt¹ PREP toward[s], in the direction of
utåt² ADV **1** *om riktning* outward[s] ⟨**dörren**⟩ **går ~** opens outwards **gå ~ med fötterna** have splay feet **2** *om attityd* outwardly
utåtriktad *bildl* outgoing, extrovert
utöka increase, enlarge **~s bli större** increase
utökning increase
utöva *yrke o sport* practise, *makt, inflytande* exercise, exert
utöver in addition to, beyond, *annat än* other than
uv eagle owl

vaccin vaccine
vaccination vaccination
vaccinera vaccinate ⟨against⟩
vacker beautiful, *om person äv* good--looking **~t väder** fine (nice) weather
vackla *vara nära att falla* reel, *gå osäkert äv* stagger, *om bruk* vary, *i övertygelse etc* falter **~ fram** stagger along
vacklande ADJ **~ hälsa** failing health
vad[1] SB *på ben* calf ⟨*pl* calves⟩
vad[2] SB *om pengar* bet **slå ~ om** bet **Ska vi slå ~?** Shall we bet on it?
vad[3] PRON **1** *i frågor* what **Vet du ~?** You know what? **~ för en (slags)** ... what kind of ... **2** *i relativsatser* ⟨**jag tog**⟩ **~ som fanns** what there was **~ som helst** anything **~ du än gör** whatever you do **3** *i utrop* **V~ du är snäll!** How kind of you! **V~ tråkigt!** What a pity!
vada wade **~ i pengar** roll in money
vadd *fyllnadsmaterial* wadding
vaddera pad, *täcke, rock* quilt **~d jacka** quilted jacket
vadslagning betting
vag vague
vagel *i ögat* sty
vagga[1] SB *äv bildl* cradle
vagga[2] VB rock, *svaja* sway
vaggvisa lullaby
vagn carriage, *spec gods~* wagon
vaja *svaja* sway, *om flagga* fly*, *bölja* wave
vajer wire, *grövre* cable
vak *i isen* hole [in the ice]
vaka[1] SB vigil
vaka[2] VB **1** *hålla sig vaken* stay awake, *som arbete* be on night duty **~ hos en patient** sit up with a patient **~ in det nya året** see the New Year in **2 ~ över** watch (keep watch) over, **över~** supervise
vakant vacant **bli ~** fall vacant
vaken *ej sovande* awake ⟨*ej före sb*⟩, *pigg* alert

vakna wake* up, *spec bildl* awake*
vaksam watchful
vakt 1 *bevakning* watch **ha ~[en]** be on duty **hålla ~** keep guard (watch), *milit* stand guard **slå ~ om** stand up for **vara på sin ~** be on one's guard ⟨against⟩ **2** *person* guard, *vid museer etc* attendant
vakta watch, guard **~ barn** look after children
vakthund watchdog
vaktmästare caretaker
vaktparad, ~en *t ex i Stockholm* the parade of the [*beriden* mounted] guard
vaktpost sentry
vakuum vacuum
val[1] *djur* whale
val[2] **1** choice **efter eget ~** according to choice **jag är i ~et och kvalet** I'm in two minds **2** *polit* election **gå till ~** go to the polls
valborgsmässoafton April 30, Walpurgis Night
walesare Welshman **walesarna** *folket, laget etc* the Welsh
walesisk ⟨↔ engelsk-⟩ Welsh
walesiska ⟨↔ engelska⟩ **1** *språk* Welsh **2** *kvinna* Welshwoman
valfri optional
valfrihet freedom of choice
valk *förhårdnad* callus, *fett~* roll [of fat]
valkampanj election campaign
walk-over, vinna på ~ win by default
valkrets constituency
vall *upphöjning* bank, *mot översvämning* dyke
valla[1] SB wax
valla[2] VB *skidor* wax
valla[3] *boskap* herd
vallfartsort place of pilgrimage, shrine
vallfärda go* on (make*) a pilgrimage
vallmo poppy
vallokal polling station
valnöt walnut
valp pup[py]
valross walrus
vals[1] *cylinder* roller, cylinder, *på skrivmaskin* platen
vals[2] *dans* waltz
valsedel ballot [paper]
valspråk motto ⟨*pl* -[e]s⟩
valuta 1 *myntslag* currency **2 få ~ för pengarna** get good value for one's money
valv ~tak, bank~ vault, *båge* arch
vampyr vampire

van *erfaren* experienced **vara ~ vid** be used to

vana *sed, bruk* custom, *persons* habit, *erfarenhet* experience ⟨of⟩ **av gammal ~** from force of habit **ha för ~ att** be in the habit of ⟨+ *ing-form*⟩

vandalisera vandalize

vandra *fot~* hike, walk

vandrarhem youth hostel

vandring *fot~* hike, *folk~* migration

vanebildande habit-forming, addictive

vanemässig habitual, *rutinmässig* routine ⟨*före sb*⟩

vanesak matter of habit

vanilj vanilla

vaniljsås custard sauce

vanka, ~ av och an pace up and down

vankas, det ~ tårta there is (will be) a cake **det ~ stryk** we're ⟨*etc*⟩ in for a beating

vanlig 1 *bruklig* usual, *sed~* customary **som ~t** as usual **2** *ofta förekommande* common, frequent **3** *normal* ordinary **i ~a fall** normally, as a rule

vanligtvis usually

vanmakt *maktlöshet* impotence, powerlessness

vanprydande disfiguring, unsightly

vansinne insanity, *galenskap* madness

vansinnig insane, mad

vansinnigt ADV **~ förälskad** madly in love ⟨with⟩ **~ rolig** incredibly funny

vanskapt deformed, misshapen

vanställa disfigure, deform

vante *finger~* knitted glove, *tum~* mitten **lägga vantarna på** lay [one's] hands on

vantrivas feel* unhappy **hon vantrivdes i Spanien** she didn't feel at home (didn't like it, didn't feel comfortable) in Spain

vantrivsel discomfort, inability to get on, *stämning* unpleasant atmosphere

vanvårda neglect

vanära SB disgrace **dra ~ över** bring disgrace on

vapen weapon, *i pl vanl* arms **ta till ~** take up arms

vapenhandel *verksamhet* arms trade

vapensköld coat of arms ⟨*pl* coats of arms⟩

vapenstillestånd armistice

vapenvila truce, *eldupphör* cease-fire

vapenvägrare conscientious objector

var¹ SB *i sår* pus

var² ⟨*med böjningsformen* **vart**⟩ PRON
1 every, each **~ femte minut** every five minutes **vi fick två ~** we had two each **2 ~ och en** each, *alla* everyone, everybody

var³ ADV where **~ som helst** anywhere [at all] ⟨**ställ den**⟩ **~ du vill** wherever (anywhere) you like **här och ~** here and there

vara¹ SB *artikel* article, product **varor** *äv* goods

vara² SB **ta ~ på** a) take good care of b) *skydda* look after c) *utnyttja* make use of **ta till ~ →** till vara

vara³ VB
1 be **jag är studerande** I am a student **kniven är gjord av stål** the knife is made of steel **bilen är såld** the car has been sold **mötet är kl 4** the meeting is (will be, will take place) at 4 o'clock

2 Säg alltid som det är! Always tell the truth **Hur skulle det ~ med lite kaffe?** How about a cup of coffee? **det får ~** a) *jag har ändrat mig* I've dropped the idea b) *vi fortsätter inte* let's leave it at that **Vad är det med din skrivmaskin?** What's the matter with your typewriter? **Vad är det med det då?** So what?, Who cares?

□ **vara av: handtaget är av** a) *loss* the handle has come off (unstuck) b) *sönder* the handle is broken

□ **vara borta** a) *frånvarande* be absent b) *saknas* be missing (gone)

□ **vara efter: polisen är efter mig** the police are after me **han är efter sin tid** he is behind the times

□ **vara med** a) *vara närvarande* be there, be present b) *förstå* understand, follow c) *delta* join us ⟨*etc*⟩, join in **Hur är det med henne?** How is she? **~ i** a) *delta i* take part in b) *vara medlem i* be a member of **~ om** a) *bevittna, se* witness, *uppleva* experience b) *delta i* take part in c) *samtycka till* agree to **~ på** a) *vara närvarande vid* be [present] at, attend b) *samtycka till* agree to

□ **vara till** *existera* exist **Vad är den till för?** What is it for? **~ sig** *av förtjusning* be excited, *starkare* be beside oneself

vara⁴ VB **1** *räcka* last, *fortgå* go* on **så länge det ~r** as long as it lasts **2** *hålla sig* keep* **mjölken ~r inte** ⟨**i den här värmen**⟩ the milk won't keep

varaktig lasting, *hållbar* durable,

permanent permanent
varaktighet *i tid* duration, *hållbarhet* durability
varandra ⟨*med biformen* **varann**⟩ each other, one another **bredvid ~ äv** side by side ⟨**de kom**⟩ **efter ~** one after the other
varannan ⟨*med böjningsformen* **vartannat**⟩ **~ dag** every two days, every second (other) day **~ vecka** every other week **~ gång** every second time, alternately
varav of which **sex ringar, ~ två med stenar** six rings, two of them with stones
vardag weekday **den grå ~en** the monotony of everyday life **till ~s** *för vardagsbruk* for everyday use
vardaglig ordinary, everyday ⟨*före sb*⟩ **~t utseende** plain looks ⟨*pl*⟩
vardagsmat, för honom var det ~ to him it was routine
vardagsrum living (sitting) room
vardera ⟨*med böjningsformen* **vartdera**⟩ each **de fick en smörgås ~** they had one sandwich each **på ~ sidan av (om)** on either side of
vare sig, ~ du vill eller inte whether you want to or not **de hade inte ~ kläder eller mat** they had neither food nor clothes
varelse creature, being **en mänsklig ~** a human being
varenda each, every **~ en** every single one
varför 1 *frågande* why, for what reason **2** *relativt* ⟨**han var utmattad**⟩ **~ han stannade i sängen** so (and therefore) he stayed in bed
varg wolf ⟨*pl* wolves⟩ **jag är hungrig som en ~** ≈ I could eat a horse
vari 1 *frågande* in what, where **V~ ligger hans styrka?** What is his strength? **2** *relativt* in which, where
variant variant
variation variation, *omväxling* variety
variera vary
varierande varying, *om humör, väder* variable
varieté variety [show]
varifrån from where
varje *varje enskild* each, *varenda* every, *vardera av två* either **litet av ~** a little [bit] of everything **i ~ fall** in any case **till ~ pris** at any price
varken, han kunde ~ läsa eller skriva he could neither read nor write
varm warm, *het* hot **~ korv** hot dog **~ mat** a hot meal, *generellt* hot meals **det är 15 grader ~t** it's 15 degrees above zero
varmrätt main course
varmvatten hot water
varna warn ⟨**för** of, about, against⟩ **~ ngn för att göra ngt** warn sb against doing sth, warn sb not to do sth **ett ~nde exempel** a warning, an example
varning warning, *äv sport* caution **V~ för ficktjuvar!** Beware of pickpockets ⟨**spelaren**⟩ **fick en ~** was cautioned
vars PRON whose, *om djur o saker äv* of which **en bräda ~ yta** ⟨**var skrovlig**⟩ a board the surface of which
varsam careful, gentle **med ~ hand** cautiously
varsel, med kort ~ at short notice
varselljus daytime driving lights ⟨*pl*⟩
varsin ⟨*med böjningsformen* **varsitt**⟩ **vi köpte ~ kniv** we bought a knife each, each of us bought a knife **det gick åt varsitt håll** they went in different directions
varsla 1 det ~r illa it is a bad omen **2** *om t ex uppsägning* give" notice ⟨of⟩
varstans, lite ~ here and there
Warszawa Warsaw
vart¹ SB **jag kommer ingen ~** ⟨**med boken**⟩ I'm not getting anywhere, I'm getting nowhere
vart² ADV where **~ som helst** anywhere **V~ ska du?** Where are you going? **V~ vill du komma?** *bildl* What are you getting at?
vartannat → varannan
vartdera → vardera
varudeklaration description of goods, *etikett med varufakta* informative label
varuhus department store
varulv werewolf ⟨*pl* werewolves⟩
varumärke trademark, brand
varv¹ *skepps~* shipyard
varv² *omgång* turn, round, *om ngt som snurrar* revolution, *sport* lap, *stickning* row **gå ett ~ runt huset** take a turn round the house **mellan ~en** *emellanåt* at intervals
varva 1 *lägga varv på varv* put" ⟨sth⟩ in layers **2** *växla mellan* **~ A och B** alternate [between] A and B **3** *sport* lap **4 ~ ner** *bildl* unwind, relax
varvräknare tachometer
varvsindustri shipbuilding [industry]
vas vase
vask sink
vass¹ SB *växt* reeds ⟨*pl*⟩

vass² ADJ sharp, *om ljud* piercing
watt watt **100 ~** 100 watts
vatten water **på svenskt ~** in Swedish waters
vattendrag watercourse
vattendroppe drop of water
vattenfall waterfall, *större* falls ⟨*pl*⟩
vattenkanna water jug, *för vattning* watering can
vattenkoppor chickenpox ⟨*sg*⟩
vattenkraft water (hydroelectric) power
vattenkran [water] tap, *US* faucet
vattenpass [spirit] level
vattenpistol water pistol, *spec US* squirt gun
vattenplaning aquaplaning
vattenpöl puddle, pool [of water]
vattenskida water-ski **åka vattenskidor** water-ski
vattenslang [water] hose
vattentät *om tyg etc* waterproof, *om kärl* watertight **ett ~t alibi** a cast-iron alibi
vattenyta surface of the water
vattna water, *fält* irrigate **~ ur** soak
vattnas, det ~ i munnen på mig ⟨*när ...*⟩ it makes my mouth water
Vattumannen *stjärntecken* Aquarius
vax wax
vaxa wax, *polera* polish
vaxduk *bordduk* tablecloth
vaxkabinett waxworks ⟨*lika i pl*⟩
vaxljus wax candle
vaxpropp plug of wax
wc W.C., toilet, lavatory
VD MD ⟨*förk f* managing director⟩
veck fold, *sytt* pleat, *byx~* crease, *i ansiktet* wrinkle **lägga pannan i djupa ~** knit one's brow
vecka¹ ⟨↔ år⟩ SB week
vecka² VB fold **~d kjol** pleated skirt **vecka sig** fold
veckla, ~ ihop fold up **~ upp (ut)** *ngt hopvikt* unfold **~ upp** *paket, omslag* undo, unwrap
veckodag day of the week, *vardag* weekday
veckopeng weekly pocket money
veckoslut weekend
veckotidning weekly
ved wood, *bränsle äv* firewood
vedbod woodshed
vedertagen accepted, established **ett vedertaget begrepp** a well-established concept
vedervärdig repulsive, disgusting
vedspis wood[-burning] stove
vedträ log, piece of wood
vegetabilisk vegetable ⟨*före sb*⟩
vegetarian vegetarian
vegetation vegetation
vek *svag* weak, *mjuk, lättrörd* soft
veke wick
vekhet ⟨↔ vek⟩ weakness, softness
vela shilly-shally
velig irresolute, shilly-shallying
wellpapp corrugated cardboard
vem ⟨*med böjningsformen* vems⟩ PRON
1 *i frågor* who, *som objekt äv* whom, *efter preposition* whom, *om urval ('vilken')* which **vems** whose **V~ av dem tog den?** Which of them took it? **Åt ~ gav du den?** Who did you give it to?, *frml* To whom did you give it? **2 ~ som Vet du ~ som gjorde det?** Do you know who did it? **~ som än kommer** whoever comes **~ som helst** anyone, anybody
vemod sadness
vemodig sad
ven *åder* vein
Venedig Venice
venerisk veneral **~ sjukdom** veneral disease
ventil 1 *som öppnas o sluts* valve **2** *för luftväxling* vent
ventilera 1 ventilate, *vädra* air **2** *ge utlopp för* vent
ventilgummi valve rubber
veranda veranda[h], *US äv* porch
verb verb
verk 1 *utfört (konstnärligt)* **~ work**, *prestation* achievement, *skapelse* creation ⟨**detta är**⟩ **ett ~ av maffian** the Mafia's doing **samlade ~** collected works **sätta i ~et** put into effect, carry out, *förverkliga* realize **i själva ~et** actually, in fact **2** *ämbets~* [civil service] department (agency) **3** *fabrik* works ⟨*lika i pl*⟩ **4** *ur~ o d* works ⟨*lika i pl*⟩
verka 1 *ha verkan* work **~ lugnande** have a soothing effect ⟨on sb⟩ **2** *arbeta* work **3** *förefalla* seem, appear **hon ~r trevlig** she seems nice **det ~r som om** it seems (looks) as if
verkan ⟨*med pluralen* verkningar⟩ effect, *följd* consequence
verklig real, *sann, äkta* true, genuine, *faktisk* actual
verkligen really, indeed

verklighet reality **bli ~** come true **i ~en in real life**, *i själva verket* actually, in actual fact
verklighetsfrämmande unrealistic
verkmästare foreman, supervisor
verkningar → verkan
verksam active, *om medicin, åtgärd* effective **vara ~ arbeta** work ⟨**som** as⟩
verksamhet *aktivitet* activity, *företags~* enterprise **politisk ~** political activities **vara i ~** be active **lägga ned ~en** close (shut) down
verkstad workshop, *för reparationer* repair shop, *bil~* garage
verkstadsarbetare engineering worker
verkstadsindustri engineering (manufacturing) industry
verkställa carry out, execute
verkställande ADJ **~ direktör** managing director
verktyg *äv bildl* tool
verktygslåda toolbox
vernissage opening [of an (the) exhibition]
vers verse, *dikt* poem **på ~** in verse
versal SB capital [letter]
version version
vertikal ADJ, SB vertical
vespa [motor] scooter
vessla *djur* weasel, ferret
vestibul entrance hall, *större i hotell o d* lobby
veta know*⟨**om** about⟩ **man kan aldrig ~** you never know ⟨**Har han gått?**⟩ **– Det vet jag inte** I don't know **Vet du vad?** You know what? **Nej, vet du vad!** That won't do! **få ~** get to know, be told, learn, *ta reda på* find out **jag fick ~ det av (genom) min bror** I heard it from my brother, my brother told me **jag vill inte ~ av honom** I won't have anything to do with him **innan jag visste ordet av** before I knew where I was **jag vill inte ~ av såna fasoner** I won't have such behaviour **~ om** *känna till* know
vete wheat
vetebröd *kaffebröd* ≈ buns ⟨*pl*⟩
vetemjöl [wheat] flour
vetenskap science **~en** ⟨**har inget svar**⟩ science
vetenskaplig scientific
vetenskapsman scientist
veteran veteran

veteranbil vintage (*GB äv* veteran) car
veterinär veterinary [surgeon], *vard* vet
vett sense **vara från ~et** be out of one's mind (senses) **skrämma ngn från ~et** scare sb stiff
vetta, ~ mot face, have a view of
vettig sensible, sound
vettskrämd scared stiff, terrified
vev crank, handle
veva¹ SB **i samma ~** at the same time, just about then
veva² VB **~ upp** wind up
whisky whisky
vi we, *i vissa fall* us **~ tre** the three of us ⟨**de är äldre**⟩ **än ~** than us, than we are **alla utom ~** everybody but us
via via, by [way of]
viadukt viaduct
vibration vibration
vibrera vibrate
vice vice, deputy **~ ordförande** vice chairman, *spec US* vice president **~ versa** vice versa
vicka wobble **~ på (med) foten** wag one's foot **~ på höfterna** wiggle one's hips **bordet ~r** the table is wobbly
vickning ≈ late snack, light night meal
vid¹ ADJ wide **en ~ kjol** a full skirt
vid² ⟨↔ resp huvudord⟩ PREP **1** *invid* at, *bredvid, utmed* by, *nära* near, close to, *intill ngt som bildar en linje* ⟨**kust, gräns** etc⟩ on **han satte sig ~ bordet** he sat down at the table **~ busshållplatsen** at the bus stop **en stad ~ havet** a town by the sea, a seaside town **de bor ~ kusten** they live at (on) the coast **puben ligger ~ kyrkan** the pub is near the church ⟨**hon satt**⟩ **~ vägen** by (at) the roadside **slaget ~ Waterloo** the battle of Waterloo
2 *om tidpunkt* at, *ungefärlig tid* about, by **~ det laget** by then, by that time **~ det här laget** by now, by this time **~ femtiden** [at] about five [o'clock]
vidare¹ ⟨↔ **vid¹**⟩ ADJ **1** ytterligare further **2 han är ingen ~ talare** he's not much of a speaker ⟨**boken är**⟩ **inget ~** not up to much
vidare² ADV **1 se ~** ⟨**sidan 27**⟩ see [also] **och så ~** and so forth (on) **tills ~** → tills **utan ~** → **utan¹** **2** *för att ange fortsättning* on **gå ~** fortsätta färd go (*till fots* walk) on **läsa ~** a) *i bok* read on, go on reading b) *studera* continue one's studies **3 inget ~ bra på**

not very good at ⟨ + *ing-form* ⟩
vidbränt ADV smaka ~ have a burnt taste
vidbrättad wide-brimmed
vidd 1 *omfång* width **2** *yta* ~**erna** the wide open spaces
vide *träd* willow
video *apparat, system, film* video
videoband videotape
videofilma videotape
videokamera video camera, *med inbyggd bandspelare* camcorder
videospel video game
vidga *äv bildl* widen, broaden ~ **sina vyer** broaden one's mind **vidga sig** widen, broaden ⟨*båda:* **till** into⟩
vidhålla *hävda* maintain, *hålla fast vid* keep* to
vidrig disgusting
vidröra touch **Föremålen får ej ~s!** Do not touch
vidskepelse superstition
vidskeplig superstitious
vidsträckt wide, extensive, *starkare* vast
vidsynt broad-minded
vidta, ~ åtgärder take measures (steps)
vidunder monster
vidvinkelobjektiv wide-angle lens
vidöppen wide open
Wien Vienna
wienerbröd Danish [pastry]
vift, vara ute på ~ be out and about
vifta wave ~ **med ngt** wave sth ⟨**hunden**⟩ ~**de på svansen** wagged its tail
vig lithe, agile, *smidig* supple
viga, ~ sitt liv åt devote (dedicate) one's life to
vigsel marriage [ceremony], wedding **kyrklig ~** church marriage
vigselring wedding ring
vik *bukt* bay, *stor havs*~ gulf, *mindre* inlet
vika¹ ADV **ge ~** *om t ex räcke* give way, *om person äv* yield ⟨**för** to⟩, *om tak, byggnad* cave in
vika² VB **1** *göra veck på* fold **2** *ge vika* yield, give* way ⟨*båda:* **för** to⟩ **3 ~ om hörnet** turn [round] the corner **~ åt sidan** turn aside **~ åt sidan för** *väja för* give way to
☐ **vika av** turn off **~ till vänster** turn left
☐ **vika ihop** fold [up]
☐ **vika ner** turn down
☐ **vika upp** turn up
☐ **vika ut** unfold, spread out
vika sig, benen vek sig under mig my legs gave way [under me] **~ dubbel av skratt** bend double with laughter **~ för ngn** give in to sb
vikariat temporary job
vikarie substitute, stand-in
vikariera substitute, stand* in ⟨*båda:* **for**⟩, *arbeta som lärare* do* supply work
viking Viking
vikingatiden the Viking Age
vikt 1 *mått* weight **gå upp i ~** put on weight **2** *betydelse* importance, weight **lägga ~ vid** attach importance to
viktig 1 *betydelsefull* important **det ~aste** the main thing ⟨**med** about⟩, the most important part ⟨**med** of⟩ **2** *högfärdig* self--important, pompous
viktigpetter pompous ass
vila¹ SB rest **gå till ~** go to bed **i ~** at rest
vila² VB rest **ansvaret ~r på honom** the responsibility rests with him **vila sig** rest, have a rest
vild wild, *våldsam* savage, violent **han blev alldeles ~** he flew into a rage **~ strejk** wildcat strike
vildand wild duck ⟨*pl lika el* -s⟩
vilddjur wild beast, *person* beast
vilde savage
vildmark wilderness
vildsvin [wild] boar
vildvin Virginia creeper
vildvuxen overgrown, that has run wild
vilja¹ SB will, *önskan* wish, *avsikt* intention **få sin ~ fram** have one's way **mot min ~** against my wishes (will)
vilja² VB
1 want ⟨*vanligen följt av* to⟩, **vill** *mindre bestämt* ⟨'*skulle* ~'⟩ would like to
jag vill gå hem I want to go home **jag vill (skulle ~) låna den** I'd like to borrow it
Vad vill hon? What does she want? Gör som du vill! Do as you like (wish)! **han ville inte försöka** he didn't want to try ⟨**Varför kom han inte?**⟩ – **Han ville inte** He didn't want to **jag hade velat se den** I would have liked to see it
2 ~ ha want, **vill ha** *mindre bestämt* would like
jag vill ha en större I want a bigger one
Vad vill du ha? What would you like?
3 ~ att want ⟨*med infinitivkonstruktion*⟩, **vill att** *mindre bestämt* would like ⟨*med infinitivkonstruktion*⟩
han ville att vi skulle hjälpa honom he

wanted us to help him **Vill du att jag ska köpa mat?** Would you like me to buy food? **4** *i vänlig begäran (förfrågan)* **vill du (ni)** will (would) you **skulle du (ni)** ~ would you mind ⟨ + *ing-form*⟩ **Vill du låna mig ditt paraply?** Will (Would) you lend me your umbrella? **Skulle du ~ öppna fönstret?** Would you mind opening the window?

□ **vilja av (in, ner, upp, ut)** want to get off (in, down, up, out)
□ **vilja till: det vill till mycket arbete** ⟨**innan det här blir klart**⟩ it will take a lot of work to get this done **det vill till att du anstränger dig** you've got to make an effort
□ **vilja åt** *vara ute efter, vilja ha* be after **det är någon som vill åt mig** someone has it in for me

vilja sig, experimentet ville sig inte the experiment didn't work out **om det vill sig väl** if all goes well, if things work out **om det vill sig illa** if the worst comes to the worst

viljestark strong-willed, *envis* headstrong
viljestyrka strength of will
vilken ⟨*med böjningsformerna* **vilket, vilka, vilkas**⟩
FRÅGANDE PRONOMEN
1 *vad för [en], vad för några* what, *självständigt om personer i pl* who, *vilkas* whose **Vilka tidskrifter** ⟨**prenumererar du på?**⟩ What magazines **Vilka är de där flickorna?** Who are those girls?
2 *vilken av dem, vilkendera* which, *självständigt äv* which of them **V~ vill du ha?** Which [one] do you want? ⟨**Ge mig några av vykorten.**⟩ – **Vilka [då]?** Which ones? **V~ är din syster?** *av dem på fotot* Which [of them] is your sister?
UTROPSPRONOMEN
3 what **V~ sorglig historia!** What a sad story! **Vilka snygga örhängen!** What lovely earrings!
RELATIVT PRONOMEN
4 *om person* who, *som objekt o efter prep* whom, *vilkas* whose ⟨**lärarna,**⟩ **vilka alla hade ...** all of whom had ... ⟨**barnen,**⟩ **vilkas föräldrar var döda,** ⟨**hade ...**⟩ whose parents were dead
5 *om annat än person* which, *vilkas* of which, whose **gatan vid ~ jag bor** the street in which I live ⟨**det snöar,**⟩ **vilket är ovanligt** ⟨**så här års**⟩ which is unusual
6 whoever, whichever, whatever ~ **du än frågar** whoever you ask **ta ~ du vill** take whichever [one] you like ~ **förklaring** ⟨**han än kommer med**⟩ whatever explanation
OBESTÄMT PRONOMEN
7 *vilken [...] som helst* any, *självständigt* anybody, anyone, anything ⟨**jag kan använda**⟩ ~ **som helst [av dem]** any of them ~ **människa som helst** anybody, anyone **i vilket fall som helst** in any event (case) **[i] vilket ögonblick som helst** any moment

vilkendera ⟨*med böjningsformen* **vilketdera**⟩ which[ever]
villa¹ SB *hus* house, *enplans~* bungalow
villa² VB ~ **bort sig** get lost, lose one's way
villaområde residential neighbourhood
villaägare houseowner
villebråd game
villervalla confusion, commotion
villig willing **jag är ~ att** *äv* I'm prepared to
villighet willingness, readiness
villkor condition, *avtals~* ⟨*pl*⟩ terms **ställa som ~ att** make it a condition that **leva under svåra ~** live in difficult circumstances, lead a hard life **på inga ~** on no condition **på ~ att** on condition that
villkorlig conditional ~ **dom** suspended sentence **få ~ dom** be put on probation
villkorslös unconditional
villospår, vara på ~ be on the wrong track
villrådig irresolute, undecided ⟨**om** about⟩
vilodag day of rest
vilohem rest-home, convalescent home
vilsam restful, relaxing
vilse, gå ~ get lost, lose one's way
vilseleda mislead*, put* ⟨sb⟩ on the wrong track
vilseledande misleading
vilsen löst
vilstol lounger, *fällstol* deck chair
vilt¹ SB game **köttet smakade ~** the meat tasted gamy
vilt² ADV **växa ~** grow wild **en ~ främmande människa** a perfect (complete) stranger **slå ~ omkring sig** hit (lash) out wildly

viltreservat wildlife (game) reserve
vimla, *det ~de av folk i parken* the park was swarming with people
vimmelkantig dizzy, giddy
vimpel streamer, *spec sjö och milit* pennant
vimsa, *~ [omkring]* dither about
vimsig scatterbrained, dithery
vin 1 *dryck* wine **2** *växt* vine *odla ~* grow grapes
vina, en kula ven förbi a bullet whizzed (zipped) past *vinden ven* the wind howled
vinbär currant *röda ~* redcurrants *svarta ~* blackcurrants
vind¹ SB wind, breeze *~en har vänt äv bildl* the wind has changed *ha ~ i seglen* have a fair wind, *bildl* be on the path to success *driva ~ för våg* drift [aimlessly] *låta ngt gå ~ för våg* leave sth to take care of itself
vind² SB *i hus* attic, loft
vind³ ADJ *skev* warped, twisted
vindkast [sudden] gust [of wind]
vindkraftverk wind power station (plant)
vindpinad windswept *~e träd* windblown trees
vindpust puff (breath) of air
vindruta windscreen, US windshield
vindrutetorkare windscreen (US windshield) wiper
vindruva grape
vindruveklase bunch of grapes
vindskammare attic, garret
vindstilla ADJ, SB calm
vindstyrka wind force
vindsurfing windsurfing
vindsvåning attic flat (*spec US* apartment), *våningsplan* attic storey
vindögd squint-eyed, *vard* cockeyed
vinfat [wine] barrel (cask)
vinge wing, *på fläkt* blade *se om vingarna bär* try (spread) one's wings *få luft under vingarna bildl* take off, get off the ground
vingla reel, stagger, *svaja* sway
vinglas wineglass
vinglig reeling, staggering, *om möbel* wobbly
vingmutter wing (butterfly) nut
vingslag wing-stroke, wing-beat
vingspets wingtip
vingård vineyard
vinjett vignette

vink, förstå ~en take the hint, get the message
vinka wave ⟨**åt** at, to⟩, *ge tecken* beckon ⟨**åt** to⟩ *~ med handen* wave one's hand *~ av* ⟨ngn⟩ wave off
vinkel *matem* angle **45° (45 graders)** *~* an angle of 45° (45 degrees) **död** *~* dead angle, *i bil* blind spot
vinkelformig angular
vinkelrät perpendicular ⟨**mot** to⟩
vinkelrätt ADV *gå ~ mot* run at right angles to
vinkla *inrikta* angle, *snedvrida* slant
vinkling *inriktning* angle, *snedvridning* slant
vinkning wave ⟨**åt** at, to⟩
vinkylare wine cooler
vinkännare wine expert, *vard* wine buff
vinn, lägga sig ~ om att take [great] pains to
vinna 1 *segra [i]* win* *~ med 5–0 över* win [by] 5–0 (five nil) against *~ över* beat **2** *lyckas få* win*, gain *~ tid* gain time *försöka ~ tid* play for time *~ på att göra ngt* benefit from doing sth, profit by doing sth *~ på lotteri* have a win in (on) the lottery, win [in] the lottery *~ på tips* win [money] on the pools
vinnande *tilltalande* engaging, attractive *ha ett ~ leende* have a winning smile
vinnare winner
vinning, för egen ~ to feather one's nest
vinningslysten greedy, grasping
vinningslystnad greed, avarice
vinnlägga sig → **vinn**
vinodlare wine-grower
vinodling *vingård* vineyard, *verksamhet* wine growing
vinranka [grape]vine
vinrättigheter licence to serve wine
vinröd wine-red, *rödbrun* maroon
vinskörd grape harvest
vinst 1 *förtjänst* profit, *behållning* proceeds ⟨*pl*⟩, *fördel* advantage *ge (gå med) ~* yield a profit *det går med ~* it's a paying concern, we ⟨*etc*⟩ are making a profit *sälja med ~* sell at a profit *jag gick dit på ~ och förlust* I went there on the off chance **2** *i spel, lotteri* prize, *vunna pengar* winnings ⟨*pl*⟩ ⟨**vinna**⟩ *högsta ~en* first prize *utfalla med ~* give a prize
vinstgivande profitable, lucrative
vinstlista lottery prize list
vinstlott winning ticket

vinter ⟨↔ höst⟩ winter
vinterdäck snow (winter) tyre
Vintergatan the Milky Way, the Galaxy
vinthund greyhound
vinäger [wine] vinegar
viol violet, *odlad äv* viola
violett ⟨↔ blått⟩ SB, ADJ violet
violin violin
violoncell cello
vipp, vara på ~en att be on the point of ⟨+ *ing-form*⟩
vippa VB bob [up and down], wag, *tippa* tilt ⟨skatan⟩ **~de på stjärten** wagged its tail
vips, och ~ var kaninen borta and hey presto, the rabbit was gone
vira VB wind*, *veckla* wrap **~ in i** wrap up in
viril virile
virka crochet
virke wood, *äv grövre* timber, *spec US* lumber, *bildl* stuff
virkning *konkret* piece of crochet work, *verksamhet* crocheting, crochet work
virknål crochet hook
virra, ~ till ngt make a mess of sth, mess sth up
virrig muddled, confused
virrvarr mess, confusion, muddle, *starkare* chaos **ett ~ av sladdar** a tangle of cables
virtuos 1 SB virtuoso ⟨*pl* -s *el* virtuosi⟩ **2** ADJ masterly, brilliant
virus virus
virvel *äv bildl* whirl, *ström~* eddy, whirlpool, *i hår* crown, *trum~* roll
virvelvind whirlwind
virvla whirl, swirl
vis¹ ⟨↔ sätt⟩ SB **på det ~et** [in] that way **På så ~!** So that's it!, *jaså* Oh, I see **på sätt och ~** in a way
vis² ADJ *klok* wise
visa¹ SB song, *folksång äv* ballad **Höga Visan** the Song of Songs, the Song of Solomon ⟨det är⟩ **den gamla vanliga ~n** the same old story ⟨det är⟩ **alltid samma ~** always the same procedure
visa² VB show*, ⟨ngn ngt sb sth, sth to sb⟩ ⟨klockan⟩ **~r rätt** tells the right time **termometern ~r [på]** ⟨10°⟩ the thermometer says (is at) **filmen ~s** ⟨på Grand⟩ the film is showing (running) **utställningen ~s** ⟨från den 1 mars⟩ the exhibition will be on [show] **~ prov på** give evidence of, demonstrate **~ upp** present, *stolt* show off **~ ut** send (order) out, show ⟨sb⟩ the door, *sport* send off
visa sig 1 *bli synlig, framträda* appear **~ från sin bästa sida** be on one's best behaviour **solen har inte visat sig på hela dagen** the sun has been hiding all day **2** *befinnas [vara]* prove, turn out [to be] **det visade sig vara fel** it proved (turned out) to be wrong **det har visat sig att** it has turned out that
visare *på klocka* hand, *på instrument* pointer
visbok song book
vischan, på ~ in the sticks (wilds)
visdom wisdom
vision vision
visionär ADJ, SB visionary
visit, avlägga ~ hos pay a visit to, visit
visitera *kropps~* search, *inspektera* inspect
visitering *kropps~* [personal (body)] search
visitkort card, *i yrket* business card
viska whisper ⟨ngt till ngn sth to sb⟩
viskning whisper
visning demonstration, display, showing **det är ~ av slottet kl 12** there's a [guided] tour of the castle at 12 ⟨många⟩ **kom till ~en av huset** came to view (look at) the house
visp whisk, *mekanisk* beater
vispa whisk, *ägg* beat*, *grädde* whip
vispgrädde *vispad* whipped cream, *till vispning* whipping cream
viss 1 *säker* certain, sure **2** *särskild, bestämd* certain **det är något ~t med henne** there's something about her, she's got something **3** *en del* **med ~ tvekan** with some hesitation
visselpipa whistle
vissen *om växter o bildl* faded, wilted, *om löv* dead, dry **känna sig ~** feel out of sorts
visserligen certainly, it's true, to be sure **det är ~ sent, men ...** I know it's late, but ...
visshet certainty ⟨jag kan inte⟩ **säga med ~** say for certain (with certainty) **få ~ om** find out the truth about
vissla VB whistle **~ ut** hiss
vissling whistle, *av ogillande äv* catcall
vissna fade, wilt **~ bort** wither away, *om person* fade away
visst ADV **1** *naturligtvis* of course **Det får du ~ inte!** You [most] certainly may not!

Det är det ~ inte! It certainly isn't!, It's not! **2** *tydligen, nog* **de är ~ inte hemma** they don't seem to be at home **du tror ~ att** you seem to think that **vi har ~ träffats förr** I believe we've met
vistas stay, *vara* be **~ en vecka på landet** spend a week in the country
vistelse stay
vistelseort [place of] residence
visuell visual
visum visa
visumtvång visa requirement
vit white **~a duken** the [silver] screen **bli ~ i ansiktet** turn white [as a sheet]
vita *ägg~, ögon~* white
vital *livskraftig, aktiv* active, vigorous, *viktig* vital
vitalisera vitalize
vitalitet vitality
vitamin vitamin
vitaminbrist vitamin deficiency
vitaminfattig deficient in vitamins
vitaminrik rich in vitamins
vithårig white-haired, white-headed
vitkål [white] cabbage
vitling whiting
vitlök garlic
vitlöksklyfta clove of garlic
vitna whiten, turn (*gradvis* grow*) white
vitpeppar white pepper
vits *ordlek* pun, *rolig historia* joke, *kvickhet* witticism **det är ingen ~ med att ...** there's no point in ⟨ + *ing*-form⟩
vitsig witty
vitsippa wood anemone
vitsord, få goda ~ get a good reference
vitt[1] ⟨↔ blått⟩ SB white
vitt[2] ADV **1** *vida* widely **~ och brett** far and wide **skryta ~ och brett** talk big **tala ~ och brett** ⟨om⟩ speak (talk) at great length ⟨about⟩ **~ utbredd** widespread **ha ~ skilda åsikter** have widely diverging opinions **2 så ~** → *såvitt*
vittgående far-reaching
vittna *inför domstol* give* evidence (testimony), *äv i trossamfund o intyga* testify ⟨om to⟩ ⟨hennes bok⟩ **~r om** ⟨en svår barndom⟩ bears witness to
vittne witness
vittnesmål evidence, testimony **avlägga ~** give evidence, testify
vittomfattande extensive, far-reaching
vittra *falla sönder* crumble, *eroderas* erode, weather, *förfalla* decay **~ sönder** disintegrate
vittvätt whites
vitöga, se döden i ~t be face to face with death
vokabulär *ordförråd* vocabulary, *ordlista* list of words
vokal SB vowel
vokalist vocalist, singer
volang flounce, *liten* frill
volleyboll volleyball
volontär *vid kontor, tidning* trainee, *milit* volunteer, *frivillig arbetare* voluntary worker
volt[1] **1 slå en ~** do a somersault **2** *ridning* volt[e]
volt[2] *eltekn* volt ⟨*förk* V⟩ **220 ~** 220 volts
voluminös voluminous, bulky, *om röst* resonant
volym *äv bok o bildl* volume, *storlek* size
vore, om jag ~ som du if I were you **jag önskar hon ~ här** I wish she was here **det ~ trevligt** that would be nice
votering vote **begära ~** propose that a vote be taken
vov, V~, ~! Bow-wow!
vovve doggie, doggy
vrak *äv bildl* wreck
vraka, välja och ~ pick and choose
vrakgods flotsam [and jetsam]
vrakpris rock-bottom (give-away) price
vrede anger, *starkare* fury **låta sin ~ gå ut över** vent one's anger on
vredesmod, i ~ in anger
vredesutbrott fit of rage, outburst of bad temper
vresig surly, gruff, peevish
vricka *stuka* sprain, twist
vrickad *tokig* crazy, barmy, nuts
vrickning *stukning* sprain
vrida turn **~ ngt rätt** set sth right **~ ur led** put (twist) out of joint, dislocate **~ sina händer** wring one's hands **~ nacken av en fågel** wring a bird's neck **~ och vända på ngt** turn sth this way and that, *bildl* ponder [over] sth
□ **vrida fram: ~ klockan** put (set) the clock (one's watch) forward
□ **vrida loss** twist off (loose)
□ **vrida om** *nyckel* turn, *arm* twist
□ **vrida på** turn on
□ **vrida tillbaka: ~ klockan** put (set) the clock (one's watch) back

☐ **vrida upp** *klocka* wind [up]
☐ **vrida ur** *tvätt* wring [out]
vrida sig turn ~ **av smärta** writhe in pain
vridbar revolving, rotating
vridning turn, twist
V-ringad V-necked
vrist instep, *fotled* ankle
vrå corner, nook
vrål bellow, roar
vråla bellow, roar
vrålåk big flashy car
vrångstrupe, jag fick det i ~n it went down the wrong way
vräka 1 *kasta* heave*, hurl **regnet vräkte ned** the rain was pouring down ~ **i sig** gobble up (down) ~ **omkull** throw over, *person* send ⟨sb⟩ sprawling, *staty* topple ~ **ur sig** blurt out **2** *från lägenhet* evict
vräka sig, ligga (sitta) och ~ lounge, sprawl ~ **i lyx** wallow in luxury
vräkig flashy, showy
vräkning eviction
vränga, ~ ut och in på ngt turn sth inside out
vulgär vulgar, common
vulkan volcano ⟨*pl* -es⟩
vulkanutbrott volcanic eruption
vurpa¹ SB *kullkörning* fall, *volt* somersault
vurpa² VB *om motorcykel* take* a fall, *om bil* overturn
vuxen adult, grown-up **bli ~** grow up
vuxenutbildning adult education
vy *utsikt* view **få vidgade ~er** broaden one's mind
vykort [picture] postcard
vyssa lull [to sleep]
våffeljärn waffle-iron
våffla waffle
våg¹ 1 en ~ a pair of scales, *spec US* a scale **2 Vågen** *stjärntecken* Libra
våg² *äv bildl* wave **gå i ~or** billow, *bildl* come in waves
våga 1 *ha mod att* dare, have the courage (*vard*) guts) to **Hur ~r du!** How dare you! **Du skulle bara ~!** Just you try! **2** *äventyra* risk, jeopardize **våga sig, ~ på att göra ngt** venture to do sth ~ **på en gissning** hazard a guess
vågad *riskabel* risky, *djärv* daring, *oanständig* risqué
vågbrytare breakwater
vågdal *äv ekon* trough
våghals daredevil

våghalsig reckless, foolhardy
vågig, ~t hår wavy hair
våglängd *äv bildl* wavelength
vågrät horizontal
vågskål scale, pan [of a balance]
vågstycke risky undertaking, hazardous enterprise
vågsvall surge, surging of the sea
våld violence **bruka ~ mot** use violence against **med ~** by force, forcibly
våldföra sig, ~ på violate, *våldta* rape
våldgästa, ~ ngn descend on sb [uninvited], *vid fest* gatecrash on sb
våldsam violent **~t oväsen** terrible noise **~ma smärtor** fierce (intense) pain
våldsdåd act of violence
våldsman perpetrator, *angripare* assailant
våldta rape
våldtäkt rape
våldtäktsförsök attempted rape
våldtäktsman rapist
vålla *orsaka* cause, *framkalla* bring* about
vållande, ~ till annans död *dråp* manslaughter, *utan avsikt* manslaughter by negligence
vålnad ghost, apparition, *ande* spirit
vånda agony, pain, *psykisk äv* anguish
våndas be in agony, agonize ⟨*båda:* **över** about⟩
våning 1 *lägenhet* flat, *stor o* US apartment **2** *etage* floor, storey **på första ~en** *1 tr upp* on the first (US the second) floor
våningssäng bunk bed
våp ninny, goose ⟨*pl* geese⟩
våpig soft, soppy
vår¹ ⟨*med böjningsformerna* **vårt, våra**⟩ PRON *förenat* our, *självständigt* ours ~ **bil** our car **den är ~** it's ours
vår² ⟨↔ **höst**⟩ spring
våras, det ~ spring is coming (is on its way) **det ~ för turismen** tourism is on the increase
vård care, *behandling* treatment, *underhåll* maintenance **få god ~** be well looked after (cared for)
vårda care for, tend, *sjuka äv* nurse, *maskiner o d* maintain, keep* up, *bevara* conserve ~ **sin kropp** take care of one's body **vårda sig, ~ om ngt** be careful about
vårdad *prydlig* neat, trim, *välskött* well-kept **tala ett vårdat språk** speak properly, use [a] cultivated language, *undvika*

svordomar etc watch one's language
vårdagjämningen the vernal equinox
vårdare keeper, *tillsynsman* custodian, *på sjukhus* orderly, attendant
vårdbidrag ≈ home care allowance
vårdcentral health centre
vårdhem nursing home
vårdlinje ≈ nursing and care course
vårdnad custody **modern fick ~en om barnet** the mother was granted custody of the child
vårdnadshavare custodial parent
vårdnadstvist custodial dispute
vårdpersonal nursing staff
vårdslös careless, *obekymrad om följderna* reckless **~ klädsel** slovenly dress
vårdslöshet carelessness, recklessness **~ i trafiken** careless (US reckless) driving
vårdyrke caring profession
vårkant, fram på ~en in early spring
vårkänsla, få vårkänslor get the spring feeling
vårlig spring ⟨*före sb*⟩, vernal
vårrulle spring roll
vårta wart
vårtecken sign of spring
vårtermin spring term (US semester)
våt wet, *fuktig* damp, *genomvåt* soaking [wet], soaked **i ~t och torrt** through thick and thin
våtdräkt wet suit
våtmarker marshland ⟨*sg*⟩, wetlands
våtservett freshener, wipe
väck *borta* gone, vanished **V~ med ...!** Away with ...!
väcka 1 wake* [up], awake*, *på beställning* call, *bildl* arouse **väck mig kl 8** call me at 8 **~ till liv** återuppliva resuscitate 2 *framkalla* arouse **~ uppmärksamhet** attract attention 3 *ta upp* **~ en fråga** raise (bring up) an issue (a question)
väckarklocka alarm clock
väckelse revival
väckning, Får jag be om ~ kl 7? I'd like to be called at 7
väder weather **i alla ~** in all weathers, *bildl* through thick and thin **det är vackert ~** the weather is fine **Vad är det för ~?** How's the weather?, What's the weather like? **om vädret tillåter** weather permitting **inte få en syl i vädret** not get a word in edgeways
väderkvarn windmill

väderrapport weather report (*prognos* forecast)
väderstreck direction **de fyra ~en** the cardinal points, the points of the compass
vädja appeal ⟨**till** to⟩ **~ om hjälp** appeal for help
vädjan appeal
vädra 1 *lufta* air 2 *få vittring på, ana* scent
vädur 1 ram 2 **Väduren** *stjärntecken* Aries
väg road, *om sträcka, riktning o bildl* way **~en till** the road to **det är fel ~ vi har kört fel** we've gone wrong (taken a wrong turn) ⟨**jag sprang**⟩ **hela ~en** all the way **det är lång ~ dit** it's a long way there **det märktes lång ~** it stood (stuck) out a mile
VERB + **väg**
gå sin ~ go away, leave **det gick ~en** it went off well, it worked **köra av ~en** drive off (leave) the road **Vart ska du ta ~en?** *ämnar du dig* Where are you off to (making for)? **Vart ska jag ta ~en?** Where am I to go? **Vart har den tagit ~en?** Where has it got to?
PREPOSITION + **väg**
i ~ away, off **I ~ med dig!** Off you go! **ge sig i ~** take [oneself] off, leave **något i den ~en** something of the sort **hjälpen är på ~** help is on the way **jag var på ~ att ge upp** I was on the point of giving up **gå till ~a** → **till väga Ur ~en!** Move aside!, Keep out of the way! ⟨**han stod**⟩ **vid ~en** by the roadside
väga weigh **Hur mycket väger du?** What's your weight? **~ jämnt** be evenly balanced **~ upp** → **uppväga**
vägande, [tungt] ~ skäl weighty (substantial) reasons
vägarbete roadworks ⟨*pl*⟩, *skylt* Roadworks ahead!
vägbana roadway, *beläggning* road surface
vägg wall, *tunn skilje~* partition **~ i ~ i huset intill** next door ⟨**to sb**⟩, *i lägenheten intill* in the adjoining flat (*spec US* apartment) **ligga ~ i ~ med** adjoin, lie next to **ställa ngn mot ~en** corner sb ⟨**det var**⟩ **alldeles uppåt ~arna** all wrong **som att tala till en ~** like talking to a brick wall
väggmålning mural
vägguttag [wall] socket, *spec US* outlet
väghållning 1 *underhåll* road maintenance 2 *bils* roadholding [qualities]

vägkant roadside **vid ~en** by the roadside
vägkorsning crossroads ⟨*lika i pl*⟩
vägkrök bend (curve) [in the road]
väglag road conditions ⟨*pl*⟩ **halt ~** icy roads
vägleda guide
vägledare guide
vägledning guidance
vägmärke road (traffic) sign
vägmätare mileometer, US odometer
vägnar, på ngns ~ on sb's behalf
vägra refuse, *om häst äv* shy, *förvägra* deny
vägran refusal
vägräcke crash barrier
vägskylt → vägmärke
vägskäl fork **vid ett ~** *bildl* at a crossroads
vägspärr roadblock
vägsträcka distance, stretch
vägtrafikant road-user
vägvisare 1 *person* guide 2 *skylt* signpost
väja give* way ⟨to⟩, move aside, *om båt, flygplan* veer
väktare watchman, [security] guard **lagens (moralens) ~** ⟨*pl*⟩ the guardians of the law (of morality)
väl¹ SB *välfärd* welfare **ngns ~** sb's good
väl² ADV 1 *betonat* well **befinna sig ~** be in good health **om allt går ~** if everything turns out (goes) well **hålla sig ~ med ngn** stay on good terms with sb **ta ~ upp** receive well, appreciate **tala ~ om ngn** speak well of sb **[lite] ~ mycket** a bit [too] much **i gott och ~ en timme** for well over an hour **länge och ~** for quite some time **när hon ~ hade somnat** once she had gone to sleep 2 *obetonat* **Du kommer ~?** You'll come, won't you? **Du är ~ inte sjuk?** You're not ill, are you? **det kan ~ hända** that may be **Det var ~ det jag trodde** That's what I thought, What did I tell you? **hon är ~ framme nu** she's probably there by now
välanpassad well-adjusted
välavlönad well-paid
välbefinnande well-being
välbehag pleasure
välbehållen safe and sound
välbehövlig badly (much) needed
välbekant *välkänd* well-known, *som man är van vid* familiar
välbärgad well-to-do
välde *rike* empire
väldig huge, enormous, immense

väldigt ADV **han är ~ rik** he is terribly rich
välfärd [material] welfare
välfärdssamhälle welfare state
välförsedd well-stocked, well-supplied
välförtjänt well-deserved, well-earned
välgjord well-made **en ~ kopia** a skilfully made copy
välgrundad well-founded
välgärning good (charitable) deed, act of kindness **det var en ~** ⟨**att han slutade**⟩ it's a blessing
välgörande 1 *hälsosam* salutary, wholesome, *stimulerande* refreshing, *fördelaktig* beneficial 2 ⟨**behållningen**⟩ **går till ~ ändamål** will be given to charity
välgörenhet charity
välhållen well-kept
välja choose*, *utvälja* select, pick out, opt for, *utse* elect **mycket att ~ på** much to choose from **du får ~ själv** the choice is yours, choose for yourself **~ rätt** make the right choice **~ sina ord** choose one's words with care **~ sida** *ta ställning* take sides, take a stand **han valdes till ordförande** he was elected chairman **~ bort** *a)* skolämne drop *b)* avstå från give up **~ in** i elect ⟨sb⟩ to, vote ⟨sb⟩ on to **~ om** re-elect
väljare voter, *till parlament äv* constituent
väljarkår electorate
välklädd well-dressed
välkommen welcome **hälsa ngn ~** welcome (greet) sb **Välkomna tillbaka!** *vid återseende* We're ⟨*etc*⟩ glad you're back!, *vid avsked* We ⟨*etc*⟩ hope to see you back soon!
välkomna VB welcome, *hälsa person välkommen äv* greet
välkomsthälsning greeting, welcome
välkänd well-known, famous, *som man är van vid* familiar
välla, ~ fram well (gush) out (forth)
vällagad well-cooked
välling gruel
välmatad *om skaldjur* meaty, *fullproppad* crammed **ett välmatat program** a full programme
välmenande *om person* well-meaning, *om råd* well-meant
välmening, i all ~ with the best of intentions
välmående *vid god hälsa* healthy
välnärd well-nourished

välplacerad *om pengar* well-invested, *om slag o d* well-aimed, *med fördelaktig position* well-placed
välsigna bless **Gud välsigne dig!** God bless you!
välsignelse blessing, *bön* benediction
välsittande well-fitting
välskapad well-shaped, *med vacker figur etc* shapely **ett välskapt gossebarn** a fine and healthy boy
välskriven well-written
välskrivning handwriting
välskött well-run, *om trädgård, hus etc* well-kept, *om företag* well-managed, *om utseende, klädsel* neat
välsmakande tasty, delicious
välsmord well-greased, well-oiled
välsorterad well-stocked, well-assorted
välstånd wealth, prosperity
välsvarvad *om kvinna* shapely, *GB vard* well-stacked
vält SB roller, surface compactor
välta VB **1** *stjälpa, få att falla* overturn, upset*, knock over **2** *falla* overturn, fall* over, *kantra* capsize
vältalig eloquent
vältra *rulla* roll **vältra sig** roll, *i gyttja, smuts o d* wallow
vältränad well-trained **en ~ kropp** an athletic body
välunderrättad well-informed
väluppfostrad well-bred, *artig* well--mannered
välva sig arch, curve, vault
välvilja kindness, *vänlig inställning äv* sympathy, goodwill
välvillig kind **en ~ inställning** a favourable attitude
välvårdad well-kept, *om klädsel* neat
välväxt well-built
vän SB friend, *vard* mate, pal, *spec US* buddy **bli ~ med** make friends with **en god ~** a friend **en [god] ~ till mig** a friend of mine **goda ~ner** good friends **släkt och ~ner** friends and relations **lilla ~** dear, darling
vända VB turn, *~ ett halvt varv äv* turn [a]round **bilen vände** the car turned round **turen vände** my ⟨*etc*⟩ luck turned **vinden har vänt** *äv bildl* the wind has changed **~ på ngt** turn sth over **~ på slantarna** pinch and scrape, count every penny **~ om** *tillbaka* turn back, *åter~* return **~ upp och ner på** turn upside down **~ ut och in på** turn inside out **vända sig** turn ⟨**jag vet inte**⟩ **vart jag ska vända mig** where to turn **~ mot** *a*⟩ *i riktning mot* turn toward[s] *b*⟩ *fientligt* oppose **~ till** turn to, *med en ansökan* apply to, *rikta sig till* address [oneself to], *vädja* appeal to ⟨**boken**⟩ **vänder sig till ...** is intended for ... **~ bort** turn away **~ om** turn [a]round
vändbar reversible
vändkrets tropic **Kräftans ~** the tropic of Cancer
vändning turn **en ~ till det bättre** a change (turn) for the better **vara snabb i ~arna** be quick about it, *ha sinnesnärvaro* think on one's feet
vändpunkt turning point
väninna [female] friend, girlfriend
vänja, **~ ngn vid ngt** accustom sb to sth, get sb used to sth **~ ngn av med** make sb break the habit of ⟨+ *ing-form*⟩ **~ av från amning** wean **vänja sig** get* used (accustomed) ⟨to⟩ **~ av med att** break one's habit of ⟨+ *ing-form*⟩, give up (stop) ⟨+ *ing-form*⟩
vänkrets [circle of] friends
vänlig kind ⟨to⟩, gentle ⟨with⟩, friendly ⟨toward[s]⟩ **var ~ returnera** ⟨**boken**⟩ **please return vill du vara ~ och ...** would you please ... **det var ~t av dig att vänta** it's kind of you to wait **Med ~ hälsning** *i brevslut* Yours sincerely, ⟨John Brown⟩, *mindre frml* Yours, ⟨John⟩
vänlighet kindness, friendliness **ha ~en att** be good enough to **visa ngn en ~** do sb a kindness **ge ett råd i all ~** give some friendly advice
vänligt ADV kindly, in a friendly way
vänskap friendship **fatta ~ för** become attached to **för gammal ~s skull** for old time's sake
vänskaplig friendly, amicable **komma på ~ fot med** get on friendly terms with
vänskapligt ADV in a friendly way
vänskapsmatch friendly [match]
vänster ⟨↔ höger *o sms med* höger-⟩ **1** ADJ left **på ~ sida** on the left[-hand] side **2** SB *oböjligt* ⟨**tavlan**⟩ **till ~** on (to) the left **3** SB *polit* **~n** the Left **4** SB *boxning* **en rak ~** a straight left
vänsterhänt left-handed
vänsterparti left-wing party
vänsterprassel an affair (affairs) on the

vänta 1 *motse, förvänta sig* expect, await ~ **barn** be pregnant, be expecting ~ **besked** expect an answer ~ **regn** expect rain **det var inget annat att** ~ it was to be expected **vi** ~**r honom hit i morgon** we expect him here tomorrow 2 *avvakta, bida* wait ⟨**på** for⟩ **V~ bara!** Just you wait! **V~ lite!** Wait a minute!, Hold on! **vi fick** ~ we were kept waiting **låta ngn** ~ keep sb waiting **svaret lät** ~ **på sig** the reply was a long time coming ~ **med** ⟨**att göra ngt**⟩ put off ⟨doing sth⟩ ~ **med middagen** let dinner wait, *US* postpone dinner **vänta sig** expect **som man kunde** ~ as was to be expected

väntan SB wait[ing] **det blir en lång** ~ it's (there's) going to be a long wait **i** ~ **på ngt** [while] waiting for sth

väntelista waiting list

väntetid wait, waiting time **det blir en lång** ~ you ⟨*etc*⟩ will have to wait quite a while **under ~en** while waiting

vänthall departure (*ankomst~* arrival) hall

väntrum waiting room

väpna arm **~t rån** armed robbery

värd¹ SB *äv program~* host, *hyres~* landlord **vara** ~ **för ngt** host sth

värd² ADJ *motsv ett visst värde* worth **han är inte** ~ **det** he does not deserve it **det är inte värt besväret** it isn't worthwhile **inte mycket** ~ pretty worthless **det är inte värt att störa honom** you'd better not disturb him

värde value, worth **sätta** ~ **på ngt (ngn)** appreciate sth (sb)

värdefull valuable, precious

värdeföremål → värdesak

värdeförsändelse *brev* registered letter, *paket* registered parcel (*US* package)

värdelös worthless, of no value

värdepapper security, *aktie* share, *US* stock

värdera value, *uppskatta äv* appreciate

värdering [e]valuation, appraisal **~ar** [set of] values

värdesak object of value **~er** valuables

värdesätta *uppskatta* appreciate, value

värdfolk host and hostess

värdig 1 *fylld av värdighet* dignified **med** ~ **uppsyn** with an air of dignity 2 *förtjänt* **vara** ~ **att** be worthy (deserving) of ⟨+ *ing-form*⟩

värdighet dignity **hålla på sin** ~ stand on one's dignity **det är under din** ~ **att** it's beneath you to

värdigt ADV in a dignified manner, with dignity

värdinna *äv program~ o mäss~ etc* hostess, *hyres~* landlady

värdshus inn, tavern

värja SB *svärd* rapier, *vid sportutövning* épée

värja sig *äv bildl* defend oneself ~ **för ngt** fend sth off

värk ache, pain **~ar** *vid födsel* labour pains **reumatisk** ~ rheumatic pains

värka ache, hurt* **det värker i hela kroppen** I'm aching all over, my whole body is aching

värktablett painkiller

värld world, *jord* earth **det är inte hela ~en** it's not the end of the world **den undre ~en** the [criminal] underworld, the world of crime **från hela ~en** from all over the world **i hela ~en** in the whole world **inte för allt i ~en** not for the world, not on your life **förr i ~en** in the old days **Vad i all ~en?** What on earth? **komma till ~en** see the light of day **sätta barn till ~en** bring children into the world **få saken ur ~en** have it over and done with, get it over with **~en över** all over the world

världsalltet the universe, the cosmos

världsberömd world famous

världsbild *syn på världen* conception of the world

världsdel part of the world, *kontinent* continent

världsfrånvarande dreaming, unworldly

världsförbättrare reformer, *neds* do-gooder

världshistoria world history **i världs- historien** in the history of the world

världskarta map of the world

världskrig world war **första ~et** the First World War, World War I

världslig *materiell* worldly

världsmästare world champion

världsmästarinna world champion

världsmästerskap world championship

världsomfattande worldwide

världsrymden space

världsstad metropolis

världsvan urbane

världsåskådning outlook on life

värma 1 warm, heat ~ **[upp] maten** warm (heat) up the food ~ **upp huset** heat the house **solen värmer** the sun gives warmth **det värmde [mitt hjärta]** it warmed my heart **hans ord värmde** I warmed to his words **2** ~ **[upp]** *inför en tävling* limber (warm) up **värma sig** warm oneself
värme warmth, heat, *uppvärmning av hus, bil etc* heating **hålla ~n** keep warm **på svag ~** on low heat
värmebölja heat wave
värmecentral district heating plant
värmedyna electric [heating] pad
värmeelement *i rum* radiator
värmeflaska hot-water bottle
värmelampa heat (infrared) lamp
värmeledning 1 heating pipe **2** *fysik* conduction of heat
värmeljus tea light
värmepanna boiler
värmeplatta hotplate
värmeskåp *för mat* hot cupboard
värmeslag heatstroke, sunstroke
värmeverk heating plant
värn *försvar* defence, *skydd* protection ⟨*båda:* **mot** against⟩
värna *försvara* defend, *skydda* protect **~ om barnens rätt** stand up for children's rights **~ om traditionerna** uphold [the] traditions
värnlös unprotected, defenceless
värnplikt, göra ~en do one's military service
värnpliktig 1 ADJ liable to do military service **2** SB conscript, *US* draftee
värnpliktsarmé conscript[ed] army
värnpliktsvägrare conscientious objector, *US vard* draft resister
värpa lay* [eggs]
värre¹ ADJ worse **bli ~ och ~** go from bad to worse **vad ~ är** to make matters worse
värre² ADV worse **han blev ~ skadad** ⟨**än de andra**⟩ he was more seriously injured
värst¹ ADJ worst **det ~a är att** the problem is that, *starkare* the worst (bad) part is that **Det var det ~a jag hört!** I never heard anything like it! **han ska alltid vara ~** he always wants to be one up **i ~a fall** if the worst comes to the worst
värst² ADV worst **de ~ skadade** the worst injuries (casualties) **inte så ~ bra** not very (terribly) good
värsting *GB* ≈ [young] tearaway

värva *rekrytera* recruit, *milit äv* enlist **~ röster** canvass for votes
värvning recruitment, enlistment, *röst~* canvassing **ta ~** enlist, join up
väsa hiss
väsen 1 *varelse* being **2** *innersta natur* **teatern är till sitt ~** theatre is inherently, the essence of theatre is **till sitt ~ är han godmodig** he's good-humoured by nature **3** *störande ljud* noise, racket **göra ~ av** fuss (make a fuss) about **hon gör inte mycket ~ av sig** she's rather quiet (unobtrusive)
väsentlig essential, *huvudsaklig* principal, *betydande* substantial, *betydelsefull* important **det ~a** ⟨**är att**⟩ the essential part (thing), what's essential **i allt ~t** essentially, in all essentials
väsentlighet, ~er essentials **se till ~erna** consider the essential (main) points
väska bag, *hand~* handbag, *US* ⟨*dam~*⟩ purse, *res~* suitcase, *för instrument o d* case
väskryckare bag (*US* purse) snatcher
väsnas make* a racket (a lot of noise), be noisy
väsning hiss
vässa sharpen
väst¹ waistcoat, *US* vest
väst² ⟨↔ **nord, norr** *med sms*⟩ west, *väderstreck* the west, *polit* the West
västanvind west (westerly) wind
Västbanken the West Bank
väster¹ ⟨↔ **norr** *med sms*⟩ SB west, *väderstreck* the west **Vilda Västern** the Wild West
väster² ADV **~ om** [to the] west of
västerlandet the West
västerländsk western
västerut ⟨↔ **norrut**⟩ to (toward[s]) the west, westward[s], **i väster** in the west
Västeuropa Western Europe
västeuropé West[ern] European
västeuropeisk West[ern] European
västficka waistcoat (*US* vest) pocket
västfronten the Western front
Västindien the West Indies
västkust west coast
västkustsallad ≈ sea food salad
västlig ⟨↔ **nordlig**⟩ westerly, western, west
västmakterna the Western Powers
västra ⟨↔ **norra**⟩ western, *som vetter åt väster* west

västvärlden the West, the Western World
väta¹ SB wetness, moisture **aktas för ~** keep dry
väta² VB wet*, moisten
väte hydrogen
väteperoxid hydrogen peroxide
vätgas hydrogen [gas]
vätska SB liquid, fluid
vätskebalans water (fluid) balance
vätskebrist dehydration
väv [woven] fabric, *spindel~ o bildl* web
väva weave*
vävnad 1 *tyg* [woven] fabric, *bonad* tapestry **2** *medicin* tissue
vävstol loom
växa grow*, *utvidga sig* expand, *öka* increase **låta skägget ~** grow a beard **~ ngn över huvudet** become too much for sb
☐ **växa bort** disappear [with time]
☐ **växa fast** take root (hold)
☐ **växa fram** spring up, *utvecklas* develop **~ ur** grow out of
☐ **växa ifrån** grow out of, outgrow
☐ **växa igen** become overgrown
☐ **växa till sig** grow, develop, *mogna* mature
☐ **växa upp** grow up
☐ **växa ur** outgrow, grow out of
växande 1 ADJ growing, increasing **2** SB growth
växel 1 *mynt* change **2** *på bil* gear **cykel med tio växlar** ten-speed bike **lägga i en ~** engage a gear **3** *telefon~* exchange, *vid företag etc* switchboard
växelkassa float
växelkontor exchange office (bureau)
växelkurs exchange rate
växellåda gearbox
växelspak gear lever, US gearshift
växelspel interplay, interaction
växelström alternating current ⟨*förk* AC⟩
växeltelefonist [switchboard] operator
växelvis alternately
växla 1 *pengar* change **2** *utbyta* exchange **3** *i bil* change (*spec US* shift) gears **4** *skifta* vary, change
växlande ADJ *skiftande* varying, changing, variable, *inbördes* alternating **~ vindar** variable winds **med ~ framgång** with varying results (success)

växling 1 *växlande* changing, *skiftning* change, shift, variation, *inbördes* alternation **marknadens ~ar** the fluctuations of the market **årstidernas ~ar** the changing seasons **2** *om bil* gear changing (*spec US* shifting)
växt 1 growing, growth **stanna i ~en** stop growing **2** *om kroppsbyggnad* build **liten till ~en** short [in stature] **stor till ~en** tall **3** *planta* plant, *ört* herb
växthus greenhouse, *uppvärmt* hothouse
växthuseffekt greenhouse effect, global warming
växtlighet vegetation
växtriket the vegetable kingdom
växtvärk growing pains ⟨*pl*⟩
växtätande herbivorous **~ djur** ⟨*pl*⟩ herbivores
vörda *ha respekt för* revere, venerate
vördnad reverence, esteem, respect **av ~ för ngt** out of respect for sth
vörnadsfull respectful
vörtbröd ≈ malt bread, wort-flavoured bread

x-axel x-axis, longitudinal axis
X-krok picture hook
x-kromosom X chromosome
xylofon xylophone

yacht yacht
y-axel y-axis, lateral axis
Yemen [the] Yemen
yen yen ⟨*lika i pl*⟩
y-kromosom Y chromosome
yla howl
ylande SB howling
ylle wool
yllehalsduk woollen scarf
yllekläder woollen clothes, *vard* woollies
ylletröja woollen sweater, *GB äv* jersey
ymnig abundant
ympa 1 *medicin* inoculate **2** *träd* graft ⟨**på** on to⟩
yngel ⟨*pl*⟩ fry ⟨*pred i pl*⟩
yngla, ~ av sig breed
yngling young man, youth
yngre younger
yngst [the] youngest, **~ av två** *äv* the younger
ynklig *ömklig, feg* pitiable, *futtig* paltry **med ~ röst** in a puny voice
ynkrygg coward, milksop
ynnest favour
yoga yoga
yoghurt yog[h]urt
yppa *avslöja* reveal ⟨**för** to⟩ **yppa sig** arise* **om tillfälle yppar sig** if the opportunity arises
ypperlig excellent, superb
ypperst finest, best
yppig *om växtlighet* lush, *om kvinna* buxom
yr *vimmelkantig* dizzy, giddy **~ av glädje** delirious with joy **som ~a höns** like giddy geese
yra¹ SB **1** *upphetsning* frenzy **i segerns ~** in the flush of victory **2** *feber~* delirium **3** *snö~* whirling snow
yra² VB **1** *om febersjuk* be delirious, *svamla* rave ⟨about⟩ **2** *om snö, sand* whirl [about] **dammet yrde** there were clouds of dust
yrka *begära* demand, *äv jur* claim, *resa krav*

på call for
yrke job, work ⟨*endast sg*⟩, hantverks- o handels~ trade, hantverks~ *äv* craft, *som kräver högre utbildning* profession, *sysselsättning* occupation **Vad har han för ~?** What is his occupation? **välja ~** choose a career **han är lärare till ~t** he is a teacher by profession
yrkesarbetande → förvärvsarbetande
yrkeserfarenhet work experience, professional (occupational) experience
yrkesinriktad *om utbildning* vocational, occupationally oriented
yrkeskunnig skilled
yrkeskvinna professional woman
yrkesliv, ~[et] working life **komma ut i ~et** go out to work, get an occupation
yrkeslärare vocational teacher
yrkesman professional, *sakkunnig* expert, *om hantverkare* craftsman
yrkesmässig *om utförande* professional, *bedriven som yrke* commercial
yrkessjukdom occupational disease
yrkesskada occupational injury
yrkesskicklighet professional skill, *hantverkares* craftsmanship
yrkesskola vocational school
yrkesutbildning vocational training
yrkesval choice of career (vocation)
yrkesvana → yrkeserfarenhet
yrkesvägledare careers officer (adviser), *US* career counselor
yrkesvägledning careers (vocational) guidance, *US* vocational guidance, career counseling
yrsel *svindel* dizziness, giddiness, *feber~* delirium **gripas av ~** suddenly feel dizzy (giddy)
yrsnö whirling snow
yrvaken drowsy with sleep, half awake
yrväder snowstorm **hon är ett riktigt ~** she is like a whirlwind
yta 1 surface **jordens ~** the surface of the earth **komma upp till ~n** surface **2** *area[l]* area, *utrymme* space **på en ~ av** in an area of
ytbehandla finish, surface
ytbehandling surface treatment (finishing)
ytlig superficial **en ~ bekantskap** a nodding acquaintance
ytlighet superficiality
ytligt ADV **~ beröra** touch [lightly] on

~ sett on the face of it
ytmått square measure
ytter *sport* winger **spela ~** play on the wing
ytterbana outside track (lane)
ytterdörr outer door, *till gatan* front door
ytterkant outer edge **partierna på ~erna** the extremist parties
ytterlig extreme
ytterligare[1] ADJ further **ett ~ problem** a further (an additional) problem
ytterligare[2] ADV further, **~ en (två** ⟨*etc*⟩**)** another **~ två miljoner** another two million
ytterlighet extreme **gå till ~er** go to extremes
yttermått ⟨*pl*⟩ outside measurements
ytterområde fringe [area], *förort* suburb[an area]
ytterplagg outdoor garment
ytterrock overcoat, topcoat
ytterst ADV **1** *längst ut* farthest out, *i kanten* at the [very] edge **~ i raden** at the end of the row **2** *synnerligen* extremely **~ sällan** very rarely **~ sällsynt** extremely rare
yttersta *längst ut belägen* outermost, extreme **[den] ~ gränsen** *bildl* the outer limit **göra sitt ~** do one's utmost **den ~ högern** the extreme right **ligga på sitt ~** be dying
yttertak roof
yttervärlden the outside world
yttra *säga* utter, say* **~ sin mening** state one's opinion **han ~de inte ett ord** he did not say a word **yttra sig 1** *tala* speak*, *göra ett uttalande* make* a statement **~ om** state an opinion about, comment on **2** *visa sig* **Hur yttrar sig sjukdomen?** What are the symptoms of the disease? **besvikelsen yttrade sig i våld** the disappointment manifested itself in violence
yttrande 1 *uttalande* remark, comment, *anförande* statement **2** *utlåtande* report
yttrandefrihet freedom of speech (expression)
yttre 1 ADJ *längst ut belägen* outer, *utanpå el utanför belägen* exterior, outward, external **~ fiender** external enemies **~ likhet** outward resemblance **~ rymden** outer space **2** SB exterior, *om person* appearance **till sitt ~** ⟨**är han ...**⟩ to look at, in appearance **döma efter det ~** judge

by appearances
yttring manifestation, expression
ytvidd area
yvig *om vegetation, hår* bushy, *om gester* sweeping
yxa¹ SB axe, *mindre* hatchet
yxa² VB **~ till** rough-hew
yxskaft axe-handle

Zaire Zaire
zairier Zairean
zairisk Zairean
Zambia Zambia
zambier Zambian
zambisk Zambian
zenit zenith
zeppelinare zeppelin
zigenare gipsy, gypsy
zigenarmusik gipsy music
zigenerska gipsy woman
Zimbabwe Zimbabwe
zimbabwier Zimbabwean
zimbabwisk Zimbabwean
zink zinc
zinksalva zinc ointment
zodiaken the zodiac
zombie *levande död* zombi[e]
zon zone
zongräns *i kollektivtrafik* fare stage
zontaxa zone tariff
zonterapi zone therapy
zoo zoo
zoolog zoologist
zoologi zoology
zoologisk zoological **~ affär** pet shop
zoologisk trädgård zoological gardens ⟨*pl*⟩, zoo
zoom *foto* zoom
zooma, ~ in zoom in
zucchini courgette, *spec US* zucchini [squash]
zulu Zulu
zulusprāk Zulu

Å

å SB [small] river, *mindre* stream, US *äv* creek
åberopa *hänvisa till* refer to ~ **till sitt försvar** plead in one's defence
åbäke, ett ~ **till karl** a big lump
åbäkig unwieldy, ungainly
åder ⟨*med biformen* **ådra**⟩ vein, *puls*~ artery, *vatten*~ course, *malm*~ lode, seam
åderbråck varicose veins ⟨*pl*⟩
åderförkalkad *senil* senile, *vard* gaga ⟨*ej före sb*⟩
ådra ⟨↔ åder⟩ SB *i trä, sten* grain, *i marmor* vein **konstnärlig** ~ artistic streak, talent for art
ådra sig *förkylning* catch*, *skulder* incur
åh oh
åhörare listener **åhörarna var** ⟨*entusiastiska*⟩ *publiken* the audience was
åja *som invändning* come now, *tja, nåja* oh well
åjo *jodå* oh yes
åk *åkning* run, *lopp* race
åka *fara* go*, *köra* drive* ~ **bil (buss, tåg)** go (travel) by car (bus, train) ~ **cykel** ride a bicycle (*vard* a bike), cycle ~ **skidor** ski ⟨**jag vill**⟩ ~ **skidor** go skiing ~ **gratis** travel free **du får** ~ **med mig** I can give you a lift ~ **på semester** go on holiday (US vacation)
☐ **åka av** *vägen* leave, *halka av* skid off
☐ **åka bort** go away
☐ **åka dit** a) *åka fast* be (get) caught b) *förlora* lose
☐ **åka förbi** pass
☐ **åka in** *i fängelse* be jailed, be put in jail
☐ **åka med** *följa med* come along [too], *få lift* have a lift
☐ **åka omkull** fall [over], tip [over]
☐ **åka på** *köra på* run into ~ **en förkylning** catch a cold
☐ **åka upp** *om t ex kjol* ride up
☐ **åka ur** *sport* be knocked out
☐ **åka ut** *bli utkörd* be thrown (kicked) out
åker field, ~*jord* farmland
åkeri [firm of] hauliers, haulage business
åklagare prosecutor, US prosecuting (district) attorney
åkomma ailment, *lättare* complaint
åksjuk travel-sick, *i bil* carsick
åktur drive, ride **göra en** ~ go for a drive (ride)
ål eel
åla, åla sig crawl, worm one's way
Åland the Åland Islands ⟨*pl*⟩
ålder age **vid 15 års** ~ at the age of 15 ⟨*människor*⟩ **i alla åldrar** of all ages **i sin bästa** ~ in the prime of life **när jag var i din** ~ when I was your age
ålderdom old age
ålderdomlig old, *gammaldags* old--fashioned, *förlegad* dated, out of date
ålderdomshem old people's home
åldersgrupp age group
åldersgräns age limit
åldras age, grow* old[er]
åldring old person ⟨*pl vanl* people⟩
åldringsvård care of the elderly
ålägga impose ⟨sth on sb⟩, order ⟨sb to do sth⟩
ånga[1] SB steam, *spec från avdunstning* vapour **ångor** *giftiga, skadliga* fumes **få upp** ~**n** get (pick) up steam **ha** ~**n uppe** be in full swing
ånga[2] VB steam ~ **upp ett brev** steam open a letter
ångbåt steamboat, steamer
ånger regret
ångerfull regretful, remorseful
ångest *psyk* anxiety ⟨**[in]för** about⟩, *ängslan* anguish
ångestfylld anguished
ånglok steam engine (locomotive)
ångmaskin steam engine
ångra regret, be sorry **jag** ~**r att jag gjorde det** I regret doing it **jag** ~**r ingenting** I have no regrets **det här ska du få** ~ you'll be sorry for this **ångra sig** regret it, be sorry **jag ångrar mig** *grämer mig* I regret it **jag har ångrat mig** I have changed my mind
ångvält steamroller **han går fram som en** ~ he steamrollers anybody (anything) in his way
år year **jag fyller** ~ it is my birthday ~ **1999**

the year 1999, *som adv* in 1999 **ett och ett halvt ~** eighteen months, one and a half years ⟨**hon är**⟩ **femton ~** fifteen [years old] **så här ~s** at this time of [the] year **förra ~et** last year **nästa ~** next year **~et runt** [all] the year round **~ ut och ~ in** year in, year out **i ~** this year **i sina bästa ~** in the prime of life, in his ⟨*etc*⟩ prime (best years) **på ~ och dag** for years **börja bli till ~en** be getting on **vid dina ~** at your age

åra oar, *paddel*~ paddle

åratal, i (på) ~ for years (ages)

årgång 1 *av tidskrift* volume **gamla ~ar** back volumes **2** *åldersklass* year **3** *av vin* vintage **ett vin av en fin ~** a vintage wine

århundrade century

årlig annual, yearly

årligen annually, yearly **tre gånger ~** three times a (per) year

årsavgift annual charge (fee), *till förening etc* annual subscription

årsberättelse annual report

årskort [annual] season ticket

årskurs *klass* form, US grade, *[läs]år* year

årsmodell model **Vad är det för ~?** *på bilen* What year is your ⟨*etc*⟩ car?

årsskifte, vid ~t at the turn of the year ⟨**den träder i kraft**⟩ **vid ~t** on 1 January 1996 ⟨*etc*⟩

årstid season

årtal year

årtionde decade

årtusende millenni|um ⟨*pl* -ums *el* -a⟩ **ett ~** *vanl* a thousand years **i (under) ~n** for thousands of years

ås ridge

åsamka cause

åsido, skämt ~ joking apart

åsidosätta disregard, *försumma* neglect, ignore **känna sig åsidosatt** feel slighted

åsikt opinion ⟨**om** *of*, *about*⟩ **enligt min ~** in my opinion **utbyta ~er** exchange views, discuss **ändra ~** change one's opinion (mind)

åsiktsfrihet freedom of opinion

åsiktsförföljelse persecution

åska SB thunder **~n går** it is thundering, there is a thunderstorm

åskknall thunderclap

åskledare lightning conductor (rod)

åskmoln thundercloud

åskväder thunderstorm

åskådare spectator **åskådarna** *publiken* the audience ⟨*sg*⟩, *spec idrott* the crowd

åskådlig lucid, clear

åskådliggöra illustrate, visualize

åskådning *synsätt* outlook, view, *ideologi* ideology

åsna donkey, *äv bildl* ass **envis som en ~** [as] stubborn as a mule

åstadkomma bring* about, *förorsaka* cause, *prestera* achieve **~ underverk** work wonders

åsyn sight, view **i allas ~** in full view of everybody **i barnens ~** in front of the children

åt¹ PREP **1** *[i riktning]* mot to, åt ... till toward[s], in the direction of **~ andra hållet** → **håll ~ sidan** → **sida han gick ~ stationen [till]** he walked toward[s] (in the direction of) the station **ta av ~ höger** turn [to the] right **[rummet] ligger ~ gatan** faces the street **2** *efter verb som 'skratta', 'vinka' at* **hunden morrade ~ henne** the dog growled at her **Skrik inte ~ mig!** Don't shout at me! **3** *till, för* for **ge ngt ~ ngn** give sb sth, give sth to sb **köpa ngt ~ ngn** buy sth for sb, buy sb sth **jag har en present ~ dig** I have a present for you **4 ~ gången** *i taget* at a time

åt² ADV → **gå ~, göra ~, hjälpas ~** *etc*

åta sig take* on, undertake* ⟨sth, to do sth⟩

åtal prosecution **väcka ~ mot** prosecute

åtala prosecute **den ~de** the defendant, the accused

åtanke, ha i ~ bear ⟨sb, sth⟩ in mind **komma i ~** be considered ⟨for⟩

åter 1 *tillbaka* back **2** *igen* again, once more **affären öppnas ~** the shop reopens

återanpassa rehabilitate **återanpassa sig** readjust [oneself] ⟨to⟩

återanpassning rehabilitation, readjustment

återanvända reuse, recycle

återanvändning reuse, recycling

återberätta retell*

återbesök *hos läkare* follow-up visit

återbetalning repayment

återblick look back ⟨**på** *at*⟩, review ⟨*of*⟩ ⟨**historien**⟩ **berättas genom ~ar** *film* is told (shown) in flashbacks

återbud *avbeställning* cancellation, *till inbjudan* excuse **lämna ~** send one's excuses, *till läkare o d* cancel one's appointment

återbäring *äv skatte~* refund
återerövra recapture, win* back
återfall relapse ⟨**i** into⟩
återfinna find*, recover
återfå get* back, *hälsa etc* regain
  ~ medvetandet regain consciousness
återfärd way back, return [trip]
återförena reunite **~s (~ sig) med** rejoin
återförening reunion
återförsäljare retailer
återge 1 *framställa* represent, *skildra* describe, *avbilda* reproduce **2** *återberätta* report **3** *ge tillbaka* **~ ngn ngt** restore sth to sb
återgå *gå tillbaka* go* back, return ⟨**båda: till** to⟩
återgång return
återgälda repay*, *tjänst äv* return
återhållsam restrained, *måttfull* moderate
återhållsamhet restraint, moderation
återhämta recover **~ krafterna** recover one's strength **återhämta sig** recover ⟨**från** from⟩
återhämtning recovery
återigen *om igen* again, once more
återinföra reintroduce
återkalla 1 *kalla tillbaka* call back, *t ex ambassadör* recall **~ till ordningen** call ⟨sb⟩ to order **2** *ta tillbaka* ⟨*tillstånd etc*⟩ cancel, *ansökan etc* withdraw*
återknyta, **~ till** *ngt man tidigare sagt* refer [back] to
återkomma come* back, return **vi ber att få ~** we will get back to you, you will be hearing from us
återkommande recurrent, *ofta ~* frequent **årligen ~** annual
återlämna return, give* (hand) back ⟨*båda:* **till** to⟩
återresa → återfärd
återse see* ⟨sb, sth⟩ again
återseende, ett glatt ~ a happy reunion **På ~!** See you again next week ⟨*etc*⟩!
återspegla reflect, mirror
återstå remain, *finnas kvar* be left **det ~r att se** it remains to be seen
återstående remaining
återställa 1 *i tidigare skick* restore, *reparera* repair **~ jämvikten** redress the balance **~ ordningen** restore order **2** *lämna tillbaka* return
återställare, ta sig en ~ have a hair of the dog

återställd, han är helt ~ he has quite recovered
återsända return, send* back
återta *ta tillbaka* take* back, *dra tillbaka* withdraw* **~ befälet** resume command
återtåg retreat
återuppliva revive, *medvetslös* resuscitate **~ gamla minnen** bring back (revive) old memories
återupprätta re-establish, *person* rehabilitate
återupprättelse rehabilitation
återuppstå rise* [from the dead], *äv bildl* be revived
återuppståndelse resurrection
återuppta resume **~ arbetet** *äv* go back to work
återverka, ~ på affect, have repercussions on
återvinna 1 win* back, *återfå* recover, regain **2** *tekn* recycle
återvinning *tekn* recycling, waste utilization
återväg way back **på ~en** on the (my ⟨*etc*⟩) way back
återvända turn (go*, come*) back, return
återvändo, det finns ingen ~ there is no going back
återvändsgata dead-end-street, cul-de-sac, *på skylt* no through road, *US* dead end
återvändsgränd blind alley, *bildl äv* dead end
återväxt regrowth, regeneration
åtgång *förbrukning* consumption ⟨of⟩, *om försäljning* sale ⟨of⟩ **ha strykande ~** sell like hot cakes
åtgången, illa ~ *angripen* severely attacked, *skadad* badly damaged
åtgärd measure **vidta ~er** take measures ⟨**för att** to, **mot** against⟩ **hennes första ~** ⟨**var att** ...⟩ her first step
åtgärda attend to, *fel* put* ⟨sth⟩ right ⟨**felet**⟩ **är lätt att ~** can easily be put right **det har inte ~ts** nothing has been done about it
åtkomlig accessible ⟨**för** to⟩
åtlöje ridicule **göra ngn till [ett] ~** make sb a laughing stock **göra sig till ~** make a fool of oneself
åtminstone at least, *i alla fall* in any case
åtrå[1] *sb* desire, lust ⟨*båda:* **efter** for⟩
åtrå[2] *vb* desire, lust for

åtråvärd desirable
åtsittande tight[-fitting]
åtskild separated
åtskilliga several, quite a few
åtstramning restraint ⟨**av** on⟩, tightening [up] ⟨**av** of⟩
åtta ⟨↔ femma *o sms med* fem⟩ RÄKN eight **i dag ~ dagar** today week
åttahundratalet, på ~ in the ninth century
åttatimmarsdag eight-hour day
åttio ⟨↔ *sms med* fem, femtio⟩ eighty
åttionde eightieth
åttiotalet the eighties, the 80s **på ~** in the eighties
åttonde ⟨↔ femte⟩ eighth
åverkan damage **göra ~ på** do damage to, damage

ä INTERJ *ogillande* pooh, *likgiltigt* oh well
äckel 1 *avsky* repulsion, disgust **känna ~ inför** ⟨ngt⟩ feel sick (disgusted) at **2** *person* ⟨'äckelpotta'⟩ creep
äckla, det ~r mig it makes me feel sick (disgusted)
äcklig repulsive, disgusting, *spec om mat, lukt* sickening
ädel noble, *storsint* generous
ädelost blue cheese
ädelsten precious stone, gem
äga own, possess, have, *vara ägare till äv* be the owner of **~ rum** take place, occur **~ rätt att** have a (the) right to
äganderätt ownership ⟨**till** of⟩
ägare owner, *innehavare äv* proprietor
ägarinna owner, proprietress
ägg egg, **~cell** ovum ⟨*pl* ova⟩ **lägga ~** lay eggs
äggkopp egg cup
äggledare Fallopian tube
ägglossning ovulation
äggröra scrambled eggs ⟨*pl*⟩
äggskal eggshell
äggstock ovary
äggtoddy eggnog, egg-flip
äggula yolk **en ~** the yolk of an egg **två äggulor** the yolks of two eggs
äggvita egg white, *ämne* albumin **en ~** the white of an egg **två äggvitor** the whites of two eggs
äggviteämne protein
ägna devote, give*, apply ⟨*alla:* **åt** to⟩ **~ sin energi åt att göra ngt** apply one's energies to doing sth **~ några minuter åt** devote a few minutes to **han ~de inte en tanke åt** he did not give a thought to **~ stor uppmärksamhet åt** give great attention to **ägna sig, ~ åt** ⟨att⟩ devote oneself to ⟨+ *ing-form*⟩ **han ägnar sig åt affärer** he is engaged in business, he goes in for business

ägnad, ~ **för** *passande för* suitable (fit) for, *vard* cut out for
ägo, ha i sin ~ have in one's possession
ägodel possession ~**ar** possessions, belongings **hans käraste** ~ his most dearly cherished possession
äh → ä
äkta ADJ genuine, authentic, *riktig* real, *om känsla* true, *uppriktig* sincere ~ **kaviar** real caviar ~ **man** husband ~ **par** married couple **detta är** ~ **vara** this is the genuine article
äktenskap marriage ⟨med to⟩ **ingå** ~ **med** marry, wed ~**et** marriage, married life
äktenskapsannons marriage (lonely hearts) ad
äktenskapsbrott adultery
äktenskapsförord marriage settlement
äkthet genuineness, authenticity, *uppriktighet* sincerity
äldre ⟨↔ gammal⟩ older ⟨än than⟩, *framför släktskapsord etc* ⟨spec GB⟩ elder, *tidigare* earlier **hon är tre år** ~ **än mig (än jag)** she is three years older than me (than I [am]) **på** ~ **dar** in one's later years **en** ~ **man** an elderly man ~ **årgångar** *av tidskrifter etc* back volumes (numbers)
äldreomsorg care of the elderly
äldst oldest, *framför släktskapsord etc* ⟨spec GB⟩ eldest, *av två äv* older, elder, *tidigast* earliest **Vem av dem är** ~**?** Which of them is the oldest ⟨etc⟩?
älg elk ⟨pl lika el -s⟩, US moose ⟨lika i pl⟩ **jaga** ~ hunt elk, go elk-hunting
älska love ~ **med ngn** make love to sb
älskad beloved **känna sig** ~ feel oneself loved **[Min]** ~**e!** My love!, [My] darling!
älskande loving **de** ~ the lovers **ett** ~ **par** a loving couple, a pair of lovers
älskare lover ⟨till of⟩
älskarinna mistress, lover ⟨båda: till of⟩
älskling darling, love
älsklings- ⟨smsled⟩ favourite
älskvärd kind, amiable, charming ⟨alla: mot to⟩
älta, ~ **ngt** a) *tjata* harp on sth b) *grubbla* brood over sth
älv river
älva fairy, elf ⟨pl elves⟩
ämbete office **tillträda sitt** ~ take office **på** ~**ts vägnar** in an official capacity
ämbetsman public (civil) servant
ämbetsverk administrative agency

ämna intend, be going to ~**d** *avsedd* intended, meant ⟨båda: **för, åt** for⟩
ämne 1 *materia* matter, *substans* substance **skadliga** ~**n** harmful substances **2** *material*, **rå**~ material, *nyckel*~ *etc* blank **3** *för samtal, studium etc* subject, *spec i tal o skrift* topic ~**t för hans föreläsning** the topic for (theme of) his lecture **byta** ~ change the subject **hålla sig till** ~**t** keep to the subject
ämneslärare ≈ subject teacher
ämnesområde *vid forskning o studier* field of study
ämnesomsättning metabolism
än 1 → **ännu 2** *annan (annat)* ~ → annan **3** *efter komparativ* than **han är äldre** ~ **mig (**~ **jag)** he is older than me (than I [am]) **4 vem (vad) det** ~ **är** whoever (whatever) it is **hur det** ~ **må vara** however it may be **5 Än sen då?** So what? **Än vi då?** What about us?
ända¹ SB **1** ⟨med biformen **ände**⟩ *slut* end, *stump, ändbit* stump, bit **[hela] dagen i** ~ all [the] day long **gå (vara) till** ~ → **till ända i ena** ~**n** at one end **2** *stjärt* behind, bottom **få** ~**n ur vagnen** get a move on
ända² ADV right, *så långt ... som* as far ... as, *hela vägen* all the way ~ **fram till** right up to ⟨laget⟩ **nådde inte** ~ **fram** didn't quite make it ~ **från 1500-talet** ever since the 16th century ~ **in i minsta detalj** down to the last detail ⟨vi tog hissen⟩ ~ **ner** down to the bottom ~ **sedan dess** ever since ~ **tills nu** up to now
ändamål *avsikt* purpose, end, *syfte äv* object **för detta** ~ for this purpose, to this end ~**et helgar medlen** the end justifies the means ⟨biljettintäkterna⟩ **går till välgörande** ~ will be given to charities
ändamålsenlig serviceable, suitable, appropriate, *funktionell* functional
ände → ända¹
ändelse ending
ändlös endless, *påfrestande lång* interminable
ändra change, *mindre* alter, *delvis* modify ~ **en kjol** alter a skirt **ändra sig** *förändras* change, alter, *byta åsikt* change one's mind (opinion)
ändring ⟨↔ ändra⟩ change, alteration, modification
ändstation terminus ⟨pl termini el -es⟩
ändtarm rectum
ändå ADV *likväl* yet, still, even so, *icke desto*

mindre nevertheless, *trots allt* all the same, *i vilket fall som helst* anyway ⟨**han gav sig i väg tidigt,**⟩ **men kom ~ för sent** but still he was late **jag förstår ~ inte** still (yet) I do not understand ⟨**du kan åka med mig,**⟩ **jag skall ~ den vägen** I'm (I'll be) going that way anyway **Om du ~ vore här!** If only you were here!

äng meadow

ängel angel **en räddande ~** an angel to the rescue

änglalik angelic **ett ~t tålamod** the patience of a saint

änglavakt, ha ~ have a guardian angel

ängsla sig, ~ för ngt worry about sth **~ för att** be afraid that

ängslan anxiety, *starkare* apprehension ⟨*båda:* **för, över** about⟩

ängslig *rädd, orolig* anxious, uneasy ⟨*båda:* **för, över** about⟩ **Var inte ~!** Don't be afraid, Don't worry **vara ~ av sig** be timorous (timid, shy)

ängsmark meadow land

änka widow **~ efter ...** [the] widow of ...

änkedrottning queen dowager

änkling widower

ännu 1 *fortfarande* still, *än så länge, hittills* so far, as yet **inte ~** not yet **Är de här (kvar) ~?** Are they still here? **Är de inte här ~?** Aren't they here yet?, Are they still not here? **~ så länge** so far, up to now **2** *ytterligare* more **~ en** one more, [yet] another **~ en gång** once more **efter ~ några år** after another few years **3** *framför komparativ* even, still **~ sämre** even (still) worse

äntligen at last

äntra board

äppelblom apple blossom

äppelkaka ≈ apple cake

äppelkart green apple

äppelmos apple sauce

äppelpaj apple pie

äppelskrutt apple core

äppelträd apple [tree]

äpple apple

ära¹ SB honour, *förtjänst, berömmelse* credit, *lov o pris* glory **det är mig en stor ~ att** it is a great honour for me to **det gick hennes ~ för när** it wounded (hurt) her pride **jag har ~n att meddela** I have the honour to inform you **Har den ~n!** Congratulations!, *på födelsedag* Happy birthday! **sätta en ~ i att** take a pride in doing sth **ta åt sig ~n av** take the credit for **dagen till ~** in honour of the day

ära² VB honour

ärad honoured **Ä~e åhörare!** Ladies and gentlemen

äregirig ambitious [of honour]

ärekränkning defamation

ärende 1 errand, *med visst syfte* business ⟨*endast sg*⟩ **Vad har du för ~?** What brings you here?, What's your business? **gå (springa) ~n åt** run errands for **ha ett ~ i stan** have some business in town **ha några ~n att uträtta** have a few things to do **2** *fråga* matter, *fall* case **nästa ~ på dagordningen** the next item on the agenda

ärftlig hereditary **det är ~t** *om egenskap hos familjemedlemmar* ≈ it runs in the family

ärftlighet heredity

ärftlighetslära genetics ⟨*pred i sg*⟩

ärg verdigris

ärkebiskop archbishop

ärkefiende archenemy

ärla wagtail

ärlig honest, straight, *'rakt på sak'* straightforward, *hederlig* honourable, *uppriktig* sincere, frank **om jag skall vara helt ~** to be quite honest (frank)

ärlighet ⟨↔ ärlig⟩ honesty, straightforwardness, sincerity **~ varar längst** honesty is the best policy

ärligt ⟨↔ ärlig⟩ ADV honestly, sincerely **en ~ menad ursäkt** a sincere apology **~ talat** honestly, to be fair **~ förtjänta pengar** honestly made money

ärm sleeve

ärmhål armhole

ärmlös sleeveless

ärorik glorious

ärr scar

ärrig scarred

ärta pea **ärter och fläsk** ≈ pea soup with pork

ärtig *pigg* dashing, jaunty, *om t ex hatt äv* pert, saucy

ärtsoppa pea soup

ärva inherit ⟨**av, efter** from⟩ **han fick ~** he came into some money **han ärvde (fick ~) den gamla gården** he took over the old farm ⟨after his grandfather⟩, the old farm was left to him

ärvd inherited, *medfödd* hereditary **~a**

kläder hand-me-downs
äsch → ä
äss → ess
äta eat*, *måltid o rätt vanl* have ~ **lunch** have lunch, lunch **vi satt och åt** we were having breakfast ⟨*etc*⟩ **Har du ätit?** Have you had [your] breakfast ⟨*etc*⟩? **Vad skall vi ~ till middag?** What are we going to have for dinner? ~ **ute** eat out ~ **upp** [**maten**] eat up, finish one's food **det skall han få ~ upp** *bildl* he'll be sorry for this ~ **upp sig** fill up a little
ätbar eatable **Har vi något ~t hemma?** Is there anything to eat?
ätlig *ej giftig* edible
ätpinnar chopsticks
ätt family, *spec kunglig* dynasty
ättika vinegar
ättiksgurka pickled gherkin
ättiksprit vinegar essence
ättling descendant, offspring ⟨*lika i pl*⟩ ⟨*båda:* till of⟩
även *också* also, too ⟨*efterställt*⟩, likaså as well ⟨*efterställt*⟩, till och med even ~ **om** a) even if b) *fastän* even though **inte blott (bara) ... utan ~** not only ... but also ~ **en expert** ⟨*kan ta miste*⟩ even an expert ~ **om du tycks ha rätt, så ...** even though you seem to be right ...
äventyr 1 adventure, *vågstycke* [hazardous] venture **2 till ~s** by chance **om du till ~s råkar honom** if you happen to meet him
äventyra *sätta på spel* jeopardize, *riskera* risk
äventyrare adventurer
äventyrerska adventuress
äventyrlig adventurous, *riskfylld* hazardous, risky, *våghalsig* reckless
äventyrslust love of adventure
äventyrslysten adventurous
äventyrsroman adventure novel (story)

ö island, *i namn på vissa brittiska öar* isle
öbo islander
öde¹ SB fate **ett tragiskt ~** a tragic fate
öde² ADJ *obebodd, obebyggd* deserted, uninhabited, *enslig* desolate **en ~ ö** a desert island
ödelägga *lägga öde* lay* waste [to], *förstöra* destroy
ödeläggelse destruction
ödemark wilderness
ödesdiger fateful, *förödande* fatal
ödla lizard
ödmjuk humble
ödmjukhet humility
ödsla waste
ödslig desolate
ödsligt ADV ⟨*gården*⟩ **ligger ~** is remotely situated
öga *äv på nål* eye **blått ~** black eye **med blotta ~t** with the naked eye **mellan fyra ögon** face to face, in private **mitt för ögonen på mig** before my very eyes **det var nära ~t** that was a close shave **ha ögonen med sig** keep one's eyes open **kasta ett ~ på** take a look at **stå ~ mot ~ med** be face to face with
ögla loop
ögna, ~ **igenom** glance through
ögonblick moment, instant **Ett ~!** One moment!, Just a minute!, *i telefon* Hold on, please! **i nästa ~** the next moment (instant) **i samma ~** at the same moment **för ~et** a) *just nu* at the moment b) *för tillfället* for the moment **om ett ~** in a moment
ögonbryn eyebrow **rynka på ~en** at frown at
ögonfrans eyelash
ögonkast glance **vid första ~et** at first sight
ögonlock eyelid
ögonmått, ha bra ~ have a sure eye

ögonskugga eye shadow
ögonsten, hon är hans ~ she is the apple of his eye
ögonvittne eyewitness
ögonvrå corner of one's eye
öka 1 increase, *intensifiera* step up, *utvidga* extend, expand **~ hastigheten** increase speed, accelerate **2** *bli större* increase, *växa* grow*, *stiga* rise* **~ i antal** increase in number
öken desert, *bildl* wilderness
öknamn nickname
ökning increase, *tillväxt* growth
ökänd notorious
öl beer, *pilsner* lager **mörkt ~** stout (brown) ale
ölback beer crate
ölburk beer can
ölmage beer gut (belly), paunch
ölöppnare bottle (*resp* can) opener
öm 1 *som lätt gör ont* tender, sore, *känslig äv* sensitive **en ~ punkt** a tender (sore) spot, a sore point **känna sig ~ i hela kroppen** be sore all over **2** *ömsint* **vara ~ mot** be tender (loving) to (with)
ömhet 1 *känslighet för beröring* tenderness, soreness **2** *kärleksfullhet* tenderness, affection
ömhetsbehov need (craving) for affection
ömhetsbevis token of affection
ömka pity ömka sig lament **~ över ngn (ngt)** lament sb (sth)
ömklig pitiful **en ~ syn** a sad (sorry) sight
ömse, på ~ sidor on both sides, on either side
ömsesidig mutual **~a fördelar** advantages for both
ömtålig delicate, *känslig* sensitive, *bräcklig* fragile, *som lätt tar skada* easily damaged **ett ~t ämne** a delicate matter
önska wish, want **jag hade ~t att du hade kommit** I would have wished you to come **~ ngn allt gott** wish sb well **få ~d verkan** have the desired effect **önska sig** wish for **jag önskar mig en klocka i julklapp** I'd like [to have] a watch as a Christmas present
önskan ⟨*pl* önskningar⟩ wish ⟨om for⟩, *starkare* desire, *begäran* request **en sista ~** a last wish, a final request **han fick sin ~ uppfylld** he got (had) his wish, his wish was fullfilled (came true)

önskelista *presentlista* list of birthday ⟨*etc*⟩ wishes
önskemål *önskning* wish, *krav* requirement
önsketänkande wishful thinking
öppen open ⟨**för** to⟩, *ärlig* frank ⟨**mot** with⟩ **på ~ gata** in (*US* on) the street **ta på öppet köp** buy ⟨sth⟩ on approval **~ spis** [open] fireplace
öppenhet openness, frankness
öppenhjärtig open-hearted, frank, *rakt på sak* blunt
öppenvård 1 *sjukvård* out-patient care **2** *kriminalvård* ≈ placement in a low-security institution
öppettider opening hours
öppna open **~ eget** start (set up) one's own business **öppna sig** open, *om blomma* unfold **~ för ngn** open up to sb
öppning opening, *i mur o d* gap, **kropps~** orifice
öra ear, *på kopp* handle **tala för döva öron** talk to the deaf **vara idel ~** be all ears **dra öronen åt sig** get cold feet **ha ont i öronen** have [an] earache **få det hett om öronen** get into hot water **vara på ~t** be tipsy **kär upp över öronen** head over heels in love
öre, inte ett rött ~ ≈ not a brass farthing, *US* not a red cent
örfil a box on the ear **~ar** slaps, cuffs
örhänge earring, *hängande* eardrop
öring trout ⟨*lika i pl*⟩
örlogsfartyg warship
örn eagle
örngott pillowcase
örnnäsa hooked nose
öroninflammation inflammation of the ear[s]
öronpropp *skydd mot ljud* earplug
örsnibb [ear] lobe
ört plant, herb
örtkrydda herb
örtte herb[al] tea
ös, det var fullt ~ på festen the party was going [at] full blast
ösa 1 ~ båten bail (scoop) [out] the water from the boat **~ presenter över ngn** shower sb with presents **~ ur sig** pour out **2 ~ på [för fullt]** go full blast
ösregn pouring rain, downpour
ösregna, det ~r the rain is pouring (pelting) down, it is pouring
öst ⟨↔ nord, norr *med sms*⟩ east, *väderstreck*

the east, *polit* the East ~ **och väst** East and West
Östafrika East Africa
östanvind east (easterly) wind
Östasien East[ern] Asia
öster[1] ⟨↔ **norr** *med sms*⟩ SB east, *väderstreck* the east **Östern** the East (Orient) **Fjärran Östern** the Far East **Mellersta Östern** the Middle East
öster[2] ADV ~ **om** [to the] east of
österrikare Austrian
Österrike Austria
österrikisk Austrian
österrikiska Austrian woman
Östersjön the Baltic [Sea]
österut ⟨↔ **norrut**⟩ to (toward[s]) the east, eastward[s], *i öster* in the east
Östeuropa Eastern Europe
östeuropé East[ern] European
östeuropeisk East[ern] European
östkust east[ern] coast
östlig ⟨↔ **nordlig**⟩ easterly, eastern, east
östra ⟨↔ **norra**⟩ eastern, *som vetter åt öster* east
öva practise, train ~ **gitarr** practise on the guitar ~ **in** practise, *roll* rehearse ~ **upp** improve **öva sig** practise ~ **på (i) att göra ngt** practise doing sth
över[1] ⟨↔ resp huvudord⟩ PREP
1 *i rums- och måttsuttryck* over, *i måttsuttryck äv* above, more than, *ovanför*, ~ ⟨**ngn**⟩ *i rang* above, *tvärs* ~ across, *via* via, by way of ⟨**tavlan**⟩ ~ **den öppna spisen** above the fireplace ⟨**lampan**⟩ ~ **matbordet** over the dinner-table ⟨**bron**⟩ ~ **ån** over (across) the river **en karta** ~ **London** a map of London **gå** ~ **gatan** cross (walk across) the street **resa (ta vägen)** ~ **Berlin** go via (by way of) Berlin ~ **hela landet** throughout (all over) the country
2 *i tidsuttryck* over, more than, *i klockslag* past, US *äv* after ⟨**det tog**⟩ ~ **en timme** over (more than) an hour **stanna** ~ **natten** stay overnight (the night)
3 *andra uttryck* **det går** ~ **mitt förstånd** it's beyond me **leva** ~ **sina tillgångar** live beyond one's means
över[2] ⟨↔ **gå** ~, **komma** ~, **titta** ~ *etc*⟩ ADV
1 *med rumsbetydelse* over, above, across ⟨**en flicka**⟩ **i klassen** ~ in the form above, US in the next grade **världen** ~ all over the world **måla** ~ paint over
2 *slut* over **faran är** ~ the danger is over

3 *kvar* left **det som blir** ~ what's left **jag fick pengar** ~ I had money left over **jag har ett exemplar** ~ I have a spare copy **jag har några minuter** ~ I have a few minutes to spare
överallt everywhere ~ **i (på)** all over
överanstränga overstrain
överanstränga sig [over]strain oneself, *arbeta för mycket* overwork oneself, work too hard
överansträngd overstrained, *utarbetad* overworked
överansträngning overstrain, *av arbete* overwork
överarm upper arm
överbefolkad overpopulated
överbefälhavare commander-in-chief
överbegåvad extremely gifted
överbelasta overload, *bildl äv* overstrain
överbeskydda overprotect ~**nde** overprotective
överbett overbite
överbevisa convince ⟨**ngn om ngt** sb of sth⟩
överblick, ge en ~ **över** give a survey of
överbliven left over, remaining
överbringa deliver, convey
överbrygga bridge
överdel upper part, *äv blus o d* top
överdos overdose
överdrag 1 *möbel*~ cover[ing] **2** *tids*~ delay **3** *på konto* overdraft
överdragskläder protective clothes
överdrift exaggeration **gå till** ~ go too far
överdriva exaggerate, overdo° things
överdriven exaggerated ~ **försiktighet** excessive caution
överdrivet ADV ~ **noggrann** overcareful
överens, komma bra ~ get on well **vara** ~ **om ngt** agree on (about) sth
överenskommelse agreement **enligt** ~ as agreed **träffa en** ~ make an agreement
överensstämma agree ⟨**med** with⟩
överexponera overexpose
överfall assault, *angrepp* attack
överfalla assault, *angripa* attack ~ **med frågor** assail with questions
överfart crossing, passage
överflyttning transfer
överflöd *riklig mängd* abundance, *stort välstånd* affluence ⟨*båda:* **på, av** of⟩ **leva i** ~ live in luxury
överflödig superfluous, unnecessary

känna sig ~ feel unwanted
överflödssamhälle affluent society
överfull *om kärl* overfull, *av folk* overcrowded ⟨with⟩
överföra ⟨↔ föra över⟩ *äv pengar* transfer, *kraft, ljud, smitta* transmit
överföring ⟨↔ överföra⟩ transfer, transmission
överge abandon, leave*, *tro, teori* give* up
övergiven abandoned, deserted
överglänsa outshine*
övergrepp 1 *kroppsligt våld* assault ⟨on⟩, *sexuellt* sexual assault (*spec mot minderårig* abuse) **2** *kränkning* violation ⟨of⟩
övergripande, ~ ansvar overall responsibility
övergå 1 ~ till a) *fortsätta med* go (pass) on to b) *om ägarskap* be passed on to c) *byta till* change (go over) to **~ till annan verksamhet** take up another line of business **2** *gradvis förändras till* **det gröna ~r i gult** the green changes into yellow ⟨regnet⟩ **övergick i solsken** gave way to sunshine
övergående passing, temporary **det är av ~ natur** it will soon pass
övergång 1 *järnvägs-~* [railway] crossing **2** *från ett stadium till ett annat* transition, change, *omläggning* change-over
övergångsskede transitional period (stage)
övergångsställe pedestrian (*GB äv* zebra) crossing
övergångsålder *kvinnans* menopause
övergöda overfeed*, *övergödsla* overfertilize
överhand, få (ta) ~en get the upper hand ⟨över of⟩ **nyfikenheten tog ~** curiosity got the better of me ⟨*etc*⟩
överhet, ~en the authorities ⟨*pl*⟩
överhettad *äv bildl* overheated
överhopa, ~ ngn med ngt heap sth on sb **~d med arbete** overwhelmed (swamped) with work
överhoppad *om text* left out, *om person* passed over
överhud epidermis
överhuvudtaget, det är ~ så att ... on the whole, it is ... **jag såg ingenting ~** I didn't see anything at all
överhängande, ~ fara impending danger
överilad rash
överinseende supervision

överkant upper edge ⟨**optimistisk**⟩ **i ~** rather too ⟨optimistic⟩ **ta till i ~** overdo it
överkast bedspread
överklaga, ~ ett beslut appeal against a decision **beslutet kan ej ~s** there is no appeal
överklass, ~en the upper class[es]
överkomlig *som går att klara av* surmountable **till ~t pris** at a reasonable price
överkropp upper part of the body **med naken ~** stripped to the waist
överkvalificerad overqualified
överkäke upper jaw
överkänslig oversensitive
överkörd, bli ~ be run over, *bildl* ⟨*i diskussion*⟩ be steamrollered
överlagd *om t ex mord* premeditated **noga ~** carefully considered
överlakan top sheet
överlappa overlap
överlasta overload
överleva, ~ en olycka survive an accident
överlevande, de ~ the survivors
överlevnad survival
överlista outwit
överlycklig overjoyed ⟨**över** with, at⟩
överlåta 1 *jur* ⟨*äganderätt*⟩ transfer ⟨**på** to⟩ **2** *överlämna* hand (turn) over **~ ansvaret** hand over the responsibility **~ åt ngn att göra ngt** leave it to sb to do sth
överlåtelse *jur* transfer, *försäljning* sale
överläge *bildl* advantage **vara i ~** have the upper hand
överlägga, ~ med ngn confer with sb **~ om** *diskutera* discuss
överläggning discussion **~ar** talks
överlägsen 1 superior **vara ngn ~** be superior to sb **~ seger** runaway victory **2** *högfärdig* supercilious
överläkare chief physician (*kirurg* surgeon)
överlämna hand over, deliver **~ ett meddelande** deliver a message **~ ordet åt ngn** call on sb to speak **~ ngt åt ödet** leave sth to fate
överläpp upper lip
övermakt *överlägsenhet* superiority, *överlägsen styrka* superior force
överman superior **finna sin ~** find (meet) one's match
övermanna overpower

övermogen overripe
övermorgon, i ~ [on] the day after tomorrow
övermänniska superman
övernatta stay (stop) the night
övernattning overnight stay (stop)
övernaturlig supernatural
överordnad superior **vara ~ ngn** be superior to sb **mina ~e** my superiors
överpris, få betala ~ för ngt be overcharged for sth
överraska *äv ertappa* surprise **~ ngn [i färd] med att göra ngt** catch sb doing sth
överraskad surprised ⟨**över** at, by⟩
överraskande ADJ surprising
överraskning surprise **till min stora ~** much to my surprise
överreklamerad overrated
överrock overcoat
överrumpla take* (catch*) by surprise
överräcka hand over
överrösta, ~ oväsendet make oneself heard above the racket **oväsendet ~de honom** the noise drowned his voice **~ ngn** shout sb down
övers → **till övers**
överse, ~ med ngt overlook sth
överseende 1 SB **ha ~ med ngn** excuse sb **2** ADJ indulgent ⟨**toward[s], to**⟩
översikt survey, outline ⟨*båda:* **över** of⟩
översittare bully **spela ~ mot ngn** bully sb
överskatta overestimate, overrate
överskott surplus
överskrida *gå över* cross, *gå för långt, passera* exceed
överskrift heading
överskådlig clear, *om framställning* lucid **inom ~ tid** in the foreseeable future
överslag, göra ett ~ make an estimate ⟨**över** of⟩
överspänd *karaktär* highly strung
överst ADV uppermost, on top **~ på sidan 10** at the top of page 10 **stå ~ på listan** head (top) the list
överste colonel
överstiga be above, exceed
överstrykningspenna marker
överstökad over [and done with]
översvallande lavish, *överdrivet hjärtlig* effusive
översvämma ⟨↔ **svämma**⟩ *äv bildl* flood
översvämning flood, inundation
översållad covered, strewn ⟨*båda:* **av** with⟩
översätta translate ⟨**från** from, **till** into, **med** by⟩
översättare translator
översättning translation
överta take* over
övertag advantage ⟨**over**⟩ **få ~et över** get the upper hand of
övertala persuade
övertalning persuasion
övertid overtime **arbeta [på] ~** work overtime
övertramp *vid hopp* no-jump **göra ett ~** *bildl* make a blunder
överträda *bryta mot* ⟨*lag*⟩ break*, violate **~ sina befogenheter** exceed one's powers
överträdelse *lagbrott* offence
överträffa surpass, exceed **~ sig själv** surpass oneself
övertyga convince ⟨**ngn om ngt** sb of sth, **ngn om att** sb that⟩ **övertyga sig** make* sure ⟨**om att** that⟩
övertygande convincing
övertygelse conviction
övertänkt well-considered
övervaka supervise
övervakare 1 supervisor **2** *jur* probation officer
övervakning 1 supervision **2** *jur* probation **dömas till (få) ~** be put on probation
övervikt 1 overweight **betala för ~** *flyg* pay for excess luggage (*spec US* baggage) **2** *majoritet* **med två rösters ~** by a majority of two
övervinna overcome*
övervintra winter, pass the winter, *ligga i ide* ⟨*äv bildl*⟩ hibernate
övervåning upper floor (storey)
överväga 1 *tänka igenom* consider, think* about **jag överväger att avgå** I'm thinking of resigning **2** *väga tyngre än* outweigh ⟨*sth*⟩, *vara i majoritet* be in the majority
övervägande 1 SB **efter moget ~** after careful consideration **2** ADJ **den ~ delen** the great majority, the greater part **till ~ del** mainly, chiefly
överväldiga overwhelm
överväldigande overwhelming
övervärdera overestimate, overrate, *t ex tillgång, aktie* overvalue
överösa, ~ ngn med ngt shower sb with sth

övning 1 practice, *träning* training **~ ger färdighet** practice makes perfect **det kräver ~** it takes practice **2** *gymnastik~, skriv~ etc* exercise **praktiska ~ar** practical exercises **göra en ~** do an exercise
övningsbok exercise book
övningsköra learn* to drive, take* driving lessons
övningskörning driving practice
övningsämne practical subject
övre upper, top **i ~ våningen** on the upper floor
övrig, det ~a the rest **de ~a** the others, the rest **för ~t** *a) annars* otherwise *b) dessutom* besides *c) i förbigående sagt* by the way **i ~t** for the rest

SIFFERUTTRYCK

1 Grundtal och ordningstal

1	one	1st	first
2	two	2nd	second
3	three	3rd	third
4	four	4th	fourth
5	five	5th	fifth
6	six	6th	sixth
7	seven	7th	seventh
8	eight	8th	eighth
9	nine	9th	ninth
10	ten	10th	tenth
11	eleven	11th	eleventh
12	twelve	12th	twelfth
13	thirteen	13th	thirteenth
14	fourteen	14th	fourteenth
15	fifteen	15th	fifteenth
16	sixteen	16th	sixteenth
17	seventeen	17th	seventeenth
18	eighteen	18th	eighteenth
19	nineteen	19th	nineteenth
20	twenty	20th	twentieth
21	twenty-one	21st	twenty-first
22	twenty-two	22nd	twenty-second
23	twenty-three	23rd	twenty-third
30	thirty	30th	thirtieth
40	forty	40th	fortieth
50	fifty	50th	fiftieth
60	sixty	60th	sixtieth
70	seventy	70th	seventieth
80	eighty	80th	eightieth
90	ninety	90th	ninetieth
100	one hundred	100th	hundredth
200	two hundred	200th	two hundredth
1000	one thousand	1000th	thousandth
1,000,000	one million	1,000,000th	millionth

Anmärkningar

1 Alla tal över 100 utläses med *and* före entalet eller tiotalet: 101 *a hundred and one*, 12,347 *twelve thousand three hundred and forty-seven*. I amerikansk engelska kan talen också utläsas utan *and*.

2 Årtal kan utläsas på två sätt. 1996: *nineteen ninety-six* eller *nineteen hundred and ninety-six*.

3 *Hundred* och *thousand* föregås av *one* (betonat) eller *a* (obetonat) även då svenskan har bara 'hundra', 'tusen': *over a hundred people*, *one (a) thousand dollars*.

4 För 'miljard' används *billion*. I brittisk engelska kan man också säga *thousand million*. 'fem miljarder pund' kan skrivas på olika sätt: £5 *billion*, £5*bn*.

5 *hundred, thousand, million, billion* får inget plural-s som räkneord: 'två miljoner invånare' *two million inhabitants*.

6 I allmänna bråk används ordningstalen som substantiv: 'en tredjedel' *one third*, 'tre femtedelar' *three fifths*.

7 I decimalbråk används punkt, inte komma: '2,4' skrivs 2.4 (*two point four*). '0,4' skrivs 0.4 (*oh point four*, i USA även *zero point four*) eller .4 (*point four*).

8 I tal med fyra siffror eller däröver har engelskan komma (eller ett mellanrum), aldrig punkt: 16,200 (16 200).

2 Datering

Datumet '12 augusti 1994' skrivs olika i brittisk och amerikansk engelska.

Brittisk engelska:
12 (12th) August 1994
Med siffror: *12/8/94*
Utläses vanligen: *the twelfth of August*

Amerikansk engelska:
August 12, 1994
Med siffror: *8/12/94*
Utläses vanligen: *August [the] twelfth*

3 Klockslag

För att ange klockslag före klockan 12 på dagen används tillägget *a.m.*, om det behövs för tydlighetens skull:
kl 9.30 *at 9.30 a.m. (nine thirty)*

För klockslag mellan klockan 12 och klockan 24 används tillägget *p.m.*:
kl 12.00 *at [12] noon*
kl 19.20 *at 7.20 p.m. (seven twenty)*
kl 24.00 *at [12] midnight*

För att ange t ex tågtider och programtider används även 24-timmarsklockan:
kl 23.10 *at 23.10 (twenty-three ten)*

MÅTT

Metersystemet, med meter, liter och kilogram som enheter, är infört i Storbritannien och andra engelskspråkiga länder, men i många sammanhang används fortfarande de äldre enheterna. I USA används metersystemet bara i vetenskapligt och tekniskt språk.

1 Längdmått och ytmått

in = inch, ft = foot, yd = yard   sq = square

1 in	2,54 cm	1 sq in	6,452 cm²
1 ft	30,48 cm	1 sq yd	0,836 m²
1 yd	91,44 cm	1 acre	4047 m²
1 mile	1609,35 m		

2 mph och mpg

I de flesta engelskspråkiga länder räknas bilars hastighet i *miles per hour (mph)*. Bensinförbrukning räknas i *miles per gallon (mpg)*, dvs i sträcka per bensinmängd, inte i bensinmängd per sträcka som i Sverige.

30 mph	ca 50 km/t		100 mph	160 km/t
40 mpg	0,7 l/mil		14 mph	2 l/mil

3 Rymdmått och vätskemått

cu = cubic, pt = pint, qt = quart

1 cu in	16,387 cm³
1 cu ft	0,0283 m³

	GB	US
1 pt	0,568 l	0,473 l
1 qt	1,136 l	0,946 l
1 gallon	4,546 l	3,785 l

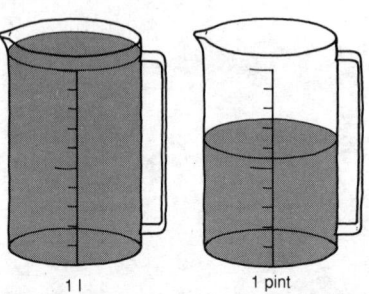

4 Vikt

oz = ounce, lb = pound
1 oz   28,35 g
1 lb   0,454 kg

För kroppsvikt används ibland *stone*:

1 stone   6,356 kg
8 stone   ca 50 kg

1 kg   1 lb

5 Temperatur

I Storbritannien är Celsiussystemet numera infört, men till vardags använder många britter ännu Fahrenheit. I USA är Fahrenheitsystemet det allmänt vedertagna utom i vetenskapligt språk.

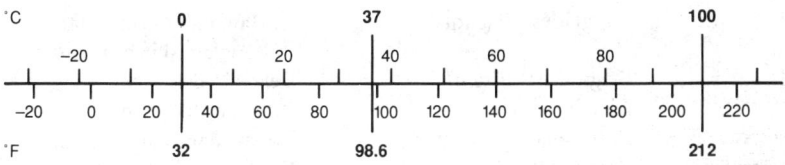

twenty-five [degrees]   twenty-five [degrees Celsius]
eleven degrees of frost

LÄNDER

Länderna står i svenskans bokstavsordning, med hänvisningar från den engelska formen där så behövs.
I högerspalten står adjektiven. När inget annat anges, används samma ord för att benämna en person från landet i fråga.

Förkortningar i högerspalten:
A = adjektivet, P = personbenämningen, N = nationen

Afganistan	**Afghanistan** /æf'gænɪstɑːn/	**Afghan** /'æfgæn/
Albanien	**Albania** /æl'beɪnɪə/	**Albanian** /æl'beɪnɪən/
Algeriet	**Algeria** /æl'dʒɪərɪə/	**Algerian** /æl'dʒɪərɪən/
Angola	**Angola** /æŋ'gəʊlə/	**Angolan** /æŋ'gəʊlən/
Argentina	**Argentina** /ˌɑːdʒən'tiːnə/, [the] **Argentine** /'ɑːdʒəntaɪn/	**Argentinian** /ˌɑːdʒən'tɪnɪən/, **Argentine** /'ɑːdʒəntiːn/
Australien	**Australia** /ɒ'streɪlɪə/	**Australian** /ɒ'streɪlɪən/
Austria → Österrike		
Bangladesh	**Bangladesh** /ˌbæŋglə'deʃ/	A: **Bangladesh** /ˌbæŋglə'deʃ/ P: **Bangladeshi** /ˌbæŋglə'deʃɪ/
Belgien	**Belgium** /'beldʒəm/	**Belgian** /'beldʒən/
Bolivia	**Bolivia** /bə'lɪvɪə/	**Bolivian** /bə'lɪvɪən/
Botswana	**Botswana** /bɒt'swɑːnə/	**Botswanan** /bɒt'swɑːnən/
Brasilien	**Brazil** /brə'zɪl/	**Brazilian** /brə'zɪlɪən/
Britain → Storbritannien		
Bulgarien	**Bulgaria** /bʌl'geərɪə/	**Bulgarian** /bʌl'geərɪən/
Burkina Faso	**Burkina Faso** /bɜːˌkiːnə 'fæsəʊ/	A: **Burkinese** /ˌbɜːkɪ'niːz/ P: **Burkinian** /bɜː'kɪnɪən/
Burma	**Burma** /'bɜːmə/	**Burmese** /ˌbɜː'miːz/
Cambodia → Kambodja		
Canada	**Canada** /'kænədə/	**Canadian** /kə'neɪdɪən/
Chile	**Chile** /'tʃɪlɪ/	**Chilean** /'tʃɪlɪən/
China → Kina		
Colombia	**Colombia** /kə'lɒmbɪə/	**Colombian** /kə'lɒmbɪən/
[the] Congo → Kongo		
Costa Rica	**Costa Rica** /ˌkɒstə 'riːkə/	**Costa Rican** /ˌkɒstə 'riːkən/
Croatia → Kroatien		
Cuba → Kuba		
Czechoslovakia → Tjeckoslovakien		
Danmark	**Denmark** /'denmɑːk/	A: **Danish** /'deɪnɪʃ/ P: **Dane** /deɪn/
Ecuador	**Ecuador** /'ekwədɔː/	**Ecuadorian** /ˌekwə'dɔːrɪən/
Egypten	**Egypt** /'iːdʒɪpt/	**Egyptian** /ɪ'dʒɪpʃn/
Eire → Irland		

El Salvador	**El Salvador** /ˌel ˈsælvədɔː/	**Salvadorian** /ˌsælvəˈdɔːrɪən/
England	**England** /ˈɪŋglənd/	A: **English** /ˈɪŋglɪʃ/
		P: **Englishman** /ˈɪŋglɪʃmən/, **Englishwoman** /-ˌwʊmən/
		N: **the English** /ˈɪŋglɪʃ/
Eritrea	**Eritrea** /ˌerɪˈtreɪə/	**Eritrean** /ˌerɪˈtreɪən/
Estland	**Estonia** /eˈstəʊnɪə/	**Estonian** /eˈstəʊnɪən/
Etiopien	**Ethiopia** /ˌiːθɪˈəʊpɪə/	**Ethiopian** /ˌiːθɪˈəʊpɪən/
Filippinerna	**the Philippines** /ˈfɪlɪpiːnz/	A: **Philippine** /ˈfɪləpiːn/
		P: **Filipino** /ˌfɪlɪˈpiːnəʊ/
Finland	**Finland** /ˈfɪnlənd/	A: **Finnish** /ˈfɪnɪʃ/
		P: **Finn** /fɪn/
Frankrike	**France** /frɑːns/	A: **French** /frentʃ/
		P: **Frenchman** /ˈfrentʃmən/, **Frenchwoman** /-ˌwʊmən/
		N: **the French** /frentʃ/
Förenta Staterna	**the United States** /jʊˌnaɪtɪd ˈsteɪts/, **the USA** /ˌjuːesˈeɪ/, **the US** /ˌjuːˈes/	**American** /əˈmerɪkən/
Gambia	**[the] Gambia** /ˈgæmbɪə/	**Gambian** /ˈgæmbɪən/
Germany → Tyskland		
Ghana	**Ghana** /ˈgɑːnə/	**Ghanaian** /gɑːˈneɪən/
Great Britain → Storbritannien		
Grekland	**Greece** /griːs/	**Greek** /griːk/
Guinea	**Guinea** /ˈgɪnɪ/	**Guinean** /ˈgɪnɪən/
Haiti	**Haiti** /ˈheɪtɪ/	**Haitian** /ˈheɪʃn/
Holland	**Holland** /ˈhɒlənd/	A: **Dutch** /dʌtʃ/
		P: **Dutchman** /ˈdʌtʃmən/, **Dutchwoman** /-ˌwʊmən/
		N: **the Dutch** /dʌtʃ/
Hungary → Ungern		
Iceland → Island		
Indien	**India** /ˈɪndɪə/	**Indian** /ˈɪndɪən/
Indonesien	**Indonesia** /ˌɪndəʊˈniːzɪə/	**Indonesian** /ˌɪndəʊˈniːzɪən/
Irak	**Iraq** /ɪˈrɑːk/	**Iraqi** /ɪˈrɑːkɪ/
Iran	**Iran** /ɪˈrɑːn, ɪˈræn/	**Iranian** /ɪˈreɪnɪən/
Irland	**the Irish Republic** /ˌaɪrɪʃ rɪˈpʌblɪk/, **[the Republic of] Ireland** /ˈaɪələnd/, **Eire** /ˈeərə/	A: **Irish** /ˈaɪrɪʃ/
		P: **Irishman** /ˈaɪrɪʃmən/, **Irishwoman** /-ˌwʊmən/
		N: **the Irish** /ˈaɪrɪʃ/
Island	**Iceland** /ˈaɪslənd/	A: **Icelandic** /aɪsˈlændɪk/
		P: **Icelander** /ˈaɪsləndə/
Israel	**Israel** /ˈɪzreɪl/	**Israeli** /ɪzˈreɪlɪ/
Italien	**Italy** /ˈɪtəlɪ/	**Italian** /ɪˈtæljən/

Jamaica	**Jamaica** /dʒə'meɪkə/	**Jamaican** /dʒə'meɪkən/
Japan	**Japan** /dʒə'pæn/	**Japanese** /ˌdʒæpə'niːz/
Jugoslavien	**Yugoslavia** /ˌjuːgəʊ'slɑːvɪə/	A: **Yugoslavian** /ˌjuːgəʊ'slɑːvɪən/
		P: **Yugoslav** /'juːgəʊslɑːv/
Kambodja	**Cambodia** /kæm'bəʊdɪə/	**Cambodian** /kæm'bəʊdɪən/
Kenya	**Kenya** /'kenjə/	**Kenyan** /'kenjən/
Kina	**China** /'tʃaɪnə/	**Chinese** /ˌtʃaɪ'niːz/
Kongo	[the] **Congo** /'kɒŋgəʊ/	**Congolese** /ˌkɒŋgə'liːz/
Korea	**Korea** /kə'rɪə/	**Korean** /kə'rɪən/
Kroatien	**Croatia** /krəʊ'eɪʃə/	**Croatian** /krəʊ'eɪʃn/
Kuba	**Cuba** /'kjuːbə/	**Cuban** /'kjuːbən/
Kuwait	**Kuwait** /ku'weɪt/	**Kuwaiti** /ku'weɪtɪ/
Laos	**Laos** /laʊs/	**Laotian** /'laʊʃn/
Lettland	**Latvia** /'lætvɪə/	**Latvian** /'lætvɪən/
Libanon	**Lebanon** /'lebənən/	**Lebanese** /ˌlebə'niːz/
Liberia	**Liberia** /laɪ'bɪərɪə/	**Liberian** /laɪ'bɪərɪən/
Libyen	**Libya** /'lɪbɪə/	**Libyan** /'lɪbɪən/
Litauen	**Lithuania** /ˌlɪθjʊ'eɪnɪə/	**Lithuanian** /ˌlɪθju'eɪnɪən/
Luxemburg	**Luxemb[o]urg** /'lʌksəmbɜːg/	A: **Luxemb[o]urg** /'lʌksəmbɜːg/
		P: **Luxemb[o]urger** /'lʌksəmˌbɜːgə/
Malta	**Malta** /'mɔːltə/	**Maltese** /ˌmɔːl'tiːz/
Marocko	**Morocco** /mə'rɒkəʊ/	**Moroccan** /mə'rɒkən/
Mexiko	**Mexico** /'meksɪkəʊ/	**Mexican** /'meksɪkən/
Moçambique	**Mozambique** /ˌməʊzəm'biːk/	**Mozambiquean** /ˌməʊzəm'biːkən/
Monaco	**Monaco** /'mɒnəkəʊ/	**Monegasque** /ˌmɒnɪ'gæsk/
Namibia	**Namibia** /nə'mɪbɪə/	**Namibian** /nə'mɪbɪən/
Nederländerna	the **Netherlands** /'neðələndz/	
Nicaragua	**Nicaragua** /ˌnɪkə'rægjʊə/	**Nicaraguan** /ˌnɪkə'rægjuən/
Nigeria	**Nigeria** /naɪ'dʒɪərɪə/	**Nigerian** /naɪ'dʒɪərɪən/
Norge	**Norway** /'nɔːweɪ/	**Norwegian** /nɔː'wiːdʒən/
Nya Zeeland	**New Zealand** /ˌnjuː'ziːlənd/	A: **New Zealand** /ˌnjuː'ziːlənd/
		P: **New Zealander** /ˌnjuː'ziːləndə/
Pakistan	**Pakistan** /ˌpɑːkɪ'stɑːn/	**Pakistani** /ˌpɑːkɪ'stɑːnɪ/
Palestina	**Palestine** /'pæləstaɪn/	**Palestinian** /ˌpælə'stɪnɪən/
Paraguay	**Paraguay** /'pærəgwaɪ/	**Paraguayan** /ˌpærə'gwaɪən/
the Philippines → Filippinerna		
Polen	**Poland** /'pəʊlənd/	A: **Polish** /'pəʊlɪʃ/
		P: **Pole** /pəʊl/
Portugal	**Portugal** /'pɔːtʃʊgəl/	**Portuguese** /ˌpɔːtʃʊ'giːz/

Puerto Rico	**Puerto Rico** /ˌpwɜːtəʊ ˈriːkəʊ/	**Puerto Rican** /ˌpwɜːtəʊ ˈriːkən/
Rumänien	**Romania** /rʊˈmeɪnɪə/	**Romanian** /rʊˈmeɪnɪən/
Ryssland	**Russia** /ˈrʌʃə/	**Russian** /ˈrʌʃn/
Saudiarabien	**Saudi Arabia** /ˌsaʊdɪ əˈreɪbɪə/	A: **Saudi Arabian** /ˌsaʊdɪ əˈreɪbɪən/ P: **Saudi [Arabian]**
Schweiz	**Switzerland** /ˈswɪtsələnd/	**Swiss** /swɪs/
Serbien	**Serbia** /ˈsɜːbɪə/	**Serb[ian]** /sɜːb, ˈsɜːbɪən/
Skottland	**Scotland** /ˈskɒtlənd/	A: **Scottish** /ˈskɒtɪʃ/, **Scots** /skɒts/ P: **Scot** /skɒt/, **Scotsman** /ˈskɒtsmən/, **Scotswoman** /-ˌwʊmən/ N: **the Scottish, the Scots**
Slovenien	**Slovenia** /sləʊˈviːnɪə/	**Slovenian** /sləʊˈviːnɪən/
Spanien	**Spain** /speɪn/	A: **Spanish** /ˈspænɪʃ/ P: **Spaniard** /ˈspænjəd/
Sri Lanka	**Sri Lanka** /srɪˈlæŋkə/	**Sri Lankan** /srɪˈlæŋkən/
Storbritannien	**Great Britain** /ˌgreɪt ˈbrɪtn/, **Britain**; *inkl. Nordirland*: **the United Kingdom** /jʊˈnaɪtɪd ˈkɪŋdəm/, **the UK** /ˌjuːˈkeɪ/	A: **British** /ˈbrɪtɪʃ/, **UK** /ˌjuːˈkeɪ/ P: **Briton** /ˈbrɪtn/ N: **the British**
Sudan	**[the] Sudan** /sʊˈdɑːn, sʊˈdæn/	**Sudanese** /ˌsuːdəˈniːz/
Sverige	**Sweden** /ˈswiːdn/	A: **Swedish** /ˈswiːdɪʃ/ P: **Swede** /swiːd/
Sydafrika	**South Africa** /ˌsaʊθ ˈæfrɪkə/	**South African** /ˌsaʊθ ˈæfrɪkən/
Syrien	**Syria** /ˈsɪrɪə/	**Syrian** /ˈsɪrɪən/
Taiwan	**Taiwan** /ˌtaɪˈwɑːn/	**Taiwanese** /ˌtaɪwəˈniːz/
Tanzania	**Tanzania** /ˌtænzəˈniːə/	**Tanzanian** /ˌtænzəˈniːən/
Thailand	**Thailand** /ˈtaɪlænd/	**Thai** /taɪ/
Tibet	**Tibet** /tɪˈbet/	**Tibetan** /tɪˈbetn/
Tjeckoslovakien	**Czechoslovakia** /ˌtʃekəʊsləʊˈvækɪə/	A: **Czechoslovak[ian]** /ˌtʃekəʊˈsləʊvæk, -sləʊˈvækɪən/ P: **Czech** /tʃek/, **Slovak** /ˈsləʊvæk/
Tunisien	**Tunisia** /tjʊˈnɪzɪə/	**Tunisian** /tjʊˈnɪzɪən/
Turkiet	**Turkey** /ˈtɜːkɪ/	A: **Turkish** /ˈtɜːkɪʃ/ P: **Turk** /tɜːk/
Tyskland	**Germany** /ˈdʒɜːmənɪ/	**German** /ˈdʒɜːmən/
Uganda	**Uganda** /jʊˈgændə/	**Ugandan** /jʊˈgændən/
Ukraina	**[the] Ukraine** /jʊˈkreɪn/	**Ukranian** /jʊˈkreɪnɪən/
Ungern	**Hungary** /ˈhʌŋgərɪ/	**Hungarian** /hʌŋˈgeərɪən/

the United Kingdom → Storbritannien
the United States → Förenta Staterna

Uruguay	**Uruguay** /ˈjʊərəgwaɪ/	**Uruguayan** /ˌjʊərəgwaɪən/
Wales	**Wales** /weɪlz/	A: **Welsh** /welʃ/
		P: **Welshman** /ˈwelʃmən/, **Welshwoman** /-ˌwʊmən/
		N: **the Welsh**
Venezuela	**Venezuela** /ˌvenəˈzweɪlə/	**Venezuelan** /ˌvenəˈzweɪlən/
Vietnam	**Vietnam** /ˌviːetˈnæm/	**Vietnamese** /vɪˌetnəˈmiːz/
Vitryssland	**Byelorussia** /bɪˌelaʊˈrʌʃə/	**Byelorussian** /bɪˌelaʊˈrʌʃn/
Yugoslavia → Jugoslavien		
Zaire	**Zaire** /zaɪˈɪə/	**Zairean** /zaɪˈɪərɪən/
Zambia	**Zambia** /ˈzæmbɪə/	**Zambian** /ˈzæmbɪən/
Zimbabwe	**Zimbabwe** /zɪmˈbɑːbwɪ/	**Zimbabwean** /zɪmˈbɑːbwɪən/
Österrike	**Austria** /ˈɒstrɪə/	**Austrian** /ˈɒstrɪən/